HUNANXIANGZHENJIANZHI

湖南乡镇简志

衡阳市卷（上册）

湖南省地方志编纂委员会
衡阳市地方志编纂委员会 编纂

方志出版社
Publishing House of Local Records

图书在版编目(CIP)数据

湖南乡镇简志·衡阳市卷/湖南省地方志编纂委员会,衡阳市地方志编纂委员会编.—北京:方志出版社,2018.9

ISBN 978-7-5144-3222-0

Ⅰ.①湖… Ⅱ.①湖… ②衡… Ⅲ.①乡镇—地方志—衡阳 Ⅳ.①K296.45

中国版本图书馆 CIP 数据核字(2018)第 204871 号

湖南乡镇简志·衡阳市卷

编　　者:湖南省地方志编纂委员会、衡阳市地方志编纂委员会
责任编辑:顾洁

出 版 人:冀祥德
出 版 者:方志出版社
地址　北京市朝阳区潘家园东里 9 号(国家方志馆 4 层)
邮编　100021
网址　http://www.fzph.org
发　　行:方志出版社图书经销中心
电话(010)67110500
经　　销:各地新华书店
印　　刷:衡阳顺地印务有限公司

开　　本:889×1194　1/16
印　　张:110.375
字　　数:2723 千字
版　　次:2018 年 9 月第 1 版　2018 年 9 月第 1 次印刷
印　　数:0001~3000 套(上、下册)

ISBN 978-7-5144-3222-0　定价:680.00 元

《湖南乡镇简志》编纂委员会

《湖南乡镇简志》总纂人员

湖南省行政区划略图

审图号为湘S(2014)039号　湖南地图出版社编制

凡　例

一、以马克思列宁主义、毛泽东思想、邓小平理论、“三个代表”重要思想、科学发展观、习近平新时代中国特色社会主义思想为指导，坚持辩证唯物主义和历史唯物主义的观点和方法，全面、客观、系统、简要地记述湖南省各乡镇（街道）的历史与现状，突出地方特色、时代特色和历史文化特色，力求为全省乡镇（街道）立简志，为后世留存湖南乡镇信史。

二、全志分14卷，分别以湖南省14个市州为卷名，分卷出版。各分卷名称为《湖南乡镇简志·××市卷》。

三、上限追溯自建置之始或事物发端，下限总体截至2014年年底。为完整记述和反映2015年开展的湖南省乡镇区划调整工作及调整后的乡镇（街道）设置，个别内容记述下延至2015年年底，部分分卷下限整体截至2015年年底。

四、全志采用纲目体，横分门类，纵述史实，述而不论。各乡镇（街道）记述内容设区域概况、经济发展、基础设施、社会事业、特色地情五大板块；各板块之下结合地情合理设置分类栏目，篇首可设“地域名片”。

五、综合运用述、志、图、表、录等各种体裁。各分卷均设总述、市州综述、县市区概述、各乡镇（街道）简志及图照、表格、附录，以志为主；不专设人物传略、人物简介、人物名录及大事记。

六、使用规范的语体文记述，文字力求严谨、朴实、简洁、流畅。数字、标点使用遵循GB/T15834-2011《出版物上数字用法》和GB/T15834-2011《标点符号用法》国家标准出版规定。计量单位采用国务院1984年2月发布的中华人民共和国法定计量单位。鉴于社会使用习惯，个别传统计量单位不作换算。历史纪年以朝代年号、民国纪年并括注公元纪年表述，其他采用公元纪年。地名、机构、官职等均以当时称谓记述，必要时括注说明。

七、所用资料来源广泛，经核实载入，除个别情况外均不注明出处。数据一般采用国家统计部门法定数据，适当采用主管部门正式提供的数据。

八、各分卷分别收录湖南省行政区划略图、市州行政区划图；适当收录地方风景名胜、人文地情、风物特产等图片，随文插图，图文并茂。

九、各分卷需要单独说明的事项，均分别在各分卷后记中另行说明。

目录

上册

总述 ……………………………………(0001)
衡阳市行政区划略图 ……………………(0013)
衡阳市中心城区略图 ……………………(0014)
衡阳市情综述 ……………………………(0015)

珠晖区
概述 ………………………………………(0017)
广东路街道 ………………………………(0019)
东风街道 …………………………………(0026)
冶金街道 …………………………………(0032)
苗圃街道 …………………………………(0038)
粤汉街道 …………………………………(0044)
新湘街道 …………………………………(0050)
衡州路街道 ………………………………(0054)
茶山坳镇 …………………………………(0058)
东阳渡镇 …………………………………(0066)
和平乡 ……………………………………(0073)
酃湖乡 ……………………………………(0079)

雁峰区
概述 ………………………………………(0085)
先锋街道 …………………………………(0087)
雁峰街道 …………………………………(0095)
天马山街道 ………………………………(0103)
黄茶岭街道 ………………………………(0109)
白沙洲街道 ………………………………(0116)
金龙坪街道 ………………………………(0123)
岳屏镇 ……………………………………(0129)
湘江乡 ……………………………………(0137)

石鼓区
概述 ………………………………………(0145)
人民街道 …………………………………(0147)
青山街道 …………………………………(0154)
潇湘街道 …………………………………(0161)
五一街道 …………………………………(0170)
合江街道 …………………………………(0178)
黄沙湾街道 ………………………………(0184)
金源街道 …………………………………(0191)
松木乡 ……………………………………(0195)

角山乡 ……………………………………(0202)

蒸湘区

概述 ……………………………………(0210)
蒸湘街道 ……………………………………(0212)
红湘街道 ……………………………………(0218)
华兴街道 ……………………………………(0224)
联合街道 ……………………………………(0230)
呆鹰岭镇 ……………………………………(0237)
长湖乡 ……………………………………(0245)
雨母山乡 ……………………………………(0253)

南岳区

概述 ……………………………………(0263)
祝融街道 ……………………………………(0265)
南岳镇 ……………………………………(0275)
岳林乡 ……………………………………(0291)
拜殿乡 ……………………………………(0298)
龙凤乡 ……………………………………(0306)

衡阳县

概述 ……………………………………(0314)
西渡镇 ……………………………………(0316)
集兵镇 ……………………………………(0328)
杉桥镇 ……………………………………(0334)
岘山镇 ……………………………………(0341)
井头镇 ……………………………………(0350)
演陂镇 ……………………………………(0357)
金兰镇 ……………………………………(0364)
洪市镇 ……………………………………(0374)
金溪镇 ……………………………………(0382)
曲兰镇 ……………………………………(0389)
界牌镇 ……………………………………(0397)
石市镇 ……………………………………(0406)
渣江镇 ……………………………………(0415)
三湖镇 ……………………………………(0424)
台源镇 ……………………………………(0430)
关市镇 ……………………………………(0438)
库宗桥镇 ……………………………………(0445)
樟木乡 ……………………………………(0452)
岣嵝乡 ……………………………………(0460)
栏垅乡 ……………………………………(0467)
大安乡 ……………………………………(0473)
溪江乡 ……………………………………(0478)
长安乡 ……………………………………(0485)
板市乡 ……………………………………(0491)
樟树乡 ……………………………………(0496)
潮江乡 ……………………………………(0502)

衡南县

概述 ……………………………………(0507)
云集镇 ……………………………………(0509)
向阳镇 ……………………………………(0519)
廖田镇 ……………………………………(0526)
茶市镇 ……………………………………(0533)
冠市镇 ……………………………………(0541)
江口镇 ……………………………………(0549)
宝盖镇 ……………………………………(0559)
花桥镇 ……………………………………(0568)
铁丝塘镇 ……………………………………(0577)
泉溪镇 ……………………………………(0585)
洪山镇 ……………………………………(0593)
三塘镇 ……………………………………(0601)
谭子山镇 ……………………………………(0610)
鸡笼镇 ……………………………………(0618)
泉湖镇 ……………………………………(0626)
柞市镇 ……………………………………(0634)
茅市镇 ……………………………………(0641)

硫市镇 ……………………………………(0650)
栗江镇 ……………………………………(0658)
近尾洲镇 …………………………………(0666)
车江镇 ……………………………………(0673)
咸塘镇 ……………………………………(0682)
松江镇 ……………………………………(0689)
相市乡 ……………………………………(0698)
洲市乡 ……………………………………(0706)
川口乡 ……………………………………(0713)
岐山办事处 ………………………………(0720)

衡山县

概述 ………………………………………(0728)
开云镇 ……………………………………(0731)
白果镇 ……………………………………(0743)
东湖镇 ……………………………………(0752)
萱洲镇 ……………………………………(0759)
长江镇 ……………………………………(0767)
新桥镇 ……………………………………(0774)
马迹镇 ……………………………………(0782)
店门镇 ……………………………………(0788)
贺家乡 ……………………………………(0797)
永和乡 ……………………………………(0804)
沙泉乡 ……………………………………(0812)
福田铺乡 …………………………………(0819)
岭坡乡 ……………………………………(0826)
望峰乡 ……………………………………(0834)
长青乡 ……………………………………(0842)
贯塘乡 ……………………………………(0849)
江东乡 ……………………………………(0855)

下册

衡东县

概述 ………………………………………(0863)
城关镇 ……………………………………(0866)
石湾镇 ……………………………………(0877)
新塘镇 ……………………………………(0885)
大浦镇 ……………………………………(0896)
吴集镇 ……………………………………(0904)
甘溪镇 ……………………………………(0911)
杨林镇 ……………………………………(0918)
草市镇 ……………………………………(0926)
杨桥镇 ……………………………………(0933)
霞流镇 ……………………………………(0938)
荣桓镇 ……………………………………(0947)
高湖镇 ……………………………………(0956)
白莲镇 ……………………………………(0963)
大桥镇 ……………………………………(0971)
蓬源镇 ……………………………………(0978)
莫井乡 ……………………………………(0982)
踏庄乡 ……………………………………(0988)
高塘乡 ……………………………………(0992)
南湾乡 ……………………………………(0999)
三樟乡 ……………………………………(1005)
栗木乡 ……………………………………(1012)
珍珠乡 ……………………………………(1016)
石滩乡 ……………………………………(1022)
德圳乡 ……………………………………(1027)

祁东县

概述 ………………………………………(1031)
洪桥镇 ……………………………………(1033)
白鹤铺镇 …………………………………(1047)
金桥镇 ……………………………………(1054)

鸟江镇 ……(1063)
粮市镇 ……(1070)
河洲镇 ……(1077)
归阳镇 ……(1086)
过水坪镇 ……(1097)
双桥镇 ……(1105)
灵官镇 ……(1113)
风石堰镇 ……(1120)
白地市镇 ……(1129)
黄土铺镇 ……(1139)
石亭子镇 ……(1147)
官家嘴镇 ……(1154)
步云桥镇 ……(1162)
砖塘镇 ……(1171)
蒋家桥镇 ……(1179)
太和堂镇 ……(1186)
马杜桥乡 ……(1195)
凤歧坪乡 ……(1202)
城连墟乡 ……(1208)
四明山乡 ……(1214)

耒阳市

概述 ……(1217)
蔡子池街道 ……(1224)
灶市街街道 ……(1236)
水东江街道 ……(1242)
五里牌街道 ……(1249)
三顺街道 ……(1256)
黄市镇 ……(1261)
小水镇 ……(1270)
公平圩镇 ……(1278)
泗门洲镇 ……(1286)
三都镇 ……(1291)
南阳镇 ……(1300)
竹市镇 ……(1307)
夏塘镇 ……(1314)
龙塘镇 ……(1322)
哲桥镇 ……(1330)
永济镇 ……(1336)
遥田镇 ……(1344)
淝田镇 ……(1352)
新市镇 ……(1360)
大市镇 ……(1368)
南京镇 ……(1376)
仁义镇 ……(1383)
洲陂乡 ……(1392)
亮源乡 ……(1400)
马水乡 ……(1407)
太平圩乡 ……(1413)
导子乡 ……(1419)
东湖圩乡 ……(1426)
上架乡 ……(1435)
沙明乡 ……(1442)
大义乡 ……(1448)
磨形乡 ……(1456)
余庆乡 ……(1462)
长坪乡 ……(1468)
大和圩乡 ……(1474)
坛下乡 ……(1482)

常宁市

概述 ……(1490)
宜阳街道 ……(1492)
泉峰街道 ……(1498)
培元街道 ……(1504)
水口山街道 ……(1510)
柏坊镇 ……(1516)
松柏镇 ……(1523)

烟洲镇 ……………………………………（1532）
荫田镇 ……………………………………（1539）
白沙镇 ……………………………………（1546）
西岭镇 ……………………………………（1553）
盐湖镇 ……………………………………（1561）
三角塘镇 …………………………………（1567）
洋泉镇 ……………………………………（1575）
庙前镇 ……………………………………（1583）
罗桥镇 ……………………………………（1592）
板桥镇 ……………………………………（1599）
胜桥镇 ……………………………………（1606）
官岭镇 ……………………………………（1613）
新河镇 ……………………………………（1619）
宜潭乡 ……………………………………（1626）
蓬塘乡 ……………………………………（1633）
兰江乡 ……………………………………（1639）
大堡乡 ……………………………………（1645）
江河乡 ……………………………………（1651）
弥泉乡 ……………………………………（1657）
塔山瑶族乡 ………………………………（1663）
天堂山办事处 ……………………………（1672）

附录一

湖南省人民政府为颁发“调整区乡行政区划办法”及“各县区乡镇数及干部分配表”的命令 ……………………………………（1678）
湖南省人民政府为统一规定区乡名称衔牌、印信的通知 ……………………………（1682）
湖南省人民政府关于市、镇组织问题的通知 ……………………………………………（1682）
湖南省人民政府关于少数民族地区的区乡名称及自治区各县府印信规定的公函 ……………………………………………（1683）
湖南省人民政府关于水上建政问题给湘南行署的批复 ……………………………………（1684）
中共湖南省委 湖南省人民政府关于实行政社分开、建立乡政府的通知 …………（1685）
中共湖南省委 湖南省人民政府关于开展乡镇区划调整改革工作的意见 …………（1688）
2016年6月12日湖南省建制村合并统计一览表 ……………………………………（1698）
1949—2016年湖南省各行政区划统计表 ……………………………………………（1699）
湖南省国家级、省级历史文化名镇、名村名录 ……………………………………（1704）

附录二

国务院关于同意湖南省调整衡阳市市辖区行政区划的批复 ……………………………（1705）
关于调整衡阳市市辖区内部行政区划的批复 ……………………………………………（1706）
关于市辖市区和衡阳县衡南县行政区划调整的通知 …………………………………（1707）
中共衡阳市委办公室 衡阳市人民政府办公印发《衡阳市乡镇区划调整改革工作方案》的通知 ……………………………………（1710）
中共衡阳市委办公室 衡阳市人民政府办公室关于开展乡镇区划调整改革工作的实施意见 ……………………………………………（1713）
湖南省民政厅关于撤销祁东县洪桥镇、白鹤铺镇并设立四个街道的批复 ………（1718）
湖南省民政厅关于将祁东县四明山乡并入太和堂镇的批复 …………………………（1719）
湖南省民政厅关于同意常宁市乡镇区划调整方案的批复 ……………………………（1719）
湖南省民政厅关于同意衡阳市石鼓区乡镇区划调整方案的批复 ……………………（1721）
湖南省民政厅关于同意衡阳市雁峰区乡镇区

划调整方案的批复 ……………………（1721）
湖南省民政厅关于同意耒阳市乡镇行政区划调整方案的批复 ……………………（1722）
湖南省民政厅关于同意衡东县乡镇行政区划调整方案的批复 ……………………（1724）
湖南省民政厅关于同意衡阳市蒸湘区乡镇区划调整方案的批复 ……………………（1725）
湖南省民政厅关于同意衡山县乡镇行政区划调整方案的批复 ……………………（1726）
湖南省民政厅关于同意衡阳市南岳区乡镇区划调整方案的批复 ……………………（1727）
湖南省民政厅关于同意衡阳县乡镇行政区划调整方案的批复 ……………………（1728）
湖南省民政厅关于同意衡阳市珠晖区乡镇行政区划调整方案的批复 ……………（1728）
湖南省民政厅关于同意衡南县乡镇区划调整方案的批复 ……………………………（1729）
衡阳市各县（市）区乡镇行政区划调整方案 ……………………………………………（1731）
衡阳市乡镇街道办事处一览表（调整前） ……………………………………………（1734）
衡阳市乡镇街道办事处一览表（调整后） ……………………………………………（1739）
衡阳市建制村合并情况统计表 ……（1743）

后记（一）…………………………………（1744）
后记（二）…………………………………（1746）

总述

一、湖南省情概览

湖南省位于中国中南部、长江中游。省域绝大部分在洞庭湖以南，故名湖南；因湘江纵贯南北而简称“湘”；又因自古盛植木芙蓉，而有“芙蓉国”之雅称。湖南省地处北纬24° 38′ ~30° 08′ ，东经108° 47′ ~114° 15′ 。东以幕阜、武功诸山系与江西交界，南枕南岭与广东、广西相邻，西以云贵高原东缘连贵州，西北以武陵山脉毗邻重庆，北以滨湖平原与湖北接壤。东西宽667公里，南北长774公里，土地面积21.18万平方公里，约占全国土地总面积的2.2%。其中，山地占51.2%，丘岗地占29.3%，平原占13.1%，水面占6.4%。境内属亚热带季风性湿润气候，全年无霜期260~310天，年平均气温16℃~18.5℃；年平均降雨量1200~1700毫米，是全国雨水较多的省份；5公里以上河流5341条，河川径流量2079亿立方米。北部洞庭湖为中国第二大淡水湖，湘江、资江、沅水、澧水四大河流分别从西南向东北流入洞庭湖，连接长江。省会驻长沙市，全省辖13个市、1个自治州，下辖122个县（市、区），其中，市辖区35个、县级市16个、县71个。2014年，全省常住人口6737.24万人，其中城镇人口3320.11万人。

湖南历史悠久，远在旧石器时代境内就有古人类生活栖息。夏、商和西周时期，属《禹贡》九州的荆州之域；春秋战国时期属楚国，置郡县；秦袭楚制，“去楚名，以楚地为三郡”（据《史记集解》载）；两汉时期绝大部分属荆州境；三国时，湖南地区为蜀汉和东吴的角逐之地；两晋时属荆州之域；南朝初年设有以“湘”命名的“湘州”；唐朝设湖南观察使，“湖南”之名由此始；宋朝初隶于江南道，后分属荆湖南路和荆湖北路；元朝大部分地区属湖广行省，小部分隶于四川行省；明朝设湖广承宣布政使司（仍称省，治武昌）；清康熙三年（1664），分湖广右布政使驻长沙，同年移偏沅巡抚驻长沙，此为湖南建省之始，省名沿用至今。

湖南矿藏丰富，矿种齐全，是著名的“有色金属之乡”和“非金属矿之乡”，钨、锡、铋、锑等储量居全国之首。境内植被丰富，2014年，森林覆盖率59.57%，活立木总蓄积量4.84亿立方米，湿地保护率69.3%。湖南生物资源丰富多样，堪称生物基因库。全省有水杉、绒毛皂荚等国家保护的珍稀野生植物55种，占全国保护珍稀植物种类的26%；有华南虎、云豹、白鹤等18种国家一级保护动物，以及28种国家二级保护动物、49种国家三级保护动物。湖南名胜古迹众多，古有“潇湘八景”美誉，现有武陵源风景区、崀山丹霞地貌2处世界自然遗产，有国家级自然保护区22个，国家级森林公园54个，AAAAA级景区7个。南岳衡山是中华五岳之一，岳阳楼是江南三大名楼之一，还有伟人故里韶山、千年学府岳麓书院、凤凰古城等名闻遐迩的景区景点。

湖南农业发达，自古就有“鱼米之乡”的美誉，历来是全国产粮大省，粮食、棉花、油料、茶叶、烤烟等主要农副产品产量均位居全国前列。湘莲具有3000多年历史，安化黑茶是中国世博会十大名茶之一，君山银针是中国黄茶珍品；生猪出栏数居全国之首，洞庭湖鱼虾、贝类产量居全国第五位；“鞭炮之乡”浏阳市是全球最大和最具盛名的烟花生产基地；醴陵陶瓷已有1700多年历史，釉下五彩瓷、毛瓷、国宴专用瓷驰名中外。湖南工业门类齐全，已形成工程机械、电子信息及新材料等10个优势产业集群，有三一重工、中联重科、华菱钢铁、湘潭电机等一批全国知名企业。第三产业蓬勃发展，广播影视、动漫卡通、文化创意、出版、旅游等产业迅速崛起，广电湘军、出版湘军、动漫湘军全国驰名。

境内交通发达，形成了铁路、公路、航空、水运于一体的综合交通运输网。2014年，全省铁路营运里程4281公里，其中高速铁路里程1110公里，居中部省份第一，在全国路网中担负着承东启西、沟通南北的功能。全省公路通车总里程236250公里，其中高速公路通车总里程5493公里。全省长沙、张家界等6个机场共运营航线160多条，通航国际国内城市100多个。全省有通航河流373条，通航总里程1.2万公里，位列全国第三。

湖南是华夏文明的重要发祥地之一。相传神农氏在境内种植五谷、织麻为布、制作陶器，坐落于炎陵县的炎帝陵是中华民族始祖炎帝神农氏的安寝圣地；舜帝明德天下，足历洞庭，宁远县九嶷山为其陵寝之地。湖南境内历史遗存众多，全省有城头山遗址、长沙铜官窑遗址、秋收起义文家市会师旧址、洪江古建筑群等全国重点文物保护单位182处，长沙马王堆汉墓的发掘震惊世界，湘西龙山出土的里耶秦简是继秦始皇兵马俑之后秦代考古的又一重大发现。湖南自古有“古道圣土”“屈贾之乡”和“潇湘洙泗”的美誉，以“心忧天下、敢为人先、经世致用、兼收并蓄”为精神特质的湖湘文化薪火相传。全省有长沙、岳阳、凤凰3座中国历史文化名城；有龙山县里耶镇、长沙市望城区靖港镇、永顺县芙蓉镇、绥宁县寨市镇、泸溪县浦市镇、洞口县高沙镇、花垣县边城镇7个中国历史文化名镇；有岳阳县张谷英镇张谷英村、江永县夏层铺镇上甘棠村、会同县高椅乡高椅村、永州市零陵区富家桥镇干岩头村、双牌县理家坪乡坦田村、祁阳县潘市镇龙溪村、永兴县高亭乡板梁村、辰溪县上蒲溪瑶族乡五宝田村、永顺县灵溪镇老司城村、通道侗族自治县双江镇芋头村、通道侗族自治县坪坦乡坪坦村、绥宁县黄桑坪苗族乡上堡村、绥宁县关峡苗族乡大园村、江永县兰溪瑶族乡兰溪村、龙山县苗儿滩镇捞车村15个中国历史文化名村。湖南民俗多姿多彩，土家族梯玛歌、辰河高腔、湘绣、滩头木版年画、皮影戏、江永女书等118项民俗艺术被列入国家非物质文化遗产代表性项目，花鼓戏、昆剧、湘剧、祁剧和常德丝弦等民间歌舞享誉中外，湘西苗族的巫傩文化和土家族的茅古斯、摆手舞等民俗别具一格。

湖南人文荟萃，英才辈出。从流寓湖湘的先秦爱国诗人屈原，西汉著名政论家贾谊，东汉造纸术发明者蔡伦，唐代著名书法家欧阳询和怀素，北宋理学鼻祖周敦颐，在湖南讲学传道的南宋著名理学家朱熹和张栻，明代茶陵诗派领袖李东阳，有“东方黑格尔”之称的思想家王夫之，到清代经世派代表人物两江总督陶澍，近代“睁眼看世界第一人”魏源，以及清代中兴名臣曾国藩、左宗棠，维新志士谭嗣同、唐才常，辛亥元勋黄兴、蔡锷、宋教仁，民国第一位民选总理熊希龄；从为创建中国共产党、缔造中华人民共和国做出卓越贡献的毛泽东、刘少奇、任弼时、彭德怀等无产阶级革命家，到改革开放以后的党和国家领导人胡耀邦、朱镕基；从田汉、齐白石等著名艺术家，沈从文、周立波等著名文学家，到“世界杂交水稻之父”袁隆平、“试管婴儿之母”卢光琇等著名科学家，以及全心全意为人民服务的共产主义战士雷锋等杰出人物，都以其卓越的才情、智慧和品德，在中国乃至世界的历史舞台上写下了浓墨重彩的精彩篇章，彪炳史册。

二、湖南乡镇建置沿革综述

（一）先秦至明代基层组织

先秦时期基层组织

夏、商、西周，湖南属《禹贡》九州的荆州之域，大体仍处于“蛮夷”所居的“荒服”之列。虽中原王朝不断进入，但三代都没有在湖南建立起自己的统治秩序，在这 1500 多年里，从湖南先民的主体部分看，始终处于原始氏族制度的缓慢解体阶段。[①]据《汉书·食货志》记载：在殷周曾把辖区内居民“以五家为邻、五邻为里、四里为族、五族为党、五党为州、五州为乡”的乡制进行控制。西周在划分“国”“野”的基础上，在王室和诸侯管辖的区域内设乡、遂地方行政机关。[②]西周至春秋之际，兴起于汉水流域的楚国把触角伸入湖南，但在整个春秋时期，楚人未能建立有效的行政管理机构，而主要是依靠军队在交通要道上设置军事据点进行统治。如在沅陵建黔中古城等。同时楚人在湖湘地区建立由移民组织的附庸国加强对居民的统治。当时著名的有今汨罗一带的罗子国和今岳阳市东的糜子国。战国时期，楚国对湖南的征服已完成，为加强统治，在湖南设黔中郡以辖之，郡治在今常德市，首次把湖南纳入封建国家行政管理体系。这一时期，县以下设乡、里、什、伍四级组织。此外，设有与乡同级的亭（管理城市居民的组织）。其职能：维护社会治安；监督户口，防止隐匿逃亡；征收租税和摊派徭役；组织农民从事生产。据考古发现，春秋战国时期湖南地区出现了规模不大的城市，如长沙城、罗子城、糜子城、索县古城、张若城、鸡叫城、城头山城、申鸣城、宋玉城等等。这些虽为城，实际为楚国军事据地、手工业和商业贸易中心。[③]

秦汉至南北朝时期基层组织

秦汉一县之内分成若干乡，乡设三老掌教化，啬夫掌司法和税收，游徼掌管治安；乡以下有里，里设里正；里以下有什伍组织（这种乡里制度基本因循至南朝）；另外县以下还有亭一级组织，亭有亭长，协助地方治安，同时监管百事。[④]西汉时

① 湖南省地方志编纂委员会编：《湖南省志·卷首》，北京：五洲传播出版社，2005 年 8 月，第 423 页。
② 罗昭义主编：《当代中国乡镇政权建设研究》，北京：光明日报出版社，2003 年 7 月，第 13 页。
③ 李建毛等著：《知我湖南丛书——湖南史话》，长沙：湖南教育出版社，1998 年，第 38 页。
④ 《中国政治制度辞典》，北京：中国社会出版社，1990 年 3 月，第 144 页。

每个县辖20个左右乡和亭，亭设在农村市镇称乡亭（又名野亭或下亭），每个乡和亭之下都设十里左右，里内居民按什伍编制。其乡里基层组织职能：维护社会治安，实行重赏重罚的“什伍连坐法”；编制“傅籍”，征收赋税；实行思想教化，秦时推行法家学说，禁止儒家思想，严禁民间私学，到汉朝自汉武帝时又“罢黜百家，独尊儒术”，大兴教育；在官吏选举中也起一定的作用。①北魏地方基层组织实行“三长制”，规定：五家立一邻长，五邻立一里长，五里立一党长，由本乡“强谨”之人充当。主要职责是检查和审定户口，征发赋役。三长享受一定的免税优待。②

秦汉至南北朝时期湖南地区部分县以下的基层组织：

西汉，县下设有乡里。马王堆汉墓出土的《地形图》所绘即是长沙国的地域范围，据该图可知，主区大致分为县和乡里二级，县级8个，主区内共绘有80多处居民点，可辨认的乡里级居民地70多个，所标圆圈符号大小不同，应该与地域大小、人口多少有关。③

东汉，在溇中（今慈利县）等地设“里”“亭”等基层行政机构。④

新莽（9~23），耒阳改名南平亭。王莽假复古改制之名，行篡汉夺位之实，郡县之名多次改变，耒阳亦改名。⑤

东安县紫溪市镇“西汉武帝元鼎六年（前111），朝廷在镇东侧一华里的马塘铺，设置了东安驿……”。⑥

桃源县茶庵镇“自东汉建武二十六年（50）设为临乡之所属临沅（今常德市）沅南县（今桃源县）以来，此地作为乡镇治所已有1957年”。⑦

攸县，唐、虞时属荆州。《禹贡》荆及衡阳惟荆州。攸为衡山之阳一奥区。⑧户口保甲附论：保甲之设，由来远矣。汉之里魁，晋之里吏……。⑨

隋唐时期的地方基层组织

隋初颁布政令规定，县以下基层建制为保、闾、族三级制，但畿内、畿外略有不同。畿内以五家为保，设保长一人，五保为闾，设闾正一人，四闾为族，设族正一人。畿外，以五保为一里，设里正一人，相当于闾正；四里为一党，设党长一人，相当于族正。保长、里长、党长之间要相互监察。唐朝县以下的基层组织是乡、里、保、邻四级。乡设乡长一人，乡佐二人。贞观十五年（641）后，乡只设耆老（又称文老）一人，乡下辖五里，管500家。里设里正一人，里下辖五保，管100家。保设保正一人，保下辖五邻，管20家。邻设邻长一人，邻下辖4家。⑩在两亭和州县城内设坊；在郊外设村。乡里、村坊设正长，多选用六品以下没有实际官职的在乡人员或富户充任。保长、邻长则由一些有影响的人物担任。乡里、

---

① 罗昭义编：《当代中国乡镇政权建设研究》，北京：光明日报出版社，2003年7月，第14页。

②《中国政治制度辞典》，北京：中国社会出版社，1990年3月，第145页。

③ 周秋光等著：《湖南社会史》，长沙：湖南人民出版社，2013年3月，第481~482页。

④《湖南省志·民族志》，长沙：湖南人民出版社，1998年，第30页。

⑤《湖南地名志》，长沙：湖南地图出版社，2009年5月，第464页。

⑥《湖南地名志》，长沙：湖南地图出版社，2009年5月，第1540页。

⑦《湖南地名志》，长沙：湖南地图出版社，2009年5月，第1128页

⑧〔同治〕《攸县志》，攸县志编委会翻印，1984年12月，第92、116页。

⑨〔同治〕《攸县志》，攸县志编委会翻印，1984年12月，第92、116页。

⑩ 罗昭义主编：《当代中国乡镇政权建设研究》，北京：光明日出版社，2003年7月，第15页。

村坊正长负责稽查户口，课植农桑，检察非违，催驱赋税，监督人民。①

隋唐时期湖南地区部分县以下的基层组织：

江永县，“隋开皇九年（589）并谢沐、营甫为永阳县，属永州府总管府。大业三年（607）改零陵郡。汉至隋县以下设乡、亭里。唐宋设乡、都里、坊村……”②

永兴县“唐开元十三年（725），析郴县北四乡置安陵县，县治设今高亭乡政府东侧的古城村……”③

宋元时期基层组织

宋初县之下有乡、乡之下有坊（城厢）、里（乡村），里之下即户。各户要轮流到各级政府去服差役（职役）。户各置长一人，称户长，以第二等户充之；里置里正，以第一等户充之；于乡则有乡书手，各负督课赋税之责。此外则有耆长、弓手、壮丁，以捕盗贼，还有承符、人力、手力、散从以供奔走，即供县衙门随时驱使。④北宋王安石变法：“十家为一保，选主户有干力者一人为保长，五十家为一大保，选一人为大保长；十大保为一都保，选为众所服者为都保正，又以一人为之副。”（《宋史·兵志六》）。保的任务是联合民户，以寄兵政。另外还有甲的组织，以三十家为一甲，负责放贷和收税。⑤元代县以下设里制和社制。里制：四家为邻、五邻为保，百家为里。里设里长，里长职权为“催促差税，禁止违犯”（《大元通制》），办理国家委派的各项事宜。社制：五十家立一社，择高龄晓农事者一人为之长。增至百家者，另设长一员。不及五十家者，与近村合并为一社。地远人稀，不能相合，各自为社（《元史·食货志一》）。⑥另外，二十家变为一甲，甲有主。⑦社长负责办理本社居民自治实务。如组织垦荒耕种，修治河渠，经营副业、恤贫救危等。⑧

宋代湖南地区部分县以下的基层组织：

醴陵县分 16 乡、16 里。⑨

长沙县，北宋元符元年（1098）析长沙县东南五乡、湘潭县两乡置善化县。⑩

茶陵县，南宋嘉定四年（1211）析康乐、霞阳、常平三乡置酃县，属茶陵军管辖。⑪

元代湖南地区部分县以下的基层组织：

湖南各地“苗蛮”积极参加反元斗争，元朝“以夷制夷”，即保留各少数民族内部原有的政治、经济和文化生活不变，利用本民族内部的贵族管理和控制这些少数民族地区，设立土司，形成了土司制度。⑫

会同县编为 38 里（苗 1 里）。通道县编

① 湖南省民政厅编：《我国基层群众性自治组织常识》，1988 年 1 月，第 13 页。
②《湖南地名志》，长沙：湖南地图出版社，2009 年 5 月，第 1574 页。
③《湖南地名志》，长沙：湖南地图出版社，2009 年 5 月，第 1345 页。
④ 孟昭华等著：《中国民政史稿》，哈尔滨：黑龙江人民出版社，1986 年 2 月，第 65 页。
⑤《中国政治制度辞典》，北京：中国社会出版社，1990 年 3 月，第 145 页。
⑥ 崔乃夫主编：《中国民政词典》，上海：上海辞书出版社，1990 年 11 月，第 50 页。
⑦《中国政治制度辞典》，北京：中国社会出版社，1990 年 3 月，第 145 页。
⑧ 崔乃夫主编：《中国民政词典》，上海：上海辞书出版社，1990 年 11 月，第 50 页。
⑨ 醴陵市民政局编：《醴陵民政志》，1990 年 10 月，第 25 页。
⑩ 长沙县志编纂委员会编：《长沙县志》，生活·读书·新知三联书店，1995 年 10 月，第 1 页。
⑪ 茶陵县地方志编纂委员会编：《茶陵县志》，北京：中国文史出版社，1993 年 10 月，第 7 页。
⑫ 周秋光等著：《湖南社会史》，长沙：湖南人民出版社，2013 年 3 月，第 536 页。

为6里。[①]攸县5个乡、72里。[②]

明代基层组织

明代县以下实行都里甲制。城中称坊，近城称乡，乡村称里或图（100户为1里），里以下称甲（10户为1甲）。里长对县、乡负责，实现对里甲管理，其行政职责为对里内人户进行管理；检查督促本里农业生产。[③]据《明史·地理志》统计，湖广为里3480有奇。[④]

明代湖南地区部分县以下的基层组织：

沅陵县分12都，编户58里。辰溪县明初编为58里，明洪武二十五年（1392）并为24里，永乐元年（1403）再并为8里，景泰元年（1450）改为6都、1坊、7乡。芷江县明初编为27里，明弘治十五年（1502）并为16里，正德七年（1512）划为4坊、10乡、26里。麻阳县明洪武十四年（1381）编为9里，后因苗民起义被镇压，人烟稀少，永乐元年（1403），以绝户田土割付平、清、偏、镇、辰、沅六卫屯田，麻阳仅存7里。黔阳县明洪武初年，编为2都58里，永乐元年（1403）并为21里。会同县明景泰三年（1452）并为24里，成化八年（1472）并为24里，万历二十五年（1597）分9乡、22里。通道县明初改设5乡。[⑤]

宁远县明初设乡12个，辖60里，明崇祯十二年（1639）划宁远南乡9里，北乡4里，置新田县。宁远县减为10乡（东、西、中和、大阳、永乐、太平、仙政、广济、仁泽、丹桂）30里。[⑥]

湘潭县明洪武十四年（1381）编为21都8乡，县城分为2坊，附郭分为2乡，皆统于乡。[⑦]

攸县明洪武年间（1368~1398）编为52里，永乐二年（1404）并为44里，景泰三年（1452）并为29里，坊厢一区。[⑧]

此外，在今湖南境内有3宣慰使司，1安抚使司，下分3土州、10长官司和1土舍，总计大小18土司。[⑨]

（二）清朝时期基层政权[⑩]

清初湖南基层政权组织城中称坊，近城称厢，乡村称里或都。乾隆、道光年间（1736~1850），推行保甲，并办团练。光绪三十四年至宣统三年（1908~1911），筹办城镇乡自治。

里甲 清康熙年间（1662~1722），湖南几次审编丁户，造报赋役黄册，编排里甲。初定3年一编审，后改5年。以110户编为一里，推人丁多的10户为长，其余100户编为10甲，每甲10户，60岁以上者役册除名，免征赋役。16岁以上者，选报役册，计征赋役。鳏寡孤独不服役者称畸零，在100户之外，附于里甲册之后。里长10年轮换一次，管摄一里的征赋派差，征缴各户钱粮差役。清初据湘潭等50州、县汇总，共编1019里、

---

① 怀化市民政志编纂委员会编：《怀化市民政志》，2002年4月，第68~72页。
② 〔同治〕《攸县志》，攸县志编委会翻印，1984年12月，第117页。
③ 罗昭义主编：《当代中国乡镇政权建设研究》，北京：光明日报出版社，2003年7月，第16~17页。
④ 周秋光等著：《湖南社会史》，长沙：湖南人民出版社，2013年3月，第534页。
⑤ 怀化市民政志编纂委员会编：《怀化市民政志》，2002年4月，第68~72页。
⑥ 宁远县民政局编：《宁远县民政志》，1992年12月，第28页。
⑦ 湘潭县地方志编纂委员会编：《湘潭县志》，长沙：湖南出版社，1995年12月第10页。
⑧ 〔同治〕《攸县志》，攸县志编委会翻印，1984年12月，第117页。
⑨ 周秋光等著：《湖南社会史》，长沙：湖南人民出版社2013年3月，第536~537页。
⑩ 湖南省地方志编纂委员会编：《湖南省志·民政志》，北京：中国文史出版社，1994年7月，第72~74页、第116~120页。

26 都、8 厢。康熙三十五年(1696)，在 43 州县内增编 98 里、6 厢、11 坊。清雍正、乾隆年间（1723~1795），里甲又经多次编审。嘉庆二十一年（1816）据辰溪、善化（今望城区）等 68 州县汇总，共编 1386 里、32 都、18 保、14 坊。

保甲　清乾隆三十七年(1772)，湖南废除编户与审定新生人口，全面推行保甲制。以 10 户为牌设牌头；10 牌为甲设甲长；10 甲为保设保正。牌头甲长三年一换，保正一年一换。甲内如有盗窃、邪教、赌博赌具、窝逃奸拐、私铸私销私盐、贩卖硝典、私立名色、敛财聚会，或有面生可疑，形迹诡秘的人，皆令查报。各府、州、厅、县所辖城厢、市镇、村屯居民，从缙绅至商贾、农工、吏役、兵丁皆挨户编审。湖南全省审编保甲的总况，已无从考查，部分州县确已按例编定，里甲逐渐改名都甲、都团。醴陵县于清嘉庆十八年（1813）编查烟户人丁，门牌邑令，共编 24 都、103 境；有保正 103 名，甲长 456 名，牌头 4188 名。黔阳县清光绪年间（1875~1908）废都里，设局、团，全县划 4 局，下辖 58 团。①

城镇乡自治　清光绪年间(1875~1908)，湖南部分州、县的基层政权组织已有乡、村（团）的划分。桃源县划为 6 乡、2 坊、下辖 34 村。光绪三十四年（1908）十二月，清政府先后公布《城镇乡地方自治章程》《城镇乡地方自治选举章程》。清宣统元年(1909)，湖南成立省地方自治筹办处，各厅、州、县成立地方自治筹办所。详定《全省地方自治研究所章程》《各厅、州、县筹办地方自治公所章程》《各厅州、县筹办地方自治公所附设宣讲所章程》《各厅、州、县筹办地方自治公所办理白话报章程》并确定城的区域，指定长沙、善化及湘潭、洪江等地，先行筹设议事会、董事会。镇乡区域均以人口数为标准，但因人口不实而无从划分。当时四地乡镇沿旧制，名称很不统一，称都、团、区、里的都有，实际上还是保甲制。省地方自治筹办处当时通饬各州、县地方官会同地方绅董，认真清理旧有保甲团体，巩固原有组织，以立自治初基。

（三）民国时期基层政权②

民国初期湖南基层政权仍袭清末都、团、区、里旧制。民国 12 年（1923）编立挨户团。民国 17 年（1928）实行区、乡、镇、闾、邻自治。民国 24 年（1935）实施乡、镇、保甲制。

挨户团　民国 12 年 3 月，湖南省内务司公布《各县挨户团编组条例》，规定：凡县属原有市区乡团保甲，应由知事切实整理. 依照本《条例》改编挨户团。其编制：各县挨户团须照地方习惯划分区团，各区挨户团，除编入号册者外，须按户派定 1 人编入团丁名册，依团属户数编列：10 户 1 排，置排长 1 人；5 排为 1 甲，置甲长 1 人；5 甲为 1 保，置保董 1 人。县挨户团以知事为总监督，遴委地方绅商办理；区挨户团置团总 1 人，由总监督遴委，其他应置之保董、甲长、排长，按各区团户数支配名额，由各排互推，报请团总核定，呈总监督委充之。在清查户口中，被各县挨户团编入另册的有暴徒、窃盗、土娼、烟犯、赌博等，据 57 县统计，编入另册共有 46263 人。

乡镇保甲　民国 18 年（1929），湖南省政府为“围剿”中国共产党创建的革命根据地，在平江、浏阳及湘东南等边区县内推行保甲制。以 5

① 怀化市民政志编纂委员会编：《怀化市民政志》，2002 年 4 月，第 71 页。

② 湖南省地方志编纂委员会编：《湖南省志·民政志》，北京：中国文史出版社，1994 年 7 月，第 75~82 页、第 120~120 页。

牌为甲，100户以上为保，保以上为团，据此清查户口，办理联保切结。民国21年（1932），省政府制定《湖南省清查户口编组保甲规程》《湖南省各县清查户口编组保甲须知》等，民国24年（1935）1月1日在全省施行。规定县以下设区，区以下设乡镇，乡镇以下设保，保以下设甲（10户为甲、10甲为保）。至民国25年（1936），全省划乡镇3012个，坊15个，保38750个，甲424515个。民国27年（1938），全省实行扩并乡镇区域，其乡所辖户数1000~5000户。镇不受面积限制，所辖户数2000~5000户，至次年底，全省设立乡镇1608个。民国29年（1940），湖南省政府公布《湖南省各县乡镇自治实施方案》《湖南省各县乡镇区域调整办法》。至民国30年（1941）年底，全省设立乡镇1609个，保20136个，甲289367个；其等级划分：甲等乡镇550个，乙等乡镇768个，丙等乡镇271个。甲等保7649个，乙等保9341个，丙等保2506个，未列等保640个。民国29年至民国34年（1940~1945），日本侵略者侵犯湖南期间，保甲组织混乱。民国34年（1945）10月，省政府饬令抗日作战区域的乡镇，归复原有建制。12月7日，湖南省政府委员会第十四次常务会通过《湖南省各县调整乡镇组织法》《湖南省各县市整编保甲实施办法》和《湖南省各县市推行保甲规约办法》。次年，省政府迭令各县调整乡镇区划。调整后全省乡镇由1617个减为1173个，保由20515个减为14830个；甲由264540个减为198732个。

区乡镇自治 民国12年（1923）12月，永顺、保靖、龙山、桑植、凤凰、乾城、永绥（今花垣）、古丈、大庸（今张家界市永定区）、麻阳10县推行乡自治，公布《湘西永保龙桑凤乾绥古庸麻十县制》，规定牌长、甲长、保长、乡长的委任方式、选举乡议员条件和被选为乡议员任期年限。民国13年至民国14年（1924~1925），湖南倡议联省自治，公布《湖南省宪法》，省以下实行县与市乡自治，规定市、乡划分标准。民国16年（1927）2月，省政府公布《区乡自治条例》。民国17年（1928）6月，省成立地方自治筹备处，各县成立自治分处，协助县政府筹备区乡自治。民国18年至民国19年（1929~1930），国民政府公布《县组织法》《县组织法施行法》《县自治法》和《修正县组织法》等自治法规。民国22年（1933），省政府决定，长沙、岳阳、邵阳、湘阴、湘潭、湘乡、醴陵、宁乡、益阳、浏阳、平江、衡阳、衡山、常德14县，提前举办地方自治。民国23年（1934）12月，国民政府行政院下令举办保甲而停编。

县辖区 民国21年至民国25年（1932~1936），设立区公所（或名区署）。民国21年（1932），全省共划区489个。民国25年（1936），调整为449个，并划有相应区的直属乡镇43个（其中直属镇19个）。民国26年（1937），湖南省实行撤区并乡，由县政督导员流动巡视、指导、监督乡镇保甲工作。民国28年至民国30年（1939~1941），区公所或区署全部撤销。

（四）中共湖南区委领导下农民协会和苏维埃辖区的基层政权

第一次国内革命战争时期（1922~1927年）。在中共湖南区委领导下，湖南地区开展农民运动。1923年4月建立岳北工农会，1925年成立湘潭八叠分农民协会，1926年4月成立长沙县农民协会，1926年12月成立省农民协会。至1927年1月，全省农民协会会员达200多万人，能直接领导的群众1000多万人。农民协会在政治上和经济上打击地主、推翻土豪劣绅的封建统治，建立农民武装，开展文化和合作社等运动。毛泽东撰写的《湖南农民运动考察报告》中说：农会是“新的乡村自治机关——农民政权的乡村自治机关”（《毛泽东选集第一卷》第29页）。①

第二次国内革命战争时期（1927~1937年）。中国共产党领导的工农红军建立湘鄂赣、湘赣、湘鄂西和湘鄂川黔边区革命根据地。在湖南25个县属革命根据地或游击区建立区苏维埃政府170余个，乡苏维埃政府或革命委员会910余个，成为湖南最早的基层工农政权。②

茶陵县　1927年11月28日，茶陵县工农兵政府建立；1928年先后建立第一个区苏维埃政府和茶陵县革命委员会。1930年3~4月成立太湖乡、山边一区苏维埃政府，区政府设主席、秘书、青年部长、经济委员、少先队队长、赤卫队队长、肃反委员、妇女主任等。

酃县　1928年3月，成立中共酃县县委会、中村区委、区工农兵政府。召开全区群众大会，选举区苏维埃主席、副主席和执委。下设宣传、军事、粮食、肃反、财政、文化、工作检查、土地、妇女、青年、儿童11部。并组织区赤卫队。

浏阳县　1928年11月20日，中共浏阳县委在仁和洞赖世安家召开第一区（新划区）第一次区工农兵代表大会，选举区苏维埃主席等，下设粮食、土地、财政、文化、裁判、赤卫等部。区政府领导人民查田、分土地；清理地方公产积谷，焚毁地主契据、借约、借券，取缔一切苛捐杂税。

醴陵县　1927~1928年3月，醴陵县建立区乡苏维埃政府。区乡苏维埃政府设执行委员会，分设农委、财委、妇委、武装、民食、耕作等委员，下辖自卫团、儿童团等组织。

石门县　1928~1929年，石门县成立区乡苏维埃政府，区、乡苏维埃政府主要工作：联合农民，推翻国民党统治，实行分土田，打倒土豪劣绅，没收地主粮食，分浮财，支援红军；加强地方武装，加强县游击队建设，儿童团站岗放哨，维护治安；加强经济建设，取消一切政府、军阀土地捐税、退租、减押实行统一的累计税；开展政治宣传，各区、乡小学，农民夜校，组织青年演文明戏，唱革命歌曲，开办中西结合医院。③

（五）中华人民共和国成立后基层政权④

1949年8月湖南和平解放后，湖南基层政权建设先后经历区人民政府（简称区政府）、乡镇人民政府（人民委员会）、人民公社、乡镇人民政府（简称乡镇政府）。

农村基层政权

区政府　湖南和平解放后，湖南各县在县以下划区，建立区政府。1951年6月，全省建区镇政府659个。1952年，全省建立区政府920个。区级机构设置：党群方面设中共区委书记和组织、宣传等委员及农会、青年、妇女等干部；政府方面设正、副区长、秘书和民政、公安、司务、财粮、文教、工商等干部及会计员、事务员等。1953年，湖南省人民政府按照中央军政委员会关于划小区、乡的决定，调整县以下行政区、实行小区小乡，至1955年6月，全省共设置区933个。1956年5月，湖南省人民委员会下发《关于扩大乡行政区域和撤销县属区建制的决定》，是年

---

① 李永芳著：《近代中国农会研究》，北京：社会科学文献出版社，2008年10月，第181~189页、第204~214页。

② 湖南省地方志编纂委员会编：《湖南省志·民政志》，北京：中国文史出版社，1994年7月，第131~137页。

③ 石门县民政志编纂委员会编：《石门县民政志》，2015年1月，第70~72页。

④ 湖南省地方志编纂委员会编：《湖南省志·民政志》，北京：中国文史出版社，1994年7月，第75~87页；湖南省地方志编纂委员会编：《湖南省志·民政志（1978~2002）》，珠海：珠海出版社，2009年1月，第260~265页。

撤销区921个，保留常德地区和湘西自治州县以下办事处12个。1961年，各地在调整人民公社区划规模时设置县与公社之间区510个（包括片工委）。嗣后几经调整，至1990年，全省共设置区411个。2003年共设置区8个，至2004年年底全部撤销。

乡镇政府（人民委员会）　湖南和平解放后，各地以旧保区域为基础，划定乡的行政区域，至1951年上半年，全省划乡8402个，互助合作组1000余个。1950年12月，中央人民政府政务院颁布《乡（行政村）人民代表会议组织通则》和《乡（行政村）政府组织通则》。1951年6月27日，湖南省人民政府下发《关于划小区乡工作的指示》，至1953年，全省设置乡政府15217个，互助合作组247697个；镇政府340个。1953年2月，湖南省人民政府下发《关于健全乡政权组织的指示》。至1954年4月，全省完成基层选举15232个乡（除邵阳专区2乡、黔阳专区10乡外），设置乡政府。乡政府由9～15人组成，各乡酌情设置生产合作、文教卫生、治安保卫、人民武装、民政、财政、调解等委员会。乡政府职责是直接联系群众，领导生产建设，组织人民行使当家做主权力；贯彻执行县人民代表大会的决议与县政府的指示，讨论决定本乡人民提出的重大革新事宜；加强对人民的社会主义教育，交流传播互助合作社的经验与推广先进生产技术；根据人民意见，对乡政府工作人员进行批评和表扬。是年，全省调整镇设置，镇从340个减为259个。至1955年6月，全省设置乡15269个，互助组570311个。1955年，湖南各县按照《宪法》的规定，改乡政府为乡人民委员会（简称乡人委会）。1956年5月18日，省人委会决定撤销县人委会的派出机关——区公所后，实行县对乡的直接领导，全省调整设置乡人委会2950个，高级农业合作社46305个。

人民公社　1958年8~9月，湖南省将2964个乡及5.3万多个高级合作社合并组建人民公社1130个，年底调整设置公社1198个，生产大队11592个，生产队105000个。1961年，对社镇行政区划进行调整，是年年底，全省设置公社3545个，生产大队49479个，生产队458200个，建制镇154个。1966年，设置公社3362个，生产大队45704个，生产队416700个。1971年，设置公社3328个，生产大队45412个，生产队458200个。至1978年5月，全省设置公社3295个，镇165个，办事处98个；生产大队45276个，居委会1403个；生产队394435个，居民小组13565个。①人民公社实行政社合一体制，乡党委改为社党委，乡人民委员会改为社务委员会。人民公社是我国社会结构中工农兵学商相结合的基层单位，同时又是社会主义政权的基层单位。人民公社实行统一领导，分级管理制度。公社管理机构为公社管理委员会、生产大队、生产队。生产大队为经济核算单位，生产队为组织劳动的基本单位。②“文化大革命”中，公社管理委员会改为公社革委会，中共公社委员会与公社管理委员会（或革委会），实行“两块牌子，一套人马”，形成党政分工不明、基层政权职能不能正常履行的状态。

乡镇政府　1982年9~11月，中共湖南省委决定实行政社分开，建立乡镇政府，派出工作组，在浏阳县的镇头、跃龙、金江、普迹、官桥、北

① 湖南省革命委员会民政局编：《湖南行政区划资料》（内部参考），1978年5月，第3页。
② 罗昭义主编：《当代中国乡镇政权建设研究》，北京：光明日报出版社，2003年7月，第28~29页。

星、柏加、大塘山等9个公社进行试点。12月4日，全国人民代表大会公告公布施行《中华人民共和国宪法》，规定农村基层政权组织为乡、民族乡和镇人民政府。1983年4~7月，全省在164个公社实行政社分开试点。1984年1月，中共湖南省委、省人民政府下发《关于政社分开建立乡政府工作的通知》。至9月，全省共设置乡3090个（其中民族乡74个），生产大队改村委会47394个，生产队改村民小组496463个；设置镇513个，街道办事处144个，设居委会2721个，居民小组28337个。11月，国务院颁布新的建镇标准，湖南省统一规划了镇的建制，采取撤乡并镇或以乡改镇的办法，实行镇管村的体制，1986年冬和1987年春，县、乡两级人大换届选举中，省人大常委会党组向省委提出在乡镇人大主席团设立常务主席的建议，得到省委赞同。通过换届选举，全省3594个乡镇人民代表大会有2682个乡镇设立主席团专职主席，确定乡镇人大主席团常务主席的职责主要是受主席团的委托，做好召开下一次本级人民代表大会会议的具体准备工作：宣传法律和政策，宣传本级人民代表大会和上级人民代表大会及其常务委员会的决议、决定，向本级人民政府反映有关法律、政策和决议，决定在本行政区贯彻和执行的情况并提出建议；联系本级人民代表大会代表，组织代表联系选民、开展代表小组活动，向本级人大和本级政府反映代表、选民的意见和要求；依照法律的规定，协助和指导选区做好撤换和补选代表的有关工作；协助本级人民政府办理代表的建议、批评、意见；办理主席团交付的其他有关事项。[①]1995年2月，全国人大常委会第十次会议修订并颁布的《中华人民共和国地方各级人民代表大会和地方各级人民政府组织法》规定，乡镇人大设主席1人、副主席1~2人。1987年1月28日，省委、省政府下发《关于加强农村基层政权建设有关问题的通知》。是年，在16个县（市）进行简政放权的试点，至1988年年底，全省已下放给乡镇政府管理机构有教育、卫生、财政等。1990年，全省设置乡2804个，镇628个；2000年，全省设乡1310个，镇1055个；2010年，全省设置乡1052个，镇1109个。嗣后几经区划调整，至2013年，全省设置乡828个、镇1138个。2015年9月，中共湖南省委、省人民政府下发《关于开展乡镇区划调整改革的意见》。9月22日，召开全省乡镇区划改革动员会。当年12月2日前，全省共申报撤并乡镇524个。至此，全省共设置乡334个，民族乡83个，镇1119个。至2016年6月30日，全省完成乡镇区划调整，全省共设置乡325个、民族乡83个、镇1128个。[②]

乡镇政府职权职能 乡镇人民政府是乡镇的基层行政领导机关，又是乡镇人民代表大会决议的执行机关，对乡镇人民代表大会和县（市）人民政府负责并报告工作。乡长或镇长，副乡长、副镇长每届任期3年。2004年新修订《地方组织法》规定为每届5年。2007~2016年，乡镇政府与县政府换届同步（2006年为县乡政府换届提前1年）。根据1986年12月第六届全国人民代表大会第18次会议修改后的《中华人民共和国地方各级人民代表大会和地方各级人民政府组织法》规定，乡镇人民政府行使以下职权：执行本级人民代表大会的决议和上级国家行政机关的决定和命令，发布决定和命令；执行本行政区域内的经济

① 湖南年鉴社编辑出版：《湖南年鉴（1987年）》，第191页。
② 摘自《湖南省乡镇区划调整情况汇报》和“2016年湖南省乡镇统计表”等资料中数据。

和社会发展计划、预算，管理本行政区域内的经济、教育、科学、文化、卫生、体育事业和财政、民政、公安、司法行政、计划生育等行政工作；保护社会主义全民所有的财产和劳动群众集体所有的财产，保护公民私人所有的合法财产，维护社会秩序，保障公民的人身权利、民主权利和其他权利。保障农村集体经济组织应有的自主权；保障少数民族的权利和尊重少数民族的风俗习惯；保障宪法和法律赋予妇女的男女平等、同工同酬和婚姻自由等各项权利；办理上级人民政府交办的其他事项。①乡镇机构设置为：中共乡镇党委会、乡镇人民政府、乡镇人大主席团、政协联络组（20世纪90年代设置）。在乡镇党委、政府之下，设党政办、纪检会、组织、宣传、武装部、综合治理办、派出所、司法办、法律服务所、民政办、国土站、财政所、统计站、税务所、工商所、计划生育办、计划生育服务所、卫生院、乡学区、乡中学、乡（村）小学、文化站、广播站、企业办、经营管理站、农业办、农机站、林业站、畜牧站、水管站、农电站、供销社、信用社、农行营业所、食品站、粮管站、邮电支局（所）和共青团、妇联等单位。

城市基层政权

中华人民共和国成立初期，湖南省仅长沙、衡阳两市在市以下设16个区公所，为市政府派出机关。1950年，湖南省设立8个市，在市以下设区、街人民政府；区、街之下建立居民委员会和居民小组（废除旧保甲组织）。1952年，城市街道开展民主建政。长沙、株洲、益阳等市在市以下设区政府，区以下设立街道各界人民代表会议办事处（简称街道办事处）。邵阳、湘潭、常德等市设街道人民政府或区公所。1954年5月，株洲市人民政府制定《街道办事处组织简则（草）》，在市区设市政府的派出机关，领导和检查居民委员会的工作，同时撤销原街道办事处。1954年12月31日，全国人大常委会颁布《城市街道办事处组织条例》后，湖南城市基层政权为市辖区和不设区的市人民政府；在不设区的市和市辖区政府之下所设街道办事处系政府的派出机关。其任务：办理市、市辖区人民委员会交办的有关居民工作的事项；指导居民委员会工作，反映居民的意见和要求。街道办事处主任、副主任、干事都由市辖区、不设区的市人民政府委派、编制3~7名。②1955~1956年，长沙、株洲、邵阳、益阳、常德、洪江等市先后建立街道办事处57个，衡阳、湘潭等市以区辖居民委员会。

1958年10月，全省城镇兴办人民公社。长沙、衡阳、湘潭、株洲、邵阳、益阳、常德、洪江等市，搭起架子的街道公社33个，工厂公社8个，学校公社7个。至1960年，省辖9个市中的长沙、常德、津市等市保存街道办事处39个。1962年后，撤销城市街道人民公社，恢复城市街道办事处。

1985年全省设置城市街道办事处144个，1990年全省设置城市街道办事处171个，1995年全省设置城市街道办事处196个，2003年全省设置城市街道办事处225个，2010年全省设置城市街道办事处258个，2013年全省设置街道办事处344个，2015年全省设置城市街道办事处375个。至2016年6月30日，全省设置城市街道办事处393个。

---

① 罗昭义主编：《当代中国乡镇政权建设研究》，北京：光明日报出版社，2003年7月，第52~53页。
② 湖南省地方志编纂委员会编：《湖南省志·民政志》，北京：中国文史出版社，1994年7月，第150页。

衡阳市情综述

一

衡阳市位于湖南省南部，因地处南岳衡山之南而得名，相传北雁南飞，至此歇翅停回，雅称“雁城”。衡阳地处衡阳盆地，丘陵地形，属亚热带季风性气候，气候温和，四季分明。是湘江及其支流耒水、蒸水的汇合处，多条重要公路、铁路干线的交点，为湘南水陆运输中心和沟通南北的交通枢纽。现辖衡南、衡阳、衡山、衡东、祁东5县，常宁、耒阳2市，南岳、雁峰、石鼓、珠晖及蒸湘5区。2014年，常住人口730.34万，城镇人口354.36万，土地面积15310平方公里，是湖南的第二大城市。

衡阳历史悠久。战国属楚，秦属长沙郡，西汉初属长沙国，东汉属长沙郡。三国吴分长沙郡为湘东郡与衡阳郡。隋废二郡置衡州，唐天宝元年（742）改为衡阳郡，乾元元年（758）复称衡州。宋复为衡阳郡，元为衡州路，明、清为衡州府。民国31年（1942）1月，析衡阳县城区5镇及城郊3乡设衡阳市，为湖南省第二个省辖市。1949年10月，衡阳全境解放，成立衡阳专区。衡阳市隶属关系经省辖、地管多次变更，1983年，撤销地区建置，实行市管县体制。

衡阳是一座文化古城、军事重镇、抗战名城、湘南商贸重镇。名胜古迹主要有“中华寿岳”南岳衡山、“宋代四大书院之首”的石鼓书院、“南岳第一峰”回雁峰等。古代有神农创耒、舜帝南巡、大禹治水的传说，有发明造纸术的蔡伦，有领华夏风骚的船山著作。抗日战争胜利后，国民政府命名衡阳为全国唯一一座“抗战胜利纪念城”。近代以来，毛泽东、朱德、周恩来、刘少奇、叶剑英、陈毅等都在衡阳从事过革命斗争。在这里，诞生了开国元帅罗荣桓、“一代女魂”唐群英、著名英烈夏明翰，还走出了王紫峰、雷鸣球等40余名共和国将军及刘新垣、刘大响等10多位中国科学院和工程院院士。

衡阳市矿产资源丰富，包括有色金属、黑色金属、陶瓷原料、建筑材料以及辅助材料等矿藏，以有色金属著称于世，素有“有色金属之乡”和“非金属之乡”的美誉。有色金属矿有铅、锌、铜、钨、锡、锑、钛、银等20多种，其中铅锌矿储量达262万吨，常宁有世界著名的水口山铅锌矿。黑色金属矿有铁、锰等，其中铁矿石储量达3709亿吨。化工原料主要有盐、硫铁、钙芒硝等，其中高岭土保有储量达1580万吨。辅助材料有萤石、白云石、硅石等，其中萤石保有储量达794万吨。

衡阳是湘南地区的工业重镇。衡阳制造业基础雄厚，已形成冶金、机械、化工、轻工、医药、电子信息等36个门类的工业体系，186类工业产品拥有省级以上名优称号。衡阳主导产业特色突出，已形成输变电及控制装备制造集群、汽车及零部件制造集群、铜铅锌精深加工集群、精密模具产业集群、南方核材料产业集群等产业特色。衡阳制造业发展平台支撑有力，全市11个工业园，建成公路口岸、铁路口岸、“无水港”等开放发展平台，产品可以直接通江达海。衡阳钢管、大型节能变压器、市话电缆、油泵油嘴、古汉养生精、季戊四醇、铍铜合金、精密模具等一批高科技含量的名牌产品正走向全国和世界。

衡阳历来有“鱼米之乡”之称，是中国南方重要的商品粮生产基地，也是生猪等农副产品的重要产区。粮食作物有水稻、麦类、豆类、高粱、玉米等6大类、647个品种；经济作物有油料作物4类、54个品种；工业原料作物4类、25个品种；副食品作物5类、72个品种。柑橘、黄花菜、湘莲、辣椒、荸荠、百合、茶叶、蚕桑等为衡阳的传统产品，南岳云雾茶、祁东黄花菜、衡东柑橘、台源乌莲、祁东草席是中外驰名的土特产。现在衡阳市优质米、棉花、瘦肉型猪、黄花菜、特种蔬菜、特种水产、小水果、席草、湘莲、柑橘十大农产品商品生产基地，农业区域化、规模化、产业化的格局正在逐步形成。

2014年，衡阳市实现地区生产总值2395.56亿元，增长9.9%；完成财政总收入235.66亿元，增长11.2%；完成固定资产投资1767.01亿元，增长22.98%；实现社会消费品零售总额825.51亿元，增长12.8%。产业结构不断优化，经济持续平稳较快发展。

二

衡阳的基层行政机构随着历史发展不断演变。

清代，衡阳境内县以下的行政区划，城中称坊，近城名厢，乡村称里或都。清末，衡阳境内有108里、1坊。

民国22年（1933），县下开始设区，同时推行乡镇保甲制度，另保留字团、隘、小区等，到民国24年（1935），全面实行保甲制，10户为甲，10甲为保。当年，境内各县下设36区、293乡（镇）、6096保、63805甲。民国28年（1939）废区并乡，县辖区全部废除。至民国37年（1948），乡镇缩编到113个、保1938个，甲24501个。

中华人民共和国建立后，各县按照面积、人口和便于领导的原则，在县以下划区。1951年，全部废除保甲制，境内划57区、1133乡镇。1952年，实行小区、小乡，境内各县划82区、1262乡、10镇。1956年，境内县属区全部撤销，仅保留4个市属区，乡镇缩编为299个。

1958年起，撤乡、镇，设人民公社行使乡镇政权职能，人民公社下设生产大队。年底，境内建人民公社124个。1960年，又将3个城区改为3个人民公社。1961年，在县与社之间设立区，并调整公社建制，境内县属57区、355个人民公社。

1983年，开始政社分设，建立乡、镇人民政府，原则上以社建乡、以大队建村。1984年全市共建乡353个（其中1个瑶族乡）、镇66个、街道18个。至1988年底，境内有县属区55个，乡317个（其中1个瑶族乡）、镇71个、街道21个。后经撤区并乡建镇工作，到1995年底，所有县属区全部撤销，县下设乡81个（其中1个瑶族乡）、镇98个、街道21个。

2014年年底，衡阳市辖珠晖、雁峰、石鼓、蒸湘、南岳5个市辖区，衡阳、衡南、衡山、衡东、祁东5个县，代管耒阳、常宁2个县级市，共12个县级政区，下设34个街道、113个镇、71个乡（其中1个瑶族乡），共218个乡级政区；有522个居民委员会、4886个村民委员会，下设4583个居民小组、55872个村民小组。2015年湖南省行政区划调整后，衡阳市12个县级政区不变，下设38个街道、115个镇、32个乡（其中1个瑶族乡），共185个乡级政区。

（文字供稿：蒋大英　申沁生）

珠晖区

概述

一

珠晖区因境内珠晖塔而得名。位于北纬26° 45′ 02″ ~ 27° 01′ 50″，东经112° 34′ 41″ ~112° 43′ 54″。地处衡阳市东部，东南与衡南县接壤，西与雁峰区、石鼓区隔湘江相望，北与衡阳县毗邻。区政府驻湘江东路95号，距市政府5.6公里。辖区东西最大距离12公里，南北最大距离31.4公里，总面积234.03平方公里。其中陆地面积192.53平方公里，占82.2%；水域面积41.5平方公里，占17.8%。2014年底，辖区总人口34.06万人，其中城镇常住人口19.54万人，城镇化率57.4%。人口出生率9.41‰，人口自然增长率3.37‰。人口密度为每平方公里1455人。

珠晖区历史悠久，历史、文化底蕴厚重。自汉高祖五年（前202）始置酃县于酃湖，至今已有2000多年的历史。境内文物古迹遍布，巡抚杨健、王之春，兵部尚书彭玉麟均在境内建有公馆和遗迹，衡州窑遗址，已被列入国家级文物保护单位。在近代史和现代史上，珠晖是湘南革命的摇篮，毛泽东民主革命时期四次来衡阳，亦驻足珠晖，传播马克思列宁主义，指导革命运动，开展建党活动。境内的湘南学联、三师、三女师、三中、三甲工等旧址，每年都吸引众多参观者前来参观学习，成为省、市爱国主义教育基地。珠晖素有衡阳“东大门”之称，古往今来皆为湘南地区交通枢纽，秦汉时期，湘南通往百粤的驿道始于境内，成为岭南与内地商贾交往的必经之地。

珠晖区工农业生产不断发展。2014年，地区生产总值184.92亿元。工业规模总产值142.95亿元，固定资产投资145.03亿元。农林牧渔业增加值8.15亿元。粮食总产量32558吨，蔬菜总产量188777吨。实现高新技术总产值161亿元，高新技术产业增加值占地区生产总值34.89%。房屋建筑完成总产值108.22亿元；消费零售总额91.48亿元；财政总收入12.95亿元，城乡居民可支配现金收入25129元。社会事业迅速发展，基本适应人们日益发展的社会需求。小学在校学生21217名，中学在校学生2180人。小学适龄儿童入学率100%、巩固率100%；初中适龄人口入学率100%、巩固率99.6%。全区共有国家级生态乡2个，省级生态镇1个，省级生态村1个，怡心园获评全国五星级休闲农庄，茶山坳镇晋级全国重点乡镇。养老保险金按时足额发放率100%，城镇医疗保险、生育保险完成任务120%。

二

1942年衡阳建市后，始为五区。1949年10月8日，衡阳宣告解放，市军事管制委员会派员接管衡阳市第五区旧政权。1951年10月19日，将第五区改称第三区。1955年5月19日，将第三区更名为江东区。总面积24.9平方公里，辖广东路、东风、粤汉、东阳、冶金、新湘7个街道办事处，人口16.2万人。2001年5月，衡阳市行政区划调整，将原衡阳市郊区湘江以东和平乡、酃湖乡、东阳渡乡、茶山坳镇、金甲岭农场、酃湖渔场、白渔潭园艺场和松林茶场划入江东区，并将江东区更名为珠晖区。2014年，辖广东路、东风、冶金、苗圃、粤汉、新湘、衡州路7个街道，茶山坳、东阳渡2个镇，和平、酃湖2个乡，共11个乡级行政区；49个社区居委会、56个村民委员会；552个居民小组、603个村民小组；4个农场，耕地面积4654.87公顷。2015年湖南省行政区划调整后，东阳渡镇与新湘街道合并设立东阳渡街道，其他街道、乡不变。

（文字供稿：肖晓初）

广东路街道 >>

区域概况

位置面积

广东路街道因境内广东路而得名。东与苗圃街道接壤，南连东风街道，西邻湘江，北接粤汉街道。街道驻地广西路33号，距区人民政府1.3公里。2014年，辖区东西最大距离1.6公里，南北最大距离3.3公里，面积2.1平方公里，其中陆地面积2.1平方公里，占100%。

建置沿革

春秋属楚地，西汉归属长沙王国酃县管辖，三国两晋南北朝时期属湘东郡临烝县管辖，隋唐至清朝属衡阳县管辖，清乾隆二十一年（1756），析衡州府衡阳县东南境置清泉县，广东路街道辖区属清泉县管辖。民国31年（1942），属衡阳市五区，1951年9月，属三区，1955年5月，始属江东区。1955年8月，成立江东区湖南路街道，1960年4月，更名为湖南路分社，1968年9月，成立湖南路街道革命委员会，1978年6月，改称湖南路街道。1982年1月，更名为广东路街道。

行政区划

1995年，辖广东路、广西路、湖南路、湖北路、湘江东路、安全里、葵花里、衡机里、荷花坪、同仁里、汽车码头、泉溪村、桥头村13个居民委员会，158个居民小组。2001年4月，辖广东路、广西路、湖南路、湖北路、湘江东路、桥头村、安全里、葵花里、衡机里、和平小区、荷花坪11个居民委员会。2009年10月，和平小区社区居委会析分为和平小区和同仁里2个社区居委会。2014年年末，辖广东路、广西路、湖南路、湖北路、湘江东路、临江路、安全里、葵花里、衡机里、荷花坪、和平小区、同仁里12个社区居委会，139个居民小组。

自然环境

境内东高西低，平均海拔65米，属亚热带季风湿润气候，年平均气温18.1℃，年平均降水量1452毫米，降水主要集中在3—8月，无霜期300天。湘江流经辖区，水资源充沛。地处城市中心区域，无农业和农副产品，植被以灌木、草本、常绿阔叶乔木为主。1998年，境内出现大的洪涝灾害。2008年，辖区出现50多年来罕见的雨雪冰冻天气。地质为红色、灰白色砂岩和页岩以及一些砂石，主要含硅、钙、黏土和氧化铁等成分。

人口民族

1982年，境内人口39700人，12900户。2000年，辖区人口47782人，16354户，总人

口中男性 26508 人，占 55.5%；女性 21274 人，占 44.5%。2014 年，辖区人口 58321 人，其中城市常住人口 52275 人，城镇化率 100%。总人口中男性 30966 人，占 53.1%；女性 27355，占 46.9%；14 岁以下 7266 人，占 10.69%；15~64 岁 39986 人，占 81.15%；65 岁以上 4024 人，占 12.4%。总人口中以汉族为主。是年，人口出生率 8.21‰，人口死亡率 6.17‰，人口自然增长率 2.04‰。人口密度每平方公里 27772 人。

悲壮一战雕塑

经济发展

经济综述

1995 年是街道工业发展的顶峰时期，年销售收入达 7000 万元，由于市场冲击，2000 年后，街道无工业企业，但商业较为兴旺。2014 年，商业网点达 7300 余家，从业人员达 2800 余人，年总备货量达 52.73 万吨，年财政收入达 649.3 万元。

工业

1966 年，境内有塑料厂、无线电六厂、纸盒厂、胶皮修制组、五金单车组、缝补组、麻绳组 7 个生产单位。1969 年，将塑料厂收归区管，定员 30 人，胶皮制修厂并入分社综合组，关闭印染组、缝补组、制刷组、麻绳组。1975 年，有美术颜料厂、特种电器厂、衡阳市建材设备厂、江东纸盒厂等 5 个工业企业，职工 101 人。1980 年，工业企业 10 个。1986 年，完成工业产值 330 万元。1995 年，工业企业 7 家，辖区原属老工业基地，曾有大小工业企业 14 家，市建衡化工厂、市工程机械厂、市木器厂、市第三机械厂等国有企业入驻辖区。从业人员 910 人，产销量 7000 万元。20 世纪末期，随着经济转轨，受市场化冲击，绝大部分企业因产品单一、销售不畅、管理落后等因素，纷纷停产改制。2008 年，境内仅 5 家工业企业，职工约 1500 人。2009 年，市建衡化工厂迁入松木工业园，辖区已无工矿企业。

商贸服务业

民国时期境内以私营、个体商业为主，没有集体商业。1955 年，对境内私营商业进行社会主义改造，组织个体商店、摊贩合作经营。1978 年，掀起大办“三代店”（代营、代购、代销）热潮，经营百货、副食、饮食、图书等项目。21 世纪以后，辖区经济进入转型升级期，商贸尤为发达。辖区有太平洋批发市场、衡州大市场、江东农贸市场、华正商业城、天力大市场、雁东批发市场、衡阳出版物交易市场、金喜五金批发市场、创富义乌商城、湘江批发市场、东风财富广场、衡阳爱尚街、鑫都国际商城等15家商贸市场，市场主营五金交电、图书、文化音像制品、服装鞋帽、农副产品、日用百货、家电厨具等多种商品，并有香江百货、步步高、鑫都国际商城等大型购物广场4个。2014年，境内各商业网店7300个，从业人员28000人，全年社会商品零售总额50亿元。物流仓储业坐落有衡阳货站、顺丰、圆通等物流仓储单位72家，年总吞货量达52.73万吨。旅馆餐饮业辖区有和一大酒店、创富大酒店、邮政宾馆、湘江宾馆、七天连锁酒店、杨家花园大酒店和德泉大酒店7家大型酒店以及106家小型旅馆。肯德基、麦当劳、一家食府、湘之味、乡巴佬等餐饮机构49家。娱乐消费业有唯歌KTV、糖果KTV、红色电影院、贝多芬歌舞厅、百老汇歌舞厅等娱乐机构15家。

财政金融

1992年，成立财税所。2005年，财政收入235.4万元。2009年、2012年、2014年，财政收入分别为435.2万元、772.3万元、649.3万元。2014年，中国农业银行、中国工商银行、中国建设银行、中国人民银行等机构在辖区设立江东支行，各商业银行网点遍布全境。

基础设施

交通运输

1935年，建立衡阳火车站，初建时的衡阳站主体站房为一栋3层楼房，面积2700平方米。1990—1995年，按铁道部批准的设计，对衡阳站全面进行技术改造，南场专办客运，主要有客车到发线5股，货车通过线4条，客车整备、存车线10股，办理客运房屋总面积10478平方米，新建候车大楼。站坪向南扩宽，面积7800平方米。候车厅入口处，设“三品”（易燃品、易爆品、危险品）检测仪，楼上装电视监视系统1套，设16个探头，可随时观察旅客候车动态，服务设施更为现代化，1995年，衡阳火车站由一等站升为特等站。衡阳火车站是重要的铁路运输枢纽，京广、湘桂、衡茶吉3条铁路干线的交汇处，广州铁路（集团）公司内集客、货、运、装、旅行服务为一体的综合性特等站，湘南旅客和货物的重要集散地之一，货运量湖南省第一，客运量湖南省第二。1991年，建立江东汽车站，位于广东路口，建筑面积1万平方米，停车坪6000平方米，为国家标准一级站。2014年，辖区公路、铁路、水路运输发达，境内共有城市主干道6条，其中107国道借东风路穿城而过，衡州大道立交桥穿越和平小区、荷花坪、同仁里、广西路等4个社区，衡阳车站广场是全市的公交总站，开通公交线路25条，可直达城区内各地，年发送乘客2000万人次。汽车码头是境内唯一的水路货运码头，依托湘江从事货物运输，可直通永州地区和长江流域。粟家码头是客运码头，与雁峰区先锋码头隔江相望，接送河西河东两岸的客流。

邮政通信

境内邮政电信发达，电讯服务网点遍布全街。2014年，辖区有中国移动、中国电信、中国网通、中国铁通等公司服务网点35家，其中电信和铁通在境内设置江东分公司。境内中国邮政江东分公司是通信邮寄业务的中转代办点。

供电饮水

20世纪50—60年代，境内居民基本是饮用

衡阳火车站

井水或从湘江河挑水，70 年代开始，由于境内因铁路单位和铁路住房多，电力主要由广铁电网和国家电网提供，自来水由市自来水公司和铁路水电段提供，结束了靠井水和到湘江河挑水饮用的历史。

水利建设

2009 年，衡阳公铁大桥江东段南侧防洪堤建设工程完工，近 2 公里沿江路段具备一级防洪能力，惠及荷花坪、龙家坪和和平乡响塘村大片区域，境内彻底告别水患之忧。

城乡建设

20 世纪 50 年代初期，境内只有 1 条泥沙路面。70 年代后期，广东路、东风支路、湖南路修建柏油路面。2002 年，衡阳车站立交桥拆除，东风路拓宽为六车道。2013 年 12 月 25 日，衡州大道通车，在荷花坪、和平小区和同仁里三社区设立匝道，2014 年年末，境内 12 家市场均建有消防喷淋，新建楼房均安装消防设施，辖区共建消防栓 55 个，设立应急避难场所 4 处，防灾害能力明显增强。至 2014 年，开发湘水明珠、湘江首府、湘江名苑、东江尚品、创富广场、创景外滩、凯旋名都等 11 家大中型楼盘，总开发面积 151 万平方米，已逐步形成中心城区核心商圈的区位优势。

社会事业

教育

1940 年，境内设第五保联合办小学（现湖北路小学），另有私立小学“养正小学”。1921 年，辖区有市第七中学（原私立大同初级中学）。中华人民共和国成立后，民国时期遗留下来的幼稚园改称幼儿园，1960 年，辖区内有泉溪村、湖北路、东站路 3 所小学。“文化大革命”期间，湖北路小学更名为延安小学，泉溪村小学更名为育红小学。1976 年，延安小学有 11 个班，523 名学生，158 名毕业生，18 名教师。育红小学有 15 个班，753 名学生，268 名毕业生，26 名教师。1978 年，育红小学复名为泉溪村小学。1981 年，被列为省重点小学。1988 年，被评为规范化小学。1994 年，延安小学复名为湖北路小学，自筹经费 18 万元建立电脑室，购置电脑 33 台，从三年级开始设计算机课，成为衡阳市首批电教示范学校。1995 年，辖区有湖北路、东站路、泉溪村 3 所小学，48 个班，3054 名学生，小学毕业生 431 名，教师 117 名。2014 年，有亲亲、和平鸽、泉溪村、蓝天、七彩、金典等 7 所幼儿园，在园幼儿 680 人，专任教师 153 人；有湖北路、东站路、泉溪村等 3 所小学，52 个班，专任教师 153 名。小学适龄儿童入学率、小学升初中率、九年义务教育覆盖率均达 100%。

文化体育

1952 年，辖区有红色电影院（原江东电影院）、江东文化馆、攸乐戏院、江东电影院（原江东戏院）4 个文化娱乐设施，文化活动开展十分活跃。1966 年，文化馆被迫停办。1975 年，恢复江东区文化馆，业务上分设美术、音舞、戏曲、文学专业组。1979 年，辖区有江东区广播站、红色电影院、广东路街道文化站、江东文化馆等文化娱乐设施，江东文化馆曾多次被评为省、市文化先进单位。1995 年，江东文化馆分设音乐、舞蹈、美术、摄影、戏曲、文学 6 个专业组，红色电影院年放映 2000 多场，放录像 5000 多场。2014 年，辖区现有红色电影院，座位 450 个，年放映 5400 余场次。公共文化服务窗口 13 个，其中街道文化站 1 处，社区文化活动中心 12 处，共收藏各类图书 48000 余册，并在和平小区、临江路、荷花坪等社区安装健身器材。境内有群众性文艺团队 18 个，文化娱乐中心 7 个，总建筑面积达 1.6 万平方米，有篮球场 2 个、羽毛球场 2 个，车站广场、风帆广场和湖北路广场等 3 个大型文化活动场所。

1975 年，成立江东广播站，站址湖北路 37 号，机房设备有 250 瓦扩大机、点唱机、601 录音机 1 台。1978 年，添置 375 瓦扩大机、增音机、602 录音机各 1 台，自控控制桌 1 台。1981 年，架通广播信号专线（无杆），不定期播放新闻和文艺节目。1988 年，停止播放。至 2014 年，辖区居民电视机的普及率 100%，境内有线电视实现全覆盖。

医疗卫生

民国时期，境内无医疗机构，只有几家中草药铺，人们一般请江湖游医或坐堂郎中看病。1951 年，由 15 名中医师在湖南路成立中医联合诊所，是最早建立的联合诊所。1952 年，创建湖南省最早的中西医结合医院（原衡阳市立第四医院），逐步形成中西医结合特色，成为衡阳市最大的血液净化中心，省第一家采用微机专家系统诊治冠心病，省最早应用电视腹腔镜根治胆囊结石，省首创的疤痕专科。1992 年，被列为全省推广医院。2014 年，辖区有市级医疗卫生机构 1 个、区级医疗机构 2 个和民办医疗机构 1 个，衡阳市第一人民医院设有急救中心和门诊部，年门诊病人 17 万人次，年收治住院病人万余人次。医院有员工 928 人，其中中高级职称 285 人。医院临床科室齐全，其中血液病、内分泌、普通外科、胸心外科 4 个学科居全省 10 个重点学科之列，是辖区内唯一一家三级甲等医院。区妇幼保健院及广东路街道社区卫生服务中心，拥有专业卫生人员 40

人，其中执业医生 17 人，执业助理医师 20 人，注册护士 53 人。2014 年年末，医疗机构（门诊部以上）完成诊疗 23 万人次，3 家公立医院均是新型农村合作医疗、城镇居民医疗保险和城镇职工医疗保险的合作单位。

社会保障

2003 年，开始建立街道社区劳动保障服务平台。近年来，每年新增就业 1000 人左右，累计解决近万人就业，完成近五千人职业培训。

2012 年，建立养老保险机构。2013 年，全面启动企业退休人员身份认证工作。目前，境内有社区服务设施 49 处，其中街道服务中心 1 个，社区服务站 12 个。至 2014 年，辖区共组织开展失业人员烹饪、面点等实用技术培训和“创办你企业”（SYB）创业培训共计 1523 人，占全街失业人员总量的 40%，同时落实税费减免、社保补贴等优惠政策 209 人 500 万元，就业援助 427 人次。在实施全民创业扶持计划后，2014 年，新增创业实体 138 个，带动就业 411 人，新增就业人员 1566 人，其中 1123 名下岗失业人员实现再就业，就业困难人员再就业 347 人，年末城镇登记失业人数 267 人，城镇登记失业率为 3.6%。2014 年，城镇非私营单位在岗职工年平均工资为 22000 元，比上年增加 2000 元；城镇私营单位就业人员年平均工资 15000 元，比上年增加 1000 元。2014 年年末，境内廉租补贴 655 户。

2014 年，发放低收入房屋补贴 72 万元。辖区城镇最低生活保障 1399 户 2470 人，年支出 889 万元，月人均 299 元。城市医疗救助 25 人次，困难对象住院救助 355 人次。

2008 年，建立医疗保险机构，实现医疗保险全覆盖。2014 年，城镇居民基本医疗保险参保 1.3

湖南省立第三甲种工业学校旧址

万人，医保覆盖率100%，城镇居民养老保险参保2000人，较上年增加20%。国家抚恤、补助各类优抚对象59人。民政部门资助参加城镇居民基本医疗保险2317人次，共支出5.5万余元，比上年增长400%。

特色地情

湖南省立第三甲种工业学校 位于衡阳市第一人民医院内（原市中西医结合医院），创建于1917年。马日事变后停办，现存一幢二层砖木结构楼房，1973年，被列为市重点文物保护单位，是湘南学联的主要活动阵地。闻名中外的夏明翰烈士，当年由省立第三甲种工业学校推举担任湘南学联总干事，并在中国共产党和毛泽东的领导下组织湘南地区学生进步运动，为反帝反封建斗争做出巨大贡献。1927年，夏明翰在武汉牺牲，写下“砍头不要紧，只要主义真。杀了夏明翰，还有后来人！”气壮山河的就义诗。省立第三甲种工业学校学生在中国共产党的领导下，一批批进步人士投入革命，代表人物还有刘惕庄、杨景云等。

历史人物——杨健（1764—1843） 字鳣堂，号刚亭，先祖由浙江钱塘迁入衡阳城江东岸，遂为衡阳江东岸人。乾隆五十九年（1794）中举人，嘉庆元年（1796）中进士。历任户部主事、乡试副考官、监察御史、知府、布政使、巡抚等职。杨健两次遭诬陷。道光十年（1830），被降职回家，从此闭门谢客，但对公益事业仍倡导和进言。

（文字供稿：贺红亮　图片供稿：刘罡　刘爱成　陈默）

东风街道 >>

区域概况

位置面积

东风街道因辖区东风南路贯穿全境而得名。驻地东风南路214号，距珠晖区人民政府3公里。东起衡花路口、衡茶路口与酃湖乡、和平乡交界，西到冶金街道、广东路街道、和平乡为邻，南起衡阳市第一精神病院与东阳渡镇交界，北到三角线与广东街道以京广铁路为界。2014年，辖区东西最大距离4公里，南北最大距离2公里，面积6平方公里。其中陆地面积5.98平方公里，占99.997%；水域面积0.02平方公里，占0.003%。

建置沿革

战国时期，境内始为茅坪，地域属楚，后历代更改县治，先后隶属衡阳县、新城县、清泉县、衡州府。1942年，衡阳建市时为第五区。1949年10月，中华人民共和国成立后为第三区。1950年6月，市人民政府颁布建立区、街、乡政权工作条例，彻底废除旧时保甲制度，建立上茅坪、江东中路、中茅坪等10个街道居民委员会。1955年8月30日，成立茅坪街道办事处，为区人委的派出机构。1956年8月，撤销办事处。1960年4月，设立江东区冶金分社。1960年4月23日，实现城市人民公社化，街道办事处更名为冶金分社。1961年，恢复街道建置。1968年9月，成立冶金分社革委会。1970年1月，将冶金分社改为东风分社。1971年9月，将分社革委会改称东风街道革命委员会。1978年6月，将东风街道革命委员会改为东风街道办事处。

行政区划

1995年，辖东风路、前进里、玄碧塘、一六村、轧钢、四一五、铁五局、三化8个居民委员会，117个居民小组，5512户。2002年，调整为茅坪、东风、前进里、玄碧塘、一六村5个居民居委会。2007年6月22日，玄碧塘社区析置为玄碧塘和苏洲湾2个社区居委会。2014年，辖茅坪、东风、前进里、玄碧塘、苏洲湾、一六村6个社区居民居委会，62个居民小组。

自然环境

地处珠晖区湘南丘陵中心，地势平坦，相对海拔高度一般不超过50米，起伏不大，坡度和缓，顶部浑圆。街域属湘江水系，湘江流经一六村社区和苏洲湾社区，境内长约3公里，年平均流量204亿立方米，流域面积26.82平方公里。属亚热带季风性湿润气候，雨量充沛，光照充足，四季分明。年平均气温为18.5℃，年平均日照时数

2723 小时，年平均降水量为 1836.2 毫米，降水集中在每年 2—7 月。常年主导风冬季为北风，夏季为东南风。强雷电集中在 6—7 月。辖区植被以小区、河岸、道路绿化为主，人均绿地面积 8 平方米。

人口民族

1985 年、1989 年、1992 年、1995 年，境内人口分别为 14756 人、16034 人、16750 人、17600 人。2011 年，辖区人口 19694 人，其中城镇常住人口 19694 人，城镇化率 100%。总人口中男性 9919 人，占 49.06%；女性 9934 人，占 50.04%；14 岁以下 2506 人；15~64 岁 15169 人；65 岁以上 1799 人。总人口中汉族 19630 人，占 99.7%；回族、土家族 64 人，占 0.3%。是年，人口出生率 7.2‰，人口死亡率 2.6‰，人口自然增长率 4.6‰。2014 年，辖区人口 19928 人，其中城镇常住人口 19928 人，城镇化率 100%。另有流动人口 1158 人。总人口中男性 9924 人，占 49.9%；女性 10004 人，占 50.1%；14 岁以下 2365 人；15~64 岁 15097 人；65 岁以上 2466 人。总人口中汉族 19828 人，占 99.5%；回族、土家族 100 人，占 0.5%。人口密度为每平方公里 3321 人。

经济发展

工业

中华人民共和国成立后，通过对私营工商业实行社会主义改造，境内公私合营的生产合作社 20 余家，从业人员 400 余人。20 世纪 50 至 90 年代末，先后有衡阳第二大米厂、江东豆制品厂、衡阳硅酸盐厂、衡阳轧钢厂、衡阳三化实业股份有限公司、衡阳水泥电杆厂、南岳制药厂等企业相继建成投产，从业人员 20000 余人，主要从事大米、药品、塑胶制品、钢材、电杆、砖块生产等。2004 年，境内国营、集体企业进行体制改革，成为民营企业。2011 年，完成固定资产投资 3.6 亿元，非公规模工业生产总值 10.5 亿元，形成以制药、铸造、机械加工、建筑材料加工为主的产业板块。2014 年，完成工业生产总值 5.7 亿元，固定资产投资 1.7 亿元，申报重点服务业、经贸等上限企业 9 家，引进衡阳怡嘉置业有限公司、阳一铭建筑幕墙有限公司等 8 家企业，共引进资金 1.6 亿元，职工 3240 人，化工、建材、包装、食品成为支柱产业。

商贸服务业

民国时期，境内以私营、个体商业为主。1956 年，玄碧塘豆腐合作商店生产的豆腐远近闻名。1975—1976 年，辖区有衡阳市童服厂、东风胶制品厂、衡阳市劳保服装厂、酃湖供销社等 7 家企业，职工 227 人。20 世纪 80 年代后期，东风童服厂曾一度成为全省第一家专业生产童服的厂家，年产量最高达 22.2 万件，1977 年，在全国服装质量鉴定评比会上被评为全国第二名。东风胶制品厂通过对原厂房的新建和设备更新，1995 年，产值达 140 万元。衡阳市劳保服装厂由一个手工生产的作坊式工场发展成电气化、机械化生产的流水作业线，1990 年，完成产值 101 万元，销售收入 76 万元。2010 年，国营、集体企业体制改革基本完成，私营个体商业成为流通领域的主体。2011 年，境内商品零售业、餐饮服务业、通信业快速发展，东风南路建材一条街初具规模。2014 年，福源超市、天和百货等 5 家大型超市先后开业经营，龙腾星河、青年家园、帝景苑、金轮尚座、未金中央等楼盘拔地而起，吸引了人流、物流、资金流。房地产、餐饮、酒店、超市、美容美发、医疗康复等百业兴旺，共有商业网点

456个，从业人员1356人。

财政金融

清代至民国时期，茅坪街设有票号、钱庄、典当。中华人民共和国成立后，境内财税工作由市有关部门直接管理。1950年8月，中国人民银行衡阳市支行江东分理处在辖区设立存储所，负责三角线至粤汉地段的业务。1993年，东风街道成立财税所，接受国税和地税委托代征税款，当年个体工商户零散税收20万元，街属企业税收8万元，以后每年递增10%~14%。2008年，个体工商户零散税收122万元，街属和新增企业税收42万元，税种涉及增值税、城市维护建设税、房产税、印花税、契税、土地增值税等。2014年，个体工商户零散税收和新增企业税收达到241万元。是年末，辖区设有农业银行江东支行茅坪分理处、工商银行衡阳四一五支行2个网点，业务已由最初的存储、信贷、结算发展到品种齐全、本外币结合，能够办理国际、国内通行的各类金融业务。

基础设施

交通运输

公元前221年秦始皇统一中国后，修筑通往岭南的驿道。该驿道在境内由邹家码头起，经茅坪、玄碧塘、五马归槽至东阳渡出境。民国14年（1925）1月，湘南善后督办唐生智修建衡郴公路，该路基本上沿岭南驿道而筑。1957年，努力恢复公路交通，将衡郴公路广东路口至玄碧塘路段拓宽为7米砂石路面。1985年，动工修建东风路铁路跨公路立交桥，1988年2月，建成通车，工程费用860万元。1997年，将玄碧塘路段拓宽为44米，提高了107国道车辆通行能力。境内交通便利，地处京广、湘桂铁路“南咽喉”位置，衡州大道跨铁大桥贯穿茅坪社区和前进里社区，107国道贯穿东风南路，是城区的主干道，又是107国道重要的衔接路段。

邮政通信

中华人民共和国成立后，邮政通信事业快速发展，邮政设施不断完善，通信手段不断更新。1998年，邮电局所管理的邮电事业实施分离。邮政分离成邮政企业（中国邮政），开发了代缴通信费、水电气费等5大类、20余种便民服务项目。韵达、顺丰、申通等快递公司纷纷在辖区设点经营，实行上门服务，深受年轻人喜爱。电信分离成中国电信，与中国移动、中国联通抢占手机消费市场，手机普及率达100%。

供电饮水

清代至民国时期，居民以饮用湘江水为主，井水为辅。1967年，市政府投资165万元，在苏洲湾兴建江东水厂。1983年，投资80万元，对东风路4.5公里管线进行改进。1986年，改造冶金东门涵洞、东风立交桥涵洞直径800毫米管线，供水管网遍布街道大街小巷，水质综合合格率99.41%，超过自来水国家一级企业标准。

城乡建设

清末至民国时期，辖区统称为茅坪街，茅坪街分为上茅坪、中茅坪、下茅坪三个地段。其城市建设非常落后，居民大多是自选地皮，用木支架、茅草、树皮等盖成简易房屋。1980—1992年，辖区铁路、工厂、医院、学校等坐落单位新建家属区，各类基础设施健全。1996年，在衡阳城市管理年活动中，街道健全清扫保洁队伍，明确坐落单位和居民的保洁任务，按照“定路段、定人员、定面积、定标准、定报酬、定奖罚”六定方针，将清扫保洁两项任务捆在一起进行考核，提高辖区内清洁卫生状况。2000—2012年，房地产市场进入高速增长期，荷风小区、振业大厦、青年家园、如意里小区、中发大厦、帝景苑等楼盘拔地而起。2010 年，人均居住面积达 34.69 平方米，2012 年，人均居住面积达 40.22 平方米。2013—2014 年，街道先后对辖区背街小巷、平安花园、衡州大道两厢、轧钢厂家属区、水厂路进行提质改造，基本实现“沟通、路平、灯亮”目标，人居环境得到较大改善。

社会事业

教育科技

清末至民国初期，境内有些私塾和幼稚园。中华人民共和国成立后，人民政府接管全部公立小学和部分私立小学，将幼稚园改称为幼儿园。2006 年，境内有东风路小学、玄碧塘小学、童星小学、衡阳市第三中学、衡阳铁路第一中学，其中童星小学是一所民办私立学校，衡阳铁路第一中学是省属挂牌重点中学。2011 年，幼儿园 5 所，在园幼儿 435 人，专任教师 45 人。小学 3 所，在校学生 1655 人，专任教师 90 人，小学适龄儿童入学 100%。初中 1 所，在校学生 1400 人，专任教师 147 人，小升初升学率、九年义务教育覆盖率均达 100%。普通高中 1 所，在校学生 2680 人，专任教师 198 人。2014 年，幼儿园 5 所，在园幼儿 711 人，专任教师 51 人。小学 3 所，在校学生 1906 人，专任教师 102 人，小学适龄儿童入学 100%。初中 1 所，在校学生 952 人，专任教师 120 人，小升初升学率、九年义务教育覆盖率均达 100%。普通高中 1 所，在校学生 2570 人，专任教师 186 人。

1991 年，街道成立科委，由街道一名党政领导兼任科委主任。1993 年，街道成立科协，主要负责普及科学知识、推广科学技术、加强科技交流、服务科技人员等工作。

铁一中学

文化体育

民国时期，辖区内无戏院，只有几个流动的民间剧团。1979 年，加快文化站建设，配有文化兼职和专职辅导员。1980 年，前进里居委会成立婆婆妈妈歌咏队，合唱队有 70 多名队员，年龄最大的 71 岁，最小的 40 岁。该文艺队 15 次参加市、区会演，获奖节目达 22 个。前进里居委会群众文化工作被评为全国“三八”红旗手先进集体，接待来自全国 27 个省市的群众文化工作参观团。1982 年，街道文化站在全省文化工作表彰会上作《文化阵地等不来》的经验发言。1993 年，街道对原文化站进行改扩建，修建后的文化站占地面积 450 平方米，在全省达标文化站检查评比中被评为达标文化站。1995 年，街道投资 1.2 万元，建立图书分馆和图书室，配备 5 名专职工作人员，藏书 11186 册，办证 975 人。2012 年，街道大力发展文化体育事业，在玄碧塘社区新装修文化活动中心，组建苏玄文艺队。在苏洲湾社区设立退休职工文化活动中心，有图书室、阅览室、灯光篮球场、室外健身器材等设施。2014 年，街道有文化站 1 处，社区文化活动中心 5 处，群众文艺队 2 个。各类图书室 6 个，藏书 15000 册。

1980 年，街道在居民区架通广播信号专线，发展居民喇叭用户 120 余户。1988 年，因修建东风立交桥，广播信号线被拆毁，辖区仅有 5 所学校设有校内广播站。2010 年 9 月，有线电视取消初装费、移机费、过户手续费、停机开通费 4 项收费后，截止到 2011 年末，境内有线电视实现全覆盖。2014 年年末，辖区有线电视用户 1635 户，铁路有线用户 380 户，电信数字用户 885 户。

医疗卫生

民国时期，辖区内无医疗机构，人们看病一般请草药铺坐堂郎中或江湖游医，有的采用民间验方或偏方。1951 年，境内陈国璋、张衡谦等人开设的茅坪联合诊所是衡阳市最早建立的联合诊所，后更名为江东中医院，是一所以中医专科为主的综合性医院，设有 10 个科室、92 名卫技人员，固定资产 300 余万元。1958 年，辖区内创建的四一五医院是中国核工业部建院最早、规模最大、功能最全的综合性医院，后更名为南华大学南华医院。1972 年 10 月，辖区内建立的市第一精神病医院，又名康宁医院，设有精神卫生研究中心、精神医学司法鉴定中心、戒毒治疗康复中心，收治病人遍及全国 28 个省、市、自治区。辖区内

南华医院

的中国人民解放军第169医院，能够为军地病人提供600张床位。2011年，境内各级医疗卫生机构5个，门诊部（所）5个，床位2537张，固定资产总值2.88亿元。专业人员209名，其中执业医师375人，执业助理医师29人，注册护士852人。2014年，境内各级医疗卫生机构9个，门诊部（所）8个，床位3262张，固定资产总值3.15亿元。专业人员209名，其中执业医师756人，执业助理医师350人，注册护士1008人。

社会保障

2007年，街道建立二级社会服务网络，开展结对挂钩扶贫，“献爱心、送温暖”等一系列活动，发放各类救助、慰问、抚恤、优待等各项资金5万元，发放低保金276万余元。全年新增就业676人，城镇新增下岗失业人员再就业479人，城镇新增困难人员再就业99人。社区新开辟就业岗位425个，新安置下岗失业人员再就业322人。企业退休人员管理服务率达95%，社会养老保险扩面66人。2010年，辖区城市最低生活保障761户1623人，发放城市最低生活保障金共计200余万元；临时救济金19万余元；临时生活困难救助4人；慈善一日捐6900元。在住房保障方面实物配租11户，购买廉租住房45户，发放廉租住房补贴287户。2014年，境内动态管理城乡居民最低生活保障工作，为664户1199人低保对象，发放月低保资金33万余元。全年企业培训243人，实现城镇新增就业707人。

2014年，下岗失业人员再就业499人，困难人员就业117人。大病救助12人，社保体系不断完善，养老、医疗、失业、工伤及生育保险扩面征缴实现突破，基本实现全覆盖。率先在全区开展就业技能培训和创业培训，为360名下岗失业人员开办就业技能培训2期。城镇新增就业888人，462名失业人员走向就业岗位，168名就业困难人员实现再就业。

2014年，为22位重大疾病及慢性疾病对象办理门诊医疗救助；为36位流浪人员进行施救。

特色地情

五马归槽、茅坪古墓群　1981—1982年，为配合工程建设，衡阳市博物馆在五马归槽、茅坪一带发掘清理春秋、战国和西汉墓地100余座，出土随葬器物600余件。春秋越人墓13座，均为狭长土坑竖穴墓，长宽比例均为3：1。最大的一座长2.66米，宽0.82米，深0.9米；最小的长1.9米，宽0.6米，深0.6米。随葬器物很少，有的无随葬器物。铜器有扁茎无格匕首1件，双翼形箭镞1件，弧形刃小斧1件，陶器仅有算珠形纺轮2件；玉瑗1件，砺石1件。战国墓出土铜器有戈、矛、剑、鼎、带钩、镜等；陶器有鼎、敦、壶、绳纹圜底壶、罐、豆、琉璃璧等。西汉墓出土铜器有鼎、带钩、镜及“半两”钱等；陶器有鼎、盒、壶、釜、甑，琉璃珠、滑石璧等。

（文字供稿：肖建伍　图片供稿：徐陂　陈俊）

冶金街道>>

区域概况

位置面积

冶金街道因衡阳有色冶金机械总厂坐落于此而得名。东临东风街道，南接湘江东岸，西、北抵和平乡。街道驻珠晖区互助里3号，距珠晖区人民政府2.5公里。2014年,辖区东西最大距离1.4公里,南北最大距离2公里,总面积2.8平方公里,其中陆地面积2.8平方公里，占100%。

建置沿革

春秋属楚地，西汉归属长沙王国酃县管辖，三国两晋南北朝时期属湘东郡临烝县管辖，隋唐至清朝属衡阳县管辖,清乾隆二十一年（1756）析衡州府衡阳县东南境置清泉县，冶金街道辖区属清泉县管辖。民国31年（1942）属衡阳市五区。1951年9月，属三区。1955年5月，始属江东区。1960年4月,根据城市公社的需要,设立江东区冶金分社。1968年9月，经区革委会批准，成立冶金分社革委会。1975年10月18日，成立衡阳市江东区冶金街道革命委员会。2001年4月，区划调整后属珠晖区，辖4个居民委员会。2004年5月，冶金街道由企业街道转体为社会街道。2009年8月，互助里社区居委会析置为互助里和新风里2个社区居委会。

行政区划

1975年10月，辖建国里、友爱里、勤俭里3个居委会，85个居民小组。2001年，辖建国里、友爱里、勤俭里、互助里4个居民委员会。2004年5月，街道由企业街道转体为社会街道。2009年8月，辖建国里、友爱里、互助里、勤俭里、新风里5个社区居委会。2014年年末，辖建国里、友爱里、互助里、勤俭里、新风里5个社区居委会，49个居民小组。

自然环境

地处亚热带季风气候区，气候温和湿润，湿度在77%~81%之间，年平均气温18℃上下。2010年8月4日最高气温达41.7℃，突破辖区有历史记录以来的气温最高值。年均降水量1220~1420毫米，年均暴雨日3天左右。境内洪涝发生的时间以4、5、6月出现的次数居多，又以6月最为突出，其中1994年的洪涝灾害为百年不遇，湘江超警戒水位4次，最高超警戒水位4.95米。无霜期290天左右，结冰期为9~12天。2008年1月，受强冷空气和暖湿气流共同影响，辖区出现50多年来罕见的雨雪冰冻天气，14—16日、21—29日，全天气温维持在0℃以下，

27日最低气温-3.2℃，是1954年以来遭遇强度最大、范围最广、持续时间最长、影响程度最为严重的冰冻灾害。地面海拔为62~63米，地势较平坦。地质为红色、灰白色砂岩和页岩以及未风化的砂石，比较坚硬，但透水性大。地处微弱震地区，历史上出现过的地震约为四级，无喀斯特地貌。辖区植被以小区、河岸、道路绿化为主。

人口民族

1980年，境内人口15920人。2006年，辖区人口22587人，人口出生率6.69‰，人口死亡率4.56‰，人口自然增长率2.13‰。2011年，境内人口20889人，其中城镇常住人口20049人，城镇化率95.98%。总人口中男性10368人，占49.63%；女性10521人，占50.37%；14岁以下2118人，占10.14%；15~64岁15229人，占72.9%；65岁以上3542人，占16.96%。总人口中汉族20789人，占99.52%；苗族、蒙古族、土家族100人，占0.48%。是年人口出生率5.89‰，人口死亡率5.53‰，人口自然增长率1.71‰。2014年，辖区人口19765人，其中城镇常住人口18052人，城镇化率91.33%。另有流动人口482人。总人口中男性9744人，占49.29%；女性10021人，占50.07%；14岁以下1850人，占9.35%；15~64岁15448人，占78.15%；65岁以上3546人，占17.94%。总人口中汉族19589人，占99.10%；苗族、蒙古族、土家族176人，占0.9%。是年人口出生率7.33‰，人口死亡率5.61‰，人口自然增长率1.66‰。人口密度为每平方千米7059人。

经济发展

工业

衡阳市冶金机械配套厂建立于1974年10月，前身为冶金复印机厂（街办企业）。1980年年底，复印机厂拥有厂房面积300多平方米、职工82人、各类设备21台，主要设备有床、镗床、铣床、插床、钻床、行车等。固定资产21.68万元，共生产复印机21台，月产值3万多元。1989年，复印机厂更名为衡阳市冶金机械配套厂，为原衡冶总厂（中钢集团前身）生产配套加工件及铆焊件，年产值约200万元。2014年，在岗职工40余人，退休职工100余人。是年，境内有中钢集团衡阳重机有限公司工业企业2家，职工5100人，工业总产值达19.72亿元。

商贸服务业

1977年，由6名家属筹办一个副食代销店。1978年，由3名家属筹办一个肉食店。1979年，由3名家属筹办一个新华书店。1980年，由12名知识青年筹办一个理发店，由6名家属筹办一个饮食店，这些商店共有资金5580余元。2011年，境内商业网点282个，从业人员2700人，销售额达3380万元。2014年，辖区商业网点365个，从业人员3800人，销售额近4380万元。

财政金融

1994年，冶金街道成立财税所，辖区财税收入20万元。2010年，辖区财税收入110万元，比上年增长20%。2014年，辖区财税收入130万元，比上年增长10%。

工业展上的中钢衡重产品

中钢衡重生产的井下运矿车

基础设施

交通运输

境内由公路、铁路及湘江分道环绕。京广铁路与衡耒公路沿中钢集团东门外通过。南面毗邻衡阳轧钢厂，紧接湘江河畔，水运码头直抵南门。西北面湘桂铁路从衡阳火车站沿径冶金，呈U字形跨过湘江铁桥。北面沿东风路距衡阳火车站约2公里，西滨湘江与东洲岛隔水相望。辖区还有原冶金总厂的专用标准轨铁路专线，分20组岔道，长8公里直通衡阳火车站。自建网形公路长8.57公里（其中生产区4.21公里），贯通各生产车间和生活区，装卸货运条件好，水陆交通便利。

邮政通信

2014年，境内邮政网点1个，电信服务网点3个。天然气（煤气）管线5千米，供（加）气站1个。冶金厂内架设电缆线路总长达10840米，安装水泥电杆172根。

供电饮水

1953年，冶金厂用电主要靠衡阳电厂用6千伏供电，另自备一台75千瓦柴油发电机。1956年，茅坪变电所建成后，冶金厂内建立6/0.4千伏、1500千伏安低压总配电间，供各车间低压用电。1980年，厂区用电设备总容量为52000千瓦，变压器装置容量为31000千伏安，自备发电机容量为12000千瓦，用电负荷最高达18000千瓦。1990年6月，对生活区高压供电线路进行改造，将原10米、12米高的电杆全部更换为15米、18米电杆，将高压线路全部更换为截面185平方毫米的裸铝线。2002年3月12日，八角塘最后一批住房接通市电。2014年，冶金辖区全部由市里供电。

1973年，冶金厂开始钻探地下水源。1975年，正式投产供水，改善全厂职工饮用水的水质。1998年，生活区自来水管道改造完工，并与市自来水主管道连通。2010年10月，社区供水职能移交给市自来水公司，供水设施纳入城市统一供水系统。2014年，冶金辖区内全部由市自来水公司供水。

城乡建设

冶金厂生活区道路密布，通达每一楼栋。设有道路指示牌的主干道有冶金路、冶金东路、冶金南路、冶金西路、冶金北路、冶金中路，共2.5万平方米。1984年，新建、改建道路6条，共7000多平方米，铺人行道格板4000多平方米。1985年8月，修建道路18条。

2004年7月，冶金总厂启动生活区道路改造工程，首期改造的重点是四路：冶金北路、冶金中路、冶金东路、冶金路，其中三条主干道重新铺设沥青，冶金东路及友爱里小区背街小巷的人行道全部铺混凝土。冶金中路人行道铺设彩色道板，沿路按标准要求铺设路沿石。路的两边增设43盏5.5米高的单臂路灯。在生活区的其他主要干道安装48盏单臂路灯，在背街小巷安装80盏简易路灯。2006年，企业改制后，生活区道路交由衡冶总厂留守处负责管理。2014年6—7月，留守处将14条主要道路及东和路、球场跑道重铺沥青，共3.2万平方米。

社会事业

教育

2011年，境内开始兴办7所幼儿园，在园幼儿400人，专任教师55人。2014年，辖区幼儿园7所，在园幼儿875人，专任教师68人。1975年春，创办衡阳矿山机械厂民办小学。

1960年，将民办小学改为冶金小学。1980年，冶金小学有34个班、1955名学生、78名教职工。2011年，该校学生1219人，专任教师43人，小学适龄儿童入学率、小学升初中率、九年级义务教育普及率均达100%。2014年，该校学生1414人，专任教师79人，小学适龄儿童入学率、小学升初中率、九年制义务教育普及率均达100%。

1968年秋，筹办冶金厂子弟中学。冶金中学有34个班、1594名学生、108名教职工。2006年，冶金中学迁出，市特殊教育学校搬进，该校学生320人，专任教师76人，其中高级职称8人，中级职称27人，技师3人。2014年，市特殊教育学校在校学生300人，专任教师80人。

1975年，冶金厂创办职工大学，先后招收115名具有高中毕业文化程度的职工进校学习，并先后从厂里工程技术人员中选调27人担任专职教师。2008年4月，经省政府批复同意，原衡阳有色冶金职工大学更名为中钢集团衡阳重机职工大学，在校学生1205人，专任教师62人。2014年，职工大学在校学生2400人，专任教师84人。

文化体育

1958年5月，冶金厂投资13.13万元，在互助里境内兴建1栋俱乐部，建筑面积2769.73平方米，设座位1600个。1975年10月，冶金厂投资1.65万元，在俱乐部左侧建筑1个灯光球场，占地面积1176平方米，配置篮球、排球和放映露天电影等设施。在俱乐部前面建有1个大球坪，面积8800平方米。大球坪内设有足球场等设施，球坪四周紧靠围墙，建筑阶梯10级，能容坐观众2400人。2014年，境内各类艺术表演团体16个，演职人员305人。俱乐部1个，座位1600个。文化专业户1个，文化站1个，社区文化中心5个，公共图书室5个，藏书3万册。地方特色民间艺术有民乐队、腰鼓队、合唱队、舞蹈队、舞剑队、诗词楹联协会。

1958年，冶金厂俱乐部建成后，在二楼设立厂广播站（功率550瓦），每天播音3次，主要反映全厂职工生产和生活中的好人好事好风尚。1988年，成立衡阳冶金有线电视台后，广播停播。1988年1月1日，衡冶厂闭路电视建成开播。2006年12月16日，衡冶总厂电视台更名为中钢衡重电视台。2008年5月1日，中钢衡重有线电视网络整体移交给衡阳有线电视网络公司。

医疗卫生

1958年，冶金职工医院有37名医务工作人员，60张病床。1980年，冶金职工医院正式职工181人，合同工22人，临时工7人，病床增至150张。2011年，境内医院1所，社区卫生服务站5个，医疗床位143张，执业医师51人，注册护士40人。是年，城镇居民基本医疗保险参保2656人，医保覆盖率80%。2014年，境内医院1所，社区卫生服务站5个，医疗病床140张，职工98人，卫生技术人员中有高级职称8人，中级职称43人。该年城镇居民基本医疗保险参保3170人，医保覆盖率85.2%。

社会保障

1999年，街道开始实行城镇最低生活保障，享受最低生活保障26户、32人，月人均110元。2010年，城镇最低生活保障956户、1552人，支出369.82万元，月人均198.57元。城市生活无着人员救助13人次，支出6.1万元。国家抚恤、补助各类优抚对象53人，安置义务兵、士官2人。社区服务设施21个，其中社区服务中心1个，社区服务站5个。2003年，街道成立社会保障站，当年实行就业人员205人。办理社保补贴38人次，补贴金额4万余元，办理《就业失业登记证》300人。企业职工培训370人，完成全年目标任务的100%，城居保新增16人。2014年6月，开展低保大排查工作，截至12月，辖区已清退廉租房对象13人，取消低保133户、248人，核减、降低低保金75385元。

2011年，新增就业人员806人，561名下岗失业人员实现再就业，就业困难人员再就业151人，城镇登记失业人数151人，城镇登记失业率为4.3%。2014年，城镇新增就业1044人，失业人员再就业649人，其中就业困难对象再就业229人。

2008年10月开始，对军退六类人员符合条件可以享受公益性岗位500元/人·月，第一批享受人员8人。2014年，已有50人享受，其中全日制人员48人，1504元/人·月；非全日制2人，500元/人·月。全年发放军退公益性岗位工资87.83万元。为7名因突发重大疾病的困难群众申请2万元的临时医疗救助。为16名因意外造成生活困难的群众申请1.3万余元的临时生活救助。发放孤儿生活费7.2万元。为168位65岁以上的老人办理优待证。全年慰问独生子女特困家庭22户，为121户纯居民发放独生子女费2.4万元，为23户独生子女伤残死亡家庭发放扶助金15.83万元，为280户计生家庭赠送计生家庭意外保险8400元。

2010年，城市医疗救助37人次，民政部门资助参加合作医疗462人次，共支出25840万元。

（文字供稿：刘强　图片供稿：衡阳市志办）

苗圃街道>>

区域概况

位置面积

苗圃街道因1939年粤汉铁路局在境内建立花草苗木场而得名。地处珠晖区中部，东与酃湖乡交界，南与和平乡接壤，西北邻粤汉街道，西接广东路街道，西南与东风街道、冶金街道相邻，北与和平乡为邻。街道驻地服务里75号，距珠晖区人民政府3.2公里。2014年，辖区东西最大距离3公里，南北最大距离8公里，总面积4.76平方公里。其中陆地面积4.723平方公里，占99.21%；水域面积0.037平方公里，占0.78%。

建置沿革

春秋属楚地，西汉归属长沙王国酃县管辖，三国两晋南北朝时期属湘东郡临烝县管辖，隋唐至清朝属衡阳县管辖，清乾隆二十一年（1756），析衡州府衡阳县东南境置清泉县，属清泉县管辖。民国31年（1942），属衡阳市五区，1951年9月，属三区，1955年5月，属江东区，1955年8月，成立苗圃街道，1960年4月，成立苗圃分社，1968年9月，更名为苗圃分社革委会，1971年9月，改称苗圃街道革委会，1978年6月，复称苗圃街道。2001年4月，衡阳市区划调整后，原江东区更名为珠晖区，属珠晖区管辖。

行政区划

1978年，辖扶小里、健康里、乐群里、返修里、东方里、苗圃街、革新里、清泉里、广厦里9个社区居委会。1985年，辖服务里、健康里、扶小里、凤凰村、苗圃路、乐群里、东方里、清泉里、蔡家皂、建湘、运机11个社区居委会。1995年，辖服务里、凤凰村、健康里、苗圃路、乐群里、光华里、扶小里、东方里、清泉里、蔡家皂、建湘厂、运机厂、象山村13个社区居委会，192个居民小组。2001年4月，辖服务里、蔡家皂、清泉里、东方里、扶小里、光华里、乐群里、苗圃路、健康里、凤凰村10个社区居委会，157个居民小组。2007年4月，东方里社区居委会析分为东方里、民主里两个社区居委会，2009年10月，服务里居民委员会析分为服务里、凤凰村两个社区居委会。2014年，辖蔡家皂、清泉里、光明里、光华里、凤凰村、服务里、苗圃路、乐群里、健康里、民主里、东方里、扶小里12个社区居委会，149个居民小组。

自然环境

地处丘陵，北高、中平、南低。处亚热带季风湿润气候区，四季分明，年均气温24.5℃，最低月均气温6℃，最高月均气温36℃。无霜

粤汉铁路管理局旧址全景

衡阳铁路管理局办公楼旧址全景

期年平均300天，年平均日照时数1500小时，年平均降水量1500毫米，降水集中在每年3—7月,6月及7月最多。常年主导风冬季为北风，夏季为东南风。强雷电集中在6—7月。境内土壤分红壤土、黄泥土等。主要自然灾害有旱灾、低温、冰雹、山顶滑坡。辖区植被以小区、道路、学校和公园绿化为主，人均绿地面积约16平方米。

人口民族

1978、1985年，境内人口分别为16635人、39208人。1999年，辖区人口4.98万人，境内铁路单位居多，铁路职工和家属占总人口87%以上。2011年，辖区人口56284人，总人口中男性29259人，占51.98%；女性27025人，占48.02%；14岁以下5654人；15~64岁4905人；65岁以上7725人。总人口中汉族55895人，占99.3%；土家族、苗族389人，占0.7%。是年，人口出生率2.8‰，人口死亡率2.0‰，人口自然增长率0.8‰，人口密度每平方千米11824人。2014年，辖区人口58728人，其中城镇常住人口57622人，城镇化率97.42%，总人口中男性29859人，占50.48%；女性29288人，占49.52%；14岁以下6352人；15~64岁42273人；65岁以上10522人。总人口中汉族58729人，占99.29%；土家族、苗族418人，占0.71%。是年，人口出生率7.1‰，人口死亡率6.3‰，人口自然增长率0.8‰，人口密度每平方公里12337人。

经济发展

工业

境内工业以机械制造、汽车配件、彩印包装、耐火材料、电器设备制造为主。辖区单位有衡阳中地装备探矿工程机械有限公司、衡阳运输机械有限公司、衡阳市天立电器设备制造有限公司、衡阳华意机械有限公司。1985年，完成工业总产值313.14万元，1994年，境内完成工业总产值17263万元，从业人员6380人。2001年，完成工业总产值8319万元,从业人员2625人。2011年，境内工业企业12家，职工1585人，全年工业总产值达13.5亿元。2014年，境内工业企业20家，职工1685人，工业总产值达18.6亿元。其中五强动力（原建湘厂）于2014年启动改制，其余企业均完成改制程序。2014年，境内有8家建筑企业：中铁五局机械化有限公司、中铁二十五局第二工程有限公司、衡阳房建公寓段、衡阳铁路房建实业有限公司、景源房地产有限公司、衡阳铁路第二建筑工程公司、衡阳市华盛房地产开发有限公司、湖南林明房地产开发有限公司，总资产达12亿元。

商贸服务业

辖区人口众多，商贸服务业活跃。民国时期，境内以私营、个体商业为主。1955年，对私营饮食业进行社会主义改造，在苗圃和铁路文化宫组建2个合作饭店。饮食业所需要的粮油、糖、肉等原料由国家粮食部门和食品部门计划供给，经营品种单调。1955年，对理发业进行整顿改造，在苗圃和乐群里设立理发店。1963年，理发店上缴市饮食服务公司。1974年，兴办一家代营性质的照相馆。1975年，苗圃街道办事处在市商业部门的大力协助下，依靠群众兴办代销商品、代购废旧物资、代营饮食服务的“三代店”23个。1977年，已形成东方里、一〇三、扶小里、乐群里、服务里、苗圃街、建湘17个经营门类、40个网店、8大片生活小区，年营业额51万余元，利润3000余元。1979年，苗圃街道商业营业额达283万元，利润2.6万元。1984年前后，境内建设清泉市场、苗圃市场和苗圃服务大楼，经营日杂百货、农副产品、饮食、粮油、布匹。境内还设有肉食水产站、粮店、日杂百货店、饮食店、药店、煤店。2007年，公有制经济企业转型为个体私营经营。2011年，境内商业网点157个，全年社会商品销售总额1248万元。2014年，商贸服务业总产值2040万元，从业人员2900人，商业网点163个，社会商品销售总额1352万元。

财政金融

1994年，成立财税所，辖区财税收入38万元。1998年辖区财税收入78万元。2001年，辖区财税收入60万元。2011年，辖区财税收入156万元，本级财政收入246.9万元。2014年，辖区财税收入200万元，比上年增长近30%，本级财政收入286.75万元。

基础设施

交通运输

过去经由光明立交桥再到光明街是进入苗圃街道唯一的交通主干道，全长1400米。2013年，衡州大道通车后，境内出入经过衡州大道更为便捷。境内公交客运线路4条：130路、131路、132路和449路，还有狮山路、建湘路、凤凰路、清泉路等多条道路。

邮政通信

20世纪50年代初，境内有邮政所1所，主要从事揽收、处理、运输、投递工作。1978年以前，主要传递方式是电报和信件，90年代初，寻呼机（call机）和电话成为人们通信的主要工具，由于电话初装费用门槛较高，普通家庭很难安装。1998年以后，通信业发展突飞猛进，固定电话、手机和宽带成为居民生活通信的主要工具。2014年，辖区有邮政所1家，电信服务网点3个。

供电饮水

明清至民国，居民主要以饮用湘江水为主，井水为辅。东方里社区有一口古井，过去周边居民生活用水全靠此井，时至今日，此井水源依旧充沛，井水清澈可直饮。辖区供电多由广州铁路（集团）公司长沙供电段提供，部分居民用电由市供电公司提供。

城乡建设

境内有主次干道9条，均已完成硬化提质。光明立交桥南端连接三角线，北端位于清泉里，为行人、车辆通行的公路桥。光明街由清泉里起，经乐群里最后东止苗圃大树广场，全长1258米，车行道宽度为6车道。苗圃路原来南起市仪器机械厂，北至衡州大道，长150米，宽9米。延长后，苗圃路南起区路里行人天桥，北至衡州大道，全长1052米，宽9米。

20世纪80—90年代，随着铁路运输业的兴盛，铁路在境内的单位、厂矿纷纷建设家属区，各类基础设施健全。1996年，根据衡阳城市管理年活动要求，街道城管卫生股确定了坐落单位、居民、街道三方的保洁划分，将清扫保洁纳入年度工作考核。2000年开始，随着全国房地产行业的崛起，各大房地产公司纷纷在境内建设楼盘，华盛小区、凯富华润、景福苑、健康家园、左庭右院、铁苑花园、金色蓝庭等楼盘拔地而起，较好满足了辖区居民的住房需求。

社会事业

教育

1958年，苗圃街道办中心幼儿园1所，居委会也开始办幼儿园。1962年，由于经济困难，辖区幼儿园逐步解散。20世纪70年代初，街道响应号召办红孩子班。1995年，境内有探矿幼儿园、建湘幼儿园、标准件厂幼儿园、苗圃幼儿园、建光里幼儿园、扶小里幼儿园、广铁二工程幼儿园、东方里幼儿园、运输机械厂幼儿园9所幼儿园。共34个班级，在校幼儿1110人，幼儿教师138人。2014年，境内幼儿园11所，在园幼儿1046人，专任教师209人。

1960年，境内有小学4所，1995年，辖区内有小学5所，93个班，学生4226人，教职工234人。中学1所，2004年，正式移交衡阳市教育局管理。2014年，境内有小学5所，在校生

苗圃公园

5928人，专任教师110人，小学适龄儿童入学率100%。初中1所（市23中），在校生1020人，专任教师60人，小学升初中率、九年义务教育覆盖率均达100%。境内有大专院校3所。湖南财经工业职业技术学院、衡阳工业职工大学、湖南高速铁路职工技术学院。在校生7811人，专任教师397人。

文化体育

1979年，按照上级指示街道开始建设文化站。1993年，苗圃文化站面积达90平方米，为二级文化站。文化站配有图书室，藏书达5000册。有业余文艺团体3个，演职人员467人，其中与街道共建文化站的铁路老年大学曾荣获湖南省先进老年大学及衡阳市优秀演出团队等称号。2010年，境内各类艺术表演团体5个，演职人员238人。电影院1座，座位400个。俱乐部3个，新建文化馆1个。公共图书馆（室）12个，藏书1.2万册。2014年，街道文化站1个，社区文化活动中心7个，境内各类艺术表演团体5个，演职人员156人。电影院1座，座位400个。公共图书馆（室）7个，藏书1.3万册。

2011年，学校体育场6个，居民健身广场2个，游泳馆1个，室外足球场5个，举办过省级以上青少年网球大赛。每个社区安装了健身器材。2014年，居民健身广场10个，经常参加体育活动的人员占常住人口的45%，极大地丰富了居民群众的文体生活。铁路第一小学网球队累计取得省级大赛金牌25枚、市级大赛金牌23枚。

1981年，苗圃街道架通广播信号专线，每天播音10~11个小时，均以转播为主。1990年，广州铁路（集团）公司在苗圃设立广州铁路（集团）公司有线电视台衡阳分台，为境内居民及铁路职工提供有线电视服务。成立之初有员工15人，2014年，在岗员工7人，拥有用户16000户，自办广铁电视频道及铁总影视中心两个电视台。

医疗卫生

1951年，政府号召成立联合诊所，制定了联合诊所简则。1955年，沈恩锡、许子恕等5人开办苗圃诊所。1957年，经市人民政府批准，苗圃诊所与江东区中西联合诊所等个体诊所合并为江东区卫生院。1966年，苗圃、湖南路等6个联合诊所组成衡阳市江东医院，下设苗圃门诊部。苗圃街道社区卫生服务中心于2007年设立，其前身是衡阳市第一人民医院苗圃门诊部。中心设置医疗科、疼痛康复科、口腔科、中医科、针灸理疗科及计划免疫、妇女保健、儿童保健科等专业科室，并提供检验、放射、B超及心电图等医技检查项目。该中心设门诊观察席20个，门诊观察床16张，住院康复病床40张。中心多次获得目标管理考核先进单位、社区卫生服务工作先进单位等奖项。2009年，办公室旧房拆迁，启动住院楼建设项目。2010年，下设探矿站、建湘站两个卫生服务站。2011年，被确定为湖南省全科医生转岗培训基层实践培训基地。2014年，境内卫生服务中心1个，卫生服务站2所，医疗床位95张，执业医师30人，注册护士26人，其中副主任护师1人。孕产妇死亡率为0，5岁以下儿童死亡率0.056%，婴儿死亡率1.33%。是年，被确定为国家中医药管理局中医医疗技术协作成员单位。

社会保障

2003年，街道成立社保站，专管医保、社保、再就业工作。2011年，城镇最低生活保障1553户3450人，支出70.85万元。

2011年，城市生活无着落人员救助11人次，支出1.55万元。国家抚恤、补助各类优抚对象38人，安置义务兵、士官4人。社区服务设施49个，其中社区服务中心1个，社区服务站8个。新增就业人员1318人，904名下岗失业人员实现了再就业，就业困难人员再就业263人，年末城镇登记失业人数1162人，城镇登记失业率4.5%，街道实现无零就业家庭。2014年，为1580低保户发放金额81.34万元。为126名90岁及以上老年人申报高龄补贴（其中百岁长寿老人3名），全年共发放高龄补贴12.25万元。为各社区年满65周岁的老年人办理年老优待证325个。全面落实9名孤儿每月600元的生活保障金。有优抚对象42人，共发放民政事业费5.81万元，参战退役人员生活补助11.63万元，发放“八一”慰问金1万元。针对低保和特困家庭的医疗救助共18人次，救助金额达5.81万元，临时救助21人次，共1.9万元。

城市医疗救助28人次，民政部门资助参加合作医疗474人次，共支出9.81万元。2011年，城市医疗救助28人次。2014年，城镇居民基本医疗保险参保10862人，医保覆盖率18.37%。

特色地情

战国墓发掘 1953年，在苗圃街道发现三座战国墓，墓结构都为长方形土坑竖穴，有的口大底小，有的带墓道，填土多为棕红色，底部还填有一层5厘米厚的白色青泥。随葬物有三字“纽云地”龙纹的铜镜、铜剑、铜矛、陶器、玻璃璧等。

（文字供稿：匡倩　图片供稿：徐陂）

粤汉街道 >>

区域概况

位置面积

粤汉街道因粤汉铁路贯穿境内而得名。地处珠晖区北部，东与苗圃街道接壤，南靠珠晖区政府，西邻湘江，北接耒水。街道驻地湘江东路唐家巷98号，距珠晖区人民政府1.1公里。2014年，辖区东西最大距离6.2公里，南北最大距离4.5公里，总面积3.8平方公里。其中陆地3.58平方公里，占94.22%；水域0.22平方公里，占5.78%。

建置沿革

春秋属楚地，西汉归属长沙王国酃县管辖，三国两晋南北朝时期属湘东郡临烝县管辖，隋唐至清朝属衡阳县管辖，清乾隆二十一年（1756）析衡州府衡阳县东南境置清泉县，境内属清泉县管辖。民国31年（1942）属衡阳市五区，1951年9月，属三区，1955年5月，属江东区。1955年8月，成立粤汉街道办事处，1956年，办事处被撤销。1958年，成立红旗人民公社，1960年4月，改称粤汉分社，1966年9月，成立粤汉分社革委会，1971年9月，改称粤汉街道革委会，1978年6月，改称粤汉街道。2001年，衡阳市区划调整后，属珠晖区管辖。

行政区划

1985年，将辖区的茶山坳、金甲岭两居委会划归市郊区茶山镇管理。1995年，辖群众、粤汉、安居里、粤新、向荣里、机场6个居民委员会，77个居民小组。2002年1月，辖安居里、向荣里、滨江、粤汉、机场5个社区居委会，62个居民小组。2014年年末，辖向荣里、安居里、滨江、粤汉、机场5个社区居委会，59个居民小组。

自然环境

境内地处丘陵，地势比较平坦，属亚热带季风性湿润气候，年平均气温18.1℃，年平均降水量1452毫米，无霜期300天。1月平均温普遍在0℃以上，7月平均温一般为25℃左右，冬夏风向有明显变化，水资源丰富，降雨主要集中在春、夏两季。境内土壤分红壤土、黄泥土等，无农业和农副产品，植被以小区、河岸、道路绿化为主，1998年、2006年夏季，发生过洪涝灾害。

人口民族

2001年，辖区总人口19851人，性别比103：100。2002年，辖区人口16846人，性别比为105：100。2006年，境内人口17616人。2014年年末，辖区人口18714人，其中城镇常住人口17400万人，城镇化率93%。总人口中，男性9482人，占51.7%；女性9232人，占49.3%；14岁以下2699人，占14.42%；15~64岁14427人，占77.09%；65岁以上1588人，占8.49%。总人口中以汉族为主。是年人口出生率10.24‰，死亡率5.12‰，人口自然增长率3.88‰。人口密度为每平方公里4925人。

经济发展

工业

1966年2月，江东区劳动服务站成立，粤汉分社有麻绳组、服装组、榨油组、五金电器厂4个企业。1969年5月，设综合修理组，安置不能下放农村的老弱病残、社会困难户。1970年10月，粤汉分社新办厂组11个，职工82人。1975年，街道企业6个，职工255人。1981年1月，将粤汉街道所属胶粘剂厂和衡阳化工厂合并，成立衡阳市黏合剂分厂，由衡阳市化工局归口领导。1981年5月，粤汉搪塑玩具厂改名为江东玩具厂，同年8月，改名为衡阳市玩具厂，10月，江东电机厂改名为衡阳市电阻器厂。20世纪90年代，辖区省属企业有衡阳市肉类联合加工厂，市属企业有湖南叉车总厂，区属企业有衡阳市三环电器设备厂，街属企业有衡阳市电阻器厂、衡阳市电器开关厂、衡阳市玩具厂及亚华卷闸门厂等。1992年，完成工业产值502万元，销售收入428万元，实现利润54.04万元。2011年，实现工业总产值5.66亿元，产销率100%，拥有5家规模工业企业，职工1058人。2014年，限额以上商业服务业7家，完成社会消费品零售总额14.6亿元，完成协税123万元。招商引进内资企业1家，注册资金6000万元，实现工业总产值4.37亿元。拥有5家规模工业企业，职工715人，分别为衡阳市信恒机械有限公司、衡阳市伟力钢筋机械有限公司、湖南美怡乐食品公司、衡阳市广衡塑胶电器公司、衡阳市星环节能变压器公司。

商贸服务业

1955年，组建合作饭店1个，同年设立理发店1个。1994年，因市场疲软，街道6个网点先后停业和撤出，新发展网点5个，分别是江东联运公司、天外楼贸易公司、惠美快餐店、中旺摩托车修理部、三玉餐馆等。现在辖区以餐饮服务业为主，2011年，拥有规模以上限额批发业、零售服务业、餐饮业、住宿业网点23家，社会商品零售总额7亿元。2014年年末，拥有规模限额以上批发业、零售服务业、餐饮业、住宿业网点17家，社会商品零售总额20.4亿元。此外还有2个菜市场。

财政金融

1994年，街道成立财税所，完成税收任务20万元。2002年、2008年、2011年分别完成94.9万元、135.3万元、185万。2014年年末，完成财税协税164万元。境内金融企业2家，分别为衡阳市华美投资担保有限公司，注册资金1000万元；嘉信小额贷款有限公司，注册资金6000万元。

基础设施

交通运输

唐宋以后修通的汝城驿道从唐家码头、唐家巷、东桥、蔡家灶、石子岭、桂花亭、洪塘冲、茶山坳出境。衡阳机场于1928年从演武坪迁至境内八尺岭，位于湘江东岸，火车站东北侧。通用航空始于1958年，1995年年末，停止执行通用航空飞行任务。衡阳火车站于民国23年（1934）

10月建成，货场设在北部及粤汉码头。民国25年（1936）粤汉铁路通车。1950年，铁道部确定衡阳站按编组站扩建，1958年9月，车站北站至湘江东路盐店码头货物线——红旗铁路线建成。境内现有公路主干道5条，分别是湘江东路、东风北路、玉麟路、粤汉路、粤新路；次干道6条，分别是明清路、珠梓路、机场西路、机场东路、虎山路、民航路。京广线、湘桂复线（K7）穿境而过。粤汉码头是衡阳市重要水运枢纽，位于湘江东路粤汉马路口，中华人民共和国成立前修粤汉铁路在此设立码头。该码头紧临衡阳铁路车站货场，又称粤汉上码头，是衡阳港所管辖的码头中最大的货运码头，年吞吐量约110万吨。

邮政通信

中华人民共和国成立后，邮政通信事业发展较快。1998年，邮电局所管理的邮电事业实施分离。邮政分离成邮政企业（中国邮政），开发了代缴通信费、水电气费等5大类、20余种便民服务项目。韵达、顺丰、申通等快递公司纷纷在辖区设点经营，实行上门服务。电信分离成立中国电信，与中国移动、中国联通公司，境内手机普及率100%，手机话费缴费网店随处可见。

供电饮水

清代至民国，居民以饮用湘江水为主，辅之以水井。居民照明均是煤油灯、蜡烛。1983年后，供水管网遍布大街小巷，基本实现自来水全覆盖。2014年，辖区居民用水全部由市自来水提供，辖区用电均是由国家电网统一调度。

城乡建设

粤汉街道地处城乡接合部，属于旧城区，基础设施相对落后，随着20世纪80年代湘江公路大桥的贯通以及90年代末房地产开发热潮的兴起，境内城市建设步入快速的发展轨道。原市禽蛋加工厂、肉联厂、叉车厂、生猪调运站、电阻器厂、石灰厂、锅炉厂、玩具厂、飞龙公司、港务处等地段都进行了旧城改造和开发。中凌景蒂、景秀东安、润园地产、华泽钱江苑、盛世嘉园、东方巴黎、东方名城、东江丽景、金星湘江苑等楼盘小区相继落成，城市面貌焕然一新。2000年，粤汉街道办事处江东房管所在拆迁时，对该巷左侧的房屋进行房地产开发。2010年，因旧城改造对该巷右侧的居民户进行全部搬迁异地安置，该巷全长150米，宽8米，水泥沥青路面。衡阳机场立交桥位于衡阳飞机场西北角，衡阳航空俱乐部大门口，此处原为衡阳车站出站线平交道口，建单线公路立交桥一座，1991年12月竣工，该桥命名为“双拥桥”。

社会事业

教育

民国29年（1940）实行“管、教、养、卫”合一国民教育，设第五区中心国民学校，即现在的粤汉小学前身。20世纪70年代初，恢复幼儿教育，举办红孩子班1个。1995年，幼儿园有4个，2014年有幼儿园2所，在园幼儿205人，专任教师32人。民国27年（1938）粤汉路沟口扶轮小学南迁。1960年，设粤汉路管区民办小学。1976年，东方红小学为江东区民办小学，班级12个，学生497名，教师25名。1995年，境内有小学3所，班级26个，学生1294名，教师61名。2014年年末，境内有小学3所，在校学生3100人，专任教师100人，小学适龄儿童入学率100%。

境内中学教育发展较早，1904年，创办最早的衡州府立中学，1917年，更名为省立第三中学，1921年市私立大同中学，1926年9月，省立三中与第三女子师范学校、第三中学、第三师范合

欧阳故宅

退省庵

并为省立三师，改名为省立第三完全中学。1928年，三校重新分办。1949年，设立省高级商业学校。同年，设立扶轮中学，有12个班级，学生677人，教师47名。1980年，为保护原址，市政府将衡阳市江东中学从珠晖区荷花坪重新迁回省立三中原址，正式命名为衡阳市第十七中学。2009年下半年，按照修旧如旧的原则，衡阳市对省立三中旧址进行抢救性修复，整个修复工作于2011年全面完工。2014年年末，境内有初中3所，初中在校学生1686人，教师160人，初中适龄人口入学率、小升初升学率、九年义务教育覆盖率均达100%。

文化体育

1979年，街道建立文化站。1985年，粤汉街道文化站在共建群众文化工作上走出新的路子，出席全省群众文化工作表彰会，并参加在天津召开的全国群众文化工作会议，作题为《开展社区文化工作经验》的汇报。1993年，街道文化站面积100平方米，在全省达标文化站检查评比中被评为达标文化站。2014年年末，街道设有文化站1个，社区文化活动中心5个，各类图书室6个，藏书6000余册，每周一至周五对公众提供免费文化服务，每天常设免费活动时间5.5小时。文化活动室内常设免费展览、阅览、视听、培训、讲座，为群众提供免费服务项目。境内有音乐、美术、书法、摄影及文学业余创作队伍60人，文化志愿者40余人，已成立群众文艺团队3支。2014年，代表街道参加珠晖区“欢乐潇湘·幸福衡阳”大型群众文艺会演荣获二等奖，珠晖区“欢乐潇湘”第三届全民广场舞大赛荣获二等奖。街道每年平均举办6场广场巡回演、社区周周乐活动。2014年，辖区有文化活动广场3处，有省、市、区级文物保护单位5处（湘南学联、退省庵、欧阳故居、省立三中、申公馆），居民晨晚练体育活动点6处，安装了各类健身器材60余个，经常参加体育活动的人员占常住人口的26%。

1981年，粤汉街道居民区架通广播信号专线（无杆），发展居民喇叭用户180户，每天转播11小时，同时，不定期播放自办节目。1988年底停止广播。20世纪90年代后，电视陆续进入居民家中。2011年，有线电视覆盖全境。

医疗卫生

1951年，由张忠瑶等人联合开办粤汉诊所。1966年10月，衡阳江东医院设有粤汉门诊部。2014年末，境内有医疗卫生机构（珠晖区人民医院和东方女子医院）2个、门诊部4个、床位180张，固定资产总值2000万元。专业卫生人员280名，其中执业医师35人，执业助理医师45人，注册护士200人。是年医疗机构（门诊部以上）完成诊疗10000人次。

社会保障

1999年，实行城镇居民最低生活保障制度。2003年，街道成立社保站，专管医保、社保、再就业工作。2001年，低保对象118户、247人，月发放保障金16254元。2003年，低保对象416户、983人，月发放保障金44708元，办理《再就业优惠证》1000余个，组织培训96人，安置109人。申请公益性岗位补贴、离退休人员社会化管理600余人。2014年年末，低保对象534户、974人，月发放保障金287905元，人均296元；办理《老年优待证》135个，为20位90岁以上老年人申请、发放长寿金28400元。为16名年满65周岁生活行动不便的贫困老年人申请基本养老服务补贴。有孤儿5名，已全部纳入城市低保，每月发放低保金460元，孤儿生活费140元。救助流浪乞讨人员8名。享受廉租住房补贴的有422户。有残疾人338人，为19名智力、精神和重度残疾人提供居家服务306次；向社会募捐1.7万元。

2014年，城镇新增就业人员761人；城镇新增下岗失业人员455人；城镇新增就业困难人员168人；申请领办《就业失业登记证》的125人；公益性岗位安置下岗失业人员36人，其中军退公益性岗位全日制19人，非全日制6人；街道本级公益性岗位11人。积极采集用工信息217条，提

湘南学联旧址

供岗位个数154人次，办理求职登记109人，实现就业再就业67人，办理社保补贴69人。城镇居民养老保险参保人数79人，超额完成全年目标任务。

特色地情

湘南学联旧址 位于湘江东路粤汉码头，始建于清光绪二十八年（1902），原为衡阳浮桥公所，建筑平面布局为中国南方明清时期典型的会所格局，面阔五开间，前后两进，占地面积900平方米，建筑面积700平方米。五四运动时期在此成立湘南学生联合会。1972年，被湖南省政府公布为湖南省省级文物保护单位，2002年，被中共湖南省委宣传部授予全国爱国主义教育基地，2006年，被共青团中央公布为全国青少年教育基地。2009年，衡阳市政府拨款对湘南学联旧址进行修葺。

退省庵（彭玉麟公馆） 位于湘江东路风光带1号，为彭玉麟于同治八年（1869）所建。现在保存的是前栋，建筑面积500余平方米，坐东朝西，砖木结构，硬山顶，穿斗式梁架结构，整个建筑用材粗大，凸现其建筑的高大宏伟和官宦世家的显赫地位。彭玉麟（1816—1890），字雪琴，号退省庵主人，湖南衡阳人，清同治中兴名臣，早年襄助曾国藩创建湘军水师，并率水师转战湘、鄂、皖及江浙一带，战功卓著。历任知府、道台、巡抚、总督、兵部侍郎、尚书，加巴图鲁名号，封太子少保。光绪十六年（1890）病逝于衡阳，享年75岁，朝廷追赠太子太保衔，并立专祠致祭。2004年，衡阳市人民政府特拨专款对其进行保护性维修，2005年2月完工。

（文字供稿：蒋玲慧　图片供稿：徐陂）

新湘街道 >>

区域概况

位置面积

新湘街道因濒临湘江河而得名。地处珠晖区南部，东临京广铁路，南与东阳渡镇南陂村接壤，西与新塘村为邻，北濒湘江，东北与东阳渡政府毗邻。与衡阳火车站及中心城区距15公里，与衡阳高铁站距10公里，与京珠、衡昆两大高速公路、衡阳外环公路仅距2.5公里，与南岳机场距离4公里。街道办事处驻创业路，距珠晖区人民政府16.2公里。2014年，辖区东西最大距离3.3公里，南北最大距离3.4公里，总面积8平方公里。其中陆地7平方公里，占87.5%；水域1平方公里，占12.5%。

建置沿革

清属清泉县，民国31年（1942），属衡阳市五区，1955年，属江东区。1977年6月，由国营二七二厂和国营七一〇厂新成立新湘街道革命委员会，为原国营二七二厂、七一〇厂共同管理的企业街道。1978年6月16日，将新湘街道革命委员会改为新湘街道办事处，隶属衡阳市江东区管辖。2001年，衡阳市区划调整，街道6个居委会撤并为工农、新华、联盟3个居委会，45个居民小组。2003年6月，新湘街道由企业街道改制为社会街道。

行政区划

1977 年，辖 6 个居委会 73 个居民小组。2014 年，辖 4 个居委会 45 个居民小组。

自然环境

境内位于衡阳城区东南部，属亚热带季风气候，四季分明，降水充足。春秋季较为凉爽舒适，春季湿润。冬季冷凉微潮，偶有低温雨雪天气。夏季炎热，较为潮湿。年平均气温 18℃左右，年均降水量约 1352 毫米。辖区主要自然灾害有旱灾、洪涝、冰雪。一般旱灾十年一遇，水灾八年一遇。最严重的一次水灾发生于 2007 年 8 月，其次是 2014 年端午节内涝严重。有记录最严重的冰灾发生在 2008 年 1 月，辖区内断水断电数日。

人口民族

1994 年，境内人口 15566 人。2011 年，辖区人口 16384 人，其中城镇常住人口 15720 人，城镇化率 100%。另有流动人口 391 人。总人口中男性 8251 人，占 50.4%；女性 8133 人，占 49.6%。14 岁以下 1841 人；15 ~ 64 岁 11045 人；65 岁以上 3360 人。总人口中汉族 16201 人，占 98.9%，回族、瑶族、壮族、苗族、蒙古族占 1.1%。人口出生率 4.94‰，人口死亡率 7.14‰，2012 年，辖区人口 17367 人，达到历史新高。2014 年，辖区人口 16358 人。人口自然增长率 –2.2‰。人口密度每平方公里 2048 人。

经济发展

工业

境内工业以中核集团二七二铀业有限责任公司为代表的铀纯化浓缩、天友化工为代表的钛白粉化工、宏华机械有限公司为代表的机械制造业为主。1978 年七一〇钢瓶实业有限公司（现宏华

中核二七二铀业有限责任公司

机械有限公司），开始研制生产系列钢瓶，1986年，荣获国家质量金奖，获得湖南省名牌产品称号。2009年，二七二厂改制分为军品（中核集团二七二铀业有限责任公司）、民品（中盐天友）、生活区（衡阳市二七二社区管委会）。2014年，境内工业企业3家，职工2314人，全年工业总产值达44.6亿元。

商贸服务业

1974年，仅一家商店营业。1992年为取缔马路市场。由二七二厂和七一〇厂出资成立景园市场，2003年，改扩建景园市场。2014年，境内商业网点184个，全年社会商品销售总额达7213.5万元，城乡集市贸易成交额3517万元。是年进出口总额1910万元，出口1910万元。

财政金融

1994年，成立新湘街道财税所，完成财税收入8万元。2000年、2010年、2014年，完成财税收入分别为72万元、420万元、280万元。境内有工行、农行、建设银行、邮政银行、农村信用社网点5个。

基础设施

交通运输

2014年以前，通往外界的主要交通工具为7路公交车。2014年，新湘街道人大代表联名提议，为方便居民群众的出行开通白沙洲至二七二厂的公交车。同年11月27日，衡阳市公交公司正式开通运行153路公交车（白沙洲至二七二厂）。辖区内无铁路、船舶交通。

供电饮水

2008年以前，二七二厂由衡阳市优先保证转供用电，辖区有变电站1个，变压器2台。2008年，由华联社区出资两电分离交由衡阳市酃湖供电所。二七二厂自建一个自来水厂，负责二七二厂区的生产用水和生活区生活用水及周边部分东阳居民的生活用水。七一〇厂生活用水向二七二厂购买，生产用水自建水塔，由2台水泵抽水沉淀、消毒使用。

城乡建设

境内建设由二七二厂统一规划管理。2011年8月，经湖南省政府批准立项：二七二社区棚户区一期改造800套安置房项目正式启动。2011年9月，棚户区改造工程顺利开工，纳入衡阳市第一批棚户区改造原地重建项目名单。2013年，首批9栋312套安置房住宅楼完工，并分房到户。至2014年底，二七二棚户区一期工程竣工，建成800套棚改定向安置房。

社会事业

教育科技

1977年，辖区有二七二厂子弟小学1所，二七二厂子弟中学（含初中、高中）1所。2006年1月1日，二七二子弟中学改制由衡阳市教育局接管并改名为衡阳市二十六中学，二七二子弟小学移交珠晖区教文体局改名为衡阳市珠晖区实验小学。2011年，衡阳市二十六中与市八中签署合作办学协议，创办市八中分校。2014年，境内幼儿园2所，在园幼儿420人，专任教师20人。小学1所，在校生935人，专任教师58人，小学适龄儿童入学率、九年义务教育覆盖率均达100%。普通高中1所，在校生668人，专任教师48人。是年辖区厂矿科研机构2个，专业技术人员28人。

文化体育

1977年，境内有电影院2座，座位2200个。俱乐部2个，2003年，电影院1座，俱乐部2个。2011年，新增新湘文化站1个，社区文化活动中心3个，公共图书馆4个，藏书3万册。辖区各单位档案室8个，建筑面积48平方米。地方特色民间艺术有衡阳市级非物质文化遗产继承人王子多根雕艺术。民间艺术团队3个，其中二七二广场舞队和秋韵艺术团队在省、市、区广场舞中取得过好成绩。

1977年，辖区有学校体育场2个，室外田径运动场1个，门球场4个，俱乐部1个。2014年，学校体育场2个，室外田径运动场1个，门球场4个，室外篮球场2个，健身路径5处，网球场2个，羽毛球场4个，居民休闲娱乐广场1个。经常参加体育活动的人员占常住人口的45%。

1961年9月，开通有线广播站，有广播喇叭38只，入户率89%。1991年1月，建二七二厂有线电视台，开通有线电视。2011年，电视台开通73个频道，有线电视用户4979户，其中数字电视用户4387户，电视综合覆盖率94.3%。

医疗卫生

1977年，厂职工医院1家。2011年，二七二职工医院改制更名为衡阳市第四人民医院。2014年，境内各级卫生医疗机构1个，社区卫生服务中心1个，医疗床位130张，执业医师21人，注册护士55人。2014年，城镇居民医疗保险参保3108人，参保率98.3%。

社会保障

1999年，辖区开始实行城镇最低生活保障政策，享受最低生活保障15户29人，月人均110元。2010年，城镇最低生活保障500户878人，月人均189.57元。2014年，城镇最低生活保障累计6443户11441人，支出1694302元，月人均279.86元。国家抚恤、补助各类优抚对象53人。社区服务设施21个，其中社区服务中心1个，社区服务站1个。

2003年，街道成立社会保障站，当年实行就业人员189人。2011年，新增就业人员608人，有561名下岗失业人员实现了再就业，就业困难人员再就业151人，城镇登记失业人数151人，城镇登记失业率4.3%。2014年，城镇新增就业完成458人，再就业248人。

2008年10月开始，对军退六类人员符合条件可以享受公益性岗位500元/人·月，第一批享受人员8人。至2014年，已有10人享受，600元/人·月。城镇非私营单位在岗职工年平均工资1850元，比上年增加150元；城镇私营单位就业人员年平均工资1300元，比上年增加110元。

2014年，办理城乡医疗保险3811人，缴费25000元；城镇居民基本养老保险15人，社会养老保险11人，缴费8500元，任务完成率居全区第一。城市医疗救助20人次，民政部门资助参加城镇居民医疗保险401人次，共支出2.102万元；城市生活无着人员救助3人次，支出0.26万元。国家抚恤、补助各类优抚对象28人。

（文字供稿：刘秋菊　图片供稿：衡阳市志办）

衡州路街道 >>

区域概况

位置面积

衡州路街道因坐落于衡州大道东段起点处而得名。东临咸塘镇，南接耒水，西连酃湖乡，北抵茶山坳镇。地处耒水下游，辖区一半以上土地被耒水环绕，呈半岛状，境内河流水流较缓。街道驻地距珠晖区人民政府 8.7 公里。2014 年，辖区东西最大距离 7.7 公里，南北最大距离 12.7 公里，总面积 8.41 平方公里，其中陆地面积 7.36 平方公里，占 87.5%；水域面积 1.05 平方公里，占 12.5%。

建置沿革

春秋属楚地，西汉归属长沙王国酃县管辖，三国两晋南北朝时期属湘东郡临烝县管辖，隋唐至清朝属衡阳县管辖，清乾隆二十一年（1756）析衡州府衡阳县东南境置清泉县。1952 年 7 月，属衡南县管辖。2006 年 11 月 17 日，因武广高铁建设需要，将衡南县咸塘镇的王江、茅坪村划归珠晖区酃湖乡管辖。2007 年 9 月，成立衡州路街道，属珠晖区管辖。

行政区划

2007 年，衡州路街道设立时，辖王江、新园 2 个社区居委会，28 个居民小组。2014 年，辖新园、王江、白渔谭园艺场 3 个社区居委会，28 个居民小组。

自然环境

地势较为平坦，海拔 59 ~ 65 米。属亚热带气候，年平均气温 25.1℃，最低月均气温 0.8℃，最高月均气温 34.3℃。年平均降水量 1268 毫米。辖区最大的河流为耒水，属于长江流域的湘江水系，流经新园、王江社区，长 8 公里，流域面积 8.41 平方公里，年均流量 258 立方米 / 秒。主要自然灾害有旱灾、洪涝、冰雪。一般旱灾十年一遇，水灾害八年一遇。最严重的一次水灾发生于 2007 年 8 月。

人口民族

2011 年，辖区人口 9545 人，城镇人口 3120 人。2014 年，辖区人口 32544 人，其中男性 16654 人，占 50.07%；女性 15890 人，占 49.93%；14 岁以下 11090 人；15 ~ 64 岁 15660 人；65 岁以上 5800 人。总人口中汉族 32540 人，占 99.97%；苗族、土家族 3 人，占 0.03%。人口密度每平方公里 3869 人。

经济发展

农业

境内主要种植水稻、蔬菜、大豆、葡萄、薯类等作物。1958年，实行人民公社管辖大队制，连遇三年自然灾害。1962年，人民公社实行“三级所有，队为基础”制度，改进耕作技术，加强病虫害防治，设立大队植保站，粮食亩产由153公斤提高到225公斤。1968年，扩大双季稻种植面积，间作三熟制，采用温室和地膜育秧技术，粮食亩产348公斤。种植其他经济作物33.33公顷，2000年，推广抛秧技术。2006年，开始推广撒播直种技术。2014年，境内双季稻种植面积106.66公顷，产量1280吨，农业总产值345.6万元。

工业

所属白渔潭水电站建于1958年，公司共有8台机组，现有装机容量2.19万千瓦。2002年12月31日，湖南省电力公司所持有公司的66.23%股权及所属的白渔潭水电站非经营性资产及人员划转移交给中国大唐集团公司。白渔潭水电站属耒水梯级开发13座电站中的最后一级电站，也是我国第一座低水头径流式水电站。

基础设施

交通运输

民国时期，辖区无专用道路过境，只在耒水设有临时码头。向南往王江渡河，到达衡阳市区。往北约3.5公里经茶山坳朱咯渡过河，到达市区，也可从茶山坳火车站乘车。1966年，修筑耒水防

武广高铁衡阳东站

洪堤，堤面成为连接南北的通道。1976 年，修建蔡家港石拱桥（幸福桥）。2009 年 10 月，位于境内的武广高铁衡阳东站建成通车。衡州大道与中心城区直接相连。境内公交车线路有 K136 路、K145 路、K146 路、K146 路（夜班）、K147、K148 路等。2011 年，武广高铁站周边配套设施逐步完善，公交汽车站、长途汽车站、中海油加油站等陆续投入使用，跨江雁城大桥和衡州大桥建成通车。

水利建设

耒水及支流蔡家港流经境内，河水常年供给人畜饮用和田地灌溉。汛期，洪水泛滥。旱季，田土干涸，危害农业生产和人们生活。20 世纪 50 年代前，境内防汛抗旱能力较低。1958 年，建立第一座苏式 150 千伏电动灌溉机，提高抗旱能力。1966 年，修筑耒水防洪堤。1968 年，修建蔡家港排渍机埠，功率为 55 千伏，解决内渍问题。1992 年，对辖区大部分灌溉主干渠进行硬化，渠道里程 12.7 千米。2006—2014 年，投入水利建设资金 40 万元，新建骨干塘 1 口，建地面积 1.8 公顷，护砌骨干塘和清淤 11 口，新增硬化渠道 400 米。

城乡建设

衡阳东站为京广客运专线七大枢纽站之一，是湖南省第二大高铁站。隶属广州铁路（集团）公司长沙站管辖，该站于 2009 年 12 月 26 日起正式运营。通过 2 座跨耒水大桥、东外环线以及衡州大道与市区相连接。雁城大道是进出衡阳东站的必经之路，西起东外环路，东至衡阳东站，路基宽 64 米，全长 1126.71 米，总投资 1 亿元。其中跨耒水大桥长 640 米，耒水大桥桥面宽 35 米，共有 19 排桥墩。衡州大道跨耒水大桥桥长 600 米，总投资 1.7 亿元。车站广场位于衡阳东站的正前方，占地面积 7.7 平方米，由衡阳东城开发公司投资建设。车站广场正中为旅客出入通道，东南角为公交车站，东北角为社会车辆停车和的士停车场，西南和西北角为绿化地带。新园路位于车站广场前，路面宽 40 米，长 1867 米。2014 年，村通公路已全部实现组组通，全长 17.8 千米，总投入 410 万元。

社会事业

教育

1953 年，建立大队夜校，开展扫盲运动，创办社区（大队）小学。1965 年，居民出资投劳，采用土坯砖瓦结构，自建校舍。1975 年，新建一栋教学楼，共 4 个班。1992 年，新建一栋 12 个教室及教师住宿为一体的教学楼，教职员工 25 人，每届毕业学生 60 人以上，成为当时咸塘镇标准社区级完小。2007 年，因国家重点工程武广高铁建设需要，拆除重建，更名为衡州路完小。2013 年，新校区建成并投入使用，校园占地面积 1.5 万平方米，建筑面积 2700 平方米，教师 20 人，教学班 7 个，在校学生 321 人。学校各功能室齐全，设备设施完善，拥有图书室、阅览室、计算机室等 13 个功能室，校内建有田径运动场等多个活动场地。2014 年年末，辖区小学 1 所，在校生 321 人，专任教师 20 人，小学适龄儿童入学率、小学升初中率、九年义务教育覆盖率均达 100%。大学 1 所，在校学生 5021 人，专任教师 190 人。

文化体育

2007 年，境内有各类艺术表演团体 2 个，演职人员 40 人。文化站 2 个，公共图书室 2 个，藏书 1 万册。地方特色民间艺术有腰鼓队、舞蹈队。2014 年年末，有健身场所 1 个，丰富了辖区居民的文化生活品质。

医疗卫生

1969年，实行农村合作医疗制度，在新园社区设立卫生站，属咸塘公社卫生院管辖，站内3名工作人员（时称赤脚医生），以自采自种中草药为主，免费服务辖区居民。1984年，卫生站更名为社区卫生室，设西医西药，负责全社区防疫工作。1996年,实行农村卫生一体化管理。2006年，因区域调整，新园社区卫生室重新挂牌，属珠晖区茶山坳中心卫生院管辖。2014年4月1日，经珠晖区卫计局批准，将辖区两个卫生室合并为社区卫生服务站，有卫生室6个，医疗床位20张，执业医师5人，注册护士5人。

社会保障

2006年，启动农村低保政策，提高“五保”户待遇。2011年，农村最低生活保障72户、146人，支出13.1万元，月人均66元；农村医疗救助12人次,民政部门资助参加合作医疗96人次，共支出3140元；城市生活无着人员救助3人次，支出19080元。国家抚恤、补助各类优抚对象15人。

2012年，启动城乡居民社会养老保险制度。近年来，国家重点工程建设征地面积较多，参加被征地农民社会保障人员100余人。2014年年末，新增就业人员240人。

2008年，启动新型农村合作医疗制度，年内新农合覆盖率75.8%。执行农村大病救助制度。参加生育保险183人。

（文字供稿：唐亮　图片供稿：刘爱成）

茶山坳镇 >>

区域概况

位置面积

茶山坳镇因境内山坳种植油茶较多而得名，地处珠晖区东北部。东与衡南县咸塘镇接壤，南与酃湖乡隔耒水相邻，西南与和平乡的新华、五四两村毗邻。西与石鼓区松木乡仅一江之遥，北与衡阳县樟木乡隔江相望，驻地茶山村，距珠晖区人民政府 11 公里。2014 年，辖区东西距离 7.5 公里，南北最大距离 16.5 公里，总面积为 63.1 平方公里，其中陆地面积 54.9 平方公里，占 87.1%；水域面积 8.2 平方公里，占 12.9%。

建置沿革

清代属清泉县管辖。民国时期，境内所属区域一部分属衡南县二区，另一部分属衡阳市八区。1956 年，撤区并乡，衡南县二区管辖的一部分成立金甲乡，市八区管辖的一部分成立茶山乡。1958 年，金甲乡所属区域成为衡南县泉溪人民公社一部分，茶山乡所属区域属于衡南县酃湖乡人民公社。1961 年 3 月，将衡南县泉溪人民公社金甲片与原茶山乡所属区域合并成立茶山人民公社，属衡阳市农办直管。1980 年，成立衡阳市郊区政府，隶属衡阳市郊区。1984 年 8 月，茶山人民公社改称茶山乡，并将原江东区所辖的茶山居委会划归该乡管辖。1985 年 3 月 16 日，改称茶山坳镇。2001 年，衡阳市区划调整后，属珠晖区管辖。

行政区划

1984 年，茶山乡辖茶山、藕塘、垅塘、田心、堰头、农林、黄洲、樟木、金甲、大昌、秧田、皇桥、古城、合兴 14 个村，147 个村民小组。1985 年，撤乡建镇后，成立盐矿、衡北、大石渡、胜利、金甲、茶山 6 个居委会，居民小组 35 个。2001 年，由原来的 6 个居委会调整为茶山、金甲 2 个居委会，居民小组 20 个。

自然环境

境内地处丘陵，南高北低，地势凹凸不平。辖区有一条人工裁弯取直水渠，经 6 个村注入湘江。南片堰头、农林两村之处的鸡公山较为高峻，海拔 150 米，最低点石头港位于农林村一组，海拔 51 米。属亚热带季风湿润气候，四季分明，年均气温 25℃，最低月均气温 5℃，最高月均气温 35℃，生长期年平均 260 天，无霜期年平均 301 天，年平均日照 3100 小时，年平均降水量 1610 毫米，降水集中在每年 2—7 月，6 月最多。常年主导风冬季为北风，夏季为东南风。强雷电集中在 6—7 月。辖区土壤分为紫色岩土、红壤土、黄泥土、粉沙泥土四大类。南片丘陵山含茶山、垅塘、藕塘、田心、堰头、农林5个村；中片丘陵地指樟木、金甲、大昌、黄洲4个村；北片平原是沿湘江河畔的秧田、皇桥、古城、合兴4个村。茶山坳镇因三面环水，被耒水、湘江环抱，素有茶山半岛之称。湘江和耒水流经境内总长为33公里。自然灾害有旱灾、水灾，出现率35%，水灾两年一遇，旱灾三年一遇。1994年6月和2010年5月，曾发生过最严重水灾，分别超警戒水位3米、2米。境内已探明的地下矿藏有氯化钠、钙芒硝，其中氯化钠储量126亿吨。已开发的湘衡盐矿位于辖区茶山、藕塘、垅塘村，矿区面积3平方公里。地质储量8.6亿吨，可开采6.2亿吨；年产量206万吨，可开采260年。

人口民族

1984年，茶山乡人口20296人。2010年，辖区人口30031人，其中城镇常住人口11171人，城镇化率37.19%，另有流动人口3800人。总人口中男性15875人，占52.8%；女性14156人，占47.13%。是年被评为全国计划生育依法行政示范乡镇。2014年，境内人口30019人，其中城镇常住人口6620人，另有流动人口2228人。总人口中男性15824人，占52.71%；女性14195人，占47.28%。18岁以下5960人；18 ~ 35岁11828人；60岁以上5363人。总人口中汉族占98%。人口密度为每平方公里550人。

茶山坳镇出土的五代衡州窑青釉双鲤鱼把手南瓜形壶

经济发展

农业

种植业 境内粮食作物以水稻为主。1984年，水稻种植面积1174.27公顷，亩产350公斤，总产量6164吨。1990年，水稻种植面积2215.73公顷，平均亩产346公斤，总产量11500吨。1996年，水稻种植面积1201.67公顷，平均亩产360公斤，总产量6489吨。2001年，水稻种植面积1093.33公顷，平均亩产410公斤，总产量6724吨。2014年，因产业结构调整，境内水稻种植面积850.6公顷，平均亩产480公斤，总产量6043吨。境内蔬菜种植是一大特色。香西瓜、大辣椒、白萝卜、大白菜、花生、土豆、凉薯、豆角，被誉为该镇八大名产，占衡阳市五分之三的菜市场份额。衡阳市的二线蔬菜基地主要分布境内秧田、大昌、皇桥、古城、合兴、黄洲、农林、金甲、樟木9个村。1984年，茶山乡蔬菜年上市量10.5万吨。近年来，八大名产远销香港、澳门、深圳、珠海等地。2012年，力丰农业发展有限公司在堰头村建立衡阳力丰生态体验园，规划400公顷，计划投资5亿元。种植蔬菜66.67公顷，兴建大棚800个，蔬菜配送冷藏中心5000平方米，新增中秋酥脆枣26.67公顷、水蜜桃13.33公顷。2014年，辖区蔬菜种植面积533.33公顷，上市产量12万吨。

养殖业 渔业生产较为稳定。1985年，辖区山平塘880口，放养水面85.33公顷，出塘鲜鱼500吨。2014年，境内山平塘816口，放养水面

80 公顷，出塘鲜鱼 560 吨。境内充分发挥山地多的特点，畜牧业发展较快。以生猪、鸡、鸭为主，牛、羊为辅。1984 年，茶山乡家禽出笼 20 万只，生猪出栏 3 万头，存栏 1.5 万头。1985 年，建镇时，家禽家畜既有饲养大户又有分散饲养农户。1996 年，家禽出笼 15 万只，生猪出栏 4 万头，存栏 2 万头。2011 年，家禽出笼 18 万只，生猪出栏 8.5 万头，存栏 3 万头。2014 年，家禽出笼 9 万只，生猪出栏 3 万头，存栏 1 万头。力丰农业养鸡场 2000 平方米，年出笼活鸡 2 万羽。皇桥村宏达养鸡场年出笼 3 万羽。为保护湘江，对境内沿湘江河边 50 米以内的猪场（栏）进行大拆除。至 2014 年，境内沿河 8 个村 22 个组 179 户，38067.38 平方米的猪场全部拆除。

林业 森林覆盖率 52.8%。境内垅塘村林场的杉树 20 多公顷，堰头村牛栏塘国外松基地与黄洲村的国外松连片达 6.67 公顷，大昌、秧田、皇桥、古城 4 个村以组为单位连片板栗基地 26.67 公顷，农林村义乌大枣 5.33 公顷。2012 年，田心村宝富花都公司各类花卉苗木林 33.33 公顷，藕塘村绿腾园艺观赏苗木林 20 公顷。2014 年，樟木村绿洲园艺茶山植物园 66.67 公顷。

工业

20 世纪 50 年代至 60 年代中期，境内有盐厂、装卸队、工程队、卤水矿、托辊厂、建材厂、湘旺食品厂等小型企业。1969 年，有湖南省建立的湘衡盐矿和衡阳市建立的树脂厂、自行车厂。1996 年，完成工业总产值 20192 万元，从业人员

6720 人。2001 年，完成工业总产值 6313 万元，从业人员 3625 人。2006 年，茶山工业园引进海联盐卤化工厂、裕华化工厂等企业。2014 年，规模企业 21 个，完成工业总产值 1.61 亿元，从业人员 3500 人。

商贸服务业

境内凭借优越的地理位置和交通区位优势，商贸服务业十分活跃和发达。1984 年，主要依托境内综合老市场和金甲岭市场，经营日杂百货、农机具、农副产品、饮食、粮油、布匹。1996 年，境内个体工商户 996 户，从业人员 4980 人。2001 年，境内个体工商户 339 户，从业人员 1695 人。2002 年，茶山坳的老市场撤销后，新建一个大型的新市场——东环市场。2007 年，以前，金甲岭、茶山坳两地的供销社设有肉食水产站、粮店、日杂百货店、饮食店、煤店。2007 年以后，公有制经济企业转型为个体私营经营。2011 年 3 月创建的衡阳力丰物流有限公司是一家综合性现代商贸物流公司，占地为 500 亩，投资为 5 亿元，属国家 AAAA 级物流企业，2014 年，通过 ISO9000 质量体系认证。2014 年，辖区商贸服务业总产值 1740 万元，从业人员 3500 人。

湖南省湘衡盐矿

财政金融

1984 年，成立茶山乡财政所，此前，农业粮食征购和农业粮食统销都是由当地粮食局或粮站负责粮征工作。1996 年，镇财政总收入 356.53 万元，其中税收收入 91.4 万元，主要为工业和农业税收。2014 年，镇财政总收入 1936.5 万元，财政总支出 1477.1 万元。

清代至民国时期，镇上分别在茶山坳、金甲岭有典当行、票号、钱庄经营。中华人民共和国成立后，茶山人民公社、茶山乡政府期间设有茶山信用社和金甲岭信用社。1983 年，境内 14 个村的村会计为信用社的信贷代办员。1992 年年底，村信贷代办员被撤销后，又分别在茶山坳、大石渡、金甲岭、周陂庙设立信用社营业所或营业点。茶山坳还设有中国农业银行茶山坳营业所。1996 年，两家银行存款额 16504 万元，储户 18222 户，贷款总额 2923 万元。2014 年，存款额 63236 万元，储户 56130 户，贷款总额 10262 万元。

基础设施

交通运输

境内铁路有京广线 3.7 公里、武广高铁 1 公里，大型铁路货运编组站场 1 个，在建的怀邵衡高铁 7 公里，共有 3 条铁路过境。公路有衡大高速 4.2

公里，双向6车道，珠晖北出口1个，东外环路4公里穿境而过，县乡（镇）级公路（茶秧路）1条，7.2公里，截至2014年年底，村村、组组道路均已硬化，总里程达130.7公里；绿化、亮化、美化里程达78.2公里。境内货运汽车132辆，528吨位，年载运量15.8万吨。公交客运线路2条（111路、423路），营运车辆22台，594个座位，年客运量159万人次。辖区通航河道2条，湘江航道约30公里，耒水航道约3公里，其中湘江为一级航道，最大通航能力为1000吨级。客运横渡5处，渡船7艘，年客运量6.7万人次。

邮政通信

民国时期，境内有2条古驿道过境。1949年后，有茶山所、金甲所2个邮政所，1983年，改建茶山所。有邮路3条，150公里，网点300个。2003年，设邮政储蓄所，年储蓄额约1000万元，2014年达6000万元。

20世纪70年代，设电话总机室，有总机1台，分外线和内线，手摇电话约22门，由总机转接。80年代初，开始实行程控电话，拨号即可。90年代中期，乡镇程控电话发展高峰期，后来由于手机的普及，固定电话逐渐减少，现存固定电话560台。90年代末，开始用无线电话，2014年，境内各种网络手机用户8700户。宽带网络入户开始普及，已有477户装上宽带网。

供电饮水

2014年，境内高压电线路6条，631公里，变压器222台，负荷69026千瓦，变电站1座。低压线路143条，286.5公里，电网改造已完成9个村，未改5个村，做到户户通电用电。

1988年，政府号召改水、改厕以来，境内共有手压井1850口、饮水井2560口，逐步改变饮

金甲廊桥

水不卫生与困难的状况，且大多数村民都安装了家用水塔。2014 年，在农林村龙王潭山上湘江河边建成一座年产水量 1100 万立方米的自来水厂，已安装埋设主通水管道 10 公里，可供 10 个村村民饮用。截至 2014 年年底，已有供水用户 1680 户，年供水 720 万吨，彻底改变了过去的缺水状况。

水利建设

1999 年，大源渡库区建设时，在大水町保护区建设范家垅、石头巷等中小型 4 处水利设施。2012 年，开始对境内破损淤塞严重的北干渠和部分山平塘进行清淤修复和硬化。共修复硬化主干渠 12.2 公里，清淤硬化山平塘 655 口，124.47 公顷，共动用土石 150 余万立方米，耗资近 3000 万元。2014 年，境内旱涝保收农业基础建设基本完善，防洪堤全长 12.8 公里，内涝排渍机埠 6 处（大型 2 处），总装机容量 816 千瓦，大小涵洞 21 处。大型灌溉机埠 3 处（金堂河、张家河、肖巷子），装机容量 265 千瓦。中小型排灌机埠 9 处，装机容量 126 千瓦。灌溉水渠 70 条，89 公里。中小型山塘、水库 123 座，面积 111.33 公顷，蓄水量 2004 万立方米。各类塘堰 693 口，122 公顷。灌溉用机井 234 口，装机容量 515 千瓦，可灌溉田地 111.33 公顷。2014 年，又新修扩建中小型山塘、水库 5 口，19.33 公顷。

城乡建设

1958 年，茶山人民公社在金甲岭成立。改乡政府后，1980 年，新建的办公楼位于金甲岭去金堂河的公路旁。1985 年 3 月，茶山乡改为镇，办公地由金甲岭迁至茶山坳，1987 年，搬至新的办公楼。1989 年，茶山坳新街建成。1992 年，蔬菜公司在茶山坳兴建蔬菜专卖店。2002 年 7 月，茶山坳新的农贸市场建成搬迁。2005 年，东外环路新公路大桥建成通车，衡大高速公路建成通车，邹家嘴小区建成。同时，城镇住房建设和农村村民住房建设加速发展。境内城镇居民人均居住面积达 55 平方米，农村村民居住面积达 60 平方米。1989 年，镇成立环卫站。2011 年，启动茶山环境连片整治工作，农村人居环境开始跨越式提升。1996—2014 年，投入城镇建设资金 3.5 亿元，对基础设施进行扩容、改造、提质。2014 年年底，境内 14 个村级公路都亮起路灯，镇城面积 2 平方公里，农村道路硬化率 80%，电网改造率 65%，农户安全饮水率 100%，各行政村、社区都有办公用房。

2014 年 8 月，茶山坳镇被国家发改委、住建部授予全国重点镇荣誉称号。

社会事业

教育科技

民国以前，境内有私塾。民国时期，政府开始倡导新式教育，镇内小学逐渐增多。中华人民共和国成立后，人民政府接管小学教育，实行一村一校。1969—2001 年，境内有茶山一中、二中、三中。厂矿学校有湘衡盐矿子弟学校、市自行车厂子弟学校，其中自行车厂子弟学校被衡阳市教育局改为市第十八中学，后因生源缺乏被撤销，改为现在的大石渡小学。1996 年，境内中小学 14 所，在校学生 4274 人。2001 年，境内中小学 13 所，在校学生 3765 人。2011 年，境内幼儿园 7 所，在园幼儿 729 人，专业任教教师 45 人。2014 年，中小学 8 所，在校学生 2392 人，教师 154 人，小学适龄儿童入学率、小学升初中率、九年义务教育覆盖率均达 100%。

镇农科站在 20 世纪 70 年代末至 80 年代，有 13.33 公顷黄花菜基地，后又改建成 13.33 公顷食用笋基地，还有早熟梨、葡萄等示范园。湖南三创集团在境内开发金甲湖农业科技示范园。仙碧33.33公顷无核葡萄园基地建在樟木村一组和金甲村蔡大屋组。宝富花都公司樱花、梅花苗木花卉基地33.33公顷。力丰现代农业早熟梨基地200公顷、反季节蔬菜33.33公顷，还有大型土鸡场。1997年，衡阳市委组织部在镇茶场建立衡阳市农村干部科技培训中心，对农村干部培训和农业科研、农技推广。

文化体育

1970年，设文化专干1名。1976年，建有文化站1个。1988年，境内腰鼓队7个，业余篮球队5个，龙狮队18个，全民健身器材锻炼网点12处，龙舟赛船队2个。1990年，境内藕塘村在珠晖宝塔的东面建立藕塘文化中心，设有礼堂、写字楼、舞厅、桌球室、阅览室、图书室、乒乓球室、灯光篮球场，是当时衡阳市第一家农民文化中心。2011年，新建镇文化中心1个，图书馆2个，藏书5.7万册，各村农家书屋14家，藏书1.5万册。2014年3月31日，珠晖区首届乡村旅游文化节——梨花节在茶山坳镇堰头村举办。

2011年，荣获第四届青少年智力七巧板竞赛一等奖，获衡阳市首届青少年机器人竞赛二等奖，唐丽华荣获区中小学田径运动会女子组跨栏（全能）冠军。2014年，茶山坳镇广场舞在全市、区比赛中获得二等奖和最高人气奖。

1968年，建立茶山人民公社广播站，村级广播站8个。1992年5月，设立茶山坳镇调频广播站，调频发射塔塔高81米，覆盖半径22千米，境内覆盖率100%。1994年，在镇政府办公楼四楼建起茶山坳镇有线电视台，当年农历除夕，第一批有线电视用户正式开通，随后对境内街道居民户和驻镇厂矿单位集体居民户及周边茶山村农户开通有线电视。2011年至今，茶山有线电视全部转换为湖南数字电视网络，其中数字电视用户1660户。

医疗卫生

20世纪50年代到1972年，人民公社集体医疗单位主要有茶山医院和金甲岭卫生院，境内14个村都建立了卫生室，每个村有1～2名赤脚医生，并担任各村的卫生防疫专干。到了20世纪90年代，新增添了大石渡卫生室、杨塘诊所，并将茶山医院改扩建为雁北医院。金甲岭为镇中心卫生院，设有内科、外科、妇幼儿童科、口腔及眼科。2011年，境内有雁北医院、金甲岭卫生院各1所，村级卫生室18个。茶山坳镇中心卫生院

珠晖塔

有床位80张，执业医师12人，注册护士16人。2013年，动工新建珠晖区急救中心，投资530万元，建筑面积514平方米，次年已投入使用。2014年，新型农村合作医疗境内参保15439人，参保额185.27万元，参保率100%。农村安全饮水普及率95.1%，农村卫生厕所普及率75.8%.

社会保障

1978年，在公社茶场建立敬老院，当年入住五保老人13人。到2014年，敬老院五保老人30人。镇内还建立幸福院，拥有床位24张，房屋面积1700平方米。

2007年，农村低保173户、281人，支出10.36万元，月人均30元。2011年，农村低保397户755人，支出53.62万元，月人均60元。2014年，城镇最低生活保障829户1624人，支出385.3万元，月人均198元。农村最低生活保障457户851人,支出77.1万元,月人均75.49元。

医疗救助72人次，民政部门资助参加合作医疗1008人次，共支出18.7万元。

国家抚恤、补助各类优抚对象118人，计生奖扶150人,金额14.4万元。城乡就业13726人。

特色地情

名优特产

鸡萝卜　金甲岭的白萝卜久负盛名，是辖区十大农副特产之一。尤其是金甲岭的鸡萝卜，纯手工精制而成，纯天然绿色食品，香脆可口，开胃健脾，能降低血压、脂肪肝、胆固醇，预防上呼吸道疾病。2010年，荣获湖南省第五届农博会金奖。

风景名胜

珠晖塔　雁城三塔之一。位于茶山坳镇藕塘村，在湘江东岸拜亭山上。为清代安徽巡抚衡阳人王之春主持兴建，耗白银6万两，于光绪二十三年（1897）建成。塔高十丈五尺，砖石结构，八角七级，石阶旋梯。正门西南，上方汉白玉，横额镌刻着“珠晖塔”三字,两边汉白玉雕刻对联：“高峙船山远绵学脉，流回耒水广助文澜”。

（文字供稿：贺德堂　图片供稿：朱奕　罗小如　陈默）

东阳渡镇 >>

区域概况

位置面积

东阳渡镇因东阳渡口而得名。东、南与衡南县云集镇以湘耒两水为界，西邻雁峰区湘江乡，北交珠晖区酃湖乡、和平乡。驻地东阳渡镇新街17号，距珠晖区人民政府12.2公里。2014年，辖区东西最大距离12.5公里，南北直线距离14.2公里，总面积87.6平方公里，其中陆地80.9平方公里，占92.1%；水域6.7平方公里，占7.9%。

建置沿革

春秋属楚地，西汉归属长沙王国酃县管辖，三国两晋南北朝时期属湘东郡临烝县管辖，隋唐至清朝属衡阳县管辖，清乾隆二十一年（1756）析衡州府衡阳县东南境置清泉县，东阳渡辖区属清泉县管辖。中华人民共和国成立初期，境内北部一部分区域属衡阳市第八区，1953年，南部区域从衡南县划入，成立长岭、天南、松林、东阳4个乡。1956年4月，合并为松林乡和周家坳乡。1957年，松林乡更名为东阳乡，周家坳乡一部分并入东阳乡。1958年，属东风人民公社，同年又改为酃湖人民公社。1961年，从酃湖人民公社析出，成立东阳人民公社。1984年，东阳人民公社先后改为东阳乡和东阳渡乡，同时划入衡南县的沿江、兴隆、坪田、新田和新龙5个村。2001年4月，衡阳市区划调整后，原郊区东阳渡乡与原江东区东阳街道合并，成立东阳渡镇，归珠晖区管辖。

行政区划

1961年，辖人民、红星、太山、松山、金塘、新塘、东风、栗塘、高山、曙光、南陂、荷塘、光耀、兴湘、东阳、金龙渔场16个村场。1984年，从衡南县划入沿江、兴隆、坪田、新田和新龙5个村。1994年，辖20个村、3个农场、216个村民小组。2014年1月，将果林场划入珠晖区工业园区，是年，

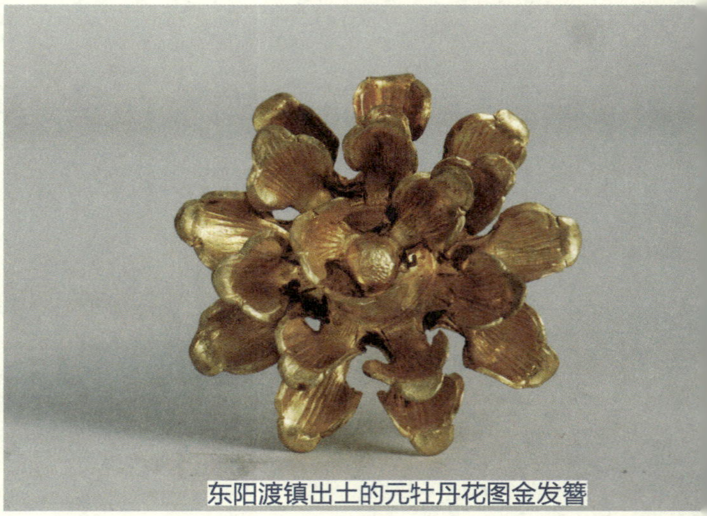
东阳渡镇出土的元牡丹花图金发簪

辖东阳、周家坳2个社区，25个居民小组，人民、红星、太山、松山、金塘、新龙、新塘、东风、栗塘、高山、曙光、南陂、荷塘、光耀、兴湘、坪田、新田、兴隆、沿江、东阳20个行政村，219个村民小组，2个村级农场——良种场、金龙渔场。

自然环境

境内大部分地为丘陵、岗地，小部分地系平原。属亚热带季风气候，年平均气温25.2℃，最低月均气温5.2℃，最高月均气温35.6℃。无霜期年平均262天，最长达280天，最短为253天。年平均日照时数2910.2小时。年平均降水量1400.6毫米，年平均降水日数为90.3天，最多达98.7天，最少为82天。降水集中在每年4—7月，5月最多。境内河道属长江流域，流域面积87.6平方公里。主要河道有一级河道湘江，总长34公里；二级河道耒水，总长10公里。湘江是辖区最大的河流，从衡南县云集镇流入，经境内坪田、新田、兴隆、沿江、高山、栗塘、新塘、东阳、太山、人民10个村，流域面积23平方公里，年均流量1528立方米/秒。境内主要自然灾害有旱灾、水灾、低温、冰雹等。一般旱灾4年一遇，水灾2年一遇。最严重的一次旱灾发生1998年8月。

人口民族

1961年、1984年、1994年境内人口分别为17731人、27476人、30827人。2014年，辖区人口41399万人，以汉族为主，其中城镇常住人口7500人，城镇化率18.1%。另有流动人口6797人。总人口中男性19913人，占48.1%；女性21486人，占51.9%。2014年，人口出生率10.5‰，死亡率7.3‰，人口自然增长率3.2‰。人口密度为每平方公里468人。

经济发展

农业

种植业 1988年，境内耕地1800公顷，年产粮食1350多万公斤。1992年，产粮11119吨，居当时郊区各乡镇之道。1995年，境内耕地面积1694.2公顷，粮食总产量9640万公斤，农业产值2538万元。2014年，境内耕地面积1866.67公顷，农业总产值2.1亿元，年生产粮食1.78万吨，人均400公斤，其中水稻1.12万吨。

1976年，创办的柑橘园艺场坐落在红星村内，总面积86.67公顷，其中水田16.67公顷，水塘4.67公顷，旱地70公顷，种植柑橘38000株。有职工和家属502人，该园艺场以生产柑橘为主，其次生产稻谷和放养鲜鱼，年产柑橘20余万公斤，鲜鱼5万公斤。1977年，在一些蔬菜种植基地推行喷灌技术。经济作物主要有柑橘、西瓜，年产柑橘25万公斤，占郊区10个乡镇柑橘总产量的16.6%。西瓜年产量达178万余公斤，占郊区总产量的31%，为郊区之冠。

养殖业 1949年以来，随着生产关系和农业内部结构的调整变化，畜牧业有较快发展。20世纪70年代，实现养猪“人平一头、亩产一头”。1988年，建立东阳渡外贸生猪出口基地。1992年，生猪1.5万头，养鱼水面140公顷，年产鲜鱼335吨。2014年，渔业以鱼、虾为主，养殖面积133.33公顷，产量800吨。渔业总产值710万元，占农业总产值的10%；生猪饲养量8万头，年末存栏5.8万头；牛饲养0.52万头，年末存栏0.3万头。家禽饲养量12万羽。生产猪肉6200吨，牛肉346吨。禽蛋230吨。畜牧业总产值5538万元，占农业总产值的78.2%。

林业 1994年，林业面积2066.67公顷，森林覆盖率17.8%。2014年，境内累计造林2200公顷,其中防护林1266.67公顷,经济林600公顷，竹林200公顷，住宅四旁植树1.2万株，林木覆盖率42%。林业总产值1420万元，占农业总产值的20.1%。

工业

1988年，境内乡村企业、私营企业共293个，从业人员4000人，主要有机械修配、化工建材、食品加工、工程建筑等。运输业较发达，有汽车50辆，小四轮45辆，拖拉机92台。1992年，东阳渡乡乡办企业15个，村办企业22个，个体企业349个，主要有机械修配、铸造、化工、建材、食品加工、建筑等门类。是年，工农业总产值3731万元，工业总产值2041万元，人平年收入606元。精密铸造厂是重点乡办企业，占地面积2.67公顷，建筑面积5400平方米，1988年，职工148人，固定资产117万元，各种设备50余件，2000年改制为新永浩机械有限公司。2014年，境内企业38家，其中500万元以上规模工业企业12家，职工1900人，另外还有民营龙头企业9家，其中益海粮油批发市场是湘南地区最大的粮油批发市场。2014年，工业总产值达19.78亿元，占生产总值比重的84%。

商贸服务业

民国时期至20世纪50年代初，境内以传统集市为商品流通的主要形式。50年代中期，境内有东阳渡、五马归槽、周家坳等小集市。1961年5月，以人民公社为单位建立东阳供销部，7月改为供销社。1964年3月，撤销供销社，成立东郊供销合作社。1965年11月，设立东阳基层供销社，1971年11月，移交给人民公社管理。2014年，

雁峰大曲老窖池

雁峰酒系列产品

共有商业网点58个，从业人员1300人。社会商品零售总额达6亿元，比上年增长13%。城乡集贸市场3个，年成交额2亿元。

财政金融

2014年，境内财政总收入为938.6万元，比上年增长17%，其中预算收入468.84万元，预算外收入469.76万元，为年度预算的108%。

20世纪50年代，成立农村信用社，改造旧的借贷关系，促进了农业互助合作运动和农业生产的发展。1974年，市人民银行专设郊区办事处，并在东阳设立营业所。1965—1979年，银行与信用社在支持发展农业生产和供销社组织生产资料、收购农副产品的同时，20世纪60年代中期，重点支持东阳开发荒山、栽种柑橘，并兴办东阳果林场。20世纪70年代中后期，支持东阳果林场办起纸盒厂、鞭炮厂。1979年2月，恢复中国农业银行，年底在东阳设立基层所。

基础设施

交通运输

民国时期，境内只有京广铁路和一条通往广东的驿道通过，大部分的农村物资靠湘、耒两水运输。1935年4月，建成的东阳渡车站，站线长6188米。1951年，兴建的周家坳车站是个会让站，站线长4750米。境内铁路有京广线、湘桂线、武广客运专线过境，其中京广线境内长13公里，设东阳渡站；湘桂线境内长5公里；武广客运专线境内长6公里。除国家建设铁路外，境内还有非路产专用线4条。1958年，修建的二七二厂铁路线，长4.26公里，自备交接站和调车场；1970

年，修建衡阳木材厂铁路线，接轨于周家坳车站，全长338米，主要为木材厂自运木材及木材制品，1987年改造重建；另外广州军区后勤部128仓库和广州军区后勤部445仓库各有一条非路产专用线。1988年，建铁路桥梁1座，桥长165.5米，连接京广线的上行线。

1970年，修建的乡级公路2条，东木路（东风村—木厂边），长13公里，当时为四级沙路；东环路（二七二厂—木厂边），长11公里，1976—1978年修建，当时为四级沙路。2014年，有衡枣高速公路过境，境内长8.7千米，双向4车道，有衡阳东1个出口。县级公路1条，总长12公里。境内货运汽车150辆，750吨位，年货运量4050万吨。

境内通航河道2条，总长44公里，其中湘江为千吨级航道。渡口4处，分别为周家坳渡口、木厂边渡口、铜矿渡口、李子湾渡口。2014年，境内客运船舶5艘，150座位，年客运量6万人次；货运船舶10艘，500吨位，年货运量5000万吨。

邮政通信

清代东阳为一处驿铺。1921年6月3日，东阳渡始办村镇信柜。1928年10月1日，东阳渡信柜改升邮政代办所。1949年后，对邮政网点进行调整，1955年2月，17日东阳渡代办所改升邮政营业处。1992年，境内有2个邮政网点——东阳渡、周家坳，投递线单程总长度6千米，投递点26个，乡村通邮率100%。

1961年，东阳公社装设磁石电话总机。1990年，东阳渡乡装50门总机，7部单机。2014年，境内固定电话用户1.2万户，普及率60%；移动电话用户1.98万户，普及率98%；互联网端口总数9100个，宽带接入用户5200户。电信服务网点15个，电话交换机总容量2万门。

供电饮水

民国末期，境内靠近城区的极少村民开始用电照明。20世纪50年代，供电由城区向郊区发展。1957年，酃周线10千伏线路开始兴建，并于1981年改建。80年代后，为适应改革开放的需要，几条110～220千伏输电线路途径东阳公社，电力工业迅速发展。1982年，衡阳电业局在东阳渡乡设立农电管理站，作为市供电所的二级机构，直接管理农村用电。2006年，东阳渡农电站与酃湖农电站合并。2014年，在光耀村新建东阳水厂，解决周边村组自来水问题。农村安全饮水普及率84%，农村卫生厕所普及率75%。

水利建设

1956—1959年，境内修建5座小（二）型水库。1965年11月，建湘江人民堤（人民村），长3公里，设计防洪标准10年一遇。1976年11月，建湘江新塘堤（新塘村—高山村），长4.91公里，可保护耕地314.53公顷。1960—1978年，分别建设28千瓦以上电力灌溉站14处，并建立100人的防汛抗洪常备队，500人的抢险队，800人的预备队。1978年10月，建湘江沿江堤（沿江村—坪田村），长9公里，可保护耕地298公顷。新塘堤和沿江堤设计防洪标准为20年一遇。1979年10月，为巩固电力排灌事业，先后在湘江沿岸建设排水泵站，其中人民堤2处（朱冲、长沙町），新塘堤2处（文家港、宋家浦）。1987年，东阳渡乡利用金塘村耒水河畔的低洼地，境内集中劳力资金，建成一个44.67公顷的渔场。1992年至2014年，境内有山平塘1306口，灌溉面积287.87公顷，另有小（二）型水库5处，分别为松木塘水库、月塘水库、兴平水库、张家水库、人民水库。

乡镇建设

1961年，建制时东阳渡乡政府驻地东阳渡新街17号，办公用房为政府依法没收的公寓。1972年，兴建2层20间的办公楼1栋，另建礼堂、食堂。1987年，办公楼加层，1990年，建财税所综合楼。截至2014年年底，境内共有主要街道3处，分别为东阳渡正街、东阳渡新街、东阳渡横街。

社会事业

教育

1963年，东阳公社创建东阳中学。至1973年，辖区内有完全中学2所（东阳一中、东阳二中），初中1所（东阳三中），1984年，贯彻分级办学的方针，对中学教育进行调整，东阳二中改名为衡阳市郊区第二中学。1988年，境内区办中学1所，在校学生1040人。乡办中学1所，小学16所，共99个班级，在校学生4047人，教职工157人。1996年，东阳一中合并到郊区二中。2001年，郊区二中因区划调整更名为珠晖一中。2014年，境内幼儿园6所，在园幼儿400人，专任教师46人。小学12所，在校学生1467人，专任教师70人，小学适龄儿童入学率100%。初中1所，在校学生1326人，专任教师62人，小学升初中率、九年义务教育覆盖率均达100%。

文化体育

中华人民共和国成立初期，境内大力组织开展扭秧歌、打腰鼓等文化娱乐活动，后又配合土地改革运动组建农村业余剧团。1953年，建立农村业余剧团，其中人民、曙光等剧团蓬勃发展，深受当地百姓的喜爱。70年代后期，东阳公社建立文化站，配备文化辅导员，由市文化馆进行业务指导。1988年，在军民共建文明村活动中，红星村被省政府授予文明村荣誉称号。2014年，境内各类艺术表演团体7个，演职人员146人。文化专业户36个，文化馆1个。公共图书室30个，藏书5万册。档案馆1个，建筑面积40平方米。地方特色民间艺术有舞龙灯、草编。

1969年，建立农村有线广播网，境内设立广播站，属市广播事业局管辖，1985年，后由郊区广播电视局管理。初建阶段，由市广播局配备了550瓦的扩大机、506电唱机、601录音机以及6灯收音机各1台，广播喇叭1.6万只，入户率84%。1986年，乡广播站增添1台调频收转机，2002年9月，东阳渡镇开通有线电视，有线电视用户706户，其中数字电视用户521户，电视综合覆盖率91%。2009年，镇广播电视站整体移交到衡阳市广播电视中心。

医疗卫生

20世纪50年代前，东阳渡仅有中药铺。1952年，市卫生局在东阳渡设立卫生所。1968年，重点对东阳卫生院进行建设，分配各种医疗器械设备。1969年，农村合作医疗与赤脚医生的医疗体制形成。1986年，乡卫生院归属乡政府管理。1988年，东阳卫生院设病床15张，门诊部6个，医务人员26名。1992年，境内有乡卫生院1所，床位45张，医务人员28人。2014年，境内有各级医疗卫生机构27个，门诊部（所）25个，专业卫生人员76人，其中执业医师30人，执业助理医师14人，注册护士32人。固定资产总值150万元。2014年，医疗机构（门诊部以上）完成诊疗2.76万人次。

社会保障

1983年年底，开办东阳渡敬老院，对“五保”老人采取集中供养。2010年10月，新建敬老院位于东阳渡镇高山村南塘组，占地面积7333平方米，建筑面积1100平方米，可集中供养“五保”老人50人以上，是一家集住养、康复、保健等为一体的公益性养老机构。2014年，农村“五保”

供养 93 人，支出 26 万元。

2007 年，开始办理新型农村合作医疗，共办理 2.35 万人，覆盖面达 80%。2014 年，新型农村合作医疗参保 2.8 万人，参保率 95%。参加居民医疗保险 1200 人，参保率 16%；5 岁以下儿童死亡率 5‰，婴儿死亡率 5‰。农村医疗救助 56 人次，农村临时救济 32 人次，支出 2.1 万元。是年，参加生育保险 6000 人。

2014 年，境内城镇最低生活保障 773 户 1541 人，支出 375.743 万元，月人均 203.19 元；农村最低生活保障 815 户 1229 人，支出 132 万元，月人均 89.5 元。

特色地情

衡州窑址 位于东阳渡镇高山村一带，方圆 1 公里左右，共发现隋唐五代窑址 20 余座。1974 年，因附近修筑公路，取土填路，使窑址遭到破坏。市博物馆于 1974 年 10 月，配合筑路工程清理了一座龙窑，其中瓷器种类主要有碗、盏、盏托盒、钵、缸、壶、瓶、尊、坛、灯台等。

（文字供稿：梁艳　图片供稿：蒋星星　陈默　刘罡）

和平乡 >>

区域概况

位置面积

和平乡因地处和平村而得名，东与酃湖乡灵塘村交界，南与东阳渡乡人民村相邻，西靠湘江河东岸，北与茶山坳镇藕塘村接壤。驻地衡宜村32号，距珠晖区人民政府2.3公里。2014年，辖区东西最大距离5.22公里，南北最大距离8.32公里，总面积14.2平方公里，其中陆地面积11.99平方公里，占84%；水域面积2.21平方公里，占16%。

建置沿革

春秋时期属楚地，西汉归属长沙王国酃县管辖，三国两晋南北朝时期属湘东郡临烝县管辖，隋唐至清朝属衡阳县管辖。清乾隆二十一年(1756年)析衡州府衡阳县东南境置清泉县，境内属清泉县管辖。新中国成立前至解放初属于衡阳市第五区和第八区。1956年属酃湖乡。1958年人民公社化时，属东风人民公社，同年，东风人民公社改名酃湖人民公社。1964年从酃湖人民公社析出成立和平公社。1984年改称和平乡，归属衡阳市郊区管辖。2001年4月，衡阳市区划调整后，属珠晖区管辖。

行政区划

1984年，辖和平、江东、五四、新华、东山、新民、湖东、洪塘8个村民委员会，93个村民小组至今未变。2014年，因合并建制村，由原来的8个行政村调整为和平、新华、江东、新民、湖东、东山6个行政村，2个居民小组，90个村民小组。

自然环境

境内地势平坦，辖区最高点五四村拜亭山，海拔103米，最低点东山村跨市组位于湘耒水交汇处，海拔52.6米。属中亚热带季风湿润气候，四季分明，年平均气温25.7℃，最低月均气温5.8℃，最高月均气温35.6℃。生长期年平均320天，无霜期年平均315天，最长达340天，最短为270天。年平均日照时数1700 ~ 3100小时。年平均降水量1600 ~ 1800毫米，降水集中在每年3—7月，6月最多。境内河道属长江流域，流域面积14.2平方公里。境内二级河道湘江，13.48公里；三级河道耒河，10公里。境内最大的河流为湘江，从新民村大水坪流入，流经境内新民、和平、江东、东山、五四5个村，长13.48公里，流域面积6.8平方公里，年均流量1339.38立方米/秒。境内主要自然灾害有旱灾、水灾等。境内已探明的地下矿藏有芒硝、井盐矿，其中芒硝储量

24186.8 万吨。

人口民族

1964 年、1984 年，境内人口分别为 6540 人、12800 人。2010 年，总人口 18201 人，其中城镇常住人口 7735 人，城镇化率 42.5%，另有流动人口 10466 人；总人口中男性 8900 人，占 48.9%；女性 9301 人，占 51.1%；14 岁以下 3727 人；15~64 岁 13117 人；65 岁以上 1357 人。2014 年，总人口 21820 人，常住人口 18640 人，流动人口 3180 人；总人口中汉族 21775 人，占 99.8%；回族、土家族、苗族 45 人，占 0.2%；人口出生率 13.05‰，人口死亡率 5.67‰，人口自然增长率 7.47‰。人口密度为每平方千米 1473 人。

经济发展

农业

种植业 境内粮食作物主要以水稻为主。1984 年，水稻种植面积 333.33 公顷，亩产 600 公斤，总产量 300 吨。1986 年，境内大力推广杂交水稻种植面积 373.33 公顷，平均亩产 680 公斤，总产量 380.8 吨。2014 年，因产业结构调整，境内水稻种植面积 133.33 公顷，平均亩产 620 公斤，总产量 124 吨。

1964 年，境内的五四村以种植芥蓝头为主，新华村以种植胡萝卜、莴苣为主，东山村以种植白菜、大蒜为主。1977 年，和平乡江东村推行摇臂式双嘴喷灌方法，既提高生产效率又增加农民收入，蔬菜总产量逐年增加。1984 年，和平乡的蔬菜种植面积 186.67 公顷，总产量为 560 万吨，远销广东、上海等地。2014 年，境内蔬菜种植面积 353.33 公顷，上市产量 1300 万吨。

养殖业 畜牧业以生猪为主，鸡、鸭、羊为辅。1984 年，生猪饲养量 0.785 万头，年末存栏 0.412 万头；羊饲养量 0.06 万头，年末存栏 0.03 万头；家禽饲养量 2.8 万只。1998 年，生猪出栏 1.2 万头，存栏 0.6 万头，家禽出笼 2.2 万只。2014 年，生猪出栏 1.4 万头，存栏 0.6 万头，家禽出笼 3.8 万只。

1975 年，境内共有鱼塘 102 口，放养水域 13.33 公顷，主要以"四大家鱼"草鱼、雄鱼、鲢鱼、鲤鱼为主，年产量鲜鱼 40 吨。随着网箱养鱼技术的成熟，2002 年，境内大力发展该项目，养殖面积 0.67 公顷，年产量 60 吨，渔业总产值 81 万元，占农业总产值的 9.46%。2014 年，因湘江流域水源治理，网箱养鱼养殖面积锐减，面积 0.13 公顷，年产量 10 吨。

林业 境内林地主要集中于五四村、东山村，面积 320 公顷，其中防护林 13.33 公顷，经济林 100 公顷，竹林 4 公顷，住宅四旁植树 25 万株，林木覆盖率 42.3%。五四林场创办于 1972 年，属于和平乡五四村村办集体林场，位于珠晖塔下，山清水秀，风景宜人。全场有经济林 26.67 公顷，用材林 53.33 公顷，职工 49 人，固定资产 800 万元。1989 年，实现纯利 16 万元。2014 年，境内林地为 373.33 公顷，覆盖率 58.9%。

工业

20 世纪 70 年代中期，境内有 2 家小型企业。1984 年，和平乡大力发挥区位优势，与衡阳冶金机械总厂、市三化工厂、市轧钢厂、市锅炉厂、市电筒厂建立良好关系，办起了压力容器厂、铸钢件厂、电筒配件厂、电器开关厂、新华服装厂等，产品畅销全国十多个省市，有的产品还出口东南亚。特别是 1985 年兴建的五四村高效节能素厂，占地 9000 平方米，固定资产 50 万元流动资金 40 万元，生产的 HPE 高效节能素和配套设备 JRQ–85 型静态乳化器，1986 年通过省级鉴定。1987 年，被评为省新产品和省优秀新产品，

1987年，被列入国家星火计划项目，产品进入鞍钢、本钢、长岭炼油厂、武汉钢铁厂和韶关钢铁厂推广应用。1988年，产量达35吨，产值105万元，获国家星火计划银牌奖。1988年，和平生活锅炉厂与市锅炉厂联营，不断提高产品质量，LSG0.1-0.4-A2型立式水管锅炉被衡阳市授予科技成果奖、省优等产品奖，LSG0.3-0.4-A2型立式水管二次风内燃锅炉被评为湖南省新产品，荣获市科技成果奖，90年代，产品畅销国内外，年销售额2000万元，现已搬迁至衡阳县。2014年，因城市发展需要，所有乡办企业均完成改制。

商贸服务业

1984年，境内凭借区位优势，先后兴建东方大厦宾馆、江东村的滨江大厦、和平村的和平大酒店、太平洋舞厅、新民村的凤凰旅馆、滨江医院、五四村的高效节能素厂等，拥有76家乡村集体企业。同时，又先后启动新民村苗圃农贸市场、玄碧塘农贸市场、天井市场，洪塘村的清泉农贸市场，和平村的农家坪农贸市场，东山村的东山农贸市场的建设，主要经营日杂百货、农机具、农副产品、饮食、粮油、布匹。境内个体工商户1200户，从业人员7000人。1990年4月30日，开业的滨江大厦，总投资600万元，建筑面积11880平方米的综合性商业大楼，主营住宿、饮食、百货、五金等。另设大型停车场、舞厅。1992年，有职工154人，营业收入180万元。有固定资产492万元，流动资金392万元。2000—2010年，随着城镇化的快速推进，和平乡江东村、新民村为满足村居民的生产生活需要，陆续在境内先后筹资建成阳光生鲜、东升、天富三大农贸市场，主要经营肉食水产、日杂百货。2014年，辖区内商贸服务业销售量2000万元，从业人员8000人，为农村富余劳动力提供二次创业的机会。

财政金融

1988年，成立和平乡财政所，财政收入主要依靠税收。1992年始，乡财政收入逐年增加，主要来源是乡办集体企业，总收入246.23万元。2014年，乡级财政总收入475.37万元，支出450万元，民生支出达100万元。

20世纪70年代初期至80年代末，和平乡先后在湘江新大桥头兴建江岸储蓄所、广东路口设立东方大厦储蓄所、衡冶总厂家属区龙家坪储蓄所、铁路文化宫储蓄所、东大门的玄碧塘储蓄所、铁路居民区的苗圃储蓄所、电筒厂与叉车厂家属区的东山储蓄所、耒河口储蓄所8个储蓄所，当时的储蓄余额达1.5亿元。

基础设施

交通运输

境内铁路有京广复线、湘桂线过境，其中京广复线境内长18公里，湘桂线长10公里。公路有1814省道、107国道过境，其中1814省道境内长3公里，双向两车道，107国道长10公里。市级公路有衡洲大道，双向4车道，长7公里；船山东路，双向4车道，长13公里，即将通车。乡级公路有5条，总长30公里，均为水泥路。境内酃湖汽车站，客运汽车80辆，540座位，年客运量7万人次；有货运汽车40辆，200吨位，年货运量3.6万吨。境内通航河道2条，总长23.48公里，其中湘江为A级航道，最大通航能力为千吨级船舶；2011年，客运船舶9艘，140座位，年客运量40万人次。2014年，境内修建耒水大桥，长10公里。

邮政通信

人民公社时期，设电话总机室，有总机1台，分外线和内线，手摇电话12门，由总机转接。20世纪80年代初期，实行程控电话，拨号即可。90年代初期，随着传呼机的使用，固定电话增加。2000年开始，境内村民开始使用手机业务。2014年，电信服务网点20个；固定电话用户7850户；移动电话用户12802户；互联网端口总数1826个，宽带接入用户6840户。

2000年，境内邮政网点2个，投递线单程总长度60公里，投递点200个，乡村通邮率100%。2014年，境内新增邮政网点1个，投递点205个。

供电饮水

2014年，境内高压电线路5条，531公里，变压器130台，负荷43029千瓦，变电站1座。低压线路121条，186.3公里，电网改造全部完成，做到户户通电用电。

1985年，境内共有手压井2560口、饮水井2120口，逐步改变了饮用河、塘水的历史。随着经济条件的好转，大部分村民安装了家用水塔。2000年，和平乡各村开始安装自来水，覆盖面达45%。2014年，农村安全饮水普及率95%，农村卫生厕所普及率70%。

水利建设

20世纪60年代初至70年代末，大修水利，大建交通，境内先后修筑了新华、五四、东山、和平、湖东五条长达30公里的防洪堤，兴修水渠40公里，排水机埠12处，实现了旱涝保收。2002年，对境内的新华村耒水防洪堤、五四村湘江防洪堤进行维修加固，投入832万元，防洪堤全长12公里。2014年，重新维修加固新华村防洪堤1公里，维修灌溉水渠12公里。

乡村建设

1964—1973年，与酃湖公社合署办公。酃湖公社迁离后，原酃湖公社治所交和平公社。1980年，和平公社在和平大队郭家生产队兴建机关大院，办公楼为4层，建筑面积1760平方米。1991年，兴建财税所综合楼，高4层，建筑面积605平方米，因衡洲大道建设匝道需要，于2005年拆除。现境内城镇居民人均居住面积60平方米，农村村民人均居住面积100平方米。2012年，船山东路开工建设，2013年酃湖公园、滨江新区等项目陆续开工建设，投资50亿元，2014年船山东路完成工程总量的95%。衡洲大道恒安小区已建成分房入住，湘桂铁路复线安置小区分房入住。2014年，境内8个村村级公路都亮起了路灯，城镇化达70%，各村的办公用房条件得到改善，村民可享受“一站式”服务。

1999年，被中央文明指导委员会评为“全国创建文明村镇工作先进单位”。

社会事业

教育

民国时期，有私塾6家，中华人民共和国成立后，逐步实行“一村一校”的办学方针。1984年，全乡有3所幼儿园，有新民村小学、湖东寺小学、东山小学、新华小学、五四小学、和平小学6所小学和一所和平中学，在校幼儿、中小学生2218人，专业任教教师46人。2000年，境内幼儿园7所，在园幼儿746人，专业教职人员45名。2005年，和平中学撤销。2014年，境内共有东山小学、湖东小学、和平小学、新民小学、新华小学、英发国际实验学校、凯杰实验小学6所学校，在校幼儿、学生11000人，教师180人，小学适龄儿童入学率、升学率、九年义务教育覆盖率均达100%。

文化体育

1970年，设文化专干1名，1976年，建立文化站1个。1990年，为落实“一村一馆”政策，和平乡8个村逐步设立图书馆（又名农家书屋）。1992年，境内腰鼓队12支，龙狮队30个，龙舟队8个。2000年，境内公共图书馆8个，藏书3.12万册。2010年9月，在洪塘村洪塘组兴建清泉民俗文化村，占地1200平方米，建筑面积4396平方米，是当时衡阳市功能最多、占地面积最大的群众性活动场所。2014年，图书馆8个，藏书3.8万册。和平乡紫荷舞蹈队参加湖南省2014年“欢乐潇湘”大型群众会演，被中共湖南省委宣传部、湖南省文化厅、湖南省文明办、湖南省工会评为优秀文艺团队。

医疗卫生

20世纪50年代初，境内有医疗诊所3家。人民公社时期，境内有和平乡卫生院1所，8个村相应建立村级卫生室，每村有1～3名赤脚医生，并担任各村的卫生防疫专干。70年代，和平乡卫生院开始分设内科、外科、妇产科、中医、口腔、妇保儿保及眼科，医疗床位18张，执业医师4人，注册护士6人。1988年，境内新增一所区乡合办的滨江医院，建筑面积3000平方米，医务人员110人，病床100张。2014年，新型农村合作医疗参保18000人，参保率96.6%。

1996年，和平乡结合实际，成立环卫所。每村配备1名专职环卫工作人员。2000年，实行农村环境综合整治以来，各村都配备2～3名环卫工作人员，清洁保洁。2014年，继续推行农村环境综合整治工作，投入资金200万元，新增垃圾箱120个，新砌垃圾池80个。

社会保障

2009年，和平乡在五四村建立和平乡敬老院，占地面积2397平方米，建筑面积1840平方米，总共4层，拥有床位30张，同年入住“五保”老人26人。2014年，和平乡敬老院入住“五保”

酃县遗址

老人 15 人，财政支出 20 万元。

2011 年，境内农村最低生活保障 583 户、946 人，支出 98 万元，月人均 86 元；农村医疗救助 62 人次，月人均 238.17 元，2013 年，和平乡计生协会成立全市首个基层失独家庭关怀基金，当年为失独及计生困难家庭提供 15 万余元的帮扶。2014 年城镇最低生活 495 户、758 人，支出 110 万元，月人均 122 元；参加新型农村社会养老保险 644 人，参保率 60.6%，参加计划生育家庭意外保险 455 人。

2014 年，城市医疗救助 62 人次，民政部门资助参加合作医疗 985 人次，共支出 48820 元；国家抚恤、补助各类优抚对象 75 人。医疗救助 40 人次。农村临时救济 4 人次，支出 10 万元；城镇最低生活保障 86 户、101 人，支出 28.87 万元。

特色地情

酃县遗址 位于境内湖东村，城址东面为老茶亭，南面为胡家台，西靠排渍站，北濒耒水，面积 20 万平方米。汉高祖五年（前 202），衡阳为酃县，属长沙国，县治设于此。《水经注》称："耒水北过酃县，县有酃湖……湖边尚有酃县故治。"经发掘东西土墙残垣尚存。城址内有陶片，汉代铜瓦板瓦，陶器有盆、壶、罐、钵，另有铁剑、铜渣等。1956 年，被列为省重点文物保护单位。1991 年 5 月，被列为市重点文物保护单位。

（文字供稿：屈震　图片供稿：徐陂）

酃湖乡 >>

区域概况

位置面积

酃湖乡因境内有酃湖而得名。东临衡南县泉溪镇，南接东阳渡镇，西邻和平乡，北交茶山坳镇。乡人民政府驻双江村牛皮塘组，距珠晖区人民政府 11 公里。2014 年，辖区东西最大距离 3.5 公里，南北最大距离 14 公里，总面积 34.28 平方公里。其中陆地 30.28 平方公里，占 88.3%；水域 4 平方公里，11.7%。

建置沿革

西汉高祖五年（前 202），酃湖乡属酃县。东汉建安元年（196），荆州刺史刘表割酃县南部东北境、烝阳县东境置临烝县，县治设故酃县城。1949 年前后，酃湖乡属市辖第八区，1953 年，改为市辖第六区。1958 年，属东风人民公社，同年东风人民公社改名为酃湖人民公社。1961 年，分出北部置茶山公社，析南部为东阳公社，划中部东面建白渔潭农场。1964 年，再分西部成立和平公社，余下以酃湖町为中心的耒河沿岸地域，仍称酃湖公社。1984 年，更名为酃湖乡。

行政区划

1989 年，辖解放、大众、国庆、向阳、双江、合福、东湖、胜利、凌塘、双江、上托 11 个村和向阳、红卫、白鹭湖 3 个农场。1995 年，白鹭湖农场改为白鹭湖休闲山庄。

自然环境

境内为丘陵地带，多为紫色页岩和红色土壤。地处珠晖区东部，耒河下游，地势东南高、西北低，呈马头形，耒河环抱东、西、北三方，形成半圆状的冲积盆地。辖区属亚热带季风气候，年平均气温 18.1℃，最低月均气温 5.0℃，最高月均气温 35.5℃。年平均降水量 1434.7 毫米，降水集中在 4—8 月，5 个月降雨量占全年 62.5% 以上。境内最大的河流为耒河，流经辖区国庆、解放、大众、双江、上托、光明、凌塘、胜利 8 个村，长 27 公里，流域面积 24.59 平方公里，年流量 258 立方米 / 秒。已探明的地下矿藏有芒硝和盐矿等。主要自然灾害有旱灾、水灾、低温、冰雹、龙卷风等，最严重的一次水灾发生于 2006 年 7 月。

人口民族

1989 年、2003 年，境内人口分别为 20011 人、21200 人。2014 年，辖区人口 46242 人，其中城镇常住人口 2 万人，城镇化率 43.3%。总人口中男性 26820 人，占 58%；女性 19422 人，占

天子坟（汉钟武侯刘望葬地）

42%；14 岁以下 5179 人，占 11.2 %；15 ~ 64 岁 39305 人，占 85 %；65 岁以上 1758 人，占 3.8%。总人口中汉族 4.58 万人，占 99%；土家族、苗族、瑶族 442 人，占 1%。人口密度为每平方公里 1349 人。

经济发展

农业

种植业　境内耕地面积 626.67 公顷，林地面积 397.33 公顷。主要粮食作物为水稻，1976 年，酃湖乡胜利村最高亩产达到 598 公斤。2014 年，水稻种植面积为 87.63 公顷，产量为 839.2 吨。20 世纪 80 年代，酃湖乡大豆生产闻名省内外，特别是秋大豆（禾根豆）的生产全省有名。酃湖乡大豆产量高（最高亩产 210 公斤），数量多（1981 年总产量达到 80 多万公斤）。1983 年 10 月，全省秋豆 2 号鉴定会在酃湖乡凌塘村召开。1984 年秋，全国大豆生态会议的专家和代表们参观了酃湖乡凌塘村秋豆生产现场。2014 年，辖区大豆种植面积 533.33 公顷，全面实现境内农业生产无抛荒的现象。主要经济作物有葡萄、蔬菜等。葡萄主要品种有巨峰葡萄、红瑞宝葡萄、美国红提。2014 年，良种葡萄面积 306.67 公顷。蔬菜主要品种有韭菜、藠头、大蒜等，其中无公害蔬菜生产面积 80 公顷。

养殖业　境内历来有养殖禽畜习惯。1963 年，建立 46.67 公顷水面的国营酃湖渔场，使荒湖变成年产 25 万公斤的活鱼库。20 世纪 70 年代，建立酃湖外贸生猪出口基地、本地三黄鸡基地，酃湖公社繁殖近千余只西德长毛兔种兔。畜牧业以生猪为主，2014 年，生猪饲养量 1.8 万头，牛饲养量 210 余头，羊饲养量 1070 头，家禽饲养量 12.4 万羽。是年生产肉 2374 吨，其中猪肉 2232 吨，牛肉 10 吨，羊肉 8 吨，禽肉 124 吨。渔业以淡水鱼养殖、育苗为主。2014 年，养殖面积 150 公顷，产商业鱼 900 吨，产鱼苗 1 亿尾，水产良种鲤鱼苗覆盖湘南，渔业总产值 950 万元。

1975—1977 年，酃湖乡建成东酃蜜橘基地。1986 年，酃湖乡从北京、浙江等地引进优良品种巨峰系葡萄，以酃湖乡凌塘村为重点，试种 3 公顷获得成功。1987 年，凌塘村示范点 13 户所种的 0.71 公顷葡萄全部结果，共产浆果 9750 公斤，平均亩产 911.2 公斤，亩平均收入 2321.5 元。2014 年，以艾力丝鲜花为龙头，沿衡花公路旁种植 26.67 公顷的花卉苗木基地。连片现代农业示范区种植面积在 33.33 公顷以上的无公害蔬菜基地。2014 年，落实 33.33 公顷以上土地规模经营项目 3 个，新增土地规模经营面积 86.67 公顷，培育家庭农场、种植大户、各类专业合作社 3 家。

工业

晋代张载作《酃酒赋》，记述先民取酃湖之水，酿造酃酒，成为贡品珍酒。1958—1961 年，酃湖乡先后创办八一农机厂、颗粒肥料厂、针织厂、副食加工厂、酃湖公社农机厂等企业，因产品质量和材料供应等问题，均已停办或转让。20 世纪 70 年代初，公社利用本地芦苇资源，创办造纸厂。酃湖造纸厂是乡办企业，坐落于酃湖乡白鹭港（大众村）。1970 年开始筹建，1972 年投产。该厂占地面积 39000 平方米，其中厂房面积 3500 平方米，职工 130 人，固定资产 163 万元。设有备料、蒸煮、打浆、造纸、整装 5 个车间，2 条生产线，生产鞭炮纸、包装纸、有光白纸。年产量 1500 吨，年产值 250 万元。80 年代初，创办缫丝厂和地板砖厂。1983 年地、市合并后，由市农机水利局管辖移交郊区管辖，衡阳拖拉机站是衡郊唯一的一家国营工业企业。1985 年，开发新产品（绞肉机），随后将厂名改为食品机械厂。1976 年投产的酃湖建材厂，占地面积 4.7 万平方米，有 20 门轮窑 1 座，制砖工艺全部机械化。该厂拥有职工 170 人。1987 年 9 月，建成 1 座 20 门轮窑，年产红砖 1000 万块，年销售收入 100 万元。1988 年，乡镇企业总产值 859 万元，从业人员 2124 人。1992 年 9 月，开发生产玻璃钢系列环保设备，成立玻璃环保设备附属工厂。是年，共有职工 66 人，固定资产原值 63.5 万元，工业总产值 80.3 万元。2007 年，共完成企业总产值 2.1 亿元，规模工业增加值 0.9 亿元。2014 年，境内有天之衡酒业、环球科技、创新科技等大型企业，仅环球科技牌饲料总产值 3.6 亿元，利税 1720 万元，从业人员 54 人。

商贸服务业

1961 年 5 月，撤销区供销社，设酃湖供销部，7 月，改部为社。1964 年 3 月，因市供销社恢复，撤销酃湖供销社。1965 年 11 月，设酃湖供销社，直属市供销社管辖。1971 年，移交当地人民公社管理。1978 年，仍回归市供销社管理。20 世纪 90 年代，位于胜利村的蒋家山集市是当时酃湖乡最大的集市，周边百姓于此交换日常所需用品。2004 年，随着几所高校的入驻，商品零售业、餐饮服务业、通信业得到快速发展，商品市场建设不断完善，逐渐形成集餐饮、酒店、数码电子、房产、职介、美容、美发、休闲、娱乐于一体的商贸服务片区。2014 年，境内商业网点 260 余个，从业人员 1000 余人。

财政金融

1961 年，中国人民银行在酃湖设营业所。1984 年 6 月，建立乡财税所。1986 年，改为乡财政所。2004 年，乡财政总收入为 238.8 万元，其中农税收入额外 40 万元。财政总支出为 238.2 万元，主要为支援农业费和行政管理费。2005 年，农村税费改革，取消农业税和“三提五统”。是年，完成财政总收入 276.5 万元，财政支出 270.4 万元。2014 年，乡财政总收入 319 万元，财政支出 308.2 万元。

基础设施

交通运输

清嘉庆年间（1796—1820），有衡酃驿道。1958 年，修建衡茶路（当时称为苗茶路）、衡花路。1973 年，公社在酃湖町建成一纵三横的社队公路，总长 21 公里。1989 年，有衡花、酃茶两条公路呈八字形贯穿全境，耒水沿东向西奔流，机耕道纵横交错，水陆交通十分方便。境内各种汽车 47 辆，大小拖拉机 78 台，船舶吨位 180 吨，机械动力 5600 千瓦。2014 年，辖区已形成由铁路、公路、水路构成的运输网络。城市道路有衡州大道、东三环路。县级公路 2 条，总长 16 公里；乡级道路 4 条，总长 15.8 公里；村级道路 6 条，总长 11.5 公里；通航河道 1 条，总长 27 公里。境内客运汽车 12 辆，288 个座位，年客运量 80 万人次；货运汽车 100 辆，1500 吨位，年货运量 60 万吨。

邮政通信

2014 年，境内邮政网点 1 个，投递线单程 16 千米，投递点 27 个，乡村通邮率 100%。电信服务网点 9 个，电话交换机总容量 1.7 万门，固定电话用户 1 万户，移动电话用户 4 万余户，普及率 90%。互联网端口总数 2 万个，宽带接入用户 1.5 万户。

供电饮水

1958 年 12 月 2 日，白渔潭水电站动工兴建，系湖南省第一座河床式径流电站。白渔潭水电站占地面积 13.3 万平方米，中为拦河坝，右为船闸，左为发电房，最大水头 8 米，最大通航能力为 100 吨。1959 年 10 月 14 日，正式投产发电，原设计装机 8 台，总容量 2.09 万千瓦。实际装机 6 台，1.59 万千瓦，年发电量 8500 万度。1985 年乡人民政府获省农村水改先进单位称号。1988 年，酃湖乡进一步大抓水改工作，共打水井 923 口，87% 的农民饮上清洁卫生的井水，受到省市的表彰。2014 年，农村安全饮水普及率 100%。

水利建设

湘江及其支流耒水流经境内，河水常年供给人畜饮用和农田灌溉。汛期，洪水泛滥；旱季，田水干涸，危害农业生产。20 世纪 50 年代以前，

由于防洪抗旱设施缺乏，境内旱涝灾害频繁，曾流传一首歌谣："酃湖是个好地方，缺柴少米饿断肠，成年累月住草房，壮汉难找老婆娘。"1952年，修筑酃湖大堤。1962年，修筑解放大堤，并相继修建杏花、尹家塘、红卫三座水库和欧阳海灌溉区支渠水利工程，防御旱涝灾害，使农田稳产高产。2014年，耒水风光带建设开始启动，进一步提高了境内防水患能力。

乡镇建设

1958年，酃湖公社在衡阳市水泥电杆厂附近成立。1973年，酃湖公社新建办公楼位于酃湖乡双江村牛皮塘。2000年以来，城市建设发展较快，境内新建衡阳师范学院、湖南工学院、市体育馆等大型建设群。

社会事业

教育

1963年，酃湖公社创办酃湖中学。1973年，酃湖公社建有酃湖五七中学。1978年，酃湖公社有酃湖一中、二中、三中、四中4所中学。1979—1981年，对不具备办学条件的中学一律撤销，只保留酃湖中学。1989年，境内中学1所，小学7所，在校学生2794人，教职工123人。2014年辖区幼儿园4所，在园幼儿480人，专任教师48人。小学4所，在校学生1275人，专任教师58人，小学适龄儿童入学率100%。初中1所，

衡阳市体育中心

在校学生191人，专任教师19人，小学升初中率、九年义务教育覆盖率均达100%。境内有大学3所，在校学生3.3万余人，教职工2100余人，专任教师1400余人。

文化体育

1953年3月，区乡调整，原第六区文化站改为酃湖文化站。1956年6月，东西郊区合并成立郊区区公所，酃湖文化站与其他机构合并成立衡阳市郊区文化站。人民公社时期，成立民办文化站。1968年，处于瘫痪状态，1971年，重新开展活动，文化站有兼职辅导员。20世纪70年代后期，酃湖公社建立文化站，配文化辅导员1人，业务由市文化馆指导。1987年，原酃湖大队农民业余剧团，经衡阳市文化局发给营业演出执照，取名为衡阳市振兴花鼓戏剧团，从此成为半职业性剧团。1992年，该剧团解散。2014年，乡综合文化站1个，农家书屋11家，各类图书室19个，藏书15万余册，省、市级文物保护单位2处。

2014年，境内学校体育场4个，其中市体育中心设有游泳馆、体育馆、综合体育中心，体育中心的场馆看台共设座椅5万张，举办过多次明星演唱会、运动会、车展等大型活动。

医疗卫生

卫生院的前身系20世纪50年代散居各地的中西医药人员集资开办的联合诊所，50年代后期，逐渐过渡为集体所有，改为公社民办医院。民办医院设有简易病床，并设有分院和大队卫生所，由人民公社统一管理。1960年冬，大治水肿病，酃湖公社卫生院增加临时病床100张。1961年春，水肿病人治愈后，随即撤销临时病床。1984年，设卫生院，有床位20张，工作人员20人，其中专业技术人员18人，分设门诊部、医疗点5个，院址设双江村。1989年，除乡卫生院外，还分片设立医疗点3个，具有执业医生16名，病床25张，X光等精密设备5台，医疗房屋面积1450平方米，可为患者做中型手术和医治难度较大的病症。2014年，境内卫生院1所，村卫生室11个，医疗床位70张，执业医师30人，注册护士20人。农村安全饮水普及率100%，农村卫生厕所普及率91%，新型农村合作医疗参保2.37万人，参保率96%。

社会保障

20世纪80年代，酃湖乡设敬老院1家。2010年，搬至酃湖乡大众村，设有床位50张，供养农村五保人员27人。辖区90岁以上高龄老人54人，共补助5万元。

2014年，境内农村最低生活保障329户、719人，支出108.1万元；城镇最低生活保障95户、154人，支出59.4万元；农村医疗救助161人次，支出25.2万元；农村临时救济68人次，支出8.5万元；国家抚恤、补助各类优抚对象108人，支出53.4万元。

特色地情

历史人物——彭述（1854—1912） 字向青，生于湖南清泉县城东郊彭家园（今衡阳市珠晖区酃湖乡解放村），后迁居黄茶岭彭家冲。曾就读石鼓书院。清光绪十二年（1886）中二甲第一名进士（传胪），获选庶吉士，任翰林院编修，并任光绪皇帝的书法侍讲，兼教皇族诸子弟。光绪二十六年（1900）任御史。

（文字供稿：刘炼　图片供稿：陈默　彭斌）

雁峰区

概述

一

雁峰区因南岳第一峰——回雁峰而得名。地处衡阳市城区南部，地理坐标为北纬 26° 49′ 39″ ~ 26° 53′ 53″，东经 112° 32′ 17″ ~ 112° 39′ 42″。东临湘江，与珠晖区隔江相望；南与衡南县接壤；西与蒸湘区相邻；北与石鼓区毗邻。海拔 60 ~ 70 米之间。地貌以红岩丘陵为主，丘陵地形。属中亚热带季风湿润气候。辖区东西最大距离 10.4 公里，南北最大距离 12 公里，总面积 93.2 平方公里。总人口 29 万人，其中常住人口 23.2 万人，流动人口 5.8 万人；居住民族 26 个，以汉族为主，占全区总人口的 99.07%。

雁峰区人杰地灵，物华天宝，是雁城雅称的发源地。拥有“潇湘八景”中的“平沙落雁”以及“衡洲古八景”中的“雁峰烟雨”、“岳屏雪岭”、“花药春溪”、“东洲桃浪”等五大盛景。船山学创始人王夫之、书法大家丁一焯、羽绒创始人丁鹏翥等历史名人出生于此；境内有王船山纪念馆、全国红色旅游经典景区衡阳抗战纪念城；湘南共产党策源地、大本营——湖南省立第三师范学校，毛泽东在这里创建湘南第一个中共党支部和共青团支部；始建于南朝梁天监十二年（513）的雁峰寺；汇集形成船山文化、红色文化、抗战文化、宗教文化。2014 年年末，境内有各级各类学校 110 所；文化馆（站、室）51 个，图书馆 31 个；医疗卫生机构 143 个；体育训练基地 16 个，体育场地 2010 个。

雁峰区交通便捷。湘江、幸福河贯城而过，湘江在境内设渡口 6 个，包括湘江航运配套工程丁家桥港码头；衡昆高速、衡枣高速、岳临高速、湘桂铁路、湘桂铁路复线、214 省道、蒸湘南路、蒸阳南路、解放大道、南外环线、西外环线穿境而过。

雁峰区是衡阳工业核心区，境内有白沙洲工业园、衡山科学城、衡阳综合保税区、雁峰工业集聚区等四家园区，形成输变电与电线电缆、汽车和零部件制造、生物医药三大产业集群。2014 年年末，境内拥有独立科研和技术开发机构 7 个，各级技术研究中心 9 家；实现地区生产总值 123.2 亿元，规模工业增加值 78.07 亿元，固定资产投资 96.46 亿元，社会零售品总额 80.8 亿元，财税总收入 14.71 亿元，城镇居民人均可支配收入 24566 元。

雁峰区建区以来，先后被评为湖南省加速推进新型工业化先进单位、湖南省创建和谐社区示范区、湖南省为民办实事工作先进单位、湖南省科技先进单位、湖南省双文明建设先进区。

二

民国 31 年（1942），析衡阳县城区置衡阳市，建市时属第二区和第一区（部分）。1949 年 9 月，撤区改镇，属雁峰镇。1949 年 10 月，恢复衡阳市，仍属第二区。1955 年 5 月，因境域处衡阳市区南部，故改称衡阳市城南区。1960 年 4 月 23 日，城市实现公社管理体制，改称衡阳市雁峰人民公社。1963 年，撤销城区人民公社，恢复城南区。1979 年 7 月，将郊区岳屏公社岳屏大队的单家村、过路塘和苏眼井 3 个生产队划入，城南区辖先锋、雁峰、西站、黄茶岭、白沙洲 5 个街道办事处。2001 年 4 月 4 日，按城乡一体化原则，撤销衡阳市江东区、城南区、城北区、郊区，设立衡阳市珠晖区、雁峰区、石鼓区、蒸湘区。雁峰区保留原城南区的先锋、雁峰、西站、黄茶岭、白沙洲 5 个街道，接收原属郊区的湘江乡（不含杨柳村）、岳屏乡（不含联合、岳屏、北塘 3 个村）和湘江农场，接收原属衡南县的文昌乡（不含联胜村）和原属衡南县东阳乡的公益、东风 2 个村委会。西站街道更名为天马山街道。5 月 15 日，撤销文昌乡和岳屏乡，设立岳屏镇。2007 年 7 月，原湘江农场及湘江农场代管的农业村区域设立金龙坪街道。

2014 年年末，辖先锋、雁峰、天马山、黄茶岭、白沙洲、金龙坪 6 个街道和岳屏镇、湘江乡 2 个乡镇，共 8 个乡级行政区，下辖 53 个社区居委会、14 个村、13 个管区。2015 年，乡镇区划调整后，辖先锋、雁峰、天马山、黄茶岭、白沙洲、金龙坪 6 个街道和岳屏镇 1 个乡镇，共 7 个乡级行政区。

先锋街道 >>

区域概况

位置面积

先锋街道因境内先锋路而得名。地处雁峰区西部，东临湘江，与珠晖区隔江相望，南与雁峰街道相邻，西与天马山街道接壤，北以解放大道为界与石鼓区毗邻。办事处驻先锋路5号，距区政府5公里。1971年9月，先锋街道成立，辖区总面积1.1平方公里，2001年，区划调整，辖区长约1.2公里，宽约1公里，辖区总面积1.2平方公里。

建置沿革

清代时属清泉县。民国初，属衡阳县。民国31年（1942），属衡阳市第一区。1949年10月、1951年9月，衡阳市两次区划调整仍属第一区。1952年2月，称第一区中山南路街委会（以下简称街委会）。1955年，改称中山南路街道办事处，属城南区。1956年8月，中山南路街道办事处撤销，居民委员会（以下简称居委会）直接由城南区民政劳动股管理。1958年，城南区改称雁峰人民公社，同年11月，按原街道办事处范围，成立雁峰人民公社衡星分社，居委会改称管理区。1963年，撤销城区人民公社改称城南区衡星分社。1966年5月，更名为城南区先锋分社。1971年9月，成立城南区先锋街道革命委员会。1979年，改称城南区先锋街道办事处。2001年5月，区划调整，城南区改为雁峰区后，称雁峰区先锋街道办事处，属雁峰区。

行政区划

1952年，中山南路街委会下辖6个居委会，67个居民小组。1958年，居委会改称管理区，6个居委会合为5个管理区，67个居民小组。1994年，管理区改称居委会，下辖9个居委会，136个居民小组。2001年5月，区划调整，将雁峰街道的大码头、马嘶塘、黄青巷3个居委会划入，并增设张飞巷居委会。辖沿江南路、中山南路、光辉、和平南路、市府路、左家台、爱民、珠琳巷、先锋、大码头、马嘶塘、黄青巷、张飞巷13个居委会。2002年，居委会体制改革，13个居委会调整为7个居委会，辖沿江南路、中山南路、光辉、左家台、爱民、先锋、黄青巷7个居委会。2012年，增设和平社区，辖沿江南路、中山南路、光辉、左家台、爱民、先锋、和平、黄青巷8个社区，165个居民小组。

自然环境

地处衡阳市中心地段，地势较为平坦，为南

高北低的自然地势，海拔在60~70米之间。境内属中亚热带季风湿润气候，年平均气温18℃左右，四季分明，春温多变，寒潮频繁，降水充沛，夏季炎热，极小降雨，秋季凉爽，冬季寒冷。年降水量约为1350毫米，降水日约165天。土壤多属橘黄色网纹状亚黏土，土层较薄。境内属湘江水系，流经中南社区和沿江社区，长约0.5公里。

人口民族

1942年，辖区总人口3800人。1949年，总人口3414人。1961年，总人口12410人。1979年，总人口20510人。1990年，总人口24400人。2011年，总人口27100人。2014年年末，总人口30541人，其中男性14521人，占47.55%；女性16020人，占52.45%；14岁以下3278人，占10.73；15~64岁24599人，占80.54%；65岁以上2664人，占8.73%。人口以汉族为主，占总人口99.99%。

经济发展

经济综述

20世纪50年代前，仅有1家民营工厂和少数个体手工业工场；商业多为私人小店，流动商贩较多，主要经营日常生活用品和粮油，居民生活仅能糊口。1956—1966年，新建国营工厂、区办工厂、街办工厂达20家，新增街道商业12家，新增建筑业2家、运输业1家，就业人员急增，居民收入不断增加。至1998年，仅街办工业一项产值过1000万元，商业企业57家，零商税收突破40万元。2014年，因工业改制，大部分工厂关停并转。商业得到迅速发展，大街小巷一楼大部分为店铺，有大小商业网点1100余个。街道财政收入860万元。居民人均可支配收入24566元。

工业

1942年，境内工业多为个体手工业和私营工商合一的工场，共8家。是年，在珠琳巷成立湘衡机器制造厂，由修理袜机发展为制造锅炉、蒸汽机、车床等，是境内第一家民营机器制造厂。1944年，侵华日军侵占衡阳后，境内仅存手工打铁工场2家。1945—1949年期间，部分手工业和服装加工店恢复生产。1956年，国家对手工业、资本主义工商业进行社会主义改造，新建市属工厂9家，先后在环城南路新办毛巾厂、制帽厂，蚊帐布厂。同年元月，由伟大、广武、新华、又新、民新、国强6家私营服装店在爱民路组建衡阳市国营服装厂。1958—1966年，新办区属工业2家，新办机械厂、电器厂、塑料厂、汽缸床厂、无线电厂、印刷厂等街办企业9家。1989年，工业年产值511.2万元，从业人员247人。1993年，有街道工业企业12家，其中街办工业5家，即汽缸床厂、印刷厂、电器厂、福利厂、机械厂，居委会自办工业7家；有亏损5家；企业总资产247.26万元；实现工业总产值372.97万元，销售收入267.53万元，利润1.31万元；年末职工201人，工资总额36.79万元。1998年，工业年产值1019.4万元，从业人员735人。2000年开始，企业改革改制，关停并转，街道工业不变价总产值512.1万元，工业现行价总产值712.6万元，工业销售现价总产值706.9万元。至2014年，仅存食品加工民营企业1家，即衡阳市南北特产食品公司，主要产品是月饼、面包等，年产值在200万元以上。

商贸服务业

早在清康熙年间（1662—1722），中山南路形成百货、布匹、南货、杂货经营街，沿江南路形成粮油、烟草、土产、水果经营街，仙姬巷是农民和小商小贩的土特产、水产经营场地。1944

年8月，侵华日军侵占衡阳，商店大都关闭。1945年,外商返迁,商业有些复苏,后因内战爆发,市场凋零。中华人民共和国成立后，尤其是1956年公私合营后，境内商店发展迅速。1958年“大跃进”时期，在大办工业的同时也大办商业，境内商店数急增。1958—1965年，商业交易额逐年增长。1966年，对部分商品作为封、资、修的产物禁止经营,境内一些商店停业,集贸市场关闭,零售网点撤销。1978年以后,商品经济迅速发展,一个多种经营成分、多种流通渠道、多种经营方式的商品流通体制迅速形成，以环城南路、爱民路、金果路为主的生产资料和生活资料市场迅速发展。1993年，有商业网点52家，其中街道商店12家、居委会商店32家、居委会饮食店8家，实现销售收入669.34万元，利润15.35万元，销售税金10.97万元，从业人员178人，工资总额25.19万元。1998年有商业企业57家，零商税收突破40万元。1999年，建成衡阳市最大的农产品交易市场——仙姬巷市场。同年7月16日，衡阳电脑城开业。2011年，中山南路购物一条街被评为全国文明示范街。2014年，境内商业网点密布，大街小巷一楼大部分为店铺。有大小商业网点1100余个，在业人员3000余人；有集贸市场4家；宾馆6家，其中4星级宾馆1家，3星级宾馆2家；专业卖场3家，即广百百货、家润多、通程电器；形成特色街5条，即环城南路酒店酒家一条街、先锋路电脑软件一条街、中山南路南杂百货一条街、爱民路影楼服装一条街、黄青巷饮食排挡一条街。

财政金融

财政 1995年4月,成立街道财政所。是年,街道财政总收入185万元，财政总支出185万元，主要为行政管理费。2005年，财政收入440万元，财政支出440万元。2014年，街道财政总收入860万元，财政总支出860万元，主要支出为社区工作运转经费、行政管理费等。

金融 境内属衡阳市老城区中心，中华人民共和国成立后，各大金融机构均在境内设营业点，随着社会和经济发展，营业网点不断增加。至2014年年末，境内有中国工商银行衡阳分行、中国银行衡阳分行、华融湘江银行衡阳分行、中国建设银行雁峰支行、中国农业银行雁峰分理处、浦发银行白沙洲支行、光大银行白沙洲支行、中国邮政银行雁峰支行、湖南省农村信用社雁峰联社等。有分别设在先锋路和雁城路的股票交易场所2处。雁峰区国税、地税局均设在境内。

基础设施

防洪堤建设

境内沿江地势低平，长期受洪水威胁，每到洪水涨期，沿江路一带居民房屋泡在水中，水最大时，漫过2层房屋顶。1984年9月至1993年10月，修建湘江西岸防洪大堤，境内南起泰梓码头，北至解放路，长0.5公里，宽35米左右，主要有游道、道路、绿化亮化工程。在先锋码头修建集休闲、防洪于一体的防洪设施——学宫苑。

交通运输

清末，全区仅有的主干道——正街（现中山南路）位于境内。1952年开始，新、改、扩建中山南路、解放路东段（原铁炉门横街）、环城南路、先锋路（原学前街）、湘江南路、雁城路等主干道以及和平南路、环城南路等次干道。2014年，境内有主干道6条，即中山南路、解放路、环城南路、先锋路、湘江南路、雁城路；次干道4条，即和平南路、环城南路、金果路、仙姬巷。

清末，居民外出多以步行为主，远途通水路

则坐木船，富豪绅士坐轿子。20 世纪 30 年代，出现人力两轮车和自行车。50 年代，出现以木炭为燃料的公共汽车，境内有公共汽车通行，线路 2 条，1 条由先锋路至黄茶岭，1 条由中山南路至中山北路。开办有丁泰、大粟、先锋码头至站门前航线，泰梓码头、先锋码头设有柴油机轮渡。1954 年，衡阳汽车客运站搬迁至先锋路，运行于长沙、零陵、邵阳、常宁、耒阳、醴陵等地。1960 年后，发展以汽油为燃料的公共汽车，自行车成为主要代步工具。80 年代，出现出租车（“的士”）、载客摩托车、机动三轮车。1982 年，从境内发车和途径境内的公共汽车线路 4 条。1989 年后，保留先锋码头至粟家码头航线，全长 1.5 公里。2014 年年末，有泰梓码头、先锋码头、大码头、解放码头，经先锋码头渡江人员每日达 1000 余人，从境内发车和途径境内的公共汽车线路达 8 条。

邮政通信

邮政　境内邮政业务历来由市邮电部门统一管理，邮政与电信一体。1944 年，邮电业务在黄茶岭六支局办理。1954 年，境内设立邮电局中山南路营业所。1998 年 9 月，国务院确定邮政、电信分营。2014 年，境内设立邮政社区服务中心，办理信函、公用电话、代收话费、报刊零售。境内快递业务有邮政、申通、天天、优速、中通、韵达、圆周通等快递网点 7 个。

通信　中华人民共和国成立初期，仅党政机关能装电话机。1970 年后，普通单位也可以装电话机。1985 年开始，居民相继安装住宅电话，购买移动电话。1999 年，中国电信在和平南路设立营业厅。是年，中国移动、中国联通相继设立营业厅和代办点。2000 年后，固定电话逐渐由移动电话取代。2014 年，境内已普遍使用移动电话和互联网。

供电饮水

供电　20 世纪 80 年代，居民照明一般为白炽灯，共用电表。20 世纪 90 年代初期，以住宅

中山南路商业街

单位安装电表，称为户表，每户安分表。随着家用电器增多，2000年开始，90%居民单独安装私表。2014年，电表入户率达到100%。

供水 1958年以前，居民饮用水全部使用湘江河水或井水。1958年，设置供水站，居民到水站取水。1980年开始，自来水管线进入居民家庭，居民日常都用自来水。2014年，境内水表入户率达到100%。

街道建设

民国初期，衡阳市房屋建设绝大多数集中在中山南路、环城南路、学宫路一带，多为1~2层，竹泥、木板或砖木结构，青瓦及杉木皮屋面，地面多为素土。

1949年，居民占地自建房屋，房屋结构多为竹木。1958年，居民房屋普遍采用砖混结构，住房一般租赁房管部门的直管公房，居民住房趋紧，有的三代同挤一房。1978年，单位自建住房，出租或出售给本单位职工居住，房屋普遍采用钢筋混凝土。20世纪90年代开始，商品房开发建设发展较快,70%旧房被拆除建成商品房。2014年，街道棚户区全部改造完成，境内3层以下的砖房不到10%，90%以上是80年代后所建的6层以上居民楼和新建的电梯房，主要楼盘有雁府铭座、美博城、民族文化广场。

社会事业

教育科技

教育 清光绪四年（1878），衡阳县令张宪和在大码头横街创办船山书院。光绪三十一年（1905），在吉祥街设立道属南路公学（衡阳市八中前身）。1954年，创办环城南路小学，1978年2月，定为湖南省衡阳市重点小学（2001年因区划调整至天马山街道）。1980年，境内创建衡阳市职工大学。1986年，境内有小学5所，即环城南路小学、天后街小学、先锋小学、沿江南路小学、五一小学，在校学生3028人，其中女生1449，教职工134人，小学适龄儿童入学率100%，毕业率98.3%；幼儿园7所，即衡阳市机关第一幼儿园、邮电局幼儿园、制帽厂幼儿园、伟大服装厂幼儿园、六一幼儿园、衬衫厂幼儿园、先锋小学（只开设学前班），在园幼儿768人，教职工80人。1991年7月，先锋小学开办首批弱智儿童教学班，弱智儿童入学率达到80%。1994年，境内有小学5所,在校学生3254人,教职工170人，入学率100%，毕业率100%；幼儿园4所，即衡阳市机关第一幼儿园、邮电局幼儿园、伟大服装厂幼儿园、六一幼儿园，在园幼儿537人，教职工78人。2014年年末，有幼儿园6所，在园幼儿1200人，专任教师65人；小学4所，在校学生2800人，专任教师280人，小学适龄儿童入学率100%；小升初升学率、九年义务教育覆盖率均为100%；职工大学1所，年培训职工800余人。

科技 1958年，境内成立衡阳市科技工作委员会和衡阳市科学技术协会。1988年9月，成立街道科委，负责街道所属企事业单位的科技工作，居委会设科技员。1999年12月，成立街道科协。2000年，衡阳市科技情报研究所、衡阳市食品科学研究所2家市属科研机构在境内设立。2014年，有科学技术人才300人。

文化体育

文化 1949年，在大码头组建皮影戏院，1964年解体。1955年，衡阳市人民会堂影剧院在和平南路14号成立。1957年，组建大众剧院，是年，排演的传统小戏《抖碓》获省三等奖，1960年与市花鼓戏团合并。1964年，城南区文

数十万市民在中山南路感受"平安夜"

化馆在境内成立。1975 年，成立街道文化站，有 300 平方米活动场地。1975 年，永红小学（现沿江南路小学）器乐表演《保卫黄河》《送肥忙》获湖南省一等奖，受到湖南省委书记毛致用的接见。1982 年，街道建立图书室，收藏图书万册以上。2014 年年末，有群众艺术团 1 个，分舞蹈、乐队、合唱 3 支队伍，团员近 100 名。有社区文化活动中心 8 个，多功能培训厅 1 个，电脑信息室 1 个，书法室 1 个，多媒体教室 1 个，文体娱乐室 9 个，阅览室 9 个，配有专业管理人员，社区文化活动设备覆盖率 100%。国家一级图书馆——衡阳市图书馆位于境内，有藏书 53 万册，其中古籍 5 万余册、民国版图书 1 万余册以及以王船山为代表的衡阳名人著作。

体育 清朝末年，群众体育以武术、舞龙舞狮、划龙舟等传统项目为主，各学堂开设体操课。1952 年，学校掀起做早操、课间操，工厂做工间操热潮，一直延续到 1966 年。1990 年，开展全民健身活动，群众自发开展打锣鼓、扭秧歌、跳扇子舞、练木兰剑、打太极拳等体育活动。先锋街道输送的运动员凌洁，在 2000 年悉尼奥运会上获女子高低杠银牌。天后街小学输送的运动员张黎明，在 1994 年全国少年体操锦标赛连获男子全能、自由体操、双杠 3 枚金牌。2014 年，境内有"全民健身"小分队 1 个，学校体育场所 4 个，健身体育广场 7 个，体育场所覆盖率达到 78%。

医疗卫生

医疗 1954 年，境内有医疗机构 6 所。1971 年，成立先锋街道卫生院。2014 年，境内有市属医院 2 家，即衡阳市中心医院、衡阳市卫生防疫站；区属医院 4 家，即雁峰中医院、衡阳市口腔医院、雁峰区卫生防疫站、雁峰区妇幼保健院；社区医院5个，个体门诊部（所）7个。有床位500余张，固定资产9800万元，专业卫生人员368人，其中执业医师260人，执业助理医师89人，注册护士198人；区疗机构（门诊部以上）完成诊疗30万人次。

卫生 1952年，兴起以防疫细菌战为中心的群众性爱国卫生运动，1954年，转向以除害灭病为中心。1960年，爱国卫生走向制度化。1982年5月，城市卫生管理实行门前“三包”（包绿化、包秩序、包卫生）目标管理责任制，开展文明卫生流动红旗竞赛。1987年以后，对公共经营场所实行卫生许可证制度和从业人员健康证制度。

社会保障

“五保”供养 1958年，对困难户实行“五保”（保吃、保穿、保医、保住、保葬）供养制度。1985年，街道设立福利工厂，解决残疾人就业问题。1988年，建立国家与社会相结合的供养制度，对分散居住的社会救济对象实行“三定四包”合同制（定承包人、定承包对象、定承包任务，包衣、食、住，包清洁卫生，包请医送药，包信息反馈）。1990年，部分“五保”户移居城南区福利院集中供养。

最低生活保障 1999年5月，开始发放最低生活保障金，发放标准为每人每月130元，发放最低生活补助款14.7万元。2014年，有城市低保户896户、1966人。

养老保险 1996年，建立居民参加社会养老保险制度。2014年，发放养老保险金23万元。

医疗保险 2001年，启动城镇职工基本医疗保险。2008年，实行城镇居民医疗保险，医保费每人每年30元。2014年，上调至60元，国家报销比例相应增加，辖区居民大部分参加医保，城镇居民基本医疗保险参保4.8万人次。

临时救助 境内灾害多为水灾、火灾。1951年2月，仙姬巷、沿江西路居民户先后发生大火，群众募捐131.8万元（旧币），市政府拨付大米400公斤，救济25户受灾居民。1951—1952年，向辖区9户极度贫困户发救济粮1300公斤。1954年夏，湘江曾4次超过警戒线，1次洪水淹没沿江居民住宅房顶，区政府组织力量抢险救灾，安置灾民生活。

特色地情

历史人文

王夫之（1619—1692）字而农，号姜斋，又号夕堂，汉族，生于衡州府城南王衙坪（今金果路王衙坪）。世界著名的思想家、哲学家、史学家、

衡阳基督教堂

文学家、美学家，为湖湘文化的精神源头，与黑格尔并称东西方哲学双子星座，是中国朴素唯物主义思想的集大成者、启蒙主义思想的先导者，与黄宗羲、顾炎武并称为明末清初的三大思想家。晚年隐居于形状如顽石的石船山，自署船山病叟、南岳遗民,学者遂称“船山先生”。其一生著述甚丰，有著作100余种，400余卷，近800万字，其中以《读通鉴论》《宋论》为其代表之作。王夫之一生主张经世致用的思想,坚决反对程朱理学,自谓：“六经责我开生面，七尺从天乞活埋。”著作经后人编为《船山全书》。

名优特产

石鼓牌酥薄月　已有140余年历史。石鼓牌酥薄月用高精白糖、饴糖、精粉、奶油、动植物油、玫瑰、桂花、乔饼、麻仁麻蓉等12种原料配方,经14道传统工艺与现代技术相结合精制而成，面呈金黄色，底呈米黄色，形圆如月，厚薄均匀，约10个、0.5公斤。由位于中山南路1 6号的衡阳市南北特产食品公司出品。1981年，获国家银质奖，1988年，获首届中国食品博览会金奖。

风景名胜

衡阳基督教堂　位于衡阳市中山南路20号，始创于1902年，原系中华基督教会（长老会）的一座教堂。1950年，在该教堂基础上成立衡阳市基督教团体联合会，衡阳市境基督教信徒每年定期或不定期到教堂联合礼拜。1982年，成立衡阳基督教会。1998年12月，原地重建衡阳市基督教堂，为湖南省重点宗教活动场所。

（文字供稿：李剑锋　刘恒　图片供稿：彭斌　徐陂）

雁峰街道 >>

境内有南岳第一峰回雁峰、王船山出生地纪念馆、湖南省安全文明单位、湖南省双拥先进单位、湖南省民政优扶先进单位。

区域概况

位置面积

因南岳第一峰——回雁峰位于辖区而得名。地处雁峰区中部，东临湘江，与珠晖区隔江相望，南连黄茶岭街道，西接蒸湘区，北与天马山街道、先锋街道交界。办事处驻巷荫岭 36 号。2014 年，总面积为 3.4 平方公里。

建置沿革

民国 31 年（1942），属衡阳市第二区。1949 年 10 月，中华人民共和国成立仍属第二区。1951 年 10 月，区划调整，属第一区。1955 年 5 月，成立雁峰街道办事处，属城南区。1958 年，城南区改称雁峰人民公社，同年 8 月，雁峰街道改称雁峰分社，属雁峰人民公社。1965 年，大码头分社并入雁峰分社。1966 年 5 月，更名为红卫分社。1971 年 9 月，成立红卫街道革命委员会。1979 年改为红卫街道办事处。1981 年，恢复雁峰街道办事处。2001 年 5 月，区划调整，属雁峰区。

行政区划

1955 年 5 月，辖 7 个居民委员会。1958 年，居委会改称管理区，下辖 6 个管理区。1994 年，管理区仍改为居民委员会。2000 年，辖 15 个居民委员会，258 个居民小组。2001 年 5 月，区划调整，把原岳屏乡岳屏村析出的 4 个村民小组设置岳东村划入雁峰街道，同时将大码头、马嘶塘、黄青巷 3 个居委会划入先锋街道，街道辖打线坪、接龙村、余德堂、上游村、雨花亭、湘江南路、巷荫岭、雁城路、雁南村、厉家村、南桥村、新家村 12 个居委会和岳东村。2002 年，居委会体制改革，调整为打线坪、接龙村、余德堂、雨花亭、巷荫岭、雁峰路、厉家冲、新家村、当家村 9 个社区和岳东村。

自然环境

境内地处湘中衡阳盆地腹部，内镶大面积白垩系和下第三系红层的红色丘陵台地，地形地貌类型以岗丘为主。整个地势比较平坦，呈南高北低的自然地势，海拔在 60 ~ 70 米之间，最高点为回雁峰，海拔 95.6 米。境内属中亚热带湿润气候，具有气候温和、四季分明、春温多变、寒潮频繁、雨季明显、夏秋多旱、冬寒期短、夏暑期长的特点。年均气温 18℃；年均降雨量 1349 毫米，年均降雨日（含降雪日）163 天。境内东临湘江，湘江从南向北，经境内流程3公里。地下水充沛，多属红层岩类孔隙裂隙水，无重大地质和气候灾害。

人口民族

1942年，境内总人口为3200人。1949年，总人口3212人。1979年，总人口20306人。2011年，总人口31000人，人口出生率为6.80‰，人口死亡率为4.30‰，人口自然增长率为2.5‰。2014年年末，总人口为31792人，其中男性15939人，占总人口50.1%，女性15853人，占总人口49.9%。人口以汉族为主，占99.9%，少数民族43人。

经济发展

经济综述

20世纪50年代初期，仅有数十家个体商铺。1958年，开始大办街道工厂，至1993年，新增街办工厂18家，发放工资73.21万元，境内居民生活水平得到很大提高。2000年，街道工业达到30家，产值1810.4万元，入库利税220万元。2001年工业改制，大力发展和引进民营工业，同时发展民营商业。2014年，规模企业工业产值达4.7亿元，商业网点1040个，销售总额6.3亿元。街道财政收入590.17万元。居民生活大部分进入小康水平。

工业

1958年，街道开始发展小型工业。1958—1980年，街道自办企业10家。1987年，街道工业企业完成产值462.92万元，创利17.15万元。1993年，有街道工业18家，其中有雁峰变压器厂、特种变压器厂、眼镜厂、五皮件厂、锦旗厂、胶木粉厂等街办工业8家，居委会办工业10家；有亏损企业1家；企业总资产336.6万元，有职工319人，工资总额73.21万元；实现工业总产

千年古刹——雁峰寺

值1143.81万元，销售收入1380.24万元，利润19.18万元。1999年，境内工业企业30余家。2000年以后，工业企业改制，民营工业企业发展，原街道企业关停并转，街道工业不变价总产值1810.4万元，现行价总产值2471万元，销售现价总产值2867.2万元。2006年，境内规模企业产值完成12825万元。2008年，规模企业工业产值完成33628万元，规模工业增加值完成8743万元。2011年，引进许氏梳业有限公司、上锋制材厂、泰森电器有限公司等企业，规模企业工业产值为55643.6万元，较上年增长32.6%。2014年年末，规模工业总产值4.7亿元。

商贸服务业

20世纪50年代初期，境内只有个体小商铺。

1956年，公私合营后商品零售总额比1950年增加8倍。1958年大办商业，商业网点遍布大街小巷。1978年，改革开放后，多种经营成分、多种流通渠道、多种经营方式的商品流通体制新格局在境内快速形成。商品贸易日趋活跃，以雁城路、蒸阳南路、蒸湘南路、天马山南路为主的生产资料和生活资料商店迅速发展。1993年，有商业网点35家，从业人员161人，实现营业收入794.59万元，利润10.3万元，销售税金8.75万元。2000年以后，国营商业、集体商业陆续改制成民营商贸业，经营项目涵盖建材、装饰、百货、药品、美容、蔬菜等。2011年年末，境内共有商业网点573个，从业人员2086人；有商品专业市场3家，即大华星联邦家私广场、首峰装饰材料市场、湘南汽车配件城；农贸市场5个，即余德堂、新家村、巷荫岭、雷公塘、雁南归农贸市场。2014年年底，境内有商业网点1040个，从业人员13385人，社会商品销售总金额6.3亿元。

财政金融

财政 1995年4月，街道成立财政所。2003年，财政总收入85万元，总支出85万元，完成税收334万元（其中国税94万元，地税240万元）。2008年，财政总收入273万元，总支出273万元，国税完成51.73万元，地税完成262.2万元。2011年，财政总收入293万元，总支出291.5万元，略有节余。2014年年底，财政总收入为590.17万元，总支出590.17万元。

金融 境内有金融机构4家，即中国建设银行衡阳回雁支行、工商银行巷荫岭储蓄所、中国银行打线坪分理处、国泰君安证券股份有限公司营业部。

基础设施

防洪堤建设

1984年9月至1993年10月，协助修建4千米湘江西岸防洪大堤，系筑堤、修路、旧城改造“三结合”工程。2010年，湘江南路沿江岸提质改造，建成沿江风光带。2013年9月至2014年5月，对雁南村低洼居民区进行排渍改造，从雁南村至湘江边，铺设长达800米地下大口径水泥排水管，防止内涝。

交通运输

1952年，修建中南路（今雁城路）。1954年，改建沿江西路至湘江公路铁路两用大桥。1957年12月，横跨湘江东、西岸城区的铁路、公路两用双层湘江大桥建成通车，是中国第二座铁路、公路两用桥，湘桂铁路穿过湘江公铁大桥与京广线大动脉接轨。1978年，新建大庆路（今蒸阳南路），客运汽车停在大庆路立交桥附近路边接送客人。1999年，修建蒸湘南路。2008年，开始修建衡州大道，同年11月，蒸湘南路跨线桥竣工通车。2012年4月，蒸阳南路跨线桥正式动工建设。2012年10月23日，衡州大道横跨湘江东西两岸公路大桥竣工通车。2014年年末，境内有衡州大道、雁城路、湘江南路、蒸湘南路、蒸阳南路等主干道5条，街巷19条。

1952年，途经境内的公交线路1条，由先锋路至黄茶岭。1982年，从境内发车和途经境内的公共交通汽车线路4条。2000年，衡阳市雁南客运有限公司在黄茶路2号设雁南客运汽车站，发往广西、云南、贵州及市辖西渡、常宁、栗江等地。2014年，途径境内公交线路26条。

邮政通信

邮政 境内邮电业务由衡阳市邮电部门统一管理。1998年，邮政与电信分家。2000年，各社区居委会在街头巷口设立邮政社区服务中心，办理信函、公用电话、代收话费、报刊零售、快递业务。2014年，申通、天天、优速、中通、韵达、圆周通等快递公司先后在境内设点。

通信 1956年，衡阳市邮电局在境内中山南路设一营业点，居民可到营业点发电报打电话，1985年，境内繁华地段设公用电话，居民相继安装住宅电话。1990年，中国铁通在雁城路设立营业厅。中国电信、中国联通、中国移动相继在境内设立营业厅或代办点。2001年以后，居民用宽带上网，网吧开始发展。2014年年末，境内居民电话、手机基本普及，有固定电话或移动电话的家庭比率达到98%以上。

供电饮水

供电 境内供电由衡阳电业局负责。1978—1990年，境内电力供需矛盾突出，用电缺口大，居民照明用电一般使用白炽灯，停电时有发生。1990年以后，以住宅单位安装电表，称为户表，每户安分表，灯具品种增多。2000年开始，90%居民单独安装户表。至2014年年末，境内居民已实现以户安装电子数码电表，电力供应充裕。

供水 20世纪50年代前，境内居民以饮用湘江河水为主，井水为辅，取水主要靠手提肩挑车拉。1950年，部分用水量大的厂矿自装水泵取水，大部分居民仍下河挑水或买水饮用。1958年1月，市自来水公司在境内各居民区设立供水站，居民到供水站买水饮用。1980年开始，自来水管线网扩大，居民家开始安装自来水户表，2000年普及率达91%，至2014年年末达100%。

街道建设

20世纪50年代，境内公房占房屋总数的32%，私房占68%，房屋建筑普遍比较简陋，采用砖木和砖混结构。1957年，通过对私有房屋进行社会主义改造，私房拆多建少，公房比重大大上升，达到70%，居民住房一般租赁房管部门或是单位的自管房。居民住房普遍趋紧，有的家庭祖孙三代挤居一室。1984年以后，国家对住房建设加大投资并鼓励单位自建住房，房屋建筑多般采用砖混结构和钢混结构，住房厨卫设施齐全，仅1984年一年新建的住宅数量就超过1978年以前的总和。1992年1月，全面推行住房制度改革，取消福利性分房，直管公房及单位自管房开始出售给私人，实现房屋商品化。2000年以后，房地产商品房建设进一步加快，70%以上的旧房被拆除，首峰小区、德源小区、熙园小区、世纪名城、月畔湾小区、康新花园等住宅小区建成。2014年年底，境内有地标性18层以上的高楼大厦20余栋，如新家名居、禧城大厦、共创铭城等楼盘，私房比率达到95%以上，人均居住面积达20.9平方米。村民住房普遍得到改善，安置房、自建房设施配套，人均居住面积达40余平方米。

社会事业

教育科技

教育 1951年，境内成立衡阳铁路工程学校（2003年，升格为湖南交通职业技术学院，2011年，改为湖南高速铁路职业技术学院，2013年9月，迁入珠晖区）。1978年，境内民办中学三红中学改为公办学校即衡阳市第十六中学。1979年，创办衡阳市基础大学（1985年，改名为湖南建材工业高等专科学校，2003年，与湖南大学衡阳

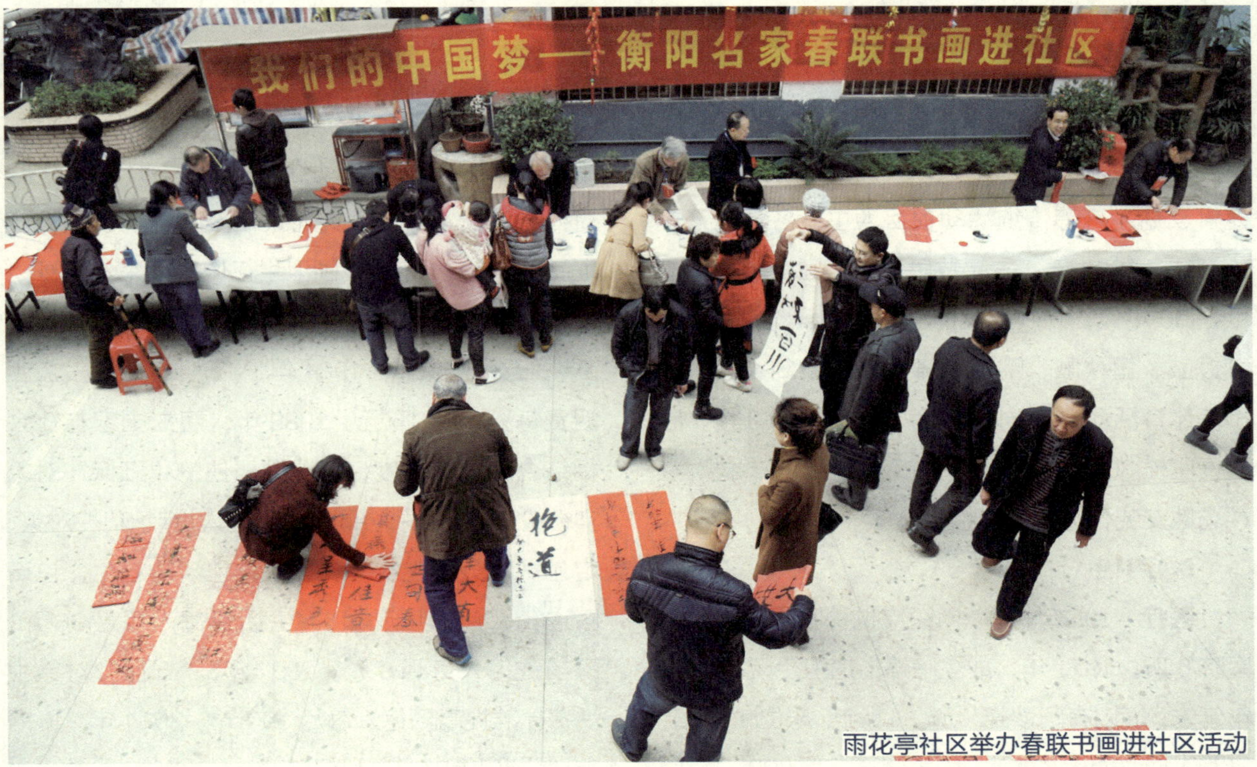

雨花亭社区举办春联书画进社区活动

分校合并改名为湖南工学院）。1986 年，境内有小学 2 所，即雁城路小学、中南路小学，在校学生 1573 人，教职工 62 人，小学适龄儿童入学率 100%，毕业率 98.3%；幼儿园 4 所，即商业干校幼儿园、雁峰幼儿园、制锁厂幼儿园、玛钢厂幼儿园，在园幼儿 257 人，教职工 39 人。1994 年，境内有小学 2 所，在校学生 1564 人，教职工 76 人，入学率 100%，毕业率 100%；幼儿园 1 所，即雁峰幼儿园，在园幼儿 50 人，教职工 7 人。2011 年，有公办小学 3 所，即中南路小学、雁城小学、六一明德小学，在校小学生为 2400 人，专任教师 120 余人；有初级中学 1 所，衡阳市第十六中学，初中在校学生 1100 余人，专任教师 105 人。2014 年，有幼儿园 6 所，即花雨、苗成、东方瑞吉欧、星峰、蓓蕾、宝宝树幼儿园，在园幼儿 1100 余人，专任幼师 63 人；公办小学 3 所，在校小学生 2500 人；初级中学校 1 所，在校学生 1600 人；适龄儿童入学率、小学升初中升学率、九年义务教育覆盖率均为 100%；大学 1 所，即湖南工学院。

科技　1988 年 9 月，成立街道科委，负责街道所属企事业单位的科技工作，居委会设科技员。1999 年 12 月，成立街道科协，推广科技创新工作。2014 年，有各类技术人员 110 人。

文化体育

文化　1962 年，在雁城路建设雁峰影剧院，1966 年，“文化大革命”期间，改名为东方红影剧院，有座位 1200 个，为湖南省比较大的影剧院。1975 年，成立街道文化站，设文化辅导员 1 人，属民办性质，1985 年，由民办转为公办，纳入全民事业编制。1975 年，中南路小学的歌舞表演《红星照我去战斗》参加全省会演，获省一等奖，得到时任省委书记毛致用接见。1976 年，建立街道广播站，居民区架设广播信号专线，1990 年，广播站撤销。1982 年，街道设立图书馆。2014 年，有街道文化站、村级（社区）文化活动中心 10 处，各类文化专业户10户、各类图书室10个，藏书11余万册；美术、书法、摄影及文学业余创作队伍30余人；有线数字宽带电视用户1万多户。

体育 从清朝末年起，境内民间以武术、舞龙狮、划龙舟等传统活动项目为主，各学堂开设体育课。1952年，掀起做早操、工间操热潮。20世纪90年代，开展全民健身活动，群众自发开展打锣鼓、扭秧歌、跳扇子舞、练木兰剑、打太极拳等体育活动。2014年，有学校体育场3个，看台设座椅3000张，沿江风光带和各社区（村）空坪场地安装各种健身器材180套（具）。

医疗卫生

医疗 1952年，境内医疗机构有市属、区属医院6所。1971年，成立雁峰街道卫生院。2014年年末，境内有门诊部（所）13个，床位126张，每万人拥有病床37.8张，固定资产总值6000万元，专业卫生人员201名，其中职业医生21人，执业助理医师63人，注册护士117人，医疗机构（门诊部以上）完成诊疗2.81万人次。

卫生 1952年，兴起以防疫细菌战为中心的群众性爱国卫生运动，1954年，转向以除害灭病为中心。1982年，实施城市卫生管理，开展省、市文明卫生单位和流动红旗竞赛活动。1987年，对公共场所实行卫生许可证制度和从业人员健康证制度。2014年，爱国卫生工作持续深入开展。

社会保障

"五保"供养 1984年，"五保"对象发放生活费每人每月15元。1988年，建立国家与社会相结合的供养制度，对分散居住的"五保"对象实行"三定四包"合同制（定包人、定承包护对象、定包护任务，包衣、食、住，包清洁卫生，包请医送药，包信息反馈），生活费每人每月36元，医药费每人每月5元。1997年，"五保"对象生活费标准提高到每人每月100元。2014年，境内"五保"户集中到福利院供养。

最低生活保障 1999年5月，开始发放最低生活保障金，发放标准为每人每月130元。2006年，试点农村低保，月人均补差22元。2011年，

回雁阁

南岳第一峰牌坊

城市最低生活保障户数 1285 户，人数 2075 人，支出金额 576430 元，月人均 187.46 元，比上年增长 5%，农村低保户 22 户、36 人，支出 2700 元／月。2014 年，城市最低生活保障户数 1216 户，人数 2343 人，支出金额 64 万余元，农村低保户 17 户、17 人，月发放金额 4580 元。

养老保险　1996 年，建立城乡居民参加社会养老保险制度。2014 年年末，征缴社区养老保险金 27600 元，岳东村 19800 元。

医疗保险　2001 年，启动城镇职工基本医疗保险。2008 年，实行城镇居民医疗保险，医保费为每人每年 30 元。2011 年，城乡医疗救助 112000 元；补充医疗保险救助 10 人，支出 52938 元；门诊救助 185 人，支出 18500 元。2014 年，大病救助 56 人，救助金额 96800 元；医保费上调至 60 元，国家报销比例相应增加，参保率 100%。

临时救助　2014 年，有优抚对象 3 人，支出金额 2356 元／月；临时救助 6 户，支出 13500 元；廉租房 588 户，补贴 1358 人，支出 227714 元。

特色地情

南岳第一峰景区　为国家 AAA 级旅游区 。景区于 1965 年开始动工，修建 3 座亭廊。1966 年，“文化大革命”开始后被迫停工。1983 年，市政府集资 175 万元，重建雁峰公园，公园占地面积 2.13 万平方米，公园按功能分闹区和静区两个部分。大门正对中山南路，门前广场为闹区。广场中央耸立一座 10.5 米高的大雁雕塑，由著名雕塑家浙江美术学院教授周轻鼎设计，衡阳冶金机械厂捐铸，为衡阳市地标。广场迎面巨型山岩上，有湘籍唐天际将军所书的“廻雁峰”字。全国政

接龙山惜字塔

协副主席、佛教协会会长赵朴初为大门题“南岳第一峰”黑底金字匾额。山上有晴江亭（又名双眺亭）、望岳台、雁峰寺、雁廊、雁壁、回雁亭、松风亭、此君轩等景点景观。

王船山出生地纪念馆 坐落回雁峰景区西麓，占地约2000平方米。为纪念出生于回雁峰下王衙坪的明末清初思想家、文学家、哲学家王夫之而修建。始建于2006年。馆内设王船山坐像雕塑大厅、卧室、纪念品陈列室，有王船山出生及生平介绍、主要思想及对历史产生的影响、著作、历来研究王船山学术的成果的著作简表以及部分王船山作品和研究王船山思想的著作等。

雁峰寺 千年古刹。南北朝梁天监十二年（513），梁武帝萧衍下诏创建佛寺于雁峰山下，并御笔亲赐“乘云禅寺”寺额匾一方，以此为汉传佛教衡阳之起端。梁武帝时，有法师于乘云寺前讲经，上苍降“一天花雨”于雁峰山东麓，信徒民众遂于雁峰山东麓筑讲坛，故雁峰山东麓今名为“雨花亭”而沿称。隋仁寿元年（601），称乘云寺即雁峰寺。雁峰寺历史上曾多次被毁，唐武周长安三年（703）重建雁峰寺，并增建寿佛殿。抗日战争时期，雁峰寺遭日军飞机炸毁。“文化大革命”时期，天王殿佛像全部被毁。1985年，衡阳市人民政府在修建雁峰公园时，将雁峰寺观音殿、寺佛殿修复，重塑佛像、观音像和十八罗汉。现被湖南省列为重点寺庙，香火旺盛。

接龙塔 衡阳三大名塔之一，位于城南雁峰山西麓接龙山之巅。清康熙十四年（1675），“平西王”吴三桂部将胡国柱领兵进驻衡阳后，为迎奉吴三桂入衡称帝，使吴三桂脱变为龙，开新国建新政，在接龙山上修建了明五隐七的砖石结构的接龙神塔，为石三砖二建的五层塔。

（文字供稿：全伟民　曾向前　图片供稿：肖友良等）

天马山街道 >>

境内有岳屏公园、衡阳抗战纪念城。

区域概况

位置面积

因境内坐落天马山而得名。地处雁峰区西部，东接先锋街道，南连雁峰街道，西与蒸湘区交界，北与石鼓区相邻。办事处驻肖家山3号。2014年，总面积2平方公里。

建置沿革

民国31年（1942），属衡阳市第二区。1949年10月，中华人民共和国成立后仍属第二区。1951年10月，区划调整，属第一区。1952年2月称西站街居委会。1955年5月，称环城南路街道办事处，属城南区。1958年，城南区改称雁峰人民公社，同年11月，西站街道办事处更名为西站分社，属雁峰人民公社。1963年，改雁峰人民公社为城南区。1966年5月，更名为东方红街道，属城南区。1971年9月，成立西站街道革命委员会。1979年，复称西站街道办事处。2001年5月，区划调整改称天马山街道办事处，属雁峰区。

行政区划

1952年，街道辖5个居民委员会，62个居民小组。1958年，居民委员会改为管理区，辖5个管理区，62个居民小组。1994年，管理区复称居民委员会，街道辖胜利山、南三角线、风口新村、西站、张飞岭、洪家湾、幸福路、大粟新村、两路口、天马山、岳屏、洪家塘、苏眼井13个居民委员会。2001年，区划调整，将南三角线、风口新村、西站、张飞岭、洪家湾、幸福路、大粟新村、两路口8个居委会划归蒸湘区联合街道。调整后街道辖胜利山、天马山、岳屏、洪家塘、苏眼井和新增加荣誉路口6个居民委员会。2002年，居委会体制改革，由6个居委会改称6个社区，即苏眼井、胜利山、岳屏、天马山、洪家塘、荣誉路口社区，122个居民小组。2009年，从胜利山社区析出，组建肖家山社区，街道共辖7个社区。

自然环境

地处衡阳盆地中部，地势较为平坦，南高北低自然地势，海拔在60～70米之间，最高点为岳屏山，海拔91.8米。土壤多属橘黄色网纹状亚黏土，土层较薄。地下水较丰富，水质较好，多为红层岩裂缝水，一般离地面2～10米深。属中亚热带季风湿润气候，四季分明，气温多变，年平均气温18℃左右。降水充沛，降雨集中在春夏季，年降水量约为1350毫米，降水日162天。

人口民族

1942年，辖区总人口5000人，人口密度为1111人/平方公里。1949年，总人口7120人，人口密度1582人/平方公里。1961年，总人口20742人，人口密度4609人/平方公里。1979年，总人口28753人。2000年，总人口55499人。2001年，区划调整8个居委会划入蒸湘区后，街道总人口21500人。2014年，总人口22646人，其中男性11163人，占总人口49%；女性11483人，占总人口51%，人口密度11323人/平方公里。人口以汉族为主，占99.99%。

经济发展

经济综述

20世纪50年代前，仅有少数个体手工业和私人商店。1957年，街道居民中闲散劳力开始办小型工场。1962—1975年，有街办企业8个，至1998年，街办工业职工1378人，产值达702.15万元。2001年，工业改制后工厂基本停办。2014年，境内工业仅存2家小型民营企业。商业达406个，从业4730人，成交额达14亿元。街道财政收入248万元。

工业

20世纪50年代，境内部分能工巧匠、家庭妇女开办小型工场，生产加工生产生活用品，这些工场逐渐发展成居委会、街道、区属企业。1957年，创办衡阳市石棉制品厂。1962—1975年，先后创办衡阳市制药器械厂、衡阳市城南西站汽车修配厂、衡阳市城南制剂设备厂、衡阳市城南西站机械厂、衡阳市江南汽车配件厂、天马印刷厂、衡阳市研磨工具厂、衡阳市消防化工厂。1989年，完成工业产值625.48万元，销售收入658.74万元，劳务收入1073万元，实现工业利润45.07万元，销售税金40.98万元，固定资产100.65万元，有职工392人。1998年，完成工业产值702.15万元，销售收入35.1万元，销售税金0.45万元，有职工1378人。2000年，有衡阳消防器材总厂、衡阳制药器械厂、天马印刷厂等街道企业6家，实现年工业总产值559万元，完成技改投资260万元，工商企业税收入库37万元。2001年，工业企业改制，街道原有企业关停并转，衡阳钢管厂、衡阳客车厂、衡阳氮肥厂、衡阳汽车制配厂、衡阳水泥厂、衡阳制钉厂、衡阳市无线电厂等省、市大中型企业划入蒸湘区。2014年，只有2家小型民营企业。

商贸服务业

民国时期，辖区主要是个体私营小商店。20世纪50年代初期，通过对资本主义工商业、个体工商业实行社会主义改造，干货、日杂、南杂等10多个行业由个体经营转为国营或集体所有制商业。“文化大革命”期间，集贸市场关闭。1979年后，随着对商业实行经营放活、价格放活、分配放活、用工放活等政策的调整，商业迅速发展。1980年，工商部门投入5万元，兴建建筑面积300平方米的石坳集贸市场（2001年区划调整划归蒸湘区）。1991年，区政府投入600万元，兴建建筑面积达3000平方米的西园集贸市场（2001年区划调整划归蒸湘区）。1993年，有商业网点32家，从业人员191人，工资总额45.53万元，商业销售收入633.41万元，销售税金12.57万元，利润2.54万元。1994年，区政府投入100万元，兴建建筑面积达2800平方米的苏眼井综合市场。2002年1月，雁城宾馆四星级改扩建工程全面完工，开始营业。大型商场宇元万向城、崇业商业广场、上海文正、蒸湘南路汽配城、北方光电衡阳分公司先后建成经营。2014年，境内有大中型商场、集贸市场6

个，小型个体商店、网点遍布大街小巷达 406 个，从业人员 4730 人，年成交额达 14 亿元。

财政金融

财政 1995 年 4 月之前，街道财政收入主要依靠街道办企业收取管理费、利润，用于所需经费开支。1995 年 4 月，街道成立财政所。1996 年，街道财政总收入 19.36 万元，支出 19.36 万元，收支平衡。2002 年，财政收入 66.4 万元，支出 66.4 万元。2014 年，财政总收入 248 万元，总支出 248 万元，主要用于社区工作运转、行政管理等费用。

金融 中国银行、工商银行、华融湘江银行、邮政储蓄所、民生银行相继在境内设有支行或营业网点。2014 年，华融湘江银行衡阳分行、衡阳融通财富投资管理有限公司、衡阳鼎城金慧民间资本投资服务有限公司在境内相继成立。

基础设施

交通运输

1939 年，境内新建荣誉路（先锋路西段）、西站正街。1952 年，修建解放西路。1954 年，衡阳至车江、松柏的客运汽车路线从境内穿过。1960 年，改建雁城路。1967 年，成立城南区运输公司，开展货运业务，年均收入 20.6 万元。20 世纪 60—70 年代，先后建设西合铁路线、衡阳水泥厂铁路线、衡阳石油站铁路线、衡阳钢管厂铁路线、衡阳商业储运公司铁路线等 5 条地方铁路线。1995 年，运输公司由个人承包经营，个体货运车在大庆路边开展货运业务。1999 年，新建蒸湘南路。2000 年，修建蒸阳南路。2014 年年末，有解放大道、先锋路、蒸湘南路、蒸阳南路等主干道 4 条，广场路、苏眼井路、天马山南路、天马山 A 巷、天马山 B 巷、洪家塘、市志巷、罗爱巷等次干道及街巷 8 条。从境内经过客运车 2 路，市内公交车线路 35 条。

邮政通信

邮政 1954 年，衡阳市邮电局搬迁至学宫路，并设立学宫路营业所。1999 年，邮政与电信分家，邮政局设在先锋路与蒸阳南路交汇口，门面兼办邮政文化广场。2000 年，境内设立邮政社区服务中心，办理信函、公用电话、代收话费、报刊零售、快递业务。2014 年，由于网购业务迅速发展，境内有中通、天天、优速等多家快递公司。

通信 1985 年开始，居民相继安装住宅电话，少数人开始使用“大哥大”移动电话。1999 年，中国电信、中国联通、中国移动公司相继在境内设立营业厅或代办点。75% 的民众用上移动电话，入网用户达 62%。

供电饮水

供电 20 世纪 80 年代，居民照明一般为白炽灯，共用电表，电力供需矛盾突出，停电时有发生。1990 年后，住宅安装电表，称为户表，每户安分表。2000 年开始，90% 居民单独安装户表，直接由供电部门抄表收费。2014 年，户户安装数码电子电表，居民家的灯具、电器多元化，用电得到改善。

供水 1958 年前，居民饮用水采用人工肩挑手提到湘江河或水井取水，用水困难。1958 年，市自来水公司在境内设置供水站，居民到水站买水。1980 年开始，自来水管网不断扩大，居民家开始安装自来水分户表。2000 年后，自来水分户表达到 90%，到 2014 年，普及自来水，居民饮用水得到解决。

街道建设

民国 33 年（1944），侵华日军飞机轰炸，境内大部分街道店铺、居民房屋被炸毁。1949 年

10 月，中华人民共和国成立初期，境内民居多为 1 ~ 2 层土砖、竹木简易房。1958 年，居民房屋普遍采用砖混结构，属房地部门直管公房，分给居民租赁居住，住房趋紧，有的三代同挤一房。1978 年，单位自建住房，出租或出售给本单位职工居住，房屋普遍采用钢筋混凝土。20 世纪 90 年代开始，原有的棚户、破旧房得到改造，70% 旧房被拆除建成商品房。2014 年，境内有大型楼盘 3 个，即永兴阁、岳屏明珠苑、宇元万向城。

社会事业

教育科技

教育 清乾隆三十九年（1774），知县陈三恪在岳屏山建岳屏书院，清光绪二十八年（1902），改为清泉县官立小学堂。1946 年，由衡阳商会创办私立船山小学，1950 年，改名为衡阳市第二完全小学。1956 年，创办衡阳市青少年业余体育学校，后更名为衡阳市第十九中学，是一所培养具有体育专长生的中学。1964 年，创办西站小学。1976 年，创办城南区“七·一二”工人大学（1980 年，改为湖南广播电视大学衡阳城南教学班；1994 年，更名为衡阳市广播电视大学城南分校）。1986 年，境内有小学 5 所，即西站小学、胜利小学、广场路小学、氮肥厂小学、钢管厂小学，在校学生 2269 人，教职工 118 人，小学适龄儿童入学率 100%；幼儿园 7 所，即钢管厂幼儿园、氮肥厂幼儿园、锰制品厂幼儿园、天马山幼儿园、上游幼儿园、胜利小学学前班、衡阳地委氮肥厂干校学前班，在园幼儿 422 人，教职工 32 人。1994 年，境内有小学 5 所，在校学生 3477 人，教职工 197 人，小学适龄儿童入学率 100%；幼儿园 5 所，即钢管厂幼儿园、氮肥厂幼儿园、新苗幼儿园、天马山幼儿园、水泥厂幼儿园，在园幼儿 883 人，教职工 120 人。2014 年年末，境内有幼儿园 4 所，即衡阳市政府第一幼儿园、博士幼儿园、天马山幼儿园、衡阳市示

岳屏公园

范托儿所，在园幼儿387人，专任教师33人；小学2所，环城南路小学、广场路小学，在校学生2095人；中学1所，衡阳市第十九中学（衡阳市体校）；适龄儿童入学率100%，小学升初中升学率100%，九年义务教育覆盖率100%。

科技 1986年，境内成立市属科研机构衡阳市二轻工业研究所，主要研制塑料行业新产品。1988年9月，成立街道科委，负责街道所属企事业单位的科技工作，居委会设科技员。1999年12月，成立街道科协。2014年，有各类科技人员265人。

文化体育

文化 1943年，在学宫路创办国民党衡阳市党部机关报《民报》，后改名为《市民日报》《大声报》。1959年1月，境内建立衡阳人民广播电台，同年6月，衡阳市图书馆成立。1975年，成立街道文化站，设文化辅导员1人，属民办性质。1982年，建立图书室。1984年2月，建立衡阳电视台，首播电视节目。1985年，街道文化站由民办转为公办，纳入全民事业编制。2014年年末，有街道文化站1处，社区文化活动中心7处，各类图书室7个，藏书10余万册，音乐、美术、书法、摄影及文学业余创作队伍达100余人。

体育 清朝末年，群众体育以武术、舞龙狮、划龙舟等传统项目为主，各学堂开设体操课。1952年，掀起做早操、工间操热潮。1954年，建成衡阳市体育场，1974年，建成衡阳市体育馆。20世纪90年代，开展全民健身活动，群众自发开展打锣鼓、扭秧歌、跳扇子舞、练木兰剑、打太极拳等体育活动。环城南路小学输送的运动员邹四新，获第11届亚运会三级跳远银牌。胜利小学输送的运动员岳明在第8、9届亚运会上两次获射击金牌。2014年，有运动场所11个，100%的社区安装健身器材，经常参加体育活动的人员占常住人口的55%。

医疗卫生

医疗 1970年9月，西站街道卫生院成立，为居民群众治病防病提供方便。2014年，境内有市属医院2家，即衡阳市第二精神病医院、衡阳市妇幼保健院；社区卫生服务中心1家，即天马山街道社区卫生服务中心；个体诊所5个；共有床位350余张，专业医务人员895人。

卫生 1952年，兴起以防疫细菌战为中心的群众性爱国卫生运动，1954年转向以除害灭病为中心。1982年，实施城市卫生管理，开展省、市文明卫生单位和流动红旗竞赛活动。1986年10月，时任中共中央书记处书记邓力群视察天马山、苏眼井居委会并题词：搞好文明卫生建设，提高城市人民生活环境质量。1987年后，对公共场所实行卫生许可证制度和从业人员健康证制度。

社会保障

“五保”供养 1958年，实行“五保”供养制度。1984年，“五保”户生活费每人每月生活费15元。20世纪60年代末，街道、居委会兴办小型工厂（场）、作坊等集体福利生产服务企业，开展生产自救。1986年，西站福利印刷厂年产值由上年的7万元增加到14.9万元，利润由上年的0.7万元增加到1.65万元，增长2.3倍，解决78名残疾人就业。1991年，街道组建街道残疾人协会，其经费采取区民政局给一点、区残联拿一点、街道自筹一点的办法解决。2014年，设立社区服务中心7个，社区服务站5个；社区爱心超市1个，全年接受社会捐款3万元，110余困难群众受益。

最低生活保障 1999年5月，开始发放最低生活保障金，发放标准为每人每月130元。2006年试点农村低保，月人均补差22元。2014年，街道城镇最低生活保障户数648户、1281人，支出293472元，比上年增长9%，月人均238元，

衡阳抗战纪念城碑

比上年增长6%。

养老保险 1996年，建立居民参加社会养老保险制度。2014年，完成居民参加社会养老保险258人，征缴社区养老保险金123800元。

医疗保险 2001年，启动城镇职工基本医疗保险。2008年，实行城镇居民医疗保险，医保费30元/人·年。2014年，医疗救助31人次，配合民政部门资助参加合作医疗361人次，共支出3.6万元；医保费60元/人·年，住院医疗费报销比例相应增加，参保率达100%。

特色地情

衡阳抗战纪念城 位于岳屏公园山顶，为纪念衡阳保卫战而建，为衡阳爱国主义教育基地、湖南省重点文物保护单位，2014年，被公布为第一批国家级抗战纪念设施、遗址名录。纪念城主要由衡阳抗战纪念城碑、纪念堂、纪念广场、抗战牌坊、记功亭、忠勇亭、和平钟、抗日文化墙、衡阳保卫战铜铸群雕像等组成。纪念碑“衡阳抗战纪念城”为蒋中正所题。

岳屏公园 坐落市中心，以岳屏山为园，岳屏山因与南岳衡山遥遥相峙，似南岳屏障，故名岳屏山，最高海拔91.8米，与回雁峰成犄角之势，园内“岳屏雪岭”、“花药春溪”为衡阳古八景。公园于1951年10月动工兴建，1955年建成，面积2.6万平方米。1959年，在公园内建设动物园，面积805平方米，有各类野生动物30余种。1965—2014年，公园多次兴建改造景点，为市民休闲最佳场地。

苏眼井 因唐代诗人王昌龄题诗“昨临苏耽井，复向衡阳求”而闻名。据晋代葛洪的《神仙传》记载，苏耽为仙人，以苏眼井水救人，衡阳人为感激苏耽的恩德，把这口泉命名为苏耽井，后来民间传为苏眼井。

（文字供稿：周超 张娅琳 图片供稿：肖友良）

黄茶岭街道 >>

区域概况

位置面积

因境内有黄茶岭而得名。地处雁峰区中部，东临湘江，与珠晖区隔江相望，西与岳屏镇交界，南接白沙洲街道，北与雁峰街道相连。办事处驻黄茶路176号。2014年，东西最大距离3.6公里，南北最大距离4.4公里。总面积6.5平方公里。

建置沿革

清代属清泉县。民国31年（1942），属衡阳市第七区。1949年10月，中华人民共和国成立后属第二区。1951年10月，属第五区。1955年8月，成立岳屏街道办事处，属城南区。1958年，城南区改称雁峰人民公社，黄茶岭街道更名黄茶岭分社。1966年5月，改称东升街道分社。1971年9月，成立抗大街道革命委员会。1979年，称抗大街道办事处。1981年，更名黄茶岭街道办事处。2001年5月，区划调整，属雁峰区。

行政区划

1984年11月，街道辖26个居民委员会，同年12月，析出14个居委会组建白沙洲街道办事处，调整后街道辖黄茶路、黄茶岭、雷公塘、营盘村、小塘村、丁家牌楼、南郊新村、茶叶塘、芝麻塘、301、衡常村、珠江桥12个居民委员会。2001年，区划调整，原岳屏乡红旗村划入街道，辖黄茶岭、珠江桥、茶叶塘、荣盘村、衡常村、黄茶路、小塘村、雷公塘、南郊新村、丁家牌楼、老樟树、东升街、临江、大罗村、学府、变电站、衡缘村17个居委会和红旗村。2002年，居委会体制改革，居委会改为社区，即17个社区。2011年年末，调整为黄茶岭、茶叶塘、小塘村、丁家牌楼、营盘村、雷公塘、幸福、衡常村、黄茶路、珠江桥10个社区和红旗管区，下设95个居民小组、7个村民小组。

自然环境

地处衡阳盆地中部，南高北低，东西两侧高、中部偏低，以丘陵高岗地为主，中部有小型平原，海拔平均在60～70米之间，最高点黄茶岭海拔119米，为雁峰区最高点。属中亚热带季风湿润气候，四季分明，年均气温18℃，年均无霜期304天，年平均降水日163天、降水量1329.6毫米。土壤以红壤土和紫色土为主。处于地下水丰富区，多属红层岩裂缝水，埋深2～10米。街道东侧为湘江西岸3公里河段，幸福河在境内2公里流入湘江，河水属于重碳酸钙型，水体含砷、铅量严重超标。

人口民族

1949年，辖区人口10340人，人口密度1325人/平方公里。1989年，总人口35395人，其中男性18539人，占总人口52.4%，女性16856人,占总人口47.6%。2001年,共12461户，总人口45530人，其中男性人数21277人，占总人口46.7%，女性24253人，占总人口53.3%。2011年，总人口41400人，其中男性20600人，占49.79%,女性20800人,占50.21%。2014年，总人口35109人、其中男性17385人，占总人口49.52%，女性17722人，占总人口50.48%。人口以汉族为主，占99.9%。

经济发展

经济综述

街道1955年成立时，有小型铁工厂和手工小作坊5家，没有农业，个人小商店10余家。1957年后，兴建市属工厂12家，1984年，有拖拉机、变压、量具、纺机等22家市属大中型企业。同年12月，成立白沙洲街道，大部分企业被划入白沙洲街道。2001年，区划调整，将原岳屏乡红旗村划入，始有农业，随着城镇化建设，耕地面积逐年减少，仅有少量农业。2010年，街道引进8家民营企业。2014年，完成规模工业总产值120亿元,完成社会消费品零售总额11.44亿元,财政收入1608.34万元。

农业

种植业 以蔬菜种植为主。2010年，种植蔬菜36公顷，后因重点项目建设，耕地面积逐年减少。2011年,有耕地7.2公顷,人均耕地面积0.0006公顷。2014年，有耕地2.6公顷。

养殖业 以生猪、鱼类养殖为主。2010年，竞标承包经营6.9公顷鱼塘，3个养殖场年出栏生猪6300余头，对家禽、家畜防疫，免疫率达100%。2014年，有水塘1公顷，仍以鱼类养殖为主。

林业 仅有罗狮山一座，林木地6公顷。该山只用于全村坟山使用。

工业

民国26年至民国33年（1937—1944），境内建有小型铁工厂和手工小作坊。1944年，侵华日军入侵衡阳，工厂、作坊被迫倒闭。20世纪50年代末，在白沙洲、黄茶岭地段兴建市属企业12家。1984年，有拖拉机、变压、量具、纺机、纺织、内衣、电线电缆、铝制品、手表、仪表、钢制家具等22家市属大中型企业。同年12月，白沙洲街道成立，大部分市属大中型企业坐落白沙洲街道境内。同期，街道、居委会大办小型工业，至1991年，有工业企业11家，即针织内衣厂、节日彩灯厂、机械配件厂、绝缘件厂、南雁纸制品厂、珠江冲压件厂、铸造厂、牌楼电器厂、光明机电塑料厂、工艺标牌厂、新华工艺厂，职工94人，全年完成工业总产值279万元，完成销售215.08万元，利润14.32万元，上缴销售税金11.78万元，销售利税率12.18%。2000年，企业改制，街道企业实行关、停、并、转，街道、居委会无直管企业，街道工业不变价总产值1426.1万元，现行价总产值1956.2万元，销售现价总产值1956.2万元。2010年，境内引进8家企业，引进资金1.1亿元。2011年，完成工业总产值39亿元，实现工业增加值12亿元；工业企业64家，职工7100人，2014年完成规模工业总产值120亿元，增幅16.98%；规模工业增加值完成38亿元，增幅17%；万元规模工业增加值能耗降低率28.32%，全面完成市区下达节能减排任务；工业固定资产投资14.38亿元，增幅19.83%；新开工重大工业

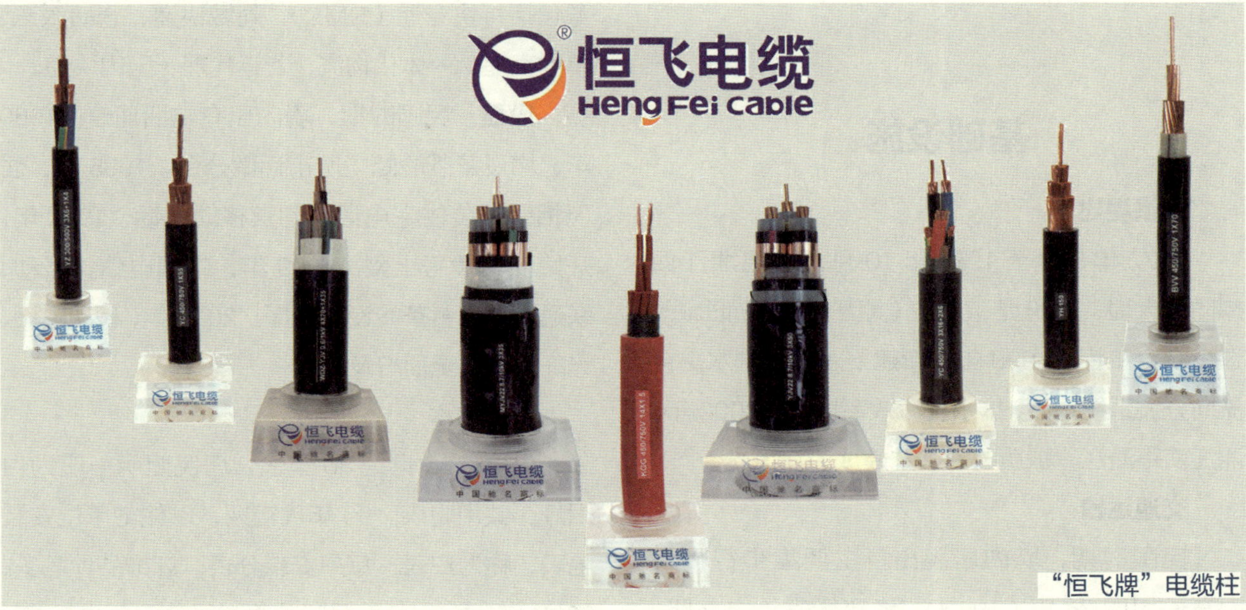

“恒飞牌”电缆柱

项目8个，产品以电线电缆、电子产品、汽车维修工具、食品、家具、印刷制品、灯管、化工材料为主。

商贸服务业

20世纪50年代，社会主义三大改造完成后，街道工商业由私营转为公私合营。1958年，部分商业转为国营。1962年，实现全面国营。1978年，改革开放后，实行多种经营方式、多种商品流通体制，商业年销售额年均增加10%，至1990年，完成商业销售收入278.3万元。1991年，有商业网点22家，完成营业额334万元，同比增加60.57%；完成利润6.6万元，同比增长26.9%。2011年，有商业网点415户；房地产和建筑业企业9个，职工2000人；城乡集贸市场3个；社会商品零售总额12亿元。2014年,有商业网点(商户)480户,遍布城乡；房地产和建筑企业18家；完成社会商品交易零售总额1.3亿元，完成社会消费品零售总额11.44亿元，增长43.36%；新建现代服务业固定资产投资3000万元。

财政金融

财政 1995年4月之前，街道财政收入来源于街办企业上缴管理费和利润，用于街道日常开支。1995年4月，成立街道财政所。2011年，财政税收总收入1.2亿元，比上年增长9%，其中地方财税收入1亿元，比上年增长10%；完成营业税2100万元，增值税4800万元，企业所得税300万元。2014年，财政收入1608.34万元，支出1608.34万元，主要支出为社区运转经费和行政管理费。

金融 民国29年(1930)，复兴实业银行衡郊办事处成立，是境内较早金融机构。中华人民共和国成立后，农业银行、工商银行、建设银行先后在境内设立支行、营业所。2000年，增加邮政储蓄所。2011年年末，境内金融机构各类存款余额15亿元，比上年增长14%；各项贷款余额5.1亿元，比上年增长30%。2014年境内有金融机构5家。

基础设施

防洪堤建设

1972 年 9 月至 1973 年 10 月，修建湘江西岸防洪大堤，系筑堤、修路（湘江南路）、旧城改造三结合工程。1990 年，新建下水道，排水由合流向分流系统过渡，排水排污效率提高。2002 年，湘江南路沿江岸提质改造，并建成沿江风光带。

交通运输

民国时期，境内居民出行主要靠步行和人力车。民国 35 年（1946），修建衡常（宁）路。1952 年，境内开始有公共汽车通行，由学宫路（今先锋路）至黄茶岭，设站点 5 个，长 3.5 公里。1954 年，新开衡阳至车江，衡阳至松柏的 2 条公共客车路线，从境内穿过。1963 年，解放路至黄茶岭公交车线路延长至丁家牌楼，1964 年，再延伸至白沙洲三工区。1971 年，扩建黄茅庐（从珠江桥至白沙洲），后改称黄白路。1972 年，扩建湘江南路公铁桥至珠江桥路段。2000 年，修建蒸阳南路。2014 年，有衡常（宁）公路、黄白路、珠江南路、蒸阳南路、衡州大道、湘桂路、黄茶路等主干道 7 条，从境内发车和途径境内的公交线路达 12 条。

邮政通信

邮政 民国 33 年（1944），衡阳一等甲级邮局下设 6 个支局，黄茶岭为第六支局，增加贸易契约、普通快递、单双挂号、图书包裹等业务。1952 年 10 月，衡阳电信局与邮政局合并，成立衡阳邮电局，黄茶岭为第四支局。1985 年，境内设有黄茶岭邮电所、师专邮电所。1998 年，邮电分家。至 2014 年，境内有申通、圆通、中通、百世汇通、顺丰等快递公司设置营业点，邮政业务包括特快专递（EMS）、同城快递、仓储派送、单程直递、一体化物流、货运代理、国内快递。

通信 民国时期，境内已有电话通信。1960 年，增设黄茶岭邮电所市话南分台。1985 年，居民相继安装住宅电话，购买移动电话，1992 年，开始使用拨号上网。1999 年，中国电信、移动、联通相继在黄茶岭设营业厅。2014 年，移动电话、光纤上网已全面普及。

供电饮水

供电 20 世纪 80 年代，居民照明一般为白炽灯，共用电表。90 年代初期，以住宅单位安装电表，称为户表，每户安装分表，灯饰品种增多。2000 年开始，90% 居民单独安装户表。2014 年，境内供电全覆盖，逐步推行电子电表，居民灯具、用电器具多元化。

供水 1958 年以前，居民饮水全部使用湘江河水或井水。1958 年 1 月 3 日，衡阳市城南水厂在境内建成投产，是湖南省继长沙之后的第 2 个给水工程。建厂初期，水厂日制水能力 1 万立方米。1985 年、1990 年，城南水厂先后两次扩建，日产水能力 28 万吨，城市中心用水普及率达 90% 以上。2014 年，供水总量 258 万立方米，其中工业用水 110 万立方米，生活用水 148 万立方米，城市自来水覆盖率 100%。

街道建设

民国初期，境内房屋建设主要分布在黄茶岭老街，建筑多为土砖茅草房屋。民国 33 年(1944)，日机轮番轰炸，房屋多被损毁。1945 年，返城居民开始重建房屋，房屋多为竹木、土砖结构。20 世纪 50 年代末，市房地部门开始兴建、改造住房，属直管公房，分给居民租住。1978 年，单位开始自建住房，分配给本单位职工居住，一般采用砖混结构。20 世纪 90 年代初，取消福利分房，商品房开始发展。2014 年，境内 70% 旧房被拆除建成商品房，主要楼盘有湘水明珠、云沙诗意等。

社会事业

教育科技

教育 清光绪三十年（1904），创办湖南官立南路师范学堂，1958年，改为衡阳师范高等专科学校。民国15年（1926），创办船山中学。1950年，船山中学，含章中学，新京中学合并成立衡阳市第一中学（于2004年迁入华新开发区），原校址改为民办学校——成章中学。1951年，湖南省第三师范学校在黄茶岭建立永久性校址。1953年，湖南第三师范附小迁入境内。1958年，衡阳师专附中成立（2001年改为衡阳市第一职业中学）。1970年，市交通系统在衡常路创办市交通中学，后改为衡阳市第20中学。1973年，创办衡衡阳市第五中学。1986年，境内有小学6所，即六一小学、黄茶岭小学、湖南三师附属小学、电业局小学、湖南地质测绘院附属小学、301小学，在校学生2833人。教职工143人，小学适龄儿童入学率100%，毕业率98.3%；幼儿园10所，即54014幼儿园、毛纺厂幼儿园、301幼儿园、54038幼儿园、仪表厂幼儿园、粮食机械厂幼儿园、湖南省测绘院幼儿园、轴承厂幼儿园、衡阳市自来水公司幼儿园、蓄电池厂幼儿园，在园幼儿423人，教职工55人。1992年，衡阳师范高等专科学校与衡阳教育学院合并成立衡阳师范学院，2001年，湖南三师并入衡阳师范学院。1994年，境内有小学6所，在校学生3071人，教职工166人，小学适龄儿童入学率100%，毕业率100%；幼儿园2所，即毛纺厂幼儿园、54038幼儿园，在园幼儿233人，教职工27人。2000年，境内有小学5所，（其中厂办学校1所），在校学生5652人，教师186人；中学5所（其中厂办学校1所），在校学生9650人，教师585人。大学1所。2014年，境内有小学4所，在校学生8400余名；中学4所，其中职业中专1所，在校学生13670名，教师562人。大学1所，在校学生11000余人，教师800余人；幼儿园12所，入园幼儿810名，专任教师98人；适龄儿童入学100%，小学升初中升学率100%，九年义务教育覆盖率100%。

科技 1988年9月，成立街道科委，负责街道所属企事业单位科技工作，居委会设科技员。1999年12月，成立街道科协，会员28人，理事3名。2000年，衡阳市林业科学研究所、衡阳市环境保护科学研究所2家市属科研机构在境内设立。2011年，有省级技术研究中心2家，市级技术研究中心5家，各类人才138人；承担国家级重点新产品3个，省级高新技术产品4个，国家级“火炬计划”1项，省级“星火计划”5项；技能人才120人，农村实用人才15人。2014年，有科技协会5家，科协成员发展至36人。

文化体育

文化 1975年，成立街道文化站，设文化辅导员1人，属于民办性质。1982年，城南区政府批准成立黄茶岭书店。2011年，有街道文化站1处，社区文化活动中心9个，各类文化专业户38户，各类图书室25个，藏书39万余册，音乐、美术、书法、摄影及文学业余创作队伍达285人。2014年，有社区文化活动中心7个，音乐、美术、书法、摄影等各类创作团队12个。

体育 清朝末年，群众体育以武术、舞龙狮、划龙舟等传统项目为主，各学堂开设体操课。1952年，掀起做早操、工间操热潮。20世纪90年代，掀起全民健身热潮，主要体育项目有铜锣、秧歌、木兰剑、太极拳等项目。21世纪，开展太极、柔力球、广场舞、打陀螺等健身运动。2014年，有学校体育场3个，看台1000张，所有社区配装健身器材，经常参加体育活动的人员占常住人口的65%。

医疗卫生

医疗 1952年，境内成立湖南省总工会衡阳职工疗养院。1972年2月，成立黄茶岭街道卫生院，当年接诊2200多人次，对内门诊929人次。20世纪70年代，有条件企业相继成立职工医院。2011年街道有门诊部（所）11个；固定资产总值2800万元；专业卫生人员56名，其中执业医师21人，职业助理医师32人，注册护士28人。2014年，医疗机构有衡阳职工疗养院，门诊部（所）18个，床位258张，医务人员265名，治疗超过300万人次。

卫生 1982年，加强城市卫生管理，开展省、市文明卫生单位和流动红旗竞赛活动。1987年后，对公共场所实行卫生许可证和从业人员健康证制度。

社会保障

"五保"供养 1958年，实行"五保"供养制度。1984年，"五保"户生活费每人每月生活费15元。2014年，"五保"户送福得院集中供养。

最低生活保障 1999年5月，开始发放最低生活保障金，发放标准为每人每月130元。2006年试点农村低保，月人均补差22元；2008年，提高到43元。2011年，城镇最低社会保障户数1750户、3770人，月支出6.84万元，比上年增长2%，月人均181元，比上年增长27%；农村最低生活保障户数48户，人数103人，月支出10590元，人均保障103元，比上年增长220%。2014年，城镇最低生活保障户1283户、2475人，支出金额83.48万元。

养老保险 1996年，建立居民参加社会养老保险制度。2014年，居民参加社会养老保险征缴80000元。

医疗保险 2001年6月，启动城镇职工基本医疗保险。2010年，城镇居民基本医疗保险新增参保1149人，续缴2382人，新农村合作医疗续缴1585人，合计参保5116人。2011年，医疗救助36人次，支出7.2万元，比上年增长42%。2014年，新农村合作医疗参保1693人，城市居民医疗参保7029人。

特色地情

名优特产

"恒飞"牌电线电缆 为全国驰名商标，由恒飞电缆有限公司生产。产品用于各个行业和重点工程建设项目，为国家发射火箭、卫星承担高精密、高技术含量的高温和特软电缆，城市轨道交通与高速机车、地铁轻轨、动车组配套，大型水利工程以及普通民用。产品在"长征"系列火箭和"神舟"号宇宙飞船的发射中发挥积极作用，多次受到党中央、中央军委的嘉奖。

希朵曼 为湖南著名商标，由衡阳市希朵曼有限公司生产。产品包括中秋月饼、端午粽子、面包、蛋糕、西饼，获得衡阳市消费者信得过产品、湖南中秋市场优质产品称号。衡阳市希朵曼有限公司有连锁店32家，生产基地1处。旗下泰名月饼连续十年被评为"湖南名饼"，连续九年获得"中国优质月饼"奖。

风景名胜

营盘山公园 位于黄茶岭正街，以两株1400余年的古樟树为主要景点，于2011年兴建而成。据说两株古樟树为唐人所植，一高一矮，一"胖"一"瘦"，相对而立，相守千余年，也被人们称为"夫妻树"。古樟树下建有花光寺，宋代诗人黄庭

营盘山公园

湖南三师

竖题有“花光寺下对云沙，欲把轻舟小钓车。更看道人风雨笔，乱峰深处是吾家”一诗。公园内还有杜（甫）公祠、思杜亭、白鸡泉等景点。

历史人文

湖南省立第三师范学校 从五四运动开始，湖南省立第三师范学校（简称湖南三师）就是湘南革命的摇篮，进步师生在这里接受和传播马克思主义。毛泽东多次到校演讲，宣传革命思想，先后指导三师建立湘南地区第一个团支部、第一个党小组、第一个党支部。学校培养了邓中夏、蒋先云、张秋人、谢维俊、蒋啸青等一大批优秀革命先驱和陶铸、黄克诚、江华、周里等党和国家领导人。

（文字供稿：唐端阳 陈昌华 图片供稿：雁峰区史志办）

白沙洲街道 >>

境内有南郊公园，被评为湖南省“安全生产示范单位”。

区域概况

位置面积

白沙洲街道因白沙洲位于境内而得名。地处雁峰区东南部，东临湘江，与珠晖区东风街道隔江相望，部分与湘江乡相连；南至南二环路，与白沙洲工业园接壤；西连湘江乡，北抵黄茶岭街道。办事处驻南郊新村附1号。1984年，辖区面积2.8平方公里。2001年,辖区面积8.1平方公里，2014年，辖区总面积7.7平方公里。

建置沿革

1984年12月，白沙洲街道办事处从黄茶岭街道析出组建,属城南区。2001年5月,区划调整，将原属湘江乡的塑田、金龙2个村划入，属雁峰区。2010年12月10日，将金龙村划归金龙坪街道。

行政区划

1984年12月，辖10个居委会。2001年，辖内衣厂、纺织新村、手表厂、欧水岭、园林、新矿村、三工区、联盟山、白沙洲、量具、变压、白竹皂、铜桥港、衡纺机14个居委会、157个居民小组，塑田、金龙2个村、10个村民小组。2002年，居委会体制改革，14个居委会合并为12个居委会（其中4个居委会改名）。至2011年年末，辖园林、纺织新村、欧水岭、君旺、联盟山、陡岭、白沙、钰景、新矿村、铜桥港、白竹皂、颜家町12个社区、165个居民小组和塑田管区、10个村民小组。

自然环境

属衡阳盆地腹地，地势较为平坦，为南高北低的自然地势，海拔一般在60～70米间。属中亚热带季风湿润气候，四季分明，春温多变，寒潮频繁，降水充沛。年平均气温18℃左右，年降水量约为1350毫米，降水日约165天。境内土壤多属橘黄色网纹状亚黏土，土层较薄。境内水域属湘江水系，自塑田管区一组入境，至联盟山社区白沙老街出境，境内长约0.8千米。有支流幸福河（原称冬瓜河），在铜桥港汇入湘江。

人口民族

1984年，辖区总人口3.83万人。2001年，总人口4.01万人,人口密度为每平方公里4950人；2014年，总人口4.22万人，其中城镇常住人口4.07万人，城镇化率96.45%；男性2.112万人，占50.06%，女性2.107万人，占49.94%；14岁以下0.60万人，占14.2%；15～65岁3.25万人，占 77.0%；65 岁以上 0.37 万人，占 8.8%；总人口中以汉族为主，占 99.99%。

经济发展

经济综述

1984 年街道成立时，有大中型企业 20 家，商品交易市场 3 个，商业网点 10 余家。农业以种植水稻为主，农业总产值 20 万元，后逐年改为蔬菜为主，并发展畜牧业。2014 年，工业完成总产值 320 亿元，商业完成社会消费品零售总额 14 亿元，农业总产值 300 万元，财政收入 1203.32 万元。

农业

种植业　1984 年，辖区以种水稻为主。2011 年，以种植茄子、辣椒、南瓜等蔬菜为主，蔬菜种植面积 13 公顷，产量 0.27 万吨。

养殖业　2001 年，以猪、牛、家禽为主，生猪饲养量 0.3 万头，年末存栏 0.2 万头；家禽年饲养量 2 万羽，农业总产值 300 万元。

工业

民国 26 年（1937）“七七”事变后，沦陷区工厂纷纷内迁，在湘江两岸建厂，境内较有名的工业企业有北新铁工厂，能制造车床、动力锅炉等大型设备。民国 33 年（1944），衡阳沦陷，工厂倒闭。20 世纪 50 年代，开始兴建工业企业。至 1984 年，有市属大中型企业 20 家，包括衡阳纺织机械厂、衡阳变压器总厂、衡阳量具刃具总厂、衡阳啤酒厂、衡阳电缆厂、衡阳拖拉机厂、衡阳市铝制品厂、衡阳市纺织印染厂、衡阳内衣厂、衡阳市手表厂、衡阳光学仪器厂、湖南衡阳汽车配件厂等；区属企业 3 家，即钢制家具厂、南通机电厂、水泥预制厂；街属企业 3 家。1993 年，有街办企业 8 家，即城南纺机配件厂、城南军雁五金厂、城南雁丽服装厂、城南白沙冷作厂、南

燕京啤酒（衡阳）有限公司生产厂区

特变电工衡阳变压器有限公司生产车间

工业展上的衡阳特变产品

州蓄电池车修造厂、韶光机电设备厂、城南白沙金属构件厂、白沙篷布厂，街属企业有职工143人，年产值212.27万元，销售收入66.47万元，利润0.4万元，销售税金2.41万元。1998年，街属企业有职工613人，年产值857万元。1999年，企业开始改革改制，民营企业迅速发展。是年成立白沙洲工业园区，部分企业开始退区进园。2000年，街道工业不变价总产值531万元，现行价总产值738.9万元，销售现价产值738.9万元。2014年年底，境内有特变电工衡阳变压器有限公司、南岳电控（衡阳）工业技术有限公司、金杯电工衡阳电缆有限公司、衡阳纺织机械有限公司、新疆特变电工集团有限公司衡阳电器分公司等10家大中型企业；全年完成工业总产值320亿元，规模工业总产值152亿元，技术改造资金42亿元；完成工业增加值1.0389亿元，比上年增长36%；完成税金0.97亿元，比上年增长37%；规模工业增长3.4亿元，新型工业化规模工业产值比上年增长35.5%；工业规模投资额203亿元，比上年增长12%。

商贸服务业

1950年后，三工区一带工业企业不断增加，职工也随之增多，沿路形成集镇市场3个。1993年，有商业网点10家，从业人员70人，街道商业销售收入268.23万元，销售税金3.53万元，利润5.07万元。2002年12月，香江百货白沙购物中心开业。2004—2009年，建成南园农贸市场和富民综合农贸市场，基本满足境内居民生活需求。2014年，在原棉纺厂处兴建金钟购物公园，为黄白路段最大城市综合体，涵盖房产、餐饮、百货、金融、数码电子、美容、美发、休闲、娱乐、健身等项目。

财政金融

财政　1995年4月，街道办事处成立财政所。1996年，街道财政总收入266.27万元，财政总支出80.5万元，主要为行政管理费。2005年，财政总收入440.7万元，财政总支出433.62万元。2014年，财政总收入1203.32万元，财政总支出977.5万元，主要支出为社区运转经费、行政管理费等。

金融　1993年2月，市工商银行白沙洲支行成立，经营存款、贷款、汇兑、结算等业务，下设5个分理处。2014年年底，中国工商银行、中国邮政储蓄银行、华融湘江银行在境内设支行，共有储蓄网点8个。

基础设施

防洪堤建设

衡阳市区沿江地势低平，长期受洪水威胁。1956年，在境内南郊余家坪一带修建铜桥港堤。1959年，修建铜桥港堤二期。2010年，对铜桥港堤进行除险加固工程。同年，建设铜桥港污水处理厂（一期）。

交通运输

1964年，解放路至黄茶岭公共汽车路线延长至白沙洲三工区，后延长至市纺织机械厂。1971年，扩建从珠江桥至白沙洲省汽配厂黄茅路，路幅由7米扩宽至14米，改称黄白路。1980年，建成白沙洲工业区主干道，后改称南郊大道，2004年，改扩建，更名白沙大道。

2010年，修建汽车南站，后改称白沙洲汽车站，运营发往常宁、衡南南乡方向的县际客运班车。2014年年底，从境内发车和途经境内的公共汽车路线共有5条，103路设8个站点；125路设8个站点；126路设5个站点；139路设4个站点；142路车设1个站点。

邮政通信

邮政 1944 年，邮电业务在黄茶岭六支局办理。20 世纪 80 年代，在南郊大道设白沙洲邮电所。2000 年，各社区居委会相继在各街巷人口密集处自办邮政社区服务中心，可办理信函、公用电话、代收固话和移动电话费及报刊零售、快递业务。2014 年，随着网购业务迅速发展，境内有韵达、中通、汇通等 3 家快递公司。

通信 1985 年开始，居民相继安装住宅电话，购买移动电话。1999 年，中国电信、中国移动、中国联通相继在境内设立营业厅和代办点。70% 的人用上移动电话，入网用户占 60% 以上。

供电饮水

供电 20 世纪 80 年代，居民照明一般为白炽灯，共用电表。20 世纪 90 年代初期，以住宅单位安装电表，称为户表，每户安分表，随着家用电器增多。2000 年开始，90% 居民单独安装户表。

供水 1958 年以前，居民饮用水全部使用湘江河水或井水。1958 年，设置供水站，居民到水站取水。1980 年开始，自来水管线进入居民家庭，供水基本来自衡阳市自来水厂，供水管网一般设在主要街道人行道下。

街道建设

民国初期，境内多为土砖茅草平房。1958 年，居民房屋普遍采用砖混结构，住房一般租赁房管部门的直管公房，居民住房趋紧，有的三代同挤一房。1978 年，单位自建住房，出租或出售给本单位职工居住，房屋普遍采用钢筋混凝土。1984 年，白沙洲街道成立，借用市房地局一套住房办公；1988 年，在南郊新村附 1 号建办公大楼 1 栋、共 6 层，有办公用房 30 间，建筑面积 1300 平方米。1990—2013 年，境内 70% 旧房被陆续拆除建成商品房。2014 年，境内棚户区改造基本完毕，居民居住大部分为 6 层以上楼房，主要楼盘有天嘉翰廷、珠江云锦、金钟时代城、三鹰国际、白沙广场、尚水一品等。

社会事业

教育科技

教育 清康熙年间（1662—1722），生员丁名瓒，白沙洲人，创建家塾——致远堂，康熙五十一年（1712），致远堂更名白沙书院。1934 年，改名为成章中学，是衡阳市第一家私立中学，1953 年，改名为衡阳市第八中学，现为省重点高中。1976 年，境内有衡阳市八中、城南中学（衡阳市十五中前身）两所公办中学。随着境内工业发展，工业企业相继自办学校。1986 年，境内有小学 9 所，即手表厂小学、纺织印染厂小学、电缆厂小学、一纺机小学、变压器厂小学、省汽配小学、拖拉机厂小学、油泵油嘴厂小学、针织内衣总厂小学，在校学生 2727 人，其中女生 1304，教职工 180 人，小学适龄儿童入学率 100%，毕业率 98.3%；幼儿园 11 所，手表厂、纺织印染厂、电缆厂、铝制品厂、晶体管厂、一纺机、变压器厂、省汽配、拖拉机厂、油泵油嘴厂、针织内衣总厂等 11 家企业自办幼儿园，在园幼儿 1425 人，教职工 187 人。1994 年，境内有小学 10 所，增加啤酒厂小学，在校学生 2696 人，教职工 213 人，小学适龄儿童入学率 100%，毕业率 100%；幼儿园 7 所，啤酒厂、纺织印染厂、电缆厂、一纺机、变压器厂、拖拉机厂、针织内衣总厂等 7 家企业自办幼儿园，在园幼儿 1039 人，教职工 148 人。2000 年，境内有厂办小学 9 所，停办针织内衣总厂子弟小学；公办中学 2 所，衡阳市八中、衡阳市十五中。随着企业改制，厂办学校部分停办，部分转为公办学校。2014 年年末，辖区内有高中

1所，在校人数3459人，教职员工227人；初中1所，在校学生989人，教职员工106人；小学5所，在校学生2100人，专任教师137人；幼儿园10所，在园幼儿1200人，专任教师129人；小学、初中适龄人口入学率、小升初升学率、九年义务教育覆盖率均为100%。

科技 1988年9月，成立街道科技委员会，负责街道所属企事业单位的科技工作，居委会设科技员。1999年12月，成立街道科学技术协会。至2014年年末，境内各大中型企业均设有科研基地，其中衡阳国家输变电装备技术产业基地为国家级高新技术特色产业基地；特变电工、金杯电缆为国家高新技术企业；特变公司先后荣获国家科技进步特等奖1项、国家科技进步一等奖2项。

文化体育

文化 1985年，成立街道文化站，为全民事业单位。1986年，建立图书室，由文化专干兼任图书室管理员。2014年年末，有社区文化活动中心11处，各类文化专业队伍18个，各类图书室11个，藏书2万册。

体育 清朝末年，群众体育以武术、舞龙狮、划龙舟等传统项目为主，各学堂开设体操课。每年端午节，群众自发到湘江组织龙舟竞赛活动，一直延续至今。1952年，掀起做早操、工间操热潮。20世纪80年代中期，企业掀起兴办体育赛事热潮，衡阳纺织机械厂承办全国“纺织杯”足球赛。90年代，开展全民健身活动，群众自发开展打锣鼓、扭秧歌、跳扇子舞、练木兰剑、打太极拳等体育活动。省汽配厂子弟学校输送的运动员邱琳，在1992年全国残运会上获跳远、三级跳远两项冠军，在第九届世界残运会获三级跳远第二名，破世界纪录。2000年后，掀起广场舞热潮，有广场舞队20余支。2014年，有学校体育场2个，社区安装健身器材率达100%，经常参加体育活动的人员占常住人口的19%；市八中组队代表衡阳市参加湖南省青少年排球锦标赛获男子第三、女子第二；衡阳市九运会排球比赛由市八中承办，八中组队参加的男子组、女子组分别获全市第一。

医疗卫生

医疗 1958年，建立黄茶岭工人医院，有医务人员17人、后勤人员5人；1978年，更名为衡阳市第五医院，占地面积13513.14平方米，医务人员95人，病床50张。1965—1987年，先后成立衡阳纺织机械厂职工医院、衡阳纺织印染厂职工医院、衡阳油泵油嘴厂职工医院。1994年，建立社救医疗站。1996年11月，成立白沙洲街道卫生院。2007年7月，成立社区卫生服务中心，为辖区居民提供保健、健康教育等服务。至2014年年底，有医疗卫生机构2个，门诊部（所）20个；有床位272张，卫技人员241名；完成诊疗6.58万人次；新型农村合作医疗参保率100%。

卫生 1952年，兴起以防疫细菌战为中心的群众性爱国卫生运动，1954年，转向以除害灭病为中心。1982年，实施城市卫生管理，开展省、市文明卫生单位和流动红旗竞赛活动。1987年，对公共场所实行卫生许可证制度和从业人员健康证制度。至2014年年底，一直保持并不断完善。

社会保障

“五保”供养 1984年，“五保”对象发放生活费每人每月15元。1985年，街道设立福利工厂，解决部分残疾人就业问题。1988年，建立国家与社会相结合的供养制度，对分散居住的五保对象实行“三定四包”合同制（定包人、定承包护对象、定包护任务，包衣、食、住，包清洁卫生，包请医送药，包信息反馈），生活费每人每月36元，医药费每人每月5元。1990年，境内设区社会福利院，部分“五保”对象移居城南区福利院集中供养。1997年，“五保”对象生活费标准提高到每人每月 100 元。2014 年年底，有“五保”供养对象 3 人，其中集中供养 1 人。

最低生活保障 1999 年 5 月，发放城市居民最低生活保障金，月保障标准为每人每月 130 元；2005 年，月保障标准提高到 146 元；2006 年提高到每人每月 166 元。2006 年，试点农村低保，月人均补差 22 元；2008 年，提高到 43 元。2014 年，有农村低保 32 户、55 人，城市低保 1247 户、215 人，城市、农村低保对象月人均补助分别为 289 元、121 元。

养老保险 1996 年，建立居民参加社会养老保险制度。2014 年，居民参加社会养老保险征缴 20400 元。

医疗保险 2001 年，启动城镇职工基本医疗保险。2008 年，实行城镇居民医疗保险。2014 年，新型农村合作医疗保险参保 268 人，统筹地区住院费补偿率 85%；城镇居民基本医疗保险参保 7117 人，参保率 100%，住院费补偿率 70%。

临时和特种救助 2014 年，境内临时救助 4 人 1600 元，特种救助 18 人，每月由民政发放特种救助款 7600 元。残疾人 565 人，其中重度残疾人 174 人，发放生活补助费 74880 元。

特色地情

知名人物

丁一焯（1693—1773） 字日峰，号乾斋，自号南岳老人，出生衡阳市城南白沙洲。康熙时生员，平生精于诗、书、琴三艺，尤以草书见长。40 岁以后，喜欢登临山水，将山水树木花草虫鱼之天然态势、活泼生机，一一融悟于书法之中。其草书苍劲刚健，雄伟秀拔，有龙翔凤舞之势。

丁鹏翥（1891—1958） 号博生，衡阳市城南白沙洲人。中国羽绒工业创始人，实业家。1918 年 4 月，与妻子试制出第一台铁木结构的提绒车以及洗毛、消毒、烘烤等设备。1920 年，在长沙创建中国第一家羽绒企业——长沙市华新羽绒公司。1923 年，“丁制三层式被”获巴拿马万国博览会“中国特产奖”。先后撰写整理《中国羽绒贸易业商榷书》《羽绒提制法》等 20 余本专著。历任国民政府工商部机械科工业技副、湖南省合作事业委员会常委兼总干事、湖南大学合作系副教授等职。1956 年任长沙市轻工业公司董事长兼湖南省鸭绒被厂厂长。

名优特产

变压器 衡阳特变电工公司生产的 10~1000 千伏变压器及电抗器、直流换流变压器、箱式变压器、VGA 自动控制系统等全系列产品，连续两年获国家科技进步特等奖和一等奖，产品远销东南亚、中亚、非洲、欧美国家。

金杯电缆 金杯电缆公司生产有 110 千伏及以下高中低压电力电缆、轨道交通电缆、塑料电线、控制电缆、1~35 千伏架空绝缘电缆、裸导线、矿用电缆、变频电缆、通信电缆、计算机电缆、环保电缆、低烟无卤特种电缆等产品，2004 年，“金杯”商标被国家工商行政管理总局认定为衡阳市首个“中国驰名商标”。

风景名胜

南郊公园 坐落在丁家牌楼与部队农场之间，总面积 62.8 公顷，由市园林处负责修建并管理，1992 年 9 月 10 日，正式对外开放。园内自然条件优越，其中分布大小山头五座，种植有上百个品种的乔灌木、花卉苗木。公园山、水、路、林相结合，集游乐设施、苗木花卉生产与森林植被于一体，是衡阳市首个森林公园。

（文字供稿：陈颖琪　孙辉　图片供稿：衡阳市志办）

金龙坪街道 >>

境内有白沙洲工业园。

区域概况

位置面积

金龙坪街道因境内金龙坪而得名。地处雁峰区南部，东南两面临湘江，与珠晖区东阳渡镇隔江相望，西连岳屏镇，北与湘江乡、白沙洲街道交界。办事处驻茅叶路1号，距区政府1公里。2007年末，辖区总面积4.28平方公里，人口密度为每平方公里560人。2011年末，总面积21.99平方公里，人口密度为每平方千米610人。2014年年末，辖区总面积22.1平方公里。

建置沿革

清代，属清泉县。民国初，属衡阳县。民国31年（1942），属衡阳市第七区。1949年10月，区划调整，仍属第七区。1951年9月，第二次区划调整，属第五区。1955年5月，属衡阳市郊区。1958年，公社化后，称金龙生产大队，初属上游人民公社，后改称岳屏人民公社。1961年，属湘江人民公社。1983年，改称湘江农场农业村。2001年5月，区划调整，属雁峰区。2006年10月，隶属白沙洲工业园区管委会管理。2007年7月19日，设立金龙坪街道办事处，以原湘江农场及湘江农场代管的农业村为管辖区域。2010年12月10日，将原白沙洲街道办事处的金龙村、湘江乡的长塘村、茅叶村、茶园村和岳屏镇的金桥村和大园、赵家冲、梨园、龙家港4个居民委员会划归金龙坪街道管辖。2012年2月，大园、赵家冲、梨园、龙家港4个社区居委会整合挂牌为金龙一社区居委会、金龙二社区居委会。

行政区划

2007年，辖湘江农场、农业村。2010年，辖金龙、金龙坪、长塘、茅叶、茶园、金桥6个村，53个村民小组；大园、赵家冲、梨园、龙家港4个居民委员会，6个居民小组。2012年2月，辖金龙、金龙坪、长塘、茅叶、茶园、金桥6个村，53个村民小组和金龙一社区、金龙二社区2个社区、13个居民小组。

自然环境

地处衡阳盆地中部，以丘陵高岗地为主，一般海拔在60～70米之间。属中亚热带季风湿润气候，气候温和、四季分明。年均气温17.5℃～18.1℃，年均降水日163天，降雨集中在春夏季节，年均降水量1329.6毫米。境内底层多属第四纪冲基层，其岩性为橘黄色网纹状亚黏土，下部为沙砾、乱石夹黏土层，厚度较薄，部

白沙洲工业园区鸟瞰

分属于白垩系东塘组。土壤类型分为红壤土、紫色土、冲积土、水田土四大类，以红壤土和紫色土为主。湘江在辖区东南面流过，由秦家岭入，铜桥港出，长约3千米，年径流量791.6亿立方米。

人口民族

2007年，辖区总人口为0.24万人。2011年，总人口1.35万人，其中城镇常住人口1.19万人，城镇化率88.14%；男性0.67万人，占49.62%，女性0.68万人，占50.38%；14岁以下0.27万人，占20.0%，15~65岁0.99万人，占73.3%，65岁以上0.09万人，占6.7%。2014年末，总人口2.41万人，其中城镇常住人口1.25万人，城镇化率51.87%；男性1.19万人，占49.38%，女性1.22万人，占50.62%；14岁以下0.5万人，占20%，15~65岁1.75万人，占72.4%；65岁以上0.16万人，占6.6%。人口以汉族为主，占99.9%。

经济发展

经济综述

金龙坪街道2007年由湘江农场和农业村组建成立，当时只有农业，没有工业，仅4家小商店。以种植水稻、蔬菜、柑橘为主。随着白沙洲工业园建成，城镇化建设加快，农业逐步转化为工业。2014年，实现规模工业总产值92.2亿元，共有大小商业网点481个，从业人员4000人，城乡集贸市场3个。财政收入22.63亿元。

农业

种植业 2007年，耕地面积228.3公顷，水域面积16.7公顷。2014年，耕地面积191.1公顷，全部为水浇地，以种植谷物、无公害蔬菜、柑橘为主；粮食作物以稻谷为主，生产粮食1827吨，其中早稻443吨，中稻与一季晚稻872吨，晚稻512吨；主要经济作物为蔬菜、油料，蔬菜种植面积115公顷，产量3276吨，油菜籽56.2公顷，产量137吨。

养殖业 境内畜牧业以猪、家禽为主，2014年，生猪饲养量2.9万头，年末存栏2.2万头；家禽年饲养量2.2万羽，家禽存笼1.4万羽。

工业

2007年前，辖区仅是一个农场，没有工业。随着白沙洲工业园（衡阳深圳工业园和衡阳台湾工业园）、衡阳综合保税区的相继建成后，工业快速发展，产业定位为先进制造业、光伏电子信息产业和现代物流业。2011年，实现规模工业总产值102亿元，比上年增长1.74倍；工业增加值34.87亿元，比上年增长9.81倍；销售收入98.75亿元，比上年增长2.86倍；上缴税收3.88亿元，比上年增长29.33%；工业总产值过亿元企业14家。2014年，实现规模工业总产值92.2亿元，比上年增长1.31倍；工业增加值29.5亿元，比上年增长1.32倍；销售收入98.02亿元，比上年增长1.13倍；工业总产值过亿元企业11家。

商贸服务业

2007年，辖区仅是一个农场，只有少数几家小商品商店。2010年，随着6个村和4个居委会的划入，商店随之入境。2011年年末，有大小商业网点326个，从业人员1000人，城乡集贸市场2个。2014年年末，共有大小商业网点481个，从业人员4000人，城乡集贸市场3个。

财政金融

财政 2007年，街道成立时无财政收入。2011年，财税总收入7.16亿元，其中国税0.56亿元，地税1.03亿万元，财政5.57亿元；财政一般预算总支出6.36亿元。2014年，财政总收入22.63亿元，

富士康科技集团衡阳科技园

其中国税3.88亿元，地税3.15亿元，财政15.59亿元；财政一般预算总支出19.07亿元。

金融 随着白沙洲工业园发展，2014年年底，中国建设银行、中国工商银行、中国邮政储蓄银行、中国农业银行、华融湘江银行在境内均设有储蓄网点。

基础设施

交通运输

民国时期，境内居民出行，主要靠步行和人力车拉客。1955年，兴建铜桥港桥，连接棉茅路。1964年，有公交车至白沙洲。2011年，建成白沙大道、白沙工业大道、蒸湘南路、长塘路、蒸阳南路、高公塘路、赵家村路、中塘路、梨树园路、茅叶滩路、富园路、富金路、富康路13条道路，总里程26公里。2012年，兴建茅叶滩湘江大桥，桥梁全长770米，桥面宽29.5米，为衡云干线重点控制工程之一，被称为衡云干道"咽喉"，连接南岳机场。2014年，境内有蒸湘南路、蒸阳南路、白沙大道、西外环、南外环、214省道、107国道和衡昆高速公路等干道；高速公路出入口2个，进入京珠高速公路只需5分钟车程；武广高速铁路客运专线从街道东面经过，湘桂铁路衡阳南站坐落境内；建成集海关和商检于一体的衡阳口岸和湖南省八大重点物流园之一的白沙洲物流园。

邮政通信

邮政 2007年，境内无邮政单位。2010年，4个社区居委会自办邮政社区服务中心，办理信函、公用电话、代收固话和移动电话费及报刊零售、快递业务。2014年，随着网购业务迅速发展，境内有申通、天天、韵达、中通、优速等快递公司。

通信 1985年开始，居民相继安装住宅电话，购买移动电话。2014年，互联网已普及，中国电信、中国移动、中国联通相继在境内设立营业厅和代办点。90%的人用上移动电话，入网用户占80%以上。

供电饮水

供电 1976年后，境内照明电入户，多户共用电表一个。2000年，部分居民开始单独安装户表。至2014年，境内供电全覆盖。

供水 1981年前，当地农户饮水全部使用井水。1982年，自来水接入湘江农场，部分农户到场部肩挑自来水回家饮用。1985年，少数农户将供水管入户，以后逐年增加，至2014年年末，自来水全部入户。

街道建设

1992年，农户自建土砖房和简易房。2007年，随着农村经济发展，出现独院式、群体式的小楼房，外观注重装饰，室内涂料粉墙，房屋数量比1992年增加96%。随着白沙洲工业园区的建设发展，农宅被拆迁。2014年，90%农宅拆除，集中安置到6层以上的钢筋混凝土楼房内。

社会事业

教育科技

教育 2007年，湘江农场自办幼儿园1所，小学1所，在校学生300余人，专任教师7人。2011年，随着村办幼儿园和小学的迁入，有幼儿园4所，在园幼儿320人，专任教师16人；小学4所，专任教师61人，在校学生900人，小学适龄儿童入学率100%；小升初升学率、九年义务教育覆盖率均为100%。2014年年末，有幼儿园3所，在园幼儿326人，专任教师47人；小学5所，专任教师65人，在校学生984人，中学1所，在职教师43人，学生230人，小学适龄儿童入学率100%：小升初升学率、九年义务教育覆盖率均达100%。

科技 2007年，湘江农场和农业村有水果种植和养蜂专业技术人员5人。2011年，入驻白沙洲工业园的大中型企业均设有科技研究机构，有各种专业技术人员110人。2014年，有各种专业技术和各类技能人才300余人。

文化体育

文化 2007年街道成立前，仅有原农场一家文化活动室，有少量图书。随着工业园的建设和村、居委会的增加，文化活动得到发展。2011年，有街道文化站1处，村级文化活动中心3处，各类文化专业户5户，各类图书室5个，藏书3万册，音乐、美术、书法、摄影及文学业余创作队伍30余人。2014年，有街道文化站1处，有村级文化活动中心6处，各类文化专业户12户，各类图书室13个，藏书8万册，音乐、美术、书法、摄影及文学业余创作队伍达40余人。

体育 2007年，农场和农业村组织农民参加郊区组织的龙舟赛、拔河赛。2014年，随着白沙洲工业园兴建，大中型企业入驻，企业体育事业发展迅速，企业内部、企业之间经常举行乒乓球、足球、篮球、田径赛及文艺演出等各种体育文化活动。

医疗卫生

医疗 2007年，农场有医务所1个，无床位。2011年，有门诊部（所）8个，床位26张，每万人拥有病床36张；固定资产总值65万元；专业卫生人员42名，其中执业医师12人，执业助理医师18人，注册护士12人；医疗机构（门诊部以上）完成诊疗39万人次。2014年年末，有门诊部（所）8个；床位48张，每万人拥有病床20张；固定资产总值136万元；专业卫生人员45名，其中执业医师13人，执业助理医师18人，注册护士14人；医疗机构（门诊部以上）完成诊疗42万人次。

卫生 2007年，农户各家自建旱厕、猪栏，加之散养家禽，境内卫生条件较差。街道组建后，对境内进行卫生条件大改造。2011年，随着城镇

湖南省首家综保区——衡阳综合保税区

化深入，农户97%以上房屋拆除，移居统一建成的居民大楼。

社会保障

“五保”供养 1999年4月，湘江农场对场部和农业村的孤寡老人和无劳动能力的残疾人实行“五保”，“五保”户由场、村、组三级供养。2005年起，“五保”对象享受城乡最低生活保障，月人均35元。2009年提高到月人均50.7元，2010年提高到月人均58.6元。2014年后“五保”户集中供养。

最低生活保障 2011年，实行城乡最低生活保障，城镇户数206户，人数396人，支出865420元，月人均190元；农村最低生活保障户数129户、358人，支出188560元，月人均70元。2014年，城镇最低生活保障181户、347人，支出1158320元，月人均254元；临时救助38人，77000元。农村最低生活保障533户、933人，支出692910元，月人均135元。

养老保险 2011年7月，启动城乡居民社会养老保险，参加养老保险1258人。2014年年末，居民享受社会养老保险824人，被征地农民参加社会养老保险2389人，参保率100%。

医疗保险 2008年，城镇实行居民医疗保险。2009年，农村实行新型农村合作医疗保险。2011年，参加城镇居民医疗保险1553人，参加新型农村合作医疗保险8150人，参保率95%，实行医疗救助46人次，门诊救助42户。2014年，参加城镇居民医疗保险1975人，参加新型农村合作医疗保险9195人，参保率100%，实行医疗救助64人，医疗费用182000元。

（文字供稿：李彦嵚　刘植华　图片供稿：白沙　徐陂）

岳屏镇 >>

区域概况

位置面积

因岳屏山而得名。地处雁峰区西南部，东临湘江乡，南与衡南县三塘镇接壤，西与蒸湘区长湖、雨母山乡交界，北抵黄茶岭街道。镇人民政府驻黄茶岭拥军路177–2号，距区政府驻地3.5公里。1955年，总面积35.4平方公里。1964年，划出大部分面积后，土地面积大大减少，至1984年恢复乡建制时，总面积10.9平方公里。1992年，总面积9.74平方公里。2014年，总面积33.4平方公里。

建置沿革

民国初属衡阳县。民国31年（1942），属衡阳市第七区。1949年10月，仍属第七区。1951年，区域调整后属第五区。1958年，属上游（后更名为岳屏）人民公社。1964年，析出部分地域成立湘江、西湖、长湖公社，余下地域为岳屏公社。1984年，恢复乡建制，称岳屏乡。2001年5月15日，衡阳市区划调整，撤销岳屏乡，设立岳屏镇，属雁峰区。

行政区划

1958年，辖金叶、大柳、大元头3个乡和西湖社、水上区渔业社、岳屏渔业社，下设16个大队。1964年，析出大部分地域成立西湖、湘江、长湖三个公社，余下地域仍称岳屏公社。1973年，湘江大队从湘江公社析出划入，1984年，恢复乡建制，称岳屏乡。1992年，辖红旗、岳屏、北塘、隆桥、东洲、湘江、联合7个村和1个岳屏农场。2001年区划调整后，析出东洲、湘江、北塘、岳屏、红旗5个村，新划入原属黄茶岭街道的三〇一、芝麻塘居委会；增设罗金桥、文昌居委会；另划入原属车江镇的斯林村、山田寺村、福龙村和原属三塘镇的公益村、东风村；湘江乡的水东村、前进村、金桥村、兴隆村。2012年，水东、岳林、跃进、隆桥、前进5个村改为管区。2014年，辖三〇一、芝麻塘和车江铜矿3个社区，兴隆、福龙、山田寺、斯林、东风、文昌、公益7个村，隆桥、水东、前进、跃进、岳林5个管区；下设22个居民小组，99个村民小组。

自然环境

地貌类型以岗、丘为主，山地、丘陵、平原大约各占总面积的五分之一，岗地约占28%，水面约占5%。土质贫瘠、保水性差、抗蚀能力低，不同程度存在容易退化的性状缺陷和肥力问题，为红色岩系和红色花岗岩，在流水作用下极易发生水土流失。100~500米之间的土地面积占全镇土地总面积52%，坡度在15°以上的土地面积比重为50%。金桥村有自流矿泉水，日流量为68.58立方米，属含锶和偏硅酸、重碳酸钙镁复合型矿泉水。辖区属亚热带季风气候，四季分明，降水充足，春秋季较为凉爽舒适，春季更加湿润，冬季冷凉微潮，偶有低温雨雪天气，夏季极为炎热，较为潮湿。年平均气温18℃左右，年均降水量约1352毫米。

人口民族

1984年，恢复乡建制时总人口0.91万人。1992年，总人口1.08万人，人口密度为每平方千米417人。2001年，总人口1.1万人，人口密度为每平方千米459人。2011年，总人口1.87万人，人口密度为每平方千米520人；其中男性0.94万人，占50.27%；女性0.93万人，占49.73%；14岁以下0.28万人，占14.97%；15–65岁1.47万人，占78.61%；65岁以上0.12万人，占6.42%；人口以汉族为主，1.85万人；人口出生率6.4‰，人口死亡率5.6‰，人口自然增长率0.8‰。2014年，总人口1.9万人，人口密度为每平方千米527人。其中男性0.98万人，占51.58%；女性0.92万人，占48.42%，14岁以下0.46万人，占24.21%；15~65岁1.34万人，占70.53%；65岁以上0.1万人，占5.26%。人口以汉族为主，1.89万人，占99.5%；人口出生率15.6‰，人口死亡率12.4‰，人口自然增长率3.2‰。人口以汉族为主，占99.9%。

经济发展

经济综述

境内历来以农业为主，盛产蔬菜，柑橘、鱼类。1955年，有商店6家，1964年前，无工业。1974年，开始办乡村企业，1992年，有乡村企业37家，工业总产值5282万元。2000年后，乡村企业改制，发展民营企业，同时发展民营商业，境内先后发展混凝土预搅拌产业，建有美美世界城市商业广场等城市综合体。从2011年开始，依托农业项目，发展乡村旅游。2014年，有稻田200公顷，蔬菜种植面积20公顷；生猪饲养量2.13万头，年末存栏0.81万头，家禽饲养量20.6万羽；商业批零行业总产值7743万元；工业总产值30.6亿元；旅游总人数10641人次，收入1274万元。财政收入990万元。

农业

种植业 境内耕地全部为水浇地，盛产蔬菜，柑橘。1960年，岳屏人民公社评为湖南省农业社会主义建设先进单位。2001年，有耕地面积587.9公顷，菜地94公顷，油菜种植面积达33.3公顷，产值达70万元。2007年，争取省级耕地整理项目，投资400多万元，对兴隆、公益、福龙3个村的200公顷稻田耕地整理，提高土地利用率。从2011年开始，围绕城市、服务城市，发展农副产品加工和农村休闲观光项目。2011年，引进华港饲料、丁记酱菜等农业企业，引进桂竹山庄、葡萄山庄等农业项目。是年，农业总产值1.5亿元；生产粮食0.02万吨，人均600公斤。2014年，境内有富强果业、兴隆公益蔬菜基地、君亦农业科技示范园，统一农业科技公司、开心四季果园、良种藕种植基地，颐和山水、桂竹山庄、

碧云水山休闲园、佳源农业生态休闲园、华航科技示范园、冠宇农庄、生态绿园、玖九休闲农庄等休闲农业项目。是年，蔬菜种植面积 20 公顷，产量 0.27 万吨，主要品种有茄子、辣椒、南瓜等。

养殖业 境内主要养殖生猪、家禽和鱼类。1958 年，时任中共湖南省委常务副书记周惠到岳屏渔业社检查渔业生产。1959 年，朝鲜民主主义人民共和国水产考察团和国务院副总理罗瑞卿先后视察岳屏大队淡水养鱼。2011 年，生猪饲养量 2.1 万头，年末存栏 0.8 万头，家禽年饲养量 20 万羽。2014 年，畜牧业以猪、牛、家禽为主，生猪饲养量 2.13 万头，年末存栏 0.81 万头，家禽饲养量 20.6 万羽。

林业 2014 年，全镇完成荒山造林面积 20 公顷，道路绿化 14.8 公里，房前屋后及健身广场绿化面积 1800 余平方米。

工业

1964 年前，无乡办企业。1973—1984 年间，创办水泥预制厂、钢纤维厂。1992 年，有乡村企业 37 家，工业总产值 5282 万元，有钢纤维厂、有色金属模具厂、电器成套设备厂、北塘机械运输公司、鸭类联合实业公司等乡镇企业。随着衡阳市重点工程项目发展，境内开始发展混凝土预搅拌产业，相继成立慧江、建发伟业、雁都等混凝土有限公司，产品市场占有率达市城区的 60% 以上。2014 年，启动衡山科学城建设，以电子信息、生物技术、新材料等为主导产业。是年，全镇工业总产值 30.6 亿元，同比增长 15.8%。

商贸服务业

1955 年，组成合作商店，设分店 6 家。1961 年，建立岳屏供销部，1964 年撤销。1973 年后，出现商业网点，以后每年递增。1980 年，岳屏线路器材厂在市中心区和南岳、零陵等地开办线路器材经销商店。随着城市南扩和雁峰区打造南部新城发展战略的实施，境内先后建有美美世界城市商业广场、岳屏商业广场、时通商城等城市综合体。2011年，有城乡集贸市场6个，大小商业网点358个，在业人员2200人。从2011年开始，依托农业项目，发展乡村旅游。2013年，旅游总人数7850人次，总收入920万元。2014年，新增规模批零企业3个，规模服务业5个，重点服务业总产值1100万元，同比增速15%；批零行业总产值7743万元，同比增速22.8%；旅游总人数为10641人次，总收入1274万元。

财政金融

财政 1984年6月建立财税所，1986年改为乡财政所，行政受乡政府领导，业务属区财政局。2001年乡财政所改镇财政所，全镇财政总收入368万元，预算总支出350万元。2011年，镇财政总收入650万元，预算总支出630万元。2014年，财政总收入990万元。

金融 1962年1月，成立岳屏信用合作社，大队设立信用分社，归衡阳市人民银行管理，村民将钱存入信用合作社。1984年，信用合作社归衡郊信用联社管理。1999年4月，清理整顿农村合作基金会和救灾扶贫储金会，同年10月，清理整顿基本完成。工商银行、农业银行在境内设立网点。2001—2014年，中国银行、中国农村信用合作社、邮政银行等金融机构先后在境内设立网点。

基础设施

水利建设

五代时期，楚王马殷在联合村洪家塘山冲内修建马王塘，为境内有文字记载最早的农田水利工程。20世纪50年代，各村开始兴修塘坝。1957年，隆桥大队建设兴隆堰，可灌田14公顷、果园10公顷，同时利用堰水落差碾米和发电照明。1989年，发动村民清除幸福河淤泥，整修堰坝。1992年，有山平塘720口，灌溉面积72公顷；有电力灌溉站3个，灌溉面积93公顷；防洪堤1段，从丁家桥到黄泥塘，长2.4千米。2001年后，全镇重新调整水利建设规划，至2014年年底，完成对斯林水库、东风水库、公益水库的除险加固工作；投资200多万元对兴隆等3个村的267公顷稻田“沟渠路”进行整理，建设和改造2千米排灌水渠；水源全部利用地下水。

交通运输

1958年，修建从红旗村到茅叶滩的乡间公路。1971年，开始修建西合铁路，途径岳屏村。1992年，境内有国有公路1条，即衡常路；乡间公路3条，即糖茅路、钢罗路、隆测路；地方铁路1条，即西合铁路；小型桥梁1座，即兴隆桥。2001—2011年，完成80%的乡村道路改造，村民小组通路率达到90%。2005年，启动蒸湘南路延伸工程建设。2013年，启动二环南路建设。2014年，完成道路硬化6.8千米；村道基本实现户户通。

邮政通信

邮政 1962年，邮政投递靠乡邮员骑自行车逐日投递。1985年4月开始，改由摩托车、汽车转运到村，各村自定人员投递到户。2014年，邮政业务并入市网，各大快递公司上门服务。

通信 1961年，公社装设磁石电话总机。1964年，安装总机50门，农村电话实行计次收费制，通话1次收费0.1元。1980年3月，农村电话开办叫人、传呼、会议电话等业务。2001年至2014年，市电信公司投资97万元将程控电话、电缆（东西走向）单独18芯共30公里拉入居民点，新建机房一座；市移动公司投资160万元架设基站一座，通信并入市网。

供电饮水

供电 1962年，衡阳供电工区在境内架设农用线路，支援发展农业生产。1964年，境内用电归衡阳市供电公司管理。70年代初期，照明用电基本普及。1982年，成立农电管理站，为市供电所二级机构，直接管理全乡农村用电。2011年，启动衡阳电网基础设施建设，进行农网改造和线路下地工程。2014年，全镇安装太阳能路灯180余盏，购买空调、冰箱等电器设备的农家越来越多。

供水 20世纪50年代初期，农民饮用河水、池塘水。60年代，发动群众因地制宜掘井，饮用井水。1993年开始，推广建设小型自来水和简易自来水。2014年，全镇村民饮用自来水。

村镇建设

民国时期，村民住房多为土木结构或竹木结构。20世纪50年代后，村民开始烧砖、烧瓦，逐年对住房进行改造，部分改为砖瓦结构。70年代，推行居民点建设。1979年，在黄茶岭黄茶路177-2号建设乡政府大院，办公楼1栋，高4层，房屋44间，建筑面积2030平方米。随着农村经济体制改革的推行，从1983年开始，村民住房既是生活起居之地，也成为生产经营场所。21世纪，城市化进程加快，村民建房实行集中连片，统规统建。

社会事业

教育科技

教育 1973年，辖区有中学1所、高小3所、初小2所。1998年，有乡办初级中学1所，即岳屏乡中学；村级完全小学6所，即罗家湾中心小学、北塘小学、联合小学、湘江小学、东洲小学、岳屏小学。2001年，有公办中学1所，即岳屏镇中学；公办小学7所，即罗家湾中心小学、公益小学、金桥小学、山田小学、水东小学、前进小学、文昌小学。2003年，文昌小学撤销，2006年岳屏镇中学停办。2011—2014年，全镇新建改扩建校舍9700平方米，新添课桌凳3300套，硬化路面15000平方米。2014年，有幼儿园10所，均为民办幼儿园，在园幼儿480人，教师38人；公办小学6所，在校学生920人，教师50人；小学适龄儿童入学率、小升初升学率、九年义务教育巩固率均为100%。

科技 20世纪50年代末，岳屏渔业社传统养鱼经验在全市推广。1962年7月，成立农业技术推广站。20世纪60年代，蔬菜生产推广温床、火坑育苗；20世纪70年代，蔬菜生产推广小棚薄膜育苗和地膜覆盖育苗，推行池塘网箱养鱼；20世纪80年代推广大棚育苗，发展江河网箱养鱼。1989年，成立乡科学技术委员会和科学技术协会，由乡主管科技工作的副乡长兼任科委主任，各村相继成立村民科技小组，设立村科技联络员。是年，岳屏钢纤维厂生产的不定型耐火材料添加剂为国内首创，获湖南省科学技术进步奖。1995年，研制可调试多功能床获国家科技创新博览会创新奖，电解阳极板获国家专利。2011年，有科技人员98人，农村实用人56人。2014年，有科技人员101人，农村实用人才63人。

文化体育

文化 人民公社化时期，成立民办文化站，1968年，处于瘫痪状态，1971年，重新开展活动，并配备兼职辅导员。1975年前，由郊区放映队下到公社放映电影。1975年，建立公社电影队。1981年，湘江大队成立业余花鼓剧团，有演员22名，乐手5名。1982年，在隆桥大队周子头山发掘出周代古越人遗址，出土大量西周陶瓷、石器和铜镜镞。1984 年，建设岳屏影剧院，建筑面积7500 平方米，座位 1385 个。20 世纪 90 年代，出现文化专业户或兼营户。2014 年，有文化站 1 个，社区文化活动中心 2 个；各类文化专业队伍 3 个，业余创作队伍 200 余人；各类图书室 15 个，藏书 3 万册；市级文物保护单位 1 个。

体育　1956 年，联合大队农民篮球队参加全省农民篮球赛。1958 年，衡阳市体委以罗金桥大队为试点，组织开展农民体育活动，有篮球、跑步、跳绳、田间操等。1979 年，北塘小学评为湖南省体育卫生先进单位。1994 年，北塘村舞龙队参加全国首届“佐海杯”舞龙邀请赛，获第三名。2012 年，湖南省首次大型乡村山地自行车比赛——“禹班杯”山地自行车公开赛在兴隆村举行。2014 年，各村、社区安装健身器材，经常参加体育活动人员占常住人口的 26%。

医疗卫生

医疗　1964 年，有卫生防疫点 3 个。1973 年，有卫生院 1 个，门诊部 2 个。1986 年 9 月，卫生院由区卫生局主管改为乡政府主管。1992 年，有卫生院 1 个，门诊部 5 个，医疗站 8 个。1998 年，村卫生室纳入乡村一体化管理。2011 年，有医疗卫生机构 2 个，镇卫生院 1 个，门诊部（所）7 个；医疗机构（门诊部以上）完成诊疗 0.58 万人次；新型农村合作医疗参保率 97%。2014 年，有医疗卫生机构 2 个，镇卫生院 1 个，门诊部（所）8 个；有床位 23 张；专业卫生人员 41 名，其中执业医师 23 人，执业助理医师 9 人，注册护士 14 人；医疗机构（门诊部以上）完成诊疗 0.84 万人次。

卫生　1952 年，成立爱国卫生运动委员会，负责宣传、发动群众讲究卫生、减少疾病，提高健康水平。“文化大革命”时期，机构瘫痪。1978 年，恢复爱国卫生运动组织，加强农村卫生建设。20 世纪 80 年代后，通过重点抓改造环境卫生为主要内容的“两管五改”卫生建设，全镇家家户户改吃塘水为饮用井水、改露天厕所为有棚有盖；人畜混居现象消除，人居有屋，牲畜有栏；烟火灶变为有烟炊灶或藕煤炉灶。家家有化粪池，村村有垃圾点。从 2012 年 5 月开始，全镇配合开展城乡同治工作，加强农村环境综合治理。同年，被评为衡阳市最清洁乡镇。

社会保障

“五保”供养　20 世纪 50 年代，“五保”户由所在大队负责供养。1983 年开始，由郊区统一供养标准。1985 年，实行以乡统筹供养。2011 年，有敬老院 1 家，床位 60 张，收养农村“五保”人员 56 人；社区服务设施 52 个，其中社区服务中心 3 个，社区服务站 3 个；2014 年，有各种社会化养老院 2 所，其中夕阳红老年公寓为衡阳市规模较大民营专业养老机构。

最低生活保障　1999 年，开始发放最低生活保障。2011 年，城镇最低生活保障户数 75 户，人数 144 人，支出 27.819 万元，比上年增长 9%，月人均 190 元，比上年增长 32%；农村最低生活保障户数 341 户、1016 人，支出 75.3168 万元，比上年增长 17%，月人均 71 元，比上年增长 35%。

养老保险　1996 年开始，建立养老保险制度，企事业单位、乡镇企业、拆迁对象相继纳入参保范围。2011 年，参加失地农民养老保险 550 人，有 6 人参加城镇居民养老保障。2014 年，残疾人、低保户、农村军退人员全部免费参保；失地农民 256 人全部参加养老保险；新农村养老保险参保人员 2000 人，发放养老金 180 万元。

医疗保险　2001 年，启动城镇职工基本医疗保险。2011 年，医疗救助 26 人次，资助参加合作医疗 1116 人次、7.648 万元，比上年增长 12%。2014 年，农村合作医疗 13520 人，参保率

衡阳最大湿地公园——南湖公园

97% 以上。

就业 2014 年，城镇新增就业 177 人，实现农村劳动力转移就业 1188 人，“零就业家庭”100% 动态清零。

特色地情

名优特产

爱心觉乐地瓜果汁饮料 2013 年国家农业综合开发产业项目，系衡阳市爱心觉乐农业科技发展公司研制。饮料清香爽口，具有地瓜独特的风味和口感，含有丰富的维生素和矿物质，存放越长，口感越柔和，冰镇效果更佳。

中秋酥脆枣 2013 年国家农业综合开发产业项目，系从糖枣中选育的新品种。该品种植株较开张，果实椭圆形或长圆形，观察期内最大果重 25.7 克，平均单果重 13.2 克，可食率 97.1%。肉质酥脆，肉厚核小，甜中带香，口感极佳，回味无穷。

风景名胜

南湖公园 坐落于水东管区，为衡阳市区湿地面积最大的公园，总面积 2.47 平方公里。2014 年 5 月，一期竣工，总投资 3.6 亿元，一期用地面积 0.83 平方公里，其中水库面积 0.33 平方公里。公园以生态保护为目标，充分利用自然山水植被，形成具有自我修复能力和自净能力的自然式绿地山水体系，是以水面为主题，以休闲娱乐为主要功能的原生态型综合性公园。景观区有蜂巢亭、竹艺亭、风波亭、曲桥栈道、白鹭嬉水雕塑 5 大湿地景观。设有 6 大标志性建筑，即月形雕塑、曲桥栈道、白鹭嬉水雕塑、南门广场等。

休闲山庄

佳园山庄 由衡阳市佳源农业生态开发有限公司投资建设。2011年4月，该公司在岳屏镇东风、福龙、公益三村交界处以租赁形式流转山地、旱地与鱼塘等总面积约为70公顷，建设休闲农业项目——佳园山庄，2014年7月建成营业，项目总投资人民币为10000万元，从业人员126人。山庄建设注重因地制宜，依山就势，重点打造特色农业休闲、植物景观、科学种养技术培训、特色农耕文化园等亮点，集为观光、休闲、健身于一体，农业山庄。

（文字供稿：邓盛　肖稹　图片供稿：雁峰区政府办）

湘江乡 >>

区域概况

位置面积

因濒临湘江而得名。地处雁峰区南部，东临湘江，与珠晖区隔江相望；南与金龙坪街道接壤；西与岳屏镇相邻；北与黄茶岭街道交界。乡政府驻地黄茶岭正街18号。1963年，面积50.2平方公里。1973年，面积49.8平方公里。1981年，面积49.4平方公里。1992年，总面积46.12平方公里。2011年，总面积16.9平方公里，其中陆地面积12.7882平方公里，占75.67%；水域面积4.1117平方公里，占24.33%。2014年，总面积16.7平方公里。

建置沿革

民国31年（1942），属衡阳市第七区，名称奇罡乡。1949年10月，仍属第七区。1951年，区划调整后属第五区。1956年，撤区并乡后属大柳乡。1958年，属岳屏公社。1963年，划岳屏公社西南部成立湘江公社。1984年，改称湘江乡，属衡阳市郊区。2001年，衡阳市区划调整后属雁峰区。

行政区划

1964年，辖高兴、五星、白沙、长塘、奇峰、前进、金桥、金龙、茅叶、茶园、兴隆、朔田、水东、杨柳、湘江15个大队。1973年，析出湘江村到岳屏乡。1992年，辖高兴、五星、白沙、长塘、奇峰、前进、金桥、金龙、茅叶、茶园、兴隆、塑田、水东、杨柳14个村和跃进农场。2001年5月，将属岳屏乡的东洲、湘江2个村划归湘江乡，将前进、金桥、水东、兴隆4个村调整到岳屏镇，将塑田、金龙2个村划归白沙洲街道。2006年，成立东洲社区。2009年12月，成立高兴社区。2010年12月，长塘村、茅叶村、茶园村建制划归金龙坪街道管辖。2012年，6个村改为管区。2014年，辖高兴、东洲2个居民委员会，高兴、五星、湘江、白沙、东洲、奇峰6个管区；下设6个居民小组，45个村民小组。

自然环境

地处湘中“衡阳盆地”腹部，丘陵地形，整个地势比较平坦，一般海拔在60～70米之间，东、南面地势低平，易受洪害；西、北面为丘陵山地，常遭旱灾。地貌以红岩丘陵为主，坡度和缓，顶部浑圆，为连续分布的圆丘状地貌集群；以菜园土为主，南部较多紫色砂页岩风化物。属亚热带季风气候，四季分明，降水充足。年平均气温

18℃左右，年均降水量约1352毫米。湘江自南转东向北流经境内。

人口民族

1963年，总人口0.79万人。1973年，总人口1.21万人。1981年，总人口1.63万人。1992年，总人口1.37万人，人口密度为每平方公里706人。2011年，总人口1.2万人，其中男性0.6192万人，占51.6%；女性0.5808万人，占48.4%；人口密度为每平方公里710人；人口出生率13.1‰；人口死亡率5‰；人口自然增长率8.1‰。2014年，总人口1.17万人，其中男性0.6170万人，占52.74%，女性0.553万人，占47.26%；人口密度为每平方公里710人；人口出生率12‰。人口以汉族为主，占99.9%。

经济发展

经济综述

1949年，境内农业以种植水稻为主，没有工业，商业以传统集市和庙市为商品流通形式。1960年以后，根据"郊区为城市服务"的要求，种植蔬菜、发展果业和养殖业。1992年，农业产值1570万元，农民人平收入924元。1966年开始办乡村企业，至1992年，有各类企业590家，乡镇企业总产值突破亿元大关，被评为衡阳市"超亿元乡镇"。2011年，农民人平收入6892元。2001年，乡镇企业改制，民营工业开始迅速发展。2014年，工业生产总值33.25亿元。畜牧水产业总产值7800万元。有商业网点260家，在业人员2000余人，城乡集贸市场7家，第三产业产值2.92亿元。财政收入568.4万元。

农业

种植业 20世纪60年代开始，以种植粮食、蔬菜为主。1974年，利用水东大队汤家垅上213.3公顷丘岗和跃进水库40公顷水面创办跃进农场，属社办集体农场，生产柑橘、桃、李、葡萄和蔬菜。1980年，粮食总产量9455吨，交售国家2870吨，占衡阳市郊区交售粮食总数的四分之一以上。1983年，实行农业家庭联产承包责任制。1992年，设村办农场5个（水东村果场、金桥村果场、奇峰村果场、金龙村果场、高兴村果场），有稻田833.3公顷，产粮8613.95吨，蔬菜4628吨，水果563吨，农业产值1570万元。1997年5月，郊区在境内实施国家商品粮生产基地建设，高兴村被省委、省政府授予"红旗村"称号。2011年，家庭承包经营农业户数3553户，农户承包耕地面积333.9公顷（其中2个蔬菜村，面积为25.3公顷），人均耕地面积0.024公顷。

养殖业 1974年，在跃进农场重点发展家禽和养鱼业。1992年，产鱼501吨，出栏猪16000头，饲养家禽82905羽。2011年，家庭承包经营鱼塘面积126.6公顷。2014年，发展专业养殖户38户，生猪年存栏1万头，出栏数量2.2万头，畜牧水产业总产值达7800万元。

林业 2011年，有林地面积1333.3公顷。

工业

1966年，乡属企业只有湘江综合厂，后改为铸造机械厂。20世纪70年代开始，利用近郊优势，大力发展乡镇企业，利用周边大中型企业优势，生产配套产品，延伸产业链条。1976年，兴办湘江橡胶厂、湘江塑料厂。1981年，有内衣厂、橡胶厂等乡办、村办企业34家，职工2206人，主要产品有针织内衣、橡胶制品和农机配件，年收入437万元，占全社三级收入总额的一半。1982年，创建雷达皮鞋厂，产品远销中国香港和美国、苏联、东欧各地，生产的男舌式牛皮鞋获省、市优质产品称号。1992年，有各类企业590家，其

东洲岛

21.24 亿元，同比增长 59.4%；其中规模以上工业总产值 16.81 亿元、增加值 3.27 亿元，同比分别增长 51%、50%。2014 年，实现固定资产投资 7 亿元，实际引进内资 5.57 亿元，工业生产总值 33.25 亿元。

商贸服务业

1956 年前，境内以传统集市和庙市为商品流通主要形式，白沙洲有小集市。1956 年，开始形成以国营商业、供销合作商业为主导的社会主义商业。1961 年，建立湘江供销部（1964 年撤销）。1965 年 11 月，设立黄茶岭供销社。1973 年后，境内商业网点逐年递增。90 年代，发展农贸市场和综合市场。2000 年，境内有农贸市场 2 家，即高兴、丁家牌楼农贸市场；综合市场 2 家，即高兴商厦、高兴花卉苗木市场。2011 年，有大小商业网点 251 家，在业人员 1400 人，城乡集贸市场 5 家。2014 年，有商业网点 260 家，在业人员 2000 余人，城乡集贸市场 7 家，第三产业产值 2.92 亿元。

财政金融

财政 1984 年 6 月，建立乡财税所。1986 年，改为乡财政所，行政受乡政府领导，业务属区财政局，乡财政收入全额直接上缴市财政局。财政支出 1986 年前直接由市财政下拨，1986 年后，由市财政拨付到区，再由区财政转拨到乡。2001 年，境内有房产税收 534 户，个体工商税收 475 户，企业 59 家，房地产项目税收 16 家。“十一五”期间，完成乡本级财政总收入 2145.8 万元，完成国税、地税 1945.6 万元。2011 年，实现财政总收入 450 万元，比上年增长 12%，全年财政一般预算总支出 430 万元，比上年增长 9%。2014 年，实现财政总收入 568.4 万元，其中一般预算收入 312.3 万元，基金预算收入 135.8 万元，补助收入 120.3 万元；总支出 543.1 万元，其中工资福利支

中乡办 19 家，村办 55 家，形成以钢铁、电器、机械加工、建材、塑料、兽药、防水油膏为主体的工业体系，主要产品有异型钢管、变压器、兽药、皮鞋、晴雨伞、防水油膏等。是年，因农村社会总产值、乡镇企业总产值均突破亿元大关，分别达到 1.1625 亿元、1.0055 亿元，被评为衡阳市“超亿元乡镇”。进入 21 世纪，随着经济发展，乡镇企业改制，民营工业开始迅速发展。2011 年，完成工业固定资产投资总额 3.87 亿元；实现民营企业总产值 8.87 亿元，同比增长 57%；工业总产值

出274.8万元，办公支出148.7万元，退休及住房公积金支出110万元，基本建设支出9.6万元。

金融 1952年，衡阳市人民银行试办湘江信用合作社，采取“入股自愿，退社自由”、“自愿互利，民主管理，服务生产”原则，组织存款，发放贷款。1984年，湘江信用合作社归衡郊信用联社管理。1999年4月，清理整顿农村合作基金会和救灾扶贫储金会，同年10月，清理整顿基本完成。至2014年，有中国银行、工商银行、农业银行、邮政银行、中国农村信用合作社等金融机构相继在境内设立网点。

基础设施

交通运输

湘江自南转东向北流经湘江乡，全乡四季通航。1955年，修建铜桥港桥，为公路桥梁。1958年，修建糖茅路，为四级沙路。1972年，修建兴隆桥、战备桥、立新桥。1974年，先后修建纲罗路、棉文路。1981年，市内公共汽车经城南区通至白沙洲、白竹皂，罗金桥，衡（阳）常（宁）公路行经境内，沿江有茅叶滩码头和东洲、白沙渡口3处。1982年，李伟生、何寿生合伙购买1台东风牌客车，从事衡阳至西渡的旅客运输，后发展成为个体运输车队。1992年，有渡口3个，即东洲、白沙洲、茅叶渡口。1996年4月，省交通厅、省湘江航运建设开发总公司投资5600万元，在丁家桥地段兴建两个千吨级码头。

2008年，新修水泥通村公路1.4公里，整修村级公路2公里。2011年，投入24万元用于村级道路修建。2014年，投入45万元用于白沙管区一、二、三、四、六组修路，共计1.6公里；投入43万元用于奇峰二组修路、护坡，共计1.9公里；投入16万多元为五星二组修路，5万多元维护五星村级老路；投入19.5万元进行奇峰村组道路加宽加固、水泥路硬化等。

邮政通信

邮政 1950年，茅叶滩设有村镇邮政代办所，1956年，改为邮电所。邮件派专人送达。1981年，有邮电所3家，即白沙洲、铜桥港、罗金桥邮电所，平均服务半径3.28公里，平均服务人口14073人。1992年，邮电所2家，即铜桥港、罗金桥邮电所，年邮递包裹1399件，汇票9880张。

通信 1956年，茅叶滩设有邮电所，开办话传电报业务。1961年开始，公社装设磁石电话总机，各村设一分机。1985年，境内少数人安装住宅固定电话。2014年，境内手机、网络普及，移动电话和网络用户达78%以上。

供电饮水

供电 1964年至1965年12月，湖南省供电局建成双牌至衡阳的110千伏输变电线路，途径境内7.81公里。至此，大部分大队用上电。1971年，建成市电厂至七里井的桃七线，乌鸡塘变电站至马家山变电站的乌马Ⅰ、Ⅱ线，乌水支线，三塘麻塘至乌鸡塘的110千伏麻乌线分别在境内长2.9公里、1.4公里、4.37公里、2.15公里。1975年，境内形成110千伏大输电网，各村组实现通电。1982年，成立农电管理站，为市供电所二级机构，直接管理全乡农村用电。2011年，启动衡阳电网基础设施建设，进行农网改造和线路下地工程。2014年，户户通电。

供水 20世纪50年代初期，农民饮用河水、池塘水。60年代，发动群众因地制宜掘井，饮用井水。1993年开始，推广建设小型自来水和简易自来水。2008年，投入16万元解决白沙村、茅叶村两村690人的饮水安全问题。2014年，全部村民饮用自来水。

水利建设

20 世纪 50 年代，各村兴修塘坝。1973 年，发动 4000 余民工投入堰坝建设，将长 6 千米的铜桥港裁弯取直，新建堰坝 3 座，改善灌溉面积 200 公顷。1981 年后，山平塘承包给村民养鱼，部分承包费用于维修塘坝。1992 年，有山平塘 1349 口，水面积 221 公顷，容积 482.18 万立方米，灌溉面积 279 公顷；小（二）型水库 3 个（其中：跃进水库 1959 年 10 月建，库容 63.05 万立方米；国庆水库 1958 年 10 月建，库容 52.70 万立方米；上马塘水库 1958 年 10 月建，库容 18 万立方米）；在茅叶滩、白沙洲、铜桥港等地装有电力排灌机埠，总灌溉面积 200 公顷。1993 年，建成从珠江桥到白沙村一组长 7.5 公里的沿线防洪带一条。2002—2009 年，每年投入近 20 万元用于山平塘、骨干塘的加固维修。2013 年，市重点工程湘江流域重金属污染治理幸福河改造建设工程项目正式启动。2014 年，市、区两级投入 490 万元，加固丁家桥机埠，增大排渍功能。

村镇建设

民国时期，村民住房多为土木结构或竹木结构。20 世纪 50 年代，村民开始烧砖、烧瓦，逐年对住房进行改造，部分改为砖瓦结构。70 年代，推行居民点建设。随着农村经济体制改革的推行，从 1983 年开始，村民住房既是生活起居之地，也成为生产经营场所。

1979 年，湘江乡政府在黄茶岭正街 18 号建设办公楼 1 栋，高 5 层，房 45 间，建筑面积 2176 平方米；1992 年，在黄白路建财税所综合楼 1 栋，高 5 层，建筑面积 1654 平方米。进入 21 世纪，城市化进程加快，村民建房实行集中连片，统规统建。2014 年，雁峰区政府机关搬迁至境内五星村。

社会事业

教育科技

教育 1955 年，境内只有高小 2 所，初小 3 所。1964 年，兴办湘江农业中学（后改为湘江中学），为半耕半读学校。1983 年，湘江中学改为郊区农业职业中学（附设普通初中班）。1984—2000 年，辖区内有小学 10 所，即高兴小学、余家坪小学、五星小学、茶园小学、茅叶小学、金桥小学、长塘小学、水东小学、前进小学、湘江农场小学，村村办有学前班。2001 年，区划调整，划出金桥、水东、前进 3 所小学，划入湘江、东洲 2 所小学，境内有小学 9 所，幼儿园 2 所。2003—2009 年，先后撤除余家坪、长塘、东洲、湘江小学。2011 年，有幼儿园 14 所，其中管区办 2 所（高兴管区兴办的雁南幼儿园，茶园管区兴办的哆来咪幼儿园），民办幼儿园 12 所，应入托人数 430 人，实际入托 414 人，入园率 96.2%；有小学 5 所，即高兴小学，五星小学，茶园小学，茅叶小学，湘江农场小学，其中高兴小学为中心小学，评为省级文明卫生单位、省现代教育技术实验学校、省红领巾示范校、省经典诵读特色学校、省规范汉字书写教育特色学校、省艺术教育先进单位。2014 年，有幼儿园 14 所，入园儿童 480 人；小学 5 所，在校学生 1861 人；小学适龄儿童入学率 100%，小学升初中升学率 100%，九年义务教育覆盖率达 100%。

科技 1962 年 7 月，成立农业技术推广站。1965 年，在高兴大队第一、第二生产队建立基地，推广科技实验项目 43 项。60 年代，蔬菜生产推广温床、火坑育苗；70 年代，蔬菜生产推广小棚薄膜育苗和地膜覆盖育苗，推行池塘网箱养鱼；80 年代推广大棚育苗，发展江河网箱养鱼。1989

年，成立乡科学技术委员会和科学技术协会，由乡主管科技工作的副乡长兼任科委主任，各村相继成立村民科技小组，设立村科技联络员。是年，衡阳市铸造机械厂生产的双鼓热风化铁炉获市科技成果二等奖。2011—2014年，有科技人才58人，农村实用人才36人。2014年，科技创新企业产值2.12亿元。

文化体育

文化 1957年，农民袁孝忠表演的“纸龙舞”获全国第二届民间音乐舞蹈会一等奖。1971年，成立文化站，配备兼职辅导员，属民办性质。1975年，办农民政治夜校和文化室，开展群众性唱歌、跳舞、写诗等活动。是年，成立电影放映队。1980年10月，高兴村自筹资金50万元兴建湘江电影院。1983年6月，电影院设露天舞场，面积900平方米，是衡阳市郊区首家舞厅。2011年，有村级文化活动中心6处，各类文化专业户12户，各类图书室1个，藏书2余万册，业余创作队伍32人。2014年年末，有村级文化活动中心6处，各类文化专业户12户，各类图书室9个，藏书2万册，业余创作队伍32人。

体育 境内传统体育项目有武术、舞龙舞狮、划龙舟等。中华人民共和国成立后，各完全小学逐渐修建体操场，学校开设体育课，学生体育活动步入正轨。1987年，高兴小学被评为衡阳市体育达标先进单位。每逢端午节，境内农民利用菜船、小木划子组成龙船队，在湘江举行龙舟竞渡。1996年，高兴村舞龙队代表湖南省参加555国际龙狮邀请赛，获第一名。2014年，有体育场所10个，经常参加体育活动的人员占常住人口的30%。

医疗卫生

医疗 1964年，将民间中西医药人员集资开办的联合诊所改为乡民办医院。1969年，建立合作医疗站，每个大队培训1～2名赤脚医生。1978年后，合作医疗站改为村防保室，由乡村医生承包或联办。1984年设立湘江卫生院，负责湘江乡基本公共卫生服务和医疗保健工作。1992年，有卫生院1所，门诊部4个，医疗点14个。1998年，湘江卫生院评为全市示范乡镇卫生院。是年，实现一村一卫生室。1999年，村卫生室纳入乡村一体化管理。2011年，境内医疗机构（门诊部以上）完成诊疗149万人次，有各类高中级专业技术人员19人。

卫生 1952年，境内成立爱国卫生运动委员会，负责宣传、发动群众讲究卫生、减少疾病，提高健康水平。“文化大革命”时期，机构瘫痪。1978年，恢复爱国卫生运动组织，加强农村卫生建设。1991年，湘江乡被评为省卫生文明先进单位。1993年开始，推行农村改水改厕工作。2012年5月开始，开展城乡同治工作，加强农村环境综合治理。2013年，评为衡阳市最清洁乡镇。

社会保障

“五保”供养 20世纪50年代，“五保”户由所在大队负责供养。1983年开始，由郊区统一供养标准，1985年，实行以乡统筹供养。2011年，走访“五保”户、特困户100人次，共发放特困户补助6万多元；发放救灾资金10多万元。2014年，农村“五保”户分散供养的4人，每季度发放750元/人；特殊人群救助9人，人均400元/月；新增下岗再就业325人，就业困难再就业53人。

最低生活保障 1999年开始，建立城市居民最低生活保障制度，最低生活保障标准为月人均130元。2011年，城镇最低生活保障户数35户，人数81人，月人均190元，比上年增长30%；农村最低生活保障户数34户，人数105人，月人均71元，比上年增长17%。2014年，发放低保金73.73万元；农村低保户90户，保障人数144人，人均131元/月；城市低保户40户，保障人数71人，人均323元/月。

养老保险 1996年开始，建立养老保险制度，企事业单位、乡镇企业、拆迁对象相继纳入参保范围。2014年，城乡居民基础养老保险基本全覆盖，征收金额29.72万元。

医疗保险 2001年，启动城镇职工基本医疗保险。2008年，实行城镇居民医疗保险，医保费每人每年30元。2014年，新型农村合作医疗、城镇居民医保参保人数10333人，金额62万元，覆盖率98%以上；医疗救助申请25户，发放救助金额7万元。

特色地情

风景名胜

东洲岛 位于衡阳市区东南面的湘江中央，与岳阳君山、长沙橘子洲并称湘江流域三大洲。全长2公里左右，宽约200余米，沙滩面积16650平方米，东面水域宽300米，西面水域宽500米。岛上树木茂密，绿荫浓蔽，寺侧有古银杏树一株，为明代所植，虽年代久远，仍树干粗大，枝繁叶茂；岛上遍种桃树，每到春天，桃花盛开，誉称“东洲桃浪”，为衡阳八景之一。据《衡州府志》载，王夫之少年时曾读书于岛上。辛亥革命后，岛上曾办过存古学堂、船山国学院、船山中

船山书院

学。现留存有罗汉寺、船山书院、东洲小学等建筑。2013年，开发建设东洲岛，为市重点工程。

船山书院 “天下之书院，楚为盛；楚之书院，衡为盛”。船山书院是清末最著名书院之一，始建于光绪四年（1878），光绪十一年（1885）改建于东洲岛，彭玉麟亲题“船山书院”，撰写楹联，聘国学大师王闿运任山长。培养出杨度、杨锐、蒋啸青、齐白石、八指头陀等一大批近代名人，对中国历史发展产生重大影响。后成为湖南省重点中学——衡阳市第一中学的前身。现东洲岛上留有遗址。

民俗风情

龙王村 境内各村都有龙狮队、腰鼓队，每逢春节或重要活动，都会组织舞龙灯活动。尤其是高兴村，有黄龙缠树、卧龙翻腾、活龙戏珠等特色舞龙技巧。1996年春节，衡阳市举行百龙竞舞闹新春大赛，高兴舞龙队技压群龙，捧回头奖。当年5月，参加省首届农运会成绩名列前茅。同年，代表湖南省参加上海555国际龙狮邀请赛，一举登上“国际龙王”宝座。

（文字供稿：罗小娟　陈酬　图片供稿：肖友良　刘爱成）

石鼓区

概述

一

石鼓区因境内石鼓书院而得名。地处衡阳市城区西北部，湘江中游西岸，东临湘江与珠晖区隔江相望，南以解放路为界与雁峰区毗邻，西沿蒸湘北路蒸水桥并沿蒸水河而上先后与蒸湘区和衡阳县接壤，北与衡阳县樟木乡、集兵镇相邻。地理坐标为北纬26° 54′ 00″ ~ 27° 01′ 13″，东经112° 31′ 40″ ~ 112° 38′ 59″。区机关驻石鼓路66号，距衡阳市人民政府6.1公里。

2014年年末，辖区土地总面积112平方公里，其中陆地面积96平方公里，占85.71%；水域面积16平方公里，占14.29%。耕地面积2807公顷，林地面积3507公顷，养殖水域面积1333公顷，城区面积17.06平方公里。东西最大距离12公里，南北最大距离13.3公里。辖松木、角山2个乡，人民、青山、潇湘、五一、合江、黄沙湾、金源7个街道，共9个乡级行政区划单位；18个村、12个管理处、45个社区居委会。全区总人口23.82万人，其中男性11.95万人，女性11.87万人，人口密度为每平方公里2127人。境内人口以汉族为主，达23.6935万人，占总人口的99.47%；有土家族、苗族、瑶族等24个少数民族，共1265人，占总人口的0.53%。

石鼓区历史悠久，人文荟萃。明清时期州县同治，衡州府、衡阳县、清泉县衙门均在境内。创建于北宋时期的石鼓书院，是当时著名的“四大书院”之一，朱熹、周敦颐、王夫之等儒家先贤于此著书立说，临江讲学。晚清名将曾国藩、彭玉麟在演武坪、筷子洲及湘、蒸水域练兵，境内成为湘军水师的摇篮和湘军的出征地。20世纪20年代，毛泽东三次来境内开展革命活动。改革开放以来，更是人才辈出，涌现出全国新长征突击手赖亚丽，全国劳动模范杨云桂，著名体操运动员李敬，中共十八大代表、全国“三八”红旗手田奇等。

石鼓区风光秀丽。衡阳古八景中，“石鼓江山锦绣华”“青草桥头酒百家”“朱陵洞内诗千首”“西湖夜放白莲花”四景在境内。随着衡阳城市建设发展，新的景点景区不断涌现，境内石鼓广场、莲湖广场、西湖公园、虎形山公园以及湘江西岸、蒸水两岸风光带，成为广大市民休闲娱乐的好去处。

石鼓区物产丰富，经贸繁荣。由于地处南北要冲，107国道穿境而过，湘、蒸、耒三水汇聚，交通十分便利。地下矿产有岩盐、钠长石、芒硝等10余种，储量丰富，松木经济开发区已成为湖南省重要的化工产业基地，角山乡成为市区重要的蔬菜、花卉苗木基地。境内历来商贾云集，人流如织，酒肆林立。早在清朝中期，境内的造船、铁器、篾货、车木和铁钉、棕麻、木屐，还有肥皂业，纸伞业、皮箱业，著称一代，有口皆碑。民国时期，合江套一带地域是衡阳最早的工业区。中华人民共和国成立初期，北区大市场是衡阳市最早的大型商业市场。改革开放以来，五一副食批发大市场、华源建材大市场、中湘五金机电大市场、永兴家居大市场、中亿汽贸城迅速崛起，华耀城、来雁新城正在兴建，经贸商圈逐渐成形，境内商贸更为繁荣。2014年，全区实现地区生产总值117.22亿元，三项产业比例为3.2 ∶ 33.4 ∶ 63.4；固定资产投资额137.74亿元，全年实现社会消费品零售总额86.99亿元，全年完成财政总收入17.88亿元，一般预算收入3.85亿元，城镇居民人均可支配收入25896元，农村居民人均纯收入14554元。全面小康总体实现程度达86.5%，提升幅度居全省一类县市区第三位。

二

民国31年（1942）1月1日，衡阳设市，辖8个区，境域为第三区，下设15保、142甲。民国33年（1944）8月，日军犯境，衡阳沦陷；民国34年（1945）9月，衡阳光复，复属衡阳市第三区；民国38年（1949）8月，衡阳市并入衡阳县，第三区改为西湖镇。

1949年10月8日衡阳解放后，境内称第三区公所；1950年7月，废除旧保甲制，成立10个街委会，属区公所管辖。1951年11月，全市行政区划调整后，改称第二区人民政府，辖27个居委会。1955年5月，将第二区更名为城北区。1971年9月，各区分社改称街道办事处，同时撤销管理区，恢复原来的居委会，是时全区设4个街道办事处、23个居委会。1980年9月，城北区革委会改称城北区人民政府。1984年9月，将五一街道划分为五一、合江2个街道，青山街道划分为青山、蒸湘2个街道。至2000年年末，全区辖人民、青山、蒸湘、潇湘、五一、合江6个街道办事处，86个居委会。2001年5月，衡阳市城区行政区划调整，城北区析出蒸湘街道，同时将郊区的黄沙湾街道、松木乡及西湖乡的五一、建设、友爱、江霞4个村和衡阳县的角山乡及集兵镇的灵官庙村划入，更名为石鼓区。当年12月，全区86个居委会调整合并为42个社区居委会。2011年2月，析出松木乡的新安、金兰、新竹3个行政村和松木、松梅、友谊3个行政村的部分区域，设立金源街道。2014年年末，辖人民路街道、青山街道、潇湘街道、五一街道、合江街道、黄沙湾街道、金源街道7个街道和松木乡、角山乡2乡。2015年，湖南省进行乡镇区划调整改革，石鼓区下辖人民路街道、青山街道、潇湘街道、五一街道、合江街道、黄沙湾街道、金源街道7个街道和角山乡1乡。

人民街道 >>

区域概况

位置面积

因境内有人民路而得名。地处衡阳市中心，石鼓区南端，东临湘江与珠晖区粤汉街道隔江相望，南以解放路为界与雁峰区先锋街道接壤，西从环城北路解放路口起，向北前行折至常胜中路东过蒸阳路，再向北前行至司前街口与青山街道相连，北以司前街为界与潇湘街道毗邻。办事处现驻十家村7号。距石鼓区人民政府驻地4.5公里。辖区总面积0.33平方公里。

建置沿革

1950年，属第一区。1951年11月，行政区划调整属第二区。1952年初，境内设人民路、玉环街、新政街3个中心居委会。1955年8月，撤销中心居委会，改称人民、玉环、新政街3个街道办事处，是年11月，玉环、新政街合并为柴埠门街道办事处。1956年8月，撤销街道办事处，区人委派干部组成工作组，直接管理居委会。1958年7月恢复街道办事处，柴埠门街道办事处管辖范围分别划归潇湘、人民两个街道办事处。8月，将福星街、下桥湾、马王庙3个居委会合并，成立城北区福星街人民公社。11月，城北区成立政社合一的福星人民公社。1960年4月，福星街人民公社改为福星分社。1966年5月，福星人民公社撤销司前街分社，将管辖的后宰门、蒸阳路管理区划入福星分社。“文化大革命”初期，福星分社易名人民分社。1968年9月，人民分社成立革命委员会。1971年9月，改称人民街道革委会。1978年5月，撤销街道革委会，改称城北区人民街道办事处。2001年5月衡阳市城区行政区划调整，改称石鼓区人民街道办事处。

行政区划

1952年初，境内有人民路、玉环街、新政街3个中心居委会。1955年8月，撤销中心居委会，设人民街道办事处，辖第1至第7居委会，1956年12月，以数字称谓的居委会改按主要街道命名，即第1～7居委会依次改为常胜路、九角巷、正殿巷、和平路、马王庙、下桥湾街、福星街居委会。1958年7月，人民街道办事处新增中山北路、玉环街、沿江马路、沿江西路4个居委会，辖11个居委会。1960年4月，福星街人民公社改称福星分社，居委会改称管理区。1966年，分社辖后宰门、蒸阳路、福星街、和平北路、中山北路、玉环街6个管理区。1971年9月，撤销管理区，恢复居委会，办事处辖后宰门、蒸阳路、福星街、和平北路、中山北路、玉环街、沿江北路7个居委会。1995年年底，办事处辖湘江北路、进步路、玉环街、中山北路、九角巷、向阳路、淘沙巷、蒸阳路、钱局巷、常胜路、和平北路、人民路、朝晖巷、环城北路14个居委会。2001年5月，改称石鼓区人民街道办事处。12月，居委会改称社区居委会，办事处辖环北、人民、玉环、湘北、向阳、淘沙、蒸阳、常胜8个社区居委会，88个居民小组。

自然环境

地处衡阳盆地腹地，城市中心和湘水中下游谷地，海拔均在50米以下。属亚热带季风湿润气候，年平均气温在17℃~18℃，1月平均气温5.7℃，7月平均气温30.3℃。气温多变，夏季较热，年降水量1000毫米以上，年降水日数162天左右，主要集中在春、夏两季。

人口民族

1995年年末，辖区总人口27342人，常住人口21571人，流动人口5771人。总人口中男性13785人，占51%，女性13557人，占49%。人口出生率7.05‰，死亡率2.31‰，人口自然增长率4.74‰，人口密度82854人/平方公里。2011年年末，总人口25425人，总人口中男性12645人，占49.7%，女性12780人，占50.3%，人口出生率7.15‰，死亡率2.45‰，人口自然增长率4.7‰，人口密度77045人/平方公里。2014年年末，总人口25148人，总人口中男性12402人，占49.3%，女性12746人，占50.7%。人口出生率11.71‰，死亡率5.91‰，人口自然增长率5.8‰，人口密度76206人/平方公里。

经济发展

经济综述

地处衡阳市老城区中心，历来街巷纵横，人流密集，商铺众多，市场繁荣，是城区经济发展的黄金地段。境内以商贸、餐饮住宿、医疗服务和建筑业为主。2014年年末，固定资产投资额8.15亿元，较上年增长9.10%；全年实现社会消费品零售总额9.56亿元，同比增长18.90%；全年完成财政总收入526.76万元，增长10.16%；城镇居民人均可支配收入25896元，增长8.90%。

工业

20世纪50年代初，境内有街属工厂9个及居委会办的工厂10个、有区属企业2个、市属企业2个。1986年年底，街属工厂年产值过30万的企业有工具厂、塑料电器厂、印刷厂。1995年，街道实现工业生产总值994.67万元，销售收入525.85万元，利润27.71万元。2011年，引进内资项目12个、金额12000万元，引进外资项目10个、金额210万美元。2014年，引进内资项目16个、金额16500万元，引进外资项目13个、金额302万美元。

商贸服务业

1926年，大东华门（今人民路）称面食一条街，有大华楼、饮和德、一瓢饮等面馆。1938年，有宴群园、别雅亭、乐园、东华等10多处商家。中华人民共和国成立后，境内有大三元酒家、金陵酒家、杨裕兴面馆等老店，实行公私合营后，大三元酒家的太爷鸡、金陵酒家的水晶包、银丝卷等名菜名店纷纷上市，杨裕兴招牌先后改为立新面馆、朱陵面馆、老杨裕兴面馆，生意非常兴旺。1975年5月，街委兴办的"三代店"（即代购、代销、代加工店）26个，从业人员120人，销售额13万元，盈利2.9万元。1978年后，境内商业经济迅速发展，商业网点遍布街巷，中山北路、蒸阳路、解放路、常胜东路、沿江北路为主干线的生产资料和生活资料的商业网逐渐形成，香江百货珠江店设在中山北路，为衡阳市第一家超市。1982年，市区工商部门投资74.06万元兴（扩）建的后宰门集贸市场，成为衡阳商品重要集散场所，日上市人数达3.5万人次，最高达5万人次，商品有小百货、副食日杂、肉食水产、粮油蔬菜及小工业品1000多种。1992年，解放饭店、国际饭店、衡阳酒家装修更新，更名为金鹏大酒店、天津酒楼、烹饪实验餐厅，王府、银都、金鼎等大小酒店集聚在人民路两边，使人民路成为美食一条街。1993年，在柴埠门（今胜利路）投资38.16万元建成市工业品市场。1995年，街道商业营业额1646.93万元。2005年以来，全国家电零售企业前三强的国美电器、苏宁电器相继入驻解放路、中山北路，全国零售业前30强、湖南连锁业龙头企业——步步高商业连锁股份有限公司衡阳总部设在后宰门内，并在和平北路设店。随着各大专业市场的兴建，境内逐步形成了常胜路（餐饮）、中山北路（服饰与休闲娱乐）、沿江北路（糖烟酒副食批发）、和平北路（服饰与大型市场）、人民路（服饰与餐饮娱乐）、蒸阳路（床上用品及美容美发）商业圈。2014年年末，境内有贸易、餐饮、住宿业44家，服务业51家，年销售额1.83亿元。

财政金融

1995年4月前，街道办事处财政收支主要靠收取企业管理费、利润和上级拨给的专干人员工作经费，保障街道财政正常运转。1995年4月，成立街道财政所，负责辖区内零散税的征收入库，与区财政实行零散税分税制。2013年，街道财政总收入564.56万元，财政总支出477.43万元。2014年年末，街道财政总收入526.76万元，财政总支出460.49万元。

2014年，辖区有银行网点8个，证券公司2个。

基础设施

交通运输

民国13年（1924），柴埠门修建轮渡码头，使来到衡阳的轮船有了比较固定和方便的停泊点。中华人民共和国成立后，境内有轮渡码头1座，汽车站1个。2014年年末，境内有主次干道11条，背街小巷21条。有公交线路26条和轮渡线1条。

邮政通信

1944年，柴埠门设邮局三支局。1949年2月，刚直路（今人民路）设城市代办所。1952年6月，设有中山北路二支局。1995年12月，衡阳市邮电局在境内设城北邮电所，经办函件、包裹、汇兑、邮政储蓄、特快专递、报刊零售和基本电信业务。

1940年8月，衡阳在痘姆街（今和平北路）设长途电话分局。1955年6月，境内敷设人民路、中山北路300对铠装市话地下电缆。1956年8月，中山北路成立市话北分台，装100门磁石总机。1968年12月，中山北路设交换分台，全部开通自动电话。1989年1月1日，衡阳开通无线电寻呼电话，境内电话告别“摇把子”，全部步入自动化。1993年9月18日，衡阳实现县（市）区电话网和电话号码升位及移动通信联网。

水利建设

1986年，开始启动湘江西岸风光带建设，境内长290米，设防洪挡土墙，高程59.5米（黄海高程），提高沿江道路1.6米左右，堤面宽6米，采用抛石基础、浆砌片石护坡、挡土墙、防浪护

解放大道

湘江西岸风光带

栏和码头等项目，实行堤、路、街、风光带相结合，外侧为堤，内侧为路，路下设渠，堤上建风光带，能抵御50年一遇的洪灾。

房屋建筑

办公住房 1960年以前，街道办事处设下桥湾街20号，面积65平方米。1961年8月，迁入福星街2号大院，面积120平方米。1970年，改建为三层砖混结构，建筑面积420平方米。1997年4月，办事处迁入十家村7号办公至今，面积1200平方米。1952—1985年，街道居委会尚无固定办公用房。2001年，人民街道仅湘北、向阳和淘沙3个居委会有自主产权办公房，面积228平方米，其余11个居委会均租房办公。2001年12月以后，人民街道辖8个社区居委会，仅湘北社区居委会有120平方米自主产权办公房，其余7个社区仍租房办公（租房面积1300平方米）。

居民住房 1958年以来，居民以租赁房管部门的直管公房和单位自建职工住房为主，住房仍较紧张。到20世纪末，区环卫局、附二医院、市工商局、建筑机械厂、纺织品公司等单位共兴建住宅50栋1983套，房屋面积164294平方米。部分职工住房困难得到缓解。随着私人房产商及房产开发公司的不断涌入，至2014年年底，辖区共有楼房288栋；商品房9974套，住房建筑面积1029980平方米；直管公房1240套，住房建筑面积67450平方米。

社会事业

教育科技

1995年，境内有人民路、都司街、和平北路3所区办小学，在校学生2914人，教职工134人；市办初中1所，在校学生1104人，教职工84人。2011年，境内有民办幼儿园1所，在园幼儿85人，专任教师2人；区办小学2所（和平北路小学撤并），在校学生3502人，专任教师165人，适龄儿童入学率100%；市办初中1所，在校学生623人，专任教师58人。九年义务教育覆盖率100%。2014年，境内民办幼儿园1所，在园幼儿58人，专任教师4人；区办小学2所，在校学生3326人，在职教师169人，适龄儿童入学率100%；公办初中1所，在校学生486人，在职教师53人。九年义务教育覆盖率100%。

1988年12月，街道成立科委，配备科技专干，基本建立区、街两级科技管理体系。随后，人民工具厂（后改称衡阳市工具厂）开发的气门系统铰、磨、拉、镗、压组合工具获国家银质奖，螺旋分析扩孔铰刀获国家铜牌奖，并列入国家“95”星火计划。1994年，市工具厂发明的可调节气门座成型角铰磨拉镗压组合工具获国家专利，1995年，该产品被评为国家级新产品，获中国专利十周年成就展银奖。

文化体育

1975年3月，成立街道文化站，设文化专干1人，属民办公助性质。1985年1月，街道文化站转为公办，纳入全民事业编制。20世纪80年代，境内有工人电影院、市群众艺术馆等群文团体6个，丰富了市民的文化生活。1993年，市祁剧团排演的历史剧《甲申祭》参加全国地方戏调演，获文化部最高奖项——文华新剧目奖，并由中央电视台和长沙电视台拍摄成四集戏曲艺术片予以播放。2011年年末，街道有文化站1个、文化专业户12个、社区级文化活动中心9个，有图书室10个，藏书12000余册。2014年年末，境内有文化站3个、文化专业户4个、社区级文化活动中心4个，有图书室6个，藏书15000余册。有电影院4家，文化艺术馆1家。

境内有学校体育场4处。社区安装健身器材8套。

医疗卫生

1969年3月，街道成立合作医疗站。1976年5月，合作医疗站改称街道卫生防疫站。1983年3月，卫生防疫站改称街道卫生院。2002年，全区对乡街卫生管理体制进行改革，街道卫生院人员、业务、经费等上划到区卫生局统一管理并纳入地方经济社会发展规划，街道卫生院改革成为街道社区医疗卫生服务中心，强化对社区居委会医疗服务站点的指导与监管作用，形成以街道社区医疗卫生服务中心为主体、社区居委会医疗卫生服务站点为基础、集医疗、预防、保健、康复、健康教育和计划生育技术服务为一体的社区医疗卫生服务体系。2011年，境内辖卫生单位2个，门诊部（所）18个，床位646张，专业卫生人员339名，完成诊疗48万人次。2014年，境内辖医疗卫生单位3个，门诊部（所）8个，床位659张，专业卫生人员835名，完成诊疗509万人次。

社会保障

社会救济 1999年前，辖区内的社会救助归民政部门统管，孤寡老人、残疾人、“五保”户的福利生活费由居委会摸底，街道办事处造册上报，区民政局审批发放。2000年以来，街道逐步完善社会救助工作，建立了一整套的救助体系，各类困难人群的生活得到基本保障。2014年，境内居民享受廉租房补贴保障1078户、2673人，支出87.7万元，分配廉租房44套。

最低生活保障 2000年，全区城市居民最低生活保障金开始发放。2011年，境内享受居民最低生活保障1166户、2209人，支出484.6万元，月人均182.8元。2014年，街道居民共有城市低保对象948户、1718人，全年共支出554.98万元，月人均269.2元，比上年增长13.5%。

医疗保险 2011年，参加城镇职工医疗保险5941人，比上年增加47人；参加城镇居民医疗保险6549人，比上年增加397人；参加工伤保险1713人，比上年增加87人。2014年，境内居民大病互助医疗24人，金额5.32万元；参加城镇职工基本医疗保险6247人，比上年增加114人；参加城镇居民基本医疗保险8321人，比上年增加159人；参加工伤保险人数1972人，比上年增加38人；参加合作医疗792人次，全年发生住院医疗费用585人次，共支出16.1万元。

养老保险 1996年，启动城乡居民社会养老保险。2014年，参加企业养老保险7015人，比上年增加82人；参加居民养老保险人数3289人，比上年增加2727人。

特色地情

历史人文

马王巷 巷内原有五代时楚王马殷庙，故称马王巷。南起人民路，西接蒸阳路，原长143米，宽4米，沥青路面，20世纪90年代，蒸阳路扩宽改造，拆除一半，现存70米左右。

淘沙巷 此巷为吴三桂在衡阳称帝时铸钱之处。由于钱币铸造一般要经历雕刻母钱、翻模铸造、修整打磨等工序，其中翻砂的石英砂原料，需经过筛选淘洗。而当年淘沙巷这个地方，就是加工铸钱用的型砂的工场，故因此得名。南起常胜东路，北至司前街，长318米，宽4米，水泥路面。

后宰门 位于和平北路东北端。康熙十七年（1678），吴三桂在衡阳称帝，国号大周，建元昭武，改衡阳为定天府。后宰，是古代管王室衣食供给的机构。“后宰门”因此功能而起名。

八路军驻衡阳办事处 1938年11月，长沙文夕大火发生后，根据周恩来的指示，原八路军驻武汉办事处的部分工作人员转至衡阳，建立八路军驻衡办事处，在城北卡路巷16号（今常胜路89号），由李克农、曹瑛（石磊）、张元培负责，受周恩来、叶剑英领导。1939年4月6日，卡路巷16号被日军飞机炸毁，八路军驻衡办事处搬到郊区廖家湾，改称八路军驻衡阳交通站。

国家质量银质奖章

“石鼓牌”酥薄月获国家质量银质奖章证书

中华老字号——杨裕兴面馆

名优特产

"石鼓牌"酥薄月 "石鼓牌"酥薄月作为衡阳市第一个注册商标的品牌月饼，由坐落在进步巷内的衡阳市南北特食品有限公司生产。1981 年，"石鼓牌"酥薄月获国家优质产品银质奖章，是衡阳市食品行业第一块优质产品银质奖章，1988 年，在首届中国食品博览会中被评为金牌产品，1990 年，在十一届亚运会购物中心被评为畅销产品，1994 年，在全国食品行业评比中获中国名牌食品称号，2002 年，被中国商业联合会评为中国名牌商品，2009 年，被中国食品行业协会评为行业标杆产品，2011 年，被中华糕饼文化促进会评为中华糕饼文化遗产。

"杨裕兴"面 杨裕兴面条制作技艺在清光绪十六年（1890）由杨裕臣研创，抗日战争胜利后，杨佑生兄弟在衡阳大东华门（现人民路）用杨裕兴面条制作技艺兴建杨裕兴招牌面馆。1982 年，杨裕兴第三代掌门人杨顺德（现为杨裕兴面条制作技艺第三代传人）在衡阳再建杨裕兴面馆。1994 年，湖南杨裕兴获准国家商标注册。1999 年，杨裕兴面馆被内贸部认证为中华老字号。2010 年，杨裕兴面条制作技艺被评为湖南省非物质文化遗产保护项目。

（文字供稿：张四和　郭禾生　陈曦　张露锋　图片供稿：刘珺）

青山街道>>

区域概况

位置面积

因境内青山街而得名。地处石鼓区南部，东从环城北路解放路口起向北前行到常胜中路折向东至蒸阳路口与人民街道相连，西以蒸湘北路与蒸湘区接壤，南以解放路与雁峰区交界，北以明翰路为界与潇湘街道相邻。街道办事处驻船山路55号，距区人民政府4.5公里。辖区东西最大距离0.825公里，南北最大距离1.2公里，总面积0.99平方公里。

建置沿革

1950年7月，境内始设青山街、西湖街、司后街委会，属第三区公所。1951年11月，属第二区人民政府。1952年初，改为西湖中心居委会。1955年8月，撤销中心居委会，称西湖街道办事处。1956年8月，撤销街道办事处，由区人委派工作组管理。1958年初，恢复西湖街道办事处，同年冬，成立西湖分社。1960年4月，改称医学院分社。1966年，医学院分社改称西湖分社。1967年，改称红湖分社。1971年9月，改称红湖街道革命委员会。1978年，撤销红湖街道革命委员会，成立红湖街道办事处。1981年12月，改称青山街道办事处。1988年5月，将青山街道划分为青山、蒸湘两个街道办事处。2001年，衡阳市城区行政区划调整后，改称石鼓区青山街道。

行政区划

1950年，境内分青山街、司后街、西湖街3个街委会，69个居民小组。1959年，辖小西门、易赖街、西湖新村、解放西路四个管理区。1987年，辖解放西路、衡祁路、衡邵路、冶金汽修、学院村、联合村、红湖塘、大元头、医学院、文体路、向农路、商业新村、牛角巷、常胜西路、学宫巷、十家村、朝阳巷、西湖新村、下横街、易赖街、蒸水桥、青山街等31个居委会，525个居民小组。1995年，辖蒸水桥、青山街、牛角巷、朝阳、文体、学宫巷、西湖新村、向农、十家村、西湖二村、易赖街、下横街、商业新村以及常胜西路14个居委会，208个居民小组。2001—2014年年末，辖易赖街、西湖新村、西湖一村、西湖二村、向群路、十家村、牛角巷、下横街8个社区居委会，153个居民小组。

自然环境

地处衡阳盆地腹地，城市中心和湘水中下游谷地，平均海拔50米以下。境内属亚热带季风湿润气候，年平均气温17.9℃，1月平均气温4.6℃，7月平均气温30.3℃，平均年降水量1000毫米以上，具有气候温和，四季分明，春温多变，寒潮频繁，雨季明显，夏秋多旱，冬寒期短，夏暑期长的特点。

人口民族

1959年年末，辖区有3085户，12062人，男6261人，女5801人，人口出生率24.75‰，死亡率14.59‰，人口自然增长率10.16‰，人口密度12184人/平方公里。2001年年末，有13067户，34438人，男17722人，女16716人，人口出生率13.38‰，死亡率6.43‰，人口自然增长率7.58‰，人口密度34786人/平方公里。2014年年末，有17206户，49500人，男25379人，女24121人，人口出生率12.52‰，死亡率5.26‰，人口自然增长率7.26‰，人口密度为50000人/平方公里。

经济发展

经济综述

地处市中心繁华地段，以商贸服务业为主。境内有青山街日杂一条街、船山路名优家具一条街、小西门电动车一条街、蒸阳北路床上用品一条街、环城北路夜市美食小吃一条街、解放路电讯一条街，形成了以一条街为特色的商品交易集散地。步步高、国美电器相继落户境内。以中建·衡阳中心为核心形成莲湖商圈，是全市楼宇经济的代表。

工业

1950—1957年，街道和居委会广泛发动和组织贫困烈军属、失业人员和贫困市民开展生产自救，参加生产的有200多人。1958年，创办第一家印刷厂——全球印刷厂，1962年，上缴市管。1971年，创办红湖印刷厂，有职工60余人，年产值13万元。1980年，街道兴办福利工厂，解决残疾人就业。1995年，街道主要企业有市制刷厂、市福利印刷厂（分别于2001年、2006年改制）、红湖医疗器械厂、城北橡胶厂、红湖互感器厂等，实现工业总产值609.77万元，利润9.79万元。2001年，境内私营企业有湖南人之源紫晶生物有限公司、青蛙王子服装有限公司，工业生产总值1.36亿元。2014年，湖南人之源紫晶生物有限公司、青蛙王子服装有限公司相继搬迁，境内无工业。

中建国际通信广场

商贸服务业

1951年，境内成立消费合作社。1956年，成立合作社、合作小组。1975年5月开始，街道、居委会两级大力兴办代购、代销、代加工的“三代店”，街道、居委会的各类商品遍布街巷。1995年，完成商业营业额2407.01万元，利润33.45万元。90年代，境内西湖饭店、供销大厦、船山宾馆为著名商业企业。2014年，有商业网点2185家，从业人员19141人，社会商品销售总额达23亿元，比上年增加23%；辖区内易赖街农贸市场总面积7641平方米，分东西两个大厅，主要经营农副产品，设有摊位500个，从业人员560人，年成交额1.8亿元。

财政金融

20世纪80年代初，街道财政靠收取企业管理费（工业企业按销售收入的1%收取，商业企业按销售额的0.3%收取）负担人员工资和保障街道财政正常运转。1995年4月，街道财政所成立。1995年，街道财政收入74.79万元。2012年开始，区财政每年下拨街道财政10万元。2014年，下拨街道财政40万元，用于街道日常运行支出，全年街道财政总收入617万元，财政总支出590万元。

2014年年末，辖区有中国光大银行衡阳分行、中国农业银行衡州高开支行、中国工商银行瓦子坪分理处、湖南省农村信用社石鼓区分理处、中国建设银行常胜路支行等金融网点13处及方正证券衡阳船山大道营业部。

基础设施

交通运输

境内主次干道有蒸湘北路、解放路、船山路、莲湖路、环城北路、蒸阳北路、古汉大道、明翰路、常胜中路、青山街等10条。背街小巷有易赖街、下横街、向农路、学宫巷、向群路、牛角巷、牛虎巷、演武路等。至2014年年底，途径辖区的公交线路29条。市公交集团公司、市道路运输管理处、市市政工程公司、市路灯管理处均坐落境内。

邮政通信

解放路邮电综合大楼于1960年4月动工，1962年停工，1965年复工，1966年10月建成，楼高5层，占地面积13.69亩，建筑面积7664平方米。1998年，撤销衡阳市邮电局，成立衡阳市电信局，邮政电信正式分开运营。1999年7月，衡阳市移动通信分公司从电信公司分离出来，正式挂牌成立，办公楼位于解放大道15号。2014年年末，辖区内提供电信服务企业3家，服务网点76处，有解放路通信销售维修一条街，邮政代办点1处。

供电饮水

供电　2014年年末辖区内供电实现全覆盖，覆盖17206户。

供水　1957年以前，衡阳市区无供水设施。1958年，衡阳市人民政府建成自来水厂，辖区内居民到水站取水。1992年，辖区内供水管基本铺设成型，正式向城区送水。2014年年末，辖区内实现供水入户全覆盖。

供气　1992年，辖区内基本使用罐装煤气、蜂窝煤，煤气供应范围包含辖区全部住户。1999年，衡阳市燃气有限责任公司在辖区明翰路成立，2002年，更名为衡阳市天然气有限责任公司，辖区内开始实现管道天然气供应，2014年年末，天然气供应基本实现全覆盖。

房屋建筑

办公用房　1960年4月，街道机关设青山街247号，平房，砖木结构，5间，94平方米。1978年，拆除原办公用房和五户私房，兴建4层办公楼1栋，共36间，建筑面积1280平方米。1996年初，街道通过投资、集资在西湖一村20栋建成1栋4层办公楼及住宅，面积1500平方米。2003年，位于船山路55号的青山街道办事处新办公楼落成，整体搬迁至此。2014年年末，居委会办公用房总建筑面积1574平方米，大多为自有产权。

小区建设 1985年，境内建成西湖一村、商业新村，1987年建成西湖二村、西湖三村、西湖新村等多个居民小区。1993年，住房制度改革开始实施，境内住房开始逐步走向商业化、市场化。2010年，实力央企、世界500强中国建筑旗下中建地产进驻牛角巷地域，兴建中建·衡阳中心，2014年建成使用，成为衡阳市核心地段一个地标性旗舰商业综合体，项目占地面积14146.8平方米，总建筑面积约12.2万平方米，是衡阳最高端通信广场、唯一AAAAA甲级写字楼、铂金公寓。

社会事业

教育科技

中华人民共和国成立初期，境内有下横街小学和青山街小学。1950年，市人民政府接管境内衡阳县立中学，将私立新民中学、私立含章中学并入，改名为衡阳市第二中学。1955年，市教育局在向群路38号创立幼儿园，为区内最先创立的幼儿园。1958年，民办小学发展迅速，兴建西湖街小学；道南中学改为衡阳市第十一中学，2000年，更名为衡阳市外国语学校。1979年，衡阳广播电视大学在牛角巷创立。1982年，街道创办西湖二村幼儿园。1985年，衡阳市建设学校在演武路创立。1986年，街道创办常胜西

西湖一村

衡阳博物馆

路幼儿园，后更名为西湖一村幼儿园。2014年年末，辖区内有幼儿园5所，在园幼儿720人，专任教师52人；小学3所，在校学生3000人，专任教师100人；全日制中学1所，初、高中在校学生3000多人，在职教工206人。专科技术学校1所，在编教职员工19人（不含外聘教师），学生1091人。大学1所，在职教师286人，在校学生19000多人。

1988年，街道成立科委，配备科技专干，基本形成区街两级的科技管理体系。

文化体育

1975年3月，街道成立文化站，配文化辅导员1名。2002年，街道设文化站1个，社区文化中心8处，各类专业队伍10个，图书室4个，藏书1万册，有学校体育场4个。2005年，被评为全国文化先进社区。2008年9月，石鼓区文化馆迁至境内船山路43号。2014年年末，境内有区级文化馆1处，街道文化站1处，社区文化中心8处，文化专业队伍18个，图书室7个，藏书1.5万册。辖区内有莲湖广场、青少年宫全民健身广场2处，力宝、火烈鸟等营利性健身场所4处，衡阳市二中、下横街小学等学校体育场4个，6个社区均安装健身器材，衡阳市二中为湖南省传统体育项目学校。

医疗卫生

1970年，街道成立合作医疗站。1976年5月，街道合作医疗站改称街道卫生防疫站。1983年3月，街道卫生防疫站改称街道卫生院。2002年，全区对乡街卫生管理体制进行改革，街道卫生院人员、业务、经费等上划到区卫生局统一管理并纳入地方经济社会发展规划，街道卫生院改革成为街道社区医疗卫生服务中心，强化对社区居委会医疗服务站点的指导与监管作用，形成以街道社区医疗卫生服务中心为主体、社区居委会医疗卫生服务站点为基础、集医疗、预防、保健、康复、健康教育和计划生育技术服务为一体的社区医疗卫生服务体系。2014年年末，辖区有南华大学附一医院、南华大学附二医院衡阳青山协作医院、民生医院、青山医疗服务中心、青山卫生院、石鼓区妇幼保健院等各级医疗卫生机构，门诊部（所）21个，有床位2760张，专业卫生人员232人，执业医师677人，执业助理医师32人，注册护士1239人。

社会保障

社会救济 2014年年底，救助53人，支出116000元。

“五保”供养 1958年开始，政府对境内10户无劳动力、无生活来源、无依无靠的鳏寡孤独者实行“五保”（保吃、保穿、保住、保医、保葬），由财政拨款按月发放生活费5元，1978年提高到12元，1989年每月40元，1995年每人每月46元。1999年，“五保”户转为城市三无人员，作为特困人员实行财政供养。

最低生活保障 2000年年末60户、163人，支出17280元。2010年年末，城镇最低生活保障户数1164户2267人，支出295224元，月人均270元。2014年年末，城镇最低生活保障户1080户、1877人，支出561750元，月人均370元。

养老服务 2011年，启动城乡居民社会养老保险。2014年年底，支付养老保险53人次，支出116000元。有居家养老服务中心2家，床位53个。社区服务设施168个，社区服务中心8个。

廉租房补助 2014年年底，补助436户、872人，支出225475元。

莲湖广场

特色地情

“西湖夜放白莲花” 衡阳古八景之一。古西湖位于境内，因地势低洼，池塘毗连，荷花茂盛而著名。北宋宣和年间（1119—1125）此处建西湖寺，南宋绍熙年间（1190—1194）赐为西湖禅寺。宋时这里有龙图阁学士郑向住宅，著名学者周敦颐，依舅父郑向读书于此，构亭于塘，曰：爱莲亭，旋毁于兵。明时先葺学宫，复建亭于泮池前。清末建莲湖书院，遗址在今市二中学校园内。20世纪50年代后，此处陆续建成许多高楼大厦，被辟为居民住宅区。古西湖已不复存在，后人依古西湖规制，在演武坪一带另建西湖公园，承袭了衡阳古韵。

（文字供稿：雷章清　韩璐梅　刘姚扬　图片供稿：刘珺）

潇湘街道 >>

区域概况

位置面积

因境内有潇湘街而得名。地处湘江与蒸水交汇处西南部。东临湘江与珠晖区隔江相望，西至蒸湘北路、明翰路、蒸阳北路与青山街道相连，南达司前街、中山北路、柴埠门与人民街道接壤，北傍蒸水与五一街道、黄沙湾街道隔河为界。办事处驻演武坪44栋，距石鼓区人民政府4.1公里。辖区东西最大距离0.92公里，南北最大距离1.1公里，总面积1.1平方公里。

建置沿革

1950年，属衡阳市第三区。1951年11月，经调整撤并属第二区。1952年初，设潇湘、司前中心居委会。1955年8月，撤销中心居民委员会，改称潇湘、司前街道办事处。1956年8月，撤街道办事处，由城北区人民委员会工作组管理。1958年7月，恢复潇湘街道，同年11月，成立城北专署分社。1960年4月，为专署、司前分社。1966年5月，调整合并为潇湘分社。1967年，更名为城北区红旗分社。1968年9月，分社成立革命委员会。1971年9月，改称红旗街道办事处。1978年5月，撤销街道革命委员会，恢复街道办事处。1981年12月，红旗街道复称潇湘街道。2001年5月，衡阳市城区行政区划调整，称石鼓区潇湘街道。

行政区划

1950年，境内始设潇湘街、司前街、布正街、沿河街、泥湾街、北正街等街委会。1951年11月，经调整撤并，街委会自然消失。1959年，下辖潇湘街、华光街、秦家坪、桑园街、司后街5个管理区。1966年5月，撤销司前街分社，调整合并为潇湘分社；司前街分社所辖的后宰门、蒸阳路管理区划入福星分社，十家村管理区划入西湖分社，经厅街管理区划入潇湘分社。1971年9月，撤销管理区，仍称居委会。1995年，经调整下辖衡南县机关、胜利路、陕西巷、濂溪、华光、沿江北路、石鼓、演武坪一、演武坪二、桑园、城基、长青、堰塘、邱家坪、司前15个居委会。2001年5月，下辖陕西、华光、长青、司前、蒸水、桑园、石鼓、演武坪8个居委会，12月，居委会改称社区居委会。2009年10月，将长青社区居委会划分为长青、明翰2个社区居委会。2014年年末，辖有陕西、华光、司前、长青、演武坪、桑园、蒸水、石鼓、明翰9个社区居委会。

自然环境

地处衡阳盆地腹地，海拔在 50 米以下。境内属中亚热带季风湿润气候，年平均气温 17.9℃，1 月平均气温 4.6℃，7 月平均气温 30.3℃，冬夏风向有明显变化；年降水量一般在 1300 毫米以上，主要集中在春夏季，秋冬季较少。

人口民族

1991 年年末，街道有 11437 户、30700 人，其中男性 15597 人，占 50.8%，女性 15103 人，占 49.2%，人口出生率 9.64‰，人口死亡率 5.83‰，人口自然增长率 3.81‰，人口密度 27909 人 / 平方公里。2011 年年末，总人口 46918 人，其中男性 22565 人，占 48.09 %，女性 24353 人，占 51.91 %，人口密度 42653 人 / 平方公里。2014 年年末，总人口 48430 人，其中男性 24250 人，占 50.07 %；女性 24180 人，占 49.93 %；其中常住人口 43377 人，流动人口 5053 人；人口出生率 10.79‰，死亡率 4.56‰，自然增长率为 6.23‰。人口密度为 4.4 万人 / 平方公里。总人口中，汉族占 99.7%，土家族、苗族、满族等 16 个少数民族占 0.3%。

经济发展

经济综述

辖区属中心城区，经济发展依托于工业和商贸服务业。20 世纪 50 年代，由街道和居委会组织创办了一些小手工作坊。之后，陆续创办

西湖公园

了一些街办工厂，2000年以后企业改制，街道没有自办的工业企业。20世纪80年代始，境内服装、蔬菜、厨具、摩托车、副食等批发市场相继建立，商贸服务业繁荣。特色餐饮和美食夜市沿湘江西岸和蒸水南堤铺开，成为境内经济发展一大亮点。

工业

1950—1957年，街道和居委会大力开展生产自救，先后创办刷子厂、伞骨子工场等厂、场、组。1958年，街办工厂迅速发展。1976年，红旗橡胶制品厂生产的LD-75型电影机橡胶配件，被省计委、省机械局、省文化局批准为定点产品。1986年，街办工厂有年产值过50万元的有铸铝制品厂，年产值过30万元的有电焊机厂。1995年，街道主要企业有城北标准件厂、市铸铝揎刀具厂、潇湘机电厂、潇湘整流器厂、潇湘针织厂，产值1130.25万元，销售收入661.06万元，利润21.42万元。1989—1998年，是本街道成立以来街道工业最好的时期。20世纪末，境内有市属企业6个、区属企业8个，街道接收全市各类改制企业移交的单位75个、职工1642人。

商贸服务业

20世纪50年代，境内商贸业繁荣，敬一堂大药房、洞庭春酒家等老字号商家收为国有。1975年5月后，街道、居委会大力兴办代购、代销、代加工的“三代店”。1984—1994年，境内商贸业快速发展，大桥服装商场、柴埠门商场、潇湘街蔬菜批发市场等相继建立。1994年，潇湘五交化公司全年营业额达450万元。21世纪初，境内商业网点不断发展，2011年，新增商业服务网点34个，就业总人数6055人，第三产业完成营业额6.74亿元，社会消费品零售额增幅10.45%，骨干企业完成税金134万元。2014年，全街有商贸服务业346个、个体经营店2012个，其中新增商业网点38个；完成固定资产1000万元以上的项目11个，完成投资总额3.87亿元，完成营业额7.95亿元，社会消费品零售额增长率增幅为12.41%。

财政金融

1995年4月前，街道办事处财政收入主要靠收取企业的管理费和上级拨给专干人员的工作经费维持。1995年4月，街道财政所成立，负责辖区零散税的征收入库，与区财政实行零散税分税制，实行区财政局与街道办事处双重领导、以区财政局为主的管理体制。2011年，街道财政总收入284万元，财政总支出298.5万元。2014年，街道财政总收入842万元，财政总支出831万元。

2014年年末，辖区有金融网点8个，华融湘江银行衡阳支行、中国建设银行潇湘街支行等坐落在境内。

基础设施

交通运输

湘江、蒸水在域内交汇，自古水运发达，但多为木帆船。1924年，修建柴埠门轮渡码头，衡阳轮渡有了比较固定和方便的停泊点；此外有北门、潇湘门、水口子等数座货运码头。1950年5月，衡阳市在境内成立轮渡公司，有木质客轮60余座，拖船、趸船各一艘，轮船平均每小时往返江面4次，日均客运量0.13万人，1953年增至0.52万人。1988年9月，因衡湘公路大桥在境内建成，域内各码头先后停航客运。

境内有桥梁4座。青草桥位于蒸水下游，距湘江150米，横跨蒸水。东周平王（前770–前720）时始建，为木桥。南宋淳熙十三年（1186），砌石桥，更名永济桥。清乾隆二十七年（1762），重建，改称青草桥。1944年，侵华日军入侵衡阳，青草桥被炸毁。1956年7月，原桥址上重建石桥，为8孔15米跨，拱高5米，长167.4米，宽10米。1987年，改铺沥青混凝土桥面。

蒸水桥位于辖神渡，南接蒸湘北路（东侧属境内，西侧属蒸湘区），北连黄沙湾街道境域的衡长公路，为107国道过境桥。此处旧时曾有辖神渡石桥，7孔。1977年9月动工重建，1979年3月20日建成通车，桥长181.74米，宽20米，车行道宽14米，两侧人行道各宽3米。

衡湘公路大桥（船山大桥）西段位于境内司前街与潇湘街之间闹市区，东段处珠晖区湘南学联一侧，大桥全长767米，桥面净宽22.5米，桥底标高64.735米、水位58.83米，通航等级4级、抗震列度6级。1985年9月奠基开工，1988年9月竣工，10月1日正式通车。

雁栖大桥横跨蒸水，南连境内古汉大道与蒸

提质改造后的演武坪社区

阳北路，北接五一街道畔湖路，是衡阳市重大招商引资项目、市重点工程——雁栖湖综合开发项目的三大主体工程之一。该桥于2006年年底正式动工，2009年建成通车。

20世纪80年代，城市交通建设加速。境内主次干道有中山北路、湘江北路、蒸湘北路（东侧）、蒸水南路、船山路、古汉大道、明翰路、桑园路、胜利路、长青路、荷池路、司前街、潇湘街、华光街、茅盖台等14条，小街、路、巷30余条。市内128、104、101、103、106、116、105、134等路公交线路途经境内。

邮政通信

1952年6月，衡阳一等甲级邮局中山北路二支局设境内。1995年12月，衡阳市邮电局在辖区范围内设有经办函件、包裹、汇兑、邮政储蓄、特快专递、报刊零售、基本电信业务。2014年年末，境内有邮政网点6个。

供电饮水

境内有城北供电局、蒸水供电站、110千伏变电站和演武坪水厂4处供电饮水设施。城北供电局前身为衡阳市用电管理所，为电力管理部门之一。蒸水供电站系城北供电局下属单位，主要负责供电用电业务的日常管理。110千伏变电站位于双桥南路雁栖湖大桥与共创集团之间地段，是城区主要供变电设施之一。

演武坪水厂系衡阳市水务投资集团有限公司下属水厂，1992年9月30日，一期工程竣工，同年11月5日，正式向城区送水。2002年12月8日，二期供水全自动化生产线竣工，日生产能力达30万立方米。2014年，水厂进行提质改造，解决了有机物和重金属污染等水源水质不达标问题，有效保证市民生活饮用水的水质安全。

水利建设

境内有蒸水南堤、湘江西岸防洪堤和西湖排洪站。1983年，市政府决定修建城区湘江西岸防洪堤及沿江风光带，南起湘江公路、铁路两用桥，北至石鼓嘴，全长2.8公里，其中途经境内约1.5公里。该堤按50年一遇的洪水考虑，高59.5米，堤面宽6米。1984年9月开工，1993年10月竣工。2010年后，市政府又对湘江西岸防洪堤大规模重修，2011年12月底竣工投入使用。演武坪原是城区水患重灾区，1961年，兴建青草桥南端至辖神渡一段堤防，长1.56千米，高59米，堤顶宽7米，投资33万元，当年6月竣工。1964年，投资92万元，将演武堤加高至59.08米，向西延长9.94千米至柘里渡，总称蒸水南堤，使蒸水南堤内的居民小区和西湖公园免遭水患。1994年11月，衡阳市防洪总指挥部统一部署修筑蒸水南堤、北堤，1995年工程竣工，各项技术指标和工程质量均达到设计要求。2006年8月，市委、市政府对蒸水南堤草桥至蒸水桥段防洪风光带进行大规模重修。该工程设计综合考虑堤、路、街、风光带相结合，2006年8月20日开工，2007年12月26日竣工，堤、路全长1292米，工程建设总投资约3800万元，使该段防洪标准提高到百年一遇。

办公用房

2000年7月前，街道办事处坐落于潇湘街33号居民楼中的二楼（房屋总层高7层），有10间办公室，建筑面积802平方米。2000年7月，街道办事处搬至演武坪44栋三楼办公沿用至今。该处有11间办公室，建筑面积620平方米，为街道集资建房，因各种原因暂未办理房产证。

2000年前，街道辖15个社区居委会，仅4个有自主产权办公用房，其他均为租借房办公。2014年，街道9个社区居委会，有6个拥有自主产权的办公用房。境内居民住宅多为商住房。

社会事业

教育科技

潇湘学风经久不衰，宋至道年间（995—997）创办石鼓书院，名扬千古。民国至中华人民共和国成立初期，境内有蒸湘中学等。1958年，境内有民办小学3所。1991年7月，文运街小学开办首批弱智儿童教学班。1995年，境内有公办小学4所，教职工126人，在校学生3251人。2014年境内有公办小学3所，在校学生1948人，专职教师109人。从新中国成立到2014年年底，境内先后创办城北区机关幼儿园、衡阳市政府机关二幼儿园、衡南县机关幼儿园、航运公司幼儿园、石鼓区示范幼儿园。

1988年，街道成立科委，配备科技专干。2014年，潇湘街道演武坪社区荣获全国科普示范社区称号。

文化体育

1941年，在境内司前街与司侧街交汇处，建北区市场，占地0.8公顷。各地民间艺人和本土艺人汇聚，形成吃、住、玩、休闲一条龙服务的文化娱乐中心。中华人民共和国成立后北区市场正式命名为大众游艺场，内设有戏剧院、旱冰场、多功能游艺厅和供专业皮影队、渔鼓队、杂技队演出的场地。1958年，增设全省第一个区级民办图书馆。1970年起，北区市场被改建为纯商业性质的衡阳商场。1975年3月，街道办事处成立文化站，至2014年年末，参加全省各类文体比赛18次、32项，获一等奖16个、二等奖14个、优秀奖13个。2003年，文化站站长凌敏荣获全国优秀指导员称号；2004年4月，辖区居民邹仲成荣获衡阳市“十大民间艺人”称号；2004年，石鼓社区分别荣获“全省城市体育先进社区”、“全省优秀辅导站”荣誉称号；2010年，演武坪社区荣获“全省城市体育先进社区”称号。2014年，辖区有文化站1个、社区文化中心9个、图书室10个，藏书15000册，休闲广场4处，全民健身路径16条，健身队伍15支，健身辅导员42人。

医疗卫生

1958年，境内建立衡阳市中医正骨医院，到2014年，有职工155人、卫技人员126人，中级以上专业技术人员占41.3%，专科病床210张，是衡阳市城区唯一一家中医骨伤专科医院，被湖南省中医管理局定为“湖南省重点中医骨伤专科”。1970年年初，街道成立合作医疗站；1976年5月，改称为街道卫生防疫站；1983年3月，改称街道卫生院。2014年，辖区有各级医疗卫生机构4个，门诊部（所）13个，床位664张，专业卫生人员668名。

社会保障

社会救助　2003年7月，街道劳动保障站成立。之后，社会救助工作扎实开展。首先开展就业培训、创业培训。2012年，培训两批，新增就业人员1026人，失业再就业人员688人，零就业家庭动态就业援助率达100%。2014年，辖区新增就业人员1648人。其次落实廉租房补贴。2012年，街道居民享受廉租房补贴937户、2027人，全年新增97户、155人，累计发放金额70.98万元，办理住房资格证400个。2014年年底，廉租房清理整顿共清退144户、339人，金额6.14万元。再次做好慈善工作。2014年，街道18名孤儿发放生活费28080元，对237名残疾人发放生活费32084元，对49名高龄老人发放长寿补贴22924元。

最低生活保障　2000年，开始实施城镇最低生活保障。2012年，街道有低保对象1809户、

3386人,累计发放金额837.76万元。2014年年底，街道有低保户1642户、2944人，当年保障金额78.92万元。

医疗保险 2001年，启动城镇职工基本医疗保险。2014年年底，街道居民基本医疗保险参保人数达7500人，脸模认证登记注册有5680人。

养老保险 1996年，建立居民社会养老保险制度。2014年，辖区缴纳养老保险358人、35800元；发放养老保险金492人，每人每月发放65元，共发放31980元。

特色地情

历史人文

毛泽东三次来境内开展革命活动 毛泽东第一次到境内是1921年10月中旬，在夏明翰陪同下，乘船随湘江逆流而上到衡阳，当晚下榻潇湘河街大达利旅社（今中山北路末端），第二天就听取衡阳“心社”负责人汇报。毛泽东在衡阳几天里，与夏明翰深入学校、码头、工矿、农村进行调查，讲解马克思主义学说。毛泽东第二次到境内是1922年4月月底，主要检查指导建党建团工作，他白天深入三中、三女师、三甲工以及石鼓书院、东洲、莲湖、工矿码头和附近农村做社会调查，晚上在学联工作到深夜。毛泽东第三次到衡阳是1925年秋，在蒸湘中学（今石鼓区荷池路34号）听取中共湘南地方执委汇报，指示派党团员去广州农讲所、政治讲习所学习，培养工农运动骨干，迎接大革命高潮的到来，还指示衡阳党组织的工作重点放到水口山、郴州、衡山等地，发动群众，准备进行武装斗争，当晚毛泽东住在蒸湘中学，第二天步行离开衡阳。

蒸湘中学 位于衡阳市古城内荷花池原酃县考棚内，现为荷池路34号，即今荷池路小学处。1924年，由中共湘南地方执委会积极筹划，以国民党衡阳县支部名义，在刘留侯创办的蒸湘政法讲习班和蒸湘女子职业中学的基础上，于当年6月创办蒸湘中学，按初中三年制办学，1924年秋至1927年春季，先后共招收9个班500余名学生。学校还开办农民运动讲习所、职工运动讲习所、政治讲习所等，大力推行平民化、革命化的教育方针，在衡阳城区组建一支强有力的大革命骨干队伍。蒸湘中学作为中共湘南地方执委机关和国民党衡阳县党部的所在地，有“湘南党的总机关”“湘南革命大本营”之称。1927年，长沙马日事变后，衡阳随即发生国民党反动派背叛革命的沁日事变，蒸湘中学被查封。

演武坪 原衡州古城小西门外，曾有一片宽阔荒地，百姓称之为演武坪，旧称演武场，又称演武厅。据《衡阳县志》，原称“阅武场”，始建于南宋。明嘉靖十五年(1536),由兵部副使陈卿委、千户胡宁等督建，为军事操练检阅场所。清顺治九年（1652），明末农民起义军大西将军李定国率8万军队攻占衡州，曾驻军于此。吴三桂在衡阳称帝时，亦在此练兵操演。曾国藩统领的湘军亦从演武坪起步，一步步征战全国而功成名就。清末民国期间，演武坪为官府行刑之地，马日事变后，许多共产党人和爱国志士在此壮烈牺牲。民国14年（1925），演武坪改建为体育场，湖南省第八届运动会、南昌第三届华中运动会选拔赛和湘南运动会先后在此举行。后演武坪辟为鱼塘、菜圃。20世纪70年代后，此处已成为大厦高楼鳞次栉比、商店学校配套齐全的商住小区。

风景名胜

青草桥头酒百家 青草桥作为衡阳古八景之一，早在宋代就有此说。清人朱佩莲八景诗云：潇湘八景画难描，雅爱衡阳青草桥，雨后凭栏新

石鼓书院

青草桥

月上，渔歌欸乃撸声摇。酒楼建于青草桥头，游人骚客在此领略石鼓书院的幽静与离尘绝世；也可步入喧哗热闹争名夺利充满世俗人情的草桥酒楼，登高临远，眺望三水汇聚。晚清至民国的青草桥离衡州府邸与清泉县衙很近，是衡阳最大的交通中心、商贸交易最繁华的市场。如今，石鼓区人民政府全力打造“青草桥休闲文化酒吧一条街”“渔村一条街”。

石鼓江山锦绣华 衡阳古八景之一。石鼓山位于蒸水和湘江汇合处，海拔 69 米，面积 4000 平方米，一山雄峙伸入江中，东西北三面临水，形若半岛。蒸水环其左，湘水扼其右，耒水横其前。称之石鼓，说法有二：一说山形如鼓，二说浪击石崖若鼓鸣响。石鼓山傍近驿道，地处要冲，屡遭兵火，原有古迹荡然无存。石鼓书院坐落在石鼓山上。唐元和中期（810 年左右）衡州秀才李宽在山巅筑屋读书。宋至道年间（995—997），族裔李士真即在其遗址重建书屋。根据衡州郡守刘沆的上书，宋仁宗赐“石鼓书院”匾额。于是石鼓书院与睢阳、白鹿洞、岳麓书院称为全国四大书院，扬名天下。朱熹于淳熙十四年（1187）作《石鼓书院记》为其增色。石鼓书院自创建以来，历代的名师大儒到此讲学或就读，培养了一代又一代的高节名士。1944 年 7 月，石鼓书院毁于日寇炮火。1965 年，衡阳市人民政府将石鼓山辟作公园，在大观楼旧址上重建合江亭，复修了绿净阁，雕塑了 2 米高的石鼓，竖立园中。2003 年，衡阳市人民政府对石鼓山及其临街的一大片场地进行大规模兴修和改造，建起了 3.18 公顷的石鼓书院广场。2006 年，衡阳市政府募集社会力量在宋代石鼓书院旧址上恢复修建。

朱陵洞内诗千首 朱陵洞位于石鼓山东面临湘江的悬崖处。洞内不大，只可容一几一榻。唐宋以来，许多诗人墨客在此乘兴作赋吟诗，常把诗词刻在岩洞石壁的内外。“朱陵后洞”“东崖”以及诗联镌刻，刀笔遒劲，至今历历可辨。

西湖公园 随着城市建设的发展，衡阳市人民政府于 1986 年 7 月拨款在演武坪兴建了西湖公园，其布局仿古西湖修建。《爱莲说》这篇脍炙人口的文章，由邑人蒋卓如书丹，镌碑立于西湖公园内爱莲亭旁。西湖公园水面种上莲花，莲湖飞珠、湖天一色、双亭烟雨、月映白莲、曲院风荷、平湖双月等景点展现在市民的面前，“西湖夜放白莲花”又扎根于衡阳人民的心目中。

民俗风情

司前街“二月八” 农历二月初八，相传是雁峰寺寿佛诞辰。每年是日，郡人齐聚雁峰寺烧香拜佛，寺庙山下商贩摆摊叫卖，梨园弟子争献技艺，热闹非凡。20 世纪 50 年代以来，每年二月初八前后，成千上万的人集聚司前街、蒸阳路、青山街一带，在街道两旁交易各种农具、家具、日用杂件、药材、土特产品等，形成一定规模的交易会，其习俗沿袭至今。

（文字供稿：黄明道　匡政　陈春香　图片供稿：刘珺　欧阳利华）

五一街道 >>

区域概况

位置面积

境内有五一路而得名，地处衡阳市石鼓区东部，东临湘江，与珠晖区隔江相望，西抵畔湖路与黄沙湾街道以湖为界，南傍蒸水河与潇湘街道以河为界，北沿望城路前行至老107国道（朝阳）口止、再以电厂门口的五一路北上至合江路与合江街道相邻。办事处驻建设新村54栋，距石鼓区人民政府驻地5.3公里。1985年年末，辖区面积为7.08平方公里。1988年5月，因五一街道办事处分为五一、合江两个街道办事处，辖区面积减少为4.42平方公里。

建置沿革

1950年，属衡阳市第四区。1951年11月，属第二区。1952年初，为草桥街中心居委会。1955年8月，撤销中心居委会，设草桥街道办事处，属城北区。1956年8月，撤销街道办事处，由区人委派工作组直接管理居委会。1958年7月，恢复草桥街道办事处，同年11月，成立草桥人民公社。1960年4月，易名电厂分社。1966年5月，改称草桥分社。1967年，改称五一分社。1968年9月，成立革命委员会，1971年9月，改称五一街道革委会，1978年5月，撤销街道革委会，恢复五一街道办事处。1988年5月，五一街道办事处分为五一、合江两个街道办事处。2001年5月，改称石鼓区五一街道办事处。

行政区划

1950年6月，民主建政，废除保甲制度，组建草桥街委会，辖石鼓街、草前街、草后街、桑园街4个居委会。1951年11月，区划调整并入第二区，辖草桥街、杨家坪、合江套居委会。1952年年初，草桥街中心居委会，下辖6个居委会。1958年11月，草桥人民公社辖草桥街、杨家坪、合江套3个居委会。1960年4月，居委会改称管理区，辖七里井、杨家坪、草桥、合江套、电厂5个管理区。1978年5月，撤销管理区，恢复居委会。1985年，办事处辖建设新村一（简称建几，下同）、建二、建三、建四、建五、建六、草桥、杨家坪、五一巷、电厂、来雁塔、黄沙湾、望城、团结、向东、合江路、同心路、衡化、柏树嘴、七里井、五里牌、五一新村、合江村23个居委会，297个居民小组。1988年5月，办事处辖建一、建二、建三、建四、建五、建六、草桥、杨家坪、五一巷、电厂、来雁塔、黄沙湾、望城13个居委会，210个居民小组。2014年年

来雁塔

底，办事处辖建设新村、畔湖路、来雁塔、望城路、草桥、杨家坪6个社区居委会和建设村村委会，90个居民小组，6个村民小组。

自然环境

五一街道地处衡阳盆地腹地，属湘、蒸二水的中下游谷地，海拔均在50米以下。属亚热带季风湿润气候，年平均气温在17.5℃～18℃之间，1月平均气温5.7℃，7月平均气温29.8℃。气温多变，雨季明显，冬寒期短、夏暑期长的特点，年平均降水量1000毫米以上，主要集中在春夏季。

人口民族

1985年年末，辖区人口4.77万人，其中城镇常住人口4.19万人，流动人口0.58万人，总人口中男性23722人，占49.7%，女性23978人，占50.3%。人口出生率12.18‰，死亡率2.49‰，人口自然增长率9.69‰，人口密度6737人/平方公里。1995年年末，辖区人口2.39万人，其中常住人口2.23万人，流动人口0.16万人，总人口中，男性1.22万人，占51.04%；女性1.17万人，占48.96%。人口出生率11.74‰，死亡率5.76‰，人口自然增长率5.98‰，人口密度5407/平方公里。2014年年末，辖区总人口4.73万人，其中城镇常住人口4.15万人，流动人口0.58万人。总人口中男性2.41万人，占51%；女性2.32万人，占49%；人口出生率7.78‰，死亡率3.67‰，人口自然增长率4.11‰。人口密度10701人/平方公里。

经济发展

经济综述

境内工业始于清咸丰年间（1851—1861），主要为造船、医药、酒业。民国时期，市府将合江套划为工业区，有化工、颜料、油料业。中华人民共和国成立后，省、市、区工业企业纷纷在境内创办，以冶炼、化工、制药、制造、军工占主导地位。街委工业主要为大工业配套，逐年发展。2000年，街委企业改制后，工业企业不再存在。商贸发展较早，衡阳古八景之一“青草桥头酒百家”就是指境域商贸盛况。五一副食品批发大市场是区域经济一大支柱。

农业

1985年，有水稻种植面积8.47公顷。2011年，棚户区改造后，剩余的0.67公顷稻田改种蔬菜。2013年，来雁新城项目控规后，辖内已无农业。

工业

清咸丰三年（1853），曾国藩、彭玉麟在衡阳筷子洲兴建造船厂，造战船操练水军，衡阳造船业从此兴盛。民国13年（1924），永州人李长庚在合江套创办泳南肥皂厂。民国31年（1942），私营业主江仁归在合江套创办永生化工厂（衡阳化工总厂前身），生产硫酸，日产量0.5吨。1950—1957年，街道、居委会组织开展生产自救，创办打草索、织草袋、缝补、做草鞋等厂（场、组）。1958—1968年，创办街委工厂8个。1984年年末，有街属企业5个，年工业产值270.9万元，销售额80.7万元，利润53万元。1988年，工业产值640.72万元，销售额149.6万元，利润82万元。2014年年末，街道民营、个体、私营和外资企业1772个，新增29个企业，规模工业完成产值51418.6万元，比上年增加39050.6万元，共完成税金1879.2万元，比上年增加1222.2万元。全年完成固定资产投资28750万元。

商贸服务业

清咸丰八年（1858），天主教一女医生（中国人）在青草桥开设药店，专售外国教士携带进口的磺胺类等西药。青草桥北头的草（仓）前街、草（仓）后街酒店林立，商贾云集，赣商、陕商、徽商、广商来此经商。民国初年，廖兆凤之父在青草桥北岸设店做石膏、麻袋、巴粉生意，后改行开廖裕益清茶油货铺。

中华人民共和国成立初，衡阳市人民政府在境内新辟草后街工业市场。1951年6月至1956年3月，以参股的形式成立消费合作社，集体经济开始兴起。1975年5月，街、委两级兴办“三代店”（代购、代销、代加工）33个，从业人员264人，销售额37万元，盈利28万元。1982年后，街、委有挂靠商店96个，公司3个，营业额达197万元，从业人员386人。1981—1993年，投资25.8万元新建3500平方米的五一集贸市场；投资89万元新建2010平方米的建设新村农贸市场相继营业。2000年10月，占地面积9.53公顷的五一副食品批发大市场建成投入使用，有门面109间，从业人员3000余人，年营业额7500万元。2011年，共引进内资项目28个、外资项目1个，引进内资资金为49750万元、外资资金为800万元港币。2014年年底，境内有商贸服务企业400余家，完成固定资产投资14亿元，实现财政收入5000万元。

财政金融

1995年4月前，办事处财政收入主要是收取企业管理费和专干人员的工作经费等。1995年4月，街道办事处成立财政所，负责辖区内零散税的征收入库，与区财政实行零散税分税制。2014年年底，财政总收入674.06万元，财政支出为

673.55万元。

2014年年底，境内有工商银行、农业银行、邮政储蓄所、建设银行及农村信用社金融网点6个。

基础设施

交通运输

清末民初，衡阳杨泗庙一带为航帮组织、统一管理船户，船户入会应缴纳会费和水上捐税。蒸水河筷子洲造船业兴旺，附近码头水运便利。民国24年（1935），境内有码头4座。1950年，境内码头增至10座，结构多为青石混凝土斜坡式，也有栈桥式和趸船浮式。1958年以后，境内相继试制成水力起煤机、电力槽型皮带运输机、吊车式抓包机、抓斗机，货物装卸实现半机械作业。1985年后，杨家坪栈桥码头及其成套装卸生产线和作业区建成，年吞吐量可达100万吨。2014年年末，境内有杨家坪等4座码头，有五一路、畔湖路、望城路、草后街、双桥路、建设路等主次干道，105、445、449路等公交车贯通境内，116路、128路在五一大市场始发。

邮政通信

民国30年（1941），境内设草后街城市代办所。1949年后，设草后街代办所。1983年，设五一邮电所。1985年，增设建设新村邮电所。

1958年9月，境内有由司前街以北至五一路、合江套、黄沙湾一带的中山北路市话交换区传递通信。1968年，相继开通市内自动电话和206微波通信。境内向阳机械厂、电厂等市属17个单位为自控。80年代中期起，部分住户相继安装使用住宅电话，青草桥头设有电话亭，少数个体商店设有公用电话出租。1995年4月，电话号码由6位升至7位，8月，开通数字程控电话，实现国内长途直拨，95%居民安装电话机。2003年3月，“小灵通”正式开通，之后移动手机成为通信必需品。

2014年年末，境内有邮政点1个，快递站点6处，电信、移动、联通、电视等网络通畅便利。

供电饮水

民国31年（1942），湖南电气公司确定建设衡阳电厂，厂址选在城区北门外杨家坪祝家山一带，次年动工兴建，因侵华日军大举进犯衡阳致使工程一度中断，抗日战争胜利后重建，1947年9月，装机完毕，10月20日，正式发电。1949年10月7日，白崇禧下令炸毁电厂机组。经中共地下组织采取措施，机组得以保全。同月11日，恢复供电。1984年，衡阳电厂并入耒阳火力电厂，专供水口山二厂的跃进2号船舶电站关停。随着电力供求关系的变化，1997年，衡阳电厂关停。随后市民全部使用大电网供电。

居民过去饮水靠肩挑江、河水，1958年，市政府兴建自来水厂。1971年8月，境内城北水厂建成投产。1981年，城北水厂扩建5万立方米，供水管线并入主管网，居民全部饮用自来水。

1985年，城北区建立液化石油气站，部分居民使用罐装液化气。1988年，市政府集资筹建管道煤气工程，1993年5月，奠基动工。2000年年末，有部分居民住户安装管道煤气。2008年，境内96%的住户用上管道煤气。

水利建设

1965年10月，境内筑有4.65公里的防洪堤坝（即蒸水北堤由进步村猫形山至杨家坪衡阳电厂水泵房），堤顶标高62.18～62.63米，堤面加宽6～9米，加高1.2～1.5米，土筑达到堤路结合，其中电厂水泵房至青草桥北端一段为砌挡洪墙，长790米，堤顶0.5米，全堤有涵洞3处，排渍机泵4座，容量460千瓦，总投资138万元，

1967年竣工。堤坝可抗御50年一遇的洪水标准，在雁栖湖口与蒸水新河口建有3.2米×3.2米直壁式启闸门(泄流量21立方米/秒),用于排渍防洪，此堤可保护境内的186.6公顷农田面积，现保护着雁栖湖小区、建设新村小区、草桥、杨家坪及五一大市场等4万多居民的生命财产。

房屋建筑

办公用房 1960年，草桥街道办事处设五一路7号，有办公用房面积200平方米。1978年，迁址草后街北乡巷（今湘北巷，草后街57号），兴建四层办公楼一栋，建筑面积1140平方米。1990年10月，迁驻建设新村54栋，办公用房1栋3层，建筑面积1108平方米。

1952—1984年，辖区居委会无固定办公用房。1985年，衡阳市开发建成五一小区（建设新村),配套建有小区管理委员会和居委会办公用房。2014年，街道6个社区居委会，有4个建有达标的办公场所，2个仍租房办公。

居民用房 20世纪50年代，境内居民多为土砖茅房。1956年，提倡机关、单位兴建公房解决职工家属住房，居民住房租赁房管部门的直管公房。1985年，衡阳市第一个大型居民住宅小区——五一小区（建设新村）在境内建成，建筑面积15万平方米，建有楼房108栋，钢混结构，多为6～8层。境内电厂、水口山二厂、橡胶厂、造船厂、四中、逸夫中学等自建职工住房。20世纪90年代初，境内启动房改，停止福利分房，此后居民住房逐步进入市场化、商品化。

社会事业

教育科技

1985年，街道创办建设新村幼儿园，有幼教老师12人。辖区有厂办幼儿园、托儿所7所，在园（所）幼儿423人，幼教老师49人。2014年年末，有幼儿园6所，在园幼儿966人，幼教老师80余人；有高中1所，在校学生1844人，专任教师107人；初中2所，在校学生1879人，专任教师132人，小学4所，在校学生2891人，专任教师82人。小学适龄儿童入学率100%，初中适龄人口入学率、小升初升学率、九年义务教育覆盖率均达100%。

20世纪70年代，境内企业均成立科技小组，有各类专业科技人员175人。1976年，街属企业五一机电修配厂生产的SB—330交流电弧型电焊机和电磁气阀被省计委、省机械局批准为定点产品。1981年，城北五一电器厂开发的SWYJ—10K/60A无载分接开关获市科技进步四等奖。1988年12月，街道成立科委，由分管经济的副职和经济办主任负责科技工作。至2014年年末，科技工作得到进一步重视。

文化体育

1975年3月，街道办事处成立文化站，配文化辅导员1人，属民办公助性质。1985年1月，文化站由民办公助转为公办，纳入全民事业编制，文化辅导员转为国家干部，街道设文化专干1人。境内有向阳机械厂等4家厂办电影院，以职工为主，亦对居民经常开放。2014年年末，辖区有街道文化站1个，社区文化中心7个，文化专业队伍7个，有图书室8个，藏书1.5万册。

中华人民共和国成立后，境内企事业单位相继成立职工体育协会，先后建设了篮球场，组建篮球队经常进行厂际比赛。1971年，水口山二厂获湖南省群众体育先进单位。1975年，衡阳化工厂女职工黄汉英代表省参加全国自行车锦标赛，在1500米比赛中，以2′44″9的成绩获国家一级运动员称号。1990年9月，境内第四中学输送的体育运动员邹四新参加北京第十一届亚运会，以17.31米的成绩创亚运会三级跳最新纪录并获银牌，1992年，参加巴塞罗那第二十五届奥运会取得第八名。境内的中小学校都有体育运动场和体育设施。2010年后，13个社区居委会安装全民健身体育器械142件。2014年年末，13个社区居委会合并为6个社区居委会，各种体育设施仍继续使用。

医疗卫生

1985年，境内有各级医疗卫生单位12个（含厂卫生所、医务室），其中市办医院2个、区办医院1个、街办医院2个、厂办医院3个，共有床位500余张，专业卫生人员569人。1995年年底，有医疗卫生单位2个，病床324张，职工329人，年门诊4万人次。2002年，全区对乡街卫生管理体制进行改革，街道卫生院人员、业务、经费等上划到区卫生局统一管理并纳入地方经济社会发展规划，街道卫生院改革成为街道社区医疗卫生服务中心，强化对社区居委会医疗服务站点的指导与监管作用，形成以街道社区医疗卫生服务中心为主体、社区居委会医疗卫生服务站点为基础、集医疗、预防、保健、康复、健康教育和计划生育技术服务为一体的社区医疗卫生服务体系。2014年年末，有各级医疗卫生单位7个，门诊部（所）14个，有床位455张，专业卫生人员684人，完成诊疗26万人次。

社会保障

社会救济 街道的社会救助工作由民政办负责实施，并安排1名副职分管。通过历年来的走访调查，对特困家庭、孤寡老人、残疾人、“五保”户逐一登记造册，上报区民政部门核准；发放定期救助资金。2014年年底，街道对87户、233人实施定期救助，共发放金额37.7万元；同时大力开展就业救助，安置城镇新增就业人员871人，安置下岗失业人员588人，安置就业困难人员204人，实现零就业家庭就业援助，零就业家庭动态清零。

最低生活保障 2000年，全区实行城市居民最低生活保障金发放，街道通过摸底、申报，当年低保237人，实际发放金额37.825万元。2014年，城市低保1557户、2997人，发放低保金791.2万元。

医疗保险 2001年，街道启动城镇职工基本医疗保险，当年部分单位参保，参保人数340人。随后人数逐年增加，参保类型多元化发展，由职工基本医疗保险扩大到城市居民基本医疗保险、大病医疗保险、工伤保险和生育保险等多种形式。2014年年末，街道居民参加城镇职工基本医疗保险6230人；参加城镇居民基本医疗保险8324人；参加工伤保险人数2355人；参加合作医疗1062人次，全年发生住院医疗费用647人次，共支出33.52万元。

养老保险 1996年建立养老保险制度以来，经过多方面的不懈努力，养老保险现已基本达到全覆盖。2014年，参加机关事业养老保险346人，参保率达100%；参加企业养老保险7015人，比上年增加82人；参加居民养老保险人数3289人，比上年增加2727人。

特色地情

历史人文

衡阳农村教育讲习所 衡阳农村教育讲习所（以下简称农教所），是为了培养农运骨干，于1926年冬开办的，设在衡阳城北广德中学内。农教所所长由共产党员龙立初担任。教员21人，有夏明震、蒋啸青、袁作飞、莫立广、刘留候、吴鸣岗、陈佑魁、屈子健、彭平之、周鲁、刘坦等衡阳革命运动之先驱，有学员184人。“马日事变”后，农教所于1927年6月25日被迫解散。

衡阳电厂的护厂斗争 1949年年初，在中共衡阳地下党城厢工委的领导下，衡阳电厂地下党员颜怀恒、周雨亭发动工人群众组成护厂“员工互助会”，为保护工厂而斗争。5月19日，白崇禧率部窜驻衡阳，妄图阻挠中国人民解放军南下。10月7日凌晨3点，白部工兵3营1连邱连长和胡排长率兵来到电厂，要炸毁电厂发电设备。地下党得知这一情况，指示周雨亭迅速组织职工将主要设备部件拆卸转移，并派人要发电课长于坚向敌军说明热机器装炸药的后果，同时又策动原厂长潘培系出面将胡请进办公室，好酒好菜招待，并答应筹集银圆以拖延时间。10月7日下午3点，人民解放军先头部队向耒河进军，敌工兵3营匆匆逃离。在中共地下党组织的领导下，护厂斗争取得胜利。

风景名胜

来雁塔 位于城北合江套湘江边的矶石上。寓雁有来回，故名为来雁塔，明万历十九年（1591）由礼部尚书曾朝节兴建，历13年建成，迄今已有四百年历史。塔基为垒石构成，塔身用青砖砌成。整个塔体为楼阁式，共七层，呈八角形，高28米。第一层拱门上嵌有清兵部尚书彭玉麟手书“来雁塔”汉白玉碑一块。每层皆设有对称神龛，开两窗四门，塔内石级分两路盘旋，可上顶层。塔檐为叠座，下无斗拱，外壁饰石图案。拱门上有石质龙凤浮雕。整个塔身结构突出了明代建筑特点。1983年10月，被湖南省人民政府列为省级重点文物保护单位。

天主教堂 位于草后街182号。清顺治十八年（1661），葡萄牙籍耶稣会传教士聂若望到衡阳后，筹资兴建的第一家天主教堂，在衡阳北郊黄沙湾（今石鼓区畔湖路社区95176部队旁）。咸丰十年（1860），意大利籍传教士方来远重修黄沙湾教堂。同治至光绪年间（1862—1908），衡阳

天主教堂

先后发生两起大规模的反“洋教”事件。一次是同治元年（1862）5月，烧毁黄沙湾教堂、修院及附近的11家教徒房屋，史称“壬戌衡州教案”。光绪二十六年（1900）7月，衡阳、清泉两县人民在“义和团”运动影响下，再次烧毁黄沙湾天主教堂，捣毁育婴堂及附近教徒房屋，打死3名外国传教士，史称“庚子衡州教案”。中华人民共和国成立后，一批外国传教士先后离开衡阳回国。1993年，衡阳教会开始对草后街天主教总堂进行重建，于1994年12月30日举行隆重的圣堂庆典。新堂面积1760平方米，可容纳教徒600多人。

（文字供稿：张四和　郭禾生　蒋赛　彭淑云　图片供稿：陈默　徐陂）

合江街道>>

区域概况

位置面积

因地处耒水、湘江交汇合流处而得名。地处石鼓区东部，东临湘江及五一路北端、与珠晖区茶山坳镇隔江相望，和五一街道相连。南以望城路、西以107国道为界、与五一街道、松木乡接壤，北靠金源街道。办事处驻五一路113号，距石鼓区人民政府驻地6公里。1988年年末，辖区总面积2.66平方公里。1995年，辖区面积2.89平方公里。2014年年末，辖区总面积8.9平方公里。

建置沿革

1988年5月，从城北区五一街道办事处析出，设合江街道办事处。2001年5月，衡阳市城区行政区划调整，改称石鼓区合江街道办事处。

行政区划

1988年，辖团结、向东、合江路、同心路、衡化、合江村、五一新村、柏树嘴、七里井、五里牌10个居委会，87个居民小组。1995年，新增新团结、岳峰2个居委会，年末，辖12个居委会，92个居民小组。2001年5月，西湖乡五一、友爱、江霞3个行政村划入合江街道；12月，居委会改称社区居委会，辖江雁、合江路、合江村、同心路、柏树嘴、五里牌、七里井7个社区居委会和五一、友爱、江霞3个村委会。2008年，江雁社区居委会分为江雁一、二社区居委会；年末，辖8个社区居委会，3个村委会。2011年6月，五一村、江霞村分别更名为五一、江霞管理处。2014年年末，辖8个社区居委会、2个管理处、1个村委会，66个居民小组和23个村民小组。

自然环境

地处湘中衡阳盆地腹地，海拔均在50米以下，属亚热带季风湿润气候，年平均气温17.8℃，年平均降水量在1300毫米以上。地下矿产主要有盐、钠长石、芒硝等10余种，境内有白鹭、山鸡、鸟雀等生物。

人口民族

1988年年末，辖区总人口16862人，其中男性8897人，女性7965人，人口密度6339人/平方公里。1995年，辖区总人口18288人，常住人口17750人，流动人口538人。总人口中男性9158人，占50.8%，女性9130人，占49.92%。2001年，辖区总人口19521人。其中城镇常住人口18370人，流动人口1151人。总人口中男性9917人，占50.8%，女性9604人，占49.2%。2014年12月，辖区总人口27428人，其中男性 13722 人，占 50.1 %；女性 13706 人，占 49.9%。城镇常住人口 21078 人，流动人口 6350 人，人口密度每平方公里 3082 人。

经济发展

经济综述

境区为衡阳市老工业区。工业企业以省、市、区为主，军工、化工、冶炼、制造企业占主导地位。商业发展缓慢。2001 年 5 月，衡阳市城区规划调整，新增 3 个涉农行政村，农业以种植蔬菜为主。2013 年，来雁新城项目启动，农耕面积减少 80%。

农业

2001 年前，辖区无农业，2001 年 5 月，郊区西湖乡五一、友爱、江霞 3 个行政村划入合江街道，有耕地面积 117.47 公顷，以种植蔬菜为主。有部分渔业，年产量 60 吨。2004 年，辖 3 个农业村，1 个渔场，可耕面积 96.67 公顷（鱼塘 17.07 公顷，菜地 69.6 公顷，林地 10 公顷），农民人均年纯收入 2680 元。2013 年，衡阳市启动来雁新城规划项目（主要在合江境内），农业耕地面积大幅减少。2014 年年末，有耕地面积 60.67 公顷，林地 10 公顷，全年农林渔业总产值 3030 万元，同比增长 21.54%。

工业

1988 年，有街委兴办的企业 3 个，有区属企业 4 个，省、市属企业 21 个。1995 年，街办企业 28 个，工业总产值 488 万元，销售收入 310.59 万元，利润 5.65 万元；有区办企业 3 个，省、市企业 21 个。2004 年，有 25 个企业单位（含 6 个民营企业），完成工业总产值 10917 万元，上缴企业税金 609 万元。2014 年，有企业 51 个，固定资产投资 13.38 亿万元，完成 GDP 8.24 亿元，

坐落在合江街道的湖南天雁机械有限责任公司

同比增长37.52%；规模以上工业增加值3.17亿元，同比增长26.27%；固定资产投资5.05亿元，同比增长4.12%；全年引进内资项目10个，投资总额24300万元，完成市级重大招商引资活动签约项目2个，其中新开工建设并办理工商税务登记投资2000万元以上的产业项目12个。

商贸服务业

1988年以前，境内商贸业发展缓慢。1995年，商贸营业额2001.64万元，利润26.22万元。2012年，有商业网点523个，职工935人，集贸市场1个，社会商品零售总额0.24亿元，比上年增长16.4%，市场交易活跃，成交额0.37亿元。2014年末，有大小商业网点442个，从业人员1016人。城乡集贸市场1个（友爱农贸市场），交易额3750万元，年增长率7.5%.

财政金融

1995年4月前，办事处财政收支主要靠收取企业管理费和上级拨给的专干人员的工作经费，保障街道财政的正常运转。1995年4月，街道成立财政所，负责辖区内的零散税征收入库，与区财政实行零散税分税制。年末，街道财政收入14.08万元。2004年，完成财政税收45.9万元，其中农业税4.16万元。2012年始，区政府加强对街道财政的投入，每年区财政拨给街道财政10万元，2014年拨给街道财政40万元，用于街道财政运行。

1966年5月，中国人民建设银行衡阳支行在境内设分理网点1个。1990年，中国银行衡阳市支行设向阳分理网点1个。1995年年底，中国工商银行城北支行设合江套分理网点1个。2014年，有金融网点4个。

基础设施

交通运输

1991年，有同心路、七里井路、望城路、合江套路、五一路5条主次干道，有货运码头6座，客运码头3座，年载客量10800人。2014年，有五一路、望城路、衡长路、合江套路、同心路等主要交通主次干道，滨江路、七里井路、银雁路、二环北路、谢家路、三环北路、地下隧道、三环大桥等路桥在建，449路、105路、345路、305路等公交车在境内始发。

邮政通信

2014年年末，有邮政点1个，快递站点1个，联通信息接收台1处。辖区电信、移动、联通、电视等网络通畅便利。

供电饮水

江霞水厂于2008年10月18日动工，共占地1.5公顷，其中在江霞村一组占地0.95公顷，二组0.55公顷，牵涉被征收土地农户20多户，是年年底，江霞村水厂竣工，年供水量400万立方米。

水利建设

1988—2001年，境内有江霞堤，即从合江套至三里排，长15.3千米，经五一、友爱、江霞、金兰、新安、三星等村，堤顶标高60.68~61.03米（合江套至栗山港，长5千米）。江霞堤的栗山港装机2台，220千瓦；五一泵站，装机1台，55千瓦；资家港泵站，装机1台，55千瓦。

房屋建筑

办公用房 1988年5月至2006年11月，街道办事处借驻五一路49号，建筑面积210平方米。2004年，街道办事处筹措资金100余万元，在五一路113号新建一栋办公楼，占地400平方米，房屋面积共计1600平方米，系自主产权房。2006年11月，搬迁至五一路113号新机关楼办公。1988—2001年，辖区12个居委会，有9个居委会从企事业单位借用办公用房，有3个居委会无办公用房。2014年年末，社区居委会办公用房均系租借使用，无独立自主产权。

居民住房 境内企事业单位职工住房由单位自建为主，20世纪70—80年代建成，多数为5~6层楼房，每套50~60平方米不等，砖混结构。20世纪90年代初，住房制度改革，商品房不断兴建。2011年，北城明珠房地产开发建设项目落户境内，占地16万平方米（原力尔美电瓶车总厂），共31栋1100套，建筑面积为11万平方米，配套建设安置房和商住楼，为境内第一个高档住宅小区。

社会事业

教育科技

1988年，境内有厂办子弟小学3所，初中1所，专职教师95人，在校学生1200人。2004年至2006年8月，厂办3所小学，1所初中先后转入政府办学序列，205名教师全部转为区属教职人员。2014年年末，有幼儿园4所，在园幼儿825人，专任教师59人；小学2所，在校学生1067人，专任教师65人；初中1所，在校学生650人，初中专任教师38人。九年义务教育普及率100%。

1988年12月，街道成立科委，配备科技专干，基本建立区、街两级科技管理体系。

文化体育

1988年，街道成立文化站，配文化专干1人。2001年，有向阳、衡化、省二监等企事业单位的电影院3个。2014年年末，有街道文化站1个，活动场地400平方米，社区文化中心8处，藏书18000册。文化专业队伍12个。全民健身体育场所12个，健身器材8套。合江中学、同心路小学、合江小学有田径场和体育运动器械等。

医疗卫生

1995年，街道卫生院成立。2001年12月，更名为合江街道社区卫生服务中心，有医疗卫生单位2个。2002年，全区对乡街卫生管理体制进行改革，街道卫生院人员、业务、经费等上划到区卫生局统一管理并纳入地方经济社会发展规划，街道卫生院改革成为街道社区医疗卫生服务中心，强化对社区居委会医疗服务站点的指导与监管作用，形成以街道社区医疗卫生服务中心为主体、社区居委会医疗卫生服务站点为基础、集医疗、预防、保健、康复、健康教育和计划生育技术服务为一体的社区医疗卫生服务体系。2014年，有医疗卫生单位4个，床位60张，专业卫生人员49名，其中执业医师19名，职业助理医师3名，注册护士20名，完成诊疗0.86万人次。

社会保障

社会救济 1988年，合江街道设立以来，辖区内的社会保障归区民政部门统管，社会的孤寡老人、残疾人、“五保”户福利生活费用由居委会摸底造册，街道办事处审核上报，区民政局审批发放。2002年，统一建立社区保障服务体系后，加强社会救助工作力度，提高救助标准，施救人员得到了较好的生活保障。2006年，街道推行分类施保，全年发放资金310.3922万元、临时困难补助金69.47万元；有“五保”对象10人，无房和住房困难的140多户享受“廉租房补贴、实物配租、经济适用房货币补贴”政策，发放救济金7.35万元。2014年，共发放救灾资金9万余元，救济

145户，322人；发放孤儿救助金11人，计7.29万元；有“五保”户6户6人，分散供养标准达到2800元/人·年；发放廉租房补贴金109.26万元。

最低生活保障 2000年，实施城乡居民最低生活保障制度以来，街道民政办协同区民政低保部门负责实施工作。2004年，街道共有困难居民913户、2024人享受最低生活保障，全年共发放低保金113.63万元。2010年，城市低保施保1092户、2883人，人均补差89元，全年累计发放资金310.39万元；农村低保户，施保95户204人，人均补差47元，全年发放低保金11.52万元。2014年，城镇最低生活保障共有963户、2373人，发放低保金685.8万元，人均240.83元；农村低保对象103户、215人，发放低保金29.68万元，人均115元。

医疗保险 2008年4月，城镇居民医疗保险工作启动；9月，新型农村合作医疗工作启动。全年办理城镇居民医疗保险3092人次，新型农村合作医疗7750人次，两项合计10842人次。办理国有大企业改制职工医疗保险补贴331人，享受金额53.16万元，其中“4050”人员56人，金额13.83万元，办理区、街属集体单位的企改职工医疗保险补贴3人，享受金额4182元，其中“4050”人员2人，金额2184元。2014年，办理城镇居民医疗保险3200人次，新型农村合作医疗4050人次，两项合计7250人次；实施城乡医疗大病救助28户，发放救助资金10.27万元。

养老保险 2005年，街道筹建7个社区服务中心，为境内居民办理参保、验证和咨询服务工作。至2008年年末，参加机关事业养老保险322人，参保率为100%；参加企业养老保险4243人，参加居民养老保险人数7369人，为56人被征地农民办理养参保手续。2014年，机关事业单位职工384人全部参保；6123人参加企业养老保险，比上年增加112人；10328人参加居民养老保险，比上年增加991人；606人被征地农民参加养老保险，比上年增加106人。为5672人办理离退休人员脸模验证登记，到位率为100%。

特色地情

梅田古庙 位于境内五一管理处，始建于元朝年间，因该庙大王殿内供有菩萨梅田大王而得名。梅田古庙总占地面积700平方米，佛殿4座（大王殿、药师殿、地藏殿、观音殿），梅田古庙屡次毁于战火。清康熙十七年（1678），吴三桂筑坛于衡州府，即回雁峰前的馒头岭上，举行称帝加冕典礼，称大周昭武皇帝，以十方塘大护国寺为中央枢纽，梅田古庙及盛隆、大头、上白竹、下白竹、杨诗等十二座小庙为支撑点，构筑了防御工事，派兵镇守，与清兵进行作战。1944年衡阳保卫战，守城部队曾利用梅田古庙作为军事支撑点，伏击攻城日军，持续的战斗对古庙造成了破坏性的后果，先前所存的大王殿、三圣殿、观音殿等三进式庙宇，只残留大王殿。大王殿后又毁于“文化大革命”时期，好在有人将大王殿的神像偷偷保存下来，这为梅田庙的来历提供了佐证。梅田古庙经过4次局部修缮，但不改变古庙原本的面貌，保持其完整性。生长于明代的两颗古樟树至今仍傲然屹立在古庙内。1994年起，常住僧释圣峰法师主持古庙佛教事务。2003年5月8日，梅田古庙在衡阳市民族宗教局登记注册。2004年12月5日，古庙开展恢复宗教活动十周年暨升挂正式登记的“宗教活动场所”铜牌庆典活动。

梅田古庙

经过数百年的发展，古庙香火不断，逐渐成为当地宗教文化信仰的核心之地。每年以枣子坪为中心，附近的民众在农历八月十五聚集到梅田古庙，祈祝愿国泰民安、风调雨顺、五谷丰登，久而久之，形成梅田庙会。2013年12月，梅田庙会被评定为“衡阳市非物质文化遗产”。

（文字供稿：张四和　郭禾生　刘芳　图片供稿：刘珺）

黄沙湾街道 >>

区域概况

位置面积

因境内有黄沙湾而得名。地处蒸水河下游，东以蒸阳北路延伸段与五一街道接壤，西连角山乡，南以蒸水河与潇湘街道为邻，北接松木乡。街道办事处驻蒸湘北路229号，距石鼓区人民政府1.1公里。辖区东西最大距离2.2公里，南北最大距离2.4公里，总面积约6平方公里。

建置沿革

1997年3月，成立黄沙湾街道办事处，隶属衡阳市郊区，与国营东方红渔场（1968年9月，城北农场与衡阳市西湖渔场、衡阳市委试验山、衡阳城北果木园艺队、衡阳统战园艺场合并为国营东方红渔场）实行两块牌子一套人马的管理模式。2001年，城区行政区划调整，属石鼓区，称石鼓区黄沙湾街道。2007年3月，东方红渔场改制后撤销。

行政区划

1997年3月，下辖沈家湾、黄沙湾、辖神渡、望城坳4个居民委员会和团结、进步2个行政村，共20个居民小组和14个村民小组。2011年1月，团结、进步2个行政村分别变更为管理处。2014年年末，下辖沈家湾、黄沙湾、辖神渡、望城坳4个社区居民委员会和团结、进步2个管理处，共20个社区居民小组和14个村民小组。

自然环境

地处“衡阳盆地”腹地，海拔在50米以下。境域属亚热带季风性湿润气候，年平均气温17.9℃左右，1月平均气温4.6℃，7月平均气温30.3℃，夏季较热，冬夏风向有明显变化，年降水量一般在1000毫米以上，主要集中在春夏季，秋冬季较少。

人口民族

1997年年末，辖区总人口2344人，人口密度391人/平方公里。2001年年末，总人口3757人，人口密度626人/平方公里。2011年年末，总人口15311人，其中常住人口9123人，流动人口6188人，人口密度2552人/平方公里。2014年年末，总人口16417人，其中常住人口9122人，流动人口7295人。总人口中，男性8701人，占53.00%，女性7716人，占47.00%；有少数民族人口32人，占总人口的0.19%；人口出生率17.56‰，人口死亡率7.51‰，人口自然增长率10.05‰。人口密度为每平方公里2736人。

华源装饰材料专业市场

中湘五金机电大市场

经济发展

经济综述

境域原为市郊区东方红渔场，以种植业和养殖业为主。2001 年 5 月归石鼓区管辖后，辖区开发建设发展加快，耕地面积逐年减少。1997 年，境内仅有 1 家工业企业，至 2014 年，有规模以上工业企业 3 个。商贸较为繁荣，商业网点主要集中在 107 国道一线。华源、中湘、万居三大专业市场均坐落境内，引领境域商贸业的发展。街道财政总收入从 1997 年的 238.5 万元增加到 2014 年的 968.4 万元，增长 4 倍。

农业

1997 年，耕地总面积 216.67 公顷，总产值 1370 万元；渔业养殖面积 100 公顷，产值 350 万元；生猪产值 1710 万元；蔬菜种植面积 113.33 公顷，产值 915 万元。2001 年，因辖区内开发建设，耕地总面积减少到 133.33 公顷，总产值 1450 万元；渔业养殖面积 80 公顷，产值 445 万元；生猪产值 1560 万元；蔬菜种植面积 90 公顷，产值 750 万元。2014 年，因开发建设雁栖湖小区，辖区耕地总面积减少到 438.67 公顷，总产值 330 万元；渔业养殖面积 20 公顷，产值 15 万元；生猪产值 70 万元；蔬菜种植面积 8 公顷，产值 192 万元。

工业

1997 年年末，有工业企业 1 个，总产值 3600 万元，利润 540 万元，完成固定资产项目 2 个，完成投资总额 3200 万元。2001 年年末，有工业企业 3 个，总产值 6300 万元，利润 834 万元，完成固定资产项目 3 个，完成投资总额 5800 万元。2014 年年末，有规模以上工业 3 个，总产值 1.7 亿元，利润 2300 万元，完成固定资产项目 20 个，完成投资总额 2.86 亿元。

商贸服务业

1997 年年末，辖区有商业网点 215 个，主要集中在 107 国道一线，销售额 1100 万元，利润 180 万元。2001 年年末，有商业网点 339 个，销售额 1670 万元，利润 230 万元。2014 年年末，有商业网点 1728 个，销售额 1.7 亿元，利润 2700 万元，华源装饰材料专业市场、中湘五金机电大市场、万居家居广场三大专业市场坐落境内。

财政金融

1997年3月，街道设财政所，年末财政总收入238.5万元，总支出235.3万元。2001年年末，财政总收入378.9万元，总支出376.7万元。2014年年末,财政总收入968.4万元。总支出965.2万元。

1997年年末，辖区内有农村信用合作社网点1个。2008年年末，有农村信用合作社、华融湘江银行网点2个。2014年年末，有农村信用合作社、华融湘江银行、邮政储蓄银行网点3个。

基础设施

交通运输

1997年年末，境内有西合铁路通过，107国道贯穿南北，团结村东西走向道路为砂石路，进步村通过107国道、蒸水北堤与各组连接。2012年11月，西合铁路拆除。2014年年末，境内有蒸湘北路、蒸阳北路、华源支路、双桥北路、红湘北路、西环外线、107国道7条主次干道，总里程13公里；有雁栖桥、蒸水大桥、西合铁桥、雅士林大桥、西环外桥5座桥梁，桥身全长1592.12米；有辖神渡巷、华湘路、畔湖路等背街小巷，总里程6公里；管理处（村）、组道路总里程6.6公里。

邮政电信

2001年，市电信公司迁入境内，新增邮政电信营业代缴费处4个。2014年年末，境内除电信公司外，有邮政所2个，电信、移动、联通营运服务网点8个。

供电饮水

1997年年末，团结一、二、三、六组与渔场共用七五线、进步村用三八线供电，其余为城区电

雁栖湖小区

网供电。2014 年年末，经过农网改造，进步管理处由角山供电所供电，团结管理处由西湖供电所供电。

1997 年年末，进步、团结 2 个村靠手压小井解决饮水；2014 年年末，进步管理处村组都已解决自来水，团结管理处解决自来水有 150 户、520 人。

房屋建筑

办公用房 1997 年，街道办公楼设东方红渔场场部，3 层楼房，建筑面积 1500 平方米。1999 年 3 月，迁至 107 国道旁 1 栋 8 层楼房，建筑面积 2600 平方米。2014 年，团结、进步 2 个管理处一直有单独的办公楼房；黄沙湾、沈家湾、望城坳、辖神渡 4 个社区 2013 年前一直租房办公，2014 年，由辖区开发商提供或单独新建办公楼房。

居民住房 1997 年年末，村民住房以连排房为主，建筑面积 23 万平方米；境内有市电信公司、东方红渔场场部、市烈士陵园管理处等大型建筑群。2001 年年末，新增单独楼房约 3.2 万平方米；境内有市电信公司、市国安局、衡南卫校、东方红渔场场部、市烈士陵园管理处、华源市场等大型建筑群。2014 年年末，建有雅士林、雁栖湖、虎形山、桔子山 4 个安置小区；境内有华源、永兴、中湘三大市场建筑群，雅士林欣城、华瑞园、雁栖湖耀江花园、雁栖湖玫瑰园 4 个开发商楼盘。

社会事业

教育科技

1997 年年末，境内有小学 2 所，在校学生 935 人，专任教师 22 人。2001 年年末，有小学 2 所，在校学生 853 人，专任教师 24 人。2014 年年末，有幼儿园 3 所，在园幼儿 318 人，专任教师 33 人；小学 3 所，在校学生 1153 人，专任教师 45 人。

辖区内出土的商代青铜牛觥

境内衡阳市蔬菜研究所于 1979 年创建，2014 年年末有各类科技人才 38 人，其中中高级职称 25 人，享受国务院特殊津贴 3 人，涉外专家 1 人，先后完成国家、省、市下达的科研项目 210 项，获部、省、市科技进步奖 50 项，在国家级和省级刊物上发表科技论文 290 篇，出版专著 7 本。

文化体育

1997 年年末，自办蒸江电视台 1 个，每天转播电视节目；有图书阅览室 1 个，篮球场 1 个。2001 年年末，蒸江电视台继续运作，篮球场增加到 3 个。境内体育健儿何灿灿于 2009 年获国际柔道公开赛 52 公斤级女子柔道冠军、2012 年获全国女子柔道冠军赛 52 公斤级金牌、2013 年获第十二届全运会女子柔道 52 公斤级铜牌。2014 年年末，建有综合文化站 1 个，文化教育中心 4 个；农家书屋 2 个，藏书 10000 余册；健身辅导站 2 个，以及 5 处健身路径，4 个篮球场，1 个羽毛球场。

医疗卫生

1997 年年末，有村级卫生所 2 个。2001 年年末，辖区增开诊所 2 个。2002 年，全区对乡街卫生管理体制进行改革，街道卫生院人员、业务、经费等上划到区卫生局统一管理并纳入地方经济社会发展规划，街道卫生院改革成为街道社区医疗卫生服务中心，强化对社区居委会医疗服务站点的指导与监管作用，形成以街道社区医疗卫生服务中心为主体、社区居委会医疗卫生服务站点为基础、集医疗、预防、保健、康复、健康教育和计划生育技术服务为一体的社区医疗卫生服务体系。2014 年年末，有街道社区医疗卫生服务中心 1 个，村（社区）级卫生院 2 个，有门诊部（所）7 个。

社会保障

社会救助 1997 年，辖区内社会保障归区民政局管理，由村（居）委会摸底，街道统一上报，区民政局审批发放。2001 年 5 月划归石鼓区管辖后，逐步完善各项救助基础工作，建立一整套救助工作体系，各类困难人群的生活得到基本保障。2014 年，发放城乡医疗救助 28 人、7.26 万元，其他临时救助 35 人次、2.6 万元。享受城镇廉租房补贴 38 户。

“五保”供养 2006 年，境内有“五保”户 8 户，年人均发放 1000 元；2014 年，有“五保”户 7 户，年人均发放 2800 元。

最低生活保障 2006 年，境内有城市低保 56 户、142 人，月发放 12670 元；农村低保 2 户、5 人，月发放 420 元。2014 年，城镇最低生活保障户数 70 户、132 人，月支出 39820 元；农村最低生活保障户数 106 户、178 人，月支出 21965 元。

医疗保险 2014 年年末，城镇居民基本医疗保险及新型农村合作医疗共计 5305 人。

养老保险 1997 年年末，参加企业养老保险 117 人。2001 年年末，参加企业养老保险 432 人。2014 年年末，参加企业养老保险 962 人，办理城乡居民社会养老保险累计 1504 人。

特色地情

历史人文

天主教堂与衡州教案 清顺治十八年（1661），葡萄牙籍耶稣会传教士聂若望来衡阳后，在教友的赞助下，筹资在黄沙湾兴建衡阳市第一家天主教堂。后清廷一度下令禁止传教，天主教在衡阳中断了一段时间的活动。咸丰十年（1860），意大利籍传教士方来远重修黄沙湾教堂，恢复天主教在衡阳境内的活动。由于外国传教士作恶多端以及清政府的腐败，激怒衡阳人民多次反抗。其中最著名的是 1862 年的“壬戌衡州教案”和 1900 年的“庚子衡州教案”。同治元年（1862）为农历壬戌年，四月初三，在湘潭教案的影响下，衡阳、清泉两县民众一举焚毁黄沙湾教堂，捣毁育婴堂、修道院、药械房。发文告禁止收容传教士。意大利籍传教士逃往汉口。腐败的清政府迫于帝国主义压力，将衡阳、清泉两县知县革职，诏令衡州府修复所有被焚教堂，并赔偿一切损失。当时的知府吴文琛惮于民怒，曾具疏请严禁邪教，亦不敢修复教堂。直到第二年，才由继任的知府张士宽出资重建天主教堂，并赔款 5000 串。史称“壬戌衡州教案”。光绪二十六年（1900）为农历庚子年，六月，意大利籍传教士董哲西企图强占府城江东岸沃洲，扩建教堂，强迫数百农民、渔民、船民搬走，众百姓与之争辩，被清泉县知县拘系数十人于狱中。之后，传教士又诱奸女教徒，白日于江边裸淫。七月初三晚，府城百姓怒捣福音堂；次日中午，府城 2 万余人涌向黄沙湾天主教堂，打死企图据钟楼开枪射击百姓的传教士董哲西；七月初七，又打死从耒阳县赶回衡州的意籍主教范怀德和神甫安守仁。府城所有教堂、育婴堂全被焚毁。事发后，湖南巡抚俞廉三屈服于帝国主义压力，赔偿教会 1.6 万两白银，惩办反异教首领，衡永兵备道隆文、衡州知府裕庆被革职，永不叙用，清政府还停止衡州文武科考五年。史称“庚子衡州教案”。

衡阳市烈士陵园　位于衡阳市石鼓区北郊望城坳乃蒲公山（黄沙湾路 52 号）。1956—1991 年，园内先后移葬 68 位革命烈士，安葬 198 名师、团（县）级革命老干部。1992 年 7 月，衡阳市烈士陵园管理处正式成立，负责陵园的建设和管理，隶属衡阳市民政局管理。现陵园占地 9 公顷。在烈士褒扬区内，安葬不同时期的革命烈士 96 位，老红军、老八路、离退休老干部和县处级以上领导干部 1400 多位，其中有大革命时期“沁日事变”牺牲的巾帼英雄廖兆凤烈士，有参加“南岳暴动”的衡阳工农革命军第七师师长屈淼澄，有 1998 年抗洪抢险烈士梁力，有全国著名战斗英雄“狼牙山五壮士”之一葛振林，还有被胡锦涛总书记亲笔题名的“抗洪英雄、爱民模范”宋文博。烈士陵园 2006 年被评为市级文物保护单位，2008 年被评为省级重点烈士纪念建筑物保护单位，2009 年被评为国家级重点烈士纪念建筑物保护单位，2010 年被评为衡阳市爱国主义教育基地。

风景名胜

黄沙湾　位于石鼓区北部蒸水北岸，距城区中心 2 千米。蒸水流到此处，向北绕一大回弯，湾内形如布囊，开口朝南，宽约 100 米，面积约 1.5 平方千米。河道湾长 5.5 千米，水流缓慢，黄沙堆积成一大沙洲。蒸水上涨，洲内便遭水淹，一片汪洋，水退洲现，遍地黄沙，故名黄沙湾。它曾经是明末清初李定国大败清军古战场的一部分，1944 年，衡阳抗日保卫战期间，这里曾为演武坪、杜家巷前线阵地。1952 年 10 月至 1954 年 6 月月底，中国人民解放军湘南军区司令部机关驻扎

抗日民族英雄、“狼牙山五壮士”幸存者葛振林墓

虎形山人防公园

于此。1964 年，在囊口开凿新河道，将蒸水改直，原湾辟作渔场。现已成为衡阳市重点工程雁栖湖综合开发区域和居民住宅区。

虎形山公园 位于境内进步村，占地 20.8 公顷，总建筑面积 6 万多平方米。2010 年启动建设，2013 年公园一期正式开园。登上北山头望去，整个山势似蓄势待发的猛虎。景观形式多样，让游人感受到不同的生态环境。是衡阳市首个平战结合的主题公园，湖南省首个集生态保育、游憩健身、人防疏散等功能于一身的绿色生态公园，市政府引进的雅士林综合开发项目之一。

（文字供稿：尹国宝 凌均国 图片供稿：刘珺 陈默）

金源街道 >>

区域概况

位置面积

因金源路而得名。地处衡阳城区北部，石鼓区东北部。东临湘江与珠晖区茶山坳镇隔江相望，南与合江街道、黄沙湾街道相连，西与松木乡接壤，北与衡阳县集兵镇为邻。办事处驻松枫路，距石鼓区人民政府约4公里。境域东西最大距离3.5公里，南北最大距离6.9公里，总面积18.7平方公里。

建置沿革

2010年2月，区划调整，将松木乡的新安、金兰、新竹3个建制村和松木、松梅、友谊3个建制村的部分区域析出，由金源街道筹备领导小组统一管理。2011年2月，正式成立金源街道办事处，由石鼓区和松木工业园（2013年1月，更名为松木经济开发区）实行双重管理。

行政区划

2011—2014年，辖金源、新安、金兰、新竹、鑫源5个管理处，55个管理小组。

自然环境

地处湘中衡阳盆地腹地，平均海拔在55米以下。境内属亚热带季风性湿润气候，年平均气温18.5℃，1月平均气温6℃左右，7月平均气温30.3℃。年降水量一般在1200毫米以上，每年4—6月为汛期，秋冬季降雨稀少。

人口民族

2011年，总人口9326人，其中男性5126人，女性4200人，人口出生率为21.4‰，死亡率6.3‰，自然增长率15.1‰，人口密度499人/平方公里。2014年，总人口10610人，其中男性5552人，占52.33%，女性5058人，占47.67%；人口出生率为15.2‰，死亡率为3.3‰，自然增长率为11.9‰，人口密度567人/平方公里。

经济发展

经济综述

2011年前，境内以农业为主，也出现一些为工业园区配套服务的小工业与商贸服务业。2011年街道正式成立后，经济活动重心即转为园区经济服务。2014年与2011年比，境内农业总收入降低7.5%，工业企业增加417.6%，商贸服务企业增加1/3。物流园从无到有，总投资额2.5亿元以上，年营业额超过3亿元。2014年年底，一、二、三产业比为0.6 ：98.2 ：1.1。

农业

2011年，有耕地476.67公顷，粮食产量2323吨；鱼塘87.27公顷，年产鱼量371吨。农业总收入4260.6万元，人均农业收入5400元。2014年，耕地面积403公顷，农业总收入3940万元，人均农业收入4800元。

工业

2006年，在境内建立省级工业园区，重点发展新能源、新材料、盐卤化工及精细化工等相关产业，是湖南省唯一的盐化工产业基地。2011年，园区企业共17家。2014年，有企业88家，其中有电科电源、瑞达电源、新澧化工、嘉励运动器材、建衡化工等规模以上企业46家，年产值58.7亿元，利润1.24亿元，税收1.98亿元。

商贸服务业

2011年年末，有副食商店14家。2014年年末，有副食商店21家，从业人员65人，年营业额440万元；有物流园2个，其中雁城物流园总建设面积104115平方米，总投资2.5亿元，入驻物流企业150余家，就业人数600人，年货运吞吐量500万吨，营业额3亿元；盛泰物流园总建筑面积10850平方米，员工110人，年运输能力50万吨以上，营业收入6578万元，税收总额300万元。

财政金融

街道工作经费由松木经济开发区拨付。街道财政所于2010年5月成立，主要负责拨付经费的资金运转及核算。2011年，街道运转经费321万元。2014年，街道运转经费828万元。2014年，辖区内有农村信用社1个，农业银行自助网点1个。

建滔化工

基础设施

交通运输

107国道、衡大高速公路、蒸阳北路贯穿境内，有金源路、松枫路、化工路、上倪路、江霞大道、新安路等主要干道，有222路、158路、138路等公交线路及部分县际客车经过境内。千吨级码头（松木港区）1座，小型码头5座（八达、杨老屋、桐山、文家、梁家码头）。

邮政通信

2011年，有移动、联动公司营业厅2个，固定电话用户2721户。2014年，有移动、联通、电信营业厅3个，厂房、办公房、安置房、公租房及廉租房均已完成光纤覆盖。

供电饮水

2014年12月，境内用电由松木供电所负责供给，有110千伏变电站2处（清水塘、三角塘），220千伏变电站1处（湛家塘）。境内饮水由松木水厂供给，并建有应急水源系统一套（包括水井、加压泵、供水管道等）。

水利建设

境内有水库4座，其中小（一）、小（二）型水库各1座，尚未确认的小型水库2座。1971年修建防洪堤，长5千米，高6～8米（位于金兰、新安两村地段），配套建有江霞、资家港排渍站2处，在新屋场建有出水口。1996年，对防洪堤进行加高加宽加固。2013年，对防洪堤及泵房进行水泥硬化。

2009年，建成污水处理厂1个，该厂是湖南省污水处理三年行动计划项目之一，位于经开区新安管理处，规划处理污水能力为每日15万吨，前期建设规模每日4万吨，用地3.6万平方米，投资5500万元，工程常规处理AAO工艺，污水深度处理采用“高效沉淀池＋过滤”工艺。

房屋建筑

2011年，办事处在鑫源管理处松木农家租房办公；2014年10月，迁至松枫路，与松木经济开发区联合办公，办公房面积1050平方米。2014年末，境内有钢构标准厂房50万平方米，公租房18.5万平方米，廉租房5.2万平方米，新建安置房面积约4.6万平方米，居民自建房均为砖混结构用房。消防站位于松枫路以南、江霞大道以西地段，占地14000平方米，总建筑面积4781平方米。

社会事业

教育科技

2011年，境内有幼儿园2所、小学3所、大学1所，其中幼儿园学生250人，教师32人；小学在校学生419人，教师34人；大学（湖南工商职业学院）在校学生9880人，教职工1008人。2014年，幼儿园、小学、大学所数保持2011年规模，有幼儿园学生470人，教师39人；小学在校学生462人，教师34人；大学（湖南工商职业学院）在校学生10228人，教职工1108人，副教授以上职称60人。

2014年年末，境内有博士后流动工作站协助研发中心1个。

文化体育

2010年，有金兰村文化站1处，用地面积167平方米；有农家书屋2处，藏书10200册。2014年，金兰村文化站启动改扩建工程。

医疗卫生

2011年，境内有卫生服务点5个、私人诊

湖南衡阳松木经开区创业大厦

所3家。2014年年末，有村（社区）卫生服务室5所、从业人员7人。同年9月成立街道社区卫生服务中心，有职工19人，其中执业医师7人、执业助理医师3人、注册护士8人，病床13张。

社会保障

2011年，参加养老保险165人，纳入最低生活保障217人。2014年，参加养老保险108人，纳入最低生活保障16人，最低生活保障人每月领取455元（根据低保130%确定）。

特色地情

名优特产

铵明矾、钾明矾　境内建衡实业有限公司产品铵明矾、钾明矾于2004年被中国化工学会授予质量过硬、优秀重点推荐产品；2013年，硫酸铝、明矾是湖南省名牌产品，其“荷花”商标被评为湖南省著名商标，是湖南省“小巨人”计划企业。

风景名胜

大护国寺遗址　位于境内七里井组。据《衡阳县志·寺观》载：“大护国寺，即十方塘，城北十里，明桂藩建，后罹兵燹，基址仅存。国初僧寂熠，结茅以居，顺治十六年（1659）奉文查清王庄原田，克复其半，康熙四年（1665）建造，殿阁连云，佛像辉煌，直与城南雁峰花药争丽矣。”此寺当年占地2万平方米，殿宇宏丽，且以树多鹰多闻名遐迩。经百年变迁，现只有山门尚存。

（文字供稿：李兴华　林崇友　张亚芝　邹汉文　图片供稿：刘珺　罗盟）

松木乡 >>

区域概况

位置面积

因境内松木塘而得名。处衡阳市石鼓区北部。东以 107 国道与松木经济开发区为界，南与黄沙湾街道毗邻，西与角山乡接壤，北与衡阳县集兵镇相连。乡人民政府驻松木管理处，距石鼓区人民政府 5 公里。1992 年，辖区面积 29.25 平方公里。1995 年，辖区面积 49.4 平方公里。2005 年，辖区面积 51.7 平方公里。2011 年，因部分乡街调整析出，面积 33.1 平方公里。辖区东西最大距离 6 公里，南北最大距离 9 公里。

建置沿革

民国时期，境域称仁信乡，隶属衡阳县。中华人民共和国成立后建立过松木、梅田、棠湖乡，先后隶属衡阳县第三区、第十六区。1958 年，集兵乡福星高级社划入。1959 年，并入跃进人民公社。1961 年，从跃进人民公社划出，成立松木人民公社，隶属衡阳县板桥区。1975 年 6 月，松木人民公社从衡阳县划出，由衡阳市革命委员会农村办公室管辖。1980 年 8 月，湖南省人民政府批准撤销衡阳市革命委员会农村办公室，成立衡阳市郊区人民政府（简称郊区），松木人民公社隶属郊区。1984 年 4 月，松木人民公社改称松木乡。1995 年 5 月，新安乡并入松木乡。2001 年 5 月，衡阳市行政区划调整，松木乡从郊区划入石鼓区，称石鼓区松木乡，同时将衡阳县集兵镇灵官庙村划入松木乡。

行政区划

1992 年，辖 6 村 1 场，67 个村民小组。1995 年，辖 11 村 1 场，122 个村民小组。2001 年 5 月，将衡阳县集兵镇灵官庙村划入松木乡。2011 年 2 月，将松木乡的新安、金兰、新竹 3 个行政村和松木、松梅、友谊 3 个行政村的部分区域析出设金源街道办事处。2014 年年底，辖 5 个管理处（松木、青石、朝阳、友谊、松梅）、4 个建制村（建新、灵官庙、梽木、三里），89 个村民小组。

自然环境

地处衡阳盆地腹地、湘江中游及蒸水下游地段，地形地貌以黄土丘陵谷地为主，呈南高北低、西高东低地势，平均海拔在 50 米以下。境内属大陆亚热带季风湿润气候，四季分明，无霜期长，年平均气温 18.3℃左右，年降水量在 1000 毫米以上，常年主导风为北风，夏季多东南风，并有雷电气象。全乡盐卤资源丰富，地下芒硝储量达 2.7 亿吨。

人口民族

1992年，总人口9150人，人口自然增长率11.8‰，人口密度313人/平方公里。1995年1.8万人，人口自然增长率11.9‰，人口密度365人/平方千米。2005年，总人口2.27万人，人口自然增长率10.8‰，人口密度439人/平方公里。2011年，总人口1.43万人，人口自然增长率11.9‰，人口密度为432人/平方公里。2014年年底，总人口1.35万人，其中常住人口1.21万，流动人口1400人，总人口中，男性7331人，占54.3%，女性人口6169人，占45.7%，人口自然增长率11.2‰，人口密度为408人/平方公里。

经济发展

经济综述

1975年以前，辖区为农业乡，以种植水稻为主，亦有少量养殖业。20世纪70年代末，乡镇企业开始兴起。由于107国道贯穿境内，随着交通运输的发展，公路两旁的餐饮、车辆服务业随之出现。20世纪80年代，境内经济十分活跃，经济结构出现新的变化，工业、商贸服务业占比逐年上升，农业产业占比逐年下降，到1992年，农业产业仅占全乡国民生产总值17%。2003年，衡阳市设立松木工业园区（2006年升级为省级工业园区），境内18.3平方公里的地域划归工业园区，全乡总面积缩小，经济规模相应缩小，并出现为工业园区配套服务的小型工贸服务业。2011年前后，沿107国道两侧逐步形成商用车展示、销售、检测、办证、售后服务等为一体的汽车物流园。2012年，2个大型房地产项目在境内开工。2014年，全乡产业结构调整初见成效，农业总产值1.26亿元，占全乡国民生产总值14.65%，第三产业在全乡国民生产总值的占比升至75%，全年乡财政实现总收入1200万元。

农业

农业生产以水稻种植为主，渔、林、牧、果全面发展。1992年种稻662.67公顷，产粮6200吨；养鱼48公顷，产鱼138吨；养猪17800头，出栏10700头；油茶林333.33公顷；全年农业产值910万元。2001年，全乡有菜地174.8公顷，旱地89.37公顷，果园42.87公顷，林地1376.2公顷，水田1114.93公顷，产粮109万吨，实现农业生产值1.4亿元，占全乡国民生产总值17%。2014年底，全乡有耕地面积657.33公顷，粮食播种面积333.33公顷、蔬菜瓜果种植面积133.33公顷，年产粮食2500吨，蔬菜瓜果500多吨；出栏生猪15200头、鸡鸭鸽子113800羽；农业产业结构调整初见成效，乡内建立4公顷的草莓基地，年产草莓6万公斤，还有各类花卉苗木基地近70公顷；全年农业生产值1.26亿元，占全乡国民生产总值9.5%。

工业

1992年，有企业36家（以化工为主），个体工商户250家，工业产值1901万元，主要产品有碳酸钡、氧化锌、硫脲、硫化锌、硫化碱、建筑材料等。2001年，有乡办企业30家，村办企业26家，主要产品有碳酸钡、氧化锌、氯化锌、硫尿硫酸、红砖、皮革制品，完成工业总产值8.34亿元，乡内完成50万元以上税收的企业1家，完成30万元以上税收企业1家，完成20万元以上税收企业3家。2003年，衡阳市人民政府批准成立松木工业园区，2006年，经湖南省人民政府正式批复为省级工业园区。其中，湘江西岸松木片18.3平方公里。园区成立初期，松木乡政府主要承担园区内所有项目的征地拆迁工作，累计为建滔化工、新澧化工、松枫路、化工路等20多

汽贸汽配专业市场——中亿汽贸城

个重点项目征地330公顷，拆迁房屋1000余栋。2014年，乡内坐落规模以上企业有凤凰化学、衡兴气体厂等20余家，工业从业人员800余人，年工业总产值1.89亿元。

商贸服务业

1992年后，境内107国道两旁从事餐饮、修车、住宿等行业的个体工商户上百余家，松木土菜店如茶油王、中山大鸽饭、幸运酒家等在全市有一定名气。2001年后，境内107国道沿线汇集各类汽车4S店，规模较大的有西城汽贸、东大汽贸、九鼎二手车、车立方等，从事汽车贸易行业的从业人员有500余人，年完成汽车类交易总额超5亿元，上缴利税1000多万。2011年，中亿汽贸城在朝阳管理处开工建设，2014年年底，项目竣工，初步形成一个以商用车展示、销售、检测、办证、售后服务、金融服务等为一体的现代商用汽车物流园。2012年，鸿豪城、珠江帝景山庄2个大型房地产项目相继在境内开工。

财政金融

1984年6月，建立乡财税所，1986年，改为乡财政所。1995年5月，松木、新安两个财政所合并为松木财政所，行政上受乡政府领导，业务属区财政局。2001 年，乡内财政收入达到 150 万元。2014 年，乡财政实现总收入 1200 万元。境内金融机构有农村信用社 2 处（朝阳所、松木所）。

基础设施

交通运输

境内交通便利，有“雁城北大门”之称。2010 年以前，主要通过 107 国道与外界联系。2010 年后，衡大、衡岳、衡邵、衡炎 4 条高速公路和蒸湘北路（延伸段）、蒸阳北路（延伸段）、107 国道（境内部分）城市化改造、一环西路、二环北路 5 条城市主干道相继在境内开工建设。2014 年年底，动工兴建怀邵衡铁路松木段，境内形成纵横交错的立体式交通格局。2002—2011 年，实施乡、村、组道路改造提质和水泥硬化工程，实现村村组组通水泥路，总里程 110 千米。辖区内公交线路有 222、157、158、138 四条，居民出行便利。境内水运有千吨级码头（松木港区）1 个，小型码头 5 个（八达码头、杨老屋码头、桐山码头、文家码头、梁家码头），湘江境内段可四季通航。

邮政通信

1958 年，设立松木邮政代办所。1965 年，乡机关通电话。1970 年后，有部分村通电话。1997 年，移动、联通公司分别在境内建设移动电话基站。2000 年后，开通程控电话。2014 年年末，乡内有邮电所 1 处、代办点 2 处；移动电话基站 6 个，光纤覆盖全境，手机成为通信的主要工具。

供电饮水

20 世纪 50 年代，境内农村用电户少，直接由衡阳电厂供应。1982 年，衡阳电业局在松木公社成立农电管理站，直接管理农村用电；农电管理站配农电员 3 人，业务由市供电所管理，此体制至 1992 年未变。2014 年，境内由松木供电所供电。

2011 年前，全乡农村饮水主要依靠井水、压水井等地表地下水，随着农村安全饮水工程的逐

衡阳港松木港区

步实施，到2014年年底，全乡累计解决2571人的安全饮水问题。

水利建设

境内有山峙门小水系以及横江河、青石流域，湘江傍境而过，历史上无大中型水库，一些山平塘仅作一家一村蓄水灌溉、饮用养鱼之用。1956年10月，在建新村修建小（二）型水库杨冲水库（坝高7.6米，库容10.30万立方米）；1956年11月，在友谊村修建小（二）型水库友谊水库（坝高7.0米，库容21.70万立方米），在梽木村修建小（二）型水库周坳水库（坝高8.3米，库容11.80万立方米）；1956年12月，在金兰村修建小（二）型水库粑子塘水库（坝高5.0米，库容13.85万立方米）。1959年，修建跃进水库，后划归衡郊的松木乡杨冲水库管辖。1969年，湘江西岸江霞堤在境内修建，主要完成新安公社管辖的金兰、新安、三里3个大队的堤段，长6.3千米，除保护堤线所经社队耕地外，还有松木公社的松梅、友谊大队、新安公社的新竹大队部分农田受益；该堤共保护耕地480公顷，人口17600人。1971年11月，在新安村修建小（二）型水库井冲水库（坝高8.8米，库容19.10万立方米）。1975年，松木公社以衡阳县斜陂堰中型水库渠道为“长藤”，经双方协商，建设小I型青石水库（1977年2月建成投入使用），该水库坝高10米，库容101万立方米，有效灌溉面积66.67公顷。1979年，修建建新水库，该水库坝高7.4米，库容12.9万立方米，有效灌溉面积26.67公顷。至20世纪70年代，境内水利设施初步完善，先后有181.33公顷耕地受益。

20世纪80年代后期，为发展水产养殖业，境内出现群众集资，使用机械修山平塘的新局面。1992年，全乡共建有山平塘575口，容积151万立方米，灌溉农田213.8公顷。为防止内涝，境内设电力排水泵站2处，安装电力水泵2台，配套功率为220千瓦。至2014年年底，基本形成一个以小型水库为主、蓄引提水灌溉与防洪排涝配套的综合利用的水利工程体系。

乡村建设

2002年起，衡阳市实施“南优北拓”城市发展战略，松木乡加快融城步伐，不断完善城市自来水网、电网、路网、码头、公交等基础设施，境内高速通车里程达12公里，城市干道通车里程达21公里，建成城区面积达7平方千米，增加城市人口及暂住人口0.8万人。2006年，启动新农村建设，以松木村为示范点，深入实施通村公路、安全饮水、沼气池、农家书屋、有线电视户户通等惠民工程，2011年，松木村被评为全省新农村建设示范村。2006年以来，中央、省、市领导先后9次到松木乡视察乡村建设工作，并召开省、市级经验交流会3次。

社会事业

教育科技

1992年，境内有乡办中学1所，在校学生300人，教师18人；小学6所，在校学生1330人，教师65人。2001年，有中学2所，在校学生560人，教师32人；小学11所，在校学生2400人，教师150人。2014年，有幼儿园4所（其中公办1所，有在园幼儿48人，教师、保育员8人），在园幼儿545人，聘请教师、保育员50人；小学7所，在校学生1227人，教师89人；中学1所，在校学生364人，教师34人；大专院校1所，为湖南环境生物职业技术学院（北校区），有在编员工932人，其中教师753人，全日制学生15946人。

1991年，乡成立科委，设科技副乡长，村设科技专干，形成科技工作网络。1993—2000年，乡建有农科教中心，经常对农民进行文化科技培训。1996—1997年，乡科委推广科技型产品节能型机车电瓶。2000—2014年，三里村进行名优蔬菜引种实验。乡内凤凰化学、湖南共创生物功能材料有限公司、衡阳南玻特种钢化玻璃和三祥特变电力有限公司等企业坚持产研结合，年投入科研经费2000余万元。

文化体育

1964年，公社、大队先后建立文化站、文化室。“文化大革命”期间，毛泽东思想文艺宣传队是农村文化活动的主体。1972年，建立公社广播站，队队通广播。1975年，成立公社电影放映队，到各大队巡回放映。1992年，乡有文化站、图书馆。1996年7月，郊区文化局与体委合并为文化体育局，松木乡设文化站，在行政上受乡政府领导，业务上受区文体局指导。2007年8月，投资100余万元在松木管理处胜利组建设乡综合文化站，2010年12月，投入使用。

医疗卫生

1984年，乡设卫生院。1986年，卫生院由区卫生局主管移交乡政府主管。1990—1992年，松木卫生院下设6个医疗点，有医药卫生技术人员12人，200毫安X射线机、B超机、A超机、心电图机、双目电光源显微镜等设备，病床15张。2002年，全区对乡街卫生管理体制进行改革，乡卫生院人员、业务、经费等上划到区卫生局统一管理，强化乡卫生院对村卫生室的指导与监管作用，提高了乡村卫生组织的综合服务能力。2014年，有卫生院1所，床位40张，职工45人，其中执业医师12人，执业助理医师10人，注册护士23人；有村级卫生服务站8所。

社会保障

社会救济　2006年，启动城乡居民大病医疗救助，救助对象主要为罹患恶性肿瘤、白血病、尿毒症的城乡低保户、困难户。2014年，救助137人，救助金额45.3万元。

“五保”供养　20世纪60年代，凡生活不能自理的“五保”老人由其所在大队、生产队负责供养。1987年，由乡统筹供养。2005年，乡政府在建新村创办乡敬老院，坚持“以副养院”方针，集中供养“五保”老人11名。

最低生活保障　2007年，启动农村居民最低生活保障制度。2014年年末，全乡落实农村低保183户、364人，累计发放农村低保金65万元。

医疗保险　2008年7月，启动新型农村合作医疗制度，当年参合农民12800人，参合率为92%；新型农村合作医疗制度建立以来，深受广大农民欢迎，近年来农民参合率都稳定在95%以上。

养老保险　2012年7月起，启动城乡居民社会养老保险，年底全乡登记参保人数8219人，参保率90.1%，征缴养老金41万元。2014年，全乡登记参保人数13112人，征缴养老金120万元。

特色地情

风景名胜

杨梅桥　位于灵官庙村，为石拱桥，桥身长20.12米，宽4.40米，建于清乾隆年间，已逾200余年，桥两头立有石鼓两座，结构古朴坚固、石料结实、布局合理，至今仍可通车和行人。

衡阳窑址　俗称瓦子堆，位于三里村和金兰村，面积约400平方米。此窑始于晚唐，盛于五代，

杨梅桥

衰于南宋。采集有青色和青黄釉的碗、碟、钵及环形支垫等窑具。1973年7月，经省定名为“衡阳窑址”，为省级重点文物保护单位。

民俗风情

肖贤庙会 源于明清时期，盛于民国初期，每年4—5月在梽木村的肖贤庙举行。以祭祀活动为主，活动中的拜章、香会、唱戏、游船、舞龙、舞狮等保留了许多传统的汉族民间礼仪、工艺、舞蹈、音乐和表演艺术。2006年6月10日被列为首批湖南省非物质文化遗产代表作名录。

（文字供稿：李兴华　林崇友　肖韬　李教虎　欧坤华　图片供稿：刘珺　陈默）

角山乡 >>

区域概况

位置面积

因境内有松山平地，且位于秦户、白膳、上塘、母婴四口大塘之角，史称角山坪，故得名角山乡。地处衡阳市北部，东与松木乡接壤，南临蒸水与蒸湘区长湖乡相望，东南与黄沙湾街道交界，西与衡阳县板市乡为邻，北邻衡阳县潮江乡、集兵镇。乡人民政府驻三星村，距石鼓区人民政府驻地5公里。全境南北最大距离12公里，东西最大距离6公里，总面积34.38平方公里。

建置沿革

1949年，为衡阳县礼义乡。1950年5月，属衡阳县第三区。1952年7月，衡阳县分为衡阳、衡南两县后，始设角山乡，隶属衡阳县第十六区。1956年5月，撤区并乡，前进、云山、松桂3乡合并到角山乡。1958年9月，因实行“政社合一”体制，合并调整为跃进人民公社。1959年1月，改名为角山人民公社。1961年8月，恢复区级建制后属板桥区。1984年3月，改称角山乡人民政府，属呆鹰岭区。1995年5月，撤区并乡建镇时，潮江乡并入角山乡。1998年3月，角山乡设角山、潮江两个责任区；2000年3月，撤销责任区。2001年5月，衡阳市城区行政区划调整，析出潮江乡属衡阳县管辖，角山乡划入石鼓区，称石鼓区角山乡。

行政区划

1995年年末，角山乡辖三星、旭东、杨岭、茅茶亭、小云山、五星、莲花塘、角山、银杯、杨泗、广元、永丰、河坳、大道、潮江、永乐、利合、松桥18个行政村，设223个村民小组。2001年年末，辖三星、旭东、小云山、五星、莲花塘、角山、银杯、杨泗、杨岭、茅茶亭10个行政村。2014年年末，辖三星、旭东、小云山、五星、莲花塘、角山、银杯、杨泗8个行政村，杨岭、茅茶亭2个管理处和角山居委会，设136个村民小组。

自然环境

境内属丘陵地带，地势北高南低，属典型的紫色页岩土质，海拔50 ~ 300米。境内有杉旭河、前进河2条三级河道，属湘江流域蒸水河水系。属亚热带湿润性季风气候，年平均气温18.5℃，自然灾害少发，主汛期偶尔有局部内涝，秋季常伴季节性干旱，年降水量一般在1000毫米以上，主要集中在春、夏两季，秋、冬季较少。

人口民族

1995年年末，总人口24388人，总面积65

平方公里。2001年年末，总人口18863人，总面积34.38平方公里。2014年年末，总人口20924人，其中，男性10661人，占50.95%，女性10263人，占49.05%；人口出生率为15.53‰，人口死亡率4.47‰，人口自然增长率为11.06‰，人口密度为607人/平方公里。

经济发展

经济综述

境域原为农业乡，经济欠发达。农业以种植水稻为主，产值由1957年的亩产250公斤逐步提高到2000年的亩产800公斤。2001年5月划为石鼓区后，农业生产发展进入快车道。至2014年年末，境内以种植水稻、蔬菜为主导，油茶、油菜种植和畜牧养殖业迅速扩大，成为衡阳市的“菜篮子”和城市“后花园”。境内工业亦从中华人民共和国成立之初的传统手工业逐步发展到2014年以建筑材料、机械配件、食品工业为主导。改革开放以前，境内的商贸服务业发展亦较缓慢。1978年以后，逐步开放市场，商贸营业网点发展加快。2014年乡财政总收入比2001年增长3.5倍。

农业

中华人民共和国成立后，兴修水利，改善农业生产条件，1957年粮食亩产达到250公斤。1969年，双季稻占水田总面积的80%，亩产380公斤。1976年，试种杂交晚稻13.3公顷，平均亩产300公斤，比常规稻每亩增产100公斤。至1983年，杂交晚稻面积占水田总面积的

角山三星蔬菜基地领军农业蔬菜大棚

95%，平均亩产提高到400公斤。1990—2001年，全乡水稻种植面积稳定在1200公顷左右，亩均产量约800公斤，年总产量1.5万吨。2002年年末，农业总产值为6058万元。2014年，以种植水稻、蔬菜为主导，有耕地面积1066.67公顷，人均533.33公顷，年产粮食1.3万吨；有林地面积533.33公顷，其中油茶林333.33公顷。全年农业总产值1.4亿元。角山乡成为衡阳市"菜篮子"和城市"后花园"，角山米业、领军农业、乐富蔬菜、辛大米、香樟苑等成为衡阳市知名品牌。畜牧业以生猪、家禽为主，生猪饲养量12.1万头，年末存栏4.3万头，家禽饲养量114.6万羽，上市家禽84.2万羽，年生产肉类9000多吨，其中猪肉8000余吨，禽肉1000余吨，禽蛋约14吨；渔业以草鱼、鲶鱼、鲢鱼等水产为主，可用养殖水面386.67公顷，渔业总产值2900万元。2014年，农民纯收入14554元。

工业

中华人民共和国成立初期，境域主要为传统手工业。1978年，工业企业生产总值10万元。2014年，有22个加工企业，主要为建筑材料、机械配件、食品加工等行业，如角山米业、君玲食品等，安置农村剩余劳动力680人，工业生产总值1600万元。

商贸服务业

1956年，成立供销合作社。1960—1962年国民经济困难时期，一些必需的生活用品和农副产品实行计划购销和凭票定量供应。1978年，中共十一届三中全会后，商业体制改革，取消农副产品统购派购，开放市场。1990年，有合作商店（亦称集体商店）、个体私营商店、饮食服务业店铺30多家。2012年，华耀城商贸物流中心在境内开始建设，总投资120亿元。到2014年年底，未来华耀城、招商中心、文化广场1～5栋已建好，商铺9800个，已认筹4000多个。2014年，角山阳光农贸市场正式开业，年营业额800多万元；个体商店、餐饮服务网店发展到136家，崇业国际中心、晶珠购物广场落户境内，2014年年末，社会商品零售额达1200万元。

财政金融

1984年，建立乡财政所。1992年，乡财政实行“划分收支，核定基数，收入上缴，分级包干”管理机制。1998年，乡财政实行“划分事权财权，划分税种收入，划定支出范围，支出缺口自负”管理体制。2001年，乡财政总收入386.2万元。2011年，乡财政总收入833.3万元，完成财政支出833.2万元。2014年，乡财政总收入1350.2万元，总支出1297.2万元，当年结余53万元。

境内有农村信用社网点2个。

基础设施

水利建设

境内水资源不足。新中国成立初期饮水靠水井，种田靠水塘。1958年，新建小（二）型水库2处，其中银杯水库总库容量54.3万立方米，水面22.67公顷，集雨面积1.34平方公里，灌溉面积233.33公顷；栏冲水库总库容量10.3万立方米，水面5公顷，集雨面积0.3平方公里，灌溉面积36.67公顷。改造和新建山平塘、小堰坝近100处。1975年角山渡槽建成通水。2006年，在蒸水河边修建两座排渍站。2014年，在蒸水北堤建设一座5台大功率排渍站，占地约0.67公顷，2座老排渍站同时被废除。银杯水库和栏冲水库的抗旱和灌溉功能不减当年。

交通运输

清代和民国时期，境内主要道路为石板铺设的行人驿道，在辖神渡靠划渡船过河进出衡阳。年久之后多为碎石和泥沙铺设，宽度为1～2米，驿道上设有驿站或凉亭。中华人民共和国成立后，境内原有道路先后改建为机耕道。1958年，修建连接潮江、经角山到松木塘老街口107国道路段的砂石公路，全长约10公里。1970年前，再建一条连接五星村梁新屋组至杨岭村谢家湾组防洪堤的砂石公路，全长约8公里。2002年，全乡集资200多万元，重修和硬化衡角公路，全长11.6公里。2004年，国家启动乡村公路硬化工程，通过5年努力，全乡所有行政村的村级公路先后硬化，组级公路硬化工程也相继完成。2014年年末，有70%村民住宅通水泥路。

2014年，境内有农村汽车客运站1个，占地面积3893.65平方米，建筑面积1286.3平方米。公交线路2条：161路从衡阳县潮江乡燕子窝经角山坪、华耀城到市船山大桥，营运里程15公里；152路从衡阳县康太村经角山坪、石鼓区政府到市中心汽车站，营运里程约12公里。衡邵高速公路在境内穿越约6公里，蔡伦大道贯穿角山乡东南一隅1.5公里的边界线101县道贯穿角山乡南北，全境拥有乡级公路19.2公里，村级公路21.2公里。

邮政通信

1949年年底，成立角山邮电所，业务遍及角山、潮江和板桥乡。1994年1月，改为邮电代办所。1997年，改为邮政代办所。2002年5月，设立角山电信营业网点，划归石鼓邮政支局管辖。2008年1月，角山邮政代办所停办，邮政业务委托村民投递。2010年年10月，通信光缆线覆盖境内7个村。2014年末，有电信、移动营业网点各1个。

供电饮水

1975年前，农村照明靠煤油灯。1975—1981年，采用小水力、柴油机发电照明。20世纪80年代中期，装上照明低压线。20世纪90年代进行农网改造，生活用电基本得到保障。2014年，境内拥有220千伏变电站1座，主变压器1台，总容量为50兆伏安，高压输电线路5条，总长28.9千米。全乡用电负荷10000千瓦，年售电量累计完成0.112亿千瓦时，综合电压合格率96%，供电可靠率99%。

20世纪80年代前，农村村民用水大都是靠水塘、自然水井。20世纪90年代后，大部分农户打机压水井和手摇水井，逐步发展到挖深井、砌水塔，改善饮水条件。2014年，乡政府、学校及周边群众已采用集中供水，全乡10个村有8个村实施分散供水工程，安全饮用水惠及1.5万人。

乡村建设

民国时期，境内农房绝大多数是土砖茅屋，一些祠堂和少数富户是青砖瓦房，农房格局多数为连檐搭垛，住房大多为一层或二层，与住房配套建筑有牛栏、猪舍、柴屋、厕所等，称“脚屋”。中华人民共和国成立后，开始改造旧房。1960年后，翻建房屋逐渐增多，开始用青瓦改换屋顶的稻草或建造新房。1980年后，境内出现建房热，开始由平房改建楼房，以两层居多，住宅结构由原来的砖木结构改为砖混结构，楼板大多都采用水泥预制件。2001年以来，随着经济发展，农村房屋注意采光通风，窗户增多增大，普遍安装玻璃窗、外墙和阳台装饰，一般以户为单位独居，小洋房、小洋楼随处可见。2014年，学习攸县经验，城乡同治、环

村民新居

境卫生综合治理工作在境内全面铺开，在莲花塘村安装垃圾焚烧炉，在三星村安装2台价值100多万元的压缩垃圾中转站；改水、改厕有效推进，沼气池普及到村组。华耀城入驻后，约有400多户、2000多人搬迁，拆迁居民得到有效安置。

办公用房

1950年5月，角山属衡阳县第三区板桥乡管辖时期，在破产地主何孔交家的简陋板房里办公（现三星村下岭组）。1973年，发动群众筹资筹劳兴建2层9间红砖瓦房的角山人民公社办公楼。1988年、1993年、2003年先后兴建乡财政所、计划生育服务所和文化站，共占地面积约3333平方米。2012年，区政府投资200多万元兴建乡政府办公大楼，总建筑面积3200余平方米，占地面积约4667平方米。2012—2014年，三星村、角山村、银杯村、莲花塘村新建高标准村部，村办公条件明显改善。

社会事业

教育科技

1949年10月，有角山坪完小1所。1959年9月，兼办角山附中。1968年9月，改称角山中学；1981年，兴建一栋两层八间教室的教学楼；1991年，集资兴建一栋集教室与教师宿舍为一体的教学宿舍楼，告别在外租借民房教学的历史。2001年，争取国家危改资金100多万元，兴建一栋高标准教学楼，建筑面积1905平方米；区政府先后投入100多万元，配备电脑、书桌、图书、多功能教室、语音室等软硬件设施。2014年年末，有幼儿园3所，其中公立幼儿园1所，在园幼儿400多人，专任教师12人；小学7所，在校学生1500人，专任教师75人；初中学校1所，在校学生500多人，专任教师56人；农民业余技术学校1所，年培训科普知识、农村实用技术学员300人，专、兼职教师2人。

文化体育

1958年，公社自办文化站，组织民间乐队、放映队、宣传队下乡演出，丰富群众娱乐文化生活。同年成立公社广播站，实现村村通高音喇叭。20世纪90年代，随着互联网的发展，广播逐渐被电视、电脑替代。2011年，有农家书屋10个，藏书3.5万余册。2014年年末，有乡文化站1个、村级文化中心10个、农家书屋10个、藏书1.6万册，有宽带有线电视站1个，有线电视用户发展到2000余户。三星、角山村建有农民健身广场2处，健身器材10余套。

医疗卫生

1959年，建立公社卫生院。20世纪60年代初，建立大队卫生室，有个体诊所5个。1969年实行合作医疗制度。1990年，乡卫生院设立卫生防疫室。2002年，全区对乡街卫生管理体制进行改革，乡卫生院人员、业务、经费等上划到区卫生局统一管理，强化乡卫生院对村卫生室的指导与监管作用，提高了乡村卫生组织的综合服务能力。2014年，有乡级卫生院1个，村级医疗卫生机构10个，其中门诊部1个，床位20张；专业卫生人员51人，其中执业医师7人，执业助理医师5人，注册护士4人。

社会保障

社会救助 2000年前，辖区内的社会救助由县民政部门统管，村组摸底，乡政府造册上报，县民政局审批发放。2001年5月，划归石鼓区管辖后，逐步完善社会救助各项工作，建立一整套社会救助体系，各类困难人群的生活得到基本保障。2014年年末，全乡享受城乡临时救助185人次、支出4.2万元；补助参加合作医疗787人次的医疗费用3.9万元；国家抚恤、补助各类优抚对象64人，支出3.5万元。实行城镇新增就业132人，失业人员、就业困难人员再就业81人，帮助返乡农民工就业113人，援助农村贫困家庭转移就业45人，扶持农民工返乡创业38人。

“五保”供养 1951年，境内有鳏寡孤独户10户。土地改革时，乡人民政府给予他们生活上特殊照顾。1957年，实行实物供给或工分补贴。人民公社化后，“五保”户吃、穿、住、医、葬由集体包揽。1983年，公社建立“五保”户供养档案，发放《五保户供养证》，实行集中和分散管理。2004年10月，角山敬老院成立，入住35人。2005年起，“五保”户享受城乡最低生活保障。2014年，农村“五保”户集中供养40人，年支出16.8万元；分散供养35人，年支出5.6万元。

最低生活保障 2007年7月起，实行农村居民最低生活保障，并对低保对象实行动态管理。当年全乡有低保户210户、548人，月支出6.3万元。2014年，城镇低保户18户、23人，月支出6480元；农村最低生活保障373户、798人，月支出10.32万元。

医疗保险 2014年年末，参加城镇职工基本医疗保险645人，城镇居民基本医疗保险302人，新型农村合作医疗1858人。

养老保险 2014年年末，参加城乡居民养老保险5863人，企业基本养老保险1135人。

特色地情

名优特产

角山米业 湖南角山米业有限责任公司始创于1992年，创始人任志成，是集粮食生产、收购、储备、加工、销售为一体的国家级粮油示范加工企业。公司有“角山”“好米道”两大系列60多个规格产品，凭借“生态、健康、绿色、天然、口感好”，赢得广大消费者的青睐。

君玲食品 清咸丰年间（1851—1861），由境内梁风吾发起，采用传统手工技艺精制成“水磨元宵”“中秋月饼”等一系列地方传统特色食品文化。君玲食品每年生产各种元宵、月饼、粽子等达150万公斤，年总产值达450万元。其产品

盘古庙

三官庙

远销上海、长沙、郴州、永州等地。已被列为第五批衡阳市非物质文化遗产保护名录。

风景名胜

炎德楼 炎德楼位于旭东村，建于清咸丰年间（1851—1861）。楼的主人萧世封，字鹤祥，举人出身，是晚清一名官员，官至四品，曾任两广御史。炎德楼是其修建的家宅。当时的人们都有“落叶归根”的习俗，所以萧世封虽然被清政府外派两广，却仍旧在出生地修建“炎德楼”用于解甲归田之际。萧氏家族后日渐落寞，炎德楼在“文化大革命”时期被改为文化室，同时成为当时村干部的临时办公地点。现炎德楼已破烂不堪，只剩断壁残垣。

宗教场所 角山乡是中国南方较为有名的宗教之地，每年有上百万香客，从江西、广东、广西和省内各地赶来进香。香期的高潮在农历八月。境内有盘古庙、三官庙、关帝庙、大云山殿和小云山殿等宗教文化活动场所。盘古庙坐落于三星村三字墙组，建于明末清初时期，占地约550平方米，于1998年重建，2012年，由南岳尼姑释大师发起，何氏家族投入近千万元进行扩改建，从事佛教文化活动。三官庙坐落于三星村八槽门组，始建于清朝，2009年重建，从事道教文化活动。关帝庙坐落于茅茶亭村晏家湾组，供四方宾客前来烧香拜佛做法事。大云山殿、小云山殿坐落于小云山村上增坪组和杉树坪组，两庙遥相呼应。

（文字供稿：尹国宝　肖忠盛　图片供稿：刘珺）

蒸湘区

概述

一

蒸湘区于2001年5月28日成立。因蒸水贯穿全境流入湘江而得名。位于北纬26°48′27″~26°57′34″，东经112°28′20″~112°36′00″。地处衡阳市城区西部，东起蒸湘南北路，南接雁峰区，西界衡南县、衡阳县，北临蒸水与石鼓区隔河相望。辖区东西最大直线距离9.4公里，南北最大直线距离17.08公里。总面积101平方公里。其中，陆地面积93.67平方公里，占92.74%；水域面积7.33平方公里，占7.26%。区人民政府驻船山大道18号。

2001年年末，辖区户籍总户数56871户，总人口193834人，其中男性100962人，女性92872人。总面积101平方公里。人口密度每平方公里1919人。2014年年末，辖区户籍总户数93200户，总人口251042人，其中男性127820人，女性123222人。人口密度每平方公里2486人。境内有土家族、瑶族、苗族、回族、蒙古族等33个少数民族，共3066人。

区境处于衡阳盆地中央，东部系城区，西南为丘陵，西北是岗地。海拔最高238米，最低51米。域内属中亚热带季风湿润气候，年均气温18℃，年均日照时间1483.7小时，年均降水量1351.5毫米。主要河流有蒸水、柿江河、杉旭河、幸福河，境内共长34.9公里。主要矿产资源有矿泉水、砂石和建筑石材。主要自然灾害有洪涝、干旱、冰冻、火南风等。

蒸湘区历史文化厚重。雨母山上有中国“三皇五帝”之一的帝喾率兵平叛术器的足迹，至今仍保留着舜帝为纪念帝喾而授意修建的帝喾祠；有传承千百年的佛道香火；雨母山乡灵山村是研究船山学说的著名学者何贻焜的出生地；山上安葬着著名爱国者、杰出著作家谢彬；境内雨母山、胜利山、鸡窝山是抗日战争时期衡阳保卫战的重要战场，有3000千余名将士在阵前壮烈殉国。中华人民共和国成立后，境内各条战线英雄模范人物辈出，其中在抗美援朝、对越自卫反击战中牺牲烈士9人；为保卫人民群众而英勇献身的烈士7人；评为省（部）级劳动模范、先进个人45人。

蒸湘区境内驻有中共衡阳市委、市人民政府以及市属、省管91个行政、事业机关；堪称衡阳市的政治、经济、文化、金融中心。

全区经济快速发展。2014年，地区生产总值163.68亿元，是2001年（蒸湘区成立年）9.06亿元的18.07倍。其中,第一产业增加值4.05亿元，是2001年0.79亿元的5.13倍；第二产业增加值98.87亿元，是2001年5.79亿元的17.08倍；第三产业增加值60.77亿元，是2001年2.48亿元的24.5倍。财政总收入18.82亿元，其中地方一般预算收入3.3亿元，分别是2001年0.43亿元、0.19亿元的43.77倍、17.37倍。

社会事业不断进步。2014年，全区小学、中学教师学历合格率分别从2001年的97.2%、95.12%提升到100%。2001—2014年，共改造中小学校17所，新建学校4所，新增学位4095个，建设合格学校28所，获“湖南省县级人民政府教育工作优秀单位”称号。全区科技工作，2001—2014年连续14年保持“全国科技工作先进区”称号。社会养老保险和基本医疗保险覆盖率分别达到97.5%和99.68%，农民参加新型合作医疗达99.8%。2014年，城镇居民可支配收入25069元，是2001年5900元的4.25倍。农村人平纯收入14623元，是2001年2436元的6倍。蒸湘区2008年11月被评为衡阳市“文明城区”，2008年12月被评为“湖南省文明城区”。

二

蒸湘区系衡阳市市区行政区划调整后组建的一个新城区。蒸湘区区域是“五而合一”，即：保留原郊区西湖乡的长湖、大立、立新、松亭村，湘江乡的杨柳村，岳屏乡的联合村、北塘村和岳屏村的胡家冲、麻家塘、观音塘、两路口、杏花村5个村民小组；接收原城北区的蒸湘街道；原城南区西站街道的西站、洪家湾、幸福路、大栗新村、风口、张飞岭、南三角线7个居委会；衡南县三塘镇老东阳乡（不含公益、东风2个村）；衡阳县呆鹰岭镇及板市乡的土桥、堰头2个村。蒸湘区成立时，将西湖乡更名为长湖乡，东阳乡更名为雨母山乡，保留呆鹰岭镇和蒸湘街道建制，另新组建红湘街道、华兴街道和联合街道。原郊区党、政、军、群机关成建制转入蒸湘区。2014年，全区辖蒸湘、红湘、华兴（街道办事处于2002年5月划归市高新技术产业开发区代管）、联合4个街道，长湖乡、雨母山乡、呆鹰岭镇3个乡镇，下设43个社区居委会、682个居民小组，42个村、482个村民小组。2015年湖南省行政区划调整后，长湖乡、蒸湘街道合并设立蒸湘街道，其他乡镇街道设置不变。

蒸湘街道>>

区域概况

位置面积

蒸湘街道因境内蒸水流入湘江而得名。地处蒸湘区东部边缘，东起蒸湘北路与石鼓区青山街道毗邻，南连常胜西路与红湘街道接壤，西接红湘北路与红湘街道、长湖乡交界，北抵蒸水与石鼓区黄沙湾街道和角山乡隔河相望。总面积1.53平方公里。其中陆地面积1.46平方公里，占95.42%，水域面积0.07平方公里，占4.58%。东西最大直线距离1.5公里，南北最大直线距离约1公里。街道办事处驻太平一社区88栋。

建置沿革

1950年，衡阳市第三区始设青山街道委员会，1952年，属第二区西湖中心居委会，1955年8月，属城北区西湖街道办事处，1960年4月，属医学院分社，1967年，属红湖分社，1971年9月，属红湖街道办事处，1981年12月，属青山街道办事处，1984年9月，从青山街道析出为蒸湘街道，辖衡祁、衡邵、解西、高岭、联合、联合新村、太平一、太平二、太平三、太平四、大元头、阳辉桥，学院路、学院村、学院西村、红湖塘、冶金汽修17个居民委员会，317个居民小组。2001年4月，衡阳市行政区划调整，蒸湘街道由衡阳市城北区成建制划归蒸湘区，析出衡祁、衡邵、解西、高岭、联合新村、学院路、学院村、学院西村、红湖塘、冶金汽修10个居委会划归红湘街道。

行政区划

2001年，境内辖太平一、二、三、四、大元头、阳辉桥、温家台和新成立的莲花、红湖、马步桥共10个居委会，设159个居民小组。2002年1月，将10个居委会调整为太平一、太平二、大元头、莲花、阳辉桥、红湖、温家台7个社区居委会。2011年2月，蒸湘街道成立太平三社区居委会。2014年，辖太平一、二、三，红湖、温家台、大元头、莲花、阳辉桥8个社区居委会，设132个居民小组。

自然环境

蒸湘街道地处衡阳市中心，地势平坦。境内属亚热带季风湿润气候，四季分明，热量丰富，降水充沛，太阳辐射强，光能潜力大。年均气温19.1℃，年均降水量1351.5毫米。年均无霜日293天，年均雾日18天。自然灾害主要有洪涝、干旱、大风与冰冻。2008年1月中旬至2月初，出现历史上罕见冰灾，最低气温为-11.3℃。

人口民族

2001年，户籍人口总户数9192户，总人口34209人，其中男性15711人，女性18498人。人口密度为每平方公里22359人。2014年，户籍人口总户数10706户，总人口31005人，其中男性15539人，女性15466人。人口密度为每平方公里20264人。常住人口总户数13081户，总人口41929人，其中男性21530人，女性20399人。2014年，境内出生率7.6‰，死亡率3.9‰，自然增长率3.7‰。有白族、达斡尔族、傣族、侗族、俄罗斯族等6个少数民族居民，共12人。

经济发展

经济综述

蒸湘街道工业、商贸服务业较发达，2014年，街道境内有工业企业20家，完成工业总产值1.5亿元；有商业网点1198个，商品销售总额约9亿元。境内驻有中国银行衡阳市支行、中国建设银行衡阳市支行、华融湘江银行船山支行等多家金融机构。

工业

1966年，街道创办人民工具厂，以电机、机械修理为主。1974年，创办衡阳市制刷厂，生产钢丝刷、铜丝刷、工业用刷等产品。1977年，人民工具厂与人民机械厂合并，更名为衡阳市工具机械厂，生产锉刀、三爪卡盘、跟刀架、机锯条等产品。1995年，街道工业总产值641.77万元，销售收入646.81万元，利润14.07万元。2001年，区域内有工业企业24家，从业人员154人，完成工业总产值2720万元，实现工业增加值774万元。2003年，蒸湘区招商局引进衡阳铭仕铜套金属有限公司，生产机械润滑铜套、铜衬套和轴瓦。2004年，引进衡阳市云龙电器设备有限公司，生产经营配电屏、电表箱、控制柜、电器开关箱。2014年，境内有工业企业20家，从业人员908人，完成工业总产值1.5亿元。其中规模工业企业2家，从业人员208人，规模工业总产值0.45亿元。

商贸服务业

1995年，境内有商业大厦、静园宾馆、电力食府、莲花大厦、乐福大酒店、金桥宾馆、来雁饭店等商业网点。2001年，境内有商品流通和饮食、服务企业580个，职工1499人，销售总额4080万元。11月，台商朱克伟和客商欧阳斌收购莲花大厦与来雁饭店，实施整体爆破后启动晶珠商业广场建设，总投资2.2亿元，广场占地面积21766平方米，建筑面积57105平方米，分地上4层、地下1层。2002年，街道投资30万元，对大元头综合市场进行全面装修（市场建成10年未启用）和清除市场内外近千车垃圾，通过招商引资，市场开始运转。2003年2月，长沙客商曹金罗，租用富安大厦场地开办泰阳电器商场，营业面积1450平方米，经营家电近万种，年销售额2亿余元，上缴税金200余万元。2007年，被衡阳市授予家电行业唯一的雁城名店称号。2006—2010年，连续5年被评为衡阳市“消费者信得过单位”。2003年8月，长沙友谊·阿波罗集团进驻晶珠广场，投资4000万元，营业面积56757平方米。2005年，长沙友谊·阿波罗集团撤出，衡阳晶珠置业有限公司进驻，改名为崇盛晶珠广场。2004年，客商段亮亮，租用富安大厦场地，开办昇昇泰珠宝城，经营黄金、珠宝。2010年，在船山西路汽摩配件一条街的基础上，另建大元头汽摩配件中心市场，有门面47个，从业人员117人，年营业额762万元。

2014年，境内有商贸服务网点1198个，职工4862人，商品销售总额约9亿元。其中限额以上商贸企业7个，商品销售总额4.48亿元。城市集贸市场3个，年成交额1.5亿元。区域内有规模以上服务企业5个，从业人员2372人，年营业收入4.57亿元。

财政金融

2001年，街道财政总收入113.57万元，财政总支出113.14万元。2014年，街道财政总收入725.04万元，财政总支出725.04万元。

辖区内金融机构设有蒸湘区农村信用合作联社1个，中国人民银行衡阳市中心支行1个，中国建设银行衡阳市分行1个，华融湘江银行船山支行1个，邮政银行营业网点1个，中国银行营业网点1个。

基础设施

交通运输

1971年，衡阳市修建西合铁路，通过境内分别与衡阳电厂、火车西站连接，2000年停止使用，2011年西合铁路轨道拆除，2012年改造为西合公路。1982年3月，衡阳市修建蒸湘北路，南起解放路、北至蒸水桥，途经蒸湘街道，路宽64米，1985年该路被评为全省最美一条街。1985年1月开始，将原省道1814线红旗路段（东起大元头，西至廖家湾）进行改造，路长290米，宽44米，改造后的路段名为船山西路。2001年，境内还有解放西路、学院路、衡邵路、衡祁路、高岭路和静园路。公共交通汽车从境内始发，有1路、8路、24路。2003年8—12月，衡阳市对通过境内的船山西路进行提质改造，将原28米路面加宽到44米，其中车行道21米，两侧绿化带各5米，人行道各6.5米。车道改水泥路面为沥青路面，人行道板改成花岗岩板，空中管线全部下地。2004年7—8月，衡阳市对通过境内的红湘北路北段（船山西路至立新大道<待建>）540米路面进行全面维修，将水泥路面改为沥青路面，两侧人行道由水泥路面改铺彩板砖4000平方米，并更换路沿石400米。2007年7月至2009年7月，衡阳市新建立新路，从蒸湘北路易赖西街口，至长湖乡松亭小学，全长4100余米。立新路通

崇盛晶珠广场

过街道红湖、杨辉桥、温家台3个社区，街道配合拆迁151户居民房屋，拆迁面积3.19万平方米。2014年，通过境内有船山西路、立新路、常胜西路、蒸湘北路、红湘北路等五条主要道路。

2014年，境内通行104、108、109、118、131、132、137、140、141、142、152、160、227、446路城市公交车及部分县市班车。

污水处理

衡阳市是湘江流域中的重点工业城市，城市污水处理直接影响着湘江水质。2006年年底，衡阳市环保局在温家台社区马步桥建成一处污水处理加压站，解决了周边数万城市人口污水排放处理问题。

供电饮水

民国33年（1944）衡阳电厂建成投产，城区开始用电照明。1958年1月，衡阳市自来水公司成立，年底供水管线抵达大元头，部分居民使用自来水。1975，城北水厂投产，使用自来水的家庭逐步扩大。1992年，自来水管全部进入居民家庭住宅。2014年，境内有国家电网湖南省电力公司衡阳供电分公司1处，供电区域面积为1.53万平方公里，服务720万人口，在衡阳地区供电市场占有率为90.1%，在境内占有率为100%。

街区建设

街道太平小区原为西湖乡太平村农业用地，1982年规划为城市居民小区，1985年3月动工，1995年建成。小区占地面积32.8万平方米，有168栋住房、居民3万余人，是全市最大的一个居民小区。通过2002、2005、2011年对太平小区3次提质改造，小区内做到路平、沟通、地绿、灯亮。小区内建有花园，花园内建有广场、健身设施、健身路径和休息坐凳。违章建筑被拆除，果皮箱、垃圾中转站、公共厕所配套完善，并建有广场信息栏、书报阅读亭。各门店招牌广告做到规格、尺寸、字体、色调、安装“五统一”。在改造太平小区的同时，对境内来雁路、爱民路、瓦子坪路、公平路、老衡祁路、太平东路、太平西路7条背街小巷也进行了改造。

2002—2014年，境内兴建富安大厦、四海大厦、益福花苑、都市村庄、桂茗苑、蒸湘教苑、憬华花苑、凯旋豪庭等商住楼盘。

街道开展创建园林式单位活动。2002—2014年，全街道共创建园林式单位11个，其中省级1个，市级10个。

蒸湘街道共有8个社区居委会，社区成立之初，全部都是借用和租赁办公用房。至2014年，8个社区居委会已有6个解决了自主产权的办公用房，太平一、太平三社区仍然是借用和租赁办公用房。

社会事业

教育

幼儿教育 2001年，境内有红太阳、小太阳、船山英文学校、实验幼儿园等4所幼儿园，在园幼儿661人，幼师、保育员55人。之后，增加新玉林、天宇、聪明贝贝、大拇指4所幼儿园。2014年，辖区有幼儿园8所，在园幼儿1079人，幼师、保育员70人。

义务教育 2001年，境内有红湖小学、太平小区小学2所公办小学，在校生2683人，专任老师158人。有民办小学1所，即船山英文学校。2002年4月，红湖小学改为红湖逸夫小学，2003年9月，太平小区小学更名为蒸湘区实验小学。2014年，街道有公办小学2所，在校学生3119人，专任老师172人；民办小学1所，在校生2200人，专任教师68人。境内适龄儿童入学率100%。2001年，境内有衡阳市实验中学、船山英文学校中学部2所中学，在校生1142人，专任教师104人。2014年，两校在校生4684人，专任老师275人。

高等教育 2001年，境内原有衡阳市卫生学校1所，创建于1951年，2013年8月衡阳卫生学校正式并入湖南环境生物职业技术学院，称为湖南环境生物职业学院医学部。2014年改称湖南环境生物职业学院南校区，在校生3400人，专任教师275人。境内原有中南工学院、衡阳医学院2所大专院校。中南工学院创建于1959年9月，1983年改名为衡阳工学院，1993年更名为中南工学院，隶属于中国核工业总公司。学校设置9个系，开设15个全日制本科专业、16个成人教育专业，在校学生近5000人，教职工800余人，其中专任教师320人；衡阳医学院创建于1958年，属湖南省本科院校。学校设置3系4部，开设7个医疗护理专业，并建有2所附属医院，在校学生近6000人，教职工2800余人（含附属医院）。2000年，由中南工学院、衡阳医学院和核工业第六研究所合并组建成南华大学。

文化体育

2001年，街道设立文化站1个、公共阅览室1个。2002年，建立社区文化活动中心7个，均设置图书阅览室、文化娱乐室，太平一社区还建立健身房和文明市民学校。在崇盛晶珠广场建有户外活动场地，在太平小区花园建有广场和健身路径。同年，组建一支老年腰鼓队，一支老年扇舞队和一支老年健身队。2006年，在红湖电力小区配备健身器材12件。2010年，在太平小区花园配备健身器材10件。

2014年，街道有文化站1个，社区文化活动中心7个，公共图书室8个，藏书12000余册。境内有自发组建的文艺团体7个、体育社团8个。拥有4个体育场、2个体育馆，健身场地4处，

南华大学

配有健身器材 48 件。

医疗卫生

2001 年，街道有区管医疗卫生机构 10 个，其中街道卫生院 1 所、太平卫生院 1 所，个体私人诊所 8 家，共有病床 24 张，医疗卫生工作人员 44 人。坐落在境内的湖南环境生物职业技术学院附属医院有病床 120 张，医疗卫生工作人员 130 余人。2002 年，坐落境内的衡阳协和微创医院建成开业，有病床 36 张，医疗卫生工作人员 58 人。2007 年 4 月，蒸湘街道卫生院改建成街道社区卫生服务中心，总建筑面积 2150 平方米，设置国粹养生堂、中医馆、基本医疗区、公共卫生服务区。2009 年 10 月，蒸湘区妇幼保健院从向农路 45 号搬迁至境内红湘北路 92 号，有病床 36 张、医疗卫生工作人员 60 人。2011 年，坐落境内立新大道 3 号的衡阳雅美医疗美容医院建成开业，有病床 20 张、专业卫技人员 55 人。

2014 年，境内有各类医疗卫生机构 22 个，其中医院 4 所，社区卫生服务中心 2 所，卫生院 1 所，个体私人诊所 10 家，共有病床 236 张，医疗卫生工作人员 386 人。

社会保障

2002 年，发放医疗救助、临时生活救助等社会救济 28 人次，合计 15800 元；2006 年，发放医疗救助、临时生活救助等社会救济 58 人次，合计 30098 元；2009 年，发放医疗救助、临时生活救助等社会救济 80 人次,合计 40303 元；2014 年，发放医疗救助、临时生活救助等社会救济 110 人次，合计 59108 元。

2002 年，有城市低保户 125 户，年度发放低保救助金 27000 元；2006 年，有城市低保户 142 户，年度发放低保救助金 56800 元；2009 年，有城市低保户 224 户，年度发放低保救助金 112000 元；2014 年，有城市低保户 730 户，年度发放低保救助金 355208 元。

2008 年，启动居民医疗保险和农村新型合作医疗。2008 年，城镇居民医疗保险参保 9136 人。2009 年，城镇居民医保参保达 9336 人。2014 年，城镇居民医疗保险参保达 7717 人。

2012 年，正式启动城乡居民社会养老保险工作，发放领取保险待遇存折 54 本，审核参保登记表 189 份。2013 年，参保人员 201 人，发放领取待遇存折 28 本，审核参保登记表 163 份。2014 年，参保人员达到 211 人，征缴基金 12.54 万元。2016 年，原红湖村 253 名失地农民纳入社会养老保险和基本生活保障。

2001 年，街道新增城镇就业 985 人，失业人员再就业 906 人，就业困难人员再就业 100 人，农村劳动力转移就业 147 人。2003 年，街道在全市率先成立劳动保障服务站，7 个社区居委会设立劳动保障服务中心，建立下岗失业人员台账。2004 年，街道劳动保障站与太平一社区共同创办家政服务中心，安排 44 人；开发辖区内环卫清扫、治安巡逻、园林绿化、物业管理等公益性岗位，共安置下岗失业人员 311 人；向辖区内单位、私营企业和外资企业推荐安置 467 人。2005 年，在太平小区创办下岗职工摊担一条街，在太平路、红湘路、易赖西街等路段开办 50 余个流动早餐点和夜宵摊点，有效解决部分下岗失业人员再就业难问题。2014 年，城镇新增就业人员 1266 人，失业人员再就业 744 人，就业困难人员再就业 238 人。

（文字供稿：李辉凤　贺湘涛　图片供稿：衡阳市志办）

红湘街道>>

2006年湖南省建设和谐社区示范街道。

政区概况

位置面积

红湘街道因境内红湘路贯穿南北而得名。地处蒸湘区东部，东以蒸湘北路与石鼓区为界，南连解放西路和衡祁路，西临一环西路，北至常胜西路、红湘北路、船山西路。总面积3.6平方公里，全部为陆地。东西最大直线距离2.1公里，南北最大直线距离2.6公里。街道办事处驻冶金社区解放西路29号。

建置沿革

2001年4月，衡阳市行政区划调整时蒸湘区新组建红湘街道，由原城北区蒸湘街道析出的解西、红湖塘、学院路、学院村、学院西村、联合新村、衡邵、冶金汽修、高岭、衡祁10个居民委员会和原郊区岳屏乡的联合村民委员会组成。

行政区划

2001年，辖解西、红湖塘、学院路、学院村、学院西村、联合新村、冶金汽修、高岭、衡祁、吉祥、石坳、水库塘、联合西村13个居民委员会和联合村1个村民委员会，下设159个居民小组、6个村民小组。2002年1月8日，全区50个居民委员会调整为31个，红湘街道居民委员会由13个调整为8个。2014年，辖吉祥、南华、红湖塘、石坳、学院路、联合新村、冶金汽修、衡祁8个社区居委会和联合村1个村委会，下设155个居民小组、6个村民小组。

自然环境

境内属亚热带季风湿润气候，具有四季分明、气温多变、雨季明显、夏秋多旱、夏暑期长、冬寒期短的特点。历年平均温度为18℃，历年平均降水量为1351.5毫米。主要自然灾害有洪涝、干旱和冰冻。

人口民族

2001年，辖区户籍总数8076户，总人口24124人，人口出生率10.36‰，死亡率8.7‰。2006—2010年，在辖区内购房迁移入住人口增长较快，至2014年，户籍总数12645户，总人口36848人，均为汉族其中男性19148人，女性17700人，人口密度10235人/平方公里。常住人口总户数23885户，总人口79226人，其中男性40704人，女性38522人。人口出生率8.34‰，死亡率6.41‰。

经济发展

经济综述

红湘街道工业发展始于 20 世纪 50 年代，至 2014 年，境内有企业 10 家，完成工业总产值 1.65 亿元。境内商贸服务业发展较快，2014 年，有商贸服务网点 1347 个，完成商品销售总额 15.72 亿元。2014 年，街道财政总收入 1310 万元，比 2001 年增长了 4.34 倍。

农业

2001 年，红湘街道有耕地面积 12 公顷，后因城市建设需要，绝大部分土地被征用，2011 年，剩余耕地 4.67 公顷。2014 年，剩余耕地 1 公顷，主要种植应季蔬菜、瓜果。

工业

境内衡阳市油漆厂建于 1956 年 6 月，为全国定点涂料、油漆生产厂家，其中“雁峰塔”牌油漆产品通过国际质量体系认证，被评为消费者信赖品牌和衡阳市名牌产品，2013 年，该厂迁址市松木经济开发区。衡阳市四机械厂成立于 1958 年，有 40 余年军工生产历史，2004 年改制被泰豪通信车辆设备有限公司整体购买，并搬迁至市高新技术产业开发区。衡阳市互感器厂建于 1966 年，主要生产电压互感器，产品远销国内外，2001 年改制后，更名崇业互感器有限公司。衡阳市有色冶金设备厂始建于 1975 年，主要生产、经营冶炼设备件，产品远销海内外，1998 年破产改制。衡阳市湘衡化工厂于 1981 年 7 月挂牌成立，主要生产、销售香蕉水、醋酸乙酯等，2006 年倒闭停产。2001 年，境内有乡镇工业企业 13 家，从业人员 98 人，完成工业总产值 2720 万元，实现工业增加值 750 万元。2014 年，境内有工业企业 10 家，从业人员 484 人，工业总产值 1.65 亿元。其中衡阳市万选冶金制造有限公司、衡阳市铭艺特种钢化玻璃有限公司、衡阳市华圣印刷有限公司、衡阳市三春建材实业有限公司 4 家规模工业企业，从业人员 331 人，规模工业总产值 1.394 亿元。

商贸服务业

2001 年，境内有商品流通、饮食服务企业 900 家，职工 1821 人，销售总额 4080 万元。2002 年，引进湖南四海神龙实业集团有限公司租用衡阳市商业大厦，改造成神龙大酒店，于 2003 年 8 月开始营业。2003 年 7 月至 2004 年 5 月，区人民政府将境内老衡邵路一段改造成红湖仿古商业步行街，全长 550 米，宽 13 米，建有 9 栋综合楼、89 个门面，建筑全部采用仿古园林式风格。2006 年，共创集团有限公司投资的鸿运数码广场建成开业，总建筑面积近 27000 平方米，地下一层，主体五层，一至三层定位于衡阳市首个 IT 数码旗舰店。地下一层办成“衡阳潮流步行前线”，主要经营潮流服饰、精品服饰、皮具箱包、动漫等产品。2009 年，共创集团在境内兴建省级大项目——衡阳商业步行街，规划用地 175 亩，建筑总面积 52 万平方米，总投资 40 亿元，2014 年仍在建设中。2014 年，街道中心城区主次干道上有餐饮、金融、保险、数码电子、房产、职介、美容美发、休闲娱乐、养生保健、汽车配件等服务网点 1347 个，职工 10748 人，社会商品销售总额 15.7 亿元，其中限额以上商业企业 12 个，限额以上消费品零售总额 7.28 亿元。城乡集贸市场 3 个，年成交额 3.64 亿元。有规模以上服务企业 1 个，从业人员 130 人，年营业收入 0.47 亿元。

财政金融

2001 年，街道设立财政所，财政总收入 300 万元，财政总支出 280 万元。后随着城市建设和

解放西路

重点项目投资扩大，区域经济迅速发展，2013 年，街道财政总收入 1021 万元，财政总支出 1013 万元。2014 年，财政总收入 1310 万元，总支出 1304 万元。境内金融机构有中国农业银行衡阳市分行 1 个，农行营业网点 2 个，农村信用社营业网点 1 个，有湘银小额贷款公司、亨源投资有限公司等 3 家，小型担保公司 5 家，各类专业保险机构 7 个，非银行金融网点 4 处，财富证券等营业部 6 家。

基础设施

交通运输

1967 年，衡阳市修建西合铁路，通过境内分别与火车西站，西合水果市场、市电厂连接，1987 年西合铁路管理处成立，2009 年，西合铁路管理处改制，2013 年，西合铁路原轨道路基，改建成西合公路。2001 年，辖区内有解放西路、常胜西路、红湘北路和衡祁路通过。2002 年，蒸湘区对红湘北路进行提质改造，投入资金 380 余万元，硬化路面 2.53 万平方米，铺设花岗岩人行道板 1.43 万平方米，路边管线全部下地，建设成一条高标准的样板路。2003 年 5—9 月，衡阳市对解放西路进行了提质改造。2003 年 12 月，蒸湘区建设的红湘南路一期工程建成通车，通过境内 1.01 公里。2004 年 7—9 月，衡阳市对常胜西路进行了提质改造。2005 年 6—9 月，衡阳市对境内天马山南路立交桥至衡祁路变电站路段进行了维修改造，全长 989 米。2006 年 1 月至 2009 年 7 月，衡阳市修建的衡州大道一期工程建成通车，通过境内联合村。2006 年 11 月至 2010 年 9 月，通过境内联合村的雁城西路建成通车。境内通行 101、108、121、142、145、156、157、222 路等城市公交车和部分县市班车。衡阳汽车运输集团有限公司驻境内，担负着省内外交通运输任务。原坐落在解放西路广场北侧的汽车西站，属衡阳市中心汽车站，2011 年搬迁至长湖乡境内。2014 年，辖区内形成“四横四纵”（四横：蒸湘北路、红湘南北路、西合路、蔡伦大道；四纵：衡州大道、雁城西路、解放西路、船山西路）交通网络格局。

供电饮水

1994 年以前，联合村没有通电通自来水，为解决饮水、用水问题，村集体先后开挖水井12口，村民在自家院内挖井50口，作为种菜、耕地浇灌或日常生活饮用水。到1995年，该村6个村民小组内的水电、液化气与市区并网入户。2001年，街道社区供电、供水、通信、下水管网等城市生活设施建设基本完善，社区居民全部使用由市自来水公司、市电业局提供的水源、电源。

房屋建设

红湘街道办事处自成立以来，一直是借用区财政局的楼房作为办公用房。2007年，衡阳有色冶金机械总厂将坐落在解放西路29号的下属冶金设备厂一栋食堂和澡堂无偿赠送给街道办事处，街道经过维修改造，成为街道正式办公场所，建筑面积1561.7平方米。

2002年，街道办事处下辖的8个社区，除南华社区由南华大学无偿出借办公用房外，均是租赁企业和其他单位的房屋办公。从2004年开始，通过区人民政府采用“以奖代投”、建筑开发商配套无偿提供及境内企业捐赠等方式，社区办公用房逐步解决。至2009年，全街道除南华社区外的7个社区居委会，均有自主产权的办公用房，其中自建5个，开发商配套提供1个，企业捐赠改建1个。办公用房面积均达到示范性社区公用房标准300平方米以上。

南华大学西校区扩建和城市其他项目的建设，街道联合村的土地相继被征用，房屋被拆迁。为了解决拆迁户的住房问题，2012年，在联合村范围内建成8栋安置房，已有280户拆迁户入住，形成联合安置小区。2012—2013年，在船山西路建成红湘拆迁户安置楼2栋，建筑面积19628.36平方米，入住125户。

2006—2014年，境内先后建成名仕华府、中天星城、中泰峰境、华亿明珠、锦绣雁城、新盛花园、丽天名园、凯富·红叶等商住楼盘。其中中泰峰境，位于红湘南路10号，占地面积10.2万平方米，总建筑面积36万平方米，建有楼梯房6栋、电梯房14栋，总户数2667户，户型为88～310平方米。

社会事业

教育

2001年，境内有幼儿园3所，在园幼儿438人，教师、保育员53人；有公办小学2所（蒸湘北路小学、联合小学），在校生1366人，专任教师81人。有冶金汽修设备厂子弟小学1所、95338部队子弟学校1所；有中等职业院校2所（市广播电视大学中专部、市艺术学校）；有省属高等院校1所（南华大学）。2006年，冶金汽修设备厂子弟小学移交给蒸湘区，并入联合小学。2007年，新建民办小学1所（红太阳小学）。2014年，境内有幼儿园13所，在园幼儿1714人，幼师112人，保育员115人；公办小学2所，在校生1450人，专任教师82人。民办小学1所，在校生379人，专任教师18人；95338部队子弟小学1所，在校学生208人，专任教师18人。小学适龄儿童入学率、小升初升学率、九年义务教育覆盖率均达100%；中等职业院校2所，在校生874人，专任教师153人；省属高等院校1所，在校生35000余人，教职工2360余人。

文化体育

2001年，街道设立文化站1个，村文化活动室1个。2002年，建立社区文化活动中心8个，均配置安装娱乐和健身器材。2003—2005年，居民自发成立群艺表演队、腰鼓队、秧歌队、龙灯队等民间文艺团体，有队员300余人。2007年开始，先后成立7支广场舞队伍，各文艺团体积极参加广场旬旬演和社区周周乐活动。每年春节期间，联合村村民组织200余人的龙灯队参加区、市“闹元宵”活动。2011年，街道成立群众文化艺术团，多次参加区、市演出竞赛活动。2014年，街道有文化站1个，社区文化活动中心8个，社区公共图书室8个，藏书20000册；辖区大中专院校图书馆3所，藏书180万册。境内有衡阳市全民健身中心1所、单位体育场地18个、公共健身场地5处。

医疗卫生

2001年，街道有区管医疗卫生机构9个，其中：区中西医结合医院1所，村卫生室1所，个体私人诊所7家，共有病床60张，医疗卫生工作人员63人。坐落境内蒸湘北路25号的市中医医院有病床800张，医疗卫生工作人员700余人。2002年，区中西医结合医院更名为蒸湘医院。2003年6月，坐落境内解放西路33号的衡阳爱尔眼科医院建成开业，有病床89张，医疗卫生工作人员180人。2007年4月，建立街道社区卫生服务中心1所；8月，区疾病预防控制中心从向农路45号搬迁至境内红湘北路6号。2008年4月，坐落境内解放西路173号的衡阳长江泌尿医院建成开业，有病床20张、医疗卫生工作人员45人。2012年，坐落境内解放西路84号的衡阳远大肛肠医院建成开业，有病床20张、医疗卫生工作人员30人。

2014年，境内有各类医疗卫生机构24个，其中医院5所，疾病预防控制中心1所，卫生监督机构1所，社区卫生服务中心1所，村卫生室1所，个体私人诊所15家。共有病床979张、医疗卫生工作人员1052人。

社会保障

2001年，街道成立劳保服务站，发放医疗救助、临时生活救助等社会救济54人次，合计18900元；2006年发放医疗救助、临时生活救助等社会救济71人次，合计31950元；2009年，发放医疗救助、临时生活救助等社会救济87人次，合计39150元；2014年，发放医疗救助、临时生活救助等社会救济210人次，合计94500元。

2001年，有“五保”户13户，每户每月发放200元；2006年，每户每月发放220元；2009年,有“五保”户56户,每户每月发放220元；2014年,有“五保”户75户,每户每月发放240元。

2001年，辖区有低保户235户，年度发放低保救助金47000元；2006年，启动农村低保工作，有城市低保户150户，年度发放低保救助金6万元，农村低保户10户，年度发放低保救助金2000元；2009年，有城市低保户1260户，年度发放低保救助金504000元，农村低保户25户，年度发放低保救助金5000元；2014年，有城市低保户1785户,年度发放低保救助金714000元,农村低保户50户,年度发放低保救助金10000元。

2008年，启动居民医疗保险和农村新型合作医疗。2008年，城镇居民医疗保险参保7632人，农村合作医疗保险参保350人，共计7982人。2009年，城镇居民医保参保达8250人，农村合作医疗保险参保达510人，共计8760人。2014年，城镇居民医疗保险参保达11680人，新型农村合作医疗保险参保达12610人，共征缴基金120.350万元。

2012年，蒸湘区正式启动城乡居民社会养老保险工作，街道向居民发放领取养老保险存折736本，审核参保登记表2860份。2013年，参保人员970人，发放参保领取存折920本，审核参保登记表4530份。2014年，参保人员达到1713人，征缴基金17.05万元。境内联合村，因征地拆迁，2009年50名失地农民纳入社会养老保险和基本生活保障。2011年，100名失地农民纳入社会养老保险和基本生活保障。2012 年，150 名村民纳入社会保障范畴，共 300 人，征缴基金 135.3974 万元（其中个人 91.2968 万元）。

特色地情

名优特产

衡阳市油漆厂建于1956年6月,生产18大类、上千个品种的涂料、油漆产品。该厂生产的雁峰塔牌油漆产品通过 ISO9001：2000 国际质量体系认证和 3C 认证，被评为衡阳市消费者信赖的品牌和衡阳市名牌产品。该厂已于 2013 年底迁至衡阳市松木工业区。衡阳互感器厂（现名为衡阳市崇业互感器有限公司）生产的电压（电流）互感器、电容器等产品，与特变电工开发研制的系列变压器产品配套，产品质量领先于国际同类产品。

（文字供稿：肖自民　谢鸿飞　图片供稿：衡阳市志办）

华兴街道 >>

区域概况

位置面积

华兴街道因坐落在市华新高新技术产业开发区内而得名。地处衡阳市中心偏西，蒸湘区中部。东与红湘街道为邻，南与联合街道相连，西与雨母山乡、呆鹰岭镇接壤，北与长湖乡搭界。街道办事处驻解放大道11号市高新技术开发区管委会主楼4楼。街道总面积11.6平方公里，其中陆地面积11.52平方公里，占99.31%；水域面积0.08平方公里，占0.69%。辖区东西最大直线距离4.9公里，南北最大直线距离4公里。

建置沿革

1994年10月，衡阳市人民政府设立市华新高新技术产业开发区，将原郊区长湖乡的华新、长胜、互助、光辉4个村析出，由开发区代管。2001年4月，衡阳市行政区划调整，又从长湖乡析出金星、柘里、新侨、农场4个村，由开发区代管。同时，市民政局批准，组建蒸湘区华兴街道，区域范围与市高新技术产业开发区范围一致。华兴街道成立初期，由蒸湘区管辖。2002年5月，市人民政府决定，将华兴街道办事处划归市高新技术产业开发区代管。

行政区划

2001年，辖大吉、大利、金光、银光、紫金、紫银6个居民委员会，下设99个居民小组。另有华新、长胜、互助、光辉、金星、柘里、新桥、农场8个村民委员会，设69个村民小组。2002年1月8日，将大吉、大利2居委会合并为银光社区居委会，将金光、银光2居委会合并为金山社区居委会，将紫金、紫银2居委会合并为银山社区居委会。2005年11月，成立祥光社区居委会。2009年3月，成立祥云、蒸水2个社区居委会。2013年12月，成立青峰、杨柳、祥瑞3个社区居委会。2014年，辖银光、金山、银山、祥光、祥云、蒸水、青峰、杨柳、祥瑞9个社区居委会，下设216个居民小组，另有8个管理处（村民委员会改为管理处），下设69个村民管理小组。

自然环境

境域地处衡阳盆地，地形原为低矮丘陵，后经市高新区建设开发后，地势平坦，境域范围呈长方形。境内属中亚热带季风湿润气候，其特点是：春温多雨，夏秋多旱，夏暑期长，冬寒期短，无霜期长。年均气温18℃左右，年降水量1314.3毫米，年均无霜期293天。主要自然灾害有洪涝、干旱、大风和冰冻。其中，2006年7月、2007

年8月、2014年6月的洪涝和2008年1月的冰冻均造成较大灾害。

人口民族

2001年，辖区总人口16247，其中男8001人，女8246人。2014年，辖区户籍人口总户数25696户，总人口61994人，其中男性31031人，女性30963人，人口密度为每平方公里5344.3人。总人口中以汉族为主，少数民族有土家族、苗族、傣族、回族、壮族、瑶族、蒙古族、白族等，共198人。常住人口总户数23362户，总人口64180人，其中男性32951人，女性31229人。

经济发展

农业

华兴街道成立以来，高开区8个村全部纳入城市总体规划，随着城市建设和项目建设的发展，土地被相继征用。2014年年末，8个村剩余耕地面积172.67公顷，主要是种植蔬菜和葡萄。生猪饲养量1350头，其中出笼1000头。水产养殖面积14公顷，水产品总量106吨。

工业

1992年，市华新高新技术产业开发区批准成立，1995年，第一家高科技企业衡阳镭目科技有限公司进驻园区。2001年，衡阳千山制药机械有限公司落户高开区，生产液体灌装自动线和非PVC膜软袋大输液生产自动线，项目总投资2500万元，年产值1.8亿元。2002年3月，中国企业500强之一的长丰集团旗下的风顺车桥有限公司落户高开区，占地面积10万平方米，总资产4.3亿元，员工2500余人。2004年8月，泰豪（衡阳）通信车辆有限公司，投资2亿元，购地260亩，兴建泰豪（衡阳）工业园，2006年建成投产。2007—2008年，引进工业项目15个，其中投资5000万元以上的项目有：高新起重电器生产线、太阳能平板集热器生产线、输变电设备生产线；投资过亿元的项目有：湖南晶鸿微电子科技有限公司投资的五英寸芯片生产线、紫光古汉衡阳医药科技园、娃哈哈系列饮品生产线。2007年，实现工业总产值15亿元，同比增长50%，实现规模以上工业增加值4.3亿元，同比增长48%。2010年，新建规模工业企业4家：湖南湾田新材料有限公司、衡阳智科电气有限公司、紫光古汉饮源制药有限公司和湖南实盟科技有限公司。实现规模工业总产值32.71亿元，同比增长30.85%，规模工业增加值9.54亿元，同比增长21.94%。2014年，华兴街道辖内有工业企业25家，其中规模以上工业企业23家。实现第二产业增加值13.01亿元，同比增长6.4%，实现规模工业增加值9.1亿元。初步形成了新能源装备制造、军事通信及电子信息、汽车零部件及特种车辆、生物制药、新材料等5大高新技术产业群。税收过千万元的企业有镭目科技有限公司、风顺车桥有限公司和娃哈哈恒枫饮料衡阳公司3家。“紫光古汉”为全国驰名商标。

商贸服务业

2001年，华兴街道8个村内共有商品流通企业72个，从业人员504人，企业总产值1583万元，企业增加值524万元。2003年3月，衡阳市在一环西路傍建设日鑫建材大市场，占地13.33万平方米，总建筑面积20余万平方米，总投资2亿元，是衡阳市专业建材大市场，也是全国中南地区立项排名大型建筑装饰材料集散市场。位于红湘街道解放西路59号西园蔬菜批发市场，创建于1994年，是国家、省、市“菜篮子工程”重点项目，农业部定点农产品批发市场，商务部“双百市场”重点实施企业。2003年，衡阳市人民政府决定在华新开发区头塘（衡州大道 21 号）另行扩建市场，更名为西园农产品批发市场，占地 13.8 万平方米，第一期建成蔬菜交易大棚摊位 120 个，水果交易铺面 162 个、大棚货位 32 个，及水产品市场、冷藏保鲜库、办公大楼等，于 2007 年 1 月 28 日整体搬迁完毕。年成交量 12 亿～15 亿公斤，年交易额 14 亿～16 亿元。位于华兴街道解放大道 43 号的林隐假日大酒店，是由内地、香港合资开办的集餐饮、住宿、休闲、娱乐、旅游为一体的大型园林式超豪华酒店，于 2008 年 2 月开业。酒店占地 9.7 万平方米，建筑面积 4.7 万平方米，拥有 343 间（套）客房、会议室、娱乐室、健身房、餐厅等，其中大餐厅可以同时容纳 500 余人用餐，是衡阳市目前唯一的准五星级酒店。2011 年，衡阳深国投资有限公司在华兴街道解放大道 21 号建成衡阳中心城，总建筑面积 8 万平方米。湖南步步高投资有限公司购买和租赁中心城大部分房产，兴办步步高商业广场，地上 1～5 层营业面积 42000 平方米，地下一层超市营业面积 15006 平方米，2013 年 1 月 25 日开业，成为华新开发区最大的购物、餐饮、娱乐中心。

2014 年，境内有商贸服务网点 3500 余家，职工 11300 余人。实现社会消费品零售总额 11.63 亿元，同比增长 12.8%。其中销售总额上亿元的有中兴网信、湖南民生堂药店连锁有限公司、衡阳沪湘汽车销售服务有限公司、湖南省烟草公司衡阳分公司、王一实业集团公司等 7 家。境内有三泰、君升、万家惠新街 3 个农贸市场，年成交额 4.6 亿元。专业市场有日鑫建材市场和延安路花鸟市场。

财政金融

2006 年，实际财政总收入 1.18 亿元，同比

增长51.48%，首次突破1亿元，增长幅度居全市第一，其中一般预算收入2985.7万元，同比增长40.7%。2010年，完成财政总收入4.7675亿元，同比增长43.43%，一般预算收入9790万元，同比增长37%，2014年，完成财政总收入13.59亿元，同比增长20.6%，一般预算收入3.32亿元，同比增长17.3%。

境内有金融机构26个，其中中国银行营业网点2个，工商银行营业网点2个，建设银行营业网点4个，农业银行营业网点2个，交通银行营业网点1个，农村信用社营业网点2个，邮政储蓄银行营业网点5个，华融湘江银行营业网点3个，中信银行营业网点1个，民生银行营业网点1个，招商银行营业网点1个，广发银行营业网点1个，浦发银行营业网点1个。

美丽的高新技术产业开发区

基础设施

交通运输

2001—2014年，境内已形成“六横八纵”交通网络。“六横”（从南向北）是：蔡伦大道、芙蓉路、解放大道、延安路、白云路、祝融路；“八纵”（从东向西）是：一环西路、长丰大道、光辉街、华新大道、晓霞街、采霞街、岳鹿街、蒸水大道。湘桂铁路、322国道、潭衡（西）高速公路、衡州大道穿越而过。城市公交1、8、19、28、39、101、旅1、小8、夜1、K1共10条线在辖区内营运。长途汽车华兴客运站建在辖区内。驱车10分钟，可上京珠、衡昆、衡炎、衡大、衡岳、衡武、衡邵7条高速公路。

供电饮水

1952年开始，衡阳电厂供电从城区向郊区发展，境内8个村开始用电照明。1960年以前，境内村民饮用池塘水和河水。以后，人民政府号召村、组和人民群众打井，部分村民喝上井水。2000年，衡阳市自来水管延伸到郊区农村，境内村民全部喝上自来水。

房屋建设

街道自成立以后，一直在市高新技术产业开发区管委会主楼的4楼办公，没有独立的办公用房。9个社区居委会通过筹资自建、开发区新建、开发商配套等多种方式，均有了自主产权的办公用房，社区办公和服务用房平均达到800平方米。

境内商住楼建设发展很快，已建成商住楼盘有：香江水岸新城、星凯地产、新城国际、山水华庭、锦绣华府、衡府、钻石城、雅士林、仁济新村、嘉元华府、星月都会、尚书房、鑫都名城、恒大绿州、汇景花园、愉景湾、金雁翔龙、珠江·棕榈园等数十个，共有居民楼栋1120栋。其中恒大绿州建有14栋高层电梯房，总建筑面积55万平方米，拥有4.7万平方米的欧陆风情皇家园林（内含3500平方米的中央御湖），1.6万平方米恒大剧院及商业区，5200平方米的顶级会所，2000平方米的双语幼儿园，确系风光秀丽、配套完善的好住处。

2007—2014年，先后建成长胜小区、互助小区、蒸水花苑（万户村）、金柘小区4个大型安置小区，建有村民安置房179栋。其中蒸水花苑位于高新开发区西南角，占地面积20.4万平方米，总建筑面积24.38万平方米，分三期工程建设，共建成住宅61栋1691户，21.22万平方米。小区充分利用原有地貌的自然环境，依山傍水，钟楼、人工湖、花园、假山一应俱全。内部设有835个车位、142平方米超市、1435平方米的活动中心和1138平方米的幼儿园，小区绿化率45.9%。金柘小区位于长丰大道与解放大道交汇处，至2014年，已建45栋1372户，工程仍在建设中。

社会事业

教育

2014年年末，境内有金色梯田幼儿园、教委幼儿园、苹果树早教中心、华新艺术幼儿园、爱迪生幼儿园、七田阳光早教中心、红黄蓝早教中心、蒸水幼儿园等26所幼儿园，在园幼儿4865人，教师、保育员485人。

2014年年末，境内有华新小学、祝融小学、蒸水小学、417队子弟小学共4所公办小学。另有兴华实验小学1所民办小学。5所小学在校生7976人，教职工410人。小学适龄儿童入学率100%。

2014年年末，境内有衡阳市一中、华新实验中学、船山实验中学3所中学，在校学生9662人，教职工456人。其中，衡阳市一中系湖南省重点中学，湖南省首批示范性高中，全国目标教学研究先进单位，全国青少年素质教育研究基地。

文化体育

2014年，街道有文化站1个，社区文化活动中心9个，华新、光辉、互助3个村建有农家书屋，共有图书50000余册。蒸水社区文化活动中心1500平方米，设有阅览室、娱乐活动室、多功能电脑室、舞蹈排练室等，省、市领导多次视察，受到各级好评。辖区内有老年腰鼓队、广场舞蹈队、交谊舞蹈队等各种文化组织50余个，其中祥瑞社区成立戏曲队、器乐队、模特队等10支队伍，演职人员158人，编排60个成熟节目。街道每年开展广场旬旬演活动2次以上，各社区每年开展社区周周乐活动3次以上。境内有太阳广场、船山广场、生态公园、平湖公园等公众休闲娱乐场所，其中平湖全民文化健身广场，占地面积64亩，建有1个标准足球场、8条400米标准塑胶跑道、3个篮球场、3个网球场、4个羽毛球场、2个排球场。境内还有1个溜冰场、2个室内篮球场、23个露天篮球场、5个室内羽毛球场、5个乒乓球场、48处健身场所。

医疗卫生

2014年，境内有医院5所，其中三级甲等医院2所（坐落在解放大道35号的南华大学附二新院和坐落在光辉街31号的市中心医院妇儿中心），社区医院1所（华新医院，同时挂社区卫生服务中心牌子），专科医院1所（坐落在解放大道24号的衡阳康阳骨科医院），单位医院1所（坐落在解放大道4号的衡阳市417地质勘探队职工医院）。有病床850张，医务人员1500余人。另有

陆家新屋

个体私人诊所35家。

社会保障

2001年，境内城市低保月人均补差120元。2006年，启动农村低保，月人均补差50元。2009年，将3939名失地农民纳入社会养老保险范畴，享受财政补贴7579.26万元。2012年，发放城市低保金688.8万元，发放农村低保金39.5万元；发放医疗救助金31.4万元；参加城镇居民医疗保险18943人，农民参加新型合作医疗10545人，参合率100%；城乡居民社会养老保险累计征缴1559人，缴费17.68万元。2014年，城市低保户1257户、2002人，月人均补差370元；农村低保户118户、188人，月人均补差185元。解决大病医疗救助82户，发放医疗救助金42.9万元。城镇居民人均可支配收入22950元，是2001年8000元的2.87倍；农民人均纯收入16072元，是2001年5000元的3.21倍。

特色地情

陆家新屋 国家AAA景区陆家新屋位于衡阳市高新区新桥村第七组，系清代衡阳籍记名提督、振威将军陆成祖（1838—1891）于光绪七年（1881）建造。陆家新屋依山傍水，坐北朝南，砖木结构，二进四厢，共有房屋32间，建筑面积2170平方米。墙为青砖墙，屋顶盖小青瓦，楼面扎木板，圆木梁柱和横梁上雕饰有镀金龙凤花草。正面建四扇山墙，墙上画有古代人物，嵌有清代瓷盘和护墙铁杆。窗上雨棚设有浮雕。是罕见的晚清民居建筑。1945年日寇进犯衡阳时，日军黑濑联队曾将陆家新屋作为指挥部。2006年6月，经湖南省人民政府批准，陆家新屋为省重点文物保护单位。2008年，衡阳市将陆家新屋开辟成抗战纪念馆。

（文字供稿：王准　龙睦习　图片供稿：衡阳市志办）

联合街道>>

区域概况

位置面积

联合街道是由原衡阳市郊区、城南区各一部分地域联合组成因而得名。地处蒸湘区东南部，东与雁峰区天马山街道相邻，南与雁峰区岳屏镇、雁峰街道相接，西与蒸湘区雨母山乡、华兴街道相连，北与红湘街道交界。街道东西最大直线距离1.5公里，南北最大直线距离5公里，总面积4.5平方公里，其中陆地面积4.4平方公里，占98%；水域面积0.1平方公里，占2%。街道办事处驻意兴社区西站正街8号。

建置沿革

2001年5月，衡阳市行政区划调整时蒸湘区新组建联合街道，由原城南区西站街道的西站、洪家湾、幸福路、大栗新村、风口、张飞岭、南三角线7个居委会和增设的莲子塘、麻家塘、意兴、樟木塘、杏花村5个居委会以及原郊区湘江乡的杨柳村，岳屏乡的岳屏村、北塘村3个村委会组成。

行政区划

2001年年末，辖西站、洪家湾、幸福路、大栗新村、风口、张飞岭、南三角线、莲子塘、麻家塘、意兴、樟木塘、杏花村12个居委会和杨柳、北塘、岳屏3个村委会，下设97个居民小组、24个村民小组。2002年1月，将12个居委会划分调整为8个社区居委会，即：意兴、张飞岭2个居委会合并为意兴社区居委会，幸福路、樟木塘2个居委会合并为幸福路社区居委会，莲子塘、杏花村、麻家塘3个居委会合并为莲子塘社区居委会，将南三角线、洪家湾、风口、大栗新村、西站居委会改称社区居委会。2014年，街道辖意兴、幸福路、莲子塘、南三角线、洪家湾、风口、大栗新村、西站8个社区居委会，下设122个居民小组。杨柳、岳屏、北塘3个村民委员会改为村管理委员会，下设27个村民管理小组。

自然环境

区境处于衡阳盆地，境域范围呈斜长方形，地势东北低、西南高。境内属中亚热带季风湿润气候。其特点是：气温多变，雨季明显，夏秋多旱，夏暑期长，冬寒期短，无霜期长。年均气温19.1℃，年降水量1314.3毫米，年平均无霜期为293天。主要有洪涝、干旱、大风和冰冻等自然灾害。其中，2006年7月的洪涝、2007年8月的洪涝、2008年1月的冰冻、2014年6月的洪涝均造成一定损失。

人口民族

2001年年末，户籍总户数12228户，总人口38199人，其中男性20565人、女性17634人。2014年年末，户籍总户数15451户，总人口41614人，其中男性21862人，女性19752人。常住人口总户数14133户，总人口43546人，其中男性22343人，女性21203人。出生率9.4‰，死亡率6.8‰，自然增长率2.6‰。人口以汉族为主，少数民族有土家族、苗族、侗族、傣族、回族、壮族、蒙古族、白族、彝族、满族、布依族、维吾尔族，共164人。人口密度为每平方公里9248人。

经济发展

经济综述

联合街道是蒸湘区的工业重地，2014年，境内有工业企业56家，其中规模以上企业33家，完成工业总产值156.15亿元。境内商贸服务业发达，2014年，杨柳汽车贸易街区销售总额达28.8亿元，社会商品销售总额达32.41亿元。由于城镇化建设，街道耕地面积日益减少，2014年，境内耕地只有2001年的32%，农业生产以种植蔬菜、养殖生猪、水产为主。

农业

种植业以水稻、蔬菜、花生为主。2001年，街道水稻种植面积184.13公顷，总产量792吨；花生播种面积0.67公顷，总产量1.5吨；油菜播种面积0.33公顷，总产量0.5吨。2014年，街道剩余耕地59公顷，其中种植水稻40.67公顷，总产266.45吨；种植蔬菜23.87公顷，总产量786吨。养殖业以猪、鸡、水产品为主。2001年，街道生猪出栏2250头、鸡出笼6790羽，水产品总量276吨。2014年，生猪饲养量16714头，出栏11966头；鸡饲养量0.3万羽，上市0.23万羽；水产养殖面积9.67公顷，水产品总量37吨，总产值33万元。

工业

联合街道是全区工业生产重地。20世纪70年代至80年代，杨柳村创办了酒厂、针织厂、红砖厂、硫酸厂、石灰石厂、氧化锌厂、五金厂和印刷厂。以上8个村办工业企业，有的运行了3年、5年，最长的生产经营了18年，最终由于缺乏管理人才，经营不善，大部分亏损，至1988年全部关闭。1993年，杨柳村投资1000余万元，创办异型钢管厂，生产异型钢管，投产一年后，因经营亏损，遂将工厂租赁给南方工贸公司；北塘村1965年创办红砖厂，生产经营了22年，因无泥土来源于1987年停办。1971年创办农机厂，1992年创办金刚石厂，两厂分别经营3—5年后，因无优质产品，无法占领市场，终被市场经济所淘汰。1991年创办工具厂，拥有一流的机械设备，主要生产项目为机械加工、冷作、铸造和抗酸、耐磨各种铸钢件，收到好的生产效益；岳屏村1965年创办综合厂，主要编织渔网，锻造锄头、耙头，年产值不足万元。1978年后，该厂广开生产门路，转为生产出口皮手套，综合厂更名为岳屏皮件厂，由于皮手套质量好，被广州进出口公司定为免检产品，远销欧洲、北美洲、南美洲、大洋洲4大洲的9个国家，加之另外生产高低电器控制设备、电子报警的保险柜和文件柜，年产值380万元，使企业跃上新的台阶。1989年创办铸钢厂，生产经营一段时间后，终因质量问题而解体。

境内民营工业企业13家，国有、集体工业企业20家，2002—2014年，这些企业均完成产权制度改革。2006年，衡钢（集团）有限公司征地58.4公顷，在境内创建衡钢钢管深加工产业园，到2014年，园区入驻企业30家，实现工业总产值40亿元，上缴税金1亿余元，2010年12月26日，被工信部批准为国家新型工业化产业示范基地。2014年，街道范围内有含衡钢（集团）有限公司和衡钢钢管深加工产业园在内的工业企业56家，从业人员15910人，实现工业总产值158.15亿元。其中，规模以上工业企业33家，从业人员14120人，规模工业总产值96.29亿元。

商贸服务业

2001年，境内有商品流通企业和饮食服务企业375家，职工1166人，销售总额3043万元。2003年，区委、区政府在该街道杨柳村创建杨柳汽车贸易销售街区，到2014年，入驻企业36家，经营北京现代、上海大众、广汽本田、东风标致、一汽丰田、长安、五菱、奥迪、宝马、奔驰等36个汽车品牌，销售总额28.8亿元，上缴税金2937万元，其中国税1798万元，地税1139万元，成为衡阳市第一大乘用车（轿车）专业销售市场。2005—2013年，街道先后引进金海岸洗浴中心、德瑞宾馆、海福商务酒店、七天四季酒店、春满园酒店、汉庭酒店、衡阳恒昇置业有限公司、衡阳千级贸易有限公司、湖南宏诚投资有限公司、湖南智恒电梯销售、安装有限公司、湖南科技高新工程检测有限公司等商务实体建成开业。2014年，境内有商贸服务业762家，涉及百货、副食南杂、住宿餐饮、美容、美发、医疗、药品、运输、通信、休闲娱乐等，从业人员2231人，社会商品零售总额32.41亿元。城乡集贸市场有兴

全球最大的无缝钢管生产基地——华菱衡钢

衡钢钢管深加工产业园区

雁、罗家井、衡钢、北塘4个，年成交额2.8亿元。境内有规模以上服务企业4个，从业人员781人，年营业收入1.5亿元。

财政金融

街道财政包含上级专项转移支付收入、区级平衡收入、部分税收分成。2001年，街道财政收入163.24万元，财政支出162.41万元。2014年，财政收入568.59万元，财政支出568.59万元。

辖区内金融机构有农业银行衡阳市蒸湘区支行1个，中国银行营业网点2个，工商银行营业网点2个，农村信用社营业网点2个，邮政银行营业网点1个，华融湘江银行营业网点1个。

基础设施

交通运输

联合街道地处城郊接合部，成立之初，基础设施较差，没有一条高标准高质量的道路。已有的衡祁路、天马山南路、幸福路、两路口等街道路面破烂不堪，随着城市建设步伐加快，基础设施不断完善。2001年，修建一环西路（后改为蔡伦大道），2004年建成；2002年，启动红湘南路建设，2009年建成；2005年，对两路口、天马山南路进行提质改造；2006年，修建雁城西路，2009年建成；2010年，启动衡州大道建设，2013年建成；2013年，对西站正街、雁城西路、皂塘路、幸福路进行提质改造；2014年，对蒸湘南路、衡州大道、蔡伦大道3条城市主次干道的两厢进行提质改造。3个村的村级公路均已到组到户，路况良好。

水利建设

1958年10月，杨柳村修建上马塘小（二）型水库1座，坝高7米，库容18万立方米，可灌溉33.33公顷。20世纪70年代初，周边群众为了农田灌溉修建一条连接湘江的水渠，取名幸福河。该水渠流经联合街道杨柳村和北塘村，共计

2.5公里。随着城市建设的发展，幸福河两岸陆续建起氮肥厂、钢管厂、中药厂、啤酒厂等20多家企业和居民区，由于大量工业废水和生活污水排入河内，致使河水严重污染。衡阳市人民政府部署从2014年9月开始，对幸福河进行彻底改造。

供电饮水

民国33年（1944），街道城区通电，农村则继续使用煤油照明。1965年，衡阳市供电部门在郊区湘江公社水东大队第七生产队修建乌鸡塘变电站，1966年3月投产，随之境内3个村全部通电。2006年，蒸湘区全面完成农村电网改造，实现同网同价。2013年6月，实行“两电分离”（生产、生活用电），农村电价大幅下降。

中华人民共和国成立后相当一段时期，境域农民全部喝塘水或自然井水。1984年，郊区人民政府把饮水安全问题摆在重要位置，号召村、组人民群众打井，至1994年，全街道农村手压机井共800余口。1989年，衡阳市自来水管延伸到城区农村，3个村的村民全部喝上自来水。

房屋建设

街道成立之初，租用岳屏招待所六楼作为办公场所，2007年6月，购买西站正街8号650平方米商品房办公，2010年4月，增购550平方米的办公用房，共计1200余平方米。8个社区刚成立时，均没有自己的办公用房，全靠租、借坐落单位的一两间办公室办公。2004年6月，街道通过多方争取资金，加之区政府采取“以奖代投”方式，幸福路社区在全市第一个自建办公楼，建筑面积570平方米。以后，街道先后投资164万元为南三角线、莲子塘、风口、大栗新村4个社区分别建设了独立办公楼，总面积1567平方米。意兴社区从坐落单位协调301余平方米房屋用于办公。西站、洪家湾2个社区租房办公。

2002—2014年，境内先后建成怡馨花地、衡阳名郡、香榭丽舍、华亿玉锦名城、湘粤名城、鸿昌花园等商住楼盘。其中，衡阳名郡于2011年7月建成，建筑面积20万平方米，总住户1500户，可入住5000余人；湘粤名城占地8万平方米，建有5栋28层高的电梯房，15000平方米的中心园林，8000平方米的商业区，1900平方米的国际双语幼儿园，总建筑面积27万平方米，并安排2057个停车位。

随着重点工程项目增多，村民土地逐渐被征用，房屋拆迁户不断增加，为解决拆迁户住房问题，辖区内先后建成长湾塘小区、岳屏小区、叠翠山庄、北塘新村4个安置小区，已有4800余人入住安置房。

社会事业

教育

2001年，境内有衡钢幼儿园、乖乖幼儿园2所幼儿园，在园幼儿696人，教师、保育员62人。有北塘、岳屏、杨柳、胜利、西站路、衡钢、三厂子弟学校（市氮肥厂、市汽车制配厂、市三建公司子弟学校）7所小学，在校学生3270人，专任教师175人。有衡钢中学、衡阳市六中2所中学，在校学生3786人，专任教师281人。2003年，熊倪幼儿园开园。2005年，泓水幼儿园、双语幼儿园开园。2006年1月，三厂子弟学校整体移交给蒸湘区，改名为蒸湘南路小学。是年，衡钢小学校长李竹华被教育部评定为全国优秀教师。2011年，金太阳幼儿园开园。2012年，杨柳小学由衡钢小学托管。2013年，蒸湘南路幼儿园、星之源幼儿园开园，启明星智障儿童康复中心成立。2014年5月16日，杨柳小学改扩建后更名为蒸湘区第三实验小学，成为寄宿制民办学校。

2014年，境内有幼儿园14所，在园幼儿1423人，幼师94人。有小学8所，在校学生5072人，专任教师314人。小学适龄儿童入学率、小升初升学率、九年义务教育覆盖率均为100%。有中学2所，在校学生4352人，专任教师314人。

文化体育

文化 境内农村有玩狮灯、耍布龙舞、纸龙舞的传统习惯。20世纪50年代后，境内各小学广泛开展演唱、打腰鼓、扭秧歌等庆祝活动。1975年，全国推广小靳庄经验，农村各大队开展群众性唱歌、跳舞、写诗、作文等活动。1994年5月1日，北塘村龙狮队代表湖南省出席在福建福州市举行的全国农民舞龙大赛，获团体总分第3名。2001年，街道设立文化站1个，村文化活动室3个。2002年，建立社区文化活动中心8个。有公共图书室11个，藏书28000余册。2014年，街道及社区图书室藏书40000册，有3个农家书屋，藏书4500册。境内有劲通广场、石化广场、大栗新村文化广场、西山文化广场。辖区群众文化组织，有幸福路老年腰鼓队、新衡家属区广场舞蹈队、香榭丽舍广场舞蹈队、梦馨苑广场舞蹈队、老干所老年锻炼队、水文局广场舞蹈队、衡钢社区怡趣园老年合唱团、衡钢太极拳队、衡钢柔力球队、衡钢广场舞队、燃料所广场舞队、恒升广场舞队、南三角线社区腰鼓队、南三角线社区文艺队、南三角线社区健身队等15支队伍，人员350人。社区文艺队伍参加全区各种比赛，获一等奖1个、二等奖2个、三等奖5个。

体育 境内有室内篮球场1个，露天篮球场8个，足球场1个，羽毛球馆2个，乒乓球馆3个。8个社区均安装健身器材。坐落在莲子塘社区的熊倪跳水学校、市游泳跳水中心，属湖南省跳水人才基地，为国家培养了世界冠军何敏等大批优秀运动员。2005年，衡钢（集团）有限公司职工李梅英在第四届湖南省工会运动会株洲“金龙杯”保龄球赛中获女子个人第1名。2006年，衡钢（集团）有限公司获湖南省职工体育工作先进单位。2009年，衡钢小学学生唐雨蕊参加澳门国际武术精英赛，获少儿组第1名。

医疗卫生

2001年，街道有区管医疗卫生机构14个，其中村卫生室3所，个体私人诊所11家，共有医务人员15人。坐落在境内天马山南路20号的衡阳市第二精神病医院，有病床370张，医务人员293人；坐落在大栗新村10号的衡钢集团公司职工医院，有病床120张，医务人员75人。2005年5月，坐落境内蒸湘南路4号的衡阳男科医院建成开业，有病床23张，医务人员46人。2007年4月，成立街道社区卫生服务中心1所、衡钢社区卫生服务中心1所。2008年，坐落在解放西路11号的衡阳长江泌尿医院建成开业，有病床60张，医务人员59人。2014年，境内有各类医疗卫生机构39个，其中医院4所、社区卫生服务中心2所、村卫生室3所、个体私人诊所30家。共有病床616张，医务人员555人。

社会保障

2001年，发放医疗救助、临时生活救助等社会救济30人次，合计16000元；2006年，发放医疗救助、临时生活救助等社会救济60人次，合计31098元；2009年，发放医疗救助、临时生活救助等社会救济76人次，合计39320元；2014年，发放医疗救助、临时生活救助等社会救济129人次，合计69719元。

2001年，有“五保”户1户，每户每月发放200元；2006年，每户每月发放220元；2009年，有“五保”户2户，每户每月发放220元；2014年，有“五保”户4户，每户每月发放240元。

2001年，有低保户435户，年度发放低保救

埋葬衡阳保卫战之第十军将士忠骨的胜利山

助金 87000 元；2006 年，启动农村低保工作，有城市低保户 870 户，年度发放低保救助金 348000 元，农村低保户 12 户，年度发放低保救助金 2400 元；2009 年，有城市低保户 1460 户，年度发放低保救助金 584000 元，农村低保户 30 户，年度发放低保救助金 6000 元；2014 年，有城市低保户 2148 户，年度发放低保救助金 859200 元，农村低保户 46 户，年度发放低保救助金 9200 元。

2008 年，启动居民医疗保险和农村新型合作医疗。2008 年，城镇居民医疗保险参保 9136 人，农村合作医疗保险参保 3443 人，共计 12579 人。2009 年，城镇居民医保参保 9336 人，农村合作医疗保险参保 4092 人，共计 13428 人。2014 年，城镇居民医疗保险参保 12004 人，新型农村合作医疗保险参保 4889 人，共计 16893 人，征缴基金 140.787 万元。

2009 年，杨柳村 117 名失地农民纳入社会养老保险和基本生活保障。2010 年，岳屏村 365 名失地农民纳入社会养老保险和基本生活保障。2011 年，北塘村 520 名失地农民纳入社会养老保险和基本生活保障。2012 年，再次解决杨柳村 1 ~ 4 组和北塘村 5 ~ 7 组 248 个失地农民纳入社会保障体系，征缴基金 591.23522 万元（其中个人 398.5752 万元）。2012 年，正式启动城乡居民社会养老保险工作。2013 年，参保人员 840 人。2014 年，参保人员达到 1169 人，征缴基金 11.63 万元。

特色地情

衡阳保卫战战场——胜利山 原名张家山，原属衡阳市城南区范围，2001 年 5 月，行政区划调整划入蒸湘区联合街道。位于街道办事处对面约 100 米处，海拔 103 米。1944 年，侵华日军进犯衡阳，国民革命军第 10 军预 10 师据守此山，与敌人发生过多次肉搏战，打退日军多次进攻，重创日军 2 个联队，成为衡阳保卫战中最惨烈的战场之一，3900 余具将士的忠骸集体埋葬在张家山。为了纪念阵亡将士，张家山被改名为“胜利山”。2014 年 12 月，市委、市政府派人考察，规划在原址建设衡阳保卫战纪念园。

（文字供稿：周平　蔡源　图片供稿：衡阳市志办）

呆鹰岭镇 >>

区域概况

位置面积

呆鹰岭古名为“崖鹰岭”，后取“崖”的方言谐音“呆”而得名。东与华兴街道和长湖乡隔蒸水河相望，南与雨母山乡相连，西与衡阳县樟树乡接壤，北与石鼓区角山乡和衡阳县板市乡毗邻。总面积29.6平方公里，其中陆地面积27.12平方公里，占91.62%；水域面积2.48平方公里，占8.38%。东西最大直线距离8公里，南北最大直线距离7.6公里。镇人民政府驻新阳社区呆鹰岭正街1号。

建置沿革

隋时属衡阳县。清乾隆二十一年（1756），衡阳县分为衡阳、清泉二县，属衡阳县。新中国成立初期属衡阳县第三区。1952年，为第十六、十七区。1956年，撤区并乡时，为角山、板桥、集福3个乡。1958年，属跃进、东风人民公社。1961年，始建立板桥区，辖角山、潮江、杉桥、石元、板桥、樟树、呆鹰岭、松木8个人民公社，区公所驻呆鹰岭。1981年，板桥区更名为呆鹰岭区。1984年4月，呆鹰岭人民公社改称呆鹰岭镇。1995年5月，撤区并乡，由板桥区更名的呆鹰岭区改称为呆鹰岭镇，由老呆鹰岭镇、板市乡、樟树乡组成。2001年4月，衡阳市行政区划调整，将老呆鹰岭镇及所辖的11个村、2个居委会和板市乡的土桥村、堰头村划归蒸湘区。2001年12月6日，呆鹰岭街、新民街两个居委会合并为新阳社区居委会。

行政区划

2001年，辖呆鹰岭街、新民街2个居民委员会，高岭、松陂、振兴、中心、新平、鸡市、同康、溪田、新民、中平、新阳、土桥、堰头13个村民委员会，下设6个居民小组，149个村民小组。2014年，辖新阳1个社区居委会和13个村民委员会，下设7个居民小组，149个村民小组。

自然环境

镇北部多山峦，以丘陵岗地为主，相对高度10～60米，坡度5～15度，丘陵地质年代以白垩系、新生界第三系为主，以紫红色砾岩、页岩为主体，易于风化，俗称“见风消”。西北部高岭海拔120米，为全镇最高点；西南部有小型平原坪底町，长2公里，宽1公里，有水田面积233.33公顷。镇域处亚热带湿润气候区，雨量充沛，四季分明，春夏多雨，秋冬干旱，冬寒夏热。年平均降水量1290.02毫米，年平均降水天数162天。

年平均气温17.9℃，年平均无霜期293天。境内土壤分为水稻田、紫色土、红壤和潮土四大类。镇域属湘江水系，湘江一级支流蒸水河自鸡市村上市组入境，由西向东贯穿全镇14.7公里，经石鼓嘴汇入湘江。二级支流杉旭河经石狮港流入蒸水河，全长4.7公里。三级支流有鸡市引河、旭东河两条。鸡市引河长3公里，经鸡市村上市组流入蒸水河；旭东河长0.6公里，经堰头村褚大屋河口流入杉旭河。境内地下水资源丰富，矿产资源主要为紫色页岩，地质储量600余万立方米。

人口民族

2001年，户籍人口总户数7444户，总人口27224人，其中男性14260人，女性12964人。2014年，户籍人口总户数11070户，总人口30046人，其中男性15324人，女性14722人。人口出生率18.2‰，死亡率2‰，自然增长率16.2‰。少数民族有土家族、苗族、瑶族、壮族等14个，共49人。人口密度为每平方公里1015人。

经济发展

经济综述

呆鹰岭镇是蒸湘区重要农产品生产基地，2014年，全镇产粮7142.42吨，产蔬菜1.34万吨，出栏生猪16.5万头，生猪产量居全区之首。2006年以来，该镇工业发展迅速，至2014年，全镇有工业企业46家，工业总产值65亿元。2005年后，该镇商贸服务业发展较快，2014年，全镇社会商品销售总额达3.77亿元，比2001年销售总额810万元，增长了48倍。

农业

镇内农业种植以水稻、蔬菜为主。1950年，开始试验水稻单季改双季，1955年在全镇推广。1958年成立人民公社后，连遇三年自然灾害，粮食减产。1962年，改进耕作制度，推行“稻—稻—绿肥”两年五熟制，以地养地，提高稻田肥力，加强病虫害防治。同时，淘汰高秆品种，大面积推广以“珍珠矮”“农垦58”等矮秆品种为主的水稻新品种，粮食产量逐步提高。1976年，开始推广杂交水稻品种，实行“早常晚杂”，推广“稻—稻—油菜”耕作制。1982年，开始试种双季杂交稻，取得成功。1983年，全镇大面积种植双季杂交稻，早稻广泛采用湿润育秧为基础的泥浆塌谷加覆盖物和薄膜低拱育秧，早稻烂秧现象得以基本克服，粮食产量向吨粮田发展，亩产提高到830公斤。1996年推广软盘育秧抛秧技术。2001年，全镇水稻种植面积1012公顷，总产6260吨；油料种植面积15公顷，总产21.5吨；蔬菜种植面积55.87公顷，总产1026吨；瓜果种植面积12.33公顷，总产280吨；2012年，同康、中心、振兴、新阳、松陂、土桥6个村发展成无公害蔬菜生产基地，面积533.33公顷，总产13400吨。中平村村民刘景龙，承包稻田26.67公顷，年产粮20万公斤，获湖南省种粮大户称号。2014年，全镇粮食种植面积1167.47公顷，粮食总产量7142.47吨；蔬菜种植面积485公顷，总产1.34万吨；草莓22.33公顷，产量670吨。

养殖业以生猪、家禽、水产为主。2001年，全镇出栏生猪5429头，出笼家禽43800羽，水产品总量477吨。2012年，振兴村依托蒸湘外资出口良种场，年养殖生猪2.2万头，成为全省生猪养殖专业村之一。松陂、新阳、溪田、鸡市等村，发展年喂养100头以上的规模猪场84个，形成标准化的生猪养殖基地。2014年，全镇生猪猪饲养量21.73万头，出栏16.5万头；鸡饲养量38.82万羽，上市29.98万羽；水产养殖面积

230.8 公顷，水产品总量 1252 吨。

工业

1973—1994 年，境内松陂、高岭、同康、堰头、新阳等生产大队（村），兴办了一批集体工业企业，主要有印刷、建筑、制砖、玻璃、农具、酿酒等行业，其中较具规模的企业有呆鹰岭印刷厂，雨联、新阳、柘里红砖厂。2001 年，境内有工业企业 47 家，从业人员 228 人，工业企总产值 1239 万元。2004 年，引进客商罗玉国投资 100 万元，对已经倒闭的鸡市砖厂进行维修和设备更新，盘活了砖厂，年创纯收入 60 万元。2005 年，先后引进鹏洋食品包装有限公司、湘变电工制造有限公司、花香实业有限公司、华瑞高压电力电器有限公司、东瑞生物化工有限公司 5 家企业，镇、村积极做好各项服务工作。2006 年 12 月 13 日，经衡阳市人民政府批准，呆鹰岭镇成立中小企业聚集区（后改为中小企业创业园）位于呆鹰岭镇溪田、同康、新阳、新平、振兴、鸡市、中平 7 个相连村范围，占地面积 40 万平方米，建设标准厂房 60000 平方米，到 2012 年，先后有 32 家企业入驻，涉及机械、电子、冶金、制冷、医药器械、玻璃制品、纸业加工、农产品加工等多个行业，实现工业产值 13.2 亿元，上缴税金 3000 余万元。2014 年，全镇有工业企业 46 个，从业人员 7562 人，实现工业总产值 65 亿元。其中规模工业 14 家，从业人员 4803 人，规模工业总产值 32.63 亿元。

商贸服务业

民国时期，境内商品交易以农村墟场为主，乡民隔三五日赶集（俗称赶场），交易农副产品和日常生活用品。1950 年春，鸡窝山成立供销合作社，为县内最早成立的两个集体合作社之一。同时，政府鼓励支持开展城乡物资交流，农村墟场贸易活跃。1958 年以后，商业贸易实行计划经济，大部分生活必需品和农副产品实行计划购销。“文化大革命”期间，集市贸易严格禁止。1978 年后，实行改革开放政策，国家允许个体经商，此后，个体私营商业发展迅速。2001 年，全镇有商品流通和饮食服务企业 175 个，职工 312 人，销售总额 810 万元。2005 年，新阳至鸡市路段发展酒家、饭店 34 家，鸡窝山饮食一条街初步形成。创建于 1993 年的呆鹰岭菜市场，因年久失修，设施严重受损，特别是历经 2008 年冰灾后，整个菜市场破烂不堪。2013 年，该镇引进资金 320 余万元，对菜市场进行全面改造，于 2014 年底建成一个占地面积 3500 平方米，拥有 45 个摊位，全封闭式钢结构的现代农贸市场。2014 年，全镇有商贸服务网点 498 个，职工 1531 人，社会商品销售总额 3.77 亿元，其中限额以上商业企业 3 家，限额以上消费品零售总额 8259.7 万元。城乡集贸市场 1 个，年成交额 600 万元。

财政金融

1995 年撤区并乡，撤销呆鹰岭区公所，樟树乡、板市乡并入呆鹰岭镇，设立呆鹰岭、樟树、板市三个责任区。1998—1999 年，衡阳县财政体制改革，设立乡镇财政金库试点定在呆鹰岭镇，1999 年，完成财政收入 679.78 万元，财政支出 369.95 万元；2000 年，财政金库试点取消，当年完成财政收入 410.54 万元，财政支出 307.49 万元；2001 年 4 月，行政区划调整呆鹰岭镇责任区划入衡阳市蒸湘区，樟树、板市两个责任区仍留在衡阳县。当年完成财政收入 316.37 万元，财政支出 315.82 万元。2002 年，农村税费改革，取消乡统筹费、农村教育集资费、屠宰税、农业特产税，调低农业税税率，完成财政收入 184.39 万元；2004 年，完成财政收入 665 万元；2012 年，完成财政收入 919.3 万元；2014 年，完成财政收入 1723.22 万元，财政支出 1723.22 万元。境内有金融机构 3 家，其中商业银行 1 家、农村信用社 1 家、邮政储蓄1家。

基础设施

交通运输

境内有315省道和蒸阳大道贯彻全镇。315线连接衡阳市和邵东县，蒸阳大道连接市高新技术产业开发区和衡阳县西渡镇。2005—2009年，全镇13个村全部修通水泥公路，通村公路全长53.9公里。2009年，建成呆鹰岭镇客运站。境内有102、104（原4路）、340（原40路）、141（原41路）4条公交线路和衡汽集团1条衡西专线营运。流经境域的蒸水河有桥梁3座，即柘里桥、蒸阳桥、珠江·合创大桥，珠江·合创大桥由广东珠江合创公司开发承建，2011年11月动工，2012年年底通车。总投资4400万元，大桥全长217米，宽15米，双向4车道，锥形主拱跨度128米。采用智能化远程控制、人车分流设计，全桥安置6种灯光景观、4种喷泉景观，系全国第二座水幕景观大桥。2013年11月，衡西快速干线开工建设，呆鹰岭镇段全长5.5公里，宽55米，双向6车道，贯穿新民、振兴、高岭3个村。

珠江·合创大桥

水利建设

中华人民共和国成立后，全镇建成松陂水库、四塘水库 2 座小（二）型水库，库容量分别为 16 万立方米、11 万立方米。1964—1974 年，修筑蒸水西岸防洪堤，并修建排渍机埠 4 处，总功率 195 千瓦；修建灌溉机埠 13 处，总功率 345 千瓦；修筑排渍、排灌水渠 1 万米，整修水塘 500 余口，灌溉农田 933.33 公顷，基本达到旱涝保收。1975 年修筑杉旭河堤、旭东河堤、鸡市引河堤。2003 年投资 300 万元扩建拾狮港涵闸。2004 年重新整修、新建山坪塘 200 口（原有 800 口）。2008 年投资 400 万元对松陂塘水库、四塘水库大坝整修除险加固。2010 年投资 800 万元对杉旭河土桥、堰头段涵闸进行改造和堤防加固。2011 年筹资 350 万元修建伍家港排渍机埠；投资 40 余万元打井 42 口，用于灌溉抗旱；投资 1000 余万元，对新阳村蒸水西堤进行除险加固。2014 年开工建设蒸水防洪堤鸡市段保护工程和蒸水西堤南段风光带。

邮政通信

民国 32 年（1933）8 月，鸡窝山、呆鹰岭设立邮政代办所。邮件投递主要靠代办所和信柜捎带、留交或收件人前来认领。1950 年开通衡阳过境至板桥的自行车邮路，全长 12 公里。1963 年，邮路开通至各生产大队（村），邮件直接传递到生产大队（村）或直接投送到户。2014 年，镇内设邮政局 1 处，代办所 1 处。邮政总业务量 400 余万元，报纸、杂志累计期发行 21.2 万件，邮政业务纯收入 80 余万元。

1973 年 3 月 23 日，呆鹰岭开通至衡阳市长途自动电话。1987 年 12 月，开通西渡至呆鹰岭特高频电话。2014 年，镇内有电信企业 1 家，服务网点 1 个，电话交换机总容量 0.6 万门，固定电话用户 1420 户，移动电话用户 13100 户，互联网用房 2843 户。

供电饮水

1984 年，农电站建成，1998 年，呆鹰岭镇供电所建成，有高压线路 6 条，总长度 245 公里，用电负荷 1.8 万千伏安。2010 年，全镇 13 个村全部完成农网改造。

2002—2008 年，在新阳村、鸡市村打深井 10 口，解决 1500 余人的安全饮水问题。2010 年，在鸡市村建水厂 1 座，总投资 580 万元，解决 10100 人的安全饮水。2012 年，城区自来水管穿越蒸水河，延伸至呆鹰岭镇，覆盖全镇 30% 人口。同年各村打井 38 口，解决 8100 余人的安全饮水。至此，全镇常住人口全部喝上自来水或安全井水。

房屋建设

镇办公楼始建于 20 世纪 60 年代，后经多次维修，2014 年进行部分改造。全镇 13 个村，原村部办公室大多数设在村小学，同康村和堰头村的村部办公室还设在村民家中。为了改变这一状况，2005—2011 年，经镇、村共同筹资，先后对松陂村、振兴村、新阳村、中平村、鸡市村、土桥村、堰头村、同康村、高岭村、新平村 10 个村部进行了选址新建，建筑面积最大的为 1000 平方米，最小的为 102 平方米。

2010 年，由珠江合创公司投资兴建的愉景新城，坐落在新阳村境内，占地面积 21.2 万平方米，总建筑面积 130 万平方米，集住宅、商业、写字楼、酒店、公园于一身。其中，住宅区可容纳 3 万居民，国际商业中心占地 10 万平方米，滨江生态公园占地 8 万平方米，拥有 2 万平方米的中心广场、3000 平方米的城市阳台、1 公里长的空中观景艺术长廊、国际羽毛球运动中心及 AAAAA 甲级写字楼等，整体绿化面积达 40%，是衡阳市首个具有国际宜居标准的滨江都市综合体。

2011—2014 年，全镇启动 3 处安置房工程建设。其中，中平村安置房工程，占地面积6.4万平方米，16栋安置房面积12.1万平方米；振兴村有瓦屋安置点和香花安置点，共计占地面积3.33万平方米，12栋安置房面积3.83万平方米。

社会事业

教育

清代，私塾教学是主要教育形式。民国时期，私塾与新学并存。1949年10月中华人民共和国成立后，人民政府发展教育事业，农村小学实行“乡学乡办”。1969年，农村小学办学下放到生产大队，统称大队小学。1978年中共十一届三中全会后，农村小学教育发展走上正轨，形成一个大队（1984年后大队改称村）办一所公办小学的格局。

境内中学教育发展较晚。民国36年（1947年），原湖南省私立新民中学迁址呆鹰岭晓云山，开启境内中学教育。1959年，改私立新民中学为衡阳县办第六中学。呆鹰岭中学其前身是始建于1942年的启明小学，1952年，与新民完小合并为呆鹰岭完小，1968年，升级为呆鹰岭公社中学，1980年，与呆鹰岭区办高中合并为呆鹰岭中学。2001年，境内有幼儿园3所，在园幼儿423人，教师、保育员54人；小学12所，在校生2115人，专任教师185人；中学1所（呆鹰岭中学），在校生1013人，专任教师78人。县属高中1所（衡阳县六中）。2012年，境内有幼儿园12所，在园幼儿1389人，教师、保育员219人。小学8所，在校生1907人，专任教师166人，小学适龄儿童入学率、小升初升学率均达100%。中学1所，在校生878人，专任教师76人。另有县属高中1所、民办中学1所。九年义务教育覆盖率100%；民办高等院校1所（湖南科技经贸职业学院），在校生12000余人，专（兼）职教师520人。2014年，境内有幼儿园7所，入园幼儿895人，幼师50人。小学8所，在校学生1928人，专任教师155人，中学1所，在校学生925人，专任教师68人。

文化体育

2001年，镇有文化站1个，村文化活动室13个。2002年，建立社区文化活动中心1个。平时，镇内居民自发组织下棋、打牌、跳广场舞等，村民则在每年春节期间开展“闹元宵、耍龙灯”活动。为丰富教师课余生活，全镇不定期地举办教师趣味运动会，设置跳绳、掰手腕、拔河、慢骑自行车等比赛项目。2011年，镇内新平村建成衡阳市奇石文化博物馆，是经湖南省文物局批准的省内首家私人博物馆。该馆建筑面积16000余平方米，设有古生物化石厅、矿物晶体厅、奇石精品厅、字画收藏厅等展厅，陈列国内外化石、奇石、矿晶石和园林石5000余件，是国家级AAA旅游景区、衡阳市对外文化交流的窗口之一，也是蒸湘区青少年科普教育基地。2014年，镇政府设综合文化站1个，社区文化活动中心1个，村文化活动室13个，各类图书室18个，农家书屋13个，共计藏书10万余册。有农村花鼓戏团、舞蹈团、老年秧歌队3个民间文艺团体。有网吧12家，卡拉OK 3家，电游室、台球室15家。有学校体育场3个，农民健身广场5个，健身活动点5处，健身路径2条。

医疗卫生

清末至民国时期，农村缺医少药，疾病医治以中医、中草药为主。1952年，设置区卫生所。1956年，私营药店并入卫生所，设为区联合诊所。1965年，区联合诊所改称呆鹰岭“六二六”医院，1981年，更名为呆鹰岭区医院。1987年10月，呆鹰岭区医院与169医院横向联合，改称“169、呆鹰岭区联合医院”。

1952年6月，中南军区第73陆军医院进驻呆鹰岭，1954年8月起，改称中国人民解放军第169医院。1994年6月6日，169医院从呆鹰岭镇搬至衡阳市东风路原165医院院址。呆鹰岭留下一个门诊部，改称169医院第二门诊部，实行对外承包。该院自1961年以来，为地方培训医务人员2704人，赤脚医生8553人，卫生员4310人。

2001年，镇有区管医疗卫生机构20个，其中镇卫生院1所，村卫生室17所，个体私人诊所2家。有病床65张，医疗卫生工作人员151人。2002年7月，呆鹰岭镇卫生院升格为蒸湘区人民医院，同时保留镇中心卫生院牌子。2014年，境内有各类医疗卫生机构26个，其中医院1所，镇卫生院1所，综合门诊部1所，村卫生室17所，个体私人诊所6家。共有病床115张，医疗卫生工作人员238人。

社会保障

2001年，发放医疗救助、临时生活救助等社会救济58人次，合计21000元；2009年，发放医疗救助、临时生活救助等社会救济76人次，合计65080元；2013年，发放医疗救助、临时生活救助等社会救济103人次，合计96320元；2014年，发放医疗救助、临时生活救助等社会救济110人次，合计138060元。

2001年，有“五保”户67户，每户每月发放200元；2006年，每户每月发放220元；2009年,有“五保”户60户,每户每月发放220元；2014年,有“五保”户58户,每户每月发放240元。

2001年，有低保户510户，年度发放低保救助金62000元；2006年，有城市低保户660户，年度发放低保救助金167000元，农村低保户680户，年度发放低保救助金136000元；2009年，有城市低保户676户，年度发放低保救助金173000元，农村低保户807户，年度发放低保救助金213400元；2014年，有城市低保户203户，年度发放低保救助金1114548元，农村低保户631户，年度发放低保救助金1580220元。

2008年，启动居民医疗保险和农村新型合作医疗。2008年，居民医疗保险参保15260人。2009年，居民医保参保16575人。2014年，居民医疗保险参保19895人。

2012年，正式启动城乡居民社会养老保险工作，2013年，参保人员达到10431人，征缴基金87.24万元。2014年,参保人员达到10922人,征缴基金87.34万元。

2001年，城镇新增就业人员263人，失业人员再就业243人，就业困难人员再就业27人，农村劳动力转移就业40人。2003年9月，镇政府成立劳动保障服务站，推动城乡劳动就业和社会保障一体化进程。当年，全镇办理《就业失业登记》152本。2004年，在原镇林场建起1座可同时容纳50人的敬老院。2010年，对敬老院进行维修改造，并建成1200平方米的娱乐休闲区，开辟16.2亩的生产基地，改善了“五保”老人的生活条件。2012年，城镇新增就业人员210人，失业人员再就业75人，就业困难人员再就业20人，农村劳动力转移就业915人。城镇新增就业人员348人，失业人员再就业40人，就业困难人员再就业25人，农业劳动力转移就业992人。

特色地情

知名人物

刘先和 （1926—1993）蒸湘区呆鹰岭镇人。茶叶专家。毕业于湖南农学院。湖南省农业厅经济作物局农艺师、高级农艺师。1985年，与同为省农业厅高级农艺师的妻子肖玲一起到岳阳县黄沙街茶场搞技术承包，先后挖掘、创制“南岳云雾”“碣滩茶”“洞庭茶”“洞庭春芽”等8种名茶。“洞庭春”茶连续4次被评为部级名茶，2次获农业部金杯奖，并获国家金质奖。黄沙街茶场成为全国名优茶基地。1994年，农业部、人事部追授他为全国农业劳动模范，《人民日报》《湖南日报》等20多家新闻传媒报道了他的优秀事迹。

风景名胜

雨坛庙 建于清咸丰年间（1851—1861），坐落于呆鹰岭镇高岭村高岭小学操场后50米处，占地面积约500平方米，共有5间房。庙里有玄帝等塑像47座，“文化大革命”时期被捣毁，1996年重建。庙堂正厅8座神像，中间观世音盘坐在莲花宝座上，两旁伴侍着金童玉女、寿佛、财神、雨王等塑像。

名优特产

“誉湘龙”食油 呆鹰岭中小企业创业园企业湖南省金宇油脂有限公司于2005年生产的“誉湘龙”牌食油，被评为中国名优品牌，并获得中国湖南第七届（国际）农博会金奖。

（文字供稿：蒋建衡　蔡源　图片供稿：衡阳市志办）

长湖乡 >>

区域概况

位置面积

长湖乡因境内长湖荷塘而得名。地处蒸湘区北部，东接红湘北路，南与南华大学、市高新技术产业开发区毗邻，西与呆鹰岭镇隔蒸水河相望，北以蒸水为界。1996 年撤区并乡后，长湖乡总面积 35 平方公里；2014 年，长湖乡总面积 11 平方公里，其中陆地面积 10.61 平方公里，占 96.46%；水域面积 0.39 平方公里，占 3.54%。南北最大直线距离 2.8 公里，东西最大直线距离 4.1 公里。乡人民政府驻衡邵社区船山西路 81 号。2009 年 10 月，蒸湘区区治移址境内，成为蒸湘区党政机关所在地。

建置沿革

1949 年，衡阳市第六区的广福、致和乡系长湖乡前身。解放初期演变为生产、互助、团结、友爱 4 个乡，归属衡阳市第四区。1955 年，合并 4 个乡为王家湾乡，归属衡郊区公所。1956 年，称大元头乡。1958 年 9 月，成立人民公社时为上游人民公社（后改称岳屏人民公社）。1965 年，析团结大队入西湖公社（后归东方渔场），1976 年，析进步大队入东方红渔场。1980 年 9 月，恢复衡阳市郊区建制，归属郊区管辖。1984 年，改公社为乡建制，称长湖乡，辖长湖、立新、大立、松亭、金星、柘里、新桥、光辉、互助、长胜、华兴、农场 12 个行政村，103 个村民小组。1994 年 10 月，衡阳市建立市高新技术产业开发区，将光辉、互助、长胜、华兴 4 个村成建制划归市高新开发区代管。1995 年，湖南省实行撤区并乡，将郊区长湖乡、西湖乡合并为西湖乡。2001 年 4 月，衡阳市行政区划调整，撤销郊区，成立蒸湘区，又将金星、柘星、新桥、农场 4 个行政村划归市高新开发区，西湖乡更名为长湖乡。

行政区划

2001 年，辖立新一、二、三、四、五、红湖、衡邵 7 个居民委员会和长湖、立新、大立、松亭 4 个村民委员会，下设 38 个居民小组、34 个村民小组。2002 年 1 月，区人民政府发文，将 7 个居民委员会调整为立新一、二、廖家湾、衡邵 4 个社区居委会。2011 年 2 月，经市民政局批准，新成立立新三、平湖、徐家洲、蒸湘世纪城 4 个社区居委会。2014 年，辖立新一、立新二、立新三、廖家湾、衡邵、徐家洲、平湖、蒸湘世纪城 8 个社区居委会和长湖、立新、大立、松亭 4 个村民委员会，下设 44 个居民小组、34 个村民小组。

自然环境

长湖乡地形南高北低，南部系丘陵山地，北部毗邻蒸水，系江河平原，称之为长湖町。境内属中亚热带季风湿润气候，四季分明，气温多变，雨季明显，夏秋多旱。历年平均日照时数为 1483 小时，平均气温 18℃。最冷为 1 月，月平均气温 5.7℃；最热为 7 月，月平均气温 29.8℃。历年平均降水量为 1351 毫米，其中 4—7 月降水最多，约占全年降水量的 45%。境内矿产资源贫乏，只有河沙和砾石可作为建筑原料。主要自然灾害有旱灾、洪涝、大风和冰冻。

人口民族

1990 年第四次全国人口普查，户籍人口 4321 户、18250 人；2001 年区划调整时，户籍人口 7876 户、27732 人；2010 年第六次全国人口普查，常住人口 9210 户、30845 人。2014 年，长湖乡户籍人口 10227 户，24519 人，其中男性 12253 人，女性 12266 人，均为汉族；人口出生率 12.8‰、死亡率 1.8‰、自然增长率 11‰。常住人口 11421 户，31872 人，其中男性 16366 人，女性 15506 人。人口密度每平方公里 2199 人。

经济发展

经济综述

长湖乡经济曾长期以农业生产为主，2004 年后，境内农村全部纳入城市规范范围，农业用地日益减少，村民陆续转为城市居民，至 2014 年，全乡已成功实现了由农业生产为主体向第三产业转移。2014 年年末，全乡有商贸服务网点 3770 家，就业人员 16965 人。完成社会商品销售总额 15 亿元，境内工业曾一度发达，1990 年境内有工业企业 11 家，完成工业总产值 8.14 亿元，之后由于市场竞争自然调节，至 2014 年，境内工业企业只有 3 家，完成工业总产值 2.34 亿元。

农业

1950 年，境内水稻生产实行一季稻，平均亩产 200 公斤左右。1951 年，长湖村人廖仁福联合 17 户农民组织建立衡阳市首个互助组，取得稻谷平均亩产 317.5 公斤的实出成绩。1952 年，该互助组受农业部颁发“丰产模范互助组”奖状、奖章。1954—1955 年，全乡部分村、组试种双季稻，1963 年普遍推广。1966 年开始，全乡扩种矮秆良种——农垦 58 晚稻，水稻生产取得突破性进展，平均亩产 420 公斤，实现了粮食亩产跨“纲要”。1975 年，狠抓农业科技推广，试种杂交晚稻，大立大队创造试验田亩产 500 公斤的纪录。2001 年，全乡水稻播种面积 144.53 公顷，总产量 817 吨；因建设征用，至 2014 年，已无水稻栽培。2001 年蔬菜种植面积 205.33 公顷，总产量 5135 吨；2003 年，长湖乡松亭村新建 1 个近 70 公顷大型无公害蔬菜基地，建蔬菜大棚 120 个，为当时衡阳市唯一被省政府授牌的大型无公害蔬菜基地。2004 年以后，因长湖乡 4 个村全部纳入城市规划范围，土地相继被征用，至 2014 年，全乡蔬菜种植面积尚余 68.47 公顷，总产 2304 吨；20 世纪 70 年代至 80 年代中期，长湖乡长湖町广种莲藕，已发展到 40 公顷，年产量达 900 吨，此为长湖乡一大特产，藕节肥壮、白嫩、脆甜爽口。“长湖雨荷”被定为衡郊八景之一。长湖乡山塘养鱼素负盛誉，面积达 333.33 公顷，年产量达 1300 吨。2001 年，水产养殖面积 37.6 公顷，水产品总量 149 吨；出栏生猪 4500 头、家禽出笼 21000 羽，禽蛋产量 50 吨。生猪饲养量 38441 头，出栏 24038 头；家禽上市 13203 羽，禽蛋上市 17369 公斤；2014 年，水产养殖面积 12.6 公顷，水产品总量 23 吨；出栏生猪 852 头、家禽出笼

1900羽，禽蛋产量2吨。

工业

1959年，兴办乡石灰厂。1961年，创建长湖公社农机厂，1971年，国家对农机厂投资18.96万元建造车间，添置专用设备，让其为衡阳市拖拉机厂配套生产耕田机水田轮，改称“衡阳市拖拉机厂一分厂”。1982—1986年，与衡阳市自行车厂联营，生产自行车把手。1987—1992年，为耒阳插秧机厂生产零配件。1992年，有职工106人，完成工业总产值236.4万元，销售收入203.38万元。2006年11月，该厂破产拍卖。1975年后，相继办起了电焊条厂、玛钢件厂、西城鞋厂、水磨石厂（后改为蒸湘建材厂）、氧化锌厂。玛钢件厂生产的司令箱（电器接线盒）出口英国，1997年，获乌兰巴托国际金奖。1990年，境内有工业企业11家，从业人员513人，完成工业总产值8.14亿元，其中规模工业企业3家，从业人员229人，规模工业总产值25893万元。

1995年，引进私营业主王宏丁创办的湖南宏大空调设备有限公司，生产自动燃油、燃气热水锅炉和直燃型溴化锂中央空调机组两大系列产品，先后开发专利22项，公司1995年获国家环保金奖，1996年获全国科技发明铜牌奖，1997年获全国专利特别金奖。境内金雁粮食购销有限公司，于2000年9月4日注册成立，占地3万余平方米，仓容12万吨，员工168人，可年产精米12万吨、普米8万吨，年产优质糠油3000吨，浓缩饲料6万吨。“金雁”牌系列优质米先后获得“湖南省十大名优产品”、“湖南名牌”、“全国放心米”、“国家免检产品”等一系列荣誉。2001年，境内有工业企业6家，从业人员385人，完成工业总产值3.04亿元，其中规模工业企业1家，从业人员168人，规模工业总产值11201万元。2014年，境内有工业企业3家，从业人员226人，完成工业总产值2.34亿元，其中规模工业企业1家，从业人员168人，规模工业总产值14322万元。

商贸服务业

1994年，在长湖乡立新村规划建设衡阳市个体私营经济小区，当年8月动工，到2000年，完成40多万平方米建筑面积，建成1000余个商业门面，成为长湖乡比较集中的商贸服务区。2003年5月，将区域内分散经营五金、机电户集中迁往立新村，将立新个体私营经济小区整合成衡阳市立新五金机电大市场，引进经营户253家，年交易额过亿元。2009年7月，立新大道建成通车后，沿途1.5公里大道两旁逐渐发展餐饮业数十家。2012年8月4日，总投资24亿元建设衡阳红星美凯龙国际家居生活广场。2013年，内含10万平方米商业广场的衡阳融冠集团融冠·亲城项目落户长湖乡。1990年，全乡有商贸服务网点428家，职工2503人，实现社会商品销售总额1.1亿元，其中限额以上商业企业1家，限额以上消费品零售总额0.5亿元。境内有城乡集贸市场4个，年成交额0.36亿元。2001年，全乡有商贸服务网点1025家，职工8523人，实现社会商品销售总额3.5亿元，其中限额以上商业企业1家，限额以上消费品零售总额0.8亿元。境内有城乡集贸市场4个，年成交额0.76亿元。2014年，全乡有商贸服务网点3770家，职工16965人，实现社会商品销售总额15亿元，其中限额以上商业企业2家，限额以上消费品零售总额1.2亿元。境内有城乡集贸市场4个，年成交额1.38亿元。

财政金融

2001年12月14日，全区建立乡镇一级财政体制，采取“核定收入、税收共享、比例分成、递增补助”的管理方式。当年，全乡财政总收入146.99万元，财政总支出146.57万元。2008年，区对乡镇财政体制在2001年的基础上重新调整，进一步完善乡镇财政政策。2014 年，全乡财政总收入 888.47 万元，财政总支出 888.47 万元。

境内有中国银行、建设银行、农业银行、邮政银行、农村信用社等金融机构 6 家，金融网点 23 个；有平安保险、大地保险、联合保险等保险机构 5 家；有小额贷款公司等非银行机构 11 家。

基础设施

交通运输

清朝年间，境内有衡零驿道、衡宝驿道通过辖区。民国时期，境内有公路 2 条：民国 18 年（1929）建成的衡祁路（衡阳至祁东）途经朱家堰、新桥村；民国 28 年（1939）建成的衡宝路〔衡阳至宝庆（邵阳）〕途经王家湾、柘里村。1974 年，长湖町建成一纵四横的社队公路，总长 17 公里。1978 年，公社又建成沟通长湖、华兴、互助、光辉等大队长 5 公里的乡间公路。1996 年，衡阳市将京珠公路（107 国道）衡阳市城区路段改建的一环西路途经长湖村、大立村，2003 年建成通车。后因车流量大，此路适应不了新的形势，市委、市政府决定将市高新技术产业开发区和长湖乡境内的长 6620 米路段改造成蔡伦大道，路幅宽由原 40 米加宽至 65 米。2006 年 5 月，衡阳市决定在原省道 1814 线的基础上，建设船山西路延伸工程，该工程途经长湖乡长湖、松亭 2 个村的 7 个村民小组，全长 3.2 公里，路幅由原来 11 米加宽到 44 米，2006 年年底竣工通车。2010 年 6 月，衡阳市对船山西路延伸工程进行提质改造，路幅由原 44 米扩宽至 84 米，其中车行道 44 米，双向 8 车道，两侧绿化带、人行道各 20 米。在长湖乡征地 12.48 公顷，拆迁房屋 10.086 万平方米。提质改造工程于同年 12 月全面完成。途经长湖乡

衡阳中心汽车站

立新、大立、长湖、松亭4个村的立新大道，于2007年7月动工修建，2009年7月建成通车。

2011年2月，衡阳中心汽车站建成启用，占地7.33公顷，总投资1.5亿元，为国家一级甲等大型长途客运站，进站营运车辆850台，每日发送800余个班次，发送旅客3万人次。坐落长湖乡廖家湾社区的衡阳西湖货运站，属二级站，占地面积11000平方米，库房面积200平方米，堆场面积600平方米。1998年12月竣工，年货物吞吐能力为3.5万吨。

水利建设

1956年11月，长湖村修建石狮堰小（二）型水库1座，坝高9米，库容39万立方米，可灌溉面积53.33公顷。1962—1971年，长湖乡沿蒸水河各村相继修建电机排灌机埠17处和引水渠道45公里。1964年冬，修筑长16.2公里长的蒸水防洪大堤（含西湖乡堤段）。1972—1975年，公社投资50万元，完善水利设施配套工程，修建大町暗涵等。1980年，随着农业生产责任制的推广，可以养鱼的山平塘承包到户。长湖公社光辉大队以标塘费作资金，5年时间将24口山塘修整后全部用水泥石灰砂浆砌石护坡。之后，这一经验在全乡推广。至1992年，全乡山平塘发展到1092口，容积356.92万立方米，可灌溉面积154公顷。1964年蒸水南堤修建后，因堤边水塘较多，严重影响堤身安全。1990年，区委、区政府决定，从全区10个乡镇和2个农场各组成1个民兵团参加会战，将堤边水塘全部填塞。1990年11月12日至1991年1月31日，历时79天，参加会战的4000余名民兵共完成土方15.95万立方米，石方2850立方米，填塞水塘30口、10.67公顷。

供电饮水

中华人民共和国成立后，衡阳电厂供电从城区向郊区发展，长湖乡作为城郊接合部，1952年开始用电照明。1962年，党中央提出“以农业为基础，以工业为主导”的国民经济建设总方针后，衡阳供电部门为市郊农村架设线路，长湖乡开始用于农业生产和电力排灌。

20世纪50年代初期，境内农民饮用池塘水、河水。60年代后期，人民群众因地制宜掘井，部分农民喝上井水。1984年，郊区人民政府号召村、组人民群众打井，至1994年，全乡农村手压机井共556口。2000年，衡阳市自来水管延伸到城区农村，全乡村民全部喝上了自来水。

房屋建设

1964年，市人民政府调拨青山街120号（原市公安局新生机械厂）1栋楼房的第二层9间房，作为长湖、西湖公社办公用房。1969年，长湖公社从青山街搬迁至王家湾办公，建筑面积340平方米。迁入前，改造成2层楼、建筑面积增加到718平方米。同年兴建礼堂480平方米。1978年在两侧建党委办公楼，高2层，建筑面积340平方米。1979年在北侧建政府办公楼，高2层，建筑面积884平方米。1995年6月，长湖乡与西湖乡合并，乡机关设在青山街120号原西湖乡机关办公楼。后因土地被征购，1998年10月，乡机关搬迁至廖家湾立新村4组衡邵路74号，建有1栋5层的办公楼，面积2600平方米。

2002年，组建4个社区居委会，均系新组建单位。开始都没有办公场地和服务用房，乡政府采取借用和租赁的办法，解决临时办公场所。从2003年开始，该乡积极筹措资金，先后为廖家湾社区、立新一社区、立新二社区、衡邵社区新建或购买办公服务用房，至2010年，长湖乡成为全区第一个全部社区办公场所拥有自主产权的单位，成为全市第一个全部社区都评为达标社区、示范社区的乡镇。2011年2月，新成立的立新三、徐家洲、平湖、蒸湘世纪城4个社区居委会，均由房地产开发商提供办公场地。

由于城市建设的发展，长湖乡80%以上的家庭房屋被拆迁，建设9个安置小区，安置房总面积182万平方米。其中，立新小区安置区，建设安置楼49栋，房屋面积11万平方米，安置1500户，已入住约3000人；松亭村红星美凯龙安置小区，建设安置楼15栋，房屋面积7万平方米，安置700余户，入住人口约2300人。

社会事业

教育

民国31年（1942），长湖乡互助村设有曹家塘私塾，华兴村设有五里牌私塾，互助村学堂岭设有兹保私立高小。当年，国民政府勤务处处长赵君迈在互助村学堂岭创办明明中学，1944年，校舍遭日机炸毁。抗战胜利后，该校新建于江东区，改称市立中学。1974—1976年，为贯彻毛主席“五七”指示，长湖公社在王家湾开办一期“五七”大学，除学习文化程度外，重点开办了“三机一泵”农业机械课程，在校生41人。1978年7月，在长湖公社王家湾设立长湖一中，有教学班13个，其中高中班4个，初中班9个，在校生884人。1984年，长湖一中改为郊区一中。1990年9月，毕业于东北师范大学的何彬生，在境内红湘北路创办湘南医学高等专科学校。2000年2月，何彬生在长沙创办长沙医学院，湘南医学高等专科学校则更名为长沙医学院衡阳校区。1992年，长湖乡有立新、高岭、互助3所完小，有新桥、华兴、光辉、柘里、松亭、大立6所初小和长湖乡中心小学（长湖小学），共有教学班61个，在校生2559人，教职工217人。1994年10月，衡阳市建立市高新技术产业开发区，互助、华兴、光辉3所小学划归市高新技术开发区代管。2001年，将柘里、新桥、高岭3所小学划归市高新技术产业开发区代管。境内有幼儿园1所，在园幼儿89人，教师、保育员11人；有长湖、立新、大立、松亭4所小学，在校生2089人，专任教师146人；有中学（郊区一中更名为蒸湘中学）1所，在校生983人，专任教师67人；有普通高校1所，在校生2100余人，专任教师130人。2009年，广东英豪幼儿园成为湖南省第一批民办示范幼儿园。2011年，冠都幼儿园成功创建衡阳市示范幼儿园。2014年，境内有幼儿园14所，在园幼儿2244人，幼师140人；小学4所，在校生2337人，专任教师113人，小学适龄儿童入学率、小升初升学率达100%。当年，大立小学投入800余万元进行改造后，并入蒸湘区实验小学，成为实验小学大立校区。中学1所，在校生803人，专任教师62人，九年义务教育覆盖率100%；普通高校1所，在校生3900余人，专任教师200余人。境内另有昂立培训等民办教育机构3家，专兼职教师39人。

文化体育

清代至民国时期，境内不少农民会唱山歌、演唱渔鼓，松亭渡等地的茶楼酒肆，常有渔鼓艺人坐堂演唱，听众甚多。每逢春节期间，当地人民群众普遍舞龙玩狮，这一传统习俗，一直延续至今。2001年，乡设文化站1个，村文化活动室4个，2002年，建立社区文化活动中心4个。有公共图书阅览室5个，藏书4600册。

区乡两级多次在广场开展广场旬旬演、社区周周乐活动。2014年，乡有文化站1个，社区文化活动中心8个，村文化活动室4个。有各类图书室17个，藏书30余万册。有群众文艺团体2个，音乐、美术、摄影、书画创作人员47人，书店2家，电影院1家，KTV歌厅3家。

2002年，长湖乡在立新广场举办“立新杯”

群众运动会，全乡9支代表队580人参加比赛。2002—2003年，长湖乡获湖南省群众体育工作先进单位。2006年11月至2007年10月，衡阳市在长湖村境内建成的平湖公园，属衡阳市全民文化健身广场，园内体育设施一应俱全，建有足球场、篮球场、排球场、羽毛球场、网球场、门球场、溜冰场、乒乓球场等，安装有各种各样的健身器材和少儿游玩器材，水面上装有彩色音乐喷泉，随着音乐节拍360度上下左右旋转并喷出60米高的水柱。2008年，在湖南省青少年田径运动会上，蒸湘中学学生周家宝获女丙跨栏全能组金牌，廖玉媛获女丙跳高全能组金牌，吴迪帮获男丙跳高全能组金牌；教师陈攀、綦衡宇参加双升级扑克比赛，获湖南省第1名、全国第34名。2011年，在全区示范片区改造中，立新广场新建2个塑胶羽毛球场、1个塑胶篮球场，增添6张乒乓球台，广场四周安装了20万元的健身器材。2014年，乡有体育场地28处，健身场地9处。

医疗卫生

2001年，乡有区管医疗卫生机构7个，其中长湖医院（又称乡卫生院）1所，村卫生室4所，个体私人诊所2家。共有病床36张，医疗卫生工作人员68人。2003年，坐落在船山西路88号的衡阳市船山医院建成开业，有病床120张，医疗卫生工作人员105人。2007年4月，长湖医院加挂社区卫生服务中心牌子。2012年，衡汽集团职工医院从汽车西站搬迁至境内立新小区道源路21栋，有病床20张，医疗卫生工作人员25人。2014年，境内有各类医疗卫生机构17个，其中乡卫生院（社区卫生服务中心）1所，民办医院（船山医院）1所，单位职工医院（衡汽集团职工医院）1所，村卫生室2个，个体私人诊所12家，共有医疗床位176张，医疗卫生工作人员208人。

社会保障

2001年，发放医疗救助、临时生活救助等社会救济80人次，合计36600元；2006年，发放医疗救助、临时生活救助等社会救济116人次，合计51098元；2014年，发放医疗救助、临时生活救助等社会救济149人次，合计82100元。

2001年，有城镇低保户154户、297人，月

平湖公园足球场

人均50元，支出17.8万元。2006年，启动农村低保工作，农村低保户12户，年度发放低保救助金1.56万元；2014年，城镇最低生活保障户381户、656人，支出236.16万元，月人均300元；农村最低生活保障户56户、93人，支出24.55万元，月人均220元。

2001年，有“五保”户5户，每户每月发放100元；2014年，有“五保”户2户，每户每月发放245元。

2001年，城镇新增就业人员308人，失业人员再就业115人，就业困难人员就业48人，农村劳动力转移就业112人；2014年，城镇新增就业人员770人，失业人员再就业210人，就业困难人员就业115人，农村劳动力转移就业155人。

2008年，启动居民医疗保险和农村新型合作医疗。2008年，城镇居民医疗保险参保3216人，农村合作医疗保险参保8443人；城镇居民参加医疗保险9492人，农民参加新型合作医疗7978人，参合率99.8%。

2012年，正式启动城乡居民社会养老保险工作，发放领取保险待遇存折1028本，审核参保登记表2900份。2013年，辖区内的4个行政村1789位村民享受被征地农民养老保险。2014年，新增340余人参加被征地农民养老保险。2014年，参保人员达到2969人。

特色地情

八路军驻衡办事处 1938年10月，侵华日军进逼武汉，武汉失守后，时任中共中央军委副主席周恩来和八路军参谋长叶剑英在向重庆转移途中，于11月抵达衡阳。根据周恩来指示，11月14日，到达衡阳的八路军驻武汉办事处人员在衡设立八路军驻衡阳办事处（简称“衡阳八办”），驻市内卡路巷16号（今常胜路89号），并在郊外廖家湾一处民房设立招待所（今长湖乡立新村、衡邵路123号）。1939年4月6日，卡路巷16号被日机炸毁，“衡阳八办”搬迁到招待所内，改称八路军衡阳交通站。1939年7月，交通站撤销。“衡阳八办”（交通站）担负与各地的电讯联络，为抗日培训党员骨干，接待、安置、掩护抗日人员，转移抗日物资等做了大量工作。

（文字供稿：王成纲　贺湘涛　图片供稿：衡阳市志办）

雨母山乡 >>

区域概况

位置面积

雨母山乡因境内有座雨母山而得名。地处蒸湘区西南部，东与雁峰区岳屏镇接壤，西南与衡南县三塘镇相邻，北临蒸水与呆鹰岭镇隔河相望。1956 年，全乡总面积为 48 平方公里。2001 年，区划调整后总面积为 39.17 平方公里，其中陆地面积 34.96 平方公里，占 89%；水域面积 4.21 平方公里，占 11%。东西最大直线距离 13.2 公里，南北最大直线距离 14.3 公里。乡人民政府驻雨城社区雨母路 1 号。

建置沿革

明末清初时，属衡阳县。清乾隆二十一年（1756），属清泉县。民国 18 年（1929），属衡阳县第二区。中华人民共和国诞生时，属衡阳县第四区。1952 年 7 月，从衡阳县析出，属衡南县第一区。1956 年，撤区并乡设立东阳乡。辖黄花、灵山、竹雅、二塘、新中、湘桂、群益、雨母、东阳、群胜、梓木、联胜、青松、公益、东风 15 个村，224 个村民小组。1961 年，恢复区级建制，属衡南县三塘区。1995 年 5 月，东阳乡撤销，并入三塘镇。2001 年 5 月，衡阳市行政区划调整，从衡南县三塘镇析出 15 个村委会划归蒸湘区，设立雨母山乡。

行政区划

2001 年 6 月，东风、公益划入雁峰区。境内辖黄花、灵山、竹雅、二塘、雨母、东阳、新中、湘桂、群益、联胜、群胜、梓木、青松 13 个村民委员会，下设 197 个村民小组。2008 年 10 月，经市民政局批准，雨母山乡成立雨城社区居委会。2014 年年末，境内辖雨城社区居委会和黄花、灵山、竹雅、二塘、雨母、东阳、新中、湘桂、群益、联胜、群胜、梓木、青松 13 个村委会，下设 6 个居民小组，197 个村民小组。

自然环境

境内属丘陵地貌，兼有红壤岗地和溪谷平原。地势西高东低，中部雨母山内，有 16 座山峰，主峰海拔 238 米，为衡阳市近郊名山之一。境域属中亚热带季风湿润气候，四季分明，年均气温 18℃，年均降水量 1400 毫米。地表水有柿江、幸福二条小河。其中：柿江河，发源于衡南县谭子山镇，从黄花村黄花桥组入境，到二塘村封家洲组入蒸水，全长 18 公里，流域面积 40 平方公里；幸福河，从青松村大观冲组起，到梓木村陆新屋组止，全长 8.1 公里，流域面积 30 平方公里。

由于雨母山水土植被条件较好，因而泉眼很多，比较著名的有井吉泉、寺门泉、竹山泉、丝塘泉、柏形泉、高笋泉、毛山泉、老井泉等泉眼。境内主要有旱涝、低温、冰雪等自然灾害。其中最严重的是2008年1—2月持续22天的冰灾，林地受灾面积约1600公顷，1.1万立方米的林木受损，成片楠竹被压倒、开裂，大片幼林、苗木被害，基础设施受损严重。

人口民族

2001年6月，户籍人口总户数5170户，总人口20549人，其中男性10790人，占52.5%，女性9759人，占47.5%，人口密度每平方公里为524.61人。2014年年末，户籍人口总户数7405户，总人口25016人，均为汉族，其中男性12663人，占50.6%；女性12353人，占49.4%。人口密度每平方公里为571人。户籍人口中，城镇人口1568人，农业人口23448人，城镇化率6.27%。常住人口总户数5222户，总人口18661人，其中男性9640人，女性9021人。是年，出生率24.3‰、死亡率6.6‰、自然增长率17.7‰。

经济发展

经济综述

该乡是家禽、生猪、水产品重要生产基地，多项产品评为全国著名品牌。2009年，雨母山乡荣获湖南省农业生产先进单位称号。2014年，全乡生产的粮食、蔬菜，产量居全区首位。2014年，该乡有工业企业23家，完成工业总产值16.84亿元，比2001年工业总产值增加77倍。2014年，该乡有商贸服务业网点408个，完成社会商品销售总额3.58亿元，比2001年增加80倍。

农业

种植业 种植业以水稻、蔬菜、葡萄为主。1995年之前，全乡水稻播种面积157.33公顷，2001年，水稻播种面积2088公顷，总产量12382吨；油料播种面积211.2公顷，总产量165吨；棉花播种面积13.6公顷，总产32吨；蔬菜种植面积164.8公顷，总产量3028吨；瓜果种植面积20公顷，总产量390吨。2002年，蒸湘区科技局在雨母山乡雨母村开发葡萄生产基地3.33公顷，并成立欧亚葡萄研究所。同年，区机关工作人员投工投劳在二塘村新建葡萄园3.33公顷；随后新中、湘桂、群益等村开发葡萄生产基地。至2014年，全乡葡萄生产面积达313.33公顷，年产量5800余吨，产值达23000万元，成为全省最大的葡萄种植和销售集散地之一。全乡蔬菜生产享有盛名。2012年，引进衡阳市荣联农业科技有限公司，在灵山、竹雅两村连片种植蔬菜面积140公顷，建设标准设施大棚350个，被评为湖南省设施农业示范基地，列入国家扶植“蔬菜标准园”项目。其“蔬菜标准园”生产的蔬菜，2013年，经国家工商行政总局批准，注册了“雨母鲜”名牌。2013年，市佳合生态农业专业合作社，在东阳村租赁土地6.67公顷，从事鲜品食用菌的研发、生产和销售，总投资1000万元，建成15个生产大棚（面积3万平方米），厂房3000平方米，冷库200平方米。年产袖珍菇100万包，2100吨，总产值1500万元，利润600万元，并解决当地100余人劳动就业。2014年，全乡水稻播种面积1764.6公顷，总产量10097吨；蔬菜种植面积457.13公顷，总产量15561吨。

养殖业 以生猪、家禽、水产为主。2001年，出栏生猪27610头，出笼家禽66156羽，禽蛋上市280吨，水产品总量为1109吨。2002年，蒸湘区水利农机局在雨母山乡二塘村租用6公顷土地，开挖 6 口鱼塘，并修建 6 个钓鱼台、4 栋休闲用房，引来不少钓鱼、休闲的人们。2004 年，全乡 4 个村成片开发鱼塘 133.33 公顷，其中雨母村发展水产养殖面积 105.33 公顷，占全村耕地面积的 85%，年产量 2100 吨，产值 1680 万元，成为衡阳市“渔业第一村”。2007 年，雨母山乡无公害水产品养殖基地被国家农业部列为“全国健康养殖示范区”，17 种水产品获“无公害农产品”认证。2008 年，被湖南省畜牧水产局授予“全省先进养殖示范区”，所养殖的草鱼，被国家工商行政总局批准，注册了“雨母鱼”商标。2010 年 1 月，雨母村获“湖南省社会主义新农村建设示范村”称号。2011 年，东阳村将湘黄鸡养殖场进行扩容改造，可年产湘黄鸡 10 万羽。2014 年，全乡生猪饲养量 83568 头，出栏 57452 头；鸡饲养量 39.2 万羽，上市 30.37 万羽，禽蛋上市 39.73 吨；水产养殖面积 355.33 公顷，水产品总量 1841 吨。境内还建立了金枝实业、子仪农场、金雨农业、雨联农业、泓丰农业、湘南花木园等 14 个现代休闲观光农业基地。

林业　2001 年，全乡有林地面积 1605 公顷，森林覆盖率 25.2%，活木蓄积量 32350 立方米，其保存完整的天然森林群落有雨母山帝営祠周边 7 公顷天然香樟群；雨母山西南 21.33 公顷天然檵木林群以及雨母山周围 8 个村 666.67 公顷的针阔混交林。2002 年，全区实行退耕还林工程，至 2003 年，全乡共退耕还林 279.8 公顷，并对所有山林实行封山育林，每年森林蓄积量增长在 4.5% 以上。2014 年，由于开发建设征地，全乡林地总面积为 1319.2 公顷，比 2001 年减少 285.8 公顷。其中，公益林 459.9 公顷，商品林 925.3 公顷，森林覆盖率 24.10%，活木蓄积量 35277 立方米。

工业

1985 年 4 月，创建乡办企业衡南县钢圈厂，

雨母鱼跳进百姓的菜篮子

占地面积7900平方米，建筑面积3700平方米。生产微型汽车、农用运输车、小型拖拉机、三轮车等5个系列22种规格的钢圈产品，年产钢圈9万套，产值584万元，创利税102万元，是湖南省机械厅钢圈定点生产厂家，产品畅销国内12个省、市的140余个单位，1988年7月和1989年12月分别被评为湖南省和农业部优质产品。1986年，客商周双喜在梓木村创办衡阳欣凯实业有限公司，占地面积38600平方米，建筑面积8400平方米，主要生产各种类型的轻、重型汽车前后桥，1988年成为机械工业部车桥定点生产厂家之一。1997年，客商高翊杰创办衡阳市银利实业有限公司，先后研制出聚羧酸高性能减水剂等外加剂系列产品20余种、新型防水材料4种，其中“三通”牌STA高效水泥助磨剂被中国产品质量体系认证中心授予全国“十佳名优”品牌。2001年，境内有工业企业52家，从业人员648人，工业企业总产值2174万元，工业企业增加值622万元。2004年，引进客商冯李在梓木村创办衡阳市润泰车轮有限公司，占地面积6.8万平方米，是一家专业化生产摩托车、三轮车、拖拉机、载重汽车、农用运输车、工程车、轿车、电瓶车等各式车轮总成厂家，产品规格近50余种，年生产车轮50万套。

2014年，全乡有工业企业23家，从业人员2763人，实现工业总产值16.84亿元，其中规模工业企业11家，从业人员2008人，规模工业总产值15.24亿元。

商贸服务业

2001年，境内有商品流通和饮食服务企业115个，职工259人，销售总额444万元。2002年以来，为了开发雨母山旅游业，引进外来客商和当地人民群众先后在雨母山中及其周边，兴建雨母山庄、碧桂山庄、母塘山庄、王爷山庄、牛头山庄、春怡山庄、云阜山庄、陈氏土菜馆等33家农家乐和餐饮服务业，年销售额860万元。2009年，坐落在衡祁路95号的姚家山钢材市场，因城市建设发展需要搬迁。经市有关部门商定，在雨母山乡二塘村兴建长江钢材市场，占地200亩，市场总经营面积7万平方米，其中市场门面面积3万平方米，货场1万平方米，加工类厂房1万平方米。共建标准门面100间。2011年11月，姚家山钢材市场搬迁至此，入驻商户80余户。由于长江钢材市场容量有限，2012年又在长江钢材市场以东1000米处，另建一家朱家堰钢材市场，占地1万平方米，总经营面积8000平方米，其中门面面积3000平方米，货场4000平方米，加工厂房1000平方米。共建标准门面40间，入驻商户20户。钢材市场主营产品：型材、板材、管材、建材、彩钢、有色金属等。2014年，境内有各类商贸服务网点408个，从业人员1636人，社会商品销售额3.58亿元，其中限额以上商业企业10家，限额以上消费品零售总额0.97亿元。建有城乡集贸市场1个，年成交额35万元。

财政金融

2001年，全乡财政总收入175.86万元，财政总支出174.89万元。2014年乡财政收入2659万元，财政总支出2655万元。境内有农村信用社储蓄网点2个。

基础设施

交通旅游

雨母山乡公路交通发达。民国21年（1932）5月竣工的322国道、2013年12月通车的衡（阳）枣（永州枣木铺）高速公路、2011年10月通车的潭（湘潭）衡（西）高速公路穿境而过。衡阳

游客在雨母山乡百万花海赏花

市 K1 路（后改为 162 路）旅游公交车从石鼓书院直达雨母山。2014 年，境内通村公路 27 条，里程 65.1 公里，通组公路里程 186 公里。民国 27（1938）年 9 月竣工的从衡阳市通往广西的湘桂铁路，途经雨母山乡。2009 年动工修建的电气化的湘桂铁路复线，途经雨母山乡梓木、群胜、新中、雨母、竹雅 5 个村，境内里程共计 6.45 公里。

雨母山是衡阳市风景名胜区。核心区域面积 4.8 平方公里，组合区域面积 20 平方公里。有大小山头 16 座，构成起伏不断山中景观，有林面积 849 公顷，森林覆盖率达 78%。空气新鲜，没有噪声和水污染，是衡阳市的后花园和天然的生态氧吧。山上原有帝誉祠、飞来石、赤松子坛、落马桥、灵山庙、张公庙、陆氏宗祠、谢彬墓、何贻焜墓、雨母湖等历史人文和自然景点，2001 年后，又修建了雨母山庄、雁雨寺、赤松观、灵山广场、东阳休闲广场、艺术家部落、雨母绿道等宗教、文化景点。2010 年，浙江雅仕林集团公司开始在雨母山修建雨母山雅仕林生态休闲博览园。2014 年，引进百万花海艺术庄园项目，在联胜村租赁土地 120 公顷，总投资 2 亿元，以种植花卉为主，利用自然的山水条件，搭建一个以花为载体、以亲子与婚恋乐园为主题，集时尚娱乐、文化旅游、会展节庆及婚庆摄影等活动于一体的新型文化休闲庄园。

水利建设

1970 年 10 月，原东阳人民公社在灵山大队修建小（一）型水库红旗水库，坝高 16.7 米，坝长 150 米，库容 103 万立方米，可灌溉面积 186.67 公顷。1980 年，衡南县人民政府把修建山平塘作为治理干旱死角的一项重要措施，采取奖励办法鼓励农民修塘，至 2000 年，全乡除红旗水库外，还建有金角冲、过路塘、驻兵塘、大兴、杉树皂、大塘角、毛里山7个小（二）型水库，总库容191万立方米，可灌溉面积346公顷，并建有山平塘307口。2001年11月30日，全省山丘水利建设现场会在衡阳市召开，副省长庞道沐率与会人员参观了雨母山乡雨母村水利建设现场。2002—2005年，雨母村、东阳村筹资39万元，使用机械开塘47口；灵山村筹资32万元，机械开塘15口。2005年，区水利农机局向上争取资金35万元，对雨母湖（原红旗水库）坝体渗漏部分及溢洪道进行暗涵改造维修加固。2007年9月，对驻兵塘水库大坝加固硬化。2009年7月，对大塘角水库大坝进行维修加固。同年，硬化骨干山平塘180口。2010年6月，突如其来的一场大雨造成雨母山乡柿江河新中堤塌方100米，区防洪指挥部立即组织抢修，由于坝高水深，木桩无法落底，便从外地请来潜水员，实行人梯式打木桩，共打下96根木桩，再用麻袋装沙石填压，堵住防洪堤缺口，保护群众生命财产安全。2011年，再次对雨母湖大堤进行除险加固。

供电饮水

1975年，境内居民与村民使用电力照明，至2014年，全乡有20千伏以上变电站2座，主变压器8台，高压线路9条。

20世纪80年代之前，全乡农民全部喝塘水或雨母山自然井水。20世纪80年代以后，在县、乡政府的组织号召下，人民群众打了部分手压机井。2001年蒸湘区成立后，全市的自来水管尚未延伸到雨母山乡，人民群众的生活用水主要靠打井和自建水厂来解决。2002年，在雨母村打深水井7口，可供1300余人的生活用水。2004年，打深水井4口，可供640人的生活用水。2007年，在青松村建水厂1座，可供1000余人生活用水。2008年，在东阳村建水厂1座，可供1400人的生活用水；在二塘村、群益村打深水井7口，可供1380人的生活用水。2012年，投资624万元，在东阳村建雨母水厂1座，可供12800人的生活用水。至此，全乡常住人口全部解决安全饮用水问题。

乡村建设

雨母山乡办公楼始建于20世纪70年代，共3层，砖木结构。因年久失修，2009年，被衡阳市危房鉴定中心鉴定为D级危房。2010年8月动工重建，12月竣工投入使用。新办公楼共3层，总建筑面积2300平方米，除全乡所有站所办公室外，另设有大会议室、小会议室、食堂等。全乡共有13个村，其中黄花、灵山、竹雅、二塘、新中、群胜、青松7个村原有的村部办公楼面积小、条件差，有的设在村小学内，没有活动场地，为了保证各村都有文化活动中心，乡、村共同筹资，2007—2010年，这7个村均另行选址，重建了村部办公楼和活动中心，平均建筑面积419平方米，总投资163万元。

从2006年开始，按照全区的统一安排，启动社会主义新农村建设。全乡通村、通组公路实行水泥硬化，其中通村公路硬化率100%，通组公路硬化率95%，公路两旁绿化率达75%。完成家庭改厕、改厨、改圈和房屋“穿衣戴帽”的共4685户。雨母村清洁能源使用率达100%，使用无害化厕所的农户达95%。先后修建6个农民休闲广场，其中灵山村的灵山广场占地2公顷，广场宽阔、平坦，绿树成荫，花团锦簇，绿化面积达75%；广场四周建有露天舞台、巨幅石碑、水池、雕塑、花坛、宣传橱窗、健身器材与小路长廊。

2014年，雨母山乡投资1500万元，将原东阳村东阳铺街改造成具有江南民居风格、靓山纳水的风情旅游小镇；修通小镇主干道，路面黑化13100平方米，建设主干道绿化带900米，安装太阳能路灯26盏，对老街房屋朝主干道一面全部改造成江南风格；建中心广场1个，文化墙600米，小游园2处约3万平方米，停车场3个、停车位180个，规范门面广场招牌780平方米，并设计了商贸服务区、休闲娱乐区，完善了配套设施。2012年，雨母山乡被授予“湖南省环境优美乡镇”称号。

社会事业

教育

民国时，雨母山乡二塘村陆锦云和一些有志之士筹资创办东山寺完全小学，1949年10月，改为东阳中心小学校（1971年改为东阳附中，2001年改为雨母山中学）。1995年，全乡15个村办15所小学，1所联校；境内二塘村有湖南大学衡阳分校，在校学生3500余人。2001年，境内有幼儿园2所，在园幼儿226人，教师、保育员35人；小学6所，在校学生1332人，专任教师82人。另有湖南大学衡阳分校附小1所（2003年撤销）。中学1所（雨母山中学），在校生1013人，专任教师78人。2007年，湖南大学衡阳分校与湖南建材高等专科学校合并成湖南工学院，选址衡阳市酃湖乡。南华大学则以湖大分校校舍及13.2公顷土地为基础，再征地80公顷，建成南华大学雨母新校区。2010年开始招收新生。2014年，全乡有幼儿园3所，其中民办幼儿园2所，公办幼儿园1所，在园幼儿368人，幼师22人；小学6所，在校学生720人，专任教师51人，境内适龄儿童入学率100%；初中1所，在校生345人，专任教师41人，初中入学率、小升初升学率、九年义务教育普及率均达100%；南华大学（雨母新校区）全日制一本院校1所，在校学生7400余人。

文化体育

2001年，乡设文化站、广播站各1个，村文化活动室13个。2008年10月，成立雨城社区居委会，建立社区文化活动中心1个。有阅览室1个，图书室14个，农家书屋4个，藏书1.2万册。2006—2014年，区直有关部门与乡人民政府编辑出版了《神奇的雨母山》（一、二版）、《雨母山的历史传说》和《钟灵毓秀雨母山》等介绍雨母山的书籍，其中《雨母山的历史传说》2008年被湖南省批准为非物质文化遗产。2008年，有学校体育场4个，健身场地10处。群胜村有2支业余龙灯队，队员50余人。2014年，建设雨母山乡艺术家部落1个，建筑面积2800平方米，设有创作室、展览厅、活动广场。同年，新建了衡阳市首条乡村户外健身绿道，全长13公里，宽3米，依托自然山水、地形地貌建设而成。2014年，全乡有乡文化站、广播站各1处，村级文化活动中心14个，阅览室1个，各类图书室19个，农家书屋14个，藏书27.3万册。有音乐、美术、书法、摄影及文化创作人员25人。建有农民文化体育广场4人，组建了军鼓队、腰鼓队、龙灯队、广场舞队等10余个民间文艺团体。2014年，雨母山乡成为衡阳市城区首家“书画之乡”授牌单位。

医疗卫生

2001年，乡有区管医疗卫生机构16个，其中乡卫生院1所，村卫生室13所，个体私人诊所2家。共有病床12张，医疗卫生工作人员24人。2014年，全乡有各级各类卫生机构19个，其中乡卫生院1所，设有门诊大楼800平方米，住院楼400平方米，病床42张，医护人员13人。社区卫生服务中心1所，村卫生室13所，个体私人诊所4家，有医疗卫生工作人员32人，完成诊疗3500人次。境内建有计划生育服务大楼，全方位开展计划生育优质服务。为了综合整治农村环境，开展了“清洁水源、清洁田园、清洁家园、清洁能源”工程，实行了农村生活垃圾“户分类一村收集一乡转运一区处理”的一体化模式。农村生活垃圾无害化处理率100%，农村饮用水合格户100%，生活污水处理率85%，卫生厕所普及率78%。

社会保障

2013年，发放医疗救助、临时生活救助等社会救济312人次，合计51万元；2014年，发放医疗救助、临时生活救助等社会救济366人次，合计62万元。

2006年，有“五保”户32户，每月发放5760元；2009年，有“五保”户41户，每月发放8200元；2014年，有“五保”户52户，每月发放9360元。

2006年，启动农村低保工作，有农村低保户943户，年度发放低保救助金565800元；2009年，有农村低保户1062户，年度发放低保救助金218772元；2014年，有城市低保户63户，年度发放低保救助金328860元，有农村低保户982户，年度发放低保救助金2520000元。

2008年，启动居民医疗保险和农村新型合作医疗。2008年，农村参保人数13644人，城镇参保人数95人，共计13739人。共征收参保金137390元。2009年，农村参保人数17846人，城镇参保人数135人，共计17981人。共征收参保金539430元。2010年，农村参保人数17800人，城镇参保人数138人，共计17938人。共征收参保金1076280元。2011年，农村参保人数18435人，城镇参保人数153人，共计18588人。共征收参保金1301160元。2012年，农村参保人数18760人，城镇参保人数160人，共计18920人。共征收参保金1702800元。2013年，农村参保人数18900人，城镇参保人数195人，共计19095人。共征收参保金1718550元。2014年，农村参保人数19011人，城镇参保人数206人，共计19217人。共征收参保金1729530元。

2008年，城镇新增就业人员100人，失业人员再就业30人，就业困难人员再就业15人，农村劳动力转移就业700人。2014年，城镇新增就业人员301人，失业人员再就业130人，就业困难人员再就业50人，农村劳动力转移就业995人。

特色地情

知名人物

谢彬 （1887—1948）号晓钟，祖籍雨母山乡群益村（原衡南县东阳乡石桥村），出生于衡阳县金兰寺。1905年，加入同盟会，次年参加刘道一、黎尚雯等在衡山组织的武装暴动。1923年，应孙中山之召，在广州大本营任经济顾问。1926年，参加北伐战争，先后任国民革命军第六军、第八军秘书长。以后调任国民党政府军事参议院参议，代行参议院院务，授中将军衔。1947年，任衡阳船山中学校长。毕生著述20多种1000万余字，公开出版的14种。

何贻焜 （1908—1959）字一风，衡南县东阳乡（现蒸湘区雨母山乡灵山村）人。在湖南大学读书时，他写的《续文心雕龙》，在《长沙晚报》连载。1936年9月，写成《曾国藩评传》。中华人民共和国成立前，出版《顾亭林学术评述》和《蒋中正评传》，后写出《王船山先生思想研究的片断》（之一至之三）、《论船山思想通信等论文》等著作。

风景名胜

帝喾祠 帝喾是中国古代“三皇五帝”之一。

帝喾祠

在他尚未继承帝位，封任辛侯时期，术器盘踞衡阳，辛侯受颛顼帝之命率兵前来征讨，全歼术军，并将术器斩首。帝喾死后，舜帝南巡时到达衡阳为祭祀帝喾而修建了“帝喾祠”。帝喾祠位于雨母山飞来石之下、石狮子垅正上方。该祠占地3600平方米，分为前殿、后殿、观音殿、注生殿和厢房。前殿为名山洞府，帝喾塑像镇坐其中。后殿为圆通宝殿，内有由青铜铸造的千手观音。前殿两边的对联是：圣泽无边德勋长兴天地在；仙缘有份坛名永垂宇宙间。帝喾祠历经数千年，风雨沧桑，多次被毁，多次修葺。1993年，当地群众自筹资金，在原地按原貌重新修建。

落马桥　落马桥位于雨母山乡竹雅村贺家冲组，原称石板桥。相传辛侯奉命平定术器之部落，将术器追至桥上落马，并斩首术器于此，故称“落马桥”。300多年前，桥边三元村秋薄井的谭姓人家，人丁不旺，听信风水先生的言辞，将桥身搬至下游500米处。1989年，修建乡村公路，废除桥面石板，铺成钢筋水泥。现桥面长35.7米，宽3.5米，高4米。

赤松子坛　赤松子是古代传说中的得道仙人，系神农雨神，也是帝喾雨师，能呼风唤雨。赤松子坛设在飞来石上，是赤松子在衡阳求雨的地方。飞来石位于雨母山东侧石狮子垅岭上，是由3块形态各异的石头组成的一个大石堆。每当久旱不雨，只要赤松子登坛作法，就“雨泽立降”。人们为感谢赤松子，称赤松子为“雨之母”，赤松子坛为“雨母坛”。清乾隆二十六年（1761），清泉知县江恂因公至山，用篆书题写“赤松子坛”四字于飞来石南面，以彰古迹。

灵山庙　灵山庙位于雨母山灵山村六八塘后山，代背桥河边。传说炎帝身边有三个能干的大臣，名叫杨山、灵山和洪山。三个大臣协助炎帝治理洪水，不仅尽心尽责，而且治水有方。三个能臣只要一个到场，洪水就自然停止为害，乖乖地流入大海。所以，凡以后洪水多发地段，都建庙宇塑像立在河边以镇洪水。

张公庙　张公庙坐落于雨母山乡竹雅村竹雅桥旁，是祭祀明代万历年间（1573—1620）广东总兵张元勋而建。张元勋（1533—1590），字世巨，号东瀛，太平县新河（今浙江省温岭市新河镇）人。自幼习武，体魄健壮，15岁中武秀才。16岁时倭寇侵犯台州，父张恺集资聚众抗敌，力战阵亡。元勋誓杀万贼以报父仇，跟从戚继光征倭，屡战奇功。当地百姓感念元勋的恩德尊之为神，主动出资、出力建了张公庙祭祀他、纪念他。

赤松观 雨母山赤松观始建于清代初期，1944年日寇进犯时被毁。2010年开始重建，2012年建成。位于雨母山飞来石南面，占地面积2.4万平方米，建筑面积3156.48平方米。主体建筑由三进院落五个殿堂组成。第一进为灵官殿，供奉护法神王灵官；第二进吕祖殿，供奉八仙之一的吕洞宾祖师和功名之师文昌帝君；第三进赤松殿，供奉赤松观主神太虚真人赤松子。左侧为慈航殿，供奉救苦救难的慈航道人（观音）、掌管世间婚姻的月老、赐人子孙的送子娘娘。右侧为财神殿，供奉正一福禄财神赵元帅、救死扶伤的药王孙思邈、人文始祖五帝之一的帝喾。现在，赤松观为全国主祀赤松子的宗教场所。

（文字供稿：张波　龙睦习　图片供稿：衡阳市志办）

南岳区

概述

一

南岳区位于湖南省中部偏东南，湘江之西北的湘中丘陵山区，衡阳市区之北侧。东、南、北三面与衡山县接壤，西面与衡阳县毗邻。地处北纬27° 11′ 29″ ~27° 20′ 05″，东经112° 33′ 44″ ~112° 46′ 34″之间。区域东西直线距离15.6公里，南北直线距离10.05公里，总面积181.5平方公里。北东—南西走向的南岳衡山72峰穿境而过，有43峰坐落境内。主峰祝融峰海拔1300.2米，是衡阳市境内之最高点。因位处“轸星之翼”，“度应玑衡”，“铨德钧物”，意谓能称量天地，故称衡山。衡山因地处五岳之南，故名南岳，为中华五岳之一。

境内人文历史悠久，源远流长。早在尧舜时期即有三苗族和扬越族人居之。战国中期，属楚。秦属长沙郡，汉属湘南县，三国属吴之衡阳县。晋惠帝永熙元年（290），衡阳县更名衡山县，南岳属之。此后唐属衡州，宋属潭州，明、清复属衡州，隶属均随衡山县异动。民国时期，境内风景名胜及文物古迹由省政府设立的南岳管理局（林垦局）等机构管理，地方行政仍属衡山县。1949年10月，属衡山县第六区。1951年2月，设立南岳特别区，2014年，为衡阳市南岳区、湖南省南岳管理局两块牌子，一套人马。

境内气候温和，植物资源丰富，核心景区森林覆盖率达91.58%，负氧离子浓度平均值达26000个/立方厘米，有“天然氧吧”之称。有国家和省级重点保护植物119种，拥有世界独有的自然分布植物（南岳特有植物）绒毛皂荚。境内有古树名木46科83属124种4816株。保存完好原始次生林7处173公顷。有野生动物2021种，其中18种野生动物被列入《濒危野生动植物种国际贸易公约》。境内交通便利快捷，京广铁路、京珠高速公路、潭衡西高速公路紧邻，107国道、武广高速铁路、南岳高速公路穿境而过。境内名胜古迹遍布，寺观庙宇林立。有12大景区，122个景观单元，中心景区面积100.7平方公里。有省级历史文化名镇1个，国家级重点文物保护单位3处，省级文物保护单位12处，区级文物保护单位25处。省级科普教育基地1个，全国红色旅游经典景区1个。1982年12月，成为首批国家重点风景名胜区；2006年2月，成为中国国家自然与文化双遗产，2007年，成为国家AAAAA旅游景区和国家级自然保护区；2008年，获评最受群众喜爱的中国十大风景名胜区之一；2011 年，获评宗教界全国爱国主义教育基地。

境内文化底蕴深厚，儒学、玄学、禅学相互影响、渗透，形成独特的南岳文化现象。宗教为中国南禅发源地之一，有史记载朝廷祭祀南岳有 120 次之多，长期以来南岳佛、道共存一山，儒、释、道三家共融一庙，生息共荣，为五岳独有；书院文化肇开湖湘学派，湖湘学派的开创者宋代胡安国、胡宏父子在南岳讲《春秋》、讲理学，并授徒于此；自唐以来，李白、杜甫、韩愈、柳宗元、朱熹、张栻、王船山、谭嗣同、周恩来、叶剑英、郭沫若、田汉、陶铸等历史名人登临南岳，留下 3700 多首诗、词、歌、赋和 429 处摩崖石刻，成就南岳中华诗词之乡；近代抗日烽火弥漫时，国共合作在这里谱写民族救亡的新篇。1938 年 11 月至 1944 年 2 月，蒋介石在此先后主持召开 4 次军事会议，研讨抗日战略和江南战场问题。国共两党合作创办的游击干部训练班为正面战场培训 3000 多名抗日游击骨干，令南岳成为抗战名山。

境内经济发展迅速，社会和谐。1979 年 12 月，国务院、中央军委批准南岳正式对外开放。1984 年建区，其后依托千古名山优势，全力打造“国内外知名精品旅游区”“国际精品旅游目的地”。2014 年，南岳区实现地区生产总值 28.84 亿元；公共财政收入 54340 万元，比 1985 年 434.7 万元增长 125 倍；社会固定资产投资 24.91 亿元；社会消费品零售总额 17.83 亿元，消费价格总指数为 101.6%；接待旅游人数 706.05 万人次，比 1984 年 66.7 万人次增长 10.6 倍；实现旅游收入 57.33 亿元，比 1984 年 458 万元增长 78.8 倍；交通运输、仓储和邮政业完成生产总值 13374 万元，拥有免费公共汽车 34 辆；各级各类公民办学校及培训机构 49 所，教师 1046 人；拥有专业技术人员 1020 人；全区文化体育设施面积 13.8 万平方米，人均拥有 2.22 平方米。艺术表演团体 5 个，文化馆 1 个，公共图书馆 1 个，博物馆、纪念馆 2 个，乡镇文化站 5 个，农家书屋 27 家。省级非物质文化遗产保护目录 1 个。数字电视用户 13256 户，电视综合人口覆盖率 99.6%。体育场 4 个，体育馆 1 座，运动场 10 个，“农民体育健身工程”行政村 17 个；拥有医疗卫生机构 63 家，床位 718 张，医疗工作人员 841 人；新型农村合作医疗参合率达 99.92%；全区基本养老服务补贴覆盖率 70%，基本医疗保险覆盖率 91.5%。污水处理率达到 83%；建有无害化垃圾中转站一座，农村垃圾集中处理率达到 100%；全区居民人均收入 28252 元，其中：城镇居民人均可支配收入 28517 元、农民人均可支配收入 14672 元。

二

1984 年 5 月，湖南省衡阳市南岳区成立。将衡山县所辖的南岳镇、南岳乡和望峰乡的红旗、龙凤潭、青水 3 个村，东湖乡的杉湾、岳林、莲塘、石山 4 个村，马迹乡的拜殿、龙潭、观音 3 个村析出为南岳区的行政区域。由南岳区重新划定 4 乡 1 镇，即南岳乡、岳林乡、龙凤乡、拜殿乡和南岳镇。1987 年，南岳乡与南岳镇合并。1997 年 5 月，从南岳镇析出 5 个居委会，设立祝融街道。1998 年 7 月，成立祝融街道办事处，南岳区形成 3 乡 1 镇 1 街道格局。2014 年，辖岳林乡、龙凤乡、拜殿乡、南岳镇 、祝融街道 3 乡 1 镇 1 街道，27 个行政村，313 个村民小组，9 个社区，72 个居民小组。年末总人口 59295 人，其中：城镇人口 22258 人，城市化率 37.54%。2015 年 10 月，乡镇区划调整合乡并村后，南岳区从辖 3 乡 1 镇 1 街道变为辖 1 乡 1 镇 1 街道，即寿岳乡、南岳镇和祝融街道。

（文字供稿：洪雨）

祝融街道 >>

区域概况

位置面积

因坐落南岳衡山主峰祝融峰下而得名。位于南岳衡山七十二峰之朱明峰、驾鹤峰与集贤峰南麓。地处区域中心城区，东与南岳镇岳东社区搭界，南与南岳镇万福社区接壤，西接南岳镇金月社区，北连南岳镇延寿村。办事处驻迎宾社区云峰路26号。距衡阳市区46公里。

1998年，辖区面积4.2平方公里。2014年年年末，辖区面积6.7平方公里。

建置沿革

原属南岳乡和南岳镇。1998年6月，从南岳镇成建制划出城东、城西、岳南、岳北、迎宾5个居委会和驻辖区内143个单位。7月，设立祝融街道办事处，为区人民政府派出机构。

行政区划

1998年7月，辖城东、城西、岳南、岳北、迎宾5个居委会。同年，城东、城西、岳南、岳北居委会分别改名为祝圣、白云、独秀、岳庙居委会。2001年6月，南岳镇衡岳村改为居委会，成建制划归祝融街道办事处。2014年，辖祝圣、白云、独秀、岳庙、迎宾、衡岳6个居委会，32个居民小组。

自然环境

辖区位于高山向丘陵过渡的沙质溪谷平原地带，地势北高南低。地面坡度小于5度。属亚热带季风性湿润气候，全境北倚衡山主峰，气候温和湿润，土质肥沃，光照充足。全年无霜期长，年均气温17.5℃，年均降水量1440毫米。土壤多为红壤、水稻土。境内有3条溪流归属湘江流域，水源除来自高山峻岭外，以雨水补给为主，泄流快、流程短、水量变化大。辖区北部处于高山与丘陵的衔接地带，岩层断裂形成白龙潭瀑布与络丝潭瀑布。

人口民族

1998年，祝融街道成立时，辖区总户数8980户、20770人。2014年年末，总人口20010人，其中男性10194人，女性9816人，分别占50.94%和49.06%。非农业人口18422人，所占比例92.06%。人口密度为每平方公里2986人。辖区内的人口绝大多数为汉族，也有少量由于工作或婚姻关系落户的少数民族人口。

经济发展

经济综述

自唐宋以来，境内经济以传统农业生产和商贸服务为主。1984年建区后，为扩展南岳旅游事业，境内兴建集贸市场，举办南岳庙会、全国旅游购物节等大型活动，旅游商贸服务业快速发展。1998年街道成立后，大力发展街道经济，工业得到迅速发展。后因工业企业改制，境内主要以民营经济为主。随着南岳旅游事业的腾飞，逐渐形成城镇化格局，经济主要以旅游商贸服务为主。2014年年末，境内已无农业生产活动以及大型工业企业，手工制品闻名全国，百姓人均收入达3万元。

国家级旅游景区5A牌

农业

民国年间，境内农业生产虽有较好的基础，但发展缓慢，水平低下。部分农民种植蔬菜、席草、湘莲、荸荠等经济作物，大多数在赶八月香期做旅游工艺品小生意或平时开客栈接待香客食宿。故历史上有"南岳人不种田，赶届八月吃三年"之谚语。中华人民共和国成立后，辖区行政管理体制与经济体制几经变革。1954年，实行粮食统购统销，南岳古镇分为岳山、岳街两个大队：岳街居民大都从事商贸服务；岳山居民从事农业种植，有耕地40余公顷，并建有果林场、饲养场。1987年，岳山大队1300多人全部"农转非"后，逐渐形成城镇化格局。2014年年末，境内已无农业生产活动。

旅游

自古以来，旅游业为南岳的主导产业。1985年，境内恢复举办南岳首届庙会。1989年，在祝融路与衡山路交汇口，兴建"南岳衡山"牌坊。

1991年，举办第二届南岳庙会。1992年，举办中国湖南衡阳经贸洽谈会暨南岳庙会。同时为发展南岳的旅游经济，辖区内的旅游景点建设与旅游设施建设不断完善。1994年3月，启动对南岳大庙第17次大修，历时9年，耗资8600多万元，使大庙中轴线上九进及东八观、西八寺整修一新，并于2006年成功申报为全国重点文物保护单位。1996年，举办中国旅游购物节暨南岳庙会。2000年，在驾鹤峰上兴建中华万寿大鼎，在鼎下占地5.3公顷建成万寿广场；2004年，在广场入口处修建一座由江泽民题词的"寿岳衡山"牌坊。2014年年末，境内旅游人数达253.44万人，收入达1.29亿元。

工业

1998年，以从南岳镇接管的34家镇办企业为基础，大力发展街道经济。1999年，街道乡镇企业实现总产值4.32亿万元，工业总产值1.86亿元，上缴税金395万元。2000年，街道企业办获“衡阳市乡镇企业工作先进企业办”荣誉称号。2001年，有工业企业1148个，全年实现工业产值26702万元，实现出口效益1150.5万元。主要工业产品有轻工机械产品、旅游纺织产品、太阳伞、根雕、有色金属工业产品等。同年，根据省、市文件精神进行工业企业改制，大力发展民营经济。至2014年，境内无大型工业企业，以手工业为主，主要产品有轻工机械产品、旅游商品，如太阳伞、根雕、盆景、花卉、竹制按摩器、凉席、茶叶等产品。

商贸服务业

境内观光游览和朝圣拜佛服务的旅游商贸非常发达。据史料记载，唐开元年间（713—742），南岳古镇便有居民300余户，并已形成东、西、南、北四条正街和北支街、半边街2条支街，共有香期客栈90余家。每逢南岳香火旺盛季节，环庙而市更为热闹。宋代范成大在《骖鸾录》中云：“岳市者，半皆市区，江浙川广货之所聚，生人所须无不有。”清末时，古镇四街的正规店铺已有200余家。为满足游客的需要，人们用手工制作的各种工艺品、焚化品应运而生，尤以车木工艺品的喇叭叫子、胡椒压子、算盘珠子久负盛名。为扩展南岳市场，发展旅游事业，1986—1988年，建城东集贸市场，总建筑面积9万平方米。1993年，建小商品批发市场。1996年，成功举办全国旅游购物节暨南岳庙会后，成为湖南省旅游品最大的批发市场。是年，兴建迎宾市场。随着2000年庙西街与2012年金盆小区先后竣工，金沙路全线贯通。条条街道店铺林立，旅游商贸服务快速发展。其中，私人旅店有210余家，设有床位1.1万余张。宾馆10多家，设有床位4000多张。2014年年末，有经营门店2000余家，集贸市场2个，湖南著名商标“南岳名山佛菜”1个。

财政金融

1998年，设立祝融街道办事处财政所。2014年年末，街道完成财政收入2.22亿元，财政支出2.14亿元。

1984年，境内设立中国工商银行衡山县支行南岳办事处。1985年，设立中国建设银行南岳支行。1988年，设立中国银行南岳支行。1997年，成立中国农业发展银行衡阳市分行南岳业务组。2014年年末，境内有中国银行、工商银行、农业银行、建设银行、农村信用社5家金融机构，设有营业网点9个。

基础设施

交通运输

自古以来，南岳就有驿道四通八达，游客朝圣来往不绝。1929年，长衡公路建成，设南岳汽车站。建区后，交通运输迅速发展。1985年，107国道扩建。1995年8月，境内城市1路公共汽车开通，投资20万元购中巴车3台，承担从“南岳衡山”牌坊至康家垅门票处的客运工作。1999年，京珠高速公路全面建成。2009年，武广高铁营运，开通城区4条免费公交线路，方便居民、游客出行。2012年，南岳高速公路竣工。2014年，境内有长途汽车站1个，短途汽车站1个，城区免费公交线路2条。

邮政通信

1984年，南岳建区，成立南岳区邮电局。1987年6月，南岳区邮电局与衡山县邮电局合并。1988年，南岳区邮电局重新独立为县级邮电局，并在境内祝融北路兴建邮电大楼，面积2551.19

平方米。1990年，举办南岳区首届邮展，向国内外发行“衡山”特种邮票。1991年，自我研制南岳—衡阳、南岳—衡山长途自拨设备，开通南岳至衡阳、衡山长途直拨电话，1992年，开通电传电报电路及移动电话“二哥二”。1993年，开通程控电话、“大哥大”、BP机。1999—2000年，邮电局分家成立移动公司、电信公司与邮政局。2001年，建成方广路2号移动通信综合楼。2004年，湖南省电信有限公司南岳分公司为配合南岳古镇改造，原北正街18号1712平方米办公楼拆除，搬迁至南岳镇管辖的祝融南路新建邮政综合楼，面积4225平方米。是年，开办邮政特快专递业务。2014年，境内有电信、移动、联通服务网点31个。

供电饮水供气

供电 民国35年（1946）秋，南岳成立电业股份有限公司，借北正街天符殿设简易火力发电厂，名曰南岳电灯公司，是年12月开始供应照明用电。初时用户76家，装灯250盏，并在4条主要街道装设路灯12盏，日供电量7000千瓦时。后有彭明高、彭尧卿等合资接管经营，改名光华电厂，继续供电。20世纪50年代初，南岳发电仍以木炭发电供镇区照明，用户约200家，装灯1176盏，日供电量2.94万千瓦时。1956年9月，华严湖水库竣工并开机发电，南岳结束火力发电历史。1987年，衡阳电业局南岳用电管理

所建立。1995 年 10 月，区水电站将城区内配电设施全部移交南岳用电管理所。自此南岳结束长达多年的两家供电历史，实现大电网统一供电。2014 年年末，境内的供电均为南岳用电管理所管理提供。

饮水 民国时期，古镇居民以饮用井水为主，较大水井 10 余口，分布在财神殿、司马桥、旷家院子、保泰祠等处。寺观多于室内或庭院建吊井。20 世纪 50 年代至 80 年代中期，居民与机关单位陆续自建沉井取水。1988 年 7 月，南岳水电站于赤帝峰建成第一水厂，日供水 3000 吨，是南岳城区有自来水之始。1992 年，动工兴建第二水厂，1995 年投产营运，日供水 7000 吨。是年，城镇供水普及率达 95%。2014 年，境内有日供水能力为 1 万立方米水厂 2 座。

供气 1996 年，华立液化气有限公司成立，70% 城区居民用上燃气。2000 年，华立公司关闭。是年，衡阳百江燃气公司入驻境内。2004 年 11 月，衡阳南岳中油管道燃气有限公司成立，在南岳享有管道燃气专营权。2006 年，正式通气点火启用。2012 年 9 月，衡阳澳特燃气有限公司收购南岳中油管道燃气有限公司。2014 年年末，境内有燃气用户 6099 户，其中商业用户 126 户，居民用户 5973 户。

城镇建设

1998 年后，境内城镇建设飞速发展。2001 年，修建近 1000 平方米的芙蓉休闲花园。2008 年，对“南岳衡山”牌坊进行改造。2009 年，完成衡山路、祝融北路、南岳衡山牌坊等境内景点、路段的夜景观亮化工程，安装 425 基路灯的更换，新装路灯 54 基；完成西起方广路路口、东至东环路路口的衡山路路段改造，全程 1315 米，路宽 40 米。引进位于迎宾社区的龙凤度假村项目，投资 5 亿元。2010 年，建成集博物馆、停车场、售票厅于一体的游客服务中心，成为南岳标志性建筑。 2013 年，完成迎宾市场产权收购。2014 年，新安装路灯 32 盏，完成古镇东、西、南街规划改造设计的方案编制。境内逐步形成以古镇为中心，现代建筑与仿古建筑相融合的建筑布局，成为南岳区经济、文化中心。

社会事业

教育科技

民国 24 年（1935）2 月，长沙岳云中学设分校于南岳，为境内有中学之始。民国 27 年（1938）3 月，岳云中学开设幼稚园 1 处。民国 32 年（1943）8 月，省立南岳完小创办于东操坪。民国 34 年（1945）11 月，私立南华中学从衡山白果迁来南岳。1998 年，境内有岳云中学、南岳区第一中学、南岳完小、衡岳小学 4 所学校。2005 年秋招后，南岳区第一中学由一所初、高中齐全的完全中学改为全日制普通高级中学，将初中部搬迁至南岳区实验中学。2014 年年末，境内有公办中学 2 所，小学 2 所；学生 7200 余人，区属教职工 271 人（岳云中学行政属衡山未统计在内）；幼儿园 8 所，可容纳幼儿 3000 余人。

文化体育

1985 年，境内成功举办中华人民共和国成立后的南岳首届庙会，历时 20 天，参加庙会客商达 10 万人次。2000 年，在南岳"寿文化节暨庙会"活动中，境内组织的庙会排街等民俗文化节目吸引游（香）客 5 万多人次，湖南卫视台、湖南经视台、衡阳电视台等多家新闻媒体重点报道，被誉为"名山人演绎寿文化，土班子演出高水平"。2011 年，成功举办第一届社区文化节。是年末，境内有活动中心 3 个，社区图书馆 3 个，6 个老年协会。2014 年，举办第四届社区文化节，有近万名群众参加。

1986 年，区文化体育局在大善寺创办南岳业余体校，重点培训举重运动员。1991 年，南岳老年大学开办，先后在大善寺内建门球场 2 处，组建老年门球队。1994 年，参加衡阳市门球等级赛，由丙队进入乙队，在全市 64 个门球队中名列第六。1999 年，落实宗教政策，南岳业余体校和老年大学均搬出大善寺。2000 年，老年大学在境内新建 500 平方米门球场 2 个。2003 年，街道下设 6 个社区服务站，22 个社区服务点，均成立社区老年协会、龙灯协会、门球协会、腰鼓队等，修建篮球场、门球场、乒乓球室。2011 年，为 12 个小区开辟健身康体场所，添置 66 件健身器材。至 2014 年年末，各社区均建立居民健身场地，购置多种健身器材。

医疗卫生

清末、民国时期，境内医疗事业以中医中药为主。民国 35 年（1946），国民党军队的卫生兵周保安在南岳北正街开设周保安诊所。民国 30 年（1941），衡山县卫生院在南岳设立分院，衡阳沦陷时停办。民国 31 年（1942），境内创办湖南省中正医院，院址设康家垅。民国 35 年（1946）8 月，白果卫生所迁来南岳，择西街崇善堂为所址，改名南岳卫生所。1949 年，西医刘昌汉在北支街香山寺侧开设一家诊所，名刘昌汉诊所。1951 年，南岳特别区人民政府接收刘昌汉诊所和久康、惠济两家西药房的人员、药材和医疗器械，以民营公助的方式建立南岳特别区卫生院，后改为衡山县卫生院南岳分院；1952 年，改称南岳区卫生所。1954 年，何凤贵等 7 名医师在南岳北支街倪三泰公屋创办中医联合诊所，后经几次拆并，在南街创办南岳镇卫生院，最后迁至 107 国道南岳牌坊旁。1963 年，南岳区卫生所扩建为南岳县人民医院，建区后更名为南岳区人民医院。1998 年，南岳区妇幼保健院在方广路始建，1999 年竣工。2014 年年末，境内有医疗卫生机构 1 个，门诊部 2 个，私人诊所 13 处，药店 18 个，每年免费为 65 岁以上的老人以及妇女、儿童体检；新农合参合人数 1045 人，医疗补偿金额 53.93 万元，其中住院 164 人次，补偿金额 47.95 万元，门诊 46 人，补偿金额 5.98 万元。

社会保障

社会救济　民国时期，南岳大庙东川门半边街有育婴堂 1 所，收养弃婴；西街有 1 所同善堂，对孤老无靠及贫苦人施医、施药。1998 年街道办事处成立后，加大境内社会保障力度。2008年发放救济款4000元；为特困户发放慈善医疗卡20个，年人均500元。2014年年末，为境内18位90岁以上老人发放高龄补贴1.8万元，年人均1000元；为10个孤儿发放生活补助4万余元。对生活不能自理的“五保”老人由街道敬老院集中供养，对分散供养的“五保”老人实行包户服务。

最低生活保障 1999年，对境内低保人员重新进行审核。2001年，有121户、297人享受城市居民最低生活保障。2006年，城乡居民最低生活保障资金由区财政统一安排。2008年，有低保户303户、620人，发放低保金74.39万元；审查、核准困难居民经济适用房对象77户。2014年，对6个社区341户、591人落实城镇低保金248万元，做到应保尽保。新解决廉租住房6户，公租房7户，并给146户居民发放廉租住房补贴35万元。

医疗保险 2005年，南岳区启动城乡居民大病医疗救助。2008年，解决大病医疗救助4人，发放救助金1.2万元；2014年，共有15421人参加城镇医保；为17人申请大病医疗救助金3万余元。

特色地情

历史人文

祭祀南岳衡山之神 在唐虞三代，史书即有祭祀南岳的记载。自唐至今，南岳祭祀文化历千余年而长盛不衰。唐代自开元初，历玄宗、代宗、德宗共遣使祭南岳6次。天宝五年（746），唐玄宗并诏封南岳神为“司天王”。宋代，太祖赵匡胤平湖南，命给事中李昉祭南岳。北宋大中祥符四年（1011），宋真宗敕封南岳神为“司天昭圣帝”。宋代各帝共祭南岳16次。蒙古族入关，建立元朝，南岳祭祀仍沿袭旧制。自元朝至元十四年（1277）开始，共遣使祭岳16次。元朝至元二十八年（1291），加封南岳神为“司天大化昭圣帝”。明代历祭南岳34次，明太祖朱元璋于洪武三年（1370）将南岳圣帝改称“南岳衡山之神”。清代自顺治八年（1651）开始，历康熙、雍正、乾隆、嘉庆、道光、咸丰、同治、光绪等帝，共遣使祭岳43次。康熙帝并亲撰《重修南岳庙碑记》。民国26年（1937）5月3日，国民党总裁蒋介石偕夫人宋美龄祭祀南岳衡山之神。每逢农

南岳古镇的朝圣队伍

南岳庙庄严隆重的祭祀祈福现场

历8月，民间祭祀尤为兴盛，来自省内外的信众，成群结队前来朝圣进香。特别是八月初一“圣帝诞”这一天，古镇四街人山人海。朝圣者着清一色的青衣服和青头巾，胸前红兜肚上书着“南岳进香”四字，步行车载，昼夜不停。

韩愈开云 唐代韩愈游岳之时，恰逢秋雨连绵，巍峨险峻的南岳为阴云雾气所笼罩，不识衡山真面目。于是他向南岳衡山之神祈祷晴朗的天气，希望感通神明，以遂心愿。恰巧云开雾散，天朗气清，衡岳诸峰，突兀高耸，直插碧空。他遂认为是自己精诚所至，后人亦称之“韩愈诚心开云”。

名优特产

喇叭叫子 将一截直径约3厘米，长约6厘米的圆木，削成上小下大，微呈锥形，中间用土车床把它车空，在其上端安一个竹叫子，通身染红。吹起来声音清脆，外观颇不错，也很便宜，在孩童中畅销。

胡椒压子 高约13厘米，正中再钻一个约1厘米直径的圆洞，底大口小。中装一个圆头木杵，五分之一陷在洞里面，洞底一端为圆头形，主要用于碾压胡椒粉末，销运全国各地。

南岳素食 南岳素食系列产品分素菜和素果两大类，共26个品种。由南岳素斋堂制作，原料系采用衡山山区及周边地区生产的天然新鲜蔬菜、野菜和山果，按照佛道的斋膳工艺结合现代食品生产科技精制而成，配料中还添加甘草、紫苏等中草药类植物成分，有开胃健脾、促进消化等功效。

南岳斋席 南岳各大丛林与镇上饭馆，均擅长制作，以茄类、豆类、面灰类、荸荠、莲藕、红白萝卜及各种瓜菜为原料，仿制成鸡、鱼、肉、蛋。从外形看，达到以假乱真的程度，清香、鲜嫩。南岳斋食有一品香、二度梅、三鲜汤、四季青、六子莲、七层楼、八大碗、九如意、十样景等，以十样景最为丰富，食此可领略南岳斋席的全部风味。

南岳寿鼎 2000年，举办第一届南岳衡山寿文化节暨庙会，并在驾鹤峰筑中华寿坛，铸中华万寿大鼎，同时开始制作售卖中华万寿大鼎纪念鼎（其中：1万个绝版纪念鼎均由青铜铸造）和中华福寿鼎等系列纪念鼎，分青铜铸和树脂制作两大类。

名胜遗址

南岳大庙 大庙位于古镇正街北端，是江南最大的古建筑群，有“江南第一庙”“南国故宫”之称，1996年，被国务院审定为全国重点文物保护单位。据史料记载，大庙几经唐、宋、元、明、清6次大火和16次修缮扩建，于清光绪八年（1882）形成现有的98500平方米的规模雏形。该庙坐北朝南，为九进三路四重院落。中轴线上依次为棂星门、奎星阁、正南门、御碑亭、嘉应门、御书楼、圣帝殿、寝宫、北后门。四周以红墙为界，角楼高耸，寿涧山泉，绕墙流注，颇似北京故宫风貌。庙内儒、释、道三家同尊共荣。东侧为八个道观，西侧为八个佛寺，堪称中国寺庙一绝。大庙第七进为圣帝殿，亦称正殿、大殿、新圣帝殿，为该庙的主体建筑。殿周古木集翠，参天拱卫，映衬着飞翘入云的重檐，金碧辉煌的殿宇，显得格外气势宏伟。全殿由七十二根花岗石圆柱顶立其间，寓意南岳七十二峰之数。殿内正中神龛供奉南岳圣帝金身神像，殿内原悬挂着“光辅紫宸”“永峙南维”“功宏育物”等七块金字匾额，系清代帝王康熙、雍正、乾隆、嘉庆、道光、同治所赐。

祝圣寺 坐落于南岳古镇东街，是湖南省重点文物保护单位，系国务院审定的汉族地区佛教全国重点寺院。祝圣寺历史悠久，据《南岳总胜集》载，夏朝的大禹曾在这里修建清冷宫，以祀舜帝。唐代高僧承远在这里始创“弥陀台”佛教寺院。自此高僧辈出，名流接踵。全寺由六进四横六个院落组成，四周古木参天，浓荫蔽日。

大善寺 位于北支街，始建于南北朝，为南朝陈慧思禅师唱道之地。现有天王殿、大雄宝殿、禅堂、斋堂、宏堂、寮房、方丈室、藏经楼等房舍100多间，建筑面积达4000多平方米，为南岳佛教五大丛林之一，湖南省重点文物保护单位。

黄庭观 位于集贤峰下，白龙潭上侧。唐武德元年（618）始建,宋徽宗赐名“黄庭观”至今，为湖南省重点文物保护单位。观宇经历朝多次修建，现存建筑为1993年重修，有憩凉亭、前殿、正殿三进。东晋初年，中国第一位正式出家的女道士魏华存到此修道，被奉为道教上清派开派祖师。观外右侧悬崖绝壁上的“飞仙石”，相传便是她白日飞仙的地方。

桔盈圃 为党史遗址与抗战遗址，位于辖区西街口外。民国28年（1939）2月，国共合作共同创办南岳游击干部训练班，叶剑英任副教育长。中共中央派到南岳游干班的工作人员对外称中共代表团，由叶剑英任团长，李涛、边章伍、吴奚如、李伯崇、薛子正为团员，工作人员30多人，驻地设在该处的庄园内。

果园 位于南岳古镇的北支街口，坐落在大善寺后。1939年4月，周恩来以国民政府军委会政治部副部长身份到南岳游击干部训练班检查工作，为全体学员演讲《中日战争之政略与战略问题》，他下榻的四合院即是果园。当时果园为时任岳云中学校长的何炳麟校长居住。为湖南省重点文物保护单位。

文定书院 纪念胡安国父子的文定书院遗址，现为岳云中学的科技楼，楼前方塘即胡氏开凿的春秋塘。当年他在塘畔的春秋楼注《春秋》，阐扬“春秋大义”，肇开了湖湘学派。

南岳衡山牌坊 位于辖区南侧衡山路与祝融路交叉口处，它是进入南岳风景名胜区的入口，也是目前国内风景名胜区最大的石牌坊。高20.4米，宽21.7米。牌坊正面坊额上“南岳衡山”四

中华万寿大鼎

字为当代艺术大师刘海粟题，背面坊额上“文明奥区”四字系当代书法艺术家吴作人题。胡遐之撰写对联“秀气来高宇，看四绝奇观，五峰秀景；文明称奥区，有二贤吟迹，七祖道场”。

南岳图书馆 民国19年（1930）9月30日，湖南省教育厅转请省政府批示同意创建南岳图书馆，并委任康和声为筹备主任。康择定集贤书院旧址作为建馆地点，建成五楹两层馆舍。民国35年（1946）5月，湖南省参议院议长赵恒惕、省长王东原等人借蒋介石六十寿辰为由，拟将南岳图书馆加以扩建，易名为南岳中正图书馆。民国36年（1947）7月，“南岳中正图书馆”开工扩建。翌年，新馆落成，康和声仍任馆长，设阅览室8个、书库4间，可藏书百万册；2月29日正式开放，藏书总计7万多册。1949年12月，衡山县人民政府接管委员会将该馆接管。1950年，仍复名南岳图书馆。

中华万寿大鼎 位于南岳衡山的驾鹤峰上，是中华民族鼎文化有史以来最高、最大、最重、集“寿”字最多的祭祀鼎，高9.9米，重56吨，上铸一万个自中华各民族有文字记载以来古今书法家不同书体的寿字，它的落成奠定了南岳衡山——中华寿岳的至尊地位。中华万寿坛是由寿岳衡山牌坊、万寿广场、中华万寿大鼎、福寿寺等部分组成。

民俗风情

南岳庙会 始于唐武宗会昌元年（841），起于崇奉天符大帝。相传农历五月十七为天符大帝生日。南岳天符殿从初十起，即开始行醮会，拜天章，鼓乐喧天。至十七日醮会结束时，岳市四街居民商户即“抬故事”竞赛。所谓“抬故事”即搞化装游行，装扮一些古人故事，如杨家将、封神榜等等。1985年，南岳恢复庙会。1991年，庙会恢复传统的抬神活动。

抢头香 又称幸运香火，是南岳春节的一项传统民俗活动。活动是由南岳佛道教协会在正月初一子时于南岳大庙隆重举行“幸运香火”大型法会。参加法会的游客沐浴更衣后于大年三十晚在祝圣寺共进斋席，晚上十点左右到大庙三元宫听佛、道教教职人员讲解有关宗教仪规，并介绍南岳圣帝。初一子时一到，大庙鸣钟击鼓，佛道两教数十僧道人员分列圣帝两侧，各自同时举行法会。并为功德主举行圣帝开光仪式，赠送宗教圣礼，功德主在正月初一子时点燃新年第一炷“幸运香火”。按次序跪拜在圣像前接受佛、道人员的祝福。法会之后，正殿大门打开，群众自由敬香。法会开光的南岳圣帝金像由功德主带回家。

（文字供稿：王艺静　曾瀛洲　周婷　图片供稿：王艺静　彭斌　南岳区史志办）

南岳镇 >>

南岳镇先后荣获“全国重点小城镇”“湖南省百强镇”“湖南省历史文化名镇”“全国文明村镇”“湖南省最具民生幸福感乡镇”等多项荣誉称号。

区域概况

位置面积

因坐落南岳衡山主峰南麓而得名。东接衡山县开云镇，南邻衡山县店门镇，西连岳林、拜殿二乡，北靠龙凤乡与衡山县福田铺乡，境内环抱祝融街道。镇人民政府驻万福路207号。距衡山县城15公里，至衡阳市区50公里。

2014年，辖区面积84平方公里。其中陆地面积82.8平方公里，水域面积1.2平方公里。

建置沿革

明初，衡山县设崇岳、紫盖、义城、武阳、永平、兴乐6个乡。洪武十一年（1378），下编32个都1个坊，洪武十四年（1381），缩编为16个都1个坊，清康熙四十三年（1704），知县李长祚将6个乡16个都1个坊改编成朝、宗、于、海等17字。期间，南岳镇属紫盖乡七都、海字区域。民国21年（1932），撤字建区，属衡山县第一区。民国25年（1936）7月，废区，实行乡、县两级自治制，衡山县设义安、南岳2个镇和55个乡。1949年10月7日，南岳镇解放，属衡山县第六区。1951年2月，成立省辖南岳特别区，南岳镇、南岳乡属之。1952年，南岳特别区撤销，镇内仍归属衡山县管辖。1956年，南岳镇为衡山县3个（城关、南岳、石湾）县辖镇之一。1958年，建南岳人民公社。1960年4月，南岳镇从南岳人民公社析出，南岳管理局辖南岳人民公社和南岳镇公社。1963年5月，成立南岳县，南岳镇公社和南岳人民公社属之。1966年2月，南岳县撤销，仍归属衡山县管辖。1983年，政社分设，南岳人民公社改为南岳乡，南岳镇公社改为南岳镇。1984年5月，设立衡阳市南岳区，南岳乡、南岳镇及后山10个村从衡山县成建制析出。1985年3月，重新划定南岳镇和南岳乡。1987年1月，南岳乡与南岳镇合并为南岳镇。

行政区划

1987年，辖城东、城西、岳南、岳北4个居委会和衡岳、金月、万福、红星、荆田、白龙、延寿、光明、紫峰、兴隆、红光、泗塘、新村、岳东、黄竹、水濂、枫木桥、樟树桥18个建制村。1997年10月，增设迎宾居委会。1998年6月，城东、城西、岳南、岳北、迎宾5个居委会成建制从南岳镇析出，划

归祝融街道办事处管辖。2001 年 6 月，南岳镇衡岳村划归祝融街道办事处。2008 年 6 月，南岳镇万福、金月、岳东 3 个村改为社区居委会。2011 年 8 月，白龙村更名南山村。2014 年年末，辖红星、荆田、双田、红光、延寿、谭家桥、烧田、新村、光明、兴隆、南山、黄竹、水濂、枫木桥、樟树桥、紫峰、泗塘 17 个建制村，229 个村民小组；万福、金月、岳东 3 个社区居委会，40 个居民小组。

自然环境

地势北高南低，山体两侧存在断层，多处山谷形成瀑布。山体系中山地貌，山脉走向由东北向西南倾斜。地貌类型以山地丘岗为主，呈阶梯层状结构。属亚热带季风湿润气候，四季分明，山上山下温差大，山上年均气温 11.7℃，山下年均气温 12.5℃。年降水量 1515 ~ 2058 毫米，年日照时长 1438 ~ 1863 小时。土壤由花岗岩风化物发育而成，山下土壤为水稻田、麻沙土、红壤为主，山上以山地黄壤、山地黄棕壤及山地草甸土为主。境内水系属湘江流域，有 50 余条溪流发源于南岳山中，呈南北方向分流，境内有溪流 10 条、河流 5 条。主要矿产资源有麻石、石英。主要自然灾害有冰雹、旱涝、低温、霜冻。

经济发展

经济综述

清末至民国年间，境内以传统农业为主。同时因境内香火旺盛，手工业和商业贸易发展相对较快。中华人民共和国成立前，社会生产力水平低下，战争和自然灾害频繁，当地经济发展落后。中华人民共和国成立后，实施“耕者有其田，居者有其屋”，大兴水利，增强抵御灾害的能力，镇内人民生活逐渐改善。至 1957 年，人民生活实现自给自足。1978 年后，旅游业迅速发展，游客数量从 1978 年的 10 余万人增加至 1999 年的 200 余万人。1995—1998 年，镇内农村的工业、商业、运输、建筑、服务业迅速发展，农民收入大幅度增加，农村产业基地、旅游后勤基地等建设速度加快。2000 年以来，全镇投资建设的重点项目达 25 个，总投资突破 20 亿元，经济建设逐渐从单一的传统农业扩展到涉及第一、二、三产业的全方位行业建设。2014 年年末，全镇国内生产总值达 8.35 亿元，人均纯收入 15560 元。

农业

种植业 中华人民共和国成立前，境内历来以传统农业为主，土地所有权为封建私有制，经济结构主要形式系自给自足的自然经济，大多数民众缺衣少食。中华人民共和国成立初，广大农民分到了田地，生产积极性高涨，粮食产量有所增长，但因传统的种植方法、病虫危害、水灾干旱等因素，粮食生产仍然难以满足人民的生活需求。1984 年后，政府积极引导村民科学种田，粮食产量稳步增长，从 1984 年的 1876 吨增加到 1995 年的 10093.7 吨。1999 年，湖南省在南岳镇进行全省农业综合改革试点，全镇涌现超级杂

人口民族

1987 年，辖区总人口 8230 户、32279 人，其中非农人口 1927 户、7191 人；人口出生率 16.32‰，自然增长率 10.64‰。1998 年，总人口 45806 人，其中 20770 人划归祝融街道办事处管辖。2014 年年末，总人口 32725 人，其中男性 16791 人，女性 15934 人，分别占 51.31% 和 48.69%。农业人口 28943 人，城镇人口 3782 人。人口密度每平方公里 389 人。境内因婚配等原因有少量少数民族人口，并呈逐年减少趋势。

交水稻种植、蔬菜种植等各类科技示范户350户，创办生态园林研究所、皮草基地、湘莲基地、辣椒基地等。全镇有耕地1103.8公顷，改制490公顷。2000年，全镇加快传统农业向现代农业转型升级，种植业形成以早晚稻、油菜、席草、茶叶等传统产业和花卉、苗木、果蔬等特色产业互补的格局。2007年，席草种植面积533.33公顷，茶叶基地33.33公顷，无公害蔬菜106.67公顷。2008年，新增果蔬苗木等特色种植基地3个，种植特色农作物226.67公顷。2011年，新增早稻面积57.33公顷，冬种面积40公顷，农田抛荒得到有效遏制。2012年，新增流转土地约66.67公顷，建成苗木、果蔬、油茶、花卉、迷迭香、提子、寿枣等特色种植基地8个，组建农业专业合作社7个。2014年，境内有耕地758.27公顷，流转土地286.67余公顷，红星、红光等村连片种植油菜，新村的草莓、黄竹村的“雷竹”、樟树桥村的“寿枣”、岳东村的提子等特色产品推向市场。延寿村、南山村等山区村建设茶叶基地33.33公顷。

养殖业 境内历有养殖猪、牛、羊、鸡、鸭、鱼等禽畜水产习惯。1949年前，禽畜鱼饲养数量少、产量低。20世纪50年代后至南岳建区初期，养殖得到一定的发展，但仍是以家庭为单位的小户经营。90年代开始，大力发展畜牧养殖专业大户。1993年，出栏肉猪800头以上的专业户3户，500头以上的7户，100头以上的有近100户。2006年，有良种生猪养殖户500户，湘黄鸡、黑山羊养殖户发展到600户，养鱼户369户。2011年，共存栏生猪1.2万余头，黑山羊450余只，家禽3.6万羽。渔业以淡水鱼为主，水面养殖1.03公顷，水产品总量2000吨。2014年，樟树桥、光明、万福、荆田等村（社区）的黑山羊、桂花鸡、三黄鸡、鸽子、波尔山羊、蜗牛等养殖业产品畅销市场；是年年末，境内饲养生猪5.03万头，牛285头，山羊317只。

林业 境内植被茂密，森林资源丰富，因位于风景名胜区，注重风景资源保护和各类动植物生存环境的维护。2001年，全镇积极开展退耕还林，至2006年年末，在白龙村、延寿村、兴隆村、衡岳居委会退耕还林168公顷，科学安排林相，形成新的景观。2014年年末，有林地面积1837公顷；古树名木46科83属124种2300余株，有野生动物2021种，其中国家重点保护野生动物17种。

工业

南岳镇位于风景名胜区，因此无大型现代工业。境内手工业生产起源较早，据清光绪《衡山县志》记载，南岳生产的土纸和喇叭叫子、胡椒压子、算盘珠子等车木产品已享誉省内外。民国时期，造纸、车货、石材加工、织草席、织布印染、缝纫、竹木器生产、焚化品制造等个体手工业均有所发展。境内有私营工厂2家，专业手工业者约80人。中华人民共和国成立后，先后创办南岳车木厂、印刷厂、造纸厂、大米厂、水电站等全民所有制工业企业。20世纪60—70年代，成立轻工机械厂和工艺美术厂两家集体企业，公社和各大队也开始创办社队企业，先后有农械厂、车木厂、红砖厂、麻石厂、印刷厂建成投产。1984年后，镇属企业不断发展，最兴盛时达10余家。1995年，有集体和个体工业企业976家，从业人员4416人，实现工业总产值15428万元。20世纪90年代末，境内镇属企业实行改制。2001年，有国营、集体、个体企业1817家，总产值3.4亿元。至2005年，境内无镇属企业。2006年，在谭家桥村、双田村兴建民营经济工业园；引进南岳机油泵厂和衡阳金艺机械制造有限公司，弥补了南岳区自轻工业机械厂改制后无机械制造业的空白；是年年末，境内有上规模民营企业5家，产值超过100万元的旅游品加工企业102家，小作坊206户，从业人员6000余人。随着南岳旅游业飞速发展，境内从事旅游工艺品生产加工的民营企业蓬勃兴起。镇内旅游工艺品竹木雕刻、车木、玩具、旅游伞、佛珠、民俗乐器等特色产品做工精致，畅销市场。南岳的豆腐乳颇负盛名，“成怪”豆腐乳荣获湖南省第二届名优特新农副产品博览会银奖。2014年年末，境内云雾茶业生产春茶3.05吨，腐乳制品业、雕刻业皆有不同程度增长，并启动建立南岳旅游产品创意园。

商贸服务业

境内商业贸易自唐初以来就比较发达。清末至民国年间，南岳镇有商店字号100余家。每逢农历7—9月香期旺季，山上山下摆摊设点或提篮叫卖者更是络绎不绝。中华人民共和国成立后，大力发展国营商业和供销合作社。1956年，完成私营工商业的社会主义改造。“大跃进”与“文化大革命”中，取消私营商业，关闭集贸市场，游人香客绝迹，市场冷清。建区以后，旅游业迅速发展，商业出现国营、集体、个体多种经济成分。20世纪90年代中期，国营企业改制，个体私营企业在全区的比重逐渐提高，形成旅游业、餐饮服务、商贸流通、工艺品及农产品加工、房地产开发等产业体系。1995年，境内建立以旅游工艺制品、食品加工、服装、皮革、电子等轻工业产品为主的南岳区能人经济开发区。1998年后，境内商贸服务业的传统经营地随着辖区行政区划的变更，大都划归南岳区祝融街道办事处管辖。1999年，在烧田村靠107国道边建成一条长250米、宽25米的商业街，拥有58个商业铺面；在南水线建成水濂洞美食商业休闲娱乐街。2000年后，随着观光服务业的发展，发展农家休闲度假特色旅游。2003年，新村、红星、枫木桥等村逐步建成农村小集镇。2007年，推进“万村千乡”工程，建立村级农家配送店1个，并在水濂、枫木桥、樟树桥、万福、岳东等村、社区建设标准化“农家店”连锁网点；建立农村合作社5家，旅游休闲观光农家乐172家。2008年，万福建材大市场及祝融南路菜市场启动营业。2014年，境内有专业合作社达16家，农家乐368家；有生源百货、欣胜等大中型超级商场8家。

财政金融

1985年，境内设南岳镇、南岳乡2个财政所。1987年，南岳乡财政所并入南岳镇财政所。1991年，乡（镇）财政体制改革，实行“实收定支，支出包干，超收分成，短收自负”管理。1995年，全镇完成财政收入510万元。1999年，南岳镇在全市率先取消农业税和农业特产税。2002年，南岳区在南岳镇开展“村账乡代管”试点，由农村经营管理站对村级财务实行代理账务处理、代管村集体资金、代管村级财务档案。2014年年末，完成财政总收入3.88亿元，财政总支出3.81亿元。

民国17年（1928），镇上有当铺1家，于民国33年（1944）停业。1949年，成立国家银行，但仍允许镇内钱庄经营。1954年后，境内建立农村信用合作社，入社农户占农户总数的80%。1985年，工商银行、农业银行、建设银行等银行机构先后在境内设立分支机构。1986年，南岳乡、南岳镇信用社设立。1996年，境内有金融机构13家，即银行机构6家，非银行金融机构7家。2014年年末，境内有农村信用社营业网点3个，邮政储蓄银行营业网点1个，保险机构3家。

基础设施

交通运输

南岳衡山自古以来前后山的驿道四通八达，游人香客往来不绝。民国18年（1929），长衡公路建成，道经南岳，为境内有公路之始。民国22年（1933），修通南岳古镇经半山亭至磨镜台公路，长8公里。民国23年（1934）修通半山亭经紫竹林、南天门至祝融峰公路，长7公里。民国26年（1937），修通古镇至白龙潭圣经学校路段公路。民国30年（1941），初步修通磨镜台至福严寺路段公路。民国36年（1947），修建自东街尾至水帘洞公路，长5公里。1958年，境内修建2条简易公路，分别起于古镇，经万福、红星，止于梅桥以及黄竹至福田岩上。为改善景区交通环境，1963—1966年，先后修建南天门至藏经殿，磨镜台至西岭和南台寺景区的公路。1964—1966年，修通白龙潭至东湖马迹的南马公路以及磨镜台至西岭公路。20世纪70年代，修建白龙村至南台寺公路。1984年建区后，境内公路建设步入快车道。1985年，境内107国道扩建并铺设水泥路面。1986年，建成西岭至老塔圮（凹）的西塔公路。1992年，实现公路村村通。1995年，修通连接衡山福田岩上至南岳的太平公路，全长6.5公里。2011年，修通全长5.3公里的黄金公路，将107国道（南岳段）南移，并将城区扩容。2000—2014年，南岳镇范围内掀起兴修农村公路热潮，通村通组总里程达200余公里；山上景区公路全部由水泥砼路面改造为沥青路面。2014年，硬化村级公路20公里。潭衡西高速东湖出口至南岳公路南岳段路基土方工程和武广高铁衡山西站至南岳段路基工程基本完工，南岳高速至衡阳南岳机场公路通车。

邮政通信

民国2年（1913），南岳设邮政代办所。民国23年（1934），设南岳电话代办所，可与衡阳、攸县、湘乡3县通话。民国25年（1936）5月，邮政代办所升为邮政局。民国26年（1937），设立南岳电报局，开办南岳—衡阳—长沙的有线电报业务。1949年10月，南岳邮政、电信并入省局直管。1951年，邮政、电信合署改称南岳邮电局，设北正街关帝殿。1966年，更名衡山县邮电局。1969年，邮政、电信再次分离，并于年底迁往衡山城关，另在南岳设立支局。1984年，成立南岳区邮电局。1991年，开通南岳至衡阳、衡山长途直拨电话。1992年，开通电传电报电路及移动电话“二哥二”，改变话传电报落后局面。1993年，开通程控电话、“大哥大”、寻呼机。1998年，全镇农村开通程控电话，架设程控电话主线杆80余千米，安装程控电话1500余部，17个建制村实现组组通电话。2003年，全镇电话入村已达98%。2004年，南岳电信分公司搬迁至辖区祝融南路，新建邮政综合楼；同年开办邮政特快专递业务。2008年，南岳电信公司在南岳镇建立岳东、黄竹、水濂、枫木桥、樟树桥5个示范信息服务站点。2011年年末，境内有移动、电信、联通服务网点4个，固定电话用户2640户，移动电话用户6600户。2014年，境内有移动服务网点1个，联通服务网点1个，电信服务网点2个。

供电饮水

民国35年（1946）秋，南岳电业股份有限公司成立，设简易火力发电厂，开始供应照明用电，日供电量7000千瓦时。20世纪50年代初，南岳发电仍以木炭发电供镇区照明，日供电量2.94万千瓦时。1956年，华严湖水库竣工，开机发电，正式向城区供电。随后境内相继建成延寿、水濂洞、福昌寺3座小型发电站。1987年，衡阳电业局南岳用电管理所建立，重新改架10千伏南镇一线，为境内农村供电。1995年，实现城乡一体由国家大电网统一供电。同年架通南岳镇至光明村高压线路一条。1998年，光明村率先进行供电线路改造。1999年起，全镇对20个村逐步进行农村电网改造，“两改一同价”（改革农村电力管理体制、改造农村电网，实现城乡用电同网同价）工程全面铺开，原属衡山供电的16个村正式移交南岳供电，15个村进行不同程度的户改和网改，实现城乡同网同价。2010—2014年，农村电力全面完成近40个台区的线路改造，架设30万千伏高压输变电线路21千米。

民国时期，全镇民众以饮用井水为主，溪水、塘水次之。寺观多于室内或庭院建吊井。20世纪50年代至80年代中期，除居民外，机关单位陆续自建沉井取水。1988年7月，南岳水电站于赤帝峰建成第一水厂，日供水3000吨。1992年，兴建第二水厂；1995年投产运营，日供水7000吨；是年末，城镇供水普及率达95%。2003年，为缓解南岳城市供水压力和南岳旅游转型升级的可持续发展，在境内兴隆村筹建兴隆水库。2012年，总投资达1.2亿元的兴隆水库竣工，集雨面积达10.1平方公里，总库容306万立方米。2013年，兴隆水库及水厂投入运营。2014年年末，境内有日供水能力为1万立方米水厂2座，总库容130万立方米的水源水库2座，日供水量可达24000吨。全镇11个村实施农村安全饮水项目，共建成小集中供水工程22处，完成城市自来水管网延伸工程2处。

水利建设

民国24年（1935），在华严峰下修建华严湖水库，坝高26米，翌年建成蓄水。民国26年（1937）8月13日，山洪暴发，大坝崩塌，南岳古镇顿成泽国。1949年前，境内有小型水利工程1374处，蓄、引、提总水量311万立方米。中华人民共和国成立初期，人民政府领导和发动群众大搞以修建塘坝为中心的农田水利基本建设。1955年12月，动工兴建由水利部和湖南省水利厅设计的全省第一座集灌溉、发电与陪衬风景三种功能的示范性水库——华严湖水库，翌年9月竣工运营,库区面积5万平方米。1957—1968年，境内掀起群众性兴建水库高潮，先后建成僧塘冲、丰收、大禾田、银星、水濂洞、陈孝冲、白龙潭7座小（二）型水库。1968—1974年，将丰收、银星2座水库扩建成小（一）型水库。在紫峰大队修建荒塘冲小（二）型水库，后降为骨干塘。1992年，为满足南岳城镇用水及农业灌溉需要，将大禾田水库扩建为小（一）型水库，有效库容由20.4万立方米增至105万立方米。1984—1998年，修建修复水利工程200余处，完成红星河道改造、僧塘冲水库大坝、烧田刘家坝等水利基础设施建设,新建朱陵宫渠道。1999—2003年，全镇维修桥梁128座、河坝170余处，加强银星水库、白龙潭水库以及双田陈孝冲大坝建设和维修。2004—2008年,完成水利工程建设110余处，对大禾田、银星等病危水库进行除险加固。2010年，完成忠烈祠五斗垅水库勘测及规划。2014年，受理小农水补助项目36个，总投入120万元，新修水渠8千米，渠道硬化6800余米，清淤维修山坪塘7口，完成龙荫港（红星段）和止观溪河道治理。是年年末，境内有小（一）、小（二）型水库10座，总库容862.11万立方米，正常库容733.39万立方米，有效库容683.36万立方米；大小水池320余处，山平塘1449口，蓄水量164.52万立方米,有效灌溉面积381.11公顷。

镇村建设

南岳镇在唐代便已形成“环庙而市”的古镇

邺侯书院

格局。中华人民共和国成立前，境内农村以同宗共族聚居较为普遍，建有旷、谭、胡、何等10姓宗祠，形成众多村落。房型有“三间六”“二间四”“四间八”“五间十”“三厢间”“锁筒”等式样，层数以一层居多，结构有竹木、砖木与土墙之分，山区则有垒石为墙之“石屋”或依岩穴之“穴居”。中华人民共和国成立后，村民居住条件逐步改善，原有的茅屋、土砖房陆续改成瓦屋、红砖房。20世纪80年代后，农村建房开始采用砖混结构。1984—1995年，全镇的人均住房面积由20平方米增加到50平方米。至1998年，南岳镇有65%的农户新盖红砖房屋。2007年，南岳镇城区商品房建设开始兴起。2008年，万福建材大市场及祝融南路菜市场启动营业。2010年年末，户均自建住房面积达120平方米，楼层均在2层以上，村民住房率达100%，80%以上的家庭达到装饰宾馆化、设备电气化、生活水平城市化的标准；35%的村民修建新型别墅，拥有宽敞的庭院；城区家庭大部分有3～4居室套房。2014年，安装路灯150余盏、太阳能热水器58台，建设农村沼气池30余口，改厕200余户。是年年末，境内先后建成帝景新城、岳秀花园、锦绣南山、金碧世家等商业楼盘，商品房的购买率达到90%以上。

社会事业

教育科技

南岳自古以来誉称“文明奥区”，书院数量之多，时间之早都居全国先列。据《湖南通志》统计，清光绪年间，南岳先后有邺侯、卢潘、韦宙、文定、集贤等书院17所。清末至民国，废书院改学堂。辛亥革命后，文定书院改办为胡氏文定小学，为境内开办的第一所小学。民国26年（1937），随着抗日战争的爆发，平、津、长沙诸地学校内迁，一时境内学校林立，学风鼎盛。至1949年，境内先后办过8所高等院校、7所中学、3所小学、幼稚园2所。1985年，南岳镇和南岳乡境内共有中小学24所。1995年，全镇有各类学校27所，其中中学1所，村级小学21所，农民技术学校1所，幼儿园4所,在校学生5321人。1996年,教育“两基”(基本普及九年义务教育和基本扫除青壮年文盲)验收合格。是年，兴建南岳镇中学。2004—2007年，为整合教育资源，境内先后撤并岳东、枫木桥、泗塘、水濂、谭家桥、兴隆、白龙、延寿、光明、红光等10所乡村小学。2013年，金月完小兴建，南岳区青少年活动中心在南岳区实验中学内成立。至2014年秋,全镇共有小学10所(实验中学、区一中、南岳完小属区直，未统计入内)，教师136人，在校学生1915人，适龄儿童入学率达100%。

中华人民共和国成立后，科学技术队伍逐渐壮大。1987年，南岳区农业技术推广中心和科技开发服务中心相继成立。1992年1月，南岳区科技部门在境内双田村创办科技实验村；是年，南岳镇农民技术学校建立，有生产基地1.87公顷。1993年，科技开发服务中心在万福村十二组创办南岳科普开发基地，引进良种桃、李、葡萄、梨等果树苗试种。在双田村进行牛蛙示范养殖，举办养殖技术学习班。1995年，南岳镇农业科技教育中心成立，建立农业科技示范基地10个。1999年，农口部门推广种植优质杂交早稻新组合金优“974”200公顷。2000年，重点推广联合收割机、田间灭鼠、稻田养鱼、席草品种改良等技术29项。2002—2007年，大力实施科技兴旅战略，重点扶持一批农业科技种植基地和项目。在泗塘、紫峰、水濂、光明等村，建立无公害优质稻示范基地970公顷，打造“南岳寿米”品牌；在红光村建立无公害蔬菜、鱼塘基地，在金月、万福、岳东村建立莲藕基地，丰富南岳“菜篮子”工程；在新村、烧田、谭家桥等村连片建立席草基地510公顷，总产量达5318吨，创造产值1400万元。2008年，在樟树桥村建立南岳区生产加工技术培训基地，建设培训分点11个，对雕刻工艺、珠帘加工、葫芦丝等20余种工艺品进行加工培训。2013年，推广湘两优系列水稻新品种和葡萄新品种。2014年，重点培育科技示范基地3个。

文化体育

自古以来，境内民间群众文化源远流长，主要有民间音乐，如山歌、礼俗歌、祀典歌、路边锣鼓等；民间舞蹈，如龙狮舞、踩高跷、抬故事、采莲船、朝香舞等；民间工艺,如石雕、竹雕、木雕、刺绣、车木、纸扎、剪纸等；民间戏剧，如花鼓戏、木偶戏、皮影戏、京剧等。中华人民共和国成立后，文化艺术得到大力发展，各村基本上都有一支文化宣传队伍。1953年冬，南岳镇成立业余京剧团，向观众演出《打渔杀家》《三堂会审》等剧目。1956年，南岳镇文化站建立，并配有兼职文化辅导员1名。1958年，该文化站转为南岳公社文化站，置专职辅导员2名；是年冬，南岳人民公社成立文艺工作团，业余京剧团并入其中。1981年，南岳公社文化站被定为衡山县8个中心文化站之一。1991年,重建南岳镇文化站。1998年,南岳镇成功申报为“湖南省百强工艺美术之乡”。2008年，建立省级“示范性文化站”标准的综合文化站1个和农家书屋3个。2011年，境内有文化站1个，配有图书室、阅览室和文化共享站点，村级文化活动中心20处，农家书屋8个，藏书4万余册；学校体育场11个，村级体育场12个，并均配备健身器材。2014年，新建6个文化广场和12家文化娱乐室；配合南岳区内“美丽幸福南岳”文艺会演、“广场月月演”、环城跑等系列群众文化体育活动,组织有广场舞队的村(社区)参加区内广场舞比赛。

1956年，南岳境内开始发展有线广播网。1956—1959年，南岳镇公社、南岳公社部分大队装有广播，1962年一度停播，1963—1965年，

皇帝岩——宋徽宗“寿岳”石刻

南岳县陆续恢复广播线路。1966 年，政区重划，南岳县广播站改称衡山县广播站，1968 年又改称毛泽东思想宣传站，1969 年改回衡山县广播站，迁衡山县城。1970 年，南岳镇公社、南岳人民公社恢复广播站，向部分大队转播湖南人民广播电台节目；是年年末，广播线路发展到 23 杆程公里，入户喇叭 2400 个。1982 年，湖南省南岳调频广播转波台在上封寺侧建成开播。1987 年，在全镇安装高音喇叭 85 只，各村通广播率达 60%。1990 年，镇广播站改善播音室条件，同时自办本镇广播节目，实现舌簧喇叭入户率 65%，各村通广播率达 80%。1992 年 6 月，南岳区广播节目停播后，乡镇广播站也随之退出历史舞台；是年，南岳广播电视台成立，南岳镇广播电视迅速发展。1995 年 7 月，境内开通无线电视差转台，用于转播衡阳电视台节目。1997 年，开通加密电视，增加近 10 个频道，提高有线电视节目质量。2001 年，境内实现首次电视现场直播。2002 年，开始逐步建立农村有线电视传输网络和多路微波传输系统，扩大农村广播电视覆盖面。2003 年，有线电视入村率达到 80%。2010 年开始，南岳镇全面推行广播电视“村村通”工程,受益群众 200 余户。2014 年，全面完成广播电视“村村通”工程，为山区村安装 30 套卫星接收器。

医疗卫生

清末至民国时期，境内医疗事业以中医中药为主，诊断方式以坐堂应诊和走村串户出诊为主。民国 25 年（1936），西医谭子毅在半山亭麻姑桥开设南岳疗养院，有医生 2 人，为西医进入南岳之始。中华人民共和国成立后，建立南岳特区卫生院，1958 年，并入南岳公社卫生院。1963 年，建立南岳县人民医院。1982 年，南岳公社卫生院改称南岳乡卫生院。建区后，南岳县人民医院更名为南岳区人民医院。1987 年，南岳乡卫生院更名为南岳镇卫生院。1995 年，全镇有卫生院 1 所，门诊部 2 个，专业卫生技术人员 31 人，病床 16 张，共完成医疗收入 100 万元，其中药品收入 80 万元，诊疗收入 20 万元。1997 年，境内湖南省结核病防治医院转换为衡阳医学院附属第三医院，2000年更名为南华大学附属第三医院。2001年，乡村卫生机构管理均按“四统一”（统一采购、统一管理、统一使用、统一监管）全部到位，建立示范村卫生室。2002年9月1日，南岳镇卫生院搬迁新址，后筹资200余万元新建业务大楼。2005年，南岳镇卫生院添置X光机、B超机等先进设备，设立较为齐全的科室。2006年，新村、枫木桥、岳东等村被确定为新型农村合作医疗试点村。2014年年末，境内有医疗卫生机构4个，村级卫生室11个；新农合参合人数共2.68万人，总参合率达98.16%，补偿兑付医药费4173人次，兑付总额828.82万元。

社会保障

“五保”供养 中华人民共和国成立后，实行土地改革，境内农村孤寡老人、孤儿分得田地由政府出钱派人为其代耕。1957年，实现合作化后对其实行“五保”制度，原则为“集体供养，群众帮助，国家救济”。1982年，实行家庭联产承包责任制，对“五保”户（保吃、保住、保穿、保医、保葬）改由村、组统筹钱粮供养。1988年，改为乡镇统筹钱粮供养，并规定每人每年粮食不低于350公斤，钱不少于300元；是年，南岳镇敬老院在金月村创办，收养孤寡老人15人。1996年，全镇“五保”供养坚持“五保”包户服务和集中供养相结合的办法，对生活不能自理的“五保”老人实行由南岳镇敬老院集中供养，对分散供养的“五保”老人实行包户服务。1997年，城镇“五保”户生活救济金标准从月人均37元提高到100元，农村“五保”供养标准达年人均600元，稻谷300~400公斤。2006年起，“五保”对象享受城乡最低生活保障，由区财政统一安排。2014年，有“五保”供养人员139人，月人均标准370元，共拨付供养金57.82万元。

就业安置 20世纪70年代末，上山下乡知识青年陆续回城。至1980年，全镇安置回城知识青年和城镇待业人员1000余人。2014年年末，组织下岗失业人员开展免费职业技能培训，开展席草加工、茶叶加工等培训600余人次，完成2.16万人的农村劳动力调查，稳定劳动力转移3000余人，安置就业困难人员74人。

医疗保险 2005年起，启动城乡居民大病医疗救助。2014年年末，共拨付救助总金额22.7万元。

最低生活保障 2006年6月，启动农村最低生活保障制度（简称“低保”）。是年年末，有低保户192户、309人，年人均标准500元，共拨付补助金额6.58万元。2014年年末，有低保户720户、1148人，月人均标准为300元，共拨付补助金额295.65万元。

社会救济 2006年，全镇发生干旱，200余人出现饮水困难，启动白龙潭水库供水抗旱。2013年，再次发生严重干旱，8个村组、380余人出现饮用水困难，全镇发动村民生产自救，共打抗旱井148口，动用水泵2300台次，确保466.67公顷农田得到有效灌溉。

特色地情

历史人文

南岳誉为五岳名山，文化积淀厚重。舜帝南巡驻跸境内，在安上峰留有舜庙、舜洞、舜溪、舜樟等遗迹。大禹治水在境内杀白马祭天，在皇帝岩获金简玉书得治水方略。宋徽宗御书的“寿岳”石刻至今犹存，自汉至近代，名人墨客吟咏南岳的诗词歌赋达2.4万余篇，著名文人有李白、杜甫、韩愈、欧阳修、王安石、朱熹、黄庭坚、王船山、魏源、谭嗣同等多达746人。

独树一帜的祭祀文化。早在唐虞三代，史书即有祭祀南岳的记载。自唐至今，历代祭祀南岳长盛不衰。每逢农历八月，四面八方的朝圣拜佛者纷至沓来，山上山下人如潮涌。人们虔诚地祈求南岳之神护国佑民，惠泽人兴财旺。民国32年（1943）7月7日，南岳忠烈祠落成竣工，首次举行祭祀抗日阵亡将士仪式。嗣后，每年春秋两季均在忠烈祠举行祭礼。中华人民共和国成立后，祭祀抗日忠烈活动长期停止。1995年7月7日，为纪念抗日战争胜利50周年，南岳区委、区政府组织各界群众在忠烈祠举行祭礼。2005年7月7日，又举行更大规模的纪念祭祀活动，时任全国政协副主席的周铁农担任主祭，省市党政领导及抗日烈士后裔代表参加祭祀活动。

源远流长的佛道文化。千百年来，佛道两教在境内同尊共荣，高僧名道代不乏人。福严寺自南朝陈光大元年（567）慧思大师开山之后，一举成为天台宗的发源地。唐先天二年（713），佛教禅宗七祖怀让大师驻锡福严寺，开宗立派形成临济、沩仰二宗传至海内外。南台寺在唐代石头希迁大师主持下，法嗣开派形成曹洞、云门、法眼三宗，被日本佛教徒尊为“曹洞祖庭”。东汉时，道教创始人张道陵从天目山前来南岳拜谒青玉坛和光天坛。东晋太康年间（280—289），中国第一位女道姑魏华存来境内修道，专研道教经典《黄庭经》，后自成体系形成上清派。隋代建观于集贤峰下以祀魏，即今黄庭观。唐代崇奉道教，司马承祯结庵于九真观北修道，被唐玄宗奉为天师，呼为道兄。元末明初，以武术炼丹著称的道士张三丰，到南岳九真观修炼，将北方的全真派逐渐传入境内。

闻名遐迩的抗战文化。抗日战争全面爆发后，1938年11月至1944年2月，国民政府军事委员会委员长蒋介石在境内的白龙潭圣经学校先后主持召开4次最高军事会议。国民政府军政要员白崇禧、陈诚、汤恩伯等以及周恩来、叶剑英等中共领导参加会议，国共两党共同研讨抗战方略，创办南岳游击干部训练班。周恩来为南岳佛教徒

忠烈祠

题词“上马杀贼，下马学佛”。境内白龙潭圣经学校，为4次南岳军事会议的会址和游干班班本部所在地。香炉峰下的忠烈祠，是大陆修建时间最早、规模最大的抗日阵亡将士纪念陵园，全国爱国主义教育和示范基地；何键公馆（俗称一号楼）及所属防空洞，麻姑桥畔有宋哲元修建的“双忠亭”等抗战遗址。

魏华存（251—334） 女，字贤安，任城（今山东济宁）人。东晋大兴元年（318），来南岳集贤下紫虚阁修道，后世称“南岳夫人”。道教上清派第一代宗师。今存黄庭观为其修真之地。

徐灵期（？—473） 南岳著名高道，位列“南岳九真”之一。修真于南岳上清宫，遍游南岳山谷岩洞，历时15年，作《衡山记》，首次提出“南岳衡山七十二峰，周回八百里，回雁为首，岳麓为足”一说。

慧思（515—577） 六朝高僧。北魏豫州武津（今河南上蔡）人，南朝陈光大二年（568），率徒众40余人到南岳，在南岳宣讲佛法10年，开宗立派，被尊为“南岳佛教开山祖师”。同时也是南岳佛道并存共荣局面的开创人。撰有《立誓愿文》《大乘止观法门》《法华经安乐行义》《诸法无诤三昧法门》等传世。

怀让（677—744） 唐代高僧。金州安康（今陕西汉阴）人。15岁至荆州玉泉寺出家。唐先天二年（713），来南岳，建观音寺以为阐法道场。旋驻锡般若寺（今福严寺），以“磨砖既不能成镜，坐禅焉能成佛”悟化禅宗洪州宗祖师马祖道一，使之执弟子礼随侍左右。唐天宝三年（744），圆寂般若寺，建塔于传法院前，时宰相裴休书“最胜轮塔”，吏部侍郎归登为其撰塔记，谥曰“大慧禅师”，世称禅宗七祖。

希迁（699—790） 唐代禅僧。端州高要（今广东高要）人。唐天宝初年（742），从青原山来南岳，驻锡南台寺，自号石头和尚。居寺40余年，先后撰有《参同契》和《草庵歌》传世。

陈田夫（生卒不详） 字耕叟，号苍野子，又称阆中道人。南宋绍兴年间（1131—1162）初来南岳，居紫盖峰下九真洞老圃庵30余年，往来七十二峰间寻幽探胜，博考诸事，纂录《南岳总胜集》行世。此书既有地方志的内涵，又有山水志的特色，居宋代以前南岳方志之首。

旷敏本（1700—1784） 字鲁之，世称“岣嵝先生”，南岳镇万福村人。清乾隆元年（1736）进士，官翰林院庶吉士。先后出任长沙岳麓书院、衡阳石鼓书院、南岳集贤书院山长。著述等身，与人同辑《南岳志》八卷行世。

旷深本（1703—1762） 字资安，号槛泉，南岳镇金月村人。清雍正八年（1730）进士，乾隆年间授怀远将军。

旷经荣（1900—1974） 南岳镇红星村人，1951年，评为全国林业劳动模范，应邀前往北京天安门参加国庆观礼。1954年，当选全国人大代表。其一生13次出席省市劳模大会，七赴北京出席全国劳模大会，多次受到毛泽东等党和国家领导人的接见。

名优特产

南岳云雾茶 南岳云雾茶因产于南岳高山云雾之中而得名，古称岳山茶，现又称无公害有机茶。从唐代以来就作为向皇帝朝贡的“贡品”。主要生长在海拔800～1100米高度的广济寺、龙池、华盖峰等地带。云雾茶，外形紧细，卷曲秀丽，开水冲后以色绿、香浓、味醇、型秀著称。2001年2月，南岳云雾茶获欧盟IMO（瑞士生态市场研究所）有机茶认证。2008年，荣获第三届世博会金奖。2010年，荣获首届全省供销社展销会金奖。

竹笋 《杂字文》载“闽笋木耳，川尖衡庄”，

"衡庄"即是南岳竹笋。其种类有：麻壳笋、黄玉笋、红壳笋、水竹笋、真竹笋、柿竹笋、观音笋。其中以观音笋、黄玉笋为南岳特有笋中珍品。小笋可加工制成潦笋、干笋、盐笋。最具特色者为油笋，观音娘娘生日（农历二月十九日）前后，采扯鲜嫩肥壮小笋去壳洗净，稍煮，取出晒干，置茶油浸泡贮存，时愈久，质愈佳，味愈香。另有"满缸笋子"，于竹笋破土时，用缸罩住，压上石头，即笋长满缸，色白嫩甜，制作食品别有风味。

雁鹅菌 每年农历三月和八月，即鸿雁南迁北归飞越衡山之时，生长发育的一种野生菌。衡山特产，以较香菇更为鲜美、脆嫩、清香而著称。菌色浅棕，形如伞状，小如铜钱，大如菜碗，均质松肉肥，用以调汤、烧肉、无不鲜香甜美，滑嫩可口。最别致的食法是做菌油，即取新鲜未展开的雁鹅菌、洗净、沥干，茶油炸熟至水分全部蒸发，待冷却，连油带菌用缸藏贮存，可数年不变质，被人们誉为山珍。

成氏豆腐乳 系采用豆腐、酒、辣椒、盐及独特的佐料配方制成，气味芳香纯正，麻辣咸淡适宜，入口即溶，外红内白，含有丰富的维生素、蛋白质，味好助消化，是佐餐调味的美食。获湖南第二届名优新产品博览会银奖，年产量万瓶以上。

遮阳伞 1990 年，开始生产的一种遮阳的小纸伞，有绿、红等各种颜色，伞面约 2 尺直径，竹骨小巧玲珑，精致美观。现伞面有纸质和丝绸质 2 种，产品除向全国各地批发和在南岳当地作旅游产品销售外，其余远销中国香港、澳门，出口至韩国等地。

车木、竹雕 车木、竹雕是南岳独具特色的传统工艺品。自古以来就颇有名气。其特点是造型优美、工艺精致、实用性强。艺人根据不同的木质、木色，用各种不同类型的刻刀，制作不同的产品，然后稍加点缀或人物、或鸟兽、或神话故事，形态逼真，栩栩如生。也有仿建筑造型的，如古塔、罗江门塔等，品种达 1000 余种。车木有木盒、棕碗、葫芦、台灯、床柱、桌柱、鼓型、象棋、算盘、玩具、教学及科研模型等；竹雕主要品种有插花筒、茶叶筒、花筒、量米筒、人物山水、飞禽走兽等。南岳镇丰助工艺美术厂，生产的竹木雕等工艺品，形象生动、逼真，造型蕴含浓郁的乡土气息和民族风格，多次在国家和省、市获奖。

风景名胜

磨镜台景区 坐落在南岳衡山的半山腰，主要景点有半山亭、玄都观、紫竹林、麻姑仙境、灵芝泉、怀让磨镜遗址、最胜轮塔、何公馆、神秘山洞、福严寺、南台寺、穿岩诗林、香炉峰等。景区内古木参天，松涛涌翠，溪泉潺潺、气候宜人。福严寺位于掷钵峰下，始建于南朝陈光大元年（567），为慧思大师率弟子自河南大苏山来南岳初创。唐先天二年（713），禅宗七祖怀让大师辟为道场，其法嗣创立临济宗、沩仰宗传至海内外。磨镜台也位于掷钵峰下，有传法院、何公馆、神秘山洞和怀让磨境遗迹"祖源"石刻、慧思"三生塔"与怀让墓等名胜古迹。福严寺左侧的瑞应峰下是南台寺，为梁天监年间（502—519）海印和尚初创。该寺后的金刚舍利塔建于 1994 年，塔八面九层，高 48 米，占地 299 平方米。塔内供奉的佛舍利，系隋仁寿三年（603）净业和尚奉旨送至南岳，原珍藏于衡岳寺立塔。

华严湖景区 主要有络丝潭、华严湖、神州祖庙、玉版桥、忠烈祠、延寿亭、半云庵、桎木潭等风景名胜。忠烈祠整个祠宇建筑仿南京中山陵开阔式形制，中轴线上依次为牌坊、七七纪念塔、纪念堂、安亭战役纪念亭、享堂。祠宇周围公墓区安放有 19 座抗日阵亡将士的集体和个人墓葬。1996 年 12 月，南岳忠烈祠经国务院核定公布为国家重点文物保护单位，也是全国爱国主义教育示范基地，列入第一批国家级抗战遗址名录。

水帘洞景区　主要有朱陵宫、水帘洞、九仙观、寿宁观、上清宫、洞灵源福地、弥陀寺等景点及遗址。水帘洞位于紫盖峰下，南岳古镇北约5公里处，以其宽10米、高50米的悬流形成第一迭瀑布的“天下第一泉”著称，其光、声、色三绝被誉为“水帘洞之奇”，成为南岳风光“四绝”之一。唐玄宗曾遣使在水帘洞投“金龙玉简”。景区内有醉眠湖、醉眠瀑、醉眠洞、天下第一泉、雪浪亭、仙牛洞、福寿湖、风雨长廊等景观。尤其是自宋代以来的摩崖石刻群遍布山谷，令游人目不暇接。

止观溪景区　位于古镇西侧约1公里，以山峰密林，溪流湖水为主要景观特色。2013年，景区内新建兴隆水库，景区内的舜庙、舜洞、舜溪、舜樟等舜文化的遗址遗迹还待深入挖掘和科学开发，金月湖处于动工修建之中。由于景区毗邻城区，将是以休闲、度假、游憩、娱乐为主要项目的新兴旅游胜地。

卧虎潭景区　距古镇4公里，主要有卧虎潭、老龙潭、福昌寺等风景名胜。景区以溪涧瀑布、山林野趣、田园村舍为主要景观景点，以徒步攀岩探险、观赏奇花异草、山涧觅情探幽为主要游览内容，别有天地，独具特色。

民俗风情

南岳进香　南岳进香是民间祭祀圣帝和神灵的传统习俗。自唐天宝元年（742）以来，一直流传至今，除“文化大革命”时期外，长盛不衰。南岳香期主要是指每年农历七至九月，尤以八月为盛。传说八月初一是南岳圣帝生日，前来朝拜的香客除省内各地外，远及江西、湖北、广东、广西。

出天行　每年农历正月初一，待头年三十晚上午夜12点钟声一响，南岳以及周边县市民众便全家出动，成千上万的人流涌进南岳大庙烧头香拜年，谓之“出天行”。行进中，人们即使相识也不相认，因新年第一句话要给菩萨讲，祈求“万事如意、平安、幸福、发财”。但返回途中，见者

磨镜台

金刚舍利塔

可道吉祥语“恭喜发财”。出天行前，全家人还习惯吃北瓜、柿饼、芋头、苡米，以喻“百事如意”。

上元放荷灯 正月十五独南岳水上放灯，谓之放荷灯。灯采用彩纸做成朵朵荷花，经熟桐油浸过，并于瓣底涂以松香，便不透水。花心放小量茶油，上置铜钱一枚，插入灯芯，点燃后分投岳市的玉版、止观、寿涧等溪流中。任其漂流，宛如灯海，直至通宵达旦观灯者川流不息，当地人又称之为“迎春接福灯”。此习俗今已消失。

赶八月 传说农历八月初一是南岳圣帝诞辰，每年七月到九月，是南岳香期旺季，数以万计的游香客涌入南岳，南岳的本地及周边居民也趁这个游客高峰期，向游客推销自己的特色产品和礼佛祭祀用品，所得收入非常可观。因此，每逢八月的时候，古镇四街卖小玩具的，卖南岳喇叭叫子、算盘子、胡椒压子、凉粉豆腐、水果小吃、麻糖米花、草药狗皮膏药、香炮蜡烛的，杂耍的，把街道挤得满满当当，将南岳传统的“赶八月”推向高潮。

年更饭 南岳衡山过年，有自己独特的文化内涵，最突出的是年夜饭，南岳不叫年夜饭，而是叫做“年更饭”，一字之差，形式殊异。所谓年夜饭，时间是除夕晚上，而年更饭则是除夕凌晨五点左右，即天亮之前，家庭主妇根据公鸡鸣叫而起床做饭，一边做饭，一边生地火炉，然后叫全家大小起床，洗漱完毕，团坐入宴。如果年更饭吃完而天正好亮了则是最为吉祥，大人一边吃饭，一边看着窗户，天慢慢亮了，则说“边吃边亮”，这是很吉利的。故有民俗云：“鸡不叫，狗不咬，半夜吃饭衡山佬。”可见，半夜吃“年更饭”是南岳衡山独特的民俗。

（文字供稿：蒋步正　曾瀛洲　洪雨　周婷
图片供稿：欧阳利华　蒋步正）

岳林乡 >>

2014年，荣获“省级生态乡镇”称号。

区域概况

位置面积

因境内岳林村而得名。地处区域西北部，东邻南岳镇兴隆村、南山村，南界拜殿乡和南岳镇兴隆村，西连衡山县东湖镇新路村及罗渡村、泥渡村，北与衡山县东湖镇元山村、朱山村及区龙凤乡红旗村接壤。乡人民政府驻兴隆村（西岭崎上）。距南岳城区11公里。

2014年，辖区总面积18.98平方公里，东西最大距离4.5公里，南北最大距离5公里。

建置沿革

1950年10月，属衡山县12区的双渡、杉邻、新峙乡。其中，石山村属杉邻乡，莲塘村属双渡乡，岳林、杉湾两村属新峙乡。1953年，衡山县12区改为4区，其中杉邻乡更名德林乡。1956年，合并为东湖乡，1959年，改为东湖人民公社。尔后，衡山、南岳行政区划所属机构名称几度分合变更，而杉湾、岳林、莲塘、石山4村均为衡山县东湖所辖。1984年5月，设立衡阳市南岳区。同年10月，从衡山县东湖公社析出岳林、杉湾、莲塘、石山4个村归南岳区。1985年3月，组建南岳区岳林乡。

行政区划

1985年，辖岳林、杉湾、莲塘、石山4个行政村，31个村民小组。

自然环境

乡境地处高寒山区，以山地为主，地势南北高、东西低，平均海拔800米；最高峰祥光峰，海拔1145米。属中亚热带季风湿润山地气候，春、冬季湿度大，雾气严重。年均气温18.2℃，1月平均气温在零下5℃，7月平均气温27℃。年降水量在1400毫米以上，主要集中在春季。土壤多为山地黄壤和山地黄棕壤。辖区内岳林村、杉湾村、莲塘村、石山村均有自然水系，共有河道4条，境内河道总长15公里，流域面积23平方公里。地下资源有钾长石、钠长石、石英石、铀矿等。主要自然灾害有冰雹、旱涝、低温、霜冻。2008年，遭遇历史罕见冰冻灾害。

人口

1985年，辖区总人口2149人，其中男性1135人，女性1014人，分别占52.8%和47.2%，人口出生率23.35‰，死亡率6.9‰；自然增长率16.45‰。2011年，总人口2353人，其中男性1206人，女性1147人，分别占51.3%和48.7%，人口出生率9.5‰，死亡率5.4‰；自然增长率4.1‰。

2014年，总人口2274人，其中：男性1184人，女性1090人，所占比率分别为52.1%和47.9%。人口密度为每平方公里120人。

经济发展

经济综述

民国时期，境内以传统农业生产为主，有少量土纸生产。但因生产力低，交通闭塞和自然灾害严重等原因，经济发展较为落后。中华人民共和国成立后，随着耕种技术提高、新品种的推广，粮食产量逐年增长。1982年后，竹林资源被充分利用。作为商品的南竹以及其成品、半成品畅销省内外，成为全乡经济的拳头产品。建乡以后，鼓励工业、企业发展。1996—2001年，兴办各类劳动密集型企业，解决村民就业问题，增加村集体和人民收入。2002年以后，鼓励发展生态事业，推动产业转型升级，全乡工业暂停发展。境内逐步开始利用生态和地域优势发展旅游休闲农业。2014年，已初步形成以无公害蔬菜、花卉苗木、雷笋、黄牛、黑山羊等为主的种养业，乡村生态旅游和休闲农庄蓬勃发展，开发高山茶园采摘、露天宿营、岳北山歌表演和农耕文化等旅游产品。是年年末，完成社会生产总值2250万元，人均收入达7136元。

农业

种植业 境内主要有水稻、蔬菜、茶叶等作物。民国时期，种植常规高秆水稻，亩产量170公斤左右。中华人民共和国成立初期，改进耕作技术，亩产量提高至250公斤左右。1957—1964年，政府号召采取大积土杂肥，大种草籽绿肥，提倡密植，改单季为间作等措施，粮食产量亩产达350公斤。1965年开始推广"农垦58""陆才号"等矮秆耐肥品种，粮食产量略有增长。1977年，山区试种杂交稻、双季稻，推广农业科技，至1992年亩产557公斤。1992年，在境内开发"千亩茶园"项目，1995年，茶叶产量超1500公斤，实现产值收入20多万元。2001年，辖区种植水稻106.67公顷，亩产780公斤。由于青壮年外出打工、传统种粮收入少、退耕还林以及生态休闲产业兴起等原因，水稻生产逐渐减少。2007—2014年，在自给自足种植蔬菜的基础上，逐步发展无公害蔬菜、花卉苗木、雷笋等种植业。2014年年末，境内有高山云雾茶基地6个，茶园面积172公顷，产茶叶15吨。高山无公害蔬菜种植面积26.67公顷、花卉苗木0.67公顷、雷笋0.6公顷。岳林村、杉湾村已全部放弃种植水稻，石山村、莲塘村只有不到三分之一的农户种植水稻。

养殖业 境内素有养猪、牛、鸡、鸭等畜禽习惯，多为村民零星散养，产量较低。1982年后，政府鼓励村民家家户户养猪、鸡，基本每户存栏生猪2～3头。1995年出栏生猪4300头，黄牛540头，家禽1.28万羽。1996—2001年，有10户村民养牛10头以上。2007年，成立天柱养殖协会，全乡形成以养黄牛、黑山羊为主的养殖业。是年，出栏黄牛560头，黑山羊600只，鸡、鸭2.5万羽。2010年，开发生态养殖项目，建莲塘石蛙人工繁育基地。2011年年末，黄牛饲养量850头，生猪800头，黑山羊680只，鸡、鸭1.26万羽。2013年，建成生态养殖基地7.67公顷。2014年，出栏黄牛600头，黑山羊500只，鸡、鸭1.2万羽。

林业 主要树种有南竹、松杉等。中华人民共和国成立前，境内竹林茂盛、树木繁多，但由于交通闭塞，南竹开发利用不够。中华人民共和国成立后，受人为砍伐、自然灾害等因素的影响，蓄积量少。1985年建乡后，护林、育林、造林工作有所加强，并在杉湾、岳林等村民屋前房后广

闻名遐迩的祭茶大典　　南岳采茶

植国家一级保护植物金钱松。是年，有林地655.8公顷，其中南竹569.6公顷，松、杉、梓和水丝梨、茅栗、甜槠、金钱松等古树名木86.2公顷。1995年，在巩固南竹生产外，栽种白果66.7公顷、板栗6.67公顷、油桐10公顷，杉木林8公顷。1985—2014年，共造林259.4公顷，退耕还林60公顷。2005年，林地面积达1567.26公顷。2014年年末，林地面积1613.3公顷，其中林地975.2公顷；森林覆盖率85.61%，林业产值达1200万元；原始次生林2处，古树名木46种、234株。

工业

中华人民共和国成立前，人们采挖嫩竹料做土纸，境内有原土纸槽40余处，产土纸达4000余担。1980年，杉湾村办半机械化土纸厂1个，年产土纸2吨。1987年，有包装厂1个，村办纸厂1个，个体半机械化造纸厂7个，碾米、粉碎加工厂13个。1995年，全乡完成企业总产值1767万元。1996—2001年，先后开办岳林烟花鞭炮厂、杉湾竹制砧板厂等劳动密集型产业。2001年，引进资金创办了大庙素食加工厂、杉湾卫生材料厂等。是年年末，有乡镇企业14个，年产值220万元，其中龙池茶场是湖南省第一家有机茶基地，年产有机茶200余担；个体私营企业80个，年产值320万元。后因技术落后，对环境造成不同程度污染，相继停产。至2002年，全乡工业只保留茶场，其余全部停产。

商贸服务业

1984年，在辖区4个村分别设代销店。1987年，乡政府在西岭办起经销部，全乡共有代（经）销店5处，销售日常生活用品。1995年年末，有商业服务网点21个，其中代（经）销点6个，从业84人，主要经（代）销日常生产生活用品、农副产品、南竹半成品，销售总额120万元。2008年，岳林长春避暑山庄、杉湾茶庄和金音阁等休闲农家乐蓬勃兴起；是年年末，境内有休闲农家乐31家、代（经）销点7个，从业115人，销售总额475万元。2014年年末，休闲农家乐发展到50家，代（经）销点7个，从业175人，接待量达2万人次，销售总额2100万元。

财政金融

1985年，设立岳林乡财政所，负责政府财政收支管理和农业各税征收。1995年，财政总收入42万元，财政总支出10.5万元。2005年，财政总收入63万元，人均收入3095元。2006年，乡财政所被评为省先进财政所。2014年，财政总收入567.67万元，财政总支出518.92万元。

1984年前，农村信用社在岳林、杉湾、莲塘、石山4个村设有代办点。1989年，设立岳林乡农村信用合作社。1995年，农村合作基金会岳林乡代办总站成立；是年年末，融资30余万元。2000年，农村合作基金会岳林乡代办总站撤销。2006年，岳林乡农村信用合作社改为信用分社。至2007年，各代办点全部撤销。2011年，乡农村信用社存款210万元。2013年，由于业务量少，岳林乡农村信用分社合并至南岳镇农村信用社。2014年年末，境内无金融网点，境内村民需至南岳城区或衡山县境内办理金融业务。

基础设施

交通运输

1965年前，境内除岳林村有一条朝圣石板小道，其余均为乡间小路，运输全靠肩挑手提。1965年，衡山县马迹公社到南岳镇公路（简称“南马公路”）穿境而过。1992—1995年，共修建公路21.5公里。1995年年末，有汽车9辆，手扶拖拉机、三轮车17辆。1996年，兴建西岭至莲塘村公路、白沙脊至岳林茶场公路，并延伸莲塘公路3公里，维修东湖镇新路村至杉湾电站公路1公里。1998年年末，全乡实现村村通公路，岳林村组组通公路。1999年，修通8米宽、13.5公里长的西岭至方广寺公路（简称“西方公路”）。2003年，完成全长9.45公里的“西方公路”路面硬化，国债工程竣工。2014年年末，境内有南马公路、西方公路，通组公路到达率100%，村道水泥硬化率95%。全乡有营运客车3台、家用汽车150台、货运卡车6台、摩托车540台。

邮政通信

1984—1988年，境内日常书信邮件由衡山邮政局负责投递。1988年5月1日后，改由南岳区邮政局负责投递，每周三统一配送。1995年，有邮政投放点5个。2012年，乡邮政所建成。2014年，境内有邮政所1处，邮政业务总量10万元。

1995年前，村民与外界联系均靠书信和口信传达。1995年，投入2万元架通装机容量40门的程控电话线；是年年末，安装程控电话4部。1999年11月，实现村村通程控电话。2005年，建成移动通信发射基站1个。2014年，杉湾村实现电信光纤宽带全覆盖，是全区电信光网示范村。是年年末，境内有电信服务网点1个，固定电话用户120余户，移动电话1000余户，互联网用户100余户，电信业务收入8万余元。

供电饮水

1982年，杉湾、岳林、莲塘村兴建小型水电站，解决三个村的照明问题。1989年，石山村与衡山县红旗水电站搭火通电；1991年，该村全部实现电灯照明。1995年10月，岳山电站小水电并网西岭变电站。2000年，岳林乡变电站、发电站建成。2001年，完成村级电网改造，实现电费同网同价。2010年，完成杉湾电站压力水管改造。2012年，岳林村完成电网改造升级。2014年年末，杉湾、岳林、莲塘友谊3个水电站正常发电，年发电量150万千瓦时。

2010—2014年，莲塘、岳林、杉湾、石山4个村先后实施安全饮水工程，全面完成“三清五改”（清垃圾、清路障、清淤泥，改水、改厨、改厕、改浴、改圈）和集中供水。2014年年末，杉湾村和莲塘村已完成安全饮水工程。

水利建设

1949 年前，人畜饮水和农田灌溉均来自境内 4 条自然水系河道。中华人民共和国成立后，各村都修建小型塘坝、水渠、涵洞，至 1992 年，有山塘 10 口，水面约 0.13 公顷，灌溉与饮用仍靠山泉溪流。随着土地承包责任制的推行，劳动力外出打工，塘坝、水渠、涵洞逐渐被淤塞。2002—2013 年，修复水渠 3.80 千米，水坝 6 座，涵洞 18 处，维修山坪塘 30 余口，渠道清淤 4.75 千米，新修 U 型渠 10.25 千米，新开坪塘 3 口。2014 年，新修 U 形渠 0.42 千米，维修骨干渠（河）道 1.75 千米，完成山坪塘除险加固 1 口，修复水毁水利工程 6 处。

乡村建设

1984 年前后，辖区内民房一般是一层、三间五的土夯墙、人字顶盖泥制小青瓦，有少量土墙茅草房。1986 年，乡政府两层红砖混凝土办公楼启用；村民逐渐开始改造住房，陆续出现红砖混凝土结构的两层平顶房、人字瓦房。20 世纪 90 年代末，境内有 30％的民房为红砖混凝土结构的两层平顶房（人字瓦房），侧（后）配厨房。2007 年，新建杉湾村办公楼。2008 年，改造岳林、莲塘 2 个村办公场所。2008 年左右，为境内房屋改建高峰期，平均每年改建住房达 53 栋。2014 年年末，境内只有 60 栋土夯瓦房，其余均为砖瓦房；岳林、杉湾和石山 3 个村安装路灯 150 盏，安装太阳能热水器 40 台。是年，岳林乡荣获“省级生态乡镇”称号，杉湾村、石山村荣获“省级卫生村”称号。

社会事业

教育

境内历来贫困，基础教育落后。1984—1991 年，各村开办初级小学，有岳林、杉湾、莲塘、石山 4 所小学，年均在校学生为 190 人左右。1992 年年末，全乡有小学 4 所，在校学生 194 人，适龄儿童入学

举办国际自行车登顶赛活动

率为98%。1996年，新建莲塘小学、石山小学教学楼。1999年，完成杉湾小学改造。2007年，进行教学资源整合，石山村仅保留1个学前班。2012年，对岳林小学进行全面改造。2014年年末，境内有岳林和杉湾2所小学，在校学生48人，教师7人，适龄儿童入学率为100%。

文化体育

20世纪70年代至80年代，境内文化体育活动主要是看电影、看电视、听收音机、舞狮喊对，村民一般结伴到衡山县东湖镇和南岳镇部队驻地看电影。1992年，境内有舞狮队5个。1999年，安装地面卫星接收器，境内可收看全国20多套电视节目。2008年，开通西岭地区有线电视。2010—2011年，杉湾村连续举办两届地菜文化节。2011年，境内有简易体育场2个，村级文化活动中心4处，2个村安装健身器材；各类文化专业户8户，村级图书室3个、藏书9000余册。2012年，乡文化站建成投入使用。2013年，杉湾村农耕文化馆和文化广场建成，文化馆共收集农具、纺织、炊具等民俗文化展品260多件。2014年，全乡免费安装卫星接收器60套；4个村均建有农家书屋，有各类图书8000册；有狮子队、腰鼓队、舞蹈队等文艺体育队伍10支，成员80人。

医疗卫生

1985年建乡前，境内无医疗卫生机构，看病需前往衡山县东湖镇或南岳区城区。建乡后，境内有卫生室4个，赤脚医生（乡村医生）4人。1994年，乡卫生院建成，有医生及保健员11人。1999年，乡卫生院购置心电图机、恒温干燥箱等设备。2007年，落实新型农村合作医疗政策，全乡参合率达92%。2008年，重建乡卫生院，占地1300平方米，建筑面积466.56平方米，床位15张，配B超机、心电图机、半自动生化仪、血球计数仪、胎心监测仪、显微镜等医疗设备。2012年开始，每年对全乡60周岁以上人员进行免费体检，并建立健康档案。2014年年末，有乡卫生院1个，床位5张，医务人员4人；农村合作医疗参合率达98%，完成诊疗501人次，补偿总金额71.76万元。

社会保障

“五保”供养 1959年起，对孤寡老人、无生活来源和无劳动能力的残疾人实行“五保”，供养费由所在生产队统筹。1980年，供养费纳入社（乡）统筹。1998年，乡养老院在岳林村建立，供养老人20人。2005年起，“五保”对象享受城乡最低生活保障，由区财政统一安排。2011年，为17户“五保”家庭拨付供养金2.55万元。2014年，建立福利院，与养老院合并称敬老福利院，供养老人20人，收养留守儿童4人，拨付“五保”供养金6万元，临时救助金5万元。是年末，共有“五保”对象21人，月人均标准为370元，共拨付供养金7.55万元。

最低生活保障 2006年4月，开始落实农村最低生活保障（简称“低保”）政策，是年末，有低保对象25户、56人，年人均标准为500元，发放低保金1.27万元。随后“低保”标准不断提高。2014年年末，有低保对象70户、131人，月人均标准为300元，发放低保金34.53万元。

社会救济 2008年，境内发生重大冰灾，乡政府给村民发放大米500公斤、蜡烛5000支；香港吴星可慈善基金会在杉湾村慰问困难户40户，发放棉衣棉被90件，大米1500公斤，收音机15台，食用油135瓶，救济金5万元，并为石山村购置柴油碾米机1台。

养老保险 2011年，开始实施新型农村养老保险，全乡362名60周岁以上人员办理养老手续，参保率达99%，月人均标准为55元。2014年年末，共126人领取生活保障金12万元，养老保险参保率95%。

藏经殿

特色地情

知名人物

“南岳山上的武松”——陈春生（1893—1980） 生于南岳镇兴隆村，年轻时迁入岳林乡杉湾村烂泥坝。1949年前后，南岳山上虎豹为患，他用地铳、鸟铳、禾叶刀打死老虎10只、豹1只，被称为“南岳山上的武松”。

风景名胜

祥光峰 又名鹤鸣峰，位于岳林乡莲塘村。峰腰有灵田，常有光如飞烛，故名祥光。东扶天柱，西抚雷祖，南拥莲峰，北宗祝融。祥光峰屹立四峰之中，接万山之会，登巅远眺，云气空蒙，四时变幻，嘉树奇花，泉声鸟语，耳目所接，无美不收。峰腹有藏经殿、梳妆台、钓鱼台、美容池、允春亭、古华居等名胜古迹。峰麓有一片古森林叫无碍林，为明代无碍和尚所开辟。林中多奇花异草，有500多个植物品种，包括连理枝、同根生、摇钱树等古树名木。“藏经殿之秀”是“南岳四绝”风光之一。

华盖峰 位于西岭右侧，海拔971米，树林丛茂，山高人少，素多虎患，是华南虎生长地。峰上原有华盖院，传为华盖君修道处，因此而得名。清李元度《南岳志》记载：“地产灵芝，亦名灵芝峰。”宋陈田夫《南岳总胜集》记载：“峰产长生草，收之，虽久干旱甚，以汤沃之。则青翠如初生，孕妇临产前，煎汤饮之，即时便产，故又名催生草。”

宗 祠 境内保存2处宗祠。一为杉湾村三组旷家湾的旷潜峰分公祠。始建于1889年，建筑面积300余平方米，两侧横屋已被毁，正屋厅堂尚在。另一处坐落在杉湾村二组松月庵，为旷五常公祠，总面积约170平方米，始建于1929年。土地改革时，被分给原旷五常公祠户主刘梅竹居住，至今尚存。

（文字供稿：刘凡　周岳红　周婷　图片供稿：刘凡）

拜殿乡 >>

2014年，获评首批“全国最美乡村”。

区域概况

位置面积

因境内双江口有拜殿庵而得名。地处区域西南部，东连南岳镇，南接衡阳县界牌镇，西抵衡山县马迹镇，北邻岳林乡。乡人民政府驻龙潭村枧湾组，距南岳城区25公里。

2014年，辖域面积18.1平方公里，东西最大距离8.5公里，南北最大距离3.4公里。

建置沿革

1950年，拜殿村、龙潭村、观音村属衡山县马迹乡管辖。1953年，三个村组成龙潭乡，属南岳特别行政区管辖。1956年，合归衡山县马迹（桥）乡管辖。1984年5月，设立衡阳市南岳区。是年10月，从衡山县马迹公社析出拜殿、龙潭、观音3个村归南岳区。1985年3月，组建南岳区拜殿乡。

行政区划

1985年，辖拜殿、龙潭、观音3个行政村，30个村民小组。

自然环境

地处高寒山区，地形以山地为主，平均海拔800米，最高点为石廪峰，海拔1189米。属中亚热带季风湿润气候，年均气温15℃，年内最高气温为37℃，最低气温零下10℃。四季分明，冬季寒冷，夏季凉爽，冬夏风向有明显变化，雨期主要集中在春季，年降水量一般在1400毫米以上。土壤以山地黄壤、山地黄棕壤及山地草甸土为主，境内有四级支流一条（黑沙潭），五级支流两条（绣花溪、方广溪）。地下资源有钠长石、锰、硅矿石。主要自然灾害有冰雹、旱涝、低温、霜冻、泥石流等。1994年8月，境内发生特大泥石流。2008年，遭遇罕见冰灾。

人口

1985年，辖区总人口1751人，其中男性908人，女性843人，分别占比例51.86%和48.14%；2011年，总人口1810人，其中男性945人，女性865人，分别占比例52.2%和47.8%。人口出生率7.2‰，死亡率2.8‰，自然增长率4.4‰。2014年，总人口1848人，其中男性949人，女性899人，分别占比例51.35%和48.65%。人口密度为每平方公里102人。

经济发展

经济综述

因地处偏远山区，境内历来经济结构单一，主要收入依靠农业和林业。1984 年建区后，因推广农业科技，政府鼓励等原因，村民种粮积极性高涨，农业得到迅速发展。1992 年，粮食总产量达 867 吨，全乡完成农业总产值 162.81 万元，人均收入达 2962 元。2003 年起，开始走“旅游兴乡”之路，积极引导村民发展农业观光旅游休闲。境内以劳动密集型产业为主的工业企业因经营不善和环境污染等问题陆续停办。2014 年年末，境内已无工业，围绕方广寺景区而衍生的农家乐和家庭手工品加工逐渐成为村民的主要收入，人均收入约 4800 元。

农业

种植业 境内主要有水稻、蔬菜、油菜等作物。1965 年前，种植常规高秆水稻，种植面积 100 公顷左右，产量极低，粮食不能自给。1965 年，开始推广“农垦 58”“陆才号”，改单季为间作，粮食产量略有增长。1977 年，开始试种杂交水稻，用药防治病虫害，广施氮磷钾肥，实行水浆管理，粮食产量增加。1984 年，种植粮食 105.93 公顷，粮食总产量 803 吨。油茶主要分布在观音、龙潭村，每亩产油量约 2.5 公斤。1995 年，粮食产量 890 吨，柑橘 5 吨，菜油 15 吨，蔬菜 1024 吨，花生 6 吨。

由于青壮年外出打工、传统种粮收入少、退耕还林和农家乐的兴起等原因，水稻生产逐渐减少，蔬菜种植随之增加。2011 年，种植粮食 46 公顷，粮食产量 278 吨，以种植单季水稻为主。开发油茶基地 200 公顷，龙潭天麻基地母苗 0.17 公顷，农业总产值达 442 万元。2014 年年末，有耕地面积 45.93 公顷，40% 的农户耕种水稻自给；有油茶林 206.67 公顷，油茶低改 66.67 公顷；蔬菜基地 3 个，种植面积 2 公顷。

养殖业 素有养猪、牛、鸡、鸭等畜禽习惯，多为村民零星散养，产量较低，养猪每年户均不足 1 头，养鸡鸭多为产蛋换取油盐，养牛只为耕田。1982 年后，政府鼓励村民家家户户养猪、牛、鸡等，基本每户存栏生猪 2~3 头。1995 年，出栏生猪 500 头，家禽 3600 羽，菜牛 220 头，耕牛 700 头。2007 年，出栏生猪 1800 头，黑山羊 650 只，湘黄鸡 2 万羽。由于市场经济的发展，传统养殖利润减少，黄牛、贵妃鸡、竹鼠特色养殖逐渐兴起，2011 年年末，存栏黄牛 210 头，贵妃鸡 300 羽，竹鼠 800 只，家禽 3186 羽。2014 年年末，全乡传统养殖中有 23 户养猪，生猪数量 260 头，不到 200 户养鸡，且仅用来自给。

林业 中华人民共和国成立前后，竹林茂密，林木繁多，松、杉、梓较为普遍。1950 年，因过量砍伐、雪压冰冻、病虫危害、山火等原因，森林蓄积量减少。1982 年后，完善生产责任制，森林资源有所恢复，每亩立竹达 130 根。1984 年，有林地面积 1069 公顷，其中南竹 750.93 公顷，油茶林 206.67 公顷，原始次森林 37.10 公顷。作为商品的南竹及其成品、半成品每年不断销往省内外，年总产值在 100 万元左右，是全乡主要经济收入。1995 年年末，全乡造林 166.67 公顷，砍伐南竹 50 万根，利润 200 万元。2007 年，成立林业工作站，负责护林防火，指导防病治虫，严格审批，杜绝乱砍滥伐。2008 年，成立 3 个森林防火应急小分队。2003—2008 年，植树造林 90 公顷，退耕还林 75.17 公顷。2014 年年末，境内有林地 1377.5 公顷，原始次森林 2 处 37.10 公顷，银杏、伯乐、银雀、香果等古树名木 35 种、546 株。

工业

境内历有土纸厂，生产竹料纸，纸粗效益差。1988 年，创办南岳竹艺厂，生产凉席、卫生筷，因技术与经营的原因亏损，1992 年停产。后创办观音瓷泥矿、龙潭竹筷厂等，至 2001 年，有集体工业 5 家，工人 160 人；个体工业 60 户，从业人员 350 人，总产值 3600 万元。2008 年，有集体工业企业 5 家，从业人员 160 人；个体工业 70 户，从业人员 430 人，年创产值 1300 万元。但因经营问题和环境污染问题，都已关闭。到 2014 年年末，境内无工业企业。

商贸服务业

1995 年年末，有商业服务网点 5 个，从业人员 10 人，全年社会商品销售总额 10 万元，农副产品收购总额 150 万元，外贸收购总值 40 万元。2003 年，随着旅游业的兴起，在方广寺景区周边设立便利商店 2 家，开发“农家乐”餐饮店 3 家。鼓励各村、各企业，特别是拜殿村竹艺厂开发特色旅游产品。2011 年，商业网点 4 个，社会商品零售总额 52 万元。2014 年，乡政府投入经费筹建旅游网站，积极引导村民发展农业观光旅游休闲。是年末，接待游客达 8 万人次，成立以贤达山庄、方广人家为龙头的农家乐协会，农家乐餐饮店 30 余家，就地转移劳动力 500 余人；有香炮门店 10 家，便利店 5 家，收入达 800 万元。

财政金融

1986 年，设立拜殿乡财政所，负责政府财政收支管理和农业各税征收。1996 年，财政收入

37.6万元，人均收入1930元。2014年，全乡财政收入562.25万元，财政支出499.93万元。

1989年，设立拜殿乡农村信用合作社。1995年，农村合作基金会拜殿乡代办总站成立。2000年，代办站撤销。2006年，拜殿乡农村信用合作社改为信用分社。2013年，由于业务量少，拜殿乡农村信用分社合并至南岳镇农村信用社。2014年年末，境内无金融网点，境内居民需至南岳城区、衡山县马迹或东湖镇办理金融业务。

基础设施

交通运输

20世纪70年代，马迹公社修通衡山县马迹至拜殿乡政府驻地和马迹至寄马桩简易公路，分别长达7公里和4公里。1976年，修通寄马桩至枫树湾简易公路1.5公里。1987年，修通枫树湾至乡镇府驻地简易公路1.5公里；同年，枫树湾至能源的长度为3公里的乡级公路通车。1992年，能源至方广寺、桐子庵的长度为8.8公里村级公路通车，水架桥至观音学校3.6公里、龙潭电站至龙潭学校2.1公里路通车。1994年，特大泥石流冲断多处路面。1995年，修通8米宽、3.89公里长的方广寺公路。1999年，修通8米宽、13.5公里长的西岭至方广寺公路（简称“西方公路”）。2003年，对全长9.44公里的“西方公路”国债工程进行路面硬化。2004年，修通全长约6公里的拜殿公路（方广寺至乡政府）、全长4公里的观音村公路。2005年，龙潭村新修村委会至三斗冲村级公路3.8公里。2006年，维修通乡和村组公路18.5公里，整修扩宽观音通村公路路基3.5公里。2014年年末，硬化公路15公里，实现村村通公路，解决全乡80%村民的出行问题。

1995年，全乡有汽车15辆，货运量5000吨。2001年，有汽车18辆、货运量6000吨。2006年，在乡政府驻地建客运站1个，开通拜殿至南岳的客运班车。2007年年末，有汽车25辆，其中小车9辆，货车16辆，货运量5500。2014年，境内客运站台1个，并将衡山县界牌至衡阳市中心汽车站的8台班线车辆延伸至南岳区拜殿乡观音村。

邮政通信

1984—1988年，境内日常书信邮件由衡山邮政局负责投递；1988年5月1日后，改由南岳区邮政局负责投递，每周三统一配送。1994年，设邮政代办处1个。2014年，有邮政所1个。

1995年前，村民与外界联系均靠书信和人传话。1995年，开通程控电话1台。1999年，实现村村通程控电话。2000年，程控电话进村入户率达73%。2004年，天台峰移动基站、水口山移动通信置换站交付使用；方广寺景区实现移动信号全覆盖。2006年，观音村建小型移动基站1个。2007年，龙潭村、观音村各建大型移动基站1个。2011年，有移动、电信服务网点3个，移动电话用户470户。至2014年年末，全乡移动信号全覆盖，移动电话进入所有家庭。

供电饮水

1975年，衡山县在境内修建一座龙潭水电站，占用拜殿村、龙潭村2.09公顷土地。1985年4月8日，衡阳县、南岳区政府组织召开协调会议，决定为观音村架设一条10千伏的高压线路。此线路起于衡阳县界牌桐子坪瓷厂，止于观音村瓦屋组碾米厂（简称“桐观线”），变压器容量50千瓦，1988年1月投入使用。2010年，全面启动电网改造。2011年，高低压线路、入户进表安装完成。2012年，完成拜殿、龙潭村电网改造。2014年，全乡电网改造全面完成，实现同网同价。

南岳雾凇

历来境内村民仅靠自然水系维持农业生产和生活用水。2014年年末，新增安全饮水工程23处，完成3个村的饮水工程，解决全乡人民生活用水问题。

水利建设

1958年，衡阳县界牌镇在观音村修建樟木桥水库。20世纪50—60年代，建有少量引水沟渠、山塘。2014年，共有水渠8千米，维修水渠3千米，新建U形渠1.8千米，新建河坝一座，新增山坪塘5口，除险加固山坪塘3口，解决大部分农田灌溉问题。

乡村建设

1949年前后，境内都是土夯墙、人字顶盖稻（茅）草的房子。1984年前后，民房一般是一层、三间五的土夯墙、人字顶盖泥制小青瓦，有少量土墙茅草房。1990年，红砖混凝土结构的乡政府办公楼投入使用；陆续出现红砖混凝土结构的两层平顶（人字形瓦顶）房。1995年，境内建房35栋。到2008年，境内房屋一般是红砖混凝土结构的两层平顶（人字形顶瓦屋面）房，侧（后）配厨房，有少量土墙瓦房。2009年开始，出现小别墅，村民建房规模逐渐扩大。至2014年，全乡有楼房450栋，其中拜殿村有装修豪华的别墅10栋，有房间数达20间的房屋3户。是年，拜殿乡获评首批全国最美乡村。

社会事业

教育

境内历来贫困，基础教育落后。1985—1994年，境内有拜殿、龙潭、观音3所全日制完全小学，教师11人，年均在校学生180人左右。1995年，重建龙潭小学；是年年末，有小学3所，教师8人，在校学生132人，适龄儿童入学率98%。2004年，对拜殿小学大门和观音小学进行维修。2005年，硬化与改建拜殿学校操坪，维修龙潭学校师生厨房，观音村自筹资金更换观音小学学生课桌椅。2006年，维修观音学校屋顶，对龙潭小学学生操坪进行水泥硬化，改造拜殿学校厨房及学生饮用水设施。2011年，有幼儿班1个，幼儿9人，教师1人；小学3所，在校学生55人，教师11人，小学适龄儿童入学率、小学升初中率、九年义务教育覆盖率均为100%。2014年年末，有小学3所，教师8人，在校学生39人，适龄儿童入学率100%。

文化体育

1949年前，境内在春节期间就有舞狮喊对习俗，中华人民共和国成立后，有村民业余唱样板戏、唱语录歌。1955年，龙潭村成立花鼓戏班子，龙潭村、观音村各有一支舞狮队，在春节期间舞狮喊对。1995年，建立广播电视微波站，接收8个频道的卫星电视节目。2011年，有村级文化活动中心3个，简易体育场3个，村级图书室3个，藏书10000余册，农村卫星电视用户306户，入户率达75%。2013年，建立拜殿乡文化站，组织村民开展舞狮，跳广场舞，篮球、羽毛球、环城跑、拔河及挖笋比赛。2014年年末，有图书室、农家书屋4间，文化广场3个，文化走廊1条，篮球场3个，全面推广“村村通”，家家户户都能接收50套卫星电视。

医疗卫生

1949年前，村民有病自己寻草药治，在家苦熬。1969年，实行农村合作医疗，各大队都建立卫生室，配备了赤脚医生（乡村医生）。1995年末，全乡有医疗卫生院（室）9个，病床16张。2006年，乡卫生院建成，面积446平方米。2007年，开始实施新型农村合作医疗。随着村民生活水平的提高以及新型农村合作医疗的实行，乡村医疗已不能满足村民的需求，境内医疗机构逐渐减少。2014年年末，有卫生院1个，村医疗点2个，病床6张，医护人员4人；政府为村民缴纳新农村合作医疗金11万元，参合率达98.6%，共补偿金额11.88万元，其中：住院444人次，住院补偿金7.56万元；门诊220人次，补偿金4.32万元。

社会保障

“五保”供养　1959年起，对无生活来源无劳动能力的孤寡老人、残疾人实行“五保”，供养费由所在生产队统筹。1980年后纳入社（乡）统筹。2005年起“五保”对象享受城乡最低生活保障，由区财政统一安排。2012年，有“五保”对象7人，共拨付补助金额1.3万元。2014年年末，有“五保”对象6人，月人均标准370元，共拨付救助金额2.51万元。

医疗保险　2005年起，启动城乡居民大病医疗救助。2014年年末，共救助9人，救助总金额2.7万元。

最低生活保障　2006年4月，实施农村最低生活保障（简称“低保”）政策。是年年末，有低保对象23户、56人，年人均标准500元，共拨付补助金额9900元。2014年，有低保对象71户101人，月人均标准300元，共拨付补助金额25.06万元。

社会救济　2008年冬，遭遇特大冰灾，乡政府组织捐助大米5.5吨、柴油0.5吨、发电机1台；春节期间发放救灾款4.9万元、大米1.45吨、衣服20件、棉被44床、转移危房户8户43人。

南岳衡山四绝之方广寺之深

特色地情

历史人文

方广起义 明崇祯十六年（1643），王夫之兄弟与管嗣裘、夏汝弼等人为逃避张献忠的“钩索”，躲入南岳衡山的莲花峰。明崇祯十七年（1644），清军入关，但无数不屈的遗臣包括王夫之在内没有屈服，继续谋划反清复明的大计。是年，王夫之在双髻峰半山腰建造了一个小寺院，取名续梦庵。王夫之奉父遗命，于清顺治五年（1648）10月在方广寺举兵抗清，11月其精锐渡湘江出衡山，顺流下茶醴，趋平江、蒲圻以撼武昌，为反清复明大军之西援。起义计划尚未实现，义旗未举，即为湘潭人尹长民带兵所袭，方广义军全部溃灭。管嗣裘全家被害，方广寺被焚，附近均被洗劫。王夫之、管嗣裘、夏汝弼因未在军中仅以身免。

二贤踏雪 南宋乾道三年（1167），张栻、朱熹、林用中三人同游南岳。他们于农历十一月从长沙动身，沿着涓水乘船而上。哪知天公不作美，竟大雪纷飞。他们面对飞雪，毫无愁眉，不停吟诗唱和。入南岳第一晚宿方广寺，在方广寺吟诗50首。他们在南岳踏雪畅游七天，共作诗149首，编成《南岳唱酬集》，收入《四库全书》而传世。后人为了纪念他们这次胜游，特意在方广寺旁修建二贤祠，并将朱、张的神主供在祠中的嘉会堂上。

风景名胜

方广寺 坐落于莲花峰下，始辟于南朝梁天监二年（503）。当时惠海禅师结茅庵居此。南朝梁中大通六年（534），僧希遁于此建成方广寺。唐代名“方广圣寿寺”,宋赐额名“方广崇寿禅寺”。元丰中（1078—1085）寺为山洪冲毁，后重建，即今“十方方广禅林”。宋徽宗曾御书“天下名山”四字匾额悬于佛殿，南宋乾道三年（1167），朱熹、张栻、林用中来游南岳，第一夜宿于方广寺，盘恒啸咏，极力称赞方广，使其名声大增。明代，尹台建二贤祠于寺侧，以纪念朱、张。后，寺院多次被毁、重修。2003年，启动重修方广寺景区，至2014年，完成方广寺、二贤祠、十方紫盖寺的维修改造及配套设施建设。

黑沙潭 俗称黑龙潭，在方广寺下狮子峰侧。莲花、妙高、双髻诸峰涧水汇流至此，激成瀑布，高十余丈，下注成潭。秋冬水量不减，炎暑寒气袭人。潭上有清代乾隆时建的莲花庵和龙王祠，现存迹。潭畔石壁上镌“海南龙湫”石刻大字。所以过去一遇干旱，本地知县也要亲自徒步到此求龙神降雨。衡阳、湘乡、双峰、邵阳、涟源、娄底、怀化等地每逢久晴不雨，也会组织人员,带着丰厚祭品到此求雨。潭下,现有龙潭电站,属衡山县管辖。

潜圣峰 位于拜殿乡拜殿村与岳林村杉湾村交界处，俗名泉水峰。清李元度《南岳志》记载：“高僧希遁游南岳寻方广寺访惠海尊者不遇，至此，忽见一精舍，号‘方广’，尊者止宿焉。既出，反顾人宅俱无。故峰以潜圣名。”

（文字供稿：邓涵　旷春桃　周婷　图片供稿：欧阳利华　刘晓飞　邓涵）

龙凤乡 >>

区域概况

位置面积

因坐落于龙凤潭畔而得名。地处区域北部，东连衡山县望峰乡、岭坡乡，南靠祝融峰，接南岳镇泗塘村、紫峰村，西邻衡山县东湖镇，北与衡山县望峰乡接壤。乡人民政府驻龙凤村。距南岳城区 37 公里 。

2014 年，辖区东西最大直线距离 16.7 公里，南北最大直线距离5.2公里，总面积15.4平方公里。

建置沿革

1949—1955 年，境内红旗村属衡山县高坪乡管辖，龙凤潭、水口 2 个村属衡山县灯山乡管辖。1956—1957 年，红旗、龙凤潭、水口 3 个村改属衡山县大峰乡管辖。1958—1959 年，改属衡山县曙光人民公社。1961 年，水口大队更名青水大队，红旗大队由高坪大队分出取名福临大队。1961 年 11 月起，属南岳管理局，1963 年，管理局撤设南岳县属之，1966 年 2 月，南岳县撤属衡山县望峰人民公社。1967 年，龙凤大队更名高峰大队，福临大队更名红旗大队。至 1984 年，属衡山县望峰人民公社（乡）。1984 年 5 月，设立衡阳市南岳区。同年 10 月，从衡山县望峰乡析出红旗、龙凤潭、青水 3 个村归南岳区。1985 年 3 月，组建南岳区龙凤乡。

行政区划

1985 年，辖红旗、龙凤、水口 3 个建制村，23 个村民小组。

自然环境

乡境位于祝融峰北坡，以山地为主。地势由东北向西南倾斜，岩体为花岗岩组成。平均海拔在 960 米左右，最高点为祝融峰，海拔 1300.2 米，也是衡阳市最高点。属中亚热带季风山地湿润气候。降水量明显偏多，日照偏少，四季分明，雨季结束不明显，冬夏风向有明显变化。年平均气温 14℃，最高温度 35℃，最低温度零下 10℃。年平均降水量 2000 毫米，主要集中在夏季。年平均无霜期 244 天。土壤多为山地黄壤和山地黄棕壤。境内有 6 条小溪汇入湘江。有丰富的南竹和花岗石、红石资源。主要自然灾害有冰雹、旱涝、低温、霜冻。2008 年，遭遇历史罕见冰冻灾害。

人口民族

1985 年年末，辖区总人口 2174 人，出生率 18.92‰，死亡率 10.14‰，自然增长率 8.78‰。1992 年，总人口 2314 人，其中男性 1215 人，女性 1099 人。出生率 9.53‰，死亡率 4.27‰；

自然增长率5.26‰，布依族2人。2011年年末，总人口2356人，其中男性1326人，女性1030人，分别占56.3%和43.7%，出生率7.12‰，死亡率3.90‰；自然增长率3.22‰，少数民族3人。2014年年末，总人口2424人，其中男性1302人，女性1122人，分别占53.71%和46.29%，均为汉族。人口密度为每平方公里157人。

经济发展

经济综述

中华人民共和国成立之前，境内经济与生活主要靠农业和林业生产维持，经济落后，粮食产量低，村民靠添加红薯、蔬菜及野菜饱腹。中华人民共和国成立后，实行“耕者有其田”，劳动积极性高涨，产量有所增加，但因技术落后，山区气温低等原因，粮食产量仍难满足需求。1978年后，村民思想逐渐开放，开始经营小规模养殖场，粮食种植采用新技术，农业增产值从1985年的44.1万元增加到2001年的4362万元。乡办企业开始兴起，境内经济水平逐渐提高。2014年年末，根据全乡实际情况，境内工业企业已全部关闭，通过全面开展生态旅游，兴办各类养殖场和种植基地，逐渐打造出乡村休闲绿色旅游的品牌效应。

农业

种植业 乡内以种植水稻为主，零星种植红薯、马铃薯、黄豆。经济作物有茶叶、蔬菜等。1985年，全乡种植水稻163.93公顷，总产量684.75吨。1995年，种植水稻157.33公顷，总产量1002吨。2001年，种植水稻76.80公顷，95%为杂交水稻，粮食总产量634吨。由于青壮年劳动力外出务工、退耕还林、农业生产产值不高等原因，乡内水稻种植逐年减少。2011年，种植水稻面积53.40公顷。2014年，只有不足1/3的农户种植少量水稻。

养殖业 境内素有饲养猪、牛、鸡、鸭的传统，养猪、鸡、鸭主要用于自给或换取油盐，养牛则为耕田。1978年开始，境内办起养猪场、养牛场。1985年，全乡出栏生猪790头，有耕牛247头。1988年，引进瘦肉型生猪，是年出栏生猪1475头。1995年，有养殖专业户7户，饲养生猪3600头、出栏2400头，饲养耕牛、肉牛456头，家禽6500羽。2001年，建立黑山羊基地，养殖黑山羊60多只。2012年，有珍珠鸡养殖户1户，珍珠鸡3000余羽；生猪养殖户3户，养猪111头；牛养殖户63户，养牛166头；羊养殖户2户，养羊80只。2014年，境内形成了以饲养黑山羊、牛的专业养殖户37家，生猪存栏数96头，养牛96头，养羊142只，家禽1950羽。

林业 1985年，境内有林地1075.87公顷，森林覆盖率为98%，主要为南竹和杂竹，成竹年采伐量10万根。1982—1987年，湖南省林科所在水口村进行南竹复壮技术推广试验，水口村有南竹400公顷，每公顷立竹量由1200根增至3000根。1994年末，境内遭受风灾和冰灾，损毁竹林1000公顷。1995年垦复南竹66.67公顷，出产南竹24万根，小竹8万根，总收入120万元。2001年，王建安在红旗中山沟组建立雷笋基地。2013年，为水口村2棵千年红豆杉安装避雷针、护栏，确定看护人员。2014年，全乡有南竹1333.34公顷，茶园40公顷，有原始次森林55.50公顷，红豆杉、绒毛皂荚、香樟、水丝梨等古树名木30种、185株。

工业

1985年，乡建筑队成立，11月，承包给旷华南，至1987年年末，上缴乡政府纯利润3000元。1988年，创办龙凤竹器工艺厂和南岳塑料

高台古松

南岳独有的绒毛皂荚

厂。1989年，3个乡办企业因经营不善倒闭，且欠下贷款10万元。1990年，水口村创办造纸厂，1992年，红旗村开办村瓷泥矿，都未取得经济效益。1995年,有乡村工业企业3个,个体企业60户,联户企业16户，全年实现工业总产值2100万元。主要产品为瓷泥、南竹制品、土纸、钾长石、花岗岩。2001年，红旗茶场生产有机茶2吨，创产值20万元；石硅矿创产值近80万元，土纸加工作坊8个，运输专业户9户，竹制品加工厂6个。至2014年,境内只季节性、分散性进行茶叶、竹笋、竹制品加工、销售。由于土纸加工污染环境、开采矿石破坏环境、管理不善等原因，境内企业逐渐全部关闭。

商贸服务业

1987年，供销经理部成立，主营农林产品；1989年7月，南岳区供销社在水口村罗家铺设立龙凤乡供销部，主营化肥、农药、柴油等农资物品，兼营小五金、南杂百货，年销售收入8万元。1995年年末，有商业服务网点（供销社、代销点）5个，从业人员10人，全年社会商品零售总额10万元。2011年年末，有商业网点5个，全年社会商品零售总额8万元 。2014年末，境内有个别私人小商铺，售卖南杂百货；村民日常生活用品一般就近在衡山县望峰乡仁字牌赶集日购买。

财政金融

1985年，设立龙凤乡财政所，负责政府财政收支管理和农业各税征收，设兼职税务管理员。1986年5月，农业税由征收实物改为30%收代金，70%收粮食；是年，开征农林特产税。1988年，开征耕地占用税。1989年，开征契税，设乡税务专管员。1995年年末，全乡完成财政收入36.94万元，税收21万元。1998年，施行“费改税”（将政府向农民收取的村提留和乡统筹统一合并为税收形式即开征“农村公益事业建设税”，原有农村收费一律废除）。1999年，南岳区税费改革，农业税和农林特产税被取消。乡财政所只负责“三税”征收，同时增加国土收入，简称“三税一收”。2004年，推行“村账乡管”。

2014 年，乡财政收入 603.24 万元，财政支出 496.50 万元 。

1985 年，衡山县望峰乡信用社划出归南岳区信用社，下设红旗、水口 2 个信用站。1989 年，龙凤乡农村信用合作社和红旗村储金会建立。2006 年，龙凤乡农村信用合作社改为信用分社。2013 年，由于业务量少，龙凤乡农村信用分社合并至南岳镇农村信用社。2014 年年末，境内无金融网点，居民一般就近去衡山县望峰乡办理金融业务。

基础设施

交通运输

1978 年前，境内各村各组多为乡间小路。1978 年，修通福田铺、马迹桥公路（简称“福马公路”）至红旗电站沙石公路。1986 年 7 月，改造衡山县仁字牌至水口村 3.3 公里的沙石路。1988 年，将 1958 年修建的衡山仁字牌至龙凤乡政府驻地的简易公路改建成四级公路；是年年末，兴建石壁湾至龙凤乡政府公路，修建桥梁 2 座。1995 年 11 月，红旗公路竣工通车，龙凤乡实现村村通公路 ，合计里程 12 公里；是年年末，全乡共有客货车辆 11 台，其中客运 4 台，货运 7 台，完成货运量 3.5 万吨。2001 年，引进外资修通水口村至硅石矿 1.5 公里公路。2004 年，硬化乡政府至衡山县仁字牌的公路。 2006 年 8 月底，村级公路实现全部硬化；是年 9 月，南天门至广济寺水泥公路完工。2008 年，龙凤客运站建成营运。2014 年，完成南天门至广济寺路面油化。是年年末，乡境有朝香古道 2 条，乡村公路 13.5 公里，客运站 1 个。通组公路达到 100%，硬化率达到 96% 以上。

邮政通信

1984—1988 年，境内日常书信邮件由衡山邮政局负责投递；1988 年 5 月 1 日后，改由南岳区邮政局负责投递，每周三统一配送。2011 年年底，乡邮政楼竣工。2014 年，境内有邮政所 1 处。

1994 年，境内开通程控电话。至 2001 年，龙凤乡有程控电话 52 台。2006 年年末，有 20 个村民小组开通了程控电话，新建移动信号塔 1 座，手机信号覆盖率达 90%。2007 年 8 月，境内开通宽带业务。2009—2013 年，在红旗村建成通信信号基站 2 座、水口村建成通信信号基站 2 座、龙凤村建成通信信号基站 1 座，至 2014 年年末，境内有固定电话 380 部，全乡无线通信信号全覆盖，移动电话进入所有家庭。

供电饮水

1977 年 9 月，衡山县组织在境内兴建红旗水电站，1979 年年末，建成供电，1980 年并入大电网，年输电 252 万千瓦时。1981 年，红旗电站和红旗大队第六生产队签订用电协议，使用小水电。1988 年，市水利局为龙凤村架设 3.2 千米的 10 千伏高压线路，与红旗电站 10 千伏高压线路联网，安装 80 千伏变压器 1 台，架设 4.1 千米的 0.4 千伏低压线，解决龙凤村用电问题。2011 年，农电改造，水口村、龙凤村用电移交衡山电力部门，实现同网同价。2014 年，解决龙凤村四组、红旗村电改的遗留问题，结束小水电历史，红旗水电站并入国家大电网。是年年末，境内居民用电全部移交衡山县电力部门管理，全面完成电网改造，实现同网同价。

境内村民饮水主要来自山泉溪水和自沉井。2011 年，开始实施“安全饮水工程”，是年年末，建成安全饮水点 1 处，解决 130 余人的饮水问题。2012 年，建成安全饮水点 1 处，解决近 200 人的饮水问题。2013 年，建成安全饮水点 3 处，解决近800人的饮水问题，其中红旗村除了7、8组外，其余村民全部喝上安全水。2014年，水口村建成10处安全饮水点，解决水口村90%以上的村民饮水问题。

水利建设

辖区共有6条小溪以及润牛塘水库，为灌溉饮用水源。水利设施多建于20世纪50—60年代，1980年前，每年冬季集体组织清淤补漏。2001年，新建维修U形渠1.5千米，堰坝6座，改善46.67公顷水田的灌溉条件。2003—2007年，修建U形渠5千米，对全部主渠道、水坝进行清淤维修。2008—2013年，修建U形渠6.77千米，修复水渠5.5千米，水坝4座。2014年，修建U形渠3.5千米，修复水渠2.6千米，维修河坝2处。

乡村建设

1985年，乡机关临时借用龙凤学校办公，1988年12月，乡机关搬迁到龙凤村二组的办公楼办公。2007年，耗资25万元、40万元新建水口村、红旗村活动中心楼。2010年，乡机关综合文化站主体工程竣工验收、投入使用。2014年，乡便民服务中心建成，耗资60万元建成龙凤村活动楼。

1949年前后，境内都是土夯墙、人字顶盖稻（茅）草的房子。1984年前后，民房一般是一层三间五的土夯墙、人字顶盖泥制小青瓦，有少量土墙茅草房。1990年前后，陆续出现红砖混凝土结构的两层平顶（人字形瓦顶）房。到2010年，一般是红砖混凝土结构的两层平顶（人字形瓦顶）房，侧（后）配厨房，有少量土墙瓦房。至2014年，村民基本建起了红砖混凝土结构、铝合金镶玻璃窗户的楼房。境内装有33台太阳能热水器、300盏路灯（其中太阳能路灯12盏），建垃圾收集池12个，垃圾中转站1处。

社会事业

教育

1956年2月，红旗村中山沟小学创办，是衡山县第一所民办初级小学。1985年，境内有小学4所，在校学生201人，教职工14人。实行隔年招生，以复式教学为主。1992年，对龙凤村小学进行危房改造，兴建占地面积466平方米、使用面积800平方米的两层红砖瓦房校舍，创南岳区后山三乡校舍改造先例。1994年，中山沟小学并入红旗小学，并筹备重建红旗小学。1995年11月16日，使用面积800平方米的红旗小学楼房竣工；是年年末，境内有幼儿班3个，在班幼儿51人，小学3所，在校学生252人，教师15人。1996年12月，3所小学教育“两基”（基本普及九年义务教育和基本扫除青壮年文盲）验收合格。2007年下半年，全乡义务教育阶段学校实行免费入学，免除所有的学杂费、书本费。2014年，完成了龙凤、水口两所小学改造，硬化了龙凤村小学操场；是年末，境内有龙凤小学、红旗小学、水口小学3所小学，在校学生185人，教师15人，适龄儿童入学率100%。

文化体育

1991年前，境内文化生活贫乏，村民只在逢年过节舞狮喊对。1991年11月，乡广播站成立，龙凤、水口两村由乡广播站直播，设专职播音员1名，红旗村另设分站，单独广播。全乡安装高音喇叭21个，覆盖率达90%。1995年，有广播站2个，全乡广播到村率100%。1999年，实现村村通电视，电视入户率达99%。2002年10月1日，南岳开通无线电视，乡境开始收看南岳台自办节目。随着村民生活水平地提高，对文

南岳四绝之首一祝融峰之高

化生活地需求日益增长，广场舞开始在境内流行。2011 年年末，境内有 3 个简易篮球场。2014 年，筹集资金一万余元购买健身器材，在龙凤村新建群众文化广场，并在龙凤小学添置篮球架。是年年末，全乡有图书室 4 间，广场舞蹈队 3 个，简易篮球场 4 个，家家户户均可收看卫星电视。

医疗卫生

1988 年前，境内无专设医疗卫生机构，大多数百姓患病素以中草药治疗为主。1988 年 8 月，乡卫生院在红旗村建立，配专职医师 1 人，妇幼保健员兼药剂师 1 人。1992 年，乡卫生院由红旗村迁往水口村罗家铺营业，红旗村改设医疗点。1995 年年末，有乡卫生院 1 所、村卫生室 3 个，病床 1 张，医护人员 3 名。2006 年，为境内妇女开展妇科病普查。2011 年，有乡卫生院 1 所，门诊所 1 个，病床 5 张，医护人员 5 人，有 2238 人参加新型农村合作医疗，参合率达 95%。2013 年开始，每年免费为 65 周岁以上的老人及妇女、儿童体检。2014 年末，有乡卫生院 1 所，村卫生室 3 个，医护人员 3 名；2262 人参加新型农村合作医疗，参合率达 93.32%，全年为 682 人次兑现新农合医疗补助金 69.28 万元。

社会保障

“五保”供养 1952 年土地改革后，境内无靠的鳏寡老人及孤儿虽分得田地但无力耕种，当地政府便出钱派人为其代耕。1957 年实现合作化以后，对鳏寡老人实行保吃、保住、保穿、保医、保葬的“五保”制度，其原则为“集体供养，群众帮助，国家救济”。1982 年实行家庭联产承包责任制后，对“五保”户改由村、组统筹钱粮供养。1985 年龙凤乡组建后，“五保”户由乡筹钱粮供养，每人每年生活费 200 元，口粮 300 公斤，食油 3 公斤。1989 年，区财政按照供养标准补助 3%。2006 年起，“五保”对象享受农村最低生活保障制度，人月均标准 29 元。2014 年，共拨付“五保”供养金 39600 元，分散供养标准人年均标准 4800 元。

最低生活保障　2006 年，启动农村生活最低保障制度，人月均标准 29 元。2011 年，有低保对象 65 户、140 人，发放低保金 15 万元，月人均标准 60 元。2014 年，共拨付低保金 26.9 万元，月人均标准 300 元。

养老保险　2011 年，开始实施新型农村养老保险，全乡 1700 人参加，参保率达 72.7%，月人均标准为 55 元。2014 年，养老保险参保率 95%，126 人领取生活保障金 12 万元。

精准扶贫　2014 年，开展精准扶贫工作，建档立卡扶贫户 34 户，其中龙凤村 11 户，水口村 9 户，红旗村 14 户。引导村民农闲就近就业，争取祝融峰 12 顶轿运、16 个景区摊位和 6 个景区保洁岗位，解决 300 个剩余劳动力就业，年人均收入 3 万元。

特色地情

风景名胜

会仙桥　又名“试心桥”，是道家第二十四青玉坛福地。位于祝融峰巅的青玉坛，坛基是一片

会仙桥

平坦的大岩石，可容数十人。岩下有大小两石，小石仅为大石的一半大小，中有石桥可通，桥极险窄，仅可容步，人多不敢过，故又名试心桥。据道家言，青玉坛是乌青云所创，为第二十四福地，乃群仙聚会之所而名。站在会仙桥，还可望见祝融峰侧一巨石，宛如乌龟，人称“金龟朝圣”。

广济寺 位于祝融峰与紫盖峰两山之间的峡谷中，距南天门约 4 公里，原名清凉寺。它始建于明神宗万历二十五年（1597），为当时无碍和尚募化兴建。顺治十五年（1658），无碍和尚的弟子竺庵和尚应南岳名士豪绅的邀请，从江西返回南岳，重新结茅庵于祖塔下，他取佛法广济众生之意，将寺名改为广济寺，并于顺治十六年（1659）秋，伐木造殿。后来竺庵和尚的弟子龙山和尚和智犁和尚又筹资兴建，断断续续经过 59 年，至清康熙五十七年（1718），建成一座两进的石墙铁瓦寺院。寺一度被毁，址为农田。宗显法师于 2004 年募化重建，该寺占地 1300 多平方米，共有两进，青砖砌墙，花岗岩石柱，建筑古朴典雅。

祝融峰 祝融峰为南岳衡山七十二峰之主峰和最高峰，海拔 1300.2 米。传说古代祝融君曾在此游息，峰因而得名。其峰高耸云霄，雄峙南天。其景点包括老圣殿、上封寺、望月台、南天门、会仙桥等景点，是一个以自然景观为主，人文景观为辅的景区。每年数以百万计的游客来此观日出，看云海，赏雪景。韩愈曾有诗云：“万丈祝融拔地起，欲见不见轻烟里”。“祝融峰之高”被誉为“南岳四绝”之首。

老龙潭 老龙潭位于境内红旗村，是一个隐藏甚深、鲜为人知的地方，有南岳“桃花源”之称。据《衡州府志》载：“唐末有王先生修炼于此。”《南岳总胜集》云：“唐末有王先生亦不知其所修……清烟瑞气蔽于山岩，茅卉仙葩映于溪谷，令山童采五峰灵草于此炼丹。”传说老龙潭潭水最有灵性，每遇干旱的时候，周围老百姓就会来此举办求雨仪式。

龙凤溪 龙凤溪发源于金简峰毗卢洞，流经祝融、喜阳和紫盖诸峰之间的峡谷，汇聚诸峰北后部下泻的山泉，形成一条十里长溪，纳入龙凤潭，入涓水，最后辗转流入湘江。沿溪有 14 处瀑布，错落有致，最高一处跌水瀑布高达 260 米。十里龙凤溪是一条奇野的幽谷长溪。

自然奇观

蛙会奇观 每年惊蛰前后三两天，一夜之间会有成千上万的蛤蟆突然出现在广济寺旁的一丘田中，像叠罗汉一样堆成塔形，有时竟高达三、四尺，蔚为奇观，南岳人称“群蛙朝圣”。

（文字供稿：谭文洁　洪雨　旷春桃　周婷　图片供稿：罗红宇　谭文洁）

衡阳县

概述

一

衡阳县因地处南岳衡山之南得名。位于衡阳市西北部。县境东、西、北三面以山峰为周边邻县分界线。东以岣嵝峰、白石峰、雷钵岭（石廪峰）与衡山县、南岳区为界，东南接衡阳市珠晖、石鼓、蒸湘区，南抵衡南县，西南以观音山、正当山、三阳山与祁东县分野，西以大云山同邵阳市邵东县接壤，北以黄龙山、九峰山与娄底市双峰县毗邻。县人民政府驻西渡镇，距衡阳市城区 18 公里。

衡阳县历史悠久。自西汉高祖五年（前 202）立县，始称承阳，继改钟武、蒸阳，后置临蒸、重安，隋开皇九年（589），设为衡阳县，迄今已历 2200 余年。辖区面积 2558 平方公里，人口 123 万人，其中城镇人口 41 万人，城镇化率 33.11%。

境内人文荟萃，山川秀美。著名历史人物有明末清初思想家王夫之，晚清中兴名臣彭玉麟，清代巡抚常大淳，为中华人民共和国建立做出突出贡献的全国一百名英雄模范人物之一夏明翰，中国工人运动早期领导人朱少连，民国元老王祺，国民党上将刘国运，近代史学家谢彬、书画家曾熙、文字学家马宗霍，中华人民共和国开国少将王永浚、王云霖等。主要风景名胜有王船山故居，夏明翰故居，岣嵝峰国家森林公园，国家水利风景区万源湖、织女湖等。

县域经济持续发展，人民生活水平不断提高。全县地区生产总值：1978 年 2.01 亿元，2000 年 43.6 亿元，2014 年达到 263.2 亿元，分别比上述两个年度增长 131.5 倍和 6 倍。财政总收入：1978 年 0.26 亿元，2000 年 1.24 亿元，2014 年达到 11.6 亿元，分别是上述两个年度的 92 倍和 9.4 倍。农村居民年人均可支配收入：1978 年 85 元，2000 年 2568 元，2014 年提高到 12306 元，分别为上述两个年度的 145 倍和 4.8 倍。

教育、文化、卫生事业稳步推进。中华人民共和国成立后至 1952 年，全县有小学 582 所、初中 2 所，共有在校中小学生 31424 人，专任教师 1776 人；医疗卫生机构 18 个，有病床 32 张，专业医务人员 76 人。至 2014 年，全县有幼儿园 204 所，在园幼儿 27530 人，专任教师 649 人；小学 295 所，在校学生 77180 人，专任教师 3557 人，小学适龄儿童入学率 100%；初中 63 所，在校学生 43810 人，专任教师 2659 人，九年义务教育完成率99.8%；普通高中9所（含1所职业中专），在校学生24279人，专任教师959人。全县有各类医疗机构34个，专业卫生医务人员2753人，开设病床3337张。全县有文化艺术团体45个，从业人员260人；有公共图书馆（室）7个，藏书13.5万册。

交通运输四通八达。1958—1977年，全县有省道2条、县乡道30条，总里程598.5公里。1995年后，先后有潭衡西、衡邵、娄衡、南岳4条高速公路和315省道、210省道及怀邵衡铁路（在建）过境。县、乡、村公路密若蛛网。至2014年，全县有县道11条、乡道18条、村道887条，均全部实现水泥硬化，通车里程2986公里。

1990—2014年，衡阳县先后获全国粮食百强县、全国肉类百强县、全国科普示范县、全国科技进步县、全国文化工作先进县、全国粮食生产先进县、全国粮食生产标兵县、全国文明县城等称号。

二

衡阳县乡级政区建置，历代多有分合更易。清康熙年间，全县设25个都；同治年间，废都置乡，设9个镇4个乡。民国末期，设20个乡。中华人民共和国成立后，1952年，衡阳县分为衡阳、衡南县后，乡级政区亦有多次变更：1953年，全县置251个乡2个镇；1956年，合并为50个乡2个镇；1984年，调整为70个乡12个镇；1995年，合并为12个乡14个镇。2014年年末，辖西渡、集兵、杉桥、岘山、井头、关市、演陂、库宗桥、金兰、曲兰、洪市、金溪、界牌、石市、渣江、三湖、台源17个镇和樟木、岣嵝、潮江、板市、樟树、栏垅、大安、溪江、长安9个乡，共26个乡镇，下设891个村、44个社区，11015个村民小组、209个居民小组。2015年湖南省行政区划调整后，潮江乡与集兵镇合并设立集兵镇，其他乡镇无变化。

西渡镇 >>

2005年，西渡镇被中央精神文明建设指导委员会评为全国文明村镇。

区域概况

位置面积

西渡镇因古代从衡州西去邵州经此渡蒸水而得名“西渡”。地处县境南部，系县城所在地。东与樟树乡、板市乡、杉桥镇接壤，南以衡南县为邻，西临演陂镇、岘山镇，西北抵栏垅乡，北毗台源镇。是全县政治、经济、文化、商贸、交通中心。西渡高新技术产业园区（前西渡经济开发区）坐落在辖区内。镇人民政府驻槐花南路8号，距衡阳市18公里。辖区东西最大距离17.7公里，南北最大距离17.9公里，总面积152.7平方公里。

建置沿革

清同治十年（1871），西渡分属乾安镇、成德乡。民国32年（1943），乾安镇、成德乡属衡阳县第五区。中华人民共和国成立初，仍沿袭民国旧制。1950年3月，撤销乾安镇，分置贞一、桐桥、咸水、西渡、草塘、江口、周埠、赤石、杨林、英陂、英南、平阳、合济、阳古、清平、东木、梅木、箭楼乡；撤销成德乡，分置新桥、三合、大沙、广济、木潭、豆陂、秋塘、天光、青里、荷花乡；同属第五区。1952年7月，对区乡政区进行适当调整。是年，境内设赤石、西渡、周埠、阳古、咸水、桐桥、天光、新桥、杨林、草塘、英陂、豆陂、英南、合济、箭楼、荷花、清平、梅木、大沙、青里20个乡，同属第一区（后更

名为西渡区)。1953年3月,设立西渡镇。1956年5月,撤区并乡,前述20个乡分别合并为西渡乡、英陂乡、新桥乡。是年,西渡镇改名城关镇。1958年9月,建立人民公社,城关镇及西渡、英陂、新桥乡分属火箭、胜利公社。1961年8月,析社设区,置西渡、咸水、英陂、清平、新桥(后更名秋塘)公社。同属西渡区。1963年3月,划西渡、英陂公社各一小部分复置城关镇。1981年,城关镇更名为西渡镇。1984年5月,改公社为乡镇。1995年5月,再次撤区并乡,西渡、咸水、英陂、清平、秋塘5个乡并入西渡镇。

行政区划

1996年,政区辖5个社区、65个村,下设36个居民小组、671个村民小组。2014年,政区辖槐花、江口、米子、保安、壕塘、滨江、春风、蒸阳、明翰9个社区,西渡、槐花、保安、航渡、星联、百福、自力、正大、赤水、农科、兰草、双桥、咸水、咸中、通古、蛟龙、梅花、陡岭、爱吾、咸育、桐桥、石鼓、荷花、英陂、群星、江山、八一、阳古、合济、合顺、豆陂、大勇、青木、联胜、三垅、九联、英南、天星、交岭、青里、秋塘、新塘、应紫、天光、林桥、新铺、振兴、黄六、新化、新益、盘龙、清平、小井、海垅、清竹、梅林、清安、东桥、清亭、健康、梅木61个行政村。下设53个居民小组、654个村民小组。

自然环境

境内属平町与丘陵相间,蒸水流域为小平原,其余为丘陵。气温四季分明。年平均气温18.1℃,极端最低气温-8.3℃(1972年2月9日),极端最高气温40.8℃(2010年8月5日),年平均降水量1212.4毫米,降水日数153.3天,最多年份达198天(1970年),最少年份122天(1986年),降水量集中在每年的4—9月,5、6月最多。常

衡阳县县城——西渡镇

年主导风为北风，夏季为东南风，并有雷电气象。境内土壤分为水稻土、紫色土、红壤土三大类。全境属蒸水水系，演水、武水、清花河3条河流皆系蒸水一级支流，境内总长16.8公里。

人口民族

2000年，全镇总人口143148人，其中男性73383人，占51.26%；女性69765人，占48.74%。总人口中，农业人口74301人，城镇人口68847人。2010年，总人口170351人（内含2001年和2004年接收重庆市忠县移民32户132人），其中男性88493人，占51.95%；女性81858人，占48.05%。总人口中，农业人口78796人，城镇人口91555人。2014年年末，辖区总人口178000人，其中常住人口167100人；城镇化率68.6%。总人口中，男性94340人，占53%；女性83660人，占47%；0~14岁37380人，占21%；15~59岁113540人，占63.8%；60岁以上27080人，占15.2%。2014年年末，人口出生率11.3‰，死亡率6.2‰，人口自然增长率5.1‰。辖区内有少数民族人口187人。

经济发展

经济综述

镇域经济由农业、工业和服务业构成。农业以种植水稻、油菜和饲养猪、禽、鱼类为主；工业以湖南省西渡高新技术产业园区为依托，形成机械制造、建筑陶瓷、医药化工、服装制鞋、电子电器、食品加工等6大产业集群。2014年年末，全镇实现地区生产总值36.8亿元，粮食总产量6.7万吨，财政总收入2.85亿元，农村居民人均可支配收入1.33万元。

农业

种植业 民国时期，农业生产水平低下，粮食亩产不足200公斤。中华人民共和国成立后，1950年，农村实行土地改革。1953年，组织农业生产合作社，粮食连年增产丰收，平均亩产225公斤。1958年，成立人民公社，后又连遇三年自然灾害，粮食减产歉收。1962年，实行以生产队为核算单位和按劳分配政策，改进耕作技术，扩大双季稻复种面积，粮食生产持续发展。1969年，亩产提高到350公斤。1976年，开始试种杂交晚稻。至1984年，镇域杂交晚稻种植面积占水田总面积的93%，平均亩产420公斤。2014年年末，全镇耕地面积5066公顷，粮食作物复种面积9000公顷，总产6.75万吨；油菜3066公顷，产菜籽3320吨。农业总产值2.35亿元。

养殖业 镇内历来有养殖生猪、耕牛、鸡鸭等禽畜和鱼类习惯。民国时期，农户养猪数量极少，

年户均约为 1 头；养牛则供役用；养鱼产量很低，每亩水面产鲜鱼不足 10 公斤。中华人民共和国成立至 1956 年，政府鼓励农民发展养殖业，禽畜鱼产量不断增加。1958 年成立人民公社后，限制农户饲养家禽家畜，水面养鱼由集体经营。20 世纪 80 年代后，随着家庭承包经营责任制和市场经济的建立，养殖业逐渐向专业化、规模化发展，先后形成保安、赤水、联胜、天星、群星、咸育等 8 个规模养殖小区。2014 年年末，出栏生猪 18.5 万头，存栏 7.5 万头；出笼家禽 500 万羽，存笼 100 万羽；起水鲜鱼 20 吨，亩产 49.5 公斤。

林业 镇内有山地 4466 公顷，多为紫色页岩地貌。至 2014 年年末，全镇森林覆盖率 31.5%。

工业

清代、民国时期，境内有铁器、木器、砖瓦、酿酒、食品加工等作坊百余家。中华人民共和国成立后，1953—1957 年，完成对私营工商业的社会主义改造，全镇有缝纫、皮革、铁器、木器、食品、建材等手工业生产合作社 8 家，从业人员 200 余人。同时，先后创办县人民印刷厂、农业机械厂、玻璃厂、纺织厂、农药厂等 5 个地方国营工业和集体工业企业，共有职工 180 多人。20 世纪 60—80 年代，新增一批国营、集体工业企业，先后在镇内建立县氮肥厂、汽车水泵厂、化工厂、制药厂、无线电厂、西渡造纸厂、湘南酒厂、人民瓷厂、通用机械厂等 21 家工业企业，涉及造纸、印刷、机械、化工、电子、陶瓷、五金、纺织、医药、食品等行业，从业人员 4500 余人。20 世纪 90 年代末至 2008 年，国营、集体工业相继完成体制改革，全部改制为民营企业。同时，民营工业迅速发展，先后有天天见梳篦、得阳鞋业、金鲲米业、三和食品、恒生制药、衡利丰陶瓷、飞翔电子、新雁矿业、衡泰机械、蒸城建材等一批民营规模企业在镇内落户。2014 年年末，全镇

航渡油菜基地

现代农业示范园在展示农产品

湖南恒生制药有限公司

工业总产值24.87亿元，工业增加值8亿元，实现利润1.67亿元，上缴税金2903万元，工业企业固定资产投资额11.2亿元。

商贸服务业

民国时期，境内西渡老街、英陂老街、新桥老街均设有店铺和集贸市场。中华人民共和国成立后，随着县治入驻西渡，商贸服务业不断发展。20世纪50年代初至60年代初，先后成立县粮食购销公司、食品公司、油脂公司、百货公司、糖果副食公司、饮食服务公司以及县供销社所辖的农业生产资料、日用杂品等12个商贸服务公司，从业人员330人。至1978年，境内有国营和集体商业门市部、代购代销店等商业服务网点98个，从业人员730人，社会消费品零售总额2800万元。1980年后，实行改革开放，在发挥国营、集体商业主渠道作用的同时，发展私营商业。20世纪90年代中期以后，国营、集体商业渐趋疲软，民营商业成为市场主体。2002—2011年，国营和集体商业相继改制为民营商业。其间，先后涌现富森、生源、泰阳、太平洋、大昌隆、东方宾馆、神龙大酒店等一大批个体商贸服务企业。2014年年末，全镇有各类商贸门店4218个，集贸市场4个，从业人员18866人，实现社会消费品零售总额9.56亿元。

财政金融

中华人民共和国成立至1984年,乡镇（公社）财政由财粮委员或秘书兼管，其经费开支由区拨付。1985年，设立镇财政所。2004年，实行农村税费改革，国家取消农业税、农业特产税及各种涉农税费，共计税金524万元。2014年，镇财政总收入552万元，总支出545万元。

民国初期，西渡老街有毛盛希开设的恒丰当铺。中华人民共和国成立后，1952年6月，成立英陂乡信用合作社，有社员376人，股金832元（折新版人民币）。同年，中国人民银行衡阳县支行设立西渡营业所。1955年12月，成立中国农业银行衡阳县支行，总部驻西渡。1963年5月，设立中国建设银行西渡办事处。1979年7月，成立中国建设银行衡阳县支行。1981年6月，中国人民保险公司衡阳县支公司正式开业。1981年10月，建立衡阳县信用联社。1985年1月，中国工商银行衡阳县支行落户西渡，镇内设3个办事处。1988年11月，成立中国银行西渡支行。1992年7月，设立中国人民银行衡阳县支行，负责协调县内各个金融机构关系和加强金融创安、服务、监管等工作。1996年，中国农业发展银行衡阳县支行在西渡落户。2008年4月，中国邮政储蓄银行衡阳县支行成立，在西渡设有2个营业处。2012年，华融湘江银行和沪农商村镇银行先后入驻西渡。2014年年末，镇内有金融机构10个，保险机构4个，其他非银行金融机构2个，营业网点35个；年末各项存款余额177亿元，比上年增长28%；各项贷款余额12.34亿元，比上年增长26%。

基础设施

交通运输

清代，境内蒸水河道可通舟筏，西渡、洪山庙设有码头和渡口。陆路有衡宝（衡阳至邵阳）驿道过境。民国28年（1939），修建衡宝公路，境内长14公里。中华人民共和国成立后，1958年5月，西界（西渡至界牌）公路竣工。1968年，畅通西荷（西渡至荷叶塘）公路。1979年，分别建成西渡至杉桥（西杉线）、西渡至碧崖（西碧线）、英陂至秋塘（英秋线）3条公路。20世纪90年代，重点实施通村公路建设工程。至1999年，先后完成镇内61个村的村道建设。2000年后，对镇内乡村道路全面进行提质改造和水泥硬化。2002年4月，315省道竣工，境内长13公里。2011年12月，衡邵高速公路交付运行，境内长11公里，并设有西渡服务区和出口。同年12月，衡邵高速公路连接线海英（海龙至英陂）大道竣工通车，全长3.7公里，为双向八车道。至2014年末，镇内有高速公路1条，县道4条，共长49公里；乡道2条、村道61条，共长219公里。

1950年1月，衡阳至邵阳开行长途客车，在西渡设停靠站。1955年6月，建立西渡汽车站。1958—1959年，先后开通西渡至界牌、西渡至洪罗庙客班车。1963年，相继开通西渡至金兰、渣江、井头江各线客班车。至此，西渡汽车站日发送客班车30多个班次。1981年12月，西渡至衡阳市公交车正式运营，日发车36个班次。1990年停运。20世纪80年代，先后开通西渡至关市、集兵滩、杉桥、库宗桥、曲兰、金溪庙等线路客班车，形成西渡覆盖全县各乡镇的客运交通网络。与此同时，县城陆续开通出租车，有“面的”80余辆。2000年后，在城区分别建立蒸阳、城东2个汽车站，并开通城区5条公交车线路。至2014年年末，辖区内共有客运车辆（含公交车）72台，载客出租车150台，日客运量1.68万人次；有货运车辆735台，年货运量134.14万吨。

邮政通信

隋开皇元年（581），境内赤水铺、灵瑞寺、仓库町设有3处驿铺。清康熙四十一年（1702），驿铺改称递铺。清末建邮局取代递铺。民国28年（1939）5月，设西渡、英陂、新桥3个邮政代办所和阳古坳信柜。1952年7月，设西渡邮电局。1957年，分别设立英陂邮电所和新桥邮政代办所。1985年，设西渡邮电支局。1989年，撤销西渡支局。尔后，在县城分设城西（县邮电局旧址）、城东邮政所。2014年年末，镇内有邮政企业2家。

1952年7月起，驻西渡的县直机关单位陆续架设电话线路。是年底，西渡区安装电话。1956年撤区并乡后，西渡镇及西渡、英陂、新桥3个乡架设电话线路。1961年年底，电话线路延伸到公社。至此，全镇电话杆线27千米。1980年后，镇内部分村利用有线广播线路接通电话。1994年，开通数字程控电话后，江口村成为全县首个电话村，电话入户率50%。是年，县电信局建立移动通信系统，辖区内有“大哥大”电话用户94户。2000年后，县电信公司、移动公司、联通公司先后在镇内建立移动基站网络设施。至2014年年末，

蒸水河穿西渡而过

镇内有电信企业4家，光缆线路总长76千米，拥有固定电话用户8648户；有移动通信基站35个，移动电话用户8.5万户。

供电饮水

供电 1958年，建立人民电厂，年发电量3万千瓦，主要供机关单位照明用电。1962年12月，西渡河坝电站建成供电，年发电量10万千瓦时。是年，人民电厂停止发电。1969年8月，从衡阳市马家山变电站架设35千伏高压输电线路至西渡，全长32.2千米。1971年年初，西渡35千伏变电站建成投入运行，从此开始由电网供电。至1999年，全镇有10千伏变压器98台，总容量9800千伏安；10千伏低压配电线路4条，总长76千米。村及村民小组通电率100%。2000年后，分期分批对农村电网进行改造，先后完成61个村的线改和户改，共改造和新增10千伏低压线路262千米；更新和新增10千伏变压器212台，总容量57775千伏安。2014年年末，全镇有10千伏低压配电线路8条，总长367千米；10千伏变压器303台，总容量67575千伏安。9个社区、61个村，53个居民小组、654个村民小组全部供电。

供气 2005年9月，西纳天然气有限公司投资1.1亿元在县城西渡启动天然气管网工程建设。是年，完成从石鼓区经蒸湘区至蒸阳大道东段约23.7千米主干管道铺设。此后相继完成蒸阳大道西段、新正街、向阳南路、建设路、中心路、春风路、清江北路、滨江路、洪山路等城区街道沿线的主管道铺设。至2014年年末，城区共有天然气管道7条，总长102.06千米，其中主干管道1条，长23.7千米；中压管道6条，长29.91千米；低压管道长48.45千米。已开通供气用户5487户。

饮水 20世纪70年代前，辖区内农村居民饮水多为塘水或河水，城镇居民采用打井取水。1981年，城区有抽水深井139口。1983年，在花果山建设自来水厂，日供水量5000立方米。1991年，水厂扩能，日供水量增至2万立方米。2008年，水厂再次扩能，在原有2万立方米基础上增加至日供水量4万立方米。至2014年，共铺设主管网8条，长29千米；次主管网25条，长53千米；支管网300条，长50千米；共有供水管网333条，总长130余千米。有供水用户37313户，供水覆盖面达20平方公里。与此同时，加大对农村居民户的改水力度。2000—2014年，累计投入资金6.8万元，支持农户建设封闭式机压水井12256口，人力井5875口，确保农村居民饮水安全。

水利建设

1949年，境内有水塘3560余口，蓄水总量约1400万立方米。中华人民共和国成立后，人民政府把兴修水利作为发展农业、改善民生的大事来抓。1953至1957年，共新修扩建水塘1186口。1957年10月至1960年12月，分别建成两里塘、豆陂、秋陂塘、英木塘、清水塘、通古塘、角陂塘、王陂塘、坚固塘9座小型水库，库容量357万立方米，改善灌溉面积585公顷。此外，先后修通牛形山水库灌区南干渠、斜陂堰水库灌区右干渠，境内总长55千米。1971年，改造加固豆陂、新化两处防洪堤，总长7千米。2001—2012年，完成陡岭、梅花、梅木等24个村、85口山平塘清淤防渗工程；同时实施梅林、航渡、振兴3个村“五小”（小水窖、小水池、小泵站、小塘坝、小水渠）水利工程项目建设。2014年年末，境内有小（一）型水库2座、小（二）型水库10座，库容595万立方米；骨干塘249口、山平塘4746口，蓄水量1826万立方米；另有2座中型水库引水渠道长55千米，河湖泵站38处，农业灌溉机电井303口，总蓄引提水量4500万立方米。

城乡建设

1952年6月，县治从衡阳市迁址西渡，在位

县城滨江防洪堤

于江口村的衡邵公路沿线建立新县城。20世纪60年代，衡邵公路江口段改道，原路段遂成为街道，冠名新正街。70年代，红旗路、向阳北路、建设北路等相继成型。80年代，城区面积扩大，建设南路、向阳南路、中心南路、春风中路、春风西路等17条道路成为拓展城区的骨架。1990年后，县城扩容提质，在改造原有街道的同时，先后新建蒸阳大道、城西大道、滨江路、保安路、蒸武路、临武路等38条路巷。2000—2014年，在改造油化蒸阳大道、新正街、城西大道、向阳南路、建设南路、春风中路、春风西路、滨江路、中心南路等街道的同时，先后畅通了清江南路、清江北路、联胜路、英南大道、洪山路、培源路、开福路、槐花路、蒸西大道等31条道路。2014年年末，县城共有路街巷86条，其中大道5条，路60条，巷21条，总长36.7公里，城区建成面积21.5平方公里。

民国末至中华人民共和国成立初，境域居民住宅多为土砖茅屋，瓦房极少，且大多连檐搭垛。20世纪50年代中至70年代末，部分居民居住条件有所改善，瓦房逐渐替代茅房。80年代中至20世纪末，大部分城乡居民新建红砖瓦房，且多为楼地两层结构，面积250~400平方米。2000年后，农村兴起建房热，一批高档次、高格调的别墅型住宅陆续出现。2006年起，启动社会主义新农村建设，以天星、英南、赤水、盘龙等村为试点，重点改造农村水利、电力、道路和人居环境等基础设施，大力整治村容村貌。至2014年，全镇乡村道路硬化率、电网改造率、饮水安全率均为100%，环境卫生综合达标率87%。建制村都有办公用房。2005年和2009年，西渡镇和县城先后荣获中央精神文明建设指导委员会委授予全国文明村镇、全国文明县城称号。

社会事业

教育科技

教育 民国时期，境内教育落后，文盲和半文盲约占总人口的85%。民国32年（1943），在境内咸水通古创办私立青华中学。民国33年（1944），日军入侵衡阳城，城内广德私立中学迁入境内秋塘冯氏宗祠，抗日战争胜利后，仍迁回衡阳市。中华人民共和国成立后，在致力发展小学教育的同时，开展扫除青壮年文盲教育。1952年，境内有完全小学3所，初小15所。1953年5月，创办衡阳县初级中学。1958年，县立中学改为衡阳县第一中学，并开始招收高中班。是年，英陂完小附设初中班。次年，撤销初中班。1969年，分别设立西渡区办高中和西渡、英陂、咸水、清平、新桥5所公社中学。1981年10月，创办县技工学校。是年，建立县机关幼儿园。1984年，江口村王西寅创办全县第一所民办幼儿园——博爱幼儿园。是年，开设县卫生职业中等专业学校；西渡区办高中改为县第一职业中学（地址在咸水陡岭）。1986年，西渡镇二校招收高中班。1993年，撤销高中仍改为初中。是年秋，县聋哑儿童学校招生。1995年秋，县三中迁址西渡米子社区。1997年8月，县一中新校址（位于槐花村边山组）建成搬迁，原校舍移交给第一职业中学。2005—2007年，光华中学、江山中英文学校、英华学校、船山小学4所民办学校先后建成招生。2014年年末，全镇有幼儿园65所，在园幼儿7380人，专任教师578人；小学26所，在校学生14711人，专任教师585人；初中10所，在校学生9809人，专任教师479人；高中2所，在校学生8387人，专任教师636人；职业中专1所，在校学生2243

人，专任教师206人。有蒸阳、西渡、清平、英陂、秋塘、江山、光华7所县级合格学校。

科技 1952年，县农业局在境内英陂乡建立农场，职工431人，从事水稻良种试验、示范、推广。1964年，在英陂公社米子村建立县水产科学研究所，有职工5人，主要繁殖推广良种鱼苗。1973年，在境内释迦寺创建县畜牧良种繁殖场，职工22人，主要为引进繁殖良种牛和为全县耕牛配种。1974年，建立县农业机械研究所，从事新式农机具的研究、试验和推广，并先后取得16项科研成果。1979年2月起，成立县农业科学研究所，累计完成农业科研试验161项，其中承接中国农科院农作物研究21项。1981年，在英陂村建立县农业技术推广中心，至1995年，完成引进、试验、示范和推广课题198项，其中41项获奖。20世纪90年代起，建立科技示范户。2006年，赤水村何建国研究的米糠营养液制作方法和用途获国家发明专利。2010—2012年，咸水村杨福林、天星村李华剑被评为衡阳市优秀星火科技示范户。2014年年末，全镇有各类科技示范户115户。

文化体育

文化 清代至民国，境内有龙灯、狮灯数坛。中华人民共和国成立初，以农村俱乐部为活动阵地。1964年后，分别设公社文化站、大队文化室。1966—1976年"文化大革命"期间，毛泽东思想文艺宣传队成为农村文化活动的主体。1986年起，民间艺人张紫映（艺名蔡老娘，赤水村人）共创作、表演曲艺作品200余件。其中《蔡老娘进城遇十怪》《气砣子回乡》《瞎子道情》《新说理》等，分别获中国曲艺家协会举办的第一届和第二届中部六省曲艺大赛一等奖；《两亲家》《破镜缘》分别获第六、七届中国曲艺大赛"牡丹奖"入围奖。1989年秋，组织各乡文艺演出队赴西渡区公所举行文艺会演。1995年，颜国强（天光村人）的美术作品《春访》《启蒙曲》《春暖》《渔翁醉酒》先后在瑞士、德国及中国香港和台湾地区展出。1997年，席贤瓈（合顺村人）的书法作品先后赴日本、韩国、新加坡参展。2000年，席志强（合济村人）的书法作品先后两次参加中日文化交流，3次入选国际艺术家作品联展。2002年，谭青峰（振兴村人）的长篇小说《大海作证》由中国文联出版社出版，该书手稿为中国现代文学馆收藏。2004年，欧伯达（英陂村人）的一件书法作品由国家邮政总局选为中国名家书法邮票发行。2005年，将原英陂乡政府办公楼改作镇文化站，面积350平方米。2008年，英陂小学学生钟慧敏表演的渔鼓《小妞过生日》获第三届全国少儿曲艺大赛一等奖。2010年，张紫映代表中国曲艺家协会赴法国巴黎执行中法文化交流。2014年年末，全镇有文体站1个，工作人员11人；村级文化活动中心61个，农家书屋61个，共有藏书96000册；音乐、美术、摄影及业余文艺创作队伍86人。

1972年，建立区、公社广播站，配备工作人员7人。是年，61个大队654个生产队实现队队通广播；线路总长150千米，喇叭入户率48%。1994年，开通有线电视，当年有有线电视用户780户。2014年年末，全镇有无线数字电视用户3500户，有线电视用户34758户；有线电视网络18.5千米，信号覆盖率达99.9%。

体育 1996年，镇内航渡村曾文英获湖南省首届农民运动会女子10公里自行车载重赛第三名。1997年，西渡镇获湖南省"亿万农民健身活动先进单位"称号。是年，境内中小学开始按《国家体育锻炼标准》教学，当年达标率35%。至2000年，达标率提高到93%。2014年年末，镇内有运动场所51个，总面积2.55万平方米。

医疗卫生

民国时期，境内缺医少药，治疗疾病除少数富裕户请中医看病用药外，大多数贫苦百姓患病素以中草药为主。中华人民共和国成立后，医疗事业不断发展。1952 年，建立县人民医院。1953 年，分别在西渡、英陂、新桥成立联合诊所，有中医 15 名。1956 年，成立县妇幼保健站（后改称妇幼保健院）。1958—1959 年，先后建立西渡公社卫生院、县中医医院。1962 年后，分别建立西渡区卫生院和咸水、英陂、秋塘、清平 4 个公社卫生院。1968 年，实行农村合作医疗制度，同时建立大队卫生室，配赤脚医生和妇幼保健员各 1 名。2006 年 1 月，启动新型农村合作医疗，当年全镇参合率 85%。2012 年，县卫校附属医院与西渡镇卫生院合并为西渡镇中心卫生院。2014 年年末，镇内有县属医疗机构 4 所，共有执业医护人员 1135 人，医疗用房面积 5.02 万平方米，病床 825 张；镇属医疗机构（含门诊部）10 个，村卫生室 61 个，病床 95 张，有执业医护人员 413 人。新型农村合作医疗参合率 100%。

社会保障

灾害救助 1949 年 6 月，境内发生百年未遇洪灾，蒸水沿岸一片汪洋，房屋倒塌，田园摧毁，人民流离失所。及至次年，人民政府帮助灾民重建家园。1982 年 6 月，又遭受洪涝灾害，英陂、秋塘平町区浸淹稻田 130 多公顷，倒塌房屋 18 间，死亡 1 人，县、乡共拨付救灾款 18 万元，帮助灾民恢复生产、修建房屋，安葬亡者。2008 年 1 月，镇内遭受冰雪灾害，县、镇共拨付救灾款 25 万元，帮助村民重建新居。

“五保”供养 20 世纪 60 年代起，对孤寡老人和无劳动能力的残疾人实行“五保”，其生活费由所在生产队统筹。1980 年后，“五保”供养纳入乡统筹。2005 年起，城乡“五保”对象享受城乡最低生活保障待遇，其供养经费由县财政拨付。2014 年年末，全镇有“五保”对象 535 人，年人均标准 2564 元，共拨供养金 137.17 万元。

医疗救助 2006 年起，实施城乡居民大病医

湖南省保障性安居工程——盘龙月亮小区

疗救助，救助对象主要为罹患恶性肿瘤、白血病、尿毒症等城乡低保户、五保户。2014 年，全镇共救助 4704 人，救助总金额 298.54 万元。

城乡低保 2007 年 7 月，启动农村居民最低生活保障，对低保对象实行动态管理。2009 年，全镇低保对象 980 户、2042 人，年人均补助标准为 1080 元，共发放低保金 220.54 万元。2014 年年末，有低保对象 1014 户、1923 人，人均年补差 1476 元，共发放低保金 283.87 万元。

养老保险 2011 年 7 月，启动城乡居民社会养老保险。当年，全镇登记参保 23071 人，征缴养老基金 276.09 万元，为 9853 名到龄居民发放 7—12 月养老金 355 万元。2014 年年末，登记参保人数 36795 人，参保率 76%；征缴养老保险基金 415.37 万元；为 11984 名到龄居民发放养老金 862.85 万元。

特色地情

历史人文

王永俊 （1907—2003）西渡镇秋塘村人。中国人民解放军将领。1933 年 5 月参加中国工农红军，1936 年 12 月加入中国共产党。历任无线电报务教员、研究员、参加反“围剿”斗争和长征。抗日战争时期，任中央军委二局科长、处长、副局长兼研究室主任。解放战争时期，任军委二局副局长。中华人民共和国成立后，先后任中央军委情报部二局局长，军委技术部副部长，总参三部副部长、顾问等职。曾是中国人民政治协商会议第五届全国委员会委员。1955 年被授予少将军衔。2003 年 1 月 5 日在北京病故。

释迦寺遗址 商代至西周文化遗址。位于西渡镇新化村。该遗址呈长方形，分布面积约 4000 平方米，文化堆积厚度约 0.7 米。采集石器有釜、刀、锛，陶片有夹砂红褐陶、夹砂灰陶，其纹饰有方格纹、绳纹，器形有鼎、缸、釜等。

箭塘遗址 西周至春秋遗址。位于西渡镇梅木村，分布面积约 7 万平方米。文化堆积厚度约 0.4 米，采集石器有釜、锛、刀；陶片有夹砂红陶、夹砂灰陶，其纹饰有云雷纹、方格纹；器形有鼎、豆、罐等。

新化七拱古石桥 位于西渡镇新化村蒸水河上，为七孔半圆形石砌拱桥。建于清代光绪年间，桥长 108 米，宽 8 米，两侧有石护栏，拱桥正中刻有修桥碑记。现基本完好。

名优特产

西渡湖之酒 中国黄酒名品之一，因源于“酃湖之酒”而得名，迄今已有近三千年历史。西渡湖之酒具有“备味滋和，体色醇清”的“酃湖”风格，故又有“醽醁”之美称，古代曾为皇家贡品。20 世纪 50 年代，衡阳县建立湘南酒厂，专营湖之酒酿造，在继承传统酿酒技艺的同时加以创新，使之成为色泽清亮，醇香味美，无醋变、酸变，口感绵润，保质期长的湖之酒。2014 年 7 月，西渡湖之酒被定为中华人民共和国地理标志保护产品。

（文字 / 图片供稿：龙虎　周荫来）

集兵镇 >>

区域概况

位置面积

集兵镇因驻地集兵滩得名。地处县境东部，东邻樟木乡，南抵衡阳市石鼓区松木乡、角山乡，西靠潮江乡、杉桥镇，北接岣嵝乡。镇人民政府驻集峰路1号，距县城西渡28.5公里。辖区东西最大距离8.5公里，南北最大距离10.2公里，总面积66.8平方公里。

建置沿革

清同治十年（1871），集兵属岣嵝镇。民国32年（1943），属礼义乡。中华人民共和国成立初，仍沿袭民国旧制。1950年3月，撤销礼义乡，分别设置太平、栗坪、集市、白果、通天、三望、马鞍、杉木、印法9个乡；属衡阳县第三区。1952年7月，衡阳、衡南分县后，重新设置行政区划，设立太栗、集市、石狮、通天、三望、松桂、杉木、棠湖8个乡；属衡阳县第十五区（后更名为集兵区）。1956年5月，撤区并乡，前述8个乡合并为集市乡。1958年9月，撤乡设立人民公社，集市乡并入红旗公社。1961年8月，分社设区，置集兵、通天公社；隶属集兵区。1984年5月，去公社复称乡镇，改称集兵滩镇。1995年5月，再次撤区并乡，集兵滩镇与通天乡合并为集兵镇。2000年12月，镇内灵官庙村划归衡阳市石鼓区松木乡。

行政区划

1996年，政区辖1个社区、21个村，下设3个居民小组、238个村民小组。2014年，镇辖集兵滩1个社区和集兵、太栗、李坳、东湖、车轮、达义、松桂、白果、邹湾、印发、水湖、青岭、彭田、通天、五马、麻町、三望、乌石、石狮、山峰、麻湾21个建制村，下设6居民小组、235年村民小组。

自然环境

境内以丘陵与平町相间为主，中部为平原，西北部边沿多为山地。气温四季分明，年平均气温17℃左右，极端最低气温-8.3℃（1972年2月9日），极端最高气温40.8℃（2010年8月5日）。无霜期年平均305天，最长达345天，最短为283天。降水日数约153天，最多年份达185天（1970年），最少年份92天（1963年）；降水集中在每年4—9月，5、6月最多。常年主导风为北风，夏季为东南风，并有雷电气象。境内土壤分为水稻土、红壤土、紫色土、潮土四大类。全境属湘江水系，龙泉河系湘江一级支流，境内长7.5公里。

人口民族

2000年，辖区总人口29268人，其中男性15575人，占53.22%；女性13737人，占46.78%；总人口中，农业人口25254人，城镇人口4014人。2010年总人口29806人，其中男性15462人，占51.88%；女性14344人，占48.12%；总人口中，农业人口26894人，城镇人口2912人。2014年年末，辖区总人口31081人，其中常住人口30235人。城镇化率43.8%。总人口中，男性16244人，占52.26%；女性14837人，占47.74%；0~14岁6726人，占21.64%；15~59岁20335人，占65.43%；60岁以上4020人，占12.93%。人口出生率13.91‰，死亡率6.90‰，自然增长率7.01‰。辖区内有少数民族人口119人。

经济发展

经济综述

镇域经济由农业、工业和服务业构成。农业以种植水稻和饲养猪、禽、鱼类为主；工业以建筑建材和农产品加工为主。2014年年末，全镇实现地区总产值4.1亿元，粮食总产量1.6万吨，财政总收入1170万元，农村居民人均可支配收入1231元。

农业

种植业 民国时期，农业生产条件落后，耕作水平低，粮食亩产一般在200公斤左右。中华人民共和国成立后，1950年，实行土地改革，绝大多数农民分得了土地。1952年后，人民政府组织兴修水利，开展农业生产互助合作，粮食连年增产丰收，平均亩产提高到265公斤。1958年，成立人民公社，后连遇三年自然灾害，粮食减产歉收。1962年，调整公社体制，实行生产队为核算单位的农业经营管理制度；同时改进耕作技术，扩大双季稻种植面积，农业生产得到恢复和发展。1969年，全镇双季稻种植面积达1400公顷，占水田面积的85%，平均亩产粮食400公斤，总产量8400吨。1976年，开始试种杂交晚稻，后逐年扩大种植面积。至1983年，全镇种植杂交晚稻1466公顷，亩产410公斤，总产9000吨。2005年，普遍推广种植双季杂交稻。2014年，全镇耕地面积1646公顷，水稻播种面积2400公顷，总产量1.6万吨，种植油菜1000公顷，产菜籽1689吨；种植蔬菜瓜果340公顷，总产量2040吨；实现农业总产值0.8亿元。

养殖业 镇内历来有养殖猪、牛、鸡、鸭、鱼等习惯。民国时期，农户养猪数量极少，年户均约1头；鸡鸭多为自繁自养，养牛仅供耕作役用。中华人民共和国成立后，政府鼓励农民发展养殖业，畜牧业有较快发展。1958年成立人民公社后，限制农户饲养家禽家畜，养鱼则由生产队集体经营。20世纪80年代后，随着家庭承包经营责任制和市场经济的建立，养殖业逐渐向专业化、规模化、商品化发展。1986年，镇内邹湾村村民杨昌德，饲养蛋鸭400余羽、鸡1500余羽，

集兵镇特色油豆腐

成为村内有名的专业养殖户。此后，一批规模养殖户相继出现。2014 年，全镇有规模养猪、养鸡、养鸭、养鱼专业户共 54 户，年出栏生猪 3 万头，年末存栏 1.5 万头；出笼家禽 22 万羽，年末存笼 17 万羽；起水鲜鱼 132 吨。

林业 境内有宜林山地 3400 公顷。主要树种有松、杉、油茶、樟、南竹等。2014 年，全镇森林覆盖率 65%。

工业

民国时期，境内民间有铁器、木器、竹器、酿酒、缝纫等手工作坊数十家，从业人员 30 余人。中华人民共和国成立后，1953—1956 年，对私营工商业实行社会主义改造，镇内有手工业联社 1 家，主要为缝纫、铁器等，从业人员 7 人。20 世纪 80 年代后，先后兴办砖厂、瓷厂、建筑工程队等一批乡镇企业，有员工 200 余人，乡镇企业年总产值约 500 万元。2004 年后，镇办企业改制为民营企业。2014 年，镇内有民营工业企业 29 家，主要为建筑、建材、粮油加工和竹木加工等企业，从业人员 580 人，工业总产值 1.8 亿元。

商贸服务业

民国时期，集兵滩老街有店铺 20 余家；设有集贸市场 1 个，为农产品集散地。中华人民共和国成立后，历为区、镇（公社）驻地，分别设有区供销合作社、肉食水产站、粮油购销站及粮食储运库等，供应生产、生活资料和收购农副产品。1955 年，镇内有私营商业户 35 户，从业人员 80 余人。1958 年，取消集市贸易和私营商贩，商贸服务统一由供销社、合作商店经营。1962 年后，恢复集贸市场，但对上市商品仍有所限制。1970 年，镇内有国营、集体商业网点 28 个，职工近 300 人。1978 年后，实行改革开放，逐步放开市场，个体商业快速发展。1995 年，全镇个体商户发展到 120 户、200 余人。2000 年后，国营和集体商业相继改制为民营商业。2014 年，镇内有各类商贸服务个体户 410 家，从业人员 800 人，涉及服装、餐饮、金融、通信、医疗、药品、文化、保险等行业；有集贸市场 1 个，超市 5 个，年社会消费品零售总额 1.5 亿元。

财政金融

从中华人民共和国成立至 1984 年，乡镇（公社）财政收支由财粮委员或秘书兼管，按月向区公所报账付款。1985 年，建立镇财政所。2004 年，实行农村税费改革，取消向农户征收农业税、农业特产税及各项涉农税费，总金额 170.85 万元。2014 年年末，镇财政总收入 1174.35 万元，总支出 1174.30 万元。

1954 年，成立集市乡信用合作社（简称信用社）。1959 年 1 月，设立中国人民银行集兵营业所，管理货币流通业务。1962 年，分别建立集兵、通天信用社。1985 年 1 月，营业所由中国农业银行接管。1995 年撤区并乡后，通天信用社并入集兵信用社。2008 年，设立中国邮政储蓄银行集兵营业处。至 2014 年，镇内有金融机构 3 家，年末存款余额 6000 万元，贷款余额 1500 万元。

基础设施

交通运输

清代和民国时期，境内有衡州至界牌的石板大道途经集兵滩。1958 年，建成李家坳至神皇山铁厂公路（李腊线）。1987 年，集兵滩至杉桥（杉集线）公路竣工通车。20 世纪 80—90 年代，先后畅通境内 21 个村的村道。2002 年起，对辖区内村道分批进行改造和水泥硬化。至 2014 年年末，镇内有县道 2 条、长 12 公里；乡道 3 条、长 11 公里；村道 19 条、共长 41 公里，实现村村通公路。

1965年，集兵滩开通至衡阳市客运班车。1988年，开通集兵至西渡客运班车。2000年起，衡阳市至集兵滩公交车投入营运，日开24个班次。2009年，建成集兵客运站。2002—2013年，先后开通集兵至界牌（经过）、集兵至渣江镇际客班车。2014年年末，镇内有客车线路4条，日开行64个班次，日发送乘客6000人次。

邮政通信

民国32年（1943），设集兵滩邮政代办所。中华人民共和国成立后，1957年，设立集兵邮电支局。20世纪60年代起，分别在公社（乡镇）设邮件投递点。2014年，镇内有邮政所1个。

1953年，集兵区公所架通电话。1956年，集市乡通电话线路。1962年，电话线路延伸至公社。20世纪70年代至90年代，集兵、通天公社（乡镇）开设自办农村电话网络，利用有线广播线路开通部分大队（村）电话。1995年起，建设程控电话网络。1998年后，县电信、移动、联通公司分别在镇内建设移动电话基站。至2014年年末，镇内有电信企业1家，固定电话用户948户；移动通信企业5个，共建立移动基站12个，有移动电话用户8298户。

供电饮水

1966年，在集兵滩河坝下游建设水轮泵发电站，装机容量100千瓦，供区、社机关照明用电。1984年10月，建成李家坳35千伏变电站。此后，陆续架设辖区内机关单位和农村村组供电网络。至1998年，全镇所有建制村和村（居）民小组全部实现供电。2000年起，分批次对农村电网进行改造。至2013年，先后完成对21个村的线改和户改，新增和更新10千伏变压器50台，完成户改8000户。2014年年末，全镇有35千伏变电站1座，10千伏变压器80台，总容量800千伏安；镇内21个村、1个社区、238个村（居）民小组全部通电，供电率100%。

2014年，建成自来水厂，可满足集镇居民用水需求。

水利建设

民国时期，境内水利设施主要是山塘、河坝。1949年，境内有山平塘550余口，大型河坝2座，总蓄水量约300万立方米。中华人民共和国成立后，人民政府动员和组织群众兴修水利，增强抗旱能力。1954—1957年，全镇共新修扩建山平塘480余口，兴建对塘冲（小一型）、石冲（小二型）水库2座，共新增蓄水量约280万立方米。20世纪60年代至70年代，先后修建斜陂堰水库灌区、山峙门水库灌区3条引水主干渠道，境内总长25千米。20世纪80年代至90年代，水利建设的重点主要是塘坝清淤防渗和渠系除险加固。2014年，全镇有山平塘945口，小型水库6座，堰坝3处，渠道8条、长115千米，总蓄引提水量1300万立方米；全镇农田旱涝保收面积98%。

镇村建设

集兵镇系千年古镇。民国以前，建有一条长约200米的石板街道，并在河滩旁设有简易集贸市场。中华人民共和国成立后，集镇面积不断拓展。1980年后，小城镇建设提速。至2014年，先后建成集峰路、西集路等2条街道，城镇面积由1978年的0.3平方公里扩大到1.5平方公里，形成集商贸服务、教育文化、医疗卫生、交通通信于一体的小城镇。

民国末至中华人民共和国成立初，镇内居民住宅多为土砖茅屋，瓦房极少，且大多连檐搭垛。20世纪60年代中至70年代末，部分居民居住条件有所改善，瓦房逐渐替代茅房。80年代中至20世纪末，大部分居民新建红砖瓦房，且多为楼地两层结构，户平均面积约为200～400平方米。2000年后，农村兴起建房热，且档次提高，造型美观。2006年起，启动社会主义新农村建设，重点改造农村水利、电力、道路、饮水、环境卫生等基础设施。至2014年，通村公路硬化率、电网改造率、农村居民饮水安全率均为100%，环境卫生达标率80%。各行政村都有办公用房。

社会事业

教育科技

教育 1949年，镇内有乡中心国民小学（集兵完小前身）1所，族校10所。中华人民共和国成立后，在接收旧学校的同时，兴办一批农村小学,并大力开展扫除青壮年文盲教育。至1956年，镇内有完全小学2所，初级小学14所。1958年，集兵完小附设初中班（后初中部迁址李家坳）。同年，创办集兵民办中学（后改为农业中学）。1970年，分别建立集兵、通天2所中学，原集兵中学改为区办高中。1974年，按照“一个大队有一所小学”的要求，是年境内有小学21所。1983年，撤销集兵区高中，改为衡阳县第二职业中学。1992年，集兵滩镇经湖南省教育行政部门考核验收，被认定为全省首批“基础教育合格乡镇”。1995年撤区并乡后，对农村中小学布局进行适当调整。至2003年，全镇有小学8所、中学1所。2004年后，致力于加强合格学校建设。2014年年末，全镇有幼儿园2所，在园幼儿700人，专任教师29人；小学9所，在校学生2200人，专任教师78人；初中1所，在校学生1200人，专任教师78人。有集兵中心小学、集兵中学、太粟小学、李坳小学、白果小学、石狮小学、水湖完小、麻町小学、松桂小学、通天小学等10所县级合格学校。

科技 1981年，建立公社农科站（后更名为镇农技服务站），培训农民技术员18名。1983年起，开办农民文化技术学校2所，向农民传授农业科技知识，每年培训400余人次。1989年，集兵滩镇中学学生姚连宝、姚利民分别获全国中学生生物科技竞赛一等奖、二等奖。20世纪90年代起，建立农民科技示范户。2012年，彭田村钟名柱被评为衡阳市“星火科技示范户”。2014年年末，全镇有各类科技示范户125户。

文化体育

文化 1954年，成立业余剧团，利用农闲时间演出。1958年,剧团解散。1959年,刘贵茂（乌石村人）的散文《灿烂的里程》《在和平的大道上》编入《湖南散文选》出版发行。1978年，通天中学教师肖荣昌创作的大型古装剧《山亭命案》，获衡阳地区文艺创作一等奖，并录制成舞台戏剧片先后在湖南电视台和中央电视台播出。1988年，麻安田（麻町村人）的诗作《题诗》《天涯何处》获湖南省“丁玲杯”优秀奖。2014年年末，全镇有文体站1个，专职工作人员2人；村文化活动中心21个，共有图书68000册；各类文化专业户4个,从业人员18人；业余文艺创作人员2人。

1972年，建立公社广播站。是年，境内21个大队、238个生产队先后通广播，喇叭入户率25%。1975年，建立公社电影放映队。1985年，镇广播站更名为广播电视站。20世纪90年代末，有线广播为无线广播所替代。1994年，广播电视站易名为有线电视站。当年，有数字电视用户380户。2014年年末,全镇有线电视网线10千米，用户1300户。

体育 1979年，境内中小学开始按《国家体育锻炼标准》教学，当年达标率35%，此后提高到100%。1991年，刘功香（灵官庙村人）获湖南省少年柔道赛女子44公斤级第一名。1992年，刘功香获湖南省第二届青少年运动会柔道赛女子

48 公斤级第一名。1993 年，刘功香获全国青少年柔道赛女子 44 公斤级第一名。1997 年，集兵镇获全国群众体育工作先进单位称号。2014 年年末，镇内学校共有体育运动场 4 个，总面积达 1 万平方米。

医疗卫生

民国时期，境内仅有 4 名中医和 2 家私营中药店，绝大多数穷苦百姓患病素以中草药治疗为主。中华人民共和国成立后，医疗卫生事业不断发展。1953 年，建立集兵区中心卫生所，有卫生工作人员 4 名。1956 年，将私营中医和药店组成联合诊所。1959 年，建立公社卫生院。是年，推行新法接生。1968 年后，相继建立大队卫生室，分别配有赤脚医生和妇幼保健员。是年，建立集兵地区医院。1995 年撤区并乡后，整合医疗资源，将集兵地区医院、集兵镇卫生院、通天乡卫生院合并为集兵镇医院。2006 年，启动新型农村合作医疗，当年全镇参合人数 18025 人，参合率 80%。2014 年年末，镇内有医院 1 所，病床 152 张，执业医护人员 87 人；村卫生室 21 个，卫生人员 24 人。参加新农合 23906 人，参合率 99.5%；共补偿医疗费 6074 人次，补偿总金额 719 万元。

社会保障

“五保”供养 20 世纪 60 年代起，对孤寡鳏独老人和无劳动能力的残疾人实行“五保”，其供养费由生产队或大队统筹。1980 年后改由镇统筹。2005 年起，“五保”对象享受城乡最低生活保障待遇，其供养经费由县财政统筹。2013 年，建成镇敬老院。2014 年，全镇有“五保”对象 149 人，其中集中供养 27 人，分散供养 122 人；年人均供养费 3070 元，总金额 45.74 万元。

医疗救助 2006 年起，实施城乡居民大病医疗救助，救助对象主要为罹患恶性肿瘤、白血病、尿毒症等大病和城乡“五保”户、最低生活保障户。2014 年，救助 729 人，救助总金额 22.85 万元。

农村低保 2007 年 7 月起，启动农村居民最低生活保障，对低保对象实行动态管理。2009 年，全镇低保对象 329 户、834 人，月人均补差 90 元，总金额 45.036 万元。2014 年年末，低保对象增加至 599 户、1198 人，月人均补差提高到 123 元，全年补助总金额 176.82 万元。

养老保险 2011 年 7 月，启动城乡居民社会养老保险。是年，镇内城乡居民登记参保人数 8490 人，参保率 64.5%；征缴养老基金 96.72 万元；为 3082 名到龄居民发放 7—12 月养老金 112.8 万元。至 2014 年年末，全镇城乡居民登记参保人数 8490 人，参保率 64.5%；征缴养老基金 96.72 万元；为 3963 名到龄居民发放养老金 278.69 万元。

特色地情

知名人物——马宗霍 （1897—1976）又名马承堃，集兵镇青岭村欧家湾人，著名文字学家、经学家、书法家。曾任教于湖南师范学院。1960 年，聘为中央文史馆研究员。次年，受聘中华书局主持二十四史点校工作。出版的主要著作有《国学摭谭》《音韵学通论》《文字学发凡》《说文解字引群经考》《说文解字引群书考》《说文解字引通人说考》《说文解字引方言考》《文学概论》《中国经学史》等。曾任政协湖南省第一届委员会委员，湖南省第一、二届人民代表大会代表。

（文字供稿：尹先阳　图片供稿：衡阳县志办）

杉桥镇 >>

区域概况

位置面积

杉桥镇因其驻地古称杉桥得名。地处县境东南部，东接潮江乡、集兵镇，南毗板市乡，西临西渡镇，西北与渣江镇、台源镇相连，东北与岣嵝乡接界。镇人民政府驻杉桥村，距县城西渡14公里。辖区东西最大距离8公里，南北最大距离12公里，总面积76.8平方公里。

建置沿革

清同治十年（1871），杉桥属义化镇。民国32年（1943）设区、乡，为第三区义化乡。中华人民共和国成立初，仍沿袭民国旧制。1950年3月，撤义化乡，分置杉桥、关王、石园、杨桥、伊山、集福6个乡，同属第三区。1952年7月，衡阳、衡南分县，重新设置区、乡，撤杉桥乡设东木乡，其余5个乡未作调整，同属衡阳县第十七区（后更名为板桥区）。1956年5月，撤区并乡，前述6个乡合并为集福乡。1958年9月，建立人民公社，集福乡并入东风人民公社。1961年8月，分社建区，置杉桥、石园公社，同属板桥区（后更名为呆鹰岭区）。1984年5月，公社改为乡镇，设杉桥镇、石园乡。1995年5月，再次撤区并乡，石园乡并入杉桥镇。

行政区划

1984年，辖2个社区、12个村。2014年，辖杉桥、黄泥塘2个社区和上洲、聚众、两塘、白石、石园、杨桥、松山、东日、荷叶、乔木、东木、宋湾、集福、铁冲、峡山、靛棚、伊山、丫冲、杉桥19个建制村，下设4个居民小组、195个村民小组。

自然环境

境内属山地、丘陵结合地区。东北部高山群立，西南部平町相间，地势由东北向南倾斜。最高山笔架山，主峰海拔503.2米。气温四季分明，年平均气温17℃～18℃，极端最低气温-8.3℃（1972年2月9日），极端最高气温40.8℃（2010年8月5日）。年平均降水量1225毫米，降水日约151天，最多年份达187天（1970年），最少年份121天（1986年）。降水集中在4—9月，5、6月最多。常年主导风为北风，夏季为东南风，并有雷电气象。境内土壤分为水稻土、紫色土、潮土、沙土四大类。全境属蒸水水系，杉旭河发源于上洲村，自北向南经集福村出境，境内长15公里。

人口民族

2000年，辖区总人口21407人，其中男

性11526人，占53.84%；女性9881人，占46.16%。总人口中，农业人口20644人，城镇人口763人。2010年，辖区总人口20049人，其中男性10549人，占52.60%；女性9504人，占47.40%。总人口中，农业人口19147人，城镇人口860人。2014年年末，辖区户籍总人口24106人，其中常住人口20750人。城镇化率30.6%。总人口中，男性12644人，占52.45%；女性11462人，占47.55%。0~14岁4881人，占20.25%；15~59岁15631人，占64.85%；60岁以上3594人，占14.9%。全镇人口出生率12.08‰，死亡率8.26‰，自然增长率3.82‰。辖区内人口以汉族为主，少数民族8人。

经济发展

经济综述

镇域经济由农业、工业和服务业构成。农业以水稻、油茶和饲养猪、禽、鱼类为主；工业以农林产品加工为主。2014年年末，全镇实现地区生产总值1.52亿元，粮食总产量1.45万吨，财政总收入776万元，农村居民人均可支配收入12180元。

农业

种植业 民国时期，由于农业生产落后，抗御自然灾害能力弱等原因，粮食亩产仅150公斤左右。中华人民共和国成立后，致力于改变生产条件，粮食产量逐年增加。1957年，平均亩产达到270公斤。1958年，成立人民公社，后又遭遇三年自然灾害，粮食减产歉收。1961年，调整公社规模和经营管理体制，实行以生产队为核算单位。与此同时，扩大双季稻种植面积，改进耕作技术，农业生产持续发展。1969年，种植双季稻1066公顷，平均亩产粮食400公斤，总产量6400吨。1976年，试种杂交晚稻5公顷，平均亩产320公斤。1983年，杂交晚稻占水田总面积的95%。1990—2005年，水稻年种植（复种，下同）面积稳定在2260公顷左右，亩均产量约420公斤，年总产量1.42万吨。2014年，全镇水稻种植面积2265公顷，总产量1.45万吨；油菜460公顷，产菜籽8.4万吨；蔬菜瓜果133公顷，产量4600吨。农业总产值0.62亿元。

养殖业 镇内历来有养殖猪、牛、鸡、鸭、鱼等禽畜水产习惯。民国时期，由于粮食紧缺，禽畜饲养量极少。中华人民共和国成立初，养殖业发展较快，禽畜逐渐增多。1958年成立人民公社后，曾一度禁止农户饲养家禽家畜。1962年后，准许农户饲养少量鸡鸭。1982年后，实行改革开放、搞活农村经济，养殖业快速发展，并逐步向规模化、专业化经营发展。1990年，全镇有各类规模养殖户8户。1991—2012年，先后有立军、润宇、飞跃、逢付等16个专业养殖场建成投产。2014年年末，全镇有各类规模养殖户60户，出栏生猪0.65万头，出笼家禽52.5万羽，出水鲜鱼15吨，牛60头，羊1200头，养殖业总产值0.46亿元。

林业 镇内林地主要树种有松、杉、柏、南竹、油茶、樟、梓等。2014年，全镇测定林地面积为4460公顷，森林覆盖率40%。

工业

清宣统元年（1909），永兴煤矿公司来杉桥开矿采煤，不久因运输和销售困难停办。1958年2月，建立县杉桥煤矿，1961年7月停办。1973年7月复办杉桥煤矿，探测储量为850万吨。至1990年，年产工业用煤5万~7万吨。2005年，杉桥煤矿改制为民营企业。2014年年末，镇内有民营工业企业5家，涉及矿产、建筑材料、运输等行

业，从业人员 2500 人，工业总产值 0.58 亿万元，实现税收 830 万元。

商贸服务业

民国时期，杉桥老街有商铺 10 多家，经营日杂、百货、酿酒、餐饮等行业，从业者 30 余人。中华人民共和国成立后至 1956 年，商贸服务由个体经营。1957 年，成立杉桥供销社和合作商店。1958 年成立人民公社后，曾一度取消集市贸易，生产生活资料由供销社统一经营。1964 年，恢复集贸市场。1978 年，境内有供销社、代购代销店、门市部、集贸市场等商业网点 11 个，从业人员 40 余人。1982 年，实行改革开放，搞活商品流通，一批个体商贩进入流通市场。1990 年，有集体商业 11 家，个体商业 10 家，从业人员 60 余人。1995—2013 年，随着小城镇建设的快速发展，商贸服务亦与时俱进。2014 年年末，全镇有各类商贸门店网点 213 个，集贸市场 2 个，从业人员 630 余人，实现社会消费品零售总额 0.32 亿元。

财政金融

1949 年 10 月至 1984 年，乡镇（公社）财政由财粮委员或秘书兼管，按月向区公所报账。1985 年，成立镇财政所，统管财政收支。2000 年，镇财政总收入 210 万元。主要为农业税、农业特产税收及工商营业税收；财政总支出 236 万元，主要为支持“三农”、行政管理和上解县财政。2004 年，实行农村税费改革，国家取消农业税及农业特产税，当年两项税金总额 140.33 万元，农民人均 70 元。2014 年年末，全镇完成财政总收入 766.3 万元，财政总支出 765 万元。

1956 年，成立集福乡信用合作社。1961 年，分别设立杉桥、石园公社信用社。1995 年，撤区并乡后，石园信用社并入杉桥信用社。2014 年年末，镇内有金融机构 1 家，年末各项存款余额 1.18 亿元，贷款余额 0.94 亿元。

基础设施

交通运输

1959年，建成杉桥至呆鹰岭、方家大屋公路（呆方线），境内长12公里。1979年，杉桥至西渡（西杉线）公路竣工通车。1987年，杉桥至集兵滩（杉集线）公路全线贯通。20世纪80—90年代，重点建设通村公路，先后建成上洲、聚众、两塘、伊山、丫冲、铁冲、峡山等19个村的村道。2001—2012年，实施村道改造硬化工程。至2012年年底，全镇19条村道全部实现水泥硬化。2014年年末，镇内有潭衡西高速公路过境，有县道2条，境内长15.8公里；乡道2条，长7.2公里；村道19条，长48.5公里。

1988年，杉桥设立长途客车停靠站。2001年，杉桥客运站建成投入运营，日发客运班车39个班次，日发送乘客700余人。

邮政通信

民国32年（1943），设立杉桥信柜。1957年，设杉桥、集福寺2个邮政代办所。是年，架设通乡电话线路长11千米。1962年，开通公社电话，境内线路长8.5千米。1980年后，公社（乡镇）自办通村（大队）电话网络，部分村利用有线广播线路通电话。1996年，开通程控电话。1997年，设立移动通信基站。2014年年末，镇内有邮政所1家，电信、移动营业厅各1家，程控网络15千米，固定电话用户320户；有移动通信基站2个，移动用户1.6万户。

供电饮水

1979年5月，架设衡阳市七里井至杉桥煤矿35千伏高压输电线路，长16.7千米。同年，建成35千伏变电站。1984年起，镇内居民陆续供电。1996年，全镇有10千伏配电线路2条，长40.1千米，10千伏变压器35台，总容量2650千伏安；村通电率100%，村民小组通电率100%。2000—2013年，对农村电网实行分批次改造，先后完成19个村的线改和户改，共改造10千伏线路2条，长3.08千米；更新和新增10千伏变压器23台，总容量3200千伏安，完成户改5591户。2014年末，全镇有35千伏变电站1座，10千伏配电线路2条，长43.185千米；10千伏变压器58台，总容量5850千伏安；有低压用电线路总长232.6千米。全镇19个村2个社区，199个村（居）民小组全部供电，共有用电户5591户，供电率100%。

2013年，投资800余万元建成杉桥镇自来水厂。至2014年年末，实现日供水300吨，解决集镇居民及杉桥、东日、集福、白石、石园、杨桥6个村近6000人的生活用水问题。

水利建设

民国时期，境内有山平塘800余口，蓄水总量约75万立方米。中华人民共和国成立后，人民政府组织群众兴修水利。1953—1956年，境内共扩建山平塘450余口，蓄水总量增加到90万立方米。1957年11月，动工修建白石园水库（小一型），次年4月竣工，库容量555万立方米，灌溉面积800公顷。1958—1959年，相继建成鸡公塘水库、伊山红旗水库、雅柴水库等3座小（二）型水库，总蓄水量120万平方米。1962—1963年，修通斜陂堰水库灌区引水干渠2条，长15.4千米；支渠14条，长38.4千米。20世纪90年代至2010年，水利建设的重点主要是塘坝硬化，水库大坝除险加固和渠道清淤硬化。2014年年末，全镇有小（一）型水库1座，小（二）型水库4座，干（支）渠16条、长53.84千米，山平塘890口，蓄引水总量850万立方米。

镇村建设

民国时期，杉桥仅有一条长约150米的小街。20世纪90年代起，启动小城镇建设，并合理规划街道、商贸等基础设施布局。至2014年年末，累计投入380万元，先后建成杉桥农贸市场、防洪堤风光带和紫霞街；同时提质改造中心街、学府路2条街道，镇区建成面积达0.5平方公里。

民国末至中华人民共和国成立初，镇内居民住宅多为土砖茅屋或泥坯房，瓦房极少。20世纪60年代中至70年代末，少数居民的居住条件有所改善，瓦房逐渐取代茅房。80年代中至20世纪末，大部分居民新建红砖瓦房，且多为楼地两层结构，户平均面积约为200～400平方米。2000年后，农村兴起建房热潮，且呈现独户型、高规格的特点。2006年，启动社会主义新农村建设，重点改造农村电力、道路、水利等基础设施。与此同时，加强农村环境卫生综合整治，建设文明乡村。至2014年年末，全镇电网改造率95%，乡村道路硬化率100%，环境卫生达标率90%，居民安全饮水率100%，行政村都有办公用房。

社会事业

教育科技

教育 1949年，境内有保国民学校6所。中华人民共和国成立初，在接收旧学校的同时，大力开办冬学，扫除青壮年文盲。1957年，境内有初小12所，完全小学1所。1974年，按照“一个大队办一所小学、一个公社办一所中学”的布局，是年境内有小学19所，中学2所。1983—1985年，重点做好初等教育普及工作。经过三年努力，全镇7～12周岁儿童入学率99%，年巩固率99.2%，毕业率96.4%；13～15周岁儿童初中教育普及率99%。1992—2003年，实施中小学危房改造工程，创建合格学校。全镇共改造和新建学校用房面积3170平方米，占学校总面积8950平方米的35%。与此同时，为整合教育资源，提高教育质量，将原有16所小学整合为10所联校。2014年年末，全镇有幼儿园3所，在园幼儿311人，专任教师20名；小学6所，在校学生1320人，专任教师56名，中学1所，在校学生440名，专任教师34名。有杉桥中学、杉桥中心小学、石园小学3所县级合格学校。

科技 1981年，建立公社农科站（后更名镇农技服务站），有农民技术员15人。1983年起，创办农民文化技术学校2所，向农民传授文化科技知识，年培训约380人次。20世纪90年代起，建立农民科技示范户。至2014年年末，全镇有各类科技示范户45户。

文化体育

文化 民国时期，境内有耍龙灯、狮舞习俗。中华人民共和国成立初，农村有俱乐部从事文化宣传活动。1964年，成立公社文化站，配文化辅导员1名，负责文化宣传活动等工作。大队设立文化室。1966—1976年，农村文化活动单一，大多为“语录歌”“样板戏”“忠字舞”所替代。中共十一届三中全会后，农村文化趋向多样化。2007年8月，乡文化站更名为文体站。2012年，投入资金40余万元建成文体站综合办公楼，建筑面积320平方米。2014年年末，有文体站1个，工作人员5名；村（社区）文化活动中心21个，共有图书2.4万册；各类文化专业户8户，从业人员150人；业余文艺创作人员6人。

1972年，建立公社广播站，配工作人员1名。是年，全社19个大队、195个生产队实现队队通广播，喇叭入户率达到25%。1975年，建立公社电影放映队，有放映机2台。1985年，镇广播站更名为广播电视站。20世纪90年代后，随着县广播电台调频广播的开通，结束有线广播的历史。1994年，广播电视站易名为有线电视站。2014年年末，全镇有线电视网络9.5千米，用户700户，无线数字电视用户500户。

体育 1997年，境内中小学开始按《国家体育锻炼标准》教学。当年达标率27%。至2005年，达标率提高到95%。2014年年末，镇内学校共有运动场所7个，总面积0.35万平方米。

医疗卫生

民国时期，境内缺医少药，患者治病以草药为主。中华人民共和国成立后，1956年，建立乡联合诊所，有医务人员5名。1962年，建立公社卫生院，配医生7名。1968年，建立大队卫生室，各配有赤脚医生和妇幼保健员各1名。是年，实行农村合作医疗制度。1980年，对0~7岁儿童作健康检查，发现有17%的儿童患病，全部实行免费治疗。2006年1月，启动新型农村合作医疗，当年参合率75%，共补偿兑付医疗费1600人，兑付金额26万元。此后，参合人数逐年增加。2007年，投入资金80余万元对镇卫生院进行改造和扩建，建筑面积800余平方米，并添置病床和医疗检测仪器。2014年年末，镇内有卫生院1所，村卫生室25所，病床40张，执业医生13人；参加新农合2.1万人，参合率99%，补偿兑付医药费3076人，兑付总额536万元。

社会保障

“五保”供养 20世纪60年代起，对孤寡老人和无劳动能力的残疾人实行“五保”，其供养费由所在生产队统筹。1980年后，供养费纳入社（乡）统筹。2005年起，“五保”对象享受城乡最低生活保障，供养费由县财政统筹。2014年年末，有“五保”对象217人（其中集中供养

伊山寺

23 人，分散供养 49 人），年人均供养费（不含衣被和医疗费）2890 元，总金额 62.72 万元。

医疗救助　2006 年起，实行城乡居民大病医疗救助，救助对象主要为罹患恶性肿瘤、白血病、尿毒症的城乡低保户、困难户。是年，共救助 78 人，救助医药费 9.3 万元。2014 年，共救助 787 人，救助医药费 26.2 万元。

农村低保　2007 年 7 月起，实行农村居民最低生活保障，并对低保对象实行动态管理。2009 年，全镇有低保对象 347 户、734 人，年人均补差 1080 元，补助总金额 79.27 万元。2014 年年末，低保对象 470 户、939 人，年人均补差 1476 元，共补助 138.62 万元。

养老保险　2011 年 7 月，启动城乡居民社会养老保险。当年全镇参保人数 8394 人，参保率 45%，征缴养老基金 86.59 万元，为 3031 名到龄居民发放 7—12 月养老金 102.55 万元。2014 年年末，全镇登记参保人数 11778 人，参保率 65%，征缴养老基金 111.89 万元，为 3594 名到龄居民发放养老金 249.53 万元。

特色地情

历史人物

桓伊（？—约 392），字叔夏，东晋政治家、军事家、音乐家。原籍谯国龙亢（今安徽怀远西北），后移居蒸阳伊山（今衡阳县杉桥镇伊山村）。年少时好习文修武，“性谦素，善音乐”，曾创作古典名曲《梅花三弄》，轰动朝野，故享有“江左第一”之美誉。后随父参赞军务，授大司马参军。桓伊以战功封永修侯，进右将军，“赐钱百万，袍裘千端”。卒后加封散骑常侍，谥“烈”。

风景名胜

伊山寺　位于杉桥镇伊山村，山因东晋政治家、军事家、音乐家桓伊而得名。寺袭山名。《大明一统志·山川篇》载：“伊山在衡州府西三十里，晋桓伊读书处，亦名桓山。”“桓伊故居在伊山寺。”该寺始建于东晋，后历经多次修建，规模不断扩大。20 世纪 50 年代末，部分寺宇毁坏，僧人亦往他处。20 世纪 90 年代后，再修禅院重开佛光。2000 年，中国佛教协会评选的 108 处名古寺院，伊山寺名列其中。

（文字 / 图片供稿：姚少红　李逢达）

岘山镇 >>

2014 年，岘山镇被评为“全国文明镇”。

区域概况

位置面积

岘山镇因境内岘山寺得名。地处县境西南部，东抵西渡镇，南连衡南县泉湖镇、鸡笼镇，西靠井头镇，北接演陂镇。镇人民政府驻岘市社区，距县城西渡 9.5 公里。辖区东西最大距离 27.5 公里，南北最大距离 17 公里，总面积 155.5 平方公里。

建置沿革

清同治十年（1871），岘山属钟武乡。民国 32 年（1943），设区辖乡，属第五区钟武乡。中华人民共和国成立初，仍沿袭民国旧制。1950 年 3 月，撤钟武乡，分置晓晖、碧崖、紫云、易市、岘山、鸭绿、金盆、田心、金木、金钟、檀山、更楼、面湖 13 个乡，同属第五区。1952 年 7 月，衡阳、衡南分县后，属衡阳县第二区（后更名为钟武区，驻檀山嘴）。1956 年 5 月，撤区并乡，晓晖、紫云并入碧崖乡；面湖、金钟、金盆、更楼、鸭绿并入檀山乡；田心、易市、金木并入岘山乡。1958 年 9 月，建立人民公社（以下简称公社），檀山、岘山乡并为卫星公社；碧崖乡更名为红星公社。1961 年 8 月，设区分社，设檀山、岘山、碧崖公社，同属西渡区。1984 年 5 月，改公社为乡镇，称檀山、岘山、碧崖乡。1995 年 5 月，再次撤区并乡，岘山、檀山、碧崖、木口 4 个乡合并为岘山乡。2012 年 9 月，撤乡设镇。

行政区划

1996 年，全乡辖 58 个村、651 个村民小组。2014 年，政区辖岘市、檀山 2 个社区和木口、霞垅、杨林庙、畔堰、大沙、三元、雄虎、金星、阳塘、星光、光明、栗塘、秀林、金峰、光辉、高兴、彭家、早禾、田心、樟井、易市、燕子、高楼、三联、渣冲、斑竹、柿木、岘山、百叶、荣福、更楼、鸭绿、长永、日升、安福、正堂、万山、金杨、曾家、天水、金钟、灵官、藕塘、麓山、泉井、石堰、碧崖、祝云、楼台、紫云、弹弦、阳光、柏龙、大同、尤岭 57 个建制村，下设 13 个居民小组、638 村民小组。

自然环境

镇域属山地、丘陵、平原结合地区。西北部偏高，东南部低。武水沿岸为平原，中部及东南部为丘陵地带。境内最高山紫云峰主峰海拔 728 米。镇域气温四季分明，年平均气温 16℃ ~18℃，极端最低气温 −8℃（1972 年 2 月 9 日），极端最高气温 40℃（2010 年 8 月 5 日）。年平均降水量

油菜种植基地

1240 毫米，降水日数约 146 天，最多年份为 178 天（1970 年），最少年份 89 天（1963 年）；降水集中在 4—9 月，5、6 月最多。常年主导风为北风，夏季为东南风。武水为蒸水一级支流，境内长 9.8 公里。

人口民族

2000 年，辖区总人口 56273 人，其中男性 29758 人，占 52.88%；女性 26515 人，占 47.12%。总人口中，农业人口 54536 人，城镇人口 1737 人。2010 年，总人口 61153 人（内含 2001 年接收重庆市忠县移民 21 户 99 人）。其中男性 31796 人，占 51.99%；女性 29357 人，占 48.01%。总人口中，农业人口 59324 人，城镇人口 1829 人。2014 年年末，辖区户籍总人口 67853 人，其中常住人口 61925 人，城镇化率 27.8%。总人口中，男性 35531 人，占 52.36%；女性 32322 人，占 47.64%；0~14 岁 13330 人，占 19.64%；15~59 岁 43399 人，占 63.96%；60 岁以上 11124 人，占 16.4%。人口出生率 12.27‰，死亡率 6.32‰，自然增长率 5.95‰。辖区内有少数民族 11 个共 43 人。

经济发展

经济综述

镇域经济由农业、工业和服务业构成。农业以种植水稻、油菜、水果和饲养猪、禽、鱼类为主；工业以机械制造、服装制鞋和农林产品加工为主。2014 年年末，全镇完成地区生产总值 4.99 亿元，粮食总产量 3.7 万吨，财政总收入 1235 万元，农村居民人均可支配收入 11460 元。

农业

种植业 民国时期，农业生产水平低下，粮食亩产不足200公斤。中华人民共和国成立后，1950年，实行土地改革，1953年，组织互助组、农业合作社，粮食增产丰收。至1957年，平均亩产提高到260公斤。1958年，成立人民公社，后连遇三年自然灾害，粮食减产歉收。1962年后，实行以生产队为核算单位和贯彻按劳计酬分配政策，不断改进耕作技术，扩大双季稻种植面积，粮食生产持续发展，1969年，平均亩产达到400公斤。1976年，试种杂交晚稻6公顷，平均亩产325公斤，比常规稻亩产高115公斤。1978年，境内檀山公社杂交稻制种20公顷，平均亩产种子62公斤，获湖南省制种先进单位称号。1984年，全镇种植杂交晚稻1530公顷，亩产425公斤，总产1.7万吨。1996—2003年，全镇水稻年种植面积稳定在3665公顷左右。2005年，镇内大面积种植双季杂交稻。2014年，全镇水稻复种面积4400公顷，总产3.7万吨；棉花665公顷，总产1530吨；油菜3665公顷，总产1.37万吨；蔬菜200公顷，总产0.24万吨；水果335公顷，总产0.4万吨；农业总产值1.15亿元。

养殖业 境内历来有养殖猪、牛、羊、鸡、鸭、鱼等畜禽水产习惯。民国时期，养牛皆为役用，养猪数量极少，年户均不足1头。养鱼基本上不投放饵料，故产量甚低。中华人民共和国成立后，政府鼓励农户饲养家禽家畜。1955年，开始发展池塘养鱼，养猪、养鸡数量渐次增多。1958年成立人民公社后，限制农户私人饲养家禽家畜。20世纪60年代至70年代末，池塘、水库养鱼由生产队集体经营，平均每亩水面产鲜鱼28.5公斤。1982年，农村实行改革开放后，养殖业快速发展。1988年，长永村村民邓才能率先创办甲鱼孵化养殖场。在他的示范和带动下，全村先后有76户养殖甲鱼，年产甲鱼112吨，成为远近闻名的“甲鱼村”。1990—2008年，养殖业逐渐趋向规模化、专业化和集约化，形成一村一品或多村一品的养殖新格局；主要品种有猪、鱼、鸡、鸭、鹅、牛、羊等。2012年，创办碧野农牧养殖公司，年饲养母猪400余头、种猪20头，出栏肉猪1000余头，年产值达4000万元。2014年年末，全镇共有各类规模养殖户295户，出栏生猪7.8万头、羊950头，出笼鸡鸭16万羽，出水水产品0.4万吨，实现养殖业总产值1.24亿元。

林业 境内有林地4000公顷。主要树种有松、杉、樟、油茶、南竹等。2014年，实现林产品总产值400万元。森林覆盖率60%。

工业

民国时期，辖区内有铁器、木器、竹器、造纸、纸伞、石灰、砖瓦等手工业作坊近百家，大都集中在檀山、岘山、碧崖、易市等小集镇。中华人民共和国成立后，1953—1956年，通过对私营工商业实行社会主义改造，全镇有手工业生产合作社13家，主要制作铁、木、竹器，从业人员60多人。1960年后，陆续兴办铁工厂、竹木加工厂等集体企业。20世纪80年代，境内有碾米厂、石灰厂、砖瓦厂、农具修理厂、印刷厂、搬运队、建筑队等。1984年，社队企业更名乡镇企业，有年产值超过50万元的木口摇臂厂、碧崖篷布厂、檀山建筑公司、岘山建筑公司等。1990年，乡镇企业总产值达600万元。1991—2012年，民营工业异军突起，乡镇企业陆续完成改制。其间，先后创办天赐米业、众精科技、协成鞋厂、盛泰矿业等一批民营企业。2014年年末，全镇有小微工业企业23家，涉及机械制造、农产品加工、建筑、建材、化工、服装等行业，实现工业总产值2.6亿元。

商贸服务业

民国时期，境内岘山寺、檀山嘴、易市、碧崖等地逐步形成为街道，有商铺百余家。中华人民共和国成立后，1955年，境内有私营商贸户

110户，从业人员210人。1956年，檀山、岘山、碧崖先后设有供销合作社、肉食水产站、粮油购销站、粮食储运库等，供应生产、生活资料和收购农副产品。1958年，取消集贸市场和个体商贩，商贸服务由供销社或合作商店统一经营。1962年后，逐渐恢复集贸市场，但对销售的商品种类仍有限制。1970年，镇内有国营、集体商业网点18个，从业人员70人。1980年后，逐步开放商品流通市场，个体商业快速发展。1995年，个体商业户发展到78户，从业156人。此后，民营商业成为流通领域的主体。2014年年末，镇内有各类商贸服务户348家，从业人员886人，涉及餐饮、运输、通信、文化、医疗、药品、保险、日用百货等行业。有集贸市场5个，年社会消费品零售总额2.4亿元。

财政金融

1949年10月至1984年，乡（公社）财政未设专门机构，一般由办公室秘书兼管，其行政管理经费由县财政下拨。1985年，设立乡财政所，负责本辖区财政收支和税收上解。1995年撤区并乡后，原4个小乡财政所合并为岘山乡财政所。2002年，财政总收入504.32万元，主要为工商各税和农业税收；财政总支出500万元，主要为支援农业、行政管理费和上解县财政。2004年起，国家取消农民上缴农业税、农业特产税和各种涉农上缴提留。当年，全镇共取消税费总额409.62万元，农民人均得实惠70.6元。2014年年末，实现财政总收入1235.62万元，总支出1235.62万元。

1956年，建立岘山、檀山、碧崖、木口4个信用社。1995年，成立农村合作基金会。1997年，清理撤销农村合作基金会，其账务移交县农村合作经济管理局。2014年年末，镇内有金融机构4家，职工25人；年末储蓄存款余额6.5亿元，贷款余额1.7亿元。

基础设施

交通运输

1959年，建成六塘至檀山公路（现省道210线路段），境内长12.5公里。1979年，西碧公路竣工通车，长20公里。20世纪80—90年代，相继畅通境内各村的村道。2000—2013年，分批次实施乡村道路提质改造工程。其间，先后硬化西碧公路和59个行政村（社区）的通村公路，实现“村村通”。2013年，启动娄衡高速公路建设工程，境内檀山嘴设有进出口。至2014年年末，境内有高速公路（在建）1条、省道1条（过境）、乡道1条、村道59条，总长194.5公里。

1984年，设立檀山汽车站。2009年，易市农村公交客运站投入运营，有客运车辆6台，日发送乘客1500人次。

邮政通信

民国32年（1943），设立檀山嘴、碧崖2处信柜。中华人民共和国成立初，1951年6月，分别在檀山嘴、碧崖设立邮政代办所。1956年，境内檀山乡、岘山乡、碧崖乡分别开通电话，线路长25千米。1962年，架通公社电话线路，总长5千米。1996年，开通数字程控电话。1998—2006年，在碧崖等地兴建移动通信基站9个，实现信号全覆盖。至2014年年末，镇内有邮政、电信、移动、联通企业各1家，固定电话用户0.18万户，移动电话用户2.34万户。

供电饮水

20世纪70年代初，在境内武水河上先后建成田心、木口、星光3座河坝发电站。70年代末，国家电网陆续向农村供电。至1995年，全镇有10千伏配电线路130千米；10千伏变压器98台，总容量900千伏安，村组通电率100%。2000—2012年，分批次对镇内59个村（社区）实施电网改造。2014年年末，镇内有10千伏配电线路3条，线路总长220千米；10千伏变压器210台，总容量35000千伏安，低压用电线路总长600千米；全镇59个村（社区）、651个村（居）民小组全部通电，用电户19620户，供电率100%。

2011年，投入资金800万元，建设牛形山自来水厂，日供水2万吨，能满足镇内2.5万居民的饮用水。

水利建设

1949年前，境内无水库，有山平塘约2400口，总蓄水量约750万立方米。中华人民共和国成立后，乡人民政府组织群众兴修水利，抗御旱涝灾害。至1957年，全乡共新修扩建山平塘1500余口，蓄水量增加到950万立方米。1958年10月至1960年2月，举全县之力，建成牛形山中型水库，有效库容3355万立方米，灌溉衡阳、衡南2县的13个公社、83个大队、868个生产队的5660公顷农田。与此同时，建成神冲小（二）型水库。1990—1999年，重点实施山平塘清淤防渗和渠道硬化工程。其间，共整修硬化塘坝520余口，渠道6.5千米。2002—2005年，对牛形山水库大坝进行除险加固。2006—2013年，先后完成45千米田间排灌渠道的硬化和神冲水库大坝的除险加固工程。2014年年末，镇内有中型水库和小型水库各1座、山平塘2845口，总蓄水量4450万立方米。

镇村建设

1998年，建成镇政府办公楼，面积1850平方米。次年，镇财政所办公楼竣工，面积831平方米。2001年，建成镇计划生育服务所，面积

牛形山水库

984 平方米。2007—2012 年，先后建设司法所、文化站、动物防检站、国土所等站所的办公用房，总建筑面积 1876 平方米。与此同时，先后完成岘市、檀山 2 个市场的扩容提质，改造硬化武水北路、武水南路 2 条街道。

民国末至中华人民共和国成立初，镇内居民住宅多为土砖茅屋，瓦房甚少。20 世纪 60 年代中至 70 年代末，部分居民居住条件有所改善，瓦房逐渐替代茅房。80 年代中至 20 世纪末，大部分居民新建红砖瓦房，且多为楼地两层结构，户平均建筑面积约为 200 ~ 400 平方米。2000 年后，农村兴起建房热潮，并相继出现一批户型美观、格调高雅的别墅型楼房。2006 年，启动社会主义新农村建设，重点改造农村电力、水利、道路和环境卫生等基础设施，建设文明乡村。至 2014 年，全镇电网改造率、乡村道路硬化率、村（居）民饮水安全率均为 100%，环境卫生达标率 90%；59 个行政村（社区）都有办公用房。

社会事业

教育科技

教育 1949 年，境内有乡中心国民小学 1 所，保国民小学 15 所，私立小学 2 所。中华人民共和国成立后，在接收原有乡校、保校的同时，大力开展扫除农村青壮年文盲教育。1956 年，境内有完全小学 3 所，小学 27 所。1958 年，檀山完小附设初中班。1964 年，推行两种教育制度，实行公办与民办并举。是年，境内创办农业中学 1 所。1969 年，农业中学并入公办中学。1974 年，在“读小学不出大队”的口号影响下，境内有小学 55 所。1978 年后，调整学校布局，撤并部分办学条件较差的小学。与此同时，加大教育投入，改善办学条件。1989 年，广州军区后勤部退休干部蒋永彰（原碧崖乡人）捐资 379 万元，在碧崖乡兴建一所完全中学（即爱民学校）。至 1993 年，境内有小学 26 所，中学 4 所。1999 年春，

岘山中心小学

岘山卫生院

撤销爱民中学高中班，其校舍移交岘山乡办初中。2000—2012年，在进一步整合教育资源、提高教育质量的同时，致力建设合格学校。至2014年年末，全镇有幼儿园9所，在园幼儿985人，专任教师55人；小学18所，校舍面积31550平方米，在校学生4350人，专任教师229人；初中3所，校舍面积28455平方米，在校学生1735人，专任教师141人。有檀山完小、岘山乡中心小学、岘市小学、城头小学、檀山中学5所县级合格学校。

科技 1981年，建立公社农科站（后更名乡农技服务站），有农民技术员55人。1983年起，开办4所农民文化技术学校，向农民传授农业科技知识，每年培训600余人次。1990年，境内藕塘小学学生刘春华的科技论文《甲鱼的人工饲养》获全国青少年科普征文银牌奖。1997年，岘山乡定为科普示范乡。2008年，长永村村民张治富获湖南省第二届"袁隆平科技致富能手奖"。2011—2012年，金星村凌均明被评为衡阳市"优秀星火科技示范户"；灵官村肖仕高被评为衡阳市"星火科技示范户"。2014年年末，全镇有各类科技示范户350户。

文化体育

文化 民国时期，境内有龙灯、狮灯等群众文艺团体。中华人民共和国成立初期，农村俱乐部成为文化活动的主要阵地。1958年，星光（今星光村）俱乐部获湖南省"甲级模范俱乐部"称号。次年，该俱乐部派代表出席全国群英大会受到表彰。1962年后，相继建立公社文化站和大队文化室，开展文化宣传活动。1966—1976年"文化大革命"期间，农村文化由毛泽东思想文艺宣传队所替代。20世纪80年代后，文化活动趋向多样化，民间舞龙唱戏重新恢复，广播、电影、电视、歌舞等成为农村居民的精神文化生活。与此同时，文艺创作渐趋繁荣。1984年，李耘（女，曾家村人）创作的小型花鼓戏《赔衣》，在《湖南戏剧》杂志发表。2005—2014年，王启生的短篇小说集《灯笼艳艳》《一弯星月》，散文集《凝望城市的大门》《堤外花》，分别由中国文联出版社和香港天马图书有限公司出版。2014年年末，镇内有文化站1个，村文化室57个，各类图书4.5万册；文化从业人员56人。

1970年，分别建立檀山、岘山、木口、碧崖公社广播放大站，共架设广播线路85杆程千米，安装舌簧喇叭820只，实现队队通广播。1975年，建立公社电影放映队，有放映机4台。1995年，建成广播电视站。2000年，开通有线电视。至2014年年末，全镇有有线电视用户1850户；电影放映队2个，年放映电影320余场次。

体育 1997年起，镇内中小学开始按《国家体育锻炼标准》教学。当年达标率35%。至1999年，达标率提高到92%。2000年，镇内肖康君参加湖南省（以下简称省）第三届青少年运动会，获女子体操全能第一名；2001年，参加"李宁杯"全国少年儿童体操赛，获女子平衡木第二名；2002年，参加省第九届全运会，分别获女子平衡木第一名、高低杠第一名、跳马第二名、自由体操第三名。2014年年末，全镇有体育健身场所38个，面积2.6万平方米。

医疗卫生

民国时期，境内缺医少药，治疗病患者以中草药为主。1949年7月，国民党军队医护人员余方敬回乡创办钟武西医诊所，开境内西医医疗先河。中华人民共和国成立后，医疗卫生事业不断发展。1952年，檀山嘴、岘山设有个体诊所。1953年，成立钟武区联合诊所，有中医14人。1959年，建立公社卫生院。是年，推行新法接生。1969年6月，实行农村合作医疗制度，设立大队卫生室，分别配有赤脚医生和妇幼保健员。1984年，公社卫生院改名为乡卫生院，同时出现个体诊所。1995年，境内有乡医院4所，专任医师60人；村卫生室57个，乡村医生62人。1997年，新建镇卫生院，面积1660平方米。次年，镇卫生院获衡阳市"示范乡镇医院"称号。2006年1月，启动新型农村合作医疗，当年参合率91%；全年共补偿兑付1.2万人次，补偿总金额300余万元。此后，参合人数逐年增加。2014年年末，镇内有镇卫生院1所、分院4所，村卫生室57个，病床60张，执业医务人员60人；参加合作医疗人数56789人，参合率98%。共补偿1.52万人次，总金额365万元。

社会保障

灾害救助 民国时期，境内武水每年6—7月洪涝灾害频发，沿岸大部农作物受损，民不聊生。中华人民共和国成立初期，洪涝灾害仍有发生，县乡发动群众以工代赈，修复水毁工程，下拨粮食救济灾民，恢复生产。

"五保"供养 20世纪60年代起，对孤寡老人和无劳动能力的残疾人实行"五保"，其生活费由所在生产队统筹。1980年后，"五保"供养纳入乡统筹。2005年起，"五保"对象享受城乡最低生活保障待遇，其供养经费由县财政拨付。2007年，建成乡敬老院，集中供养部分"五保"老人。2014年年末，全镇有"五保"对象561人，集中供养28人；共拨付供养金148万元，年人平均2640元。

医疗救助 2006年起，实施城乡居民大病医疗救助。救助对象主要为罹患恶性肿瘤、白血病、尿毒症等大病的城乡低保户、"五保"户。是年，救助对象100余人次，共救助住院医疗费30余万元。2014年年末，救助908人，救助总金额64.23万元。

农村低保 2007年7月起，实行农村居民最低生活保障待遇。是年，全镇有低保对象625人。年人均补助360元，总金额22.5万元。此后，对低保对象实行动态管理，补助标准亦逐渐提高。2014年年末，全镇低保对象1217户、2433人，年人均1476元，总金额359.1万元，实现应保尽保。

养老保险 2011年7月，启动城乡居民养老保险。是年，镇内城乡居民登记参保23263人，参保率75%；征缴养老基金237.48万元，为

9788名到龄居民发放7—12月养老金326.09万元。2014年年末，全镇参保23320人，参保率75%；征缴养老基金237.86万元，为11124名到龄居民发放养老金771.2万元，

特色地情

风景名胜

织女湖 又名牛形山水库，国家级水利风景区。位于岘山、井头二镇交界处的群山环绕之中。湖区内港汊纵横，岛山棋布，鸟语花香，碧水蓝天。周围有翠竹蔽日的碧崖山，云雾缭绕的紫云峰，仿若云梯的百步磴，回音萦耳的弹弦溶洞，名传千古的金钟寨等人文景观，为览胜观光之佳境。

名优特产

长永中华鳖 产自岘山镇长永村（今永绿村）。其产品素以肉质鲜嫩、味美滋补而成为席上珍品。长永中华鳖以野生二代鳖卵经人工孵化成鱼苗，放入阳光充足的浅水池塘中饲养，饵料不含添加剂，生长较为缓慢，有“野生甲鱼”之称。经过近30年的发展，已形成“长永中华鳖”品牌和特色产业，年产量800吨，产品畅销省内外市场。

文物古迹

黄泥岭商代遗址 位于彭家村（今岘山村）龙塘组，面积7.5万平方米，文物厚度0.5～0.7米。采集陶片有砂、泥质灰陶，印纹硬陶；纹饰有方格纹、云雷纹、“S”形纹；器物有扁圆柱形、圆锥形鼎足，罐、盘；石器有斧、锛等。

何家皂宋墓 位于杨林村何家皂组。1973年10月发掘，为长方形石椁墓。石椁内置木棺，棺外包麻布，涂以红色油漆。棺内放有唐宋时期铜币，装满棕色防腐液体，尸体为男性，保存完好。此外，出土的器物有丝织品、铜币、铜器、铁器、竹木器以及未腐烂的谷物等。上述器物与尸体均保存在衡阳市博物馆。

弹弦村古钱币 1994年5月18日，碧崖乡（今岘山镇）弹弦村出土一批古钱币，总重量250公斤，共12种类型，系唐、宋、元代铜质古币。疑为吴三桂在衡州称帝时的囤积之物。

（文字/图片供稿：刘英 颜学辉）

井头镇>>

区域概况

位置面积

井头镇因境内井头江得名。地处衡阳县西部，东连岘山镇、演陂镇，南邻衡南县，西抵关市镇，北接库宗桥镇、金兰镇、邵东县。镇人民政府驻青龙桥村阳家岭，距县城西渡27公里。辖区东西最大距离10.5公里，南北最大距离20.5公里，总面积154.46平方公里。

建置沿革

明洪武三年（1370），井头属长乐乡。清末、民国均为永康乡。1949年10月，属衡阳县第五区。中华人民共和国成立初，仍沿袭民国旧制。1950年3月，撤永康乡分置井头、清潭、青山、大云、太平、当福、晏桥、雷锋、麻岭、东山、泗水乡，同属第五区。1952年7月，属第三区（后更名永康区）。1956年5月，撤区并乡，置井头、东山、大云、青山乡。1958年9月，撤乡建立上游人民公社（1959年1月改名为井头公社）。1961年12月，设区分社，置井头、东山（泗水）、清潭、大云、青山（静云）公社，同属长乐区。1984年4月，人民公社改为乡镇，大队、生产队改称村、组。是年6月，井头乡改名为井头江镇。1995年5月，再次撤区并乡建镇，泗水、清潭、大云、静云乡、井头江镇合并为井头镇。

行政区划

1996年，政区辖59个村、1个社区、下设654个村民小组、3个居民小组。2014年，辖东山、大岭、韭菜、石滩、双阳、金祝、翠林、岣嵝、牌头、西湖、铁岗、泗水、小洞、知西、上里、水源、白云、宝山、龙桥、大竹、乐群、宝亭、紫新、青山、金秋、孟公殿、桃园、云六、花树、云山、孟山、坎塘、静云、六云、力云、冷水、良云、小岭、当福、中町、庙门、宗家、堰桥、麻岭、烟田、接龙、井头、青龙桥、仁智、石山、仁德、遵云、清潭、太平、自培、隍城、仙桥、雷锋、总管59个建制村和井头、青龙桥2个社区，下设11个居民小组、646个村民小组。

自然环境

镇域属山地、丘陵、盆地结合地貌，东北西三面峰峦环绕，中部丘陵起伏，小平原星罗棋布，南部有一块封闭性盆地。最高山大云山，主峰海拔990.4米。镇域气温四季分明，年平均气温17℃～18℃，极端最低气温-8.3℃（1972年2月9日），极端最高气温40.8℃（2010年8月5日）。年平均降雨量1267毫米，降雨日数151

天，最多年份达 187 天（1980 年），最少年份 92 天（1963 年），极端年最大降雨量 1081 毫米（1970 年），极端年最少降雨量 953 毫米（1963 年）。降雨集中在每年 4—9 月，5—6 月最多。常年主导风为北风，夏季为东南风，并伴有雷电气象。武水河为蒸水一级支流，境内流程 15 公里。

人口民族

2000 年，全镇总人口 59875 人，其中男性 31839 人，占 53.18%；女性 28036 人，占 46.82%。总人口中，农业人口 57785 人，城镇人口 2090 人。2010 年，总人口 59713 人，其中男性 31312 人，占 52.44%；女性 28401 人，占 47.56%。总人口中，农业人口 56826 人，城镇人口 2887 人。2014 年年末，辖区总人口 67580 人，其中常住人口 60875 人。城镇化率 29.5%。总人口中，男性 35346 人，占 52.3%；女性 32234 人，占 47.7%。0~14 岁 14055 人，占 20.7%；15 ~ 59 岁 43320 人，占 64.2%；60 岁以上 10205 人，占 15.1%。人口出生率 12.2‰，死亡率 6.46‰，自然增长率 5.74‰。辖区内有布朗族、羌族、仫佬族、水族、佤族、黎族、彝族、傣族、哈尼族、土家族、瑶族、侗族、布依族、壮族、苗族 15 个少数民族 190 人，约占 0.3%。

经济发展

经济综述

镇域经济由农业、工业和服务业构成。农业以种植水稻、红薯和饲养畜禽为主，工业以花岗岩石材开采加工和农林产品加工为主。2014 年，全镇完成地区生产总值 6.25 亿元，粮食总产量 1.65 万吨，实现财政总收入 1667 万元，农村居民人均可支配收入 10930 元。

农业

种植业 民国时期，农业生产水平低下，粮食亩产仅 200 公斤。中华人民共和国成立后，1950 年，实行土地改革。1953 年，组织农业生产合作社，粮食增产丰收。1957 年，平均亩产达到 250 公斤。1958 年，成立人民公社，后连遇三年自然灾害，粮食减产歉收。1962 年，实行以生产队为核算单位，改进耕作技术，扩大双季稻种植面积，加强水稻病虫防治，粮食生产持续发展。1969 年，种植双季稻 1865 公顷，平均亩产粮食 400 公斤，总产量 1.12 万吨。1976 年，开始试种杂交晚稻，后逐年扩大种植面积。1984 年，境内种植杂交晚稻 1330 公顷，亩产 410 公斤，总产 0.82 万吨。2005 年起，全镇大面积种植双季杂交稻。2014 年，全镇水稻种植面积 2000 公顷，产量 1.65 万吨；油菜 667 公顷，产量 680 吨；蔬菜 330 公顷，产量 0.6 万吨；水果 330 公顷，产量 0.4 万吨。农业总产值 1.5 亿元。

养殖业 境内素有养殖猪、牛、鸡、鸭、鱼等家畜家禽水产习惯。民国期间，农户饲养耕牛皆为役用，养猪年户均不足 1 头。中华人民共和国成立后，政府鼓励农民饲养家禽家畜。1954 年，开始发展池塘养鱼，猪、鸡饲养量亦渐次增多。1958 年成立人民公社后，限制农户饲养禽畜。20 世纪 60 年代至 70 年代末，池塘水库养鱼由生产队集体经营，平均亩产鲜鱼 28.5 公斤。1982 年，国家大力支持和鼓励农民发展养殖业，涌现一批养殖大户。是年，共出栏生猪 3 万头，家禽 100 万羽。1996 年后，养殖业向规模化、专业化发展。接龙村杨臣良兴办养猪场，饲养母猪 4 头、肉猪 2000 头，并拥有一台饲料粉碎机加工配制饲料。2000—2010 年，先后建成投产的养殖场有上里、东山、小洞、隍城、石山、青山等 30 个，并逐渐向生态和科学养殖发展。2014 年年末，全镇有各种规模养殖户85户，出栏生猪2.5万头，年末存栏0.4万头；出笼鸡100万羽；养殖水面130公顷，产鲜鱼100吨，实现养殖业总产值1.4亿元。

林业 境内有宜林山地9060公顷。主要树种有松、杉、樟、油茶、南竹等。2014年年末，全镇森林覆盖率85%，实现林产品总值500万元。

工业

清朝、民国时期，境内有铁器、木竹器、造纸、纸伞等手工业作坊数十家。中华人民共和国成立后，1953—1956年，通过对私营手工业实行社会主义改造，境内有手工业生产合作社30余家，主要制造铁器、竹木器、造纸、梳篦、农机具等，从业人员300余人，年总产值1.8万元。1958—1960年，先后兴办农机铸造厂、竹木加工厂、造纸厂。20世纪80—90年代，兴办乡镇企业，境内有石材、采砂、竹木加工等工业企业100余家，从业人员1000余人。1992年后，充分利用境内的花岗岩石资源，大力发展石材开采和加工。至2003年，石材企业发展到28家，年产石料10万立方米、板材400万平方米，年产值上亿元。2004年后，乡镇企业改制为民营企业。2011年，投资8000万元的石晟石材正式投产。2014年，镇内有民营工业企业30家，工业总产值1.8亿元，实现税收800余万元。

商贸服务业

清朝至民国时期，井头江逐步发展成街道，有商铺20余家，并设有集贸市场。中华人民共和国成立后，1954—1957年，先后在井头江老街设立供销合作社、肉食水产站、粮油购销站及粮食储运库等，供应生产、生活资料和收购农副产品。1958年，取消集市贸易和个体商贩，商贸服务由供销社或合作商店统一经营。1962年，逐渐恢复集贸市场，但对商品种类仍有所限制。1970年，镇内有国营、集体商业网点40个，从业人员300余人。1978年后，实行改革开放，逐步放开市场，私营商业恢复发展。1995年，个体商贸户发展到180户、900余人。此后，民营商业成为流通领域的主体。2014年年末，镇内有各类商贸服务业300余家，从业人员3000余人，涉及餐饮、宾馆、运输、金融、通信、文化、医疗、药品、保险、旅游、娱乐等行业。有集贸市场1个，酒楼宾馆5个，购物超市6个，年社会消费品零售总额1.5亿元。

财政金融

自中华人民共和国成立至1984年，乡（公社）未建立独立财政，收支由县财政局统管。1985年，成立乡镇财政所，负责辖区内的财政税收。1995年，撤区并乡，当年财政总收入326.7万元，主要为工商税和农业税收；财政总支出325万元，主要为支援农业、行政管理和上解县财政。2004年，农村税费改革，国家取消农民上缴农业税、农业特产税及各种涉农上缴提留，当年减少税收289.64万元。2014年年末，实现财政总收入1676.8万元，财政总支出1246万元。

1956年，建立井头乡信用合作社。1959年，设立中国人民银行井头营业所。1962年，设立清潭、东山、青山、大云4个信用分社。1980年1月，中国农业银行井头营业所建立，同时接管人民银行井头营业所金融业务。1994年，成立农村合作基金会。1997年，撤销合作基金会，其账务移交县农村合作经济管理局。2009年，中国邮政储蓄银行井头储蓄所正式营业。2014年年末，镇内有金融机构3家，年末存款余额12.46亿元，贷款余额5.38亿元。

基础设施

交通运输

民国时期，境内交通闭塞。1959年，建成六塘至关市公路（现省道210线），境内长20公里。1980年，修建井头江至静云公路，长11公里。1981年，畅通土冲至大云公路，长9.9公里。至此，境内主要公路网络初步形成。20世纪90年代，着力修建通村公路。2007年，修建巡大公路，长10公里。2006—2010年，对镇内38条乡村道路分批进行提质改造和水泥硬化。2014年年末，镇内有省道1条，乡道2条，村道38条，总长105公里。

邮政通信

1956年，设立井头江邮电支局。是年，井头乡通电话。20世纪60年代起，公社、大队均设有邮政投递点。1962年，架设井头至泗水、大云、清潭、青山公社电话线路，长约对32千米。1980年后，有部分村通电话。1998年，移动、联通公司先后在境内建立移动电话基站。2014年年末，镇内有邮政所1家，电信、移动、联通企业3家，移动电话基站19个，信号覆盖率100%；有移动电话用户2.26万户，互联网用户940户，程控电话用户1700户。

供电饮水

1984年10月，镇内开始供电。此后，供电范围逐步扩大。至1995年，全镇有10千伏配电线路2条，长97千米，10千伏变压器46台，总容量4570千伏安；有低压用电线路总长410千米，村组通电率100%。2000—2006年，分批次实施电网改造，先后对59个村进行线改和户改，共改造和新增10千伏线路31千米，新增和更新10千伏变压器37台，完成户改100%。2007年，建成11万伏变电站。2008年，架设井头至岘山、井头至衡南鸡笼镇、井头至关市3条35千伏线路。2012年，长乐（井头）供电所评为全省“十佳供电所”。2014年年末，全镇共有10千伏配电线5条，线路长128千米；10千伏变压器83台，总容量1300千伏安；低压用电线路总长467千米，59个村、2个社区，657个村（居）民小组全部通电，供电率100%。2014年，建成镇自来水厂，供水居民3000户。

水利建设

1949年，境内有水塘约1100口，蓄水总量120万立方米。中华人民共和国成立后，人民政府把兴修水利作为发展农业，改善民生的大事来抓。1953—1957年，共整修扩建水塘1000余口，新建水塘100口，蓄水总量230万立方米。1958年8月至1959年10月，建成孟公殿水库（小一型），有效库容量236万立方米，改善灌溉面积670公顷。20世纪60—70年代，先后兴建龙潭口、幸福水库，总蓄水量200万立方米。20世纪80—90年代，在整修扩建塘坝的同时，加固武水河防洪堤4.5千米。2014年年末，镇内有小（一）型水库1座，小（二）型水库7座，山平塘1200口，渠道、渡槽50条，共长50千米，总蓄引提水量1020万立方米。

镇村建设

民国时期，井头江仅有一条长约150余米的街道。中华人民共和国成立后至20世纪70年代末，陆续兴建商店、医院等基础设施，集镇面积不断拓展。1985—2013年，集镇建设快速发展，先后形成两纵三横5条街道。2014年年末，集镇建成面积扩大到1平方公里。

民国末至中华人民共和国成立初，镇内居民住宅多为土砖茅屋或土坯房，瓦房甚少。20世纪50年代中至70年代末，部分居民的居住条件有所改善，瓦房逐渐替代茅屋。80年代至20世纪末，大部分居民将土砖房屋改建为红砖楼房。2000年后，农村兴起建房热潮，且讲究分户独建，造型美观，居住舒适，户平均建筑面积一般在250~400平方米之间。2006年，启动社会主义新农村建设，重点改造农村水利、电力、道路等基础设施，建设美丽乡村。至2014年，全镇农村道路硬化率、电网改造率、居民饮水安全率均为100%。各建制村都有办公用房。

社会事业

教育科技

教育 1949年，境内有小学11所。中华人民共和国成立后，在大力发展小学教育的同时，开展扫除青壮年文盲教育。1956年，清潭完小附设初中班。是年，境内有完小1所，初小10所。1958年，清潭附中改为县立第三中学。1964年，推行公办与民办并举的两种教育制度，是年境内有民办小学14所。1974年，民办小学并入公办小学。1974年，按照“一个公社办1所初中，一个大队办1所小学”的布局，境内有初中5所，小学38所。1995年秋，县三中迁址县城西渡。20世纪90年代中至2010年，镇政府斥资980万元，对镇内中小学危房进行改造和扩建，共完成建筑面积2.83万平方米。与此同时，为整合教育资源，提高教育质量，对农村小学布局进行适当调整，合并学校13所，并致力建设合格学校。2014年年末，全镇有幼儿园3所，在园幼儿468人，专任教师36人；小学25所（含5个教学点），在校学生4051人，专任教师188人；初中4所，在校学生1860人，专任教师153人。有镇中心小学、东山完小、大云中学、泗水中学、井头中学、大云完小等12所县级合格学校。

科技 1981年，建立公社农科站（后更名镇农技服务站），有农民技术员50余人。1983年起，开办5所农民文化技术学校，传授农业科学技术知识，年培训500余人次。20世纪90年代末起，建立农业科技示范户。2010年和2013年，接龙村杨臣良、良云村李小玲先后被评为衡阳市“优秀星火科技示范户”。2014年年末，全镇有各类科技示范户67户。

文化体育

文化 民国时期，境内民间有龙灯、狮舞。中华人民共和国成立初，以俱乐部为文化活动阵地。1965年，设立公社文化站，配文化辅导员1名，负责文化宣传等工作。1966—1976年，农村文化活动单一，大多为“语录歌”“样板戏”“忠字舞”所替代。20世纪90年代初，彭再生（仁智村人）的诗作《二月血花》获广西柳州“天马杯”一等奖。1995年，张红梅（云水村人）的木雕作品《黄鹤楼九层宝塔》获文化部主办的全国民间工艺美术大赛一等奖。2000年，王若柏（紫亭村人）的长篇小说《疼痛》出版。2003年，刘永忠（坎塘村人）的长篇小说《土地神》出版。2011—2013年，屈杰（青山村人）的诗词赋联集《沧海月明》出版；其词作《青玉案·咏江门锦鲤》获广东江门诗词大赛一等奖；《观音山赋》获广东观音山征文大赛一等奖。2013年，镇文化站分别被湖南省文化厅、文化部评为一级文化综合服务站。2014年年末，镇内有文化站1个，工作人员9名；村文化活动中心38个，共有藏书25万册；各类文化专业户7户，从业人员300人；业余文艺创作人员30人。

1972年，建立公社广播站。此后，境内59个大队、646个生产队相继开通广播，喇叭入户率30%。1975年，建立公社电影放映队，有放映员10名、放映机10台。1985年，乡广播站更名为广播电视站。20世纪90年代后，随着县广播电台调频道的开通，完成了有线广播的历史使命。2014年年末，全镇有有线电视差转台1个，电视光缆2千米，用户1500户；无线数字电视用户1532户。

体育 1997年，镇内中小学开始按《国家体育锻炼标准》教学，当年达标率为30%。至2000年，达标率提高到91%。2014年年末，镇内学校共有运动场所31个，总面积达1.6万平方米。

医疗卫生

民国时期，境内缺医少药，医治病患素以草药为主。中华人民共和国成立后，医疗卫生事业不断发展。1953年，成立联合诊所，有中医3人。1962年，建立公社卫生院。是年，推行新法接生，新法接生率18%。1968年后，相继建立大队卫生室，分别配有“赤脚医生”和妇幼保健员。1969年，实行农村合作医疗制度。1980年，对0～7岁儿童作健康检查，发现有19%的儿童患病，全部实行免费治疗。2006年1月，启动新型农村合作医疗，当年参合率80%。2007年，投入资金45万元改建镇医院住院部，面积2800平方米，并添置病床和医疗检测仪器。2014年年末，镇内有卫生院1所，门诊部2个，村卫生室59个，病床99张，执业医务人员71人；参加合作医疗人数54112人，参合率98.5%，共补偿兑付2271人次，补偿总金额213.66万元。

社会保障

灾害救助 1954年5—6月，境内连续多次遭受洪涝灾害，县政府发动群众以工代赈，修复水毁工程，下拨粮食救济灾民。1982年6月，武水河堤决口，隍城、宗家、井头、青龙桥、麻岭、泗水、石滩、上里、东山等14个村严重受灾，县乡共拨付救灾物资5万元，组织抢修河堤恢复生产。2008年1月，全镇有15户村民因严重冰雪灾害造成房屋倒塌，县拨救灾款帮助灾民重建新居。

“五保”供养 20世纪60年代起，对孤寡老人和无劳动能力的残疾人实行“五保”，其生活费用由所在生产队供给。20世纪80年代后，“五保”供养纳入乡统筹。2004年，投资75万元，建成敬老院，集中供养部分“五保”老人。2005年起，城乡“五保”对象享受城乡最低生活保障待遇，其供养经费由县财政拨付。2011年，镇政府把原清潭乡政府大院改建为敬老院。2014年年末，全镇有“五保”老人550人，其中集中供养55人；共拨付养老金158.18万元，年人均2876元。

医疗救助 2006年起，实施城乡居民大病医疗救助，救助对象主要为罹患恶性肿瘤、白血病、尿毒症等大病的城乡低保户、“五保”户。是年，救助对象414人次，共救助医疗费37.47万元。2014年，救助1143人次，救助总金额58.05万元。

农村低保 2007年起，实行农村居民最低生活保障待遇。当年镇内有低保对象1126户、583人，年人均发放低保金360元，共发放金额20.99万元。此后，对低保对象实行动态管理，补助标准亦渐次提高。2014年年末，镇内有低保对象1126户、2593人，年人均补助1476元，共补助金额382.73万元。

养老保险 2011年7月，启动城乡居民社会养老保险。是年，镇内居民登记参保19022人，征缴养老基金203.48万元，为9030名到龄居民发放7—12月养老金296.49万元。至2014年年末，城乡居民登记参保人数28212人，参保率82.54 %，征缴养老基金264.76万元，为10205名到龄居民发放养老金714.83万元。

特色地情

历史人文

中共清潭地下党支部旧址　位于井头镇清潭中学院内。1938年秋，中共中央特别行动科在此创建中共清潭地下党组织，由湖南情报组负责人刘道衡直接领导。1944年4月，成立中共清潭支部，熊子烈任第一任支部书记。周里、黄道奇、谷子元等曾先后来此指导和组织地下革命活动。一大批仁人志士以此为根据地，从事革命活动，为衡阳的抗日和解放事业做出贡献。2012年，中共清潭地下支部旧址被中共衡阳市委宣传部定为红色爱国主义教育基地。

风景名胜

大云山　古称耶姜山。因其山峰常年云雾缭绕，故又有云山、云观山之名。主峰海拔990.4米。大云山起自邵东县茅荷殿，止于井头镇孟公殿，全长20公里，有衡西"天然屏障"之称。登临峰巅鸟瞰长乐全境，有如万壑围城、世外桃源。山上昔日有道观数间，传为唐代方士申泰芝修道炼丹之处。山上树木葱茏，怪石嶙峋，有龙王洞、乌龟岩、天然塔、飞来钟、仙人桥、姐妹石等自然景观，堪称观景览胜之佳境。

（文字供稿：肖立华　谭邦俊）

演陂镇 >>

区域概况

位置面积

演陂镇因演陂桥得名。地处县境西南部，东界栏垅乡，南邻西渡镇、岘山镇，西接井头镇、库宗桥镇，北抵大安乡。镇人民政府驻车站村演陂组，距县城西渡 13.5 公里。辖区东西最大距离 13.5 公里，南北最大距离 10.2 公里，总面积 87.2 平方公里。

建置沿革

清同治十年（1871），演陂属仁义乡。民国 32 年（1943），设区辖乡，属第六区仁义乡。中华人民共和国成立初，仍沿袭民国旧制。1950 年 3 月，撤仁义乡，分置演陂、黄石、河泉、将军、六塘乡，同属第六区。1952 年 7 月，衡阳析为衡阳县、衡南县，重设区、乡政区，设为第六区（后更名为演陂区），辖演陂、红荷、河泉、廻龙、陇头、方工、黄石、六塘、将军、赤水 13 个乡。1956 年 5 月，撤区并乡，将升平、红荷、油溪、廻龙、六塘、将军并入演陂乡；将陇头、河泉、黄石并入方工乡。1958 年 9 月，建立人民公社（简称公社），撤演陂、方工乡及水寺乡一部分建先锋公社。1961 年 8 月，设区分社，置演陂、新塘、方工、六塘公社，同属演陂区。1984 年 5 月，公社改称乡镇，演陂乡更名为演陂桥镇。1995 年 5 月，再次撤区并乡建镇，方工、新塘、六塘 3 个乡并入演陂桥镇，更名为演陂镇。

行政区划

1996 年，辖 39 个村、420 个村民小组。2014 年，辖车站、上桥 2 个社区和上桥、车站、西岭、罗关、百花、红荷、五一、康田、上吉、寺冲、财源、陇头、黄石、黄金、方工、杨家、饶坳、清泉、河泉、埠头、将军、鼓岭、大川、尤弗、余盛、六塘、木瓜、白石堰、江边、海山、栗山、油溪、石塘、新塘、油冲、德胜、鲁陂、千工、楠木 39 个建制村，下设 5 个居民小组、415 个村民小组。

自然环境

境内大部分属丘陵地貌，为紫色页岩分化土质。地势西北高、东南低，最高点财源冲排子岭海拔 517 米。境域气温四季分明，年平均气温 17℃～18℃，极端最低气温 -8.3℃（1972 年 2 月 9 日），极端最高气温 40.8℃（2010 年 8 月 5 日）。年平均降水量 1267 毫米，降水日数约 151 天，最多年份达 187 天（1970 年），最少年份 92 天（1963 年）；极端年最大降水量 1801 毫米（1970 年），极端年最少降水量 953 毫米（1963 年）。降水集中在每年4—9月，5、6月最多。常年主导风为北风，夏季为东南风，并有雷电气象。境内土壤分为水稻土、红壤土、紫色土、潮土四大类。境域属蒸水水系，演水河自白石堰入境，由西向东，经埠头村出境流入蒸水，流程43.8公里。

人口民族

2000年，辖区总人口37362人，其中男性19914人，占53.30%；女性17448人，占46.70%。总人口中，农业人口34684人，城镇人口2678人。2010年，总人口38456人（内含2004年从重庆开县移民到演陂镇尤弗村90人），其中男性19953人，占51.89%；女性18503人，占48.11%。总人口中，农业人口35215人，城镇人口3241人。2014年年末，辖区户籍总人口43697人，其中常住人口38205人。城镇化率34.2%。总人口中，男性22632人，占51.79%；女性21065人，占48.21%；0~14岁8456人，占19.35%；15~59岁28092人，占64.29%；60岁以上7149人，占16.36%。人口出生率12.93‰，死亡率5.2‰，自然增长率7.73‰。辖区内有少数民族18人。

经济发展

经济综述

镇域经济由农业、工业和服务业构成。农业以种植水稻、油菜、水果和饲养畜禽鱼等为主；工业以水泥、石灰和农产品加工为主。2014年年末，全镇实现地区生产总值9.53亿元，粮食总产量2.58万吨，财政总收入1306万元，农村居民人均可支配收入12250元。

农业

种植业 民国时期，粮食亩产仅200公斤。中华人民共和国成立后，农村实行土地改革，组织农业生产合作社，大力兴修水利，至1957年，粮食平均亩产提高到250公斤。1958年，成立人民公社，后连续遭遇三年自然灾害，粮食严重减产。1962年后，实行以生产队为核算单位，贯彻按劳分配政策，改进耕作技术，扩大双季稻种植面积，粮食生产持续发展。1969年，双季稻种植面积1730公顷，平均亩产380公斤。1976年，开始试种杂交晚稻。至1983年，杂交晚稻种植面积扩大到2400公顷，占水田总面积的90%，亩产405公斤，实现一季产量超过1969年全年粮食总产。1990—2000年，全镇粮食播种面积（复种）稳定在4000公顷以上，年粮食总产量2.17万吨。2005年起，农村土地向种粮大户流转，发展双季杂交稻种植面积，并推广农业生产全程机械化和集中育秧等农业新技术。至2013年，全镇共流转土地1140公顷，有2公顷以上的种粮大户113户。2014年年末，全镇水稻种植面积4100公顷，总产量2.58万吨；油菜2130公顷，总产量0.32万吨；蔬菜360公顷，总产量0.43万吨；瓜果180公顷，总产量0.25万吨；农业总产值1.98亿元。

养殖业 境内素有养殖猪、牛、鸡、鸭、鱼等畜禽水产习惯。民国时期，农户饲养牛皆为役用，养猪年户均不足1头。中华人民共和国成立后，政府鼓励农民发展养殖业。20世纪60年代中期至70年代末，养鱼由生产队集体经营，专人负责。1982年，随着农村土地承包经营责任制的建立和“开放搞活”方针政策的贯彻实施，国家大力扶持和鼓励农民发展养殖业，涌现一批养殖大户。2003年，全镇有各种专业养殖户180户，饲养生猪3.1万头。2005年，广源牧业有限公司建成投产，公司占地面积7.47公顷，建标准化猪舍23栋，年出栏生猪6500头；饲养纯种母猪728头、公猪51头，每年向社会提供优质仔猪1.2万头，年产值1500万元。2010年，广源牧业被国家农业部授予“生猪标准化养殖示范场”。2014年年末，全镇共有养殖专业户117户，出栏生猪7.09万头，羊2270头，鸡75.35万羽，出塘鲜鱼20.77吨，养殖业总产值1.17亿元。

林业 境内有山地面积3593公顷。主要树种有松、杉、樟、油茶、南竹等。2014年年末，全镇有林地面积3300公顷，森林覆盖率达75.8%。

工业

民国时期，境内有木器、竹器、铁器、毛笔、石灰、爆竹、造纸、陶器等手工作坊百余家。中华人民共和国成立后，1954年，组建演陂陶器生产合作社。1958年，改为地方国营演陂陶器厂，1966年停办。20世纪70年代,发展社队企业（后称乡镇企业），境内有水泥厂、农机厂、农具厂、石灰厂、砖瓦厂、毛笔厂、陶瓷厂、水泥预制件厂等企业80余家。1976年，兴办演陂水泥厂（后更名华大水泥厂），历经多次技改，年生产能力达15万吨，并被湖南省乡镇企业局授予“质量优胜企业”。1990—2010年，民营工业异军突起，乡镇企业相继改制为民营企业。期间，先后涌现美佳妮卫生用品有限公司、华大水泥厂、华强水泥厂、御鑫建材公司、楠木页岩砖厂、拓鑫环保建材公司、罗官碎石场、强泰铸造机械厂、和顺油脂公司、祥福烟花公司、鑫泰烟花公司、亿昇烟花公司等一批规模工业企业，形成以建材为主体的工业集群。2014年年末，全镇有工业企业368家，从业人员3500余人，实现工业增加值3.8亿元，利税4800万元；工业增加值占地区生产总值的60%。

商贸服务业

民国时期，演陂桥老街设有旅馆、商铺10余家。中华人民共和国成立初期，先后在演陂桥设立供销合作社、食品站、粮油购销站及粮食储运库，供应生产、生活资料和收购农副产品。1958—1961年，一度取消集市贸易，商贸服务由国营商业和供销社经营。20世纪70年代初，先后在演陂桥建立大型石油储备库和煤炭仓库。1978年，境内有各类商业服务网点及门店35个，从业人员220人。1980—1999年，随着改革开放和市场经济的建立，商贸服务快速发展，个体商业应运而生。2000年后，镇内国营和集体商业相继改制为民营商业，职工置换企业身份。2014年年末，镇内有各类商贸服务业132家，从业人员679人，涉及餐饮、运输、金融、通信、文化、医疗、药品、保险、娱乐等行业。社会消费品零售总额2.58亿元。

财政金融

1949—1984年，乡（社）未建立财政机构，实行报账制，由财粮委员或秘书兼管。1985年，成立镇财政所，负责辖区内的财政税收工作。1995年，镇财政总收入596.3万元，主要为农业税、农业特产税及工商税收；财政总支出594.6万元，主要为支援农业、行政管理费和上解县财政。2004年，实施农村税费改革，国家取消农民上缴农业税、农业特产税及各种涉农税费，共237.94万元。2014年年末，财政总收入1306.8万元，财政总支出1282.8万元。

1954年，建立演陂乡信用合作社。1959年，设立中国人民银行演陂营业所，统管金融业务。1962年，分别设立演陂、方工、新塘、六塘4个信用分社。1982年，成立中国农业银行演陂营业所。1985年1月，撤销人民银行营业所，其金融业务移交农业银行营业所。1986年，开办演陂邮政储蓄业务。2014年年末，镇内有金融机构5家，年末各项存款余额3.9亿元，各项贷款余额0.8亿元。

基础设施

交通运输

清代，有衡阳至邵阳驿道过境。1939 年，衡邵公路竣工，境内长 14 公里。1950 年 1 月，湘运衡阳分公司开行衡阳至邵阳长途客车，在演陂桥设立停靠站。1953 年，设立演陂桥汽车站。1967 年，建成演陂至余盛公路。同年，演方（演陂至方工）公路建成通车。20 世纪 80—90 年代，境内通村公路陆续畅通。2002 年 4 月，省道 315 线竣工，途经境内将军至百花等 10 个村。2003 年起，分批次对乡村公路进行提质改造。至 2011 年，全部完成村道水泥硬化工程。2011 年 12 月，衡邵高速公路建成交付运行，境内设有演陂进出口。2014 年年末，镇内有高速公路 2 条（衡邵、娄衡），省道 2 条（S315 线、S210 线），县道 1 条（X056 线），村道 39 条，总长 245 公里。

邮政通信

明、清时期，衡州至宝庆（今邵阳）驿道途经境内，设有雷忠、演陂 2 个驿铺。1956 年，设立演陂桥邮电支局。是年，区、乡开通电话。1980 年后，公社（乡镇）自设电话总机，利用有线广播线路开通村际电话。1998 年，开通程控电话。2002 年后，移动、联通公司分别在镇内架设移动通信基站。2014 年年末，镇内有邮政企业 1 家，职工 6 人，投递报刊 6.83 万份，信函、包裹等邮件 9.32 万件，邮路总里程 130 公里；电信公司 1 家，职工 3 人，程控电话交换机 0.5 万门，固定电话用户 1337 户、宽带用户 569 户、CDMA 手机 1780 部；移动、联通营业厅 2 个，有移动电话 1.45 万部。

供电饮水

1975 年，境内的车站、上桥、罗关 3 个大队供电。1976 年，白石大队利用水力发电供农户照明。1986 年，国家电网陆续向境内供电。是年，设立乡镇电管站。1991 年，成立区电管站（后改为供电所）。1996 年，新建 110 千伏变电站 1 座。是年，全镇 39 个村全部供电，有 35 千伏输电线路 26 千米，10 千伏配电线路 79 千米，10 千伏变压器 34 台，总容量 2720 千伏安；有低压用电线路 315 千米，村组通电率 100%。2000 年后，分批次实施农网改造，先后对 39 个村进行线路改造，共改造和新增 10 千伏线路 42 千米，新增和更新 10 千伏变压器 48 台，完成户改 12733 户。2014 年年末，全镇有 10 千伏配电线路 5 条，10 千伏变压器 82 台，总容量 9085 千伏安，低压用电线路长 413 千米；420 个村（居）民小组全部供电，用电户 12733 户，供电率 100%。

2010 年，投资 367 万元建成万源自来水厂，日供水 2000 吨。铺设供水主管道 3.5 千米、支管网 30 千米，镇内 14 个村和 2 个社区居民饮用自来水。

水利建设

清代，境内有“千工塘”水利工程。清同治《衡阳县志》载：“千工塘，塘广深，计费千工，因此为名。”1949 年前，境内有山平塘 2700 余口，总蓄水量约 300 万立方米。中华人民共和国成立后，1953—1957 年，以整修扩建山平塘为重点，加强水利设施建设，先后共整修扩建塘坝 1800 余口。1959 年，建成财源冲水库，总库容量 240 万立方米，灌溉面积 365 公顷。20 世纪 60 年代，修建小（二）型水库 2 座，同时，开挖灌溉渠道 3 条长 21 千米。20 世纪 80 年代后期至 90 年代末，着重搞好塘坝防渗清淤。其间，共硬化塘坝 150 余口。2000—2012 年，实施小型农田水利建设工程。先后完成 3 座水库大坝的除险加固、21.3

千米渠道的维修和60口塘坝的清淤整修。2014年年末，镇内有小（一）型水库1座、小（二）型水库2座，骨干塘131口、山平塘2954口，渠道、渡槽8条长43千米，总蓄水量1361.82万立方米。

镇村建设

民国时期，演陂桥老街有一条长约250米的青石板街道，沿街道两旁有店铺数十家，并设有集贸市场。中华人民共和国成立后至1976年，陆续建设一批商贸门店和企事业单位，集镇面积逐渐扩大。1994年，兴建集贸市场。20世纪90年代后，在位于演陂桥的衡邵公路两边兴建住房和商店，久之遂形成街道。至2014年，城镇面积约0.4平方公里。

民国末至中华人民共和国成立初，境内居民住宅多为土砖茅屋，瓦房甚少。20世纪50年代中至70年代末，部分居民将茅屋改建为瓦房。80年代至20世纪末，大部分居民将土砖房屋改建为红砖楼房。2000年后，农村兴起建房热潮，且多分户独建，并讲求造型美观，户平均建筑面积一般在250~400平方米之间。2006年起，启动社会主义新农村建设，重点改造农村水利、电力、道路等基础设施，建设文明富裕乡村。德胜村新建500平方米的集远程教育、图书室、办公室、会议室、文娱室于一体的村文化活动中心。至2014年年末，全镇电网改造率、道路硬化率、村民饮水安全率均为100%，环境卫生综合达标率85%。建制村都有办公用房。

社会事业

教育科技

教育 民国时期，镇内有中心国民学校和保国民小学共7所。中华人民共和国成立初期，在兴办小学教育的同时，大力开展扫除农村青壮年文盲教育。1957年，境内有完全小学5所，初小9所。1958年，演陂完小附设初中班（后改名为演陂附中）。1965年，相继创办六塘中学、方工中学、新塘中学。1974年，境内有小学35所，中学4所。1977年，演陂附中学开办高中班，更名为演陂区中学。1979年，区高中停办，仍恢复为演陂中学。1995年撤区并乡后，对部分小学予以调整，先后撤并9所村级小学。2004年，新建成以招收农村留守儿童为主的中科实验学校投入使用。2006—2010年，先后撤并小学14所，同时将新塘中学、六塘中学并入演陂中学。2014年年末，镇内有幼儿园3所，在园幼儿705人，专任教师43人；小学8所，在校学生2307人，专任教师158人；初中3所，在校学生1431人，专任教师93人。7～12周岁儿童入学率、巩固率和毕业率均为100%；13~15周岁儿童初中教育普及率100%，巩固率99.13%。有演陂中学、方工中学、演陂中心小学、六塘完小、新塘完小、方工完小6所县级合格学校。

科技 1981年，建立公社农科站，有农民技术员39人。1983年，开办4所农民文化技术学校，向农民传授农业科技知识，年培训480余人次。20世纪90年代后，创建科技示范户。2011—2012年，木瓜村欧召治、罗关村王春林2人被评为衡阳市“优秀星火科技示范户”；百花村李少东、财源村蒋灿2人被评为衡阳市“星火科技示范户”。2014年末，全镇各类科技示范户150余户。

文化体育

民国时期，境内民间流行龙灯、狮灯、木偶戏，剧目以传统段子戏《平贵回窑》《蒋干盗书》等为多见。中华人民共和国成立初至1957年，境内农村多流行秧歌舞和花鼓戏。1964年后，相继

演陂镇中心小学

建立公社文化站和大队文化室。1966—1976年"文化大革命"期间，组建毛泽东思想文艺宣传队，演唱语录歌和样板戏。1980年后，文化活动趋向多样化，并出现一批优秀文艺作品。1981年，刘运腊（方工村人）设计的《山亭命案》舞美作品获湖南省戏剧舞美设计三等奖。1983年，朱雪生的《古瓷新花》获湖南省书画作品大赛一等奖；1988年，其工笔画《隔墙雨》于日本和澳大利亚展出。2003年，欧名伟（方工村人）的书画作品获全国首届老年书法作品大赛金奖，且赴泰国展出。2007年，镇文化站获全市示范文化站称号。2010年，周新铭（江边村人）的诗集《大地行吟》出版。2011年，建成镇文化站综合楼。2014年年末，镇内有文化站1个，工作人员6名；村文化活动中心39个，图书6.36万册；文化专业户25户，从业人员120人。

1972年，建立公社广播站，配工作人员9名。是年，境内39个大队开通广播，线路总长182千米。1975年，建立公社电影放映队，有放映机8台。1985年，乡广播站更名为广播电视站。20世纪90年代后，随着县广播电台调频道的开通，结束了有线广播的历史。1994年，广播电视站易名为有线电视站。2014年年末，全镇有线电视网络26千米，用户1056户，电视综合覆盖率98%。

1997年，境内中小学开始按《国家体育锻炼标准》教学。当年达标率30%。至2000年，达标率提高到91%。2014年年末，镇内学校共有运动场所14个，总面积1.34万平方米。

医疗卫生

民国时期，境内缺医少药，仅演陂桥有数家中医中药店，绝大多数百姓治病以草药为主。中华人民共和国成立后，1953年，建立演陂卫生所，有从业人员6人。1963年，设演陂区联合诊所，有专业医务人员15名。1969年，设立大队卫生室，配备赤脚医生1名；首批培训赤脚医生和妇幼保健员39人。是年，实行农村合作医疗制度。

1970年，建立演陂区卫生院。1978年，设立演陂区卫生管理站，下辖方工、新塘、六塘、演陂4个公社卫生院。1999年后，演陂卫生院先后两次投入资金300多万元，扩建医院综合大楼和住院部，面积2000余平方米，并添置部分医疗设备。2006年，启动新型农村合作医疗，当年参合人数2.5万余人，参合率75%。2014年年末，镇内有卫生院1所，分院3所，村卫生室39个，病床129张，专业医务人员80人；参加合作医疗人数3.67万人，参合率94%。

社会保障

“五保”供养　20世纪60年代初起，对孤寡老人和无劳动能力的残疾人实行“五保”，其生活费由所在生产队统筹。20世纪80年代后，“五保”供养纳入乡统筹。2005年起，城乡“五保”对象享受城乡最低生活保障待遇，其供养经费由县财政拨付。2010年5月，投入资金68万元，将原新塘乡政府办公楼改建为敬老院。是年,50名“五保”老人入住新居。2014年年末，有“五保”对象343人（分散供养320人，集中供养23人），供养总金额95.98万元，年人均2800元。

医疗救助　2006年起，实施城乡居民大病医疗救助。救助对象主要为罹患恶性肿瘤、白血病、尿毒症等大病的城乡低保户、“五保”户。2014年，共救助1074人次，救助总金额38.77万元。

城乡低保　2007年7月起，实行城乡居民最低生活保障待遇，并对低保对象实行动态管理，补助标准亦不断提高。是年，镇内有低保对象253户、386人，年人均发放低保金360元，总金额13.9万元。2009年，低保户498户、1131人，共发放低保金122.148万元，年人均1080元。2014年，低保对象657户、1314人，共发放低保金193.946万元，年人均1476元。

养老保险　2011年7月，启动城乡居民社会养老保险。是年，参保人数15410人，参保率85%；征缴养老基金169.5万元，为6840名到龄居民发放7—12月养老金225.72万元。2014年年末，全镇登记参保人数16770人，参保率94.4%；征缴养老基金179.97万元，为7120名到龄居民发放养老金492.7万元。

特色地情

古迹遗址

宋元窑址　位于窑街下坪塘、朱官岭、墟头牌、油溪、杨家牌、陈公岭一带的山坡山坳。窑堆积层7米。采集标本有碗、杯盏、碟、壶、坛等陶器及窑具。

风景名胜

别峰庵　位于石塘村南天峰上。清同治《衡阳县志》载：“庵僧二如，明末遗民也。与王夫之友善，夫之遁迹，每相酬唱，及死，题像吊之，词语甚哀。”传说庵内楼房为王夫之著书处，备有木屐、布伞，不论晴雨，每出必用。意谓“头不顶清朝天、脚不踏清朝地。”居此三年，著述盈筐。

卫国寺　位于西岭村。清同治《衡阳县志》载：“卫国寺在西狗岭，康熙二十一年（1682）总督董公督兵过岭施资修建。崖有石洞，号曰狮口，石磴危冈，多生木槿、麦冬诸草药。西有白象峰，峰出甘泉，是曰象鼻。南有木鱼峰，皆石岩也。东有西狗岭，岭临官道。”卫国寺建筑面积1800平方米，规模宏大壮观。今寺宇坍废。

（文字供稿：刘新奇　刘亮楚　图片供稿：衡阳县志办）

金兰镇>>

2008年，金兰镇被授予“湖南省诗词之乡”。

区域概况

位置面积

金兰因“川漾金沙，山产兰草”而得名。地处县境西部，东邻库宗桥镇、大安乡，北连曲兰镇、双峰县花门镇，西毗邵东县水东江镇，南抵井头镇。镇人民政府驻乐山村，距县城西渡35公里。辖区东西最大距离14公里，南北最大距离18公里，总面积154.8平方公里。

建置沿革

清同治十年（1871），金兰属金华镇。民国32年（1943），设区辖乡，为第六区金兰乡。中华人民共和国成立初，仍沿袭民国旧制。1950年3月，撤金兰乡，分置联江、猴山、泉溪、石坳、江口、金兰、檀溪、山水、芙蓉乡，同属第六区。1952年7月，衡阳析为衡阳县、衡南县，重置区乡政区，设为第八区（后更名金兰区），辖金兰、江口、金竹、联江、猴山、山水、泉溪、石坳、贺市、芙蓉、檀溪、龙溪、江东、城坪14个乡。1956年5月，撤区并乡，将联江、金竹并入猴山乡；贺市、城坪、芙蓉、檀溪、江口、江东并入金兰乡；泉溪、石坳、龙溪并入山水乡。1958年9月，建立人民公社，撤金兰乡、猴山乡建星际公社，撤山水乡建五星公社。1961年8月，设区分社，置金兰、山水、石坳、檀桥、贺市公社，同属金兰区。1984年5月，改公社为乡镇，金兰乡更名为金兰寺镇。1995年5月，再次撤区并乡，山水、石坳、檀桥、贺市4个乡并入金兰寺镇，更名为金兰镇。

行政区划

1996年，镇辖2个社区、58个村。2014年，辖金兰寺、向阳2个社区和金兰、何隆、双泉、乐山、高田、金桥、松陂、金竹、狮山、松家、金树、联江、金沙、龙王、青凤、白竹、联合、华连、桐木、月峰、扶田、猴山、古城、向扶、山水、长兴、兴田、金惠、瑞芝、香花、石坳、智水、龙溪、畔塘、庙塘、官陂、泉溪、江东、杉木、元头、高源、大洪、同古、檀桥、塘池、芙蓉、同乐、贺市、金花、十里、毛家、城坪、双河、甘溪、桂花、陈町、泥石、道园58个建制村，下设24个居民小组、727个村民小组。

自然环境

全镇北、西、南三面环山，东部低平，中部丘陵与平町相间，地势自西北向东南倾斜。主要高山有肖公寨、麻竹寨、袁公寨、石荷岭、聚湖峰、香庐山、古城峰等。最高山风波岭主峰海拔712.5

金兰鸟瞰图

米。镇域属亚热带季风湿润气候区。气温四季分明，光热资源充足。年平均气温 16 ~ 17℃，年均降水量 1284 毫米。极端年降水量最少 842 毫米（1985 年），极端年最大降水量 1854 毫米（2014 年），降水集中在每年 4—9 月，5—6 月最多。冰雪年均 6.5 天，极端年冰雪最长时间 26 天（2008 年 1 月）。常年主导风偏北风，夏季、秋初多为东南风，有时出现雷电、冰雹强对流天气。境内土壤分为水稻土、黄壤土、潮土三大类。境内主要河流有蒸水、甘溪河、毛家河、龙王河、月峰河、山水河、石坳河、檀桥河等 9 条，总长约 62.2 公里，皆为蒸水一级支流。

人口民族

2000 年，辖区总人口 66988 人，其中男性 35237 人，占 52.60%；女性 31751 人，占 47.4%。总人口中，农业人口 64236 人，城镇人口 2752 人。2010 年，总人口 70784 人，其中男性 37031 人，占 52.32%；女性 33753 人，占 47.68%。总人口中，农业人口 66083 人，城镇人口 4701 人。2014 年年末，辖区总人口 78468 人，其中常住人口 71805 人。城镇化率 35.8%。总人口中，男性 40879 人，占 52.1%；女性 37589 人，占 47.9%。0~14 岁 16234 人，占 20.69%；15~59 岁 50173 人，占 63.94%；60 岁以上 12061 人，占 14.37%。人口出生率 12.02‰，死亡率 6.82‰，人口自然增长率 5.2‰。辖区内有少数民族 63 人。

经济发展

经济综述

镇域经济由农业、工业和服务业构成。农业以种植水稻、油菜、红薯和饲养畜禽鱼类为主；工业以电子、冶炼、木器生产为主。2014年年末，全镇完成地区生产总值8.25亿元，粮食总产量3.6万吨，财政总收入1289万元，农村居民人均可支配收入11250元。

农业

种植业 民国时期，农业生产水平低下，加之缺乏抗御自然灾害能力，粮食亩产仅200公斤左右。中华人民共和国成立后，1951年，实行土地改革，1953年，开始实行互助组，粮食逐年增产丰收。至1957年，平均亩产达250公斤。1958年成立人民公社后，连遇三年自然灾害，粮食减产歉收。1962年后，实行以生产队为核算单位，同时改进耕作技术，扩大双季稻种植面积，加强水稻病虫害防治，粮食生产持续发展，1968年，粮食亩产提高到400公斤。1976年，开始试种杂交晚稻，亩产320公斤，比常规晚稻亩产高120公斤。与此同时，大力推广“稻稻肥”“稻稻油”“稻稻麦”三熟制。1982年，实行家庭联产承包责任制，大面积种植杂交晚稻，单季平均亩产460公斤。1999年，开始种植杂交早稻，此后，面积逐年扩大。2014年，全镇水稻种植面积2660公顷（含复种指数），总产3.6万吨；油菜面积1600公顷，总产3410吨；烟叶206公顷，总产720吨；蔬菜330公顷，总产0.6万吨；水果340公顷，总产0.4万吨。实现农业总产值1.71亿元。

养殖业 境内历来有养殖猪、牛、羊、鸡、鸭、鱼等禽畜水产习惯。民国时期，禽畜鱼饲养数量少、产量低，故民间流行“养牛作田，喂猪过年，卖蛋换盐”的说法。中华人民共和国成立后，政府鼓励农民饲养家禽、家畜，产量有所提高。1958—1962年，养殖业严重下降。20世纪60年代后期至70年代末，养殖业逐渐回升。80年代后，养殖业快速发展。1990年，全镇生猪饲养量达到7万头，实现“一人一猪”目标。2000年后，分散养猪户减少，出现一批规模养殖户：畔塘村的邹省春、同乐村的刘国华等年出栏生猪均在3000头以上；元头村原党支部书记阳细林，投资300万元，在十里村创办蛋鸡养殖基地，鸡舍建筑面积7200平方米，饲养蛋鸡5万羽，日产蛋2.5万个。2014年年末，全镇有各种专业养殖户184户，出栏生猪7.5万头，家禽40万羽，产鲜鱼7.5吨，养殖业总收入1.1亿元。

林业 全镇有山地面积8986公顷，主要树种有松、杉、樟、梓、南竹、油茶、板栗等。2014年，全镇林地面积7650公顷，年活立木蓄积量28.75万立方米，林产品收入0.4亿元。森林覆盖率80%。

工业

民国时期，境内民间有铁器、木器、淘金、造纸、印染等手工作坊数十家。中华人民共和国成立后，1953—1956年，通过对私营工商业实行社会主义改造，全镇有手工业生产合作社5家，主要从事竹器、木器、石器、造纸、印染等制造和加工。1958—1960年，先后开办金兰造酒厂、缝衣厂、农具厂。20世纪70年代末至80年代末，兴办乡镇企业，镇内有建筑、建材、农具、印刷、冶炼、铜线、运输、竹木器加工、采矿、石灰等工业企业30多家，从业人员1500余人，年产值5000万元（按当时价格）。1985年，创办金兰铜线厂，年产值600万元。1987年，冷水滩市普利桥乡农民吕明东来金兰石荷岭开采金砂矿。在吕的影响下，当地有数百村民争抢开采。后因造成秩序混乱，安全隐患日趋严重，于1995年8月封矿停开。其间共开采砂金300余公斤。2004年后，乡镇企业改制为民营企业。2014年年末，镇内有民营企业28家，工业总产值1.64亿元。

商贸服务业

民国时期，金兰街有商铺数十家。中华人民共和国成立后，1953—1956年，区、乡人民政府先后在金兰寺老街设立供销社、肉食水产站、粮油购销站及粮食储运库等，供应生产生活资料和收购农副产品。1955年，境内有私营商贸户56家，从业人员130多人。1958年，取消集市贸易和个体商贩，商贸服务由供销社或合作商店统一经营。1962年，逐渐恢复集贸市场，但对商品种类仍有所限制。1970年，境内有国营、集体商业网点26个，从业人员210人。1978年后，实行改革开放，逐步放开市场，个体商贩进入商品流通领域。至1995年，个体商贸户发展到240户、510人。此后，民营商业成为市场主体。2014年年末，镇内有各类商贸户626家，从业人员3640人，涉及生产生活资料供应收购、餐饮、运输、文化、医疗、药品、金融、保险、旅游、加工等行业。全镇有集贸市场2个，年社会消费品零售总额3.48亿元。

财政金融

中华人民共和国成立至1984年，乡（社）未建立独立的财政机构，由财粮委员或秘书按月向区公所代领工资和报销发票。1985年，成立乡镇财政所，负责辖区内的财政税收工作。1995年，镇财政总收入998.57万元，主要为工商税和农业税收，财政总支出974.23万元，主要为支援农业、行政管理费和上解县财政。2004年，国家实行农村税费改革，取消农民上缴农业税、农业特产税及各种涉农税费共375.23万元，农民人均得实惠60.48元。2014年年末，实现财政总收入1289万元，财政总支出1264万元。

1952年，成立中国人民银行金兰营业所，管理金融业务。1956年，建立金兰信用合作社。1962年，增设金兰、山水、石坳、檀桥、贺市5个信用分社。1980年，撤销人民银行，其金融业务由农业银行营业所接管。1994年，成立农村合作基金会，下设金兰、山水、石坳、檀桥、贺市5个分会。同年，相继成立民政互助储金会。1996年2月15日，成立金兰镇工商联光彩基金分会，下设金兰、山水两个站。当时“三会”共融资1.5亿元。1997年，清理整顿农村“三会”，关停融资业务，其账务分别移交县农经局、民政局、工商联处理。2014年年末，镇内有农业银行分理处1家、信用社4家、邮政储蓄所1家，年末储蓄存款余额10.13亿元，贷款余额2.93亿元。

基础设施

交通运输

清雍正初年（约1723—1726），修建寒峰桥，桥长47.7米，宽6.6米，为实腹式两墩3孔石砌拱桥，系县级文物保护单位。民国28年（1939），衡阳至邵阳公路（衡邵公路）建成通车，境内长14.2公里。中华人民共和国成立后，境内逐步建成交通网络。1975年，修通金兰寺至桐梓坪公路，长14.8公里。尔后，相继修通金兰寺至山水公路（长7.5公里），金兰至檀桥公路（长8公里），实现区、公社之间通公路。20世纪80—90年代，重点实施通村公路工程。2000年开始，对乡、村道路分批进行提质改造和水泥硬化。2001年10月，315省道竣工通车，境内长12.5公里。2011年12月，建成衡邵高速公路，境内长12公里，在金兰寺设有出入口。至2012年，镇内乡、村道路全部改造硬化完毕。2014年，启动衡邵怀铁路工程建设，途经镇内10个村，长11.8公里。2014年年末，境内有省道1条，高速公路1条，乡道3条，村道46条，总长312.4公里。

1950年1月，湘运公司开通衡阳至邵阳长途客车，在金兰寺设立售票点。1963年4月，开通西渡至金兰客车，日往返3个班次。2004年，建成金兰客运站。2014年年末，镇内有民营客车16台，日发送47个班次，日客运量2000人次。

邮政通信

明清时期，衡州至宝庆（今邵阳）驿道途经境内，设有云山、磨石2处驿铺。民国6年（1917）3月，设立金兰寺邮政代办所。中华人民共和国成立后，1956年，设立金兰邮电支局。20世纪60年代起，公社、大队均设有邮政投递点。邮政业务包括函件收发、信件投递、电话电报、兑付汇款、报刊发行等。1988年起，开办快递函件业务。1989年4月，建立邮政储蓄所，办理邮政储蓄业务。2012年，建设新邮政办公楼，面积930平方米。2014年年末，有邮政支局1处，代办点4处，邮路单程164公里。

1956年，金兰、猴山、山水乡架通电话线路，明线长38对千米。1962年，分别架设金兰至石坳、檀桥、贺市公社电话线路，长约21对千米。1980年后，境内37个村通电话，每个公社配1名话务员。1998年9月，邮政、电信分离，成立金兰电信支局。2000年1月，电信与移动电话分设，设立移动分公司，并在境内建设移动电话基站。2014年年末，镇内有电信企业2家，程控电话交换机1万门，固定电话用户5871户；移动电话基站12个，移动电话用户17018户，宽带用户2373户。

供电饮水

20世纪60年代中期，分别在境内蒸水河岸建设高田、松家、师山、松陂4座拦河坝，安装水轮发电机，总装机容量120千瓦，白天加工碾米，晚上发电照明。1975年，城坪冲水库建成

城坪冲水库

水力发电站，装机容量4000千瓦，架设配电线路18.9千米，为周边的毛家、金兰、金花等村送电。1984年,国家电网开始向境内供电。1985年，西渡至金兰10千伏高压输电线路开通。1989年4月，建成35千伏的金兰变电站，输电线路长34.4千米。尔后，分别架设金兰至石坳、山水，金兰至库宗，金兰至龙王洞3条10千伏线路。2000年后，分批次实施农村电网改造，先后对全镇58个村进行线改和户改，共改造和新增10千伏线路30千米,新增和更新10千伏变压器85台，完成户改2万户。2010年，新建成金兰供电大楼投入运行。2014年年末，镇内有10千伏配电线路3条，线路总长170千米；10千伏变压器172台，总容量24080千伏安；低压用电线路长515千米。全镇58个村、2个居委会、727个村民小组、24个居民小组全部通电，用电户2万余户，供电率100%。

20世纪70年代以前，境内居民一般饮用池塘水、河水、井水。20世纪80年代开始实施改水工程，居民自掘封闭式压力水井约1.2万口，取地下水饮用。1994年6月，金沙村村民陈名辉等投资280万元创办金兰自来水厂，铺设供水管网74.55千米，日供水能力2000吨。2014年年末,镇内有自来水厂6个,年供水量150万立方米，满足32个村、302个组3.43万人的生活用水。

水利建设

金兰地处衡邵干旱走廊。民国时期，境内有山平塘4250余口，蓄水总量约650万立方米。中华人民共和国成立后，人民政府重视水利建设，发动群众修建山塘、河坝、水库等水利设施。1952—1958年，先后共整修扩建山平塘4810口，蓄水量增加到950万立方米。1961—1970年，水利建设的重点主要是修建小型水库。其间，先后建成卫星、芙蓉、石光冲、牛鼻庵、陈福堂、龙王洞6座小型水库。其中卫星水库修建于1967年，库容量344万立方米。与此同时，还分别在境内蒸水河段建成松家、狮山、高田、松陂4座拦河坝。1976年8月，城坪冲中型水库竣工蓄水，库容量1710万立方米，灌溉农田3400公顷。20世纪90年代至2012年，着力做好水利设施的清淤、防渗和除险加固工作。其间，先后共完成山平塘清淤1230口，干渠防渗硬化12.5千米，硬化田间排灌渠18条、长21.4千米，以及卫星水库大坝除险加固。2014年年末，镇内有中型水库1座，小（一）型水库1座，小（二）型水库5座，蒸水拦河坝4处，山平塘、骨干塘4810口，总蓄引提水量3230.2万立方米。

镇村建设

1993年至1995年1月，投资980万元建设金兰综合集贸市场，面积1.68万平方米，有门面148个、摊位480个、住房149套。与此同时，新建一条商业街，长1.2公里，有门面290个。1996年，改造硬化金兰寺主街道2.6公里。1997年4月，山水集贸市场建成投入营业。2001年，硬化金山路、金石路，长1.08公里；改造地下水道3条长1.48公里。2009年，投入资金100万元对镇政府办公用房及厨房、厕所、澡堂进行改造和修缮，总面积2160平方米。2010年，新建镇文化中心，面积340平方米。至2014年，城镇建成面积1平方公里。

民国末至中华人民共和国成立初，境内居民住宅多为土砖茅屋，瓦房极少。20世纪50年代中至70年代末，居住条件不断改善，新建一批土砖瓦房。80年代至20世纪末，大部分居民新建红砖楼房，户平均建筑面积250~450平方米。2000年后，农村居民住房建设逐渐向高档次、别墅型发展。2006年，启动社会主义新农村建设，重点改造农村电力、水利、道路、环境卫生、村部办公用房等基础设施，建设文明富裕乡村。金沙村被湖南省授予“美丽乡村示范村”。至2014年，全镇电网改造率、乡村道路硬化率、居民饮水安全率均100%，环境卫生达标90%；各建制村都有办公用房。

社会事业

教育科技

教育 1949年，境内有黄祠、聚湖等6所小学。中华人民共和国成立初，在发展小学教育的同时，开展扫除青壮年文盲教育。1956年，境内有完全小学5所，初小16所。1957年，创办山水民办中学。1958年，金兰完小附设初中班。1964年，推行全日制与半日制，公办与民办两种教育制度并举，境内有农业中学1所，民办中学1所，民办小学24所。1969年，民办中学、农业中学与公办中学合并，统称公社中学。1974年，民办小学并入公办小学。是年，按照“一个公社办1所初中，一个大队办1所小学”的布局，境内有金兰区高中1所，中学5所，小学32所。1983年起，着手普及初等教育。1985年，推行“分级办学，分级管理”，实行教育部门与党政部门齐抓共管的教育机制。是年，全镇小学入学率、巩固率、毕业率、普及率、危房改造、中心小学建设、师资队伍建设等8项指标经省、市验收合格。1986年，开始实施普及九年义务制教育。1989年，撤销金兰区办高中。1991—2002年，重点加强学校危房改造，建设合格学校。与此同时，整合教育资源，合理调整小学布局。2003年，全镇有小学17所。是年，金兰中学认定为衡阳市“示范性学校”。2014年年末，全镇有幼儿园（含学前班）7所，在园幼儿1057人，专任教师55人；小学13所，在校学生4912人，专任教师205人；初中4所，在校学生2365人，专任教师139人。有金兰镇中心学校、金兰镇中心小学、石坳学校（九年制）、贺市完小、檀桥完小、山水完小、向扶小学等8所县级合格学校。

科技 1981年，建立公社农科站，有农民技术员40余人。1983年起，创办5所农民文化技术学校，传授农业科技知识，年培训农民650余人次。20世纪90年代起，创建科技示范户。2012年，十里村阳细林被评选为衡阳市“星火科技示范户”。2014年年末，全镇有各类科技示范户150户。

文化体育

文化 民国时期，境内有武灯、龙灯、狮舞。中华人民共和国成立后，群众文化发展较快，演新戏、唱花鼓等成为群众的业余文化生活。1966年后，设立公社文化站，配文化辅导员1人，负责文化宣传活动等工作。1966—1976年“文化大革命”期间，农村文化活动单一，大多为“语录歌”“忠字舞”“样板戏”所替代。1978年中共十一届三中全会后，农村文化趋向多样化，镇内先后组建业余剧团5个。1995年，贺市成立金兰诗社，有会员64人，累计创作出版《金兰吟草》诗集16期。20世纪90年代至2007年，舟挥帆（又名柯巍、鲁剑，毛家村人）的散文《爵火集》，诗作《舟挥帆诗集》《拓今楼诗词》先后出版；其《释注评析金瓶梅诗选》获中国新文学学会“云岗杯”文学奖。2008年，金兰镇被湖南省诗词协会授予“诗词之乡”称号。同年6月，金兰书画协会成立，有会员46人，每年出版书画集1册。2014年年末，镇内有文体站1个，工作人员2人；村级图书室58个，藏书18万册（含学校）；各类文化专业户36户，从业人员82人；业余文艺创作、演出队15个，从业人员139人。

1972年，建立公社广播站，配工作人员6名。此后，陆续架设大队、生产队广播线路，总长216千米，喇叭入户率60%。1985年，镇广播站更名为广播电视站。1992年，建成金兰电视差转台。1995年，山水电视差转台建成并投入使用。是年，无线广播替代有线广播。2014年年末，城镇有线电视入户率100%，农村无线数字电视用户3210余户。

体育 1975年，乡内36名农民运动员参加县第一届农民运动会，黄桂生表演的拳、棍、耙获武术全能冠军；金兰公社获团体赛第三名。1997年，境内中小学开始按《国家体育锻炼标准》教学，当年达标率35%。2003年达标率为93.2%。镇中学获市“优秀体育学校”称号。2014年年末，镇内学校共有运动场所26个，面积达2.3万平方米。

医疗卫生

民国时期，境内缺医少药，治疗病患者以中草药为主。中华人民共和国成立后，医疗卫生事业不断发展。1953年，区乡成立联合诊所。1959年，建立公社卫生院，并开始推行新法接生。20世纪60年代后，相继建立大队卫生室，分别配有赤脚医生和妇幼保健员。1969年，农村实行合作医疗制度。1971年，金兰区医院改为金兰地区医院。1980年，对0~7岁儿童作健康检查，对有病的实行免费治疗。1984年，公社卫生院更名为乡卫生院。1995年12月，区医院更名为金兰镇卫生院，下设5个分院。2006年1月，启动新型农村合作医疗。2008年，镇卫生院投资300多万元新建门诊、住院综合大楼，建筑面积3000余平方米。2014年末，镇内有卫生院1所、分院5所，门诊部7个，村卫室58个；执业医师125人，病床99张；全镇参加新农合73504人，参合率98%。

社会保障

“五保”供养 20世纪60年代起，对鳏寡孤独老人和无劳动能力的残疾人实行“五保”，其生活费由所在生产队统筹。1984年后，“五保”供养费由乡镇统筹。是年12月，金兰寺镇创办敬老院，集中供养部分“五保”老人。2005年起，城乡“五保”对象享受城乡最低生活保障待遇，其供养费由县财政拨付。此后。镇政府又斥资新建、修缮2所敬老院。2014年年末，全镇有“五保”对象531人，其中集中供养67人，共拨付供养金156万元，年人均2937.80元。

城镇低保 2002年6月起，启动城镇居民最低生活保障待遇，当年有低保对象72人，月人均低保金60元。

医疗救助 2006年起，实施城乡居民大病医疗救助，救助对象主要是罹患恶性肿瘤、白血病、尿毒症等大病的城乡低保户、“五保”户。至2014年年底，累计救助1262人次，总金额80.9万元。

农村低保 2007年7月起，实行农村居民最低生活保障待遇。是年人均发放低保金360元。此后，对低保对象实行动态管理，补助标准亦逐渐提高。2009年，镇内有低保户1132户、2140人，发放总金额179.76万元，人均840元。2014年，低保对象增至1250户、2799人，发放总金额413.13万元，人均1476元。

养老保险 2011年7月，启动城乡居民社会养老保险。当年登记参保24465人，参保率65%，征缴养老基金253.8万元；为10758名到龄居民发放7—12月养老金355.01万元。2014年年末，城乡居民登记参保人数45156人，参保率90%；为12034名到龄居民发放养老金835.16万元，年人均694元。

特色地情

知名人物

常大淳（1792—1853）字正夫，号南陔，金兰镇瑞芝村瑞芝堂人。清道光三年（1823）进士，选翰林院庶吉士，授编修。后任山东道监察御史。继调任湖北巡抚，筹办防务。咸丰三年（1853），太平军攻陷武昌，常大淳与妻、子、媳等 16 口自尽于任所。清朝廷赠总督衔，谥“文节”，葬洪市道山岭。

谢彬（1887—1948）名作法，字兰桂，号晓钟，金兰镇龙溪村（今石坳村）人。辛亥革命元老，著名史学家，同盟会会员。清光绪三十二年（1906），与刘道一、黎尚雯在衡山发动反清起义。宣统三年（1911），武昌起义爆发，与王祺等人发动光复衡阳的政治运动。中华民国成立，入南京政府财政部。1926 年，北伐开始，委任为唐生智部第八军秘书长。此后，历任湖南省政府秘书长，军事参议院参议，陆海空军抚恤委员会委员，授中将衔。出版著作有《中国关税史》《中国邮电航空史》《西藏问题》等。

刘国运（1906—1967）金兰镇香花村（今石坳村）香花堂人，民国将领。黄埔军校第六期、中央陆军大学第十二期毕业。任空军学校、空军指挥参谋大学处长、教研室副主任等职。抗日战争时期，任第二路军司令部参谋长、第三路军司令部副司令，在西南、西北地区指挥作战。1949 年去台湾。

名胜古迹

金兰旅游资源丰富，古有金兰八景之说：“云山烟雨实堪夸，聚湖风水锦绣华。紫云洞内诗千首，白竹湾头酒百家。石马潭前龙现爪，城坪雪岭鸾喧哗。细望甘溪流润远，十里夜放石榴花。”

聚湖峰 又名聚湖山，主峰海拔 441 米，位于境内杉木村与兴田村交界处，距县城西渡 42 公里。《湖南通志》载：“聚湖峰离城（衡阳市）百里，俯瞰蒸水，有石脊，穷天草木，上有峰”。相传此地古代为湖，东汉末年，有黄巾军一部在此聚义，后兵败溺湖，尸积成山，故得名“聚湖峰”。其峰多自然景观。峰上有古寺，始于宋代，历经多次修复，今名“聚湖庵”，为道教场所。

常大淳故居门前石墩雕刻

忠恕寺

考古发掘

春秋青铜编钟 1962年，出土于贺市公社毛家村新屋组八斗丘，大小共6件。经文物管理部门鉴定为春秋时期青铜编钟，高18.9厘米，铣间宽10厘米，重1.55公斤。纹饰有弦纹、禽兽纹、凤鸟纹、去雷纹、几何纹等，现保存于省博物馆。

春秋至汉代古墓群 位于金兰镇高田村亚塘岭。公布面积约3000平方米，地面暴露有较密的竖穴、土坑和明显的封土堆，曾在此出土过春秋战国时期叶脉纹硬陶片和青铜器。

（文字/图片供稿：陈积玉　何年春）

洪市镇 >>

洪市镇是“为新中国建立做出突出贡献的全国一位英雄模范人物”之一夏明翰的故里。

2014 年，洪市镇被国家住建部批准为“全国重点镇”。

区域概况

位置面积

洪市镇因镇政府驻地古称洪罗庙得名。地处县境西北部，东与三湖镇接壤，东南以长安乡为邻，南毗栏垅乡，西南临大安乡，西靠曲兰镇，北抵娄底市双峰县石牛乡。镇人民政府驻泰山村，距县城西渡 28 公里。辖区东西最大距离 8.5 公里，南北最大距离 22 公里，总面积 115 平方公里。

建置沿革

清同治十年（1871），洪市属重安镇。民国 32 年（1943），置湘西乡，隶属衡阳县第七区。中华人民共和国成立初，仍沿袭民国旧制。1950 年 3 月，撤销湘西乡，分置市田、仁字、礼梓、余田、天柱、长岭、咸欣、高碧乡，同属第七区。1952 年 7 月，衡阳、衡南分县后，调整区乡政区，分置洪市、天柱、余田、高碧、咸欣、长岭乡，属第九区（后改为洪罗区）；太平、马尾、仁字、市田、礼梓乡，属第十区（后改称船山区）。1956 年 5 月，撤区并乡，将天柱、余田、高碧、咸欣、长岭乡并入洪市乡，将太平、马尾、仁字、市田乡并入礼梓乡。1958 年 9 月，成立人民公社（简称公社）撤洪市乡及水寺乡一部分建宏伟公社；撤礼梓乡建燎原公社。1961 年 8 月，设区分社，置洪市、高碧、礼梓公社，隶属洪市区。1981 年 9 月，析出洪市公社一小部分设立洪市镇。1984 年 5 月，去公社复称乡。是年 6 月，洪市乡、洪市镇合并为洪罗庙镇。1995 年 5 月，再次撤区并乡，将高碧乡、礼梓乡、洪罗庙镇合并为洪市镇。

行政区划

1996 年，辖 2 个社区、41 个村。2014 年，辖东街、西街 2 个社区和洪市、寅塘、盘古、杨泉、吉厚、高炉、泰山、天柱、南竹、龙江、曹关、太和、云华、余田、青堰、大印、岱山、形山、市田、柔水、仁字、余家坪、财源冲、印山、余雅、马尾、龙古塘、金盆托、太平、礼梓、加福、黄狮、新槐、高碧、盘塘、泉塘、清江、道山、石门、咸欣、杨池 41 个建制村，下设 2 个居民小组、490 个村民小组。

自然环境

镇域属山地与丘陵结合区。东南部为丘陵，西北部多山，地势西北高东南低，最高山天柱峰海拔 332 米。气温四季分明，无霜期长。年平均气温 17.5℃，1 月最低，日均气温 5.8℃，7 月最高，日均为 35.5℃。雨季旱季明显，年平均降水量在 1200 毫米以上，极端年最大降大量 1800 毫米（1970 年）,极端年最少降水量 950 毫米（1963 年）。常年主导风为北风，夏季多东南风，并有雷电气象。境内土壤分为水稻土、黄壤土、红壤土三大类。境内有余田河、大丫冲河、咸欣河 3 条主要河流，均属蒸水水系。总长 30 公里。蒸水自大印村入境，经石门村出境，境内流程 14.5 公里。

人口民族

2000 年，辖区总人口 50462 人，其中男性 26990 人，占 53.49%；女性 23472 人，占 46.51%；农业人口 47415 人，城镇人口 3047 人。2010 年，总人口 56014 人，其中男性 29290 人，占 52.29%；女性 26724 人，占 47.71%。总人口中，农业人口 52839 人，城镇人口 3175 人。2014 年年末，总人口 57150 人，其中常住人口 53500 人。城镇化率 39.8%。总人口中，男性 30108 人，占 52.68%；女性 27042 人，占 47.32%；0~14 岁 11769 人，占 20.6%；15~59 岁 36610 人，占 64.1%；60 岁以上 8771 人，占 15.3%。人口出生率 12.27‰，死亡率 4.69‰，自然增长率 7.58‰。辖区内有少数民族 45 人。

经济发展

经济综述

镇域经济由农业、工业和服务业构成。农业以种植水稻、油菜、烟叶和饲养畜禽鱼类为主；工业以铸造、农机具、建筑材料和农产品加工为主。2014 年，实现地区生产总值 7.74 亿元，粮食总产量 2.8 万吨，财政总收入 1960 万元，农村居民人均可支配收入 12280 元。

农业

种植业 民国时期，由于生产条件落后，加之干旱缺水，粮食平均亩产不足 200 公斤。中华人民共和国成立后，致力于兴修水利，改善农业生产条件，粮食产量不断增加，1957 年，亩产达到 260 公斤。1958 年，成立人民公社，搞“一平二调”（即平均主义的供给制、食堂制，劳力、财物的无偿调拨），后遇三年国民经济困难时期，粮食严重减产歉收。1961 年，调整公社规模，解散公共食堂，实行以生产队为核算单位和执行按劳分配政策；与此同时，改进耕作技术，扩大双季稻种植面积，农业生产持续发展。1969 年，双季稻种植面积 2000 公顷，占水田总面积的 80%，两季亩产平均 375 公斤。1976 年，试种杂交晚稻 7 公顷，平均亩产 310 公斤，比常规晚稻每亩增产 110 公斤。此后逐年扩大种植面积。至 1983 年，杂交晚稻面积达到 2330 公顷，平均亩产提高到 400 公斤。1990—2006 年，全镇水稻年种植面积稳定在 2330 公顷左右，亩均产量约 800 公斤，年总产量 2.8 万吨。2014 年，种植水稻 2000 公顷，总产 2.4 万吨；油菜 2130 公顷，产菜籽 7500 吨；蔬菜 730 公顷，总产 4800 吨；烟 280 公顷，产烟叶 322 吨。实现农业总产值 2.9 亿元。

养殖业 境内历来有养殖禽畜习惯。民国时期，由于多数农户家庭生活困难，禽畜饲养数量极少。中华人民共和国成立初，养殖业有所发展，禽畜产量逐渐增多。1958—1961 年，一度禁止农户养猪养鸡。1962—1980 年，耕牛、鱼类由生产队集体放养，生猪饲养允许公私并举，故产量较前有较快发展。1982 年实行土地承包经营责任制后，养殖业快速发展，呈现“六畜兴旺”的局面，并陆续出现一批规模化、专业化养殖户。1990 年，全镇人均养猪 0.5 头、鸡 8 羽；鲜鱼产量亦大幅提升，亩均水面产鱼由 1980 年的 48 公斤提高到

135 公斤。1991—2012 年，养殖业持续发展。其间，先后有能兴牧业、惜缘农庄、秀丽养殖等 7 个专业养殖场建成投产。其中能兴牧业公司投资 450 万元于 2012 年建成万头养猪场，年出栏生猪 1.1 万头。2014 年年末，全镇有各种规模养殖户 38 户，出栏生猪 5 万头，出笼家禽 12 万羽，出塘水产品 700 吨，养殖业总产值 8010 万元。

林业 全镇有林地 5950 公顷，主要树种有松、杉、油茶、南竹、樟等。2014 年年末，森林覆盖率 78%。

工业

明、清时期，境内（今龙江村）开设窑厂烧制碗、杯等器物。民国时期，有木匠、铁匠、砌匠以及烧砖瓦、石灰等手工业艺人近百名。中华人民共和国成立后，1957 年 7 月，创办礼梓山牧云峰铁厂，至当年底产铁 201 吨。1958 年，建立洪市冶炼厂。是年，牧云峰铁厂并入洪市冶炼厂。至 1962 年停办时止，累计产生铁 5449 吨，共计亏损 237 万元。1970 年，在洪市冶炼厂原址创办县铁厂，建 10 立方米小高炉 1 座，日产生铁 13 吨。1979 年停办，累计产生铁 10229 吨。1981 年，境内有国营工业、集体工业、社队工业企业共 30 余家，从业人员 200 余人；涉及大米加工、农机具制造、建筑建材等行业。1985—1995 年，国营、集体和乡镇工业逐渐萎缩，私营工业相继崛起。2001 年后，镇内 3 家国营和集体工业先后改制为民营企业。2014 年年末，全镇有民营工业 100 家，从业人员 1500 人，经营范围涉及建筑、建材、食品加工和农林产品加工等行业，实现工业总产值 1.5 亿元，完成税收 800 万元。

商贸服务业

民国时期，境内洪罗庙沿蒸水两岸的老街有店铺 220 多家，为县内较大的农副产品集散地。中华人民共和国成立后。1953 年，镇上有私营商业、饮食业 210 户，从业人员 400 人。1956 年完成对私营商业的社会主义改造后，组建成 4 家公私合营商店、15 个商业合作小组。在此之前，先后建立区供销合作社、粮油购销站、肉食水产品购销站以及粮油储运库等商业机构，共设有购销门店网点 40 余个。1958—1962 年，一度取消集贸市场，禁止集市贸易。1962 年恢复，但对销售的商品仍有所限制。1978 年，境内有国营、集体商业网点 55 个，集贸市场 1 个，社会消费品零售总额 570 万元（当年价）。1982 年后，实行改革开放，在发挥国营集体商业主渠道作用的同时，适当发展个体私营商业。至 1990 年，有个体商贸户 70 余家，从业人员 130 余人。1995 年后，在商业改革的大潮中，国营、集体商业逐渐淡出流通市场。2001—2007 年，先后完成对国营、集体商业的改革改制。2014 年年末，全镇有各类民营商贸服务业 618 家，从业人员 1560 人，有集贸市场 1 个。年社会消费品零售总额 3.54 亿元。

财政金融

中华人民共和国成立至 1984 年，乡镇（公社）未设立财政机构，由财粮委员或秘书兼管，按月向区公所代领工资和报销发票。1985 年，成立镇财政所，统管财政收支。1996 年，镇财政总收入 950 万元，主要有农业税、农业特产税和工商等税收；财政总支出 935 万元，主要用于支援农业、上解县财政和行政管理费用。2004 年起，实行农村税费改革，国家取消向农户征收农业税（含附加）和农业特产税。当年全镇两项税金 281.17 万元，农民人均减少负担 61 元。2014 年年末，完成财政总收入 1960 万元，财政总支出 1945 万元。

1952 年，成立中国人民银行洪市营业所，管理境内金融业务。1954 年，成立农村信用合作社（简称信用社）。1982 年，成立中国农业银行洪市营业所。1985 年 1 月，撤销人民银行营业所，其金融业务移交农业银行营业所。2009 年，设立中国邮政储蓄银行洪市营业厅。2014 年年末，镇内有金融机构 3 家，年末各项存款余额 10.9 亿元，贷款余额 6700 万元。

基础设施

交通运输

1959 年，分别建成洪市至演陂桥，洪市至曲兰（均属今省道 210 线），洪市至渣江（渣洪线）公路，共长 11.5 公里。20 世纪 80—90 年代，相继完成 41 个村的村道建设。2002—2013 年，实施乡村道路改造和水泥硬化工程，实现村村通水泥路，总里程 220 公里。2014 年年末，镇内有省道 1 条，县道 1 条，乡道 2 条，村道 41 条，总长 318 公里。

1959 年，开通西渡至洪市客运班车。1978 年，设立洪市汽车站。2009 年，新建的农村客运站投入运营。2014 年，开通洪市至形山农村客运班车。2014 年年末，镇内有客运站 1 个，客运车辆 38 台，日发送 32 班次，日载客量千余人次。

邮政通信

民国 6 年（1917 年）3 月，设立洪罗庙邮政代办所。1956 年，设立洪罗庙邮政支局。是年，洪市区架通电话线路。1957 年，设礼梓山邮政代办所。1962 年，境内区属单位及公社开通电话，线路长 13 千米。1980 年后，公社（乡镇）建立通村（大队）电话网络，利用有线广播线路通电话。1993 年，开通程控电话网络。2005 年，移动、联通公司先后在镇内建设移动通信基站。2014 年年末，镇内有邮政、电信、移动、联通营业厅各 1 个；有固定电话用户 3000 户，移动电话用户 30000 户，互联网用户 1800 户。

供电饮水

1979 年，建成洪市河坝水电站，安装水轮泵 2 台，装机容量 225 千瓦，供公社和区机关照明用电。1988 年 12 月，建立洪罗庙 35 千伏变电站。至 1998 年，有 10 千伏配电线路 3 条，长 60 千米；10 千伏变压器 45 台，总容量 4000 千伏安；村通电率 100%，村（居）民小组通电率 100%。2000—2013 年，对农村电网实行分批次改造，先后完成 38 个村的线改和户改，改造和更新 10 千伏线路 1 条，长 2 千米；更新和新增 10 千伏变压器 40 台，总容量 5500 千伏安；完成户改 15000 户。2014 年年末，全镇有 35 千伏变电站 1 个，35 千伏变压器 2 台，总容量 16300 千伏安；10 千伏配电线路 4 条，长 85 千米；10 千伏变压器 90 台，总容量 15000 千伏安；低压用电线路总长 500 千米。全镇 41 个村、2 个社区、492 个村（居）民小组全部供电，用电户 16343 户，供电率 100%。

2006 年，建成镇自来水厂，日供水能力 4500 吨。2014 年年末，有供水主管网 3 条，长 20 千米；支管网 15 条，长 300 千米；供水用户 5600 户。

水利建设

境内财源冲马王塘，建于 1100 多年前，蓄水量约 2.5 万立方米。光绪《湖南通志》记载：该塘为五代十国时的楚国建立者马殷（852—930）发动兵民所修建，故得名“马王塘”。1949 年，境内有山平塘约 1124 口，蓄水量约 986.5 万立方米。中华人民共和国成立后，人民政府组织群众兴修水利。1953—1957 年，新修扩建山平塘 1769 口，增加蓄水量 2122.8 万立方米。1957—1965 年，先后修建百祥、良心、大池塘、龙头井、余家坪、杉树塘、大石、龙口等 11 座小型水库，总蓄水量 461 万立方米。与此同时，开挖渠道 384 条，长

350千米。1979年，在蒸水河修建洪市河坝，坝高5米，坝轴长90米，灌溉农田230公顷。20世纪90年代至2012年，水利建设的重点放在山塘清淤、渠道硬化防渗和水库除险加固上。其间，共完成山平塘清淤防渗936口，硬化田间渠道19条，长20.3千米；为大池塘、百祥、余家坪等7座水库大坝实施除险加固。2014年年末，全镇有小（一）型水库1座，小（二）型水库11座，山平塘2893口，总蓄水量3570万立方米。

镇村建设

洪罗庙系千年古镇。清代、民国时期，在蒸水两岸分别建有东、西两条石板老街和一座跨河大石拱桥，有居民150余户。中华人民共和国成立至1980年，集镇建设不断拓展，先后兴建商贸、交通运输、教育文化、医疗卫生等基础设施，面积约0.5平方公里。20世纪80年代末起，小城镇建设扩容提质，先后修建洪双北路、洪双南路、高炉路、洪市大道、光辉路、半斤街、东街等7条街道和渡改桥工程；建成占地面积1.2公顷的洪市广场、寅塘花园和集纪念观景于一体的烈士陵园；完成城区“二杆（电杆、电线杆）五线”整治；开发商品住宅面积15万余平方米。至2014年年末，城区建成面积2.5平方公里。2011年、2014年，洪市镇先后被评选为湖南省“小城镇建设示范镇”“全国重点镇”。

民国末至中华人民共和国成立初，境内居民住宅多为土砖茅屋，瓦房极少。20世纪50年代中至70年代末，居住条件不断改善，新建一批土砖瓦房。80年代至20世纪末，大部分居民新建红砖楼房，户平均建筑面积约250~400平方米。2000年后，农村居民住房建设逐渐趋向高档化、舒适型，并出现别墅型楼房。2006年，启动社会主义新农村建设。以杨泉村为示范点，重点改造农村电网、道路、水利、环境卫生等基础设施。2014年年末，全镇电网改造率、乡村道路硬化率、环境卫生达标率、居民饮水安全率均为100%。行政村都有办公用房。

洪市文化广场

社会事业

教育科技

教育 清代，境内有文昌宫（现五中校园内）、石门观（今石门村）两所书院，晚清著名学者王闿运曾在石门书院开馆授徒。1949年，境内有保国民小学及私立小学10所。中华人民共和国成立后，利用祠堂作学校发展农村小学教育，同时开办农民识字夜校，扫除青壮年文盲。至1957年，境内有完全小学1所，初级小学19所。同年，洪市完小附设初中班。1958年，洪市附中改为县立第五中学。1974年，按照一个大队办1所小学、一个公社办1所中学的布局，境内有小学37所、初中3所、高中1所。1983—1985年，着力做好初等教育普及工作，经过三年努力，境内7～12周岁儿童入学率99%，年巩固率98.5%，毕业率96.8%；13～15周岁儿童初中教育普及率98%。1992—2006年，重点搞好中小学危房改造，建设合格学校。其间，全镇共完成改建新建校舍面积9700平方米，占校舍总面积28670平方米的33.8%。与此同时，为整合教育资源，提高教育质量，将原有30所小学合并为19所。2014年，投资1100万元建成高标准的洪市幼儿园。2014年年末，全镇有幼儿园5所，在园幼儿1186人，专任教师79人；小学17所，在校学生4005人，专任教师216人；初中4所，在校学生3074人，专任教师76人；高中1所，在校学生2892人，专任教师124人。有洪市中学、礼梓中学、阳塘小学、印山小学、洪市小学等15所县级合格学校。

科技 1981年，建立公社农科站，有农民技术员37人。1983年起，创办3所农民文化技术学校，传授专业科技知识，年培训农民约500人次。20世纪90年代后期起，建立农民科技示范户。2012—2013年，泰山村肖广芹、西街社区陈森林先后获评衡阳市“星火科技示范户”“优秀星火科技示范户”。2014年末，全镇有各类科技示范户75户。

文化体育

清末、民国时期，境内有夏绍范（礼梓村人）创作的《离经南溟诗稿》；陈云凤（礼梓村人）的诗集《衡阳吟咏》《严余吟》；易越石（礼梓山人）的书画等。易的书画作品曾分别在中国香港和日本、加拿大等地展出。中华人民共和国成立初，俱乐部成为农村文化的活动阵地。1964年，公社、大队先后建立文化站和文化室。“文化大革命”期间，毛泽东思想文艺宣传队是农村文化活动的主体。1972年，建立公社广播站。是年，境内3个公社、41个大队、492个生产队实现队队通广播。1975年，成立公社电影放映队，有16毫米电影放映机3台，分别到各大队巡回放映。20世纪80年代后，文艺创作渐趋活跃，涌现出一批精品力作。1983年，肖绍连（咸欣村人）的美术作品《捞沙忙》入选第八届全国版画展；1990年，其画作《石缝》获第十一届全国版画展铜奖。1997年，邓学兵（高碧村人）的小品《讲稿》获湖南省曲艺创作铜奖。2003年，邓学兵的书法作品获全国书法大赛优秀奖，其作品被毛泽东韶山纪念馆收藏；萧润波（高碧村人）的多首诗词收入《中华当代律诗精选》。2004—2012年，王雁鸣（杨池村人）先后创作出版散文集《月下湘江》《感恩生命》《故乡风》以及诗集《星光家园》等4部作品。2014年年末，全镇有文体站、有线电视站各1个，共有职工10人；有线电视网络2千米，共有有线电视和无线电视用户3000多户；村（社区）文化活动中心26个，共有图书62566册；各类文化专业户27户，从业人员217人。

1997年，洪市镇获湖南省“亿万农民健身活动先进乡镇”称号。是年，镇内中小学开始按《国家体育锻炼标准》教学，当年达标率32%。至2005年，达标率97%。2014年年末，全镇有运动场25个，总面积5.9万平方米。

医疗卫生

民国时期，境内民间有中医、中药铺数家。中华人民共和国成立后，1950年成立区卫生所，有工作人员4人。1956年成立乡联合诊所，有中医7人。此后逐步调配西医。1968年，改区中心联合所为洪市地区医院；改公社联合诊所为卫生院。是年，境内有区医院1所，公社卫生院3所，共有专业医务人员55名。1969年，农村实行合作医疗制度，建立大队卫生室，配有赤脚医生和妇幼保健员各1名，初步形成区、社、队三级医疗卫生保健网络。2004年，洪市地区医院更名为衡阳县第三人民医院。2006年1月，启动新型农村合作医疗（简称新农合），当年参合4.5万人，参合率92%，受益金额480万元。2014年年末，辖区有医院1所，门诊部2个，村卫生室24个；有执业医生207人，卫生员180人，病床120张；参加新农合4.9万人，参合率100%，受益金额1799万元。

社会保障

灾害救助 1949年6月，境内遭受百年一遇洪灾，洪罗庙街道房屋倒塌80%，死亡数十人，灾民流离失所。是年冬，人民政府组织赈灾，帮助灾民重建家园。

“五保”供养 20世纪60年代起，对孤寡老人和无劳动能力的残疾人实行“五保”，其供养费由所在生产队统筹。1980年后,纳入社(乡)统筹。2005年起，“五保”对象享受城乡最低生活保障，供养费由县财政统筹。2014年年末，全镇“五保”供养对象为476人，其中分散440人，集中供养36人。年人均2820元（不含衣服和医疗费），总金额134.16万元。

医疗救助 2006年起，启动城乡居民大病医疗救助。救助对象主要为罹患恶性肿瘤、白血病、尿毒症的城乡低保户、困难户。是年，共救助573人，救助总金额25.17万元。2014年，共救助1311人，救助总金额68.24万元。

农村低保 2007年7月，启动农村居民最低生活保障，并对低保对象实行动态管理。2009年，全镇有低保对象663户、1507人，年人均补助1080元，总金额162.76万元。2014年，增至923户、1776人，年人均补助1476元，总金额262.14万元。

养老保险 2011年7月起，启动城乡居民社会养老保险。当年，全镇登记参保人数20756人，参保率90%；征缴养老基金244.91万元，为7476名到龄居民发放7—12月养老金255.6万元。2014年年末，登记参保21800人，参保率93%；征缴养老基金255.49万元，为8683名到龄居民发放养老金600.42万元。

特色地情

著名人物

夏明翰（1900—1928），字桂根，洪市镇礼梓村人。中国共产党早期重要领导人，杰出的无产阶级革命家。1921年，加入中国共产党。1922年10月，任湖南省学联干事长。1923年，任中共长沙地区执委书记。1924年5月，任中共湘区执委委员。1927年2月，任全国农民协会秘书长兼武汉中央“农讲所”秘书。是年4月，任北伐军政治部宣传部长。不久，调任中共湖南省委委员兼组织部长。同年8月，兼任平（江）浏（阳）

夏明翰故居

特委书记，参与发动秋收起义。1928 年初，调任湖北省委常委。同年 3 月 18 日，因交通员叛变告密被捕。3 月 20 日，在汉口余记里刑场英勇就义。临刑前写下“砍头不要紧，只要主义真，杀了夏明翰，还有后来人”的壮烈诗篇。

名胜古迹

夏明翰故居　位于洪市镇礼梓村余家组。始建于清代乾隆年间（1736—1795），为湘南民居建筑风格。屋型二进六厢，共有房屋 45 间，面积 2316 平方米，主要由夏明翰故居和明翰纪念广场两部分组成。故居内陈列有夏明翰烈士遗稿等近 400 件文物及郭沫若、何叔衡等知名人士为夏明翰题写的挽联和诗词。经中央和省定为全国爱国主义教育示范基地、湖南省爱国主义教育基地和省级红色旅游景区，系湖南省重点文物保护单位。

龙江村明清窑址　位于洪市镇龙江村文星、杨家组交界处的山坡下。窑址面积约 3000 平方米，文物堆积层厚 1 米左右。瓷胎纯白、较薄，白釉微灰，青花呈黑色、铁锈色或淡蓝色，采用匣钵装烧。陶瓷堆积层发现龙窑断面宽 1.8 米，其长度不明。采集标本有碗、杯、器托等。

名优特产

寺门前土猪　因产于境内“寺门前”而得名。其猪体型特征：嘴短、脚短、头黑、臀黑，且食饲性广。1957 年，被定为湖南省优良地方猪种类群之一。1976 年，《中国猪品种志》将其命名为“华中两头乌猪”。

（文字 / 图片供稿：邹国辉）

金溪镇>>

区域概况

位置面积

金溪镇因驻地金溪庙得名。地处县境北部，东邻溪江乡，南接渣江镇、三湖镇，西连洪市镇，北抵双峰县石牛乡。镇人民政府驻金溪村尚廉堂，距县城西渡46公里。辖区东西最大距离10公里，南北最大距离16公里，总面积112.4平方公里。

建置沿革

清同治十年（1871），金溪属永福乡。民国32年（1943），设区辖乡，属第八区永福乡。中华人民共和国成立初，仍沿袭民国旧制。1950年3月，撤永福乡，分置横江、隆兴、登仙、浏泗、金溪、金坑、黄梅、海云、大祝、上峰、枫桥乡，属第八区。1952年7月，衡阳、衡南分县，重设区乡政区，设金坑、黄梅、海云、大祝、上峰、隆兴、登仙、横江、金溪、枫桥、浏泗乡，属十三区（后更名为金溪区）。1956年5月，撤区并乡，将金坑、横梅、浏泗并为金溪乡；将登仙、横江并为隆兴乡；将枫桥、大祝、海云并为上峰乡。1958年，建立人民公社（简称公社），撤销金溪、隆兴乡设立万里公社；撤销上峰、溪江乡设立鹏程公社。1959年1月，万里公社与鹏程公社合并为金溪公社。1961年8月，析社置区，设金溪、上峰、隆兴、横江公社；隶属金溪区。1984年5月，改公社为乡镇。同年6月，金溪乡更名为金溪庙镇。1995年5月，再次撤区并乡建镇，金溪庙镇、上峰乡、横江乡、隆兴乡合并为金溪镇。

行政区划

1996年，辖2个社区、32个村。2014年，辖金门、大门、海云、杨柳、桂复、德声、洞上、金溪、新中、小寨、日吉、丹竹、柏青、蟠湖、上峰、荣光、福桥、平岭、枫桥、白沙、凌棚、三余、横江、兰田、泉水、德江、隆兴、斗山、桂枝、石榴、登山、石庙等32个建制村和正街、斋公坨2个社区，下设341个村民小组、15个居民小组。

自然环境

全境属山区，西北部高东南部低，最高山梦云峰主峰海拔599米。西北部为板页岩成土母质，东南为花岗岩成土母质。镇域雨量充沛，光热丰富，气温四季分明，山区效应明显。常年主导风为北风，夏季东南风，伴有雷电气象。全年晴天约150～218天，雨天约132～211天，无霜期达265～295天，常年降雨量约1218毫米，最大连续降雨量126毫米。地表年平均温度19.1℃，7月最高平均温度35.1℃，1月最低平均温度5.1℃。

境内溪河密布。金溪河发源于九峰山，流经横江、隆兴，全长20余公里，与金坑河汇合后流入柿竹水库，为蒸水的重要支流之一。

人口民族

2000年，辖区总人口33398人，其中男性18020人，占53.96%；女性15378人，占46.04%。总人口中，农业人口31756人，城镇人口1642人。2010年，总人口32625人，其中男性17417人，占53.39%，女性15208人，占46.61%。总人口中，农业人口30952人，城镇人口1673人。2014年年末，辖区总人口38938人，其中常住人口33095人。城镇化率18.8%。总人口中，男性20481人，占52.6%；女性18457人，占47.4%；0~14岁8087人，占20.76%：15~59岁24804人，占63.72%；60岁以上6047人，占15.52%。人口出生率12.22‰，死亡率6.06‰，自然增长率6.16‰。辖区内有少数民族56人。

经济发展

经济综述

镇域经济由农业、工业和服务业构成。农业以种植水稻、豆、薯类为主；工业以农林产品加工为主。2014年年末，全镇完成地区生产总值1.87亿元，粮食总产量1.05万吨，财政总收入845万元，农村居民人均可支配收入10650元。

农业

种植业 1949年前，水稻年生产一季，亩产低于200公斤。中华人民共和国成立后至1957年，粮食亩产超过200公斤。1958年后，连续三年自然灾害，造成粮食减产歉收。1962年后，实行以生产队为基本核算单位，贯彻按劳分配政策，扩大双季稻种植面积，坚持科学种田，粮食产量稳步上升。1965年，平均亩产达到287公斤。1976年，试种杂交晚稻0.67公顷，平均亩产271公斤，比常规晚稻平均每亩增产70公斤。此后，杂交稻种植面积逐步扩大。1982年后，随着土地承包经营责任制的建立和杂交晚稻的大面积普及，境内双季稻种植占水田总面积的90%，平均亩产粮食750公斤，总产量1.18万吨。20世纪90年代起，发展以种植油菜为主的冬季农业。至1996年，全镇冬种作物面积1040公顷。2000年后，由于大批青壮年劳力进城务工，水稻种植面积大幅减少，2001—2013年，年种植面积约840公顷。2014年年末，全镇水稻面积900公顷，总产量1.05万吨；油菜面积130公顷，总产量205吨。实现农业产值0.45亿元。

养殖业 境内传统养殖为猪、牛、鸡、鸭、鱼等。民国时期，耕牛多为2～3户联养一头，一户一头牛的极少；养猪只有少数农户，年户均不足一头。中华人民共和国成立初至1957年，禽畜数量有所增多。1958—1961年，耕牛由集体饲养，限制农户养鸡养猪。1962年后，生猪实行集体与私人养殖并举，且多为潲食喂养，故产量较低。1976年，出栏生猪9740头，存栏耕牛1971头。20世纪80年代后，农村实行改革开放，国家鼓励农户发展养殖业，生猪饲养量剧增，并逐渐使用生饲料和配合饲料。养鸡则以散养为主，年户均15～20羽。池塘水库养鱼实行招标承包，并投放饵料，故产量高，一般每亩水面年产鲜鱼50～70公斤。2000年后，生猪规模养殖逐渐取代农户散养。随着农业机械化程度不断提高，耕牛饲养数量相应减少，全镇由1984年的1700头减少到2014年的30头。2014年年末，全镇出栏生猪1.02万头，家禽10余万羽，产鲜鱼50吨，养殖业总产值0.35亿元。

林业 境内有山林面积8907公顷。主要树木有松、杉、南竹、油茶、油桐、樟树等。2014年年末，全镇活木蓄积量10.12万立方米，林产品总收入700万元，森林覆盖率85%。

工业

民国时期，境内有造纸、竹木器、铁器等手工业作坊数十家。中华人民共和国成立后，1958年，创建东风铁矿，因未生产出生铁，于当年底关闭。20世纪60年代，成立铁工厂，有工人20余名，置有机床，可制造简单的生产工具。20世纪70—80年代,发展社队企业(后改名乡镇企业)，境内先后有上峰畜药厂、横江木器厂、隆兴瓷厂、金溪五七工厂，以及竹席厂、筷子厂、竹地板厂、石材厂、红砖厂等。至20世纪90年代，上述企业多因经营效益差或产品销路不畅而倒闭或转体为民营企业。2014年年末，全镇有各类民营工业企业35家，实现工业总产值2000万元。

商贸服务业

明清时期,境内的商贸中心主要有日吉街（今柿竹水库水淹区），街道长约200米，有商铺数十家，经营铁器、印染、南杂、医药、土纸等行业。中华人民共和国成立后，1954—1958年，相继成立金溪供销合作社、肉食水产站、粮油供应站、粮食储运库等国营和集体商贸服务机构，负责供应生产生活资料和收购农副产品。1962年后，分别设立上峰、横江、隆兴3个供销分社和金溪、塘头上、横江、隆兴4个农贸市场。1982年，农村实行改革开放，个体商户逐步发展。1993年，金溪街有私营商铺110家。2001年后，国营和集体商业先后改制为民营商业。2014年年末，全镇有个体商贸户550家，集贸市场4个，社会消费品零售总额0.4亿元。

财政金融

中华人民共和国成立至1984年，乡（社）财政由其办公室兼管，属报账制。1985年，成立乡镇财政所。1995年撤区并乡后设金溪镇财政所。当年，财政总收入163.9万元，主要为工商农业税及各项统筹提留款；财政总支出205万元，主要为上解县财政、社会事业费和行政管理费。1996—2003年，全镇财政累计收入1740.61万元，财政累计支出2302万元，收支两抵累计赤字561.39万元。2004年，实行税费改革，国家取消农户上缴农业税、农业特产税以及统筹提留款。是年，共减少税金167.16万元，农民人均54元。2014年年末，镇财政总收入844.72万元，财政总支出844.72万元。

1956年，成立乡信用社。1963年10月，设立中国农业银行金溪营业所，管理境内金融业务。同年，分别设立上峰、横江、隆兴、金溪信用社。1994年，建立农村合作基金会和互助储金会（简称“两会”），分别由县农经局和县民政局管理。次年，农业银行营业所撤离金溪；上峰、横江、隆兴、金溪4个信用社合并为金溪信用社。1997年,撤销“两会”。2006年,邮政所开办储蓄业务。2014年年末，镇内有金融机构2家，年末各项存款余额2.12亿元，贷款余额0.65亿元。

基础设施

交通运输

民国时期，境内主要道路有一条从金溪庙日吉街分别通往渣江和九峰的石板路，境内长约15公里。中华人民共和国成立后，1959年，建成渣江至九峰公路，境内长15公里。1961年，金溪庙开通长途客车。次年，建设金溪车站。1968年，修通金溪庙至横江、隆兴公路，长8.8公里。1973年,上峰公路竣工通车。20世纪80—90年代,先后畅通隆兴至登山、石庙，柿竹至金门等村的通村公路。与此同时，先后修建五一桥、隆兴桥、横江桥、小寨桥、德江桥和新中桥等6座公路桥梁。2003年起，对境内的县乡村道分批次进行提质改造和水泥硬化。2014年年末，镇内有县道1条、长15公里，乡道1条、长10公里，村道32条、长89.7公里。

邮政通信

民国32年（1943）8月，设金溪庙信柜。1956年，设金溪邮政支局和横江邮政代办所，邮路单程22公里。是年，金溪乡、隆兴乡、上峰乡开通有线电话，线路共长18千米。1980年，金溪区公所设立电话交换机，配话务员1名，部分村通电话。1995年，开通程控电话，固定电话开始进入农家。1998年，移动公司在镇内设立通信基站。2009年，联通进入金溪。2013年，电信开通宽带网。2014年年末，镇内有邮政所1家，移动、联通、电信企业3家，信号发射塔8座；固定电话用户1400户，移动电话用户2万户。

供电饮水

1965年，新中水电站发电，装机容量250千瓦，供金溪公社所属大队部分居民用电。1966年，金溪区农机站开始用柴油机发电，功率50千瓦，供区公所、金溪街道及竹园大队用电。1968年，隆兴河坝水电站建成发电，供隆兴公社机关及街道照明。1989年，成立金溪区农电管理站。是年，国家电网开始向农村供电；先后架通富田至金溪、富田至隆兴2条10千伏高压线。至1995年，基本实现村组通电。2002年起，分批次实施农网改造工程，至2008年，全部完成网改和户改。2012年，建成金溪变电站，总容量6300千伏安。2014年年末，镇内有10千伏线路4条、长60千米，10千伏变压器80台，总容量650千伏安；低压用电线路185千米，供电户99.9%。

2002年，投资73万元，建设洞上、德声供水工程，铺设输水管道10千米，入户网管15千米，解决4200人的饮用水问题。2013年，投资167万元兴建金溪水厂。2014年，国家投资65.4万元，建设枫桥、上峰等5处供水工程。

水利建设

1949年前，境内有山塘约1300口，总蓄水量约60万立方米。中华人民共和国成立后至1957年，大力兴修水利，山塘增加到1530口。1958年9月，建成柿竹（中型）水库，库容量2300万立方米，灌溉面积4930公顷；库区移民1876人，拆迁房屋1037间，淹没耕地138公顷。

改造后的省道210线三十六湾

1966—1974年，先后修建海云、杨柳、接龙桥、七步湾、黄梅、洞上6座小型水库，总库容量387万立方米。同时修建主干渠6条长23.5千米。2014年年末，镇内有山塘1530口，小（一）型水库1座，小（二）型水库5座，中型水库1座，总蓄水量2760万立方米。

镇村建设

民国时期，金溪庙仅有一条不足100米的小街。中华人民共和国成立后至1978年，陆续兴建商店和居民住宅。20世纪80年代至90年代末，商店增多，街道向两端延伸。2013年，新建成农贸市场和医院。至2014年，小城镇面积0.3平方公里。

民国末至中华人民共和国成立初，境内居民住宅多为土砖（土坯）茅屋，瓦房极少。20世纪50年代中至70年代末，居住条件不断改善，新建和改建一批土砖瓦房。80年代至20世纪末，部分居民新建红砖楼房，户平均建筑面积250~400平方米。2000年后，农村呈现住房建设高潮，且多为高档次、舒适型楼房。2006年起，启动社会主义新农村建设，重点改造农村水利、电力、道路等基础设施，建设文明乡村。2013年，油化金溪镇街道。2014年年末，全镇电网改造率、乡村道路硬化率、村民饮水安全率均为100%，环境卫生综合达标率85%。建制村都有办公用房。

社会事业

教育科技

清朝、民国时期，金溪地区多私塾教育，新式教育甚少。中华人民共和国成立初，在发展小学教育的同时，开展扫除农村青壮年文盲教育。至1957年，境内有小学27所。1958年，金溪完小附设初中班。1964年后，推行公办与民办并举两种教育制度，其时，境内有民办小学23所，民办中学（农业中学）3所。1969年，民办小学、民办中学分别并入公办小学和公办中学。至1970年，境内有公社中学4所。是年，建立金溪区办高中。1984年，撤销区办高中，更名为金溪区中学。1986年起，实施普及九年制义务教育规划。1998年，经过省市考核验收，全镇达到“两基”标准。20世纪90年代起，实施中小学危房改造工程，同时整合教育资源，合理调整中小学布局，建设合格学校。2014年年末，全镇有幼儿园4所，在园幼儿380人，专任教师18人；小学13所，在校学生2030人，专任教师118人；初中2所，在校学生933人，专任教师72人。有金溪镇中心小学、荣光完小2所县级合格学校。

1981年，建立公社农科站，有农民技术员30人。1983年起，创办4所农民文化技术学校，传授农业科技知识，年培训260余人次。1996年，建立镇农技服务站。20世纪90年代末，培养科技示范户。2012年，三余村欧阳建军被评为衡阳市“优秀星火科技示范户”。2014年年末，全镇有各类科技示范户75户。

文化体育

民国时期，境内有耍龙灯、狮灯、花灯、武灯习俗，至今仍经久不衰。中华人民共和国成立至1957年，文化活动仍沿袭旧俗。20世纪60年代，建立公社文化站，配有文化辅导员1名，从事文化宣传工作。“文化大革命”期间，组建毛泽东思想文艺宣传队，到各大队巡回演出。1978年，中共十一届三中全会后，兴起文艺创作。1984年，李少友（笔名李昂，日吉村人）的长篇小说《太阳从这里升起》由湖南人民出版社出版；此后，其陆续出版的作品有散文集《明月如镜》《生命的吟唱》。1992年，唐浩明（金溪村人）的长篇历史小说《曾国藩》出版发行；后不久，其创作的长篇历史人物小说《杨度》《张之洞》相继面世。其中，《曾国藩》获首届姚雪垠长篇历史小说奖；《杨度》获国家图书奖；《张之洞》获第二届姚雪垠长篇历史小说奖。20世纪90年代，唐翼明（金溪村人）的书法作品先后在纽约、东京、武汉、中国台北等地展出，并出版专著《十大行书赏析》。2005—2012年，唐长春（杨柳村人）的诗联集《自赏集》《冷斋吟草》及其编辑的《衡阳县历代楹联选》先后由香港天马有限公司出版；汤伯禄（杨柳村人）的诗联集《白鹿山人吟稿》，欧阳恒（隆兴村人）的诗集《憨语村言》，李兴隆（德声村人）的诗作《野草山花集》，唐继彬（小寨村人）的散文《江南春风集》均先后出版。易俊（登山村人）的书法作品获2005年全国第一届大学生艺术展书法组一等奖。唐代敦（石榴村人）的书法作品获中国艺术家协会举办的全国书画艺术大赛书法金奖。2014年年末，镇内有文化站1个，村文化活动中心33个，藏书3万余册，业余文艺创作队伍120余人。

1969年，建立金溪区广播站。次年，公社广播站相继建立，共配广播员5人。1972年，全面实现大队、生产队通广播，喇叭入户率70%。20世纪80年代，开通调频广播，有线广播成为历史。1975年，公社成立电影放映队，有16毫米放映机4台，每月到各大队放映1～2场露天电影。2000年后，随着电视机的基本普及，电影逐渐淡出放映市场。2014年年末，全镇电视综合覆盖率95%。

1991年，桂枝村彭向阳获湖南省少年柔道赛男子56公斤级第二名。1997年，镇内中小学开始按《国家体育锻炼标准》教学，当年达标率27%。至2003年，达标率提高到89.5%。2014年年末，镇内学校有运动场地19个，村级健身场所12个。

医疗卫生

民国时期，境内缺医少药，患者治病以中草药为主。中华人民共和国成立后，1953年，建立区卫生所，有医师2名。1956年，卫生所改名联合诊所。同年，分别在塘头上、隆兴桥设立医疗点。1968年，先后成立金溪区医院和公社卫生院。是年，上峰公社建立公社、大队、生产队三级医疗卫生保健网，成为全国卫生红旗单位。1969年，实行农村合作医疗制度。1973年，金溪区医院更名为金溪地区医院。1979年，上峰公社获湖南省“卫生红旗单位”称号。1995年，金溪地区医院更名金溪镇卫生院。是年，上峰、金溪、横江、隆兴4个乡卫生院并入金溪镇卫生院。2006年，启动新型农村合作医疗，当年参合率达85%。2010年，金溪镇中心卫生院建成交付使用，该卫生院占地0.8公顷，建筑面积5500平方米，为衡阳市农村示范性医院。2014年年末，镇内有医疗卫生机构1所，村卫生室32个，有床位80张，执业医务人员57人；参加新农合32282人，参合率88%。

社会保障

“五保”供养　20世纪60年代初起，对年满60周岁的孤寡老人和无劳动力的残疾人实行“五保”，其生活费由所在生产队统筹。20世纪80年代实行土地承包责任制后，“五保”供养费纳入乡镇统筹，其生活标准不低于当地居民平均生活水平。2005年后，“五保”对象享受城乡居民最低生活保障待遇，其供养费纳入县财政统筹。2014年年末，全镇有“五保”对象306人，其中集中供养30人；共发放供养金95.78万元，年人均3130元。

医疗救助　2006年起，启动城乡居民大病医疗救助。救助对象主要为罹患恶性肿瘤、白血病、尿毒症等大病的城乡低保户、“五保”户。2014年，共救助2365人次，救助医疗费111.54万元。

农村低保 2007年，启动农村居民最低生活保障待遇。是年，镇内有低保对象402户、972人，年人均补助360元，总金额34.99万元。以后，对低保对象实行动态管理，补助标准亦逐年提高。2014年年末，镇内有低保对象976户、1634人，年人均补助1320元，共发放低保金215.69万元。

养老保险 2011年7月，启动城乡居民社会养老保险。是年，登记参保人数9208人，参保率66%，征缴养老基金132万元，为5357名到龄居民发放7—12月养老金175.7万元。至2014年年末，全镇参保人员12050人，参保率83%，征收养老基金150万元，为6047名到龄居民发放养老金453.5万元。

（文字/图片供稿：李兴隆　王湘衡　龚路）

曲兰镇 >>

曲兰镇是中国古代思想家王船山的故里。

区域概况

位置面积

曲兰镇因境内曲兰亭得名。地处县境西北部，东与洪市镇接壤，南临大安乡，西南与金兰镇相连，西北与娄底市双峰县花门镇、石牛乡毗邻。镇人民政府驻夫之社区，距县人民政府驻地40公里。辖区东西最大距离12公里，南北最大距离17公里，总面积115.6平方公里。

建置沿革

清同治十年（1871），曲兰属船山镇。民国32年（1943），设区辖乡，属第七区船山乡、湘西乡。中华人民共和国成立初，仍沿袭国民旧制。1950年3月，撤船山乡，分置曲兰、竹花、高汉、召田、桐梓、思公、阳亭乡；撤湘西乡，分置清水、木山乡，同属第七区。1952年7月，衡阳析为衡阳县、衡南县后，重新调整乡政区，设为第十区（后更名为船山区），辖曲兰、召田、竹花、桐梓、主堂、清水、高汉、月形、云步8个乡。1956年5月，撤区并乡，将竹花、清水并入曲兰乡；将月形、召田并入高汉乡；将云步、主堂并入桐梓乡。1958年9月，建立人民公社（以下简称公社），撤曲兰、桐梓、高汉乡，建星星公社。1961年8月，设区分社，置曲兰、桐梓、高汉公社，同属洪市区。1984年5月，改公社为乡。1995年5月，再次撤区并乡，高汉乡、桐梓乡并入曲兰乡。同年12月，撤乡设镇，称曲兰镇。

行政区划

1996年，镇辖2个社区、40个村。2014年末，辖夫之、玉林2个社区和曲兰、和平、大塘、竹花、湘西、双东、星星、燎原、船山、九江、东亮、青石、清水、泉源、赛桥、晓塘、阳亭、主堂、思中、花桥、形塘、高冲、桐梓、龙虎、界西、云步、何隆、栗树、前进、仁里、回龙、木山、高汉、合中、月形、双龙、黄龙、杨柳、青草、召田等40个建制村，下设2个居民小组、479个村民小组。

自然环境

镇域属山地、丘陵结合地区。境内四面环山，中部丘陵平町相间，整个地势由北向南倾斜，境内山地主要分布在北部及与双峰县相接的边缘。最高山黄龙山主峰海拔485米，山体沿衡阳县边境延伸20余公里，形成西北面的天然屏障。境内丘陵主要分布在东、西部及南部，相对高度150～200米，坡高20～25度，属高丘陵地带。

镇域光热丰富，无霜期长，雨量适中。年平均气温 17℃ ~ 18℃，极端最低气温 -9.3℃（1972 年 2 月 9 日），极端最高气温 39.8℃（2010 年 8 月 5 日）。年平均降水量 1267 毫米，降水日数约 151 天，最多年份达 187 天（1970 年），最少年份 92 天（1963 年）；极端年最大降水量 1759 毫米（1970），极端年最少降水量 940 毫米（1963 年）。降水集中在每年 4—9 月，5、6 月最多。常年主导风为北风，夏季为东南风，并有雷电气象。境内土壤分为水稻土、红壤土、紫色土、潮土四大类。全境河流属蒸水支流，境内总长 13 公里。

人口民族

2000 年，辖区总人口 43575 人，其中男性 23163 人，占 53.16%；女性 20412 人，占 46.84%。总人口中，农业人口 42455 人，城镇人口 1120 人。2010 年，总人口 45609 人，其中男性 23678 人，占 51.92%；女性 21931 人，占 48.08%。总人口中，农业人口 44426 人，城镇人口 1183 人。2014 年年末，辖区总人口 51379 人，其中常住人口 46260 人。城镇化率 22.7%。总人口中，男性 26563 人，占 51.7%；女性 24816 人，占 48.3%；0~14 岁 10500 人，占 20.44%；15~59 岁 33059 人，占 64.34%；60 岁以上 7820 人，占 15.22%。人口自然出生率 14.62‰，死亡率 7.23‰，自然增长率 7.39‰。辖区内人口均系汉族。

经济发展

经济综述

镇域经济由农业、工业和服务业构成。农业以种植水稻、油菜和养殖畜禽鱼类为主；工业以建筑建材、制鞋和农产品加工为主。2014年年末，全镇实现地区生产总值7.12亿元，粮食总产量2.64万吨，财政总收入895万元，农村居民人均可支配收入11863元。

农业

种植业 民国时期，农业生产水平低下，粮食亩产不到200公斤。中华人民共和国成立后，1950年，实行土地改革。1957年，粮食平均亩产提高到250公斤。1958年，成立人民公社，后连遇三年国民经济困难时期，粮食减产歉收。1962年，实行以生产队为基本核算单位，贯彻按劳分配原则，改进耕作技术，扩大双季稻种植面积，加强水稻病虫害防治，粮食生产稳步发展。1969年，双季稻面积达到1620公顷，占水田面积85%，平均亩产粮食400公斤，总产量9720吨。1976年，开始试种杂交晚稻，后逐年扩大种植面积。至1984年，全镇种植杂交晚稻1820公顷，亩产410公斤，总产1.2万吨，实现晚稻一季总产超过1969年粮食总产量。1996年，水稻种植面积2730公顷，粮食总产量2.21万吨，亩产540公斤。2005年，大面积种植双季杂交稻。2014年，全镇水稻种植面积3200公顷，产量2.64万吨；油菜面积800公顷，总产量2346吨；蔬菜面积260公顷，总产量0.47万吨；水果面积230公顷，总产量0.29万吨；农业总产值2.2亿元。

养殖业 境内素有养殖猪、牛、鸡、鸭、鱼等畜禽水产习惯。民国时期，饲养的禽畜鱼数量少，产量低。中华人民共和国成立后，政府鼓励农民饲养家畜家禽。1955年，开始发展池塘养鱼，养猪养鸡农户和饲养数量亦渐次增多。20世纪60年代至70年代末，池塘水库养鱼由生产队集体经营，确定专人负责放养，亩产鲜鱼27.5公斤。1979—1981年，推行“六定”（定人员、定鱼种、定成本、定产量、定报酬、定奖罚）责任制，鲜鱼产量大幅提高，亩均产鱼47.5公斤。1982年，随着“开放搞活”方针政策的贯彻实施，国家大力扶持和鼓励农民发展养殖业，涌现一批养殖大户。是年，出栏生猪8500头，家禽10万羽。1990年，境内出现养猪专业户，养生猪1.05万头。2000年，养殖专业户向自繁、自养、自配制饲料方向发展。思中村邹定贤兴办养猪场，饲养母猪40头、杜洛克种猪4头，繁殖饲养肉猪510头，并有一台饲料粉碎机加工配制饲料。2010年，回龙猪场建成投产，当年饲养生猪500头。2000—2010年，先后建成投产的有杨柳村、思中村、回龙村等10个专业生猪养殖场。2014年，全镇生猪专业养殖户12户，出栏生猪3万头，年末存栏2万头；出栏羊2200头，年末存栏900头；出笼鸡13万羽。养鱼水面7.8公顷，产鲜鱼6.4吨。实现养殖业总产值0.95亿元。

林业 境内有宜林山地7960公顷。2014年，全镇有林地面积6630公顷，实现林产品总值1700万元。森林覆盖率56.5%。

工业

清朝、民国时期，境内有铁器、木器、竹器、造纸、纸伞等手工作坊数十家。中华人民共和国成立后，1953—1956年，通过对私营工商业实行社会主义改造，全镇有手工业生产合作社3家，主要制造纸伞、竹木器等，从业人员30多人。1960年，兴办酿酒厂。20世纪80—90年代，兴办乡镇企业，镇内有建筑、竹木器加工等工业企业10家，从业人员160多人，年总产值8700万元。2004年后，镇办企业改制为民营企业。以建筑业、鞋业和玩具、食品加工为主。2014年，镇内有民营工业企业36家，工业总产值9500万元。

商贸服务业

明、清至民国时期，曲兰、桐梓坪逐步发展成为街道，有商铺数十家。中华人民共和国成立后，先后在曲兰老街设立供销合作社、肉食水产站、粮油购销站及粮食储运库，供应生产、生活资料和收购农副产品。1955年，镇内有私营商贸户95户，从业人员180多人。1958年，取消集市贸易和个体商贩，商贸服务由供销社或合作商店统一经营。1962年后，逐渐恢复集贸市场，但对商品种类仍有所限制。1970年，镇内有国营、集体商业网点30个，从业人员270多人。1978年后，实行改革开放，逐步放开市场，个体商业得到发展。1995年，个体商业户发展到117户，224人。此后，民营商业成为流通领域的主体。2014年，镇内有各类商贸服务业800余家，从业人员2050人，涉及餐饮、运输、金融、通信、文化、医疗、药品、保险、旅游、休闲娱乐等行业。有集贸市场3个，社会消费品零售总额2.85亿元。

财政金融

中华人民共和国成立至1984年，乡（社）未建立财政机构，由财粮委员或秘书兼管。1985年，成立镇财政所。是年，乡财政总收入265.5万元，主要为工商税和农业税收；财政总支出201.7万元，主要为支援农业、行政管理费和上解县财政。2004年，农村税费改革，国家取消农民上缴农业税、农业特产税和各种税费共计238.37万元。2014年年末，实现财政总收入894.55.万元，财政总支出894.55万元。

1956年，建立曲兰乡信用合作社。1962年，设曲兰、桐梓、木山3个信用分社。1994年，成立农村合作基金会。1997年，清理取缔农村“两会”（合作基金会、互助储金会），合作基金会被撤销，其账务移交县农村合作经济管理局。2014年，镇内有镇信用社1家，分社2家，职工25人；年末储蓄存款余额2.8亿元，贷款余额1.2亿元。

基础设施

交通运输

1958年，建成演陂桥至曲兰公路，境内长13公里。同年，曲兰至柞树坳公路和曲兰至界溪公路分别竣工。1976年，桐梓坪至金兰寺公路修通，境内长11公里。20世纪80年代至90年代，先后修通曲兰、船山、东亮、桐梓、高冲、杨柳、月形等40条村道。2004年起，对镇内乡村道路分批进行提质改造和水泥硬化。2010年，完成省道210线曲兰路段提质改造工程和金桐、曲桐公路改造硬化。2013年，镇内通村道路全部实现水泥硬化。是年，启动娄衡高速公路建设工程，境内长13公里。2014年年末，镇境内有高速公路（在建）1条，长13公里，并设有进出口；省道1条，长16公里；县道2条，长13公里；村道40条，总长150公里。

1978年，桐梓坪汽车站建成投入运营。2002年，成立船山客运公司。是年，建成曲兰客运站，日发客运汽车62班次，日载客量2300余人次。

邮政通信

明、清时期，衡州至湘乡驿道途经境内，设有曲兰、桐梓、高汉3个驿铺。民国32年（1943）8月，设桐梓坪邮政代办所和曲兰信柜。1957年，设立曲兰邮电所。20世纪60年代起，公社（镇）、大队（村）均设有邮政投递点，邮路单程150公里。2014年，有邮政所2处，代办点1处。

1956年，曲兰乡通电话，明线长24对千米。1962年，架设曲兰至高汉公社电话线路，长约12对千米。1980年后，有部分村通电话。1998年开始，在境内建移动电话基站。2014年，镇内有电信企业1家，程控电话交换机1万门，固定电话用户1800户；移动电话基站3个，移动用户30000余户。

供电饮水

1992年，乡内开始供电。此后，供电范围逐步扩大。至1995年，全镇10千伏配电线路74.26千米，10千伏变压器40台，总容量2600千伏安；低压用电线路总长278.4千米，村及村民小组通电率100%。2000年后，分期分批实施电网改造，先后对40个村进行线改和户改，共改造和新增10千伏线路32.6千米，新增和更新10千伏变压器35台，完成户改9603户。2003年，建成镇供电所，有35千伏变电站1座。2014年年末，全镇有10千伏配电线路1条，线路总长150.6千米，10千伏变压器75台，总容量15000千伏安，低压用电线路长822千米；42个村（社区）、481个村（居）民小组全部通电，用电户13256户，占总户数的98.5%。

2014年，镇自来水厂建成供水。

水利建设

1949年，境内有水塘2200口，蓄水总量约150万立方米。中华人民共和国成立后，人民政府把兴修水利作为发展农业、改善民生的大事来抓。1953—1957年，共整修扩建水塘2100口，蓄水总量300万立方米。1959年10月至1966年12月，建成千山、盘古庙、驴门前3座小（一）型水库，库容量500万立方米，改善灌溉面积490公顷。20世纪60—70年代，先后兴建金塘、湖塘、泉塘、李子冲、和睦、雷组等8座小（二）型水库，总蓄水量320万立方米。2014年年末，镇内共有小（一）型水库3座，小（二）型水库8座，水塘2128口，渠道、渡槽5条，共长8千米，总蓄引提水量850万立方米。

镇村建设

1992年，原曲兰乡投资100万元建设办公楼，建筑面积1600平方米。1995年，镇政府投入资金50万元硬化曲兰街道。此后，相继新建镇文化站、财政所等办公设施。

湘西村湘西学校

民国末至中华人民共和国成立初，境内居民住宅多为土砖茅屋，瓦房极少。20 世纪 50 年代中至 70 年代末，居住条件不断改善，新建一批土砖瓦房。80 年代至 20 世纪末，大部分居民新建了红砖楼房，户平均建筑面积一般在 250~450 平方米。2000 年后，农村居民住房建设逐渐趋向高档化、舒适型。2006 年，启动社会主义新农村建设，重点改造农村水利、电力、道路等基础设施，2009—2012 年，省人民检察院扶贫工作小组进驻湘西村，完善村组道路、人居环境等基础设施，建设文明富裕乡村。2014 年年末，全镇电网改造率、乡村道路硬化率、村民饮水安全率均为 100%，环境卫生综合达标率 85%。建制村都有办公用房。

社会事业

教育科技

清代，境内著名的私塾有"邹氏召田义学"，分别在高汉、桐梓坪和曲兰设有分馆。民国时期，仍有私塾，后国民政府废私塾，提倡新式教育，境内小学渐增。至 1949 年，有培才、龙麓、曲兰、红旗、桐梓等 9 所保国民小学和族校。中华人民共和国成立后，在大力发展小学教育的同时开展扫除青壮年文盲教育。1956 年，境内有完全小学 1 所，初小 19 所。1958 年，曲兰完小附设初中班，同时创建曲兰民办中学。1964 年，推行全日制与半日制、公办与民办两种教育制度并举，境内有农业中学 3 所，民办小学 15 所。1969 年，农业中学、民办小学分别并入公办中学和公办小学。1974 年，按照"一个公社办 1 所初中，一个大队办 1 所小学"的布局，境内有初中 3 所，小学 40 所。1998 年，曲兰镇通过省、市考核验收达到国家"两基"标准。2001—2002 年，整合教育资源，合理调整农村小学布局。至 2003 年，镇内有村联合小学 19 所。2014 年年末，全镇有幼儿园 3 所，在园幼儿 930 人，专任教师 63 人；小学 19 所，在校学生 1800 人，专任教师 120 人；初级中学 3 所，在校学生 1700 人，专任教师 220 人。有曲兰中学、高汉中学、桐梓中学及曲兰中心小学、桐梓小学、金星小学、湘西小学、星星小学等 14 所县级合格学校。

1981 年，建立公社农科站，有农民技术员 30 余人。1983 年起，创办农民文化技术学校 3 所，向农民传授农业科技知识，年培训约 470 人次。20 世纪 90 年代后期起，建立农民科技示范户。至 2014 年年末，全镇有各类科技示范户 45 户。

文化体育

明末清初，后人辑有王夫之的诗集《柳峰吟》《溶花诗》《遣兴诗》《和梅花百咏》《雁字诗》《仿体诗》《鼓棹初集》《鼓棹二集》《潇湘怨词》等 19 种共 1950 首。民国时期，境内民间有龙灯、狮舞。中华人民共和国成立初，以俱乐部为文化活动阵地。1964 年后，设立公社文化站，配文化辅导员 1 名，负责文化宣传活动等工作。1966—1976 年，农村文化活动单一，大多为"语录歌""样板戏""忠字舞"所替代。中共十一届三中全会后，农村文化趋向多样化。2007 年 8 月，镇文化站更名为文体站。2011 年，投入资金 200 万元建成镇文体站，面积 1000 平方米。2011 年 4 月，成立船山故里文化社。是年，出版《船山故里行》。2014 年，成立船山诗社。2014 年年末，有文体站 1 个，工作人员 3 名；村文化活动中心 40 个，图书 4.9 万册；各类文化专业户 35 户，从业人员 98 人；业余文艺创作人员 29 人。

1972 年，建立公社广播站，配工作人员 3 名。是年，40 个大队、496 个生产队实现队队通广播；

线路总长170千米，喇叭入户率30%。1975年，建立公社电影放映队，有放映机3台。1985年，镇广播站更名为广播电视站。20世纪90年代后，随着县广播电台调频道的开通，结束有线广播的历史。1994年，广播电视站易名为有线电视站。2014年年末，全镇有线电视网络1.56千米，用户2239户；无线电视用户2659户，电视综合覆盖率为100%。

1997年，境内中小学开始按《国家体育锻炼标准》教学，当年达标率为29%。至2000年，达标率提高到90%。2014年年末，镇内学校共有运动场所19个，总面积达0.98万平方米。

医疗卫生

清代、民国时期，境内缺医少药，治疗病患者素以中草药为主。中华人民共和国成立后，医疗卫生事业不断发展。1953年，成立区联合诊所，有中医9人。1959年，建立公社卫生院。是年，推行新法接生，当年新法接生率达18%。1968年后，大队卫生室相继建立，分别配有赤脚医生和妇幼保健员。1969年，建立农村合作医疗制度。1980年，对0～7岁儿童作健康检查，发现有19%的儿童患病，全部实行免费治疗。2006年1月，启动新型农村合作医疗，当年参合率75%。此后，参合人数逐年增加。2014年，投入资金380万元，新建镇卫生院，建筑面积2000平方米，并添置病床和医疗检测仪器。2014年年末，镇内有卫生院1所，门诊部3个，村卫生室40个，病床60张，执业医务人员62人；参加合作医疗人数43892人，参合率87.75%；补偿兑付1053人次，补偿总金额64.31万元。

社会保障

灾害救助 1954年5—6月，境内连续3次遭受洪涝灾害，县、乡发动群众以工代赈，修复水毁工程，下拨粮食救济灾民。2008年1月，镇内18户村民因严重冰雪灾害造成房屋倒塌，县、镇共拨救灾款18万元，帮助重建新居。

“五保”供养 20世纪60年代起，对孤寡老人和无劳动能力的残疾人实行“五保”，其生活费由所在生产队统筹。80年代后，“五保”供养纳入乡统筹。2005年起，城镇“五保”对象享受城镇最低生活保障待遇，其供养经费由县财政拨付。2007年，改扩建曲兰卫生院桐梓分院为镇敬老院，集中供养部分“五保”老人。2014年，全镇有“五保”对象342人，其中集中供养24人；共拨付供养金95.95万元，年人均2800元。

医疗救助 2006年起，实施城镇居民大病医疗救助。救助对象主要为罹患恶性肿瘤、白血病、尿毒症等大病的城镇低保户、“五保”户。是年，救助对象21人次，共救助住院医疗费2.3万元。2007—2014年，共救助797人次，救助总金额64.3万元。

农村低保 2007年7月起，实行农村居民最低生活保障待遇。是年，镇内有低保对象269户、539人，占居民总户数的0.9%；年人均发放低保金360元，共发放金额19.4万元。此后，对低保对象实行动态管理，补助标准亦渐次提高。2014年年末，镇内有低保对象922户、1844人，年人均标准1476元，共发放低保金272.1万元。

养老保险 2011年7月，启动城镇居民社会养老保险。是年，镇内城乡居民登记参保人数13100人，参保率为75%；征缴养老基金178万元，为5600名到龄居民发放7—12月养老金184.8万元。至2014年年末，城镇居民登记参保人数为16173人，参保率为80.1%；征缴养老基金198.56万元，为7820名到龄居民发放养老金703.56万元。

船山故居——湘西草堂

特色地情

知名人物

朱少连（1887—1929）字汉英，号孝廉，曲兰镇湘西村人。无产阶级革命家，中国工人运动早期领导人之一。历任株萍铁路总工会委员长、安源路矿工人俱乐部副主任、中共湖南省委执行委员、安源路矿工人罢工指挥部副总指挥、安源路局主任等职，多次组织发动工人运动。1923 年，在中共第三次全国代表大会上当选为中央执行委员。1927 年，配合秋收起义策动工农武装攻打株洲镇团防局。1929 年，在安源不幸被捕遇害。

名胜古迹

湘西草堂·船山墓庐 位于曲兰镇湘西村，中国古代思想家、哲学家、文学家王夫之（王船山）的晚年故居。清顺治十七年（1660），王船山举家迁居衡阳县金兰乡高节里茱萸塘（今曲兰镇湘西村）。初建“败叶庐”；10 年后改筑“观生居”，并自题堂联：“六经责我开生面，七尺从天乞活埋”。康熙十四年（1675）秋，筑“湘西草堂”，结构为三间茅舍。王船山一生中的最后 17 年就生活在这里，他的大部分著述也在此完成。1981 年，县人民政府对草堂进行维修，改茅舍为瓦屋。屋前门额“湘西草堂”为赵朴初所书。室内陈列有王船山晚年著书立说的珍贵文献资料和生活起居等文物。距故居约 5 公里的大罗山下有船山墓庐。两处皆为全国文物保护单位。

石船山 位于曲兰镇竹花村。《湖南通志》载：“石船山在县西（今衡阳市）一百二十里，有石似船，明遗老王夫之隐居处。又有桃坞山，与石船山相接。”石船山距湘西草堂 1.5 公里。其山为岩石结构，长约 50 米，宽 15 米，形似覆舟；石檐自然向外延伸数尺，可避风雨；檐下有一凹形石洞，洞内一方石平如桌面。相传夫之常到此观景抒情，赋诗明志。故后人以此山称王夫之为“船山先生”。

朱少连故居 又名留孝堂。位于曲兰镇湘西村。系中国工人运动早期领导人、中共第三届中央执行委员朱少连之故居。故居建于清代，青砖瓦房，为江南民居建筑风格。省级文物保护单位。

（文字 / 图片供稿：邹成桂 伍芳）

界牌镇 >>

1997年和2012年，界牌镇先后被湖南省计委和发改委评选为全省经济“百强镇”“特色镇”。

区域概况

位置面积

界牌镇因驻地“界牌”得名。地处县境东北部，东南临岣嵝乡，西接渣江镇、石市镇，北抵衡山县马迹镇。镇人民政府驻红星社区瓷城路188号，距县城西渡51公里。辖区东西最大距离17.8公里，南北最大距离12.5公里，总面积98.94平方公里。

建置沿革

清同治十年（1871）至民国30年（1941），界牌属永福乡。民国31年（1942）4月，置福政镇，属衡阳县第八区。民国32年（1943），复名福政乡。中华人民共和国成立初，仍沿袭民国旧制。1950年3月，撤销福政乡，分置界牌、大兴、银溪、国清、白象乡，隶属第八区。1952年7月，衡阳、衡南分县后，重新设置区乡政区，境内设界牌、银溪、大兴、白象、国清、石基、上塔、陶公8个乡，同属十四区（后改称银溪区）。1953年3月，并界牌、大兴、银溪3个乡设立界牌镇，为区级镇。1956年5月，撤区并乡，国清、陶公、上塔、石基4个乡并入白象乡。1958年9月，成立人民公社，撤销界牌镇、白象乡设立超美公社（后复名界牌公社）。1961年8月，设区分社，设界牌、国庆公社，属界牌区。1964年5月，析界牌公社一部分重置界牌镇，仍为区级镇。1984年5月，废除公社称谓，复称乡镇，界牌公社并入界牌镇。1995年5月，再次撤区并乡，国庆乡并入界牌镇。

行政区划

1996年，辖6个社区、25个村。2014年年末，辖中心、红星、长风、大兴、桂花台、桐梓坪6个社区和将军、莲花、七星、石基、造基、胜利、共升、天马、银溪、湖坪、界牌、同胜、蟠龙、丰岭、平田、两冬、上塔、高山、长车、国庆、石碧、界江、陶公、象山、白象25个建制村，下设26个居民小组、276个村民小组。

自然环境

境内四周为山地，东北部偏高，平均海拔约650米，呈梯形结构，最高峰雷钵岭（又名石廪峰）主峰海拔1189.3米；西南部略低，平均海拔约400米；中间为狭长盆地。山地面积约占全境80%。镇域气温四季分明，年平均气温16℃～17℃，极端最低气温-9℃（1972年2月9日），极端最高气温39.5℃（2010年8月5日）。

年平均降水量1350毫米，降水日数为153天，最多年份达到185天（1970年），最少年份97天（1963年）；极端年最大降水量1830毫米（1970年），极端年最少降水量1020毫米（1963年）；降水量集中在每年的4—9月，5、6月最多。常年主导风为北风，夏季为东南风，并有雷电气象。境内土壤为水稻土、紫色土、红壤土、潮土四大类。全境属蒸水水系。主要河流银溪河、车子河等皆发源于境内，流入斜陂堰水库。

人口民族

2000年，辖区总人口28456人，其中男性15407人，占54.14%，女性13049人，占45.86%。总人口中，农业人口18316人，城镇人口10140人。2010年，总人口30390人，其中男性15986人，占52.60%；女性14404人，占47.40%；农业人口20742人，城镇人口9648人。2014年年末，全镇户籍总人口35325人，其中，常住人口30950人，城镇化率54.6%。总人口中，男性18838人，占53.3%；女性16487人，占46.7%。0~14岁7296人，占20.37%；15~59岁23474人，占66.45%；60岁以上4555人，占13.18%。人口出生率12.56‰，死亡率7.08‰，自然增长率5.48‰。辖区人口均为汉族。

经济发展

经济综述

镇域经济由农业、工业和服务业构成。农业以水稻、油菜为主；工业以瓷泥开采加工和陶瓷生产为主。2014年年末，全镇实现地区生产总值41.8亿元，粮食总产量7250吨，财政总收入826万元，农村居民人均可支配收入12328元。

农业

种植业 民国时期，农业生产水平低，亩产粮约180公斤。中华人民共和国成立后，1950年，实行农村土地改革。1953年，组织农业生产合作社，粮食增产丰收，平均亩产提高到200公斤。1962—1975年，扩大双季稻种植面积，实行科学种田，粮食平均亩产达到330公斤。1976年，开始试种杂交晚稻，后逐年扩大种植面积。至1983年，杂交晚稻面积达到1066公顷，占水田面积的80%，亩产380公斤。1990—2013年，水稻年播种面积稳定在1000公顷左右，亩产450公斤。2014年年末，全镇粮食面积996公顷，总产量7250吨；油菜1000公顷，总产量1500吨。农业总产值0.55亿元。

养殖业 境内素有养殖禽畜习惯。民国时期，饲养猪禽数量极少，养牛仅供耕作之用。中华人民共和国成立至1979年，禽畜数量虽不断增多，但发展较为缓慢，年户均养猪约1.3头、鸡15羽。1980年后，陆续出现一批养猪养羊专业户。2014年年末，全镇共出栏生猪0.8万头，羊1100头，鸡17万羽，出水鲜鱼5吨。养殖业总产值0.25亿元。

林业 境内有林地面积6520公顷。主要树种有油茶、南竹、杉、松等，其中油茶最多。2014年年末，全镇林产品收入0.15亿元，森林覆盖率90%。

工业

明代，界牌水架桥之同发岭有青花瓷窑址。清朝雍正年间，界牌人王芝堂发现瓷泥矿源。道光年间，江西人马氏兄弟在此建窑生产。民国时期，界牌瓷业引进新技术，以“洋墨”取代“吴集土墨”，加绘手工绿等花色，工艺实现由粗糙到精细的技术进步。至1949年8月，辖区内有瓷器作坊338家，从业者2000余人，年生产粗瓷700

多万件。中华人民共和国成立后，政府大力扶持发展陶瓷产业。1954 年 7 月，组建瓷器生产合作社；9 月，建立县办魏家嘴瓷厂。1956 年，完成对私营工商业的社会主义改造后，全镇有 5 家公私合营瓷厂、21 个瓷器生产合作社。1958 年初，建立县办瓷泥厂。1959 年 1 月，将 5 家公私合营瓷厂和 21 个瓷器合作社合并为衡阳县界牌瓷厂。1962 年，县界牌瓷厂由湖南省轻工业厅接管，更名为湖南省界牌陶瓷总厂，此后，陶瓷生产规模、工艺水平、产品质量均不断提升，产品数量由 1963 年的 759 万件增加到 1967 年的 1712 万件，1977 年达到 3936 万件。与此同时，建设一批乡镇企业瓷厂。1976 年，成立县瓷泥矿（后更名为非金属矿）。至 1978 年，开采瓷泥（高岭土）8.2 万吨（不含界牌陶瓷总厂，下同），其中自用 2.5 万吨、外销 5.7 万吨。1979 年，桐梓坪、红星、振兴、星光等瓷厂相继建成投产。1984 年 12 月，红星瓷厂生产的“宇宙”杯碟获“湖南省优质产品”。至 1990 年，全镇有镇村（社区）瓷厂 37 家，从业人员 5000 余人，年产日用瓷 8500 万件，产品远销美国、加拿大、瑞士等 60 多个国家。1993 年 4 月，桐梓坪瓷厂获湖南省“出口创汇先进单位”称号。1993 年，红星、桐梓坪、星光、振兴、兴业、明星、旅游等 7 家瓷厂组建湖南衡阳银河陶瓷集团公司。2000 年后，桐梓坪、红星等 7 个镇属集体工业企业先后改制为民营企业。2014 年年末，镇内有民营工业企业 45 家，年产日用瓷器 3000 余万件；瓷泥开采企业 13 家，矿产品加工企业 14 家，年销售瓷土 312 万吨、矿产品精深加工 251 万吨。实现工业总产值 40.92 亿元。

商贸服务业

清代至民国时期，界牌的银溪桥老街有商铺数十家，主要从事瓷器销售、搬运、餐饮、旅店等商贸服务。中华人民共和国成立后，1952—1956 年，先后设立界牌区供销合作社、肉食水产站、粮油购销站及粮食储运库等，供应生产、生活资料和收购农副产品。1958—1961 年，一度取消集贸市场；1962 年后恢复，但对商品种类仍有限制。1962 年，设立公社供销分社。1982 年后，实行改革开放，搞活商品流通，个体商业逐渐发展。20 世纪 90 年代后期，民营商业成为流通领域的主体。1995 年，镇内有个体商贸户 145 家，从业人员 650 人。2000 年后，国营商业、集体商业相继改制为民营商业。2014 年年末，全镇有商业网点 308 个，集贸市场 4 个，从业人员 837 人；社会消费品零售总额 2.76 亿元，出口总额 2100 万美元。

财政金融

中华人民共和国成立至 1984 年，镇（社）财政收支由其办公室兼管，属报账制。1985 年，成立镇财政所。2004 年，农村税费改革，国家取消农民上缴农业税和农业特产税。是年，全镇共减少税金 108.89 万元。2014 年年末，全镇财政总收入 826.3 万元，主要为工商税收；财政总支出 822.8 万元，主要为服务“三农”（农民、农业、农村）、上解县财政和行政管理费。

1952 年，设立中国人民银行界牌营业所，管理境内金融业务。1954 年，成立农村信用社。1982 年，中国农业银行营业所入驻界牌。1985 年 1 月，撤销人民银行界牌营业所，其金融业务移交农业银行营业所。2009 年，设立中国邮政储蓄银行界牌营业处。2014 年年末，镇内有金融机构 3 家，年末各项存款余额 5.37 亿元，贷款余额 6561 万元。

基础设施

交通运输

清代、民国时期，境内主要道路有界牌通往衡阳的石板官道。中华人民共和国成立后，1958年5月，西渡至界牌（西界线）公路建成通车。1977年6月，修通银溪桥至造基、将军、两冬等村3条村道。至1990年，境内村道陆续畅通。1991年9月，国腊公路（岣嵝乡腊树蔸至原国庆乡）竣工通车，全长7.22公里。2004年起，分批次实施乡村公路改造硬化工程，至2012年，镇内所有乡、村公路全部实现水泥硬化。2014年年末，境内有乡道2条、长14.5公里，村道45条、总长102.6公里。

1950年6月，成立界牌搬运工会（后改名搬运服务社）。1958年，开通界牌至西渡客运班车。1979年建立界牌客运站。2014年年末，镇内有民营客运车辆16台，座位220个，日发送乘客450人次；有货运车辆380台，总吨位3600吨。

邮政通信

民国32年（1943），境内分别设立界牌邮政代办所和银溪桥信柜。1956年，设立界牌邮政支局和银溪代办所。是年，镇机关通电话。1970年后，有部分村通电话。1998年，移动、联通公司分别在境内建设移动电话基站。2000年后，开通程控电话。2014年年末，镇内有邮电所1处，代办点2处；电信企业2家，移动电话基站5个，固定电话用户2800户，移动电话用户2500余户，互联网用户2700余户。全年电信业务收入158万元。

供电饮水

1958年6月，建成龙头河水力发电站，装机容量84千瓦，年发电量3000千瓦时。1965年初，架设南岳至界牌35千伏高压输电线路，全长21千米。1967年9月，建设界牌35千伏变电站，当年底投入运行。1978年，在龙头河发电站基础上建成大冶电站（后更名为界牌电站），装机11台，装机容量3365千瓦，年发电量760万千瓦时。此后，陆续架设中心、红星、长风、大兴、桂花台、桐梓坪和共升7个社区（村）供电线路。1993年，平田、上塔2个村供电。至此，全镇城乡通电率为100%。1999年起，分批次实施农村电网改造工程。至2013年，全镇14个村全部完成电网改造（其余11个村为小水电供电区）。2014年年末，全镇有10千伏配电变压器60台，10千伏高压输电线路27千米，400伏低压输电线路91千米，用电户10300户，供电率100%。

1993年，建成镇自来水公司，设有蟠龙和樟树桥2个水厂，日供水6000吨；供水主管网19.2千米。1995年，镇自来水公司划归界牌电站管理。

水利建设

1949年，境内有水塘783口，蓄水总量约120万立方米。中华人民共和国成立后，人民政府把兴修水利作为发展农业、改善民生的大事来抓。1953—1959年，共整修扩建水塘783口，新建水塘近150口，蓄水总量250万立方米。同时，分别建成上塔、樟树桥、龙头河等3座小（二）型水库。1977—1978年，先后兴建将军庙、造基、两冬、蟠龙等4座小（一）型水库，总容量948万立方米；修建渠道4条，总长26.5千米。2014年年末，镇内有小（一）型水库4座，小（二）型水库3座，水塘935口；渠道7条、渡槽3条，总长35.79千米。总蓄水量1348万立方米。

镇村建设

界牌是一座依托陶瓷产业发展起来的工矿型小城镇，素有“非金属之乡”“十里瓷城”之美誉。

据房屋普查资料统计：1958 年，镇内城镇房屋建筑面积为 8.34 万平方米；1982 年，城镇各类建筑面积为 19.81 万平方米；1986 年增加到 28.1 万平方米，其中居民住宅面积 8.34 万平方米。1987 年后，城镇建设提速，先后建成里泥街、河街、银溪新街、新建街 4 条街道。与此同时，建设水架桥和车站 2 个集贸市场，并对模河、大兴、杨冲、落山嘴 4 条城区道路进行水泥硬化。2012 年，界牌镇确定为湖南省特色镇。2014 年年末，城区建成面积 1.5 平方公里。

民国末至中华人民共和国成立初，境内农村居民住宅多为土砖（坯）茅屋，瓦房很少。20 世纪 50 年代中至 70 年代末，新建和改建部分土砖瓦房。80 年代至 90 年代末，大部分居民新建红砖瓦房，户平均建筑面积约 250~400 平方米。2006 年起，启动社会主义新农村建设，重点改造农村水利、电力、道路等基础设施。至 2014 年年末，全镇电网改造率、乡村道路硬化率和居民饮水安全率均为 100%。

社会事业

教育科技

教育　民国 34 年（1945），乡人屈子健在到湾屈祠设立光华补习学校。1949 年，境内有国民小学和私立小学 4 所。中华人民共和国成立后，在发展小学教育的同时，开展农民识字教育，扫除青壮年文盲。至1957年，境内有初小5所，完小1所。1958年，银溪完小附设初中班。1969年，界牌陶瓷总厂职工子弟学校附设高中班。是年，境内有小学13所、初中3所。1973年，设立界牌区高中。1989年，界牌中学教师陶于韶被评为全国教育系统劳动模范。1990年，界牌区中学高中部停办。是年，界牌中学与银溪中学合并，称界牌镇中学。1998年，界牌镇中心小学组织“红领巾读书读报”活动，先后被共青团湖南省委、共青团中央评为先进集体。1999年，调整学校布局，撤并部分中学和小学，国庆中学与界牌镇中学合并为界牌镇中心学校。2006年，界牌陶瓷总厂子弟学校移交县教育局管理，与银溪小学合并为银瓷完小。2014年年末，镇内有幼儿园6所，在园幼儿743人，专任教师61人；小学8所，在校学生2105人，专任教师121人；中学1所，在校学生1032人，专任教师46人。

科技　1983年，界牌陶瓷总厂技术员刘石生、伍桂录、杨志成等研制出国内第一台鱼盘制坯机，获湖南省科技三等奖。1984年，界牌电站“多库多机组电站用水”项目获省级科技成果三等奖。1985年，红星瓷厂仿古釉下青花艺术瓷成套出口产品开发项目列入省科委“星火计划”。1986年，界牌区农机厂190型柴油机节流启动器获湖南省农业厅科技进步三等奖。1989年，举办陶瓷培训班，培训生产出口瓷技术工人150人。2012年，平田村胡义来评为衡阳市“优秀星火科技示范户”。2014年年末，全镇有各类科技示范户38户。

文化体育

民国时期，境内有唱马灯、耍“火灯”等习俗。中华人民共和国成立后，1950年，由祁剧和花鼓戏艺人联合组建衡西剧团。次年，祁剧析出单独成立新中祁剧团。1955年，在银溪桥建简易剧场。1958年，新中剧团更名为衡阳县祁剧团，迁往县城西渡。1966—1976年“文化大革命”期间，成立毛泽东思想文艺宣传队，演唱革命歌曲和“样板戏”。1980年，成立界牌公社业余花鼓戏剧团。是年，建成界牌电影院，有2个农村电影放映队。1981年，界牌公社业余剧团获湖南省“群众文化先进单位”称号。1987年，界牌的文学爱好者成立片石文学社。20世纪90年代，赵诗政（又名赵仲才，石基村人）的专著《中华诗词艺术》《诗

界牌釉下五彩瓷

词写作概论》先后出版发行，并为多所大学选作教材。同期，黎政初（字德贵，又名黎晖、黎苏，石基村人）的多件书法作品先后在日本、澳大利亚、美、英、加拿大等国展出；并结集出版《黎政初画集》《黎政初画选》《黎政初画展作品选》。2004年，王志伟（桂花台社区人）的水彩画《源头》收入《中国当代美术作品选集》；2008年，其创作的《沧桑》和《贪字近乎贫，梦字近乎焚》2副美术作品分别入选"湖南省美术精品展"和发表于《湖南日报》。2009—2010年，王志伟创作的《三月的阳光》《溪》，分别入选第11届全国美术作品展和第4届全国钢笔画展。2014年年末，镇内有文化站1所，村级文化活动中心31个，各类文化经营户15户；各类图书室35个，藏书15余万册。

1968年，建立界牌区广播站。1972年，建立公社广播站，并相继架设大队和街道广播线路，喇叭入户率20%。1985年，镇广播站更名为广播电视站。1991年8月，界牌陶瓷总厂建成有线电视站。1997年，建成有线电视差转站。2014年年末，全镇有线电视用户2200户。

1997年，镇内学校开始按《国家体育锻炼标准》教学。当年达标率25%。2005年，达标率提高到94%。2008年起，城镇居民开展健身活动。2014年年末，镇内有体育健身场所16个。

医疗卫生

民国时期，境内缺医少药，治疗病患以中草药为主。中华人民共和国成立后，医疗卫生事业不断发展。1954年，组建界牌联合诊所。1959年，建立界牌医院（后更名为界牌地区医院）。1962年后，建立公社卫生院，各大队相继建立卫生室，配有赤脚医生和妇幼保健员。1969年，实行农村合作医疗制度。1993年，扩建界牌地区医院，医疗用房面积2100平方米。1994年1月，界牌地区医院更名为界牌中心医院。1995年，界牌中心医院与界牌镇卫生院、国庆乡卫生院、界牌区药物调配组合并，更名为界牌镇卫生院。2006年1月，启动新型农村合作医疗，当年参合率80%。2012年，镇中心卫生院新门诊大楼竣工，次年投入使用。2014年年末，镇内有镇中心卫生院和界牌陶瓷总厂职工医院2个医疗卫生机构，门诊部7个，床位120张，固定资产总值1000万元；有专业医护人员71名，其中执业医师31人，注册护士23人，在册乡村医生17人，完成诊疗2.42万人次；参加新型合作医疗18561人，参合率100%。

社会保障

灾害救助 1994年6月12—18日，境内连降大雨，将军庙水库副坝决口，洪水造成房屋倒塌，14人死亡。县、镇拨给救灾款物，安置重灾户，择址修建灾民新村（后改称银溪新村）。2008年1—2月，镇内遭受长达40余天的冰雪灾害，中心社区倒塌房屋56间。县、乡共拨付救灾款90万元，在原址重建住房16套，当年7月竣工，称为"爱心小区"。

"五保"供养 20世纪60年代起，对孤寡老人和无劳动能力的残疾人实行"五保"，其生活费由所在生产队统筹。20世纪80年代后，"五保"供养纳入镇统筹。1991年，建成镇敬老院，集中供养"五保"对象20人。2005年起，城乡"五保"对象享受城乡最低生活保障待遇，其供养经费由县财政拨付。2008年，白象村建成村级"五保"供养中心，集中供养6人。2014年年末，全镇有"五保"对象180人，其中集中供养40人；共拨付供养金55.68万元，年人均3093元。

医疗救助 2006年起，实施城乡居民大病医疗救助。救助对象主要为罹患恶性肿瘤、白血病、尿毒症等大病的城乡低保户、"五保"户、贫

界牌火灯节

火灯节前的圣寿寺

困户。是年，救助152人次，救助住院医疗费16万元。2014年年末，共救助1676人次，救助总金额115.27万元。

城乡低保 2007年7月起，实行城乡居民最低生活保障待遇。是年，全镇有低保对象135户、311人，占居民总户数的1.4%；年人均发放低保金360元，总金额11.2万元。此后，对低保对象实行动态管理，补助标准渐次提高。2014年年末，镇内有低保对象1552户、2080人，年人均标准1176元，共发放低保金244.6万元。

养老保险 2011年7月，启动城乡居民社会养老保险。是年，镇内城乡居民登记参保人数8489人，参保率77.1%；征缴养老基金90.2万元；为3431名到龄居民发放7—12月养老金122.7万元。至2014年年末，城乡居民登记参保人数9124人，参保率为80.7%；征缴养老基金105.55万元；为3817名到龄居民发放养老金287.14万元。

特色地情

名优特产

界牌陶瓷 界牌盛产瓷泥，探明储量3470万吨，其量与质闻名全国，景德镇、唐山、佛山、淄博、醴陵等全国17个省市区的105家陶瓷生产企业皆取界牌瓷泥为配料。经考古发现，界牌陶瓷生产自明代至今已有600年历史。经过不断创新和发展，镇内陶瓷产品质量以上乘著称于世，其釉下五彩技术是对中国陶瓷艺术发展的贡献，享有“白如玉，薄如纸，声如磬”之美誉，远销欧美、东南亚等地。

民俗风情

火灯节 界牌火灯节始于明代。相传，古代此地有寿佛寺（今圣寿寺），为祭祀寿佛诞辰（农历二月初八）而建。明永乐年间（1403—1424），界牌地区虫害频发，禾稻连年受灾。当地乡民自发举火把焚香祷告，祈求寿佛灭虫除害，后虫害果消。此后，每年农历二月初七（寿佛诞辰的前夜）晚上，当地百姓都聚集于寿佛寺前，先举行仪式，然后抬着寿佛神像，鼓乐齐鸣，高举彩旗火把，走家串户。

（文字/图片供稿：陈咏涛　肖友良）

石市镇>>

2011年，石市乡被文化部授予“中国民间艺术（竹木雕刻）之乡”。

区域概况

位置面积

石市镇因驻地俗称“石头桥”得名。地处县境东北部，东接界牌镇和衡山县马迹镇，南邻渣江镇，西界溪江乡，北抵双峰县荷叶镇、衡山县新桥镇。镇人民政府驻石头桥社区花树堂，距县城西渡33公里。辖区东西最大距离13公里，南北最大距离23公里，总面积145.16平方公里。

建置沿革

清同治十年（1871），石市属永福乡。民国32年（1943），设区辖乡，属第八区福政乡。中华人民共和国成立初，仍沿袭民国旧制。1950年3月，撤福政乡，分置水口、泰祉、醒狮、黄门、南麓、太平、龙田、石市、甲满、灵川乡，属第八区。1952年7月，衡阳、衡南分县后，重置区乡政区，设石市、龙田乡（属第十二区，后更名渣江区），甲满、灵川、株园、庆平、南麓、醒狮、黄门、梅树、泰祉、水口乡（属第十四区，后改名银溪区）。1956年5月，撤区并乡，将石市、龙田乡并入唐福乡；将南麓、株园并入灵川乡；将庆平并入甲满乡；将水口、泰祉、梅树并入醒狮乡。1958年9月，建立人民公社（简称公社），撤甲满、灵川、醒狮乡建立前进公社。1961年8月，设区分社，分置金屏、甲满、醒狮（以上隶属界牌区）、石市公社（属渣江区）。1984年5月，改公社为乡。1995年5月，再次撤区并乡，石市、金屏、甲满、醒狮乡合并为石市乡。2012年9月，撤乡设镇，称石市镇。

行政区划

1996年，辖53个村。2014年，辖石头桥1个社区和石市、石狮、南阳、龙田、太清、铁流、欧江、兴源、高湾、西河堰、珍珠、护龙、太平、屈湾、三望、灵川、明星、月塘、湘林、双河、黄泥山、观音山、庆余、七里冲、塔山、柏树、石玉、黄门、马骑、石冲、梅树、双井、上升、醒狮、兴隆、恒心、沙新、东田、张公、农科、株园、水口、金屏、中灵、白芍、中白、会冲、梅丰、麻园、丰余、泰祉、龙潭、大里53个建制村，下设9个居民小组、504个村民小组。

自然环境

辖区为山地、丘陵、平町结合区，多丹霞地貌。地势东南部低西北部高。镇域气温四季分明，年平均气温17℃~18℃，极端最低气温-8.3℃（1972

年2月9日），极端最高气温40.8℃（2010年8月5日）。年平均降水量1267毫米，降水日数约151天，最多年份达187天（1970年），最少年份92天（1963年）；极端年最大降水量1801毫米（1970年），极端年最少降水量953毫米（1963年）。降水集中在每年4—9月，5—6月最多。常年主导风为北风，夏季为东南风，并有雷电气象。境内土壤分为水稻土、红壤土、黄壤土三大类。岳沙河系蒸水一级支流，境内总长12公里。

人口民族

2000年，辖区总人口46498人，其中男性34938人，占53.63%；女性21560人，占46.37%；农业人口45380人，城镇人口1118人。2010年，总人口49365人，其中男性26206人，占53.09%；女性23159人，占46.91%；农业人口47029人，城镇人口2336人。2014年年末，辖区总人口58845人，其中常住人口55120人，城镇化率22.5%。总人口中，男性31177人，占52.98%；女性27668人，占47.02%。0~14岁12384人，占21.05%；15~59岁37788人，占63.22%；60岁以上8673人，占15.73%。人口出生率12.17‰，死亡率5.91‰，自然增长率6.26‰。辖区内人口均为汉族。

经济发展

经济综述

镇域经济由农业、工业和服务业构成。农业主要种植水稻、油菜和养殖畜禽鱼类；工业主要有建材、建筑和竹木器加工等。2014年年末，全镇实现地区生产总值4.66亿元，粮食总产量2.83万吨，财政总收入1174万元，农村居民人均可支配收入10830元

农业

种植业 民国时期，农业生产水平低下，加之缺乏抗御旱涝、病虫灾害能力，粮食亩产约150公斤。中华人民共和国成立后，1950年，农村实行土地改革。1953年，组织农业生产合作社，粮食增产丰收。至1957年，平均亩产提高到250公斤。1958年，成立人民公社，后连遇三年自然灾害，粮食减产歉收。1962年后，实行以生产队为基本核算单位，贯彻按劳分配政策，改进耕作技术，扩大双季稻种植面积，加强水稻病虫害防治，粮食生产持续发展。1969年，双季稻面积达1890公顷，两季平均亩产350公斤，总产量0.98万吨。1976年，试种杂交晚稻10公顷，亩均产量310公斤，比常规晚稻平均亩增产120公斤。1983年，境内醒狮公社种植双季稻46.67公顷，亩均产粮食1000.05公斤，为县内第一个亩产“吨粮田”公社。1990—2013年，全镇水稻年种植面积稳定在3330公顷左右，年总产量2.8万吨。2014年，全镇水稻种植面积3360公顷，总产量2.83万吨；油菜面积3000公顷，总产量0.9万吨；蔬菜面积330公顷，总产量0.52万吨；水果面积260公顷，总产量0.34万吨；农业总产值1.56亿元。

养殖业 境内素有养殖猪、牛、羊、鸡、鱼、鸭等畜禽水产习惯。民国时期，农户饲养耕牛皆为役用，养猪则多为换钱，所产禽蛋除少量自食外，余皆出售或兑换油盐等物。养鱼基本上不投放饵料，故产量很低。1949年，平均每亩水面产鲜鱼9.2公斤。中华人民共和国成立后，政府鼓励农民饲养家禽家畜。1955年，开始发展池塘养鱼，养猪、养鸡农户亦逐渐增多。1958年成立人民公社后，限制农户饲养家禽家畜。20世纪60年代初至70年代末，池塘、水库养鱼由生产队集体经营，确定专人负责放养，每亩水面产鲜鱼28公斤。

石市竹木雕

1982年，随着农村土地承包经营责任制的建立和“开放搞活”方针政策的贯彻实施，养殖业快速发展，并逐渐出现一批规模养殖户。是年，全镇出栏生猪16000头，家禽20万羽。1995年后，家庭养猪户数减少，规模养殖户增多。其间，先后建成投产的有马骑村的胡翰养殖场、明星村的曾祥根生猪养殖场、梅树村的云枫养鸡场、东田村的王铁朝养羊场、株源村的胡兴旺养牛场。2014年年末，全镇有各类专业养殖户75户，出栏生猪2.1万头、羊2450头，出笼鸡16万羽；有养鱼水面400公顷，产鲜鱼110吨。实现养殖总产值6000万元。

林业 境内有宜林山地8500公顷。主要树种有杉、松、南竹、油茶等。2014年年末，实现林产品总值4000万元。全镇森林覆盖率55%。

工业

民国时期，境内民间有木器、竹器、雕刻、石材等手工业作坊数十家，从业人员百余人。20世纪70—80年代，境内有株园造纸厂、方家大屋瓷厂等工业企业。90年代至2012年，有小微民营工业企业45家，涉及陶瓷、钠长石、竹木雕、建筑建材、纺纱、制衣、礼炮烟花和农副产品加工等行业。2014年年末，全镇工业企业50家，实现工业增加值7600万元。

商贸服务业

民国时期，境内有石头桥、狮子桥、黄门桥、水口4个集贸市场，商铺数十家。中华人民共和国成立后，1954—1957年，先后设立供销合作社、肉食水产站、粮油储运库，供应生产生活资料和收购农副产品。1962年后，分别设立石市、甲满、醒狮、金屏4个供销分社。至1979年年末，境内有商业门店及代购代销点24个，从业人员78人。20世纪80年代后，逐步放开商贸市场，个体商户进入商品流通领域。2000年后，乡内集体和国营商业相继改制为民营商业。2014年年末，镇内有民营商业320户、从业人员480人，有集贸市

石市竹木雕

场4个，年社会消费品零售总额1.1亿元。

财政金融

中华人民共和国成立至1984年，乡（社）未建立财政机构，由其办公室兼管，属报账制。1985年，成立乡财政所。1996年，乡财政总收入568.04万元，主要为工商税和农业税收；财政总支出718.08万元，主要为支援农业、行政管理费和上解县财政。2005年，农村税费改革，国家取消农民上缴农业税、农业特产税和各种涉农上缴提留。是年，全乡共取消“两税”总额313.33万元，农民人均63元。2014年年末，实现财政总收入1173.65万元，财政总支出1173.65万元。

1956年，分别建立石市、甲满、灵川、醒狮4个乡信用合作社。1993年，成立农村合作基金会。1997年，清理撤销合作基金会，其账务移交县农村合作经济管理局。2009年，设立中国邮政储蓄银行石市营业处。2014年年末，镇内有金融机构3家，年末各项存款余额2.15亿元，贷款余额0.82亿元。

基础设施

交通运输

1958年5月，西界公路竣工通车，境内长7.2公里。1973年，石头桥至金屏公路贯通，长18公里。20世纪70年代末至80年代，分别建成通村公路。2005年起，对境内乡村道路分批次进行提质改造和水泥硬化。2011年11月，潭衡西高速公路建成通车，境内长10.98公里，并设有石市进出口、斜陂堰服务区。是年，石川公路按乡村主干道标准全面硬化竣工。2011—2012年，硬化大里、梅丰、龙潭、铁流、屈湾、株源、会冲、白芍、石玉村道31.9公里。同时，改造危桥2处。2014年年末，镇内有县道1条，乡道2条，共长33公里；村道53条，总里程138公里。

1958年，石市开通长途客车。1981年，分别设立石头桥、金屏、方大屋售票点。

邮政通信

民国32年（1943）8月，设立石头桥、醒狮桥邮政代办所。中华人民共和国成立后，1957年，设石头桥、醒狮、灵川寺、水口邮政代办所。1963年，醒狮代办所改为邮电所。2014年年末，镇内有邮政所1处，邮路里程45公里。

1956年，醒狮、甲满、灵川3个乡架通电话线路。1962年，境内石市、醒狮、甲满、金屏4个公社通电话，线路总长25千米。1980年后，部分村利用广播线路通电话。1998年，开通程控电话。2000年后，移动通信公司在镇内建设通信基站。2014年年末，镇内有固定电话用户2654户，移动电话用户10025户。

供电饮水

1987年，镇内开始供电。此后，供电范围逐渐扩大。至1995年，全镇有10千伏配电线路62.57千米，10千伏变压器50台，总容量5540千伏安；有低压用电线路总长250千米，村通电率100%，组民小组通电率95%。2000年后，分期分批实施电网改造，先后对44个村进行线改和户改，共改造和新增10千伏线路41.97千米，新增和更新10千伏变压器64台，完成户改17468户。2014年年末，全镇有10千伏配电线路3条，线路总长94.63千米，10千伏变压器108台，总容量10780千伏安；低压用电线路总长270千米，54个村（社区）、513个村（居）民小组全部通电，用电户18136户，供电率100%。

2012年，建成石市镇自来水厂，年供水量7万立方米。至2014年年末，有用户800户。

水利建设

1949年，境内有水塘2286口，蓄水总量约150万立方米。中华人民共和国成立后，1953—1958年，共整修扩建水塘2100余口，新建水塘869口，蓄水总量达350万立方米。1959年，先后建成石牌子、龙潭2座小（一）型水库，库容量400万立方米，改善农田灌溉面积470公顷。1960年2月，建成斜陂堰（中型）水库，库容量5650万立方米。1966年，新建护龙等5处小（二）型水库。1973年，小（一）型水库东田水库竣工蓄水，库容量268万立方米。同时，在岳沙河新建5处中型水闸。2013年，4.5千米的岳沙河堤实施改造。2014年年末，镇内有中型水库1座、小（一）型水库3座、小（二）型水库5座，山平塘、骨干塘3386口，渠道总长31.8千米，总蓄水量6650万立方米。

镇村建设

民国时期，石头桥仅有一条约150米长的小街道。中华人民共和国成立后至1994年，在石市的公路两边陆续新建学校、医院、商店和居民住

斜陂堰水库

宅。2003—2014年，先后新建镇办公楼、财政所、国土所、政务服务中心等基础设施。同时，硬化一条长200米的街道。

民国末至中华人民共和国成立初，境内农村居民住宅多为土砖（坯）茅屋，且居住简陋，瓦房极少。20世纪50年代中至70年代末，新建和改建部分土砖瓦房。80年代至90年代末，大部分居民户新建红砖瓦房。2000年后，农村房屋建设品位提升，造型美观，一般户平均建筑面积约250～400平方米。2006年起，启动社会主义新农村建设，重点改造农村水利、电力、道路等基础设施。至2014年，全镇农村道路硬化率、电网改造率、农户饮水安全率均为100%。行政村都有办公用房。

社会事业

教育科技

教育 民国34年（1945）2月，为避侵华日机空袭，衡阳市城区的县中、道南、成章、新民、建德、含章、青华7所学校迁至境内水口刘祠组建联合中学，公推屈凤梧任校长。1945年，日本投降后仍迁回衡阳。1949年，境内有久佳堂等7所小学。中华人民共和国成立初，在发展小学教育的同时，大力开展扫除农村青壮年文盲教育。至1958年，境内小学发展到45所。是年，醒狮完小附设初中班，次年撤销。1964年，推行公办与民办并举两种教育制度，其时，境内有民办小学35所、民办中学（农业中学）3所。1969年，民办小学和民办中学分别并入公办小学和公办中学。1978年，境内有小学47所、中学4所。1986年起，实施普及九年制义务教育规划。20世纪90年代起，实施农村中小学危房改造工程，同时整合教育资源，合理调整小学布局。至2003年，全乡共新建校舍面积11707平方米，占校舍总面积22640平方米的50.7%；小学由原有47所整合为24所。2004年后，加大合格学校建设力度，继续调整学校布局。2014年年末，全镇有幼儿园7所，在园幼儿550人，专任教师24人；小学15所，在校学生2550人，专任教师155人；初中4所，在校学生1500人，专任教师98人，有镇中学及中心小学、水口完小、醒狮完小、沙新完小、黄门完小、明星完小等12所县级合格学校。

科技 1981年，建立公社农科站（后更名农技服务站），培训农民技术员180余名。1983年，开办农民文化技术学校4所，向农民传授农业科学技术知识。是年，境内原甲满公社农民邓诗好，科学种植双季稻0.38公顷，亩均产稻谷955公斤，成为当地的科学种田示范户。20世纪90年代后，普遍推行科技示范户。2012年，石狮村曾春桂、马骑村胡翰2人被评为衡阳市“优秀星火科技示范户”。2014年，全镇有各类科技示范户180余户。

文化体育

民国年间，曾熙（龙田村人）的画作《墨梅》参加德国柏林“中国名人画展”，后由刘海粟编入《中国名画辑》。民国22年至民国24年（1933—1935），王祺（东田村人）先后在南京、上海3次举办个人画展，其代表作有《岩壑秋风》《静》《君子之风》等。中华人民共和国成立后，境内民间艺人刘启玉（丰余村人）创作竹木雕刻艺术品数十件，代表作有《仙女散花》《百鱼图》《铁拐李》等。其木雕作品《牧童骑牛》为国家博物馆收藏，1972年由时任国务院总理周恩来作为礼品赠送给访华的美国总统尼克松。1982—1984年，罗星城（金屏村人）创作的相声《计委与专家》、现代小戏《哭活刘凤姣》分别获湖南省文艺创作三等奖和戏剧创作三等奖。1986—1987年，刘保鲁（金屏村人）的长篇小说《南国武魂》由湖南文艺出版社出版；其创作的大型花鼓戏《回春曲》由中国戏剧家协会《剧本》月刊发表。1991年，梁丰助（中灵村人）创作的竹雕《福·禄·寿》《达摩》《铁拐李》等5件作品获湖南省农博会二等奖，并为省博物馆收藏。1995年，其木雕作品《狮子滚绣球》《啸天金凤》入选全国艺术之乡精品大展。1999年，梁丰助的木雕《麒麟送子南天门》获第二届世界华人工艺美术大赛金奖。2004年，刘保鲁与人合作改编的36期电视连续剧《沧海百年》在中央电视台播出。2005年，谭崇恩（中灵村人）所著《唐生智评传》获湖南省社会科学优秀成果二等奖。2006年，胡国繁（笔名井泉，黄门村人）的散文集《品味泉水》由中国文联出版社出版。同年，任华东（黄门村人）的散文集《人生如此》面世。2007年，胡楚文（黄门村人）的文学专集《山情》出版。2008年，谭祖荫（兴源村人）所著传记文学《湘军名将谭上连》出版。2010—2011年，胡楚文的《村缘》《杏坛人生路》先后出版；胡国繁的散文集《石上清泉》、诗集《海·岛·鸥》由中国文联出版社出版。2012年，洪余珍（醒狮村人）诗集《爱晚斋吟草》出版。2011年，石市乡获文化部授予"中国民间文化艺术（竹木雕刻）之乡"称号。2012—2014年，胡国繁的船山学专著《走近船山》《行止船山》由中国文联出版社出版，其词作《水龙吟·三沙建市有感》获中华诗词学会一等奖。2014年年末，全镇有镇文化站1所，村文化活动中心53个，各类图书室72个、藏书4.5万余册，有各类文艺创作人员38人。

1972年，建立公社广播站，配工作人员2名。1985年，乡广播站更名为广播电视站。20世纪90年代后，随着县广播电台调频道的开通，结束有线广播的历史。1994年，广播电视站易名为有线电视站。当年，有数字电视用户89户。2014年年末，全镇有线电视网络5千米，用户1300户，电视综合覆盖率100%。

1997年，乡内中小学开始按《国家体育锻炼标准》教学。当年达标率24%。至2005年，达标率提高到92.5%。与此同时，在农村广泛开展体育健身活动。2014年年末，全乡有各类体育健身场所45个，总面积2.4万平方米。

医疗卫生

1953年，成立区联合诊所。1962年，建立公社卫生院。1968年，建立大队卫生室。1969年，实行农村合作医疗制度。1995年撤区并乡后，将原石市、金屏、甲满、醒狮4个乡卫生院组建为石市乡中心卫生院。2006年，启动新型农村合作医疗，当年参合率75%。2007年，投入160余万元新建乡卫生院综合楼，面积1100平方米。2012年，投入240余万元，新建醒狮卫生分院综合楼，面积1400余平方米。2013年，投入31余万元改造金屏门诊部。2014年年末，镇内有中心卫生院和醒狮分院各1所，医疗点3个，村卫生室53个，病床50张，执业医务人员24人；参加新农合人数4.8万人，参合率100%。

社会保障

"五保"供养 20世纪60年代起，对孤寡老人和无劳动能力的残疾人实行"五保"，其生活费由所在生产队统筹。20世纪80年代后，"五保"供养费纳入乡统筹。2005年起，城乡"五保"对象享受城乡最低生活保障待遇，其供养经费由县财政拨付。2009年，建成乡敬老院，集中供养部分"五保"老人。2014年，全镇有"五保"对象412人，其中集中供养27人；共拨付供养金115.36万元，年人均2800元。

医疗救助 2006年起，实施城乡居民大病医疗救助。救助对象主要为罹患恶性肿瘤、白血病、尿毒症等大病的城乡低保户、“五保”户。是年，共救助80人次，救助住院医疗费12万元。2014年年末，共救助718人次，救助总金额40.29万元。

农村低保 2007年7月起，实行农村居民最低生活保障待遇。是年，乡内有低保对象195户、490人，占居民总户数的0.9%；年人均发放低保金360元，共发放金额17.6万元。此后，对低保对象实行动态管理，补助标准亦渐次提高。2014年年末，镇内有低保对象981户、1875人，年人均标准1476元，共发放低保金276.75万元。

养老保险 2011年7月，启动城乡居民社会养老保险。是年，镇内城乡居民登记参保人数19775人，参保率为65%；征缴养老基金221.47万元；为8104名到龄居民发放7—12月养老金263.39万元。2014年年末，城乡居民登记参保人数为21000人，参保率为75%；征缴养老基金221.29万元；为9257名到龄居民发放养老金645.56万元。

特色地情

知名人物

曾熙（1861—1930） 谱名昭衔，字子缉，号嗣元，石市镇龙田村人。清末官吏，著名书画家。清光绪二十九年（1903）进士。历任兵部主事、提学使、弼德院顾问。1904年回湘，先后任南路师范学堂监督、衡清师范学堂监督、湖南高等学堂（今湖南大学）监督。宣统元年（1909），当选为咨议局议员、副议长，兼教育会会长。民国4年（1915），定居上海，鬻书卖画，兼授门徒。张善孖、张大千、李仲乾、马宗霍等皆系其高足。曾熙书法篆、隶、真、行、草五体皆能，尤以碑帖见长，时有“南曾（熙）北李（瑞清）”之称。通经史，善诗文。著有《左氏问难》《春秋大事表》《历代帝王年表》《和陶诗》《曾熙书法集》《曾熙画集》等。

曾熙故居

王祺（1890—1937） 字淮君，又号思翁，晚号酥散居士，石市镇东田村人。中国民主革命先驱、政治家、教育家、书画家。青年时秘密加入同盟会。辛亥革命爆发，与谢彬等人在衡阳响应反清起义。民国时，历任湖北省政府委员兼水利局局长、农工厅厅长及武汉政治分会财政委员、第三届立法委员等职。在国民党第五次全国代表大会上当选为中央委员。继任国民政府监察委员、中央文化事业计划委员会委员。著作有《孙中山全集》《酥散诗存》《酥散书画集》。

名优特产

竹木雕刻 石市竹木雕刻始于秦汉，流行于明清，兴盛于当代，迄今已有2000多年历史。其产品素以工艺精湛，制作精良，造型精美而著称于世。不少作品多次在国内和国际大展中获奖并为名家所收藏。其中《牧童骑牛》于1972年曾作为国礼赠送给来华访问的美国总统尼克松。石市竹木雕选用优质竹蔸、木材为原料，经蒸煮、阴干、设计、雕刻、打磨、抛光等多道工序精制而成，具有观赏和收藏价值。2011年，石市乡被文化部授予“中国民间（竹木雕刻）艺术之乡”称号。2012年8月，列入湖南省非物质文化遗产保护名录。

风景名胜

万源湖国家级水利风景区 又名斜陂堰水库，建成于1960年。位于石市、界牌二镇毗邻之地。湖区有效蓄水量4235万立方米，为国家级水利风景区。湖面港汊纵横，岛山星罗棋布。主要有海螺崖、莲花崖、老虎崖、狮子山、弥罗山等人文自然景观。景区设有宾馆，交通方便，距潭衡西高速石市进出口约5公里。

（文字/图片供稿：王勇　易桂芳　陈默）

渣江镇 >>

渣江镇是晚清名臣彭玉麟的故里。

区域概况

位置面积

渣江镇因驻地渣江得名。地处县境腹地，东接石市镇、界牌镇、岣嵝乡，南毗长安乡、台源镇、杉桥镇，西邻三湖镇，北抵金溪镇、溪江乡。镇人民政府驻北正街社区，距县城西渡28公里。辖区东西最大距离18.9公里，南北最大距离12.4公里，总面积149平方公里。

建置沿革

清同治十年（1871），渣江隶属重安镇。民国32年（1943），设区辖乡，属第八区渣江镇、昌平乡。中华人民共和国成立初，仍沿袭民国旧制。1950年3月，撤渣江镇、昌平乡，分置赤石、秋夏、文昌、长岭、江山、何兴、黄岗、霖霖、水东、白马、瓦铺、杉王乡、渣江乡，属第八区。1952年7月，衡阳、衡南分县后，重置区、乡政区，设唐福、文德、官埠、杉王、瓦铺、水东、白马、霖霖、黄岗、赤石、文昌、花江、江山、何兴、渣江乡（1953年3月改为渣江镇），隶属衡阳县第十二区（后更名渣江区）。1956年5月，撤区并乡，将石市、龙田、文德、盐田并入唐福乡；将杉王、瓦铺、水东、白马并入官埠乡；将渣江镇、赤石、木林（霖霖改）、黄岗、秋夏、文昌、何兴并为渣江乡。1958年9月，建立人民公社（简称公社），撤渣江、唐福、官埠乡建群峰公社。1961年8月分置渣江、赤石、石市、唐福（后改称盐田）、官埠公社，隶属渣江区。1966年11月，撤渣江公社复置渣江镇。1984年5月，改公社为乡。1995年5月，将盐田、官埠、赤石3个乡并入渣江镇。

行政区划

1996年，辖2个社区、51个行政村。2014年，辖南正街、北正街2个社区，同庆、乌雅、水山、乌冲、官埠、官益、新锦、诗波、井塘、江冲、和睦、沐林、荷溪、谢桥、洪冲、水东、长岭、三合、白马、五四、大湖、秋溪、马山、石羔、明冲、铺塘、水波、东风、洲上、赤石、盐田、仁合、黄柏、七星、石金、文德、太源、六印、唐福、众拱、香冲、潭溪、周冲、何兴、同心、山塘、大光、联谊、松市、秋夏、湖溪51个建制村，下设8个居民小组、580个村民小组。

自然环境

镇域以丘陵为主，中部蒸水流域为平原，东南部边沿多山地。镇域气温四季分明，年平均气温 17℃，最低气温 –8.3℃（1972 年 2 月 9 日），降水日数约 150 天，最多年份达 185 天（1970 年），最少年份 90 天（1963 年）；降水集中在每年 4—9 月，5 月、6 月最多。常年主导风为北风，夏季为东南风，并有雷电气象。境内土壤分为水稻土、红壤土、紫色土、潮土四大类。全境属蒸水水系，柿竹河、岳沙河、盐田河皆系蒸水一级支流，境内总长 12.5 公里。

人口民族

2000 年，辖区总人口 61622 人，其中男性 33422 人，占 54.24%；女性 28200 人，占 45.76%。农业人口 57283 人，城镇人口 4139 人。2010 年，总人口 62506 人，其中男性 32789 人，占 52.46%；女性 29717 人，占 47.54%；农业人口 57118 人，城镇人口 5388 人。2014 年年末，辖区总人口 69519 人，其中常住人口 63508 人，城镇化率 40.6%。总人口中，男性 36919 人，占 53.11%；女性 32600 人，占 46.89%；0~14 岁 14247 人，占 20.5%；15~59 岁 44605 人，占 64.16%；60 岁以上 10667 人，占 15.34%。人口出生率为 12.09‰，死亡率为 7.07‰，自然增长率为 5.02‰。辖区内有苗族、布依族、壮族、彝族、白族 5 个少数民族，共 47 人。

经济发展

经济综述

镇域经济由农业、工业和服务业构成。农业以种植水稻、油菜、水果和养殖畜禽水产等为主；工业以建筑建材、农业机械和农产品加工为主。2014 年年末，全镇完成地区生产总值 6.23 亿元，粮食总产量 4.38 万吨，财政总收入 1870 万元，农村居民人均可支配收入 12315 元。

农业

种植业 民国时期，农业生产水平低下，粮食亩产约 200 公斤。中华人民共和国成立初，粮食种植以一季稻为主，辅以少量双季稻。此后，随着水利条件的改善，双季稻面积逐渐扩大。1957 年，粮食亩产达 300 公斤。连遇自然灾害，粮食减产歉收。1962 年，调整公社体制，实行以生产队为核算单位，同时扩大双季稻种植面积。1969 年，双季稻面积扩大到 3730 公顷，占水田总面积的 90%，平均亩产稻谷 405 公斤。1976 年，开始试种杂交晚稻。1980 年，全镇种植杂交晚稻 3800 公顷，亩产 410 公斤，总产量 2.34 万吨。20 世纪 80 年代开始，在全镇推广“稻、稻、油（菜）”三熟制。1991—2009 年，双季稻年种植面积稳定在 3733.33 公顷左右，亩产 750 公斤，总产量 4.2 万吨。2010 年，渣江镇被定为湖南省双季稻高产示范镇。2014 年年末，全镇粮食播种面积（复种）7060 公顷，总产量 4.38 万吨；油菜 2330 公顷，总产量 2100 吨。农业总产值 1.38 亿元。

养殖业 镇内历来有养殖生猪、耕牛、鸡、鸭、鱼等习惯。民国时期，农户养猪多为圈养，户年养猪一般为 1~2 头；鸡、鸭多自繁自养，养牛则作役用；养鱼不投放饵料，故产量低，平均每亩水面产鲜鱼不足 10 公斤。中华人民共和国成立后，政府鼓励农民发展养殖业，饲养猪、牛、鸡、鸭、鱼类数量逐渐增多。1958 年成立人民公社后，限制农户饲养家畜家禽，池塘水库养鱼由集体经营。1982 年，随着家庭承包经营责任制的建立和开放搞活方针政策的贯彻实施，养殖业开始向专业化、规模化发展。是年，养猪 4.72 万头，饲养家禽 17.7 万羽。1990 年，镇内出现养猪专业户。1998—2010 年，先后建成投产的有东风生猪养殖场、大光顺意生猪养殖场、联谊孵鸡场、盐田鳗鱼养殖场、官埠甲鱼养殖场等 137 个养殖场。2014 年，全镇有各类规模养殖户 171 户，出栏生猪 8.78 万头、肉牛 189 头、羊 817 只，出笼家禽 68.76 万羽；养蜂 218 箱，产蜂蜜 2.15 吨。

林业 境内有林地6580公顷。主要树种有松、杉、油茶、南竹等。2014 年，全镇森林覆盖率为 42.5%。

工业

清末、民国时期，渣江盛产土纱布。民国 32 年（1943），镇境内有织染合作社 7 个，织机 6000 余台，从业者近 8000 人。据当时的《衡阳县经济概况》载："渣江市周径 12 华里以内之地，一般农家凡十室之内九家必有机杼声"，年产白布、色布、印花布 19 万匹。中华人民共和国成立后，镇内相继创办织布、印染、皮革等一批私营企业。1953—1956 年，通过对私营工商业实行社会主义改造，全镇有手工业生产合作社 5 家，从业人员 120 余人，涉及织布、印染、皮革、铁器等行业。20 世纪 60 年代至 80 年代末，先后有渣江大米厂、农具厂、造纸厂、砖瓦厂等一批县属国营、集体企业和社队企业相继建成投产，共有各类工业企业 120 余家（含原赤石、官埠、盐田乡），涉及机械、建材、食品、造纸、建筑等行业，从业人员 3500 余人。1996 年，有工业企业 43 家，年工业总产值 7500 万元。2000 年后，国营、集体企业实行体制改革，全部改制为民营企业，企业职工置换身份。2014 年年末，全镇有小微型工业企业 83 家，从业人员 2500 余人，实现工业总值 1.25 亿元。

商贸服务业

民国时期，渣江老街有私营商铺和饮食服务摊店 140 余家，从业人员 350 余人。有集贸市场 2 个。中华人民共和国成立后，1952—1955 年，先后设有供销合作社、肉食水产站、粮油购销站及粮食储运库等，供应生产、生活资料及收购农副产品。客货运码头（车站）年吞吐量在 8 万吨左右。1955 年，境内有私营商户 164 户，粮商 26 户，从业人员 328 人。1958 年，取消集市贸易和个体商贩，商贸服务由供销社或合作商店统一经营。1962 年后，逐渐恢复集市贸易，但对商品经营种类仍有所限制。1965 年 6 月，全国供销合作总社在渣江区供销社召开 14 个省、市、区代表参加的仓储管理经验交流会，号召"仓储工作学渣江"。1970 年，镇内有国营、集体商业网点 85 个，从业人员 1350 余人。1982 年后，实行改革开放，逐步放开市场，个体商业快速发展。1990 年，有个体商店 195 家，从业人员 450 余人。此后，民营商业逐渐发展为流通领域的主体。2000 年后，镇内国营、集体商业实行体制改革，改制为民营商业。2014 年年末，镇内有各类商贸户 1650 余家，从业人员 3210 人；有集贸市场 4 个、超市 3 个，年社会消费品零售总额 1.85 亿元。

财政金融

1949 年 10 月至 1984 年，镇乡（人民公社）财政由财粮委员或秘书兼管，实行报账制。1985 年，设立镇财政所。是年，镇财政总收入 485 万元，主要为工商税和农业税收；财政总支出 478 万元，主要为支援农业、行政管理费和上解县财政。2004 年，实施农村税费改革，国家取消农民上缴农业税、农业特产税和各项涉农税费，当年共减少税金 414.38 万元。2014 年年末，完成财政总收入 1870.35 万元，财政总支出 1865 万元。

清宣统末年（1911），渣江镇内有汪忠武开设的老当铺。民国初年，增加凌北海开设的新当铺。当铺收取的抵押物品主要为金银、首饰、古董玩器及铜锡制品等物。中华人民共和国成立后，1952 年设立中国人民银行渣江营业所，管理金融业务。1953 年，建立渣江镇信用合作社（简称信用社）。1959 年 1 月，信用社与县人民银行营业所合并，是年冬又析出分设。1985年1月，撤销人民银行营业所，由中国农业银行衡阳县支行营业所接管其金融业务。1990年，设立中国人民保险公司衡阳县支公司渣江代办处。2008年，设立县邮政储蓄银行渣江营业所。2014年，镇内有农业银行、信用社、邮政储蓄银行3家金融机构，2个保险机构，共5个金融网点，年末存款余额5.5亿元，贷款余额1.25亿元。

基础设施

交通运输

清代、民国时期，蒸水河道通航，渣江设有港口码头。陆路主要大道有渣江经驼背树、花滩、高真寺、杉桥至衡阳城区的官道。中华人民共和国成立后，致力于发展交通运输。1958年，分别修建渣江至西渡、渣江至界牌公路（合称西界线）。1959年，分别修建渣江至金溪庙、渣江至洪罗庙、渣江至溪江3条公路。同年，修通盐田桥至唐福、高真寺公路（今呆石线）。20世纪70年代至90年代，在改造已建公路的同时，修建通村公路。2003—2010年，对镇内乡、村公路全面实施改造提质和水泥硬化。2014年年末，镇内有潭衡西高速公路过境，长11.6公里；县道4条，镇内长40公里；村道51条，总长150公里。全镇实现村村通水泥公路。

1958年，渣江开通长途客运班车。1974年，建立渣江汽车站。1975年，设官埠售票点。1981年，设驼背树售票点。1999年，建立渣江农村客运站。2014年年末，有民营客车20台，日发送乘客4800人次。

邮政通信

清光绪三十四年（1908）10月，设渣江邮政代办所。民国3年（1914）8月，改设渣江邮局。民国32年（1943）8月，分别在驼背树、唐福、盐田桥设立信柜。中华人民共和国成立后，1951年6月，唐福信柜改为邮政代办所。1952年7月，成立渣江邮电支局。1957年，分别设立驼背树、盐田桥、官埠邮政代办所。20世纪60年代起，在公社（乡）部分大队（村）设邮政投递点。2014年，镇内有邮政所1处，代办点3个。

1953年，渣江始通电话。1962年，赤石、渣江、官埠、盐田4个公社先后开通电话。20世纪70年代至90年代，公社（乡镇）自建通村电话网络，各大队（村）利用农村广播线路接通电话。1994年起，在集镇区内建设程控电话网络。1998年后，县电信、移动、联通公司分别在镇内建设移动电话基站。2014年年末，镇内有电信企业1家，固定电话用户1800余户；移动通信企业2家，共建移动基站13个，信号覆盖率100%，有移动用户23000余户。

供电饮水

1975年，在位于渣江公社五四大队（今沐林村）的蒸水河建成渣江河坝水电站，装机容量325千瓦，供区社机关照明用电。1980年5月，架设界牌至渣江35千伏高压输电线路，线路长16.3千米。此后，相继架设境内农村供电网络。至1995年，全镇村和村民小组通电率均为100%。2000年后，分批次对农村电网进行改造扩容。至2013年，先后完成对50个村的线改和户改，共改造和新增10千伏线路10千米，新增和更新10千伏变压器12台，完成户改3000余户。2014年末，全镇有110千伏变电站1座，10千伏变压器290台，10千伏配电线路278千米；镇内2个社区、51个村、588个村（居）民小组全部供电，用电户19415户，供电率100%。

2009年，建成镇自来水厂，年供水40万立方米，能满足城镇居民饮用水。

水利建设

1949年，辖区内有水塘3235口，总蓄水量约600万立方米。中华人民共和国成立后，人民政府把兴修水利作为发展农业、改善民生的大事来抓。1953—1957年，共整修扩建山平塘415口，新修水塘98口，蓄水总量增加到700万立方米。1958年10月至1960年10月，兴建石狮堰（中型）水库，有效库容993万立方米。20世纪60年代至70年代，先后修建秋陂塘（库容量26.4万立方米）、泉塘（库容量43万立方米）2座小（二）型水库和蒸水渣江河坝。20世纪80年代至2000年后，水利建设的重点是整修塘、库和疏通灌溉渠系。其间，共硬化山平塘450口，渠道35千米，整修堰坝3座以及石狮堰水库大坝除险加固。2014年年末，镇内共有中型水库1座、小（二）型水库2座、水塘4053口，总蓄水量4957万立方米。

镇村建设

渣江历史悠久，为千年古镇。清代曾在此地设立县丞署。民国时期和中华人民共和国成立后，历为区、镇治驻地，后渐发展为中心小城镇。20世纪50年代末至70年代，建设2条街道。80年代后，城镇建设提速，城区面积不断拓展。至2014年，城区面积达1.1平方公里，有南正街、北正街、红卫路、红星路、东风路、牛角巷6条街道；形成集教育文化、商贸服务、医疗卫生、交通通信于一体，功能较为完备的现代小城镇。

中华人民共和国成立初，境内农村居民住宅多为土砖茅屋，瓦房很少。20世纪50年代中至70年代末，新建一部分土砖瓦房。80年代至90年代末，大部分居民户新建红砖瓦房。2000年后，农村住房建设品位提升，格调高雅，造型美观，一般户平均建筑面积约250～450平方米。2006年起，启动社会主义新农村建设，重点改造农村水利、电力、道路、饮水等基础设施。2011—2013年，对农村环境卫生实行综合整治，建设美丽乡村。至2014年，全镇村道路硬化率100%，电网改造率为85%，环境卫生达标率95%，农村安全饮水率达100%。行政村都有办公用房。

社会事业

教育科技

教育 清道光、同治年间，太学生陈常泰在官埠塘设馆授徒；彭玉麟捐银创办渣江彭氏义学。此外，境内较为出名的经馆、私塾有官埠的陈祠经馆及盐田桥的汤祠私塾等处。民国时期，1943年秋，屈子健与黄鹤乔在渣江彭祠创办光华初级中学（衡阳县一中前身），当年招收学生45人。中华人民共和国成立后，人民政府接管乡中心国民小学及各保国民小学。1950年，境内有完全小学1所，初级小学13所。此后，在致力发展中小学教育的同时，广泛开展扫除青壮年文盲教育。至1956年，小学增至18所。是年，渣江完小附设初中班。1958年，渣江附中更名为县第二中学；唐福完小附设初中班。1974年，按照“一个大队办一所小学，一个公社办一所初中”的要求，全镇有小学51所、中学4所。1986年后，境内先后创办4所农民技术学校。同年，渣江、赤石、官埠、盐田中心小学开办学前班。1988—1990年，将原有51所小学合并为34所联校。1995年，经省、市考核验收，渣江镇率先实现国家规定的“两基”标准，获衡阳市人民政府授予“两基工作先进乡镇”称号。是年，洪冲村农民企业家陆秀和捐资273万元兴建洪冲小学，中央电视台以《赤子情怀》为题作了专题报道。2004—2008年，为进一步整合教育资源，提高教育质量，将34所小学整合为25所（含1个教学点）。2014年年末，全镇有幼儿园6所，在园幼儿2000余人，专任教师85人；小学25所，在校学生6156人，专任教师223人；初中3所，在校学生2478人，专任教师153人；高中1所，在校学生2157余人，专任教师124人。有洪冲小学、长岭完小、唐福完小、盐田中学、官埠中学5所县级合格学校。

科技 1981年，建立镇（公社）农科站（后更名农技服务站），培训农民技术员近300名。1983年起，境内开办农民文化技术学校4所，向农民传授科学技术知识，累计培训农民2.6万人次。20世纪90年代初，建立科技示范户。2003年，镇内彭兴孝发明养生茶专利技术，获第十届中国新产品博览会创新奖。2012年，众拱村邓盛松被评为衡阳市"优秀星火科技示范户"。2014年年末，全镇有各类科技示范户320余户。

文化体育

文化 民国时期，境内有花灯、龙灯及狮子灯数十坛，多在春节期间表演。清末，彭玉麟赋诗作联600余首（副），后人辑为《彭刚直公诗集》（共8卷）；画梅逾千幅，湖南省博物馆多有收藏。中华人民共和国成立初，以农村俱乐部为文化活动阵地。1963年后，设立公社文化站和大队文化室。1966—1976年"文化大革命"期间，文化活动由"语录歌""忠字舞"所替代。20世纪70年代末，农村文化渐趋活跃。1982年，官埠公社（今属渣江镇）乌冲村农民洪余庆制作并表演纸龙，获湖南省文艺会演二等奖。1987—1988年，刘定安（乌鸦村人）的散文《远山》、小说《柘里渡》，分别获湖南省第四、第五届青年文学创作二、三等奖。20世纪80年代初至90年代末，洪竹林（乌冲村人）策划、摄制的电视文艺专题片《湘竹异彩》《益阳风流著三湘》《湘江北去》《山魂水魄壮三湘》等广获电视观众好评，其摄制的《春温瑶山》，获全国电视少数民族题材最佳纪录片奖。2005—2013年，刘定安的散文集和短篇小说集《黑竹林》《在雨季》《农历》相继由中国文联出版社出版。2013年，刘牧黎（乌鸦村人）的散文集《那年那月》由中国文联出版社出版发行。2014年年末，全镇有文体站1个，专职工作人员1人；村文化活动中心51个，共有图书11.73万册；各类文化专业户35户，从业人员80余人；业余文艺

彭玉麟故居

创作人员45人。

1972年，建立公社广播站。是年，境内51个大队、580个生产队全部通广播，喇叭入户率31%。1975年，建立公社电影放映队，有放映机4台。1983年，渣江区电影院建成投入运营。1985年，乡镇广播站更名为广播电视站。20世纪90年代末，随着县广播电台调频道的覆盖，结束有线广播的历史。1994年，广播电视站易名为有线电视站。当年，有数字电视用户180户。2014年末，全镇有线电视网络专线35千米、用户1853户，无线数字电视用户2000余户；电视综合覆盖率100%。

体育 1986年，渣江镇在县龙舟赛中获团体第一名。1993年，县二中建成体育馆。1997年，镇内中小学开始按《国家体育锻炼标准》教学，当年达标率32%。至2001年，达标率提高到93%。2003年，在县二中举行全县中学生田径运动会，参赛运动员380名。2014年年末，镇内学校和社区共有体育运动场所25个，总面积达1.8万平方米。

医疗卫生

清末至民国时期，农村缺医少药，治疗疾病素以中医、中草药为主。民国28年（1939），设渣江卫生所，开展西医业务。1949年，境内有中医9人，西医3人。中华人民共和国成立后，大力发展医疗卫生事业，医疗条件不断改善。1953年，建立渣江区卫生所，有医务人员4名。1956年，成立联合诊所。1962年，建立公社卫生院。是年，推行新法接生。1966年后，相继建立大队卫生室，分别配有1名赤脚医生和妇幼保健员。1968年，区联合诊所改为区医院。同年，设立衡阳县人民医院渣江分院。1969年，实行农村合作医疗制度。1970年，渣江区医院与县人民医院渣江分院合并为渣江地区医院（后更名为衡阳县第二人民医院）。1980年，对镇内0~7岁婴幼儿进行健康检查。1995年撤区并乡后，对原部分乡卫生院进行调整合并。2006年1月，启动新型农村合作医疗。当年参合率85%。此后参合人数逐年递增。2014年年末，镇内有医院1所，分院3所，村卫生室51个；有病床270余张，执业医务人员230余人；参加新型合作医疗5.54万人，参合率97.3%，补偿总金额1009万元。

社会保障

灾害救助 1995年6月29—30日，境内连降暴雨，雨量250毫米，损坏农作物1660公顷，倒塌房屋425间，造成直接经济损失3500余万元。时任中共湖南省纪委书记杨敏之赶赴渣江等乡镇指导救灾。县、镇及时发放钱物安置灾民，恢复生产，重建家园。

“五保”供养 20世纪60年代起，对孤寡老人和无劳动能力的残疾人实行“五保”，其生活费由所在生产队或大队统筹。20世纪80年代后纳入乡镇统筹。2005年起，城乡“五保”对象享受城乡最低生活保障待遇，其供养经费由县财政拨付。2012年，建成镇敬老院，集中供养部分“五保”老人。2014年年末，全镇有“五保”对象505人，其中集中供养40人，分散供养465人；共拨付供养金141.48万元，年人均2801元。是年，渣江镇被民政部授予“全国五保供养先进单位”荣誉称号。

医疗救助 2006年起，实施城乡居民大病医疗救助。救助对象主要为罹患恶性肿瘤、白血病、尿毒症等大病的城乡低保户、“五保”对象。是年，救助160人次，共救助住院医疗费16万余元。2014年，救助1735人次，救助总金额128万余元。

农村低保 2007年7月起，实行农村居民最低生活保障（简称低保）待遇。是年，镇内有低保对象414户、836人，年人均发放低保金360元，总金额 30.09 万元。此后，对低保对象实行动态管理，月人均发放标准不断提高。2014 年年末，镇内有低保对象 1849 户、2775 人，月人均标准 110 元，共发放低保金 366.3 万元。

养老保险 2011 年 7 月，启动城乡居民社会养老保险。是年，镇内城乡居民登记参保人数 20870 人，征缴养老基金 216.38 万元；为 9449 名到龄居民发放 7—12 月养老金 313.02 万元。2014 年年末，镇内城乡居民登记参保人数 20787 人，征缴养老基金 215.97 万元，为 10582 名到龄居民发放养老金 747.84 万元。

特色地情

历史人文

刘巴（约 170—222） 字子初，汉末蒸阳（今衡阳县渣江）人。三国时蜀汉政治家。出身于官宦家庭。初投荆州刺史刘表，荐为幕宾。刘表死后，再投曹操，为郡守幕僚。赤壁之战后，曹操派其游说长沙、零陵、桂阳 3 郡太守来降，无功而返。后绕道交趾途经四川，为益州刺史刘璋所留。刘备攻取西蜀后，任命刘巴为左将军、西曹椽。并称赞刘巴："子初才智过人"。诸葛亮也说，"运筹策于帷幄之中，吾不如子初远矣！"东汉建安二十四年（219），刘巴任尚书。不久，代替法正为尚书令。

彭玉麟（1816—1890） 字雪琴，渣江镇和睦村人。清末湘军将领。出生在安徽安庆做官的父亲任所，后随父母回籍。咸丰三年（1853），从曾国藩创办湘军水师。次年 5 月，参加湘潭之战获胜，以知县用。继随军陷岳州（今岳阳），升同知。又配合陆军破田家镇，焚毁太平军船只，以知府记名。咸丰五年（1855）3 月，援湖北武汉，授浙江金华知府，留营，又以道员记名。咸丰十一年（1861），援湖北，配合陆军攻占孝感，授广东按察使。又夺黄州（今黄冈），升安徽巡抚，力辞。次年，改任水师提督，复授兵部右侍郎。同治七年（1868），会同曾国藩奏定长江水师营制。次年春，回籍。同治十一年（1872），奉命简阅长江水师。嗣后，每年奉命巡阅一次。光绪七年（1881），命署两江总督，再疏力辞，留督江、海防如故。光绪九年（1883），擢兵部尚书，以衰病辞。光绪十四年（1888），巡阅长江水师，至安庆后以病开缺回籍。光绪十六年（1890），逝于衡阳江东"退省庵"寓所。

风景名胜

春秋青铜提梁卣 1988 年 9 月出土于渣江镇赤石村西冲组小鸡岭。口径 24.4 厘米，通高 50 厘米。直口，椭圆体垂腹，高圈足，弧形盖，尖顶方柱抓钮，龙形提梁，青铜铸造。上腹两边各

春秋动物纹提梁卣

渣江二八庙会盛况

饰一蛇纹卷曲向下，中间缀一蛙纹，下腹中部双蛇逆行向上，与上腹蛇纹相呼应，直指蛙纹，形成四蛇戏蛙之精美构思图案。经湖南省青铜文物专家鉴定，属国家级珍贵文物。年代为春秋中期。现存衡阳市博物馆。

渣江赤石、洲上、东风、湖溪春秋古墓群 墓葬密集，多达千余座，分布面积约 10 ~ 50 万平方米。曾出土过春秋时期青铜器和各种陶器。

彭玉麟故居 位于渣江镇和睦村老屋组。始建于清代嘉庆年间（1796—1820），为土砖瓦房结构。同治年间（1862—1874）改建为青砖瓦房，建式为三进六横，面积约 4600 平方米，名曰“赐福堂”。堂屋正厅悬挂慈禧太后御赐匾额。1950 年后，故居为他人所居，亦多损毁。2013 年，村民自发捐资按原貌修复供游客观瞻。

名优特产

渣江米粉 清同治《衡阳县志》载：“渣江米粉色鲜而味美，食之者众多，为西乡一绝。”渣江米粉以优质籼米为原料，使用传统技艺，靠手工精制而成。主要经过选料、浸泡、磨酱、脱水、蒸坯压线等多道工序。其粉外观光滑，质地柔软，具有韧性，再配以新鲜排骨或鱼汤，加入适量葱、姜、辣椒粉等佐料即可食用。

渣江土头碗 又名宝塔香腰、堆子香腰，一般有七层、九层之分，故又名七层楼或九层楼。其摆放顺序颇为讲究，由下而上依次为：垫底为大红甜枣，第二层为油炸虎皮鸡蛋，第三层水果丸子，第四层为黄雀肉，第五层为蛋片，第六层为鱼丸，最后一层是盖码。

民俗风情

“赶八”每年农历二月初八日，为渣江“赶八”的传统习俗。相传这天是寿佛爷的生日，故又称赶庙会。后来渐演变为进行物资交流的盛会，交易商品主要为农具、木制家具等生产、生活资料；其规模一般在 1 万至 2 万人左右，多时达 3 万余人，且至今仍经久不衰。2002 年，中央电视台、湖南卫视曾分别对渣江“赶八”作了采访报道。

（文字/图片供稿：王三清　陈艳丽　肖友良）

三湖镇>>

区域概况

位置面积

三湖镇因境内三湖町得名。地处县境中部偏北，东邻渣江镇，南毗长安乡，西连洪市镇，北接金溪镇。镇人民政府驻龟石渡社区新街组，距县城36公里。辖区东西最大距离13.9公里，南北最大距离16.2公里，总面积116平方公里。

建置沿革

清同治十年（1871），三湖属重安镇。民国32年（1943），设区辖乡，属第七区福安乡。中华人民共和国成立初，仍沿袭民国旧制。1950年3月，撤福安乡，分置鼓峰、碧峰、永安、甘泉、乐西、福民、龟石、新石、西村乡，同属第七区。1952年7月，衡阳、衡南分县后，重新调整区乡政区，设福民、鼓峰、碧峰、高桥、永安、甘泉、管桥、桥头、龟石、西村、乐西、新石乡，属第十一区（后更名三湖区）。1956年5月，撤区并乡，并龟石、福民、西村、新石、鼓峰、碧峰、高桥为三湖乡，将桥头、管桥、永安、乐西并入甘泉乡。1958年9月，撤三湖乡、甘泉乡，建和平人民公社。1959年，和平公社改称三湖公社。1961年8月，设区分社，置三湖、鼓峰、甘泉人民公社，属渣江区。1984年5月，人民公社改为乡镇，复称三湖乡、鼓峰乡、甘泉乡。1995年5月，再次撤区并乡，将三湖乡、鼓峰乡、甘泉乡合并为三湖乡。1996年10月撤乡设镇，改称三湖镇。

行政区划

1996年，政区辖43个行政村。2014年，辖龟石渡1个社区和龟石、中湖、福民、茶园、檀山、中渡、薙岭、西村、红安、群力、信山、新田、新石、文光、杨林、六一、兴隆、大波、毫冲、永安、高桥、碧峰、祥民、枫坳、瑶林、荫堂、先锋、鼓峰、洋溪、南北、管桥、桥头、甘泉、五福、全丰、白洋、联盟、平阳、新进、双峰、乐江、新建、中合43个建制村，下设5个居民小组、448个村民小组。

自然环境

全境属丘陵与山地结合区。西北部多山地，东南部丘陵起伏，中东部平町相间。地势西北高东南低。最高山雷祖岭主峰海拔963米，最大的平原三湖町，地域广袤，纵横约7.5平方公里。境域气温四季分明，年平均气温16.5℃，年平均降水量1316毫米，降水集中在每年4—9月。属高气压控制区，容易出现干旱。常年主导风为北风，夏季为东南风，并有雷电气象。境内土壤分为水稻土、黄壤土、紫壤土三大类。境内属蒸水水系，蒸水河自新石村瓦屋组入境，自西向东从洋溪村徐巩组出境。主要河流有文光河、王霸河、西河、柿竹河等，均流入蒸水，境内河道总长 32.4 公里。历史上曾发生过有感地震（最近有 1980 年 1 月、1986 年 11 月）。

人口民族

2000 年，辖区总人口 48336 人，其中男性 26104 人，占 54.01%，女性 22232 人，占 45.99%；农业人口 46972 人，城镇人口 1364 人。2010 年，总人口 48156 人，其中男性 25519 人，占 52.99%；女性 22637 人，占 47.01%；农业人口 46141 人，城镇人口 1555 人。2014 年年末，辖区总人口 54225 人，其中常住人口 48850 人，城镇化率 21.9%。总人口中，男性 28708 人，占 52.9 %；女性 25517 人，占 47.1 %；0~14 岁 10320 人，占 19.03 %；15~59 岁 35095 人，占 64.72 %；60 岁以上 8810 人，占 16.25 %。人口出生率 12.11 ‰，死亡率 7.08‰，自然增长率 5.03‰。辖区内有少数民族人口 67 人。

经济发展

经济综述

镇域经济由农业、工业和服务业构成。农业以种植水稻、油菜、棉花和养殖畜禽鱼类为主；工业以建筑、建材、纺织为主。2014 年年末，全镇实现地区生产总值 4.78 亿元，粮食总产量 2.85 万吨，财政总收入 907 万元，农村居民人均可支配收入 11897 元。

农业

种植业 民国时期，农业生产条件差，粮食亩产仅 200 公斤。中华人民共和国成立后，1950—1951 年，农村实行土地改革，接着组织农民兴修水利，增强抗干旱能力，粮食连年丰收。1957 年平均亩产达到 255 公斤。1958 年，成立人民公社，搞“一平二调”，后又遭遇三年国民经济困难时期，粮食严重减产。1962 年，实行以生产队为基本核算单位，贯彻农业“八字宪法”（水、肥、土、种、密、保、管、工），改进耕作技术，粮食产量回升。1969 年，双季稻面积达到 1306 公顷，占水田面积的 70 %，亩产粮食 350 公斤。1976 年，开始试种杂交晚稻。1980 年，县派工作组在三湖公社檀山大队试行农业生产责任制。1982 年，普遍实行家庭联产承包经营。是年，晚稻亩产 400 公斤。1996 年，全镇种植水稻 2630 公顷，亩产 410 公斤，总产量 2.43 万吨。2007—2014 年，连续 8 年创建省级双季稻万亩高产示范片，并涌现一批种粮大户。荫堂村王水斌运用机械化、规模化、集约化等现代经营手段，流转土地 190 公顷种植水稻，产粮食 1414 吨，被评为全国种粮大户。2014 年年末，全镇种植水稻 3040 公顷，亩产 414 公斤，总产量 2.85 万吨；棉花 213 公顷，总产量 441 吨；油菜 1380 公顷，总产量 3248 吨；蔬菜 244 公顷，总产量 2850 吨；农业总产值 1.74 亿元。

养殖业 境内素有养殖猪、牛、鸡、鸭、鱼等畜禽水产习惯。民国以前，乡民养牛皆为役用，其余所养畜禽多为出售或兑换油盐等日常生活、生产用品。中华人民共和国成立后，政府鼓励农民饲养家禽家畜，畜禽数量渐多。1958 年，实行“一大二公”，不准农民私养生猪。20 世纪 70 年代，提出“一亩田土一头猪”的目标。1990 年，实现亩平一头猪。是年，开始出现养猪专业户。2004 年，成立红安养殖协会，为养殖户提供产供销服务。2012 年，润宇养殖场建成投产，年出栏生猪 6000 余头。2014 年年末，全镇有 300 头以上养殖大户 6 户，出栏生猪 5.1 万头，年末存栏 2.09

万头；出笼家禽 87 万羽；水域面积 348 公顷，出水鲜鱼 260 吨，养殖业总产值 1.62 亿元。

林业 境内有林地 6180 公顷。主要树种有松、杉、樟、南竹、油茶、板栗、蜜橘等。2014 年，林产品总值 2550 万元，森林覆盖率 75%。

工业

民国时期，境内土纱土布纺织颇有名气。中华人民共和国成立后，1950 年，三湖有织染厂 80 余家，成立同业公会，实行联产联销。1958 年停业。20 世纪 60 年代后期，社队企业开始起步，大井大队（今信山村）创办石灰厂。1972 年，兴办三湖、鼓峰、甘泉 3 个公社综合厂，经营农具加工维修、农机修理、造纸印刷等。1982 年，创办三湖纺织印染厂，1988 年，改为衡阳县棉织二厂。1996 年，组建衡阳县第十建筑工程公司。2004 年后，乡镇企业改制为民营企业。2014 年年末，镇内有民营工业企业 22 家，工业总产值 1.42 亿元。

商贸服务业

民国时期，三湖老街有商铺十余家。中华人民共和国成立后，1954—1957 年，先后设立供销合作社、肉食水产站、粮油购销站等，供应生产、生活资料和收购农副产品。1958 年，取消集市贸易和个体商贩，商贸服务统一由供销社和合作商店经营。1980 年后，逐步放开市场，个体商业得到发展，并逐步成为流通领域的主体。2014 年，镇内有各类商贸户 301 家，从业人员 504 人，社会消费品零售总额 1.24 亿元。

财政金融

中华人民共和国成立至 1984 年，乡（社）财政实行报账制，由县财政部门管理。1985 年，成立乡财政所，负责辖区内财政工作，县对乡实行“定收定支，收入上缴，支出下拨，超收分成，短收分担，超支不补，节余留用”。1995 年，乡财政总收入 386.5 万元，总支出 346.6 万元。2004 年，实行农村税费改革，国家取消农户缴纳农业税、农业特产税及教育附加共 304.53 万元。2014 年，财政总收入 907 万元，财政总支出 904 万元。

1954 年，境内建立三湖、鼓峰、甘泉 3 个信用合作社，吸纳社员入股。1994 年，建立农村合作基金会、互助储金会（简称“两会”）。1997 年，取缔农村“两会”。2014 年，境内有金融机构 2 家，年末储蓄存款余额 2.27 亿元，贷款余额 0.86 亿元。

基础设施

交通运输

民国以前，蒸水是境内主要航道，并分别设有瓦屋、紫塘、塘洲、马滩、长征 5 个渡口。中华人民共和国成立后，1959 年，建成鼓峰至洪罗庙公路，境内长 12.5 公里。同年，渣江至九峰公路竣工，境内长 7 公里。1976 年，台源至雷祖岭公路建成通车，境内长 2.5 公里。1983 年，开通西渡至三湖、甘泉客运班车。1987 年，开始发展个体运输户。20 世纪 80—90 年代，陆续建成通村公路。2000 年后，实施乡村道路硬化工程。其间，先后硬化渣江至三湖、陈坳至枫坳、化怀堂至甘泉、台源至雷祖岭 4 条县乡公路。2006—2011 年，对镇内村道进行改造提质和水泥硬化。2014 年年末，镇内有县道 2 条、乡道 2 条，共长 29.5 公里；村道 43 条，总长 115.2 公里。

邮政通信

1957 年，设立龟石渡邮政代办所。是年，三湖乡政府通电话，线路长 13 公里。20 世纪 60 年代起，公社、大队均设有邮政投递点，邮路单程 83 千米。80 年代末，境内村村通邮路。1994 年，开通程控电话。1998 年邮电体制改革，邮政与电信分设。2003 年开始，在境内建设移动电话基站。

2007 年，县电信分公司在鼓峰村建农村综合信息服务站。2014 年年末，境内有邮政所 1 处，电信企业 2 家，固定电话用户 2200 户；移动电话基站 6 个，移动电话用户 2.7 万户。

供电饮水

1983 年，檀山河坝建成发电，供电范围限于檀山大队及公社驻地。1988 年，国家电网开始供电。至 1995 年，村通电率 100 %。2001 年后，分期分批实施电网改造，先后对 43 个村、1 个社区进行线改和户改。至 2014 年年末，全镇 453 个村（居）民小组全部供电，供电率 100%。

2012 年，投入资金 829 万元在大波村李家组建成三湖水厂，日供水 2200 吨，可解决 21 个村居民生活用水。

水利建设

民国时期，三湖水利基础设施十分薄弱，仅有山平塘近 3000 口，蓄水总量不足 250 万立方米。中华人民共和国成立后，广泛发动群众兴修水利设施，改善灌溉条件。1958 年 9 月，建成柿竹水库，总库容 2300 万立方米。1958—1959 年，先后建成王家岭、七步湾、兴隆 3 座小（二）型水库，总库容 139 万立方米，灌溉农田 245 公顷。1969 年，建成檀山河坝，灌田 30 余公顷。20 世纪 70 年代起，陆续新建 37 处机埠灌溉。2011—2013 年，分别对王家岭、七步湾、兴隆水库进行除险加固，同时对部分山平塘清淤扩容。2014 年年末，镇内有中型水库 1 座，小（二）型水库 3 座，山平塘 3142 口，机埠 37 处，水库干渠 1 条、长 16.5 千米，总蓄引提水量 1300 万立方米。

镇村建设

1995 年，乡政府在红卫组征地 2 公顷，启动三湖镇集镇建设。1999 年，建成镇计划生育服务所。2002 年，硬化龟石渡街道 1.5 公里。2003 年起，逐步完善镇机关会堂、食堂等配套设施。

中华人民共和国成立初，境内农村居民住宅多为土砖茅屋，瓦房较少。20 世纪 50 年代中至 70 年代末，新建部分土砖瓦房。80 年代至 90 年代末，大部分农村居民户新建了红砖瓦房。2000 年后，住房建设档次进一步提高，并出现一些别墅式的楼房，户平均建筑面积约 250 ~ 450 平方米。2006 年，启动社会主义新农村建设，重点改造水、电、路等基础设施，建设美丽乡村。2012 年，整合资源，建成三湖镇站所综合楼和财政所办公楼。2014 年起，实施“千灯工程”（即在全镇各村安装 1000 盏以上路灯），当年完成 17 个村的 400 余盏路灯安装。至 2014 年年末，全镇电网改造率、乡村道路硬化率、居民饮水安全率均为 100%。行政村都有办公用房。

社会事业

教育科技

教育 民国 37 年（1948），刘玉林、刘辉阳等在塘坳刘祠创办刚直中学。1949 年，境内有王氏公祠、刘氏公祠、梁氏公祠等 12 所保国民小学和族校。中华人民共和国成立后，大力发展教育事业，废族校办乡校，同时开展扫除青壮年文盲教育。1958 年，在福城寺创办三湖附中，同时在鼓峰梅白建立农业中学。1969 年，农业中学并入三湖公社中学。1974 年，按照“一个公社办一所初中，一个大队办一所小学”的办学要求，境内有中学 5 所、小学 43 所。1981 年，实施《全日制五年小学教学计划》。1986 年，开始实施普及九年制义务教育（简称“普九”）规划。是年，中心小学开办学前班。1995 年，境内有初中 5 所，小学 32 所。1997 年，新建三湖农校。是年，全镇通过“普九”验收。1999 年，三湖镇“两基”验收合格。是年，西村村民梁光柏捐资23万元新建西村小学。同年，开始整合教育资源，调整学校布局，撤销管桥中学。2002年，创办“开心”和“拾贝”2所幼儿园。2003年，并福城中学、文峰中学为三湖镇中心学校，迁址鼓峰岭。2014年年末，全镇有幼儿园7所，在园幼儿585人，专任教师21人；小学14所，在校学生3012人，专任教师149人；初中3所，在校学生1671人，专任教师108人；17所中小学全部为县级合格学校。

科技 1981年，建立公社农科站（后更名镇农技服务站），培训农民技术员43人。1983年起，开办3所农民文化技术学校，传授农业科技知识。至1998年，累计培训4500余人次。20世纪90年代起，建立科技示范户。2010年，全丰村王告生被评为衡阳市“优秀星火科技示范户”。2014年年末，全镇有各类科技示范户320户。

文化体育

文化 民国时期，境内流行龙灯，至今经久不衰。中华人民共和国成立初期，流行顺口溜、打油诗。“文化大革命”期间，推行“忠字舞”，各大队成立毛泽东思想文艺宣传队，演出样板戏、花鼓戏、三句半等文艺节目。20世纪60—90年代，女作家琼瑶（兴隆村兰芝堂人），先后出版《寻梦园》《窗外》《一颗红豆》等近百部中、长篇小说，其中《几度夕阳红》《在水一方》《还珠格格》等40余部小说改编成影视剧搬上荧屏。1981年，刘德润（杨林村人）的美术作品《血肉相连》获湖南省优秀作品奖；次年，其创作的剪纸连环画《淡水养鱼八诀》获湖南省科普美术作品二等奖。1992年，梁贤之（鼓峰村人）创作的故事《奇怪的盗窃案》获《故事世界》创作一等奖；1994年，其小说《王船山外传》获国家文化部艺术出版社创作一等奖。2002年，成立“夕阳诗社”。2010年，唐松喜（福民村人）的诗集《菊兰诗影》出版。2012年，建成三湖镇综合文化楼。2014年年末，全镇有村文化活动室44个，图书5万册。

1972年，三湖、鼓峰、甘泉公社先后建立有线广播站。1995年，分别在境内龟石渡和塘坳建立微波接收站。1999年秋，建成卫星电视地面接收站。2014年年末，全镇有线电视用户549户。

体育 1997年，镇内中小学开始按《国家体育锻炼标准》教学，当年学生达标率26.5%。至2005年，达标率提高到93.8%。2008年后，镇内居民兴起健身操。2012年，镇组建代表队参加全县健身操比赛。2014年年末，全镇有体育健身场所27个。

医疗卫生

民国时期，境内缺医少药，医治疾病素以中医、中草药为主。中华人民共和国成立后，1956年成立三湖联合诊所。1959年建立三湖公社卫生院。20世纪60年代，逐步建立大队卫生室。1969年，农村实行合作医疗制度，大队设立合作医疗站（卫生室），配有1名赤脚医生。2006年，启动新型农村合作医疗，当年参合率79%。2010年，三湖卫生院邹建团获卫生部授予“全国乡镇卫生院优秀院长”称号。次年，邹建团被媒体评为“中国最具影响力新闻人物”。2014年年末，境内有卫生院1所，执业医务人员31人，床位60张，村卫生室44个；参加新型农村合作医疗人数46172人，参合率98%。

社会保障

灾害救助 1954年5—6月，境内连续遭受洪水灾害，山塘冲毁，民房倒塌，农作物受损。区乡发动群众生产自救，下拨粮食救济灾民。2007年2月，桥头村龙冲组发生火灾，死亡5人，镇拨付救助款10万元，帮助修复损坏房屋。

“五保”供养 20世纪60年代起，对孤寡老人实行“五保”，其生活费由所在生产队统筹。80年代，“五保”供养纳入乡统筹。2003年，将原文峰中学改造为三湖镇敬老院，集中供养部分“五保”老人。2005年起，“五保”对象享受城乡居民最低生活保障待遇，其供养经费由县财政拨付。2014年年末，全镇有“五保”对象464人，其中集中供养38人；共拨付总金额131.46万元，年人均2833元。

医疗救助 2006年开始，实施城乡居民大病医疗救助。2014年，共救助946人，救助医疗费40.37万元。

城乡低保 2007年，实行城乡居民最低生活保障待遇，并对低保对象实行动态管理。2009年，全镇有低保对象767户、1591人，共补助171.828万元，年人均1080元。2014年，低保对象1255户、2510人，共补助370.5万元，年人均1476元。实行了应保尽保。

养老保险 2011年7月，启动城乡居民社会养老保险。当年，全镇登记参保18501人，征缴养老基金191.93万元；为7671名到龄居民发放7—12月养老金253.14万元。2014年年末，参保18501人，征缴养老基金191.93万元，为8580名到龄居民发放养老金566.28万元。

特色地情

东汉钟武故城遗址 位于三湖镇荫堂村，为东汉（9—128）钟武县（侯国）都城遗址。1982年，文物调查时发现，钟武故城遗址位于荫堂村蒸水与王母河交汇的台地上。城址呈长方形，南向，东西残长约300米，南北残宽约230米。西南面残存夯土城墙约70米，宽约9米，高约3米，护城河遗迹尚存。城址内采集有汉代筒瓦、板瓦、瓦当、青砖和陶器残片，纹饰有米字纹、方格纹、绳纹等。1987年被列为衡阳县首批县级文物保护单位。

鼓峰汉代古墓群 位于三湖镇鼓峰村，分布面积约4000平方米，封堆残高2~5米，底径4~10米，部分墓口已暴露，有土坑坐穴墓及券顶砖室墓两类。墓区内曾出土有战国铜剑和汉代陶鼎等。1987年，被列为衡阳县首批县级文物保护单位。

王夫之遗稿 1977年，三湖公社茶园大队马滩生产队发现王夫之遗稿一件，经湖南省博物馆鉴定为国家一级文物。原稿存省博物馆。

（文字供稿：廖晓军　周少初）

台源镇>>

1995年，台源镇被授予湖南省“民间艺术之乡”。

区域概况

位置面积

台源镇因驻地台源寺得名。地处县境中部，东毗杉桥镇，南邻西渡镇，西接长安乡、栏垅乡，北抵渣江镇。镇人民政府驻台源寺社区，距县城西渡13公里。辖区东西最大距离13.33公里，南北最大距离18.66公里，总面积118.8平方公里。

建置沿革

清同治十年（1871），台源隶属紫霞镇。中华人民共和国成立初，仍沿袭民国旧制。1950年3月，撤紫霞镇，分置寺山、仁爱、爱吾、九乐、妙山、长安、大胜、狮麟、牌楼、百亩、福溪、高真、两江乡，隶属第六区。1952年7月，衡阳、衡南分县后，重置区乡政区，设寺山、九市、爱民、台源、百亩、福溪、狮麟、九乐、牌楼、花滩、仁爱、爱吾、两江、高真乡，属第五区（后更名台源区）。1956年5月，撤区并乡，将江山、花江（原属渣江区）、两江、高真乡并入花滩乡；将百亩、狮麟、福溪、仁爱、爱民、九市、寺山、九乐乡并入台源乡。1958年9月，建立人民公社（以下简称公社），撤台源、花滩乡建东方红公社。1961年8月，设区分社，分置台源、福溪、九市、花滩、高真公社，同属台源区。1984年5月，改公社为乡镇。是年6月，台源乡改名台源寺镇。1995年5月，再次撤区并乡，台源寺镇、九市乡、福溪乡、高真乡、花滩乡合并为台源镇。

行政区划

1996年，政区辖1个社区、48个行政村。2014年，辖台源寺社区和台源、柳树、东湖、寺山、云峰、庆明、向阳、塔桥、演陂、群英、文星、台九、爱民、九垅、司林、九市、渔形、龙福、九乐、长青、东升、建设、柞木、盘湖、福溪、白鸽、东庄、朝阳、爱国、砖塘、高市、大井、永明、八拱、石砌、利民、花滩、永宁、两江、联兴、花江、金狮、贯山、光兴、古塘、长塘、陈安、大江48个建制村，下设3个居民小组、537个村民小组。

自然环境

镇域属紫色页岩丘陵地貌。地势东北部偏高、西南部略低，蒸水河沿岸为小平原。境域气温四季分明，春季气温平均在10℃以上，期间冷暖空气交替频繁，多阴雨；夏季气温平均在30℃以上，多东南风，并有雷电气象；秋季气温平均在25℃以上，呈波状形下降；冬季气温平均在15℃以下，多偏北风，间有雨雪冰冻天气。年平均气温17.8℃。雨季旱季明显，年均降水量1329毫米，春夏降水量多于秋冬。全境属蒸水水系，蒸水自北向南经台源流经西渡汇入湘江，境内流程18公里。

人口民族

2000年，辖区总人口49757人，其中男性26637人，占53.53%；女性23120人，占46.47%；农业人口46474人，城镇人口3283人。2010年，总人口52384人（内含2004年接收重庆市忠县移民34户154人），其中男性27760人，占52.99%；女性24624人，占47.01%；农业人口48450人，城镇人口3934人。2014年年末，辖区总人口60257人，其中常住人口53430人，城镇化率30.1%。总人口中，男性31455人，占52.2%；女性28802人，占47.8%。0~14岁11851人，占19.7%；15~59岁38986人，占64.7%；60岁以上9420人，占15.6%。人口出生率12.17‰，死亡率5.96‰，自然增长率6.21‰。辖区内人口均为汉族。

经济发展

经济综述

镇域经济由农业、工业和服务业构成。农业以种植水稻、油菜、乌莲和养殖猪禽鱼类为主；工业以建筑、建材和农产品加工为主。2014年年末，全镇地区生产总值5.87亿元，粮食总产量2.23万吨，财政总收入1100万元，农村居民人均可支配收入11850元。

农业

种植业 民国时期，农业生产水平低，加之缺乏抗御旱涝、病虫灾害能力，粮食亩产仅160公斤。中华人民共和国成立后，1950年实行土地改革，1953年，组织农业合作社，粮食增产丰收，平均亩产提高到220公斤。1958年，成立人民

台源乌莲基地

公社后，搞“一平二调”，后又连遇三年国民经济困难，粮食减产歉收。1962年后，实行以生产队为核算单位，贯彻按劳分配原则，改进耕作技术，扩大双季稻种植面积，粮食生产持续发展。1969年，种植双季稻1713公顷，占水田面积50%；两季平均亩产321公斤，总产量8300吨，1976年，试种杂交晚稻13公顷，亩产310公斤，比常规晚稻平均亩增产120公斤。1984年，全镇杂交晚稻面积2760公顷，亩产400公斤，总产1.66万吨，实现晚稻总产超过1969年全年粮食总产量。2005年，全面推广种植双季杂交稻。2014年，全镇水稻种植面积3053公顷，总产2.23万吨；油菜1726公顷，总产量4484吨；蔬菜226公顷，总产量3460吨；水果面积93公顷，总产量2267吨。农业总产值1.61亿元。

养殖业 境内素有养殖猪、牛、羊、鸡、鸭、鱼等畜禽水产习惯。民国时期，农户饲养耕牛皆为役用，养猪年户均不足1头，养鱼基本上不投放饵料，故产量低，亩均水面产鲜鱼约13公斤。中华人民共和国成立后，政府鼓励农民饲养家畜家禽。1955年，开始发展池塘养鱼。1958年成立人民公社后，一度限制农户饲养家禽家畜。20世纪60年代至70年代末，池塘水库养鱼由生产队集体经营，确定专人负责放养，平均每亩水面产鱼43公斤。1982年，农村改革开放后，养殖业快速发展。是年，全镇出栏生猪1.7万头，家禽50万羽。2005年，养殖专业户邓明树投资600万元在镇内创办农牧发展公司，建猪舍面积4.54万平方米，分设3个生猪养殖场、5个人工授精场，员工210人；饲养种猪（含母猪）1200头，年出栏生猪3.2万头，年产值5000万元。2014年年末，全镇有各类专业养殖户45户，出笼家禽120万羽，出栏生猪3.85万头，产鲜鱼150吨；实现养殖业总产值1.25亿元。

林业 境内有山地4130公顷，多为紫色页岩。主要树种有松、樟、油茶等。2014年，全镇有林地面积2140公顷，实现林产品总值6.53万元，森林覆盖率45%。

工业

民国时期，境内民间有铁器、木器、油榨、泥瓦等手工业数十家，从业人员近百人。中华人民共和国成立后，1956年，成立台源手工业生产合作社，有从业人员10人。20世纪60—70年代，先后创办红砖厂、石灰厂、“920”农药厂等集体工业企业。20世纪70年代末至80年代，兴办乡镇企业，镇内有建材、建筑、农产品加工等工业企业15家，从业人员210人，年总产值3000万元。90年代后，民营工业逐渐取代乡镇企业。2014年年末，镇内有民营工业企业40家，从业人员520人，工业总产值4600万元。

商贸服务业

清代、民国时期，台源寺老街和九里渡、高真寺等地有商铺20余家，从业人员30余人，主要从事日用杂货、布匹、餐饮等经营。中华人民共和国成立后，1953—1957年，先后设立供销合作社、肉食水产站、粮油购销站及粮食储运库等，供应生产生活资料和收购农副产品。1958—1962年，一度取消集市贸易，商贸服务由供销社和国营商业统一经营。1978年年末，境内有商业网点25个，从业人员135人。1982年后，实行改革开放，逐步开放市场，个体商贸不断发展。1995年，有个体商贸户76户。2000年后，国有商业和集体商业逐渐改制为民营商业。2014年年末，镇内有各类商贸户165家，从业人员320人，涉及日杂、餐饮、运输、金融、通信、文化、医疗、药品、保险等行业。有集贸市场1个，社会消费品零售总额0.9亿元。

财政金融

中华人民共和国成立至1984年，乡（社）

财政实行报账制，由秘书兼管。1985年，成立镇财政所，统管财政收支。1996年，镇财政总收入450万元，主要为工商税和农业税；财政总支出410万元，主要为支援农业、行政管理和上解县财政。2003年，共征收农业税和农业特产税384.54万元。2004年，实行农村税费改革，国家取消农民上缴农业税和农业特产税及各项涉农上缴提留。是年，全镇完成财政总收入600万元，财政总支出590万元。2014年年末，实现财政总收入1100万元，财政总支出1100万元。

1952年，设立中国人民银行台源营业所，管理境内金融业务。1954年，成立台源信用合作社。1962年，设九市、花滩、高真、福溪4个信用分社。1982年，中国农业银行营业所入驻台源。1985年1月，撤销人民银行台源营业所，其金融业务移交农业银行营业所。1991年，成立农村合作基金会。1997年4月，合作基金会被撤销，其账户移交县农村合作经济管理局。2009年，设立中国邮政储蓄银行台源营业处。2014年年末，镇内有金融机构3家，职工25人，年末各项存款余额3.3亿元，贷款余额1.1亿元。

基础设施

交通运输

1958年，建成台源寺至西渡、台源寺至渣江公路。1959年，高真寺至杉桥、盐田桥公路贯通。20世纪70年代末至80年代，先后修建台源寺至九里渡、长安、花滩、高真寺4条乡道。20世纪90年代后，陆续畅通境内通村公路。2006—2010年，对镇内乡村道路分批次实施改造提质和水泥硬化。2014年年末，镇内有县道2条，乡道5条，村道48条，总里程80.1公里。

1958年，台源寺通行长途客班车。1985年，设立台源汽车站。2012年，开通西渡至台源2路公交车。

邮政通信

民国6年（1917）3月，设立台源寺邮政代办所。民国32年（1943）8月，设花滩、高真寺、九里渡3处信柜。

中华人民共和国成立后，1957年，设台源邮电支局。是年，架设台源寺电话线路。20世纪60年代起，公社、大队均设有邮政投递点。20世纪80年代后，部分乡镇自设电话总机，利用有线广播线路开通村际电话。1998年，开通程控电话。2000年后，移动、联通公司分别在镇内建立移动通信基站。2014年年末，镇内有邮政企业1家，发行报纸杂志0.8万份；电信企业3家，程控电话交换机4000万门，固定电话用户2960户；移动电话基站4个，移动用户2万户，互联网用户960户。

供电饮水

1967年，台源河坝发电，装机容量250千瓦，供区机关照明和农产品加工用电。1985年，国家电网开始向境内农村供电。1991年，建成台源变电站。至1995年，全镇有10千伏配电线路42千米，10千伏变压器48台，总容量3840千伏安；有低压用电线路总长192千米，村和村民小组通电率100%。2000年后，分批次实施电网改造，先后对48个村进行线改和户改，改造和新增10千伏线路31千米，更新10千伏变压器48台。2014年年末，全镇有10千伏配电线路4条，线路总长42千米，49个村（社区）540个村（居）民小组全部通电，供电率100%。

2012年，投入资金535万元建成镇自来水厂，日供水能力2200吨，可满足城镇和周边13个村2500户居民饮用水。

水利建设

古代，境内有建于东汉时期的“略塘”（今台源镇群英村贤陂塘水库前身）。民国时期，贤陂塘扩建为小型水库，蓄水量约80万立方米。1949年，境内有山平塘约2560口，蓄水总量约300万立方米。中华人民共和国成立后，1953—1957年，大力兴修水利，共整修扩建山平塘1500余口。1957年10月，贤陂塘扩建为小（一）型水库，蓄水量增至198万立方米，灌溉面积300公顷。1967年，修建台源河坝，坝高6.5米，坝轴长125米，安装水轮泵5台，灌田1160公顷。与此同时，修建斜陂堰中型水库灌区干渠1条，境内长13.8千米。1978年，建成花滩河坝，坝长6.5米，坝轴长228米，安装水轮泵4台，灌田530余公顷。20世纪90年代至2012年，着力搞好山平塘清淤、渠道硬化防渗和小型水库除险加固。其间，共硬化塘坝185口、渠道16千米。2014年年末，境内有小（一）型水库1座，小（二）型水库4座，河坝2座，水塘2520口，总蓄引提水量1250万立方米。

镇村建设

20世纪50年代初，台源寺仅有一条约200米长的街道。50年代末至70年代末，随着区（公社）机关的入驻，陆续建设一批企业、事业单位和商贸门店，城镇面积约0.3平方公里。20世纪90年代后，小城镇建设提速，先后新建4条街道和大批商品住宅。与此同时，水、电、路、集贸市场及环境卫生等基础设施亦渐趋完善。2014年年末，城镇面积达1平方公里。

中华人民共和国成立初，境内农村居民住宅多为土砖房屋，且有部分茅房。20世纪50年代中至70年代末，茅屋逐渐改造成瓦房。80年代至90年代末，土砖房陆续改建为红砖瓦房。2000年后，建房档次提高，并出现别墅式楼房，建筑面积一般户平均300~450平方米。2006年起，启动社会主义新农村建设，重点改造农村水利、电力、道路等基础设施。2010年，群英村列为省级新农村建设示范村。2011—2013年，对农村环境卫生实行综合整治，建设美丽乡村。2014年年末，全镇村道硬化率、电网改造率、农村居民饮水安全率均为100%，环境卫生达标率97%，行政村都有办公用房。

社会事业

教育科技

教育 1944年6月，衡阳市沦陷，城区道南、新民、建德、青年等中学组成联合中学西迁台源寺。次年，衡阳光复，各学校陆续回城。至1949年，境内有国民小学和私立小学6所。中华人民共和国成立后，在大力发展小学教育的同时，开展农民识字教育，扫除青壮年文盲。1956年，境内有完全小学1所，初小10所。1958年，台源完小附设初中班。1964年，推行全日制与半日制、公办与民办两种教育制度并举，境内有农业中学2所，民办小学15所。1969年，农业中学和民办小学分别并入公办中学和公办小学。1974年，红卫中学附设高中班，学制2年。1978年，境内有初中4所，小学35所。1982年，撤销台源中学高中班。1998年，台源通过省、市考核验收，达到国家“两基”标准。1998—2002年，整合教育资源，合理调整农村小学布局，至2003年，镇内有初中4所，小学15所。2014年年末，全镇有幼儿园10所，在园幼儿1060人，专任教师48人；小学15所，在校学生3650人，专任教师150人；初中4所，在校学生1780人，专任教师136人。有台源中心小学、台源中学、花滩完小、高真完小、福溪完小 5 所县级合格学校。

科技 1981 年，建立公社农科站（后更名镇农技服务站），培训农民技术员 48 人。1983 年起，开办 5 所农民文化技术学校，传授农业科技知识。至 1995 年，累计培训 5100 余人次。20 世纪 90 年代起，建立科技示范户。1995 年，群英村评为湖南省科普示范村。2012 年，台源镇鳜鱼繁殖基地的翘嘴鲌系列育苗研究及演陂村的优质油菜新品种高产栽培技术被列入省科研项目。2014 年，全镇各类科技示范户 365 户。

文化体育

文化 清末、民国时期，境内民间流行布龙、稻草龙、狮灯等灯舞。此外，有九市（今台源镇）张廷玉等组建的花鼓戏班，从艺者 10 余人。中华人民共和国成立初期，以农村俱乐部为主要文化活动阵地。1968 年，设立公社文化站，配文化辅导员 1 名，负责文化宣传工作。“文化大革命”期间，农村文化活动单一，大多为革命歌曲和“样板戏”所代替。1974 年，九市公社业余文艺宣传队参加省农村文艺会演，表演的歌舞《采药山歌》《我们工厂女工多》分别获创作、表演奖。中共十一届三中全会后，农村文化趋向多样化。1984 年，王晨牧（光兴村人）的诗集《向旷野这边开一个窗子》由湖南出版社出版。1988 年 9 月，九市乡稻草龙获“北京国际旅游年舞龙大赛”三等奖。1995 年，台源镇获湖南省“民间艺术之乡”称号。2007 年，镇文化站更名为文体站。2011 年，投入资金 24 万元建设综合文化楼，建筑面积 500 平方米。2013 年，许持之（白鸽村人）的诗歌集《萤歌》由中国戏剧出版社出版。是年，省文化厅确认台源镇文体站为全省二级综合文化站。2014 年年末，全镇有综合文化站 1 个，村文化活动中心 48 个，共有图书 6 万册，各类文化专业户 63 户，业余文艺创作人员 15 人。

1972 年，建立公社广播站，实现队队通广播，喇叭入户率 76%。1975 年，组建公社电影放映队，有 16 毫米放映机 4 台。1985 年，乡广播站更名为广播电视站。20 世纪 90 年代后，随着县广播电台调频道的开通，结束有线广播的历史。1994 年，广播电视站易名为有线电视站。2014 年年末，

九市稻草龙

全镇有线电视网络3320米，用户869户。电视综合覆盖率96%。

体育 1989年，台源镇中学学生王春红获湖南省少年柔道赛男子60公斤级第一名。1990年，台源中学体育教师贺济平被评为全国（农村）千名“优秀体育教师”。1991年，王春红入选省体工队；1994年入选国家队男子柔道集训队。1998年，台源镇获“全国亿万农民健身活动先进乡镇”称号。2014年，镇内有体育健身场所45个，总面积2.2万平方米。

医疗卫生

民国时期，境内缺医少药，治疗病患素以中草药为主。中华人民共和国成立后，医疗卫生事业不断发展。1953年，成立台源联合诊所，有中医8人。1962年，建立公社卫生院。是年，推行新法接生。1968年后，大队卫生室相继建立，分别配有赤脚医生和妇幼保健员。1969年，实行农村合作医疗制度。1980年，对0～7岁儿童作健康检查，患病儿童全部实行免费治疗。2006年，启动新型农村合作医疗，当年全镇参合人数25634人，参合率45%，全年共补偿870人次，补偿总金额44万元。2007年，投入资金1200万元新建卫生院，面积1000平方米，并添置病床和医疗检测仪器。2014年年末，镇内有医疗卫生机构2所，门诊站2个，村卫生室49个，病床86张，执业医务人员95人；参加新农合48035人，参合率95%，共补偿兑付10069人次，补偿总金额535.5万元。

社会保障

灾害救助 民国38年（1949）7月，境内遭遇特大洪涝灾害，蒸水河两岸村庄倒塌30%，农作物绝收，灾民外出逃荒者3500余人。中华人民共和国成立后，1982年6月12—17日，连降暴雨，降水量316毫米，摧毁农作物1200余公顷，倒塌房屋520间，县区社拨付钱粮物救济重灾户，并组织群众恢复生产，重建家园。

“五保”供养 20世纪60年代起，对孤寡老人和无劳动能力的残疾人实行“五保”，其生活费由所在生产队统筹。80年代后，“五保”供养纳入乡统筹。1998年，建成九市敬老院，集中供养部分“五保”老人。2005年，城乡“五保”对象享受城乡最低生活保障待遇，其供养经费由县财政拨付。2014年年末，全镇有“五保”对象499人，集中供养41人，共拨付供养金140.72万元，年人均2820元。

医疗救助 2006年起，实施城乡居民大病医疗救助，救助对象主要为罹患恶性肿瘤、白血病、尿毒症等大病的城乡低保户、“五保”户。是年，救助对象196人次，共救助住院医疗费17.73万元。2014年，救助1326人次，救助金额57.35万元。

城乡低保 2007年7月起，实行城乡居民最低生活保障待遇。是年，镇内有低保对象169户、825人，占居民总户数0.3%，年人均发放低保金360元，共发放金额29.7万元。此后，对低保对象实行动态管理，补助标准亦渐次提高。2014年年末，镇内有低保对象1221户、2443人，年人均标准1476元，总金额360.59万元。

养老保险 2011年7月，启动城乡居民社会养老保险。是年，镇内16～60周岁城乡居民登记参保人数19084人，参保率为75%，征缴养老基金201.14万元，为8112名到龄居民发放7—12月养老金269.53万元。2014年年末，城乡居民登记参保人数19084人，征缴养老基金201.14万元，为9343名到龄居民发放养老金649.39万元。

特色地情

风景名胜

金山岭新石器时代遗址 位于台源镇东庄村金山岭，分布面积约8000平方米。1976年，考古试掘，文化堆积厚度0.1～0.45米，分为上、下两层。上层出土遗存物主要有生产工具和生活用具两类：生产工具有石斧、石锛、石刀、石镞（箭头）、砺石、陶纺轮等；生活用具主要有鼎、罐、瓿、器盖、盘、杯、豆、碗及圈足器等。下层出土生产工具有石斧、石镞等，器形较小，多经精磨；生活用具有罐、盆、尊、圈足器及平底器等。金山岭遗址下层遗存物具有龙山文化的特点，属新石器时代晚期；上层遗存物则具有吴城商代文化的因素，属商周时期。遗址大部分保存完好。

东汉铜马 1976年11月，出土于衡阳县福溪公社（今台源镇爱国村李木冲）道子坪一座砖室古墓，为东汉晚期（约147–220）墓葬。发掘有两套铜牵马俑和马俑，其中一套存湖南省博物馆，另一套存衡阳市博物馆收藏。铜马俑系牡马，高52厘米，长54厘米，四足蹬地，昂首挺胸，鬃毛飞扬，束尾向上弯曲，双目圆瞪，张口呈嘶鸣状，额上有"触角"。铜马采用浑铸工艺，一次铸成，造型敦实，栩栩如生。1994年12月，经国家文物局专家组鉴定，东汉铜马被确认为一级文物。

东汉铜马

贞节牌坊正面照

贞节牌坊 坐落于台源镇柳树村祖堂组。建于民国初期，石质结构，高15米，保存完好。为省级文物保护单位。

民俗风情

台源九市稻草龙 发源于台九村肖大屋，始于清代康熙年间（1662—1722）。相传某年夏秋之际，当地蝗虫成灾，啮食禾稼，肖氏百姓心急如焚。幸在此时天降龙卷风，顿时飞沙走石，将蝗虫席卷而去，虫害消除。自此以后，当地便兴起舞稻草龙灯的风俗，祈求风调雨顺、五谷丰登。每年腊月八日之后，村里就召集男女老少，选用上等稻草，精心编制稻草龙灯。从农历正月初六兴灯至元宵节为灯期，节后再把龙身拿到稻田烧掉。2012年8月，九市稻草龙列入湖南省第三批非物质文化遗产保护名录。

（文字/图片供稿：唐东北　肖方学　陈默）

关市镇>>

区域概况

位置面积

关市镇因驻地关帝庙得名。地处县境西部，东、东北与井头镇接壤，南、西南与衡南县鸡笼镇、祁东县洪桥镇毗邻，西靠祁东县马杜桥乡，西北接邵东县灵官镇。古称“一脚踏三阳”（衡阳、邵阳、祁阳）之地。镇人民政府驻关市村，距县城西渡39公里。辖区东西最大距离9.85公里，南北最大距离11公里，总面积96.23平方公里。

建置沿革

清同治十年（1871），关市属永康镇。民国32年（1943），设区辖乡，为第五区长乐乡。中华人民共和国成立初，仍沿袭民国旧制。1950年3月，撤长乐乡，分别设置保安、梅麓、黄泥、兰山、关市、石麓、唐市、三阳、智龙、仁智、黄町、汇水12个乡，同属衡阳县第五区。1952年7月，衡阳县析为衡阳、衡南县，重设区乡政区，属衡阳县第四区（后更名为长乐区），辖保安、仁智、黄町、梅麓、关市、三阳、寄龙、石麓、兰山、汇水10个乡。1956年5月，撤区并乡，将保安、梅麓、黄町乡并入汇水乡；将寄龙、三阳、石麓、兰山乡并入关市乡。1958年9月，建立“政社合一”的人民公社，撤关市、汇水乡建立太阳升人民公社。1961年8月，设区分社，分置关市、汇水、双溪3个公社，隶属长乐区。1984年4月，改公社为乡镇，改大队、生产队为村、组。1995年5月，再次撤区并乡，关市、汇水、双溪3个乡合并为关市乡。2011年，撤乡建镇，称关市镇。

行政区划

1996年，政区辖46个行政村、461个村民小组。2014年，镇辖关帝庙、振兴2个社区，关市、马岭、平源、余町、黄泥、源江、石头、兰山、正当、石麓、石禾、栗坪、分六、龙头、黄町、茅坪、大众、唐市、龟山、石狮、胡井、贞福、石湾、枫木、双溪、界福、马安、寄龙、大雅、开元、雷祖、高明、盘石、保云、建新、铁炉、观音、观山、庙湾、梅岭、梅麓、乌石、车头、金马、大兴、汇水46个建制村，下设6个居民小组、455个村民小组。

自然环境

境内为山地与盆地结合地貌，东部边沿有小块平原，南、西、北三面群山环绕，中间为盆地。地势东南低西北高。境内最高山观音山，主峰海拔746.5米。镇域气温四季分明，光热资源丰富，无霜期长，雨量适中。年平均气温18℃，最低气

温 -8.5℃（1972 年 2 月 9 日），最高气温 40℃（2010 年 8 月 5 日）。年平均降水量 1220 毫米，降水日数 153 天，最多年份达 195 天（1970 年），最少年份 121 天（1986 年），降水集中在 4—9 月，5、6 月最多。常年主导风为北风，夏季为东南风，并有雷电现象。境内土壤为花岗岩红壤土。武水发源三阳山，系蒸水一级支流，境内流程 8 公里。

人口民族

2000 年，全乡总人口 42835 人，其中男性 22709 人，占 53.02%；女性 20126 人，占 46.98%。总人口中，农业人口 39980 人，城镇人口 2855 人。2010 年，总人口 43191 人，其中男性 23054 人，占 53.38%；女性 20137 人，占 46.62%。总人口中，农业人口 40276 人，城镇人口 2915 人。2014 年年末，辖区户籍总人口 50774 人，其中常住人口 43480 人。城镇化率 30.1%。总人口中，男性 26712 人，占 52.61%；女性 24062 人，占 47.39%。总人口中 0~14 岁 10523 人，占 20.72%；15~59 岁 32062 人，占 63.15%；60 岁以上 8189 人，占 16.13%。人口出生率 12.05‰，死亡率 6.85‰，自然增长率 5.20‰。辖区内有少数民族人口 21 人。

经济发展

经济综述

镇域经济由农业、工业和服务业构成。农业以种植水稻、红薯和养殖畜禽鱼类为主；工业以开采铁、铅锌和花岗岩石材为主。2014 年年末，全镇地区生产总值 9.98 亿元，粮食总产量 1.25 万吨，财政总收入 1302 万元，农村居民人居可支配收入 11920 元。

农业

种植业　面积 1730 公顷，其中水田 1670 公顷。主要农作物有水稻、红薯、油菜、大豆、蔬菜、水果等。民国时期，农业生产水平低下，加之缺乏抗御旱涝、病虫灾害能力，粮食亩产仅 190 公斤。中华人民共和国成立后，组织农民走农业合作化道路，兴修水利，改善生产条件，粮食产量不断上升。1957 年，平均亩产达到 250 公斤。1958 年，成立人民公社，后又连遇三年国民经济困难，粮食减产歉收。1961 年，调整公社规模，改革经营管理体制，实行以生产队为核算单位。与此同时，扩大双季稻种植面积，改进耕作技术，推广优良品种，农业生产持续发展。1969 年，双季稻面积扩大到 1330 公顷，平均亩产粮食 350 公斤，总产量 0.7 万吨。1976 年，试种杂交晚稻 5 公顷，亩产 310 公斤，比常规晚稻平均每亩增产近 100 公斤。1983 年，全乡种植杂交晚稻 1330 公顷，亩产 410 公斤，总产 0.82 万吨，实现一季单产和总产超过早稻。2014 年，全镇粮食复种面积 2840 公顷，总产量 1.25 万吨；种植油菜 350 公顷，总产 536 吨；其他农作物 460 公顷，总产量 1500 吨。农业总产值 1.35 亿元。

养殖业　境内素有养殖猪、牛、鸡、鸭、鱼等畜禽水产习惯。民国时期，乡内农户饲养耕牛皆为役用，养猪则为换钱，所产禽、蛋除少量自食外，余皆出售或兑换油盐等物。中华人民共和国成立后，政府鼓励农民饲养家畜家禽。1955 年，开始发展池塘养鱼，养猪养鸡农户和饲养数量亦渐次增多。1958 年成立人民公社后，限制农户饲养家禽家畜。20 世纪 60 年代至 70 年代末，池塘水库养鱼由生产队集体经营，确定专人放养，实行定产量计酬，鲜鱼产量大幅提高，亩均产鱼 53 公斤。1982 年后，随着农村土地承包经营责任制的建立和"开放搞活"方针政策的贯彻实施，养殖业快速发展，乡内先后出现关市村、栗坪村、唐市村、马安村、高平村、盘石村等一批规模养鸡、养鸭、养鱼、养猪、养牛、养羊、养鸵鸟等专业户。2014年年末，全镇有各类规模养殖户258户，实现养殖总产值5280万元。

林业 境内有林地4010公顷。主要树种有松、杉、樟、油茶、南竹等。2014年，实现林产品总值1000万元。森林覆盖率达90%。

工业

民国时期，境内有铁器、木器、竹器、纸扇、纸伞、纺纱、织布、印染和薯粉加工等手工作坊近50家，从业人员100余人。中华人民共和国成立后，1976年，在双溪公社界福大队建立县铅锌矿。至1990年停办时，该矿累计生产精铅矿砂7185吨，精锌矿砂2598吨。20世纪80—90年代，兴办乡镇企业，境内有建材、建筑、化工、竹木器、皮草、粉丝、粮食等加工企业53家，从业人员950人，年总产值2000万元。2004年后，乡办企业改制为民营企业。2004—2005年，先后有尚卿矿业、新雁矿业、三安矿业3个民营铁矿企业建成投产。2008年，长乐矿业萤石矿投入生产。2012年，相继投产的有顺大、翔磊2个石材加工企业。2014年，镇内有工业企业93家，工业总产值5.6亿元，实现税收0.95亿元。

商贸服务业

民国时期，关市老街有店铺近20家，经营百货、烟酒、食品及生产资料等商品，从业人员40余人；并设有集贸市场。中华人民共和国成立后，1954—1956年，相继设立供销社、肉食水产站、粮油购销站及粮食储运库等国营和集体商业，供应生产、生活资料和收购农副产品。1956年，乡内有私营商贸户95户，从业人员200人。1958年，取消集市贸易和个体商贩，商贸服务由供销社或合作商店统一经营。1963年，逐渐恢复集贸市场，但对商品经营种类仍有所限制。1978年年末，境内有供销社、合作商店、门市部、代购代销点等商业网点30余个，从业人员50余人。1982年后，实行改革开放，搞活商品流通，一批个体商贩进

三安矿业

入流通领域。1990 年，个体商贸户发展到 130 户、280 人。此后，民营商业成为市场的主体。2014 年年末，镇内有各类商贸服务业 300 家，从业人员 700 人，涉及餐饮、物流、金融、通信、文化、医疗、药品、保险、美容美发等行业。有集贸市场 2 个，社会消费品零售总额 2.4 亿元。

财政金融

中华人民共和国成立至 1984 年，乡（社）未建立财政机构，实行报账制，由财粮委员或秘书兼管。1985 年，成立乡财政所，统一管理财政收支。1996 年，乡财政总收入 240 万元，主要为工商税和农业税、农业特产税；财政支出 238 万元，主要为支援农业、行政管理费和上解县财政税费。2004 年，农村税费改革，取消农民上缴农业税、农业特产税和各种涉农上缴提留。当年，全乡取消的两项税金总额共 229.68 万元。2014 年年末，实现财政总收入 1302 万元，财政总支出 1285 万元。

1956 年，建立关市乡信用合作社。1962 年，设关市、双溪、汇水 3 个信用社，下设 11 个信用联站。1987 年，设立中国农业银行关市营业处。1992 年，成立农村合作基金会，境内有乡级基金会 2 个，村级基金会 37 个，有存户 5380 户。1997 年，清理整顿农村“两会”（合作基金会、互助储金会），其账务分别移交县农村合作经济管理局和县民政局。2004 年，双溪信用社并入关市信用社。2006 年，撤销信用联站。2009 年，设立中国邮政储蓄银行关市营业处。2014 年年末，镇内有金融机构 4 家，年末存款余额 3.5 亿元，贷款余额 8200 万元。

基础设施

交通运输

旧时，关市交通十分闭塞，晚清诗人张乐曾有诗慨叹此地是“云边天堑难通马”。中华人民共和国成立后，1958 年，修通关市至西渡公路。1960 年，修通关市至祁东公路。20 世纪 80 年—90 年代，相继建成通村公路。2001 年后，分批实施村道改造硬化工程。至 2014 年，镇内有省道 210 线过境，境内长 11.5 公里；乡道 1 条，长 10.8 公里；村道 46 条，总长 110 公里；实现村村通水泥公路。

1979 年，关市开通客运班车。1984 年，设立关市汽车站，日开 2 个班次。2014 年，关市客运站日均发送客车 23 个班次，日客运量 1100 人次。

邮政通信

1957 年，设立关帝庙邮电所。同年，开通乡政府及企事业单位电话。1962 年，架通公社电话。1995 年 7 月，开通直拨数字程控电话。1998 年 5 月，境内建立移动通信基站；9 月，建立联通基站。2014 年年末，镇有邮政企业 1 家，邮政业务总收入 135.7 万元；电信企业 3 家，程控交换机总容量 2400 门，光缆线路总长 10.45 千米，固定电话用户 0.13 万户，移动电话用户 1.3 万户，互联网用户 1500 户。全年电信业务收入 235 万元。

供电饮水

1984 年 3 月，建成关市 35 千伏变电站，35 千伏高压输电线路 20.6 千米。此后，陆续架设村组供电线路。至 1996 年，全镇 46 个村、461 个村民小组全部供电。2001 年起，分批次实施农村电网改造，至 2013 年，已完成 44 个村的线改和户改。2014 年年末，全镇户供电率 100%。

2011 年，关市自来水公司建成供水，铺设供水管网总长 4.5 千米，年供水 20 万立方米。

水利建设

民国末期，境内有塘坝 3000 余口，总蓄水量约 400 万立方米。中华人民共和国成立后，人民政府把兴修水利作为发展农业、改善民生的大事来抓。1959—1960 年,修建小(一)型双溪水库，有效库容量 203 万立方米，灌溉面积 450 公顷。1961—1962 年,相继建成红星、自力 2 座小（二）型水库，库容量 260 万立方米。与此同时，修建灌溉渠道 3 条，总长 25.8 千米。1990—2012 年，重点搞好山平塘清淤、渠道硬化和水库除险加固。其间，共硬化渠道 7.5 千米、塘坝 58 口，完成 3 座小型水库的除险加固工程。2014 年年末，镇内有小型水库 3 座，山平塘 3366 口，总蓄水量 2400 万立方米。

镇村建设

关市系百年老街。民国时期，仅有一条约 200 米长的小街。中华人民共和国成立后至 1980 年，集镇建设不断拓展，面积约 0.5 平方公里。1981—1999 年，扩大到 1 平方公里。2000 年后，小城镇建设提速，规模进一步扩大，至 2014 年，建成面积达 1.8 平方公里；有大小街道 9 条，形成集商贸服务、教育文化、交通运输、医疗卫生于一体的小城镇。

中华人民共和国成立初，镇内居民住宅多为土砖茅屋，瓦房甚少。20 世纪 50 年代中至 70 年代末，部分居民逐渐改茅屋为瓦房。80 年代至 20 世纪末，大部分居民将土砖房改建为红砖楼房，一般户平均在 250~400 平方米。2000 年后，农村兴起建房热潮，且讲究分户独建，设计新颖，造型美观，户均建筑面积一般在 300 平方米至 500 平方米之间。2006 年，启动社会主义新农村建设，重点改造农村电网、道路、饮水和环境卫生等基础设施。至 2014 年，乡村道路硬化率、电网改造率、居民饮水安全率均为 100%，环境卫生达标率 80%。各建制村都有办公用房。

社会事业

教育科技

教育　民国 29 年（1940），时任长乐乡乡长綦可轩在分六村斋堂湾创办中心国民学校，两年后迁址范祠堂（今关市中学前身）。至 1949 年，境内有中心小学 1 所，保国民小学 12 所。中华人民共和国成立后，大力发展教育事业，废保校办乡校，同时开展扫除青壮年文盲教育。1956 年，境内有完全小学 4 所，初小 13 所。1958 年，长乐中心学校附设初中班，冠名长乐附中。1974 年，长乐附中开设高中班，更名长乐中学。1974 年，按照“一个公社办 1 所初中，一个大队办 1 所小学”的布局，境内有中学 3 所，小学 43 所。1981 年，撤销长乐高中。1983—1985 年，重点抓好普及初等教育。经过 3 年的努力，至 1985 年底，全乡 7~12 周岁儿童入学率 98%，巩固率 98.2%，毕业率 96%；13 ~ 15 周岁儿童初中教育普及率 97.5%。1992—2005 年，突出中小学危房改造，建设合格学校。其间，全乡共改建校舍 3953 平方米，新建 10523 平方米，共 14476 平方米。与此同时，为整合教育资源，提高教育质量,将原有 43 所小学合并为 24 所。2014 年年末，全镇有幼儿园 3 所，在园幼儿 372 人，专任教师 21 人；学前班 19 所，在校学生 389 人；小学 21 所，在校学生 2985 人，专任教师 175 人；初中 3 所，在校学生 2073 人，专任教师 133 人。建成县级合格学校有关市中学、汇水中学、双溪中学、盘石完小、关市中心小学、马安小学、三阳小学、黄町小学、分六小学9所学校。

科技 1979年，汇水公社盘石小学发明淮山与白薯嫁接高产技术，获湖南省科技进步三等奖。1981年，建立公社农科站，有农民技术员近40人。1983年起，开办3所农民文化技术学校，向农民传授农业科技知识，年培训350人次。20世纪90年代起，建立科技示范户。2012年，梅岭村文教平被评为衡阳市“星火科技示范户”。2014年年末，全镇有各类科技示范户185户。

文化体育

文化 民国时期，境内有马灯、龙灯、狮灯、武灯、花灯、唱渔鼓、皮影戏、木偶戏等文艺活动，共有演艺人员数十人。中华人民共和国成立后，1962年，先后建立公社文化站和大队文化室，开展文化宣传活动。1966—1976年，农村文化活动单一，大多为“语录歌”“样板戏”“忠字舞”所替代。20世纪80年代后，农村文化生活丰富多彩，民间舞龙唱戏重新恢复发展。与此同时，文艺创作渐趋繁荣。2007年，盛树森（分六村王泥冲人）的诗作《青山云树集》出版。2008年，王南山（汇水村人）的音乐作品《唱给父亲的歌》获全国新创歌曲选拔赛二等奖；其创作的《湘水人家》获湖南省新创歌曲一等奖。2012年，关市曲艺队表演的《衡阳渔鼓》被列入市级非物质文化遗产。2014年年末，全镇有文化站1个，民间常年演出团体6个，村级文化活动中心22个，各类文化专业户17户，农家书屋46个，藏书7.6万册。文化行业从业人员89人。

1970年7月，建立关市公社广播放大站，有700瓦扩大机1台，架设广播线路65千米，安装舌簧喇叭770只，实现队队通广播，喇叭入户率25%。1975年，建立公社电影放映队，有放映机3台。1995年，建成关市电视差转台。2007年12月，开通无线数字电视。2014年10月，开

关市渔鼓被列为市级非物质文化遗产

通有线电视。至2014年年末，全镇有线电视用户1400户；电影放映队2个，年放映电影556场次。

体育 1984年，双溪中学新建篮球场。1989年，汇水中学建成田径运动场和篮球场各1个。2003年，投资30万元兴建关市中心学校标准化运动场。自1997年起，镇内中小学开始按《国家体育锻炼标准》教学。当年达标率30%。至2000年，达标率提高到90%。2014年年末，镇内学校共有运动场所25个，总面积1.3万平方米。

医疗卫生

民国时期，境内缺医少药，治病以中草药为主。新中国成立后，1956年成立联合诊所。1964年，设立公社卫生院，大队配备有赤脚医生。1969年，农村实行合作医疗制度。1995年撤区并乡后，成立关市卫生院。2006年1月，启动新型农村合作医疗，当年参合率85%。2014年年末，镇内有医疗卫生机构24个，其中，镇卫生院和分院2所，村卫生室22个，病床64张；有执业医务人员37人，完成诊疗19.5万人次；参加新农合40300人，参合率95%，受益补偿金额107.04万元。

社会保障

灾害救助 1998年，境内发生特大洪水，造成3人死亡，2355户受灾，倒房4566间，死亡牲畜1587头，摧毁农作物153余公顷，直接经济损失3800万元。县乡共拨付救灾款87万元，帮助灾民重建新居和恢复生产。2008年1月，发生严重冰雪灾害，全乡倒塌房屋2668间，摧毁农作物530余公顷，县乡共拨付救灾款270万元，扶助受灾户重建家园。

"五保"供养 20世纪60年代起，对孤寡老人和无劳动能力的残疾人实行"五保"，其生活费由所在的生产队统筹。1980年后，"五保"供养纳入乡统筹。2005年起，城乡"五保"对象享受城乡最低生活保障待遇，其供养费由县财政拨付。2007年，建成乡敬老院，集中供养部分"五保"老人。2014年末，全乡有"五保"对象454人，其中集中供养55人，分散供养399人；共拨付供养金132.84万元，年人均2926元。

医疗救助 2006年起，实施城乡居民大病医疗救助。救助对象主要是罹患恶性肿瘤、白血病、尿毒症等大病的城乡低保户、"五保"户。2007—2014年，共救助904人次，救助总金额51.33万元。

农村低保 2007年7月起，实行农村居民最低生活保障待遇。是年，乡内有低保对象1561人，占居民总户数3%，半年人均发放低保金101元，共发放金额15.8万元。此后，对低保对象实行动态管理，补助标准亦渐次提高。2009年，乡内有低保对象600户、1435人，年人均补助1080元，共发放金额154.98万元。2014年年末，全镇有农村低保户747户、1495人，人均年补助1476元，共发放低保金220.65万元。

养老保险 2011年7月，启动城乡居民社会养老保险。当年登记参保人数13612人，参保率42.5%，征缴养老基金155.82万元，为7216名到龄居民发放7—12月养老金244.43万元。2014年年末，全镇登记参保人数14813人，参保率46.3%，征缴养老基金170万元，为8061名到龄居民发放养老金554.83万元。

（文字/图片供稿：刘艳　陈烨春）

库宗桥镇 >>

2008年、2010年，库宗乡先后评为“湖南省文明乡镇”“全国文明乡镇”。

区域概况

位置面积

库宗桥镇因驻地附近库宗桥得名。地处县境西部，东接演陂镇，南抵井头镇，西连金兰镇，北与大安乡接壤。镇人民政府驻梅开村梅开堂，距县城西渡21公里。

建置沿革

清同治十年（1871），库宗桥属金华镇。民国32年（1943）改为金华乡，属衡阳县第六区。中华人民共和国成立后，1950年3月，撤金华乡，分置甘溪、古井、玩市、白马、谷陂、库宗、白石、油溪、渣石9个乡，隶属第六区。1952年7月，衡阳、衡南分县后，调整为：升平、甘溪、渣石、金源、古井、谷陂、木田、石口、大町、龙潭、虎形、油溪、玩市、库宗14个乡，隶属第七区（后更名为金华区）。1956年5月，撤区并乡，前述14个乡分别合并为古井、石口、库宗乡。1958年9月，撤乡设立人民公社（简称公社），古井、石口、库宗乡并为超英（后更名为库宗）公社。1961年8月，析社设区，分置库宗、石口（属演陂区）、古井、牌楼（属金兰区）公社。1984年5月，废公社复称乡。1995年5月，再次撤区并乡，石口、古井、牌楼并入库宗乡。2011年5月，撤乡设镇，库宗乡设为库宗桥镇。

行政区划

1996年，政区辖38个行政村、458个村民小组。2014年，辖合兴1个社区和梅开、玩市、华山、小源、大源、双源、七亩、拜亭、罗城、虎形、建楼、谷陂、大兴堂、库宗、晓溪、白鹤、新华、大町、大关、大山、木田、永兴、渣坪、石口、双关、东方头、加龙、牌楼、凤凰、荷山坪、建录、金华、栾木、古井、龙潭、望公、羊角、飞龙山38个建制村，下设3个居民小组、455个村民小组。

自然环境

境域属山地、丘陵、小平原相间地区。东西部偏高，南北部偏低，中间有狭长小块平原。境内山峦起伏绵延，最高山金华山（又名小云山）主峰海拔328米。全境气温四季分明，光热资源丰富，无霜期长。年平均气温17.8℃。1月最低，月平均气温5.6℃；7月最高，月平均36.4℃。雨季旱季明显，年平均降水量1200毫米以上。春夏降水量多于秋冬。雨季（4—6月）降水量占全年的55%；旱季（7—9月）降水量只占全年的

库宗鸟瞰图

10%。年最大降水量 1800 毫米（1970 年）；年最少降水量 950 毫米（1963 年）。常年主导风北风，夏季为东南风，并有雷电气象。境内土壤分为水稻土、黄壤土、石灰土、红壤土四大类。全境有河流 6 条，大源河、双源河、小源河、双桥冲河、甘溪河、牌楼河均系蒸水二级支流，总长 80 公里。

人口民族

2000 年，辖区总人口 42148 人，其中男性 22569 人，占 53.55%；女性 19579 人，占 46.45%。总人口中，农业人口 40299 人，城镇人口 1849 人。2010 年，总人口 43618 人，其中男性 22548 人，占 51.69%；女性 21070 人，占 48.31。总人口中，农业人口 41607 人，城镇人口 2011 人。2014 年年末，辖区总人口 49954 人，其中常住人口 42270 人，城镇化率 25.3%。总人口中，男性 26002 人，占 52.05%；女性 23952 人，占 47.95%；0~14 岁 10986 人，占 21.99%；15~59 岁 31444 人，占 62.05%；60 岁以上 7524 人，占 15.06%。人口出生率 13.74‰，死亡率 7.30‰，自然增长率 6.44‰。辖区内有少数民族人口 16 人。

经济发展

经济综述

镇域经济由农业、工业和服务业构成。农业以种植水稻、烟叶、油菜和养殖猪禽鱼类为主；工业以生产木器、水泥、石灰为主。2014 年年末，全镇地区生产总值 13.9 亿元，粮食总产是 1.72 万吨，财政总收入 1280 万元，农村居民人居可支配收入 11580 元。

农业

种植业 民国时期，由于自然条件差，粮食亩产仅 200 公斤。中华人民共和国成立后，农业生产持续发展。1957 年，粮食亩产 260 公斤。1958 年，成立人民公社，后连遇三年国民经济困难，粮食减产歉收。1962 年后，随着耕作技术的不断改进和水利条件的改善，粮食生产快速发展。1969 年，境内种植双季稻 1400 公顷，占水田面积 85.7%，粮食亩产达到 350 公斤。1976 年，开始试种杂交晚稻。1980 年后，杂交晚稻种植面积占水田的 90%，亩产 410 公斤。2000 年后，全镇有 40% 的农田种植杂交早稻，粮食产量大幅提高。2014 年年末，全镇水稻复种面积 2060 公顷，亩产 420 公斤，总产量 1.72 万吨；油菜 119 公顷，总产量 2227 吨；蔬菜 73 公顷，总产量 1100 吨；烟叶 250 公顷，总产量 575 吨；瓜果 800 公顷，总产量 750 吨；农业总产值 1.88 亿元。

养殖业 境内历来有养殖猪、牛、鸡、鱼习惯。民国时期，户均年养猪不足 1 头，养鸡数量较少，养牛仅供役用。中华人民共和国成立后，至 20 世纪 70 年代，养殖业以集体经营为主，家庭饲养为辅，故发展较为缓慢。20 世纪 80 年代实行农业生产责任制后，养殖业快速发展，并逐步形成规模化、专业化。1988 年，境内生猪饲养量达 4.5 万头，人均 1.1 头。2000 年后，家庭式养猪户逐年减少。随着国家大力扶持养殖业政策的实施，规模养殖户迅速增加。2006 年，年饲养生猪 300 ~ 500 头的养殖户 23 户。2012 年，恒田牧业投资 2500 万元在木田村新建大型养猪场，年出栏生猪 5000 头以上。2014 年年末，全镇共有各类规模养殖户 348 户，出栏生猪 3.9 万头，年末存栏 1.26 万头；出栏羊 523 头，年末存栏 414 头；出笼鸡 28.3 万羽，出塘鲜鱼 47 吨，养殖业总产值 1.23 亿元。

林业 境内有山林面积 3950 公顷，主要树种有杉、松、南竹、樟等。2014 年年末，全镇森林覆盖率 87.3%，活木蓄积量 3.6 万立方米。

工业

民国时期，境内有木器、竹器、铁器、造纸、纸扇等手工业作坊 100 多家。中华人民共和国成立后，1958—1978 年，先后兴办橡胶厂、石灰厂、农具厂、竹木加工厂、绳索厂、农机修理厂、制衣厂、针织厂、绣花厂、印染厂、农机运输站、建筑工程队等 30 多家社队工业企业，从业人员 450 余人。1995 年，筹集资金 3600 万元创办华星水泥厂，次年建成投产，年生产水泥 10 万吨。20 世纪 90 年代后期，民营工业崛起，境内从白鹤村至古井村的公路两边形成一条长约 5000 米的木器加工走廊。至 2003 年，全镇有木器加工户 528 家，从业人员 4958 人，年销售额 1.4 亿元，被誉为“鲁班一条街”。

2004年后，乡镇企业改制为民营企业。2010年，改制后的华星水泥公司经过技术改造和扩能，年产量由原来的10万吨提高到60万吨,年产值1.8亿元。2014年年末，全镇有工业企业462家，实现工业增加值8.2亿元，占地区生产总值的81%。

商贸服务业

民国时期，库宗桥老街和古井头有店铺20余家，从业者30余人。1956年，成立供销合作社，有集贸市场2个。1962—1978年，有供销社、代购代销店及仓储等商贸服务网点40余个，从业人员近100人。1985—2005年，个体商业逐渐取代集体和国营商业。2014年年末，全镇共有各类商贸服务门店680余个，从业人员834人；社会消费品零售总额2.6亿元；有集贸市场2个，年成交额1.96亿元。

财政金融

中华人民共和国成立后至1984年，乡（社）未建立财政机构，由财粮委员或秘书按月向区公所领发工资和代报发票。1985年，建立乡财政所，负责财政收支管理。1995年，乡财政总收入708.8万元，主要为农业税和农业特产税以及农民上缴提留；财政总支出710万元，主要为支援"三农"、行政管理和上解县财政。2004年起，国家取消农民上缴农业税、农业特产税和各项涉农摊派提留。当年，全镇涉农税费总额为241.53万元，农民人均61元。2014年年末，财政总收入1280.34万元，财政总支出1045.73万元。

1956年,建立库宗乡信用社。1962年,设库宗、石口、古井、牌楼4个信用分社。1992年，成立4个农村合作基金会和2个互助储金会。1997年，撤销农村"两会"，其账务分别移交县农村合作经济管理局和县民政局。2009年，设立中国邮政储蓄银行库宗营业所。2014年年末，镇内有金融机构3家,职工14人,年末各项存款余额4.98亿元，贷款余额1.17亿元。

基础设施

交通运输

清代，境内主要大道仅有1条衡宝驿道（衡阳至邵阳）经过。民国28年（1939），建成衡邵公路（即1814线），境内长7公里。中华人民共和国成立后，境内公路逐渐形成网络。1974年，建成玩市至牌楼公路。次年，库宗至石口公路建成通车。1983年，省道1814线砂改油。1985—1999年，陆续畅通境内通村公路。2002年，新修省道315线，境内长7公里。2003年后，重点实施乡村公路提质改造工程。至2010年，境内乡道及村道全部实现水泥硬化。2011年12月，衡邵高速公路竣工通车,境内长8公里。2014年年末，境内有高速公路、省道、县道各1条，总长23公里；乡村道路38条，共长86公里。

2010年，建成农村客运站，日发送18个班次。2014年年末，全镇30个村开通农村公交车，日发送乘客1320人次；有货车158台,总载荷1400吨。

邮政通信

明嘉靖十五年（1536），境内衡宝驿道设有白佛铺、金华铺2个驿铺传递邮件。清康熙四十一年（1713），改驿铺为递铺。清末，废递铺设邮局。民国28年（1939），设立库宗桥邮政代办所。中华人民共和国成立后，1957年，设立库宗桥邮电所。1958年12月，邮电所下放库宗人民公社。1960年，复归县邮电局管理。此后，公社（乡镇）、大队（村）均设有邮件投递点。至2014年年末，镇内有邮政所1家。

1956年，分别架设库宗、石口、古井乡电话线路。1962年，架设牌楼公社线路。1972年，公社自办电话后，各大队利用广播线路通电话。1995年，陆续开设程控电话。1998年开始，分别建立移动通信和联通通信基站。2014年，镇内有电信、移动、联通营业厅各1个，有固定电话用户6700户，普及率51.5%；有移动和联通通信基站9个，信号覆盖率100%，有移动电话用户24800户，互联网用户2000户。

供电饮水

1975年，境内梅开、玩市、华山3个村先后建成水电站。1989年后，国家电网陆续向村、组供电。1995年，境内有35千伏高压输电线路1条、长13千米，10千伏配电线路76千米；10千伏变压器50台，总容量5100千伏安；有低压用电线路总长270千米，村、组通电率100%。2000年后，分批次实施农村电网改造，先后对38个村进行线改和户改，共改造和新增10千伏线路10千米，新增和更新10千伏变压器60台，完成户改12100户。2014年年末，全镇有10千伏线路39条、总长86千米；10千伏变压器110台，总容量11200千伏安；低压配电线路310千米，38个村、455个村民小组全部通电，用电户12100户，供电率100%。

2008年，投入资金1100万元，建成年供水能力32万立方米的汇源水厂，铺设供水主管道5.6千米，支管网102千米；全镇有15个村、1.5万人饮用自来水，城镇入户率100%。

水利建设

1949年前，境内有山平塘2582口，水利设施脆弱，易受干旱和洪涝灾害。中华人民共和国成立后，县乡政府领导群众大搞水利建设，整修扩建山平塘850余口。1959年2月，建成大源水库，库容量495万立方米。1967年，小源水库建成蓄水，库容量397万立方米。在此期间，还先后兴修顺石湾、渣泥塘、桑桥冲、鸡公堰4座小型水库。1989—1992年，先后完成顺石湾、大源、小源3座水库干渠和大坝硬化工程，共长14.4千米。20世纪90年代后期至2013年，水利设施建设的重点是灌溉渠系和山平塘清淤硬化。其间，全镇共硬化田间渠46条，总长23千米；整修山平塘2582口。2014年年末，全镇有小（一）型水库3座、小（二）型水库3座、山平塘2586口，总蓄水量1240.3万立方米。

镇村建设

民国时期，库宗桥仅有一条长约150米的小街。20世纪70年代末，在街道旁边新建学校和商店。至2012年，小城镇建设提速，陆续新建农贸市场、医院和一条长500米的街道。至2014年，集镇建成面积为0.5平方公里。

中华人民共和国成立初，境内居民住宅多为土砖茅屋，瓦房甚少。20世纪50年代中至70年代末，部分居民将茅屋改建成瓦房。至90年代末，大部分居民新建红砖楼房。一般户平均建筑面积250~400平方米。2000年后，农村居民房屋建设逐渐向高档次、别墅型方向发展。2006年，启动社会主义新农村建设，以金华村和梅开村为试点，重点改造农村水利、电力、道路、人居环境等基础设施。2007年，库宗乡荣获湖南省新农村建设“十大魅力乡镇”，2008年获湖南省“文明乡镇”，2010年获“全国文明村镇”称号。2014年末，全镇农村道路硬化率、电网改造率、农村居民饮水安全率均为100%，环境卫生达标率为95%。行政村和社区都有办公用房。

社会事业

教育科技

教育 1949年，境内有蒋祠堂、白马堂、库宗3所中心国民小学（县四中前身），傲头屋、何隆观、坊厢、枫马山、刘祠堂、古井头6所保国民学校和族校。中华人民共和国成立初期，接收旧学校，兴办小学和中学。至1958年，境内有完全小学4所，初小8所，初中（县四中）1所。1964年，实行全日制与半日制、公办与民办两种教育制度并举。其时，境内有农业中学1所，民办小学10所。1970年，县四中升格为高中。1971年，农业中学、民办小学分别并入公办中学和公办小学。1974年，按照"一个公社办1所初中，一个大队办1所小学"的要求，境内有初中4所，小学30所。1995年后，对中小学布局进行调整，撤并一批小学。至2003年，全乡有小学（含教学点）共16所。与此同时，先后新建和改建小学9所，建筑面积6860平方米。2003年，古井中学学生万灿参加全国中学生物理奥赛获一等奖；库宗中学学生左勇获全国生物奥赛二等奖；左伟获全国物理奥赛二等奖。2014年年末，全镇有幼儿园4所，在园幼儿1080人，专任教师21人；小学13所（含1个教学点），在校学生4350人，专任教师197人；初中3所，在校学生2130人，专任教师128人；高中1所，在校学生2616人，专任教师139人。有库宗桥中心学校、加隆完小、华山小学、石口中学4所县级合格学校。

科技 1981年，建立公社农科站，有农民技术员35人。1983年起，开办4所农民技术学校，传授农业科技知识，年培训农民550人次。20世纪90年代起，创建科技示范户。2006年，华星水泥厂成立蒸阳水泥新技术研究所，拥有各类科技人才4人，其研究的"缺陷晶体配料技术"获湖南省技监局科技一等奖。2011年，晓溪村彭小伟被评为衡阳市优秀星火科技示范户。2014年年末，全镇有各类科技示范户120户。

文化体育

民国时期，境内民间有花灯、皮影戏。中华人民共和国成立后，以俱乐部为文化活动阵地。1966—1976年"文化大革命"期间，成立文艺宣传队，以演唱"样板戏""语录歌"和跳"忠字舞"为主。1980年后，境内文化活动趋向多样化。先后组建有乐队、图书室、录像厅、卡拉OK厅、腰鼓队和演唱团等民间文化团体。与此同时，文艺创作方兴未艾。1986年，刘江涛（石口村人）的美术作品《枫叶》获全国少年儿童画展"长白山杯"铜奖；《翔》获湖南省少儿书画展一等奖。1990年，刘玉英（石口村人）的画作《金色的童年》获湖南省少儿书画展三等奖。1993年，刘新奇（石口村人）的美术作品《春韵》获全国教师书画展二等奖；2001年，其画作《山水清音》在中日韩联展中获金奖。2008年，林叶青（金华村人）的诗歌集《库宗之歌》《库宗多娇》《神童诗联》相继出版。2009年，刘求存（虎形村人）的美术作品《黄昏烟雨乱蛙声》入选湖南省国画馆成立30周年纪念展，其作品《蝴蝶》发表于深圳《南国艺术》。2011年，《刘新奇山水画集》由华夏文艺出版社出版；2012年，其画作《溪山清远》获第七届当代中国山水画展铜奖。是年，举办库宗桥镇首届农民文化艺术节。2013年，刘求存的画作《杜鹃花开映山红》获衡阳市教师艺术作品展美术一等奖。2014年年末，镇内有文化站1个，村级文化活动中心5个，各类图书室45个，藏书共8万余册；各类文化专业户33户，从业人员112人，业余文艺创作人员4人。

1972年，建立公社广播站，配备工作人员1名，38个大队、455个生产队均开通广播，线路总长96千米。1975年，成立公社电影放映队，有35毫米放映机2台、16毫米放映机2台。1985年，镇广播站更名为广播电视站。1995年，建立有线电视站。是年，有线电视用户384户，线路长16千米。2012年，在金华山建成电视信号接收塔。

是年，有线数字电视用户增加到1236户。2014年年末，全镇有线电视网络线路21千米，有线电视和无线数字电视入户率64.8%。

1997年，镇内中小学开始按《国家体育锻炼标准》教学，当年达标率30%；至2000年，达标率提高到90%。2014年年末，全镇学校有体育场16个，有村级体育场5个。

医疗卫生

民国时期，境内有私营中医诊所数家。中华人民共和国成立后，1953年，建立库宗桥卫生所，从业人员5人。1959年，成立库宗联合诊所，专任医师14人。是年，联合诊所更名为公社卫生院。1969年，建立大队卫生室，分别配有赤脚医生和妇幼保健员，并组织专业培训，首批培训赤脚医生36名。1995年，撤区并乡，原库宗、石口、古井、牌楼4个乡卫生院合并为库宗乡卫生院。1999年，投资140万元，新建住院部和门诊大楼，面积2400平方米。2006年，启动新型农村合作医疗。当年，全镇参合人数34124人，参合率88.5%；全年共补偿兑付1613人次，补偿总金额86.13万元。此后，参合人数逐年增加。2014年年末，境内有卫生院1所，分院1所，门诊部1个，村卫生室38个，病床60张，专业医务人员117人；参加新型合作医疗4.99万人，参合率99.8%，共补偿兑付1192人次，补偿总金额103.2万元。

社会保障

灾害救助 1998年，境内连降暴雨，大源水库、双桥冲水库溢洪道及河堤被洪水冲垮，9个村严重受灾，死亡2人，县、乡拨付救灾款物30万元救济灾民。2008年1月，境内13户村民因严重冰灾造成房屋倒塌，县、乡两级拨付15万元，帮助重建新居。

"五保"供养 20世纪60年代开始，对孤寡老人和无劳动能力的残疾人实行"五保"，其生活供养费由所在生产队统筹。20世纪80年代后，"五保"供养纳入乡统筹。1995年6月，建成乡敬老院，集中供养部分"五保"老人。2005年起，"五保"对象享受城乡最低生活保障待遇，其供养经费由县财政统筹。2009年，梅开村、华山村先后建成"五保之家"。2014年年末，全镇有"五保"对象348人，其中，集中供养60人；共拨付供养金91.87万元，年人均2640元。

医疗救助 2006年起，实施城乡居民大病医疗救助，救助对象主要为罹患恶性肿瘤、白血病、尿毒症等大病的城乡低保户、"五保"户。至2014年，共救助1059人，救助总金额42.59万元。

城乡低保 2007年7月，实行城乡居民最低生活保障。当年，镇内有低保对象502户、1044人，年人平均补助360元，总金额37.58万元。此后，对低保户实行动态管理，补助标准逐年提高。2011年，有城镇低保对象46户、85人，发放金额20.3万元，年人均2388元；农村低保障对象913户、1693人，共发放金额159.1万元，年人均940元。2014年年末，有低保对象1116户、2233人，年人均补助1476元，共发放低保金329.59万元。

养老保险 2011年7月，启动城乡居民社会养老保险。是年，镇内城乡居民登记参保12924人，参保率41.7%；征缴养老基金138.18万元，为6760名到龄居民发放7—12月养老金219.78万元。2014年年末，城乡居民登记参保13500人，参保率42.5%；征缴养老基金141万元，为7511名到龄居民发放养老金529.65万元。

（文字/图片供稿：王汉荣　李小华）

樟木乡 >>

区域概况

位置面积

樟木乡因境内樟木寺得名。地处县境东部，南面以湘江为自然分界线，东临衡山县萱洲镇、店门镇，南毗珠晖区茶山坳镇、石鼓区松木乡，西接集兵镇，北抵岣嵝乡。乡人民政府驻白鹭坳社区，距县城西渡38公里。辖区东西最大距离13.8公里，南北最大距离10.2公里，总面积99.03平方公里。

建置沿革

清同治年间（1862—1874），属衡阳县岣嵝镇地。民国31年（1942）属礼义乡。中华人民共和国成立初，仍沿袭民国旧制。1950年，撤销礼义乡，分别设里仁、仁爱、和平、爵禄、竹园、正乳、伏下7个乡，属第三区。1956年5月，撤区并乡，前述7个乡合并为樟木乡。1958年9月，建立人民公社（简称公社），属红旗公社。1961年12月，析社设区，分置樟木、里仁公社，属集兵区。1984年5月，公社改称乡镇，称樟木、里仁乡。1995年5月，再次撤区并乡，樟木乡、里仁乡合并为樟木乡。

行政区划

1996年，政区辖1个社区、19个行政村。2014年，辖樟木寺1个社区和培元、里仁、双衡、七里、仁爱、曹田、永升、高城、九渡、新文、衡岳、竹园、南塘、河江、西林、吉兴、塔兴、云山殿、伏下19个建制村，下设2个居民小组、238个村民小组。

自然环境

全境属山地、丘岗、平原结合地区。西北部偏高，东南部偏低。湘江沿岸多为平原，东、西部丘岗与平地相间，北部地处岣嵝峰南麓。乡域气温四季分明，年平均气温17℃～18℃，最低气温-8.3℃（1972年2月9日），最高气温40.8℃（2010年8月5日）。年平均降水量1267毫米，降水日数约151天，最多年份达187天（1970年），最少年份92天（1963年）；年最大降水量1801毫米（1970），年最少降水量953毫米（1963年）。降水集中在每年4—9月，5、6月最多。常年主导风为北风，夏季为东南风，并有雷电气象。境内土壤分为水稻土、红壤土、紫色土、潮土四大类。全境属湘江水系，横江河、樟木河、白鹭港河3条河流皆系湘江一级支流，境内总长12公里。

人口民族

2000年，辖区总人口25023人，其中男

性 13088 人，占 52.30%；女性 11935 人，占 47.70%；农业人口 23119 人，城镇人口 1904 人。2010 年，总人口 29806 人，其中男性 15499 人，占 52.00%；女性 14307 人，占 48.00%；农业人口 28731 人，城镇人口 1975 人。2014 年年末，辖区总人口 30221 人，其中常住人口 27860 人。总人口中，男性 15627 人，占 51.71%；女性 14594 人，占 48.29%；0~14 岁 6458 人，占 21.37%；15~59 岁 19456 人，占 64.38%；60 岁以上 4271 人，占 14.25%。人口出生率 14.61‰，死亡率 7.22‰，自然增长率 7.39‰。辖区内有少数民族人口 81 人。

经济发展

经济综述

乡域经济由农业、工业和服务业构成。农业以种植水稻、水果、油茶和养殖畜禽为主；工业以建材、建筑、化工和农林产品加工为主。2014 年年末，全乡地区生产总值 4.19 亿元，粮食总产量 1.88 万吨，财政总收入 641 万元，农村居民人均可支配收入 12210 元。

农业

种植业 民国时期，农业生产十分落后，粮食亩产仅 200 公斤。中华人民共和国成立后，1950 年，实行农村土地改革。1953 年，组织农业生产合作社，粮食增产丰收，平均亩产提高到 250 公斤。1958—1961 年，连遇三年国民经济困难，粮食减产歉收。1962 年后，实行以生产队为核算单位，同时改进耕作技术，扩大双季稻种植面积，加强水稻病虫害防治，粮食生产得到恢复和发展。1969 年，种植双季稻 1240 公顷，占水田面积 85%，平均亩产粮食 400 公斤，总产量 7440 吨。1976 年，开始试种杂交晚稻，后逐年扩大种植面积。至 1984 年，全乡种植杂交晚稻 1233 公顷，亩产 410 公斤，总产 7585 吨，实现晚稻一季总产超过 1969 年粮食总产量。1996 年，水稻种植面积 2100 公顷，粮食总产量 1.73 万吨，亩产 550 公斤。2005 年，在全乡种植双季杂交稻。2014 年，全乡水稻种植面积 2230 公顷，总产量 1.88 万吨；油菜面积 730 公顷，总产量 700 吨；蔬菜面积 200 公顷，总产量 0.35 万吨；水果面积 266 公顷，总产量 0.32 万吨；农业总产值 1.53 亿元。

养殖业 境内素有养殖猪、牛、鸡、鸭、鱼等畜禽水产习惯。民国时期，乡内农户饲养耕牛皆为役用；养猪则多为换钱，所产禽、蛋除少量自食外，余皆出售或兑换油盐等物。养鱼基本上不投放饵料，产量很低。1949 年，平均每亩水面产鲜鱼 9.2 公斤。中华人民共和国成立后，人民政府鼓励农民饲养家畜家禽。1955 年，开始发展池塘养鱼，养猪养鸡农户逐渐增多。20 世纪 60 年代至 70 年代末，池塘水库养鱼由生产队集体经营，确定专人负责放养，亩产 28.5 公斤。1982 年，农村实行改革开放后，养殖业快速发展。是年，全乡共出栏生猪 9500 头，家禽 11.5 万羽。1990 年，境内出现养猪专业户。1996 年后，养殖业逐渐向规模化、专业化发展。塔兴村兴办大型养殖场，饲养母猪 185 头，“杜长大”种猪 1 头，繁殖饲养生猪 2520 头。1997 年，里仁猪场建成投产，当年饲养生猪 500 头。2000—2010 年，先后建成投产的有南塘村养鸡场、中天牧业、西林村黑香猪和黑山羊养殖基地等专业养殖场。2014 年，全乡有各类专业养殖户 45 户，出栏生猪 4.3 万头，年末存栏 2.85 万头；出栏羊 2100 头，年末存栏 810 头；出笼鸡 18 万羽。有养鱼水面 330 公顷，产鲜鱼 250 吨。实现养殖业总产值 0.8 亿元。

林业 境内有宜林山地 4530 公顷。主要树

樟木一对农民父子利用废旧汽车做变形金刚年入百万

种有松、杉、樟、油茶、南竹等。2014年，全乡有林地面积4330公顷，实现林产品总值1500万元。森林覆盖率91.5%。

工业

民国时期，境内有铁器、木器、竹器、造纸、纸伞等手工作坊数十家。中华人民共和国成立后，1953—1956年，通过对私营工商业实行社会主义改造，全乡有手工业生产合作社3家，主要制造纸伞、竹木器等，从业人员20余人。1958—1960年，先后兴办造船厂、化肥厂。20世纪80—90年代，兴办乡镇企业，乡内有建材、建筑、化工、竹木器加工等工业企业10家，从业人员130余人，年总产值9870万元。2004年后，乡办企业改制为民营企业。2014年，乡内有民营工业企业23家，工业总产值1.18亿元。

商贸服务业

唐代，境内樟木寺设有湘江航运码头。明、清至民国时期，樟木寺逐步发展成为街道，有商铺数十家。中华人民共和国成立后，乡人民政府驻樟木寺老街，先后设有供销合作社、肉食水产站、粮油购销站及粮食储运库等，供应生产、生活资料和收购农副产品。客货运码头年吞吐量15万吨以上。1955年，乡内有私营商贸户75户，从业人员150余人。1958年，取消集市贸易和个体商贩，商贸服务统一由供销社或合作商店经营。1962年后，逐渐恢复集贸市场，但对经营商品种类仍有所限制。1970年，乡内有国营、集体商业网点20个，从业人员180多人。20世纪80年代后，实行改革开放，逐步放开市场，个体商业得到发展。1995年，个体商贸户发展到78户，165人。此后，民营商业成为流通领域的主体。2014年，乡内有各类商贸户183家，从业人员1050人，涉及餐饮、运输、金融、通信、文化、医疗、药品、保险、旅游、休闲娱乐等行业，社会消费品零售总额0.53亿元。

财政金融

中华人民共和国成立至1984年，乡（社）财政实行报账制，由财粮委员或秘书兼管。1985年成立乡财政所，负责辖区内的财政税收工作。1995年撤区并乡，当年，乡财政总收入211.7万元，主要为工商税和农业税收；财政总支出174.1万元，主要为支援农业、行政管理费和上解县财政。2004年，农村税费改革，取消农民上缴农业税、农业特产税及各项涉农收费183.63万元，农民人均得实惠79.5元。2014年年末，实现财政总收入640.7万元，财政总支出640.7万元。

1956年，建立樟木乡信用合作社。1962年，设樟木、里仁2个信用分社。2014年，乡内有乡信用社1家，职工14人；年末储蓄存款余额2.2亿元，贷款余额1.4亿元。

基础设施

交通运输

唐代至民国，湘江河道通航，境内设有樟木寺、白露港、站门前3处船运码头和渡口。1930年，潭衡公路建成通车，境内长12.98公里。中华人民共和国成立后。1965年，修建南塘至西林公路。1978年，建成白（露坳）里（仁）公路。20世纪80—90年代，先后修通九界、双衡、七里、永升、云山、伏下等17条村道。2001年，王才智投资20万元建设樟木寺码头，年货物吞吐量5万吨。2006—2010年，对乡内村道路分批进行提质改造和水泥硬化。2014年，乡境内有国道（107线）1条，高速公路1条，乡道1条，村道20条，总长度127.74公里。

邮政通信

明、清时期，衡州至湘潭驿道途经境内，设有九渡、迎水2个驿铺。民国6年（1917）3月，在樟木寺设邮政代办所。民国32年（1943）2月，设白鹭坳信柜。中华人民共和国成立后，邮政业务属集兵滩邮政支局管理。1957年，设立樟木邮电所、白鹭坳邮政代办所。20世纪60年代起，公社（乡）、大队（村）均设有邮政投递点，邮路单程75公里。2014年，有邮政所1处，代办点2处。

1956年，樟木乡始通电话，明线长12对千米。1962年，架设樟木至里仁公社电话线路，长约11对千米。1980年后，有部分村通电话。1998年开始，在境内建移动电话基站。2014年，乡内有电信企业1家，程控交换机容量0.5万门，固定电话用户420户；移动电话基站3个，覆盖率达100%，移动用户18000户。

供电饮水

1987年，乡内开始供电。此后，供电范围逐步扩大。至1995年，全乡有10千伏配电线路36.18千米，10千伏变压器20台，总容量1300千伏安；有低压用电线路总长138.6千米，村通电率100%，村民小组通电率80%。2000年后，分期分批实施电网改造，先后对19个村、1个居委会进行线改和户改，共改造和新增10千伏线路17.9千米，新增和更新10千伏变压器19台，完成户改5680户。2014年，全乡有10千伏配电线路1条，长83.75千米；10千伏变压器73台，总容量7800千伏安；低压用电线路长411.5千米。20个村（社区）、240个村（居）民小组全部通电，用电户6289户，占总户数的98.6%。

2012年，投资500万元建设竹园水厂，取水点位于竹园水库上游2.8公里。日供水1500吨，解决全乡近1.6万人的饮水需求。

水利建设

1949年，境内有水塘815口，蓄水总量约100万立方米。中华人民共和国成立后，人民政府把兴修水利作为发展农业、改善民生的大事来抓。1953—1957年，共整修扩建水塘815口，新建水塘近100口，蓄水总量200万立方米。1959年10月至1960年12月，建成竹园小（一）型水库，库容量310万立方米，改善灌溉面积800公顷。20世纪60—70年代，先后兴建董冲、曾冲、二字皂、琵琶塘、竹叶5座小（二）型水库，总蓄水量90万立方米。同时建成里仁排灌站。80—90年代，在整修扩建水塘的同时，加固湘江防洪堤6.9千米。2014年年末，乡内有小（一）型水库1座，小（二）型水库5座，水塘1138口，干渠3条，总长24.6千米，总蓄引提水量750万立方米。

乡村建设

1995年，乡政府投入资金50万元硬化白鹭坳街道。1998年，投资100万元建设计划生育服务所，建筑面积1500平方米。2003年，乡人民政府驻地从培元寺迁址白鹭坳，乡计生服务所改为乡人民政府办公用房。此后，逐步完善食堂、澡堂、会议室等配套设施。

中华人民共和国成立初，农村住宅多为土砖茅屋，瓦房较少。1955—1978年，逐渐改茅屋为瓦房。20世纪80年代至2000年后，红砖房逐渐替代土砖房，且造型美观，户平均建筑面积300～450平方米。2006年起，启动社会主义新农村建设，重点改造农村水利、电力、道路等基础设施，建设文明乡村。2014年年末，全乡村道硬化率、电网改造率、村民饮水安全率均为100%。行政村都有办公用房。

社会事业

教育科技

教育　民国38年（1949），乡内有樟木寺、尹祠等8所保国民小学和族校。中华人民共和国成立后，在发展小学教育的同时，开展扫除青壮年文盲教育。1956年，境内有完全小学1所，初小11所。1958年，樟木完小附设初中班，同时创建樟木民办中学。1964年，推行全日制与半日制、公办与民办两种教育制度并举，境内有农业中学2所，民办小学9所。1970年，农业中学并入公办中学，民办小学并入公办小学。1974年，按照“一个公社办1所初中，一个大队办1所小学”的布局，境内有初中2所，小学20所。1998年，樟木乡通过省、市考核验收达到国家“两基”标准。2001—2002年，整合教育资源，合理调整农村小学布局。至2003年，乡内有村联合小学11所。2004年，乡中学新建校舍落成，从樟木寺迁址白鹭坳。是年，里仁中学并入樟木中学。2014年年末，全乡有幼儿园3所，在园幼儿848人，专任教师38人；小学11所，在校学生1423人，专任教师96人；初中1所，在校学生651人，专任教师64人。有乡中学及高城小学、永升小学、九渡小学、里仁完小、乡中心小学6所县级合格学校。

科技　1981年，建立公社农科站（后更名乡农技服务站），培训农民技术员19名。1983年起，开办2所农民文化技术学校，传授农业科技知识。至1998年，累计培训1630人。20世纪90年代起，建立科技示范户。2012年，九渡村李建华被评为衡阳市“优秀星火科技示范户”。2014年年末，全乡有各类科技示范户118户。

文化体育

文化 民国时期，境内有龙灯、狮舞。中华人民共和国建立初，以俱乐部为文化活动阵地。1968 年，设立公社文化站，配文化辅导员 1 名，负责文化宣传活动等工作。“文化大革命”期间，农村文化活动单一，大多为“语录歌”“样板戏”“忠字舞”所替代。1978 年后，农村文化趋向多样化。2000 年，西林村周济的书法作品集《西林翰墨》出版。2007 年 8 月，乡文化站更名为文体站。2011 年，投入资金 210 万元建成乡文体站，面积 1200 平方米。2014 年年末，有文体站 1 个，工作人员 5 名；村文化活动中心 19 个，共有图书 2.9 万册；各类文化专业户 23 户，从业人员 78 人；业余文艺创作人员 12 人。

1972 年，建立公社广播站，配工作人员 2 名。是年，19 个大队、236 个生产队实现队队通广播；线路总长 85 千米，喇叭入户率 28%。1975 年，建立公社电影放映队，有放映机 2 台。1985 年，乡广播站更名为广播电视站。20 世纪 90 年代后，随着县广播电台调频道的开通，结束了有线广播的历史。1994 年，广播电视站易名为有线电视站。2014 年年末，全乡有线电视网络管线 12.2 千米，用户 1136 户；无线电视用户 1830 户，电视综合覆盖率 100%。

体育 1997 年，境内中小学开始按《国家体育锻炼标准》教学，当年达标率 30%。至 2000 年，达标率提高到 91%。2014 年年末，乡内学校共有运动场所 7 个，总面积 0.36 万平方米。

医疗卫生

民国时期，境内缺医少药，治疗病患者素以中草药为主。中华人民共和国成立后，医疗卫生事业不断发展。1953 年，成立乡联合诊所，有中医 5 人。1962 年，建立公社卫生院。是年，推行新法接生，当年新法接生率 18%。1968 年，建立大队卫生室，分别配有赤脚医生和妇幼保健员。是年，实行农村合作医疗制度。1980 年，对 0 ~ 7 岁儿童作健康检查，发现有 19% 的儿童患病，全部实行免费治疗。2006 年 1 月，启动新型农村合作医疗。此后，参合人数逐年增加。2007 年，投入资金 248 万元，新建乡卫生院，建筑面积 2480 平方米，并添置病床和医疗检测仪器。2014 年年末，全乡有卫生院 1 所，门诊部 2 个，村卫生室 19 个，病床 60 张，执业医务人员 20 人；参加合作医疗人数 22728 人，参合率 98.5%。

社会保障

灾害救助 1954 年 5—6 月，境内连续 5 次遭受洪涝灾害，县、乡发动群众以工代赈，修复水毁工程，下拨粮食救济灾民。1982 年 6 月，境内湘江防洪堤决口，里仁、曹田、七里等 7 个村

樟木敬老院

严重受灾，死亡 1 人。县、乡共拨付救灾款物 10 万元，组织抢修河堤，恢复生产。2008 年 1 月，乡内 6 户村民因严重冰雪灾害造成房屋倒塌，县、乡拨救灾款 4 万元，帮助重建新居。

“五保”供养 20 世纪 60 年代起，对孤寡老人和无劳动能力的残疾人实行“五保”，其生活费由所在生产队统筹。20 世纪 80 年代后，“五保”供养纳入乡统筹。2005 年起，城乡“五保”对象享受城乡最低生活保障待遇，其供养经费由县财政拨付。2009 年，建成乡敬老院，集中供养部分“五保”老人。2014 年，全乡有“五保”对象 98 人，其中集中供养 15 人；共拨付供养金 28.42 万元，年人均 2900 元。

医疗救助 2006 年起，实施城乡居民大病医疗救助。救助对象主要为罹患恶性肿瘤、白血病、尿毒症等大病的城乡低保户、“五保”户。是年，救助对象 15 人次，共救助住院医疗费 1.6 万元。2007—2014 年，救助 215 人次，救助总金额 22.6 万元。

城乡低保 2007 年 7 月起，实行城乡居民最低生活保障待遇。是年，乡内有低保对象 117 户、225 人；年人均发放低保金 360 元，共发放金额 8.1 万元。此后，对低保对象实行动态管理，补助标准亦渐次提高。2008—2013 年，全乡共计发放低保金 428.2 万元。2014 年年末，乡内有低保对象 372 户、747 人，月人均补助 123 元，共发放低保金 110.26 万元。

养老保险 2011 年 7 月，启动城乡居民社会养老保险。是年，乡内城乡居民登记参保人数 7496 人，参保率为 80.5%；征缴养老基金 83.79 万元；为 3042 名到龄居民发放 7—12 月养老金 99.04 万元。至 2014 年年末，城乡居民登记参保人数 11929 人，参保率 92%；征缴养老基金 116.54 万元；为 3803 名到龄居民发放养老金 265.78 万元。

特色地情

程公馆 又名麟凤山庄，为晚清光禄大夫程商霖归隐后所建豪宅。该庄园于 1893 年动工，1906 年竣工，历时 13 载，耗银 400 万两。房屋为青砖木质瓦房结构，分为楼、地 2 层，造型古朴典雅，规模宏大，占地面积 0.67 余公顷，分别由“诰封楼”“五云馆”“八柏轩”“九松堂”“退默斋”“慕陶庐”“知止阁”“百顺堂”及宗庙、“栖碧山房”“琅环小筑”“福留有余之处”等部分构成。1950 年，将庄园收归公有。1965—1978 年，用作空军某通信大队营房，后被当地村民占用。因长期未作修缮，房屋内大部分结构受损毁。

西陵寺 位于樟木乡西林村，为岣嵝峰 48 座寺庵之一。相传西陵氏（古姓氏）居住于此，生女嫘祖嫁给黄帝为妻。故寺以“西陵”得名。该寺建于明代，设计大气，雕梁画栋，规模宏大，鼎盛时有住僧 60 余人。后寺院被焚毁，仅留下气势壮观的寺门。

彭玉麟墓 位于樟木乡南塘村涂家组彭祖山。墓坐北朝南，山下有墓庐。墓制宏伟，为麻石结构，方圆 150 平方米。墓前置有峨碑、华表、翁仲、石马、石狮等石雕。1969 年，墓地部分设施被损毁，翁仲倒地，仅存华表 1 对。1988 年，墓穴被盗掘。掘出墓志铭 2 方，为汉白玉石质，呈正方形，周边各 70 厘米，系上下重合置放。墓志铭文为郭嵩焘所撰，刻于重合的上下方，经文物专家鉴定为一级文物。

马殷墓 位于樟木乡衡岳村白鹭坳。马殷（852—930），字霸图，河南鄢陵人，五代十国时

程公馆

西陵寺

楚国建立者。朱温建立梁国，马殷受封楚王，据有潭、衡、桂、岭南等 12 州。后唐长兴元年（930）病逝于衡阳。《资治通鉴》载："后唐长兴三年（932）冬十二月庚申，葬武穆王（马殷）于衡。"《新五代史》载："葬殷上潢。" 1983 年文物普查时，当地群众反映：马殷墓在白鹭坳，墓地土堆一米多高，107 国道改道时夷为平地，墓在路基下。

（文字 / 图片供稿：彭寒青　彭斌）

岣嵝乡 >>

区域概况

位置面积

岣嵝乡因境内岣嵝峰得名。地处县境东部，东接樟木乡及衡山县店门镇，南连集兵镇，西毗渣江镇、杉桥镇，北抵界牌镇。乡人民政府驻杉云村宋湾组，距县城西渡 32.5 公里。辖区东西最大距离 11.6 公里，南北最大距离 12.7 公里，总面积 107 平方公里。

建置沿革

清同治十年（1871），置岣嵝镇。民国元年（1912），改称岣嵝乡。民国 31 年（1942），岣嵝乡隶属衡阳县第三区。中华人民共和国成立初，仍沿袭民国旧置。1950 年 3 月，废岣嵝乡，分置云麓、凤山、神皇、松柏、腊树、双江、白石、妙溪 8 个乡，属第三区。1952 年 7 月，衡阳、衡南分县后，重置区、乡政区，设立大霞、双峰、妙溪、麓山、印法、神皇 6 个乡，属第十五区（后更名集兵区）。1956 年 5 月，撤区并乡，前述 6 个乡合并为神皇乡。1958 年 9 月，建立人民公社（以下简称公社），神皇乡并入红旗公社。1961 年 8 月，分社设区，置神皇、岣嵝、松柏公社，属集兵区。1984 年 5 月，撤公社恢复乡镇，改原松柏公社为江柏堰乡。1995 年 5 月，再次撤区并乡，岣嵝、神皇、江柏堰 3 个乡合并为岣嵝乡。

行政区划

1996 年，政区辖 17 个行政村。2014 年，乡辖凤山、杉云、神皇、福星、印子山、高峰、集云、和石、城前、松柏、杨梅、腊树、双江、七里山、白石、觉先、妙溪 17 个建制村，下设 243 个村民小组。

自然环境

境内属山地与丘陵结合区，以山地为主。东、西、北三面多山，中部和南部为丘陵，最高山峰白石峰海拔 1101 米。乡域气温四季分明，年平均气温 15℃ ~ 17℃，最低气温 –8.9℃（1972 年 2 月 9 日），最高气温 39.8℃（2010 年 8 月 5 日）。年平均降水量 1300 毫米，降水日数为 153 天，最多年份达 187 天（1970 年），最少年份 95 天（1963 年）；年最多降水量 1850 毫米（1970 年），年最少降水量 1032 毫米（1963 年）。降水集中在每年 4—9 月，5—7 月最多。常年主导风为北风，夏季为东南风，并有雷电气象。境内土壤分为水稻土、红壤土、紫色土三大类。全境属湘江水系，环洞河、江柏堰、双江河、妙溪河皆为湘江二级支流，境内总长 15.6 公里。

人口民族

2000年，辖区总人口20907人，其中男性11241人，占53.77%；女性9666人，占46.23%；农业人口19978人，城镇人口929人。2010年，总人口21154人，其中男性11141人，占52.67%；女性10013人，占47.33%；农业人口20471人，城镇人口683人。2014年年末，辖区总人口23986人，其中常住人口21362人。总人口中，男性12546人，占52.31%；女性11440人，占47.69%；0~14岁4963人，占20.7%；15~59岁15328人，占63.9%；60岁以上3659人，占15.4%。全乡人口出生率12.32‰，死亡率5.47‰，自然增长率6.85‰。辖区内有少数民族人口13人。

经济发展

经济综述

乡域经济由农业、工业和服务业构成。农业以种植水稻、薯类、油茶和养殖畜禽为主；工业以开采瓷泥、钠长石和竹木器生产为主。2014年年末，全乡地区生产总值4.12亿元，粮食总产量1.23万吨，财政总收入545万元，农村居民人均可支配收入11255元。

农业

种植业 民国时期，农业生产水平低，耕作粗放，粮食亩产近200公斤。中华人民共和国成立后，1950年，农村实行土地改革后，农民种田积极性高涨，粮食连年丰收。至1956年，粮食亩产达240公斤。1958年后，遇三年国民经济困难，粮食减产歉收。1962年后，贯彻以生产队为基本核算单位，实行“按劳计酬、多劳多得”分配政策，同时扩大双季稻种植面积，不断改进耕作技术，农业生产持续发展。1969年，双季稻面积占水田总面积的85%，两季平均亩产达到410公斤。1976年，试种杂交晚稻2.67公顷，亩产310公斤。1983年，种植杂交晚稻1246公顷，亩产415公斤，总产7750吨。1990—2005年，全乡水稻年播种面积稳定在1240公顷左右，亩平均产量600公斤，年总产量1.23万吨。2014年，全乡水稻种植面积1245公顷，总产1.24万吨；种植油菜600公顷，产菜籽1125吨；蔬菜100公顷，总产量450吨。实现农业总产值1.1亿元。

养殖业 乡内历来有养殖家畜家禽习惯。民国时期，农户养牛皆为耕牛，养猪养鸡除少量自食外，余皆出售换取零花钱。中华人民共和国成立后，人民政府鼓励农民发展禽畜养殖，牛、猪、鸡逐年增多。1958年后，限制农户饲养禽畜，耕牛和池塘养鱼由集体放养。1982年后，农村实行改革开放政策，养殖业逐渐向规模化、专业化发展，境内先后出现一批规模养殖户。1990年，全乡有各类养殖户3500户，共出栏生猪1.05万头，出笼家禽8万羽，出水鲜鱼6.5吨。2003—2005年，神皇村陈诗林、宾益生创办的2个专业养殖场相继投产。2014年，全乡有各类规模养殖户19户，出栏生猪0.6万头，年末存栏0.3万头；出笼家禽16万羽，年末存笼2万羽；出水鲜鱼12吨。

林业 境内有宜林山地7000公顷。主要树种有松、杉、油茶、南竹、樟、银杏等。2014年，实现林产品总值1100万元，森林覆盖率85%。

工业

民国时期，境内民间有铁器、木器、竹器、土纸等加工作坊数十家。中华人民共和国成立初，在维持既有私营手工业的同时，兴办国营和集体工业。1957年，建立县办岣嵝钾长石矿。1958年秋，在境内福星村建神皇铁厂，有民工3000余名，因未炼出生铁，于次年2月停办。20世纪80—90

年代，境内有建筑、建材、竹木器加工等乡办工业企业24家，年工业总产值约1.15亿元。2000年后，乡办企业改制为民营企业。2001—2013年，先后有大丰瓷泥、界江瓷泥、湘雁矿业、昆峰道路材料、鸿盛竹木制品5家民营企业建成投产。2014年年末，全乡有民营工业企业6家，从业人员320人，实现工业总产值1.5亿元，完成税收2100万元。

商贸服务业

清末至民国时期，境内神皇山、凤山坳、江柏堰、妙溪共设有店铺30余家，从业人员50余人。中华人民共和国成立后至1956年，商贸仍由个体私营。1958年后，分别在神皇山、江柏堰、新桥、妙溪设立供销分社或代购代销点及粮食储运仓库，供应生产生活资料和收购农林产品。1959—1961年，一度取消农村集贸市场。1962年后逐渐恢复，但对上市销售的商品仍有所限制。1970年，境内有国营、集体商业网点8个，从业人员60余人。1980年后，实行改革开放，搞活商品流通，个体商业逐渐发展。至2000年，全乡个体商贸发展到280户，从业人员460人。2014年年末，全乡有各类商贸户296家，从业人员525人，涉及服装、餐饮、运输、金融、医药、化肥农药等行业；有集贸市场1个，年社会消费品零售总额1.05亿元。

财政金融

中华人民共和国成立后至1984年，乡（社）财政收支实行报账制，由财粮委员或秘书兼管。1985年，成立乡财政所，统管乡财政收支。是年，乡财政总收入186万元，主要为工商税和农业税；财政总支出186万元，主要为支援农业、行政管理费和上解县财政。2004年，实行农村税费改革，取消农业税、农业特产税及各项涉农税费，共计税金153.19万元，农民人均得实惠73元。2014年年末，全乡财政总收入545万元，总支出545

岣嵝峰森林公园大门

万元。

1956 年，成立神皇乡信用合作社。1962 年，分别设立神皇、岣嵝、松柏 3 个公社信用社。1996 年，前述 3 个信用社合并为岣嵝乡信用社。2014 年年末，乡内有金融机构 1 个，年末各项存款余额 1.1 亿元，贷款余额 7896 万元。

基础设施

交通运输

清代至民国时期，境内有衡州至界牌的石板大道过境。1958 年 10 月，建成李家坳至神皇铁厂公路。1964 年，续建神皇铁厂至腊树蔸公路。20 世纪 70 年代，先后畅通神皇铁厂至新桥、麻家岭至岣嵝峰林场 2 条公路。1987 年，腊树蔸至界牌公路建成通车。20 世纪 80—90 年代，重点实施村道工程。2000—2013 年，对乡内的县、乡、村道分期分批进行改造和水泥硬化。至 2014 年末，境内有县道 1 条，共长 13.5 公里；乡道 3 条长 33.63 公里；村道 17 条，总长 45.16 公里，实现村村通水泥公路。

乡境内有界牌至衡阳市客运班车经过，设有神皇山、铁厂、江柏堰停靠点。

邮政通信

1950 年，设立神皇山邮政代办所。1963 年，升格为神皇山邮电所，邮件分别投递到大队（村），邮路单程 65 公里。2014 年年末，有邮政所 1 处，年投送报刊邮件等 2.45 万份。

1956 年，乡政府驻地开通电话，明线长 5 千米。1962 年，架设神皇、岣嵝、松柏 3 个公社电话，线路长 10.5 千米。1980 年后，公社自办电话网络，部分大队（村）利用有线广播线路通电话。1999 年，程控电话逐渐替代手摇电话。同年，开始建设移动电话基站。2014 年年末，乡内有电信企业 1 家，固定电话用户 1000 户；有移动基站 3 座，信号覆盖率达 85%，移动电话用户 3000 户。

供电　1984 年起，境内陆续供电。至 1995 年，全乡有 10 千伏配电线路 1 条、长 25.48 千米，10 千伏变压器 17 台，总容量 950 千伏安；村通电率 100%，村民小组通电率 90%。2000—2013 年，对农村电网实行分期改造，先后完成 17 个村的线改和户改，共改造 10 千伏线路 4 条 48.5 千米，新增和更新 10 千伏变压器 25 台，完成户改 4738 户。2014 年年末，全乡有 10 千伏配电线路 4 条，长 57.34 千米，10 千伏变压器 35 台，总容量 5770 千伏安；有低压用电线路总长 433.58 千米。全乡 17 个村、243 个村民小组全部通电，用电户 5103 户，占总户数 98%。

水利建设

1949 年，境内有山平塘 600 余口，蓄水总量约 80 万立方米。中华人民共和国成立后，人民政府把兴修水利作为发展农业的大事来抓。1953—1957 年，共整修扩建山塘 350 余口，蓄水总量增加到 120 万立方米。1958 年 10 月至 1959 年 10 月，修建小（一）型山峙门水库，蓄水量 450 万立方米。1960—1966 年，先后修建畔塘、牛冲、四清、黑塘、李子园 5 座小（二）型水库。1974 年 9 月至 1975 年 1 月，山峙门水库扩建为中型水库，蓄水量增加到 1281.4 万立方米，灌溉面积 2130 公顷。1981—2000 年，重点加强对塘坝、渠道的清淤和水库除险加固工作。2010 年，完成山峙门水库大坝的加固防渗。2014 年年末，乡内有中型水库 1 座，小型水库 7 座，山平塘 1151 口，总蓄水量 1390 万立方米。

乡村建设

20 世纪 80 年代，建成神皇铁厂（地名）集贸市场，面积约 8000 平方米，并硬化街道 200 米。

中华人民共和国成立初，境内村民建房多为土砖茅屋，瓦房较少。1955—1978 年，新建部分土砖瓦房。1983—2000 年，农村大部分居民新建红砖楼房，户平均建筑面积 300 ~ 400 平方米。2006 年起，以高峰村为示范点，启动社会主义新农村建设，重点改造农村饮水、电力、道路等基础设施。至 2014 年，全乡农村道路硬化率、电网改造率、农村居民饮水安全率均为 100%，环境卫生综合达标率 80%。行政村都有办公用房。

社会事业

教育科技

教育 清代，当地较著名的有岣嵝书堂。民国时期，境内有神皇董祠，杉云陈祠、朱祠，妙溪周祠，环洞赵祠以及江柏堰屈祠等 7 所小学。中华人民共和国成立后，废族校办乡校，同时大力开展扫除青壮年文盲教育。1956 年，境内有完全小学 1 所，初级小学 10 所。1968 年，小学增加到 16 所。1969 年，神皇、松柏、岣嵝 3 个公社分别建立初级中学。1983 年，按照省定普及初等教育的八项标准，着力抓好“一无两有”（即校校无危房，班班有教室，人人有桌凳）和中心小学建设。1985 年，经过省市验收，各学校均达到“一无两有”标准。是年年底，全乡 7~12 周岁儿童入学率 99.1%，年巩固率 99.32%，毕业率 93.45%；13~15 岁儿童初中教育普及率 98.5%。1995 年，对境内中、小学布局作相应调整，将神皇中学、岣嵝中学、江柏堰（松柏）中学合并为岣嵝乡中学；小学由 16 所整合为 7 所。2014 年年末，全乡有幼儿园 1 所，在园幼儿 200 人，专任教师 6 人；小学 7 所，在校学生 1430 人，专任教师 90 人；初中 1 所，在校学生 510 人，专任教师 40 人。有岣嵝乡中学、杉云中心小学、神皇小学、福星小学、高峰小学、妙溪小学、松柏小学 7 所县级合格学校。

科技 1981 年，建立公社农科站（后更名乡农技服务站），培训农民技术员 17 人。1983 年起，开办 3 所农民文化技术学校，向农民传授农业科技知识。至 1998 年，累计培训 1220 人次。20 世纪 90 年代起，建立科技示范户。2010 年，妙溪村张朝林发明的“PCB 板收板机可调推力推杆”获国家专利。2014 年年末，全乡有各类科技示范户 85 户。

文化体育

清初，僧弥高创立岣嵝诗社，著有《游岳诗草》。民国时期，境内民间有龙灯、狮灯、花灯数坛，多在春节期间表演。中华人民共和国成立初，以农村俱乐部为文化活动阵地。20 世纪 60 年代中期，成立公社文化辅导站，配有文化专干 1 名。1966—1976 年，农村文化为毛泽东思想文艺宣传队所替代。20 世纪 80—90 年代，农村文化呈现多元化，修族谱、唱花鼓等在民间盛行。2007 年，乡文化站更名为文体站。2014 年年末，全乡有文体站 1 个，工作人员 4 人；村文化活动中心 17 个，共有图书 1.5 万余册；各类文化专业户 5 户，从业人员 57 人。

1972 年，建立公社广播站，有工作人员 3 名。是年，17 个大队、243 个生产队通广播，喇叭入户率 25%。1975 年，建立公社电影放映队，有电影放映机 3 台。1985 年，乡广播站更名为广播电视站。1994 年，广播电视站易名为有线电视站。2014 年年末，全乡有有线电视网络线路 8 千米，有线电视用户 1000 户。

1997 年，乡内中小学开始按《国家体育锻炼标准》教学，当年达标率 27%。至 2005 年，达标率提高到 94%。2014 年年末，全乡中小学共有运动场8个，总面积1.58万平方米。

医疗卫生

1949年以前，境内仅有个体中医3家，从业人员4名；农村缺医少药，农民患病素以中草药治疗为主。中华人民共和国成立后，医疗卫生条件不断改善。1956年，成立神皇乡联合诊所，有中医4名。1962年，分别成立神皇、岣嵝、松柏公社卫生院，共有中西医10名。1968年，建立大队卫生室，分别配有1名赤脚医生和妇幼保健员。1969年，实行农村合作医疗制度。20世纪60—80年代，加强流行性疾病和传染病的预防工作。1995年撤区并乡后，调整医院布局，将原神皇、岣嵝、江柏堰3所卫生院合并为岣嵝乡卫生院。2000年，投入资金110万元改建乡卫生院及添置医疗卫生器械。2006年1月，启动新型农村合作医疗，当年参合人数20012人，参合率96%；共补偿兑付2050人，补偿总金额46万元。2014年年末，全乡有卫生院1个，病床20张，医护人员25名；有村卫生室17个，卫生员20人；参加新农合20042人，参合率98%，共补偿兑付2100人，补偿总金额381.4万元。

社会保障

“五保”供养 20世纪60年代起，对孤寡老人和无劳动能力的残疾人实行“五保”，其供养费由所在生产队统筹。1980年后，“五保”供养纳入社（乡）统筹。2003年，建立乡敬老院。2005年起，“五保”对象享受农村最低生活保障待遇，其供养经费纳入县财政统筹。2014年年末，全乡有“五保”对象136人，其中分散供养112人，集中供养24人；年人均供养金3057元，总金额41.58万元。

医疗救助 2006年起，实行城乡居民大病医疗救助，救助对象主要为罹患恶性肿瘤、白血病、尿毒症的城低保户、困难户。2014年，共救助197人，救助总金额14.23万元。

农村低保 2007年7月起，实行农村居民最低生活保障（简称低保）。2009年，全乡有低保对象331户、728人，年人均低保补助金1080元，共补助金额78.62万元。2014年，全乡低保对象689户、1396人，年人均补助1476元，补助总金额206.05万元。

养老保险 2011年7月，启动城乡居民社会养老保险。是年，全乡登记参保人数7374人，参保率49%，征缴养老基金83.18万元；为3205

岣嵝峰禹碑

名到龄居民发放7—12月养老金105.76万元。2014年年末，全乡居民登记参保人数10800人，参保率80%，征缴养老基金86.4万元，为3659名到龄居民发放养老金246.74万元。

特色地情

岣嵝峰 南岳七十二峰之一，主峰海拔951.5米。据《水经注》载："岣嵝山，南岳衡山也。"故岣嵝峰又有衡山之别称。清同治《衡阳县志》载："雷祖峰西，一峰亚之，望若俯背，故名'佝偻'"。后人因"佝偻"不雅遂改为"岣嵝"，沿用至今。峰上有嫘祖（黄帝之妻）坟、禹碑、禹王殿、禹泉、望日亭、望江亭以及清兵部侍郎、山东巡抚陈士杰（1824—1893）墓等人文景观。相传大禹治水曾登临岣嵝峰。后人为纪念其治水的劳绩，于宋代在此峰修建禹王殿，因年久坍塌。清同治九年（1870）重修，时任兵部侍郎彭玉麟曾为之撰写《重修禹王殿记》碑文。后殿宇毁于火灾。1994年，衡阳县人民政府斥资修复，并重塑大禹雕像。禹碑位于岣嵝峰国家森林公园之禹王殿前左侧的巨石上。碑高2.1米，宽1.4米，厚0.1米。传说大禹治水得金简玉牒之书勒于石碑，碑文77字，形似蝌蚪文，亦若鸟篆体。为县级重点文物保护单位。山上建有国营林场，有营林面积530余公顷。1995年，经林业部专家组考察批准为国家级森林公园。

白石峰 与岣嵝峰隔山相峙，为南岳七十二峰之一，主峰海拔1101米。因山体表面遍布云母矿石，故名白石峰。传说道家创始者老聃（老子，又名李耳）曾骑青牛到此取石炼云，留下青牛足迹，故又得名老子崖。峰上怪石嶙峋，灌木丛生；冬春云雾缭绕，夏秋凉风习习，为登山览胜之佳境。

（文字/图片供稿：钟向阳）

栏垅乡 >>

区域概况

位置面积

栏垅乡因境内栏垅铺得名。地处县境中部，东临台源镇，南接西渡镇，西连演陂镇、大安乡，北邻洪市镇、长安乡。乡人民政府驻栏市村集镇，距县城西渡9公里。辖区东西最大距离8.3公里，南北最大距离12.8公里，总面积52.1平方公里。

建置沿革

清同治十年（1871），栏垅属乾安镇。民国32年（1943），设区辖乡，属第六区乾安乡。中华人民共和国成立初，仍沿袭民国旧制。1950年3月，撤乾安乡，分置贞一、栏垅乡，同属第五区。1952年7月，衡阳析分为衡阳县、衡南县后，重设区、乡政区，隶属第六区（后更名演陂区）贞一、枫树、栏垅乡。1956年5月，撤区并乡，将白水、管洲、贞一、枫树乡并入栏垅乡。1958年9月，建立人民公社（简称公社），撤栏垅、长安乡设光明公社。1961年8月，设区分社，置栏垅、白水公社，同属演陂区。1984年5月，公社改称乡。1995年5月，再次撤区并乡，白水乡并入栏垅乡。

行政区划

1996年，政区辖19个行政村。2014年，辖栏市、枫树、上春、均陂、新垅塘、大石、新门前、竹山、东库、召冲、泉口、关庙、寺松、荷陂、鹿鸣、东水、建塘、白水、长冲19个建制村，下设249个村民小组。

自然环境

辖区属丘陵、平原地区，多紫色页岩。乡域气温四季分明，年平均气温17℃～18℃，最低气温–8.3℃（1972年2月9日），最高气温40.8℃（2010年8月5日）。年平均降水量1267毫米，降水日数约151天,最多年份达187天(1970年)，最少年份92天（1963年）；年最大降水量1801毫米（1970年），年最少降水量953毫米（1963年）。降水集中在4—9月，5—6月最多。常年主导风为北风，夏季为东南风，并有雷电气象。境内土壤分为水稻土、红壤土、紫色土、潮土四大类。栏垅河属蒸水一级支流，境内长11.8公里。

人口民族

2000年，辖区总人口20249人，其中男性10712人，占52.90%；女性9537人，占47.10%；农业人口19288人，城镇人口961人。2010年，总人口21394人，其中男性11220人，占52.44%；女性10174人，占47.56%；农业人口20407人，城镇人口987人。2014年年末，辖区总人口24167人，其中常住人口22100人。总人口中，男性12652人，占52.35%；女性11515人，占47.65%；0~14岁4867人，占20.14%；15~59岁15327人，占63.42%；60岁以上3973人，占16.44%。人口出生率12.17‰，死亡率6.25‰，自然增长率5.92‰。辖区内人口均为汉族。

经济发展

经济综述

乡域经济由农业、工业和服务业构成。农业以种植水稻、棉花、油菜和养殖畜禽类为主；工业以生产木梳为主。2014年年末，全乡地区生产总值3.06亿元，粮食总产量1.02万吨，财政总收入736万元，农村居民人均可支配收入12980元。

农业

种植业　民国时期，由于农业生产条件落后，粮食产量低，亩产不足200公斤。中华人民共和国成立后，1950年，实行农村土地改革。1953年，组织农业生产合作社，粮食增产丰收。至1957年，粮食平均亩产提高到250公斤。1958年，成立人民公社，后连遇三年国民经济困难，粮食减产歉收。1962年，调整公社管理体制，贯彻以生产队为核算单位和按劳计酬的分配政策，不断改进耕作技术，扩大双季稻种植面积，粮食生产持续发展。1970年亩产达到340公斤。1976年，试种杂交晚稻2公顷，亩产300公斤。此后种植面积逐年扩大。1983年杂交晚稻占水田总面积的90%，亩产380公斤。1991—2006年，全乡双季稻年种植面积稳定在1070公顷左右。2014年，种植水稻1130公顷，总产1.02万吨；棉花170公顷，产皮棉260吨；油菜1200公顷，产菜籽1800吨。实现农业总产值0.85亿元。

养殖业　境内素有养殖猪、牛、鸡、鸭、鱼等畜禽水产习惯。民国时期，乡内农户饲养家禽家畜数量极少；养鱼基本上不投放饵料，靠其自生自长，故产量很低。中华人民共和国成立后，1959—1980年，养殖业多为集体经营，发展较为缓慢。1982年后，随着农村土地承包经营责任制的建立和"开放搞活"方针政策的贯彻实施，国家大力扶持和鼓励农民发展养殖业，涌现一批规模养殖户。1983年，栏垅公社农民开孵房6家，孵鸡鸭苗150万羽。2001—2012年，先后有鸿兴生态农业科技发展有限公司、千里马生态有限公司、心怡生态农业有限公司、万象生态农业开发有限公司、宏兴农业科技发展有限公司、国美生态农牧有限公司6家专业养殖企业建成投产。2014年，全乡有规模养殖户8户，出栏生猪1.56万头，年末存栏1.22万头；出笼家禽26万羽，年末存笼17万羽。

林业　境内有宜林山地236公顷。主要树种有松、杉、樟、油茶等。2014年年末，全乡森林覆盖率65%。

工业

民国时期，境内民间有木梳作坊10余户，年产木梳约10万件。中华人民共和国成立后，至1957年，木梳生产户增加到15户。1958—1980年，禁止私人从事梳篦生产经营。20世纪80年代，召冲村刘九生率先创办木梳厂，并逐步发展成为天天见梳篦实业集团，其产品畅销国内外，2003年，获湖南省第五届农博会金奖；2009年，"天天见梳篦"获国家工商总局授予"中国驰名商标"称号。2011—2013年，鑫源梳厂、华銮梳厂相继建成投产。2014年年末，全乡有各类工业企业6家，从业人员300余名，实现工业总产值0.61

亿元。

商贸服务业

民国时期，境内栏垅铺有店铺10余家，并设有集市进行商贸活动。1956年，成立栏垅乡供销社。1958年，取消私营商贸服务，由供销社和国家粮油购销部门统一经营。1978年，境内有各类商贸门店、网点15个，从业人员50余人。1985年后，实行改革开放，允许个体商户进入流通市场。至1996年，全乡有个体商贸户80家，从业人员140人。2014年年末，全乡有各类商贸户126家，从业人员261人，涉及餐饮、运输、金融、通信、文化、医疗、药品、保险、休闲娱乐等行业；有集贸市场1个，社会消费品零售总额0.85亿元。

财政金融

中华人民共和国成立后，至1984年，乡（社）财政实行报账制，其收支由财粮委员或秘书兼管。1985年，建立乡财政所。2004年，农村税费改革，取消农民上缴农业税、农业特产税和各项涉农税费共146.19万元，农民人均得实惠73元。2010年，乡财政总收入471万元，主要为工商税收及上级专项拨款；财政总支出465万元，主要为支持“三农”、行政管理和上解税收。2014年年末，财政总收入736万，财政总支出723万元。

1955年，建立栏垅乡信用合作社。2009年，设立中国邮政储蓄银行栏垅乡营业厅。2014年年末，乡内有金融机构2家，职工12人；年末各项存款余额0.75亿元，贷款余额850万元。

基础设施

交通运输

1968年，境内西荷公路建成通车，长19.2公里。20世纪80—90年代，19个村的村道相

衡邵高速衡阳县栏垅段

继畅通。2003—2009年，实施乡村公路提质改造工程，先后对西荷线及栏市、枫树、上春、寺松、白水、长冲等19个村的村道进行水泥硬化。2014年年末，全乡有乡道1条、村道19条、组道150余条，总长152公里，形成乡、村、组联通的农村公路网络。

邮政通信

民国32年（1943）8月，设立栏垅铺信柜。1956年6月，栏垅乡通电话。1963年，设栏垅铺邮电所。2000年后，建设移动电话发射塔。2014年年末，境内有邮政所1处，邮政业务总量435万元，发行报纸杂志1.15万份；有电信服务网点3个，固定电话用户850户，移动电话用户2360户，互联网用户620户。

供电饮水

1988年，乡内开始供电。此后，供电范围逐步扩大。至1995年，全乡村通电率100%，村民小组通电率90.5%。2000年后，分期分批实施电网改造，先后对10个村进行线改，共改造和新增10千伏线路30千米，新增和更新10千伏变压器8台。2014年，全乡19个村、249个村民小组全部通电，用电户3845户，占总户数的92%。

2011年，投资500万元建成栏垅乡自来水厂，解决11个村的居民饮水需求。

水利建设

1949年，境内有水塘432口，蓄水总量约80万立方米。1952—1957年，整修、新修山平塘1300余口，增加蓄水量300余万立方米。1957年，建成八亩亭小型水库，库容量74.5万立方米。20世纪90年代至2012年，致力于加强塘坝、渠道硬化清淤和水库除险加固。其间，共硬化山平塘200余口、渠道11千米。2014年年末，境内有小（二）型水库1座；山平塘1300口，总蓄水量345.6万立方米。

乡村建设

1997年，乡政府办公楼建成投入使用，建筑面积1600平方米。2010—2012年，先后硬化栏垅铺2条街道，长250米。至2014年，栏垅铺集镇建成面积0.3平方公里。

中华人民共和国成立初，境内居民住宅多为茅屋。1955—1978年，少数居民户新建土砖瓦房。1983—2000年后，大部分农村居民户新建红砖楼房，户平均建筑面积300～400平方米。2006年，启动社会主义新农村建设，重点改造农村电网、道路、水利、环境卫生等设施。至2014年年末，全乡电网改造率54%，乡村道路硬化率100%，村组环境卫生综合达标率88%，居民饮水安全率100%；行政村都有办公用房。

社会事业

教育科技

教育 1949年，境内有小学5所。中华人民共和国成立后，大力发展小学教育，同时开展扫除青壮年文盲教育。至1956年，全乡有小学11所。1958年，搞教育“大跃进”，推行全日制与半日制、公办与民办两种教育制度并举，境内有农业中学1所，公办小学11所，民办小学5所。1962年，适当压缩办学规模，小学数量有所减少。1969年，农业中学与公办中学合并，民办小学并入公办小学，民办教师相继转为公办教师。1974年，按照“读小学不出大队”的布局，小学数量增至16所。20世纪80—90年代，在抓好初中教育普及率的同时，突出中小学危房改造，建设合格学校。其间，全乡共改建和新建中小学校舍4500余平方米，占总面积的27%。2001年后，着眼于整合教育资源，提高教育质量，将原有16所小学整合为6所。2014年年末，全乡有幼儿园5所（其中公办幼儿园2所，民办幼儿园3所），在园幼儿485人，专任教师24人；小学6所，在校学生1500人，专任教师78人；初中2所，在校学生655人，专任教师48人。有栏垅中学、白水中学、栏垅中心小学3所县级合格学校。

科技 1981年，建立公社农科站（后更名农技服务站）培训农民技术员18人。1983年起，开办农民文化技术学校，帮助农民学习科学文化知识。至1998年，累计培训650人次。20世纪90年代起，建立科技示范户。2010—2011年，新门前村熊群谊、栏市村张朝阳先后被评为衡阳市“优秀科技示范户”。2014年年末，全乡有各类科技示范户88户。

文化体育

民国时期，境内民间有龙灯、狮灯数坛。中华人民共和国成立，至1957年，俱乐部成为农村文化活动阵地。1958年，刘文恒（召冲村人）改编的花鼓传统小戏《打鞭进城》由湖南人民出版社出版。1964年，建立公社文化站，各生产大队相继建立文化室。1972年，设立公社广播站。此后，境内19个生产大队、249个生产队陆续通广播。1975年，成立电影放映队，有16毫米放映机2台。1985年，广播站更名为广播电视站。2014年年末，全乡有文化站、广播电视站各1个，村级文化活动中心5个，村图书室19个，藏书14200册；各类文化专业户15户，从业人员50人；有线电视用户950户，无线数字电视用户2640户。

1997年，乡境内中小学开始按《国家体育锻炼标准》教学，当年达标率26%。至2004年，达标率提高到94%。2014年年末，全乡拥有体育健身场地17个。

医疗卫生

民国时期，境内缺医少药，治疗病患者素以中草药为主。中华人民共和国成立后，1956年，成立乡联合诊所，有中医4名。1962年，建立公社卫生院，有专业医师5名。1969年，实行农村合作医疗制度，并相继建立大队卫生室，配有赤脚医生和妇幼保健员各1名。2006年1月，启动新型农村合作医疗。当年参合人数15482人，参合率78%；此后参合人数逐年递增。2014年年末，全乡有卫生院1个，村卫生室19个；有专业医务人员32人，拥有病床45张；参加新型农村合作医疗20488人，参合率100%。

社会保障

“五保”供养 20世纪60年代始，对孤寡老人和无劳动能力的残疾人实行“五保”，其生活费由所在生产队统筹。1980年后，“五保”供养纳入乡（社）统筹。2005年起，“五保”对象享受城乡最低生活保障待遇，其供养经费由县财政统筹。2014年年末，全乡有“五保”供养对象210人，其中乡敬老院集中供养28人，分散供养182人。年人均供养费（不含衣被和医疗费）3200元，总金额67.2万元。

医疗救助 2006年起，实施城乡居民大病医疗救助。救助对象主要为罹患恶性肿瘤、白血病、尿毒症等大病的城乡低保户、“五保”户。2014年，共救助452人次，救助总金额28.89万元。

农村低保 2007年7月起，实行城乡居民最低生活保障，并对低保对象实施动态管理。2009年，全乡有低保对象434户、716人，年人均补助1080元，总金额77.33万元。2014年年末，全乡有城镇低保16户、22人，发放补助金41400元，年人均1890元；农村低保707户、809人，发放补助金119.4万元，人均1476元。

养老保险 2011年7月，启动城乡居民社会

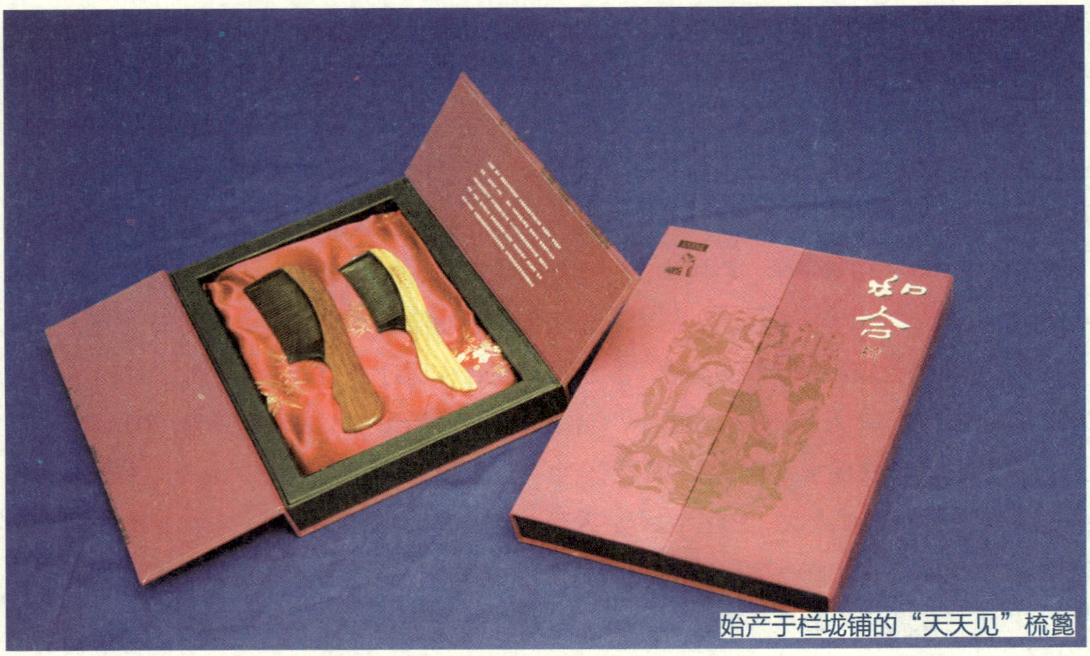
始产于栏垅铺的“天天见”梳篦

养老保险。当年，全乡登记参保人数 6940 人，参保率 46.3%；征缴养老基金 75.96 万元，为 3452 名到龄居民发放 7—12 月养老金 114.05 万元。2014 年年末，登记参保 6938 人，参保率 46.3%；征缴养老基金 91 万元，为 3927 名到龄居民发放养老金 274.72 万元。

特色地情

历史人文

春秋青铜甬钟 1979 年 4 月，出土于栏垅公社泉口大队泉口生产队。甬钟身高 44 厘米，长 29.5 厘米，铣间宽 28 厘米，乳钉 36 枚，重 14 公斤；纹饰有兽面纹，鼓部饰夔龙纹、几何纹等。经文物专家鉴定该甬钟系春秋青铜器，现存县文物管理局。

名优特产

“天天见”梳篦 始产于栏垅乡栏垅铺，迄今有近两百年历史。20 世纪 90 年代，组建为衡阳市天天见梳篦实业集团有限公司，落户衡阳县西渡经济技术开发区（今西渡高新技术产业园区）。其产品素以工艺精湛，美观实用而著称，深受国内外消费者的青睐，曾先后获湖南省农博会金奖和湖南省“百强”民营企业称号。2009 年，“天天见”梳篦获国家工商总局授予“中国驰名商标”称号。

（文字/图片供稿：李明 屈良娟 全铁志）

大安乡 >>

区域概况

位置面积

大安乡驻地俗称火安堂。1951年，雕刻乡人民政府公章时误将“火”字刻为“大”字，遂以“大安”得名。地处县境西北部，东邻栏垅乡、洪市镇，南界库宗桥镇、演陂镇，西毗金兰镇，北抵曲兰镇。乡人民政府驻大安村火安塘，距县城35公里。辖区东西最大距离20公里，南北最大距离9公里，总面积79.06平方公里。

建置沿革

清同治十年（1871），大安属船山镇。民国32年（1943），设区辖乡，分属第七区船山乡、湘西乡。中华人民共和国成立初，撤船山、湘西乡，分置渡头、水寺、黄堂、劳桥乡，同属第七区。1952年7月，衡阳析为衡阳县、衡南县后，重新调整区乡区划，设为第九区（后更名洪罗区），辖大安、延寿、水口、渡头、木山、马源乡。1956年5月，撤区并乡，前述6个乡合并为大安乡。1958年9月，建立人民公社，撤大安乡设火炬公社。1961年8月，设区分社，置大安、水寺公社，同属洪市区。1984年5月，改公社为乡。1995年5月，再次撤区并乡，水寺乡并入大安乡。

行政区划

1996年，辖31个行政村。2014年年末，辖大安、大河、双坳、大垅、延寿、德垅、邹光、育塘、龙口、石云、三成、仁山庙、曹山、马源、杏子、大头、渡头、炭木岭、渡滩、下车、芳园、枫坪、黄塘、三阳、青龙、桥安、贵华亭、木山垅、劳桥、坪子、水寺31个建制村，下设396个村民小组。

自然环境

全境属丘陵地形，西北部偏高，东南部略低，最高点邹岗山海拔341.5米。乡域气温四季分明，年平均气温18℃~20℃，最低气温-6.5℃（1970年2月10日），最高气温41.5℃（2010年8月6日）。年平均降水量1265毫米，降水日数约150天，最多年份达190天（1970年），最少年份90天（1963年），年最大降水量1800毫米（1970年），年最少降水量950毫米（1963年），降水集中在每年4—9月，5—6月最多。常年主导风为北风，夏季为东南风，并有雷电气象。境内土壤分为红壤土、水稻土两大类。境内属湘江水系。蒸水河由西向东自龙口村入境经下车村出境，流程12公里。

人口民族

2000年，辖区总人口36625人，其中男

性 19530 人，占 53.32%；女性 17095 人，占 46.68%；农业人口 35505 人，城镇人口 120 人。2010 年，总人口 39483 人，其中男性 20637 人，占 52.27%；女性 18846 人，占 47.73%；农业人口 38240 人，城镇人口 1243 人。2014 年年末，总人口 43804 人，其中常住人口 41368 人。总人口中，男性 22952 人，占 52.4%；女性 20852 人，占 47.6%；0~14 岁 9020 人，占 20.5%；15~59 岁 28072 人，占 64.1%；60 岁以上 6712 人，占 15.4%。人口出生率 12.36‰，死亡率 5.43‰，自然增长率 6.93‰。辖区内有藏族、土家族 2 个少数民族，共 13 人。

经济发展

经济综述

乡域经济由农业、工业和服务业构成。农业以种植水稻、红薯、油菜和养殖畜禽鱼类为主；工业以石灰、建材和农林产品加工为主。2014 年年末，全乡地区生产总值 4.8 亿元，粮食总产量 1.88 万吨，财政总收入 651 万元，农村居民人均可支配收入 11875 元。

农业

种植业 民国时期，农业生产水平低下，粮食亩产约 180 公斤。1950 年，农村实行土地改革。1953 年起，大力兴修水利，增强抗旱能力，粮食增产丰收。至 1957 年，亩产量达 220 公斤。1958 年，成立人民公社，后遭受三年民国经济困难，粮食减产歉收。1962 年后，实行以生产队为核算单位，同时改进耕作技术，扩大双季稻种植面积，粮食生产得到恢复和发展。1969 年，亩产提高到 280 公斤。1976 年，试种杂交稻晚稻 6 公顷，平均亩产 300 公斤，比常规晚稻每亩增产 120 公斤。1983 年，杂交晚稻面积扩大到 1200 公顷，占水田总面积的 90%，亩产 400 公斤，总产量 7200 吨。2005 年起，大面积种植杂交早稻。2014 年，全乡种植双季稻杂交水稻 1660 公顷，总产量 1.88 万吨，油菜 1330 公顷，总产量 1400 吨；红薯 200 公顷，总产量 3000 吨；荸荠 33 公顷，总产量 400 吨。农业总产值 1.65 亿元。

养殖业 境内有养殖猪、牛、鸡、鸭、鱼等禽畜水产习惯。民国时期，养殖业普遍落后，养猪年户均不足 1 头，养牛仅为耕作，养鸡除少量禽蛋自食外，主要为换取零用钱，养鱼不投放饵料，产量很低。中华人民共和国成立后，鼓励农民饲养家禽家畜，产量逐年增多。1958 年后，限制农户饲养畜禽，养鱼则由集体经营，亩产约 40 公斤。1982 年，实行改革开放后，养殖业快速发展，并逐渐出现规模养殖户。是年，全乡出栏生猪约 9000 头，家禽约 12 万羽。1996 年后，养殖业开始向规模化、专业化发展。2014 年年末，全乡有各类养殖专业户 50 户；出栏生猪 3.5 万头，出笼鸡鸭 25 万羽；有养鱼水面 192 公顷，产鲜鱼 150 吨，养殖业总产值 4500 万元。

林业 境内有宜林山地 2300 公顷。主要树种有松、杉、樟、油茶等。2014 年年末，全乡有林地面积 1980 公顷，森林覆盖率 48%。

工业

民国 9 年（1920），邵阳人申裕贤来水寺开办天裕煤炭公司，建矿井 2 个，因老窿穿水淹死 12 人后停办。中华人民共和国成立后，1956 年 9 月，建立县水寺煤矿。至 1962 年 3 月停办时，共采煤 61 万吨。20 世纪 60—70 年代，境内有大队石灰厂 15 个，年产石灰 2 万余吨，从业人员 200 余人。20 世纪 80—90 年代，兴办乡镇企业。乡内有纸袋、石灰、建材、竹木加工等工业企业 6 家，从业人员 120 余人，年总产值 1980 万元。2000 年后，乡镇企业改制为民营企业。2014 年年末，乡内有民营工业企业 54 家，从业人员 1508 人，工业总产值 1.2 亿元。

商贸服务业

清代至民国时期，火安塘逐步发展成为街道，有商铺 6 家。中华人民共和国成立后，1954—1957 年，先后在火安堂（今称大安街）设立供销合作社、肉食水产站、粮油购销站及粮食储运库等，供应生产、生活资料和收购农副产品。1979 年年末，境内有国营、集体商业网点 20 个，从业人员 180 余人。1982 年后，实行改革开放，逐步开放市场，个体商业不断发展。2014 年年末，乡内有民营商贸服务业 175 户，360 人，涉及餐饮、金融、通信、文化、医疗、药品、保险、娱乐等行业；有集贸市场 2 个，年社会消费品零售总额 1.5 亿元。

财政金融

中华人民共和国成立后，至 1984 年，乡（社）财政实行报账制，其收支由财粮委员或秘书兼管。1985 年，成立乡财政所，负责辖区内财政税收工作。1995 年，乡财政总收入 351.5 万元。主要为工商、农业税收；财政总支出 315.6 万元，主要为支援农业、行政管理费和上解县财政。2004 年，农村税费改革，国家取消农业税、农业特产税及各种涉农税费共 243.53 万元，农民人均得实惠 55.2 元。2014 年年末，全乡实现财政总收入 650.5 万元，财政总支出 650.5 万元。

1954 年，建立大安乡信用合作社。1962 年，设立大安、水寺 2 个信用分社。1994 年，成立农村合作基金会、互助储金会（简称“两会”）。1997 年，清理撤销农村“两会”，其账户分别移交县农村合作经济管理局和县民政局。2009 年，设立中国邮政储蓄银行大安营业处。2014 年，乡内有金融机构 2 家，职工 7 人，年末存款余额 1.5 亿元，贷款余额 0.5 亿元。

基础设施

交通运输

1958 年，建成水大公路（水寺至大安），长 7.3 公里。1981 年，大安开通客运班车。20 世纪 80—90 年代，相继修通境内村道。2004 年后，分批次对乡村道路进行提质改造和水泥硬化。至 2013 年，硬化工程全部结束。2014 年年末，乡内有省道（S 210 线）、县道各 1 条，总长 22 公里；村道 31 条，总长 120 公里。

邮政通信

民国 32 年（1943）8 月，设立火安塘信柜。1956 年，设立大安邮电所。是年，大安乡通电话。1980 年后，有部分村利用广播线路接通电话。2004 年，移动、联通公司分别在境内建设移动通信基站。2014 年年末，乡内有邮政所 1 家，电信企业 3 家，固定电话 1127 户，移动电话用户 1.6 万户，电信覆盖率 100%。

供电饮水

1987 年，乡内农村开始供电。至 1996 年，全乡村通电率 100%，户通电率 80%。2000 年，分批次实施电网改造，先后对 25 个村进行线改和户改。至 2014 年年末，全乡有 10 千伏配电线路长约 50 千米，10 千伏变压器 51 台，31 个村、396 个村民小组全部通电，用电户 12132 户，供电率 100%。

2012 年，投资 1000 万建设大安水厂，日供水 1600 吨，可满足乡内 1.8 万人口饮水需求。

水利建设

民国末期，境内有山平塘近 3000 口，蓄水量约 180 万立方米。中华人民共和国成立后，1953—1957 年，先后修建桥头、洪冲等 4 座小型水库，总蓄水量320万立方米。与此同时，修筑蒸水河两岸引水渠30千米，整修扩建山平塘约580口。1970年，建成龙口河坝，坝高6.6米，坝轴长100米，灌田1000公顷。至2014年，乡内有小（二）型水库4座，水塘3082口，干渠30千米，排灌站1处，总蓄引提水量1620万立方米。

乡村建设

1996年，乡政府投入资金60万元新建财政所；投资40万元硬化大安街道。1998年，投入28万元改造乡计划生育服务所。2006年，启动社会主义新农村建设，重点改造农村水利、电力、道路等基础设施。2012年，启动小城镇建设项目，投入8000万元新建大安街新区安康花苑，建筑面积4.8万平方米，共有商铺、住房500余套。与此同时，实施农村环境卫生综合治理，建设美丽乡村。2014年，投入资金500万元对大安街道进行油化、亮化和美化。至2014年年末，全乡农村电网改造率、乡村道路硬化率、村民饮水安全率均为100%，环境卫生综合达标率85%。行政村都有办公用房。

社会事业

教育科技

教育 民国时期至1949年，境内有曾祠、陶田、木山等6所保国民小学和族校。中华人民共和国成立后，在大力发展小学教育事业的同时，开展扫除青壮年文盲教育。1956年，境内有完全小学1所，初小3所。1958年，大安完小附设初中班，同时创建大安民办中学。1964年，推行全日制与半日制、公办与民办两种教育制度并举，其时境内有民办中学2所，民办小学15所。1969年，民办中学和民办小学分别并入公办中学和公办小学。1970年，境内有初中2所，小学29所。1998年，整合教育资源，调整小学布局，撤并小学15所。是年，大安乡通过省、市考核验收达到国家“两基”标准。2014年年末，全乡有幼儿园2所，在园幼儿678人，专任教师32人；小学10所，在校学生2530人，专任教师144人；初中2所，在校学生1447人，专任教师102人。有大安中学、水寺完小、劳桥小学等6所县级合格学校。

科技 1981年，建立公社农科站（后更名乡农技服务站），培训大队农民技术员30余名。1983年起，开办农民文化技术学校。至1998年，累计培训农民2600余人次。20世纪90年代起，建立科技示范户。2012年，三阳村龙晓春、龙口村龙和平2人被评选为衡阳市“星火科技示范户”。2014年年末，全乡有各类科技示范户47户。

文化体育

民国时期，境内民间有武灯、龙灯、狮舞。中华人民共和国成立初期，以俱乐部为文化活动阵地。1964年后，设公社文化站，有文化辅导员1人，负责文化宣传工作。2011年，建成乡文体站，面积约500平方米。2014年年末，乡内有文体站1个，工作人员2人，有村级文化活动中心20处，农家书屋25个，藏书5万册。各类文化专业户8户，从业人员90人。

1972年，建立公社广播站，配工作人员2人。是年，31个大队，396个生产队实现队队通广播，线路总长185千米，喇叭入户率30%。1975年，建立公社电影放映队，有放映机2台。1985年，乡广播站更名为广播电视站。1994年，广播电视站易名为有线电视站。2014年年末，全乡有线电视用户1580户。

1997年，境内中小学开始按《国家体育锻炼标准》教学，当年达标率35%。至2000年，达标率提高到90%。2014年年末，乡内学校共有运动场12个，村级健身体育场8个。

医疗卫生

民国时期，境内缺医少药，治疗患病者素以草药为主。中华人民共和国成立后，医疗卫生不断发展。1953年，成立乡联合诊所，有中医10人。1962年，建立公社卫生院。是年，推行新法接生，当年接生率达25%。1968年后，大队卫生室相继成立，分别配有赤脚医生和妇幼保健员。1969年，建立农村合作医疗制度。2006年1月，启动新型农村合作医疗，当年参合率80%。此后，参合人数逐年增加。2014年年末，辖区内有卫生院1所，门诊部2个，有床位50张，村卫生室20个，专业医卫人员54人，完成诊疗1.46万人次；参加新农合39480人，参合率99%。

社会保障

灾害救助 1958年5—6月，境内遭受洪涝灾害，蒸水沿岸9个村严重受灾，死亡7人，倒塌房屋20余户。政府下拨钱粮救济灾民，同时组织群众修复水毁工程，恢复生产，重建家园。至2014年，境内先后遭受重大洪涝灾害15次，县乡拨专项救灾款和粮物累计185万元。

“五保”供养 20世纪60年代起，对孤寡老人和无劳动能力的残疾人实行“五保”，其生活费由所在生产队统筹。80年代后，“五保”供养纳入乡统筹。2005年起，城乡“五保”对象享受城乡最低生活保障待遇，其供养经费由县财政拨付。2000年，新建乡敬老院，集中供养部分“五保”老人。2014年年末，全乡有“五保”对象397人，其中集中供养32人。共拨付供养金112.35万元，年人均2830元。

医疗救助 2006年起，实施城乡居民大病医疗救助，救助对象主要为罹患恶性肿瘤、白血病、尿毒症等大病的城乡低保户、“五保”户。是年，共救助25人次，金额2.85万元。2014年年末，共救助423人次，救助总金额24.2万元。

农村低保 2007年7月起，实行农村居民最低生活保障待遇。2009年，乡内有低保对象562户、1234人，年人均低保金1080元，发放金额133.27万元。2014年年末，低保对象1051户、2101人，年人均补助1476元，总金额310.11万元。

养老保险 2011年7月，启动城乡居民社会养老保险。是年，乡内16～60岁居民登记参保12878人，参保率65%，征缴养老基金146.51万元；为6118名到龄居民发放7—12月养老金198.92万元。2014年年末，登记参保12878人，征缴养老基金146.51万元；为6712名到龄居民发放养老金463.79万元。

（文字供稿：欧春华　刘永林）

溪江乡 >>

区域概况

位置面积

溪江乡因驻地溪江得名。地处县境西北部，东临石市镇，南接渣江镇，西抵金溪镇，北界娄底市双峰县荷叶镇。乡人民政府驻溪江村，距县城西渡47公里。辖区内最大距离10.3公里，南北最大距离18.6公里，总面积84.5平方公里。

建置沿革

清同治十年（1871），溪江隶属永福乡。民国32年（1943），设区辖乡，属第八区永靖乡。中华人民共和国成立初，仍沿袭民国旧制。1950年3月，撤永靖乡，分置洞源、松竹、沙岭、溪江、排翅、连防、石笋乡，属第八区。1952年7月，衡阳、衡南分县后，重置区、乡政区，设溪江、洞源、排翅、松竹、连防、石笋、沙岭乡，隶属第十三区（后更名金溪区）。1956年5月，撤区并乡，将沙岭、洞源、连防、松竹、石笋、排翅乡并入溪江乡。1958年9月，建立人民公社（简称公社），撤溪江、上峰乡建鹏程公社。1961年8月，设区分社，置溪江、富田、九峰公社，隶属金溪区。1984年5月，改公社为乡。1995年5月，再次撤区并乡，富田乡、九峰乡并入溪江乡。

行政区划

1996年，辖30个行政村。2014年末，辖岳沙1个社区和长峰、华峰、洞源、九峰、白马庙、金龙、培兴、松竹、排前、永安、大西、友谊、沙岭、东震、富强、溪江、高堰、爱华、河田、黄龙庙、排翅、浪井、马厂、大坪、石笋、富田、洪山、朝日、沙溪、高余30个建制村，下设4个居民小组、310个村民小组。

自然环境

全境属山区，地势由北向南倾斜，最高山九峰山主峰海拔750.4米，为双峰、衡阳两县的分水岭。乡域气温四季分明，年平均气温16℃。1月最低，日均气温4.5℃，常有雾凇奇观；7月最高，日平均为34.5℃。雨季旱季明显，年平均降水量在1200毫米以上，春夏降水量多于秋冬。雨季（4—6月）降水量占全年的45%；旱季（7—9月）降水量约占全年的10%。年最大降水量1800毫米（1970年），年最少降水量960毫米（1986年）。常年主导风为北风，夏季为东南风，并有雷电气象。境内土壤分为水稻土、红壤土两大类。岳沙河发源于九峰山南麓，为蒸水一级支流，境内流程18.5公里。

人口民族

2000年，辖区总人口33625人，其中，男性17802人，女性15823人；农业人口32638人，城镇人口987人。2010年，总人口38580人，其中男性20154人，女性18164人；农业人口37333人，城镇人口985人。2014年年末，辖区总人口38580人，其中常住人口33250人。总人口中，男性20268人，占52.53%；女性18312人，占47.47%；0~14岁8438人，占21.9%；15~59岁22090人，占57.37%；60岁以上8052人，占20.73%。人口出生率12.09‰，死亡率7.61‰，自然增长率4.48‰。辖区人口皆属汉族。

经济发展

经济综述

乡域经济由农业、工业和服务业构成。农业以种植水稻、油菜和养殖禽畜为主；工业以林产品加工为主。2014年年末，全乡地区生产总值2.49亿元，粮食总产量2.24万吨，财政总收入410万元，农村居民人均可支配收入10250元。

农业

种植业 中华人民共和国成立后，致力于兴修水利，努力改善生产条件，粮食产量不断提高。1957年，亩产达到250公斤。1958年后，连遇三年自然灾害，粮食减产歉收。1961年，调整公社规模和经营管理机制，实行以生产队为核算单位；与此同时，扩大双季稻种植面积，改进耕作技术，农业生产稳步发展。1969年，双季稻种植面积占全乡水田总面积的80%，两季平均亩产稻谷340公斤。1976年，试种杂交晚稻3公顷，平均亩产300公斤，比常规晚稻亩产高100公斤。1983年，杂交晚稻占水田总面积90%以上，亩产达400公斤。1990—2006年，全乡水稻年种植面积稳定在1900公顷左右，亩产450公斤。2013年，浪井村种植有机稻66公顷，亩产1300公斤，生产“九峰山有机米”。2014年，全乡种植水稻3400公顷（复种），亩产440公斤，总产22440吨；油菜490公顷，产菜籽808吨；蔬菜90公顷，总产147吨。种植业总产值0.88亿元。

养殖业 乡内历来有养殖禽畜习惯。民国时期，饲养禽畜数量少，养猪年户均不足一头，养牛仅供耕田，养鸡亦为自食或产蛋换取油盐。中华人民共和国成立初，养殖业有所发展。1958—1961年，一度禁止农户养猪养鸡。1962—1978年，实行公养私养并举，养殖业逐渐发展。1982年，实行土地承包经营责任制后，养殖业快速发展，并逐步走向规模化、专业化。1996年，全乡出栏生猪8975头，出笼家禽7万羽，出水鲜鱼4.82吨；有各类规模养殖户38户。2001—2012年，先后有溪江村何德军、大西村彭小斌、马厂村陶怡楚、大坪村范召冬等养殖户的规模养殖场建成投产。2014年年末，全乡出栏生猪1.6万头，出笼家禽13万羽，出塘鲜鱼14吨；养殖业总产值5754万元。

林业 境内有山林面积4466公顷，主要树种为松、杉、南竹、樟、银杏等。2014年年末，全乡森林覆盖率96%。实现林产品总值240万元。

工业

民国时期，境内民间有木工、篾工、砌工、雕匠等数十人。中华人民共和国成立至1989年，先后创办九峰鞭炮厂、溪江瓷厂、富田五七工厂等集体工业企业。1991—1993年，创办富田皮件厂和九峰凉席厂。不久，均因市场销路不畅和经营管理不善而倒闭。1996—2012年，乡内刨木厂、采石场、竹木加工厂、羽毛球厂、长峰玩具及制衣厂等一批小微民营企业先后建成投产。2014年

溪江九峰竹林

年末，全乡有民营企业13家，实现工业总产值1600万元，完成税收15万元。

商贸服务业

民国时期，境内仅有石洞口一处集贸市场。中华人民共和国成立后，至1956年，成立溪江乡供销社。1958年后，取消私营商贸业，其生产生活资料由供销社统一经营。1962年，设立公社供销分社及代购代销点。1978年，境内有各类商贸门店、网点36个，从业人员210人。1985年后，实行改革开放，搞活商品流通，一批个体商贸户进入流通市场。1996年，全乡有集体商业5家、个体商业户360家，共有从业人员635人。2005年后，集体商业经过改革改制，转换为民营商业。2014年年末，全乡有各类民营商贸户774户，从业人员946人；有集贸市场4个，实现社会消费品零售总额8562万元。

财政金融

中华人民共和国成立后，至1984年，乡（公社）财政实行报账制，由财粮委员或秘书兼管。1985年，成立乡财政所，统管财政收支。2000年，乡财政总收入382万元，主要为农业税、农业特产税及其他税费收入；财政总支出380万元，主要为支持“三农”、行政管理和上缴税费。2004年起，实行农村税费改革，国家取消向农户征收农业税（含附加）及农业特产税。当年全乡两项税金总额207.21万元，农民人均得实惠62元。2014年年末，全乡完成财政总收入410万元，财政总支出408万元。

1956年，成立溪江乡信用合作社（简称信用社）。1961年，分别成立溪江、富田、九峰公社信用社。1996年，九峰、富田信用社并入溪江信用社。2013年，设立中国邮政储蓄银行九峰、溪江、富田代办点。2014年年末，乡内有金融机构2家，年末各项存款余额1.25亿元，贷款余额0.45亿元。

基础设施

交通运输

1959 年，分别建成溪江至九峰（溪九线）、渣江至溪江（渣溪线）2 条公路，境内长 24.5 公里。20 世纪 70 年代末至 90 年代，相继畅通境内 30 个村的村道。2003—2013 年，重点实施乡村道路改造硬化工程，先后硬化溪九、渣溪 2 条县道和溪江、浪井、友谊、石笋等 30 个村的村道，实现村村通水泥公路。2014 年年末，乡内有县道 2 条，长 24.5 公里；村道 34 条，长 68.7 公里。

1961 年，溪江通行长途客运班车，设九峰售票点。1976 年，增设富田售票点。1988 年，设溪江售票点。2008 年，溪江客运站建成投入运营，日发送 12 个班次，日载客量 800 人次。

邮政通信

民国 32 年（1943）8 月，设立溪江信柜。1957 年，分别设立溪江、石洞口邮政代办所。是年，溪江乡架设电话线路。1962 年，境内九峰、富田 2 个公社开通电话，线路长 50 对千米。1980 年后，公社（乡）建立通村电话网络，利用有线广播专线通电话。2005—2008 年，先后在九峰、富田、排前建立移动通信基站。2014 年年末，乡内有联通、电信、移动营业厅各 1 个，固定电话用户 1018 户，移动电话用户 19852 户、互联网用户 721 户。

供电饮水

1989 年，建成富田 35 千伏变电站。此后，境内居民陆续供电。至 1999 年，乡内有 35 千伏高压线路 1 条、长 6 千米；10 千伏配电线路 3 条、长 20 千米；10 千伏变压器 52 台，总容量 782 千伏安；村和村居民小组通电率均为 100%，户通电率 100%。2000—2013 年，对农村电网实行分批次改造，先后完成对 31 个村的线改和户改，共改造和更新 10 千伏线路 7 条、长 46 千米；更新和新增 10 千伏变压器 12 台，总容量 1280 千伏安。2014 年年末，全乡有 35 千伏变电站 1 个，35 千伏变压器 2 台，总容量 3240 千伏安；10 千伏配电线路 6 条，长 35 千米，10 千伏变压器 64 台，总容量 5760 千伏安；有低压用电线路总长 105 千米。全乡 30 个村、314 个村（居）民小组全部实现供电，用电户 12596 户，供电率 100%。

2013 年，建成溪江自来水厂，日供水量 5000 吨，可满足 4500 户居民生活用水。2014 年 12 月，溪江街道居民和单位实现供水。

水利建设

1949 年，境内有山塘约 2500 口，蓄水总量约 350 万立方米。中华人民共和国成立后，人民政府组织群众大办水利，修建塘坝水库。1953—1957 年，共整修扩建山塘 410 口，蓄水总量增加到 400 万立方米。1965 年，建成力背水库，库容量 156 万立方米。1966 年，友谊水库建成，库容量 151 万立方米。1977 年，黄梅水库竣工蓄水，库容量 330 万立方米。此后，相继建成庙塘、古塘、卫星 3 座水库。20 世纪 90 年代至 2013 年，水利建设的重点是加强塘坝、渠道硬化防渗和水库除险加固。其间，先后对黄梅、友谊、力背、过路堂等 5 座水库大坝进行除险加固和岳沙河治理改造。2014 年年末，全乡有小（一）型水库 3 座、小（二）型水库 12 座、山塘 2590 口，有干渠和支渠 35 条、总长 82.7 千米，总蓄水量 1170 万立方米。

乡村建设

2006 年，启动社会主义新农村建设，重点改造农村电网、道路、水利、环境卫生等基础设施，建设美丽乡村。2010 年，投入资金 580 万元，拆除原乡政府老旧办公楼，新建面积 3570 平方米的办公楼，于2011年1月交付使用。2012年，乡财政所、民政办、司法所、劳务站、农经站、林业站等站所共同筹集资金190万元，建成站所综合办公楼。2014年10月，投入资金300万，对溪江街道进行提质改造，并对周围环境实施油化、亮化、绿化和美化。与此同时，富田、溪江、九峰、洞源等10个村实施亮化工程，安装路灯810盏。至2014年年末，全乡电网改造率95%，乡村道路硬化率100%，村组环境卫生综合达标率90%，居民饮水安全率100%；各建制村都有办公用房。

社会事业

教育科技

教育 1949年，境内有保国民小学3所，私立初小8所。中华人民共和国成立初，在发展小学教育的同时，大力开办农民识字夜校，扫除青壮年文盲。1957年，境内有初级小学12所，完全小学1所。1974年，境内有小学28所、初中3所。1983—1985年，重点抓好普及初等教育，经过三年努力，全乡7～12周岁儿童入学率99%。1992—2005年，突出中小学危房改造，建设合格小学。其间，全乡完成改建和新建学校面积7618平方米，占校舍总面积16860平方米的45.3%。与此同时，为整合教育资源，提高教育质量，将原有20所小学合并为15所村联合小学。2014年年末，全乡有幼儿园4所，在园幼儿436人，专任教师10人；小学15所，在校学生2379人，专任教师117人；中学2所，在校学生1089人，专任教师71人。有溪江中学、富田中学、乡中心小学、富田小学等8所县级合格学校。

科技 1975年，境内富田公社创建白蜡（虫）丰产技术科研基地，营造蜡林（女贞树）60余公顷。至1985年，共培育蜡种5.62吨、产蜡3.64吨。是年，该项目获商业部科技成果三等奖，并由潇湘电影制片厂摄制成《虫白蜡》科教片。20世纪90年代起，培训科技示范户。2012年，马厂村陶怡楚、黄龙村彭昌云评为衡阳市“星火科技示范户”。2014年年末，全乡有各类科技示范户38户。

文化体育

文化 民国时期，境内民间有狮灯和木偶

溪江木偶

戏。中华人民共和国成立至1957年，有农村俱乐部从事文化宣传活动。1964年，建立公社文化站，大队设立文化室。1972年，建成公社广播站。是年，境内30个大队、310个生产队实现队队通广播。1975年，成立公社电影放映队，有16毫米放映机3台。1985年，广播站更名为广播电视站。20世纪90年代后，文艺创作盛行。2002年，彭绍章（爱华村人）的散文集《望星空》由湖南文艺出版社出版。2009年，欧阳强（排前村人）的散文集《野稗》由中国文联出版社出版。2010年，邱初开（松竹村人）的诗集《九峰疏花》；彭国伟（大西村人）的诗集《小草微吟》相继面世。2011年，欧阳强的短篇小说集《小的们》《老东老西》由团结出版社出版。2012年，彭绍章的短篇小说集《逝水流云》《桃花行》先后由中国文联出版社出版。2014年年末，乡内有文体站、电影放映队、有线电视站各1个，共有职工5人；有线和无线数字电视用户540户；村文化活动中心31个，共有图书46500册；九峰女子龙灯队1个，队员13人；各类文化专业户108户，从业人员126人。

体育 溪江乡洞源村汤学旺，先后于1996年、1999年、2003年参加湖南省第一、二、三届农民运动会，分别获男子20公里自行车载重赛第二名、第三名和30公里自行车载重赛第二名。2014年年末，全乡有体育健身场地23个，面积1.03万平方米。

医疗卫生

民国时期，境内缺医少药，患者治病素以草药为主。中华人民共和国成立后，1956年，建立乡联合诊所，有医师5名。1962年，建立公社卫生院，配医务人员8名。此后，相继建立大队卫生室，各配1名赤脚医生和妇幼保健员。1969年，实行农村合作医疗制度。2006年1月，启动新型农村合作医疗（简称新农合），当年参加新农合2.3万人，参合率75%；受益金额82.3万元。2008年，新建的乡卫生院投入使用，共有医疗用房面积2100平方米。2014年年末，辖区有卫生院1所，门诊所2个，村卫生室22个；有执业医生18人、村卫生员22人，病床40张；参加新农合3.09万人，参保报销10517人次，受益总金额928万元。

社会保障

“五保”供养 20世纪60年代起，对孤寡老人和无劳动能力的残疾人实行“五保”，其供养费由所在生产队统筹。1980年后，供养费纳入社（乡）统筹。2005年起，全乡“五保”对象享受城乡最低生活保障，供养费由县财政统筹。2014年年末，“五保”供养对象292人，其中分散供养267人，集中供养25人；年人均供养费（不含衣被和医疗费）2842元，总金额82.99万元。

医疗救助 2006年起，启动城乡居民大病医疗救助。救助对象主要为罹患恶性肿瘤、白血病、尿毒症的城乡低保户、困难户。2014年，共救助1233人，救助总金额50.2万元。

农村低保 2007年7月起，启动农村居民最低生活保障，并对低保对象实行动态管理。2009年，全乡有低保对象486户、1445人，年人均补助1080元，总金额156.06万元。2014年年末，全乡低保对象996户、1992人，年人均补助1476元，总金额294.02万元。

养老保险 2011年7月起，启动城乡居民社会养老保险。当年，全乡登记参保人数10125人，参保率38%；征缴养老基金101万元，为5410名到龄居民发放7—12月养老金178.5万元。2014年年末，全乡登记参保12032人，参保率40%；征缴养老基金144.38万元，为8052名到龄居民发放养老金724.7万元。

九峰山

特色地情

九峰山 位于县境北部溪江乡境内，为衡阳、双峰二县的分水岭，距县城西渡55公里。其山起伏绵延，由飞神山、铁钉寨、双乳峰、正托峰、新亭子、鸟飞山、钵盂岭、岳沙岭、雷殿峰9个山峰组合而成，主峰正托峰海拔750.4米。山上建有国营林场，竹海茫茫，古木参天。1990年，被定为省级森林公园。主要景点有三十六弯、竹海、美女梳头、四十八脚庵、月亮树等。

（文字供稿：魏振华　唐智才　图片供稿：衡阳县志办）

长安乡 >>

区域概况

位置面积

长安乡因驻地附近长塘铺得名。地处县境中部，东靠台源镇，北邻渣江镇、三湖镇，西连洪市镇，南接栏垅乡。乡人民政府驻长市社区江山坳，距县城西渡21公里。辖区东西最大距离9公里，南北最大距离7公里，总面积39.2平方公里。

建置沿革

清同治十年（1871），长安隶属紫霞镇。民国32年（1943），设区辖乡镇，属第九区紫霞镇。中华人民共和国成立初，仍沿袭民国旧制。1950年3月，撤紫霞镇，分置妙山、长安、大胜、牌楼乡，隶属第六区。1952年7月，衡阳、衡南分县后，属衡阳县第五区（后更名台源区）。1956年5月，撤区并乡，大胜、妙山、牌楼3乡并入长安乡。1958年9月，建立人民公社（以下简称公社），撤长安、栏垅乡组建光明公社。1961年8月，设区分社，分置长安、大胜公社，隶属台源区。1984年5月，公社改称乡，大队、生产队改称村、组。1995年5月，再次撤区并乡，大胜乡并入长安乡。

行政区划

1996年，辖17个行政村。2014年，辖长安、悦来、龙门、曹家、塘关、长市、龙凤、祠兴、老庵、湾塘、大壁、庙山、大胜、冲山、枫石、关塘、花园17个建制村，下设201个村民小组。

自然环境

全境属山地、丘岗结合地区，丘陵平町相间。境内西北多小山，东南多紫色页岩丘陵，地面高程一般在海拔98～101米。乡域气候四季分明，年平均气温16℃～18℃，最低气温-8℃（1972年2月9日），最高气温40.8℃（2010年8月5日）。年平均降水量1240毫米，降水日数约146天，最多年份为178天（1970年），最少年份89天（1963年）；年最大降水量1783毫米（1970年），年最少降水量848毫米（1963年）。降水集中在每年的4—9月，5—6月最多。常年主导风为北风，夏季为东南风。地处衡邵干旱走廊，境内无主要河流。

人口民族

1982年第三次全国人口普查，辖区户籍总人口（以下称总人口）16631人。1990年第四次全国人口普查，总人口16661人。2010年第六次全国人口普查，总人口15432人。2014年年末，辖区总人口18187人，其中常住人口16420人。总人口中，男性9543人，占52.47%；女性8644人，占47.53%；0~14岁3595人，占19.7%；15~59岁11826人，占65%；60岁以上2766人，占15.3%。人口出生率12.39‰，死亡率7.25‰，自然增长率为5.14‰。辖区内有少数民族人口55人。

经济发展

经济综述

乡域经济由农业、工业和服务业构成。农业以种植水稻、油菜、棉花和养殖禽畜为主；工业以生产木梳为主。2014年年末，全乡地区生产总值2.65亿元，粮食总产量1.53万吨，财政总收入665万元，农村居民人均可支配收入9018元。

农业

种植业 民国时期，由于农业生产水平低，加之水利条件恶劣，粮食亩产丰年在150公斤左右，遭遇干旱亩产甚至不足100公斤。中华人民共和国成立后，人民政府组织群众兴修水利，努力改善生产条件。1957年，粮食平均亩产达到240公斤。1962—1975年，随着水利条件的不断改善和耕作技术的提高，双季稻种植面积大量增加，粮食亩产提高到350公斤。1976年，开始试种杂交晚稻3.5公顷，平均亩产310公斤，比常规晚稻每亩增产110公斤。1983年，杂交晚稻种植面积占水田面积的95%，单季平均亩产400公斤。2005年后，大面积推广种植双季杂交稻，两季平均亩产达到750公斤。2014年年末，全乡水稻复种面积1400公顷，总产1.53万吨；油菜770公顷，总产2320吨；棉花200公顷，总产850吨；蔬菜80公顷，总产600吨。实现农业总产值5000万元。

养殖业 养殖业以牛、猪、鸡、鸭等畜禽为主。民国时期，生猪饲养量很少，年户均约为1头，养牛仅供役用，饲养鸡鸭生蛋除少量自食外，主要是兑换油盐钱。中华人民共和国成立初，养殖业有所发展。1958年成立公社后，限制农户饲养家禽家畜，鱼塘则由生队集体经营。1983年，农村改革开放后，养殖业快速发展，家家户户基本上都饲养猪和家禽。20世纪90年代初，出现一批规模养殖户。由于受市场经济制约，产量起伏较大，年平均产生猪1.82万头，山羊及肉用牛800头，鸡鸭26万羽，鲜鱼7.5吨。2014年年末，饲养生猪2.3万头，山羊及肉用牛3100头，家禽30万羽，蜂蜜3.8吨，鲜鱼9.3吨。

林业 境内有宜林山地1180公顷。主要树种有杉、松、柏、樟等。2014年年末，全乡森林覆盖率46%。

工业

自明末清初开始，境内长塘铺就有生产梳篦的传统习惯。民国时期，梳篦产业保持稳定发展。中华人民共和国成立初达到鼎盛时期。1952年，长塘铺一带有梳篦作坊400多家，从事梳篦生产加工贩运者多达2000余人，年产梳篦10.3万件。是年，组建木梳联销处。1956年，通过对私营工商业实行社会主义改造，境内有梳篦合作社2家。1959年，木梳生产合作社停办。“文化大革命”期间，限制家庭副业，木梳生产一度冷落。20世纪80年代初，兴办乡镇企业，其时，境内有木梳、砖瓦、石灰、纺织、麻草袋、建筑业等企业21家。1995年后，集体企业相继改制为民营企业。此后，木梳成为乡内支柱产业。至1999年，境内有规模梳篦企业38家，家庭初加工作坊200余家，年产值达7500万元。2005年开始，企业进行全面重组，且传统木梳工艺逐渐为现代化生产所取代，形成以三林梳业、交云梳厂、丝彩堂梳业等为骨一[illegible]内高档工艺梳篦生产企业。2014年年末，全乡有各类工业企业245家，实现工业总产值1.15亿元。

商贸服务业

民国时期，长塘铺街道有店铺20余家，主要经营[illegible]杂、烟酒、餐饮、伙铺（小旅店）、茶座等。中华人民共和国成立后，1956年，先后设立长安供销社、粮食储运库、食品站，供应生产、生活资料和收购农副产品。1958年，取消个体商贸服务，统一由供销社和合作商店经营。1982年后，实行改革开放，逐步放开市场，个体商贸恢复多样性。2000年起，乡内国营商业、集体商业相继改制为民营商业。2013年6月，投资2100万元建设综合商贸市场，次年竣工投入运营。2014年年末，乡内有商贸网点105个，集贸市场1个，社会消费品零售总额0.35亿元。

财政金融

中华人民共和国成立后，至1984年，乡（社）财政实行报账制，其收支由财粮委员（行政会计）或秘书兼管。1985年，成立乡财政所，负责财政收支工作。[illegible]5年，乡财政总收入181.5万元，主要是工商税和农业税收；财政总支出153.1万元，主要用于支援农业、行政管理费和上解县财政。200[illegible]年起，取消农民上缴农业税、农业特产税及各种涉农税费，当年两项税金115.74万元，农民人均得实惠63[illegible]元。2014年年末，实现财政总收入665.1万元，财政总支出665.1万元。

1962年，分别设立长安、大胜信用分社，开展[illegible]贷业务。1[illegible]年，成立农村合作基金会。199[illegible]年，清理整顿农村“两会”（合作基金会、互助储金会），合作基金会撤销，其账务分别移交县农村合作经济管理局和县民政局。2008年10月，成立长安邮政储蓄所，开展储蓄业务。2009年，长安、大胜2个信用分社合并为长安信用社，设长安、大胜[illegible]个营业厅。2014年年末，乡内有农村信用社1家，职工7人，年末储蓄存款余额1.12亿元，贷款余额6696万元；邮政储蓄银行1家，职工5人，年末储蓄存款余额1.6亿元。

基础设施

交通运输

民国时期，境内长塘铺有一条通往台源寺的石板大道。中华人民共和国成立后，致力于加强交通设施建设。1976年，建成台源至雷祖岭公路，总长16.68公里，其中境内路段长9.36公里。1980年，长安通客车。1984—1995年，陆续修通17个村的村道。2001—2010年，分期分批实施乡村道路改造硬化工程。与此同时，全乡有90%以上的村民小组畅通水泥公路，形成县、乡、村、组四级公路网的交通格局。2014年年末，全乡有乡级公路4条，长31.2公里；村级公路23条，长176公里；通组公路223条，总长340公里。

2014年年末，全乡有各类运输车辆65台，年运输能力28.9万吨；客运车辆8辆，年运送旅客3.5万人次。

邮政通信

民国32年（1943）8月，设长塘铺信柜。1956年，架设长安乡电话线路，明线长14对千米。2000年，境内建移动电话基站。2012年，建设移动、联通信号发射塔。2014年年末，乡内有邮政、移动、联通、电信企业4家，移动电话信号发射塔10座，程控电话交换机5000门；有固定电话用户430户，移动用户10600户，互联网用户560户；邮政年收发包裹1.9万件。

供电饮水

1984年，启动农村电力建设，农村居民户陆续供电。至1996年，全乡17个村、201个组全部通电，供电入户率87.6%；共有10千伏配电线路40千米，10千伏变压器22台。2001年起，分批次实施农村网电改造。至2012年底，先后完成17个村的线改和户改，新增和更新10千伏变压器11台（其中新增变压器8台），新增和更新线路16.3千米，并实行同网同价。2014年年末，全乡有10千伏变压器30台,总容量3000千伏安；村组配电线路总长60千米，用电户和户改率均为100%。

2013年8月，投资258万元启动自来水厂建设。2014年9月正式供水，日供水600吨，可满足174个村民小组、1.2万居民饮水需求。

水利建设

长安乡历来旱涝频繁,俗有“夏晴半月旱成灾，雨下五天涝为患，种地十年九无收”之说。1949年,境内有山平塘942口,蓄水量约60万立方米。中华人民共和国成立至1957年，大规模开展以新修和扩建山平塘为重点的水利建设。其间，共新修骨干塘11座、山平塘800余口，蓄水量增加到250万立方米。1959年，建成富新小（二）型水库，库容量316万立方米。1976年，建成柿竹水库长安灌区渠道3条，总长28.45千米，改善灌溉面积800公顷。1987—1993年，先后建成丰石、花园等14座排灌站,同时硬化渠道15千米、骨干塘38口。2003—2013年，重点加强水利设施清淤防渗工程建设，对241口骨干塘和山平塘进行扩容和防渗硬化。2014年年末，境内有水库1座，山平塘2268口；灌溉渠道3条、长28千米；排灌站8处、装机240千瓦。总蓄引提水量约800万立方米。

乡村建设

1996初，实施长安街道水泥硬化工程。2002年，建成大胜上街集市。2005年，乡计划生育服务所竣工交付使用。此后,乡农技站、畜牧检疫站、广播电视站、司法所、派出所等单位办公用房相继建成。2014年6月，投资2100万元的综合农贸市场竣工交付运营。至2014年年末，长安集市建成区面积达0.6平方公里。

中华人民共和国成立初，境内居民住宅多为土砖茅屋。1955—1978年，部分居民户新建土砖瓦房。1983—2010年，大部分农村居民户新建有红砖楼房，建筑面积一般300～400平方米。各建制村都有办公用房。

社会事业

教育科技

教育 民国时期，境内有保国民小学5所。中华人民共和国成立初，接收保校办乡校，同时开展扫除青壮年文盲教育。1957年，小学增至8所。1968—1978年,境内有小学17所、中学2所；由于生源、师资和教育设施严重不足，致使教育质量下降。1988年，将原有17所村小学整合为10所联校。1997年，长安中学从长安村廖祖堂迁址悦来村江山坳。是年,大胜中学并入长安中学。2004—2006年，为整合教育资源，提高教育质量，将原有10所联校合并为4所小学。2014年末，全乡有幼儿园6所，在园幼儿430人，专任教师15名；小学4所，在校学生1276人，专任教师59名；中学1所，在校学生455人，专任教师39名。有长安中学、大胜完小、长安中心小学、庙山小学4所县级合格学校。

科技 1981年，建立公社农科站（后更名乡农技服务站），有农业技术员4名。1983年起，设立农民文化技术学校，为农民传授农业科技知识，年平均培训850余人次。2000年，长安乡农校被评为衡阳市示范性农校。2001年后，建立科技示范户。至 2014 年年末，全乡有各类科技示范户 41 户。

文化体育

民国时期，民间艺人张瑶廷、伍满吉等组成花鼓戏班，有艺人 10 余名。此外，还有国术竞技艺人组成武灯班，利用耍龙舞狮后进行武术表演。中华人民共和国建立初，以俱乐部为文化活动阵地。1962 年后，设立公社文化站，配文化辅导员 1 名，负责文化宣传工作。与此同时，相继建立大队文化室。1966—1976 年“文化大革命”期间，农村文化活动为毛泽东思想文艺宣传队所替代。20 世纪 80 年代后，电影电视进村入户，丰富农村居民的业余文化生活。2002 年和 2012 年，龙凤村（今长龙村）雕刻艺人杨奇尚的木雕作品《关公》，分别获全国工艺美术大赛金奖、全国“促进祖国完全统一”书画工艺大展赛金奖。2014 年末，全乡有农家书屋 9 个，有各类图书 1 万余册，村文化活动中心 17 个。

1972 年，成立公社广播站，配工作人员 2 名。随后，架设大队、生产队广播线路，总长 91 千米，喇叭入户率 34%。1976 年，成立乡电影队，有放映员 5 人。1980 年，大胜、长安电影院投入使用。1985 年，广播站更名为广播电视站。20 世纪 90 年代后，县广播电台开通调频节目，从此有线广播退出历史舞台。1996 年 9 月，广播站开通有线电视，分别以大胜上街和长塘铺为中心，辐射周边 5 个村，有用户 460 户。翌年 10 月，开通无线数字电视。2014 年年末，全乡共有有线电视和无线数字电视用户 2137 户，电视综合覆盖率 100%。

1997 年，境内中小学开始按《国家体育锻炼标准》教学，当年学生达标率 36%。至 2000 年达标率提高到 90%，2014 年年末，乡内学校有运动场 5 个，总面积 0.3 万平方米。

长安乡敬老院

医疗卫生

民国及以前，境内缺医少药，治疗病患多以草药为主。中华人民共和国成立后，1956 年，成立乡联合诊所。1963 年后，分别设立大胜、长安两所公社卫生院；大队设立卫生室，配有 1 名赤脚医生。1969 年，实施农村合作医疗制度。1995 年撤区并乡后，原大胜卫生院并入长安乡卫生院。2005 年 10 月，动工兴建乡卫生院。2006 年，启动新型农村合作医疗，当年参合率 81%。2007 年 9 月，新卫生院竣工交付使用。2014 年年末，境内有乡卫生院 1 所，村卫生室和防疫保健室 17 个，诊所 7 个，药店 3 个，病床 25 张，医务人员 51 人；新型农村合作医疗参合率 91.6%，适龄儿童接受各类疫苗接种普及率 98.7%。

社会保障

“五保”供养　20 世纪 60 年代初起，对孤寡老人和无劳动能力的残疾人实行“五保”，其生活费由生产队统筹。20 世纪 80 年代后，“五保”供养纳入乡统筹。2000 年 10 月，建成乡敬老院。2005 年起，“五保”对象享受城乡最低生活保障待遇，供养费由县财政统筹。2013 年 7 月，建成大壁村敬老院分院。2014 年年末，全乡有“五保”对象 187 人，其中集中供养 47 人，分散供养 140 人，共发放供养金 60.46 万元，年人均 3233 元。

医疗救助　2006 年起，实施城乡居民大病医疗救助，救助对象主要为罹患恶性肿瘤、白血病、尿毒症等大病的城乡低保户、“五保”户。是年，救助对象 37 人次，救助住院医疗费 2.31 万元。2014 年末，救助 145 人次，救助总金额 8.1 万元。

农村低保　2007 年起，实施城乡居民最低生活保障待遇。当年，全乡有低保对象 314 户、632 人，年人均补助 360 元，发放低保金 22.75 万元。此后，对低保对象实行动态管理，补助标准亦逐渐提高。2014 年年末，乡内有低保对象 522 户、1044 人，年人均补助 1476 元，总金额 154.1 万元。

养老保险　2011 年 7 月，启动城乡居民社会养老保险。当年，全乡登记参保 6432 人，参保率 89.1%；征缴养老基金 66.7 万元，为 2453 名到龄居民发放 7—12 月养老金 80.95 万元。2014 年年末，登记参保人数 7378 人，参保率 91.6%，征缴养老基金 74.6 万元，为 2688 名到龄居民发放养老金 217.73 万元。

（文字供稿：汤广军　图片供稿：衡阳县志办）

板市乡 >>

区域概况

位置面积

板市乡因驻地原名板桥得名。地处县境东部，东临衡阳市石鼓区角山乡，南抵蒸湘区呆鹰岭镇，西接樟树乡、西渡镇，北连杉桥镇、潮江乡。乡人民政府驻板市村，距县城西渡17公里。辖区东西最大距离8.4公里，南北最大距离7公里，总面积24.8平方公里。

建置沿革

清同治十年（1871），板市属义化镇。民国32年（1943），属第三区义化乡。中华人民共和国成立初，仍沿袭民国旧置。1950年3月，撤义化乡，分置板桥、山陂、往宜、子园4个乡，属第三区。1952年7月，衡阳、衡南分县后，重置区乡政区，设板桥、民主乡，隶属衡阳县第十七区（后更名板桥区）。1956年5月，撤区并乡，民主乡并入板桥乡。1958年9月，建立人民公社，板桥乡并入东风公社。1961年8月，分社设区，置板桥公社，属板桥区（后易名为呆鹰岭区）。1984年5月，撤公社复称乡镇，改称板市乡。1995年5月，再次撤区并乡，板市乡并入呆鹰岭镇。2001年5月，析出呆鹰岭镇复置板市乡。

行政区划

2001年，政区辖10个行政村。2014年年末，辖板市、板桥、民主、友爱、山陂、往宜、化成、子园、康太、松林10个建制村，下设117个村民小组。

自然环境

全境属丘陵与平原结合地区。东西部为丘陵，南北和中部为小平原。气温四季分明，年平均气温18℃，最低气温-8.3℃（1972年2月9日），最高气温40℃（2010年8月5日）。年平均降水量1221毫米，降水日数153天，最多年份达196天（1970年），最少年份121天（1986年），降水集中在4—9月，5—6月最多。常年主导风为北风，夏季为东南风，并有雷电气象。境内土壤分为水稻土、紫色土两大类。全境属蒸水水系，杉旭河系蒸水一级支流，境内流程7公里。

人口民族

2001年，辖区总人口12465人，其中男性6544人，占52.50%；女性5921人，占47.50%；农业人口12301人，城镇人口164人。2010年，总人口12958人，其中男性6807人，占52.53%；女性6151人，占47.47%；农业人口12580人，城镇人口188人。2014年年末，全乡总人口 14892 人，其中常住人口 13086 人。总人口中，男性 7822 人，占 52.52%；女性 7070 人，占 47.48%；0~14 岁 2989 人，占 20.6%；15~59 岁 9553 人，占 64.1%；60 岁以上 2350 人，占 15.3%。全乡人口出生率 12.86‰，死亡率 7.04‰，自然增长率 5.82‰。辖区内有少数民族人口 25 人。

经济发展

经济综述

乡域经济由农业、工业和服务业构成。农业以种植水稻、油菜和养殖禽畜为主；工业以建材和农产品加工为主。2014 年年末，全乡地区生产总值 1.12 亿元，粮食总产量 7170 吨，财政总收入 271 万元，农村居民人均可支配收入 12250 元。

农业

种植业 民国时期，农业生产水平低，粮食产量亩产约 200 公斤。中华人民共和国成立后，致力于改变生产条件，粮食产量不断上升。1957 年亩产达到 280 公斤。1958 年后，连遇三年国民经济困难，粮食减产歉收。1961 年，调整公社规模，实行以生产队为核算单位。与此同时，扩大双季稻种植面积，改进耕作技术，推广良种良法，农业生产持续发展。1969 年，全公社双季稻面积 800 公顷，占水田总面积的 90%，两季平均亩产 385 公斤，粮食总产量 4620 吨。1976 年，试种杂交晚稻 3 公顷，亩产 330 公斤，比常规稻亩产增产 90 公斤。1983 年，种植杂交晚稻 920 公顷，亩产 415 公斤，总产量 5727 吨。1990—2005 年，全乡水稻年种植面积稳定在 950 公顷左右。2012—2013 年，投入 840 万元，对乡内 360 公顷农田进行整理改造。2014 年，全乡种植水稻 730 公顷，总产量 7175 吨；油菜 670 公顷，产菜籽 1056 吨；蔬菜水果 180 公顷，总产 5200 吨。实现农业总产值 3170 万元。

养殖业 乡内素有养殖禽畜习惯。民国时期，由于饲料紧缺，禽畜饲养数量很少。中华人民共和国成立后，养殖业有所发展，禽畜逐渐增多。1958 年后，一度禁止农户饲养家禽家畜。1982 年后，实行改革开放，养殖业快速发展，并逐步向规模化、专业化、市场化经营发展。乡内陆续出现以松林、民主、子园、友爱等村为龙头的湘黄鸡规模养殖区。2014 年年末，全乡有各类规模养殖户 25 户，出栏生猪 1.5 万头，出笼家禽 22.26 万羽，养殖业总产值 4550 万元。

林业 境内山地大多为紫色页岩区。主要树种有松、苦楝、樟等。2014 年，全乡林地面积 810 公顷，森林覆盖率 28.4%。

工业

中华人民共和国成立后，至 20 世纪 70 年代末，境内无社队工业企业。20 世纪 80—90 年代，陆续建立队办红砖厂。2001—2013 年，先后有鸿康纸塑、康泰绳网厂、紫色页岩机砖厂、鸿创纸碗厂等民营工业企业建成投产。2014 年年末，乡内有民营企业 7 家，从业人员 287 人，工业总产值 2198 万元，实现税收 317 万元。

商贸服务业

民国时期，板桥老街有店铺十余家，经营杂货、餐饮、旅店等行业，从业者 20 余人；并设有集贸市场。中华人民共和国成立后，至 1956 年，商贸主要由个体经营。1957 年，成立板桥供销分社和合作商店。1958 年后，曾一度取消集市贸易，生产、生活资料由供销社统一经营。1964 年，恢复集贸市场。1978 年，境内有供销社、代购代销店、门市部、仓储、集贸市场等商业网点 13 个，从业人员近 50 人。1982 年后，实行改革开放、搞活商品流通，一批个体商户进入流通市场。1990

年，个体商贸户发展到10家、从业人员20余人。1995—2013年，集体商业完成改制，置换成民营商业。2014年年末，全乡有各类商贸服务业318家，从业人员4535人；有集贸市场1个。年社会消费品零售总额1574万元。

财政金融

中华人民共和国成立后，至1984年，乡（社）财政实行报账制，由财粮委员或秘书兼管。1985年成立乡财政所，统管财政收支。2001年，乡财政总收入39万元，主要为农业税、农业特产税及工商营业等税收；财政总支出39万元，主要为支持“三农”（农业、农民、农村）、行政管理费及上解县财政。2004年，实行农村税费改革，取消农户向国家缴纳农业税（含附加）及农业特产税，金额93.88万元，农民人均73元。2014年年末，全乡完成财政总收入271万元，财政总支出271万元。

1956年，成立板市乡信用合作社。1995年撤区并乡后，板市信用社并入呆鹰岭镇信用社。2001年，从呆鹰岭镇析出复置板市乡信用社。2014年年末，乡内有金融机构1家，年末各项存款余额1.45亿元，贷款余额496万元。

基础设施

交通运输

1959年，呆方（呆鹰岭至方家大屋）公路建成通车，境内长7公里。1974年，板桥至角山坪公路竣工，境内长6.5公里。20世纪80—90年代，先后修通友爱、板市、康太、山陂等10个村的村道。2005年起，分批实施乡村（组）道路改造硬化工程。2006年，康太村村民任志生捐款60万元水泥硬化村道5公里。2011年，途经板市的潭衡西和衡邵2条高速公路先后竣工通车，在境内子园村设有互通，共长9.46公里。至2012年，全乡乡村道路全部实现水泥硬化。2014年年末，境内有乡道2条、长10公里，村道10条、长22公里。

邮政通信

民国32年（1943）8月，设立板桥邮政所。1957年，改为板桥邮电所。是年，板桥乡架通电话，线路长6对千米。1980年后，公社（乡）自建通村电话网络，部分村利用有线广播线路开通电话。2002年，建设程控电话网络。2005—2008年，移动公司、联通公司先后在板市建设通信基站。2014年年末，乡内有电信、移动、联通营业厅各1家，程控网络11千米，固定电话用户201户；通信基站2个，移动电话用户3150户。

供电

1984年起，对境内居民陆续供电。至2001年，全乡有10千伏配电线路6条，长14千米；10千伏变压器13台，总容量650千伏安。村、组通电率均为100%。2001—2013年，对农村电网实行分批次改造，先后完成9个村的线改和户改，共新增、改造10千伏线路4条，长8.5千米；更新和新增10千伏变压器14台、总容量1400千伏安；完成户改3168户。2014年年末，全乡共有10千伏配电线路8条，长21.5千米；10千伏变压器35台、总容量3800千伏安；共有低压用电线路141千米。全乡10个村、117个村民小组全部通电，用电户3500户，占总户数的100%。

水利建设

1949年，境内有山平塘约450口，蓄水总量约80万立方米。中华人民共和国成立后，人民政府组织群众兴修水利。1953—1956年，共整修扩建塘坝240余口，蓄水量增加到100万立方米。1957年，修建何家垅小（二）型水库，蓄水量150万立方米。1962—1963年，修建斜陂堰中型水库灌区支渠4条，境内长10.5千米。20世纪

90年代开始至2011年，水利建设的重点是塘坝清淤和渠道硬化。期间，共完成山平塘清淤40余口，硬化渠道4.5千米。2012年，投入450万元完成何家垅水库除险加固工程。2014年年末，全乡有水库1座，山平塘1028口，渠道4条、长10.5千米，蓄、引总水量456万立方米。

乡村建设

清代民国时期，板市有一条长约150米的古街道。新中国成立后，历为区乡机关驻地。20世纪80年代至90年代末，建设集贸市场，街道拓展到300米，并新建一批商店和居民住宅。至2014年，集市建成面积0.2平方公里。

中华人民共和国成立初，境内居民住宅多为土砖茅屋。1955—1978年，陆续新建少量土砖瓦房。1983—2000年后，大部分农村居民户新建红砖楼房，户平均建筑面积300 ~ 450平方米。2006年，启动社会主义新农村建设，重点改造农村电力、道路、水利、环境卫生等基础设施。至2014年年末，全乡电网改造率达100%，乡村道路硬化率100%，居民饮水安全率100%。行政村都有办公用房。

社会事业

教育科技

教育 1949年，境内有保国民学校及私立族校4所。中华人民共和国成立初，在接管旧学校的同时，开办农民识字夜校，扫除青壮年文盲。1957年，境内有初级小学7所，完全小学1所。1974年，按照“一个公社办一所中学、一个大队办一所小学”的布局，全公社有小学9所、中学1所。1983—1985年，重点抓好普及初等教育。经过三年努力，至1985年底，全乡7 ~ 12周岁儿童入学率98%，年巩固率达98.5%，毕业率96%；13 ~ 15周岁儿童初中教育普及率98.5%。1992—2003年，实施中小学危房改造工程，创建合格学校。至2004年，全乡共改建、新建校舍2120平方米。与此同时，为整合教育资源，提高教育质量，将原有9所小学整合为4所村联校。2014年年末，全乡有幼儿园2所，在园幼儿335人，专任教师21人；小学4所，在校学生789人，专任教师39人；中学1所，在校学生363人，专任教师40人。有板市小学、板市中心小学2所县级合格学校。

科技 1981年，建立公社农科站（后更名农技服务站），培训农民技术员43人。1993年，在乡内创建6公顷良种辣椒示范基地。20世纪90年代起，建立养殖业和种植业科技示范户。2012年，子园村肖俊伟被评为衡阳市“优秀星火科技示范户”。2014年年末，全乡有各类科技示范67户。

文化体育

民国时期，境内民间有舞龙耍灯习俗。中华人民共和国成立初，以农村俱乐部为文化活动阵地。1964年，建立公社文化站。1965年，建立生产大队文化室。1972年，公社广播站正式投入使用。是年，公社10个生产大队、117个生产队通广播，喇叭入户率23%。1975年，成立公社电影放映队，有放映机1台。1985年，广播站更名为广播电视站。2011年，启动无线数字电视“户户通”工程。当年开通用户530户。2012年，乡文体站办公楼竣工交付使用。2014年年末，有文体站1个，职工1人；农家书屋10个，共有图书1.3万册。

1997年，乡内中小学开始按《国家体育锻炼标准》教学，当年达标率27%。至2005年，达标率提高至95%。2014年年末，全乡中小学（含教学点）有运动场4个，总面积8010平方米。

医疗卫生

民国时期，境内缺医少药，大多数患者治病

皆以草药为主。中华人民共和国成立后，1956年，成立乡联合诊所，有医卫人员5名。1962年，建立公社卫生院，有医师4名。此后，各生产大队相继建立卫生室，有赤脚医生和妇幼保健员各1名。1969年，建立农村合作医疗制度。2006年1月，启动新型农村合作医疗，当年参合率78%，共补偿兑付医疗费2706人，兑付金额72万元。2008年，改建后的乡卫生院投入使用，面积1750平方米。2014年年末，乡内有卫生院1所，村卫生室9个，病床18张，有执业医生8人，村专业卫生人员9人；新农合参合率97%，补偿兑付医疗费3059人，兑付总金额412万元。

社会保障

“五保”供养 20世纪60年代始，对年满60岁的孤寡老人和无劳动能力的残疾人实行“五保”，其供养费由所在生产队统筹。1980年后，改由公社（乡镇）统筹。2005年起，“五保”供养对象享受城乡最低生活保障待遇，其供养经费由县财政拨付。2011年，建成敬老院，面积1600平方米。2014年末，全乡有“五保”对象100人，其中分散供养60人，集中供养40人；年人均供养费（不含衣被和医疗费）3584元，总金额35.84万元。

医疗救助 2006年起，实行城乡居民大病医疗救助。救助对象主要为罹患恶性肿瘤、白血病、尿毒症等城乡低保户、困难户。2014年，共救助347人，救助医疗费16.17万元。

农村低保 2007年7月起，实行农村居民最低生活保障。对低保对象实行动态管理。2009年，全乡低保对象253户、487人，年人均补差1080元，总金额52.59万元。2014年，低保对象627户、1303人，年人均补差1476元，总金额192.32万元。

养老保险 2011年7月始，启动城乡居民社会养老保险。当年，全乡登记参保人数6647人，参保率90%；征缴养老保险基金73.92万元，为1891名到龄居民发放7—12月养老金61.38万元。2014年年末，全乡登记参保6604人，参保率90%；征缴养老保险基金73.1万元，为2300名到龄居民发放养老金157.09万元。

（文字/图片供稿：李凯）

樟树乡 >>

区域概况

位置面积

樟树乡因驻地樟树坳得名。地处县境东南部，东与衡阳市蒸湘区呆鹰岭镇接界，南以衡南县三塘镇为邻，西连西渡镇，北接板市乡。乡人民政府驻樟树村，距县城西渡13公里。辖区东西最大距离4.9公里，南北最大距离6.1公里，总面积25.2平方公里。

建置沿革

清同治十年（1871），樟树属义化镇。民国32年（1943），属第三区义化乡。中华人民共和国成立初，仍沿袭民国旧置。1950年3月，撤义化乡，分置樟树、群益、罗洪、连政4个乡，隶属第三区。1952年7月，衡阳、衡南分县后，调整区乡行政区划，设永寿、连政乡，隶属衡阳县第十七区（后更名为板桥区）。1956年5月撤区并乡，永寿乡并入集福乡；连政乡并入板桥乡。1958年9月，建立人民公社（简称公社），属东风公社。1961年8月，设区分社，置樟树公社，属板桥区（后易名为呆鹰岭区）。1984年5月，公社改为乡。1995年5月，再次撤区并乡建镇，樟树乡并入呆鹰岭镇。2000年12月，从呆鹰岭镇析出复置樟树乡。

行政区划

2001年，辖9个行政村。2014年，辖利衡、樟树坳2个社区和樟树、龙井、群益、上狮、衡平、连政、六冲、永寿、罗洪9个建制村，下设6个居民小组、113个村民小组。

自然环境

境域属丘陵区。气温四季分明，年平均气温18℃左右，极端最低气温-7.3℃（1972年2月9日），最高气温40.8℃（2010年8月5日）。年平均降水量1212毫米，降水日数152.5天，最多年份达196天（1970年），最少年份120天（1986年），降水量集中在4—9月，4—6月最多。常年主导风为北风，夏季为东南风，并有雷电气象。境内土壤分为水稻土、紫色土、红壤土三大类。全境属蒸水水系，大桥铺河为蒸水一级支流，境内长4.6公里。

人口民族

2001年，辖区总人口10208人，其中男性5308人，占52.00%；女性4900人，占48.00%；农业人口10175人，城镇人口33人。2010年，总人口12958人（含2001年和2004年接收重庆市忠县和开县移民共33户、162人），其中男性

6730人，占51.94%；女性6228人，占48.06%；农业人口12872人，城镇人口86人。2014年年末，辖区总人口14192人，其中常住人口13160人。总人口中，男性7363人，占51.88%；女性6829人，占48.12%；0~14岁2799人，占19.6%；15~59岁9440人，占66.4%；60岁以上1953人，占14%。全乡人口出生率15.87‰，死亡率7.26‰，自然增长率8.61‰。辖区人口均为汉族。

经济发展

经济综述

乡域经济由农业、工业和服务业构成。农业以种植水稻、棉花和养殖畜禽为主；工业以西渡高新技术产业园区为平台，形成光伏能源、建筑陶瓷、机械制造三大产业集群。2014年年末，全乡地区生产总值14.3亿元，粮食总产量7200吨，财政总收入527万元，农村居民人均可支配收入12330元。

农业

种植业 民国时期，农业耕作粗放，加之水利条件差，粮食亩产不足200公斤。中华人民共和国成立后，注重兴修水利改善灌溉条件，粮食连年增产丰收。1957年，平均亩产达到270公斤。1958年后，三年国民经济困难，粮食减产歉收。1961年，调整公社管理体制，确定以生产队为核算单位。与此同时，扩大双季稻种植面积，实行科学种田，农业生产持续发展。1969年，全社双季稻占水田总面积的87%，两季平均亩产达到405公斤。1976年，全社试种杂交晚稻13公顷，亩产325公斤，比常规晚稻亩产高115公斤。是年10月，全国杂交水稻会议在衡阳召开，与会人员到樟树公社参观杂交晚稻现场。1983年，杂交晚稻种植面积占水田总面积的98%，亩产420公斤。1990—2005年，全乡水稻年种植面积稳定在660公顷左右，年总产量7500吨。2014年，全乡种植水稻600公顷，总产7200吨；油菜260公顷，产菜籽1200吨；棉花130公顷，产籽棉200吨；蔬菜200公顷，总产量1500吨。实现农业产值9500万元。

养殖业 乡内素有饲养禽畜习惯。民国时期，由于粮食紧缺，禽畜饲养量极少。养猪户年均不过一头；养鸡鸭仅为换取油盐。中华人民共和国成立后，人民政府鼓励农户发展养殖业，禽畜逐年增多。1958年成立人民公社后，曾一度限制农户私人养鸡养猪。1982年，实行改革开放、养殖业逐渐向规模化、专业化发展。1990年，全乡有各类规模养殖户68户，出栏生猪8750余头，出笼家禽4.53万羽，出水鲜鱼7.5吨。1996—2012年，湘南良种猪养殖场、杉益养殖场等5个大型养殖场相继建成投产，并形成六冲、衡平、永寿、群益4个各具特色的规模养殖村。2014年年末，全乡有各类规模养殖户186户，出笼家禽20万羽，出栏生猪1.5万头，出水鲜鱼10吨，养殖业总产值0.5亿元。

林业 境内多紫色页岩，有宜林山地840公顷，主要树种有松、樟、刺槐、枣及各种小灌木。2014年，全乡有林地面积900公顷，森林覆盖率40%。

工业

民国时期，境内民间有铁匠、木匠、泥瓦匠、砌匠等小手工业从业人员数十名。中华人民共和国成立后，至20世纪70年代末，境内无集体工业企业。80年代初，创办樟树安瓿厂，有职工20余名，年产值50余万元。90年代至2012年，以西渡高新技术产业园区为依托，大力招商引资，先后有中天云立电梯、云天锅炉、利德有陶瓷、光伏太阳能电站、长鑫建材、云尔输变电等19家规模民营工业企业在境内落户，形成装备制造、建筑材料、光伏能源等三大产业集群。2014年年末，全乡有工业企业21家，总产值12.5亿元，实现税收8000万元。

商贸服务业

1962年，建立供销点和粮食储备库，供应生产、生活资料和收购农副产品。1995年后，在樟树坳公路旁陆续建设门店，有商户20余家，供应日用生活用品。2009年，建成农贸市场。2014年年末，全乡有各类个体商贸户698家，从业人员1216人，涉及日用百货、交通运输、建筑材料、化肥农药等行业；有集贸市场1个，年社会消费品零售总额3500万元。

财政金融

中华人民共和国成立后，至1984年，乡（社）财政实行报账制，由财粮委员或秘书兼管。1985年，成立乡财政所，统管财政收支。2000年，乡财政总收入109.8万元，主要为农业税；财政总支出89.1万元，主要为支持"三农"、行政管理和上解县财政。2004年，实行农村税费改革，国家取消向农民征收农业税（含附加）、农业特产税及其他涉农税费共计90.46万元，农民人均82元。2014年年末，全乡完成财政总收入526.55万元，财政总支出516.68万元。

1962年，成立樟树公社信用合作社。2014年年末，全乡有金融机构1家，年末各项存款余额1.42亿元，贷款余额0.45亿元。

基础设施

交通运输

清代，有衡州至宝庆（今邵阳市）大道过境。

云天锅炉在境内落户

民国28年(1939),衡邵公路建成通车,境内长4.6公里。1995年,衡邵公路樟树乡段改建为省道315线。20世纪80—90年代,实施村道建设工程,全乡9个村先后建成泥沙公路。2003—2012年,对乡内村道进行提质改造和水泥硬化。2014年年末,乡内有省道1条长4.6公里;乡道2条,村道9条,总长46公里。

2008年,开通西渡至樟树坳公交车。2009年,开通衡阳市至樟树坳公交车,日发送乘客0.3万人次。

邮政通信

明嘉靖十五年(1536),衡宝驿道在境内大桥铺(今罗洪村)设立驿铺。民国32年(1943)8月,设樟树坳信柜。1956年,设樟树邮政代办所。2001年,设立邮政所。2014年,共发行报刊12600份。

1962年,樟树公社开通电话,明线长3.5千米。1980年后,公社(乡)自建电话网络,部分大队(村)利用广播线路通电话。1995年,开通程控电话。1996年,建设移动电话基站。2014年年末,全乡有程控电话1260户;移动电话基站2座,信号覆盖率100%,移动电话用户9000户。

供电饮水

1985年起,国家电网陆续向境内供电。至1995年,全乡有10千伏配电线路3条、长6.8千米,10千伏变压器9台,总容量4500千伏安,村组通电率100%。2000—2012年,对农村电网实行分批次改造,先后完成9个村的线改和户改,共改造10千伏配电线路2条、长4.5千米;更新和新增10千伏变压器14台,总容量1400千伏安。2014年年末,全乡有10千伏配电线路5条、长11.3千米,10千伏变压器23台,总容量2300千伏安。全乡9个村、119个村(居)民小组全部供电,供电率100%。

2008年,建成自来水厂,日产水2000吨。

水利建设

1949年,境内有山平塘近400口,蓄水总量70万立方米。中华人民共和国成立后,人民政府动员和组织广大农民群众大修水利。1953—1957年,全乡共新修扩建山平塘380余口,蓄水总量增加到120万立方米。1958年,建成石冲水库,蓄水量97万立方米。1963—1965年,先后建成斜陂堰灌区渠道引水工程,总长9.6千米,扩大灌溉面积260公顷。20世纪90年代至2012年,着力做好山平塘和渠道的清淤加固,先后共硬化塘坝80余口、渠道12.6千米。2012年,完成石冲水库大坝及渠道的除险加固。2014年年末,全乡有山平塘920口,小(二)型水库1座,引水干渠2条、共长9.6千米,总蓄、引水量950万立方米。

乡村建设

2002—2014年,在樟树坳公路两边陆续建设商店(农贸市场)和居民住宅。同时,扩建和新建乡政府办公楼、便民服务中心,建筑面积2000平方米。

中华人民共和国成立初,境内居民住宅多为茅屋。1955—1978年,部分居民新建土砖瓦房。1983—2000年后,大部分农村居民新建红砖楼房,户平均建筑面积300~450平方米。2006年起,启动社会主义新农村建设,重点改造农村饮水、电力、道路等基础设施。与此同时,加强农村环境卫生综合整治,建设文明乡村。至2014年,全乡村道硬化率100%,电网改造率99.8%,环境卫生达标率85%,农村居民饮水安全率达100%;行政村都有办公用房。

社会事业

教育科技

教育 清代为私塾教育，较为著名的有梅庵书堂。民国时期，境内有小学5所。中华人民共和国成立后，在发展小学教育的同时，开展扫除青壮年文盲教育。1956年，境内有小学7所。1974年，按照“一个大队办一所小学，一个公社办一所中学”的要求，全公社有小学9所，中学1所。1983—1985年，致力于普及初等教育。至1985年底，经过省市考核验收，全乡7～12周岁儿童入学率99.5%，巩固率99.45%，毕业率95.6%；13～15周岁儿童初中教育普及率99.1%。1993—2003年，突出搞好学校危房改造，实现“一无两有”（即校校无危房，班班有教室，人人有桌凳），至2003年，全乡共新建校舍840平方米，总面积由1993年的3800平方米增加到4640平方米。2009年，为整合教育资源，提高教育质量，将原有8所小学合并为3所。2014年年末，全乡有幼儿园3所，在园幼儿255人，专任教师15人；小学3所，在校学生1061人，专任教师62人；中学1所，在校学生338人，专任教师55人。有罗洪小学、樟树中心小学2所县级合格学校。

科技 1981年，建立公社农科站（后更名农技服务站），培训农民技术员50余名。1983年起，开办农民文化技术学校，传授种植业和养殖业等农业科技知识。至1999年，累计培训农民1800余人次。20世纪90年代起，建立科技示范户。2010年，罗洪村黄祖信被评为衡阳市“优秀星火科技示范户”。2014年年末，全乡有各类科技示范户近200户。

文化体育

民国时期，境内有狮舞、龙灯数坛。中华人民共和国成立后，在继续保留舞龙耍灯习俗的同时，成立农村俱乐部。1964年，成立公社文化站和大队文化室。1966—1976年“文化大革命”期间，农村文化为革命歌曲和“样板戏”所替代。20世纪80年代至90年代，文化活动呈现多样化。2007年，乡文化站更名为文体站。2014年年末，全乡有文体站1个，工作人员3名；村文化活动中心9个，共有图书36800册；各类文化专业户37户，从业人员123人。

1972年，建立公社广播站，有工作人员1名。是年，全社9个大队、113个生产队通广播，喇叭入户率26%。1975年，建立公社电影放映队，有放映机1台。1985年，乡广播站更名为广播电视站。1994年，广播电视站易名为有线电视站。2014年年末，全乡有有线电视网络7千米，有线电视用户420户。

1997年，乡内中小学开始按《国家体育锻炼标准》教学，当年达标率28%。至2005年，达标率提高到96%。2014年年末，全乡中小学共有运动场4个。

医疗卫生

民国时期，农村缺医少药，患者治病素以中草药为主。中华人民共和国成立后，医疗卫生条件不断改善。1962年，建立公社卫生院和大队卫生室，分别配有4名西医和9名赤脚医生。与此同时，加强对妇女儿童的医疗保健和传染病的防治工作。1969年，实行农村合作医疗制度，20世纪80年代初中止。2006年1月，启动新型农村合作医疗，当年全乡参合人数9137人，参合率71%；全年共补偿兑付734人，补偿医疗费52万元。2014年年末，全乡有卫生院1所，村卫生室9个，共有病床12张，医卫工作人员37名（其中村卫生员9名）；参加新农合12360人，参合率96%，补偿兑付1093人，共补偿医疗费375万元。

社会保障

“五保”供养 20世纪60年代起，对孤寡老人和无劳动能力的残疾人实行“五保”，其供养费由所在生产队统筹。1980年后，供养费纳入社（乡）统筹。2005年起，“五保”对象享受农村最低生活保障待遇，其供养费纳入县财政统筹。2012年，投入300万元建成乡敬老院，建筑面积1600平方米，当年入住“五保”老人53人。2014年年末，全乡有“五保”对象99人（集中供养27人，分散供养72人），年人均供养金（不含被服和治病）3284元，总金额32.1万元。

医疗救助 2006年起，实行农村居民大病医疗救助。救助对象主要为罹患恶性肿瘤、白血病、尿毒症的农村低保户、困难户。2014年，共救助373人，医疗费22.25万元。

农村低保 2007年7月起，实施农村居民最低生活保障，并实行动态管理。2009年，全乡有低保对象218户、467人，年人均补助1080元，补助总金额50.43万元。2014年年末，全乡低保对象422户、845人，年人均补助1476元，补助总金额124.72万元。

养老保险 2011年7月，启动城乡居民社会养老保险。当年，全乡登记参保5276人，参保率85%；征缴养老基金58.74万元，为1621名到龄居民发放7—12月养老金63.22万元。2014年末，全乡居民登记参保人数5343人，参保率90.3%，征缴养老基金62.67万元，为1884名到龄居民发放养老金131.51万元。

特色地情

王云霖（1910—1993） 名庆华，樟树乡樟树村人。中华人民共和国开国少将。1926年6月，入北伐军叶挺独立团当兵。1928年8月1日，参加南昌起义。后跟随朱德与毛泽东会师井冈山。经历过长征、抗日战争和解放战争，长期从事军队医疗工作。历任井冈山红军医院看护班班长、外科主任，红四军后方医院外科主任、院长，第三后方医院所长、院长，第三野战预备医院院长，红四方面军附属医院所长，红一方面军第二兵站医院院长，八路军医院院长，晋冀鲁豫边区总卫生部部长，纵队卫生部政委等职。曾与加拿大籍医生白求恩有过合作共事的经历。中华人民共和国成立后，任华北军区后勤部副部长兼卫生部长、华北军区补训兵团卫生部长。1955年，获中国人民解放军少将军衔。曾是中国人民政治协商会议第三届全国委员会委员。

（文字供稿：吴向阳　图片供稿：衡阳县志办）

潮江乡 >>

区域概况

位置面积

潮江乡因境内小河潮江得名。地处县境东南部，东临集兵镇，南界衡阳市石鼓区角山乡，西南抵板市乡，西北连杉桥镇。乡人民政府驻永乐村，距县城西渡23公里。辖区东西最大距离8公里，南北最大距离5公里，总面积26.75平方公里。

建置沿革

清同治十年（1871），潮江属义化镇。民国32年（1943），属衡阳县第三区义化乡。新中国成立初，仍沿袭民国旧置。1950年3月，去义化乡，置潮江、永乐乡，隶属第三区。1952年7月，衡阳、衡南分县后，重新设置政区，置潮江乡，属衡阳县第十六区（后改名为角山坪区）。1956年5月，撤区并乡，潮江并入角山乡。1958年9月，建立人民公社（简称公社），属跃进公社。1961年8月，分社设区，设潮江公社，隶属板桥区（后易名为呆鹰岭区）。1984年5月，改公社为乡，称潮江乡。1995年5月，撤区并乡，潮江复并入角山乡。2000年12月，再次从角山乡析出，重置潮江乡。

行政区划

1996年，辖8个行政村。2014年，辖潮江、松桥、永乐、大道、利合、广元、何坳、永丰8个建制村，下设88个村民小组。

自然环境

全境属山地与丘陵结合地区，东南部多丘陵，西北部多山地。乡域气温四季分明，年平均气温17℃，最低气温–8.2℃（1972年2月9日），最高气温40℃（2010年8月5日）。年平均降水量1220毫米，降水日数153天，最多年份达198天（1970年），最少年份121.5天（1986年），降水集中在4—9月，5—6月最多。常年主导风为北风，夏季为东南风，并有雷电气象。境内属蒸水水系，潮江河汇入杉旭河流入蒸水，境内长12公里。

人口民族

2001年，辖区总人口8650人，其中男性4567人，占52.80%；女性4083人，占47.20%；农业人口8495人，城镇人口155人。2010年，总人口9275人，其中男性4916人，占53.00%；女性4359人，占47.00%；农业人口9106人，城镇人口169人。2014年年末，辖区总人口9586人，其中常住人口8495人。总人口中，男性5048人，占52.66%；女性4538人，占47.34%；0～14岁1939人，占20.2%；

15 ~ 59岁6251人，占64.8% ；60岁以上1448人，占15%。全乡人口出生率13.53‰，死亡率5.36‰，自然增长率8.17‰。辖区内人口均为汉族。

经济发展

经济综述

乡域经济由农业、工业和服务业构成。农业以种植水稻、油菜和养殖禽畜为主；工业以农产品加工为主。2014年年末，全乡地区生产总值1.75亿元，粮食总产量7680吨，财政总收入300万元，农村居民人均可支配收入11885元。

农业

种植业 民国时期，农业生产水平低下，加之水利条件差，粮食平均亩产不足200公斤。中华人民共和国成立后，人民政府发动群众兴修水利，改善生产条件，粮食产量逐年递增。1957年，平均每亩达到270公斤。1958年后，三年国民经济困难，粮食减产歉收。1961年，调整公社管理体制，实行以生产队为核算单位，贯彻“按劳计酬、多劳多得”分配政策。与此同时，扩大双季稻种植面积，改良耕作技术，农业生产持续发展。1969年，种植双季稻540公顷，占水田面积的90%，两季平均亩产390公斤，总产量3150吨。1976年，试种杂交晚稻3.33公顷，亩产320公斤。1983年，杂交晚稻占水田总面积的98%，亩产410公斤。1990—2005年，全乡水稻年复种面积稳定在1000公顷左右，亩产450公斤，年总产量6750吨。2014年，播种水稻1060公顷，总产7680吨；油菜130公顷，产菜籽600吨；蔬菜20公顷，总产量250吨。实现农业总产值2600万元。

养殖业 乡内历来有饲养禽畜习惯。民国时期，由于粮食紧缺，禽畜饲养量极少，养猪年户均不过1头，养牛为耕田用，饲养鸡鸭仅为生蛋换取油盐，故有“养猪为过年，养鸡换油盐”之说。中华人民共和国成立后，禽畜数量逐渐增多。1958年成立人民公社后，曾一度禁止农户饲养家禽家畜，鱼塘和耕牛由生产队集体放养。1962年后，允许农户饲养少量鸡鸭。1982年后，实行改革开放、搞活农村经济，养殖业快速发展，并逐步向规模化、专业化经营发展。1990年，全乡有各类规模养殖户7户，共出栏生猪4100头，出笼禽2万羽，出水鲜鱼8吨。1997年，建成永乐丰养殖场，年出栏生猪500余头，出水鲜鱼4吨。2014年年末，全乡共有各类规模养殖户32户，出栏生猪5000头，出笼家禽5万羽，出水鲜鱼12吨；养殖业总产值2300万元。

林业 境内有林地1400公顷，主要树种有松、杉、樟、油茶、南竹等。2014年年末，森林覆盖率75%。

工业

民国时期，境内民间有木匠、篾匠、砌匠、泥瓦匠等手工从业人员数十人。中华人民共和国成立后，至20世纪80年代，乡内无工业企业。1994年，利合村农民任志成创办角山大米厂（后改称角山米业有限责任公司），其生产的“角山牌”优质大米获湖南省名牌商标，年产值5000万元。2001—2012年，先后有青源家具、百欣机械等2家民营工业建成投产。2014年年末，全乡有工业企业3家，从业人员635人，工业总产值0.75亿元。

商贸服务业

1962年，建立供销社代购代销点，供应生产生活资料和收购农副产品。1995年后，在乡机关驻地附近逐步建设门店，有商店25家，供应日常生产生活用品。2014年年末，全乡有各类个体商贸户103家，从业人员309人，年社会消费品零售总额721万元。

财政金融

中华人民共和国成立后，至1984年，乡（公社）财政收支实行报账制，由财粮委员或秘书兼管。1985年，成立乡财政所，统管乡财政收支。2001年，乡财政总收入210万元，主要为农业税、农业特产税等税收；财政总支出210万元，主要为支援农业、行政管理和上解县财政。2004年，实行农村税费改革，国家取消向农户征收农业税（含附加）、农业特产税及其他涉农税费，共计70.10万元，农民人均得实惠81.5元。2014年年末，全乡完成财政总收入300.59万元，财政总支出300.59万元。

1962年，成立潮江公社信用社。2014年年末，乡内有金融机构1家，年末各项存款余额7540万元，贷款余额1500万元。

基础设施

交通运输

1979年，建成潮江至角山坪公路，境内长7公里。1987年，杉桥至集兵滩公路建成通车，境内长4公里。次年，畅通燕子窝至潮江乡政府驻地公路。20世纪90年代，重点实施村道建设工程，全乡8个村先后修通泥沙公路。2001—2005年，对乡、村道路进行提质改造和水泥硬化。至2006年，全乡8个村的村道全部硬化。与此同时，全乡有38个村民小组硬化道路20公里。是年，潮江乡获"湖南省乡村道路建设先进单位"称号。2014年，全乡有县道1条长4公里，乡道1条长7公里，村道8条长18.88公里，组道88条长124公里。

1988年，开通西渡至集兵滩客运班车，境内燕子窝设停靠点。2004年12月，开通衡阳市城区至潮江161路公交车，日开24个班次，日发送乘客500余人次。

邮政通信

1962年，潮江公社设邮政代办点。同年，架设电话线路，明线长3.7千米；1980年后，公社自建电话网络，部分大队利用有线广播通电话。1996年，开通程控电话。2001年，建立移动通信基站。2014年年末，全乡有邮政所1家，电信营业厅1家；程控电话网络35千米，电话用户600户；有移动通信基站3个，移动用户2000户。

供电饮水

1984年起，对境内居民陆续供电。1995年，全乡有10千伏配电线路3条、长7千米，10千伏变压器7台，总容量400千伏安；村通电率100%，村民小组通电率85%。2000—2013年，对农村电网实施分批次改造，先后完成8个村的线改和户改，共改造10千伏线路4条、长13千米；更新和新增10千伏变压器13台，总容量1300千伏安，完成户改2253户。2014年年末，全乡有10千伏配电线路4条、长13千米，10千伏变压器20台，总容量1300千伏安；有低压用电线路总长65千米。全乡8个行政村、88个村民小组全部供电，有用电户2253户，占总户数的100%。

水利建设

1949年，境内有山平塘约300口，蓄水总量近60万立方米。中华人民共和国成立后，人民政府动员和组织群众兴修水利。1953—1957年，全乡共新修扩建山平塘350余口，蓄水总量增加到90万立方米。1959—1961年，先后建成永乐丰、龙潭冲、小冲3座小型水库，总蓄水量280万立方米。1963年，修通斜陂堰水库灌区引水干渠，境内长3.5千米，扩大灌溉面积150公顷。20世纪90年代至2009年，水利建设的重点是塘坝清淤、水库除险加固及渠道硬化防渗。2014年年末，全乡有山平塘340口，水库3座，引水渠道5条长7千米，总蓄引水量450万立方米。

乡村建设

2003年，硬化潮江街道约200米，并在临街面新建商店和居民住宅。

中华人民共和国成立初，境内居民住宅多为土砖茅屋，瓦房较少。1955—1978年，陆续新建部分土砖瓦房。1983—2000年后，大部分农村居民户新建红砖楼房，户平均建筑面积300～400平方米。2006年，启动社会主义新农村建设，重点改造农村电力、道路、水利等基础设施。与此同时，加强农村环境卫生综合整治，建设文明乡村。至2014年年末，全乡村道硬化率100%，电网改造率99%，居民饮水安全率100%。行政村都有办公用房。

社会事业

教育科技

教育 民国时期，境内天主堂设有教会学校。1949年，境内有小学3所。中华人民共和国成立初，在接管旧学校的同时，大力开展扫除青壮年文盲教育。1956年，乡内有小学5所。1974年，按照“一个大队办一所小学，一个公社办一所中学”的要求，是年有小学7所，中学1所。1983—1985年，重点抓好初等教育普及工作。经过三年努力，全乡7～12周岁儿童入学率99.5%，年巩固率99.45%，毕业率96.3%；13～15周岁儿童初中教育普及率99%。1992—2003年，共改建危房2200平方米、新建1000平方米。与此同时，为整合教育资源，提高教育质量，将原有7所村小学并为5所。2014年末，全乡有幼儿园1所，在园幼儿127人，专任教师4人；小学5所，校舍面积5660平方米，在校学生458人，专任教师35人；中学1所，校舍2400平方米，在校学生193人，专任教师23人。有潮江乡中心学校、潮江乡中心小学2所县级合格学校。

科技 1981年，建立公社农科站（后更名农技服务站），培训农民技术员45名。1983年起，开办农民文化技术学校，传授相关农业科技知识，累计培训3500人次。1997年，潮江乡被确定为县级科普示范乡。当年有科技示范户160余户。2014年末，全乡有各类科技示范户215户。

文化体育

民国时期，境内有狮灯、龙灯数坛。中华人民共和国成立后，仍流行耍灯习俗。1964年，先后建立公社文化站和大队文化室。1972年，建立公社广播站。是年，全社8个大队、88个生产队通广播，喇叭入户率25%。1975年，成立公社电影放映队，有放映机1台。1985年，乡广播站更名为广播电视站。1994年易名为有线电视站。2007年，乡文化站改名文体站。2010年，新建成乡文体站投入使用。2014年年末，全乡有文体站、有线电视站各1个，有职工2人；村文化活动中心8个，共有图书4500册；各类文化专业户10户，从业人员10人；有数字电视用户600户。

1997年，乡内中小学开始按《国家体育锻炼标准》教学，当年达标率28%。至2005年，提高到96%。2014年年末，全乡中小学共有运动场5个，总面积250平方米。

医疗卫生

民国时期，境内缺医少药，患者治病素以草药为主。中华人民共和国成立后，医疗卫生事业不断发展。1956年，成立乡联合诊所。1962年，建立公社卫生院，有医务人员4名。是年，推行新法接生。1968 年，建立大队卫生室，配赤脚医生和妇幼保健员各 1 名。是年，实施农村合作医疗制度。2006 年 1 月，启动新型农村合作医疗，当年参合率达 95%，共补偿兑付 650 人，补偿医疗费 16 万元。2012 年，新建成的乡卫生院投入使用。2014 年年末，乡内有卫生所 1 所、村卫生室 8 个，有病床 10 张，执业医务人员 9 名；参加新农合 8579 人，参合率 99%，补偿兑付 1068 人，共补偿兑付医疗费 15.8 万元。

社会保障

“五保”供养　20 世纪 60 年代起，对孤独老人和无劳动能力的残疾人实行“五保”，其供养费由所在生产队统筹。1980 年后，供养费纳入社（乡）统筹。2005 年起，“五保”对象享受城乡最低生活保障待遇，供养费纳入县财政统筹。2014 年年末，全乡有“五保”对象 45 人，年人均供养金（不含穿衣、治病）2970 元，总金额 13.37 万元。

医疗救助　2006 年起，实行城乡居民大病医疗救助。救助对象主要为罹患恶性肿瘤、白血病、尿毒症的城乡低保户、困难户。2014 年，共救助 75 人，救助医疗费 6.06 万元。

农村低保　2007 年 7 月起，实行农村居民最低生活保障，对低保对象实行动态管理。2009 年，全乡有低保对象 113 户、324 人，人均年补助标准 1080 元，补助总金额 34.99 万元。2014 年，低保对象 238 户、476 人，年人均补助 1476 元，总金额 70.25 万元。

养老保险　2011 年 7 月起，启动城乡居民社会养老保险。当年，全乡登记参保人数 4218 人，参保率 84.7%；征缴养老基金 35.73 万元，为 1227 名到龄居民发放 7—12 月养老金 40.49 万元。2014 年年末，全乡登记参保人数 4100 人，参保率 90%；征缴养老基金 38.1 万元，为 1448 名到龄居民发放养老金 100.49 万元。

（文字供稿：范河清　甘典彪）

衡南县

概述

一

衡南县，因地处南岳衡山之南而得名。位于北纬26° 32′ 00″ ~26° 58′ 00″，东经112° 6′ 00″ ~113° 9′ 30″。地处湖南省衡阳市东南部，东界郴州安仁县，南连耒阳市、常宁市，西邻祁东县、衡阳县，北抵衡阳、衡东、衡山县，从东南西三面环抱衡阳市城区。县人民政府驻云集镇黄金路，距衡阳市政府27.5公里。气候温暖湿润，属亚热带季风气候，具有热量充足、雨水集中、春暖多变、夏秋多旱、冬寒期短、暑热期长的特征。年均气温17.8℃，年降雨量1268.8毫米左右，全年无霜期为287天。

衡南自古人杰地灵。古有精金石鉴赏，工诗、书、画，时称三绝的符翕；著《医学歌括》六卷二十万字的医学家蒋玉轩；遗貌取神、兔起鹘落、自成一体的书法大师肖迁。近有代表中国第一个出国参加奥林匹克比赛的著名短跑女将李森；出任联合国粮农组织总部总稽核、会计长的何连玉；有被毛泽东称为“湖南的一面旗帜”的革命家谢晋以及革命家廖焕星、王球等。当代有冰川之子谢自楚；有获得诺贝尔文学奖提名的“诗魔”洛夫；剧作家海岩；改革开放以来涌现出张英等3名全国劳动模范，罗芳初、唐云秋等24名省、部级劳动模范。

衡南山川秀美，风光旖旎，名胜古迹，卓然不群。境内东有怪石嶙峋、景观奇特的川口、麦园、桑田三大溶洞和碧波万顷的龙溪湖；南有绿树葱郁、万鸟和鸣的江口鸟洲；西有修竹挺拔、古木参天的南岳七十二峰之一的岐山，山腰万寿仁瑞寺为湘南名刹。

衡南区位优势明显。南为百粤门户，北为三楚咽喉，东南西三面环抱衡阳市区。湘桂铁路、衡茶吉铁路、衡昆高速公路横亘东西，京广复线、京广高铁、岳临高铁、京珠高速公路纵贯南北；国道107，322线穿境而过，省道214、316线左右延伸；湘江、耒水、舂陵水、蒸水四季通航；衡阳南岳机场坐落在境域内，形成水陆空三位一体的交通运输网络。衡南矿产资源丰富，已探明的矿藏有30余种，主要有钨、锰、铅、铜、铁、铀、铝、金、煤、萤石、重晶石、芒硝、长钾石和玛瑙等，特别是萤石，储量大，品位高，驰名中外。

2014年年末，衡南县辖23个镇、3个乡和1个办事处，下设85个社区，741个行政村，278个居民小组，9565个村民小组。全县总人口112.46万人，常住人口97.38万人，其中男性58.97万人，女性38.41万人；城镇人口35.93万人，城镇化率达36.9%。总人口中，以汉族为主，有蒙古族、回族等少数民族人口1610人，占0.14%。辖区东西最大距离103.3公里，南北最大距离44.5公里，总面积2614平方公里。人口密度为每平方公里430人。

衡南各项事业持续发展，是“全国粮食生产百强县”“全国农业综合开发先进县”“全国百个瘦肉型猪生产基地”“全国水利建设先进县”“全国村民自治模范县”。工业基础雄厚，已形成冶炼化工、电子信息、机械装备、建筑建材、农副产品加工五大支柱产业。2014年，全县完成生产总值252.42亿元，增长9.1%。其中第一、二、三产业实现增加值分别为59.93亿元、123.27亿元、69.23亿元，分别增长4.5%、8.9%、13.5%，对经济增长的贡献率分别达11.7%、49.2%和39.1%。是年，全县财政总收入完成14.78亿元，增长15.3%；完成固定资产投资161.02亿元，增长25.0%。金融机构各项存、贷款余额分别为175.27亿元、58.39亿元，分别增长12.8%、20.6%。社会消费品零售总额73.37亿元，增长12.8%。城镇和农村居民人均可支配收入分别为23534元、14898元，分别增长9.8%、12.3%；全县各项社会保险参保人数90万人次；全县城镇低保月均保障1.1万人，发放保障金3398万元；农村低保月均保障4.58万人，发放保障金6331万元。有各类学校282所，其中：小学224所，中学55所，职业技术学校3所；学生总数12.63万人；全县综合医院4个，卫生机构拥有床位数2824张，卫生技术人员2600人。全县完成县乡公路改造73.2公里，通村公路通畅工程73.8公里，通车总里程达3406公里。

二

衡南历史悠久。从西汉高祖五年（前202）始建酃县，至清乾隆二十年（1756）析衡南县东南境置清泉县，立郡设州，析县置府，分区建市，几易其名，于1952年7月始建衡南县，县治设衡阳市中山北路212号。1956年6月撤区并乡，撤销14个行政区，将203个乡、3个镇合并为49个乡、1个镇。1995年4月撤区并乡，撤销向阳、茶市、泉溪、花桥、江口、三塘、鸡笼、茅市、车江、硫市、栗江11个区公所，保留铁丝塘镇行政区划不变，将其余51个乡镇撤并为22个乡镇。1996年5月，车江镇析出16个村与向阳镇析出9个村设立云集镇。2000年12月，三塘镇析出12个村设立雨母山乡，划入衡阳市蒸湘区；三塘镇析出3个村与车江镇析出4个村共7个村合并设立文昌乡，划入衡阳市雁峰区；泉溪镇析出3个社区与15个村合并设立咸塘镇。2003年12月，县治从衡阳市区迁驻云集镇。2010年8月，花桥镇析出川口等20个村、萤石矿等2个社区合并设立川口乡。

2014年，全县辖云集、向阳、廖田、茶市、冠市、江口、宝盖、花桥、铁丝塘、泉溪、洪山、三塘、谭子山、鸡笼、泉湖、柞市、茅市、硫市、栗江、近尾洲、车江、咸塘、松江23个镇，相市、洲市、川口3个乡及岐山办事处。2015年湖南省行政区划调整后，衡南县辖廖田、茶市、冠市、江口、宝盖、花桥、铁丝塘、泉溪、洪山、咸塘、三塘、谭子山、泉湖、鸡笼、柞市、茅市、硫市、栗江、近尾洲、松江、云集21个镇，洲市1个乡。

云集镇 >>

云集镇是2010年湖南省安全生产示范乡镇。

区域概况

位置面积

云集镇地处衡南县中部，东临耒水，与茶市镇、泉溪镇交界，南接向阳镇，西邻松江镇、车江镇，北与珠晖区东阳渡镇隔江相望，107国道和京广铁路纵贯其中。为县治所在地，镇人民政府驻泉梓路。2014年，辖区总面积101.8平方公里。

建置沿革

1995年5月前，属石塘乡人民政府，下辖18个行政村。1996年5月，析车江镇的云集、黄金村和向阳镇的云市、泉梓等村置云集镇。镇政府设原石塘乡政府，下辖25个行政村，即原石塘乡的云集、黄金、保合、滨河、班竹、高堡、石塘、栗坪、白冲、小白竹、江新、古塘、普贤、杉峰村，云市乡的云市、河市、泉梓、毛塘、渡口、回龙、杨柳、阳家坪村，向阳镇的新塘村，车江镇的东屋、新塘埠村。2009年，镇政府搬迁至泉梓路1号。云集村、黄金村、保合村于2002年7月改为云集、黄金、保合、新桥4个社区。

行政区划

1995年年末，政区辖6个居委会，25个行政村；下设24个居民小组、301个村民小组。2014年年末，辖云集、黄金、保合、新桥4个社区，滨河村、高堡村、石塘村、栗坪村、白冲村、小白竹村、江新村、古塘村、杉峰村、普贤村、班竹村、东屋村、新塘埠村、云市村、泉梓村、新塘站村、回龙村、杨柳村、阳家坪村、河市村、毛塘村、渡口村22个建制村。

自然环境

云集镇地处衡阳盆地，地势平坦，阳光充足，常年雨量充沛，气候湿润，素有“鱼米之乡”之美誉，处亚热带季风湿润气候区，具有热量充足、雨水集中、冬冷夏热、四季分明、春温多变、夏秋多旱、严寒期短、暑热期长的特点。年均气温17.8℃，年降雨量1268.8毫米左右，全年无霜期为287天。境内有湘江和耒水穿过。

人口民族

1999年年末，辖区总人口41222人，人口出生率11.31‰，人口死亡率6.87‰，人口自然增长率4.44‰。2010年，辖区总人口42027人，人口出生率13.64‰，人口死亡率6.23‰，人口自然增长率7.41‰。2014年辖区总人口8.7万人，其中城镇居民5.7万，城镇化率65.52%，人口密

衡南县城云集镇新貌

度为每平方公里 854 人，总人口中，男性 4.5 万人，占 51.72 %；女性 4.2 万人，占 48.28%。

经济发展

经济综述

2007 年，全镇国民生产总值达 20693.48 万元，农民人均纯收入 3968 元，工业总产值突破 4000 万元。财政总收入 339.4 万元。2008 年，财政总收入 10080 万元，其中国税 450 万元、地税 5100 万元、财政两税完成 1490 万元、其他收入 3040 万元。农民人均可支配收入 4800 元。完成工业总产值 208834 万元，占全县工业总产值的 19.5%。2014 年，实现地区生产总值 178516 万元，完成财政收入 3275 万元，其中国税 380 万元，地税 2650 万元，契税、耕地占用税合计 245 万元。境区耕地面积 3093 公顷，生产粮食 3.89 万吨，人均 589 公斤，农业总产值 3.34 亿元。2014 年年末，境内有工业企业 446 家，职工 3988 人，总产值 43.5 亿元，实现利税 1 亿余元。

农业

种植业　民国时期，由于生产条件和水利基础设施落后，加之干旱缺水，粮食平均亩产不足 200 公斤。中华人民共和国成立后，1959—1961 年三年国民经济困难时期，农业连续减产减收。1966 年，农业生产逐步恢复，平均粮食亩产 273 公斤。1978 年后，农村经济政策进行一系列改革，逐步实行完善以家庭联产承包为主的责任制，农民的生产积极性进一步高涨，涌现一批种粮专业户和科技示范户，并全面推广杂交优质稻，粮食产量显著提高。1989 年，粮食亩产 623.7 公斤。

2014年,生产粮食3.89万吨,其中水稻2.95万吨。主要经济作物有油菜、花生、棉花、香瓜、西瓜等,油菜种植453.33公顷,产量612吨;棉花种植360.07公顷,产量621吨;蔬菜种植面积233.33公顷,产量1300吨,主要品种有大白菜、土豆、豆角、丝瓜、黄瓜、辣椒等;香瓜种植400公顷,产量7500吨;西瓜种植93.33公顷,产量2450吨。

养殖业 境内历来有养殖禽畜习惯。民国时期,由于多数农户家庭生活困难,禽畜饲养数量极少。中华人民共和国成立之初,养殖业有所发展,禽畜产量逐渐增多。1958—1961年,一度禁止农户养猪养鸡。1962—1980年,耕牛、鱼类由生产队集体放养,生猪饲养允许公私并举,故产量较之前有较快发展。1982年实行土地承包经营责任制后,养殖业快速发展,陆续出现一批规模化、专业化养殖户。1989年,人平养猪1头、鸡7羽;鲜鱼产量亦大幅提升,亩均水面产鱼由1981年的43公斤提高到147公斤。1991—2014年,养殖业持续发展。2014年,生猪饲养量8.75万头,存栏4.21万头;牛饲养量4365头,存栏2816头;羊饲养量5684头,存栏3895头;家禽饲养量35.47万羽。畜牧业总产值3457万元,占农业总产值的10.3%。渔业养殖面积3500公顷,产量9189吨;总产值3405万元,占农业总产值的7%。

林业 林地面积3600公顷。1956年以前,山林权属为农户私人所有。1958年,"大炼钢铁",大部分森林被破坏。此后,林权收归集体经营。1982年,实行土地承包经营,林权放归农户管理。经过历年实施植树造林、封山育林、退耕还林等一系列措施,至2014年,境内累计造林3066.67公顷,橘子种植346.67公顷,产量9100吨;林木覆盖率45.7%,活立木蓄积量300万立方米。林业总产值4100万元,占农业总产值的12.2%。

工业

1949年,镇内有铸铁铺、木匠铺和酿造坊等手工业作坊十余家。20世纪50年代末期,老石塘乡、云市乡(后两乡镇合并为现云集镇)主要有手工打铁和木工生产农具等。之后,村组开办红砖厂,产品销往衡阳市建筑市场。20世纪60—70年代,云市乡陆续创办农机厂、印刷厂、冰室加工厂、铸造厂、翻砂厂等企业,年工业总产值达600万元以上(当年价),产品销往全省各地。1970—1972年,石塘乡兴办造纸厂、农机铸造加工厂。其中造纸厂占地面积150余亩,职工150人,办公楼、生产车间等建筑面积达15000平方米,年生产规模达300万元,是当时全省著名特色企业。1996年成立云集镇以来,先后引进翔晖冶炼厂、三鑫环保有限公司、泰丰离合器有限公司、衡阳钢化玻璃厂、湖南衡南建材有限公司、旺龙钢闸门厂、金栋旺新型材料建材有限公司、旭丰建材厂、百泰建材厂等规模企业10余家。2004年,以衡昆高速公路至县城联络线为园区主干道,在中心区规划衡南云集经济开发区(工业园),总规划面积9.98平方公里,以现代机械制造、电子、轻工业、新材料为主导。2006年,全镇工业总产值达3.3亿元;2007年,工业园入园项目增至36家,其中开工建设的有20家,6家企业投产,2010年,园区完成建设面积20万平方米,建成标准厂房18栋,落户企业97家,实际完成项目投资10亿元(含基础设施建设4亿元),其中24家已经投产。2012年,被省经信委授予"湖南省新型工业化示范基地——电子信息产业园"称号,同年11月,成功申报为"湖南省级工业园区"。

商贸服务业

民国时期,保合街有商铺数十家。中华人民共和国成立后,保合街作为石塘乡的主要商业街,建有一座农贸市场,成为石塘乡赶集、贸易的中心地。1951 年，设国营贸易小组，举办各类物资交流会。1952—1954 年，先后设有供销合作社、肉食水产购销站、粮食管理站等机构，供应生产、生活资料和收购农副产品。1956 年，建立国营贸易商店，经营粮食、棉纱、棉布、食盐、油脂、煤炭和主要日用百货。1958—1961 年，一度取消集贸市场，禁止集市贸易。1962 年恢复，但对销售的商品仍有所限制。1978 年，境内有国营、集体商业网点 37 个，集贸市场 1 个，社会消费品零售总额 380 万元（当年价）。1982 年后，实行改革开放，在发挥国营集体商业主渠道作用的同时,适当发展个体私营商业。至 1990 年，民营资本进入市场，个体商户达 60 余家，从业人员 200 余人，主营日杂百货、纺织用品、餐饮宾馆和各类机械维修等行业。1995 年后，在商业改革的大潮中，国营、集体商业逐渐淡出流通市场。1997 年，云集镇被列为全省农村综合改革试点镇，特别是 2002 年县城迁至云集后，水、电、路、讯等城市各项配套设施逐渐完善，大量的人流、物流给云集的发展注入强大的活力。2005 年始，南国明珠、佳美园、天成大市场、富华、兴城财富广场、兴源农贸市场等一批项目纷纷落户云集。2008 年后，不断兴起旅游广告、房产中介、打字复印、装修装裱、洗涤、摄像、家政、快递、物流、网店等行业。至2014年,规模较大的宾馆有希斯顿大酒店、兴源大酒店、供销宾馆、福祥商务宾馆等 90 多家，一些新兴服务行业形成专业化特色，服务手段网络化、智能化。年末，境内有商业网点 781 个，大型超市 6 个，从业 3100 余人，社会商品零售总额达 3.92 亿元；集贸市场 4 个，交易额 1.95 亿元。

财政金融

财政　1996 年，设立镇财政所，主要为工商税收和农业税收。2004 年起，实行农村税费改革，国家取消向农户征收农业税（含附加）和农业特产税。其中农业税（含附加）由 7% 减少到 4%。2006 年，全镇财政总收入 469.98 万元，完成国、地两税 107.5 万元，耕地占用税、契税 49.8 万元，人平纯收入达 3900 元。2010 年，财政总收入 3424.1 万元，比上年增长 175 %。2014 年，全年公共财政总收入 5077.7 万元，消赤减债 500 余万元，公共财政总支出 5077.74 万元，年末债务总额 1352.1 万元。

金融　1954 年冬成立石塘、云市农村信用合作社（简称信用社），管理境内金融业务。1994 年 4 月，成立石塘、云市农村合作基金会，其业务受县农村经营管理局管理；1999 年 4 月，对农村合作基金会进行清盘关闭，其业务并入当地信用社。2002—2010 年,先后有中国农业银行、中国建设银行、中国工商银行、中国邮政储蓄银行在云集设行开办业务，服务当地经济发展。2012 年首家民营资本银行——浦发村镇银行开业。至 2014 年年末，全镇有金融机构 6 家，服务网点 15 个，年末各项存款余额 55.1 亿元，年末贷款余额 10.4 亿元。

基础设施

交通运输

公路、铁路　武广高速铁路、京广铁路、107 国道、衡枣高速公路连接贯穿境内。2002 年，多方筹集资金，启动保合圩过街公路硬化工程。同年 8 月份，投资 4000 多万元的境内第一座湘江大桥建成通车。2006 年，完成新（桥）保（合）公路全面硬化；保（合）白（村）、新（桥）古（塘）和班竹村公路硬化工程启动,次年 10 月全部完工。至 2014 年，新修通村公路 15 公里及石塘联校至江新村断头路 680 米；设置道路交通警示标志牌

121块，警示桩525根，防护墩100个；完成硬化通村通组公路180公里，率先在全县实现“组组通”。

客运 1964年，省汽车运输公司衡阳分公司（以下简称“湘运”），辟衡阳汽车西站至石塘班车，石塘设汽车终点站，每日往返六趟。1983年，开放市场，始有个人购车加入社会营运，客车以小型为多，招手即停，俗称“方便车”。1985年，衡州监狱购买1辆大客车，一天一班开往衡阳市区。2014年年末，镇区设云集汽车客运站1座、公交车始发站2处，开有县城内1路班车线1条，开有通往衡阳市区公交班车线4条、开有通往县内主要乡镇的客运班车线15条、开有通往市内各县（市）长途班车线6条，年客运量100万人次。

货运 中华人民共和国成立初期，镇内货运由“湘运”包揽，集市贸易交流大多靠肩挑和独轮车运。20世纪70年代，原人民公社农机站购有拖拉机，农闲时跑短途运输。1983年后，私人购车加入，承担镇内部分货物运输。随着当地民营货运业不断发展，“湘运”货运逐渐退出。至2014年，镇内有货车210余辆，总吨位1680吨，年货运量约120万吨。

水路 境内有湘江、耒水贯穿云集，20世纪50—80年代，湘江可泊50吨以下船舶、耒水可泊20吨以下船舶，境内80%的物资由船舶承运，客运、货运十分繁忙。1983年市场开放后，公路运输业快速发展，水路航运业逐年下降，至1995年，水上客运停运，河道航运主要物资为沙砾。2014年年末，镇内有货运船舶57艘，年货运量40万余吨。

空运 南岳机场于2010年11月获批兴建，投资9.98亿元，年旅客吞吐量45万人次、货邮吞吐量1600吨。2014年10月，正式通航，航线城市：当月飞至北京、次月飞至上海。年末，旅客吞吐量1万余人；货邮吞吐量50余吨。

邮政通信

邮政 中华人民共和国成立前，保和街设有邮政代办所，中华人民共和国成立后沿袭 。20世

衡阳南岳机场

纪60年代起，公社驻地、生产大队均设有邮政投递点，自行车作为邮件运输和投递的工具。2014年年末，境内有邮政局1个，投递点26个，乡村通邮率100%。

通信 1962年，境内人民公社及所属单位开通电话，线路长约5.1千米。1979年后，开通生产大队电话网络，利用有线广播线路通电话。1994年，在车江镇区建设程控电话网络。1998年后，电信、移动、联通公司先后在境内建设移动通信基站。2014年，电信服务网点26个，移动服务网点15个，联通服务网点9个；电话交换机总容量3000门，固定电话用户6850户；移动电话用户16000户；联通电话用户11930户；互联网端口总数5680个，宽带接入用户3560户。

供电饮水

供电 中华人民共和国成立初期，电力资源紧缺，老百姓家庭用煤油灯或蜡烛照明。至20世纪60年代末，有少部分单位、企业或生产大队用柴油机组发电，用于生产和生活。1979—1989年，新建10千伏配电线路1条，长5.8千米；400伏低压线路31千米；10千伏安变压器42台，总容量420千伏安；村通电率100%，村（居）民小组通电率100%。2000—2013年，对农村电网实行分批次改造，2003年，投资1700万元的新县城110千伏变电站投入运行，架设云A线6.1千米、云B线5.3千米和新县城变电站至三秋硅业公司专线4.8千米，保障县城生产和生活用电。至2014年，先后完成对22个行政村的线改和户改，农网改造率100%。

饮水 1949—1995年期间，镇区生产生活用水以取地表水、河水和井水为主，饮水质量时好时差。1996年始，云集镇农村居民饮水以井水为主，城镇居民以自来水为主。2002年，投资3000万元建成县城自来水公司，铺设干线水管98千米，生产能力10000吨／日，年工业用水12万吨、生活用水150万吨，居民自来水普及率86%，年人均生活用水30吨；排水管道56千米，污水治理工程1项，污水处理厂1座，日污水处理能力5000吨，工业废水处理率70%。

水利建设

境内有湘江、耒水贯穿，水利资源十分丰富。中华人民共和国成立后，人民政府组织群众兴修水利，抗御洪涝、干旱。1954—1966年，整修扩建山平塘骨干塘5980口，增加蓄水量8764万立方米。1967—1987年，先后修建小型水库7个。分别是：江新水库，坐落于云集镇小白竹村，兴建于1967年9月，1968年12月竣工，总库容87万立方米，集雨面积2.5平方公里；八一水库，坐落于云集镇栗坪村，兴建于1973年9月，1973年12月竣工，总库容203万立方米，集雨面积1.8平方公里；杨柳水库，坐落于云集镇杨柳村，兴建于1973年10月，1973年11月竣工，总库容60万立方米，集雨面积1.4平方公里，有效灌溉面积80公顷；泉水水库，坐落于云集镇泉梓村，兴建于1974年9月，1974年10月竣工，总库容18万立方米，集雨面积1.2平方公里；响鼓岭水库，坐落于云集镇白冲村，兴建于1974年10月，1974年12月竣工，总库容20万立方米；鲁草塘水库，坐落于云集镇古塘村，兴建于1977年10月，1977年12月竣工，工程总投资3.2万元，总库容24万立方米，集雨面积1.2平方公里，有效灌溉面积26.67公顷。廖木冲水库，坐落于云集镇小白竹村，兴建于1987年9月，1987年12月竣工，工程总投资3.1万元，总库容15万立方米，集雨面积0.45平方公里，有效灌溉面积53.33公顷。2010—2013年，对江新水库、八一水库、响鼓岭水库进行除险加固。2014年年末，在建的

土谷塘航电枢纽船闸

湘江土谷塘航电枢纽工程 1 个，小（一）、小（二）型水库 7 个，总蓄水量 430 万立方米，农业用水基本有保障。

镇村建设

1996 年云集成立之初，城区面积仅 0.6 平方公里，2003 年，城区面积增加到 3.2 平方公里，2008 年，增加到 20.2 平方公里，2006 年启动新农村建设，兴建改造商贸、交通运输、教育文化、医疗卫生等基础设施。全镇 90% 以上的农户均建成 2~3 层 200 平方米以下的新房。同时，启动县城内失地农民安置区建设，新建保合、杉峰、白冲、新塘站 4 个村级活动中心。2014 年，建设完工黎托、建新、云市一期，保合一期、二期，泉梓一期，云集一期、二期、三期，鸟迹等 10 个安置区；云市二期、保合三期、泉梓二期、新塘埠、东屋、杉峰 6 个安置区在建。年末，城区形成“三横四纵”主街道，其中“三横”是云集大道、黄金路、正德路；“四纵”是沿江大道、雅园路、新塘路、云峰路，总长 30 余公里。道路两旁高楼林立，商铺密集，基础设施和配套设施日趋完善。

社会事业

教育

清代至民国初年，境内多系私塾、学馆。中华人民共和国成立后，重学氛围浓厚，各村开办农民识字夜校，扫除青壮年文盲，同时大力发展小学教育。20 世纪 50 年代，受经济条件的限制，云集教育发展严重滞后，1958 年，创办石塘中学，占地 1.32 公顷。20 世纪 80 年代，建成毛塘小学、河田小学、渡口小学。1985 年，建成中心小学。20 世纪 90 年代，建成新塘埠完小、石塘完小、普贤完小。1999 年，修建云市中学，2000 年开始正式招生。2007年，城区建成明德小学，当年开班12个，学生600余人。2010年，修建杨柳小学，改扩建石塘中学。2011年，筹建云集中学；2002—2013年，建立公办小学1所，即：阳家坪小学；民办学校3所，即：北斗星教育集团、大同学校和雅园小学，其中北斗星教育集团设南校区和北校区，开办初中班，设小学1所；大同学校设初中校区和小学校区。至2014年年末，全镇有14所幼儿园，在园幼儿2734人；12所小学，在校生7960余人；5所中学，在校生9050余人；专任教师1100余人、教职工1260余人。小学适龄儿童入学率100%，小学升初中率100%，九年义务教育覆盖率100%。

文化体育

文化 民国时期，境内有舞龙灯、木偶戏、皮影戏等文化活动。中华人民共和国成立初，俱乐部成为农村文化的活动阵地。60年代初期，公社、大队先后建立文化站和文化室。“文化大革命”期间，毛泽东思想文艺宣传队是农村文化活动的主体。1971年，建立公社广播站。1975年，成立公社电影放映队，有16毫米电影放映机1台，分别到各大队放映。1996年建电视台，同年开通有线电视，2004年，启动旧有线网络光纤改造工程，2005年，实现全镇广播电视数字化、网络化。2013年，举办云集镇首届龙舟赛，云集社区文化综合广场、黄金建新文化休闲广场、保合社区东方红广场、泉梓广场等各具特色的社区广场相继启动。2014年，启动“村村通”工程，在境内滨河村新装30户“村村通”电视。年末，有线电视用户3625户，电视综合覆盖率35%。公共图书室26个，藏书54000册。

体育 1952年，学校各年级设体育课。1960—1961年，因国民经济困难，学校体育课暂停，1962年后逐渐恢复。1977年，体育教学

衡南县自来水厂二期扩容工程

趋向正常，保证“两课、两操、一活动”。即每周两节体育课，每天做广播操和眼保健操，每天一小时课外体育活动。1983 年后，中小学普遍推行第五套、第六套、第七套广播体操。1997 年，镇内中小学开始按《国家体育锻炼标准》教学，当年达标率 86.9%。至 2005 年，达标率 99.1 %。2014 年年末，全镇有运动场 27 个，总面积 1.5 万平方米。

医疗卫生

民国时期，境内民间有中医、中药铺数家，农村普遍缺医少药，患者治病素以草药为主。中华人民共和国成立后，大力发展医疗卫生事业，医疗条件不断改善。1952 年建联合诊所。1956 年，由联合诊所组建成乡卫生院，当时房屋、设备非常简陋。1969 年，农村实行合作医疗制度，相继建立大队卫生室，分别配备赤脚医生和妇幼保健员各 1 名，普及新法接生，指导科学育儿和计划生育。1985 年，成立石塘乡卫生院，建设之初有医疗用房约 500 平方米，工作人员 6 人。2003 年县城搬迁后，原云市乡卫生院与石塘乡卫生院合并为云集镇卫生院。2006 年 1 月，镇村启动新型农村合作医疗（简称新农合），当年参合 24915 人，参保率 82.55%，每人每年筹集资金 10 元，受益金额 115.3 万元。2009 年，修建云市分院，新建 3800 平方米的综合门诊大楼。2009 年起，全镇开展 0~6 岁儿童和 65 岁以上老人免费体检活动，2011 年始，定期开展“三下乡”送医送药活动。2014 年，云集镇有县人民医院 1 家、卫生院 1 所，卫生分院 1 所，村卫生室 26 个，医疗床位 850 张，执业医师 91 人，注册护士 66 人。年末，参加新农合人数 36348 人，参保率 100%，每人年筹集资金 60 元，受益金额 445.9 万元。

社会保障

“五保”供养　1959 年起，对孤寡老人和无劳动能力的残疾人实行“五保”，其供养费由所在生产队统筹。1980 年后纳入社（乡镇）统筹。2005 年起，“五保”对象享受城乡最低生活保障，供养费由县财政统筹。2007 年，建成云集敬老院，占地 63 亩，建筑面积 1488 平方米，床位 78 张，其中附属设施 222 平方米，院内设有院长室、会议室、娱乐室、医务室、食堂、餐厅、健身器材、住宿室等，各项配套设施齐全。至 2014 年年末，有“五保”老人 99 人，其中：集中供养 37 人、分散供养 62 人，敬老院工作人员 6 人。

医疗救助　2006 年起，启动城乡居民大病医疗救助。救助对象主要为患恶性肿瘤、白血病、尿毒症的城乡低保户、困难户。2014 年，共救助 135 人，救助总金额 31.3 万元；民政部门资助参加合作医疗 1649 人次，共支出 14.84 万元；国家抚恤、补助各类优抚对象 422 人，抚恤事业费支出 117 万元。

最低生活保障　1999 年 10 月，启动城镇居民最低生活保障，并对低保对象实行动态管理。2005 年，有城镇最低生活保障对象 166 户、299 人，年人均 902 元，支出总金额 26.97 万元。2007 年 7 月，启动农村居民最低生活保障，当年有农村低保对象 50 户、174 人，年人均 360 元，支出总金额 6.26 万元。2014 年，境内农村最低生活保障对象 510 户、1057 人，支出 140.32 万元，年人均 1328 元，城镇最低生活保障对象 259 户、564 人，发放低保金 156.36 万元，年人均 2772 元。

养老保险　2011 年 7 月起，启动城乡居民社会养老保险。当年，全镇参保人数 15900 人，参保率 89.94%；征缴养老金 159 万元，为 4320 名到龄居民发放 7—12 月养老待遇 33.06 万元。2014 年年末，参保人数 16047 人，参保率

94.53%；征缴养老金 175.28 万元，为 5090 名到龄居民发放养老待遇 348.17 万元。

特色地情

云集窑 云集古窑遗址坐落在湘江沿岸云集黄金村，现存窑址 8 座，1997 年，考古发掘出土两座五代至北宋的龙窑和大批器物标本及珍贵文物。其中 2 号龙窑，长达 50 米，前后有两道由 4 个匣钵垒成的挡火墙。如此之长的两次投柴孔且保存完好的龙窑，在国内尚属首次发现。2 号窑上层覆盖的堆积物近三米，在两米左右处分别出土了刻有“太平兴国四年”“衡阳县界窑”和“黄竹下窑”的铭文器物和窑具，在同一窑内出土 3 件标年器、定名器，这在全国是非常罕见的。云集窑址现已被列为“省级重点文物保护单位”，它的发掘，为中国陶瓷史的研究，提供了大量珍贵的、甚至是前所未有的实物资料，是全国陶瓷考古发现的又一重大突破。

商周时代遗址 石塘乡（今云集镇）的下湾村遗址属于商周时代遗址，面积达 2 万平方公里，文化堆积层厚度达 0.2~1.5 米，采集的多为陶器，泥质灰陶，印文硬陶。纹饰为米字、方格、编织纹、绳纹；形制有豆、釜、罐、鬲，而其中的下水陶管道令人惊叹不已。

新塘站老街 这是一条古老的街道，有着数百年的历史，建在湘江边上，下有一个渡口，当年曾经商贾云集，渡口迎来送往，非常繁忙。传说徐霞客曾旅行至此。

（文字供稿：欧剑　谢巍巍　图片供稿：衡南县志办）

向阳镇 >>

区域概况

位置面积

向阳镇因境内的向阳桥而得名。地处衡南县东南部，东邻茶市镇、相市乡，南与廖田镇接壤，西邻松江乡，北交云集镇。镇人民政府驻车和村，距县城11公里。辖区东西最大距离13.3公里，南北最大距离18.8公里，总面积105.6平方公里。

建置沿革

1949年，属衡阳县；1952年属衡南县第一区；1958年9月，设立向阳人民公社；1966年，改为向阳区，1981年5月，改为向阳镇；1995年4月，云市乡和黄狮乡的天竺村并入；1996年5月，云市、河市、渡口、毛塘、杨柳、回龙、泉梓、杨家坪、新塘站9村划归云集镇；廖田镇的黄狮、朝阳、高岭、资富、堰头、灵觉、渔市、湘江8村划入。

行政区划

1995年末，政区辖5个居委会，27个行政村；下设17个居民小组，333个村民小组。2004年年底向阳镇下辖向阳、水口、和平、祝山、苏湖、车和、彭祠、莲蓬、竹冲、安福、日升、良石、洞清、雅田、团结、金台、界牌、莲塘、天竺、灵觉、黄狮、湘江、渔市、朝阳、高岭、资富、堰头27个行政村，向阳、水口、街道、疆塘4个社区。2005年，原衡南县委党校大岭山农场经民政部门批准成立大岭山村，至2014年，向阳镇下辖4个社区，28个建制村；下设16个居民小组，369个村民小组。

自然环境

境域为丘陵地带，地势南高北低。境内最高峰位于朝阳村，最低点位于苏湖村。全境属亚热带季风性湿润气候，年平均气温17.8℃，1月最低，月均气温3℃，7月最高，月均气温38.8℃。年均降水量1650毫米，降水集中在每年3月、4月、11月。境内河道有湘江三级河1条，总长19.4千米；耒水四级河1条，总长15.4千米；河流总长度34.8千米。境内最大的河流为湘江，流经境内朝阳村、渔市村、湘江村、竹冲村、彭祠村。境内主要自然灾害有旱灾、水灾、冰雹、冰冻等。旱灾、水灾出现概率20%，一般旱灾2年一遇，水灾10年一遇，最严重的一次水灾发生2006年6月。

人口民族

1999年年末，辖区总人口38886人，人口出生率11.54‰，人口死亡率4.56‰，人口自然增长率6.98‰。2010年，辖区总人口43393人，人口出生率12.19‰，人口死亡率5.90‰，人口自然

向阳镇观音桥和观音庙

增长率 6.29‰。2014 年，辖区总人口 51000 人，其中城镇人口 13916 人，城镇化率 27.29%。另有流动人口 6000 人。总人口中男性 27326 人，占 53.58%；女性 23674 人，占 46.42%。人口密度为每平方公里 483 人。

经济发展

经济综述

2007 年，全镇生产总值 4.6 亿元，粮食总产量 3.5 万吨，农民人均纯收入近 3900 元。财政总收入达 186.5 万元，共完成工业增加值 1.05 亿元，工业总产值 3.5 亿元，其中规模工业 6565 万元，实现利润 2671 万元，上缴税金 668 万元。2014 年，实现生产总值 8.38 亿元，增长 9.3%，其中第一产业增加值 1.94 亿元，增长 3.5%，第二产业增加值 4.16 亿元，增长 11.2%，第三产业增加值 2.28 亿元，增长 10.2%；完成财政总收入 930 万元，增长 13.4%；规模工业增加值增长 10.5%；完成全社会固定资产投资 5.3 亿元，增长 25%；实现社会消费品零售总额 2.4 亿元，增长 13%；实现城镇居民人均可支配收入 18632 元，增长 10.3%；实现农村居民人均可支配收入 5820 元，增长 15%。

农业

种植业 中华人民共和国成立后，1959—1961 年，连续三年的国民经济困难，农业连续减产减收。1966 年，农业生产逐步恢复，粮食亩产 254 公斤。1978 年以后，农村经济政策进行一系列改革，逐步实行完善以家庭联产承包为主的责任制，农民的生产积极性进一步高涨，涌现一批农、牧、副、渔业生产专业户、重点户和科技示范户，并全面推广杂优良种，粮食产量显著提高。1989 年，粮食亩产 636.9 公斤。2011 年，农业总产值 2350 万元，生产粮食 23000 吨，亩产 764.6 公斤；烤烟种植面积 253.33 公顷，产量 589 吨；莲藕种植面积 33.33 公顷，产量 1000 吨；蔬菜种植面积 534.21 公顷，产量 9972 吨，主要品种有白菜、萝卜、西红柿、辣椒等。2014 年，境内耕地面积 2005.2 公顷，生产粮食 23800 吨，亩产 791.3 公斤，其中水稻 21660 吨。

养殖业 以生猪、牛、羊为主。1949—1978 年，畜牧业养殖发展缓慢，饲养量时多时少。1978 年后，推行经济承包责任制，畜牧业发展迅速增长。

至2011年,生产肉类3808吨,其中猪肉3770吨,牛肉25吨;畜牧业总产值1104万元,占农业总产值的47%,比1978年前畜牧业总产值翻了两番。2014年,生猪饲养量4.9万头,年末存栏1.25万头;牛饲养量1834头,年末存栏699头;羊饲养量778头,年末存栏363头;家禽饲养量26.3万羽;渔业以鱼类、虾蟹类为主。2014年,有各类合作社和养殖大户70余个,养殖面积2750公顷,产量3080吨,渔业总产值188万元,占农业总产值的8%。

林业 全镇有林地7.6万亩,主要树种有松、杉树、油茶树、南竹树、樟树、桂花树等。1956年以前,山林权属农户私人所有。1958年,"大办钢铁",大部分森林被破坏。此后,林权收归集体经营。1980年以后,推行山林承包责任制,稳定山林权属,制止乱砍滥伐,同时,经过历年实施植树造林、封山育林、退耕还林等一系列措施,森林覆盖率逐年提高。2011年年末,全年造林233.33公顷,其中,完成封山育林33.33公顷,低产林改造160公顷,中幼林抚育140公顷。是年,香瓜种植面积133.33公顷,产量4000吨。2014年年末,境内累计造林1200公顷,其中防护林133.33公顷,经济林533.33公顷,竹林66.67公顷;住宅四旁植树2.3万株,林木覆盖率44%。是年水果种植面积400公顷,产量9800吨,主要品种有西瓜、柑、橘、桃、枣等。林业总产值117万元,占农业总产值的5%。

工业

1949年,镇内有铸铁铺、木匠铺和酿造坊等手工业,1958年,建成向阳服装社和农具社,以来料加工为主,生产规模较小。1970年,衡南县在境内先后办有氮肥厂、电机厂和轴承厂,筹建晶体管厂,年生产规模3000余万元(当年价),跃升为工业重镇。20世纪80年代以后,乡镇企业迅速发展,有向阳酿酒厂、利发烟花、春盛烟花、向阳烟花、再生玻璃厂、岩石砖厂、雅田塑料造粒厂、观音米业等十多家企业陆续开业。2000年后,县国有企业和乡镇企业实施改制,民营企业春晖化工有限公司、朝阳电机有限公司和金戈机械有限公司等相继成立。2011年,工业企业23家,职工2450人,工业总产值达3.6亿元,实交税金525.6万元。2014年年末,全镇有工业企业124家,从业人员9042人,经营范围涉及采矿业、制造业、建筑业等,工业总产值8.37亿元,完成税收660万元。

商贸服务业

1956年,境内开设专卖商店和食品购销站。1982年,镇内供销社和食品站推行经营承包责任制。1988年,国营、集体商店都实行承包经营和租赁经营。改革开放以来,个体商贸和服务业兴起,农村市场日益活跃,1995年,镇内有2个集贸市场,个体商铺276家,从事日杂百货、纺织品、餐馆和各类机械维修等行业,市场繁荣。随着商业流通体制改革深入和小城镇的发展需要,镇党委、政府逐年加大集镇基础设施建设的资金投入,2010年,新建农贸市场1处,至此向阳镇有向阳桥、水口村、山焕岭3个大型集贸市场。2011年年末,商业网点840个,社会商品销售总额7000万元,外贸进出口总额560万元。2014年,全镇有日用百货、餐馆、旅馆、服装、娱乐场、网吧、美容美发等各类经营商铺700多家,个体工商户从业者1400余人,社会商品销售总额1.1亿元,有3个集贸市场,交易额4000余万元。

财政金融

财政 中华人民共和国成立后,乡镇财政由财粮委员或秘书兼管。1953年,各种税收建立代征、协税组织。1961年,成立协税委员会。1984年后,设立镇财税所,税种主要有工商税和农业税（后分设税务分局负责工商税收）。2004年起，实行农村税费改革，国家取消向农户征收农业税（含附加）和农业特产税。2014年，实现生产总值6.8亿元，公共财政收入930万元，公共财政支出580万元，年末债务总额零。

金融 1951年，成立农村信用社。1979年，成立农业银行向阳桥营业所。1983年，成立工商银行向阳桥办事处，1999年撤销。1993年，成立农村互助基金会。1995年，成立中国邮政储蓄所。1999年4月，清理整顿农村互助基金会，将其并入信用社。2000年4月，开展供销社股金兑付工作。2014年年末，镇内有农村信用社、邮政储蓄银行两家金融机构，年末存款余额3.8亿元，贷款总额7600万元。

基础设施

交通运输

公路 民国时期，有东阳渡至郭市乡道途经境内，1961年3月，该路段整治后达到三级公路标准。1970年，向阳镇至黄狮乡道路建成，全长12公里。1972年，向阳至永兴、三塘道路建成，全长17公里。同年，向阳至洞清乡道建成，全长9.1公里。20世纪80年代，有县乡（镇）级公路3条，总长38.1公里。1984年，交通部将东阳渡至郭市公路定为107国道，投资1030万元，按二级公路标准改建，1989年，改建工程全部完工，过境路段全长9.4公里。中华人民共和国成立初期，车流量不足100车次，1989年，日平均超过5000车次。2009年，村村通工程全面完成。2014年，境内硬化公路总里程98.1公里，其中县道11公里，乡道18.1公里，村道39.1公里，组道29.9公里。

公路客运 20世纪80年代前，境内107国道设"湘运"客车停靠站，人员往来只能坐过境客车，出行不便。1983年，开放市场，始有个人购车加入社会营运，客车以小型为多，招手即停，俗称"方便车"，1984年，私营车队开通向阳镇至衡阳市区客运。2014年，境内有客运汽车30余辆，560余座，辟向阳镇至衡阳、至云集班车，年客运量50万人次。

公路货运 中华人民共和国成立初期，镇内货运由"湘运"包揽，集市贸易交流大多靠肩挑和独轮车运。20世纪70年代，原公社农机站购有拖拉机，农闲时跑短途货运；部分企业购置汽车，以缓解企业原材料和产品进出运输难问题。1983年后私人购车加入，承担镇内部分货物运输。随着当地民营货运业不断发展，"湘运"货运逐渐退出。至2014年年末，镇内有各类货运车辆80余台，总吨位680余吨，年货运量50余万吨。

铁路 1936年9月，京广铁路建成通车，设向阳桥站（三级站），南距西里坪8公里，轨道5股，设候车室、月台及货物仓库。1958年10月至1960年，修筑了部分复线路基。1978年国家投资重修衡阳至广州复线。铁路客运：20世纪90年代以前，乘坐火车是老百姓出境首选方式，年客运量达10万人次。21世纪后，由于公路客运的迅速发展，铁路慢速列车停开。货运：20世纪90年代以前，铁路货运主要承担市木材厂等企业的货物运输，货物年吞吐量约60万吨。2014年年末，车站成为铁路车辆临时停靠站。

水路 境内通航河道2条，总长34.8公里；其中耒水向阳港始建于1967年。1968年改建后，常年可泊50吨以下船舶，年吞吐量3万吨以上。客运：1990年以前，泉溪开往江口的客船途经该港每天2班。2014年，有客运船舶3艘，132个座位，年客运量1.4万人。货运：湘江、耒水四季通航，1949—1990年，镇内稻谷、大米、煤炭、木材、农资、日用品等大多数物资依靠船运。21世纪后，由于公路、铁路货运业发达，湘江、耒水船运业货运物资也发生相应改变，由过去的大多数物品改为现在的极少数物品，如建材类沙砾。

邮政通信

邮政 民国时期设有邮电所，中华人民共和国成立后袭用，主要业务包括包裹、信函收发、投递、报纸杂志发行等。1952年邮电所设专职发行员1人。2014年年末，境内有邮政网点1个，投递线单程总长度32.4公里，投递点32个，乡村通邮率100%。

通信 20世纪60年代初，开通电话，主要集中在镇机关事业单位。1993年，各村均开通程控电话，装机850多门。1998年，邮政、电信分家，成立衡南电信向阳支局，主要业务有固定电话和宽带。2014年，有电信服务网点32个；电话交换机总容量20000门，固定电话用户4600户，普及率达到78.9%；移动电话用户8305户，普及率达到92%；互联网端口总数4600个，宽带接入用户1883户。

供电饮水

供电 1979—1990年，新建10千伏配电线路1条，长45千米，400伏低压线路80千米；10千伏变压器48台；村通电率100%，村（居）小组通电率100%。2000—2013年，对农村电网实行分批次改造，2014年，全年累计投入180万元，完成400伏及200伏供电路线改造4.5千米，新建10千瓦供电线路2.5千米，新增生活照明100千伏安变压器3台，启动400余户居民的农网改造。

饮水 1949—2011年，镇区生产生活用水以取地表水和井水为主。每逢天旱，生产生活用水极为紧缺，饮水质量也难达标。2005年，建成镇自来水厂，日供水能力1500吨。2014年年末，有供水主管网2条，长16.8千米；支管网15条，长210千米；供水用户1528户。

水利建设

1956年，镇内发生严重干旱，激发农民兴修水利的积极性，到1958年9月，黄狮村卫星水库建成，总库容21.55万立方米。此后多座水库相继修成。1961—1964年，灵觉村的贺家皂水库（库容19万立方米）、竹冲村的丫石塘水库（库容10万立方米）、洞清村的甲子塘水库（库容13万立方米）、灵觉村的石马冲水库（库容51.5万立方米）、雅田村的文冲水库（库容12万立方米）、天竹村的衙塘水库（库容20万立方米）、金台村的阿吉塘水库（库容16万立方米）等7座小（二）型水库建成。1976年，高岭村的义马冲水库（库容13.5万立方米）、渔市村的五一水库（库容10万立方米）等2座水库建成。是年底，全镇已有10座小（二）型水库，农业用水基本得到保障。2012—2014年，先后投入资金1000余万元，对卫生水库、石马冲水库、义马冲水库、五一水库、文冲水库实施除险加固，保障水库安全运行。欧阳海灌区西支干渠途经向阳镇（桩号25+500至39+500）14千米，有74个放水口；镇内有13条支渠、撇洪渠2条，全长131.3千米，设计灌溉面积13个村2个社区，耒水、湘江、杨柳河穿境而过，防洪堤长8.3千米；有两座大型防洪闸，分别是渔市防洪闸和竹冲防洪闸；镇内有山平塘3679口，水面面积达到353.33公顷。

镇村建设

民国时期，境内居民住房十分简陋，镇上街道仅长200余米，街边店铺和民居均为砖木矮房。中华人民共和国成立初期，1950—1953年，镇上先后新建粮站、学校、联合诊所、信用合作社和供销社等单位。20世纪60年代，镇村建设维持低速发展。20世纪70—80年代，县属国营企业氮肥厂、轴承厂、电机厂和衡南县一中、教师培训中心等单位相继建成；农村土砖茅草房也逐步改建成红砖瓦房。1978年以后，镇村建设快速发展。2006年起，启动社会主义新农村建设，重点改造农村水利、电力、道路、饮水、房屋等基础设施，大部分农户都自筹资金建有3层左右200平方米以上的新住房（房屋为钢混结构，外墙贴瓷砖，室内布局、装修适用），镇村处处干净整洁，环境优美。至2014年，城区建有东方立城、阳光城、馨港丽景、金星花苑、幸福佳园、七星花苑、兰庭阁、金碧花苑、富华花苑、国土花苑、工信大厦、北旺大厦、农科大厦等13个居民住宅小区。是年年末，城区面积扩至2.7平方公里，有向阳路、向氮路、白杨路、政府路、灵觉街5条街道，形成集教育文化、商贸服务、医疗卫生、交通通信、娱乐休闲于一体，功能较为全备的现代小城镇。

社会事业

教育

1950年2月，创办向阳桥初级小学。1953年，隶属县第一区16个乡相继创办小学。1958年衡南县第一初级中学迁址向阳桥公社水口大队（1951—1958年前身是衡阳县立中学，校址：黄茶岭、东阳渡），开设初中、高中年级班。1961年，向阳桥人民公社，辖61个大队，各大队办有小学，基本实行就近就读。1978年，改小学五年制为六年制。1980年，向阳区辖5个人民公社各办有中学。1984年，人民公社改镇建制，辖62个村，各村办有小学，小学入学率达98.5%。1999年9月，民办北斗星中学成立，2009年校址迁至云集镇。2014年年末，境内有幼儿园5所，在园幼儿1182人，专任教师108人；小学8所，在校学生3379人，专任教师192人；小学适龄儿童入学率100%；初中1所，在校学生1547人，专任教师140人；小学升初中率100%，九年义务教育覆盖率达100%；省重点中学1所，2014年，高考本科上线人数全市第一，文科本二以上人数首次突破200人。

文化体育

文化 1953年6月，区设立文化站，并配有1名辅导员，到农村中进行各种文化活动及辅导工作。1957年12月，县电影队到农村巡回放映，各大队开办农村俱乐部、业余剧团，开展不同形式的文艺活动。1970年10月，公社都建立电影放映队。1994年6月，建成向阳镇广播电视台，大部分家庭有电视机，收看无线电视节目，群众文化生活更加充实。2006年4月，开通有线广播站，2009年9月，开通有线数字电视，2011年3月，开通无线数字电视，2011年，有线用户3700户，入户率85%。2012年，综合文化站建成并免费对群众开放。2014年年末，有镇文化站、广播电视站各1处，有村级文化活动中心28处，各类文化专业户2户，公共图书馆（室）29个，藏书44200册。

体育 1952年，各年级设体育课。1960—1961年，因国民经济困难，学校体育课暂停，1962年后逐渐恢复。1965年，县一中评为县体育先进单位。“文化大革命”中，体育课改为军体课，县一中聘请解放军指战员担任教员，组织开展军事训练。1977年，体育教学趋向正常，保证“两课、两操、一活动”。即每周两节体育课，每天做广播操和眼保健操，每天一小时课外体育活动。1983年后，中小学普遍推行第五套、第六套、第七套广播体操。

医疗卫生

民国时期，境内民间有中医、中药铺数家，农村普遍缺医少药，患者治病素以草药为主，病人就诊不便。1953年建联合诊所，有中医8人。1956年建立乡医院，各村设有医疗点。1958年建立公社卫生院，诊治以中医为主、西医为辅。1969年，农村实行合作医疗制度，相继建立大队医疗室，并配有赤脚医生和保健员各1人。1986年，镇卫生院达到国家规定建设标准，中医、西医并举，配有X光透视、心电图、B超、血检、尿检等多种仪器，开设门诊部和住院部，患者看病便利。2006年1月，启动新型农村合作医疗，当年参加新型农村医疗20958人，参合率达72.58%，此后参合人数逐年递增。2014年，境内有卫生院1所，村卫生室32个，医疗床位60张，专业卫生人员110名，其中执业医师38人，职业助理医师12人，注册护士33人。年末，参加新型农村医疗28596人，参保率99.37%。农村安全饮水普及率90%，农村卫生厕所普及率75%。

社会保障

“五保”供养 1959年起，对孤寡老人和无劳动能力的残疾人实行“五保”（保吃、穿、住、治病、丧葬），其供养费由所在生产队统筹。1980年后纳入社（乡）统筹。2005年起，“五保”对象享受城乡最低生活保障，供养费由县财政统筹。2014年年末，全镇“五保”供养对象为166人，其中：集中供养56人、分散供养110人，年人均3270元（不含衣服和医疗费），总金额54.3万元。

医疗救助 2006年起，启动城乡居民大病医疗救助。救助对象主要为患恶性肿瘤、白血病、尿毒症的城乡低保户、困难户。2014年，农村医疗救助982人次，支出120.24万元。临时救济456人次，支出24.2万元。

最低生活保障 1999年10月，启动城镇居民最低生活保障，并对低保对象实行动态管理。2005年，有城镇最低生活保障291户、417人，年人均762元，总金额31.79万元。2007年7月，启动农村居民最低生活保障，当年有农村低保对象59户、170人，年人均360元，总金额6.12万元。2009年，全镇有农村低保对象332户、720人，年人均补助780元，总金额56.1万元。2014年，境内农村最低生活保障户数687户、1058人，支出135.23万元，年人均1278元，城镇最低生活保障户310户、591人，支出170.15万元，年人均2879元。

养老保险 2011年7月起，启动城乡居民社会养老保险。当年，全镇参保人数14747人，参保率100%；征缴养老金155万元，为3305名到龄居民发放7—12月养老待遇40.52万元。2014年年末，参保人数13079人，参保率98.48%；征缴养老基金139.63万元，为4563名到龄人员发放养老待遇328.83万元。

特色地情

境内的三杂猪、莲藕和烟叶较为有名，有顺口溜说“界牌祝山产猪肉，天竺莲花植烟叶，莲塘堰头出香瓜，安福向阳莲藕业”。

玉玺牌香瓜 莲塘、雅田、苏湖、良田、安福等村种植400公顷，瓜质香甜可口，远销南粤、荆楚等地，湖南卫视“乡村发现”栏目曾作专题报道。

（文字供稿：李家豪　图片供稿：衡南县志办）

廖田镇 >>

区域概况

位置面积

廖田镇因驻廖田墟而得名。廖田墟旧名廖田铺，因有一廖姓财主在此置田开店，逐渐形成墟场。地处衡南县南部，北接向阳镇，南接耒阳市，东傍耒水，与相市乡隔河相望，西伴湘江，西南隔春陵水与常宁市相望，水陆交通便利。距县城云集15公里。辖区东西最大距离20.9公里，南北最大距离15.5公里，总面积111.9平方公里。

建置沿革

1949年，属衡阳县；1952年7月，属衡南县；1958年5月，设立廖田人民公社；1995年4月，相西乡和黄狮乡（天竺村除外）并入。1995年9月，撤乡建镇；1996年5月，将黄狮、朝阳、高岭、资富、堰头、灵觉、渔市、湘江8个行政村划归向阳镇。

行政区划

1995年年末，政区辖2个居委会，26个行政村；下设465个村（居）民小组。2014年年末，辖廖田、瓦园2个社区和黎明、长力、郭市、上宝、新茶、瓦园、江桂、大众、杨合、黄石、河口、平山、阳光、西里坪、利民、复兴、红星、曙光、茅岗、城塘、同心、湘雅、陆堡、正光、青冲、勤丰26个建制村。下设314个村民小组。

自然环境

境域为丘陵地带，全境属亚热带季风性湿润气候，年平均气温17.9℃，年均降水量1260毫米。境内河道有湘江、耒水、春陵水3条，全长23.8公里，其中湘江流经5.3公里，耒水、春陵水流经18.5公里。境内已探明的地下矿藏有铜、釉、稀土、瓷泥等。境内主要自然灾害有旱灾、水灾、冰雹、冰冻等；旱灾、水灾出现概率为20%，一般旱灾2年一遇，水灾10年一遇，最严重的一次水灾发生在2006年6月。

人口民族

1999年年末，辖区总人口25388人，人口出生率11.98‰，人口死亡率6.85‰，人口自然增长率5.13‰。2010年，辖区总人口28848人，人口出生率13.76‰，人口死亡率6.41‰，人口自然增长率7.35‰。2014年年末，辖区总人口31724人，其中男性16921人，占53.33%；女性14803人，占46.67%。人口密度为每平方公里288人。

经济发展

经济综述

2008年，财政总收入201万元。完成国税83万元，地税143万元，完成耕地占用税和契税5.8万元，转移支付57.7万元，专项农民补贴资金448.1万元。农民人均纯收入4800元。2014年，全镇公共财政收入710万元，企业实交税金251万元，公共财政支出710万元，年末债务总额2134万元。

农业

种植业 1958年后，三年国民经济困难，粮食减产。1962年，调整公社体制，实行以生产队为核算单位，同时扩大双季稻种植面积，农业生产发展较快。1969年，双季稻面积扩大到3266.67公顷，占水田面积的90%，亩产粮食390公斤。1976年,开始试种杂交水稻。1980年，全镇种植杂交晚稻3266.67公顷，亩产405公斤。20世纪80年代开始，普遍推广“稻稻油（菜）”三熟制。1991—2009年双季稻种植面积稳定在3266.67公顷左右，亩产650公斤。2013年，廖田镇获衡南县粮食生产先进单位。2014年，青冲村被列为衡南县土地“一流转五服务”试点村，郭市村被列为衡南县粮食高产创建示范村。年末，境内有耕地面积1877.87公顷，其中水田1768.87公顷，拥有千亩以上省级种粮大户1户，百亩以上种粮大户12户，50亩以上种粮大户74户；农作物播种面积（复种）4913.93公顷，其中粮食播种面积3316.6公顷，粮食总产量3.2万吨；油菜播种面积930.67公顷，油料产量1675吨；棉花播种266.67公顷，产棉640吨；烟叶播种面积133.33公顷，烤烟产量84万担；水果种植面积200公顷,产量530吨；蔬菜种植面积66.67公顷，产量1418吨。

养殖业 以生猪、鸡、鸭为主。1949—1978年，畜牧养殖业发展缓慢，饲养量时多时少。1978年后，推行经济承包责任制，畜牧业发展迅速增长，1995年，年出栏生猪1.8万余头，家禽4万余羽。2014年年末，全镇创建以合作社为主的养殖业7个，千头生猪养殖大户26户，年出栏生猪4万余头，家禽11万余羽，水产品150余吨。

林业 镇内有林地面积5000多公顷，其中中幼林占百分之八十，属衡南县林业大镇。2008年，冰雪灾害导致廖田林业生产遭受前所未有的重创。2010年后，引进湖南怡人园林绿化有限公司，成立衡南县合创林业专业合作社，茅岗村成立油茶种植鹏程农业科技发展有限公司，上规模苗圃有3个（青冲、陆堡、上宝），出现一批承包造林大户，林业造林积极性高涨，推动了林业发展。2014年，有国家级、省级重点公益林面积1466.67公顷，退耕还林面积133.66公顷，重点油茶工程造林200余公顷，阳光，杨合，江桂，西里坪，大众，平山村万亩杉木林基地，湘雅、河口、茅岗、勤丰、城塘、新茶、利民村万亩油茶建设基地初具规模。年末，有百亩果林业种植大户276户，森林覆盖率47.9%。

工业

1949年10月至1978年12月，境内有铁匠、木匠、缝衣、篾制品、豆制品等10余家小作坊。1979年以后相继兴办冶炼、小农具加工、电子加工等小型民营企业。2014年，镇内有杨钢冶金技术有限公司、建科酒业、美居布艺等企业14家，初步形成冶炼、汽车配件、小农具制造、食品加工、建筑材料五大产业。年末，镇内企业完成工业总产值2000万元，实现利税50余万元。

商贸服务业

民国时期，廖田有商铺数家，设墟场。1951年，成立国营贸易小组、公私合营贸易小组，举办各类物资及畜牧交流会。此后五年，先后设有廖田、陆堡、黄石供销社，肉食水产购销社，粮食管理收购站等机构。供应生产生活资料和收购农副产品。1958年，取消集贸市场和个体商贩，商贸服务由供销社或合作商店统一经营。1962年，逐渐恢复集贸市场，但对商品种类仍有限制。1963年，国家出台"调整、巩固、充实、提高"的八字方针，集贸市场得以恢复。1979年，实行改革开放，逐步放开市场，个体商贩进入商品流通领域，从事日杂百货、纺织品、餐馆和各类车辆维修等行业，市场繁荣。2014年，全镇有城乡集贸市场3个（廖田墟、曙光、瓦园），年成交额4000余万元，商业网点168个，主营日杂、文具、食品、服装、娱乐场、网吧、理发、餐馆、旅馆等，从业人员1436人，社会商品零售总额达5000万元。

财政金融

财政 中华人民共和国成立后，乡镇财政由财粮委员或秘书兼管。1953年，各种税收建立代征、协税组织。1961年成立协税委员会。1984年，成立镇财政所，统管财政收支。1996年，镇财政总收入596万元，财政总支出593万元。2004年起，实行农村税费改革，国家取消向农户征收农业税（含附加）和农业特产税。当年全镇两项税金106.53万元，农民人均减少负担61元。

金融 1950年年初，成立农村信用合作社。1993年，成立农村互助基金会。1999年4月，清理整顿农村互助基金会，并入信用社。2000年4月，开展供销社股金兑付工作。2014年年末，镇内有农村信用社、邮政储蓄银行两家金融机构，存款余额3亿元。

基础设施

交通运输

1949—1990年，陆路只有过境客运；耒水河道通航，勤丰、相市、青冲、陆堡设港口码头，衡南县航运公司开通从江口至泉溪的客轮，观音桥油榨铺码头设停靠点，勤丰、相市、青冲、陆堡沿河村民只有坐船至观音桥油榨铺码头上岸，再步行2公里路程到观音桥乘坐火车前往衡阳、广东等方向。陆路大道有勤丰、青冲、李家祠堂、复兴街、观音桥、东阳渡至衡阳城区的107国道，由于过境客车经过向阳镇时停站次数很少，原廖田乡、相西乡老百姓都步行到西里坪街瓦园火车站坐火车前往衡阳、广东等地。1995年，镇内民营车主开通勤丰至衡阳的客运班车，群众出行便利，当年，日发送客运量约120人次。2004—2005年，分别修建复兴街至曙光和青冲的公路；2006年，先后修建青冲至勤丰渡口码头公路、青冲至陆堡公路和湘雅通107国道公路，同年，开通廖田至县城云集的客运班车。2007—2014年，全镇26个村村级公路全面提质，实施水泥硬化，部分有条件的村小组也修建水泥路。2014年年末，镇内有县道1条（郭市至河口11.5千米过境常宁）、乡道1条（复勤乡道12千米连接耒阳）、村道26条长61.7公里、组道300条长900公里，村村通水泥路；有客运车辆12台，年客运量25万余人。

中华人民共和国成立初期，镇内货运由"湘运"包揽，集市贸易交流大多靠肩挑和独轮车运。20世纪70年代，原公社农机站购有拖拉机，农闲时跑短途货运。1983年后，私人购车加入，承担镇内部分货物运输。随着当地民营货运业不断发展，"湘运"货运逐渐退出。至2014年年末，有货运车辆36台，总吨位290吨，年货运量370万吨。

邮政通信

民国时期，设有邮件交换点。中华人民共和国成立后，1950年，向阳桥设邮件集散点，邮件由邮递员直接投递乡政府及沿途村组。1964年，廖田乡设邮政所，自行车是邮件运输和投递的工具。2002年3月，成立衡南县廖田邮政支局。2006年12月，设立廖田邮政村级三农便民服务站，先后完成建设11个便民服务站。2014年年末，镇内有邮政所1处，代办点11个。电信所1个，服务网点2个，电话交换机总容量2000门，固定电话用户450户，互联网端口总数700个，宽带接入用户760户。

供电饮水

供电 中华人民共和国成立初期，电力资源紧缺，老百姓家庭用煤油灯或蜡烛照明。至20世纪60年代末，少数单位、企业或大队有柴油机组发电，用于生产和生活。1995年，撤区并乡建镇后成立廖田镇农电管理站，至1998年，廖田镇农电管理站改为廖田镇供电所，全镇民居通电率为100%；随后，分别启动第一期、第二期农电升级改造及低电压改造工作，至2014年年底，先后完成全镇范围内25个村及社区的部分农网改造、布点、增容工作，改造和新架10千伏线路11.3千米，新增（含更换）配电变压器58台，新增配电变压器容量为5810千伏安，完成户表改造9863户（不含新开用电户），供电率达100%。

饮水 1949—1996年，镇区生产生活用水以取地表水和井水为主。每逢天旱，生产生活用水极为紧缺，饮水质量也时好时差。1997年，建设廖田镇水厂，日供水能力200吨。随着城区发展，2010年，又新建水厂1座，日供水能力1000吨。2014年年末，有供水主管网6条，长10.7千米，支管网19.9千米，供水用户850户。供水覆盖廖田社区和湘雅、陆堡、长力、黎明、曙光、复兴6个行政村。

水利建设

1949年，政区内有山平塘、骨干塘2638口，总蓄水量约800万立方米。中华人民共和国成立后，人民政府把兴修水利作为发展农业、改善民生的大事来抓。1953—1958年，共修扩建山平塘2238口，新修骨干塘298口，蓄水总量增加到1700万立方米。1958年10月到1968年10月，全镇先后兴建云冲（库容量38.5万立方米）、盐冲（库容量35万立方米）、母塘边（库容量26.5万立方米）、小龙塘（库容量28.8万立方米）、李子皂（库容量35.5万立方米）、王子塘（库容量18.6万立方米）6座小（二）型水库，总容量182.9万立方米，有效库容158万立方米。辖区有欧阳海灌区西支干渠1条长25.8千米，支渠5条长158千米，还有耒河、湘江、舂陵水三条河流通过辖区。20世纪80年代至2000年，硬化山平塘、骨干塘280口，渠道18千米，3座防洪闸维修加固。2014年年末，镇内有小（二）型水库6座，水塘4873口，总蓄水量6957.6万立方米，基本保障全镇1886.67公顷农田灌溉。

镇村建设

廖田镇为百年古镇，1896年，一廖姓人家在廖田墟发家致富，后逐步建立廖田墟市场（老街），商贾往来，铺面众多。1911年，建文昌宫。中华人民共和国成立后，为人民公社、乡镇政府驻地，逐渐发展为中心城镇。20世纪50—80年代，镇村建设缓慢，老街两旁铺面窄小，民房破旧，雨天街道水坑洼洼，晴天街道灰尘蒙蒙，配套设施简陋。90年代，小城镇建设提速，街道面积不断拓展，先后兴建有商店、学校、医院等。2006年起，启动社会主义新农村建设，全镇大部分农户均新建2~3层200平方米以上的楼房。2011—

2014 年，对农村环境卫生进行综合整治，建设美丽乡村，全镇农村道路硬化率为 90%，电网改造率为 90%，环境卫生达标率为 98%，农村安全率达 100%。2014 年，城区面积达 0.9 平方千米，有宝灵路、文昌路、学府路、致富路、日焕路、歌德路、黎朗路、就力路、六一路九条街道，形成集教育文化、商贸、医疗卫生、交通通信于一体，功能较为完备的小城镇。

社会事业

教育

1950—1957 年，全镇有廖田墟中心完小 1 所，初级小学 8 所，学生 600 多人。1958 年，镇内有 4 所完全小学，初级小学从原来的 8 所发展到 18 所，并在廖田完小开办农中班（农中没有独立校舍）。1967 年，公办小学下放到大队办，中心完小开始附设初中班，实现读初中不出公社，读小学不出大队。1977 年开始，完小附中的小学部完全下放到大队，几乎村村都办起完小，原来的廖田完小附中办成廖田初级中学，学校的规模为每个年级 2 个班，学生 360 余人，最高时每个班级达 90 人。为满足广大人民群众子女入学的要求，1978 年，还在瓦园完小附中设立初中班，当时全镇中小学学生已达 2000 人。1980 年，成立廖田镇中心小学。1995 年，相西中学和廖田中学合并，学校扩大到 12 个班级，在校师生 1400 余人。1996 年，廖田镇所有中小学顺利通过九年义务教育省级验收。2000 年，随着农村富余人员外出务工，中小学生人数逐年递减。至 2014 年年底，全镇 1 所完全小学，6 所初级小学，1 所初级中学，在校初中生 500 余人，小学生 1200 余人，教师 151 人。

文化体育

文化 1953 年 6 月，乡设立文化站，并配有 1 名辅导员，到农村中进行各种文化活动及辅导工作。1957 年 12 月，县电影队到农村巡回放映，各大队开办农村俱乐部、业余剧团，开展不同形式的文艺活动。1970 年 10 月，公社都建立电影放映队。1995 年 6 月，建成廖田镇广播电视台，大部分家庭有电视机，收看无线电视节目，群众文化生活更加充实。2007 年 10 月，开通有线广播站。2010 年 5 月，开通有线数字电视，频道 50 余个，视频清晰。次年，有线电视用户 3700 户，入户率 85%。2014 年年末，有文化站、广播电视站各 1 处，村级文化活动中心 26 处，各类图书室 30 个，藏书 48000 册。镇民间组织有 1 个腰鼓队和 2 个管乐队，音乐、美术、诗歌、书法、唢呐及文学业余创作队伍 100 余人。

体育 1952 年，各年级设体育课。1960—1961 年，因国民经济困难，学校体育课暂停，1962 年后逐渐恢复。1977 年，体育教学趋向正常，保证“两课、两操、一活动”。即每周两节体育课，每天做广播操和眼保健操，每天一小时课外体育活动。1983 年后，中小学普遍推行第五套、第六套、第七套广播体操。2001 年，经县教育局和体育局等主管部门批准成立衡南县彭飞文化武术学校，建校以来，先后组队参加全国、省市级比赛，均获取优良名次，并为重点大学体育系、特种部队、公安干警、重点高中输送一大批优秀人才。2014 年年末，全镇现有学校体育场 8 处，居民体育场 2 处，总面积约 1 万平方米。

医疗卫生

民国时期，农村普遍缺医少药，患者治病素以草药为主，病人就诊不便。中华人民共和国成立后，1954 年，成立联合诊所，有中医 5 人。1958 年，成立乡卫生所，有医务工作人员 9 名，此后逐步调配西医。1969 年后，相继建立大队卫生室，分别配有 1 名赤脚医生和 1 名保健员，普及新法接生，指导科学育儿和计划生育。1995 年撤区并乡后，改为廖田镇卫生院。2006 年 1 月启动新型农村合作医疗，当年参加新型农村医疗 21372 人，参合率 87.59%。此后参合人数逐年递增。2014 年年末，有医院 1 所，职工 31 人，主治医师 2 人，医师 5 人，执业医师 10 人，病床 20 张；有农村医务点 26 个，从业人员 53 人；全镇参加新农合 25653 人，参合率 100%，受益金额 180 万元。

社会保障

“五保”供养　1959 年起，对孤寡老人和无劳动能力的残疾人实行“五保”，其生活费由所在生产队或生产大队统筹。20 世纪 80 年代后，纳入乡镇统筹。1995 年，敬老院建成，面积 3000 平方米，有床位 156 张，当年入住 32 人。2005 年起，城乡“五保”对象享受城乡最低生活保障待遇，其供养经费由县财政拨付。2014 年年末，全镇“五保”供养对象为 199 人，其中分散供养 167 人，集中供养 32 人。年人均 3261 元（不含衣服和医疗费），总金额 64.90 万元。

医疗救助　2006 年起，启动城乡居民大病医疗救助。救助对象主要为罹患恶性肿瘤、白血病、尿毒症的城乡低保户、困难户。2014 年，共救助 185 人，救助总金额 14.3 万元。

最低生活保障　1999 年 10 月，启动城镇居民最低生活保障，并对低保对象实行动态管理。2005 年，有城镇最低生活保障 57 户、62 人，年人均 11072 元，总金额 6.86 万元。2007 年 7 月，启动农村居民最低生活保障，当年有农村低保对象 50 户、155 人，年人均 360 元，总金额 5.58 万元。 2014 年，境内农村最低生活保障户数 583 户、979 人，支出 129.31 万元，年人均 1321 元，城镇最低生活保障户 22 户、68 人，支出 25.6 万元，年人均 3765 元。

养老保险　2011 年 7 月起，启动城乡居民社会养老保险。当年，参保人数 12100 人，参保率 85%；征缴养老金 121 万元，为 3515 名到龄居民发放 7—12 月养老待遇 22.88 万元。2014 年年

桐梓山工农游击队指挥部旧址

勤丰村果志堂

末，参保18169人，参保率100%；征缴养老基金193.26万元，为4493名到龄居民发放养老待遇329.69万元。

特色地情

刘良璧（1684—1764） 字省斋，今廖田镇人。康熙四十七年（1708），参加湖广省戊子科乡试，在99名“举额”中，名列第二。雍正二年（1724），赴京会试，中进士，次年进入仕途。历任福建连江、诸罗、凤山、龙溪县令，台湾知府，分巡台湾道，分巡兴泉永道。著有《台湾风土记》《霞东纪略》。

桐梓山 位于廖田镇杨合村，1925—1926年，何炳林创立洪门圈子会，进驻桐梓山，农民运动会高潮时改称农会。1927年，成立桐梓山农民游击队，积极支援水口山的工人暴动，与工人暴动队联合组成桐梓山工农游击队，后改编为工农革命军第一师独立第三团，建立桐梓山革命根据地。1928年4月，该团离开桐梓山革命根据地，随朱德、陈毅上井冈山与毛泽东会师，组成红四军。1992年，民政部因桐梓山根据地把衡南县定为革命老区；2010年，被命名为“衡阳市爱国主义教育基地”；2011年，被审定为“湖南省第九批省级文物保护单位”。

果志堂 位于衡南县廖田镇勤丰村，有两百多年的历史，是衡阳传统的府台建筑与湘南建筑的结合体，独具特色，保存完整。右厢房有清代遗风，左厢房为民国建筑，宽阔大气。这里住着杨氏族人，各家之间，天井相隔，木楼梯相连，和谐相处。

（文字供稿：刘国平　图片供稿：衡南县志办）

茶市镇 >>

区域概况

位置面积

茶市镇因驻“茶皂”耒河十八堡之梅园堡茶溪旁而得名为茶市。地处县境腹地，东接洪山镇，南连相市乡，西与云集镇隔耒水相望，北通泉溪镇。镇人民政府驻昌阁社区正街28号，距县城云集4公里。辖区东西最大直线距离16.5公里，南北最大直线距离14.8公里，总面积72.84平方公里。

建置沿革

明末属慕道乡，清康熙三十年（1691），撤乡设郡，属第三十八都。同治十年（1871），去都置乡，属仁和乡。民国32年（1943），设区辖乡，属衡阳县第二区，辖红炉、朝阳两乡等。中华人民共和国成立初，仍沿袭民国旧制。1950年3月，撤红炉、朝阳乡等，设立茶市区公所。1952年7月，衡阳、衡南分县后，重置区、乡政区，设茶皂乡，社陂乡、武龙乡等。1953年3月，茶皂乡更名为茶市乡。1956年5月，撤区并乡，撤茶市区公所，把社陂乡并入茶市乡。1958年9月，茶市乡更名为茶市人民公社。1961年8月，设区分社，分置茶市公社、相市公社、上壁公社、石桥公社隶属茶市区。1966年11月，撤茶市公社复置茶市乡。1984年5月，改茶市乡为茶市镇。1995年5月，再次撤区并乡，撤销茶市区公所，把原茶市镇、原石桥乡合并并入茶市镇，镇政府驻原茶市区公所。

行政区划

1995年年末，政区辖2个居委会，28个行政村；下设7个居民小组，295个村民小组。2014年，辖昌阁、华光2个社区，茶市、石子、关头、界洲、功胜、厂塘、金古、贺新、吉庆、高屋、杨枝、江家、海会、怡古、黄泥、紫肖、粮塘、大兴、何祠、杉碧、林目、石桥、冠山、僚塘、杜桥、大陂、白田、董家、莲花29个行政村，305个村民小组。

自然环境

政区以丘陵为主，土质以紫色岩石为主，黄土为辅，境内腹地皆为紫色岩，四周黄土嵌镶。地势东南略高，西北偏低，耒水自南向北流经境内18千米。黄土丘陵，土壤肥沃，四季分明，气候宜人，镇城之处亚热带季风湿润气候，年平均气温19℃，极端最低气温-8.8℃（1972年2月8日），最高气温39.5℃（2011年8月18日），年均降水量1300毫升左右，降水日约为148天，最多年份达179天（1970年），最少年份88天

(1963 年),集中降水均在每年的 3—9 月,4—5 月降水量最多。常年北风为主,夏季盛行东南风,并有雷电气象。

人口民族

1999 年年末,辖区总人口 33625 人,人口出生率 11.56 ‰,人口死亡率 7.59 ‰,人口自然增长率 3.97 ‰。2010 年,辖区总人口 34097 人,人口出生率 11.73 ‰,人口死亡率 5.74‰,人口自然增长率 5.99‰。2014 年年末,总人口为 38806 人,其中,男性 20620 人,占 53.14%;女性 18186 人,占 46.86%。人口出生率为 10.1‰,死亡率为 4.01‰,自然增长率为 6.09‰。总人口中汉族人口为主,有苗族、壮族、傣族 3 个少数民族,人口 32 人。人口密度为每平方公里 436 人。

经济发展

经济综述

2007 年,农民人均纯收入 2720 元。2008 年,农民人均纯收入 3880 元,财政总收入 1300 万元,种植早稻 1787.4 公顷,总产 8847 吨。企业总产值 5.5 亿元,增加值 6900 万元,利润 1710 万元,上缴税金 150 万元。2014 年,国税、地税共 806 万元,农民人均收入达到 7257 元。

农业

种植业 民国时期,农业生产水平低下,粮食亩产约 180 公斤左右。中华人民共和国成立初期,粮食种植以一季为主,辅以少量双季稻。此后,随着水利条件和生产工具不断改善,双季稻面积逐渐扩大,粮食连年丰收,1952 年,平均亩产达 390 公斤。1958 年人民公社成立后,连续两年粮食减产歉收。1962 年,调整公社体制,实行以生产队为核算单位,同时扩大双季稻种植面积,农业生产持续发展。1969 年,双季稻面积扩大到 3466.67 公顷,占水田总面积的 89%。平均亩产粮食 401 公斤。1976 年,开始试种杂交晚稻。1980 年,全镇种植杂交晚稻 3466.67 公顷,亩产 405 公斤。20 世纪 80 年代开始,在全镇普遍推广"稻稻油(菜)"三熟制。1991—2009 年,双季稻种植面积稳定在 3466.67 公顷左右。亩产 720 公斤。2014 年年末,境内有耕地面积 2362.13 公顷,其中水田 2200.27 公顷,农作物播种面积(复种)5343.2 公顷,其中粮食播种面积 4009.8 公顷,粮食总产量 22216 吨;棉花播种 17.2 公顷,产棉 45 吨;油菜播种面积 1211 公顷,油料产量 1829 吨;烤烟播种面积 175.07 公顷,烤烟产量 555 吨;水果产量 600 吨;蔬菜产量 1619 吨;其他经济作物产量数百吨。

养殖业 以生猪、鸡、鱼为主。1949—1978 年,畜牧水产、养殖业发展缓慢,饲养量时多时少。1978 年以后,推行经济承包责任制,养殖业迅速发展。1995 年,生猪出栏 2.1 万头,家禽出笼 1.1 万羽。2014 年,全镇有年产千头养猪场 13 处,有三黄鸡孵化场 10 处。年末,生猪出栏 8.82 万头,生猪存栏 6.3 万头;家禽出笼 5.56 万羽,家禽存笼 3.8 万羽;鲜鱼产量 800 吨。其中杜桥村盛产三黄鸡,年出笼 1.8 万羽,年末存笼 0.5 万羽。

林业 境内有林地 7.88 万亩。1949 年以前,林地为私人所有,主要树种有松树、油茶等。1958 年,林地收归为公社集体所有,由于大办"钢铁"和"公共食堂",林木遭损。1963 年,山林权属固定在生产队。1980 年,山林权属确立到户后,先后出现承包山林开发。2002 年,实施退耕还林和绿化荒山工程,至 2014 年,全镇共完成退耕还林和公益林营造面积 666.67 公顷,森林覆盖率为 45%。

工业

民国时期，茶市以打铁、榨粉、熬豆油、酿米酒等家庭小作坊为主。

20世纪60—80年代，镇内相继创办农机厂、红砖厂、钢窗厂等一批县属、镇属企业18家，从业1380余人，年生产规模约1500万元（当年价）。1996年，镇内有企业37家，年总产值8500万元。2000年后，县办、镇办企业全部改制成民营企业。2005年茶市镇创办工业园，先后入驻清泰公司（生产汽车总成）、泰安公司（生产的电子元件、油泵配件）、迪源精工机械有限公司（生产的汽车配件）和华源竹品厂（生产的竹地板）4家民营企业。2010—2014年，工业园区新增慧丰机械厂、川南铸钢厂、富康达电子厂等。年新增产值2000万元。2014年年末，全镇工业总产值约2亿元，实现利税410万元。

商贸服务业

民国时期，茶市老街有私有商铺和饮食服务摊店，裁缝、理发店等120余家，从业人员180余人，有集贸市场3个（含石桥林目墟）。中华人民共和国成立后，1952—1955年，先后设有供销社、肉食水产站、粮油购销站及粮食储运库等，供应生产、生活资料及收购农副产品。客货运码头（搬运队）年吞吐量在7万吨左右。1955年，镇内有私营商户152户，粮商21户，从业295人。1958年，取消集市贸易和个体商贩、商贸服务由供销社或合作商店统一经营。1962年后，逐渐恢复集市贸易，但对商品经营种类仍有新限制。1970年，镇内有国营、集体商业网点55个，从业人员898人。1980年后，市场、个体商业发展迅速。1990年，全镇有个体商店172家，从业人员430余人，主营日杂百货、纺织品、餐馆和各类车辆维修等行业，市场繁荣。此后私营商业成流通的主体。2000年后，镇内国有、集体商业实行体制改革、改制为民营商业企业。2014年年末，镇内有各类商贸户1180余家，从业人员2879人，主营日用品、文化用品、建筑建材、服装、娱乐场、网吧、理发、餐饮、旅馆等行业，社会消费品零售额达1.58亿元。有集贸市场4个，超市6个，年交易额1.36亿元。

财政金融

财政　中华人民共和国成立后，镇乡（公社）财政由财粮委员或秘书兼管。1953年，各种税收建立代征、协税组织。1961年，成立协税委员会。1984年，设立镇财政所。是年，镇财总收入385万元，主要为工商税收和农业税收，财政总支出375万元，主要为支援农业，行政管理费和上调县财政。2004年，实施农村税费改革，国家取消农民上缴农业税，农林生产和各项涉农税费，当年共减少税费305万元。2014年年末，完成公共财政总收入600万元，公共财政总支出600万元，年末债务为零。

金融　清宣统三年（1911），茶市街上有当铺3家。抵押物品主要为金银、首饰、古董玩器及钢锡制品等。1952年，设立中国人民银行茶市营业所，管理金融业务。1953年，建立茶市乡信用合作社（简称信用社）、石桥乡信用合作社。1959年1月，信用社与营业所合并，当年冬又析出分设。1985年1月，撤销营业所，由农业银行接管其金融业务。1990年，设立茶市区人民保险公司代办处。1994年4月，成立镇（乡）农村合作基金会，其业务受县农村经营管理局管理。1999年4月，对农村合作基金会进行清盘关闭，其业务并入当地信用社。2008年，设立茶市邮政储蓄营业所。2014年，镇内有农业银行、信用社、邮政储蓄银行4家，1个保险代办站，年末存款3.5亿元，贷款余额1.2亿元。

基础设施

交通运输

码头、公路 民国时期，茶皂素有“军事要冲”“战略咽喉”之称。耒水河道通航，茶皂设有港口、码头。陆路主要有向南沿耒河、功胜、莲花、金古、金子至小江口；向东经茶市黄泥山出口至贺新、吉庆、黄泥、上壁、梅元、合溪、冠市至宝盖、樟树脚、攸县、井冈山；向北沿茶市、石子、杨枝、何祠、林目至泉溪等；向西接茶市过耒河至渡口、毛塘、云市向南至向阳桥至耒阳、郴州、广州；云市向北，经东阳渡、周家坳至衡州府官道。1958年，分别修建茶市至相市的公路。1970年，修通茶市至上壁的公路，1971年，修通茶市至石桥的公路。20世纪80—90年代，在改造已建公路同时，发动各村自修村级公路29条。2003—2010年，对镇内乡村公路全面实施改造提质和水泥硬化。2014年年末，镇内有316省道过境，长8公里；213县道在境内通过，长35公里；村道29条，长75公里。村村通水泥公路。

客运 1962年，茶市耒河通客运轮船，南至小江口，北至泉溪寺。每日往返各1次。1974年，建立茶市“湘运”汽车站和石桥汽车点，代售车票。1983年开放市场，始有个人购车加入社会营运，客车以小型为多，招手即停，俗称“方便车”。2011年，建立茶市农村客运站。2014年年末，有民营客车20台，日客运量约1800人次。

货运 中华人民共和国成立初期，镇内货运由“湘运”包揽，集市贸易交流大多靠肩挑和独轮车运。20世纪70年代，原公社农机站购有拖拉机，农闲时跑短途货运。1983年后，私人购车加入，承担镇内部分货物运输。随着当地民营货运业不断发展，“湘运”货运逐渐退出，至2014年，镇内有民营货车60台，小拖40台，三轮卡车30

茶市大桥

台，年货运量约46万吨。

邮政通信

邮政 民国32年（1943）8月，分别在茶市河街、石桥林目开设信柜。中华人民共和国成立后，1951年6月，林目信柜改为邮政代办所，邮件由邮递员直接投递乡政府及沿途所经过的村组。1952年7月，成立茶市邮政支局，1957年，分别再设立林目邮政所和黄泥邮政代办所。20世纪60年代，在公社（乡）的部分大队（村）设邮政投递点，自行车作为邮件运输和投递的工具。2014年，镇内有邮政支局1个，代办点2个。

通信 1953年，茶市始通电话，1962年，茶市、石桥、相市、上壁4个公社开通电话。20世纪70—90年代，公社（乡镇）自建通村电话网络，各大队（村）利用农村广播线路接通电话。1994年，在茶市区内建设程控电话网络。1998年后，县电信、移动、联通公司分别在镇内建设移动电话基站。2014年年末，镇内有电信企业1家，固定电话用户1600多户，移动通信网点4家，建移动基站8个，信号覆盖率为100%。有移动用户1万余户，电信宽带有800余户入户。

供电饮水

供电 茶市属于白渔潭淹没区。因为白渔潭提高1米水位，兴建拦河坝筑建水力发电站。1975年，茶市街道单位、居民，均用上白渔潭发电站的照明用电。1980年5月，架通向阳供电站至茶市35千伏高压输电线路，线长18千米，此后相继建设境内29个村供电网络。至1995年，全镇各村及各村民小组通电率为100%。2000年后，多批次对农村电网进行改造扩容。2013年，先后完成对20个村主线改造和户改，改造和新增10千伏线路10千米。新增和更新10千伏安变压器12台，完成户改千伏配电线路186千米。镇内2个社区、29个行政村，供电率100%。

饮水 1949—2008年，镇区生产生活用水以取地表水和井水为主，每逢天旱，生产生活用水极缺，饮水质量难以达标。2009年，建立镇自来水厂，年供水160万立方米，能满足城镇居民饮用水。茶市自来水厂供水管网还延伸到茶市、界洲、功胜、石子4村。地下机井水是当前农村老百姓饮用水的主要来源。

水利建设

1949年，境域内有水塘1225口，总蓄水量880万立方米。中华人民共和国成立后，人民政府把兴修水利作为发展农业、改善民生的大事来抓。1953—1957年，整修扩建山平塘385口，新修水塘100口，总蓄水量增加至950万立方米，1958年10月至1960年月兴建石桥林目水库和茶市贺新龙塘水库。1962年，白渔潭库区淹没沿耒河境内8个村稻田233.33公顷，旱土42.67公顷，拆迁房屋600间，移民660人。1983年新修一条5千米的排洪沟。1993年，茶市区组织茶市、相市、上壁、石桥等乡镇，赴相市兴修补水站。通过完善水利设施，涝旱之年，均有补救措施相助，水稻生产损失相应减少。至2000年，全镇共有小（一）型水库1座，小（二）型水库13座，整修山平塘825口，疏通排灌渠系15条，硬化山平塘505口，渠堰硬化2000米，小（一）型水库（林目水库）除险加固硬化筑堤等，大大提高抗旱能力。2014年年末，镇内有小（一）型水库1座，小（二）型水库13座，水塘2515口，总蓄水量69.86亿立方米。另有欧阳海灌区和龙溪桥水库及相市补水站水源补充，水利条件尚好。

镇村建设

茶市历史悠久，为千年古镇，清朝曾在此地设38都。中华人民共和国成立后，历为区镇驻地，后渐发展为中心小城镇。20世纪50年代末至70年代，建设2条街道，街上主要建有供销社、食品站、学校、农机站、邮电支局、搬运队、农具厂等单位，房屋简陋，卫生较差。1993年，茶市大桥建成通车后，城镇建设提速。2006年起，启动社会主义新农村建设，重点改造农村水利、电力、道路、饮水、房屋等基础设施。全镇大部分农户均自建有2~3层200平方米以上的小楼房。2011—2013年，对农村环境卫生实行综合整治，建设美丽乡村。茶市镇的怡古村、僚塘村是全县社会主义新农村建设的典范。至2014年，全镇农村道路硬化率为99%，电网改造率为85%。环境卫生达标率为95%，农村饮水安全率达100%。29个行政村部均有配套的办公用房，各村均有图书室、娱乐室、会议室、运动场、电教室、科教室。2014年年末，城镇区域面积已扩展至2平方公里。有茶市正街，龙山街、育贤街、河街、茶石街、福星街6条街道，新建居民住宅商品房600套。形成集教育文化、商贸服务、医疗卫生、交通通信、娱乐休闲于一体，功能较为全备的现代小城镇。

社会事业

教育科技

清道光、同治年间（1821—1874），茶溪享堂属茶溪一甲罗家祠堂兴办的1所族内学堂，凡族内弟子均可免费入学就读。1949年冬，茶市享堂由政府接管，更名为茶市完小；中心国民小学和各族各保国民小学由政府接管（沿袭下来的5所私塾并合为茶市华光庙民办高级小学）。1950年，境内有完全小学2所、初级小学18所。此后在致力发展中小学教育的同时，广泛开展扫除青少年文盲教育。至1956年，小学增加到24所。是年，茶市完小附设初中班，并更名为茶市完小附中。1958年，茶市公社还办起茶市农中。1970年茶市完小与茶市民高合并，茶市完小附中，专办初中班，更名为茶市附中。1971年茶市附中新增高中班。1974年，按照“一个大队办一所小学，一个公社办一所初中”的要求。全镇有小学29所，中学5所。1975年，茶市附中由衡南县教育局接管更名为衡南县十中。1986年后，境内先后办起2所农民技术学校，同年，茶市中心小学开办学前班。1988—1990年，将原有29所小学合并为20所联校。1995年，经省、市考核验收，茶市镇率先实现国家规定的“两基”标准教育，获衡阳市人民政府授予“两基工作达标先进乡镇”称号。2003年7月，衡南县教师进修学校（开办高考补习班）迁至衡南县十中。2014年，全镇有幼儿园8所，在园幼儿2000余人，专任教师92人；小学10所，在校学生2486人，专任教师188人；初中1所，在校学生1200人，专任教师116人；高中1所，在校学生1200余人，专任教师108人。合格化学校有茶市中心学校、茶市中心小学、莲花完小、海会完小、石桥中心小学、僚塘小学、黄泥小学。

1958年，贺新村高中生戴发奖发明木制单车；2010—2013年，茶市镇文化站杨启军发明潜轮泥浆泵，获国家专利。

文化体育

清代、民国时期，境内有龙灯、狮子灯、草龙灯18坛，多在春节期间表演，时有皮影戏活跃在农村山寨。中华人民共和国成立初，以农村俱乐部为文化活动阵地。1958年，农民作家罗卓如创作的小戏《双献宝》，1959年由湖南人民出版社出版单行本。1958年，茶市区成立剧团。1963年后，设立公社文化站和大队文化室。1966—1976年“文化大革命”期间，文化活动由“语录歌”“忠字舞”所替代。1972年,建立公社广播站,当年镇内29个大队,325个生产队全部通广播,喇叭入户率为38%。1975年,公社建立3支电影放映队,有放映机6台。20世纪70年代末,农村文化渐趋活跃。1983年,茶市区镇电影院修缮投入使用。1985年,乡镇广播站更名为广播电视站。20世纪80年代初至90年代,随着县广播电台的运行覆盖,结束了有线广播历史。1994年,广播电视站更名为有线电视台。当年,有数字电视用户126户;同时,衡阳市作家协会会员罗开华创作小品《路考》获省银奖。2008年7月汶川地震发生后,他创作的小品《农妇、屠夫、狗》获省市五个奖项。2011年以来,昌阁、华光居委会组建两支100余人的腰鼓队活跃在集镇乡村。2012年罗开华创作的歌词《一生一世跟你走》获国家级银奖。中国民间文艺家协会会员罗卓如出版《怪杰》《回嚼》等书,其创作的对联收录国家名人库。2013年,以各村文化活动中心为阵地,组建68支广场舞队伍。2014年年末,全镇有文化站1个,专职工作人员9人,村文化活动中心29个,共有图书88800册,各类文化专业户20户,从业人员60余人,业余文艺创作人员10人;有有线电视网络28组,用户1245户,天线数字电视用户1895户,电视综合覆盖率为100%。

1952年,各年级设体育课。1960—1961年,因国民经济困难,学校体育课暂停,1962年后逐渐恢复。1977年,体育教学趋向正常,保证“两课、两操、一活动”。即每周两节体育课,每天做广播操和眼保健操,每天一小时课外体育活动。1983年后,中小学普遍推行第五套、第六套、第七套广播体操。镇内每年端午节都要举行龙舟赛。衡南十中在全县中学生篮球赛中多次获奖。茶市中学每年均举行中学生田径运动会,在每届县中学生田径运动会中都有获奖。2014年年末,镇内学校有运动场所5个,总面积4500平方米。

医疗卫生

民国28年(1939),设茶皂卫生所,尚未开展西医业务。1949年,境内有中医曹志成、罗明察等12人,西医5人。中华人民共和国成立后,大力发展医疗卫生事业,医疗条件不断改善。1951年建立茶市区卫生所,有医务人员6人。1953年,成立联合诊所。1958年,建立茶市公社卫生院(地址设光华庙)。是年,推行新法接生。1969年后,相继建立大队卫生室,分别配有1名赤脚医生和1名保健员。区联合诊所改为茶市地区医院。下辖区药物组和上壁乡、相市乡、石桥乡、茶市镇四个乡镇卫生院。1995年撤区并乡后,原石桥乡卫生院、茶市区医院、茶市镇卫生院三院合一,更名为茶市镇中心卫生院,有职工143人,其中高级职称6人,中级职称27人;开设病床60张,年门诊6万人次以上,住院1500人次。2006年1月,启动新型农村合作医疗,当年参加新型农村医疗21417人,参合率为79.03%,此后参合人数逐年递增。2014年,镇内有医院1所,分院1所,个体诊所2个,西药店4个,中药店1个及村卫生室29个,共有病床150余张,执业医务人员130余人。年末,参加新型合作医疗27990人,参合率为100%,补偿总金额898万元。

社会保障

“五保”供养 1959年起,政府对孤寡老人和无劳动能力的残疾人实行“五保”(保吃、穿、住、治病、丧葬),其生活费由所在生产队、大队统筹。20世纪80年代后,纳入乡镇统筹。2005年起,城乡“五保”对象享受城乡最低生活保障待遇,其供养经费由县财政拨付。1995年撤区并乡后，原石桥乡敬老院并入茶市镇敬老院，集中供养部分“五保”老人。2014年年末，全镇有“五保”对象185人，其中集中供养50人，分散供养135人，共拨付供养金45万元。当年，茶市镇敬老院获“全省五保供养先进单位”称号。

医疗救助 2006年起，实施城乡居民大病医疗救助。救助对象主要为患恶性肿瘤、白血病，尿毒症等大病的城乡低保户、“五保”对象。当年，救助16人次，救助住院医疗费6万元。2014年，共救助115人次，救助总金额25万元。

最低生活保障 1999年10月，启动城镇居民最低生活保障，并对低保对象实行动态管理。2005年，有城镇最低生活保障182户、248人，年人均645元，总金额16万元。2007年7月，启动农村居民最低生活保障，当年有农村低保对象48户、160人，年人均360元，总金额5.76万元。2014年，境内农村最低生活保障454户、1081人，支出146.75万元，年人均1358元，城镇最低生活保障62户、124人，支出44.64万元，年人均3600元。

养老保险 2011年7月，启动城乡居民社会养老保险，当年，镇内城乡居民参保人数10500人，参保率81.28%；共收养老基金105万元，为3697名到龄居民发放7—12月养老待遇33.07万元。2014年，城乡居民参保人数8451人，参保率70.68%；共收养老保险金87.01万元，为4795名到龄居民发放养老待遇345.17万元。

特色地情

历史人文

杜陵桥 唐朝中叶，著名现实主义诗人杜甫，途经衡南县茶市镇石桥的杜桥村，被洪水挡路。杜甫在小河边庵寺留宿多日，他带头发动当地百姓捐款、运土凿石修建了一座石桥。人们为了纪念杜甫，把这座桥命名为杜陵桥，后来这个村更名为杜桥村。

宋代樟园窑址 茶溪耒河（现茶市镇怡古村）怡古河边的樟园一带，宋末元初无名氏夫妇，沿耒河十八堡一线，筑窑烧制碗、罐，经过3年的反复试验，历尽艰难辛苦，终于将碗、罐烧制成功。当地至今流传“宋朝窑子碗罐成，樟园泥土和人心”之说。

名优特产

三黄鸡 茶市镇三黄鸡闻名于“两湖”“两广”。杜桥“三黄鸡”尤为出名，量多味美，肉鲜价优，干豆角茶油炒土鸡或凉薯茶油炒土鸡是茶市人们最喜爱的餐桌佳肴。

甜藕 节多孔大，节长藕甜味芳。

枣子 子肖、粮塘、杉碧的珍珠枣，生吃甜而脆，干吃核小肉厚，耐嚼善补，可作头碗膳菜，可入药润身。

粮塘鱼 历来是朝廷进贡之鱼。其特点是鱼肉质紧，刺少，耐煮、耐嚼，鲜而滑，入口入味。

风景名胜

界洲头 貌似一叶小舟江中游，相传洲下有金鸡打鸣，金耙犁耕。春季桃花满园，夏季橘绿如黛，秋季桑葚满洲，冬季白鹤成雪。四季美景，目不暇接。

（文字供稿：罗开华　图片供稿：衡阳市志办）

冠市镇 >>

区域概况

位置面积

冠市镇因古时盛产罐子闻名，后人以谐音得名。地处衡阳市东部，衡南县东南部，京珠高速纵贯南北，316 省道横穿东西，距衡阳市 42 公里，东与宝盖镇接壤，南与江口镇相邻，西连相市乡，北接花桥镇、洪山镇，距县城 32 公里。镇人民政府驻冠市正街。辖区东西最大距离 13.75 公里，南北最大距离 10.9 公里，总面积 79 平方公里。

建置沿革

1949 年 10 月，属衡阳县第九区；1952 年 7 月属衡南县第六区；1951 年，设冠市镇，当时没有下辖行政村；1956 年，撤区并乡；1958 年，建立东方红公社，驻地在江口；1961 年 7 月，设中共江口区委员会，下辖杨武、九龙、江口、黄竹、宝盖、樟树 6 个人民公社；1968 年，杨武、九龙、江口、黄竹、宝盖合并建立了江口公社革命委员会；1984 年 2 月机构改革后，杨武公社改为杨武乡，黄竹公社改为黄竹乡，同年 8 月，杨武乡改为冠市镇；1988 年 5 月，黄竹乡改为黄竹镇；1995 年 5 月，撤区并乡，黄竹镇并入冠市镇。

行政区划

1995 年年末，政区辖 4 个居委会，32 个行政村；下设 12 个居民小组，408 个村民小组。2014 年年末，辖正街、北门口、黄市、街口 4 个社区居委会，冠市、黄竹、南岳、柳树、陈祠、芳冲、旧田、枫山、畔壁、古丰、竹林、足田、石六、吐泉、公塘、大桥、大牧、旦陂、溪头、梅盐、杨武、坪田、洲上、五一、新塘、青山、引田、虎形、光复、柏潭 30 个行政村。

自然环境

镇域大部为山前平原，地势略为西高东低、南高北低，地面高程一般在海拔 20 ~ 40 米。全镇气候温暖湿润，属亚热带季风气候，具有热量充足、雨水集中、春暖多变、夏秋多旱、冬寒期短、暑热期长的特征。年均气温 17.8℃，年均降水量 1700 毫米。境内有耒水支流沙河，自杨武村入境，由东而西南，南岳村出境，境内河道长约 8 公里。主要自然灾害有旱涝、霜冻等。全镇区域位处湖南“干旱纬度”的中心地带，全域面积和人口都分布在“衡邵干旱走廊”区域，旱灾具有频率高、时间长、面积广、危害大的特点，夏、秋旱多，春夏、夏秋连旱时有发生。

人口民族

1999 年年末，辖区总人口 40390 人，人口出生率 11.84 ‰，人口死亡率 5.57 ‰，人口自然增长率 6.27 ‰。2010 年第六次全国人口普查，辖区总人口 43480 人，人口出生率 13.55 ‰，人口死亡率 7.05 ‰，人口自然增长率 6.50‰。2014 年年末，辖区总人口 49800 人，其中城镇常住人口 12350 人，城镇化率 24.8%；另有流动人口 8000 人。总人口中，男性 23406 人，占 47%；女性 26394 人，占 53%；人口出生率 7.12‰，死亡率 9.36‰，人口自然增长率 –2.24‰。总人口全部为汉族。人口密度为每平方公里 630 人。

扬武村中低产田改造项目

经济发展

经济综述

2014 年，镇内有工业企业 151 家，完成工业总产值 2.1 亿元，实现财政总收入 1000 万元，当年实现地税 592.7 万元，国税 61.2 万元。农业总产值达 9100 万元。

农业

种植业 民国时期，农业生产水平低下，粮食亩产约 200 公斤。中华人民共和国成立初期，粮食种植以一季稻为主，辅以少数的双季稻。此后随着水利条件的不断改善，双季稻面积逐渐扩大，粮食连年丰收。1952 年，平均亩产达 300 公斤。1958 年后，连续两年粮食减产歉收。1962 年，调整公社体制，实行以生产队为核算单位，同时扩大双季稻种植面积，农业生产持续发展。1969 年，双季稻面积扩大到 2733.33 公顷，占水田总面积的 94.96%，平均亩产粮食达 390 公斤。1976 年，开始试种杂交晚稻，1980 年全镇种植杂交晚稻 2800 公顷，亩产 415 公斤，总产 1.74 万吨。20 世纪 80 年代，开始在全镇普遍推广“稻、稻、油（菜）”三熟制。1991—2009 年，双季稻种植面积稳定在 2800 公顷左右，亩产 900 公斤，总产量达 3.9 万吨。2014 年，境内有耕地面积 3330.73 公顷，其中水田 2878.53 公顷，农作物总播种面积 7019.87 公顷，粮食作物播种面积 5860.53 公顷，其中水稻 5237.33 公顷，豆类 314 公顷，薯类 42.53 公顷；油料作物播种面积 968 公顷，其中花生 110 公顷，油菜 836.67 公顷，芝麻 21.33 公顷；棉花播种面积 72 公顷；烟叶 268.53 公顷；蔬菜 24 公顷；瓜果 70 公顷；其他农作物播种面积约为 66.67 公顷。

养殖业 民国时期，农户养猪多为圈养，户均每年养殖 1~2 头；鸡鸭多自繁自养，养牛则作役用；养鱼主要靠自生自长，产量低，平均每亩水面产鲜鱼不足 15 公斤。中华人民共和国成立以后，政府鼓励农民发展养殖业，饲养猪牛、鸡鸭、鱼类数量逐渐增多。1958 年成立人民公社后，限制农户饲养家禽家畜，池塘、水库养鱼由集体经营。1961 年、1970 年、1987 年，亩产鲜鱼分别为 20.5 公斤、25.8 公斤、39 公斤。1982 年，随着家庭承包经营责任制的贯彻实施，养殖业开始向专业化、规模化方向发展。当年，镇内养猪 8050 头，饲养家禽 9.5 万羽。1991 年，镇内出现养猪专业户。1998—2010 年，先后建成投产的足田临武鸭孵化场、溪头甲鱼养殖场、尚益生猪养殖专业合作社、永丰畜牧水产养殖专业合作社、九月养猪场等 89 个。2014 年各类规模养殖户 110 户，出栏生猪 3.5 万头，肉牛 900 头、羊 2500 头、出笼家禽 38.95 万羽；养蜂 310 箱，产蜂蜜 15000 公斤。

林业 1949 年以前，林地为私人所有，主要种有松、杉、樟、楠木等。1958 年，林地收归公社集体所有。1982 年山林权属固定到农户后，先后出现东星农林、金冠冰糖橙合作社、芳冲酥脆枣合作社等林业规模经营大户。2002 年，实施“退耕还林”和绿化荒山工程，通过退耕还林、封山育林、荒山改造等一系列措施，至 2014 年，林业面积达到 5700 公顷，森林覆盖率达 24%。

工业

冠市镇因古时出产陶罐而得名，手工业发达，有豆制品、竹制品等。1949—1990 年，冠市镇工业基础较为薄弱，仅有区电杆厂 1 家企业，年产值不到 50 万元。20 世纪 90 年代末，依托便利的区位条件，一批批中小型企业渐渐兴起，至 2012 年，先后引进恒鑫生物、东永汽配、东星农林、一龙纸品厂、湘水绿地生态农场等 10 多家民营企业，以精细化工、机械加工、农林开发、车身制造等产业为主，年生产规模达 1 亿元。

商贸服务业

冠市是通往江口、宝盖的必经之地，位于三镇的中心位置，区位优势明显，是三地百姓商贸往来的重要枢纽。20 世纪 80 年代，冠市、黄竹街上商贸活动异常繁荣，几乎是日日开市，居民能在市场上买到一切日常所需物品，更吸引了周边大量个体经商户以及农户。当时冠市老街街道业已形成，主要是正街、和平街，粮站、供销社、食品站、客运站都坐落在此。正街基本保持原貌。集市也集中在这 2 条街道，主要有农具店、铁匠铺、裁缝铺、理发店、烧饼店、豆腐坊、篾货店、旅店等以及各种摊贩。1978 年前，大米、面灰由粮站统销，食品、布料、油料等由供销社统销，生猪由食品站统销。黄竹集市上牛市较为有名。1980 年后，实行改革开放，在发挥国营集体商业主渠道作用的同时，适当发展个体私营商业。1982 年，镇内供销社和食品站推行经营承包责任制，与个体经济同步发展。1988 年，国营、集体商店都实行承包经营和租赁经营，维持生存。至 1990 年，民营资本大量进入市场，个体商户达 100 余家，从业人员 260 余人。1995 年后，在商业改革的大潮中，国营、集体商业逐渐淡出流通市场。2001—2007 年，先后完成对国营、集体商业的改革改制，民营商业成为商品流通领域的主力，主营日杂百货、文化用品、纺织用品、家用电器、餐饮宾馆和各类车辆维修等。2014 年年末，城镇建成区面积 2.4 平方千米，常住人口 8800 余人。有个体工商户 840 户、中小型超市 10 个，社会商品零售总额 1.57 亿元；城乡集贸市场 2 个，年交易额 1.34 亿元。

财政金融

财政 中华人民共和国成立后，乡镇财政由财粮委员或秘书监管。1953 年，各种税收建立代征、协税组织（后分设税务分局负责工商税收）。1961年,成立协税委员会。1984年,成立乡财政所。1994年，税务部门在冠市设立地税分局。1996年6月，财政所新办公楼建成，建筑面积1400平方米。2002年，税费改革，取消屠宰税。2005年1月,国家取消农业税（含附加）和农业特产税,全镇各项减负190万元。2014年，公共财政总收入650万元，其中国税60万元、地税300万元，公共财政支出650万元。年末，债务总额1792万元。同年，冠市地税分局撤销。

金融 20世纪50年代初，成立中国农业银行冠市营业所。1995年，境内有农业银行冠市营业所、冠市信用社和农村合作基金会3家金融机构。1999年4月，清理整顿农村合作基金会，并入信用社。2000年4月，开展供销社股金兑付工作。2004年，农业银行江口营业所并入冠市营业所。1986年，设立邮政储蓄，2008年，设立邮政银行。2014年，镇内有3家银行机构、2家保险机构，年末，存款余额5.5亿元。

基础设施

交通运输

公路 1937年，有玄碧塘至樟树脚乡村大道途经境内，1955年，修建冠市至江口砂石公路6公里。20世纪70年代以前，村民外出大多数人选择步行到江口码头再乘坐客船离岸，少数人选择乘坐过镇“湘运”客车。至90年代，冠市镇主干道有316省道、冠黄路、外环路、京港澳高速、015县道，交通十分便利。2000—2014年，新修镇区道路6条，已完工道路3条，分别是环城路至镇政府、环城路至三医院、廖山里至农电站；建设中的有3条，分别是凌波宾馆至古皇花苑、凌波宾馆至烟站、北门街口道路。

客运 1964年，省汽车运输公司衡阳分公司（简称“湘运”下同），辟衡阳汽车西站至樟树脚班车，冠市设汽车代办点，每日往返四趟。1983年，开放市场，始有个人购车加入社会营运，客车以小型为多，招手即停，俗称“方便车”。20世纪90年代，开通冠市至衡阳班车，往茶市方向，至衡阳。1998年，G4高速开通，设立冠市出口，改为高速通行。2014年年末，有客车14辆，日客运量600余人（老百姓去云集县城办事均乘坐宝盖至云集班车）。

货运 中华人民共和国成立初期，镇内货运由“湘运”包揽，集市贸易交流大多靠肩挑和独轮车运。20世纪70年代，农机站购有拖拉机，农闲时跑短途货运。1983年后，私人购车加入，承担镇内部分货物运输。随着当地民营货运业不断发展，“湘运”货运逐渐退出。至2014年，镇内有货车40余辆，总吨位320吨，年货运量20余万吨。

邮政通信

邮政 中华人民共和国成立前，设有邮电局，中华人民共和国成立后沿袭，主要业务包括包裹、信函收发、投递、报纸杂志发行等。1950年，设有邮件代办点，邮件由邮递员直接投递乡政府及沿途所经过的村组。1964年，冠市乡设邮政所，自行车作为邮件运输和投递的工具。2014年，有邮政支局1所，邮政便民服务站13个，主要负责当地报刊发送、信件投递和小件快递业务。

通信 1962年12月，镇行政事业单位开通固定电话。1993年，各村开通程控电话。随着时代发展，电信拓展固定电话和宽带、高清电视、移动4G手机业务。2014年年末，有电信服务网点5个，固定电话用户2100户，互联网用户620户；移动网点3个，移动电话用户3.9万户；联通网点2个，手机用户1.3万余人。

供电饮水

供电 20世纪60年代，在沙河上修建双江水轮泵站，兼设水力发电，供南岳村、冠市村部分村民和冠市集镇用电。农村居民基本使用煤油灯照明。遇红白喜事时使用马灯、汽灯，晚上集体活动点火把或篝火。60年代末开始，到80年代中期，各村陆续使用国电，但供电不稳定。1977年，冠市镇变电站、供电站建成，1992年供电站迁至冠市镇中心大街中段路东。2008年10月,冠市35千伏变电站启用。1999—2013年，各村实行农村电网改造，网改30个村，户改1.8万户。2014年年末，全镇共有10千伏线路4条，长120千米，年用电量1800万千瓦时。

饮水 20世纪90年代前，农村饮用水主要取地表水，大部分自然村落使用公共明井水。90年代后，农户陆续开挖人工井或机井。2000年开始,部分农户使用家用水塔供水,并实行改水改厕。2007年，建成冠市镇自来水厂，有深水井8眼及成套净化设备，年供水265万立方米。铺设主供水管网2条，长8.1千米；支管网12条，长51.9千米，并在道路两侧铺设D600排水管道5千米。2014年，城镇居民100%使用自来水。同时，实施提水工程，解决黄竹片区供水难的问题。

水利建设

冠市地处湖南“干旱纬度”的中心地带，全域面积都分布在“衡邵干旱走廊”区域。1949年，境内仅有山平塘约150口,蓄水量约60万立方米。中华人民共和国成立后，人民政府组织群众兴修水利，抵御干旱。1954—1969年，整修扩建山平塘350口，增加蓄水量200万立方米。1966—1979年，先后修建五一村的枫水塘水库，蓄水量15万立方米，受益村7个；组田村的冻米塘水库，蓄水量14万立方米，受益村6个；枫山村的马家水库，蓄水量16万立方米，受益村9个。20世纪90年代末，陆续启动一系列水利项目，分别对以上3座小（二）型水库除险加固。2014年，镇区实施沙河提灌项目、安全饮水工程，不断改善水资源的保护和利用，基本保障工农业生产和居民、村民的生活需要。

镇村建设

中华人民共和国成立初期，街道狭窄、民房低矮破旧、路面坑坑洼洼。20世纪60—70年代，驻区供销社、食品站、搬运队、邮政所、学校、卫生院以及商铺、企业等先后沿正街马路两旁建房，城镇初步成型。1995年，镇上陆续新建了不少3~5层砖混结构的新房。至2006年，正街、和平街和北门口街共新建民住宅房100栋,总建筑面积约1.5万平方米。2006年起，启动社会主义新农村建设，重点改造农村水利、电力、道路、饮水、房屋等基础设施。2011—2013年，对农村环境卫生实行综合整治，建设美丽乡村，全镇80%以上农户都建成2~4层不等200平方米以上的白墙青瓦新房。2012年启动小城镇建设之后，城镇建设提速，2013年6月完成1条长2.8公里的凌波大道休闲娱乐街和1条长1.2公里的风情大道商业步行街主体建设工程；2014年8月总投资300万元完成2条街道路面硬化与绿化工程。2014年，全镇农村道路硬化率为98%，电网改造率为100%，环境卫生状况良好，农村饮水安全得到保障，行政村都有办公场所，设有图书室、会议室、健身器材,配备远程设备,如投影仪、电脑、打印机等。年末镇区面积达2.4平方公里,形成集教育文化、商贸服务、医疗卫生、交通通信、娱乐休闲于一体的小城镇。

社会事业

教育

中华人民共和国成立后，各大队依托宗庙祠堂、大队设立中小学校，20 世纪 60—70 年代，每个大队都设立小学。1971 年 12 月，成立教育组，1978 年，设立文教办，1988 年，成立学区。1997 年，完成普及九年义务教育。2002 年，学区改为教育办，2008 年，改为中心学校。为了提供更好教育，冠市中学还实行学前三年教育，实行中小学课程改革，随着时代的发展，学校基础设施也不断完善，硬化学校跑道，教室配备多功能媒体设备，还率先开办衡阳市第一所乡镇农村跆拳道俱乐部，促进学生全面发展。2014 年年底，镇内有幼儿园 3 所，在园幼儿 700 人，专任教师 39 人；小学 11 所，在校学生 2600 人，专任教师 162 人，小学适龄儿童入学率 100%；初中 2 所，初中在校学生 1900 人，专任教师 119 人。初中适龄人口入学率、小升初升学率、九年义务教育覆盖率均达 100%；中学初中毕业生升学率达 90%。

文化体育

文化 20 世纪 60 年代初，成立文化站。“文化大革命”时期，文艺宣传队下基层活动。70 年代初，设立公社广播站和电影放映队，镇机关设立电影院。1998 年，冠市电视差转台开播，覆盖全镇及周边乡镇部分区域。1994 年，成立冠市镇广播电视中心站，冠市城镇开通有线电视，约有用户 200 多户。2006 年，成立冠市老年科技工作者协会。至 2014 年，有线用户已发展到 2500 多户，并延伸到周边 15 个村，卫星电视村村通达 1300 户。自电视机进入普通家庭后，电影基本退出农村市场。2014 年年末，镇内有文化站、广播电视站各 1 处、有村级文化活动中心 50 处，各类文化专业户 3 户，民间艺术、器乐队伍 6 个，各类图书室 20 个，藏书 10 万册。

体育 1952 年，学校各年级设体育课。1960—1961 年，因国民经济困难，学校体育课暂停，1962 年后逐渐恢复。1977 年，体育教学趋向正常，保证“两课、两操、一活动”。即每周两节体育课，每天做广播操和眼保健操，每天一小时课外体育活动。1983 年后，中小学普遍推行第五套、第六套、第七套广播体操。2011 年，开始兴起广场舞，正街龙王庙成为主要活动场所。2012 年，成立冠市老年大学腰鼓队。2014 年，有社区活动场地 5 个，村级活动场地（吐泉、石六、旧田、柏潭、枫山、洲上、引田）7 个，总面积 1 万余平方米。

医疗卫生

民国时期，境内民间有中医、中药铺数家，农村普遍缺医少药，患者治病素以草药为主。1953 年建联合诊所，有中医 5 人。1956 年建立乡医院，以中医诊治为主西医为辅。1969 年，农村实行合作医疗制度，相继建立大队医疗室，并配有赤脚医生和保健员各 1 人，普及新法接生，指导科学育儿和计划生育。70 年代，设立村卫生室，赤脚医生改称乡村医生。1995 年，设立乡镇卫生管理委员会，2000 年撤销。2006 年 4 月启动新型农村合作医疗（简称新农合），当年农村合作医疗参合人数 29732 人，参合率 82.59%。2014 年，镇内有衡南县第三人民医院和黄竹分院 2 所，防疫所 1 所，村卫生室 30 所，床位 240 张，有专业卫生人员 70 名，其中执业医师 15 人，执业助理医师 23 人，注册护士 32 人，平均每千人拥有卫生技术人员 1.4 人。年末，农村合作医疗参合人数 40509 人，参合率 99.37%；医疗救助 267 人次，民政部门资助参加合作医疗 1800 人次，共支出21.6万元。是年法定报告传染病（甲乙类）发病率为0/10万；农村安全饮用水普及率92%，农村卫生厕所普及率75%。统筹地区政策范围内平均住院补偿率85%；儿童免疫规划疫苗接种率98%。在辖区内2所合作医疗卫生机构实施国家基本药物制度，实行基本药物零差价销售；城乡居民规范化电子健康档案建档率为88.6%。

社会保障

“五保”供养 1959年，国家对60岁以上的孤寡老人和“三无”人员（无劳动能力，无收入来源，无赡养、抚养人）实行“五保”（保吃、穿、住、医、葬），其供养费用由所在生产队统筹。20世纪80年代纳入乡镇统筹，1997年，建立敬老院1家，床位50张。2005年，“五保”对象享受国家救助600元/年，供养费由县财政统筹。2014年，镇区有农村五保人员40人，敬老院集中供养对象23人，分散供养17人，月享受供养金390元。

最低生活保障 1999年10月，启动城镇居民最低生活保障，并对低保对象实行动态管理。2005年，有城镇最低生活保障对象119户、161人，年人均845元，支出总金额13.61万元。2007年7月，启动农村居民最低生活保障，当年有农村低保对象63户、221人，年人均367元，支出总金额8.11万元。2014年，境内农村最低生活保障对象841户、1502人，支出188.65万元，年人均1256元，城镇最低生活保障对象154户、314人，支出95.37万元，年人均3037元。国家抚恤、补助各类优抚对象180人，抚恤事业费支出220万元。

养老保险 2011年7月，启动城乡居民社会养老保险。是年，镇内城乡居民参保人数18800人，参保率99.53%；征缴养老基金188万元，为5134名到龄居民发放7—12月养老待遇金40.34万元。2014年年末，镇内城乡居民参保人数为13885人，参保率79.89%；征缴养老基金142.23万元，为6525名到龄居民发放养老待遇金467.74万元。

特色地情

风景名胜

古皇山 坐落在枫山村，相传汉朝皇帝曾来此一游，故名为古皇山。

龙王庙 古时候，冠市镇历遭洪涝灾害，相传建龙王庙可以防止洪涝灾害，百姓祈求风调雨顺，修建了龙王庙。

高岭古井 位于冠市镇高岭村，井水为活泉

冠市红豆腐

水，清冽、甘甜。

刘家祠堂 刘家祠堂坐落于冠市镇冠市村高岭组，始建于清代，现为刘姓人家所维修，面积400平方米。是衡阳市文物保护单位，祠内挂有历史上刘姓皇帝画像。

名优特产

冰橙 产地冠市村高岭组，种植面积16.67公顷，年产量25万公斤，产值达100多万元，因皮薄肉甜，深受当地及外地朋友的喜爱。

红豆腐 用本地上等黄豆及地下水磨煮成豆腐块，采用当地一种红色植物染色，工艺优良，制作讲究。烹饪时以红豆腐切成大小厚薄均一的小块，用水煮，加香葱香芹以及油盐等佐料炖煮而成，是一味色香味俱佳的菜肴。

民俗风情

"牛市""猪市" 20世纪50年代以前，每月的初一、初六，冠市的黄竹街异常热闹，"牛市"和"猪市"买卖时间跨度长，人数多。每一次可以持续两天，先天商贸者就开始准备，持续到第二天，每场高达5000人次。到90年代中期，由于黄竹并入冠市，随着高速路、省道、国道以及县道的发展，以及居民生活水平的提高，商贸来往不再像过去那么集中和单一，曾经的"牛市"和"猪市"热闹场面不再,只留存在人们的记忆中。

（文字供稿：彭会　图片供稿：衡阳市志办）

江口镇 >>

江口镇2010年被环保部评为“国家级环境优美乡镇”。

区域概况

位置面积

江口镇因镇政府驻地位于江口村而得名，又紧邻沙河入耒水口，俗称小江口。地处衡南县东南部，东与耒阳市洲陂乡相接，南与耒阳市新市镇相邻，西南与耒阳市永济镇相望，西与本县相市乡相连，北与本县冠市镇相依。镇人民政府驻上街社区江新街72号，西北距县城40公里。辖区东西最大距离7.85公里，南北最大距离12.71千米，总面积99.73平方公里。

建置沿革

1950年初，设江口乡，属衡阳县第九区。1953年3月，区划调整为江口乡，属衡南县第七区。1956年，撤区并乡，并入冠市乡。1959年，调整为江口人民公社。1961年，恢复区建制，属江口区。1984年，撤乡设镇。1995年5月，撤区并乡，与九龙乡合并为江口镇。

行政区划

2014年年末，辖上街、丁字街、新街、正街4个社区居委会，中甲、大安、周田、袁家、江洲、江口、丹成、三冲、玉碧、金堂、大岭、福文、杉林、池塘、犁头、公坪、太石、关美、花开、楠木、延寿、农发、盐沙、沙子塘、合心、斯陂、德胜、三坪、泉边、白马、浦塘31个行政村，383个村民小组。

自然环境

江口镇地处衡阳红岩盆地，地势东高西低、北高南低，地形多为丘陵、岗地，最高点大岭庙山海拔151.6米，最低点江口中学南边陇海拔60米。属亚热带季风气候区，光热充足，雨水较丰，春季低温阴雨，春末夏初雨水集中，盛夏初秋持续高温，冬季严寒少冰雪，春夏易涝，夏秋易旱，年平均气温18℃，年平均降水量1800毫米，相对湿度82%。境内河道属湘江流域。境内最大的河流为耒水，从东向西向北向西北流经境内花开村、楠木村、太石村、公坪村、丹成村、江口村、江洲村、袁家村，长10.8公里，流域面积1.08平方公里，主要支流有沙河、将军庙河等。境内矿产资源主要为玄武岩，地质储量10500立方米，位于丹成村、大岭村、玉碧村、杉林村大岭庙山一带。

人口民族

1995年，农业户数13142户，农业人口45474人。1999年年末，辖区总人口53152人，人口出生率 11.17 ‰，人口死亡率 6.03‰，人口自然增长率 5.14 ‰。2010 年，辖区总人口 54153 人，人口出生率 12.15 ‰，人口死亡率 4.54‰，人口自然增长率 7.61 ‰。2014 年年末，辖区总人口 61300 人，其中城镇常住人口 14050 人，城镇化率 22.8%。总人口中男性 32301 人，占 52.7%；女性 28999 人，占 47.3%；总人口中以汉族为主，达 61100 多人，占 99.7%；人口出生率 12.3‰，死亡率 5.3‰，人口自然增长率 7‰。其他民族 180 多人，占总人口 0.3%。人口密度为每平方公里 615 人。

经济发展

经济综述

2007 年，完成财政总收入 300 万元，比上年增长 8%。粮食生产面积 2757.8 公顷，其中优质稻推广率达 15% 以上。生猪年出栏 21350 头，家禽出笼 5 万羽。农民人均纯收入 3000 元，比上年增长 6.8%。2008 年，完成财政总收入 230 万元。粮食播种面积 4427.13 公顷，粮食总产量 27843 吨。农民年均纯收入达 3462 元。2014 年，公共财政总收入 725 万元，其中国税 104 万元、地税 314.5 万元，公共财政支出 720 万元。粮食生产面积 5215.73 公顷，全年粮食总产量 33641 吨。

农业

种植业 粮食作物以水稻为主，20 世纪 60—70 年代，由于生产条件落后，粮食亩产约 200 公斤，基本使用绿肥（红花草籽）和家肥，杀虫主要靠六六六药粉，绝大部分种植双季稻。90 年代后，杂交稻迅速推广。1995 年，全镇粮食作物 2800 公顷，粮食订购任务 0.71 万吨，早稻面积 2253.33 公顷，亩产 340 公斤，产量 1.12 万吨；中稻 13.8 公顷，亩产 580 公斤；晚稻 2440 公顷，亩产 350 公斤，产量 1.35 万吨；其他杂粮种植 233.33 公顷。2000 年，农作物播种面积 7666.67 公顷，其中粮食播种面积 5066.67 公顷。2010 年，粮食播种 4793.32 公顷，产量 3.18 万吨。2003 年，湖南亚华种业公司在德胜、泉边、楠木、斯陂村制种 200 公顷。2013 年，犁头村开始采用光照杀虫，不施化肥种植 2 公顷富硒稻。2014 年，境内有耕地面积 2960 公顷，其中水田 2666.67 公顷，全镇有粮食生产大户 110 余家，农业专业合作社和家庭农场 30 余家。年粮食生产中一季稻面积约 1333.33 公顷，双季稻约 1333.33 公顷，粮食总产量 3.3 万吨。经济作物有油料、烟叶和棉花等。

油料生产。1996 年冬，镇机关干部为村民翻耕，配发种子，但成效不理想。2009 年 10 月，市冬种油菜现场会在江洲村、江口村、三冲村召开，掀起油菜种植的热潮。2014 年，油菜种植面积 886.67 公顷，产量 2007.7 吨；镇内老油茶林面积 800 公顷，产油 3000 公斤。

烟叶生产。2000 年，开始发展烟叶生产，至 2005 年，种植面积 53.33 公顷，主要集中在白马村。2006 年，有 12 个村种植烟叶 173.33 公顷，产烟叶 6700 担。2014 年，烟叶种植限产后，只有 7 个村种植烟叶 100 公顷，产烟叶 4500 担。

棉花生产。20 世纪 90 年代，镇区棉花生产面积近 466.67 公顷，产皮棉 8000 多担，后逐渐减少种植面积，至 2014 年，种植棉花 40 公顷，产量 780 担。

养殖业 畜牧业以生猪、家禽为主，长期以来以农户家庭分散养殖为主，有少量养鸭大户，几百只不等。1958—1961 年，禁止农户养殖。1962—1980 年，耕牛、鱼塘由生产队集体放养，生猪、鸡鸭公私并养，几乎每户都养殖 1 头猪、几十只鸡，农户几户一起共同养牛役用，养鸡鸭、

江口鸟洲

猪主要是贴补家用。1982年，分田到户后，猪、鸡养殖量增加，鱼塘也开始承包到户。20世纪90年代初、中期，80%生产大队有集体养猪场、年出栏生猪200～300头左右。最大的猪场在浦塘村2组，时称万头猪场。2000年后，农户养鸡、养猪锐减，除部分农户养殖少量鸡外，绝大部分农户不再养殖生猪。2003年，出栏生猪1.23万头，出售和自宰家禽9.23万羽，存栏生猪0.48万头，家禽存笼6.17万羽。2010年，出栏生猪2.01万头，出售和自宰家禽12.66万羽，出栏生猪2.5万头，存笼家禽6.75万羽。2014年，镇内有生猪养殖大户9户，肉牛养殖大户3户，肉羊养殖大户3户，蛋鸡养殖大户2户，肉鸡养殖大户5户；年生猪出栏1.7万头，出售和自宰家禽30多万羽，存栏生猪0.8万头，存笼家禽20多万羽。渔业以淡水养殖为主，分田到户之前，鱼塘水面归集体放养，分田到户后，鱼塘实行承包。1963年，福文村村办幼鱼孵化场成立，水面6.67公顷，20世纪80年代中期，孵鱼量达高峰，每年孵鱼苗近20万尾，鱼苗远销广东、广西、江西、湖北。2003年，全镇淡水养殖面积213.33公顷，产鱼780吨。2013年，江洲村晨华生态种养专业合作社新开水面1.87公顷，养殖鳜鱼，年产鱼20余吨。2014年，淡水养殖面积192.67公顷，产鱼490余吨，有草鱼、鲢鱼、鳙鱼等。

林业 境内林地面积3266.67公顷，主要树种有松、杉、樟、油茶、南竹等。1958年，“大炼钢铁”，森林大部分遭破坏，且农户大多以灌木为生活燃料，部分林木也遭偷伐。1980年后，实行家庭联产承包经营责任制，部分林权放归农户，部分林权属生产大队林场或生产队。20世纪90年代，农民生活水平逐步提高，煤炭成为农户主要生活用火燃料，森林面积逐步恢复。1995年，乡镇成立林业站。2001年，实施退耕还林，至2005年达233.33公顷，国家补助21元/亩。2005年实施公益林保护733.33公顷，至2009年达1533.33公顷。2014年，有生态公益林1533.33公顷，退耕还林233.33公顷，林木覆盖率24%，活立木蓄积量2.4万立方米。是年，国家补助国家级公益林12.5元/亩、省级11.5元/亩，发放退耕还林补助38.6万元，公益林补贴59.1万元，造林补贴16.8万元，中幼林抚育20.4万元。主要经济林有油茶、茶叶、柑橘、柰李、枣等，油茶主要分布在泉边村、三坪村、白马村、楠木村等，面积666.67公顷；茶叶主要分布在江口茶场（1970年左右成立）、九龙茶场（1972年成立），面积93.33公顷，以绿茶、茉莉花茶为主，产量最高时可产干茶1200多担，其中茉莉花茶为省内名牌。2000年左右，江口茶场茶树老化，因发展冬枣和食用笋等被毁。2007年，九龙茶场茶树老化，因国土整理被毁。2014年，园林水果产量364吨，其中柑橘产量230余吨。是年，完成江白公路、丹盐公路等通道绿化19公里。三边绿化植树1.4万株。

工业

中华人民共和国成立后，镇内工业基础薄弱，1958年前，有铸铁铺、木匠铺、印染坊、酿造坊和缝衣店等手工业，1959年办起大米厂，但规模较小。1970年创办农机厂（后更名为内燃机配件厂），有职工10多名，年生产规模近30万元。20世纪80—90年代，乡镇企业发展较快，相继创办泉边竹架板厂，福文大米厂，江口、九龙茶厂，农机厂，化工厂，纽扣厂，皮箱厂，印刷厂，建筑公司（2005年11月改制，由集体企业改为私营企业），保华实业有限公司，黏土砖厂等12家企业。2000年后，主要有兴耒电子厂、恒美电子厂、恒溢塑料厂、宏茂鞋厂、衡阳红发建材有限公司、方圆采石场、天一采石场等私营企业。2014年年末，有恒美电子有限公司、保华实业有限公司、湖南振好工贸有限公司、喜雁“四件宝”特色食品有限公司和衡阳市九龙生态农业有限公司等企业30多家。

商贸服务业

民国时期，镇内农村集市分布在河街、正街、丁字街和九龙街中，街上有理发店、烧饼店、豆腐坊、旅店和农副产品交易等。其中：九龙集市木材、竹篾货较为有名。中华人民共和国成立后，对原有私营商业实行社会主义改造的政策，通过公私合营、代购代销等办法，建立以国营商业为主导，集体商业、私营商业与个体商业并存的商业体系。1956年，镇内开设专卖商店和食品购销站，大米、面条由粮站统销；食品、布料、油料等由供销社统销；生猪由食品站统销。1978年后，个体经商业兴起，由于经营灵活，价格便宜，私营经济发展较快。1988年后，国营、集体商店都实行承包经营和租赁经营，但因经营方式不活，包袱较重，商店相继关门停业。1998年8月，江口工商联成立。2000年后，江口城镇桥兴路、花果山、柰李山、茶山相继开发，城镇面积较老街区扩大3倍以上。2009年登记街道9条，门面1279间，营业门面约500家，私营商店涉及日杂用品、文化用品、家具家电、餐饮宾馆、服装皮具等十多个门类，几乎接管原国有集体商店的经营项目，至2014年，镇内有私营门店400余家，禾丰超市和东江百货超市2家，从业1500余人；有江口农贸市场和九龙综合农贸市场2个。

财政金融

财政 中华人民共和国成立后，乡镇财政由财粮委员或秘书兼管。1953年，各种税收建立代征、协税组织。1961年，成立协税委员会。后改为江口税务所，负责镇内工商税收等。1984年，成立区财政所。1994年后，撤江口税务所，分设国税分局和地税分局，其中；国税分局负责征收增值税、所得税和印花税等上缴国库；地税分局负责征收所得所、房产税和交易税等入地方财政。2000年，财政总收入943万元，其中国税54万元、地税106万元、农业特产税121万元。2002年，税费改革，取消屠宰税。是年地税分局撤销。2004年国税分局撤销。是年6月，财政所新办公楼建成，建筑面积1200平方米。2005年1月，国家取消农业税（含附加）和农业特产税，全镇各项减负189.9万元。2010年，镇级财政总收入430万元，总支出430万元。

金融 1950—1978年，先后成立中国农业银行江口营业所和公社信用社。1995年，镇内有营业所、县信用联社江口信用社、县信用联社九龙信用社和江口农村合作基金会4家金融机构。1999年4月，清理整顿农村合作基金会，并入信用社。2000年4月，开展供销社股金兑付工作。同年，江口营业所迁往冠市镇。1986年，成立邮政储蓄，2008年，改名为邮政银行。2014年年末，镇内有信用社江口分理处、信用社九龙分理处、邮政储蓄银行江口营业部等3家金融机构，存款余额3亿多元，各项贷款5000多万元。

基础设施

交通运输

公路 1949—1974年，境内掀起大建公路高潮，发动民工兴建公路，相继建成冠江公路（冠市镇至江口镇）、相江公路（相市乡至江口镇）、红新公路（冠市镇红花村至耒阳新市镇）、丹盐公路（丹成村至盐沙村）、江白公路（江口城镇至白马村）等，全为砂石路面，村民出行基本都靠步行，出远门得坐客船到向阳桥镇上岸，再到火车站乘坐火车。1980年后，开通国营客运班车，一天两趟。20世纪90年代末，因车流量增大，通镇公路坑坑洼洼。1997年8月，潭耒高速公路施工。1999年，九龙盐沙街道硬化。2000年，江口桥兴路硬化。2001年，冠江公路硬化。同年11月，潭耒高速公路竣工，其路面为水泥硬化，途经镇内玉碧村、大岭村、杉林村、池塘村、关美村、花开村、浦塘村、白马村，总长11公里。2003—2007年，红新公路，相江公路，犁头、沙子塘村级公路，江白公路，丹盐公路完成路面水泥硬化。2008年，红新公路九龙集镇至耒阳新市段完成路面硬化。2010年，镇内有村级公路31条102公里，村村通公路硬化率100%；有中甲、江口、金堂、池塘、公坪、太石、楠木等7个村实现组组通硬化公路，村民小组通硬化公路率达70%。2014年年末，境内有京港澳高速公路1条，015、016、097县道3条，村级公路31条。

客运 1964年省汽车运输公司衡阳分公司简称“湘运”（下同），辟衡阳汽车西站至樟树脚班车，江口百姓要到冠市汽车点坐车，每日往返四趟。1983年开放市场后，始有个人购车加入社会营运，客车以小型为多，招手即停，俗称“方便车”，

1990年年初，私营客运开通江口至衡阳班车，当时有中巴客车5辆，日载客210人次。2009年1月，开通江口至县城班车，有2辆中巴客车对开，日发车4趟。2014年，开通九龙至县城班车，有1辆中巴客车，日发车2趟。年末，有客运车辆17台，年客运量15万余人次。

货运 中华人民共和国成立初期，镇内货运由“湘运”包揽，集市贸易交流大多靠肩挑和独轮车运。20世纪70年代，原公社农机站购有拖拉机，农闲时跑短途货运。1983年后，私人购车加入，承担镇内部分货物运输。随着当地民营货运业不断发展，“湘运”货运逐渐退出。至2014年，镇内有民营货车148台，总吨位590余吨，年货运量20余万吨。

水路 清朝末年，江口耒水岸建有石级码头3处。1962年，将原河街担水洗衣码头改造成货运码头，俗称煤炭码头。1963年县客运站建石级客运码头。到2014年年末，江口城镇有渡口码头、客运码头、货运码头等3个，境内耒水渡口有楠木村渡口2个，太石村渡口1个，袁家村渡口1个。

邮政通信

邮政 中华人民共和国成立前，境内设有邮电所，中华人民共和国成立后沿袭，主要业务包括包裹、信函收发、投递，报纸杂志发行等。1951年6月，设江口邮政代办所。20世纪60年代起，在人民公社（乡镇）的部分生产大队（村）设邮政投递点，邮件由邮递员直接投递乡政府及沿途所经过的村组。2014年年末，有邮政网点1个，邮政代办点12个，投递点400多个，乡村通邮率100%。

通信 20世纪60年代初，开通长途电话业务，集中在镇事业单位。至70年代，人民公社（乡镇）自建通村电话网络，各生产大队（村）利用农村广播线路接。1993年，各村均开通程控电话，装机2000多门。1998年，成立衡南电信江口支局，主要业务有固定电话和宽带。2000年前后，电信、移动、联通公司均在镇内设立移动电话基站。2010年后，电信拓展光纤宽带、高清电视、移动4G手机业务。2014年年末，共有电信、移动、联通网点14个，移动基站12个。有电信固定电话用户0.3万户，光缆线路总长40千米，主干电缆3000对，互联网端口2万个，已用端口1500个。

供电饮水

供电 中华人民共和国成立初期，电力资源紧缺，老百姓家庭用煤油灯或蜡烛照明。20世纪60年代，少部分单位、企业或大队用柴油机组发电，用于生产和生活。1968年，在沙河上修建双江水轮泵站，兼设水力发电，供江口村、江洲村部分村民和江口集镇用电。至80年代中期，各村陆续使用国电，但供电不稳定。1998年12月，江口供电所挂牌。2008年10月，江口35千伏变电站启用。2009—2013年，实行农村电网改造，网改31个村，户改1.8万户。2014年年末，全镇共有10千伏线路4条，长130千米，年用电量1600万千瓦，城乡居民用电率100%。

饮水 1949—1990年，镇内居民饮水主要饮用地表水，大部分自然村落使用公共明井水。1989年，成立江口自来水公司，江口城镇居民普遍使用自来水；此时，农户陆续开挖人工井或机井。2011年，九龙集镇实现集中供水。2012年，江口自来水厂投资800多万元扩建，日供水能力由2000吨增加到8000吨，自来水用户4300多户，并延伸到公坪村、丹成村、犁头村等村和京港澳高速公路玉碧生活区。

水利建设

辖区地处“衡邵干旱走廊”，水资源缺乏，主要河流有耒水、沙河，均傍境通过，解放初期，农业靠天吃饭。20世纪70年代初，修建欧阳海灌区东支干渠，途经泉边村、三坪村、德胜村，约 12 千米。20 世纪 70 年代，修建江杨支渠（17.9 千米）、九龙支渠（17.3 千米）、泉新支渠（10 千米），设倒虹吸管 9 处，设计受益村 23 个，受益面积约 1800 公顷。镇内有渡槽 6 处。1970 年初修建双江水轮泵站，设计受益面积 266.67 公顷，兼顾小水电，供江洲村、江口村、江口小城镇用电。镇内有小（二）型水库 4 个（袁家村袁家洞水库、中甲村碗背水库、玉碧村马家坳水库、沙子塘村欧塘水库）。1990 年年初，袁家洞、碗背水库降为小（三）型水库。2000 年后，马家坳、欧塘水库降为小（三）型水库。2013 年，双江水轮泵站改装水轮泵 4 台，灌溉面积 133.33 公顷。2014 年，投资 300 万元硬化改造欧阳海灌区东支干渠江口段和江杨支渠共 8.7 千米，实施九龙支渠清淤 10 千米。2014 年年末，镇内有电排 45 座，其中较大型电排有九江电排、大兴潭电排、肖口山电排、江洲电排、大安电排、袁家电排等，镇内农田灌溉基本保障。

镇村建设

江口镇俗称小江口，因水运发达，商贾聚集，船家聚居而逐渐发展为集市。20 世纪 50—60 年代，江口粮站、江口供销社、江口食品站相继建立，带动了城镇的发展。20 世纪 70 年代，形成河街、上街、正街、丁字街等主要街道，面积约 0.5 平方公里。20 世纪 80 年代，建设龙王街和江新街，小城镇建成面积进一步扩大。2005 年 1 月，江口城建所乔迁至经贸路。2005 年 9 月，江口鸟洲大市场开业。2006 年，启动社会主义新农村建设，主要开展水、电、路网建设，安全饮水、绿化、环境卫生工作等。2011—2014 年，全面推行城乡环境同治，购买 1 台垃圾车，添置垃圾斗 40 个，新建垃圾池 120 座，垃圾基本做到日清日运；树立环卫宣传牌 130 块，各村均设立村级卫生员，镇每月开展镇村环境卫生大检查，乡村居住环境大有改善。2014 年，全镇完成农村危房改造 48 户，大部分农户都建成 2~3 层不等的砖混结构房屋。2014 年年末，城区建成区面积 1.3 平方公里，主要街道有桥兴路、龙王街、江新街、振兴路、江贸路、经贸路等，街道两旁绿化植树 1000 余棵，安装路灯 120 余盏。

社会事业

教育

中华人民共和国成立后，各生产大队依托宗庙祠堂、大队部设立中小学校，衡南三中即由贺氏宗祠改造而成。20 世纪 60—70 年代，每个生产大队都设立小学。1971 年 12 月，成立教育组。1978 年，设立文教办。1988 年，成立学区，2002 年，改为教育办，2008 年，改为中心学校（教育办与江口初级中学合并）。花开、犁头、杉林、公坪、农发等村小学相继被撤并。是年，全镇共有中小学校 20 所，其中初中 2 所、中心小学 1 所、完小 14 所、初小 3 所。在校学生 5548 人，其中小学生 4092 人，教学班 102 个，初中 1456 人，25 个教学班；全镇小学专任教师 179 人，初中 94 人。2014 年年末，镇内有县办普通高中 1 所，在校学生 1800 多人，专任教师 130 余人；有初中 2 所（江口中心学校、九龙中学），在校初中生 1333 人，专任教师 89 人，初中适龄人口入学率 95%，小升初升学率 100%；有中心小学 1 所（江口中心小学）、完小 14 所（九龙、中甲、袁家、玉碧、金堂、大岭、福文、太石、关美、楠木、白马、泉边、浦塘、沙子塘）和小学 2 所（延寿、盐沙）及教学点 3 个（杉林、犁头、黄龙），在校小学生 2900 多人，专任教师 140 人；小学适龄儿童入学率 100%；九年义务教育覆盖率达 100%。有民办幼儿园 4 所，在园幼儿 600 多人，专任幼师 20 余人。

文化体育

文化 20世纪60年代初，成立文化站。“文化大革命”时期，文艺宣传队下基层活动。70年代初，设立公社广播站和电影放映队，镇机关设立电影院。1994年10月，成立江口镇广播电视中心站，江口城镇开通有线电视，约有用户200多户。1997年7月12日，江口电视差转台开播，在杉林村大岭庙山设有信号塔，覆盖全镇及周边冠市镇、相市乡、邻近耒阳市乡镇部分区域。2004年5月，江口村腰鼓队成立。2009年11月，衡南县老年大学江口分校、江口鸟洲诗社成立。2012年，创建省“诗词之乡”。是年，江口电视差转台被撤销。2014年，有有线电视用户2300余户，并延伸到周边7个村，卫星电视村村通达1100户。自电视机进入普通家庭后，电影退出农村市场，国家开展电影免费下乡活动。是年，电影下乡200多场次。年末，有镇文化站、广播电视站各1所；村级文化活动中心1处；各类图书室31个，藏书2万多册；老年大学分校1所，学员50余人。

体育 20世纪70年代，中小学都设有课间操和体育课。因为设施简陋，一般开展乒乓球、跳绳、跳远、跑步、游戏等体育活动，小学大多没有运动场、篮球场。从1997年开始，中小学开始按《国家体育锻炼标准》教学，江口中学、九龙中学、江口中心小学教学体育设施齐全，其他学校都配有一定的体育设施。80年代开始，学生晚自习期间做眼保健操。2007年，江口龙舟队参加县南国明珠杯龙舟赛，取得第三名。2011年，开始兴起广场舞，镇机关前坪为主要活动场所。2014年年末，镇内有大众运动场4处、篮球场10处，总面积约0.91万平方米。

医疗卫生

民国时期，境内民间有中医、中药铺数家，农村普遍缺医少药，病人就医不便。1953年建联合诊所，有中医5人。1956年建立乡医院，设施简陋。1958年建立公社卫生院，以中医诊治为主西医为辅。1969年，农村实行合作医疗制度，相继建立大队医疗室，并配有赤脚医生和保健员各1人，普及新法接生，指导科学育儿和计划生育。1986年，镇卫生院达到国家规定建设标准，中医、西医并举，配有X光透视、心电图、血检、尿检等多种仪器，开设门诊部和住院部，一般患者可及时在当地医院就医。1995年，设立乡镇卫生管理委员会，2000年撤销。2001年，九龙卫生院改建。2006年4月，启动新型农村合作医疗（简称新农合）。当年，农村合作医疗参合人数34638人，参合率73.65%；2007年，江口卫生院住院部大楼落成。2014年年末，有乡镇卫生院2所，防疫所1所，村卫生室31所；病床56张，每千人拥有医疗床位0.93张。专业卫生人员48人，其中执业医师8人，执业助理医师18人，注册护士18人，平均每千人拥有卫生技术人员0.13人、执业（助理）医师0.29人、注册护士0.29人。医疗机构（门诊部以上）完成诊疗8000人次。年末，新型农村合作医疗参合人数50243人，参合率99.37%；法定报告传染病（甲乙类）发病率为0/10万；农村安全饮用水普及率90%；农村卫生厕所普及率70%；统筹地区政策范围内平均住院补偿率86%；儿童免疫规划疫苗接种率95%。

社会保障

“五保”供养 1959年，国家对60岁以上的孤寡老人和“三无”人员（无劳动能力，无收入来源，无赡养、抚养、扶养人）实行“五保”（保吃、穿、住、医、葬），其供养费用由所在生产队统筹。20世纪80年代，纳入乡镇统筹。1982年，将坐落在丹成村的江口渔场改为江口敬老院，集中供养10名五保老人。2005年，“五保”对象享受国家救助 600 元 / 年，供养费由县财政统筹。2007 年 11 月，新建江口敬老院，建筑面积 920 多平方米，床位 50 个。2014 年年末，全镇分散“五保”供养对象 313 人,年享受五保供养金 2400 元，集中供养对象 54 人，月享受供养金 390 元；孤儿 38 人，月享受孤儿补助 600 元。实行重度残疾人两项补贴，生活补贴：城镇 60 元 / 月·人、农村 40 元 / 月·人，护理补贴 50 元 / 月·人。

最低生活保障 1999 年 10 月，启动城镇居民最低生活保障，并对低保对象实行动态管理。2005 年,有城镇最低生活保障对象 133 户、217 人，年人均 682 元，支出总金额 14.81 万元。2007 年 7 月，启动农村居民最低生活保障，当年有农村低保对象 100 户、291 人，年人均 360 元，支出总金额 10.48 万元。2014 年，境内农村最低生活保障对象 939 户、1741 人，支出 221.76 万元，年人均 1274 元，城镇最低生活保障对象 119 户、258 人，支出 83.51 万元，年人均 3237 元。

医疗救助 2006 年启动城乡居民大病医疗救助，救助对象主要为患恶性肿瘤、白血病、尿毒症等绝症病人和家庭困难户。2014 年，共救助 200 多户，救助资金 20 多万元，临时救助 560 人次，支出救助金 36 万元。

养老保险 2011 年 7 月起，启动城乡居民社会养老保险。当年，参保人数 22500 人，参保率 88.76%；征缴养老金 225 万元，为 7131 名到龄居民发放 7—12 月养老待遇 61.69 万元。2014 年末，参保 21889 人，参保率 100%；征缴养老基金 221.17 万元，为 8692 名到龄居民发放养老待遇金 625.57 万元。

特色地情

风景名胜

江口鸟洲 1984 年，被列入省级鸟类自然保护区，位于耒水中下游，鸟洲由陈家洲、张家洲、龙家洲三个小洲组成，陆地面积 15 公顷，洲上栖息、繁衍的鸟类有 16 目、37 科、168 种。2010 年，设为湿地保护区，2011 年，被评为国家 AAA 级景区，设有鸟类标本室，建有观鸟台。

江口惠义桥 修建于明嘉靖年间（1522—1566），石质拱桥，3 孔 4 墩，长 62 米，宽 6.3 米，高 10 余米，相传为新城（今衡南县）山寿乡（今江口镇）铁野坪的乡绅贺伯伸捐资修建，2003 年，被列为县级文物保护单位。

江口中学古樟树 树龄达 500 多年，至今枝繁叶茂，浓荫如盖。

袁家村古樟树群 古樟 6 株，树龄最小的也有 150 年以上。

妙计仙岭 系罗霄山脉的余脉，山高林密竹茂，山麓有贯通江西、耒阳的古道。相传三国蜀相诸葛亮曾在此练兵，建“得胜台”，境内德胜村因此而得名。后人在此山建有妙计仙庙。1928 年 3 月，朱德、陈毅率部从耒阳取道于此，与毛泽东领导的秋收起义部队在井冈山会师。1948 年，楠木坪廖仁柯（原中共衡阳市委书记）、合心细石阳贺学理、关美堰雷公塘倪亚民等人在此创建湘南游击支队。

贺家大屋祖堂 修建于清光绪年间（1875—1908），共有三进，长 60 米，宽 15 米，青砖黛瓦，古朴典雅。

廖家湾古民居 古色古香，具有典型的江南民居风格。

衡南七巧龙

民俗风情

衡南七巧龙 衡南七巧龙舞蹈始发于延寿村，传说是清末时期延寿村廖姓族人在郴州学到了一种名为“狗婆蛇龙”之术，随后开始返回家乡授艺，之后代代相传，至今已有一百多年历史。衡南七巧龙的每条小龙由七节龙身组成，具有小巧灵活的特点，与传统龙舞相比，更善于变化和复杂艺术套路。1949年，廖仁正、廖仁嘉、廖茂求三位族人，将“狗婆蛇龙”正式改名为“七巧龙”，并对七巧龙的技巧和舞种进行了整理和发展。七巧龙集舞蹈、杂技、武术于一龙，融文、武、智、趣于一体，具有独特的艺术魅力和鲜明的民族风格，令人眼花缭乱、回味无穷。1983年，刘晓安在全面普查衡南民间舞蹈文化的过程中，发现了七巧龙舞蹈，将龙舞动作、音乐整理记录，编进了《中国民间舞蹈集成》。2003年，衡南县委、县政府开始着手七巧龙舞蹈的保护与传承工作。2007年，成功申报“湖南省非物质文化遗产保护项目”，被省人民政府批准定名为“衡南七巧龙”。在彭飞文武学校设立基地，传授技艺，组队参加各种龙舞比赛，获得奖杯数十个，最高奖为2010年世界龙舞邀请赛金奖。

“尝新米” 每年7月早稻收割后，当地农户置办一两桌酒席，请长辈一起到家里“尝新米”，早晨煮绿豆稀饭，中午吃糯米、粳米绿豆饭，席上要给故去的长辈留位。

十月扫枯草 每年农历十月上坟祭祖。当地清明节祭祖气氛并不浓厚，清明节主要是在外人士回乡祭祖，部分当地人于20世纪90年代之后清明节也开始祭祖。十月祭祖气氛浓厚，家家户户都会上祖坟除草培土，烧纸钱。

名优特产

喜雁“四件宝”特色食品 分别指雁城鸭、西江鱼、鸟洲乳鸽、鸟洲糍粑，2005年，荣获中国湖南第七届（国家）农博会金奖。“喜雁”商标于2010年被评为湖南省著名商标。

江口红豆干 由食用自然色素染红，红色代表喜庆，是招待贵宾的必上菜。

江口臭大肠 闻起来臭，吃起来脆嫩爽口，别具一番风味。

著名人物

廖焕星（1895—1964） 原名廖仁衡，衡南县江口镇犁坪村人。1918年1月，联络衡阳学生廖砚秋、蔡耀昆、黄俊章、刘平原等人，在衡阳新城镇紫云庵成立湘南最早的进步组织“新城端风团”，并创办湘南最早的进步刊物《端风》。1922年春，在长沙由毛泽东、何叔衡介绍加入中国共产党，不久赴欧洲勤工俭学，协助周恩来组建中共旅德支部。1935年，主编《救国时报》。1951年9月16日，回到阔别30年的祖国。刘少奇亲自批示恢复其中共党籍，并安排到中央高级马列学院任研究员，协助校长杨献珍主持学院工作。后因劳成疾，失去工作能力，于1964年病故，葬北京八宝山革命公墓。

（文字供稿：张梦洪　图片供稿：衡南县志办）

宝盖镇>>

宝盖镇为湖南省农业旅游示范点、湖南省环境优美乡镇、湖南省特色旅游名镇。

区域概况

位置面积

北宋时期，衡州知府廖汉依为保家建七层高楼，后称保家楼，因资源丰富，又传为宝盖楼，宝盖因此而得名。地处衡阳市区东南约45千米，西距衡南县城42千米，东界安仁县禾市乡，西接冠市镇，南毗耒阳市洲陂乡，北邻衡东县南湾乡，故有“一鸡叫四县”之说。镇人民政府驻宝盖村。辖区东西最大距离20.57公里，南北最大距离16.10公里，总面积176.5平方公里。

建置沿革

1949年10月，属衡阳县第九区，1952年7月，属衡南县第六区，1955年6月，改为宝盖楼区。1958年10月，成立胜利人民公社，1959年2月，改为宝盖人民公社，1961年3月，分为宝盖人民公社和樟树人民公社，1984年2月，撤社建乡，改为宝盖乡和樟树脚乡。1995年5月，撤区并乡，原宝盖乡、樟树脚乡合并为宝盖乡。1999年，改乡为镇。

行政区划

1995年年末，辖31个行政村，425个村民小组。2002年，成立2个居委会。2014年年末，辖宝盖、樟树脚2个社区和宝盖、皂田、茶元、散市、盐合、双田、新城、车陂、泰益、连鱼、黄田、桥头、光华、幸福、福全、双河口、泉塘、梅塘、双元、罗陂、三口、樟树、横江、良田、小泉、龙丰、高山、泉山、南涧、网山、良崇31个行政村，414个村民小组。

自然环境

境内大部分为丘陵，地势东高西低，最高点三峰寨海拔304米，最低点海拔160米。全境属大陆性亚热带季风湿润气候区，气温四季分明，无霜期长，年平均气温在17℃~18℃之间，雨旱两季分明，多年平均降雨量为992~1620毫米，平均蒸发量1396.1毫米，年平均日照时数1698.3小时，无霜期291天。境内土壤分为水稻土、黄壤土、红壤土、紫色土四类。

人口民族

1999年年末，辖区总人口43848人，人口出生率10.19‰，人口死亡率4.93‰，人口自然增长率5.26‰。2010年，辖区总人口48238人，人口出生率11.86‰，人口死亡率6.59‰，人口自然增长率5.27‰。2014年年末，辖区总人口5.68

万人，其中，男性 3.09 万人，占 54.4%；女性 2.59 万人，占 45.6%。人口出生率 3.9‰，死亡率 0.78‰，自然增长率 3.12‰。人口密度为每平方公里 284 人。

经济发展

经济综述

2014 年，实现国内生产总值 4.2 亿元，同比增长 7.6%，年人均纯收入 5500 元；财政总收入 798 万元，完成国税 33.56 万元，地税 113.9 万元。全镇早稻播种面积 2376.4 公顷，晚稻 3005.33 公顷，全年粮食总产量达 34663 吨。

农业

种植业 民国时期，由于生产条件落后，加之缺乏抗御自然灾害能力，粮食亩产 200 公斤以下。中华人民共和国成立后，兴修水利，改善农业生产条件，粮食产量不断增加。1957 年，亩产达 280 公斤。1959—1961 年，连续两年多粮食减产歉收。1961 年，调整公社规模，解散“公共食堂”，改进耕作制度，单季变双季；1969 年，双季稻种植面积达 80%，双季稻跨“纲要”（当时亩产量 800 斤为“纲要”），亩产平均 410 公斤。1975 年，“农业学大寨”试种杂交晚稻 200 余亩，实现单季跨“纲要”亩产达 405 公斤，比常规晚稻亩产增加 120 公斤。1980 年，实行农业分组联户承包责任制，1982 年，实行家庭联产承包责任制，农户种田积极性提高，杂交晚稻面积达 100%。1990—1995 年，推广早稻赶超晚稻，实行双季杂交稻，并从 1995 年开始大力推广抛秧技术。1998 年，全乡普遍推广“稻、稻、油”三熟制。2000—2013 年，全镇水稻种植面积稳定在 3272.53 公顷左右，实现农业总产值 5000 万元。2014 年，境内有耕地面积 3553.33 公顷，其中水田 3266.67 公顷，全镇早稻播种面积 2376.4 公顷，晚稻 3005.33 公顷，全年粮食总产量达 34663 吨；油菜播种面积 900 公顷，产油菜籽 1560 吨。种植烟叶面积 509.2 公顷，产烟 18108 担，平均每亩收入达 3345 元，为镇村两级财政创收 160 万元。

养殖业 民国时期，境内养殖业不发达，少数农户饲养牛以作役用，养点鸡鸭产蛋以换油盐钱接济家需。中华人民共和国成立后，畜牧业得以发展，初期，养殖业主要是由人民公社统一饲养，实行计划分配。1962—1982 年，全镇畜牧业得到较快发展，由生产队集体饲养耕牛及鱼类，生猪、家禽公私并养，实行统筹统购。1978—1981 年，为发展养猪业，全镇共举办养猪培训班达上百次，培训 300 余名养殖人员。是年，引进良种“长白”母猪试点养殖，当时宝盖茶场饲养出了一头重 350 公斤的母猪。1982 年，后各农户饲养生猪、鸡、鸭、耕牛，水产养殖也得到发展，各农户承包水塘饲养“四大家鱼”，全镇户平饲养生猪 1 头，鸡鸭 10 羽，牛 0.8 头，水产品人平 5 公斤。1994 年，全镇建成 10 余家规模养猪场，如宝盖猪场、百生猪场、散市猪场等，主要以饲养肥猪为主，存栏数量每场 400 余头。2005 年，全镇存栏母猪 0.8 万余头，肉猪存栏 2.5 万余头；家禽的养殖从原来散养发展到有一批专业饲养场，年存笼达 20 万余羽；水产养殖产量也大有提高，从原来的亩产 50 公斤提高到 200 公斤。2010 年，先后成立养殖公司、合作社、家庭农场，其中林泉科技、威华农牧已发展成为年出栏 5000 余头的大型养殖场。“公司 + 农户”的模式养殖也得到发展，“温氏集团”“新五丰公司”在镇内发展 15 家生猪养殖场。2014 年年末，全镇有生猪规模养殖场达 25 家，年出栏生猪 3.5 万头，牛羊 0.8 万头，家禽 12 万羽，鱼类产品 8 万吨，养殖业总产值达

1.1 亿，占农业总产值的 45%。

林业 全镇有林地面积 10133.33 公顷，是全县最大的商品林木基地，主要树种有湿地松、马尾松、杉树、油茶、银杏等。民国时期，林地、林木由少数地主占有。1958 年，林地归集体所有，由于“大办钢铁”和“公共食堂”，林木遭受严重破坏。1964 年，结合农村社会主义教育运动，宝盖、樟树脚人民公社组织劳动力上山整地，连片营造万苗杉木林。20 世纪 70 年代，兴办社村林场，自主集中育苗造林，主要品种有杉木、湿地松等，后逐渐连片栽种。1980—1983 年，集体所有林地基本分山到户，自主经营。20 世纪 90 年代，全镇兴起消灭宜林荒山运动。2002 年开始先后实施长防林、退耕还林、荒山造林、世界银行贷款造林、油茶林、封山育林等造林项目和生态公益林保护性项目，营造用材林 5000 多公顷及珍稀树楠木 70 余公顷，新造油茶 420 公顷，生态公益林保护面积 800 余公顷。2008—2009 年，林权制度改革，落实和稳定农村林地家庭承包制度，林地所有权、林地使用权、林木所有权、林木使用权四权分离，做到树定根、人定心。2014 年年末，森林覆盖率为 48.8%，林木绿化率 51.2%，活立木蓄积 12.7 万立方米。主要经济林作物有茶叶和银杏。至 2014 年，种植区域遍及 5 个村，面积 450 余公顷，银杏 9 万余株，是年产量 30 万公斤，药用银杏叶 1.25 万公斤，是全国连片种植规模最大、湖南省种植面积最多的银杏基地，并且开发出银杏茶、银杏叶枕头等系列产品。

工业

民国时期，工业长期依附于农村的自然经济，有木匠、篾匠、铁匠、砌匠以及烧砖瓦、石灰等民间手工业艺人近百名。1958 年，宝盖人民公社在福全村创办第一家社队企业农机厂，从业人员 96 人。20 世纪 50 年代末至 80 年代初，先后有农药厂、碗厂、拖拉机站、钨矿、锰矿、草席厂、煤矿、皮鞋厂、蒲扇场等 13 家集体企业和社队企业相继建成投产，从业 1200 余人。1985—1995 年，国营、集体和乡镇企业逐渐萎缩，私营工业相继崛起。1993 年，樟树乡创办横江金矿，2011 年，该矿因矿砂含金量低、工艺技术落后、效益差而停办。2004 年，全镇有企业 124 个，其中：镇办企业 3 个、村办企业 12 个、个体企业 109 个，从业 1309 人，实现工业总产值 2581 万元。2012 年引资建立衡南宝源瓷业有限公司，总投资 3000 万元，主供瓷泥。2014 年年末，全镇有民营企业 147 家，从业 2670 人，经营范围涉及采矿、制造、建筑等行业，实现工业总产值 1.8 亿元，完成税收 340 万元。

商贸服务业

中华人民共和国成立初期，商贸服务逐步繁荣，1951—1955 年，先后设有江口区供销合作社宝盖分社、区肉食水产购销社宝盖分社、区粮食管理站各个仓库等机构，供应生产、生活资料和收购农副产品。1958 年，人民公社化后，取消集市贸易和个体商贩，商贸服务由供销社或合作商店统一经营。1962 年，逐渐恢复集贸市场，市场经济得到复苏，但对商品种类仍有所限制。1963 年，集贸市场得以恢复。“文化大革命”期间，集市、墟场再度被取消。1978 年，宝盖、樟树人民公社有国营、集体商业网点 24 个，从业人员 150 多人，社会消费品零售额 680 余万元。1979 年，实行改革开放，逐步放开市场，个体商贩进入商品流通领域。1995 年，民营商业成为商贸服务的市场主体，境内有个体商户 120 户，从业人员 300 多人，从事日杂百货、纺织品、餐馆和各类机械维修等，市场繁荣。 2001—2007 年，先后完成对部分国营、集体商业的改革改制。自此，国营、集体商贸服务被边缘化。2014 年年末，全镇有各类个体商业户600家，超市5个，从业人员共2000人，主营日用品、文化用品、餐饮、旅馆、服装、家具家电、娱乐场、网吧、理发按摩、维修车辆等，年社会消费零售额1.5亿元。有集贸市场3个，年交易额1.12亿元。

财政金融

财政 中华人民共和国成立后，乡镇财政由财粮委员或秘书监管，1953年，各种税收建立代征、协税组织。1961年，成立协税委员会。1984年成立镇财政所统管财政收支，主要有农业税、农业特产税和工商税收，财政总支出300万元，主要为支援农业、上解县财政和行政管理费用。2004年起，实行税费改革，国家取消向农民征收农业税（含附加）和农业特产税，当年全镇两税202万元，农民人均减少负担62元。2005—2014年，累计向农户发放粮食直补资金、农业综合补贴等各项惠农资金8076万元。2014年，公共财政收入500万元，公共财政支出450万元，年末债务总额950万元。

金融 1951年，成立农村信用合作社，为农业银行的隶属机构。1992年，成立宝盖、樟树农村合作基金会，是社区内为农业、农民、农村服务的资金互助组织。1996年，农村信用合作社与农业银行脱钩，更名为县农村信用社宝盖合作社，办理全镇的金融业务。1999年9月，在清查农村"两会一部"工作中，两基金会并入信用社。2009年，成立中国邮政储蓄银行宝盖营业厅。2014年年末，镇内有信用社、邮政银行金融机构2家。

基础设施

交通运输

公路 民国时期，境内传统运输工具有箩筐、扁担、板车等，全靠肩挑脚运，劳动强度大，功效低。20世纪50年代末，开始使用独轮鸡公车，改肩挑为人力车运。随着乡村公路的兴建，相继发展胶轮板车、脚轮手推车。1959年，接观筛托至樟树脚砂石路修通。1964年，宝盖至洲陂县道竣工。20世纪70年代初，宝盖人民公社、樟树人民公社相继添置农用汽车搞运输，建起拖拉机站。1984年，樟树脚到九家坳砂石路竣工。2005年，冠市至宝盖公路路面油化完成。2008年，316省道宝盖至樟树段12公里进行提质改造。2009年，012县道黄田至盐合段7.5公里完成硬化。同年，衡茶吉铁路在境内动工，2013年10月通车，涉及9个村，里程数达14公里。2005—2014年，内大力实施乡村道路通村工程，实现了村村通水泥路，总里程150公里。2014年年末，境内有省道2条，县道1条，乡道4条，村道30条。

客运 1964年，省汽车运输公司衡阳分公司（简称"湘运"，下同）辟衡阳汽车西站至樟树脚班车，宝盖设汽车停靠点，每日往返四趟。1983年，开放市场，始有个人购车加入社会营运，客车以小型为多，招手即停，俗称"方便车"。20世纪90年代，私营车队开通宝盖至衡阳客运班车，2008年，又开通宝盖至云集客运班车。2014年，私营车队开通樟树至云集客运班车。2014年年末，境内有临时客运站2个，客运车辆11台，日发送40班次，日载客量1000余人次。

货运 中华人民共和国成立初期，镇内货运由"湘运"包揽，集市贸易交流大多靠肩挑和独轮车运。20世纪70年代，原公社农机站购有拖拉机，农闲时跑短途货运。1983年后，私人购车加入，承担镇内部分货物运输。随着当地民营货运业不断发展，"湘运"货运逐渐退出。2014年年末，镇内有货运车辆46台，总吨位370吨，年货运量30余万吨。

邮政通信

邮政 清末，樟树脚、福全岭、散市岭设有信柜。1950年，信柜改为代办所，邮件由邮递员直接投递乡政府及沿途所经过的村组。1958年，宝盖、樟树人民公社开办邮电所。20世纪60年代起，公社、大队均设有邮政投递点，自行车作为邮件运输和投递的工具。1997年，邮政、电信分设。至2014年年末，镇内有邮政营业所1个，邮政代办点1个，邮政投递点34个。

通信 1963年，宝盖为地方国营农村电话交换点。1996年，开通程控电话网络。2001年，衡阳市移动公司在宝盖兴建两座通信塔。接后，联通公司在境内建设有通信塔。2004年，全镇31个行政村实现程控电话村村通。2014年年末，镇内有电信营业厅2个,固定电话用户1050余户，宽带用户2610余户；移动营业厅7个，移动手机用户12710余户；联通营业厅4个，联通手机用户8570余户。

供电饮水

供电 中华人民共和国成立初期，电力资源紧缺，老百姓家庭用松油、煤油灯照明。至20世纪60年代，少部分单位、企业或大队有柴油机组发电，用于生产和生活。1966年，原宝盖乡火田白马堰水轮泵装机约20千瓦，供原宝盖乡机关及散落村组照明用电，散市岭水轮泵一座装机容量约20千瓦，供原散市村部分村民照明用电。1980年，原樟树乡的三口水库安装水轮泵一台，装机容量约25千瓦，供三口村及原樟树脚乡机关照明用电。1984—1994年，各村架设10千伏线路，村通电率100%。1997年，架设黄竹至宝盖专线长8千米，为宝盖镇供电。2000年，成立衡南县地方电力公司，深化电力体制改革，由原来的村管村，村管组转变成由供电所直接管理到户，并在2008年新建35千伏变电站。2000—2014年，对农村电网实际分批次升级改造，先后完成30个村的线改和11000户户改，供电台区达到138台套，并实现营业厅窗口坐收电费。2014年年末，全镇共有低压供电线路总长225千米，10千伏线路3条，长115.3千米，10千伏/400伏变压器93台，总容量8630千伏安，有用电户12735户，村通电率100%，村民小组通电率100%。

饮水 1949—2009年，境区生产生活用水以取地表水和井水为主，每逢天旱，生产生活用水紧缺，饮水质量也时好时差。2010年，建成宝盖水厂，年供水量11万立方米，2013年，建成樟树水厂，年供水量4万立方米，解决宝盖街道和樟树脚街道居民及周边4个村部分居民共计4700人的安全饮水问题。

水利建设

1949年年末，境内有水塘470口，蓄水量约39.8万立方米，有堰坝14座，灌溉面积约1653.33公顷。20世纪50—70年代，建成3座小（一）型水库，即梅塘水库、三口桥水库、丑田水库。1970年，引进欧阳海灌区水源（东支干渠片）干渠长度19千米，48个分水口，三条支干渠（散江、盐合、均福），浇灌宝盖镇14个村农田面积2026.67公顷。1975—1986年，建成小（二）型水库21座，总库容428万立方米，灌溉面积1537.33公顷。20世纪90年代至2012年，将水利建设重点放在山塘清淤整修，渠道防渗硬化和水库除险加固上。其中，山平塘扩建清淤378口，山平塘硬化108口，增加骨干塘58处，新修堰坝61座，增加蓄水量484.7万立方米，增加灌溉面积228公顷，改造硬化渠道长110.7千米。除险加固小型水库8座（三口桥水库、丑田水库、梅塘水库、朗冲水库、夹子堰水库、虎竹冲水库、龙陂塘水库、三眼塘水库）。2014年年末，全镇有欧阳海灌区东支干渠长19千米，三条东支干渠支渠（散江支渠、盐合支渠、均福支渠），小（一）型水库3座，小（二）型水库21座，山平塘1196口，骨干塘188口，堰坝75座，总蓄水量3780万立方米，灌溉面积2786.67公顷。

镇村建设

1949年前，有散市岭、车陂桥、樟树脚、福全岭等墟场，后随着交通条件和乡镇建置的变化，散市岭、车陂桥等墟场逐步衰落并消失，而樟树脚和福全岭则逐步形成了稳定的两大集贸市场并保持至今，集日分别是每公历的一、四、七和二、五、八日。1995年，撤区并乡，原樟树乡和宝盖乡合并，乡政府设宝盖，小城镇初具规模。1999年，改为建制镇，镇政府设宝盖楼汉依北路，随着建制镇的成立，宝盖的小城镇建设得到飞速发展。省道316线由西向东穿镇而过，县道宝洲线与省道316成十字交叉向南延伸，形成了东西，南北两条主街道。2005年，先后修建莲峰路、汉依路等2条主要街道，开发商品住宅面积2万余平方米。2006年起,启动社会主义新农村建设，重点改造农村水利、电力、道路、饮水等基础设施，全镇80%以上的农户均自建成2~3层200平方米以上的红砖青瓦小楼房。2007年，投资350万元建成占地面积约6000平方米的新农贸市场。2010年，以城镇化为载体，积极建设文明小城镇，推进镇域社会事业全面发展，全镇用地规模达13.2公顷，逐渐形成功能较为齐全的现代小城镇。2011—2013年，对农村环境卫生实行综合整治，建设美丽乡村。2014年年末，全镇农村道路硬化率为100%，电网改造率为87%，环境卫生达标率为80%，农村安全饮水率达100%。

社会事业

教育

中华人民共和国成立后，利用祠堂和原有经馆作为学校，发展农村小学教育，同时开办农民识字夜校，扫除青壮年文盲。至1957年，境内有完全小学6所，初级小学23所，其中位于岭上屋的小学设初中班，产生了散市附中（1985年，改为宝盖中学）。自1973年起，按照一个生产大队办一所小学，部分生产大队办初中，一个人民公社办一所高中的布局，到1980年，境内有小学31所，初中5所，高中1所，在校学生高达9000余人。1995—2000年，普及九年义务教育，境内学校调整为完全小学9所,不完全小学18所，初中2所。2000年以后，为整合教育资源，提高教育质量，将原有18所小学合并。2014年年末，境内有初中2所，中心小学1所，完全小学8所，村小学3所，公办幼儿园1所，民办幼儿园5所，全镇在校学生5000余人，专任教师292人，其中中学一级教师75人，中学高级教师13人。

文化体育

中华人民共和国成立后，人民公社、生产大队先后建立文化站和文化室。1971年，建立公社广播站，村村通广播。1975年成立公社电影放映队，分别到各大队放映。2009年，筹资45万元，建综合文化站1栋。2014年年末，全镇有文化站、有线电视站各1个，职工7人，有线网络18千米，有线电视和无线电视用户共12800多户。31个行政村及两个居委会均建立了农家书屋，共有图书98000余册。中华人民共和国成立以来，更是文风淳厚，人才辈出。县作家协会主席徐文伟在《衡阳日报》开设专栏《徐文微观》，出版《静是一种方向》《心灵的守望》等散文作品集，主编《云集放歌》《印象宝盖》《荷风》等；廖维良编写的《星字歌》及《春潮颂》获中宣部表彰；陈映在《中国教育报》《当代文学》《衡阳日报》等各级报纸杂志发表文章近5万字；徐立成油画《风景》在《湖南省美术精品展》中展出；廖红光书法作品多次在全国、全省书法大赛中展出并获奖。1995年宝盖中学创办《晨光报》;2006年,镇文学刊物《荷风》诞生。宝盖民俗文化富有特色，境内自古以来就有舞龙灯、耍狮子、唱马灯、木偶戏、皮影戏、吹唢呐等群众文化体育活动。清朝及民国时期，宝盖楼与对河散市岭，每年都要对台唱戏，乡绅名士吟诗作对一较高下。唢呐传承人有散市村徐小平，老一班皮影戏及渔鼓艺人有罗齐标、颜开亮、廖荣华、廖冬初、廖仁杰等。

21世纪以来，广场舞、户外登山、乡野漫步逐渐成为人们重视的休闲娱乐和强身健体方式。各村基本上有农民健身活动场所，部分村还有多个篮球场及乒乓球室。

医疗卫生

中华人民共和国成立初期，农村的医疗条件很差，疾病治疗以中草药为主，全乡只有几个老中医。1950年，有部队的转业军人从事西医业务。1953年后，国家大力发展医疗卫生事业，医疗条件不断改善，培养一批基层卫生人员，建立散市卫生所，有医生护士8人。1956年，建立乡医院。1958年，建立公社卫生院，以中医诊治为主西医为辅。1969年，实行农村合作医疗制度，相继建立大队医疗室，并配有赤脚医生和保健员各1人，普及新法接生，指导科学育儿和计划生育。1978年，原宝盖乡卫生院由散市岭搬至宝盖村六组，院舍有1500平方米，由当时的乡政府集资兴建。1980年，对全乡7岁以下婴幼儿进行健康检查。1995年撤区并乡后，原樟树乡卫生院改名为衡南县宝盖卫生院樟树分院。1998年，宝盖卫生院建成门诊综合大楼1栋,住院部1栋,有病床80多张，各种检查设备齐全。1999年由乡改镇，宝盖乡卫生院改为宝盖镇卫生院。2006年1月，启动新型农村合作医疗，当年参加新型农村医疗32212人，参合率为83.99%，群众得到了实惠，参合人数逐年增加。2013年，启动村卫生室建设，每个村国家拨款5万元，已建好8个村卫生室，并通过国家验收合格。2014年,镇内有医院1所,分院1所，村卫生室和医务点31个，社区卫生室2个，共有病床100多张，执业人员130余人。年末，参加新型农村合作医疗43269人，参合率99.37%，年补偿金额500多万元。

社会保障

“五保”供养 1959年起，对孤寡老人和无劳动能力的残疾人实行“五保”(保吃、穿、住、治病、丧葬)，其生活费由所在生产队或大队统筹。20世纪80年代后，纳入乡镇统筹。2005年起，城乡“五保”对象享受城乡最低生活保障待遇，其供养经费由县财政拨付。1986年，建成镇敬老院,集中供养部分“五保”老人。2014年年末，全镇有“五保”对象212人,其中集中供养35人，分散供养177人；共拨付供养金23.5万元，年人均1100元。

医疗救助 2006年起，实施城乡居民大病医疗救助。救助对象主要为患恶性肿瘤、白血病、尿毒症等大病的城乡低保户、“五保”对象。2014年，共救助67户，救助总金额21.5万元。临时救助78户，救助金额15万元。

最低生活保障 1999年10月，启动城镇居民最低生活保障，并对低保对象实行动态管理。2005年,有城镇最低生活保障对象116户、202人，年人均1037元，支出总金额20.95万元。2007年7月，启动农村居民最低生活保障，当年有农村低保对象60户、143人，年人均360元，支出总金额5.15万元。2014年，境内农村最低生活保障对象903户、1665人，支出215.17万元，年人均1292元，城镇最低生活保障对象56户、97人，支出32.38万元，年人均3338元。

养老保险 2011年7月，启动城乡居民社会养老保险。是年，镇内城乡居民参保人数18600人，征缴养老基金186万元，参保率88.77%；为5077名到龄居民发放7—12月养老待遇金30.18万元。2014年年末，镇内城乡居民参保人数为21929人，征缴养老基金246.23万元，参保率100%；为6603名到龄居民发放养老待遇435.10万元。

特色地情

名优特产

宝盖有机茶 宝盖有机茶具有很好的纯天然优良品质：香醇、味浓、色绿、形秀、醇爽、耐冲泡等，经中国农科院茶叶研究所检测14项主要指标均无残留，经欧盟瑞士生态研究所认证为“有机食品”。

罗汉果 种植面积达53.33公顷，主要分布在盐和、双元等村。罗汉果属葫芦科多年生藤本植物，素有良药佳果之称。夏季开花，秋天结果。

宝盖烧饼 皮酥、清晰多层、味道酥脆，老少皆宜，食后口齿留香，令人回味无穷。

风景名胜

宝盖楼古民居 古民居建筑群位于镇政府中心东西两侧，始建于宋朝末年，占地面积约40亩。整个建筑群规模宏大，布局合理，做工精细。古建筑群为砖木结构呈封闭式构造，单个古建筑为三开间，体现了“四水归堂”和“肥水不外流”之风俗。宝盖楼古民居建筑群是县内保存比较完整、规模最大的古建筑群之一，对研究古建筑学、历史学、地方风俗学都具有重要的史料价值。近几年来，到宝盖楼参观的游客每年都在10万人次以上。

宝盖楼古民居

宝盖有机茶园 有机茶园坐落在风景秀丽的湖南省农业旅游示范点——宝盖镇境内，是衡南县绿彤茶业有限公司在宝盖镇投资的国家农业综合开发项目。春暖花开季节，便是春茶采摘之时。每年2月中下旬，茶园开始采摘春茶，前来采茶、品茶的游客络绎不绝。随着茶园周边农家乐和相关接待设施的不断完善，宝盖有机茶园已逐渐成为衡阳地区最具特色的生态农业旅游景点之一。

宝盖银杏公园 坐落在湖南鑫宝银杏开发有限公司宝盖银杏种植基地内，已成为全国连片面积最大、湖南省总面积最大的银杏种植基地。每年春秋两季，到宝盖银杏公园观赏、游玩的游客络绎不绝。

石湾溶洞 位于宝盖镇中心3公里处的新城村，坐落在300米高的半山腰上，30米宽20米高的洞口，有一块巨大的青石支撑着。石湾溶洞集惊、奇、秀、谜于一身，引人注目、耐人寻味，每年吸引着近万人次的游客到此游览。

迷仙湖 古称梅泉塘，坐落在宝盖镇梅塘村，湖水延绵数里，可谓“水中有山、山中有水，山水交融”，恰到好处。夏日湖水清凉宜人，冬季湖面中心热气腾腾，高有丈余。这里的“美女晒衣”“无鸡之血”“铜锅出水”“金鸡啄人”等传说，耐人寻味，不失为陶冶心灵、情操的绝好去处。

鼓龙泉 原称“龙女泉”，因常年冒水泡，后人又称之为“鼓龙泉”。鼓龙泉位于福全村和双河口村交界地，水面近10亩，常年水温在27℃~30℃之间，泉水不仅水质好、口感好，而且还可以治疗皮肤病，温泉旁边的村子先后有7位百岁老人，村民平均寿命在80岁以上，当地人称这个村子为“百岁寨”。

菩萨崖 位于宝盖镇良崇村，距宝盖镇政府东向13公里。菩萨崖是县内首个发现的丹霞地貌风景点，在近1平方千米的范围内，丹峰耸立，坦峪交错，崖生笔树，山水相映。在菩萨崖半山腰有一宽敞的岩洞，内有石桌石凳，可容数十人。

（文字供稿：唐婕　图片供稿：衡南县志办）

花桥镇 >>

区域概况

位置面积

花桥因历史上有座雕花石拱桥而得名。地处衡南县东北部，东与衡东县南湾乡接壤，南与冠市镇为邻，西连洪山镇、铁丝塘镇，北接川口乡，镇政府驻花桥新街，距县城 54 公里。辖区东西最大直线距离 6.7 公里，南北最大直线距离 22 千米，总面积 145 平方公里。

建置沿革

1949 年 10 月，属衡阳县第九区。1952 年 7 月，衡阳县、衡南县分设后属衡南县第五区十三乡。1956 年 6 月，撤区并乡，分为花桥乡、接观乡、金竹乡 3 个乡。1958 年 9 月，为实现全县人民公社化，逐渐将当时花桥乡、将军乡、渐佳乡的小部分合并成立金竹人民公社。1959 年 2 月，公社进行调整，将当时的金竹人民公社改名为花桥人民公社。1961 年 7 月，设立花桥区，下辖花桥、望江、接观、金竹四个人民公社。1977 年 10 月，金竹公社单独从花桥区中析出，改名为金竹林业人民公社，属县直辖。1984 年 2 月，撤社建乡，改为金竹林业乡。1984 年 10 月，花桥公社更名为花桥镇，望江公社更名为铁丝塘乡，接观公社更名为接观乡。1987 年 4 月，金竹林业乡改称金竹乡，重新划归花桥区。1995 年 5 月，撤区并乡建镇，将原花桥区公所、花桥镇、接观乡和金竹乡并入花桥镇。2003 年 6 月，花桥镇析出川口等 20 个建制村和萤石矿等 2 个居民委员会，设川口办事处。

行政区划

1995 年年末，政区辖 2 个社区、46 个村，下设 8 个居民小组、407 个村民小组。2014 年年末，辖花桥、新镇 2 个社区和接观、清瑞、均佳、渐佳、竹桥、四一、杉玉、九眼塘、筛托、铁铺、六顺、管冲、畔塘、高新、渚溪、麦元、石丘、竹镇、竹山、欧东、塘湾、金龙、东冲、山峰、龙溪、龙皮、上古、杜塘、坦塘 29 个行政村，下设 304 个村（居）民小组。

自然环境

镇域属山地与丘陵结合区。西南部为丘陵，东北部多山，地势东北高西南低。全境属大陆性亚热带季风湿润气候区，气温四季分明，无霜期长。年平均气温 17.5℃，1 月最低，日均气温 5.8℃，7 月最高，日均为 35.5℃。雨、旱季明显，年平均降水量在 1400 毫米以上，极端年最大降水量 3000 毫米（2008 年），极端年最少降水量 950 毫米（1963 年）。常年主导风为北风，夏季多东南风，并有雷电气象。境内土壤分为水稻土、黄壤土、红壤土、紫色土四大类。主要河流渚溪河、龙皮河等皆发源于境内，流入龙溪桥水库。

人口民族

1999 年年末，辖区总人口 52748 人，人口出生率 11.56‰，人口死亡率 5.99 ‰，人口自然增长率 5.57 ‰。2010 年，辖区总人口 37007 人，人口出生率 12.76 ‰，人口死亡率 6.67‰，人口自然增长率 6.09 ‰。2014 年年末，总人口为 43514 人，其中男性 25363 人，占 58.28%；女性 18151 人，占 41.72%。人口出生率为 15.64‰，死亡率为 6.06‰，自然增长率为 9.58‰。总人口中，人口以汉族为主，其他民族人口 28 人。人口密度为每平方公里 296 人。

经济发展

经济综述

2007 年，全镇生产总值完成 5.23 亿元，财政收入 901 万元，农民人均收入比上年增长 12.1%。2014 年，全镇实现工农业总产值 82089 万元，其中规模工业总产值 76325 万元，农业总产值 5764 万元。完成国税收入 250 万元，完成地税收入 320 万元，合计完成 570 万元，财政总收入 850 万元。全镇限额以上企业 8 个，社会消费品零售总额 4.03 亿元，较 2013 年增长 9%。粮食总播种面积 4014.33 公顷，其中水稻 3576.8 公顷，旱粮 437.53 公顷，总产量 6058 吨。

农业

种植业 民国时期，由于生产条件落后，加之缺乏抗御自然灾害的能力，粮食平均亩产不足 200 公斤。中华人民共和国成立后，致力于兴修水利，改善农业生产条件，粮食产量不断增加，1957 年，亩产达到 260 公斤。1958 年，成立人民公社，后遇三年国民经济困难，粮食减产歉收。1961 年，调整公社规模，解散公共食堂，实行以生产队为核算单位和执行按劳分配政策；与此同时，改进耕作技术，扩大双季稻种植面积，农业生产持续发展。1969 年，双季稻种植面积达 1700 公顷，占水田总面积的 80%，两季平均亩产 310 公斤。1976 年，试种杂交晚稻 6.67 多公顷，平均亩产 410 公斤，比常规晚稻每亩增产 110 公斤。20 世纪 80 年代，全镇普遍推广“稻、稻、油（菜）”三熟制。1982 年，实行家庭联产承包责任制，大面积种植杂交晚稻，杂交晚稻面积达到 2000 公顷，占水田总面积的 94%，平均亩产提高到 450 公斤。1990—2006 年，全镇水稻年种植面积稳定在 2000 公顷左右，亩均产量约 800 公斤，年总产量 2.4 万吨。2014 年，境内有耕地面积 2600 公顷，其中水田 0.21 万公顷，种植水稻 0.21 万公顷，总产量 2.44 万吨，油菜 1300 公顷，产菜籽 4700 吨，蔬菜 18.67 公顷，总产量 1833 吨，烟 6.76 公顷，产烟叶 4507 担，实现农业总产值 5764 万元。

养殖业 民国时期，由于多数农户家庭生活困难，畜禽饲养较少，养牛仅供役用，饲养少量鸡鸭产蛋换取油盐钱。中华人民共和国成立以后，养殖业有所发展，畜禽产量逐渐增多。1958—1961 年，一度禁止农户养猪养鸡，当时畜禽由合作社统一养殖，实行计划分配。1962—1980 年，耕牛、鱼类由生产队集体放养，生猪、鸡鸭允许公私并养，产量较前有较大的提高，畜禽养殖进入一个崭新的局面。由于各家各户都饲养鸡、猪，大部分农户养牛耕田，后期陆续出现小规模化、专业化养殖户。1990 年后，全镇养殖业水平进入发展阶段，全镇人平养殖生猪 0.5 头，鸡 5 羽；

鲜鱼产量亦大幅度提升，亩均水面产鱼由20世纪80年代的30公斤提高到100公斤，养殖业占农业收入的40%。1991—2012年,养殖业持续发展，先后成立了养殖合作社、养殖公司等养殖龙头企业，养殖业规模由几百头向几千头发展，其中金六顺公司建成后年出栏种猪5000头。2014年年末，全镇有规模养殖户17户，生猪出栏2万多头，出笼家禽8万羽，水产品5000吨，牛肉2万公斤，养殖业总产值5000余万元。

林业 全镇有林地面积7780公顷，主要树种有杉、松、枫、南竹、油茶等。1949年以前，林地林木都是农户私人所有。1958年，林地划归集体所有，由于“大办钢铁”和“公共食堂”，林木遭受严重破坏。20世纪70年代，兴办一批社队、林队、林场，育造杉、松等树木。1980年，实行土地承包经营，林权放归农户管理；20世纪90年代，全镇兴起消灭宜林荒山运动。从2002年开始，先后实施退耕还林、公益林、绿化荒山、南竹低改、低效林改造、油茶产业等项目，营造用材林2000公顷，油茶580公顷，南竹低改133.33公顷，成立芳草、富丰、鑫阳、益寿等8个专业合作社，芳草、百花、创艺等5个苗木花卉基地。2014年年末，森林覆盖率为46.25%，林木绿化率50.74%。

工业

民国时期，有木匠、篾匠、铁匠、砌匠以及烧砖瓦、石灰等民间手工业艺人近百名。中华人民共和国成立后，1964年，创办花桥钨矿，产钨210吨/年，从业人员200余人。1977年，接观钨矿、花桥区钨矿合并，改名为花桥联营钨矿，从业人员最高达800余人，年创税10余万元。1992年停办，累计产钨643吨。1972年，创办接观锰矿,从业人员150余人,年产值70万余元，累计产锰70000吨，1986年停办。20世纪60年代至80年代末，先后有花桥农具厂、拖拉机站、锰矿、砖瓦厂等一批集体企业和社队企业相继建成投产，有各类工业企业20余家，涉及采矿、建筑、机械、建材、食品、制造、农林产品加工等行业，从业人员3500余人。1985—1995年，国营、集体和乡镇工业逐渐萎缩,私营工业相继崛起，花桥私营石灰窑52个。2006年，建立花桥永发矿产资源有限公司，实行“一企一证多点”，下设采石场8个，石灰窑53个。2009年，花桥永发矿产资源有限公司解体，改为个体经营，实行“一证一点”。2008年，引进云豪水泥有限公司落户花桥，总投资8亿元，2010年，改名为衡阳湘江水泥有限公司，2011年，衡阳湘江水泥有限公司由南方水泥有限公司兼并，年产熟料150万吨，年产水泥200万吨，年交税3000万元。2009—2014年，先后引进外来投资项目南方水泥、山外青山、金宏石英石、白鹤生态、中华水泥、衡南宏利、衡阳泓盛砂石、宏信矿业等28个，累计引进资金10.94亿元。2014年年末，全镇有国营企业1家，民营企业27家，从业人员2880人，经营范围涉及采矿、制造、建筑、批发零售、交通运输、住宿餐饮、农林牧渔等行业，实现工业总产值7.6亿元，完成税收570万元。

商贸服务业

民国时期，花桥街有商铺数十家。中华人民共和国成立后，1951—1956年，先后设有供销合作社、肉食水产购销社、粮食管理站等机构，供应生产、生活资料和收购农副产品。1956年，完成对私营商业的社会主义改造后，设购销网点30余个。1958年，取消集市贸易和个体商贩，商贸服务由供销社或合作商店统一经营。1962年，逐渐恢复集贸市场，但对商品种类仍有所限制。1963年，集贸市场得以恢复。1978年，镇内有国营、集体商业网点38个，从业人员400多人，社会消费品零售额860余万元。1979年，实行改革开放，逐步放开市场，个体商贩进入商品流通领域。1982年，镇内供销社和食品站推行经营承包责任制。1988年，国营、集体商店实行承包经营和租赁经营。1995年，民营商业成为商贸服务的市场主体，境内有个体商户290户，从业人员600人，主营日杂百货、纺织品、餐馆和各类车辆维修等。2001—2007年，先后完成对部分国营、集体商业的改革改制。自此，国营、集体商贸服务被边缘化。2014年年末，全镇有各类个体商业户1200家，超市2个，从业人员2500人，主营日用百货、餐饮宾馆、服装皮具、家具家电、娱乐场、网吧、理发按摩和各类车辆修理等，年社会消费零售额3.8亿元；有集贸市场4个、年交易额1.08亿元。

财政金融

财政 中华人民共和国成立后，乡镇财政由财粮委员或秘书兼管。1953年，各种税收建立代征、协税组织。1961年，成立协税委员会。1984年，成立镇财政所，统管财政收支。1996年，镇财政总收入360余万元，主要为农业税、农业特产税和工商等税收；财政总支出360余万元，主要用于支援农业、上缴县财政和行政管理费用等。2004年起，实行农村税费改革，国家取消向农户征收农业税（含附加）和农业特产税。当年全镇两项税金150万元，农民人均减少负担61元。2014年年末，公共财政总收入850万元（其中国税、地税691万元），公共财政总支出850万余元，年末债务总额826万元。

金融 1951年，成立农村信用合作社。1996年更名为衡南县农村信用合作联社花桥信用社，办理全镇金融业务，服务三农。1978年，成立中国农业银行花桥营业所。2009年，建立中国邮政储蓄银行花桥营业厅。2014年年末，镇内有信用社、农业银行、邮政储蓄银行3家金融机构，年末，各项存款余额5.95亿元，贷款余额6700万元。

基础设施

交通运输

公路 20世纪50年代末，修建花桥至川口，花桥至衡阳公路，共长46公里。20世纪80—90年代，相继完成29个村的村道建设。1993年，硬化、扩修和拉直花桥至衡阳公路。2002—2013年，实施乡村道路改造提质和水泥硬化工程，实现村村通水泥路，总里程78公里。2014年年末，镇内有省道1条，县道3条，乡道3条，村道18条，总长89公里。

客运 1964年省汽车运输公司衡阳分公司（简称“湘运”，下同）辟衡阳汽车西站至花桥班车，花桥设汽车站，每日往返四趟。1983年开放市场，始有个人购车加入社会营运，客车以小型为多，招手即停，俗称“方便车”。2008年，建立农村客运站。至2014年，先后开通花桥至龙皮、东冲、上古村客运班车。2014年年末，镇内有客运站1个，客运车辆15台，日发送54班次，日载客量千余人次。

货运 中华人民共和国成立初期，镇内货运由“湘运”包揽，集市贸易交流大多靠肩挑和独轮车运。20世纪70年代，原公社农机站购有拖拉机，农闲时跑短途运输。1983年后，私人购车加入，承担镇内部分货物运输。随着当地民营货运业不断发展，“湘运”货运逐渐退出。至2014年，镇内有货运车辆82台，总吨位900吨，年货运量70余万吨。

邮政通信

邮政 清光绪三十四年（1908）十月，设花桥邮政代办所。民国3年（1914）8月，改设花桥邮局。民国32年（1943）8月，分别在花桥、接观、金竹设立信柜。中华人民共和国成立后，1951年6月，花桥信柜改为邮政代办所，邮件由邮递员直接投递乡政府及沿途所经过的村组。1952年7月，成立花桥邮电支局。1957年，分别设立花桥、接观、金竹、铁丝塘邮政代办所。20世纪60年代起，在人民公社（乡）的部分生产大队（村）设邮政投递点，自行车作为邮件运输和投递的工具。2014年，镇内有邮政所1处，代办点10个。

通信 1953年，花桥始通电话。1962年，花桥、望江、接观、金竹四个公社先后开通电话。20世纪70—90年代，人民公社（乡镇）自建通村电话网络，各生产大队（村）利用农村广播线路接通电话。1996年起，在花桥建设程控电话网络。1998年后，县电信、移动、联通公司分别在镇内建设移动电话基站。2014年年末，镇内有电信营业厅1个、移动营业厅6个、联通营业厅4个；共建移动基站18个，信号覆盖率为90%；有固定电话用户1400户，移动电话用户26000户，联通电话用户3500户，互联网用户1620户。

供电饮水

供电 中华人民共和国成立初期，电力资源紧缺，老百姓家庭用煤油灯或蜡烛照明。至20世纪60年代末，少部分单位、企业或生产大队用柴油机组发电，用于生产和生活。1979年，建成龙溪桥水库坝水电站，安装水轮泵2台，装机容量225千瓦，供公社和区机关照明用电。1979年12月，建成楼屋35千伏变电站。至1998年，有10千伏配电线路4条，长46千米；10千伏安变压器145台，总容量23000千伏安；村通电率100%，村（居）小组通电率100%。2000—2013年，对农村电网实行分批次改造，先后共完成20个村的线改户改，完成户改12000户。2014年年末，全镇低压用电线路总长300千米。29个行政村、2个社区，299个村居民小组全部供电，有用电户12343户，供电率100%。

饮水 1949—1994年，镇区生产生活用水以取地表水和井水为主，每逢天旱，生产生活用水极为紧缺，饮水质量也不达标。1995年，建成镇自来水厂，年供水能力80万立方米。2011年，再建自来水厂1处。2014年年末，年供水300万立方米，基本满足城镇居民饮用水。

水利建设

1949年，境内有水塘约350口，蓄水量约11万立方米。中华人民共和国成立后，人民政府把兴修水利作为发展农业、改善民生的大事来抓。1953—1957年，共整修扩建山平塘48口，增加蓄水量5万立方米。1958—1960年，兴建龙溪桥水库，湖面约270公顷，移民1951人，拆迁房屋3159间。修筑干渠两条，总长199.3千米。为扩大集雨面积，1965—1967年，曾三次扩建大宜冲、塘湾、敏东等三处引水工程，使控制流域面积由原来的45平方公里增加到70.5平方公里。湖区容水量增至3840万立方米，可灌溉花桥、洪山、泉溪、咸塘、茶市、相市、冠市等7个乡镇5220公顷稻田。20世纪60—70年代，先后修建大山坪、欧东2座小（一）型水库；筛托、团结、接观、寿祝、六塘、中塘、铁丝塘、白泥潭、三斗冲、虎皮冲等10座小（二）型水库。20世纪90年代至2012年，将水利建设重点放在山塘清淤、渠道硬化防渗和水库除险加固上。期间，整修、扩建山坪塘265处，新修山坪塘41处，新修骨干塘12处，新增蓄水65万立方米；硬化山坪塘35处，维修渠道20条，总长60千米；整修堰坝30处；12座水库除险加固。2014年年末，全镇有中型水库1座、小(一)型水库2座、小（二）型水库10座和山平塘、骨干塘587口，总蓄水量4898万立方米。

镇村建设

清康熙年间（1662—1722）已有小墟，有民居120余户。中华人民共和国成立后，至1980年，集镇建设不断拓展，青石板铺成的街道长约400米，宽4米。1982年10月5日，动工兴建新街道，长950米。1983年3月12日，新镇搬迁，集市随之转移。20世纪80年代末，小城镇建设扩容提质，先后修建了花苑东路、花苑西路等2条街道；开发商品住宅面积2.5万余平方米。2006年，启动社会主义新农村建设，重点改造农村水利、电力、道路、饮水等基础设施。同时，从业致富的家庭都建成2~4层200平方米以上的新房（房屋为钢混结构，外墙贴瓷砖，室内布局、装修适用）。2011—2013年，对农村环境卫生实行综合整治，建设美丽乡村，如今镇村环境优雅、清洁卫生。2013年，投资500余万元新建花桥镇农贸市场。至2014年，城区建成面积为4.5平方公里，形成集教育文化、商贸服务、医疗卫生、交通通信于一体、功能较为完备的现代小城镇。年末，全镇农村道路硬化率为100%，电网改造率为90%，环境卫生达标率为80%，农村安全饮水率达100%。

社会事业

教育

清代为私塾教育。民国改私塾为新式教育。中华人民共和国成立后，利用蒋家大屋祠堂作为校舍创办花桥完小，发展农村小学教育。同时开展扫除青壮年文盲教育。至1955年，境内有完全小学1所，初级小学19所。1958年，花桥完小单独附设初中班，名为花桥附中，1969年，花桥附中改名为衡南八中。1969年，花桥完小改名了花桥完小附中（1987年，改为花桥初级中学）。1974年，按照一个生产大队办1所小学、一个人民公社办1所中学的布局，至1997年境内有小学37所，初中6所、高中1所，在校学生高达7000余人。1995—2003年，全镇投入1300余万元，对全镇所有村级小学进行改建，同时在花桥中学新建实验楼、图书室、教学楼、学生宿舍、食堂和礼堂等。2008年，将原有30所小学合并为19所。2009年，花桥初级中学与衡南八中合并。2014年年末，全镇有中心幼儿园1所，民办幼儿园4所，小学5所，完小6所，县立中学1所，初中1所；在校幼儿600人，小学生2600人，初中生1300人，高中生630人；专任教师248人。

文化体育

清末、民国时期，境内民间有舞龙灯、狮舞、皮影戏、唱马灯等群众文化活动。文艺作品有人称单衣道人擅画梅竹的陈夔卿（屯家村人）著有《梅花·咏梅诗集》，唐省吾（渚溪村人）著有《大学讲义》，阳笠渔（龙皮村人）工诗联、擅书法。2004年，创办老年大学、天光峰诗社，创办《天光峰》报《天光峰》诗刊，开展“诗联书画进农家”和“对联一条街”活动。2008年获湖南“诗词之乡”称号。2012年，筹资65万余元，建成综合文化站，室内面积522平方米，其中放映大厅193平方米，多功能室、阅览室一应俱全。2014年年末，全镇有文体站、有线电视站各1个，共有职工7人，出报刊11期，发表诗文4000多首（篇）。主要人物和代表作有欧阳铁肩（山峰村人）著有诗集《壮前吟草》；蒋徐风（高新村人）著有《蒋徐风书画选》；蒋齐文（高新村人）著有《走近龙溪湖》《欧阳铁肩先生诗词联语选》等；邓秋林（金龙村人），享受国务院特殊津贴专家，著有《一路有你》等，其中《寿山说寿》获得湖南省第六届优秀社科成果奖。有线电视网络 120 千米，有线电视 4000 余户和无线电视用户 700 多户；29 个行政村建立 29 个农家书屋，共有图书约 87000 册。有文化健身广场 3 处，面积达 2170 平方米，配套篮球场、乒乓球室和健身器材。21 个村有农民健身活动场，包括篮球场和乒乓球室，面积达 46000 平方米。全镇有业余广场舞队伍 13 支，共约 600 人。

医疗卫生

民国时期，农村缺医少药，治疗疾病素以中草药为主。民国 28 年（1939），设花桥区卫生所，始以西医诊治。1949 年，境内有中医 5 人，西医 2 人。中华人民共和国成立后，大力发展医疗卫生事业，医疗条件不断改善。1953 年，建立花桥联合诊所，有医务人员 9 名。1958 年，建立人民公社卫生院，以中医诊治为主、西医为辅。1968 年，联合诊所改为区医院。1969 年，实行农村合作医疗制度，相继建立大队医疗室，并配有赤脚医生和保健员各 1 人，普及新法接生，指导科学育儿和计划生育。1980 年，对镇内 0~7 岁婴幼儿进行健康检查。1995 年撤区并乡后，对原部分乡卫生院进行调整合并。1997 年，改为花桥镇中心卫生院。2006 年 1 月，启动新型农村合作医疗，当年参加新型农村医疗 24248 人，参合率为 78.81%，此后参合人数逐年递增。2014 年，镇内有医院 1 所，分院 1 所，村卫生室 28 个；共有病床 80 余张，执业医务人员 200 余人；年末，参加新型农村合作医疗 35715 人，参合率为 99.37%，补偿总金额 720 万元。

社会保障

“五保”供养 1959 年起，对孤寡老人和无劳动能力的残疾人实行“五保”（保吃、穿、住、治病、丧葬），其生活费由所在生产队或大队统筹。20 世纪 80 年代后纳入乡镇统筹。2005 年起，城乡“五保”对象享受城乡最低生活保障待遇，其供养经费由县财政拨付。2013 年，建成镇敬老院，集中供养部分“五保”老人。2014 年年末，全

花桥渔鼓

镇有“五保”对象214人，其中集中供养90人，分散供养114人；共拨付供养金23.2万元，年人均1082元。

医疗救助 2006年起，实施城乡居民大病医疗救助。救助对象主要为患恶性肿瘤、白血病、尿毒症等大病的城乡低保户、“五保”对象。2014年，共救助75户，救助总金额25.3万元。临时救助33户，救助金额6.3万元。

最低生活保障 1999年10月，启动城镇居民最低生活保障，并对低保对象实行动态管理。2005年，有城镇最低生活保障对象119户、152人，年人均709元，支出总金额10.78万元。2007年7月，启动农村居民最低生活保障，当年有农村低保对象63户、202人，年人均360元，支出总金额7.27万元。2014年，境内农村最低生活保障对象631户、1320人，支出184.54万元，年人均1398元，城镇最低生活保障对象51户、150人，发放低保金54.09万元，年人均3606元。

养老保险 2011年7月，启动城乡居民社会养老保险。是年，镇内城乡居民参保人数11000人，征缴养老基金110万元，参保率57.69%；为3882名到龄居民发放7—12月养老待遇金24.71万元。2014年年末，镇内城乡居民参保人数为17468人，参保率100%；征缴养老基金178.46万元；为5101名到龄居民发放养老待遇金376.98万元。

特色地情

名优特产

花桥豆腐 营养丰富，味道鲜美，香嫩可口，色味俱佳。最具特色的是水豆腐和油炸豆腐。水豆腐也就是白豆干，外形方正，洁白无瑕。花桥的油炸豆腐分为“空豆腐”和“实豆腐”两种。“空豆腐”外表看去圆圆的、鼓鼓的，里面没有半点白色的豆腐胚，是真空的，吃在嘴里香软香软的，适合做各种炒菜。“实豆腐”则是方方正正，油炸的只不过是外面薄薄的一层皮，里面全是洁白鲜嫩的水豆腐，综合了水豆腐和油炸空心豆腐的优点。

风景名胜

龙溪寺 地处花桥镇龙溪村，始建于唐太宗贞观十三年（639），唐皇敕令龙溪寺崇佛御诏及“敕赐龙溪寺”金匾，赐予该寺的还有朝服、朝靴、紫金钵、锡杖，各类经书2300余卷。此外，良田150亩，充作香资，永归寺院所有。这些水田，后来为历代方丈寿丧事，陆续耗去一些，民国年间尚留80余亩在籍。龙溪寺规模宏伟，总占地面积达200亩，除稻田150亩外，还辟有池塘园圃30余亩，总建筑面积5350平方米。

蒋家大屋 旧称麦元蒋家，位于花桥镇高新村，始建于宋末，为青砖与土砖混木结构。纵深200多米，全长500多米，建筑面积约6万平方米。20世纪80年代，1000多间房，住户350多户，1300余人。除土改后有个别外姓，大多数为蒋姓。内有总大厅堂1个，装有神龛，雕龙画凤，宽10多米，有蒋氏祖宗神龛六个字贯的对联3副，有家训木匾8块。有石狮1对，威武神壮。前面大塘水清塘阔，有400年的古槐，繁茂的大樟树。另外有各房的大厅堂3个，每个旁居住数十户，由几个十字厅贯穿着。

虎岩山寺 位于花桥镇龙溪村，因其山形似虎，奇石高耸，危壁峭岩，故名曰“虎岩山”。该寺庙始建于唐代中叶，得道高僧静化和尚开派，为虎岩山寺第一代住持。正殿一进为“四大天王殿”，三进为“观音殿”。正殿左为“十殿阎王殿”、僧房和斋堂。正殿右为“关圣殿”及“观音三十二化身殿”。前后设阴阳二香炉。寺前溪上设有一石拱桥，寺旁石碑林立，寺内楹联生辉。2013年，社会各界捐资46万元，改建虎岩山寺的大雄宝殿、观音殿、三圣殿、观圣殿、财神殿等，硬化香客停车坪2000余平方米。

龙溪湖 龙溪湖坐落在花桥境内的上古村、麦元村和川口乡的川口村、豹泉村等。龙溪湖是衡南县最大的人工湖，南北长13.5公里，水面宽10余平方公里，灌溉农田5220公顷，其大坝耸立在花桥镇上古村。

麦园洞 因洞前多种小麦而出名，麦园洞状如一弯天月，巨大的岩石微微向前倾斜，上有3个洞口，中间突起的大石岩，恰似腾跃的龙头，龙头下面有几条石槽，活像龙须。主洞高约6米，宽约9米，深10余米，宽敞如厅堂。主洞左有一小洞，底面平整如楼，似有石桌、石椅。主洞右面已凿穿两个洞口，光亮射进洞中。左洞有石室两间，横衍如廊屋。石人仰面躺卧，称之为“睡仙”。石床毕肖，长3米许，传说是仙人下榻的地方。

（文字供稿：唐丹丹　图片供稿：衡阳市申遗办）

铁丝塘镇 >>

区域概况

位置面积

铁丝塘因“铁丝塘开铁铺坐北朝南打东西”这一典故而得名。地处县境东北部，东靠花桥镇，南毗洪山镇，西接衡东县石滩乡，北依境内罗霄山脉余脉狗头岭等山峰并与衡东县德圳乡相邻。镇政府驻铁丝村中街，距县城45公里。辖区东西最大距离约16.5公里，南北最大距离约12.5公里，总面积73.4平方公里。

建置沿革

清末时期隶属于清泉县，称巨麓乡，乡公所最初设置在桃溪村下庵寺，后迁到望江村的马鞍山。1949年10月，属衡阳县第九区；1952年7月，属衡南县第五区；1953年，改名望江乡。1955年，乡政府迁到铁丝塘街。1958年，为巨麓峰公社；1961年，改为望江人民公社；1983年，取消人民公社制度，在人民公社的基础上重建乡体制，为望江乡，属花桥区；1995年，撤区并乡，原望江乡从花桥区独立出来建镇，更名铁丝塘镇。

行政区划

1995年年末，辖1个居委会，17个行政村；下设10个居民小组，228个村民小组。2014年年末，辖铁丝、香巷、楠竹3个社区和晨光、南冲、花泉、江水、白壁、望江、石河、欧冲、茅塘、丹水、栗山、桃溪、甲山、铁丝、荆家、枫林、上枫林17个行政村，下设228个村民小组。

自然环境

境内为丘陵山区，地势东北高西南低。地面倾斜，丘陵起伏，沟壑纵横，从北至南，有“九岭十洼”之称。最高峰狗头岭海拔563米，位于镇内最北端上丰林村。全境属暖温带大陆性亚季风气候区，气温四季分明，无霜期长。年平均气温17.5℃，1月最低，日均气温5.8℃，7月最高，日均为35.5℃。雨、旱季明显，年平均降水量在1200毫米以上，极端年最大降水量1800毫米（1970年），极端年最少降水量950毫米（1963年）。常年主导风为北风，夏季多东南风，并有雷电气象。境内土壤主要有水稻土、红壤土、岩性土三大类。全境有龙溪河、踏水河2条主要溪流，其中龙溪河由花桥镇流入，踏水河发源于花泉村，两条河流均流入洪山镇。

人口民族

1982年，辖区总人口17605人；1990年，辖区总人口19368人；1999年年末，辖区总人口23752人，人口出生率11.61‰，人口死亡率

5.16‰，人口自然增长率 6.45 ‰。2010 年，辖区总人口 21891 人，人口出生率 14.26 ‰，人口死亡率 6.45 ‰，人口自然增长率 7.81‰。2014 年年末，辖区总人口 25827 人，其中男性 13662 人，占 52.90 %，女性 12165，占 47.10%；全镇总户数为 7214 户；其中城镇常住人口 1963 人，城镇化率 7.6%。人口出生率 14.27‰，死亡率 6.45‰，自然增长率 7.82‰。辖区人口均为汉族。人口密度为每平方公里 352 人左右。

经济发展

经济综述

2007 年，境内共完成国税 28 万元、地税 39.4 万元，工业总产值 11290 万元，工业增加值 3422 万元。2008 年，完成国税 40 万元、地税 51 万元。2014 年，累计完成国税 70 万元，地税 100 万元，财政总收入 450 万元。

农业

种植业 民国时期，由于生产条件落后，加之干旱缺水，粮食平均亩产不足 200 公斤。中华人民共和国成立后，致力于兴修水利，改善农业生产条件，粮食产量不断增加，1957 年亩产达到 250 公斤。1958 年后，连续两年粮食减产歉收。1961 年，调整公社规模，解散公共食堂，实行以生产队为核算单位和执行按劳分配政策；同时，改进耕作技术，扩大双季稻种植面积，农业生产连年获得丰收,双季稻种植面积达 1300 公顷，占水田总面积的 87% 以上，两季平均亩产 400 公斤。1975 年，试种杂交晚稻 66.67 余公顷，亩产 360 公斤，比常规晚稻每亩增产 110 公斤。此后逐年扩大种植面积。至 1983 年，杂交晚稻面积达到 1421.27 公顷，占水田总面积的 97% 以上，亩产提高 400 公斤以上。1990—2006 年，全镇水稻双季稻年种植面积稳定在 1300 万公顷左右，亩产约 800 公斤，年总产量 1.6 万吨左右。2014 年，境内有耕地面积 1600 公顷，其中水田 1500 公顷，粮食总产量 1.7 万吨，荣获市、县粮食生产先进单位。

养殖业 境内历来有养殖禽畜习惯。民国时期，由于多数农户家庭生活困难，禽畜饲养数量极少，年户均养猪不足 1 头，养牛仅供役用，饲养鸡鸭多为产蛋换取油盐钱。中华人民共和国成立初，养殖业有所发展，禽畜产量逐渐增多。1958—1961 年，一度禁止农户养猪养鸡。1962—1980 年，耕牛、鱼类由生产队集体放养，生猪饲养允许公私并举，故产量较前有较快发展。1982 年实行土地承包经营责任制后，养殖业快速发展，陆续出现一批规模化、专业化养殖户。1989 年，全乡人平养猪 1 头、鸡 5 羽；鲜鱼产量亦大幅提升，亩均水面产鱼由 1981 年的 50 公斤提高到 150 公斤。1991—2014 年，养殖业持续发展。2014 年，湖南东星农林科技发展有限公司肉牛养殖基地入驻枫林村，当年投入 400 万建成西门塔尔肉牛现代化栏舍，种植 580 亩台湾甜浆牧草，当年出栏肉牛 1400 头，并顺利通过市级示范场和国家“菜篮子”工程项目审核，成为镇内最大养殖场。2014 年年末，境内有各种规模养殖户 78 户，年出栏生猪 4 万余头，出笼家禽 20 万余羽，出塘水产品近 300 吨，养殖业总产值 6701 万元。

林业 1956 年以前，山林权属为农户私人所有。1958 年，“大炼钢铁”，大部分森林被破坏。此后，林权收归集体经营。1982 年，实行土地承包经营，林权放归农户管理。经过历年实施植树造林、封山育林、退耕还林等一系列措施，至 2014 年年底，全镇有林地 42.111 公顷，森林覆盖率高达 57.4 %，高于衡南县的平均值 22 %，主要树种有松、杉、柏、樟、油茶、南竹、桂花树等。

工业

明清时期，境内花泉、晨光等村开设窑厂烧制砖瓦等物，枫林、栗山等村采集当地特有的岩石烧制石灰；境内分布着几十家家庭作坊，主要从事纺织、熬糖等行业；铁丝塘街上，大大小小的铁铺就有 36 家。中华人民共和国成立后，1958 年，人民公社在望江村马鞍山建炼钢厂，1959 年，炼钢厂倒闭。20 世纪 60—70 年代，人民公社掀起兴办工业风，公社在铁丝塘街办起了农机厂、酱油厂，各大队分别办起了砖厂、瓦厂、石灰厂、竹篾厂、制糖厂、电站、林场等等。1985—1999 年，集体和乡镇工业逐渐萎缩，私营工业相继崛起。2014 年年末，全镇有工业企业 134 家，从业人员 2724 人，经营范围涉及采矿业、制造业、建筑业等，工业总产值 7270 万元，完成税收 65 万元。

商贸服务业

铁丝塘市场历史悠久。清咸丰二年（1854），有徐氏三兄弟迁居于铁丝塘，同当地的聂、曾、谭三大姓和铁匠们一起修青石板街道达 400 米，街口两头设城门，立石狮，新增店铺 78 家，铁丝塘正式设集市，竹木交易、铁器交易、猪市、牛市、伙铺、油品交易、南盐、拜香成为八大主要贸易。铁丝塘集市的竹木交易市场是东乡有名的交易市场。直到民国时期，铁丝塘街仍然挨家挨户开伙铺。中华人民共和国成立后，铁丝塘街依旧开集设市。1950 年，街上有私营商业、饮食业 40 余户，从业人员 200 人。1956 年，完成对私营商业的社会主义改造后，组建成 4 家公私合营商店、10 个商业合作小组。并先后建立公社供销合社、粮油购销站、肉食水产品购销站以及粮油储运库等商业机构，共设有购销门店网点 20 余个。1958 年，一度取消集贸市场，禁止集市贸易。1962 年恢复，但对销售的商品仍有所限制。1978 年，境内有国营、集体商业网点 42 个，集贸市场 4 个。1982 年后，实行改革开放，在发挥国营集体商业主渠道作用的同时，适当发展个体私营商业。至 1990 年，有个体商户 60 余家，从业人员 200 余人，主营日杂百货、纺织用品、粮油食品、餐馆和各类机械维修等。1995 年后，在商业改革的大潮中，国营、集体商业逐渐淡出流通市场。2001—2008 年，先后完成对国营、集体商业的改革改制，民营商业成为商品流通领域的“主力军”。2014 年年末，全镇有各类民营商业户 200 余家，从业人员 700 余人，主营日用百货、家具家电、服装皮具、粮油食品、文化用品、餐饮宾馆、娱乐场、网吧、理发和车辆保养维修等行业，年社会消费品零售总额 2000 余万元。有农贸市场 1 个，年交易额 5610 余万元。

财政金融

财政 中华人民共和国成立后，乡镇财政由财粮委员或秘书兼管。1953 年，各种税收建立代征、协税组织。1961 年，成立协税委员会。1984 年成立乡财政所，统管财政收支。1995 年，乡财政总收入 380 余万元，主要为农业税、农业特产税和工商等税收；财政总支出 380 余万元，主要为支援农业、上缴县财政和行政管理费用。2004 年起，实行农村税费改革，国家取消向农户征收农业税（含附加）和农业特产税。当年全镇取消两项税金 72.5 万元，农民人均减少负担 36.88 元。2014 年年末，完成公共财政总收入 540 万元，公共财政总支出 540 万元，年末债务总额 959 万元。

金融 1952 年，境内成立中国人民银行铁丝塘营业所，管理金融业务。1958 年 12 月，组成公社信用社部，中国人民银行业务并入公社信用社。1959 年 5 月，又将原来的信用社从公社信用部划出，下放给各生产大队，成为信用分部。

1962年11月，信用分部全部撤销，恢复农村信用社。1995年，乡内有农村合作基金会、互助储金会，1999年，农村合作基金会并入农村信用社，互助储金会清盘关闭。2009年1月，设中国邮政储蓄银行铁丝塘营业所。2014年，农村信用社改为农商银行。是年年末，镇内有金融机构2家（农商银行和邮政银行），各项存款余额26272万元，贷款余额606万元。

基础设施

交通运输

公路 1958年前，分别建成铁丝塘至花桥公路、金竹公路、扬名公路、双林公路、衡东公路。20世纪70—90年代，相继完成了17个行政村的村道建设。2002—2013年，实施乡村道路改造提质和水泥硬化工程，实现了村村通水泥路，总里程51.553公里。2014年年末，镇内有衡茶吉铁路过境，境内长8公里；县级公路2条，总长17公里；通乡公路8.987公里；村道16条，总长25.566公里。

客运 1964年，省汽车运输公司衡阳分公司（简称"湘运",下同）辟衡阳汽车西站至花桥班车，杨名村设汽车停靠点。1983年开放市场，始有个人购车加入社会营运，客车以小型为多，招手即停，俗称"方便车"。1988年，私营车主开通铁丝塘至衡阳市区班车。2014年年末，镇内有临时客运站1个，客运汽车6辆，210座位，年客运量约14.5万人次，日均载客量397余人次。

货运 中华人民共和国成立初期，镇内货运由"湘运"包揽，集市贸易交流大多靠肩挑和独轮车运。20世纪70年代，原公社农机站购有拖拉机农闲时，跑短途运输。1983年后，私人购车加入。至2014年，镇内货运汽车197辆，1970吨位，年货运量110.32万吨。

邮政通信

邮政 中华人民共和国成立前，马鞍山设有邮政代办所，中华人民共和国成立后沿袭，1955年，迁至铁丝塘。20世纪60年代起，人民公社、生产大队均设有邮政投递点，自行车作为邮件运输和投递的工具，邮政业务包括函件收发、信件投递、报刊发行等。2014年年末，镇内有邮政代办所1处。

通信 1962年，境内所属单位及人民公社开通电话，线路长约12千米。1979年后，人民公社建立通生产大队电话网络，利用有线广播线路通电话。1998年，开通程控电话网络。2004年，移动、联通公司先后在境内建设移动通信基站。2014年年末，镇内有电信营业厅1个，移动、联通营业厅各3个；有固定电话用户125户，移动电话用户6344户，互联网用户243户；镇内光纤网络已覆盖到晨光、花泉、望江、石河、欧冲、桃溪、铁丝等7个村，4G网络在镇中心覆盖，各村也都覆盖了3G网络。

供电饮水

供电 中华人民共和国成立初期，电力资源紧缺，老百姓家庭用煤油灯或蜡烛照明。至20世纪60年代末，少部分单位、企业或生产大队用柴油机组发电，用于生产和生活。1979年后，新建10千伏配电线路1条，长45千米，400伏低压线路76千米；10千伏安变压器43台，总容量4600千伏安；村通电率100%，村（居）小组通电率100%。2000—2013年，对农村电网实行分批次改造，2014年，全年累计投入150万元，完成400伏及200伏供电路线改造4.5千米，新建10千伏供电线路2.5千米，新增生活照明100千伏安变压器3台，启动铁丝村312户居民的农网改造。

饮水 1949—2011年，镇区生产生活用水以取地表水和井水为主，每逢天旱，生产生活用水极为紧缺，饮水质量也不达标。2012年，镇自来水厂建成，日供水量400立方米，是年，有484户饮上自来水。2014年，望江、石河、晨光等村部分村民饮上自来水。

水利建设

铁丝塘镇境内东北部缺水相对严重，每逢干旱季节，铁丝村、荆家村和栗山村一带老百姓饮水和日常生活用水都非常困难，尤其是荆家村漕源洞，更是镇内的干旱角。中华人民共和国成立后，人民政府组织群众兴修水利，抗御干旱。1954—1969年，共整修扩建山平塘骨干塘280口，增加蓄水量1250万立方米，1966—1979年，先后修建小（一）型水库2座（枫林水库容量145万立方米和栗山水库容量138万立方米），小（二）型水库3座（毛吉塘水库容量24万立方米、牛湾塘水库容量16万立方米和星子塘水库容量14万立方米）。同时，镇域属于龙溪桥水库（亦名超美水库）核心灌溉区。2014年冬，投入资金100多万元，对铁丝村牛湾塘小（二）型水库除险加固和甲山村星子塘小（二）型水库加固，修山平塘清淤80处，修放水渠3800多米，保障镇内农田灌溉。境内有2条主要溪流，龙溪河和踏水河贯穿东西。

镇村建设

铁丝塘为千年古镇。隋朝时期已经初具规模，清咸丰时期再次整修并正式建立集市。中华人民共和国成立后，集镇建设不断拓展，先后兴建商贸、交通运输、教育文化、医疗卫生等基础设施，面积约1.0平方公里。20世纪90年代初起，小城镇建设扩容提质，先后修建新农贸市场、巨麓苑小区、下街新街、东风新街、楠竹和香巷居住区；开发商品住宅面积1.0万余平方米。2006年，启动社会主义新农村建设。以铁丝村为示范点，重点改造农村电网、道路、水利、环境卫生等基础设施，全镇80%以上的农户均新建2~4层不等面积在200平方以上的楼房，村组基本无土砖茅草住房。2014年年末，小城镇建成面积为2.25平方公里，镇村道路硬化率、环境卫生达标率、居民饮水安全率均为100%。17个行政村，村村都有新办公用房。

社会事业

教育

民国初期，境内出名的经馆由4个人举办：欧阳铁庚在桃溪道塘寺创办经馆；刘鹗秋在茅塘四房祠堂、铁丝圆塘祠堂、桃溪道塘寺创办经馆；衡东人赵岳屏在巨麓峰创办经馆；胡寿堂在幸福（白壁村）谢草庵创办经馆。中华人民共和国成立后，利用祠堂和原有的经馆作为学校，发展农村小学教育，同时开办农民识字夜校，扫除青壮年文盲。至1957年，境内有完全小学3所，初级小学5所。1969年，按照一个大队办1所小学、一个公社办1所中学的布局，是年，境内有小学16所，初中3所。1983—1985年，着力做好初等教育的普及工作，经过三年努力，调整为完全小学2所，不完全小学14所，中学1所。1994—2000年，普及九年义务教育，经过几年的努力，境内7~12周岁儿童入学率为99.5%，年巩固率99.1%，毕业率96.9%，13~15周岁儿童初中教育普及率为98.3%。2000年以后，为整合教育资源，提高教育质量，将原有16所小学逐渐合并，至2014年，境内仅保存完全小学2所（中心小学和铁丝完小），不完全小学3所（巨六小学、荆家小学、花泉小学），其中花泉小学转轨成承包制私人办学，教学点2个（丹水教学点和红旗教学点）。2014年年末，全镇有独立幼儿园1所，附属幼儿园4所，在园幼儿453人；小学5所，在校学生1292人；初中1所，在校学生621人；全镇中小学在编在岗教职工113人；有铁丝塘中学、中心小学、铁丝完小、巨六小学等4所省市级合格学校。

文化体育

文化 民国时期，境内有舞龙灯、木偶戏、皮影戏等文化活动。中华人民共和国成立初，俱乐部成为农村文化的活动阵地。20世纪60年代初期，人民公社、生产大队先后建立文化站和文化室。“文化大革命”期间，毛泽东思想文艺宣传队是农村文化活动的主体。1971年，建立人民公社广播站。是年，境内1个人民公社（望江）17个生产大队、228个生产队实现队队通广播。1975年，成立人民公社电影放映队，有16毫米电影放映机1台，分别到各生产大队放映。21世纪后，广场舞流行起来。2014年，全镇有文化站、有线电视站各1个，有职工5人；各类文化专业户10户,从业人员60人；有线电视网络80千米，有有线电视和无线电视用户2000多户；村（社区）文化活动中心和健身场所20个，农家书屋4家，共有图书53469册；建群众集体广场舞场地3个。

体育 1952年,境内学校各年级均设体育课。1960—1961年，因国民经济困难，学校体育课暂停，1962年后逐渐恢复。1977年，体育教学趋向正常，保证“两课、两操、一活动”。即每周两节体育课，每天做广播操和眼保健操，每天一小时课外体育活动。1983年后，中小学普遍推行第五套、第六套、第七套广播体操。1997年，镇内中小学开始按《国家体育锻炼标准》教学，当年达标率41%。至2005年，达标率98%。2014年年末,全镇有运动场23个,总面积4.2万平方米。

医疗卫生

清代、民国时期，境内缺医少药，治疗病患者以中草药为主。至中华人民共和国成立前，境内有中药铺3家，民间中医师5人。中华人民共和国成立后，医疗卫生事业不断发展。1950年10月，由曾树凡、蒋太仁等5人自筹资金建立乡卫生所，当时房屋、设备非常简陋。1959年，乡卫生所更名为人民公社卫生院，归集体所有，并开始推行新法接生。1969年，农村实行合作医疗制度，相继建立生产大队医疗室，配有赤脚医生和保健员各1名，普及新法接生，指导科学育儿和计划生育。1984年，人民公社卫生院更名为乡卫生院。1995年，撤区并乡，望江乡卫生院改名为铁丝塘镇卫生院。2000年以来，医院投入大量资金改善就医环境，新建1栋6层综合大楼，2栋职工住房，占地2000多平方米，建筑面积4000多平方米，住院部有病床30张，年门诊量2万多人次，住院1900多人次。2006年1月，镇村启动新型农村合作医疗（简称新农合），当年参合15550人（每人缴纳新型农合保险金10元），参合率81.55%，医疗费用补偿总金额50万元。2014年，有镇卫生院1所，本科2人，大专6人，中专24人；主治医师2人，执业医师6人，助理执业医师9人，注册护士4人，中药师、检验师、统计师各1人。年末，参加新农合人数20889人，参合率100%，每人年筹集资金60元，受益金额200多万元。

社会保障

“五保”供养 1959年起，对孤寡老人和无劳动能力的残疾人实行“五保”，其供养费由所在生产队统筹。1980年后纳入社（乡镇）统筹。2005年起，“五保”对象享受城乡最低生活保障，供养费由县财政统筹。2014年年末，全镇“五保”供养对象为36人，集中供养36人。年人均2520

元（不含衣服和医疗费），总金额 9.07 万元。

医疗救助 2006 年起，启动城乡居民大病医疗救助。救助对象主要为患恶性肿瘤、白血病、尿毒症的城乡低保户、困难户。2014 年，共救助 74 人，救助总金额 20.60 万元。

最低生活保障 1999 年 10 月，启动城镇居民最低生活保障，并对低保对象实行动态管理。2005 年，有城镇最低生活保障对象 11 户、11 人，年人均 1178 元，支出总金额 12960 元。2007 年 7 月，启动农村居民最低生活保障，当年有农村低保对象 32 户、128 人，年人均 366 元，支出总金额 4.69 万元。2009 年，全镇有农村低保对象 280 户、786 人，年人均补助 580 元，总金额 45.60 万元。2014 年，境内农村最低生活保障对象 399 户、817 人，支出 105.39 万元，年人均 1290 元，城镇最低生活保障对象 18 户、53 人，发放低保金 23.55 万元，年人均 4442 元。

养老保险 2011 年 7 月起，启动城乡居民社会养老保险。当年，全镇参保人数 8300 人，参保率 77.07%；征缴养老金 83 万元，为 2816 名到龄居民发放 7—12 月养老待遇 14.31 万元。2014 年年末，参保人数 6258 人，参保率 64.70%；征缴养老基金 67.06 万元，为 3150 名到龄居民发放养老待遇金 227.33 万元。

特色地情

名优特产

铁丝塘有许多富有地方特色的产品。传统特产有铁器、木材、篾器、茶油、桐油；近现代新兴特色产品有薯粉、石灰、湘黄鸡、冰糖柑、甜酒。不过随着时代变迁，铁器、桐油已日渐没落，尤其是桐油，几乎处于停产状态。

风景名胜

巨麓峰 位于铁丝塘镇荆家村与衡东县德圳

铁丝塘巨麓峰

乡交接处，南岳七十二峰之一。四大天然池和四大寺庙。四大天然池：天池、雷池、风池、火池。四池虽位于山顶，但四季水不干涸，池中水草密布，池边动物足迹清晰可辨。四大寺庙分别是上冲寺、巨壁寺、天壁寺、南岳行宫。上冲寺位于山顶，巨壁寺位于山腰，天壁寺位于山底，南岳行宫位于山脚下。

南岳行宫 始建于唐朝末年。1999年，在允济大师的主持下，由广东、福建和当地佛教信徒赞助完成重建。南岳行宫由三进四重院落组成。院内角楼高耸，龙泉汩汩，微风吹来，院落四周的古风铃发出清脆的声音，与寺庙的暮鼓晨钟交织在一起，给人一种超凡脱俗的感觉。行宫后面的山坡上，舍利塔肃然而立。

花泉温泉 位于铁丝塘镇花泉村，泉池2000多平方米，分布着几十个泉眼，一年四季有清澈的泉水汩汩冒出，泉水夏凉冬暖，甘甜可口。天气转冷之后，泉池上方腾起团团水雾。泉池是踏水河的源头。20世纪80年代末，花泉村民在老屋组地段修建了一座水电站，每天晚上发电3个小时，供附近10个组的村民照明。

民俗风情

尝新米 每年收割后第一次吃新米，当地农户会买肉买鱼，请来家中长辈，一起“尝新”。但“尝新米”时，主家必须煮八碗菜。有肉表示没有吃斋，有鱼表示年年有鱼，有肉有鱼表示生活富足，年年有余。

十月祭祖 铁丝塘镇历来是农历十月祭祖，与其他地方不同的是，十月的任何一天都可以祭扫。

“四六不开席” 铁丝塘镇有“四六不开席”的风俗。“四六不开席”指的是主家在招待客人时，不能用四个菜或六个菜。当地人认为，四个菜或六个菜是招待叫花子的，如果用四个菜或六个菜来招待客人，则是对客人的不尊重。

（文字供稿：颜振华　图片供稿：衡南县志办）

泉溪镇 >>

区域概况

位置面积

泉溪镇因驻地的清泉山麓、山上和古城寺中都有泉水汩汩流出，泉流汇溪，因而得名。地处县境东部，东与洪山镇相接，南与茶市镇、云集镇相邻，西与珠晖区酃湖乡隔河相望，北与咸塘镇相依。镇人民政府驻香泉路15号，距衡阳市中心12公里，距县城25公里。辖区东西最大距离8.56公里，南北最大距离13.44公里，总面积53.53平方公里。

建置沿革

1949年10月，泉溪属衡阳县第二区，1952年7月分县后，属衡南县第三区。1956年撤区并乡后，设立泉溪乡、咸塘乡、古城乡、双林乡。1958年9月，实行“政社合一”体制，合并成立和平、红星、巨麓峰3个人民公社，1959年，调整为泉溪、巨麓峰2个人民公社。1961年，恢复区级建制，设泉溪区，下辖泉溪、咸塘、古城、双林4个人民公社。1984年，人民公社体制撤销，仍改为乡镇建制，泉溪区下辖泉溪镇、古城乡、咸塘乡、双林乡。1993年，取消咸塘乡，设立咸塘镇。1995年5月撤区并乡后，原泉溪区机构撤销，泉溪镇、咸塘镇合并为泉溪镇。2001年，原泉溪镇分设为泉溪镇、咸塘镇。

行政区划

1995年年末，辖6个居委会，30个行政村；下设33个居民小组，371个村民小组。2014年，泉溪镇辖石狮、何家坪、剑山3个社区；喇叭、提升、刘家坪、老龙头、杨浦、泉长、高冲、木莵、大基、马安、白沙、干子塘、知明、石岭、殷老龙15个行政村。下设198个村（居）民小组。

自然环境

泉溪属半丘陵半平原地带，也有溪谷平原，主要出露岩性为紫色页岩和泥质页岩地层。地势呈南高北低，东、南、北三面环水。地面高度在50~110米之间，一般在海拔52米左右。气候属典型的亚热带季风性湿润气候，四季分明，春夏潮湿多雨，秋冬寒冷干燥。夏季多为东南风，冬季转偏北风。年平均降水量在1500毫米以上，降水时间分布不均，春夏降水约占全年68%，受强台风影响较多，强度大，因而洪涝干旱现象比较明显。热量充足，无霜期长，雨量充沛，年平均气温16.7~18.2℃。

人口民族

1999 年年末，辖区总人口 49689 人，人口出生率 10.67 ‰，人口死亡率 3.54 ‰，人口自然增长率 7.13‰。2010 年第六次全国人口普查，辖区总人口 29518 人，人口出生率 12.43 ‰，人口死亡率 6.87 ‰，人口自然增长率 5.56 ‰。2014 年末，总人口为 31271 人（城镇人口 8858 人），男性 16573 人，占 53%，女性 14698 人，占 47%，其中 0~19 岁 7338 人，占 23.47%，20~49 岁 13440 人，占 42.98%，50~79 岁 10087 人，占 32.26%，80~100 岁 406 人，占 1.29%。人口出生率 11.9‰，死亡率 5.6‰，人口自然增长率 6.4‰。总人口中以汉族为主，占 99.99%，另有瑶族、苗族人口 26 人。人口密度为每平方公里 584 人。

经济发展

经济综述

2007 年，辖区国民生产总值 2.58 亿元，完成财税总收入 111.35 万元。其中耕地占用税 3.35 万元，契税 7 万元，国税 30.8 万元，地税 63 万元。全镇工业增加值 5000 万元，企业实缴本地税金 70 万元。2014 年年末，实现农业总产值 6734 万元。全镇有规模养殖户 15 户，生猪出栏 3 万多头，出笼家禽 6.4 万羽，水产品 5000 吨，养殖业总产值 6000 余万元。全镇有工业企业 104 家，从业人员 2724 人，经营范围涉及加工业、制造业、建筑业等，工业总产值 12.65 亿元，实现税金 3580 万元。2014 年，全镇完成公共财政收入 570 万元，公共财政支出 512 万元，年末债务总额 1900 万元。

农业

种植业 民国时期，由于生产条件落后，加之缺乏抗御自然灾害的能力，粮食平均亩产不足 200 公斤。中华人民共和国成立后，致力于兴修水利，改善农业生产条件，粮食产量不断增加，1957 年，亩产达到 264 公斤。1958 年，成立人民公社，遇三年国民经济困难，粮食减产歉收。1961 年，调整公社规模，解散公共食堂，实行以生产队为核算单位和执行按劳分配政策；同时，改进耕作技术，扩大双季稻种植面积，农业生产持续发展。1969 年，双季稻种植面积达 1266.67 公顷，占水田总面积的 80%，两季亩产平均 367 公斤。1976 年，试种杂交晚稻 6700 余公顷，平均亩产 310 公斤，比常规晚稻每亩增产 110 公斤。此后逐年扩大种植面积。20 世纪 80 年代，全镇普遍推广“稻、稻、油（菜）”三熟制。1982 年，实行家庭联产承包责任制，大面积种植杂交晚稻，杂交晚稻面积达到 1540 公顷，占水田总面积的 94%，平均亩产提高到 400 公斤。1990—2006 年，全镇水稻年种植面积稳定在 1733.33 公顷左右，亩产约 800 公斤，年总产量 2.2 万吨。

养殖业 民国时期，由于农户家庭生活困难，畜禽饲养较少，主要是养牛，仅供役用，各农户只是饲养少量鸡鸭为产蛋换取油盐钱。中华人民共和国成立后，养殖业有所发展，畜禽产量逐渐增多。1958—1961 年，一度禁止农户养猪养鸡，当时畜禽由合作社统一养殖，实行计划分配。1962—1980 年，耕牛、鱼类由生产队集体放养，生猪、鸡鸭允许公私并养，产量较前有较快的发展，各家各户都饲养了鸡、猪，大部分农户养牛，用于耕田，后期陆续出现了小规模化、专业化养殖户。1990 年后，全镇人平养猪 0.5 头，鸡 5 羽；鲜鱼产量亦大幅度提升，亩均水面产鱼由 20 世纪 80 年代的 30 公斤提高到 100 公斤，养殖业占农业收入的 40%。1991—2012 年，养殖业持续发展，先后成立了养殖合作社、养殖公司，养殖龙头企业，养殖业的规模由几百头到几千头发展。

林业 全镇林地主要树种有杉、松、枫、南竹、油茶等。1949年以前，林地林木都是农户私人所有。1958年，林地归集体所有，由于“大炼钢铁”和“公共食堂”，林木遭受严重破坏。20世纪70年代,各大队兴办林场营造杉、松等树木；1982年，实行土地承包经营，林权放归农户管理；90年代，全镇兴起消灭宜林荒山运动。从2002年始，先后实施了退耕还林、公益林、绿化荒山、后续产业、低效林改造、油茶产业等项目，营造用材林2000公顷，油茶580公顷。2014年年末，森林覆盖率为48.25%，林木绿化率51.74%。

工业

中华人民共和国成立前，有木匠、篾匠、铁匠、砌匠以及烧砖瓦、石灰等民间手工业艺人近百名。中华人民共和国成立后,先后有泉溪棉织厂、农具社（后改为家具一厂）、服装厂、玛钢件厂、电器厂、塑料厂和选毛厂等一批集体企业和社队企业共20余家相继建成投产，涉及建筑、机械、建材、食品、制造、农林产品加工等行业，从业人员3500余人。1985—1995年，国营、集体和乡镇工业逐渐萎缩，私营工业相继崛起。2009—2014年，先后引进外来投资项目宇恒高科、恒久实业、清风农业、富星生态等11个企业，引进资金12.54亿元。

商贸服务业

民国时期，泉溪街有商铺数十家。中华人民共和国成立后，1956年，建立国营贸易商店，经营粮食、棉纱、棉布、食盐、油脂、煤炭和主要日用百货，为县内最早的国营商业企业。1951年，设国营贸易小组，举办各类物资交流会。1952—1954年，先后设有区供销合作社、区肉食水产购销站、区粮食管理站等机构，供应生产、生活资料和收购农副产品。1956年，完成对私营商业的社会主义改造后，组建成3家公私合营商店、13个商业合作小组。1958—1962年，一度取消集贸市场，禁止集市贸易。1962年恢复，但对销售的商品仍有所限制。1978年，境内有国营、集体商业网点57个，集贸市场1个，社会消费品零售总额580万元（当年价）。1982年后，实行改革开放，在发挥国营集体商业主渠道作用的同时，适当发展个体私营商业。1982年，镇内供销社和食品站推行经营承包责任制。1988年，国营、集体商店都实行承包经营和租赁经营，维持生存。至1990年，民营资本进入市场，个体商户达100余家，从业人员260余人，主营日杂百货、纺织用品、餐馆和各类车辆维修等行业。1995年后，在商业改革的大潮中，国营、集体商业逐渐淡出流通市场。2001—2007年，先后完成对国营、集体商业的改革改制，民营商业成为商品流通领域的主力。2014年年末，全镇有各类民营商业户1300余家,从业人员4200人,主营日用百货、餐饮宾馆、服装皮具、家具家电、文化用品、娱乐场、网吧、理发和车辆保养维修等，年社会商品零售总额达8725万元；有集贸市场1个,年交易额1.12亿元。

财政金融

财政 中华人民共和国成立后，乡镇财政由财粮委员或秘书兼管。1953年,各种税收建立代征、协税组织。1961年，成立协税委员会，负责区内税务工作。1984年,成立镇财政所,统管财政收支。1996年，镇财政总收入360万余元，主要为农业税、农业特产税和工商等税收；财政总支出360万余元，主要为支援农业、上解县财政和行政管理费用。2004年起，实行农村税费改革，国家取消向农户征收农业税（含附加）和农业特产税。当年全镇两项税金170万元，农民人均减少负担61元。

金融 1951年,设中国人民银行泉溪营业所，1954年冬，成立农村信用合作社（简称信用社），管理境内金融业务。1979年，中国人民银行泉溪营业所改为县农业银行泉溪营业所。1985 年，建立中国邮政储蓄银行泉溪营业厅。20 世纪 90 年代末，农行泉溪营业所撤销。2014 年年末，镇内有金融机构 2 家，各项存款余额 4.87 亿元，贷款余额 4580 万元。

基础设施

交通运输

公路 20 世纪 50 年代末，建成泉溪至花桥公路。20 世纪 80—90 年代，相继完成 15 个村的村道建设。1990 年 7 月 15 日，衡南第一座耒水大桥在泉溪建成通车。1993 年，硬化、扩修和拉直泉溪至花桥公路。2002—2013 年，实施乡村道路改造提质和水泥硬化工程，实现村村通水泥路。2010 年，是全县率先完成“村村通”的六个乡镇之一。2014年年末，镇内有高速公路 1 条，县道 2 条，乡道 3 条，村道 5 条，约 70 公里。

客运 1964 年，省汽车运输公司衡阳分公司（以下简称“湘运”）开辟衡阳汽车西站至花桥班车，泉溪设汽车站，每日往返四趟。1971 年，市公共汽车公司开通 10 路公交车线，辟衡阳市解放路至酃湖乡解放大队，每小时一趟，日载客量约 300 人次。1983 年开放市场，始有个人购车加入社会营运，客车以小型为多，招手即停，俗称“方便车”。1990 年 8 月，泉溪大桥通车后，10 路公交车由酃湖乡解放大队站延伸至衡南县九中门口，20 分钟一趟，日载客量 800 人次。2014 年年末，镇内有客运站 1 个，客运车辆 15 台，每 10 分钟有一趟客车从衡阳和泉溪始发，日载客量千余人次。

货运 中华人民共和国成立初期，镇内货运由“湘运”包揽，集市贸易交流大多靠肩挑和独轮车运。20 世纪 70 年代，原公社农机站购有拖拉机，农闲时跑短途运输。1983 年后私人购车加入，承担镇内部分货物运输。随着当地民营货运业不断发展，“湘运”货运逐渐退出。至 2014 年，镇内全镇有货运车辆 63 台，总吨位 700 吨，年货运量 50 余万吨。

船运 20 世纪 50 年代末，建泉溪耒水客运渡口，渡船往返泉溪和酃湖乡解放村两岸，便利商客和人员往来。1962 年，县航运公司开通客运轮船，辟泉溪寺至茶市、小江口客运码头，每日往返各 1 次，日乘客约 20 人。

邮政通信

邮政 民国 3 年（1914），设泉溪邮局。中华人民共和国成立后，1951 年 6 月，设泉溪邮政代办所。20 世纪 60 年代起，在人民公社（乡镇）的部分大队（村）设邮政投递点，邮件由邮递员直接投递乡政府及沿途所经过的村组。2014 年，镇内有邮政所 1 处，代办点 15 个。

通信 1962 年 12 月，泉溪始通长途电话，是县内第一批开通长途电话的乡镇之一。20 世纪 70—90 年代，人民公社（乡镇）自建通村电话网络，各大队（村）利用农村广播线路接通电话。1996 年起，在泉溪建设程控电话网络。1998 年后，电信、移动、联通公司分别在镇内建设移动电话基站。2014 年年末，镇内有电信营业厅 1 个、移动营业厅 4 个、联通营业厅 4 个；建移动基站 15 个，信号覆盖率为 99%；有固定电话用户 1500 户，移动电话用户 24000 户，联通电话用户 2100 户，互联网用户 1830 户。

供电饮水

供电 中华人民共和国成立初期，电力资源紧缺，老百姓家庭用煤油灯或蜡烛照明。至 20 世纪 60 年代末，白渔潭水电站建成后，供镇街上单位和居民用电。1986 年，泉溪镇建立泉（溪）洪（山）变电站，各村组用上国网电，但由于全镇用电负荷过大，经常停电，少数单位、企业或大队配备柴油机组发电，用于生产和生活。至1998年，有10千伏配电线路3条；10千伏安变压器118台；村通电率100%，村（居）民小组通电率100%。2000—2013年，对农村电网实行分批次改造，先后完成15个村的线改户改，完成户改11000户。2014年年末，全镇15个村、3个社区、198个村（居）民小组全部供电，供电率100%。

饮水 1949—2011年期间，镇区生产生活用水以取地表水和井水为主，每逢天旱，生产生活用水极为紧缺，饮水质量也难以达标。1995年，建成镇自来水厂，年供水能力60万立方米。2015年，再建自来水厂1处。2014年年末，年供水200万立方米，基本满足城镇居民饮用水。

水利建设

1949年，境内有水塘约305口，蓄水量约10万立方米。1953—1957年，共整修扩建山平塘53口，增加蓄水量4.6万立方米。1958—1960年，兴建白渔潭水电站，移民1921人。20世纪60年代至70年代，先后修建寺垅、红领巾、烟冲、王母塘、豹子塘、砖头、草塘、万年、铁铺滩等9座水库，蓄水量约918.4万立方米。20世纪90年代至2012年，将水利建设重点放在山塘清淤、渠道硬化防渗和水库除险加固上。期间，整修、扩建山坪塘245处，新修山坪塘65处，新修骨干塘17处，新增蓄水75万立方米；硬化山坪塘33处；整修堰坝30处；4座小（二）型水库的除险加固。2014年年末，全镇有小（二）型水库9座，山平塘、骨干塘427口，总蓄水量1008万立方米，基本保障镇内农田水稻灌溉。

镇村建设

中华人民共和国成立初期，泉溪街由青石板铺成，街道宽4米，长约500米，街道建筑大部分为民国时期保留下来的青砖瓦屋，当时街道在县内有名。1958—1960年，兴建白渔潭水电站，原青石板铺成的街道被拆除，期间，移民1921人，分别在北济殿、雨淋山等半山腰建立移名安居点；当时，安居点建设成条、成排有序，一般为一层平房（砖木结构），少有二层楼板房，形成三居委会（现属剑山居委会）、二居委会（现属何家坪居委会）和一居委会（现属石狮居委会）。集市设区公所至蚂蟥塘一带街上，城镇建设初具规模。20世纪70年代，对街边小河实行改河造田工程，目标“奋战100天、造田300亩”，从耒河边至蚂蟥塘到汤家湾生产队一带修建防洪堤，原路面筑堤提升4米左右，蚂蟥塘一带古居住宅全部被拆除，街道零散。20世纪80年代后，小城镇建设扩容提质，先后修建玉泉路、狮泉路等2条街道；完成了城区“二杆（电杆、电线杆）五线”的整治；开发商品住宅面积2.3万余平方米。2003年，投资500余万元新建泉溪镇农贸市场。2006年起，启动社会主义新农村建设，重点改造农村水利、电力、道路、饮水等基础设施，全镇80%以上的农户均建成2~4层不等面积在200平方米以上的红砖青瓦楼房，基本实现村组无土砖茅草住房。2011—2013年，对农村环境卫生实行综合整治，建设美丽乡村。2014年年末，全镇农村道路硬化率为100%，电网改造率为90%，环境卫生达标率为80%，农村安全饮水率达100%。城区建成面积为3平方公里，形成集教育文化、商贸服务、医疗卫生、交通通信于一体、功能较为完备的现代化小城镇。

社会事业

教育

清代为私塾教育。民国改私塾为新式教育。中华人民共和国成立后，创办泉溪完小，发展农村小学教育。同时开展扫除青壮年文盲教育。至1957年，境内有完全小学3所，初级小学5所。1958年建立县属全日制高级中学衡南九中（原泉溪农中）。1983—1985年，着力做好初等教育的普及工作，经过三年努力，学校调整为完全小学3所，不完全小学16所，中学1所。1994—2000年，普及九年义务教育，经过几年的努力，境内7~12周岁儿童入学率为99.5%，年巩固率99.1%，毕业率96.9%，13~15周岁儿童初中教育普及率为98.3%。2000年以后，为整合教育资源，提高教育质量，将原有19所小学逐渐合并，至2014年，境内仅保存完全小学1所，不完全小学2所，教学点2个。是年年末，全镇有独立幼儿园4所,在园幼儿683人；初中1所，在校学生681人；高中1所，在校学生2000余人。专任教师262人，其中中一教师73人，小学高级教师76人，中学高级教师26人。

文化体育

文化 清末、民国时期，境内民间有舞龙灯、舞狮、皮影戏、唱马灯等群众文化活动。中华人民共和国成立以来，俱乐部成为农村文化的活动阵地。60年代初期，公社、大队先后建立文化站和文化室。“文化大革命”期间，毛泽东思想文艺宣传队是农村文化活动的主体，泉溪改建500平方米的礼堂，组建义务剧队，排练并演出革命样板戏《沙家浜》《红灯记》等，深受群众喜爱。1971年，建立公社广播站。是年，各大队和生产队实现队队通广播。1975年，成立区电影放映队，有16毫米电影放映机1台，分别到各公社、各大队放映，村民文化生活十分活跃。21世纪以来，流行广场舞。泉溪文风淳厚，人才辈出。崔一鹗，又名南岳第一峰人，现为国家一级美术师、中国美术家协会会员、中国国画家协会培训中心教授、衡阳师范学院客座教授、深圳市福田区美术家协会副主席。2014年年末，全镇有文体站、有线电视站各1个；有线电视网络110千米，有线电视4100多户和无线电视用户500多户；全镇15个

泉溪端午龙舟赛

泉溪杂技世家袁孝廉作品《大雁腾飞》

村均建立了图书室，藏书28000册，有音乐、诗歌、书法、唢呐及广场舞业余创作人员100余人。

体育 1952年，各年级设体育课。1960—1961年，因国民经济困难，学校体育课暂停，1962年后逐渐恢复。1977年，体育教学趋向正常，保证“两课、两操、一活动”。即每周两节体育课，每天做广播操和眼保健操，每天一小时课外体育活动。1983年后，中小学普遍推行第五套、第六套、第七套广播体操。2014年，全镇有学校体育场12处，居民篮球场5处。

医疗卫生

民国时期，农村缺医少药，治疗疾病素以中草药为主。1949年，境内有中医15人，西医2人。中华人民共和国成立后，大力发展医疗卫生事业，医疗条件不断改善。1953年，建泉溪区联合诊所，有医务人员10名。1956年，建立区卫生所。1959年，建立公社卫生院。当年，推行新法接生，相继建立大队卫生室，分别配有1名赤脚医生和妇幼保健员。1968年，区联合诊所改为区医院。1969年，实行农村合作医疗制度。1980年，对镇内0~7岁婴幼儿进行健康检查。1995年撤区并乡后，对原部分乡卫生院进行调整合并。1997年，改为泉溪镇中心卫生院。2006年1月，启动新型农村合作医疗，当年参加新型农村医疗14678人，参合率为76.4%，此后参合人数逐年递增。2014年，有卫生院1所，村卫生室15所。中心卫生院占地面积40余亩，建筑面积13800平方米，开设病床60张，拥有高标准手术室、产房、待产室。年末，参加新型农村合作医疗21617人，参合率为100%，全镇有2247人次因病获得新型农村合作医疗住院补偿，补偿金额22.09万元。

社会保障

“五保”供养 1959年起，对孤寡老人和无劳动能力的残疾人实行“五保”（保吃、穿、住、治病、丧葬），其生活费由所在生产队或大队统筹。20世纪80年代后，纳入乡镇统筹。2005年起，城乡“五保”对象享受城乡最低生活保障待遇，其供养经费由县财政拨付。2013年，建成镇敬老院,集中供养部分“五保”老人。2014年年末,全镇有“五保”对象226人,其中集中供养68人,分散供养158人;共拨付供养金37.4万元。

最低生活保障 1999年10月,启动城镇居民最低生活保障,并对低保对象实行动态管理。2005年,有城镇最低生活保障对象289户、421人,年人均800元,支出总金额33.67万元。2007年7月,启动农村居民最低生活保障,当年有农村低保对象34户、123人,年人均360元,支出总金额4.43万元。2014年,境内农村最低生活保障对象316户、756人,支出101.21万元,年人均1339元,城镇最低生活保障对象170户、325人,发放低保金86.99万元,年人均2676元。

养老保险 2011年7月,启动城乡居民社会养老保险。是年,镇内城乡居民参保人数7500人,征缴养老基金69.28万元,参保率75%;为2171名到龄居民发放7—12月养老待遇金29.51万元。2014年年末,镇内城乡居民登记参保人数为11205人,参保率130.08%;征缴养老基金118.24万元,为3860名到龄居民发放养老待遇金259.59万元。

特色地情

王之春 (1841—1906)字爵棠,又名芍棠,号椒生,泉溪镇狮子坪人。外交家、思想家、著名学者,清朝封疆大臣、洋务派代表人物、湘军名将。历任江防统领、广东雷琼道台、广东督粮道台、广东高廉道台,广东按察使,广东、湖北、四川布政使,山西、安徽、广西巡抚,作为钦差大臣出使日、俄、德、法、英。光绪十年(1884),法国侵略越南和中国,王之春率部参加中法战争,负责中法双方勘议中越边界的工作。光绪二十一年(1895),中日《马关条约》签订后,王之春受命赴俄、法,引俄、法国出面干涉,迫使日本放弃对辽东半岛的侵占。光绪二十四年(1898),平定四川余栋臣起义。光绪二十九年(1903),平定广西柳直起义,10月,遭万福华谋刺未遂。光绪三十二年(1906)病逝,诰授光禄大夫、建威将军。

清泉山 位于镇区西南2.5公里处,在泉长村寺陇和沙河冲两组交界处,海拔200余米,面积约2平方公里,山上有古城寺、听泉亭。此山古时为屯兵之处,属军事重地。清泉县县名即以此而得。《清泉县志》载有明代诗人诗:“清泉山下出泉清,万顷酃湖逗一泓。醽醁见珍张载赋,原来宿酒供南京。”

古城寺 在城东35里清泉山上。原为“兴化寺”,在城中金鳌山。梁天监年间(502—519)初海尊者创。明嘉靖《衡州府志》称宋开庆元年(1259)徙儒学于金鳌山,郡守以官廨易兴化寺,废塔基为大成殿,其后名“古城寺”。明代平金鳌山建藩府,僧克洪移建于清泉山更名。寺曰“古城”,山曰“金龙”,皆不欲没其旧也。明成化六年(1470)寺钟尚存。古城寺毁于“文化大革命”中,现遗留示禁碑、古井等文物。

(文字供稿:彭帅　图片供稿:衡南县志办)

洪山镇 >>

2011年，洪山镇被环保部评为“国家级环境优美乡镇”。

区域概况

位置面积

洪山镇因境内的洪山庙而得名。地处衡南县东北部，东邻花桥镇、冠市镇，南接茶市镇、相市乡，西连泉溪镇，北毗铁丝塘镇与衡东县石滩乡交界。镇政府驻狮塘居民委员会，距县城30公里。辖区东西最大直线距离23.75公里，南北最大直线距离20.62公里，总面积105.75平方公里。

建置沿革

1949年10月，属衡阳县第九区；1952年7月，属衡南县第四区；1958年10月，洪山、双林、望江3乡并为巨麓峰人民公社；1961年设区后，分设双林人民公社和古城人民公社，属泉溪区；1984年2月，公社改为乡；1995年4月，双林、古城2乡合并为双林乡，同年10月，撤销双林乡，改设洪山镇。

行政区划

1995年年末，辖4个居委会，32个行政村；下设12个居民小组，439个村民小组。2014年，辖狮塘、杉木塘、双王庙、前门、石塘铺5个社区和古城、同心、五里牌、石塘、麦坪、花田、白荆、敖塘、兴隆、谭陂、墨江、城里、洪市、铁冲、五塘、小山、新境、道塘、珍珠、豆塘、关田、太和、降塘、光辉、仁陂、高原、新冲、工农、扬名、六德、青山、双合32个行政村，下设434个村民小组、10个居民小组。

自然环境

镇域属江南丘陵地貌。地势东高西低，最高山天子坟峰海拔221.9米。全境属大陆性亚热带季风湿润气候区，气温四季分明，春季湿润，夏季炎热，秋季凉爽，冬季冷凉，偶有低温雨雪天气。年平均气温18℃，1月最低，日均气温5.8℃，7月最高，日均为35.5℃。雨季明显，年平均降水量在1500毫米以上，极端年最大降水量3000毫米（2008年），极端年最少降水量950毫米（1963年）。常年主导风为北风，夏季多东南风，并有雷电气象。境内土壤分为水稻土、黄壤土、红壤土、紫色土四大类。主要河流龙溪河发源于龙溪桥水库，流入耒水。

人口民族

1999年年末，辖区总人口41537人，人口出生率11.83‰，人口死亡率3.35‰，人口自然增长率8.48‰。2010年，辖区总人口42507人，人口出生率 13.28 ‰，人口死亡率 5.32 ‰，人口自然增长率 7.96‰。2014 年年末，总人口为 44500 人，其中男性 23585 人，占 53%；女性 20915 人，占 47%。人口出生率为 11.7‰，死亡率为 5.6‰，自然增长率为 6.1‰。人口以汉族为主，汉族占 99.99%，另有瑶族、苗族 2 个少数民族人口 15 人。人口密度为每平方公里 413 人。

经济发展

农业

种植业 民国时期，由于生产条件落后，加之干旱缺水，粮食平均亩产不足 200 公斤。中华人民共和国成立后，致力于兴修水利，改善农业生产条件，粮食产量不断增加，1957 年，亩产达到 260 公斤。1958 年后，遇三年国民经济困难，粮食减产歉收。1961 年，调整公社规模，解散公共食堂，实行以生产队为核算单位和执行按劳分配政策；与此同时，改进耕作技术，扩大双季稻种植面积，农业生产持续发展。1963 年后，相继引进矮脚南特、珍珠早、农垦 58、湘矮早 9 号试种。1969 年，双季稻种植面积达 2000 公顷，占水田总面积的 71%，两季平均亩产 375 公斤。1976 年，试种杂交晚稻 6.67 多公顷，亩产 310 公斤，比常规晚稻每亩增产 110 公斤。此后逐年扩大种植面积。至 1983 年，杂交晚稻面积达到 2626.67 公顷，占水田总面积的 94%，亩产提高到 400 公斤。1990—2006 年，全镇水稻年种植面积稳定在 2666.67 公顷左右，亩均产量约 800 公斤，年总产量 3.2 万吨。2014 年，境内有耕地面积 3066.67 公顷，其中水田 2800 万公顷，种植水稻 2666.67 公顷，总产 3.3 万吨；种植油菜 1866.67 公顷，产菜籽 7000 吨；种植蔬菜 733.33 公顷，总产 4800 吨；种植烟叶 286.67 亩，产烟叶 10000 担；种植西瓜 733.33 公顷，产西瓜 27500 吨；实现农业总产值 7.6 亿元。

养殖业 境内历来有养殖禽畜习惯。民国时期，由于多数农户家庭生活困难，禽畜饲养数量极少，年户均养猪不足 1 头，养牛仅供役用，饲养鸡鸭多为产蛋换取油盐钱。中华人民共和国成立初，养殖业有所发展，禽畜产量逐年增多。1958—1961 年，一度禁止农户养猪养鸡，生猪养殖量年户均养殖不足 2 头。1962—1980 年，耕牛、鱼类由生产队集体放养，生猪饲养允许公私并举，故产量较前有较快发展。1982 年实行土地承包经营责任制后，养殖业快速发展，陆续出现一批规模化、专业化养殖户。1990 年，全镇人平养猪 1 头、鸡 10 羽；鲜鱼产量亦大幅提升，亩均水面产鱼由 1980 年的 65 公斤提高到 110 公斤。1991—2012 年，养殖业持续发展。期间，先后有衡阳市墨江农业技术开发有限公司、野猪林种合作社、金珠养殖场等 13 个专业养殖场建成投产。其中金珠养殖场投资 500 万元于 2012 年建成一个年产仔猪、肉猪 2 万头的种猪场。2014 年年末，全镇有各种规模养殖户 51 户，出栏生猪 8 万头，出笼家禽 80 万羽，出塘水产品 1500 吨，养殖业总产值 3.95 亿元。

林业 全镇有林地 4146.67 公顷，主要树种有松、杉、油茶树等。1956 年以前，山林权属为农户私人所有。1958 年，“大办钢铁”和“公共食堂”，大部分森林被破坏。1962 年山林权属固定在生产队。20 世纪 70 年代，镇内（含原双林乡林场、古城乡园艺场、新境、光辉、小山、洪市、城里、麦坪、五里牌、谭陂、同心、敖塘、花田、墨江）先后创办一批社队林场，营造杉树、松树、橘树等。1982 年，实行土地承包经营和“林业三定”，林权放归农户管理。2009 年，为林地承包户换发全国统一的林权证，将原社队集体林场经营权全部下放到原土地所有的村组。积极引导村组农户对所属的山林进行流转，先后涌现出衡阳市湘蓝农业科技发展有限公司、衡阳市德源生态农业有限公司、湖南速丰林业有限公司、衡南绿森农林科技开发有限公司、衡阳惠林油茶种植公司、衡南县明鑫现代农业专业合作社（油茶）等林业规模种植大户。至2010年，全镇完成退耕还林和公益林营造林面积1133.33公顷。2014年，实施秀美村庄和村组道路绿化建设，年末，全镇森林覆盖率为19.51%。

工业

民国时期，有木匠、砌匠等民间手工业艺人近百名。中华人民共和国成立至20世纪80年代，境内相继办有国营企业、集体企业、社队企业共20余家，从业人员150余人，涉及大米加工、农机具制造、建筑建材等行业，生产规模达600万元。1985—1995年，国营、集体和乡镇工业逐渐萎缩，民营企业相继崛起。2001年后，先后引进大型工业投资项目20多个，总投资额达3亿元以上。已经建成投产受益的企业有健安米业、正川化工、瑞丰机械、泽云铸造、国茂化工、旺发锡业、辉煌花炮厂、永固建材、金大饲料等。其中恒兴环保为湘南地区最大的危险废物处置中心。以古城高速出口为中心的工业走廊，“古城—石塘—同心”工业园区基本成型。2014年年末，全镇有民营企业70家，从业人员1000人，经营范围涉及建筑、建材、食品加工和农林产品加工等行业；总产值10亿元，完成税收379万元。

商贸服务业

1953年，境内有私营商业、饮食业210户，从业人员400人。1956年完成对私营商业的社会主义改造后，组建成4家公私合营商店、15个商业合作小组。在此之前，先后建立区供销合社、粮油购销站、肉食水产品购销站以及粮油储运库等商业机构，设有购销门店网点40余个。1958—1962年，一度取消集贸市场，禁止集市贸易。1962年恢复，但对销售的商品仍有所限制。1978年，境内有国营、集体商业网点55个，集贸市场1个，社会消费品零售总额570万元（当年价）。1982年后，实行改革开放，在发挥国营集体商业主渠道作用的同时，适当发展个体私营商业。至1990年，有个体商户90余家，从业人员150余人，主营日杂百货、纺织品、餐馆和各类机械维修等行业。1995年后，在商业改革的大潮中，国营、集体商业逐渐淡出流通市场。2001—2007年，先后完成对国营、集体商业的改革改制，民营商业成为商品流通领域的主力。2014年年末，全镇有各类民营商业户1200余家，从业人员3200人，主营日用百货、文化用品、家具家电、餐馆、旅馆、服装皮具、娱乐场、网吧、理发和车辆保养维修等，社会消费品零售总额8670万元；有集贸市场1个，年交易额5130余万元。

财政金融

财政　中华人民共和国成立后，乡镇财政由财粮委员或秘书兼管。1953年，各种税收建立代征、协税组织。1961年，成立协税委员会。1984年，成立镇财政所，统管财政收支。2004年起，实行农村税费改革，国家取消向农户征收农业税（含附加）和农业特产税。2014年年末，完成公共财政总收入740万元，公共财政总支出800万元，债务总额1663万元。

金融　1951年，境内成立农村信用合作社（简称信用社），管理金融业务。2007年，建立中国邮政储蓄银行洪市营业厅。2014年年末，境内有金融机构2家，各项存款余额4.56亿元，贷款余额3580万元。

基础设施

交通运输

公路 民国时期，有泉溪至铁丝塘乡道穿境而过。1955年，修建泉溪至川口县道，其中跨镇区15公里。20世纪80—90年代，相继完成32个村的村道建设。2005年始，实施乡村道路改造提质和水泥硬化工程。2010年，修建乡道2.67公里，村道5.5公里；2011年，修建村道5.9公里；2012年修建村道10.6公里；2013年，修建村道1.87公里；至2014年，修建村道6.22公里，实现了村村通水泥路，总里程65.9公里。

客运 1964年，省汽车运输公司衡阳分公司（以下简称“湘运”）开通衡阳汽车西站至花桥班车，洪山设汽车停靠点，每日往返四趟。1983年开放市场后，始有个人购车加入社会营运，客车以小型为多，招手即停，俗称“方便车”。1984年12月，首次开设客运汽车，车辆1台，辟双林至衡阳线路，是衡南县第一辆集体客运汽车。1987年，有2台营运。2013年1月，私人车主开通双林至茶市客运。2014年年末，镇内有客运站1个，客运车辆16台，日发送32班次，日载客量千余人次。

货运 中华人民共和国成立初期，镇内货运由“湘运”包揽，集市贸易交流大多靠肩挑和独轮车运。20世纪70年代，公社农机站购有拖拉机，农闲时跑短途运输。1983年后，私人购车加入，承担镇内部分货物运输。随着当地民营货运业不断发展，“湘运”货运逐渐退出。至2014年，镇内有货运车辆43台，总吨位450吨，年货运量35余万吨。

邮政通信

邮政 1957年，泉溪邮电分局双林营业所设立，为群众提供信、报、函、汇业务。1986年，开办邮政储蓄业务。1998年邮政、电信分营，双林营业所改名为衡南县邮政局双林邮政支局。2008年，改为衡南县邮政局洪山邮政支局。2014年，镇内有邮政所1个，邮政便民服务站10个，投递点210个，邮路2条，邮路里程120公里，乡村通邮率100%。

通信 1952年，洪山始通电话。1958年，洪山、双林、望江三个公社先后开通电话。20世纪70—90年代，人民公社（乡镇）自建通村电话网络，各生产大队（村）利用农村广播线路接通电话。1996年起，在洪山建设程控电话网络。1998年后，县电信、移动、联通公司分别在镇内建设移动电话基站。2014年年末，镇内有电信营业厅2个、移动营业厅5个、联通营业厅3个；共建移动基站16个，信号覆盖率为90%；电话交换机总容量5500门，有固定电话用户2580户，移动电话用户28000户，联通电话用户5500户，互联网端口总数1500个，互联网用户1180户。

供电饮水

供电 1960年，建成白鱼潭水电站，安装水轮泵6台，装机容量15900千瓦，供其周边地区照明用电。1986年，泉溪镇建立泉洪变电站。至2000年，洪山镇有35千伏泉洪变电站，10千伏泉（溪）古（城）线、10千伏泉（溪）洪（山）线、10千伏泉（溪）花（桥）线三条线路供电，长45公里。供电台区65个，总容量5800千瓦；村通电率100%，村（居）小组通电率100%。2000—2013年，对农村电网实行分批次改造，先后完成32个村的线改户改，改造和更新110千伏花桥电站1座，10千伏花（桥）洪（山）线、10千伏花（桥）太（和村）A线、10千伏花（桥）太（和村）B线等线路3条，长80千米；更新和新增10千伏安变压器61台，总容量10000千伏安；完成户改9000户，完成绝缘化改造4000户。2014年年末，全镇有110千伏变电站1座，110千伏安变压器2台，总容量100000千伏安；10千伏配电线路6条，长132千米；10千伏安变压器123台，总容量15820千伏安；低压用电线路总长750千米。全镇32个村、3个社区、444村居民小组全部供电，有用电户15231户，供电率100%。

饮水 1949—2010年，镇区生产生活用水以取地表水和井水为主，年逢天旱，生产生活用水极为紧缺，饮水质量也不达标。2011年，建成镇自来水厂，日供水能力1600吨。2014年年末，有供水主管网1条，长6.8千米；支管网10条，长210千米；供水用户2300户。

水利建设

民国时期，境内有山平塘约4800口，蓄水量约1350万立方米。

中华人民共和国成立后，人民政府组织群众兴修水利，抗御干旱。1953—1957年，共整修扩建山平塘1000口，新修水塘380口，增加蓄水量1650万立方米。1958年10月至1960年10月，兴建扬名、同心2座小（一）型水库。库内淹没稻田24公顷，旱土8.67公顷，拆迁房屋90间。水库总容量298万立方米，有效库容235万立方米，灌溉农田186.67公顷。灌区内2座水库有杨高、杨赤，同（心）麦（坪）水渠3条长314米。20世纪60—70年代，先后修建赤里（库容量10万立方米），罗背冲（库容量23.6万立方米）、降塘（库容量79.3万立方米）、管冲（库容量4.8万立方米）、豆塘（库容量16万立方米）、木子塘（库容量13.5万立方米）、玉荷塘（库容量27.4万立方米）、白露塘（库容量12万立方米）、吉鱼塘（库容量20万立方米）、杉木冲（库容量15万立方米）、白荆（库容量22.6万立方米）、映塘（库容量27.5万立方米）、万皮（库容量14万立方米）、敖塘（库容量10万立方米）14座小（二）型水库和龙溪河、龙家洲、槲树苍、磨头河、花田许家、范家洲河堤。20世纪80年代至2000年，水利建设的重点是整修塘、库和疏通灌溉渠系。期间，硬化山平塘860口，渠道37千米，整修堰坝5座，对小（一）型水库2座、小（二）型水库14座的大坝除险加固。2014年年末，镇内共有小（一）型水库2座，小（二）型水库14座，水塘5328口，总蓄水量5868.7万立方米。

镇村建设

中华人民共和国建立后，历为区、镇治驻地，后渐发展为中心小城镇。20世纪50年代末至70年代，街上相继建有供销社、食品站、饮食店、理发店、邮政所、信用社等单位用房，一般为平瓦房，最高只有2层，房屋结构简陋，形成2条街道。20世纪80年代后，城镇建设提速，城区面积不断拓展。2006年起，启动社会主义新农村建设，重点改造农村水利、电力、道路、饮水等基础设施，农户都建成1~4层不等的小洋楼，村组基本无土砖茅草住房。2011—2013年，对农村环境卫生实行综合整治，建设美丽乡村。2014年，城区面积达2.5平方公里，有政府路、衡花路、老街、正街、横街等5条街道；镇村道路硬化率为100%，电网改造率为85%，环境卫生达标率为95%，农村安全饮水率达100%。行政村都有办公用房。形成集教育文化、商贸服务、医疗卫生、交通通信于一体、功能较为完备的现代小城镇。

社会事业

教育科技

中华人民共和国成立后，利用祠堂作学校发展农村小学教育，境内有公办小学1所（墨江小学）和私立小学5所（双林完小、洪市完小、古城完小、欧家祠堂和聂家祠堂），同时开办农民识字夜校，扫除青壮年文盲。至1957年，境内有完全小学4所、初级小学8所。同年，墨江完小附设初中班。1963年，教师整编，清理不合格代课教师。1969年，将原豆塘中学和原石塘完小附中分别更名为双林农中和古城农中，办五七大学附设高中班。1969年始，按照一个大队办1所小学、四个大队联办1所完小附中、一个人民公社办1所农中布局，至1975年，境内有小学23所、完小附设初中8所，农中2所。1978年后，高考制度得以恢复，教育发展渐渐受到重视。1985年，通过地区"一无两有"（校校无危房、班班有教室、人人有桌凳）验收。1986年始，小学实行六年制教育。至1992年，境内办有中心小学2所、小学29所，初中3所（分别为双林初中、振兴初中和古城初中）。此后，不断改善办学条件，至2002年，全镇新修教学楼21座，教工宿舍楼6座，学生宿舍楼2栋，同年，洪山镇顺利通过了湖南省教育"两基（基本普及九年义务教育和基本扫除青壮年文盲）"督导评估验收。2002—2010年，为进一步优化配置教育资源，全面提高学校教育教学质量，深入开展义务教育中小学校新一轮布局调整。期间将原有的34所中小学校合并为11所（其中2所初中、1所中心小学、8所完小）。2014年年底，全镇办有200人规模以上幼儿园3所（公办1所、民办2所）；中心小学1所（洪山镇中心小学）和完小8所（分别为新冲完小、光辉完小、太和完小、珍珠完小、石塘完小、墨江完小、花田完小、古城完小等）；初中2所（双林初中和古城初中）。幼儿园有在园幼儿705人、专任幼儿教师35人，学前一年入园率达100%；小学有在校学生2429人、专任教师136人；初中在校学生2104人、专任教师123人。

文化体育

清末、民国时期，境内民间有舞龙灯、狮灯、演木偶戏等群众文化活动。1953年6月，乡设立文化站，配有1名辅导员，在农村中进行各种文化活动及辅导工作。1957年12月，县电影队在农村巡回放映，各大队部设有农村俱乐部、业余剧团，开展不同形式的文艺活动。1970年10月，人民公社都建立了电影放映队，村民业余文化生活更加方便。2012年5月，洪山镇综合文化站建成，集电子阅览，资源共享，图书室，多功能厅，健身于一体的综合性文娱中心。2012年，洪山镇文化站狮塘广场舞队荣获湖南省第二届全民广场舞"百强队"称号。2013年年末，成立洪山镇社区舞蹈队，代表衡南县参加在香港举行的民间舞蹈交流比赛，并取得第三名的好成绩。2014年年末，全镇有文体站1个；有线电视网络2千米，有有线电视和无线电视用户3000多户；村（社区）文化活动中心32个，共有图书8万余册；各类业余文艺团队20多支；有学校体育场15处，居民体育场8处。

医疗卫生

清末至民国时期，农村缺医少药，治疗疾病素以中医、中草药为主。1939—1949年，设双王庙（含现铁丝塘镇）卫生所，开展中医业务。在此期间，境内有中医5人。中华人民共和国成立后，国家大力发展医疗卫生事业，医疗条件不断改善。1956年，成立巨麓峰人民公社卫生院，有医务人员9名，其中中医师8人、西医师1人。各大队设保健员18人。1969年，建立双林公社卫生院。是年，推行新法接生，并建立大队卫生室，全乡配有赤脚医生19人、接生员16人，普及新法接生，指导科学育儿和计划生育。同年，实行农村合作医疗制度。1995年撤区并乡后，成立洪山镇卫生院。2006年1月，启动新型农村合作医疗。当年参加新型农村医疗28874人，参合率为81.2%。此后参合人数逐年递增。2014年，镇内有卫生院1所，卫生分院1所，村卫生室34个；共有病床70余张，执业医务人员120余人。年末，参加新型合作医疗38459人，参合率为100%，全镇共有8186人次因病获得新型农村合作医疗住院补偿，补偿金额1260万元。

社会保障

“五保”供养 1959年起，对孤寡老人和无劳动能力的残疾人实行“五保”，其供养费由所在生产队统筹。1980年后，纳入社（乡）统筹。1988年，建立洪山镇敬老院，院址设扬名村知青林场，当年入住床位30张，入住老人23人。2004年，搬迁到原古城乡政府，当年入住床位40张，入住老人33人。2005年起，“五保”对象享受城乡最低生活保障，供养费由县财政统筹。2012年，筹资430余万元，进行新建、扩建，建筑面积3600平方米，当年入住床位100张，入住老人86人。2014年年末，全镇“五保”供养对象为324人，其中分散供养248人，集中供养76人，年人均3274元（不含衣服和医疗费），总金额106.08万元。

医疗救助 2006年起，启动城乡居民大病医疗救助。救助对象主要为患恶性肿瘤、白血病、尿毒症的城乡低保户、困难户。2014年，共救助420人，救助总金额57.66万元。

最低生活保障 1999年10月，启动城镇居民最低生活保障，并对低保对象实行动态管理。2005年，有城镇最低生活保障对象73户、87人，

古城西瓜

年人均948元，支出总金额8.25万元。2007年7月，启动农村居民最低生活保障，当年有农村低保对象66户、243人，年人均360元，支出总金额8.75万元。2009年，全镇有农村低保对象532户、1720人，年人均补助480元，总金额82.56万元。2014年，境内农村最低生活保障对象752户、1850人，支出252.93万元，年人均1367元，城镇最低生活保障对象70户、250人，发放低保金76.35万元，年人均3054元。

养老保险 2011年7月起，启动城乡居民社会养老保险。当年，全镇参保人数16200人，参保率100%；征缴养老金177万元，为5110名到龄居民发放7—12月养老待遇金35.04万元。2014年年末，参保14016人，参保率87.74%；征缴养老基金148.68万元，为6633名到龄居民发放养老待遇金483.59万元。

特色地情

古城西瓜 古城西瓜糖足、味鲜、口感香。“要想瓜好卖，必打古城牌”“瓜香引来千里客”，古城西瓜远销省内外。

双王庙 传说三百多年前，洪山一带十年九灾，居住在这里的百姓贫困不堪，有王姓兄弟二人仗义江湖，窃富济贫，每月初五、初十骑马到此散发金银，救济灾民。后王氏兄弟不幸于七月十日被官府杀害。当地村民为了纪念王氏兄弟，筑双王庙，每月初五、十日备瓜果祭祀，从此这里风调雨顺，人民富足有余。

天子坟 坐落于镇东部，海拔211米。传说古代有位“新天子”战死于此，故得名“天子坟”。天子坟古树参天，鸟语花香，美不胜收。山下有扬名水库，水清见底，为盛夏避暑、垂钓的好去处。

（文字供稿：唐丹丹　图片供稿：衡南县志办）

三塘镇 >>

三塘镇为“全国文明市场”“全国小康示范镇”“全国文明乡镇创建示范点”“湖南省诗词之乡”。

区域概况

位置面积

三塘镇因距衡阳市三十里，而得名。地处衡阳市西郊接合部，东与衡阳市蒸湘区的雨母乡接壤，南接谭子山镇、洲市乡，北与衡阳县西渡镇为界。镇人民政府驻老街社区，距衡阳市市区 12 公里。辖区总面积 67.8 平方公里。

建置沿革

三塘始建于明代。1949 年 10 月，三塘属衡阳县第四区，1952 年分县后，属衡南县第十二区，1958 年，成立三塘人民公社，辖 25 个生产大队，1 个青年农场，1 个妇女畜牧场。1981 年 8 月，设立三塘建制镇，辖 3 个居委会，2 个生产大队。1984 年 8 月，三塘镇与三塘公社合并，为三塘镇。下辖 3 个居委会，20 个生产大队（场）。1995 年 5 月，撤区并乡，东阳乡、三塘镇合并为三塘镇，辖 3 个居委会，36 个行政村（场）。2001 年 6 月，原东阳乡划归为衡阳市蒸湘区管辖（并入雨母山乡）。

行政区划

1995 年年末辖 3 个居委会，34 个行政村；下设 19 个居民小组，476 个村民小组。2014 年年末，辖三塘、三元、中湖、象古、群雄、四塘、卫星、三福、四门、林场、洪山、前进、松山、大广、熬兴、龙唤、高峰、神山、赤卫、双丰、大岭园艺场 21 个行政村（场）和泉塘、龙头岭、老街、银鸽、将军岭、桔园、农科所 7 个社区。下设 268 个村（居）民小组。

自然环境

境内大部分为丘陵，地势西高东低。属亚热带季风气候区，雨势同季，光照充足，无霜期长，气候温和，雨量充沛，春季雨量集中，夏季干旱多风，秋季温和凉爽，冬季湿冷少雪。常年以北面风向频率最大，夏季主导风向为东南风。多年平均气温 17℃ ~19℃，1 月平均气温 5.6℃，7 月平均气温 30.2℃，无霜期年平均 290 天，年平均日照时数 1700 小时。降水集中在 4—9 月，以 5、6 月份最多。年平均降水量 1167.1~1700.6 毫米。境内有蒸水河和柿江河穿过。境内蒸水河道长 11.2 千米，柿江河河道长 8.4 千米。境内地下水资源的利用量为 12.4 万立方米。

人口民族

1999 年年末，辖区总人口 71620 人，人口出生率 11.36 ‰，人口死亡率 7.94‰，人口自然增长率 3.42 ‰。2010 年，辖区总人口 58325 人，人口出生率 12.35 ‰，人口死亡率 6.5 ‰，人口自然增长率 5.85‰。2011 年，辖区总人口 7.2 万人，其中城镇常住人口 3.7 万人，城镇化率 51.4%。另有流动人口 2 万人。总人口中，男性 40320 人，占 56 %；女性 31680 人，占 44%。人口出生率 11.4‰，死亡率 5.3‰，人口自然增长率 6.1‰。2014 年，辖区总人口 8.3 万人，其中城镇常住人口 5.8 万人，城镇化率 69.9%，总人口中，男性 4.5 万人，占 54.2%；女性 3.8 万人，占 45.8%。人口出生率 12.44‰，死亡率 3.25‰，自然增长率 5.7‰。人口密度为每平方千米 1061 人。总人口中以汉族为主，2011 年，汉族人口达 71749 人，占 99.7%；少数民族人口 251 人，占总人口 0.3%。

经济发展

经济综述

2007 年，全镇完成国税 95 万元，地税 442 万元。企业完成增加值 21763 万元，完成工业增加值 19065 万元。2008 年，民营企业完成增加值 48210 万元，其中工业增加值 44790 万元；完成总产值 160700 万元，其中工业总产值 149300 万元，完成税金 1790 万元，完成固定资产投入 2300 万元。全年人均纯收入达 5460 万元。2014 年，完成财税收入 3433.4 万元，其中国税 265 万元，地税 3168.4 万元。2014 年，境内有耕地面积 2150.2 公顷，其中水田 1952.4 公顷，稻谷播种面积达 2666.67 公顷，总产量达 1900 万公斤；玉米播种面积达 133.33 公顷，总产量达 1200 余吨。优质棉播种面积达 133.33 公顷，总产量达 848.4 吨。2014 年年末，镇内拥有工业企业 793 家，职工 9625 人，实现工业总产值 33.69 亿元，上缴税金 4715 万元。

农业

种植业 1978 年，开展农田基本建设和大面积推广杂交早稻，粮食产量突破平均亩产 584.5 公斤。1979 年，粮食总产量达 680.5 万公斤，有 19 个大队突破亩产 500 公斤，有 2 个大队晚稻超早稻。从 1980 年到 1981 年底，全社 100% 的生产队实行所有权与经营权分开的联产责任制，结束农业生产搞平均主义，吃“大锅饭”的局面，生产力得到进一步发展。1988 年，农业总产值是 1978 年的 2 倍。1991—1992 年，连续两年遭受特大旱情，粮食作物减产面积 365.53 公顷，经济作物减产面积 109.67 公顷。1994 年，全镇又一次遭受百年不遇的洪灾，被淹没的稻田 573 公顷。1995 年，实现农业丰收，产粮 1613.2 万公斤，产棉 2 万担，产油菜籽 336 万公斤，农业总产值比上年增加 38%。1998 年后，建设高效特色农业，促进农业产业化进程，建立和发展优质稻、优质高粱，是年完成粮食总产量 1711.5 万公斤。

养殖业 境内历来有养殖禽畜习惯。民国时期，年户均养猪不足 1 头，饲养鸡鸭多为产蛋换取日用品钱。1958—1960 年，一度禁止农户养猪养鸡。 1961 年 3 月，允许社员在搞好大集体的前提下，搞些“小自由”，种点自留地，养猪养鸡，故产量较前有较快发展。1978 年，饲养生猪 2.2 万头，平均每户 3.8 头，供食品站统一收购 2714 头。1984 年 9 月，完善了田、土地承包生产责任制后，养殖业快速发展。至 1994 年，先后成立福兴养殖场、大广村生猪养殖场、宏爱农机农技种养合作社、福华农机农技种养专业养殖场。1995 年，出栏生猪 9.2 万头，鲜鱼 2300 吨。2004 年，产湘黄鸡 100 万羽，瘦肉猪 10 万头，种鸽 50 万羽，鸵鸟 8 千只。2005 年，大广村生猪养殖场成立。2011 年，

衡阳市农业科学研究所三塘基地

全镇生猪饲养量23.4万头，年末，存栏9.4万头，家禽年饲养量20.3万羽。2012—2013年，宏爱农机农技种养合作社和华农机农技种养专业养殖场相继成立。2014年，全镇生猪饲养量16.54万头，出栏头为15.6万头，年末，生猪存栏数为0.94万头；年内家禽年饲养量166.3万羽，出笼96.9万羽，年末家禽存笼69.4万羽。

林业 全镇有林地0.17万公顷，主要树种有松、杉、油茶、樟、桂花树等。1956年以前，山林权属为农户私人所有。1958年，"大办钢铁"，大部分森林被破坏。此后，林权收归集体经营。1980年以后，推行山林承包责任制，稳定山林权属，制止乱砍滥伐，同时，经过历年实施植树造林、封山育林、退耕还林等一系列措施，森林覆盖率逐年提高，至2014年，境内累计造林2000公顷，林木覆盖率35%。2014年，柑橘种植293公顷，产量9000吨。林业总产值达1500万元。

工业

三塘镇交通便利，区位优势明显，形成化工、农产品加工、建筑、建材四大优势产业。20世纪50—70年代，先后建成大米厂、拖拉机配件厂、冶金矿山机械厂、日用印刷厂、广播无线电厂、水泥厂、红砖厂、日用化工厂和三塘化工厂等9家国有集体企业，从业人员1100余人，年生产规模达1500万元（当年价），1980年后，由于多种原因，红砖厂和无线电厂被关停，其余企业分别进行改制，无生存能力的企业改制解散、有发展前景的企业转体经营。20世纪80年代，成立碳酸钡厂等十多家乡镇企业。至1995年，镇内企业完成工业总产值2.7亿元，上缴国家税金1436万元，产值利税居全市各乡镇之首。2000年后，衡南芳园酒厂、三集实业有限公司美味爽食品厂等30余家企业相继建成。2010年，成立三塘工业园，坐落在三塘大岭园艺场，毗邻三塘村、洪山村、四塘村、中湖村，一期规划2.2平方公里；二期规划4平方公里。至2014年，已建成投产的企业有13家（衡阳市道安特筑路器材、湖南雁能线路器材、衡阳市芳维食品、衡阳市美怡佳食品、衡阳市通用机械、衡南宏星机械、湖南伟利食品、湖南金林食品科技、衡南同心圆果仁食品、湖南展望生物科技发展、衡阳市中豪塑料制品、衡阳天程物流、衡阳健源健身器材等有限公司）；在建的企业有12家；有衡阳市锦泰工具有限公司等15家企业正在办理用地手续。

商贸服务业

民国时期，有商铺上百家。中华人民共和国成立后，1956年，建立国营贸易商店，经营粮食、棉纱、棉布、食盐、油脂、煤炭和主要日用百货。1951年，设国营贸易小组，举办各类物资交流会。1952—1954年，先后设有区供销合作社、区肉食水产购销站、区粮食管理站等机构，供应生产、生活资料和收购农副产品。1956年，完成对私营商业的社会主义改造。1958—1962年，一度取消集贸市场，禁止集市贸易。1962年恢复，但对销售的商品仍有所限制。20世纪60年代，三塘镇百姓因火车站带来的便利交通，形成从火车站到322国道的集市（现为环城南路）。中国物资储运衡阳公司在胜利大队第七生产队破土动工。1981年2月，筹建三塘集贸市场。1985年，开始进行以发展商品经济为中心的第二步改革，农村剩余劳动力进城办厂、开店，涌现各种专业户、重点户364户，个体工商户217户，经济联合体27个，主营日杂百货、纺织用品、餐馆和各类车辆维修等行业。1988—1989年，三塘集贸市场连续两年被评为国家文明集市。1990年，多种经营产值完成2178.6万元。2002年，引进更多的社会资金和外资参与商贸服务领域的开发和建设，当年引进到位外资65万美元，自营商品出口创汇280万美元。2011年年末，共有商业网点21个，职工180人；城乡集贸市场2个。2014年，全镇个体经营户有1766户，从业人员3568人，主营日杂百货、服装皮具、家具家电、粮油副食、纺织用品、餐饮宾馆、理发、娱乐和各类车辆保养维修等行业，年社会商品零售总额1.28亿元；有城乡集贸市场2个，年交易额1亿余元.

财政金融

财政 中华人民共和国成立后，镇乡（人民公社）财政由财粮委员或秘书兼管。1953年，各种税收建立代征、协税组织。1961年，成立协税委员会。1984年，设立镇财政所。2004年起，实行农村税费改革，国家取消向农户征收农业税（含附加）和农业特产税。其中农业税（含附加）由7%减少到4%。2011年,财政总收入7280万元，比上年增长17 %，其中地方财政收入2169万元，比上年增长33.6%。人均财政收入1011.1元，比上年增长17.4%。2014年，完成公共财税收入13068万元，公共财政支出13062万元，年末负债总额930.31万元。

金融 1951年，境内设中国人民银行三塘营业所。1954年冬，成立农村信用合作社（简称信用社），管理境内金融业务。1979年，中国人民银行三塘营业所改为县农业银行三塘营业所。1985，成立邮政银行三塘营业所、工商银行三塘办事处。2008年，邮政银行改为中国邮政储蓄银行三塘支行。2011年年末，境内金融机构各类存款余额14.8亿元，比上年增长15.3%。2014年年末，镇内有中国工商银行、湖南省信用联社三塘分理处、中国邮政储蓄银行三塘支行、中国农业银行三塘营业所等金融机构4家，各类存款余额15.1亿元。

基础设施

交通运输

公路 民国15年（1926），境内建成衡阳市两路口至祁东乡村大道1条过境，大道路面为条石铺垫，路宽3尺。1928—1932年，改建后通车。中华人民共和国成立后，1960年，衡阳公路段投资对该条乡村大道进行整修，截弯、填洼、降坡。1979年9月，路面铺设沥青。1984年命名为“国道322线”，路基由8米拓宽至12米，路面由6.5米加宽到9米。20世纪90年代，322国道全面提质改造，路面由沥青改为水泥硬化。20世纪90年代末，大力实施境内道路提质改造和交通设施建设工程，先后完成十字路口至火车站、环城南路、北路、振兴路、中泉路、衡祁西路、樟亭路、东环路等道路硬化，总面积37800平方米；新建19980平方米的大型停车场1处；油化乡村道路三条（三栏路10公里，三梓路11公里，三灵路4公里）共计25公里。

公路客运 1964年，有过境“湘运”客车，三塘设停靠点，1966年初，市公共汽车公司开通市解放路口至三塘镇的第8路公交车线，1989年，8路车日运行40车次，全年客运量150万余人。至2014年，境内有18辆客车，日客运量3000余人。

公路货运 中华人民共和国成立初期，镇内货运由“湘运”包揽，集市贸易交流大多靠肩挑和独轮车运。20世纪70年代，原公社农机站购有拖拉机，农闲时跑短途运输。1983年后，私人购车加入，承担镇内部分货物运输；部分企业也购买车辆从事本厂运输业务，随着当地民营货运业不断发展，“湘运”货运逐渐退出。至2014年，镇内货运汽车70余辆，总吨位560吨，年货运周转量50余万吨。

铁路 1937年，湘桂铁路线开通，设三塘（三级）站，东距朱家堰站7千米，西距五塘站7千米，有轨道7股，货物站台3个面积3000平方米；货特仓库2栋，600平方米，露天货场1000平方米，设候车室及月台。1949—1980年，80%的人员坐火车出行；车站货物年吞吐量约100万吨。至2014年，随着公路运输量的增大，火车站已无客运，货运量也相应减少。

邮政通信

邮政 民国时期，三塘设有邮政代办所，中华人民共和国成立后沿袭。20世纪60年代起，公社、大队均设有邮政投递点，邮件由邮递员直接投递乡政府及沿途所经过的村组，邮政业务包括函件收发、信件投递、报刊发行等。2011年年末，有邮政局1处，邮政业务总量318.6万元，其中纯收入209.5万元。报纸、杂志累计发行41.6万份。2014年年末，有邮政支局1处，邮政业务总量480万元，其中纯收入220万元，报纸、杂志累计期发行42万份。

通信 1953年始通电话。1962年，境内所属单位及人民公社开通电话，线路长约35千米。1979年后，人民公社建立通生产大队电话网络，利用有线广播线路通电话。1994年，开通程控电话612门，实际安装容量3000门。1998年9月，成立电信公司。1998年，移动、联通公司先后在境内建设移动通信基站。2011年，电信企业1家，服务网点3个，固定电话用户7564户，互联网用4200户。全年电信业务收入420万元。2014

年年末，有电信服务网点6个，移动营业厅6个，联通营业厅4个，固定电话用户8000余户，移动电话用户31500余户，联通用户12100余户，互联网用户4800余户。

供电饮水

供电 中华人民共和国成立初期，电力资源紧缺，老百姓家庭用煤油灯或蜡烛照明。至20世纪60年代末，少数单位、企业或大队有柴油机组发电，用于生产和生活。1975年，成立三塘镇供电站，镇域内有1987年建成的220千伏麻塘变电站和1983年建成的110千伏刘湾变电站。2002年，神山农电网改造、整改，高压2.5千米，低压20千米，新建农电房3个，新增变压器2台，总耗资85万元。2014年，全镇居民保有用电量100%。

饮水 1949—2011年，镇区生产生活用水以取地表水和井水为主，每逢天旱，生产生活用水极为紧缺，饮水质量也难以保证。2001年1月，建成三塘镇自来水厂，有成套净化设备1套，年供水14.6万立方米，基本保障现有城区用水。随着城镇建设不断加快，镇政府准备启动从市区自来水公司引水进镇，以确保饮水安全。2014年，争取财政投资资金近40万元，实施镇内饮水困难的7个村饮水安全项目。

水利建设

中华人民共和国成立后，人民政府组织群众兴修水利，抗御干旱。1952年4月16日，建立神山头水文站，为区域水资源开发利用、水工程建设及防汛抗旱提供基本依据，为衡邵干旱区的水资源评价、水质监测收集水文资料。1988—1989年，全镇加大水利设施的投入，旱涝保收面积扩大到0.17万公顷。2004年，投资130万元对神山村的农业灌溉设施进行修建与维修，其中硬化渠道1700米，新建机埠1个，修建灌溉渡槽500米，辐射渠道12千米。2014年，对神山村防洪闸进行更新维护，对卫星水库实行电子监控安装，实现水库视频的网上安全管理。9月以来，全镇基本完成山坪塘新建、清淤和整修68处，渠道清淤衬砌硬化5.6千米。

城镇建设

三塘历史悠久，商贸往来频繁。中华人民共和国成立后，集镇建设不断拓展。20世纪50年代末至70年代，主要建有沿322国道两旁和街口至火车站的2条街道，街道上80%为砖木瓦房，设施简陋，路面坑坑洼洼，卫生状况也不好。80年代后，城镇建设提速，城区面积不断拓展。2006年，启动社会主义新农村建设，重点改造农村水利、电力、道路、饮水、房屋等基础设施，全镇90%以上的农户均建成2~4层面积在200平方米以上的新房。2011—2013年，对农村环境卫生实行综合整治，建设美丽乡村。至2014年，全镇农村道路硬化率为100%；电网改造率为100%；环境卫生达标率为98.1%；农村饮水安全率达100%。同时，城区面积达6.8平方公里，有衡祁东、西路，环城南、北路，政府路，人民路等街道，形成两纵四横的街道格局。城镇区域内基础设施完善，大街小巷路面硬化，下水道排污通畅，人行道均铺好彩砖板，砌好沿街石，沿街两旁装有铁栏杆和高档路灯50盏。洒水车、自动装卸垃圾车、果皮箱、垃圾箱、垃圾场、水冲式公厕、垃圾中转站等城镇环卫设备设施俱全。2014年年底，居民小区建有阳光新城、星城名都、鸿源、农科所、三元、烟竹塘、两路花园、学府、友谊等9个，住宅楼900余栋，总建筑面积达350万平方米。形成集教育文化、商贸服务、医疗卫生、交通通信于一体、功能较为完备的现代小城镇。

社会事业

教育科技

民国时期，境内教育以私塾为主，重学重教氛围浓厚。中华人民共和国成立以后，大力发展教育，各村开办农民识字夜校，扫除青壮年文盲，同时大力发展小学教育。20 世纪 70—80 年代，新建前进大队小学、星火小学、大广小学、三塘镇中学、蒸北中学、县技工学校。20 世纪 90 年代，为提升教学环境，重建和改建一批学校。1990—1992 年，陆续重建中湖小学、松山小学、赤卫小学、群雄小学；改建了洪山小学、龙唤小学、高峰小学、神山小学、三元小学、象古小学、三福小学、四门小学。为整合教育资源，提高教育质量，1995 年，撤销卫星、熬兴村级小学。1996 年 9 月，撤销大岭学校，改建四塘小学、象古小学、三福小学、四门小学。2001 年 9 月，三塘中学改制更名为星火实验中学。2003 年 11 月，星火小学改制为星火实验小学和星火实验幼儿园。2014 年年末，有幼儿园 18 所，在园幼儿 3623 人，专任教师 300 人；小学 7 所，在校学生 6307 人，专任教师 240 人，小学适龄儿童入学率 100%；初中 1 所，初中在校学生 3224 人，专任教师 350 人。初中适龄人口入学率、小升初升学率、九年义务教育覆盖率均达 100%。

文化体育

文化　清代、民国时期，境内民间有武灯、龙灯、狮舞。中华人民共和国成立后，群众文化事业发展较快，演新戏、唱花鼓等成为群众的业余文化生活。60 年代初期，人民公社、生产大队先后建立文化站和文化室。“文化大革命”期间，毛泽东思想文艺宣传队是农村文化活动的主体。1971 年，建立公社广播站。1975 年，成立公社电影放映队，有 16 毫米电影放映机 1 台，分别到各大队放映。改革开放后，中国特色社会主义文化市场开始繁荣。1988 年 12 月 14 日，三塘镇政府举办第一届“三塘之春”大型文艺活动，期间有百龙会师和民间武术比赛、文艺会演等节目，丰富三塘人民的文化生活。1993 年 5 月，成立三塘镇有线电视台，后改成三塘镇广播电视站。1994 年，有线电视入户 1062 户。2002 年，星火小学学生合唱团参加省中小学艺术节歌咏赛荣获二等奖。2004 年 8 月，星火实验中学贺雄英设计的纸模作品荣获全国青少年艺术之星大赛一等奖。2014 年，数字有线电视用户 10036 户，无线数字电视用户 7248 户，入户率达 81.2%。是年，有村级文化活动中心 3 处，村级图书室 21 个，藏书 6 万余册。农家书屋以江雪书屋最为出名，书屋面积约 300 平方米，内设书报阅览室、藏书陈列室、农耕文化室、文艺创作室、扑克棋牌室等，书屋共有藏书 8000 余册。松山、大广、前进、神山、四门、洪山等 6 个行政村均建成高标准的文化广场，配备一系列健身器材。全镇 19 个行政村已全部接收安装远程教育。2014 年年末，有镇文化站、广播电视台各 1 处，舞狮队 13 支，腰鼓队 4 支，舞龙队 14 支，广场舞队 5 支。

体育　1952 年，各年级设体育课。1960—1961 年，因国民经济困难，学校体育课暂停，1962 年后，逐渐恢复。1977 年，体育教学趋向正常，保证“两课、两操、一活动”。即每周两节体育课，每天做广播操和眼保健操，每天一小时课外体育活动。1983 年后，中小学普遍推行第五套、第六套、第七套广播体操。2013 年，修建占地面积 20 多亩的人民广场 1 个，配备篮球场、羽毛球场、健身器材等设施，新增 1500 平方米以上室外场地 2 个，200 平方米以上的室内场地 4 个。

医疗卫生

清末、民国时期，农村缺医少药，治疗疾病素以中医、中草药为主。中华人民共和国成立后，大力发展医疗卫生事业，医疗条件不断改善。1952年，建联合诊所。1956年，由联合诊所组建成乡卫生院，当时房屋、设备非常简陋。1969年，农村实行合作医疗制度，相继建立生产大队卫生室，分别配备赤脚医生和妇幼保健员各1名，普及新法接生，指导科学育儿和计划生育。1975年成立三塘镇中心医院，2003年10月，镇中心医院被列为省重点医院，并下拨扶持资金（器材设备）共计40万元。2006年1月，镇村启动新型农村合作医疗（简称新农合），当年参合22398人，参保率82.96%，每人缴纳医疗保险金10元，受益医疗费用补偿金189.3万元。2011年，有各级医疗卫生机构2个，门诊部（所）2个，村级卫生室19个；有床位240张，专业卫生人员281名。是年，21个村村民大多数参加新型农村合作医疗，参保率91.2%。2014年年末，有各级医疗卫生机构2个，门诊部（所）15个，村级卫生室19个；有床位260张，专业卫生人员310余人 。是年，参加新农合人数27706人，参保率100%，每人缴纳医疗保险金60元，受益医疗费用补偿金400.9万元；12种常见传染病的普查建档率达95%以上，预防建卡率达98%以上，全部建立了健康电子档案。

社会保障

“五保”供养 1958年起，对孤寡老人和无劳动能力的残疾人实行“五保”，其供养费由所在生产队统筹。2004年10月，三塘敬老院完工启用，建筑面积1790平方米，能容纳70余人，2004年已入院40人，工作人员4人，被评为省优秀单位。2011年，敬老院1家，床位56张，收养五保人员38人。社区服务设施3个，其中社区服务中心3个。2014年，有“五保”人员194人，集中供养98人，分散供养96人，总支出49.7万元。

最低生活保障 1999年10月，启动城镇居民最低生活保障，并对低保对象实行动态管理。2005年，有城镇最低生活保障对象449户、848人，年人均751元，支出总金额63.67万元。2007年7月，启动农村居民最低生活保障，当年有农村低保对象43户、173人，年人均360元，支出总金额6.23万元。 2014年，境内农村最低生活保障对象724户、1120人，支出139.73万元，年人均1248元，城镇最低生活保障对象714户、1624人，发放低保金468.75万元，年人均2886元。

医疗救助 2006年起，启动城乡居民大病医疗救助。救助对象主要为患恶性肿瘤、白血病、尿毒症的城乡低保户、困难户。2014年，救助277人次，支付补助金30余万元。民政部门资助参加合作医疗1575人次，共支出46.5万元，比上年增长0.6%。国家抚恤、补助各类优抚对象192人，抚恤事业费支出94.2万元，比上年增长13.6%。

养老保险 2011年7月起，启动城乡居民社会养老保险。当年，参保人数17592人，参保率100%；征缴养老金183万元，为3772名到龄居民发放7—12月养老待遇金24.68万元。2014年末，参保7898人，参保率49.39%；征缴养老基金85.06万元，为5120名到龄居民发放养老待遇金362.65万元。

特色地情

“鸽来香系列熟食” 衡阳银鸽实业公司生产的“鸽来香”系列熟食共有30余种，主要产品有乳鸽、湘黄鸡、雨母鸭、坛子肉等，列入“雁城四件宝”之一。2000年11月22日，银鸽公司“鸽来香”系列熟食荣获省第二届名优特新农副产品博览会银质奖。

冬枣 栽种3019株。冬枣品质优，肉质酥脆，肉厚核小，甜中带香，口感极佳。

翠冠梨 种植面积达3公顷，翠冠梨果实近圆形，果个大，平均单果重230克，最大单果重400克，果实为绿色，套袋果为黄色，果面光滑，果皮薄，果心小，果肉白色，肉质细嫩，汁液多，味甜，品质上等，可溶性固形物含量12%~13%。

黑神庙 位于三塘镇神山村，为山名，原山中有黑神庙一座，因而得名。蒸水河在此环山而过，山上景色秀丽，草木茂密、鲜花盛开、绿树成荫。

（文字供稿：曹碧蓉 欧阳雅姿 图片供稿：衡阳市志办）

谭子山镇>>

区域概况

位置面积

镇南有一小丘，形若弹丸，俗称弹子山，后因谐音演变为谭子山，谭子山镇因此而得名。地处衡南县西部，东与三塘镇接壤，东南与洲市乡为邻，南连茅市镇，西南邻柞市镇，西接泉湖镇，北面与衡阳县交界。镇人民政府驻兴隆村，东距衡阳市28公里，南距县城38公里。辖区东西最大距离15公里，南北最大距离10公里，总面积110.58平方公里。

建置沿革

清代属清泉县，民国属衡阳县。中华人民共和国成立后，属衡阳县第四区，1952年7月，属衡南县第十四区；1956年，撤区并乡，属潭山乡；1961年，恢复区建制，为谭子山人民公社；1982年，谭子山人民公社改为谭子山乡人民政府，1984年，改为谭子山镇。1995年，撤区并乡，京山乡和谭子山镇合并为谭子山镇。

行政区划

1995年年末，政区辖3个社区、33个行政村，1个农科站，全镇共401个（居）村民小组。2014年年末，辖水莲、背银、车站3个社区；司马、莲塘、兴隆、水井、翔龙、味子、炮公、清福、满塘、五塘、上塘、工联、民主、木潭、枫树、宋桥、探山、乐嘉、林陵、杨湖、蟠龙、增市、同福、团岭、香花、银花、石村、大田、高村、长丘、杨梅、马塘、常江33个行政村。1个农科站，下设401个村（居）民小组。

自然环境

境内地形多为丘陵，地势略为西高东低、南低北高，最高点探山岭海拔230米。辖区属亚热带季风气候，年平均气温17.8℃，最低月均气温5.3℃，最高月均气温29.8℃。无霜期年平均287天，年平均日照时数1700小时。年平均降水量1268毫米，降水集中在每年4—9月，5月最多。

人口民族

1999年年末，辖区总人口45175人，人口出生率10.57‰，人口死亡率7.94‰，人口自然增长率2.63‰。2010年，辖区总人口46455人，人口出生率12.57‰，人口死亡率8.03‰，人口自然增长率4.54‰。2014年年末，辖区总人口49239人，其中城镇常住人口15000人，城镇化率30.46%。另有流动人口12346人。总人口中男性25975人，占52.75%；女性23264人，占47.25%。总人口中以汉族为主，汉族人口48764

人，占 99.04%；少数民族人口 475 人，占总人口的 0.96%。人口密度为每平方公里 448 人。

经济发展

经济综述

2008 年，国税完成 270 万元，地税完成 540 万元，耕地占用税完成 4 万元，契税完成 5.5 万元。2014 年，耕地面积 2733.33 公顷，其中水田 2593.33 公顷。生产粮食 3.8 万吨，人均 813 公斤，其中稻谷 3.2 万吨，早稻面积 2466.67 万公顷，玉米 0.3 万吨，烟叶 400 吨，棉花 1200 吨，油菜籽 1260 吨，冬种油菜 1866.67 公顷。2014 年，生猪饲养量 12 万头，年末存栏 1.5 万头；家禽年饲养量 60 万羽，年末存栏 7.2 万羽。2014 年年末，全镇完成工业总值 5.6 亿元，实现利税 3000 万元。2014 年年末，公共财政总收入 400 万元，财政总支出 400 万元。

农业

种植业 民国时期，由于生产条件落后，加之干旱缺水，粮食亩产不足 200 公斤。中华人民共和国成立后，1959—1961 年农业连续减产减收。1966 年，农业生产逐步恢复，粮食亩产 254 公斤。1978 年，农村经济政策进行一系列改革，逐步实行完善以家庭联产承包为主的责任制，农民的生产积极性进一步高涨，涌现一批农、牧、副、渔业生产专业户、重点户和科技示范户，并全面推广杂优良种，粮食产量显著提高。至 1983 年，杂交晚稻种植面积达到 2380 公顷，占水田总面积的 96% 以上，平均亩产提高到 400 公斤以上。1990—2006 年，全乡水稻双季稻年种植面积稳定在 2066.67 公顷左右，亩均产量约 790 公斤，年总产量 2.5 万吨。

养殖业 境内有养殖禽畜习惯。民国时期，由于农户家庭生活困难，禽畜饲养数量极少，年户均养猪不足 1 头，养牛仅供役用，饲养鸡鸭多为产蛋换取油盐钱。中华人民共和国成立后，养殖业有所发展，禽畜产量逐渐增多。1958—1961 年，一度禁止农户养猪养鸡。1962—1980 年，耕牛、鱼类由生产队集体放养，生猪饲养允许公私并举。1982 年，实行土地承包经营责任制。1995 年，全镇人均养猪 1 头、鸡 5 羽；养猪专业户和养羊专业户增多。1999—2014 年，养殖业持续发展，成为远近闻名的养殖大镇。

林业 1956 年以前，山林权属为农户私人所有。1958 年，“大炼钢铁”，部分森林被破坏。此后，林权收归集体经营。1980 年，推行山林承包责任制，稳定山林权属，制止乱砍滥伐。经过多年实施植树造林、封山育林、退耕还林等一系列措施，森林覆盖率逐年提高。至 2014 年，完成产业造林计划 166.67 公顷，其中：长防林 33.33 公顷、世行项目 73.33 公顷、新一轮退耕还林 13.33 公顷、有机玫瑰 6.67 公顷、油桐 33.33 公顷、枣树 6.67 公顷。年末，全镇有林地 42.111 公顷，森林覆盖率高达 59.8 %，高于衡南县的平均值 24.2 %，主要树种有松、杉、柏、樟、油茶、南竹、桂花树等。

工业

中华人民共和国成立初期，工业长期依附于农村的自然经济，有木匠、篾匠、铁匠、泥匠、缝衣和烧砖瓦等民间手工业者数十名。1954 年，成立采石合作社。1958 年 5 月，转为县办，成立国营衡南县重晶石矿，矿区占地面积 13 平方千米，有职工 360 人，年产重晶石 10 余万吨。至 1973 年，相继创办农具厂、磷肥厂等。1979 年，磷肥厂停办，转产重晶石加工。1982 年，政府充分利用自身的区位优势和资源优势，先后引进宏达硫酸钡厂、雁星冶炼厂、长恒锌业、碧生源、鑫宇瓦业、潜江瓦业、龙倡环保处理厂、民兴页岩琉璃瓦厂、广林科技开发公司等规模企业。1983年，县重晶石矿因经营不善、负担过重而闭矿。1986年，因322国道扩宽改建，县家具二厂（原农具厂）安置职工后解散。2002年，引资2000万元重启重晶石矿，年产重晶石30余万吨，产值约3000万元。2009年，该矿再次关停。关停前，该矿累计创造价值12.1亿元，上缴利税达1.6亿元。2012年，汉能控股集团公司整体收购重晶石矿，恢复生产。

商贸服务业

中华人民共和国成立初期，谭子山镇街、京山乡街开集设市。1950年，有私营商业、饮食业40余户，从业人员160余人。1956年，完成对私营商业的社会主义改造后，组建成3家公私合营商店、设购销网点20余个。同时，先后建立公社供销合作社、粮油购销站、肉食水产品购销站以及粮油储运库等商业机构，设有购销门店网点20余个。1958—1961年，一度取消集贸市场，禁止集市贸易。1962年恢复，但对销售的商品仍有所限制。1978年，境内有国营、集体商业网点42个，集贸市场3个。1982年后，实行改革开放，在发挥国营集体商业主渠道作用的同时，适当发展个体私营商业。至1990年，有个体商户80余家，从业人员300余人，主营日杂百货、纺织品、餐馆和各类机械维修等行业。1995年后，在商业改革的大潮中，国营、集体商业逐渐淡出流通市场。2001—2008年，先后完成对国营、集体商业的改革改制。2014年年末，全镇有各类个体商业户900余家，大小超市15个，从业人员共1500余人，主营日用百货、文化用品、家具家电、建筑建材、餐饮宾馆、服装、娱乐场、网吧、美容美发等行业，年社会消费零售总额3.8亿元；有集贸市场3个，年交易额1.5亿元。

财政金融

财政 中华人民共和国成立后，乡镇财政由财粮委员或秘书兼管。1953年，各种税收建立代征、协税组织。1961年，成立协税委员会。1984年成立乡财政所，统管财政收支。1995年，乡财政总收入385余万元，主要为农业税、农业特产税和工商等税收；财政总支出380余万元，主要为支援农业、上解县财政和行政管理费用。2004年起，实行农村税费改革，国家取消向农户征收农业税（含附加）和农业特产税。当年全镇取消两项税金130万元，农民人均减少负担36.88元。

金融 1951年，设中国人民银行谭子山营业所，1954年冬，成立农村信用合作社，管理境内金融业务。1979年，中国人民银行谭子山营业所由县农业银行接管。1987年，成立农村合作基金会。1999年，设立中国邮政储蓄银行谭子山镇分行。同年，农村合作基金会停业整顿。2005年，中国农业银行谭子山营业所业务归并信用社。2011年年末，境内有金融机构2家，各类存款余额1.85亿元，各项贷款余额0.53亿元。2014年，农村信用社改为农商银行。年末，境内金融机构2家，各类存款余额2.67亿元，各项贷款余额0.88亿元。

基础设施

交通运输

公路 民国15年（1926），境内建有衡阳市两路口至祁东、谭子山至茅桐桥乡村大道2条，大道路面为条石铺垫，路宽3尺。1928—1932年期间，改建后通车。1958年，谭子山至茅桐桥的简易公路建成，20世纪60年代，铺砂改造，提高公路质量。1960年，衡阳公路段投资对衡阳市两路口至祁东乡道进行整修，截弯、填洼、降坡。20世纪70年代，相继完成17个村的村道建设。1979年9月，衡阳市两路口至祁东路面铺设沥青。1984年命名为“国道322线”，路基由8米拓宽至12米，路面由6.5米加宽到9米。20世纪90年代，322国道全面提质改造，路面由沥青改为水泥硬化。2002—2013年，实施乡村道路改造提质和水泥硬化工程，实现村村通水泥路，总里程63.5公里。2014年年末，322国道，境内长6公里；县级公路1条，总长8公里；通乡公路14.52公里；村道27条，总长36.57公里。

客运 1964年，省汽车运输公司衡阳分公司（以下简称“湘运”），分别辟衡阳汽车西站至祁东、茅市班车，谭子山设汽车站，日往返四趟。1983年，开放市场，始有个人购车加入社会营运，客车以小型为多，招手即停，俗称“方便车”；是年，工联村建成全县第一家汽车队，有汽车20台，其中客车1台，辟谭子山工联村至衡阳市汽车西站。1986年，私营车主开通谭子山镇至衡阳市区班车，日发车6趟，日客运量约400人。2014年年末，镇内有临时客运站1个，客运汽车6辆，210个座位，年客运量约14万人次。

货运 中华人民共和国成立初期，镇内货运由“湘运”包揽，集市贸易交流大多靠肩挑和独轮车运。20世纪70年代，原公社农机站购有拖拉机农闲时，跑短途运输。1983年后，工联村车队和私人车辆加入，承担镇内部分货物运输，日货运量120余吨。随着当地民营货运业不断发展，“湘运”货运逐渐退出。至2014年，镇内货运汽车120辆，总吨位1000余吨，年货运量560余万吨。

铁路 1937年，湘桂铁路线开通，设谭子山（三级）站，西距鸡笼街10公里，有轨道5股，货物站台和仓库占地面积1400平方米，设候车室及月台。1949—1980年，车站24小时人来人往，车站主要货物（重晶石）年吞吐量约50万吨左右。

邮政通信

邮政 1950年，镇内邮件集散点，是衡南县2个集散点之一，配乡邮员6人，采取大回转方法，分两天班和四天班，投递5条线，分别是：谭子山、鸡笼街、泉湖、永兴、岐山、长康、大江、宋桥、谭子山，两天班；谭子山、清福、洲巩桥、灵官、古山、大山、谭子山，两天班；谭子山、五塘、宝庆寺、四塘、二塘、松山、神头山、谭子山，两天班；谭子山、增丫坪、花香坳、代泉亭、茅洞桥、小新桥、石滩、西山、栗江、檀巩桥、隆兴寺、硫市坑、南乡堡、谭子山，四天班；谭子山、泉湖、排山、青叶、柞树坳、油麻塘、斗山桥、白木江、茅洞桥、香花坳、长丘、谭子山四天班。20世纪60年代起，公社、大队均设有邮政投递点，业务包括函件收发、信件投递、报刊发行等，邮件由邮递员直接投递乡政府及沿途所经过的村组，自行车作为邮件运输和投递的工具。2014年年末，镇内有邮政代办所1个。

通信 1962年，境内所属单位及公社开通电话，是县内第一批开通长途电话的乡镇之一，线路长约12千米。1979年后，公社建立通大队电话网络，利用有线广播线路通电话。1998年，开通程控电话网络。2004年，移动、联通公司先后在乡内建设移动通信基站。至2014年年末，镇内有电信营业厅1个，移动、联通营业厅各3个；有固定电话用户230户，移动电话用户9344户，互联网用户450户；镇内光纤网络已覆盖到兴隆、水井、司马、莲塘、五塘等5个村，4G网络在镇中心覆盖，各村也都覆盖3G网络。

供电饮水

供电 中华人民共和国成立初期，境内电力资源紧缺，老百姓家庭用煤油灯或蜡烛照明。至20世纪60年代末，少部分单位、企业或生产大队有柴油机组发电，用于生产和生活。1979—

1989年，新建10千伏配电线路2条，长45千米，400伏低压线路76千米；10千伏安变压器43台，总容量4600千伏安；村通电率100%，村（居）小组通电率100%。1986年谭子山镇变电站、供电站建成。2000—2013年，对农村电网实行分批次改造。2014年，全年累计投入150万元，完成400伏及200伏供电路线改造4.5千米，10千伏供电线路2.5千米，新增100千伏安变压器3台，完成400户农网改造。

饮水 2011年以前，饮水主要是地下水和天然泉水。2012年，在莲塘村开始自来水试点工作，由双板桥水厂供水，日供水量50立方米。2014年，司马、兴隆、莲塘、司马等村实现自来水通村通户，自来水安装530户，日供水量280立方米。组织实施探山、五塘等15个村的安全饮水工作，投入资金200余万元，解决饮水困难人口3500人。

水利建设

中华人民共和国成立后，人民政府组织群众兴修水利，抗御干旱。1954—1969年，共整修扩建山平塘、骨干塘280口，增加蓄水量250万立方米。1966—1979年，先后修建小（一）型水库2座，小（二）型水库6座。小（一）型水库分别是严家铺水库坐落在香花村，始建于1968年，水库容量138万立方米；先锋水库坐落在高村，始建于1971年，水库容量133万立方米。小（二）型水库分别是莲塘水库坐落在马塘村，水库容量19万立方米；白塘水库坐落在清福村，水库容量13万立方米；畔塘水库坐落在木潭村，水库容量10万立方米；锅子塘水库坐落在增市村，水库容量11万立方米；冻里水库坐落在增市村，水库容量10万立方米；月塘水库坐落在枫树村，水库容量64万立方米。同时，境区属双板桥水库核心灌溉区。2014年冬，对月塘、莲塘、锅子塘、冻里、畔塘、白糖等6座小（二）型水库除险加固，维修蓄水闸1处，山平塘扩容、护砌130余口。年末，镇内共有小（一）型水库2座，容量共271万立方米；小（二）型水库6座，容量共388万立方米；山塘280口，容量1250万立方米。农田灌溉基本有保障。蒸水自衡阳县西渡镇新化村入境，由北向南，经上塘村流出，境内河道长0.5公里。青花河自泉湖镇建伟村入境，由西向东，经宋桥、木潭、民主、工联、上塘村出境，境内河道长8.7公里。柿花河自泉湖镇上游村入境，由西向东，经常江、司马、林陵、兴隆、白龙、杨湖、炮公、由清福村出境，境内河道长17公里。沿途村民常年可利用河水补给灌溉农作物。

镇村建设

中华人民共和国成立后，以火车站为中心，沿322国道两旁建有街道。20世纪50—70年代，在火车站以北先后兴建供销合作社、食品站、粮站、搬运队、派出所、学校和医院等单位，镇内街道拓展，街口至街尾长达600米，面积1.0平方公里。20世纪90年代起，小城镇建设扩容提质，先后修建新农贸市场、开发区建设、工业园区建设等，开发商品住宅面积2万余平方米。街上新建的居民楼和单位办公房少则3层、多则5层，面貌也焕然一新。2006年，启动社会主义新农村建设。以工联村为示范点，重点改造农村电网、道路、水利、环境卫生等基础设施，全镇80%以上的农户均新砌2~3层200平方米以上的红砖青瓦房屋。2011年后，镇村推行城乡同治工作，组建城管中队和环卫队伍，加快环卫基础设施建设，投入资金210万元。添设垃圾桶、垃圾斗、垃圾车等设备设施80台件，征用垃圾填埋场1处，安装8米杆路灯140盏，补栽苗木800余株。硬化镇区道路1公里，硬化工业大道2.3公里。2014年年末，老街（322国道两旁）和新街（工业大道）长4公里，城镇建成面积为3.16平方公里。全镇通村道路硬化率、环境卫生达标率、居民饮水安全率均为100%。33个行政村都有新办公用房。

社会事业

教育

中华人民共和国成立后，利用祠堂作学校发展农村小学教育，同时开办农民识字夜校，扫除青壮年文盲。至1957年，境内有完全小学3所，初级小学5所。1969年,按照一个大队办1所小学、一个公社办1所中学的布局，是年境内有小学33所，初中2所，教职员工的工资由生产大队支付，政府定额给予补贴。1983—1985年，着力做好初等教育的普及工作，学校调整为完全小学1所，不完全小学14所，中学2所。1994—2000年，普及九年义务教育，境内7~12周岁儿童入学率为99.5%，年巩固率99.1%，毕业率96.9%；13~15周岁儿童初中教育普及率为98.3%。2000年以后，为整合教育资源，提高教育质量，将原有14所小学逐渐合并。2014年年末，全镇有幼儿园5所，在园幼儿453人；小学5所，在校学生1292人；初中2所，在校学生1030人；全镇中小学在编在岗教职工163人，初中适龄人口入学率、小升初升学率、九年义务教育覆盖率均达100%。是年，财政预算内教育经费1672万元，比上年增长9%。预算内教育经费占财政总支出比例为65%，比上年增长5%。

文化体育

文化　1953年6月，设立文化站，配有1名辅导员，在农村中进行各种文化活动及辅导工作。20世纪60年代，人民公社、生产大队先后建立

社会主义新农村谭子山镇示范点——工联村

文化站和文化室。“文化大革命”期间，毛泽东思想文艺宣传队是农村文化活动的主体。1971年，建立公社广播站，各大队社员早、中、晚都能听到中央人民广播电台的播音。1975年，成立公社电影放映队，有16毫米电影放映机1台，分别到各大队放映，丰富社员业余生活。进入21世纪后，老百姓业余时间流行跳广场舞。2014年年末，全镇有文化站、有线电视站各1个，共有职工5人；各类文化专业户12户，从业人员75人；有线电视网络100千米，共有有线电视和无线电视用户3000多户；村（社区）文化活动中心和健身场所33个，远程教育站点34个，农家书屋34家，共有图书87326册。

体育 1952年，各年级设体育课。1960—1961年，因国民经济困难，学校体育课暂停，1962年后逐渐恢复。1977年，体育教学趋向正常，保证“两课、两操、一活动”。即每周两节体育课，每天做广播操和眼保健操，每天一小时课外体育活动。1983年后，中小学普遍推行第五套、第六套、第七套广播体操。1997年，镇内中小学开始按《国家体育锻炼标准》教学，当年达标率41%。至2005年，达标率98%。2014年年末，全镇有运动场15个，总面积3.8万平方米。社区和村组集体广场舞场地3个。

医疗卫生

民国时期，境内民间有中医、中药铺数家，农村普遍缺医少药，病人就医不便。中华人民共和国成立后，大力发展医疗卫生事业，医疗条件不断改善。1952年，建联合诊所，有中医7人。1956年，由联合诊所组建成乡卫生院，当时房屋、设备非常简陋。1958年，更名为人民公社卫生院，归集体所有，并开始推行新法接生。1969年，农村实行合作医疗制度，相继建立大队卫生室，分别配备赤脚医生和妇幼保健员各1名，普及新法接生，指导科学育儿和计划生育。1984年，人民公社卫生院更名为乡卫生院。1995年，撤区并乡，谭子山镇卫生院改名为镇中心卫生院，京山卫生院为附属卫生院。2006年1月，启动新型农村合作医疗（简称新农合），当年参合31544人，参合率为81.09%，每人每年筹集资金10元，当年受益金额50万元。2014年，有镇医院及附属卫生院各1所，职工有本科4人，大专9人，中专36人；主治医师3人，执业医师12人，助理执业医师15人，注册护士11人，中药师、检验师、统计师各1人。医疗机构（门诊部以上）完成诊疗2万人次。33个村都设有医疗服务点，病人就医十分方便。年末，参加新型农业合作医疗39550人，参保率99.37%，每人年筹集资金60元，当年受益金额300多万元。民政部门资助参加合作医疗2056人次，支出补助金10.3万元。

社会保障

“五保”供养 1959年起，对孤寡老人和无劳动能力的残疾人实行“五保”，其供养费由所在生产队统筹。1980年后纳入人民公社（乡镇）统筹。2005年起，“五保”对象享受城乡最低生活保障，供养费由县财政统筹。2014年年末，境内有敬老院1家，床位42张，集中收养农村“五保”人员42人，分散收养“五保”人员212人。是年，对90岁以上老人发放高龄补贴347万元。

最低生活保障 1999年10月，启动城镇居民最低生活保障，并对低保对象实行动态管理。2005年，有城镇最低生活保障对象195户、308人，年人均738元，支出总金额22.73万元。2007年7月，启动农村居民最低生活保障，当年有农村低保对象76户、236人，年人均369元，支出总金额8.71万元。2009年，全镇有农村低保对象360户、966人，年人均补助580元，总金额56.60万元。 2014年，境内农村最低生活保障对象 950 户、1788 人，支出 239.21 万元，年人均 1338 元，城镇最低生活保障对象 181 户、448 人，发放低保金 160.82 万元，年人均 3590 元。

养老保险 2011 年 7 月起，启动城乡居民社会养老保险。当年，参保 21544 人，参保率 94.54%；征缴养老基金 215.44 万元，为 58188 名到龄居民发放养老待遇金 41.35 万元。2014 年，参保 11232 人，参保率 57.82%；征缴养老基金 119.26 万元，为 6895 名到龄居民发放养老待遇金 499.54 万元。

特色地情

谢晋（1883—1956） 字廓晋，号齐州外室主人，今谭子山镇人。7 岁启蒙，16 岁入岳屏书院就读，19 岁入衡州国民高等小学堂，毕业于湖南优级师范。以后数十年“历经辛劳，为革命事业英勇奋斗，不断探索和追求真理”。被毛泽东誉为“湖南的一面旗帜”。

（文字供稿：高政　图片供稿：衡阳市志办）

鸡笼镇>>

区域概况

位置面积

鸡笼镇原名马桥，有小街。修建湘桂铁路时，其地有一小山，状似鸡笼，故易名鸡笼街，并在此设“鸡笼街”车站，从而代替了“马桥”的称呼。地处衡南县西北部，东接泉湖镇，南连祁东县白鹤铺镇，西邻祁东县洪桥镇，北与衡阳县岘山乡临界。镇人民政府驻鸡笼村，距衡阳市区39公里，距县城60公里。全镇总面积96平方公里。

建置沿革

明末为清化乡。清乾隆时（1736—1795）为二十三都。清末至民国时期属泉湖镇。1949年10月，属衡阳县十三区；中华人民共和国成立初期，隶属衡阳县第四区；1952年7月，属衡南县。1961年4月，成立鸡笼人民公社；1984年5月，改为鸡笼镇；1995年4月，撤区并乡建镇，将原永兴、岐山2乡并入鸡笼镇；1996年，析出岐山，成立岐山办事处。

行政区划

1995年年末，政区辖2个社区，25个行政村，下设13个居民小组，424个村民小组。2014年，辖马桥、笑一堂2个社区，鸡笼、五星、赤堰、中山、大江、栋塘、泉井、春光、大塘、团集、朝阳、泉口、赐山、花山、井边、永兴、中心、石堰、新文、太平、长康、灯塔、叶江、双溪、日光25个建制村；共12个居民小组和422个村民小组。

自然环境

境内大部分为山地。地势东低西高，东部为紫色页岩丘陵地带，西部多山林地。全境属亚热带季风气候区，气温四季分明，光照充足，无霜期长，气候温和，雨量充沛，春季雨量集中，夏季干旱多风，秋季温和凉爽，冬季湿冷少雪。常年以北面风向频率最大，夏季主导风向为东南风。年平均气温在17.5℃~19.5℃之间，最低为1℃，日均气温5.8℃，最高为7℃，日均气温31.5℃，无霜期年平均280天，日照时数1800小时。年平均降水量在1200毫米以上，主要集中在每年3—7月，其中5—6月最多。

人口民族

1999年年末，辖区总人口42450人，人口出生率10.78‰，人口死亡率7.15‰，人口自然增长率3.63‰。2010年，辖区总人口42494人，人口出生率12.61‰，人口死亡率7.19‰，人口自然增长率5.42‰。2014年年末，辖区总人口为43482人，其中城镇常住人口4788人，城镇化率11.01%。总人口中男性23122人，占53.18%，女性20360人，占46.82%。人口出生率为11‰，死亡率为3.9‰，人口自然增长率为6.1‰。人口密度为每平方公里452人。

经济发展

经济综述

2007年，实现财政税收180.6万元，其中地税141万元，国税30万元，耕地占用税4.1万元，契税5.5万元。完成企业总产值11.7亿元；完成企业增加值3.51亿元；完成工业产值8.9亿元；完成工业增加值26730万元；完成固定资产投资额1030万元；实缴国家税金467万元，其中国税218万元，地税138万元。2014年，有耕地面积1400公顷，粮食产量1.7万吨；油菜种植面积800公顷，产量1082吨；蔬菜种植面积666.67公顷，产量1.6万吨，农业总产值5469万元。境内有规模企业30家，职工4800余人，总产值3.3亿元，实现利税338万元。公共财政总收入1025.73万元，其中地方财政收入520万元，总支出1025.73万元，年末债务总额1770万元。

农业

种植业 民国时期，由于生产条件落后，加之缺乏抵御自然灾害的能力，粮食平均亩产不足200公斤。20世纪50年代末60年代初，连续两年多的天灾，粮食减产。1976年1月，推广杂交水稻，平均亩产320公斤，比常规水稻每亩增产120公斤。1977年8月，大力推广杂交优质水稻，至1979年，杂交水稻平均亩产提高到400公斤。1980年3月，实行包产到户政策；1984年9月，完善土地承包生产责任制，农民种田积极性高涨。1990—2004年，全镇年水稻种植面积稳定在0.13万公顷左右，亩均产量约800公斤，产量约1.6万吨。2005年，冬季油菜种植面积为1233.33公顷，有冬梨枣种植基地200公顷，香柚基地166.67公顷，优质稻种植面积1200余公顷。

养殖业 畜牧业以饲养生猪、家禽为主。民国时期，由于多数农户家庭生活困难，畜禽饲养较少，主要是养牛仅供役用，各农户只是饲养少量鸡鸭为产蛋换取油盐钱。中华人民共和国成立以后，养殖业有所发展，畜禽产量逐渐增多。1958—1961年，一度禁止农户养猪养鸡，当时畜禽由合作社统一养殖，实行计划分配。1962—1980年，耕牛、鱼类由生产队集体放养，生猪、鸡鸭允许公私并养，产量较前有较快的发展，畜禽养殖进入一个崭新的局面，各家各户都饲养鸡、猪，大部分农户养牛，用于耕田，后期陆续出现了小规模化、专业化养殖户。1991—2013年，养殖业持续发展，陆续成立养殖合作社、养殖公司，养殖龙头企业，养殖业的规模快速发展。2005年，出栏生猪1.2万头，湘黄鸡15.5万羽。至2014年，全镇共有专业合作社14家，专业养殖户300余户，共出栏生猪3万多头，年末存栏2万头，饲养家禽118.9万羽，年末存栏23万羽。

林业 全镇林地有竹林、杉树、国外松。1949年以前，林地林木都是农户私人所有。中华人民共和国成立后，加强对林业生产的行政管理和技术指导，林业得到发展。1956年，农业合作化高潮中，山林一律入社统一管理，并订立“爱国护林公约”。1958年，林地归集体所有，“大跃进”期间，“大炼钢铁”、到处乱砍滥伐森林，封山育林制度被废弃，森林资源遭受严重破坏。

1961年后，乱砍滥伐现象得到克服，封山育林面积逐年增多。1982年，实行土地承包经营，林权放归农户管理。经过历年实施植树造林、封山育林、退耕还林等一系列措施，森林覆盖率逐年提高。2009年，为林地承包户换发全国统一的林权证。至2014年年末，全镇共有林地5200余公顷，退耕还林800余公顷，公益林2200余公顷。累计造林1000余公顷，其中生态林600余公顷，经济林200余公顷，竹林200余公顷。

工业

民国时期，工业长期依附于农村的自然经济，有木匠、篾匠、铁匠、砌匠以及烧砖瓦、石灰等民间手工业艺人数十名。1954年8月，县手工业管理科成立后，开始兴办集体工业企业。同年11月，将鸡笼、大江、永兴三个铁业联营组，合并成立大成铁业生产合作社，为县内最早出现的集体所有制手工业合作企业。20世纪60—70年代，人民公社掀起轰轰烈烈的工业风，先后有鸡笼农机厂、石灰厂、红砖厂、藤椅厂、农具厂、皮革厂和重晶石矿、石煤矿、建筑工程队等37家集体企业和社队企业建成投产。1985—1995年，国营、集体和乡镇工业逐渐萎缩，私营工业相继崛起。1985年后，皮鞋、瓦筛、藤椅等产业迅速发展，产品畅销省内外，当时有“皮鞋之乡”之说。1987年年末，企业总产值列全县各区镇前茅。随着市场经济发展，产业转型，微型农机、工业布、采矿业成为镇内企业主要产业。2005年，全镇共有各类企业303家，其中规模企业5家，年总产值8.34亿，实现利税1900万元。

商贸服务业

鸡笼集市发展较早，史传古时有个号称“陶十万”的人，在离马桥500米的交通要道口，开设一商店，专做鸡生意，又编织鸡笼，遂成集市。民国时期，鸡笼有商铺数十家。1951年，设立国营贸易小组，举办各类物资交流会。此后五年，先后设有区供销合作社、区肉食水产购销社、区粮食管理站等机构，供应生产、生活资料和收购农副产品。1958年，取消集市贸易和个体商贩，商贸服务由供销社或合作商店统一经营。1962年，逐渐恢复集贸市场，但对商品种类仍有所限制。1963年，集贸市场得以恢复。1978年，镇内有国营、集体商业网点30余个，从业人员400余人，社会消费品零售额800余万元。1979年，实行改革开放，逐步放开市场，个体商贩进入商品流通领域。镇内鸡笼街、永兴街、大江街集市同时进行商贸服务。1992年，对大江街市场进行维修改造。2013年，启动鸡笼街新农贸市场建设，次年12月开市。至2014年年末，全镇有鸡笼、永兴、大江3个集贸市场，年成交额1.3亿元；商业网点163个，职工2513人，主营日用百货、文化用品、家具家电、建筑建材、餐馆、旅馆、服装皮具、娱乐场、网吧、美容美发和车辆保养维修等，社会商品零售总额达2.8亿元。

财政金融

财政 中华人民共和国成立后，乡镇财政由财粮委员或秘书兼管。1953年，各种税收建立代征、协税组织。1961年,成立协税委员会。1984年，成立镇财政所，统管财政收支。1995年，乡财政总收入350余万元，主要为农业税、农业特产税和工商等税收；财政总支出350余万元，主要为支援农业、上解县财政和行政管理费用。2004年起，实行农村税费改革，国家取消向农户征收农业税（含附加）和农业特产税。

金融 1951年，成立中国人民银行鸡笼营业所，管理境内金融业务。1954年，成立农村信用合作社。1959年1月，信用合作社与人民银行营业所合并，改为公社信用部。1962年，又与营业所分开，恢复信用社组织。1990年7月，成立中国农业银行衡南鸡笼分理处，代替中国人民银行鸡笼营业所职能。1998年，设立中国邮政储蓄所鸡笼分所，2005年，改名为中国邮政储蓄银行。至2014年年末，境内有信用社、邮政银行和农业银行等金融机构3家，各类存款金额3.2亿元，各项贷款5000万元。

基础设施

交通运输

公路 民国15年（1926），境内建有衡阳市两路口至祁东乡村大道1条，大道路面为条石铺垫，路宽3尺。1928—1932年，改建后通车。1960年，衡阳公路段投资对该道进行整修。1969—1977年，相继建成鸡笼街至岐山，鸡笼街至岘山（其中：至大江5公里）两条县乡道，总里程28公里。1979年9月，衡阳至祁东大道路面铺设沥青，1984年，交通部命名为“国道322线”，路基由8米拓宽至12米，路面由6.5米加宽到9米。20世纪90年代，322国道全面提质改造，路面由沥青改为水泥硬化。2005年，鸡（笼）岐（山）公路路基工程改造完工。次年，鸡笼至岐山县乡公路完成硬化，里程14公里。2006—2014年，相继完成赐山村危桥、大江公路桥和日光村太山桥的改造建设任务，乡村公路硬化和改造，公路总里程63.5公里，其中：乡道18.6公里，村道44.9公里。期间，鸡笼至岘山（衡阳县）县级公路完成硬化；启动娄（底）衡（阳）高速公路建设，境内里程10.63公里，沿线途经10个村47个村民小组。

公路客运 1964年，省汽车运输公司衡阳分公司（以下简称“湘运”）辟衡阳汽车西站至祁东班车，鸡笼街设汽车停靠点，日往返五趟。1983年开放市场，始有个人购车加入社会营运，客车以小型为多，招手即停，俗称“方便车”。1994年，私营车主开通鸡笼至衡阳市客运班车，日发车10趟，日客运量约600人次；2008年，开通鸡笼至广州中山长途客运班车，日发班次1次，日客运量约30人次；2011年，开通鸡笼至岐山班车，日发班次27次，日客运量约300人次。2014年年末，镇内有同盛公司和工联车队从事客运，设临时客运站1个，客运汽车52辆，年客运量约33万人次。

公路货运 中华人民共和国成立初期，镇内货运由“湘运”包揽，集市贸易交流大多靠肩挑和独轮车运。20世纪70年代，原人民公社农机站购有拖拉机农闲时，跑短途运输。1983年后，私人购车加入，承担镇内部分货物运输。随着民营货运业不断发展，“湘运”货运逐渐退出。至2014年，镇内货运汽车78辆，400吨位，年货运量146万吨。

铁路 1937年，湘桂铁路线开通，设鸡笼街（四级）站，西距甘棠集4公里，有轨道5股，货物站台和仓库占地面积500平方米，设候车室及月台。1949—1980年，车站主要货物年吞吐量约10万吨。2014年年末，随着公路运输量的增大，火车站客运停运，货运量也相应减少。

邮政通信

邮政 明清时期，公文传递依赖驿站、塘、铺，民间邮件则靠邮差、脚夫递送，或交商贾捎转。中华人民共和国成立后，政府积极发展邮电事业，先后设立邮电支局、邮电所、代办所等各级业务管理机构，相继开办报刊发行、机要信函业务。邮件传递由肩挑背负逐步演变为自行车和摩托车运送。1954年，设立鸡笼街邮电所，20世纪60年代起，在人民公社（乡）的部分生产大队（村）设邮政投递点。2014年年末，邮政局 1 个，代办点 5 个，投递点 210 个，乡村通邮率 100%。

通信 20 世纪 50 年代，实现社社队队通电话。1962 年，鸡笼邮电所开办长话业务，1991 年程控电话开通，1998 年在全镇铺开。2014 年年末，有电信服务网点 3 个，电话交换机总容量 5500 门，固定电话用户 1600 户。互联网端口总数 560 个，宽带接入用户 890 户；移动服务网点 3 个，移动电话用户 16200 余户；联通服务网点 2 个，联通电话用户 11400 余户。

供电饮水

供电 中华人民共和国成立初期，电力资源紧缺，老百姓家庭用煤油灯或蜡烛照明。至 20 世纪 60 年代末，少数单位、企业或生产大队有柴油机组发电，用于生产和生活。1979—1989 年，新建 10 千伏配电线路 1 条，长 30 千米；400 伏低压线路 70 千米；10 千伏安变压器 40 余台，总容量 4000 千伏安；村通电率 100%，村（居）小组通电率 100%。1998 年，新建 35 千伏变电站 1 座。1999 年，开始对农村电网实行分批次改造，先后完成 20 个村的线改户改。2014 年，全年累计投入 100 余万元，完成 400 伏及 200 伏供电路线改造 4 千米，新建 10 千瓦供电线路 2 千米，新增 100 千伏安变压器 2 台，完成 300 余户居民的农网改造。

饮水 1949—2011 年，镇区生产生活用水以取地表水和井水为主。2012—2014 年，建成双板桥水库水厂，容量日供量 1 万余立方米，解决鸡笼镇 7000 余人、泉湖和谭子山镇 2 万余人的饮水问题。2014 年年末，全镇石堰、中心、永兴、日光、双溪、井边、赐山、大塘、鸡笼 10 个村 12000 余人用上了自来水。

水利建设

境内有清花河穿境而过，其灌溉面积达 666.67 公顷。境内双板桥水库与祁东县红旗水库相连，1958 年 7 月，动工兴建，总控制集雨面积为 45.4 平方公里，正常库容达 1700 万立方米，配套修筑高低干渠各 1 条，总长 63.9 千米；支渠 15 条，长 117.55 千米。灌溉鸡笼、泉湖、谭子山、三塘 4 个乡镇，灌溉面积可达 133 余公顷。20 世纪 50 年代末至 60 年代中期，修建杉树塘、长塘、石坑、仙鹅咀 4 座小（二）型水库，蓄水 78 万立方米，灌溉面积 133 余公顷。2011 年，对双板桥水库进行除险加固。2014 年，对杉树塘、长塘、石坑、仙鹅咀水库分别进行除险加固。至 2014 年年末，镇内有各类水利工程 6238 处，蓄、引、提水量 926 万立方米，灌溉水田 1840 公顷。骨干塘 435 处、山平塘 5786 处、机电排灌 17 处。

镇村建设

中华人民共和国成立后，集镇建设不断拓展，先后兴建商贸、交通运输、教育文化、医疗卫生等基础设施，面积约 0.8 平方公里。20 世纪 90 年代初起，小城镇建设扩容提质，先后进行开发区建设、鑫鑫花苑、山水名居、朝阳花苑等住宅小区建设，开发商品住宅面积 1 万余平方米，打开小城镇建设的骨架。2001 年，对振兴路进行扩宽、硬化。2002 年，镇内主要街道开通路灯。2006 年，启动社会主义新农村建设，重点改造农村水利、电力、道路、饮水等基础设施。2011—2013 年，对农村环境卫生实行综合整治，建设美丽乡村。2013 年，投资 2000 余万元，建成鸡笼镇新农贸市场，占地 0.67 余公顷，建筑面积达 10000 平方米，市场内部设施齐全，环境优雅，是集购物、休闲、娱乐、餐饮于一体的大型综合场所。2014 年，投入 60 余万元硬化街道 460 米，其中人民路 240 米、振兴路 220 米；投入 26 万元建下水道 1100 余米，其中人民路 480 米，振兴路 430 米，农江路 190 米；投入 8 万余元，新安装路灯 40 余盏、栽植风景树100多株；投入20余万元购置了垃圾运输车、环卫工具和安置垃圾箱；境内居民居住环境逐步改善。至2014年年末，全镇农村道路硬化率为100%，电网改造率为80%，环境卫生达标率为90%，农村安全饮水率达100%。全镇80%以上的农村家庭均新砌2~3层的红砖青瓦房屋，乡村面貌一新。

社会事业

教育

清代为私塾教育，民国改私塾为新式教育，教育不断发展。中华人民共和国成立后，贯彻“学校必须为工农开门”的方针，设置人民助学金，资助家庭困难的工农子女入学，开展扫盲工作，发展人民教育事业。1958年开始，贯彻“教育为无产阶级政治服务，教育与生产劳动相结合”的方针，走全日制与半日制并举、公办与民办相结合的办学道路。师生劳动和政治活动过多，教学质量一度下降。1961—1966年，贯彻“调整、巩固、充实、提高”方针和《全日制中、小学工作条例（草案）》，各项教育走上正轨。教育得到恢复和发展。2000年，镇内共有初中2所，小学14所，在职教师356人，退休教师117人，在校初中生2200人，小学生3800人。至2005年，全镇所有中小学的危房都相继完成改造，两所中学及中心小学都进行扩建。2014年年末，全镇共有幼儿园4所，在园幼儿818人，小学9所，在校生2281人，小学适龄儿童入学率100%；初中2所，在校生1185人，初中适龄人口入学率、小学升初升学率、九年义务教育覆盖率均达100%。

文化体育

清末至民国时期，境内有舞龙灯、狮舞、皮影戏、唱马灯等群众文化活动。中华人民共和国成立初，俱乐部成为农村文化的活动阵地。20世纪60年代初期，人民公社、生产大队先后建立文化站和文化室。“文化大革命”期间，毛泽东思想文艺宣传队是农村文化活动的主体。1971年，建立人民公社广播站。1975年，成立人民公社电影放映队，有16毫米电影放映机1台，分别到各生产大队放映。2000年以来，社区广场舞开始流行。2014年，镇设文化站、广播电视站各1所；村级文化活动中心25处；各类图书室28个，藏书53000册；音乐、美术、诗词、书法、皮影、唢呐、石刻等业余从业者80人。学校体育场11处，居民体育场1处。

医疗卫生

民国时期，农村缺医少药，治疗疾病素以中草药为主。中华人民共和国成立后，大力发展医疗卫生事业，医疗条件不断改善。1952年，开设联合诊所。1954年，镇内一些初级农业生产合作社，为加强社员的劳动保护，与联合诊所签订保健合同，建立保健室，1954年，保健室与农业社签订合同，社员每人每年交保健费0.3元，就诊免收挂号费、注射费，出诊按收费标准八折计算。1959年，建立人民公社卫生院，开始推行新法接生。1960年，试行合作医疗制，每人每年交保健费1.5元，主要用于急性病、因公负伤、助产和必要的防疫费用。1969年，农村实行合作医疗制度，相继建立生产大队卫生室，分别配备赤脚医生和妇幼保健员各1名，普及新法接生，指导科学育儿和计划生育。1974年，鸡笼卫生所和鸡笼人民公社卫生院合并成鸡笼区人民医院，当时有员工26人。1984年，保健室改称为村防疫保健室。1995年撤区并乡时，与医药物组合并，更名为鸡笼镇中心卫生院，共有员工 90 余人（包括退休人员）；永兴乡卫生院更名为鸡笼镇中心卫生院永兴分院。2006 年，启动新型农村合作医疗，当年参加新型农村医疗 29150 人，参合率为 82.59%，此后参合人数逐年递增。2014 年，镇内有卫生院 2 家，村卫生室 28 所，病床 105 张、专业卫生人员 113 名，全年完成诊疗 47500 人次，病床使用率 90%。年末，全镇参加新型农村合作医疗 37875 人，参保率 99.37%，每人年筹集资金 60 元，当年受益金额 160 余万元。

社会保障

"五保"供养 1959 年起，对孤寡老人和无劳动能力的残疾人实行"五保"（保吃、穿、住、治病、丧葬），其生活费由所在生产队或大队统筹。20 世纪 80 年代后纳入乡镇统筹。2005 年起，"五保"对象享受城乡最低生活保障待遇，其供养经费由县财政拨付。1985 年，成立鸡笼敬老院，由泉井村的原知青农场改建而成，当年有 18 名老人入住。2004 年，敬老院搬迁到春光村兴隆组原衡南县农校内。2009 年 6 月，由于镇敬老院房屋紧张，将原双溪村小学进行改造，建成鸡笼敬老院双溪分院，该院占地面积 870 平方米，房屋使用面积 280 平方米，当年有 17 名老人入住。2014 年年末，有敬老院 2 家，共入住"五保"老人 55 名。

医疗救助 2006 年起，启动城乡居民大病医疗救助。救助对象主要为罹患恶性肿瘤、白血病、尿毒症的城乡低保户、困难户。2014 年，农村医疗救助 29 人次，支出 3.02 万元。

最低生活保障 1999 年 10 月，启动城镇居民最低生活保障，并对低保对象实行动态管理。2005 年，有城镇最低生活保障对象 132 户、154 人，年人均 769 元，支出总金额 11.84 万元。2007 年 7 月，启动农村居民最低生活保障，当年有农村低保对象 61 户、200 人，年人均 366 元，支出总金额 7.32 万元。2014 年，境内农村最低生活保障对象 792 户、1603 人，支出 222.66 万元，年人均 1389 元，城镇最低生活保障对象 96 户、219 人，发放低保金 76.2 万元，年人均 3479 元。

养老保险 2011 年 7 月起，启动城乡居民社会养老保险。当年，全镇参保人数 17200 人，参保率 90.59%，征缴养老金 172 万元，为 5066 名到龄居民发放 7—12 月养老待遇 31.58 万元。2014 年末，参保 10825 人，参保率 62.57%，征缴养老基金 114.26 万元，为 6370 名到龄居民发放养老待遇 金 464.75 万元。

特色地情

符翕（1840–1902） 字子琴，别号蔬笋居士。曾在福建长乐，广东阳山等地担任 20 余年县令。精于金石鉴赏，工诗书画，所至之处磨墨题壁，远近闻名，时称三绝。著有《拙吏臆说》《金石考》《阳山丛牍》《蔬笋斋诗稿》等。子符铸，诗书画印亦超脱不凡，鬻书海上，中外闻名。

镈钟 春秋晚期铸品。1979 年 9 月，鸡笼人民公社鸡笼生产大队王房谷在湘桂铁路北面、鸡笼街火车站东边 80 米处打水井，离地面 1 米深处，发现 2 件镈钟。出土时，大钟口朝下，小钟套入大钟之内。两件镈钟形制相同，钟口微弧近于平。前后两面篆刻间均有 6 组乳钉，每组 3 枚，共 36 枚。全身呈绿色，大钟重 8.2 公斤，通高 37.2 厘米，纽高 9.2 厘米，两龙相对，中间空间呈门框状，宽 70 厘米，钮下宽 20 厘米，厚 1 厘米。小钟重 4 公斤，通高 27.5 厘米，钮高 7 厘米，下宽 13.7 厘米，现藏县文物管理局。

无花果 无花果是一种开花植物，隶属于桑科榕属。生长于热带和温带的地方，它既是鲜食果品又是一种中药材，果实呈球根状，尾部有一小孔，花粉由黄蜂传播，味甘甜如柿而无核，营养丰富。除鲜食、药用外，还可加工制干、制果脯、果酱、果汁、果茶、果酒、饮料、罐头等。

（文字供稿：贺燕）

泉湖镇 >>

区域概况

位置面积

泉湖镇因境内金光村的泉水湖而得名。地处县境西部，东临谭子山镇，南接柞市镇，西邻鸡笼镇，北交衡阳县岘山乡。镇人民政府驻红湖村，距衡阳市区 34 公里，距县城云集 58 公里。辖区东西最大距离 8.5 公里，南北最大距离 20 公里，总面积 96.48 平方公里。

建置沿革

泉湖镇古称泉湖市，春秋属楚地，民国属清泉县。中华人民共和国成立前后，命名为泉湖乡，1958 年 9 月，设立泉湖人民公社。1984 年 2 月，改为泉湖乡。1995 年 5 月，撤区并乡，由泉湖乡与龙秀乡合并为泉湖镇。

行政区划

1995 年年末，辖 2 个居委会，31 个行政村；下设 8 个居民小组，372 个村民小组。 2014 年末，辖九莲塘、泉龙 2 个社区；红湖、七塘、金光、大星、高兴、小江、神冲、联盟、红花、双口、新河、先锋、大宏、核心、建伟、凤山、金盘、清水、八塘、新化、中伍、龙秀、上游、花岳、康龙、龙头、上白、青叶、双狮、观山、源泉 31 个行政村，下设 372 个村民小组，12 个居民小组。

自然环境

地形以丘陵为主，地势南高北低。境内最高峰位于金盘村响鼓岭，海拔 280 米，最低点位于建伟村长塘组，海拔 67.7 米。属亚热带季风气候，年均气温 18.5℃，最低月均气温 5℃，最高月均气温 37℃。生长期年均 260 天，无霜期年均 230 天。年均降水量 1400 毫米，年均降水日数为 50 天。降水集中在每年 3—7 月，其中 5、6 月最多。已探明的地下矿藏有铜矿石、重晶石、花岗石等。其中 D 级铜矿石储量 13770.3 吨；已开发有重晶石、花岗岩矿，位于凤山、八塘、高兴等村，矿区面积 20 平方公里。主要自然灾害有旱灾、水灾、低温、冰雹、龙卷风等，一般旱灾 2 年一遇，水灾 5 年一遇，最严重的一次旱灾发生在 1964 年 8 月。

人口民族

1995 年，总人口 3.4 万人。1999 年末，辖区总人口 35310 人，人口出生率 11.52 ‰，人口死亡率 7.98 ‰，人口自然增长率 3.54 ‰。2010 年，辖区总人口 37013 人，人口出生率 12.74 ‰，人口死亡率 5.71 ‰，人口自然增长率 7.03 ‰。2014 年年末，辖区总人口 41623 人，其中城镇常住人口4143人。另有流动人口5000人。总人口中男性21762人，占52.85%；女性19861人，占47.15%；14岁以下7684人；15~64岁28865人；65岁以上4451人。民族以汉族为主，达41611人，占99.97%；有土家族、苗族2个少数民族，共12人，占0.03%。人口密度为每平方公里425人。

经济发展

经济综述

2007年，完成社会生产总值3.54亿元，实现地方财政收入279万元，农民人均纯收入3120元。2014年，完成生产总值3.92亿元，财政收入750万元，其中国税95万元，地税268万元，农民人均纯收入7093元。2014年，境内耕地面积2200公顷，种植水稻2133公顷，总产2.5万吨；油菜1333.33亩，产菜籽6500吨，蔬菜800公顷，总产4900吨，西瓜666.67公顷，产量2.7吨，实现农业总产值7.8亿元。

农业

种植业　民国时期，由于生产条件落后，铁犁牛耕是主要传统农业的耕作方式。加之干旱缺水等自然灾害，粮食平均亩产不足200公斤。中华人民共和国成立后，1950年，打土豪分田地，人民"耕者有其田、居者有其屋"。致力于兴修水利，改善农业生产条件，粮食产量不断增加，1957年亩产达到280公斤。1958年，成立人民公社，后三年粮食减产歉收。1961年，调整公社规模，解散公共食堂，以生产队为核算单位，执行按劳分配政策；与此同时，改进耕作技术，扩大双季稻种植面积，农业生产持续发展。1982—1992年，农村家庭联产承包制的推行，充分调动广大农民群众的生产积极性。1994—1996年冬，投入800万元资金，对小江、双口、新河、先锋、凤山等10个村进行低产田开发，在新河村冷浸低洼田开发鱼塘66.67公顷。1997年获得农业开发省先进单位称号。2002年起，引进棉花良种技术，棉花制种亩平产值5000元。2006年，全镇水稻年种植面积稳定在2000公顷左右，亩均产量约800公斤，年总产量2.4万吨。

养殖业　养殖业以生猪、蛋鸡、渔业养殖为主，在合作社及大户的带动下，全镇养殖业发展迅速，成为老百姓增收致富的一个重要途径。2014年，生猪存栏量1.78万头，出栏生猪4万头；山羊饲养量0.97万头,存栏0.4万头；出栏家禽30万羽，出产鲜蛋1800吨。渔业养殖以草鱼、雄鱼等品种为主，产鲜鱼10吨。

林业　全镇有林地1766.67公顷，主要树种有松、杉、油茶、南竹、樟、桂花树等。1956年以前，山林权属为农户私人所有。1958年，"大办钢铁"，大部分森林被破坏。此后，林权收归集体经营。1980年以后，推行山林承包责任制，稳定山林权属，制止乱砍滥伐，同时，经过历年实施植树造林、封山育林、退耕还林等一系列措施，森林覆盖率逐年提高。至2013年，先后有湖南碧森源公司投资1000万元在镇内开发千年油桐种植基地；衡南广林农业科技开发有限公司投资500万元开发有机玫瑰种植基地；林地流转面积分别达486.67公顷和320公顷。至2014年年末，森林覆盖率达28.6%，活立木蓄积量8万立方米。

工业

中华人民共和国成立初期，境内有酿酒、缝纫、篾匠、铁匠、砌匠以及烧砖制瓦等民间手工业作坊25家。至1973年，工业经济依然是镇区经济发展短板，单个社办企业年产值也没有一家达100万元。20世纪90年代，乡镇企业和民营企业有所发展，先后成立飞龙工业布、宇通公司、南方建材采石场等工矿企业6家。2001—2005年，引资创办有4家麻石矿（八塘村、高兴村）、3家建材厂（泉湖建材厂、大升机砖厂和紫色页岩机砖厂）、5家公司（盟森电器设备有限公司、鑫源化工有限公司、向友木业有限公司和湖南亨通建筑工程有限公司、衡阳佳旺房地产开发有限公司）等，新增产值达8000万元，其中：年创外汇150万美元。2014年年末，全镇有企业68家，总产值达1.37亿元，实现税利353万元。

商贸服务业

泉湖的商贸活动历史悠久，明初至民国期间，百姓汇聚于此拜寿佛，设摊铺，农耕交易，商贸集市,遂成“泉湖市”。1951年,有私营店铺数家，经营粮食、棉纱、棉布、食盐、油脂、煤炭和主要日用百货等。1952—1954年，先后设有乡供销合作社、肉食水产购销站、粮食管理站等机构，供应生产、生活资料和收购农副产品。1956年，完成对私营商业的社会主义改造。1958—1961年，一度取消集贸市场，禁止集市贸易。1962年恢复，但对销售的商品仍有所限制。1965—1975年，农耕庙会因政策因素一度罢市。1978年，境内有国营、集体商业网点35个，集贸市场1个，社会消费品零售总额680万元（当年价）。1979年，交易市场得到恢复和发展，法定赶圩日定为每月一、四、七日。泉湖尤以农历二月初八日农资农具、竹木制品、耕牛交易等闻名，每年农历“二月八”庙会正日，商贸活动最为活跃，交易额百万元以上。1982年后,适当发展个体私营商业。1995年后，国营、集体商业逐渐淡出流通市场。2013年，为保护和传承“泉湖二月八”非物质文化遗产，整治马路市场，泉湖二月八农贸市场年初动工兴建，历时两年，于2014年竣工。市场占地约1.33公顷，室内经营场地3150平方米，其中经营铺面45间、摊位64个，管理用房约500平方米，地下停车场3200平方米。2014年年末，境内有商业网点103个，主营日用百货、文化用品、家具家电、建筑建材、餐馆、旅馆、服装皮具、社会商品消费等，零售总额达8530万元。

财政金融

财政 1984年，成立乡财政所，1995年，龙秀乡财政所和泉湖乡财政所组建泉湖镇财政所。2014年，镇公共财政收入达543.72万元，其中：国税95万元,地税268万元,总支出543.72万元，年末债务总额为零。

金融 1954年冬，成立农村信用合作社（简称信社），管理境内金融业务。1994年4月，成立镇（乡）农村合作基金会，其业务受县农村经营管理局管理。1999年4月，对农村合作基金会进行清盘关闭，其业务并入当地信用社。2008年，建立中国邮政储蓄银行泉湖营业所。2014年年末，境内有农村信用社和邮政储蓄银行2家，金融网点3个，存款额3.8亿元，贷款额4800万元。

基础设施

交通运输

公路 明清时期，十里一铺五里一站，泉湖设有七塘、八塘两处交通驿站。1930年，民国政府从衡阳修建了通往桂林的砂石公路，将过往的泉湖七塘驿站处裁弯取直，经鸡笼街去往祁东、永州方向。民国26年（1937）湘桂铁路穿境而过。1949—1979年，乡村公路都是坑坑洼洼的泥巴烂路，交通不畅。1998年，修建村级公路2处5公里，连接上游、金光、龙秀3个村。2003年，对八塘、清水、金盘村公路拓宽至8米，里程8公里；金盘村修通两条与322国道连通公路，里程7公里；全镇所有村级公路都进行平整铺砂，泉双和泉清公路多年被评为省优质公路，泉湖镇养路工班被评为省护养乡镇红旗单位。2007年底启动镇主要公路硬化，至2012年底，基本完成境内3条县道和31条村级公路的硬化改造任务，硬化里程72.4公里。至2014年年末，境内公路硬化总里程达到110.8公里。

客运 1964年，省汽车运输公司衡阳分公司（以下简称"湘运"）辟衡阳汽车西站至祁东班车，泉湖设汽车停靠点，人员往来只能坐过境车，十分不便。1983年开放市场，始有个人购车加入社会营运，客车以小型为多，招手即停，俗称"方便车"。1988年后，私营车主开通泉湖青叶至衡阳市客运班车，日发车6趟，日客运量约300人次。2014年年末，镇内有临时客运站1个，客运汽车8辆180个座位，年客运量约30万人次，日均载客量800余人次。

货运 中华人民共和国成立初期，镇内货运由"湘运"包揽，集市贸易交流大多靠肩挑和独轮车运。20世纪70年代，原公社农机站购有拖拉机，农闲时跑短途运输。1983年后，私人购车加入，承担镇内部分货物运输。随着当地民营货运业不断发展，"湘运"货运逐渐退出。至2014年，镇内货运汽车78辆400吨位，年货运量146万吨。

邮政通信

邮政 明清时期，公文传递依赖驿站、塘、铺，民间邮件则靠邮差、脚夫递送，或交商贾捎转。1954年，设立泉湖邮电所，开办报刊发行、机要信函业务。邮件传递由肩挑背负逐步演变为自行车、摩托车运送。1998年，泉湖、龙秀成立邮电代办所。2014年，境内设有邮政支局1个，邮政便民服务点31个，提供储蓄存款、大宗包裹、报刊收投等基本邮政业务。

通信 20世纪50年代，利用农村广播线路连通电话，31个生产大队和15个事业单位均装有手摇电话，泉湖、龙秀设有电话总机室。1998年，开通多媒体电视和程控电话，同年建成移动、联通、电信4座移动基站，拥有4000多门数字程控电话，固定电话用户3515户，移动用户6236户，联通用户2863户。2014年，有移动网点2个、联通网点2个、电信网点2个，信号覆盖率为98%。

供电饮水

供电 中华人民共和国成立初期，电力资源紧缺，老百姓家庭用煤油灯或蜡烛照明。至20世纪60年代末，少数单位、企业或大队有柴油机组发电，用于生产和生活。20世纪70—80年代，境区供电率达100%。至2014年年末，共完成23个村的农网改造升级和集镇街道1变3个标准化台区整治，基本满足境内群众的生产生活用电需求。

饮水 1949—1994年，镇区生产生活用水以取地表水和井水为主。1995年投资150万元兴建了自来水厂，日供水量400立方米。2012—2013年，共打井58口，极大改善境内干旱死角的人、畜安全饮水困难问题。2014年，启动集镇自来水厂管网改造和双板桥水库安全饮水工程，以缓解供水量不足的问题。

水利建设

境内有四级河流清花河和柿江2条，总长33千米。20世纪70年代，兴建小（一）型水库2座，即：大东塘和白洋桥水库，总库容258万立方米，灌溉面积300公顷。另有棉花皂、油子皂、邓湾、杨冲、枫树坪、泉井塘、丫叉塘、堰角8座小（二）型水库，总库容290万立方米，灌溉面积333.33公顷，主要集中在原龙秀乡。衡南县双板桥和衡阳县牛形山2座大型水库主干渠道尾水灌溉泉湖片良田。2008—2014年，先后对大东塘、白洋桥、棉花皂和油子皂4

座水库实施除险加固工程。2014年，全镇有小（一）型水库2座，小（二）型水库9座，骨干塘198口，河坝1座，堰闸8处，总库容780万立方米，渠系共17条，总长83公里，农作物灌溉基本有保障。

镇村建设

20世纪以前的泉湖街，街道两旁基本上是低矮的土砖茅草房，给人们一种贫困破败的印象。泉湖城镇建设起步较晚，1991年，泉湖乡实行政府投资与部门集资相结合的办法，将长不足200米的集市延伸50米，新建3条街道，新老街总长5000米，公路路面由原来的8米拓宽到22米。昔日老街的青石板路由柏油沥青路（后国道硬化改为水泥路）取代。1995年撤区并乡后，随着外来人口增多，街上先后新建5层砖混结构的平顶楼房（按规划建设）。至1996年，衡祁西路街道新增门面120户。2001年，开发雨岭住宅区，新增铺面35间。同时对街道两旁进行绿化和亮化。至2013年年末，鑫泉名居、富安名居、小康新村、天湖名居、盛世名居、明轩华庭、景祥花苑、清泉欣城、添福名居、阳光新苑、旧房联建等一大批项目先后建成，人居环境极大改善。2014年，启动第三轮城镇规划修编，城镇规划区面积由现有的0.8平方公里增加至2.91平方公里，对具体功能区域和项目进行控制性规划和指导。大部分农户都新建1~3层不等的预制结构住房，建筑面积在150~300平方米左右，镇村面貌焕然一新。

社会事业

教育

1995年，全镇有普通中学2所，小学13所，在校学生5000余人，体育场15处。1998年康龙中学进行整体搬迁，迁至原龙秀乡政府所在地，新建一幢教学楼和学生宿舍。衡南四中新建教师家属楼、学生公寓、礼堂、标准化操场和校内园林设施，学校占地20公顷，建筑面积82034平方米，在校生1458人，专任教师105人。2001年以来，为整合教育资源，提高教育质量，境内撤并初中2所，小学（含教学点）31个，保留衡南四中及泉湖镇中心小学、回龙完小、建伟完小、双口完小、康龙完小、青叶完小。2004年，衡南四中恢复办两届高中，由普通初级中学升为全市示范性中学。同年对中心小学、中伍小学、凤山小学、回龙完小的危房进行维修改造。2014年年末，有幼儿园4所，在园幼儿1011人，专任教师70人；小学6所，在校学生2463人，专任教师133人，小学适龄儿童入学率100%；初中1所，在校学生979人，专任教师83人；全镇初中适龄人口入学率、小升初升学率、九年义务教育覆盖率均达100%。当年财政预算内教育经费300万元，比上年增长3%。预算内教育经费占财政总支出比例30%，比上年增长5%。

文化体育

文化 1953年6月，乡设立文化站，配有1名辅导员，到各村进行各种文化活动及辅导工作。1974年，成立泉湖、龙秀有线广播站2个，1995年设镇广电站1个，有电影院1所。2010年6月，开通有线数字电视，2011年3月，开通无线数字电视，成立网络数字传输站。2012年，建成农家书屋31个，学校图书室5个，综合阅览室1个，共藏书15万册。2013年年末，综合文化站正式建成并免费对群众开放，建有大型文体广场2000平方米。同年镇文化站成立“农村文化事业专项资金”，组织农民群众开展富有地方特色、内容健康的各类文化活动。

体育 1952年，境内各学校各年级设体育课。1960—1961年，因国民经济困难，学校体育课暂停，1962年后逐渐恢复。1977年，体育教学趋向正常，保证“两课、两操、一活动”。即每周两节体育课，每天做广播操和眼保健操，每天一小时课外体育活动。1983年后，中小学普遍推行第五套、第六套、第七套广播体操。2014年年末，全镇有运动场70个，总面积10000平方米。各村村部也建有体育健身活动场所，配备体育设施31台套。

医疗卫生

1966年，利用“破四旧”后废弃的寿佛寺开办人民公社卫生院，设施十分简陋。各生产大队设有卫生室，并配备赤脚医生共31人，普及新法接生，指导科学育儿和计划生育。1995年，全镇有医院2家、医疗点10个，医务人员共75人。1998年，镇医院新建医疗楼1栋，添置了X光透视、心电图、B超等一批医疗设备，医疗技术水平也大有提高。2006年1月，启动新型农村合作医疗（简称新农合），当年参合26568人，参合率为77.94%，每人每年筹集资金10元，当年受益金额58万元。2014年，有卫生院2所（泉湖、龙秀），村卫生室31个，医疗床位68张，执业医师6人，注册护士8人。年末，参加新型农村合作医疗35416人，参合率100%，每人年筹集资金60元，当年受益金额370多万元。

社会保障

“五保”供养 1959年起，对孤寡老人和无劳动能力的残疾人实行“五保”，其供养费由所在生产队统筹。1980年后，纳入人民公社（乡镇）统筹。2005年起，“五保”对象享受城乡最低生活保障，供养费由县财政统筹。1984年8月，创办泉湖镇敬老院，坐落于金光村瓦瑶塘小组，当年居住老人只有8人；1995年撤乡并镇后，由原来的8人增加到17人；2005年，对敬老院进行扩建，2007年，被评为全省最优敬老院；2011年5月，新建1栋大楼，居住面积900平方米。2014年，全镇有敬老院1家，床位70多张。有“五保”人员291人，其中集中供养89人，分散供养202人，发放“五保”金44.85万元。

医疗救助 2006年起，启动城乡居民大病医疗救助。救助对象主要为患恶性肿瘤、白血病、尿毒症的城乡低保户、困难户。2014年，农村医疗补助130人次，支出37万元；农村临时救济33人次，支出4.5万元。国家抚恤、补助各类优抚对象235人。

最低生活保障 1999年10月，启动城镇居民最低生活保障，并对低保对象实行动态管理。2005年，有城镇最低生活保障对象132户、154人，年人均769元，支出总金额11.84万元。2007年7月，启动农村居民最低生活保障，当年有农村低保对象73户、221人，年人均360元，支出总金额7.96万元。2009年，全镇有农村低保对象115户、360人，年人均补助360元，总金额12.96万元。2014年，境内农村最低生活保障对象467户1311人，支出169.15万元，年人均1290元，城镇最低生活保障对象84户、198人，发放低保金76.65万元，年人均3871元。

养老保险 2011年7月起，启动城乡居民社会养老保险。当年参保人数16500人，参保率85.51%；征缴养老基金165万元，为5321名到龄居民发放养老待遇32.81万元。2014年，参保15323人，参保率90.79%；征缴养老基金169.01万元，为6381名到龄居民发放养老待遇金471.84万元。

特色地情

风景名胜

建伟萝卜滩遗址 位于该镇建伟村东北，时代为新石器时代。遗址残存面积约500平方米，文化堆积厚约0.2米。20世纪70年代，县文物部门采集石器有斧等；陶片有夹砂红陶、夹砂灰陶和泥质灰陶；纹饰有绳纹、篦纹等；器形有鼎、釜、罐、钵等。由此可见，泉湖早在9000多年前的蛮荒时代即有人类繁衍生息。

汉墓群 先锋村有20多处，在考古挖掘中出土编钟等古乐器。泉湖前有金鸡，湖后有百步陡、九莲塘、横眉岭、白毛女等景点。泉流随风荡漾，化成一朵朵白莲十分壮观。

古泉水湖 泉湖镇因境内金光村的“泉水湖”而得名。与泉溪镇清泉、冠市镇吐泉、宝盖镇林荫泉、硫市镇小泉、柞市镇大泉驰名，是衡南县六大泉水湖之一。位于322国道今泉湖镇政府驻地前两百米处，现泉水湖遗址尚存，出水流量减少。《清泉县志·地理志》载：“泉湖在城南七十三里，水由石沙涌出，可溉田千亩，虽极旱不竭。夏秋间，水面烟浮天必雨，其地有泉湖市。”泉溢成溪，注入清花河，汇入湘江。

龙秀桥 龙秀桥坐落在上龙山麓，为单孔石拱桥，横跨柿江河，昔日繁荣如市。为当地农产品交易场所。

将军岭 位于八塘村“唐家”左侧，有峰兀立，叫“将军岭”。有石门、石凳等，抗日战争时修建的壕沟、碉堡等历史遗迹尚存。

民俗风情

泉湖油菜生态公园 该公园以泉湖镇红湖村至七塘村2.6公里“开发长廊”为中心，结合“泉湖二月八”省级非物质文化遗产和当地种植油菜的传统习惯，注入更多文化元素，科学规划建设园区景点，建立起“油菜生态文化走廊”，致力于将“油菜公园”打造成为“生态农业园、观光休闲园、科技示范园、文化产业园”。

泉湖二月八 衡阳地区自古至今素有赶“二八”的传统习俗，声势浩大热闹非凡。泉湖二月八始于明朝，民间流传：元末明初，衡阳连年干旱，田土开坼，民不聊生。天上神仙寿佛爷经过此地，心生怜悯，伸出爱民之手，于泉湖施法

泉湖二月八

泉湖二月八

降雨，普救众生。衡阳百姓为了感恩，修筑寿佛爷庙，在寿佛爷生日这天，也就是二月八，汇聚泉湖，拜谢寿佛，祈求风调雨顺，国泰民安。始于明朝的“泉湖二月八”庙会传承了数百年，由于泉湖二月八市场傍依衡祁古道，人们聚集于泉水湖沿岸，进行祭神、娱乐和购物等活动，集市在公路上一字排开。庙会香客云集，游人如织，香烟缭绕，小摊小贩摩肩接踵，公路上车水马龙，绵延数公里，蔚为壮观。

（文字供稿：刘先卫　图片供稿：衡阳市志办）

柞市镇>>

区域概况

位置面积

柞市镇因驻地位于柞市村得名。地处衡南县西南部，东南与茅市镇为邻，西南连祁东县金桥镇，北与泉湖镇、谭子山镇、洲市乡交界。镇人民政府驻柞市村，距县城51公里。全镇总面积79.6平方公里。

建置沿革

1949年10月，属衡阳县第四区；1952年7月，属衡南县第九区；1956年6月，撤区并乡，原民新、大元、三角、石基、永和5乡合并设柞市乡；1959年1月，为茅市人民公社；1961年，析出为柞市人民公社；1974年7月，因修斗山桥水库，受淹区的祁东县洪堰人民公社12个行政村划归衡南，成立洪堰乡；1983年，改人民公社为乡；1989年4月，撤乡建柞市镇；1995年5月，洪堰乡并入柞市镇。

行政区划

1995年年末，政区辖2个居委会、25个行政村，下设8个居民小组、368个村民小组。2014年年末，辖罗祠、代泉、赤桥、河阳、湾洞桥、永和、繁荣、三角、宏岩、桃园、阳兴、大元堂、柞市、狮塘、沙溪、洪堰、苍塘、打龙、虎岭、罗元、藕池、阳雅、广寺、城冲、罗家25个行政村和连丰、柞市2个社区，共372个村民小组。

自然环境

镇域地形为高山丘陵区。紫色页岩自东向西起伏连绵，山高垅窄，境内最高峰为寨子岭，海拔211.7米，境内属县斗山桥水库淹没区，水面达190公顷，最大河流赤星河发源于谭子山镇石村组，从镇东南流入茅市镇，镇域属亚热带季风湿润气候区，四季分明，年均气温17.8℃，年均降雨量1268.8毫米，树木以灌木为主，有马尾松、杉、油桐、樟、棕、枫、槐、柞和南竹等20多种，野生动物有26种。境内土壤多为紫色土类，偏酸性，肥力较低，且因含砂量大，粘力不强，遇天旱或暴雨，易发灾情。

人口民族

1999年年末，辖区总人口29899人，人口出生率11.56‰，人口死亡率6.72‰，人口自然增长率4.84‰。2010年，辖区总人口31445人，人口出生率11.28‰，人口死亡率5.31‰，人口自然增长率5.97‰。2014年年末，全镇有7465户，人口33450人，其中：男性16859人，占50.4%；农业人口30185人，占90.29%。人口出生率 11.29‰，死亡率 5.31‰，自然增长率 5.98‰。人口以汉族为主，汉族人口占 99.6%，11 个少数民族，计 115 人。人口密度为每平方公里 379 人。

经济发展

经济综述

2014 年，镇内有耕地面积 1391.67 万公顷，其中水田 13076.67 公顷，种植水稻 12000 公顷，总产 1.44 万吨，油菜 1333.33 公顷，产菜籽 4700 吨，蔬菜 280 公顷，总产 1833 吨，烟 66.67 公顷，产烟叶 3000 担，高粱和玉米种植面积 333.33 公顷，产量 2.5 万吨，实现农业总产值 4564 万元。全镇有规模养殖户 6 户，生猪出栏 1.2 万头，出笼家禽 5 万羽，水产品 2000 吨，羊肉 20 吨，养殖业总产值 2000 余万元。2014 年年末，完成公共财政总收入 432 万元（其中国、地两税 332 万元），公共财政总支出 432 万余元，年末债务总额 470 万元。

农业

种植业 民国时期，由于生产条件落后，加之缺乏抗御自然灾害能力，粮食平均亩产不足 200 公斤。1960 年 12 月，连续两年粮食减产。1976 年 1 月，推广杂交水稻，平均亩产 375 公斤，比常规水稻每亩增产 110 公斤。1977 年 8 月，大力推广杂交优质水稻，至 1979 年，杂交水稻平均亩产提高到 405 公斤。1980 年 3 月，包产到户；1984 年 9 月，完善田、土地承包生产责任制，农民种田积极性高涨。1990—2006 年，全镇年水稻种植面积稳定在 1200 公顷左右，亩均产量约 800 公斤，产量约 1.4 万吨。

养殖业 民国时期，由于多数农户家庭生活困难，畜禽饲养较少，主要是养牛仅供役用，各农户只是饲养少量鸡鸭为产蛋换取油盐钱。中华人民共和国成立以后，养殖业有所发展，畜禽产量逐渐增多。1958—1961 年，一度禁止农户养猪养鸡，当时畜禽由合作社统一养殖，实行计划分配。

永和中低产田改造项目

1962—1980 年，耕牛、鱼类由生产队集体放养，生猪、鸡鸭允许公私并养，产量较前有较快的发展，各家各户都饲养鸡、猪、山羊，大部分农户养牛，用于耕田。1990 年后，全镇人平养殖 0.6 头，鸡 5 羽；鲜鱼产量亦大幅度提升，亩均水面产鱼由 20 世纪 80 年代的 30 公斤提高到 100 公斤，养殖业占农业收入的 40%。1991—2012 年，养殖业持续发展，先后成立了养殖合作社、养殖公司，养殖龙头企业，养殖业的规模由几百头到几千头发展，其中宇峰合作社建成年出栏种猪 2000 头的规模。

林业　全镇有林地面积 3893.33 公顷，主要树种有杉、松、枫、樟、槐、油桐、柞、茶树等。1949 年以前，林地林木都是农户私人所有。1958 年，林地归集体所有，由于“大办钢铁”和“公共食堂”，林木遭受严重破坏；此后，山林权属于固定在生产队；20 世纪 70 年代，兴办一批社队林场营造杉、松等树木；1982 年，实行土地承包经营，大部分林权放归农户管理；90 年代，全镇兴起消灭宜林荒山运动。2002 年起，先后实施退耕还林、公益林、绿化荒山等项目。2014 年年末，森林覆盖率为 46.25%，林木绿化率 50.74%。

工业

中华人民共和国成立初期，有木匠、篾匠、铁匠、砌匠以及烧砖瓦、石灰等民间手工业者百余人。由于境区偏远，条件所限，一段时期没有企业。20 世纪 80 年代后，乡办企业有所发展，先后有建筑公司、石灰建材厂和华诚页岩砖厂相继建成投产。因市场和经营不善等原因，1992 年，石灰建材厂停办；2014 年，华诚页岩砖厂停办。2014 年年末，镇内有企业 1 家，湖南中大建设集团有限公司，从业人员 8350 人，经营范围涉及制造、建筑、批发零售、交通运输、住宿餐饮、粮食生产加工、农林牧渔等行业，完成工业总产值 2.54 亿元，实现税金 375 万元。

商贸服务业

1949 年以前，境内商业繁荣的圩场有柞树坳 1 处，经营杂货肉食、烧酒、百货布匹、粮油食品，手工业品、生产工具等。中华人民共和国成立后，在乡（社）驻地（亦即圩场范围内）兴建供销社、食品站、粮油店、农资农产品交易市场等，成为农村中心市场。1956 年完成私营商业的社会主义改造后，设购销点 10 个，1958 年，取消集市贸易和个体商贩，商贸由供销社或合作商店统一经营。1962 年，逐渐恢复集贸市场，但对商品种类仍有所限制，1963 年，集贸市场得以恢复。1978 年后，个体商贸服务发展，农村市场日益活跃，1995 年，镇内有柞树坳、新屋岭 2 个集贸市场，2 个圩场，个体商铺发展到 185 家，主营日杂百货、纺织用品、餐馆和各类车辆维修等行业。2001—2007 年，先后完成对国营、集体商业的改制。2014 年，全镇有各类商铺 500 多家，超市 2 个，个体工商户从业者共 758 人，主营日用百货、文化用品、家具家电、建筑建材、餐馆、旅馆、服装皮、网吧、美容美发和车辆维修等行业，年社会商品零售总额 1.1 亿元；有集贸市场 2 个，成交额 5000 余万元。

财政金融

财政　中华人民共和国成立后，乡镇财政由财粮委员或秘书兼管。1953 年，各种税收建立代征、协税组织。1961 年，成立协税委员会。1984 年，成立乡财政所，统管财政收支。1996 年，镇财政总收入 212 万余元，主要为农业税、农业特产税和工商等税收；财政总支出 260 万余元，主要为支援农业、上解县财政和行政管理费用。2004 年起，实行农村税费改革，国家取消向农户征收农业税（含附加）和农业特产税。当年全镇两项税金 100 万元，农民人均减少负担 61 元。

金融 1951年，境内成立农村信用合作社。1996年，农村信用合作社与农行脱钩，成为完全的独立法人，更名为衡南县农村信用合作联社柞市信用社，办理全镇金融业务，服务三农。1994年，成立镇（乡）农村合作基金会，其业务受县农村经营管理局管理。1999年4月，对农村合作基金会进行清盘关闭，其业务并入当地信用社。2009年，建立中国邮政储蓄银行柞市营业厅。2014年年末，镇内有金融机构2家，各项存款余额2.4亿元。

基础设施

交通运输

公路 1973年，境内修通县道代泉亭至柞树坳公路（简称代柞公路），1974年延伸至洪堰乡新屋岭。1976年，又修通县道柞树坳至茅洞桥，1982年修通新屋岭至祁东百步陡。1995年，县、乡公路在境内总长50公里，另有通村组简易公路56条，总长约60公里。1999年，柞市镇13个村筹资集劳将代柞公路5公里进行拓宽、截弯、降坡和取直等路面改造，2001年投入资金400万元全程硬化。2005年后，全镇改造和硬化公路路面8公里，并拉通与周边乡镇连接地段，交通状况大为改观。2014年，境内市级道1条2公里；县级道1条18公里和跨乡镇道3条30公里及乡村公路60公里，总长度达110公里。

客运 1964年，省汽车运输公司衡阳分公司（以下简称“湘运”）辟衡阳汽车西站至柞市班车，柞市设汽车站，每日往返四趟。1983年开放市场，始有个人购车加入社会营运，客车以小型为多，招手即停，俗称“方便车”。1995年，每天有2台客车6个班次从新屋岭发出，途经柞树坳再至代泉亭去衡阳市。2014年，镇内有中巴车8台，分别开通柞市至衡阳、茅市、洪堰班车，年客运量40余万人。

货运 中华人民共和国成立初期，镇内货运由“湘运”包揽，集市贸易交流大多靠肩挑和独轮车运。20世纪70年代，原公社农机站购有拖拉机，农闲时跑短途运输。1983年后，私人购车加入，承担镇内部分货物运输。随着当地民营货运业不断发展，“湘运”货运逐渐退出。2014年年末，镇内有货运车辆35台200吨位，年货运量20余万吨。

邮政通信

邮政 1957年，柞市开设邮政代办所，邮件由邮递员直接投递乡政府及沿途所经过的村组。20世纪60年代起，在人民公社（乡）的部分生产大队（村）设邮政投递点，自行车作为邮件运输和投递的工具。2014年，镇内有邮政所1处，代办点1个。

通信 1962年，柞市开通电话。20世纪70—90年代，人民公社（乡镇）自建通村电话网络，各大队（村）利用农村广播线路接通电话。1995年起，在柞市建设程控电话网络。2003年后，县移动、联通、电信公司分别在镇内建设移动电话基站。2014年年末，镇内有邮政分局1所、电信营业厅1个、移动营业厅2个、联通营业厅2个；共建移动基站10个，信号覆盖率为80%。

供电饮水

供电 中华人民共和国成立初期，电力资源紧缺，老百姓家庭用煤油灯或蜡烛照明。至20世纪60年代末，少数单位、企业或大队有柴油机组发电，用于生产和生活。20世纪80年代初，柞市镇政府及治址地街道开始用电照明。1985年村村通电，家家用电照明，村通电率100%。2000—2013年，对农村电网实行分批次改造，先后共完成25个村的线改户改；为解决电压偏低的问题，2014年，新建1座35千伏变电站。2014年年末，全镇25个行政村、2个社区，368个村（居）民小组全部供电，有用电户7989户，供电率100%。

饮水 1949—1988年，镇区生产生活用水以取地表水和井水为主，每逢天旱，生产生活用水极为紧缺，饮水质量也时好时差。1989年，建成柞市镇自来水厂，年供水能力70万立方米。随着小城镇发展，2004年，再新建自来水厂1座。2013年，为提高居民用水安全，柞市镇争取国家项目资金200万元对镇自来水厂管网进行改造，并再建自来水厂1座。新水厂建成运行后，其他2座水厂弃用。2014年年末，镇有自来水厂1座，年供水360万立方米，基本满足小城镇居民饮用水。

水利建设

1956年，修建第1座小（二）型水库下月塘水库（库容量14万立方米），后陆续修建长皂（库容量17万立方米）、王竹皂（库容量224万立方米）2座小（二）型水库和筛托（库容量75万立方米）、团结（库容量18万立方米）、铜矿（库容量11万立方米）、合家冲（库容量11.3万立方米）、丫知塘（库容量15万立方米）、张家岭（库容量12万立方米）、广寺（库容量17万立方米）等8座小（二）型水库。1966年，参加县斗山桥水库修建，1974年，重新加坝，境内的广寺、阳雅、打龙、苍塘、沙溪、师塘、洪堰、城冲、红岩和繁荣10个村进行移民，正常库容增至2000万平方米。支渠流经镇东南8个村，灌溉面积达20%。20世纪90年代至2012年，将水利建设重点放在山塘清淤、渠道硬化防渗和水库除险加固上。期间，整修、扩建山坪塘665处，硬化山坪塘105处，维修渠道15条，总长50余千米。2014年，投入资金100万元余对王竹皂水库除险加固工程建设。2014年年末，全镇有小（二）型水库8座，山平塘、骨干塘1.2万余口，总蓄水量858万立方米，农业生产用水基本有保障。

镇村建设

民国时期，以柞树坳为物资集散地，设墟开市，居民为50~60户。中华人民共和国成立至20世纪80年代，集镇建设不断发展，居民增多。1989年4月，柞市乡改为建制镇，1991年，制订镇区发展总体规划，1995年5月撤区并乡，洪堰乡并入柞市镇；1999年，硬化街道200米。2003年柞市镇启动新一轮小城镇开发，镇党委、政府采取“政府规划，市场运作，业主经营”方式，完善柞市农贸市场建设；投资8万元硬化200米街道，拉通柞洪街、东升街，新增房屋210余栋，总建筑面积5.45万平方米。2006年，启动社会主义新农村建设，重点改造农村水利、电力、道路、饮水等基础设施。2011—2013年，对农村环境卫生实行综合整治，建设美丽乡村。全镇80%以上的农户均建成2~3层的红砖青瓦住宅，村组基本上为土砖茅草房。2014年，镇区基础设施建设基本完善，城镇居民达3000人。农村道路硬化率为100%，电网改造率为90%，环境卫生达标率为80%，农村安全饮水率达100%。

社会事业

教育

清代为私塾教育，境内有私塾蒙馆2家，民国改私塾为新式教育。中华人民共和国成立后，重视教育，办学规模逐渐增大。1974年，按照一个大队办1所小学、几个大队办一所初中，一个公社办1所中学的布局，有小学26所、中学5所。1978年后，学校调整布局，高中办两年便停办，在生产大队的初中有序并入到乡中心的初中学校，至1986年完全撤并。1984年，村小学也作了布局调整，成立柞市中心小学，部分村小学撤并。1995年境内有小学20所，初中2所，学前班2所，适龄儿童入学率100%，初中学毕业率为98.5%。1998年，经省、市考核验收，柞市镇实现国家规定的“两基”（基本普及九年义务教育，基本扫除青壮年文盲）标准。2014年年末，全镇有中心幼儿园1所，小学2所，完小8所，初中2所；在校幼儿150人，小学生1150人，初中生515人；专任教师186人，其中：中学一级、小学高级教师86人，中学高级教师5人。

文化体育

民国时期，境内民间有舞龙灯、狮舞、皮影戏、渔鼓等群众文化活动。1953年5月，区设立文化站，并配有辅导员2人，在乡村进行各种文化活动及辅导工作。1970年10月，人民公社建立电影放映队，时常到各大队巡回放映；各生产大队部也建有文化活动室，村民业余生活得到充实。2011年，筹资40万余元，建成综合文化站，室内面积300平方米。2014年年末，全镇有文体站、有线电视站各1个，共有职工6人；有线电视网络40千米，有线电视600多户；25个行政村都建有农家书屋，共有图书约35000册。10个村有农民健身活动场，包括篮球场和乒乓球室。全镇共建有业余广场舞队3支，共约100人。

医疗卫生

民国时期，农村缺医少药，治疗疾病素以中草药为主。中华人民共和国成立后，大力发展医疗卫生事业，医疗条件不断改善。1956年，建立柞市卫生所，1961年，改名为柞市公社卫生院，推广新法接生，相继建立大队卫生室，分别配有1名赤脚医生和妇幼保健员，普及新法接生，指导科学育儿和计划生育。1969年，实行农村合作医疗制度。1980年，对镇内0~7岁婴幼儿进行健康检查。1995年撤区并乡后，对卫生院进行整合，设镇中心卫生院1所，分院1所，村设有卫生室，医生和妇幼保健员38人。2006年，新建了柞市卫生院综合大楼。2006年，启动新型农村合作医疗，当年参加新型农村医疗23559人，参合率为88.05%，此后参合人数逐年递增。2014年，镇内有医院1所，分院1所，村卫生室25个；共有病床50余张，执业医务人员57余人。年末，参加新型合作医疗27877人，参合率为99.37%，补偿总金额710万元。

社会保障

“五保”供养　1959年起，对孤寡老人和无劳动能力的残疾人实行“五保”（保吃、穿、住、治病、丧葬），其生活费由所在生产队或大队统筹。20世纪80年代后纳入乡镇统筹。2005年起，城乡“五保”对象享受城乡最低生活保障待遇，其供养经费由县财政拨付。1985年，建成镇敬老院，集中供养部分“五保”老人。2014年年末，全镇有“五保”对象252人，其中集中供养95人，分散供养157人；拨付供养金91.29万元，年人均3622元。

医疗救助　2006年起，实施城乡居民大病医疗救助。救助对象主要为患恶性肿瘤、白血病、尿毒症等大病的城乡低保户、“五保”对象。2014年，共救助114户，救助总金额83.6万元。

最低生活保障　1999年10月，启动城镇居民最低生活保障，并对低保对象实行动态管理。2005年，有城镇最低生活保障对象68户、74人，年人均838元，支出总金额6.2万元。2007年7月，启动农村居民最低生活保障，当年有农村低保对象57户、211人，年人均365元，支出总金额7.7万元。2014年，境内农村最低生活保障对象584户、1147人，支出142.7万元，年人均1244元，城镇最低生活保障对象61户、169人，发放低保金68.45万元，年人均4051元。

养老保险 2011年7月，启动城乡居民社会养老保险。是年，镇内城乡居民参保人数9500人，征缴养老基金95万元，参保率67.45%；为4579名到龄居民发放7—12月养老待遇金27.22万元。2014年年末，镇内城乡居民参保人数为16007人，参保率100%；征缴养老基金117.22万元；为5415名到龄居民发放养老待遇397.80万元。

特色地情

名优特产

河阳豆腐 油炸的实豆腐，又名订豆腐，拥有规整金黄的外形，方方正正，外酥里嫩，香嫩可口，味道极为鲜美，营养丰富。1998年，衡阳电视台生活频道对河阳豆腐作为传统美食进行了专题报道。

风景名胜

南乡寺 工农革命第八师武装暴动指挥部旧址，位于境内代泉村。中华人民共和国成立后，县人民政府为纪念工农革命军第八师武装斗争的光荣事迹，以师长罗子平（字松涛）的名字命名，将南乡寺所坐落的行政区域南泉乡改为松涛乡（现为衡南县柞市镇），当地的南泉小学也改称“松涛小学”。

沙溪寺 位于境内狮塘村黄龙岭，始建于明万历三十二年（1604），清乾隆三十八年（1773）补修，道光十九年（1839）扩建，规模宏伟，堪称一方空门胜地。民国33年（1944），日寇侵入，所有殿堂楼阁焚烧成灰。1998年，周围民众自筹资金，重建庙宇，建筑面积300平方米。

延寿寺 延寿寺原名莲花庵，位于境内阳兴村齐丰组，始建于明崇祯四年（1631），为法忠禅师王良禹捐赠房产田地山林所建。2001年，云峰法师广筹资金，兴建莲花庵，更名为延寿寺，建筑面积约400平方米。

（文字供稿：张传勇　图片供稿：衡阳市志办）

茅市镇 >>

区域概况

位置面积

茅市镇素以石桥众多而闻名，一条不长的小街，头尾有三拱桥、一拱桥、二拱桥、蔡公桥，其中一拱桥下有一暗洞，洞口芭茅丛生，故旧名茅洞桥。它位于衡南县西南一隅，东连硫市镇，南毗近尾洲镇，西界祁东县，北至柞市镇。镇人民政府驻车站街。镇距衡阳市区 45 公里，距县城云集 40 公里。辖区东西最大距离 18.15 公里；南北最大距离 17.93 公里，总面积 158.6 平方公里。

建置沿革

1949 年 10 月，属衡阳县第十五区；1952 年 7 月，属衡南县第九区；1955 年 6 月，改称茅市区；1956 年 6 月，撤区并乡，茅市区析置为茅市、柞市、大桥、松涛 4 个乡；1958 年 9 月，茅市乡改设先锋、幸福人民公社；1959 年 1 月，先锋、幸福人民公社合并为茅洞桥人民公社；1961 年 6 月，设茅市区，下辖茅市、长沙、柞市、大桥 4 个人民公社；1974 年 1 月，因修建斗山桥水库，祁东县洪堰人民公社划入，至此，茅市区下辖 5 个人民公社；1984 年 2 月，撤社建乡；1984 年 8 月，撤销茅市乡，成立茅市镇；1995 年 5 月 8 日，撤区并乡，长沙乡、斗山桥乡并入茅市镇。

行政区划

1995 年年末，政区辖 2 个居委会，42 个行政村；下设 7 个居民小组，649 个村民小组。2014 年，茅市镇辖：一拱桥、三拱桥、玉泉街 3 个社区；曹家、油麻、槐花、斗山、井冲、兴隆、旱山、占禾、齐天、白木、培远、灯芯、同古、八石、城门、龙波、李家、万福、茅市、荣贵、宝树、友爱、安宁、梅花、泛市、陂林、柿花、大儒、清益、凤凰、坪山、泉江、同春、黄江、九龙、宝山、小丰、长沙塘、三星、上宗、同德、五岭 43 个行政村，647 个村民小组。

自然环境

镇域地貌属丘陵地区，境内紫色页岩偏多，蓄水能力差，是全县旱灾区和较为偏远的地区。平均海拔 88 米。年均气温 28.29℃。年均降水量 1400 毫米，全年降水分布不均，入春后降水较集中，夏秋季节雨水充沛，比较凉爽，雨季结束不明显。

人口民族

1999 年年末，辖区总人口 50060 人，人口出生率 12.18 ‰，人口死亡率 5.28‰，人口自然增长率 6.90‰。2010 年第六次全国人口普查，辖

区总人口 59638 人，人口出生率 12.93 ‰，人口死亡率 9.78 ‰，人口自然增长率 3.15‰。2014 年年末，总人口为 65100 人，其中，男性人口 33852 人，占 52%，女性人口 31248 人，占 48%，人口出生率 1.19%，死亡率 0.56%，人口自然增长率 0.63%。人口密度为每平方公里 410 人。总人口中以汉族为主，占 99.99%，另有瑶族、苗族、藏族等少数民族人口 21 人。

经济发展

经济综述

2007 年，财政税收 105 万元，其中国税 13 万元，地税 92 万元，城镇居民人均可支配收入、农民人均纯收入分别为 4500 元和 3800 元。实现工业总产值 25369 万元。2014 年，水稻种植面积 1466.67 公顷，粮食产量 1.7 万吨。2014 年，完成公共财政总收入 432 万元（国税 40 万元，地税 570 万元），公共财政支出 432 万元，年末，债务总额 470 万元。

农业

种植业 民国时期，由于生产条件落后，加之干旱缺水，粮食平均亩产低于200公斤。1959—1961年，连续三年的国民经济困难，农业连续减产减收。1966年农业生产逐步恢复，平均粮食亩产254公斤。1978年后，农村经济政策进行一系列改革，逐步实行完善以家庭联产承包为主的责任制，农民的生产积极性进一步高涨，涌现一批专业户、重点户和科技示范户，并全面推广杂优良种，粮食产量显著提高。1989年，全乡水稻双季稻年种植面积稳定在1400公顷左右，亩均产量约800公斤，年产量1.68万吨。2013年，建立以安宁村连片33.33公顷的示范基地，大力推广"机种、机插、机耕、机收"，引导农民种植优质水稻，与保险公司建立稻田保险机制（280公顷稻田纳入保险），稳定粮食生产。2014年，境内有耕地面积3443.4公顷，全镇发展农机合作组织8家；设农机市场网点2家；农机拥有量2400多台套，完成机耕面积1333.33公顷，机收面积1200公顷，机插面积近33.33公顷，推广新机具5台。花生、黄豆、油菜等经济作物种植面积达到3000公顷，城门村鑫雁种养专业合作社，投资800余万元流转耕地46.67公顷进行香菇种植，参加入社人员50多人。

养殖业 境内历来有农户养殖禽畜习惯，但养殖量很少。1962—1980年，耕牛、鱼类由生产队集体放养，生猪饲养允许公私并举，因此产量较之前有所增加，1982年实行土地承包经营责任制后，养殖业呈现"六畜兴旺"的局面，并陆续出现一批规模化、专业化养殖户。1990年后，全乡人均养猪1头、鸡5羽；鲜鱼产量亦大幅提升，亩均水面产鱼由1981年的40公斤提高到140公斤。2013年，全镇养猪大户28户，饲养良种猪25000头；全镇养鸡大户11户，养殖优质家禽79万羽；通过泰豪渔业产销合作社，沿河群众养殖鲜鱼水面达20公顷，年产鲜鱼约40吨，并打造出茅市绿色环保鲜鱼品牌，专业养殖户20余户。2014年，持续加大养殖力度，形成了以友爱养猪场、三星养猪场、陂林养鸡场等为格局的养殖基地。

林业 1998—2000年，从浏阳引进抗旱能力强、中药价值高的杜仲种苗19.5万株，种植面积166.67余公顷。1998—2005年，农林科技在农村的普及，农民掌握了良种苗木栽培技术，大多数农家小院都有一片小果园，品种多为蜜橘、甜橙、沙田柚、板栗等，已建家庭小果园1833户，面积1216.67公顷，已栽果树328.5万株，年收入614.7万元，人均758元。斗山村办起中药材杜仲基地。2013年，按照“公司+基地+农户”的模式，以李家村、茅市片200公顷冬枣，中秋酥枣为基地，促进全镇枣业发展，突出规模种植效应，同时带动小果园建设，实现枣业富民工程。同时，以有机茶油合作社为平台，进一步推广“茶油—养猪—肥料”模式，加大万福村为基地的油茶种植面积。同时积极发展油麻水果基地、槐花千亩经济林建设。2014年，境内林业面积为7286.67公顷，有农村专业合作社29家，其中陂林村振虎农林产销合作社，流转山林面积133.33余公顷和稻田80余公顷，投资300多万元，主导产业红豆沙、金丝楠木。年末，境内森林覆盖率31.91%，绿化率43.89%。

工业

1949年，街上有木匠、篾匠、铁匠、砌匠以及烧砖瓦等手工业作坊。1951年，成立铁业联组。1970年，成立农具社。20世纪80年代初，农具社改建为县日用五金厂，集体性质，主要生产铁制水桶和打稻机等，年生产规模达60万元。1996年因生产条件落后而关停。2000年，卖厂解散。2000年以来，政府大力发展民营企业，鼓励投资兴业，至2014年，先后有伟信达环保生物公司、振虎农林产销合作社、吉青房地产公司、鑫雁种养专业合作社、利丰材料有限公司和市春风农业有限公司落户投资创业，年产值2.6亿元。

商贸服务业

民国时期，茅洞桥街上有商铺数十家。中华人民共和国成立后，1956年，建立国营贸易商店，经营粮食、棉纱、棉布、食盐、油脂、煤炭和主要日用百货。1951年，设国营贸易小组，举办各类物资交流会。1952—1954年，先后设有区供销合作社、区肉食水产购销站、区粮食管理站等机构，供应生产、生活资料和收购农副产品。1956年，完成对私营商业的社会主义改造后，组建成3家公私合营商店、10个商业合作小组。1958—1962年，一度取消集贸市场，禁止集市贸易。1962年恢复，但对销售的商品仍有所限制。1978年，境内有国营、集体商业网点35个，集贸市场1个，社会消费品零售总额480万元（当年价）。1982年后，实行改革开放，在发挥国营集体商业主渠道作用的同时，适当发展个体私营商业。1988年，国营、集体商店实行承包经营和租赁经营，维持生存。至1990年，民营资本进入市场，个体商户达80余家，从业人员220余人，主营日杂百货、纺织品、餐馆和各类车辆维修等行业。1995年后，在商业改革的大潮中，国营、集体商业逐渐淡出流通市场。2001—2007年，先后完成对国营、集体商业的改革改制，民营商业成为商品流通领域的主力。2014年年末，全镇有各类民营商业户891余家，从业人员3060人，主营日用百货、文化用品、家具家电、建筑建材、餐馆、旅馆、服装皮具、美容美发和车辆维修等行业，社会商品零售总额8210余万元；城乡集贸市场2个，年成交额11480余万元。

财政金融

财政 中华人民共和国成立后，乡镇财政由财粮委员或秘书兼管。1953年，各税建立代征、协税组织。1961年，成立协税委员会。1984年，成立财税年所，负责财政收支和支持农业生产发展。2014年，完成公共财政总收入432万元（国税40万元，地税570万元），公共财政支出432万元，年末债务总额470万元。

金融 1954年冬，成立农村信用合作社（简称信社），管理境内金融业务。1979年，中国人民银行茅市营业所改为县农业银行茅市营业所。1986年，建立中国邮政储蓄银行茅市营业厅。

1994年4月，成立镇（乡）农村合作基金会，其业务受县农村经营管理局管理。1999年4月，对农村合作基金会进行清盘关闭，其业务并入当地信用社。2014年年末，境内有湖南农村信用社、农业银行、邮政储蓄银行3家金融机构，年末，存款余额9100余万元，贷款余额1750余万元。

基础设施

交通运输

公路 民国15年（1926），建成谭子山至茅洞桥、茅洞桥至车江乡村大道2条，大道路面为条石铺垫，路宽3尺，里程分别为22公里和35公里，1928—1932年，谭子山至茅洞桥公路改建后通车。1966年，建茅洞桥至斗山，桥砂石公路，路面宽6.5米，长10公里。1969年，茅洞桥至硫市段公路扩建，路面宽6.5米，长18.4公里。1971—1976年，茅市至柞市8.4公里长的砂石公路开通；茅市至卿云15.8公里长的砂石公路开通，人流和货物运输便利。2002年，谭茅公路茅市境内7.5公里实现水泥硬化。至2005年，全镇43个行政村，村村通公路，共121公里，667个村民小组已通公路有593个，计455公里。2010年新修通村公路8.5公里，2011年，新修通村公路12.2公里，2012年，新修通村公路32.5公里，至2014年，全镇硬化公路总里程达260多公里。

客运 1964年，省汽车运输公司衡阳分公司（以下简称“湘运”）辟衡阳汽车西站至茅市班车，茅市设汽车站，日往返四趟，1983年，开放市场，始有个人购车加入社会营运，客车以小型为多，招手即停，俗称“方便车”，至2014年，镇区有民营客车32台，辟茅市至市华新汽车站、曹家村至华新汽车站、兴隆村至华新汽车站，长沙乡至华新汽车站，日往返68班次，日客运量1700人。

货运 中华人民共和国成立初期，镇内货运由“湘运”包揽，集市贸易交流大多靠肩挑和独轮车运。20世纪70年代，原人民公社农机站购有拖拉机，农闲时跑短途运输。1983年后，私人购车加入，承担镇内部分货物运输。随着当地民营货运业不断发展，“湘运”货运逐渐退出。至2014年，镇内有货运车辆80台，总吨位400吨，年货运量40余万吨。

邮政通信

邮政 1957年，茅市开设邮政代办所。20世纪60年代起，在人民公社（乡）的部分生产大队（村）设邮政投递点。2014年年末，邮政局1个，代办点5个，投递点210个，乡村通邮率100%。

通信 1962年12月，茅洞桥始通电话。20世纪70年代至90年代，人民公社（乡镇）自建通村电话网络，各生产大队（村）利用农村广播线路接通电话。1994年，投入资金1300多万元开通了程控电话，线路总长约230千米，当年全镇用户已达到2700多户。同年，有线电视开播，开通用户300余户，传送节目7~10套。2003—2005年，网络升级为宽带传输，传送节目与衡阳市区有线电视相同，网络逐步进行数字加密系统处理。至2005年，架主干线45千米，支干线65千米，用户1500多户。2014年，镇内有电信服务网点3个，电话交换机总容量5500门，固定电话用户3000户，互联网端口总数1500个，宽带接入用户2000户。

供电饮水

供电 1983年以前没有通电，机关企事业单位照明用电都是自备小柴油机组发电。1984年，为解决当地机电排灌抗旱用电问题，上级政府拨专款与农民集资相结合，从谭子山接高压线至镇区，从而茅市、长沙乡镇居民和单位100%入户用电，邻近少量农户入户用电。1985年，省人民政府拨款110万元资金，从三塘到茅市，接通35千伏长达24.4千米的输电线路；投资160万元，新建茅市变电站，安装变压器2台，计3150千伏安，1987年投入使用。2014年年末，全镇有10千伏输电线路87千米，变压器59台，5885千伏安，年用电量达300万度，实现村村通电，户户通电。

饮水 1949—1999年，镇区生产生活用水以取地表水和井水为主，年逢天旱，生产生活用水极为紧缺，饮水质量也不达标。2000年以来，投入农村安全饮水工程资金1260万元，解决不安全饮水人口2.67万人。2011年，建成自来水厂，日供水1200立方米，铺设管网达20千米，城镇2.47万余居民饮用自来水。同时，协助实施原斗山乡水厂、友爱、齐天小集中供水工程和面上15村分散性供水工程，解决不安全饮水人数2000余人。

水利建设

1966年冬，始建斗山桥水库，大坝坐落在斗山村，蓄水量为2000万立方米，灌溉面积3486.67公顷，左右干渠灌溉到茅市镇、柞市镇、硫市镇、近尾洲镇，栗江河的上游茅洞桥河发源于此。1971年冬，始建2座小（一）型水库，分别是：清水塘水库，坐落在早山村、兴隆村之间，蓄水量为248万立方米；甘斗冲水库，坐落在城门村，蓄水量为247万立方米。1989—1994年，投资60万元硬化干渠4000米；投资16万元硬化支渠4000米；投资46万元改造支渠渡槽5处、长达600米，石砌渡槽4处、长达300米。2010年，维修硬化渠道20千米，整固塘坝120口。2011年，维修硬化渠道40千米，整固塘坝180口。2012年，维修硬化渠道47.5千米，整固塘坝195口。至2014年，完成水利项目投资8000余万元，其中国家和地方政府投资近7000万元，组织实施以农村安全饮水、小型水库除险加固、小型农田水利重点县项目、河道整治为重点的水利工程建设。先后实施了甘斗冲、清水塘2座小（一）型和12座小（二）型水库除险加固工程，恢复防洪库容1000万立方米。

镇村建设

20世纪80年代以前，茅市镇，街道两旁基本上是低矮的土砖茅草房，给人们一种贫困破旧的印象。1995年撤区并乡后，城镇建设步伐加快，昔日老街的青石板路由柏油沥青路（后国道硬化改为水泥路）取代。随着外来人口增多，镇上陆续新建不少5层砖混结构的平顶楼房，乐福街、新桥街、车站街、玉泉街、裕兴街、水对街、鑫旺街相继成形，总里程达5.5公里；同时，配套实施绿化和亮化工程。2006年，启动社会主义新农村建设，重点改造农村水利、电力、道路、饮水等基础设施。2011年，对农村环境卫生实行综合整治，建设美丽乡村。全镇80%以上的农户均建成2~3层的红砖青瓦住宅，帮助83户无房户落好新居，拨付65万元，帮助63户困难户搞好危房改造，村组无土砖茅草房。2012—2014年，共投入245万元对衡祁路、玉泉街、新桥街、车站街、老街等进行提质改造；在城镇街道两侧新增、维修路灯216盏次；种植树木286株；添置垃圾桶14000个、垃圾箱100个、垃圾斗车65辆、洒水车1辆；在各村公路沿线、房前屋后砌分类垃圾圈12000余个，配备村保洁人员43人，全镇居民共同享有一个干净整洁舒适的生活环境。城镇建设总体规划，以车站街、玉泉街、老布街、水对街为主体，构建两纵两横城镇格局，总面积1.5平方公里。

社会事业

教育

中华人民共和国成立后，重视教育，办学规模扩大。茅市六中始建于1957年，初名茅市附中，1963年，更名为衡南四中，1970年，兴办高中易名为衡南六中，20世纪80年代后期，高中班停办。1984年，村小学也作了布局调整，部分村小撤并。1995年后，全镇投入1400万余元，对全镇所有村级小学进行改建，同时在中学新建实验楼、图书室、教学楼、学生宿舍、食堂和礼堂等。1998年，经省、市考核验收，茅市镇实现国家规定的"两基"（基本普及九年义务教育，基本扫除青壮年文盲）标准。2002年，衡南六中复办高中班。至2014年，茅市镇有中学3所，小学12所，农校1所，幼儿园2所。在校学生5088人，其中小学生2628人，初中生1780人，在园幼儿680人，在职教职员工360人。年末，全镇适龄儿童入学率为100%，中学入学率达到96%以上。

文化体育

1953年6月，区设立文化站，配有1名辅导员，在农村中进行各种文化活动及辅导工作。1957年12月，县电影队下基层巡回放映，各大队有俱乐部、业余宣传队，开展不同形式的文艺活动。1970年10月，人民公社建立电影放映队。20世纪90年代，中国特色社会主义文化市场开始繁荣，90%的家庭保有1台电视机，村民文化生活更加充实。2013年，政府启动农村"三网融合"，新建文化站综合楼，兴修斗山、李家、五岭、上宗村的4个篮球场。2014年，参加全县组织的全民广场舞大赛荣获二等奖。年末，有各类图书室30个，藏书近50000册；居民运动场5处。

医疗卫生

民国时期，农村缺医少药，治疗疾病素以中草药为主。中华人民共和国成立后，大力发展医疗卫生事业，医疗条件不断改善。1956年，建立柞市卫生所。1969年，农村实行合作医疗制度，相继建立大队卫生室，分别配备赤脚医生和妇幼保健员各1名，普及新法接生，指导科学育儿和计划生育。1998年，建立茅市镇卫生院。2006年初，启动新型农村合作医疗，当年参加新型农村医疗38019人，参合率77.59%，此后参合人数有所增加。2013年，投入100万元修建茅市镇中心医院门诊综合楼。2014年，茅市镇有卫生院3所，村卫生室43所，病床150张，专业卫生人员123名，其中执业医师42人，执业助理医师37人，注册护士44人，全年完成诊疗60000人次，住院病人手术300台次。年末，新农合参合51150人，参合率达到99.37%，农村卫生保健覆盖率100%。

社会保障

"五保"供养 1959年起，对孤寡老人和无劳动能力的残疾人实行"五保"（保吃、穿、住、治病、丧葬），其生活费由所在生产队或大队统筹。20世纪80年代后，纳入乡镇统筹。2005年起，城乡"五保"对象享受城乡最低生活保障待遇，其供养经费由县财政拨付。2013年，建成茅市镇敬老院，集中供养部分"五保"老人。2014年年末，全镇有"五保"对象390人，其中集中供养38人，分散供养352人，共拨付供养金110万元，集中供养人员年人均4800元，分散供养人员年人均2600元。

医疗救助 2006年起，实施城乡居民大病医疗救助。救助对象主要为患恶性肿瘤、白血病、尿毒症等大病的城乡低保户、"五保"对象。2014

年，共救助151户，救助总金额20余万元。

最低生活保障 1999年10月，启动城镇居民最低生活保障，并对低保对象实行动态管理。2005年，有城镇最低生活保障对象164户、244人，年人均703元，支出总金额17.16万元。2007年7月，启动农村居民最低生活保障，当年有农村低保对象103户、358人，年人均365元，支出总金额13.1万元。2014年，境内农村最低生活保障对象1218户、2233人，支出289.7万元，年人均1297元，城镇最低生活保障对象96户、178人，发放低保金56.9万元，年人均3196元。

养老保险 2011年7月，启动城乡居民社会养老保险。是年，镇内城乡居民参保人数23000人，征缴养老基金230万元，参保率87.16%；为7751名到龄居民发放7—12月养老待遇金48.49万元。2014年年末，镇内城乡居民参保人数为15327人，参保率66.99%；征缴养老基金162.08万元；为9157名到龄居民发放养老待遇664.22万元。

就业与再就业 2013年，镇政府投入30万元，新建劳务站办公室。投入资金2万余元，安置下岗失业人员196人，转移农村劳动力就业。在就业与再就业方面共完成城镇新增劳动力安置1300余人，下岗失业人员再就业人620余人，其中困难家庭再就业190余人。

特色地情

历史人文

茅市镇旧称茅洞桥，衡祁古道的重要驿站。唐代著名诗人、大历十才子之一司空曙（720—790），撰有《送曲山人之衡州》诗曰："茅洞玉声流暗水，衡山碧色映朝阳。"清朝康熙十五年

茅市烧饼

（1676）夏，王夫之到茅洞桥斗岭，寻访隐居在此的文臣儒将蒙圣功，有《雨中过蒙圣功斗岭》六首为证。蒙圣功是湖北崇阳人，殁后葬于今白木村茶叶组蒙公山，墓址、碑石尚在。其所撰《三湘从事录》，在南明诸多史籍中独树一帜。雍正十三年（1735），甘学耀（一作甘耀学）乡试中举，以大挑得蓝山知县，有政声，擢湖北随州同知。解组后受聘主讲石鼓书院，后被聘为白沙书院山长。著有《乃光文稿》三卷、《石鼓吟草》二卷，皆行于世。

近现代以来，茅洞桥文武人才更是风起云涌。坪山村泉水江段必行一房，清末出了4个名将名宦（段华、段起、段棣垣三兄弟，分别授广东盐运使、花翎提督衔、花翎副将衔，段华次子段明耀授援越靖边将军）；民国时期出了2个中将（孙中山同

盟会元老段彝廷，国民革命军 87 军军长段沄），4 个少将（段徽楷、段复、段政、段宜银），42 个校官尉官，号称“四十八根斜皮带”。增福堂人全祖凯（谱名彰镐，字翊臣），晚清湘籍名将，转战边防海防，屡有战功殊勋，获授云南腾越镇总兵、山东烟台镇总兵、山东记名提督衔，诰封振威将军（从一品）。民国年间，草塘甘家甘凤章、荞麦阜甘家甘玉林，各自在贵州、衡州上演英雄传奇，事功分别载于黔湘两地史志。

名优特产

北宋杨家将杨七郎、南宋抗金元帅岳飞，都曾率兵途经茅洞桥，安营休整，对当地特产烧饼、拎豆腐、黄皮草鱼赞不绝口。

茅市烧饼 手工制作，饱满松软，外酥内脆，醇香浓郁。旧时逢年过节和红喜事，当地有送烧饼的习俗，现在通过互联网远销衡阳、长沙、广东、北京等地。

茅市拎豆腐 有“天下第一豆腐”之称，以当地黄豆制成，当地井水浸泡，不掺一点大米，豆浆鲜嫩可口，用茶油或菜油炸出来后，颜色金黄，四角崭齐，外脆内酥，味道纯正，非其他地方的油豆腐可比。

茅市黄皮草鱼 体型相对扁长，全身鳞片鲜艳，甚至带着金黄色。这是由于茅洞桥的草鱼，都是山塘、水库喂养，水质偏瘦，吃的是草，饲养密度也不像网箱养鱼那样，鱼运动量大，全身活络，肉质紧而味鲜嫩。

风景名胜

文魁塔 位于占禾村楠木桥，建于清光绪二十二年（1896），塔高 7 米，4 层 6 面，重檐翘角，葫芦宝顶，浮雕魁星图，刻有“文章入化，翰墨流香”对联，题额“文魁”。魁星是北斗七星第一颗，主宰文章兴衰的神仙称为“文魁”。古代茅市人修建文魁塔，显示对文化的高度尊崇，寄予本地倡文风、出人才的殷切厚望。

字纸塔 位于井冲村赤足坪，建于清光绪二年（1876），塔高 10 米，5 层，造型古朴，浮雕精美，绘有天官赐福、魁星点斗、二龙戏珠、双凤朝阳等故事。焚化炉前刻“气冲云霄，光射斗牛”骈句，炉门刻“敬惜字纸”主题。字纸塔是用来焚烧写有文字的纸张，显示茅市古人对文字的敬畏。

甘氏宗祠 位于茅市镇正南方 4 公里的万福村双龙口，景色优美，溪流潺湲，山环水抱，藏风聚气，地理形胜迥异别处。不惟村落密集，人烟辐辏，又有左右两条垅在此会合，龙骧蟠踞，凤舞朝歌，视野所及，大地山河呈浩荡奔腾之势。更兼后山来势高远，冈峦错落，林木葳蕤，承接祖脉。游人有识舆地者，见甘氏宗祠建立于斯，喟然而叹曰：“前有金盆玉印，后有凉伞遮阴，此诚风水宝地也！”

斗山桥水库 从地图上看，斗山桥水库像一条龙，龙首、龙身、龙爪活灵活现，拥有偏远山区的原生态风光。它位于栗江上游，离茅市镇上 11 公里，横跨几个村落，集雨面积 45.5 平方公里，正常水位 106 米，水库最深处 28 米，最宽处 225 米，大坝高度 35.4 米、轴长 157 米，库容 2600 多万立方米。

泉水江段氏将军家族故居 近代以来百余年时间，段氏家族四五代人，所出人才之多，战功之丰，官位之隆，声誉之大，在清末民国史上也是屈指可数。旧宅尚存，宏构依旧。泉水江的确是因泉水得名，小河从三个不同的方向环抱水塘，清澈映照，九曲回肠，是谓栗江三十六湾之一。

（文字供稿：王元丰　周瑾　谢剑波　图片供稿：衡南县志办）

硫市镇>>

区域概况

位置面积

清嘉庆年间（1796—1820），南岳兴建圣帝庙，曾在此取瓷泥烧制琉璃瓦而得名硫瓷坑，而后演变为硫市。处衡南县西南部，东临车江镇，南接栗江镇，西邻茅市镇，北连洲市乡。镇人民政府驻硫市村，距县城 32 公里。辖区东西最大距离 16 公里，南北最大距离 12 公里，总面积 125.8 平方公里。其中陆地 90 平方公里，占 73.1%；水域 30 平方公里，占 26.9%。

建置沿革

1949 年以前，称成福乡，中华人民共和国成立初期，隶属衡阳县第一区，1952 年，列为衡南县第十一区，1956 年，区机构撤销。1961 年，调整缩小人民公社规模，恢复设立硫市区，下辖龙鹤、古山、硫市三个人民公社。1984 年 2 月，撤社建乡，硫市区下设龙鹤乡、古山乡、硫市乡（同年 8 月改为镇）。1995 年 5 月，撤区并乡建镇，全区 3 个乡镇合并为硫市镇，下辖 43 个行政村，2 个社区，512 个村民小组。

行政区划

1995 年年末，辖 1 个居委会，43 个村；下设 4 个居民小组，512 个村民小组。2014 年年末，辖文昌、新建 2 个社区和大步、新桥、大利、龙鹤、西洲、洋江、福民、江河、乐玉、集福、桂田、四合、水尾、新华、庆瑞、玉升、玉兰、硫市、东山、水江、里岳、盘古、大桥、集沙、联合、平阳、侍郎、栗木、贞元、古山、万龙、礼仁、天胜、石峰、白莲、排楼、太阳、大石、大祝、苍翠、荣华、新春、绿水 43 个行政村；下设 8 个居民小组、512 个村民小组。

自然环境

镇域属山地与丘陵结合区。东南部为丘陵，西北部多山，地势西北高东南低，最高山石牛峰海拔 514.9 米。全境属大陆性亚热带季风湿润气候区，气温四季分明，无霜期长。年平均气温 17.5℃，1 月最低，日均气温 5.8℃，7 月最高，日均为 35.5℃。雨季旱季明显，年平均降水量在 800 毫米以上，极端年最大降水量 1300 毫米（1984 年），极端年最少降水量 640 毫米（1963 年）。常年主导风为北风，夏季多东南风，并有雷电气象。境内土壤主要为紫色岩石。全境有湘江支流栗河，境内总长 12 公里。

人口民族

1999年年末，辖区总人口42140人，人口出生率10.21‰，人口死亡率6.84‰，人口自然增长率3.37‰。2010年，辖区总人口43804人，人口出生率12.08‰，人口死亡率6.11‰，人口自然增长率5.97‰。2014年年末，辖区总人口46159人，其中城镇常住人口8652人，城镇化率18.6%。总人口中男性24370人，占52.8%；女性21789人，占47.2%。人口出生率为12.6‰，死亡率为6.1‰，自然增长率为6.5‰。人口以汉族为主，占99.8%。人口密度为每平方公里366人。

经济发展

经济综述

2007年，完成国税22.5万元，地税150万元，收回耕地占用税3.2万元，契税6.5万元。农民人均可支配收入3066元。城镇经营收入达956万元。2008年，完成国税18万元，地税480万元，收回耕地占用税3.2万元，契税6.5万元。农民人均可支配收入3066元。2014年，财政税收620万元，境内耕地面积3050.53公顷，其中水田2466.67公顷，生产粮食3.3万吨，人均731公斤，其中水稻2.5万吨。主要经济作物有油菜、黄瓜、辣椒、莲藕、丝瓜、白菜等。是年，油菜种植面积1200公顷，产量1980吨；蔬菜种植面积266.67公顷，产量4000吨。2014年年末，境内企业12家，从业人员2240人，完成工业总产值2.1亿元，实现税利约1000万元。

农业

种植业　民国时期，由于生产条件落后，加之干旱缺水，粮食平均亩产不足200公斤。中华人民共和国成立后，致力于兴修水利，改善农业生产条件，粮食产量不断增加，1957年，亩产达到260公斤。1958年后三年粮食严重减产歉收。1961年，调整公社规模，解散公共食堂，实行以生产队为核算单位和执行按劳分配政策；与此同时，改进耕作技术，扩大双季稻种植面积，农业生产持续发展。1969年，双季稻种植面积达2000公顷，占水田总面积的80%，两季亩产平均375公斤。1975年，试种杂交晚稻13.33余公顷，平均亩产370公斤，比常规晚稻每亩增产110公斤。此后逐年扩大种植面积。至1995年，杂交晚稻面积达到2133.33公顷，占水田总面积的90%，平均亩产提高到400公斤。1996—2005年，全镇水稻年种植面积稳定在2333.33公顷左右，亩均产量约800公斤，年总产量2.8万吨。

养殖业　境内历来有养殖禽畜习惯。民国时期，由于多数农户家庭生活困难，禽畜饲养数量极少，年户均养猪不足1头，养牛仅供役用，饲养鸡鸭多为产蛋换取油盐钱。中华人民共和国成立初，养殖业有所发展，禽畜产量逐渐增多。1958—1961年，一度禁止农户养猪养鸡。1962—1980年，耕牛、鱼类由生产队集体放养，生猪饲养允许公私并举，故产量较前有较快发展。1982年实行土地承包经营责任制后，养殖业快速发展，呈现“六畜兴旺”的局面，并陆续出现一批规模化、专业化养殖户。1990年，全镇人平养猪0.5头、鸡6羽；鲜鱼产量亦大幅提升，亩均水面产鱼由1980年的48公斤提高到135公斤。1991—2012年，养殖业持续发展。先后有唐先衡、蒋福生、黄志康、三和养殖等5个专业养殖场建成投产，其中三和专业种养合作社投资2000万元建成万头养猪场，年出栏生猪1.5万头。2014年年末，牛羊草食动物发展较快，全镇有各种规模养殖户37户，出栏生猪5.6万头，出笼家禽18万羽，出塘水产品800吨，养殖业总产值9030

万元。

林业 全镇有林地6800公顷，主要树种有松、杉、油茶、油桐、南竹、樟、柏、桂花树、红叶石楠、银杏树等。1956年前，山林权属为农户私人所有。1958年，“大办钢铁”，大部分森林被破坏。此后，林权收归集体经营。1980年后，推行山林承包责任制，稳定山林权属，制止乱砍滥伐，同时，经过历年实施植树造林、封山育林、退耕还林等一系列措施，森林覆盖率逐年提高。至2008年，营造用材林2000余公顷，油茶400余公顷，南竹低改500余亩；成立昭旺、苗鑫等10个专业合作社，育林面积达7000余亩，其中有福生、梓轩、润楚等3个苗木花卉基地，有荣兴、翔飞等2个玫瑰种养基地，有茶园、云林2个油茶基地。2009年，为林地承包户换发全国统一的林权证。2014年引进有机玫瑰，分布庆瑞、大石等村，种植面积约700亩，年产值420万元。2014年年末，全镇森林覆盖率为62%，林木绿化率40.3%。

工业

硫市盛产硫黄。1949年，镇内有铁铺、木匠铺和酿造坊等手工业作坊，1958年，组建缝衣社，以来料加工为主，规模较小。1970年，成立农具社，生产镰刀、打稻机等，服务当地农业生产。20世纪80年代中期，企业生存遇到困难，依照相关规定，对两厂实施解散，职工安排到三塘、鸡笼等镇的集体企业上班。1985年后，镇区交通改善，矿产资源丰富，民营资本相继注入，先后成立硫市化工厂、龙鹤汽配厂、花炮厂、洪鑫源矿业有限公司和古建公司、镇建筑安装公司等企业。其中：洪鑫源矿业有限公司成立于2006年，是省内第二家红土性黄金矿，储量达到2吨，投产后，年均产值过亿元，实现税利达500万元。

商贸服务业

民国时期，硫市街有商铺数十家。中华人民共和国成立后，1952—1954年，先后设有区供销合作社、区肉食水产购销站、区粮食管理站等机构，供应生产、生活资料和收购农副产品。1956年完成对私营商业的社会主义改造后，组建成2家公私合营商店、12个商业合作小组，建立国营贸易商店，经营粮食、棉纱、棉布、食盐、油脂、煤炭和主要日用百货。1958—1961年，一度取消集贸市场，禁止集市贸易。1962年恢复，但对销售的商品仍有所限制。1978年，境内有国营、集体商业网点38个，集贸市场1个，社会消费品零售总额390万元（当年价）。1982年后，实行改革开放，在发挥国营集体商业主渠道作用的同时，适当发展个体私营商业。1988年，国营、集体商店实行承包经营和租赁经营，维持生存，2000年中期公办商店完成改制。2014年年末，有个体工商户数620户，从业人员1210人，主营日用百货、文化用品、家具家电、服装皮具、建筑建材、餐馆、旅馆、美容美发和车辆维修等行业，年社会消费品零售总额1.4亿元，集市4个，年交易额8000余万元。

财政金融

财政 中华人民共和国成立后，乡镇财政由财粮委员或秘书兼管。1953年，各种税收建立代征、协税组织。1961年成立协税委员会。1984年成立镇财政所，统管财政收支。1996年，镇财政总收入680万元，主要为农业税、农业特产税和工商等税收；财政总支出656万元，主要为支援农业、上解县财政和行政管理费用。2004年起，实行农村税费改革，国家取消向农户征收农业税（含附加）和农业特产税。当年全镇两项税金186万元，农民人均减少负担61元。2014年年末，完成公共财政总收入1460万元，公共财政总支出700万元，债务总额140万元。

金融 1952年，境内成立中国人民银行硫市营业所，管理金融业务。1954年，成立农村信用合作社（简称信用社）。1982年，成立中国农业银行硫市营业所。1985年1月，撤销人民银行营业所，其金融业务移交农业银行营业所。2009年，建立中国邮政储蓄银行硫市营业厅。2014年年末，镇内有金融机构3家（农行、农商行和邮政银行），各项存款余额10.9亿元，贷款余额6700万元。

基础设施

交通运输

公路 20世纪50年代末，建成硫市至茅市、硫市至栗江、硫市至洲市、硫市至衡阳公路，共长64公里。20世纪80—90年代，相继完成43个村的村道建设。2003年，衡枣高速公路通车，经硫市11个村，境内长13公里，在硫市村上步组设有互通。至2011年，实施乡村道路改造提质和水泥硬化工程，实现村村通水泥路，总里程104公里。2014年年末，镇内有县道4条，乡道7条，村道22条，总长141公里。

客运 1964年，省汽车运输公司衡阳分公司（以下简称“湘运”），辟衡阳汽车西站至栗江班车，硫市设汽车站，每日往返六趟。1983年，开放市场，始有个人购车加入社会营运，客车以小型为多，招手即停，俗称“方便车”。2006年后，建立农村客运站，分别开通硫市至衡阳市、县城云集、近尾洲班车，日客运量800余人。2014年年末，镇内有客运站1个，客运车辆17台，日发送30班次，日载客量千余人次。

货运 中华人民共和国成立初期，镇内货运由“湘运”包揽，集市贸易交流大多靠肩挑和独轮车运。20世纪70年代，原公社农机站购有拖拉机，农闲时跑短途运输。1983年后，私人购车加入，承担镇内部分货物运输。随着当地民营货运业不断发展，“湘运”货运逐渐退出。至2014年，镇内有货运车辆57台，总吨位550余吨，年货运量40余万吨。

邮政通信

邮政 清光绪三十四年（1908）10月，设硫市邮政代办所。民国3年（1914）8月，改设硫市邮局。民国32年（1943）8月，分别在硫市、龙鹤、古山设立信柜。1951年6月，硫市信柜改为邮政代办所，邮件由邮递员直接投递乡政府及沿途所经过的村组。1952年7月，成立硫市邮电支局。1957年，分别设立硫市、龙鹤、古山邮政代办所。20世纪60年代起，在人民公社（乡）的部分生产大队（村）设邮政投递点，自行车作为邮件运输和投递的工具。2014年，镇内有邮政所1处，代办点14个。

通信 1953年，硫市始通电话。1962年，硫市、龙鹤、古山等公社先后开通电话。20世纪70—90年代，人民公社（乡镇）自建通村电话网络，各生产大队（村）利用农村广播线路接通电话。1996年起，在硫市建设程控电话网络。1998年后，县电信、移动、联通公司分别在镇内建设移动电话基站。2014年年末，镇内有电信营业厅1个、移动营业厅4个、联通营业厅3个；共建移动基站21个，信号覆盖率为91%；有固定电话用户1326户，移动电话用户25540户，联通电话用户3220户，互联网用户1601户。

供电饮水

供电 中华人民共和国成立初期，电力资源紧缺，老百姓家庭用煤油灯或蜡烛照明。至20世纪60—70年代中期，少部分单位、企业或大队有柴油机组发电，用于生产和生活。1979年，架设第一条6千伏通电线路铁（市）古（山）线，

1987—1988 年，完成 10 千伏硫（市）茅（市）线架设，成立硫市区线路管理委员会，随后又成立硫市乡电力管理站。1989—1990 年，实现村村通电工程。1999 年，启动第一轮农网改造，实行同网同价。2014 年年末，10 千伏线路总长 138.977 千米，总容量 13100 千伏安，有变压器 84 台。全镇 43 个村、2 个社区、512 个村居民小组有用电户 16327 户，供电率 100%。

饮水 1949—1994 年，镇区生产生活用水以取地表水和井水为主，年逢天旱，生产生活用水极为紧缺，饮水质量也不达标。1995 年，建成镇自来水厂，年供水能力 80 万立方米。2011 年，再建自来水厂 1 处。2014 年年末，年供水 300 万立方米，水质达标，基本满足城镇居民饮用水。

水利建设

中华人民共和国成立初期，境内有水塘约 1200 余口，蓄水量约 180 万立方米。1951—1961 年，共整修扩建山平塘 300 余口，增加蓄水量 60 余万立方米。1958—1964 年，兴建团结、民主、盘古岭、杉山 4 座小（一）型水库，蓄水量达 689 万立方米。1970 年，新修塘坝 700 余口，增加蓄水量 150 万立方米。1971—1978 年，新修斗山桥左干渠，境内长 49.2 千米，支渠 3 条长 17.5 千米；4 座小（一）型水库渠道 49.2 千米；栗江电排站渠道长 13 千米，其中渠道硬化长 27.8 千米。1988—1992 年，先后建电排机埠 12 处，装机 450 千瓦。2010 年，在大桥、盘古、栗木等村护砌渠道 8600 米。2011 年，实施小农水项目，投资 1000 万元全镇 12 个村修田间渠道 6800 米。2011—2013 年，投资 120 万元兴建 4 座小（二）型水库，蓄水量可达 71 万立方米。到 2014 年年末，总蓄水量提高到 1650 万立方米，有效灌溉面积可达 2573.33 公顷。

镇村建设

1951 年，街道狭窄，民房低矮破旧。20 世纪 60—70 年代，驻区供销社、食品站、搬运队、学校、卫生院以及商铺、企业等先后沿文昌街马路两旁建房，城镇初步成型。1995 年撤区并乡后，随着外来人口增多，村民进镇居住生活，镇上陆续新建成不少 3~5 层砖混结构的新房，第一条街道——新建街建成。2006 年起，启动社会主义新农村建设，重点改造农村水利、电力、道路、饮水、房屋等基础设施。镇村 80% 以上的农户均自建有 200 平方以上的新房。2011—2013 年，对农村环境卫生实行综合整治。至 2014 年，镇新建居民住宅商品房 700 套。有街道 11 条，总长度 4.1 公里，商铺 620 家。年末，全镇农村道路硬化率为 99%，电网改造率为 85%。环境卫生达标率为 95%，农村饮水安全率达 100%。43 个行政村部均有完美的办公用房。各村均有图书室、娱乐室、会议室、运动场、电教室、科教室。

社会事业

教育

清代以私塾为主。民国改私塾为新式教育。中华人民共和国成立后，发展农村小学教育，一个大队一所小学，同时开展扫除青壮年文盲教育。20 世纪 50 年代，境内有小学 43 所，民办教师近 400 人。至 60 年代，有初中 8 所，高中一所，名为硫市区中学。至 80 年代，镇高中更名为衡南十一中，初中、高中并存，中学撤并后剩 3 所。1983 年，衡南十一中撤销高中部，1990 年后，全镇争取财政投入 1900 万余元，对全镇所有中小学进行维修改造，同时在衡南十一中新建综合楼、学生宿舍、食堂和礼堂等；龙确初中教学楼，古山初中搬迁，中心小学扩建，其他小学的改造。1995 年，硫市镇初中合并，全镇有 3 所初中，学生近2000人；完全小学27所，学生4000多人；公、民办教师400多人。1997年，硫市镇实现国家规定的“两基”（基本普及九年义务教育，基本扫除青壮年文盲）标准。为整合教育资源，提高教育质量，2003年开始，将原有27所小学合并为9所。2009年，全镇所有中小学校均通过合格化学校建设验收。2011年，撤并古山初中；2014年，撤并龙确初中，只保留衡南十一中。年末，全镇有幼儿园4所，其中民办幼儿园2所；小学8所，其中中心小学1所，完小3所，村小4所；初中1所。在园幼儿600余人，小学生2183人，初中生879人；专任教师179人，其中中学高级教师10人，中学一级教师47人，小学高级教师62人。

文化体育

文化 1953年6月，区设立文化站，配有1名辅导员，进行各种文化活动及辅导工作。1957年12月，县电影队下基层巡回放映，各大队有娱乐室、业余文化宣传队，开展不同形式的文艺活动。1970年10月，公社建立电影放映队，一月放映2场次以下，当时看电影成为村民的主要业余文化活动之一。1993年8月，建硫市电视台，发射（转播）塔高50米，覆盖半径5千米，开通硫市有线电视。2007年，全镇开通光纤电视，覆盖了盘古、大桥、苍翠、太阳、古山、排楼、硫市、东山8个村。2009年，筹资40余万元，建成综合文化站，室内面积320平方米，其中放映大厅100平方米，多功能室、阅览室一应俱全。2011年，镇文化站共有职工5人；43个行政村分别建立农家书屋，共有图书约87000册。全镇共建有广场舞队伍7支，约400人；腰鼓队伍2支23人；管乐队1支8人；花鼓戏团1支26人。每年均参加全县组织的各类会演。在2014年度“欢乐潇湘，幸福衡南”比赛中荣获唱歌组第二名、舞蹈组第三名；同年，开通广电宽带网；衡阳市书法家集聚硫市，举办艺术家下乡启动仪式。

体育 1952年，各年级设体育课。1960—1961年，因国民经济困难，学校体育课暂停，1962年后，逐渐恢复。1977年，体育教学趋向正常，保证“两课、两操、一活动”。即每周两节体育课，每天做广播操和眼保健操，每天一小时课外体育活动。1983年后，中小学普遍推行第五套、第六套、第七套广播体操。2014年年末，镇内有文化体育健身广场20处，面积达4000平方米，配套篮球场、乒乓球室和健身器材。21个村有农民健身活动场所，配有乒乓球室、健身器材。

医疗卫生

民国时期，乡内只有中医诊所，治病以中草药为主。中华人民共和国成立后，大力发展医疗卫生事业，1950年，建立硫市区卫生所，有中医师2人，西医师1人。1952年，又成立联合诊所，增强了医疗力量。1958年，在联合诊所的基础上建立公社卫生院，推行新法接生。1960年后，相继建立大队卫生室，配有赤脚医生和妇幼保健员各1人，普及新法接生，指导科学育儿和计划生育。1968年，区卫生所改为区医院，1969年，实行农村合作医疗制度。1980年，开展中西药剂人员岗位大练兵。1995年撤区并乡后，对乡卫生院进行调整合并。1997年，原区卫管会、药物组、镇卫生院等与硫市区医院合并成立硫市镇中心卫生院。2005年9月，中心卫生院整体搬迁新建街。2006年1月，启动新型农村合作医疗，当年参加新型农村医疗31587人，参合率为82.59%。2011年7月，全面实行基本药物制度。2014年，镇内有医院1所，分院2所，村卫生室43个；有病床80张，医务人员188人；建立居民健康档案3.6万份，建档率87%。年末，全镇城镇居民医保参保人数为1045人，征缴参保基金62700

元；参加新型农村合作医疗39732人，参合率为99.37%；全年门诊、住院补偿兑付456.8万元，其中：住院受益人数2268人次，门诊受益人数20690人次。

社会保障

“五保”供养 1959年起，对孤寡老人和无劳动能力的残疾人实行“五保”（保吃、穿、住、治病、丧葬），其生活费由所在生产队或大队统筹。20世纪80年代后，纳入乡镇统筹。1982年，成立敬老院，床位80个。2005年起，城乡“五保”对象享受城乡最低生活保障待遇，其供养经费由县财政拨付。2014年，农村“五保”户280人，集中供养60人，分散供养220人，总支出80万元，人平2857元。

医疗救助 2006年起，实施城乡居民大病医疗救助。救助对象主要为罹患恶性肿瘤、白血病、尿毒症等大病的城乡低保户、“五保”对象。2014年，农村医疗救助45人次，农村临时救济55人次，支出70000元。城镇医疗救助30人次，民政部门资助参加合作医疗2350人次，共支出26万元。国家抚恤、补助各类优抚对象506人。社区服务设施1个，其中社区服务中心1个，社区服务站1个。

最低生活保障 1999年10月，启动城镇居民最低生活保障，并对低保对象实行动态管理。2005年，有城镇最低生活保障对象133户、197人，年人均876元，支出总金额17.25万元。2007年7月，启动农村居民最低生活保障，当年有农村低保对象34户、134人，年人均368元，支出总金额4.93万元。 2014年，境内农村最低生活保障对象597户、1670人，支出211.69万元，年人均1268元，城镇最低生活保障对象99户、184人，发放低保金55.05万元，年人均2292元。

养老保险 2011年7月，启动城乡居民社会养老保险。当年，全镇城乡居民参保人数为16300人，参保率为90.66%，征缴养老基金163

硫市镇中心医院

万元，为5854名到龄居民发放7—12月养老金待遇43.61万元。2014年年底，镇内城乡居民参保人数为16223人，参保率为89.85%，征缴养老基金173.66万元，为6984名到龄居民发放养老金待遇509.07万元。

就业与再就业 2014年，全镇新增就业人员295名，有172名下岗失业人员实现再就业，新增农村劳动力转移就业人员680名，全年共帮助31户零就业家庭实现每户至少1人就业。

工伤保险 2014年，镇民营企业及建筑行业共有417人参加工伤保险。

特色地情

三阳宁氏司马祠 县级重点文物保护单位。其门上的“湖南望族”四字，系明代万历年间（1573—1620）衡州知府刘春所题，笔力丰腴遒劲。

盘古庵 建于清道光年间（1821—1850），青砖碧瓦，气势恢宏。

（文字供稿：张丽红　图片供稿：衡南县志办）

栗江镇 >>

2014年，获评住建部“全国小城镇建设重点镇”。

区域概况

位置面积

栗江镇因湘江一级支流栗水贯穿全境而得名。地处衡南县西南部，南临湘江，与常宁市隔河相望，西与近尾洲镇为邻，西北连硫市镇，东与松江镇接壤。镇政府驻地栗江村，距县城35千米。辖区总面积131平方公里，其中陆地占80%，水域占20%。

建置沿革

1949年10月，辖区属衡阳县第一区；1952年7月，属衡南县第十区；1955年6月，改为栗江区；1957年8月，成立栗江乡；1959年2月，成立栗江人民公社；1961年3月，分置蒸市、卿云2个人民公社；1961年7月，设立栗江区，下辖栗江、檀市、隆市、蒸市、卿云5个人民公社；1984年，撤社建栗江乡，属栗江区；同年8月，改为栗江镇；1990年2月，隆市乡改镇；1995年5月，撤区并乡建镇，檀市乡、隆市镇并入栗江镇。

行政区划

1995年年末，政区辖4个社区，43个行政村，下设600个村民小组。2014年年末，辖炉铺、纸槽、人和、城基、石滩5个社区和打石、洞井、顷田、石滩、石龙、大泉、赤土、中和、上家、隆市、大渔、界牌、上伎、长冲、六合、檀市、红星、柘田、四升、和凤、白石、长坪、意志、东方红、接龙、梅峰、青峰、五龙、林泉、青田、青林、田洲、栗江、余岭、白洲、白面、新月、憩山、陇洲、西山、新桥、合力、里鱼43个建制村，下设610个村民小组。

自然环境

镇域属典型丘陵地区，地势为北高南低，西高东低，地面海拔一般在65~260米之间，境内呈凹字形复合盆地。全境属大陆性亚热带季风湿润气候区，气温四季分明，无霜期长。年平均气温17.8℃，最冷月日均气温5.8℃，最热月日均为35.5℃。雨、旱季明显，年平均降水量在1200毫米以上。常年主导风为北风，夏季多东南风，并有雷电气象。境内土壤分为黄黏土、黑土和紫色岩三大类。全境有河流、水库、山塘面积占全镇总面积的10%，其中栗江在镇内总长16公里，湘江流经境内18公里。

人口民族

1999年年末，辖区总人口57838人，人口出生率 11.46‰，人口死亡率 6.09 ‰，人口自然增长率 5.37 ‰。2010 年，辖区总人口 68755 人，人口出生率 12.69‰，人口死亡率 7.24 ‰，人口自然增长率 5.45 ‰。2014 年年末，辖区总人口为 72696 人，其中男性 38296 人，占 52.68%；女性 34400 人，占 47.32%。人口出生率为 12.27‰，死亡率为 4.69‰，自然增长率为 7.58‰。人口以汉族为主，其他民族人口 45 人。人口密度为每平方公里 555 人。

经济发展

经济综述

2007 年，共收缴耕地占用税 4.3 万元、契税 5 万元，完成国税 27.5 万元，地税 59.5 万元。2008 年完成国税 24 万元，地税 145 万元，收缴耕地占用税 4.3 万元、契税 5 万元。2014 年，完成国税 50 万元，地税 375 万元，总计达 425 万元。2014 年，境内有耕地面积 3653.33 公顷，其中水田 3133.33 公顷。种植水稻 2333.33 公顷，产粮 3.1 万吨；油菜 2133.33 公顷，产菜籽 7500 吨；蔬菜 733.33 公顷，总产 4800 吨。全镇出栏生猪 5 万头，出笼家禽 12 万羽，出塘水产品 800 吨，养殖业总产值 9010 万元。全镇有民营工业企业 130 余家，从业人员 4280 余人，经营范围涉及建筑、建材、食品加工和农林产品加工等行业，完成工业总产值 6.1 亿元，实现税金 1060 万元。

农业

种植业 民国时期，由于生产条件落后，加之干旱缺水，粮食平均亩产不足 200 公斤。中华人民共和国成立后，致力于兴修水利，改善农业生产条件，粮食产量不断增加，1957 年，亩产达到 260 公斤。1958 年后，遇三年国民经济困难，粮食严重减产歉收。1961 年，调整人民公社规模，解散公共食堂，实行以生产队为核算单位和执行按劳分配政策；与此同时，改进耕作技术，扩大双季稻种植面积，农业生产持续发展。1969 年，双季稻种植面积达 2000 公顷，占水田总面积的 63%，两季亩产平均 375 公斤。1976 年，试种杂交晚稻 6.67 公顷，平均亩产 310 公斤，比常规晚稻每亩增产 110 公斤，此后逐年扩大种植面积。至 1983 年，杂交晚稻面积达到 2866.67 公顷，占水田总面积的 90%，平均亩产提高到 400 公斤。1990 年后，全镇水稻年种植面积稳定在 3000 公顷左右，亩均产量约 800 公斤，年总产量 3.6 万吨。1995 年，贺向辉回乡创业，从事香菇等食用菌栽培，创办绿贝生物科技有限公司，注册“乡贝”食用菌商标，香菇种植面积 80 多公顷，年产值近 1000 余万元。2008 年，白云峰种养专业合作社种植迷迭香面积 100 公顷。2011 年，湖南省广林农业科技有限公司在余岭村种植有机玫瑰 300 多公顷，建成有机玫瑰精油提炼加工厂。

养殖业 境内历来有养殖禽畜习惯。民国时期，由于多数农户家庭生活困难，禽畜饲养数量极少，年户均养猪不足 1 头，养牛仅供役用，饲养鸡鸭多为产蛋换取油盐钱。中华人民共和国成立初，养殖业有所发展，禽畜产量逐渐增多。1958—1961 年，一度禁止农户养猪养鸡。1962—1980 年，耕牛、鱼类由生产队集体放养，生猪饲养允许公私并举，故产量较前有较快发展。1982 年实行土地承包经营责任制后，养殖业快速发展，陆续出现一批规模化、专业化养殖户。1990 年，全镇人平养猪 0.5 头、鸡 8 羽；鲜鱼产量亦大幅提升，亩均水面产鱼由 1980 年的 48 公斤提高到 135 公斤。1991—2012 年，养殖业持续发展。先后有六合、接龙、檀市、合力、栗江、憩山 6 个专业养殖场建成投产。

林业 全镇有林地面积4746.67公顷。1956年以前，山林权属为农户私人所有。1958年，“大办钢铁”，大部分森林被破坏。此后，林权收归集体经营。1982年，实行土地承包经营，林权放归农户管理。经过历年实施植树造林、封山育林、退耕还林等一系列措施，森林覆盖率逐年提高。2009年，为林地承包户全部换发全国统一的林权证并加大山林流转力度，先后引进大三湘油茶公司、金源油茶专业合作社、丰林种养专业合作社等实施山林流转，共3666.67公顷，完成油茶低产改造3000公顷，成衡阳市的油茶低改示范基地，2012年，市油茶低改会在栗江镇召开。另种植苗木花卉、柑橘等其他经济林面积达866.67公顷。

工业

因境内蕴藏丰富的煤、铜、铁、锰等资源，民国起就有各类手工采掘点。中华人民共和国成立后，各类采挖点一律关闭。1956年，县政府在梅峰村与五龙村交界处，设立松柏煤矿六合湾采矿点，当年产煤20余万吨，以后产量逐年翻番，从业人员最多时达400余人。1976年，县政府在洞井村设立金鸡岭铜矿，年产铜砂10余万吨，从业人员近200人。1981年，境内有国营工业、集体工业、社队工业厂家共30余个，从业人员2000余人，涉及大米加工、农机具制造、建筑建材等行业。1983年，铜矿因经营不善、亏损较大闭矿。1989年，檀市农机厂更名檀市化工厂，当年产值达30多万元，之后产量逐年递增。2000年，檀市化工厂更名为鸿丰福利化工有限公司，从业人员120余人，年产值1000余万元。2002年，引进一郴州老板投资20万元重启铜矿，更名为栗江铜矿，年产铜砂30余万吨，年产值达1500万元。2004年，衡南县松柏煤矿因设施老化、经营不善而改制，成立衡阳市宏威煤炭有限公司，年均产值达1.5亿元。2006年，因檀市街居民对化工厂排气、排水、排渣有反映，鸿丰福利化工有限公司搬迁至栗江镇洞井村，之后，受化工市场低迷及环保政策的影响，一直处于停产状态。2009年，铜矿再次关停。2011年，镇内有各类企业94家，职工1985人，完成工业总产值2.82亿元，实现工业增加值6900万元。2013年6月，争取到省级专项资金，启动栗江铜矿尾沙库实施永久性关停治理，是年10月竣工。2014年9月，宏威煤炭有限公司因井下煤自燃而强行关停。

商贸服务业

清代至民国时期，栗江老街、隆市街各有商铺数十家，主要从事销售、搬运、餐饮、旅店等商贸服务。1952—1956年，先后设立栗江区供销合作社、肉食水产站、粮油购销站及粮食储运库等，供应生产、生活资料和收购农副产品。1958—1961年，一度取消集贸市场；1962年后恢复，但对商品种类仍有限制。同年，设立公社供销分社。1982年后，实行改革开放，搞活商品流通，个体商业逐渐发展。20世纪90年代后期，民营商业成为流通领域的主体。1995年，境内有个体商贸户145家，从业人员650人，主营日杂百货、纺织品、餐馆和各类车辆维修等行业。2000年后，国营商业、集体商业相继改制为民营商店。2014年年末，全镇有商业网点608个，集贸市场4个，从业人员9837人，主营日用百货、文化用品、家具家电、建筑建材、餐馆、旅馆、服装皮具、网吧、美容美发和车辆维修等行业，社会消费品零售总额达3.76亿元；有集贸市场4个，年交易额1.63亿元。

财政金融

财政 中华人民共和国成立后，镇财政收支由财粮委员或秘书监管。1953年，各种税收建立代征、协税组织。1961年，成立协税委员会。1984年，成立镇财政所。2004年，农村税费改革，国家取消农民上缴农业税和农林特产税。2014年年末，全镇公共财政财政总收入962万元，主要为国地税收；公共财政总支出845万元，年末债务总额1468万元,主要为服务“三农”项目资金、镇村转移支付、行政管理费。

金融 1954年，成立栗江农村信用社，1975年，分设栗江农村信用社檀市分社、隆市分社。1982年，设立中国农业银行栗江营业所。1999年，设立中国邮政储蓄银行栗江营业处、隆市营业处。2004年，撤销中国农业银行栗江营业所，其金融业务移交栗江信用社。2014年年末，镇内有金融机构2家，年末各项存款余额5.67亿元，贷款余额5561万元。

基础设施

交通运输

公路 清代、民国时期，湘江河道通航，栗江设有港口码头。陆路主要大道有经檀市、隆市至衡阳城区的官道。中华人民共和国成立后，致力于发展交通运输。20世纪60年代，修建通往衡阳市区的公路，西起近尾洲，经栗江，过隆市街，过硫市，至车江，终点站衡阳。70—90年代，在改造已建公路的同时，致力于修建通村公路。2003—2010年，对境内乡、村公路全面实施改造提质和水泥硬化。2014年年末，有衡桂高速公路过境，镇内长3.6公里；有县道2条，镇内长30公里；村道51条，长150公里，通组公路600条，长680公里。全镇实现村村通水泥公路。

客运 1958年，栗江通长途客运班车。1999年，建立栗江农村客运站。2014年年末，有民营客车20台，日发送乘客800人次。

邮政通信

邮政 民国32年（1943）8月,分别在栗江、檀市、隆市设立信柜。1951年6月，栗江、檀市、隆市信柜改为邮政代办所，邮件由邮递员直接投递乡政府及沿途所经过的村组。1952年7月，成立栗江邮电支局。20世纪60年代起，在人民公社（乡）的部分生产大队（村）设邮政投递点，自行车作为邮件运输和投递的工具。2014年，镇内有邮政所2处，代办点23个。

通信 1953年,栗江始通电话。1962年,栗江、檀市、隆市3个人民公社先后开通电话。20世纪70年代至90年代，人民公社（乡镇）自建通村电话网络，各生产大队（村）利用农村广播线路接通电话。1998年后，县电信、移动、联通公司分别在镇内建设移动电话基站共23个。2014年年末，镇内有电信营业厅1处，固定电话用户2800余户；移动通信网点2个，有移动用户33000余户；联通网点2个，联通用户11500余户。

供电饮水

供电 1956年6月，栗江镇开挖煤矿，架设松柏至栗江10千伏高压供电。1958年初，建立10千伏栗江变电站，建成栗镇线，全长3千米，镇上单位和居民用上国电。1963年7月，建立三塘义石机埠，装机容量75千瓦，1976年，线路延长到憩山、里鱼村，线路全长9千米，后更名为栗（江）近（尾洲）线。1961年3月，建立栗（江）西（山）线，栗江村鱼头湾机埠排灌，装机容量28千瓦，余领（群力）机埠排灌，装机容量55千瓦，线路全长8千米。1976年，因栗江铜矿开挖而建栗铜线，全长23千米。1978年，建立栗（江）煤（矿）线，全长17千米。同年，在栗江入湘江处修建栗江发电站，先后装机3台，总装机容量276千瓦（2台125千瓦，1台26千瓦）。1995 年，机组改造，新增机组 26 千瓦，实施并网发电。1999 年，国家启动农网改造工程，西山、新桥、打石等村分批次实施农村农网改造工程。2014 年，11 月，因湘江土谷塘航电枢纽工程的建成，湘江水位大幅抬升，栗江发电站被淹，实施永久性关停退出。2014 年年底，全镇 43 个村，5 个社区全部实施农网改造工程。新架 10 千伏线路共 4 条，分别为栗镇线、栗煤线、栗铜线、栗西线，总长度为 120.788 千米；配变压器 159 台，总容量 19490 千伏安；改建 0.4 千伏和 0.2 千伏线路共 613.87 千米；总用电户 19287 户，供电率 100%。

饮水 1949—1989 年，镇区生产生活用水以取地表水和井水为主。1990 年，建栗江镇自来水厂，日供水 200 吨，供水主管网长 6 千米。1991 年，建隆市自来水厂，日供水 200 吨。2009 年，建栗江镇新自来水厂，日供水 300 吨，供水主管网 15 千米。至 2014 年年末，全镇有自来水厂 2 座，日供水 500 吨，供水主管网 22 千米。在满足城镇居民饮用水的前提下，还延伸镇村周边的栗江村、白洲村、田洲村、隆市村、长坪村、梅峰村。

水利建设

1949 年，政区内仅有水塘 100 余口，总蓄水量约 60 万立方米。1953—1957 年，新修水塘 1600 口，蓄水量增加 180 万立方米；新修小（二）型水库 11 座，蓄水量 140 万立方米；小（一）型水库 1 座（四升水库），蓄水量为 380 万立方。1960—1970 年，新修小（二）型水库 18 座，小（一）型水库 2 座，其中：长冲水库蓄水量 360 万立方米，青峰水库蓄水量 120 万立方米。20 世纪 80 年代后，至 2013 年，水利建设的重点是整修塘、库和疏通灌溉渠系。共硬化山平塘 450 口、渠道 35 千米，对应头塘、两头塘等 7 座一般小（二）型病险和四升水库大坝、青峰水库、长冲水库等小（一）型水库大坝实施除险加固。2014 年年末，镇内共有小（一）型水库 3 座、小（二）型水库 29 座、水塘 3700 口，总蓄水量 4020 万立方米，防洪闸 3 处，渠道 14 条，渡槽 29 座，共长 114 千米。

镇村建设

栗江历史悠久，为千年古镇。20 世纪 50—70 年代，建设 2 条街道。80 年代后，城镇建设提速，城区面积不断拓展。2006 年起，启动社会主义新农村建设，重点改造农村水利、电力、道路、饮水等基础设施，全镇 80% 以上的农户均建成 2~4 层不等面积在 200 平方米以上的新房，村组无土砖茅草房。2011 年，对农村环境卫生实行综合整治，建设美丽乡村。2012 年，为实现栗江镇城镇扩容提质和解决 065 县道栗江街拥堵问题，在鲁班桥上游新建一座太古桥，太古桥两端接线公路长 1.68 公里，在接线公路两厢实施栗江新区开发。至 2014 年，全镇农村道路硬化率为 100%，电网改造率为 85%，环境卫生达标率为 95%，农村安全饮水率达 100%。城区面积达 2.2 平方公里，有双岭街、人和街、纸槽街、炉铺街、学宛路、滨江路 6 条街道，新建房屋 530 余栋，总建筑面积 12 万余平方米，形成集教育文化、商贸服务、医疗卫生、交通通信于一体、功能较为完备的现代小城镇。同年，荣获住建部评选的全国小城镇建设重点镇。

社会事业

教育科技

清代、民国初年，以儒学教育为主，多系私塾、蒙馆。中华人民共和国成立后，重学氛围浓厚。1957 年，境内有各类学校 30 所，其中完小 8 所。

1958年，栗江完小、隆市完小、檀市完小开设初中班。1962年，独立设办栗江初中、隆市初中、檀市初中、衡南七中等4所初中。1971年，衡南七中开设高中班，1988年撤销。1975年，镇内又开办隆市五七中学、檀市五七中学。1985年，分别合并至隆市、檀市两所初中。1996年，栗江初中与衡南七中合并，新校址设衡南七中。1997年，隆市中学从原大泉村搬迁至隆市街（原隆市镇机关办公楼）。先后对隆市、长坪、上伎、大泉、赤土、打石、石滩、新桥、陇洲、白洲、西山、余岭、憩山、林泉、青田、田洲、五龙、青峰、柘田、中和20所小学，隆市初中、檀市初中、衡南七中3所中学校舍进行改造，新增建筑面积达1万平方米。1998—2008年，全镇撤并小学20余所。2010年，投资180万元新建隆市完小教学楼1680平方米。2011年，投资120万元新建檀市中学教学楼1200平方米；投资350万元整体搬迁林泉完小。2012年，投资180万元新建大泉教学楼及学生宿舍。2013年，投资150万元新建隆市中学宿舍；投资80万元新建石滩完小教学楼800平方米。2014年，投资120万元新建衡南七中学生宿舍1200平方米；投资40万元新建新月完小学生食堂；投资30万元新建石滩完小学生食堂。至2014年，全镇幼儿教育发展迅速，民办幼儿园从无到有，先后创办博雅、甜甜、蓝天、隆兴、金太阳、红领巾6所幼儿园。2014年年末，全镇有小学13所,在校学生3269人,在职教师232人；中学3所，在校学生1657人，在职教师112人；初中适龄少年入学率、小学升初中升学率、九年义务教育完成率、覆盖率均达到100%。在园幼儿1300余人，学前三年入园率达98.4%，学前一年入园率达100%。

文化体育

清代、民国时期，境内民间有龙灯、狮舞、唱戏、赛龙舟等习俗。1953年6月,区设立文化站，进行各种文化活动及辅导工作。1968年，建立栗江区广播站。1970年10月，公社建立电影放映队，在农村巡回放映。1972年，建立公社广播站，并相继架设大队和街道广播线路，喇叭入户率20%。1978年后，民间文化活动开始繁荣，各村（居）相继成立各类文艺演出队。1994年10月，建成栗江镇有线电视台。2000年，组成龙舟队3支，端午佳节邀请常宁市柏坊镇龙舟队联赛，沿河两岸观看人员近千人。2005年，有线电视台改称栗江镇广播电视站，2014年年末，全镇有花鼓戏团一家、腰鼓队4支，军乐队2支、广场舞队5支，有业余演艺人员368人。数字有线电视用户3236户，无线数字电视用户4248户，入户率达71.2%。43个行政村都建有农家书屋，藏书8万余册。43个村和3个居委会均设有远教站点。

医疗卫生

民国时期，境内缺医少药，治疗病患者以中草药为主。中华人民共和国成立后，医疗卫生事业不断发展。1950年10月，成立栗江卫生所，开展中、西医业务，70年代，卫生所更名为栗江地区医院，各公社相继成立5个卫生院，各大队设立赤脚医生和妇幼保健员，推行新法接生。1995年，乡镇体制改革，蒸市、卿云公社医院划归近尾洲镇管辖。1996年，栗江地区医院经省卫生部门评定为一级甲等医院，并更名为栗江中心医院。1998年4月，乡镇卫生体制改革，栗江中心医院与栗江公社卫生院、卫生协会、药物组等单位合并，总称栗江中心卫生院；檀市公社医院、隆市公社医院分别更名为栗江中心卫生院檀市分院和隆市分院。2006年，启动新型农村合作医疗，当年参加新型农村合作医疗38308人，参合率为77.84%，此后参合人数逐年递增。2009年，镇中心卫生院整体新建，2010年，进行整体搬迁，现医院有业务用房3100平方米，床位80张，医务人员74人，医疗功能科室齐全，是栗江及周边乡镇的医疗、保健中心。2014年，境内有栗江镇中心卫生院、檀市分院、隆市分院3个医疗卫生机构，门诊部13个，有床位220张，固定资产总值3000万元；有专业卫生人员168名，其中执业医师45人，注册护士63人，在册乡村医生47人。年末参加新型合作医疗56137人，参保率99.37%。

社会保障

"五保"供养 20世纪60年代起，对孤寡老人和无劳动能力的残疾人实行"五保"，其生活费由所在生产队统筹。80年代后，"五保"供养纳入镇统筹，先后建成栗江镇敬老院、檀市乡敬老院、隆市乡敬老院。1995年撤区并乡后，原檀市乡敬老院、隆市乡敬老院、栗江镇敬老院合并为栗江镇敬老院，院址为原檀市乡敬老院，2000年，政府筹资50余万元对该院进行改扩建，至2014年年末，全镇有"五保"老人271人，集中供养33人，分散供养238人。为进一步改善五保老人的居住条件，栗江镇拟新建一座占地1200余平方米，总投资280万元的高标准现代化敬老院，现已办理选址、立项、用地、规划、环评等手续。

医疗救助 2006年起，实施城乡居民大病医疗救助。救助对象主要为罹患恶性肿瘤、白血病、尿毒症等大病的城乡低保户、"五保"对象。2014年，共救济困难家庭精神病人50人次，直接为患者提供补助资金60余万元。

最低生活保障 1999年10月，启动城镇居民最低生活保障，并对低保对象实行动态管理。2005年，有城镇最低生活保障对象151户、220人，年人均639元，支出总金额14.05万元。2007年7月，启动农村居民最低生活保障，当年有农村低保对象104户、403人，年人均367元，支出总金额14.78万元。2014年，境内农村最低生活保障对象1035户、1992人，支出260.26万元，年人均1307元，城镇最低生活保障对象345户、602人，发放低保金163.22万元，年人均2711元。

养老保险 2011年7月，启动城乡居民社会养老保险。是年，镇内城乡居民参保人数2000人，参保率68.62%，征缴养老基金200万元，为7264名到龄居民发放7—12月养老待遇72.98万元。2014年年末，城乡居民参保人数为1651人，参保率7.21%，征缴养老基金17.81万元，为8871名到龄居民发放养老待遇627.69万元。

特色地情

风景名胜

王氏宗祠 国家级文物保护单位，位于境内南部的大渔村，距县城35公里。原名崇本堂，始建于北宋嘉祐六年（1061），明永乐十二年（1414）重建，名为"王氏宗祠"，占地面积1950平方米。宗祠保留了明、清时期的建筑特点和风格，部分构件系明代原物，其中48根石柱和石件上的雕刻、木构件上的彩绘丰富精美。王家祠堂不仅保留穷工极巧的古建筑艺术，书法亦可谓异彩纷呈。"衡阳第一家"五个大字为衡州知府史中所书，白底黑字，浑厚沉雄，奇伟秀拔。配以"古今忠孝门第，世代耕读人家"的楹联，更添光彩。"子姓星繁，百里奎光聚处；寝堂云净，四郊野色入来""春草池塘，一派渔溪新绿水；画堂燕子，千年王氏认乌衣"等20多副柱联均出自明清以来尚书、状元、内阁中书、刺史、知府等名流之手，是上乘的书法艺术精品。

西山寺 坐落在栗江镇西北约3公里的西山，始建于公元405—509年，后经历代扩建，至清

王氏宗祠

乾隆年间（1736—1795）已建有三栋佛殿、地藏殿、钟鼓楼、藏经楼、颂德楼、新老僧房 108 间等。抗日战争时期，船山中学师生迁至西山寺。“文化大革命”期间，西山遭受毁灭性的破坏，三大佛殿和藏经楼、地藏殿、颂德楼及僧房全部被拆毁，仅存藏经楼矮房和地藏殿小房各两间，其余片瓦无存。西山寺于 2000 年开始重修，2014 年年末，已建成三大佛殿，藏经楼、钟鼓楼、地藏殿、颂德楼及 108 间僧房也得到部分恢复。

名优特产

栗江素有“鱼米之乡”的美称，水藕、荸荠为栗江的名优特产。近年来，先后创建湖南绿贝科技生物有限公司的“乡贝”牌系列食用菌，湖南广林农业科技公司的“有机玫瑰精油”等品牌。

（文字供稿：李美英　图片供稿：刘爱成）

近尾洲镇 >>

区域概况

位置面积

近尾洲镇因省重点水利工程近尾洲水电站得名。地处县境西南部，东邻栗江镇，南与常宁市江河乡接壤，西与祁东县粮市镇为邻，北靠茅市镇，处于三县交界处。镇政府驻蒸湘居委会，距县城云集50公里。辖区南北最大直线距离8.5公里，东西最大直线距离13公里，总面积84平方公里。

建置沿革

清属清泉县，民国属衡阳县，中华人民共和国成立后，1949年10月，属衡阳县第一区；1952年7月，衡阳县、衡南县分设后，属衡南县第十区；1955年6月，撤区并乡，分为蒸市乡、卿云乡；1961年3月，分置蒸市、卿云2个人民公社；1984年撤社建乡，分为蒸市乡和卿云乡；1995年5月撤区并乡建镇，蒸市乡、卿云乡合并设立近尾洲镇。

行政区划

1995年年末，政区辖2个居委会，33个行政村；下设9个居民小组，403个村民小组。2014年年末，辖蒸湘、近尾洲2个社区和蒸市、羊角、双合、沿途、中渔村、福元、荷隆、八宝、胜利、红叶、义仁、满坪、朱雅、中直、扶竹、沙塘、兰秀、东冲、合家、三合、新育、同善、义山、龙门、卿云、大梓、泥滩、湘水、泮水、管山、楠木、清江、临江共33个行政村。

自然环境

镇域属山地与丘陵结合区。北部为丘陵，西北部多山，地势西北高东南低，全境属大陆性亚热带季风湿润气候区，气温四季分明，无霜期长。年平均气温18.5℃，1月最低，日均气温5.6℃，7月最高，日均为35.8℃。雨季旱季明显，年平均降水量在1100毫米以上，极端年最大降水量1600毫米（1974年），极端年最少降水量900毫米（1963年）。常年主导风为北风，夏季多东南风，并有雷电气象。境内土壤分为水稻土、黄壤土、紫色岩三大类。全境有湘江及管山河等主要河流，总长12公里。

人口民族

1982年，辖区总人口20159人。1990年，为25436人。1999年年末，辖区总人口28771人，人口出生率11.09‰，人口死亡率7.55‰，人口自然增长率3.54‰。2010年，辖区总人口32222人，人口出生率13.09‰，人口死亡率5.61‰，人口自然增长率7.48‰。2014年年末，总人口为31276人，其中男性16770人，占53.62%；女性14506人，占46.38%。人口出生率为12.27‰，死亡率为4.69‰，自然增长率为7.58‰。人口以汉族为主，少数民族人口16人。人口密度为每平方公里372人。

经济发展

经济综述

2007年，农民人均纯收入达3550元，2008年，全镇国民生产总值为1.24亿元，人均纯收入为3456元，财政税收共完成516.5万元，其中耕地占用税2万元，契税1.5万元，国税10万元，地税504万元。粮食总产量为13560吨，出栏生猪45000余头。2014年，完成税收250万元，其中国税20万元，地税230万元。2014年，有耕地面积1546.67公顷，其中水田1240公顷，种植水稻1400公顷，总产1.8万吨，油菜400公顷，产菜籽1500吨，蔬菜733.33公顷，总产2800吨。2014年年末，全镇出栏生猪3.0万头，出笼家禽35万羽，出塘水产品1200吨，养殖业总产值8010万元。

农业

种植业 民国时期，由于生产条件落后，加之干旱缺水，粮食平均亩产不足200公斤。中华人民共和国成立后，改善生产条件，粮食增收。1957年，亩产达到240公斤。1958年后三年粮食严重减产歉收。1961年，调整公社规模，解散公共食堂，实行以生产队为核算单位和执行按劳分配政策；与此同时，改进耕作技术，扩大双季稻种植面积，农业生产持续发展。1969年，双季稻种植面积达1066.67公顷，占水田总面积的80%，两季平均亩产375公斤。1976年，试种杂交晚稻5公顷，亩产310公斤，比常规晚稻每亩增产110公斤。此后逐年扩大种植面积。至1983年，杂交晚稻面积达到113.33公顷，占水田总面积的90%，亩产提高到400公斤。1990—2006年，全镇水稻年种植面积稳定在1267公顷左右，亩产约800公斤，年总产量1.6万吨。

养殖业 境内历来有养殖禽畜习惯。民国时期，由于多数农户家庭生活困难，禽畜饲养数量极少。中华人民共和国成立初，养殖业有所发展，禽畜产量逐渐增多。1958—1961年，一度禁止农户养猪养鸡。1962—1980年，耕牛、鱼类由生产队集体放养，生猪饲养允许公私并举，故产量较前有较快发展。1982年实行土地承包经营责任制后，养殖业快速发展，陆续出现一批规模化、专业化养殖户。1990年，全镇人平养猪0.3头、鸡4羽；鲜鱼产量亦大幅提升，亩均水面产鱼由1980年的48公斤提高到135公斤。1991—2012年，养殖业持续发展。先后有大梓、义山、荷隆3个专业养殖场建成投产。

林业 境内有林地面积2746.67公顷。1956年以前，山林权属为农户私人所有。1958年，“大办钢铁”，大部分森林被破坏。此后，林权收归集体经营。1982年，实行土地承包经营，林权放归农户管理。经过历年实施植树造林、封山育林、退耕还林等一系列措施，森林覆盖率逐年提高。2009年，为林地承包户全部换发全国统一的林权证。2014年，全镇森林覆盖率为49.5%，林木绿化率27.3%。

工业

镇域因地处偏远，自然资源贫乏，工业发展一直比较缓慢。至2014年，有国营企业1个、民营企业13个，从业4100余人，主要产业有农产品加工、食品加工、建筑建材、锯木家具、服装制鞋和化工产品等，其中建筑材料和硫酸铜为主导产品，年总产值为3067万元。近尾洲水电站坐落境内，由大坝、发电厂房和船闸三大建筑物组成，坝顶高程76米，大坝全长810米；发电厂房安装有三台由奥地利制造的灯泡贯流式水轮发电机组，单机容量为21.06兆瓦，总装机容量63.18兆瓦，设计年发电量2.92亿千瓦时。水电站于1994年9月开工，1997年9月因故停工，1999年12月26日工程复工，2000年12月15日下闸蓄水，2001年3月26日因库区移民施工需要，水库放空，2002年1月18日水库第二次蓄水，2002年3月1日三台机组全部投产发电，2002年7月工程主体部分全部完成，是年10月竣工。2014年，近尾洲水电站发电量2.6亿千瓦，实现产值9500万元，上缴税利近3000万元。

商贸服务业

民国时期，境内蒸市村沿湘江西岸的老街设为集市，有店铺30多家，为衡南西南部较大的农副产品集散地。1953年，镇上有私营商业、饮食业60户，从业人员200余人。1956年，完成对私营商业的社会主义改造后，组建成2家公私合营商店、5个商业合作小组。在此之前，先后建立区供销合社、粮油购销站、肉食水产品购销站以及粮油储运库等商业机构，共设有购销门店网点10余个。1958—1962年，一度取消集贸市场，禁止集市贸易。1962年恢复，但对销售的商品仍有所限制。1978年，境内有国营、集体商业网点12个，集贸市场1个，社会消费品零售总额120万元（当年价）。1982年后，实行改革开放，在发挥国营集体商业主渠道作用的同时，适当发展个体私营商业。至1990年，有个体商户70余家，从业人员130余人，主营日杂百货、纺织品、餐馆和各类车辆维修等行业。1995年后，在商业改革的大潮中，国营、集体商业逐渐淡出流通市场。2001—2007年，先后完成对国营、集体商业的改革改制，民营商业成为商品流通领域的主渠道。2011年年末，共有商业网点200余个，从业人员560余人，社会商品销售总额达905万元。2014年年末，全镇有各类民营商业户150余家，超市4个，从业人员共1780人，主营日用百货、文化用品、家具家电、建筑建材、餐馆、旅馆、服装皮具、美容美发和车辆维修等，年社会消费品零售总额8560万元；有集贸市场1个，年交易额3650余万元。

财政金融

财政　中华人民共和国成立后，镇财政收支由财粮委员或秘书监管。1953年，各种税收建立代征、协税组织。1961年，成立协税委员会。1984年，成立乡财政所。2004年，农村税费改革，国家取消农民上缴农业税和农林特产税。2011年，全镇财政总收入109万元，总支出109万元，比上年增长18%。2014年年末，全镇公共财政总收入450万元，公共财政总支出1130万元，年末债务总额680万元，主要为服务“三农”项目资金、镇村转移支付、行政管理费。

金融　中华人民共和国成立之初，成立信用合作社。2009年，建立中国邮政储蓄银行近尾洲镇营业厅。2014年年末，镇内有金融机构2家，各项存款余额1.9亿元，贷款余额1700万元。

基础设施

交通运输

公路　20世纪60—80年代，分别建成近尾洲镇至栗江镇、近尾洲镇至茅市镇的县级公路，其中近尾洲镇至栗江（栗近线）公路，共长11.5公里。近尾洲镇至茅市镇(近茅线)，全长15.6公里。2002—2013年，实施乡村道路改造提质和水泥硬化工程，实现村村通水泥路，总里程220公里。2014年年末，镇内有县道2条，村道16条，总长240公里。

客运 1964年，省汽车运输公司衡阳分公司（以下简称“湘运”）辟衡阳汽车西站至蒸市班车，蒸市设汽车站，日往返四趟。1983年，开放市场，始有个人购车加入社会营运，客车以小型为多，招手即停，俗称“方便车”。1988年，民营车队开通蒸市至衡阳市区客运班车，日客运量300余人。2002年，新建近尾洲镇客运站投入运营。2005年，开通近尾洲义仁村至县城云集班车。2014年年末，镇内有客运站1个，客运车辆6台，日客运量650余人。

货运 中华人民共和国成立初期，镇内货运由“湘运”包揽，集市贸易交流大多靠肩挑和独轮车运。20世纪70年代，原人同公社农机站购有拖拉机，农闲时跑短途运输。1983年后，私人购车加入，承担镇内部分货物运输。随着当地民营货运业不断发展，“湘运”货运逐渐退出。至2014年，镇内有货运车辆37台，总吨位350吨，年货运量30万吨。

邮政通信

邮政 1952年7月，境内成立蒸市乡、卿云乡邮政所，投递报刊、书信等业务，邮件由邮递员直接投递乡政府及沿途所经过的村组。20世纪60年代起，在人民公社（乡）的部分生产大队（村）设邮政投递点，自行车作为邮件运输和投递的工具。2014年，镇内有邮政所1处，代办点8个，投递单程总长度9.5千米，投递点33个，乡村通邮率100%。

通信 1953年，近尾洲始通电话。1962年，蒸市、卿云2个人民公社先后开通电话。20世纪70—90年代，人民公社（乡镇）自建通村电话网络，各生产大队（村）利用农村广播线路接通电话。1998年后，县电信、移动、联通公司分别在镇内建设移动电话基站。至2014年年末，有电信、移动、联通网点各1个，固定电话用户862户，移动用户22270户，联通用户10510户，互联网用户268户。

供电饮水

供电 中华人民共和国成立初期，电力资源紧缺，老百姓家庭用松油、蜡烛或煤油灯照明。至20世纪60年代末，少部分单位、企业或大队有柴油机组发电，用于生产和生活。1976年，架通栗江至近尾洲线路全长9千米，政区街道居民用电时有时停，农村用电紧张。2002年，近尾洲水电站三台机组正式发电，全镇17个村、2个社区、402个村居民小组全部供电，有用电户11343户，供电率100%。

饮水 1949—2013年，镇区生产生活用水以取地表水和井水为主。2014年年末，有城区自来水厂1座，生产能力2000吨/日，居民饮用自来水普及率96%，村民自来水饮用普及率31%，供水管道3千米。

水利建设

中华人民共和国成立后，人民政府组织群众兴修水利，抗御干旱。1953—1957年，整修扩建山平塘652口，蓄水量增至1027.8万立方米。1960—1970年，建成小（二）型水库9座，分别为孝弟冲水库、桃子坪水库、自力水库、黄泥塘水库、过水塘水库、蔡家皂水库、岩英岭水库、羊角水库、四清水库，总蓄水量约为190万立方米。1984年，建成联合水库，总蓄水量300万立方米。20世纪90年代，至2012年，将水利建设重点放在山塘清淤、渠道硬化防渗和水库除险加固上。共完成山平塘清淤防渗336口，硬化田间渠道19条，总长20.3千米。2014年年末，全镇有小（一）型水库1座，小（二）型水库11座，山平塘1693口，总蓄水量1570万立方米，基本保障镇村生产生活用水。

镇村建设

中华人民共和国成立初期，卿云乡沿马路设街，沿街两旁建有民居茅草房数栋。20世纪60年代后，乡内设供销社、食品站、邮政点等十多个单位，先后建有营业房，办公房等，城镇建设有所发展；至1980年，街道路面坑坑洼洼，房屋陈旧，城区建设发展缓慢。20世纪80年代后，先后建成建荣小区和近尾洲镇综合农贸市场，其中：建荣小区新建住房430余栋，总建筑面积10余万平方米。2006年起，启动社会主义新农村建设，重点改造农村水利、电力、道路、饮水等基础设施，投资1500万元改造街道基础设施，完成硬化路面2.1公里，修建排水管网5.3公里，安装路灯100余盏，政区面貌一新。全镇80%以上的农户均建成2~4层的红砖青瓦小楼房，村组基本无土砖茅草房。2011—2013年，对农村环境卫生实行综合整治，建设美丽乡村。至2014年，全镇通村道路硬化率为100%，电网改造率为100%，环境卫生达标率为91%，农村安全饮水率达100%。行政村、社区都有办公用房。

社会事业

教育

境内清代多为私塾，民国初年改私塾为新式教育。中华人民共和国成立后，利用祠堂作学校发展农村小学教育，同时开办农民识字夜校，扫除青壮年文盲。至1957年,境内有完全小学2所，初级小学17所。1969年，按照一个大队办1所小学、一个公社办1所中学的布局。是年，境内有小学33所，初中2所。1992—2006年，重点搞好中小学危房改造，建设合格学校。全镇完成改建新建校舍面积4700平方米，占校舍总面积的33.8%。与此同时，为整合教育资源，提高教育质量，将原有33所小学合并为6所、中学合并为1所。2014年末，全镇有幼儿园1所，在园幼儿366人，专任教师8人；小学6所，在校学生1470人，专任教师130人；初中1所，在校学生830人，专任教师76人；有蒸市初级中学、蒸市中心小学、泮泥小学、管山小学、八宝小学等7所合格学校。

文化体育

清代、民国时期，境内民间有龙灯、狮舞、唱戏等习俗。中华人民共和国成立后，社会主义文化阵地日益壮大。1953年6月，乡设立文化站，在农村中进行各种文化活动及辅导工作。1957年12月起，县电影队在农村巡回放映，各生产大队部设有文化活动室、业余宣传队，开展不同形式的文艺活动。1970年10月，人民公社建立电影放映队，更进一步为基层文化服务。1994年10月建成近尾洲镇有线电视台，2005年，改称近尾洲镇广播电视站，开通数字网络电视节目，村民文化生活更加充实。至2014年，数字有线电视用户1200余户，地面卫星接收用户3210余户，当年，举办第一届社区文化节，参加活动人员达1500人。是年末，有文体站1个，职工8人，村（社区）文化活动中心26个，33个行政村建成农家书屋，有图书42566册；33个行政村和2个社区均设有远教站点。有腰鼓队2支，军乐队3支、广场舞队5支，业余演艺人员近100人。

医疗卫生

民国时期，境内民间有中医、中药铺数家，农村普遍缺医少药，患者治病素以草药为主，病人就医不便。中华人民共和国成立后，医疗卫生事业发展较快，1956年，建立乡医院，各村设有

医疗点。1958 年，建立人民公社卫生院，诊治以中医为主、西医为辅，各大队配有赤脚医生和保健员各 1 人，普及新法接生，指导科学育儿和计划生育。1986 年，镇卫生院达到国家规定建设标准，中医、西医并举，配有 X 光透视、心电图、血检、尿检等多种仪器，开设各种慢性疾病门诊和住院治疗，患者看病便利。2006 年 1 月，启动新型农村合作医疗，当年参加新型农村合作医疗 20374 人，参保率达 81.54%，此后参合人数逐年递增。2014 年，境内有乡镇卫生院 1 所，防疫所 1 所，村卫生室 22 所；病床 36 张。专业卫生人员 33 人，其中执业助理医师 18 人，注册护士 7 人，平均每千人拥有卫生技术人员 0.13 人、执业（助理）医师 0.29 人、注册护士 0.29 人。是年年末，参加农村医疗保险 26597 人，参保率 99.37%。

社会保障

“五保”供养 1959 年起，对孤寡老人和无劳动能力的残疾人实行“五保”（保吃、穿、住、治病、丧葬），其生活费由所在生产队或生产大队统筹。20 世纪 80 年代后，纳入乡镇统筹。2005 年起，城乡“五保”对象享受城乡最低生活保障待遇，其供养经费由县财政拨付。2009 年，成立敬老院，占地面积 3 亩，工作人员 3 人。2014 年年末，全镇“五保”供养对象为 216 人，其中集中供养 38 人、分散 178 人。年人均 2900 元（不含衣服和医疗费），总金额 62.64 万元。

医疗救助 2006 年起，启动城乡居民大病医疗救助。救助对象主要为罹患恶性肿瘤、白血病、尿毒症的城乡低保户、困难户。2014 年，共救助 1311 人，救助总金额 68.24 万元。

最低生活保障 1999 年 10 月，启动城镇居民最低生活保障，并对低保对象实行动态管理。2005 年，有城镇最低生活保障对象 32 户、46 人，年人均660元，支出总金额3.04万元。2007年7月，启动农村居民最低生活保障，当年有农村低保对象 70 户、226 人，年人均 368 元，支出总金额 8.31 万元。 2014 年，境内农村最低生活保障对象 679 户、1090 人，支出 147.26 万元，年人均 1351 元，城镇最低生活保障对象 64 户、138 人，发放低保金 47.71 万元，年人均 3457 元。

养老保险　2011年7月起，启动城乡居民社会养老保险。当年，全镇参保人数12808人，参保率100%；征缴养老金136元，为4341名到龄居民发放养老待遇34.79万元。2014年年末，参保17747人，参保率100%；征缴养老基金181.26万元，为5282名到龄居民发放养老待遇金370.22万元。

特色地情

名优特产

洲江莲　种植面积千余亩，年产莲子20吨以上，莲子颗粒大，香甜。是一味很有价值的中药，为滋补元气之珍品，老少皆宜，具有补脾、益肺、养心、益肾、固精等功效。

风景名胜

莲湖湾国家湿地公园　位于近尾洲镇水电厂上游，由湘江一支经近尾洲镇合家、新育、清江、管山等村的支流形成，水质清澈，达到国家一类饮用水标准，区域面积约30平方公里，其中湿地面积6.3平方公里。公园境内每年六月起千余亩莲花绽放，波光粼粼，赏心悦目。湿地公园内的莲湖湾农庄，每年接待游客3万人以上，成为远近闻名的农村休闲旅游观光景点。湿地公园内渔业资源十分丰富，除草、鲢、鳙、鲤四大家鱼外，还有其他一些非常珍贵的鱼类。

（文字供稿：唐星星　图片供稿：谢兵）

车江镇 >>

湖南省城乡统筹建设示范镇、湖南省安全生产示范单位、湖南省楹联文化之乡。

区域概况

位置面积

因湘江水流到此，受斯林村鹅公咀小洲阻挡，回流至上游友谊村折南顺流而下，故有“江水滔滔，车回轮转”之说，车江由此得名。车江镇地处衡阳市南郊，衡南县中部，东与衡阳市珠晖区东阳渡镇隔江相望，南连松江镇、云集镇，西邻硫市镇，北接雁峰区岳屏镇。镇人民政府驻车江村，距县城 12 公里，距衡阳市中心仅 16 公里。辖区东西最大距离 11.6 公里，南北最大距离 10.3 公里，总面积为 97.68 平方公里。

建置沿革

车江镇历史悠久，在清乾隆年间（1736—1795）属于二十八都。民国时期，属衡阳县第一区。1949 年 10 月，中华人民共和国成立后，属衡阳县第一区；1952 年 7 月分县后，属衡南县第八区；1953 年 2 月，成立车江镇；1955 年 6 月，改为车江区。1958 年，与铁市乡合并，成立友谊人民公社，1959 年 2 月，改为车江人民公社；1960 年 2 月，车江镇与车江公社分开；1961 年 7 月，恢复车江区，下辖车江、铁市、长岭、石塘、松柏 5 个乡和车江镇。1984 年 4 月，坪田、新田、兴隆、沿江四个村划归衡阳市郊东阳乡管辖。1995 年 5 月，撤区并乡建镇，铁市乡、石塘乡并入车江镇。1996 年 6 月，衡南县设立云集镇，从车江镇划出 16 个村到云集。2001 年 5 月，又将文昌、斯林、福龙、山田 4 个村划至衡阳市雁峰区岳屏镇。

行政区划

1995 年年末，政区辖 4 个社区，28 个行政村；下设 12 个居民小组、309 个村民小组。2014 年年末，辖友谊、福泉、大桥 3 个社区和恒星、新发、沙龙、上龙、双龙、花桥、高田、友谊、长合、宣陂、雷祖峰、金星、振兴、霞山、丰富、胜利、金马、樟树、车江、唯一、古城、神龙、铁市、白水等 24 个行政村，下设 269 个村民小组。

自然环境

辖区地处衡阳盆地中心，地势西高东低，地形以丘陵为主。辖区属亚热带湿润季风气候，每年平均气温 17.8℃，最低月均气温 5.3℃，最高月均气温 29.8℃。生长期年平均 258 天，无霜期年平均 287 天，年平均日照时数 1695.3 小时，年平均降水量 1268.8 毫米。境内河道主要有湘江，流域面积92平方公里，年均流量1060立方米/秒；湘江一级支流车江，总长33千米。

人口民族

1999年年末，辖区总人口42499人，人口出生率11.58‰，人口死亡率7.93‰，人口自然增长率3.65‰。2010年，辖区总人口42305人，人口出生率13.64‰，人口死亡率7.84‰，人口自然增长率5.80‰。2014年年末，镇域总人口为56695人，其中，男性29866人，占52.68%；女性26829人，占47.32%；常住人口为47798人，常住人口中，城镇居民为6896户、18416人；农村居民为7107户、29382人。人口密度为每平方公里446人。

经济发展

经济综述

2007年，地区生产总值为6.7亿元，财政总收入为453万元。其中国税52.2万元、地税79.3万元。农民人均可支配收入达4528元。全年实现工业增加值1.05亿元，实现税收558万元。2008年，完成工业总产值1.26亿元，实现国地两税总收入582万元，其中国税67万元、地税515万元。全镇农民人均可支配收入达6189元。2014年，完成财税任务690万元，其中国税160万元，地税530万元。全镇农民人均可支配收入达8050元。2014年，境内有耕地面积2200公顷，人均533.33公顷，水稻种植1933.33公顷，产量2.3万吨；油菜种植2066.67公顷，产量1550吨；蔬菜种植556公顷，产量33400吨，主要品种有辣椒、番茄、白菜、茄子、空心菜等；农业总产值3.4亿元。

农业

种植业 粮食作物以水稻为主，主要经济作物有油菜、芝麻、大豆、玉米、蔬菜等。1960年后，连续两年粮食减产。1976年1月，推广杂交水稻，平均亩产315公斤，比常规水稻每亩增产110公斤。1977年8月，大力推广杂交优质水稻，至1979年，杂交水稻平均亩产提高到405公斤。1980年3月，实行包产到户政策；1984年9月，完善了田、土地承包生产责任制，农民种田积极性高涨。1990—2010年，全镇年水稻种植面积稳定在1866.67公顷左右，亩均产量约800公斤，产量约2.1万吨。

养殖业 养殖业以饲养生猪、家禽为主。民国时期，由于多数农户家庭生活困难，禽畜饲养数量极少。中华人民共和国成立初，养殖业有所发展，禽畜产量逐渐增多。1958—1960年，一度禁止农户养猪养鸡。1961年3月，允许社员在搞好大集体的前提下，搞些“小自由”，种点自留地，养猪养鸡。1962—1980年，耕牛、鱼类由生产队集体放养，生猪饲养允许公私并举，故产量较前有较快发展。1982年实行土地承包经营责任制后，养殖业快速发展，陆续出现一批规模化、专业化养殖户。1990年，全镇人平养猪1.5头、鸡6羽，鲜鱼产量亦大幅提升，亩均水面产鱼由1980年的40公斤提高到138公斤。1991年后，相继有平旺、凌丰、玉龙、神龙等十多个专业养殖场建成投产。2011年，渔业养殖面积176.67公顷，产量2300余吨。2014年，出栏生猪16.67万头，年末存栏5.2头；家禽年饲养量120万羽，年末存笼64万羽；渔业养殖面积306.4公顷，产量3900余吨；养殖业总产值1.5亿，占农业44.12%。

林业 1949年以前，林地为私人所有，1958年，林地收归公社集体所有。由于“大办钢铁”和“公共食堂”，林木遭受严重破坏。1963年，山林权属固定在生产队，20世纪70年代，镇内（铁市林场、红罗堰林场）先后创办一批社队林场，营造杉木林。1982年，大部分山地确权到农户后，村办林场还依然保留着，并采取集体造林，封山育林和禁止乱砍滥伐等护林措施，森林覆盖率逐年提高。至1997年，累计造林1473.33公顷。2002—2005年，实施“退耕还林”工程，营造生态林341.72公顷。2014年年末，全镇有林地面积4800公顷，其中南竹林地320公顷，茶油林地266.67公顷，经济林地158.67公顷等等，活立木蓄积量12.1万立方米，全镇森林覆盖率为48.2%。

工业

车江镇是衡南县工业重镇之一。1949年，镇内有铸铁铺、木匠铺和酿造坊等手工业作坊数十家。1951年，建立铁业联组，1956年，改为铁业合作社。1959年，由泉溪农具厂、车江机械厂和江口造船厂合并成衡南县农业机械厂，地方国营性质，后改为县连杆厂。1960年后，相继成立车江铜矿、县电线厂、县五金厂、县橡胶厂、县水箱厂、车江大米厂、文昌化工厂、县船厂和地区船厂等企业。其中车江铜矿创建于1960年，由衡南县工业局从县属红光、衡常、草塘铜矿和耐火材料厂及湘衡钨矿抽调部分职工组建而成，隶属湖南省冶金工业总公司，1962年，在调整中移交水口山矿务局。1965年，铁业合作社因政策调整而解散。1967年1月，车江铜矿从水口山矿务局划出，隶属省冶金厅领导。该矿先后2次对选厂进行技术改造，建成日处理铜矿石300吨，铅锌矿石150吨能力的两个生产系统，使企业获得较好的经济效益。1989年年末，有职工720人，固定资产原值818万元，年产铜金属含量527吨，铅锌金属含量2683吨，工业产值881.3万元，利税总额76万元。1990年后，国有、集体企业受市场经济影响，企业体制转型缓慢，吃大锅饭现象严重，企业一渡出现困境，效益下滑，人员下

衡南车江南方水泥有限公司新型干法水泥生产线

岗；1996 年 10 月，车江铜矿因效益差全面停产。20 世纪 90 年代，镇汽缸床厂等乡镇企业、民营企业逐渐兴办，弥补国有、集体工业经济的下行。2000 年起，镇内企业实行改革改制、挂大靠强、招商引资、产业合作等方式，相继成立车江南方水泥、金通高科模架、邦友化工、鸿发碎石、长合建材等 36 个有限公司，年总产值达 6 亿元，年创利税 5000 万元。2005 年 4 月，车江铜矿以矿山资源枯竭为由申请破产；同年 12 月，衡阳市中级人民法院宣布该矿依法关闭破产。2014 年，引进瑞鑫沥青、万庄实业、成源建材、鸿奕包装等 5 家有限公司，年新增产值约 1.5 亿元，新增税利 300 万元，新增就业岗位 200 个；年末，有国营企业 1 家、规模以上民营企业 4 家、规模以下民营企业 36 家，从业人员 7828 人，完成工业总产值 7.5 亿元，初步形成以水泥建材、精细化工、机械制造为主的产业重镇。

商贸服务业

中华人民共和国成立前，境内商业繁荣的圩场有车江、铁市、松柏 3 处，经营杂货肉食、烧酒、百货布匹、粮油食品，手工业品、生产工具等。1952—1956 年，先后设立车江区车江镇、铁市乡、石塘乡、松柏乡、长岭乡供销合作社、肉食水产站、粮油购销站及粮食储运库等，供应生产、生活资料和收购农副产品。1958—1961 年，一度取消集贸市场；1962 年后恢复，但对商品种类仍有限制。1962 年，设立公社供销分社。1982 年后，实行改革开放，搞活商品流通，个体商业逐渐发展。20 世纪 90 年代，民营资本进入市场，个体商户达 360 余家，从业人员 610 余人，主营日杂百货、纺织用品、餐馆和各类车辆维修等行业。1995 年后，在商业改革的大潮中，国营、集体商业逐渐淡出流通市场，2001—2007 年，先后完成对国营、集体商业的改革改制，民营商业成为商品流通领域的主力。2014 年，有商业网点 720 个，从业人员 1380 余人，主营日用百货、文化用品、家具家电、建筑建材、餐馆、旅馆、服装皮具、美容美发和车辆维修等行业，社会商品零售总额达 1.98 亿元。城乡集市 2 个，年交易额 1.67 亿元。

财政金融

财政 中华人民共和国成立后，乡镇财政由财粮委员或秘书兼管。1953 年，各种税收建立代征、协税组织。1961 年，成立协税委员会。1984 年，成立镇财政所，统管财政收支。1996 年，镇财政总收入 950 万元，主要为农业税、农业特产税和工商等税收；财政总支出 935 万元，主要为支援农业、上解县财政和行政管理费用。2004 年起，实行农村税费改革，国家取消向农户征收农业税（含附加）和农业特产税。当年全镇两项税金 281.17 万元，农民人均减少负担 61 元。2014 年年末，完成公共财政总收入 1539.4 万元，公共财政总支出 1523.2 万元，债务总额 320.51 万元。

金融 1952 年，境内成立中国人民银行车江营业所，管理金融业务。1954 年成立农村信用合作社（简称信用社）。1982 年，分别成立中国农业银行车江营业所，中国工商银行车江办事处。1985 年 1 月，撤销人民银行营业所，其金融业务移交农业银行营业所。2002 年，工行车江办事处撤销，其金融业务移交工行市城南支行管理。2009 年，建立中国邮政储蓄银行车江营业厅。2014 年年末，镇内有金融机构 3 家，年末各项存款余额 10.9 亿元，贷款余额 6700 万元。

基础设施

交通运输

公路 民国 36 年（1947），衡阳市至常宁县公路建成，大道路面为条石铺垫，路宽3尺，境内里程29.14公里；中华人民共和国成立后，经过多次改线、降坡加宽，1952年通行汽车；1955—1974年，掀起大建公路高潮，发动民工突击兴建公路，相继建成车江—硫市—栗江、万家山—新塘埠、新塘埠—石塘和长岭—青峰简易公路，路宽6.5米，总里程65.55公里。2006年起，全面进行公路建设和提质改造。泉南、岳临两条高速公路贯穿镇内，两线互通相接于境内花桥村，北连107国道、市外环线；东连万（家山）云（集）公路直到县城云集。通村公路主要有铁（市）高（田）线、铁樟（树）线、丰（富）雷（祖峰）线、沙（龙）胜（利）线、龙（龙山）峰（十牛峰）线等。在"十二五"期间已全面进行硬化提质改造，实现村村互通，总里程达100余公里。2014年年末，城区道路总长度12公里，人均拥有道路长度0.6米；城市桥梁3座，总长度2000米。主要过境市际班车有6路车（1963年开），承接云集、车江、衡阳之客运，日运行50车次，全年客运量200万余人；有松柏至衡阳班车，承接车江之客运；县际班车有云集至硫市，承接车江之客运。

水路 境内有湘江流经，1958年，车江港改造老码头，首建斜坡式码头四座。1989年，车江港口年吞吐量超过1万吨，后经历年改建，有大塘、六家桥、大米厂码头3处，累计货场2000平方米，常年可泊100吨以下船舶，年吞吐量8.5万吨；2014年，上游土谷塘水电站坝建成后，常年可泊1000吨级船舶，年吞吐能力增加5倍以上。

邮政通信

邮政 民国3年（1914），设车江邮局。中华人民共和国成立后，1951年6月，设车江邮政代办所，邮件由邮递员直接投递乡政府及沿途所经过的村组。20世纪60年代起，在人民公社（乡镇）的部分生产大队（村）设邮政投递点，自行车作为邮件运输和投递的工具。2014年，镇内有邮政网点8个，投递点236个，乡村通邮率100%。

通信 1962年12月，车江始通长途电话，是县内第一批开通长途电话的乡镇之一。20世纪70年代至90年代，人民公社（乡镇）自建通村电话网络，各生产大队（村）利用农村广播线路接通电话。1996年起，在车江建设程控电话网络。1998年后，电信、移动、联通公司分别在镇内建设移动电话基站。2014年年末，镇内有电信营业厅24个、移动营业厅5个、联通营业厅3个；共建移动基站10个，信号覆盖率为99%；有固定电话用户3400户，移动电话用户22300户，联通电话用户9100户，互联网端口总数4800个，宽带接入用户4300户。

供电饮水

供电 中华人民共和国成立初期，电力资源紧缺，老百姓家庭用煤油灯或蜡烛照明。至20世纪60年代末，少部分单位、企业或生产大队有柴油机组发电，用于生产和生活。建成10千伏变电站1座，架车镇线1条，线长5.5千米，供厂矿、学校，医院等单位和居民用电（车江铜矿在车铜专线用电）。20世纪80年代，用电负荷增大，车江经常白天供电，晚上停电，许多企业纷纷搭车铜线用电，以减轻车镇线用电负荷，保持境区正常供电。至2011年年末，有35千伏以上变电站（所）1座，主变压器3台，总容量19.6兆伏安。2014年，又新建110千伏变电站一座，在改善本镇供电紧张的情况下，向南岳机场及周边三个乡镇供电。

饮水 1949—1981年，镇区生产生活用水以取地表水和井水为主，每逢天旱，生产生活用水极为紧缺，饮水质量也不达标。1982年，建成自来水厂，日供水量150吨。2001年6月，在车江镇友谊村文江河组建设新水厂，生产能力1500吨/日。2012年，在友谊村信家组新建水厂一座，2013年9月，新水厂正式投入使用，日供水能力3000吨，居民自来水普及率95%。

水利建设

1949年，境内有水塘1152口，总蓄水量230万立方米。中华人民共和国成立后，人民政府把兴修水利作为发展农业、改善民生的大事来抓。从1957年11月新建土角塘水库伊始，到1975年12月藕塘冲水库竣工，这期间陆续建设建成9座中小型水库，分别是车江镇胜利村栗子桥水库（库容量272.7万立方米）、双龙村白露水库（库容量185.49万立方米）、铁市村水口亭水库（库容量178.2万立方米）、高田村土角塘水库（库容量12万立方米）、金马村郭家冲水库（库容量15万立方米）、金星村双排冲水库（库容量23万立方米）、玉家冲水库（库容量12.4万立方米）、唯一村谢家冲水库（库容量14.35万立方米）、振兴村藕塘冲水库（库容量12万立方米）；其中栗子桥水库、白露水库、水口亭水库为小（一）型水库，其他6座均为小（二）型水库；水库总容量是997.84万立方米，灌溉农田1.2万亩。1976年以后，又先后修建雷祖峰村朱木冲水库（库容量10万立方米）、白水村铁丝塘水库（库容量12万立方米）、李家水库（库容量20万立方米）、丰富村长塘水库（库容量302万立方米）、东塘水库（库容量12.4万立方米）、花桥村西冲水库（库容量10万立方米）、霞山村大河塘水库（库容量13万立方米）、新发村神冲水库（库容量10万立方米）、樟树村郑家冲水库（库容量15.7万立方米）9座小（二）型水库，使水库总容量增加到1130.4万立方米，灌溉农田达到1200公顷。20世纪90年代后，着力做好水利设施的清淤、防渗和除险加固工作。先后完成山平塘清淤687口，对栗子桥水库、白露水库、水口亭水库、郭家冲水库、土角塘水库等水库大坝进行除险加固。2014年年末，镇内有小（一）型水库3座，小（二）型水库15座，山平塘2056口，总蓄水量2723.3万立方米。

镇村建设

车江历史悠久，系衡南县最早的建制镇之一。原有老街2条，分别为牌楼街、大塘街，街道宽4米，长1.8公里，街道房屋西边靠山、南面背靠小河，形成一边砖瓦房、一边木制吊脚楼的老城格局。1987年，新建友谊街，宽20米，长660米，新建房屋3层或3层以上。1992年，建福泉中路、学苑路、荷池路，总长290米，新建房屋5层或5层以上。2000年，建迎宾路宽22米，长280米，同时对三岔路口进行改造，建万兴路。2003年，建福泉东路，增加城镇常住居民286户1023人。2006年起，启动社会主义新农村建设。2008年后，214省道改道，开发建设汇源建材大市场，市场总长度3.7公里，总宽度61米，门面1300多个，新建房屋6~7层，新建商住用房10万平方米，域区面积达2平方公里。2011年，对农村环境卫生实行综合整治，建设美丽乡村，在主要村民聚集区建设垃圾池105个，新增垃圾桶300余个。按照铁樟线、铁高线、车硫公路、214省道划分为四个区域，设立四个垃圾填埋场；投入资金6万余元，组织清理内河河道1.6公里、湘江河道3.5公里；积极引导生猪规模养殖户修建污水无害化处理池，净化农村环境。2012年，完成恒星、车江、白水、友谊、古城等5个村的村庄规划修编。2013年，完成新水源建设、城镇下水道主管网改造和古城村段污水管网改造，持续推进城乡环境同治货币化管理，在建垃圾中转站一处，占地160平方米。投入资金31万元，购买自卸式垃圾车一台，垃圾斗15个，流动垃圾车60辆，垃圾桶 1600 个，植树 4500 余株。同时，扎实开展文化惠民工程，新建福星公园一座，完成文化体育设施项目 11 个，其中城镇公共休闲娱乐场地 2 个；同年通过省全国重点镇审批；车江逐渐被打造成为环境整洁、乡风文明、和谐宜居的城镇。2014 年，城区公园 1 个，面积 8 公顷，园林绿化面积 1.01 公顷，绿化覆盖率 30%，人均绿地 0.6 平方米。年末，建设村级文化活动场地 5 个，体育活动场地 4 个；农村改水、改厕 80 余处，农村安全饮水普及率 100%，农村卫生厕所普及率 90%。

社会事业

教育

1949 年，境内有平智小学和云集中心小学两所学校。中华人民共和国成立初，在发展小学教育的同时，开展扫除青壮年文盲教育。1956 年，境内有完全小学 2 所（车江完小、新田完小），初小 4 所（新塘小学、白水小学、山田小学、文昌小学）。车江完小是全县的重点小学。1968 年，境内有附中 4 所（车江附中、南泥湾附中、新田附中和山田附中），农中 1 所（车江农中），民办小学 20 所（每个大队一所，农科站一所）、公办小学 1 所（南泥湾小学）。1974 年，民办小学陆续并入公办小学。1978 年，车江附中开设高中班，1981 年，高中班停办。1979 年起，着手普及初等教育，重点抓“一无两有”和中心小学建设。是年，车江附中的小学部并入车江小学，车江附中更名为车江初级中学（车江中学），车江小学成为中心小学（车江实验小学）。1985 年，正式推行“分级办学，分级管理”，实行教育部门与党政部门齐抓共管的教育机制。1986 年，开始实施普及九年义务教育。1995 年撤区并乡后，镇内有初中 4 所，完小 40 所（其中中心小学 3 所）、村小 23 所（含联校 5 所）。1996 年 6 月有 16 个村划归云集镇，2001 年又有 4 个村划归雁峰区岳屏镇，所辖学校一并划出，南泥湾中学撤并到车江中学。2002 年，境内初中仅有 2 所（车江初中和铁市初中）、完小 11 所、村小 5 所（教学点 2 个）。2002—2014 年，重点加强学校危房改造，建设合格学校，与此同时，整合教育资源，合理调整中小学布局。铁市中学、丰富完小、沙龙完小、南泥湾完小、神龙完小、杨梅完小和花桥完小先后撤并。2014 年，全镇有小学 5 所，在校学生 3153 人，专任教师 164 人；初中 1 所（车江中学），在校学生 1890 人，专任教师 150 人；幼儿园 9 所，在园幼儿 1493 人（含学前班幼儿），专任教师 55 人。

文化体育

文化 民国时期，境内民间有舞龙灯、狮舞、皮影戏、渔鼓等群众文化活动。1953 年 5 月，区设立文化站，并配有辅导员 2 人，在乡村进行各种文化活动及辅导工作。1970 年 10 月，人民公社建立电影放映队，时常到各生产大队巡回放映；各生产大队部也建有文化活动室，村民业余生活得到充实。20 世纪 80 年代初，县电影院成立，每晚放映 1 场；境区无线电视节目覆盖率 76%。1994 年 1 月，建电视台，开通有线电视。2010 年，车江以东道主的角色成功举办湖南省首届农民艺术节。2011 年车江被省市授予“楹联文化先进乡镇”称号。2014 年年末，全镇有文体站、有线电视站各 1 个，有职工 9 人；有线电视网络 70 余千米，有线电视用户 3188 户，开通 74 个频道；胜利村、恒星村、沙龙村、铁市村、花桥村、友谊社区、福泉社区等十多个村（社区）建成村文化活动室和文化广场，24 个行政村都建有农家书屋，共有图书约 75100 余册。车江镇文化站创办十牛峰文艺协会，出版文学刊物《十牛峰》多期，得到社会广泛好评。十牛峰风景名胜区神龙祠、铁冈寺、车江中学、衡南二中打造成为“楹联文化”教育基地，弘扬优秀传统文化。

体育 1952 年，学校各年级设体育课。1960—1961 年，因国民经济困难，学校体育课暂停，1962 年后逐渐恢复。1977 年，体育教学趋向正常，保证“两课、两操、一活动”。即每周两节体育课，每天做广播操和眼保健操，每天一小时课外体育活动。1983 年后，中小学普遍推行第五套、第六套、第七套广播体操。2007 年，车江中学被衡南县定为“一县一品”工程的柔道基地，以周全、彭浩伦为代表的 10 名队员因专业成绩优秀考取中南大学、湖南师大等高等院校；以肖甘泉、封孝阳为代表的 25 名队员被特招进省柔道训练中心集训；以周全为代表的 5 名队员成为国家一级运动员，以刘丽为代表的 25 名队员成为国家二级运动员；2011 年，由车江中学柔道基地组建的代表队在市九运会上斩获 25 金、10 银、5 铜计 40 块奖牌；同年，车江中学经验收通过，挂牌成为“湖南省体育后备人才重点学校”。2012 年，何灿灿在全国柔道锦标赛中获得女子冠军。2014 年，车江中学基地的参赛队员在湖南省第十二届运动会获得 1 金 2 银 5 铜的优异成绩；同年“车江中学阳光青少年体育俱乐部”经审批通过，成为国家级体育俱乐部。2014 年年末，体育健身工程覆盖车江 18 个单位和 24 个行政村，14 套体育健身路径全部已安装到位，丰富老百姓文化体育生活。

医疗卫生

1952 年，建联合诊所，有中医 5 人。1954 年，由联合诊所组建成区卫生院，当时房屋、设备非常简陋。1958 年，建立车江公社卫生院，归集体所有。1969 年，农村实行合作医疗制度，相继建立生产大队卫生室，分别配备赤脚医生和妇幼保健员各 1 名，普及新法接生，指导科学育儿和计划生育。1984 年，建衡南县职工医院，属县总工会管理，主治工矿企业职业病和老干部休养。1986 年，境内 2 医家均达到国家规定建设标准，中医、西医并举，配有 X 光透视、心电图、血检、尿检等多种仪器，开设各种慢性疾病门诊和住院治疗，患者看病便利。1998 年，区医院与镇医院合并，成立车江镇中心卫生院，2003 年，衡南县职工医院与区卫生院、人民公社卫生院合并，成立车江中心医院，2003 年，更名衡南县第五人民医院，是国家卫生部首批授予的“一级甲等医院”，占地面积 13000 多平方米。2006 年，启动新型农村合作医疗，当年参加新型农村医疗 21491 人，参保率达 82.59%，此后参合人数逐年递增。2010 年起，村卫生室方面，按照 5 万元 / 个的标准，投入资金 25 万余元，完成 5 所卫生室改造。开展公共卫生服务以来，为辖区城乡居民健康建档 38000 余人，高血压、糖尿病系统管理率 85%，精神病系统管理率 100%，服务人口 54800 多人，服务半径 140 余平方千米。2014 年，辖区县属医院 1 所，村卫生室 24 个，医疗床位 180 张，医疗技术人才 268 人，大专以上学历 30%，中级以上职称 51 人，助职职称 162 人。是年年末，参加新型农村医疗保险 28534 人，参保率 99.37%，当年农合住院补偿 2678 人，补偿金额 340 多万元。

社会保障

“五保”供养 1959 年起，对孤寡老人和无劳动能力的残疾人实行“五保”，其供养费由所在生产队统筹。1980 年后，纳入人民公社（乡）统筹。2005 年起，“五保”对象享受城乡最低生活保障，供养费由县财政统筹。2010 年 10 月，车江镇敬老院由原铁市中学改扩建而成，住房 12 间床位 64 张，工作人员 6 名。2014 年年末，全镇“五保”供养对象为 97 人，其中分散供养 54 人，集中供养 43 人。年人均 3688 元（不含每月零用钱、季度衣服和每年门诊费及住院医疗费），总金额 35.77 万元。

医疗救助 2006 年起，启动城乡居民大病医疗救助。救助对象主要为罹患恶性肿瘤、白血病、尿毒症的城乡低保户、困难户。2014 年，共救助 186 人，救助总金额 43.45 万元。

最低生活保障 1999 年 10 月，启动城镇居民最低生活保障，并对低保对象实行动态管理。2005 年，有城镇最低生活保障对象 261 户、441 人，年人均 744 元，支出总金额 32.8 万元。2007 年 7 月，启动农村居民最低生活保障，当年有农村低保对象 67 户、150 人，年人均 360 元，支出总金额 5.4 万元。2014 年，境内农村最低生活保障对象 676 户、1145 人，支出 153.52 万元，年人均 1341 元，城镇最低生活保障对象 477 户、980 人，发放低保金 265.78 万元，年人均 2712 元。

养老保险 2011 年 7 月起，启动城乡居民社会养老保险。当年，全镇参保人数 12500 人，参保率 79.51%；征缴养老金 125 元，为 4586 名到龄居民发放养老待遇 33.53 万元。2014 年年末，参保 16998 人，参保率 100%；征缴养老基金 176.61 万元，为 4980 名到龄居民发放养老待遇 353.62 万元。

特色地情

十牛峰 十牛峰景区位于车江镇境内，距衡阳市 18 公里，距衡南县城 8 公里，东以车江镇上龙村为界，西临长合村、唯一村，南与铁市街交界，北面为天胜村和小泉村，占地面积为 20.32 平方公里。

杨氏宗祠 县重点文物保护单位，位于境内东部车江村境内，距县城 10 公里，始建于乾隆四十二年（1777），现有建筑为当代重修。

神农祠 炎帝神农祠位于十牛峰下神农山，相传炎帝神农氏布五谷曾在此山避雨歇息。炎帝神农祠始建于唐贞观十三年（639），清乾隆、咸丰年间两度修缮，20 世纪 90 年代初至今，又经多次修复。神农祠由神农殿、藏经楼、上客堂、千手观音殿和大雄宝殿等组成。建筑宏伟壮观，古色古香。祠内现存清道光年间所铸香炉，香火鼎盛。

车江李祠仙根书院 坐落于樟树村，李家祠堂始建于明代永乐十二年（1414），仙根书院建于清代嘉庆十三年（1808），曾藏书十万册，被誉为湘南第一书院，不少名人墨客慕名而来。现书院内有八大柜藏书，大型匾额五块，石雕及木刻楹联二十八副，碑刻四十八块，俄罗斯进贡清廷古镜一面，临池御砚一台，中堂及左右有名人金像五座。李祠仙根书院宏伟壮观、石碑林立，千年古柏，根深叶茂，兰桂翠竹，诗意盎然，后人赞其“脱俗成仙骨，藏书育慧根”。

武氏庙 相传唐朝女皇武则天久居金銮殿，深慕江南风光，执意南巡微服访车江，女皇口渴在石山岭下的一口井喝水，人称“武氏井”，后来老百姓在石山岭修起一座“武氏庙”。

（文字供稿：王海燕　图片供稿：车晓）

咸塘镇>>

区域概况

位置面积

咸塘镇因地下富含卤水而得名。地处衡阳市以北，耒水下游。东界衡东县大浦镇、石滩乡；南邻泉溪镇，以耒水中线为界，临珠晖区酃湖乡；西抵珠晖区茶山坳镇；北依湘江中线为界，毗邻衡阳县樟木乡、衡山县塘铺乡。镇政府驻花江村白蚁塘组，距县政府驻地30公里。辖区东西最大距离10.7公里，南北最大距离10.2公里。总面积52平方公里。

建置沿革

1949年，属衡阳县第二区。1950年，咸塘镇分为高桥乡、柴冲乡、王江乡三个乡。1952年，属衡南县泉溪区。1956年5月撤区并乡，高桥乡、柴冲乡、王江乡合并为咸塘乡。1958年咸塘乡、金甲乡（现今珠晖区金甲岭、茶山镇一带）合并为红星人民公社。1959年红星人民公社与和平人民公社合并为泉溪人民公社。1961年5月咸塘从泉溪人民公社分划出，成立咸塘人民公社。1984年咸塘人民公社改为咸塘乡。1993年11月设立咸塘镇。1995年5月咸塘镇合并到泉溪镇设立咸塘片区。2001年6月咸塘片区从泉溪分离出来，设立咸塘镇。2006年11月咸塘镇的王江、茅坪两个村划归衡阳市珠晖区。

行政区划

2001年年末，政区辖3个社区、15个行政村，下设8个居民小组，182个村民小组。2014年下辖花江、欧阳、咸塘、长塘、谷托、桐岗、高桥、郑家、柴冲、大堰、南山、白云、南冲等13个行政村，蜈蚣桥、水口山、犁头嘴3个社区，共设153个村（居）民小组。

自然环境

镇内地貌以岗丘为主，也有溪谷平原，主要出露岩性为紫色页岩和泥质页岩地层。地势呈南高北低，东、南、北三面环水。地面高度在50~110米之间，一般在海拔52米左右。境内矿产资源丰富，地下芒硝、石膏、卤水的储量大、质地好，其中芒硝的储存量居全国第三。全境属典型的亚热带季风性湿润气候，四季分明，春夏潮湿多雨，秋冬寒冷干燥。夏季多为东南风，冬季转偏北风。年平均降水量在1500毫米左右，降水时间分布不均，降水集中在每年4—9月，因而洪涝干旱现象比较明显。热量充足，无霜期长，年平均气温16.7℃~18.2℃。无霜期年平均268天，年平均日照时数1800小时。

人口民族

2010年，辖区总人口20517人，人口出生率14.31‰，人口死亡率7.27 ‰，人口自然增长率7.04 ‰。2012年，辖区内总人数21613人，总户数6653户。2014年年末，辖区总人口21939人，总户数6517户。其中常住人口17696人，城镇化率30%。另有流动人口4243人。总人口中，男性11892人，占54.21 %；女性10047人，占45.79%。2014年人口出生率14.31‰，死亡率7.27‰，人口自然增长率7.04‰。人口密度为每平方公里429人。

经济发展

经济综述

2008年，全镇农产品总产量2万余吨，产值1.5亿元。完成国内生产总值4.39亿元，实现财政收入400万元，其中完成国税60万元，地税190万元。农民人均收入达到3198元。全年实现工业增加值2.59亿元，规模以上工业完成总产值4.8亿元。2014年，实现规模企业产值1.74亿元，规模企业实缴税金780万元，全年完成财税总收入610万元，其中国税150万元，地税460万元。境内有耕地面积1486.67公顷，其中水田1313.33公顷。生产粮食14891吨。

农业

种植业 民国时期，由于生产条件落后，加之干旱缺水，粮食平均亩产不足200公斤。中华人民共和国成立后，致力于兴修水利，改善农业生产条件，粮食产量不断增加，1957年亩产达到300公斤。1958年后三年粮食减产歉收。1961年，调整公社规模，解散公共食堂，实行以生产队为核算单位和执行按劳分配政策；与此同时，改进耕作技术，扩大双季稻种植面积，农业生产连年获得丰收。1976年，试种杂交晚稻60多公顷，平均亩产350公斤，比常规晚稻每亩增产140公斤。此后逐年扩大种植面积，至1983年，双季稻面积达到1193.33公顷，占水田总面积的91%以上，平均亩产提高到400公斤左右。1990—2006年，全镇水稻双季稻年种植面积稳定在1313公顷左右，亩均产量约900公斤，年总产量1.77万吨左右。2014年，境内有耕地面积1486.67公顷，其中水田1313公顷。生产粮食14891吨。主要经济作物以油菜、瓜果（葡萄、西瓜、香瓜）为主。油菜种植面积533.33公顷，产量2300吨；瓜果种植面积42公顷，产量1018吨；蔬菜种植面积280公顷，产量660吨。

养殖业 境内历来有养殖禽畜习惯。民国时期，由于多数农户家庭生活困难，禽畜饲养数量极少，年户均养猪不足1头，养牛仅供役用，饲养鸡鸭多为产蛋换取油盐钱。中华人民共和国成立初，养殖业有所发展，禽畜产量逐渐增多。1958—1961年，一度禁止农户养猪养鸡。1962—1980年，耕牛、鱼类由生产队集体放养，生猪饲养允许公私并举，故产量较前有较快发展。1982年实行土地承包经营责任制后，养殖业快速发展，并陆续出现一批规模化、专业化养殖户。1995年，全镇人平养猪2头、鸡6羽。1997—2012年，养殖业持续发展。2014年年末，全镇有各种规模养殖户10户，出栏生猪3万头，牛、羊5000头，出笼家禽20万羽，出塘水产品1500吨，存栏生猪3500头，存栏牛羊200头，家禽存笼2.3万羽。

林业 全镇有林地1466.67公顷，主要树种有松、油茶、樟、桂花树等。1956年以前，山林权属为农户私人所有。1958年，“大办钢铁”，大部分森林被破坏。此后，林权收归集体经营。

1980年以后，推行山林承包责任制，稳定山林权属，制止乱砍滥伐，同时，经过历年实施植树造林、封山育林、退耕还林等一系列措施，森林覆盖率逐年提高。2009年，林地承包户换发全国统一的林权证。2014年，完成产业造林73.33公顷。

工业

中华人民共和国成立初期，有木匠、篾匠、铁匠、泥匠以及烧砖瓦等民间手工业艺人数十名。1972年初，依托镇内资源优势，建立国营衡南县萤石矿，职工300余人，年萤石1万吨，其矿区占地面积3.87平方公里（川口乡境内），矿区总部、精选生产区等占地24.67公顷。2003年1月，实行改制，组建民营企业衡阳旺华萤石矿业有限责任公司；2005年10月，更名为湖南旺华萤石矿业有限公司，年产萤石15万余吨，年产值2亿元，年税收3600余万元。1993年12月，民间资本建立衡阳正大有限公司，2003年7月公司因运营困难暂停生产，2011年，成立衡阳宏华矿业有限公司（原咸塘石膏矿），2012年11月正大公司挂大靠强，组建长沙正大有限公司衡阳分公司。2014年年末，有衡南金磊水泥有限责任公司、衡南宏滔废渣处理厂、衡阳玉丰建材有限公司、衡阳天泉草业有限公司、衡阳三兴建材有限公司等民营企业达到48家，总产值达9.95亿元，其中：产值过亿元企业3家；实现税金5160万元，其中：税收过1000万元的企业1家、税收过500万元的企业2家、税收过百万元的企业3家、税收过10万元的企业11家。

商贸服务业

中华人民共和国成立后，对原有私营商业实行社会主义改造，通过公私合营、代购代销等办法，建立以国营商业为主导，集体商业、私营商业与个体商业并存的商业体系。1958年，设立红星供销合作社、粮油购销站及粮食储运库等，供应生产、生活资料和收购农副产品。1981年，设立咸塘人民公社供销分社。1982年后，实行改革开放，搞活商品流通，个体商业逐渐发展。20世纪90年代后期，民营商业成为流通领域的主体。1995年，镇内有个体商贸户45家，从业人员110人，主营日杂百货、纺织品、文化用品、餐馆和各类车辆维修等行业。2000年后，国营商业、集体商业相继改制为民营商店。2014年年末，共有商业网点170个，主营日用百货、餐馆、旅馆、服装、家具家电、建筑建材、娱乐场、网吧、理发和车辆保养养维修等，实现社会商品零售总额达8000多万元；集贸市场1个，年成交额750万元。

财政金融

财政 2001年，因行政区划调整，由原泉溪财政所析出成立咸塘镇财政所。是年，乡财政总收入211.3余万元，财政总支出211.7余万元，主要为支援农业、上解县财政和行政管理费用。2004年起，实行农村税费改革，国家取消向农户征收农业税（含附加）和农业特产税。当年全镇取消两项税金68.34万元，农民人均减少负担45.6元。2014年，公共财政总收入368万元，公共财政总支出368万元，年末债务总额1441万元。

金融 1954年，境内成立咸塘农村信用社，2007年，设立中国邮政储蓄银行咸塘分行。2014年年末，镇内有咸塘农村信用社和邮政储蓄银行咸塘分行2家金融机构，各项存款余额2.67亿元，贷款余额2230万元。

基础设施

交通运输

公路 清代、民国时期，耒水河道通航，咸塘设有港口码头（水口山码头）。中华人民共和国成立后，致力于发展交通运输。1975 年，建成环乡公路。20 世纪 80 年代，修建通往衡阳市区的公路。20 世纪 70 年代末至 90 年代，在改造已建公路的同时，致力于修建通村公路。2003—2010 年，对镇内乡、村公路全面实施改造提质和水泥硬化。2014 年年末，13 个村级公路全部硬化。境内铁路有京广、武广、衡茶吉三条铁路干线以及在建的衡邵怀线穿境而过；武广高铁衡阳站距镇区 2 公里，京广铁路衡阳北站及衡邵怀铁路颜家垅车站坐落于镇区；公路有衡大高速、省道 S315 线（9.9 公里）、咸（塘）泉（溪）公路在镇内 4.5 公里。水路有湘江、耒水 2 条河流，航运业十分便利。

客运　20 世纪 80 年代，市公共汽车公司开通 11 路车，辟衡阳市解放路至咸塘镇线，1 小时发车一趟，日均客运量 350 人次（不含市郊茶山坳镇客源）。2014 年年末，年客运量约 24 万人次，日均客运量 660 余人次。

货运　中华人民共和国成立初期，境内货运由“湘运”包揽，集市贸易交流大多靠肩挑和独轮车运。20 世纪 70 年代，原人民公社农机站购有拖拉机，农闲时跑短途运输。1983 年后私人购车加入，承担镇内部分货物运输。随着当地民营货运业不断发展，“湘运”货运逐渐退出。至 2014 年，镇内有货运汽车 40 辆，600 吨位，年货运量 60 万余吨。

邮政通信

邮政　20 世纪 50 年代起，人民公社、生产大队均设有邮政投递点。邮政业务包括函件收发、信件投递、报刊发行等。2014 年年末，有邮政局 1 处。投递路线单程总长度 62 千米，投递点 263 个，乡村通邮率 100%。

通信　1962 年，境内所属单位及公社开通电话，线路长 15 千米；1979 年后，人民公社（乡镇）建立通村（生产大队）电话网络，利用有线广播线路通电话；1998 年，开通程控电话网络；2003 年，移动、联通公司先后在镇内建设移动通信基站。2014 年，有电信、移动服务网点各 1 个，固定电话用户 2000 户，移动电话用户 12000 户，互联网用户 800 户。

供电饮水

供电　中华人民共和国成立初期，电力资源紧缺，老百姓家庭用煤油灯或蜡烛照明。至 20 世纪 60 年代末，少部分单位、企业或大队有柴油机组发电，用于生产和生活。70 年代后，咸塘镇由酃湖供电站和泉溪供电站联合供电，酃湖供电站负责 6 个村的用电，泉溪供电站负责 7 个村的用电，镇村通电率达 100%。2000—2013 年，对农村电网实行分批次改造，先后完成 15 个村的线改户改，完成户改 7500 余户。2014 年年末，全镇 15 个村、3 个社区，153 个村（居）民小组全部供电，供电率 100%。

饮水　1949—1990 年，镇区生产生活用水以取地表水和井水为主，年逢天旱，生产生活用水极为紧缺，饮水质量也时好时差。1992 年，由于衡北车站生产生活需要，衡北水厂在咸塘境内建立供水车间，日供水 1000 吨，供水主管网长 6 千米，供水管网 15 千米。2005 年年末，在满足城镇居民饮用水的前提下，自来水还延伸镇村周边的花江村铁铺巷组、花江庄组、八角亭组、白蚁塘组、荷家塘组、玻璃塘组及欧阳村李树塘、肖家厂组。

水利建设

1949 年，政区内仅有水塘 100 余口，总蓄水量约 50 万立方米。1953—1970 年，新建有健塘、龙塘、排子塘、欧阳托、杨柳塘、冰塘、漏塘等 7 座小（二）型水库，花江防洪堤、茅坪防洪堤、王江防洪堤、王江排洪渠、木蒐水轮泵、桐岗机埠、新塘机埠、高桥机埠、花江机埠、茅坪机埠，山塘800多口等水利工程和设施，蓄水量为340万立方米。1970—1990年，新建小（二）型水库4座，其中有架塘水库，蓄水量98万立方米；炉塘水库，蓄水量12万立方米；高里水库，蓄水量11万立方米；元门冲水库，蓄水量13万立方米。在金星新建100千瓦机埠，高桥、桐岗、郑家、谷托村组建小泵站20多处，修建山塘300多口，修建晨咸干渠、大新支渠、咸塘支渠、金星机渠等4条水渠。2000年后，水利建设的重点是整修塘库和疏浚排灌渠系，进一步完善工程体系；新建白云、天鹅、张新塘3个小（二）型水库，新修骨干塘50余口，硬化山坪塘320口，渠道60千米，机电井30多处。对架塘、件塘、炉塘、龙塘等4座小（二）型水库除险加固。2014年年末，有小型水库14座，骨干塘126处，山平塘1060处，蓄水量达825万立方米，小型电灌机埠70处总装机容量824.5千瓦，堰坝工程及排水沟渠100多处，引水达21万立方米。

镇村建设

20世纪50—80年代，镇内只有一条老街，不足200米长，街上房子、商铺零散，街面较窄，路面坑坑洼洼。80年代末，315省道改道，一些先富起来的人和私营业主开始在马路两边建房，一条近1000米的商业街逐渐发展起来。1995年，咸塘并入泉溪后，街道的发展停滞不前，2001年恢复镇建制后，街区面积开始扩容，馨源小区、吉祥小区、红泰源小区相继建成入住。2006年，启动新农村建设，镇区有序实施电网改造，农村道路硬化等基础设施建设，基本实现村村通、户户通。城乡环境同治、危房改造等方面也稳步推进。2014年年底，街区面积达0.8平方公里，基本形成以教育、商贸、医院、交通、通信于一体的，功能较为完备的小镇。

社会事业

教育

20世纪40年代，创办第一所私立小学桐岗小学。中华人民共和国成立后，扫盲运动在各地兴起，公立学校也应运而生，教育事业发展步入快车道。20世纪50年代，境内设有桐岗小学、柴冲小学和爱农耕读高小（后更名为茅坪小学）3所学校。1969年初，桐岗小学、柴冲小学和茅坪小学3校设立初中班，不久升格为桐岗附中、柴冲附中和茅坪附中，随之小学部从这三所学校分离出来。是年，各生产大队办有1所小学，工资由生产大队支付，政府定额补贴。1976年下学期，茅坪附中除了主要招收初中学生外，还分设高中部，招了两届高中学生。1980年，茅坪附中改名为茅坪初级中学，1985年，改名为咸塘初级中学。同年下学期，柴冲农中停办。1990年下学期，桐岗初中停办，所有学生转入咸塘中学就读。20世纪末21世纪初，由于生源不断减少，学校调整布局，先后撤掉王江、南山、南冲、欧阳、长塘、郑家湾、咸塘、白云、桐岗、谷托等村小学，以片办强校，保留花江小学、咸塘中心小学（前身为柴中小学）、高桥小学、茅坪小学。2008年8月，创办咸塘中心幼儿园，至2014年年末，全镇有幼儿园2所，在园幼儿360人，专任教师30人；小学3所，在校学生860人，专任教师150人，小学适龄儿童入学率100%；初中1所，在校学生750人，专任教师70人，初中适龄人口入学率、小升初升学率、九年义务教育覆盖率均达100%。

文化体育

清代、民国时期，境内民间有花灯、龙灯及狮子灯数等，多在春节期间表演。中华人民共和国成立初，以农村俱乐部为文化活动阵地。1982年，设立乡镇文化站，配有文化辅导员1名。1996年10月，建成咸塘镇有线电视台，后改称咸塘镇广播电视站。2014年，开展广场舞、社区好声音、3人篮球赛等群众文化体育活动，参赛人员有数千名。年末，有镇文化站、广播电视站各1处，有村级文化活动中心13处，农家书屋13个，藏书8万余册；有运动场9处、篮球场9处，健身器材5套，农民健身场地8处。有线电视用户894户。

医疗卫生

民国时期，农村缺医少药，治疗疾病素以中草药为主，病人就医不便。中华人民共和国成立后，1953年建联合诊所，有中医5人。1961年成立咸塘卫生所，开设中、西医业务，各生产大队设有医疗点，并配有赤脚医生和保健员各1人，普及新法接生，指导科学育儿和计划生育。2006年更名为咸塘卫生院。2006年1月，启动新型农村合作医疗（简称新农合），当年参合13809人，参合率为83.06%，此后，参合人数逐年递增。2014年，有乡镇卫生院1个，村卫生室16个，门诊部1个；有床位40张，每万人拥有病床20张；专业卫生人员42名，其中执业医师10人，执业助理医师12人，注册护士8人。年内，医疗机构（门诊部以上）完成诊疗2万人次。年末，参加新型农村合作医疗19167人，参保率99.36%。统筹地区政策范围内平均住院补偿率88%，实际补偿率88%；儿童免疫规划疫苗接种率90%。

社会保障

“五保”供养　1959年起，对孤寡老人和无劳动能力的残疾人实行“五保”，其供养费由所在生产队统筹。1980年后，纳入人民公社（乡镇）统筹。2005年起，“五保”对象享受城乡最低生活保障，供养费由县财政统筹。2010年，新建咸塘镇敬老院，面积1000多平方米，可容纳60张床位。2014年年末，全镇有“五保”对象58人，其中集中供养32人、分散供养26人。

医疗救助　2006年起，启动城乡居民大病医疗救助。救助对象主要为患恶性肿瘤、白血病、尿毒症的城乡低保户、困难户。2014年，共救助137人次，支付补助金15余万元。

最低生活保障　1999年10月，启动城镇居民最低生活保障，并对低保对象实行动态管理。2005年，有城镇最低生活保障对象55户、115人，年人均768元，支出总金额8.83万元。2007年7月，启动农村居民最低生活保障，当年有农村低保对象27户、103人，年人均360元，支出总金额3.71万元。2014年，境内农村最低生活保障对象288户、622人，支出79.78万元，年人均1283元，城镇最低生活保障对象81户、183人，发放低保金53.75万元，年人均2937元。

养老保险　2011年7月，启动城乡居民社会养老保险。当年，参保7780人，参保率76.30%；征缴养老基金77.80万元，为2182名到龄居民发放7–12月养老待遇12.91万元。2014年年末，镇内城乡居民参保人数为10811人，参保率100%；征缴养老基金116.72万元：为27302名到龄居民发放养老待遇199.56万元。

特色地情

历史人文

咸塘镇宗教场地比较多，特别是寺庙，遍布全镇。主要有花江村的雷祖殿、五圣寺；大堰村的天主教堂；欧阳村的八面镜大王庙；南山村的双堡大王庙；白云村的铜坎大王庙；南冲村南冲大王庙。

咸塘花鼓戏

咸塘高桥 位于高桥村组的咸塘高桥被列为衡阳市第五批市级文物保护单位，咸塘高桥又名龙溪河五拱石桥，始建于清雍正四年（1726）。乾隆《衡州府志·津梁》和《清泉县志·营建志上》载："高桥在县（按：清泉县治所与衡州府治同城）东三十里。"据说其时龙溪河上建有 7 座桥，因高桥桥面最高、桥体最长，故称。桥体为东西走向，横跨于湘江支流龙溪河上。长约 96 米，宽 5.6 米，五孔等跨、净跨 10 米，拱高约 8 米。桥面以红砂石板铺筑，两侧施石质栏杆，栏杆距桥面边沿 35–40 厘米。每侧栏杆立 48 根望柱，柱高 60 厘米，柱头呈圆球状，桥端柱头为瑞兽圆雕。

名优特产

九眼藕 产于咸塘村老屋场组，栽培历史悠久，久负盛名，因切开有九个孔眼，环状排列，故称"九眼藕"，九眼藕节长尺半，洁白如玉，胖若儿腿，手感沉实，薄如纸翼，亦可生吃熟食，色白、肉厚、香美、脆甜、爽口，入口无丝，食后无渣。

民俗风情

民间艺术特色浓郁，传承至今的杂技艺术、花鼓戏、七巧龙、渔鼓、唢呐、莲花落等独具特色，享有盛誉。其中以"莲花落"最为出名，已申报衡阳市非物质文化遗产保护项目。莲花落源于唐、五代时期的"散花乐"，最早为僧侣募化时所唱的警世歌曲，宋代以来就在民间流行，约在明代传入衡阳。到清代，莲花落不仅由乞丐们沿门演唱，而且被戏曲吸收为特定人物的专门唱腔，在衡阳流传开来。莲花落以说带唱，说口合辙押韵，以板击节，唱口则有较多衬字衬句穿插词句之中。主体腔基本相同，曲体一般分为头、身、尾三段，头、尾均有一旋律性较强的基本唱腔，词句中多有各种花名的衬字，情绪热烈欢快。"身"段为曲目主段，音乐为按字行腔的诗赞体，叙事性较强。衡南莲花落的第三代传承人李太阶，咸塘镇高桥村人，艺名初徕，现年 86 岁，仍然在乡野和城镇演出莲花落。

（文字供稿：胡蓉　图片供稿：衡阳市志办）

松江镇 >>

区域概况

位置面积

松江镇因驻地位于松柏地区湘江河边得名。地处衡南县南端，东邻云集镇，南临常宁市松柏镇，西接栗江镇，北连车江镇、硫市镇。镇人民政府驻金盆村，距衡阳市区 39 公里，距县城 26 公里。辖区东西最大距离 12 公里，南北最大距离 15 公里，总面积 129.4 平方公里。

建置沿革

松江镇清属清泉县；民国属衡阳县；1952 年 7 月，属衡南县；1958 年 6 月，设立松柏人民公社；1982 年 5 月，公社改乡，1995 年 4 月，撤区并乡，长岭乡和石塘乡的月堡、腰塘、满金、金玉 4 村并入松柏乡，更名为松江乡；2008 年，撤松江乡设立松江镇。

行政区划

1995 年年末，政区辖 38 个行政村，下设 477 个村民小组。2014 年，辖松竹、金盆、潇湘、黄塘、湖林、周家、北田、中高、大洲、高江、群力、西桥、泉水、满金、珍玉、月堡、腰塘、满意、凉亭、盐井、龙泉、太平、因果、东塘、兴复、荷丰、长岭、宗睦、白竹、阳波、满足、观梓、矮市、基址、尚峰、勤学、杨楼、钟岭 38 个建制村和 2 个社区，下设 482 个村民小组、2 个居民小组。

自然环境

境内大部分为红岩丘陵地貌，地势略为西高东低、北高南低，地面一般在海拔 120 ~ 140 米，最高点高石岭海拔 234.4 米，最低点月堡 110.6 米。地处亚热带季风气候区，具有热量充足、春暖多雨、夏秋多旱、冬寒期短、暑热期长等特征，年平均气温 17.8℃，年均降水量在 1360 毫米左右。春季，冷暖气流相互交替，活动频繁，阴湿多雨，日照少，天气多变，气温升降剧烈；夏季，晴热少雨，光照充足，雨量分配不匀，多集中于 5—6 月，先涝后旱，以旱为主，平均气温 27.5℃。7 月为全年最热月，平均气温 29.8℃，极端最高日温达 40℃（1971 年 7 月 26 日），7 月中旬至 8 月中旬，常出现持续高温天气，大于 35℃的高温日达 58.8%；秋季，气温陡降，平均气温为 16℃，降水量为全年雨量最少季节，雨量为 153.1 毫米；冬季寒流频频入侵，多北风，伴随阴雨，间有霜、雪、冰冻。冬季是全年气温最低时期，平均气温 7.9℃，1 月份最冷，平均气温为 5.3℃。

人口民族

1999年年末，辖区总人口40392人，人口出生率11.27‰，人口死亡率5.04‰，人口自然增长率6.23‰。2010年，辖区总人口46971人，人口出生率13.54‰，人口死亡率7.49‰，人口自然增长率6.05‰。2014年年末，辖区总人口49756人，其中城镇常住人口2440人，城镇化率4.9%。总人口中，男性25624人，占51.5%；女性24132人，占48.5%；人口出生率14.0‰，死亡率7.3‰，自然增长率6.7‰。人口密度为每平方公里385人。

经济发展

经济综述

2007年，实现工业总产值9.8亿元，实现工业增加值2900万元，实缴国家税金2568万元。全年粮食总产量39362吨，油菜2748吨，年出栏生猪41000头，家禽41万羽，农民年人均收入3208元。2008年，实现工业总产值17亿元，实现工业增加值5.27亿元，民营企业实缴国家税金800万元，投资总额突破7800万元。全年粮食总产量3万吨，肉类总产量2850吨，油料年产2500吨，水果蔬菜年产17818吨，年出栏生猪2.85万头，家禽9.6万羽，水产品2116吨。实现财政税收280.18万元，其中，国地两税入库分别为87万元和160万元，财政"两税"入库33.18万元，耕地占用税入库29.18万元。农民人均年纯收入3430元。2014年，完成财政税收510万元，其中国税100万元，地税410万元。农民人均纯收入达到600元以上，人均住房面积30平方米以上。2014年年末，境内有耕地面积3313.6公顷，其中水田2920.13公顷。全镇粮食产量4.55万吨；蔬菜种植面积266公顷，产量4000吨，主要品种有辣椒、南瓜、冬瓜、白菜等；农业总产值1.1亿元。

农业

种植业 民国时期，由于生产条件和水利基础设施落后，加之干旱缺水，粮食平均亩产不足200公斤。中华人民共和国成立后，致力于兴修水利，改善农业生产条件，粮食产量不断增加，1957年，亩产达到260公斤。1958年，成立人民公社，后遇三年国民经济困难，粮食严重减产歉收。1961年，调整公社规模，解散公共食堂，实行以生产队为核算单位和执行按劳分配政策。之后，不断改进耕作技术，扩大双季稻种植面积，农业生产持续发展。1990—2006年，全镇水稻年种植面积稳定在4600公顷左右，年总产量稳定在4万吨以上。2006年后，因农村劳动力大量转移，重工轻农现象日益凸显，农村土地季节性抛荒随处可见。为解决这一现状，积极开展"压单扩双、扩双增面"稳粮保收行动，狠抓土地流转，先后引进衡阳"玉泉""六三"、湖南"安邦"等现代农业专业合作社，扶植发展"汇泉""清泉""强农""立名"等农机专业合作社，培育一批种粮大户，粮食产量稳步增长。2012年，获湖南省粮食生产先进乡镇称号。至2014年，镇内有33个农村专业合作社，3个家庭农场，种粮大户38户。创办龙泉片、满意片、西桥片、北田片等4个千亩高产双季稻示范片，西桥村汇泉合作社"双低"油菜轻简高产栽培示范点，高江村油菜成片种植示范片，大洲村蔬菜基地，潇湘村湘健花卉果木种植基地。

养殖业 境内历来有养殖生猪、耕牛、鸡鸭、鱼等畜禽水产习惯。民国时期，由于多数农户家庭生活困难，禽畜养殖数量极少。中华人民共和国成立初，养殖业有所发展，禽畜产量逐渐增多。1958—1961年，一度禁止农户养猪养鸡。1962—1980年，耕牛、鱼类由生产队集体放养，生猪饲养允许公私并举，故产量较前有较快发展。1982年实行土地承包经营责任制后，养殖业快速发展，陆续出现一批规模化、专业化养殖户。1990年，全镇人平养猪0.5头、鸡6羽；鲜鱼产量亦大幅提升，亩均水面产鱼由1980年的48公斤提高到150公斤。1991—2012年，养殖业持续发展。期间，先后有中高、高江、龙泉、荷丰、湖林、勤学等11个专业养殖场建成投产。2014年年末，全镇出栏生猪7万头；出笼家禽13万羽；出塘水产品960吨，养殖业总产值9980万元。

林业 境内有林地5600公顷。1956年以前，山林权属为农户私人所有。1958年，“大办钢铁”，大部分森林被破坏。此后，林权收归集体经营。1982年，实行土地承包经营，林权放归农户管理。经过历年实施植树造林、封山育林、退耕还林等一系列措施，森林覆盖率逐年提高。2009年，为林地承包户全部换发全国统一的林权证。为加大山林流转面积，先后引进鑫浩油茶公司、湘健有机果卉专业合作社、绿海农林专业合作社等到松江进行山林流转，已流转山林800公顷，完成油茶低产改造133.33公顷。2014年，全镇累计造林266.67公顷，其中防护林66.67公顷，经济林200公顷。

工业

20世纪70年代始，先后有松柏农机厂、煤场、砖瓦厂等一批私营企业、集体企业和社队企业建成投产。20世纪90年代初，依托常宁市水口山矿务局的发展，境内一批化工企业兴办，铅、锌、硫三大产业，产品远销东南亚及欧美等国，是湘南的“化工之乡”。1997年7月，衡阳市人民政府批准设立松江工业园区，当年，园区有乡镇（民营）企业42家。至2007年年底，园区企业124家，从业2000余人，年总产值20余亿元，上缴税金5000余万元，所缴税费约占衡南县财政收入的三分之一。2008年，境内企业遭受冰灾、亚洲金融危机和环保政策的影响，形成小规模化工企业停产关闭潮，仅有衡阳市鼎力铅业有限公司和衡阳市百赛化工实业有限公司两家化工企业持续生产。2014年，百赛化工抢抓国家对湘江流域重金属污染治理的机遇，新建衡阳市威格生化实业有限公司，总投资1.1亿元，设计年产值达20亿元，上缴税金8000余万元。年末，全镇有工业企业9家，从业1500余人，实现工业总产值6.9亿元。

商贸服务业

清代至民国时期，松柏老街、月堡街、矮市街、长岭街、牛头山老街各有商铺数十家，主要从事销售、搬运、餐饮、旅店等商贸服务。1952—1956年，先后设立车江区松柏、长岭、矮市供销合作社、肉食水产站、粮油购销站及粮食储运库等，供应生产、生活资料和收购农副产品。1958—1961年，一度取消集贸市场，禁止集市贸易；1962年后恢复，但对商品种类仍有限制。1962年，设立人民公社供销分社。1982年后，实行改革开放，搞活商品流通，个体商业逐渐发展，镇内供销社和食品站推行经营承包责任制。1988年国营、集体商店都实行承包经营和租赁经营，维持生存。20世纪90年代后期，民营商业成为流通领域的主体。1995年，镇内有个体商贸户160家，从业人员700人，主营日杂百货、纺织用品、餐馆和各类车辆维修等行业。2000年后，国营商业、集体商业相继改制为民营商店。2014年年末，镇内有批发、零售等商业网点300余个，从业人员850余人，主营日用百货、文化用品、家具家电、建筑建材、餐馆、旅馆、服装皮具、美容美发和车辆维修等行业，社会商品零售总额达1.1亿元；有城乡集贸市场4个，年成交额1.2亿元。

财政金融

财政 中华人民共和国成立后，人民公社（乡）财政收支由财粮委员或秘书管理，财政体制为报账制。1953年，各种税收建立代征、协税组织。1961年，成立协税委员会。1984年，成立松柏乡财税所，负责乡财务收支核算、税费收缴。1993年，改为松柏乡财政所。1995年，撤区并乡，原长岭乡和松柏乡财政所合并为松江乡财政所。2002年，国家税费改革，取消乡统筹、村提留，保留农业税和农林特产税两项。2004年，农村税费改革，国家取消农民上缴农业税和农林特产税。从2005年开始，国家开始实行农业三项惠农补贴，通过“一卡通”形式发放。2009年，松江乡财政所改为松江镇财政所。2014年年末，全镇公共财政总收入740万元，主要为国地税收及“三农”项目资金和民生资金；公共财政总支出708万元，主要为服务“三农”项目资金、镇村转移支付、行政管理费，年末债务总额1520万元。

金融 1954年，成立松柏、长岭农村信用社，1995年合并。2014年年末，镇内有金融机构1家，年末各项存款余额3.04亿元，贷款余额1953万元。

基础设施

交通运输

公路 清代民国时期，湘江河道通航，松江设有港口码头。陆路主要大道有经老松柏、牛头山街至衡阳城区的官道。中华人民共和国成立后，致力于发展交通运输。20世纪60年代，修建通往衡阳市区的公路。20世纪70—90年代，在改造省道1807线的同时，致力于修建通村公路。2003—2010年，对镇内乡、村公路全面实施改造提质和水泥硬化。至2014年年末，境内有衡桂高速贯穿。全镇除大洲村外均实现村村通水泥公路。

客运 1964年，省汽车运输公司衡阳分公司（以下简称“湘运”）辟衡阳汽车西站至常宁松柏班车，松江设汽车停靠点，日往返8趟。1983年开放市场，始有个人购车加入社会营运，客车以小型为多，招手即停，俗称“方便车”。2008年民营车队开通松江至县城云集班车，2010年，开通松江至硫市车。2014年年末，有民营中巴客车12台，日发送乘客320人次。

货运 中华人民共和国成立初期，镇内货运由“湘运”包揽，集市贸易交流大多靠肩挑和独轮车运。20世纪70年代，原人民公社农机站购有拖拉机，农闲时跑短途运输。1983年后，私人购车加入，承担镇内部分货物运输。随着当地民营货运业不断发展，“湘运”货运逐渐退出。至2014年，镇内货运汽车36辆，总吨位280吨位，年货运量20余万吨。

水路 境内通航湘江河道1条，总长17千米，最大通航能力为500吨级船舶；2014年年末，客运船舶8艘，240座位，年客运量15万人次。

邮政通信

邮政 民国32年（1943）8月，分别在老松柏乡、长岭乡设立信柜。1953年7月，松柏乡、长岭乡信柜改为邮政代办所。20世纪60年代起，在人民公社（乡）的部分生产大队（村）设邮政投递点。邮政业务包括函件收发、信件投递、电报、兑付汇款、报刊发行等。2014年，镇内有邮政分所2处，代办点10个。报纸杂志共计发行6500余份。乡村通邮率100%。

通信 1953年，老松柏乡始通电话。1962年，松柏、长岭2个人民公社先后开通电话。20世纪70—90年代，人民公社（乡镇）自建通村电话网络，各生产大队（村）利用农村广播线路接通电话。1994年起，建设程控电话网络。1998年后，县电信、移动、联通分公司分别在镇内建设移动电话基站。2014年年末，镇内有电信企业1家，固定电话用户2950余户；移动通信企业2家，共建移动基站25个，信号覆盖率为100%，有移动用户35000余户。

供电饮水

供电 中华人民共和国成立初期，电力资源紧缺，老百姓家庭用松油、煤油灯或蜡烛照明。至20世纪60年代末，少部分单位、企业或生产大队有柴油机组发电，用于生产和生活。1965年松柏老街通电。1968年建立荷丰机埠，1979年牛头山街通电。1982年，长岭片全线通电。1987年，修建了墟场坳变电站，建立墟（场坳）满（足）线，全长20千米。1989年，全镇村和村民小组通电率均为100%。1999年，国家启动农网改造工程，分批次对农村电网进行改造扩容。2000年，修建湖林变电站，架设湖湘（太平）、湖微（波站）、湖镇（高江）、湖冶（炼厂）、湖宏（高江冶炼厂）、湖满（湖林—潇湘—大洲—中高—西桥—群力—满足)6条输电线，总长度为45千米。至2014年，先后完成对38个村的线改和户改。是年年末，全镇有10千伏变电站1座，10千伏安变压器75台，镇内1个社区、38个村、483个村（居）民小组全部供电，供电率100%。

饮水 1949—1994年，镇区生产生活用水以取地表水和井水为主，年逢天旱，生产生活用水极为紧缺，饮水质量也时好时差。1995年，建松江自来水厂，日供水150吨，供水主管网长1千米。2012年，投资500万的新水厂建成投入使用，日供水300吨，供水主管网长1万3千米，能满足城镇居民及周边的松竹、金盆、高江等村共2.5万群众饮水。

水利建设

1949年，政区内仅有山平塘2000余口，总蓄水量约900万立方米。中华人民共和国成立后，人民政府把兴修水利作为发展农业、改善民生的大事来抓。1953—1957年，整修、扩建山平塘860口，蓄水量增加430万立方米。1958年“大跃进”开始后，农村大兴水利建设，新建骨干塘500座，新增蓄水量600万立方米。1964—1981年，修建袁家、尚丰2座小（一）型水库，蓄水量达313万立方米；建设小（二）型水库30座，蓄水量达500万立方米；修建湘江左岸防洪堤坝15千米，3条小河流长达60千米，堰坝闸30处，存水量150万立方米。20世纪90年代后，水利建设的重点是硬化塘坝、整修水库和疏通灌溉渠系。期间，硬化塘坝500处，对袁家、尚丰2座小（一）型水库、6座小（二）型水库大坝进行除险加固。2014年年末，镇内共有小（一）型水库2座、小（二）型水库30座、骨干塘3360处，小河长达60千米，防洪堤坝长达15千米，中型电灌渠道30余千米，小型水库、电机埠灌溉渠道长达100千米，总蓄水量4957.87万立方米。

镇村建设

松江镇是一座比较年轻的城镇。1991年，因214省道改道造成原松江镇驻地松竹村老街交通不便，松江乡依托214省道改道和松柏大桥建设迁乡发展集镇，选址定在松柏大桥北端桥头。1992年，松柏大桥建成通车，带动松江集镇建设快速发展。至1995年，松江乡人民政府搬迁至新址办公，农贸市场、医院、小学等相继建设投入使用。随着集镇居民和流动人口的增加，集镇规模不断扩大。2006年起，启动社会主义新农村建设，重点改造农村水利、电力、道路、饮水等基础设施。镇村环境优雅、清洁卫生。全镇80%以上的农户建成2～3层的红砖青瓦新房。

2011—2013年，对农村环境卫生实行综合整治，建设美丽乡村。2014年，全镇农村道路硬化率为100%，环境卫生达标率为90%，农村安全饮水率达100%。38个行政村、1个社区都有办公用房。城区面积达1.2平方千米，建成有政府街、富豪街、衡常路、沿江路4条街道；形成集教育文化、商贸服务、医疗卫生、交通通信于一体，功能较为完备的小城镇。

社会事业

教育科技

清代至民国初年，境内多系私塾、学馆。中华人民共和国成立后，重学氛围深厚，各村开办农民识字夜校，扫除青壮年文盲，同时大力发展小学教育。至1957年，境内有学校10余所。1958年，开办松柏农中、长岭农中两所学校，于1970年停办。1960年，长青完小开设初中班。1962年，独立设办松柏初中、长岭初中（原长青完小）。1969年，按照一个大队办一所小学，一个公社至少办一所中学的布局，境内有小学40所，初中2所。1972年，在松柏初中、长岭初中开设高中班，后撤并。是年在中高完小、周田完小、矮市完小开设初中班，后分别于1980年、1984年、1998年撤销其初中班。1997年全省普及九年制义务教育，先后对全镇所有学校进行维修改造，新建了松柏中学、实验小学、月堡完小、中高完小、周田完小、潇湘小学、满意小学、黄塘小学、北田小学、满足小学、群力小学、凉亭小学、太平小学、阳波小学、龙泉完小、因果完小、杨楼小学、勤学小学教学楼，拆建重建长岭中学两栋教学楼，总投资1000万余元，被评为市“两基”验收双红旗单位。1998—2008年，调整学校布局，先后撤并小学25所。2010年后，新建松柏中学办公楼、学生公寓、长岭中学小学部教学楼、长岭中学食堂、矮市完小教学楼、中心小学食堂，改建周田完小食堂、月堡完小食堂，维修了中心小学、实验小学、长岭完小、满意小学、湖林小学、中高完小、因果完小等校舍。同时，幼儿教育发展迅速，创办中心幼儿园（公办幼儿园）、新星、锦绣前程、满足、喜洋洋、季乐5所民办幼儿园。2014年年末，全镇有初中1所，九年一贯制学校1所，完小8所，村点校3所；在校学生3498人，其中初中生892人，小学生2606人。全镇在职中小学教师256人。初中适龄少年入学率、小学升初中升学率、九年义务教育完成率、覆盖率均达到100%。在园幼儿1300余人，学前三年入园率达98.5%，学前一年入园率达100%。

文化体育

文化 宋朝时期有影子戏四组。清代、民国时期，境内民间有花灯、龙灯及狮子灯数十坛，多在春节期间表演。中华人民共和国成立初，以农村俱乐部为文化活动阵地。1963年后，设立人民公社文化站和生产大队文化室。1966—1976年“文化大革命”期间，有文艺宣传队16个，文化活动被“读红宝书”“唱语录歌”“跳忠字舞”所替代。20世纪70年代，建立人民公社广播站，境内16生产个大队全部通广播。同时公社有电影放映队1个，后来发展个体放映队4个，在全公社及周边地区放映电影。1996年，建成松江乡有线电视台，2005年，改称松江广播电视站，农村文化渐趋活跃。2014年，全镇有文化站1个，专职工作人员3人；村级文化活动中心38个，各类图书室40个，有图书8万余册；有广场舞队6个，威风鼓队1个，军鼓队1个，军乐队1个，各类文化专业户30人，音乐、美术、油画、纸扎、雕刻、书法、皮影、管乐民乐、文学等业余文艺创作人员 100 余人。年末，全镇有广播电视站 1 个，有线数字电视用户 2800 户，无线数字电视用户 500 户，入户率 22%。

体育 1952 年，学校设体育课。1960—1961 年，因国民经济困难，学校体育课暂停，1962 年后逐渐恢复。1977 年，体育教学趋向正常，保证“两课、两操、一活动”。即每周两节体育课，每天做广播操和眼保健操，每天一小时课外体育活动。1983 年后，中小学普遍推行第五套、第六套、第七套广播体操。2014 年年末，20 个村、社区建有文化健身活动场，配套篮球场、乒乓球室和健身器材等基础设施，面积达 4000 平方米。镇内学校有运动场所 13 个，总面积达 1.35 万平方米。

医疗卫生

民国时期，农村缺医少药，治疗疾病素以中草药为主。1950 年，成立松柏卫生所，开展中、西医业务。1970 年，更名为松柏卫生院，并在各生产大队设立赤脚医生和妇幼保健员各 1 名，推行新法接生，指导科学育儿和计划生育。1995 年乡镇体制改革，把原松柏卫生院和长岭卫生院合并，更名为松江乡卫生院，整体搬迁至农贸街，总面积为 1560 平方米，并设长岭卫生院分院。1997 年，经省卫生厅评定为“合格卫生院”。2002 年，被湖南省爱国卫生运动委员会评为“文明卫生单位”。2006 年，启动新型农村合作医疗，当年参加新型农村合作医疗 30735 余人，参保率达 82.29%，此后参合人数逐年递增。2008 年，原松江乡卫生院改为松江镇卫生院。2009 年，争取上级项目，新建办公楼、家属房 2000 平方米，拥有半自动生化仪、血球计数仪、X 光机、B 超、心电图机等设备，集预防、保健、医疗为一体，固定资产超过 2500 万元。2014 年，争取国家资金，对门诊住院综合楼进行改造维修和重建分院医疗楼。年末，镇内有卫生院 1 所，分院 1 个，村卫生室 38 个，共有病床 90 张，医务人员 76 人，中级职称 7 人，执业护士 11 人，乡村医生 44 人。全镇参加新型农村合作医疗 43509 人，参保率 99.37%。

社会保障

“五保”供养 1959 年起，对孤寡老人和无劳动能力的残疾人实行“五保”（保吃、穿、住、治病、丧葬），其生活费由所在生产队或大队统筹。20 世纪 80 年代后，纳入乡镇统筹。2005 年起，城乡“五保”对象享受城乡最低生活保障待遇，其供养经费由县财政拨付。2009 年，建成松江镇敬老院，集中供养部分“五保”老人。2014 年年末，全镇有“五保”对象 176 人，其中集中供养 58 人，分散供养 118 人；共拨付供养金 45.76 万元，年人均 2600 元。

医疗救助 2006 年起，实施城乡居民大病医疗救助。救助对象主要为罹患恶性肿瘤、白血病、尿毒症等大病的城乡低保户、“五保”对象。2014 年，共临时救助 130 户，救助、救济金额 11.73 万元。

最低生活保障 1999 年 10 月，启动城镇居民最低生活保障，并对低保对象实行动态管理。2005 年，有城镇最低生活保障对象 18 户、22 人，年人均 731 元，支出总金额 1.61 万元。2007 年 7 月，启动农村居民最低生活保障，当年有农村低保对象 85 户、245 人，年人均 360 元，支出总金额 8.82 万元。2014 年，境内农村最低生活保障对象 691 户、1570 人，支出 198.95 万元，年人均 1267 元，城镇最低生活保障对象 31 户、77 人，发放低保金 30.26 万元，年人均 3930 元。

养老保险 2011 年 7 月，启动新型农村养老保险。是年，镇内城乡居民参保人数 22422 人，征缴养老基金 193.55 万元，参保率 71%；为 5299 名到龄居民发放养老待遇金 175 万元。

2014 年末，城乡居民参保人数 25636 人，参保率 80%，征缴养老基金 181.2 万元；为 6832 名到龄居民发放养老待遇 465 万元。

特色地情

历史人文

王诏（1414—1480）男，字伯宣，号恕斋，生于明成祖永乐十二年（1414）八月二日，松江镇矮市人。正统七年（1442）进士，授礼科给事中。景泰年间，因事辞职。天顺年间，重新起用，仍任原职，不久升都给事中。成化年间（1465—1487），任通政司右参议、工部右侍郎，治水有功。成化九年（1473），辞职回乡，归途中去世。成化十六年（1480），皇帝钦赐祭葬，吏部尚书李东阳为其撰写墓志铭。王诏前后为官四十年，以俭素自励，田庐服饰无增，拓归之日，第宅荒落，足见其为政之廉。

尚书祠 始建于明代，坐落于松江镇尚丰村，该祠为纪念明代成化年间松江矮市籍尚书王诏而建，为砖木结构，坐北朝南，有前殿、后殿、厢房、戏台、牌坊、凉亭等，占地 2 万余平方米，保存着明代古建筑风貌。系衡南县文物保护单位。

名优特产

潇湘脐橙 因产于境内潇湘村而得名，其品质优良、无籽多汁、色泽鲜艳、营养丰富。潇湘村于 2004 年开始种植脐橙，2008 年，挂牌成立湘健有机果卉禽畜渔业产销专业合作社，主要产品有纽荷尔脐橙、红肉蜜柚、砂糖橘、葡萄等，

尚书祠

其中以脐橙最为出名。2010 年，注册品牌“潇湘脐橙”，畅销全市。2014 年，合作社年产值达 315 万元，年创纯利 80 万元。

风景名胜

高石岭　又名狮子山，位于境内中高、群力、高江三村交界之处。几千年来，经过风化、水洗，山上石头形状怪异，千姿百态。山头两侧为悬崖，崖边有一石洞，深不可测。行人在洞中行走或敲击洞壁，均可发出咚咚的响声。洞中有石桌、石凳。在岭峰南侧有一个高耸的石柱，名曰通天石，又名顶天石。

沙名井　位于松江镇中高村，与高石岭一脉相连，其泉清澈透明，清凉爽口。汩汩清泉，终年不断。方圆十里的居民都从沙名井取水饮用。

大洲岛　传说在远古时期，从东海龙宫跑出一只神龟，游入湘江，在距衡阳市湘江大桥上游约 20 公里的地方，感受到天地灵气在这里汇合，于是神龟便在此隐身成岛。每当山洪暴发，神龟便紧缩身子往上拱，水涨岛长，后来人们便称它为大洲岛。大洲岛村是松江 38 个行政村之一。昔日的大洲岛人世代以打鱼为生，今天的大洲岛依托环境优势，发展生态休闲观光旅游。岛上古木参天，绿树成荫，成片的芦苇、丛丛的竹林，百鸟云集，百花怒放，沁人心脾。

（文字供稿：邱丽君　图片供稿：刘爱成）

相市乡 >>

区域概况

位置面积

因湘市乡驻地有“相公堡（音bu）祠”（又名武侯祠，为纪念三国时期蜀国丞相诸葛亮而建）而得名。地处县境东南部，东与冠市镇、江口镇接壤，南隔耒水与耒阳永济镇花园村对峙，西临耒水，与廖田镇、向阳镇隔河相望；北毗洪山镇、茶市镇。乡政府驻地为相公堡社区，距县城云集20公里。辖区东西最大距离12.5公里，南北最大距离12.1公里，总面积76.8平方公里。

建置沿革

1949年前，相市乡（原名相公堡）属茶市乡十八保。1949年11月7日，相公堡解放，属衡阳县第二区管辖；1950年年底，成立相市乡政府，下辖3个村；1951年冬，废除农民协会和相市乡政府，成立新相市乡；1952年，从衡阳县析出部分乡镇成立衡南县，相市乡属衡南县第二区；1956年，相市乡与万乐乡、金紫乡、新练乡合并，仍称相市乡；1957年下半年，成立人民公社，相市乡与上壁乡合并为朝阳人民公社，下辖金紫、万乐、新练、相市、上壁五个大队；1959年，朝阳人民公社与红炉人民公社合并，更名为茶市公社；1970年冬，相市从茶市公社分出，成立相市人民公社。1983年，相市公社改为相市乡；1995年4月，撤区并乡，上壁乡成建制并入相市乡，共辖30个行政村。

行政区划

1995年年末，政区辖30个行政村、316个村民小组。2014年年末，辖相公堡、太平墟2个社区、7个居民小组，金紫、桐子、大有、曹家、翻身、白衣、虎塘、托塘、王家、新堰、柿子、艳山、沿江、荷塘、夏屋、烟竹、直壁、杨木老、仰山、廖家、江泉、上壁、梅元、合溪、良田、黄西、黄金坪、八仙、折壁、许田30个行政村、316个村民小组。

自然环境

镇域地貌属丘陵山区，地势东高西低。全境属大陆性亚热带季风湿润气候区，气温四季分明，无霜期长，年平均气温17.5℃，1月最低，日均气温5.8℃，7月最高，日均气温35.5℃。雨季旱季明显，年平均降水量在1200毫米以上，极端年最大降水量1800毫米（1970年），极端年最少降水量950毫米（1963年）。常年主导风为北风，夏季多东南风，并有雷电气象。境内主要自然灾害有旱灾、水灾、冰雹、冰冻等；旱灾、水灾出现概率30%。境内土壤分为水稻土、黄壤土、红壤土三大类。全境有合溪、清溪河2条主要溪流，均为耒河一级支流，总长40公里。

人口民族

1999年年末，辖区总人口27816人，人口出生率10.85‰，人口死亡率5.55‰，人口自然增长率5.30‰。2010年第六次全国人口普查时，辖区总人口26588人，人口出生率12.37‰，人口死亡率13.32‰，人口自然增长率-0.95‰。2014年年末，全乡总数户为9065户，总人口为29627人，其中男性15677人，占52.9%；女性13950人，占47.1%。人口出生率12.37‰，死亡率13.32‰，自然增长率-0.95‰。人口密度为每平方公里449人。

经济综述

农业

种植业 民国时期，由于生产条件落后，加之干旱缺水，粮食平均亩产不足200公斤。中华人民共和国成立后，致力于兴修水利，改善农业生产条件，粮食产量不断增加，1952年，亩产达到300公斤。1957年，因天灾人祸，粮食减产歉收。1961年，调整人民公社规模，解散公共食堂，实行以生产队为核算单位和执行按劳分配政策；与此同时，改进耕作技术，扩大双季稻种植面积，农业生产连年获得丰收，双季稻种植面积达1800公顷，占水田总面积80%以上，两季平均亩产360公斤。1975年，试种杂交晚稻66.67公顷，平均亩产280公斤，比常规晚稻每亩增产110公斤。此后逐年扩大种植面积。至1983年，杂交晚稻面积达到2133.33公顷，占水田总面积的97%，平均亩产提高到400公斤以上。1990—2006年，全乡水稻年种植面积稳定在2533公顷左右，亩均产量约800公斤，年总产量3.1万吨。2014年，境内有耕地面积2600公顷，其中水田2200公顷，全乡种植水稻3866.67公顷（含复种面积），总产5.6万吨，油菜800公顷，产菜籽1800吨，蔬菜333.33公顷，总产5000吨，种烟133.33公顷，产烟叶7000担。

养殖业 民国时期，由于多数农户家庭生活困难，禽畜饲养数量极少，年户均养猪不足1头，养牛仅供役用，饲养鸡鸭多为产蛋换取油盐钱。中华人民共和国成立初，养殖业有所发展，禽畜产量逐渐增多。1958—1961年，一度禁止农户养猪养鸡。1962—1980年，耕牛、鱼类由生产队集体放养，生猪饲养允许公私并举，故产量较前有较快发展。1982年实行土地承包经营责任制后，养殖业快速发展，陆续出现一批规模化、专业化养殖户。1989年，全乡人平养猪1头、鸡5羽；鲜鱼产量亦大幅提升，亩均水面产鱼由1981年的50公斤提高到150公斤。1991—2012年，养殖业持续发展。先后有新五丰公司衡南分公司、衡南县晨晖农牧有限公司、衡阳立裕农业科技发展有限公司等十余个专业养殖场建成投产。其中晨晖农牧有限公司投资1200万元建成生态养猪场，年出栏生猪2万余头。2014年年末，全乡有各种规模养殖户100户，出栏生猪11.1万头，出笼家禽35万羽，出塘水产品3500吨，存栏生猪6200头，家禽存笼32.03万羽。

林业 全乡有林地2800公顷，主要树种有松、杉、油茶、南竹、樟、桂花树等。1956年以前，山林权属为农户私人所有。1958年，“大办钢铁”，大部分森林被砍伐炼钢铁。此后，林权收归集体经营。1980年以后，推行山林承包责任制，稳定山林权属，制止乱砍滥伐，同时，经过历年实施植树造林、封山育林、退耕还林等一系列措施，森林覆盖率逐年提高。2009 年，为林地承包户换发全国统一的林权证。2014 年年末，全乡共有涉林公司 6 家，森林覆盖率为 90%。

工业

明、清两朝，境内（直壁、廖家、仰山、新堰等村）开设窑厂烧制砖瓦等物。民国时期，有木匠、铁匠、铜匠、砌匠以及烧砖瓦等民间手工业艺人近百名。中华人民共和国成立后，1965 年 7 月，人民公社利用合溪生产大队闲置的李氏宗祠创办上壁农机厂，主要生产农机具及配件加工，1974 年，农机厂迁至上壁街。20 世纪 70—80 年代初期，境内有小型农机等加工厂 20 余家，从业 500 余人；主要涉及大农机具制造加工，被誉为“农机之乡”。1982 年，衡阳齿轮厂（湖南嘉欣齿轮厂的前身）建立，厂里生产的各类齿轮畅销全国各地。进入 21 世纪后，该厂生产的小型拖拉机一度远销到俄罗斯。1985—1999 年，集体和乡镇工业逐渐萎缩，私营工业相继崛起。2000 年后，乡内 5 家集体工业先后改制为民营企业。2014 年年末，全乡有民营工业 15 家，从业人员 800 人，经营范围涉及农机配件、齿轮、活塞、建材、电子、矿泉水、食品加工和农林产品加工等行业。

商贸服务业

民国时期，境内相公堡老街仍设为集市，有店铺 100 余家，为县内乃至衡阳地区较大的农副产品集散地之一。中华人民共和国成立后，相公堡依旧开集设市。1950 年，街上有私营商业、饮食业 40 余家，从业 200 余人。1956 年，完成对私营商业的社会主义改造后，组建成 4 家公私合营商店、10 个商业合作小组。在此之前，先后建立公社供销合作社、粮油购销站、肉食水产品购销站以及粮油储运库等商业机构，设有购销门店网点 30 余个。1958—1962 年，一度取消集贸市场，禁止集市贸易。1962 年恢复，但对销售的商品仍有所限制。1978 年，境内有国营、集体商业网点 42 个，集贸市场 2 个，社会消费品零售总额 400 万元（当年价）。1982 年后，实行改革开放，在发挥国营集体商业主渠道作用的同时，适当发展个体私营商业。至 1990 年，有个体商户 80 余家，从业 240 余人。1995 年后，在商业改革的大潮中，国营、集体商业逐渐淡出流通市场。2001—2008 年，先后完成对国营、集体商业的改革改制，民营商业成为商品流通领域的“主力军”。2014 年年末，全乡有各类民营商业户 160 家，从业 600 余人，主营日杂百货、文化用品、家用电器、纺织用品、餐饮宾馆、美容美发、网吧和车辆维修等行业，年社会消费品零售总额 1200 万元。有集贸市场 2 个，年交易额 1000 余万元。

财政金融

财政　中华人民共和国成立后，乡镇财政由财粮委员或秘书兼管。1953 年，各种税收建立代征、协税组织。1961 年，成立协税委员会。1984 年成立乡财政所，统管财政收支。1995 年，乡财政总收入 650 万元，财政总支出 650 万元。2004 年起，实行农村税费改革，国家取消向农户征收农业税（含附加）和农业特产税。当年全乡两项税金 300 余万元。至 2014 年年末，完成公共财政总收入 570 万元，公共财政总支出 568 万元，年末债务总额 600 万元。

金融　1952 年，境内成立中国人民银行相市营业所，管理金融业务。1958 年 12 月，基层银行与人民公社信用社合并，组成公社信用部。1959 年 5 月，又将原来的信用社从人民公社信用部划出，下放给各生产大队，成为信用分部。1962 年 11 月，信用分部全部撤销，恢复农村信用社。1995 年，乡内有农村合作基金会、互助储金会各 2 家，1999 年并入农村信用社，2014 年年末，乡内有邮政储蓄银行和农商银行相市信用社等金融机构 2 家，各项存款余额 2 亿元，贷款余额 3000 万元。

基础设施

交通运输

公路 1958 年，分别建成相市至茶市、江口公路（今贺相、相江公路线），上壁至茶市、冠市公路（今 316 省道）。20 世纪 70—90 年代，相继完成 31 个行政村（含光富村）的村道建设。2002—2013 年，实施乡村道路改造提质和水泥硬化工程，实现村村通水泥路，总里程 220 公里。2014 年年末，乡内有京珠高速公路过境，境内长 1 公里；省道 316 过境，境内长 15 公里，双向 2 车道，通往耒阳、安仁；县乡级公路 4 条，总长 40 公里，村道 30 条，总长 140 公里。

公路客运 1964 年，省汽车运输公司衡阳分公司（简称“湘运”，下同）辟衡阳汽车西站至樟树脚班车，相市设汽车停靠点，每日往返四趟，1983 年，开放市场，始有个人购车加入社会营运，客车以小型为多，招手即停，俗称“方便车”，先后开通相市、上壁至衡阳市区、县城班车，至 2014 年年末，乡内有临时客运站 2 个，客运汽车 15 辆，280 个座位，年客运量 50 万人次，日均载客量 1400 余人次。

公路货运 中华人民共和国成立初期，乡内货运由“湘运”包揽，集市贸易交流大多靠肩挑和独轮车运。20 世纪 70 年代，原人民公社农机站购有拖拉机，农闲时跑短途货运。1983 年后，私人购车加入，承担镇内部分货物运输。随着当地民营货运业不断发展，“湘运”货运逐渐退出。至 2014 年，乡内有货运汽车 100 辆，1000 吨位，年货运周转量 72 万吨公里。

水路 境内通航河道 1 条，总长 15 千米，耒水河为 10 级航道，最大通船能力为 20 吨级船舶；2014 年年末，客运船舶 5 艘，150 座位，年客运量 10 万人次；货运船舶 20 艘，400 吨位，年货运周转量 50 万吨公里。

邮政通信

邮政 中华人民共和国成立前，相公堡设有邮政代办所，中华人民共和国成立后沿袭。20 世纪 60 年代起，人民公社、生产大队均设有邮政投递点。邮政业务包括函件收发、信件投递、报刊发行等。至 2014 年年末，有邮政代办所 2 个。

通信 1962 年，境属事业单位及公社开通电话，线路长 14 千米；1979 年后，人民公社（乡镇）建立通村（生产大队）电话网络，利用有线广播线路通电话；1998 年，开通程控电话网络；2004 年，移动、联通公司先后在乡内建设移动通信基站。至 2014 年年末，有电信、移动、联通营业厅各 3 个；有固定电话用户 1200 户，移动电话用户 28000 户，互联网用户 1000 户。

供电饮水

供电 中华人民共和国成立初期，电力资源紧缺，老百姓家庭用煤油灯或蜡烛照明。至 20 世纪 70 年代末，少部分单位、企业或大队有柴油机组发电，用于生产和生活。1979—1989 年，新建 10 千伏配电线路 2 条，长 60 千米，10 千伏安变压器 57 台，村通电率 100%，村（居）小组通电率 100%。2000—2013 年，对农村电网实行分批次改造，先后共完成 30 个村的线改户改，共改造和更新 10 千伏线路 1 条，长 9 千米，更新和新增 10 千伏安变压器 36 台，完成户改 8997 户。2014 年年末，低压用电线路总长 600 余千米。全乡 2 个社区、316 个村居民小组全部供电，有用电户 11989 户（含加工等），供电率 100%。

饮水 1949—2013 年，镇区生产生活用水以取地表水和井水为主，每逢天旱，生产生活用水极为紧缺，饮水质量也不达标。2014年，建成上壁自来水厂，日供水能力750吨，有供水主管网3条，长15千米；支管网10条，长50千米，供水用户1000户。

水利建设

相市乡地处衡邵干旱走廊核心地带，境内东高西低，1949年，境内仅有山平塘约500口，蓄水量约1000万立方米，是衡南县有名的干旱死角乡镇。中华人民共和国成立后，人民政府组织群众兴修水利，抗御干旱。1954—1969年，共整修扩建山平塘2000口，增加蓄水量2500万立方米，1966—1979年，先后修建仰山村八仙、南头水库，八仙村铁丝岭水库，王家村王家水库，大有村艳丰水库，新堰村长塘水库，梅元村观音水库，廖家村跃进水库等11座小型水库，总蓄水量400万立方米。修建龙溪桥水库、欧阳海灌区灌溉渠近40千米。与此同时，修建田间渠道150条，长80千米。20世纪90年代，由于两个灌区断流，致使原上壁片14个村抵御旱灾能力减弱，为从根本上解决相市乡的干旱问题，2013—2014年，多方募集水利建设资金2000万元，启动“三线一片一重点”水利工程项目。期间，兴建装机容量180千瓦的电排一座，桥涵闸门四处，疏浚河道15千米，高架渡槽600米，硬化渠道30千米，开挖骨干山塘50口，新增库容300万立方米，使全乡20个村1300余公顷稻田旱涝保收。

镇村建设

相市为千年古镇。三国至民国时期，在耒水岸边和清溪河两岸分别建有东、西两条街，有民居200余栋。中华人民共和国成立后，集镇建设不断拓展，先后兴建商贸、交通运输、教育文化、医疗卫生等基础设施，面积约1平方公里（含上壁街）。20世纪90年代初起，小城镇建设扩容提质，先后修建上壁市场、相公堡农贸市场、文翰苑小区、太平墟新街、相公堡新街、上壁大道、贺相公路、相江公路、上壁工业园等工程；开发商品住宅面积10万余平方米。2006年，启动社会主义新农村建设。以直壁村为示范点，重点改造农村电网、道路、水利、环境卫生等基础设施。全镇大部分农户均自建成2～3层的红砖青瓦白粉墙新房。2014年，全乡电网改造、乡村道路硬化率、环境卫生达标率、居民饮水安全率均为100%。30个行政村，村村都有新办公用房。年末，小城镇建成面积为3平方公里。

社会事业

教育

清末，境内出名的学堂有阳氏宗祠学堂（仰山村）、合溪张氏宗祠学堂（今合溪小学前身）、江泉学堂等，民国时改学堂为学校。中华人民共和国成立后，利用祠堂作学校发展农村小学教育，同时开办农民识字校夜，扫除青壮年文盲。境内有周氏宗祠学校、张氏宗祠学校、阳氏宗祠学校、杨泗庙学校、新练学校等。至1957年，境内有完全小学3所，初级小学5所。同年，杨泗庙完小附设初中班。1961年，因耒河涨水，杨泗庙被水淹，将杨泗庙完小附中并至张家祠堂。1969年，按照一个大队办1所小学、一个公社办1所中学的布局，是年境内有小学31所，初中2所、高中1所。1983—1985年，着力做好初等教育的普及工作。经过三年努力，境内7～12周岁儿童入学率为99.5%，年巩固率99.1%，毕业率96.9%，13～15周岁儿童初中教育普及率为98.3%。1989年，上壁中心小学教师贺正荣被评为省级劳动模范和全国优秀教师。1992—2006年，许常友老师和阳华英老师被评为省优秀教师。期间，全乡完成改建新建校舍面积11500平方米，占校舍总面积34654平方米的33.2%。与此同时，为整合教育资源，提高教育质量，将原有31所小学合并为11所。2014年，上壁中学陈欢（直壁村人）和李枝（梅园村人）在全国中小学生奥林匹克竞赛中，分获全国中学生生物奥林匹克竞赛一、二等奖。年末，全乡有幼儿园2所，在园幼儿319人，专任教师9人；小学11所，在校学生1942人，专任教师80人；初中2所，在校学生601人，专任教师56人。有上壁中学、相市中学、相市中心小学、实验小学、合溪完小、金紫完小、白衣小学等7所省市级合格学校。

文化体育

文化 中华人民共和国成立初，俱乐部成为农村文化的活动阵地。20世纪60年代初期，人民公社、生产大队先后建立文化站和文化室。“文化大革命”期间，毛泽东思想文艺宣传队是农村文化活动的主体。1971年，建立人民公社广播站。是年，境内2个人民公社（上壁、相市）31个生产大队、375个生产队实现队队通广播。1975年，成立人民公社电影放映队，有16毫米电影放映机2台，分别到各生产大队放映。2014年年末，全乡有文化站、有线电视站各1个，共有职工4人；有线电视网络20千米，共有有线电视和无线电视用户2000多户；村（社区）文化活动中心32个，共有图书53469册；各类文化专业户13户，从业140人。

体育 清末民国初，境内有龙舞、木偶、星子灯、龙舟赛等群众文化活动。1952年，学校设体育课。1960—1961年，体育课暂停，1962年后逐渐恢复。1977年，体育教学趋向正常，保证“两课、两操、一活动”。即每周两节体育课，每天做广播操和眼保健操，每天一小时课外体育活动。1983年后，中小学普遍推行第五套、第六套、第七套广播体操。从1997年开始，乡内中小学开始按《国家体育锻炼标准》教学，当年达标率41%。至2005年，达标率98%。2014年年末，全乡有运动场25个，总面积4.2万平方米。

医疗卫生

清代、民国时期，境内缺医少药，治疗病患者以中草药为主。中华人民共和国成立前，境内有中药铺2家，民间中药医师4人。中华人民共和国成立后，医疗卫生事业不断发展。1953年，建相市联合诊所，医护人员3人。1958年，建立公社卫生院，并开始推行新法接生。1969年，农村实行合作医疗制度，相继建立生产大队卫生室，分别配有赤脚医生和保健员各1人。从1980年开始，对辖区内0~7岁儿童作健康检查，对有病的实行免费治疗。1984年，人民公社卫生院更名为乡卫生院。1995年，撤区并乡，原上壁卫生院与相市卫生院合并，卫生院下设1个分院和5个医疗点，全乡每个村均设有卫生室。2006年1月，启动新型农村合作医疗，当年参加新型农村医疗20852人，参合率89.40%。2008—2014年，相市乡卫生院投资500多万元新建门诊、住院综合大楼，建筑面积4000余平方米。2014年年末，乡内有卫生院1所、分院1所，门诊部5个，村卫室30个；医护人员90人，病床80张。全乡参加新农合25580人，参合率99.37%。

社会保障

“五保”供养 1959年起，对孤寡老人和无劳动能力的残疾人实行“五保”，其供养费由所在生产队统筹。1980年后，纳入社（乡）统筹。2005年起，“五保”对象享受城乡最低生活保障，供养费由县财政统筹。2014年年末，全乡“五保”供养对象为186人，其中：集中供养43人、分散供养143人，年人均2844元（不含衣服和医疗费），总金额 52.896 万元。

医疗救助 2006 年起，启动城乡居民大病医疗救助。救助对象主要为患恶性肿瘤、白血病、尿毒症的城乡低保户、困难户。2014 年，共救助 85 人，救助总金额 23.66 万元。

最低生活保障 1999 年 10 月，启动城镇居民最低生活保障，并对低保对象实行动态管理。2005 年，有城镇最低生活保障 41 户、51 人，年人均 646 元，总金额 3.29 万元。2007 年 7 月，启动农村居民最低生活保障，当年有农村低保对象 55 户、153 人，年人均 360 元，总金额 5.51 万元。2009 年，全乡有低保对象 488 户、1068 人，年人均补助 653 元，总金额 64.325 万元。2014 年，境内农村最低生活保障 560 户、1081 人，支出 137.99 万元，年人均 1277 元，城镇最低生活保障 41 户、112 人，支出 39.74 万元，年人均 3548 元。

城乡居民社会养老保险 2011 年 7 月起，启动城乡居民社会养老保险。当年，全乡参保人数 12270 人，参保率 100%；征缴养老金 134 万元，为 3656 名到龄居民发放 7—12 月养老待遇 45.27 万元。2014 年年末，参保 9457 人，参保率 73.77%；征缴养老基金 99.69 万元，为 4926 名到龄居民发放养老待遇 343.30 万元。

特色地情

名优特产

相公堡烧饼 烧饼俗称“消灾饼”，寓意消灾祛祸，保家庭清泰平安。三国时期，相公堡就有烧饼作坊。相公堡烧饼作坊烤制的烧饼，色泽微黄，外焦内糯，香脆可口，远销省内外。

新塘冲的酒 “相公堡的烧饼，新塘冲的酒，吃过，喝过，奢望顿顿有。”新塘冲为新堰村一个自然屋场，山峦苍翠，有一口远近闻名的天然泉水井。村民们利用天然泉水加上优质稻谷酿制的谷烧酒，酒香四溢，回味绵长。

风景名胜

状元峰 位于仰山村境内，相传为南岳七十二峰之一。峰顶建有“仰山庙”，庙内供奉文武魁星的塑像，中华人民共和国成立前香火旺盛。

武侯祠 武侯祠又名相公祠，遗址位于相公堡居委会，为三国时期当地居民为纪念蜀相诸葛亮而建。祠联：“收二川，排八阵，六出七擒，五丈原前，点四十九盏明灯，一心只为酬三顾；取

相公滩古渡口

西蜀，定南蛮，东和北拒，中军帐里，变金木土爻神卦，水面偏能用火攻。”对联高度概括了诸葛丞相一生的丰功伟绩，一直传诵至今。

相公滩古渡口 相公滩位于武侯祠下耒水河边，因诸葛亮督赋时常泊舟于此而得名。依滩建有一个渡口，为往来客商货物中转的一个重要港口，至今仍发挥重要作用。唐朝著名诗人杜甫经耒河前往耒阳时，特地从此滩上岸，到相公堡祠凭吊诸葛丞相。明崇祯十年（1637）农历四月十四日夜，明代著名地理学家、旅行家、文学家徐霞客曾泊舟于此过夜。千百年来，以该滩名字嵌入的一则上联“相公堡，相公滩，相公坐船相公撑”，下联至今无人续出。

八卦岛 位于相公堡北端清溪河和合溪两支溪流交汇处（今相市乡新堰村境内），因河中有一小岛，形状酷似八卦图而得名。相传，当年诸葛丞相曾在岛上排兵布阵，反复推演阵法，八卦阵即缘于此。

洛夫旧居 位于艳山村，砖木结构，为“诗魔”洛夫祖屋。由于年久失修，大部分建筑早已倒塌，现存的部分建筑，系近年来由相关部门修缮而成。

（文字供稿：周健　图片供稿：衡南县志办）

洲市乡 >>

区域概况

位置面积

洲市乡因境内古商贾之地“洲巩桥”而得名。地处衡南县西南部，东临衡阳市蒸湘区雨母山乡，西接谭子山镇、柞市镇、茅市镇，北靠三塘镇，南连车江镇、硫市镇。乡政府驻地洲巩桥社区（洲市街8号），距县城43公里，距衡阳市市区17公里。辖区总面积99.6平方公里。

建置沿革

清代属清泉县；民国属衡阳县；1952年4月，属衡南县；1958年9月，设立洲市人民公社；1983年5月，设洲市乡；1995年4月，大山乡并入。

行政区划

1995年年末，政区辖25个行政村，386个村民小组。2014年年末，辖竹塘、灵官、马颈、竹园、溪田、乐洪、芷江、洲市、车山、享塘、宝庆、和平、云盘、豪富、长春、南铺、大冲、曲龙、桥头、上迎、群英、大山、学塘、岳龙、江华、庙山坪26个行政村，洲巩桥、小桥2个社区，下设398个村（居）民小组。

自然环境

境内大部分为丘陵，多为紫色页岩地貌。地势西高东低，属亚热带季风气候区，雨势同季，光照充足，无霜期长，气候温和，雨量充沛，春季雨量集中，夏季干旱多风，秋季温和凉爽，冬季湿冷少雪。常年以北面风向频率最大，夏季主导风向为东南风。年平均气温在17℃～19℃之间，1月平均气温5.6℃，7月平均气温30.2℃，无霜期年平均290天，年平均日照时数1700小时。降水集中在4—9月，以5、6月份最多。年平均降水量1167.1～1700.6毫米，地下水资源的利用量为25.9万立方米。境内有长达18.7公里柿水河穿过。

人口民族

1999年年末，辖区总人口38517人，人口出生率10.25‰，人口死亡率4.65‰，人口自然增长率5.60‰。2010年，辖区总人口41066人，人口出生率12.83‰，人口死亡率6.81‰，人口自然增长率6.02‰。2014年年末，辖区总人口42876人，其中，男性22078人，占51.49%；女性20798人，占48.51%。人口出生率12.82‰，死亡率6.81‰，人口自然增长率6.01‰。人口密度为每平方公里429人。

经济发展

经济综述

2007 年，实现财政收入 434 万元，其中地税 85.6 万元，国税 21 万元，耕地占用税与契税 6.5 万元。2008 年，完成国税 21 万元，地税 356 万元。2014 年，完成财政收入 667.5 万元，固定资产投资 4656 万元，工农业总产值 34360 万元，农民人均纯收入达到 9486 元。2014 年，境内耕地面积 2838.33 公顷，其中水田 2383.8 公顷，粮食产量 2.78 万吨。

农业

种植业 中华人民共和国成立后，致力于兴修水利，改善农业生产条件，粮食产量连年增加。1959—1961 年，连续三年的国民经济困难，粮食减产减收。1966 年，农业生产逐步恢复，平均粮食亩产 290 公斤。1980—1981 年，洲市和大山人民公社 100% 的生产队实行所有权与经营权分开的联产责任制，生产力得到进一步发展。1983—1984 年，进一步扩大农村田土承包范围、延长承包期。1986—1987 年，在进一步稳定家庭承包制为主的联产承包制的基础上，积极发展村组集体经济，完善城乡结合的“双层”（一是家庭分散经营层次；二是集体统一经营层次）经营制。1998 年年底，建设高效特色农业，促进农业产业化进程，建立和发展优质稻、优质棉花等商品基地，农民收入大幅增加。2004 年，发展优质稻 1766.67 公顷，双低油菜 1120 公顷。2008 年，在灵官、竹塘等村建成省级“万亩超优质种植示范基地”。2009 年，中国工程院院士、杂交水稻之父袁隆平莅临基地考察调研。2013 年，建成 3 万亩双低油菜种植示范基地。

养殖业 畜牧业以生猪、湘黄鸡和鲜鱼为主，1995 年，出栏生猪 2.36 万头，出笼湘黄鸡 95 万羽，

洲市万亩超级杂交稻高产示范片

出产鲜鱼5300吨。2014年，出栏生猪量3.79万头，年末存栏2.41万头；出笼家禽量126.8万羽，出产鲜鱼8240多吨。

工业

中华人民共和国成立初期，乡内只有铁铺、裁缝铺、篾匠铺等十多家小作坊。20世纪70年代中期，原大山人民公社创办2家企业（即大山公社农机厂和大山建筑工程队）；原洲市人民公社创办3家企业（即洲市公社农机厂、洲市公社煤矿和洲市公社建筑队）。当时，大山公社农机厂有工人20余人，主要生产农具，年产值5万余元；洲市公社农机厂有工人30余人，年产值7万余元；1973年，洲市公社煤矿并入国营衡南县洲市煤矿。80年代，创办大山园艺场、大山藤椅厂、大山石棉瓦厂、衡南县大山氧化锌厂。80年代末，大山公社农机厂和洲市公社农机厂因受市场经济冲击停产。1994年，洲市煤矿因效益差关闭。90年代，大山园艺场、大山藤椅厂、大山石棉瓦厂、衡南县大山氧化锌厂也因规模较少，市场竞争力弱而停业。期间，大山建筑工程队更名为大山乡建筑工程公司，有从业人员200余人，年产值5500余万元。 90年代中期撤区并乡后，通过招商引资先后创办化工企业2家，即洲市乡冶炼化工厂和衡南县冶炼化工厂。2003年，两家企业因生产化工原料氧化砷毒性重、污染大而实施关停。2005年，洲市公社建筑队实施改制，成立衡洲建筑安装工程有限公司。2013年10月，国家投入近3000万元启动该区域含砷废渣污染治理项目。2014年年末，乡内有工业企业13家（含建筑公司1家），完成工业总产值4.5亿元，其中衡洲建筑安装工程有限公司产值4.1亿元，实现税金320万元。

商贸服务业

中华人民共和国成立前，洲巩桥是南乡较大的纱线等纺织品加工、销售市场，南乡堡是南乡较大的米市，灵官巷、大山桥是南乡较大的食茶百货市场。中华人民共和国成立后，对原有私营商业实行社会主义改造的政策，通过公私合营、代购代销等办法，建立以国营商业为主导，集体商业、私营商业与个体商业并存的商业体系。1956年，分别在洲市街、大山桥、法公庙、灵官巷、南乡堡设立供销合作社和食品站，对布匹、食盐、猪肉、农资等物资实行统购统销、计划供应。1982年，镇内供销社和食品站推行经营承包责任制。1988年国营、集体商店实行承包经营和租赁经营。是年，原大山乡政府启动大山桥市场开发，沿县道两旁建农贸市场，新建摊位60个、门面店铺120个，主营日杂百货、纺织用品、文化用品、餐馆和各类车辆维修等行业。1989年，大山市场从老街整体搬迁至新街。20世纪80年代末，市场物资日益丰富，私营经商门市增多，原布票、油票、粮票相继取消。1992年，原洲市乡政府启动灵官巷市场开发，在老街后山右侧新建农贸市场，新建摊位70个、门面店铺170个，1994年，灵官老街市场搬迁至新街。至2007年，乡政府分别对灵官巷、大山桥、南铺、洲市等市场进行扩建，市场承载能力进一步增强，农村消费市场有效激活。2014年，全乡有560家个体经商户，从业人员860余人，主要经营粮油、日杂、五金、农产品、餐饮宾馆、理发和车辆保养维修等，社会消费品零售额达1.3亿元；有4个集贸市场，年交易额1100余万元。

财政金融

财政 中华人民共和国成立后，乡（公社）财政由财粮委员或秘书兼管。1953年，各种税收建立代征、协税组织。1961年，成立协税委员会。1984年，设立乡财政所，主要为工商税收和农业税收。2004年起，实行农村税费改革，国家取消向农户征收农业税（含附加）和农业特产税。2011年，财政总收入836.2万元，比上年增长12%，其中完成地税298.4万元，国税22万元。2014年，公共财政收入608万元，总支出608万元，年末债务总额398万元。

金融　1976年，成立大山信用社、洲市信用社。1995年，两家信用社合并组成洲市信用社，分设大山信用分社和灵官、南铺等2个营业网点。1993年，成立大山基金会和洲市基金会，隶属于衡南县经营管理局管理，受中国人民银行衡阳市分行监管，1998年5月关停，是年11月，其资产和贷款并入洲市信用社。2007年3月，中国邮政银行三塘分行在灵官巷和大山桥设立营业网点。2014年年末，境内有金融机构2家，从事境内金融业务，各项存款余额1.68亿元，各项贷款余额0.56亿元。

基础设施

交通运输

公路　洲市乡公路修建始于20世纪60年代末，1969年10月，071县道（四塘—古山）竣工，公路全长28公里，路面砂石结构，路宽6.5米，公路等级为4级。1973年，洲市至东阳乡公路竣工，境内洲市至竹塘全长7.8公里，路面砂石结构，路宽4.5米，公路等级为等外。70年代中后期，为实现农业机械化，各社队开始组织群众修建少量机耕道。80年代，市场经济快速发展，随之商品进村、农副产品进城流动量也增大，为解决道路屏障，乡、村充分发动村民自修通村通组公路。90年代前期，各村组简易公路基本畅通。1999年，洲市乡政府自筹资金硬化洲市粮站至洲巩桥桥头路面和大山桥街道路面。2002年，071县道四塘至洲市粮站路面水泥硬化竣工。2006年，各村开始实施通村公路硬化。2007年，乡道洲云公路（洲市至云盘村）5.2公里路面硬化竣工。2008年，071县道洲市至豪富村下园里组18.6公里公路硬化竣工。2009年，乡道洲灵公路（洲市—灵官村）5公里路面硬化竣工。

客运　2012年前，村民出行靠坐非营运车辆（如摩托车、农用车、面包车）至322国道，再转乘过路客车，陆路交通十分不便。2013年，洲市客运站（南铺）落成。次年，民营车辆投入运营，辟洲市至衡阳、洲市至衡南县城线，班车6辆，日客运量约450人次。

货运　中华人民共和国成立初期，镇内货运由“湘运”包揽，集市贸易交流大多靠肩挑和独轮车运。20世纪70年代，原公社农机站购有拖拉机，农闲时跑短途运输。1983年后，私人购车加入，承担镇内部分货物运输。随着当地民营货运业不断发展，“湘运”货运逐渐退出。2014年年末，有载货车辆42辆，年货运量36万吨。

邮政通信

邮政　1950年，乡内邮政业务由谭子山邮件集散点负责配送，乡邮员两天一班沿线投递（谭子山—清福—洲巩桥等）。1995年，境内在大山桥和灵官巷设有邮政网点2个，承办报刊发行、信件投递等业务，隶属于三塘邮政支局管辖。2014年年末，邮政代办所2处，邮政业务总值约230万元。

通信　1994—1996年，开通程控电话2896门，实际安装容量6000门，初步实现“村村通”。1996年，洲市电信支局成立。2011年，电信、移动服务网点3个，电话交换机总容量8000门，固定电话用户2100户，电话普及率41%；移动电话用户15000户，互联网用户380户。全年电信业务收入120万元。至2014年，全乡固定电话用户3675户，移动电话用户16500户，互联网用户379户。

供电饮水

供电 中华人民共和国成立初期，电力资源紧缺，老百姓家庭用煤油灯或蜡烛照明。至20世纪60年代末，少部分单位、企业或大队有柴油机组发电，用于生产和生活。20世纪80年代中期，三塘镇刘家湾变电站输专线向乡内供电，基本满足各村用电。2002年，实行农网改造。2011年，申报上迎35千伏安变电站立项。次年，上迎变电站兴建竣工并投入使用，缓解乡内电力供需不足的矛盾，全乡居民生产生活用电开始正常。

饮水 20世纪90年代以前，农村饮水基本以房屋前后池塘作为饮水水源，地表水井不多。1992年，压水井和机井出现，农村开始饮用地下水。2006年，建成大山桥集中供水系统，2013年建成洲市自来水水厂，日供水量约550立方米，2014年年末，城镇居民100%饮用自来水，15%的村民饮用自来水。

水利建设

1956—1958年，乡内发生严重干旱，激发农民兴修水利的积极性，三年间，共建成小（二）型水库9座，分别为杨梅、东风、大冲、丛山堰、兴隆、陈家冲、三福冲、跃进、贯冲水库，总蓄水量273.6万立方米，总灌溉面积233余公顷。1965—1977年，物质条件的改善和广大群众的同心协力，兴建水库方兴未艾。先后建成5座小（一）型水库，分别是山口堰水库（坐落曲龙村，建于1965年9月，集雨面积4.8平方公里，坝高20.7米，库容185.4万立方米）、小泉水库（坐落马颈村，建于1966年10月，集雨面积10.5平方公里，坝高14米，库容245万立方米）、群英水库（坐落群英村，建于1972年10月，集雨面积2.08平方公里，坝高16米，库容121万立方米）、和平水库（坐落和平村，建于1972年10月，集雨面积1.02平方公里，坝高16米，库容104万立方米）、联防塘水库（坐落南铺村，建于1977年8月，集雨面积1.69平方公里，坝高14米，库容110万立方米）。水库共有连接干渠绵延近100公里，连接渡槽9座，连接虹吸管2处，水库低涵分别汇流入柿水河和茳江河流。2008—2014年，全乡加大水利设施的投入，全面完成水库除险保安项目工程，完成塘坝硬化270余口。2014年，投入40多万元实施群英渡槽重建，对小（一）型水库全部实行电子监控，实现水库视频的网上安全管理。全乡有小（一）和小（二）型水库共14座，300多口骨干塘，千余口山平塘，基本能保障水稻及农作物灌溉用水。

镇村建设

中华人民共和国成立初期，境内有洲巩桥、灵官巷、大山桥、南乡堡等4条沿路而建的简易街道，20世纪50—70年代，相继建有学校、医院、供销社、食品站和农机厂，城镇建设有所拓展，但由于地处山间，道路弯曲，这些房屋都比较分散，街道路面坑坑洼洼。洲市乡村组农户住房90%为土墙茅舍，9%为土墙瓦房，1%为砖木瓦房，人均不足10平方米。20世纪80年代，部分村民建成2层红砖瓦房。20世纪90年代，城镇建设提速，期间，先后完成4条马路街道的基础设施建设，硬化路面共15公里、修筑人行道100万平方米，安装路灯150余盏等，街上房屋新增310余栋，总建筑面积6.5万平方米。2006年起，启动社会主义新农村建设，80%以上的农户均建成2～3层不等面积在200平方米以上的红砖青瓦小楼房。2011—2014年，对农村环境卫生进行综合整治，建设美丽乡村。2014年年末，全乡农村道路硬化率为98%，电网改造率为100%，环境卫生达标率为98%，农村安全饮水率达100%。洲市乡初步形成洲市、大山桥、灵官和南堡4个小城镇格局。

社会事业

教育

民国时期，教育以私塾为主，民众中文盲者居多。中华人民共和国成立后，重学重教氛围浓厚，1950年，各乡村扫盲班相继成立，并开始开设完全小学和建设附属中学，至20世纪60年代中期，建成的中学有南堡中学（坐落于南铺村李氏宗祠）、大山附中（坐落今大山村雨丫塘组，兼办高中，1976年，撤高中部）、光明附中（坐落在马颈村唐公岭唐氏宗祠，兼办高中，1976年，撤高中部）、宝庆中学（坐落今宝庆村庙山嘴组）4所中学。至20世纪70年代中期，建成的小学有22所（除享塘、乐洪、岳龙外的各大队均建立小学），教师工资由大队支付，政府定额补贴。1983年，原大山乡政府在大冲村南岭组新建南堡中学，次年9月，新校舍开学。1990年，原洲市乡政府在原政府驻地新建学校，1992年3月，将光明中学迁入办学，并更名为洲市中学。2003年年末，全乡有中小学校26所。2004年9月，为整合教育资源，提高教育质量，撤南堡中学并入大山中学；撤宝庆中学并入洲市中学；撤长春、豪富小学并入南铺小学；撤大冲、桥头小学并入曲龙小学；撤上迎小学并入群英小学；撤江华小学并入英华小学；撤车山小学并入洲市小学，撤和平小学分别并入云盘、宝庆小学，撤溪田小学并入芷江小学；撤竹园小学并入马颈小学。2009年3月，在大山桥街建立大山幼儿园。2010年9月，芷江小学并入洲市中学，成立小学部，原芷江小学校舍建立洲市乡中心幼儿园。2011年年末，幼儿园2所，在园幼儿310人；小学12所，在校学生1771人，小学适龄儿童入学率100%；初中2所，初中在校学生921人，初中适龄人口入学率、小升初升学率、九年义务教育覆盖率均为100%。2014年，斥资100万余元扩建大山中学学生公寓楼（建筑面积1000余平方米）。

文化体育

1953年6月，乡设立文化站，配有1名文化辅导员，在村组中进行各种文化活动及辅导工作。1957年12月，有农村俱乐部、业余戏班，开展不同形式的文艺活动。1970年10月，公社建立电影放映队，在农村巡回放映。2004年，宝庆村率先开通有线电视，有线电视入户121户。2010年，溪田村全面开通无线数字电视，入户317户。2010年，斥资近40万元修建洲市乡综合文化楼。至2014年年末，全乡有乡级文化活动中心1个、村级文化活动中心25个；农家书屋26个，藏书8万余册。全乡25个行政村、2个社区居委会全部安装远程教育软件。另有业余舞狮队3支，舞龙队7支，广场舞队2支。

医疗卫生

民国时期，境内民间有中医、中药铺数家，农村普遍缺医少药，病人就医不便。中华人民共和国成立后，政府重视医疗卫生工作，1953年，建乡联合诊所，有中医6人。1956年，建立乡卫生院，以中医诊治为主西医为辅。1958年，建立公社卫生院，各大队设有卫生室，并配有赤脚医生和保健员各1人。1986年，乡卫生院达到国家规定建设标准，中医、西医并举，配有X光透视、心电图、血检、尿检等多种设备仪器，开设门诊部和住院部，患者看病便利。1998年，洲市卫生院投入资金130余万元重建，占地面积560平方米。2006年1月，启动新型农村合作医疗（简称新农合），当年参合30092人，参保率83.95%。2014年，有洲市卫生院和大山卫生分院，设门诊部（所）网点3个，有住院床位80张，专业卫生人员95名。年末，参加新型农村合作医疗37436人，参合率100%。12种常见传染病的普查建档率达95%以上，预防建卡率达98%以上。

社会保障

“五保”供养 1959年起，对孤寡老人和无劳动能力的残疾人实行“五保”（保吃、穿、住、治病、丧葬），其生活费由所在生产队或大队统筹。20世纪80年代后，纳入乡镇统筹。2005年起，城乡“五保”对象享受城乡最低生活保障待遇，其供养经费由县财政拨付。1995年5月，原洲市、大山敬老院合并为洲市敬老院，院部设莲房塘水库管理所。2005年年底，斥资30余万元修缮原南堡中学校舍改为敬老院，设床位40个，次年10月，洲市敬老院整体迁入，有工作人员4人，集中供养“五保”老人38名。2011年，建成第一家社区居家养老中心——江华社区居家养老中心，设床位60张，收养农村“五保”人员41人。

医疗救助 2006年起，启动城乡居民大病医疗救助。救助对象主要为患恶性肿瘤、白血病、尿毒症的城乡低保户、困难户。2014年，医疗救助117人次，支付补助金13余万元。民政部门资助参加合作医疗1870人次，共支出9.35万元。国家抚恤、补助各类优抚对象220人，抚恤事业费支出66.8万元。

最低生活保障 1999年10月，启动城镇居民最低生活保障，并对低保对象实行动态管理。2005年，有城镇最低生活保障对象85户、104人，年人均812元，支出总金额8.45万元。2007年7月，启动农村居民最低生活保障，当年有农村低保对象79户、230人，年人均360元，支出总金额8.28万元。2014年，境内农村最低生活保障对象760户、1589人，支出199.41万元，年人均1255元，城镇最低生活保障对象26户、73人，发放低保金28.92万元，年人均3961元。

养老保险 2011年7月起，启动城乡居民社会养老保险。当年，参保人数19220人，参保率95.74%；征缴养老金192.20万元，为5484名到龄居民发放7—12月养老待遇金32.22万元。2014年年末，参保19903人，参保率100%；征缴养老基金221.15万元，为6794名到龄居民发放养老待遇金498.47万元。

特色地情

风景名胜

法祖庙 位于大冲村荷塘湾组，修建于宋朝，重修于清光绪三十四年（1908）。2000年，扩建成2层，占地面积360平方米，庙内供奉法贵仙师神像。

雨花庵 原名雨花寺，位于小桥居委会贺新屋组。修建于清道光十八年（1838），抗日战争毁于战火，20世纪50年代拆除，仅留下圆寂大师有绿和尚墓和寺庙基础。2002年重建，占地面积1000余平方米，至今香火旺盛。

欧阳义、欧阳礼将军墓 位于灵官村马家塘组。欧阳义、欧阳礼为孪生兄弟，同盟会会员，国民革命军少将。欧阳义、欧阳礼将军墓为衡南县重点文物保护单位。

（文字供稿：罗辉　图片供稿：衡阳市志办）

川口乡 >>

区域概况

位置面积

川口乡因境内有著名的川口溶洞而得名。地处衡南县东北部。东与衡东县南湾乡接壤，南毗花桥镇，西邻铁丝塘镇，北交衡东县莫井乡。乡人民政府驻川口社区，距县城 58 公里。辖区东西最大距离 5.6 公里，南北最大距离 18 公里，总面积 100.59 平方公里。

建置沿革

1949 年 10 月，属衡阳县第九区；1952 年 7 月，衡阳县、衡南县分设后属衡南县第五区；1956 年 6 月，属衡南县将军乡；1958 年 9 月，为实现全县人民公社化，逐渐将当时花桥乡、将军乡、渐佳乡的小部分合并成立金竹人民公社；1959 年 2 月，公社进行调整，将当时的金竹人民公社改名为花桥人民公社；1961 年 7 月，设立花桥区，下辖花桥、望江、接观、金竹四个公社；1977 年 10 月，金竹公社单独从花桥区中析出，改名为金竹林业人民公社，属县直辖；1984 年 2 月，撤社建乡，改为金竹林业乡，辖浅潭、畔冲、将军、高堰、源头、黄坪、马署、金石、龙桥、大冲、敏东、三塘、三田 13 个村；1987 年 4 月，改称金竹乡，重新划归花桥区；1995 年 5 月，撤区并乡建镇，原接观乡、金竹乡并入花桥镇；2003 年 7 月，经衡阳市人民政府批准，析出原金竹乡 13 个村和花桥镇的川口、豹泉、楼屋、赤水、白水、高冲、天光 7 个村，共 20 个村，成立衡南县川口办事处；2010 年 8 月，成立衡南县川口乡。

行政区划

2003 年年末，政区辖 1 个社区、20 个行政村，下设 4 个居民小组、135 个村民小组。2014 年，辖川口社区和浅塘、川口、三塘、豹泉、三田、楼屋、金石、赤水、大冲、白水、敏东、天光、龙桥、高冲、源头、将军、黄坪、畔冲、马薯、高堰 20 个行政村；下设 4 个居民小组、135 个村民小组。

自然环境

川口乡是衡南县唯一一个纯山区乡镇，属于罗霄山脉地区，地势东北高、西南低。山势由东向北，全县最高山天光峰坐落在境内，海拔 814.9 米。境区属大陆性亚热带季风湿润气候区，四季分明，光照充足。全年平均气温 14℃，年平均降水量在 1300 ~ 1500 毫米之间，冬春两季主导风为北风，夏秋两季以东南风为主，土壤为黏土、砂土和红壤土三大类。境内有源头河，流经源头，黄坪、马署、高堰、将军五个村注入衡东县洣水，相传为涞水的源头而得名；有川口溪，发源于白水村，流经川口村，注入龙溪湖。

人口民族

2010年，辖区总人口18698人，人口出生率12.90‰，人口死亡率6.45‰，人口自然增长率6.45‰。2014年年末，总人口为20200人，男10518人，占52%，女9682人，占48%，总人口中以汉族为主，占99.88%，另有瑶族、苗族、藏族3个少数民族人口24人。人口密度为每平方公里200人。

经济发展

经济综述

2007年，共完成地区生产总值1.29亿元，同比增长19%。农民人均纯收入比上年增长11.6%。全年共完成财税收入136.3万元，其中国税超额41.5万元，地税超额21万元。全年农作物播种总面积1526.67公顷，粮食总产量达6861吨。2008年实现GDP1.55亿元，实现财政总收入355.5万元。完成粮食播种面积1033.2公顷，总产量7192吨。城镇居民可支配收入和农民人均收入分别达到6800元和4180元，同比增长14.8%和11.6%。2014年，全乡实现国民生产总值2.96亿元，人均14723元，比上年增长7%，全年共完成国地两税309万元。

农业

种植业 1949—1979年，由于农业基础设施差，生产条件落后，"冷浸水田"和"天水田"较多，导致粮食产量过低。1980年实行家庭联产承包责任制以后，加大"三农"工作和水利设施建设力度，大力推广良种水稻和双季稻的种植，农业生产和粮食产量持续稳定发展。1980年前，粮食亩产都没有突破300公斤，1981年后，粮食亩产达400公斤，2000年以来，随着农业机械化的普及和国家一系列惠农政策的出台，农业生产持续发展。2014年，境内有耕地面积632.87公顷，其中水田523.53公顷，全乡粮食播种面积937.33公顷，粮食单产439公斤，总产量6173.5吨，油料播种面积286.67公顷，产量473吨。瓜果及蔬菜播种面积110.67公顷，产量3150吨，实现农业生产总值2.96亿元。

养殖业 川口乡地处山区，山多田少，人均耕地只有不到0.2亩，大部分村民都生活在海拔300～500米的山中，其主要经济来源是靠贩卖竹木和竹木粗加工的收入来维持，且交通和通信等基础设施落后，村民靠肩挑背扛来搬运农产品和生产资料，劳动成本高且收益低，生活水平极低。2000年以来，政府积极引导广大人民群众利用山区的自然优势，以农村专业合作社为依托，走公司+农户的经营模式，先后有白水村农林水业专业合作社投资1000万元的白水岭山泉水开发项目；湖南生态农业科技有限公司投资2000万元的现代农业开发项目；大冲黑山羊养殖基地和源头肉用牛养殖基地。2014年年末，全乡出栏生猪1.89万头，出栏家禽35万羽。

林业 境内有8633.33公顷林地，主要树种有南竹、松树、杉树等，还有少量的银杏、水杉、白玉兰等珍贵品种。中华人民共和国成立初期，山林权属为农户个人所有；1958年，"大办钢铁"，森林和植被遭到毁灭性破坏；1984年，实行林权发证，权属划归农户管理；2009年，重新换发全国统一的林权证；到2014年年末，全境森林覆盖率达80%。

工业

境内钨、萤石蕴藏量誉冠中南地区。1949年6月，成立锡祥钨矿公司，雇工百名开矿，获利甚厚。

中华人民共和国成立后，1950年，人民政府派员接管矿山。1953年，更名为湘东钨矿川口分矿。1962年，划归省管，名川口钨矿，是具有综合采选能力的中型矿山。1971年冬，县组织人力，在金竹公社开采萤石，建立衡南县萤石矿。为综合利用萤石资源，1986年，兴建萤石矿选厂。2002年，川口钨矿改制，成立衡阳远景钨业有限公司。同年，县萤石矿改制，成立湖南旺华矿业有限公司。2007年，远景钨业由中国五矿集团和湖南有色金属控股有限公司收购。是年，两家公司年缴纳税收2000余万元。2008年后，引进一批大项目，其中有国家配套投入5000万元（总投资36亿元）的川口独立工矿区第一期建设项目；北京天润生态能源投资有限公司投资过亿元的天光峰风力发电项目。2014年，境内有工矿企业10家，涉及矿产，生态农业、农产品加工业、电子加工以及服务业，实现工业产值5亿元。

商贸服务业

中华人民共和国成立后，川口一直是全县最大的竹制品供应市场。建国初期，境内的商业、餐饮、住宿业及竹木加工业均为私营，直到1956年，国家对私营商业进行社会主义改造，先后组建川口供销社、金竹供销社、粮油购销站、食品站等机构，对商品、粮油、肉食水产等实行计划供应。1979年以后，国家实施改革开放政策，在发挥国有集体商业主导作用的同时，适度开放个体经营。1982年，乡内供销社和食品站推行经营承包责任制。1988年，国营、集体商店都实行承包经营和租赁经营。2000—2008年，对国营、集体商业实行改制，逐渐淡出流通市场，被私营和个体取代。2014年年末，全乡有353家商铺及个体户，从业人员800余人，主要经营粮油副食、日杂百货、家具家电、五金建材、农产品及餐饮宾馆、理发按摩等服务业，社会消费品零售额年均达1100万元。有豹泉、将军两大农贸市场，年交易额8100余万元。

财政金融

财政　中华人民共和国成立后，乡设粮管员，财政由办公室秘书兼任。1953年，各种税收建立代征、协税组织。1961年，成立协税委员会。1984年成立乡财政所，统管财政收支。主要业务是收缴农业税、农业特产税、农民的三级上缴和摊派提留（简称“三提五统”），以及国家行政经费的拨付等。2004年起，国家实行农村税费改革，推行减轻农民负担等政策，取消向农户征收农业税、农业特产税，取消三级上缴，杜绝向农民收取任何的不合理摊派。2014年，全乡公共财政总收入423.7万元，支出423.7万元，年末，负债总额258.4万元。

金融　1951年，成立农村信用社。2014年年末，境内共有金融机构两家，川口农村信用社和金竹信用社，办理全乡金融业务，服务“三农”，年末存款余额1.3亿元，贷款余额3610余万元。

基础设施

交通运输

公路　民国时期，川口通向外界只有一条官道。中华人民共和国成立后，川口钨矿改为国营，修建了一条简易公路，20世纪50年代末，衡阳汽车站开通至花桥、川口的客运班车。20世纪80—90年代，相继完成部分村的村道建设。2009—2011年，对衡花公路的川莫、扬莫段公路共22公里进行加宽和提质。至2013年，全境所有村道的改造提质和水泥硬化完成，“通畅”“通达”公路里程62公里。2014年年末，境内有县级公路2条，里程22公里。

客运 1964年，省汽车运输公司衡阳分公司（简称“湘运”,下同）辟衡阳汽车西站至川口班车，川口设汽车站，日往返四趟，1983年，开放市场，始有个人购车加入社会营运，客车以小型为多，招手即停，俗称“方便车”。至2014年，有私营客运班车9辆，辟川口至衡阳、川口至县城云集线，日发送班车20余趟，年客运量15万人次。

货运 中华人民共和国成立初期，乡内货运由“湘运”包揽，集市贸易交流大多靠肩挑和独轮车运。20世纪70年代，乡农机站购有拖拉机，农闲时跑短途货运。1983年后，私人购车加入，承担镇内部分货物运输。随着当地民营货运业不断发展，“湘运”货运逐渐退出。至2014年，乡内有货运车辆30余台，总吨位300吨，年货运量30余万吨。

邮政通信

邮政 中华人民共和国成立初期，川口没有通信邮电机构。1959年，设立原花桥公社邮政代办所，主要业务包括包裹、信函收发、投递，报纸杂志发行等。20世纪60年代起，在公社（乡）的部分大队（村）设邮政投递点。2014年年末，境内有邮政营业厅1个。

通信 1956年，架设通区电话线路。1958年，开通当时的金竹公社电话。1980年后，全境建立通村电话网络。1993年，开通程控电话网络。2005年，移动、电信公司先后在境内设立机构，建设移动、联通、电信通信塔。2014年年末，境内有电信、移动、联通营业厅共4处，通信基塔10座，固定电话用户1500户，无线电话用户9000户，互联网用户400户。

供电饮水

供电 中华人民共和国成立初期，电力资源紧缺，老百姓家庭用煤油灯、蜡烛或干竹篾照明。至20世纪60年代末，少部分单位、企业或大队有柴油机组发电，用于生产和生活。20世纪70年代，境内建成白水、敏东二座电站和川口、豹泉二处变电站，年发电量10万千瓦，配有10千伏配电设施，总容量8000千伏安。2000—2009年，完成境内80%的农村电网改造，更换线路和变压器。2013年，旺华萤石矿对浅潭、畔冲等周边村、组的供电完全脱离。2014年年末，境内的20个行政村和1个社区的供电覆盖率达100%。

饮水 川口自来水厂前身是原川口钨矿自来水厂，由于设施老化，矿山职工和街上居民用水50年之久，地下水缺失严重，供水极不正常。2012年，政府牵头组建川口自来水公司，先后投入建设资金660万元，用于新增取水管和更换输水管道，水源也由原来单一的取地下水改取地下水、地表水,从而基本保障村（居）民正常生活用水。2014年年末，全乡有川口社区、川口、豹泉、赤水、高冲、龙桥、大冲、金石、三田、马署、黄坪、源头、将军13个村（居）用上自来水，供水管道390千米，用户3500户。

水利建设

民国时期，境内没有大型供水设施及库容，村（居）民的生产生活用水都是靠天水。中华人民共和国成立后，人民政府组织群众兴修水利，确保粮食生产旱涝保收。20世纪50—60年代，境内相继修建中小型水库5座，骨干塘、山平塘100余口，蓄水量300万立方米。2000—2014年,充分利用国家资金对“三农”的倾斜以及“一事一议”政策的实施大搞农田水利建设，期间共维修、除险、加固水库5座，骨干塘、山平塘清淤硬化208口，渠道硬化施工36千米，新建堰坝15座，蓄水量增加136万立方米，基本保障农田灌溉。

镇村建设

中华人民共和国成立之初，有将军、川口两条老街，街道狭窄。2006 年以来，相继新建豹泉新街和川口居民点，大部分农户兴建起 2 ~ 4 层，200 平方米以上的新住房（房屋为钢混结构，外墙贴瓷砖，室内布局、装修适用），村组土砖茅草房基本改建完毕。2014 年年末，城镇增容人口 3000 余人，开发商铺、住宅面积 9 万平方米。硬化街道 5000 平方米，改造下水管道 2000 米，新建休闲场所 15000 平方米，安装路灯 200 余盏，改造和新建公厕 6 座。90% 的村都建有村办公大楼。农村的村容、村貌得到根本的改变。

社会事业

教育科技

民国时期，境内只有私塾和蒙馆，小学以上的教育须到境外就读。中华人民共和国成立后，国家致力于发展教育，先后开展识字教育和扫除文盲活动，1958 年，境内有学校 4 所，其中小学 3 所，初中 1 所。20 世纪 60 年代末，全乡每村都设立 1 所小学。1982—1985 年，大力开展农村初等教育的普及工作，具体抓好少年儿童的入学率和巩固率。2003 年，改原川口钨矿子弟学校为川口中学，撤销乡学区后，改为川口中心学校；至 2006 年，全乡重点是做好教育达标工作，抓好农村中小学的危房改造，提高教育质量，期间撤销 3 所村小学，九年义务制教育覆盖率达 100%。2014 年年末，全乡共有 7 所小学，1 所中学，6 所幼儿园，有专任教师 66 人，在校学生 1141 人，入园儿童 208 人。

文化体育

民国时期，境内民间有舞龙灯、舞狮、演木偶、唱花鼓等文化活动。中华人民共和国成立后，特别是“文化大革命”期间，公社、大队先后成立毛泽东思想文艺宣传队，开展文艺会演比赛、民兵军事比武、诗歌比赛等活动。1972—1975 年，公社成立广播站和电影放映队，广播通到各生产队，电影按大队轮回放映，当时，农村文艺活动和创作十分活跃。2008 年 3 月，建川口电视台，5 月开通数码有线电视，2009 年 3 月，成立川口有线广播电视站，是年，有线电视用户 1390 户，电视综合覆盖率 26.6%。2014 年年末，全乡有文化站 1 个，广电站 1 个、有线电视用户 2000 户；村（社区）文化活动中心 21 个，文化从业人员 109 人，共有图书 30000 余册。川口山水清奇，钟灵毓秀，孕育了一些文艺人才。清末谢书桃（1814—1887），豹泉村人，号花村，附贡生，钦加同知衔，例授奉政大夫，著有《小东山房》集；其子谢桐初（1848—1914），增贡生，钦加同知衔，诰授奉政大夫。秀才谢书李（1824—1897）、唐铁庵（1880—1957）等名重一方。当代刘斯相（川口村人），著有《白清斋诗稿》《脚印》。颜长青（赤水村人）著有散文集《咀嚼》《仙人球》；颜娃沙著有《故乡风韵》《情满十八湾》等，其歌词《东方有条神奇的江》获 2012 年湖南省“五个一工程”奖。中国书法家协会、中华诗词学会、中国楹联学会会员谢尚傧（川口村人），书法入编《中·俄·朝艺术大家三人行》专辑；七言古风《读颜鲁公〈大唐中兴颂〉》获第二届“华夏杯”全球华人诗词大赛二等奖。2014 年，境内有运动场所 11 个，总面积 3.3 万平方米。

医疗卫生

川口境内多毒蛇，尤以“五步蛇”为甚，清、民国时期有专门医治蛇伤的民间医生，治疗主要以中草药为主。1958 年，组建金竹人民公社时，成立公社联合诊所，1968 年，改为公社卫生院。

1969年，相继建立大队卫生室，并配备赤脚医生和妇幼保健员各1人，普及新法接生，指导科学育儿和计划生育，初步形成公社、生产大队的二级医疗卫生网络。2006年，启动新型农村合作医疗，当年参合12572人，参合率达94.05%，此后参合人数逐年增加。2014年，全乡有卫生院2所，其中川口卫生院前身系原川口钨矿职工医院，村卫生室20个，有执业医生27人，床位13张。

上水瀑布

年末，参加新型农村医疗保险15521人，参合率达99.3%。

社会保障

“五保”供养 1958年起，对孤寡老人和无劳动能力的残疾人实行“五保”，其供养费由所在生产队统筹，1982年后，纳入乡镇统筹。2006年8月，建成川口敬老院，共有床位32张，是年入院人数30人。2014年年末，全乡有“五保”对象36人，其中集中供养19人，分散供养17人；共拨付供养金13.31万元，年人均3698元。

大病医疗救助 2006年，启动城乡居民大病医疗救助，救助对象主要是低保户、特困户。至2014年，共救助182人次，支付补助金20余万元。

最低生活保障 1999年10月，启动城镇居民最低生活保障，并对低保对象实行动态管理。2005年，有城镇最低生活保障对象101户、113人，年人均1019元，支出总金额11.52万元。2007年7月，启动农村居民最低生活保障，当年有农村低保对象36户、95人，年人均368元，支出总金额3.5万元。2014年，境内农村最低生活保障对象263户、522人，支出65.59万元，年人均1257元，城镇最低生活保障对象36户、72人，发放低保金25.56万元，年人均3550元。

养老保险 2011年7月起，启动城乡居民社会养老保险。当年，参保人数5810人，参保率73.80%；征缴养老金58.10万元，为1842名到龄居民发放7—12月养老待遇12.99万元。2014年年末，参保人数17780人，参保率100%；征缴养老基金187.09万元，为2283名到龄居民发放养老待遇金166.84万元。

特色地情

名优特产

竹笋 竹笋是竹的幼芽，也称为笋。竹为禾本科多年生木质化植物，食用部分为初生、嫩肥、短壮的芽或鞭。竹笋性味甘微寒，具有清热消痰、利膈爽胃、消渴益气等功效。竹笋还含大量纤维素，不仅能促进肠道蠕动、去积食、防便秘，而且也是肥胖者减肥的好食品。

黑山羊 川口山林地面积大，养殖黑山羊有独特优势，黑山羊肌纤维细，硬度小，肉质细嫩，味道鲜美，膻味极小，营养价值高，蛋白质含量在22.6%以上，脂肪含量低于3%，胆固醇含量低，比猪肉低75%，比牛肉和绵羊肉低62%，含人体必需氨基酸15种以上，尤以谷氨酸含量高，达11.03%。具有滋阴壮阳、补虚强体、提高人体免疫力、延年益寿和美容之功效，特别对年老体弱、多病患者有明显的滋补作用，老幼皆宜。

藤茶 为葡萄科植物大叶蛇葡萄的枝叶，味苦、微涩，性凉。清热利湿；平肝降压；活血通络。主治痢疾、泄泻、小便淋痛、高血压、头昏目胀、跌打损伤等。夏季采摘嫩枝叶，置沸水中稍烫一下，即时捞起，沥干水分，摊放通风处吹干，至表面现有星点白霜时，即可烘干收藏。

风景名胜

川口洞 原名“穿口洞”，坐落川口村，传为蛟龙所穿。“峭壁横亘，中忽空洞，隆然如桥梁。”洞高20米，宽30米，深300米，能容千余人。一条清溪穿洞而过。洞顶石乳悬垂，错列瑰异。1958年，洞下修筑龙溪水库，“洞中洞”已经淤塞。每至春夏之交，水库水满上溢，漫过石洞，酿成一汪大泽。

上水瀑布 坐落于川口村上水居民小组。村人习称“滂水瀑布”，落差83米。一股清泉从对峙绝壁间飞泻，响若雷霆，声传数里。一二十里外可见。瀑布半腰岿然蟠伏一“斗”形巨石，水流折“斗”而下，砰然中开，浪花翻腾。远望如雪刃脱鞘，近睹似素练凌空抖落，仰观蓝天一线，大珠、小珠劈面盖顶，俯视若银龙跃渊，动魄惊心。

（文字供稿：谢剑波 贺焱 图片供稿：衡南县志办）

岐山办事处 >>

区域概况

位置面积

岐山办事处，因岐山森林公园坐落于境内而得名。北与衡阳县关市镇、井头镇相交，西南与祁东县洪桥镇毗邻，东和本县鸡笼镇接壤。办事处驻岐山村大屋组，距县城云集 70 公里。辖区东西最大距离 6 公里，南北最大距离 14 公里，总面积 18.3 平方公里。

建置沿革

岐山办事处前身为永兴公社岐山仁瑞寺直属队；1976 年，成立衡南县东风林场；1984 年，改为岐山乡，辖岐山、芳冲、东华三个村及国有林场（原地方国营）；1995 年，撤区并乡，并入鸡笼镇。1997 年 3 月，从鸡笼镇划出成立岐山森林公园管理局，辖岐山村、芳冲村、东华村以及国有林场、岐山仁瑞寺，业务由县林业局领导；2005 年 6 月 1 日，由市民政局批复，报省民政厅备案，成立衡南县岐山办事处，与乡镇机构职能相同。

行政区划

2005 年年末，政区辖 3 个行政村，下设 24 个村民小组。2014 年年末，辖岐山国有林场及岐山村、芳冲村、东华村 3 个行政村、24 个村民小组。人口密度为每平方公里 269 人。

自然环境

辖区地处湘南丘陵，属南岭山系大云山脉的余脉，属中低山地貌。整个地势，西北高，东南低。重峦叠嶂，林茂源清，位于衡南、衡阳、祁东三县交界处最高峰——火石峰（又名火焰山）海拔为 741.3 米，境内最低处的双板桥水库尾部海拔 140 米，相对高度近 600 米，北部与衡阳县交界处的山脉高度均在 500 米以上，形成北部屏障，这也是岐山严冬温暖的主要原因之一。溪流河港均向东南泻入双板桥水库。辖区属亚热带季风湿润气候区，每年平均气温 17.8℃，最低月均气温 3℃，最高月均气温 32℃。生长期年平均 220 天，无霜期年平均 308 天，最长达 310 天，最短为 280 天。年平均日照时数 12 小时。年平均降水量 1123 毫米，年平均降水日数为 80 天，最多达 120 天，最少为 60 天。降水集中在每年 2—7 月，5 月最多。境内主要自然灾害有旱灾、水灾、低温等。旱灾、水灾出现概率 2%，一般旱灾 30 年一遇，水灾 60 年一遇。最严重的一次旱灾发生于 2011 年 8 月。

人口民族

1999年年末，辖区总人口4170人，人口出生率7.45‰，人口死亡率2.88‰，人口自然增长率4.57‰。2005年年末，总人口4612人，人口出生率0.26‰，死亡率0.16‰，自然增长率0.1‰。2010年，辖区总人口4452人，人口出生率8.38‰，人口死亡率5.16‰，人口自然增长率3.22‰。2014年年末，辖区总人口4915人。总人口中男性2552人，占51.9%；女性2363人，占48.1%；人口出生率0.12%，死亡率0.06%，自然增长率0.06%。辖区人口均为汉族。

经济发展

经济综述

2007年，完成国税任务1.2万元；完成地税7万元；财政总收入4.4万元。2014年，境内耕地面积104.13公顷，种植水稻77.33公顷，总产692吨；油菜56.33公顷，产菜籽80吨，蔬菜35.33公顷，总产365吨；实现农业总产值815万元。生猪饲养量80头，年末存栏30头；羊饲养量200头，年末存栏50头；家禽饲养量2300羽,年末存栏260羽。实现畜牧业总产值63万元。2014年，公共财政总收入240万余元，主要为建安营业税、餐饮业税收；财政总支出90万余元，主要为行政管理费用和农业、林业、水利、交通、旅游等民生支出，年末债务总额38万元。

农业

种植业 民国时期，由于生产条件落后，加之缺乏抗御自然灾害能力，粮食平均亩产不足200公斤。中华人民共和国成立后，致力于兴修水利，改善农业生产条件，粮食产量不断增加，1957年，亩产达到260公斤，农业总产值为42万元。1961年开始，实行以生产队为核算单位，执行按劳分配，并改进耕作技术，扩大双季稻种植面积，农业生产得到持续发展。1976年，试种杂交晚稻6.67公顷，平均亩产310公斤，比常规晚稻每亩增产110公斤。此后逐年扩大种植面积，农业总产值增加到73万元。20世纪80年代开始，普遍推广“稻、稻、油（菜）”三熟制。1982年，实行家庭联产承包责任制，大面积种植杂交晚稻，杂交晚稻面积达到52公顷，平均亩产提高到400公斤。1990—2006年，水稻年种植面积稳定在60公顷左右，亩均产量约400公斤，年总产量360吨。至2014年，先后成立扬明种养专业合作社、永润农林专业合作社、一泓生态种养专业合作社，主要种养柑橘、油茶、板栗。

养殖业 民国时期，由于多数农户家庭生活困难，畜禽饲养较少，主要是养牛仅供役用，各农户只是饲养少量鸡鸭为产蛋换取油盐钱。中华人民共和国成立以后，养殖业有所发展，畜禽产量逐渐增多。1958—1961年，一度禁止农户养猪养鸡，当时畜禽由合作社统一养殖，实行计划分配。1962—1980年，耕牛、鱼类由生产队集体放养，生猪、鸡鸭允许公私并养，产量较前有较快的发展，各家各户都饲养鸡、猪，大部分农户养牛，用于耕田，后期陆续出现小规模养殖户。

林业 境内林地面积1408.93公顷，主要树种有茶叶树、银杏、紫檀、楠木、榆树、青钱柳树、槐树等。1949年以前，林地林木都是农户私人所有。1958年，林地归集体所有，由于“大办钢铁”和“公共食堂”，林木遭受严重破坏。20世纪70年代，兴办一批社队林场营造杉、松等树木。1982年，实行土地承包经营，林权放归农户管理。90年代，兴起消灭宜林荒山运动。2002年后，实施退耕还林、公益林、绿化荒山、后续产业、楠竹低改、低效林改造等项目，营造用材林300公顷，油茶6公顷多，楠竹低改100余公顷。至2014年年末，境内累计造林300公顷，其中防护林33.33公顷，经济林133.33公顷，竹林133.33公顷；住宅四旁植树4000株，林木覆盖率95.5%，活立木蓄积量500万立方米。当年林业总产值752万元。

工业

中华人民共和国成立初期，有木匠、篾匠、铁匠、砌匠以及烧砖瓦、石灰等民间手工业者百余人。20世纪80年代，乡办企业有所发展，先后有瓦筛厂、皮鞋厂、造纸厂、竹石厂、筷子厂、肥皂厂等社队企业相继建成投产，从业人员600余人，年产值约100万元。1985年以后，乡内企业逐渐萎缩，至2014年年末，境内仅存3家瓦筛厂，从业人员30余人，总产值约60万元。

商贸服务业

民国时期，有商铺数十家。1956年，完成对私营商业的社会主义改造后，共设购销网点10余个。1958年，取消集市贸易和个体商贩，商贸服务由供销社或合作商店统一经营。1962年，逐渐恢复集贸市场，但对商品种类仍有所限制。1963年，国家出台“调整、巩固、充实、提高”的八字方针，集贸市场得以恢复。1978年，境内有国营、集体商业网点12个，从业人员200多人，社会消费品零售额60余万元。1979年，实行改革开放，逐步放开市场，个体商贩进入商品流通领域。1995年，民营商业成为商贸服务的市场主体，境内有个体商户30余户，从业人员230人，主营日杂百货、纺织品、餐馆和各类车辆维修等行业。2005以来，民营商业得以持续发展。至2014年年末，境内有各类个体商业户20家，从业人员160人，主营日用百货、文化用品、家具家电、建筑建材、餐馆、旅馆、服装皮具和车辆保养维修等行业，社会消费零售额950万元。

财政金融

财政 中华人民共和国成立后，乡财政由鸡笼区管理。1984年，永兴乡成立财税所，负责财政收支和支持农业生产发展工作。1996年，境内财政总收入30万余元，主要为农业税、农业特产税和工商等税收；财政总支出36万余元，主要为支援农业、上解县财政和行政管理费用。2004年起，实行农村税费改革，国家取消向农户征收农业税（含附加）和农业特产税。当年境内两项税金50万元，农民人均减少负担31元。2006年，成立财政所，统管财政收支。

金融 1990年，成立农村信用合作社，为农业银行的隶属机构。1996年，农村信用合作社与农行脱钩，成为完全的独立法人，更名为衡南县农村信用合作联社岐山信用社，办理岐山境内金融业务，服务三农。2009年，岐山信用社归并到鸡笼永兴信用社。2014年，设立中国邮政储蓄银行岐山营业所。2014年年末，境内有金融机构1家，代办农业补贴发放点3家，年末存款余额4500余万元，年末贷款750余万元。

基础设施

交通运输

公路 1969年冬，鸡笼街至永兴乡道建成，长4公里。1977年，永兴至岐山乡道建成，长10公里，路面宽6.5米，砂石路面。20世纪80—90年代，相继完成3个村的村道建设。2002—2013年，实施乡村道路改造提质和水泥硬化工程，实现村村通水泥路，总里程8公里。2014年年末，境内有乡道1条，总长15公里；村道3条，总长18公里。

客运 20世纪80年代前，未通客运班车，人员出行都步行到鸡笼街再乘坐汽车或火车。少部分人有骑自行车或坐公社拖拉机到鸡笼街换乘，交通非常不便。2009年，私营车主开通岐山至鸡笼客运班车。2012年，成立岐山车队，班车数量为5台，开通岐山经鸡笼街至县城云集客运班车。2014年末，境内有客运车辆5台，日发送6班次，日载客量200余人次。

货运 中华人民共和国成立初期，镇内货运由“湘运”包揽，集市贸易交流大多靠肩挑和独轮车运。20世纪70年代，原公社农机站购有拖拉机，农闲时跑短途运输。1983年后，私人购车加入，承担镇内部分货物运输。随着当地民营货运业不断发展，“湘运”货运逐渐退出。至2014年，镇内境内有货运汽车8辆，核载量80吨位，年货运量4.48万吨。

邮政通信

邮政 明清时期，公文传递依赖驿站、塘、铺，民间邮件则靠邮差、脚夫递送，或交商贾捎转。中华人民共和国成立初期，岐山未设邮电机构，由谭子山邮政集散点投递邮件，两天一班。2005年，成立岐山办事处，设邮政网点。至2014年，有邮政便民服务点3个，投递邮件。

通信 20世纪70年代，人民公社自建通村电话网络，各生产大队（村）利用农村广播线路接通电话。2005年后，县电信、移动、联通公司分别在境内建设移动电话基站。2014年年末，有电信服务网点1个；电话交换机总容量500门，固定电话用户320户，普及率达到25%；移动电话用户1005户，普及率达到70%；有线电视用户89户，互联网端口总数1个，宽带接入用户45户。

供电饮水

供电 中华人民共和国成立初期，电力资源紧缺，老百姓家庭用煤油灯或蜡烛照明。至20世纪60年代末，少部分单位、企业或生产大队用柴油机组发电，用于生产和生活。1978—1988年，境内新建10千伏配电线路1条，长8千米；400伏低压线路6千米；新安装10千伏安变压器2台，总容量86千伏安；村通电率100%，村（居）小组通电率100%。2000—2013年，对农村电网实行分批次改造，相继完成400伏及200伏供电路线改造2千米，新建10千瓦供电线路0.5千米，新增100千伏安变压器1台，对芳冲村116户居民的农网实施改造。至2014年，境内有用电户1280户，供电率100%。

饮水 长期以来，辖区内居民用水主要依靠山泉水和地表水。2014年，岐山村集中供水建设项目已完成方案设计、选址、规划等前期工作，该项目建成后，境内大部分居民可饮用自来水。

水利建设

中华人民共和国成立初期，境内有水塘约35口，蓄水量约1万立方米。1954—1969年，整修扩建山平塘、骨干塘28口，增加蓄水量125万立方米。2005年，境内有水塘约68口，蓄水量约2万立方米。2014年年底，有60口山平塘完成清淤、加固任务。境内农作物灌溉基本有保障。

镇村建设

境区地处山区，受交通不便和经济发展单一等诸多因素的影响，村镇建设一直相对缓慢，原永兴乡所在地的公路两旁建有1条不足500米长的街道。2005年，积极推进社会主义新农村建设。至2010年，岐山仁瑞寺文化长廊工程、岐山宾馆装修及配套设施建设、岐山狗门石水坝的建设、景区环形公路建设，农家开办的休闲度假山庄建设等项目相继完工，新增景区和永兴街道房屋共150余栋，总建筑面积3万余平方米。公路沿线栽种楠树，核心景区栽种杜鹃。2011—2013年，对农村环境卫生实行综合整治，建设美丽乡村。80%村民家庭都建成1~4层200平方米以上的新

岐山湖

房屋（房屋为钢混结构，外墙贴瓷砖，室内布局、装修适用）。2014 年，芳冲村纸厂坪的农家乐产业已初步形成，推动村镇建设的发展。景区道路、游步道、槐树广场的美化、亮化，使景区面貌明显改善。年末，境内农村道路硬化率、电网改造率、环境卫生达标率为 100%、农村安全饮水普及率 100%，农村卫生厕所普及率 10%。

社会事业

教育

中华人民共和国成立后，利用东华庵作为校舍创办东华小学，利用芳冲庵作为校舍创办芳冲小学，发展农村小学教育，同时开展扫除青壮年文盲教育。60 年代，岐山村将队里公家房屋创办岐山小学，后因生源增多，在一个“五保”户家里增设两间房屋办学。70 年代，随着学生数量日益增多，岐山村在集中组新建岐山小学校舍。80 年代，由于国家实施改革开放及计划生育政策以后，村内学龄儿童不断减少。20 世纪 90 年代，为整合教育资源，提高教育质量，将芳冲小学和东华小学撤并后在岐山村大屋组新建 1 所学校，并设有小学、初中、高中。2000 年以后，通过政府支持、村里筹资，将原有 3 所小学合并为岐山完小。2014 年年末，有小学 1 所，在校生 100 人，专任教师 12 人；小学适龄儿童入学率 100%；九年义务教育覆盖率达 100%。

文化体育

清末、民国时期，境内民间有舞龙灯、狮舞、皮影戏、唱马灯等群众文化活动。1953 年 6 月，乡设立文化站，并配备辅导员 1 人，在村组中进行各种文化活动及辅导工作。1970 年 10 月，公社建立电影放映队，经常下基层巡回放映；大队部建成俱乐部和文艺活动室，村民业余生活得到充实。至 2014 年，建成综合文化站 1 所，室内面积 80 平方米，集多功能室、阅览室于一体。2014 年年末，境内 3 个行政村各建立农家书屋 1 个，共有图书约 3000 册。文化健身活动场 3 处，面积达 600 平方米，建有篮球场和乒乓球室，并配有相应的健身器材。境内有业余广场舞队 3 支，共约 50 人。

医疗卫生

民国时期，农村缺医少药，治疗疾病素以中草药为主。中华人民共和国成立后，大力发展医疗卫生事业，医疗条件不断改善。1953 年，建立卫生所，有医务人员 5 名。1956 年，成立联合诊所。1959 年，建立公社卫生院。当年，推行新法接生。1969 年，实行农村合作医疗制度，相继建立大队卫生室，分别配有 1 名赤脚医生和妇幼保健员，普及新法接生，指导科学育儿和计划生育。1995 年撤区并乡后，对原部分乡卫生院进行调整合并。1997 年，永兴乡卫生院更名为岐山卫生院。2006 年 1 月，启动新型农村合作医疗，当年参加新型农村医疗 4217 人，参合率为 100%。2014 年，境内有卫生院 1 所，村卫生室 3 个，医疗床位 20 张，执业医师 6 人，注册护士 6 个。年末，新型农村合作医疗参保人数 4260 人，参保率 100%，补偿总金额 90.72 万元。

社会保障

“五保”供养　1959 年起，对孤寡老人和无劳动能力的残疾人实行“五保”（保吃、穿、住、治病、丧葬），其生活费由所在生产队或大队统筹。20 世纪 80 年代后纳入乡镇统筹。2005 年起，城乡“五保”对象享受城乡最低生活保障待遇，其供养经费由县财政拨付。2009 年，建成岐山村五保之家，集中供养部分“五保”老人。2014 年，农村“五保”供养 14 人，支出 1.6 万元，月人均 140 元。

医疗救助　2006 年起，实施城乡居民大病医疗救助。救助对象主要为患恶性肿瘤、白血病、尿毒症等大病的城乡低保户、“五保”对象。2014 年，共救助 18 户，救助总金额 3 万元；临时救济 26 人次，支出 2.5 万元。民政部门资助参加合作医疗 170 人次，共支出 9000 余元。国家抚恤、补助各类优抚对象 16 人，安置义务兵、士官等 2 人。

最低生活保障　1999 年 10 月，启动城镇居民最低生活保障，并对低保对象实行动态管理。2005 年，有城镇最低生活保障对象 15 户、19 人，年人均 594 元，支出总金额 11280 元。2007 年 7 月，启动农村居民最低生活保障，当年有农村低保对象 6 户、26 人，年人均 360 元，支出总金额 9360 元。2014 年，境内农村最低生活保障对象 50 户、130 人，支出 17.51 万元，年人均 1347 元，城镇最低生活保障对象 10 户、21 人，发放低保金 7.56 万元，年人均 3602 元。

养老保险　2011 年 7 月，启动城乡居民社会养老保险。是年，境内城乡居民参保人数 1900 人，征缴养老基金 19 万元，参保率 94.43%；为 540 名到龄居民发放 7—12 月养老待遇金 3.16 万元。2014 年年末，参加新型农村社会养老保险 10689 人，参保率达 100%。征缴养老基金 112.33 万元；为 663 名到龄居民发放养老待遇 5.25 万元。

特色地情

万寿仁瑞寺　创建于清顺治五年（1648），是中国禅宗曹洞宗第三十世懒放禅师开山道场，也是具有湖湘地方特色的乘云宗祖庭之一。清光绪帝钦赐“万寿仁瑞寺”匾额，慈禧太后钦赐半幅鸾驾，寺院誉载江南，寺内住僧达千人，规模曾超南岳。寺庙素以“香火灵验”及“精进禅修”闻名，历代高僧辈出，中华佛教协会第一任会长八指头陀曾苦修于此。

凤凰谷 生长着79科、392种木本植物，几乎都是国家级的珍稀保护树种，像银杏树、紫檀木、楠木、榆树、青钱柳树、千年槐树等等，构成长江以南极其罕见的原始次生阔叶林，森林中负氧离子含量非常之高，是个天然氧吧，可以尽情地享受松涛流泉、享受“森林浴”。

白玉塔林 历届方丈和得道高僧圆寂藏真之所，由晶莹洁白的汉白玉砌成，塔身绘刻着佛家极乐净土浮雕，玉塔级数逢单，最高为七级浮屠。开山鼻祖懒放禅师、给慈禧太后治病的田静长老，以及恒志大师、金珠法师都在此长眠。

普同塔 自下而上，从里到外，层层排列着箱格状的建筑，每一格约0.3平方米，每一排有100多格，排与排之间有狭窄的通道相连，初看像一个大书柜，放书的地方刚好放置一个盛骨灰的瓦坛，塔里面大概共1500多格，可以安息1500多位和尚的灵魂。“文革”时期传说普同塔的砖块有灵，能保佑人升官发财、实现心愿，引得不法分子前来盗墓盗砖，因此，普同塔身严重被毁，连碎砖头都所剩无几，只剩下底部的洞穴。洞口有一个人高，洞内宽10米许，深8米，高2.2米，现箱格内保存完整的骨灰坛只有600多个。“普同塔下藏僧老”是岐山八大神奇传说故事之一。

千人饭锅 一口大铁锅，高1米，内径2米，重达2吨，能盛2500公斤水，铁锅厚20厘米，锅身刻了铭文，是佛家梵文，锅底有铸造的年代，有近500年的历史，由广东佛山制造。

岐山仁瑞寺

净心林 净心林的净字原本应该是安静的静，意思是平心静气、修身养性的地方，但这里的寺主为了体现净修不洁之身，故将安静的静字改为干净的净字，是希望大家去除心灵的杂念，进入佛门的净土。

仙鹅岭 位于仁瑞寺的后山，山顶上有一块狮子身仙鹅头的岩石，是大自然巧夺天工的杰作，也是岐山八大景点之一。至今，还流传着“仙鹅岭下狮子身”的故事。登上仙鹅岭，可饱览岐山全景。

白竹山 在岐山背面后山沟有个白竹山小村寨，四季鸟语花香，流水潺潺。住在这里的人们世代安居乐业，男耕女织、鸡犬相闻、丰衣足食，俨然一个世外桃源。这里的人们流传着关于白竹仙子的传说，相传是白竹仙子降临人间，降服虫害，给这里的人们吉祥幸福。人们纪念白竹仙子，把她下凡的地方叫作白竹仙子山，后来时间久了为了顺口就叫作白竹山。

岐山森林公园 2007年，被评定为国家AAA级风景区、省级森林公园。森林公园内完好无缺地保存着一大片原始次生常绿阔叶林，其面积虽不足27公顷，却聚集着87科、392种数万株珍稀植物树种，如乌眉栲、青檀、银杏、篦子三尖杉、榉木、闽楠、花榈木等，又有较高观赏价值的名贵观赏树种，如荷花玉兰、四季桂、山茶花、牡丹等，还有赤杨叶、鸡仔木、拐枣、白蜡树、光皮树、兰果树、大叶樱、冬桃、杜英等干形通直、高大的优良丰产树种。尤其是乌眉栲，现已成为华东、华中和华南及湖南省以南、南岭以北地区的极限树种，其数量十分有限。岐山气候清爽宜人，素有“天然氧吧”之美誉，不仅冬暖夏凉，而且原始次生林中负氧离子蕴含丰富，是休闲避暑之绝佳胜地。2014年，接待国内游客14万人次。

（文字供稿：张娜　图片供稿：衡南县志办）

衡山县

概述

一

衡山县因南岳衡山坐落境内而得名。地处湖南中部偏东、湘江中游西岸，东临衡东县，南接衡南县，西界衡阳县、双峰县，北抵湘潭县，中部环绕衡阳市南岳区。地理坐标：北纬26° 58′ 13″ ~27° 28′ 31″，东经112° 27′ 17″ ~112° 56′ 59″。南北长（最长处）54.5公里，东西宽（最宽处）48公里。县境地貌基本特征是内高外低，以祝融峰为顶点，地势向西北、东南逐渐降低。县域区位优势明显，紧靠湖南省发展战略重点、全国资源节约型和环境友好型社会建设综合配套改革试验区长株潭，环抱五岳名山之一的衡山。素称“文明奥区”，是湖湘学派发源地、中国工农联盟首创地、革命老区县，为中国民间文化艺术之乡、全国双拥模范县、非金属矿之乡，钠长石矿储量居亚洲之冠。武广高铁县内设站，107国道、314省道（衡双线）、岳临高速公路和南岳高速公路贯穿县境，京广铁路、京珠高速公路紧贴县城而过，湘江流经县内6个乡镇。

衡山县土地总面积935.51平方公里，占全省总面积的0.46%。衡山置县于三国会稽王太平二年（257），作为县名，始于晋惠帝永熙元年（290）。隋开皇九年（589），湘乡、湘西两县并入。从唐玄宗天宝八年（749）至公元1950年，辖区一直包括今衡山县、衡东县、南岳区全境和安仁、攸县、湘潭等县部分区域。1951年后，辖区发生几次大的变动。1960年4月，划出兼具地方行政职能的县级南岳管理局。1963年5月，设立南岳县。1966年2月，南岳县撤销，辖区复划归衡山县，同时析出县境湘江以东区域新设衡东县。1984年5月，析出县级南岳区。此后，辖区无变动。2014年年底，全县总户数12557户，总人口446706人。其中，男231700人，女215006人；农业人口391919人，非农业人口54787人。全年共出生5957人，出生率13.3‰；死亡1439人，死亡率3.2‰；净增4518人，人口自然增长率10.1‰。年末常住人口39.15万人，其中城镇常住人口14.08万人，城镇化率35.96%。人口密度为每平方公里478人。在总人口中，以汉族为主，有苗族、土家族、壮族、侗族、瑶族、布依族、彝族等24个少数民族。

县域历史悠久，人文底蕴深厚。炎帝神农氏曾在此辨五谷，尝百草，为民造福。舜帝南巡，在这里大会诸侯。大禹治水，在巾紫峰登紫金台望九嶷祭舜，在衡山留下中华瑰宝禹碑。韩愈开云，传颂千古绝唱；胡安国、朱熹、张栻讲学，奠下湖湘学派根基；唐宋以后，书院学堂林立，文人墨客、名贤显宦纷至沓来，留下无数瑰丽诗篇；毛泽东考察农运，点燃熊熊革命烽火。这里地灵人杰，英才辈出。古代有官至丞相的赵葵，官至兵部尚书的曹承辉、茹瑺，官至工部尚书的廖刚，官至刑部尚书的赵方，有位列历代112位医圣之一的“白喉神医”李纪方，有双双高中进士的旷敏本与旷敦本、聂镐敏与聂铣敏、李子荣与李子茂三对亲兄弟。近、现代有被孙中山誉为“巾帼英雄”、被康克清颂为“一代女魂”的唐群英，有曾任上海总商会会长和中国纱厂联合会副会长的著名实业家聂云台，有曾任中华民国财政部次长、中华人民共和国中央文史研究馆首任馆长、著名文字学家符定一，有曾任湘军总司令、湖南首任民选省长的赵恒惕，有高擎中国工农联盟第一面大旗的岳北农工会领袖刘东轩、谢怀德，浴血奋战的工农红军第五军第一师师长李实行，英勇痛击日寇的鲁南铁道游击队政委文立正，著名地下党员、革命烈士谢士炎。1949年后，涌现出中国人民解放军中将、南京军区副司令员杨玉书，全国政协委员、全国总工会副主席李容光以及中国科学院院士廖山涛、黄润乾、赵淳生等名流精英。

2014年，全县实现生产总值118.26亿元，人均国内生产总值30269元。农林牧渔业总产值39.21亿元，规模以上工业企业实现产值81.74亿元，固定资产投资74.44亿元。移动通信信号基本实现全覆盖，年末固定电话用户32253户，固定宽带网络用户19153户，全县实现社会消费品零售总额21.79亿元，全年完成财政总收入7.67亿元，实现税收收入5.04亿元，实现一般预算收入5.62亿元，地方财政支出18.65亿元，全县金融机构各项存款余额97.11亿元，各类贷款余额32.79亿元，保险业务收入9452万元。全县拥有各类专业技术人才12716人，其中：高级职称7022人，中级职称5739人。万人拥有专业技术人员326人。适龄儿童入学率、残疾儿童入学率均为100%。年末，普通高中在校学生6442人，初中在校学生14665人，小学在校学生27181人。年末全县医疗卫生机构24个；卫生工作人员1486人，其中卫生技术人员1208人；卫生机构病床1418张。全年农民人均可支配收入15003元，城镇居民人均可支配收入23817元。年末全县城乡居民储蓄余额81.94亿元，人均储蓄20974元。

二

1949年9月13日，衡山县人民政府成立。全县（含今衡东、南岳全境和湘潭、安仁、攸县等县部分区域）划为7个行政区，区下沿用保甲制。1950年8月，设立乡一级行政单位，全县划为12个区，辖155个乡、1个镇、28个村。1952年，开展划小区、小乡工作，乡以下设村民小组，全县辖17个区，270个乡、4个区属镇、1个县属镇。1953年，区乡行政区划再次调整，全县设区15个，乡228个、县属镇1个、区属镇2个。1956年6月，撤区并乡，全县设乡50个、县属镇3个。1958年冬，撤乡、镇，并大社，以政社合一的人民公社行使乡镇政权职能，全县组建21个人民公社。1959年春，人民公社调整为17个。1961年8月，衡山县恢复区公所8个，下辖56个人民公社、2个镇。1963年秋，衡山县辖7个区，48个人民公社、2个镇。1966年2月，辖25个人民公社和城关、南岳2个镇，不再设区。1983年开始政社分设，建立乡镇人民政府。1984 年 3 月，全县共建乡、镇 27 个。1984 年 5 月，南岳镇、南岳乡，东湖乡的沙湾等 4 个村、马迹乡的拜殿等 3 个村、望峰乡的红旗等 3 个村析出，设立县级南岳区。1990 年，全县有 3 个镇，13 个居委会，63 个居民小组；20 个乡，324 个行政村，3243 个村民小组。

1994 年 1 月，马迹、新桥、店门、萱洲分别改为建制镇。1995 年 5 月，将原有的 15 个乡、8 个镇调整为 10 个乡、8 个镇。城关镇更名开云镇，松柏桥乡更名长青乡。糖铺乡并入萱洲镇，祝融乡并入店门镇，贯底乡并入新桥镇，新场市乡和沙头乡合并组建永和乡，撤销宋桥乡，其金门、宋桥、富台 3 个村并入长江镇，幸福、界塘、桂花、柳树、世上、石狮 6 个村并入沙泉乡。

2014 年年底，全县辖开云、白果、东湖、萱洲、长江、新桥、马迹、店门 8 个镇和贺家、永和、沙泉、福田铺、岭坡、望峰、长青、贯塘、江东 9 个乡，共 17 个乡级政区，下辖 25 个社区，151 个居民小组；319 个建制村，3235 个村民小组。2015 年 10 月，师古乡与开云镇合并，仍称开云镇。全县由原来的 10 个乡 8 个镇，调整为 9 个乡 8 个镇。

（文字供稿：熊仲荣）

开云镇 >>

2014年，开云镇获湖南省“安全生产示范乡镇”称号。

区域概况

位置面积

相传，唐代著名文学家韩愈到衡山，宿于县城八步街，欲登南岳，却遇连绵阴雨，云雾遮山，他就地吟祷岳诗，果然云开日出。后人在其吟诗之地建造开云楼以作纪念。1995年5月，因避全市诸多城关镇而更名开云镇。开云镇地处衡山东南部，是衡山县的政治、经济、文化中心。东隔湘江与衡东新塘镇相望，南与店门镇、永和乡接壤，西和南岳区南岳镇相连，北与长江镇、沙泉乡为邻，镇人民政府驻赵家大屋。

1984年，总面积41.6平方公里。2005年，总面积101.22平方公里。2014年，总面积101.22平方公里，其中陆地面积93.3平方公里，占92.2%；水域面积7092平方公里，占7.8%。辖区东西最大距离18公里，南北最大距离13公里。

建置沿革

明代，县城属坊都。清康熙四十三年(1704)，县城大部分属乂字区，小部分属海字区。民国25年(1936)7月，县城更名义安镇。民国35(1946)年，更名安石镇。1949年10月，属第一区。1950年3月，属第八区，辖5条街，更名城关镇。8月，三峰、明德、清凉村划入县城。1953年，升县属镇。1958年冬，改建城关人民公社。随后，长安人民公社先农、交通大队及湘江大队部分划入城关人民公社。1984年，成建制合并金龙乡。1995年，更名开云镇。2005年年底，成建制合并师古乡。

行政区划

1984年2月，撤销人民公社建制，复名城关镇。同年6月,将金龙乡并入。全镇辖居委会6个、居民小组19个，行政村17个、村民小组150个。1995年5月，更名开云镇。辖行政村16个，村民小组140个，居委会7个；居民小组28个。2005年12月，将师古乡并入，增加行政村13个。至此，全镇共有行政村30个，村民小组306个；居委会7个,居民小组38个。镇政府迁赵家大屋，仍名开云镇。2006年11—12月底，进行县城城区村、居委会撤并调整换届，撤销居委会7个、行政村5个，成立社区7个。2014年，全镇辖湘衡、环溪、观湘、神冲、坪塘、青山、排塘、金狮、龙珠、龙泉、板桥、金龙、九龙、青峰、跃

进、新坪、大塘、江永、建胜、八里、师古、光辉、岳峰、山竹24个行政村，257个村民小组；两路口、北望桥、先农、紫巾、甘棠桥、大桥、东风7个社区，90个居民小组。

自然环境

境内西高东低，东部呈带状川谷平地，西部有局部平原，西南北青山环绕。属亚热带季风气候，其特点是四季分明：春秋气候温和，夏季炎热，雨量充沛，水热基本同季，热量充足，光照充裕，无霜期长。年均气温17℃左右，年均降水量1200 ~ 1400毫米，年均日照时间1630.5小时，年均无霜期286天。矿藏主要有金、煤、铁、石英、石灰石、钨等。

人口

1984年，全镇辖总户数9233户，总人口36840人。其中男性18788人，女性18052人。1990年，总人口41981人，其中男性21410人，女性20571人，非农业人口22691人。1998年，总人口49881人，其中男性25439人，女性24442人，非农业人口33248人。2005年，总人

衡山县城鸟瞰图

口 7.9 万人，其中男性 40290 人，女性 38710 人。2011 年年末，辖区总人口 8.6 万人，其中男性 43860 人，女性 42140 人。城镇常住人口 7.7 万人，城镇化率 89.5%。2014 年，镇辖 31037 户，其中农业户口 11198 户，总人口 80482 人。其中，男性 41046 人，女性 39436 人。人口密度每平方公里 802 人。

经济发展

经济综述

1949 年后，境内农业逐年发展，多种形式的镇、村工业企业逐渐增多；商贸服务业呈波浪式发展。改革开放后，农、林、牧、副、渔发展呈井喷式，农民温饱问题彻底解决；商贸网点遍布城乡，经济效益良好。1995 年，全镇工业总产值 1.7 亿元，粮食总产量 5694 吨；农民人均纯收入 1768 元。进入 21 世纪，农业朝名、有、特、新方向发展，产量、产值一年比一年增长；工业企业完成改制任务，民营企业生机勃勃，形成工业体系后，逐步向龙头工业集群发展；商贸网点、城乡集市快速增加，社会商品零售总额逐年提升。2014 年，全镇工业总产值 5.8 亿元，粮食总产量 2 万余吨；财政总收入 3.4 亿元；城镇人均收入 23817 元，农民人均纯收入 15000 元，人均居住面积 78 平方米。

农业

种植业 1950 年，水稻亩产 174 公斤。1970 年，亩产 409 公斤。1975 年后，杂交稻逐年推广，亩产稳步提高。1977 年，亩产 575.8 公斤。1984 年，全镇农业总产值 486 万元。1990 年，亩产 794 公斤。1995 年，粮食总产量 5694 吨，农业总产值 2100 万元，农民人均纯收入 1768 元。进入 21 世纪，在不放松粮食生产的同时，席草、油菜、瓜果、花卉、苗木、蔬菜、茶叶等特色种植逐年增多并向专业化、产业化方向发展，其中，八里村农业科技示范园为其示范、培训基地。2005 年，全镇粮食总产量 1.89 万吨，农业总产值 1.306 亿元，农民人均纯收入 4093 元。2008 年，优质稻种植比例提高，水稻播面 2733.3 公顷，粮食总产量3.76万吨，农民人均纯收入5650元。2011年，耕地面积2000公顷，农业总产值2.66亿元，生产粮食1.69万吨，人均197公斤，其中稻谷1.63万吨；2009—2013年，全镇双季稻播面2733.3公顷，实现种植面积全覆盖。增加农业专业合作社3个，培育种粮大户20余户，农业总产值年均增长6.5%。2013年，农民人均纯收入1.05万元。2014年，双季稻播面2733.3公顷，抛荒现象被遏制。全镇蔬菜、油菜种植面积1653公顷和813.3公顷，产量分别为5.4万吨和1162.7吨；柑橘、九龙李、茶叶种植面积为89.6公顷、86.6公顷、133.3公顷，产量分别为1139吨、2000吨、17.7吨；席草种植133.3公顷，苗木花卉66.6公顷。城镇人均收入23817元，农民人均收入15000元。

养殖业 境内素有养殖家畜、家禽和养鱼的习惯。1980年后，逐步向规模化发展。1991年，出栏生猪1.25万头。2014年，饲养生猪19万头，年末存栏8.89万头；饲养羊0.85万只，年末存栏0.45万只；饲养家禽120万羽，年末产肉1万吨，禽蛋1000吨，产鱼4360吨。

林业 1949年后，境内林木以杉、松为主，南竹次之。1958年，紫金山国营林场建立。1958—1960年，受大炼钢铁、大办食堂影响，森林损失90%。1964年，重点营造杉木林20公顷，开荒建果木林基地26.6公顷。1972年，造林采用挖沟、撩壕、抽带、打穴新模式，幼苗成活率逾95%。1974—1975年，境内营造国外松213公顷。1982年后，实行承包责任制，农民在房前屋后栽树，上责任山造林。1990年，宜林荒山全绿化。2001年，退耕还林政策实施，森林面积逐年扩大。2014年，全镇造林86.7公顷，森林总面积6585.2公顷，森林覆盖率46.8%。紫金山林场为全县唯一国有林场。

工业

民国时期，县城有小企业5家。1949年年初，县城创办大众文化服务社、新华织染厂，组建公私合营衡山印刷厂。1951年后，各类小作坊、小企业逐步转公私合营或地方国营。1958年人民公社化后，乡镇企业逐年增多，国营厂矿先后兴建。1971年，衡山专用汽车制造厂迁镇内，产品畅销全国30个省、市、自治区。20世纪60—70年代，镇域内先后兴建国营、集体企业18家。20世纪80年代，8家骨干乡镇企业先后兴建并长足发展。其中，城关建筑公司承建的衡山邮电大楼获省优质样板工程称号，5种工业产品获省优产品称号。20世纪90年代初，乡镇企业发展成为上规模、创品牌的个体、村、街道、镇办企业。镇汽车配件厂4个系列产品填补湖南省汽车配件3项空白，2种获省、市优秀产品称号。1991年，全镇工业总产值1265.78万元，完成年计划的105.5%。1995年，交通村率先进入衡阳市村办企业“十强村”行列。开云镇获衡阳市十强、湖南省百强乡镇企业镇。此后，开云镇经济发展进入全新时期。1999年，全镇拥有镇办企业20家，村、街办企业87家，联户、个体、私营企业4152家，从业1万余人。共计门类17个，产品80余种，完成企业总产值3亿元。此后，师古乡的江永、八里等村有四成农户从事葫芦丝、二胡、竹笛、竹箫等传统民间乐器车制业。2000年后，镇办企业逐步改制为民营企业，年均引进项目资金2000余万元。县属国有、集体企业先后改制，为全镇经济发展带来生机。2003年4月，湖南卫视“乡村发现”栏目对师古乡乐器生产制作进行专题报道。2005年，全镇形成以建筑、汽车配件为基础，以塑料加工、建材、电器、陶瓷、机械加工为龙头的加工工业体系，共有工业门类17个，主要产品80余种，其中，8种被评为省、部优产品，工业总产值2.6亿余元。2006—2013年，初步形成建筑、汽车制造、铝合金精密铸造、机械齿轮、粮食机械、陶瓷、纸业、采矿等为龙头的工业体系。2010—2014年，全镇工业总产值52亿元，年均增长14.9%，实现工业增加值11.3亿元。

商贸服务业

民国初期，全镇有商店350余家，西外街建生猪交易市场。长衡公路和粤汉铁路通车后，商店增至500余家。至民国38年（1949）夏，境内仅存商店274家。1949年后，党政机关所在地均设肉食站、供销社、药店等，供应生资、收购农副产品。1950年，商店恢复到449家。此后建立商业、供销专业公司。1958—1960年，部分从业人员下放农村，商业网点减少、市场冷清。1961—1963年，经过调整市场，又趋兴旺。1978年后，城区新建较大商店5家，集贸市场1处。城外新增商店240余家。1990年，县城有各类商业公司36个，农副产品收购供应机构18个，工业品批发机构27个，各类批零兼营和零售商店1029个。2011年，有商业网点2088家，职工9072人；社会商品零售总额9.04亿元；城乡集贸市场5个，年成交额2.47亿元。2014年，城区有大型超市10余家，宾馆酒店20余家，星级宾馆、酒店位于衡山大道两旁，为城乡人民和旅游者提供全方位服务。

财政金融

1949—1978年，镇财政收支由秘书和粮油委员兼管。1979年6月，人民公社设财政室，专人管理财经，后更名镇财政所。1991—1993年，全镇财政收入650.8万元，其中工商税464万元。1994年，镇财政所分别获省、市级文明财政所称号。2005年，财政总收入822.7万元。2006—2008年，财政总收入由803万元增至1750万元，年均增长29.7%。2011年，镇财政总收入4164.5万元，财政支出6230万元。2014年，镇财政总收入与支出均为3.4亿元。

清代、民国时期，县城有当铺、钱庄、金号、银楼7家，有商业信用社、合作事业指导室，合作贷款所、合作社联合社、衡山县金库、湖南省银行衡山办事处等金融机构。1949年后，镇域金融机构逐年增多。人民公社（乡）设信用社，村设信用站。2014年，全镇有银行、信用社、保险等金融机构20余家，营业网点100余处。

基础设施

交通运输

民国18年（1929），湘粤公路（今107国道）建成，客运汽车过镇境。民国25年（1936）粤汉铁路通车，两路口至县城、火车站路段（今314省道）修通。民国后期，建衡山汽车站。1956年起，始修县道衡西线，后改省道。1958年，始建县道衡白线。1959年后，为满足水上客运需求，先后开通衡山至石湾、油麻田、大浦等航班。1966年析县后，水路客运划出，湘江过渡由县城负责。1968年，修建专用公路青石线。此后，国、省、县级公路加宽提级，分别由砂石路提高为柏油路、水泥路、砼水泥路，村级公路不断兴修。20世纪70年代，坐车难问题仍存在。1984年后，个体客运参营，乘车难问题逐步解决。此后，汽车站至新桥、衡阳，每15分钟发1班，增开长株潭班次，开辟至广东、湖北、浙江等大城市线路，形成新客运模式。1995年12月26日，湘江公路大桥通车。1996年1月后，为方便群众出行，城区先后开通5条公交车线路。2002年，全县第二条村级水泥公路在境内建成。2006年10月，坐落于观湘村的千吨级码头竣工，年吞吐量18万吨。2009年

武广高铁衡山西站开通

12月26日，武广客运专线通车，镇内新坪村设衡山西站，结束析县后境内无铁路历史。2012年，建成南岳高速公路通车，2014年，县城连接线竣工。至此，全镇实现高速铁路、高速公路、国道、省道、县道、镇村道、水路全覆盖，形成便捷交通网络。2014年，境内高速铁路8.5公里，国道16.5公里，省道5.4公里，县道7.7公里，村级水泥公路63.6公里。

邮政通信

清光绪二十八年（1902），县城开办邮政代办所，8年后称大清邮局。民国元年（1912），县城西街聂家牌楼先后开办邮政局。1949年后，人民政府接管县城原邮政机构。先后用徒步、单车、摩托车等方式投递。改革开放后，邮政业务快速发展。1998年，城区投递为周六班。镇域行政村通邮面100%，给据邮件自投到户率80%。进入21世纪，城区除局设机构外，增设城关、大楼、麋城邮政所。此后，民营快递公司建立，给全镇物流带来诸多便利。2011年，全镇邮政网点4个，投递点1401个，征订报刊4908份，杂志4553册，业务收入440.1万元。2014年，城区邮政网点6处，投递段道5条。

民国23年（1934），县城设电信营业处，县政府设农村电话排。民国28年（1939），县城设无线电台，开办电报业务。1949年10月，人民政府接管原县城电信机构。1950年，县城始装单位电话。1978年，县城始装住宅电话。1980年后，县城长途电话业务遍及国内外。随后，电话实现程控化。1993年，开通西德数字程控交换机，127无线自动寻呼台和移动电话先后开通。1995年，县城开通互联网业务。1998年，县电信局在城区设多个营业网点。次年，衡山移动公司成立，县城设营业网点3处。2000年4月，中国联通分公司设立。不久，中国铁通在县城设办事处，各公司分别在城区建机站。2005年，全镇拥有固定电话1万余部，移动电话1.5万余部。此后，各公司实现城区网络全覆盖。2011年，全镇有电信企业4家，服务网点42处，电话交换机总容量2万门，固定电话用户1.62万户，移动电话用户5.33万户，互联网宽带用户0.82万户。2014年，人民路、解放路等主要街道，电信、移动、联通等通信企业设营业网点50余家，金龙、师古等处各有营业网点5处。

供电饮水

民国26年（1937）冬，衡山县政府购发电设备，火力发电供机关用。民国34年（1945），民生工厂配发电机供碾米、照明用。民国37年（1948），县城创办电灯公司，装电灯400余盏。1950年12月，县办国营电力公司。1958年8月，建发电厂，年发电总量64万千瓦时。1960年，因无煤供应，县电厂停产，县城照明用电由湘华铁厂少量供应。1965年，开始由大电网供电，城区居民普遍用电灯照明。至1970年，全镇居民用电率100%。2014年，全镇用电量2852万千瓦时，其中，居民用电1349千瓦时，工农业用电1503万千瓦时。

民国至1949年后，境内居民多饮河水、塘水，少数人饮井水。1976年，县自来水公司始向居民供应自来水。1981年,兴建黄花坪自来水厂。1986年，兴建城南自来水基地，两水厂日产量分别为1500吨和1000吨。1990年，境内共有自来水厂3个，简易自来水设备30处，机压泵井224口，敞口卫生井456口，结束居民饮河、塘水历史。2000年后，为提高饮水质量，机关单位、部分居民饮用桶装矿泉水或纯净水。2014年，除金龙工业园外，全镇自来水供应量3200万吨，其中，居民用水2560万吨，非居民用水640万吨。

水利建设

湘江流经青峰、甘棠桥、大桥、湘衡、板桥、神冲等村、社区7个，流程16.8公里。乌河流经建胜、江永、师古、岳峰、光辉、青峰6个村，流程8.7公里。民国时期，境内防汛抗旱能力较低。1949年后，新建山平塘、水库同步进行。白龙潭小（二）型水库兴建后，又建成师古龙江河坝。1964年3月，清凉港建成全县首座电力排灌站。1972—1973年，新建螺头山小（一）型水库，总库容153.69万立方米，灌溉面积266.7公顷。1977年后，镇域小型水利设施以维修配套为主。至1980年，全镇共有小（一）型水库1座，小（二）型水库7座，山坪塘近2000口，九观桥中型水库主干渠过境20余公里。自1990年起，全镇投资50余万元，投工25.5万个，修建大小水利工程240余处。其中，架电排11处，修水坝7处，修U形水泥渠道21千米。1999年始，先后整治乌河、平整水田20公顷，修建大小水利设施800余处。其中,架电排19处,修水坝17处,修U形水泥渠道30余千米,硬化山平塘150余口。2014年，全镇水库、水塘面积183公顷，其中，库容30万立方以上4座，库容10万立方以上水库3座。镇域共有灌溉水渠335条，全长97.25公里，水系融贯湘江、乌河及荆陂河，灌溉范围90%以上。

城镇建设

1949年，县城房屋总建筑面积11.78万平方米，其中，公房占33.4%，私房占66.53%。1949年后，城区建设步伐逐步逐年加快。至1959年，县城新增房屋建筑面积2.42万余平方米。1960年，基建项目压缩。至1969年，县城新增建筑面积4.1万平方米。20世纪70年代，城区建设向南北方向扩展。1980年后，各种建筑逐年增多，层次、档次逐步提高，并沿人民路向西延伸。1985—1989年，在先农、清泉、交通、农科、清凉小区分别进行商品房开发。至1989年，县城新增建房面积46.92万平方米，其中公房37.37%，私房39.54%，房产部门公房和商品房23.07%。1949—1989年，城区新建房屋总面积为1949年前总建房面积的5.54倍。1992—1998年，先后启动开云商场、黄金园小区、先农安居工程建设。1996—2005年，县城房屋建设一般在6层以上，逐渐朝衡山大道、金龙大道、兴山路方向发展。2006年起，县城房屋建设形成多元化格局。白果、长江、永和、福田等建筑公司纷纷进入县城开发商品房，县城房地产开发企业增至10家。其中，金盛华城、佳和小区、富骊花园、东来美景等重点房地产企业共开工建筑面积41万平方米，竣工34万平方米，累计完成投资5亿元。2009—2013年，金盛嘉置业公司在县城中心开发的金盛华城有大型商业区、风情步行区、居住小区，总投资3.3亿元，建筑面积33万平方米，为县城建设亮点工程。佳和建筑公司开发的佳兴花苑，总建筑规模10万平方米，竣工5.4万平方米，初步形成布艺市场规模。2014年，房屋建筑开工总面积26万平方米。其中，盛豪房地产公司开发商品房14栋、近500户住宅。

社会事业

教育科技

清代，县城有私塾 10 所，书院 2 所，官立中小学各 1 所。民国时期，境内有省立中学、县立中学各 1 所，保国民学校 13 所，私立国民学校 11 所。1949 年后，公私立中小学先后由人民政府接管，中、小学逐年增多。至 1969 年 3 月，有高级中学 2 所，初级中学 3 所。1981 年，创办首家家庭幼儿园。1987 年，全镇有镇属完小 1 所、初级小学 15 所，子弟小学 2 所，有镇办初中 1 所，驻镇县属中小学 6 所。2005 年，全镇有小学 20 所，其中，驻镇县属小学 2 所，中学 6 所，教师 1108 人，在校学生 16937 人。同年，城区共有民办教育机构 30 所。2011 年，全镇有幼儿园 10 所，在园幼儿 2005 人，专任教师 170 人；小学 17 所，在校学生 8036 人，专任教师 492 人，县属小学 2 所，小学适龄儿童入学率 100%；初中 4 所，在校学生 6188 人，专任教师 377 人，县属高中 2 所。初中适龄人口入学率、小升初升学率、九年义务教育覆盖率均为 100%。2014 年，有驻镇县属中、小学和民办中学各 2 所，驻镇公、民办幼儿园 6 所。镇属公办学校、幼儿园与 2011 年持平。

民国 26 年（1937），县城建沼气池，并制成混合瓦斯灯。1980 年，镇畜牧站牛脚烂蹄病病源诊断报告科研项目获省级四等奖，县矿石粉厂远红外线技术推广获地区二等奖。1979—1980 年，镇内县氮肥厂推广双塔并联节能先进技术，年节省资金 327.6 万元。1984 年，镇域取得柑橘储藏保鲜技术并出席全国科技成果交易会。至 1990 年，镇域县农业局等 7 家单位与个人科研项目数十次获地区（市）级一至三等奖。1991—1998 年，镇域衡山牌 5023 防弹运钞车的研制，干鲜水果资源研究与利用，兽用速康宁注射液研制与生产分别获市二、三等奖。汽车配件厂被评为市科技型企业，九龙李种植村获省星火科技示范村称号。此后，

衡山花鼓灯

镇域民营科技发展迅速。至2005年，创一机械公司电梯式节能升降机获市科技进步三等奖。九龙李被列入国家科委重点攻关项目，九龙村户均收入5000元。2006—2008年，祥友科技公司多功能储粮装备通过省级科技成果鉴定；辉远机械公司联合收割机填补省内空白。2009—2013年，5家公司获科技部中小企业创新基金260万元。其中，祥友科技公司自动化育秧苗床填补国内空白，衡山汽车制造公司多用途客车项目获省专利二等奖。2014年，祥友科技公司自动化育秧苗床销售全国多个省份。镇域有高新技术企业5家，战略性新兴产业企业2家，纳入全省高新技术产值统计范围规模企业13家。

文化体育

1949年前，镇域文化生活主要为看皮影戏。1951年，原民众教育馆更名县人民文化馆。此后，全镇民间文艺全面兴起，文化团队先后建立，广播、电影、剧团先后设立。改革开放后，新华书店提供优质阅读场所，广播电台、电视差转台提供丰富多彩的视听文化艺术；衡山剧院、文化馆、卡拉OK给人民完美的艺术享受、文化熏陶。1987年，全镇涌现桌球、电子游戏、卡拉OK、歌舞厅、录像厅、图书销售等个体经营户，形成新兴文化市场。1990年，全镇有文化馆1个，文化站3个，文化室10余个，电影放映队2个，影剧院2个，专业剧团1个，新华书店1家，图书馆1家，广播电台1处，电视台1处，调频电视塔1座，新兴文化个体近100家，电视机进入千家万户。此后,镇域文化呈现多样化。至2005年，舞厅、茶座势头强劲，歌舞厅火爆经营。网吧异军突起，城区近100家，每天座无虚席。2006—2008年，广场文化、社区文化、企业文化、校园文化、田园文化逐渐流行。2009—2013年，每逢春节，县城四大主街张灯结彩，街道组织大型腰鼓、龙狮队表演及卡拉OK歌舞晚会。2014年，全镇有中心文化站1个，村、社区文化活动中心28个，文化专业户58户，从业645人。有图书馆（室）52座，藏书54.3万册。

民国时期，镇域体育活动主要为耍龙、舞狮、游泳，中小学则为球类、田径活动。1949年后，驻县城机关事业单位干部职工周末或节假日在人民广场开展各类球赛。1953年秋，民间武术运动会在县城人民广场举行。此后，每逢端午，境内龙舟队均与沿河乡镇队举行龙舟赛。1964年后，县三中、城关中学兴建室内游泳池。1978年后，兴建篮球场3个。1989年,兴建室内灯光篮球场、游泳馆。1990年，位于县二中左侧的田径运动场建成，面积1.8万平方米。兴建门球场2个。至1998年，县人民广场、县政府大院、紫巾山上，每天清晨数百市民或跳迪斯科、扭秧歌，或打太极拳，或舞太极剑、木兰扇。进入21世纪，全民健身活动逐渐兴起。2005年6月，全民健身周活动在县城举行,参与者1000余人,观看者近万人。此后，广场舞成为热门体育项目，体育场地、设施逐年增多。2014年，全镇有体育场地113个，其中,体育场3个,小运动场28个,篮球场39个,排球场2个,村级体育中心8个,健身路径20条。社区全部安装健身器材，不少居民自备体育器具，经常参加体育活动者占常住人口的65%以上。每到夜晚，县城人民广场等12处地段，近万人跳起欢快的广场舞。

医疗卫生

民国时期，县城有医疗机构11所。1949年后，人民政府建立城区卫生所，城关镇联合诊所，设立城关妇幼保健站,新建县人民医院,将城关中、西医联合所合并成立县中医医院。同时，设立卫生防疫站。1958年，将区卫生所并入城关镇人民公社卫生院。1969年，大队建立卫生室，担负村组医疗、防疫等工作。1984年，公社卫生院改镇卫生院，大队卫生室改称村卫生室。1990年，全镇卫生院3家，医务人员37名，建筑面积2200平方米，下辖医疗点5个。另有驻镇县医疗单位县人民医院、县中医医院、县卫生防疫站、县妇幼保健院、药品监督检验所。1998年，县人民医院有副主任医生9人，县中医医院、卫生防疫站有副主任医生各3人。2005年，两路口卫生院更名开云镇卫生院，原开云镇卫生院更名县红十字会医院；师古乡卫生院划归开云镇。2007年4月，新型农村合作医疗启动。2014年，全镇各级医疗机构48家，其中村卫生室31个，社区医疗点7个；有病床614张，专业卫生人员764名，其中执业医师206人，执业助理医师54人，注册护士250人，门诊部以上完成诊疗25.7万次。新型农村合作医疗参合率100%。

民国时期，街道清扫事务先由警察局推行，后由县卫生院管理，废水多用暗沟排出。1949年后，成立环卫管理机构，添置清扫运输工具，

2011年10月28日，开云镇龙珠村周富洋老人成为衡山县第一个领到新农保存折者

设果皮箱，建公共厕所，组织环卫工人日扫街道2次，日洒水1~2次，专人管理公厕、果皮箱。1990年，共有环卫工人20余人，拥有垃圾运输车3辆，洒水车1辆，垃圾斗17个，公厕16座。进入21世纪，环卫力度逐年加大，镇域卫生年年上台阶，县城主要街道全天候保洁。2014年，城区保洁面积103.8万平方米。共有环卫工人200余人，拥有各种车辆15辆，垃圾中转站13座，垃圾斗138个，垃圾桶500余个，果皮箱50余个。

社会保障

1949年初，人民政府对境内困难群众予以救助。1953年，对镇老弱病残户定期发放生活救济费。1956年起，“五保”户由农业社照顾。此后，县城兴办各类工厂，解决城区生活困难烈军属、残废军人及其家属就业。1958年，“五保”户由生产队照顾。1978年后，镇社会保障工作由民政助理负责。1983年4月，发放“五保”供养证。此后，镇建敬老院集中供养“五保”户。1993年5月，农村养老保险工作全县铺开。1996年，农村“五保”户供养标准提高到450元。次年，确定农村最低生活保障线为年均纯收入500元。1997年，镇设养老保险站，正式启动城市居民最低生活保障工作。2004年，“五保”户供养标准全县统一。2005年，低保标准提高。2004—2005年，为镇内特困农村无房户援建“爱心房”。2007年，“五保”生活补助标准提高到800元，并一次性为其交纳合作医疗费用。2008年，分散供养“五保”户生活补助提高到1000元。全镇合作医疗参保人数3.15万人，农村低保面11%，城镇低保人口2381人，新建镇敬老院1所。2011年，全镇最低生活保障支出672.8万元；农村最低生活保障支出219.4万元。国家抚恤、补助各类优抚对象665人，支出202.6万元。农

村“五保”分散供养278人。福利院、敬老院各1所，社区服务设施21种。新型农村养老保险参保率98%。危房改造98栋，修缮20栋，财政资助106.2万元。2014年，实现居民医疗保险全覆盖，新农合参保率100%，城乡低保应保尽保。省级示范性敬老院建设启动，开云籍内外爱心人士捐款120万元。

特色地情

历史人文

聂云台（1880—1953） 名其杰，字云台，法名慧杰，衡山县人，曾国藩外孙。清光绪十九年（1893），童试中秀才，后赴美国留学。光绪三十年（1904），任复泰公司经理，后任恒丰编织新局总经理。民国6年（1917），与黄炎培等人在上海发起成立中华职业教育社，任临时干事。抗战胜利后，曾为从国民党手里收回恒丰产权作过努力，并邀大棉商吴锡林、吴柏年入股，改组为恒丰股份有限公司，任董事长。1953年12月，因病去世于上海，终年73岁。

文庙学宫 唐玄宗开元二十九年（741），衡山邑令陆姓（佚名）始建。唐天宝年间（742—756），又建学宫于县署后，文庙正殿前，均雕梁画栋，重檐歇山顶砖木结构，历代屡经重修扩建。迄清末，共是两重门，四进，第一进为棂星门，第二进为大成门，学宫在此。第三进为大成殿，高4丈，9根花岗石廊柱，文庙正殿在此。供至圣孔子及复圣、述圣、宗圣、亚圣的神位。第四进为崇圣祠，高3丈余。明隆庆二年（1568），迁学宫于南门外雯峰书院。万历十七年（1589），迁回城内开云楼。清康熙十九年（1680），仍迁回文庙前原址。历代祀孔，藏书及名人讲学均集于此。清同治八年（1869）、光绪二年（1876），两次维修文庙与学宫，维持原貌。民国27年（1938），县城遭侵华日军飞机滥炸，文庙被毁一角，乡贤祠则夷为废墟。抗日战争胜利后略事修复作办公用房。1979年，文庙正殿最后拆除，原址兴建中共衡山县委新办公楼，遗址尚存。

名优特产

九龙李 产自九龙村，果大，形似苹果。肉脆，味甜。产品畅销衡阳、株洲、湘潭、长沙等地，每年夏初出产季节，产品供不应求。

白马庙亭

紫巾山上的清凉寺

毛泽东考察衡山农民运动旧址——康王庙

毛泽建烈士墓纪念塔

冰糖柑　产于县城郊区，果大，皮薄。肉质丰满，甜似冰糖。20世纪80—90年代，畅销省内外，供不应求。自2000年起，逐步被市场淘汰。

风景名胜

康王庙　毛泽东考察农民运动纪念地旧址，位于县城沿江路，建筑面积200平方米。民国十五年（1926），为中共衡山地方执行委员会机关驻地。次年，毛泽东考察衡山农民运动，在此住宿五天四晚，召开调查会，整理调查资料。1969年，省、县拨专款，组织专门班子，按原貌修葺。右侧建纪念馆，展出当年毛泽东使用过的生活用品及反映衡山农民运动的数百件图片、文物。系省级文物保护单位，红色旅游景点。

毛泽建烈士陵园　坐落于县城南郊巾紫峰麓，花岗石、汉白玉构造。依次为入口、走道、墓坪、纪念塔、墓座，衬以苍松翠柏、女贞等名贵花木，占地0.35公顷，纪念塔高8.2米。1968年8月20日动工修建烈士墓，1969年8月20日建成，系省级文物保护单位。2005年10月，该烈士墓扩建为烈士陵园，系红色旅游景点。

烟寺晚钟（潇湘八景之一）　位于县城北（今衡山二中所在地）清凉寺，建于唐代，清代改建。前有山门，正中大雄宝殿高敞简朴。左立状元牌，右立贞洁坊，入山门右向钟楼高耸，晨昏敲响，声音悠扬，震动全城。寺周古松古樟浓荫密布，白鹭成群。根据这一美景，宋代名僧法常作《烟寺晚钟图》。1958年后，树木被毁并拆除部分建筑。1998年始，在紫巾公园内重建清凉寺。2000年，竣工对外开放，系旅游景点。

（文字供稿：刘文新　图片供稿：衡山县史志办）

白果镇 >>

2014年，白果镇获“全国重点镇”“省级文明村镇”，全省“防震减灾示范乡镇”称号。

区域概况

位置面积

白果镇原名白果铺，旧志也称白果市。相传境内涓水河畔有一白果（银杏）古树，每到果熟季节，人们纷纷前来采摘而得名。白果镇东与岭坡、湘潭县日华乡接壤，西界江东、贯塘乡，北邻长青、湘潭县青山桥镇，南毗望峰乡。镇人民政府驻雅南塘。

1984年，全镇总面积54.6平方公里，其中耕地面积1551.27公顷。2014年，总面积54.6平方公里，其中耕地面积1526.67公顷，水田面积1433.33公顷。辖区东西最大距离13公里，南北最大距离14.5公里。

建置沿革

明代属崇岳乡第一都。清代至民国初年，属朝字区。民国21年（1932），属第二区。民国25年（1936），属白果乡。民国35年（1946），属果山乡。1949年10月，属第七区。1952年6月，属第三区。1953年3月，属白果区。1956年6月撤区并乡，属白果乡。1958年9月，属伟大人民公社。次年3月，属白果人民公社。1961年3月，析出贯塘、松柏2个公社。1961年11月，属南岳管理局。1963年5月，属南岳县。1966年2月，撤销南岳县，属衡山县。1984年2月，属白果乡。同年6月，白果、棠兴乡合并设立白果镇。

行政区划

1984年，辖行政村25个，村民小组240个，居委会2个，居民小组7个。1995年，辖行政村25个，村民小组237个，居委会2个，居民小组5个。2005年，辖村25个，村民小组246个，居委会2个，居民小组4个。2014年，辖楚南桥社区，居民小组各1个，白果、涓水、联星、岳北、建筑、绍庄、新民、树枫、紫楼、湘铺、紫务江、金龙、桐梓、和平、棠兴、五一、瓦铺、先锋、高山、瓦子河、国光、湿田、白玉、茶园、同兴25个行政村，村民小组246个。

自然环境

境内中部盆地，土质肥沃，三面丘陵。地势略为东高西低，南高北低。年平均气温17℃～18℃之间，年均降雨量1200～1300毫米，年均日照时间1630小时，年均无霜期282天。湘江支流涓水自西南向东北流经境内6.5公里，南河、桃花港（又名棠河）均在境内与涓水汇合。

境内石膏总储量4000万吨，矿区总面积6.2平方公里，分布于涓水两岸10个行政村内。

人口

1984年，辖区总户数6349户，总人口27100人。其中男性13821人，女性13279人。1995年，总人口3.1万人。其中男性15810人，女性15190人。2005年，总人口3.3万人。其中男性16830人，女性16170人。2014年，全镇总户数9103户，总人口34062人，其中男性17372人，女性16690人，城镇居民8321人，人口密度每平方公里624人。

经济发展

经济综述

1949年后，境内农业平稳发展，乡村工业逐步由加工业向采掘业发展；商贸服务业逐年增多。改革开放后，农、林、牧、副、渔发展进入快车道；农民温饱问题全部解决；石膏生产、加工发展迅速；个体、私营商贸服务业遍布全镇。1995年，全镇工业总产值5551万元；粮食总产量15119吨；农民人均纯收入1466元。进入21世纪，农业朝名、优、特、新方向发展，效率逐年提升；工业企业改制，民营企业呈现生机，工业、采掘业各具特色，经济活力强劲；商贸服务业逐渐形成综合服务区，社会商品零售总额逐年增长。2014年，全镇工业总产值3.6亿元，粮食总产量19700吨；财政总收入1496.94万元；农民人均纯收入7800元，人均居住面积60平方米。

农业

种植业 清末、民国时期，境内以种植水稻为主。1949年后，水稻种植以一季稻为主，间种双季稻。1955年，推广新型农业生产技术，粮食产量逐年提高。1975年后，开始种植杂交水稻。1981年后，落实农业生产责任制，农民种粮积极性空前高涨，一度出现农民卖粮难局面。1984年，粮食总产值758万元。1985—1990年，实现粮食连续6年大丰收。1991年后，发展优质、高产、高效农业，种植水稻良种10个，推广软盘抛秧技术。1997年，全镇粮食作物播面2800公顷，总产20105吨，亩产478公斤。其中，水稻播面2675公顷，总产19893吨，亩产496公斤。2000年后，农业产业化建设加速，先后创建优质稻、席草、玉米、杨梅、葡萄、金银花等基地20余个。2005年，农业总产值5786万元，粮食总产量1.82万吨。此后，普及杂交优质稻，向高效高质农业发展。2011年，全镇农业总产值25600万元，粮食总产量2.04万吨。2009—2013年，全镇先后创建优质稻万亩示范片。投入20余万元推广集中育秧，积极推动农田机械化操作，鼎盛优质稻合作社带动农户400余户。2014年，农业发展凸现新特点，粮食总产1.968万吨。富丽园生态农业科技有限公司举办首届葡萄文化节，与会者1万余人，收入100余万元。全镇特色种植总产值2300万元。

养殖业 境内有饲养家禽、家畜、养鱼习惯。1991年后，在不影响水稻种植的同时，培养生猪、衡山黄鸡、养鱼大户64户、27户、64户。尝到甜头后，农民积极性空前高涨。1997年，出栏生猪5.3万头，出笼家禽27.72万羽，禽蛋产量266.5吨，产鱼610吨，全镇养殖总产值8178万元。进入21世纪，特色养殖普及推广。2014年，出栏生猪10万头，出笼衡山黄鸡140万羽，饲养牛、羊分别为0.85万头和0.9万头，水产品1000吨。金龙村养野鸡1.5万只，竹鼠1000只，豪猪300头，收入300万元。

林业 1949年后，境内林木以松、杉为主，南竹次之。杂木遍及山岭。1958—1960年，受大炼钢铁和大办公共食堂影响，林木损失近90%。1964年，重点营造杉木林13.3公顷。1972年，推广挖沟、撩壕、抽带、打穴造林新模式，幼苗成活率逾95%。1983年，实行承包责任制，农民房前屋后栽树，责任山上造林，林业面积逐年扩大。1990年春，境内宜林荒山全部绿化。其中，和平村林场为上规模集体林场。至1998年，累计造林160公顷，新植果苗20余万株。2001年，退耕还林政策实施，造林积极性再度高涨。2014年，全镇造林18.9公顷，森林总面积5412公顷，森林覆盖率34.6%。

工业

境内工业始于20世纪50年代末，门类为碾米、榨油、制面、烧砖瓦等。1958年，境内兴办石膏矿，1960年由县接收。1966年，首创建筑队，后晋升公司。1978年后，社队企业出现生机，先后开办公社石膏矿，建成棠兴石膏矿。20世纪80年代，乡镇企业快速发展。逐渐建成新兴石膏矿、助剂厂。镇石膏装饰板厂兴建，成为县建材骨干企业。1995年，全镇拥有数百家集体、个体企业，工业总产值5551万元，乡镇企业总产值2341万元，被省定为乡镇工业特区。随后，工业体制改革，经济效益稳步提升。1997年，石膏采掘量超100万吨，采掘加工年产值1.2亿元，全镇工业总产值18887万元。2000年后，引进湘旗农牧公司，衡山黄鸡集生产、加工、销售于一体，带动一方致富。2002年，石膏加工业发展到20家，产品销往省内外。尔后，引进年产值过1000万元的双星木业公司。2006年后，镇内有石膏开采、

岳北山歌

石膏制粉、农机、制板、铸造、助剂、工艺美术、大芯板等大小企业42家，产品销往国内20余个省、市、自治区。其中，千万元企业2家。2011年，探明石膏地质储量4001万吨，形成石膏生产、加工、销售一条龙。2014年，拥有农机、铸造、机砖、粮食加工等企业40余家，其中，规模以上企业9家，全镇工业总产值3.6亿元。

商贸服务业

民国18年（1929），境内有商店41家。抗日战争初期，岳云等中学先后迁入，商店增至80家。中华人民共和国成立初，白果建湖南省农村第一个区级供销合作社。1953年，商店增至94个。1959年后，涓水停航，通往县城、湘潭、衡阳、双峰、湘乡公路相继通车，白果由手工业产品市场变为综合性市场。1984年，成为建制镇后修建农民街，两旁商店均为两至三层楼房。新建农贸市场4600平方米，另设竹木、生猪交易市场。1990年，有大小商店219个。此后，兴建占地1公顷、建筑面积1.2万平方米的综合大市场于联星路商贸街，商家落户280余户。随着供销、商业体制改制，个体、私营企业逐年增多，行业逐渐扩大。2011年，全镇商业网点449个，从业1347人。社会商品零售总额17500万元，其中，集贸市场成交额3600万元。2014年，镇内形成精品、示范、流动大市场。其中，潭衡西高速白果互通口出现集仓储、物流、餐饮、油站为一体的综合服务区，行业包括百货、南杂、美容、美发、休闲、娱乐、家电等。

财政金融

1949—1978年，乡财政收支由秘书和粮油委员兼管。1979年6月，设财政室，专人管理财经。2005年，财政总收入622.7万元。2011年，财政总收入385.2万元，支出802万元。2014年，财政总收入、支出均为1496.94万元。

1955年，乡设信用合作社，办理存贷业务。1958年，生产大队（村）设信用站，方便农民就近存、贷。此后，农业银行在镇设立分支机构。20世纪90年代初，增设邮政储蓄网点。2011年，全镇共有金融分支机构5个，各类存款金额4.9亿元，各类贷款金额6000万元。2014年，镇内有农业银行分理处1家，信用合作社2家，营业网点5处、村信用站20个。

基础设施

交通运输

1949年前，有驿道4条，分别通湘潭、衡阳县境和南岳。涓水、棠河等水路，途经境内。1960年，衡西公路通车，途经境内。1974年，九江公路通车。1980年，白松公路通车，白果设汽车站。1989年，境内衡西公路修通油路2公里。1998年，境内县级公路3段全部铺上柏油。2000年10月，国光村修建全县首条村级水泥公路，全长1200米。2001年，衡西线新桥至衡山段升省级公路。此后，村级水泥公路逐年延伸。2011年，潭衡西高速公路通车，白果设连接线。同年11月，省道改建，全为水泥路面。至此，镇境实现村组、镇、县、省、高速公路全覆盖，形成全县第二个公路网络。2014年，加固棠兴桥，开通白果至新民、五一、长碧、金龙、建筑、树枫等6个村的班车线路。全镇村级水泥公路36.13公里，四通八达，为出行、运输提供极大便利。

邮政通信

清乾隆年间（1736—1795），白果设铺传递文书信件。清宣统二年（1910），白果设邮政代办所。1949年后，白果设邮电支局。1998年，白果设邮政支局，行政村通邮率 100%。此后，快递向农村发展，邮政逐年便捷，邮件收取时间逐渐缩短。2014 年，镇内有邮政支局 1 家，投递点 268 个，业务收入 100.8 万元。

民国 23 年（1934），衡山电信处架设县城至白果木杆电话线。1954 年，白果至县城单线改双线。1958 年，人民公社装总机，电话线通大队。1989 年，白果实现电话程控化，并设电信支局。1994 年，开通农话数字程控电话。1997 年 10 月，白果支局新建一座高 70 米移动基站铁塔。1998 年，新建白果数字机站、模拟基站各 1 个。2005 年，全镇拥有固定电话 2000 余部，手机 3000 余部。2007 年，联通公司组建白果办事处，移动公司服务网点覆盖全镇。2011 年，全镇有固定电话 3571 部，移动电话 1.7 万部，互联网用户 1000 余户。2014 年，有电信支局、移动营业部、联通营销部各 1 家，营业网点分别为 3 处、7 处、3 处，全镇固定电话减少，移动电话 2 万余部，互联网宽带用户 5000 余户。

供电饮水

20 世纪 60 年代，镇域矿山企业生产靠柴油机发电供应。70 年代初，白果公社、衡山四中、地区医院及白果街居民靠白果农机中心站柴油发电，供应单位 200 户左右。80 年代初，始由大电网供电。1986 年，全镇用电率 100%。2014 年，全镇总供电量 400 万千瓦时，其中，居民用电 300 万千瓦时，工农业用电 100 万千瓦时。

1949 年后，境内居民分别饮用库水、塘水、井水。1997 年下半年，耗资 140 万元兴建的自来水厂在国光村投入使用，5000 余人始用自来水。2005 年，水厂增井建塔，满足市民需求。2007 年，为提高饮水质量，机关单位、部分居民饮用桶装矿泉水或纯净水。2009 年，耗资 400 余万元，将水厂搬迁至金龙村。2010 年投入使用，供应人口约 1.4 万人。2014 年，全镇自来水供应总量 45 万吨，其中居民用水 40 万吨，非居民用水 5 万吨。

水利建设

1953 年，在整修原有山平塘的同时，兴建山塘、小（二）型水库。1965—1966 年，兴建五一小（一）型水库。此后，境内兴建小（二）型水库 3 座，共有水塘 2000 余口。新桥水库主干渠流经 7 个大队，全长 17.5 千米，有效灌溉面积近 667 公顷。1995 年后，农民投资 89 万元，镇财政投资 39 万元，全镇投劳 90 万个，新建、维修机电排灌站 13 处，硬化山平塘 175 口，修 U 形渠 3.75 万米；维修河坝 14 处；打通隧洞 2 处，维修绍庄隧洞。2006—2008 年，投入 180 万元用于塘、坝、渠、埠维修，五一水库除险保安工程耗资 60 万元。2009 年后，完成九连塘硬化，涓水综合治理任务。2014 年，共完成 500 万元小农水工程任务，硬化山塘 100 余口，修水渠 1 万余米，维修河坝 10 余座。改造五一水库设施，耗资 300 万元。完成 1000 余万元的涓水项目治理任务。其中，全镇冬修工程 93 处，开工 289 处，完工 85 处；清淤山平塘 56 口，硬化 32 口；渠道清淤维护 3.75 万米，硬化 0.3 万米；完成立新、枫林小（二）型水库和山塘除险加固工程任务。

镇村建设

民国 38 年（1949），白果街各类房屋 76 栋，总建筑面积 1.95 万平方米。20 世纪 50 年代，新建房屋 7998 平方米。60 年代，总建筑面积 6548 平方米。70 年代，机关、学校、企事业单位陆续新建住宅，平房居多，楼房次之。至 1979 年，新增建筑面积 26710 平方米。80 年代，农民纷纷入境内兴办企业，先后新建门市和住房，街道建筑逐年增多。1985 年，建成新街 1 条，长 1500 米，宽 15 米，砂石路面。随后，临街陆续新建楼房 183 栋，建筑面积 8.5 万平方米，多为砖混结

赵恒惕故居

构 2 ~ 3 层。至 1989 年，白果镇新增建筑面积 10.88 万平方米，是 1949 年的 5.5 倍。1997 年，白果进行全面规划编修，并通过镇人大审议。至 2005 年，硬化、亮化、绿化、美化镇区街道 4.2 千米。2006—2008 年，编修城镇 15 年总体规划，引资 1500 万元建设综合大市场，落户商家 280 余户，新增城镇面积 4 万平方米。桐子、同兴、联星、涓水、五一、棠兴村村部建设全面交付使用，耗资 180 万元。白果小城镇建设，连续三年居全县第一。2009—2013 年，建设衡山最大的休闲广场——3300 平方米的岳北广场，扩建岳北农工会旧址广场。2014 年，投入 400 余万元改造整治街道，重新布局供、排水管网络与电力线路。重新平整、硬化高低不平的人行道，统一铺设大理石板和街沿石，新装路灯，统一绿化，拆除违章建筑，清除“牛皮癣”，规范门店招牌，重新护砌维修虹茶亭。同时，引进外资整体开发虹茶商住小区。

社会事业

教育科技

民国 37 年（1948），境内有保国民学校和私立国民学校各 5 所。1949 年后，公私立小学均由人民政府接管。此后，小学数量逐年增多。1955 年，新建三忠焕新联合中学，1958 年，增办高中，多次更名，后定名衡山四中。1969 年 3 月，创办白果、瓦铺中学。1987 年，境内有小学 19 所，初中 2 所，高中 1 所。1991 年后，因计划生育和外出就读人数增多，学校调整布局。2005 年，全镇有小学 9 所，中学 3 所。2011 年，全镇有幼儿园 17 所，小学 6 所，适龄儿童入学率 100%；初中 2 所，初中适龄人口入学率、小升初升学率、九年义务教育覆盖率均为 100%。2014 年，全镇共有初级中学 2 所，小学 7 所，共有教师 160 人，在校学生 2544 人。驻镇县四中有教学班 32 个，在校学生 1800 人，在职教师 130 人。

文化体育

1965 年，白果、棠兴公社建文化站各 1 个。1982 年，建中心文化站。1985 年，新建白果电影院。1990 年，建白果电视差转台。1996—1998 年，共放映电影 175 场，接待剧团 42 起，群众自办娱乐活动 19 场次。2011 年，全镇文化站 1 个，村级文化活动中心 26 个，文化专业户 29 户，从业 260 人；图书馆（室）34 个，藏书 14.7 万册。同年，原生态音乐《岳北山歌》参加第九届中国艺术节获群星奖。同年，有数字电视用户 837 户，电视综合覆盖率 100%。2014 年，拥有民间艺术团队 8 支，组建女子腰鼓队 5 支。新建万合农庄、绍庄广场，为群众文化生活提供活动场所。同年，白果队代表县参加市“欢乐潇湘、幸福衡阳”广场舞比赛获三等奖。楚南社区和涓水代表队在全县广场舞比赛中分获一、二等奖。同年，全镇获湖南省群众文化艺术之乡称号。

1949 年前，境内体育活动以耍龙、舞狮、游泳为主。1949 年后，始有球类、田径活动。自 20 世纪 70 年代始，衡山四中，白果一、二中体育代表队在全县中小学运动会获得诸多名次。1985 年 4 月，全镇举办“衡山之春”群众性象棋赛,40 余支代表队参加。此后,体育场地逐年增多。2014 年，有体育场 1 个，小运动场 12 个，篮球场 9 个，排球场 2 个，村级农民健身中心 10 个，健身路径 3 条，乒乓球房 2 处。

医疗卫生

民国 19 年（1930），白果镇有药店 5 家。1949 年后，白果医疗卫生分卫生院和区卫生所两块发展。1958 年，成立白果人民公社卫生院。1964 年 10 月，白果区卫生所更名白果医院。1969 年，设棠兴人民公社卫生院。1990 年，有医院 1 所，卫生院 2 所，医疗点 3 处。1995 年，白果医院创“一级甲等”和“爱婴”医院达标。1997 年，白果医院更名为衡山县第二人民医院。2011 年，有医疗卫生机构 27 个，其中村卫生室 25 个，床位 108 张。专业卫生人员 121 名，其中执业医师 13 人，执业助理医师 24 人，注册护士 14 人。新农合参合率 97%。2014 年，建中心医院大楼、二人民医院中医馆，开设特色、康复门诊。全镇有医院 1 所，卫生院 2 所，村卫生室 25 个，医护人员 130 余人，病床 100 余张，新农合参与率 98% 以上。

2005 年，环卫机构健全，服务到位。改造、修建、硬化下水道 5.8 千米。2006—2008 年，白果镇投入 30 万元，新辟垃圾场，添置垃圾桶、垃圾车、洒水车，铺设街道下水道，街道卫生改观。此后，实施村民垃圾分拣工程，每年评选模范卫生户，农家卫生水平逐年提升。2014 年，全镇落实清洁工程项目，为 1300 户农家实施改厕。

社会保障

中华人民共和国成初，困难群众由人民政府救助。1956 年起，“五保”户由农业社照顾。1958 年，由生产队照顾。三年困难时期，省、地、县拨救济款，返销粮食，保证灾民基本生活。1978 年后，镇民政助理负责社会保障工作。1982 年 6 月，连日暴雨，洪水泛滥。县委、县政府发放救灾款，下拨救灾物资，动员县直机关、企事业单位和驻军捐粮、捐物。2011 年，有城镇最低生活保障 232 户、262 人，支出 59.1 万元；医疗救助 154 人次；民政资助参加新农合与城镇居民医保 2196 人次，支出 6.6 万元。农村最低生活保障户 535 户、1665 人，支出 167.8 万元；城乡临时救助 194 人次，支出 9.5 万元；农村“五保”分散供养 231 人，集中供养 38 人。国家抚恤、补助各类优抚对象 430 人，支出 131.2 万元，新农合参保率 95%。农村危房改造 128 栋,修缮 38 栋,财政资助 144.9 万元。2014 年,城乡居民养老保险、新型农村合作医疗全覆盖，发放各类优抚资金 80 余万元，为各村 114 名患重大疾病对象争取救助资金 30 余万元。维修改造敬老院，耗资 45 万元。

特色地情

符定一（1877—1958） 字宇澄，号梅庵，白果镇五一村人。清光绪三十四年（1908）大学毕业后，先从教，后任湖南省教育会会长兼高等师范学校校长。民国出任首届众议院议员，北京财政部次长等职。袁世凯暴亡后，弃政从教。任湖南省立一中校长，并出资创办湘衡中学、符氏竟存学校，还资助有识之士赴法、美等国求学。

岳北农工会旧址——捷三公祠

民国35年（1946）6月，应毛泽东之邀赴延安，毛为之举行欢迎大会。符定一系近代著名文字学家，以编著《联绵字典》传名于世。历时32载，共计400万字。1949年后，历任全国政协委员、文化教育委员会委员、全国人大代表、中央文史研究馆馆长等职。1958年5月，病逝于北京，享年81岁。

赵恒惕（1880—1971） 字炎午，白果赵家湾人。日本留学回国后，先后任新编第一师师长、湘军总指挥、湖南省省长。任职期间，赵一直参加南北军阀湖南混战，蓄意杀害程潜旧部李仲麟等，并与谭延闿在株洲、湘潭、衡山、衡阳等地反复激战；多次镇压工人运动，捕杀湖南劳工领导人黄爱等，强占水口山工人俱乐部，枪杀工人；通缉俱乐部总代表蒋先云等10人，解雇工人2000余名。赵任省长期间，也做过一些有益事情，未发纸币，未借外债，未滥加赋税，并拿出一定财力，建立湖南大学，建成湖南纺织厂，拓宽省城街道，资助湘雅医院和一批私立学校。民国37年（1948），赴台湾治疗尿闭症后未返。1952年，受聘台湾“国民政府”资政。1971年病故，终年91岁。

镇岳桥 亦称“楚南第一桥”，有威震岳北之意。坐落白果镇，为石拱桥，横跨涓水。系县人周之伟建于清康熙三十二年（1693），时架木为梁，叠石酾水，为9孔；长31丈，高2.1丈，宽1丈余。雍正年间（1723—1735），垮其南，周之子正焕倡众修补。嘉庆二十三年（1818），又垮，其孙安邵等费银700两重修。咸丰八年（1858）至同治六年（1867），刘贞燮与赵牧心又倡捐重修，桥面改用条石，加宽至2丈，并立碑为记。1958年，衡西公路从此经过，此桥改建成公路桥，桥上及桥畔所有建筑物全部拆除，并更名白果桥。1998年8月，该桥改扩建竣工。桥面12.5米，钢筋水泥结构。两旁人行道外侧为花岗石栏杆，桥两端立石狮，桥东配诗碑亭。2012年，洪水冲毁该桥下游一边三孔石拱，2013年，完成全桥修复任务。

岳北农工会旧址 坐落白果镇岳北村，原为刘捷三公祠，建于清代。砖木结构，呈“回”字形，高7.7米，设有过厅、正厅、左右厢房、进深次房、戏台与天井，共有房屋18间，建筑面积402平方米。民国12年（1923）4月初，中共党员刘东轩、谢怀德奉命到岳北家乡开展农民运动。同年9月16日，湖南省最早的农民革命组织、中国最早的工农联盟组织——岳北农工会在此成立。活动期间，农工会负责人在此办公。同年11月，岳北农工会惨遭反动当局镇压，房子被毁，民国13年（1924）重建。民国16年（1927），毛泽东考察衡山农民运动时说：“岳北农民为开创农运作出了流血牺牲，赢来了今天的农村大革命，烈士的鲜血没有白流，他将永远载入中国人民革命的史册。”旧址陈列着当年的宣言、文件、议决案、标语、武器等。1991—2014年，多次修缮。系湖南省重点文物保护单位、红色旅游景点。

（文字供稿：刘文新　图片供稿：衡山县史志办）

东湖镇 >>

区域概况

位置面积

东湖古称黄花坪。名称来历说法较多，其中流传较广的是传说明代初年，有一寨王在境内西抵山建寨，为防官兵清剿，筑坝于鱼鳞桥峡口，使黄花坪成为水域。因其位于西抵山之东，故称东湖。东湖镇东接南岳区岳林乡，南界南岳区拜殿乡，西邻马迹、新桥镇，北毗江东、望峰乡，镇人民政府驻东湖街。

1984 年，辖区总面积 52.97 平方公里。1995 年，总面积 58.9 平方公里。 2014 年，全镇总面积 58.9 平方公里，其中，陆地、水域面积分别为 58.17 平方公里和 0.73 平方公里。辖区东西最大距离 11 公里，南北最大距离 13 公里。

建置沿革

明代，属崇岳乡第三都。清代至民国初年，属宗字区。民国 21 年（1932），属第二区。民国 25 年（1936），属东湖乡。民国 35 年（1946），属新东乡。1949 年，属第七区。1950 年，属第十二区。1952 年，属第四区。1956 年撤区并乡，属东湖乡。1958 年，属五星人民公社。1959 年，属东湖人民公社。1984 年 2 月，属东湖乡。同年 5 月，将石山、莲塘、岳林、杉湾等 4 个村划出给新建的南岳区。同年 6 月，撤销乡建制，设立东湖镇。 1990 年 1 月，将原贯底乡南溪、石潭 2 个建制村划入。

行政区划

1984 年，镇域设行政村 14 个，村民小组 151 个，居委会 1 个，居民小组 12 个。1995 年，设行政村 19 个、村民小组 182 个，居委会 1 个、居民小组 5 个。2014 年，全镇辖立新、新路、茶山、严渡、罗渡、南溪、石潭、新林、东湖、园山、天柱、杏溪、东风、永明、先锋、珠山、珠塘、杉木桥、坪田 19 个行政村，村民小组 182 个；立正社区 1 个，居民小组 7 个。

自然环境

境内东南高，西北低，全镇以山地、丘陵为主。沿南岳衡山西北山麓，成一狭长地带，地势较平坦。镇域地处亚热带季风湿润气候，热量充足，光照充裕，无霜期长，雨量充沛，水热基本同季，四季分明，季风明显。年均气温 17℃，无霜期 280 天，年均降雨 1400 毫米左右。镇境高岭土储量 3500 余万吨，钠长石储量 2000 余万吨，钾长石储量 1500 余万吨；钾、钠长石储量居亚洲之首。森林资源丰富，有竹林 2000 多公顷，品种 30 余种，分布近100座山头。南河自马迹镇流入境内，再经江东乡汇入涓水。

人口

1984年，辖区总户数3659户，总人口15672人。其中男性7992人，女性7680人。1995年，总人口19222人。其中男性9803人，女性9419人。2005年，总人口1.92万。其中男性9792人，女性9408人。2014年，总户数5759户，总人口21221人。其中，男性10823人，女性10398人。人口密度每平方公里353人。

经济发展

经济综述

1949年后，境内农业稳步发展，乡村工业由少到多，村级小水电站建设逐渐加快；集体商贸服务业业务逐步扩大。改革开放后，农、林、牧、副、渔快速发展，农民温饱问题彻底解决；造纸、采掘工业进入快车道；个体商贸服务业异军突起。1995年，工业总产值6180万元，粮食总产量9850吨，农民人均纯收入1798元。进入21世纪，种植、养殖业朝名、优、特、新方向发展，竹木向加工方面推进；镇村工业企业全部改制，由民营企业取代；商贸服务业进一步朝优质服务方向发展。2014年，全镇工业总产值2.1亿元，粮食总产量1.5万吨；财政总收入480万元；农民人均纯收入6446元，人均居住面积42.3平方米。

农业

种植业 1949年后，农民以种植一季水稻和旱粮作物为主。20世纪50—60年代，平原部分农民从试种双季稻到推广种双季稻。改革开放后，农民种粮积极性空前提高。1984年，农业总产值404万元，并出现“卖粮难”问题。1990年，农业总产值432万元。1995年，粮食总产量9850吨。1998年，全镇粮食播面837公顷，总产量1.1万吨，平均亩产857公斤。2005年，农业总产值7600万元，粮食总产量0.92万吨。2011年，全镇农业总产值1.85亿元，粮食总产量1.2万吨。2014年，全镇粮食播种面积511公顷，粮食总产量1.5万吨，农业总产值1.43亿元。

养殖业 镇内素有养殖生猪、牛羊、鸡鸭、鱼等畜禽水产习惯。进入21世纪，随着农业产业结构的调整，养殖业迅速发展。2011年，全镇生猪饲养量4.32万头，年末存栏1.69万头，产肉2726.85吨；家禽饲养量69万羽，水产品411吨。2014年，全镇存栏生猪14.3万头，出栏10.3万头。羊存栏320只，出栏248只，鸡11.67万羽，鸭1188羽。有养殖水面4公顷，出产鲜鱼22.8吨。

林业 镇境多林地，以竹林为主，松杉次之。1979年，冬笋成竹研究成功。罗渡大队4850亩竹林，亩均立竹523根，是1973年的3倍。1981年确定山林权属。1995年，竹木产值150万元。1996年，获林业部全国绿化千佳镇称号。1998年，全镇有山林5.5万亩，其中竹林3.2万亩，杉木林400公顷。2004年，换发全国统一林权证。2014年，境内共有林地面积3667公顷，森林覆盖率61%。

工业

1949年前，境内用嫩竹生产土纸。1949年后，境内企业逐渐增多。1957年，东湖造纸厂兴建，成为全县首家机器造纸厂。1958年，组建农械厂。1964年，东湖土纸生产小有名气。1971年，境内办起县瓷泥矿。此后，生产大队（村）办起小水电站。1975年，人民公社瓷泥矿产量1.7万吨，产值68万元。此后，乡镇（社队）企业异军突起。1984年，镇钠长石矿产量、产值分别为1.4万吨和60万元。1990年，工业总产值1946.71

万元，全镇有各类厂矿8家，职工400余人。其中，东湖造纸厂产机制纸1300吨，花炮降落伞纸、花炮护引纸填补省内空白，畅销全国8个省、市、自治区。1995年,全镇工业总产值6180万元，乡镇企业总产值1929万元，获衡阳市政府全市经济60强乡镇称号。1998年,全镇共办企业39个，乡镇企业总产值1.6亿元。其中，投资1300余万元的镇办东兴瓷厂，年产值600余万元。2000年后，乡镇企业纷纷改制，全镇民营经济发展快速。2008年，全镇工业总产值1.92亿元。2011年，拥有工业企业56家,职工2292人,工业总产值3.6亿元。2014年，全镇兴办竹木加工企业10余家，各类矿山采掘、加工及其他企业近50家，其中规模以上企业28家。全镇工业总产值3.8亿元。

商贸服务业

1949年前，东湖镇有多处集贸市场。每逢集日，周边农民纷纷前来交易，互换商品。1957年4月，东湖设供销社，管理农资、工业品、副食、日杂品供应，农副产品收购、加工等。1962—1987年，商贸机构分别为东湖供销社，东湖公社供销社、县供销社东湖分社，业务范围逐年扩大。1978年后，代购代销店（点）逐年增多。2011年，全镇商业网点264个，从业660人，社会商品零售总额1.11亿元,集贸市场成交额3200万元。2014年,全镇有东湖、杉木桥等专业市场,有餐饮、南杂、百货各30余家，五金、农资、农机、美容、美发、家电、网吧等各20余家。

财政金融

1949—1978年，乡财政收支由秘书和粮油委员兼管。1979年6月，人民公社设财政室，专人管理财经。后更名镇财政所。工农业生产的逐年发展，乡镇企业增多，财政收入逐渐增加。2005年，镇财政收入105万元。2011年，财政总收入696.6万元。2014年，镇财政收入480万元，收支基本平衡。

1955年，乡设信用合作社。1958年，生产大队（村）设信用站。20世纪90年代初，增设邮政储蓄网点。2011年，有金融机构3家，各类存款3亿元，各项贷款2000万元。2014年，境内有农业银行分理处、农村信用社、邮储银行各1家，寿险、财险服务网点各1处，财险管理服务部1处。

基础设施

交通运输

1949年前，有驿道1条过境。1966—1980年,南马线（南岳至马迹）、四东线（四塘坳至东湖）两条公路先后建成通车过境。1985年，南马路东湖段拓宽至12米。1990年，境内南马路2公里铺成油路。全镇有村级公路32.493公里，分别与南马、四东路相连。2000年后，村级水泥公路逐年延伸。2011年，潭衡西高速公路通车，东湖设连接线。至此，村道、县道、高速公路纵横交错，形成完整的交通网络。2014年，农村道路硬化率80%。

邮政通信

民国25年（1936），间日步班邮路过东湖。1953年后，东湖设邮电支局。邮班逐步改徒步为单车或摩托车投送。此后，邮路逐渐向快递方向发展。2014年，镇内有邮政机构1家，投递点400个，征订报刊3000份，营业收入108.5万元。

1958年，境内始有电话，人民公社配总机，电话线通大队部。20世纪90年代,私人固定电话、BP机(自动寻呼机)、移动电话逐年增多。2005年，境内有固定电话1000余部、手机2000余部。此后，手机功能增多，智能机普遍使用，互联网进入寻常百姓家。2014年，镇内有电信支局、移动营业部、联通营业厅等邮电分支机构。有电信服务网点10余个，固定电话2300户，移动电话1.3万部，互联网宽带用户1000户。

供电饮水

1971年，东湖镇境内6个生产大队（村）办起小水电站，发电供应周边居民。1985年，拥有机组17台，装机容量1470千瓦，年发电量320万千瓦时，形成小水电网，居民用电逐年增多。2002年，完成农网改造任务，全镇由大电网供电。2014年，全镇总用电量1296万千瓦时，其中工业用电716万千瓦时，居民用电580万千瓦时。

1949年后，境内居民饮水以山泉、井水为主，并用竹木枧将其引入家中；少数人饮用河水、塘水。改革开放后，为提高饮水质量，饮用河、塘水家庭改饮机压泵井水，并将其抽入水塔，形成家用自来水。2013年，东湖自来水厂建成投产，除向街道行政事业单位、540余户居民供水外，还向马迹镇部分地段供水。2014年，全镇自来水供应量12万吨，农户安全饮水率70%。

水利建设

1955—1956年，境内建成四清小(二)型水库。1957年12月，东湖水库（大型）及其“岳山运河”工程动工，终因劳力、财力、移民等问题难以解决，于1960年2月停建。此后，坝基被山洪冲毁。1962年后，建成小（二）型水库1座。1965年，新建鱼鳞桥河坝。1974年，境内始建水电站，既发电，又灌田。1977年后，境内小型水利设施以配套、维修为主。至1998年，水、渠、田、路综合治理初具规模，修成主干水渠1700米，支渠4000米，田园化面积20余公顷，还建成沿渠机耕路。全镇小水电站8处，小（二）型水库2座，有效库容量20.8万立方米；山平塘550口，总蓄水量118.5万立方米；常年有效灌溉面积533公顷。共修U形渠45千米，硬化山平塘、水坝150余处。此后，水利建设力度逐年加大。2014年，全镇共维修水利工程60余处，新修灌溉渠8000余米，翻新塘坝21座，耗资29万元。

镇村建设

清代，境内民居多为木板、土木、砖木结构，茅屋、平房居多，单家独屋，居住零散。民国时期，房屋布局大体分富户住房、祠堂庙宇、农民住房3类。1949年后，无房、少房户分到房屋。1953年后，部分茅房改瓦房，仍以土木、砖木结构为主。1963年后，陆续兴建生产大队、生产队办公室、文化室、保管室、仓库等公用房，大部分茅房先后改造成瓦房。1970年后，农民改建、新建住房逐年增加，基本为土砖、抖墙泥土青瓦房。20世纪80年代中期起，建房标准提高，多为砖混结构，2层红砖楼房。1990年，东湖镇主要街道两条，总长500米。其中，新街长100米，宽16米。此后，街道两旁商住楼逐年兴建。1997年，东湖镇建设规划经全面修编，由镇人大审议通过。2005年后，镇区楼房逐年增多，别墅在乡间多处出现。2014年，全镇以立正社区街道建设为示范点，进行绿化、亮化。90%以上行政村、社区均有办公用房。

社会事业

教育科技

民国37年（1948），境内有保国民小学5所，私立国民小学2所。1949年后，学校由人民政府接管。随后，小学数量逐年增多。1969年3月，创办中学2所。1987年，境内有小学17所，教学班65个，教职工94人，学生1931人；中学2所，教学班13个，教职工50人，学生655人。至1998年，镇村两级共投资800余万元，新建、维修中、小学17所。全镇小学入学、巩固、升学率均为100%。此后，随着外出经商办企业人数的增加，外出读书人数逐年增多，教育布局相应调整。2005年，全镇有小学11所，中学1所，教师135人，在校学生2377人。尔后，学校管理进一步加强，合格学校创建顺利推进。2011年，有幼儿园12所，在园幼儿569人，专任教师21人；小学9所，在校学生1720人，专任教师75人，小学适龄儿童入学率100%；初中1所，在校学生559人，专任教师32人，初中适龄人口入学率、小学升初率、九年义务教育覆盖率均为100%。2014年，境内有初中1所，小学8所，59个教学班，教师137人，在校学生1931人。

文化体育

1965年，建文化站，设文化辅导员1人，负责群众文化活动的组织辅导工作。1982年，建立中心文化站。1991年后，镇内建起调频广播电视台，电视覆盖率95%。1996年后，全镇共放映电影200余场，接待各类剧团40起，文化站开展活动20余起。1998年，东湖镇被评为省级十强文化乡镇。2008年，东湖电视差转台发射功率扩大到1000瓦，系统全面更新。2006—2008年，镇老年大学文化体育活动丰富多彩，其办学模式和办学经验在全县推广。2014年，全镇有文化站1个，村级文化活动中心5个；文化专业户30户，从业300人。有图书室31个，藏书8万册。有数字电视用户600余户，电视综合覆盖率98.3%。

中华人民共和国成立初，境内文化体育活动多为舞龙耍狮。此后，体育活动向球类和田径方面发展。在全县中小学运动会上，镇中、小学代表队多次获得良好成绩。1985年，镇举行“丰收杯”篮球赛。1990年国庆节，全县举行农民篮球赛，镇代表队获冠军。2011年，有体育场地10个。2013年，组织居民参加衡山县广场舞大赛，名次在全县前列。随后，以中老年妇女为主的广场舞在全镇流行。2014年，坪田村成立鼓乐队，严渡村建立龙狮队。全镇有小运动场、篮球场各3个，村级农民健身中心7个。

医疗卫生

1952年，东湖中医联合诊所创办。1957年，开设西医门诊及简易病床2张。1962年，设杉木桥、杏溪医疗点。1964年，卫生院建楼房450平方米。1969年，农村实行合作医疗，各生产大队（村）设卫生室。1971年，设住院病床。2003年，镇卫生院设内、外、妇、儿、中医等门诊和住院服务，开展产妇住院分娩、“三大常规”检验与放射、B超检查，并做剖腹产、阑尾、疝气等下腹手术。2007年，启动新型农村合作医疗。2013年，农民新农合参与率91%。2014年，新建东湖卫生院主体工程完工。镇内有各类医疗机构21家，其中村卫生室19个，病床40张，专业卫生人员44人。全镇完成县定新农合目标，东湖、南溪等村缴费率100%。

2007年，投资5万元改建镇街道下水道。此后，设立环卫队，购置环卫设施，每天定期打扫、清理。农村设垃圾桶，分类投入收集处理。同时，定期评选卫生模范家庭。部分农户实行改厕，提升卫生水平。2014年，以立正居委会街道建设为示范点，添垃圾桶，砌挡土墙，购洒水车。镇卫生整治工作居全县前列，坪田村获先进村称号。

社会保障

清末民国时期，农村救济多由私人或民间捐款兴办，社会效益甚微。1949年后，县人民政府每年下拨春夏荒救济款物，帮助贫困农民解决困难。1956年，“五保”户由农业社照顾。人民公社化后，由生产队照顾。三年困难时期，县、人民公社、生产大队分别出资治疗水肿、妇科、小儿干瘦病。1978年后，乡社会保障工作由民政助理负责。1992年6月，确定农村最低生活保障线为年人均纯收入500元。1997年，镇养老保险站设立。1998年，镇敬老院建成使用。同年，镇启动居民最低生活保障制度，首批居民197人纳入。2009年，敬老院生活环境改善，入院老人生活水平提高。2011年，城镇最低生活保障支出26.7万元；医疗救助288人次；民政资助参加新农合和城镇居民医保1712人次，支出5.1万元。农村低保户505户1439人，支出145万元；农村“五保”分散、集中供养分别为116和39人；国家抚恤、优抚对象276人，支出84.1万元。农村危房改造50栋，修缮18栋，财政资助57.2万元。2013年，新型农村养老保险参保率91%，发放低保生活费79万元。2014年，为低保对象改造危房36栋。

特色地情

文立正（1911—1945） 原名文立徵，字国道，天柱村人。历任山东鲁南人民抗日自卫军政训处副处长、八路军115师运河支队政治部主任、鲁南军区独立支队政委兼铁道游击队政委、中共鲁南区二地委委员兼宣传部长等职。民国34（1945）年2月，遭敌伪空袭，壮烈牺牲，时年34岁，是举世闻名的长篇小说及电视剧《铁道游击队》政委李正的原型。经国务院批准、民政部公布的著名抗日英烈人物之一。

廖山涛（1920—1997） 南溪村人，著名数学家，中科院院士。清华大学数学系毕业后先后

维修后的文立正故居

在北京大学数学系和中央研究院研究所教学、研究。1950年赴美留学。获数学博士学位后，留美进行数学研究。1956年回国，任北大数学系和研究所教授、博士生导师。1986年，当选第三世界科学院院士；1991年，当选中国科学院数学物理学部委员；1994年，改称中科院院士。1997年6月，病逝于北京，享年77岁。

白香山讲书堂 位于永明村境内，与鸟窝禅师讲经台毗邻，唐代诗人白居易曾住此讲书。授课之余，曾游览过排子山（今立新村境内），留下白子岭美名。并与位于望峰乡高坪村横龙寺住持如满来往甚密，亲手在寺侧植白果树一株。历经沧桑后，此树高20余丈，粗4~5胸围，树冠遒劲葱绿，每年产果数百斤，人们纷纷采之入药。

（文字供稿：刘文新　图片供稿：熊仲荣）

萱洲镇 >>

萱洲是著名的千年古镇。

2014年12月30日,国家林业局批准设立"湖南衡山萱洲国家湿地公园"。

区域概况

位置面积

相传旧时萱洲集镇下游200多米的湘江河畔有一沙洲，盛长萱草，故称"萱洲河"，萱洲因此而得名。萱洲镇地处衡山县县城南端，东界湘江，南接衡南县，西邻店门镇，北临贺家乡，镇人民政府驻地萱洲河。2014年年底，辖区东西最大距离10公里，南北最大距离19公里，总面积52.53平方公里。

建置沿革

明代属义城乡第13都，清属衡山县江字。民国21年（1932）属衡山县三区。1949年10月，属衡山县第六区；1950年3月，属衡山县第十一区；1952年6月，属衡山县第五区；1953年3月，属衡山县店门区；1956年6月，撤区并乡，设萱洲乡；1958年9月，与松坳乡合并，设东风人民公社；1959年3月，更名萱洲人民公社；1961年萱洲公社分为萱洲、贺家、新场市、沙头4个人民公社；1984年2月，更名萱洲乡；1993年11月,撤乡设镇。1995年5月,成建制合并糖铺乡，仍名萱洲镇。

行政区划

1984年，萱洲乡辖10个行政村，104个村民小组；1个居委会，2个居民小组。糖铺乡辖7个村，88个村民小组。1990年，萱洲乡辖1个居委会，3个居民小组和9个行政村，104个村民小组。糖铺乡辖7个行政村，88个村民小组。1995年，辖居委会1个，居民小组3个，行政村16个，村民小组193个。2014年，萱洲镇辖萱洲街社区1个，居民小组3个，萱洲、凤鸣、老塘、升平、堰江、双樟、石塘、里石、丰塘、糖铺、沿江、田家、荷塘、天水、白沙、鱼石16个行政村，村民小组195个。

自然环境

镇境属亚热带季风湿润气候，年均气温17.6℃，年均降雨量1400毫米左右。

境内地形南北长，东西窄，属丘陵区。海拔最高点440.7米，最低点45.8米。湘江流经境内12个行政村。主要矿藏有铀、钨、金、锡、石灰石、花岗岩等。

人口

1984年，萱洲乡总人口9802人。其中男性

萱洲镇油菜花海

5087人，女性4715人；糖铺乡总人口8404人，其中男性4362人，女性4042人。2008年，辖区总户数4988户，总人口20446人，其中男性10611人，女性9835人。2011年，辖区总人口21162人，其中男性10983人，女性10179人。2014年，辖区总户数5345户，总人口21820人，其中，男性11325人，女性10495人。人口密度为每平方公里379人。

经济发展

经济综述

中华人民共和国成立后，境内农业逐步发展，乡村工业从无到有，商贸服务业发展由慢到快。1978年，改革开放后，农、林、牧、副、渔快速发展，农民温饱问题完全解决，乡村工业发展速度逐年加快，个体商贸服务也如雨后春笋般蓬勃发展。1995年，全镇工业总产值2650万元，粮食总产量10765吨，农民人均纯收入1493元。2000年以后，农业朝名、优、特、新方向进军，效益逐年提升，镇村企业为民营取代，建材、加工业显现特点；商贸为人们提供良好服务。2014年，全镇工业总产值2.3亿元，粮食总产量1.2万吨，财政总收入517.88万元，农民人均纯收入6220元，人均居住面积40.3平方米。

农业

种植业 中华人民共和国成立前，境内水稻亩产低于150公斤。中华人民共和国成立后，随着良种新农技的推广，水稻产量逐年提高。1950年亩产175公斤，1958年亩产217公斤，1970年亩产412公斤，1977年亩产581公斤。1980年，粮食总产523万公斤。1990年亩产801公斤。1994年后，境内逐渐普及杂交稻。2005年，蔬菜基地生产的大白菜获农业部无公害农产品证书。2007年，全镇被定为“湖南省油菜重点示范基地”，冬季油菜、蔬菜种植面积1000公顷以上，连片333.3公顷。2008年，冬种油菜、蔬菜1333.3公顷。2011年，全镇粮食总产量10200吨，亩产982公斤。油菜种植面积1067公顷，产量1593.4吨；蔬菜种植面积353公顷，产量1.18万吨。2014年，全镇冬种油菜667公顷，投入10余万元打造衡萱公路和萱店公路沿线油菜示范片，拥有各类农业合作社15家。同年，全镇粮食总产量1.2万吨。

养殖业 中华人民共和国成立后，政府鼓励农民养猪。20世纪80年代农村实行承包责任制后，农民养猪积极性逐年提高。进入90年代，养殖业快速发展。1991年，出栏生猪1.08万头。1995—1998年，全镇生猪年均出栏2.6万头，家禽年存笼10万羽。2000年后，瘦肉型猪、衡山黄鸡养殖基地成为湖南省出口养殖基地，年出栏瘦肉型猪3万余头，出笼家禽300余万羽，产品远销广州、深圳、香港。2004年，天水养殖示范基地成为衡阳市农业龙头企业。2006年，全镇规模养殖户800余户，其中百头猪、万羽禽养殖户突破60户。2007年1月20日，中央电视台七频道《致富经》摄制组前来采访后，专题报道该镇"衡山黄鸡"的养殖新闻。2007—2010年，全镇年均出栏生猪10万头，家禽200万羽，出笼商品乳鸽10万对。2011年，生猪饲养量15万头，年末存栏58900头；羊饲养量1900只，年末存栏900只；牛饲养量2300头，年末存栏1400头；家禽饲养量97.1万羽。2014年，全镇出栏生猪3万余头、衡山黄鸡33万羽。

林业 中华人民共和国成立后，境内以油茶、枣类等经济林为主，松杉次之。1958—1960年，受大炼钢铁、大办公共食堂影响，森林损失90%左右。1964年始，重点营造杉木林。1976年，衡阳市确定泉塘村为衡山县经济林重点营造村。1979年，老塘、凤鸣、农科三村交界处开山凿石，兴办千亩枣场，新植良种枣树1.8万株。1983年后，农民承包荒山，涌现个体、联户林场，农民在住宅周围植树，在责任山上造林。1990年，境内消灭宜林荒山。2001年，实施退耕还林政策，森林面积逐年扩大。2014年，全镇造林20公顷，森林总面积2533公顷，森林覆盖率46.7%。

工业

1958年，人民公社建农械厂，大队建修配厂。20世纪70年代末，境内陆续兴办企业27家。其中，糖铺人民公社和生产大队兴办企业15家。1980年，社队企业总产值53万元。2000年，里石瓦厂、石塘瓦厂、三鑫页岩砖厂、天水蔬菜加工厂、堰江腐乳加工厂等民营企业先后落户萱洲。至2005年，全镇拥有三级资质建筑企业1家、砖厂3家、石料厂4家、砂卵石场4家。此后，引进页岩砖厂、三和玩具厂和2家碎石场。2008年，白沙村引进资金发展豆角加工，提高农户种植积极性。2011年，全镇有规模以上工业企业10家，职工554人；工业总产值1.7亿元，实现工业增加值3700万元。2014年，全镇实施重点技改项目4个，到位资金3000万元；新发展规模以上企业2家，私营企业4家，实现工业总产值2.3亿元，营业收入2.18亿元。

商贸服务业

1952年底，境内设供销合作机构。1958年，境内设东风人民公社供销部，1959年更名萱洲人民公社供销社。1969年，改为萱洲供销分站。1973年，恢复萱洲人民公社供销社。1983年，建立萱洲供销合作社。1986年，萱洲河生猪交易所建立。20世纪90年代，个体商业迅速发展，萱洲河集贸市场成为较大集贸市场。2005年，全镇有综合农贸市场1个，占地6012平方米。2011年末，全镇有商业网点142个，从业426人；社会商品零售总额8400万元；有集贸市场1个，年成交额3700万元。2014年，实现社会消费品

衡山黄鸡

萱洲猪血桃

零售总额 1.03 亿元，同比增长 15.6%。

财政金融

中华人民共和国成立后，至 1978 年，乡财政收支由秘书和粮油委员兼管。1979 年，人民公社设财政室，专人管理财经，后更名为乡、镇财政所。1980 年，人民公社财政实行“定收定支，收入上缴，支出下拨，增收分成，超支不补，一年一定”。1984 年，实行“定额上缴，递增包干，超收全留”新体制。1989 年，实行“定收定支，收入上缴，支出下拨，超支不补，增收分成，减收分担”。2005 年，全镇财政总收入 81 万元。2014 年，全镇财政收入 517.88 万元。

1955 年，境内金融机构有信用社 2 家。1958 年，生产大队（村）设信用站。改革开放后，保险公司、邮政银行机构下伸境内。2011 年，全镇有金融机构 3 个，各类存款余额 2 亿元；各项贷款余额 3000 万元。2014 年，全镇有信用分社 2 家，邮政储蓄代理网点、人寿保险农村网点、财产保险营销服务网点各 1 处。

基础设施

交通运输

中华人民共和国成立前，境内陆路有驿道并设有驿站。1979 年，衡白公路全线通车，由贺家经境内至白沙。1990 年，境内设萱洲、糖铺汽车班车代办站。1995 年始，境内衡白公路砂改油 19 公里，修筑、拓宽机耕路 7 条。2006—2008 年，改造白沙、双樟两座村级公路桥，实现镇村道路三级路面村村通，硬化县级公路 20 公里、村级水泥路 10 条 32.87 公里。天水、田家、凤鸣村实现组组通水泥路。2009 年 12 月，武广客运专线竣工通车过境。2012 年，南岳高速公路竣工通车，境内长 5 公里。2014 年，全镇硬化县道 4.4 公里，实现衡萱公路全硬化；硬化村级道路 5.4 公里；建成衡萱线公交候车亭 7 个；改造萱洲渡口码头。

邮政通信

宣统二年（1910），萱洲河设信柜传递文书信件。中华人民共和国成立后，邮政投递主要靠人工步投。1953 年后，萱洲开办邮电支局。1968

年，邮件投递改用单车。1984 年，境内有干线邮路班车。2011 年，全镇有邮政网点 1 个，投递点 125 个，征订报纸 624 份、杂志 398 册，业务收入 116.4 万元。2014 年年末，全镇有邮政支局 1 家。

民国 24 年（1935），架设县城至萱洲河电话线杆。1958 年，公社电话通大队。1995 年始，逐渐开通各村程控电话。1997 年 4 月，天水村成为全省第四批“达标电话村”。2006 年，全镇有程控电话 2068 门，移动、联通通信建塔 3 座，实现移动、联通通信无死角。2011 年，全镇电信服务网点 10 处，固定电话 2100 部，移动电话 7400 部，互联网宽带 600 户。2014 年，全镇有电信支局 1 家，电信网点 2 处，移动网点、联通服务网点各 3 处。

供电饮水

1976 年，境内生产大队（村）办起小水电站，发电供应部分居民。1977 年，萱洲石门水电站投产并网，居民用电逐年增多。1980 年后，由大电网供电，全镇居民用电实现全覆盖。2004 年始，农村电网改造分步实施。2006 年，全镇电网改造任务基本完成，实现城乡同网同价。2014 年，萱洲电网改造率 100%。

中华人民共和国成立后，境内居民饮水多用山泉、井水，少数饮用塘水、河水、溪水。改革开放后，农村家庭纷纷自打机压泵井。多数用户将井水抽入水塔，安装水管龙头，形成家庭自来水。1995 年始，萱洲镇在开发城镇新区新建中型水厂 1 个，解决居民 2000 余人饮水问题。1996 年，水厂除向萱洲街行政事业单位、居民供水外，还向贺家乡部分地段供水；该镇 10000 余名居民饮水问题得到解决。2004 年，自来水供水质量提高，辖区 1200 户居民全部用上自来水。2006 年年底，全镇 100% 人口饮用井水或自来水。2010 年，新建集中供水工程 2 处，改建农村饮水工程 500 余处，打井 800 余处，全镇安全饮水问题全部解决。2014 年，萱洲水厂完成贺家乡 15 个二级单位安装任务，周边群众和企业 1200 户用水难问题解决。

水利建设

中华人民共和国成立后，将农民组织起来，依靠集体力量维修塘坝。1969 年，修建白沙防洪堤，长 2.75 千米，保护面积 22.67 公顷。1973 年，新建石门水库竣工，总库容 122.8 万立方米，灌溉面积 146.67 公顷。1980 年，境内有小（一）型水库 1 座，小（二）型水库 5 座，有山平塘 1170 口。九观桥水库右干渠流经里石、丰塘等 8 个大队。2000—2005 年，硬化石门至丰塘隧洞进口渠道。2006 年，维修田家渡槽全段。2007—2008 年，完成双樟渡槽及凤鸣、老塘、升平三村的渠道塌方地段维修。至 2011 年年末，全镇共修筑防洪堤 8.5 千米，维修小（一）型水库、小（二）型水库 6 座，渡槽 2.5 千米，隧洞 4 处，山塘 2067 口和九观桥水库境内干渠。2014 年，投资 370 余万元，全面整修完善沿江、田家、荷塘等村水利设施，新建渠道 4159 米，维修 1047 米，修建田间渠道 4962 米，硬化水塘 19 口，维修水塘 31 口，打抗旱井 43 口，新建拦水闸 3 门，扩建电灌站 1 座。湾塘、凤鸣两座水库的除险保安工程全面完成，共耗资 200 多万元。

镇村建设

清末、民国前期，境内形成萱洲埠商业性农村集市。中华人民共和国建立后，沿铁路、公路线集镇逐渐增多，萱洲埠服务半径及商业集散面积逐渐缩小。1963 年，开始在公社机关所在地新建集镇。改革开放后，农民进入集镇，集镇建筑增多，街道延伸。1984 年，县规划部门规划萱洲为中心集镇。1986 年，萱洲按规划建街。至 1990 年，萱洲街长 450 米，宽 3.8 米。1995 年

衡山县
湖南乡镇简志·衡阳市卷 >>

糖铺村以糖铺渡槽而得名

始，全镇开发城镇新区20余亩。2006年，全镇砖混楼房占70%，砖混平房占8%，砖瓦房占17%，其他结构房屋占5%，人均居住面积35平方米。2007年，完成萱洲、鱼石村级办公楼改造任务。2008年，部分古建筑修缮保护项目工程开工。2009—2013年，古镇进行提质改造投资100万余元，环境整治工作总投资800万元。2014年，为配合全省湘江环境“一号工程”治理，全镇共拆除、关停沿河500米范围内的养殖场36户，落实补偿资金246万元。投资近500万元，治理地质灾害，消除威胁河街近百户居民的地质灾害隐患。投入40多万元整治农村环境，全镇80%居民住上2～3层砖混结构新楼房，少数富户建有别墅，16个行政村均有新型办公场所。

社会事业

教育科技

民国37年（1948），境内有保国民学校。1949年，境内有小学4所。1959年，境内有民办中学1所。1969年，创办公办中学2所，公办小学全部下大队。1987年，萱洲乡有中学1所，教职工21人，教学班6个，学生238人，中心小学1所，村校5所，教学班25个，教师38人，小学生762人；糖铺乡有中学1所，教职工19人，教学班6个，学生242人，中心小学1所，村校5所，教学班28个，教师41人，小学生872人。2006年，全镇有初中、完小、联校各2所，成人技术学校1所，幼儿园3所，在校生2007人，儿童入学率、普及率、毕业率均为100%。2007年，建成糖铺九年一贯制学校。2011 年，投入教育经费 553 万元，其中财政预算内教育经费 433.26 万元。2014 年，全镇有幼儿园 6 所，在园幼儿 572 人，专任教师 18 人；小学 4 所，在校学生 1396 人，专任教师 55 人，小学适龄儿童入学率 100%；初中 2 所，在校学生 399 人，专任教师 44 人，初中适龄人口入学率、小升初升学率、九年义务教育覆盖率均为 100%。

文化体育

1958 年，萱洲电影发行管理站成立。1965 年，公社建文化站，设不脱产文化辅导员 1 人。1971 年初，人民公社建广播站。1981 年，境内有业余剧团 2 个。1982 年，糖铺、萱洲各建立中心文化站 1 个。1984—1985 年，萱洲举行“丰收杯”篮球赛。1987 年，糖铺乡文化站被评为省百强文化站。1989 年，各村组始办文化室。1992 年，糖铺建无线调频广播站。2006 年，全镇有广播站、文化站各 1 个，村村通电视，镇区内有网吧 1 家，天水村建图书室 1 个，萱洲居委会有腰鼓队 1 支。2014 年底，全镇有广播电视站 1 个，电视综合覆盖率 100%；文化站 1 个，村级文化活动中心 10 个，文化专业户 21 户，从业 160 人；图书室 21 个，藏书 5.1 万册。

中华人民共和国建立后，境内体育活动主要有舞龙、耍狮、游泳。改革开放后，体育活动向球类、田径方面发展。1985 年，全乡举办“丰收杯”篮球赛。1990 年，乡代表队在全县乡镇农民篮球赛中获第三名。2006—2008 年，全镇成立镇腰鼓队和龙狮队，成功举办春节、元宵联谊活动和端午龙舟比赛活动。2014 年，全镇有小运动场 3 个、篮球场 3 个、村级农民健身中心 3 个、健身路径 1 条。

医疗卫生

1952 年，萱洲中医联合诊所建立。1953 年，创办中医联台诊所。次年，增设白沙医疗点。1958 年，萱洲人民公社卫生院成立。1962 年，白沙医疗点更名白沙人民公社卫生院。1969 年 3 月，萱洲医院建立，面积 929 平方米。1979 年，白沙卫生院建门诊楼房 500 平方米，开展三大常规检验。1980 年，生产大队均设医疗点。1989 年，萱洲医院开设病床 25 张。2002 年，白沙卫生院并入萱洲医院。2006 年底，全镇有中心医院、卫生院、计生服务所各 1 家，村卫生室 16 家、零售药店 3 家。2007 年 4 月，新型农村合作医疗全面启动。2011 年年末，全镇有医疗卫生机构 18 个，其中村卫生室 16 个，床位 69 张。专业卫生人员 62 人，其中执业医师 11 人，门诊部以上完成诊疗 1.6 万人次。新农合参合率 97.7%。2013 年，萱洲医院投入 200 万元新建住院大楼投入使用。2014 年，全镇新农合收缴率 91%。

自 2009 年始，为全镇各村配备垃圾箱、焚烧炉等，购置垃圾运送车 1 辆，为环境治理耗资 800 万元。2014 年，投入 40 余万元，添置环卫设施，充实保洁队伍，镇区实现“全天候”保洁，集市卫生彻底改观。

社会保障

中华人民共和国成立初，人民政府对困难群众予以救助，以粮食和物资为主。1956 年起，“五保”户由农业合作社照顾。1958 年，由生产队照顾。1978 年后，社会保障工作由民政助理负责办理。2006 年，建立和完善农村“五保”对象和特困户台账，确保“五保”对象老有所养，及时发放优抚对象优待金。投资 35 万元，新建敬老院 1 所，入住“五保”老人 40 名。2011 年，全镇有城镇最低生活保障 104 户 159 人，支出 36.3 万元，医疗救助 267 人次；民政部门资助参加新型农合和城镇居民医保 1345 人次，支出 4.4 万元；农村最低生活保障 562 户 1004 人，支出 101.2 万元；农村“五保”分散供养 142 人，集中供养 40 人；敬老院 1 所，床位 80 张；国家抚恤、补助各类优抚对象 300 人，支出 91.4 万元；农村危房改造

刘锦公祠

望江亭

82栋，修缮21栋，财政资助90.4万元；新型农村养老保险参保率95%。2013年，改扩建镇敬老院，耗资120余万元，入住100人，成功申报市二星级、省三星级敬老院。2014年，新农保收缴率90%。全镇新增"五保"对象10名，对全镇615户1010人低保重新评议。

特色地情

萱洲古镇 坐落萱洲湘江之滨，由古河街、古码头、古建筑等构成。古河街由上街、下街和两条拾级而上石级阶梯（亦称千年老码头）组成，明清古建筑（祠堂和吊脚楼）等错落其中。古镇留存的古文化遗址，既有历经几个朝代正在逐步恢复的古庙宇三圣祠、观潭寺、济公庙、金莲禅寺、易家院子、蔡侯殿，又有多家姓氏祠堂，其中，刘锦公祠保留明清建筑风格。有拾级而上、形态各异、古色古香、江南风味的吊脚楼，有从水面直登山岭的石梯，有临河戏台、乌篷船，有"天元斋""振兴斋""祥隆纸栈"等店铺。

华夏湘江国际产业园 华夏湘江国际产业园位于萱洲镇，以现代生态农业为基础，由乡村休闲、养老养生服务、旅游业等综合产业项目组成。2013年9月签约，同年12月10日开工建设。至2014年，项目累计完成征地100余公顷，土地流转130多公顷，完成投资1.5亿元。其中，投资350万元的华夏湘江项目综合文化广场已建成投入使用；游客服务中心主体工程建设完成，进入装修安装工程阶段。

（文字/图片供稿：熊仲荣　王文成）

长江镇 >>

2008 年，长江镇被中央文明委授予“全国文明村镇”称号。

区域概况

位置面积

因湘江流经镇域长 15 千米，故名长江镇。东隔湘江与衡东县石湾镇相望，南与开云镇毗邻，西与沙泉乡接界，北与湘潭县茶恩寺镇接壤，是衡山的“北大门”。镇政府驻石桥铺。

2014 年，辖区总面积 73.37 平方公里，其中陆地面积 66.4 平方公里，占 90.5%；水域面积 6.97 方公里，占 9.5%；东西最大距离 16 公里，南北最大距离 11 公里。

建置沿革

明代，属紫盖乡第七都。清代，属衡山县海字。民国 21 年（1932），属衡山县第十四区。民国 25 年（1936），建石桥乡。次年，与柘塘乡合并，仍称石桥乡。民国 35 年（1946），并入安石镇。1949 年 10 月，属衡山县第一区；1952 年 6 月，属衡山县第二区；1953 年 3 月，属衡山县沙泉区；1956 年 6 月，撤区并乡，设石桥乡；1958 年 9 月，与长安乡、城关镇合并为长江人民公社；1961 年 3 月，析出长安、城关镇 2 个人民公社，仍称长江公社；1984 年 2 月，更名长江乡；1993 年 11 月，撤乡建镇。1995 年 5 月，宋桥乡金门、宋桥、富台 3 村并入长江镇。

行政区划

1984 年，长江乡辖行政村 21 个，村民小组 204 个。1995 年 5 月，辖行政村 24 个，村民小组 243 个，居委会 1 个。 2011 年，辖行政村 24 个，村民小组 238 个，社区 1 个，居民小组 5 个。2014 年，辖霞流冲、麻塘、杨家园、新源、鳌洲、迴流、观止、高桥、永丰、袁家冲、新泉、林场、柘塘、石子、孝子碑、新桥、阳田、铁坑、新苏、桥坪、石桥铺、金门、富台、宋桥建制村 24 个，村民小组 242 个，长虹社区 1 个，居民小组 4 个。

自然环境

境内地形以山、丘、岗为主，兼有河溪平原。地处亚热带季风湿润气候，其特点是四季分明：春秋气候温和，夏季炎热，雨量充沛，水热基本同季，热量充足，光照充裕，无霜期长。年均气温 17.9℃，年均生长期 308 天，年均无霜期 291 天。年均降雨量 1400 毫米，降雨集中在每年 4—6 月。主要矿产有金、煤、石灰石、陶泥、瓷泥、耐火泥、云母片、铁等，其中，紫砂陶泥蕴藏量大，质地好。

人口

1984年，全镇总人口5359户，22497人，其中男性11698人，女性10797人。1990年，总人口24776人，其中男性12884人，女性11892人。1995年，总人口30125人，其中男性15665人，女性14460人。2014年，总户数9214户，总人口34337人，其中，男性17881人，女性16456人。人口密度每平方公里450人。

经济发展

经济综述

1949年后，境内农业逐年发展，工业、商贸服务业由少到多。改革开放后，农、林、牧、副、渔全面发展，农民温饱问题全部解决；乡村煤炭采掘业异军突起，产值逐年增加；个体商贸服务业迅速发展。1995年，全镇总产值21728万元，其中工业总产值8231万元，乡镇企业总产值2686万元，粮食产量15007吨，人均纯收入1781元；镇煤矿、镇凉席大市场成为全县明星企业，高桥、观止村琉璃瓦系列产品远销全国6个省市。进入21世纪，农业产业朝名、优、特、新方向发展，经济效应逐年提升；工业全部改制为民营企业，竹木加工成为一大亮点；商贸服务业蓬勃发展，为人民生产、生活提供良好服务。2014年，全乡工农业总产值2.6亿元，粮食总产值3602吨；财政总收入458万元；农民人均收入12629元，人均居住面积45.3平方米。

农业

种植业 1949年后，境内水稻种植由一季逐渐向两季发展，水稻产量逐年提高。1980年，平均亩产735公斤，总产1126万公斤。1995年，粮食总产量1.5万余吨，亩产1000公斤，人均纯收入1781元。1997年，全镇工农业总产值4.5亿元。2000年始，全镇普遍推广良种良法等农业新技术，水稻优种率100%。同时，引进农业科技项目10个，确定科技示范基地3个，发展科技示范户300户，县级优质稻基地得到巩固和发展。2007年始，全镇优质稻种推广率70%以上。2009年，粮食产量居全县各乡镇之首。2011年，农业总产值2.75亿元，生产粮食1.63万吨，其中水稻1.59万吨。2013年，粮食总产量1.7万余吨。2014年，切实强化国道沿线、坪石沿线、武广沿线双季稻高产示范片的综合管理，落实早中晚稻种植任务267公顷。

养殖业 1949年后，乡境猪、牛、羊、鸡鸭等养殖得到发展。1998年，出栏生猪2.99万头，出笼家禽3.15万羽。2004年，新源牧业有限公司创新循环养殖模式。此后，金叶养殖有限责任公司万头生猪养殖场在石桥村建成，成为全县首家发展生态农业大型企业。2008年，全镇建成农村专业合作经济组织13个。2014年，饲养生猪7.52万头，年末存栏2.97万头；饲养羊3100只，年末存栏1300只；饲养衡山黄鸡123万羽；生产肉类4849吨，禽蛋1181吨，水产品295吨。

林业 1959年1月，长江公社建社办林场。1963年，兴办的石子林场为全县最大的村办林场。1980年，林业收入6.9万元。2000年后，完成退耕还林任务126.7公顷，荒山再造667公顷。2014年，累计造林136.7公顷，完成封山育林60公顷，低产林改造159.6公顷，中幼林抚育134公顷。

工业

明万历年间（1573—1620），霞流冲董姓村民始用土法采煤。民国初年，最高日产量1600公斤左右。民国18年（1929），境内有私营煤矿5家，总产值1.2万元。1951年，私商开办麻塘煤矿。

1953年，泉塘乡农民集资兴办煤窑3家。1956年，谷家𪨧创建小煤窑，产值10万元。县公安局劳改队开办金钱煤矿，1958年由县接管。1962年，拥有工矿企业13家。1967年，3个大队开办小煤窑，日均产量5～10吨。此后，衡阳地区在境内新建霞流冲煤矿。1969年，兴办煤矿2个。1972年，县接收长江公社各小煤窑改建地方国营县长江煤矿。1980年，社队企业总产值201万元。1984年，有乡办煤矿14个，产煤4.05万吨，产值120.5万元。1989年，长江福利化工厂建成投产。1995年，全镇工业总产值8231万元，其中，乡镇企业总产值2686万元。镇煤矿、镇凉席大市场成为全县明星企业，高桥、观止村琉璃瓦系列产品远销全国6个省市。1997年，长江镇竹凉席市场销售额2000余万元。2002年，兴办果脯厂、皮蛋厂。2005年，全镇民营企业46家，凉席市场成为湘南地区竹木产品集散地。2008年3月，改造升级后竹木制品加工市场集加工、销售于一体，成为拳头产品加工区，竹木制品销售总量名列湘南地区前茅。2011年，有规模以上工业企业23家，实现工业增加值1.24亿万元。2009—2013年，工业总产值突破8亿元，有造纸、机械加工、石灰加工、水泥、机砖厂等企业30余家。2014年，新增规模企业3家，鸿城纸业、长江机械、长江水泥等企业增资扩产，引进投资超1000万元企业2家。

商贸服务业

明、清时期，石桥铺是全县“十八铺”之一，新源金湖渡口一带逐渐形成集贸市场。民国25年（1936），石子坳成为新集镇。1949年后，石桥铺设肉食站、供销合作社、药店。1952年8月，乡设供销分社。20世纪80年代，代购代销店（点）逐年增多。1987—1989年，霞流冲、石桥铺分别兴建棚顶市场。1996年，柘塘村竹木市场兴建，为全镇经济发展注入新活力。2005年，镇凉席市场形成前店后厂专业化生产加工销售模式，创销售收入3000余万元。2008年5月，石桥村市场改造投入使用，建成砖混结构新销门市58家，并实施绿化亮化工程。随后，在石子村建佳和市场，有门店100间；在柘塘竹木市场建门店150间；在石桥铺市场建门店100间，新增城镇面积3000多平方米。2011年年末，有商业网点86个，从业172人；社会商品零售总额5900万元；集贸市场2个，年成交额3300万元。2014年，石桥铺市场三期建设开始，新建商居门店3000平方米；石桥铺集贸市场被评为全省标准化农贸市场。衡山智超超市进入镇内，阳田、铁矿工业小区、综合服务区域互通工业园；石桥铺农贸市场、佳和物流市场、柘塘专业商贸流通市场经济辐射能力进一步扩大。

财政金融

1949—1978年，乡财政收支由秘书和粮油委员兼管。1979年，人民公社设财政室，专人管理财经，后更名镇财政所。1984年，实行“定额上缴，递增包干，超收全留”新体制。1989年，实行“定收定支，收入上缴，支出下拨，超支不补，增收分成，减收分担”。2005年，全镇财政总收、支均为120万元。2011年，财政总收入268.3万元，支出270万元。2014年，财政总收入支出均为458万元。

1955年，境内成立信用合作社。1958年，生产大队（村）设信用站，方便群众存、贷。改革开放后，保险、邮储机构下伸。2014年，全镇有金融机构2个，各项存款余额1.1亿元，各项贷款余额4000万元，有寿险、财险服务网点各1处。

基础设施

交通运输

1949年前，境内有驿道1条，湘江为航运带来便利。民国19年（1930）4月，湘粤公路（今107国道）通车过境。1949年后，人民政府发动群众整修道路，方便群众出行。1963年，修建青石线，主要为坪塘、长江煤矿、县水泥厂、霞流冲煤矿服务。1974年4月，回流港码头建成，为霞流冲煤矿专用码头。1985年，全镇有村级公路48.538公里。1995年，完成贯穿全镇公路18.6公里砂改油任务，维修镇、村公路53公里；2004—2005年，完成村道砂石路建设工程6.5公里。2006—2008年，通村公路覆盖全镇24个村，其中水泥路面硬化40多公里，居全县之冠。2009年12月，武广客运专线建成通车过境。至此，境内形成铁路、公路、水路交通网路。2011年，硬化坪石公路。2014年，全镇村级公路水泥硬化任务基本完成。

邮政通信

民国时期，境内邮件投递主要靠人工步行。1949年后，乡村邮件投递逐步取消步班，改用单车。1962年，设邮电代办所。1974年，公社电话总机代办电报业务。1991年后，长江设邮电支局，霞流冲设邮电所。2011年，境内有邮政网点1个，投递点254个，征订报纸712份，杂志569册。2014年，长江镇有邮政所1家。

1949年后，境内始通电话。1955年，长江到县城电话线改单线为双线。1958年，农村电话线通生产大队。1996年，新建长江程控交换点1处。1997年，长江成为全县村村组组通电话第一镇；2000—2002年，新建石子农话模块局。2011年，有电信服务网点15个，有固定电话用户2400户，移动电话用户18000户，互联网宽带用户900户。2014年，有电信支局1家，电信网点1处，移动网点2处，联通服务网点2处。

供电饮水

1979年，境内生产大队（村）办起小水电站，发电供应部分居民。20世纪80年代初，境内由大电网供电。2006年，全镇电网改造任务完成，电价城乡一致。2014年，全镇总用电量1009.16万千瓦时，其中居民用电610.9万千瓦时，工农业用电392.26万千瓦时。

1949年后，境内居民饮水多用山泉、井水，少数饮用塘水、河水、溪水。20世纪90年代，农家纷纷自打机压泵井。多数用户将井水抽入水塔，安装水管龙头，形成家庭自来水。1997年，石桥水厂建成投产。2011年，完成石桥铺、石子自来水工程，辖区620户居民全部用上自来水。2014年，投资40万元对石子自来水厂提质增容，完成2个二级单位水管安装任务，供水系统延伸至孝子碑村，周边群众和企业用水难问题解决。拓宽石桥铺自来水厂供水范围，近万人供水问题得到解决。改建农村饮水工程24处，打井24处，全镇饮水不安全问题全部解决。

水利建设

1949年后，人民政府组织农民在挖深、加高、筑固原有山平塘的同时，新建水库、山平塘。1960年，境内有小（一）、（二）型水库12座，山平塘1345口和诸多大大小小的堰坝。1964年春，县委以长江公社为点，水利建设掀起高潮。1965年5月14日《湖南日报》发表《没有先进的样板，就没有比学赶帮运动》的文章，推介长江公社水利建设经验，前来公社参观者10余万人。2000年，投资300余万元维修永丰、株树湖防洪堤，再度保安牛皮塘水库，加固董家坝、泉水坝。2006—2008年，加固湘江防洪大堤1200多米，

新苏村燕子坝

维修水库险段4处，改善12个村的农田水利基础设施。2013年，全镇水利冬修工程开工5处，山平塘清淤58口，渠道清淤维护4.5千米，渠道硬化13.5千米，山塘水库除险加固工程全部完工。2009—2013年，小(二)型水库大坝除险保安8座，山平塘清淤扩容136口，硬化山塘100余口，维修水渠2.6万余米，维修坝堰10余座，新建抗旱井19口。2014年，完成小（二）型水库除险加固，山平塘清淤80口，硬化渠道28千米，维修电排站5个，加固湘江防洪堤5千米。

镇村建设

中华人民共和国成立后，集镇建设逐渐以党政机关所在地为中心。1963年后，大队、生产队陆续兴建公房，农民住房多系土砖青瓦砖木结构。20世纪80年代中期起，建房增多，标准提高，以砖混结构为主，2～3层楼房。90年代，新增建筑面积7.32万平方米，柘塘、石子村两旁新建商贸住宅楼。至2006年，全镇建筑面积6000多平方米，供电、供水、通信、排污等基础设施基本完善。此后，村级活动场所建设出现新亮点。2008年，共投资27万余元建设石桥、新苏2个标准化村级活动场所。2009—2013年，镇形成四中心（石桥、柘塘、石子、新源）两线路（X030、坪石线）路网框架和“一园”（即对接工业园区）发展新格局，建成城区面积2平方千米。行政村、社区都有办公楼房。2014年，全镇启动城乡一体化建设，以新源村为试点重点打造金湖古渡口。

社会事业

教育科技

新中国建立初，人民政府接管境内公私立学校。此后，学校逐年增多。1958年，创办长江公社农业中学，1969年，并入新建的长江中学。1984年，公社中学更名乡中学。同年，新苏小学教师袁桂英被评为全国优秀班主任。1985年，建中心校1所。1987年，有中学1所，小学20所。

1991—1997年，先后新建中学教学、住宅楼，修缮小学8所，“双基”通过市、省、国家教委验收。此后，因外出就读学生增多，调整布局，学校逐年减少。2006—2008年，镇中心学校配备电教室、微机房。2009年，镇中心学校被评为省合格学校。2011年，有幼儿园10所，在园幼儿881人，专任教师41人；小学7所，在校学生1785人，专任教师85人，小学适龄儿童入学率100%；初中1所，在校学生397人，专任教师63人。初中适龄人口入学率、小升初升学率、九年义务教育覆盖率均为100%。2014年，长江镇共有中学1所，小学7所，学生1956人（小学生1533人，中学生423人），教师146人，其中公办131人，代课15人。

文化体育

1965年，公社建文化站。1979年，配专职文化辅导员。1980年，公社始有文化、广播、电影等文化娱乐设施。1981年，中心文化站建立，永丰村设影剧场。1982年，始设图书室、阅览室、游艺室、电视室、广播室。1989年，各村组始建设文化室，组建诸多民乐队、龙狮队、腰鼓队、广场舞队，老年节、中秋节等节日开展各类活动。2008年后，完成阳田、孝子碑、铁矿、新桥、金门、回流、鳌洲等6村村级文化活动场所建设。2011年，有文化站1个，村级文化活动中心24个；文化专业户21户，从业185人；图书室31个，藏书7.7万册；有线电视用户846户，电视综合覆盖率100%。2012年，投资70万元的长江镇文化大楼竣工。2014年，新建高桥、麻塘幸福广场2个，石桥村文化活动场1个。举办首届长江镇佳和杯广场舞赛，参赛队伍14支。

1949年后，舞龙、耍狮、游泳、赛龙舟为境内传统体育项目。20世纪70年代后，体育项目逐渐向球类、田径方面发展。进入80年代，镇中、小学代表队从县里田径运动会夺回诸多奖牌。2014年，有小运动场2个，篮球场3个，村级农民健身中心12个，健身路径2条，群众活动中心1处。

医疗卫生

1949年后，境内苏氏诊所以诊疗风湿病闻名。1956年，创办石桥铺医药联合诊所。同年，长江乡卫生院建立，后更名公社卫生院，下属医疗点3个。1961年，公社卫生院设药房与门诊室。1976年，卫生院建楼房1000平方米。1980年，公社有卫生院1所，大队设医疗点。1999年，新建卫生院门诊大楼1300平方米，附属楼300平方米。2005年，农民合作医疗参与率27%。2008年，合作医疗参与率91%，全年报销农村合作医疗资金153万余元。2011年，有各级医疗卫生机构26个，其中村卫生室24个，病床46张。专业卫生人员55人，其中执业医师10人，助理医师6人，门诊部以上完成诊疗8900人次。新型农村合作医疗参合率98%。2009—2013年，投资150万元建中心医院大楼。2014年，投资130万元改扩建中心医院，门诊住院综合楼扩展到1700平方米，并进行绿化、硬化，完善医疗条件。投资100万元完成卫生院改扩建项目和新桥、永丰村卫生室规范化建设。

2006—2008年，组建专门队伍配备保洁员，对石子集贸市场、石桥铺集贸市场、柘塘凉席市场予以管理。2014年，分别在石子、石桥铺市场成立城管中队、保洁公司，加强清洁、卫生管理。建立镇、村、组、户四级联动机制，各村安排保洁员定期清扫村干道。

社会保障

1949年后，人民政府对困难群众予以救助。孤儿由农村社队供养，国家救济。1956年，“五保”户由农业合作社照顾，1958年，由生产队照顾。

20 世纪 70 年代，农村救济主要是支持穷队发展生产。改革开放后，农村救济主要转向扶贫。此后，乡社会保障工作由民政助理负责办理。2004 年，统一“五保”供养标准。2006 年，建立完善农村“五保”对象和特困户台账，确保老有所养，及时发放优抚对象优待金，保障困难群体基本生活。2008 年，征收社会抚养费 42.2 万余元，发放独生子女费 6000 多元，发放奖扶款 2.22 万余元。为符合计生政策育龄户交纳保险费 1.5 万元；发放低保、“五保”等资金 600 余万元；改造危房 200 余户；解决大病救助金 60 余万元。2011 年，城镇最低生活保障支出 38.4 万元；医疗救助 287 人次；民政部门资助参加新型农村合作医疗和城镇居民医保 1706 人次，支出 5.1 万元。农村最低生活保障支出 126.3 万元；农村“五保”分散供养 241 人，集中供养 38 人；抚恤事业费支出 103.6 万元；新型农村养老保险参保率 84.3%。2014 年，新调整低保人员 500 人，全镇新农保参保率 90% 以上。发放优抚金 48 万元，大病救助 12 万元，发放困难低保补贴 130 万元，改造危房 55 栋。投资 300 万元建中心敬老院，解决孤寡老人衣、食、住、行问题。

（文字供稿：彭爱涛　图片供稿：衡山县史志办）

新桥镇 >>

区域概况

位置面积

清代境内涓水因木桥改石桥，故称新桥。新桥镇东连贯塘乡、江东乡、东湖镇，南接马迹镇，西界双峰县荷叶镇，北抵湘潭县霞岭乡。镇政府驻新桥街。

1984 年，全镇总面积 39.58 平方公里。1995 年，总面积 77.3 平方公里，其中陆地面积 74.74 平方公里，占 98.7%；水域面积 4.03 平方公里，占 1.3%。2014 年，总面积 77.3 平方公里。辖区东西最大距离 13 公里，南北最大距离 16 公里。

建置沿革

明代，属崇岳乡第二都。清代，属衡山县宗字。民国 21 年（1932），属衡山县第二区。民国 25 年（1936），属新桥乡。民国 35 年（1946），属新东乡。1949 年 10 月，属衡山县第七区。1950 年 3 月，属衡山县第十二区。1952 年 6 月，属衡山县第四区。1953 年 3 月，属衡山县贯底区。1956 年 6 月，撤区并乡设新桥乡。1958 年 9 月，与江东、贯底 2 乡合并，设红旗人民公社。1959 年 3 月，与五星人民公社合并为东湖人民公社。1961 年 3 月，从东湖人民公社析出，设新桥人民公社。1961 年 11 月，属南岳管理局。1963 年 5 月，属南岳县。1966 年 2 月，南岳县撤销，属衡山县。1984 年 2 月，更名新桥乡。1993 年 11 月，撤乡设新桥镇。1995 年 5 月，将贯底乡成建制并入，仍名新桥镇。

行政区划

1984 年，辖居委会 1 个，居民小组 2 个；行政村 14 个，村民小组 122 个。1990 年，辖居委会 1 个，居民小组 2 个；行政村 14 个，村民小组 124 个。1995 年，辖居委会 1 个，居民小组 2 个；行政村 24 个，村民小组 238 个。2014 年，辖群英、贯底 2 个社区，9 个居民小组；良田、黄金、华园、隆资、黄泥、福金、精庄、石地方、查泉、田垅、寺冲、石井、盘垅、塘湾冲、杨柳冲、仙鹅、檀树、石仓、永济、上界、梅溪、堆积、杨林、茶园台 24 个行政村，242 个村民小组。

自然环境

境内以丘陵为主，兼有河溪、平原，地势东北略高，西南略低。地层以板溪群及冷家溪群为主，泥盆系次之。地处亚热带季风湿润气候，热量充足，光照充裕，无霜期长。雨量充沛，水热基本同季，雨旱季较分明。季风明显，四季分明。年均气温

17℃左右，年均无霜期280天左右，年均降水量1400毫米左右。湘江支流涓水流经境内6个村，长5.68公里。

人口

1984年，辖区总户数3031户，总人口12791人，其中男性8314人，女性4477人。1998年，总人口25914人，其中男性16844人，女性9070人。2005年，总人口26459人，其中男性17198人，女性9261人。2014年，辖区总户数7739户，总人口29235人。其中，男性19143人，女性12762人，人口密度每平方公里372人。

经济发展

经济综述

1949年后，境内农业逐步发展，乡村制造、加工业由弱转强；商贸服务业呈现起色。改革开放后，农、林、牧、副、渔发展速度前所未有，农民温饱问题全面解决；商贸服务业发展形势喜人。1995年，全镇工业总产值3813万元，粮食总产量14686吨，农民人均纯收入1570元。进入21世纪，农业朝名、优、特、新方向发展，经济效益稳中有升；工业完成改制任务，民营企业显现生机活力，工业集群逐渐形成规模；商贸服务业快速发展，社会商品零售总额逐年攀升。2014年，全镇工业总产值5350万元，粮食总产量15200吨；财政总收入472.73万元；农民人均纯收入10500元，人居居住面积68平方米。

农业

种植业 镇内盛产稻谷。1949年后，水稻种植由一季到双季。至1958年，亩产由1950年的174公斤提高到215公斤。1960年后，引进优良品种，产量逐渐提高。1970年，亩产400余公斤。1976年，引进杂交水稻，亩产500余公斤。1981年后，随着生产责任制的推行，粮食连年增产。1984年，出现“卖粮难”现象。1990年，亩产800公斤。1998年，粮食总产14686吨。2005年，农业总产值7600万元。2011年，全镇农业总产值2.08亿元，粮食总产量1.52万吨。2014年，早稻总产量14221.7吨。

养殖业 境内素有养殖习惯。改革开放后，逐渐形成养殖大户和示范小区。进入21世纪，拥有养殖专业户400余家，示范小区3处。2011年，全镇生猪饲养3.45万头，年末存栏1.53万头；羊饲养0.23万只，存栏0.11万只；牛饲养0.27万头，存栏0.15万头；家禽饲养97万羽；生产肉类4057.1吨，水产品1345吨。2014年，生猪存栏3.62万头，羊饲养量3300只，年末存栏1100只；牛饲养量3300头；家禽年饲养量103万羽；水产品总产量1731吨。

林业 1949年后，境内连冈接岭皆楠竹，杉、松次之。1958—1960年，受大炼钢铁和大办公共食堂影响，林木损失85%以上。1964年，重点营造杉木林20余公顷。1972年，采用挖沟、撩壕、抽带、打穴造林新模式，新苗成活率逾95%。1983年，实行承包责任制，农民房前屋后栽树，责任山上造林。1985年，先锋村村民唐舜连承包集体荒山40余公顷，栽种国外松5万株，成为上规模个体林场。1990年，境内宜林荒山全部绿化。其中，新桥乡林场为上规模集体林场。2001年，退耕还林政策实施，林地面积逐年扩大。2014年，全镇造林17公顷，森林总面积4517公顷。

工业

清乾隆四十六年（1781），一谢姓人于盘龙州创办全福锅厂，生产铁锅。民国18年（1929），镇内有铸业1家。1949年后，境内有私营新桥全福锅厂，后并入县农具厂。此后，鞭炮加工和造纸为拳头产业。20世纪80年代，境内办起乡镇企业10余家。进入90年代，拥有造纸厂82家，矿石粉厂1家，鞭炮加工厂、个体户2000余家。1995年，全镇工业总产值3813万元，乡镇企业总产值1073万元。2000年后，新鑫木业、宏发鞭炮厂等企业落户，民营主导地位凸现。2005年，全镇工业总产值1.14亿元。2006年后，先后有宇新木业公司等7家企业投产，境内形成初具规模的工业企业群。2008年，工业企业销售收入9000余万元，安排剩余劳力800余人。2010年，引进项目12个，引进资金5010万元，新增服装厂5个。次年，金信陶瓷原料公司建成投产，当年完成税收近300万元，实现新桥规模以上企业零的突破。2014年，全镇工业总产值5350万元。有规模以上企业3家。

商贸服务业

民国18年（1929），有中小商店62家。1949年，商店增至75家。20世纪50年代末，因"大跃进"和涓水淤塞停航等影响，商业转向衰落。60年代初，衡西公路全线通车，商业呈现起色。80年代后，街道扩宽，新建商店20余家。1990年，有各类商店115个。此后，每逢三、六、九日赶场，少则五六千人，多则近万人，其中三分之二来自邻县。市场产品、干鲜货物应有尽有。1994年，投资300余万元兴建占地6700平方米的农贸市场。1995—1997年，由镇政府统一规划，统一设计占地40余亩的商业街建成。每逢赶集，人山人海，极大地拉动了经济的发展。2014年，商业网点319个，职工957人；社会商品零售总额1.4亿元；城乡集贸市场2个，年成交额4400万元。

财政金融

1978年前，乡财政收支由秘书和粮油委员兼管。1979年6月，设公社财政室，专人管理财经，后更名镇财政所。改革开放后，工农业生产不断发展，乡镇企业、私营个体企业增多，为财政收入注入活力。2005年，财政总收入230.06万元。2014年，镇财政总收入472.73万元，收支基本平衡。

1955年，境内设信用合作社2家。1958年，生产大队（村）设信用站。20世纪90年代初，增设邮储网点。2011年，镇域有金融机构4家，存贷余额分别为3.4亿元和3000万元。2014年，镇境有农业银行分理处、邮储银行、寿险服务部各1家，信用社、财寿险服务网点各2处。

基础设施

交通运输

1949年前，有驿道过境，经石地方抵湘乡。20世纪50年代初，每年春夏，载重10吨的船只竖起桅杆可直达新桥。1959年，衡西线通车，境内设新桥、贯底汽车代办站。1985年，新石路通车。1992年，新桥汽车站建成启用。2005年，省、县道在境内交汇，实现村村通公路目标，村级水泥公路逐年增多。至此，境内省、县、镇、村公路纵横交错。同年，新桥公路大桥兴建及各项配套工程任务完成，为镇内交通网络增添新亮点。2008年，新大桥连接线任务完成，新马线提质改造，新桥到马迹交通大动脉彻底打通。2014年，新马线完成硬化任务5公里，清济桥改造任务提前完成，硬化村级公路15公里。通往人民科学家杨红兵家的"爱心路"建成通车，历时两个月。新桥至衡山班车15分钟1趟，每天多趟班车发往衡阳、湘潭、株洲、长沙等地。

邮政通信

民国时期，境内有间日邮步班。1949 年后，邮路先后调整，新桥设邮电代办所。1968 年后，投递由徒步改自行车。1990 年，设新桥邮电支局。1998 年，邮电分设，新桥设邮政支局。此后，邮件由摩托车投递。2008 年后，开通快递业务。2014 年，有邮政支局 1 家，投递点 426 个，营业收入 158 万元。

民国 27 年（1938），境内贯底架通电话。1958 年，人民公社装总机，电话通大队部。1989 年，新桥实现电话自动化。1999 年后，始用移动电话。2007 年，新桥设联通办事处。2014 年，镇内有电信支局 1 家，电信网点、联通服务网点各 3 处，移动服务网点 5 处。有固定电话 0.22 万户，移动电话 2 万户，互联网宽带用户 1800 户。

供电饮水

1971 年，境内贯底办起生产大队（村）小水电站，发电供应部分居民。1974 年，新桥水库兴建坝后电站，年发电量 20 万千瓦时，为周围单位、居民供电。20 世纪 80 年代初，始由大电网供电。1986 年，境内居民用电量 100%。至 2000 年，农电改造任务完成，居民用电同网同价。2014 年，全镇总用电量 1300 万千瓦时。其中，工农业用电 700 万千瓦时，居民用电 600 万千瓦时。

1949 年后，辖区居民饮水多用井水、山泉水，少数饮用塘水、溪水。改革开放后，为提高饮水质量，大多数居民饮用机压泵井水。1995 年，新桥水库自来水厂建成，为周边居民供水。2013 年 12 月，新桥水厂建成投产，为新桥街行政事业单位、居民和周边农户供应自来水。2014 年，新桥水厂供水系统延伸至贯底，完成 4 个二级单位安装任务，并向潭衡西高速出口周边群众和企业供水。

水利建设

1949 年后，在挖深、加高、筑固原有山、平塘的同时，开始新建水塘。“三年困难”时期，山、平塘暂停修建。1966 年，为实现后山水利灌溉自流化，县委、县政府加快兴建水库速度，于 1968

新桥水库

年建成石牌小（一）型水库，库容 373 万立方米，灌溉面积 0.73 万亩。1970 年冬，中型水库新桥水库建成，正常库容量 1764.5 万立方米，灌溉面积 4.28 万亩。1980 年，全镇有小（一）型水库 1 座，小（二）型水库 6 座，山坪塘 1800 余座。至此，境内农田基本水旱无忧。尔后，水库、山平塘以配套、加固为主。1998—1999 年，新桥水库干渠、支渠全部水泥硬化，用水泥砖衬砌东沙支渠平行隧洞 4 千米下渠道。2000 年，改造新桥水库水源工程，硬化 4.5 千米，硬化田间支渠 14 千米，扩大灌溉面积 10.3 万亩。2003—2005 年，维修境内河堤护坡，修筑新桥水库防汛公路。2006—2008 年，共硬化骨干水塘 38 口，修 U 形渠 15 千米，耗资 700 万元，投入劳力 2 万个。2009 年始，涓水河道改造、新桥水厂建设全面完成，寺冲水库除险保安工程结束，耗资 1000 万元。2014 年，新桥水库左右干渠、石牌水库灌溉渠道维修改造全面完成，杨林、上界、茶园等村渠道不畅问题彻底解决。全镇共完成各类水利工程任务 132 处，耗资 200 余万元。

镇村建设

清代，境内民居多为木板、土木、砖木结构，茅房、平房居多，少数人建有青砖、青瓦住房。民国期间，基本分富户住房、祠堂庙宇、农民住房 3 类。1949 年后，无房、少房农民分到房屋。1953 年后，部分茅房改瓦房。1963 年后，陆续兴建生产大队、生产队公房，农村大部分茅房改造成瓦房。20 世纪 70 年代后期，农民改造、新建住房多为红砖青瓦砖木结构。80 年代中期起，建房增加，多为砖混结构 2 ~ 3 层楼房。此后，新桥、贯底街道两边新建、改建工程逐年推进，标准不断提高。2003—2005 年，先后完成镇区主要街道、群英街的水泥硬化，街道排水设施改善。2006—2008 年，完成中心集镇 1.5 平方公里总体规划的编修和中心区修建详细规划。城镇建成区面积净增 0.2 公里，城镇化水平 35% 以上。2014 年，永济村完成亮化工程建设，各村均有办公用房。

社会事业

教育科技

民国 26 年（1937），新桥乡有公、私立小学 17 所。民国 37 年（1948），有保国民小学 10 所，乡中心小学 1 所，私立国民学校 4 所。1949 年后，公私立小学由人民政府接管。此后，小学数量逐年增多。1958 年，兴办贯底中学，后更名衡山六中。1969 年，恢复贯底中学名称，始招高中生。同年，兴办新桥中学。1981 年，贯底中学停办高中。1987 年，境内有小学 24 所，初级中学 2 所。1992 年，新桥中学更名群英中学。次年，省“基本普及九年制义务教育，基本扫除文盲”检查验收合格。此后，外出人数增多，生源减少，调整学校布局。2005 年，全镇有小学 11 所，中学 2 所。2009—2013 年，全面落实农村义务教育阶段“两免一补”政策。2014 年，有幼儿园 8 所，在园幼儿 576 人，专任教师 25 人；小学 8 所，在校学生 1839 人，专任教师 83 人，小学适龄儿童入学率 100%；初中 2 所，在校学生 699 人，专任教师 43 人。初中适龄人口入学率、小升初升学率、九年义务教育覆盖率均为 100%。

1978 年前，农民水稻育秧、扮禾运用简单科技知识。改革开放后，扮禾先后用动力、电力打稻机、收割机。2014 年，试点推广祥友公司机械化苗床育秧、育菇技术。

文化体育

1965 年，新桥、贯底公社各设文化站 1 个，负责群众文化活动组织辅导工作，各有文化辅导员1人。1981年，新桥、贯底分别建文化中心站。1985年，配齐文化专干。尔后，彩电逐步进入寻常百姓家，文化生活日趋丰富。1996年，唐群英纪念馆万册图书馆建成，调频广播开通。2000年后，广场舞逐步普及。2011年，有线电视用户257户，电视综合覆盖率99.5%。2014年，全镇有文化站1个，村级文化活动中心25个；文化专业户26户，文化从业人员220人；图书室34个，藏书10.9万册。

1949年后，境内体育活动主要有耍龙、舞狮等。改革开放后，农民体育活动增多，并向球类、田径方面发展。1991年，贯底男子篮球队获全县农民篮球赛冠军。此后，中、小学体育代表队从县中小学运动会上夺回诸多奖牌奖杯。2011年，有体育场地34处，健身路径1条。2014年，有体育场地50个，其中，小运动场5个，篮球场4个。健身、体育器材近1000套。

医疗卫生

民国38年（1949），境内有诊所1处。1949年后，成立新桥医药联合社。1952年，成立联合诊所，创办贯底中医联合诊所。1955年，新增贯底、石地方联合诊所。后经几度分合，分别成立贯底、新桥人民公社卫生院。1967年1月，新桥地区医院开业。1969年，农村实行合作医疗，设生产大队（村）卫生室，赤脚医生为农民提供医疗方便。1976年9月，新桥人民公社卫生院并入地区医院。1981年秋，新建门诊大楼1030平方米。1989年，医院总面积2730平方米，分门诊、住院部，开展内、儿、妇、外科等中西医业务。2005年，有医院2所，医疗点10个，医护人员113名。农民合作医疗参与率49%。2009—2013年，合作医疗参合率由80%提高到95%以上，投资130万元新建的新桥医院大楼投入使用。2014年，有医疗卫生机构26个，其中村卫生室24个，病床107张，门诊完成诊疗3.94万人次。

2003年后，改造街道排水设施。此后，设环卫队，定期打扫街道卫生，并添置垃圾桶、洒水车。农村垃圾实行分类收集、处理，部分农户实施改厕工程。2008年，街道下水道装配率90%以上，农村定期评选卫生模范家庭。2014年，实施群英街道下水道建设工程，改善敬老院环卫条件。

社会保障

新中国建立初，困难群众由人民政府救助粮食、物资等。尔后，每逢春夏荒、灾害，人民政府对贫困者均予救济。自1956年始，“五保”户由农业合作社照顾。1958年，“五保”户由生产队照顾。改革开放后，社会保障工作由镇民政助理负责。20世纪90年代初，困难群体或由政府安排入民营企业就业，或按规定发放救济款、物。此后，国家对社会保障支持力度逐年加大。2000年后，分别为无房、危房、居家“五保”户建新房。2011年，城镇低保支付11.6万元；医疗救助259人次；民政资助新农合与城镇医保1551人次。农村低保支出131.8万元；“五保”分散、集中供养，国家抚恤、优抚对象共支出124.3万元；新农保参保率94%。农村危房改造76栋，修缮20栋，财政资助84.2万元。2013年，全镇共有低保户1349人，五保户148人。共发放低保、“五保”、各类优抚补助300余万元，救灾资金20多万元。2014年，收取新农保资金130万元，基金征缴比例首次达90%，全年发放社保经费130余万元。新农合累计报付700余万元。

特色地情

历史人文

唐群英（1871—1937） 字希陶，派名恭懿，新桥黄泥町人。清光绪十七年（1891），结识秋瑾。光绪三十年（1904），东渡日本留学，任留日女生书记、会长。次年，先后加入黄兴、孙中山组建的华兴会、同盟会，成为首个同盟会女会员。在北京创办《亚东丛刊》《女子白话报》，设立中央女子学校；在长沙创办《女权日报》，开设女子政法学校、女子美术学校、自强职业女校，恢复湖南女界联合会。民国3年（1914），因遭袁世凯通缉，便息影新桥故居，并在白果虹茶亭创办女子职业学校。民国13年（1924），复往长沙创办复陶女校，在县城创办衡山女校。系中国著名女权运动先驱，被孙中山誉为“巾帼英雄”。晚年居家，常以琴棋诗画自乐。民国26年（1937）病逝，终年66岁。

谢士炎（1912—1948） 别名光熙，字上达，新桥镇田垅村人。中共著名地下党员，为解放战争提供绝密情报的国民党将军。陆军大学毕业后先后任国军团长，少将教官，第六战区长官部参谋处长。日军投降后，受命赴芷江接受投降事宜，旋遭诬陷被蒋介石革职查办。营救出狱后，任十一战区司令部高级参谋，虽深得孙仲连器重、信任，但对蒋介石失去信心，转而向共产党找出路。后经考验，加入中国共产党。此后，化名谢天纵、刘福，秘密从事情报、兵运工作。民国36年（1947）9月26日，北平地下秘密电台被侦破。因台长叛变，谢的身份被暴露。被捕后，谢将牢房作战场，闹得敌人昼夜不宁。民国37年（1948）11月19日，按蒋密令，谢被枪杀，时年36岁。

唐群英故居

名优特产

“龙啸”牌绿茶 该茶产自终年云雾缭绕的新桥镇茶场，以上等鲜茶叶为原料，用先进加工工艺精制而成。主要品种有“狮口雪芽”“新桥毛尖”“新桥绿茶”“衡山银针”“衡山佛圣”“白露无双”等。1989 年，“新桥毛尖”被评为省优绿茶后，连获省优产品称号。1991 年 5 月，“狮口雪芽”获杭州国际茶文化节“中国文化名茶”称号。“龙啸”牌绿茶畅销全国十余个省、市、自治区，出口东南亚和港、澳、台地区。

（文字供稿：刘文新　图片供稿：衡山县史志办）

马迹镇 >>

区域概况

位置面积

相传古时天马降临，在小溪边青石板上留下清晰足迹，后人遂建石拱桥1座，名曰马迹桥，马迹镇因此得名。马迹镇东邻东湖镇，南界南岳区拜殿乡，西接衡阳县界牌镇，北抵新桥镇。镇人民政府驻马迹桥。

2014年，全镇总面积34.67平方公里，其中陆地面积34.06平方公里，水域面积0.61平方公里。辖区东西最大距离6.8公里，南北最大距离5公里。

建置沿革

明代属崇岳乡第三都，清康熙四十三年（1704），属衡山县宗字。民国21年（1932），属衡山县第二区。民国25年（1936），属东湖乡。民国35年（1946），属新东乡。1949年10月，属衡山县第七区；1950年3月，属衡山县第十二区；1952年6月，属衡山县第四区；1953年3月，属衡山县贯底区；1956年6月，撤区并乡，设马迹乡。1958年9月，与东湖乡合并设五星人民公社；1959年3月，与红旗公社合并为东湖人民公社；1961年3月，从东湖人民公社析出，设马迹人民公社；1961年11月，属南岳管理局；1963年5月属南岳县；1966年2月，撤销南岳县，属衡山县；1984年2月，更名马迹乡；1984年5月，析出龙潭、拜殿、观音3村给新设立的南岳区。1993年11月，撤销马迹乡，设立马迹镇。

行政区划

1984年，镇域辖10个行政村，109个村民小组。1995年，辖10个行政村、110村民小组，1个居委会。2014年，辖牌楼、长岭、杉山、桥塘、团山、马迹、塘湾、同富、梅田、石碑10个行政村，村民小组110个；同心社区1个，居民小组4个。

自然环境

境内地形内高外低，地势向西北、东南逐渐降低，形成两个倾斜面。以山、丘、岗为主，兼有河溪、平原，其地貌组合具有带状阶梯式分布特点。处亚热带季风湿润气候。热量充足，光照充裕，无霜期长；雨量充沛，水热基本同季，雨旱季较分明；四季分明，季风明显。年均气温17.5℃，年均无霜期286天，年均降水量1400毫米。涓水支流（南河）由马迹村入境，途径马迹、塘湾、杉山、梅田、同富5个村，长9公里。

人口

1984年，辖区总户数2577户，总人口10966人。其中，男性5647人，女性5319人。1995年，总人口11762人。其中，男性6057人，女性5705人。2005年，总人口1.246万人。其中，男性6416人，女性6044人。2014年，辖区总户数3666户，总人口13405人。其中，男性6905人，女性6500人，城镇常住人口1051人，城镇化率12.75%。人口密度每平方公里386人。

经济发展

经济综述

1949年后，境内农业逐年发展，工业、商贸服务业从无到有。改革开放后，农、林、牧、副、渔全面发展，农民温饱问题全部解决；乡村采掘工业异军突起，产值逐年增长；个体商贸服务业迅速发展。1995年，全镇工业总产值4364万元，粮食总产量6190吨，农民人均纯收入1600元。进入21世纪，农业产业朝名、优、特、新方向发展，经济效益逐年提升；工业全部改制为民营企业，产品实行深加工，效益良好；商贸服务业蓬勃发展，为人民生产、生活提供良好服务。2014年，全镇工业总产值3.7亿元，粮食总产值7672吨；财政总收入374.9万元；农民人均收入6256元，人均居住面积35.7平方米。

农业

种植业 境内以种植水稻为主。1949年后，水稻种植由一季稻逐步改为双季稻。1978年后，农业连年丰收，农民增产增收。1984年，农业总产值311万元。1990年后，晚稻占水田面积90%，亩均产量提高到440公斤。1995年，粮食总产量6190吨。2011年，农业总产值1.02亿元，粮食总产量7725吨。此后，农业产业结构调整，在不影响粮食生产的同时，发展经济作物、特色种养业。2014年，稻谷产量7672吨，特色种植成效良好，农民人均收入6256元。

养殖业 镇内素有养殖畜禽水产习惯。1949年后，镇内养殖大户逐年增加。20世纪80年代，生猪私有私养，90%以上农户饲养生猪，年均存栏量7000余头。2013年，桥塘村义军养殖场存栏生猪300余头。2014年，全镇生猪饲养量10088头，年末存栏3500头；家禽饲养量50万羽，肉类生产1602.9吨，禽蛋751吨。

林业 1949年前，境内林地面积2333.33公顷。树种主要有松、杉、楠竹、杂木等。20世纪60年代，因重视油茶、油桐种植，马迹成为县内茶、桐油主产区之一。1983年后，农民承包集体荒山，农户在住宅四周、自留山、责任山种植苗木。1990年，塘湾林场成为全县规模较大的村办林场。至2011年，累计造林96公顷，完成封山育林35.6公顷，低产林改造974公顷，中幼林抚育166公顷。2014年，境内共有林地面积2400公顷，森林覆盖率45%。

工业

清光绪二年（1876）后，境内牌子岭始用柴火烧制日用瓷。尔后，马迹桥村民始采瓷泥制作碗、罐等陶瓷器具。1958年，马迹瓷厂创办。1964年，全省举办粗瓷质量评比该厂产品荣登榜首。同年，湖南省界牌瓷厂在大鹅山开采瓷泥。1974年，公社办瓷泥矿1个。1976年，乡采掘业收入31.37万元，居全县之最。1984年，工业总产值106万元。1990年，有采掘企业4家，总产值288万元。此后，马迹矿石粉厂成为全县骨干企业，马迹钠长石矿成为年利税超100万元高效企业；马迹村建筑瓷厂、梅田矿石粉厂年产值分别为100万元。1995年，镇内有镇村企业10家，工业总产值4363万元。1997年，企业总产值2.014亿元。1998年后，完成镇村改制企业4家，实行个体经营转体3家，更换企业产权18家，继续自主经营6家。先后引进民营企业6家，其中规模企业2家，年产值均突破5000万元。2005年，工业总产值1.3亿元。兴马粉厂、湘辉玻陶原料公司、马迹瓷泥公司利税均突破70万元；衡岳瓷泥公司、马迹瓷厂产日用瓷3200万件，畅销全国20余个省、市，出口日本、韩国。2008年，新增两个投资300万元以上的工业项目，马迹瓷厂新增彩绘生产线1条。至此，采掘、加工业两大支柱产业基本形成。2011年，规模以上工业企业40家，职工2996人，工业总产值10.6亿元。2014年，全镇工业经济实现企业增加值7.5亿元；工业企业实现利税1.17亿元，规模以上工业增速保持10%以上；全社会固定资产投资完成4.06亿元。

商贸服务业

1949年前，马迹没有集市，农民需去东湖、新桥等地赶集购物。1957年4月，马迹设供销社，供应辖区农资、工业、副食、日杂品，收购、加工农副产品。1978年后，代购代销店（点）逐年增多。1982年后，县人民政府拨款在马迹设立集市。1989年，市场逐步放开，个体商贸业发展。2011年，有商业网点137个，从业342人；社会商品零售总额6200万元，集贸市场成交额2100万元。2014年，镇内有个体经商户246个，从业403人，集贸市场1个。行业有餐饮、南杂、五金、美容、美发、家电等。

财政金融

1978年前，乡财政收支由秘书和粮油委员兼管。1979年6月，设公社财政室，财经专人管理。后更名镇财政所。2005年，镇财政收入252.38万元。2011年，财政总收入445.6万元，财政支出893万元。2014年，镇财政收入、支出均为274.9万元。

1955年，乡设信用合作社。1958年，生产大队（村）设信用站。20世纪90年代初，增设邮政储蓄网点。2011年，境内金融机构各类存款余额9000万元，各项贷款余额2000万元。2014年，镇内有农村信用合作社和邮政储蓄银行各1家，营业网点2处，村信用站10个，寿险、财险服务网点各1处。

基础设施

交通运输

民国时期，有驿道1条过境。1966年，南马公路（南岳—马迹）建成通车过境。1959年，衡西线福田铺至界牌段通车过境。改革开放后，衡山至马迹开通双向班车，境内设客运点、汽车站。1985年，马迹至东湖路段拓宽至12米。1991—1998年，马迹至东湖、界牌路段铺上沥青，马迹至排楼路段拓宽。2005年，镇内南马线、新西线交叉穿越，与107国道和314省道紧密相连。镇内村村通公路，村级水泥路逐年延伸。2011年10月，潭衡西高速公路通车过境。至此，镇内实现组道、村道、县道、高速公路全覆盖。2014年，新马线马迹段、楠寄公路（境内矿山专线）一期工程1.7公里和全镇村级公路全硬化。马迹镇客运站日发客运汽车30余班次，其中，多班次往返衡阳、湘潭、长沙，日客运量1000余人次。

邮政通信

民国25年（1936），马迹开通间日步班邮路。1949年后，改周三班。此后，投递由徒步先后改单车、摩托。进入21世纪，快递业务进入境内。2014年，镇内有邮政网点1处，投递点185个，征订报纸520份，杂志352册，业务收入72.14

万元。

中华人民共和国成立初，电话始通境内。1958年，人民公社装总机，电话通大队部。20世纪90年代，电话实现自动化。此后，移动电话下乡，移动、联通公司在境内建基站。2005年，全镇拥有固定电话1000余部，移动电话2000余部。2014年，有电信服务网点2处，固定电话用户1900户；移动营业部1处，网点3处；联通网点2处，共有移动电话用户7500户，互联网宽带用户630户。

供电饮水

1971年，境内生产大队（村）办起小水电站，发电供应部分居民。1977年11月，龙潭水电站建成投产，年发电量275万千瓦时，居民用电逐年增多。2002年，全镇完成农电改造任务，统一由大电网供电。2014年，全镇用电总量1226万千瓦时，其中，工业用电797万千瓦时，居民用电429万千瓦时。

1949年后，辖区居民饮水多用山泉、井水，并用枧将其引入家中；少数居民饮用塘水、河水。改革开放后，为提高饮水质量，引用塘、河水家庭纷纷自打机压泵井，多数用户将井水抽入水塔，安装水管龙头，形成家庭自来水。2014年9月，镇区150余户居民全部用上东湖水厂自来水。同年底，全镇居民自来水用量9000吨，农户安全饮水率100%。

水利建设

1949年后，人民政府组织群众在挖深、加高、筑固原有山坪塘的同时，开始兴建水塘水库。1957年，新建彭家岭水库无法蓄水，成为病库。1965年，建成四清小（二）型水库，后因年久失修及采矿等原因，成为废库。1973年，建成小（一）型道仁水库。1978年后，小型水利设施以改老翻新为主。1995年后，投资45万元，护砌、维修河堤分别为15处和25处，修整山坪塘140余口，护砌U形渠2000米，修复水毁渡槽、河坝2座4处。1998—2005年，全镇共兴建U形渠26.5千米，硬化山坪塘1.45万余平方米，新建桥梁1座，维修堰坝1处。2011年后，全镇共兴修U形渠8900米，干渠硬化600米，渠道清淤6000米，硬化山坪塘75口。2014年，为彭家岭水库除险保安。境内有小（一）型、小（二）型水库各1座，山坪塘570口，蓄水量571万立方米；灌溉渠道67千米，小堰闸16个，有效灌溉面积565.67公顷。

镇村建设

清代，境内民居茅房、平房居多，少数人建有青砖、青瓦住房。民国时期，房屋布局大体分富户住房、祠堂庙宇、农民住房3类，马迹桥曹氏宗祠全县著名。1949年后，无房、少房户分到房屋。1953年后，农村部分茅房改瓦房，土木、砖木结构为主。1963年后，生产大队、生产队陆续兴建公用房。农民大部分茅房先后改造成瓦房。20世纪70年代后，农民改建、新建住房逐步增加，多为土砖、抖墙泥瓦房。80年代中期始，农村建房逐步向砖混结构、2层红砖楼房发展。此后，马迹镇街道两边房屋逐年增多。1990年后，陶瓷工业小区、城镇建设、集贸市场建设稳步推进初具规模。1997年，建制镇规划全面编修。新建农贸市场、马迹车站临街大楼。2006年，启动新农村建设，重点改造农村水利、电力、道路等基础设施。2012年，投入30万元，装修石碑村村部，添置健身场地和设备。2013年，由湖南省建筑科学研究院对镇进行科学规划，开创集商业街、小集镇为一体的风情新镇，实现新老集镇无缝对接。2014年，全镇城镇化率7.8%，行政村、社区均有办公楼房。

社会事业

教育科技

民国37年（1948），境内有保国民小学和私立国民学校各1所。1949年后，公私立小学由人民政府接管。此后，小学数量逐年增多。1969年3月，创办中学1所。1987年，全乡有小学9所，中学1所。1989年，创办中心幼儿园1所，10个行政村各办幼儿园1所。1991—1998年，投资580万元，新建马迹中学、长排联校、桥塘、梅田小学。此后，学校调整布局。2006—2008年，兴建学生公寓大楼1栋，维修中心学校教学楼，兴建中心完小篮球场2个。2012年，新修小学1所并投入使用。2014年，镇内有幼儿园11所，在园幼儿257人，专任教师15人；小学6所，在校学生711人，专任教师45人，小学适龄儿童入学率100%；初中1所，在校学生319人，专任教师24人。初中适龄人口入学率、小升初升学率、九年义务教育覆盖率均为100%。

文化体育

1965年，马迹公社建文化站，负责群众文化活动组织辅导工作。1982年，设中心文化站。1991年，建成马迹电视差转台，后因信号中断停播。2005年，开通马迹有线电视站。2011年，有线电视用户62户，电视综合覆盖率98.5%。2014年，有村级文化活动中心10个；文化专业户22户，文化从业人员150人；各类图书室18个，藏书5.3万册。

1949年后，境内体育活动以舞龙、耍狮、游泳为主。改革开放后，群众性体育活动逐年开展，篮球、田径、广场舞活动逐步兴起。进入21世纪，中小学体育代表队从县中小学运动会夺得诸多奖牌。2014年，全镇有体育场地25个。其中，小运动场2个，篮球场4个，健身路径5条。

医疗卫生

1951年，境内创办联合诊所。1956年，联合诊所改医院。1962年，成立马迹人民公社卫生院，下设医疗点2个。1971年，卫生院新建院舍。1984年，更名乡卫生院，建楼房900余平方米。1990年，改造后的卫生院建筑面积1212平方米，有医护人员13名。2003年，卫生院设内、外、妇、儿、中医等门诊和住院部。2007年，启动新型农村合作医疗后，群众参合率一直在90%以上。2008年，投资100多万元新建卫生院投入使用。2014年，全镇医疗机构12个，床位41张，其中村卫生室10个。专业卫生人员32人，其中执业医师3人，助理医师5人，注册护士2人。门诊部以上完成诊疗1.74万人次。新农合参与率96%。

2006年，为提高农村卫生水平，开始整治村容村貌。随后，街道卫生工作由社区负责，设置垃圾桶，分类投放，并定期评选模范卫生户，各村逐步实施农户改厕工程。2014年，有洒水车1辆，垃圾桶30余个。街道每天打扫2次，环卫状况良好。

社会保障

中华人民共和国成立初，人民政府对困难群众予以粮食、物资救助。1956年始，“五保”户由农业合作社照顾，1958年由生产队照顾。1978年后，社会保障工作由镇民政助理负责。1994年6—9月，境内遭受特大山洪，县、镇组织全体干部群众抗灾，爱心人士捐款捐物，救济灾民。2004年，“五保”供养标准统一。2006年后，建立完善农村五保对象和特困户台账，及时发放优待金。2006—2008年，共发放救灾款、特困补助费10余万元。2010年，全镇137人纳入新增低保范围，新建敬老院1所。至2014年，帮助“五保”户免费参加农村合作医疗，实施大病救助70余人。镇低保户540人、“五

马迹桥

保”户87人均得到有效供养或救助。共发社会优抚资金160余万元，发放其他各类救灾救济资金120余万元；发放医疗救助金22万余元；完成危房改造175户。为敬老院购置电视机、新衣柜，新建开水房、洗衣房、医疗室等。

特色地情

风景名胜

马迹桥 相传古时候的一日，风和日丽，一匹天马由北向南飞驰。途经此地时，因双眼发现地下有无数瓷泥矿藏而突然降临。它东走走，西瞧瞧，却无人开采，岂不可惜？便心生一计，长啸一声后，就在青石板上留下深深足迹。随后，腾空而去。时人见之，在此建石拱桥一座以作纪念，取名马迹桥。清光绪二年（1876），境内先民开采瓷泥烧制日用瓷，天马留迹之谜得到破解。如今，马迹桥保存完好，青石板上马蹄足迹清晰可辨。

（文字供稿：刘文新　图片供稿：熊仲荣）

店门镇 >>

区域概况

位置面积

相传明朝末年，此地一家店铺对面有座船形小山，山侧有两株大枫树，远远望去，宛如轻舟扬帆，时人取名“店门船”，后演变为“店门前”，“店门”由此得名。店门镇东邻永和乡、贺家乡和萱洲镇，南接衡阳县樟木乡，西界衡阳县岣嵝乡，北抵开云镇和南岳区南岳镇。镇人民政府驻店门街。

2014 年年底，辖区总面积 96.6 平方公里，其中陆地面积 92.7 平方公里，占 96%；水域面积 3.9 平方公里，占 4%。辖区东西最大距离 15 公里，南北最大距离 14 公里。

建置沿革

明代属紫盖乡第 11 都。清代属衡山县九字。民国 21 年（1932）年，属衡山县第三区。民国 25（1936 年），建店市乡，后属月山，镇月乡。1949 年 10 月，属衡山县第六区；1950 年 3 月，属衡山县第十一区；1952 年 6 月，属衡山县第五区。1956 年 6 月，设店门乡；1958 年 9 月，与南岳镇、南岳乡、师古乡合并，成立南岳人民公社；1960 年 11 月，属南岳管理局；1961 年 3 月，从南岳公社析出建店门公社，1963 年 5 月，属南岳县；1966 年 2 月，南岳县撤销，属衡山县；1984 年 2 月，更名店门乡；1993 年 11 月，撤乡设镇；1995 年 5 月，将祝融乡成建制并入。

行政区划

1984 年，店门、祝融乡行政村分别为 9 个和 12 个，村民小组分别为 132 个和 136 个。1995 年，辖行政村 21 个，居委会 1 个；村民小组 268 个，居民小组 2 个。 2014 年，辖伯务社区 1 个，居民小组 4 个，辖梅桥、托塘、水口、桂花、柏树、石门、双峰、能仁、水桐、繁荣、湃水、新田、祝融、店门、印山、源添、前进、胜利、天鹅、白泥 21 个行政村，264 个村民小组。

自然环境

店门镇属中亚热带季风湿润气候区，气候温和，日照充足，雨量充沛。一年四季气候分明，春季阴雨连绵，盛夏高温炎热，秋来雨少凉爽，冬季寒冷干燥。年均气温 17.9 ℃，年均降雨量 1429 毫米，年均日照时间 1503 小时，年均无霜期 291 天，地势自西北向东南倾斜。雷钵岭、三角坦、姊妹岭耸立西南，以山地丘陵为主。

人口

1984 年，店门、祝融乡人口总户数分别为 2742 户和 3268 户；总人口分别为 11588 人和

店门镇与南岳区、衡阳县交界处的雷钵峰

13356 人。其中男性人口分别为 6041 人和 6932 人，女性人口分别为 5547 人和 6424 人。1995 年，总人口 26897 人。其中，男性 13959 人，女性 12938 人。2014 年，辖区总人口 30634 人，其中，男性 15576 人，占 51.9%；女性 15058 人，占 48.1%。人口密度每平方公里 310 人。

经济发展

经济综述

1949 年后，境内农业逐年发展，工业从无到有。改革开放后，农、林、牧、副、渔全面发展，农民温饱问题全部解决；乡村席草加工业发展迅速。1995 年，全乡工业总产值 13886 万元；粮食总产量 1.17 万吨；农民人均纯收入 1504 元。进入 21 世纪，农业产业朝名、优、特、新方向发展；工业全部改制为民营企业，席草产品实行深加工效益良好；商贸服务业蓬勃发展。2014 年，全镇工业总产值 3.2 亿元；粮食总产量 1.7 万吨；财政总收入 390.2 万元；农民人均纯收入 8000 余元，人均居住面积 43.3 平方米。

农业

种植业 1949 年后，水稻种植逐步由一季稻向双季稻转变。1960—1963 年，因“左”的错误影响，双季稻种植面积减少。1964 年，开始恢复和发展。20 世纪 70 年代，境内 80% 的农户种植或加工席草，每户年收入在 500 元以上。1978 年后，粮食连年丰收。1991 年后，成为吨粮镇。1995 年，粮食总产量 11742 吨。进入 21 世纪，全面推行一季席草一季稻，或双季稻模式，让粮食增产，席草增收。2000 年后，席草种植面积 867 公顷，占水田面积的近 80%，普及到 21 个行政村，实现梅桥等 10 余个村万亩连片种植，湖南卫视晚间新闻曾以《店门田间不种稻子只生草》为题进行专题报道。2005 年，店门镇农业总产值3054万元，粮食总产量0.73万吨。2006—2008年，店门镇席草种植面积达867公顷。后因价格起落和留种死苗的制约，种植面积一度下降到200公顷。后经县、乡农技部门与农户密切合作，探索科学种植方法，留种死苗问题基本解决。农户采用席草搭配一季晚稻栽培模式，席草亩产800公斤。2009年后，一季晚稻亩产650公斤。2011年，生产粮食8263吨，人均278公斤，其中稻谷8092吨。席草种植面积333.3公顷，产量9000吨。2013年，水稻种植面积1249公顷，粮食总产量1.65万吨，同比增长14.7%。多次代表县接受省、市检验，获“全市粮食生产先进镇”称号。2014年，共流转土地400公顷，新增合作社10家。引导农户发展双季稻生产，合理进行单改双，集中育秧面积2.67公顷，打造早稻千亩示范片，面积较上年增加66.7公顷。种植席草面积867公顷，成为湘南种植面积最大基地。

养殖业 境内素有饲养家畜、家禽和养鱼习惯。改革开放后，在不影响粮食种植的同时，养殖业发展迅速。2011年，生猪饲养量7.52万头，年末存栏2.96头；羊饲养量2300只，年末存栏1100只；牛饲养量2300头，年末存栏1400头；家禽年饲养量69万羽。生产肉类4227吨，禽蛋903吨，水产品348吨。2014年，出栏生猪1.61万头、出售和自宰牛218头、出售和自宰羊327只、出售和自宰家禽（鸡、鸭、鹅）18万羽、禽蛋产量158吨。猪存栏2.32万头、山羊存栏744只、家禽存笼19万羽。

林业 1949年后，境内林木以杉、松为主，杂木遍及山岭。1958—1960年，受大炼钢铁和大办公共食堂影响，森林损失近90%。1972年，推广挖沟、撩壕、抽带、打穴造林新模式，新苗成活率逾95%。1983年，实行承包责任制，农民房前屋后栽树，责任山上造林，林业面积逐年扩大。2012年，能仁、水桐村被省科协确定为楠竹低改示范基地，面积40公顷。2014年，店门镇造林436公顷，森林总面积6294公顷，森林覆盖率61.82%。

工业

1978年后，席草种植与加工由传统产业向支柱产业发展。1991年，全镇有电动席草编织机

店门镇草席

近1000台,加工席草2000万条,创产值1.4亿元。1995年，拥有镇办企业14家，村办企业20余家，席草加工为拳头产业，工业总产值1.39亿元。1997年，店门席草集团公司成立，形成“基地＋农户＋公司”模式，产品由传统型向高档化发展，实行产供销一条龙服务体系，年产值1.5亿余元。2000年后，双峰村拥有席草加工农户231户，加工机械178台，年加工草席183万条，人均纯收入3500元；全镇有销售专业户30余个，草席畅销上海、广州、深圳等地。引进企业5家，为1000多农村剩余劳动力提供就业岗位。2011年,规模以上工业企业11家,职工2217人。工业总产值4.7亿元,实现工业增加值1.02亿元。此后，县、镇政府引导、扶持发展多家席草加工企业，拥有草席自动编织机2100余台，年加工草席等产品1700余万条（件），草席产品供不应用求，“逢源”牌草席等产品远销日本、东南亚、欧美及中东市场。种植面积867公顷，有席草自动编织机1000余台，年编织能力逾千万条，年产值3亿元。2014年，草席产值3亿余元。引进天华农业生产有限公司和两棵树生态农业科技有限公司。

商贸服务业

1952年,衡山县第五区供销合作社设店门前，下辖商业网点6个。1961年，祝融设供销分社。1962年，店门供销分社成为全省供销系统先进单位。2000—2005年,境内商贸服务业有白泥宾馆、白泥休闲山庄、白泥逸趣园等。白泥度假村集休闲垂钓、水上观光和惊险、刺激漂流于一体，人流如织,产业兴旺。2006—2008年,白泥度假村、九观桥水上乐园、衡山九龙峡漂流等旅游项目实现年接待游客15万多人次，年收入800多万元。2011年，有商业网点133个，职工266人；社会商品零售总额9800万元，比上年增长16%；集贸市场2个，年成交额5800万元。2014年，通过争资、筹集，投入40余万元修缮兴建于明朝万历年间的箭楼，投入100多万元开发雷钵峰景区，引进天华公司投资600余万元的生态休闲山庄主体工程开工。镇内有各类商贸企业100家，从业2000余人。餐饮、酒店、美容、美发、休闲、娱乐等业，基本满足居民的生产生活需求。

财政金融

1978年前，乡财政收支由秘书和粮油委员兼管。1979年6月，设人民公社财政室，财经专人管理。后更名镇财政所。2005年，财政总收入180万元。2011年，财政总收入220.7万元。2014年，实现财政总收入390.2万元，完成财政支出419.8万元。

1955年，乡设信用合作社。1958年，生产大队（村）设信用站。2007年后，店门信用社加大对草席种植加工，湘黄鸡养殖、石材加工、新农贸市场建设以及九观湖改造、土菜餐饮等项目加大信贷扶持力度，为客户解决融资难题，实现银企双赢。2014年，店门镇有信用分社2家；邮储代理网点1家，寿险农村服务部1家，寿险服务网点2处,财险服务网点1处。各类存款余额1.6亿元，比上年增长14.3%；各项贷款余额5000万元，比上年增长25%。

基础设施

交通运输

民国18年（1929）,湘粤公路（今107国道）通过境内。1949年后，境内国道先后改铺沥青，二级路标准改造；1984年后，加宽、改直、降坡、铺油，由三级路提高到二级路。1991年后，107国道贯穿店门镇14公里路段与21条村级公路相连。2009年12月，武广客运专线通车，境内长9.45公里。2012年12月，南岳高速公路通车过境。2014年，基本形成以107国道为主干线公路网络，共有村级水泥公路22条，全长110公里，村道21条，总长106公里，其中，新田村、茶园、石门村率先实现组组通水泥路。

邮政通信

清宣统二年（1910），店门前、九观桥设信柜。邮件投递靠人徒步。1949年后，乡村邮件逐步改用单车投递。1972年，始用摩托车接送邮件。2011年，有邮政网点1个，投递点167个，征订报纸532份，杂志365册，业务收入106.3万元。2014年，有邮政支局1家。

民国27年（1938），店门前架通农用电话。1958年，公社装电话总机，电话线通大队。1994年，开通店门农话数字程控电话。2004年，新增小灵通基站覆盖店门镇。2000—2002年，对店门镇模块局交换机扩容9856线。2006—2008年，境内均开通程控电话，联通、移动通信网络覆盖率100%。电信服务网点10个，固定电话用户2800户，移动电话用户15200户，互联网宽带用户400户。2014年，有电信支局1家、电信网点3处、移动网点5处、联通服务网点3处。

供电饮水

1978年，有年发电量35万千瓦时的水电站2个、乡村小水电站4个，大部分社员家庭用上了小水电。1984年，全镇始用大电网供电。2014年，全镇用电量944.77万千瓦时，其中居民用电752.63万千瓦时，工农业用电192.13万千瓦时。

民国时期至1949年后，境内居民多饮用河水、塘水，少数人用井水。2006年后，为提高饮水质量，机关单位、部分居民饮用桶装矿泉水或纯净水。2014年10月，店门自来水厂竣工供水，供水量12万吨，其中，居民用水11.5万吨，非居民用水0.5万吨。

水利建设

1949年后，境内建成能仁寺水库、印山水库。1973年10月九观桥中型水库动工，1976年受益，1984年主体工程竣工。正常库容2880万立方米，给县内11个乡镇、县外3个乡镇供水。至此，全镇有九观桥中型水库，4座小（一）、小（二）型水库和1000余口大小山平塘、堰坝。1979年，九观桥水库蓄水量2657立方米，灌田4133公顷，抗旱118天，年底尚有水量1352万立方米。其灌区率先推出“流量包段，上接下送，量水计方，按方收费，节约奖励，超过加倍”的计划用水经验由国家水利部批转各省、市、自治区推广。1976—1985年，九观桥水库完成3条干渠（总干、左右干渠）长59.66千米的开挖和高标准护砌，以及引水渠一条长4.25千米和支渠17条和长达130.36千米的开挖护砌。架设渡槽134处，长15.415千米；开挖衬砌隧洞173处，长23.939千米。1991年，境内有九观桥中型水库和小型水库4座，山塘1296口。有效灌溉面积1008.2公顷。2006年，九观桥水库大坝维修国资项目启动，财政总投入维修资金900多万元；新建梅桥村水利项目、维修前进村水利基础设施、店门村水源塘水库共计投资200多万元。2009—2013年，共投资2000余万元对九观桥水库节水灌区项目，以及湃水、白露塘2座小（二）型水库进行除险保安，对大小山塘进行维修，扩水、容水面积60余公顷，兴修U形渠2万余米，干渠硬化200米，渠道清淤15000米，硬化山塘121口，受益耕地面积985.33公顷。2014年，投资800多万元的店门水厂全部完工，完成107国道沿线管道铺设及部分进户工程，实现正常供水。

镇村建设

清代前，境内民居有的伐木搭棚，有的筑土墙顶盖稻草、杉木皮，单家独屋，布局零散。清代，多为木板、土木、砖木结构，茅房、平房居多，少数人建有青砖、青瓦住房。民国时期，房屋大体分富户住房、祠堂庙宇、农民住房3类，祝融能仁寺县内著名。1953年后，农民建房甚少，部分将茅屋翻修改瓦房，仍以土木、砖木结构居多。1963年后，生产大队、生产队办公室、文化室、保管室、仓库、学校等公房陆续兴建，大部分茅屋先后改造成瓦房。20世纪70年代后期，农民改建、新建房屋陆续增加，大多系青瓦砖木结构。80年代后，农民收入增加，建房增多，一般为红砖墙、钢筋混凝土结构。1991年后，新建占地1.33公顷、设摊980个的集贸市场招引众多商家从事第二、三产业，为店门经济发展增加活力。2008年7月，店门镇启动小城镇建设规划项目。2010年10月，店门镇城镇开发启动，征地报批3.33公顷，其中市场开发3公顷，政府用地0.33公顷。2014年底，投资7000余万元，兴建的农贸市场对外营业，相关楼盘对外出售。完成柏树、桂花、水口、托塘、梅桥、天鹅、源添7个村200多公顷耕地的国土整理项目。

社会事业

教育科技

民国37年（1948），乡境有保国民学校和私立学校。1950年3月和1951年上半期，公私立小学由人民政府接管。此后，小学数量逐年增多。1957年，创办店门公社农业中学，后并入店门中学。1987年，全镇有小学21所。后因调整布局，学校有所减少。2005年，有小学13所、中学2所，小学适龄儿童入学率100%，初中适龄人口入学率、小升初升学率、九年义务教育覆盖率均为100%。同年，投入教育经费1022万元，其中，财政预算内经费727.97万元，分别比上年增长10.45%、

衡山席草龙

10.59%。2012年，投入223万元新建中心完小综合楼，投入23万元对中心完小、九观小学和源添小学校舍进行维修。2014年，全镇有中学2所、小学5所，共有教师183人、学生1980人。

文化体育

1965年，店门人民公社建立文化站。1982年，建中心文化站。此后，有各类民间文化艺术人员100多人，群众自娱自乐组织5个，皮影戏多次参加市县大赛获好评。1986年6—7月参加全县合唱比赛，合唱团获第三名。11月，选送两幅作品参加全县纪念改革开放30周年诗书画展览，获一等奖、优秀奖各1个。2011年，投资30余万元新建文化站，面积约695.4平方米。内设文化综合室，歌舞排练室，电影放映室。至此，有镇文化站1个，村级文化活动中心22个；文化专业户30户，从业180人；图书室32个，藏书89000册。2012年，店门香火席草龙获衡山赛区一等奖。2014年，镇内9个村成立业余舞蹈队，祝融、梅桥、繁荣、店门、伯务等村重阳节举行庆祝活动。

1949年后，境内有舞龙、耍狮、游泳等传统体育项目。1982年后，境内建龙狮、腰鼓队，开展健身活动。1990年，乡篮球队参加县农民篮球赛夺得第二名。2008年6月，参加两县一区乒乓球比赛，勇夺团体冠军。店门籍柔道运动员刘玉香于1999年、2000年、2004年分别夺得世界冠军、亚洲冠军、全国冠军各1个。2011年，新文化站配健身器材，供群众锻炼身体。2014年，店门镇有小运动场5个，篮球场5个，乒乓球场3个，乒乓球室1个，村级农民健身中心5个，健身路径2条，羽毛球馆1处。

医疗卫生

1952年，创办店门前中医联合诊所。1956年，成立店门中心联合诊所，设诊所7处。1958年后，建公社卫生院。1969年，建平房60平方米。1971年，建楼房320平方米。1979年，配备X光机和丙种刀包等机械。2011年年末，有各级医疗卫生机构23个，其中村卫生室21个，床位35张。专业卫生人员57人，其中执业医师4人，执业助理医师9人，注册护士1人，门诊部以上完成诊疗16500人次，2014年，店门镇有中心医院2所，祝融眼科医院远近闻名，村卫生所21个，共有医护人员43名，床位30张。其中，镇卫生院占地面积1421平方米，总建筑面积5118平方米，有医务人员26人。设内科、妇科、中医科、五官科、心电图室、B超室、脑电图、生化室等科室。

自2006年始，环卫工作以改厕为重点。随后开展宣传活动，用永久性标牌、横幅置于显目处，营造良好氛围。至2014年，保洁工作专人负责，重点路段、重点场所专人负责，全乡环境卫生明显改善。同年，镇财政投入10多万元添置环卫设施。

社会保障

中华人民共和国成立初，人民政府对困难群众予以救助。此后每逢春夏荒、寒冬、灾害，人民政府均予救济。1956年起，“五保”户由农业合作社照顾。1958年由生产队照顾。1978年后，乡社会保障工作由民政助理负责。2011年，城镇最低生活保障支出14.3万元，医疗救助280人次；民政部门资助参加新型农村合作医疗和城镇居民医保支出42400元。农村最低生活保障支出116.3万元，农村“五保”分散供养153人，集中供养42人。有敬老院1所，床位48张。国家抚恤、补助各类优抚对象支出104.8万元。农村危房改造88栋，危房修缮15栋，财政资助93.7万元。新型农村养老保险参保率90%。2009—2013年，共发放“五保”款200余万元，优抚款50万元，社会救助款50余万元，低保款600多万元，危房改造211栋。新农保、农合参保率分别为 90% 和 95% 以上，2011—2013 年，共发放养老金 590 万元。2014 年，落实农村低保 600 多户，1175 人。落实解决零星救助“五保”、贫困、特困、优抚等对象 458 户次，医疗救助贫困患者 50 户次，发放各类救助金 30 余万元。共发放养老金 500 余万元，新农保资金发放实现全覆盖，参合人数 24469 人，住院补偿 681.9 余万元；门诊补偿 115.6 万元。

特色地情

历史人文

方伯务（1896—1927） 店门镇天鹅村人。原名嗣本，易名嗣体，作画署方舟或白雾山人。从衡山县立中学毕业后先后任湖南醴陵县、南县知事公署秘书。1922 年，考入北京艺术专门学校，1924 年，加入中国共产党，1926 年毕业后，留校任助教兼京华美术专门学校讲师，积极从事学生运动和工人运动。在李大钊领导下从事革命活动，任北京市车业工会主席，兼做中共北京地委党务工作。1927 年 3 月 15 日，被奉系军阀张作霖逮捕，同年 4 月 28 日，与李大钊等 20 位革命者就义于西郊民巷京师看守所。葬八宝山革命公墓。遗作有《衡山方舟画册》。

康菊英（1922—1994） 店门镇祝融村人。1951 年，创办全县第一个农业生产临时变工组。5 月，率先在全县建立首个常年互助组。1952 年秋，康菊英及其领导的互助组分别被湖南省人民政府评为特等劳模和特等互助组。10 月，获评全国农业劳模。1958 年后，历任南岳、祝融人民公社副主任、衡山县妇联副主任，湖南省妇联副主任。1959 年，她连任第二届全国人大代表。1978 年后，曾任省政协委员。1993 年，中央电视台摄制《昔日劳模今安在》专题片，介绍她的先进事迹。

风景名胜

雷钵峰（石廪峰） 位于能仁村与南岳区、衡阳县交界处，海拔 1140 多米，为南岳衡山著名的“五峰”之一，山势奇峭险峻，山清水秀，地貌奇特，加上有能仁寺等独特的人文景观，是旅游观光、攀岩的好去处。天华公司已在该处建设生态休闲山庄，进行旅游开发。

名优特产

蔺席系列产品 蔺席系列产品产于逢源草艺开发有限责任公司，主要品种有枕头套、婴儿席、

箭楼湾保家楼

双人席、餐椅垫、室垫等。因其柔软细滑，富有弹性，夏具清凉，冬调室温，四季芳香并具除湿、吸汗、脱臭、杀菌等功效，产品畅销全国各地，出口东南亚等国。

明朝箭楼 位于境内柏树村，又名碉楼。坐东朝西，青砖建成。门窗为石质构造，大门上方呈圆弧状，四周窗棂似箭孔状，窄且条型，排列有序。墙体宽厚、结实，屋檐采用砖角多层外悬檐方式构造。屋檐下有绘画图案，屋面为青瓦结顶，四角悬卷，极具特色。系明朝万历年间（1573—1620）建筑，距今420余年。

九观旅游区 位于店门镇，省级农业旅游示范点，由九观湖、九龙峡漂流、白泥度假村组成。面积2.6平方千米，集灌溉、发电、旅游休闲为一体，山水相映，波光涟漪，游艇垂钓，奇趣盎然。九龙峡漂流全程5千米，落差110米，使用国内最先进双人漂流艇，采用国际流行自助漂流，被誉为“中华五岳第一漂”。白泥度假村，省特色旅游名村，青山环抱，座座小木屋镶嵌其中，放钩垂钓，烹饪自娱。设有星级休闲农庄和农家乐酒家。

（文字供稿：赵浪舟　图片供稿：熊仲荣　彭斌）

贺家乡 >>

政区概况

位置面积

贺家乡人民政府驻地北侧有一座山，相传清乾隆年间（1736—1795），山下均住贺姓人家，后人称此山为贺家山，贺家乡因此得名。贺家乡东靠湘江，南邻萱洲镇，西接店门镇，北临永和乡。乡人民政府驻贺家村。2014年年底，贺家乡南北纵长11公里，东西横跨4公里，总面积52平方公里。

建置沿革

辖区明代属紫盖乡第11都，清属九字，民国21（1932），属第三区。1949年10月，属衡山县第五区；1950年3月，属衡山县第十二区；1952年6月，属衡山县第五区；1953年3月，属衡山县店门区；1956年6月，属衡山县萱洲乡；1958年9月，属东风人民公社（后易名萱洲人民公社）；1961年8月，从萱洲人民公社析出，成立贺家人民公社；1984年2月，更名贺家乡。

行政区划

1984年，贺家乡辖行政村14个，村民小组166个。1990年，辖行政村16个，村民小组166个。2008年，辖行政村16个，村民小组167个。2014年，辖贺家社区1个，居民小组2个；响水、白竹、美丽、高坪、杨柳、花石、壁塘、贺家山、水桥、贺家、依田、清坪、永坪、金坪、桑田、湘江行政村16个，村民小组167个。

自然环境

贺家乡属亚热带季风湿润气候，夏热冬寒，四季分明。年均气温17.6℃，年均降雨量1400毫米左右。境内地势平坦，西高东低。山体横亘于乡境西部，地势由西向东倾斜。境内水路交通便利，湘江流经境内湘江、桑田、金坪、永坪4个村，流程5.7公里。探明矿藏有铅、钨、金、煤、高岭土等矿藏，紫色页岩蕴藏丰富。

人口

1984年，贺家乡总人口3698户15036人。其中，男性7909人，女性7127人。2008年，总人口16897人。其中，男性8854人，女性8043人。2011年，辖区总人口17766人。其中，男性9308人，女性8458人。2014年，总户数4785户，总人口18224人，其中，男性占52.6%，女性占47.4%。人口密度每平方公里350人。

经济发展

经济综述

中华人民共和国成立后，境内农业平稳发展，乡村工业从无到有，商贸服务业逐年增多。1978年改革开放后，农、林、牧、副、渔业发展进入快车道，农民温饱问题全面解决；乡村工业数量迅速增加；商贸网点遍地开花。1995年，全乡工业总产值1412万元，粮食总产量8000吨，农民人均纯收入1203元。2000年以后，农业产业结构调整，瓜、果种植特色突出；乡村工业改制为民营企业，门类增多，效益提升；商贸服务业从业者增多，成交额扩大。2014年，全乡工业总产值5348万元，粮食总产量1.01万吨，财政总收入330万元，农民人均纯收入6048元，人均居住面积38.7平方米。

农业

种植业 民国34年（1945），境域稻谷亩产121.4公斤。1949年，亩产170.44公斤。中华人民共和国成立后，耕作制度与方法逐步得到改进，推广良种，扩大双季稻面积，产量逐步提高。1958年，稻谷亩产215公斤。1970年，亩产409公斤。1978年，亩产575.8公斤。1980年，全乡粮食总产量771万公斤，亩产688公斤。1990年，亩产794公斤。1995年，发展“一优二高”农业，农业总产值3216万元，粮食总产量8000吨。1996年后，在不影响粮食生产的同时，重点推广西瓜良种系列高产栽培技术，拥有优质西瓜、香瓜基地533.33公顷。2002年，全乡开发西瓜基地666.7公顷。2004年，引进礼品瓜、早春红玉、黑美人等良种西瓜，注册“衡山”牌商标，建立万亩无公害西（甜）瓜丰产片，总产量3.16万吨，当年增收5000余万元。2014年，把粮食种植作为农业重心来抓，创新种植技术，全乡农业总产值1.84亿元。

养殖业 中华人民共和国成立后，政府鼓励农民养猪。1970年后，生猪品种向瘦肉型方向发展。改革开放后，农民养殖积极性逐年高涨。1980年，人民公社共养生猪6900头。1998年，全乡共出栏生猪22109头，出笼家禽6.5万羽，产鱼324吨，涌现一批规模养殖专业大户。2000—2005年，衡山黄鸡规模养殖户10户，年出笼家禽30万羽以上。永成鸽业存笼5000对以上，年产值100万元，生猪规模养殖户4户。水

贺家西瓜

贺家香瓜

产品养殖面积133.33公顷，黄泥港等20多公顷水面被开发利用。2008年，贺家乡建畜牧水产养殖协会。2011年，全乡生猪饲养量4.32万头，年末存栏1.69万头；羊饲养量1600只，年末存栏700只；家禽饲养量69万羽。2014年，全乡衡山黄鸡、生猪、水产品等养殖业“一村多品，一乡多业”产业布局初具规模。

林业 中华人民共和国成立后，境内以经济林为主,杂木次之。1958—1960年“大跃进”期间，因大炼钢铁和大办公共食堂影响，森林损失90%以上。1964年始,重点营造杉木林。1976年,美丽、白竹、响水村被列为衡阳地区油茶林基地，将经济林作为营造重点。至1979年，境内新造枣林66.7余公顷。1983年后，农民承包荒山造林，出现诸多个体、联户林场。农户纷纷在住宅四周植树，在责任山上造林。1990年，境内宜林荒山被造林绿化。2001年，退耕还林政策实施，林地面积逐年扩大。2014年，全乡造林26.7公顷，森林总面积2133公顷，森林覆盖率46.5%。

工业

1958年，人民公社建农械厂，部分生产大队建修配厂。因设备简陋，产量质量不高而停停打打。1978年，农械厂和修配厂停办。20世纪70年代末80年代初，社队企业以建筑、运输、加工、篾业为主，共有企业单位40个。1980年，工业总产值32万元。1991年，全乡村办企业总产值2000万元，其中乡办工业产值510万元。1993—1997年，企业总产值逐年提高。1998年，乡村企业总产值4290万元，其中乡办企业产值1020万元。2009—2013年，先后引进兴旺机砖厂、恒丰门花厂、三和玩具厂、依田制衣厂、圣源药材科技有限公司等企业8家。2014年，继续加大招商引资力度,紫色页岩厂、黄泥港养殖基地、贺家门花厂、贺家山玩具厂等实力企业落户乡境，形成服装、采矿、药材、制砖、玩具、米料加工等为主体的工业经济体系。

商贸服务业

1952年底，境内设供销机构。1955年，境内建商业集镇。1958年，境内有东风人民公社供销部,1959年,更名萱洲人民公社供销社。1961年，设贺家人民公社供销社。1983年，贺家设供销分社。20世纪90年代，个体商业迅速发展，供销合作社受到冲击。2011年，随着集镇的增加，人口的增长，全乡有商业网点94个，大小商铺120余家,从业2188人,社会商品零售总额4700万元。2014年,取缔马路市场,建成贺家农贸市场,西瓜、香瓜、猪血桃、秧李等水果倍受欢迎，省内外商贩络绎不绝，年销水果100余吨。

财政金融

中华人民共和国成立后，至1978年，乡财政收支由秘书和粮油委员兼管。1979年，人民公社设财政室，专人管理财经，后更名乡财政所。1980年，人民公社财政实行“定收定支，收入上缴，支出下拨，增收分成，超支不补，一年一定”。1984年，实行“定额上缴，递增包干，超收全留”新体制。1989年，实行“定收定支，收入上缴，支出下拨，超支不补，增收分成，减收分担”。2005年,贺家乡财政总收入114.7万元。2014年，乡财政收入330万元，同比增长38%。

1955年，境内设信用合作社1家。1958年，生产大队（村）设信用站，方便群众存、贷。改革开放后，保险机构下伸乡境。2011年，全乡各类存款余额1.1亿元，各项贷款余额2000万元。2014年，境内有信用分社、人寿保险农村网点、财产保险营销服务网点各1处。

基础设施

交通运输

中华人民共和国成立前，境内陆路有驿道并设驿站。1979年，衡白公路全线通车，境内长5公里。1990年，境内设汽车代办站。1995年，修建美响公路，全长4.8公里，沿途架设桥梁9座。1996—1997年，乡境52公里长的砂石路建成柏油路，耗资75万元。1998年，乡政府投资115万元，全面整修每一条进村公路，依湘公路加铺砂卵石，形成交通运输网络。2000—2005年，新建农村客运站1个，硬化道路20余公里，绿化公路2.2公里，实现村村通公路。2006—2008年，硬化公路21.386公里，客运站日发客运汽车38班次，日客运量540余人次。2009年后，全乡硬化乡村公路50余公里，衡萱公路贺家段硬化任务完成。2012年，南岳高速公路建成通车，境内长3.6公里。2014年，硬化乡村公路30余公里。

邮政通信

清宣统二年（1910），境内设信柜。中华人民共和国成立初，邮政投递仍靠步投。1968年，邮件投递改用单车。1972年，始用摩托车接送邮件。1984年，境内有干线邮路班车经过。1998年，设邮政代办所。2011年年末，全乡有邮政投递点163个，征订报纸540份，杂志365册。2014年，有邮政所1家，邮政代理点16处。

1958年，人民公社配电话总机，电话通生产大队。1995年，贺家乡第一个移动通信网络基站落成。1997—1998年，全乡架设程控电话线路96千米，装机164台。2011年，全乡电信服务网点10个，固定电话1600部，移动电话900部。2014年，全乡有电信支局1家，电信网点2处，移动网点、联通服务网点各3处。宽带网络实现全覆盖。

供电饮水

1972年，衡山大电网始向贺家街区少量用户供电。1984年，全乡居民普遍用电灯照明。1992年，实现全乡电网全覆盖。1999年，萱洲变电站建成，并向贺家乡供电。2006年，农村电网改造工程电力设施日臻完善，城乡同网同价。2013年，第二期电网改造升级工程开始实施。2014年，全乡农村电网改造任务100%完成。

中华人民共和国成立前，境内居民多饮用河水、井水，少数人用塘水。1990年，新建前街井。2000年，投资40余万元，新建饮用水工程2处。2001年后，机关单位、部分社区居民饮用桶装矿泉水或纯净水，大部分村民自打机井抽水至自制或金属水塔，安装水管龙头，使用家庭式自来水。2009年，贺家山村安全饮水工程顺利完工并投入使用。2010年，萱洲水厂向贺家社区、依田村等居民家庭提供自来水。2014年，萱洲水厂向贺家乡境内536户家庭提供自来水。

水利建设

中华人民共和国成立后，农民自发组织起来，依靠集体力量，兴修水利，恢复塘坝。1971年，修建大园江防洪堤2.5千米，保护面积73.33公顷。至1980年，共筑防洪堤8千米，修建电灌站4处，建小（一）型水库1座，小（二）型水库7座，有山平塘1128口。九观桥水库右干渠湘江、响水支渠过境，全长8000米，有效灌溉面积666.7公顷。1988年7月，金光冲小（一）型水库消力井突然穿孔。随后抢修恢复。1992—1995年，建成清坪电灌站办公大楼并增添电排设备，硬化渠道3.5千米，硬化山平塘20余口。1997—1998年，依田村硬化渠道3.5千米，硬化山平塘塘基水坡20多口。为建大源渡库区工程，共征地58.67公顷，移民18人，建桥梁3座。2000—2005年，加高加固湘江堤段，硬化山平塘20余口，维修水利设施20余处。2006—2008年，修筑防洪堤8千米，建电灌站4处。2009—2013年，贺家乡护砌湘江防洪堤2处，维修水利设施10处，硬化渠道5000余米，硬化山平塘15口；完成贺家村及周边村农田整理工程，2千余亩水田的渠道全部硬化，实施藕塘水库大灌浆加固工程。2014年，全乡维修水渠6千米，硬化骨干山平塘6口，护砌湘江村龙凤闸河堤。

乡村建设

中华人民共和国成立后，无房、少房农户分到房屋，部分农民将茅屋翻修成瓦房，仍属土木、砖木结构。1958—1960年，个别地方建土木结构平房居民点。20世纪70年代后期，农民改建、新建房屋陆续增加，大多系红砖青瓦砖木结构。1984年，县规划部门同意贺家乡设立小集镇。2008年后，新建贺家农贸市场，“马路市场”成为历史。2009—2013年，贺家山老街改造任务完成，政府办公大楼兴建，占地面积0.4公顷，建筑面积2500平方米。金坪、依田、璧塘等10个村电气化建设项目完成，耗资500多万元。2014年，乡政府办公大楼竣工启用。70%以上村民住进红砖混凝土结构新房，行政村均建有办公场所。

社会事业

教育科技

民国37年（1948），境内有第三保国民学校。中华人民共和国成立后，公私立学校由人民政府接管。此后，小学数量逐年增多。1969年，创办中学1所，公办小学全部下放大队办。1980年，有中学1所，小学13所，教师117人，在校学生2538人，生产大队始办学前幼儿班。1987年，全乡有中心小学1所，村校12所，教职工60人，44个班，小学生1452人。中学1所，教职工29人，8个班，学生397人。1993年，兴建中学教学大楼。1998年，全乡适龄儿童入学率99.8%，小学生年巩固率、毕业生升学率分别为99.4%和94%；初中生毕业合格率96.4%，升学率44.2%。2000—2005年，建教学楼1栋，设远程教育点10个。2009—2013年，新建中学综合公寓楼，篮球场、厕所、校门，硬化进校道路，改建中心学校饮水工程，建远程教育站点17个。2014年，全乡中学、完全小学各1所，村校6所，幼儿园12所。教职员工192人，在校学生1642人。

文化体育

中华人民共和国成立初，境内有民间乐器、书法、绘画等文化活动。1952年，建新衡花鼓戏剧团。20世纪60年代中期至70年代中期，架设县城至人民公社木杆广播专线。1965年，人民公社建文化站，设不脱产文化辅导员1人。1971年初，人民公社建广播站。1980年，人民公社设文化站、电影队和皮影戏班。1982年，建中心文化站。1989年，村组始建文化室。2009—2013年，全乡共有广播电视站1个，电视综合覆盖率100%；文化站1个，文化专业户16户，从业120人；图书室21个，藏书4.8万册。2014年，全乡16个村均有文化室、图书室，藏书3万余册。

中华人民共和国成立后，境内体育活动有耍龙、舞狮、游泳等。改革开放后，体育活动逐年增多。一年一度的龙舟赛如期举行，并为省、市、县各级体育运动输送体育专业人才25名。至2005年，全乡新建村级活动场所3个。2009—2013年，全乡共整修村级活动场所6个，新建村级活动场所5个，体育场地20个。2014年，成立腰鼓队、广场舞队。全乡有健身活动场所16处，设备齐全。

贺家乡赵家堆宋代窑遗址出土的部分陶瓷器

有小运动场3个，篮球场4个，乒乓球场2个，羽毛球场2个，村级农民健身中心2个，健身路径2条。

医疗卫生

中华人民共和国建立后，创办贺家中医联合诊所。1958年，创办人民公社卫生院。1975年，建院舍230平方米。1978年，建楼房、杂屋共计570平方米。2002年，县红十字会在响水村设红十字分会。2005年，全乡有卫生院1所，医疗点5个，医护人员23名，农民合作医疗参与率31%。2006—2008年，改造乡卫生院，建村级医疗点2个。2008年，全乡新农合受益面34%，共报销费用91万元。2009—2013年，新建村级医疗点2个。全乡有医疗卫生机构18个，其中村卫生室16个，床位33张。专业卫生人员39名，其中执业医生3人，执业助理医生4人。新农合参合率98.26%。2014年，乡卫生院设内科、外科、妇科、五官科、防疫等医疗科室。全乡有村级医疗卫生室12个，配备具有医师资格的专业医生。新农合作参与率100%。

进入21世纪，为搞好乡村环境卫生工作，全乡以贺家山为点，规范市场管理，配备环卫设施，招聘保洁员定期打扫，环卫工作明显改善。各社区、村组分别招聘环卫工人，添置垃圾车、斗，定期进行卫生评比。至2014年，全乡环卫状况明显改观。

社会保障

中华人民共和国成立之初，人民政府对困难群众予以救助，以粮食和物资为主。1956年起，“五保”户由农业合作社照顾，1958年由生产队照顾。改革开放后，社会保障工作由民政助理负责办理。2006年后，建立完善农村“五保”对象和特困户台账，及时发放优抚对象优待金。2008年，新建生态园林式敬老院1所。全乡农村低保受益群众453人，新增五保户27人，对9户农村困难家庭实行大病救助。新增农村“安居工程”6户，发放库区移民扶持资金64万元。2009—2013年，新增低保人员920余人，低保对象补助标准提高，新增“五保”户40多户。投入40余万元改扩建乡敬老院。2014年，全乡特困、“五保”、低保、优抚、救助、新型农村合作医疗、新型农村养老保险等社会保障体系健全。

特色地情

宋代古窑遗址 位于湘江村。1982年，衡山县文物部门会同省、市文物部门，在湘江村草坊、平塘、莲花3个组交界处的瓦子段进行发掘，共发掘宋窑5座，出土大量陶瓷器中，有坛、罐、碗、钵、盘、杯、瓶、壶及器皿，其色有单绿、深绿、黑褐、深灰、赭黄、淡黄、浅红，表底两面有精致的龙、凤、兽、虫、花草等图案，有的印有“庆”“丰”“金玉满堂”等宋体字。宋代衡山窑工艺精巧，着色极具特色，其“粉上彩釉绘花”用彩方法，是国内古代陶瓷工艺新品种，打破传统“南青北白”陶瓷工艺格局，对湖南及其以外地区产生较大影响，颇具研究价值，被国家、省、市陶瓷专家高度赞誉。

黄夫人墓 位于依田村丁家岭。黄夫人系元延祐二年（1315）乙卯科状元、邑人何克明之母。该墓修于元至元六年（1340），清道光九年（1829）重修。石刻联“一代文臣生有自，三朝望族聚于斯”。

（文字/图片供稿：熊仲荣 王文成）

永和乡 >>

区域概况

位置面积

永和乡为千年古县衡山县的故址。大源渡航电枢纽工程坐落此地。1995 年，由沙头乡和新场市乡合并而成。取永远祥和之意，故名。永和乡东靠湘江，南临贺家乡，西接店门镇，北界开云镇。乡政府驻上林村。2014 年年末，辖区东西最大距离 11 公里，南北最大距离 13 公里，总面积 67.85 平方公里。

建置沿革

境域明代属紫盖乡第 11 都，清代属九字，民国 21 年（1932），属衡山县三区。1949 年 10 月，属衡山县第五区；1950 年 3 月，属衡山县第十一区；1952 年 6 月，属衡山县第五区；1953 年 3 月，属衡山县店门区；1956 年 6 月，设松坳乡；1958 年 9 月，与萱洲乡合并，成立东风人民公社，次年 3 月，更名萱洲人民公社；1961 年 3 月，从萱州人民公社析出，成立沙头人民公社；1984 年 2 月，更名沙头乡；1995 年 5 月，与新场市乡合并，设立永和乡。

行政区划

1984 年，沙头乡辖行政村 13 个，村民小组 127 个。新场市乡辖行政村 13 个，村民小组 117 个。1990 年，沙头乡辖行政 13 个村，村民小组 136 个。新场市辖居委会 1 个，居民小组 4 个；村 12 个，村民小组 114 个。1995 年，永和乡辖居委会 1 个、村 24 个。2008 年，辖社区 1 个，居民小组 4 个；村 24 个，村民小组 260 个。2014 年，辖宝龙、新市社区 2 个，居民小组 7 个和黄周、花岭、沙头、茶石、松柏、龙凤、松坳、沙坳、龙堰、永田、上游、上林、咸宜、新场市、双港、金冲、文桥、宝米、双凤、林子、岭峰、狮球、老林、永和行政村 24 个，村民小组 258 个。

自然环境

境内属亚热带季风湿润气候。其特点四季分明，春秋气候温和，夏季炎热。雨量充沛，水热基本同季；热量充足，光照充裕，无霜期长。年均气温 17.9℃，年均生长期 308 天，年均无霜期 291 天，年均日照 1503 小时，年均降水量 1429 毫米，年平均降雨日数为 154.3 天。主要自然灾害有旱涝、风灾、低温、霜冻、雷击等。境内地貌以丘陵为主，地势略为西高东低，南高北低，地面高度一般在海拔 300 米。湘江流经境内长 13.2 公里。矿产资源丰富，有石英石、紫色页岩、紫砂陶等。

人口

1984年，沙头乡总人口12795人，其中，男性6705人，女性6090人。新场市乡总人口11658人，其中，男性6109人，女性5549人。2008年，辖区总人口2.9万人。其中，男性15196人，女性13804人。2011年，辖区总人口29848人。其中，男性15640人，女性14208人。2014年，辖区总人口30726人。其中，男性16105人，占52.4%；女性14621人，占47.6%。人口密度每平方公里453人。

经济发展

经济综述

中华人民共和国成立后，境内农业逐年发展，乡村工业由少到多，商贸服务业逐步兴起。1978年改革开放后，农、林、牧、副、渔业全面发展，农民温饱问题在土地承包后彻底解决，化工、建筑业声名鹊起，个体商贸服务业迅速发展。1995年，全乡工业总产值2048万元，粮食总产量12156吨，农民人均纯收入1578元。2000年后，农业朝名、优、特、新方向发展，成效明显；民营企业成为乡村企业主力军，门类逐年增多；商贸服务业数量扩大，成交金额提升。2014年，全乡工业总产值1.2亿元，粮食总产量2.99万吨，财政总收入538.1万元，农民人均纯收入6300余元，人均居住面积42.3平方米。

农业

种植业 1949年，水稻产量低，1950年亩产仅174公斤。1959—1961年，因自然灾害，水稻产量呈下降趋势。1962年始，粮食产量回升。1970年亩产409公斤。1975年，试种杂交水稻，1978年亩产575.8公斤。从1985年起连续6年获得丰收。1995年，亩产710.91公斤。2002年，在松坳村创办超级稻超高产栽培示范点，亩产778公斤。2003年，松坳村实施国家863科技攻关计划“智能化农业”项目，重点实施“金合欢推广”“龙须草引种示范”“日本藺草引种示范”。2011年，全乡经济作物种植533公顷，产量3750吨。油料作物种植1167公顷，产量1667.8吨。农业总产值2.19亿元，粮食总产量13400吨，人均448公斤。2014年，培养种粮大户24户。全年生产粮食29848吨，人均500公斤。全乡拥有产业化基地5处，各种专业合作15家。

养殖业 1949年，政府鼓励农民养猪。进入20世纪90年代，养殖业快速发展。1997年，涌现家养猪500头以上和养鸡1000羽以上专业户。2011年，全乡生猪饲养1.52万头，年末存栏0.95万头；羊饲养量2300只，年末存栏1100只；家禽饲养量83万羽，禽蛋产量895吨。2014年，生猪饲养量1万头，年末存栏0.2万头；羊饲养量4700只，年末存栏1800只；家禽饲养量110.93万羽。水产养殖面积1万平方米，出产水产品5吨。

林业 1949年后，境内山林以经济林为主，杂木次之。1958—1960年，受大炼钢铁、大办公共食堂影响，森林损失90%以上。1964年始，重点营造杉木林。1976年始，将经济林作为营造重点。至1979年，新场市、沙头人民公社有新老枣林66.7公顷。1983年后，农民承包集体荒山，个体、联办林场不断涌现。农户在住宅四周植树，在责任山上造林。1990年，境内消灭宜林荒山。2001年，实施退耕还林政策，造林面积逐年扩大。2014年，茶石村老板姚乐贵投资300余万元，完成20公顷冬枣种植及暖棚搭架任务。全乡造林267公顷，森林总面积1400公顷，森林覆盖率38.42%。

永和乡优质稻基地

工业

民国 29 年（1940），湖南大学校长胡庶华集资在沙头建湘华铁厂。因品种单一、产量不高，于 1949 年停产。1950 年，县人民政府恢复湘华铁厂，年产生铁 320 吨。1966 年 2 月，转产农药。1978 年，两个产品先后获部、省优产品称号。至 20 世纪 70 年代末，新场市人民公社和沙头人民公社分别拥有集体企业 46 家和 36 家。1980，两个公社社队企业总产值分别为 27.5 万元和 86 万元。1984 年 5 月，更名后的湘华化工厂产品销往全国 15 个省区，出口多个国家。1989 年，湘华化工厂 3 个产品分获部优产品称号。1991 年，沙头乡塑料龙头产品、高档“衡岳牌”油墨畅销省内外。1998 年，再度更名后的天宇农药化工股份有限公司总产值 1.4 亿元，销售收入 1.3 亿元；产品畅销全国 22 个省、市、自治区，远销美国、日本、泰国、越南、新加坡等国家。1995—1998 年，全乡引进资金 1000 万元，新建、扩建与湘江大源渡枢纽工程建设有关的采石场、机压红砖厂等建材企业。此后，因市场竞争激烈，天宇公司破产。

2000—2005年，全乡通过“改制”和招商引资，民营企业增加到20余家。2008年，全乡实现工业销售收入7.8亿元。2013年，全乡实现工业销售收入1.2亿元，利税8000多万元，安排就业7533人。2014年，实现工业增加值1000万元。全乡有企业13家，形成规模建筑、矿业、烟花鞭炮、建材、农药化工、农产品加工等6大支柱产业。

商贸服务业

1952年年底，乡境设供销合作社。1955年，境内辖商业集镇6个。1958年,人民公社设供销部。1961年，设人民公社供销社。1983年，新场市人民公社设供销分社，沙头人民公社设供销分社和百货商场。进入20世纪90年代，个体商业发展迅速，供销合作社销售总值连年下降。2011年，永和乡有城乡集贸市场2个，商业网点115个，职工230人，社会商品零售总额5700万元，年成交额2200万元。2014年，全乡有商业网点126个，从业272人；社会商品零售总额6100万元；城乡集贸市场2个，年成交额2600万元。

财政金融

1949—1978年，乡财政收支由秘书和粮油委员兼管。1979年，人民公社设财政室，专人管理财经，后更名乡财政所。1980年，人民公社财政实行“定收定支，收入上缴，支出下拨，增收分成，超支不补，一年一定”。1984年，实行“定额上缴，递增包干，超收全留”新体制。1989年，实行“定收定支，收入上缴，支出下拨，超支不补，增收分成，减收分担”。2008年，永和乡实现财政收入402万元。2013年,实现财政收入513万元。2014年，财政总收入538.1万元。

1955年，境内设信用合作社2家。1958年，生产大队（村）设信用站。改革开放后，保险、邮储机构下伸乡境。2011年，金融机构存、贷款分别为1.5亿元和2000万元。2014年，全乡有信用分社3家，人寿农村服务部1家，邮政储蓄代理网点、人寿保险农村网点、财产保险营销服务网点各1处。

基础设施

交通运输

1949年前，境内有驿道并设有驿站，通衡阳县境。1958年，兴建县城至湘华化工厂公路。1979年，衡白公路全线通车过境。境内沙头港有码头、泊位各1处。1995—1998年，湘江大源渡航电枢纽工程新建的工程船闸可通100吨级船舶；此后修建的坝顶公路桥，可通行载重20吨汽车。2003年，全乡实现村村通公路，组组通机耕路。2006—2013年，全乡硬化村级公路100公里。2014年，全乡有货运码头5个，客运码头2个。南岳高速途经乡境5个村，县道衡萱公路贯穿全乡。

邮政通信

清宣统二年（1910），境内设信柜。民国2年（1913），邮件传递沿用驿站旧线路，投递主要靠人工步行。1953年后,境内设邮电所。1968年，邮件投递改徒步为单车。1984年，境内有干线邮路汽车班经过。2011年，全乡有邮政网点1个，投递点198个，征订报纸718份，杂志541册。2014年，全乡有邮政局支局1处，代办所26处，邮政业务总量590万元，报纸、杂志累计发行1.3万份。

1958年，在人民公社配电话总机，电话通生产大队。1995年10月，永和400门程控电话开通使用。1997年4月,花岭村名列全省第四批“达标电话村”名单。1998年，邮政电信分设，永和设电信支局。2014年，全乡有电信支局1家，电信网点10处，固定电话1.4万户，电话普及率96%，互联网用户0.9万户，全年电信业务收入1100万元；有移动营业部1家，移动网点3处，移动电话1.9万户，联通服务网点3处。

供电饮水

20世纪50年代，湘华铁厂以煤发电为境内用电之始。1972年，衡山大电网开始向境内部分居民供电。1984年，境内居民普遍用电灯照明。1992年，实现全乡电网覆盖。为配合大源渡航电枢纽工程兴建，大源渡变电站于1996年1月竣工送电。1997年1月，湘江大源渡110千伏并网线与衡山电力局110千伏巾峰变电站并网，并由湘江航运开发公司移交衡山电力局管辖。2014年，全乡居民全部使用高压电，与城镇居民同网同价。

1949年前，境内居民多饮河水、井水，少数村民饮塘水。1949年后，湘华铁厂（湘华化工厂）以电抽井水向厂内供应部分自来水。改革开放后，境内居民将机压井水抽入自制水塔，形成家庭自来水。2006—2008年，全乡实施人饮水工程，家庭自来水户数量大幅增加。2010年，投资200万元对自来水厂提质增容。2014年，境内集中居住区居民均用上自来水。

水利建设

1949年后，农民自发组织修复塘坝。1956年后，水库建设改投资包干为民办公助。1964年，小（一）型上游水库竣工，总库容125.2万立方米，灌溉面积106.67公顷。 1968年，光明水库建成，总库容172.5万立方米，灌溉面积173公顷。1967年，修龙荫港闸门。1968—1971年，修建龙荫港防江堤，长1.27千米，保护面积233公顷。1980年，境内有小（一）、小（二）型水库各3座，山平塘1909口，沿湘江筑防洪堤17千米，电力排灌站6处。九观桥水库右干渠与境内山塘水库配套，有效灌溉面积889公顷。1994年，全乡投入劳动工日10万个，耗资20万元，重修湘江防洪堤，建设标准塘359口。1995年12月20日，湘江大源渡航电枢纽工程在永和村开工。2006—2008年，全乡共完成投资240余万元，对水库进行除险保安。兴修U形渠22500米，硬化干渠1000米，渠道清淤15000米，硬化山平塘121口。2009—2013年，全乡共完成投资8000余万元，对水库进行除险保安，平整土地323.47公顷。2014年，全乡耗资近100万元，为4处小型水库除险加固，维修光明支渠，对50口山坪塘予以清淤，修建、硬化田间道路近30公里。

乡村建设

民国时期，境内村庄房屋大体分富户住房、祠堂庙宇、农民住房三类。20世纪50年代初，无房农户分到住房。1963年后，农民住房大多系土砖青瓦砖木结构。20世纪80年代后，农民收入增加，建房大部分为红砖混凝土结构。1984年，编制新场市、沙头乡房屋建筑规划，两个乡按各自特点建设小型集镇。1998年，大源渡航电枢纽工程建成，新的居民聚居区建成。2006—2008年，定新场市为小城镇开发中心。随后，搬迁马路市场和乡行政中心，集中安置南岳高速公路拆迁户，新场市成为全乡经济、政治、文化中心，小城镇建设初具雏形。2012—2013年，投资20多万元对新市社区进行亮化、绿化。2014年，全乡对三角坪脏、乱、差进行彻底治理，拆除房屋3栋，安装暗渠500米，搬迁新场市卫生院。

社会事业

教育科技

民国37年（1948），境内有保国民学校2所。新中国建立初，境内有完小1所，初小4所。此后，小学数量逐年增多。1969 年，创办中学 1 所，农村公办小学全部下放大队办。1987 年，新场市乡有中学、中心小学各 1 所，村校 11 所，教职员工 75 人，51 个教学班，在校学生 1610 人；沙头乡有中学、中心小学各 1 所，村校 10 所，教职员工 88 人，56 个教学班，在校学生 1825 人。1993—1997 年，兴建永和一中教学大楼，开辟学体育运动场地。1998 年，全乡 3 ~ 6 周岁幼儿人园（班）率 66%，超过县均 11 个百分点。咸宜、文桥、松坳等 3 个幼儿园被评为市级合格幼儿园。小学生入学率 100%，年巩固率 99.97%；初中毕业合格率达 99.5%。2005 年，全乡有中学 2 所，小学 12 所，教师 167 人，在校学生 2923 人。2011 年，全乡初中适龄人口入学率、小升初升学率、九年义务教育覆盖率均为 100%。2014 年，全乡有幼儿园 2 所，小学 4 所，初中 2 所，小学适龄儿童入学率 100%；初中适龄人口入学率、小升初升学率、九年义务教育覆盖率均为 100%。

文化体育

清咸丰年间（1851—1861），民间流行的花鼓舞、采莲舞均以境内老粮仓、沿江一带为背景。1957 年，《双采莲》获湖南省一等奖。20 世纪 60 年代初，架设县城至人民公社木杆广播专线。1965 年，人民公社建文化站，设不脱产文化辅导员 1 人。1971 年初，人民公社建广播站。1980 年，人民公社设文化站、电影队和广播站。1982 年，建中心文化站。1989 年，各村组始建文化室。2011 年，全乡有文化站 1 个，村级文化活动中心 26 个；文化专业户 13 户，从业 150 人；图书室 31 个，藏书 7.7 万册；广播电视站 1 个，电视综合覆盖率 100%。2014 年，全乡有文化站、广播电视站各 1 处，有村级文化活动中心 26 处，各类图书室 26 个。

1949 年后，境内体育活动以耍龙、舞狮、赛龙舟为主。改革开放后，球类、健身、广场舞逐年推广，中小学体育代表队从县运动会上夺回诸

狮球村 150 余年的桂花树

多奖牌。1981年端午，衡山、衡东13艘龙舟于湘江竞赛，老林、沙头、茶石村代表队参赛，老林代表队仅以一秒之差屈居第二。1998年，全县举办“观湘杯”龙舟赛，花岭村代表队获冠军。同年10月，全国第九届“屈原杯”龙舟赛在上海举行，花岭村代表湖南队前往参加。2000年7月，沙头村龙舟队代表衡阳市参加湖南省首届龙舟大奖赛，获第三名。2014年，全乡有小运动场7个，篮球场3个，乒乓球场3个，羽毛球场4个，村级农民健身中心7个，健身路径1条。

医疗卫生

1952年，境内创办会诊所。次年，创办新场市中医联合诊所。1975年，兴建沙头人民公社卫生院。1984年，更名沙头乡卫生院。1984年初，兴建新场市公社卫生院，后更名新场市乡卫生院。2005年，两乡卫生院合并为永和乡卫生院，新建门诊大楼，全面实施新型农村合作医疗。2006—2008年，共收取合作医疗费90余万元，农民实际受惠230多万元。2011年，全乡有医疗卫生机构26个，其中村卫生室24个，床位45张。专业卫生人员54人，其中执业医师7人，门诊部以上完成诊疗1.37万人次。新型农村合作医疗参合率97.1%。2014年，全乡有医疗卫生机构25个，固定资产总值298万元。专业卫生人员29名，其中执业医师6人，参加新型农村合作医疗3.11万人，参合率97.22%。

自2006年始，环卫工作以改厕为重点。随后开展宣传活动，用永久性标牌、横幅置于显目处，营造良好氛围。至2014年，保洁工作专人管理，重点路段、重点场所专人负责，全乡环境卫生明显改善。

社会保障

中华人民共和国成立初，人民政府对困难群众予以救助，以粮食和物资为主。1956年，“五保”户由农业合作社照顾，1958年由生产队照顾 。1978年后，社会保障工作由民政助理负责。2006年后，建立和完善农村“五保”对象和特困户台账，及时发放优待金。2006—2008年，全乡共发放“五保”款77万元，帮助其免费参加农村合作医疗，对65人实施大病救助，发放优抚款37万元，社会救助款21万元，低保款50多万元，新建爱民房29栋。2009—2013年，共发放“五保”款200余万元，优抚款50多万元，社会救助款50余万元，低保款600多万元，危房改造211栋。2014年，全乡有城镇最低生活保障户数345户，833人，支出199.9万元；医疗救助305人次，民政部门资助参加合作医疗2160人次，共支出12.96万元；农村最低生活保障户数645户，1327人，支出183.13万元；国家抚恤、补助各类优抚对象110人，支出90.7万元；社会福利费支出86.43万元。全乡有敬老院1所，床位45位，收养农村“五保”人员24人。参加农村社会养老保险13819人，收取保金156万元，参保率91%。

特色地情

大源渡航电枢纽工程与老县城遗址　1995年11月，湖南省湘江航运公司在境内永和乡老粮仓地域修建大源渡航电枢纽工程。此工程西岸为晋惠帝永熙元年（290）县城所在地。省文物部门按《文物保护法》于施工前进行抢救性发掘，共发掘清理古县城遗址2座，出土大批古墓葬，墓内随葬品有石斧、钺、剑等物。

龙荫桥　位于永和乡龙荫港。相传数条蛟龙隐身于此，常年驱洪逐旱。为感谢蛟龙为民造福之恩。明成化十六年（1480）2月，郡守何瑜主

大源渡航电枢纽工程

持修建龙隐桥，次年3月竣工。时为石桥，高1丈余，宽1.7丈，长为高的3倍。既利龙隐身又利人过渡，后塌。清康熙时，县令李长祚令葛亮臣再建。日久又塌。乾隆时，县人捐资修复，更名龙荫桥。1974年，衡白公路穿桥而过。1999年8月，因大源渡库区水位提高，在其旧址重建，2001年竣工。

（文字/图片供稿：熊仲荣　王文成）

沙泉乡 >>

区域概况

位置面积

沙泉乡因境内土质含沙较多，且有数处含沙涌泉而得名。北界湘潭县茶恩寺镇，西接南岳区，东南与福田铺乡、长江镇和开云镇相连。乡人民政府驻泉水村。2014 年年底，沙泉乡总面积 43.76 平方公里，东西最大距离 8 公里，南北最大距离 11 公里。

建置沿革

境内明代属紫盖乡第六都，清属于字。民国 21 年（1932），属第一区。1949 年 10 月，属衡山县第六区；1952 年 6 月，属衡山县第二区；1953 年 3 月，属衡山县沙泉区；1956 年 6 月，撤区并乡，设沙泉乡；1958 年 9 月，与白峰乡合并设和平人民公社；1959 年 3 月，与曙光人民公社合并为沙泉人民公社；1961 年 3 月，析出福田、望峰、岭坡 3 个人民公社；1984 年 2 月，更名沙泉乡；1995 年 5 月撤区并乡时，原宋桥乡的幸福、界塘、柳树、世上、桂花、石狮 6 村并入沙泉乡。

行政区划

1984 年，沙泉乡辖行政村 13 个，村民小组 115 个，居委会 1 个。1990 年，沙泉乡辖行政村 13 个，村民小组 115 个；居委会 1 个，居民小组 2 个。1995 年，沙泉乡辖行政村 19 个，村民小组 198 个。2014 年，全乡辖沙泉街社区 1 个，居民小组 2 个和上角、世上、双全、石狮、建华、建塘、界塘、种福、桂花、茹家、石台、幸福、柳树、山田、泉水、旺冲、岳狮、金台、水口行政村 19 个，村民小组 199 个。

自然环境

沙泉乡属亚热带季风湿润气候，年均气温 17.6℃，年均降雨量 1400 毫米左右。境内中部盆地，三面丘陵，地势略为东高西低，南高北低。乡内水资源丰富，4 条溪流自南、西北分别向中部汇集成金边河，自境内流经开云、长江镇入湘江。湘江支流荆陂河自西南向东北流经境内 5 个村，长 6.5 公里。地下矿泉水多为优质饮用水。主要矿藏有石英砂、青石、花岗石等。

人口

1984 年，沙泉乡总户数 2433 户，总人口 9967 人。其中，男性 5183 人，女性 4784 人。2008 年，总人口 1.99 万。其中，男性 10348 人，女性 9552 人。2011 年，辖区总人口 20565 人，其中，男性 10681 人，占 52%；女性 9884 人，占 48%。2014 年，全乡总户数 5704 户，总人口

20915人，其中男10929人、女9986人。人口密度每平方公里478人。

经济发展

经济综述

中华人民共和国成立后，境内农业稳步发展，手工业加快发展，集体商贸业为农民提供服务。1978年改革开放后，农、林、牧、副、渔业全面发展，农民温饱问题得到解决；乡村工业异军突起，橡胶产品闻名省内外；个体商贸服务业快速发展。1995年，全乡工业总产值8328万元，粮食总产量11494吨，农民人均纯收入1672元。2000年以后，农业朝名、优、特、新方向调整；乡村工业改制，为民营企业所取代，制造、加工等门类生机勃勃、商贸服务业网点增多，从业人员增多，效益提升。2014年，全乡工业总产值1.05亿元，粮食总产量1.2万吨，财政总收入420万元，农民人均纯收入7580元，人均居住面积48平方米。

农业

种植业 中华人民共和国成立后，粮食产量逐年提高。20世纪60年代后期，普及水稻良种，推广杂交稻，增加化肥用量，农业发展较快。1977年，粮食亩产505.5公斤。80年代初，实行家庭联产承包责任制，粮食生产跃上新台阶。1980年亩产658.5公斤。1983年亩产695公斤。2000年，全乡实现水稻优种率100%。此后，全乡着力调整农业产业结构，鼓励种植双季稻。2011—2013年，继续加强粮食综合生产能力建设，对种植1公顷以上双季稻的种粮大户每户奖励1000元，种植2公顷以上的除奖励之外还全额补助水稻保险投保费。共投入粮食生产工作经费70.6万元。2014年，沙泉乡被评为全县粮食生产先进乡。

养殖业 中华人民共和国成立后，政府鼓励农民养猪。1972年，全乡生猪户均1.44头。1979年，全乡实现一亩耕地一头猪目标。20世纪80年代，出现一批养猪专业户。1987年，生产二元和三元杂交猪。1990年，大部分农户饲养瘦肉型商品猪。1998年，全乡出栏生猪25340头，出笼家禽19.2万羽，出捞水产品383吨。至2008年末，全乡形成粮油加工、白薯种植、席草种植、生猪养殖、衡山黄鸡养殖5大产业。2011年，全乡生猪饲养量43200头，年末存栏16900头；羊饲养量1900只，年末存栏900只；牛饲养量1500头，年末存栏1100头；家禽饲养量70万羽，禽蛋产量65.2吨。2014年，全乡有家庭农场和农业合作社16个，养猪、养牛、养羊大户40户。

林业 1954年，境内桂花乡（今桂花村）造示范林200亩。1958—1960年，因大炼钢铁、大办公共食堂影响，森林损失90%以上。1964年，重点营造杉木林20余公顷。次年，桂花生产大队林场兴办，开全县队办林场先河。1973年，推广挖沟、撩壕、抽带、打穴造林新模式，造林成活率逾95%。至1979年，桂花生产大队林场累计造林2656亩，立木总蓄积量3451立方米。年生长量217立方米。1983年后，农民承包集体荒山，个体、联办林场大批涌现。农户在住宅周围植树，在责任山上造林。1990年，境内宜林荒山被绿化，桂花村林场成为全县规模较大林场。2001年，退耕还林政策实施，林地面积逐年扩大。至2014年，全乡造林28公顷，封山育林85.3公顷，改造低产林86.6公顷，抚育中幼林166.7公顷。

工业

1954年，境内成立宋桥禾镰锻造组。1955年，在生产禾镰基础上试制新产品耒禾器30.33万件，畅销省内外。1966年4月，禾镰生产基地迁县城。1978年，橡胶厂，塑料一、二厂，编织厂、建筑队成为全乡骨干企业。1980年，沙泉橡胶厂建成投产，产值27万元，叶轮定子获省优产品，社队企业总产值69.2万元。1985年，全乡工业产值过100万元。进入90年代，乡办骨干企业有橡胶加工业、交通运输业和建筑建材业。其中，沙泉橡胶厂成为国家煤炭部生产阻燃风筒和防水卷衬定点厂家。1990年，沙泉橡胶厂成为湖南省预备级企业，产值365万元。1995年，橡胶厂、泉水再生胶厂、建塘橡胶厂、农械厂年产值均在300万元以上，轧钢厂、钢坯厂年均新增产值800余万元，龙头企业建筑公司年施工产值突破1000万元。1996年，新办轧钢钢坯厂年新增产值800余万元。1998年，全乡共有企业963家，总产值5.4亿元。1999年，新办采石场3个。2000—2005年，衡岳橡塑制品有限公司、沙泉福利橡胶厂、衡山中珊钢管有限公司、衡阳市新源压滤机制造有限公司、华联压滤机制造厂、大子岭石材场、衡山天华电子厂、南岳粮油贸易公司沙泉大米厂先后落户乡境，年税收突破100万元。2009—2013年，先后引进仁华电子、立格家私、建彪石材、中天陶瓷等多家企业。2014年，全乡骨干企业有异型钢管厂、永昌塑胶厂、兴源压滤机厂、南岳粮贸公司、华连橡胶压滤机厂、天华电子公司5家。

商贸服务业

1952年年底，沙泉设区供销社。1955年，辖商业集镇3个。1957年，沙泉区供销社撤销，设供销分社。1958年，沙泉人民公社供销社成立。1966年，恢复区供销社。1969年，更名沙泉供销分站。1973年，改为沙泉公社供销社。1983年，建立沙泉供销合作社，下设5个分社。20世纪90年代，个体商业迅速发展，供销合作社受冲击，沙泉集贸市场兴盛。2011年，全乡有商业网点129个，从业258人；社会商品零售总额6500万元，有集贸市场2个，年成交额2600万元。2014年，全乡商业网点248个，从业512人；社会商品零售总额9800万元；集贸市场2个，年成交额3800万元。

财政金融

从中华人民共和国成立至1978年，乡财政收支由秘书和粮油委员兼管。1979年，人民公社设财政室，专人管理财经，后更名乡财政所。1980年，人民公社财政实行“定收定支，收入上缴，支出下拨，增收分成，超支不补，一年一定”。1984年，实行“定额上缴，递增包干，超收全留”新体制。1989年，实行“定收定支，收入上缴，支出下拨，超支不补，增收分成，减收分担”。2005年，全乡财政总收入119.31万元。此后逐年增长。2014年，全乡完成财政总收入420万元，实现收支平衡。

1955年，境内有信用合作社2家。1958年，生产大队（村）设信用站。改革开放后，保险、邮储机构先后下伸乡境。2011年，全乡有金融机构3家，各类存款余额1.5亿元，各项贷款余额5000万元。2014年，全乡有信用分社3家，邮政储蓄代理网点、人寿保险农村网点、财产保险营销服务网点各1处。

基础设施

交通运输

清乾隆年间（1936—1795），境内增设驿站。1956年12月至1957年6月，衡（山）西（渡）线衡山至福田铺段建成通车，境内长5公里。1957年，沙泉设养路工班。1990年，境内设汽车代办站。1997年，全乡修建村、组公路7条，维修公路桥梁12处。2001年，境内县道升省道。至2005年，种福至世上村道砂改油4.2公里，泉水、旺冲、幸福、桂花村12.9公里村道先后修成水泥路。2006—2008年，全乡投入772.8万元，新修高标准村级水泥路13条36.8公里，维修机耕路1486米。2009年12月，武广客运专线竣工通车，境内长8.9公里。2009—2013年，共硬化泉冲路、金华路、种世路和全乡19个村村组公路92.35公里，实现全乡组组通公路，村村有水泥路。同年，重建人民桥，方便沿线5个村群众出行。2014年，全乡共硬化村组公路25公里。

邮政通信

清乾隆年间（1736—1795），沙泉设铺，传递文书、信件。中华人民共和国成立后，邮政投递主要靠人工投步。1968年，邮件投递改用单车。1984年，干线邮路境内经过。1990年，境内设邮电支局。2011年，全乡有邮政网点1个，投递点216个，征订报纸682份，杂志486册，业务收入89万元。2014年，境内有邮政支局处。

1954年，沙泉到县城电话线改单线为双线。1958年，农村电话线接通生产大队。1994年，沙泉农话数字程控电话开通400门。至1997年底，全乡19个村全部架通程控电话，余家村成为全省第四批“达标电话村”。1998年9月，沙泉设电信分局。2011年，全乡有电信服务网点10个，固定电话1900户，移动电话1.07万户，互联网宽带800户，幸福村成为沙泉首个电信光纤村。2014年，全乡有电信支局1家，电信网点1处，移动网点2处，联通服务网点1处。

供电饮水

1976年，人民公社农械厂自购柴油发电机发电，为全乡电力照明之始。1978年后，大电网将照明电线架至人民公社驻地，40%居民用电照明。1982年，全乡居民照明用电全覆盖。2010年年底，境内农电网改造全面完成。2014年，全乡用电量756万千瓦时，其中，居民用电574千瓦时，工农业用电182万千瓦时。

中华人民共和国成立后，境内居民饮水多用河水、塘水或井水。1981年，大部分居民始饮自打机压泵井水，结束饮用河、塘水历史。2009年9月，兴建沙泉集中供水厂，日供水40吨左右，主要供应沙泉社区大部分居民。2012—2014年，石台、山田两村完成改水159户。2014年，幸福村兴建集中供水厂并投入使用，日供水量10吨左右，解决当地近1000人饮水安全。

水利建设

中华人民共和国成立后，在挖深、加高、筑固原有山平塘的同时，新建山平塘。1968年，世上冲水库竣工。总库容130万立方米，灌溉面积187公顷。至1980年，人民公社建小（二）型水库5座，有山塘724口，蓄水量222万立方米。九观桥水库左干渠沙泉支渠19千米，灌溉11个大队，有效灌溉面积427公顷，占全公社总耕地面积的86%。2000年，全乡有小型水库4座，山平塘1124口，总蓄水量420万立方米；九观桥水库过境渠道，大小沟渠，遍布各村组；友谊坝、杨家桥各类渠道11.3千米的修建，境内水旱无忧。2006—2008年，重建皂角坝、友谊坝，维修各类型渠道1.4万余米。2009年后，先后完成胜利、世上冲等水库的除险保安工程，维修渠道18千米，河坝12座，硬化山坪塘6处，高标准硬化水渠13处。2014年，维修水利工程37处，水口、上角、旺冲、双全等村农业综合开发工程和将军水库、胜利水库除险保安工程全面竣工。

乡村建设

中华人民共和国建立后，无房户分到住房。

1963年始，在人民公社所在地新建集镇。此后，农民建房多为砖木、土木结构。1978年，集镇建筑增多，街道延伸。1984年，县规划部门编制房屋建筑规划，沙泉被定为中心集镇。至1990年，沙泉街长270米，宽3.3米，房屋总建筑面积7.4万平方米。此后，各村农民建房标准提高，多为红砖钢筋混凝土结构，2~3层。1996—1997年，全乡共投入170多万元，建成沙泉开发区市场。2006—2008年，对乡政府办公大楼进行整体修缮。2012—2014年，各村维修、新建办公用房，实行村村有办公地点，全乡60%以上村民住上新房，不少富户建有别墅。

社会事业

教育科技

民国30年（1941），境内新设沙泉乡中心学校，民国36年（1947）更名岭泉二校。中华人民共和国建立初，境内有完小1所、初小2所。此后，学校逐年增多。先后办过民办中学、沙泉师范、沙泉农业中学。1969年，新建公办中学1所，农村公办小学全部下放大队。1980年，有中学1所、小学12所，教师88人，在校学生1849人。大队始办学前、幼儿班。1987年，全乡有中心小学1所，村校9所，中学1所。1998年，全乡共有中小学校12所，在校学生2400多人。2011年，全乡有幼儿园7所，在园幼儿446人，专任教师17人；小学3所，在校学生1143人，专任教师55人，小学适龄儿童入学率100%；初中1所，在校学生572人，专任教师52人。初中适龄人口入学率、小升初升学率、九年义务教育覆盖率均为100%。2014年，全乡有初级中学2所，小学6所。中小学教师125人，在校中小学生2057人。全乡适龄儿童入学率、小学生毕业率均为100%，中学生巩固率98%以上。

文化体育

1958年，沙泉电影发行管理站成立。1965年，人民公社建文化站，设不脱产文化辅导员1人。1971年初，人民公社建广播站。1980年，人民公社设文化站、电影队和广播站。1982年，建中心文化站。1989年，各村组始设文化室。2008年，全乡有腰鼓、龙狮队、花鼓剧团，有铜管乐队14支。2011年，全乡有文化站1个，村级文化活动中心19个；文化专业户15户，从业110人；各类图书室23个，藏书5.1万册。2014年，全乡电视综合覆盖率100%。各村有广场舞队、军鼓队、龙狮队。

中华人民共和国成立后，境内体育活动有耍龙、舞狮、游泳等。改革开放后，体育活动逐年增多，并向球类、田径等方面发展。中小学体育代表队从县运动会上夺回诸多奖牌。2014年，全乡有小运动场1个，篮球场3个，乒乓球场3个，村级农民健身中心2个。

医疗卫生

1951年，创办沙泉会诊所。1952年，成立中医联合诊所。同年底，沙泉区卫生所建立，业务收入日均200元左右。1956年，设沙泉中心联合诊所，下辖诊所5个。1958年，新建沙泉人民公社卫生院。10月，区卫生所并入人民公社卫生院。1962年，恢复区卫生所，门诊月均收入3000元上下。1979年2月，成立沙泉医院，院舍1200平方米，有医务人员14人。各生产大队设医疗点，有赤脚医生24人。1984年6月，沙泉乡卫生院与沙泉伤科医院合并，建立全县第一所集体性质专科医院——沙泉伤科医院，有职工43人，资产21.438万元。2005年，全乡有医院2所，医疗点9个，医护人员78名，农民合作医疗参与率 34%。2006 年，全面实施新型农村合作医疗制度。次年全乡参合人数 13753 人，参合率 83.2%。2010 年，伤科医院门诊综合楼竣工。2011 年，全乡各级医疗卫生机构 21 个，其中村卫生室 19 个，床位 81 张。专业卫生人员 88 人，其中执业医师 11 人，完成诊疗 3.6 万人次。新农合参合率 97.75%。2014 年，共受理农村医疗救助 7834 人次，共报销医药费 357.76 万元。

进入 21 世纪，为形成环卫整治长效机制，全乡统一配备保洁设施，配齐乡村两级保洁队伍，出台百分制考核细则，定期或不定期进行村组、农户之间卫生评比活动。至 2014 年，全乡环境卫生面貌焕然一新。

社会保障

中华人民共和国成立初，人民政府对困难群众予以救助，以粮食和物资为主。1956 年起，“五保”户由农业合作社照顾，1958 年人民公社化后由生产队照顾。1978 年后，社会保障工作由民政助理负责办理。2004 年，统一“五保”供养标准。2006 年，贯彻落实农村低保政策，建立、完善农村“五保”对象和特困户台账，及时发放优抚对象优待金。2008 年，全乡受保人数 458 人。新建敬老院 1 所，修建爱民房 5 栋。2011 年，城镇最低生活保障 23 户 26 人，支出 5.9 万元；医疗救助 58 人次；民政部门资助参加新型农村合作医疗和城镇居民医保 1058 人次，支出 3.17 万元；全乡农村危房改造 64 栋，修缮 10 栋，财政资助 67.2 万元。新农保参保率 93%。2014 年，共发放民政救助资金 214.5 万元，其中，低保困难补助金 120 万元，五保户生活补助金 19 万元，大病救助及面上特困户救助金 9 万元，90 岁高龄补助资金 3.5 万元，救灾救济资金 15 万元。全乡新农保参保率 93.6%，年满 60 周岁以上老人每人每年享受养老补贴 720 元。改造危房 46 户，发放资金 48 万元。

沙泉乡种福村早白薯

特色地情

名优特产

衡山早白薯 产自沙泉乡。2010年，由沙泉乡农技站建立早白薯栽种新技术试验示范基地，采用新品种、新技术栽培而成，比普通白薯每亩增产200余公斤，增收2400元。试验成功后，由政府出资注册商标，沙泉乡白薯产业大发展。2014年，沙泉乡早白薯种植面积200余公顷。其中，种福片区67公顷。同年4月，种福白薯基地成功通过省科技厅“特色产业科技示范基地”评估。

白茶产品系列 产于沙泉乡衡阳市农业产业化龙头企业辉广生态农业有限公司，以上等鲜茶叶为原料，用先进科学加工工艺精制而成，主要品种有白茶、黄茶、皇金芽茶、黄金叶茶等，产品畅销全国各地。2014年4月，黄金叶精品茶出口日本，获日本国赞誉，被推荐为中国国礼指定用茶。

（文字/图片供稿：熊仲荣　王文成）

福田铺乡 >>

2000年5月，福田铺乡被文化部命名为“中国民间艺术（皮影）之乡”。

2007年，获湖南省文明村镇称号。

区域概况

位置面积

相传福田铺附近水田中有块风水宝地，人称“福田”。此地处衡山与白果、湘潭往来交通要道，过客不断，逐渐形成一小集镇。集镇上店铺逐年增多，故名“福田铺”。福田铺乡因此得名。福田铺乡东部、北部和湘潭县茶恩寺镇接壤，西与岭坡乡为邻，东南部、南部分别与沙泉乡、南岳区交界。乡政府驻地福田铺。2014年，辖区总面积43.86平方公里，其中陆地面积43平方公里，占98%；水域面积0.86平方公里，占2%。东西最大距离7公里，南北最大距离14公里。

建置沿革

明代，境域属紫盖乡第6都。清代，属衡山县于字。民国21年（1932），属衡山县第一区。民国25年（1936），设福田乡，后属岭坡岭泉乡。1949年10月，属衡山县第六区名白峰乡；1953年3月，属衡山县沙泉区；1956年6月，撤区并乡，设白峰乡；1958年9月，与沙泉乡合并，成立和平人民公社；1959年3月，与曙光人民公社合并，设沙泉人民公社；1961年3月，从沙泉人民公社析出，设福田人民公社；1969年3月，更名福田铺人民公社；1984年2月，改为福田铺乡。

行政区划

1984年，福田铺乡辖行政村17个，村民小组88个。1998年，辖行政村17个，村民小组162个。2014年，辖坪田、千家、石东、杨扶、东盛、楼屋、龙头、衡丰、福田、泉塘、过路、白云、云岭、尊胜、中塘、云峰、金塘村行政村17个，村民小组165个，福兴社区1个，居民小组3个。

自然环境

境内西北地势高峻，东南低平，属半山半丘陵地貌。最高点紫盖峰，海拔1028米。全乡属亚热带季风湿润气候，其特点四季分明，春秋气候温和，夏季炎热。雨量充沛，水热基本同季；热量充足，光照充裕，无霜期长。年平均气温17.9℃，1月平均气温5.5℃，极端最高气温41.2℃（2010年8月5日）。年均降水量1459毫米，极端年最大雨量1898.7毫米（1997年），极端年最少雨量1082.4毫米（2007年）。境内矿藏主要有金、铅、锌及高岭土、花岗石等，其中花岗石储量丰富，素有“麻石之乡”美誉。

人口

1984年，全乡总人口2144户、8404人。其中，男性4370人，女性4034人。1990年，总人口16851人。其中，男性8762人，女性8089人。2011年，总人口19047人，其中，男性9904人，女性9143人。2014年，总户数5087户，总人口19402人，其中男性10028人，占52%；女性9374人，占48%。人口密度每平方公里434人。

福田铺乡油豆腐

经济发展

经济综述

中华人民共和国成立后，境内农业逐步发展，乡村采掘业由弱转强；商贸服务业呈现起色。改革开放后，农、林、牧、副、渔发展速度前所未有，农民温饱问题全部解决；商贸服务业发展形势喜人。1995年，工农业总产值8127万元，其中工业产值4776万元；乡镇企业1444万元；粮食产量8849吨；人均纯收入1683元。进入21世纪后，农业朝名、优、特、新方向发展，效率逐年提升；工业改制，民营企业呈现生机，采掘加工业各具特色，经济活力强劲；商贸服务业逐渐形成综合服务区，社会商品零售总额逐年增长。2014年，全乡总产值9066万元，其中工业总产值1815万元，乡镇企业总产值2166万元，粮食产量6486吨，财政总收入308.54万元，农民人均纯收入4936.67元，人均居住面积51.3平方米。

农业

种植业 中华人民共和国成立初，农民以种植水稻和旱粮为主。20世纪50—70年代，农民由试种双季稻到推广双季稻，粮食产量逐年提高。1980年，总产量749万公斤，亩产693公斤。1997年，农业总产值2110万元，粮食总产量9985吨。2000年，建有机稻种植基地，改造中低产田467公顷。2005年，农业总产值5160万元，粮食总产量0.8万吨。进入21世纪后，实现优质稻种植率100%，确定科技示范基地3个，科技示范户158户。2007年始，"白云片"推行"一季席草一季杂交稻"耕作制度。2008年，成立专业合作社6家。2010年，农业总产值1.55亿元，粮食总产9363吨，其中水稻9156吨。2014年，全乡推广早稻集中育秧面积133.3公顷，培育种粮大户53户。

养殖业 1949年后，家畜、家禽养殖逐年增多。20世纪80年代，生猪实行私有私养，农民积极性空前提高。1997年，涌现一批养猪300头以上和养鸡7000羽以上专业户。2011年，鱼产量438吨。2014年，饲养生猪4032头，年末存栏1690头；饲养羊1900只，年末存栏900只；

饲养牛2300头，年末存栏1400头；家禽饲养70万羽，上市家禽44.5万羽；生产肉类2757.2吨，禽蛋902吨。

林业 1984年，全乡林木总蓄积量20万立方米，品种主要为南竹、杉木、马尾松等。1990年，泉塘林场活立木2000余立方米。2000年后，全乡完成退耕还林任务120公顷，荒山再造66.7公顷。2014年，全乡林地面积2713公顷，封山育林123公顷，低产林改造98公顷，中幼林抚育193公顷。

工业

1953年，境内东盛村开始开采铅锌矿。1970年，人民公社再度开采，后更为县办，改手工生产为机械生产。1980年，境内有社队企业25家，总产值83.4万元。1986年，创办福田塑料厂。2001—2005年，先后引进年产值100万元和500万元以上企业各2家。2006年，建成工业小区，先后引进企业5家。2008年，福田工业小区完成税收近200万元。2010年，为促进麻石规模开采和加工，成立乡麻石协会。2011年，有规模以上工业企业21家，工业总产值4亿元，实现工业增加值8700万元。2012年，福田铺乡被评为“全省安全生产先进乡镇”。2014年，全乡有工业企业13家，其中，耀明砖业有限公司、旺恒矿业有限公司等颇具发展规模。福田铺民间手工制作的油豆腐远近闻名，销往县内外。

商贸服务业

1952年8月，福田铺乡建供销分社。20世纪60年代初，在生产大队设供销点，便民利民。1963年始，兴建集镇。1979年，人民公社设供销经理部，经营商业、饮食业和服务业；有生产大队代购代销店10家。1984年7月，投资1.2万元兴建福田铺农贸市场。1985年，投资0.8万元兴建棚顶市场，面积690平方米。1987年，福田供销社设分社。2007年，建设占地30亩的大型粮食烘干基地；云峰、白云等村建苗木基地600余亩。2011年，全乡社会商品零售总额5700万元。有集贸市场1个，年成交额3200万元。2014年，引进生态农业公司2家，劳动密集型企业3家，解决农村剩余劳动力300多人，完成投资近1000万元。

财政金融

1949—1978年，乡财政收支由秘书和粮油委员兼管。1979年，人民公社设财政室，专人管理财经，后更名乡财政所。1995年，财政总收入、总支出均为74万元。2005年，财政总收入、总支出96万元。2014年，财政总收入、总支出均为308.54万元，超额完成国、地税52万元任务，完成非税收入42万元。

1955年，境内成立信用合作社。1958年，生产大队（村）设信用站。改革开放后，保险、邮储机构下伸，方便群众办理业务。2014年，境内共有信用分社2家，邮储代理网点、寿险服务网点、财险服务网点各1处。

基础设施

交通运输

1949年前，有驿道1条过境。1957年6月，新建衡山至福田铺公路通车，境内长8公里。人民公社修机耕路9条，长30公里。1965年1月，福田铺设客运代办站。1988年，福田铺乡有乡村公路19.917公里。1996年9月，境内县道通油路，村村通公路。2002年，全乡有县道1条，村级公路4条。2003年，修建云峰桥1座。2004年，中塘村竭胜桥改为砼板桥。2006年10月，岩山线实施水泥路硬化。2008年12月，全乡实现村村通水泥公路，总长38公里。2014年，完成楼屋、金塘、过路村共计6公里的公路修建任务，投资200多万元。9月，维修改造云岩公路。至年末，全乡共硬化村组道路70余公里。

邮政通信

清乾隆年间（1736—1795），福田设铺传递文书、信件。民国时期，境内邮政投递主要靠步行。1958年，人民公社开办邮电支局。1961年，在人民公社设邮电代办所。1968年，乡村邮件投递逐步改徒步为单车。1984年，境内有支线邮路沙泉—宋桥—福田周三班。2011年，全乡有邮政网点1个，投递点182个，征订报纸702份，杂志415册，业务收入89.47万元。 2014年，有邮政支局1家，投递点182个。

1954年，福田到县城电话线改单线为双线。1958年，农村电话通生产大队。2000—2002年，新建福田农话模块局。2011年，有固定电话用户1300户，移动电话用户9600户，互联网宽带用户600户。2014年，全乡有电信服务网点10个，移动网点3处，联通服务网点1处。

供电饮水

1965—1968年，云岭、中塘、双峰生产大队接通南水（南岳至水口）高压线，相继办起农产品加工厂，大部分居民用电照明。1979年，人民公社企业办建起小水电站，发电供应部分居民。1980年，白云水电站投产并网，年输电量16.5万千瓦时，居民用电增多。2002年，福田供电所有3条10千伏线路，长26千米。2008年，完成福田变电站建设和17个村农网改造工程升级。2010年，全乡电网改造任务完成，城乡用电同网同价。2014年，完成全乡集抄（智能表）改造，完成白云、扬扶、东盛进户线改造，新增福田街、扬扶村变压器2台。

1949年后，境内居民饮水多用山泉、井水，少数饮用塘水、河水、溪水。改革开放后，为提高饮水质量，饮用塘、河水家庭纷纷自打机压泵井。少数家庭将井水抽入水塔，安装水管龙头，形成家庭自来水。2005年，实施国家安全饮水工程项目，共完成投资480万元，新建集中供水工程21处，改建农村饮水工程32处，打井2370处，饮水不安全现象基本解决。2008年，沁春泉、福兴水厂建成投产，供水居民3400余人。2013年，投资23万提质增容福兴水厂。2014年，福兴水厂新增用户350余户，福田街居民全部用上自来水。

水利建设

1949年后，在挖深、加高筑固原有山平塘的同时，兴建山平塘。至1978年，全乡共修建小（二）型水库5座，有山塘569口，蓄水量417万立方米，建小型水电站1座。1995—1997年，集资66万元，维修庵头岭、汤家冲、云峰3座水库，完成白云寺水库的隧道暗渠、附属配套工程，硬化山平塘120口。2000—2005年，新建袁家冲、尊胜、王家湾、熬家湾、马头上、牛栏崎等泉井，引水灌田。2010年，完成河道整治护砌3.55千米，维修堰坝8处，新建跌坎4处。2014年，全乡争取水利建设重点项目资金耗资近100万元，分别为5处小型水库除险加固，维修光明支渠，对120口山坪塘予以清淤，修建、硬化田间道路35公里。

乡村建设

1949年后，无房、少房户分到住房。1953年后，部分茅房改瓦房。1963年后，生产大队、生产队陆续兴建公房，农民开始新建住宅。20世纪80年代，农民收入增加，建房标准提高，大部分为红砖钢筋混凝土结构。1997年，投资37万元兴建国策楼。2006年，全乡砖混楼房占80%，砖混平房占6%，砖瓦房占14%，其他结构房屋占5%。2007年7月，白云新农村示范片建成启动。2006—2008年，完成中心集镇1500平方公里总体规划编修和中心区修建详细规划。建成区面积净增0.2平方公里，道路铺装率100%，路灯配置率80%以上，城镇化水平35%以上。2013年，开创集商业街、小集镇为一体的风情新镇，实现新老集镇无缝对接。2014年，行政村、社区均有办公楼房。

社会事业

教育科技

民国37年（1948），福田有保国民学校。1953年，境内有完小1所，初小5所。此后，学校所数逐年增多。1969年，新建初中2所。1985年，建中心校1所。1987年，境内有中心小学1所，村校14所，共有教学班60个，教职工72人，在校学生1556人；有中学2所，教学班10个，教职工40人，学生450名。1998年，全乡适龄儿童入学、巩固率100%，小学升初中98%，初中毕业合格率93%。2005年，先后投资100余万元改建的白云中学成为县内一流校舍。2011年，全乡投入教育经费709万元，其中，财政预算内教育经费459.86万元。2014年，经布局调整，全乡有九年一贯制中学和小学各2所；初中适龄人口入学率、小升初升学率、九年义务教育覆盖率均为100%。

文化体育

清顺治元年（1644），境内成立老龙会，开衡山皮影戏先河。民国时期，境内有民间乐器、书法、绘画等文化活动，尤以云岭村皮影戏著称。1953年，曹德贵代表作品《琵琶进宫》获中南行政区第一届皮影调演一等奖。1965年，建文化站。1971年初，公社建广播站。1979年，曹德贵的皮影艺术为衡山皮影艺人之冠。1982年，建中心文化站。1989年，各村组始建文化室，民乐队、龙狮队、腰鼓队。1996年9月，乡代表团参加湖

福田铺乡云峰村禹王碑遗迹

毛泽东到衡山考察农民运动演讲旧址——福田铺乡燕形嘴樟树下

南省文化厅在衡山县举办的“湘华杯”皮影艺术大联展，获2金、2银、2铜及组织奖等7项大奖。2000年5月，福田铺乡被文化部命名为“中国民间艺术（皮影）之乡”。2006年，乡皮影被列为湖南首批非物质文化遗产保护名录。2007年，被列入国家非物质文化保护名录。同年5月14日，时任中共中央政治局常委李长春到当地视察工作，观看并高度评价福田皮影戏。2008年，被国务院授予“中国民间文化艺术之乡”称号。2009年，全乡共成立民间文化团体10余个。2012年，被评为“湖南省诗词文化之乡”。2014年，全乡有文化站1个，文化专业户18户，从业167人；有图书室33个，藏书5.8万册；有广播电视站1个，有线电视用户86户，电视综合覆盖率88.5%。

1949年后，境内有舞龙、耍狮、游泳等传统体育活动。此后，篮排球、乒乓球、拔河活动逐年增多。中小学体育代表队在县运动会上夺得诸多奖牌。20世纪90年代末，广场舞开始兴起。2014年，全乡共有小运动场3个，篮球场4个，乒乓球场1个，村级农民健身中心5个，健身路径1条。

医疗卫生

1951年，福田街开办中医联合诊所。同年，福田铺乡卫生院建立，建筑面积1345平方米，下属医疗点2个。1966年，福田人民公社卫生院建楼房459平方米。1979年，增设放射室、检验室。1985年，建门诊楼785平方米，将原楼房改作住院部，设病床15张。2005年，有卫生院1所，医疗点3个，医护人员24名，农民合作医疗参与率29%。2011年，全乡有医疗卫生机构19个，其中村卫生室17个，床位37张。专业卫生人员36人，其中执业医师3人，执业助理医师7人，注册护士1人，门诊部以上完成诊疗7900人次。2014年，投资450万元的乡卫生院扩建改建工作基本完工，新农合参保率98%以上。

2006年，社区街道完成亮化、美化工程，组建街道环保队伍，实行卫生“门前三包”（包卫生、包绿化、包秩序）责任制；配置垃圾桶，建立卫生保洁长效管理机制。各村初步实现农户垃圾自行处理，坚持垃圾不出户。2014年，建乡、村、组、户四级联动机制，各村安排专门保洁员定期清扫村干道。

社会保障

1956年起，“五保”户由农业合作社照顾。1958年，由生产队照顾。1978年后，乡社会保障工作由民政助理负责。2004年，城乡居民养老保险、新型农村合作医疗基本实现全覆盖。2009年，改造福田乡敬老院，供养“五保”老人50名。2011年，城镇最低生活保障支出6.3万元，农村最低生活保障支出77.9万元；农村“五保”分散供养120人，集中供养33人；医疗救助35人次。民政部门资助参加新型农村合作医疗和城镇居民医保支出2.9万元；临时救助支出6.3万元；国家抚恤各类优抚对象支出56.9万元，发放五保、特困群体临时医疗救助款和救灾款320万元，发放低保资金200万元；新型农村养老保险参保率98%。2012年，投入59万元，改造农村危房63栋，修缮22栋。2013年，全乡共发放医疗救助、救灾款320万元，低保资金200万元。2014年，发放自然灾害救济款7万元，计生家庭免费参保386户，发放独生子女保健费1.37万元。

衡山皮影戏演出

特色地情

名优特产

福寿米 产于福田铺乡原生态优质水稻示范基地，全程按国家有机食品标准种植，不施化肥、农药等，用优质山泉灌溉。大米加工不抛光，无污染。米饭软糯可口，清香宜人。

风景名胜

禹王碑遗址 位于福田铺乡云峰村。为一天然巨石，碑宽2.3米，高3.3米，重约10吨。相传为中华民族文物界三大瑰宝之一的禹王碑母碑，系湖南省文物保护单位。

民俗风情

衡山皮影戏 俗称“影子戏”，始于唐代，盛于宋代。国家级非物质文化遗产保护项目。集地方戏、相声、口技等传统表演艺术之大成，一套锣鼓一人打，一台“菩萨”一人耍。演唱字正腔圆，声情形并茂。皮影影型制作艺术独具特色，需经20多道工序和3000余次手工雕刻。内容古今兼收，通俗易懂，老少共享，为民间婚丧喜庆、节日必不可少的活动项目。1953年，《琵琶进宫》获中南五省农村皮影戏会演一等奖。1957年，《草船借箭》参加北京国际木偶皮影艺术节演出蜚声中外。1996年，衡山皮影队参加全省皮影艺术大联展，夺奖牌桂冠。福田铺乡皮影在全国久负盛名。2010年，衡山皮影影型获湖南省旅游商品博览会金奖。2014年7月，作为“中国皮影”的一部分，被联合国教科文组织列入人类非物质文化遗产代表作名录。

（文字供稿：彭爱涛　图片供稿：熊仲荣　彭斌）

岭坡乡 >>

区域概况

位置面积

传说，古时该地东北高峰岭下有一潮水塘，塘下有小桥，塘水流至桥下溪内，凝结食盐，可供人们食用。买盐者先在坳上领盐票，再到桥下分取食盐，人们称此桥“出盐桥”（后演变称“赤盐桥”），称此坳“领票坳”。此地逐渐形成一小集镇，后演变称“岭坡坳”，岭坡乡因此名。岭坡乡东界福田铺乡，南靠望峰乡、南岳区，西邻白果镇，北接湘潭县龙口乡。乡人民政府驻枧场坪。2014年，辖区总面积46.12平方公里，其中陆地面积45.15平方公里，占97.9%；水域面积0.97平方公里，占2.1%。东西最大距离11公里，南北最大距离12公里。

建置沿革

明代，境域属紫盖乡6都。清代，属衡山县于字。民国21年（1932），属衡山县二区。民国26年（1937），岭坡乡地域为福田乡、石峰乡。民国35年（1946），属岭泉乡。1949年10月，属衡山县第六区；1952年6月，属衡山县第二区。1953年3月，属衡山县沙泉区；1956年6月，设岭坡乡；1958年9月，与大峰乡合并设立曙光人民公社；1959年3月，与和平人民公社合并成立沙泉人民公社；1961年3月，从沙泉人民公社析出，设立岭坡人民公社；1984年2月，改称岭坡乡。

行政区划

1984年，岭坡乡辖18个村，村民小组130个。1990年，辖18个行政村，村民小组131个。2005年12月，辖居委会1个，居民小组3个，行政村18个，村民小组133个。2014年，辖福星、金鹅、黄谷、水口、大烟、龙潭冲、椒坪、潮水、赤盐、分盐、城前、晓烟、蛟龙、大丰、太平、营桥、双江、合营行政村18个，村民小组133个；岭坡坳社区1个，居民小组3个。

自然环境

境内地势西南高，东北低，地貌以山地丘岗为主，海拔最高点672米。乡域地处亚热带季风湿润气候，其特点是四季分明，春秋气候温和，夏季炎热。雨量充沛，水热基本同季；热量充足，光照充裕，无霜期长。年均气温17.9℃，年均生长期308天，年均无霜期291天。年均日照时数1503.0小时。年均降水量1429.0毫米，年均降雨日数154.3天，最多186天（1994年），最少128天（1986年）。降雨集中在每年4—6月，5

月最多。矿产资源主要有金、锌、钠长石、高岭土等。

人口

1984年，全乡总人口12451人。其中，男性6475人，女性5876人。1990年，总人口12885人。其中，男性6700人，女性6185人。1995年，总人口12981人。其中，男性6750人，女性6231人。2011年，总人口14489人。其中，男性7534人，女性6955人。2014年，总户数3734户，总人口14662人。其中，男性7611人，女性7051人。人口密度每平方公里314人。

经济发展

经济综述

1949年后，境内农业稳步发展，乡村工业由少到多，村级小水电站建设逐渐加快；集体商贸服务业业务逐步扩大。改革开放后，农、林、牧、副、渔快速发展，农民温饱问题彻底解决；采掘、加工业进入快车道；个体商贸服务业异军突起。1995年，工农业总产值8346万元，其中工业产值2304万元；乡镇企业产值661万元，粮食总产6726吨；人均纯收入1792元。进入21世纪，农业朝名、优、特、新方向发展，经济效益稳中有升；工业完成改制任务，民营企业显现生机活力，竹木、加工业形成规模；商贸服务业快速发展，社会商品零售总额逐年攀升。2014年，全乡工业总产值1.4亿元，粮食总产值4100吨；财政总收入370万元；农民人均收入4300元，人均居住面积45.3平方米。

农业

种植业 1949年后，境内农民水稻种植逐步由一季向双季发展。1961年后，引进优良品种，水稻产量逐渐提高。1976年，引进杂交水稻，亩产500余公斤。1980年，全社粮食总产524万公斤、亩产581公斤。1984年，出现“卖粮难”现象。1995年，粮食总产6726吨。2002年，潮水村创办超级稻超高产栽培示范点，面积6.7公顷，亩产778公斤。2005年，全乡农业总产值7600万元，粮食总产量0.92万吨。2012年，农业总产值1.2亿元，稻谷总产量7355吨。2014年，成立水稻种植家庭农场1家，土地抛荒面积减少，全年粮食总产量稳中有升。

养殖业 1949年后，乡境猪、牛、羊、鸡鸭等养殖得到发展。1962年，生猪生产实行“公养私养并举，以私养为主”方针。20世纪80年代，集体养猪逐步减少。1997年，涌现诸多养猪、养鸡专业户。2011年，饲养生猪3.25万头，年末存栏127万头；饲养羊3100只，年末存栏1300只；饲养牛2300头，年末存栏1400头；饲养家禽83万羽；生产肉类2275吨，禽蛋899吨；水产品产量493吨。2014年，兴旺映绿农牧公司依托“公司+基地+农户”模式，拥有牛草种植基地200余亩，存栏黄牛300余头。

林业 1978年后，农民实行森林复垦、造林、间伐一条龙，经济来源稳定。1995年，境内有楠竹133.3公顷，杉木林1667公顷。至2011年，累计造林12.5公顷，完成封山育林110公顷，低产林改造197.6公顷，中幼林抚育143公顷。2014年，有林地面积3073公顷，其中竹林266.7公顷。

工业

20世纪50年代起，乡村企业由种养业向采掘加工业发展。1963年后，生产大队陆续兴办碾米厂。1974年，在新垅大队建铅锌矿厂。此后，兴办人民公社酒厂。1980年，社队企业扩大到45家，企业总收入91万元。1995年，乡镇企业总产值661万元。1990—1997年，利用楠竹资源优势开办上规模楠竹加工厂，产品畅销上海、广州、深圳等地。2002年后，岭坡竹帘厂、木衣夹厂产品除销往全国各地外，还远销东南亚等国家。2005年，工业总产值4500万元。2011年，岭坡工艺厂，直接出口120万元，由外贸部门出口105万元，乡竹帘厂产值280万元。2014年，全乡有上规模企业7家，工业总产值1.4亿元。

商贸服务业

1952年8月，岭坡乡建供销合作分社。1987年，设岭坡基层供销社。1993年，多方筹集资金，进行本土市场开发。2011年，赤盐村在外经商老板旷文军回乡开发山水新城。同年，有城乡集贸市场1个，成交额2500万元；商业网点78个，社会商品零售总额4800万元。2013年，城前村经商老板赵富云耗资1000万元建成全县乡镇首栋10层电梯商住楼，全县一流乡镇超市、全乡首家商务宾馆相继落户岭坡。山水新城项目成功进入县重点建设项目，实现岭坡县重点项目零的突破。2009—2013年，累计完成招商引资项目5个。2014年，山水新城开发二期工程建设稳步推进，年内投资1500万元，用于农贸市场主体楼及附属设施配套建设。

财政金融

1949—1978年，乡财政收支由秘书和粮油委员兼管。1979年，人民公社设财政室，专人管理财经，后更名乡财政所。1984年，实行“定额上缴，递增包干，超收全留”新体制。1989年，实行“定收定支，收入上缴，支出下拨，超支不补，增收分成，减收分担”。2005年，财政总收入200万元。2014年，财政总收入370万元。

1955年，境内成立信用合作社。1958年，在生产大队（村）设信用站。改革开放后，保险、邮储机构下伸乡境。2014年，全乡有金融机构2个，各类存款余额1.2亿元，各项贷款余额2000万元；有邮储代理网点、财险服务网点各1处。

基础设施

交通运输

1949年前，有1条驿道过境。1950年起，为保证道路畅通，采用包干办法修整道路。1959年，衡西公路建成通车，贯穿境内6个村。1980年，四东路、书杨公路建成通车过境。1985年，有村级公路31.595公里。1986年，基本实现全乡组组通公路，并与314省道、031县道、032县道相接。1990年，设汽车代办站。1996年10月—1998年10月，完成四塘坳至东湖油路工程24公里。2000年，合云村兴修机耕路1条，后成为村级公路。2002年，全乡有村级砂石公路7条。2006—2007年，分别完成乡村通畅工程5.8公里和5.43公里。2006—2008年，岭坡街道至分盐、赤盐、潮水、椒坪的通村公路，水口、金鹅、黄谷、福星4个村乡级公路和大烟、龙潭、晓烟、城前、太平、云桥等村的村级公路全部硬化，诸多在外发展老板纷纷捐款。2014年，野莓谷景区4.2公里旅游公路全部贯通，修好通往赵方墓登山石阶1公里、简易游步道8公里、旅游文化广场3000平方公里。同年5月起，踏勘、整理、开发丹霞地质公园，建好简易游步道20公里，架设简易桥10座，完成丹霞地质公园广场征地与平整工作。

邮政通信

民国25年（1936），岭坡始通邮路。1949年后，邮路先后调整。1961年，设邮电代办所。1968

年，邮件投递逐步改徒步为单车。1984 年，有支线邮路岭坡—望峰周三班。1990 年，设岭坡邮电支局。1998 年，邮电分设，岭坡设邮政支局。此后，邮件由摩托投递。2011 年，邮政网点 1 个，投递点 139 个，征订报纸 552 份、杂志 363 册，业务收入 96 万元。2014 年，岭坡乡有邮政支局 1 家。

1954 年，岭坡到县城电话线改单线为双线。1958 年，电话通各个生产大队。2004 年，新建云桥机房 69.56 平方米，建电话交换模块局 1 处。2005 年，全乡有手机 2000 余部，固定电话 1000 余部。2011 年，有电信等网点 10 个，固定电话 2300 户，移动电话 8100 户，互联网宽带用户 700 户。2014 年，全乡有电信、移动网点各 2 处，联通服务网点 1 处。

供电饮水

1962 年，部队进驻水口大队，境内始用电。1971 年，境内生产大队（村）办起小水电站，发电供应部分居民。20 世纪 80 年代初，始由大电网供电。2006 年，全乡农电改造任务完成，城乡用电同网同价。2014 年，全乡用电量 320 万千瓦时，其中，居民用电 280 万千瓦时，工农业用电 30 万千瓦时。

中华人民共和国成立初期，境内居民多饮用河水、塘水，少数人用井水。20 世纪 70 年代初，岭坡中学师生开挖大型泉水深井，装机抽水，学校、公社始用自来水。至 2005 年，为实施国家安全饮水工程项目，新建集中供水工程 7 处，改建农村饮水工程 8 处，打井 128 处，饮水不安全现象得到解决。2007 年，本乡双江村籍深圳广电集团处

岭坡乡野莓谷车子河瀑布

长周勇投入80余万元，从原龙潭水电站引入优质水源，新铺大型塑料自来水主管道2.5千米，并将岭坡街及乡政府原有铁质水管全部改为塑料管道，解决长期困扰居民的自来水问题。同年6月9日，新建岭坡水厂，集中供水岭坡社区280户。2014年，水厂日产量240吨。

水利建设

1949年后，在挖深、加高、筑固原有山平塘的同时，始新建山平塘、水库。20世纪60年代，累计修筑各类渠道2.5万千米，清淤硬化骨干塘30口，修筑田间道路5公里，新修或改造水利闸门6座。1971年起，兴建小水电站，既供水，又发电。1994年，开展标准塘建设。至2000年，有小（二）型水库4座，山平塘1122口，总蓄水410万立方米。2006—2008年，共硬化骨干塘34口，修建U形渠道13千米。2009年后，完成赤盐村荷叶塘等水利工程建设，山平塘清淤、维修工程80处，维修渠道6890米。2014年，修复各类渠道15千米，清淤硬化骨干塘29口，修筑田间道路3公里，新修或改造闸门6座，完成九眼塘水库除险保安主体工程。

乡村建设

1963年始，岭坡人民公社所在地兴建集镇。1978年，集镇建筑增多，街道延伸。20世纪80年代中期后，农民建房大部分为红砖钢筋混凝土结构，一般为2～3层楼房。1992年始，乡政府在驻地龙潭村投入800多万元，加快推进小城镇建设。1995年，新建岭坡坳街道两层以上楼房增多。2007年，潮水、椒坪、云桥村启动“幸福院”建设。2011年6月，赤盐村经商老板旷文军投资6000万元新建集商住于一体的综合农贸市场，占地4公顷。2012年，农贸市场建成3栋主体楼。街道社区完成亮化、美化工程，完成15个村的村部建设任务。2014年，完成物业中心、自来水厂、农贸市场交易大棚建设。市场内部道路全部硬化，安装太阳能路灯，实施小区绿化。

社会事业

教育科技

民国27年（1938）3月，衡湘中学由长沙迁来岭坡坳，民国32年（1943）迁出。同年秋，岭坡坳创办私立赵氏三忠中学。民国36年（1947），创办岭坡乡中心学校。次年，设立保国民学校。1958年，岭坡完小附设初中班。创办岭坡人民公社农业中学，1968年停办。1969年1月，附中始招高中新生；3月，附中下放人民公社管理。次年，兴办初中1所。1974年，人民公社试办红孩子班。1980年，岭坡人民公社有中学2所，小学18所，教师134人，在校学生2641人，岭坡中学停招高中新生。1987年，岭坡乡普及初等教育入学率100%，年巩固率99.49%，毕业率68.42%，普及率99.77%。2005年，岭坡中学学生公寓建成投入使用。同年，全乡有小学6所，中学1所，教师74人，在校学生1211人。2006—2008年，全乡学校布局调整后，有初级中学1所，小学及联校6所，在职教师79人。2011年，有幼儿园6所，小学4所，初中1所。小学适龄儿童入学率、初中适龄人口入学率、小升初升学率、九年义务教育覆盖率均为100%；共投入教育经费429万元，其中，财政预算内教育经费305.43万元。2013年，将岭坡中学和中心完小合并成立岭坡九年一贯制学校；建中心幼儿园1所。2014年10月，40套教师周转房建设竣工投入使用，相继完成各村代课教师、民办教师的摸底及补助申报工作。

文化体育

新中国成立初，乡境有民间乐器、书法、绘画等文化活动。1965 年，建文化站。1971 年年初，岭坡人民公社建广播站。1979 年，配备首批专职文化辅导员。1981 年，岭坡中心文化站建立，设影剧场，创办《二胡启蒙》刊物。1989 年，各村组始建文化室。2007 年，以潮水村样板图书室为契机，相继建起 14 个村级农家书屋。2010 年，扩建乡综合文化站，配备电脑、投影仪、影像等多谋体设备。2014 年，全乡有文化站 1 个，村级文化活动室 18 个；文化专业户 13 户，从业 115 人；图书室 23 个，藏书 5.4 万册；有线电视用户 94 户，电视综合覆盖率 98.5%。

新中国建立初，境内体育活动多为舞龙耍狮。此后，逐步开展球类、游泳、拔河等比赛。20 世纪 70—80 年代，每逢节假日，与当地驻军进行篮球友谊赛。中、小学田径代表队从县中小学田径运动会获得诸多成绩。2007 年，潮水村新建农民健身广场。2014 年，岭坡乡共有小运动场 2 个，篮球场 3 个，村级农民健身中心 4 个，健身路径 4 条。

医疗卫生

1952 年，岭坡乡卫生院建立，下属医疗点 3 个。次年创办岭坡中医联合诊所。1958 年 3 月，联合诊所更名岭坡乡医院。同年 10 月，更名岭坡人民公社卫生院。1962 年，岭坡人民公社卫生院复称联合诊所。同年，设水口医疗点。1969 年 3 月，撤销联合诊所，建岭坡人民公社卫生院，在生产大队卫生室建中草药房、加工室，添置加工用具，推行自采、自种、自制、自用中草药。1975 年，兴建卫生院舍 960 平方米，增设放射室，开放病产、床 10 张。1980 年，有社办卫生院 1 所，医务人员 14 人，大队医疗点有赤脚医生 34 人。2005 年，

清献书院廊柱石鼓底坐

有医院1所，医疗点4个，医护人员22名，农民合作医疗参与率27%。2011年，各类医疗卫生机构20个，其中村卫生室18个，专业卫生人员36人，其中执业医师3人，执业助理医师6人，门诊部以上完成诊疗1.88万人次。2014年，全乡新型农村合作医疗参合率96.8%，共受理农村医疗救助6504人次，共报销医药费322万元。

2007年，街道社区完成亮化、美化工程，组建街道环保队伍，实行卫生“门前三包”责任制；配置垃圾桶，建立卫生保洁长效管理机制。各村初步实现农户垃圾自行处理、垃圾不出户。2014年，建乡、村、组、户四级联动机制，各村安排专门保洁员定期清扫村干道。

社会保障

1956年起，“五保”户由农业合作社照顾，1958年由生产队照顾。1978年后，乡社会保障工作由民政助理负责。20世纪90年代初，下岗工人、困难者、残疾人由政府或推荐入民营企业就业，或按规定发放救济款、物。2000年后，分别为无房、危房、居家“五保”户建新房。2004年，统一“五保”供养标准。2006年，乡建立和完善农村“五保”对象和特困户台账，确保“五保”对象老有所养，及时发放优抚对象优待金。2006—2008年，全乡低保人数428人。新建敬老院1所，修建爱民房5栋。2011年，城镇最低生活保障支出50.1万元；民政部门资助参加新型农村合作医疗和城镇居民医保支出3.22万元；新型农村养老保险参保率98.3%，新农保支出73.1万元；医疗救助81人次；农村五保分散供养82人，集中供养43人，敬老院床位50张；国家抚恤、补助各类优抚对象支出52.4万元；农村危房改造50栋，修缮15栋，财政资助55.7万元。2013年，发放计划生育奖扶资金11.3万元，发放独生子女保健费7440元，96户独生子女或两女户得到民政相关帮扶。2014年，调整低保对象175人，发放低保金94.17万元。

特色地情

历史人文

清献书院 位于城前村，为宋神宗时（1068—1085）资政殿学士赵抃退隐讲学所筑，又称赵抃书院。明嘉靖三十六年（1557），副使程秀民于遗址重建书院办学，并置田8亩，更名清献书院，又称城前书院。清代改赵氏义学。清末民初，不少塾师在此邀馆授课。民国27年（1938）下学期至民国32年（1943）上学期，衡湘中学曾在此办学。衡湘中学迁走后，赵氏三忠中学（现衡山四中）创办于此。中华人民共和国成立后，书院斋舍分给农民，几经改建，旧房无存，遗址尚在。

旅游景点

野莓谷 位于紫盖峰下福星等村，原生态自然风景区系有千年红豆杉、仙牛脚、石瀑、莲花石、车子河瀑布、雷打石、蝴蝶石、仙人石、天子古道、丞相墓等景点20余处，是养生、休闲、旅游、探险的绝妙去处。景区内开设农家乐10余家，干竹笋、野山茶、土鸡、土鸡蛋等出特产成国畅销品。2013年，衡山县在此举办首次“魅力岭坡、欢乐福星”竹海挖笋节。2014年，在此举行“中国衡山第二届乡村生态旅游节”开、闭幕式和自行车登山、摄影大赛等活动。

衡山丹霞地质公园 位于合营村及其周边，总面积约10平方公里，核心景区约4平方公里，是岭坡乡发现的原生态丹霞地貌新景区，适宜丛林探险、户外徒步、岩洞避暑。整个景区岩洞遍布，峡谷幽深，涧水清凉，飞禽走兽种类

宋朝丞相赵方墓（当地俗称天子坟山）

繁多，古树青藤、名贵中药材遍及山野。景区拥有特色岩洞峡谷36处，恰与道家36洞天奇异吻合，且每处均有美丽神秘的传奇故事。2014年，修好游道步20公里，架简易桥10座，完成景点标识牌、景点介绍碑制作，完善石桌、石凳、休闲亭等设施。

（文字/图片供稿：彭爱涛）

望峰乡 >>

区域概况

位置面积

相传，明代中期，人们立于当地石桥上可遥望祝融峰，而称此桥为望峰桥，望峰乡因桥得名。望峰乡东与岭坡乡接壤，北与白果镇相接，南与南岳区龙凤乡交界，西与东湖镇、江东乡毗邻。乡政府驻望峰桥。2014 年，辖区总面积 35.86 平方公里。其中陆地 35.17 平方公里，占 98.08%，水域 0.69 平方公里，占 1.92%。东西最大距离 10 公里，南北最大距离 8 公里。

建置沿革

明代，境域属紫盖乡第六都。清代属衡山县于字。民国 21 年（1932），属衡山县第一区。民国 25 年（1936），属石峰乡。次年与福田乡合建岭坡乡，后属岭泉乡。1949 年 10 月，属衡山县第六区；1952 年 6 月，属衡山县第二区；1953 年 3 月，属衡山县沙泉区；1956 年 6 月，撤区并乡设大峰乡；1958 年 8 月，与岭坡乡合并为曙光人民公社；1959 年 3 月，与和平人民公社合并为沙泉人民公社；1961 年 3 月，从沙泉人民公社析出，设立望峰人民公社；1961 年 11 月，属南岳管理局；1963 年 5 月，属南岳县；1966 年 2 月，撤销南岳县，属衡山县；1984 年 2 月，更名为望峰乡；1984 年 5 月，析出青水、龙凤潭、红旗 3 个村，划入南岳区。

行政区划

1984 年，政区有村 13 个，村民小组 99 个。1995 年，辖行政村 13 个、村民小组 100 个，居委会 1 个。2014 年，辖高坪、横铺、中峰、石坳、大良、黄垅、青石、望峰桥、日江、仁字、望峰、登峰、灯山行政村 13 个，村民小组 101 个；岳峰社区 1 个，居民小组 3 个。

自然环境

望峰乡属亚热带季风湿润气候，其特点是四季分明，春秋气候温和，夏季炎热。年均气温 17.9℃，1 月平均气温 5.5℃，极端最高气温 41.2℃（2010 年 8 月 5 日）。雨量充沛，水热基本同季；热量充足，光照充裕，无霜期长。年均生长期 308 天，年均无霜期 291 天，最长 337 天，最短 245 天。年均日照时数 1503.0 小时。年均降水量 1429.0 毫米，年均降雨日数 154.3 天，最多 186 天（1994 年），最少 128 天（1986 年）。极端年最大雨量 1898.7 毫米（1997 年），极端年最少雨量 1082.4 毫米（2007 年）。降雨集中在每年 4—6 月，5 月最多。境内地势西南高，东北低，以山地为主。

人口

1984年，总人口10864人。其中，男性5758人，女性5106人。1990年，总人口11559人。其中，男性6126人，女性5433人。2011年，总人口12766人。其中，男性6766人，女性6000人。2014年，总人口12889人，其中，男性6830人，女性6059人。人口密度每平方公里372人。

经济发展

经济综述

1949年后，境内农业逐步发展，乡村造纸业由少到多，村级小水电站逐步建设；集体商贸服务业开始扩大。改革开放后，农、林、牧、副、渔快速发展，农民温饱问题得到解决；造纸、采掘工业发展加快；个体商贸服务业进入快车道。1995年，全乡工农业总产值8634万元，其中工业总产值3054万元；乡镇企业总产值1281万元，粮食总产量6198吨；人均纯收入1681元。进入21世纪，种植、养殖业朝名、优、特、新方向发展，竹木向加工方面推进；乡村工业全部改制，由民营企业取代，加工业亮点纷呈；商贸服务业进一步朝优质服务方向发展。2014年，全乡工业总产值0.77亿元，粮食总产量5200吨；财政总收入350万元；农民人均收入4100元，人均居住面积45.2平方米。

农业

种植业 1949年后，境内水稻种植逐步由一季向双季发展，水稻亩产一般为250～300公斤。改革开放后，产量逐年提高。1980年，总产567万公斤，亩产597公斤。1995年，全乡粮食总产量6198吨。2005年，农业总产值4030万元。2006年，粮食总产量6552吨，其中，水稻6136吨。2011年，农业总产值10800万元，稻谷总产6171吨。2012年，大良村荒田复耕0.67公顷，

望峰桥

望峰村古樟

高坪村集中育秧1.34公顷，青石、黄垅、大良三村试种再生稻8公顷，巩固望峰、登峰、灯山村双季稻示范片单改双成果。2014年，粮食总产量8382吨，培育种粮大户20户。

养殖业 1949年后，乡境猪、牛、羊、鸡鸭等养殖得到发展，农户由散养家畜家禽到规模饲养。进入21世纪，养殖业迅猛发展。全乡形成望峰、大良为主的生猪养殖基地，仁字、灯山、登峰、日江、大良、高坪、中峰为主的黑山羊养殖基地。2007年，全乡生猪出栏0.5万头，年末存栏500头。2008年，饲养生猪0.74万头，年末存栏0.72万头；饲养羊0.1万只，年末存栏800只；家禽饲养量23万羽，水产品产量295吨。2014年，全乡生猪饲养量2.19万头，年末存栏0.86万头；羊饲养量0.27万只，年末存栏0.12万只，家禽饲养量83万羽。

林业 境内森林资源以南竹为主，杉树、松树次之，南竹产量300余万根，活林木蓄积量15万余立方米，南竹年均砍伐量240吨。1980年后，年均为国家提供南竹20万根。1996年，开发丘岗山地53.3公顷。2000年后，全乡完成退耕还林136.6公顷，荒山再造100余公顷。至2011年，累计造林56.7公顷，封山育林82公顷,低产林改造228公顷,中幼林抚育84.3公顷。2014年，全乡林地面积2287公顷。其中，竹林2000公顷。

工业

1964年,境内有纸槽20个,年产土纸150吨。20世纪70年代后，有企业51家，从业人员610人。1980年，办起瓷泥矿、竹木器厂等企业26家，社队企业总产值32万元。1994年，创办扬扬竹木器制品有限公司，年产凉席10万条，产值200万元；产品获亚太经济小商品博览会金奖。2001年，引资兴办仁字竹材经营部，兴建湘衡高岭土有限公司。此后,招商引资兴办企业7家，全乡竹木、矿产资源全方位开发。2001—2005年，全乡发展竹产品加工户200余家，其中加工大户5家。2010年，佛山制衣厂搬迁乡境；引资兴办企业3家。2011年5月，湖南华升金爽纺织服装有限公司设灯山分厂，聘工人110余名。10月，个体老板合资200余万元经营矿石粉厂。2012年，成功引进企业3家，仁字竹制品加工厂投资近200万元，安排当地劳动力近100人。2014年，望峰郭记苗木公司，黄垅楠木种植等民企规模扩大。

商贸服务业

1952年8月,乡建供销分社。20世纪60年代,社队企业购置柴油机作供销分社加工动力。1964年，组建望峰基层供销社。1976年，供销社办农副产品加工厂，年收入6万元，位居全县第二。1980年后,农村代购代销网点逐年增多。2011年,社会商品零售总额1000万元。全乡集贸市场4个,年成交额220万元。2014年，科学规划岳峰社区中心街道,共有商业网点33个,新建商住楼12栋,面积4000平方米。

财政金融

1949—1978年，乡财政收支由秘书和粮油委员兼管。1979年，在人民公社设财政室，专人管理财经，后更名乡财政所。1980年，人民公社财政实行“定收定支，收入上缴，支出下拨，增收分成,超支不补,一年一定”。1984年,实行“定额上缴，递增包干，超收全留”新体制。1989年，实行“定收定支，收入上缴，支出下拨，超支不补，增收分成，减收分担”。2005年，财政总收支均为150万元。2011年,财政总收入166万元,总支出178万元。2014年，全乡财政总收入350万元，实现收支平衡。

1955年，境内成立信用合作社。1958年，生产大队（村）设信用站。改革开放后，保险、邮储机构下伸乡境。2014年，望峰乡共有信用分社2家，寿险、财险服务网点各1处。

基础设施

交通运输

中华人民共和国成立前，境内有驿道、朝香古道各1条。从1950年起，发动群众修筑道路，方便出行。1968年，修通仁字牌至望峰公社简易公路。1976—1977年，四东公路（四塘坳—东湖）分段建设，其中四塘坳至望峰人民公社段建成。1980年，四东公路全线建成通车，途经境内7个生产大队，12公里。同年，新修机耕路4条。1987年，望峰乡村级公路16.813公里。1990年，设望峰汽车代办站。1991—1998年，全乡维修公路桥7座。2002年，望峰乡有专用公路1条，村级砂石公路10条。至2008年，全乡完成村组道路水泥硬化35公里。2006—2008年，硬化日江、灯山、仁字、望峰桥村级公路6公里。2012年，新建农村客运站投入使用。2014年，四东公路望峰段维修12公里，硬化村级公路19公里。

邮政通信

民国时期，人工步行投递邮件过境。1949年后，境内邮路为双日班。1962年，公社设邮电代办所。1968年，乡村邮件投递逐步改徒步为单车。1984年，境内有支线邮路岭坡—望峰周三班。90年代后，邮件改单车为摩托车投递。2011年，有邮政投递点124个，乡村投递率100%。报纸、杂志累计期发行324份。2014年，望峰乡有邮政代办所1家。

1955年，望峰到县城电话线改单线为双线。1958年，农村电话通生产大队。此后，电话用户逐年增多。1996年，架设程控电话，实现村村通电话，成为全县程控电话第一乡。2005年，全乡拥有手机、固定电话各1000余部。2011年，有电信服务网点3个，固定电话用户2600户，电话普及率95%；移动电话用户0.24万户，互联网用户1800户，电信业务收入120万元。2009—2013年，石坳、中峰兴建移动通信基站各1座，实现境内无线调频广播、电信、宽带网络全覆盖。2014年，有电信、移动网点各2处，联通服务网点1处。

供电饮水

1963年，部队进驻仁字牌，境内始有高压电。1971年始，境内利用水力发电照明。1979年，红旗水电站竣工投产，年均发电量1000万千瓦时，既供境内照明，又向大电网输电。2014年，解决红旗电站近供区4个村的用电矛盾，实现全乡用电同网同价。全乡用电总量290万千瓦时，其中，居民用电260万千瓦时，工农业用电30万千瓦时。

1949年后，境内居民饮水多用河水、塘水，少数人用井水、山泉。1990年，建简易自来水设备3处，敞口卫生井226口，结束居民饮用河、塘水历史。2006—2008年，完成望峰、望峰桥、大良村集中供水工程建设，解决400余户群众“吃水难”问题。2010年，建自来水设施1套，供水300户。2011年，为提高饮水质量，乡机关单位、部分二级单位饮用桶装矿泉水或纯净水。大部分村民将井水抽至金属水塔，安装水管龙头，使用家庭式自来水。2013年，兴建洄水湾水厂。2014年，境内有自来水厂2个，全乡自来水供应量335万吨。其中，居民用水209万吨，非居民用水126万吨。

水利建设

1949年后，在挖深、加高、筑固原有山平塘的同时，新建水利设施。1972年，建成小（一）型中峰水库，总库容量205万立方米。1979年7月红旗水电站建成投入运行，供水发电。1980年，境内有红旗水电站，小（一）型水库1座，小（二）型水库2座，山平塘310口，有效灌溉面积566.67公顷。1995年，全面维修小（二）型水库1座。1991—1998年，全乡共修U形渠道3万余米，硬化山平塘50口，整修河坝20处。2000年后，硬化山平塘45口，维修河坝3座。2008年，新修山塘2口，加固防渗山塘10口，渠道防渗3000米，完成冷浸田改造67公顷。2014年，红旗水电站在境内有蓄水坝1座、引水渠道9千米。

乡村建设

1963年，开始在人民公社驻地兴建集镇。1978年起，不少农民进入集镇，建筑增多，街道延伸。1984年，乡村建设纳入规划。2006—2008年，兴建日江村村部和望峰桥村部，望峰桥、仁字牌纳入小城镇建设体系，基础设施投入加大。2000年后，多数农村家庭建有2～3层小楼房。2014年，岳峰社区经科学规划，兴建商住楼12栋，面积4000平方米；中心街道安装路灯33杆。各行政村均有办公楼房。

社会事业

教育科技

民国37年（1948），境内有公私立学校。1949年后，学校逐年增多。1958年，创办农业中学。1969年3月，公办小学全部下放生产大队办，公办小学教师回原籍教书。1980年，有社办中学1所，小学16所，教师110人，在校学生2590人。1983年11月，兴建中心小学，建筑面积1281平方米。1984年，望峰人民公社中学更名望峰乡中学。1987年，有中心小学1所，村级小学11所。1990—1996年，先后兴建小学7所。1997年，兴建中学教师住宅楼1栋。初中适龄人口入学率、小升初升学率、九年义务教育覆盖率均为100%。此后，每年财政预算内教育经费23

万元以上。2006—2008年，学校布局调整，有初中1所，小学及联校5所，在职中学教师79人。2009—2013年，完成乡中心学校教师周转房建设，改造中心完小校舍；有幼儿园5所，在园幼儿316人，专任教师26人；小学有中心完小、大凉联校、高坪小学，在校学生725人，专任教师23人；初中1所，在校学生312人，专任教师22人。2014年，乡爱心教育基金会为高考录取一、二本考生，省示范性高中录取学生和本乡优秀教师发放奖金5万元。

文化体育

1958年，人民公社建文化站，有村级文化活动中心13处。1965年，文化站设不脱产文化辅导员1人，开展业余文艺创作等活动。1971年年初，人民公社建广播站。1978年，建立人民公社文化站。1988年，投资1.5万元修建望峰乡文化站。1989年，各村组始创文化室。2008年，全乡13个行政村配置农村书屋，藏书5.2万册，有文化专业户18户，从业人员106人。2014年，兴建乡中心文化站，开展各类文化娱乐活动。

新中国成立初，体育活动主要为舞龙、耍狮、游泳等。1978年，仁字小学新建水泥篮球场1个。此后，篮球、乒乓球等活动逐年增多，中小学每年举行运动会。2014年，组建腰鼓队、大鼓队、广场舞队3个；全乡共有小运动场2个，篮球场3个，乒乓球场1个，村级农民健身中心4个，健身路径1条，羽毛球馆1座。

医疗卫生

1952年，创办石坳会诊所。同年，建望峰乡卫生院，下属医疗点2个。1968年，建卫生院舍，1972年设检验室。1976年和1978年，分别建门诊楼和住院楼，增设手术室、放射室，设病床4张。

1980年，望峰人民公社有卫生院1所，医务人员10人，在生产大队设医疗点，有赤脚医生25人。1995年，投资30万元兴建乡卫生院办公楼1栋。2006—2008年，全面推进新型农村合作医疗制度，群众参合率85.3%以上。2013年，有各级医疗卫生机构14个，其中村卫生所13个；专业卫生人员19名，其中执业医师4人，执业助理医师4人，注册护士5人。医疗机构（门诊部以上）完成诊疗0.99万人次，有病床15张。2014年，全乡新型农村合作医疗参合资金92万元，参合率98.8%，共受理农村医疗救助1.3万人次，共计报销医药费350万元。

进入21世纪，望峰桥村建垃圾填埋场，组建乡村清洁队，改善社区居民卫生环境。2013年，望峰乡获农村环境卫生整治工作“市级示范乡镇”称号。2009—2014年，利用泗东公路改造契机，硬化仁字牌、望峰桥两条街道，添置垃圾桶100个，斗车3辆，配齐环卫设施。各村先后建保洁员队伍，推行垃圾不出户、日清日运，乡村环境逐年改观。

社会保障

中华人民共和国成立初，困难群众由人民政府救助。1956年起，“五保”户由农业合作社照顾。1958年，由生产队照顾。1978年后，乡社会保障工作由民政助理负责。2004年，全乡支出抚恤费26余万元，发放医疗补助金31.5万元。民政部门为27名“五保”户和631名低保对象缴纳农村合作医疗资金。有敬老院1家，床位28张，收养农村“五保”人员22人。参加新型农村养老保险1.11万人，参保率97.8%。2008年之后，新增低保对象220余人，年发放民政救济和救灾资金20万元，建设并竣工搬迁爱民房13栋。2014年，低保、“五保”变更率31%，累计发放资金77万元；农村保障性住房政策落实41户，累计解决资金42.15万元；新农保参保资金54.87万元，参保率96.78%，待遇发放率100%。

黄垅峡

特色地情

黄垅峡景区 位于望峰乡黄垅村境内，距衡山县城30公里，距京珠高速南 岳衡山出口35公里，距潭衡西高速东湖出口14公里，白果出口24公里。景区石奇、谷深、水秀。彼岸花开，灿若红霞；野生芭蕉，风姿摇曳；千年虬枝，龙爪盘旋。游览野猪岩、铁扇岩、土匪岩、柑子岩、芭蕉林、乌竹林、铃串树、青山巷、柳树垅、船形坨、鸡石垅、石垅港、石舟、鼓石、乌龟石、双眼石、母子鳄鱼石、仙牛井、仙牛床、仙女镜、仙乳峰、跌牛巷、问天巷、象面山、波浪山、鸭嘴山等27处景点，目不暇接，风光各异。

朝圣古道 起于望峰乡石坳村，经横铺、高坪、南岳区红旗村，止于祝融峰，全长约15公里，路面由麻石或青石铺就。相传为清末曾国藩为其母南岳朝圣敬香在原部分石板路基础上修建。

（文字供稿：彭爱涛　图片供稿：熊仲荣）

长青乡 >>

区域概况

位置面积

长青乡因其北端位于湘潭县边境的昌水河，人们曾用松木板架桥一座，以此沟通两县人民的交往，此桥称“松柏桥”，乡以桥名。1995 年更名为长青乡，取松柏长青之意。长青乡东南与白果镇相连，西靠贯塘乡，北毗湘潭县青山桥镇，乡人民政府驻松柏桥。2014 年，辖区东西最大距离 11 公里，南北最大距离 7 公里，总面积 31.6 平方公里。其中陆地 28.35 平方公里，占 89.7％；水域 3.25 平方公里，占 10.28％。东西最大距离 11 公里，南北最大距离 7 公里。

建置沿革

明太祖洪武十一年（1378），境域属崇岳乡 1 都。清康熙四十三年（1704），属朝字。民国 21 年（1932），撤字建区属二区。民国 25 年（1936），属奇岚乡。后属白果、果山乡。1949 年 10 月，属第七区。1952 年 8 月，属第三区。1956 年，由松柏、高阡、万家、梅木、神王 5 乡合并为松柏乡。1958 年，与白果乡合并属伟大人民公社，1959 年更名白果人民公社。1961 年 3 月，从白果人民公社析出，成立松柏人民公社。1961 年 11 月，属南岳管理局。1963 年 6 月，属南岳县。1966 年 2 月，属衡山县。1981 年，更名松柏桥人民公社。1984 年 2 月，更名松柏桥乡。1995 年，为避本市内重名，取松柏长青之意，更名长青乡。

行政区划

1984 年，长青乡辖行政村 16 个，村民小组 162 个。1995 年，辖行政村 16 个，村民小组 171 个。2013 年 10 月，成立社区 1 个。2014 年，辖万家、珍美、竹山、兵干、长碧、荆洲、延兴、晓岚、百妙、荷塘、长青、梅木、万丰、高阡、高兴、新庄行政村 16 个，村民小组 172 个；长青社区 1 个，居民小组 3 个。

自然环境

长青乡属亚热带季风湿润气候，其特点是四季分明，春秋气候温和，夏季炎热。雨量充沛，水热基本同季；热量充足，光照充裕，无霜期长。年均气温 17.9℃，1 月平均气温 5.5℃，极端最低气温 29.8℃，极端最高气温 41.2℃（2010 年 8 月 5 日）。生长期年均 308 天，无霜期年均 291 天，最长 337 天，最短 245 天。年平日照时数 1503.0 小时。年均降水量 1429.0 毫米，年均降雨日 154.3 天，最多 186 天（1994 年），最少 128 天（1986 年）。极端年最大雨量 1898.7 毫米（1997

年），极端年最少雨量1082.4毫米（2007年）。降雨集中在每年4—6月，5月最多。境内地势平坦，地貌以低丘岗地为主，土地肥沃，水资源丰富，东西靠涓水，北面靠昌水。

人口

1995年，辖区总人口18000人。其中，男性9270人，女性8730人。2005年，辖区总人口17916人。其中，男性9226人，女性8690人。2014年，辖区总人口18926人。其中，男性9760人，占51.5％；女性9166人，占48.5％。人口密度每平方公里593.4人。

经济发展

经济综述

1949年后，境内农业逐年发展，工业从无到有。改革开放后，农、林、牧、副、渔全面发展，农民温饱问题彻底解决；乡村采掘业发展迅速。1995年，全乡工业总产值3876万元；粮食总产量1.3万吨；农民人均纯收入170元。进入21世纪，农业产业朝名、优、特、新方向发展；工业全部改制为民营企业，产品实行深加工效益良好；商贸服务业蓬勃发展。2014年，全镇工业总产值2.35亿元；粮食总产量1.68万吨；财政总收入347.39万元；农民人均纯收入6100元，人均居住面积42.8平方米。

农业

种植业 20世纪60年代初，农民水稻种植普遍推行单季改双季，引进优良品种，产量逐年提高。改革开放后，落实联产承包责任制，农民种粮积极性高涨。1983年，按耕地计算亩产756公斤。1990年，亩产增至794公斤。1995年，粮食总产量12951吨。1998年，虽遭大旱，粮食亩产仍突破500公斤，总产1.5万吨，农业总产值2985万元。2005年，农业总产值8000万元，粮食总产量1.13万吨。2011年，生产粮食1.43万吨，人均761公斤，其中稻谷1.37万吨。2013年，创办延兴千亩联片优质稻生产基地，引进育秧工厂落户百妙村，新增插秧机、犁田机、收割机等新型农机具540多台套，农业生产机械化率90%以上。2014年，以治理农田抛荒为主线，完成压单扩双和万亩双季稻示范片建设任务，新增土地流转面积266.7公顷。全乡有万亩优质稻基地1个，自动化育秧工厂1座，拥有专业合作社5家，家庭农场26家。

养殖业 20世纪80年代，生猪私有私养，农民养猪积极性调动。2005年后，生猪生产基地、衡山黄鸡生产基地进一步巩固。2011年，境内畜牧业以猪、家禽为主，生猪饲养量8.58万头，年末存栏3.36万头；养猪专业户年存栏1万头，家禽饲养量97万羽。衡山黄鸡年饲养量1万羽。生产肉类4956.2吨，禽蛋产量952吨。2014年，拥有养殖大户176户，建成大型生态农业公司1个。

林业 1949年后，境内林木以松、杉为主，杂木遍及山岭。1958—1960年，受大炼钢铁和大办公共食堂影响，森林损失近90%。1972年，推广挖沟、撩壕、抽带、打穴造林新模式，造林成活率逾95%。1983年，实行承包责任制，农民房前屋后栽树，责任山上造林，林业面积逐年扩大。2014年，长青乡造林面积11.2公顷，森林总面积2862公顷，森林覆盖率36.6%。

工业

1978年，乡兴办石膏一矿。1987年，成立乡办石膏二矿，1990年，利税100余万元。其后，晓岚、百妙村先后建立村办石膏矿。1991年后，企业遇到困难。采取“法人负责、集团承包、自主经营、自负盈亏”等举措，企业在困难中生存发展。1995 年，全乡工业总产值 3876 万元，乡镇企业总产值 931 万元。乡石膏矿、乡村鞭炮厂、乡建筑队和运输装卸队等乡镇企业不断发展。1998 年，长青乡有企业 11 家，完成工业总产值 3.5 亿元，比上年增加 9674.4 万元；完成出口交货额 180 万元，上缴利税 72.7 万元。2011 年，有规模以上工业企业 8 家，职工 464 人，工业总产值 2.2 亿元，实现工业增加值 4800 万元。2014 年，引进成本塑业、涓江置业等企业 5 家，引进资金 6000 余万元。

商贸服务业

明清时期，境内昌水河边建有两座庙，外地前往南岳朝香客路过在此拜庙，松柏桥商贸较为兴盛。1957 年 4 月，设松柏供销分社。20 世纪 60 年代，松柏桥设肉食站、供销社，每村设代销点，方便人民生产生活。1973 年，松柏供销社成交额 14 万元。1986 年，放开市场，始有人在松柏桥街道建房。1993 年，形成松柏桥街道，个体商贸业发展。2011 年，共有商业网点 70 个，社会商品零售总额 600 万元，比上年增长 15%；有集贸市场 2 个，年成交额 200 万元。2014 年，新建农贸市场竣工。有个体经商户 208 户，行业有餐饮、南杂、五金、美容、美发、家电等。

财政金融

1978 年前，乡财政收支由秘书和粮油委员兼管。1979 年 6 月，设人民公社财政室，财经专人管理，后更名乡财政所。2005 年，财政总收入 167 万元。2011 年，财政总收入 309.4 万元，比上年增长 10%。其中地方财政收入 298 万元，比上年增长 15%。完成国税 66.3 万元，地税 23.69 万元。2014 年，财政总收入 347.39 万元，支出 347.39 万元。

1955 年，乡设信用合作社。1958 年，生产大队（村）生设信用站。2011 年，境内有金融机构 3 个，各类存款余额 1.2 亿元，比上年增长 20%；各项贷款余额 3000 万元，比上年增长 10%。2014 年，有信用分社、邮储代理网点、寿险服务网点、财险服务网点各 1 处（家）。各项存款 1.21 亿元，各项贷款 0.43 亿元。

基础设施

交通运输

1980 年，白松路建成通车，起自白果镇，止于松柏桥。2006—2008 年，扩建通村公路 9 公里，维修改造村级道路 13 公里。筹集 70 余万元，硬化高阡、长青、兵干 3 个村道路 6.5 公里；竹山村筹资 12 万元新修路基 2 公里。全乡共筹资 550 万元修建长 9 公里的导长公路一条。2011 年 10 月，潭衡西高速公路建成通车，穿越境内 6 个村。至此，全乡实现村村组组通公路，其中，万丰至万家村级水泥公路长 8.3 公里。2012 年，建成长青农村客运站。2014 年，全乡 16 个村村级主干道全部水泥硬化，硬化路面 18 公里。

邮政通信

清宣统二年（1910），松柏桥设信柜。1949 年后，境内邮路为周三班。1968 年后，由徒步改为单车投递。1972 年，始用摩托投送邮件。改革开放后，由周三班改周二班。2011 年，全乡有邮政网点 1 处，农村邮政业务代办点 119 处，邮政业务总量 5247 万元。报纸、杂志累计期发行 368 份。2014 年，有邮政支局 1 家。

1958 年，人民公社设电话总机，电话线通生产大队。改革开放后，境内电话逐年增多。1992 年 10 月，开通无线寻呼。1993 年 6 月，实现乡境电话用户全国直拨。2011 年，有电信网点 1 处，电话交换机总容量 0.24 万，固定电话用户 0.18 万户，电话普及率37.9%，移动电话用户0.1万户，互联网用户0.05万户，电话业务收入89万元。2014年，全乡有电信网点2处，移动网点2处，联通服务网点1处。

供电饮水

1984年，长青开始由大电网供电，年供电量8万千瓦时左右。1986年，全乡居民用电率100%。2014年，供电量500万千瓦时，其中，居民用电40千瓦时，工农业用电10万千瓦时。

中华人民共和国成立初，境内居民饮水分别为河水、塘水、井水。2000年后，为提高饮水质量，机关单位和部分居民饮用桶装矿泉水或纯净水。部分村民自打机井，将井水抽至水塔，安装水管、龙头，使用家庭式自来水。2014年11月，投资近500万元筹建自来水厂，自来水管道铺设约9千米，可供万家、新庄、高阡、长青等村和长青社区居民用水。

水利建设

1949年后，河坝兴建、改造、维修、加固工作同步进行。1956年，建成万仁坝。1959—1960年，修建小（一）、小（二）型水库各1座。此后，新桥水库左干渠穿越境内6个村，全长6千米，傍山支渠16千米。2000年，投入100万余元修建水利工程236处。2004年，维修枚木水库主干渠1000余米。2006年，投入200万元硬化骨干塘47口，维修渠道12千米。2006—2008年，投资80万元维修万家支渠项目，硬化水塘2口、渠道6.1千米。珍美村筹资6万元硬化山平塘7口，晓岚村筹资10万元维修河堤700余米。2009—2013年，共投入水利设施建设资金4000多万元，对137口山平塘、7.5千米河道、28千米渠道进行清淤扫障，系统整治，增加有效灌溉面积450余公顷。2014年，投入2000余万元硬化骨干塘，维修渠道共160处，整修河道5.8千米，修建涵闸11座，提质改造渠道16.7千米，清淤扩容山坪塘57口，新修田间道路18处计30余公里。

村镇建设

清代前，乡内居民基本处于散居状态，单家独屋居多，大部为伐木搭棚，筑土墙顶盖稻草、

改建后的松柏桥

杉木皮。松柏桥至白果青石铺成的官道旁，有砖木瓦结构房子。其中，晓岚新屋湾、晓岚港延兴周氏宗祠、横天一字赵氏宗祠在全县著名。1949年后，陆续兴建瓦房。20世纪70年代后，农民改建、新建住房逐步增多，多为土砖、抖墙泥土青瓦房屋。80年代中后期，房屋增多，标准提高，多为砖混结构2～3层楼房。1993年后，松柏桥街道两旁房屋逐年增多。2003年，松柏桥市场开发。2005年12月26日，长青乡人民政府机关搬迁松柏桥开发区新办公大楼。2006—2008年，加大基础设施、公益设施建设投入。乡内道路铺设率100%，下水道装配率90%以上，路灯配置率100%，城乡化水平35%以上，珍美村筹集4万元新建村部。2009—2013年，松柏桥市场开发二期工程顺利实施。2014年，建设延兴“美丽乡村”，农贸市场顺利竣工。在修建自来水厂的同时，全乡铺设自来水管网。行政村、社区均有办公楼房。

社会事业

教育科技

民国初年，晓岚“横天一字”办赵氏族学，以初小教育为主要目标。民国37年（1948），乡境有保国民小学8所，私立国民学校2所。新中国建立后，公私立小学由人民政府接管。此后，小学数量逐年增多。20世纪60年代末，先后创办农业中学和初级中学各1所。1983年，普及九年义务教育开始起步。1987年，全乡有中学1所、小学12所。1991年后，投资80多万元兴建中小学教学大楼和教师住宅。1994年，耗资247万元新建乡中学，达国家二类标准。1998年，全乡小学入学率100%，小学毕业合格率99.8%，升学率100%；小学生年巩固率98%；初中毕业生合格率97%。2006—2008年，先后投资50万元兴建百妙完小和高阡完小厨房、餐厅；修建万丰联校、万家联校和延兴村小水泥篮球场；改造中心学校食堂设备、设施。2008年，兴建百妙完小“思源”教学楼、中心学校学生宿舍。顺利通过省、市义务教育合格学校验收团评估验收。2011年，投入教育经费710万元，其中，财政预算内教育经费459.02万元，分别比上年增长10.46%、10.63%。2009—2013年，先后兴建长青中学宿舍楼、长青乡中心小学和中心幼儿园。实施高阡完小、延兴学校教学楼维修、改造。2013年，中考和小学教育教学质量均获县二等奖。2014年，全乡有幼儿园8所，在园幼儿115人，专任教师8人；小学5所，在校学生811人，专任教师54人，小学适龄儿童入学率100%；初中1所，在校学生409人，专任教师38人。初中适龄人口入学率、小升初升学率、九年义务教育覆盖率均为100%。

文化体育

1965年，人民公社建文化站。负责群众文化活动的组织辅导工作。1982年，建中心文化站。2011年，有文化站1个，文化专业户13户，从业108人；图书室22个，藏书5.6万册。乡财政筹资80余万元新建1处标准乡文化站，13个行政村建有农家书屋，各类图书、藏书1万余册。2014年，投入近20万元，推进文化阵地、活动阵地等建设，实现农家书屋全覆盖。

改革开放后，体育活动逐步增多，由耍龙、舞狮、游泳向球类、田径等方面发展，中小学体育代表队从县运动会上夺回诸多奖牌。2011年，有腰鼓队2个，广场舞点20余个。2014年，全乡有小运动场6个，篮球场4个，乒乓球场1个，羽毛球场1个，村级农民健身中心10个。

农民运动会

医疗卫生

1955年，创办松柏桥中西医联合诊所。1957年，迁“横天祠”办公，增设刘家岭和野马衖子医疗点。1959年，建人民公社卫生院。1975年，兴建院舍250平方米，松柏桥设医疗点。1984年，卫生院建房320平方米。2005年，全乡有医院1所，医疗点7个，医护人员17名，农民合作医疗参与率33%。2008年，收取新型农村合作医疗费28万元，参合率80%。帮助31名农村五保供养对象和特困群众参加新型农村合作医疗，大病医疗救助8人次，救助金1万元。2009—2013年，全面实施新型农村合作医疗，共收取合作医疗费318万余元，农民实际受惠1811万余元。2011年，各类医疗卫生机构18个，其中村卫生室16个，专业卫生人员36人。新型农村合作医疗参合率96.3%。2014年，有各类医疗卫生机构17个，门诊部1个，固定资产总值213万元。专业卫生人员19人，其中执业助理医师10人，注册护士1人。完成诊疗1.01万人次。农村合作医疗参合人数1.49万人。

自2006年始，环卫工作以改厕为重点。随后，开展宣传活动，用永久性标牌、横幅置于显目处，营造良好氛围。至2014年，保洁工作专人管理，重点路段、重点场所专人负责，全乡环境卫生明显改善。

社会保障

新中国建立初，人民政府对困难群众予以救助，每逢春夏荒、寒冬、灾害均予救济。1956年起，“五保”户由农业合作社照顾。1958年由生产队照顾。1978年后，乡社会保障工作由民政助理负责。2006—2008年，长青乡农村困难户应保尽保。新增农村低保户287户，670人，累计发放资金

90余万元。2008年冰冻灾害中，调运大米15吨，免费发放蜡烛3万多支，下发各类救灾金15万元。为4户援建对象发放建房款，并为精神病患者、癌症患者发放救济款2.6万元。2009年，扩建长青敬老院，改善入院老人生活条件。2009—2013年，扶助弱势群体，及时发放灾害救助款物。2014年，农村最低生活保障553户，947人。国家抚恤、补助各类优抚对象213人，全年抚恤费支出64.9万元。医疗救助40余人次，发放医疗补助金9.3万元。民政部门资助参加农村合作1149人，支出3.45万元。有敬老院1家，床位40张，收养农村五保人员34人。参加新型农村养老保险7800人，参保率96%，援建48户农村困难户危房，共发放危房改造资金37.5万元。

特色地情

历史名人

李纪方（1828—1885） 字伦青，长碧村人。年轻时跟外祖父学医，同治二年（1863）开始行医，对内科、外科、喉科、肿症等专心研究，医术日见长进。20年后积累丰富经验，辑成《白喉全生集》一书，为诸多医生解开白喉恶症疑难，挽救不少患者生命。李纪方因此蜚声国内，时人称“白喉神医”。李逝世后，后人为他雕刻石像，陈列于河南南阳医圣祠，其名载入1921年出版的《中国医学大辞典》。

黄润乾（1933—2013） 祖籍长青乡人，生于北京，天体物理学家、云南天文台研究员、博士生导师、中共党员。1951年，考入清华大学，1958年毕业于德国席勒大学。1976年，调中国科学院云南天文台工作，1999年，当选中国科学院院士。先后获中科院自然科学二等奖、科学技术进步二等奖和教学成果二等奖，首届中国天文学会张钰哲奖，三次获中科院优秀研究生导师称号。主要专著有：《恒星物理》《恒星的结构和演化》《恒星大气理论》《恒星振动理论》（与李焱合著）。

（文字供稿：赵浪舟　图片供稿：熊仲荣　刘爱成）

贯塘乡 >>

区域概况

位置面积

相传，旧时境内老湾村有一水塘与另外五口水塘相连，可相互贯通，人们称之“贯塘”。贯塘乡因此得名。贯塘乡东接长青乡、白果镇，南界涓水与江东乡相望，西连新桥镇，北与湘潭县霞岭乡接壤。乡人民政府驻迎龙桥。2014年，辖区总面积34.57平方公里。其中，水田802.2公顷，旱土24.45公顷，山林1567.1公顷，水面115.20公顷。东西最大距离8.05公里，南北最大距离8.15公里。

建置沿革

明代，境域属崇岳乡三都。清代，属衡山县宗字。民国21年（1932），属衡山县二区。民国25年（1936）废区，属义母乡，后属白山、果山乡。1949年10月，属衡山县第七区；1952年6月，属衡山县第三区；1956年，撤区并乡，义母、东阳、贯塘、枫林、天圫5乡，合并为贯塘乡。1958年，属伟大人民公社，1959年，改称白果人民公社。1961年3月，由白果人民公社分出，建立贯塘人民公社。11月，属南岳管理局。1963年，属南岳县。1966年2月，撤销南岳县，属衡山县。1984年2月，更名贯塘乡。

行政区划

1984年，贯塘乡辖行政村17个，村民小组162个。1995年，贯塘乡辖行政村17个，居委会1个，2014年，辖义母、义丰、板仓、石丰、迎丰、新塘、密竹、东阳、老湾、朝阳、五星、梓塘、响塘、司马、天圫 、晓冲、枫林17个行政村164个村民小组，迎龙桥社区1个，3个居民小组。

自然环境

贯塘乡属亚热带季风湿润气候。热量充足，光照充裕，无霜期长；雨量充沛，水热基本同季，雨旱季较明显；四季分明，季风明显。年均气温17.1℃，年均无霜期296天，年均降水量1300毫米。境内地形以山、丘、岗为主，兼有河溪、平原，其地貌组合具有带状阶梯式分布特点。

人口

1984年，贯塘乡人口总户数4059户，总人口16321人。其中，男性8511人，女性7810人。1995年，总人口18110人。其中，男性9444人，女性8666人。2014年，贯塘乡总人口20612人。其中男性10844人，占52.15%，女性9951人，占47.85%。人口密度每平方公里638人。

经济发展

经济综述

中华人民共和国成立后，境内农业逐年发展，工业从无到有。改革开放后，农、林、牧、副、渔全面发展，农民温饱问题完全解决；乡村制造、加工业发展迅速。1995年，全乡工业总产值2961万元；粮食总产量1.06万吨；农民人均纯收入1682元。进入21世纪，农业产业朝名、优、特、新方向发展；工业全部改制为民营企业，产品实行深加工效益良好；商贸服务业蓬勃发展。2014年，全镇工业总产值5000余万元；粮食总产量1.3万吨；财政总收入320万元；农民人均纯收入6000余元，人均居住面积42.7平方米。

农业

种植业 民国38年（1949），境内水稻亩产170.44公斤。中华人民共和国成立后，产量逐年提高。1958年，亩产215公斤。20世纪60年代初，普遍推行单季改双季，引进优良水稻品种，实现早矮晚粳化，水稻平均亩产409公斤。1976年，亩产575.8公斤。落实农业生产责任制后，农民生产积极性进一步高涨。1983年，亩产756公斤。1990年，亩产增至794公斤。1995年，全乡粮食总产量10614吨。21世纪初，农业产业结构进一步调整，优质稻基地继续得到巩固。2005年，农业总产值6153万元，粮食产量1.02万吨。2006—2008年，成为衡山县粮食生产达标乡。2011年，生产粮食1.2万吨，人均591公斤，其中稻谷11700吨。2009—2013年，通过加速土地流转，激励种植大户，全乡双季稻种植面积933公顷。2014年，建立迎龙优质稻种植等专业合作社13个、培育种粮大户40余户。

养殖业 1981年后，在抓好粮食生产的同时，引导农民扩大养殖业。2014年，生猪饲养量

贯塘茶场

21900头，年末存栏8600头；羊饲养量2300只，年末存栏1100只；家禽年饲养量70万羽，水产品产量858吨。

林业 中华人民共和国建立后，境内林木以松、杉为主，杂木遍及山岭。1958—1960年，受大炼钢铁和大办公共食堂影响，森林损失近90%。1972年，推广挖沟、撩壕、抽带、打穴造林新模式，造林成活率逾95%。1981年，引导农民发挥苗木、茶叶种植优势。此后，苗木、茶叶专业合作社先后成立。1983年，实行承包责任制，农民房前屋后栽树，责任山上造林，林业面积逐年扩大。进入21世纪，迎丰苗木基地、晓冲苗木基地、腾飞苗木基地规模不断扩大，效益不断提升，成为衡山最重要的苗木供应基地。2014年，贯塘乡造林面积38.6公顷，森林总面积1520公顷，森林覆盖率40.44%。

工业

中华人民共和国建立后，贯塘乡发展陶瓷、制鞋、造纸、建材、烟花等乡村企业。1981年后，乡酱菜加工厂充分利用本地资源萝卜、辣椒、大蒜、生姜、藠头等进行深加工，年产值30万元左右。14家鞭炮厂年产量6280箱。1995年，工业总产值2961万元，乡镇企业总产值571万元。2000—2005年，庆福湘粤家具厂、贯塘电杆厂、红砖厂、大米加工厂等企业先后落户乡境。2005年，工业总产值3205万元。2006—2008年，先后成立贯塘建材、贯塘木业、浩天纸业、华隆鞋业、田源米业、红星烟花等近10家上规模企业。2011年，规模以上工业企业14家，职工545人；工业总产值31000万元，实现工业增加值6700万元。红星烟花、田源米业产品畅销国内市场。2009—2013年，工业企业数量由不足10家增加到近30家。其中，华隆鞋业年创汇500万美元，产品远销中东、欧美市场。田源、迎龙、大丰3家米业年加工大米42875吨，产品远销省内外。2014年，有骨干企业4家。其中，红星烟花由小型手工作坊向大型工业集团化转化，年产值过1000万元。

商贸服务业

1949年前，贯塘乡没有集市，人们购物都到邻近的白果、新桥赶集。新中国建立后，创建集市，人民仍保留这一习惯。20世纪80年代后，先后建有枫林集市、迎龙桥综合大市场。其中，迎龙桥综合大市场集农贸、餐饮、建筑于一体。2011年，有商业网点95个，职工198人；社会商品零售总额6200万元，比上年增长14%；集贸市场年成交额3300万元。2014年，乡内有个体经商户127个，从业218人。行业有餐饮、南杂、五金、美容、美发、家电、服装等，可基本满足居民生产生活需求。

财政金融

1978年前，乡财政收支由秘书和粮油委员兼管。1979年6月，设人民公社财政室，财经专人管理，后更名乡财政所。2005年，乡财政总收入160万元。2014年，乡财政收入、支出均为320万元。

1955年，乡设信用合作社。1958年，生产大队（村）设信用站。20世纪80年代末，有金融分支机构1个，各类存款余额6000万元，各项贷款余额3000万元。90年代初，贯塘乡增设邮政储蓄网点。2014年，有信用分社和邮政储蓄各1家，储蓄额6000余万元，贷款额3600余万元。有寿险农村服务部、财险服务网点各1处。

基础设施

交通运输

1959年，衡西公路通车，途经乡境。此后，乡、村公路逐年修建，贯塘建汽车代办站。2006—2008年，全乡通村公路水泥硬化率90%，村村通水泥路。2008年，总长20公里的环乡公路全线拉通，新修义母大桥。2011年，潭衡西高速公路通车，途经乡境。2014年，投入资金2000多万元，水泥硬化乡村公路15公里，新修村组公路30余公里，维修公路80多公里。

邮政通信

新中国建立后，境内邮件徒步投递。20世纪70年代后，逐步由单车、摩托车投递，邮班增加。2011年，全乡邮政网点1处，投递点114个，征订报纸317份、杂志216册。2014年，有邮政网点1处，投递点遍布17个村，征订报纸435份，杂志200余册，业务收入130万元。

1958年，人民公社设电话总机，电话线通生产大队。1978年，县至人民公社电话载波化。1992年10月，开通无线寻呼。1993年6月，实现衡山电话用户全国直拨。2000—2002年，全乡新建市话、农话模块局。2011年，有电信服务网点5个，固定电话用户1800户，移动电话用户10400户，互联网宽带用户400户。2014年，有电信服务网点12处，固定电话用户1200户；移动网点3处，移动电话用户8700户；联通服务网点2处，互联网宽带用户420户。

供电饮水

1968年，湖南省在贯塘新建茶场，架通高压电。此后，分期分批将电路拉通各大队，方便群众照明、抽水、碾米，为乡镇企业提供动力。随着居民生活水平和农业机械化程度的提高，厂矿企业不断增加，全乡用电负荷逐年上升。2014年，全乡用电总量550万千瓦时。

1949年后，境内群众饮水多用河水、塘水，露天井水。1978年，贯塘茶场新建地下水水厂1处，日产水50吨供应0.27万余人。20世纪80年代后，农家纷纷自打机井取水。2010年后，314省道沿线6个村近8000人由新桥水厂集中供水。2014年，全乡用水总量72.5万吨。

水利建设

新中国建立后，河坝、山平塘兴建、改造、维修、加固工作同步进行。1957年，建成油铺塘小（二）型水库。2000年，有小（二）型水库5座，山塘2600余口。新桥水库左干渠穿越境内9个村，全长13千米。傍山渠道22千米，水库干渠与山塘配套，有效灌溉面积746.67公顷。2006—2008年，对油铺塘、包家冲两座小（二）型水库进行除险加固。2009—2013年，投资1000多万元，硬化骨干塘56口，修建渠道4.5千米；硬化山平塘286口，维修河堤6.4千米，完成油浦塘和石板塘小（二）型水库除险保安工程，治理涓水河贯塘段工程。2013年，修整山塘28口，新增渠道4.8千米。2014年，修整山塘36口，新增渠道5.7千米。

乡村建设

民国时期，境内房屋大体分富户住房、祠堂庙宇、农民住房3类，其中，刷红墙的迎龙桥彭氏宗祠远近闻名。境内大地主李百万在天圫建“洋房子”1栋，上下数十间，外置铁门、铁栅栏。1953年后，部分农民将茅屋翻修改瓦房，建房以土木、砖木结构居多。1963年后，生产大队、生产队办公室、文化室、保管室、仓库、学校等公房陆续兴建。20世纪70年代后期，农民改建、新建房屋陆续增加，大多为土砖、抖墙的泥土青瓦房屋。80年代，农民收入增加，建房增多，大部分为红砖、钢筋混凝土结构。进入21世纪，小城镇建设加快。兴建迎龙桥居委会大楼、改善迎龙桥基础设施为贯塘乡新农村建设打下良好基础。2006—2008年，新建东阳、老湾、晓冲、新塘4个村村部，启动东阳村沼气项目，兴建迎龙桥、枫林农贸市场。2009—2013年，迎龙桥街道全部硬化、绿化、亮化。2014 年，迎龙桥大市场、金宝宝幼儿园、乡卫生院等建筑内观外貌进一步改善。

社会事业

教育科技

民国 37 年（1948），乡境有保国民学校 7 所。中华人民共和国建立后，公私立小学由人民政府接管。此后，小学数量逐年增多。1987 年，有小学 15 所，中学 1 所。2004 年 9 月，创办全县第一所九年一贯制学校。有教学班 16 个，在校学生 676 人，教职工 40 人。2005 年，全乡有小学 9 所，中学 1 所，教师 116 人，在校学生 1979 人。2006—2008 年，实行九年一贯制教育新模式，设立中心学校。2011 年，小学适龄儿童入学率 100 %；初中适龄人口入学率、小升初升学率、九年义务教育覆盖率均为 100%。投入教育经费 639 万元，其中，财政预算内教育经费 389.91 万元，分别比上年增长 10.46%、10.62%。2009—2013 年，落实教育“两免一补”政策。2014 年，全乡有幼儿园 1 所，九年一贯制义务教育学校 1 所，村小 6 所，中学 1 所，在校学生 1300 人，教职员工 103 人。全乡适龄儿童入学率 100%，在校学生年巩固率 99%，九年义务教育覆盖率 100%，学生思想品德评价合格率 100%。

文化体育

1965 年，人民公社建文化站，设文化辅导员 1 人，负责群众文化活动的组织辅导工作。1981 年，建中心文化站。2005 年，开通贯塘有线电视站。2011 年，有文化站 1 个，村级文化活动中心 5 个；文化专业户 12 户，从业 107 人；图书室 27 个，藏书 50000 册。2014 年，有村级文化活动中心

制茶比赛

18 个，每个村都配备音响设备，供村民们跳广场舞；文化专业户 18 户，从业 74 人；各类图书室 19 个，藏书 57000 册。

中华人民共和国成立后，境内体育活动逐年增多，舞狮、耍龙又搞田径运动，乡中小学从县田径运动会获得诸多荣誉。1984 年，全乡举办“丰收杯”农民群众篮球赛，参赛代表队 10 余个。2014 年，全乡有小运动场 2 个，篮球场 3 个，乒乓球室 2 个，村级农家健身中心 4 个，其中 3 个场地配备了体育器材。

医疗卫生

1955 年，创办坪头岭中医联合诊所。1956 年，创办迎龙桥中医联合诊所。两诊所纳入白果诊所。1962 年，恢复迎龙桥联合诊所，坪头岭改为医疗点，后称贯塘乡卫生院。1969 年，建院舍 300 平

方米。1985 年，建楼房 635 平方米。2005 年，有医院 1 所，医疗点 3 个，医护人员 23 名，农民合作医疗参与率 47%。2007 年，改造后的卫生院面积 1020 平方米，设施、环境均得到改善。枫林村医疗点面积 650 平方米。2007 年，乡卫生院设内、儿、中医等门诊和住院服务部，全面启动新型农村合作医疗工作，参合率在 90% 以上。2011 年，各级医疗卫生机构 19 个，其中村卫生室 17 个，床位 25 张。专业卫生人员 36 人。新型农村合作医疗参合率 99.2%。2013 年，居民基本医疗保险全覆盖，新农合实现 100% 参与。2014 年，全乡各级医疗卫生机构 21 个，其中，村卫生室 18 个，床位 37 张，接诊病人 9000 余人。乡卫生院职工有 22 人，其中主治医师 1 人，执业医师 4 人，执业助理医师 6 人，注册护士 3 人。

自 2006 年始，环卫工作以改厕为重点。随后，开展宣传活动，用永久性标牌、横幅置于显目处，营造良好氛围。至 2014 年，保洁工作专人管理，重点路段、重点场所专人负责，全乡环境卫生明显改善。迎龙桥街道全部硬化、绿化、亮化，为居民提供良好卫生环境。

社会保障

中华人民共和国成立初，人民政府对困难群众予以救助，以粮食和物资为主。此后，每逢春夏荒、寒冬、灾害、均予救济。1956 年起，“五保”户由农业合作社照顾，1958 年由生产队照顾。1978 年后，乡社会保障工作由民政助理负责。2004 年，统一“五保”供养标准。改建敬老院 1 所，占地面积 2000 平方米，住房 20 间，床位 40 张，配电视机、衣柜，建开水房、洗衣房、医疗室等。2007 年后，建立和完善农村“五保”对象和特困户台账，及时发放优待金。2011 年，城镇最低生活保障支出 8.2 万元，医疗救助 105 人次；民政部门资助参加新型农村合作医疗和城镇居民医保 1237 人次，共支出 3.7 万元。农村最低生活保障 527 户，1033 人，支出 104.1 万元。农村“五保”分散供养 138 人，集中供养 29 人。各类优抚对象支出 71 万元。改造农村危房 66 栋，修缮 15 栋，财政资助 71.4 万元。新农保参保率 95.4%。2010—2014 年，帮助“五保”户、优抚对象免费参加农村合作医疗，实施大病救助 120 余人。共发社会优抚资金 110 余万元，发放其他各类救灾救济资金 80 余万元；发放医疗救助资金 15 万余元；完成危房改造 161 户。2014 年，全乡低保户 1059 人，“五保”户 170 人均得到有效供养或救助。

特色地情

革命英烈——李实行（1902—1931） 亦名石雄，字渭璜，贯塘乡司马港人。1923 年 9 月，任岳北农工会委员兼秘书，斗争失败后辗转安源从事工人运动。1924 年，加入中国共产党，1925 年，赴广州农民运动讲习所学习。毕业后任广州国光书店经理。1929 年，任湘鄂赣边境支队二纵队纵队长。1930 年 6 月，任红三军团五军一师师长。同年 10 月，进入中央根据地，率部参加第一、二、三次反“围剿”。1931 年 8 月，在第三次反“围剿”兴国莲塘战役中负重伤，为国捐躯，葬兴国县。1957 年，灵柩迁回故里。

（文字供稿：赵浪舟　图片供稿：彭斌）

江东乡 >>

区域概况

位置面积

相传，旧时境内南河下游原有一座双墩桥，且处涓水之东，人称“双墩桥”，后演变为“江东桥”，江东乡由此得名。江东乡东邻白果镇，南接东湖镇、望峰乡，西抵新桥镇，北连贯塘乡。总面积34.42平方公里，乡人民政府驻村公祠。2014年，辖区总面积34.42平方公里，其中陆地面积32.1平方公里，占93.3%；水域面积2.32平方公里，占6.7%。东西最大距离11公里，南北最大距离9公里。

建置沿革

明代，境域属崇岳乡1都，清代，属衡山县朝字。民国21年（1932），属衡山县二区。民国25年（1936），属白山乡，后属果山乡。1949年10月，属衡山县第七区；1950年3月，属衡山县第十二区；1952年6月，属衡山县第四区；1953年3月，属衡山县贯底区；1956年6月，撤区并乡设江东乡；1958年9月，与新桥、贯底2乡合并，设红旗人民公社；1959年3月，与五星公社合并为东湖人民公社；1961年3月，从东湖公社析出，设立江东人民公社；1961年11月，属南岳管理局；1963年5月，属南岳县；1966年2月，撤销南岳县，属衡山县；1984年2月，更名江东乡。

行政区划

1984年，江东乡辖16个行政村131个村民小组。1995年，江东乡辖16个行政村136个村民小组。2013年，设立白山社区。2014年，辖江东、荷关、旺洲、成垅、关圣殿、龙溪、龙桥、白山、金棋、石溪、龙塘、大坪、椿梓、石桥、南坪、南村16个行政村，138个村民小组；辖育英社区1个，居民小组3个。

自然环境

境内地形属典型小丘陵地带，地势东南方向高，西北方向低，境内以山、丘、岗为主，兼有河溪、小平原，其地貌组合具有带状阶梯式分布特点。处亚热带季风湿润气候，热量充足，光照充裕，无霜期长；雨量充沛，水热基本同季，雨旱季较明显；四季分明，季风明显。年均气温18℃，年均无霜期280天左右，年均降水量1400毫米。境内南河途径旺州、成伦、荷关、江东、白山、石溪、龙塘、金棋、龙桥、大坪10个村，长11公里。

人口

1984年，辖区总户数3627户，总人口

江东八景之一的响石回音壁

15148 人。其中，男性 7886 人，女性 7262 人。1995 年，辖区总户数 4527 户，总人口 16544 人。其中，男性 8602，女性 7942 人。2005 年，总人口 16983 人。其中，男性 8831 人，女性 8152 人。2014 年，辖区总人口 19500 人，其中男性 10174 人，占 52%；女性 9390 人，占 48%。人口密度每平方公里 543 人。

经济发展

经济综述

1949 年后，境内农业逐年发展，工业从无到有。改革开放后，农、林、牧、副、渔全面发展，农民温饱问题完全解决；乡村采掘、加工、建筑业发展迅速。1995 年，全乡工业总产值 2506 万元；粮食总产量 1.03 万吨；农民人均纯收入 1570 元。进入 21 世纪，农业产业朝名、优、特、新方向发展；工业全部改制为民营企业，产品实行深加工效益良好；商贸服务业蓬勃发展。2014 年，全镇工业总产值 3730 万元；粮食总产量 1.1 万吨；财政总收入 641 万元；农民人均纯收入 6789 余元，人均居住面积 42.5 平方米。

农业

种植业 1949 年，境内水稻亩产 170.44 公斤。1949 年后，水稻亩产逐年提高。1958 年，亩产 215 公斤。20 世纪 60 年代初，普遍推行单季改双季，引进优良品种，实现早矮晚粳化，水稻亩产 409 公斤。1976 年，亩产 575.8 公斤。落实农业生产责任制后，农民生产积极性进一步高涨。1983 年，亩产 756 公斤。至 1990 年，亩产增至 794 公斤。1991 年后，粮食连年丰收，亩产1000公斤。1995年，全乡粮食总产量1万吨。1997年，粮食总产量1.25万吨。2005年，粮食总产量0.98万吨，农业总产值1800万元。2006年后，成为衡山县产粮大乡。2011年，农业总产值15800万元，粮食总产1.13万吨，其中稻谷产量1.1万吨，人均602公斤。2009—2013年，龙桥、白山、关圣村发展高产创建项目，龙塘、龙溪等5个村发展湘米工程，关圣、江东、龙塘、南坪等7个村成立种植项目农民专业合作社，流转土地307公顷。2014年，有种植专业合作社7家，家庭农场2家，农机服务合作社1家，流转土地413.3公顷。

养殖业 境内素有养殖习惯。20世纪70年代至90年代初期，家家户户饲养生猪、鸡鸭。年均生猪存栏量8000余头，年均生产肉类3000吨，家禽85万羽，禽蛋950吨。1990年后，金棋、旺州、大坪等村先后建立黑山羊、乌鸡、大雁、生猪等特色养殖基地，户均增收2000元，其中养殖大户年收入25万元。2011年，全乡生猪饲养量43200头，年末存栏16900头；羊饲养量2300只，年末存栏1100只；家禽年饲养量83.1万羽。生产肉类2762.4吨，禽蛋产量904吨，水产品产量360吨。2009—2013年，石溪、成伦、龙桥、大坪特色养殖品种为大黄牛、黑山羊、大雁、乌鸡等。2014年，大坪、金棋等村乌鸡养殖业初具规模，生猪、黄山羊等传统养殖进一步巩固。

林业 境内主要树种有松木、杉木、杂木、楠竹等。1983年后，农民承包集体荒山种植树木。国家"退耕还林"政策实施后，农民挖山造林、绿化荒山。2014年，完成荒山造林100公顷，建立花卉苗木基地40公顷。大坪村苗木专业合作社培植的红豆杉、楠木、桂花、樟树等500多种花卉苗木，销往长沙、湘潭、株洲等地。

工业

1978年前，缝纫匠上门做衣服，砖瓦匠烧制砖瓦，鞭炮作坊制造鞭炮供应市场。1978年后，乡镇企业发展迅速。兴建江东石膏矿，产品销往全国各地；兴建氧化锌厂生产的"双龙"牌产品远销国内外；乡瓷泥矿年产值突破200万元；乡建筑队年产值200余万元；鞭炮生产遍及全乡。1994年后，乡镇企业一度陷入低谷。1997年后，经改制，效益逐步明显。1997年，全乡工业总产值5930万元，乡镇企业总产值1.6亿元。自2006年始，石膏粉供不应求。翻砂厂业务越做越大，并在长沙、湘潭等地设分厂。成伦瓷泥矿、旺洲三联机砖厂、荷关电子加工厂相继落户江东。投资600万元成立华明石材厂，引进500万元成立裕丰木业有限公司，工业规模不断扩大，产值不断增加。乡石膏矿开采的石膏销往江西、广东、广西、福建等地，乡瓷泥矿生产的瓷泥销往河南、株洲、醴陵等地。成伦瓷泥矿对瓷泥进行深加工，价格每吨由40元提升至60元。2011年，全乡有规模以上工业企业6家，职工216人；工业总产值1.1亿元，实现工业增加值2400万元。2014年，江东祥龙大米厂精制大米深受湘潭、株洲、长沙等地市民青睐。

商贸服务业

1949年前，江东没有集市，人们购物需去新桥、白果。1957年4月，江东设立供销分社，管理辖区农资、工业品、副食、日杂品供应，农副产品收购、加工等。1962—1978年，设立江东人民公社供销社。1987年后，各村代购代销店（点）逐年增多，为全乡人民生产生活带来极大便利。1990年，设立白山村集贸市场。2011年末，江东乡有商业网点52个，从业104人；社会商品零售总额5100万元；有集贸市场2个，年成交额3500万元。2014年，全乡有个体经商户 186 个，集贸市场 2 个。行业有餐饮、南杂、百货、五金、美容、美发、家电等，基本满足居民生产生活需求。

财政金融

1978 年前，乡财政收支由秘书和粮油委员兼管。1979 年 6 月，设立人民公社财政室，财经专人管理，后更名乡财政所。2005 年，乡财政总收入 160 万元。2014 年，财政总收入 519 万元，财政支出 513 万元。

1955 年，乡境成立信用合作社。1958 年，生产大队（村）设信用站。改革开放后，保险机构下伸。2014 年，境内有信用分社 1 家，各类存款余额 9400 万元。有寿险服务网点、财险服务网点各 1 处。

基础设施

交通运输

清末，兴建木质沙坪桥。1949 年前，境内有驿道 1 条。1974 年，九江公路建成通车，全长 7.5 公里，1984 年后拓宽。1989 年，全乡共有村级公路 17.552 公里。1995 年 5 月后，投资 110 万元将九江路铺成柏油路。集资 45 万元修通旺洲桥，板仓桥，拉通各村村级公路，实现村村组组通公路。2008 年，完成宽 6.5 米、长 110 米的渡改桥，重建大坪桥。2009 年始，硬化乡主干公路九江公路，总投资 450 万元。2011 年 10 月，潭衡西线高速公路建成通车，境内 4.86 公里。进入 21 世纪，全乡硬化村级公路 6.8 公里，并逐年延伸。2009—2013 年，完成南村、石桥、金棋、荷关、成伦、龙塘、龙桥等村公路道路硬化和金棋箭楼桥改造。2014 年，筹资 200 多万元完成马鞍桥、

白龙河坝

中石桥、下石桥三座危桥改造，使三桥全线贯通，除草维护九江公路7.4公里。境内实现组道、村道、县道公路水泥硬化全覆盖。

邮政通信

民国时期，境内邮件主要靠人工步行投递。新中国建立初，邮班先后由周三班改为周二班。1968年后，乡村邮件逐步取消步班，改用单车。1972年，始用摩托车接送邮件。2011年，全乡邮政投递点134个，征订报纸327份、杂志237册。2014年，全乡有邮政所1家，邮政投递点18个。

1958年，人民公社设电话总机，电话通生产大队。20世纪90年代，境内电话程控化，用户逐年增多。2011年，有电信服务网点5个，固定电话1500户，移动电话8400户，互联网宽带用户500户。2014年，全乡有电信网点2处；移动网点3处，移动电话1.2万部；联通服务网点2处；互联宽带网全覆盖，互联网宽带用户700户。

供电饮水

1978年，高压电线架到江东。随后，分期分批将电路拉通至生产大队，供发展乡镇企业用电，群众照明、抽水、碾米。随着城乡居民生活水平的不断提高，农业机械化程度的普及，厂矿等企业不断增加，全乡用电负荷逐年上升。2014年，全乡用电总量521万千瓦时。

1949年后，境内群众饮水多用河水、塘水，部分饮用井水。1990年后，60%以上群众自打井用手压泵取水。2000年后，70%以上的居民、农户自打机井，安装家庭式自来水。2014年，全乡有5个村的村民用新桥水厂供应的自来水，各二级单位和10%的群众饮用桶装纯净水。

水利建设

1949年后，境内组织农民投工投劳，整修、修护河堤32处，维修河坝4处，用工1500余个，耗资120万元。1963—1965年，社队自办小型水利事业，挖深加高筑固山平塘。建成坝高6米，灌田102.8公顷的白龙河坝。1995年后，维修加固河坝。改造灌区明渠，配套支渠，硬化水库库坝和山平塘，为缺水村兴修小水坝。进入21世纪，全乡筹集250万元，改造河坝1座，拦河坝2座，修建标准U形水渠26千米。2009—2013年，共投入水利设施建设资金近4000万元，对乡内137口山平塘、7.5千米河道、28千米渠道进行清淤扫障和系统整治，增加有效灌溉面积450余公顷。2004—2014年，对新桥水库境内骨干水渠8千米清淤除草12次，修护塌方65处。新修支渠9000米。对梅子坪等4座小（二）型水库除险保安，对1060口骨干山塘改老翻新，浅塘挖深、矮塘加高，漏塘加固、废塘整修。2014年，对新桥水库灌区椿梓村渠道维修加固，白龙河坝灌区渠道清淤除草3200米。

乡村建设

民国时期，境内房屋大体分富户住房、祠堂庙宇、农民住房3类。其中，江东桥廖氏龙溪祠在全县著名。1953年后，部分农民将茅屋改瓦房。1963年后，生产大队、生产队陆续兴建公房，农村大部分茅屋先后改造成瓦房。20世纪70年代后期，农民改建、新建房屋陆续增加，大多土砖、抖墙房屋。80年代，农民建房大部分为红砖、钢筋混凝土结构。2009年始，为建设宜居环境，乡政府投资10万元，改造街道、村道。2013年，在白山村进行小城镇开发，已拥有一条商业街，社区居民800人。其中，从事加工、商贸个体户80户，从业300多人。2014年，为提高小城镇品位，安装路灯36盏，在九江公路江东、白山两个集镇沿线安装减速带80多米，急弯路口安装凸视镜6处，方便街道居民晚上出行、娱乐，消除交通安全隐患。白山市场建设项目顺利推进，白山社区绿化等项目建设力度加大。行政村均建有新型办公楼。

社会事业

教育科技

清光绪二十九年（1903），白山书院义学改为官立白山高等小学堂，为衡山县新学之始。民国37年（1948），乡境有保国民学校6所。1950年3月和1951年上半年，公、私立小学由人民政府接管。此后，小学逐年增多。1958年，创办江东公社农业中学，1969年，并入江东中学。1987年，全乡有小学16所，中学1所。1992年3月，江东中学重建。1991—1997年，投资350万元先后兴建中心完小、龙塘等12所村级小学教学楼。随后，调整学校布局。2009—2013年，筹资200余万元维修校舍、添置教具等，改善办学条件。2014年，全乡有幼儿园3所，在园幼儿408人，专任教师24人；小学5所，在校学生1482人，专任教师42人，小学适龄儿童入学率100%；初中1所，在校学生482人，专任教师40人。初中适龄人口入学率、小升初升学率、九年义务教育覆盖率均为100%。

文化体育

1965年，人民公社建文化站。1981年，江东乡有业余剧团1个。1982年，建中心文化站。2009年始，为丰富群众文体生活成立秧歌队、腰鼓队，共组织各类比赛、演出30多场次。2011年，有村级文化活动中心16个；文化专业户12户，从业107人；有图书室26个，藏书7.3万册；2014年，全乡有文化站1个，村级文化活动中心17个；每村设文化辅导员1个，负责群众文化活动的组织辅导工作；新建立腰鼓队、广场舞队、民间红白喜事服务队20个；有图书室17个，藏书9.2万册，各类文化从业250人。

1949年后，境内体育活动由舞龙、耍狮逐步向田径、球类、游泳转化。1996年、1998年辖区运动员周艳辉在世界蹼泳锦标赛上，获4×100米接力冠军。2011年，全乡有体育场地19个。2014年五四青年节，乡团委组织乡二级单位进行篮球赛。在全县广场舞大赛中，代表江东乡参赛的龙桥村代表队夺得三等奖。

医疗卫生

1951年，创办白龙和江东两个诊所，1954年合并为江东桥医药联诊所。1968年，人民公社建卫生院舍325平方米。1984年，人民公社卫生院更名乡卫生院。2005年，有医院1所，医疗点7个，医护人员17人，农民合作医疗参与率33%。2007年，新建占地0.33公顷、建筑面积1162平方米的新卫生院1所。2011年，各级医疗卫生机构18个，其中村卫生室16个；专业卫生人员30人，其中执业医师2人，执业助理医师3人，注册护士1人。门诊部以上完成诊疗6400人次。新型农村合作医疗参合率97.06%。至2013年，共收取合作医疗费340万元，农民实际受惠3000多万元。帮助五保户免费参加农村合作医疗，实施大病救助315人，减少因病致贫现象发生。2014年，全乡各级医疗卫生机构19个，其中村卫生室17个；专业卫生人员38人，门诊部以上完成诊疗6400人次，新型农村合作医疗参合率100%。

自2006年始，环卫工作以改厕为重点。随后，开展宣传活动，用永久性标牌、横幅置于显目处，营造良好氛围。2014年，对街道、村道、乱堆乱放、乱搭乱建、占道经营等现象进行彻底整治，取缔马路市场，乡政府耗资10余万元各村制定卫生管理办法，选出责任心强的卫生规劝员、保洁员。同年，县政府投资13万余元，彻底整治街、村道，改造旱厕200多个。至此，保洁工作专人管理，重点路段、重点场所专人负责，全乡环境卫生明显改善。

社会保障

中华人民共和国成立初，人民政府对困难群众予以救助。此后，每逢春夏荒、寒冬、灾害，均予救济。1956年起，“五保”户由农业合作社照顾，1958年由生产队照顾。1978年后，乡社会保障工作由民政助理负责办理。2011年，农村低保支出98.5万元，医疗救助121人次；民政部门资助参加新型农村合作医疗支出35200元。农村“五保”分散供养160人，集中供养38人。有敬老院1所，床位40张。国家抚恤、补助各类优抚对象支出64.6万元。新型农村养老保险参保率92.5%。2009—2013年，共发放“五保”款12000元，优抚款300万元，社会救助款37万元，低保款100余万元，共修建改造村民危房176栋。2014年，农村低保736户、929人，支出117.97万元。国家抚恤、补助各类优抚对象155人，支出78.6万元。农村危房改造44栋，危房修缮6栋，财政资助63.2万元。

（文字供稿：赵浪舟　图片供稿：熊仲荣）

HUNANXIANGZHENJIANZHI

湖南乡镇简志

衡阳市卷（下册）

湖南省地方志编纂委员会
衡阳市地方志编纂委员会 编纂

方志出版社
Publishing House of Local Records

目录

下册

衡东县

概述 ……（0863）
城关镇 ……（0866）
石湾镇 ……（0877）
新塘镇 ……（0885）
大浦镇 ……（0896）
吴集镇 ……（0904）
甘溪镇 ……（0911）
杨林镇 ……（0918）
草市镇 ……（0926）
杨桥镇 ……（0933）
霞流镇 ……（0938）
荣桓镇 ……（0947）
高湖镇 ……（0956）
白莲镇 ……（0963）
大桥镇 ……（0971）
蓬源镇 ……（0978）
莫井乡 ……（0982）
踏庄乡 ……（0988）
高塘乡 ……（0992）
南湾乡 ……（0999）
三樟乡 ……（1005）
栗木乡 ……（1012）
珍珠乡 ……（1016）
石滩乡 ……（1022）
德圳乡 ……（1027）

祁东县

概述 ……（1031）
洪桥镇 ……（1033）
白鹤铺镇 ……（1047）
金桥镇 ……（1054）
鸟江镇 ……（1063）
粮市镇 ……（1070）
河洲镇 ……（1077）
归阳镇 ……（1086）
过水坪镇 ……（1097）
双桥镇 ……（1105）
灵官镇 ……（1113）
风石堰镇 ……（1120）

白地市镇 ……………………………（1129）
黄土铺镇 ……………………………（1139）
石亭子镇 ……………………………（1147）
官家嘴镇 ……………………………（1154）
步云桥镇 ……………………………（1162）
砖塘镇 ………………………………（1171）
蒋家桥镇 ……………………………（1179）
太和堂镇 ……………………………（1186）
马杜桥乡 ……………………………（1195）
凤歧坪乡 ……………………………（1202）
城连墟乡 ……………………………（1208）
四明山乡 ……………………………（1214）

耒阳市

概述 …………………………………（1221）
蔡子池街道 …………………………（1224）
灶市街街道 …………………………（1236）
水东江街道 …………………………（1242）
五里牌街道 …………………………（1249）
三顺街道 ……………………………（1256）
黄市镇 ………………………………（1261）
小水镇 ………………………………（1270）
公平圩镇 ……………………………（1278）
泗门洲镇 ……………………………（1286）
三都镇 ………………………………（1291）
南阳镇 ………………………………（1300）
竹市镇 ………………………………（1307）
夏塘镇 ………………………………（1314）
龙塘镇 ………………………………（1322）
哲桥镇 ………………………………（1330）
永济镇 ………………………………（1336）
遥田镇 ………………………………（1344）
淝田镇 ………………………………（1352）
新市镇 ………………………………（1360）
大市镇 ………………………………（1368）
南京镇 ………………………………（1376）
仁义镇 ………………………………（1383）
洲陂乡 ………………………………（1392）
亮源乡 ………………………………（1400）
马水乡 ………………………………（1407）
太平圩乡 ……………………………（1413）
导子乡 ………………………………（1419）
东湖圩乡 ……………………………（1426）
上架乡 ………………………………（1435）
沙明乡 ………………………………（1442）
大义乡 ………………………………（1448）
磨形乡 ………………………………（1456）
余庆乡 ………………………………（1462）
长坪乡 ………………………………（1468）
大和圩乡 ……………………………（1474）
坛下乡 ………………………………（1482）

常宁市

概述 …………………………………（1490）
宜阳街道 ……………………………（1492）
泉峰街道 ……………………………（1498）
培元街道 ……………………………（1504）
水口山街道 …………………………（1510）
柏坊镇 ………………………………（1516）
松柏镇 ………………………………（1523）
烟洲镇 ………………………………（1532）
荫田镇 ………………………………（1539）
白沙镇 ………………………………（1546）
西岭镇 ………………………………（1553）
盐湖镇 ………………………………（1561）
三角塘镇 ……………………………（1567）
洋泉镇 ………………………………（1575）
庙前镇 ………………………………（1583）

罗桥镇 ……………………………………（1592）
板桥镇 ……………………………………（1599）
胜桥镇 ……………………………………（1606）
官岭镇 ……………………………………（1613）
新河镇 ……………………………………（1619）
宜潭乡 ……………………………………（1626）
蓬塘乡 ……………………………………（1633）
兰江乡 ……………………………………（1639）
大堡乡 ……………………………………（1645）
江河乡 ……………………………………（1651）
弥泉乡 ……………………………………（1657）
塔山瑶族乡 ………………………………（1663）
天堂山办事处 ……………………………（1672）

附录一

湖南省人民政府为颁发“调整区乡行政区划办法”及“各县区乡镇数及干部分配表”的命令 ……………………………………（1678）
湖南省人民政府为统一规定区乡名称衔牌、印信的通知 ……………………………（1682）
湖南省人民政府关于市、镇组织问题的通知 ……………………………………（1682）
湖南省人民政府关于少数民族地区的区乡名称及自治区各县府印信规定的公函 ……………………………………（1683）
湖南省人民政府关于水上建政问题给湘南行署的批复 ………………………………（1684）
中共湖南省委 湖南省人民政府关于实行政社分开、建立乡政府的通知 …………（1685）
中共湖南省委 湖南省人民政府关于开展乡镇区划调整改革工作的意见 …………（1688）
2016年6月12日湖南省建制村合并统计一览表 ……………………………………（1698）
1949—2016年湖南省各行政区划统计表 ……………………………………（1699）
湖南省国家级、省级历史文化名镇、名村名录 ……………………………………（1704）

附录二

国务院关于同意湖南省调整衡阳市市辖区行政区划的批复 …………………………（1705）
关于调整衡阳市市辖区内部行政区划的批复 ……………………………………（1706）
关于市辖市区和衡阳县衡南县行政区划调整的通知 …………………………………（1707）
中共衡阳市委办公室 衡阳市人民政府办公印发《衡阳市乡镇区划调整改革工作方案》的通知 ……………………………………（1710）
中共衡阳市委办公室 衡阳市人民政府办公室关于开展乡镇区划调整改革工作的实施意见 ……………………………………（1713）
湖南省民政厅关于撤销祁东县洪桥镇、白鹤铺镇并设立四个街道的批复 ………（1718）
湖南省民政厅关于将祁东县四明山乡并入太和堂镇的批复 …………………………（1719）
湖南省民政厅关于同意常宁市乡镇区划调整方案的批复 ……………………………（1719）
湖南省民政厅关于同意衡阳市石鼓区乡镇区划调整方案的批复 ……………………（1721）
湖南省民政厅关于同意衡阳市雁峰区乡镇区划调整方案的批复 ……………………（1721）
湖南省民政厅关于同意耒阳市乡镇行政区划调整方案的批复 ………………………（1722）
湖南省民政厅关于同意衡东县乡镇行政区划调整方案的批复 ………………………（1724）
湖南省民政厅关于同意衡阳市蒸湘区乡镇区划调整方案的批复 ……………………（1725）
湖南省民政厅关于同意衡山县乡镇行政区划

调整方案的批复 ……………………（1726）
湖南省民政厅关于同意衡阳市南岳区乡镇区划调整方案的批复 …………………（1727）
湖南省民政厅关于同意衡阳县乡镇行政区划调整方案的批复 ……………………（1728）
湖南省民政厅关于同意衡阳市珠晖区乡镇行政区划调整方案的批复 ……………（1728）
湖南省民政厅关于同意衡南县乡镇区划调整方案的批复 …………………………（1729）
衡阳市各县（市）区乡镇行政区划调整方案 ………………………………………（1731）
衡阳市乡镇街道办事处一览表（调整前） ………………………………………（1734）
衡阳市乡镇街道办事处一览表（调整后） ………………………………………（1739）
衡阳市建制村合并情况统计表 ……（1743）

后记（一）…………………………………………（1744）
后记（二）…………………………………………（1746）

衡东县

概述

一

衡东县位于湖南省东部偏南，居湘江中游的衡阳盆地与醴攸盆地之间。东连攸县，南与安仁县、衡南县为邻，西濒湘江与衡山县隔水相望，北与湘潭、株洲接壤。地理坐标为北纬26° 47′ 04″ ~ 27° 26′ 41″，东经112° 44′ 12″ ~113° 17′ 48″。1966年2月，从衡山县析出新置，因位于南岳衡山之东而得名。辖区南北最大距离72.9公里，东西最大距离53.6公里，总面积1926平方公里，约占湖南省总面积的0.9%。总面积中陆地1795.5平方公里，占93.2%，水域130.5平方公里，占6.8%。是罗荣桓元帅的故乡，革命老区，中国土菜名县。

早在5500—6000年前的新石器时代龙山文化晚期，就有先民在湘江、洣水沿岸栖息定居，开创农耕文化。战国中期，衡东县地归入楚国版图。秦属长沙郡。南北朝梁武帝天监年间（502—519），置湘潭县，县治设今石湾附近，衡东县西北部从阴山县析出，并入湘潭县。唐玄宗天宝八年（749），湘潭县治北迁下摄司（今湘潭易俗河），衡东县地并入衡山县。1949年9月，衡东境域属衡山县第一区、第二区、第三区、第四区、第五区。1966年2月，析出衡山县湘江东岸的6个区、37个人民公社和2个镇建立衡东县，属衡阳专区。1983年5月，撤销衡阳地区，属衡阳市。2014年年末，全县常住人口为64.21万人，其中城镇人口22.55万人，乡村人口41.66万人。共有汉族、回族、苗族、维吾尔族、满族、壮族、侗族、瑶族、白族、彝族、藏族、布依族、土家族13个民族，其中汉族人口占99.98%。

衡东文化底蕴深厚。是著名的“皮影戏之乡”“花鼓戏之乡”“剪纸之乡”和“印章之乡”，也是全国诗词之乡、湖南书画之乡，全国群众文化工作先进县、全国科技工作先进县、全国群众体育工作先进县。

衡东人杰地灵，英才辈出。元代状元何克明，清代状元彭浚、探花谭鑫振、神医李纪方，中华人民共和国元帅罗荣桓，红军师长王光泽，抗日名将罗芳珪，新文化运动时期第一个用白话文写作的女作家陈衡哲，著名山水画家单剑锋，世界摄影名家陈长芬，还有“兵工国宝”李待琛，煤气汽车创始人向德，新中国的“詹天佑”刘铁岩和中科院院士刘新垣等都诞生于衡东这片美丽神奇的土地。

衡东山川秀美，旅游资源丰富。全县森林覆盖率51.7%，是“全国造林绿化百佳县”。著名景点有罗荣桓故居、锡岩仙洞等，其中罗荣桓故居是全国文物保护单位、国家AAAA级景区、全国首批爱国主义教育基地、中国红色旅游市场游客满意十佳景区、湖南省全民国防教育基地。锡岩仙洞景致清奇，享有“楚南第一景”之誉；四方山省级森林公园万亩竹海四季常青。著名文化遗址有龙山文化遗址、大浦镇岭茶甑箕岭化石、柴山洲特别区第一农民银行旧址和清代状元彭浚状元第牌坊等。

衡东物产丰富。水能蕴藏量15万千瓦，水电发电装机总容量4.33万千瓦。现已探明的矿藏有金、银、铜、铁、铅锌、钨、锰、铀、钴、镍、煤、瓷泥、萤石、石灰石、重铁石等30多种；境内有野生植物900多种，其中有水杉、银杏、杜仲、伞花木等珍贵树种；珍稀野生动物有獐、麂、猴面鹰、云豹等20余种；主要大宗农副产品有粮食、生猪、禽蛋、柑橘、茶叶、油茶、松树、南竹、中药材等。

衡东区位独特，交通优势明显。北面紧靠长株潭，南离粤港澳经济区不远。京广铁路从西部纵贯而过，境内全长59.7公里。京珠高速纵贯南北，衡大高速与衡炎高速横贯东西，与211省道、314省道、315省道联为一体，南岳高速直通衡阳市和南岳风景区，构成密集的公路交通网络。全境设有5个高速公路互通口。

2014年，完成地区生产总值214.14亿元，增长9.6%，增幅在7个县市中并列第三。完成财政总收入11.08亿元，增长2.6%。完成固定资产投资112.36亿元，增长24.1%。完成社会消费品零售总额65.47亿元，农业生产规模化、产业化、机械化程度不断提高，粮食总产量达40万吨以上，获全市先进；新增农民合作社89家，新发展注册登记家庭农场86个，国省市级农业龙头企业发展到38家。土菜产业链实现产值14.7亿元，创税收1170万元。旅游业实现综合收入18.2亿元。房地产业实现税收9268.26万元。完成规模工业总产值153亿元，上规模的工业品有钨化品、机油泵、铜阳极板、日用瓷等。衡东还是国家商品粮基地县、全国水稻生产机械化示范县、全国初级农村电气化达标县和全国水利建设先进县。

2014年，全县高新技术产业增加值15.32亿元，占国内生产总值（GDP）7.9%。全年专利授权50人。基础教育继续得到巩固。小学在校学生46087人；小学适龄儿童入学率99.99%。初中适龄人口入学率99.82%。中等职业教育在校学生2264人，普通高中在校学生37179人。全县拥有各类艺术表演团体3个，文化馆1个，公共图书馆1个，博物馆、纪念馆2个。有广播电台1座，中、短波广播发射台和转播台3个，广播综合人口覆盖率99.76%，电视台1个，电视综合人口覆盖率97.93%，有线电视用户14.89万户。放映农村公益电影0.86万场。档案馆1个。

2014年，全县拥有各类卫生机构48个，其中医院3个，妇幼保健院1个，疾病预防控制中心1个。医院、卫生院床位2177张，每千人拥有3.4张，增长16.4%。2014年，全县公共文化体育设施面积130.5万平方米，人均面积2.04平方米。

2014年，衡东县全面小康实现程度为77.4%。城镇居民人均可支配收入23799元。农村居民人均可支配收入14415元。全县参加基本养老保险37.6万人；参加城乡医保人数65.01万人，覆盖率100%；全县已建立县乡两级农村居民生活保障制度，全县农村居民得到政府最低生活保障1802人，城乡低保覆盖率65.8%；城镇登记失业人数792人，失业率1.2%。

二

1966年2月，湖南省人民委员会发出《关于撤销南岳县建立衡东县的通知》，衡东县建立，设6区37个人民公社及2个镇，即大浦区辖大浦、石滩、真塘、德圳、岭茶5个公社和大浦镇；霞流区辖霞流、栗木、泉新、大源渡4个公社；吴集区辖吴集、桑园、潭泊、金花、踏庄、甘溪、夏浦、莫井8个公社；杨林区辖杨林、青山冲、高湖、鱼形、龙王桥、草市、高塘、南湾8个公社；杨桥区辖杨桥、杉山、石枧、横路、东烟5个公社；石湾区辖石湾、新塘、珍珠、白莲、小初、大桥、三樟7个公社和石湾镇。1970年、1981年分设城关镇、新塘镇。1983年底至1984年初，政社分设，全县设6个区（吴集区、大浦区、新塘区、石湾区、杨桥区、杨林区）、9个镇（城关镇、吴集镇、石湾镇、新塘镇、甘溪镇、杨林镇、杨桥镇、大浦镇、草市镇）、36个乡（大浦乡、石滩乡、德圳乡、真塘乡、岭茶乡、霞流乡、栗木乡、洋塘乡、欧阳海乡、潭泊乡、珍珠乡、石湾乡、石坝湖乡、大桥乡、三樟乡、油麻乡、小初乡、白莲乡、东烟乡、杉山乡、横路乡、云集乡、红坪乡、泉新乡、桑园乡、金花乡、夏浦乡、踏庄乡、莫井乡、青山乡、鱼形乡、红桥乡、高湖乡、洣坪乡、高塘乡、南湾乡）。1989年5月，撤区并乡，撤销大浦、新塘、石湾、杨桥、杨林、吴集6个区，调整为9个镇和15个乡。2014年年末，辖城关、石湾、新塘、大浦、吴集、甘溪、杨林、草市、杨桥、霞流、荣桓、高湖、白莲、大桥、蓬源15个镇和莫井、踏庄、高塘、南湾、三樟、栗木、珍珠、石滩、德圳9个乡，共24个乡级政区；下设20个社区，561个行政村；共182个居民小组，6026个村民小组。2015年，湖南省进行乡镇区划调整，衡东县辖洣水、吴集、三漳、草市、大浦、新塘、霞流、甘溪、杨桥、荣桓、蓬源、石湾、白莲、杨林、高湖15个镇和石滩、南湾2个乡。

城关镇 >>

省级文明县城创建工作先进单位，全省经济建设“百强镇”。

区域概况

位置面积

城关镇是全县政治经济文化中心。东临踏庄乡，南接吴集镇，西邻洣水，北交珍珠乡。镇人民政府驻迎宾社区。2014 年，辖区东西最大距离 4.6 公里，南北最大距离 9 公里，总面积 31 平方公里。其中陆地面积 30.2 平方公里，占 97.4%；水域面积 0.8 平方公里，占 2.6%。

建置沿革

1966 年 3 月 18 日，衡东县设立时，从金

花人民公社析出枧头、渡头2个生产大队和从吴集人民公社析出吴集社区，设立衡东县城关镇。1973年，又从金花人民公社析出岳霄生产大队进入城关镇区划，境内析出吴集居委会仍属吴集公社管辖。1981年，吴集居委会划入，城关镇下辖城关、吴集2个居委会和枧头、渡头、岳霄3个建制村。1989年5月，金花乡与城关镇合并，组建城关镇。

行政区划

1989年年末，政区辖东街、西街、南街、北街4个居委会，10个建制村；11个居民小组，99个村民小组。2014年年末，辖杨山、滨江、嘉兴、兴东、迎宾5个社区，合桥、新鹤、金花、月塘、金峨、金堰、堰湾、岳霄、大甸、渡头10个建制村；32个居民小组、99个村民小组。

自然环境

城关镇位于衡东县域中心，地势西高东低、南高北低，地形为丘陵地带。四面有属湘江水系的洣水环绕，南部有杨山依傍，为城关镇著名景点。地处亚热带季风湿润气候区，四季分明，年均气温17.8℃。常年主导风为北风，夏季为东南风，春季常有梅雨天气。年均降水量约为1300毫米，降水日约130天。境内土壤资源丰富，有紫色土、水稻土地、河潮土等种类，10个自然村的土壤各不相同。主要自然灾害有旱灾、水灾、冰灾等。

人口

1989年年末，辖区共2727户，总人口23066人，其中农业人口9853人。1999年，辖区共13333户，总人口36299人，其中非农业人口27148人。2014年年末，辖区常住户17851户，常住人口67324人，户籍人口58126人，农业户籍人口11469人。户籍人口中男性33569人，占49.86%；女性33755人，占50.14%。

衡东县城全景图

经济发展

经济综述

城关镇为全县经济中心。2014年，粮食作物播种面积429.67公顷，产粮2900余吨。主要为城镇专业蔬菜基地。境内的湖南机油泵股份有限公司是全国机油泵行业标准编制单位，中国内燃机工业协会常务理事单位，省级高新技术企业，生产的“湘江”机油泵商标获“中国驰名商标”，国内市场占有率50%以上，并大量出口美、英、意、日、土耳其、巴西等国。金花的角盒加工始于明清，产业化水平较高，有“中国印章之乡”美称。也是全县商业贸易中心，2014年，社会消费品零售总额28329万元。

农业

种植业 城关镇农业兴旺，物产丰富。农作

湖南省 11 个最美县委大院之一衡东县委大院

物以水稻为主，盛产大豆、花生、棉花、芝麻、油菜籽、红薯等。20 世纪 50—60 年代，曾以水稻高产而闻名省内外。1970 年，水稻种植实现单季改双季，亩产平均 405 公斤。1989 年，有耕地面积 535 公顷，农作物播种面积 1018 公顷，粮食作物播种面积 857 公顷，其中稻谷播种面积 846 公顷，总产 5771.22 吨，亩产 455 公斤。席草种植面积 1.6 公顷，总产量 8.11 吨，亩产 338 公斤；蔬菜种植面积 51.1 公顷，总产量 1523.26 吨。到 20 世纪 90 年代初，全镇实现双季生产过吨谷目标。1999 年，有耕地面积 483 公顷，农作物播种面积 1122 公顷，其中粮食播种面积 855 公顷，粮食总产量 6629 吨。2014 年年末，有耕地面积 401.5 公顷，农作物播种面积 537.6 公顷，粮食作物播种面积 429 公顷。

养殖业 境内畜牧业以生猪养殖为主，还有养殖羊、牛、鸡、鸭、鱼等畜禽水产习惯。晚清和民国时期，大多是中农、富农饲养生猪，也有地主雇工饲养生猪的，传统的喂法是熟食。20 世纪 50 年代中期，开始培植浮莲、水绣花等水生饲料，使用青、粗、精饲料搭配喂养。肥猪饲养期，一般为 7 个月，每头重 90 公斤左右。1960—1970 年，改熟食为半生半熟食或生食。1980 年，养猪户开始用混合饲料喂猪，因含有多种营养成分，猪长得快，出栏快。1989 年，出栏生猪 4269 头，出笼家禽 12600 羽，禽蛋总产量 36.61 吨；年末生猪存栏 3680 头，耕牛存栏 471 头，羊存栏 92 头；水产养殖面积 618 亩，总产量 100 吨。1994 年，全镇出栏生猪突破 1 万头，农业总产值 2808 万元。1999 年，年内生猪出栏 18300 头，年末大牲畜存栏 290 头；肉类总产量 1359 吨，其中猪肉 1207 吨；水产品产量 480 吨。2014 年，生猪饲养量 5.92 万头，年末存栏 2.76 万头；羊饲养量 3400 头，年末存栏 1793 头；家禽饲养量 19 万羽。生产肉 3140.1 吨，其中猪肉 2895 吨，牛肉 190 吨，羊肉 55.1 吨；禽蛋 395 吨，畜牧业总产值 176.5 万元。

林业 中华人民共和国成立初期，废除封建林权，农民分得山林，由农户各自封山育林。1958年，山林归人民公社所有，封山育林中止。是年秋，大炼钢铁，森林遭受破坏。1962年，山林权固定到生产队，房前屋后零星山地划给社员作自留山，由生产队和社员封山育林。1966年，取消自留山，出现滥砍滥伐现象，森林严重被毁。1979年，重新落实林权，实行山林包干到户。1981年，划定自留山（即林业“三定”）。到1983年，除人民公社、生产大队集体有的油茶、柑橘、茶叶等经济林和松、杉、竹等用材林承包给专业户或联户林场外，其余全部承包到户。同时分别发给林权证、自留山使用证。1989年，人工造林86.4公顷。2000年，有山地面积1249公顷。2011年，造林64公顷，森林覆盖率37.2%，活立木蓄积量44499立方米。林业总值3050万元。2014年末，林地面积1513公顷。全年累计造林156公顷，森林覆盖率48.8%，活立木蓄积量45372立方米。林业总产值3673万元。

工业

1950年冬，创办第一个全民所有制企业——民生工厂（城关大米厂前身）。1971年，衡东县农械厂迁至衡东县城，1981年，改名县机油泵厂。1988年，评为国家二级企业。1989年，有职工4378人，年产21种型号的机油泵28.57万台，产值471万元，创利税112.5万元。产品销售28个省市，190型和195型机油泵获省优、部优称号，随主机远销泰国、马来西亚、新加坡、加拿大，并有小批量机油泵直接出口。1994年，改组成股份有限公司。1996年，晋升国家中一型企业，是年，公司总资产6200万元，固定资产4465万元，员工712人。2012年，机油泵有限公司的“湘江”机油泵商标被国家工商总局商标局评为“中国驰名商标”。2014年，创利税3809万元。2016年6月1日，湖南机油泵股份有限公司首发申请（IPO）成功过会，为衡阳市近20年来第一家首发上市公司。1980年，大浦草席厂析出部分职工，在城关镇建立衡东县草席厂。1987年，衡东草席厂引进日本自动织席机30台，生产榻榻米草席，年产各种草席205万条，其中榻榻米50万条，销往日本、西欧、西非、中东等地，年创外汇70万美元。

1990年，镇办企业仅有饮食服务、旅社、一、二综合门市等4个项目，年总产值320万元，村办企业几乎空白。1994年，乡镇企业快速发展，个体私营企业发展到2000多户，总产值达9224万元。到1996年，全镇共有村、镇企业45个，个体私营企业31个，从业1913人，企业总产值3.69亿元，实现利税1659万元。1999年，有乡镇企业168个，从业人员7079人，企业总产值59997万元，营业收入总额57581万元，利税总额6160万元。2007年，有省、市级企业3家，职工686人，实现利润4611万元，上缴税金3298万元。2014年，有工业企业115个，规模以上工业企业12家，企业从业人员2568人，工业总产值390125万元。

商贸服务业

1969年，衡东县城设境内，城关镇逐渐发展成为全县商业贸易中心。20世纪70年代初，建百货、副食、粮油、饮食服务等商店10余家。20世纪70年代中期，商店增加到30余家，西街始有早市；1974年，兴建可容纳500余人的交易场；1975年，全镇社会商品零售额810余万元。20世纪70年代末，各类商店增加到近百家；西街的早市发展成为全日集贸市场，每日参加交易在3000人以上。1980年，社会商品零售额为1760多万元。1986—1989年以汽车站为中心，兴建第二个十字街口，接通老北街和新北街，商业大厦、鸿城大厦、副食大楼、物资中心和集贸市场相继落成，总面积50000多平方米。新建综合集贸市场，建筑面积6732平方米，摊位340个，日参加交易的4000余人，日成交额盛时达50000万多元。1989年年底，境内有大小商店616家，其中个体商贩498户，从业人员2175人，有12家国营商店设置批发部，担负全县20%的工业品批发业务。社会商品零售额4964万元。1999年，有集贸市场3个，集市贸易成交额6899万元，社会消费品零售总额11960万元。2004年，“衡东首届土菜文化节”在城关镇举行，现场签约资金2.15亿元，逐步带动餐饮业的发展。2005年，商业系统改制，私营个体商业成为流通领域的主体。2010年，衡东县获“中国土菜名县”国字金牌，随后，餐饮业和酒店宾馆迅猛发展。县城仅洣江大道一条街从原来的14家餐饮店发展到48家，形成衡东土菜一条街。2012年，恒瑞国际大酒店获国家四星级旅游饭店奖牌。先后建成嘉盛大酒店、豪友商务宾馆、金城大酒店等20余家酒店宾馆。同时，汽车业也逐渐发展起来，先后有王中王、坤泰、金马等6家汽车服务中心。2014年，有市场3个，50平方米以上的超市7个，住宿餐饮企业4个，社会消费品零售总额28329万元。

财政金融

1949—1979年，财政收支由秘书和粮油委员分管，农业税占较大比重，财政支出多为支援农业发展、行政管理费用和上缴县财政。1980年，全县建立区乡（镇）一级财政，设镇财税所，财政体制由单纯的收支型转向经营管理型。1989年撤区并乡后，全面推行乡（镇）一级财政包干。1992年，全镇财政收入146万元，财政支出35万元。1999年，财政总收入903万元，财政支出903万元。2002年，农村税费改革，取消农林特产税和“五统三提留”，调低农业税税率。2006年，全镇取消征收农业税。2014年，镇公共财政收入897.67万元，公共财政支出878.17万元。

1949年10月，中国人民银行衡山县支行成立，1969年12月，迁入衡东县城，1985年1月，中国人民银行衡东县支行撤销，1988年重新成立。1976年，中国人民建设银行衡阳地区分行设衡东县办事处。1981年，改设中国人民建设银行衡东县支行。1980年，建立中国农业银行衡东县支行。1984年建立中国工商银行衡东县支行，经营工商信贷、结算、城镇储蓄、城市金融业务，并设城关、北街2个储蓄所。1981年，设立衡东县保险代理处。1984年11月，建立中国人民保险公司衡东县支公司。至2000年，有银行、保险等各类金融机构网点9个。2014年，境内有各类金融机构网点18个。

基础设施

交通运输

境内水陆交通便利，1966年建县前，以水运为主，1969年，在岳霄村建岳霄渡口并通车，是衡东县城唯一跨越洣水的汽车渡口。建渡初期年均日渡车不到10辆，1980年，发展到237辆（最大日渡车368辆），增长22倍多。工人增至11人，分班作业，在1979年，增加双车渡船1只，柴油机由60马力机型改为80马力机型。1981年5月，衡东大桥通车后撤渡。公路桥梁众多。1981年以后，建成衡东大桥、兴衡大桥、衡炎高速公路衡东连接线大桥3座跨洣水大桥。

1820省道衡东至双峰衡东段城关至荆花段长3.56千米，按六级标准于1966年建成，有涵洞10处，无桥梁，2011年，改为314省道；1843省道（2011年改为315省道）在境内1975年建成通车。2003 年以后，全面改造村级公路，至 2009 年，境内 10 个村村村通水泥路。

20 世纪 90 年代初，始有出租车，2000 年后，城市出租迅速发展，2003 年，拍卖 100 块出租车号牌，2011 年，出租车经营权授予乔阳出租车公司 55 台，和顺出租车公司 45 台。1997 年，成立衡东县豪华交通客运有限公司，开通城市公交线路 4 条。2014 年，开通城市公交车线路 8 条，城市公交车发展到 47 辆 1720 座。10 个村全部通公共交通。

邮政通信

1989 年年末，有邮政代办所 4 个，公用电话点 35 个。电话交换机总容量 5400 门，其中自动交换机为 2800 门，电话机总数为 56 部，无住宅电话。市话以纵横为主，农村则清一色“摇把子”。1995 年，农村甩掉“摇把子”，全部开通程控电话。至 1999 年，10 个村全面实现村村通电话。2003 年，境内建小灵通基站 1 个，开通无线市话用户。2005 年后，邮电通信发展迅速，电信、联通、移动网络逐渐覆盖全镇。2014 年，有邮政网点 3 个，城关中心所营业面积 335 平方米，从业人员 17 人；城关西街所营业面积 270 平方米，从业人员 3 人；城关顺风所营业面积 270 平方米，从业人员 3 人。投递线单程总长度 85 千米，投递点 40 个，乡村通邮率 100%。有电信服务网点 3 个；固定电话用户 4650 户，普及率 26%；移动电话用户普及率 63%；互联网端口总数 1210 个，宽带接入用户 11050 户；10 村村村通宽带。

供电饮水

中华人民共和国成立前，境内居民主要饮用塘水、河水和井水。1969 年年底，县城搬迁至城关镇，1970 年 7 月，建成日供水 3500 立方的自来水厂 1 座，从洣河取水供应，县城开始供应自来水。1980 年，新建直径 6 米、深 13 米的封闭式泉井，日产水 3500 立方米，1981 年 5 月 1 日正式供水。居民由饮用河水改为饮用井水。1989 年，兴建直径 8 米，日产水量 4000 余立方米的第二口泉井，供水范围由县城扩大至吴集镇街道。至 20 世纪 90 年代中期，两口井泉日供水量 8000~9000 立方米，不能满足城镇发展需求。1994 年年末，自来水受益人口 3600 余人。1996 年 3 月，将原有水厂改造、扩建成日产水 5 万立方米的水厂。2003 年后，兴建 5 万吨取水泵房，铺设直径 100 毫米以上管道 9000 多米，解决佳利工业园、县委党校等地段单位及居民饮用自来水问题。2008 年，购买 2 台分别为 150 千伏安、200 千伏安发电机，解除县城停电即停水之忧，至此，县城拥有一套日处理 2.5 万吨净化系统，5 万吨取水泵房和加压泵房，铺设直径 100 毫米以上管道 25680 米，担负县城及吴集镇街道单位居民的供水任务。2014 年年末，通自来水村 6 个，有自来水用户 17531 户。

1970 年 7 月 1 日，县城开始用电照明，至 1989 年，县城架设 0.22 千瓦、0.38 千瓦、10 千瓦的供电线路，全长约 12 千米，变压器 27 台，其中有 0.22 千瓦路灯线路约 3 千米，4 条正街设有高压汞灯 182 盏。全城年供电量 740.34 万千瓦时，其中生活用电 246.78 万千瓦时，生产用电 493.56 万千瓦时，照明普及率 100%。1994 年年末，通电村 10 个，农村用电量 48.28 万千瓦时，1998 年，枧头村为境内第一个农电网改造村，至 2012 年年末，10 个村全部完成农电网改造。2014 年年末，全镇用电总量 8192 万千瓦时。

水利建设

中华人民共和国成立后，1954 年、1968 年、1982 年曾出现过几次大的洪涝灾害，淹没田园、房屋、酿成水灾。1990—1996 年，投资 185 万元，投入劳动工日 28 万个先后改造贯穿金峨、新合、金花、金堰等村长达4千米的金花港小流域；加固、加高、加宽维修城关3千米长的防洪堤；兴建金花龙王庙和大甸2处电灌站，基本实现旱涝保收。1998年、2007年等又多次发生特大水灾，洪水漫过防洪堤冲入境内。2011年，南起衡东大桥下游660米处，北至月亮湾，全长3.07千米，总用地面积34958平方米的县城洣水防洪堤暨沿江风光带竣工。工程施工等级为二级，设防标准为20年一遇，防洪标高55.73米，之后，境内洪涝无忧。2014年，争取山平塘清淤项目资金260多万元，新挖井水108口，新增60千瓦电排7个，山平塘106口，堰坝4座，整修渠道18千米，全镇7个村受益。

镇村建设

1966年，兴建衡东县城，到1969年年底，城关镇东西南北4条十字交叉主街基本形成，街宽30米，共长2761米。泥巴路面，街道无名，按方位称为东街、西街和南街、北街，20世纪70年代后，正式命名为兴衡东路、西路和衡岳南路、北路。1970年，四条泥巴路主街变为砂石路并配套下水道工程。1978年，街道铺成柏油路，中间有2米宽的条形花坛。1973年，开始兴建4层以上楼房。1985年，北正街延伸725米，再辟十字街口，新建商业区。1989年年末，城区建设初具规模，机关、银行、经济设施、文化卫生设施、服务设施齐全，总面积1.72平方公里，建筑面积48.26万平方米。

1990年后，镇村建设提速、提质。1996年，县城建筑面积达100多万平方米。2001年，基本建成三纵四横的洣江大道、集金北路、电力路、三房路、文冲路、步行街，总长度5860米，砼硬化面积87900平方米，供水、排水、路灯、绿化设施相应配套。商业城、江畔明居等4个住宅小区初具规模。2009年，城北开发领导小组成立，城北开发建设全面展开，涵盖金花、金堰、堰湾3个行政村，15个村民小组，562户，征地面积68.4公顷。衡东汽车站、物流中心、建材市场、汽车4S店、博爱医院、育星小学、老年公寓等10多个项目相继建成，并投入使用。同年启动河西新区开发建设，规划面积919.16公顷，其中城市建设用地面积896.84公顷。

2010年，全面推进城镇化建设。投资4.5亿元，新（改、扩）建道路23条，长11.8公里；硬化（油化）路面24.2万平方米；新修下水道3500米；续建、改造农贸市场2座，在建居民小区7个；新增绿地14000平方米。2014年，县城建成城区面积8.1平方公里，城镇化率35.1%，污水处理率92%。

社会事业

教育科技

1969年，在向阳路兴建县直机关幼儿园，1984年兴建2层楼房的教室、寝室各一栋。设4个中、小幼儿班。1970年，设城关小学。1973年，衡东一中从衡山两路口迁至境内，1978年，首批定为市属重点中学。1996年年末，全镇有市重点中学1所，县办镇管中学1所（衡东十中），完小3所，村小学7所和1所投资50万元的农科教中心。在校高中生近2000人，初中生942人，小学生4560人。有教职员工489人。1998年，衡东一中挂牌为省级重点中学，2004年，更名为省示范性普通高中。2000年，开始先后撤销、合并岳霄、金峨、大甸、合桥、枧头等学校，到2005年上半年，撤校并点工作全部结束。2007年年底，全镇有5所学校。教师527人，高中生3842人。2008年，在县城北区中心，湘泉股份有限公司正南面设立城关镇第三小学。2011 年，有幼儿园 13 所，在园幼儿 2523 人，专任教师 218 人；小学 4 所，在校生 8921 人，教师 374 人；初中 1 所，在校学生 2039 人，教师 134 人；高中 1 所。2014 年 9 月，镇内一所纯民办、贵族式学校——衡东县育星小学正式招生。2014 年年末，有幼儿园 15 所，在园幼儿 5900 人，专任教师 350 人；小学 5 所，在校生 11800 人，专任教师 503 人，小学适龄儿童入学率 100%；初中 1 所，在校生 1830 人，专任教师 135 人；省示范性普通高中 1 所。小学升初中率 100%，九年义务教育覆盖率 100%。

1966 年，在城关北郊刘家山建良种示范场，进行区域试验，良种示范。1972 年，在金花乡金堰村的胡坳，建立林业科学研究所，研究林业生产和防护的新技术，以及选育油茶等林木新品种。在东街桐子岭建立农机具研究所。1982 年，席草研究所建立，1985 年，由县草席厂代管。1978—1989 年，举办各种专门学术讲座 158 期，参加学习有 9704 人次；举办科普讲座 156 期，参加学习的 10364 人次；参加科普知识竞赛的 1600 人，写出有较高价值的科学技术专题论文 140 篇。1994 年，县人民医院旷秋怀的《中西医结合胃肠透析法治疗慢性肾功能衰竭》获省三等奖。城关小学开设的“协同教学”实验项目于 1996 年获省第四届教研成果三等奖。衡东一中德育课题《校园环境建设与育人关系的研究》于 2002 年获中央教科所九五重点科研课题成果二等奖。湖南机油泵股份有限公司研制的 C9 机油泵获 2011 年湖南科技进步三等奖。

文化体育

1966 年 3 月，衡山县文化馆机构、人员、设备成建制转至衡东县文化馆，1969 年 12 月，迁到境内，1973 年，兴建 3 层楼房的文化馆，建筑面积 1253.2 平方米，后在文化馆院内续建旱冰场、展览厅和画廊。1970 年 9 月，电影院建成，放映厅建筑面积 1783.4 平方米，设 882 个座位。1984 年，建 4 层楼房的工人文化宫，建筑面积

衡东县第一中学

1559.71平方米，设有娱乐室、录像室、舞厅、电视室。由邓小平题名的“荣桓图书馆”于1984年建成，馆舍建筑面积3138平方米，拥有藏书10多万册。2005—2010年，连续被评定为“国家一级图书馆”。1986年1月，衡东县电视台建成，为湖南省第二个县级电视台，电视发射覆盖率85%。1989年5月，县广播电台兴建调频广播发射台，发射功率300瓦，发射频率106.8兆赫兹；12月，县电视台修建卫星地面接收站，安设直径5米的板状天线，可收转中央电视台第一、二套节目。至1989年末，境内文化馆、图书馆、档案馆、工人文化宫、广播电台、电视台、电影院、剧院等文化设施一应俱全，群众文化生活丰富。1990年，县文化馆评为全国先进文化馆。2011年，全镇有各类民间艺术表演团体15个，演职人员160人。乡镇综合文化站1个，已建村级农家书屋10个，总藏书16970册。2014年，有体育场馆2个；公园及休闲健身广场5个；各类民间艺术表演团体26个，演职人员1682人；乡镇综合文化站1个，已建村级农家书屋15个，总藏书24470册。

地方特色民间艺术有衡东山歌、碗筒表演、竹刻、根雕等，其中衡东山歌为市级非物质文化遗产保护项目。2013年，赵宏建的摄影作品《共商大计》获全国摄影艺术展优秀作品奖；衡东民间文艺家协会出版的《民俗衡东》获全省第一届民间文艺家·民间文艺新人三等奖；衡东剧团表演的《洣水排放》获省展演金奖。

民间体育活动，舞龙、舞狮、划龙船、游泳等体育项目早就盛行。20世纪70年代，县城修建水泥球场14个，灯光球场6个。20世纪80年代，实行群众体育群众办，体育社会化，每年定期举办乒乓球、篮球、田径、象棋、门球赛等。1984年，成立老年体育协会，有6个门球队，队员100多人。1989年，在县城修建一个3360平方米的体育场（含2个灯光球场、2个门球场、1个网球场）。20世纪90年代后，衡东县第一中学体卫设施日臻完善，建有3605平方米的体育馆、50×22.5米国际标准游泳池、400米标准田径场、足球场。2014年，境内有田径场8个，篮球场28个，羽毛球场4个，足球场3个。1987—1996年，获省中学生运动会金牌8枚。2003年，衡东县第一中学康慧在第五届中华人民共和国城市运动会上获4×400米接力赛金牌。2011年6月，衡东县第一中学获“湖南省优秀省级体育传统项目学校”称号。在衡阳市九运会上，田径甲组比赛摘取4金6银6铜，位居全市前三甲。2014年，衡东县第一中学陈露获湖南省第十三届全运会跳高第三名。

医疗卫生

中华人民共和国成立初期，民间中医、西医组织起来，成立诊所，防治疾病，推行新法接生。1966年3月，衡山县人民医院、中医院、防疫站、妇幼保健站、卫生学校等全部成建制转为衡东县卫生机构。1969年，衡东县人民医院、中医院迁至城关镇。1969年10月，全县推行合作医疗制度，培养训练亦农亦医的赤脚医生，生产大队建立医疗站和草药房，形成区、社、队医疗网。1983年，建妇幼保健门诊部、住院部，开设病床20张。1989年，境内公共厕所增至5所，面积240平方米。有县级医疗机构3所，病床150张，卫生技术人员208人；镇医疗卫生机构4所，卫生技术人员82人，病床30张，其中村卫生室2所。2000年，有县级医疗机构3所，病床540张，卫生技术人员519人；镇医疗卫生机构8所，卫生技术人员114人，病床318张，其中村卫生室4所，诊所1所。2011年，县人民医院新门诊综合大楼、住院楼扩建项目竣工，投资1000万元，楼高12层，建筑面积1.71万平方米；住院楼扩建300平方米。2014年，有县级医疗机构3所，病床808张，卫生技术人员808人；镇医疗卫生机构24所，卫生技术人员349人，病床559张，其中村卫生室6所。诊所8所。2013年11月，境内第一家民营医院——衡东福诚骨科医院成立。之后，民营医疗迅速发展，至2014年年末，先后有衡东博爱医院、衡东民康医院、衡东仁德医院、衡东同济医院、衡东县湘泵职工医院、衡东县大众医院等7家民营医院开业，共有卫生技术人员332人，床位460张。

1995年6月，县卫生防疫站对婴幼儿接种卡介苗等4种疫苗。1996年，增加乙肝疫苗，实行“五苗”免疫计划。2005年6月1日起，实施第一类疫苗全部免费接种。2007年1月，启动新型农村合作医疗，当年参合人数5748人，参合率81.5%。2014年，新型农村合作医疗参保人数9885人，参合率102.07%。受益补偿金额482.16万元。

衡东县人民医院门诊楼

社会保障

中华人民共和国成立初期，政府对农村生活困难又无依靠的孤寡老弱病残，在农历年底和夏荒时，发给衣物、粮食和现金，同时发动群众互助互济。农业合作化后，农业生产合作社和人民公社对鳏寡老人及孤儿实行“五保”（保吃、保穿、保住、保葬、保教）。“五保”户供养标准为：每人每年粮谷250公斤，20世纪70年代提高到300公斤，20世纪80年代又提高到350公斤，每人每年食油3~4公斤，零用钱和医药费100元左右。1987年起，“五保”户生活费用实行乡镇统筹。从2005年开始，全镇农村“五保”户供养纳入财政转移支付。2002—2007年，福利院累计收养孤残老人、儿童563人。2014年，境内社会福利收养性单位1个，床位32个；有“五保”对象71人，其中集中供养27人，分散供养42人。月标准450元。

2006年，实施城乡居民大病医疗救助。是年，救助20人次，救助住院医疗费28200元。2014年，救助23人次，救助金额69100元。

2007年7月，实行农村居民最低生活保障待遇。是年，境内有低保对象22户、49人，总金额5310元。2014年年末，有低保对象219户、444人，月人均保障标准165元，总金额46920元。

2012年，全县启动城乡居民社会养老保险。是年境内参保人数4685人，缴费人数2528人，参保率98%；缴费金额300600元，发放547030元。2014年，参保人数5763人，缴费人数2422人，参保率76%；缴费金额280200元，发放875262元。

特色地情

历史名人

王光泽（1903—1934）沱字鹤桥（今鹤桥村）人。1926年，参加农民运动。1930年，加入中国共产党。曾任乡赤卫队长、区警卫连长、茶陵独立团团长、红六军团十八师五十三团团长。1934年，随红军团到湘西创建湘鄂川黔革命根据地，任黔东独立师师长，率部在黔东地区坚持斗争。同年11月28日，在四川秀山被敌人逮捕，12月21日，在四川酉阳被秘密杀害。

名优特产

城关角盒 早在明清时代，角盒加工发达，从业人员数十人，产品畅销全国各地。1949年10月前，金花、踏庄、珍珠、甘溪一带有许多地主、民族资本家创办各类印章材料厂，选用当地的木材、牛角、玻璃加工成粗糙印章成品，然后销往湖南及周边省市。中华人民共和国成立后，行业规模得以大幅扩张，仅金花公社印章从业人员达200多人。1996年，产值100万元以上，实现利润57万元。衡东也因其遍布天下的印章产品获“中国印章之乡”的美誉。

（文字／图片供稿：颜知明　刘琳）

石湾镇>>

全国村镇建设文明集镇。

区域概况

位置面积

石湾镇以附近西北湘江东岸“回澜山直插江中,石峰卓立于高岸,湘江百折至此潆回”而得名。地处衡东县北部，东与株洲县龙凤镇接壤，东南与白莲镇为邻，南连珍珠乡，西南邻新塘镇，北与三樟乡、大桥镇相依。石湾镇历来是县境北部农村基层政治活动中心，早在明清时期，就是湘江流域上的一个水路重镇。镇人民政府驻回澜峰社区，距衡东县城35公里。2014年，辖区东西最大距离12.8公里，南北最大距离7.3公里，总面积77平方公里。其中陆地73.8平方公里，占95.8%，水域3.2平方公里，占4.2%。

建置沿革

明代的青杨里、清代的既字、民国时期的回澜乡等基层政权机关均设于此。中华人民共和国成立初期，属衡山县第一区石湾乡，1952年至1953年3月,属第十四区鳌石乡,1953年3月后,设立石湾镇人民政府，为县辖镇。1958年，属湘江人民公社。1966年，设立衡东县，设石湾人民公社、石湾镇，属石湾区。1981年，划出石坝、鳌洲、清水、风景、西塘、贺家、三步7个生产大队设石坝湖人民公社。1986年，石坝湖乡并入石湾镇。1989年，撤区并乡，石湾乡、石湾镇合并成立石湾镇。

行政区划

1989年，辖和平、解放2个居委会，25个建制村，5个居民小组，287个村民小组。2007年辖1个社区，25个建制村，6个居民小组，290个村民小组。2014年年末，辖回澜峰社区；真桥、荷塘、杨梅、红星、茶石、泥塘、甲枣、兴源、源头、坪里、坪源、泉水、塔水、枣山、双峰、上桥、导子坪、光明、西塘、风景、清水、石坝、贺家、三步、鳌洲25个行政村；6个居民小组、296个村民小组。

自然环境

镇域处湘江中游的衡阳盆地和醴攸盆地之间，地势南高北低，最高峰菩萨岭位于兴源村，海拔482米，最低点鳌洲位于鳌洲村，海拔58米。属亚热带季风湿润气候，年均气温17.7℃，最低月均气温2.7℃，年均降水量1532毫米，年均降水日数106天，最多达133天，最少为87天。降水集中在每年4—7月,6月最多。属湘江水系。湘江自真桥村入境，由南而北，途经回澜峰社区、石坝村、鳌洲村，由三步村出境。境内长9.6公里，流域面积77.6平方公里，年均流量1248立方米/秒。

人口

1989年年末，境内共8724户，总人口30947人，其中农业人口25683人。1999年，有9658户，总人口33082人，其中非农业人口7324人。2014年年末，常住户数共8847户，常住人口31991人，户籍人口40490人，农业户籍人口27756人。户籍人口中男性20250人，占50.01%；女性20240人，占49.99%；人口密度为每平方公里402人。

经济发展

经济综述

境内农业以种植稻谷、油菜、茶叶、红薯等作物为主。2014年，粮食作物种植面积1769公顷，产粮3.5万吨。生猪、湘黄鸡、蛋鸭、鱼等规模化养殖发展较快。主体在境内的株（洲）石（湾）杉林基地闻名全国，林业成为全镇农业经济的一大支柱。石湾境内制瓷业始于清朝，鼎盛时期为全国最大的日用瓷生产基地，有“瓷都”之称。20世纪90年代，乡镇企业蓬勃发展，为湖南省乡镇企业产值超亿元乡镇。

农业

种植业 境内主要以种植稻谷、红薯、茶叶、芝麻、花生、油菜等作物为主。中华人民共和国成立前，境内的水田一年只种一季水稻，耕作粗放，产量低。1970年，水稻种植实现单季改双季，亩均405公斤。从20世纪70年代中期起，改单纯的两季水稻、一季绿肥三季套种为两季水稻、一季油菜或两季水稻、一季蔬菜三季连作，产量亦逐年提高。1989年，有耕地1452公顷。1994年，完成农业总产值3658万元，多种经营产值完成2512万元，镇财政收入300万元，居全县之首。1999年，有耕地面积1085公顷，农作物播种面积4095公顷，其中粮食播种面积2505公顷，粮食总产量18725吨。2014年年末，耕地面积1769公顷，其中水田1476公顷，旱地293公顷。粮食作物以水稻为主，全年生产粮食3.57万吨，其中水稻3.42万吨；种植油菜2129公顷，产量2288吨；蔬菜种植面积1040公顷，产量24319吨；水果种植面积20公顷，产量410吨。

养殖业 畜牧业以猪、牛、家禽为主。1989年，出栏生猪13675头，出笼家禽45828羽，禽蛋总产量131.6吨；年末生猪存栏8892头，耕牛存栏1261头，羊存栏5头；水产养殖面积106公顷，总产量260吨。1999年，生猪饲养量3.6万头，年末存栏1.3万头；牛饲养量0.3万头，年末存栏0.2万头；家禽饲养量36.1万羽；渔业以淡水鱼类为主，养殖面积185公顷，产量167吨，总产值6.3万元。2014年，调整农业产业结构，加强土地流转，发展种粮大户20多户，其中衡东安邦新农村科技股份有限公司承包水田46.7公顷；发展出栏百头生猪的养殖户70余户；发展生猪出栏1000头以上的规模养殖小区2个，新建3个专业合作社和1个家庭农场。

林业 20世纪70年代初，石湾区以先锋、永安大队为基础，建设连接东烟公社大队林场，直到大桥公社和平大队的十万亩连片杉木林基地，基地北接株洲县的朱亭镇，被称之为朱（亭）石（湾）杉木基地，成为湖南省丘陵造杉的典范。在营造杉木林的同时，还兼营马尾松、湿地松、火炬松、油茶、油桐、樟树、南竹、柳杉、柏树、乌桕、泡桐、杜仲等。林业部在此召开南方各省、区造林现场会，组织全国各省（市）的代表及林业部门的专家、学者前来参观考察。1979年起，联合国粮农组织的人工林考察组21人，瑞典不来省林业厅长古斯塔夫等，先后到衡东县实地考察杉木林基地和油茶林基地。5年内，国内外到此参观考察的达8000余人次。1983年，确定山林权属并将茶场实行承包制。20世纪90年代初，通过速生丰产林和名优特经济林建设，木材蓄积量达9万多立方米，每年可主伐优质杉木7400多立方米，油茶、板栗、广柑等高效经济林逐步形成丰产态势，林业已成为全镇农业经济一大支柱。2002年起，境内开始落实培育生态公益林，并逐步实施退耕还林政策。2010年，换发林权证。2011年年末，林业面积3667公顷，农业总产值8415.9万元，占生产总值38.5%。2014年年末，累计造林172公顷，其中防护林148公顷，经济林24.3公顷，森林覆盖率39.5%。

工业

主要有瓷器、氧化锌、精氧化锌、瓷器花纸、机油、柴油、沙石、瓷泥等。制瓷工业始于清康熙二年（1663），到民国时期，有11家碗窑。中华人民共和国成立后，11家碗窑经过公私合营，建成3家瓷厂，每年可生产日用瓷2000多万件。1955年，石湾缝纫社与五金生产合作小组合并，转产塑料底上线布鞋，年产近万双。1970年，转为县属合作性质的石湾鞋厂，从业者45人，年产布鞋万多双。1980年，石湾农械厂并入石湾鞋厂，规模扩大，有职工238人，年产布鞋84万双。20世纪80年代末，有乡镇企业859家，1993年发展到1258家，形成湘江瓷厂、锌品厂、氧化锌厂、采砂场、四建公司、炼油厂、自来水公司等8大支柱产业。是年完成企业总产值1.06亿元，成为湖南省乡镇企业产值超亿元乡镇。1990年，全镇有24个村先后发展种养、加工、运输、建筑施工、餐饮等村办集体企业。1994—1996年村民免交除农业税以外的各项上缴款，1996年，评为县“绿色明星企业”；甲枣村办生猪饲养场、冷冻厂、形成养殖一条龙，年创产值超千万元，1996年，评为全县“村办企业明星村”。1999年，有乡镇企业134个，从业人员12659人，企业总产值11160万元，营业收入总额10879万元，利税总额5240万元。2011年年末，境内拥有工业企业9家，职工2264人，全年工业总产值10040万元。2014年，有工业企业38个，规模以上工业企业5家，企业从业人员3563人，工业总产值114900万元。

石湾杉木林基地

商贸服务业

境内水陆交通便利，商品市场繁荣。清中叶，为湘东官盐转运地。民国时期，石湾街有中、小商户200余家，是湘东南农村最大的食盐、鱼虾、蛋品墟市。1951年4月15日，建立衡山县第一区（后改为14区）甲枣乡供销合作社。农民集资600元，入股社员享受分红、贷款、批发等优惠。1954年，石湾被定为全省农村集镇对私营工商业社会主义改造试点，镇上130多户私营商店纳入3家公私合营商店、7家合作商店和合作小组。20世纪60年代，湘东铁路与公路通车，攸县、茶陵、安仁等县物资流向逐渐改变，镇上商民日益减少，“文化大革命”期间，仅有几家国营、集体商店。1979年后，随着农村商品生产和乡镇企业发展，石湾市场逐步回暖。1986年，兴建农民街，石湾由过去的农产品集散地转为湘东工农业产品综合贸易市场之一。1989年，有各类商店190多家，其中国营商店2家，供销社门市47家，有证个体商贩58家，年社会商品零售额1700多万元。1999年，有集贸市场2个，集市贸易成交额5000万元，社会消费品零售总额5200万元。2014年，有市场1个，50平方米以上的超市4个，住宿餐饮企业3个，商业网点454个，从业人员2788人，社会消费品零售总额24503万元。

财政金融

1949—1979年，财政收支由秘书和粮油委员分管，农业税占较大比重，财政支出多为支援农业发展、行政管理费用和上缴县财政。1980年，全县建立区乡（镇）一级财政，设镇财税所，财政体制由单纯的收支型转向经营管理型。1989年撤区并乡后，全面推行乡（镇）一级财政包干。1992年，全镇财政收入198万元，财政支出29万元。1999年，财政总收入560万元，财政支出480万元，农民人均纯收入2600元。2002年，农村税费改革，取消农林特产税和“五统三提留”，调低农业税税率。2006年，取消征收农业税。2014年，公共财政收入632万元，公共财政支出632万元。

2014年年末，境内有信用合作社、邮政储蓄银行等3家金融机构。

基础设施

交通运输

境内形成由铁路、公路、水路、管道4种运输方式构成的运输网络。京广铁路穿境而过，长7.8公里，设石湾火车站。京珠高速公路过境，长8.4公里，双向6车道。境内通航河道1条，总长9.6公里，湘江为二级航道，最大通航能力为1000吨级船舶，拥有码头1个。2014年年末，开通城乡汽车线路4条，运营总里程65公里，农村客运招呼站5座，客运汽车37辆，年客运量32万人次；客运船舶4艘，160座，年客运量2.8万人；货运船舶17艘，4246吨位，年货运量58万吨。

邮政通信

2014年年末，有邮政所1处，营业面积405平方米，从业人员8人，投递点25个，投递线单程总长度147千米，乡村通邮率98%。有电线服务网点2个，电话交换机总容量3600门，固定电话用户3450户，普及率39%；移动电话普及率84%；互联网端口总数2600个，宽带接入用户1678户；有24个村通公共交通，开通天然气用户203户。

供电饮水

村民饮水习惯多从湘江、水井或山塘堰坝取水。20世纪80年代以后，发展压水井和潜水泵井。1986年，建成日产5000吨饮用水的自来水厂，供应企事业单位和居民的生产和生活用水。1994年年末，自来水受益人口1510人。2010年，利用湘江河水在光明村建成石湾水厂，铺设供水管网15千米，日产2100吨，居民自来水普及率100%。2014年，在兴源村取地下水建成兴源水厂，铺设供水管网3~4千米，供水用户200余户。

1969年，石湾河堤防洪堤闸安装发电机组1台，单独运行，晚上发电供区公所及石湾街部分居民照明，一年后，因管理不善报废。1978年，重建石湾防洪堤闸电站，是年安装发电机组，并接通高压线路，电站并网运行。1980年2月，安装第二台机组，年发电量20万千瓦时以上。1994年年末，通电村25个，农村用电量51.29万千瓦时。1998年，境内3个村第一批实现农电网改造，至2012年年末，25个村全部完成农电网改造任务。2014年年末，全镇用电总量227万千瓦时。

水利建设

1954年，建成茶石水库，水库库容16.01万立方米，灌田13.3公顷，是衡东第一座截谷断溪、居高临下的水库。1958年，建石坝头小（一）型水库，1959年竣工。1968年，石湾镇和石湾公社联合兴建石湾防洪堤，采取防洪与抗旱、治水与办电结合的办法，在闸口安装40型水轮泵1台，55千瓦发电机1台，使防洪堤的效益由单纯防洪变成防洪、抗旱、发电相结合，既保护堤内366公顷稻田不受洪水淹没，又能提水灌田33.3公顷，还能年发电20万千瓦时。1989年，石湾防洪堤综合利用收入31960元。1989年起，大兴小水利，修建山平塘1000余口，修整渠道、水沟160余千米。每年组织人力清淤、硬化渠道，整修骨干塘，年均投资15万元；1995年以后，年均清淤山平塘20口，年均投资25万元；截至2014年年底，共有小（二）型水库6座，水塘1572口，其中骨干塘76口，各类渠道总长40多千米，灌溉面积覆盖全镇绝大部分耕地，基本确保旱涝保收。

石湾龙舟赛

镇村建设

明清时期起，石湾河边渡口旁老街形成集市，周边居民在此商贸往来，互通有无。中华人民共和国成立后，集镇逐渐集中在党政机关所在地。1986年，镇政府通过整体规划，于光明村、西塘村划拨部分土地，新建集镇中心，拉开小城镇建设序幕。至1994年，集镇中心农民街已建成长1500多米，宽30米，门店、住宅面积6万平方米的新街，并建成人民路、交通路、沿江路、从湖路、方圆路、东风路、和平路、双石大道。并搬迁镇政府办公楼，建立医院、镇中心学校、邮电局、信用社等，商户遍布，逐渐成为石湾集镇中心。城区面积由1988年的1.7平方公里扩展至1995年的4平方公里。1993年，被建设部评为全国村镇建设文明集镇。2006年，镇政府办公楼选址于泥塘开发小区，带动小城镇建设步伐。2014年，城镇规划区面积215公顷，城镇建成区面积215公顷，建成区总户数3187户、10780人，建成区绿化面积3.1公顷。

社会事业

教育科技

民国时期，始办新学，政府倡导新式教育，设有民国中心小学。1949年，改为石湾完小，20世纪50年代，石湾完小设初中班，后改为石湾中学，1981年，改为衡东县第六中学。80年代初共有38所小学，2所中学。1990—1996年，集资700多万元，新建、改建、扩建校舍40栋，建筑面积3.2万多平方米。1995年，适龄儿童入学率99.9%，适龄少年入学率98.04%，初中生的辍学率由1993年3.97%减少到1.83%，于1994年提前1年"普及九年制义务教育"，成为全县第一批"普及九年制义务教育"的4个乡镇之一。2014年，有幼儿园11所，在园幼儿974人，专任教师64人；完全小学2所，村小学3所，在校学生2311人，专任教师123人，小学适龄儿童入学率100%；中学2所，初中在校生1927人，专任教师119人。

1978年，衡东县科委和科协恢复，石湾镇成立科协委员会，对科研项目实行计划管理。石湾瓷厂烧炼车间圆窑改为隧道窑，每万件瓷耗煤减少3.65吨。同时，利用隧道窑余热烘坯，每月煤耗减少54吨。两项每年可节约资金12万元。1982年，获衡阳地区科技推广二等奖。1983年，石湾镇光明村养兔专业户谢冬云，创办长毛兔人工授精站，为61户、220只母兔进行人工配种，受妊率达70%。

文化

石湾镇自古人文气息浓厚，才子、民间书法家、画家、诗人较多。1953年，石湾文化站建立，为衡东境内第一个乡镇文化站。1959年，公社文化站配备专职文化干部，1961年撤销。1963—1966年，镇设民办公助文化站，1967—1974年，设毛泽东思想宣传队。1977年，镇重建文化站，配全脱产辅导员。1989年后，镇文化站主要负责文化行政管理和群众文化辅导工作。1986—1989年，发现双凤村大樟桥遗址为新石器时代晚期龙山文化遗址。改革开放以后，人民对文化事业需求旺盛，境内有电影放映队、电影放映员，满足群众需要。1993年10月，开通石湾有线电视。1996年，镇文化站被评为全省首批"百强文化站"。2014年年末，数字电视用户1200户，电视综合覆盖率98%。有各类民间艺术表演团队3个，演职人员40人。乡镇综合文化站1个，建村级农家书屋17个，总藏书28849册。2014年，有体育场馆3个；公园及休闲健身广场1个；乡镇综合文化站1个；影剧院1个；22个村通宽带；22个村通有线电视。地方特色民间艺术花鼓戏、剪纸、竹刻、石雕、皮影戏、渔鼓、烧壳饼制作传统技艺等。

医疗卫生

1989年，有医疗卫生机构25所，其中村卫生室22所，共计卫生技术人员24人，床位30张。20世纪90年代初，建有石湾地区医院、镇卫生院。2000年，有医疗卫生机构19所，其中村卫生室17所，共计卫生技术人员49人，床位30张。2014年，有医疗卫生机构19所，其中村卫生室17所，医疗诊所1所，共计卫生技术人员116人，床位60张。2014年，农村安全饮水普及率89%，农村卫生厕所普及率83%。

2007年1月，启动新型农村合作医疗，当年参合人数17054人，参合率70.30%。2014年，新型农村合作医疗参保人数26015人，参合率102.15%。受益补偿金额990.10万元。

社会保障

2004年，在荷塘村修建石湾镇敬老院，占地面积3.2亩，床位60张。2014年，有社会福利收养性机构1所，床位60张；有“五保”对象197人，其中集中供养31人，分散供养166人。月标准450元。

2006年，实施城乡居民大病医疗救助。是年，救助33人次，救助住院医疗费32600元。2014年，救助8人次，救助金额20100元。

2007年7月，实行农村居民最低生活保障待遇。是年，境内有低保对象71户、188人，总金额19800元。2014年年末，有低保对象483户、957人，月人均保障标准165元，总金额108165元。

2012年，全县启动城乡居民社会养老保险。是年参保人数16034人，缴费人数11264人，参保率100%；缴费金额1335300元，发放1801855元。2014年，参保人数16689人，缴费人数9147人，参保率78%；缴费金额1064200元，发放2955744元。

特色地情

名优特产

石湾烧饼 又称石湾烧壳子饼，起源于清代，已有200多年的历史。趁热吃，又热又脆，又香又甜，美味无限，成为衡东一大风味小吃。

石湾麻糖 可与湖北孝感麻糖和长沙九如斋“酥月”相媲美。具有片薄、香脆、味鲜等特点，吃起来香甜可口，回味无穷。石湾麻糖品种分全麻、花麻、仁子、扯糖巴子4种。

石湾青花碗（早期建国篆书款） 石湾是全国最大的日用瓷生产基地，享有“瓷都”的美称。这里的制瓷工业始于清康熙二年（1663），到民国时期，有11家碗窑。中华人民共和国成立后，11家碗窑组成瓷器联营，从业者120人，年产粗瓷200多万件。1957年年底，转为全民所有制企业，定名石湾瓷厂。1958年，开始生产细瓷，职工264人，生产日用瓷265万件。1987年，先锋瓷厂兴建一条隧道窑，生产线改装配套，年产日用

石湾青花碗

瓷由400多万件提高到600万件。1988年，石湾镇建成年产700万件的湘江瓷厂。1989年，县、乡3家瓷厂有职工2201人，年产日用瓷4805万件。20世纪90年代中期，有石湾、光明、湘江、先锋4大瓷厂，年产各种日用瓷达1.2亿件，从业人员12415人，瓷业达到鼎盛时期。2000年后，因市场疲软，日用瓷竞争加剧，效益下降，瓷厂改制。

风景名胜

石湾老街 位于石湾镇湘江东岸边，与衡山县长江镇隔江相望。南北朝至隋朝时是湘潭县治所在地。老街历史遗迹众多，老街旁的回澜山有"小雁峰"美誉。周围有灵官庙、清末探花谭鑫振故居遗址。有清嘉庆三年（1798）重修码头碑，清同治十年（1871）石湾杨泗义渡捐款碑刻。

回澜山 位于石湾镇北端、湘江之畔。又名壶山，九节龙形山，有小回雁峰之称。《一统志》《福地志》载："衡州之山为回雁峰，紫盖为上回雁峰，回澜为小回雁峰。"峰上建有回澜寺。相传隋大业时，炀帝南巡时敕建，属南岳大庙派支，历经上千年，累圮累建。峰顶建有祖师殿，始建年代相传为明朝，现无可靠史料查证。清嘉庆三年（1798），有人在回澜山南麓、石湾街河边建起惜字炉——宝塔。塔为八角七层，实心砖砌，高约11米。清代状元彭浚赴京赶考前，与好友李三泛舟石湾，以此塔为题作对。李三出上联"轻舟如梭，编织江中锦绣"，彭浚对下联"宝塔似笔，倒写天下文章"。

祖师殿 建筑规模大，环境幽美，清代常有许多文人学士在此苦读。清同治五年（1866），在一批乡贤的倡议下，殿内设立回澜书屋（学堂），经费开支由地方士绅捐募，馆师由当地有名望学问的人担任。在回澜书屋当过馆师的陈孝初，便是石湾西塘一位才子。清光绪元年（1875）恩贡生罗楚熊曾寄居回澜书屋，边讲学授徒，边从事著作，有《晚补楼文钞》《一笑草》等著作问世。

（文字／图片供稿：颜知明　李斌）

新塘镇 >>

新塘镇是全国重点镇，湖南省小城镇建设示范镇，湖南省诗词之乡，省级生态乡镇。

区域概况

位置面积

地处衡东县域西北部，东与珍珠乡、城关镇接壤，南临洣水与吴集镇、霞流镇一衣带水，北连石湾镇，西濒湘江，与衡山县城隔河相望，一桥相通。东距县城17公里，南距衡阳市50公里，北距株洲市65公里。以京广铁路衡山站南头有一口新塘而得名。镇政府驻地晓霞路。是全国重点镇，湖南省诗词之乡，省级生态乡镇，京广铁路衡山站所在地。2014年，辖区东西最大距离6.7公里，南北最大距离8.1公里，总面积102平方公里,其中陆地96.8平方公里,占94.9%；水域5.2平方公里，占5.1%。

建置沿革

中华人民共和国成立初期，属衡山县第一区安石镇，1952年，属第八区百叶乡，后更名新义乡，1956年6月，撤区并乡，设新塘乡。1958年，属上游人民公社，后更名为新塘人民公社。为纪念欧阳海烈士，1966年设立衡东县时，命名为欧阳海人民公社，属石湾区。1981年10月，从欧阳海公社划出欧阳海、衡粤2个大队，广田村2个生产队及欧阳海居委会，设立新塘镇。1986年1月，欧阳海乡与新塘镇合并为新塘镇。1989年5月，撤区并乡，潭泊乡、新塘镇合并为新塘镇。

行政区划

1989年，辖湘江、车站2个居委会、33个建制村、347个村民小组和12个居民小组。2014年年末，辖文峰1个居委会；湘江、雷市、百叶、文昌、新农、新堤、衡粤、欧阳海、丰塘、广田、湘水、文家桥、红桔、宋坪、齐头、桔冲、梅冲、樟树坪、大坪、新桥、烟竹、大冲、大培、虎冲、杨泗桥、洣河、石杨、宦塘、潭泊垅、丰根、祝高、龙头、梵塘33个建制村；20个居民小组、375个村民小组。

自然环境

境内分布着低山丘陵。主要山脉属南岳衡山脉系，最高峰晓霞峰位于丰塘村，海拔492米。已探明的地下矿藏有白云石、石灰石、膨润土等非金属矿产资源。处亚热带季风湿润气候区，具有明显的季风气候特征，四季分明，雨热同期，年均气温17.9℃，年均降水量1340毫米。主要自然灾害有旱灾、水灾、低温、冰雹等。旱灾、水灾出现概率3%，最严重的一次水灾发生在1994

洣水在新塘镇洣河桥村汇入湘江

年6月。境内河道属长江大流域，流域面积30平方公里。主要河道有幸福港、洪桥港2条，境内总长8千米；洣河1条，境内总长4公里；湘江1条，境内总长10公里，为最大河流，从洣河村流经雷市、湘江、新农、新堤、衡粤、广田、湘水、红桔、宋坪等村，流域面积20平方公里，年均流量1600立方米/秒。

人口民族

1989年，境内共11862户，总人口41596人，其中农业人口34964人。1999年，有13301户，总人口45872人，其中非农业人口8022人。2014年末，辖区共13464户，总人口49532人，其中城镇常住人口25680人。总人口中男性25491人，占51.5%；女性24041人，占48.5%。总人口中以汉族为主，达49485人，占99.99%；有土家族、壮族、苗族3个少数民族，共47人，占0.01%。人口密度为每平方公里509人。

经济发展

经济综述

农业以种植水稻为主。2014年，粮食作物播种面积1340公顷，产粮9251吨，经济作物有油茶、柑橘、大豆、席草等。发展生态农业、观光农业和休闲农业，“新塘现代农业走廊”引进现代农业企业（基地）10余家，流转土地580公顷，种植各类瓜果蔬菜，200公顷的潭泊现代农业观光园已完成规划设计，“新塘花海”农业旅游项目方兴未艾。1992年，成立的新塘经济开发区，为衡东经济开发区前身，形成土菜加工业、轻工医药业、化工、金属冶炼业为主的产业格局。1993年，为湖南省乡镇企业产值过亿元的乡镇。商贸较为活跃，特别是土菜加工业的发展带动社会消费品的流动，“吃在新塘”成为品牌，2014年，社会消费品零售总额342987万元，占全县的52.37%。

农业

种植业 境内主要种植稻谷、油茶、柑橘、大豆、席草等作物。中华人民共和国成立前，一年只种一季水稻，耕作粗放，产量低。1950年开始，在丰塘（今丰塘村）等地进行单季改双季的试验。在早稻田里间种晚稻，亩产60多公斤，后逐步推广。1952年，第五区宋桥乡武朝发互助组试种0.32公顷连作晚稻，亩产稻谷82公斤，加上早稻，两季亩产307公斤，但费工比间作稻多，未能获得推广。1970年，水稻种植实现单季改双季，亩均405公斤。1989年，有耕地面积1764公顷，农作物播种面积3909公顷，粮食作物播种面积2905公顷，其中稻谷播种面积2826公顷，总产21239.9吨，亩产501公斤。席草种植面积18.5公顷，总产量139吨，亩产500公斤；蔬菜种植面积200公顷，总产量6184.3吨，亩产2058公斤。1999年，有耕地面积1558公顷，农作物播种面积4577公顷，其中粮食播种面积2945公顷，粮食总产量20734吨。2014年，耕地面积1340公顷；水果种植面积400公顷，产量78.3吨，主要品种有柑橘、板栗、蜜枣、葡萄。

养殖业 以猪、牛、羊为主。1989年，出栏生猪18000头，出笼家禽65333羽，禽蛋总产量93.7吨；年末生猪存栏14597头，耕牛存栏1581头，羊存栏4头；水产养殖面积1932亩，总产量285吨。1999年，年内生猪出栏59800头，年末大牲畜存栏1565头；肉类总产量4836吨，其中猪肉4535吨；水产品产量804吨。2014年，生猪年末存栏1.8万头；牛饲养量800头，年末存栏740头；羊饲养量2700头，年末存栏1500头；家禽饲养量25万羽。

林业 1989年，人工造林52公顷。2000年，有山地面积4521公顷。2002年起，开始落实培育生态公益林，并逐步实施退耕还林政策。2010年，换发林权证。2014年年末，境内林地面积5287公顷，可利用草地面积133.3公顷；累计造林383公顷，其中防护林323公顷，经济林59.3公顷；住宅四旁植树53.6万株，活立木蓄积量11.7万立方米；森林覆盖率51.83%。林业总产值3000万元，占农业总产值的30%。

工业

衡东酒厂、衡东印刷厂先后从衡山县城迁此，并办起汽车修配厂、化工厂、船舶修造厂、五金厂、农机修配厂、竹业加工厂等。1988年，在新衡路51号动工兴建湖南衡东阿胶厂，1989年12月，正式成立。1990年，有职工50人，年产值40万元，销售额337.29万元，实现利税39.15万元。1992年，二期技改工作完成，扩大企业规模，增加生产品种，更名为衡阳中药二厂。2002年7月，公司实现资产重组，改制为东健药业有限公司。公司是衡阳市的优秀民营企业，占地39351平方米。2014年年末，公司总资产近10亿元，拥有管理人员30余人，各类技术人员100余人，市场销售人员200余人。可生产4个剂型17个品种，其中胶剂生产线是江南地区第一条不受气候影响可常年生产三胶的生产线，颗粒生产线依照生产质量管理规范标准要求严格按照标准进行生产，产品质量稳定可靠。公司主导产品有复方阿胶补血颗粒、东健牌阿胶、龟甲胶、鹿角胶等。1993年，为湖南省乡镇企业产值过亿元的乡镇。1996年，有镇办、村办、联户办、个体私营企业2324个，拥有固定资产3800多万元，并兴建乡镇企业大楼。第三建筑公司为衡东县“十强企业”，衡粤村、欧阳海村为衡东县乡镇企业“十强村”，新塘镇列为衡阳市乡镇企业“十强镇”。1999年，有乡镇企业1115个，从业人员20207人，企业总产值135610万元，营业收入总额112134万元，利税总额7686万元。2014年,有工业企业68个，规模以上工业企业15家，企业从业人员4261人，工业总产值453876万元。主要支柱产业陶瓷、化工、矿产、医药、鞋业、服装、食品等，京湘藤茶、金浩茶油、东健药业等产品打入国际市场。

新塘经济开发区是1992年6月经省人民政府批准正式挂牌成立的，规划开发面积8平方千米。2007年，规模以上企业发展到32家，实现产值6.62亿元，上缴税收2700万元，形成以土菜加工业、轻工医药业、化工业、金属冶炼业为主的产业格局。2005年，与大浦工业园、佳利工业园、双园工业园组建为衡东工业园。

商贸服务业

民国24年（1935）以前，这里是一片荒山，粤汉铁路通车后，开始有商业活动。车站至湘江边陆续开设饮食店、旅店、南杂店。20世纪60年代始，有早市，上市商品有蔬菜、鱼虾、禽

衡东经济开发区

蛋、豆制品等。随后，县百货、烟草、盐业、铅锌、药材、化工等部门设仓库、转运站和批发站于此，新塘逐渐成为全县工业品批发中心和农副产品转运中心。1988年，建农贸市场，主要上市农副产品有肉食、禽蛋、水产、蔬菜等100余种，日成交额约5000元。1989年，火车站客运量达85万人次，高峰期往来旅客日万余人次。饮食服务业和交通运输业相应发展，搬运和装卸由20世纪50年代的肩挑背负到使用板车、牛拉车、三轮车、汽车等机械运输。1989年，有搬运装卸队3个，衡东土菜馆从业人员522人，货车、三轮车、小四轮车、旅游车356台，饮食店、旅店69家。是年，有商店259家，其中国营7家，供销社15家，乡镇企业181家，个体56户。火车站全年货运量达63万吨。1992年，设立新塘经济开发区，投资700万元，建2个集贸市场，占地2万多平方米，新增摊位300多个。以衡山火车站为中心，新建7条街道和一个国际商贸城，增加店铺门面2000个。个体工商户由1990年的202户发展到1996年的1520户。1999年，有集贸市场2个，集市贸易成交额3984万元，社会消费品零售总额6977万元。新塘镇为衡东土菜名镇。2004年举办衡东县首届“土菜文化节”，餐饮业迅速发展，“吃在新塘”品牌迅速升温，至2007年，发展土菜餐馆98家，主要有味美斯、三樟土菜馆、东初等品牌。年营业额3000多万元，创税收126万元。2014年，有商业网点248个，市场2个，50平方米以上的超市5个，住宿餐饮企业1个，社会消费品零售总额342987万元。

财政金融

1949—1979年，镇财政收支由秘书和粮油委员分管，农业税占较大比重，财政支出多为支援农业发展、行政管理费用和上缴县财政。1980年，全县建立区乡（镇）一级财政，设镇财税所，财政体制由单纯的收支型转向经营管理型。1989年撤区并乡后，全面推行乡（镇）一级财政包干。1992年，财政收入233万元，财政支出32万元。1995年，新塘镇跨入衡阳市乡镇财政收入60强镇。1999年，财政总收入688万元，财政支出685万元，农民人均纯收入2802元。2002年，农村税费改革，取消农林特产税和“五统三提留”，调低农业税税率。2006年，取消征收农业税。2014年，公共财政收入1633万元，公共财政支出1633万元。

2014年年末，有信用合作社、邮政储蓄银行等4家金融机构。

基础设施

交通运输

境内形成由铁路、公路、水路、管道4种运输方式构成的运输网络。铁路京广线过境，境内长12公里，设衡山站1个。京珠高速公路过境，境内长15公里，双向6车道，有互通口1个。314省道过境，境内长20公里，双向2车道通往衡山、衡东。境内通航河道2条，总长20公里，其中洣河为6级航道，湘江为3级航道，最大通航能力为2千吨级船舶。1995年衡山湘江公路大桥建成前，境内设衡山渡口，是衡攸公路过湘江通衡东的重要渡口。1985年年末，有钢质拖轮3艘，共364马力。日均渡车653辆，最多日渡车1380辆。有县级公路3条，总长20公里。2011年，境内有客运汽车120辆、1938座，年客运量283万人次；有货运汽车138辆、720吨位，年货运量100万吨。2014年，33个村村村通公共交通。客运汽车125辆、2036座，年客运量359万人次；有货运汽车142辆，年货运量135万吨。2014年，

衡东特色土菜

开通公共汽车线路 8 条，运营总里程 210 公里，公交营运车辆 122 辆，万人拥有量为 22 台，年客运量 165 万人次；出租车 79 辆，万人拥有辆 13 辆，年客运量 11 万人次。

邮政通信

清光绪二十八年（1902），雷溪市设立邮政信柜。1953 年，新塘设立邮电支局。1957 年，新塘到衡山县城电话线架通。1988 年，新塘镇各机关事业单位集资在新塘邮电支局安装 500 门全电子自动电话交换机。10 月，新塘与县城开始实行电话直拨，实行复次微机计时计费。1974 年 7 月，新塘到县城邮电局电报，改话传为音响机传送。1984 年，县城到新塘电报改为电传收发电报。1990 年，境内 2000 门程控电话陆续开通。2011 年年末，有邮政网点 1 个，投递线单程总长度 7 千米，投递点 2 个，乡村通邮率 100%，有电信服务网店 2 个；电话交换机总容量 1200 门，固定电话用户 5400 户，普及率 42.8%；移动电话用户 13400 户，普及率 46.8%；互联网端口总数 4800 个，宽带接入用户 2100 户。2014 年年末，有邮政网点 1 个，营业面积 200 平方米，从业人员 9 人，投递线单程总长度 7

千米，投递点2个，乡村通邮率100%，有电信服务网店2个；电话交换机总容量1245门，固定电话用户5689户，普及率42.25%；移动电话用户普及率59.8%；互联网端口总数6801个，宽带接入用户4210户。

供电饮水

村民饮水多习惯从湘江河、水井或山塘堰坝取水。20世纪80年代以后，发展压水井和潜水泵井。1994年年末，自来水受益人口1397人。2012年，在衡粤村建成新塘水厂。2012年，在衡粤村取湘江水建成新塘水厂，铺设供水管网14千余米，供水人口20000余人。

1976年后，各村逐步通电。1977年5月，洋塘水轮泵水电站右岸小电站1、2号机组投产发电。之后，总装机容量10008千瓦的机组陆续投产。1994年年末，通电村33个，农村用电量97.88万千瓦时。1998年，境内潭泊、杨泗桥村等2个村第一批实现农电网改造，至2012年年末，33个村全部完成农电网改造任务。2014年年末，有变电所1座，主变压器2台，总容量10600兆伏安，全镇用电总量1389万千瓦时。

水利建设

民国期间，窑头（今新堤村）一带，河岸筑有土埂，外坡植枣树护堤。中华人民共和国成立后，每年利用冬闲兴修水利。1954年，新塘区文义乡兴建小（二）型水库。1958年，动工修建石枧冲小（一）型水库。1964年，集中衡粤、文义、兴隆等大队的劳力兴建衡粤港防洪堤，实行堤闸配套，闸门自动启闭。1989年，红桔村橘场有12.67公顷柑橘，村党支部书记刘秋生带领全村群众自筹资金11700元，兴建一套移动式喷灌设施，开渠360米，建蓄水池1个、工作池3个、拦水闸6处、骨干塘1口，安装二级抽水机4台，共25.74千瓦。实行池、塘、港、闸结合，蓄、引、提、喷结合，保障灌溉，柑橘连年丰收。2000年，全镇新增山平塘90口，共计山平塘650口，改造堰坝75座，新增闸门65条，改造老水圳35条、7500米，新砌水圳85千米。2013年，遇特大干旱，镇启动救灾抗旱，筹资恢复多台防汛抗旱机埠，解决600多公顷旱稻的灌溉问题，并整修骨干塘60多口，防洪堤7处。2014年，完成山塘清淤240口，新修水渠85千米，加固水渠180千米。投资160万元新增小（二）型水库除险加固水库。

镇村建设

民国24年（1935）以前，这里是一片荒山，粤汉铁路通车后，衡山火车站设此，开始有商业活动。由车站至湘江边陆续开设饮食店、旅店、南杂店，形成小集镇。1952年，衡山县第八区供销合作社在新塘成立，商店日渐增多，形成一条近1千米长的街道。之后，逐渐成为衡东县工业品批发中心和农副产品转运中心及通往南岳的交通门户，集镇面积不断扩大。1989年至1996年年末，特别是新塘开发区设立后，城镇基础设施建设加快。至1996年年末，新建5条街道，街区总面积4平方公里。2005年，道路铺装率98%，人均居住面积28平方米，自来水普及率98.5%，绿化率32.4%，垃圾无害化处理率100%，污水综合处理率75%。2006年获衡阳市文明村镇。2009年，筹资748万元硬化路面。同时，对东健路和晓霞路的人行道进行改造，铺火烧麻石板4783.73平方米，安装麻石条路缘石811.3米，晓霞路人行道铺广场砖1491.12平方米，安装路缘石269米，城区路面状况得到改观。投入30万元对全镇的主干道路灯进行全面翻新。在晓霞路、东健路、建设路砌垃圾池10个，在东健路、晓霞路安装不锈钢果皮箱24个，并全面疏通城区的下水道，清理城区和公路沿线所有的垃圾死角，整修菜市场的公共厕所。2014年年末，城镇规划区面积578公顷，城镇建成区面积218公顷，镇驻地绿化面积578万平方米，绿化覆盖率15.5%，人均绿地2平方米；城镇化率51.8%。获“全国重点镇”和湖南省小城镇建设示范镇。全镇33个村100%实现村村电改，100%全面完成通村水泥公路建设。2014年，被评为“湖南省新农村建设示范村”“湖南省美丽乡村”。

社会事业

教育

清雍正八年（1730），白衣村（今百叶村2组）设有回龙精舍，民国28年（1939），改为罗氏尚新小学。1986年，由美籍华人黄彰任先生捐资兴建的一所涉外型中学——欧阳遇实验中学，在新塘镇动工。1987年秋开始招生。1989年撤区并乡，有1所高中，2所初中，29所小学，1所农科教中心。在校学生6537人，教师325人。2011年年末，有幼儿园10所，在园幼儿1282人，专任教师79人；小学6所，在校生3162人，专任教师169人，小学适龄儿童入学率100%；初中2所，在校生543人，专任教师49人，小学升初中率100%，九年义务教育覆盖率100%；普通高中1所，27个班，在校生2345人，专任教师192人。2014年年末，有幼儿园10所，在园幼儿1578人，专任教师85人；小学8所，在校生3208人，专任教师178人，小学适龄儿童入学率100%；初中2所，在校生525人，专任教师54人，小学升初中率100%，九年义务教育覆盖达100%；普通高中1所，在校生2418人，专任教师214人。

文化体育

1989年，撤区并乡，设镇文化站1个，负责文化行政管理和群众文化辅导工作。分布在湘江、洣水沿岸18个村，每年端午节前后，群众都会自筹资金组织龙舟竞赛，招来远近数万名群众观看，有“龙舟之乡”的美誉。1990年6月，湘水村和广田村龙舟队参加衡阳市“庆丰杯”龙舟赛，分获冠军和亚军。1991年，湘水村龙舟队作为唯一的农民龙舟队赴岳阳参加1991年度国际龙舟赛，夺第9名。至1996年，湘江、洣水沿岸群众共建造22艘龙舟。1994年，有有线电视差转台2个，文化站1个，有万册图书室1个，电影院和卡拉OK厅6所。2000年成立文峰诗社，编辑的《文峰诗声》在县内外影响深远，并把诗词、书法文化与土菜文化相结合，让诗联书画进政府、进农家、进欧阳海烈士纪念馆、进观音禅寺等，2010年，获授“湖南省诗词之乡”。2011年，有各类民间艺术表演团体18个，演职人员238人；乡镇综合文化站1个；已建村级农家书屋17个，总藏书28849册；有线电视用户2384户，其中数字电视用户2180户，电视综合覆盖率98.5%。2014年，乡镇综合文化站1个，建筑面积300平方米；已建村级农家书屋34个，文化活动中心49个，体育场19个，影剧院1个；20个村通宽带；24个村通有线电视，有线电视用户2650户，其中数字电视用户2740户，电视综合覆盖率100%。地方特色民间艺术有皮影戏、花鼓戏、衡东土菜烹饪艺术等，其中衡东土菜烹饪艺术为市级非物质文化遗产保护项目。

医疗卫生

1989年，境内有镇卫生院1所和2所分院，20所村卫生室，加上衡东县第二人民医院坐落其间，共有医疗卫生机构24所，医疗卫生技术人员38人，病床20张。2000年，有县第二人民医院1所，卫生院1所，村卫生室22所，医疗床位40张，执业医师25人，卫生技术人员57人。2014年，有医疗卫生机构25所，其中村卫生室22所，共计医疗卫生技术人员81人，床位60张。

2007年1月，启动新型农村合作医疗，是年参合人数24558人，参合率75.60%。2014年，新型农村合作医疗参保人数38592人，参合率106.29%。受益补偿金额1460.96万元。

社会保障

境内近60%的村处湘江、洣水沿岸，历来自然灾害较多。农业合作化后，农业生产合作社和人民公社对鳏寡老人及孤儿实行“五保”（保吃、保穿、保住、保葬、保教）。“五保”户供养标准为：每人每年粮谷250公斤，20世纪70年代，提高到300公斤，80年代，又提高到350公斤，每人每年食油3~4公斤，零用钱和医药费100元左右。1987年起，“五保”户生活费用实行乡镇统筹。到1989年，“五保”户人均年供养标准300.28元。从2005年开始，全镇农村“五保”户供养纳入财政转移支付。2009年，在湘水村新建新塘镇敬老院，占地面积2000平方米，床位50张。2014年，有社会福利收养性机构1所，床位50张；有“五保”对象221人，其中集中供养38人，分散供养183人。月标准450元。

2006年，实施城乡居民大病医疗救助。是年，救助40人次，救助住院医疗费48750元。2014年，救助21人次，救助金额62500元。

2007年7月，实行农村居民最低生活保障待遇。是年，境内有低保对象88户、221人，总金额23340元。2014年年末，有低保对象540户、1036人，月人均保障标准165元，总金额113235元。

2012年，全县启动城乡居民社会养老保险。是年，境内参保人数20046人，缴费人数13642人，参保率95%；缴费金额1490700元，发放2478190元。2014年，参保人数21083人，缴费人数9887人，参保率68%；缴费金额1103800元，发放4055436元。

特色地情

欧阳海烈士纪念碑 欧阳海烈士纪念碑位于欧阳海村，在衡山火车站南面1公里处，1972年9月1日，被公布为省级文物保护单位。1963年11月18日，中国人民解放军6945部队在野营训练途中，三连七班班长欧阳海在新塘欧阳海村与百叶村交界处的京广线上，为了推开受惊的战马救列车而英勇牺牲。1966年年底，湖南省民政局、衡阳专员公署和广州铁路局拨款，在他牺牲的地方修建欧阳海烈士纪念园，正前方由白玉石砌成的纪念碑座上，雕有欧阳海推马救列车像，高10米，占地3000平方米。两边青松翠柏，四

欧阳海烈士纪念碑

季鲜花簇拥，纪念碑后建有陈列室，陈列欧阳海生平事迹与遗物等。

晓霞峰 南岳衡山七十二峰之一，位于丰塘村境内，距衡山火车站 2 公里，与衡山县城背后的巾紫峰隔江相望。晓霞峰峰顶“狮子岩”下曾建有“海月寺”，是明万历中叶慈圣太后敕建。寺内供有铜佛、观音、韦驼、十八罗汉，还有古钟一口。

文峰塔 又名崇文塔，据《衡山县志》记载：“乾隆五十二年（1787），知县徐绵倡众在怀素塔故址二童攻书山建塔，命曰：‘崇文’，以培风水。”按“培文风于千载，萃人才于一邦”的理念，修筑了崇文塔，又名文峰塔。该塔身 7 级，高 24 米，基础直径 7 米，砖石结构，每层四方皆置石窗；内有 223 级石阶，旋而上，可穷其顶。登塔极目：“七十二峰罗布森列，湘江一带舟楫往来，沙鸟翔集，(衡山)城中庐舍参差，皆有指顾之下。”该塔从倡建至 1967 年被摧毁的 180 年间，曾经三次维修。1957 年，“大跃进”时，塔顶金属部件被拆毁，用于土法炼铁；1967 年年初，兴建欧阳海烈士纪念碑，借文峰塔不应高于烈士塔为由，用八炮轰毁，运走砖石。使这一倡导文风兴盛的标志，夷为平地。

抛石岭 位于新塘镇 315 省道和京珠高速交

晓霞峰

汇处附近。明弘治《衡山县志》载："抛石岭，在县东南十里，自晓霞峰分脉。世传昔有游仙过此，抛集乱石纪经行，故名。"站在抛石岭上举目四望，315 省道连接县城，京珠高速穿境而过。

欧阳海山庄 位于欧阳海村石塘水库，规划占地 42.27 公顷，是由湖南省现代休闲农业研究院规划设计，在保持水库生态的基础上，进行生态农业、生态旅游、休闲娱乐等一系列的绿色开发和建设。

雷溪（今湘江村） 旧称雷溪、雷家市、雷家埠，是湘江、洣水的汇合口，明清时设有巡检司、厘金局，港口繁荣，曾有"湖广通衢，湘东咽喉"之称。雷溪街依湘江而建，仍保留部分古建筑和古街道，石街旁的金龙山上有宋朝指挥使雷千一墓。

（文字 / 图片供稿：颜知明　刘湘）

大浦镇>>

大浦镇是省级文明乡镇。

区域概况

位置面积

位于衡东西南部，东临栗木乡，南接石滩乡、衡南县咸塘镇，西与衡山县萱洲镇隔湘江为界，北交霞流镇，距衡阳市21公里，距县城23公里。是衡东的南大门，衡阳市的卫星镇，衡东县第一大镇。因沿江设有狮塘、大堡、蓟江潭、新开港、渡江浦等埠头，故旧称大堡埠。1935年，粤汉铁路通车，因沿线有2个大堡车站，为避免重名，改称大浦街。镇人民政府驻浦园东街58号。2014年，辖区总面积121平方公里，其中陆地面积110平方公里，占90.9%；水域面积11平方公里，占9.1%。

建置沿革

大浦街历来是衡东县域西南面的基层政治活动中心，明代的义城乡太平里、清代的江字、民国时期的堡霞乡等基层政权机关，大革命时期的江字农民协会都设在这里。中华人民共和国成立初期，属衡山县第五区堡霞乡；1952年，属第六区浦泉乡；1956年，与青鸦、双托、托源、新开等乡合并为大浦乡；1958年，从浦泉乡划出设立大浦镇，属火箭人民公社；1964年，成立大浦镇人民公社；1966年，设立衡东县，境内设大浦镇公社、大浦公社、岭茶公社，属大浦区；1984年，政社分设，设大浦镇、大浦乡、岭茶乡。1987年，大浦镇和大浦乡合并为大浦镇。1989年，岭茶乡并入大浦镇。

行政区划

1989年，辖39个建制村、420个村民小组、3个居委会、8个居民小组。2000年，辖39个村、425个村民小组、2个居委会、10个居民小组。2014年年末，辖东浦1个社区，蓟江潭、双托、添塘、渡江、黄花、新开、枫木塘、茶亭、民主、浅塘、石桥、新民、炉铺、浦泉、岭茶、大浦、狮塘、锣塘、青鸦、老鸦、油草塘、永宁、东风、集贤湾、堰桥、大明、新庄、细村、铺司桥、丰源、太平、集泉桥、清泉、农科、农庄、荷塘、大岭、堰城、长塘39个建制村；5个居民小组、425个村民小组。

自然环境

丘陵地貌，地势为东面以山地平缓趋向西面河流，地形以平原、凹地相辅。最高峰板栗神峰，位于清泉村，海拔420米。处亚热带季风湿润气候区，四季分明，年均气温17.6℃，最高月均气温36.2℃，最低月均气温-8.4℃。年均降水量约为1350毫米，降水多集中于春、夏两季。春、夏多发强雷电气象。最大的河流为湘江，从狮塘村至新开村流经境内，长18千米，流域面积9平方公里，年均流量200立方米/秒。已探明的地下矿藏有铀、镁等。

人口

1989年，大浦镇共12472户，总人口53451人，其中农业人口40324人。1999年，共有14314户，总人口54213人，其中非农业人口13184人。2014年年末，辖区常住户12412户，常住人口54512人，户籍人口63295人，农业户籍人口46108人。户籍人口中男性32629人，占51.55%；女性30666人，占48.45%。人口密度为每平方公里445人。

经济发展

经济综述

大浦是衡东的农业大镇。2014年年末，粮食播种面积5672公顷，粮食总产量3.91万吨，分别占全县的8.49%和8%，为全县水稻高产创建实施示范片之一。同时也是规模化养殖基地，有省级畜禽养殖示范场2个：小奇畜牧养殖有限公司、国福生猪养殖专业合作社。

大浦是衡东的工业强镇：坐落境内的衡东经济开发区，为省级循环经济试点园，是湖南省十个承接沿海产业转移基地之一，是县域经济的重要增长极。2014年，完成工业生产总值98.2亿元，实现工业增加值23.1亿元，分别占全县的61.3%和28.97%。上缴税收2.96亿元。形成机械机电制造、有色金属冶炼加工、化工和轻工4大支柱产业。

农业

种植业 境内粮食作物以水稻、玉米为主。1950年，在渡江浦（今渡江村）等地进行单季改双季的试验。在早稻田里间种晚稻，亩产60多公斤，后逐步推广。1964年，从外地引进3000公斤矮脚南特号，由大浦区农业技术推广站在石桥大队试种21公顷，试验田亩产250公斤，比当地常规早稻品种每亩高40多公斤，生长期缩短8~10天，提前了晚稻种植时间，晚稻亩产平均185公斤，早晚两季亩产435公斤。从20世纪70年代中期起，改单纯的两季水稻、一季绿肥三季套种为两季水稻、一季油菜或两季水稻、一季蔬菜三季连作。1989年，有耕地面积3042公顷，农作物播种面积7553公顷，粮食作物播种面积5377公顷，其中稻谷播种面积5199公顷，总产37664.34吨，亩产483公斤。席草种植面积25.2公顷，总产量378吨，亩产1000公斤；蔬菜种植面积388公顷，总产量7164.42吨，亩产1231公斤。2014年年末，有耕地面积3876公顷，有效灌溉面积3130公顷，农作物播种面积9721公顷，粮食作物播种面积5672公顷。

养殖业 境内畜牧业以养猪、养鸡、养鱼为主。1989年，家庭规模养殖在大浦镇迅速发展，逐步形成以岭茶为中心的禽蛋生产基地，以堰桥为中心的良种猪养殖基地，以双托为中心的水产养殖基地。1996年，规模养殖户发展到4500户，占总户数的42%。出栏生猪5.4万头,人均1.3头，出笼家禽960万羽。养殖业收入占农民人均纯收入的58%。养猪3000头以上大户1户，2000头以上4户，1000头以上13户，形成以清泉、堰桥、堰城、丰源等10个村为中心的养殖业基地。并投资2万余元在老鸦和太平村开发椪柑66.7公顷。2014年，大浦镇以省级新农村建设示范村堰桥村为中心成立大霞新农村示范片，重点发展农村经济合作组织建设，以堰桥休闲生态葡萄园、隆平高科、小奇生猪养殖、丰林油茶开发、永笑花卉苗木、堰城草莓种植、蓟江水面养殖等8个农业专业合作社，带动周边25个村4816农户平均增收270元。生猪饲养量154万头，年末存栏698万头；牛饲养量0.6万头，年末存栏0.23万头；羊饲养量0.8万头，年末存栏0.38万头；家禽饲养量6866万羽；鱼养殖面积71公顷，产量6000吨，总产值12738万元，占农业总产值的15%。

林业 1989年，人工造林48公顷。2002年起，境内开始落实培育生态公益林，并逐步实施退耕还林政策。2014年，累计造林215公顷，森林覆盖率36.9%，活立木蓄积量19.55万立方米，林业总产值21400万元，占农业总产值的25.2%。

工业

1964年，衡山县综合生产合作社草席车间迁往大浦镇，建立大浦草席厂，有8台木质织席机，从业者32人，当年生产草席4万条。1990年，原大浦区建筑队、岭茶乡建筑队、大浦镇建筑队，大浦乡建筑运输队合并成立大浦建筑公司。1994年，境内拥有一定规模的化工厂5家，年产值8000万元，其中大浦化工厂经过技术改造，形成年产2万吨立德粉、创产值6000万元的规模。1999年，有乡镇企业180个，从业人员16445人，企业总产值83301万元，营业收入总额79978万元，利税总额7158万元。2014年，有工业企业85个，规模以上工业企业28家，企业从业人员9120人，工业总产值765000万元。2003年8月，经衡阳市人民政府批准设立大浦工业园，规划面积19.82平方千米。2005年，升格为副处级单位，称衡东工业园，由新塘经济开发区、大浦工业园、佳利工业园、双园工业园4个园区组成，实行“一园四区”的管理模式。2012年，更名为湖南衡东经济开发区。已初步形成以化工、冶炼、机械制造为主导的产业发展格局。2013年，重点引进再生资源项目、华亚玻璃、风电项目、申通快递等9个有实力、无污染的企业落户园区，引资9亿元，全年完成工业总产值70.8亿元，税收35.9亿。2014年，已开发面积4平方公里，有工业企业46家，已形成机械机电制造、有色金属冶炼加工、化工和轻工4大支柱产业。园区完成工业生产总值102.2亿元，实现工业增加值23亿元，实现工业税收2.96亿元。

商贸服务业

清代，镇上有各类商店70多家。民国时期，商业店铺增加到200多家，大多主营或兼营谷米，其次经营南货、棉花等。粤汉铁路通车后，广东、广西及衡阳等地粮商在此设粮行70余家，年集散大米由40万石增至80万石，成为湘米销粤的重要埠头。中华人民共和国成立初期，有私营商店170多家。1951年，大浦供销合作社建立，大浦成为县境西南5个乡镇工业品销售中心和农副产品集散地。1956年，156户私营工商业接受社会主义改造，建立公私合营商店8个，合作商店和合作小组7个，经销代销户6户，形成社会主义统一市场。1979年后，恢复多种经济成分并存体制，市场活跃。1989年，有商店345家，其中国营2家，供销社门市42个，个体89家，乡镇经营212家，社会商品零售总额2660万元。农贸市场由原来的3400平方米扩建为8000平方米，每次逢墟上市达万人，有谷米、生猪、肉类、蛋品、萝卜等400余种，成交额约35000元。1996年，投资2400多万元，兴建大浦综合贸易市场，占地61万平方米，建筑面积5.4万平方米。市场内有农副产品交易市场5600平方米，生猪交易市场2396平方米，为全县最大生猪交易市场，停车场6236平方米，营业间125套，固定摊位630个。市场设有4条街道，可供3万人赶集交易。1999年，有集贸市场4个，集市贸易成交额2645万元，社会消费品零售总额3906万元。2014年，有市场3个，50平方米以上的超市7个，住宿餐饮企业1个，有商业网点565个，从业人员3500余人，社会消费品零售总额120550万元。

财政金融

1949—1979年，财政收支由秘书和粮油委员分管，农业税占较大比重，财政支出多为支援农业发展、行政管理费用和上缴县财政。1980年，全县建立区乡（镇）一级财政，设镇财税所，财政体制由单纯的收支型转向经营管理型。1989年撤区并乡后，全面推行乡（镇）一级财政包干。1992年，财政收入212万元，财政支出38万元。1999年，财政总收入320万元，财政支出350万元，农民人均纯收入2430元。2002年，农村税费改革，取消农林特产税和“五统三提留”，调低农业税税率。2006年取消征收农业税。2014年，公共财政收入1352万元，公共财政支出1352万元。

2014年年末，境内有信用合作社、邮政储蓄银行等6家金融机构。

基础设施

交通运输

境内水陆交通都很便利。至20世纪90年代初，水运有蜿蜒于镇西的湘江2级航道，最大通航能力为500吨级船舶，设狮塘、大浦街、蓟江潭、渡江浦、新开港等5处水运码头。陆运有京广铁路穿过，设有大浦街车站；有衡东至衡阳的公路（1843省道）贯穿其间，设有大浦街、甑箕岭2处车站。2000年12月全线通车的京珠高速、2005年12月竣工通车的衡大高速、2009年竣工通车的衡炎高速均途经境内，在此交汇，并设有大浦、楠木2个互通口。至2014年年底，形成由京广铁路、京珠高速、衡大高速、衡炎高速、315省道（原1843）、湘江河运（铁路、公路、水路、管道）等5种运输方式构成的运输网络。有县乡（镇）级公路3条，总长23公里。有农村客运站1座，客运招呼站6座，客运汽车51辆，年客运量146万人次；开通公共汽车线路4条，运营总里程80公里，公交营运车辆35辆，万人拥有量0.0035台，年客运量32万人次；有货运汽车560辆，年货运量110万吨；有客运船舶12艘，300座，年客运量32万人，有货运船舶5艘，500吨位，年货运量15万吨。

邮政通信

民国26年（1937），在大堡、霞流市架电话线，始通电话。1951年6月，邮政局与电信营业所合并为邮电局，设邮电支局1个。1954年，大浦至衡山县城的电话线路架通，并增设交换机，1958年，安装总机，电话线路通大队，并开始用电话会议传达上级方针、政策、精神和向上汇报、向下布置工作。1963年，电话线路由木电杆换成水泥电杆。2014年年末，有邮政网点2个，大浦支局营业面积547平方米，从业人员9人，大浦迎宾所营业面积210平方米，从业人员3人。投递线单程总长度98千米，投递点113个，乡村通邮率100%，有电信服务网点1个；电话交换机总容量4000门，固定电话用户3400多户，普及率27.4%；移动电话用户普及率67%；互联网端口总数2000个，宽带接入用户2151户。

供电饮水

村民饮水多习惯从湘江河、水井或山塘堰坝取水。20世纪80年代以后，发展压水井和潜水泵井。1995年年末，建成日供水2万吨的大浦自来水厂，受益人口1800人。2010年，在丰源村建成丰源水厂。2012年，在大浦村取湘江水建成大浦水厂，铺设供水管网80千米，供40000余人饮水用水。

1963年，架设大浦到茶山坳35千伏输电线路，长14.2千米，接通湘南电网，这是衡东县第一条地方线路，结束衡东电力空白历史。是年，建大浦新民电灌站，供大浦公社新民、石桥、浅塘、民主、茶亭和霞流公社白村等大队农业灌溉用电，为全县试建的第一个电灌站。1976年后，各村逐步通电。1978年，狮塘防洪堤闸增建水电站，1980年5月建成投产，装机2×55千瓦。1994年年末，通电村39个，农村用电量71.04万千瓦时。1998年，境内1个村实现农电网改造，至2012年年末，42个村全部完成农电网改造任务。2014年年末，全镇用电总量2812万千瓦时。

水利建设

1965年，大浦公社新开大队在祖家园兴建防洪堤闸，挖出清朝的陶质涵管，相传清乾隆年间在此筑堤防洪。1992年，集资300多万元，新修水利工程203处，渠道2.2万米。1996年，投资400多万元，完成水利工程2016处，水泥硬化山平塘580口，维修渠道5000米，完成土石方70万立方米，改善灌溉面积733.33公顷。至1996年底，有水利工程3080处，其中小（一）、（二）型水库8座，骨干塘165口，山平塘2907口，东、西、低干渠长2.25万米，旱涝保收面积2333.33公顷。2006年，筹资近100万元，完成新开、大浦防洪堤等一批水毁工程的维修；修复湘江堤岸5处险堤；对农庄、荷塘、永宁、石桥等村的水利设施进行疏浚、加固、维修，砌排灌渠14万米；新建电排6座。2011年，争取“一事一议”和山平塘清淤项目资金160多万元，新挖水井88口，新增60千瓦电排9个，山平塘106口，堰坝4座，天桥2座，U型槽16千米，整修渠道18千米，全镇23个村受益。2014年，完成人畜饮水工程20处，解决农村饮水不安全人数4300多人，新增电排127个，新挖水井165口，山平塘清淤66口、14.67公顷，新修水渠65千米，加固水渠80千米。

镇村建设

1990—1996年，先后筹资187万元，对7条街道进行水泥路面硬化，街道面积由1990年的2.6平方公里扩大到1996年的6平方公里，同时铺设下水道，共计3.6公里；投资2400多万元兴建大浦综合贸易市场1处；成立城镇管理监察队，购置垃圾车1台，增加环卫工人4人。2003年，制定城镇发展规划，定位成湘南地区的中心城镇，到2007年年底，城镇规划面积17.5平方公里，城区面积扩大到6平方公里，城镇绿化率23.5%。对迎宾路和民主街实施道路改造，水泥硬化主要街道3000余米，投资近百万元，完成从狮塘桥到工业园6.5公里的路灯建设。2011年，城区面积6.8平方公里，城区道路总长度32公里。2014年，城镇规划区面积350公顷，城镇建成区面积280公顷，城镇建成区总户数5012户、21506人，城镇建成区绿化面积4公顷。

社会事业

教育科技

教育 民国时期，设有大堡乡（后扩展为堡霞乡）国民中心小学，中华人民共和国成立后，改建为大浦完小。20世纪60年代初，大浦完小附设初中班，后改建为大浦中学，1981年8月，改名为衡东县五中。1995年，全县争创教育“两基”合格县，大浦镇发动群众集资办学，共筹集资金500多万元，征地1.8万平方米，建大浦镇中学，兴建校舍1万多平方米，围墙4000多米，新修田径场，场内有250米长的环形跑道。1996年，大浦中学有36个班，在校学生6145人。2003年，衡东五中升格为衡阳市示范性中学，有教职工186人，42个教学班，2836名学生。2003年，五中的“多起点、分层次教学研究”课题获省课题研究一等奖。2011年，衡东五中刘罗文、陈江生教师的研究性论文《德圳油茶林的现状与开发》被市教育局编入高中综合实践教材。2014年年末，有幼儿园17所，在园幼儿1489人，专任教师85人；小学12所，在校学生3964人，专任教师176人，小学适龄儿童入学率100％；初中2所，在校学生1984人，专任教师133人，小学升初中率100％，九年义务教育覆盖率100％；有县办普通高中1所，在校学生1690人，专任教师151人。

科技 清代嘉庆年间（1796—1820），名医李纪方著《白喉全生集》，填补中医史上关于诊治白喉的理论著作空白。1958年，衡东境内有多处研制水稻插秧机，后确定在大浦农具厂试制，以木工周冬生为主。周冬生坚持试制10多年，制成可插6蔸秧宽的铁木混合插秧机。后因经费问题终止改进，未能推广。1978年，衡东县科协恢复后，设科协委员会1个。

文化体育

1954年，开始发展乡办文化站，设文化站1个。1979年，普及公社社办放映队，撤销县办放映队，同时发展民办电影放映事业，建立农户放映队。到1989年，有农户放映队1个，七一二矿放映队1个。1989年，撤区并乡，成立1个文化站，配文化辅导员1人，负责文化行政管理和群众文化辅导工作。有图书馆1个，藏书1万余册。1989年5月，开通有线广播站。1992年5月，建电视台，发射（转播）塔高10米，覆盖半径11千米，并开通有线电视。1996年，有线电视差转台1个，有线、无线广播站各1个，文化站1个，图书馆2个，影剧院2家，录像厅4处。2011年，电视台开通75频道，有线电视用户1380户，电视综合覆盖率100％。有各类民间艺术表演团体6个，演职人员85人。乡镇综合文化站1个，村级农家书屋39个，总藏书66183册。地方特色民间艺术有花鼓戏等。2014年，有体育场馆2个；公园及休闲健身广场1个；乡镇综合文化站1个；影剧院1个；39个村通宽带；26个村通有线电视。

医疗卫生

1989年，有县属地区医院（衡东县第三人民医院）1所，镇卫生院1所，村卫生室17所，共计病床20张，卫生技术人员29人。2000年，有医疗卫生机构38所，其中村卫生室36所，共计卫生技术人员68人，床位50张。2007年，筹资260万元，修建高规格的5层欧式建筑风格的第三人民医院，并对住院楼进行改造、装修，改善医疗条件。2014年，有医疗卫生机构42所，其中村卫生室40所，医疗诊所1所，共计卫生技术人员82人，床位110张。农村安全饮水普及率30％。农村卫生厕所普及率100％。

2007年1月，启动新型农村合作医疗，当年参合人数31096人，参合率79%。2014年，新型农村合作医疗参保人数43365人，参合率105.32%，受益补偿金额1626.31万元。

社会保障

农业合作化后，农业生产合作社和人民公社对鳏寡老人及孤儿实行“五保”（保吃、保穿、保住、保葬、保教）。1987年起，“五保”户生活费用实行乡镇统筹。从2005年开始，全镇农村“五保”户供养纳入财政转移支付。2014年，在浅塘村修建大浦镇敬老院，占地面积0.33公顷，床位50张。是年，有“五保”对象302人，其中集中供养32

人，分散供养 270 人。月标准 450 元。

2006 年，实施城乡居民大病医疗救助。是年，救助 56 人次，救助住院医疗费 65100 元。2011 年，农村医疗救助 880 人次；农村临时救济 1250 人次，支出 23.45 万元；落实危房改造工程 39 户；困难就业人员 119 人，完成新增就业人员 674 人，下岗失业再就业人员 325 人。2014 年，城乡居民大病医疗救助 29 人次，救助金额 77400 元。

2007 年 7 月，实行农村居民最低生活保障待遇。是年，境内有低保对象 98 户、230 人，总金额 25170 元。2014 年年末，有低保对象 756 户、1473 人，月人均保障标准 165 元，总金额 162195 元。

2012 年，全县启动城乡居民社会养老保险。是年，境内参保人数 24303 人，缴费人数 17415 人，参保率 90%；缴费金额 2012800 元，发放 2756160 元。2014 年，参保人数 25890 人，缴费人数 11567 人，参保率 63%；缴费金额 1320900 元，发放 4604280 元。

特色地情

汉代堰城遗址　堰城城址位于堰城村，地处衡阳盆地东北边沿，属丘陵山间平原，为汉代圆城遗址。城址略呈圆形，面积约 12 万平方米。城四周保存有高 1~3 米、宽 7~10 米的夯土城墙，东北、西南、东南、西北各有一个豁口，推断可能是当时的城门所在。护城河即小溪自城址东南面流入，绕城址东面流过，蜿蜒汇入湘江。

甑箕岭古动物化石　1938 年，古生物学家杨钟健首次在大浦镇岭茶荷塘村甑箕岭发现古动物下颌骨化石。1986 年，中国科学院教授及法国考古动物学专家、博士多人，先后 6 次来甑箕岭考察，发现原古马、小白鼠、宽臼齿兽、冠齿兽、食虫类等十多种哺乳动物和蜥蜴、鳄 2 种爬行动物化石，其中有 5 种为国内首次发现。甑箕岭古动物的年代距今 5200—5000 万年。2004 年，一农民在这里挖出古类人猿头盖骨，中科院学者

汉代堰城城址

考证为55万年前的化石，在亚洲属首次发现。

中国核工业总公司七一二矿 七一二矿坐落在湖南衡东县大浦，1958年5月建矿，矿区地势平坦宽阔，东西长5公里，南北宽2公里，方圆约10公里，号称十里矿山，有5个工区，属中国核工业总公司所辖大型企业。从建矿到1985年终止军品生产，累计固定资产投入15亿元，共生产铀矿石327万吨。2003年破产。2014年，公布为县级文物保护单位。

（文字供稿：颜知明　图片供稿：陈默）

吴集镇 >>

区域概况

位置面积

吴集镇地处衡东县中部，东与甘溪镇相邻，南与莫井乡毗连，西与栗木乡接壤，北与城关镇、踏庄乡交界。据清光绪《衡山县志》载“吴集市后，广袤五里，为吴三桂集兵之处”而得名。镇人民政府驻龙江村，距县城2公里。2014年，辖区总面积105平方公里。

建置沿革

历来为基层政治活动中心，明代的武阳乡阳山里、清代的道字、民国的吴集乡、紫岗乡等基层行政机关均设于此。中华人民共和国成立初期，属衡山县第二区，1952年，属十区，包括吴集镇和吴集乡，1958年，属英雄人民公社，1959年，更名为吴集人民公社，1966年，析置衡东县，境内设吴集公社、双园公社，属吴集区，1983年，恢复乡建制，设吴集镇、双园乡、红坪乡。1989年，撤区并乡，将吴集、红坪、双园合并为吴集镇。

行政区划

1989年年末，辖35个建制村，368个村民小组，2个居委会，9个居民小组。2014年年末，辖杨峰1个社区；水湖、杨梓坪、青草湖、红茶亭、伴岭、凤凰、铜铃坪、双园、大势塘、坪石、坪桥、白洲、龙江、龙门前、文昭、淡家、鸡公岩、新坪、高坪、山竹、龙塘、桥铺、新跃、桃岭、蔡家、金盆、朱家桥、厚田冲、红坪、旄坪、龙堰、阳家坡、锁狮、五里坪、吴集35个建制村；5个居民小组、369个村民小组。

自然环境

辖区大部分属典型的江南丘陵地貌。三面环山，东南西为杨梓岭、狮形山、鹅形山、猴形山环抱，北面濒临洣水，历为古老驿道要冲和军事重地。属亚热带季风湿润气候，年均气温17.8℃。1月气温最低，平均气温5.3℃；7月气温最高，平均气温30.1℃。年均降水量1371.3毫米。境内属湘江水系洣水流域，自东向西流经金盆、蔡家、朱家桥、五里坪、锁狮、吴集、白洲、水湖、杨梓坪、双园、铜铃坪、伴岭、坪桥、坪石、大势塘、凤凰、青草湖、红茶亭18个村。境内主要有硅石和紫色页岩。

人口

1989年年末，吴集镇总人口37313人，其中农业人口34801人。1999年年末，总人口39656人，其中农业人口37736人。2014年年末，总人口47458人，其中：农业人口45132人，占

吴集古镇

95.1%；男性 24493 人，占 51.6%，女性 22965 人，占 48.4%。人口密度为每平方公里 430 人。

经济发展

经济综述

以农业为主，2014 年，粮食作物播种面积 4550 公顷，产粮 3.1 万余吨。盛产大西瓜，有城镇专业蔬菜基地，阳家坡村百余亩食用菌（香菇）生产基地、兴益达黄贡椒种植专业合作社等带动农民致富。坐落境内的金虎粮油、兴薇三樟黄贡椒公司为省级农业产业化龙头企业。湘黄鸡、蛋鸭、肉牛、山羊等规模养殖和生态饲养发展较快。

农业

种植业 农产品以稻谷为主，盛产大豆、花生、西瓜、芝麻、蔬菜等。1989 年年末，有耕地面积 2213 公顷，水田 1819 公顷，旱地 394 公顷，农作物总播种面积 3797 公顷，其中，粮食作物播种面积 2494 公顷，亩产 456 公斤。1999 年，有耕地面积 2065 公顷，农作物总播种面积 6100 公顷，其中粮食播种面积 3580 公顷，粮食总产量 25344 吨。2014 年年末，有耕地面积 3630 公顷。农作物总播种面积 7535 公顷，其中粮食作物播种面积 4550 公顷。杨梓坪、水湖、青草湖、五里坪、锁狮、白洲等村为绿色蔬菜生产基地，先后成立兴薇公司、庆云牲畜养殖专业合作社、衡东五农渔业养殖专业合作社、衡东华源经济林木种植专业合作社、衡东艳阳天油茶花卉种植专业合作社、衡东兴益达黄贡椒种植专业合作社等农副加工企业。

养殖业 畜牧业以猪、牛、羊、家禽为主。1989年年末，生猪存栏14836头，出栏生猪19421头，家禽存笼数为41365羽，出笼家禽54235羽，水产品产量为325吨，水产养殖面积为156.67公顷。1999年，生猪出栏50980头，水产品产量605吨。2014年年末，生猪存栏量3.4万头，牛存栏量186头，羊存栏量1351只，家禽存笼3.2万羽。

林业 1989年，造林面积436公顷。1999年，林地面积1009公顷。2014年，县恒建农业开发有限公司在五里坪村、厚田冲村征地33.3公顷，投资建设集育种、育苗、种植、加工于一体的衡东县中国油茶庄园。衡阳市中联天地有限公司在山竹村租山80公顷发展油茶种植，2014年，栽种幼苗47公顷。

工业

1996年年末，有镇、村、个体企业869个，从业人员8642人，占全镇劳动力39.2%。完成乡镇企业总产值10357万元，实现利税1123万元。2000年后，民营经济迅猛发展，先后引进南东钨业、创大冶金集团、金虎粮油贸易公司、创大钨业、祥盛电器有限公司、恒鑫建材厂、新型胶合板厂、永祥竹木加工厂、星宇驾校、吴集砂石厂、乔阳建材、泽鑫源建材厂、贝页岩砖集团、恒建农林油茶山庄、汇富房地产开发公司、风云房地产公司等企业。钨业、纺织、粮油、电器、建材、页岩砖、砂石、胶合板、竹木加工、蔬菜、花卉、草席等支柱产业初具规模。2014年年末，有工业企业40家，工业企业总产值236875万元。

商贸服务业

东晋（317—420）时，吴集就已成市，为衡山通往攸县、茶陵、安仁的驿道要冲，是湘南的商贸、手工业发迹最早也最为发达的重镇。至1944年衡山沦陷前，店铺、作坊尚有180余家，计有木器店22家、专事航船纤索生产的篾铺6家、铁铺8家、棉花铺5家、粮行2家、盐行1家、南华铺14家、绸缎铺8家、豆腐作坊12家、酒店7家、伙铺14家。此外，还有陶瓷、屠宰、日杂、缝纫等行业铺面60余家。在诸多的商贸、手工业等行业中，名冠衡州、饮誉三湘者有：一是铸铁制品。二是油纸雨伞。三是茶油销售。四是土棉布、棉花销售。五是木制家具。当时，三湘大地流传着一句民谚："吴集包子石湾饼，湘潭屐子吴集伞。"足以证明吴集的手工业是很有名望的。抗日战争爆发后，商业逐渐萧条。

1999年，有集贸市场1个，集市贸易成交额2238万元，社会消费品零售总额2874万元。2009年年末，有商业网点170个，职工473人。2014年，社会消费品零售总额1870万元，城乡集贸市场2个，50平方米以上超市1个。主要产品有建筑材料、农资、食品、烟花、五金交电等，销往全省各地。

财政金融

1949—1979年，乡镇财政收支由秘书或粮油委员分管，1980年，区乡镇设财税所，1989年，推行乡镇一级财政包干。1992年，财政收入215万元，财政支出31万元。1999年，财政收入325万元，财政支出262万元。2002年，取消农林特产税和"五统三提留"。2006年，取消农业税。2014年，公共财政收入1069万元，财政支出1069万元。2014年年末，有金融机构网点1个。

基础设施

交通运输

1958年“大跃进”期间，开展全民办交通，以“民工建勤”方式，修建吴集至草市简易公路。1964年，省林业厅投资4万元，交衡山县包干修建南湾至草市10公里的林业公路，吴集至草市段近30公里路同时动工。1968年下半年，基本修通。1970年，岳霄汽车渡口码头竣工。1977年，衡东大桥动工兴建，1981年，竣工通车。2014年，吴集至南湾公路升级改造完成。境内有衡炎高速、315省道、衡岳东延连接线等3条公路干线交汇。2014年年末，有县道5.48公里，乡道25.85公里。

邮政通信

1949年10月，境内通往县城的邮路属吴集、将军庙线。邮件靠人工步行肩挑。1961年，设吴集区邮政支局。1990年后，邮件实现自办汽车邮运。2014年，有邮政所1处。

民国26年（1937），衡山县城至吴集架通电话线，始通电话。1954年，吴集至城关电话单线改双线，1957年，设交换机。1959年，公社安装总机，电话线路通大队。1989年，电话线路属吴集至莫井线。1993年后，开通程控电话。2014年年末，宽带用户2036户，固定电话2136户，手机移动用户普及率62%。

供电饮水

村民饮水习惯多从洣水、水井或山塘堰坝取水。20世纪80年代以后，发展压水井和潜水泵井。1994年末自来水受益人口510人。2012年，在龙江村取地下水建成吴集水厂，铺设供水管网8000余米，供水用户600余户。2014年，在杨梓坪村取地下水建成杨梓坪水厂，铺设供水管网1~2千米，供水用户200余户。

1976年后，各村逐步通电。1994年年末，通电村35个，农村用电量24.7万千瓦时。1998年，境内高坪、铜铃坪2个村第一批实现农电网改造，至2012年年末，34个村全部完成农电网改造任务。2014年年末，全镇用电总量1241万千瓦时。

水利建设

境内大部分属湘江水系洣水流域。20世纪80年代，分洋塘灌溉区、甘溪灌溉区两大灌溉区。有主干渠35千米，支渠50多千米。有8座小（二）型水库，1100多口山平塘，大型电灌3处。

镇村建设

吴集处古老驿道要冲，西晋成市，为衡东县中心腹地的一个古老重镇。房屋建筑主要是濒临洣水，为清一色的江南民间古典建筑，青砖青瓦，飞檐翘角，雕梁画栋，纵横有文星街、河清街、中正街、升平街、福寿街等。1981年，衡东大桥通车及315省道、吴南公路的开通，居民便开始在交通便利的沿线，兴建房屋，形成吴集新街。1994年年末，人均居住面积36平方米，2014年年末，城镇规划区面积1202公顷，城镇建成区面积151公顷，城镇建成区总户数885户，2867人。建成区绿化面积3.5公顷。

明清至民国时期，农村建房多以屋场为单位聚族而居，主要建在沿河、驿道、山旁和田园一带。民房一般是一室一厅的土砖茅屋或斗墙屋；沿河一线的民房大多为竹架或木架屋，冷泥墙壁。中华人民共和国建立后，农村民房建设，从20世纪50年代起，旧屋换新屋，改建的房子一般按小家庭结构，采用“三间六”或“三厢间”。60年代起，茅屋换瓦屋。1970年后，土砖换红砖。1980年，农村建房由平房改建楼房，单门独户，外加小院落。2006年后，实施社会主义新农村建设，镇村建设步伐加快，主要是通过搞好乡村建设规划和人居环境治理，加强农村基础设施建设，实现农村道路硬化、卫生洁化、家庭美化、设施完备化，营造出整洁、优美、舒适的生活环境。

社会事业

教育

1990—1996 年，全镇筹集资金 800 多万元，新建、改造校舍 2.7 万平方米，其中 1995 年，投资 140 万元，易地重建占地 2000 平方米，建筑面积 3650 平方米的吴集中学。1996 年年末，有初级中学 3 所，在校学生 1197 人；小学 31 所，在校学生 5532 人；共有教职员工 307 人。2014 年年末，有幼儿园 13 所，在园幼儿 1010 人，专任教师 39 人；小学 9 所，在校学生 1751 人，专任教师 137 人，小学适龄儿童入学率 100%；初中 3 所，初中在校学生 571 人，专任教师 45 人。初中适龄人口入学率、小升初升学率、九年义务教育覆盖率均达 99.8%。2014 年，财政预算内教育经费 2100 万元，比上年增长 4%。

文化

1954 年，开始发展乡办文化站，配文化辅导员 1 人。之后，文化专职人员有所增减。1961 年，文化馆撤销。1963—1966 年，公社设民办公助文化站。1977 年，文化站重建，置全脱产辅导员。1989 年，撤区并乡，镇设文化站，负责文化行政管理和群众文化辅导工作。2014 年，境内有各类民间艺术表演团体 30 个，演职人员 700 人。乡镇综合文化站 1 个；建村级农家书屋 35 个，总藏书 70000 册；地方特色民间艺术有龙舟、杨山庙会、天府庙会。

医疗卫生

1989 年，有医疗卫生机构 27 所，卫生技术人员 35 人，床位 15 张，其中村卫生室 24 所；2000 年，有医疗卫生机构 27 所，卫生技术人员 46 人，床位 30 张，其中村卫生室 24 所；2014 年，有医疗卫生机构 28 所，卫生技术人员 56 人，床位 50 张，其中村卫生室 25 所。

2007 年 1 月 1 日，衡东县正式启动新型农村合作医疗。是年参合人数 30532 人，参合率 85.1%；2014 年，参合人数 40251 人，参合率 105.43%，补偿金额 1681.28 万元。

社会保障

2006 年，实施城乡居民大病医疗救助。是年，救助 26 人次，救助住院医疗费 45900 元。2014 年，救助 23 人次，救助金额 58790 元。

2007 年，实行农村居民最低生活保障待遇。是年，境内有低保对象 93 户、187 人，总金额 20880 元。2014 年年末，有低保对象 642 户、1259 人，月人均保障标准 165 元，总金额 140790 元。

2004 年，修建吴集敬老院，占地面积 0.13 公顷，床位 40 张。2014 年，有社会福利收养性机构 1 所，床位 40 张；有"五保"对象 243 人，其中集中供养 22 人，分散供养 221 人。月标准 450 元。

2012 年，全县启动城乡居民社会养老保险，是年，境内参保人数 18843 人，缴费人数 12462 人，参保率 98%。缴费金额 1338400 元，发放 2472085 元。2014 年，参保人数 20359 人，缴费人数 10419 人，参保率 74%。缴费金额 1074900 元，发放 4083324 元。

吴集杨山祠

特色地情

历史人文

宗教祭祀文化 吴集是湘南特有的宗教重镇。自明代建立杨山灵侯行祠后，各地信众纷至沓来，建寺立庙，供奉烟火。先后建有杨山观、杨山祠、朝圣庵、财神殿、观音堂、玄帝庙、灵官庙、万寿殿、寿福殿、玉皇殿、天符庙、痘母殿、大王庙、大寿廷、祖师殿、大善林寺、永福林寺、五显祠、佛善祠等庵堂庙宇。在诸寺庙中，尤以杨山祠香火最甚。据传农历八月三十日，是炎帝荩臣杨山侯的生辰，“杨山会”都要请戏班子唱戏，少则唱三、五天，多则唱八、十天。此外，玉皇殿、大王庙、天符庙、祖师殿、万寿殿等大的寺庙，都建有戏台，每年都要唱戏。遵行旧制，过去，春、夏、秋、冬四季，都择吉开祠祭祖，铳炮连天，热闹异常。杨山祠、天符庙、财神殿、观音殿等寺庙，如今依旧香火盛行。

风景名胜

吴集老街 吴集镇三面环山，一面临水，地势险要。东晋时期，吴集形成集市，到民国时期，各类中小商店发展到180余家。在以水上缴通为主要运输手段的年代，这里大小舟楫，往返如织，是洣河汇入湘江前的最后一个大的集市，关于吴集的来历，当地人有鱼集和吴集两种说法。吴集老街还有炎帝的荩臣杨山长眠于此的传说，保存完好、建于300多年前的杨山古祠，历经千年风霜至今仍枝繁叶茂的古罗汉松，以及为纪念“天符老爷”生辰于每年农历五月连续举行四天的庆典庙会。

杨山古祠 相传炎帝的大臣杨山侯为完成炎帝根治洣河之未竟事业，来到吴集一带，发动民众治理洣水。他身先士卒，呕心沥血，奋力治水，不幸殉职。人们将他安葬在洣水南岸的一座青山上，并修寺建庙，世世代代供奉香火。后人将他长眠之地称之为“杨山”，将其寺庙命名为“杨山祠”。

杨山祠 始建于半山。明嘉靖三十一年（1552）迁址于山下重建“杨山灵侯行祠”，清道光年间（1821—1850）二度重修。1992年，公布为县级文物保护单位。1998年，再度修葺一新。建筑面积约300平方米，坐南朝北，砖木结构，悬山顶。正面为牌坊式大门，上方书写“德扬恩溥”四个大字，两边有浮雕与壁画。

龙门泉奉公祠 始建于明代天启元年（1621），民国30年（1941）重修。坐西朝东，四合院布局，三进两边出厢房，砖木结构，硬山顶，小青瓦，施封火山墙。爪角飞翘，墀头施堆塑。大门为三重楼阁式牌坊，牌坊上彩色堆塑工艺精美。2003年，公布为县级文物保护单位。

文昌书院 清初，吴集有文昌会，后士绅们在文星街建文昌阁，捐租设义学，但无额定馆俸，难以为继。乾隆十年（1745），知县德贵“遂集各书院经管绅士会议，拨观湘余租三十四石，明道山房十六石，集贤书院十六石，共拨六十石为每岁馆师脩金，余六石杂用。又移南门外，改文昌书院之名以名之”。

（文字/图片供稿：文君莉　向颂）

甘溪镇 >>

区域概况

位置面积

甘溪镇处衡东县中部，东临荣桓镇，南接杨林镇，西邻吴集镇，北交踏庄乡。古时该地有一溪港，出自武阳山，流入洣水，因溪水清凉甘甜而得名。镇政府驻甘溪村，距县城13公里。2014年，辖区总面积111平方公里。

建置沿革

中华人民共和国成立初期，属衡山县第二区，1952年，属第十一区。1956年6月，与夏浦、东冲、社背合并为夏浦乡。1958年，属东方红人民公社，1959年，更名夏浦人民公社。1961年，公社体制调整，设甘溪公社、夏浦公社。1966年，析置衡东县，境内设甘溪公社、夏浦公社，属吴集区。1984年2月，恢复乡建制，设甘溪镇、夏浦乡。1989年5月，撤区并乡，甘溪、夏浦合并称甘溪镇。

行政区划

1989年年末，辖31个建制村，308个村民小组，1个居委会，3个居民小组。1999年年末，辖31个建制村，2个居委会。2014年年末，辖甘溪社区，6个居民小组；辖新桥、大岳、金觉、中心、竹岭、兴隆、洄水、夏浦、新泉、大源塘、社背、枣园、和平、新冲、新田、东冲、香花、新杨、铅锌、石岗、松塘、东岗山、新江、石桥、能桥、明桥、甘溪、前进、大源、新石、农林场31个建制村，315个村民小组。

自然环境

辖区地势以丘陵为主，低山高岗为辅，地形为丘陵岗地。主要山脉有金觉峰，位于金觉村，是境内最高峰，海拔740.8米，最低点位于大源村1组，海拔139米。辖区属亚热带季风湿润气候，年均气温17.8℃，年均降水量1371.3毫米，降水集中在每年4—6月，5月最多。境内河道属洣河流域，最大河流为洣河，流经大岳、夏浦、中心、兴隆、新泉、洄水、明桥、甘溪、前进、大源等10个村，长15千米，流域面积4平方公里。已探明的地下矿藏有石灰石、萤石、铅、锌、砂石等。开发有云母矿、铅锌矿，位于东岗山村、石岗村、铅锌村、松塘村、新江村。

人口

1989年年末，辖区总人口22734人，其中农业人口21944人。1999年年末，辖区总人口29792人，其中农业人口28075人。2014年年末，总人口34586人，其中：农业人口33435人，占96.6%；男性17789人，占51.4%，女性16797人，占48.6%。

经济发展

经济综述

经济以农业为主。2014年，粮食作物播种面积2181公顷，产粮1.5万余吨，盛产红枣、板栗、油茶、红薯等。矿产资源石灰石、铅、锌等较为丰富，其中石灰岩储量约百亿吨，占全县总量的40%，戴家矿区水泥石灰岩矿为衡东红狮水泥原料基地。金龙矿业、衡阳裕华、湘衡盐化、甘溪水轮泵水电站等矿产化工企业坐落境内。夏浦的皮革加工发展较早。

农业

种植业 境内主要种植水稻、花生、黄豆、红枣、板栗、油茶、蔬菜、红薯等作物。1954年，试种双季稻。1962年，人民公社实行“三级所有、队为基础”制度。改进耕作技术，加强病虫害防治，粮食产量单产提高到240公斤。1967年，扩大双季稻种植面积，间作三熟制，采用温室育秧技术，粮食亩产400公斤。1977年，试种杂交水稻，至1984年，粮食亩产提高到742公斤。1986年，被确定为国家商品粮生产基地、吨粮田开发基地和优质稻生产基地。1989年年末，有耕地面积1030公顷，水田919公顷，旱地111公顷，农作物总播种面积2723公顷，其中，粮食作物播种面积1935公顷，亩产413公斤。1999年年末，有耕地面积994公顷，农作物总播种面积2890公顷，其中粮食播种面积1739公顷，粮食总产量12075吨。2000年，后兴建东冲葡萄基地、大源蔬菜基地、万亩连片双季稻种植基地。投资100万元的和平村核桃种植基地初具规模。2014年年末，有耕地面积1298公顷，农作物总播种面积3565公顷，其中粮食作物播种面积2181公顷。

养殖业 境内素有养殖生猪、牛羊、鸡鸭、鱼等畜禽水产习惯。民国时期，有农户圈养生猪。鸡鸭多自繁自养，所产鸡鸭蛋除食用外，皆出售或兑换油、盐等，俗称“油盐坛子”。养鱼则主要靠自然孵化鱼苗，自生自长，产量低。中华人民共和国成立后，政府鼓励农民养猪养鸡鸭。1951年，开始发展池塘养鱼。1989年年末，生猪存栏10851头，出栏生猪14282头；家禽存笼27732羽，出笼家禽21753羽；水产品产量136吨，水产养殖面积48.2公顷。1999年，年内生猪出栏29118头，水产品产量217吨。2014年，新发展年出栏500头以上的养猪专业户3户，其中，松塘村穰其辉516头，新杨村刘华中527头，大源村陈青枚503头。新发展年产10000羽的“衡东土鸡”养殖户3户，其中：能桥村江冬根11467羽，香花村康云龙10664羽，石岗村王春林10966羽，年产5000羽的养殖户10户。

林业 1949年以前，林地归私人所有，多自生自繁，树种有松、杉、樟、枫等。1951年，成立农林互助组、合作社。1958年，林地收归公社所有，由于“大办钢铁”，树木被砍伐殆尽。1963年，贯彻中央政策，山林权固定在生产队。1981年，确定山林权属，种植桔、油茶等。1989年，造林面积1254公顷，其中人工造林130公顷。1999年，林地面积1966公顷。2004年，换发全国统一的林权证，承包期至2052年。2013年，先后兴建万亩油茶基地、东冲苗木基地等。新造油茶林14.7公顷，荒山造林面积199公顷，新造桉树林73公顷。2014年，完成油茶垦复面积233公顷，中林公司在洄水、兴隆造林73公顷。通过与衡阳林业公司的合作，以“公司＋农户”的发展模式，进驻施工333公顷，签订合作意向合同1000公顷。

工业

明、清时，有生产铁器、木器、纸伞、油鞋、木屐等手工作坊多家。因“米市”繁荣，大米加工业兴旺。中华人民共和国成立后，相继创办电厂、氮肥厂、大米厂等一批企业。20世纪80年代初期，夏浦形成皮革生产一条街，品种多样，皮革制品有皮鞋、皮包、皮衣以及各种机用皮碗系列，式样新颖，质量上乘，畅销国内。至1996年，全镇从事皮革加工的个体户发展到141户，从业人员840多人，还涌现一批皮革加工大户，年产值50万元以上的有39家。除皮革加工外，钨品、采矿、采石、食品加工、铸造、建材、运输、家具等行业产业发展较快。1996年，有镇、村、组、个体企业834个，从业人员4348人，占总劳力的26%；完成乡镇企业总产值1.09亿元，实现利税3465万元。镇内石灰岩资源较丰富，占全县石灰岩资源总储量（约百亿吨）的40%。20世纪90年代，新泉、和平、大源塘、社背、新冲、夏浦、新田、东冲等村有石灰窑31座，日产石灰600余吨。2014年，有民生、磊鑫、和平、大湖、新冲、鑫安6家采石场，年生产规模设置为15~20万吨。戴家矿区水泥灰岩矿为衡东红狮水泥原料基地，年生产规模设置为200万吨。2014年年末，有工业企业12家，工业企业总产值65790万元。较大项目和企业有湘衡盐化、启泰石料、神州化工、衡阳裕华、金龙矿业、春蕾化工、甘溪水轮泵水电站、佳敏印刷厂、氟化盐矿区等。

商贸服务业

1999年，有集贸市场2个，集市贸易成交额1988万元，社会消费品零售总额5962万元。2014年年末，社会消费品零售总额76938万元，市场2个，50平方米以上超市4个。

财政金融

1949—1979年，乡镇财政收支由秘书或粮油委员分管，1980年，区乡镇设财税所，1989年，推行乡镇一级财政包干。1992年，财政收入173万元，财政支出24万元。1999年，财政收入206万元，财政支出105万元。2002年，取消农林特产税和“五统三提留”。2006年，取消农业税。2014年，公共财政收入693万元，财政支出693万元。2014年年末，有金融机构网点2个。

基础设施

交通运输

清代，有1条过境驿道。另有洣河水路，设老夏浦、甘溪等2处码头，四季通航。1999年年末，有公路里程56公里。2014年年末，315省道和211省道穿境而过，洣河由南向北流经境内10余千米。有县道758公里，乡道26.13公里；农村客运招呼站5座。

邮政通信

1949年10月，境内通往县城的邮路属吴集、将军庙线。邮件靠人工步行肩挑。1961年，公社驻地设邮电所。1990年后，邮件实现自办汽车邮运。2014年，邮政支局营业面积408平方米，从业人员5人。投递点47个，乡村通邮率100%。

1959年，公社安装总机，电话线路通大队。1989年，电话线路属甘溪至踏庄线。1993年后，开通程控电话。2014年年末，电信服务网点1个，固定电话和移动电话普及率50%以上。

供电饮水

村民饮水习惯多从洣水、水井或山塘堰坝取水。20世纪80年代以后，发展压水井和潜水泵井。2010年，在东冲村取井水建成东冲水厂，铺设供水管网5000余米，供水用户800余户。2012年，在镇政府驻地建成甘溪水厂，铺设供水管网2千余米，供水人口10000余人。1994年年末，自来水受益人口510余人。2014年，在夏浦村取山泉水建成夏浦水厂，铺设供水管网3千余米，供水用户240余户。

1969年10月，甘溪水轮泵水电站两台252千瓦的小机组投产发电。1972年10月后，甘溪水轮泵水电站1250千瓦机组陆续投产发电。甘溪装机总容量13004千瓦。1976年后，各村逐步通电。1980年，兴建2*3000千瓦火力发电站，1981年，建成投产。1994年年末，通电村35个，农村用电量88.59万千瓦时。1998年，境内大源村第一个实现农电网改造，至2012年年末，31个村全部完成农电网改造任务。2014年年末，全镇用电总量2019万千瓦时。

镇村建设

明清时，夏浦老街、石岗老街形成集镇，各类商铺遍布街巷。20世纪60年代，为安置甘溪水电站淹没区村民，在镇政府侧的山坡上新建一条长300米、宽10米的街道，两旁为移民新居。供销社、邮政局、卫生院、汽车站、银行等在此设立办公营业场所，形成甘溪街。1993年，镇党委、政府发动群众自筹资金200余万元，在1820省道两旁征地，于1996年建成一条长750米、宽32米的街道，甘溪街道中心转移至此。2011年，硬化夏浦至甘溪的水泥路面，新修水泥路3.5千米。2014年年末，城镇规划区面积252公顷，城镇建成区面积95公顷，城镇建成区总人口5860人，1246户，城镇建成区绿化面积1公顷。

2012年起，启动社会主义新农村建设，以中心村、东冲村等为试点，重点改造农村水利、电力、道路等基础设施，积极发展村级集体经济，大力整治村容环境。2013年，突出以东冲、石岗、中心3个村为全镇的样板点，每村投入2万元示范建设资金。投资30余万元在东冲村公路两旁安装了30盏太阳能环保路灯，栽种桂花树、红叶石楠等名贵苗木2000多棵，村貌焕然一新。

甘溪水轮泵水电站

社会事业

教育

1996年年末,有小学26所,在校学生4112人;初级中学2所,在校学生933人;教职员工260人。1999—2001年,全镇各学校财、权、物、事由甘溪镇政府直接管理。2012年,投资180余万元对夏浦完小改造,创建为义务教育阶段合格学校;投资72余万元新建夏浦中心幼儿园,是一所由政府全额投资兴办的公立幼儿园,服务周边夏浦、新泉、中心、大岳等13个村,服务区人口约1万余人。投入60余万元改造石岗完小的教学楼。投资15余万元改造东冲联校的食堂餐厅。同时教学质量大幅提升,小学适龄儿童入学率100%,毕业率100%;初中巩固率98%;青壮年非文盲率99.2%。2014年,中考甘溪中学137班46人毕业,考入省市重点中学31人。2014年,有甘溪中学、前进完小、石岗完小、夏浦完小、东冲联校、社背联校6所学校,县批准民办幼儿园5所。有学生2065人,在职教师159人,退休教师71人。

文化体育

2012年,建设农家书屋11个,年底,全镇31个村完成农家书屋建设;2014年,镇文化站举办广场舞培训班,农家书屋藏书39580册。加强体育教育,各学校篮球场、乒乓球场,田径场一应俱全,为学生锻炼身体提供场所。提高学生竞技意识,在全县中小学田径运动会,初中学生篮球赛均取得好名次。甘溪中学93班学生吴奇虎以打篮球的特长考入湖南大学体育系,为湖南省篮球队主力队员。

医疗卫生

1989年,有医疗卫生机构22所,卫生技术人员31人,床位15张,其中村卫生室20所;2000年,有医疗卫生机构26所,卫生技术人员29人,床位16张,其中村卫生室24所;2014年,有医疗卫生机构28所,卫生技术人员24人,床位20张,其中村卫生室25所。

2007年1月1日,衡东县正式启动新型农村合作医疗。是年,参合人数23235人,参合率87%;2014年,参合人数29183人,参合率103.88%,补偿金额1182.32万元。

社会保障

2006年,实施城乡居民大病医疗救助。是年,救助16人次,救助住院医疗费29400元。2014年,救助11人次,救助金额35600元。

2007年,实行农村居民最低生活保障待遇。是年,境内有低保对象74户、160人,总金额17790元。2014年年末,有低保对象482户、861人,月人均保障标准165元,总金额93015元。

2008年,修建甘溪敬老院,占地面积800平方米,床位40张。2014年,有社会福利收养性机构1所,床位40张;有“五保”对象136人,其中集中供养22人,分散供养114人。月标准450元。

2012年,全县启动城乡居民社会养老保险。是年,境内参保人数14412人,缴费人数9459人,参保率100%。缴费金额1042800元,发放1825065元。2014年,参保人数15612人,缴费人数8319人,参保率78%。缴费金额906200元,发放4369500元。

特色地情

名优特产

夏浦板栗 板栗,衡东人亦称“惰粒”,种植

面积260多公顷，年均产量一万担以上。夏浦板栗，果实大，皮薄肉厚，水分适中，味道鲜美，脆爽甘甜，且营养丰富，还有滋补治病之功效。

夏浦红枣 红枣原名山枣，属鼠李科。这里的干红枣一般年产量为700担以上，其主要品种有金沙枣、猪婆枣、鸭蛋枣、河南枣等。各有特色，如金沙枣，颗粒短，圆壮，味道鲜甜，品质最优，在湖南小有名气；猪婆枣，颗粒大而长，皮薄肉厚，味道甜美。

藤茶 为衡东境内天然野生植物之一，生长在县境中部的凤凰山、金觉峰、艳阳峰、天光峰等33座海拔500米以上的中低峰的山坡、山谷林下灌木丛中。藤茶外形纤细修长，加工后色绿起霜，经水泡汤色黄亮，喝起来滋味厚实，微苦回甘，生津止渴。藤茶全株入药，有清热解毒之效。1994年，“天然藤茶”获国家发明专利，1995年，获中国国际新产品新技术博览会和湖南新产品新技术科技创新金质奖。到2004年年底，全县藤茶栽种面积达2900多公顷，被湖南省农业厅认定为湖南省“无公害农产品产地”。衡东藤茶拥有现代化的制茶生产流水线，年生产能力1000吨，成为衡东农业产业化品牌之一。

风景名胜

洣水水利风景区 2003年，评为省级水利风景区，2004年，经水利部评定为国家级水利风景区。主要景点有广柑基地白茅洲、灵山胜景、太平寺、晏光庙、秀才看榜、雄狮戏金蟾、笔架峰、将军庙、杨山祠、雷溪双月等。

龙岩洞 距县城17公里的甘溪镇新泉村。长2700多米，入口两洞，上为风洞，下为水洞，上、下洞相距百米。游览只能从风洞进，由社背村出。水洞洞口大，形似张开的龙口，高3米，宽6米，深约4米。内有深潭，已堆满乱石，水从石底涌出。风洞洞口小，往里渐大，深无底。洞内石笋林立，景色奇特。洞中上下，层层有洞，人在上洞走，水在涧底流，潺潺流水，清脆入耳。水洞有锦鳞浅游。入洞约2000米处，有一巨厅，可容千人。洞前百米处，有星泉湖，水面20公顷。

大源古窑址 位于大源村，属衡山窑系，时代宋、元。湖南省重点文物保护单位。窑址分布在桂公祠、窑背岭等9个台地上，有4处发现马蹄形窑。文化堆积厚1~8米。各窑的产品有分工，

大源窑址标志说明碑

有的以烧碗、碟、杯、壶为主，有的以烧罐、壶、黑釉盏为主，有的以烧大件缸类为主。该窑产品有碗、杯、碟、壶、盏、盏托、罐、坛、瓶、炉、缸、网坠等。胎色有砖红、青灰、瓦灰、深灰等。釉色有酱、褐、绿、青、黄、米黄、淡黄、黑、棕红等。

夏浦古村 位于甘溪镇内，村落以萧家大屋为中心，坐东朝西，四进七横，占地约 1.33 公顷。清道光二年（1822）建造，建筑采用砖木结构，青灰色瓦顶，前低后高院落式布局。另在大屋北侧吴家屋场尚存，大屋后山上谭公庙仍在。萧家大屋为三进三横院落式普通宅第建筑，衡东地方民间建筑设施。砖、石、木结构，前低后高，大屋通面阔七间，深三进，高二层，地面台基素土夯筑，铺方形金砖，其他各进以梯级分别向后抬高。2013 年 8 月，入选住房和城乡建设部、文化部、财政部联合公布的第二批中国传统村落名录村落名单。

（文字供稿：文君莉　唐水娥　图片供稿：陈默）

杨林镇

杨林镇是湖南省生态乡镇。

区域概况

位置面积

位于衡东县东南部，东临高湖、荣桓两镇，南接草市镇；西与南湾乡、莫井乡、衡南县花桥镇等接壤，北靠吴集、甘溪两镇。唐时名杨林埠，以当时河岸杨柳成林，青翠葱郁而得名。镇人民政府驻杨林村，距县城31公里。2014年，辖区东西最大距离18公里，南北最大距离22公里，总面积121平方公里。其中陆地113.59平方公里，占93.88%。水域7.41平方公里，占6.12%。

建置沿革

西晋年间，杨林就已开埠，明代，分属衡山县武阳乡阳山里以及兴乐乡的永寿里、永平里和新兴里。清代，分别属道字28区，以及土字34区、梦字26区和作字27区。民国时期，属衡山县第四区，称高水乡；1952年，属第十二区，1956年，将杨林、柴埠、大塘、太平寺4个乡合并设杨林乡；1958年，更名为先锋人民公社，1959年1月，更名为杨林人民公社；1966年，析置衡东县后属杨林区。1984年初，政社分设，设杨林乡，1986年1月，撤乡设镇；1989年，杨林镇、青山乡合并称杨林镇。

行政区划

1989年年末，辖27个建制村，223个村民小组，2个居委会，7个居民小组。2014年年末，辖洣南1个社区；杨林、寺门前、庙冲、竹园、高栗、大塘、铁坑、茅镰洲、双丫港、三联、龙西湖、车头、太平寺、茫洲、宁中、石峡、板石、符竹、上村、立新、潭江口、贺家桥、小岳洲、柴埠、豆垅、湾头洲、大源冲、四方冲28个建制村；5个居民小组，232个村民小组。

自然环境

境内为典型丘陵地区，最高峰四方山位于四方冲村境内。西、南两面属山地及丘陵，分布着众多大小不一、形状各异的水塘。洣水穿境而过，自茅镰洲村入境，由南而北，境内河道长18千米。全镇20个村沿洣水两岸分布。河流沿岸平坦开阔，良田沃土，阡陌纵横。区域处亚热带季风湿润气候，年均气温17.8℃，年均降水量1371.3毫米，年均降水日数160天，降水集中在每年的4—6月，6月最多。境内自然资源丰富，矿产资源有：钨、金、汞、硫、石灰石、沙砾石等。

杨林镇寺门前村一尊天然大佛

人口民族

1989年，全镇总人口27440人，其中农业人口24603人。1996年年末，6989户、28104人。2014年年末，辖区常住户数8100户，常住人口35087人，户籍人口31679人，其中农业户籍人口26093人。总人口中，男性15760人，占49.72%；女性15937人，占50.28%。人口以汉族为主，占99.76%，另有苗族、土家族、壮族、黎族、布依族、侗族、瑶族、回族、白族、畲族、仡佬族11个少数民族。人口密度为每平方公里240人。

经济发展

经济综述

以农业为主。2014年，粮食作物播种面积1650公顷，产粮22658吨。经济作物主要有柑橘、油菜、西瓜、板栗等，尤以柑橘、油菜有较大产出。2014年，柑橘种植面积46.9公顷，占全县的13.7%；油菜种植为全县两个万亩连片示范片之一。森林资源丰富，2014年，森林总面积116.5公顷。依托金、钨、石灰石等矿产资源优势，杨林工业发轫于明代，形成冶金、化工建材等产业，主要有创大冶金、春昌冶炼、源祥公司等集聚于大源冲至大塘工业走廊。

农业

种植业 20世纪50年代中期，开始种植双季稻，70年代中期，杂交水稻开始得到推广。1989年，有耕地面积1221公顷。其中水田976.6公顷，旱地251公顷。农作物播种总面积3033公顷，其中粮食作物播种面积2039公顷，亩产428公斤，总产13090吨。1999年，有耕地面积1206公顷。农作物播种面积3615公顷，其中粮食播种面积1824公顷，粮食总产量12286吨。2000年后，利用晚稻秧田套种黄瓜，变一年两熟为三熟，耕地资源得到有效而合理的利用。2014年，农作物总播种面积1652公顷，其中粮食作物播种面积1650公顷，粮食产量22658吨，其中稻谷14522吨。

养殖业 境内养殖业以饲养生猪、家禽、耕牛、鱼等畜禽水产为主。20世纪50年代，畜禽水产的养殖主要是自繁自养，产量比较低，到80年代，政府鼓励农民发展养殖业，家禽家畜饲养数量逐渐增多，渔业以水库、池塘养殖为主，鱼类产量逐渐增高。1989年年末，年生猪存栏10073头，出栏生猪10066头，出售肉用牛4头，耕牛存栏2248头。家禽存栏28866羽，出笼家禽17900羽，禽蛋产量77.13吨。水产品产量232吨。水产养殖面积95公顷。1999年年末，出栏生猪21793头，大牲畜存栏1654头，肉类总产量2167吨，水产品166吨。2014年，生猪饲养量41700头，年末存栏19800头；家禽饲养量52万羽。产肉2290吨，其中猪肉2150吨，牛肉84吨，羊肉56吨；禽蛋600吨，渔业养殖面积60公顷，产量490吨。

林业 1949年前，林地为私人所有，以杉木林为主。1951年，土地改革，重新确定山林权属。1958年成立人民公社后，山林收归集体所有。1982年，林权确定到农户。1989年，造林面积达295公顷，其中用材林284公顷，经济林11.6公顷。植树25万株，育苗面积7.5公顷。茶油产量46吨，桐油产量3吨，竹木采伐479立方米。1999年，有林地面积2061公顷。2014年，全镇荒山改造176公顷，迹地更新82公顷，油茶改造58.5公顷。

工业

明代，已有采矿、冶炼、造纸、烧石灰等多种工业，但长期处于手工操作的落后状态，发展缓慢。1952年，以杨林石峡的42名石灰生产者组成第一个石灰生产合作社，当年生产石灰2100多吨。1954年，国营川口（在衡南县）钨矿在杨林豆垅设工区。1958年，县社联合组织88人建立衡山县钨矿，在豆垅用土法开采，三年获钨精砂不到30吨，1962年停办。1970年，在县杨林石峡石灰厂基础上创办县水泥厂，当年建成投产。1985年，新办杨林镇钨矿选厂。1990年后，镇、村个体企业发展迅速。至1996年年底，有镇、村个体企业1424个，从业人员4625人，占全镇劳动力31%，形成了钨制产品、石灰水泥、竹木加工、建筑建材、农机铸造、手工艺品、食品加工等行业和产业。1996年完成乡镇企业总产值2.81亿元，实现利税260万元。2011年，工业生产总值108万元；工业企业6家，职工312人；实现工业增加值4万元。2014年年末，有工业企业12个，其中规模以上工业企业1个。大源冲村至大塘村沿吴南公路3千米长的工业走廊已初具规模。廊内已聚集湖南荣桓科技有限公司、衡东县洣河水泥有限公司、衡东县三和化工有限公司、衡东县金源铝银粉有限公司、源祥有色金属公司等多家企业。形成冶金、化工、建材、旅游4大支柱产业。工业企业总产值6500万元，其中规模以上工业企业总产值1850万元。

商贸服务业

西晋年间，杨林埠就成为县境内最早的墟场集市之一。隋唐逐渐形成逢阴历一、四、八固定墟期。1992年，商业饮食业总额111万元。1999年，有集贸市场2个，集市贸易成交额2765万元，社会消费品零售总额2446万元。2011年，有商业网点241个，城乡集贸市场3个，年成交额10500万元。社会商品零售总额13460万元。2014年，有集贸市场3个，50平方米以上的超市2个。社会商品零售总额16580万元。

财政金融

1949—1979年，镇财政收支由秘书或粮油委员兼管。1980年，全县建立区乡（镇）一级财政，设杨林区财税所。1989年撤区并乡后，设杨林镇财税所。1992年，财政收入201万元，财政支出27万元。1999年，财政收入247万元，财政支出247万元。2002年，取消农林特产税和“五统三提留”。2006年，取消农业税。2011年，财政总收入655.5万元，比上年增长15%。其中地方财政收入400万元，比上年增长20%。2014年，公共财政收入650万元，财政支出650万元。

2014年年末，境内有金融机构网点1个。

基础设施

交通运输

中华人民共和国成立前，境内水运靠船舶装载，由洣水运往湘南、湘东及湘北各地。陆运靠人肩挑和土车运载。杨林老街设有码头，设“箩行”搬运货物，渡口设有义渡和凉亭；新塘至草市全长70公里的古驿道，宽1~23米，经贺家桥、青山冲、杨林穿境而过。1958年，全民办交通，动工修建吴集至草市简易公路，境内长22公里，1967年，建成通车。2008—2009年，筹措资金380多万元，先后新修51.5公里的通村水泥公路。衡炎高速公路横穿境内8个村，镇中心距高湖互通口仅5公里，50分钟即可到达衡阳市区；2013年，吴南公路改建，公路采用二级公路标准，设计时速60公里，路基宽10米，行车路面7米，沥青砼路面。2014年，筹集资金200多万元，全力推进豆垅村7.5公里长的村级公路水泥硬化建设，消除境内最后一个不通水泥路的村。2014年年末，境内有客运汽车14辆，238座，年客运量4万人次；有货运汽车46辆，320吨位，年货运量30万吨。有农村客运站1座。

邮政通信

1951年6月，县邮电局在杨林设立四等邮局。1953年，改称杨林邮电支局。1959年2月，下放到杨林人民公社管辖。1961设立杨林区邮电支局。1957年7月，杨林区至衡山县城的电话线架通，1958年，电话线路通大队。1963年12月起，逐渐将木电杆换成水泥电杆。2000年以后，邮电通信发展迅速，服务设施齐全，宽带网连接方便、流畅，电信、联通、移动通信网络覆盖全镇。2014年年末，有邮政局1处，营业面积378平方米，从业人员7人，邮路6条，邮政业务总量236万元。电信企业1家，电话用户数3600多户，互联网用户913户，行政村互联网宽带覆盖率98%。寺门前村和高栗村光纤到户，使用20兆及以上接入速率和网络数字电视的用户占比达到90%。

供电饮水

村民饮水习惯多从洣水、水井或山塘堰坝取水。20世纪80年代以后，发展压水井和潜水泵井。2009年，在石峡村建成石峡水厂。2012年，在杨林村建成杨林水厂。2013年，在四方山村取地下水建成四方山水厂，铺设供水管网3000余米，供水用户300余户。2014年在高栗村取山泉水建高栗水厂，铺设供水管网4000余米，供水用户600余户。

1976年后，各村逐步通电。1994年年末，通电村27个，农村用电量7266万千瓦时。1998年，境内石峡、潭江口村第一批实现农电网改造，至2012年年末，28个村全部完成农电网改造任务。2014年年末，全镇用电总量989万千瓦时。

水利建设

1956年，寺门前村新建荒田垅小(二)型水库，高26米，库容47.3万立方米，积雨面积3.2平方公里，灌田120公顷，受益人口1200人；大塘村6组新建深井塘水库，库容13万立方米，灌溉面积46.67公顷。1958年，车头村10组兴建东塘水库，库容14.5万立方米，积雨面积0.5平方公里，受益人口1000余人，灌溉面积43.33公顷。1964年，大源冲村1组兴建正港冲水库，占地面积1公顷，库容10万立方米，积雨面积0.3平方公里，灌溉面积23.33公顷。1977年，兴建柴埠村蛇形小（二）型水库，库容11万立方米，灌溉柴埠村8个组，共计26多公顷水田。1989年，兴建杨林村正冲港水库，1990 年正式蓄水，蓄水量 10 万立方米，受益面积 17.33 公顷。1990—2000 年，以湘南开发为契机，大搞农田水利基础设施建设，架设渡槽 6 处，修电力排灌站 44 处，新修水泥灌溉渠 3.6 万米，整修水库、山平塘 89 口，扩大灌溉面积 313.33 公顷，修筑防洪堤 6600 米。2014 年年末，全镇有 1 座小（一）型水库，4 座小（二）型水库，水塘 534 口，电排 56 处。

镇村建设

中华人民共和国成立前，境内就形成一条傍洣水而建的宽 3 米，长 200 米的青石板街道——杨林老街，街道两旁为青砖青瓦土木式结构建筑，有酿酒的小作坊，做衣服的裁缝铺，买日用品的杂货店，还有包子店、照相馆、理发店，街尾搭建有戏台，临水的一面设有码头，船来人往，整条街热热闹闹。杨林老街是洣水河畔一个重要小镇和重要的农产品汇集地，距今已有 200 多年历史，是湖南省为数不多、保存较为完整的一条由清一色青砖青瓦土木结构建筑组成的具有晚清风格的街道，街口现存古戏台，街旁有谭氏宗祠等古建筑。古街所在村杨林村已列入国家“传统村落”名单。因位于洣水之滨，地势较低，易遭洪涝，老街居民绝大多数已搬离，仅留下一片老房子。中华人民共和国成立后，镇村建设发展迅速。1971 年，建成杨林镇供电站。1986 年，新建一条宽 15 米，长约 2000 米的农民街。新街两旁多为 3~4 层楼房，至 1989 年底基本建成。镇区主要道路两侧铺设排水管道 5000 米。2014 年年末，城镇规划区面积 102 公顷，建成区面积 89 公顷，城镇总户数 1246 户、5860 人，城镇建成区绿化面积 1 公顷。2014 年，成立镇便民服务中心，财政、计生、国土、民政、劳动保障、经管等窗口部门

杨林老街一隅

全部搬入，为村民提供“一站式”服务，更方便为群众办事；投资32万元新建一处垃圾焚化炉。

社会事业

教育科技

清光绪三十一年（1905）废科举，民国时境内学堂兴起。衡东县第二中学创办于1956年。1996年，校园占地面积6.42公顷，建筑面积6650平方米。有21个教学班，1145名学生，其中高中12个班、625人，初中9个班、520人，共有教职员工91人。1999年，成为衡阳市首批挂牌示范性重点中学，2002年，获湖南省文明单位。2014年年末，学校有教学班50个，学生3245人，教职工194人。1990—1996年，全镇集资857万元，新建13所中小学教学楼，总建筑面积1.18万平方米，改造修缮校舍4600平方米，扩展校园面积1.4万平方米。1995年，投资140万元新建杨林中学教学综合大楼，总建筑面积3900平方米，集教学、科研、实验、电教、阅读、办公、娱乐于一体。1993年，获市“实验教学达标镇”和省“扫盲”先进单位称号；1995年，为县教育“两基达标”先进单位；1996年,获市“教育两基合格”先进单位称号。1996年年末，全镇有教职员工203人，中学在校学生733人；小学28所，在校学生3680人。2010年，筹措资金200万元，兴建镇中学、镇中心小学的综合大楼和学生宿舍。在石峡村引进投资100万元，兴建香港陈广南希望小学，方便周边五六个村的孩子上学。2014年年末，有幼儿园5所，在园幼儿747人，专任教师31人；小学6所，在校生2547人，专任教师89人，小学适龄儿童入学率100%；初中1所,在校生660人,专任教师48人，小学升初中率99%，九年义务教育覆盖率100%。

文化体育

1954年，境内开始发展乡办文化站，设文化站1个。1979年，普及公社社办放映队，撤销县办放映队，同时发展民办电影放映事业，建立农户放映队。到1989年，有农户放映队1个。1989年撤区并乡，全镇成立1个文化站，配文化辅导员1人，负责文化行政管理和群众文化辅导工作。有图书馆2个，藏书1万余册。2010年7月开通农村数字电视。2011年，农村数字电视用户1000余户；各类民间艺术表演团体3个，演职人员42人；文化站1个；农家书屋19个，总藏书32200册。2012年，茫洲村颜庚文获省农家书屋优秀管理员称号。2014年，有图书馆1个，村级农家书屋19个，总藏书52243册；镇综合文化站1个；12个村通宽带；12个村通有线电视。地方特色民间艺术有百福神庙会、茫洲晏公庙会、石峡晏公庙会等。

2014年，有标准化田径运动场1个，篮球场12个，乒乓球台30张，排球场2个，羽毛球场5个；3个村安装健身器材，经常参加体育活动的人员占常住人口的31%。

医疗卫生

1976年，成立杨林公社卫生院。1989年，撤区并乡，建杨林镇卫生院。是年，有医疗卫生机构30所，卫生技术人员12人，床位10张，其中村卫生室28所。2000年，有医疗卫生机构30所，卫生技术人员24人，床位17张，其中村卫生室28所。2011年，开始实行基本药物零利润。2014年，镇卫生院添置一批先进的医疗设备，包括200兆X光机，超声诊断仪、全自动生化仪、心电图机、多普勒脑彩超、心电监护仪、牙科综合治疗椅、全自动牵引床。是年，有医疗卫生机构30所，卫生技术人员32人，床位25张，其中村卫生室28所。2007年1月，启动新型农村合作医疗，当年参合人数21502人，参合率86.40%。2014年，新型农村合作医疗参保人数24991人，参合率94.67%。受益补偿金额756.34万元。

社会保障

农业合作化后，农业生产合作社和人民公社对鳏寡老人及孤儿实行“五保”（保吃、保穿、保住、保葬、保教）。2014年，在铁坑村修建杨林镇敬老院，占地面积1.33公顷，床位30张。是年，有“五保”对象148人，其中集中供养13人，分散供养135人。月标准450元。

2006年，实施城乡居民大病医疗救助。是年，救助14人次，救助住院医疗费19600元。2014年，救助8人次，救助金额26900元。

2007年7月，实行农村居民最低生活保障待遇。是年，境内有低保对象58户、102人，总金额11640元。2014年年末，有低保对象647户、1109人，月人均保障标准165元，总金额121380元。

2012年，全县启动城乡居民社会养老保险。是年，境内参保人数15123人，缴费人数9918人，参保率98%；缴费金额1087800元，发放1675575元。2014年，参保人数15637人，缴费人数8333人，参保率77%；缴费金额910700元，发放2802372元。

特色地情

名优特产

杨林竹制品 杨林竹制品有竹凉席、轿车座席、沙发凉席、竹壁挂、竹屏风、竹窗帘、竹骨绢扇、竹床、竹椅、竹凳、竹桌、篮子、筛子、捞箕、粪箕、谷箩、烤火笼子、背篓等日常生产和生活用品。竹制品具有遮阳透风、舒适凉爽、安装方便、清洁卫生等优点。

风景名胜

四方山风景区 四方山旧时称四峰山，主峰艳阳峰，为四方山脉主峰，海拔698米，为衡东境内第三高峰，与金觉峰隔水相望。位于洣水南岸，地跨杨林、南湾、莫井、吴集4个乡镇。中心地段为占地1300多公顷的四方山国有林场，山上珍稀动植物品种丰富，有国家一级保护树种白玉兰，二级保护树种阔叶楠，最大一棵已有千年树龄，树干高21米，直径1.4米，树冠覆盖面积200多平方米，并有成片的南竹林300公顷，立竹110多万根，壮观秀丽。

玉壶岩 又名浴佛岩，位于县城东南36公里的杨林镇寺门前境内。清《衡山县志》载：“浴佛岩在邑作字，深里许，中有二洼、二坡、一坪、一坂、四小洞。入岩右行数十步，即得一洼，深丈余，广半亩。中央有石正立如碑，旁三石并悬，如虎首，如牛头，如象鼻。洼尽得一坡，中坡有大石龟，背负小龟，坡上有坪，坪有石鼓，形不似鼓，而声似之。鼓旁有池，洼畔有石柱四，皆在坪右，坪下有斜坡，坂有悬石，巨且长。下坂又得一洼，大于前洼十数倍。”

五狮滚球 距浴佛岩里许，在庙冲、寺门前、竹园3村交界之处，有一石山，状如狮，石前有一山包，形似绣球。其左右均有五座山峰向之，远视，似见五只不同形态的狮子昂首扑向“绣球”，俗名“五狮滚球”。

太平寺 位于境内太平寺村，寺庙已毁。以水路作为交通的古代，曾为商贾旅人云集的码头。寺庙楼宇鳞次栉比，酒楼商号十分鼎盛。《衡州府志》载，北宋著名文学家、书法家黄庭坚在太平寺慈氏阁留有诗句：“青玻璃盆插千岑，江湘水清无古今。何处拭目穷表里？大平飞阁暂登临。朝阳不闻皂盖下，愚溪但见古木阴。谁与洗涤怀古

四方山远眺

恨？坐有佳客非孤斟！”崇祯十年（1637），地理学家、文学家徐霞客由江西入湖南，经茶陵、攸县、（衡东）、衡山、南岳、衡阳、衡南、常宁、祁东、耒阳三进衡州府，为期55天，写下15000余字的衡游日记。

（文字/图片供稿：向立立 谭芝花）

草市镇 >>

草市镇是湖南省生态乡镇，湖南省最美古村镇古民居，湖南省诗词之镇。

区域概况

位置面积

处衡东县东南部，东与攸县菜花坪镇、鸭塘镇接壤，南与南湾乡为邻，西连杨林镇，北接高湖镇。明、清在境域设巡检司，以练兵的草坪而名草司。清咸丰年间（1851—1861），草坪上形成集市，改称草市。2009年前，镇政府驻草市村，2009年10月起，驻丫塘村，距县城43公里。是首批“湖南十大最美古村镇”，湖南第七批“省级生态乡镇”。2014年，辖区东西最大距离17.1公里，南北最大距离10.5公里，总面积81平方公里，其中陆地面积60.65平方公里，占87.14%，水域面积8.95平方公里，占12.86%。

建置沿革

1950年3月，属衡山县第四区南草乡；1952年，属第十三区，包括草市镇和草市、桐桥、小河、木陂四个乡，1956年6月，合并为草市乡，1958年10月，属燎原人民公社，后更名草市人民公社；1966年，析置衡东县后属杨林区；1984年4月草市公社析为草市镇和洣坪乡，1989年5月，草市镇与洣坪乡合并为草市镇。

行政区划

1989年，辖20个建制村，233个村民小组，2个居委会，5个居民小组。1996年年末，辖20个建制村，244个村民小组，2个居委会。2014年年末，辖江坪、江田、大对河、新洲、坪山、罗家寨、桐桥、油子塘、丫塘、草市、白茅洲、沙港、彭家园、香花、田心、吴家仓、横岭、黎明、山田、洣坪20个建制村；1个社区（灵山社区），6个居民小组；246个村民小组。

自然环境

境内为典型丘陵地区，西南稍高，中间低，洣水、永乐江穿境而过；最高峰位于油子塘村，海拔488米，最低点桐桥村，海拔65.8米。属亚热带季风湿润气候，年均气温17.8℃，年均降水量1371.3毫米。冬冷夏热，四季分明，气候温和，严寒期短，酷热期长，干湿季节明显，日照充足，雨水较多，灾害性天气较多。属湘江水系洣水流域，洣水自江坪村入境，流经江坪、江田、大对河、新洲、罗家寨5个村。境内流长12.81千米，流域面积69.6平方公里；永乐江自沙港村入境，流经沙港、彭家园、香花、田心、白茅洲5个村，在白茅洲汇入洣水，境内流长5.3公里，流域面积29平方公里。

人口

1989年，辖区总人口28275人，其中农业人口26118人。1999年年末，7928户，总人口30444人。2014年年末，辖区常住户数7569户，人口36100人，其中男性18908人，占52.75%；女性17190人，占48.15%。人口密度为每平方公里512人。

经济发展

经济综述

以农业为主。2014年，粮食作物播种面积1979公顷，产粮16042吨。主要经济作物有柑橘、油菜籽、花生、红薯等，尤以柑橘闻名，栽种历史有1700余年，享“柑橘之乡”。2014年，种植柑橘133余公顷，产量2400余吨。也是全县两个油菜万亩连片示范片之一，2014年，种植656.67公顷，产油400吨。商贸服务较为活跃，尤以“赶分社”辐射至攸县、安仁等县，传承有千余年历史，为衡阳市非物质文化遗产代表性项目。

农业

种植业 境内主要种植水稻。主要经济作物有柑橘、棉花、花生、油菜籽、红薯、瓜类、蔬菜等。1989年年末，有耕地面积1489公顷。农作物总播种面积3174公顷，粮食作物播种2259.47公顷，亩产436公斤，稻谷总产14776吨。1992年，农作物播种总面积3072公顷，粮食总产16056吨，其中稻谷总产15612吨，油料产量281吨。2000年，粮食总产14020吨，肉类总产1935吨，油料产量279吨。2011年，生产粮食15300吨；种植柑橘140公顷，产量2400吨；油菜980公顷，产油400吨；瓜类33.33公顷，产量750吨；蔬菜579公顷，产量13500吨，总产值4550万元。2014年，耕地面积2329公顷，农作物播种总面积3247公顷，其中粮食作物播种面积1979公顷。粮食总产16042吨；种植柑橘133公顷，产量2400吨；油菜657公顷，产油400吨；瓜类33.3公顷，产量750吨；蔬菜60公顷，产量2700吨，总产值4550万元，占农业总产值35%。

养殖业 畜牧业以养殖生猪、家禽为主。1989年，出栏生猪10601头，出笼家禽26680羽，有耕牛1399头。1992年，出栏肉猪11700头,年末存栏耕牛1290头。2014年,出栏生猪2.6万头，年末生猪存栏1.45万头，产值7500万元。家禽饲养6万羽，产值800万元，畜牧业占农业总产值63.8%。

林业 草市属荣桓河坝库区，易发生洪涝灾害。2003年，发展避灾农业，利用沿河两岸的河洲荒地发展杨树生产。2004年春，引进树苗8万株，营造杨树林53公顷，2005年、2006年又发展20公顷，至2007年年底，全镇共营造杨树林73公顷。2014年年底，境内有山林面积3348公顷，其中防护林3000公顷、经济林280公顷、竹林66.7公顷，产值150万元。

工业

1992年，有乡镇企业215个，566人，企业总产值2300万元，其中镇办企业总产值834万元。1994年，有企业708个，其中镇办8个，村办34个，联办6个，个体660个，企业从业人员2053人，拥有固定资产319万元，企业总产值5280万元，乡镇企业利润总额358.1万元。精制钨砂为镇办企业的拳头产品。镇钨砂冶炼厂完成产值1127万元，税利115万元。1999年，有企业161个，从业人员3732人，企业总产值27231万元。2014年，有工业企业17个，总产值5900万元。工业企业从业人员100人；建筑企业2个，建筑企业总产值2531万元，从业人员140人。

商贸服务业

草市位于洣水及其支流永乐江的汇合处，自明朝开埠以来，由于得天独厚的地理位置和水路交通条件，逐步形成集市墟场，为衡东、攸县、安仁三县的商品集散地。像其他古镇一样又是一个移民集镇，在“南船北马”的古代，靠其水运优势发展成为湘东南山区的一个重要物资集散中心，尤其是抗日战争时期，店铺林立商业繁荣，享有“小南京”美誉。每年春分时节，商贩成群，最多时达7万余人，俗称“赶分社”。2011年，商业网点240个，全年社会商品销售总额12495万元；集市贸易成交额10500万元。2014年，有市场1个，50平方米以上超市5个，社会消费品零售总额6988万元。

财政金融

1949—1979年，乡镇财政收支由秘书或粮油委员分管，1980年，区乡镇设财税所，1989年，推行乡镇一级财政包干。1992年，财政收入169万元，财政支出121万元。1999年，财政收入918万元，财政支出891万元。2002年，取消农林特产税和“五统三提留”。2006年，取消农业税。2014年，公共财政收入480万元，财政支出476万元。2014年年末，有金融机构网点3个。

基础设施

交通运输

1958年“大跃进”期间，开展全民办交通，以“民工建勤”方式，动工修建吴集至草市的简易公路，1965年续修，1969年建成通车。2013年，实施升级改造。1974年，修建草市汽车渡口为草（市）攸（县）公路起点，1992年，因荣桓水电站公路桥通车撤渡。1990—1996年，全镇投入资金50万元，新修村级公路40公里。整修村级公路180公里，实现村村通公路，为互为串联的交通网络。山田、联盟、横岭、江坪等村建成高标准砂石路。1996年，投资12万元，建成横岭大桥，改变村民上下屋场串门都要坐船的历史。1999年，全镇公路里程16公里。2014年，有衡炎高速过境，县道吴南公路、草高公路2条，总长8公里，乡道2460公里。农村客运站1座。有客运汽车40台，720座，年客运量10万人次；有货运汽车50辆，200吨位，年货运量15万吨。境内通航河道2条，总长12公里。有客运船舶39艘，1200座，年客运量15万人次。

邮政通信

清光绪二十八年（1902），县城开办邮政代办所，草市设信柜。1949年10月，境内通往县城的邮路属杨林、草市、南湾线。邮件靠人工步行肩挑。1961年，设邮电所。1969年12月，邮件委托汽车运输公司代运，1990年后，邮件实现自办汽车邮运。2014年年末，设草市邮政支局，营业面积269平方米，从业人员5人。投递点30个，乡村通邮率100%。

民国26年（1937），架通吴集至草市电话线，始通电话。1957年，草市增设交换机。1959年，公社安装总机，电话线路通大队。1989年，电话线路属县城至杨林、草市线。1993年后，开通程控电话。2014年年末，电信服务网点3个，电话交换机总容量4000门，固定电话普及率38.3%，移动电话普及率95%，互联网端口总数1000个，宽带接入用户700户。

供电饮水

村民饮水习惯多从洣水、水井或山塘堰坝取水。20世纪80年代以后，发展压水井和潜水泵井。1994年年末，自来水受益人口660人。2012年，

草市灵山胜景

在灵山社区取地下水建成草市水厂，铺设供水管网6000余米，供水用户600余户。

1976年后，各村逐步通电。1994年年末，通电村20个，农村用电量69.1万千瓦时。2004年，境内白茅洲、田心、大队河、油子塘、香花、草市村6个村第一批实现农电网改造，至2012年年末，20个村全部完成农电网改造任务。2014年年末，全镇用电总量477万千瓦时。

镇村建设

草市古镇最初形成于唐宋时期，傍洣水而建，中心建筑呈四方形，青砖青瓦的小楼阁舍，杉木活板门式的铺面，青石板铺就的街面，有“湘南芙蓉镇”之称，至今商住繁荣。2000年，动工修建农贸市场。2008年，兴建镇政府办公楼。2014年年末，城镇规划区面积150公顷，城镇建成区面积100公顷，城镇建成区总人口3416人，943户，城镇建成区绿化面积15公顷。

社会事业

教育

明、清时期，草市分别设有中洲书院、文炳书院。1996年年末，有中学1所，在校学生815人；小学19所，在校学生3035人；共有教师202人。2014年年末，幼儿园9所，在园幼儿625人，专任教师26人；小学10所，在校学生2296人，专任教师173人，小学适龄儿童入学率

100%；初中1所，在校学生742人，专任教师36人，小学升初中率100%，九年义务教育覆盖率100%。2011年，财政预算教育经费1224.1万元。

文化

1954年，开始发展乡办文化站，配文化辅导员1人。之后，文化专职人员有所增减。1961年，文化馆撤销。1963—1966年，公社设民办公助文化站。1977年，文化站重建，置全脱产辅导员。1989年，撤区并乡，镇设文化站，负责文化行政管理和群众文化辅导工作。2014年，各类民间艺术表演团体2个，演职人员19人；文化站1个，农家书屋16个，总藏书27152册；地方特色民间艺术有皮影戏、赶分社、灵山庙会、吴家港应湖真人庙会等。

医疗卫生

1989年，有医疗卫生机构8所，卫生技术人员29人，床位15张，其中村卫生室5所；2000年，有医疗卫生机构13所，卫生技术人员57人，床位30张，其中村卫生室10所；2014年，有医疗卫生机构24所，卫生技术人员85人，床位50张，其中村卫生室20所。

2007年1月1日，衡东县正式启动新型农村合作医疗。是年，境内参合人数22141人，参合率82%；2014年，参合人数26506人，参合率102.9%，补偿金额790.75万元。

社会保障

2006年，实施城乡居民大病医疗救助。是年，救助26人次，救助住院医疗费27300元。2014年，救助3人次，救助金额7500元。

2007年，实行农村居民最低生活保障待遇。是年，境内有低保对象62户、138人，总金额15390元。2014年末，有低保对象589户、994人，月人均保障标准165元，总金额108690元。

2013年，修建草市敬老院，占地面积0.33公顷，床位60张。2014年，有社会福利收养性机构1所，床位60张；有“五保”对象168人，其中集中供养13人，分散供养155人。月标准450元。

2012年，全县启动城乡居民社会养老保险。是年，境内参保人数16236人，缴费人数11087人，参保率100%。缴费金额1226400元，发放1752080元。2014年，参保人数16932人，缴费人数7999人，参保率66%。缴费金额876000元，发放2871660元。

特色地情

名优特产

草市柑橘　草市曾以“柑橘之乡”闻名遐迩。草市柑橘栽培始于南北朝，至今有1700余年的历史，最高年产5000吨，居衡阳各乡镇之首。主要的品种有白茅洲广柑、甜橙、脐橙、碰柑、冰糖橙、改良橙、血橙、鹅蛋橙、大红袍、红橘等十多个品种。至2007年年底，全镇柑橘品改达133公顷。

草市豆腐　号称衡东土菜“一绝”，因其嫩白可口而远近驰名。诗曰：“西施豆腐有奇传，名远声高震八仙。白嫩非常添妙趣，原来草市隐灵泉。”

风景名胜

灵山　灵山名闻东南各省，位于草市街首，洣河、永乐江汇合处，占地面积49000平方米，高不过百余米，长不过百丈，山虽不高，因仙而名。据《灵山志》载：秦朝原名麟山，以“……山如麟”得名。至汉三侯（绍德侯、衍德侯、协德侯均为中山靖王胄）为“免五季乱，奉母偕隐于此”，“兄弟坐石成真”“邦人立庙以祀，祈无不应”，遂易

名灵山。灵山存有一片原始次森林，是一个袖珍森林公园，据县林业部门普查，山上现有木本植物 28 科、50 余种，且大多数为用材、观赏两用兼有的树种，如光皮树、黄连木、木荷等。

灵山庙 灵山庙于草市街首的洣水河畔，山似铜钟，孤峰独秀。唐同光年间（923—926）建有灵山庙；千余年来，几毁几建，香火经久不衰。清末光绪中宏兴庙貌，增建嘉会堂，为湖湘中儒学耆老登临觞咏之所。原庙坐西向东，庙南建有灵山神行宫，行宫右侧为草市古戏台。在灵山庙北东侧仍保留有一片原始次森林，千年古树枝繁叶茂，灵山泉水叮当，山下渔歌晚唱，远眺群山叠翠，洣水如画。

草市老街 草市古镇是典型的山水型山乡古镇风貌。古镇最初形成于唐宋时，至今保存较好，其自然生态环境本底优越，地域文化底蕴丰厚，并具山、水、洲、镇等景观要素浑然一体，古镇、古庙、古林、古井、古码头各具神韵，历史古老、民风古朴，素有“湘南芙蓉镇”之美称。

草市古镇最盛时有商 360 户，分别来自全国多个省市地区，经几代人逐步修建，渐成规模，棋盘街纵横深邃，青石板铺就的街面溜光，青砖青瓦式的小楼阁舍，杉木活板门式的铺面，整个古镇中心的建筑呈四方形，犹若一颗印，一切古色古香。天天赶集，至今商贸繁华。

洣坪刘氏宗祠 始建于清道光十五年（1835），1949 年、1999 年、2006 年三次维修，保存完好，为县级文物保护单位。该宗祠坐东北朝西南，为湘南民间建筑，总体布局为长方形四合院。主体建筑在中轴线上为抬梁式构架，施封火山墙，三进两厢房，左右厢房均为山墙搁檩，砖木结构，建筑装饰美观大方，顶为抬梁式砖墙搁檩。悬山顶盖小青瓦、青砖铺地。该建筑所有山墙、隔墙和檐墙均为青砖错缝砌。

中洲书院 建于明万历三十八年（1610），设草市灵山山麓。清乾隆十年（1745），草市巡检戴天恩捐俸首倡，建义学于灵山，仍命名为“中洲书院”。

文炳书院 清道光十八年（1838）建成，设于灵山隔岸的三步岭（今草市园艺场），光绪三十年（1904），改为文炳高等小学堂。

民俗风情

草市赶分社　赶分社即春分赶集的意思，按农历计算，每年“立春”后第五个“戊日”为“春社”日，“春分”与“春社”挨得很近，有的年份是同一天，人们便选择春分节前后为社日，俗称“赶分社”，一则求五谷丰登，身康体健；二则交换草药农具。草市赶分社是为纪念华夏始祖神农氏“制耒耜奠农工基础，尝百草开医药先河”而兴起的一种民俗活动。2013年12月，被列入衡阳市第四批非物质文化遗产代表性项目名录。

能工巧匠　古镇虽没有工业规模的制造业，传统的手工艺却留存至今，而且工艺齐全，技艺精湛。所谓的“九工十八匠”或“三十六行”，民国时期，草市古镇样样齐全，各种工匠都有。如：铁匠宋春生、刘秋苟；银匠伍恒吉、陈满粒；铜匠罗武生；皮匠周雨林；铸匠何逢年；弹匠谭晚乃、刘晚苟；纸马匠旷礼谋；木匠王中林、边四乃；砖匠单祖贵；石匠谭基禄；漆匠向松梅；补锅匠单贵仔；制秤工周德云、朱世清；推子工单三苟；制香烛工肖治生、刘雪梅；做饼干曹树大；豆腐作坊单元吉、苏恒昌；制雨伞、草席工高胜泰；兽医刘迪生；熬焦糖、制酱油朱甲林；造船工周杨基；理发工李金山；染布坊谭建民等。

（文字/图片供稿：向立立　向海兵）

杨桥镇>>

杨桥镇是湖南省生态乡镇。

区域概况

位置面积

位于衡东县东部，东临蓬源镇，南接甘溪镇、荣桓镇，西连白莲镇，北交株洲县龙凤乡。因杨姓建石桥得名。镇人民政府驻杨桥街道人民路，距县城35公里。2014年，辖区总面积112平方公里。

建置沿革

中华人民共和国成立初期，属衡山县第三区杨桥乡；1952年属，第十六区，含杨桥、蛟塘两个乡；1956年，杉山、横路、长岭、长滩乡并入杨桥乡；1958年，属并举人民公社，后更名杨桥人民公社；1966年，析置衡东县，境内辖东烟公社、杉山公社、杨桥公社，属杨桥区。1984年，恢复乡建制，设杨桥镇；1989年，撤区并乡，东烟乡并入。至2014年末无变化。

行政区划

1989年年末，辖30个建制村，337个村民小组，1个居委会，3个居民小组。2014年年末，辖杨桥社区，小鹤、鹤岭、荷家、月山、金凤、香花、荆竹、阳光、南冲、白鹤、排形、上欧、东烟、团源、寒水、凤凰、石门、氽水、长滩、金盆、花江、湖田、杨桥、石岭、如江、石山、虎塘、大塘、蛟塘、金山30个建制村；8个居民小组、343个村民小组。

自然环境

辖区地处山地，地势东高西低，地形为丘陵低山。主要山脉有凤凰山、鹤岭等，最高峰凤凰峰，位于凤凰山，海拔599.5米，最低点香花坪，位于香花村，海拔186米。辖区属亚热带季风湿润气候，年均气温17.8℃，最低月均气温5.3℃。年均降水量1370毫米，年均降水日数为90天，降水集中在每年3—5月，5月最多。境内河道属洣水大流域，主要河道有一级河1条，总长6.2千米；二级河4条，总长12.8千米；河流总长度19千米。最长的河流为凤凰—香花港，从凤凰村至香花村流经境内11个村，长6.2千米。探明的矿藏有石灰石、黏土、煤、萤石、铅锌等，还有少量青石膏、铁矿石、白瓷泥、铅、锌、金、银、铜等。

人口

1989年年末，杨桥镇总人口32726人，其中农业人口30245人。1999年年末，总人口33712人，其中农业人口31193人。2014年年末，总人口35680人，其中：农业人口33530人，占94.0%；男性19156人，占53.7%，女性16524人，占46.3%。人口密度为每平方公里320人。

经济发展

经济综述

以农业为主。2014年，粮食作物播种面积1745公顷，产粮12万吨。畜牧业以猪、鸡、鸭为主，为县域规模化养猪布局点，近年又发展肉牛和山羊及豪猪等特种动物养殖。20世纪80年代，杨桥镇就被评为“湖南省环保生态林业基地”，东烟为全国林业千佳村。

农业

种植业 1989年年末，有耕地面积1663公顷，其中水田1488公顷，旱地175公顷。1999年年末，有耕地面积1575公顷。2014年年末，有耕地面积2016公顷。农产品以稻谷为主，农副产品有茶叶、茶油、花生、大豆、西瓜、辣椒、红薯、生姜等。1989年，农作物总播种面积4384公顷，其中，粮食作物播种面积3033公顷，亩产437公斤，经济作物播种面积90公顷，其他农作物播种面积1262公顷。1999年，农作物总播种面积4413公顷，其中粮食播种面积2987公顷，粮食总产量20696吨。2014年，农作物总播种面积1898公顷，其中粮食作物播种面积1745公顷。

养殖业 畜牧业以猪、鸡、鸭为主。1989年年末，生猪存栏18991头，出栏生猪21282头，家禽存笼56767羽，出笼家禽50446羽，水产品产量320吨，水产养殖面积138公顷。1999年内，生猪出栏43935头，水产品产量757吨。2014年年末，生猪存栏4.65万头，出栏生猪5.2万头，家禽饲养量47万羽，水产养殖面积257.47公顷，水产品产量812吨。

林业 20世纪80年代，植有大片杉木林，被评为“湖南省环保生态林业基地”。东烟村为全国林业千佳村，1996年，全村立木积蓄量9000立方米，森林覆盖率60%，林业总收入21万元。1989年，全镇造林面积629公顷，其中人工造林153公顷。1990年，境内有油茶林273公顷，为全国油茶低改样板之一，至1996年，亩产茶油量由1990年的25公斤提高至10公斤。1999年，林地面积1438公顷。至2014年年末，累计造林211公顷，其中防护林80公顷，经济林88公顷，竹林42公顷；住宅四旁植树36万株，森林覆盖率62%。2014年，水果种植66.6公顷，产量376吨，主要品种有柑橘、葡萄、桃、李等，引进并建成6.7公顷的葡萄种植基地、1.3公顷的草莓基地。2014年，引入恒建农林综合开发有限公司和中联田地油茶开发有限公司分别承包境内133.3公顷荒山进行油茶开发。

工业

1996年年末，有镇办企业5个，村办企业82个，个体私营企业344个，从业人员3522人。有建筑、建材、矿石、食品、服装、家具、手工业等行业。完成总产值1.61亿元。2011年，有工业企业4家，职工158人，全年工业总产值达7600万元。2014年年末，有工业企业10家，工业企业总产值7236万元。

商贸服务业

1999年，有集贸市场2个，集市贸易成交额1962万元，社会消费品零售总额2533万元。2011年年末，有商业网点168个，全年社会商品销售总额达7800万元；城乡集市贸易成交额4500万元。2014年年末，社会消费品零售总额3000万元，市场3个，50平方米以上超市5个，住宿餐饮业企业11个。

财政金融

1949—1979年，乡镇财政收支由秘书或粮油委员分管，1980年，区乡镇设财税所，1989年，推行乡镇一级财政包干。1992年，财政收入146万元，财政支出29万元。1999年，财政收入264万元，财政支出245万元。2002年，取消农林特产税和“五统三提留”。2006年，取消农业税。2014年，公共财政收入560万元，财政支出790万元。2014年年末，有金融机构网点3个。

基础设施

交通运输

中华人民共和国成立前，境内有丰塘至攸县的驿道通过。1958年，以民工建勤方式，动工兴建石岗至杨桥、东烟至杨桥2条简易公路。1967年，衡攸公路（1820省道）通车，境内交通大为改善。1999年，乡镇公路里程32公里。2014年年末，形成以公路为主等运输方式构成的运输网络。211省道过境长10公里，双向4车道，通往株洲。有县道3209公里，乡道412公里。农村客运站1座，农村客运招呼站13座。2014年，有客运汽车34辆，680座，年客运量4万人次；有货运汽车460辆，3200吨位，年货运量80万吨。

邮政通信

1949年10月，境内通往县城的邮路属珍珠、白莲、杨林桥、横路线。邮件靠人工步行肩挑。1961年，设杨桥区邮政支局。1969年12月，邮件委托汽车运输公司代运，1979年，县邮电局自筹资金，开办杨桥至横路的摩托车邮运。1990年后，邮件实现自办汽车邮运。2014年年末，设杨桥邮政支局，营业面积276平方米，从业人员7人。投递点30个，乡村通邮率100%。

民国26年（1937），架通石湾至杨桥电话线，始通电话。1959年，公社安装总机，电话线路通大队。1989年，电话线路属吴集至莫井线。1995年，杨桥镇成为衡东县最后一个甩掉“摇把子”电话乡镇，开通程控电话，装机87部，净增73部。2014年年末，有电信服务网点5个；固定电话普及率30%；移动电话普及率90%；宽带接入用户480户。

供电饮水

村民饮水习惯多从水井或山塘堰坝取水。20世纪80年代以后，发展压水井和潜水泵井。1994年末自来水受益人口1100人。2010年，建成杨桥水厂，供水人口14500余人。2012—2013年投资240万元改造杨桥水厂，日供水量提升至500吨。

1976年后，各村逐步通电。1994年年末，通电村30个，农村用电量858万千瓦时。1998年，境内长滩村第一个实现农电网改造，至2012年年末，30个村全部完成农电网改造任务。2014年年末，全镇用电总量1223万千瓦时。

镇村建设

镇区房屋建筑主要是沿211省道而建。2001年，为取缔马路市场，高标准兴建2个市场。2006年，按15年城市远景规划，新建和搬迁停车场。筹措26万元，安装街道路灯30盏，亮化镇区；投资20万元对原有的600米长的街道排水系统进行改造和疏通；成立杨美环卫保洁公司，环卫工作市场化运作；开展市场和街道环境专项整治，拆除违章摊棚，取缔马路市场。2012—2014年，投资1000余万元，全面启动和完成红卫、蛟塘、花江、朱巴江、颜家冲等水库除险加固工程；投资800余万元完成山平塘清淤6口，硬化渠道3000余米，打抗旱井25口，新建机电排49座（台）。投入近10万元抓农村环境综合整治，打造2个新农村建设示范村；投入近30万元在团源村建垃圾填埋场1处，垃圾焚烧炉1个；投入4万元在211省道公路沿线建环保垃圾房10间，垃圾池106个，并组织专门垃圾清运车清理运送。

社会事业

教育

1996年年末，有县办中学1所（衡东九中），镇办中学2所，小学27所，在校学生4803人，教职员工193人。1993—1996年，全镇筹集资金300多万元，新建校舍5400平方米，改造校舍3860平方米。2014年年末，有幼儿园4所，在园幼儿878人，专任教师40人；小学3所，在校生2173人，专任教师85人，小学适龄儿童入学率100%；初中2所，在校生517人，专任教师32人，小学升初中率100%，九年义务教育覆盖率达100%。

文化体育

1954年开始，境内发展乡办文化站，配文化辅导员1人。之后，文化专职人员有所增减。1961年，文化馆撤销。1963—1966年，公社设民办公助文化站。1977年，文化站重建，置全脱产辅导员。1989年，撤区并乡，镇设文化站，负责文化行政管理和群众文化辅导工作。2014年，有各类民间艺术表演团体2个，演职人员18人。乡镇综合文化站1个，已建村级农家书屋21个，总藏书35637册；地方特色民间艺术有皮影戏、渔鼓、剪纸等。

医疗卫生

1989年，有医疗卫生机构27所，卫生技术人员30人，床位30张，其中村卫生室25所；2000年，有医疗卫生机构30所，卫生技术人员40人，床位45张，其中村卫生室28所；2014年，有医疗卫生机构30所，卫生技术人员74人，床位59张，其中村卫生室28所。

2007年1月1日，衡东县正式启动新型农村合作医疗。是年，参合人数24999人，参合率90%；2014年，参合人数31131人，参合率99.64%，补偿金额1145.36万元。

社会保障

2006年，实施城乡居民大病医疗救助。是年，救助15人次，救助住院医疗费22000元。2014年，救助11人次，救助金额37200元。

2007年，实行农村居民最低生活保障待遇。是年，境内有低保对象69户、146人，总金额16440元。2014年末，有低保对象660户、1280人，月人均保障标准165元，总金额138585元。

2011年，修建杨桥敬老院，占地面积0.13公顷，床位50张。2014年，有社会福利收养性机构1所，床位40张；有“五保”对象173人，其中集中供养135人，分散供养38人。月标准450元。

2012年，全县启动城乡居民社会养老保险。是年，境内参保人数20355人，缴费人数14706人，参保率98%。缴费金额1538200元，发放2195930元。2014年，参保人数21002人，缴费人数10747人，参保率74%。缴费金额1115700元，发放3624060元。

特色地情

名优特产

杨桥麸子肉　传承于衡东县杨桥地区的一道农家特色菜，也是衡东土菜的一道金牌菜。它因浓香、肥而不腻而深受食客的欢迎。加上制作主原料之一的红曲米粉的调配而更显喜庆，故有“东

凤凰峰风力发电场

方红云”的美誉。

风景名胜

凤凰峰 地处杨桥境内，海拔599.5米，为南岳七十二峰最东的一座峰。明弘治《衡山县志》记载：“昔祝融君登南岳，谒玄君，感碧鸡，凤凰集于此，故名。”《南岳志》云：“上有峻坡生梧桐，朱雀荐瑞来仪”。据《南岳诗选》注载：凤凰峰系据诗仙杜甫“朱雀凤行”诗而命名。其山形像一只延绵十里的凤凰，头朝东方，呼声嗷嗷，振翼欲飞，凤头坐落在杨桥凤凰村，右翼伸至攸县，左翼伸至株洲，凤身在杨桥石门村，凤尾拖至洣河夏浦新泉。山上奇峰簇拥，林木苍翠。有一座古乌龟仙庙，香火旺盛。

鹤岭 位于鹤岭村，海拔232米，是凤凰峰的右翼，山顶有东岳庙。山上怪石林立，千奇百怪，蔚为大观。关于鹤岭为什么石头多，有一个美丽的传说。相传盘古开天地后，观世音菩萨怜恤杨桥地带的人过岭艰难，要把阻塞通道的鹤岭赶下南海。于是她把鹤岭一带的大小石头都点化为猪崽，用神鞭日夜赶着。一日，菩萨遇到土地神仙，便问：“老人家，看到我群猪崽过岭去了吗？”土地回答：“我没有看见什么猪崽，只见许多石头在滚动。”土地一语道破了天机，山也赶不动了，大小石头都停在岭上。

鹤岭东岳庙 坐西北朝东南，面积200多平方米，内塑东岳大帝、观音、财神、武将像。清光绪六年（1880），谭鑫振（衡东石湾泉水人）赴京殿试得一甲第三名（探花），任翰林院编修。点探花后，回乡省亲，游南岳时写了“半山亭记”后回到故乡，时值鹤岭东岳庙落成，应邀写了“紫气东来”的匾额，悬挂在庙门首。并撰书庙联：“鹤从何处飞来，嘹亮一声天下闻；岭是此间胜地，光华千岁古今看。”

（文字/图片供稿：文君莉 吴果林）

霞流镇

霞流镇是国家级生态乡镇，湖南省诗词之乡，湖南省农业产业化专业镇。

区域概况

位置面积

位于衡东县城以西20公里的湘江东岸，北接新塘镇，南连大浦镇，东邻吴集镇、栗木乡，西与衡山县贺家乡隔河相望，有衡岳高速相通，境内有湘江与洣水交汇口。原名“霞流埠”，明清时期是湘江流域的水路重镇，因坐落湘江之滨，江水荡漾，阳光照映，彩霞如流，故名霞流。镇人民政府驻兴霞社区，是湖南省诗词之乡，国家级生态乡镇。2014年，辖区南北最大距离18公里，东西最大距离12公里，总面积104平方公里，其中镇区面积4平方公里。陆地面积95.5平方公里，占91.83%；水域面积8.5平方公里，占8.17%。

建置沿革

中华人民共和国成立初期，隶属衡山县第五区堡霞乡。1952年，属第19区，包括杨梓、洋塘、

栖息在霞流境内的中国最美小鸟——蓝喉蜂虎

大源、大泥塘及堰霞、宋桥、平田、大桥、黄崎9个乡。1956年，被分别合并为大源渡乡和霞流市乡。1958年，合并为胜利人民公社。1961年，调整公社体制时，设大源渡人民公社和霞流人民公社。1966年，设立衡东县，设大源渡人民公社和霞流人民公社，属欧阳海区。1977年，大源渡公社更名为洋塘公社。1989年5月，撤区并乡，洋塘乡与霞流乡合并设立霞流乡。1996年12月，撤乡建镇。

行政区划

1989年，辖35个建制村，377个村民小组。1996年，撤乡建镇，辖35个建制村，377个村民小组，1个居民委员会，2个居民小组。2014年年末，辖兴霞1个社区；堰霞、大崎、大桥、白村、杨柳、新砚、拜朝、宋桥、双桥、添枝、平田、李花、桎木山、黄崎、文凤、大水田、李家桥、荆花港、藕塘、农科、大源渡、白马堰、大泥塘、燕子冲、皇伏垅、洪家垅、许家垅、洣河、李家垅、新井、洋塘、大长垅、杨梓、大村湾、柳叶塘35个建制村；379个村民小组、4个居民小组。

自然环境

位于湘江、洣河沿岸，地势较平坦，属丘陵、岗地地区，东北部有山地。主要山岭杨梓岭属衡山山脉。处亚热带季风湿润气候区，四季分明，年均气温17.6℃，最高月均气温36.2℃，最低月均气温-8.4℃。年均降水量约为1350毫米，降水多集中于春、夏两季。春、夏多发强雷电气象。土壤多为水稻土、红壤土。属湘江水系。湘江由新砚村自西向东入境，沿“S”形蜿蜒向北，由湘江—洣河交汇口出境，境内总长19千米；洣河由南向北自大村湾村洋塘河坝处入境，与湘江在洣河村交汇，境内总长9千米。

人口

1989年，有10997户，总人口36662人，其中农业人口36492人。1999年，有10847户，户籍人口40125人，其中非农业人口1348人。2014年年末，辖区常住户11165户，常住人口40552人，户籍人口45612人，其中农业户籍人口40120人。总人口中男性23718人，占52%；女性21894人，占48%。人口密度为每平方公里385人。

经济发展

经济综述

为县域农业大镇。2014年，有粮食作物播种面积4683公顷，产粮32万吨，为衡阳市粮食生产先进乡镇，也是全县早晚稻万亩高产创建示范片。养殖业产业化水平高，是“湖南省农业产业化专业镇”。主要养殖猪、鸭、鸡、鱼等，有规模养殖户及专业合作社18家，绿肥生产及饲料生产企业3家，初步形成产业链条。衡东爱平养殖有限公司为国家级畜禽养殖示范场，聚凤农林开发有限公司为省级示范场。李花村为全国最大的味蛋加工专业村，衡金优质农产品有限公司生产的“金黄”牌咸蛋黄被指定为国宴佳品，带动产业发展。湘泰饲料公司为省级农业优产业化龙头企业。

农业

种植业 境内主要种植水稻、红薯、油菜、油茶、席草、蔬菜等作物。1989年，农作物播种面积5964公顷，粮食作物播种面积4480公顷，其中稻谷播种面积4302公顷，总产31879.8吨，亩产494公斤。席草种植面积71公顷，总产量56126吨，亩产527公斤；蔬菜种植面积245公顷，总产量5689.48吨，亩产1549公斤。20世纪90年代初，因地制宜发展种植业，形成一村一品的新格局。新井、添枝村有柑橘基地36公顷，

三湘咸蛋黄

新砚、大水田村有板栗基地93公顷，黄崎、大崎、荆花塘、藕塘村有席草基地147公顷，大村湾、杨梓村有蔬菜基地57公顷等。1999年，有耕地面积2569公顷，农作物播种面积5685公顷，其中粮食播种面积3885公顷,粮食总产量30994吨。2010年，有农业机械113台，优质稻面积种植保持在933公顷以上，粮食总产量达2.4万吨，获衡阳市粮食生产先进乡镇。2014年年末，有耕地面积3163公顷，农作物播种面积8565公顷，粮食作物播种面积4683公顷。

养殖业 三湘咸蛋黄境内水域广阔，素有养殖生猪、鸡鸭、鱼及珍珠贝类等畜禽水产习惯。中华人民共和国成立初，政府鼓励农民养殖猪、鸡、鸭等禽畜，农民多在湘江、洣河捕鱼，发展池塘养鱼。1970年，由生产队集体经营鱼塘，派专人喂养，产量提升。1984年，家庭联产承包责任制实行，牲畜、池塘多分配、承包给农户经营。1989年，出栏生猪27425头，出笼家禽260310羽，禽蛋总产量501吨；年末生猪存栏23087头，耕牛存栏2057头，羊存栏20头；水产养殖面积221.73公顷，总产量563吨。20世纪90年代起，开始出现专业养殖合作社，专业养殖生猪、蛋鸡、鸭等，1996年，平田村养殖大户刘爱平的养猪场占地1.67公顷，猪栏面积5400平方米，拥有固定资产195万元，出栏生猪5800头，创产值520万元；拜朝村11组21户村民人均养猪20头，加上粮食和农副产品收入，人均收入达8000元。李花村的味蛋加工蜚声省内外。到2006年，李花村有蛋鸭养殖专业户22户，饲养量达8万羽，日产蛋量保持在7万枚以上，年产蛋近2500万枚，蛋鸭收入占据村农业生产总值的“半壁江山”，丰足的蛋源促使李花村内的两家市级龙头企业——衡金优质农产品有限公司和达冠皮蛋厂日益壮大，两家企业年加工禽蛋达1.5亿枚，年总产值在1.5亿元以上。衡金公司生产的“金黄”牌三湘咸蛋黄经中国烘焙协会鉴定为优质农产品，被人民大会堂指定为国宴佳品。李花村也享有“鸭业村”的盛名，成为全国最大的味蛋加工专业村。2014年，全镇存栏生猪8万头,出栏生猪14万头；羊存栏2800头，出栏羊3500头；鸡26万羽，鸭18万羽。

林业 境内山地分布集中，有大量林地。中华人民共和国成立前，山林归私人所有，树种有松、樟、杉等。中华人民共和国成立后，由于乡镇建设开发，林木砍伐严重，山林荒芜。1958年，林地收归国有，开始全面消灭荒山、植树育林。1963年，执行中央政策，山林权固定在生产队。20世纪70年代，公社兴办茶场、茶基地数座，主要种植油茶树，产油茶籽及茶油。1983年，确定山林权属并将茶场实行承包制。1989年，人工造林108公顷。2000年，境内有山地面积4944公顷。2002年起，开始落实培育生态公益林，并逐步实施退耕还林政策。2005年年底，霞流镇被评为"湖南省农业产业化专业镇"。2010年，换发林权证。2014年年末，共有林地面积4813公顷，森林覆盖率46.28%。

工业

霞流自古为货品、物流中心，手工作坊遍布，生产铁器、木器、日用品、榨油、大米加工等作坊较多。中华人民共和国成立后，创办大米加工厂、农产品加工厂等企业。1959年6月，由石湾、新塘、霞流等8个公社联合建立化肥厂。1985年，霞流乡与北京海淀区饲料厂合建年产3000吨配合饲料厂。1996年年末，有企业1095个，从业人员3355人。其中镇办企业11个，1048人；村办企业16个，107人；个体私营企业1068个，2200人。完成企业产值4.5亿元，上缴税金2092万元。其中霞流驻铁路电务段工程队业务遍及全国10多个省市，有从业人员340人，1996年，完成建设安装任务1亿元，实现利润20万元，上缴税收50万元。境内农牧业发达，为加工、运输、销售一条龙提供了条件。1996年，全镇有大米加

霞流镇杨树基地

工厂12家，210多人，专门从事余粮的收购加工运输；有50多家盐皮蛋加工的个体私营企业；有100多人从事畜禽的贩运；有120多人专门贩运玉米、大米，新霞流市火车站成为北方玉米南下、自产粮外销的中转基地。有24台大卡车将粮食、肉鸡、生猪、蛋品等大宗农产品运往广州等地，在外专门经销农产品的生意人达2000多人。1999年，有乡镇企业216个，从业人员4816人，企业总产值71400万元，营业收入总额68370万元，利税总额3212万元。2007年，有农产品加工规模企业5家，市级龙头企业4家，农业现代化示范园1个。2014年，有规模工业企业7家，企业从业人员752人，工业总产值126520万元。

商贸服务业

中华人民共和国成立前，霞流作为湘江重要渡口，行人往来、货物贩运密集，航运、南杂、旅店发展较为完善。1951年冬，在党政机关所在地设有肉食站、供销合作社等，供应生产、生活用品，集镇市场集中在霞流渡口附近老街处。1990年，境内私营商贸户开始发展，在各聚集点均有商店、饭馆、茶馆等个体工商户。1999年，有集贸市场2个，集市贸易成交额1689万元，社会消费品零售总额2964万元。2014年，有市场2个，50平方米以上的超市3个，住宿餐饮企业22个，各类商贸企业1468家，从业人员近6000人，社会消费品零售总额9685万元。

财政金融

1949—1979年，镇财政收支由秘书和粮油委员分管，农业税占较大比重，财政支出多为支援农业发展、行政管理费用和上缴县财政。1980年，全县建立区乡（镇）一级财政，设镇财税所，财政体制由单纯的收支型转向经营管理型。1989年撤区并乡后，全面推行乡（镇）一级财政包干。1992年，全镇财政收入228万元，财政支出24万元。1994年，霞流乡被评为衡阳市乡镇综合实力60强。1999年，财政总收入537万元，财政支出530万元，农民人均纯收入2200元。2002年，农村税费改革，取消农林特产税和“五统三提留”，调低农业税税率。2006年，取消征收农业税。2014年年末，财政收入614万元，财政支出563万元。

2014年年末，有信用合作社、邮政储蓄银行等2家金融服务网点。

基础设施

交通运输

中华人民共和国成立前，霞流交通以水路为主，湘江与洣水航运发达，设有码头、渡口十余处。民国时期，设有邮政局、交通站，公路多为土路，砂石路较少。2014年，县道长26公里，水泥公路共有78公里，有码头1座，渡口7个；有客运汽车11辆196座，年客运量97万人次，有农村客运招呼站4座。有货运汽车57辆，460吨位，年货运量147万吨。已形成由铁路、公路、水路3种运输方式构成的运输网络。京珠高速过境；京广铁路贯穿全境，设有霞流车站。

邮政通信

1950年，设邮电所，与外界通邮，办理邮政、报刊订阅、电报业务。1995年，开通程控电话，实现国际国内长话直拨。1996年，邮政与电信拆分，设有邮政所和电信所，逐步开通寻呼业务和数字移动通信业务。1999年，35个村村村通邮、28个村通电话。至2004年，镇邮政所开通特快专递业务，中国移动、中国联通与中国电信均设立营业厅。2013年，霞流邮政支局营业面积437

平方米，有从业人员5人。2014年年末，固定电话普及率35%，移动电话普及率76%，互联网端口总数276个，宽带用户476户。

供电饮水

村民饮水习惯多从湘江、水井或山塘堰坝取水。20世纪80年代以后,发展压水井和潜水泵井。1994年年末，自来水受益人口510人。2014年，在杨梓村取地下水建成杨梓水厂，铺设供水管网1000~2000米，供水用户200余户。

1976年后，各村逐步通电。1994年年末，通电村35个，农村用电量88.59万千瓦时。1998年，境内堰霞村第一个实现农电网改造，至2012年年末，35个村全部完成农电网改造任务。2014年年末，全镇用电总量2019万千瓦时。

水利建设

湘江及其支流洣水流经境域，河水常年供给农田灌溉。腹地易旱，沿河易涝，1957—1975年，大兴小水利，修建水塘400余口，修整渠道、水沟20余千米。1976年，在大村湾村动工修建洋塘水轮泵水电站，是一座以灌溉为主，兼顾发电、通航、通车、过鱼为一体的综合性水利工程。1980年后，每年组织人力清淤、硬化渠道，整修骨干塘，年均投资12万元；1989—1996年，先后投资673万元，整修加固小（一）、小（二）型水库3座，整修山平塘800口，硬化山平塘600口,新建改建电灌站17座,新修硬化渠道32万米，新建渡槽11处，500米，维修改建河堤涵洞闸门32处，增加蓄水量200万立方米，沿湘江、洣河的20千米河堤全部加宽加高各1米。在1996年市“芙蓉杯”水利竞赛中评为优胜单位。1995年12月，在荆花港村与衡山县永河村之间动工修建大源渡枢纽工程，1996年，列为“九五”期间国家131个重点工程建设项目之一。最高蓄水位50米，库容量451亿立方米，装机120兆瓦，年发电量56亿千瓦时，服务周边及湘江下游多县市。1995—2005年，年均清淤山平塘15口，年均投资20万元。2008年，筹资360万元，加固加宽加高大村湾至李家垅段洣河河堤，新建和改造电排310座，硬化和维修1200米病渠烂渠，深挖护砌蓄水塘6口。至2014年年底，有7个水文监测点，2个水位雨量监测点。小（二）型水库9座，水塘1672口，其中骨干塘76口，各类渠道总长40多千米，灌溉面积覆盖全镇耕地，基本旱涝保收。

镇村建设

明清时期起，湘江边霞流渡口旁老街形成市集，称“霞流市”，全长500米，周边居民均在此商贸往来，互通有无。中华人民共和国成立后，集镇逐渐集中到乡镇机关所在地附近。从20世纪80年代后期起，投资3400多万元，在新霞流市车站铁路公路立交桥到霞流老街之间建起房屋243栋，总建筑面积96万平方米，建成长3公里，宽20米的霞流新街。1996年，于堰霞村、大崎村划拨部分土地，新建集镇中心，并搬迁镇政府办公楼，建立医院、镇中心学校、邮电局、信用社等，商户遍布，逐渐成为霞流集镇中心。2000—2007年，镇村建设以完善基础设施为主。修建霞流客运停车场；乡镇中心卫生院竣工营业，并新增大源渡、宋桥村2个医疗点；电信、移动、联通信号覆盖全镇；35千伏变电站落户境内，总投资1400万元；投资200万元新建集贸市场；生活垃圾处理场建成；街道路面全部硬化，栗霞公路、岭霞公路、大源渡至霞流、李家垅至洋塘河坝、宋桥村级公路等公路全部硬化。2008—2010年，加快新农村建设步伐，村镇建设以路、电、水改造为主。2008年，全面完成村级主干道硬化，又投资318万元加强路网建设，到2010年，组组通水泥路；完成23个村的农网改造；改水改厕基本完成。2011—2014年，村镇建设以亮化绿化为主。在镇政府、霞流新街、大崎村、宋桥村、李花村等地新建太阳能路灯 100 多盏；投资 100 多万元，建垃圾中转站 1 个、垃圾焚化池 2 个、垃圾池 16 个，发放垃圾箱 100 多个；镇、村主要干道两旁全部栽树绿化；并有 10 多个村建立村级广场，安装了健身器材。村庄环境无“脏、乱、差”现象，“白色污染”基本得到控制。至 2014 年年末，城镇规划面积 88 公顷，建成面积 86 公顷，通公共交通的村有 9 个。2014 年 10 月，被环境保护部评为“国家级生态乡镇”，成为衡东县第一个成功创建的国家级生态镇。

社会事业

教育科技

民国时期，始办新学，政府倡导新式教育，小学增多。中华人民共和国成立后，共有 38 所小学，2 所中学。1962 年，贯彻“九年一贯制”教育方针。1996 年年底，有 2 所中学，32 所小学，在校学生 6118 人，其中中学生 1270 人，小学生 4848 人；有教职员工 226 人。1999 年，有学校 25 所，在校学生总人数 9881 人，专任教师 333 人。2002 年，撤校并点，裁撤 14 所，至 2011 年，有中学 2 所，初中在校生 1100 人，专任教师 113 人；完全小学 2 所，村小学 5 所，在校学生 1200 人，专任教师 110 人，小学适龄儿童入学率 100%；幼儿园 3 所，在园幼儿 342 人，专任教师 52 人。2014 年年末，有初中 2 所，小学 10 所，幼儿园 8 所，在校学生人数 2652 人，专任教师 95 人。

1952 年，第九区洋塘乡木工刘仁标对 2 人和 3 人的脚踏水车做了改进，发明木制飞轮水车。他在旧式脚踏水车主轴左端安装木质飞轮，右端轴弯处装置踏脚，利用飞轮惯性力，一台水车可节省一个劳力，且能加大提水量，飞轮水车曾被推荐到湖南省展览馆展出。

文化体育

霞流镇自古人文气息浓厚，才子、民间书法家、画家、诗人较多。1951—1952 年，洋塘业余剧团率先成立，为全省第一个农村剧团。其时农村皮影戏演出《白毛女》《柴山恨》《抗美援朝》等剧目。1954 年，开始发展乡办文化站，站内设文化辅导员 1 人，负责文化行政管理和群众文化辅导工作。1979 年，普及公社社办放映队，撤销县办放映队，同时发展民办电影放映事业，建立农户放映队，满足群众需要。1992 年，乡文化站被评为“全省第二个农村文化年先进集体”。2006 年，李花村成立巾帼腰鼓队，建立全省第一家“农家书屋”。堰霞村、大崎村等也相继成立业余舞蹈队、秧歌队等群众团体。2007 年，各村开始建立农家书屋。2012 年，霞流镇被认定为湖南省“诗词之乡”。至 2014 年，有文化站、广播站各 1 处，村级文化中心 35 处，各类图书室、农家书屋 43 个。

医疗卫生

1967 年，始建卫生院，原址位于霞流老街下街，共有医护人员 30 余人，后转址至堰霞老街。1989 年，有医疗卫生机构 23 所，其中村卫生室 22 所，卫生技术人员 18 人，床位 15 张。2000 年，有医疗卫生机构 27 所，其中村卫生室 25 所，卫生技术人员 19 人，床位 20 张。2005 年，于霞流镇新街建新卫生院，2006 年投入使用；2012 年，台胞应善良于洋塘乡旧址投资改建卫生院分院，2013 年投入使用。两院共有医护人员 43 人。至 2014 年年底，有医疗卫生机构 26 所，其中乡村卫生室 25 所，床位 45 张，执业医师 9 人，专业卫生人员 44 人，药房 8 家。

2007 年 1 月，启动新型农村合作医疗。当年参合人数 28354 人，参合率 78.60%。2014 年，新型农村合作医疗参保人数38130人，参合率95%。受益补偿金额1503.55万元。

社会保障

2005年，在大源渡村新建敬老院，占地面积3800平方米，床位50张。2014年，有社会福利收养性机构1所，床位50张；有“五保”对象292人，其中集中供养30人，分散供养262人。月标准450元。

2006年，实施城乡居民大病医疗救助。是年，救助41人次，救助住院医疗费53900元。2014年，救助17人次，救助金额49000元。

2007年7月，实行农村居民最低生活保障待遇。是年，有低保对象96户、213人，总金额22890元。2014年末，有低保对象580户、1264人，月人均保障标准165元，总金额138660元。

2012年，全县启动城乡居民社会养老保险。是年，参保人数21700人，缴费人数15286人，参保率100%；缴费金额1704000元，发放2533025元。2014年，参保人数23347人，缴费人数13284人，参保率85%；缴费金额1447700元，发放4216116元。

特色地情

知名人物

何克明（1298—1376） 义城乡十三都（今平田村）人。应童子试，名列前茅。元延祐四年（1317），湖广乡试，何克明居榜首。次年，赴大都（北京），会试、廷试连获第一，三元及第，钦点状元，名震京师。中状元后，任过上高县知县，衡州路推官。因在衡州路政绩卓著，被召回京师任国子监丞。元亡明兴，他没有应征召出仕。晚年，杜门谢客，从事著述，著有《周易集解》《诗经笺注》，但二书早已散佚。遗篇有昔年廷试时所作的《云梦赋》。

名优特产

霞流味蛋 主要是将蛋品加工成咸蛋、皮蛋。全县有上规模蛋品加工企业4家，即衡东县衡金优质农产品有限公司、衡东县亚峰食品有限公司、达冠皮蛋加工厂和荣桓桐塘皮蛋加工厂。衡金年可加工0.8亿枚，亚峰可加工1.2亿枚，达冠可达1亿枚，桐塘0.6亿枚，总计3.6亿枚。其中衡金的“金黄”牌三湘咸蛋黄经全国食品烘焙协会定为优质农产品，2004年全国“两会”期间曾向人民大会堂专供47万枚咸蛋黄。“亚峰”牌皮蛋和咸蛋畅销全国25个省市区，远销美、日、俄、韩等国；达冠“丰盈”牌皮蛋在全国有15家销售网点。

风景名胜

洋塘河坝 洋塘水轮泵水电站是一座集农业

元代状元何克明《云梦赋》碑刻

大源渡航电枢纽

灌溉、发电、通航、过鱼于一体的综合性中型水利水电工程。上游距衡东县城8公里，下游距湘江入口8.7公里，控制流域面积12071平方公里。工程于1976年9月动工，1979年4月正式投产发电，总造价1816万元。坝长260米，坝上安区装高15米的水力自控闸门43扇。大坝左、右岸安装水轮泵9台，其中左岸100-8型6台，右岸80-8型3台，灌区建有总干渠2条，分干渠6条。发电厂总装机10008千瓦。

大源渡航电枢纽工程 位于湘江干流，处衡东县霞流镇荆花港村与衡山县永河乡永河村之间，距衡阳市中心城区32公里，距大源渡不足2公里，是湘江衡阳至城陵矶439公里千吨级航道的第一个以电养航的航电枢纽工程。渠化衡阳至大源渡62公里航道，改善航道120公里。项目获“国家优秀工程设计铜质奖”和“国家优质工程银质奖”。工程包括大坝、电站、船闸等主体项目。电站安装4台单机容量为3万千瓦的发电机组，年发电量达6亿千瓦时，船闸室平面尺度为180×23米，能通过一顶2艘1000吨级顶推船队。

（文字供稿：颜知明　张崇祥　图片供稿：刘爱成）

荣桓镇 >>

荣桓镇是罗荣桓元帅故居，湖南省首批特色旅游名镇，湖南省级生态乡镇。

区域概况

位置面积

位于衡东县东部，是衡东的东大门。东临攸县桃水镇，南接高湖镇、杨林镇，西临甘溪镇，北靠杨桥镇。为纪念共和国元帅罗荣桓诞生于当地南湾村得名。镇人民政府驻长岭村，距县城 27 公里。是湖南省诗词书画之乡、湖南省特色旅游名镇。2014 年，辖区总面积 86 平方公里。其中陆地面积 80.84 平方公里，占 94%，水域面积 5.16 平方公里，占 60%。

建置沿革

1989 年，由鱼形公社和杉山公社合并，新建荣桓乡，1998 年，撤乡建镇。

行政区划

1989 年年末，辖 23 个建制村，234 个村民小组。1996 年年末，辖 26 个建制村，242 个村民小组。2014 年年末，辖前进 1 个社区；横板、山塘、车路、长岭、洪江、田垅、杉山、太湖湾、增加、桐塘、船湾、柏冲、坪冲、南湾、泉龙、卫星、东风、新屋、松塘、神塘、锡岩、知塘、铁村、冲塘、清泉、柏塘 26 个建制村；2 个居民小组、252 个村民小组。

自然环境

辖区地势以丘陵为主，低山高岗为辅，地形为丘陵岗地。南岳七十二峰之一的金觉峰坐落境内。属亚热带季风湿润气候，年均气温 17.8℃，最低月均气温 5.3℃。年均降水量 1369.3 毫米，降水主要集中在每年 4—6 月，5 月最多。境内已探明的矿藏有金、银、铜、铁、铅、锌、钨锰、铀、钴、镍、煤、瓷泥、萤石、石英石、重晶石等 30 余种。

人口

1989 年年末，荣桓镇有 7403 户，总人口 24727 人，其中农业人口 24300 人。1999 年年末，总人口 27062 人，其中农业人口 26459 人。2014 年，辖 8767 户，总人口 31496 人，其中：农业人口 31051 人，占 98.6%；总人口中男性 16199 人，占 51.4%，女性 15297 人，占 48.6%。人口密度为每平方公里 366 人。

经济发展

经济综述

以农业为主。2014年，粮食作物播种面积2791公顷，产粮141万吨。经济作物主要有油茶、红茶、板栗等。养殖业以猪、鸡、鸭为主，同时肉牛、山羊及特种动物养殖也发展较快，衡东岳林牧业养殖有限公司为省级畜禽养殖示范场。形成船湾、车路、增加、横板、洪江为中心的万亩油茶基地。近年，依托罗荣桓元帅故居红色旅游，着力打造生态农业、观光农业和休闲农业。工业以红狮水泥有限公司为龙头。

农业

种植业 荣桓镇俗称六山一水三分田，是个以农业为主的镇。粮食作物以水稻为主。1989年，有耕地面积1367公顷，农作物播种面积3909公顷，粮食作物播种面积2542公顷，其中稻谷播种面积2310公顷，总产158328吨，亩产457公斤。油菜种植面积143公顷，总产量15222吨，亩产71公斤；蔬菜种植面积182公顷，总产量382080吨，亩产1397公斤。1999年，有耕地面积91公顷，农作物播种面积271公顷，其中粮食播种面积214公顷，粮食总产量17808吨。2011—2013年，山地开发项目17个，开发山地658公顷，船湾村的名贵苗木基地、洪江村的药材基地初具规模。2014年年末，耕地面积1793公顷，粮食作物播种面积3125公顷，生产粮食1.41万吨；蔬菜种植面积547公顷，产量12760吨，主要品种有黄瓜、辣椒、茄子。名优农产品有板栗、布朗李。

养殖业 以养猪、养鸡为主。1989年，出栏生猪15820头，出笼家禽33980羽，禽蛋总产量88.8吨；年末生猪存栏13475头，耕牛存栏1507头，羊存栏433只；水产养殖面积173公顷，总产量213吨。1999年，年内生猪出栏23988头，年末大牲畜存栏1481头；肉类总产量2374吨，其中猪肉1956吨；水产品产量650吨。2014年，生猪饲养量4.94万头，年末存栏2.03万头；牛饲养量0.5万头，年末存栏0.4万头；羊饲养量0.8万头，年末存栏0.3万头；家禽饲养量105万羽。渔业以淡水养鱼为主，养殖面积467公顷，产量25000吨。

林业 1990年，有油茶林3533公顷，年产茶油2000吨，亩产茶油3~3.5公斤。1991年，对全乡油茶林全部进行垦复，油茶低改1000公顷。2000年，有山地面积5451公顷。2002年起，开始落实培育生态公益林，并逐步实施退耕还林政策。2010年，换发林权证。2014年末，以船湾、车路、增加、横板、洪江为中心的万亩油茶基地已经挂果。境内林地面积3053公顷，可利用草地面积1533公顷。累计造林215公顷，其中防护林49公顷，经济林166公顷，森林覆盖率35.5%。

工业

荣桓是工业新镇。1989年，荣桓水泥厂为骨干企业。是年，主要生产金觉牌425＃硅酸盐水泥，有固定资产216万元，年生产能力2.2万吨，采用股份制形式，责权利下放。1996年，在职职工110人，管理科技人员18人，年创产值412万元，税收18万元，利润32万元。1993年，境内创办采石场、竖窑石灰厂、药材场、林果场、粮油加工厂等6个村办企业。1996年，共创产值686万元，利税33.05万元，就近消化劳动力151人。2000年后，大力发展民营经济。2002年，桐塘村采用“公司＋农户”的模式，创办味蛋加工厂，厂房面积1600多平方米，年产味蛋160万枚，创产值

160多万元。到2005年，全镇共引进项目15个，其中规模以上企业4个，分别是衡阳市帅府水泥、衡阳聚鑫生物冶金有限公司、锦湘木业有限公司、豪富工艺礼品有限公司，投资总额1.6亿元，安排就业1200人。2007年，境内民营企业创利税1700万元。2010年，全县最大的招商引资项目——红狮水泥厂落户清泉村。项目采用国际先进的新型干法窑技术，项目总投资15亿元，分两期实施，其中一期投资8亿元，一期项目现已建成，年产高标号水泥400万吨，年销售额6.8亿元，利税1.5亿元，带动当地电力、运输、采矿及第三产业的快速发展。毗邻衡阳泰源商砼有限公司总投资3300万元，年生产商品砼60万立方米，产销两旺。普云包装厂已投产。2014年，境内有工业企业134个，规模以上工业企业2家，企业从业人员1098人，工业总产值40000.3万元。

商贸服务业

坐落长岭村的长岭墟场，是衡东县连接茶陵、攸县、株洲等县的边陲墟场，已有200多年的历史，逢三、八墟场，每逢墟场，交易人数5000人以上，各类农副产品繁多。1995年，政府动员群众集资改建长岭集贸市场。1996年基本建成，内设各种摊位307个，是年，长岭市场商品成交额逾800万元，上缴国家税费12万元。1999年，有集贸市场1个，集市贸易成交额2780万元，社会消费品零售总额2887万元。2011年年末，全镇有商铺600家，工业从业人员5000多人，服务业从业人员4000多人。2014年，有商业网点546个，市场1个，50平方米以上的超市9个，住宿餐饮企业1个，社会消费品零售总额3891万元。

财政金融

1989年建镇后全面推行乡（镇）一级财政包干。1992年，全镇财政收入88万元，财政支出52万元。1999年，财政总收入188万元，财政支出105万元，农民人均纯收入2106元。2002年，农村税费改革，取消农林特产税和“五统三提留”，调低农业税税率。2006年，取消征收农业税。2014年，公共财政收入305万元，公共财政支出305万元。

2014年年末，有信用合作社、邮政储蓄银行等2家金融机构网点。

基础设施

交通运输

1958年，1820省道衡（山）攸（县）简易公路建成通车，境内始有第一条公路，路面为泥结碎石结构，经桐塘、长岭、荣桓、中湖等4个村，长9.34公里。1965—1966年进行整修，1967年建成通车，公路等级为三级，路基宽7.5~8.5米，路面宽6米，油路，有涵洞23处。2003年改称315省道。2008—2013年，公路升级改造，全线采用2车道二级公路标准，路基宽12米，水泥路面宽9米。1971年，修建002县道银（子冲）草（市）公路，经境内银子冲、杉山、长岭，长7.63公里，1974年通车。路基宽10米，路面宽4米，泥结碎砾石路面，原为乡道，2001年调为县道。1990年，耗资60万元，建成连接锡岩仙洞风景名胜区的金觉公路，长4公里。1996年，新修村级公路15公里，整修村级公路168公里，乡村公路互为串联，全乡实现村村组组通公路。2002—2007年，全面实施通畅工程，投资1100多万元，硬化乡道51公里。2009年，投资980多万元，硬化村级公路49.1公里。2010年，实现村村通水泥路。2014年年末，境内有县道5条，长28公里；村级公路100.1公里；有客运汽车19辆，382座，年客运量25.3万人次，农村客运招呼站16座；

有货运汽车51辆，273吨位，年货运量8.7万吨。

邮政通信

1989年前，境内有邮政网点1个，邮政投递员1名，投递员靠骑自行车投递。1996年，境内容量2000门程控电话陆续开通。2000年后，邮电通信发展迅速，建有电信、移动和联通发射塔，电信、联通、移动网络逐渐覆盖全镇。2014年，有邮政网点1个，营业面积80平方米；投递线单程总长度36千米，投递点29个，乡村通邮率92%；有电信服务网点1个，电话交换机总容量2000门，固定电话普及率30%；移动电话普及率62%。互联网端口总数550个，宽带接入用户361户。

供电饮水

村民饮水习惯多从水井或山塘堰坝取水。20世纪80年代以后，发展压水井和潜水泵井。2009年，在锡岩村建成荣桓水厂，铺设供水管网18000余米，供水用户800余户。2010年在车路村取地下水建成车路水厂，铺设供水管网3000~4000米。

1976年后，境内各村逐步通电。1994年年末，通电村25个，农村用电量34.6万千瓦时。1998年，境内桐塘、增加、东风、横板村4个村第一批实现农电网改造。至2012年年末，26个村全部完成农电网改造任务。2014年年末，全镇用电总量851万千瓦时。

水利建设

境内无河流，但山区林地多，水资源较丰富。中华人民共和国成立前，农民靠天吃饭。"大跃进"时期，每年利用冬闲兴修水利。1975年，集中鱼形、高湖、杨林3个公社劳力，在新屋村新修王谷冲水库。翌年，第一期竣工并投入使用。1977年，将水库大坝加固增高到22.6米，正常库容达937万立方米，达到中型水库标准。两期投入资金115万元，投劳157万个，移动土石48.7万立方米，移民128户、373人。建成后控制流域面积9平方公里。因水源不足，20世纪90年代初，开挖360米长的引水隧洞，扩大控制流域面积3.6平方公里，每年从锡岩仙洞引350万立方米地下水，使有效库容增大到1100万立方米，可灌溉农田866.67公顷。1992年，改名为荣桓水库。1980年中期，境内有中型水库1座，小（一）型水库2座，南木垄、渣冲等小（二）型水库8座。1990—1996年，筹资120万元，投入劳动日48万个，完成水利工程810处，其中修建电灌站3处，建设涵洞9处，开挖水渠9100米，整修水库、山平塘640口，扩大灌溉面积273.33公顷。2013年，逢50年一遇大旱，全镇投入100万余元，兴建增加、船湾、车路、横板排灌5处，打深水井3口，发放抗旱水泵50余个。2014年，投入资金25万余元维修加固骨干塘62口。投入20万元，整修渠道10千米，硬化渠道8千米。争取县财政一事一议项目30余万元，全部用于全镇水利设施的除险加固。

镇村建设

长岭墟场是连接茶陵、攸县、株洲三县的边陲墟场，自1820省道建成通车以后，人流量增加，墟场规模进一步扩大，原有的长岭老街远不能适应农村商品经济发展的需要。1995年，乡政府集资改建长岭集贸市场，1996年建成，占地面积1.4万平方米，建筑面积2999平方米。2000年起，全镇加大基础设施投入，到2004年，累计投入资金3000多万元，完善供电、供水、通信、排污等基础设施。2005年，拆除长岭集贸市场原有围墙，扩大市场面积，增设交易摊位，并修了一条6米宽的水泥路，保证货运畅通、客商方便。2010年，新建沼气池23口，太阳能热水灶35个，改水改厕160户；长岭、太湖湾等村安装太阳能路灯130余盏；成立荣桓环卫站；投资12万元建焚化炉，实施集镇垃圾无害化处理工程；新建镇文化综合大楼，面积1200平方米。2011年，创建为湖南省首批“特色旅游名镇”，并顺利通过省级环境优美乡镇初评。2013年，启动长岭村客运站立项，准备在荣桓中学附近兴建一个客运站。同时整治马路市场，成立专门治安队伍，逢场日集中维护马路的畅通。2014年，城镇规划区面积58公顷，建成区面积56公顷，建成区绿化面积2.1公顷，城镇总户数935户、2650人。建成荣桓镇便民服务综合大楼，成立便民服务中心，中心内整合七站八所功能，实行一站式办公，极大地方便群众办事。全面开工建设长岭街道下水道工程，并在长岭至镇机关路段安装太阳能路灯。

社会事业

教育

1990年，动工新建荣桓中学，1991年4月，第一期2500平方米教学楼竣工，4月26日，与原杉山中学、鱼形中学合校开班。第二期工程及配套设施于1996年底竣工，整个学校占地4万平方米，建筑面积6000平方米，共筹资450万元。1996年，开设14个教学班，学生640人，教职工46人。1996年年末，全乡有1所中学，28所小学。2005年年末，境内有中学1所，小学11所，幼儿园8所，在校学生3126人，教职工97人。2014年年末，有9所学校，其中1所中学（中心学校），3所完小（荣桓、船湾、鱼形），5所村校（冲塘、铁村、知塘、锡岩、岳英）；独立幼儿园10所，其中民办幼儿园5所。中小学生2000多人，幼儿园学生共有760人，全镇中小学在编在岗教师109人，其中具有本科学历48人，专科学历53人，中师学历8人。

文化体育

1954年开始，境内发展乡办文化站，设文化站1个。1979年，普及公社社办放映队，撤销县办放映队，同时发展民办电影放映事业，建立农户放映队。到1989年，有农户放映队1个。1989年，撤区并乡，全乡成立1个文化站，配文化辅导员1人，负责文化行政管理和群众文化辅导工作。有图书馆1个，藏书9500册。2014年年末，全镇共有农家书屋27个，其中镇机关1个，全镇26个村每村1个，共计藏书5万册；乡镇综合文化站1个，镇文化站干事1人、村文化辅导员26人；有公园及休闲健身广场1个、篮球场7个；26个村村村通宽带；村村通有线电视。2015年，荣桓镇举办“重走元帅路”“映山红旅游文化节”“登临金觉、放眼洣水”等群众活动，并被授牌为“湖南省诗词之乡”。

医疗卫生

1989年，有医疗卫生机构24所，卫生技术人员20人，床位15张，其中村卫生室14所。2000年，境内有医疗卫生机构25所，卫生技术人员22人，床位15张，其中村卫生室23所。2011年开始实行基本药物零利润。2014年，有医疗卫生机构23所，卫生技术人员26人，床位20张，其中村卫生室21所。

2007年1月，启动新型农村合作医疗。是年参合人数19459人，参合率80%。2014年，新型农村合作医疗参保人数27997人，参合率103.41%。受益补偿金额95843万元。

社会保障

农业合作化后，农业生产合作社和人民公社对鳏寡老人及孤儿实行“五保”（保吃、保穿、保住、保葬、保教）。“五保”户供养标准为：每人每年粮谷250公斤，20世纪70年代，提高到300公斤，20世纪80年代又提高到350公斤，每人每年食油3~4公斤，零用钱和医药费100元左右。1987年起，“五保”户生活费用实行乡镇统筹。从2005年开始，全乡农村“五保”户供养纳入财政转移支付。2007年，在桐塘村修建荣桓镇敬老院，占地面积1公顷，床位40张。2014年，有社会福利收养性机构1所，床位40张；有“五保”对象174人，其中集中供养34人，分散供养140人。月标准450元。

2006年，实施城乡居民大病医疗救助。是年，救助13人次，救助住院医疗费19300元。2014年，救助13人次，救助金额48700元。

2007年7月，实行农村居民最低生活保障待遇。是年，境内有低保对象57户、111人，总金额12570元。2014年年末，有低保对象523户、982人，月人均保障标准165元，总金额104940元。

2012年，全县启动城乡居民社会养老保险。是年，境内参保人数15550人，缴费人数10492人，参保率90%；缴费金额1118100元，发放1772870元。2014年，参保人数16503人，缴费人数8183人，参保率71%；缴费金额871200元，发放2947380元。

特色地情

著名人物

罗荣桓（1902—1963）字雅怀，号宗人，生于衡山土字十四区南湾村（今衡东县荣桓镇南湾村）的一个开明乡绅家庭。1927年7月，受中共湖北省委派遣到通城、崇阳一带参与和领导鄂南暴动，旋即参加秋收起义。1930年任红四军政委、军委书记；1932年，任红一军军团政治部主任，参加第一到第四次反“围剿”作战。1934年1月，被选为中央政府执行委员会候补委员；9月罗荣桓任红八军团政治部主任；10月参加二万五千里长征。1937年1月，任红军后方政治部主任；7月又调任红一军团政治部主任。1943年3月，罗荣桓任山东军区司令员兼政治委员，同时兼任115师政治委员、代理师长；9月，担任山东分局书记。中华人民共和国成立后，罗荣桓担任中央人民政府最高检察署检察长，人民革命军委员会副主席、解放军总政治部主任兼总干部部部长、全国人大常委会副委员长、国防委员会副主席等重要职务。1955年9月，被授予中华人民共和国元帅军衔和一级八一勋章、一级独立自由勋章、一级解放勋章。1963年12月，病逝于北京。

风景名胜

罗荣桓故居 罗荣桓故居纪念馆位于南湾村，由315省道与城关相连接，距县城30公里，衡阳市80公里，主要纪念设施有：异公享祠、南湾古戏台、罗帅母校、罗帅铜像纪念广场、罗帅生平业绩陈列馆和罗荣桓元帅办公室、卧室复原陈列室等。1983年10月，罗荣桓故居公布为湖南省重点文物保护单位；2011年，被评为国家AAAA级景区；2013年，公布为全国重点文物保护单位。

异公享祠 坐西朝东、砖木结构、单层二进五开间设外廊，建于1914年。1915年上半年，13岁的罗荣桓与家人从新大屋迁居到此，至1927年4月，离开家乡走上革命道路，他在这里断断续续度过了12个春秋。当年，罗荣桓把家乡当作从事革命活动的实验基地，在这里留下一串串光辉的足迹。

南湾古戏台 位于罗荣桓故居北面50米。这座建于清代中叶、古香古色的建筑，是1926年下半年，罗荣桓在家乡开展农民运动时举行群众大会、进行演讲的地方。为县级文物保护单位。

罗荣桓故居

罗帅母校“岳英小学” 旧址——壶山公祠、令德公祠 位于罗荣桓故居斜对面，分别建于清朝嘉庆和道光年间。辛亥革命后，罗荣桓的父亲罗国理先生在此兴办“罗氏高等国民小学堂”。从1914年入学至1917年年底毕业，罗荣桓作为第一批学生，在这里读书三年。1926年11月，罗荣桓回到家乡开展农民运动时，在这里办起农民夜校，成立衡山县梦字九区农民协会。2002年，修复后对外开放。

罗帅铜像纪念广场 位于南湾村南面的罗家山上，建于2002年，占地面积5.33公顷，共分三级广场。其中第三级广场，即最高一级广场，为整个广场的主体和中心，占地约2000平方米，广场中心位置上坐东南朝西北、矗立着一尊高81米的罗荣桓元帅铜像。座基上刻着“罗荣桓元帅铜像”七个大字，为江泽民亲笔题写。

罗帅生平业绩陈列馆 位于罗帅铜像纪念广场西南侧，建于2002年，建筑面积约1200平方米。陈列馆正门上的“罗荣桓元帅生平业绩陈列馆”由薄一波同志题写。陈列馆采用中国传统庭院式布局，设有序厅，尾厅，罗帅办公室、卧室复原陈列室和六间展室；陈列面积约6100平方米。罗帅生平业绩陈列展分五大部分，共展出各个时期的珍贵照片（图）188幅，珍贵革命、历史文献资料及实物110件，雕塑1件。

南湾八景 锡岩仙洞、金觉神碑、双流夹镜、五马绕云、雷坡晓霞、虎丘夕照、寒潭秋月、麻姑醴泉，并称南湾八景。

锡岩仙洞 锡岩仙洞锡岩仙洞位于锡岩村，距县城30公里,距罗荣桓故居25公里,自古为“楚南第一景”。据《湖南省通志》记载：“晋称息岩……唐赐封为仙洞，明代‘息’为‘锡’，自此称‘锡岩仙洞’，一直沿用至今。”洞口东向，面积约10万平方米,有大小洞厅70余个。1994年起步开发，1996年，开放游览线路2000余米，依次是迎客厅、芙蓉洞、仙人洞等20余个厅堂，各洞厅分别

有“金龟迎客”“金鸡下蛋”“仙人聚会”“渴龙饮泉”等百余处景观。其中“葵花洞”高10米，面积约500平方米，是已开发的高大洞厅，有“海市蜃楼”“八仙过海”“犀牛望月”“仙女出浴”等20余处景观。1994年，与源于罗霄山脉的洣水一并被省人民政府批准为省级“锡岩仙洞——洣水风景名胜区”。

金觉神碑 锡岩仙洞上面是著名的金觉峰，海拔740.8米，为衡东县境内第二高峰。清《衡山县志》载：“山高千丈，下有锡岩，或曰山神，名玉女，唐时赐封金觉，亦名金觉岩。”金觉峰分主峰、后峰，两峰相距70多米，中间隔着一个山坳。远远望去，主峰像是一雄狮头，后峰似狮尾，犹如雄狮昂首太空。主峰上有座唐建玉女真人庙，为南岳衡山著名道观之一。后峰上有座观音殿，殿后有块巨石，摇得动搬不动，上面还有一些若隐若现、读不懂的“文字”，这就是著名的“南湾八景”之一的“金觉神碑”。

双流夹镜 又名双流拱壁。距罗帅故居西南侧约600米处的南湾河中有一壁洲，来自锡岩与泉陂的两股溪流在此汇合，环洲而去。双流汇合处有座石桥，旁边一片古树，蓬勃苍翠。双流、石桥、古木浑然一体，相映成趣。

五马绕云 又名五马共槽。在距罗帅故居约2公里的北冲新大屋后背有口不规则的长条形水塘，水面宽阔，湖水碧透，四周有5座小山的山嘴伸向塘中，形似5匹骏马共饮一槽水。冬春时节，这里经常会出现漫雾腾云萦绕“五马”的奇观景象。

雷坡晓霞 离罗帅故居不到1公里处的椰渔山对面，有块高约30米、长约50米，似刀劈成的半圆形石壁，人称“雷坡”。每当霞光照耀其上，反射出五光十色的光芒，蔚为壮观。

罗荣桓元帅生平业绩陈列馆

虎丘夕照　在锡岩仙洞南面不到2公里处，有一座山丘形似猛虎扑地。山间有一老虎岩，岩洞宽约2米、高约3米、深约20米，相传这里曾有神虎盘踞。洞口上方有一面20余米见方的峭壁，每当夕阳返照其上，金光闪闪，璀璨夺目。

寒潭秋月　位于罗帅出生地新大屋旁边。虎形山、凤仙山夹峙寒潭两侧，山泉汇入，潭水清凉，水平如镜。皓月当空的秋夜，这里银辉如泻，水中月影似玉盘，景色幽雅迷人。清《衡山县志》云："秋月横空，水天一色，寒潭写影不是过也"。

麻姑醴泉　在南湾街北头马公桥有一口清泉，泉水深不盈尺，阔不及丈，清澈见底，甘甜可口。

新屋古村　位于荣桓镇，居虎形山西坡，面对开阔的农田。村内建筑均坐西朝东，主体建筑新大屋为清道光十二年（1832）萧家所建。村落以此为中心，在中轴线上扩建四进七横，占地约1.33公顷。格局依山坡西高东低梯级分布。整体院落由槽门、过厅、大厅、祖堂和两侧厢房及各屋之间天井组合而成。该屋基本保留完整，是一处规模较大的清代建筑群落，并遗存有大量精美的建筑构件。2003年公布为县级文物保护单位。

（文字/图片供稿：文君莉　阳洁）

高湖镇 >>

高湖镇是湖南省生态镇。

区域概况

位置面积

位于衡东县东南洣水之滨，东邻攸县鸭塘铺镇，北接荣桓镇，南壤草市镇，西与杨林镇隔河相望。相传古代这里系一小湖，四周低洼，仅街道所在地地势较高而得名。镇人民政府驻高湖村，距县城48公里。2014年，辖区东西最大距离18公里，南北最大距离20公里，总面积71平方公里。其中，陆地54.03平方公里，占76.1%；水域16.97平方公里，占23.9%。

建置沿革

1950年3月，属衡山县第四区高水乡。1952年6月，属第十二区，包括大羊、印下、高新三个乡。1956年6月，与梅洲乡合并为高新乡。1958年10月，属先锋人民公社，后改称杨林公社。1961年3月设高湖公社。1966年，析置衡东县后属杨林区。1984年4月，改称高湖乡。1989年5月，红桥乡与高湖乡合并称高湖乡。2001年3月，撤乡建镇。

行政区划

1989年，辖24个建制村，237个村民小组。2014年年末，辖坪田1个社区；五桥村、高湖村、兴旺村、铁塘村、大旺垅村、建设村、长垅村、长丰村、西村村、才一村、新水村、侧塘村、瑶泉村、岭台村、红桥村、东升村、乌塘村、羊角村、红村、柏林村、伟田村、印心村、义塘村、兴垅村24个建制村；248个村民小组，2个居民小组。

自然环境

处金觉峰东南部，北高南低，地形起伏复杂，少数为山区，大部分为丘陵区。地貌以丘陵、岗地、平原为主，总体格局：五山一水三分田，一分道路与庄园。整个地势西北高，东南低，由西北向东南呈阶梯逐渐下降。洣水由南至北纵贯全境。从金觉峰发源的一股山溪直入荣桓水库（原名王谷冲水库），经荣桓镇鱼形长岭港，途经寒水垅、龙王桥、羊角湾、大旺垅村自北向南流入洣河，堪称湖南三条倒流水之一，是高湖一大胜景。属亚热带季风性湿润气候，气候温和，年均气温18℃。年均降水量1400毫米，降水量集中在每年的4—5月。无霜期年平均在280天以上。已探明的地下矿藏有煤、锰、铁等。其中煤储量400万吨，主要位于高湖伟田村，地质储量400万吨，可开采300万吨。

人口民族

1989 年 5 月，辖区总人口 26215 人，其中农业人口 25252 人。2011 年年末，总人口 22086 人，其中城镇常住人口 4757 人。2014 年，常住户数 9100 户，常住人口 32310 人，户籍人口 31669 人，其中农业户籍人口 31000 人。户籍人口中，男性 15774 人，占 49.81%，女性 15895 人，占 50.19%。人口以汉族为主，占 99.3%，另有布依族、瑶族、苗族、土家族 4 个少数民族，占 0.7%。人口密度为每平方公里 323 人。

经济发展

经济综述

经济以农业为主。2014 年，产粮 251 万吨。经济作物主要油菜、红薯、花生、大豆，为县域内两个万亩高产油菜示范片之一。养殖业饲养生猪、牛、羊、鱼、鸭为主，尤以麻鸭养殖著名，境内的盛冠园家禽养殖社为省级畜禽养殖示范场。为县域重要的油茶产地。近年大力发展乡村生态旅游，湖南洣江生态水果园、万亩油菜花观光园等助推高湖经济的转型发展。洣江生态观光园将建成全省首个万亩连片高档水果种植基地，集国防教育、定向越野、徒步健身、水果采摘为一体。

农业

种植业　境内主要种植水稻、红薯、油菜、花生、大豆。20 世纪 50 年代中期，开始种植双季稻。70 年代中期，杂交水稻开始得到推广。1989 年，有耕地面积 1694 公顷，其中水田 1551 公顷，旱地 143 公顷。农作物播种总面积 4288 公顷，其中粮食作物播种面积 2969 公顷，亩产 457 公斤，总产 20354 吨。1999 年，农作物播种面积 4704 公顷，其中粮食播种面积 3266 公顷，粮食总产量

衡东大桃茶（油茶）

18930 吨。2014 年，农作物总播种面积 5990 公顷，其中粮食作物播种面积 3644 公顷。种植油菜 20000 亩，并在衡炎高速沿线的高湖、铁塘、五桥、大旺垅、兴旺等村连片种植，面积 333 公顷。引进湖南恒建油茶农林综合开发公司在红桥、新水等村进行油茶开发，投入 1000 多万元，种植“衡东大桃”333 公顷。成立高湖洣江农林生态专业合作社，投资 200 多万元开发土地和万亩白枇杷种植项目。

养殖业　境内养殖业以饲养生猪、牛、羊、鱼等畜禽水产为主。1989 年年末，生猪存栏 10450 头，出栏生猪 10344 头，出售肉用牛 43 头，耕牛存栏 2682 头。家禽存栏 31400 羽，出笼家禽 25400 羽，禽蛋产量 99.4 吨。水产品产量 167 吨。渔业以水库、山塘养鱼为主，水产养殖面积 122 公顷。1999 年年末，出栏生猪 26777 头，大牲畜存栏 1443 头，肉类总产量 2167 吨，水产品 102 吨。2014 年，生猪饲养量 39000 头，年末存栏 19000 头；牛饲养量 1400 头，年末存栏 1100 头；

羊饲养量4300头，年末存栏2200头；家禽饲养量28万羽，生产肉类3330吨，其中猪肉2925吨，牛肉82吨，羊肉73吨，禽肉250吨。畜牧业总产值9800万元，占农业总产值的14%。有麻鸭、天鹅、山羊、野猪等特种养殖户200余户，年出售肉鸭近500万羽，孵小鸭1500万羽，创利润800余万元。

林业 1949年前，林地为私人所有，以杉木林为主。1951年，土地改革，重新确定山林权属。1958年成立人民公社后，境内山林收归集体所有。1982年，林权确定到农户。1989年，造林面积52公顷，植树8.5万株。1999年，有林地面积1184公顷。2014年年末，累计造林406公顷，其中防护林257公顷，经济林150公顷，住宅四旁植树79万株。有林地面积6248公顷，森林覆盖率88%，活立木蓄积量97.8万立方米。

工业

1992年年末，境内有乡镇企业292个，从业人员686人，总产值813万元，乡镇企业总收入805万元。1999年，有乡镇企业238个，企业从业人员1005人，总产值14430万元，利税总额924万元。2011年，有工业企业7家，职工470人，工业总产值3000万元。2014年，有工业企业35个，其中规模以上工业企业1个。工业企业总产值6760万元，其中规模以上工业企业总产值5800万元。

商贸服务业

1992年，商业饮食业总额59万元。1997年年末，高湖新街有店面152个，临时摊位240个，地摊80多个，年商品成交额2400万元，初步形成木材、家具、小商品、农产品、家用电器五大市场。1999年，有集贸市场2个，集市贸易成交额2800万元，社会消费品零售总额2580万元。2011年，社会商品销售总额1650万元；城乡集市贸易成交额8400万元。2014年年末，有集贸市场1个，50平方米以上的超市1个，社会商品零售总额12740万元。

财政金融

1949—1979年，乡镇财政收支由秘书或粮油委员分管，1980年，区乡镇设财税所，1989年，推行乡镇一级财政包干。1992年，财政收入76万元，财政支出56万元。1999年，财政收入458万元，财政支出450万元。2002年，取消农林特产税和“五统三提留”。2006年，取消农业税。2014年，公共财政收入450万元，财政支出410万元。

2014年年末，有金融机构网点2个。

基础设施

交通运输

洣水经东南至西北贯兴旺、高湖、五桥、铁塘、大旺垅5个村，002县道纵贯南北，境内长48公里；杨林通往攸县的公路003县道横穿东西，境内长12公里，便利的水、陆交通线把全镇与外地联为一体。2000年后，陆续开通高湖至县城衡东、市区衡阳的直通客运班车。2010年，开通的衡炎高速公路贯穿其中，途经6个村，长5千米，设高湖互通口，使其交通更为便利，成为周围几个乡镇的交通中心。2011年，对义塘公路和西村公路进行水泥硬化，完成“村村通”工程，实现通村公路清零的乡镇。2014年，境内有客运汽车12辆，240座，年客运量21.8万人次，农村客运招呼站12座；货运汽车150辆，1500吨位，年货运量1800万吨；通航河道1条，总长5千米，最大通航能力为50吨级船舶；货运船舶40艘，800吨位，年货运量24万吨。

衡炎高速高湖段

邮政通信

2014年年末，邮政网点1个，营业面积430平方米，从业人员5人。投递线单程总长度11.5公里，投递点1个，乡村通邮率100%；电信服务网点3个，电话交换机总容量2800门，固定电话普及率47%；移动电话普及率85%；宽带接入用户300户。

供电饮水

村民饮水习惯多从洣水、水井或山塘堰坝取水。20世纪80年代以后，发展压水井和潜水泵井。1994年年末，自来水受益人口180人，2011年，建成高湖水厂。2014年，在龙王桥村取地下水建成龙王桥水厂，铺设供水管网3~4千米，供水用户600余户。

1976年后，各村逐步通电。1990年，兴建荣桓水电站，1992年12月1日，机组投产发电，1995年，4台机组1万千瓦机组全部投产发电。1994年年末，通电村24个，农村用电量72.9万千瓦时。2004年，境内伟田、乌塘等5个村第一批实现农电网改造，至2012年年末，24个村全部完成农电网改造任务。2014年年末，全镇用电总量923万千瓦时。

水利建设

洣水自南向北贯穿全境，境内水资源丰富。中华人民共和国成立前，农田水利设施较差，农民靠天吃饭。“大跃进”时期兴修水利，1967—1976年，新建荣桓水库（原名王谷冲水库），水库坐落荣桓镇鱼形长岭港，境内龙王桥、羊角湾、大旺垅等村农田得到有效灌溉；共修山平塘850口，堰坝25座。1990年，在高湖渡口修建荣桓水电站，1996年竣工。电站具有调洪、发电、通航、改善航道与灌溉条件等综合效能，坝址控制流域面积9446平方公里，占洣水流域面积的91.6%。1990—1996年，以湘南开发为契机，抓紧进行农田水利基础设施建设，筹集资金420万元，投入劳动工日24.2万个，完成水利工程217处，扩大灌溉面积633.33公顷，有效灌溉面积95%。2000年，耗资300多万元维修紫丰楼水库；投资100多万元，除险加固大星塘及印塘水库，使其恢复正常蓄水；硬化渠道2000米，开挖、清淤山塘85处。2014年，境内有小（二）型水库24座，有龙虎塘、紫丰楼2座小（一）型水库，山塘1185口，电排170处，堰坝27座；修复山塘80多口，防渗、疏浚渠道5万米，新建堰坝1座；投资120多万元清淤紫丰楼水库渠道10千米。

镇村建设

高湖街始建于1987年，街道成一纵一横十字形。1994年后，发展速度加快，横街延长700米，建房120多栋，总建筑面积29650平方米，总投资近千万元。1995年，县乡投入15.2万元用于纵街砂改油路，乡政府投资5.6万元将横街建成水泥路面。1996年，投资42万元，在南端新建乡信用社营业大楼，建筑面积1100多平方米，楼高5层，装饰古典；街北新建邮电大楼，高5层。2001年，撤乡建镇，老街已不能适应社会的发展。2012年后，镇党委、政府拍卖土地100多宗，新建高标准“一纵五横”镇区新街，并成立镇环卫所，组建专门的保洁队伍，购置洒水车、垃圾运输车等大型环卫设施，2014年，城镇规划区面积97公顷，建成区面积97公顷，城镇总户数600户、3510人。投资600多万元配套资金对贯穿高湖镇东西南北的县道002、县道003线两条主要公路维修和绿化，城镇建成区绿化面积4公顷；投资90万建成垃圾中转站，新装太阳能路灯157盏，改善城区居民的生活环境，提升小城镇品位。

社会事业

教育

1994年，高湖乡园艺场更名为农科教中心。投资13.5万元，扩建教室3间，计262平方米，新添桌椅80套。办培训班67期，培训5287人次，开设水稻栽培、生猪鸡鸭饲养、病害防治、柑橘培管、油菜栽培等课程。1995年，被省教委评为“示范乡农校”。1996年年末，境内有初级中学2所，在校学生839人；小学24所，在校学生3319人；学前班24个、617人；有教职员工238人。1990—1996年全乡筹集资金550多万元，新建改建校舍22万多平方米。其中1995年投资165.6万元，为中、小学新建维修校舍7886平方米。2014年年末，有幼儿园9所，在园幼儿769人，专任教师30人；小学5所，在校生2562人，专任教师78人，小学适龄儿童入学率100%；初中2所，在校生772人，专任教师55人，小学升初中率100%。

文化

1954年开始，境内发展乡办文化站，设文化站1个。1979年，普及公社社办放映队，撤销县办放映队，同时发展民办电影放映事业，建立农户放映队。到1989年，有农户放映队1个。1989年，撤区并乡，全乡成立1个文化站，配文化辅导员1人，负责文化行政管理和群众文化辅导工作。有图书馆1个，藏书7600册。1996年，印心村业余剧团评为全省“百佳民间剧团”。2014年，有各类民间艺术表演团体3个，演职人员50人；镇综合文化站1个；农家书屋24个，藏书37200册；24个村村村通宽带、有线电视。

医疗卫生

1989年，境内有医疗卫生机构25所，卫生技术人员22人，床位10张，其中村卫生室24所。1996年，镇卫生院改造门诊部，添置100毫安X光机、心电图机、理疗机、洗胃机、腹部手术器械和生化化验设备，同时选送一批人员进修放射、检验、内外科、骨伤科等。2000年，有医疗卫生机构25所，卫生技术人员23人，床位10张，其中村卫生室24所。2011年，开始实行基本药物零利润。2014年，有医疗卫生机构25所，卫生技术人员27人，床位15张，其中村卫生室24所。

2007年1月，启动新型农村合作医疗。当年参合人数15459人，参合率62%。2014年，新型农村合作医疗参保人数28102人，参合率102.46%。受益补偿金额823.19万元。

社会保障

2006年，实施城乡居民大病医疗救助。是年，救助23人次，救助住院医疗费32000元。2014年，救助6人次，救助金额17500元。

2007年7月，实行农村居民最低生活保障待遇。是年，境内有低保对象48户、96人，总金额11010元。2014年年末，有低保对象634户、1281人，月人均保障标准165元，总金额139350元。

2009年，在红村修建高湖镇敬老院，占地面积2000平方米，床位40张。2014年，有社会福利收养性机构1所，床位40张；有“五保”对象145人，其中集中供养28人，分散供养117人。月标准450元。

2012年，全县启动城乡居民社会养老保险。是年，境内参保人数16312人，缴费人数11350人，参保率95%；缴费金额1208500元，发放1687125元。2014年，参保人数16997人，缴费人数8328人，参保率71%；缴费金额301400元，发放877300元。

荣桓水电站

特色地情

名胜古迹——才一公祠　位于才一村，建于清早期，坐南朝北，砖木结构，四合院布局，山墙搁檩。主体建筑为抬梁式构架，左右厢房无梁架，均悬山顶、盖小青瓦，木雕等装饰工艺精美。为县级文物保护单位。

荣桓水电站　位于湘江一级支流洣河的高湖渡口，被誉为"洣水上一颗璀璨的明珠"。于1990年9月动工修建，1992年12月5日，第一台机组投产发电，工程开始发挥效益。1996年年初，四台机组全部安装到位，库区工程建设基本扫尾，电站工程全面竣工。工程枢纽由发电厂、溢流闸坝、船闸、公路桥等主要建筑组成，电厂总装机容量1万千瓦，安装四台2500千瓦的灯泡贯流式发电机组，年设计发电量5059万千瓦时，具有调洪、发电、通车、通航、改善航道与灌溉条件等综合工程效能。工程总投资为7469万元，坝址控制流域面积9446平方公里，占洣水流域面积的91.6%。

（文字/图片供稿：向立立　罗秋茂）

白莲镇

白莲镇是湖南省生态乡镇，衡东皮影戏之乡。

区域概况

位置面积

位于衡东县东北部，东临杨桥镇，南接踏庄乡，西邻珍珠乡，北与石湾镇和株洲县龙凤乡接界。相传，在很久以前，境内有一池塘，水清土肥，盛产莲藕，洁白如玉，味美可口，被皇帝闻知，列为贡品。塘边原有一寺，便取名白莲寺，白莲镇由此得名。镇人民政府驻地白莲村，距县城25公里。是湖南省特色旅游小镇。2014年，辖区总面积79平方公里。其中陆地面积76平方公里，占96.2%。水域3平方公里，占3.8%。

建置沿革

1950年3月，属衡山县第三区白莲乡；1952年6月，属第十五区，含石塘、西仓、白莲3个乡；1956年6月，石塘、西仓并入白莲乡；1958年10月，属超英人民公社；1966年，析置衡东县，境内设白莲公社、小初公社，属石湾区。1984年4月，改称白莲乡，1989年5月，小初乡并入白莲乡，2001年3月，撤乡设镇。

行政区划

1989年，辖25个建制村，280个村民小组。2014年年末，辖莲花1个社区；白莲、高峰、山花、先锋、塘荷、高明、永安、白石、南塘、铁坪、谭家桥、小初、里鱼、山底、对江、新坝、马鞍、王家垅、月寨、双江、马房、虎塘、罗家湖、洛湖、龙潭25个建制村；5个居民小组、287个村民小组。

自然环境

境内为典型丘陵地区，最高峰黑天云位于洛湖村，海拔379米，最低点位于谭家桥15组，海拔56米。属亚热带季风湿润气候，干湿季节明显，日照充足，雨水较多，灾害性天气较多。年均气温17.8℃，年均降水量1371.3毫米，降水集中在每年的4—7月，6月最多。境内无河流，有1座中型水库即白莲水库、5座小（二）型水库。矿藏资源有瓷泥、砂金、铅锌。

人口

1989年年末，境内总人口25525人，其中农业人口24511人。1999年年末，6551户，总人口26465人，年末劳动力人数15212人。2014年年末，辖区常住户数6625户，常住人口20621人，户籍人口28301人，其中农业户籍人口19704人。户籍人口中，男性14037人，占49.6%，女性14264人，占50.4%。人口密度为

千年白莲风情园

每平方公里 338 人。

经济发展

经济综述

以农业为主，为县域内的农业大镇。2014 年，粮食作物播种面积 3055 公顷，产粮 65988 吨。经济作物主要有油菜、板栗、大豆、茶叶、大豆、湘莲等，近年以打造“千年白莲风情园”为抓手，着力发展观光农业、休闲农业，湘莲种植面积 66 余公顷。养殖业发展早，产业化程度高，生猪、蛋鸭、肉羊规模养殖户及专业合作社 15 家，饲料生产企业 2 家，初步形成产业链。2014 年，有林木面积 33074 公顷，活立木总蓄积 154557 立方米。

农业

种植业 境内主要种植水稻、油茶、茶叶、红薯、大豆、板栗、湘莲等作物。蔬菜主要品种有黄瓜、南瓜、芥菜、白菜、空心菜。20 世纪 50 年代中期，开始种植双季稻，70 年代中期，杂交水稻开始得到推广。1971 年，建小初茶场。1989 年，有耕地面积 1470 公顷。其中水田 1329 公顷，旱地 142 公顷。农作物播种总面积 2886 公顷，其中水稻播种面积 2474 公顷，亩产 433 公斤，总产 16069 吨。1996 年，小初茶场有茶园面积 25 公顷，工人 5 人，固定资产 100 万元；出产茶叶 2.5 万公斤，出产的琴峰牌茶叶获市优质新产品称号。1999 年，有耕地面积 3647 公顷。农作物播种面积 4166 公顷，其中粮食播种面积 2984 公顷，粮食总产量 19089 吨。经济作物播种总面积 1183 公顷，油料总产量 254 吨，棉花产量 5 吨。2014 年，农作物总播种面积 5029 公顷，其中粮食作物播种面积 3055 公顷，粮食产量 65988 吨，其中稻谷 45760 吨。2014 年年末，全镇先进、适用的农机设备达到 56 台（套）。

养殖业 境内养殖业以饲养生猪、家禽、耕牛、鱼等畜禽水产为主。20世纪50年代，畜禽水产的养殖主要是自繁自养，产量比较低，到80年代，政府鼓励农民发展养殖业，家禽家畜饲养数量逐渐增多，渔业以水库、池塘养殖为主，鱼类产量逐渐增高。1989年年末，生猪存栏14093头，出栏生猪11130头，出售肉用牛6头，耕牛存栏1367头。家禽存栏37586羽，出笼家禽31858羽，禽蛋产量100.9吨。水产品产量115吨。水产养殖面积56.6公顷。1994年，出栏上百头的大户有20户，出栏良种猪3425头，为国家创汇300万元。1999年年末，出栏生猪30988头，大牲畜存栏1343头，肉类总产量3484吨，水产品310吨。带动周边的高峰、先锋、永安等村生猪养殖，至2007年年末，全镇养猪专业户500户。2014年，生猪饲养量12万头，年末存栏5.82万头；家禽饲养量57万羽；渔业养殖面积91公顷，产量758吨。

林业 1949年前，林地为私人所有，以杉木林为主。1951年，土地改革，重新确定山林权属。1958年成立人民公社后，境内山林收归集体所有。1982年，林权确定到农户。1989年，造林面积59公顷，其中用材林14公顷，经济林4.4公顷，防护林20公顷。1993年，投资200万元，开发以小初、谭家桥村为中心，辐射全乡24个村的1万亩板栗基地。1994年，木材蓄积量20多万立方米，居全县乡镇榜首。1996年，全乡的杉木林发展到0.28万公顷，活立木14.7万立方米，年砍伐量4000立方米，年创产值200万元。1999年，有林地面积2202公顷。2014年，全镇荒山改造179公顷，油茶改造64.5公顷。

工业

瓷泥遍及全镇，小初瓷泥矿有700多年生产历史，探明储量2500万吨，是理想的日用瓷和工业建筑原材料。清康熙二年（1663），境内小初铁铺坪、石秀冲、谭家桥创办碗窑，开始用本地瓷泥土法生产泥碗。1994年，产瓷泥11000吨，产值60万元。1985年，罗家湖村发现有中低品位的钨矿走脉，随后办矿采钨。1992年，有乡镇企业198个，从业人员1210人，总产值1670万元，其中乡办企业产值925万元。白莲花炮厂生产烟花爆竹系列产品60余种。1999年，有乡镇企业140个，总产值18830万元，利税总额809万元。先后引进投资400万元的东绿牌人参天麻茶项目，投资300万元的长征夹板厂，投资240万元的里鱼硅矿。2014年年末，有工业企业27个，其中规模以上工业企业1个。工业企业总产值9730万元，其中规模以上工业企业总产值3925万元。

商贸服务业

1992年，商业饮食业总额45万元。1999年集市贸易成交额1763万元，社会消费品零售总额1275万元，集贸市场2个。2011年，商业网点118个，社会商品零售总额7000万元；城乡集贸市场2个，年成交额1400万元。2014年，社会商品零售总额1658万元，集贸市场3个，50平方米以上的超市2个。

财政金融

1949—1979年，乡镇财政收支由秘书或粮油委员分管。1980年，区乡镇设财税所，1989年，推行乡镇一级财政包干。1992年，财政总收入195万元。财政支出24万元。1999年，财政总收入236万元，财政支出234.5万元，农民人均纯收入1918元。2002年，取消农林特产税和“五统三提留”。2006年，取消农业税。2011年，财政总收入176.3万元，银行存款余额1.7亿元，2014年，公共财政总收入325万元，其中企业实交税金285万元。公共财政总支出280万元。2014年，设有金融机构网点1个。

基础设施

交通运输

中华人民共和国成立前，丰塘至攸县的驿道穿境。1971年，始有006县道（今214省道）荆花至石湾公路穿境，1975年通车，是境内第一条公路。1996年，新建村级公路5条，整修村级公路13条，共计58公里，实现村村通公路。2000年后，白莲镇利用国家实施“通畅工程”的契机，累计完成村级公路硬化50公里，实现23个村通水泥路或柏油路，其中永安村和山底村组组通水泥路。2005年，利用国家实施“通达工程”的契机，改造洛湖和龙潭村的村级公路。2012年，硬化村级公路7条，长10公里，是年，实现村村通水泥硬化公路。2014年年末，境内有县道1条，长20.1公里；镇、村道35条，长89公里。有客运班车16辆，260座，年客运量达9.9万人次，农村客运招呼站3座，25个村通公共交通；有货运汽车19辆，62吨位，年货运量3.3万吨。

邮政通信

1999年，25个村通邮，通电话，电话装机382部。2005年后，通信设施不断完善，白石、王家垅、谭家桥、洛湖、高峰等村移动和联通信号塔相继建成开通，无线通信网覆盖全境。2014年年末，有邮政网点1个，营业面积150平方米，从业人员4人。投递线单程总长度82千米，投递点26个，乡村通邮率100%，有电信服务网点5个；电话交换机总容量5000门，固定电话用户2800户，普及率42.26%；互联网端口总数500个，25个村开通宽带，宽带接入用户520户；手机用户普及率76%。16个村开通有线电视。

白莲水库

供电饮水

村民饮水习惯多从水井或山塘堰坝取水。20世纪80年代以后，发展压水井和潜水泵井。2010年，建成白莲水厂。

1964年,全县第一座小水电站（12千瓦）——白莲水库渠道跌水电站建成发电。1978—1979年，白莲水库3台125千瓦发电机组投产发电。1994年年末，通电村25个，农村用电量73.02万千瓦时。1998年，境内永安村第一个实现农电网改造。至2012年年末,25个村全部完成农电网改造任务。2014年年末，全镇用电总量219万千瓦时。

水利建设

境内无河流。中华人民共和国成立前，农民靠天吃饭。“大跃进”时期兴修水利，1958年，在白莲村兴建白莲水库，是一座中型水利枢纽，具有灌溉、防洪、发电、养殖等综合效益。1963—1979年，新修小（二）型水库5座，山平塘856口,骨干塘24口,电灌站9处。1996年，筹资370万元，投入劳动工日15万个，完成水利工程370处，扩大灌溉面积100公顷。2014年,全镇有小（二）型水库7座,山平塘970口，骨干塘38口，电灌站27处；投资240多万元整修堰坝7处、渠道4公里、山平塘清淤96口、兴建抗旱井8处、兴建电排9座。

镇村建设

2007年，白莲镇投入25万元完成莲花大道工程建设，投入50万元修建莲花大桥，投资180万元新建谭家桥农贸市场。2010年，投资40万元，维修镇机关食堂，修建后山护坡，硬化内操场；在王家垅建设1座垃圾焚化炉，成立环卫队；投入近20万元修好镇政府门前700米水泥公路。2014年，白莲镇城镇规划区面积80公顷，建成区面积55公顷，绿化面积2.2公顷，建成区总户数300户、1200人。垃圾集中处理的村16个。是年，镇党委、政府以打造生态旅游休闲文化名镇为契机，构建“一镇一品”旅游新格局，发动白莲村群众以合作社形式种植千亩连片湘莲，形成水上养莲、水中养鱼、水下种藕的高效农业种植模式，打造千年白莲风情园。同时整合各方资源，从大定位、大规划、大打造、大宣传、大投入5个方面入手，以白莲水库为依托，以小城镇建设为中心，以旅游开发为重点，完善旅游“六要素”，形成浓郁地方特色，获“湖南省特色旅游小镇”称号。

2012年，马房村实行“村干包片，组长包组,户主包户”的责任制,大力开展环境综合整治。共筹资230多万元，硬化村级公路8公里，实现水泥路到户；公路两旁种植树木8000株；完成水渠维修5000米；制作农村环境卫生综合治理宣传栏40多个、公示牌170多块；新建垃圾焚化池15个，并为每户配发垃圾箱。2014年被评为湖南省新农村建设示范村，2015年被评为湖南省美丽乡村。

社会事业

教育

乾隆九年（1744），由向日登等人倡议在白莲寺（今白莲镇）创办竹林书院。乾隆四十三年（1778），改名爱莲书院；宣统三年（1911），改为尚德小学。1958年，白莲完小附设初中班。1972年，境内初中增设高中班，改为白莲完全中学。1980年，高中班取消，白莲完全中学改为白莲中学。1990年，小学、中学合并为白莲学校，为全县首所九年一贯制学校，校园占地面积5.89公顷。1991年，原籍白莲乡台胞向大延先生，为纪念父亲向乐谷创办向氏尚德小学（白莲学校前身），捐款55万元在校内兴建乐谷文教纪念馆，1994年，又捐资65万元建面积3300平方米的教学宿舍楼，捐资80万元设立奖教奖学扶困基金。1996年，学校有教职工95人，学生1900余人，小学入学率和巩固率100%，中学入学率和巩固率分别为98.6%和97.3%。1996年年末，境内有中小学25所，在校学生3607人。2011年年末，幼儿园3所，在园幼儿511人，专任教师20人；小学3所，在校生1390人，专任教师68人，小学适龄儿童入学率100%；初中1所，在校生536人，专任教师47人，小学升初中率100%，九年义务教育覆盖率100%。2009—2014年，累计投资180余万元，新建尚德学校科技楼，配备高标准的多媒体教室和电脑室；完善小初完小、塘荷学校等校的基础设施。2014年年末，有幼儿园、托儿所6所；小学3所，小学专任教师75人，小学在校学生总数1712人；初中1所，在校学生473人，教师49人。

文化体育

1954年，开始发展乡办文化站，境内设文化站1个。1979年，普及公社社办放映队，撤销县办放映队，同时发展民办电影放映事业，建立农户放映队。到1989年，有农户放映队1个。1989年，撤区并乡，全乡成立1个文化站，配文化辅导员1人，负责文化行政管理和群众文化辅导工作。有图书馆1个，藏书8300余册。2002年起，白莲镇举办一年一届的皮影艺术节，被省文化厅授予“皮影艺术之乡”。2010年7月，开通农村数字电视，是年，有农村数字电视用户1000余户。2014年，有各类民间艺术表演团体4个，演职人员60人；乡镇综合文化站1个，学校体育场3个，农民健身场所2处；村级农家书屋17个，总藏书28849册；25个村村村通宽带；16个村通有线电视。地方特色民间艺术有白莲皮影戏、渔鼓、星火龙舞、莲花闹等，其中白莲皮影戏被列为市级非物质文化遗产保护项目。

医疗卫生

1989年，境内有医疗卫生机构27所，卫生技术人员13人，床位5张，其中村卫生室25所。2000年，有医疗卫生机构27所，卫生技术人员18人，床位8张，其中村卫生室25所。2011年，开始实行基本药物零利润。2014年，有医疗卫生机构27所，卫生技术人员28人，床位40张，其中村卫生室25所。

2007年1月，启动新型农村合作医疗。当年参合人数20855人，参合率85%。2014年，新型农村合作医疗参保人数26276人，参合率100.11%。受益补偿金额968.05万元。

社会保障

农村合作化后，农业生产合作社和人民公社对鳏寡老人及孤儿实行“五保”（保吃、保穿、保住、保葬、保教）。“五保”户供养标准为：每人每年粮谷250公斤，20世纪70年代，提高到300公斤，80年代，又提高到350公斤，每人每年食油3~4公斤，零用钱和医药费100元左右。1987年起，“五保”户生活费用实行乡镇统筹。从2005年开始，全镇农村“五保”户供养纳入财政转移支付。2007年，白莲镇投入20多万元建敬老院，建地面积5300平方米，床位40张。被湖南省民政厅评为“优秀敬老院”。2014年，有社会福利收养性机构1所，床位40张；有“五保”对象213人，其中集中供养32人，分散供养181人。月标准450元。

2006年，实施城乡居民大病医疗救助。是年，救助26人次，救助住院医疗费35500元。2014年，救助7人次，救助金额24500元。

2007年7月，实行农村居民最低生活保障待遇。是年，境内有低保对象68户、177人，总金额 18780 元。2014 年年末，有低保对象 488 户、915 人，月人均保障标准 165 元，总金额 99840 元。

2012 年，全县启动城乡居民社会养老保险。是年，境内参保人数 16704 人，缴费人数 12366 人，参保率 100%；缴费金额 1344900 元，发放 1843600 元。2014 年，参保人数 17677 人，缴费人数 11058 人，参保率 95%；缴费金额 1194300 元，发放 3036660 元。

特色地情

知名人物

向德（1901—1985） 白莲寺康廊桥潘家冲（属今白莲镇）人，中国煤气汽车创始人，实业家。湖南公立工业专门学校（湖南大学前身）毕业，初任湖南省建设厅技士。1932 年，研制的煤气汽车在长沙至湘潭的公路上作来回试车表演，获得成功，邀请到汉口开设中国煤气汽车制造厂。1946—1949 年，先后在长沙新华煤气机厂、新华骨粉厂、新华米厂任工程师和经理。1949 年后，任长沙市副市长、中国民主建国会中央常委、全国工商联常务委员、湖南省工商业者联合会主任委员、政协湖南省委员会副主席等职。

名优特产

湘莲 相传很久以前，境内有一池塘，水清土肥，盛产莲藕，洁白如玉，美味可口，被皇帝闻知，列为贡品。所产莲藕有九孔，世上独一无二。白莲色白、粒大、味甘、清香、营养丰富、药用价值高、汤清肉绵的特色而闻名。2010 年，国家质检总局将白莲镇的湘莲列入湖南省 34 个乡镇实施地理标志产品保护之一。2014 年，白莲镇发动白莲村群众以合作社形式种植千亩连片湘莲，形

白莲镇皮影戏

成水上养莲、水中养鱼、水下种藕的高效农业种植模式，打造千年白莲风情园。

历史名胜

尚德学校 1911年，向乐谷等人在白莲池畔、马鞍山下创立尚德学校。以“相尚以德，唯德化人”而命名。1951年，更名为白莲中心小学；1955年，称白莲完小；1958年，完小附设初中班；继而招收高中班，称为白莲中学；1990年，小学、中学合并为白莲学校，成为全县首所九年一贯制学校；2001年，恢复尚德学校校名。

明、清虎形山窑 位于铁坪村的虎形山嘴上，窑址分布范围约200平方米，堆积层厚3米，采集的标本有碗、杯、盘、瓶、壶、杯等，壶与瓶为粗陶。

民俗风情

衡东影戏 衡东素有“皮影之乡”的美称。衡东影戏（包括纸影戏和皮影戏），为渔鼓说唱与纸影表演相结合而形成的一种模拟戏。声腔分道情、四平、神仙腔、昆腔及小调五类。1966—1977年，禁演影戏。1978年，衡东影戏复起，1979年，农村形成影戏热，全县影戏队由80多个队增加到217个队，有演员400多人。1980年，全省皮影戏会演在衡东县城举行，衡东寓言剧《老鼠告状》和童话剧《哪吒闹海》获一等奖。经过整理的《三打祝家庄》《秦香莲》《张文秀》等传统戏和新编寓言剧《喜鹊飞》被收入《湖南省皮影剧本选》。至1989年，衡东还有80多个皮影队140多名演艺人员。2001年，白莲镇被衡阳市文化局授予“十佳艺术之乡”。

（文字/图片供稿：向立立　向立）

大桥镇 >>

大桥镇是湖南省剪纸艺术之乡。

区域概况

位置面积

位于衡东县最北部，东临株洲县朱亭镇，南接石湾镇，西邻三樟乡，北濒湘江。境内有座大石拱桥，远近闻名，由此得名。镇人民政府驻西园村，离京珠高速互通口仅3公里，距县城45公里。2014年，辖区总面积63平方公里。其中陆地56.64平方公里，占89.9%；水域6.36平方公里，占10.1%。

建置沿革

中华人民共和国成立初期，属衡山县第一区石湾乡；1952年，属第十四区，含大桥、塔冲、义门、岭林、黄双五个乡；1956年，五个乡合并为大桥乡；1958年，属湘江人民公社，后更名石湾人民公社；1961年，成立大桥人民公社；1966年，析置衡东县后，设大桥公社，属石湾区。1984年，建立大桥乡；2002年，撤乡设镇。

行政区划

1989年年末，镇辖20个建制村，221个村民小组。2014年年末，辖大桥1个社区；山坳、黄双、双江、冲头、龙塘、复兴、瑶里、湘桥、塘霞、茶园、西园、礼厚、岭林、栗林、三浒、和平、义门、铁炉、塔冲、湖套20个建制村；5个居民小组，221个村民小组。

自然环境

地处衡东北部，地势东高西低，地形以低山为主，丘陵为辅。最高峰为复兴村的大岭山，海拔680米，龙塘村澎陂港海拔39.2米，为衡阳市最低点。主要河道有一级河湘江，境内总长8千米。境域属亚热带季风湿润气候，年均气温17.8℃，年均降水量1371.3毫米，全年降水时间和空间分布不均，有明显的干旱与洪涝，一般旱灾30年一遇，水灾5年一遇。最严重的一次水灾发生于1994年5月。

人口民族

1989年年末，辖区总人口19756人，其中农业人口18982人。2011年年末，辖区总人口20136人。2014年年末，常住户数5470户，常住人口22559人，户籍人口20033人，其中农业户籍人口19886人。户籍人口中以汉族为主，其中男性10223人，占51.03%，女性9810人，占48.97%。人口密度为每平方公里339人。

经济发展

经济综述

以农业为主。2014年,粮食作物播种面积3.2万公顷，产粮22万吨。油菜、黄贡椒、花生、红薯等经济作物有较大产出。境内山地多，森林资源丰富，为全国新兴杉木林基地之一，全境有杉木林24094公顷，占镇域面积的36.68%。森林覆盖率达49%，村村建有林场，是湘南地区重要的木材集散地。

农业

种植业 境内粮食作物以水稻为主，主要经济作物有油菜、黄贡椒、花生、红薯等。20世纪50年代中期，开始种植双季稻，70年代中期，杂交水稻开始得到推广。1989年，有耕地面积1304公顷，其中水田1202公顷，旱地102公顷。农作物种植面积2883公顷，其中粮食作物播种面积2304公顷，亩产490公斤，经济作物播种面积578公顷。1999年，有耕地面积1467公顷，农作物播种面积3674公顷，其中粮食播种面积2265公顷，粮食总产量17535吨。2014年，有耕地面积1600公顷，其中水田面积1176公顷，旱地面积424公顷。农作物总播种面积4466公顷，其中粮食作物播种面积3200公顷。

养殖业 境内养殖业以饲养生猪、家禽、耕牛、鱼等畜禽水产为主。1989年年末，生猪存栏9583头，出栏生猪10213头，出售肉用牛10头，家禽存笼56160羽，出笼家禽40590羽，禽蛋产量301吨。水产品产量190吨。水产养殖面积91公顷。1999年年末，出栏生猪37101头，肉类总产量2738吨，水产品2550吨。2014年，生猪饲养量6.4万头，年末存栏2.99万头；牛饲养量1310头，年末存栏1158头；羊饲养量4662头，年末存栏1982头；家禽饲养量55万羽，生产肉4097吨，其中猪肉3920吨，牛肉92吨，羊肉85吨；禽蛋589吨；畜牧业总产值2150万元，占农业总产值的27.6%。

林业 1949年前，林地为私人所有，以杉木林为主。1951年，土地改革，重新确定山林权属。1958年成立人民公社后，境内山林收归集体所有。1982年，林权确定到农户。1989年，造林面积66公顷，其中用材林59公顷，经济林6.7公顷。植树14万株。1999年，有林地面积1863公顷。2002—2007年，完成退耕还林99公顷，发放退耕还林补助资金22万元，完成国家级生态公益林补助面积328公顷，发放补助资金10余万元。2014年年末，累计造林198公顷，有林地面积3087公顷，森林覆盖率49%，活立木蓄积量19.91万立方米。

工业

1992年年末，有乡镇企业294个，从业人员2055人，总产值1034万元，乡镇企业总收入1039万元。1994年，乡镇企业实现产值3850万元，主要骨干企业有防水油膏厂、建筑工程队和大桥竹木经营部。1996年，有乡、村、个体企业505个，从业人员3055人，占全乡劳动力14.8%，初步形成建筑、建材、家具、防水油膏、圆木加工等行业和产业，乡镇企业总产值7131万元，创利税590万元。2002—2007年，相继引进投资350万元的顺达加油站，投资500万元的木材加工厂，投资1000多万元的恒旺塑料有限公司，总投资3000多万元的旺发金属有限公司等4家企业，2007年，企业实现总产值4389万元，上缴税金262万元。2011年年末，有工业企业2家，职工105人，全年工业总产值900万元。2014年年末，有工业企业11家，从业人员218人，工业企业总产值2366万元。

商贸服务业

1992年，商业饮食业总额50万元。1999年，集市贸易成交额1426万元，社会消费品零售总额1284万元。有集贸市场2个，商业网点61个。2011年，社会商品销售总额1650万元；城乡集市贸易成交额840万元。2014年，社会商品零售总额3054万元，集贸市场1个，50平方米以上的超市1个。

财政金融

1949—1979年，乡镇财政收支由秘书或粮油委员分管。1980年设乡财税所。1989年，推行乡一级财政包干。1992年，财政收入93万元，财政支出23万元。1999年，财政收入268万元，财政支出260万元。2002年，取消农林特产税和“五统三提留”。2004年，全面取消农业税附加，调减农业税率3个百分点，减轻农民负担38万元。2005年，全面落实免除农业税政策，农民减负90万元，惠农政策得到落实。2014年，公共财政收入338万元，财政支出288万元。

2014年年末，有金融机构网点1个。

基础设施

交通运输

境内有通航河道1条（湘江），总长8公里，湘江最大通航能力为1000吨级船舶；京广铁路穿境而过，境内长4公里，横贯6个村；京珠高速公路（G4）与京广铁路平行过境，境内长4.5公里，双向4车道，离朱亭互通口仅3公里；有县级公路1条，总长9.8公里；主要镇级公路4条，总长42公里，1999年，实现村村通机耕路。2011年，镇政府加大修路资金投入，重点连通各村之间的断头公路，全年投入修路资金180万元，硬化村级公路8公里，至年底实现全镇村村通水泥路。

2014年，境内有客运汽车5辆，74座，年客运量5.5万人次；有货运汽车31辆，210吨位，年货运量7.5万吨。有客运船舶5艘，150座，年客运量2.5万人；有货运船舶3艘，500吨位，年货运量18万吨。有农村客运站1座，农村客运招呼站8座。

邮政通信

20世纪90年代初，境内电话线路开通。2002年撤乡建镇前，境内无邮政网点，只有信报捎站1个，邮政投递员1名，投递员骑自行车投递。2007年，通信网络覆盖扩张，西园、义门、瑶里等村移动和联通信号塔相继建成开通，无线通信网覆盖全镇，程控电话、移动电话普及率逐年上升。2014年年末，有邮政网点1个，营业面积80平方米。投递线单程总长度51千米，投递点20个，乡村通邮率100%。有电信服务网点1个，固定电话用户650户，普及率11.9%；移动电话用户普及率63%，互联网端口总数210个，宽带接入用户350户。煤气用户1200户。

供电饮水

村民饮水习惯多从湘江河、水井或山塘堰坝取水。20世纪80年代以后，发展压水井和潜水泵井。2012年，建成大桥水厂。

1976年后，各村逐步通电。1994年年末，通电村20个，农村用电量65万千瓦时。1998年，境内塘霞、湘桥村2个村第一批实现农电网改造，至2012年年末，20个村全部完成农电网改造任务。2014年年末，全镇用电总量257万千瓦时。

水利建设

境内有湘江一级河道，全长8千米，水资源

充足。中华人民共和国成立前，农田水利设施较差，抗御灾害的能力很弱，每逢雨季，洪水时常跨过防洪堤淹没沿河多个村的农田，农民颗粒无收。中华人民共和国成立后，乡人民政府多次、多方筹资70多万元修筑防洪堤，防御能力有所加强。“大跃进”时期兴修水利，1958—1985年，修山平塘220口，堰坝35座，机电排站11处。2000年，筹措资金189万元，投入劳动日12万个，完成水利工程325处，扩大灌溉面积80公顷。2010年，投资80余万元对湘江防洪堤除险加高加固。至此境内村民洪涝无忧。2013年，挖抗旱井300多口；投资90余万元维修小（二）型水库1座。2014年，全乡新增山平塘48口，共计山平塘270口；完成山平塘清淤45口，维修塘坝15口，维修渠道26千米。

镇村建设

2002年，撤乡建镇以后，镇政府多方筹措资金，加大基础设施建设力度。2002—2007年，先后完成镇政府办公大楼、街道硬化、卫生院改造、司法所和兽医站等重点工程建设。引进资金1000万元，启动大桥镇农村集贸市场建设，并于2011年10月建成投入使用。2014年，城镇规划区面积59公顷，建成区面积50公顷，城镇总户数291户、1145人，城镇建成区绿化面积1公顷。

明清至民国时期，农村建房多以屋场为单位聚族而居，主要建在沿河、驿道、山旁和田园一带。民房一般是一室一厅的土砖茅屋或斗墙屋；沿河一线的民房大多为竹架或木架屋，冷泥墙壁。中华人民共和国成立后，农村民房建设，从20世纪50年代起，旧屋换新屋，改建的房子一般按小家庭结构，采用“三间六”或“三厢间”。60年代起，茅屋换瓦屋。70年代后，土砖换红砖。80年代，农村建房由平房改建楼房，单门独户，外加小院落。90年代后期，村民主要是对房屋进行内外装修，配套完善生活设施，间或建有小洋楼、别墅。2006年，开展社会主义新农村建设，镇村建设步伐加快，主要是通过搞好乡村建设规划和人居环境治理，加强农村基础设施建设，实现农村道路硬化、卫生洁化、家庭美化、设施完备化，营造出整洁、优美、舒适的生活环境。

社会事业

教育

1990—1996年，全乡筹集资金90万元，新建、改造校舍3200平方米。1996年年末，有初级中学1所，在校中学生703人；小学19所，在校小学生2741人。中小学教职工185人。2003年，投资50余万元完善中学、完小校园文化建设，2005年，投资20万元重建和平联校，2007年，投资45万元新建瑶里联校。2014年年末，境内有幼儿园16所，在园幼儿321人，专任教师17人；小学7所，在校生967人，专任教师46人，小学适龄儿童入学率100%；初中1所，在校生267人，专任教师36人，小学升初中率100%，九年义务教育覆盖率100%。

文化体育

1954年，境内开始发展乡办文化站，设文化站1个。1979年，普及公社社办放映队，撤销县办放映队，同时发展民办电影放映事业，建立农户放映队。到1989年，有农户放映队1个。1989年，撤区并乡，成立1个文化站，配文化辅导员1人，负责文化行政管理和群众文化辅导工作。有图书馆1个，藏书9000余册。1990年，中国民俗学会民间剪纸家联谊会等三家联合举办“首届中国民族民间剪纸大奖赛”，大桥乡12件作品入选，2件获二等奖。1991年，参加“湖南国际烟花节民间美术新作展览会”和“湖南省首届乡镇企业产品展展销会”，部分作品进入美国、加拿大和奥地利。1992年，湖南省电视台为大桥乡拍摄对外文化交流片《剪纸之乡》，1996年，评为衡阳市“十佳群众艺术之乡”。2014年，有各类民间艺术表演团体2个，演职人员28人；有体育场馆3个；公园及休闲健身广场1个；乡镇综合文化站1个；村级农家书屋20个，总藏书23578册；20个村村村通宽带、有线电视。地方特色民间艺术有大桥剪纸、皮影戏等。剪纸入选湖南省非物质文化遗产名录。

医疗卫生

1960年后，相继建立大队卫生室，配有赤脚医生。1969年10月，实行农村合作医疗制度，培养训练亦农亦医的赤脚医生，大队建立医疗站和草药房，形成区、社、队医疗网。1989年，境内有医疗卫生机构23所，卫生技术人员19人，床位6张，其中村卫生室22所。2000年，有医疗卫生机构27所，卫生技术人员22人，床位5张，其中村卫生室26所。2011年，开始实行基本药物零利润。2014年，有医疗卫生机构27所，卫生技术人员23人，床位10张，其中村卫生室25所。

2007年1月，启动新型农村合作医疗。当年参合人数16039人，参合率为85.1%。2014年，新型农村合作医疗参保人数20211人，参合率98.73%。受益补偿金额648.84万元。

社会保障

农业合作化后，农业生产合作社和人民公社对鳏寡老人及孤儿实行“五保”（保吃、保穿、保住、保葬、保教）。2014年，在塔冲村修建大桥敬老院，占地面积5300平方米，床位50张。是年，有“五保”对象139人，其中集中供养27人，分散供养112人。月标准450元。

2006年，实施城乡居民大病医疗救助。是年，救助31人次，救助住院医疗费41700元。2014年，救助8人次，救助金额26600元。

2007年7月，实行农村居民最低生活保障待遇。是年，境内有低保对象50户、129人，总金额13650元。2014年年末，有低保对象402户、758人，月人均保障标准165元，总金额82785元。

2012年，全县启动城乡居民社会养老保险。是年，境内参保人数13586人，缴费人数9435人，参保率95%；缴费金额1025400元，发放1421255元。2014年，参保人数13789人，缴费人数6443人，参保率73%；缴费金额713100元，发放2316600元。

大桥剪纸

大桥剪纸走进省城群众艺术馆展出

特色地情

知名人物——李待琛（1891—1959） 字伯芹，号泉池，生于既字十二区夏家桥（今和平村），兵器工业专家。两度赴日本求学。辛亥革命前夕回国，任革命军总司令部炮兵团军械官，参加抵抗清廷的汉阳防守战。后历任广东兵工厂咨议和总工程师、湖南大学行政委员会委员长、国民革命军第四十军政治部主任、军政部兵工署设计科科长和兵工研究委员会专任委员、军政部兵工专门学校校长。卢沟桥事变发生后，任军政部巩县兵工厂厂长。后南迁创办辰溪兵工厂。获云麾勋章和海陆空甲种一等奖。1947年后，任国民政府国防部驻日接收赔偿总代表，继又受聘为国民党中央信托局东京办事处专员。著有《现代武器》《金属材料》《军械制造法》《国防建设之基础》《枪炮制造及理论》等10多种书籍。1959年，在日本羽田机场登机时，被人挟持去台湾，同年在高雄去世。

何家嘴古文化遗址 1986—1989年，在大桥镇西园村发现古文化遗址——何家嘴遗址。经对大批用于生活、生产的陶片、石器等遗物鉴定，西园村何家嘴遗址为新石器时代晚期龙山文化遗址。

大桥剪纸 具有悠久的历史，相传始于明朝末年，依附民俗，繁衍传承，流传至今，是一颗璀璨的民间珍珠。20世纪80年代，大桥乡出现“剪纸热”，剪纸艺人刘荣谱（聋哑艺人），平时应酬于民间的红白喜事，带动部分爱好者，制作了一些民间题材的剪纸。1987 年 12 月，从大桥剪纸创作班刻制的剪纸中，选送 40 件作品送省，有 4 件作品，分别获二、三等奖，大桥乡剪纸获全省县级剪纸作品之冠。1990 年，在“首届中国民族民间剪纸大赛”中，大桥乡参赛的 39 件作品有 13 件入选，并在北京当代美术馆展出。1991 年，大桥剪纸作品先后参加湖南省“首届乡镇企业产品展销会”和“国际烟花节民间美术新作展览”，并通过上海申大公司牵线搭桥，漂洋过海，进入美国、奥地利、土耳其等国，成为美国、欧洲等收藏家的收藏珍品。1997 年，大桥乡被命名为省级“剪纸艺术之乡”。2012 年，大桥剪纸列入湖南省非物质文化遗产名录。2013 年 5 月底，大桥剪纸作为湖南省唯一的剪纸项目参加在武汉举行的“湘鄂赣皖四省非遗联展”。

（文字 / 图片供稿：向立立　冯艳辉）

蓬源镇>>

区域概况

位置面积

蓬源泉镇位于衡东县东北部，东南和攸县相连，西与杨桥镇、荣桓镇接壤，北界株洲县。因蓬源仙而得名。镇人民政府驻横路村，距县城45公里。2014年，辖区总面积84平方公里。

建置沿革

中华人民共和国成立初期，属衡山县第十三区杨桥乡；1952年，属第十六区；1956年，与翠佳、石咀、石枧三个乡合并为横路乡；1958年，属并举人民公社；1959年，属杨桥人民公社；1961年，调整公社体制设立横路人民公社；1966年，析置衡东县，境内设横路公社、石枧公社，属杨桥区；1984年2月，恢复乡建制，设立横路乡人民政府；1989年，云集乡（1984年由石枧乡更名）与横路乡合并称横路乡。2002年，撤销横路乡设立蓬源镇，至2014年末无变化。

行政区划

1989年年末，辖28个建制村，265个村民小组。2014年年末，辖蓬源1个社区；东山、金龙、盆金、横路、新芙、潭江、订塘、东方、胜利、新江、龙虎、青山、青峰、罗木、池塘、文家、大阁、石枧、广塘、塘碧、石咀、翠佳、双林、泉湖、茶亭、强兴、夏屋、云集28个建制村；2个居民小组、272个村民小组。

自然环境

地势北高南低，为典型的丘陵地形，最高峰“蓬莱峰”位于横路村，海拔644米，最低点位于双林村。属亚热带季风湿润气候，年均气温18℃，年均降水量1100毫米，降水集中在每年5—6月，6月最多。境内已探明的地下矿藏有煤、锰、铁等。

人口

1989年年末，总人口23550人，其中农业人口22733人。1999年年末，总人口24006人，其中农业人口23514人。2014年年末，总人口26640人，其中：农业人口21398人，占80.3%；男性13840人，占52%，女性12800人，占48%。人口密度为每平方公里315人。

经济发展

经济综述

经济以农业为主。2014年，产粮159万吨。盛产茶油（有优质油茶林7万余亩，是全省重要油茶林基地）、大豆、花生、生姜等。规模化养殖较为发达，尤以肉牛、山羊和特色动物养殖较为有名。

农业

种植业 1989年年末，境内有耕地面积1450公顷，水田1286公顷，旱地164公顷。1989年，农作物总播种面积3797公顷，其中，粮食作物播种面积2494公顷，亩产456公斤。1999年，农作物总播种面积4137公顷，其中粮食播种面积2977公顷，粮食总产量20934吨。2014年，农作物总播种面积3507公顷，其中粮食作物播种面积2311公顷。2014年年末，有耕地面积1261公顷。农产品以稻谷为主，盛产茶油、大豆、花生、红薯、生姜、辣椒、百合、生猪、鲜鱼、家禽和蛋品等。

养殖业 畜牧业以养猪、牛羊为主。1989年年末，生猪存栏14729头，出栏生猪17057头，家禽存笼41573羽，出笼家禽33937羽，水产品产量210吨，水产养殖面积110公顷。1999年内生猪出栏29770头，水产品产量367吨。2014年末，生猪存栏2.85万头，生猪出栏5.26万头。畜牧业总产值2100万元，占农业总产值的29.3%。

林业 1989年造林面积965公顷，其中人工造林518公顷。1999年林地面积1796公顷。2014年，有林地面积2386公顷。

工业

1996年年末，镇、村、个体企业253个，从业人员3367人，占全镇劳动力30%。完成乡镇企业总产值7160万元，实现利税710万元。初步形成建筑、花炮、采石、食品、服装、家具、运输和手工艺品等行业和产业。2014年年末，有工业企业25家，工业企业总产值147万元。

商贸服务业

1995年，动工兴建的集工商贸于一体的金龙边贸市场，建筑面积1.2万平方米。每逢赶集，茶叶、水果、蔬菜、水产、生猪等土特产品竞相上市，年零售总额300万元以上。1999年，有集贸市场2个，集市贸易成交额465万元，社会消费品零售总额1336万元。2014年年末，社会消费品零售总额230万元，市场1个，50平方米以上超市2个，住宿餐饮业企业31个。

财政金融

1949—1979年，乡镇财政收支由秘书或粮油委员分管，1980年，区乡镇设财税所，1989年，推行乡镇一级财政包干。1992年，财政收入104万元，财政支出20万元。1999年，财政收入273万元，财政支出273万元。2002年，取消农林特产税和“五统三提留”。2006年，取消农业税。2014年，公共财政收入90万元，财政支出90万元。2014年年末，有金融机构网点2个。

基础设施

交通运输

20世纪90年代，境内公路建设发展较快，至1996年年底，有乡管公路37.3公里，境外乡管公路9公里，村级公路57公里，全乡100%村组通公路。2005年，投资200余万元硬化蓬源至杨桥公路，2007年，投资399万元建设横路至云集的12.8公里的公路，为蓬源通往攸县的交通要道。至2007年底，有镇管公路37.3公里，境外镇管公路9公里，全部硬化；28个村有16个村村级公路硬化，40%的村组通水泥公路。2014年年末，累计完成村级公路硬化64.5公里；组级公路硬化23公里；并完成004县道维修5公里，完成杨蓬公路高标准修建1公里，投资40余万完成横路街道硬化1.3公里。投资100多万元修建冲排五村4.5公里长，5米宽标准公路。2014年年末，有县道2.68公里，乡道38.93公里；农村客运站1座，农村客运招呼站2座。客运汽车10辆，200座。

邮政通信

1949年10月，境内通往县城的邮路属珍珠、白莲、杨桥、横路线。邮件靠人工步行肩挑。1961年，公社设邮电所或代办处。1979年，县邮电局自筹资金，开办杨桥至横路的摩托车邮运。1990年后，邮件实现自办汽车邮运。2014年年末，有邮政网点1个，营业面积180平方米，投递线单程总长度12千米，投递点1个，乡村通邮率100%。

1959年，公社安装总机，电话线路通大队。1996年，投资250万元（县邮政局140万元，乡集资110万元）安装西门子程控交换机和配套柴油发电机组，架设10千米长光缆专线，全长80千米的3条干线和31条支线，安装入户电话250部。28个村有22个开通程控电话，东山、新塘、新桥、潭江、订塘、塘碧、石枧等12个村组组通电话，为衡东第一个程控电话乡。2014年年末，有电信服务网点1个。通宽带的村15个，有电信和联通网络可供选装。

供电饮水

村民饮水习惯多从水井或山塘堰坝取水。20世纪80年代以后，发展压水井和潜水泵井。1995年，投资25万元建成横路乡自来水厂。2012年，在强兴村建成强兴水厂，铺设供水管网18000余米，供水用户1000余户。2014年，横路村取地下水建成横路水厂，铺设供水管网6000余米，供水用户800余户。

1976年后，各村逐步通电。1994年年末，通电村28个，农村用电量12.11万千瓦时，1998年，境内3个村第一批实现农电网改造，至2012年年末，28个村全部完成农电网改造任务。2014年年末，全镇用电总量1532万千瓦时。

镇村建设

20世纪80年代，横路乡政府驻地只有一条全长不足300米的老街，俗称横路巷，狭窄、低矮、破旧，80年代后期，党委政府把加强小集镇建设作为发展山区经济的重点工程来抓，至1996年，先后投入3000余万元，建成全长880米的新街2条，建房屋150栋，建筑面积2.5万平方米，农历的一六墟期，邻近三县群众聚此赶集。2012年，筹资200万元，硬化2千米长的街道。整修排水系统，安装太阳能路灯。成立街道管理委员会，专项整治违章搭建。建设垃圾处理场1座，焚烧池120个，垃圾池32个，垃圾运输车2台。

社会事业

教育

1990年，筹资450万元，新建和改建校舍1.8万平方米。1995年，投资140万元，易地重建云集中学，扩建横路中心小学。1996年，有初中2所，在校学生610人；小学30所，在校学生3264人；共有教师169人。2014年年末，有幼儿园9所，在园幼儿800人，专职教师35人，小学4所，在校生1200人，专职教师65人，小学适龄儿童入学率100%；初中2所，在校生350人，专职教师30人，小学升初中率100%，九年义务教育覆盖率达100%。

文化

1954年，开始发展乡办文化站，配文化辅导员1人。之后，文化专职人员有所增减。1961年，文化馆撤销。1963—1966年，公社设民办公助文化站。1977年，文化站重建，置全脱产辅导员。

1989年，撤区并乡，镇设文化站，负责文化行政管理和群众文化辅导工作。2014年，有各类民间艺术表演团体2个，演职人员26人。乡镇综合文化站1个，村级农家书屋28个，总藏书50000万余册；地方特色民间艺术有皮影戏、花鼓戏等。

医疗卫生

1989年，有医疗卫生机构29所，卫生技术人员10人，床位10张，其中村卫生室28所；2000年，有医疗卫生机构29所，卫生技术人员11人，床位15张，其中村卫生室28所；2014年，有医疗卫生机构31所，卫生技术人员15人，床位24张，其中村卫生室28所。

2007年1月1日，衡东县正式启动新型农村合作医疗。是年境内参合人数19350人，参合率86.2%；2014年，参合人数24312人，参合率99.79%，补偿金额802.68万元。

社会保障

2006年，实施城乡居民大病医疗救助。是年，救助11人次，救助住院医疗费14700元。2014年，救助6人次，救助金额20800元。

2007年，实行农村居民最低生活保障待遇。是年，境内有低保对象61户、123人，总金额13860元。2014年年末，有低保对象479户、889人，月人均保障标准165元，总金额95340元。

2010年，修建蓬源敬老院，占地面积0.14公顷，床位40张。2014年，有社会福利收养性机构1所，床位40张；有“五保”对象141人，其中集中供养127人，分散供养14人。月标准450元。

2012年，全县启动城乡居民社会养老保险。是年，境内参保人数15397人，缴费人数10562人，参保率99%。缴费金额1147800元，发放1692625元。2014年，参保人数15859人，缴费人数7781人，参保率73%。缴费金额843100元，发放2762100元。

特色地情

风景名胜——蓬源仙 位于凤凰峰东面，海拔640米，素有“一脚踏三县”（衡东、株洲、攸县）之称。山上有座唐代建的白鹤真人庙，石墙铁瓦，庙门镌刻“蓬源仙”，两侧镂联：“三邑名山胜地，两府第一神仙。”庙中供奉“白鹤真人”李泌像，神龛两旁有：“分芋领十年宰相；挂冠作陆地神仙。”20世纪60年代被毁。现已恢复重建。

（文字供稿：文君莉　刘文涛）

莫井乡 >>

区域概况

位置面积

莫井乡位于县域南部，东与杨林镇接壤，南与衡南县川口办事处相邻，西与德圳乡毗连，北与吴集镇交界。乡人民政府驻莫井街上。距县城23公里。因莫姓人士居住三口井村得名。2014年，辖区东西最大距离12公里，南北最大距离10公里，总面积57平方公里。

建置沿革

明代属武阳乡，清代为道字辖区，民国26年（1937）属吴集乡，民国35年（1946）属潭园乡。中华人民共和国初期，属衡山县第二区紫岗乡。1952年，属第十区，含莫井、将塘、灵江三个乡，1956年6月，三乡合并为莫井乡。1958年，属猛进人民公社，包括杨林镇的四方山、青山、贺家桥，德圳乡的红星、红旗、红岗、红桥在内。1961年，更名为莫井人民公社，属吴集区。1966年，析置衡东县，境内设莫井公社。1984年4月，设莫井乡。1989年，撤区并乡，由1984年的莫井乡单独建制而成。

行政区划

1989年，辖13个建制村，143个村民小组。2014年年末，辖碰塘、江山、三口井、荷家园、建新、莫井、鹅形、三垅、井冲、白沙、四冲、莫园、新开田13个建制村，143个村民小组。

自然环境

地处山地，地形分为山高垅窄，东高西低。属亚热带季风湿润气候区，具有明显的季风气候特征，四季分明。年均气温17.6℃；降水集中在每年的4—6月，其中6月最多，年均降水约为1500毫米。常年主导风为南风。莫井位于湘东富矿带的葫芦肚上，矿产资源较丰富，金钨铅锌蕴藏量大，埋藏浅，品位高，另有萤石、重晶石、花岗岩等非金属矿床。其中萤石储量25万吨。

人口

1989年，莫井乡有11759人，其中农业人口11548人。1999年，有11988人、3589户，其中农业人口11752人。2014年，有常住人口12820人、2798户。其中农业人口9815人；男性6499人，占50.7%，女性6321人，占49.3%。人口密度为每平方公里1092人。

经济发展

经济综述

全县茶油主产区之一，有油茶林面积 2333.33 公顷，占全乡林地面积的 51.47%，也是全县重要的南竹生产基地，有南竹面积 1333 公顷，占全县南竹生产基地的 20%。有山林面积 4500 公顷，森林覆盖率 79.5%。处衡东、衡南、攸县三县交界的"金三角"，是重要的农副产品集散地，2014 年，社会消费品零售总额 6318 万元。

农业

种植业 主要种植水稻、蔬菜、红薯、豆类等作物。盛产茶油、南竹、藤茶、药材、山羊、板栗等。1990 年，有耕地面积 591.8 公顷，其中水田 548 公顷。粮食总产 6452 吨，亩产 785 公斤。1999 年，有耕地面积 560 公顷，农作物总播种面积 1553 公顷，其中粮食播种面积 1316 公顷，粮食总产 8243 吨。2014 年，有耕地面积 805 公顷，农作物总播种面积 2110 公顷，其中粮食播种面积 1198 公顷，粮食总产 7493 吨。

养殖业 域内有养殖生猪、牛羊、鸡鸭、鱼等畜禽水产习惯。1992 年，出栏肉猪 8723 头，肉类总产量 542 吨。年末存栏猪 8385 头；禽蛋产量 51 吨；水产品产量 56 吨。1999 年，出栏生猪 11150 头，猪肉产量 1507 吨；水产品产量 434 吨。2014 年，出栏生猪 2 万余头。

2014 年，有种植大户 1 户，畜禽养殖大户 1 户。农业技术服务机构 1 个，从业人员 2 人；农民合作社 3 个。

林业 乡域属山地，有山林面积 0.45 万公顷，其中油茶面积 0.23 万公顷，主要分布在莫源、四冲、白沙、新开田、井冲、三垅、荷家园、碰塘等村。1992 年，产茶油 250 吨。2009 年，出台《莫井乡 2010—2012 年油茶产业规划》，制定三年实现垦复老油茶 2000 公顷，新造 0.1 万公顷目标。成立 4 家专业生产合作社，通过土地流转，实现规模集约化种植。2011 年，产油茶 215 吨。2013 年，油茶开发项目招商引资 500 万元，垦复油茶 0.1 万公顷，新造 333 公顷。莫井乡是全县南竹生产基地，南竹种植面积 1333 公顷，主要分布在白沙、

莫井江山村百年银杏树、槠子树

建新、江山村。2014年，全年累计造林215.73公顷，其中防护林95.53公顷，经济林120.2公顷，农民住宅四旁树木0.9万株，森林覆盖率79.5%，活立木蓄积量36787立方米。

工业

1992年，有乡镇企业189个，从业人员487人，企业总产值426万元。1999年，有乡镇企业67个，从业人员1680人，企业总产值9430万元。2014年，有工业企业2个，从业人员105人，企业总产值4782万元。位于莫井村的同心矿业，矿区面积0.17平方千米，主要开发萤石矿。

商贸服务业

莫井为衡东、衡南、攸县三县交界“金三角”，自清代乾隆年间（1736—1795）开始，莫井老街即将军庙就成为重要的农副产品集散地。1999年，有集贸市场1个，集市贸易成交额908万元，社会消费品零售总额1012万元。2014年，有市场1个，50平方米以上的超市1个。社会消费品零售总额6318万元。

财政金融

1949—1979年，乡镇财政收支由秘书或粮油委员分管，1980年，区乡镇设财税所，1989年，推行乡镇一级财政包干。1992年，财政收入47万元，财政支出19万元。1999年，财政收入95万元，财政支出65万元。2002年，取消农林特产税和“五统三提留”。2006年，取消农业税。2014年，财政收入356万元，财政支出356万元。

2014年年末，有金融机构网点1家。

基础设施

交通运输

直至1958年，境内以民工建勤方式才建成碰塘至莫井（将军庙）477公里的简易乡道，1973年10月通行客车。1959年，修筑莫井至衡南县铁丝塘望江村段144公里的路段，1979年定为县道。20世纪90年代，全乡只有碰塘、三口井、江山、莫井4个村通县道，鹅形、白沙、莫源3个村通村道，通车里程10公里，其余6个村不通公路。1991年，乡人大会作出《关于加强乡村公路建设的决定》,1993—1996年,投资200余万元，投工12万个，新修乡村公路10条，使13个村144个组全部通公路。1999年，有公路里程44公里。“十五”（2006—2010）期间，全县启动农村公路建设“通畅工程”（即通村水泥路或油路建设工程）。期间，莫井乡大力发展乡村公路，修建和硬化莫（井）德（圳）公路，并对莫井、三垅、井冲、莫源、白沙、鹅形、三口井、四冲等村12公里长的村级道路进行路基加固和硬化。2014年年末，境内有县道793公里，乡道1365公里。农村客运站1座，农村客运招呼站3座。全乡13个村通公共交通。

邮政通信

1949年10月，境内通往县城的邮路属吴集、将军庙线，邮件靠人工步行肩挑。1961年，公社设邮政所或代办所。1969年12月，邮件委托汽车运输公司代运。1990年后，邮件实现自办汽车邮运。2014年年末，邮政所1座，营业面积80平方米。投递路线单程总长度6千米，投递点13个，乡村通邮率100%。全年投递国内函件2.3万件，国内异地特快专递信件完成550件。

1959年，公社安装总机，电话线路通大队。1989年，电话线路属吴集至莫井线。1993年后，开通程控电话，实现国际国内长话直拨。同时，邮电部门开展电话乡村建设，农村出现装机热。2014年年末，有电信企业1家，服务网点1个，固定电话普及率80%；移动电话普及率85%。主干电缆607对千米，互联网端口总数125个，其中宽带接入用户45户。全年电信业务收入35万元。

供电饮水

村民饮水习惯多从水井或山塘堰坝取水。20世纪80年代以后，发展压水井和潜水泵井。2009年，在建新村建成莫井水厂，铺设供水管网7000余米，供水用户1500余户。

1976年后，各村逐步通电。1994年年末，通电村13个，农村用电量14.4万千瓦时。1998年，境内建新村第一个实现农电网改造，至2012年年末，13个村全部完成农电网改造任务。2014年年末，全乡用电总量136万千瓦时。

水利建设

乡内为山区林地，水资源较丰富。中华人民共和国成立前，农民靠天吃饭。1958年，“大跃进”时期修水利，建新村修建有大方冲水库、鹅形村有邱塘水库、莫源村有左家冲水库。1973年，新修新村水库，灌溉白沙、鹅形、三口井、碰塘4个村266余公顷农田。2005年，全乡有山平塘250口，堰坝25座，机电排站4处。至2014年，全乡新增山平塘70口，共计山平塘350口，改造堰坝25座，新增闸门45条，改造老水圳35条，新砌水圳25千米；投资650万元，完成国家重点保安水库3座。1995—2005年，全乡农民投工12万个；2006—2014年，投工15万个，使全乡农田基本达到旱涝保收。

乡村建设

兴起于清代的莫井老街，旧窄弯短，不能适应社会发展。1993年，县计划委员会批复同意莫井新建边贸市场，乡党委政府3次征地0.73公顷，集资714万元，建设一条长300米，宽12米的莫井新街。1996年一期工程完工后，新建楼房75栋，建筑面积18900平方米，之后，配套有1600平方米的停车场和1300平方米的农贸市场。

社会事业

教育

1993—1995年，全乡投资178.79万元，新建联校2所，村校校舍3所，扩建中学教学楼及中心小学实验楼。学校配套音乐、图书、实验、少年活动、体育器材、卫生保健等室，教育“两基”硬件达标。1996年，有初级中学1所，在校学生445人，小学10所，在校学生1751人；教师108人。1999年，有学校12个，在校学生3148人，教师45人。2014年年末，有幼儿园2所，在园幼儿298人。有小学1所，在校学生624人，专任教师28人。初中1所，在校学生413人，专任教师18人。

文化体育

1954年，开始发展乡办文化站，配文化辅导员1人。之后，文化专职人员有所增减。1961年，文化馆撤销。1963—1966年，公社设民办公助文化站。1977年，文化站重建，置全脱产辅导员。1989年，撤区并乡，镇设文化站，负责文化行政管理和群众文化辅导工作。2014年，有各类民间艺术表演团体2个，演职人员16人。乡镇综合文化站1个，村级农家书屋9个，总藏书152737册。地方特色民间艺术有将军庙会。

医疗卫生

1953年，由中医颜尧华、颜风懿、文映怀、马仁贵投资建立莫井联合诊所，租赁民房开展诊疗业务。推广新法接生，儿童健康检查，开展农村多发病、常见病的内科、儿科、中医科等诊疗活动。1958年10月，改为莫井公社卫生院，下设碰塘、莫源2个医疗点。卫生院搬迁到莫井新街。1960年后，相继建立大队卫生室，配有赤脚医生。

1969 年，实行农村合作医疗制度。分别在莫源、碰塘、将军庙老街开设 3 个医疗点。1975 年，兴建莫井卫生院。1988 年，有正式职工 13 人，其中，中医主治医师 1 人，西医主治医师 2 人，妇产医师 1 人，中医师 2 人。至 1999 年，莫井卫生院设门诊部、住院部，有病床 15 张，医护人员 21 人。2003 年，投资 50 余万元对门诊、住院大楼进行整修，添置电子胃镜、半自动生化仪、200 毫安 X 光机、心率监护仪等设备。2009 年耗资 300 多万元新建近 2000 平方米的住院大楼，2014 年，更换全自动生化仪，添置多普勒和彩超机，有病床 35 张，医护人员 32 人。

1989 年，境内有医疗卫生机构 9 所，卫生技术人员 9 人，床位 4 张，其中村卫生室 8 所；2000 年，有医疗卫生机构 11 所，卫生技术人员 14 人，床位 16 张，其中村卫生室 10 所；2014 年，有医疗卫生机构 15 所，卫生技术人员 21 人，床位 30 张，其中村卫生室 13 所。

2007 年 1 月 1 日，衡东县正式启动新型农村合作医疗。是年，参合人数 8979 人，参合率 80.8%；2014 年，参合人数 11367 人，参合率 107.96%，补偿金额 359.22 万元。

社会保障

2006 年，实施城乡居民大病医疗救助。是年，救助 20 人次，救助住院医疗费 29700 元。2014 年，救助 5 人次，救助金额 18400 元。

2009 年，修建莫井敬老院，占地面积 0.1 公顷，床位 30 张。2014 年，有社会福利收养性机构 1 所，

莫井乡界溪将军庙

床位30张；全乡有“五保”对象59人，其中集中供养12人，分散供养47人。月标准450元。

2007年，实行农村居民最低生活保障待遇。是年，境内有低保对象35户、72人，总金额8220元。2014年年末，有低保对象323户、558人，月人均保障标准165元，总金额63240元。

2012年，全县启动城乡居民社会养老保险。是年，境内参保人数6433人，缴费人数3951人，参保率90%；缴费金额410200元，发放755865元。2014年，参保人数6680人，缴费人数2946人，参保率69%；缴费金额301400元，发放1775700元。

特色地情

将军庙 相传为明代总戎官颜大尧所建。明朝时，衡山与清泉（现衡南县）两邑交界处有一条小溪破境流过，为两邑天然分界线，故称“界溪”。颜大尧就出生在溪边的“月光塘”大屋，至今塘边还留有他的拴马桩，后来，总戎官在这里建了李广将军庙，周围各县百姓前来进香祈福，“界溪”渐渐被“将军庙”这一名称取代。每年农历五月二十四日为李广将军寿诞，将军庙都会举行庙会，衡东、衡南轮流唱戏三天，以示庆贺。

（文字/图片供稿：胡青燕　雷海滨）

踏庄乡

区域概况

位置面积

踏庄乡位于县域中部，北靠甘溪，南濒洣水与吴集镇隔河相望，西连城关镇，北接白莲镇。乡人民政府驻踏庄村，距县城6公里。相传清代有个大庄园主，收租时丢塌了这一处田庄，因“塌”与“踏”谐音而得名。2014年，辖区总面积44平方公里，其中陆地面积占88%，水域面积占12%。

建置沿革

民国时期属武阳区。中华人民共和国成立初期，属衡山县第二区甘溪乡。1952年，属第十一区。1956年，由仙塘、大桐、坪桥、大托、林山乡合并为踏庄乡。1958年，属英雄人民公社，后更名为吴集人民公社。1961年公社体制改革时，设立踏庄人民公社。1966年，析置衡东县，境内设踏庄公社。1983年年底，在踏庄公社进行政社分设，重设乡级政权的试点，设踏庄乡人民政府。1989年5月，撤区并乡，踏庄乡由1983年的踏庄乡单独建制而成。

行政区划

1989年，辖16个建制村，163个村民小组。2014年年末，辖大托、朗山、踏庄、桐霄、上朗、中朗、茗岗、荆茗、枫林、中森、木林、花园、正坪、仙南、大塘、枫垅16个建制村，164个村民小组。

自然环境

辖区以丘陵为主，平地面积仅占总面积20%以下。处亚热带季风湿润气候区，四季分明。年均气温17.6℃。年降水量约为1348毫米，降水日约150天。降水最多达180天，最少58天。降水集中在每年3—6月。域内水资源丰富，有溪港16条、长20千米。

人口

1989年，镇辖区总人口14458人，其中农业人口14026人。1999年，总人口14075人，其中农业人口13874人。2014年年末，总人口17605人，其中农业人口15700人；男性11971人，占68%，女性5634人，占32%。人口密度为每平方公里353人。

经济发展

经济综述

经济以农业为主，主产稻谷。2014年，有耕地面积934公顷，总产12497吨，毗邻县城，为城镇专业蔬菜基地，主要种植丝瓜、西红柿、南瓜、辣椒等，其中大托方兴绿色瓜果蔬菜基地，年产各类瓜果蔬菜30余吨。有丰富的森林资源，是县域主要的用材林基地之一，种植有万亩连片国外松，同时也是县内规模较大的苗木花卉培植基地。角盒、皮碗加工为乡域传统加工产业。

农业

种植业 域内主要种植水稻、蔬菜、红薯等作物，盛产茶油、大豆、花生、红薯等。1989年，有耕地面积728.13公顷，粮食总产9316.5吨，亩均853公斤；1999年，有耕地面积691公顷，粮食总产8913.9吨，亩均860公斤；2014年，有耕地面积934公顷，粮食总产1249.7吨，亩均892公斤。踏庄乡临近县城，推动“绿色庄园”建设，培植菜篮子工程是全乡一大亮点。2013年，建成大托方兴绿色瓜果蔬菜基地，占地34公顷，其中钢架大棚蔬菜基地10公顷，主要种植大红椒、丝瓜、茄子、西红柿、南瓜、葡萄等10余个优良品种。年培植销售蔬菜苗10万余株，年产各类瓜果蔬菜30余吨，年产值80万元以上。

养殖业 以养殖生猪、山羊、鸡鸭、鱼、长毛兔为主。1990年年末，生猪存栏5641头，家禽存笼20324羽；出栏肉猪5589头、家禽17404羽，禽蛋总产62.43吨。2000年，生猪饲养量1万余头，家禽饲养量20000余羽；出栏肉猪8000头、牛500头、家禽2万羽。2014年，生猪饲养量25000头，家禽饲养量5万羽；生产猪肉2800吨，羊肉50吨、禽蛋520吨。出栏肉猪24000头、牛1000头、家禽3万羽。渔业以养殖草鱼、鲤鱼、鳙鱼、鲢鱼、鲑鱼、鲶鱼为主。1990年，养殖面积43公顷，水产品产量86吨；2000年，养殖面积55公顷，渔业总产值41万元；2014年，养殖面积64公顷，渔业总产值48万元。

林业 踏庄属丘陵地区，森林大多毁于1958年大炼钢铁年代，全乡12个村2000多公顷山地渐荒，水土流失严重。20世纪70年代，开始绿化，但因燃料积肥问题，收效甚微。90年代后，政府作出3年消灭宜林荒山决定。仅1990年，全乡造林4278公顷。1990—1993年，新栽国外松1333公顷，并在踏庄、大托、桐霄、朗山一带形成万亩连片国外松基地，1993年，认定为消灭宜林荒山乡。1999年，有林地面积494公顷。2010—2011年，中彩苗木花卉种植专业合作社落户桐霄村，占地53公顷，从事各种药材、花卉、苗木培植，为县内规模较大的苗木花卉培植基地之一。2010年后，引进桉树种植项目，面积139公顷。2014年年末，全乡造林667公顷，其中防护林267公顷，经济林400公顷。住宅四旁种植林10万株，森林覆盖率90%，为衡东县主要用材林基地之一。荆茗村内，生长着一种通身金黄的金竹，有较高观赏价值。

工业

境内家庭加工业较为发达，角盒加工和皮碗生产为传统产业。清末至民国时期，境内一带就生产牛角印章。中华人民共和国成立初期，即有10余户20余人从事角盒手工生产。20世纪70年代，公社成立角盒厂，集中角盒师傅带徒传艺，从业人员发展到100余人，年产值100余万元，利税约20万元。80年代中后期，乡角盒厂经营不善解散，传统家庭加工得到迅速发展。1990年，有乡镇企业68个，乡镇企业总产值19213万元。1996年年底，全乡有角盒、图章、皮碗加工的私营企业180余家，从业人员800多人，年产值1500万元，利税300余万元。且机械生产已替代手工。2012年，从事角盒（印章）、皮碗加工的厂家仍有180余家，年产值100万元以上。2014年年末，有工业企业2个，总产值1221万元，创税62万元。

商贸服务业

农历三、八赶墟是踏庄乡习俗，主要进行农副土特产品和手工业品交易。1999 年，有集贸市场 1 个，集市贸易成交额 2697 万元，社会消费品零售总额 2100 万元。2014 年，有集贸市场 1 个，50 平方米以上的超市 10 个，住宿餐饮业企业 13 个，各类商贸企业 76 家，从业人员 480 余人。社会消费品零售总额 1154 万元。

财政金融

1949—1979 年，乡镇财政收支由秘书或粮油委员分管，1980 年，区乡镇设财税所，1989 年，推行乡镇一级财政包干。1992 年，完成财政总收入 73 万元，财政支出 21 万元。1999 年，完成财政总收入 168 万元，财政支出 148 万元。2002 年，取消农林特产税和“五统三提留”。2006 年，取消农业税。2014 年，公共财政收入 289 万元，财政支出 289 万元。

2014 年，有信用社营业网点 1 个，年末存款余额 1.45 亿元，贷款余额 0.3 亿元。

基础设施

交通运输

20 世纪 80 年代，315 省道公路过境，但只经过大托、踏庄、桐霄 3 个村，到 90 年代中期，仍有 47 个村民小组不通公路，为此，乡党委、政府组织开展兴修公路战，至 1996 年，全乡投入资金 100 万元，工日 10 万个，开挖土石方 50 万方，修筑乡村公路 48 条计 58 公里。1998 年，开始实施村村通工程，1999 年，有公路里程 40 公里，至 2007 年，全乡通畅里程达 45 公里，2009 年，村级公路已实现全面硬化。踏白公路、踏荆公路全面扩宽硬化。2014 年年末，有县道 8.32 公里，乡道 1047 公里。16 个村全部通公共交通；有客运班车 11 辆，年客运量 3.7 万人次；货运汽车 63 辆，年货运量 37800 吨。农村客运招呼站 5 座。

邮政通信

1961 年，公社设邮电所或代办所。2014 年年末，邮政所 1 座，营业面积 80 平方米。

1959 年，公社安装电话总机，电话线路通大队。1989 年，电话线路属甘溪至踏庄线。1993 年后，开通程控电话。1999 年，固定电话装机 31 部。2014 年年末，有电信服务网点 5 个，固定电话用户 1800 户；移动电话普及率 89.7%；宽带接入用户 93 户；电视用户 7410 户，电视综合覆盖率 99.3%。

供电饮水

村民饮水习惯多从水井或山塘堰坝取水。20 世纪 80 年代以后，发展压水井和潜水泵井。1994 年年末，自来水受益人口 54 人。2009 年，在踏庄村取井水建成踏庄水厂，铺设供水管网 6000 余米，供水人口 4500 余人。

1976 年后，各村逐步通电。1994 年年末，通电村 16 个，农村用电量 48.28 万千瓦时。2004 年，境内大托、大塘冲、中森村等 3 个村第一批实现农电网改造，至 2012 年年末，16 个村全部完成农电网改造任务。2014 年年末，全乡用电总量 126 万千瓦时。

乡村建设

2009 年，全县实施乡镇“五新环境”（新办公环境、新城镇环境、新市场环境、新公路环境、新干部作风环境）建设，踏庄乡投入 20 余万元建设乡食堂、公厕及文体活动室，改造乡街道和农贸市场。2012 年，进行农村环境综合整治，投入专项资金，组建垃圾清扫队，新建垃圾池 3 个，垃圾焚烧池 89 口，垃圾焚烧炉 1 个。安装路灯 180 盏。2014 年年末，16 个村级活动中心已改造完成 8 个。

社会事业

教育

1990—1996年，投资212万元，新建1座农科教中心教学楼、11栋联校校舍，扩建乡中学教学楼、实验楼，同时添置图书、仪器、档案柜等，硬件设施达到省颁标准，教育两基达标。学生入学率巩固率100%，合格率90%。1996年，有中学1所，中心小学1所，村校14所，在校学生2437人，教职工126人。2000年，中学1所，中心小学1所，村校13所，幼儿园13所。在校学生1520人，教职工145人。适龄儿童入学率100%，小学升初中率100%，九年义务教育覆盖率100%。2014年，中学1所，中心小学1所，村校8所，幼儿园2所。在校学生1183人，教职工128人。适龄儿童入学率100%，小学升初中率100%，九年义务教育覆盖率100%。

文化

1954年开始，发展乡办文化站，配文化辅导员1人。之后，文化专职人员有所增减。1961年，文化馆撤销。1963—1966年，公社设民办公助文化站。1977年，文化站重建，置全脱产辅导员。1989年，撤区并乡，镇设文化站，负责文化行政管理和群众文化辅导工作。2014年，有各类民间艺术表演团体4个，演职人员50余人。主要地方特色艺术有皮影戏、花鼓戏。新建乡综合文化站1个，建筑面积548平方米。年电影放映量192场次。村级图书馆12个，藏书7万册。

医疗卫生

1953年，由中医陈丙其、陈日生、刘中发，西医刘志贤等筹建中医会诊所，租赁民房开展诊疗业务。1956年，改为联合诊所，1958年10月合并入夏浦公社卫生院，设踏庄医疗点。1960年后，相继建立大队卫生室，配有赤脚医生。1961年，设踏庄公社卫生院。1969年，实行农村合作医疗制度。1989年，有医疗卫生机构12所，卫生技术人员12人，床位20张，其中村卫生室10所；2000年，有医疗卫生机构12所，卫生技术人员14人，床位30张，其中村卫生室10所；2014年，有医疗卫生机构11所，卫生技术人员37人，床位30张，其中村卫生室9所。

2007年1月1日，衡东县正式启动新型农村合作医疗。是年，参合人数8898人，参合率67.3%；2014年，参合人数14693人，参合率106.66%，补偿金额698.2万元。

社会保障

2006年，实施城乡居民大病医疗救助。是年，救助13人次，救助住院医疗费18500元。2014年，救助3人次，救助金额9200元。

2007年，实行农村居民最低生活保障待遇。是年，境内有低保对象36户、73人，总金额8400元。2014年年末，有低保对象396户、671人，月人均保障标准165元，总金额72555元。

2009年，乡救助站成立。2010年新建踏庄乡敬老院，占地面积2000平方米，床位30张。2014年年末，有社会福利性收养机构1个，床位30张。全乡有“五保”对象97人，其中集中供养11人，分散供养86人。月标准450元。

2012年，全县启动城乡居民社会养老保险。是年，境内参保人数7354人，缴费人数4374人，参保率100%；缴费金额487400元，发放1020415元。2014年，参保人数7817人，缴费人数3058人，参保率68%；缴费金额353400元，发放2402100元。

（文字供稿：胡青燕　罗光国）

高塘乡>>

区域概况

位置面积

高塘乡位于衡东县东南部，处于衡阳、株洲、郴州三市交界处，东与攸县渌田镇接壤，南和安仁县渡口乡毗邻，西连南湾乡，北抵草市镇。1956 年，高田、富塘、山塘、大洲 4 个乡合并时，从“高田”“富塘”各取一字得名。乡人民政府驻两路口村，距县城 47 公里。2014 年，辖区东西最大距离 8.1 公里，南北最大距离 8.9 公里，总面积 95 平方公里。

建置沿革

中华人民共和国成立初期，属衡山县第四区南市乡。1952 年，属第十三区，含高田、富塘、山塘、大洲 4 个乡。1956 年，4 乡合并为高塘乡。1958 年，将草市公社、高塘公社、南湾公社合并称燎原人民公社，后更名为草市人民公社。1961 年，公社体制调整，设高塘公社。1966 年，析置衡东县时，高塘公社属杨林区。1984 年，恢复乡建制，设立高塘乡。

行政区划

1989 年，辖 16 个建制村，190 个村民小组。2014 年，辖高田、毛坪、龙塘、福塘、焕塘、山陂、塘头、田花、石旺、环山、怀碧、两路口、西石、石塘、大洲、洲先 16 个建制村，191 个村民小组。

自然环境

属湘南丘陵地貌，地势西高东低。地貌以丘陵为主，低山、高岗为辅，大致可分为三个类型区：西北部紧靠天光山，为岗丘地貌，海拔 400~750 米。中部为丘陵，海拔 300 米左右。西部有境内最高峰马脑寨，海拔 542 米。境内的河道属洣水和永乐江流域，流域面积 34 万平方米。主要有洣水，从草市镇洣坪村流经境内高田村、毛坪村，长 11 千米，流域面积 15 万平方米。处亚热带季风湿润气候区，四季分明。年均气温 17.8℃，年降水量约为 1200 毫米，常年主导风为东南风，冬季为北风。常年有弱雷电气象。土壤主要分为水稻土、红壤土、红岩土。已探明矿藏有铁矿石、云母、石英等矿产资源。

人口

1989 年年末，辖区总人口 18839 人。1999 年年末，辖 4992 户，总人口 19577 人。2014 年年末，辖 5369 户，总人口 23593 人，总人口中男性 12080 人，占 51.2%，女性 11513 人，占 48.8%。人口密度为每平方公里 320 人。

经济发展

农业

种植业 境内主要种植水稻，盛产大豆、花生、红薯、芝麻、菜油等作物。20 世纪 50 年代中期，开始种植双季稻，70 年代中期，杂交水稻开始得到推广。1989 年，全乡有耕地面积 1208 公顷，其中水田 1115 公顷，旱地 94 公顷。农作物总播种面积 2868 公顷，其中，粮食作物播种面积 2165 公顷，亩产 452 公斤，经济作物播种面积 301 公顷。1999 年，有耕地面积 1183 公顷，农作物总播种面积 3375 公顷，其中粮食播种面积 2109 公顷，粮食总产量 15440 吨。2014 年，有耕地面积 1535 公顷，农作物总播种面积 4496 公顷，其中粮食作物播种面积 3127 公顷，完成农业生产总值 4860 万元；粮食总产量 1.56 万吨。

养殖业 乡内以养殖生猪、家禽、耕牛、鱼等畜禽水产为主。20 世纪 50 年代，畜禽水产的养殖主要是自繁自养，产量比较低，80 年代，政府鼓励农民发展养殖业，饲养家禽家畜数量逐渐增多，有生猪、黑山羊、肉牛等养殖专业户。渔业以岩石塘养殖为主，网箱养鱼为辅，成立鱼苗培育基地。主要养殖鲤鱼、草鱼。1989 年年末，生猪存栏 5075 头，出栏生猪 4749 头，家禽存笼 30590 羽，出栏家禽 18540 羽，耕牛 2243 头，水产品产量 322 吨，水产养殖面积 110 公顷。1999 年，生猪出栏 31097 头，水产品产量 712 吨。2014 年，生猪饲养量 5000 头，年末存栏 2600 头，家禽饲养量 21 万羽。年内产肉 1165 吨，其中，猪肉 895 吨，牛肉 240 吨，羊肉 30 吨；禽蛋 210 吨；水产养殖面积 166.67 公顷，产量 387 吨。

林业 1949 年以前，林地为私人所有。1951 年，土地改革，重新确定山林权属。1958 年成立人民公社后，林权归集体所有。1989 年，人工造林面积为 701 公顷，其中用材林 622 公顷，经济林 30 公顷，薪炭林 49 公顷。2014 年，荒山造林 233 公顷。种植各种树苗 5000 余株，建立石旺、洲先等村的油茶、良种枣基地。有林地 0.77 万公顷，森林覆盖率 81.4%，活立木蓄积量 9.98 万立方米。

工业

20 世纪 90 年代，乡镇企业年总产值 1600 万元。其中，编织的门口席远销深圳、香港地区和日本等地，成为湖南 9 大出口门口席基地之一。1999 年，有乡镇企业 43 个，企业从业人员 1412 人，总产值 11690 余万元。2011 年，有工业企业 2 家，职工 78 人，全年工业生产值 1000 万余元。2014 年年末，有工业企业 5 家，工业企业总产值 11084 万元。

商贸服务业

处三县交界，高塘墟场是周边三县商品交易的主要场地之一。1992 年，境内商业饮食业总额 127 万元。1995 年，新建集贸市场 1 个，占地面积 3850 平方米，门面 60 个，是年发展个体户 28 户。1999 年，有集贸市场 1 个，集市贸易成交额 3130 万元，社会消费品零售总额 2050 万元。2014 年年末，有集贸市场 1 个，社会消费品零售总额 6120 万元。

财政金融

1949—1979 年，乡财政收支由秘书或粮油委员分管，1980 年，乡设立财税所，1989 年，推行乡一级财政包干。1992 年，乡财政收入 61 万元，乡财政支出 29 万元。1999 年，乡财政收入 278 万元，乡财政支出 278 万元。2002 年，全乡取消农林特产税和“五统三提留”。2006 年，全乡取消农业税。2014 年，公共财政收入 579 万元，公共财政支出 575.3 万元。

2014 年年末，有信用合作社等 1 家金融服务机构。

基础设施

交通运输

20世纪80年代前，交通以水路为主，由洣河、永乐江乘船出入；陆运靠人肩挑和土车运载。1988年，吴（集）南（湾）公路（原001县道、314省道，现003省道）全线贯通，路基宽8.2米，路面宽4米，泥结碎石路面，经过山陂、塘头、焕塘和田花4个村，为境内第一条公路。1994年，改造成沥青路面。1995年，修通至安仁县渡口乡的衡安公路。2013年，吴南公路改造，公路采用二级公路标准，设计时速60公里，路基宽10米，行车路面7米，沥青砼路面。

1990—2003年，草市到高塘的乡道机耕路修通；16个村都通了路，一般为2~3米宽泥巴路面。2004年，水泥硬化从草市到高塘6.8公里草高公路；2008—2013年，村级公路硬化72.2公里，2014年，高田、两路口、怀碧、福塘、焕塘等村硬化水泥公路近10公里，实现村村通水泥硬化公路，60%的村实现水泥路通组。2014年年末，有县道2条，共计12.65公里；乡道6.8公里；村道82.2公里。有客运汽车6辆，108座，年客运量13.2万人次；有货运汽车15辆，80吨位，年货运量4.1万吨。通航河道2条，总长29公里，其中洣河最大通航能力为5吨级船舶。

邮政通信

1989年撤区并乡前，境内无邮政网点，只有信报捎站1个，邮政投递员1名，有10个村能骑自行车投递，6个村仍靠投递员肩挑步行。20世纪90年代后，架通电话线；投递员改为骑摩托车投递。2000年后，邮电通信发展迅速，电信、联通、移动网络逐渐覆盖全乡。2014年年末，有邮政网点1个，营业面积80平方米，投递线单程总长26千米，投递点17个，乡村通邮率100%；有电信服务网点2个，电话交接总机容量1800门，固定电话普及率23%；移动电话普及率56.3%；互联网总数652个，宽带接入用户458户。

供电饮水

村民饮水习惯多从洣水、水井或山塘堰坝取水。20世纪80年代以后，发展压水井和潜水泵井。1994年年末，自来水受益人口95人。2011年，在焕塘村取山泉水建成焕塘水厂，铺设供水管网8千余米，供水用户600余户。2013年，在两路口村取地下水建成高塘水厂，铺设供水管网8千余米，主要供水乡机关、学校、医院及周边居民，用户500余户。

1976年，望日岩水电站投产发电。次年，架通高塘至望日岩水电站10千伏高压电力线路，至1980年，全站共安装发电机75千瓦的6台、40千瓦的4台，总装机10台610千瓦。1994年年末，通电村16个，农村用电量41.2万千瓦时。2004年，境内两路口村、高田、焕塘等3个村第一批实现农电网改造，至2012年年末，16个村全部完成农电网改造任务。2014年年末，全乡用电总量115万千瓦时。

水利建设

乡内水利条件较差，易旱涝，80%以上的耕地靠望日岩河坝和江东水库灌溉。20世纪60年代开始，大办水利。1995—1996年，全乡筹集水利资金124.5万元，投工80万个，开挖土石88万立方米，新开渠道13条14200米，整修山平塘852口，水泥硬化山平塘381口，护砌渠道12条8500米，修复石坝59座，改善灌溉面积，旱涝保收面积达到94%。2012年，投资1700多万元完成永乐江河堤护砌工程。投资800多

望日岩水轮泵水电站

万元改造望日岩河坝，提高发电和抗旱能力。投资300多万元，建设自来水厂，在两路口掘两口120多米深的新井，解决周边群众5000余人的饮用水安全。2014年，全乡共改堰修渠9.2千米，其中两路口、高田、怀碧、福塘、毛坪等村新修渠道7千米；对各村的山平塘进行清淤扩容，完成高田村油麻石、山陂村小丰源2座小（二）型水库的除险加固。

乡村建设

1995年，在两路口村12组撑下湾兴建一个集经营农产品、手工艺品、服装、饮食、医药等于一体的集贸市场。征地4700平方米，规划街道宽15米，门面60个，到1996年年底，公开拍卖土地50宗，兴建楼房9幢，共2000多平方米，发展个体户50户。2004年，水泥硬化乡政府驻地两路口街道500米；集资120万元改建望日岩河坝公路桥；全乡7个村完成农网改造，新建沼气池32口；将7条共35.7千米长的村级公路全部改为沙石路。2012年，集资30多万元在乡政府驻地两路口街上安装太阳能路灯60多盏。引进资金20万元，在乡机关院内新建邮政所。2011—2014年，加大农村环境综合整治投入力度。添置大、小型垃圾桶740个，新建大型垃圾池4个、小型垃圾池60个，成立专门的环卫队，农村环境综合整治基本上辐射到全乡。2014年，城镇规划区面积39公顷，建成区面积28公顷，城镇总户数158户、514人，城镇建成区绿化面积0.5公顷；引资打造高田仿古村、新农村建设示范村。

社会事业

教育

1995年，全乡投入资金228万元，新建校舍8050平方米。1996年，投入资金54万元新建校舍2100平方米，添置课桌250套，办公用具10

套。1996年年末，有初级中学1所，在校学生741人；小学16所，在校学生2385人；有教职工151人。小学生入学率100%，合格率99.5%。2005年，有初级中学1所，在校学生505人；乡中心小学1所，联校3所，村小学5所，在校学生1807人；有教职工123人。2014年，高塘中心校新建教学楼1幢。2014年年末，有幼儿园5所，在园幼儿177人，专任教师10人；小学10所，在校学生1778人，专任教师60人，小学适龄儿童入学率100%；初中1所，在校学生542人，专任教师36人。小学升初中率100%，九年义务教育覆盖率100%。

文化体育

1954年开始，发展乡办文化站，境内设文化站1个。1979年，普及公社社办放映队，撤销县办放映队，同时发展民办电影放映事业，建立农户放映队。到1989年，有农户放映队1个。1989年撤区并乡，全乡成立1个文化站，配文化辅导员1人，负责文化行政管理和群众文化辅导工作。有图书馆1个，藏书8600余册。2005年起广场舞盛行，成立广场舞队2个，人数2千余人。2014年，有各类艺术表演团体4个，演职人员58人；体育活动场所8个；公园及休闲健身广场1个；乡镇综合文化站1个；村级农家书屋16个，总藏书18667册；16个村通宽带；16个村通有线电视。地方特色民间艺术有皮影戏、花鼓戏等。

医疗卫生

1969年10月，实行农村合作医疗制度，培养训练亦农亦医的赤脚医生，大队建立医疗站和草药房，形成区、社、队医疗网。1989年，有医疗卫生机构15所，卫生技术人员4人，其中村卫生室14所。2000年，有医疗卫生机构14所，卫生技术人员4人，床位9张，其中村卫生室13所。2011年开始，实行基本药物零利润。2014年，投资120万元兴建乡卫生院综合楼，设床位16张。2014年年末，有医疗卫生机构14所，卫生技术人员5人，床位24张，其中村卫生室13所。

2007年1月，启动新型农村合作医疗。是年，参合人数13717人，参合率75.3%。2014年，新型农村合作医疗参保人数17148人，参合率104.03%。受益补偿金额516.47万元。

社会保障

农业合作化后，农业生产合作社和人民公社对鳏寡老人及孤儿实行“五保”（保吃、保穿、保住、保葬、保教）。2010年，修建高塘乡敬老院，占地面积0.2公顷，床位30张。2014年，有社会福利收养性机构1所，床位30张；全乡有“五保”对象109人，其中集中供养17人，分散供养92人。月标准450元。

2006年，实施城乡居民大病医疗救助。是年，救助17人次，救助住院医疗费33600元。2014年，救助3人次，救助金额9500元。

2007年7月，实行农村居民最低生活保障待遇。是年，境内有低保对象43户、87人，总金额9510元。2014年年末，有低保对象474户、973人，月人均保障标准165元，总金额103845元。

2012年，全县启动城乡居民社会养老保险。是年，境内参保人数10817人，缴费人数6918人，参保率100%；缴费金额710000元，发放1144605元。2014年，参保人数11597人，缴费人数6021人，参保率81%；缴费金额620200元，发放2667600元。2014年，投资38.1万元，完成29栋危房改造建设任务，切实为29户危房户、无房户和困难户解决住房问题。

特色地情

高田古村 位于高田村，居洣水南岸。以田龙大屋、围墙新屋、九魁公祠、高透新屋等建筑群构成村落。村落建筑均为砖石木结构，四合院布局，建造工艺为地方传统风格，建筑形式有祠堂、祖屋、民居等。平面布局有院落、独体等形式。时代从清至民国。为衡东境内保存较完整、建筑规模较大的公共性建筑和民间宅第建筑群，民居呈典型湘南风格，有江南古村韵律。2013年8月，入选住房和城乡建设部、文化部、财政部联合公布的第二批中国传统村落名录。

石塘古村 位于石塘村，坐北朝南，面对开阔的永乐江冲积台地和蜿蜒的永乐江，后倚平缓大气的乌龟山，村落前低后高，呈梯级分布，村域面积3平方公里。村落以明代单氏祖堂为中心，经过清、民国时期逐步建设，形成规模较大、房屋较集中的传统建筑群。建筑类型有祠堂、祖堂、庙宇、箭楼、民居等，平面布局有院落、独体、连体等多种形式。建筑采用砖、石结构。村中传统建筑保存约80%，并保存大量精美的建筑装饰构件。

马脑寨 位于高塘乡西部，跨域丹霞地貌石塘和龙塘，海拔542米。相传若干年前，一匹骏马飞驰经过此地，恰遇火山爆发而交融，马头迎向长空，无限相思，泪水化作山峰下面清澈的泉水，每逢夜晚发出叮当清脆的响声，鬃毛形成郁郁葱葱的树木……从此该骏马守护着边远、宁静的高

斜柳塘大屋牌坊

塘，保百姓平安，保游人平安。

斜柳塘大屋牌坊 位于焕塘村。单姓是焕塘村大姓，斜柳塘大屋牌坊是当地单氏古宅的槽门（即院落的大门），也是一道牌坊形式的券门。牌坊上嵌有纪年的石板，可以确定建于明代万历年间（1573—1600）。是衡东境内保存完好的最早的古建筑遗存。

望日岩水轮泵水电站 始建于1974年，位于永乐江下游，坐落于石塘村，地处衡东、安仁、攸县3县交界处，大坝拦截永乐江，坝轴全长274米，控制流域面积2615平方公里，占永乐江总流域面积2764平方公里的94.61%，上距安仁县渡口水轮水电站6.54公里，下距永乐江洣水河口20公里，是一处以灌溉为主、兼顾发电的中型水电工程。有发电机组10台，总装机容量为1250千瓦，设计灌溉面积1333公顷。

（文字供稿：马晓菲　王叶鹏　图片供稿：陈默）

南湾乡 >>

区域概况

位置面积

南湾乡位于衡东县东南部，东与安仁县渡口乡接壤，南连安仁县禾市乡，西邻衡南县宝盖乡，北接高塘乡。史称欧阳南湾的武士路经此地，迷恋这里的秀美山水定居于此，屋前牌楼上书“南湾门”三字，集镇因此命名。乡人民政府驻南湾街，距县城 50 公里。2014 年年末，辖区总面积为 78 平方公里。

建置沿革

中华人民共和国成立初期，属衡山县第四区南湾乡。1952 年，属十二区，含南湾、松源、桃源、江东 4 个乡。1956 年，撤区并乡，设南湾乡。1958 年，属燎原人民公社，后更名为草市人民公社。1961 年，调整公社体制时，设南湾人民公社。1966 年设置衡东县时，南湾乡属杨林区。1984 年，政社分设，设南湾乡。

行政区划

1989 年年末，辖 9 个建制村，107 个村民小组。2014 年年末，辖新南、松源、合江、江东、茶旺、塘江、东江、桃源、塘下 9 个建制村，109 个村民小组。

自然环境

处高日塘山脉和四方山支脉地带，构成山地地貌。境内地形起伏，层峦叠嶂，地势为四面高，中间低，呈盆地形。最高峰天光山海拔 814.9 米，为县境最高峰。属亚热带季风湿润气候，年均气温 17.9℃，年均降水量 1301 毫米。矿产资源丰富，已探明的地下矿藏有金、银、铜、铁、钨、石晶石等，尤其是钨、金储量较大，品位较高，矿体较厚，埋藏较浅，易于开采。已开采的有南湾钨矿、东江金矿。

人口民族

1989 年年末，辖区总人口 11468 人，其中农业人口 11343 人。1999 年年末，辖 3268 户，总人口 12501 人。2014 年年末，辖 3265 户，总人口 14667 人，总人口中男性 7615 人，占 51.92%；女性 7052 人，占 48.08%。总人口中均为汉族。人口密度为每平方公里 182.68 人。

经济发展

经济综述

南湾林茂粮丰。全乡有山林面积 6700 公顷，森林覆盖率 86.2%。2014 年，林业总产值 950 万元。

主要盛产南竹，竹林株数10019583株，占全县林分总蓄积量的37.42%。竹木工艺品是南湾的拳头产品，生产加工的竹凉席半成品竹凉丝、竹筷、竹跳板畅销省内外，2014年，工业总产值7231万元。同时发展种养业，2014年，粮食播种面积1230公顷，油菜示范片种植面积300公顷，畜禽养殖大户13户。反季节蔬菜产业初具规模，以塘下村的茄子基地，合江村的丝瓜、莴笋基地为主的反季节蔬菜种植面积466公顷，占耕地面积的50%以上，年产值3200多万元。土特产有荸荠、乌豆、玛李等。南湾墟场是周边三县商品交易的主要场地，商品流通活跃，2014年，社会消费零售总额3012万元。

农业

种植业 境内粮食作物以种植水稻为主。荸荠和乌豆是南湾的土特产。乌豆加工成豆油作为调味品，清香可口。20世纪50年代中期开始，种植双季稻，70年代中期，杂交水稻开始得到推广。1989年，有耕地面积594公顷。农作物总播种面积1498公顷，其中，粮食作物播种面积1067公顷，亩产458公斤；主要经济作物有柑橘、板栗、芝麻、花生、生姜、药材，经济作物播种面积154公顷。1999年，有耕地面积562公顷。农作物总播种面积1405公顷，其中粮食播种面积960公顷，粮食总产量8040吨。2014年，有耕地面积599公顷。农作物总播种面积2030公顷，其中粮食作物播种面积1230公顷。

养殖业 乡内以养殖生猪、家禽、牛、鱼等畜禽水产为主，野生动物主要有獐、麂、鹿、兔、黄鼠狼、穿山甲、野猪、野牛等10余种。20世纪50年代，畜禽水产的养殖主要是自繁自养，产量比较低。80年代，政府鼓励农民发展养殖业，饲养家禽家畜数量逐渐增多。1989年年末，生猪存栏5562头，出栏生猪4095头，家禽存笼12820羽，出栏家禽17180羽，水产品产量30吨，水产养殖面积30公顷。1999年，生猪出栏12895头，水产品产量225吨。2014年，生猪饲养量6600头，年末存栏3300头；牛饲养量562头，年末存栏536头；羊饲养量3897头，年末存栏1856头；家禽饲养量18万羽。生产肉442.9吨，其中猪肉390吨，牛肉21.4吨，羊肉31.5吨；禽蛋216吨，畜牧业总产值744.28万元，占农业总产值的24.37%。渔业以淡水鱼类为主，养殖面积7.5公顷，产量164.29吨；渔业总产值230万元，占农业总产值的7.53%。

林业 1949年以前，林地为私人所有，以竹林为主。1951年，土地改革，重新确定山林权属。1958年，成立人民公社后，林权归集体所有。1989年，人工造用材林面积28公顷。1996年，限额采伐南竹4400立方米，杉树和松树450立方米。2014年年末，境内山林面积6700公顷，其中经济林0.1万公顷，南竹、杉树、松树5333公顷，森林覆盖率86.2%。林业总产值590万元。

工业

竹木工艺品是南湾的拳头产品。1993年，成立竹木工艺品厂，生产加工竹凉席半成品竹凉丝。产品打入广东、浙江、安徽及本省的衡阳、郴州、岳阳等地市场。矿产资源主要有钨、金、铜、铁等，1996年5月，县政府与国家地质队417队在东江村联合开办金矿。1999年，有乡镇企业80个，企业从业人员1766人，总产值10758万元。2014年，有工业企业14家，规模以上工业企业1个，全年工业总产值7231万元。

商贸服务业

南湾墟场是周边三县商品交易的主要场地，每逢农历三、六、九日墟场。1992年，境内商业饮食业总额8万元。1994年，制定“以地起步，以地生财”的新思路，着手兴建边贸市场。向群众出让土地47宗、2450平方米，获得出让金69万元，全部用于市场建设。1996年12月28日，中央电视台记者到南湾采访，对“以地起步，以地生财”建设边贸市场进行报道。1999年，有集贸市场1个，集市贸易成交额216万元，社会消费品零售总额607万元。2014年年末，有集贸市场2个，大型超市2个，社会消费品零售总额3012万元。

财政金融

1949—1979年，乡财政收支由秘书或粮油委员分管，1980年，乡设立财税所，1989年，推行乡一级财政包干。1992年，乡财政收入35万元，乡财政支出14万元。1999年，乡财政收入92万元，乡财政支出92万元。2002年，取消农林特产税和“五统三提留”。2006年，取消农业税。2014年，公共财政收入352万元，财政支出352万元。

2014年年末，有信用合作社等1家金融服务机构。

基础设施

交通运输

处衡东县边远山乡。1989年前，交通十分闭塞。既无公路，又无水路，只有一条草市至安仁的宽1米左右的古驿道和通往各大队的宽0.5米左右的泥巴小路，货物运送全靠人工肩挑和土车运载。1988年，吴（集）南（湾）公路（原001县道、314省道，现003省道）全线贯通，路基宽8.2米，路面宽4米，泥结碎石路面，为境内第一条公路。1994年，改造成沥青路面。20世纪90年代末，南湖公路通车，吴南公路与南湖公路贯穿连接安衡公路，交通条件得以便利。2013年，吴南公路改建，公路采用二级公路标准，设计时速60公里，路基宽10米，行车路面7米，沥青砼路面。2000年后，实施通达工程，到各村的泥巴小路开始加宽加固，路面铺上碎石，基本形成宽2~3米的机耕路，使用拖拉机运载货物。2002—2007年，实施通畅工程，硬化乡道4公里，村道29.6公里。2014年年末，有县道2条，长17.71公里；乡道4.24公里，村道37.5公里。

邮政通信

1989年前，境内无邮政网点，只有信报捎站1个，邮政投递员1名，只能靠投递员肩挑步行投递。20世纪90年代后，架通电话线；投递员改为骑自行车投递。2000年后，邮电通信发展迅速，建有电信、移动和联通发射塔，电信、联通、移动网络逐渐覆盖全乡。2014年年末，有邮政代办所1处，营业面积80平方米；投递线单程总长19千米，投递点10个，乡村通邮率100%；有电信服务网点1个，电话交接总机容量1500门，固定电话普及率24%；移动电话普及率95%；互联网总数158个，宽带接入用户109户。

水利建设

中华人民共和国成立前，农民靠天吃饭。“大跃进”时期，每年利用冬闲兴修水利。1958—1963年，兴建江源冲小（一）型水库1座，新修山平塘36口。1975年，建成江东水库，是一座以灌溉为主、兼有防洪、结合发电、养鱼等综合性的中型水利工程。灌溉区域为南湾乡、高塘乡、草市镇、杨林镇。2000年，全乡有山平塘236口，堰坝27座，机电排站8处。2007年，投资40万元完成江源冲水库病险工程；争资130万元恢复修造江南港和沿线的农田化基本建设。2014年，全乡新增山平塘56口，共计山平塘292口，改造堰坝20座，新增闸门25条，改造老水圳45条，新砌水圳27千米；硬化松源支渠2000米，解决全乡近133.33公顷水田因水渠不畅而引发的灌溉难题，使全乡农田基本达到旱涝保收。

供电饮水

村民饮水习惯多从水井或山塘堰坝取水。20世纪80年代以后，发展压水井和潜水泵井。1994年年末，自来水受益人口80余人2013年在新南村取地下水建成南湾水厂，铺设供水管网1000~2000米，供水用户200余户。

1976年8月，江东水库大坝电站1、2号机组投产发电。1994年年末，通电村9个，农村用电量40.05万千瓦时。2004年，境内新南村第一个实现农电网改造，至2012年年末，9个村全部完成农电网改造任务。2014年年末，全乡用电总量149万千瓦时。

乡村建设

1994年11月，乡政府筹资69万元，兴建南湾边贸市场，1995年10月竣工。边贸市场总建筑面积2000平方米，摊位280个，内有生猪、蔬菜、竹木、耕牛等交易场所。投资建房经商70户，新建门面140间。同时，兴建电视差转台、自来水厂，街道全部硬化、下水道全部铺通。从2002年开始，把山区公路建设列入重点工程，至2007年，筹资500万元硬化塘口至杨林、合江至桃源、江东至茶旺、南湾至潭湖等37条公路，计24.9公里。2006—2007年，投资50万元硬化新农村建设示范村新南村南湾至麻子湾、南湾至梅花冲、南湾至徐家洲3条村级公路，计5.5公里。2007年，为缓解南湾老街道墟场拥挤狭窄的局面，以乡政府为中心，新建一个农贸市场，占地2000平方米，摊位280个。并以市场为中心，向东、南、西、北新建街道，投资建房经商户达300余户。2010年，在松源村境内新建1所客运站；投资20万元在南湾街道新建1所邮政所，年底投入使用。2014年，塘下村水泥硬化公路5公里,耗资10多万元修好涂家桥；投入7万元安装自来水，解决300多人的饮水问题；加大城乡环境综合整治力度，成立10人保洁队伍，添置大型垃圾桶85个，新建垃圾池96个，改厨、改圈、改厕200户；在乡村道两旁栽树370株。

社会事业

教育

1990年,乡内有中学1所,小学16所,在校中、小学生1700人。1996年，投资129万元，兴建和维修8所村级小学；投资76万元兴建乡中学教学大楼、餐厅、实验室及各项配套工程。是年年末，有初级中学1所，小学11所，在校学生1819人，教职员工108人；乡办中学三年巩固率为全县乡镇中学第一。2002—2003年，投资100万元新建一栋占地3000平方米的南湾中学教学综合楼。2014年，耗资近700万元，新建南湾中学综合大楼、完小综合大楼，维修塘江学校教学楼。2014年年末，有幼儿园7所，在园幼儿348人，专任教师13人；小学5所，在校生1069人，专任教师40人，小学适龄儿童入学率100%；初中1所，在校生132人，专任教师14人，小学升初中率100%，九年义务教育覆盖率100%。

文化

1954年，境内设文化站1个。1979年普及公社社办放映队，撤销县办放映队，同时发展民办电影放映事业，建立农户放映队。到1989年，有农户放映队1个。1989年，撤区并乡，全乡成立1个文化站，配文化辅导员1人，负责文化行政管理和群众文化辅导工作。有图书馆1个，藏书7000余册。2014年，有各类艺术表演团体2个，演职人员28人。乡镇综合文化站1个，村级农家书屋7个，总藏书11879册；9个村通宽带；3个村通有线电视。地方特色民间艺术有自申福王庙会等。

医疗卫生

1989年，有医疗卫生机构10所，卫生技术人员10人，床位7张，其中村卫生室9所。2000年，有医疗卫生机构11所，卫生技术人员12人，床位15张，其中村卫生室9所。2011年，开始实行基本药物零利润。2014年，有医疗卫生机构11所，卫生技术人员9人，床位15张，其中村卫生室9所。

2007年1月，启动新型农村合作医疗。当年参合人数9520人，参合率80.70%。2014年，新型农村合作医疗参保人数11102人，参合率97.42%。受益补偿金额364.96万元。

社会保障

1996年，镇投资7万元，在南湾街建敬老院，占地面积0.13公顷，床位28张。2014年，有社会福利收养性机构1所，床位28张；全乡有“五保”对象47人，其中集中供养10人，分散供养37人。月标准450元。

2006年，实施城乡居民大病医疗救助。是年，救助3人次，救助住院医疗费20500元。2014年，救助6人次，救助金额18000元。

2007年7月，实行农村居民最低生活保障待遇。是年，境内有低保对象78户、190人，总金额20550元。2014年年末，有低保对象510户、1007人，月人均保障标准165元，总金额111240元。

2012年，全县启动城乡居民社会养老保险。是年，境内参保人数6178人，缴费人数3880人，参保率95%；缴费金额458400元，发放663795元。2014年，参保人数6544人，缴费人数3143

新南村古箭楼

人，参保率75%；缴费金额370900元，发放1584900元。

特色地情

名优特产

南湾玛李 南湾乡独有的玛李，意思是像玛瑙一样的李子，挂在树上，就像一串串的玛瑙珠子，玲珑剔透。是秧李的一种，主要分布在合江、松源、新南3个村境内。3个村四面环山，土地蕴含丰富的矿物质，著名的江东水库就在上游，水质没有任何的污染，独特的小气候造就了南湾玛李的独特味道。

风景名胜

新南村古箭楼 院落始建于明朝万历年间（1573—1620），又名晏家大屋，由七个坚固的箭楼院落组成，现仅有一个箭楼院落保存较为完好。箭楼造型威武，形成紧凑的院落。老屋梁里藏雍正三年（1725）的文房四宝。从建筑形制上分析，倒塌的上边屋，是典型的明末清初建筑风格，晏家大屋曾有七栋箭楼，文字记载称始建于明代，但确切年代待考。箭楼的屋檐均是叠涩出檐，把特制的青砖打磨成假斗拱的形制，层层叠制砌往外伸出，是典型的明代建筑风格。箭楼屋面上，双坡瓦顶举高比较平缓，也是明代至清代初年常见的建筑风格。

江东水库 江东水库是一座以灌溉为主，兼有防洪、发电、养殖等综合效益的中型水利工程。1973年12月动工兴建，1976年投入使用，是衡东县八大灌区之一。水库枢纽坐落江东村，正常蓄水位为180.62米，正常库容为1512万立方米，设计灌溉面积0.25万公顷，实际建成灌溉面积0.18万公顷。水库下设有三级电站、四个渠道管理站和草市自来水厂。电站总装机容量1285千瓦，年均发电量100万千瓦时。

（文字/图片供稿：马晓菲　蒋寒艳）

三樟乡

区域概况

位置面积

三樟乡位于衡东县西北端，处衡东、衡山、湘潭、株洲三市四县交界处，东临大桥镇，南接石湾镇，西邻湘潭县茶恩寺镇，北交株洲县王十万乡。相传，在长江村境内有三棵古樟树，三樟乡由此得名。乡人民政府驻合山村，距县城48公里。2014年，辖区东西最大距离2.5公里，南北最大距离18公里，总面积50平方公里。

建置沿革

中华人民共和国成立初期，属衡山县第一区石湾乡。1952年，属十四区，含三樟、茶花、柴山、皇家里、油麻田5个乡。1956年，合并为三樟乡。1958年，属湘江人民公社，后更名为石湾人民公社。1961年公社体制调整后，设三樟人民公社。1966年析置衡东县时，三樟公社属石湾区。1971年12月，三樟公社的茶花、龙井、大塘3个大队划归湘潭县的茶恩寺公社管辖。1982年，撤销三樟人民公社分设三樟乡和油麻乡。1989年撤区并乡，三樟乡和油麻乡合并为三樟乡。

行政区划

1989年，辖16个建制村，182个村民小组。2014年，辖金星、温家冲、长塘、长江、合山、前进、李子园、新塘、新湖、油麻、金山、集富、柴山、金湖、进化、富家16个建制村，182个村民小组。

自然环境

属湘中丘陵，地势起伏不大，地形东南高，西北低，李子园村树风仙庙为全乡最高峰。辖区属亚热带季风湿润气候，年均气温17.8℃，一年之间1月气温最低，7月气温最高，年均降水量1371.3毫米，降水集中在每年4—6月。境内河道属湘江流域，流域面积37平方公里，湘江从石湾镇三步村流经温家冲、长江、李子园、新湖、油麻、金山、集富、柴山、进化至富家，流入大桥镇澎陂港而进入株洲境内，境内总长19千米。

人口

1989年年末，三樟乡辖5229户，总人口18017人；1999年年末，辖5547户，总人口19356人。2014年，辖4802户，总人口为20406人，其中农业人口15838人。总人口中男性10754人，占50.27%；女性9652人，占49.73%。人口密度为每平方公里537人。

经济发展

经济综述

以农业为主。2014 年，粮食作物播种面积 2012 公顷，产粮 12103 吨。经济作物主要有黄贡椒、花生、芝麻、红薯等，尤其是黄贡椒已成为乡域、县域特色产业名片。全乡以油麻示范基地为中心，全面发展千亩连片黄贡椒生产，2014 年，黄贡椒种植面积 200 公顷，总产达 2000 吨，扶持以黄贡椒加工为主的湘瑞来食品加工厂、常青黄贡椒种植合作社等特色农产品加工企业，基本形成“公司 + 基地 + 农户”的订单农业模式，2014 年“中国·衡东首届乡村生态旅游文化节三樟黄贡椒采摘体验活动”在乡内举行，为打造“中国黄贡椒第一乡”提升了知名度和美誉度。

农业

种植业 主要种植水稻、黄贡椒、花生、蔬菜、红薯、芝麻、蚕豌豆等作物。粮食以水田种植水稻为主，旱地种植红薯、蚕豌豆等为辅，黄贡椒、旱烟是主要的经济作物。20 世纪 50 年代中期，开始种植双季稻，20 世纪 70 年代中期，杂交水稻开始得到推广。1989 年年末，有耕地面积 990 公顷，其中水田 904 公顷，旱地 87 公顷。农作物总播种面积 2190 公顷，其中，粮食作物播种面积 1712 公顷，亩产 408 公斤；经济作物播种面积 92 公顷。1999 年年末，有耕地面积 967 公顷。农作物总播种面积 2813 公顷，其中粮食播种面积 2125 公顷，粮食总产量 12598 吨。2014 年年末，有耕地面积 1053 公顷，其中水田 799 公顷。农作物总播种面积 3406 公顷，其中粮食作物播种面积 2012 公顷。粮食产量 12103

三樟黄贡椒采摘节

吨，其中稻谷 9531 吨。2014 年年末，全乡先进、适用的农机设备达到 700 多台（套）。

三樟乡素有种植辣椒的传统。长期河水冲击形成的特殊沙质土壤，特别适宜种植黄贡椒。2005 年，成立三樟黄贡椒农产品有限公司，发动农户利用优良适宜的土壤种植黄贡椒，年产值 500 多万元，种植面积 133 公顷，总产量 3 万多公斤。2014 年，以油麻示范基地为中心，全年黄椒种植面积 200 公顷，总产 4 万余公斤，实现总产值 2000 万元以上。湘瑞来食品加工厂及常青黄椒种植合作社等特色农产品加工企业，实现年总产值 500 万元。

养殖业 畜牧业以养殖生猪、家禽、耕牛、鱼等畜禽水产为主。20 世纪 50 年代，畜禽水产的养殖主要是自繁自养，产量比较低，到 80 年代，政府鼓励农民发展养殖业，饲养家禽家畜数量逐渐增多。渔业以水库、池塘养殖为主，产量逐渐增高。1989 年年末，生猪存栏 6784 头，出栏生猪 12856 头，家禽存笼 30020 羽，出笼家禽 10800 羽，水产品产量 205 吨，水产养殖面积 108 公顷。1999 年，生猪出栏 20596 头，水产品产量 416 吨。2007 年，出栏生猪 5 万多头，初步形成以“种养、加工”为龙头的特色农业经济格局。2014 年，生猪饲养量 88000 头，年末存栏 23000 头，家禽饲养量 125000 羽。年内产肉 4334 吨，其中猪肉 4225 吨，牛肉 62 吨，羊肉 47 吨。禽蛋 600 吨，渔业养殖面积 73 公顷，产量 105 吨。

林业 1949 年以前，林地为私人所有，以杉木林为主，1951 年，土地改革，重新确定山林权属。1958 年，成立人民公社后，林权归集体所有。1982 年，林权确定到农户。1989 年，人工造林面积 49 公顷，其中用材林 19 公顷，经济林 6.6 公顷，防护林 13.2 公顷，薪炭林 10 公顷。2014 年，全乡荒山改造 40 公顷，油茶改造 20 公顷。有林

产于三樟大桥一带的黄贡椒，以个大、肉厚，辣中带甜而著称

地1470公顷，森林覆盖率29.4%，活立木蓄积量5.4万立方米。

工业

20世纪70年代末，新塘村成立全乡第一家防腐保温安装公司，带动全乡防腐保温安装业的发展。1996年年末，有防腐保温安装公司80家，从业人员700余人。2014年年末，有工业企业10家，从业人员380人。工业企业总产值7236万元。

商贸服务业

三樟地处三市四县交界处，商贸活动历来繁荣，形成逢农历四、九赶集的传统。上市的农副产品有辣椒、茶叶、禽蛋、水果、瓜菜、竹木制品等，工业品有五金交电、百货、南货等。1999年，有集贸市场1个，集市贸易成交额2934万元，社会消费品零售总额2762万元。2014年，境内有市场1个，50平方米以上的超市2个，餐饮住宿企业1个。社会消费品零售总额6185万元。

财政金融

1949—1979年，乡镇财政收支由秘书或粮油委员分管，1980年，区乡（镇）设财税所，1989年，推行乡镇一级财政包干。1992年，财政收入63万元，财政支出63万元。1999年，财政收入259万元，财政支出254万元。2002年，取消农林特产税和“五统三提留”。2006年，取消农业税。2014年，公共财政收入186万元，财政支出182万元。

三樟信用社创办于1951年，1969年，在村（大队）设立分社（站）。2006年，村（大队）分社（站）撤销。2014年年末，有金融机构网点1个。

基础设施

交通运输

境内形成由公路、水路等两种运输网络，省县乡公路2条，总长35公里。007县道新（塘）油（麻）线为衡东西部重要公路。1974年，修建石湾至三樟公路，1977—1978年，修建三樟至油麻公路。1995—1996年，投资220万元，石湾至油麻段改造为沥青路面。2011年，境内有客运汽车4辆，138个座；货运汽车20辆。境内湘江河道总长19公里，最大通船能力为1000吨的船舶；2011年，省客运船舶24艘，500座，年客运量4万人；有货用船舶10艘。2014年年末，有乡道1343公里。设农村客运站1座，农村客运招呼站4座。

邮政通信

1949年10月，境内通往县城的邮路属石湾、三樟树、油麻田线。邮件靠人工步行肩挑。1961年，公社驻地设邮电所。1990年后，邮件实现自办汽车邮运。2014年，邮政支局营业面积80平方米，从业人员5人，投递线单程总长35千米。投递点21个，乡村通邮率100%。

1959年，公社安装总机，电话线路通大队。1989年，电话线路属石湾镇至三樟乡线。1993年后，开通程控电话。2014年年末，电信服务网点1个，固定电话用户2820户，普及率58.7%；移动电话普及率63%；互联网端口总数150个，宽带接入用户55户。

供电饮水

村民饮水习惯多从水井或山塘堰坝取水。20世纪80年代以后，发展压水井和潜水泵井。2009年，在长江村取湘江水建成三樟水厂，铺设供水管网超过11千米，供水人口6000余人。

1976年后，各村逐步通电。1994年年末，通电村16个，农村用电量80万千瓦时。1998年，境内柴山、集富村2个村第一批实现农电网改造，至2012年年末，16个村全部完成农电网改造任务。2014年年末，全乡用电总量294万千瓦时。

水利建设

三樟乡属白莲水库库区，境内建有金星村胜利水库、前进村磨石塘水库、合山村丰收水库、李子园村三角塘水库、金山村染铺湾水库5座小（二）型水库。有骨干塘987口，高干支渠、斗渠等47千米长。沿湘江河岸建有电排12座，总装机容量230千瓦。20世纪90年代前，为衡东干旱死角，有“水尾子”之称，制约乡经济发展。1993—1996年，全乡自力更生筹措资金648万元，投入劳动日454万个，完成土石方520万立方米，建设水利工程550处，其中架设渡槽11处，新建和改造电管站22处，护砌河堤及护坡420米，整修河堤25千米，修复河堤缺口5处，硬化骨干塘250口。2012年，投资10万元，对富家村的白筑坝，集富村的鸭嘴港，金湖村的河堤全线除险加固；硬化山平塘30余口，清淤山平塘40余口。通过一事一议，农业开发，水利建设专项资金等渠道，2014年，完成4座小（二）型水库的除险加固，320余口骨干塘的清淤硬化，25千米长的渠道硬化等。

乡村建设

三樟毗邻湘江，为衡、潭交通驿路，临江建有半边街。1994年，集资550万元（其中集体资金160万元），从三樟粮库到河堤洞子口的公路两侧征地7803平方米。1996年后，建成一条长250米，宽14米的新街道，开设商铺52家，货摊210个，建成日产100吨自来水厂。2010年，投资100余万元兴建乡政府办公楼。2014年，投资10万元，安装街道路灯12盏；硬化绿化街道路面及管网填埋。以长江村为重点的新农村建设不断加强，道路硬化3千米。全乡发放垃圾环卫桶200个，斗车5台。

社会事业

教育

民国时期，多私塾。政府倡导新式教育，乡内学校逐步增加。1923年，刘岳峙（同盟会员，毕业于岳麓书院）创办和恭村完小。此后，进化刘氏学校，金星陈家学堂，枣和冲学堂，大元小学等5所国民小学、族校先后兴办。但普通村民受教育程度低。中华人民共和国成立后，人民政权接管各学校，和恭村完小改为油麻完小。1954年，境内共有学校8所。1975年，全乡有3所中学，16所小学，在校学生2800人；1977年开始，办初高中，油麻完小更名为三樟中学。1979年，在长塘村兴建新校舍，将三樟中学迁入新校舍，原三樟中学更名为油麻中学。1996年，调整学校布局，油麻中学并入三樟中学，乡内学校撤并为10所。2003年，10所并为7所（1所中学，2所完小，4个教学点）。在校初中学生270名，小学生860名，教师70余名。教育教学质量连续10年获全县教育教学质量先进单位；2011年，创办三樟中心幼儿园，被评为湖南省农村合格幼儿园，在园幼儿150名。2014年年末，有7所学校，教师72人，学生1150人。

医疗卫生

乡卫生院成立于20世纪50年代初。70年代初，国家相继为各村（大队）培训赤脚医生，建村卫生室。1989年，有医疗卫生机构17所，卫生技术人员16人,床位10张,其中村卫生室16所；2000年，有医疗卫生机构17所，卫生技术人员15人,床位10张,其中村卫生室16所；2014年,有医疗卫生机构17所，卫生技术人员14人，床位10张，其中村卫生室16所。

2007年1月1日，衡东县正式启动新型农村合作医疗。是年，境内参合人数14517人，参合率85.8%；2014年，参合人数18222人，参合率101.32%，补偿金额525.73万元。

社会保障

2006年,实施城乡居民大病医疗救助。是年,救助26人次,救助住院医疗费35300元。2014年,救助10人次，救助金额26300元。

2007年，实行农村居民最低生活保障待遇。是年，境内有低保对象50户、133人，总金额14370元。2014年年末,有低保对象461户、910人,月人均保障标准165元，总金额100020元。

2009年，修建三樟乡敬老院，占地面积0.13公顷，床位40张。2014年，有社会福利收养性机构1所,床位40张；全乡有“五保”对象135人,其中集中供养24人，分散供养111人。月标准450元。

2012年，全县启动城乡居民社会养老保险。是年，境内参保人数11850人，缴费人数8282人，参保率100%。缴费金额917700元，发放1298330元。2014年，参保人数12552人，缴费人数7757人,参保率87%。缴费金额871000元,发放2132388元。

柴山洲特别区第一农民银行旧址——夏拜公祠

特色地情

名优特产——三樟黄贡椒 三樟人素有种植辣椒的传统，长期河水冲击形成的特殊沙质土壤，特别适宜种植黄辣椒。三樟黄贡椒，皮薄、肉厚、色艳、形美、质脆、辣中带甜，回味悠长。相传嘉庆年间（1796—1820），衡东籍状元彭浚携入宫廷，皇帝品尝后龙心大悦，当即封为“贡椒”。2014年，种植面积200余公顷，总产量4万余公斤。以黄贡椒加工为主的湘瑞来食品加工厂、常青黄椒种植合作社、衡东建衡食品厂等陆续建成投产，黄贡椒产业链形成。

柴山洲特别区第一农民银行 柴山洲特别区第一农民银行位于金湖村——夏拜公祠。1926年1月，湖南省中共党员贺尔康深入柴山洲，成立柴山洲特别区农民协会。4月，成立柴山洲第一农民银行，发行面额为壹圆的白竹布货币，对赤贫户发放贷款，平抑粮价，兴办农民消费合作社。1927年6月，银行被破坏。1992年，中共衡东县委、县人民政府筹资对旧址进行全面维修，并请中国人民解放军总参谋长杨得志将军题写匾额“柴山洲特别区第一农民银行旧址”，被定为省级文物保护单位。

（文字/图片供稿：马晓菲　杨仁汉）

栗木乡

区域概况

位置面积

栗木乡位于县域西南部，以栗木坪村得名。东邻德圳乡，南接大浦镇，西连霞流镇，北靠吴集镇。乡人民政府驻溪塘村，距县城10公里。2014年，辖区东西最大距离9公里，南北最大距离为12公里，总面积52平方公里。

建置沿革

中华人民共和国成立初期，属衡山县第二区紫岗乡。1952年，属第十区，含土桥、龙凫、泉湖、字田四个乡。1956年，四乡合并为栗木乡，1958年，属国庆人民公社，后与胜利人民公社合并，1959年1月，更名为霞流人民公社。1961年公社体制调整时，设栗木人民公社。1966年，析置衡东县，境内设栗木公社和泉新公社，分属欧阳海区和吴集区。1984年2月，设栗木乡、泉新乡。1989年，撤区并乡，栗木乡由原栗木乡与泉新乡合并而成。

行政区划

1989年，辖20个建制村，196个村民小组。2014年年末，辖清塘村、龙源村、施茶村、官冲村、柏桥村、前锋村、牌楼山村、龙堰村、溪塘村、中塘村、黄金村、周田村、陈山头村、巷子村、秧山村、官庄村、泉新村、双泉村、秋波村、紫光村20个建制村，199个村民小组。

自然环境

地处衡绍干旱走廊，地形为丘陵地带。属亚热带季风性湿润气候。四季分明，春温多变，雨季明显。年均气温17.6℃。年降水量约为1348毫米，降水日约150天。降水最多达180天，最少58天。降水集中在每年2—6月。

人口民族

1989年，辖区总人口17051人，其中农业人口16261人。1999年，总人口17973人、4889户，其中农业人口16261人。2014年年末，总人口20485人、4501户，其中农业人口18270人；男性10447人，占51%，女性10038人，占49%。以汉族为主。人口密度为每平方公里220人。

经济发展

经济综述

栗木乡经济以农业为主。2014年，产粮9728吨，盛产花生、辣椒、大豆、油茶等。养殖业发展较早，主要养殖生猪、鸡、鸭等。曾为“衡东养殖之乡”。是县域农副产品主要集散地之一，以牛市闻名。

农业

种植业 以种植水稻为主，主要经济作物有花生、辣椒、大豆、油茶等。1989年，有耕地面积1218公顷，农作物播种面积3037公顷，粮食总产16923吨，其中稻谷16750吨。1999年，有耕地面积1288公顷，农作物播种面积3661公顷，粮食总产14893吨。2014年，有耕地面积1254公顷，农作物播种面积3452公顷，粮食总产9728吨。

养殖业 以养殖生猪、山羊、鸡鸭、鱼、长毛兔为主。1992年年末，生猪存栏10112头；出栏肉猪11254头、肉类总产量704吨；禽蛋产量112吨；水产品产量111吨。1999年，生猪出栏15070头，肉类总产1951吨，其中猪肉总产1694吨；水产品产量794吨。2014年，生猪饲养量3.43万头。

工业

1992年，有乡镇企业300个，从业人员1542人，企业总产值1320万元。1999年，乡镇企业72个，从业人员4265人，企业总产值21695万元。2014年有工业企业17个，从业人员254人，企业总产值7236万元。

商贸服务业

1999年，有集贸市场1个，集市贸易成交额1658万元，社会消费品零售总额1753万元。2014年，有市场1个，50平方米以上的超市3个。社会消费品零售总额1025万元。

财政金融

1949—1979年，乡镇财政收支由秘书或粮油委员分管，1980年，区乡镇设财税所，1989年，推行乡镇一级财政包干。1992年，财政收入95万元，财政支出14万元。1999年，财政收入218万元，财政支出208万元。2002年，取消农林特产税和“五统三提留”。2006年，取消农业税。2014年，公共财政收入502万元，财政支出502万元。

2014年年末，有金融机构网点1个。

基础设施

交通运输

1999年，全乡公路里程48公里。2008—2009年，完成通村公路水泥硬化50公里；2012—2013年，完成村级公路及通组公路水泥硬化19.3余公里，全面实现村村通水泥路。2014年，栗木至德圳公路扩宽工程全程通车。2014年年末，境内有县道4.33公里，乡道18.74公里。农村客运招呼站3座。315省道、衡炎高速、县城至霞流3条公路穿境而过。

邮政通信

1949年10月，境内邮政线路属县城至潭泊、桑园、栗木线。邮件靠人工步行肩挑。1969年12月，邮件委托汽车运输公司代运，1990年后，邮件实现自办汽车邮运。2014年年末，有邮政所1座，营业面积80平方米。投递点1个，乡村通邮率100%。

民国26年（1937）5月，架通吴集至栗木坪、霞流市、大堡（浦）电话线，始通电话。1959年，公社安装总机，电话线路通大队。1989年，电话线路属县城至大浦、霞流线。1993年后，开通程控电话。2014年年末，有电信服务网点1家，固定电话用户800户，移动电话普及率80%，互联网端口5个，宽带接入用户700户。

供电饮水

村民饮水习惯多从水井或山塘堰坝取水。20世纪80年代以后，发展压水井和潜水泵井。2011年，在周田村取井水建成栗木水厂，供水人口1800余人。

1976年后，各村逐步通电。1994年年末，通电村20个，农村用电量52万千瓦时，1998年，境内秋波村第一个实现农电网改造，至2012年年末，19个村全部完成农电网改造任务。2014年年末，全乡用电总量121万千瓦时。

乡村建设

2008—2009年，推动乡镇"五新环境"（新办公环境、新城镇环境、新市场环境、新公路环境、新干部作风环境）建设，投入50万元，实施"美化、净化、亮化"工程，改造栗木农贸市场，硬化市场地面。兴建栗木街道垃圾站，并建立长期清洁队伍。2012—2013年，投资80余万元，在省道315线、栗霞线公路两旁安装太阳能路灯110盏；添置环卫分类式垃圾箱50个，发放垃圾桶200个，新建20个垃圾处理池。2013年，投入资金455万元对各村塘库坝堰渠道进行整修，清淤扩容山平塘141口，维修堰坝2处，清淤渠道5700米，新增蓄水面积80万立方米以上。打大口径水井17口，兴建电排5座。

社会事业

教育

1999年，有学校21所，在校学生3379人，教师127人。2012年，栗木中学通过市合格学校评估。2014年年末，有栗木乡中学、栗木完小、泉新完小及谭湖咀学校、施茶学校、胜利学校；春晖幼儿园、春蕾幼儿园2所民办幼儿园。有教师140名，在校学生953人。

文化

1954年，开始发展乡办文化站，配文化辅导员1人。之后，文化专职人员有所增减。1961年，文化馆撤销。1963—1966年，公社设民办公助文化站。1977年，文化站重建，置全脱产辅导员。1989年，撤区并乡，镇设文化站，负责文化行政管理和群众文化辅导工作。2014年，乡镇综合文化站1个，村级农家书屋20个，总藏书12000册。有各类艺术表演团体2个，成立"威风锣鼓队"，演职人员17人，在衡东县第二届群众文艺会演中获二等奖。

医疗卫生

1954年，由中医赵克修、赵萼云、王德文、中药彭松茂投资建立栗木联合诊所，租赁民房开展诊疗业务。1958年10月，并入霞流公社卫生院，设栗木医疗点。1960年后，相继建立大队卫生室，配有赤脚医生。1962年，设栗木公社卫生院。1969年，实行农村合作医疗制度。1989年，有医疗卫生机构20所，卫生技术人员11人，床位5张，其中村卫生室18所；2000年，有医疗卫生机构20所，卫生技术人员17人，床位10张，其中村卫生室18所；2014年，有医疗卫生机构20所，卫生技术人员20人，床位20张，其中村卫生室18所。

2007年1月1日，衡东县正式启动新型农村合作医疗。是年，参合人数14258人，参合率86.7%；2014年，参合人数18484人，参合率105%，补偿金额703.06万元。

社会保障

2006年，实施城乡居民大病医疗救助。是年，救助13人次，救助住院医疗费18300元。2014年，救助7人次，救助金额15300元。

2007年，实行农村居民最低生活保障待遇。

是年，境内有低保对象49户、111人，总金额12510元。2014年年末，有低保对象471户、863人,月人均保障标准165元,总金额94515元。

2011年，修建栗木敬老院，占地面积2亩，床位50张。2014年，有社会福利收养性机构1所，床位50张；全乡有“五保”对象133人，其中集中供养113人，分散供养20人。月标准450元。

2012年，全县启动城乡居民社会养老保险。是年，境内参保人数10058人，缴费人数6809人，参保率95%；缴费金额765000元，发放1089440元。2014年，参保人数10404人，缴费人数4840人，参保率74%；缴费金额540100元，发放1844820元。

特色地情

古迹名胜——彭楚公祠 位于泉新村，始建于清末，民国35年（1946）修复。坐南朝北，长方形四合院布局，从建造形式看，组合配置较为简单，装饰色彩简朴，为典型的民国晚期仿清建筑。该祠堂屋顶中部为抬梁式结构，两侧为山墙搁檩，屋顶为悬山顶，盖小青瓦。天井平面呈横向长方形，房屋为两层，两端建有风火墙。整体建筑为砖木结构，山墙搁檩，正屋前方有月形水塘，以备防火之用。2003年，公布为县级文物保护单位。

（文字供稿：胡青燕　刘文科）

珍珠乡>>

区域概况

位置面积

珍珠乡位于衡东县城以北，东临白莲镇、踏庄乡，南接城关镇，西邻新塘镇，北毗石湾镇。清代以前，珍珠乡称珍珠堆。相传远古境内窑坪山麓（珍珠村7组境内）有一小溪，溪边相隔不远处有两个圆形乱石堆，阳光四射，光彩夺目，类似珍珠，俗称珍珠堆。有“天子门生，门生天子”之称的清代嘉庆状元彭浚，殿试时随口吟出“头顶珍珠堆，脚踏双凤桥，左有金花桥，右有银花桥”而得名。乡人民政府驻珍珠村，距县城15公里。2014年，辖区总面积56平方公里。

建置沿革

1949年，隶属衡山县河东区。1952年，属第十区，包括珍珠、乌石、双凤桥3个乡。1956年，合并为珍珠乡。1958年，属上游人民公社，后更名为新塘人民公社。1961年，设珍珠人民公社。1966年析置衡东县时，珍珠公社属石湾区。1983年，改称珍珠乡。

行政区划

1989年，辖19个建制村，191个村民小组。2014年，辖双凤、珍珠、同升、小江、小乌石、大江、印湘、富塘、山冲、大塘、小山、北冲、石江、石头、大乌石、岭岩、新开岭、黄梓塘18个建制村，215个村民小组。

自然环境

处衡东腹地，属典型丘陵山地，地势东北高西南低，以丘陵为主。最高峰乌岭峰位于大乌石村、珍珠村、小乌石村，最低点庙嘴上位于岭岩村1组，海拔38米，平地占总面积20%以下。属亚热带季风性温润气候，年均气温17.6℃，年均降水日数150天以下，降水最多达180天以上，最少为58天。年均降水量为1348毫米，降水集中在每年2—6月。境内水资源充足，有溪港12条，长30千米。自然资源主要有钨矿、铜矿，野生动物有獐、麂、野兔、野鸡、野猪等10余种。

人口

1989年年末，辖区总人口18109人，其中农业人口17495人。1999年年末，辖4944户，总人口18639人。2014年年末，辖4529户，总人口21078人，总人口中男性10792人，占51.2%，女性10286人，占48.8%。人口密度为每平方公里360人。

经济发展

经济综述

以农业为主。2014 年，粮食作物播种面积 2457 公顷，产粮 17 万吨。经济作物有西瓜、花生、板栗、红枣、奈李等，有“小水果之乡”之称。近年发展有大塘药材种植、小江百合种植、富塘无公害蔬菜种植，并形成专业合作社。畜牧业以养殖生猪、鱼、牛为主，主要有黄梓塘大虾养殖基地、大乌肉牛养殖基地等。林业资源丰富，森林覆盖率 33.7%。为县域的茶叶产区之一。角盒、皮碗加工为境内传统产业。

农业

种植业 境内主要以粮食种植为主，农产品有西瓜、花生、红薯、豆类、柑橘、板栗、奈李等作物，粮食以种植水稻为主。20 世纪 50 年代中期，开始种植双季稻，70 年代中期，杂交水稻开始得到推广。1980 年，应用地膜覆盖育秧、作物育种技术。1989 年，乡内有耕地面积 1221 公顷，其中水田 1144 公顷，旱地 11 公顷。农作物总播种面积 2881 公顷，其中，粮食作物播种面积 3312 公顷，亩产 453 公斤。1999 年，有耕地面积 1146 公顷，农作物播种面积 3401 公顷，其中粮食播种面积 2224 公顷，粮食总产量 16884 吨。2004 年，应用抛秧技术。2012 年开始，土地流转，大型农业机械如耕田机、插秧机、收割机等广泛应用。2014 年，有耕地面积 1454 公顷，农作物总播种面积 4255 公顷，其中粮食作物播种面积 2457 公顷，农业总产值 7320 万元，其中粮食 1.8 万吨，折产值 4320 万元，其他农作物产值 3000 万元。

养殖业 乡内以养殖生猪、家禽、耕牛、长毛兔、鱼等畜禽水产为主。20 世纪 50 年代，畜禽水产的养殖主要是自繁自养，产量比较低，到 80 年代政府鼓励农民发展养殖业，饲养家禽家畜数量逐渐增多，渔业以水库、池塘养殖为主。渔业养殖主要有草鱼、鲤鱼、鲢鱼、鳙鱼。1989 年年末，生猪存栏 7610 头，出栏生猪 10225 头，家禽存笼 36850 羽，出栏家禽 29380 羽，水产品产量 275 吨，水产养殖面积 119 公顷。1999 年，生猪出栏 19006 头，水产品产量 362 吨。2014 年，生猪出栏 10000 头，山羊饲养量 3000 头，家禽饲养量 50 万羽。年内产猪肉 1152.2 吨，羊肉 20 吨，禽蛋 489 吨，水产 400 吨。

林业 林业主产用材林、经济林，尤其盛产杉木、松树、南竹、薪炭林、油茶林。1949 年以前，林地为私人所有，以杉木林为主，1951 年，土地改革，重新确定山林权属。1958 年，成立人民公社后，林权归集体所有。1989 年，人工造用材林 74 公顷，油茶产量 56 吨。1992 年，对荒废茶场进行改造培育，引进“福鼎大白”“白豪早”等优良茶叶品种，茶叶面积发展到 67 公顷。1995 年，产茶 15 吨，创产值 20 万元。2014 年年末，境内造林 54 公顷，住宅四旁种植树 20 万株。有林地 1888 公顷，森林覆盖率 33.7%，活立木蓄积量 12.11 万立方米。

工业

乡内企业以家庭加工业为主，角盒加工和生产皮碗（即密封圈）为传统产业。1999 年，有乡镇企业 140 个，企业从业人员 2050 人，总产值 16040 万元。2014 年年末，全乡从事角盒（印章）、皮碗加工点有 80 多家，有工业企业 12 家，工业企业总产值 6036 万元。

商贸服务业

1992 年，境内商业饮食业总额 42 万元。1999 年，有集贸市场 2 个，集市贸易成交额 606

万元，社会消费品零售总额962万元。2011年年末，有商业网点45个，全年社会商品销售总额1000余万元，集市贸易年成交额2500余万元。2014年年末，有集贸市场1个，社会消费品零售总额5450万元。

财政金融

1949—1979年，乡财政收支由秘书或粮油委员分管，1980年，乡设立财税所，1989年，推行乡一级财政包干。1992年，乡财政收入56万元，乡财政支出10万元。1999年，乡财政收入217万元，乡财政支出217万元。2002年，取消农林特产税和“五统三提留”。2006年，取消农业税。2011年，本级财政收入156.35万元。2014年，公共财政收入178万元，财政支出123万元。

2014年年末，有信用合作社、邮政储蓄银行等2家金融服务机构。

基础设施

交通运输

1971年，始有006、011县道（今214省道）荆花至石湾公路穿境，1975年通车，境内第一条公路。20世纪90年代初，乡通往各大队是宽不足1米的泥巴小路。1998年后，实施通达工程，通村小路开始加宽加固，路面铺上碎石，基本形成宽2~3米的机耕路，运载货物使用拖拉机。2006年开始，实施通畅工程。2007年，双凤到石头、柏冲村水泥公路硬化；2008—2009年，全乡相继投资980万元硬化41公里乡村公路；2009年，珍珠到印湘路面水泥硬化；2010年，投资260多万元，硬化公路里程增至87公里。全乡基本实现村村通水泥路，2014年年末，有县道1条，长11.38公里；乡、村主干公路21条，水泥硬化公路里程95公里（村、组到户公路除外），其中乡道13.95公里。有客运班车21辆，380座，班车线路3条，年客运量10.9万人次，农村客运招呼站8座；有货运汽车14辆，80吨位，年货运量3.9万吨。

邮政通信

1995年，珍珠乡是全县唯一没有开通程控电话的乡。是年，乡政府自筹资金10万元，架设程控电话线路，12月开通。1996年，安装程控电话15部，个体工商户配备BP机100多台。2005年后，邮电通信发展迅速，电信、联通、移动网络逐渐覆盖全乡。2014年年末，邮政网点1个，营业面积230平方米，从业人员4人。投递线单程85千米，投递点18个。电信服务网点2个，移动电话网点1个。固定电话用户15户，移动电话9000余台。

供电饮水

村民饮水习惯多从水井或山塘堰坝取水。20世纪80年代以后，发展压水井和潜水泵井。2014年，珍珠村取地下水建成珍珠水厂，铺设供水管网2—3千米，供水用户400余户。

1976年后，各村逐步通电。1994年年末，通电村18个，农村用电量64.75万千瓦时。2004年，境内珍珠、双凤、印湘村第一批实现农电网改造，至2012年末，18个村全部完成农电网改造任务。2014年末，全乡用电总量197万千瓦时。

水利建设

乡内有溪港12条，长30千米，水资源较充足。“大跃进”时期，每年利用冬闲兴修水利。1958—1978年，新修山平塘656口，渡槽26千米。2003年，境内渡槽部分垮塌。2005年，投资58万元重新修复，恢复抗旱功能。2011年，对大江村小（二）型水库进行除险加固。2012—2013年，县农业开发办投资近2000万元，在珍珠村、富塘村、新开村、大塘村、大乌村进行渠系、水系建设。2014年，县农业开发办投资近1800万元重点对北冲村，印湘村的港渠水系进行护坡硬化。2014年年末，有东风主干渠12千米，支渠38千米，坝31处（座），骨干塘739座，有大江、小江、石江小（二）型水库3座。

乡村建设

1990年，珍珠街道主要分布在珍珠村4组、7组、8组，有供销、银信、邮政、农资、乡镇企业、粮储、学校、畜牧、电力、卫生、政府机关等单位。1994年，街道扩容，新街建设完工，占地约0.33公顷。2007年，筹资120万元新建乡政府办公大楼，建筑面积1200平方米。并兴建一栋建筑面积达280平方米的动物防疫办公楼。2008年，建乡派出所办公大楼，占地面积近1000平方米，建筑面积520平方米。2009年3月，成立环卫站，聘用环卫工人3人，同年9月，投资30余万元对街道的港边进行护砌。2011年，街道安装太阳能路灯8盏。2013年，增加至21盏。2012年，又投资28万元，（街道和中学）增加垃圾拖斗，另设垃圾处理点14个。

2008—2014年，双凤、富塘、同心、大江等村利用社会主义新农村建设契机，兴建村级活动中心，硬化绿化通村水泥公路，维修水利设施，进行山地油菜开发等，村容村貌改观。

社会事业

教育

1990年前，全乡19个村都设有小学，1996年年末，有初级中学1所，在校学生565人；小学19所，在校学生2614人，有教职员111人。由于学生生源锐减，到2000年，小学生基本集中于珍珠小学、富塘中心小学、柏冲联校3所学校。废弃的学校归村集体所有。2003年，珍珠中学兴建教学大楼，建筑面积1120平方米。2008年，投资100万元动工兴建珍珠中心小学教学大楼，2009年建成，占地面积368平方米，建筑面积1288平方米，是年，通过省级验收为完全合格小学。2011年10月，启动珍珠中学学生宿舍楼的建设，占地面积280平方米，建筑面积1139平方米，总投资121万元，2012年建成。2014年年末，有初级中学1所，小学3所，幼儿园6所。专任教师97人，其中初中专任教师31人。在校学生1210人，其中初中学生490人。适龄儿童入学率100%，九年义务教育覆盖率100%。

文化体育

1954年，境内设文化站1个。1979年，普及公社社办放映队，撤销县办放映队，同时发展民办电影放映事业，建立农户放映队。到1989年，有农户放映队1个。1989年，撤区并乡，全镇成立1个文化站，配文化辅导员1人，负责文化行政管理和群众文化辅导工作。1990年，岳松图书馆建成，建筑面积400平方米，有阅览室2间，休息室1间，书库2间，藏书10000册之多。2008年，对废弃的村校进行修葺和改造建立村级活动中心18个，文化活动中心14个。2014年年末，有各类艺术表演团体7个，其中腰鼓表演队2个，婚丧礼仪队1个，婚丧乐队2个，皮影艺术队2个。演职人员40人；乡综合文化站1个，村级活动中心18个；乡、村级图书室19个，各类馆藏图书5.3万册；户外体育健身场所8处（珍珠、大乌、大江、新开、小江、北冲、敬老院、乡机关）；9个村通宽带；7个村通有线电视。地方特色民间艺术有皮影戏等。

医疗卫生

1960年后，相继建立大队卫生室，配有赤脚医生。1969年10月，实行农村合作医疗制度，培养训练亦农亦医的赤脚医生，大队建立医疗站和草药房，形成区、社、队医疗网。1989年，有医疗卫生机构16所，卫生技术人员9人，床位6张，其中村卫生室14所。2000年，有医疗卫生机构16所，卫生技术人员13人，床位10张，其中村卫生室14所。2008年，珍珠卫生院新建集住院和医疗办公于一体的办公大楼（2006动工，投资70余万元），建筑面积780平方米，占地面积820平方米，医疗床位32张。2011年，开始实行基本药物零利润。2014年，有医疗卫生机构15所，卫生技术人员16人，床位20张，其中村卫生室13所。

2007年1月，启动新型农村合作医疗。当年参合人数14380人，参合率为81.60%。2014年，新型农村合作医疗参保人数19012人，参合率102.04%。受益补偿金额775.11万元。

社会保障

2006年，修建珍珠乡敬老院，占地面积10亩，床位40张。2014年，有社会福利收养性机构1所，床位40张；全乡有“五保”对象137人，其中集中供养19人，分散供养118人。月标准450元。

2006年，实施城乡居民大病医疗救助。是年，救助28人次，救助住院医疗费30900元。2014年，救助9人次，救助金额32300元。

2007年7月，实行农村居民最低生活保障待遇。是年，境内有低保对象47户、129人，总金额12840元。2014年年末，有低保对象402户、863人，月人均保障标准165元，总金额95715元。

2012年，全县启动城乡居民社会养老保险。是年境内参保人数9824人，缴费人数5561人，参保率100%；缴费金额636200元，发放1302015元。2014年，参保人数10243人，缴费人数4539人，参保率76%；缴费金额520900元，发放2174040元。

特色地情

知名人物

彭浚（1769—1833） 字映旟，号宝臣，生于沱字十五区的王子塘（今黄梓塘村），清代状元。清嘉庆三年（1798），以优贡生入国子监；嘉庆五年（1801），在顺天府（今北京）参加乡试，中举；嘉庆十年（1805），廷试，考取状元，任翰林院修撰。道光元年（1821），彭浚由户部正郎任福建省正主考，接着提升为内阁侍读学士、太仆寺少卿，不久，补奉天府（今沈阳市）府丞，提督学政，三次留任。

彭浚

彭浚状元第（正面）

彭浚状元第（背面）

道光十一年（1831），任顺天府丞兼学政。彭浚擅长书法，留存小楷字帖《滕王阁序》和《岳阳楼记》。碑刻现存县文物局。

风景名胜

采霞峰　为南岳衡山七十二峰之一，位于印湘村境内。峰不高，石不奇，但风景秀丽。清《衡山县志》载："齐，褚伯玉，字元璩，隐南山十余年采霞而食"。峰腰原有太平观，又名三仙庙。清光绪《湖南通志·卷二百三十九》载："太平观在县东北采霞峰，褚伯玉隐南山，齐高祖召之不起，建此观以居之"。庙背原有一坟丘，摩崖刻"褚伯玉之墓"。

状元牌坊　位于黄梓塘村，距县城10公里，为清嘉庆十年（1805）彭浚钦点状元后所建。高8米，宽6米，青砖结构，顶飞檐走角，远观似一块屏风。上有人物浮雕故事"八仙庆寿""文王访贤""双凤朝阳"等，玲珑剔透，细致精巧。1991年11月维修，为县级文物保护单位。牌坊内为状元府，是一幢坐西朝东的九进大型古建筑，内有戏台，部分被拆除，其余保留原貌。正堂两壁曾悬挂有彭浚书写的"勤、俭、忍、让、敬、恕、公、和"八个大字，1991年，移置牌坊两厢。门联为："世上做不尽底好事，家中慎勿有者闲人"，为彭浚手书。状元祠设城关镇金峨村12组叠岗山下，坐东朝西，二进二横。

（文字供稿：马晓菲　阳水华　图片供稿：郭琦）

石滩乡 >>

区域概况

位置面积

石滩乡地处县域西南部，东临衡南县铁丝塘镇，南接衡南县洪市镇，西邻衡南县咸塘镇，北交大浦镇、德圳乡。相传，石滩附近最早多冬茅，名冬茅堰。清代时，因这里系深山老林，遮天蔽日，人烟稀少，盗贼横行，乡里人出于迷信，凿石建庙，祈求平安，称石头庙。至民国时，山林被毁，水土流失，年深日久，显露出一大片红砂石岩，远看似石滩，更名为石滩庙，石滩乡因此而得名。乡人民政府驻石金村。距县城30公里。境内沈陂塘系抗金名将岳飞后裔的聚居地。2014年，辖区东西最大距离87公里，南北最大距离91公里，总面积94平方公里。其中陆地893平方公里，占95%；水域47平方公里，占5%。

建置沿革

明时属义城乡，清代属殷字23区，民国26年（1937），设石滩乡。中华人民共和国成立初，属衡山县第五区。1952年6月至1953年3月，属第七区。1953年3月至1956年6月，设石滩区。1956年6月，撤区并乡，设石滩乡，属大浦区。1958年，改为人民公社，属大浦区。1966年析置衡东县，设石滩公社、真塘公社，属大浦区。1984年4月，辖区设石滩乡、真塘乡。1989年，撤区并乡，石滩乡由原石滩乡、真塘乡合并而成。

行政区划

1989年，辖30个建制村，363个村民小组。2014年末辖大新、新虎、新白、新建、良建、大丰、大山、大泉、小泉、金山、石金、欧塘、真塘、江滨、长源、庆祝、乙田、双联、石垅、荷泉、活头、仙鹅、松林、进宝、莲花、真陂、沈陂、岭背、丰山、朝霞30个建制村，368个村民小组。

自然环境

辖区地处低山丘陵地带，地势东北高西南低。主要山脉有大岭、高岭、丰山坳，最高峰大岭海拔385米，最低点位于新虎村海拔65米。属亚热带季风湿润气候区，具有明显的季风气候特征，四季分明，年均气温17.5℃，年均降水量1500毫米，降水集中在每年的4—6月，其中6月最多。常年主导风为南风，强雷天气约40天。全境30个自然村的土壤各不相同。境内河道属湘江大流域，流域面积4平方公里，最大河流为真塘河，从真陂村入境，经沈陂、活头、松林、石龙、江滨村汇入湘江，境内全长4千米，流域面积3.7

平方公里。

人口

1989年，辖区总人口33381人，其中农业人口32377人。2000年，总人口35834人、8599户，其中农业人口135000人。2014年年末，常住人口41511人、9599户，其中农业人口40231人；男性21337人，占51.4%，女性20174人，占48.6%。人口密度为每平方公里415人。

经济发展

经济综述

石滩乡以农业为主。2014年，粮食作物播种面积4322公顷，产粮312万吨，为全县早晚稻万亩高产创建示范片，金山村超级稻核心示范片，早稻亩产达617公斤，晚稻亩产达649公斤。经济作物油菜种植规模化，为全县两个连片万亩种植示范片之一。以“真塘鱼”为特色养殖，带动养殖业的规模化，云龙畜牧养殖为省级畜禽养殖示范场。

农业

种植业 主要种植水稻、蔬菜、红薯、油菜等。1989年，境内耕地面积2477公顷，农作物播种面积6295公顷，粮食作物播种面积4552公顷，其中稻谷播种面积4298公顷，粮食总产31751吨。1999年，耕地面积2471公顷，农作物播种面积7228公顷，粮食作物播种面积4322公顷，粮食总产31226吨；2014年，耕地面积2900公顷，有效灌溉面积2000公顷，农作物播种面积7350公顷，粮食作物播种面积4200公顷。主要经济作物有油菜、西瓜等，蔬菜主要品种有生姜、白薯、黄瓜、菠菜、辣椒。2014年，种植油菜2066公顷，产量2278吨。种植蔬菜165公顷，产量20784吨。

养殖业 养殖业以生猪、牛羊、鸡鸭、鱼等畜禽水产为主。1989年，出栏生猪17394头，出笼家禽127700羽，禽蛋产量201吨。20世纪90年代后期，以“真塘鱼”作为特色产品，扩大养殖规模、打造品牌效应，带动生猪、湘黄鸡、黑山羊等养殖，成为全乡农业发展和农民增收的主导产业。尝试走“合作社（公司）+基地+农户+市场”的一体化路子，培植专业种养大户，扩大全乡专业种养规模。2011年，生猪饲养量10万头，年末存栏4万头；牛饲养量1653头，年末存栏1575头；羊饲养量6000头，年末存栏2857头；家禽饲养量95万羽。生产肉6138.6吨，其中猪肉6000吨，牛肉90吨，羊肉48.6吨；禽蛋1138吨。畜牧业总产值12587万元，占农业总产值的41.9%。2014年，生猪饲养量3.2万头，年末存栏2.9万头；家禽饲养量35万羽。渔业以草鱼、鲶鱼为主。1989年，水产养殖面积260公顷，水产品产量675吨。2011年，养殖面积667公顷，产量1500吨；渔业总产值1800万元，占农业总产值6%。2014年，全乡养殖专业户发展到近600户，其中畜禽养殖大户5户。年出栏生猪29600余头，家禽60万羽，鱼23吨。新虎村养猪专业户邓昌宇年出栏1000头，良建村邓林林笼养种鸡20000羽。

林业 2014年，有林地3000公顷，其中生态林1960公顷，经济林907公顷，竹林133公顷，森林覆盖率31.91%。果木种植800公顷，主要有柚、柑、枣、李、核桃、无花果。新建村建有珍稀苗木培育基地33公顷、朝霞村“衡东大桃”油茶基地133公顷、大新村无花果种植基地13.3公顷。宏达农业发展公司在小泉村进行山地开发66.7公顷，在荷泉、庆祝建有山核桃基地233公顷。林业总产值2500万元。

工业

1989 年，有乡镇企业 500 个，从业人员 1098 人，乡镇企业总产值 479 万元。1996 年，有乡办、村办、联办及个体企业 834 家，从业人员 7849 人。主要有衡东轴承厂、石滩建筑公司、茶场、预制场等。2014 年，有工业企业 11 个，从业人员 140 人，工业企业总产值 5000 万元。

商贸服务业

1999 年，有集贸市场 2 个，集市贸易成交额 897 万元，社会消费品零售总额 1214 万元。2014 年，有铁丝塘、石滩街、真塘街、新虎街 4 处集市。50 平方米以上大中型超市 8 家，个体商户 1500 余家，从业人员 3200 余人，住宿餐饮业 10 家。社会消费品零售总额 10000 万元。

财政金融

1949—1979 年，乡镇财政收支由秘书或粮油委员分管，1980 年，区乡镇设财税所，1989 年，推行乡镇一级财政包干。1992 年，财政收入 121 万元，财政支出 18 万元。1999 年，财政收入 350 万元，财政支出 350 万元。2002 年，取消农林特产税和“五统三提留”。2006 年，取消农业税。2014 年，公共财政收入 747 万元，企业实交税金 80 万，公共财政支出 727 万元；农村信用合作社金融网点 1 个。

基础设施

交通运输

“大跃进”时期，开展“全民办交通”，以民工建勤方式建成一批被称为“毛坯路”的简易公路。境内 015 县道大竹线，始建于 1957 年。1977 年，为实现农业机械化，在毛坯路的基础上，修筑路基，修建桥梁涵洞，连线成型。1989 年，进行大中修，成为高等级水泥混凝土路面。1999 年，境内公路里程 61 公里。2014 年年末，主要有京港澳高速过境公路 9.5 公里，衡茶吉铁路过境铁路 9.7 公里；县道 9.8 公里，乡道 13.36 公里。农村客运站 1 座。1996 年，有各类车辆 450 余辆。2007 年，硬化 712 矿至衡南洪市的 16 公里乡级主干道。2012—2013 年，完成村级公路及通组公路水泥硬化 40 公里，全面实现村村通水泥路。2011 年，有客运汽车 8 辆，152 座，年客运量 34.6 万人；货运汽车 20 辆，年货运量 68 万吨。2014 年，有客用汽车 7 辆，132 座，年客运量 56 万人次。

邮政通信

1949 年 10 月，境内通往县城的邮路属霞流市、大堡（浦）、石滩线，邮件靠人工步行肩挑。1961 年，公社设邮政所或代办所。1969 年 12 月，邮件委托汽车运输公司代运。1979 年，县邮电局自筹资金，开办大浦至石滩、真塘的摩托车邮运。1990 年后，邮件实现自办汽车邮运。2014 年年末，邮政所 1 座，营业面积 80 平方米。乡村通邮率 100%。

1957 年 7 月，架通衡山县城至石滩的电话线路。1959 年，公社安装总机，电话线路通大队。1989 年，电话线路属大浦至德圳、石滩线。是年全乡有集体自办电话机 34 部，全为摇把子电话。1993 年后，开通程控电话，实现国际国内长话直拨。同时，邮电部门开展电话乡村建设，农村出现装机热。至 2011 年，有电信服务网点 1 个，固定电话用户 2019 户，普及率 21.03%；移动电话用户普及率 74.5%；互联网端口总数 895 个，宽带接入用户 358 户。2014 年，有电信、移动、联通多个服务网点；固定电话 3158 户，移动电话用户普及率 80.6%，互联网端口总数 1468 个，宽带接入用户 5672 户。

供电饮水

村民饮水习惯多从水井或山塘堰坝取水。20世纪80年代以后，发展压水井和潜水泵井。2013年，在石金村取山泉水建成石滩水厂，铺设供水管网7000余米，供水用户400余户。2014年，在进宝村取地下水建成真塘水厂，铺设供水管网3000~4000米，供水用户300余户。1976年后，各村逐步通电。1994年年末，通电村30个，农村用电量89.3万千瓦时。1998年，境内石金、良建、金山、仙鹅、石垅5个村第一批实现农电网改造，至2012年年末，30个村全部完成农电网改造任务。2014年年末，全乡用电总量500万千瓦时。

水利建设

境内主要为紫色页岩风化物区，缺水，未修德圳、旱禾冲水库前，种一季稻还要望天收，每亩产量只有四五百斤，人民生活贫困。1958年，水库修建后，为受益区。1966年，德圳水库真塘支渠的建成，使水库的水能灌溉自流。2010—2014年，完成玉塘水库除险加固和7个村的节能灌溉工程；乡财政投入资金近50万元，完成16.8千米德圳灌区东西干渠清淤和1千米石江暗渠清淤；投入资金6万元维修乡支渠11处、渡漕2处；争取上级资金20多万元改造70千瓦大型排灌站1座和堰坝1处；全乡共完成山平塘清淤扩容100多口，保证农田灌溉，增强了农业抗风险能力，基本达到旱涝保收。

乡村建设

2006年起，启动社会主义新农村建设，岭背村为县级15个示范村之一，以此为示范，重点改造农村水利、电力、道路等基础设施和教育、卫生等社会事业，大力整治村容环境。

社会事业

教育

1990年，有小学30所，在校生4041人；中学2所，在校生1254人。1995年，为衡阳市"两基"教育合格乡镇。2011年，有幼儿园17所，在园幼儿573人，专任教师25人；小学12所，在校生2749人，专任教师62人，小学适龄儿童入学率100%；初中2所，在校生1039人，专任教师94人，小学升初中率100%。九年义务教育覆盖率100%。2014年年末，有幼儿园15所，小学12所，中学2所，专职教师180人，在校生约5200人，九年义务教育覆盖率100%。

文化体育

1954年，开始发展乡办文化站，配文化辅导员1人。之后，文化专职人员有所增减。1961年，文化馆撤销。1963—1966年，公社设民办公助文化站。1977年，文化站重建，置全脱产辅导员。1989年，撤区并乡，镇设文化站，负责文化行政管理和群众文化辅导工作。2014年，有乡镇综合文化站1座，村级农家书屋30个，总藏书40970册。地方特色民间艺术有花鼓戏等。

医疗卫生

中华人民共和国成立后，有1951年设立的石滩诊所，由中医陈柏林、文哲、岳代光、陈玉树、邓正芳、许壁生组成，租赁石滩庙公房开展业务。1952年12月，设立石滩卫生所，所长兼医师周松林，有药剂员1人，妇幼保健员1人（1957年9月撤销）。1955年，设立的长源联合诊所，由中医许枚清、中药冯厚壁、许壁生投资创立，租借长源祠堂公房开展中医中药诊疗（1958年，改为真塘卫生院）。1988年，真塘卫生院有医务人员 11 人，其中中医主治医师 3 人，西医主治医师 1 人,妇幼医师 1 人。1958 年,设石滩公社卫生院。1988 年，有医务人员 14 人，其中中医主治医师 2 人，西医主治医师 1 人，中医师 2 人。1969 年，设石滩区医院，开设内科、外科、妇产科、五官科、中医科、放射科、化验科。1960 年后，相继建立大队卫生室，配有赤脚医生。1969 年，实行农村合作医疗制度。1980 年 2 月，撤销石滩区医院。1989 年，有医疗卫生机构 22 所，卫生技术人员 18 人，床位 12 张，其中村卫生室 20 所；2000 年，有医疗卫生机构 26 所，卫生技术人员 20 人，床位 16 张，其中村卫生室 24 所；2014 年，有医疗卫生机构 26 所，卫生技术人员 27 人，床位 27 张，其中村卫生室 24 所。

2007 年 1 月 1 日，衡东县正式启动新型农村合作医疗。是年，参合人数 24835 人，参合率 74.6%；2014 年，参合人数 32573 人，参合率 101.7%，补偿金额 1084.22 万元。

社会保障

农业合作化后，农业生产合作社和人民公社对孤寡老人及孤儿实行“五保”。1987 年起，“五保”户生活费用实行乡镇统筹。1996 年，集中供养的五保老人生活费标准由 1992 年的人均 300 元提高至 1200~1500 元；分散供养的“五保”老人生活费标准由 1992 年人均 150 元、粮 300 公斤，提高至人均 500 元、粮 350 公斤。2007 年，全省实施农村“爱民房”和乡镇敬老院改扩建工程。2012 年，修建石滩敬老院，占地面积 10 亩，床位 50 张。2014 年，有社会福利收养性机构 1 所，床位 50 张；全乡有“五保”对象 214 人，其中集中供养 30 人，分散供养 184 人。月标准 450 元。

2006 年，实施城乡居民大病医疗救助。是年，救助 18 人次，救助住院医疗费 25700 元。2014 年，救助 7 人次，救助金额 17900 元。

2007 年，实行农村居民最低生活保障待遇。是年，境内有低保对象 78 户、190 人，总金额 20550 元。2014 年年末，有低保对象 510 户、1007 人，月人均保障标准 165 元，总金额 111240 元。

2012 年，全县启动城乡居民社会养老保险。是年，境内参保人数 18659 人，缴费人数 12860 人，参保率 100%；缴费金额 1603400 元，发放 2206215 元。2014 年，参保人数 19738 人，缴费人数 10632 人，参保率 75%；缴费金额 1301900 元，发放 3708648 元。

特色地情

名优特产

真塘鱼　境内为紫色页岩风化物区，土质有机物少，但磷钾钙含量较多，多呈中性至微碱性。养殖的鱼肉质鲜嫩，为衡东著名土特产。

风景名胜

沈陂村沈陂塘　抗金名将岳飞后裔的聚居地。据《岳氏四修宗谱》记载，沈陂村及其附近岳姓人士，皆为岳云及其长子岳甫的后裔。传元至正年间（1341—1368），岳飞第十二代孙岳洄春率父母子女由江西泰和西迁至衡山静谷冲，至第十五代孙岳宗尧时，举家由静谷冲迁到沈陂村，从此，世世代代在此休养生息，有 500 余年。村内建有百年老建筑“岳飞祠”，正厅神龛供奉着岳飞、张宪、岳云神像，神龛两旁的木柱上刻有“光同日月照先绪，忠贯斗牛裕后昆”对联。

（文字供稿：胡青燕　文和平）

德圳乡 >>

区域概况

位置面积

德圳乡位于县域南部，因德圳水库得名。东与莫井乡相连，南与衡南县交界，西与石滩乡、大浦镇接壤，北与吴集镇、栗木乡毗邻。乡人民政府驻米桥村，距县城 23 公里。2014 年，辖区东西最大距离 8.9 公里，南北最大距离 10 公里，总面积 53 平方公里。

建置沿革

明代属义城乡，清代属殷字 23 区。民国 35 年（1936）为石滩、紫岗乡辖区。中华人民共和国成立初期，属衡山县第五区石滩乡。1952 年，属第六区，含德圳、早禾两个乡。1956 年，与山荷、铁泉、石金、鸥塘乡合并为石滩乡。1958 年，属五一人民公社，后与火箭人民公社合并，更名大浦人民公社。1961 年，设德圳人民公社。1966 年析置衡东县，设德圳公社，属大浦区。1983 年设德圳乡。

行政区划

1989 年，辖 14 个建制村，142 个村民小组。2014 年年末，辖洣桥、德圳、马蹄、石坪、普乐、苏家、松荷、三星、红光、红岩、老屋、大岭、太阳、松村 14 个建制村，下设 147 个村民小组。

自然环境

地处山区，鸡公岩、狗头岭环绕东南东北。处亚热带季风湿润气候区，四季分明。年均气温 17.5℃，年均降水量 1371 毫米，降水集中于 4—6 月，5 月最多。德圳、早禾冲两座中型水库坐落其间，绿树成荫，山水相映，有“山区水乡”之称。

人口

1989 年，德圳乡总人口 11671 人、3263 户，其中农业人口 11409 人。1999 年，总人口 12201 人、3225 户，其中农业人口 11831 人。2014 年年末，户籍人口 14190 人、3209 户，其中农业人口 10410 人；男性 7465 人，占 52.61%，女性 6725 人，占 47.39%。人口密度为每平方公里 219.7 人。

经济发展

经济综述

全县茶油主产区之一，有油茶林面积 3333 余公顷，占全乡林地面积的 59.38%，年产茶油

400余吨。有林地面积560公顷，森林覆盖率75.08%。2014年，有耕地面积670公顷，生产粮食5900吨。畜禽养殖大户12户。松村文志光养殖基地年存栏生猪500余头，蛋鸭5000余羽，水面养鱼66余公顷，是全乡最大的养殖户。初步形成铁矿、石灰石、名优特水果、竹木加工、特种养殖等山区经济特色产业。

农业

种植业 以种植水稻为主，茶油、大豆、板栗、白薯等有较大产出。20世纪70年代，为全县杂交稻种生产基地，80年代，种子单产名列全市前茅。1990—1996年，全乡14个村村村制种，年均提供优质种子9.3万公斤。1989年，有耕地面积503公顷，粮食总产2655.83吨，亩产352公斤。1999年，有耕地面积503公顷，粮食总产5248吨。2014年，耕地面积670公顷，生产粮食5900吨，其中水稻5800吨。

养殖业 1989年，年出栏生猪4679头，出笼家禽18500羽；年末生猪存栏3954头，家禽存笼17660羽。水产养殖面积16公顷，产量38吨。1999年，年末大牲畜存栏729头，年内生猪出栏15886头，肉类总产量2087吨，其中猪肉产量1789吨；水产品产量157吨。2014年，有畜禽养殖大户12户。松村文志光养殖基地年存栏生猪500余头，蛋鸭5000余羽，水面养鱼6.7公顷。

林业 1989年，造林面积96公顷，产茶油164.5吨。1999年，有林地面积1879公顷，油茶林面积3136公顷，产茶油376吨。2014年，油茶林面积3333公顷，总产400余吨。

工业

境内为山区，改革开放前，工业发展几乎空白。1999年，有乡镇企业101个，企业总产值4010万元。2014年，有工业企业6个，总产值789万元。

商贸服务业

1999年，有集贸市场1个，集市贸易成交额214万元，社会消费品零售总额791万元。2014年，集贸市场1个，50平方米以上的超市1个。社会消费品零售总额700万元。

财政金融

1949—1979年，乡镇财政收支由秘书或粮油委员分管，1980年，区乡镇设财税所，1989年，推行乡镇一级财政包干。1992年，财政收入33万元，财政支出13万元。1999年，财政收入149万元，财政支出149万元。2002年，取消农林特产税和“五统三提留”。2006年，取消农业税。2014年，公共财政收入38万元，公共财政支出255万元。

2014年，有金融机构网点1个。

基础设施

交通运输

德圳地处偏远，交通闭塞。1999年，乡镇公路里程31公里。2003年，硬化8公里长飞德公路；同时开展通村公路建设，2006年，红岩至莫井，马蹄9组及红光村级公路竣工，松村至铁丝塘的环库公路及三星、德圳、石坪、苏家、普乐、松荷6个村的38.6公里的通达工程完工。2008—2009年，完成通畅工程19公里，通达工程36公里，基本拉通德圳至大浦、莫井、石滩、栗木的主干线。2013年，栗德公路动工修建。2014年年末，境内有县道13.81公里，乡道24.58公里。农村客运站1座，农村客运招呼站4座。通公共交通的村14个。

邮政通信

1949年10月，境内通往县城的邮路属霞流市、大堡（浦）、石滩线，邮件靠人工步行肩挑。1961年，公社设邮政所或代办所。1969年12月，邮件委托汽车运输公司代运。1990年后，邮件实现自办汽车邮运。2014年年末，邮政所1座，营业面积80平方米。投递点1个。乡村通邮率100%。

1959年，公社安装总机，电话线路通大队。1989年，电话线路属大浦至德圳、石滩线。1993年后，开通程控电话，实现国际国内长话直拨。同时，邮电部门开展“电话乡村建设”，农村出现装机热。2014年，有电信、移动、联通多个服务网点；固定电话800户，移动电话普及率75%，互联网端口总数5个，宽带接入用户700户。

供电饮水

村民饮水习惯多从水井或山塘堰坝取水。20世纪80年代以后，发展压水井和潜水泵井。2014年，取地下水建成德圳水厂，铺设供水管网3~4千米，供水用户600余户。

1977年，德圳水库电站2台125千瓦及1台120千瓦的机组投产发电。1980年，旱禾冲水库电站2台125千瓦机组投产发电。1994年年末，通电村14个，农村用电量29.11万千瓦时。1998年，境内太阳村第一个实现农电网改造，至2012年年末，14个村全部完成农电网改造任务。2014年年末，全乡用电总量360万千瓦时。

水利建设

境内新桥村的德圳水库，修建于1958年，1959年竣工。2012年，全乡共改堰修渠3200余米，对5个村的山平塘进行清淤扩容，对旱禾冲水库进行维修加固，启动马蹄村东茅冲、德圳村肖家冲两座小（二）型水库的除险加固工作。2013—2014年，开展水利设施建设，改堰修渠2000余米，新建固定电排3座，打抗旱井4口，山平塘清淤扩容12处，除险加固4处，特别是对几座小（二）型水库进行除险加固。

乡村建设

2006年，启动社会主义新农村建设，重点改造农村电网、道路、水利、环境卫生等设施。2014年，实施街道亮化工程，建垃圾焚烧炉1个，垃圾填埋场1个，添置焚烧池120个，街道增设10个垃圾桶。

社会事业

教育

1990—1996年，累计投入325.5万元，新建校舍14处，建筑面积10624平方米。其中1990—1992年，投资120万元，新建村校校舍12栋，完全小学校舍1栋，总建筑面积7574平方米。1990年中小学入学率90%。1992年，有学校12所，教师90人，在校学生1365人。1995年，评为衡阳市“两基”合格乡镇。1996年中小学入学率98%。1999年，有学校12所，教师92人，在校学生1717人。2014年，幼儿园1所，小学4所，小学专任教师33人，在校小学生530人；中学1所。

文化体育

1954年，开始发展乡办文化站，配文化辅导员1人。之后，文化专职人员有所增减。1961年，文化馆撤销。1963—1966年，公社设民办公助文化站。1977年，文化站重建，置全脱产辅导员。1989年撤区并乡，镇设文化站，负责文化行政管理和群众文化辅导工作。2014年，有文化站1个及图书室5个。

医疗卫生

1989年，有医疗卫生机构17所，卫生技术人员15人，床位8张，其中村卫生室15所；

2000年，有医疗卫生机构17所，卫生技术人员9人，床位8张，其中村卫生室15所；2014年，有医疗卫生机构16所，卫生技术人员9人，床位9张，其中村卫生室15所。

2007年1月1日，衡东县正式启动新型农村合作医疗。是年，参合人数8850人，参合率83.5%；2014年，参合人数10795人，参合率99.98%，补偿金额423.09万元。

社会保障

2006年，实施城乡居民大病医疗救助。是年，救助23人次，救助住院医疗费14500元。2014年，救助3人次，救助金额6100元。

2007年，实行农村居民最低生活保障待遇。是年，境内有低保对象34户、85人，总金额9480元。2014年末，有低保对象392户、725人，月人均保障标准165元，总金额76890元。

2009年，修建德圳敬老院，占地面积0.2公顷，床位30张。2014年，有社会福利收养性机构1所，床位30张；全乡有"五保"对象88人，其中集中供养13人，分散供养75人。月标准450元。

2012年，全县启动城乡居民社会养老保险。是年，境内参保人数5857人，缴费人数2896人，参保率100%。缴费金额323600元，发放778415元。2014年，参保人数6871人，缴费人数2729人，参保率68%。缴费金额300600元，发放1943100元。

特色地情

德圳水库　位于衡东县西南部，大坝坐落在石滩乡莲花村，库区属德圳乡。1958年9月动工兴建。为扩大灌区面积，1975年8月，在德圳水库一山之隔的石滩乡大新村兴建旱禾冲水库，两库合并运行，由德圳水库管理所统一管理、调度。正常蓄水面积268公顷，控制流域面积60平方公里，灌溉石滩、大浦、霞流、栗木4个乡镇6200公顷农田。

（文字供稿：胡青燕　陈志华）

祁东县

概述

一

祁东县位于湖南省衡邵盆地西南边缘，湘江中游北岸，因境域处祁阳之东得名。东接衡南县、常宁市，南连祁阳县、冷水滩区，西邻东安县、邵阳县，北抵邵东县、衡阳县。地理坐标：北纬26°28′1″～27°4′34″，东经111°32′16″～112°20′10″。辖区东西距离85公里，南北距离39公里，总面积1871.29平方公里。属革命老区，黄花菜原产地，省内唯一的中国曲艺之乡。2014年年底，四明山获评国家级森林公园。

区位优势独特。扼衡阳市西南门户，有“湘桂咽喉”之称。湘桂铁路、衡柳高铁贯穿东西。泉南高速经境域东部，娄衡高速由北向南与之衔接；234、322、356三条国道与218、231、237、346四条省道在境内联为一体。归阳千吨级码头经湘江可达长江。

祁东历史悠久。春秋属楚国，战国属楚黔中地，秦属长沙郡，西汉属泉陵侯国，东汉属泉陵县。三国吴太平二年（257），分泉陵置永昌、祁阳二县，县治分设境内砖塘和金兰桥，经两晋南北朝不改。隋文帝开皇九年（589），永昌、祁阳并入零陵。唐太宗贞观四年（630）复置祁阳县，经宋、元、明、清至民国时期不改。1952年4月，祁阳县七、八、九、十区及五、六区大部划出，析置祁东县，县治洪桥。2014年11月，辖洪桥、白鹤铺、金桥、鸟江、粮市、河洲、归阳、过水坪、双桥、灵官、风石堰、白地市、黄土铺、官家嘴、石亭子、砖塘、步云桥、蒋家桥、太和堂19个镇，马杜桥、凤歧坪、城连墟、四明山4个乡；867个行政村、43个居委会；9860个村（居）民小组。辖区总人口106.04万人，其中男性56.26万人，女性49.78万人。人口出生率13.9‰，死亡率3.4‰，自然增长率10.5‰。人口以汉族为主，少数民族有苗族、壮族、哈尼族、傣族、布依族、土家族、侗族、瑶族、黎族、满族、回族、蒙古族、拉祜族、佤族、白族、水族、彝族、景颇族、仫佬族、布朗族、基诺族、仡佬族、傈僳族、阿昌族、普米族、德昂族等36个，共2986人，约占总人口的0.28%。人口密度每平方公里567人。

祁东人杰地灵。史有三国蜀相蒋琬，明朝重臣宁良、陈荐，清廷尚书陈大受。大革命时期，有红十军军长王如痴，革命志士曹炎，国民革命军陆军上将刘兴，湖南省代主席周斓。中华人民共和国成立后，开国少将肖远久，渔鼓奠基人邹祖溪，梅画大家管锄非，历史学家周策纵，法学专家肖蔚云，100位感动中国人物、抗震英雄教师谭千秋，南京军区原政委、上将雷鸣球，国家新闻出版总署原署长龙新民，云南省原副省长李新华，两院院士刘大响、席南华，试飞英雄邹延龄，神舟载人航天工程航天员系统总指挥兼总设计师陈善广等均诞生于境内。至2014年，有祁东籍将军14人，省部级领导3人，司厅级领导78人，县处级领导1300多人，获教授级专业技术职称145人，获省部级以上奖励307人，经省级人民政府批准为革命烈士274人。

境内物产富饶。已探明地下矿藏28种，其中铁矿储量5.2亿吨，铅锌矿储量138万吨。古树名木25科、48种，属国家二级保护的树种有水杉、银杏、罗汉松等12种；野生动物62种，国家二级保护的有虎纹蛙、穿山甲、岩鹰等5种，过水坪、灵官一带发现中国濒危保护动物“中国小鲵”。黄花菜、席草、香芋和生姜被誉为“祁东四宝”，其中黄花菜产量占全国70%以上，与中秋酥脆枣被列为国家地理标志保护产品。历为全国粮食生产先进县、山塘养鱼红旗县、经济林建设先进县、生猪调出大县。2014年，实现地区生产总值218.16亿元，按可比价格计算，比上年增长9.9%。财政总收入8.94亿元，增长15.5%。农林牧渔业总产值82.75亿元，增长4.7%。完成规模工业总产值201.75亿元，增长8.8%。完成高新技术产业增加值12.3亿元，增长13.4%。社会消费品零售总额77.24亿元，增长12.6%。年末金融机构本外币各项存款余额216.99亿元，增长14.0%。2014年，全县城镇建成区面积48.65平方公里，其中县城18平方公里。现代园林式生活小区10处，30层以上高层住宅超10幢，常住人口逾20万人。

祁东文化底蕴深厚。祁东渔鼓被列为国家级非物质文化遗产保护项目。2014年，全县在校小学生71313人，初中生39107人，高中生15381人，中等职业教育在校学生5096人。医疗卫生机构30个，医技人员1869人，医院床位2444张。在湖南省第十二届运动会上，祁东县运动员获奖牌13.5枚，其中金牌4.5枚。城镇居民人均可支配收入19202元，增长9.2%；农村居民人均可支配收入10240元，增长8.0%；城乡居民最低生活保障惠及6.1万人，参加各类养老保险94961人，参加医疗保险934394人。

二

1952年4月，祁东从祁阳分出，全县划为6个区、85个乡、2个镇。同年8月，划为12个区、231个乡、2个镇。1953年1月，调整为199个乡。3月，调整为197个乡，区镇未变。1956年6月，197个乡和归阳镇并成40个乡，保留洪桥镇，撤区建制，除县直管乡（镇）外，设归阳、黄土铺、步云桥、太和堂4个办事处和双桥基点乡。1958年10月，撤办事处和基点乡，将1个镇45个乡并成13个人民公社。1961年8月，恢复区建制，全县划为11个区、90个公社（镇）。1984年，撤人民公社建制，改为区乡建制，全县设11个区、1个场、50个乡、13个镇。1995年，撤销河洲、归阳、金桥、过水坪、双桥、白地市、黄土铺、步云桥、蒋家桥、太和堂、洪桥等11个区建制，将其余59个乡镇并为19个镇、4个乡。

2014年11月，湖南行政区划调整，祁东县撤洪桥镇，设洪桥、玉合、永昌3个街道；撤白鹤铺镇，设白鹤街道。2014年年底，全县辖洪桥、玉合、永昌、白鹤4个街道，太和堂、河洲、归阳、鸟江、过水坪、双桥、灵官、金桥、风石堰、白地市、黄土铺、官家嘴、步云桥、蒋家桥、粮市、石亭子、砖塘17个镇，马杜桥、凤歧坪、城连墟3个乡。

洪桥镇 >>

1996 年，洪桥镇被评为全国投资环境三百佳。

区域概况

位置面积

明洪武元年（1368），明将胡海破祁、邵、衡 48 寨，俘囚至境内杀之，桥石尽赤，故名红桥，后以同音称洪桥。地处县境中部，东临白鹤铺镇，南接金桥镇、过水坪镇、双桥镇，西邻风石堰镇，北交衡阳县关市镇和衡南县鸡笼镇。2014 年 10 月，辖区东西距离 21.8 公里，南北距离 18.5 公里，总面积 146.5 平方公里。镇人民政府驻县城鼎山东路 273 号。

建置沿革

明代，洪桥设江湘巡检司。明清时期，属祁阳县下和平乡。民国 28 年（1939），分属祁阳县同昌乡、振中乡。民国 36 年（1947），属祁阳县至昌乡。1950 年 9 月，始设洪桥镇，属祁阳县第七区。1952 年 8 月，属祁东县第一区。1954 年 7 月，洪桥镇更名城关镇。1956 年 6 月，县直管。1959 年 2 月，成立城关镇人民公社。1980 年 11 月，改称城关镇。1984 年石门乡划入。1995 年 4 月，撤区，青山、洪丰、洪桥、马头 4 乡划入，复称洪桥镇。2014 年 11 月，撤销洪桥镇，分设为洪桥、永昌、玉合 3 个街道。

行政区划

1995 年，辖洪丰、黄土铺、贺家冲、百花、新丰、浅塘、梅塘、何家、祁丰、樟树、长春、乔木、燕子岩、林源、江桥、桥洞、青桐、林场、盘龙、绿野、廖家、朱福、白云、黎阿塘、兰芝塘、芦竹、群丰、凤形、温泉、花木、上马、水平、柞陂、马头、波丰、福广、曙光、杉木、松木、盘古、朱家、鲁山、井塘、大竹、曹西、联垅、益城、青山、赵坪、竹丰、石峰、张家、乔亭、渔陂、新洲、三圣、高城、峦山、石门、太阳升、颜家坪 61 个行政村，四方井、麻竹皂、横马路、上正、大桥、武圣、新街、庙山、南山、城西 10 个居委会。1997 年，颜家坪村改设居委会。2000 年 9 月，石门、太阳升两村分别改设居委会。2004 年 7 月，撤销 13 个居委会，组建大桥、上正、憩园、达孝、南山、石门、颜家、太阳升 8 个社区。2005 年 5 月，新组建的社区居委会正式运行。2014 年 10 月，辖 58 个行政村、8 个社区。同年 11 月，洪桥镇原所辖的行政村和社区分别划入新设立的街道。

自然环境

地势北高南低。县城以北为山地，海拔 200 米以上，最高峰清凉山 608 米。山地多为板岩红壤，土层深厚，植被丰富。县城以南为丘陵地，湘江一级支流白河流经境内，较大垄町有渔陂町、白云町、普子町，多为水稻土、紫色土，是县内粮食高产区。年均降水量1232毫米，年平均气温17.9℃，无霜期282天，冬暖夏凉。

人口民族

1995年，辖区总人口109322人，其中男性56430人，女性52892人。2006年，总人口147472人，其中男性75370人，女性72102人。2014年10月，总人口173039人，其中男性88010人，女性85029人，分别占50.86%和49.14%；人口出生率12.8‰，死亡率7.2‰，自然增长率5.6‰。人口以汉族为主，少数民族有苗族、壮族、哈尼族、傣族、布依族、土家族、侗族、瑶族、黎族、满族、回族、蒙古族、拉祜族、佤族、彝族、景颇族、仫佬族、仡佬族、傈僳族、阿昌族、普米族、德昂族等352人，约占总人口的0.2%。人口密度每平方公里1181人。

经济发展

经济综述

建镇之初，境内仅有传统农业，且以水稻种植为主。工业仅有几家打铁、染布之类的小作坊。商业贸易主要是几家小铺子和餐饮摊点。20世纪50年代，先后建成县内第一座小（一）型水库和第一座中型水库，农业生产条件改善，粮食亩产量成倍增长。60年代，工业企业14家，80年代中期独立核算工业企业增至48家，工业总产值

占全县70%以上，成为县域工业重镇。90年代，引进优良新品种，大力发展山区养羊和水面立体养殖；大兴市场建设，商贸流通业井喷式发展，祁东中心市场建成为中南六省区最大的县级综合批发市场。2014年，粮食总产量2.25万吨，工业总产值100.9亿元，财政总收入6576万元，农民人均纯收入5026元，一、二、三产业结构比调整为30 ∶ 36 ∶ 34。

农业

种植业 1949年前，亩产稻谷180公斤左右。1952年，开始推广双季稻，1980年，亩产稻谷730公斤。1995年，双季种植杂交稻，粮食总播面3482公顷，粮食总产量23101吨。1998年起，不断调整农业产业结构，曙光、兰芝塘、三圣、曹西等村成为蔬菜专业村，高城村建成国家级蔬菜标准园。2002年，启动普子町万亩无公害黄花菜基地建设，年收购鲜黄花菜3748吨。2006年，民营新丰果业公司生产的藤稔葡萄获湖南省优质水果金奖，开发的“祁东酥脆枣”被认定为国家地理标志保护产品。2013年，松木村百亩玉米高产示范片平均亩产玉米649.5公斤，比全县平均亩产高146.5公斤。2014年，全镇耕地面积2379公顷，粮食播面2314公顷，粮食总产量22528吨；办有顺风、力达、大金牛3家省级农机服务专业合作社。

祁东县城全景

养殖业 祁东建县初，农户一般每年养猪1~2头。1959年，在石门大队创办县渔场，1970年，在温泉大队创办洪桥区渔场，专业生产鱼苗，引进繁殖非洲鲫鱼和罗非鱼获得成功。青山、马头素有养殖山羊习惯，1993年，引进雷州黑山羊、南江黄羊等良种。1995年，出栏生猪4.63万头，出笼家禽40.5万羽，出栏山羊4200只。2000年后，推广立体养殖，三圣村龙文生承包水库，水里养鱼、水面养鸭、岸上养猪，综合利用，年获纯收入10.2万元。推广规模养殖，太阳升养猪场受到省乡镇企业局嘉奖，国成养羊场成为省肉羊养殖示范场，太阳升良种孵化场占地7.33公顷，年孵化小鸡500万羽。发展特种养殖，何家村建成生态野猪繁养基地，香山庵建奶牛场。2014年，出栏生猪10.49万头，出笼家禽92.26万羽，水产品产量3830吨。

林业 青山、马头和杉木冲历为县内木材、南竹重要产区。20世纪60年代，被定为县杉木林建设基地，配备林业专干，随后开办青山、晓云庵2个社级林场，多次组织飞机施药防治松毛虫和飞机播种造林；城关公社成立专业队，承担育苗、培管果园和城镇绿化任务。1980年，青山、马头杉木林面积分别为1276.67公顷和800公顷。90年代，青桐村建枣树采穗园1.33公顷，黎阿塘、绿野等村建柿树采穗园3.4公顷，新丰村建有连片1公顷以上个体中心苗圃。2002年，三圣、曹西2村育有花卉苗木10公顷,绿化树苗6.67公顷，优质果苗13.33公顷，品种200余个。2014年，林地面积3081公顷，其中有林地2573公顷。

工业

清嘉庆年间（1796—1820），温泉有陶器窑。民国时期，旋子脑、茶山岭、廖家岭等地有小煤窑，青山冲有铸锅业，赵坪铺有打铁、木工、染布等作坊。1952年祁东建县后，成立染织踩工会委员会和染织、草席、缝纫、木器、铁器、竹器6个同业公会，发展建新、群力等6家染织厂和同心织席厂、新联印刷厂、大众电厂、三友酒厂。1954年春，县财政出资接办建新染织厂，创办县内第一家国营企业。1957年，在颜家坪大队创办县草席厂，为全省四大草席厂之一。1958年，以建新厂为核心，合并6个染织厂，组建公私合营祁东染织厂，从业人员462人，设备229台（套），为全县规模最大的工业企业。1966年，国有企业7家，县属集体企业7家。1976年，县化工厂迁黄土岭，占地21.3公顷，生产的太乳炸药为国内独家产品。1985年独立核算工业企业48家，其中：国有企业9家，县属集体企业13家，镇办企业26家，分别占全县同性质企业总数的37.5%、38.24%和30.23%，境内工业总产值占全县工业产值70.3%。20世纪90年代，招商引资，创办远东针织、洪城锁业等合资、合作企业5家，民营资本办有洪城变压器厂和开福等5个家具制造厂，商泰等4个制革厂，麒麟等4个糖果食品加工厂，沿江西路前店后厂糖果加工批发户100余家，华厦建筑、湘江食品成为全县纳税大户。2000年后，国有企业依法实施破产改制，乡镇集体企业全部改制为民营。2002年，启动洪丰工业园建设，2003年，入园企业工业产值2.37亿元。2005~2007年，分3期公开拍卖何家冲铁矿，衡阳新雁、湖南三安、企丰矿业等公司参与竞拍，分别获得盘古、大竹、福广等地段铁矿采矿权。2007~2009年，民营规模企业开福家具、金泰米业两度被评为省级农业产业化龙头企业。2014年，规模以上工业企业30家，具有资质的建筑和房地产企业28家，全部工业总产值100.9亿元。

商贸服务业

集市 洪桥集市建圩始于明代，逢农历二、五、八赶集。民国23年（1934），建有洪桥百货合作社，入社社员凭证购货，比市价稍低。民国35年（1946），设木行。1950年8月，设立洪桥贸易商店，为县内第一家国营商店。1952年，设立供销社。1954年，设立粮食市场。1956年，形成19个经营行业。1962年，设立市场管理所。1976年，建立过境物资检查站，个体商业户、长途商贩被当作“资本主义”和“投机倒把”行为受到查处，私营商业所剩无几。1978年后，大力推行改革开放政策，各类贸易货栈实行联购联销、议购议销、批零兼营。1983年，在城东新建钢筋混凝土结构厂棚一栋，面积1200平方米；在沿江街新建第二农贸市场，面积7500平方米。1984年9月，县城新建工业品市场，农村集贸市场有赵坪铺、颜家坪、新桥铺和渔陂4处。20世纪90年代始，原国有、集体商店、商场陆续转为个体私营。沿江路形成糖果、水果、蔬菜专业批发市场，商城大厦引进金果公司开办县内第一家商业超市。1995年，建成祁东中心市场，占地面积6.7公顷，建筑面积11万平方米，为中南六省区最大的县级综合批发市场。1997年，新建城西农贸市场，占地面积8800平方米，建筑面积3460平方米。2003年后，新建枣树园、祁丰新区、新花屋3处农贸市场，新建石门鲜鱼、金利建材、开福家具及装饰材料交易中心等专业市场3处。2005

年，赵坪铺市场因比邻的三圣农贸市场新建开业而自行关闭，县政府机关大院旧址开发成县内第一条商业步行街。2014年，有城东、城中、城南、沿江4处集贸市场，商业网点632个，从业人员5821人，社会消费品零售总额15.93亿元，城乡集市贸易成交额2亿元。

餐旅 民国时期，饮食业为贫民经营，多为摊点小卖。民国26年（1937）后，始有设店经营，较为有名的饮食店有华丰饭铺和华得来饺儿铺。百顺楼客栈设床位80张，营业额居同行之首。洪桥设为县治后，服务业全面兴起。1953年，县政府在四方井设招待所，有简易客房10余间。1954年，太平、乐群、大众3家旅栈共有床位128张。20世纪70年代，饮旅企业规模较大的有祁东、红旗、大众3家旅社和中心、东方红两家餐厅。1992年，县政府投资建成县内第一家宾馆——祁东宾馆。翌年，县政府招待所完成改造，更名洪城宾馆。随后各部门单位和社会投资建成商城、中心、果园、新华等宾馆。90年代末，酒家30家以上，洪城、祁东、红火、人武等宾馆酒家能一次性接待宾客40桌以上。旅馆服务不再局限住店、就餐，大都配有洗浴、按摩、棋牌、球类、歌舞、娱乐、电脑网络等服务。2000年后，不断兴起旅游、广告、拍卖、典当、房产中介、打字复印、装修装裱、洗涤、摄像、家政、快递、物流、网店等行业。2014年，规模较大的宾馆有一洲、红火、湘江，全镇限额以上批零住宿餐饮企业22个；规模以上服务企业23个，一些新兴服务业形成专业化特色，服务手段网络化、智能化。

财政金融

财政 自设立洪桥镇至1983年，镇（社）政府无单独财政。1984年下半年，设立镇财税所，负责政府财政收支管理及农业各税征收，1995年更名财政所。受举债建设、垫交税收、关闭农村“两会”等因素影响，财政开支骤增，2004年，镇财政负债2189万元。2006年，财政总收入4759万元，收支持平。2012年，贯彻省财政统一部署，因垫税形成的财政债务全部化解。2014年，财政总收入6576万元，收支平衡。

金融 清光绪二十六年（1900），洪桥有陈记“德兴钱庄”。民国初，陈家祠堂设陈记“明轩当铺”。1949年10月，人民银行祁阳县支行在洪桥设立金银兑换所，后更名洪桥营业所。1952年，设立祁东县人民银行和祁东县保险公司。1954年，以乡为单位设立农村信用合作社。1956年，设立县农业银行。1961年5月，以大队为单位设立信用代办站。1968年信用社、站停办，1980年恢复。20世纪80年代，先后设立县建设银行、县农村信用联社、县工商银行、县中国银行，县邮政部门开办邮政储蓄业务。1996年，设立县农业发展银行，县保险公司分设为县人保和县人寿2家公司。90年代，农村合作基金会和救灾扶贫互助储金会（简称农村“两会”）相继在洪桥设立县总会，境内各乡镇均设有农村“两会”。1999年，农村“两会”同时停业整顿，全面清盘关闭。2006年，撤销村信用代办站。2014年，坐落县城的银行业机构有人民银行、中国银行、农业银行、工商银行、建设银行、农业发展银行、邮政储蓄银行、华融湘江银行和农村信用联社，保险机构有中国人民保险公司和中国人寿保险公司及中国平安、中国大地、中华联合等保险公司设立的营销部。

基础设施

交通运输

公路 民国21年（1932）5月，衡桂公路（今322国道）衡阳—洪桥段通车，设立洪桥简易汽车站，办理客货运输。民国25年（1936）8月，衡桂公路洪桥—广西界牌铺段竣工通车，途径境内7个村。1956年，洪桥站始发客运班车，每天经白地市至官家嘴往返4次，年客运量4800人次；同年，洪桥汽车站驻有省运输公司衡阳分公司货车5辆，载重吨位17.5吨，年货运量6500吨。1958年，启动祁东县石门—衡阳县双凤亭公路建设，当年完成石门—青山段路基工程，洪桥汽车站更名祁东汽车站。1958—1959年，洪双（洪桥—双桥）公路、洪过（洪桥—过水坪）公路相继建成通车。1965年，开通县内客运班线5条，县际班线2条。1969年，祁东汽车站改建，站房面积1208平方米，停车场面积800平方米。1970年，整修石门—青山公路，同时新修青山—双凤亭公路，当年8月，全线竣工通车，境内长14.5公里。1974年，首开祁东—衡阳市汽车客运。1978年，县城—马头公路竣工通车，县内客运班线9条。1983年，个体户投入客运，县内客运班线24条，县际班线4条。1986年，杉木村支部副书记刘发庭带领24名村民人工开挖，历时3年打通长800米的桃源隧洞。1988年，322国道过城公路改道县城南侧，新建县城东郊鲤鱼塘祁东公路大桥竣工通车。同年，过境322国道完成渣油沥青路面改造。1994年后，陆续开通1～12路县城公交车。1997年，322国道境内段铺装宽12米砼路面；白云村鲢鱼塘—过水坪丝塘公路铺装宽6米的沥青路面。2006年，实施通达、通畅工程，组织通村公路改造或硬化，累计投入3900万元，完成通达工程420公里，通畅工程340公里，村村通水泥路，85%的组通硬化路。2008年7月，祁东公路大桥实施爆破拆除重建，2009年1月竣工通车。2014年，娄衡高速公路境内段征地拆迁工作全面完成；210省道过境段按二级公路标准实施水泥砼路面改造，完成投资8085万元，硬化路面宽7.5米，长14.64公里。是年年末，51个村完成通畅工程，硬化通村公路总里程194.85公里。

铁路 民国27年（1938）9月，湘桂铁路竣工，设立洪桥车站，2股车道，站务人员13人，办理客货运输，每天停开客运列车2对。1951年，旅客发送量52578人次，货物发送量11.54万吨，货物到达量0.91万吨。1965年，在洪桥—风石堰站之间新建新桥铺车站。1976年，洪桥火车站更名祁东火车站。1977年至1980年1月，改建祁东火车站，站房面积2968平方米。1985年，车站工作人员120人，每天停开客货列车36对，其中客车10对，年旅客发运量45.24万人次，货物发送量12.08万吨，到达量8.29万吨。2003年，祁东火车站升为客运、货运三等站。2005年，县内唯祁东站办理客运业务，年客运量36.67万人次，货运量5.65万吨。2013年12月，湘桂复线祁东站正式运营，原祁东火车站更名祁东北站，只办理货运业务，不再办理客运业务。

航运 20世纪70年代，红旗、曹口堰2座水库开通水运。1986年，红旗水库渡船6艘，共120马力，480个客位，航程12公里，年客运量41万人次，货运量2万吨；曹口堰水库渡船1艘，20马力，年客运量13.7万人次，货运量0.3万吨。1998年，红旗水库船舶43艘，曹口堰水库10艘。2014年，红旗水库客运船舶32艘，曹口堰水库客运船舶2艘，总动力474.6千瓦，总吨位324吨，客位总数1063座。

湘桂高铁祁东站

邮政通信

邮政 明洪武年间（1368—1398），洪桥和下黄土铺设邮铺。清宣统三年（1911）9月，洪桥始有私人开办邮政代办所。民国时期，下黄土铺、赵坪铺设有邮政信柜，洪桥设三等乙级邮政局，后改为代办所。中华人民共和国成立初期，祁阳县在洪桥设立邮政营业处。1952年6月，祁东县邮电局设洪桥。1986年，邮路8条，其中自行车班6条，步班2条。2014年，邮政网点1个，投递线路单程40公里，乡村通邮率100%，完成物流类收入44.75万元。

通信 民国14年（1925），洪桥从祁（阳）衡（阳）电话线路接线，始通电话。民国25年（1936），洪桥从祁阳县城架铁质单线，安装5门磁石总机1部，接转过水坪、双桥、渔陂町、牙泉、新桥头单机电话。民国33年（1944），电话线路被侵华日军破坏。1952年，县邮电局安装电话交换总机，经营祁东至衡阳、祁东至祁阳2条民用长途电话线路；城关镇开通市话，单位用户4户，杆路长1公里，明线长4公里，开办无线电报业务。1958年，设立洪桥邮电支局，开办电报传真业务和长途会议电话业务；何家冲设立临时邮电所，支持大炼钢铁。1983年，红旗大队专业户张田生始装市内电话单机。1984年，城关镇每百人有电话机1.9部。1992年，开通无线寻呼。1993年，开通程控电话。1995年，出现“大哥大”类移动电话。1998年，开通互联网。2014年，电信、移动服务网点24个，电话交换机总容量17000门，互联网端口12900个，网络用户8620户。

供电饮水

供电 1951年3月，私营大众电厂投产发电。1952年，私营群力染织厂使用20马力汽车引擎和15千瓦直流发电机发电。1963年5月，红旗水库电站安装400千瓦发电机组1台，年发电量30万千瓦时。1967年2月，洪（桥）过（水坪）10千伏主干线竣工送电，境内始用高压电。

1976年，建成曹口堰水库电站，装机2台400千瓦，1980年发电量20万千瓦时。1982年，县城新建110千伏输变电站竣工运行，洪桥—县化肥厂、洪桥—过水坪2条35千伏输电线路竣工送电。1985年7—9月，洪桥—冷水滩、洪桥—衡阳市乌鸡塘2条110千伏输电线路投入运行。1986年，成立城关镇农电管理站。1988年，青山乡、马头乡利用小溪流安装微型水力发电机。1995年，村办小水电站1座，装机容量10千瓦，年发电量1900千瓦时；全镇农村用电量312.88万千瓦时。1998年，开始农村电网改造。2005年，农村用电量532万千瓦时。2006年9月，新丰110千伏变电站投入运行。2010年11月，凯迪生物质发电厂并网发电，年发电量1.48亿千瓦时。2014年，变压器51台，容量5475千伏安，分别由洪泉、洪氯、洪渔、洪排、金九等5条10千伏输电线路供电；50个村完成农村电网改造，农村供电可靠率99.8%，电压合格率96%，全镇农村年用电量1984.3万千瓦时。

饮水　民国时期，居民从江、河、塘、堰取水饮用，遇干旱年景，饮水困难。中华人民共和国成立后，发动群众打吊井，建敞口砖井，打压水井、潜水泵井。1977年，启动红旗水厂建设，1979年12月，成立供水公司，县城开始使用自来水，供水管道总长13.5千米，日供水1.2万吨。1995年，投资450万元兴建石门水厂，日供水能力1.5万吨。2002年，投资1005万元兴建曹口堰水厂。2004年6月，曹口堰水厂一期工程竣工，日供水量1.5万吨。2006—2010年，县供水公司铺设供水主管网11条1586米，改造供水主管网4条2681米。2010—2014年，新铺或改造供水主管网基本上使用PE管。

水利建设

1954年，县政府决定在石门大队修建全县第

一座示范性小（二）型水库，翌年10月竣工蓄水。1958年冬，在跃进大队冬至口启动红旗中型水库建设，1962年蓄水运行，有效库容2065万立方米，除灌溉农田面积1607公顷外，还供应县城居民及工业、铁路用水。1965年，石门水库扩建为小（一）型水库，有效库容243万立方米。1966年，建成温泉提水机埠。1972年起，历时4年，完成贯通普子町近10公里河道裁弯取直工程，缩短河道流长3公里，利用废弃河道开垦农田3公顷。1975年8月，在曹西大队修建曹口堰中型水库，1976年2月蓄水运行，有效库容2210万立方米，灌溉农田3400公顷。2003—2004年，完成投资1801万元，对红旗水库实施除险保安工程，新增蓄水量300万立方米，新增防洪库容450万立方米，新增灌溉面积133.3公顷。2005年，电灌站8座，装机8台260千瓦，灌溉面积160公顷。

2006年，农业综合开发兰芝塘项目区建成节水灌溉区66.7公顷。2008—2010年，投资1368万元，完成曹口堰水库除险加固工程。2010—2013年，投资683万元，对白河洪桥段实施河流治理工程，新建大堤3.4千米，浆砌石挡墙3.1千米，疏浚6.02千米；投资1310万元，完成石门小（一）型水库和福广、九塘冲、莲花塘、黄塘冲、石冲等5座小（二）型水库除险保安工程。2014年，水库11座，其中，中型水库2座、小（一）型水库1座、小（二）型水库8座；堰坝5座，电灌站6处。

镇村建设

城镇 清代末年，有北面山麓一条直街，合附近村舍，不过八百户，号称“八百烟”。民国时期，形成上正、河龙、武圣3条小街，总长575米，宽不过3米。铺口为连垛棚房，街心铺列石块。1952年，洪桥定为县治，110多个党政机关和企事业单位相继设洪桥，街道扩展到町中平地。1980年，街道17条，县正路、沿江路、直马路为新开辟的3条主街。全城房屋建筑总面积80多万平方米，为1949年的10倍。1992年，启动县城南区建设，1998年，打通城西大米厂卡口，建设祁丰大道，县城西拓南扩拉开骨架，带动祁丰新区和洪丰工业园开发。2005年，城区道路59条，长51.91公里，县城建成区面积由1986年的2.5平方公里扩大到11平方公里。2011年，永昌大道下穿湘桂铁路框架涵工程开工建设。至2014年，玉泉新区完成投资近4亿元，建成三纵两横主干大道和新火车站占地16.7公顷的站前广场。

乡村 民国时期，农村建房多为土木结构。20世纪70年代，水平大队畔塘生产队整体拆除旧房，统一兴建二层楼房的居民点。80年代，大部分农户改旧建新，多为砖木结构。90年代，升级为砖混、套房式结构。2000 年后，乡村出现别墅式小洋楼。2008 年起，以洪丰、渔陂 2 村为试点，启动社会主义新农村示范村建设，洪丰村硬化村庄道路 4 条 1500 米，渔陂村硬化村庄道路 2 条 200 米，渔陂村打深水井 110 口，286 户农户安装家庭简易自来水。2014 年，各行政村和社区居委会均建有独立产权的办公场所，部分村还建有各类群众活动室。

社会事业

教育科技

教育 清乾隆以后（年份无考），洪桥铺办有崇正义学，办学经费靠学田地租收入，一般贫苦子弟读书免收学费。民国 32 年（1943），私立达孝中学从双桥大云市迁入洪桥鼎山南麓新校舍，为县内第一所中学。民国 37 年（1948），至昌乡有中心国民学校 1 所，保国民学校 10 所，私立高小 2 所。中华人民共和国成立后，陆续转为公办学校，其中位于陈兴公祠的中心国民学校改办为城关镇完全小学。1952 年 5 月，县人民政府接管达孝中学。20 世纪 50 年代末，公办小学 32 所，县办一中、二中分别办成完全中学。1969 年，新办石门、洪桥、青山、洪丰、马头 5 所初级中学。1972—1980 年，先后创办城关镇中学、洪桥区中学和石门中学。1985 年，小学 53 所，在校学生 10283 人；初中 7 所，在校学生 3691 人。1986 年，新建县育贤中学，洪桥区中学停办，校址转办县职业中学。1988 年，城关镇成人教育中心和洪桥乡农校被评为衡阳市合格农民文化技术学校。1992 年，石门小学开办聋哑儿童教学班，后更名特殊教育学校，1996 年，新建校舍 900 平方米。1997 年，撤销石门、马头 2 所中学。1998 年，县职业中学改为县职业中专，迁入城南新校址，原校址用于创办洪桥镇二中，城关中学改称洪桥镇一中。1999 年，曾郁古等人合股创办楚杰中学，为县内第一所民办全日制完全中学，后转办船山实验学校。2002 年后，民办育英实验学校、鼎兴实验学校、祁东文武学校、盛德学校、金娃小学、红太阳小学、鼎山实验小学先后开办。2005 年，撤销洪桥、青山 2 所中学。2007 年，台湾台塑集团捐资洪桥镇五小改扩建，改建后的五小更名明德小学。2008 年，镇二中建成义务教育合格学校，祁丰新区新建公办玉和小学。2010 年，撤销镇一小（完全小学）和芦竹、马头、何家、绿野、江桥、乔木 6 所公办村小，白云、明德和镇六小分别建成义务教育合格学校。2011 年，洪丰小学建成义务教育合格学校。2013 年，县特教学校从石门社区迁址洪丰村新校舍。2014 年，全镇幼儿园 71 所，在园幼儿 7988 人，教师 278 人；小学 27 所，初中 4 所，在校中小学生 3.15 万人，中小学教师 987 人。

科技 1954 年，建立洪桥片农业技术推广站。1957 年，石门高级社试种红花草子（紫云英）7.33 公顷，亩产鲜草 1500 公斤，其经验在全县推广。1966 年，引进温州蜜橘新品种，浅塘大队成为县内闻名的蜜橘产地。1971 年，公社设立农科站。1977 年，引种杂交晚稻，亩产量比常规稻种提高 50% 多。1978 年，湖南电视台到新丰大队，以《这里基本不施化肥农药》为题，拍摄科技新闻纪录片，新丰大队被树为全县科技示范点。20 世纪 80 年代中前期，民办新桥铺微生物研究所研发的 3 项科研成果分别获得衡阳市科技进步一、二、三等奖；祁丰村村民刘署平因科学养猪成效突出当选为湖南省第六届人大代表。1990 年，引进“南薯双八”新品种，亩产红薯 3202 公斤，比本地品种亩增 1107 公斤。1996 年，引进“豫薯 868”在三圣村稻田试种，平均亩产3700公斤，最大单薯重2.78公斤。1997年，成立新丰果业协会，引进金星无核、紫金香等8个葡萄新品种及美国布朗李、大油桃等名特水果新品种。2001年，新丰果业公司利用地方糖枣变异枝条，选育新品种中秋酥脆枣，被省科技厅鉴定为高新技术产品，新丰果业公司被省科技厅命名为“生物育种与产业化科技型龙头企业”。2006年，在柞陂村建成农作物标准病虫观测场，设大棚温室807平方米，试验观察圃3467平方米，综合办公楼2142平方米。2013—2014年，新丰果业公司实施国家科技计划项目：中秋酥脆枣丰产栽培技术集成与产业化项目。

文化体育

文化 民国时期，洪桥创办祁剧凤字班，偶有渔鼓、龙灯、木偶戏等表演活动及电影放映。中华人民共和国成立初，祁阳县新华书店在洪桥设分销处，后改为新华书店祁东支店。1953年，组建木偶戏人和班。1954年，在城东老汽车站建电影院。1956年，省文化局将人和班8名骨干调至长沙，组建湖南木偶剧团。1958年，公社设文化馆，耕作区设文化站。1959年，在县正路新建一座能容纳1000多人的电影院。1971年，公社建立广播站，配备专职广播机线员。1976年，县图书馆落成并对外开放，县电影院原地改扩建，座位增至2119个。1987年，安装调频广播发射机，广播站改为广播电视站，开通闭路电视。1998年，始设网吧，业余文艺爱好者自发组建中乐队、西乐队、腰鼓队。2006年，太升路开设古玩市场，收藏爱好者自发成立收藏家协会。2012年，各行政村及街道社区全部建成农家书屋，平均藏书2000册以上。2013年5月，开福家具公司投资200万元建成开福文化休闲广场，配有40平方米的高清LED电子显示屏，湖南省第三届曲艺大赛在此举行，中国曲协主席姜昆出席并为获奖选手颁奖。2014年，广场舞队8支，盘鼓、腰鼓队7支，中、西乐队7支，渔鼓艺人30余人，电视入户率100%，其中，数字电视用户3650户，占34.2%。

体育 民国30年（1941），渔陂町组建篮球队。1952年祁东建县后，县委会、县供销社、银行分别成立前进、红光、银鹰3支职工篮球队。1958年7月，成立城关镇武术分会，建立气功健身辅导站，举办气功培训班。1977年，全县首届农民篮球运动会在县城举行。1981年，举行职工象棋赛，次年举行职工围棋赛。1988年，洪丰乡

名满三湘的艺术瑰宝——祁东祁剧

祁东渔鼓成功列为国家级非物质文化遗产保护项目

举办第一届农民运动会，设跑步、投掷、自行车载重急行等8个比赛项目，历时4天；城关镇建有2个门球场，5个居委会建有门球队。1992年8月，肢残少年刘勇参加邵阳全省青少年残运会，获跳高、跳远项目金牌。2001年，祁东文武学校龙狮队走出国门，访问澳大利亚和日本。2002年，占地4.33公顷的县体育广场和游泳场投入使用。2004年，在镇内举办祁东县首届“世达杯”中老年钓鱼比赛。2005年，县城设立8个健身辅导站，为中老年人开展太极拳、太极剑、太极木兰扇、柔力球等活动提供指导。2008年后，先后建成温泉游泳场和红旗游泳馆。2009年，镇农民代表队参加全县首届乡镇篮球赛获第一名。2010年，镇中心小学建成塑胶田径场，面积300平方米；中老年群众自发筹资30多万元，1000多人次参加义务劳动，在县城北面环山路旁建成2000平方米的太极湾健身场，安装健身路径器材12套（件）。2014年，县城建有太极登山队、健身球队，环山大道旁建有健身场所6处，洪丰、三圣等16个村建有篮球场，高城、井塘、波丰等10个村建有健身路径。

医疗卫生

医疗　民国22年（1933），龙溥泉、周星楼分别开设私人诊所。中华人民共和国成立后，祁阳县人民政府在洪桥下河龙街观音桥设立第七区卫生所，发动个体医生组建中西医联合诊所。1952年5月，七区卫生所改为县卫生院（后改为县人民医院），设病床10张，配医护人员26名。1953年，设立县妇幼保健站。1956年，设立县卫生防疫站。1957年，设立县中医医院。1958年，组建洪桥人民公社卫生院（后改称洪桥区医院），各耕作区设立卫生所（后改称公社卫生院）。1959年，城关镇联合诊所改称城关镇卫生院。1969年，境内公立医疗机构有：2个县级医院，1个区级医院（洪桥区医院），1个镇级医院（城关医院）和洪丰、洪桥、青山、马头、石门5个公社卫生院。1980年3月，城关医院升格为区级医院。1982年，撤销石门卫生院。1990年，撤销洪桥区医院，选址颜家坪大队新建县妇幼保健医院。1995年，撤并洪桥、青山、马头3个乡卫生院，洪丰卫生院改为医疗点，城关医院更名洪桥镇医院。2001年，更名县骨伤科医院。2005年7月，县骨伤科医院由北京云中龙商贸有限公司融资托管，更名仁和医院。是年，镇内县级医疗机构有县人民医院、县中医医院、县妇幼保健医院、县疾病预防控制中心；镇卫生院（又名县骨伤科医院）1所，占地面积5260平方米，建筑面积11200平方米，设床位113张，在编医技人员47人；民营医院5个，个体诊所16个，社区和行政村卫生室51个。

卫生　2007年，洪丰、渔陂两村率先实施乡村环境卫生整治，分别培养“三清五改”（“三清”即清垃圾、清路障、清淤泥；“五改”即改水、改厕、改厨、改栏、改路。）示范户50户和42户。2008年，启动乡村清洁工程，沿322国道的井塘、祁丰等8个村和石门等4个社区，沿210省道的大竹、何家等11个村和太阳升等4个社区，列为环境卫生重点整治地段，村村新建垃圾池，投放垃圾桶（箱），配卫生保洁员。

社会保障

“五保”供养　1956年农业合作化后，农村无依无靠老人由集体实行“五保”。20世纪60年代，把孤儿纳入“五保”对象。1980年2月，开办县城镇社会福利院，收养城区弃婴、孤儿及孤寡老人。1984年，洪桥区开办光荣院，收住无人照顾的老复员退伍军人、荣誉军人，实行国家拨款集中供养。1988年，洪丰、洪桥等乡分别开办敬老院，收住部分“五保”老人集中供养。1990年，城关镇利用镇园林场开办敬老院，收住“五保”老人16人。

1995 年，洪桥区光荣院更名洪桥镇光荣院。1997 年，洪桥镇投资 160 万元，在洪丰村 322 国道旁新建镇敬老院，洪桥光荣院整体迁入，合二为一。敬老院（光荣院）占地面积 8670 平方米，建筑面积 3000 平方米，设置床位 60 张，入住老人 55 人，配工作人员 9 人。2009 年 10 月，下岗职工李花秀租用县救助站房屋，创办县内第一家民营养老机构——孝心老年公寓，设公寓式套房 30 套，床位 150 张，年均收住老年人 130 人。2014 年，“五保”对象 465 人，其中集中供养 55 人，分散供养 410 人，年发放“五保”供养金总额 143.17 万元。

最低生活保障　1999 年 6 月起，实施城镇居民最低生活保障制度。当年核定低保对象 7140 户、25000 人，发放低保金 100 万元。2007 年起，实施农村居民最低生活保障制度，当年核定低保对象 174 户、524 人，发放低保金 18.86 万元。2011 年，核定城镇低保 3850 户、6367 人，发放低保金 1000.9 万元；核定农村低保 1497 户、2513 人，发放低保金 211.1 万元。2014 年，核定城镇低保 4379 人，发放低保金 1472.92 万元；核定农村低保 2735 人，发放低保金 344.72 万元。

养老保险　2012 年，启动城乡居民社会养老保险制度，当年参保 26376 人。2014 年，参加城乡居民社会养老保险 28948 人，享受失地农民社会生活保障 3825 人。

医疗保险　2007 年起，实施新型农村合作医疗制度。2010 年，参合农民 53363 人。2014 年，参加新农合缴费 75486 人，参合率 92.97%。

特色地情

历史人文

镇内松木村举人李馥（1854—1929）曾主修《祁阳县志》；廖家村周天球（1900—1951）著章回体小说《反三国志演义》；高城村人李新华随父云南支边，2003 年当选云南省副省长；中国人民解放军少将、陆军航空兵学院副院长陈福阳系太阳升村黄山庵人。

风景名胜

鼎山公园　位于县城北面，总占地面积 154 公顷。前有鼎山广场，占地面积 5300 平方米。园内连片针、阔叶林四季常青，是县城天然绿色屏障。1993 年，启动环山大道及路旁凉亭建设。2001 年，成立鼎山公园管理处。陆续建成入园牌楼、露天舞池、游乐场、两级提水水塔，硬化园内部分道路、停车场，安装路灯。2006 年，建成贯穿鼎山南北山麓的桃源隧洞，将鼎山公园与红旗水库风景区挽为一体。2011 年，长沙景程旅游规划设计院以挖掘“鼎”文化为主题，按照 AAA 级景区标准，编制鼎山公园建设规划。2014 年，正式启动革命烈士纪念园建设。

万福寺　原名圆觉庵，又叫圆珠庵，位于县城鼎山公园西侧。始建于明万历年间（1573—1620），后毁。2002 年，湖南省佛教协会副主席大智法师（祁东籍）主持重修。重修后的万福寺占地 2 公顷，建有山门、圆通殿、大雄殿、藏经阁及两厢等 6 栋建筑。山门正额刻有大智法师书写的“万福寺”三个大字，额旁彩塑“观音传经”“文殊说法”“罗汉过江”“善女供养”等佛教故事。山门后面是麻石护栏的延寿桥，桥栏刻字雕花，桥下为放生池。延寿桥前方为二进建筑——圆通殿。

温泉　位于温泉社区。泉水四季恒温，清亮透澈，流量稳定在 0.3 立方米 / 秒，水温常年保持在 20℃ ~ 25℃之间。温泉发掘于南宋庆元四年（1198），明代长安名士张砚客题有“自甘澄澈沃村壤，不羡华清闹市途”的诗句刻于温泉出口岩

石上。2003 年，兴办温泉度假村，建成第一期项目——水上世界，集高速滑梯、人造海浪、水上迷宫、标准泳池和园林绿化工艺为一体，是一处以天然水为主体的康体、休闲中心。

燕子岩　位于燕子岩社区。石灰岩地貌，溶洞曲折幽深。洞口高 6 米，宽 5 米，主洞长约 400 米，支洞 9 条。洞内钟乳倒悬，清泉涌滴，多蝙蝠，见光飞翔。古人误以蝙蝠为燕子，故名燕子岩。

彭家大院　彭康衡所建，坐落渔陂村。民国 12 年（1923）动工，历时 6 年完工。大院依山而建，坐北朝南，占地面积 4000 平方米，建筑面积 2500 平方米。中轴对称式建筑，前厅、神堂、两厢、廊庑呈“日”字形排列，左右对称，前后相连。廊庑两侧各有一个天井，抬头可见青天悠悠，低头可赏名花嘉木，凸显“天人合一”思想。院内 18 根大柱支撑，以砖柱居多，由特制弧形青砖砌成，高约 8 米。所有房屋均为两层结构，层高 4 米，天井宽敞，走廊开阔。房屋装饰沿用晚清风格，梁枋上雕刻麒麟、狮子、喜鹊、玉兔等花卉动物图案，造型逼真，线条流畅，嵌有玉石，熠熠生辉，玉石后被人盗走。柱墩雕刻四个狮子，玲珑剔透，气韵生动。

（文字供稿：洪桥街道党政办　图片供稿：祁东县志办）

白鹤铺镇 >>

区域概况

位置面积

传说白色仙鹤常憩于此得名。地处县城东部，东面和北面与衡南县鸡笼镇接壤，南与金桥镇毗邻，西与洪桥镇相连。2014 年 11 月，辖区东西距离 8.2 公里，南北距离 10.4 公里，总面积 85.9 平方公里。镇人民政府驻白鹤村，距县治 11 公里。

建置沿革

明清时期，属祁阳县下和平乡。民国 28 年（1939），属祁阳县金兰乡。1950 年 9 月，属祁阳县第七区东富乡。1952 年 8 月，属祁东县第一区。1956 年 6 月，东富、泉塘、荷花、黄龙、灵官、水口 6 乡合并，组建白鹤铺乡，县直管。1958 年 10 月，为洪桥人民公社一个耕作区。1961 年 8 月，成立东富人民公社，属洪桥区。1963 年，东富公社改称白鹤公社，仍属洪桥区。1984 年，复称白鹤铺乡。1985 年 7 月，水口乡及罗云乡的砖冲村划入。1990 年 1 月，撤乡建镇，属洪桥区。1995 年 4 月，撤区，鸣鹿乡及罗云乡的唐家、巩固、皮桥、祖湾、秀丰、金塘、群力、罗云 8 村划入。2014 年 11 月，撤销白鹤铺镇，设白鹤街道。

行政区划

1995 年，辖白鹤、祖湾、秀丰、砖冲、百家、唐家、桃红、帆丰、黄龙、前丰、群力、皮桥、金塘、燎原、挂青、排基、伍排、荷花、排山、高原、金鸡、元塘、金星、花塘、源山、太和、泉塘、鸣鹿、明星、联城、罗云、栗塘、巩固、四海、东富、华丰、高基 37 个行政村和凤形居委会，501 个村民小组。2014 年 11 月，原白鹤铺镇的四海、东富、华丰、高基 4 村划入洪桥街道。

自然环境

属丘陵地带。最高峰挂青岭位于挂青村，海拔 262.6 米；最低点狮塘，位于罗云村，海拔 102.2 米。年均气温 18.4℃，年均无霜期 282 天，年均降水量 1100 毫米，6 月降水最多。土壤多为红壤。主要自然灾害为旱灾、水灾，最严重的一次旱灾发生在 2011 年 8 月。

人口民族

1995 年，辖区总人口 42382 人，其中男性 22082 人，女性 20300 人。2006 年，总人口 43894 人，其中男性 23286 人，女性 20608 人。2014 年 11 月，总人口 47905 人，其中男性 25064 人，女性 22841 人，分别占 52.32% 和 47.68%；人口出生率 12.89‰，死亡率 4.8‰，自然增长率 8.09‰。人口以汉族为主，少数民族有苗族、壮族、哈尼族、傣族、布依族、土家族、侗族、瑶族、黎族、回族、拉祜族、佤族、白族、水族、彝族、藏族、畲族等132人，占总人口的0.28%。人口密度每平方公里558人。

经济发展

经济综述

种养业历为白鹤铺镇主导产业，先后被县农业部门列为红薯和水稻新品种试验推广基地，模式化稻田养鱼、特种水产养殖和家禽孵化业逐步发展为规模化生产。20世纪90年代，建成天洞源草席加工小区。2005年起，陆续开办志歌木业、德丰铜矿、顺信生物等6家规模工业企业。2014年，粮食总产量2.31万吨，畜牧业总产值占农业总产值23.8%；工业总产值3.1亿元，占地方生产总值18%；财政总收入1384.1万元，农民人均纯收入5973元。

农业

种植业 民国时期，水稻亩产量200公斤以下。20世纪50年代，年均种植水稻266.7公顷，占稻田面积90%。1980年，粮食亩产量735公斤。1990年，从四川引进“南薯双八”新品种，试种2公顷，亩产红薯3200公斤，比本地当家品种广东白皮亩均增产1100公斤。1995年，粮食播种面积3372公顷，粮食总产量21559吨。2000年，县粮贸公司与农户签订优质稻谷收购合同，发展订单农业。2010年，成立省级顺达农机专业合作社，购置农业机械27台（套），总

祁东土菜

动力830千瓦。2011年，在县内率先启动早稻集中育秧试点。2012年，组织万亩双季稻高产示范片创建活动，亩均产稻谷过吨；荷花、黄龙等10个村实施湘米产业工程，生产高档优质稻；秀丰、砖冲、唐家、花塘4村实施土地综合整治项目建设，新增耕地67公顷。2014年，耕地面积2567公顷，粮食播面2497公顷，粮食总产量23078吨。

养殖业 20世纪80年代，白鹤村建有孵化厂，所孵鸡、鸭远销广东、广西、湖北。1988年，大搞鱼田工程建设。1992年，被衡阳市定为模式化稻田养鱼示范乡镇和水产养殖基地乡镇。90年代中期，发展特种养殖，黄龙村养殖牛蛙，百家村肖祥云租用稻田5.5公顷创办中华鳖养殖场。1995年，全镇出栏生猪3.01万头，出笼家禽26.5万羽。1998年，燎原、白鹤、桃红等村开办孵厂10余个，年孵化小鸭5000万只，远销岳阳、汨罗等地。2008年，黄龙村创办腾飞养殖场，年出栏生猪3300头。2010年，秀峰渔场获得省专业部门认证，批准开办水产苗种场。2014年，出栏生猪5.38万头，出笼家禽41.76万羽，水产品产量2300吨，生产肉类4913吨。

林业 1961年，衡阳地委工作组在源山大队开展山林权属试点，将山林权属确定为国家所有、集体所有和社员个人所有（自留山）三种形式，其经验向全地区推广。1964年，省市县共同投资，以源山、泉塘、高基等大队为主体建立油茶基地，培育油茶林537公顷，年产茶油17吨。20世纪70年代，云丰公社建立133.3公顷白蜡基地。1994年起，连续8年实施紫色页岩改造，完成绿化面积400公顷；实施长江中上游防护林工程，人工植苗166.67公顷。2010年2月，全县集体林权制度改革首批林权证发证仪式在华丰村举行。2011年，实施国家退耕还林项目，补植、补造速生丰产原料林和经济果木林。2014年，林地面积2233.33公顷，其中有林地1496公顷，活立木蓄积量28000立方米；水果种植面积46.67公顷，主要品种有枣子、柑、橙、柿、板栗等。

工业

民国时期，排山铜矿偶有小规模开采。1972年4月，鸣鹿公社组织铜矿开采，建有浮选厂，因效益不高，1975年停办。1976年，开办白鹤、罗云2个社属石灰厂。1980年，办有粉笔厂、尼龙袜厂、综合加工厂和重晶石开采企业，社队企业总收入91.3万元。1985年，独立核算工业企业5家，年工业总产值26.4万元，比1980年增长5.18%。20世纪90年代，天洞源形成草席加工小区，年产草席超100万条。2005年，周立志在百家村322国道旁创办志歌木业有限公司，生产高密板、胶合板等人造板材，年产值1800万元。同年3月，德丰矿业有限公司创办德丰铜矿，下辖联城、排山、茅市3个矿区和粮市探矿区、刘家冲选矿厂，日选原矿1500吨。2009年，创办湖南顺信生物科技有限公司，主要生产光合细菌等有益菌种和小球藻等营养藻类。2014年，规模以上工业企业有志歌木业、顺信生物、蛋白质饲料、仟山工艺、美怡佳食品、旭东水泥6家，工业总产值3.1亿元。

商贸服务业

民国时期，排山形成市场。白鹤铺建乡后，乡府驻地沿公路渐次建成街道铺面，商务活动日趋增多。20世纪80年代，各村办有代销店，白鹤铺临街面办有饮食店、百货店。90年代，天洞源建成木材交易专业市场。2011年，个体工商户400多户，从业人员900余人。2014年，商业网点315个，社会消费品零售总额3.81亿元，集市贸易成交额3050万元。

财政金融

财政 1983年以前，乡（社）财政事务由乡（社）秘书兼管。1984年，设立乡财税所，负责地方农业各税征收及政府财政收支管理。1995年，更名财政所。2004年，镇财政负债1207.1万元。2006年，财政总收入442万元，收支两抵持平。2012年，因垫税形成的财政债务全部化解。2014年，财政总收入1384.1万元，财政总支出1391.2万元。

金融 1954年7月，设立乡信用合作社。1961年5月，以大队为单位设立信用代办站。1968年，农村信用社、站全部停办，1980年恢复。1993年，成立镇农村合作基金会。1996年，成立镇农村救灾扶贫互助储金会。1999年4月，农村“两会”同步清理整顿，8月后全面清盘关闭。2006年，村信用代办站撤销。2014年，金融机构有信用合作社1家。

基础设施

交通运输

公路 民国21年（1932）8月，衡桂公路衡阳—洪桥段竣工通车，横贯今白鹤、凤形、百家、帆丰等6个村（居委会）。1972—1979年，修通排排（排山—排基）、好金（好汉岭—金桥）、罗砖（罗卜山—砖冲）、花明（花塘—明星）4条乡村公路，新增通车里程26.9公里。1994年7月，开通祁东中心市场—挂青村3路县城公交车。2009年12月，建成排山客运站，占地面积3500平方米，站房面积260平方米。至2014年，开通鸣鹿—洪桥、元塘—洪桥、罗云—洪桥、源山—洪桥4条客运班线；36个村完成通畅工程，硬化通村公路总里程94.46公里。

铁路 民国27年（1938）9月，湘桂铁路通行境内，设立白鹤铺简易车站，办理客货运输。1952年，年发送旅客12830人，货物发送量628吨，货物到达量1355吨。1969年7月，增建甘棠集站，当年旅客发运量3669人。1984年，白鹤铺站设3股道，2个站台，候车室160平方米，有职工17人，年发送旅客83340人次，货物发送量824吨，货物到达量439吨；甘棠集站设2股道，1个站台，候车室56平方米，有职工18人。1985年，白鹤铺站旅客发送量46032人次，货物发送量360吨，到达量1161吨；甘棠集站旅客发运量32754人次。2000年，白鹤铺站客运量3816人，甘棠集站客运量1346人。2001年，因火车提速，两站停办客运业务。2013年12月，湘桂铁路复线高速列车通行境内。

邮政通信

明洪武年间（1368—1399），设东富、白鹤、排山3处邮铺。民国10年（1921）11月，排山设邮政代办所。民国32年（1943），设排山—洪桥邮班。1952年，设洪桥—白鹤铺邮班。1955年，设立白鹤铺邮电所。1974年，开通洪桥—水口摩托车邮班。1980年，设排山邮电所，1981年撤销。1985年，新建白鹤铺邮电所办公房，建筑面积52平方米。2014年，邮政网点1个，投递点126个，乡村通邮率100%；电信服务网点3个，固定电话用户1140户，移动电话用户15200户，互联网端口1800个，宽带接入用户312户。

供电饮水

20世纪70年代，境内开始使用高压电。1995年，农村用电量83.72万千瓦时。1996年，投资60万元，建成白鹤铺自来水厂，铺设管网10千米，日供水能力600吨。1999年，实施第一期农村电网改造。2005年，农村用电量230万千瓦时。2009年，在挂青村兴建集中饮水工程，解决1000余人口饮水安全问题。2014年，23个村完成农网改造，全镇年用电量631.77万千瓦时。开通县城至白鹤铺自来水管道，白鹤铺自来水厂不再供水。

水利建设

1958年8月，在前丰大队兴建源山小（一）型水库，有效库容414万立方米，有效灌溉面积486.67公顷。1992—1995年，投资15万元，实施源山水库小流域水土保持治理工程，治理面积5平方公里，山地植被覆盖率增加到92.4%，水土流失面积减少26.6%。2012—2013年，投资309万元，完成前进、老屋塘、砖塘3座小（二）型水库除险保安工程。2014年，小（一）型水库1座，小（二）型水库9座，山平塘6349口。

镇村建设

民国时期，衡桂公路通车后，农户开始在白鹤铺过境公路两旁兴建房屋，逐渐形成小街。中华人民共和国成立初，以路为街，总长不过150米。1956年，白鹤铺定为乡治驻所后，建房不断增多。1995年起，沿街房屋延伸到2公里左右，天洞源建成木材市场和草席加工一条街。2007年，以华丰村为试点，启动社会主义新农村示范村建设，建成村部活动室8间160平方米。2014年，城镇建成区面积1.2平方公里，道路总长3公里。白鹤中学至牛头桥路段安装路灯。各村建有村部活动室。

社会事业

教育科技

教育 民国时期，联城办有私立小学，周斓兄弟捐资创办周氏私立汝旺小学，土地改革后均转为公办。20世纪50年代末，公办小学11所。1969年，贯彻全县“初中不出社”部署，相继办起白鹤铺、水口、罗云、鸣鹿4所公社初级中学。1985年，小学35所，在校小学生5082人；初中4所，在校初中生1334人。1988年，白鹤、鸣鹿、罗云3所乡农校被评为衡阳市合格农民文化技术学校。1993年，撤并水口中学。2003年，撤销罗云中学。2005年，红光村开办私立红光小学。2006—2010年，撤销金星小学、源山小学，新建东富联校，白鹤铺镇中学、排山小学建成义务教育合格学校。2011年，建成公办白鹤铺镇中心幼儿园。2012年，鸣鹿中学建成为民办实事义务教育合格学校。2014年，幼儿园11所，在园幼儿275人，教师14人；小学8所，在校学生1070人，教师109人；初中2所，在校学生1250人，教师134人。

科技 1954年，境内农技推广由洪桥片农技推广站负责。1971年，公社设立农科站。1980年，罗云公社植保站“稻纵卷叶虫越冬研究”项目获省政府奖励。1988年，配备专职科技副乡长和村科技副主任。1995年，在紫色页岩山地推广芦竹种植66.67公顷。2006年，荷花村在高岸缺水田开展“豫薯868”起垄高产栽培试验，亩平产薯3000公斤，比普通栽培每亩增产150公斤；鸣鹿村推广林业培管新技术，栽植丰产示范林66.67公顷。2007年，引进龙须草栽培技术，在紫色页岩山地试种6.67公顷。2008年，荷花村推广“水稻好气性田间灌溉技术”，亩平节约生产成本35.75元；开展双低油菜增硼增花保果高产栽培试验，比普通栽培增产35.6公斤。2012年，顺信生物科技公司从中南大学引进新技术，年产多肽饲料1200吨。

文化体育

文化 1958年，耕作区设立文化站。1971年，公社建立广播站，配备专职广播机线员。1983年，从区站架设广播专线到社站，农户喇叭入户率50%。1986年，建立图书流通站，设立集体借书

祁东县获“中国曲艺之乡”称号

包，开展图书借阅活动。1987年，安装调频广播发射机，停止使用广播专线，广播站更名广播电视站。1995年建成调频电视台，辐射半径20公里。2004年建立有线电视站，开通76个电视频道。2014年，档案室1个，建筑面积18平方米；公共图书室34个，藏书10万册；电视用户2200户，其中，有线电视用户700多户，网络入户300多户。

体育 1987年，组织代表队参加全县农民男子篮球运动会。2007年，启动村级运动场所建设。2009年，组队参加乡镇篮球赛。2014年，罗云、黄龙等6个村（社区）建有篮球场，帆丰、挂青等9个村建有健身路径。

医疗卫生

医疗 1952年，发动个体医生集资，开办乡联合诊所。1969年，联合诊所改办公社卫生院。1984年，公立医疗机构有白鹤铺、水口、鸣鹿、罗云4个乡卫生院，共有房屋面积2030平方米，工作人员23人，病床18张。1995年，保留白鹤铺镇卫生院，其余乡卫生院陆续被撤并。2007年，新建鸣鹿林场卫生分院，建筑面积1000平方米。2013年，新建镇卫生院周转房。2014年，公立医疗机构有白鹤卫生院及卫生防疫保健站，在编医技人员18人；村卫生室30个。

卫生 2007年，华丰村率先整治乡村环境卫生，鼓励农户建户用沼气池4口，打深水井12口，建成一批家庭简易自来水，培养“三清五改”示范户35户。2008年，实施乡村清洁工程，322国道沿途的挂青、荷花等10村（居委会）列为环境卫生重点整治地段，各村新建垃圾池，投放垃圾桶（箱），配卫生保洁员，增加乡村环卫投入。2011—2013年，帆丰、黄龙、百家、挂青等村组织三格式无公害卫生厕所改造。

社会保障

“五保”供养 1956年，农业合作化后，农村无依无靠老人由集体实行“五保”。20世纪60年代，“五保”对象扩大到孤儿。1985年，设立乡民政办公室，负责社会保障工作。1988年，开办乡敬老院，收住部分“五保”老人集中供养。

2010 年，新建镇敬老院，坐落罗云村，占地面积 7334 平方米，建筑面积 558 平方米，设床位 50 张，配工作人员 3 人，当年入住“五保”老人 40 人。2014 年，“五保”对象 412 人，其中集中供养 56 人，分散供养 356 人，年发放“五保”供养金总额 129.54 万元。

最低生活保障 2000 年起，实施城镇居民最低生活保障制度。2007 年起，实施农村居民最低生活保障制度。2011 年，核定城镇低保 39 户、80 人，发放低保金 7.7 万元；核定农村低保 579 户、1889 人，发放低保金 12.8 万元。2014 年，核定城镇低保 33 户、44 人，发放低保金 9.5 万元；核定农村低保 1310 户、1836 人，发放低保金 173.03 万元。

养老保险 2012 年，实施城乡居民社会养老保险制度，当年参保 25272 人。2014 年，参加城乡居民社会养老保险 22136 人。

医疗保险 2007 年起，实施新型农村合作医疗制度。2010 年，参合农民 38359 人。2014 年，参加新农合缴费 36594 人，参合率 88.7%。

特色地情

知名人物

国民党陆军上将周斓，中国人民解放军少将江杰生均出生于境内。

周斓（1892—1952）源山村人。保定陆军军官学校毕业，回湘投身湖南陆军第一师，历任团长、旅长、湘南行署主任等职。民国 36 年（1947），当选立法委员。后为程潜等国民党高级将领酝酿湖南和平起义，奔走效力。

风景名胜

排山驿丞署 地当驿道，衡、祁交通要冲，距祁东县城 13 公里。明嘉靖八年（1529），江湘巡检司移置排山。明代至清代设驿站，配驿丞。明万历十二年（1584），邑人陈荐因驿马不均，疏陈苦累，天启六年（1626），知县强光升立排山驿马政碑。清嘉庆《祁阳县志》载有排山驿署图，图中驿丞署坐落挂青山南麓，外有大院墙，内分四厢，每厢复有小院墙相围。排山驿丞署早毁，1968 年，在原址建排山供销社。

排山戏台 坐落衡祁交界的古驿道排山驿站，始建于明代初年，清光绪末年乡人捐募重修。全台木质结构，台身以 8 木柱为主体，柱头有狮象雕饰，斗拱重檐歇山顶，顶脊有二龙戏珠彩塑。戏台 30 余平方米，高 4 米，台前挡脚板有八仙雕刻，台中壁板绘有“天官赐福”图。进场口刻有戏联：“排定总由天，任百般诡计阴谋，当场立见；山穷犹有路，看千古贤臣孝子，揭局方知。”

（文字供稿：白鹤街道党政办 图片供稿：祁东县志办）

金桥镇>>

区域概况

位置面积

金桥镇因境内金兰桥得名。地处县域东南，东与衡南县茅市镇相邻，南接鸟江镇，西抵过水坪镇，北与洪桥、白鹤铺两镇接壤。2014年，辖区东西最大距离13公里，南北最大距离12公里，总面积79.6平方公里。镇人民政府驻金桥社区，距县治18公里。

建置沿革

明清时期，属祁阳县上祁阳乡。民国28年（1939），属祁阳县金兰乡。1950年9月，称金桥乡，属祁阳县第七区。1952年8月，属祁东县第二区。1956年6月，枧桥、新桥、金竹、赤江、官塘、银盘、仁赋7乡并入，县直管。1958年10月，为金桥人民公社一个耕作区。1961年8月，金桥人民公社改称金桥区，金桥耕作区改设金桥人民公社，属金桥区。1984年4月，复称金桥乡，同年10月撤乡建镇，仍属金桥区。1995年4月，撤区，新桥头、官山2乡及罗云乡的清塘、路陂、九塘、富子、深田、云丰、天堂、马桥8村划入。

行政区划

1995年，辖黄土岭、新市2个居民委员会，映月、龙门、黄桥、长寿、竹叶、柿中、新屋、平山、龙溪、胜利、会皂、分水、朝阳、沙冲、深柳、黄吉、银盘、金竹、金桥、福寿、九塘、油子、富子、丰仁、马桥、许家、深田、楠木、云丰、长岭、天堂、官山、清塘、狮丰、路陂、曾家、新桥、深山、黎明、下铺、月平、宫夏、枧桥43个行政村；531个村民小组。

自然环境

地处丘陵，东南面官山一带，冈峦起伏，山丘纵横。中部与西部地势比较平坦，新屋町面积约200公顷。遍布紫色页岩，受页岩吸热多的影响，云丰一带属全县高温地带，年均气温18.4℃。气温年较差24.3℃，为县内较差最大值。年均降水量1287毫米，为县内暴雨高值中心之一。年均无霜期284天。湘江一级支流白河自西北龙门村入境，经柿中、黎明等17个村（社区），向南流入归阳镇。岗地多为紫色页岩风化土，垄町多水稻土和红壤土，适宜农作物种植。

人口民族

1995年，辖区总人口44923人，其中男性23951人，女性20972。2006年，总人口43882人，其中男性23196人，女性20686人。2014

年，总人口47048人，其中男性25097人，女性21951人，分别占53.34%和46.66%；人口出生率12.06‰，死亡率3.85‰，自然增长率8.21‰。人口以汉族为主，少数民族有苗族、壮族、哈尼族、傣族、布依族、土家族、侗族、瑶族、黎族、回族、拉祜族、佤族、白族、彝族、景颇族、仫佬族、布朗族等132人，占总人口的0.28%。人口密度每平方公里591人。

经济发展

经济综述

金桥镇粮食生产在全县属高产稳产区，新屋等村高档优质稻亩均产粮过吨。席草和草席是金桥镇的特色产业，席草种植最多年份占全县席草播面的40%，新桥、竹叶等村成为闻名远近的草席加工专业村，金桥草席市场是省内规模最大的草席专业批发市场。2014年，粮食总产量2.26万吨，工业总产值占地方生产总值的8%，财政总收入1514万元，农民人均纯收入6894元。

农业

种植业 中华人民共和国成立前，亩产稻谷160公斤左右。祁东建县后，推广良种良法。1980年，水稻平均亩产788公斤，向国家交售粮食680吨。席草和荸荠是境内土特产，1981年，产席草550吨、荸荠240吨。1992年，引种宁波席草533.33公顷，年产量6000吨以上。1995年，粮食播种面积3250公顷，粮食总产量22632吨。2004年，实施新桥项目区农业综合开发，发展优质席草基地333.33公顷，建特种水产养殖池18口。2005年，种植席草1000公顷，占全县席草播面40%。2006年起，竹叶、金龙等12个村连续4年实施国家级土地整理项目，完成总投资1380万元，新增耕地39.33公顷；官山等村实施市级土地整理项目，新增耕地5公顷；新桥等13个村实施国家农业部万亩双季水稻高产创建示范片项目，双季水稻平均亩产1056.8公斤。2009年，新屋村周训平等人创办双奇种植专业合作社，组织机械化作业、无公害标准化生产，被省政府授予“全省先进种粮大户”奖牌，奖励一台中型高速插秧机。2011年，龙溪村金龙蔬菜农民专业合作社创建城镇专业蔬菜基地43.33公顷，采用大棚生产反季节蔬菜，被评为国家级蔬菜标准园。2012年，发展烤烟种植206.67公顷，收购烟叶415.2吨，实现税收145.6万元；新屋等14个村实施湘米产业工程，创建333.3公顷高档优质稻连片高产示范基地，均产粮1020公斤。2013年，全县水稻育插秧机械化作业及首架无人飞机农田施药现场观摩会在金桥举行。2014年，耕地面积2831公顷，粮食播面2753公顷，粮食产量24601吨。

养殖业 1992年，被定为衡阳市模式化稻田养鱼示范乡镇和水产养殖基地乡镇。1995年，出栏生猪2.96万头，出栏山羊1644头，出笼家禽19.74万羽；金桥村王小毛创办蛇场，占地0.53公顷，年产蛇4000公斤，年收入20万元。2006年，出现云丰村“万羽禽”、富子村“千头羊”、龙溪村“百头牛”等畜牧产业集群。2011年，水产养殖面积254.5公顷，产鲜鱼2650吨。2014年，出栏生猪5.51万头，出笼家禽53.47万羽，水产品产量2405吨，生产肉类5240吨。

林业 1958年5月，组织团员青年在境内洪河公路沿线营造石山林带。1964年，官山被定为全县杉木林建设基地。1966年，成立官山林场，以营造马尾松和杉木林为主，开发林地240公顷。1980—1985年，利用紫色页岩种植草木樨107

公顷。1985 年，全县林木育苗改革现场会在金桥召开，推广金桥区育苗改革经验。1994 年起，连续 8 年实施紫色页岩绿化工程，完成绿化 200 公顷，其中人工造林 134 公顷。1998 年起，实施长江中上游防护林工程，完成低效林改造 100 公顷，人工植苗 67 公顷。2009—2010 年，实施国家退耕还林项目，补植、补造速生丰产原料林和经济果木林，云丰、朝阳 2 村建成中秋酥脆枣基地 20 公顷。2014 年，林地面积 2185 公顷，其中有林地 1426 公顷，农民住宅四旁树木 8000 株，全镇活立木蓄积量 30 万立方米。

工业

民国时期，织席的较多，均为单门独户，未成企业。中华人民共和国成立初，金桥街上有成伯大料（棺材）铺和安早木器店，进料、加工、销售“三就地”。1955 年，组建木业生产互助组、缝纫生产合作社。1956 年，成立金桥手工业社。1965 年，创办石灰厂。1979 年，创办大米加工厂。1980 年，有农机修理厂、草席厂、面粉加工厂、木业社、红砖厂等社队企业 12 个，年总收入 34 万元。1985 年，独立核算工业企业 9 个，其中区办企业 3 个，镇办企业 6 个。全镇工业总产值 101 万元，比 1980 年净增 81.6 万元。20 世纪 90 年代，新桥等村几乎家家织席，全镇年产草席 5000 万条，产品有湘金牌提花色席、鸳鸯牌绿色保健榻榻米席等 25 个品种。2003 年，衡峰酒业落户龙溪村，年产酒类 800 余吨。竹叶村成为县内草席加工专业村，年加工、销售草席 500 万条，人平草席加工、销售收入 3200 元。2014 年，民营企业 40 家，其中规模以上工业企业有好运来有限公司，具备资质的房地产企业有金桥建筑劳务公司。

商贸服务业

三国时期，祁阳县治设金兰桥，形成太平圩场，逢三、六、九为圩日。民国时期圩场迁至今两路口。1949 年前，有私营工商户和手工业作坊 268 户，从业人员 710 人，其中 20.6% 的商户和作坊从事草席加工及长途贩运。1951 年，成立金桥工商组，管理工商业经营活动。1952 年，建立第二区供销社，发展乡村供销分社，入股社员享有布匹、煤油、食糖等 7 类商品优价 20% 的定量配售。1956 年，部分店铺组成合作商店，1969 年“文化大革命”中，被当作资本主义尾巴遭关闭，经营权移交地方供销合作社。1978 年中共十一届三中全会后，合作商店恢复。1985 年，国营、集体商业网点 104 个，个体商业 621 户，逢圩赶集的个体摊担 400 余户，圩日上市超 4000 人，市场年成交额 900 多万元。每圩上市草席 30000 余条，成交额 50000 余元，国家每年收购草席近 100 万条出口。1992 年，县工商部门投资，兴建金桥集贸市场，占地面积 1990 平方米，建筑面积 847 平方米，新辟草席交易专业市场。1996 年，金桥人李祥禄成为金嗓子喉宝中南五省总代理，年获纯利 100

万元以上。2000 年后，金桥形成省内规模最大的草席专业批发市场，高峰期客流量超 15000 人，日交易额在 10 万元以上。2009 年，投资 2000 多万元，重新改造金桥集贸市场。2014 年，全镇民营门店 1400 余家，社会消费品零售总额 3.79 亿元。

财政金融

财政 自设立金桥乡至 1983 年，乡（社）政府无单独财政。1984 年下半年，设立镇财税所，负责政府财政收支管理及农业各税征收。1995 年，更名财政所。2004 年，镇财政负债 865 万元。2006 年，财政总收入 575 万元，收支平衡。2012 年，因垫税形成的财政债务全部化解。2014 年，财政总收入 1514 万元，收支持平。

金融 1952 年 9 月，县人民银行设立金桥营业所。1954 年，以乡为单位设立信用合作社。1964 年，设立农业银行金桥营业所。同年 5 月，以大队为单位设立信用代办站。1968 年，信用社、站被关停，1980 年恢复。1990 年，邮电所开办邮政储蓄业务。1993 年，成立镇农村合作基金会。1996 年，成立镇救灾扶贫互助储金会。1999 年，农村“两会”停业整顿，基金会并入信用社，储金会清盘关闭。2006 年，村信用代办站被撤销。2009 年，农业银行金桥营业所升格为分理处。2014 年，金融机构有农业银行、邮政储蓄银行和农村信用联社下设的经营网点。

基础设施

交通运输

清代及民国时期，新柳、宫夏、楠木、曾家等地在白河流经段设渡口。20 世纪 60 年代，租用民房设立金桥汽车站。70 年代，境内渡口大多因建桥停渡。1972 年 8—12 月，新桥公社组织修通金新（金桥—新桥）公路，全长 2 公里。1979 年 1—2 月，云丰公社组织修通压天（压江—天堂）公路，全长 1.8 公里。1984 年，白河有渡口 2 处，

金桥官山村

分别位于宫夏村和枧桥村。1989年，途经境内的洪河公路改扩建，路面由原来7.5米扩展到7.8~8.5米，1990年铺装沥青路面。2006年，启动金桥客运站建设，占地面积4300平方米，其中停车场面积3600平方米，站房面积180平方米。同年5月，湘桂铁路扩能工程境内段正式启动征地拆迁。2010年，客运汽车10辆，设座位180个，年客运量22万人次；货运汽车112辆，荷载1936吨位，年货运量1.6万吨。至2014年，41个村完成通畅工程，硬化通村公路总里程140.47公里。

邮政通信

邮政 民国26年（1937）10月，设立金桥邮政信柜。民国31年（1942），设立金桥邮政代办所。1952年，代办所下设3个邮政信柜。1956年，设立金桥邮电支局。1958年下半年，改称金桥邮电局，单独设邮班，1962年复称邮电支局。1985年，支局有职工10人，开办自行车班邮路5条、步班邮路2条。1998年，撤销金桥邮电支局，设金桥邮政所。2005年，邮政所升格为邮政支局，开办特快专递业务。2014年，邮政网点2个，投递线单程总长度10公里，投递点218个。

通信 民国36年（1947），新桥头安装电话单机，通话由洪桥总机接转。1954年，设立金桥电话交换所。1956年，安装电话总机。1958年下半年，安装磁石长途交换机，开办长途电话和电报业务，各耕作区安装电话机。1975年，公社始装电话总机和载波机。1985年，金桥邮电支局房屋面积600平方米，配磁石交换机1部、配线架1部、单路载波机3部。1993年，开通程控电话。1998年，设立电信支局。2005年始，建移动通信基站。2014年，电信服务网点3个，电话交换机总容量2800门，固定电话用户2000户，移动电话用户36500人，宽带接入用户3216户。

供电饮水

1963年，区农机站建发电房，用柴油机发电，供区公所驻地机关及居民用电。1967年，架通过金（过水坪—金桥）10千伏输电线路，安装配电变压器1台，金桥、竹叶、新屋、龙溪等村部分村民及电排站开始使用高压电。1990年，村村接通高压电。1995年，村办水电站3座，装机容量20千瓦，年发电量6600千瓦时；全镇农村用电量158.27万千瓦时。是年，投资40万元，利用井水建水塔，日供水能力300吨。2000年，启动农村电网改造。2006年，建成金桥自来水厂，铺设干线水管15千米，日供水400吨。2008年，投资480万元，选址长寿村兴建35千伏输变电站，装机2台共1.5万千瓦。至2014年，26个村完成农村电网改造，新建金镇、金九、金官3条10千伏输电线路，共长130.5千米，安装村变压器103台，总容量12140千伏安。是年，用电量982.68万千瓦时。自来水新增干支线水管35千米，供水用户3412户。

水利建设

20世纪50年代，先后建成白叶、欧姆2座水库，总库容27.9万立方米。60年代，建成旱禾塘、玉家、六合3座水库，总库容42.1万立方米。1957—1966年，先后建成宫夏、官山、金桥、狮丰、新桥5座水闸，过闸流量140立方米/秒。1965—1987年，建成宫夏、新桥、黄吉、官山、楠木5座水泵站，总装机功率335千瓦，平均扬程33米，2005年灌溉稻田240公顷。2013—2014年，投资1200万元，对白河金桥段实施治理，新建堤防3.9千米，浆砌石护岸2千米；投资100万元，完成欧姆、荷叶2座水库除险加固工程。2014年，蓄水量5000立方米以上的山平塘5713口，其中塘容50000立方米以上的骨干塘25口，山平塘灌溉总面积435.8公顷。

镇村建设

集镇 中华人民共和国成立前，金桥集镇 80 多户，300 多人，1 条街道，临街房屋系土坯砖瓦结构,有店铺 20 个,多为盐行。1988 年,街道 3 条，各宽 12 米，总长 800 米，修建下水道 600 余米，公共建筑面积 3810 平方米，居住建筑面积 14962 平方米。1989 年年底，硬化长 700 米的新市街。1991 年后，陆续新建教师街、金狮路、东风街、金兰路、黄土岭街、金龙大道，街道总长 3.6 公里；新建教师新村,住宅面积 70300 平方米。2005 年，重新硬化新市街；各类建筑面积 12.6 万平方米，三层及以上楼房占 4/5 以上，96% 的居民完成旧房改造。2014 年年末，金桥集镇建成区面积 1.4 平方公里，安装路灯 21 盏。

乡村 2007 年，以官山和云丰两村为试点，启动社会主义新农村示范村建设，硬化村道 2 条 5300 米、村组院落道路 1 条 400 米，官山村建成村部活动室 8 间 200 平方米，云丰村建成村部活动室 2 间 100 平方米。2010 年起，以金桥中心集镇为龙头，组织宫夏、金桥、狮丰、楠木、官山、曾家 6 个村开展新农村示范片建设。市县 29 个后盾单位组成 6 个工作队驻村帮扶，重点开发金桥城乡一体融合区、宫夏农村环境综合整治示范区、官山新民居建设示范区、楠木公共服务区、狮丰曾家“三清五改”示范区，形成宫夏滨水群众休闲广场和官山乡村游 2 个旅游景点。至 2014 年，通村公路完成硬化，通组道路硬化 80%，新建金桥第二自来水厂，完成金龙大桥主体工程，新建休闲健身广场 5 个，硬化绿化场地 16158 平方米，安装体育健身器材 50 件（套），安装太阳能路灯 33 盏。官山村被评为全省新农村建设示范村，获“湖南省特色旅游名村”称号。

社会事业

教育科技

教育 清末至民国初期，金兰桥的金紫塘、新塘庵、金兰寺 3 所私塾在县内小有名气。民国时期，高车祠堂开办金兰乡中心国民学校，金兰祠开办慈善小学。中华人民共和国建立后，高车国民学校归县教育部门接管改为完全小学，私立校在土地改革后转为公办。1951 年 2 月，创办太平小学。1958 年，金桥完全小学附设 2 个初中班，称金桥附中。20 世纪 50 年代末，公办小学 13 所。1963 年，金桥区创办教师进修分校，1966 停办。1968 年，太平小学迁建龙溪村，更名龙溪小学。1969 年，金桥附中迁花果山更名金桥区中学，云丰、官山、金桥、新桥头分别开办初级中学。1978 年，设立农民技术培训学校。1985 年，小学 33 所，在校小学生 4615 人；初中 5 所，在校初中生 22057 人。1988 年，金桥镇成人教育中心和新桥头、官山 2 所乡农校被评为衡阳市合格农民文化技术学校,金桥镇中心小学（即龙溪小学）进入全市百所文明校行列。1993 年 12 月，金桥镇获“全省基础教育先进乡镇”称号。1994 年，撤销云丰中学。1996 年，撤销新桥头中学，金桥区中学改称金桥镇一中，原金桥镇中学改称镇二中。90 年代，经批准注册的私立学校有会朝学校、枧桥小学。2000 年，开始撤并薄弱学校，先后撤并分水、沙冲、丰仁、马桥、路陂、长寿、富子、天堂、深柳 9 所小学和官山中学。2005 年，黄吉村创办民营金凤小学。2007 年，广西一洲锰业公司捐资支持龙溪小学新建教学楼，加挂一洲希望小学牌子。2010 年，官山联校、新桥小学、镇中心小学、镇一中建成义务教育合格学校。2012—

2013年，竹叶小学和镇二中分别办成为民办实事义务教育合格学校。2014年，幼儿园14所，在园幼儿624人，教师16人；小学（含民办）12所，在校生3340人，教师162人；初中（含民办）4所，在校生1923人，教师132人。

科技 1954年，境内农业技术推广归口洪桥片农技推广站指导和组织。1955年，设立金桥区农业技术推广站。1978年，公社设立科协，创办业余科技学校和公社农科站；40%的大队建立科协小组，创办农科队。1981年，天堂大队开展科技示范队和科技示范户创建活动，朱熹年成为首个"万元户"。1984年，天堂村开办文化科技学校，配科技管理干部，建有科技推广小组、科技咨询服务队伍、科学普及活动阵地，获全县科技示范村称号。1986年，龙溪村高家组组织杂交晚稻威优48新组合高产示范试验，亩均产量比常规稻种高出50公斤。1992年，金桥农技站周花明等4人研发席草高产栽培技术，获县科技进步三等奖。1995年，龙溪村组织杂交早稻威优97、金优974示范试验，亩产501公斤，首次实现早稻亩产超晚稻。1999年，引进中秋酥脆枣，在朝阳村种植6.67公顷。2007年，引进龙须草栽培技术，在紫色页岩山地栽种100公顷。2010年，双奇种植专业合作社与海南大学香稻研究中心合作，研发红、黑、白特种香稻，合作社理事长蒋双奇被中共湖南省委组织部授予"袁隆平科技致富能手"。2012年，深田村选种"准两优199"，组织中稻——再生稻高产栽培试验，两季亩产810.6公斤。

文化体育

文化 金桥舞狮传承上百年，每年农村都有舞狮闹新居、闹新婚、闹元宵等习俗。1919年五四运动后，组织班社，表演花鼓灯戏。中华人民共和国成立前，李氏宗祠建有湘涛图书社，社友30余人，借用宗祠小学一间40平方米的房子作藏书、借阅室，藏书6000余册。1952年，花鼓戏业余剧团下乡演出活跃。1958年，公社设文化馆，耕作区设文化站。1959年，修建新市街戏台和文化广场，占地面积500平方米。1962年，成立业余祁剧团。1970年，建立区、社广播站，配专职广播机线员。1975年，成立区电影放映管理站和公社电影放映队。1987年，安装调频广播发射机，以调频广播代替有线广播，镇广播站更名广播电视站。1992年，建成有线电视站，发射塔高36米，覆盖半径5公里。2009年，新建综合文化大楼，建筑面积325平方米。2010年11月，首届湖南农民艺术节交流演出活动在金桥镇举行。2014年，43个村（居委会）建成农家书屋，藏书10万余册；共有盘鼓腰鼓队6支，渔鼓队4支，中西乐队12支，诗词协会10个。

体育 金桥素有划龙船习俗，常在境内白河组织龙舟赛。1987年，农民代表队参加全县农民男子篮球运动会，获第二名。2006年，金桥集镇兴起广场舞。2007年，启动村级运动场所建设。2009年8月，金桥代表队参加全县首届乡镇篮球赛，获第二名。2014年，广场舞队10支，新市居委会广场舞队参加全县广场舞比赛获一等奖；云丰、官山等5个村建有篮球场，新屋、竹叶等13个村建有健身路径；全镇龙舟队12支、龙狮队2支。

医疗卫生

医疗 1952年，祁东建县初期，发动个体医生集资，创办乡联合诊所；金兰桥设立第二区卫生所，区卫生协会组建中心联合诊所。1958年，区卫生所与区联合诊所合并，建立金桥公社卫生院。1969年，改称金桥区医院，区属各公社分别设立卫生院。1972年，推行农村合作医疗制度，公社成立合作医疗管理委员会，生产大队成立合作医疗室，配备赤脚医生。1978年，停止执行合作医疗制度，大队医疗室改设为保健室。1984 年，公立医疗机构有金桥区医院及金桥、新桥、官山、云丰 4 个乡镇卫生院，卫生院共有房屋 1580 平方米，工作人员 22 人，病床 20 张。1995 年，区医院改称镇中心卫生院，原乡镇卫生院陆续被撤并。1996 年，镇中心卫生院被评为一级甲等医院。2007 年，新建镇卫生院住院部，建筑面积 2333 平方米，设病床 88 张。2014 年，公立卫生院 1 所，在职职工 50 人，其中在编医技人员 38 人；村卫生室 29 个。

卫生 2007 年，官山、云丰两村率先整治乡村环境卫生。官山村组织打深水井 190 口，建成家用简易自来水 190 户，云丰村打深水井 24 口，建家用简易自来水 24 户，分别培养“三清五改”示范户 50 户和 24 户。2008 年，实施乡村清洁工程，沿 210 省道的九塘、富子等 12 个村（居委会）列为示范整治地段，村村新建垃圾池，投放垃圾桶（箱），配卫生保洁员。2010—2014 年，官山新农村示范片 6 个村修建环保垃圾池 70 个，安排保洁员 10 人，实行全天候卫生管理；投资 32 万元，核心区房屋贴面砖 6660 平方米、粉刷面积 6083 平方米；拆除破旧房屋、栏圈、杂房 17 处 168 间；空坪植树 1008 株，绿化面积 4000 平方米，硬化禾坪 800 平方米；改厕 1500 座，改水 658 户，改厨 149 户。

社会保障

“五保”供养 1956 年，农业合作化后，农村无依无靠老人由集体实行“五保”，20 世纪 60 年代将孤儿纳入“五保”对象。1985 年，设立镇民政办，负责社会保障工作。1988 年，开办镇敬老院，将部分“五保”老人收入敬老院集中供养。2009 年，投资 100 万元，在黄桥村新建敬老院，占地 2200 平方米，建筑面积 960 平方米，设床位 55 张，配工作人员 3 人。2014 年，“五保”对象 570 人，其中：集中供养 50 人，年支付供养金 31.75 万元；分散供养 520 人，年发放供养金 137.28 万元。

最低生活保障 2000 年起，实施城镇居民最低生活保障制度。2007 年起，实施农村居民最低生活保障制度。2011 年，核定城镇低保 121 户 156 人，发放低保金 30000 元；核定农村低保 1250 户、1741 人，发放低保金 103 万元。2014 年，核定农村低保 1249 户、1434 人，发放低保金 185.6 万元。

养老保险 2012 年起，实施城乡居民社会养老保险制度，当年参保 20031 人。2014 年，参加城乡居民社会养老保险 22234 人，7010 名到龄居民领取养老金待遇 4504.7 万元。

医疗保险 2007 年起，实施新型农村合作医

金桥镇出土的国家二级文物——西周铜铙

疗制度。2010年，参合农民16457人。2014年，参加新农合缴费39750人，参合率90.53%。

特色地情

知名人物

明浙江布政使宁良、户部尚书陈荐，清两广总督陈大受（1702—1751），祁剧第一个女旦筱玉梅（1914—1974），均出生境内。2014年在南京青奥会上收获男单、混团双冠的中国著名乒乓球运动员樊振东，生于广东，祖籍金桥。

陈荐（1545—1632），字君庸，号楚石，咸菜塘人。明隆庆丁卯（1567）乡试，中举人，辛未（1571）登进士第。历任松江法官、监察御史、陕西及四川按察使、云南巡抚，旋迁吏、刑、户部尚书，兼理河道漕运。万历五年（1577），朝廷依陈所奏，祁阳人民漕运之苦始得解除。万历四十二年（1614），陈荐上疏奏请衡阳、祁阳两县平均负担驿马，获准，祁人排山驿马之累始减。著《古今衷辨》百余卷。

风景名胜

金兰寺　位于县城东南16公里，坐落今金桥镇人民政府驻地。始建于唐代，明万历三年（1575）重修，清道光十七年（1837）补修。全寺占地2000平方米，寺宇布局为四进两横：前进为戏台，纯木结构，四大金刚分列戏台门口两旁；二进为岳圣殿，土木结构，单檐歇山顶；三进为大雄宝殿，土木结构，为寺内最大的宫殿式建筑，以32根大木柱为主体，重檐斗拱，上盖绿色琉璃瓦，屋脊有镀金“风保筒”压顶，柱头有龙凤、狮子、麒麟雕刻装饰，甚为壮观；四进为三圣殿，土木结构，供有孔、孟、朱夫子神像。寺内有大小石碑50多块。

（文字供稿：彭上游　图片供稿：祁东县志办）

乌江镇 >>

区域概况

位置面积

相传凤凰引百鸟过白河，栖息于此得名。地处县域东南部，东与衡南县茅市镇毗邻，南与归阳镇及粮市镇接壤，西与祁阳县羊角塘镇相邻，北与金桥镇交界。2014 年，辖区东西最大距离 15 公里，南北最大距离 14 公里，总面积 65.2 平方公里。镇人民政府驻学府路 77 号，距县治 27 公里。

建置沿革

明清时期，属祁阳县上归阳乡。民国 28 年（1939），属祁阳县乌江乡。1950 年 9 月，属祁阳县第五区审公乡。1952 年 8 月，设乌江乡，属祁东县第四区。1956 年 6 月，丁字、杨柳、官山、赤溪 4 乡并入，属归阳办事处。1958 年 10 月，为归阳人民公社一个耕作区。1961 年 8 月，乌江耕作区分设为乌江、丁字、杨柳 3 个人民公社，属归阳区。1984 年，撤社建乡。1985 年 12 月，杨柳乡并入乌江乡，仍属归阳区。1990 年，撤销乌江乡，设乌江镇，属归阳区。1995 年 4 月撤区，丁字乡的丁字、皮塘、斗塘、冲岭、中心、谭阿、大江、头发、成功、卫家 10 村划入。

行政区划

1995—2014 年，辖文冲、大池、湘屏、坳头、一心、齐心、山东、梨冲、龙坪、新家、皋陶、净域、黄沙、新华、法华、土桥、阳光、四房、皮塘、斗塘、冲岭、中心、丁字、谭阿、大江、头发、成功、卫家 28 个行政村及星源居委会，352 个村民小组。

自然环境

丘陵地貌，岗山地紫色页岩居多。西部山丘蕴藏丰富的铅锌矿资源，探明储量 138 万吨。土壤多紫色页岩风化土，较为贫瘠。年平均气温 18.4℃，年平均降水量 1365 毫米，降水集中在每年的 4—9 月，6 月为最。湘江一级支流白河流经梨冲、山东、湘屏等 9 个村，流长 16 公里。

人口民族

1995 年，乌江镇总人口 26146 人，其中男性 13405 人，女性 12741 人。2006 年，总人口 26242 人，其中男性 13723 人，女性 12519 人。2014 年，总人口 28064 人，其中男性 14756 人，女性 13308 人，分别占 52.58% 和 47.42%；人口出生率 12‰，死亡率 6.5‰，自然增长率 5.5‰。人口以汉族为主，少数民族有苗族、壮族、哈尼族、傣族、布依族、土家族、侗族、瑶族、拉祜族、佤族、彝族、仫佬族等 53 人，占总人口的 0.2%。人口密度每平方公里 430 人。

经济发展

经济综述

粮食生产是境内农业主导产业。席草生产列为全县示范镇，特色农业走在全县前列。湘屏、一心等村最早建成县内闻名的蔬菜专业村，杨柳村机械化笼养蛋鸡场成为全县规模养殖样板，德惠农艺被评为全国农机示范合作社。以草席协会为龙头，部分村家家户户编织草席。大岭铅锌矿业有限公司是境内唯一的规模工业企业，年工业总产值7000万元。2014年，粮食总产量1.86万吨，工业总产值8000万元，财政总收入866.8万元，农民人均纯收入5562元。

农业

种植业 民国时，农户一般一年只种一季中稻。祁东建县后，推广双季稻。1980年，亩平产粮食570公斤，向国家交售粮食769吨。20世纪80年代，鼓励发展多种经营。科技示范户高湘潭创办万利菌菇场，年产鲜菇5000公斤。90年代初，湘屏村引进巨峰葡萄、藤稔葡萄，成片种植。1995年，全镇粮食总播面2940公顷，粮食总产量17807吨。2000年，推进农业产业结构调整，湘屏、一心两村一年四季出售蔬菜，成为县内闻名的蔬菜专业村。2002年，乌江被列为全县席草种植示范镇，连片示范种植席草70公顷。2003年，投资130万元，皮塘、中心、丁字3村组织土地整理，建成135公顷旱涝保收稻田。2011年，德穗农艺省级农机综合服务专业合作社成立，购置农机35台（套），总动力1050千瓦，次年被评为全国示范合作社。2012年，组织“稻稻油”高产示范片创建活动，丁字、中心、大江、湘屏等7个村种植冬季油菜100公顷。2014年，全镇耕地面积2036公顷，粮食播面1980公顷，粮食总产量18635吨。

养殖业 20世纪50年代，养猪以本地花猪为主，60年代，引进约克夏、大白猪、长白猪等良种猪。1974年，引进中系长毛兔，龙坪大队饲养户302户。1985年，办小型养猪场11个。1995年，全镇出栏生猪2.59万头，出栏山羊1800只，出笼家禽25万羽。1996年，李治平租赁原杨柳乡政府旧址创办养鸡场，常年存笼24000羽，被树为全县规模养殖样板。境内素有养鱼习惯，1998年，推广配合饲料养鱼，山塘亩产鲜鱼180公斤以上。2013年，一心生猪养殖场年出栏生猪近万头。2014年，全镇出栏生猪4.7万头，出栏山羊2.2万只，出笼家禽41.09万羽，水产品产量2056吨。

林业 民国时期，文冲等地形成古柞树群落。1963年，山林权收归生产队，杨柳公社被定为杉木林建设基地。1986年，森林覆盖率29%，活立木蓄积40万立方米。1994年起，连续8年实施紫色页岩绿化工程，完成绿化200公顷，其中人工造林100公顷；实施长江中上游防护林工程，完成低效林改造20公顷、幼林抚育13.5公顷。2010年，实施国家退耕还林项目，补植、补造速生丰产原料林和经济果木林。至2013年，完成退耕还林178公顷，划定公益林面积795公顷。2014年，林地面积2412公顷，其中有林地2223公顷；梨冲村引进金槐新品种，当年种植66.7公顷。

工业

1949年，有草席编织、木工10余户。1962年，成立乌江手工业社，年产木制家具260件。20世纪80年代，乡办骨干企业有家具厂、食品饮料厂、鞭炮厂。1985年，工业总产值20.3万元，为1980年的5.64倍。90年代中后期，部分村家家户户编织草席，月编织上万条。1997年，周光召牵头成立草席协会，引进推广草席烘烤加香、折叠式草席

席草种植示范基地

祁东优质草席旺销

等先进加工工艺，引进打边机、车边机、平光机、拉丝机等新型配套加工机械设备3000多台，组织会员生产保健席、空调席、提花席、旅游席、加香席等系列新品种。1998年，谢友国在冲岭村创办大岭铅锌矿，年产值500万元。2002年，引进夏生矿业有限公司投资500万元兴建选矿厂。2004年，引进郴州鑫源矿业有限公司蒋毛生实行股份制改造，兴办铅锌银选厂，当年实现工业产值3500万元，入库国家税收69万元，安排当地劳力320人。斗塘花炮厂生产彩珠筒及组合烟花10多个品种。2014年，规模以上工业企业有大岭铅锌矿业有限公司，设生产井口2处，日产矿石300吨，年工业总产值7000余万元，年缴税费2200多万元；全镇烟花爆竹企业3家，总产值1100万元。

商贸服务业

明末清初，形成鸟江、杨柳和丁字3个小集市，逢农历一、四、七鸟江赶集；二、五、八杨柳赶集；三、六、九丁字赶集。杨柳市场临白河而建，店铺20余个，常年经营饮食、酒类、草席、药材，民国后期停市。20世纪80年代初，鸟江草席交易形成专业市场，圩日上市高峰逾8000人。1985年，月交易草席逾10000条。2003年，个体工商户259户，从业人员1840人。2014年，商业网点210个，第三产业增加值1000余万元。

财政金融

财政　自成立鸟江乡至1983年，乡（社）政府无单独财政。1984年下半年，设立乡财税所，负责政府财政收支管理及农业各税征收，1995年，更名财政所。2004年，镇财政负债797.9万元。2006年，财政总收入399万元，收支平衡。2012年，因垫税形成的财政债务全部化解。2014年，财政总收入866.81万元，收支持平。

金融　1954年7月，设立鸟江信用合作社。1961年5月，设立10个大队信用代办站。1968年，信用社、站全部关停，1980年恢复。1990年，县人寿保险公司在镇内设立保险站。1993年2月，鸟江镇建立全县第一个乡镇农村合作基金会，同年5月，丁字乡建立基金会，各村相继建立基金会代办站。1996年，成立镇农村救灾扶贫互助储金会。1999年4月，农村“两会”停业整顿，基金会并入当地农村信用社，储金会清盘关闭。

2005年，鸟江邮政所开办邮政储蓄业务。2006年，村信用代办站撤销。2014年，邮政储蓄银行和农村信用联社分别在镇内设立经营网点。

基础设施

交通运输

1974—1982年，建成鸟河（鸟江—河洲）公路，全长27.7公里；建成鸟司（鸟江—九司）公路，全长11公里。1989年11月，途经境内的洪河（洪桥—河洲）公路按山岭重丘三级公路标准启动改建工程，路基由原来7.5米拓宽到7.8～8.5米。1994年11月，完成鸟江—大和冲2.2公里沥青表处路面铺装，路基拓宽至14米，路面宽12米。2001年，鸟大（鸟江—粮市镇大桥）公路由乡道调整为县道。2003年12月，途经境内的衡枣高速公路祁东县城连接线建成通车。2006—2011年，筹资300万元，7个村修成通村公路，山东、梨冲等8个村完成6条15公里通村公路水泥硬化。2013—2014年，途经境内的国、省、县公路干线全面启动建设，形成以210省道、衡枣高速祁东县城连接线、娄衡高速及其祁东连接线、鸟丁线、344省道为主框架的“三纵两横”大交通格局；投入400万元，完成龙坪、新家、一心、四房4座危桥改造。至2014年，27个村完成通畅工程，硬化通村公路总里程115.97公里。

邮政通信

民国15年（1926）4月，鸟江坳设有邮政信柜。1956年，设立鸟江坳邮政代办所。20世纪70年代后期，设立鸟江坳邮电所。1981年，鸟江公社安装磁石总机，配专职话务员。1985年，邮电所房屋面积136平方米。1996年，投资760万元，购置数字程控电话交换机1台，总容量1920门，开通程控电话。1997年，建立电信交换点。1998年，中国移动、联通及电信部门先后在境内安装信号接收塔，开设营业网点，开通网络。2003年，移动公司在丁字村设立附塔，全镇实现村村通移动电话。2005年，设立鸟江邮政所。2014年，电信、移动、联通各设服务网点1个，移动通信基站3座，开通固定电话1800门，移动电话19800部，有线电视用户1800户。

供电饮水

供电 1966年，农户开始使用高压电。1986年，杨柳电站并网运行，装机3台300千瓦，年运行6000小时，发电量45万千瓦时。1995年，农村用电量95万千瓦时。2000年，启动农村电网改造，当年完成归鸟（归阳—鸟江）线10千伏高压输电线路改造。2003年，城乡用电实行同网同价，每千瓦时电价由1元～1.2元降到0.548元。2005年，农村用电量160万千瓦时。2014年，16个村完成农网改造，全镇年用电量483.62万千瓦时。

饮水 1992年，县卫生局资助10000元，龙坪村自筹资金10万元，建成小型自来水厂，全村农户用上自来水。1993年，政府投资55万元，兴建日供水1500吨的自来水厂，驻镇机关、学校及居民共307户用上自来水。2000年，实施农村安全饮水工程，建成一批集中供水水井和家庭简易自来水。2013年，投资改造水厂水泵及管网设施。2014年，争取2个安全饮水工程项目，投资700万元，从归阳引水至鸟江城区和铅锌矿区，解决城区居民用水需求和矿区居民饮水困难问题。

水利建设

20世纪50年代，以修复和改造塘、坝、堰为主，提高蓄水能力。1979年6月，杨柳左、杨柳右2

个机埠投入运行，总装机3台840千瓦。80年代，陆续新建八只塘、法华、梨冲等分机埠。2001年，湘屏村组织节水灌溉示范区建设，改建、新建机埠各1处，建田间节水排灌渠740米。2012年1—3月，投资135.6万元，实施碧塘小流域综合治理，建成小型水保工程42处。2012—2013年，投资268万元，完成大兴、法华2座小（二）型水库除险保安工程。2013—2014年，投资707万元，对白河境内段实施河流治理，新建堤防2千米，浆砌石护岸护坡1千米；整合土地平整项目资金725万元，对丁字、头发等12个村水利设施组织维修。2014年，小（二）型水库7座，骨干塘281口，山平塘2320口。

镇村建设

集镇 1989年，启动小城镇建设。1994—1995年，政府组织开山凿石，移山填谷，建成一条长150米的商业街，开发商业门面270墺，鸟江镇负责人在全国小城镇综合改革试点工作经验交流会上作典型发言。1996年，县直部门驻鸟江镇10余家单位相继建成办公楼及临街商业门面，镇区街道硬化1100米，安装路灯110盏。2011年，建成全县第一个乡镇治安监控室。2014年，城镇建成区面积1.05平方公里，疏浚下水道1000米。

乡村 2007年，以龙坪村为试点，启动社会主义新农村示范村建设，硬化村道1条1200米、村庄院落间道路3条400米，打深水井12口，建成村部活动室8间260平方米。2014年，各村及社区全面建成集中活动场所及办公房。

社会事业

教育科技

教育 民国时期，赤溪铺建有归阳乡第二中心国民学校，丁字、云山、杨柳等地办有私立小学。中华人民共和国成立后，公办校由县教育部门接管，私立校在土地改革后转为公办。20世纪50年代末，公办小学9所。1969年，创办鸟江、丁字、杨柳3所公社初中。1985年，小学23所，在校学生2569人；中学3所，在校学生1038人。1988年，在全市争创百所文明校活动中，丁字中心小学评为合格学校；鸟江乡农校被评为衡阳市合格农民文化技术学校。1994年，小学合并为8所，初中合并为2所；梨冲小学拆除危房，原址新建。1995年，投资120万元，兴建育才小学，后改为镇中心小学，占地面积15000平方米，建筑面积4712平方米。1997年10月，鸟江镇被评为全省“基础教育先进乡镇”。2008—2010年，镇中学、丁字中学、丁字完全小学先后建成义务教育合格学校。2010年，撤销斗塘、新法和黄帽冲3所小学。2012年，建成境内第一所农村公办幼儿园—鸟江镇中心幼儿园。2014年，幼儿园7所，在园幼儿607人，幼儿教师7人；小学8所，在校学生1352人，教师95人；初中2所，在校学生627人，教师46人。

科技 1954年，境内农业技术推广工作由归阳片农技推广站负责指导实施。1978年，建立公社科协和公社农科站。1986年，引种白香草木樨改造紫色页岩。1988年，配科技副乡长和村科技副主任。1995年，大面积推广水稻地膜育秧、早稻旱地育秧、抛秧、小苗带土移栽等技术，引种芦竹开发紫色页岩。1997年，引进推广日本蔺草、龙须草等良种席草。2013年，引进新技术，开展高产油菜示范片创建活动，亩均油菜籽增产6.6公斤。

文化体育

文化 1958年，耕作区设文化站。1971年，设立公社广播站，配专职广播机线员。1982年，建立业余祁剧团。1983年，架通区站至社站广播专线，农户喇叭入户60%以上。1987年，安装调频广播发射机，停止使用广播专线，乡广播站更名广播电视站。1988年，设立鸟江新华书店门市部。1992年，建成电视差转台，开通有线电视。2003年，镇治架通电视光缆，并延伸到湘屏、一心两村，广播电视覆盖率90%以上。2014年，5个村接通有线电视信号，有线电视用户400户。

体育 2007年，启动村级运动场所建设。2012年1月，一心村肖湾老年活动中心落成，建筑面积300平方米，健身广场占地800平方米。2014年，大池、龙坪、梨冲、大江等村建有篮球场，坳头、四房等7个村建有健身路径。

医疗卫生

医疗 1952年，发动医生个人集资，以乡为单位开办联合诊所。1969年8月，公社联合诊所改办为公社卫生院。1972年，推行农村合作医疗制度，生产大队设立合作医疗室，配赤脚医生。1978年，停止执行合作医疗制度，村医疗室改为保健室。1984年，公立医疗机构有鸟江、杨柳、丁字3个乡卫生院，共有房屋1872平方米，工作人员20人，病床20张。1995年，鸟江镇卫生院改称中心卫生院，杨柳、丁字2个乡卫生院被调整合并，镇卫生院有医护人员27名，病床21张。2012年，投资250万元，新建镇卫生院，建筑面积2848平方米，历时3年建成并迁入营业。2014年，镇卫生院在编医技人员27人，村卫生室17个。

卫生 2007年，龙坪村率先整治乡村环境卫生，引导农户建沼气池12口，培养“三清五改”示范户12户。2008年，启动乡村清洁工程，沿210省道的梨冲、山东等7个村（居委会）列为重点整治地段，村村新建垃圾池，投放垃圾桶（箱），配卫生保洁员。2012年，四房村实施三格式无公害卫生厕所改造。2014年，鸟江集镇添置洒水车和环卫运输车各1台，全镇新建垃圾池70个、垃圾中转站4个，添置垃圾桶600多个。

社会保障

“五保”供养 1956年，农业合作化后，农村无依无靠老人由集体实行“五保”。20世纪60年代，“五保”对象扩大到孤儿。1985年，设立乡民政办公室，负责社会保障工作。1988年，开办乡敬老院，收住部分“五保”老人集中供养。1996年，利用原丁字乡政府旧址改建成镇敬老院。2004年，投资138万元，扩建敬老院，占地面积12000平方米，建筑面积1200平方米，设床位65张，配工作人员4人。2014年，“五保”对象360人，其中集中供养45人，分散供养315人，年发放“五保”供养金总额111.74万元。

最低生活保障 2002年起，实施城镇居民最低生活保障制度。2005年10月，县政府在鸟江镇开展农村居民最低生活保障试点。2011年，核定城镇低保84户、84人，发放低保金7.4万元；核定农村低保502户、1035人，发放低保金76.4万元。2014年，核定城镇低保88户、90人，发放低保金30.27万元；核定农村低保933户、1309人，发放低保金165.29万元。

养老保险 2012年，实施城乡居民社会养老保险制度，当年参保12656人。2014年，参加城乡居民社会养老保险13580人，征缴养老保险基金140.43万元。

医疗保险 2007年起，实施新型农村合作医疗制度。2010年，参合农民24154人。2014年，参合农民26091人，参合率99.45%。

特色地情

知名人物

中国人民解放军军事交通学院政委高尚国，2007年授少将军衔，十二届全国人民代表大会代表。

名优特产

鸟江席草 鸟江镇素有“席草之乡”美誉。1999年，种植面积35公顷左右。2001年，引进日本蔺草2号，示范种植3.5公顷，席草产量和质量提高。一批草席加工户引进先进机械设备，改进加工工艺，增加花色品种，草席销售市场拓宽，席草加工需求量扩大。镇政府引导村民发展席草产业，鸟江成为全县席草主产区之一。2005年，全镇席草种植面积公顷，总产量5000吨。

风景名胜

法华庵 位于法华村，始建于康熙年间（1662—1722）。今存七块碑：大道契碑、大道碑记、佛王灯碑、募众重修法华山碑、法华山常住田碑记、重修法华山碑、公振法华山多宝林碑。清乾隆年间（1736—1795），住持僧宗正和葬法华山庵子右侧山头。1952年5月，法华庵遭毁损，大殿尚存，改为法华山组正堂屋，殿内菩萨及其他房屋已毁。大殿年久失修，破烂不堪。坟墓于20世纪90年代法华山组修通组公路时被毁。

（文字供稿：刘雄　图片供稿：祁东县志办）

粮市镇>>

区域概况

位置面积

明万历（1573—1620）年间，朝廷征粮多集于此待船运输，故名粮船埠，后逐渐形成小市场，遂称粮市。地处县境东端，东与常宁市江河乡隔河相望，南接河州镇，西邻归阳镇，北与衡南县茅市镇及近尾洲镇交界。2014年，辖区东西距离9.35公里，南北距离12.9公里，总面积54.6平方公里。镇人民政府驻民主村，距县治46公里。

建置沿革

明清时期，属祁阳县上归阳乡。民国28年（1939），属祁阳县鸟江乡。中华人民共和国成立初，属祁阳县第五区。1952年4月，始设粮市乡，属祁东县第三区。1956年，石埠、安家2乡并入，属归阳办事处。1958年10月，为河洲人民公社一个耕作区。1961年8月，建立粮市人民公社，属河洲区。1984年，复称粮市乡。1985年6月，石埠乡和樟木乡的曹马村划入，仍属河洲区。1995年4月，撤区，樟木乡的大益、灌塘、甘塘、木子、刘丫、藕塘、樟树岭7村划入，同年5月，撤乡建镇。

行政区划

2014年年末，辖九司、黄金、西木、赤松亭、高冲、谭家、石埠、宝塔、梅子、茶塘、召家、枫冲、粮市、广积、民主、安家、石桥山、槽马、樟树岭、刘丫、甘塘、木子、藕塘、灌塘、大益25个行政村及粮船埠居委会，下设村民小组250个、居民小组2个。迄2014年未变。

自然环境

濒临湘江，丘陵地貌，地势由西北往东南倾斜。平均海拔75米，枫冲村江河组海拔54.8米，为县内最低点。亚热带季风气候，年均气温18℃，年均降雨量1325毫米，易涝易旱，年均无霜期286天。土地以水稻土、红壤土、沙泥土为主。遍布紫色页岩，地质稳固性差，常有山体滑坡或泥石流等地质灾害发生。2002年7月，召家、宝塔、石埠、石桥山等村出现山体滑坡。

人口民族

1995年，粮市镇总人口17650人，其中男性9238人，女性8412人。2006年，总人口17600人，其中男性9800人，女性7800人。2014年，总人口19973人，其中男性10779人，女性9194人，分别占53.97%和46.03；人口出生率12.06‰，死亡率3.35‰，自然增长率8.71‰。人口以汉族为主，少数民族有苗、壮、哈尼、傣、布依、土家、侗、瑶、黎、佤、景颇、傈僳等族，共计 36 人，约占总人口的 0.18%。人口密度每平方公里 366 人。

经济发展

经济综述

素以种植水稻为主，大宗经济作物有花生和油菜，其中花生年均种植 100 公顷，年产花生 300 吨以上；油菜年均种植 300 公顷，年产油菜籽 2000 吨。工业企业规模较小，集市贸易交易活跃。2014 年，粮食总产量 1.23 万吨，工业总产值 2000 万元，财政总收入 651.2 万元，农民人均纯收入 6043 元。

农业

种植业 1949 年前，一般只种一季水稻，亩产稻谷不足 150 公斤。祁东建县后，推广双季稻，亩产稻谷 300 公斤以上。20 世纪 60—70 年代，改进耕作技术，推广杂交稻种植，加强病虫害防治，1980 年，平均亩产粮食 525.5 公斤，向国家交售粮食 247.5 吨。1984 年，水稻单季亩产量 450 公斤。1995 年，大面积推广双季杂交稻，粮食播种面积 2052 公顷，粮食总产量 12215 吨。花生是境内重要经济作物。90 年代，年均种植 167 公顷，年产花生 451 吨，居全县之首。2002—2008 年，县果脯饮料厂与农户签订收购合同，创建藠头生产基地 34 公顷，发展订单生产。2014 年，镇政府成立土地流转托管所，以安家村为试点，组织流转土地 35 公顷，占全村土地面积 61.2%；发展种

粮市镇田野风光

植专业合作社2个，种植大户4户。是年，全镇耕地面积1388公顷，粮食播面1350公顷，粮食总产量12312吨。

养殖业 畜牧业素以养殖生猪为主，次为家禽饲养，水面养鱼。1995年，出栏生猪1.9万头，出笼家禽7.5万羽。2001年开始，调整畜牧水产业结构，鼓励规模养殖，发展特种养殖。2010年，茶塘、召家、粮市、广积、枫冲、石桥山、安家等村农户利用湘江及支流水域发展网箱养鱼，面积53公顷。2011年，灌塘村建成野猪放养基地，年出栏野猪700头。2012年，安家村外出打工青年返乡承包水面6.7公顷，发展特种水产养殖。2013年，年出栏生猪1000头以上的养殖场3个，养猪专业户、大户110户。2014年，全镇出栏生猪3.58万头，出笼家禽31万羽，水产品产量2400吨。

林业 1953年起，梅子村一等肢残军人邓承东连续40年义务植树11000株，绿化5个小山坡。1985年，全县造林整地现场会在粮市乡召开。1996年，召家、谭家、粮市、宝塔、大益等村退耕地造林112公顷，其中经济林19公顷。2004年，组织院边、路边、河边造林112公顷。2008—2009年，实施国家退耕还林项目，组织补植补造速生丰产原料林和经济果木林。2013年，高冲村发展冬枣基地13公顷；引进中联天地油茶开发公司，在大益、西木、梅子、黄金等村建立油茶基地213公顷。2014年，林地面积1732.6公顷，其中有林地891.2公顷，农户四旁植树23.7万株，活立木蓄积4400立方米。

工业

中华人民共和国成立前夕，粮市集镇开办大料（棺材）铺和缝衣店各1家，各类手工业户20户。1950年后，陆续出现打棉被、做家具、打铁、烧酒等门类，先后成立竹业生产合作社、木业生产合作社、缝纫生产合作社和粮市手工业社。1980年，办有加工厂、草席厂、砖瓦厂、运输队等社队企业，总收入12万元。1993年，利用泉水资源，镇政府在石埠村新屋组兴建矿泉水厂，1997年停产。2001年，引进外商创办高龄泉矿泉水有限公司，经营两年后停产。2003年，广西正好科技实业发展公司投资开发粮市矿泉水，安装2条生产线，新增大型机械设备3台（套），恢复矿泉水生产。因销路和成本问题，开工3年后，关闭生产线。2010年，引进外资，在民主村樟子皂组创办铁军制衣厂，建厂房1800平方米，招收工人180人，2013年投产，年产值800万元。2014年，规模以上工业企业有鸿兴冶炼焊剂厂，骨干企业有东阳木业和施家台、安家2个砖厂，工业总产值2000万元。

商贸服务业

粮市集镇坐落湘江岸边，水运方便，又是祁东、常宁、衡南三县交界处，每逢农历一、四、七为圩日，上市人数2000余人。1952年，设立乡供销分社，入股社员享有布匹、煤油、火柴、食糖等7类商品优价20%的定量配售。1954年，设立农业生产资料门市部。1959年，设立日杂门市部，经营日用工业品。1985年，有粮市和石埠2处市场。1987年，投资12万元，新建粮市集贸市场，占地3600平方米，建筑面积2560平方米。2014年，营业面积上1000平方米和500平方米的超市各1个，各类商店80余家，社会消费品零售总额1.59亿元；农贸市场摊位159个，集市贸易成交额654万元。

财政金融

财政 自建立粮市乡至1983年，政府没有单独财政，财税工作由秘书兼管，农业税征收由驻乡（社）粮食专干代管。1984年，设立乡财税所，负责政府财政收支管理及农业各税征收。1995年，更名财政所。2004年，镇财政负债1054万元。2006年,财政收入357万元,收支平衡。2012年，因垫税形成的财政债务全部化解。2014年，财政总收入651.2万元，收支持平。

金融 1961年，以大队为单位建立信用代办站。1962年,建立粮市信用社。1968年,信用社、站全面关停，1980年恢复。1990年，开办邮政储蓄业务。1995年，成立镇农村合作基金会和镇农村救灾扶贫互助储金会及其村分会。1999年4月，农村“两会”停业整顿，基金会并入地方信用社，储金会清盘关闭。2005年，取消各村信用代办业务。2006年，镇信用社建新办公楼，营业场地120平方米,配有职工宿舍及食堂。2007年，镇邮政所开办储蓄业务。2014年，金融机构有粮市信用社和邮政储蓄所。

基础设施

交通运输

公路 民国时期，各村通往粮市集市的道路大多铺有石板。1968年，修通粮市—九司公路。20世纪70年代,修通江东（江桥湾—东安公社）、石河（石埠—河洲）、河粮（河洲—粮市）3条公路。1984年，开通粮市—洪桥客运班车。1996年,加宽河粮（河洲三岔口—粮市市场）公路路基,1997年8月，完成砂改油路。同年，粮市—洪桥客运班车由每天1趟增至每天2趟。2002年，开通粮市—衡阳中心汽车站直达班车，总里程58公里，每日2个班次。2003年，过境衡枣高速公路建成通车，在石埠设互通，至常宁市的公路连接线贯穿粮市境内。2005年，粮市—河洲公路铺装砼路面。2006年开始，实施通达、通畅工程，改造和硬化通村公路。2009年12月，修建粮市客运汽车站，占地面积1408平方米，停车场1000平方米，站房200平方米。至2014年，23个村完成通畅工程，硬化通村公路总里程98.42公里。

航运 1949年前，湘江水道是粮市唯一的运输通道，境内通航5.8公里。1950年，船民组成民船运输联运社，从事湘江水道运输。1984年，安家湘江渡口开通祁东粮市—常宁双坪的航班。1965年起，衡阳—河洲客轮停靠粮市码头。1974年起，常宁松柏—常宁大堡客轮亦中途停靠粮市码头。1997年,近尾洲建水电站,途经粮市的客轮全部停运。2008年，镇政府在粮市集贸市场处修建码头，建候船亭，配安全监督员。

邮政通信

民国3年（1914）2月，设立粮船埠邮政代办所。1956年，粮船埠邮政代办所改为邮电所，安装载波机。1981年，公社安装磁石总机，配专职电话员。1985年，邮电所房屋面积123平方米。1992年，开通“127”无线寻呼。1994年，开通程控电话。1995年，出现“大哥大”移动电话。1998年,村村组组通电话。2014年,有电信、移动两个服务网点，电话交换机总容量10000门，有固定电话757门，移动电话用户11000人，宽带用户725户。

供电饮水

供电 1967年，电网开始向境内供电。1975年，县电力部门向粮市派驻农电管理员。1985年，乡农电管理员由河洲水电站集中管理。1988年，水电与农电分开，乡农电管理员归口河洲农电站管理。1995年，农村用电量28.85万千瓦时。1996年，成立粮市农电所。1999年，启动农村电网改造。2004年，枫冲、茶塘两村各1个村民小组由衡南县供电改为祁东县供电。2005年，农村用电量303万千瓦时。2008年，兴建粮市供电所办公楼，总建筑面积2520平方米，其中营业场所1100平方米；河洲供电所并入粮市供电所，共有职工28人，配抢修车3台，管理粮市、河洲2个乡镇的63个行政村及4个居委会的所有输供电业务。至2014年，11个村完成农网改造，粮市供电所辖区配装变压器156台，粮市镇年用电量317.76万千瓦时。

饮水 1995年，在枫冲村烟斗岭组始建自来水厂，水源从深70米的水井中提取。建水塔一座，铺设供水管道1500米。2003年，供水主管由水泥管改为不锈钢管。2014年,投资400万元，选址枫冲村牛角湾组槐树岭扩建自来水厂。水塔增高近20米，供水主管由不锈钢管改为PE管，抽水电机容量由原来的15千瓦改为30千瓦，日供水200吨，自来水用户由原来的1100户增至2050户。是年，全镇建有集中供水水井和家庭水井共3500口。

水利建设

1949年前，水利设施有山塘及河溪堰坝，蓄水能力差。1958年冬，在牛角湾修建全县第一座扬程58米的二级提灌站。1968年起，陆续修建烟斗岭一级、文冲二级、塘家岭三级及玉子塘、牛栏干电灌站，1970年，全面竣工上水。1972—1978年，陆续修建黄家桥、石坑等电灌站及谭家等小（二）型水库，开挖灌溉渠道20千米。1990—1991年，扩建德屋皂、陈塘冲和欧菜塘3座水库，有效库容分别增加到10万立方米以上。1992年后，投入资金360万元，完成山平塘清淤560口，硬化山平塘250口，分别占山平塘总数36.4%和18.5%；护砌和硬化渠道7.8千米。2005年，电灌站18座，装机18台999千瓦，灌溉面积666.7公顷。2012—2014年，投资892万元，完成德屋皂、梨子冲、石坑、横鱼塘、椿树塘、荷叶塘6座小（二）型水库除险保安工程。

镇村建设

集镇 1961年，粮市集镇有半边街、里头街、前街3条小街，集镇总面积不足0.5平方公里，住户60户、250人，有市场厂棚60平方米。1985年，陆续建立供销合作社、铁木业社等单位。1990年起，采取财政垫支、银行贷款等办法筹资，组织挖山凿石，削平5个山头，填平3条小沟，开发建设用地，建成粮正、粮枫等街道。1999年11月，获国土资源部“全国小城镇发展与土地集约利用展览”特别奖。2000年，集镇街道全部硬化。2010年,农贸市场改建为一楼市场、二楼商贸、三层以上为商住楼的综合体。2014年，城镇建成区0.9平方公里，形成文化、松山、龙背、宝安等8条街道，6个居民生活小区，常住居民4000余人。

乡村 2007年，以槽马村为试点，启动社会主义新农村示范村建设。硬化村道2条1500米、村组院落道路2条2000米，打深水井40口，70户农户接通自来水，建成村部活动室4间120平方米。2014年，25个行政村及居委会全部建成村级活动场所及远程教育站（点）。

社会事业

教育科技

教育 民国时期，办有私塾，藕塘、樟树两地分别建有私立小学。中华人民共和国成立后，私立小学转为公办。20世纪50年代末，公办小学9所。1969年，开办粮市、石埠、东安3所公社初级中学。1985年，小学18所，在校学生2395人；初中3所，在校学生925人。1985年，撤销石埠中学。1988年，粮市乡农校被评为衡阳市合格农民文化技术学校。1995年，撤销东安中学。1996年，在民主村正阿冲组曹家坪新建粮市镇中学。2009—2010年，镇中学、享塘小学先后建成义务教育合格学校。2011年，投资300万元，扩建粮市小学教学楼，粮市小学改为镇中心小学。2014年，幼儿园7所，在园幼儿275人，教师8人；小学7所，在校学生1465人，教师65人；初中1所，在校学生456人，教师53人。

科技 1954年，境内农业技术推广工作由归阳片农技推广站组织和指导。1978年，公社成立科协，创办业余科技学校和公社农科站；大队成立科协小组，创办农科队。1982年，公社管农业副书记兼任公社科协主席，公社农科站站长兼任公社科协秘书。1988年，配备专职科技副乡长，80%的村配备科技副主任。2013年，引进新品种，开展油菜高产示范片创建活动，亩均油菜籽增产6公斤。

文化体育

文化 1958年，耕作区设立文化站。1971年，公社建立广播站，配专职广播机线员。1983年，架通区站至社站广播专线，农户喇叭入户率45%以上。1987年，安装调频广播发射机，停止使用广播专线，原广播站改为广播电视站。2014年，镇文化站1个，职工3人；农家书屋27个，藏书50000余册；社会群众组建中乐队1支、西乐队2支、军鼓队2支；个体放映队2支，每年为各村放映电影不少于10场；电视入户率100%，其中数字电视用户2000户，占41%。

体育 粮市素有端午划龙舟竞赛习俗，常组织村间龙舟赛。1996年，组队参与全县“国土杯”龙舟赛。2007年，启动村级运动场所建设。2009年，组队参加全县乡镇篮球赛。2014年，粮市村建有篮球场和健身路径，藕塘、石埠等5个村建有健身路径。

医疗卫生

医疗 民国时期，粮市街有药店1个。1952年，由医生个人集资，开办乡联合诊所。1966年改办为公社卫生院。1970年，实施农村合作医疗制度，村办医疗卫生室，配赤脚医生，1978年停办。1984年，公立医疗机构有粮市、石埠、东安3个乡卫生院，共有房屋909平方米，医务人员16人，病床11张。1995年，东安、石埠卫生院并入粮市镇卫生院。2002年，新建镇卫生院门诊楼，建筑面积1000平方米。2006年，兴建镇卫生院职工宿舍楼。2007年，新建镇卫生院住院部，建筑面积500平方米。2012年，争取国债项目资金100万元，完成石埠卫生分院和广积村卫生室建设。2013年，投资150万元，扩建镇卫生院住院楼，建筑面积1100平方米。2014年，公立医疗机构1个，个体诊所6个，村卫生室28个，个体药店2个；镇卫生院有医务人员23人，其中在编医技人员19人；有医师宿舍30间，病房20间，工作房12间，病床45张。

卫生 2007年，槽马村率先整治乡村卫生，引导农户建沼气池3口，培养“三清五改”（清垃圾、清污泥、清障碍，改水、改圈、改厨、改厕、改环境）示范户20户。2008年，实施乡村清洁工程，沿衡枣高速公路的宝塔、枫冲等12个（居委会）列为重点整治地段，村村新建垃圾池，投放垃圾桶，配卫生保洁员。2013年，粮市集镇购置洒水车1台，组建保洁公司，城镇环卫管理形成常态。

社会保障

“五保”供养 1956年，农业合作化后，农村孤寡老人由集体实行“五保”。20世纪60年代，农村“五保”对象扩大到孤儿。1985年，设立乡民政办，负责社会保障工作。1988年，利用烟斗岭老粮站开办乡敬老院，收住部分“五保”老人集中供养。2014年，投资260万元，新建镇敬老院，民主村9组唐球捐资100万元，冠名粮市镇先福敬老院。敬老院选址粮市村卉子冲，占地面积5000平方米，建筑面积1700平方米，可容纳72人居住,配工作人员4人。是年年末,全镇“五保”老人255人，其中集中供养30人，分散供养225人，年发放“五保”供养金总额78.45万元。

最低生活保障 2000年起，实施城镇居民最低生活保障制度。2007年起，实施农村居民最低生活保障制度。2011年，核定城镇低保34户、44人,发放低保金7.8万元；核定农村低保770户、778人，发放低保金54万元。2014年，核定城镇低保15户、17人，发放低保金5.72万元；核定农村低保578户、784人，发放低保金100.39万元。

养老保险 2012年，实施城乡居民社会养老保险制度，当年参保8454人。2014年，参加城乡居民社会养老保险9184人。

医疗保险 2007年，实施新型农村合作医疗制度。2010年，参合农民16457人。2014年，参加新农合缴费18024人，参合率91.89%。

特色地情

历史人文

大益村人张虎炳（1860—1908）曾入京参加康有为领导的“公车上书”。高冲村人张翼扬（1898—1994）曾任国民党中将副军长。

民俗风情

端午赛龙舟是当地历史习惯，中华人民共和国建立后，传承不衰。今粮市、枫冲、民主等村及社区都备有龙船。每年农历五月初一开始，龙船下湘江训练。每支龙船队限定21人，其中橈手18人，舵手、鼓手、吹哨各1人。粮市集镇及附近几个村每年都要比试。赛场选定粮市段湘江河中心，600米水程，逆水竞渡。方圆几十里群众纷至沓来，比赛场面热闹非凡。

（文字供稿：刘万霆　图片供稿：祁东县志办）

河洲镇 >>

区域概况

位置面积

湘江近岸原有一小洲，因泥沙淤积与陆地连成一片称之河洲。地处县境东南部，湘江北岸。东面与南面分别与常宁市新河镇、大堡乡隔湘江相望，西接归阳镇，北交粮市镇。2014 年，辖区东西距离 19 公里，南北距离 11 公里，总面积 65.5 平方公里。镇人民政府驻振兴街，距县治 47 公里。

建置沿革

明清时期，河洲镇属祁阳县上归阳乡，民国 28 年（1939），属祁阳县河阳乡。1950 年 9 月，属祁阳县第五区。1952 年 8 月，始设河洲乡，属祁东县第三区。1956 年 6 月，五家、定山、左家、金钱 4 乡并入，属归阳办事处。1958 年 10 月，为河洲人民公社一个耕作区。1961 年 8 月，河洲人民公社改设为河洲区，河洲耕作区改设为河洲人民公社，属河洲区。1984 年 4 月，复称河洲乡；同年 10 月撤乡建镇，仍属河洲区。1995 年 4 月，撤销河洲区，五家围乡及樟木塘乡的江桥湾、新屋岭、礼堂、新湾、樟木、银丰、市门、落排洲、黄冲、新冲、务胜 11 村划入河洲镇。

行政区划

2014 年年末，辖 38 个行政村、2 个居委会，368 个村民小组。2011 年 4 月，新设振兴社区。2014 年，辖杨家台、河街、振兴 3 个社区，河洲、长丰、陶金、银燕、勤家、海鸥、莲花、德才、新开、草塘、左家、上丰、上月、三湖、新铺、石丰、三元、务胜、屯丰、江桥湾、定山、新屋岭、大子塘、礼堂、三友、新湾、毛家堰、樟木、上升、银丰、金钱、市门、四耳、落排洲、公馆、黄冲、下岭、新冲 38 个行政村；下设 20 个居民小组、377 个村民小组。

自然环境

以丘陵和河流冲积平原为主，西北高东南低。湘江沿镇东流，镇域西、南、东三面环水，河岸线长 35 公里。域内渠系纵横，沿河设有防洪堤，可抵御 50 年一遇洪峰。年均气温 18.5℃，年均降水量 1350 毫米，土壤红褐色，多为紫色页岩风化而成。

人口民族

1995 年，全镇总人口 31416 人，其中男性 16797 人，女性 14619 人。2006 年，总人口 31914 人，其中男性 17152 人，女性 14762 人。2014 年，总人口 34608 人，其中男性 18548 人，

女性16060人，分别占53.59%和46.41%；人口出生率12.03‰，死亡率2.34‰，自然增长率9.69‰。人口以汉族为主，少数民族有苗族、壮族、哈尼族、傣族、布依族、土家族、侗族、满族、回族、佤族、彝族、景颇等族，共计65人，约占总人口的0.19%。人口密度每平方公里528人。

经济发展

经济综述

水稻是境内主要农作物，年均播面占耕地总面积的95%以上，席草、西瓜年均种植面积分别在70公顷以上。河洲鲶鱼为地方特产，“一鱼十味”和“吃鱼一条街”在周边县市闻名遐迩。20世纪90年代起，先后引进客商创办东方鞋业、志利顺织造，塑料薄膜、新星制药等规模工业企业。2014年，粮食总产量1.79万吨，工业总产值5.9亿元，财政总收入1951万元，农民人均纯收入5059元。

农业

种植业 粮食作物以水稻为主，经济作物主要有席草、花生、油菜。1964年，在县内率先实施稻、稻、席草三熟制生产，种植席草面积74.4公顷，产席草455吨。1975年，始种杂交晚稻。1980年，双季稻亩产量616公斤，向国家交售粮食525吨。1985年，河洲大队第3生产队试种杂交早稻获得成功，带动大面积种植杂交早稻。1994年，双季杂交稻播种面积占水稻总播面98%，两季平均亩产820公斤。1995年，粮食播种面积2922公顷，粮食总产量17222吨。2000年以后，农业产业结构调整力度加大，经济作物种植面积约占稻田面积10%。其中西瓜种植面积年均120公顷，主要集中在三友、大子塘等8个村，亩均产量2000公斤。2006年，境内购置第一台龙舟牌收割机。2012年，全镇种植超级水稻1200公顷，高档优质稻100公顷，黄冲、左家等村实现机械化插秧。2013年，花生、黄豆、油菜等经济作物种植面积800公顷。2014年，耕地面积2208公顷，土地流转面积占耕地面积58%，创办三友种植专业合作社、金土地农机专业合作社等新型种粮主体；全镇粮食播种面积2147公顷，粮食产量17894吨；油菜面积334公顷，亩产油菜籽160公斤。

养殖业 鱼苗生产久负盛名，河洲鲶鱼以色鲜、肉嫩、味美著称。民国初年，有村民开始稻田养鱼。1958年，各生产大队开办养殖场。1980年，出栏生猪8717头，产鲜鱼63.2吨，鱼苗收入16万余元。1995年，出栏生猪2.98万头，出笼家禽21.56万羽。2000年，勤家村开办李子养殖场，带动全镇发展生猪养殖专业户20户，年出栏生猪1.3万头。2007年，水产养殖面积141公顷，其中网箱养鱼10000平方米，年产鲜鱼3000吨。2013年，规模养猪户68户，常年存栏生猪逾万头。2014年，出栏生猪4.54万头，出笼家禽31万羽，年产肉类4010吨，水产品产量2400吨。是年，配合实施省政府1号工程，在湘江沿岸500米禁养区内拆除生猪养殖场15个，拆除养鱼网箱10000平方米。

林业 1958年5月，组织团员青年在境内洪河公路沿途营造石山林带（又名青年林带）。1962年，设立河洲林业工作站，1965年撤销。20世纪70年代，办公社林场18个，莲花五七农场规模最大；河洲和樟木均建有乌桕基地。1983年，河洲建有个体中心苗圃，承包林木育苗25公顷，保存率86%。1985年，组织紫色页岩开发，种植草木樨120公顷。1990年，五家围种植河南枣134公顷。1995年，在洪河公路沿线可视范围内打造百里桃花路，河洲至木铺 10.7 公里沿途种植蜜桃 867 公顷。2001 年起，列为全县退耕还林重点镇，累计完成退耕还林任务 234 公顷，其中用材林 187 公顷，经济林 47 公顷。四耳村雷志华种植中秋酥脆枣 14 公顷，新湾村高斌种植特种水果 15 公顷，上升村许四清种植冬枣 17 公顷。2012 年，莲花村易志勇在公馆、勤家、莲花等村承包山地种植油茶 38 公顷，开办易园苗圃，占地 5.3 公顷，10 余个品种，种苗畅销省内外；三友村高东林承包村集体山地 13.3 公顷，种植香樟树苗 10 万株。是年，粮市至河洲高速公路连接线两旁可视范围内实施“三边”造林 25 公顷。2014 年，市门、银丰等 7 个村完成公路干线通道绿化 16.8 公里，大子塘和市门两村完成“秀美村庄”创建；全镇林地面积 1232 公顷，其中有林地 385 公顷。

工业

1949 年前，河洲集镇有木工店、缝衣店各 2 家。1955—1956 年，成立河洲竹业生产合作社、木业生产互助组、缝纫生产合作社、河洲手工业社。1963—1969 年，以区办企业为主，先后创办石灰厂、运输队、砖瓦厂。1972 年，成立河洲水泵厂，有职工 236 人，年产农用水泵 250 台。同年成立河洲建安队，后升级为建筑安装工程公司，三级建筑企业。1974 年，区、公社、大队均办有草席厂，参与外贸联销。20 世纪 90 年代，办有草鞋厂、豆制品厂、地板砖厂、新型机器厂。1994 年，三友村高东林创办三友塑料厂，生产农用薄膜、方便袋及塑胶颗粒。1995 年，引进客商创办河洲东方鞋业有限公司，生产各类轻便布鞋。2003 年，引进广州志利顺毛纺服装有限公司，在屯丰村创办河洲志利顺织造厂，建厂房 2600 平方米，安装自动化设备 500 台（套），为广州公司生产半成品。2005 年，规模工业企业有新开鞭炮厂、三友塑料薄膜厂、盛福家具厂等 5 家。2010 年，湖南新星制药有限公司建成投产，主要生产硼砂、硼酸 2 类医药用品，年生产能力 6000 吨。2012 年，招商引资创办周福记糖果厂，占地面积 23300 平方米，投入资金 3000 万元，建成 8 条生产线，安排就业 120 人，日产糖果 20 吨。2014 年，规模以上工业企业有新星制药有限公司，全镇工业总产值 5.9 亿元；具有资质的建筑房地产企业有河洲建筑安装工程公司。

商贸服务业

唐代（618—907），河洲茶园形成集市，逢农历三、六、九赶集。明代初年，江西陈、雷二姓人氏移民安扎河洲湘江沿岸（今河洲镇沿江街地段），建起小量铺面。清代初年，河洲圩场由茶园迁至沿江老街地段。民国时期，有店铺 32 家，其中：酒店 13 家、糖盐行 7 家、药铺 3 家、米行 7 家、棉行 2 家。1951 年，成立河洲工商组，管理集镇工商业经营。1952 年，设立第三区供销社，发展乡镇供销分社，入股社员享有火柴、食盐、煤油等 7 类生活必需品优价 20% 的定量配售。1954 年起，陆续设立食品站、供销社、日杂门市部。1967 年，成立河洲市场管理所。1982 年 2 月，河洲圩场搬迁到新建的茶园街厂棚市场。1985 年，有河洲、樟木、木铺 3 处集贸市场。河洲市场占地面积 4000 平方米，其中厂棚面积 1700 平方米，圩日上市 2500 人左右。1989 年，投资 19.2 万元，新建河洲市场，占地面积 3150 平方米，建筑面积 1500 平方米。2003 年，河洲一居民开办“河洲鱼都”，开发“一鱼十味”烹鱼法，带动餐饮业发展，形成大桥路“吃鱼一条街”。2014 年，河洲集镇经营场所 2000 平方米以上的超市 10 余家，其中永旺超市 4000 平方米、荣兴超市 3000 平方米；全镇社会消费品零售总额 2.7 亿元，集贸市场成交额 2810 万元。

财政金融

财政 自设立河洲乡至1983年，政府没有单独财政,财税工作由乡(社)秘书兼管。1984年，设立镇财税所，负责政府财政收支管理及农业各税征收。1995年，更名财政所。2004年，镇财政负债1302万元。2006年，财政总收入1245万元，收支两抵基本平衡。2012年，因垫税形成的财政债务全部化解。2014年，财政总收入1951万元，收支持平。

金融 1952年9月，设立人民银行河洲营业所。1954年7月，各乡成立信用合作社。1961年5月,以大队为单位设立信用代办站。1964年，设立农业银行河洲营业所。1968年，信用社、站撤销，1980年恢复。1994年，设立镇农村合作基金会。1996年，设立镇农村救灾扶贫互助储金会。1998年，河洲邮政支局开办邮政储蓄业务。1999年，农村“两会”停业整顿，基金会并入地方信用社，储金会清盘关闭。2006年，木铺、五家围、樟木塘3个信用社及所有村信用代办站被撤销。2009年，农行河洲营业所升格为分理处。2014年，金融机构有农业银行、邮储银行和农村信用联社下设的分支机构。

基础设施

交通运输

公路 1958年8月，开工建设归阳至河洲公路，1960年7月正式通车，全长17公里。随后在龙背街设立河洲汽车站。1970年，开工建设河洲—粮市九司公路，全长14.92公里。1976—1978年，修通红樟(红气岭—樟木)公路，全长14公里。1982年1月，在定山村建成河洲汽车站，占地面积3080平方米，建筑面积407平方米。1984年，始有河洲—衡阳市的汽车客运班车。1992年，过境317省道河洲—归阳段由砂石路改为沥青路。1996年，加宽河洲三岔口—粮市市场7公里公路路基，次年8月完成砂改油路。2000年2月，途经境内的衡枣高速公路常宁连接线开工建设。2002年,开通河洲—衡阳市华新、河洲—衡阳市酃湖2条县际客运班线，其中至华新每日2个班次，至酃湖每日1个班次。2003年12月，河洲湘江大桥建成通车，大桥总长918米，宽12米。2007年，6个村完成通达工程，四耳、上升等14个村完成7条18.3公里通村公路硬化工程。2008年，海鸥、银燕等9个村完成通畅工程17.8公里硬化。2010年，新建河洲汽车客运站投入营运，站场占地面积4000平方米，停车场面积2100平方米，站房面积400平方米，日发车30班次，日均发送旅客800人次。2012年12月,317省道改造工程境内段开工建设,途经新铺、务胜等村。至2014年年末,33个村完成通畅工程,硬化通村公路总里程128.83公里；317省道境内段建成通车。

航运 1950年，船民组成民船运输联运社，从事湘江水上运输，使用木船渡运旅客。1965年年初，建成河洲汽车轮渡码头，配木质板船一艘，每次渡运3辆汽车；9月，省交通局无偿调拨钢质板船一艘，配120马力拖轮2条，每次可渡运汽车6辆，渡运量300~600吨。1969年，县航运公司河洲装卸队在河洲镇新建一座码头，长120米，宽4米。20世纪70年代，境内湘江渡口11处。80年代初，开通河洲—衡阳市客运航班。80年代末，木船基本被淘汰，换成水泥船或铁质船。1984年，汽车渡口有职工15人，配有夜航设备，日均渡运汽车330辆次，日最大渡运量440辆次。90年代后期，河洲—衡阳客运航班停航。2003年，中庆街汽车渡口停渡。2005年，湘江河洲段有中庆街、老官庙、落排洲、上仙塘、刘三庙、银燕、狮子塘、五家围8个渡口。2014年，沿湘江各村设渡口码头10个，有客运船15艘525个座位，年客运总量15.75万人次。

邮政通信

民国14年（1925）2月，设立河洲邮政代办所。民国36年（1947），河洲邮政代办所装有电话单机，通电话由归阳总机接转。1951年，建立河洲电话交换所。1956年，河洲邮政代办所改为邮电所，办有邮路3条。1958年下半年，开办长途电话和电报业务。1968年，河洲邮电支局搬迁至中心街，新建一层平房办公。1973年，扩建为3层楼房。1981年，各公社配专职电话员。1985年，河洲邮电支局配磁石交换机1部、配线架1部、单路载波机2部，设自行车班邮路4条、步班5条。1992年，建成河洲邮电支局综合楼。1998年，河洲邮电支局分设为河洲邮政支局和河洲电信支局。2014年，邮政网点1个，投递线路单程总长度120公里；电信服务网点1个，电话交换机总容量30门，固定电话用户1300户，移动电话用户8600人，宽带接入用户740户。

供电饮水

1963年，区农机站建发电房，用柴油机发电，供地方机关单位及集镇农户用电。1965年，架通归阳变电站—河洲10千伏输电线路，建机埠专变9处，装机1120千伏安，开始对河洲沿河一带抗旱机埠及附近居民供电。1989年，县电力局投资200多万元，更换归阳—河洲主干线路导线，提升供电能力。1995年，农村用电量47.92万千瓦时。1999年，启动农村电网改造工程。2005年，农村用电量585万千瓦时。2008年，大子塘、长丰、莲花3村建成集中饮水工程，解决近3000名群众饮水安全问题。2012年，投资800万元，新建河洲镇自来水厂，铺设干线水管10千米，日

河洲湘江大桥

供水300吨。2014年，城区变压器4台，总容量1015千伏安；农村10千伏供电线路92千米，配电变压器89台，装机容量11695千伏安；17个村完成农村电网改造，全镇年用电量696.09万千瓦时。城区居民自来水普及率60%。

水利建设

1953年，在陈背、屯丰建立机埠，安装仿苏式14.71千瓦201型煤气抽水机各1台，配有8K-18型水泵，灌溉农田80公顷，开县内使用动力机械提水先河。1955年，启动下湖、广足、四耳3座小型水库建设。1956年，启动塘尾皂水库建设。1959年，建立河洲机电管理站。1963年，建立河洲国营电灌站，行政属县水利水电局管理，下辖电灌站10处，总装机容量862千瓦，灌溉总面积1200公顷。1966年，老官庙、上仙塘等地修建电灌机埠，安装75—155千瓦鼠笼式电动机。1980年，将龙背岭、司塘两口骨干塘分别扩建为小（二）型水库。2001年，兴建河洲、屯丰2处排渍站，分别装机37千瓦/2台和17千瓦/2台。2003年，按20年一遇洪水标准，建成河洲、屯丰、金钱3处电排站。2005年，完成近尾洲水电站淹没区河洲段11处湘江护岸工程，总长度1939米；完成河洲1000米、五家围500米湘江河岸防洪护岸治理工程。2007年，电力排灌站24座，其中属国营河洲电灌站管理的7座，属国营七碗电灌站管辖的17座，总装机容量1129千瓦，灌溉面积1007公顷。2014年，投入188.3万元，完成司塘小（二）型水库及四耳、广足、下湖3座小型水库的除险保安工程。

镇村建设

集镇 清咸丰元年（1851），河洲沿湘江形成街道，分上街、中街（又名八宝街）、下街，临街铺面500多间，砖木结构，2层的较多。祁东建县前，3条街道全长700米，青条石铺设。有住户189户，人口1276人，房屋160间，面积10570平方米。1952年开始，第三区公所（后改称河洲区公所）、河洲乡政府及其所属机关企事业单位先后入驻镇内。1985年，街道5条，共长1800米，三层砖混结构房屋占70%，房屋总建筑面积9.83万平方米。2000年，以安置近尾洲库区和衡枣高速公路连接线移民搬迁为契机，拉通商贸街、清泉街、大桥路、茶园街等道路，形成三纵四横街道布局。2005年，80%的道路完成硬化。2010年，安装街道路灯96盏。2014年，镇内房地产开发企业3家，拉开“八街一路”城镇骨架，建成区面积2.2平方公里。

乡村 2002年，建成近尾洲移民安置小区，安置移民124户、555人。2007年，以市门村为试点，推进社会主义新农村示范村建设。硬化村庄道路3条、2000米，安装太阳能路灯；打深水井40口，50户农户用上自来水；建成村部活动室6间250平方米。2014年，上月、左家等9个村完成村级活动场所建设。

社会事业

教育科技

教育 清同治末年（1872—1874），雷氏族人创办雷氏义学，民国7年（1918）停办。民国初期，四耳、左家、三元等地分别办有私立小学或保国民学校7所，河洲定山庵私塾名噪乡里。祁东建县后，公立校由县教育部门接管，私立校在土地改革后转为公办。20世纪50年代末，公办小学17所，河洲完全小学附设2个初中班，称河洲附中。1963年，河洲区创办教师进修分校，1966年停办。1969年，开办河洲区中学和河洲、五家围、樟木3所公社初级中学。1981年，撤销区中学高中班，改办初中班。1985年，小学32所，在校学生4025人；初中4所，在校学生1564人。1988年，在全市争创“百所文明校”活动中，河洲镇中心小学经市验收为合格学校；河洲镇成人教育中心和樟木、五家围2所乡农校被评为衡阳市合格农民文化技术学校。1995年，河洲区中学更名河洲镇一中，河洲镇中学更名河洲镇二中。1996–2006年，先后撤销五家围、樟木2所初中和务胜小学。2009—2010年，镇中学、镇中心小学先后建成义务教育合格学校，撤销黄冲、四耳两所小学。2014年，幼儿园18所，在园幼儿464人，教师20人；小学10所，初中1所，在校中小学生3000人，中小学教师185人。

科技 1954年，境内农技推广工作由归阳片农技站组织实施，1955年，改由河洲区农业技术推广站负责。1978年，公社成立科协，创办业余科技学校和公社农科站；大队成立科协小组和农科队。1979年，河洲大队组织科技示范队（大队、生产队）、科技示范户创建活动。1985年，引进推广宁波席草种植，最高亩产量1000公斤。1995年，引进芦竹种植，改造紫色页岩。1996年，镇农技站以农作物病虫害统防统治为重点，与农户签订技术承包合同，开展专项或综合性技术承包服务，其经验在全县推广。2006年，实施国家优质粮食产业工程农业有害生物预警与控制区域站建设，建成河洲测报联系点。2014年，引进新品种，开展玉米高产示范试验。

文化体育

文化 1958年，公社设立文化馆，耕作区设立文化站。1970年，区、社均建立广播站，分别配备专职广播机线员。1977年5月，建立河洲区电影放映管理站和公社电影放映队。1982年，架通区站至社站广播专线，农户喇叭入户率50%。1987年，安装调频广播发射机，停止使用广播专线，广播站更名广播电视站。1991年，建成有线电视站。2000年，成立河洲业余花鼓戏剧团。2006年，成立腰鼓队2支。2011年，新建文化站，建筑面积325平方米，设有图书阅览室、多功能活动室、培训室、管理房。2014年，建成村农家书屋39个。

体育 村民素有划龙舟比赛习俗，大子塘村枫树坪有做鱼灯笼的传统，每逢端午节组织龙舟竞渡。1987年，全县小学生体育运动会在河洲镇中心小学举行。1996年，组队参加县体育局组织的“国土杯”龙舟赛。2006年，成立2支广场舞队，镇内开始流行广场舞。2007年，启动村级运动场所建设。2014年，河洲、市门等5个村建有篮球场，樟木、新开等9个村建有健身路径。

医疗卫生

医疗 祁东建县后，发动医生个人集资，组建乡联合诊所。1952年，设立第三区卫生所及区中心联合诊所。1958年，区卫生所与区诊所合并建立河洲公社卫生院。1969年，改称河洲区医院，公社联合诊所改称公社卫生院。1972年，推行农村合作医疗制度，生产大队开办合作医疗站，配备赤脚医生，1978年停办。1985年，公立医疗机构有河洲区医院和河洲、三湖（后更名五家围）、樟木3所乡镇卫生院，卫生院共有房屋1630平方米，工作人员28人，病床19张。1995年，河洲区医院更名河洲镇中心卫生院，五家围、樟木、河洲3个乡镇卫生院陆续被撤销。2003年，投资80万元，新建镇卫生院门诊部，建筑面积580平方米。2012年，投资150万元，新建镇卫生院住院楼，建筑面积1680平方米。2013年，投资20万元，新建镇卫生院周转房。2014年，镇卫生院1所，在职职工36人，其中在编医技人员27人，设医疗床位55张；村卫生室35个。

卫生 1994年，河洲镇率先在全县开展改厕试点，当年改建农村卫生厕所100座。2007年，市门村率先整治乡村环境卫生，引导村民建沼气池6口，培养“三清五改”示范户50户。2008年，启动乡村清洁工程，沿衡枣高速公路的河洲、金钱等7个村和沿317省道的三元、新铺等12个村（居委会）列为重点整治地段，新建垃圾收集池162口、垃圾填埋场43处、沼气池220口，村村配有保洁员，集镇购置洒水车一台，河洲镇被评为衡阳市农村环境综合治理工作先进单位。2010年，上升、金钱、三友等村建三格式无公害卫生厕所500座。2014年10月，全县农村环境和卫生综合整治督查评比中，河洲镇被评为二类乡镇，大子塘村院落整洁有序受通报表扬。

社会保障

“五保”供养 1956年，农业合作化后，农村无依无靠老人由集体实行“五保”。20世纪60年代，农村孤儿纳入“五保”对象。1982年，在龙背街创办河洲区光荣院，收住无人照顾的老复员退伍军人、烈军属和荣誉军人15人，配工作人员3人。1988年，开办河洲镇敬老院，收住部分“五保”老人集中供养。2001年，迁入原乡政府空出的办公场所。2004年，争取省市县三级财政投入，镇政府自筹资金48万元，改扩建敬老院。2013年10月，选址陶金村，启动区域性敬老院建设。2014年12月，河洲光荣院、敬老院老人同时迁入新落成的镇敬老院（光荣院），两院合二为一，占地面积3.33公顷，建筑面积5800平方米，设置床位115张，配工作人员10人。是年，全镇“五保”对象502人，其中集中供养40人，分散供养462人，年发放“五保”供养金总额147.37万元。

最低生活保障 2000年起，实施城镇居民最低生活保障制度。2007年起，实施农村居民最低生活保障制度。2011年，核定城镇低保238户、348人，发放低保金70万元；核定农村低保1063户、1232人，发放低保金103.4万元。2014年，核定农村低保928户、1294人，发放低保金166.75万元。

落排洲

养老保险 2012年，实施城乡居民社会养老保险制度，当年参保14652人。2014年，参加城乡居民社会养老保险11848人。

医疗保险 2007年，实施新型农村合作医疗制度。2010年，参合农民27710人。2014年，参合农民30111人，参合率93.87%。

特色地情

知名人物

市门村人雷盛武任广东省公安消防总队总队长，2005年被授予少将警衔。

风景名胜

落排洲 位于湘江河道河洲境段水域中央，全长约2500米，宽约500米，形如巨鲸卧浮江中。岛上绿树成荫，江鸥翔集，环境优美。相传，当年有一对青年男女划着竹排在湘江行驶，遇上狂风暴雨，幸得一仙路过此地，以手一指，竹排化作一片绿洲。这对有情人在洲上结成眷属，生息繁衍，落排洲名由此而来。2014年，中央电视台《远方的家》栏目组走进落排洲，拍摄洲上自然风光和“一鱼十味”短片。

刘三庙 位于德才村，占地120平方米。正殿名都督殿，供奉都督刘三塑身而非如来、观音之类佛像。相传隋朝刘三将军客死此地，当地老百姓爱戴敬仰英雄，凑钱为其建庙立碑。20世纪70年代“文化大革命”时期，庙宇、菩萨悉数被毁。80年代，当地村民筹资重建。

（文字供稿：蒋东华　图片供稿：祁东县志办）

归阳镇>>

归阳镇1998年被建设部评为“文明示范小城镇”、2002年获评“全国农村体育工作先进乡镇”。

区域概况

位置面积

地处湘江中游北岸，清江、白河于此汇合注入湘江，众水殊途同归，水以北为阳，得名归阳。东与河洲镇及粮市镇接壤，南临湘江与祁阳县黄泥塘镇相望，西与祁阳县羊角塘镇交界，北与鸟江镇毗邻。2014年，辖区东西距离10.5公里，南北距离9.5公里，总面积79.4平方公里。镇治太平街，距县治34公里。

建置沿革

明代，设有归阳巡检司。明清时期，属祁阳县上归阳乡，民国28年（1939），属祁阳县河阳乡。1950年9月，复设归阳乡，属祁阳县第五区。1952年8月，归阳乡改设归阳镇，属祁东县第四区。1953年，为县直属镇。1956年并入归阳乡，属归阳办事处。1958年10月，为归阳人民公社一个耕作区。1961年6月，复置归阳镇，属归阳区。1984年，归阳镇与归阳乡合并仍称归阳镇。1985年11月，冲安乡的红光、幸福、大吉3村划入，定为区级镇，县直管。1990年，丁字乡福罗村划入。1995年4月撤区，三冲、七碗2乡及丁字乡的战胜、碧塘、青峰、潘家4村划入。

行政区划

2014年年末，辖44个行政村、3个居委会，437个村民小组、15个居民小组。2014年，辖前进、茅坪洲、苏家、双河、新光、腾兴、李屋、财宏、长江、湘江、清塘堰、青堰、罗福、大吉、幸福、红光、福罗、青峰、潘家、战胜、碧塘、富塘冲、羊山、印塘、三冲、满足、宜寿、茶山皂、旺冲、茶园、两头、湖石、孝友、彩子、廖阿、上荆、志木、刘英、西塘、三房、七碗、客谈、油木、胜家桥44个行政村及新街、太平街、福兴街3个社区，437个村民小组、33个居民小组。

自然环境

地处丘陵，地势由西北向东南倾斜，平均海拔79米。年均气温18.4℃，年均降水量1378.9毫米，年均无霜期286天。岗地多为紫色页岩风化土，垄町多为水稻土、红壤土。湘江从祁阳县水桐皂入境，受湘江涨水影响，易生洪涝。白河从北面鸟江镇入境，清江由西面祁阳县羊角塘入境，清江白河在镇内苏家铺汇合，注入湘江。地表紫色页岩结构松散，常有山体滑坡或泥石流灾害发生。2012年6月，因连降暴雨致廖阿村塘家组山体滑坡，冲塌房屋2壕，死亡4人。

人口民族

1995年，辖区总人口39336人，其中男性20561人，女性18775人。2006年，总人口38852人，其中男性20151人，女性18701人。2014年，总人口43406人，其中男性22285人，女性21121人，分别占51.34%和48.66%；人口出生率12.73‰，死亡率5.1‰，自然增长率7.63‰。人口以汉族为主，少数民族有苗族、壮族、哈尼族、傣族、布依族、土家族、侗族、瑶族、黎族、回族、蒙古族、拉祜族、佤族、彝族、景颇族、仫佬族、布朗族、仡佬族、傈僳等族，共计87人，占总人口的0.2%。人口密度每平方公里547人。

经济发展

经济综述

水稻年均种植面积占耕地总面积95%以上，席草年均种植面积占全县席草总面积五分之一强。归阳渔场受到国家水产部表彰，全镇渔业生产获省乡镇企业局嘉奖。紫色页岩造林出席全国群英会。工业生产在全县乡镇发展最快。20世纪80年代中期，拥有独立核算工业企业19家。2014年，粮食总产量2.34万吨，工业企业82家，规模工业总产值6.3亿元，财政总收入2242万元，农民人均纯收入7334元。

农业

种植业 1949年前，一般只种一季水稻，亩产量200公斤左右。1950年，开始推广双季稻。1977年，试种杂交晚稻。1980年，粮食平均亩产640.5公斤。1995年，早、晚两季大面积推广杂交稻，粮食播种面积3904公顷，粮食总产量24380吨。1996年，组织农业综合开发项目区建设，改造中低产田668公顷，苏家铺开荒33公顷。2000年后，大力调整农业产业结构。席草年种植面积335公顷，占全县席草总面积五分之一；以富塘冲村为示范，发展大棚反季节蔬菜种植，发展良种藤稔葡萄连片种植；以印塘、羊山两村为基地，发展蚕桑种植47公顷；县粮贸（集团）公司与农民签订优质稻谷收购合同，农户按订单组织粮食生产。2011年，富塘冲等村实施中低产田改造。2012年，财宏、湘江、长江3村实施土地综合整治。2013年，成立省级富塘农机专业合作社，购置农机40台（套），总动力1200千瓦。2014年，全镇耕地面积2556.4公顷，粮食播种面积2486公顷，粮食总产量23429吨。

养殖业 20世纪50年代及以前，养猪以本地花猪为主。60年代，引进苏联大白猪，70年代，引进宁乡猪，推行生猪派购制度，开办集体猪场。境内盛产野生鳖鱼，习惯山塘养鱼和稻田养鱼。70年代，建有湘江、红光两个鱼苗孵化场，生产鱼苗除满足本地需要，远销云南、广东、江西等省。1982年，屯兴村农民采用稻鱼共生方式，亩均鲜鱼产值164元。1985年，归阳渔场受到省乡镇企业局嘉奖。1995年，出栏生猪3.9万头，出栏山羊4123只，出笼家禽40.85万羽。90年代中后期，建立黄牛冷配点，推广短角黄牛人工配种；以双河村为重点，发展养猪专业村。2014年，出栏生猪6.21万头，出栏山羊1.6万只，出笼家禽45.74万羽，水产品产量3410吨。

林业 1955年4月，设立归阳木材收购组，把木材购销纳入计划经营。1957年冬，县委工作组在财宏高级农业社组织紫色页岩造林试点，开山凿石，造林62.8公顷，创办全县第一个林场，受到林业部表彰，出席全国群英会。1958年，设立归阳林业工作站，组织团员青年在洪河公路沿线营造石山林带。1963年，山林权归生产队，以大队为单位创办林场。1973年，七碗公社紫色页岩改造经验在全县推广，至1985年，境内开发紫色页岩种植白香草木樨100公顷。1994年起，连续8年实施紫色页岩绿化工程、长江防护林工程和小型生态公益林项目建设，组织人工造林、低效林改造、四旁植树和过境高速公路绿色通道工程建设。2008年，实施国家退耕还林项目，补植、补造速生丰产原料林和经济果木林。2014年，林地面积1358.8公顷，其中有林地879.2公顷。

工业

清末民初，农村几乎家家种草织席。民国18年（1929），洪桥陈姓3兄弟与归阳人合伙，开办竞业织席厂，使用手排架木机生产，民国33年（1944）日本侵略军陷境时关闭。1950—1954年，个体合资先后创办归阳草席厂及人民、群益、同心、教誉、福利5个织席厂，1956年，全部转为公私合营企业。同期还办有竹业、木业、缝纫3个生产合作社及和平染织厂、建筑业同业公会等企业。20世纪60年代，先后创办石灰厂、运输队、建筑队、矿灯厂、食品加工厂。70年代至80年代初，新办镇属骨干企业有精细化工厂、酱菜厂、造纸厂；区办企业有榨菜厂、阀门厂、农机厂；县属国营、集体企业有化肥厂、大米加工厂、布伞厂、钢火五金厂；乡办丁字重晶石矿年产重晶石6000吨，经济效益名列同行前茅。1985年，独立核算工业企业19家，从业人员1200人，年工业总产值359.7万元，比1980年净增222.9万元，增长162.94%。1986年，发展烟花爆竹，年产6000箱左右。1994年，创办再生玻璃厂。2000年，县归阳草席厂终结破产改制，引进客商创办凯信化工，生产盐酸、硝酸、硫酸60多个品种，年产值5000万元。2003年，引进台资创办鸿元针织有限公司，生产针织服装全部出口，安排就业800多人。2009年7月，归阳工业园开工建设。2013年，具有资质的建筑房地产公司1家：归阳建筑工程公司。2014年，工业企业82家，规模以上工业企业有：长城化工、太阳植物、丰顺锰业、金沙矿业、兴阳混凝土5家，全镇工业总产值8.25亿元，其中规模工业产值6.3亿元，从业人员2150人。

商贸服务业

归阳集镇圩市始于清代以前，天天赶圩。雍正年间（1723—1735），苏家铺开办2家草行、7家席行，每天出入归阳货船200余艘，圩日上市3000余人。民国23年（1934），建立归阳油盐消费合作社，社员购买合作社物品享受低于市价优惠。民国36年（1947），设木材市场，逐渐成为周边木材集散地。1951年，成立归阳工商组，管理集镇工商业。1952年，区乡设立供销社，入股社员享有布匹、煤油等7类生活必需品优价20%的定量配售。1954—1959年，设立生资门市部，开办食品站，开设粮食市场，太平街、状元桥辟为新的物资交易场所。1982年，新建集贸市场，占地面积7400平方米，其中厂棚面积2200平方米，状元桥不再作为圩场。1989年，公有商业企业12家，其中县属6家，从业人员316人；个体工商户125户，从业人员146人。1990年，改造集贸市场，占地面积和建筑面积分别增加到2万平方米。1994年，财宏村投资兴建小河农贸市场。1999—2009年，民营资本先后创办前进超市、步步高超市、欣源超市、工业品批发市场等大中型购物场所。2014年，商贸服务企业421家，其中限额以上批零住宿餐饮企业1家：归阳红火酒店；规模以上服务企业2家：归阳粮食购销公司、状元驾校。商贸服务从业人员1215人，社会消费品零售总额3.41亿元。

财政金融

财政 归阳建镇至1983年，无单独政府财政。1984年下半年，设立镇财税所，负责政府财政收支管理及农业各税征收，1995年，更名财政所。2004年，镇财政负债1262万元。2006年，财政总收入589万元，收支平衡。2012年，因垫税形成的财政债务全部化解。2014年，财政总收入2242万元，财政总支出2231万元。

金融 民国13年（1924），有彭记“福太林当铺”，民国21年（1932）停业。1954年，设立归阳信用合作社。1961年，各大队设立信用代办站。1961年，县农业银行在归阳设营业所。1992年，县人寿保险公司在归阳设保险站。1993年，成立镇农村合作基金会。1994年，开始办理邮政储蓄业务。1996年，成立镇农村救灾扶贫互助储金会。1999年4月，农村“两会”同时停业整顿，基金会并入归阳信用社，储金会清盘关闭。2001年，农行归阳营业所升格为分理处。2006年，撤销村信用代办站。2007年，农行归阳分理处升格为支行。2014年，农业银行、信用联社、邮政银行分别在境内设分支机构，同期设有3个保险机构。

基础设施

交通运输

公路 1949年前，有民桥12座，均为石料建筑，位于白河注入湘江汇合处的状元桥最为著名。1958年，洪桥—归阳公路建成通车，全长33公里。1960年，归阳—河洲公路建成通车，全长17公里。1969年，建成归阳汽车站。20世纪70年代，丁字桥—苏家铺、两头—三冲、苏家铺—三冲、绿子皂—七碗、七碗—八只塘、苏家铺—归阳、冲安—青丰、丁字—宫官皂8条公路相继建成通车，新增公路里程26.3公里。1984年，归阳汽车站发班的客运班线5条，其中：县内班线4条，归阳—鄱湖县际班线1条。1992年，归阳—河洲公路由砂石路改建为沥青路面。1995年，210省道过境段改造为沥青表处路面。1998年，兴建归阳集镇停车场。2000年，镇政府投资，在距状元桥上游150米处修建白河桥。2001年，开通归阳—冷水滩地市际客运班线，每日1个班次。2003年12月，过境衡枣高速公路建成通车，归阳设互通。2012年1月，民营归阳农村客运公司挂牌营运，开通归阳—河洲、粮市、湖石、孝友等6条农村公交线路，基本实现村村通公交车。2013年，317省道境内段启动扩宽改造，民营汽车客运站在苏家村落成。至2014年，37个村完成通畅工程，硬化通村公路总里程131.43公里；各类桥梁28座；娄衡高速公路境内段动工修建。

航运 湘江在境内通航里程12公里。民国时期，设祁阳船舶管理所第九分所，水上运输为木帆船。清江流经红光段设有渡口，白河流经印塘、幸福、富塘冲、前进等地段亦设有渡口。1950年，组织民船运输联运社。1956年4月，成立归阳帆船运输合作社，有木质帆船63只，荷载332.7吨。1959年，成立祁东县航运社，年货物运输量2100吨。20世纪60年代，部分渡口因修建河坝停渡。1972年9月，归阳运输队自筹资金1万余元，在区公所侧面建成归阳码头。1974年，县航运社改称县航运公司，在木帆船上安装柴油动力机，在罗家嘴兴建码头，建有绞车房，配钢丝绳电动绞车1台。1980年起，公司自造水泥船和钢板机动船，逐渐淘汰木质船。1984年，有渡口3处：清江长滩渡口、湘江兴庆街渡口和槐树渡口。是年，县航运公司有各种船舶41艘711吨；改建壶头岭码头，增配1艘机船，与祁阳唐家岭码头对开客运航班；开通归阳—常宁大堡客运航班。1985年，开通归阳—长江货运航线。1989年，开通归阳—河洲、上仙塘—粮市客运航班。1992年，兴建太平街客运码头，年旅客吞吐量42000人次。1995年，因货源不足，通长江航线停航。2003年，维修加固兴庆街码头。2005年，归阳—常宁大堡航班年客运量9000人次，部分航班因公路运力增强、水运客源不足停航。2014年，仅归阳—祁阳航班正常航行，年客流量14.5万人次。境内湘江水域仅存太平街渡口。

邮政通信

邮政 民国2年（1913）2月，设立归阳邮政代办所。民国26年（1937）5月，设立丁字桥邮政信柜，开通归阳至常宁邮路，均为私人经营。1950年，设立归阳四等邮局。1953年，改为邮政营业处。1956年，建立国营归阳邮电所。1958年，增开电汇业务。1962年，更名归阳邮电支局。1985年，自行车班邮路6条，步班1条。1998年，邮电体制改革，设立归阳邮政支局。2014年，邮政网点2个，投递线路单程30公里，乡村通邮率100%。

通信 民国14年（1925），归阳从白水接线，始通电话。民国36年（1947），装有5门电话总机，接转审公、冲安、樟木等地单机电话。1954年，设立电话交换所，1958年，使用人工电传机，开始办理无线电报业务。1972年，镇政府安装总机和载波机，配备电话员，村村通电话。1985年，归阳邮电支局配置磁石交换机1部、配线架1部、单路载波机3部。1986年，安装传真机，开通电报传真业务。1992年，建成归阳邮电支局综合楼，开通“127”无线寻呼。次年9月，开通程控电话。1995年，开通“大哥大”移动电话。1998年，邮电分营，设立归阳电信支局。是年起，移动、联通和电信等部门相继在境内设立信号接收塔或移动通信基站，开通入户网络。2014年，电信服务网点2个，电话交换机总容量7000门，固定电话3000门，移动电话14800台；互联网端口18000个，网络用户2240户。

供电饮水

供电 1967年，建成前进街35千伏输变电站，安装3150千伏安和2000千伏安变压器各1台。1970年10月，归阳至县氮肥厂35千伏输电线路投入运行。1985年，成立镇农电管理所，村村通电。1995年，农村用电量109.9万千瓦时。1998年开始，持续推进农村电网改造。2005年，农村用电量185万千瓦时。2008年，华能集团在长江村湘江河段启动湘祁水电站建设。2012年，苏家村110千伏输变电站建成投入运行，湘祁水电站并网发电。2013年，归阳供电所被评为全省“百强供电所”。2014年，变电站2个，变压器158台，总容量1.57万千伏安；高压线路111杆程千米，低压线路220杆程千米；年用电量1353.83万千瓦时，22个村完成农网改造。

饮水 祁东建县后，发动群众打吊井、压水井、潜水泵井。1993年，在茅坪洲村建成日产5000吨自来水厂，供水管网长13.2千米，城区及附近农村居民用上自来水。2002年，归阳水厂由七碗电灌站收购，县水务局接管。2012年底，投资2000万元，在长江村建成日产万吨自来水厂，供水管网25.6千米，饮用自来水人口2.6万人，占总人口60%。原自来水厂停产。

水利建设

20世纪60年代，设归阳中心排灌站，修建长滩、幸福两座河坝。1970年，建成上吉塘小（一）型水库，有效库容129万立方米。1974年，在茅坪洲大队动工修建国营七碗电灌站。1979年枢纽工程竣工运行，灌溉农田1734公顷。70年代末，境内小（一）型水库1座，小（二）型水库10座；山平塘4256口，河溪堰坝6座，电灌

湘祁水电站

机埠22处，灌溉渠道48千米。1985年，七碗电灌站完成配套工程，有机埠16处，灌溉农田面积增至3013公顷。2001年6月，完成七碗、茅坪洲两处湘江河岸治理工程，治理河岸总长1235.7米。2003年，完成归阳码头段270米防洪护岸工程。2011—2013年，投资1140万元，完成上吉塘小（一）型水库和大花冲、丰木冲、高乙塘、畔塘、莲子塘5座小（二）型水库除险保安工程。2013—2014年，投资650万元，完成白河境内段浆砌石护岸护坡工程。2014年，水库11座；电灌机埠16处，装机容量19台2223千瓦，灌溉面积1960公顷。

镇村建设

集镇 白河将归阳集镇分为两部，中间由状元桥连接，桥西称小河，桥东称大河。清雍正时期形成九街十三巷。民国时期，沿河两岸建筑清一色木质吊楼，有湘南水乡之称。民国33年（1944）8月，日本侵略军入侵，三架飞机轰炸归阳，街道变成断壁残垣。中华人民共和国成立后，归阳区公所、归阳镇政府、归阳乡政府均在此建立治所，成为区域政治经济文化中心。1985年，房屋建筑面积达10.7万平方米，人均7.9平方米。街道由祁东建县初的5条增加到8条，其中2条完成硬化。1995年，拉通前进街、振兴街、商贸街，次年完成路面硬化，城区增容2平方公里。1997年，安装街道路灯。次年，被建设部评为“全国文明示范小城镇”。2000年，城区形成“三纵七横”骨架，临街面建有4~7层商住楼，开始套房式居民住宅小区开发。至2005年，镇内建成2个交通岛，分别架设高架灯，安装街道路灯300盏，砌筑街道下水道8000余米，镇区街道全面硬化，总面积8800平方米，街道绿化4200平方米，城区居民人均住房面积40平方米。2009年7月，新辟归阳工业园，至2014年，建成“四纵四横”主干道路，出租标准厂房、办公楼、公寓及职工宿舍20万平方米，招商引进规模工业项目18个，初步形成湘南机电园等5个“园中园”。同年，归阳集镇前进和振兴2条街道由水泥路面改为沥青路面，街道路灯全部换为豪华型；城区建成区面积4.2平方公里，道路总长度25.5公里；建成家居商业广场、状元城、归阳汽车客运站等一批初具规模的居民生活小区。

乡村 中华人民共和国成立前，农村建房多为土木结构。1976年，苏家村农户灾后重建，统一规划，建成镇内第一个集中居民点。20世纪80年代中后期，农民建房陆续向公路两旁转移，新建住房多为砖混结构。2008年，以大吉村为试点，启动社会主义新农村示范村建设，硬化村庄道路2条1000米，打深水井30口，建成家庭简易自来水，建成村部活动室5间130平方米。2010年，归阳镇获湖南省“环境优美乡镇”称号。2013年，湘江、长江、财宏3村启动社会主义新农村示范片建设，村村兴建办公楼和村级活动场所，安装太阳能路灯。2014年，35个村建有新办公房。

社会事业

教育科技

教育 清乾隆二十年（1755），申昭等人创办景行义学，俗称景行书院。宣统元年（1909），改名景行高等小学堂。民国22年（1933），改为县立第五高级小学校，祁东建县后由县教育部门接管。1950年，试办职工业余教育。1956年，开办干部业余学校，归阳镇完全小学附设2个初中班，后改为祁东县第四中学。1958年冬，创办归阳林业中学，1968年停办。1969年，开办归阳镇中学和归阳、冲安、三冲、七碗4所公社中学。1979年，县四中由初中改为高中。1980年，公社中学6所（含镇附中1所），小学48所，中小学教师443人，中小学生9887人。1990年，兴建镇中心小学。1991—2005年，先后撤销冲安、七碗、三冲3所乡镇中学；县四中撤销后，原校址用于镇二中办学，镇二中原校址转让创办民办小学。2009年，镇二中并入镇一中，改扩建原县四中校舍。2010年，撤销屯兴、希望、油木3所村小。2011年，镇属中学整体搬迁到原县四中校址，原归阳镇一中校舍改为镇中心小学东校区，归阳镇中心小学原址为西校区。2012年，冲安小学建成义务教育合格学校。2014年，幼儿园15所，在园幼儿1278人，幼师37人；小学10所，在校学生4022人，教师122人；初中1所，在校学生1516人，教师143人。

科技 1954年4月，建立归阳片农业技术推广站，负责片内农技推广工作。1958年3月，设立归阳区农技站。1960年4月，县水产试验站与归阳鱼场合作人工繁殖草鱼试验取得成功，获湖南省重大科技成果一等奖，受到水产部表彰。1971年，公社设立农科站。1979年，建立公社科协。1980年2月，幸福大队埠头生产队代表出席全省农业科技经验交流会。1985年，推广种植宁波席草，亩产量超过900公斤。1986年，推广早稻育秧蒸气催芽及软盘育秧、抛秧、撒播等水稻栽培技术。1995年，推广紫色页岩芦竹种植80公顷。2006年，实施国家优质粮食产业工程农业有害生物预警与控制区域站建设，建成归阳测报联系点。2008年，民营太阳植物公司生产的博落回和普利醇被省科技厅鉴定为高新技术产品。2009年9月，幸福村冬木组开展双低油菜轻简栽培试验，亩平节约成本135元。2014年，镇内科技人员95人，其中工程技术人员8人，农技人员9人，卫生技术人员78人。

文化体育

文化 1958年，公社设文化馆，耕作区设文化站；业余剧团演出活跃，1960年经济困难时期停办，1963年恢复。20世纪70年代，公社建广播放大站，架设广播专线，配备专职机线员，农户喇叭入户率60%以上；建有农村电影放映队和电影放映管理站，镇大会堂改建成电影院；设立新华书店归阳门市部。80年代，安装调频广播发射机，取代有线广播；归阳镇获评全国农村科教电影放映先进单位；创办衡阳市第一个农村万册图书馆，两次获评全省先进图书馆；湖南电视台以《小镇风流》为题，将归阳群众文化活动拍摄成新闻纪录片。1991年年底，建成县内第一个乡镇有线电视站。1995年，建成建筑面积2500平方米的文化娱乐城，内设电影院。是年，镇文化站被评为全省“百强集镇文化站”。2009年，开通高清数字电视，电视节目由38套增加到74套。2012年，全镇44个村建有农家书屋。2014年，电影院1座，座位1100个；公共图书室47个，藏书近10万册；图书专卖店4个，网吧8个；俱乐部1个，艺术表演团体3个，铜乐队4支，腰鼓队4支；电视入户率100%，其中数字电视用户3650户，占34.2%；镇文化站获“全国百强文化站”称号。

体育 明清时期，体育活动有武术、舞龙、耍狮子和赛龙舟。中华人民共和国成立后，成立农民篮球队，农闲常举行队间比赛。1966年，镇中学组建业余体校，训练游泳和赛艇，代表衡阳市参加省第七至九届运动会，获赛艇项目金牌9枚、铜牌6枚。1983年端午节，镇政府联合县文化局、县体委组织龙舟赛，湖南画报社派记者现场拍摄。1998年，归阳镇被评为“湖南省农村体育先进单位”。2002年，归阳镇与县体育局、县农行联合举办“农行杯”龙舟邀请赛，常宁市、桂阳县应邀组队参赛，湖南卫视采访报道；归阳

归阳古镇龙舟竞赛

镇获“全国农村体育工作先进乡镇”称号。2014年，前进、苏家等6个村建有篮球场，印塘、财宏等12个村建有健身路径。

医疗卫生

医疗 中华人民共和国成立后，区乡分别成立联合诊所。1952年，设立公立第四区卫生所。1958年，区卫生所与区联合诊所合并建立公社卫生院，后更名归阳区医院。1969年，实行农村合作医疗制度，培训赤脚医生。1976年5月，新建归阳区医院在唐家坳落成并开业。1984年，公立医疗机构有归阳区医院和归阳镇、归阳乡和冲安、三冲、七碗等5个乡镇卫生院。1995年，归阳区医院改称归阳镇中心卫生院，原乡镇卫生院陆续被撤并。1996年，镇中心卫生院加挂祁东县第三人民医院牌子，翌年创建为一级甲等医院。2014年，公立医院有县第三人民医院，占地面积9339平方米，医疗用房5400平方米，在编医技人员102人，设置病床120张；个体诊所22个，村卫生室36个。

卫生 1995年，归阳集镇购置环卫洒水车和垃圾清运车各一辆。次年组建环卫队伍，投放垃圾箱。1998年，新建公厕4座和4500平方米的垃圾场，投放街道垃圾桶35个。2006年，成立镇环卫公司，购置清扫车，更换洒水车，修建垃圾中转站。2007年，大吉村率先整治乡村环境卫生，引导农户建沼气池3口，培养“三清五改”示范户20户。2008年，启动乡村清洁工程，彩子、战胜等21个村列为重点整治地段，新建垃圾池，投放垃圾桶（箱），配卫生保洁员。2010年，大吉村组织农村改厕试点，建三格无公害卫生厕所200座。

社会保障

“五保”供养 1956年农业合作化后，农村孤寡老人和孤儿由集体实行“五保”。1985年，设立镇民政办公室，负责社会保障工作。1988—1989年，三冲、归阳、七碗、丁字4个乡镇分别开办敬老院，收住部分“五保”老人集中供养。1995年，三冲、归阳、七碗、丁字4所乡镇敬老院合并为归阳镇敬老院，坐落三冲村，占地8000平方米，建筑面积2800平方米，配工作人员4人。2014年，全镇“五保”供养对象322人，其中集中供养42人，分散供养280人，年发放“五保”供养金总额100.59万元。

光荣院 1987年，冲安乡政府旧址改造为归阳区光荣院，收住无儿无女的抗美援朝退伍军人集中供养。1995年，归阳区光荣院更名归阳镇光荣院，被民政部授予“全国文明光荣院”称号。1997年8月，中央电视台《夕阳红》栏目专题报道归阳镇光荣院事迹。2014年，镇光荣院坐落青峰村，占地2100平方米，建筑面积1600平方米，配工作人员3人，收住老复员退伍军人16人。

最低生活保障 2000年起，实施城镇居民最低生活保障制度。2007年，实施农村居民最低生活保障制度。2011年，核定城镇低保315户、348人，发放低保金80000元；核定农村低保1350户1395人，发放低保金71.02万元。2014年，核定城镇低保249人，农村低保1444人，发放低保金总额268.43万元。

养老保险 2009年，苏家、茅坪两村4个组率先参加失地农民生活保障。2012年，启动城乡居民社会养老保险制度，当年参保17568人。2014年，参加城乡居民社会养老保险17478人。

医疗保险 2007年，实施新型农村合作医疗制度。2010年，参合农民32705人。2014年，参加新农合35805人，参合率88.62%。

特色地情

名优特产

归阳草席 清代，归阳草席闻名遐迩。清代人唐李杜题诗赞曰："龙须席子水晶针，细巧工夫费苦心。闻道归阳甲天下，传家世业到于今"。民国18年（1929），开始在草席上加印花草图案。中华人民共和国成立后，4年时间创办6家草席厂，织席改手工木机为电动铁机，年产草席100万余条。产品由单一的睡席（床席）发展到枕席、壁席、炕席、窗帘席、门帘席、画屏席、地毯席、沙发席等70多个花色品种，不仅畅销北京、天津、江苏、四川、广东、广西等20个省（市、自治区），还远销日本、美国、西欧、非洲等地。

风景名胜

状元桥 横跨白河入湘江汇合处，始建于明弘治年间（1488—1505），重建于清同治年间（1862—1874）。该桥为5孔石拱桥，长80米，宽8米，高10米，桥头两侧各矗立一对石狮。建有桥亭，正中悬有"万古不磨"木匾，两边立有石栅栏，凭栏远眺，湘江秀色尽收眼底。1944年，日军入侵，桥亭被烧毁。20世纪50年代中期，县人民政府拨款修复。2005年，状元桥被列为省级文物保护单位。2014年，省人民政府拨款修缮。

东汉墓群 2001年2月，修建衡枣高速公路时，茅坪洲村半边山发现15座古墓葬。墓砖均

归阳状元桥

归阳镇出土的东汉调味器皿五味盒

归阳镇出土的宋釉下粉彩瓷执壶

为釉石砖，质地坚硬，正面图案有叶脉纹、车轮纹及各种几何图形。墓穴分为“中”“长方形”“凸”三种形式。出土文物64件，8号墓出土的调味器皿“五味盒”上分别标有“盐”、“酱”、“醋”等字样，清晰可辨，属省内首次发现。

汉代窑址 位于归阳镇半边山山麓，距归阳东汉墓群近百米。2001年2月，与归阳东汉墓群同时发现。古窑十余座，专家考证鉴定称，古窑中的青瓷、陶器与古墓中的青瓷、陶器的形状、颜色和烧制方式完全一致。窑中出土的青瓷证明，归阳是中国早期青瓷发源地之一，对“汉晋南方青瓷北来”的论断提出质疑，填补国家瓷器考古空白。

（文字供稿：唐伏生　图片供稿：祁东县志办）

过水坪镇>>

区域概况

位置面积

因“雨过坪干”而得名。地处县域南部，东邻金桥镇，南接祁阳县羊角塘镇，西抵双桥镇，北交洪桥镇。2014年，辖区东西距离10公里，南北距离9.8公里，总面积97.3平方公里，镇人民政府驻正西街，距县治17公里。

建置沿革

明清时期，属祁阳县下祁阳乡。民国28年（1939），属祁阳县四靖乡。民国36年（1947），属祁阳县靖炎乡。1950年9月，属祁阳县第六区。1952年8月，分属老福乡和百寿乡，属祁东县第五区。1956年6月，始设过水坪乡，老福、百寿两乡并入，属双桥基点乡。1958年10月，为过水坪人民公社一个耕作区。1961年6月，过水坪人民公社改设为过水坪区，过水坪耕作区改设为过水坪人民公社，属过水坪区。1984年6月，复称过水坪乡，10月，撤乡建镇。1995年4月，撤区，百吉、会塘、姊妹岭3乡及大兴乡的黄马塘、下马桥、颜家、三峰、远景5村划入。

行政区划

1995年，辖第一、第二2个居委会，铁坑、过水坪、双榆、三星院、虾塘、百寿、望岗、老福、矮井、青龙、李湾、俄井、岩河町、达冲、叶塘、百吉、樟树湾、阳明、洞口、柳塘、大福、向山、老嗜、会塘、年塘、上湖、芙蓉、白马、羊回、过路、乌石头、福洋、日辉、金龙、板塘、新屋桥、蒋家、姊妹岭、双九、延山、大泉、牙泉、龙泉、大集、福绿山、四喜、段河桥、下马桥、颜家、三峰、远景、黄马塘52个行政村，588个村民小组。2007年12月，改福绿山为福缘山，恢复原村名。

自然环境

丘陵地貌，地势西高东低，平均海拔79米。年平均气温17.8℃。1977年1月30日，过水坪气象哨测得极端最低气温-9.7℃，为全县有气象记录以来的最低气温值。年降水量1350～1405毫米，受熊罴岭和狮子岭之间的山口狭管效应作用，牙泉一带为县内雨量最多地带、暴雨高值中心。年均无霜期281天。常年主导风为北风，夏季为东南风，常年有雷电气象。土壤以水稻土、红壤土、紫色土为主，是县内鸭屎泥主要分布区，岸田易缺水干旱。湘江二级支流清江源出境内刘家岭。自牙泉到段河桥2公里距离有泉井72口，每秒流量0.1立方米以上的泉井5处，其中牙泉每秒流量0.4立方米。

人口民族

1995年，过水坪镇总人口47063人，其中男性24772人，女性22291人。2006年，总人口46594人，其中男性24940人，女性21654人。2014年，总人口48369人，其中男性25881人，女性22488人，分别占53.51%和46.49%；人口出生率12.04‰，死亡率3.06‰，自然增长率8.98‰。人口以汉族为主，少数民族有苗族、壮族、哈尼族、傣族、布依族、土家族、侗族、瑶族、黎族、回族、藏族、拉祜族、佤族、白族、彝族、景颇族、仫佬族、布朗族、傈僳等族，共计137人，约占总人口的0.28%。人口密度每平方公里497人。

经济发展

经济综述

水稻生产属县内粮食高产示范区。大兴、远景一带盛产茶叶，为县内有名的土特产品。烤烟生产为县内早期主产区，畜牧业建有国家级标准化示范养猪场。20世纪80—90年代，煤炭开采成为境内工业的重点产业，烟花爆竹产量占全县40%多。过水坪农贸市场列为湘南地区最大的区级农贸市场。2014年，粮食总产量2.62万吨，工业总产值10.2亿元，财政总收入306.6万元，农民人均纯收入6238元。

农业

种植业 民国时期，一般一年只种一季水稻，亩产稻谷150公斤左右。祁东建县后陆续引进新品种，1977年，开始种植杂交稻。1980年，粮食平均亩产量659公斤，向国家交售粮食375吨，占粮食总产量10.8%。1985年，老嗜村组织中低产田改造，稻谷每亩增产100～150公斤。1995年，早、晚两季大面积推广杂交稻，粮食总播面4041公顷，粮食总产量25650吨。2011年，以境内高速公路县城连接线等3条公路干线沿途为重点，组织双季稻高产示范区建设，总面积268公顷。发展建龙、富田6个种粮专业合作社，购置插秧机、收割机等大型农具30余台，建成上湖—柳塘、百寿—新屋桥、延山—黄马塘为龙头的3个千亩双季优质稻示范基地。2012年，过水坪被列为全县油菜高产创建示范重点乡镇，连片种植油菜200公顷，亩平实收油菜籽136.6公斤。2013年，成立省级全兴农机专业合作社，购置农机29台(套)，总动力9000千瓦；黄马塘村列为全县第四期超级杂交水稻高产攻关示范点，示范种植超级稻湘两优2号，单季亩产900公斤。2014年，耕地面积3181公顷，粮食播种面积3093公顷，粮食总产量26160吨。

清光绪三十一年(1905)，大兴一带有茶园16.7公顷，年产干毛茶25吨左右。1949年，茶园面积66.7公顷。20世纪70年代，远景一带办有茶场，面积20公顷，年产干茶叶30余吨，茶叶品质数县内上乘。烤烟为县内集中产区。2010年后，发展连片种植，金龙、板塘、年塘、芙蓉4村成为烤烟种植基地，建有4个烤房群计烤房85座，金龙村成立烤烟专业种植合作社，实行工棚集中育苗。2013年，全镇种烤烟415公顷，烟叶产量354.2吨。2014年，远景茶场引进客商，开发牡丹种植。

养殖业 境内素有山塘养鱼习惯，1980年，产鲜鱼27.5吨。畜牧业以养猪为主，其次是养羊及鸡、鸭。1990年以后，出现一批年出栏生猪200头以上的专业养殖户。1995年，出栏生猪3.36万头，出栏山羊1392头，出笼家禽33.42万羽。2004年6月，陈建设等人加盟省新五丰集团，在三星院村成立兴隆土畜产品有限公司，建成年出栏10000头外贸生猪养殖场和外贸种猪繁殖场，被定为衡阳市农业产业化龙头企业，被农业部评为标准化示范养猪场。2013年3月，百寿村陈春生创办县内首家工商注册的家庭农场——翠野生态农场挂牌运行，农场占地34公顷，发展“猪—沼—果”生态种养模式。2014年，规模养殖场6个，养猪大户45户；全镇年出栏生猪6.33万头，出栏山羊1.6万只，出笼家禽49.5万羽，水产品产量2710吨。

林业 民国时期，大兴一带山高林密。祁东建县初，每年向国家交售木材80立方米以上。1954年，设立过水坪木材收购组，木材销售纳入计划经营。蝗灾是地方竹林的主要危害，1960年，大兴及毗邻4个公社1457公顷竹林濒临毁灭。牙泉、福炎、过水坪一带历来种有油茶，20世纪70年代，列为省市县重点扶持发展的油茶基地。1980年，产茶油50吨。会塘一带盛产李子，成林李树面积20公顷，年产李子400吨以上。1981年，县政府在过水坪公社组织林业“三定”（定山权、定林权、定责任）试点，铁坑大队陈姓村民将自留土及责任土全部育种树苗，成为县内第一个育苗专业户。1985年，开发紫色页岩，种植草木樨80公顷；福炎乡人平村旁、宅旁植树20株以上，成为全县样板。1993年，洞口村创办脐橙、香柚基地46.7公顷。2008年起，连续3年实施国家退耕还林项目，补植补造速生丰产原料林和经济果木林，百寿、矮井、俄井等5个村建苗木基地68公顷，老福村与衡缘集团合作建立特色苗木基地12公顷。2013年，引进源森农林合作开发老油茶基地40公顷，带动延山、龙泉、大泉等7个村新发展油茶种植120公顷，新增康平、兴湖、耀昌3个油茶种植专业合作社。2014年，林地面积3467公顷，其中有林地3105公顷。

工业

小煤窑开发历史悠久。清同治年间（1862—1874），芦冲、黑煞皂、石坡塘等地有农户利用农闲及旱季采煤。民国时期，石山塘、荷叶塘、汤旭湾等地先后办有8处小煤窑。中华人民共和国成立前夕，过水坪有缝衣店2家、木工店4家、印刷店1家、酿酒店20多家。祁东建县后，组建手工业社、缝衣生产合作社，达冲村开办陶器窑。1958年1月，前锋公社（后更名百吉公社）在芦冲开办七一煤矿，同年6月转县办后，接着创办乌石头煤矿。20世纪60—70年代，百吉公社开办百吉煤矿（1974年由县接管）、长足煤矿，会塘公社开办会塘煤矿及过路塘矿井，过水坪公社开办石山塘和腊家冲两处矿井，大福大队开办羊角塘煤矿。1985年，全镇独立核算工业企业8家，其中县办3家，镇办5家；完成工业总产值331.5万元，比1980年净增117.7万元，增长55.05%。80—90年代，烟花爆竹生产形成产业链、产业群，从业人员近万人，年支付民工工资超过3000万元。1995年，生产烟花爆竹19万箱，占全县产量43.53%。姊妹岭、福炎、大集、龙泉、四喜、会塘、百吉、三星等鞭炮厂形成规模生产，批量销往云南、贵州、广东、安徽、河南、福建等10多个省份。2000年，龙泉、大集两个鞭炮厂成为纳税大户，县委县政府各奖一台桑塔纳轿车。2001年，政府加强煤炭安全生产整治，小煤窑或关闭或炸毁。2006年，引资创办建辰五金矿产品有限公司，生产有色金属合金。2007年，50多个作坊式鞭炮企业实施整改提质，其中22家获得省安全生产管理局颁发的安全生产许可证。2008年，关停龙泉造纸厂等年产万吨以下造纸企业。2010年，境内煤矿全面关闭。2014年，有祺润花炮、永保鞭炮、红琳硫化钡、铁壁凉席等规模以上工业企业4家，全镇工业总产值 10.2 亿元。

商贸服务业

过水坪集市始于清代以前，逢二、五、八赶集，圩场面积 450 平方米，圩日上市最多 2000 人。1949 年，过水坪集镇有牙行和染坊 20 个、伙铺 15 个、酒家 20 个、货栈 20 个。1951 年，成立过水坪工商组，管理市场工商业经营。1952 年，设立第五区供销社，入股社员享有布匹、煤油等 7 类日常必需品 20% 的定量配售。1954 年后，陆续设立农业生产资料门市部、食品站、日杂门市部。1985 年，境内市场有过水坪和姊妹岭两处。12 月，新建过水坪农贸市场，占地面积 21000 平方米，其中厂棚面积 4368 平方米，圩日上市 6000 ~ 10000 人，为湘南地区最大的区级农贸市场。1995 年，商店 67 个，全镇社会商品零售总额 336 万元。2000 年后，服务业快速发展，酒家、宾馆、摄影、美容、美发、娱乐、房产中介、快递等行业不断增多，2010 年开办大型超市 3 家。2014 年，商业网点 295 家，其中超市 6 家，商贸从业人员 950 人。社会消费品零售总额 3.81 亿元。

财政金融

财政 自建立过水坪乡至 1983 年，乡（社）财政业务由秘书兼管，农业税收由驻乡（社）粮食专干代管。1984 年下半年，设立镇财税所，负责政府财政收支管理及农业各税征收，1995 年更名财政所。2004 年，镇财政负债 779.5 万元。2006 年，财政总收入 488 万元，总支出 488 万元。2012 年，因垫税形成的财政债务全部化解。2014 年，财政总收入 306.64 万元，总支出 306.64 万元。

金融 1952 年 9 月，成立人民银行过水坪营业所。1953 年，大集、老嗜两乡率先开办信用合作社。1964 年，设立农业银行过水坪区营业所。1965 年 5 月，以生产大队为单位设立信用代办站。1968 年，信用社、站被撤销，1980 年复办。1993 年 9 月，成立镇农村合作基金会。1994 年，邮政部门开办储蓄业务。1996 年，成立镇农村救灾扶贫互助储金会。1999 年 4 月，农村“两会”停业清理整顿，基金会并入过水坪信用社，储金会清盘关闭。2006 年，撤销村信用代办站。2009 年，农行过水坪营业所升格为分理处。2014 年，农业银行、农村信用联社和邮储银行等金融机构在境内设营业网点 3 个。

基础设施

交通运输

1958 年，石过（石门—过水坪）公路建成通车，全长 21.71 公里。1959 年，县城—七一煤矿公路境内段建成通车，1961 年与石过线接通。1973 年，过苏（过水坪—苏家铺）公路过水坪—丁字桥段建成通车，完成白龙（白地市—龙眼凼）公路境内段扩宽整修。1978 年 12 月，大远（大兴—远景）公路全面修通，全长 10 公里。1997 年，洪桥镇白云村鲢鱼塘—过水坪镇丝塘 12.15 公里公路由砂石路改造为沥青路。2007 年，镇内第一条村级水泥路在金龙村竣工通车；全镇建有 7 个路旁候车亭。2009 年，完成过水坪—羊回公路水泥硬化 3.6 公里；建成过水坪客运站，占地面积 2080 平方米，停车场面积 1800 平方米，站房面积 300 平方米。2011 年，5 条通村公路完成水泥硬化，新增通畅公路里程 15.6 公里。2012 年，白云—上湖公路完成水泥硬化，过境衡枣高速公路县城连接线竣工通车。2014 年，过境新省道 317 全面铺设稳定层；老 317 省道铁坑—百吉公路完成硬化；段河桥建成通车；51 个村完成通畅工程，硬化通村公路总里程 104.18 公里。

邮政通信

邮政 民国26年（1937）5月，设立姊妹岭、百吉坳邮政信柜；10月，设立过水坪邮政代办所。1950年，过水坪邮政代办所及姊妹岭邮政信柜仍由私商经营。1958年，建立过水坪人民公社邮电局，属公社管理。1962年改为邮电支局，属国家经营。1985年，兴建过水坪邮电支局综合楼，建筑面积520平方米；全局职工11人，办有自行车班邮路4条，步班邮路4条。1988年，开通县城—过水坪汽车邮路。2014年，邮政网点1个，乡村通邮率100%。

通信 民国36年（1947），过水坪、牙泉分别安装电话单机，通话由洪桥总机接转。1958年下半年，安装磁石式长途交换机。1971年，各公社安装总机和载波机。1981年，全部安装磁石总机。1985年，配有磁石交换机1部、配线架1部、单路载波机2部。1998年后，中国移动、联通、电信等通信营运商分别在境内安装信号接收塔，移动通信信号覆盖全镇。2000年后，开办互联网业务。2010年，新建2个基站，开通电信3G。2014年，电信宽带升级为20兆，宽带用户1800多户。

供电饮水

供电 1963年，区农机站建发电房，用柴油机发电，供区公所驻地机关及居民用电。1966年7月，全县第一条35千伏高压输电线路祁过线（祁阳—过水坪）及过水坪35千伏输变电站竣工投产。1967年2月，过水坪—洪桥10千伏主干线竣工送电，全长13.3千米。1969年3月，过水坪—归阳35千伏输电线路正式运行。1975年，建成黄马塘电站，装机2台150千瓦。1988年，大兴乡利用小溪流安装微型水力发电机。1995年，农村用电量111.94万千瓦时。2005年，农村用电量320万千瓦时。2013年，过水坪供电所新站房正式投入使用，有职工33人，管辖过水坪、双桥两镇供用电。同年，兴隆土畜公司投资311.52万元，建成能源生态型沼气工程，安装80千瓦沼气发电机组一台，年发电量29.2万千瓦时。2014年，境内35千伏变电站一座，安装10000千伏安主变压器两台，架有10千伏输电线路126.97千米；安装台区公用变压器105台，容量11790千伏安；用户专用变压器41台，容量7258千伏安；24个村完成农村电网改造，全镇年用电量976.03万千瓦时。

饮水 中华人民共和国成立前，居民多饮用江、河、塘、堰水。祁东建县后，发动群众打吊井、压水井和潜水泵井。1994年，利用井水，投资110万元，建成过水坪水厂，铺设供水管道3.5千米，日供水2000吨。2013年，投资500万元，新建黄马塘自来水厂，日供水3000吨，铺设供水管网10.6千米，解决安全饮水人口5500人。

水利建设

1966年5月，兴建黄马塘小（一）型水库，有效库容270万立方米，有效灌溉面积600公顷。2005年，电灌站14座，装机容量14台271千瓦，灌溉面积233公顷。2009年，对黄马塘小（一）型水库实施除险保安工程，加固大坝，并引资实施水电梯级开发。2014年，有小（一）型水库1座，小（二）型水库8座，山平塘1153口。

镇村建设

集镇 中华人民共和国成立前，过水坪集镇200户，1000多人，一条街道。20世纪70年代至80年代前期，建成公共建筑面积34059平方米，居民建房26767平方米，房屋多为砖木和钢混结构。1985年，街巷道路7条，总长5600米，安装路灯18盏；正东街、正西街各铺混凝土路面200米，中心街南北两端铺混凝土路面600米；修下水道6处，共长529米。2009年，全面硬化教师街、正东街和中心南街，新建学院街，延伸建设街，共长400米。2014年，城镇建成区面积1.45平方公里，建成主要街道雨水口20个，新修中心北街下水道210米；投资25万元，在柳塘村新建一个占地3500平方米的垃圾填埋场，修建进场简易公路1000米。

乡村 2007年，以老福村为试点，推进社会主义新农村示范村建设，硬化村道2条3500米、村庄院落道路1条1500米，打深水井12口，建成家庭简易自来水46户，建成村部活动室2间200平方米。2014年，50个村建有村级集中活动场所。

社会事业

教育科技

教育 清乾隆九年（1744），在百吉坳创办存诚义学。宣统三年（1911），改为存诚两等小学堂。民国22年（1933），改为县立第四小学校。民国37年（1948），靖炎乡办有中心国民学校2所，保国民学校12所，私立小学10所。祁东建县后，公立学校由县教育部门接管，存诚学堂改名过水坪完全小学。土地改革后，私立校陆续转为公办。1956年，过水坪完全小学附设初中班，称过水坪附中。1958年，小学部迁出，附中改称祁东县第三初级中学。是年，公办小学27所。1969年，县第三初级中学下放区办，改称过水坪区中学；按照“初中不出社”要求，分别办起过水坪、姊妹岭、牙泉、百吉、会塘、大兴6所公社初级中学。1981年，过水坪区中学收归县办，改称祁东县第三中学，升格为高级中学。1985年，小学42所，在校学生5244人；初中6所，在校学生2174人。1988年，在全市争创百所文明学校活动中，过水坪中心小学经市验收为合格学校。过水坪镇成人教育中心、姊妹岭乡农校相继办成衡阳市合格农民文化技术学校。1991年，撤销牙泉中学。1996年，撤销大兴中学。2003年，撤销县三中，过水坪镇中学及百吉中学撤并搬迁至原县三中校址办学。2009—2010年，先后撤销会塘完全小学和白马村小，年塘小学、镇中心小学、福炎中学、镇中学分别建成义务教育合格学校。2012年，建成境内第一所农村公办幼儿园——过水坪镇中心幼儿园。2013年，撤销会塘中学。2014年秋，过水坪镇中心小学整体搬迁至原过水坪镇中学校址，原过水坪镇中心小学校舍改办过水坪镇中心幼儿园。2014年，幼儿园16所，在园幼儿889人，幼师17人；小学14所，在校学生2242人，教师115人；初中2所，在校学生1136人，教师113人。

科技 1954年，农业技术推广工作归口洪桥片农技推广站指导和组织，1955年，设立过水坪区农业技术推广站。1971年，公社设立农业科技站。1979年，区社建立科协。1986年，大兴乡竹制工艺厂从广西融安县引进竹凉席开发新技术，产品远销菲律宾等国家。1987年，镇粉笔厂从上海第二军火研究所引进无尘粉笔生产技术，生产无尘无毒粉笔。1992年，大兴乡866.7公顷南竹遭受竹小蜂危害，林业技术人员采用打孔注射技术防治，竹小蜂死亡率90%，大片竹林恢复生机。2014年，科技人员92人，其中：工程技术人员15人，农口部门技术人员35人，卫生技术人员42人。

文化体育

文化 民国22年（1933），牙泉创办祁剧新华班。1958年，公社设文化馆，耕作区设文化站。1971年，区、社分别建立广播站，配备专职广播机线员。1977年，建立区电影放映管理站和公社

过水坪镇出土的战国三穿铜戈

电影放映队。1983 年，架设区站至社站广播专线，农户喇叭入户率 50% 以上。1987 年，安装调频广播发射机，停止使用广播专线，广播站更名广播电视站。2007 年 3 月，有线电视实现光缆联网。2008 年，镇文化站修建办公房。2014 年，有线电视用户 2500 户；52 个村建有农家书屋；艺术表演团体 4 个，演职人员 40 多人；西洋乐队 3 支、中乐队 4 支、女子腰鼓队 4 支、网吧 3 个；放映公益电影 60 场次。

体育 祁东建县初，牙泉建有农民篮球队，常举行队间篮球赛。1977 年 9 月，组队参加全县首届农民篮球运动会。1989 年，中国教育学会体育研究会、国家教委体育司主要领导一行到过水坪镇中学考察，评价该校体卫工作为“全国农村中学楷模”。先后有省、市、县 28 个参观团前往学习取经。1994 年，视力残疾姑娘刘娟娟参加远东及南太平洋地区华人残运会，获游泳金牌。2007 年，启动村级运动场所建设。2014 年，百吉、姊妹岭等 9 个村建有篮球场，会塘、牙泉等 11 个村建有健身路径。

医疗卫生

医疗 中华人民共和国成立后，发动民间医师自筹资金，以乡为单位组建联合诊所。1952 年，设立公立第五区卫生所和区联合诊所。1958 年，两所合并组建过水坪公社卫生院，后更名区医院。1963 年，新建过水坪区医院，公社联合诊所改称公社卫生院。1970 年，推行农村合作医疗制度，大队设立医疗室，配备赤脚医生。1985 年，公立医疗机构有过水坪区医院和过水坪、百吉、会塘、福炎、牙泉 5 所乡镇卫生院，卫生院共有房屋 1620 平方米，工作人员 32 人，病床 19 张。1995 年，区医院改称镇中心卫生院，其他乡镇卫生院并入中心卫生院。1997 年，中心卫生院创建为一级甲等医院。2003 年，中心卫生院新建住院楼 1612 平方米。2007 年新建门诊部。2009 年，卫生院设床位 75 张，职工 60 余人，其中中级职称以上医务人员 9 人。2012 年，投资 140 万元，扩建住院楼，建筑面积 1015 平方米。2014 年，公立医院 1 所，在编医技人员 37 人；个体诊所 10 个，村卫生室 35 个，大同市办有民营顺华医院。

卫生 1980年，启动城镇环境卫生管理，兴建公厕一座，建垃圾池23处，聘专职清洁工3人。2007年，老福村率先启动乡村环境卫生治理，引导农户建沼气池5口，培养“三清五改”示范户20户。2008年，加大环卫资金投入，实施乡村清洁工程，沿317省道的姊妹岭等12个村和2个居委会，列为重点整治地段，村村新建垃圾池，投放垃圾桶（箱），配专（兼）职卫生保洁员。2012年，城镇环卫管理实行市场化运作，注册成立丽洁环卫清洁有限公司，购置摆臂式垃圾车、垃圾斗及人力垃圾车。2013年，添置垃圾压缩车和环卫垃圾桶。2014年，添置洒水车，环卫设施设备逐步配套完善。

社会保障

“五保”供养 1956年农业合作化后，农村无依无靠老人由集体实行“五保”。20世纪60年代，将孤儿列为“五保”对象。1990年，过水坪和百吉两个公社分别开办敬老院，将部分“五保”老人收住集中供养。1996年，新建过水坪镇敬老院，坐落年塘村，占地面积3730平方米，建筑面积3256平方米，设置床位65张。2006年，过水坪敬老院被评为全省优秀敬老院。2014年，“五保”对象535人，其中集中供养62人，分散供养473人，年发放“五保”供养金总额164.18万元。

最低生活保障 2000年起，实施城镇居民最低生活保障制度。2007年起，实施农村居民最低生活保障制度。2011年，核定城镇低保153户260人，发放低保金36.7万元；核定农村低保1649户、1796人，发放低保金186万元。2014年，核定农村低保1586户、2148人，发放低保金270.84万元。

养老保险 2012年，实施城乡居民社会养老保险制度，当年参保22097人。2014年，参加城乡居民社会养老保险24377人。

医疗保险 2007年，实施农村新型合作医疗制度。2010年，参加新型农村合作医疗缴费39372人。2014年，参加新农合43339人，参合率91.05%。

特色地情

历史人文

会塘村人刘兴曾任国民党陆军上将，同盟会会员。白马村人李国富（1955—2009）曾任中国人民解放军第42集团军参谋长，少将军衔。

刘兴（1887—1963），民国元年（1912），入保定陆军军官学校学习，后历任国民革命军第八军第四师师长、第三十六军军长等职。1950年后，任湖南省人民政府委员兼参事室副主任、湖南省体育运动委员会副主任。

（文字供稿：过水坪镇党政办　图片供稿：祁东县志办）

双桥镇 >>

区域概况

位置面积

因境域北部小河上建有两座并列石桥得名。地处县域南部，东接洪桥镇，南抵过水坪镇，西与灵官镇、白地市镇毗邻，北与风石堰镇交界。2014 年 11 月，辖区东西距离 14 公里，南北距离 10 公里，总面积 72.9 平方公里。镇人民政府驻福龄街 28 号，距县治 12 公里。

建置沿革

明清时期，属祁阳县上祁阳乡。民国 28 年（1939），属祁阳县四靖乡。1950 年 9 月，始设双桥乡，属祁阳县第六区。1952 年 8 月，属祁东县第六区。1956 年 6 月，江南、厚南、小江、梅塘、同乐、秧塘 6 乡并入，属双桥基点乡。1958 年 10 月，为双桥人民公社一个耕作区。1961 年 8 月，双桥人民公社改设为双桥区，双桥耕作区改设为双桥人民公社，属双桥区。1984 年 4 月，复称双桥乡，同年 10 月撤乡建镇，仍属双桥区。1995 年 4 月，撤区，大云市、金盆 2 乡划入。2014 年 11 月，下里桥、湖塘、东星、林星、洪塘、勾兰、青林、中山、同乐、马埠、红专、栗山 12 个村划入永昌街道。

行政区划

1995 年，辖 2 个居委会，46 个行政村；509 个村民小组。2014 年年末，辖双上、双下 2 个社区，白马、鸟塘、公泉、竹山湾、永庆、双桥、黄球、月塘、何家、枫树、金盆、会河、兰古、庙山、马鞍桥、夫板、塘巷、江南、模气、冻头、界头、石子、油塘、秧塘、哨町、七星、大云、新红、坪头、丁塘、高桥、厚南、建新、洋湖 34 个行政村；下设 426 个村民小组。

自然环境

丘陵地貌，无高山，平均海拔 70 米。受西南部熊罴岭、狮子岭阻挡作用，大云市至双桥一带属冷空气徘徊滞留地带。年平均气温 17.8℃，1978 年 8 月 2 日，双桥气象哨测得极高气温 40.9℃，为县内最高气温纪录。年降水量 1310 ~ 1389 毫米，属县内暴雨高值中心。年均无霜期 282 天。常年主导风为北风，夏季为东南风，常年有雷电气象。境内多黄壤土丘，间有垄、皂、盆地，是县内鸭屎泥主要分布区，雨水渗透严重，岸田易缺水干旱。湘江一级支流白河上游流经大云、双桥、界头等村。南部多泉井，从双桥村到公泉村 2.2 公里地段有泉井 46 口，其中每秒流量 0.1 立方米以上的有石灰塘井、烟塘井、公泉井。

人口民族

1995年，双桥镇总人口41564人，其中男性21767人，女性19797人。2006年，总人口42676人，其中男性22818人，女性19858人。2014年11月，总人口34172人，其中男性17769人，女性16403人，分别占52%和48%；人口出生率12.51‰，死亡率5.1‰，自然增长率7.41‰。人口以汉族为主，少数民族有苗族、壮族、哈尼族、傣族、布依族、土家族、侗族、瑶族、黎族、满族、回族、佤族、白族、水族、彝族、景颇族、仫佬族、傈僳族等158人，占总人口的0.46%。人口密度每平方公里648人。

经济发展

经济综述

民国时期，双桥集市的布行和牛行交易蜚声周边县区。20世纪60—70年代，开办煤窑20余个。80年代，列为全县烤烟生产重点基地。90年代，列为全县吨粮田开发重点镇。中国建材南方水泥祁东南方水泥有限公司坐落境内。2014年，粮食总产量2.49万吨，工业总产值8793万元，财政总收入3033万元，农民人均纯收入6520元。

农业

种植业 1949年以前，稻谷平均亩产量150公斤左右，大云市建有茶场。祁东建县后，推广双季稻。1975年，试种杂交水稻。1980年，稻谷亩产量611公斤，向国家交售粮食750吨。1986年，双桥被定为全县烤烟生产基地。1989年，种烟188公顷，收购烟叶157.45吨；丁塘村种烟28.7公顷，占全村耕地面积60.14%，亩产量292.5公斤，创全县单产之最，成为全县烤烟种植专业村。1995年，粮食播面3640公顷，粮食总产量24637吨。1997年，双桥镇被列为吨粮田开发重点镇。2010年，何家、双桥等4个村实施市级土地整理项目，完成总投资532.12万元，新增耕地53.8公顷。2011年，流转土地1234公顷，马鞍桥村建成专业蔬菜基地。2012年，何家、会河2个村建成烟水配套工程，全镇新建烤房200座，双桥烟站面积扩大到70000平方米。2013年，远见集团入境创办云兴湖现代农业生态科技园，启动观光农业建设。2014年，耕地面积2998公顷，粮食播面2916公顷，粮食总产量24892吨。

养殖业 1978年以前，一般一年只养1~2头猪，养羊、养鸡鸭和养鱼多为自家食用，放牛主要用于耕作。1978年改革开放后，养殖业转向商品化生产。1980年，双桥公社向国家交售生猪5000头，产鲜鱼42.5吨。1990年，出栏生猪200头以上的养殖户20多户。1995年，全镇出栏生猪3.3万头，出栏山羊2700只，出笼家禽25.9万羽。2009年，何家村办有养牛场。2011年，大学生村干部周文创办文妹子现代农业科技生态园有限公司，从事乌骨鸡育种、养殖、销售一条龙服务，中央电视台播发“文妹子”品牌报道。2014年，办有向阳、云峰等7家农庄；全镇出栏生猪5.44万头，出笼家禽49.69万羽，水产品产量2665吨。

林业 果木林以油茶为主，用材林以松树为主。20世纪70—80年代，年均油茶种植面积1000公顷，年产茶油45吨左右，公泉、白马塘、何家湾等地为主要产区。1984年，租用飞机喷药防治松毛虫。1994年，衡阳市工商局一名干部租赁洋湖村10.67公顷山地创办天利花果园。1999—2001年，实施长江中上游防护林工程，人工造林200公顷，低效林改造133.3公顷。2008年，新建香柚基地70公顷。2009年，实施国家退耕还林项目，组织补植补造速生丰产原料林和经济果木林，换发全国统一的林权证。2012

年，鸟塘村开发优质油茶基地200公顷。2014年年末，林地面积1271公顷，其中有林地1213公顷。

工业

清嘉庆年间（1796—1820），金盆有“福兴”陶器窑，陶器产品以炊具为主。民国时期，莲池、六吉、虎形山、满叶塘、落银等地开办小煤窑。1942年，大云市有织布机300多台，出现雇工作坊，1944年，日军入侵时关停。1949年，双桥集镇有木工店和缝衣店。祁东建县后，成立双桥手工业社和缝纫生产合作社。1956年，公私合营生产合作社5个。1961年，金盆、湖塘分别开办陶器厂，年产日用陶器90000件。20世纪60—70年代，兴起采煤热，开办煤矿或矿井20个，其中区办煤矿1个、社办煤矿（含矿井）10个、大队矿井6个、生产队矿井3个。1980年，大云市乡创办红碎茶厂，年产精制红茶25吨。1985年，开办双桥碧波大理石厂、竹木加工厂、漂白粉厂、琉璃瓦厂、预制件厂、皮蛋加工厂、鞭炮厂，其中秧塘、哨町、中山、同乐4个鞭炮厂形成规模生产。80年代末，工业企业28家，从业人员1600余人。90年代，镇办企业全部改制为民营企业或股份制企业。1995年，引资创办双桥羊毛衫厂，1997年停办。2005年，全县最大民营企业洪城水泥有限公司落户青林村。2008年，被中国建材南方水泥集团公司收购，更名祁东南方水泥有限公司。2010年，衡阳市规模最大的烟花爆竹企业盛华烟花爆竹有限责任公司落户大云村，占地面积20公顷，大小厂房260间，仓库2000平方米。2014年，工业企业46家，其中规模以上工业企业4家：双桥卷筒厂、大云采石场、盛华花炮厂、一家家居公司；全镇工业总产值8793万元，从业人员2000余人。

商贸服务业

民国18年（1929），双桥形成土布市场，有土纱行2处、土布行4处，逢农历一、四、七圩日，有土布摊担约700个。民国30年（1941），日上市各种土布约9500匹（1匹布等于16.67米），年销土布94万多匹，80%销往外地。民国33年（1944），县境沦陷，土布生产和交易从此一蹶不振。中华人民共和国成立初期，土布生产和交易得以恢复和发展。1950年，土布销量22万多匹，比1949年前低潮时期增加29.23%。1954年，国家实行棉花和棉布统购统销，土布生产压缩。1962年以后，集镇逐渐转变为以耕牛、茶油、茶叶、水产交易为主的综合性市场。1985年，境内市场3处，其中双桥市场占地面积8360平方米，厂棚面积1740平方米，圩日上市4000人。牛行为双桥圩特有，远近耕牛多在此交易，日交易量100头以上，尔后随耕牛役用价值变少，牛行开始衰落。1990年，公有制商业企业6家，其中县属以上3家，从业人员120人；个体工商户110户，从业人员130人。2014年，有大云、双桥、勾兰、同乐4处集贸市场，设“万村千乡”经销网点106个；商业企业168家，从业人员1200人，规模以上服务企业有双桥粮食购销公司，全镇社会消费品零售总额2.6亿元。

财政金融

财政 自双桥建乡至1983年，乡（社）政府无单独财政，财政事务由秘书兼管，农业税收由驻乡（社）粮食专干代管。1984年下半年，设立镇财税所，负责政府财政收支管理及农业各税征收。1995年，更名财政所。2004年，镇财政负债145.6万元。2006年，财政总收入342万元，收支平衡。2012年，因垫税形成的财政债务全部化解。2014年，财政总收入3033.03万元，收支持平。

金融 1954年7月，设双桥信用合作社。20世纪60年代，以大队为单位设立信用代办站，县农业银行在双桥设营业所。1968 年，信用社、站被关停，1980 年恢复。90 年代中前期，先后设立县人寿保险公司双桥保险站、镇农村合作基金会和农村救灾扶贫互助储金会，驻镇邮政所开办储蓄业务。1999 年，农村“两会”停业整顿，基金会并入双桥信用社，储金会清盘关闭。2006 年，撤销村信用代办站。2009 年，农行双桥营业所升格为分理处。2014 年，金融机构有农业银行、邮政储蓄银行和农村信用联社下设的营业网点 6 个。

基础设施

交通运输

民国时期，乡村有少量石板驿道。1958 年 3—9 月，修通石门经双桥至过水坪公路，全长 21.71 公里。同年，双桥区组织修通双灵（双桥—灵官）公路。1965 年，整修后正式通车，全长 9.3 公里。1958 年冬至 1975 年冬，分段修通凤同（凤形山—同乐）公路，全长 5 公里。1973 年，完成白龙（白地市—过水坪龙眼凼）公路境内段扩宽整修。1974 年 12 月至 1978 年 4 月，修通瓦大（瓦货窑—大云市）公路，全长 6.1 公里。1977 年 11 月至 1978 年 4 月，修通双大（双桥—大云市）公路，全长 5.4 公里。1986—1995 年，双桥—洪桥公路扩宽改造，路基拓宽至 9 米，改造为沥青路面，温泉桥桥面由 5 米拓宽至 12 米。2006 年 12 月，建成双桥客运站，占地面积 5040 平方米，停车场 1200 平方米，站房面积 490 平方米。2009 年 5 月，湘桂铁路扩能工程（亦称湘桂复线工程）境内段启动征地拆迁工作。2012 年 12 月，途经境内的衡枣高速祁东县城连接线建成通车。2013 年 12 月，湘桂复线正式通车。祁东火车站坐落林星村。至 2014 年年末，317 省道双桥段完成水稳砂铺设；43 个村完成通畅工程，硬化通村公路总里程 111.07 公里。

邮政通信

邮政 清光绪二十三年（1899），设立大云市铺递，10 年后停办。民国 10 年（1921），设立大云市邮政代办所。民国 26 年（1937），双桥和同乐观设立邮政信柜。1951 年 9 月，设立双桥邮政代办所，私商经营。1956 年，设立双桥邮电所。1974 年，开通洪桥—双桥摩托车邮路。1985 年，开通自行车班邮路 5 条、步班邮路 2 条。1999 年，设立双桥邮政支局。2014 年，邮政网点 2 个，投递线路单程 30 公里，乡村通邮率 100%。

通信 民国 36 年（1947），双桥装有电话单机，通话由洪桥总机接转。1954 年，建立双桥电话交换所。1956 年，安装电话交换总机。1958 年，使用人工电传机，办理电报业务。1958 年下半年，设立双桥邮电局。1962 年，改称邮电支局，有职工 5 人。1972 年，公社安装电话交换总机，配备电话员，村村通电话。1985 年，邮电支局职工 11 人，房屋面积 561 平方米，配磁石交换机 1 部、配线架 1 部、单路载波机 2 部。1986 年，安装传真机，开通电报传真业务。1992 年，开通“127”无线寻呼。1993 年，开通程控电话。1995 年，开始使用“大哥大”移动电话。1998 年，开通互联网。2014 年，通信信号覆盖全镇，互联网端口 16000 个，网络用户 2800 余户。

供电饮水

供电 1963 年，区农机站建发电房，用柴油机发电，供驻镇机关及当地居民用电。1966 年，农村加工、照明、排灌开始使用高压电。1995 年，村办小水电站 3 座，装机容量 20 千瓦，年发电量 6700 千瓦时；全镇农村用电量 161.5 万千瓦时。1999 年起，组织农村电网改造。2005 年，农村用电量 300 万千瓦时。2007 年 10 月，坐落勾兰村的 220 千伏输变电站投入运行。2014 年，全镇配电变压器150台，总容量1.6万千伏安；高压线路125杆程公里，低压线路740杆程公里；22个村完成农村电网改造，全镇年用电量562.68万千瓦时。

饮水 祁东建县后，政府发动群众打吊井、压水井、潜水泵井。1985年，新修直径11.2米的水塔，铺设供水主管2.97千米。1989年，正式向双桥集镇及周边农户供水。2000年以后，部分村建成农村集中饮水工程，一些家庭利用自建水井安装简易自来水。2014年，曹口堰自来水厂开通至双桥供水主管，8个行政村接通自来水。

水利建设

清康熙年间（1662—1722），枧桥头樊、刘二姓农民修筑石坝，截芙蓉陂泉水灌田7公顷。1959年，设立双桥机电管理站，管理辖区内水利电力工作。1965年12月，鸟塘小（二）型水库竣工，设计正常库容60.1万立方米，有效灌溉面积335公顷。1966年，马埠、同乐修建拦河坝，灌溉农田面积70公顷。1978年，山平塘、骨干塘2716口，小（二）型水库4座，河溪堰坝16座，电灌站39处，灌溉渠道150公里。20世纪90年代，投入资金500余万元，山平塘清淤1480口，硬化山平塘955口，护砌硬化渠道49公里。2005年，电灌站10处，装机10台210千瓦，灌溉面积233.3公顷。2012—2013年，投入50万元，建成小型水利工程16处，修缮和改建机埠5座，新挖山塘3口，山塘清淤12口，公泉村整修堰坝2500米；投资282万元，完成鸟塘、上司塘2座小（二）型水库除险保安工程。

镇村建设

集镇 清末民初，双桥集镇仅有一条石铺路面街道，长100米，宽3米。街两旁房屋系一层土木结构瓦房，80余间，常住居民30户，集镇总面积3400平方米。1985年，各类建筑用地13.6万平方米，其中居住建筑用地2.5万平方米；街道4条，总长1700米。1987年，硬化街道300米，兴修下水道600米。1995—1996年，拉通硬化福龄街。2014年，集镇建成区面积1.2平方公里，街道基本硬化，安装路灯60盏。

乡村 中华人民共和国成立前，农村房屋多为土木结构。20世纪80年代，陆续改建旧房，草房换成瓦房。1997年，省建设厅在勾兰村组织居民新村建设试点。2008年，镇政府在勾兰村试点，启动社会主义新农村示范村建设，建成沥青路面1000米，打深水井4口，建成村部活动室8间320平方米，村民人均住房面积38平方米。2014年，34个行政村和2个居委会都建有办公房及其他集中活动场所，哨町村被定为湖南省美丽乡村建设试点村。

社会事业

教育科技

教育 民国30年（1941），周氏族人在大云市坪头湾租借周和公祠为校舍，创办达孝中学，民国32年（1943）春迁洪桥。民国37年（1948），四靖乡办有中心保国民学校1所、保国民学校8所、私立小学3所。祁东建县后，公立学校由县教育部门接管，私立校于土地改革后转为公办。20世纪50年代末，公办小学12所。1960年10月，金盆小学附设初中班，改称双桥附中。1963年，开办双桥教师进修分校，1966年停办。1969年，办有双桥区中学和双桥、大云、金盆、同乐、下里桥5所公社初级中学。1972年，新建双桥镇中学。1974年，新建双桥区中学。1985年，小学27所，在校学生5056人；初中6所，在校学生2392人。1989年，撤销同乐和下里桥中学。1994年起，兰古小学接受社会各界捐助近300万元，建成县内第一所希望小学。1995年,小学12所,初中3所。1997年10月,双桥镇被评为全省“基础教育先进乡镇”。1998年,撤销原双桥镇中学,原区中学改称镇中学。2003年,撤销金盆中学。2005年,中山村办有民营九年一贯制学校1所。2010年,撤销大云中学。2013年,建成境内第一所农村公办幼儿园——双桥镇中心幼儿园。2014年,幼儿园14所,在园幼儿789人,幼师19人;小学12所,在校学生1918人,教师114人;初中1所,在校学生780人,教师96人。

科技 1954年,境内农业技术推广工作归口洪桥片农技推广站。1955年,设立双桥区农业技术推广站。1971年,公社设立农业科技站。1979年,建立区、社科协。1981年,会河大队组织科技示范队、科技示范户创建活动,村民周伟华取得引进甜叶菊试种等4项科技成果,当选全国六届人大代表和共青团十二届全国代表大会代表。1986年,推广旱稻育秧蒸气催芽及软盘育秧、抛秧、撒播等水稻栽培技术。2014年,科技人员108人。

文化体育

文化 1952年,下里桥组织花鼓戏业余剧团。1958年,公社设立文化馆,耕作区设立文化站。20世纪60年代,成立双桥业余剧团,渔鼓、花鼓灯演唱活动在县内名噪一时。70年代,区、社建立广播站,配备专职机线员;成立区电影放映管理站和公社放映队,修建双桥电影院。1983年,建立区文化中心,架通区站至社站广播专线,农户喇叭入户率60%。1987年,安装调频广播发射机,停止使用广播专线,建立广播电视站,开通有线电视。1992年,成立大云电视台,1995年搬至双桥村,2006年关闭。2007年,镇政府驻地有线电视实现光缆联网,2009年开通高清数字电视。2009—2012年,全镇46个村先后建立农家书屋。2014年,艺术表演团体3个,演职人员40人;电影院1座,座位300个;俱乐部1个,铜乐队4支,腰鼓队4支,网吧3个;图书专卖店4个,公共图书室47个,藏书近10万册;数字电视用户3650户,占电视入户34.2%。

体育 民国30年(1941),大云市建有非非篮球队。1977年,组队参加全县首届农民篮球运动会。2007年,启动村级运动场所建设。2009年,组队参加全县乡镇农民篮球赛。2014年,大云、丁塘等7个村建有篮球场,金盆、洋湖等11个村建有健身路径。

医疗卫生

医疗 中华人民共和国成立后,个体医师集资,创办乡联合诊所。1952年,设立第六区卫生所及区中心联合诊所。1958年,卫生所与区诊所合并组建双桥公社卫生院。20世纪60年代,医疗卫生机构开始修建房屋,结束租用民房历史。1969年,公社卫生院改称区医院,联合诊所转为公社卫生院。1970年,建立农村合作医疗制度,村村建立医疗室,配赤脚医生,1978年,农村合作医疗制度终止。1984年,公立医疗机构有双桥区医院和双桥、大云、金盆、下里、绿桥、同乐6个乡镇卫生院,卫生院共有房屋3380平方米,工作人员34人。1993年,县政府在双桥、大云、金盆3个乡镇组织实施“2000年人人享有卫生保健”规划试点,乡镇卫生院危房全部落实改造,村卫生室按照有医、有药、有房、有牌子、有账目、有制度“六有”标准进行整顿完善。1995年,区医院改为镇卫生院(后改称镇中心卫生院),原乡镇卫生院陆续被撤并。2004年,镇中心卫生院修建门诊楼,建筑面积1350平方米。2012年,修建住院楼,建筑面积1286平方米,设病床78张。2014年,公立医院1个,在编医技人员39人;个体诊所10个,村卫生室27个。

卫生 1996年,组建环卫队伍,购置洒水车、垃圾车，投放垃圾箱，启动双桥集镇环境卫生治理。2006年，成立环卫公司，扩大环卫队伍，更新和增添环卫设施。2007年，勾兰村启动乡村环境卫生治理，引导农户建沼气池30口，培养“三清五改”示范户20户。2008年起，实施农村清洁工程，镇环卫公司购置多功能环卫车。2014年，修建集镇垃圾中转站，沿洪双公路各村修建垃圾池，投放垃圾桶，配备保洁员。

社会保障

“五保”供养 1956年农业合作化后，农村无依无靠老人由集体实行“五保”。20世纪60年代，社会孤儿纳为“五保”对象。1986年，原云峰茶厂改建为敬老院，收住部分“五保”老人集中供养。1996年，原大云乡政府机关房屋改建为敬老院，原入住茶厂敬老院“五保”老人全部迁入新址。镇敬老院坐落大云村，占地5930平方米，建筑面积5400平方米，设床位65张，配工作人员3人。2014年，“五保”供养对象434人，其中集中供养53人，分散供养381人，发放“五保”供养金总额134.24万元。

1984年，建立双桥区光荣院，收住无儿无女复员退伍军人，国家拨款集中供养。1995年，双桥区光荣院更名双桥镇光荣院。2014年，镇光荣院坐落双桥村，占地3148平方米，建筑面积597平方米，设床位18张，供养优抚对象10人，配工作人员3人。

最低生活保障 2000年起，实施城镇居民最低生活保障制度。2007年起，实施农村居民最低生活保障制度。2011年，核定城镇低保66户、125人，发放低保金14万元；核定农村低保1430户、1745人，发放低保金136万元。2014年，核定农村低保1300户、1865人，发放低保金240.07万元。

养老保险 2012年，实施城乡居民社会养老保险制度，当年参保19292人。2014年，参加城乡居民养老保险20482人。

医疗保险 2007年起，实施新型农村合作医疗制度。2010年，参合农民38792人。2014年，参加新农合31057人，参合率89.26%。

特色地情

历史人文

国民党军少将、187师师长彭林生（1897—1951），青年军87军少将参谋长周大谋（1899—1951），著名历史学家、汉学家、红学家周策纵，中共中央候补委员、国家新闻出版总署原署长龙新民均出生于境内。

周策纵（1916—2007），竹山湾村人。其父周鹏翥参加武昌起义，倾家襄助辛亥革命；其弟周策横（1921—1999）为著名书法家。1942年，周策纵中央政治大学行政系毕业，供职重庆市政府，主编《新认识》《市政月刊》《新评论》等刊物。1945年始，任国民政府主席侍从室编审（秘书），台湾“二二八”事件后，为蒋介石起草《告台湾同胞书》。1948年，辞职赴美国留学，潜心研究中国五四运动历史，获密西根大学文学硕士、哲学博士学位。先后担任哈佛大学研究员及荣誉研究员，美国威斯康星大学历史系、文学系及东亚语言文学系终身教授，美国丹福大学、新加坡国立大学、香港中文大学、台湾“中央研究院”客座教授，国际中国现代文学讨论会主席。1960年，以英文出版《五四运动史》，再版7次。长时期担任国际《红楼梦》研究会主席，被公认为红学研究泰斗级人物。

风景名胜

大营寺 位于大云村，古寺旁设驿站，南宋

彭双溪公祠

岳飞在湘桂边界讨伐匪寇曹成时在此扎营并题壁。清同治《祁阳县志》载：寺建于山麓，梁间雕刻精致。首进为戏台，台左右为碑林；二进为岳圣殿和关圣殿，岳圣殿除岳飞塑像外，还有秦桧夫妇跪像；三进为文昌阁，是以八大木柱为主体，塔式建筑，有梯级可上，供游人攀登远眺。1952年土改时，寺内神像和祀神设施被毁。

魁公祠 坐落丁塘村，系周姓三房魁公子孙所建。始建于光绪十六年（1890）孟冬，占地面积4000平方米。前门为牌坊，门框由青花条石砌成，门页为特制三扇大木门，雕龙画凤，惟妙惟肖。整座建筑分前后殿。前殿为戏楼，八根木柱支撑，屋顶为八角斗拱。戏台前坪由鹅卵石和青花条石铺装。后殿为祭祖大殿，两殿由游亭连接，游亭两侧各设花圃一个。祠堂各殿及游亭地面全由清一色地砖铺设。2003年10月，被定为县级重点文物保护单位。

双溪公祠 坐落金盆村茂官岭，占地面积1公顷，建筑面积1800平方米。民国时期，由国民党少将彭林生倡议修建，中华人民共和国成立后辟为学校。2011年，彭氏族人筹资修缮。修葺后的双溪公祠保留原本风貌。主楼正面为牌楼，长41米，宽40米，高25米，顶部成三角形，顶尖端塑有人物图像，墙面以银白色为基调。进入主楼有三条大门，中为正门，上刻“彭双溪公祠”，门框刻对联“源远双江水”“根深五岳云”。门前两侧置有青石狮子一对。祠内建筑为古典中式四合院。前为客厅，后为正厅，左右为厢房。中间设天井、花圃。房屋上下两层，土木结构，均设回行走廊，上下四方贯通。窗棂、门楣、梁柱配石刻、木雕、彩绘，画有山、水、花、鸟、鱼、虫及人物事故，栩栩如生。

（文字供稿：陈佩　图片供稿：陈默）

灵官镇>>

区域概况

位置面积

因境内灵官殿得名。地处县境南部，东临双桥镇，南接过水坪镇，西抵祁阳县下马渡镇，北交白地市镇。2014年，辖区东西距离10公里，南北距离11公里，总面积77.9平方公里。镇治灵官村，距县治18公里。

建置沿革

明清时期，属祁阳县永兴乡。民国28年（1939），分属祁阳县筱麓乡和四靖乡。1952年，设灵官殿乡。1956年6月，傅家町、茶山、柑子山、宦塘、包圣殿5乡并入，属双桥基点乡。1958年10月，称灵官耕作区，属双桥人民公社。1961年8月，设立灵官人民公社，属双桥区。1984年，复称灵官乡。翌年10月，绿桥乡并入。1990年1月，撤乡建镇，仍属双桥区。1995年4月撤区，大同市乡及大兴乡的东园、枣园、崇高3村并入。

行政区划

2014年，辖灵官、傅家、长玉、双玉、熊罴岭、高兴、桃源、文吉、石榴、烟竹塘、柘木、金竹、福利、东园、福星、枣园、宏发、大同市、包圣、毛桥、双发、骑龙、五星、柴塘、大崇、南山、茶山、球树、新安、大兴、关丰、崇高32个行政村，上马、大坪2个居委会，433个村民小组。

自然环境

丘陵地貌。熊罴岭山脉逶迤县域西南边境20余公里，为祁东、祁阳两县自然分界线。境内最大垄町傅家町面积200公顷。受熊罴岭和狮子岭之间的山口狭管效应作用，为县内降水量最多的地区之一，年均降水量1375毫米。年均气温17.8℃，年均无霜期281天。大同市泉塘堰流量每秒0.1立方米，恒温18℃。镇内有铜、铁、锰、煤、硫等10多种矿藏，铁矿、石灰石蕴藏较大。崇高、枣园、东园3村交界处发现珍稀濒危野生动物中国小鲵。

人口民族

1995年，辖区总人口35724人，其中男性18810人，女性16914人。2006年，总人口37300人，其中男性20097人，女性17203人。2014年，总人口40497人，其中男性21740人，女性18757人，分别占53.68%和46.32%；人口出生率12.18‰，死亡率2.89‰，自然增长率9.29‰。人口以汉族为主，少数民族有苗族、壮族、哈尼族、傣族、布依族、土家族、侗族、瑶族、黎族、朝鲜族、回族、拉祜族、佤族、白族、彝族、景颇族、仫佬族、布朗族等，共计 136 人，占总人口的 0.34%。人口密度每平方公里 520 人。

经济发展

经济综述

20 世纪 50 年代，全面推广双季稻，60 年代被定为全县杉木林建设基地，70 年代列为县内杂交水稻重点制种区。先后实施湘南农业综合开发项目区建设和省级土地整理项目，列为国家农业部双季稻高产创建成建制整体推进示范乡镇。90 年代，乡镇工业快速崛起，花炮生产成为全镇支柱产业。2014 年，粮食总产量 2.23 万吨，工业总产值 6000 万元，财政总收入 834.7 万元，农民人均纯收入 5735 元。

农业

种植业 1952 年，办有大同市茶场。1954 年，推广双季稻。1975 年，试种杂交水稻，亩产 320 公斤。1981 年 7 月，省委书记毛致用到灵官公社视察农业生产责任制试点情况。1992—1994 年，实施农业综合开发第二期项目区建设，长玉、双玉、傅家等 7 村完成中低产田改造 933 公顷，开荒种粮 200 公顷。1995 年，粮食播种面积 3076 公顷（含复种指数），粮食总产量 2.1004 吨。2008 年，实施省级土地整理项目，工程涉及熊罴岭、灵官等 12 个村，总投资 1404.49 万元，新增耕地 15.3 公顷。2009 年，列为国家农业部双季稻高产创建成建制整体推进示范乡镇，傅家等 12 个村列为“万亩双季稻高产创建示范片”，亩均产量 986.8 公斤。2011 年，注册成立宏福等 3 家种植专业合作社；双玉、傅家两村实施现代农业优质稻项目建设，总投资 1800 万元，完成排灌渠和机耕道修建及改造任务。2012 年，实施超级稻丰产示范工程。2014 年，耕地 2363 公顷，粮食播种面积 2298 公顷，粮食总产量 22311 吨。

养殖业 中华人民共和国建立前后，农户一般每年养 1 ~ 2 头猪，以本地花猪为主。20 世纪 80 年代，年均产鲜鱼 115 吨。1982 年，办兔场 33 个，养长毛兔 5000 余只。90 年代，高兴水库尝试立体综合养殖，岸上建猪场，猪粪用于水库养鱼。1993 年，球树村费冬阳租赁本村和文吉村 2 公顷冷浸田，改造鱼池，从浙江购回产珍珠的三角帆幼蚌 23 万只饲养。1995 年，出栏生猪 2.8 万头，出笼家禽 24.55 万羽。1997 年，新安村被评为全县规模养猪样板村。2010 年起，大崇、福利等村年出栏山羊 3000 头。2013 年，天鹏农业科技公司启动毛桥猪场建设，按生产、生活、隔离、排污 4 个区规划，建成高标准栏舍 1.62 万平方米和容量 2500 立方米大型膜式沼气池，实行雨污分离，生态养殖。2014 年，全镇出栏生猪 5.76 万头，出笼家禽 44.97 万羽，水产品产量 2615 吨。

林业 1964 年，灵官公社被定为全县杉木林建设基地，配林业专干。1965 年，五龙大队（今熊罴岭村）将与祁阳县接壤的 166.7 公顷“和尚头”“癞子脑”山地划出，建立熊罴岭林场，当年营造杉木林 70 公顷、竹林 96.7 公顷，20 世纪 70 年代，省市县共同投资，在大同、绿桥 2 个公社创办油茶基地 22 公顷。1976 年，在五龙大队召开全县林业工作现场会。至 1983 年，熊罴岭林场为国家和集体提供木材 1200 立方米、南竹 50000 根，累计总收入 45 万元。1985 年，林场活立木蓄积 5000 立方米，南竹 35 万根。1992—1994 年，全镇完成荒山造林 666.7 公顷，引进檀桥板栗，在毛桥村建立采穗园 3.33 公顷。1995 年，骑龙村建脐橙、香柚基地 46.67 公顷。2008—2009 年，实施国家退耕还林项目，补植补造速生丰产原料林和经济果木林。2014 年，林地 4936 公顷。

工业

民国时期，茶山、骆子干、将军岭、雷公井办有小煤窑，部分农户开办豆腐坊、酿酒坊以及木具、铁器、竹器等手工作坊。民国14年（1925），胡家町开设振有庄，生产白粗布、青洋布，织布机80台，向外发包。1953—1956年，对私营手工业实施社会主义改造，71.5%的手工业者加入手工业生产合作小组；石榴大队从事竹器加工的手工业者100多户，双玉、金竹大队从事草席加工的300多户。1970年，大同市公社在金竹、傅家开办铁矿。1972年，兴办红碎茶厂，年产精制红茶30吨。20世纪80年代，开办综合厂、草席厂、鞭炮厂等社队企业，年总收入131万元。90年代，罗贻洲创办电解锰厂，年产值2000万元，年交税金200万元。石榴村刘明生与台商联办华嘉利塑胶有限公司，生产农用薄膜和塑胶袋，年产值80万元，后因成本高不适应市场，1998年停产。2001—2010年，石榴仙出口花炮厂生产中炮、4号炮等鞭炮品种数十种，批量销往广东等十几个省区；陈刚石在茶山村创办许华礼花厂，生产礼花品种上千种，部分产品出口新加坡、越南、日本等国，年产值580万元；黎达冶炼有限公司投资3200万元，冶炼金属铼，实现年产值5000万元，上缴税金326万元。2014年，工业企业15家，其中规模以上工业企业有许华礼花、仨同缘食品2家，全镇工业总产值6000万元。

商贸服务业

明代，设有廛市（贸易场所）。民国时期，灵官殿有集市交易。1953年，设有食品站、供销合作分社。1954年，设立生产资料门市部，集镇市场逐渐向灵官村搬迁。1969年5月，傅家町圩场被县革委会撤销。1986年，投资14万元，建成灵官集贸市场，占地7990平方米，建筑面积2290平方米。1988年，投资8.5万元，建成大同市集贸市场，占地3829平方米，建筑面积1346平方米。2013年，启动灵官农贸市场重建搬迁工程。2014年，商业网点238个，集市贸易成交额800万元，社会消费品零售总额3.17亿元。

财政金融

财政 自设立灵官乡至1983年，政府财政由秘书兼管，农业税收由驻地粮干代管。1984年下半年，设立乡财税所，负责政府财政收支管理及农业各税征收，1985年，财政总收入26万元，总支出22.8万元。1995年，财税所更名财政所。2004年，镇财政负债387万元。2006年，财政总收入511万元，收支平衡。2012年，因垫税形成的财政债务全部化解。2014年年底，财政总收入834.7万元，收支持平。

金融 民国时期，有典当行、票号、钱庄经营。1954年7月，以乡为单位设立信用合作社。1961年5月，以大队为单位设立信用代办站。1968年，信用社、站被关停，1980年恢复。1993年，成立镇农村合作基金会。1994年，灵官邮政所开办邮政储蓄业务。1996年，成立镇农村救灾扶贫互助储金会。1999年4月，农村“两会”停业清理整顿，基金会并入灵官信用社，储金会清盘关闭。2006年，撤销村信用代办站。2014年，金融机构有邮政储蓄银行、农村信用联社、太平洋保险公司等设立的营业网点。

基础设施

交通运输

祁东建县初，境内无通车道路。1958年12月，启动大杜（大同市—杜家岭）公路建设，全长2公里。1969年，灵大（灵官—大同市）公路和茶双（茶山—双桥）公路先后竣工通车。1977年2

月，大同市和大兴两个公社共同修建大同—大兴公路，全长5.2公里，当年建成通车。1979年1月，绿桥公社修通石包（石叶亭—包圣殿）公路，全长2.2公里。2003年，过境317省道建成通车，境内长10公里。2010年，开通灵官—洪桥、灵官—白地市、灵官—大同市客运班车。2013年12月，湘桂高铁建成通车，境内里程9.7公里。2014年，新317省道改经大崇、双发、茶山等村，境内长5.8公里；至是年年末，31个村完成通畅工程，硬化通村公路总里程114.18公里。

邮政通信

明朝时期，熊罴岭、搭桥两地始设递铺。清光绪二十三年（1897），改为邮递铺，光绪三十三年（1907），停办。民国16年（1927）3月，设立灵官殿邮政信柜，民国26年（1937）5月设立搭桥铺邮政信柜。1950年，绿桥、灵官殿、大同市等地始通洪桥发班的邮路。1951年2月，设立大同市邮政代办所，1981年，改为大同市邮电所。1985年，灵官殿邮电所房屋面积100平方米。1994年，开通程控电话。1999年起，移动、联通等营运商先后在境内建成5座移动基站，实现移动通信信号全覆盖。2014年，邮政网点2个，投递线单程总长度45公里，另有圆通、汇通等3家快递公司；电信服务网点3个，电话交换机总容量3000门，固定电话用户2011户；互联网端口768个，宽带接入用户523户。

供电饮水

供电 1966年，从过水坪35千伏输变电站接线，境内始通高压电。1988年，农机部门在大兴村利用小溪流安装微型水力发电机，供山区农副产品加工和照明。1992年，白地市110千伏输变电站建成后，村村通高压电。1995年，农村用电量91.65万千瓦时。2000年，启动农村电网改造。2005年，农村用电量207万千瓦时。2014年，15个村（居委会）完成农网改造，农村用电量738.3万千瓦时。

乡村灌渠

饮水 20世纪70年代以前，居民多饮用池塘水。80年代初，村民开始自建或合建压水井，个别家庭建潜水泵井。1998年，政府发动和组织投资60万元，利用井水建成自来水厂，日供水800吨，铺装干线管道8千米。2008年，在傅家水库建成自来水厂，铺设干线管道15千米，日供水1000吨，城镇居民自来水普及率100%。2010年后，不少农户安装水泵，在自家楼顶建不锈钢自来水塔，2014年，各村基本普及。

水利建设

1952年，在金竹大队修建头堰口水库（后更名金竹水库），有效库容近10万立方米。1959年，在长玉大队修建高兴小（一）型水库，有效库容384万立方米，有效灌溉面积800公顷；在大同市大队修建小泗塘小（一）型水库，有效库容272万立方米，有效灌溉面积574公顷。1963年，建成桃源小（二）型水库，有效库容33.7万立方米。1995年，小（二）型水库10座，总库容500万立方米；水库主干渠总长100千米。2011—2014年，投资2436万元，对小泗塘小（一）型水库和断岭冲、傅家、桃源、友谊、金竹、里波冲、石板堰7座小（二）型水库实施除险保安。

镇村建设

1995年，启动城镇基础设施建设。2000—2005年，投入资金500万元，硬化街道4条，安装路灯46盏。2006年，启动社会主义新农村示范村建设，以福星、石榴等村为试点，重点改造水利、电力、道路等基础设施，整治村容环境。2007年，毛桥村被列为市、县社会主义新农村示范村，筹资362万元，建成村部办公楼、村卫生室、农家书屋，全村家家户户通自来水、有线电视，硬化村组院落道路10条计5.7公里。2011年，投资200万元，维修灵官集镇街道路灯2000米，硬化破损街道3000米。2013年，启动桃源村10组“空心村”改造试点，拆除原有住宅，统一规划建房。2014年，城镇建成区面积1.05平方公里，农村道路硬化率80%，行政村和社区均建有办公用房。

社会事业

教育科技

教育 民国16年（1927），周氏创办私立孟山初级小学。民国30年（1941），改为四靖乡第十一保国民学校。祁东建县后，县教育部门接管改名大同市完全小学。20世纪50年代，公办小学8所。1962年，在岳飞殿创办灵官附中。1969年，办有绿桥、灵官、大同市3所公社初中。1985年，小学14所，在校学生2220人；中学3所，在校学生1481人。1989年，撤销绿桥中学。至1995年，先后撤并福利、双玉等11所小学；灵官镇中学征地1.67公顷改扩建校园，建筑面积7290平方米，2006年，被评为衡阳市现代教育装备实验学校，2008年，被评为湖南省合格化学校。至2013年，灵官镇中学、大同市中学、灵官镇中心小学、大同市小学、大崇小学、绿桥小学、大兴小学分别建成义务教育合格学校，灵官镇中心小学被评为全省园林式示范学校。2014年，幼儿园13所，在园幼儿781人，教师19人；小学10所，初中2所，在校中小学生3456人，中小学教职工239人。

科技 1966年，引进温州蜜橘，在毛桥村推广试种。1971年，灵官公社病虫测报站发现稻蓟马是造成水稻空壳率高的元凶，获国务院奖励。1978年，省农业厅在灵官公社召开水稻病虫害综合防治现场会。1979年，植保员唐定位“关于稻蓟马危害水稻花器造成空壳的研究”，获省人民政府科技成果四等奖，被评为全国劳动模范。

1980年，双玉大队发动群众科学养殖大规格鱼种，21.6公顷水面年产鲜鱼9960公斤，平均亩产415公斤，派代表出席全省农业科技经验交流大会。同年，灵官公社林场开展南竹勾梢科学研究，五龙林场开展“油茶三保地”试验。2006年，民办酶解血粉蛋白饲料厂与湖南师范大学生命科学院合作开发酶解血粉蛋白饲料，被省科技厅认定为高新技术产品。2007年，县土肥站在傅家村组织双季稻配方肥试验，亩产量比常规施肥增产85.9公斤。2011年，镇干部郝建明研发烤烟房烘烤加工黄花菜新技术获得成功。2014年，推广机械化插秧技术。

文化体育

文化 民国22年（1933），灵官殿办有祁剧霓裳班。1958年，灵官殿、大同市耕作区分别设立文化站。1963年，恢复灵官殿农民业余剧团。1971年，建立灵官、大同市公社广播站，分别配有专职广播机线员。1977年，有公社电影队3个。1982年冬，灵官公社建立农民文化宫。1983年，架通区站至社站广播专线，农户喇叭入户率40%以上。1985年，建成灵官电影院。1986年，建立图书流通站，设立集体借书包，开展农村图书借阅活动。1987年，安装调频广播发射机，停止使用广播专线，建立广播电视站。2007年，镇治驻地实现有线电视光缆联网。2010年，新建镇文化活动中心，有舞蹈室3间。2014年，村村建有农家书屋；有线电视用户1526户，其中数字电视用户1389户。

体育 祁东建县初，成立农民篮球队。1977年9月，参加全县首届农民篮球运动会。2007年，启动村级体育运动场所建设。2009年，组队参加全县乡镇篮球赛。2014年，毛桥、熊罴岭等6个村建有篮球场，柴塘、大崇等7个村建有健身路径；全镇有广场舞队12支，成员311人。

医疗卫生

医疗 1956年4月，傅卓林等7人租借灵官村上兴生产队民房，开办灵官乡联合诊所，1957年10月，改称乡卫生所。1965年，乡卫生所在樟树坪新建11间土木结构房，1969年8月，更名公社卫生院。1972年，卫生院有职工13人。同年，推行农村合作医疗制度，生产大队建立合作医疗站（室），配赤脚医生。1975年，公社卫生院在灵官大队大兴生产队购地2000平方米，新建砖混结构房36间，翌年10月迁入。1984年，公立医疗机构有灵官、大同市2个乡卫生院，共有房屋1580平方米，工作人员19人，病床18张。20世纪90年代初，组织“2000年人人享有卫生保健”试点，灵官卫生院建成职工宿舍楼，建筑面积526平方米；成立镇防保所，大同、傅家、绿桥3村分别设立医疗点。2006年，新建镇卫生院门诊综合楼。2014年，镇卫生院职工28人，其中在编医技人员20人，病床30张；村卫生室27个。

卫生 2007年，毛桥村率先启动乡村环境卫生治理，引导农户建户用沼气池4口，培养“三清五改”示范户50户。2008年，实施乡村清洁工程，沿317省道的石榴、柘木等9个村和灵官、大同市两个居委会列为重点整治地段，新建垃圾池56个，投放垃圾桶1800个，安排专人卫生保洁。至2014年，福星、桃源、柴塘、毛桥、石榴5个村建成垃圾分类收集亭36个，被评为垃圾分类示范村。

社会保障

“五保”供养 1956年农业合作化后，农村无依无靠老人和孤儿由集体实行“五保”。20世纪80年代后，“五保”户供养实行乡镇统筹。2009年，筹资120万元，在大同市村花果山建成敬老院，占地4760平方米，建筑面积1450平方米，设置床位65张，入住“五保”老人60人，配工作人员5人。2014年，“五保”供养对象445人，其中集中供养60人，分散供养385人，年发放供养金总额139.74万元。

最低生活保障 2000年起，实施城镇居民最低生活保障制度。2007年起，实施农村居民最低生活保障制度。2011年，核定城镇低保30户、30人，发放低保金7万元；核定农村低保1436户、1546人，发放低保金113万元。2014年，核定农村低保1451户、1720人，发放低保金214.21万元。

养老保险 2012年起，实施城镇居民社会养老保险制度，当年参保17106人。2014年，参加城乡居民社会养老保险20770人。

医疗保险 2007年起，实施新型农村合作医疗制度。2010年，参加新农合33102人。2014年，参加新农合36217人，参合率95.4%。

特色地情

军事要塞——熊罴岭 位于五龙村，与祁阳县交界，海拔512米，逶迤数十公里。昔有“上有熊罴岭，下有长龙滩。人过要低头，马过要下鞍”的民谣流传。历为军事要塞，建有廛市、铺递。明洪武《永州府志》载：“在（祁阳）县北三十里永兴乡。其山高峻，下临深谷，驿路所经，实为险要，有巡检司、急递铺在焉。”清康熙《祁阳县志》载：“县北三十里。半壁崚嶒，永监司严起恒为关其上，屏障一邑人。客星度回，雁峰而至，止者少憩焉。有邮舍暨大士阁、关帝祠。”清咸丰九年（1859），太平天国名将石达开转战熊罴岭。民国初期，南北军阀、蒋桂两系军队多次在此混战。1944年9月，国民革命军第七十九军九十八师于此阻击日军。

名胜古迹——石留仙 位于石榴村，海拔637米，西北与白地市镇双峰村大冲交接。清康熙《祁阳县志》载石留仙山：“县西北四十里。亭然中立，高五千余丈。峰顶有直武祠，有祷辄应。又作‘新庵’，多高士隐迹。邑人卢鼎吉，静者也，老于此。施田二十亩于新庵。刘孝廉惟赞石隐其下。”昔有“人不留仙石留仙”民间传说及“造化钟神今又是，石留祈盼众仙归”之诗句流传。主要景点有百年白果仙树、仙神洞、观音竹、龙王井、石留仙殿等。20世纪70年代“文化大革命”时期，宝殿被毁夷为废墟。2000年后，当地村民及周边信众筹资重修大雄宝殿、祖师殿、观音殿、居士楼等人文景观，硬化直通山顶公路3.97公里，游人、香客络绎不绝。

（文字供稿：刘佳女　图片供稿：祁东县志办）

风石堰镇 >>

1996—2000 年，风石堰镇连续五年获省“模式化渔业生产基地”称号。

区域概况

位置面积

境内有风陂堰和石堰，取两堰首字得名。地处县境中部，东邻洪桥镇，南接双桥镇，西抵白地市镇，北交马杜桥乡和衡阳县关市镇。2014 年 11 月，辖区东西最大距离 10.9 公里，南北最大距离 14.3 公里，总面积 109.9 平方公里。镇治堰寺路 251 号，距县治 10 公里。

建置沿革

明清时期，属祁阳县上和平乡。民国 28 年（1939），属祁阳县振汉乡。民国 36 年（1947），属祁阳县振中乡。1950 年，属祁阳县第八区。1952 年 8 月，建风石堰乡，属祁东县第七区。1956 年 6 月，杉铺、紫冲、永和等 7 乡并入，县直管。1958 年 10 月，属白地市人民公社下辖的耕作区。1961 年 8 月，设风石堰公社，属白地市区。1984 年，撤乡建镇，仍属白地市区。1995 年 4 月，撤区，毛坪、紫冲、花屋 3 乡并入。2014 年 11 月，上坪、读书 2 村划入永昌街道。

行政区划

1995 年，辖 1 个居委会、45 个行政村，2 个居民小组、552 个村民小组。2014 年 11 月，辖堰寺社区，风石堰、杨柳、道头、庙湾、永和、曾家亭、吕家、杉铺、四塘、仙神井、雄飞、莲花、陡岭、紫冲、龙湾、大坪、城楼、中华山、曹家、云华、将军、晏家冲、毛坪、易家桥、黎照、毕花、大高、新铺子、推车、松山、邓公、和平、画眉、沙井、合心、观音坪、先锋、花屋、官福、元木、山溪、青冲、田家 43 个行政村，2 个居民小组、532 个村民小组。

自然环境

地属丘陵，东南部地势较平坦，有黄龙町，面积 300 公顷；西北部地势较高，田家村石狮岭海拔 760 米，山体由砂页岩组成。四季分明。年均气温 17.9℃，年均降水量 1254 毫米，年均无霜期 285 天。土壤以红壤土、水稻土为主，分别占总面积的 60.48% 和 27.07%。主要自然灾害有洪涝和冰雹。湘江一级支流白河源出田家村石狮岭老龙潭，流经山溪、花屋、陡岭等 12 个村，境内流长 19 公里。庙湾村井堰泉每秒流量 0.3 立方米，恒温 19℃。田家冲老龙塘铁矿探明储量 1.09 亿吨。

人口民族

1995年，辖区总人口50357人，其中男性26354人，女性24003人。2006年，总人口53265人，其中男性28239人，女性25026人。2014年11月，总人口59025人，其中男性31286人，女性27739人，分别占53%和47%；人口出生率12.37‰，死亡率6.66‰，自然增长率5.21‰。人口以汉族为主，少数民族有苗族、壮族、哈尼族、傣族、布依族、土家族、侗族、瑶族、黎族、满族、回族、蒙古族、白族、彝族、景颇族、仫佬族、布朗族、仡佬族、傈僳族、阿昌族、德昂族等132人，占总人口的0.22%。人口密度每平方公里537人。

经济发展

经济综述

水稻生产优势突出，先后被列为全县吨粮田开发重点镇、农业部万亩早稻高产示范片。蔬菜生产远近闻名，其中大辣椒、大白菜批量销往外地。渔业生产久负盛名，被评为衡阳市“模式化稻田养鱼示范乡镇”。2000年后，全镇工业快速崛起，规模以上工业企业9家。2014年，粮食总产量2.54万吨，工业总产值10.5亿元，财政总收入672.28万元，农民人均纯收入4830元。

农业

种植业 1949年前，一般只种一季水稻，亩产稻谷170公斤左右。祁东建县后，推广双季稻，1958年，亩产量235公斤。1978年，大面积推广杂交水稻种植，亩产量319公斤。20世纪90年代，吕家村建塑料大棚20公顷，种植反季节蔬菜和草莓。部分农户在稻田种植早辣椒，接着种晚稻，晚稻收割后，实施大白菜和葱蒜套种，一年收获4种作物。1995年，粮食播种面积3590公顷，粮食总产量23985吨。1997年，列为吨粮田开发重点镇，推广双季杂交稻种植，杂交早稻和杂交晚稻播种面积分别占早、晚稻面积的38%和85%，稻谷亩产量780公斤。1998年，县粮食局免费提供优质稻种子，与农户签订优质稻包销合同，发展订单农业。2002年，湘南香芋集团建成2600平方米地下香芋储藏保鲜库，与农户签订产品收购合同；县果脯饮料厂与山区农户签订合同，发展藠头生产基地。画眉、和平、先锋、沙井等村种植百合200公顷，亩平产量300公斤。2012年，永和、庙湾等12个村实施农业部万亩早稻高产示范片创建项目，经省专家组测产验收，亩平产量1142.6公斤，比全县早稻平均亩产高39.9公斤。毛坪、松山、新铺子等村种植烤烟207公顷，曾家村稻田种植药材串地龙20公顷，全镇发展板蓝根、玉竹、百合等药材种植40公顷。2013年，庙湾、杉铺、曾家等33个村实施省级土地综合整治项目，总投资6520万元，整治面积2306公顷。2014年，耕地3018公顷，粮食种植2935公顷，粮食总产量25430吨；办有省级奔康农民专业合作社。

养殖业 明万历年间（1573—1619），黄龙町农民利用井堰水源稻田养鱼，所产“禾池鲤”个大色黄、肉嫩味鲜。清乾隆年间（1736—1795），稻田养鱼面积23.3公顷，部分农民专事鱼苗贩运，每年结队去岳阳、湘潭等地“挑鱼水”（鱼苗）。20世纪80年代初，庙湾、曾家两村建有鱼苗孵化场，年孵化草、鲢、鳙等鱼苗40亿尾，销往广西、广东和湖南郴州、永州等地。1985年，全镇养殖禾池鱼34公顷，稻稻鱼83.27公顷，渔业亩平收入158.6元。1992年，风石堰被评为衡阳市“模式化稻田养鱼示范乡镇”。1995年10月，启动风石堰农业综合开发项目区建设，在稻田中开挖鱼池、鱼凼，硬化鱼塘，与原有的种鱼池、孵化池连接成“万亩养鱼工程”。是年，出栏生猪3.2万头，出笼家禽30.5万羽。1999年，庙湾村3农户获省农业厅“稻田养鱼扶贫增收工程示范户”称号。2000年后，发展规模养殖专业户10余户。曾家村伍青山在杨柳村创办大型养猪场，年饲养生猪10000头；易家桥村徐双学年养山羊300头。2008年，森鑫生态农业股份有限公司（后更名金山生态牧业股份有限公司）在杨柳村狮山园征地5.33公顷，建成生态养殖示范场，年存栏能繁母猪660头，年出栏生猪1.5万头，市政府授予“规模养殖户50强”称号，被评为省级标准化规模猪场。2014年，全镇出栏生猪7.42万头，出笼家禽57.38万羽，水产品产量2740吨。

林业　1955年4月，设立风石堰木材收购组，木材购销纳入计划经营。1964年，花屋、紫冲两公社被定为全县杉木林基地，1966年，各配一名林业专干。1984年，田家冲村民李长存承包村里荒山、疏残林46.67公顷，全家人上山安营扎寨，一个冬春造林30公顷。1989—1990年，两次在紫冲、花屋、毛坪3乡实施飞机播种造林。1991年，上坪村建香柚采穗园3.4公顷。1997年，镇林业站与田家、花屋两村合作创办股份制林场，造速生丰产林640公顷。2002年，官福村龙欢生投资30000元，买断本村坡耕地和荒山100公顷林业经营权。2005年，花屋村组组建有果园，全村经济林面积133.3公顷，占有林地面积28.6%，成为全县经济林生产专业村。2008—2010年，实施国家退耕还林项目，补植补造速生丰产原料林和经济果木林。2011年，紫冲、龙湾等村种植冬枣50公顷，亩平均产鲜枣250公斤，年产值1125万元。2014年，林地4937公顷，其中有林地3836公顷，活立木蓄积量13.9万立方米。

工业

民国时期，青山、松山等地办有小煤窑。20世纪50年代，先后成立竹业生产合作社、集益染织厂、木业生产互助组、缝纫生产合作社和竹器社。60年代，独立核算工业企业3个，杨柳村采石场年产石灰石40000吨，庙湾村竹木制品厂年营业

风石堰神龙铁矿

收入30万元。1974年，成立公社企业办，推车、松山、青山等地恢复小煤窑。1985年，镇办独立核算工业企业5个，年工业总产值40.1万元，比1980年增长4.16%。1995年后，落户境内的民营规模企业有富豪家具、久红铜套机械、风新冷库、衡利面业等8家公司。2005年9月，神龙矿业公司以3.15亿元竞买获得老龙潭铁矿2.15平方公里（含衡阳县关市乡部分铁矿面积）采矿权，在田家村设立开采点、选矿厂，2010年7月投产，年创收入3.96亿元，纳税1981万元，安排就业399人。2011年后，一批规模企业做大做强。周福记食品公司以糖果加工为主，年纳税总额193万元。知味大师食品公司以食品加工为主，安排就业349人，生产知味大师、福猪、威尔信3个品牌、100多个品种，远销港澳和北京、上海、广州等地。华达钢木门厂以金属门窗制造为主，年纳税总额106万元，安排就业280人。堰湘福利炮筒公司由残疾人伍春生创办，以炮筒加工为主，安排就业135人。2014年，规模以上工业企业9家，全镇工业总产值10.5亿元，其中规模工业产值8.7亿元。

商贸服务业

民国时期，风石堰、毛坪、和塘坪形成集市。祁东建县初，风石堰及和塘坪分别组织消费合作社，入社社员凭证购物，比市价低10%~15%。1954年8月，成立食品站。1956年底，毛坪、紫冲、花屋等乡成立供销合作分社，设立农业生产资料门市部。20世纪70年代，村村办有代销店或经销店。1983年10月，新建风石堰厂棚市场投入使用，圩日上市4000人。1988年6月，在龙泉岭新建风石堰市场，占地2.5公顷，建筑面积3200平方米，有厂棚12栋，摊位700个。1995年，兴建风石堰鲜鱼专业市场，占地2.67公顷，内设摊位门面150个、鲜鱼池40口、鱼种池40口，有综合楼一栋，因可行性论证不够，后被改作他用。1997年，改建毛坪市场，占地面积2155平方米，建筑面积938平方米，基本改变毛坪马路市场格局。2000年后，个体商业长足发展，每逢圩日，风石堰沿322国道两旁摆摊设点常造成交通拥堵。2010年，投资4000多万元，改造风石堰集贸市场，一、二楼设摊位170多个，三层以上为住宅，总建筑面积29800平方米。2014年，全镇社会消费品零售总额4.68亿元。

财政金融

财政 自成立风石堰乡至1983年，政府财政收支由秘书兼管，无单独财政。1984年9月，设立镇财税所。1989年后，县对镇财政实行“定收定支、超收分成、短收分担、超支不补、结余留用、一年一定”管理体制。至1994年，镇财政收支两抵略有结余。1995年，财税所更名财政所。2004年，镇财政负债1688万元。2006年，完成财政总收入459万元，收支平衡。2012年，因垫税形成的财政债务全部化解。2014年，财政总收入672.28万元，财政总支出438.76万元。

金融 1952年9月，设立人民银行和塘坪营业所，1953年设立人民银行永和信用合作社。1954年7月，设风石堰、杉铺、紫冲等7个乡信用合作社，1961年5月，以生产大队为单位建立信用代办站。1968年，信用社、站被关停，1980年恢复。1989年，邮政部门开办邮政储蓄业务。1993年起，先后成立镇农村合作基金会和镇救灾扶贫互助储金会，各村设基金会代办站和储金会分会。1995年，毛坪、紫冲、花屋信用社并入风石堰信用社。1998年8月，中国人寿保险公司在镇内设立保险站。1999年，农村“两会”停业清理整顿，基金会并入风石堰信用社，储金会清盘关闭。2013年10月，风石堰设立邮政储蓄所。2014年，农村信用联社、邮政储蓄银行等金融机构在境内设营业网点5个。

基础设施

交通运输

公路 民国25年（1936）8月，衡桂公路竣工通车，途径紫冲、风石堰、吕家等地，境内里程8.9公里。20世纪70年代，过境322国道改铺沥青路面；先后建成风石堰—毛坪、风石堰—花屋、风石堰—双桥3条乡村公路，总里程26.01公里。1994年，建成将军—何家公路，长4.88公里。是年10月，开通紫冲—县城4路公交车。2004年，建成花屋—田家冲公路，长6.29公里。2012年，完成风石堰—花屋矿区专用公路10公里砼路面续建工程。2013年，218省道和322国道绕城公路开工建设，境内长13公里。至2014年，44个村完成通畅工程，硬化通村公路总里程172.13公里。

铁路 民国27年（1938年）9月，湘桂铁路竣工通车，与衡桂公路平行过境，设风石堰简易火车站，办理客货运输。1951年，客运发送量2.09万人次，货运发送量2660吨。1988年，风石堰火车站改造，设3股道，2个站台，候车室142平方米。2000年，客运量10946人次。2003年，停发客运，风石堰站定为四等货运站，当年货运量14370吨。2013年10月，衡缘物流专线铁路开工建设，衔接风石堰车站，途经大坪、紫冲、城楼、风石堰4村，境内长3.8公里。至2014年，陆续建成上坪、紫冲、城楼、徐家、火车站、吕家等6处下穿铁路交通涵。

邮政通信

邮政 民国26年（1937）5月，毛坪、紫冲设邮政信柜。民国28年（1939）6月，风石堰设立邮政代办所。1985年，风石堰镇邮电所有房屋73平方米。1986年，邮电所迁至庙湾村，新建办公楼房285平方米，邮件运输委托湘运公司运送。1988年5月1日，县邮电局开通西线邮班，经风石堰邮电所，周六班。2005年，设风石堰邮政支局，乡村邮路重新调整，村村通邮，天天投递。同年，开办特快专递业务。2014年，申通等快递公司在镇内设网点。

通信 民国36年（1947），紫冲装有电话单机，通电话由白地市总机接转。1971年，风石堰公社安装总机和载波机，各大队安装手摇电话机。1981年，公社安装磁石总机，1985年，镇政府安装交换总机，1992年，开通“127”无线寻呼。1994年，开通程控电话和“大哥大”模拟机移动通信。2006年起，中国移动、联通和电信部门竞相在境内建设信号接收塔或移动通信基站。2010年，接入光缆线，各村远程教育网点全面开通上网业务。2014年，电信服务网点3个，固定电话1040门，移动电话35640部。

供电饮水

供电 1966年，从过水坪35千伏输变电站接线，电网开始对境内居民供电。1984年，唐福冲水库建成电站，装机2台250千瓦；里雅塘水库电站装机2台110千瓦，发电多用于当地农民照明和农副产品加工。1992年，建成白地市110千伏输变电站后，高压电逐渐普及境内。1995年，村办小水电站3座，装机容量20千瓦，年发电量6800千瓦时；全镇农村用电量138万千瓦时。1999年11月，启动农村电网改造，推车、杉铺、合心、吕家等村率先实施。2005年，农村用电量420万千瓦时。2014年，28个村（居委会）完成农网改造，农村用电量1094.3万千瓦时。

饮水 祁东建县后，机关单位和街道居民从政府门前小水井和风石堰火车站小水井排队取水，每逢干旱，常闹水荒。20世纪50年代，风石堰火车站建成自来水塔，仅供站内及工区用水。80

年代初，村民始建压水井。1996年，成立镇自来水公司，在庙湾村利用井堰泉水建成自来水厂，铺设供水主管道12千米，日供水1400吨。2010年，唐福冲自来水厂建成投产，日供水1200吨，毕花、黎照、大高、毛坪等11个村村民开始饮用自来水。一些边远地区农户安装水泵，在自家楼顶安装不锈钢储水罐，逐渐普及简易自来水。2014年，自来水用户3000余户、20000余人。

水利建设

明清时期，建有风陂堰和石堰等水利设施。民国初期，雄飞村周姓人氏修建雄王坝，灌溉农田20公顷。1957年起，先后建成福口冲、长塘冲、下设塘、龙岭冲、炉铲塘、车冲、狐狸冲、南园冲、杨梅山等9座小（二）型水库。1959年9月，在紫冲建成里雅塘小（一）型水库，总库容750万立方米，灌溉面积733.3公顷。1962年，杨柳大队组织整修山塘、挑雪灌塘，被评为全省水利建设先进单位，《人民日报》刊文报道。1965年8月，在毕花大队建成唐福冲中型水库，总库容1154万立方米，灌溉面积2009公顷。1972年始，对境内白河及其支流实施截弯取直改造，配套建设堰坝桥堤。1988年，组织山平塘清淤砂、挑塘泥，占山平塘总数的94.5%。1997—2005年，硬化山平塘210口。2000年，对唐福冲、里雅塘两座水库分别实施除险保安工程。2005年，谢家排、关帝山、大高、推车4座电灌站装机4台172千瓦，灌溉面积86.67公顷。2012—2013年，分别投资144万元、162万元和1922万元，完成长塘冲、南园冲两座小（二）型水库和唐福冲中型水库除险加固工程。2014年，水库11座，总库容2171万立方米，灌溉面积3167公顷。

镇村建设

集镇 民国时期，风石堰没有街道、店铺，仅有七零八落的民房84间，面积1350平方米，多分布在火车站附近。祁东建县后，沿湘桂公路建房的增多，逐渐形成街道。20世纪70年代，修建房屋23441平方米。1981—1986年，建成房屋51673平方米，其中砖混结构楼房占31.42%，钢混结构楼房占13.1%。1987年，形成2条街道，总长1200米。1994年，将工业小区、集贸市场和小城镇三项建设融为一体，同时规划，配套建设，整体推进。1996年，在堰寺路建成占地面积1公顷、建筑面积2880平方米的镇党政机关办公楼，同步建成建筑面积870平方米的镇财税所和500平方米的镇计生服务楼，在庙湾村建成建筑面积600平方米的国土、城建站办公楼，在城楼村建成建筑面积1000平方米的镇派出所办公楼，拉开城镇建设骨架。至2005年，共投入城镇建设资金2.35亿元，扩建、改建街道2条，安装路灯190盏，开发商业门面房518间，商住楼41440平方米。2014年，城镇建成区面积1.5平方公里。

乡村 2006年，在中华山村启动社会主义新农村示范村建设试点。至2014年，陆续建成村会议室、党员活动室、图书室、现代远程教育站、农民体育活动场、村卫生室、村小学教室和宿舍。

社会事业

教育科技

教育 民国时期，龙湾办有振中乡第二中心国民学校，杉铺、永和、邓公等地分别办有私立小学。祁东建县后，原公立学校由县教育部门接管，私立校转为公办。20世纪50年代末，公办小学27所。1969年，相继创办风石堰、毛坪、和平、花屋、紫冲5所公社初级中学。1985年，小学43所，在校学生5060人；初中5所，在校学生

1494人；农校2所，在册学员697人。1994年，风石堰镇中学由张家岭搬迁至庙湾村新校址办学。1996年，撤销花屋中学。1998年，撤销和平中学。2006年7月，香港实业家温锡绍捐资40万元，支持中华山小学改建。2007年，香港实业家陈秉志捐款100万元，支持镇中学新建科技综合楼。2008年，黄河集团捐资100万元，新建黄河希望小学。2008—2010年，镇中学、毛坪中学、毛坪联校、和平联校、镇中心小学先后建成义务教育合格学校；无底冲、观音、紫冲等20所小学相继被撤并。2014年，幼儿园16所，在园幼儿1460人，教师47人；小学（含教学点）12所，在校学生2660人，教师186人；中学3所，在校学生2354人，教师194人。

科技 1954年，境内农业技术推广工作归口洪桥片农技推广站指导和服务。1955年，改由白地市农技站组织实施。1966年，引进温州蜜橘新品种，在中华山推广种植。1978年，公社成立科协，创办业余科技学校和农科站；大队成立科协小组，创办农科队。1988年，配备科技副镇长；80%的村配备科技副主任。1990年，在紫冲村组织杂交晚稻威优桂33、汕优桂33“双两大”（两段育秧、大兜大行移栽）高产栽培示范，平均亩产501.2公斤。1993年，从江华、会同两县调进杉木无性系5000株苗，在龙湾村建立杉木无性系采穗圃0.33公顷，无性系杉木扦插育苗圃地0.67公顷，年产合格苗20万株。1995年，在读书村进行杂交早稻威优974、金优974示范试验，亩产量501.3公斤，首次实现早稻亩产量超晚稻。1997年，县实用科学技术专家工作室在龙湾村建有优质水果栽培及果苗供应基地。2001年10月，科技示范户谢国华从河南省三门峡市药用食用菌研究所引进药材新品种川地龙，试种3.33公顷，亩均纯收入1.5万元，带动当地药材种植。2006年，民营香芋集团与湖南农大食品科学院合作，开发香芋粉和淀粉系列新技术、新产品，通过省级科技成果鉴定。2007年，县粮油站在永和村组织双季水稻测土配方施肥比较试验。2012年，民营安民科技公司在紫冲租地1.33公顷，创办黄花菜科研基地，研发的迟熟黄花菜品种“雪不谢苗”耐霜雪冻害。2014年，有各类科技人员512人。

文化体育

中华人民共和国成立前，木偶戏文家班常在乡里演出。20世纪50年代初，办有农民业余剧团。1958年，耕作区设立文化站。1963年，风石堰公社与和平公社农民业余剧团恢复活动。1971年，建立公社广播站，配备专职广播机线员。1982年，出现个体电影队，风石堰和毛坪建有电影院。1983年，架通区站到社站广播专线，农户喇叭入户率42%。1987年，安装调频广播发射机，停止使用广播专线，建立广播电视站，发展农村闭路电视。2011年，兴建镇综合文化站，内设图书室、多媒体室、棋牌室、电教室、卡拉OK厅等活动场所。2013年，镇文化站举办“庆国庆”文艺活动，参加演出70人。2014年，举办歌咏比赛。是年年末，全镇有盘鼓、腰鼓、军鼓等6支器乐专业队和1支渔鼓队，43个村设有农家书屋。

民国30年（1941），沙井湾建有篮球队，多由回乡中学生和农村青年参加。祁东建县后，农民篮球队增多，节庆期间常组织竞赛。2007年，启动村级运动场所建设。2009年，组队参加全县乡镇篮球赛。2014年，庙湾、和平等7个村建有篮球场，毛坪、永和等10个村建有健身路径；组织广场舞队参加全县“欢乐潇湘·幸福祁东”大型广场舞比赛，获三等奖。

医疗卫生

医疗 祁东建县后，发动民间医生集资，组建乡联合诊所。1969年8月，改为公社卫生院。

1970年，建立农村合作医疗制度，生产大队建立医疗室，配备赤脚医生。1978年，农村合作医疗制度终止，设立大队保健室。1984年，公立医疗机构有风石堰、紫冲、毛坪、花屋4个乡镇卫生院，共有房屋2820平方米，工作人员32人，病床34张。1991年，镇卫生院搬迁至堰寺路新建，占地面积650平方米，建筑面积1500平方米，业务用房52间。1995年，紫冲、毛坪、花屋3个乡卫生院并入镇卫生院。2012年，扩建镇卫生院住院楼，建筑面积600平方米，设病床35张。2014年，公立卫生院1个，职工46人，其中在编医技人员27人；村卫生室27个，个体诊所26个。

卫生　2007年，庙湾村率先启动乡村环境卫生整治，培养"三清五改"示范户45户。2008年，实施乡村清洁工程。沿322国道的龙湾、城楼等8个村（居委会）列为整治重点地段，村村建垃圾池，投放垃圾桶（箱），配卫生保洁员。2009年，花屋、仙人井、易家、中华山等村建成垃圾填埋场，添置垃圾焚化炉。2010年，实施农村改厕工程，龙湾、黎照两村各建三格式无公害卫生厕所200座。2014年，全镇卫生保洁实行货币化分段包干办法。

社会保障

"五保"供养　1956年农业合作化后，农村无依无靠老人由集体实行"五保"。20世纪60年代，"五保"对象扩大到孤儿。1989年，开办敬老院，收住部分"五保"老人集中供养。2007年，将原镇中学校舍改建成敬老院，设住房45间，40名"五保"老人入住。2011年，湖南省委督办专员、省公安厅原党委副书记、常务副厅长唐中元会同企业家黄玉彪向敬老院捐赠50万元，支持敬老院增设住房150间，入住老人增加到120人。2014年，"五保"供养对象622人，其中集中供养107人，分散供养515人，拨付"五保"供养金总额169.59万元；镇敬老院设床位195张，配工作人员10人，被评为省三星级敬老院。

最低生活保障　2000年起，实施城镇居民最低生活保障制度。2007年起，实施农村居民最低生活保障制度。2011年，核定城镇低保178户、368人，发放低保金53.4万元；核定农村低保1916户、2314人，发放低保金219.7万元。2014年，核定农村低保1861户、2630人，发放低保金335.63万元。

养老保险　2012年，实施城乡居民社会养老保险制度，当年参保28690人。2014年，参加城乡居民社会养老保险24786人。

医疗保险　2007年起，实施新型农村合作医疗制度。2010年，参合农民46282人。2014年，参加新农合48053人，参合率93.49%。

特色地情

历史人文

境域知名人物：国家二级演员徐艳秋（1939—1989），为祁剧界中少有的刀马旦；中国人民解放军南京政治学院政委周建设，2005年授少将军衔。

风景名胜

沙井湾古民居　坐落于沙井村，距县治20公里，原为刘姓家族庄院。分上下两院，相距300米。上院呈长方形，南北长200米，东西纵深50米，占地约1万平方米。房屋系砖木结构，高两层，120余间房子，为"三进九厅十八井构架"。西面一马平川、万顷良田，东面玉峰山矗立、群山如黛。院前小河潺潺流过，后有小丘环抱，树木葱茏。庄院大门勒石"山迴水抱"。下院系上院后裔于宣统元年（1909）修筑。坐北朝南，环境清幽，屋

宇井然，木刻、石雕保存完好。两院房屋布局合理，相互毗邻，疏密有度，紧致规则。巷子成行，排列有序，主次分明，厅房、住房、厢房、客房、厨房、茅房搭配得当。整个庄院建造精致，木门以浅浮雕装饰，缀以花草虫鱼图案；窗花雕刻刀法细腻，工艺精美，千姿百态，保存完好；院内石凳形式多样，刻有龟寿、悬壁、雕花、瑞兽等图案；各种护栏用浅浮雕刻，造型逼真，题材多样。2014 年，被湖南省列为古民居保护村。

（文字供稿：彭华荣　图片供稿：祁东县志办）

白地市镇

白地市镇1999年被省文化厅授予“全省百优群众文化艺术之乡”称号。

区域概况

位置面积

镇治附近原有小集市叫白地，湘桂铁路在此建站取名白地市站，镇因站名。地处县域西部，东邻风石堰镇，南接灵官镇，西连祁阳县文富市镇，北交黄土铺镇。2014年，辖区东西最大距离7.8公里，南北最大距离13.85公里，总面积108.1平方公里。镇人民政府驻松林桥村，距县治17公里。

建置沿革

明清时期，属祁阳县永昌乡。民国28年（1939），属祁阳县振汉乡。民国36年（1947），分属祁阳县振中乡、保麓乡。1950年9月，属祁阳县第八区。1952年8月，属祁东县第七区老白地市乡。1956年6月，松林桥、元里坪、柏松亭、老白地4个乡合并，设立白地市乡，属县直管。1958年，属白地市公社一个耕作区。1961年8月，始设白地市镇，属白地市区。1982年10月，定为相当区级镇，仍属白地市区。1984年10月，白地市乡和万福岭乡的苍江桥、湾龙町、乌山冲3村及元里坪乡的七丫町村划入，升为区级镇。1986年4月，降为副区级镇，属白地市区。1995年撤区，万福岭、元里坪、枫树山3乡并入白地市镇。

行政区划

1995年，撤销五七村和原有的2个居委会，新设3个居委会；全镇辖49个行政村、3个居委会，579个村民小组、25个居民小组。2014年，辖东风、禾冲、茶叶塘、柏松亭、双泉井、大冲、茶亭、铁铺、元里坪、七丫町、双峰、流泉町、元木冲、上岸塘、灌渡桥、毛田湾、万福岭、东方红、岔塘口、杨家堰、盘塘、六角井、花竹、小河塘、杨柳岭、燕子窝、凫鸭塘、瑶塘、枫树山、双凤、栗山、珍珠塘、洪塘冲、铁塘桥、玉峰、石湾、锦华、香花塘、坪和塘、彭家湾、石头山、老白地、湾龙町、苍江桥、乌山冲、徐家、松林桥、七宝山、油草塘49个行政村及上游、瞭望、亭村3个社区，共604个村（居）民小组。

自然环境

镇域多丘陵地貌，北面铁塘桥为山地，其余为低岗地、小平原。玉峰山为1949年衡宝战役重要战场，石榴仙为全镇最高点。七宝山隆起部分为县内祁水、白河两大水系分水岭，祁水居西，白河居东。车碧塘（苍江）溪为祁水一级支流，境内流长25公里。龙门井、邓公井、双泉井每秒流量在0.1 ~ 0.2立方米之间。年平均气温18℃左右。年均降水量1240毫米，4—6月降水量占全年46%左右。7月风速大至8级及以上，时短势猛，伴有雷雨。土壤以红壤土、水稻土和沙壤土为主。化龙町为县内最大垄町，面积480公顷。

人口民族

1995年，辖区总人口65791人，其中男性34633人，女性31158人。2006年，总人口68387人，其中男性36639人，女性31739人。2014年，总人口74478人，其中男性39765人，女性34713人，分别占53.39%和46.61%；人口出生率12.62‰，死亡率2.61‰，自然增长率10.01‰。人口以汉族为主，少数民族有苗族、壮族、哈尼族、傣族、土家族、侗族、瑶族、黎族、蒙古族、拉祜族、佤族、白族、水族、彝族、景颇族、布朗族、仡佬族等205人，占总人口的0.28%。人口密度每平方公里689人。

经济发展

经济综述

优质稻生产和烤烟生产列为全县重点基地，生猪养殖评为县规模养猪示范区，涌现一批规模养猪“明星村”。20世纪80年代，境内工业企业165家，成为县内仅次于县城洪桥的第二大工业重镇。2014年，粮食总产量3.21万吨，工业总产值6.84亿元，财政总收入3819万元，农民人均纯收入6350元。

农业

种植业 民国时期，水稻亩产量180公斤左右。1959年，在白地市公社创办原种场，提纯培育出岳早1号等3个早稻品种及杂交晚稻威优6号，受农业部嘉奖。1985年，水稻平均亩产量650公斤。1992年，以湖南软米为主打品种，创办万福岭高档优质稻基地。1995年，粮食播种面积4603公顷，粮食总产量29366吨。1998年后，大力调整农业产业结构。引进北京胜利等红薯新品种、湘油12号等油菜新品种；油草塘村引进巨峰、藤稔葡萄成片种植；大面积推广双季杂交稻，亩产稻谷750公斤以上；培育种粮大户28户，金泰米业、煌粮米业成为龙头企业。2009年，种烤烟230公顷，新增烤房110座，烟站面积扩增到40000平方米，农民人平增收600元。2013年，土地流转面积758公顷，其中双泉井、大冲等16个村流转土地占耕地总面积80%；发展专业合作组织13个，家庭农场13个；盘塘等9个村打造油菜种植示范片，全镇油菜种植333.3公顷。2014年，耕地面积3873公顷，粮食播面3766公顷，粮食产量32074吨。

养殖业 1983年，灌渡桥村民张植元一次性购进母猪14头，率先发展规模养猪，当年出栏生猪50头。1987年，五七村罗德宏承包0.4公顷山塘养鱼，多品种混养，亩产鲜鱼过吨。1992年，白地市被定为衡阳市模式化稻田养鱼示范乡镇和水产养殖基地乡镇。1995年，出栏生猪4.53万头，山羊1600只，出笼家禽35.19万羽。1996年，铁铺村示范户从山东郓城县调进鲁西黄牛，建立良种牛繁育场。1997年，由全国人大代表刘欢生牵头，成立养猪协会，创办年出栏10万头瘦肉型猪外贸出口生产基地，流泉町、灌渡桥两村被评为规模养殖“明星村”，白地市镇成为全县规模养猪示范小区。2003年，白地市养猪协会一次性引进良种母猪700头，发展养猪大户70多户；远方养殖场年出栏生猪5000头，万福养殖场年出栏生猪逾万头，获省无公害养殖认证，被评为省级标准化规模猪场。2009年，旭成牲畜养殖专业合作社成立，建标准牛舍8栋1.15万平方米，被湖南省和国家农业部授予“标准化示范场”称号，被认定为省一级种牛扩繁场。2012年，彭家湾村建有20000羽机械化规模蛋鸡养殖场。2014年，全镇出栏生猪10.88万头，出笼家禽88.4万羽，水产品产量3980吨。

林业 1955年1月，国营祁东苗圃在白地市宝林庵建立，占地面积32.67公顷，其中苗地12.33公顷。20世纪60年代，在枫树山修建长400米、宽200米的简易飞机场，省林业部门派飞机药杀松毛虫；设立白地市林业工作站和白地市木材购销点，组织元里坪、万福岭、和平3个公社杉木林基地建设。1980年，衡阳地区在白地市召开林木育苗现场会。90年代，万福岭创建个体中心苗圃，镇林业站租地自办育苗基地，油草塘村建成花卉苗木基地；连续6年实施长江中上游防护林工程，完成人工造林100公顷、低效林改造86.67公顷。2001年，组织农村小型生态公益林工程建设，完成荒山造林140公顷、四旁植树16公顷。2008—2009年，清理冰灾林地，在七宝山新建生态林业示范基地670公顷；连续两年实施国家退耕还林项目，营造速生丰产原料林和经济果木林。2014年，林地面积3018公顷，其中有林地2558公顷；松、杉蓄积量42107立方米，南竹18300根，四旁树木69900株，经济林233.3公顷。东方红、禾冲、茶叶塘等村油茶及灌渡桥、凫鸭塘、杨家堰等村中秋酥脆枣和冬枣，形成集中连片规模。

工业

清嘉庆年间（1796—1820），万福岭建有永兴窑，烧制水缸、茶缸及坛坛罐罐。清光绪三年（1377），几家农户合股在七宝山开办5个井口，季节性采煤。光绪八年，以省议员贺治希为首，在七宝山开办煤矿，时有工人300余人。民国26年至民国32年（1937—1943），大利、松林、胜昌等财主合股公司在七宝山开办煤矿，一些大户在西岭冲、铁铺排、禾冲、社公头等地开办小煤窑，民国33年（1944），日军入侵时煤矿、煤窑停采。中华人民共和国成立后，白地市建有民盛染织厂和竹业、木业、缝纫等生产合作社。1950年，中国人民解放军第四野战军某部组建煤炭生产队，在七宝山采煤，取名军民煤矿，1952年，部队移防时停办。1953年5月，地方政府复办，更名七宝山煤矿。1965年，办有县属七宝山（后名墨莳塘）煤矿、锰矿、万福岭陶瓷厂、白地市大米厂，社属禾冲煤矿、农机修理厂、耐火材料厂、型铸厂、电线厂、草席厂、七建公司等。1966—1980年，先后创办市属中型企业白地市钢铁厂及下辖的白钢水泥厂，县属磷肥厂，社属万福岭造纸厂、轧钢厂。1985年，工业企业165家，其中独立核算工业企业17家，从业人员5230人，年产值2666.2万元，比1980年净增1603.6万元，增长1.51倍。20世纪90年代后期，民间资本创办玉龙糖果公司、金泰米业、金泉硅锰合金公司。柏松亭村从事字牌加工200多户，占农户总数59.8%，年创工业产值250万元，成为加工字牌专业村。2005年后，白地市大米厂、县磷肥厂、县力车厂陆续完成改制，墨莳塘煤矿、七建公司、电线厂等国有集体企业因改制成本严重不足未启动改制。2014年，衡阳市弘湘公司出资1.7亿元收购白地市钢铁厂，发放历年拖欠职工工资及解除劳动合同一次性补偿金8000万元，企业破产改制终结；是年，全镇工业企业491个，从业人员8357人，实现工业总产值68350万元。规模以上工业企业5家：煌粮米业、佳宏纸品、惠农商砼、华龙工艺、白钢公司；具有资质的建筑房地产企业1个：湖南揽成房地产开发公司。

商贸服务业

白地市赶集始于清末，习惯早上赶圩，日上市最多达2500人。民国时期，湘桂铁路和湘桂公路相继开通，商贾云集白地市，日杂百货各类店铺92家，横马路、湘桂公路两旁成为商业中心。祁东建县后，成立白地市工商组，管理工商业经营活动。1952年起，陆续设立区供销社、粮食市场、区食品站、农业生产资料门市部、日杂门市部。20世纪50年代末，国营店（站）64个，代购代销点84个。1976年12月，设立白地市过境物资检查站，查处计内物资转计外投机倒把行为。1982年，新建白地市厂棚市场，改变马路市场历史。1985年，有白地市、响鼓岭、万福岭3处市场。1989年，投资600万元，在瞭望街东面建白地市综合农贸市场，占地面积3600平方米。1995年7月，占地公顷，建房11幢，商铺260档的湘南药材城正式开业。因部分经营户违规经营药材，1999年，被省政府责令强行关闭。2006—2008年，镇食品站、五金交电站完成改制，白地市供销社重组为永鑫商贸有限责任公司，将百货大楼改建为超市，实行租赁经营。2009年，农贸市场提质改造，市场占地7420平方米，设固定摊位280个，门面200余个（含市场周边），圩日上市4000人，年交易额1.1亿元。2014年，揽成房地产公司在原县磷肥厂旧址新建博揽农贸市场，占地1500平方米，有固定摊位100个、门面100余个。是年年末，全镇商业门面2600个，大型超市8个，从业人员5800人；各类服务企业38个，其中规模以上服务企业有腾飞驾校和长顺驾校2个，服务企业共有员工163人，年产值1930万元。

财政金融

财政　自成立白地市乡至1983年，乡（社）财政收支由秘书兼管。1984年，成立镇财税所，有干部16人。财政体制先后历经“以收定支”“定收定支，收支包干”“划分收支，分级包干，分灶吃饭，一定五年”等阶段。1995年，财税所更名财政所。2003年农村税费改革后，镇财政收入以转移支付为主，实行“镇财县管镇用”体制。2004年，镇财政负债1889万元。2006年，财政总收入426万元，总支出426万元。2012年，因垫税形成的财政债务全部化解。2014年，财政总收入3819万元，总支出3819万元。

金融　民国11年（1922），老白地市刘景作开设典当铺，营业21年后停办。民国31年（1942），李冬元等人集股开设私营“复兴银行”，民国33年（1944），日军入侵时停办。1953年，县人民银行在万福岭乡开办全县第一个信用合作社。1954年，设立乡信用社。1961年，设立大队信用代办站和农业银行白地市营业所。1968年，信用社、站被关停，1980年恢复。1990年，白地市邮政所开办邮政储蓄业务。1993—1996年，先后设立镇农村合作基金会和镇农村救灾扶贫互助储金会，存贷款余额超亿元。1999年，农村“两会”停业整顿，基金会并入当地信用社，储金会清盘关闭。2009年，农行白地市营业所升格为分理处。2014年，有白地市和万福岭两家农村信用社及农业银行、邮政银行分设的支行，金融从业人员34人。中国人寿、泰康人寿两家保险机构亦在镇内设有经营网点。

基础设施

交通运输

公路　民国25年（1936）8月，衡桂公路竣工通车，境内里程9公里。1956年11月，白（地市）紫（云桥）公路白地市—官家嘴段竣工通车，境内长9公里，新建白地市汽车站投入营运。

1965年,开通县内客运班线3条。20世纪70年代,先后修通万灌(万福岭—灌渡桥)、谷张(谷陂塘—张木皂)、白龙(白地市—龙眼凼)、枫荷(枫树山—荷叶坳)、白铁(白地市—铁炉冲)5条公路,新增公路总里程23.9公里;过境322国道和白紫公路铺装沥青路面,白铁公路完成混凝土硬化;县内客运班线增加到6条。80年代,过境322国道路面扩宽到12米以上,上游街路段降坡3米,完成混凝土硬化;新开通白地市—黎家坪县际客运班线1条;白地市—邵东、白地市—邵阳地市际客运班线2条;县内客运班线增至11条。90年代,扩建白地市汽车站保养场,新建汽车保养厂;完成枫荷线砂改油路5公里;新开通白地市—永州地市际客运班线1条,白地市—布吉(深圳)省际客运班线1条。2000年,白地市汽车站改扩建候车室和售票房共800平方米,硬化站内停车场10000平方米,2002年,被评为三等客运站。2003—2005年,过境317省道白地市—城连墟段改造成宽5.5米砼路面;新开通白地市—长沙地市际客运班线1条,白地市—衡阳华新客运站县际客运班线1条;按山岭重丘4级标准启动白地市至杨梅公路改造。2006年9月,建成白地市汽车客运站,占地面积7800平方米,停车场面积5000平方米,站房面积880平方米。2009年8月,启动白地市—三口湾公路改造工程,新路改为集镇北侧通行,境内总里程14.5公里,2012年完工。至2014年,47个村完成通畅工程,硬化通村公路总里程124.2公里。

铁路 民国27年(1938),湘桂铁路建成通车,设白地市车站,办理客货运输。1951年,旅客发送量32250人次;货物发送量37621吨,到达量9001吨。1984年,车站设5股道(其中一条军用线)、3个站台(其中一个专用站台)、3个货台,候车室206平方米,有职工53人。1986年,新建万福岭火车会让站。1995年,白地市车站旅客发送量23.46万人;货物发送量72125吨,到达量106546吨。2003年,白地市车站定为四等货运站。2005年,白地市火车站停办客运业务。

邮政通信

邮政 民国12年(1923)11月,建立老白地邮政代办所。民国26年(1937)5月,元里坪、铁塘桥、毛坪分别设立邮政信柜。中华人民共和国建立后,先后开通祁阳—白地市自行车邮班和白地市—黄土铺、白地市—石亭子邮班。1953年,设白地市邮政营业处,1954年,改为白地市邮电支局。1958年下半年,设立白地市邮电局,增开电汇业务。1962年,复称邮电支局。1974年,开通白地市—西冲摩托车邮路。1985年,新建邮电支局综合楼,建筑面积818平方米,开通自行车班邮路8条,负责县域西部4个区邮件的转接转发。1998年,邮政电信分设,建立白地市邮政支局。2014年,邮政网点1个,投递线单程560公里,投递点50个,乡村通邮率100%;快递公司9个,年业务量300万元。

通信 民国14年(1925),白地市从祁(阳)衡(阳)线路接线,始通电话。民国25年(1936),从祁阳县城架铁质单线1条,专供乡公所和警察所通电话。1951年,白地市安装磁石交换总机一部,风石堰、紫冲、和塘坪等地电话通过总机接转。1954年,设电话交换所,开始办理长途电话业务。1956年,新建白地市邮电所,开办长途电话。1958年,开办电报业务。1978年,磁石机改为拨号自动交换机。1981年,各公社安装磁石总机,配电话员。1982年,白地市邮电支局职工邹礼友受国家邮电部工会表彰。1990年2月,白地市农话改制,进入市话联网,新增洪桥—白地市电报电路1条。1996年,建成万门程控电话大楼,开通5000门程控电话,居民始装家庭电话。1997 年，安装高 100 米移动信号接收基站 1 座，陆续在偏远乡村安装小基站 30 座，移动信号覆盖全镇。2014 年，固定电话入户率 60% 以上，农户手机使用率 80% 以上，宽带入户率 70%。

供电饮水

供电 1950 年，七宝山煤矿使用 10 千瓦锅驼发电机发电，用于矿山照明和通风。1972 年 6 月，祁白（祁阳—白地市钢铁厂）、黎白（黎家坪—白地市）两条 35 千伏输电线路竣工送电。1975 年，架通白地市—庙冲 35 千伏输电线路。1978 年，建成铁塘桥水库电站，装机 2 台 250 千瓦。1992 年在徐家村建成白地市 110 千伏输变电站，安装 20000 千伏安变电器 2 台，原 35 千伏变电站停止运行。1995 年，村办小水电站 1 座，装机容量 7 千瓦，年发电量 1550 千瓦时；全镇农村年用电量 135 万千瓦时。2005 年，农村用电量 458 万千瓦时。2006 年，开始农村电网改造。2012 年，万福养殖公司完成投资 288.46 万元，建成大型沼气工程，装机发电功率 50 千瓦，年发电 18.25 万千瓦时。2013 年，远方养殖公司完成投资 315 万元，建成沼气工程，安装 80 千瓦沼气发电机组一台，年发电 19.2 万千瓦时。2014 年，农电站 1 个，35 千伏变电站 1 座，110 千伏变电站 1 座，10 千伏以上输电线路 12 条，总长 296 千米，安装变压器 425 台；29 个村完成农村电网改造，全镇年用电量 1952.6 万千瓦时。

饮水 1991 年，建成乌山冲水库水厂，日供水 12000 吨，安装直径 50 厘米以上供水管网 45 千米，供应白地市镇及附近 9 个村村民用水。2008 年，农村安全饮水列为政府为民办实事项目之一，当年打压水井 50 口。2009 年，新建七丫町饮水工程。2013 年 10 月，上岸塘村扩建水井并兴建蓄水池，日供水 1000 吨，铺设供水管网 4.5 千米。同年 12 月，投资 700 万元，建成铁塘桥水厂，日供水 2000 吨，铺设供水主管 14.25 千米。2014 年，新增压泵井 50 口，唐福冲水厂供水管网连通白地市镇，饮用自来水人口扩增到 40000 人。

水利建设

1956—1958 年，修建铁塘桥小（一）型水库和赤母皂、淡公塘、灯芯冲、上岸塘 4 座小（二）型水库。1965 年，新修碟子塘小（二）型水库；铁塘桥水库扩建为中型水库，干渠总长 35.5 千米，有效灌溉面积 1770 公顷。1966 年，修建乌山冲小（一）型水库，总库容 410 万立方米，干渠总长 13 千米，有效灌溉面积 486.7 公顷。20 世纪 70 年代，修建堰坝 43 座，总蓄水能力 128 万立方米。1991 年 6 月，灯芯冲小（二）型水库出现严重漏水和管涌，组织 130 多名劳力，历时 2 天 2 夜，排除险情。1993 年，新修大冲小（二）型水库。1995 年 5—6 月，杨柳町、万福岭、毛田湾、灌渡桥 4 村创办全县夏修水利示范点，用混凝土或块石浆砌硬化山平塘 126 口。2005 年，电灌站 11 座，装机 11 台 179 千瓦，总灌溉面积 133.3 公顷。2010 年，投资 1888 万元，实施铁塘桥中型水库除险加固工程。2011—2013 年，投资 1184 万元，完成淡公塘、上岸塘、碟子塘、大冲 5 座小（二）型水库除险保安工程。2014 年，六角井村列为县级水利示范点，护砌塘坝 10 口、沟渠 1200 米，柏松亭、燕子窝、双凤 3 村清淤渠道 12 千米，硬化渠道 3.5 千米。

镇村建设

集镇 民国时期，白地市形成小集镇，1937 年，有 5 个小院子，42 户，128 人，101 间房子，建筑面积 1625 平方米。湘桂铁路通车后，商贸云集，办行开店 92 家，形成横马路和新街 2 条街道。1952 年，白地市区公所设于此，县属区属各单位及企业陆续入驻，新建街道4条。1980年后，新修白钢街、健康街、政府街、瞭望街等6条主要街道，新增城区面积1平方公里。1985年，街道12条，其中硬化4条。1986—1989年，修排水沟3600米，房屋建筑总面积116792平方米，人平居住面积10.3平方米。1995—2010年，投入资金2.6亿元，硬化车站街、政府街、祁磷大道等13条街道，城镇常住人口2.8万人。2011—2013年，投资190万元，推进街道绿化建设；投资150万元，接通唐福冲—白地市供水主管道；投资120万元，安装新型节能路灯400盏；投资550万元，硬化白钢路南段及亭村、北街等5条街道，总长4250米。2012—2014年，投资200万元，主要街道两旁植树，全部安装路灯，拆除临街厂棚，跻身全国首批重点建设镇行列。2014年，城镇建成区面积3.1平方公里。

乡村 2000年后，14个村陆续新建村部，建筑面积1700平方米，新建农村党员、干部远程教育站点38个。2006年，流泉町村列为衡阳市社会主义新农村建设示范点，村民原有住房全部拆除，在过境322国道两旁建成街道，65户村民当年搬入新居，新建房屋统一设计、建设，多为四层复合型住房。硬化村道5.27公里，建沼气池64口，公共场地全面硬化、绿化、亮化，家家户户用上干净卫生的自来水，2008年被评为省级文明村。2009—2010年，以白地市中心集镇为龙头，带动乌山冲、流泉町、灌渡桥、上岸塘、元木冲5个村，组织流泉町新农村示范片建设，县直51个副科以上单位驻村帮扶。片内258户生猪规模养殖户379栋栏舍全部落实雨污分流处理，建成装机容量50千瓦、1000立方米中型沼气池1个，户用或联户用的上滚浮罩式沼气池765口，沼气入场率100%，入户率50%。示范片核心养殖场被评为国家农业部“两型”生态标准化养殖示范场。元木冲被评为全国基层组织建设示范村。

社会事业

教育科技

教育 清宣统二年（1910）6月，元木冲双忠祠开办鼎新义学，后更名鼎新两等小学堂，民国22年（1933），改名县立第八高级小学校。民国32年（1943），刘氏创办私立崇汉中学，设枫树山双凤祠，民国36年（1947）春，迁入祁阳天马山。翌年，振中、保麓两乡在白地市（含赤塘、赵坪铺等地）办有保国民学校31所，私立校2所。祁东建县后，公立学校由县教育部门接管，私立校土地改革后转为公办。20世纪50年代，办有职工业余教育、干部业余学校、县林业中学、铁塘桥完全小学和白地市附中。60年代中前期，办有教师进修分校（1966年停办）、民办耕读小学。1969年，开办白地市区中学和白地市、老白地市、枫树山、元里坪、万福岭、谷陂塘6所公社初级中学。1975年，各村办有小学，多为民办教师执教。1980年，白地市区中学改为祁东县第七中学，开办高中班，后加挂县职业中学牌子。1985年，小学41所，在校学生5903人；初中6所，在校学生2553人。1986年，县职业中学迁县城，恢复开办县七中；私立智开中学在白地市开班，以招收高中复读生为主。1988年，白地市镇中心小学进入衡阳市100所文明学校行列，白地市镇成人教育中心和元里坪、万福岭两所乡农校被评为衡阳市合格农民文化技术学校。1989年，撤销老白地市和铁塘桥两所乡中学。1991年，撤销谷陂塘中学。2000和2005年，杨柳岭和万福岭两村分别办有1所私立九年一贯制学校。2009—2011

年，撤销枫树山和万福岭两所小学，灌渡桥小学、镇中心小学、元里坪小学、镇中学、枫树山中学先后建成义务教育合格学校。2013年，境内第一所农村公办幼儿园——白地市镇中心幼儿园开班招生。同年，撤销县七中，白地市镇中学迁入七中校址办学，镇中学校址用于办镇属第一中心小学，原镇属中心小学校址用于开办第二中心小学。2014年年末，幼儿园24所，幼师94人，在园幼儿2391人；公立教育机构有小学12所、初中3所，共有教师486人，在校学生6468人；私立学校1所，在校学生407人，教师25人。

科技 1953年，设立万福岭农业技术推广站。1955年，设立区农技站，1971年，设立镇农科站，1979年，设立区、镇科协。1990年，推广稻草还田免耕法。1995年，在彭家湾村组织杂交早稻威优974和金优974示范试验，实现早稻亩产超晚稻，单季亩产稻谷超500公斤。1997年，白地市养猪协会在会员中推广饲料湿喂、生猪自动饮水等技术。2009年，在元木冲村试点，推广生态高效型和环境友好型农业生产新技术。2014年，各类科技人员199人。

文化体育

文化 1919年五四运动后，白地市组织多个花鼓戏班社，常到农村集镇演出。1951年11月，宝林庵创办祁剧新字科班，后改称人民剧团。1952年，班社艺人到零陵地区组织零陵花鼓剧团。1953年春，白地市设立全县第一个基层文化站。1958年，公社设立文化馆，耕作区设立文化站。20世纪70年代，区建立电影放映管理站，公社建立电影放映队；县新华书店设立白地市门市部；公社建立广播站，配专职广播机线员。80年代，成立镇文化中心；建立万福岭乡农民文化宫；开办和平业余祁剧团；新建白地市电影院和毛坪乡电影院；松林桥村与驻军某部共建松林桥“青年之家”；建立图书流通站和集体借书包。1983年，架通区站至社站广播专线，农户喇叭入户率50%。1987年，安装调频广播发射机，停止使用广播专线；广播站改为广播电视站，购进录像放映机，自办节目，发展有线闭路电视。1995年，县广播电视局在乌山冲村建成一座高60米、发射功率50瓦的微波电视发射铁塔。1996年，流泉町村图书室被评为衡阳市先进图书室。1998年，建成镇有线电视站，全镇电视覆盖率100%。是年，衡阳市文联在白地市镇石头山村举办“祁东渔鼓精英大奖赛”，赛期6天，39名渔鼓艺人参赛，白地市邹华山、邹昆山兄弟俩获表演一等奖。2001年，架通县城至乌山冲地埋式电视光缆。1999年，白地市镇被评为“全国百优群众文化艺术之乡”。2009年，兴建文化综合服务大楼，建筑面积3480平方米，内设活动大厅、培训室、图书阅览室、棋牌室等8个功能室。2010年，启动数字电视平移工程，开通高清数字电视，电视节目由38套增至74套。2012年，各村及居委会均建立农家书屋，藏书13万册。2014年，有线数字电视覆盖全城区。专业渔鼓队3支、艺术花鼓团1个、中西乐队6支、腰鼓盘鼓队5支；拥有中国曲协会员5人，湖南省曲协会员4人。

体育 民国30年（1941），化龙町建有篮球队。1952—1954年，墨莳塘煤矿建有职工篮球队，白地市建有农民篮球队，利用业余或节庆期间组织队间竞赛。1987年，白地市农民代表队参加全县首届农民男子篮球运动会，获第三名。2014年，油草塘、流泉町等8个村建有篮球场，彭家湾、上岸塘等9个村建有健身路径；全镇广场舞队6支，标准环形跑道体育场3个，篮球场26个。

医疗卫生

医疗 1952年，白地市、和塘坪分别设立第七区卫生所和第八区卫生所，区设中心联合诊

所。1958 年，两个区卫生所与区诊所合并，组建白地市公社卫生院。1966 年，在长山岸动工兴建祁东县人民医院白地市分院，次年 7 月正式开业，不再保留白地市公社卫生院。1969 年，县人民医院白地市分院改称白地市区人民医院，各公社设立卫生院。1970 年，推行农村合作医疗制度，大队设医疗室，配赤脚医生。1981 年 10 月，新建区医院门诊大楼，建筑面积 1998 平方米。1984 年，公立医院有白地市区医院和白地市、元里坪、枫树山、万福岭、谷陂塘 5 个乡镇卫生院；卫生院共有房屋 2810 平方米，工作人员 37 人，病床 26 张；企业设医务室 2 个，村卫生室 40 个。1986 年，白地市区医院有职工 89 人，床位 100 张，1995 年，区医院改称白地市镇中心卫生院，评定为一级甲等医院，1996 年，加挂祁东县第二人民医院牌子。2007 年，镇中心卫生院晋升为二级综合医院。2014 年，公立医院 5 个，村卫生室 47 个，个体诊所 10 个；县第二人民医院（白地市镇中心卫生院）占地 4600 平方米，建筑面积 18595 平方米，有床位 240 张，职工 296 人，其中在编医技人员 217 人。

卫生　1986 年，启动城镇环境卫生管理，兴建公厕 1 座，招聘 3 名清洁工。1997 年，购置环卫垃圾运输车一台、建垃圾池 12 处，招聘环卫工 15 人。2000 年后，陆续购置洒水车、清运车各 2 台。2007 年，流泉町和油草塘两村率先治理乡村环境卫生。2008 年，实施乡村清洁工程，沿 322 国道的东风、松林桥等 10 个村、3 个居委会和商贸城，沿 317 省道的大冲、茶亭等 14 个村，列为重点整治地段，共投入资金 200 万元，兴建垃圾池 100 个，添置垃圾箱 40 个，村村聘有常年卫生保洁员；组织污染环境的猪场搬迁改造，发动农户建沼气池 2800 口。2010 年，实施农村改厕工程，灌渡桥、流泉町两村各建三格式无公害卫生厕所 200 座。

社会保障

“五保”供养　1956 年农业合作化后，农村无依无靠老人由集体实行“五保”，20 世纪 60 年代，将孤儿纳入“五保”。1985 年，开办敬老院，将部分“五保”老人收入敬老院集中供养。1997 年，敬老院迁入原元里坪乡政府旧址。2014 年，敬老院占地 1.2 公顷，建筑面积 2860 平方米，设床位 65 张，配工作人员 3 人；建有村幸福院 6 个、五保之家 1 个。是年，全镇“五保”对象 475 人，其中集中供养 55 人，分散供养 420 人，发放“五保”供养金总额 145.81 万元。

最低生活保障 2000 年起，实施城镇居民最低生活保障制度。2007 年起，实施农村居民最低生活保障制度。2011 年，核定城镇低保 485 户、960 人，发放低保金 145 万元；核定农村低保 2224 户、2337 人，发放低保金 172 万元。2014 年，核定城镇低保对象 323 人，发放低保金 12 万元；核定农村低保 1893 户、2499 人，发放低保金 310.15 万元。

养老保险 2012 年，启动城乡居民社会养老保险制度，当年参保 27993 人。2014 年，参加城乡居民社会养老保险 30815 人。

医疗保险 2007 年起，实施新型农村合作医疗制度。2010 年，参加新农合 53576 人。2014 年，全镇新农合缴费 60342 人，参合率 93.37%。

特色地情

历史人文

禾冲村人官同生（1948—1981）烈士系公安部一级英雄。花竹村人邹祖溪为祁东渔鼓开拓者，渔鼓表演艺术家。东方红村人席南华，2005 年，获第十届陈省身数学奖，2007 年获国家自然科学奖二等奖，2009 年当选中国科学院院士。

邹祖溪（1922—1987），又名邹祖曦，艺名董乃仉，17 岁拜师学唱渔鼓。1952 年 9 月，以一曲《廖仁福的互助组》参加中南区第一届戏曲观摩演出，获演出奖。1981 年，被评为全国文艺工作先进个人，赴京参加全国文艺先代会。1983 年，湖南人民广播电台专题介绍他的事迹，湖南省文化厅授予“民间艺人的好榜样”称号。毕生从事渔鼓演唱和创作，搜集创作渔鼓曲目 400 多部。历任祁东县曲艺家协会主席、衡阳市曲艺家协会副主席等职。

风景名胜

七宝山 又名七姑岭，位于七宝山村，最高点海拔 335 米。相传明洪武年间（1368—1398），7 位仙姑身带 7 种宝藏，化作 7 种颜色的鸟，飞到此山树上嬉戏，恰巧一猎户到此，见状打下一只黑鸟，其他 6 只飞走了，故此地只留下煤一种矿藏。乡人塑像建七姑庵。明万历三十六年（1608），庵毁于火。天启三年（1623），邑人张嗣兴重建。《湖南地理志》将七宝山作为祁东四处名胜之一予以记载。

老白地防护林 位于老白地村，起于 317 省道左家桥，止于香花塘村，全长 3 公里，纵贯香花湾。20 世纪 80 年代，老白地乡党委、政府在车碧江左侧修建一条长 3 公里、宽 3.5 米的机耕道，两旁及车碧江右侧并排种植 3 排水杉共 5000 棵，作为防护林。历经 30 多年，水杉长成高约 15 米、树径 30 厘米的大树，春天在阳光下油光发亮，秋天树叶黄得耀眼，成为当地最亮丽的乡村风景线，湖南省将之列为风光保护带。

（文字供稿：白地市镇党政办　图片供稿：祁东县志办）

黄土铺镇 >>

区域概况

位置面积

因境内黄土坡得名。地处县域西北部，东临白地市镇，南接石亭子镇，西抵官家嘴镇，北交马杜桥乡和邵东县石株桥乡。2014 年，辖区东西最大距离 13 公里，南北最大距离 17 公里，总面积 92.9 平方公里。镇治驻大荣村，距县治 31 公里。

建置沿革

明清时期，属祁阳县永昌乡。民国 28 年（1939），属祁阳县武忠乡。民国 36 年（1947），属祁阳县民有乡。1950 年 9 月，属祁阳县第九区。1952 年 8 月，始设黄土铺乡，属祁东县第九区。1956 年 6 月，驷马、马鞍、三星、准提 4 乡并人，属黄土铺办事处。1958 年 10 月，为黄土铺人民公社一个耕作区。1961 年 8 月，黄土铺人民公社改称黄土铺区，黄土铺耕作区改设为黄土铺人民公社，属黄土铺区。1984 年复称黄土铺乡，同年撤乡建镇，属黄土铺区。1985 年 10 月，石亭子乡的永兴、双合 2 村并入。1995 年 4 月撤区，三星、上升 2 乡划入。

行政区划

1995 年，辖福星街、马路街 2 个居民委员会，泉溪、华门、军民、双合、留余、大荣、上升、同心、中心、永兴、准提、马安、万福、明星塘、秋塘、庙岭、日升、五龙、塘山、三星、戈马、堰头、四马、花桥、寿岭、高椅、楠木冲、卫星、炳溪、大马、大正、新民、株木、上福冲、五四、七姓、文茂 37 个行政村；下设 13 个居民小组、425 个村民小组。

自然环境

地属丘陵，地势由东北向西南倾斜。东北部山岭相连，南部土丘交错，中部较开阔平坦，两福町面积 200 公顷。土壤以红色石灰土为主，兼有鸭屎泥紫色土。年平均气温 17.8℃，年均降水量 1070 毫米，局部暴雨时有发生。年均无霜期 282 天。铁矿探明储量 10 万吨以上，泉溪村有水晶石，戈马村有冰洲石，小部分村重晶石裸露。

人口民族

1995 年，辖区总人口 45147 人，其中男性 23725 人，女性 21422 人。2006 年，总人口 44375 人，其中男性 23506 人，女性 20869 人。2014 年，总人口 48491 人，其中男性 25958 人，女性 22533 人，分别占 53.53% 和 46.47%；人口出生率 12.02‰，死亡率 1.75‰，自然增长率

10.27‰。人口以汉族为主，少数民族有苗族、壮族、哈尼族、傣族、布依族、土家族、侗族、瑶族、黎族、满族、拉祜族、佤族、彝族、布朗族等136人，占总人口的0.28%。人口密度每平方公里522人。

经济发展

经济综述

黄花菜是当地著名的土特产品，年均种植面积近700公顷，年产干黄花菜突破2000吨，黄土铺集市成为县内黄花菜集散中心，祁东黄花菜产品远销海内外。红薯粉丝加工形成传统产业，建有薯粉加工一条街、加工专业村和一批规模加工企业，民营工业发展迅速，年加工、销售红薯粉丝产品逾3万吨，“祁富”牌系列薯粉产品被评为无公害食品和中国知名品牌。2014年，粮食总产量2.54万吨，工业总产值10.5亿元，财政总收入3248万元，农民人均纯收入5759元。

农业

种植业 民国时期，一般只种一季水稻，亩产量在200公斤以下。1956年，推广晚稻种植。1963年，七姓大队试行“稻稻肥”模式，在收割两季水稻后种植绿肥作物紫云英20公顷，获得成功，在全县大面积推广。1980年，双季稻平均亩产657.9公斤。黄花菜是境内土特产，1985年，种植面积620公顷，亩产量77公斤，总产量716.1吨。1995年，粮食播种面积3016公顷，粮食总产量20539吨。是年，大面积推广食品添加剂（焦亚硫酸钠）和脱水免蒸黄花菜加工保鲜技术。2001年，黄花菜种植区域由旱土向稻田发展，当年新增黄花菜面积134公顷。2002年，中国绿色食品发展中心认定祁东黄花菜为绿色食品A级产品。2003年，推广新品种祁珍花面积573.3公顷。2005年，利用世界银行贷款，在大荣项目区组织农业科技绿色黄花菜项目建设，改造中低产田726.7公顷。2013年，创建33.3公顷集中连片“一季再生稻”生产示范基地，一季稻亩产601公斤，再生稻亩产205公斤。2010—2014年，黄花菜年均种植面积660公顷以上，年均黄花菜产量2000吨。2014年，耕地面积2976公顷，粮食播面2894公顷，粮食总产量25359吨。

养殖业 1980年，在三星公社与石亭子公社交界处建立县种畜场，占地13公顷，养良种母猪91头，公猪4头。1995年，全镇出栏生猪3.16万头，出笼家禽38.5万羽。2008年，创办泉溪村静鹤养殖场，年出栏生猪3800头。2014年，全镇出栏生猪8.39万头，出笼家禽45.72万羽，年产肉类7246吨，水产品产量2920吨。

林业 20世纪50年代，黄土铺为县内用材林重要产地。1955年4月，设立黄土铺木材收购组。1958年，设立黄土铺林业工作站，山林权收归公社所有。1960年7月，组织飞机药杀松毛虫。1964年，黄土铺被县里定为杉木林建设基地。1975年下半年，组织公路沿线社员参与洪太（洪桥—太和堂）林带挖山整地绿化大会战。1986年，全镇果园面积1630公顷，其中柑橘1350公顷。1992年，建香甜柚基地23.3公顷。1995年，大面积开发丘岗山地，卫星、高椅两村在三星小流域种植橘树38公顷，建椪柑基地54公顷。2002年，实施退耕还林工程，镇林业站干部肖拥军连片租赁华门、大荣等6个村400公顷坡耕地和荒山造林。2005年，岳阳纸业集团投资600万元，在境内租地955公顷营造湿地松，聘请31名山林管理员，每年组织专业队对幼林进行两次抚育。2014年，林地面积2983公顷，其中有林地2916公顷；农民住宅四旁植树12万株，全镇活立木蓄积量11万立方米；小水果种植面积1000公顷，产量2516吨。

工业

民国26年（1937），黄土铺有铜货店，加工首饰。中华人民共和国成立前夕，开办木器加工店7家、缝纫店3家。1955年，成立木器生产合作社，后更名农具厂。1956年，成立缝纫生产合作社。20世纪60年代，成立公社建筑队，后发展为县第五建筑安装工程公司。1973年11月，开办长安煤矿。1975年，创办上升陶器厂。1985年，创办黄花菜加工厂，产品销往美国、日本、菲律宾等国家和香港等地区。1986年，创办三星水泥厂，年产水泥1.8万吨左右。1994年，三星乡以土地作价入股，黄土铺区与港商合资在七姓村创办恒益水泥厂，建成年产8.8万吨水泥生产线。五四村有加工红薯粉丝传统，1995年，购回加工机械，改小作坊手工作业为机械自动化作业，50%以上村民从事薯粉加工，成为闻名远近的薯粉加工专业村。是年，石亭子镇村民谢富生入驻黄土铺镇，创办吉祥食品有限公司，年加工销售红薯粉丝1.5万吨,公司研发的“祁富”牌礼品粉丝，被国家农业部评为无公害食品。2001年，100多户薯粉加工专业户聚集黄邵南路，形成薯粉加工“一条街”，年加工红薯淀粉万余吨。2002年，村民邹朵云引资创办朗玛食品有限公司，购进马来西亚成套设备，年产粉丝9000吨。2006年，肖祥吉创办湖南新发食品有限公司，有员工368名，其中专业技术人员27名，厂房占地面积4公顷，建筑面积18000平方米。2013年6月，李翠红创办湖南龙旺食品有限公司，年加工粉丝32400吨。2014年，全镇规模以上工业企业7家，其中农产品加工企业6家（吉祥、明辉、新发、龙旺、劲松、海龙6个食品有限公司），家具加工企业1家（宝莲家具有限公司）；个体加工户900余户。民营企业总产值10.5亿元，成为全县民营企业重点镇。

商贸服务业

明末清初，黄土铺形成集市，逢农历一、四、七赶集。民国时期，年销售黄花菜1000吨左右。民国35年（1946），设立木材市场，成为周边地区木材交易集散地。1951年，成立黄土铺工商组，管理境内工商业经营活动。1952年，设立第九区供销社，发展乡镇供销分社。1954年，设立粮食市场和食品站，建成生产资料仓库，开设农业生产资料门市部。1959年，设立日杂门市部，经营日用工业品。20世纪60年代初期，镇内销往香港的“金鸡牌”黄花菜备受青睐,被列为“信得过”商品免检上市。1982年后，黄花菜被划为三类农副产品，允许自由买卖，黄土铺成为县内黄花菜集散中心，年交易黄花菜550吨，大部分经白地市、城关镇等地中转出口东南亚及西欧。1985年，黄土铺市场占地面积13400平方米，其中厂棚面积3150平方米，圩日上市8000人。1988年，商业批零网点93个，个体商业及饮食服务店（点）1232个。1997年，改建大荣市场，占地面积2155平方米，建筑面积938平方米。2010年，投资4000多万元，改造黄土铺集贸市场，设摊位170多个，形成黄土铺薯粉专业批发市场，年均成交红薯粉条5000吨。2014年，全镇商业网点521个，集市贸易成交额2143万元，社会消费品零售总额7143万元。

财政金融

财政 自成立黄土铺乡至1983年，乡（社）政府无单独财政。1984年下半年，设立镇财税所，负责政府财政收支管理及农业各税征收，1995年，更名财政所。2004年，镇财政负债1604.6万元。2006年，财政总收入478万元，收支基本平衡。2012年，因垫税形成的财政债务全部化解。2014年，财政总收入3248万元，收支持平。

金融 1954年，设立黄土铺、上升、三星

3个乡级信用合作社。1961年，设立农业银行黄土铺区营业所，以大队为单位成立信用代办站。1968年，信用社、站全部关停，1980年恢复。1988年，邮政部门开办邮政储蓄业务。1993年成立镇农村合作基金会。1995年，上升信用社并入黄土铺信用社。1996年，成立镇农村救灾扶贫互助储金会。1998年，县人寿保险公司在镇内设立保险站。1999年，农村“两会”全部清盘关闭。2006年，村信用代办站被撤销。2009年，农行黄土铺营业所升格为分理处。2014年，金融机构有农业银行、邮政储蓄银行和农村信用联社下设的经营网点。

基础设施

交通运输

1958年，启动黄石（黄土铺—石亭子）公路建设。1959年，途经境内的白紫（白地市—紫云桥）公路建成通车，租用民房开办黄土铺临时车站，开通往返县城客运汽车，每日6个班次。20世纪70年代，白紫公路过境段铺装沥青路面；修通新上（新塘冲—上升）公路、黄寿（黄土铺—寿岭冲）水库专用公路、大上（大胜山—上福冲）水库专用公路、石大（石亭子—大胜山）公路，新增公路里程24.4公里。1989年，开通上升—衡阳市华新县际客运班线，全程94公里，每日1个班次。2003年起，实施通乡工程，先后完成上福冲—白毛滩、界岭—上岸塘、黄土铺—治塘、新塘冲—翅干山4条通乡公路，新增四级公路里程37.01公里。2007年起，改造硬化通村公路。2009年年底，317省道改造工程境内段开工建设，新路避开集镇，2012年竣工通车。至2014年，36个村完成通畅工程，硬化通村公路总里程118.62公里。是年，开通上升—衡阳专营客车。

邮政通信

邮政 民国12年（1923），设立黄土铺邮政代办所。1950年9月，境内邮递业务属白地市自行车邮班。1952年，属白地市至石亭子邮班。1953年4月，设立黄土铺四等邮电支局。1985年，自行车邮路9条、步班4条。1998年，设邮政所。2005年，升格为邮政支局，开办特快专递业务。2014年，申通快递公司在境内设网点。

通信 民国36年（1947），黄土铺安装5门总机，接转梅溪、新福、草源冲等地单机电话。1951年，黄土铺安装磁石交换总机。1954年，建立电话交换所。1958年下半年，增开电汇业务。1971年，公社安装总机、载波机。1985年，黄土铺邮电支局配磁石交换机1部、单路载波机2部、配线架1部。1994年，开通程控电话。1998年设立电信支局。2010年，接入光缆，各村远程教育网点全面开通上网业务。2014年，电信服务网点3个，电话交换机总容量3160门，固定电话用户1963户，移动电话用户22860户；互联网端口2400个，网络用户1133户。

供电饮水

供电 1963年，区农机站建发电房，用柴油机发电，供区公所驻地各机关及居民用电。1975年，建成上福冲水库电站，装机3台525千瓦；电网开始对境内供电。1985年，建成炳溪冲水库电站，装机2台250千瓦。1994年，建成张飞岭35千伏输变电站，安装150千伏安主变压器2台，高压电基本普及境内。1995年，农村用电量72.98万千瓦时。1999年11月起，启动农村电网第一期改造，大荣、大正、五四等村率先组织户改。2004—2005年，实施第二期农网改造，五龙、明星、上福冲等16个村实施网改。2005年，全镇用电量226万千瓦时。2011年，黄土铺35千伏变电站完成扩容改造。2012年，启动第三期农网改造和农网中西部完善工程建设，留余、戈马、楠木、泉溪4个村实施网改。2014年，24个村完成农网改造，全镇年用电量1278.58万千瓦时。

饮水 1985年3月，委托湖南省地矿局417队进行水源勘探，利用虾公井水源，打成深141.58米的水井，安装6JD-48156深井水泵一台。在区粮站附近山头建容量400立方米的蓄水池，铺设供水主管道13千米，建立自来水公司，1989年年底，开始供水。2006年，利用炳溪冲水库水源，投资120万元，建成炳溪冲自来水厂，铺设干线供水管道6.8千米，设计日供水能力3000吨，2007年6月投产。2013年11月，建成上福冲水厂，日供水4500吨。2014年，全镇自来水普及率99%。

水利建设

1958年冬，在上福冲大队兴建上福冲小（一）型水库，在四马大队兴建寿岭冲小（一）型水库。1959年，设立黄土铺机电管理站，指导和管理辖区内农业机械和水利电力工作。1963年，设立黄土铺中心排灌站。1965年，上福冲小（一）型水库扩建为中型水库，有效库容1082万立方米，有效灌溉面积1285公顷。1973年9月，在楠木冲大队修建小（一）型水库，有效库容310万立方米，有效灌溉面积500公顷。1989年，竹子冲水库实施扩建工程，有效库容增加至11.4万立方米，有效灌溉面积31.3公顷。1990年，楠木冲水库扩建，有效库容增加11万立方米；完成上福冲中型水库坝基和右干渠护砌、左干渠砼防渗。1992年，臭鱼塘水库外坡出现纵向裂缝，引起滑坡长30多米，经抢险解除险情。1997—2005年，先后对上福冲、寿岭冲、炳溪冲3座水库实施除险保安工程。2006年，双丫塘、二锅头、治雅冲等5处电灌站装机5台123千瓦，灌溉农田127公顷。2012—2013年，分别投资120万元和150万元，完成治雅冲、长坝冲两座小（二）型水库除险加固工程。2014年，水库13座，总蓄水量2039.25万立方米，灌溉面积2600公顷。

镇村建设

集镇 民国时期，黄土铺有街道4条，总长1500米，有南杂、百货、油盐店等20余家。中华人民共和国成立后，小城镇建设加快。1988年，街道8条，总长4530米。其中马路街、信城街等4条为柏油路面；大营街、新街、横街和几条小巷为水泥混凝土路面。各类建筑面积15万平方米。1990年，始设城建站。1994年起，组织土地出让，规划新辟商城街、教师街、朝阳街和集贸市场。1997年，在马路街建成占地面积1公顷、建筑面积2000平方米的镇党政机关办公楼，同步建成建筑面积1000平方米的财税所和计生服务楼；在黄邵路建成建筑面积400平方米的城建站办公楼、6000平方米的国土办公楼。2003年，过境白紫公路改造为砼路面。至2005年，累计投入城镇建设资金3.35亿元，扩建、改建街道3条，安装路灯260盏；开发商业门面房672间。2013年，改建3个集贸市场，开发商品房5900平方米。2014年，城镇建成区面积2.7平方公里。

乡村 2007年，以大荣村为试点，启动社会主义新农村示范村建设，硬化村庄院落道路2条计800米，打深水井50口，150户农户安装自来水，建成村部活动室18间，计500平方米。2014年，33个村建成村部活动室。

社会事业

教育科技

教育 民国时期，黄土铺私塾种蕉书斋在县内享有盛名，肖氏开办私立尊德小学，中华基督教循道公会在福音堂创办天主堂惠民小学，驷马堂创办民有乡第一中心国民学校，大荣、大正、永兴等地办有保国民学校或私立小学共9所。祁东建县后，公立校归县教育部门接管，私立小学陆续转为公办，其中惠民小学更名大正小学，后发展为黄土铺中心小学。20世纪50年代末，公办小学17所。60年代初，创办农业中学、教师进修学校和黄土铺附中。1966年，教师进修学校停办，农业中学改名“五七”农校，开设高中班。1969年，开办黄土铺、三星、上升3所公社初级中学。1973年，“五七”农校与农科所合并，更名县农业学校。1984年，经省教育厅批准升格为农民中等专业学校。1985年，小学33所，在校学生5549人；初中3所，在校学生1834人。1986—1987年，马鞍村开办私立马鞍初中，双合村开办私立双合小学。1988年，上升、三星两所乡农校被评为衡阳市合格农民文化技术学校。1998年，撤销上升中学。2002年，县农民中专停办。2008—2012年，镇中学、三星中学、镇中心小学、马鞍小学建成义务教育合格学校。2014年，幼儿园17所，在园幼儿951人，教师27人；小学（含教学点）12所，在校学生2934人，教师133人；中学2所，在校学生1308人，教师136人。

科技 1953年，设立三星农业技术推广中心。1978—1979年，公社成立科协，开办业余科技学校和农科站；大队成立科协小组，开办农科队。1982年，公社管农业副书记兼任公社科协主席，公社农科站站长兼任公社科协秘书。1986年，从四川引进“南薯双八”新品种，试种2公顷，平均亩产3202公斤，比本地当家品种广东白皮薯每亩增产1107公斤。1988年，配备科技副镇长，80%的村配科技副主任。1989年，大正、大荣、泉溪3村创建防治水稻细菌性条斑病示范片，推广抗病良种红早一号，推广新植霉素和农用链霉素等综合防治技术，获得成功。1995年，各类农业科技人员79名。2006年，实施国家优质粮食产业工程项目——农业有害生物预警与控制区域站建设，建成黄土铺测报联系点。2014年，各类科技人员110人。

文化体育

文化 民国31年（1942），黄土铺创办祁剧超字班，湖南省教育厅电化教育巡回放映一队到黄土铺放映无声黑白电影片《首都56年痛史》。1958年，公社设文化馆，耕作区设立文化站。1971年，建立公社广播站，配备专职广播机线员。1977年5月，建立区电影放映管理站和公社电影放映队。1982年，建成农民文化宫和文化中心，黄土铺电影院设座位200个，文化中心藏书2000册，业余文艺骨干50多人。1983年，架通区站到社站广播专线，农户喇叭入户率42%。1986年，黄土铺建立图书流通站和集体借书包，开展图书借阅活动。1987年，安装调频广播发射机，功率100瓦，覆盖半径60公里，有线广播自此被调频广播取代。1999年，架通炳溪村“村村通”广播电视专线6千米，地处祁邵山脉崇山峻岭之间的10多个村组结束看不到电视、听不到广播的历史。2001年6月，县文化局会同省音像出版社等单位查处黄土铺王某非法录制文化音像制品案。2005年，县人民政府在五四村张飞岭修建衡宝战役烈士墓，并将其列为全县革命传统教育基地。2007年8月，肖韶山代表湖南省参加全国第七届残疾人职业技能比赛，获雕刻竞赛第一名。2011年，投资26万元，兴建镇综合文化站，内设图书室、多媒体室、棋牌室、电教室、卡拉OK厅等活动场所。2013年，镇文化站举办“庆国庆”文艺活动，参加演出70人。2014年，举办歌咏比赛，组队参加全县“欢乐潇湘·幸福祁东”大型广场舞比赛。

体育 民间历来保有耍龙灯、玩狮灯习俗，黄土铺龙狮队在县内小有名气。1977年元旦，黄土铺组队参加全县武术竞赛，取得好成绩。1987年，黄土铺农民代表队参加全县首届农民男子篮球运动会。2007年，启动村级运动场所建设，2014年，五四、三星等9个村建有篮球场，大正、七姓等10个村建有健身路径。

医疗卫生

医疗 祁东建县后，发动民间医师自筹资金，组建乡联合诊所。1952年，设立第九区卫生所和区中心联合诊所。1958年，区两所合并组建黄土铺公社卫生院，后更名区医院。1963年，公社联合诊所改称公社卫生院。1970年，推行农村合作医疗制度，大队设立医疗室，配备赤脚医生。1985年，公立医疗机构有黄土铺区医院和黄土铺、三星、上升3所乡镇卫生院。卫生院共有房屋1270平方米，工作人员23人，病床11张。1995年，区医院改称镇中心卫生院，原乡镇卫生院并入中心卫生院。1996年，镇中心卫生院被评为一级甲等医院。2012年，投资130万元，新建镇卫生院住院楼，建筑面积1411平方米。2014年，公立医院1所，建筑面积3000平方米，在职职工45人，其中在编医技人员33人，设病床50张；个体诊所5个，村卫生室32个。

卫生 20世纪80年代，黄土铺集镇兴建公厕两座，建垃圾池11处，聘清洁工3人。2007年，大荣村率先启动乡村环境卫生整治，发动村民建户用沼气池30口，培养“三清五改”示范户32户。2008年，实施乡村清洁工程，重点整治乡村主要道路沿线和村庄院落环境卫生，关停两个污染大的养殖场，拆除违章搭建13处，落实“五改”300户，整治马路市场2处。2011年，永兴、上福冲等村组织三格式无公害卫生厕所改造。2012—2014年，投资100万元，集中整治城镇环境卫生，新辟垃圾填埋场一处，添置环卫洒水车1辆，垃圾斗车15辆，可移动垃圾桶150个，配环卫工作人员13人，实行全天候保洁。2014年，白紫公路途经境内各村配有保洁员，实行货币化分段包干保洁。

社会保障

“五保”供养 1956年农业合作化以后，农村无依无靠老人由集体实行“五保”。20世纪60年代，“五保”对象扩大到孤儿。2008年，投入80万元，将坐落大马村的原三星中学校舍改建成镇敬老院，当年收住“五保”老人40名，集中供养。2012年，投资80万元扩建敬老院，占地面积2.67公顷，建筑面积2200平方米，设住房75间，床位115张，入住老人98人，配工作人员8人。2014年，“五保”对象371人，其中集中供养100人，分散供养271人，发放“五保”供养金总额135.04万元；镇敬老院被评为省三星级敬老院。

最低生活保障 2000年起，启动城镇居民最低生活保障制度。2007年起，启动农村居民最低生活保障制度。2011年，核定城镇低保132户、134人，发放低保金29.2万元；核定农村低保1682户、1733人，发放低保金130万元。2014年，核定农村低保1475户、1761人，发放低保金221.36万元。

养老保险 2012年，启动城乡居民社会养老保险制度，当年参保22622人。2014年，参加城乡居民社会养老保险17928人。

衡宝战役烈士纪念墓

医疗保险 2007年起，实施新型农村合作医疗制度。2010年，参合农民37548人。2014年，参加新农合40534人，参合率94.31%。

特色地情

黄土铺是解放战争时期著名的衡宝战役主战场，境内五四村张飞岭建有革命烈士纪念碑，有多处战场遗址。四马村人肖远久，为中华人民共和国首批授衔少将。泉溪村人肖希贤（1933—2012），1988年授少将军衔。法学专家肖蔚云（1924—2005）曾参与国家宪法、选举法、全国人大组织法、地方人大及政府组织法等重要法律的制定和修改。

肖远久（1902—1962）原名肖桂。先后参加北伐战争、广西百色起义、中央苏区第二至五次反“围剿”斗争，二万五千里长征及平型关战役。历任抗日军政大学第十分校副校长、中原军区第二分区司令员、辽宁军区副司令员兼独立师副师长、辽宁军区大连办事处主任、中南军区铁道兵司令部第一副司令员。1955年，授少将军衔。1957年10月，任广东省军区副司令员。

（文字供稿：黄土铺镇党政办　图片供稿：祁东县志办）

石亭子镇 >>

区域概况

位置面积

以境内古亭石柱得名。地处县域西南部，东邻白地市镇，南接祁阳县文富市镇，西抵砖塘镇，北交黄土铺镇。2014 年，辖区东西最大距离 10.5 公里，南北最大距离 12.5 公里，总面积 55.6 平方公里。镇治太平村，距县治 30 公里。

建置沿革

明清时期，属祁阳县永昌乡。民国 28 年（1939），属祁阳县久安乡。民国 36 年（1947），属祁阳县民有乡。1950 年 9 月，属祁阳县第九区新福乡。1952 年，属祁东县第九区。1956 年 6 月，新福、留余、大马 3 乡合并始设石亭子乡，属黄土铺办事处。1958 年 10 月，为黄土铺人民公社一个耕作区。1961 年 8 月，成立石亭子人民公社，属黄土铺区。1984 年复称石亭子乡，仍属黄土铺区。1985 年 10 月，谷陂塘乡的松山岭、泉塘、徐丫塘、宝峰和谷陂塘 5 村划入。1995 年 4 月撤区，梅塘乡（除湖塘村外）划入，同年 5 月撤乡建镇。

行政区划

1995 年，辖 27 个行政村，333 个村民小组。2007 年 1 月，新建东风街居委会。2014 年，辖 1 个居委会，五一、云台、罗江、杨梅、银星、尚义、枫塘、秋塘、富友、新高桥、周塘、石堰、太平、治塘、松山岭、三塘、徐丫塘、长安、泉塘、草鱼、谷陂塘、梅塘、宝峰、新中、马家、洪塘坪、石家 27 个行政村，下设 5 个居民小组、333 个村民小组。

自然环境

镇域土丘纵横起伏，东西低，南北高，中部平坦，杨梅一带地势低洼，梅塘、源头冲、上福冲 3 条溪水在此汇集注入烟江。梅塘一带多紫色页岩，有小垄。土壤以水稻土、石灰土为主。年均气温 18℃左右，年均降水量 1100 毫米，年均无霜期 282 天。

人口民族

1995 年，辖区总人口 31144 人，其中男性 16269 人，女性 14875 人。2006 年，总人口 31703 人，其中男性 16947 人，女性 14756 人。2014 年，总人口 35043 人，其中男性 18844 人，女性 16199 人，分别占 53.77% 和 46.23%；人口出生率 11.79‰，死亡率 6‰，自然增长率 5.79‰。人口以汉族为主，少数民族有苗族、壮族、哈尼族、傣族、布依族、土家族、侗族、瑶族、黎族、满族、回族、拉祜族、佤族、彝族、景颇族、布朗族等

63 人，占总人口的 0.18%。人口密度每平方公里 630 人。

经济发展

经济综述

黄花菜产业形成地方支柱产业，年均种植面积 800 公顷左右，组建县级黄花菜产业协会，创办“中国黄花第一村”，“映武”牌黄花菜获评湖南省名特优农副产品博览会金奖和湖南省名优农产品十大品牌之一。杨梅村老人领头集资建市场被中央电视台经济栏目组专题采访报道。2014 年，粮食总产量 2.29 万吨，工业总产值 1360 万元，财政总收入 3717 万元，农民人均纯收入 6111 元。

农业

种植业 1949 年前，水稻一年只种一季，亩产量不足 200 公斤。祁东建县后，推广双季稻。1980 年，粮食双季稻亩产量 741 公斤。1995 年，早、晚两季大面积推广杂交稻，粮食总播面 2933 公顷，粮食总产量 19478 吨。2000 年起，大面积发展黄花菜、香芋、生姜等经济作物生产，不少农户在姜、芋田里套种黄瓜、丝瓜、辣椒、小白菜等作物，一年收获 3 次以上。2011 年，成立祁东黄花菜产业协会，尔后陆续组建枝柳种养、十有枣业、广大黄花菜等专业合作社 7 个。2012 年，银星和梅塘两村实施省级土地综合整治项目，改造中低产田；徐丫塘村引进 26.67 公顷槐米药材基地项目，总投资 1200 万元；2014 年，耕地面积 2532 公顷，粮食播种面积 2462 公顷，粮食总产量 22877 吨，黄花菜种植面积 80 公顷，香芋、生姜种植面积 315 公顷。

养殖业 1980 年，县种畜场落户境内，占地 13 公顷，建猪舍 1639 平方米、兔舍 400 平方

米、鸡舍600平方米。梅塘水库鱼类品质好、产量高，1982年产鲜鱼6750公斤，亩产75公斤，为县内其他水库亩产量的5倍。1995年，出栏生猪2.41万头，出笼家禽9.8万羽。2010年起，农民自发组织专业合作社，发展规模养殖。泉塘生猪养殖专业合作社年出栏生猪30000头，尚义村被树为全县规模养殖样板村。石亭子山塘养鱼合作社经省市专业部门认证，获准开办水产苗种场。2014年，养殖专业户22户，有能繁母猪3820头；全镇年出栏生猪6.98万头，出笼家禽41.09万羽，水产品产量1670吨。

林业 1991年，组织绿化宜林荒山会战，造林56.67公顷，其中防护林36.67公顷，经济林20公顷，农民住宅四旁植树80000株。2001—2005年，组织实施退耕还林，完成退耕地造林20公顷，宜林荒山造林33.33公顷。2012年，陆续成立联荣、伍松、连生3个油茶种植专业合作社，三塘村建成油茶基地。2014年，林地面积547.3公顷，其中有林地472.9公顷；水果种植面积16.7公顷，产量320吨，主要品种有柑橘、冬枣。

工业

民国时期，石堰、高桥、治塘等地办有小煤窑。20世纪60—70年代，有夹子桥、石堰两个社办煤矿和新高桥、治塘两个大队煤矿。1979年，创办石亭子乡印刷厂。1994年，罗江村李映武创办县内第一家黄花菜加工厂。翌年，租地2.67公顷，与港商合资创办鑫宝实业有限公司。后发展为黄花集团公司，在衡阳市华新开发区征地10公顷，新建绿色食品加工厂，年加工销售黄花菜20000吨，销售收入最高年份2.2亿元，产品"映武牌"黄花菜被评为湖南省名特优农副产品博览会金奖和湖南省名优农产品十大品牌之一，李映武当选第十届全国人大代表。1995年，鞭炮业形成批量生产，年产烟花爆竹70000箱。2000年后，陆

黄花之乡——石亭子镇

续兴办鑫隆食品有限公司、绿源尚品食品有限公司、余力节能设备有限公司、制衣厂、采石场和4个红砖厂。因不能清偿到期债务且资产不足以清偿全部债务，2013年9月，祁东县人民法院依法裁定，宣告湖南映武黄花集团破产。2014年，工业企业9个，其中规模以上工业企业有鑫隆食品，全镇工业总产值1360万元。是年，引进太阳能光伏发电项目，总投资3.2亿元。

商贸服务业

1985年，有石亭子、杨梅、梅塘3处市场。1992年，县工商部门投资12万元，新建石亭子农贸市场，占地面积2118平方米，其中厂棚面积820平方米。1997年，杨梅村8名退休老人发动集资27.2万元，选址本村建成130间商业铺面和1100平方米厂棚的集贸市场，中央电视台经济频道编发专题报道。2014年，商业网点8个，集贸市场成交额12800万元，其中黄花菜、生姜、香芋交易额6300万元。

财政金融

财政 自成立石亭子乡至1983年，乡（社）政府无单独财政。1984年下半年，设立乡财税所，负责政府财政收支管理及农业各税征收，1995年，更名财政所。2004年，镇财政负债850.7万元。2006年，财政收入300万元，收支平衡。2012年，因垫税形成的财政债务全部化解。2014年，财政总收入3717.63万元，收支持平。

金融 1954年，以乡为单位设立石亭子、梅塘两个信用合作社。1961年5月，以大队为单位成立信用代办站，1968年，信用社、站全部关停，1980年恢复。1990年，邮政部门开办邮政储蓄业务。1993年，成立乡农村合作基金会。1996年，成立镇救灾扶贫互助储金会。1999年，农村“两会”停业整顿，基金会并入信用社，储金会清盘关闭。2006年，村信用代办站被撤销。2014年，金融机构有邮政银行和农村信用联社下设的经营网点。

基础设施

交通运输

1958年，修通五长（五一—长安）公路，全长5.2公里。1958—1973年，修通黄大（黄土铺—石亭子—大胜山）公路，全长12.4公里。1975年，修通杨石（杨梅—石亭子）公路，全长4.4公里。2005年，317省道境内12公里路段由砂石路改造为宽5.5米的砼路面。2007年3月，建成罗江农村客运站，占地面积1700平方米，停车场面积920平方米，站房面积689平方米。至2014年，26个村完成通畅工程，硬化通村公路总里程57.52公里。

邮政通信

邮政 民国29年（1940）5月，设立石亭子邮政代办所。1950年，开通白地市—石亭子邮班。1958年，邮路投递2天1次送到大队，其中汇款单和包裹单直投到户签收。1980年，设立石亭子邮电所。1998年邮电分营，设立石亭子邮政支局。2014年，邮政网点1个，投递线单程总长度84公里，投递点28个，乡村通邮率100%。

通信 民国36年（1947），杨梅装有电话单机，通话由白地市总机接转。1971年，公社安装总机和载波机。1981年，安装磁石总机。1985年安装交换总机。1992年，新建石亭子邮电所，楼房面积300平方米。1998年，设立石亭子电信支局。2014年，电信服务网点1个，固定电话用户2300户，移动电话用户19200户，互联网宽带接入270户。

供电饮水

供电 1972年，包圣殿35千伏变电站开始向境内供电。1989年,基本实现村村通电。1990年,成立农电管理站。1995年冬,改由黄土铺35千伏变电站供电。是年,农村用电量55.09万千瓦时。2005年,农村用电量320万千瓦时。2013年冬,在太平村建成35千伏输变电站。2014年,有高压输电线路3条(黄石线、石镇线、石梅线),共53.9杆程公里,总容量0.84万千伏安;有低压线路110杆程公里,19个村完成农村电网改造;全镇年用电量727.09万千瓦时。

饮水 中华人民共和国成立前,居民多饮用井水,少数饮用山塘及堰坝水。祁东建县后,发动群众打吊井、压水井及潜水泵井。2001年,投资70万元,建成日供水400吨自来水厂,铺设干线管道3.5千米。2012年年底,选址太平村建成日供水1500吨的石亭子自来水厂,供水管网长8.4千米,城区及附近农村居民用上自来水。2014年,农村安全饮水率95%。

水利建设

1957年7月,将梅塘扩建成小(一)型水库,有效库容105万立方米,有效灌溉面积506.7公顷。1959年11月,修建石头江小(一)型水库,有效库容113万立方米,有效灌溉面积66.7公顷。1963年后,水利设施建设重点转移到开挖渠道、改河建坝和发展机电提灌工程。1978年,山平塘、骨干塘4549口,水库4座,其中小(一)型水库2座,小(二)型水库2座,堰坝8座,电灌站12处,灌溉渠道26千米。1990年后,投入资金480万元,组织山平塘清淤1656口,硬化山平塘1270口,护砌硬化渠道18.6千米。2005年,电灌站9座,装机9台189千瓦,灌溉面积266.7公顷。2011—2012年,投资300万元,完成石头江小(一)型水库除险保安工程。2013—2014年,治理双江口河道5公里。

镇村建设

集镇 1956年,太平村被定为石亭子乡政府驻地,建房的单位和个人逐年增多。1992年,在建成石亭子农贸市场的拉动下,小城镇框架迅速扩大。1995年,硬化政府街、市场街,开始安装路灯。2014年,集镇建成区面积0.8平方公里,街道全部改造为水泥砼路面,下水道改造工程完成80%的工程量。

乡村 2006年,以罗江村为试点,启动社会主义新农村示范村建设。至2008年,村组间主要道路全部实现水泥硬化,被评为"全市新农村建设样板路";建成建筑面积1800平方米的村部办公楼、占地面积8公顷的农副产品批发市场、商业门面130余间,硬化村庄前坪后院2878平方米,装饰外墙96户,新植树木10251株,扩种草坪6210平方米。衡阳市委市政府在该村召开全市新农村建设现场会,全国人大农业与农村委员会副主任委员路明及省市领导出席该村"中国黄花第一村"开村揭牌仪式,省政府授予罗江村"全省新农村建设示范村"称号。2014年,全镇各行政村和居委会都建有办公房。

社会事业

教育科技

教育 民国时期,秋塘坪邹氏宗祠开办民有乡第三中心国民学校,银星、罗江等地共办有保国民学校或私立小学6所。祁东建县后,公立校由县教育部门接管,私立小学在土地改革后陆续转为公办。20世纪50年代末,公办小学14所。60年代,基本上村村办小学。1969年,相继办起石亭子、梅塘、杨梅3所初级中学。1985年,小学25所,在校学生3794人;初中3所,在校学生1110人。1987年，撤销杨梅中学。1988年，石亭子、梅塘两所乡农校分别被评为衡阳市合格农民文化技术学校。1993年12月，石亭子镇被评为“全省基础教育先进乡镇”。2009—2010年，镇中心小学、镇中学先后建成义务教育合格学校。2011年，梅塘中学建成为民办实事项目义务教育合格学校。2014年，幼儿园8所，在园幼儿495人，教师14人；小学10所，在校学生1903人，教师102人；初中2所（含九年一贯制学校1所），在校学生1006人，教师98人。

科技 1954年，境内农业技术推广工作由官家嘴片农技推广站负责。1958年，改由步云桥区农技推广站负责。1978年，公社成立科协，创办业余科技学校和公社农科站；40%的大队建立科协小组，创办农科队。1979年，从上海嘉定县引进薯渣制作柠檬酸钙技术获得成功。1982年，公社分管农业副书记兼任公社科协主席，公社农科站站长兼任公社科协秘书。1988年，乡政府配科技副乡长，村委会配科技副主任。1994年，映武黄花菜加工厂研发出黄花菜“脱水免蒸保鲜”加工新技术，在全县广泛应用。2007年，从湖南农业大学引进黄花菜锈病防治技术，黄花菜综合防治面积占总面积的46.1%。2008年，映武黄花集团生产冻干速冻黄花菜，被省科技厅认定为高新技术产品。2013年，组织开展玉米高产栽培示范试验。

文化体育

文化 中华人民共和国成立前，境内邹家班演出木偶戏，在全县影响较大。1958年，耕作区设立文化站。1969年，谷陂塘公社建立全县第一个广播站，架设公社至大队广播专线，全社159个自然村100%通广播。1970年，衡阳地委在该社召开广播工作现场会。1971年，公社广播站配专职广播机线员。1981年9月，富友大队小米山出土春秋时期的青铜器14件。1983年，架通区站至社站广播专线，农户喇叭入户率40%。1986年，建立图书流通站和集体借书包，开展图书借阅活动。1987年，安装调频广播发射机，停止使用广播专线。1995年，建成调频广播电视发射塔，高40米，覆盖半径10公里。2011年3月，开通数字有线电视。2014年，农家书屋27个，藏书24000册；有线电视用户1000户，其中数字电视用户850户。

体育 1940年，谷陂塘狮子武术队在祁阳县城表演双狮抢球、双狮悬梁等节目，在场观众万人喝彩。1952年，雄狮武术队参加衡阳地区雄狮表演赛，邹子玉、邹子高等被选入省代表队，参加全国雄狮表演赛，随后在北京怀仁堂表演“猛虎下山”，受到中央领导称赞。1987年，石亭子农民代表队参加全县农民男子篮球赛。2009年，组队参加全县乡镇篮球运动会。2014年，罗江、太平等5个村建有篮球场，秋塘、治塘等11个村建有健身路径。

医疗卫生

医疗 民国33年（1944），梅塘一带因流行瘟疫死亡100人。1952年，发动民间医生集资，开办乡联合诊所，1969年8月，改办为公社卫生院。1972年，推行农村合作医疗制度，生产大队设立合作医疗站，配备赤脚医生。1978年，停止执行合作医疗制度，设立大队保健室。1984年，公立医疗机构有石亭子、梅塘、杨梅3个乡卫生院，共有房屋1130平方米，工作人员18人，病床13张。1995年，保留石亭子镇卫生院，其他乡卫生院陆续被撤并。2006年，镇卫生院实施维修改造。2013年，投资140万元，扩建镇卫生院住院楼，建筑面积600平方米。2014年，镇卫生院1所，职工22人，其中在编医技人员14人，设病床15张；村卫生室26个。

卫生 2007年，罗江村率先启动乡村环境卫生治理，新建垃圾填埋场720平方米、垃圾分类收集池7处，购置垃圾清运车1辆，投放垃圾桶180个，安排村级保洁员3人，被评为全省清洁农业工程示范村。2010年，实施农村改厕工程，罗江村建成三格式无公害卫生厕所200座。2014年，修建石亭子集镇垃圾中转站。

社会保障

“五保”供养 1956年农业合作化后，农村无依无靠老人由集体实行“五保”。20世纪60年代，“五保”对象扩大到孤儿。1985年，设立乡民政办公室，负责社会保障工作。1989年，开办乡敬老院，坐落秋塘村，收住部分“五保”老人集中供养。2009年，投资60万元扩建，被评为省二星级敬老院。2012年，投入120万元，实施二期扩建工程。总占地面积1公顷，建筑面积3750平方米，设床位115张，配工作人员6人。2014年，“五保”对象396人，其中集中供养113人，分散供养283人，发放五保供养金总额146.48万元；是年年末，镇敬老院被评为省三星级敬老院。

最低生活保障 2000年起，启动城镇居民最低生活保障制度。2007年起，启动农村居民最低生活保障制度。2011年，核定城镇低保23户、24人，发放低保金4.7万元；核定农村低保1175户1333人，发放低保金111.97万元。2014年，核定农村低保1059户、1415人，发放低保金总额181.21万元。

养老保险 2012年，启动城乡居民社会养老保险制度，当年参保14261人。2014年，参加城乡居民社会养老保险15434人。

医疗保险 2007年，实施新型农村合作医疗制度。2010年，参加新农合缴费30049人。2014年，参合农民31070人，参合率93.99%。

特色地情

名胜古迹

贞节牌坊 位于洪塘村，建于清乾隆十九年（1755）。牌坊南北走向，高8米，宽14米，全石结构，题字、雕刻为白石，石柱、石基为麻石。牌坊正额刻有“钦赐”二字，两端为二龙戏珠图案及八仙人物雕像。主匾为乾隆皇帝御笔题写的“清标彤管”四字，配二狮滚球，背额刻有“恩荣”二字。

小米山春秋墓 位于富友村小米山北面山腰。因年代久远，水土流失严重，地表看不清墓的迹象。1981年，一农民在此整地，挖出14件青铜器，分别为兵器及生产、生活用具。铜质坚实，多为合模铸成。经鉴定为春秋时期（前770—前476）的随葬品，藏于衡阳市博物馆。

自然风景

梅塘烟江 梅塘因周围梅树丛生得名，水自石缝涌出，水珠飞溅，高约尺余，状如雨滴，故有“梅塘阴雨”之称。烟江发源于梅塘，从左侧沿江而下1000米处有一小山，名石燕岗，山上诸多化石形如燕，故名。《湘中记》载：“石燕得风雨则飞翔，风雨止还为石。”民国《祁阳县志》将“梅塘阴雨”和“烟江石燕”，列入祁阳十景。

（文字供稿：石亭子镇党政办　图片供稿：祁东县志办）

官家嘴镇

区域概况

位置面积

因境内源头冲地形似嘴得名。地处县域西北部，东、南两面临黄土铺镇；西抵步云桥镇，北与邵东县皇帝岭林场交界。2014年，辖区东西最大距离8.9公里，南北最大距离14.3公里，总面积93.7平方公里。镇治官正街，距县治40公里。

建置沿革

明清时期，属祁阳县太平乡。民国28年（1939），属祁阳县清源乡。民国36年（1947），属祁阳县民有乡。1950年9月，始设官家嘴乡，属祁阳县第九区。1952年8月，属祁东县第十区。1956年6月，泉陂、怀远、日新3乡并入，属黄土铺办事处。1958年10月，成立官家嘴人民公社，原官家嘴乡为官家嘴人民公社一个耕作区。1961年8月，原官家嘴人民公社撤销，官家嘴耕作区改设为官家嘴人民公社，属黄土铺区。1984年4月，复称官家嘴乡，同年10月，撤乡建镇。1985年10月，怀远堂乡并入。1995年4月撤区，草源冲乡划入。

行政区划

1995年，辖金红、清联、合兴3个居委会，茂丰、陈家、日升堂、雷阿塘、永年、石龙桥、长源、泉井、白溪、枫木冲、黄茆、烟草坪、永忠、竹塘、怀远堂、大兴塘、珍珠、草源冲、耙头、炉边山、炉后、横冲、马止、三角塘、大源、白沙、官家嘴、山塘、阳岩、茶山、庄稼、兰田、泉陂、清水、竹山街、社冲36个行政村；下设17个居民小组，371个村民小组。2014年，所辖居委会、行政村及居民小组保持1995年格局，新增15个村民小组。

自然环境

地势北高南低，源头江自北向南流经境域，两岸田连阡陌，垄侧石山蜿蜒。官家嘴居两町之中，正对北面源头、大园两山冲相会的风口，每当季风经过，风力升高，瞬时最大风速25.6米/秒，为县内多风、大风地带。年平均气温17.8℃，年降水量1000毫米左右，分布不均，干旱是境内最主要的自然灾害，但暴雨仍偶有发生。1979年6月20—21日，杨岩冲水库24小时实测雨量210毫米。土壤以黑色石灰土、红色石灰土为主，马止、泉陂二町是境内粮食主产区。

人口民族

1995年，辖区总人口32115人，其中男

性16708人，女性15407人。2006年，总人口33714人，其中男性17867人，女性15847人。2014年，总人口37826人，其中男性20385人，女性17441人，分别占53.89%和46.11%；人口出生率12.02‰，死亡率2.16‰，自然增长率9.86‰。人口以汉族为主，少数民族有苗族、壮族、哈尼族、傣族、布依族、土家族、侗族、瑶族、黎族、蒙古族、拉祜族、佤族、彝族、布朗族等139人，占总人口的0.37%。人口密度每平方公里404人。

经济发展

经济综述

黄花菜种植在县内名列前茅，最高年份种植面积1500公顷，黄花菜亩产量、总产量创全县最高，办有黄花菜加工规模企业2家。铅锌矿开采始于清代，20世纪80年代，转为市属国有企业，年产铅锌原矿12万吨。2014年，粮食总产量2.2万吨，工业总产值1.98亿元，财政总收入2869万元，农民人均纯收入8117元。

农业

种植业 民国时期，常种一季水稻，亩产量200公斤左右。祁东建县后，推广双季稻。1969年，双季稻种植面积占水田面积80%，粮食亩产量375公斤。1976年后，推广杂交晚稻，1980年，粮食平均亩产量676公斤。黄花菜是境内著名土特产。1981年，种植面积141.5公顷，占旱土面积63.81%，年产干黄花菜145吨，亩产量为全县最高。1995年，粮食播种面积1623公顷，粮食总产量11214吨。2010年，生产粮食21400吨，其中水稻21000吨。2011年，黄花菜种植面积800公顷，干黄花菜产量2820吨。2013年，开展33.3公顷集中连片“一季再生稻”生产示范基

官家嘴镇石龙村雷阿塘黄花菜采摘

地建设，一季稻亩产逾600公斤，再生稻亩产过200公斤。2014年，耕地面积2038公顷，粮食播面积1982公顷，粮食总产量21977吨。种植黄花菜1467公顷，总产量4400吨。

养殖业 1949年前，养猪基本上是零星散养，户均养猪不足1头。20世纪90年代，推广配合饲料喂养技术，出现养猪大户，石龙桥村成为养猪专业村，常年存栏30~50头的养殖大户30多户。渔业以淡水鱼类养殖为主。1990年，亩均水面产鲜鱼135公斤，比1980年亩产量增长1.8倍。1995年，出栏生猪1.56万头，出笼家禽15.5万羽。2011年养殖水面456.7公顷，水产品产量1500吨。2014年，出栏生猪4.42万头，出笼家禽35.33万羽，水产品产量3340吨，年产肉类4380吨。

林业 1949年前，官家嘴、草源冲、怀远堂为县内木材重要产地。祁东建县后，被定为杉木林建设基地，兰田、茶山两村杉木蓄积量最多。1966—1976年“文化大革命”期间，农民自留山被取消，怀远堂公社毁林开荒233.3公顷，占全社山林总面积1/3，森林资源遭严重破坏。20世纪80年代后期至90年代中前期，组织绿化宜林荒山大会战，累计造林140公顷，其中防护林100公顷，经济林40公顷，农民住宅四旁植树2000株。2001年，被定为全县退耕还林重点镇，完成退耕还林面积73.3公顷。2004年7月，县林业局引进岳阳纸业集团投资营造纸业原料林，在境内租地营造湿地松，从当地聘请山林管理员，每年组织专业队对幼林进行两次抚育。2008—2009年，实施国家退耕还林项目，补植补造速生丰产原料林和经济果木林。2012年，退耕地造林40公顷，荒山造林33.3公顷。2014年，林地面积4266公顷，其中有林地3863公顷，小水果以柑、橙为主，种植面积66.7公顷，年产量839吨。

工业

国有工业 明末清初，清水塘矿始有开采，以采方铅炼银为主，兼采金矿。民国时期，邵阳、新化等地的大财主、资本家组建民生、兴济两家公司到此挖矿，留下老窿60余处。1950年，新化县资德炼铅厂派员到清水塘矿区探矿采铅。1952年，省工业厅将清水塘矿移交长沙公私合营精一锌品厂。1953年，收回省办，成立试探工区。1958年，由衡阳地区冶金局接管。1984年，正式定名衡阳市清水塘铅锌矿，有职工1247人，年产铅锌原矿12.24万吨，实现工业总产值700.7万元。2012年，湖南金鑫黄金集团对清水塘矿实施改制重组，成立湖南金水塘矿业有限责任公司。2014年实现工业产值5902万元。

地方工业 祁东建县后，官家嘴先后成立木业和缝纫生产互助组，有组员近100人。1975年，草源冲乡创办翻砂厂，年产铸铝锅1吨。1980年，办有石灰厂、砖瓦厂、造纸厂、农机修配厂、锑品冶炼厂、锑矿等社队企业，年总收入49.86万元。2000年，官家嘴镇和石龙桥村分别开设黄花菜加工厂。2010年，工业企业60个，年工业产值4亿元。2011年，新增规模企业2家，新增工业增加值800万元。民营衡阳有吉食品有限公司建成3条黄花菜加工生产线、1条红薯粉丝加工生产线，产品出口马来西亚、泰国等东南亚国家。2014年，工业企业18家，其中规模以上工业企业有祥明食品、有吉食品和金水塘矿业，民营经济实现营业收入1.98亿元。是年7月，引进客商投资4.5亿元，开工建设官家嘴风力发电项目，次年12月，正式并网发电。

商贸服务业

官家嘴集市始于清光绪年间（1875—1908），逢农历三、六、九赶集。1952年，设立供销社，入股社员享有布匹、食糖等7类商品优价20%的定量配售。1954年，设立食品站。1969年5月，草源冲圩场被撤销，1976年“文化大革命”结束后恢复，日上市1500人。1988年，官家嘴集镇有商店70家。20世纪90年代，官家嘴形成黄花菜专业批发市场，常年从事黄花菜收购、贩运、销售的大户100余户。2000年后，一批运销专业户组织鲜黄花菜购销，采摘当天用冷冻车运往广东沿海地区及港澳市场出售，成倍增值。2014年，集贸市场2个，商业网点151个，其中烟花爆竹总代理1家，集市贸易成交额1846万元，社会消费品零售总额2.87亿元。

财政金融

财政 自成立官家嘴乡至1983年，乡（社）政府无单独财政。1984年下半年，设立镇财税所，负责政府财政收支管理及农业各税征收。1995年，更名财政所。2004年，镇财政负债697.9万元。2006年，财政收入329万元，收支平衡。2012年，因垫税形成的财政债务全部化解。2014年，财政总收入2869.56万元，收支持平。

金融 1954年，以乡为单位设立官家嘴、怀远堂、草源冲3个信用合作社。1964年5月，以大队为单位成立信用代办站。1968年，信用社、站全部关停，1980年恢复。1989年，邮政部门开办邮政储蓄业务。1993年，设立镇农村合作基金会，1996年，设立镇农村救扶贫互助储金会。1999年，农村“两会”停业整顿，基金会并入当地农村信用社，储金会清盘关闭。2006年，村信用代办站被撤销。2014年，金融机构有邮政储蓄银行和农村信用联社下设的经营网点各1个。

基础设施

交通运输

1956年，开通白地市—官家嘴汽车客运班车，每日往返2次。1958年3月，官家嘴—步云桥公路开工建设，同年10月正式通车，全长9.5公里。同期，清水塘铅锌矿投资建成官清（官家嘴—清水塘）矿山专用公路，全长11公里。1965年，修通石草（石龙桥—草源冲）公路，全长2.7公里；白地市—官家嘴每日客运班车往返4次。1977年12月，修通官怀（官家嘴—怀远堂）公路，全长4.1公里。2003年，白紫（白地市—紫云桥）公路过镇段改造为砼路面。2009年年底，省道317线改造工程境内段正式开工建设，原过镇公路避开集镇。2012年，官清专用公路完成水泥砼路面改造，317省道过境段竣工通车。2013年，成立民营官家嘴客运公司，有客运车辆9台。至2014年，33个村完成通畅工程，硬化通村公路总里程51.4公里。

邮政通信

邮政 民国26年（1937）5月，设立官家嘴邮政代办所。1950年，官家嘴、清水塘邮递业务由白地市自行车邮班承担。1952年，改由白地市—石亭子邮班负责。1956年，收回供销社兼办的官家嘴、清水塘两处邮政代办所，分别改设为邮电所。1958年，设立官家嘴邮电局，开办长途电话和电报业务。1961年，更名邮电支局。1998年邮电分营，设立邮政支局。2014年，邮政网点1个，投递线路单程总长度10.6公里，投递点2个，乡村通邮率100%。

通信 民国36年（1947），草源冲装有电话单机，通电话需黄土铺总机接转。1971年，官家嘴公社安装总机，配专职电话员。1985年，官家嘴邮电所有房屋182平方米。1994年，开通程控电话。1998年，设立电信支局。2014年，电信、移动、联通服务网点各2个，固定电话用户2000户，移动电话用户36500户，互联网用户3216户。

供电饮水

供电 20世纪50年代，清水塘自备柴油发电机组供电。1970年1月，架通邵东—清水塘35千伏专用输电线路，由涟源电业部门管辖的涟邵系统供电。1995年，农村用电量51.4万千瓦时。1999年，启动农村电网改造。2005年，农村用电量150万千瓦时。2014年，35千伏变电站1座，主变压器2台，总容量9.54兆伏安；21个村完成农网改造，全镇年用电量675.41万千瓦时。

饮水 20世纪80年代，境内发展压水井和潜水泵井。1995年，投资60万元，利用井水建自来水厂1座。2006年，官家嘴自来水厂铺供水管网15千米，日供水400吨。2011年，大兴塘、横冲、草源冲等村投入50万元，实施人畜饮水安全工程建设。2013—2014年，新建一批集中供水工程，日供水1000吨，铺设供水管网9.1千米。

水利建设

1959年，设立官家嘴机电管理站，指导和管理辖区内农业机械和水利电力工作。20世纪70年代，修建大源冲水库。1988年，组织山平塘清淤砂、挑塘泥、挖深，完成量占山平塘总数94.5%。1994年5月，扩建大源冲水库，有效库容增加到56.8万立方米。8月，突降暴雨，因工程未完全竣工擅自蓄水，导致洪水漫顶，出现垮坝险情。经县区乡三级联动，抢险3个昼夜，保住大坝，解除险情。2011年，枫木冲、粑头、大源3村投入8万元，完成22口山平塘清淤和整修。2012年，争取项目资金400万元，实施杨家台水库左干渠清淤防渗工程；组织一事一议筹资筹劳，维修堰坝10座，护砌水渠20千米，山平塘清淤120口，增加蓄水量400立方米。2013年，三角塘、日升堂等12个村完成水库干渠防渗、护砌25.6千米。至2014年，连续4年累计投资1151万元，完成大源冲、大沽源、官塘冲、石头岭4座小（二）型水库除险保安工程。是年

官家嘴风电场

年末，全镇有水库11座，总库容295.7万立方米，山平塘850口。

镇村建设

集镇 祁东建县前，官家嘴集镇55户250人，一条石铺街道，宽6米，长150米。街两旁系一层土木结构瓦房，总建筑面积4000平方米，店铺18个。1985年，街道5条，总长1200米；住房面积21481平方米，公共建筑面积12154平方米。2005年，街道7条。2006—2010年，建成商住楼1.9万平方米，新辟沿江街。2014年，城镇建成区面积1.1平方公里。

乡村 20世纪80年代，农村居民陆续改建住房。至2000年，90%的农户住上红砖房。2007年，以官家嘴村为试点，启动社会主义新农村示范村建设，硬化村庄院落道路2条400米，建家庭简易自来水30户。2014年，36个行政村和3个居委会分别建成集中活动室。

社会事业

教育科技

教育 民国时期，官家嘴办有民有乡第二中心国民学校，石龙桥、草源冲、兰田等地有保国民学校或私立小学。祁东建县后，公立学校归县教育部门接管，私立小学在土地改革后陆续转为公办。20世纪50年代末，公办小学18所。官家嘴完全小学附设2个初中班。1959年，下期小学部迁出，更名为祁东县第五初级中学。1969年，县第五初级中学下放归区办，改名黄土铺区中学，招收高中班，相继办起官家嘴、草源冲、怀远堂3所初级中学。1980年，黄土铺区中学收归县办，更名祁东县第五中学。1985年，小学29所，在校学生3830人；初中3所，在校学生1626人。1988年，官家嘴农校被评为衡阳市合格农民文化技术学校。1992年，撤销怀远堂中学。2004年，撤销祁东五中，原五中校址用于办官家嘴镇中心小学。2008年，长沙世界之窗捐资20万元，支持新建官家嘴镇希望小学。2008—2010年，草源冲中学、镇中学、镇中心小学建成义务教育合格学校，撤销竹山、草源冲两所小学和竹塘联校。2014年，幼儿园10所，在园幼儿542人，教师10人；小学9所，在校学生1700人，教师95人；初中2所，在校学生762人，教师90人。

科技 1954年4月，设立官家嘴片农业技术推广站。1978年，公社成立科协，创办业余科技学校和农科站；40%的大队成立科协小组，创办农科队。1979年，陈家大队一生产队试种白花黄花菜2公顷，平均亩产172.5公斤，比一般品种亩产量高出50公斤左右。1982年，公社管农业副书记兼任公社科协主席，农科站站长兼任公社科协秘书。1988年，配备科技副镇长，各村配科技副主任。2012年，引进新技术，在石龙桥、烟草坪等7个村开展蔬菜标准园示范创建活动。

文化体育

文化 1958年，公社设立文化馆，耕作区设立文化站。1971年，建立公社广播站，配备专职广播机线员。1977年5月，建立公社电影放映队。1982年冬，建立公社文化中心。1983年，架通区站至社站广播专线，农户喇叭入户率41.3%。1996年10月，开通有线电视，2011年开通数字电视。2014年，艺术表演团体5个，演职人员48人；文化专业户2个，文化站1个；农家书屋39个，藏书93000册；档案室1个，建筑面积24平方米。

体育 祁东建县初期，成立农民篮球队。

官家嘴镇敬老院开院典礼

1977年9月，组队参加全县首届农民篮球运动会。2006年，集镇兴起广场舞。2007年，成立腰鼓队，启动村级运动场所建设。2014年，社冲、茂丰等6个村建有篮球场，怀远堂、大源等9个村建有健身路径。

医疗卫生

医疗 祁东建县后，发动民间医师自筹资金，组建乡联合诊所。1958年，乡联合诊所更名耕区卫生所。1961年，更名公社卫生院。1970年，推行农村合作医疗制度，大队设立医疗室，配备赤脚医生。1985年，公立医疗机构有官家嘴、怀远堂、草源冲3所乡镇卫生院，共有房屋1250平方米，工作人员15人，病床12张。1995年，保留官家嘴镇卫生院，其他卫生院陆续被撤并。2012年，投资140万元，新建镇卫生院住院楼，建筑面积940平方米。2013年，新建镇卫生院周转房；新建村卫生室4间，改建21间。2014年，公立医院1所，有医务人员28人，其中在编医技人员21人，设病床57张；村卫生室26个。

卫生 2007年，官家嘴村率先启动乡村环境卫生治理，培养“三清五改”示范户5户。2008年，实施乡村清洁工程，沿白紫公路村庄新建垃圾池，投放垃圾桶，聘用常年卫生保洁员。2014年，集镇有垃圾压缩车一台，各村（居委会）配人力垃圾车300多辆、各型垃圾桶、箱1000余个，建垃圾池155个。

社会保障

“五保”供养 1956年农业合作化后，农村无依无靠老人由集体实行“五保”。20世纪60年代，“五保”对象扩大到孤儿。1985年，设立镇民政办公室，负责社会保障工作。1988年，开办敬老院，收住部分“五保”老人集中供养。2008年，扩建敬老院，坐落竹山街村，占地面积2800平方米，建筑面积1080平方米，设床位65张，配工作人员6人。2014年，“五保”对象409人，其中集中供养38人，分散供养371人，年发放“五保”供养金总额122.07万元。

最低生活保障 2000年后，实施城镇居民最低生活保障制度。2007年起，实施农村居民最低生活保障制度。2011年，核定城镇低保81户、107人，发放低保金28.2万元；核定农村低保1712户、1820人，发放低保金163万元。2014年，核定农村低保1137户、1598人，发放低保金总额207.57万元。

养老保险 2012年，实施城乡居民社会养老保险制度，当年参保16942人。2014年，参加城乡居民社会养老保险15743人。

医疗保险 2007年起，实施新型农村合作医疗制度。2010年，参合农民29441人。2014年，参加新农合30617人，参合率90.30%。

特色地情

历史人文

国画大师管锄非（1911—1995）日升村人，擅长画梅。画界称之笔“力可扛鼎”，画“造势磅礴”，名“入得梅花谱”。四川大学出版社出版的《中国书画鉴定基础》一书，将管锄非列为近现代中国最具影响的51位书画家之一。收藏界将管锄非和李可染并称为“南管北李”。

海军司令部副参谋长管建国，系怀远堂村人，少将军衔。

风景名胜

朝天岩 位于官家嘴镇北郊。怪石嶙峋，洞口天成，上镌“朝天岩景”。洞内宽敞平直，高7米，宽10米，深30余米。底部有暗窦，持火炬可入。夏日凉爽宜人，为避暑佳境。

（文字供稿：官家嘴镇党政办　图片供稿：祁东县志办　刘爱成）

步云桥镇 >>

区域概况

位置面积

相传邓姓举人聚首建成一座三拱石桥，取平步青云之意定桥名，镇治因桥得名。地处县境西部，东连官家嘴镇、黄土铺镇，南抵砖塘镇，西与蒋家桥镇、凤歧坪乡接壤，北邻邵东县高桥乡。2014年，辖区东西最大距离13.7公里，南北最大距离29.3公里，总面积149.9平方公里。镇治镇正路，距县治45公里。

建置沿革

明清时期，属祁阳县太平乡。民国28年（1939），属祁阳县清源乡。民国36年（1947），属祁阳县四治乡。1950年9月，始设步云桥乡，属祁阳县第十区。1952年8月，属祁东县第十一区。1956年6月，攸陂乡并入，属步云桥办事处。1958年10月，属步云桥人民公社一个耕作区。1961年8月，步云桥人民公社改称步云桥区，步云桥耕作区分设为步云桥和攸陂两个人民公社，属步云桥区。1984年4月，复称步云桥乡，同年10月，撤乡建镇，仍属步云桥区。1995年4月撤区，攸陂、拔茅冲、乔木堂3乡和祖山湾乡的花山、宴游亭、清泉、梅下、谭家坳、松山亭、老巡司7村划入，迄2014年未变。

行政区划

1995年，辖白腊、岳塘、胜田、油丝塘、鱼子塘、水竹塘、攸陂、竹山院、大村坪、包角亭、湖口桥、畔芹、茅坪町、鸟塘冲、堆积、水口、择善、新和、岩前、花山、宴游亭、谭家坳、老巡司、清泉、松山亭、梅下、石扶、三官、桥头山、油落井、梁家湾、大陂头、涧山、戽塘、银洲市、高也塘、半山桥、志冲、黄竹岭、瓦子坪、畔塘、四角塘、天门山、秋山冲、西湾、红藤、金龙岩、朝日、坪上、油塘、大禾、新屋、凤仪、桥江、塘头、候书、黄龙江、赵公塘、大铺、三角田、隘兵、路坪、雷公、田塘、演塘、坪塘、观音、鳌鱼68个行政村及岩门、田心、桥西3个居委会，下设683个村民小组、8个居民小组。

自然环境

镇域多丘陵。北部峰峦起伏，中部和南部丘壑错落，由北向南的山丘将境内田畴间隔成“川”字形长廊，绵延10余公里。中部长廊纵贯一条小溪流，源出拔茅冲、志冲，流入祁水，汇入湘江，境内流长15公里。年均气温17.9℃，年均降水量1200毫米，暴雨成灾是境内多发且严重的自然灾害。土壤棕黑色，以水稻土为主。

人口民族

1995年，辖区总人口63385人，其中男性33621人，女性29764人。2006年，总人口66983人，其中男性35953人，女性30990人。2014年，总人口74273人，其中男性39855人，女性34418人，分别占53.66%和46.34%；人口出生率12.01‰，死亡率1.96‰，自然增长率10.05‰。人口以汉族为主，少数民族有苗族、壮族、哈尼族、傣族、布依族、土家族、侗族、瑶族、黎族、满族、回族、拉祜族、佤族、白族、水族、彝族、景颇族、布朗族、仡佬族等215人，占总人口的0.29%。人口密度每平方公里496人。

经济发展

经济综述

持续推进农业产业结构调整，境内农业由传统单一的水稻种植逐步形成多种经营的高效农业格局。黄花菜生产集中在10个村，烤烟年种植面积400公顷，办有国家级蔬菜标准园和省级农机专业合作示范社。2014年，粮食总产量1.68万吨，工业总产值2.11亿元，财政总收入3819万元，农民人均纯收入6466元。

农业

种植业 民国时期，一年只种一季水稻，亩产量150公斤左右。祁东建县后，推广双季稻，1980年平均亩产量453公斤。1995年，粮食播面3521公顷，粮食总产量21310吨。1998年，大面积推广双季杂交稻，亩产量1038公斤。2000年后，农业产业结构调整力度加大，中部10余个村黄花菜年产量2500吨以上。2006年烟叶面积385.5公顷，收购烟叶302.5吨，实现税收112.4万元。2007年，三官、岩前等7个村完成国家级土地整理项目总投资479.31万元，新增耕地37.9公顷。2009年，新和村匡建军创办刚建种植专业合作社，租赁稻田167公顷，机械化作业、无公害标准化生产，被省政府授予“全省先进种粮大户”奖牌，奖励一台中型高速插秧机。2012年，创办蔬菜标准园，种植黄花菜216.7公顷，年产黄花菜950吨，被评为国家级蔬菜标准园。2013年，省级金达农机专业合作社成立，购置农机40台（套），总动力1300千瓦；金龙岩村列为全县第四期超级杂交水稻高产攻关示范点，种植超级稻湘两优2号，单季亩产量900公斤。2014年，耕地面积3500公顷，粮食播种面积3404公顷，粮食总产量16864吨；蔬菜播种面积1101公顷，蔬菜总产量57407吨。

养殖业 民国时期，步云桥和攸陂等地有稻田养鱼，拔茅冲山区一带有养羊习惯。1980年，饲养生猪33400头，产鲜鱼100吨。1995年，出栏生猪3.8万头，出栏山羊1900只，出笼家禽15万羽。2010年，三官村办有海元养殖场，年出栏生猪4500头。2014年，出栏生猪6.98万头，出栏山羊1.6万只，存栏水牛2120头、黄牛5260头、马（驴、骡）475匹，出笼家禽57.26万羽，水产品产量1825吨。

林业 祁东建县初期，志冲、坪塘、乔木堂等为县内用材林主产地，县木材公司将步云桥地区列为坑木收购基地。1955年4月，设立步云桥木材收购组，将木材购销纳入计划经营。1958年，设立步云桥林业工作站，山林权收归公社所有。1964年，拔茅冲、志冲、坪塘、乔木堂4个公社被定为县杉木林建设基地。1965年3月，创办桐子坪林场，经营林地面积209.3公顷，其中南竹9.33公顷，杉木200公顷。1966年，创办青峰林场，经营山林面积326.7公顷。1983年，境内活立木蓄积量12000立方米。1984年，拔茅冲、志冲一带有社队林场25个。1998—2001年，完成退耕地造林32.7公顷，荒山造林33.3公顷。2003年，岩前村村民谭宇在杨家台水库上游集雨区承包666.7公顷山地退耕还林和种植药材。2008年，实施国家退耕还林项目，补植补造速生丰产原料林和经济果木林。2014年，林地面积6085公顷，其中有林地4556公顷。

工业

水竹塘陶器工艺传承300多年，产品畅销县域西部及毗邻县乡村。民国25年（1936），乔木堂办有榨油厂，次年办有铸铁厂。1953年，办有私营双溪寺铁厂，次年由县财政收购更名跨美铁厂。1954年，成立竹木生产合作社和缝纫生产合作社，开办三官村采石场。1958年，步云桥公社开办井子冲煤矿，11月转为县办。1962年3月，井子冲煤矿老窿穿水，造成24人死亡的重大事故，5月停办。1965年，步云桥成立建筑队，后发展为县第六建筑安装工程公司。1969年11月，复办井子冲煤矿。1985年，坪塘和拔茅冲分别办有重晶石矿，坪塘乡雨具厂加工的棕丝斗笠畅销省内市场。1989年，井子冲煤矿更名祁东县第三化工厂，转产水解双聚铵盐，产品销往委内瑞拉、印度尼西亚等国家。20世纪90年代，兴建步云桥2.2万吨水泥厂，因起点低、设备陈旧，未投产就停摆。一些村民在井子冲到攸陂地段开办个体小煤窑，小事故不断。2002年1月，山塘冲煤矿23名工人被困井下，其中14人死亡。2005年，全镇煤窑全部停止开采。2010年，民营企业有木材加工厂、粉丝加工厂、黄花菜加工厂、鞭炮厂和远东复合肥料厂。2014年，规模以上工业企业有星鑫食品、恒利商砼2家，全镇工业总产值2.11亿元。

商贸服务业

步云桥集市始于清光绪年间（1875—1908），逢一、四、七日赶集，圩场面积2700平方米，方圆20公里的人们常到此赶集，日上市最多2000人。1952年，乔木堂、步云桥分别设立第十区和第十一区两个区级供销合作社，入股社员享有布匹、煤油、食糖等7类商品优价20%的定量配售。1954年，设立粮食市场和食品站。1963年6月，设立步云桥药材站，供应蒋家桥、太和堂、步云桥3个区及黄土铺部分公社医疗单位的药品。1965年，城关镇到步云桥创办合作商店。翌年"文化大革命"开始后，限制赶集，仅逢五日赶集。1967年，成立市管所，打击投机倒把行为。1983年10月，傍步云桥江边建成厂棚市场。1985年，有步云桥、银洲市两处集贸市场，步云桥市场占地面积8800平方米，其中厂棚面积2000平方米，圩日上市6000多人。20世纪80年代后期，新辟乔木堂、拔茅冲、志冲、井子冲4处农贸市场。1997年，步云桥集镇新建占地面积16000平方米的农贸市场，因田心、新和两村为市场选址发生矛盾，工程半途而废，成为空壳市场。2014年，步云桥集镇店铺超100家，其中较大的超市3家，全镇社会消费品零售总额5.92亿元。

财政金融

财政　自设立步云桥乡至1983年，乡（社）政府无单独财政。1984年下半年，设立镇财税所，负责政府财政收支管理及农业各税征收，1995年更名财政所。2004年，镇财政负债3152.4万元。2006年，财政总收入598万元，收支平衡。2012年，因垫税形成的财政债务全部化解。2014年，财政总收入3819.02万元，收支持平。

金融　1952年9月，县人民银行设立乔木堂营业所。1954年，以乡为单位设立信用合作社。1961年，设立农业银行步云桥营业所，同年5月以大队为单位设立信用代办站，1968年，信用社、站全部关停，1980年恢复。1993年，成立镇农村合作基金会。1996 年，成立镇农村救灾扶贫互助储金会。1998 年，步云桥邮政支局开办邮政储蓄业务。1999 年，农村“两会”全面清盘关闭。2006 年，井子冲信用社和所有村信用代办站被撤销。2009 年，农业银行步云桥营业所升格为分理处。2014 年，金融机构有农业银行、邮储银行和农村信用联社下设的经营网点。

基础设施

交通运输

1958 年 7 月，步云桥—紫云桥公路开工建设，1959 年 1 月竣工通车，步云桥租用民房开办临时汽车站。同年，修建步杨（步云桥—杨家台）、牙志（牙冲—志冲）公路，两路接通后定名步志路，全长 15.3 公里。1968—1977 年，修通鸟包（鸟塘—包圣殿）和岩坪（岩前—坪塘）两条公路，白地市—步云桥公路铺装沥青路面。1984 年 2 月，建成步云桥新汽车站。1994 年，完成步云桥镇鸟塘—砖塘镇漆塘 15 公里公路裁弯、扩建，建成宽 6 米的砂石路面。1995 年，新建步云桥停车场，占地面积 2730 平方米。1997 年，步云桥—紫云桥公路铺设沥青路面。1999 年，开通步云桥—冷水滩客运班线，总里程 82 公里，每日 1 个班次。2003 年，白紫公路步云桥过镇段改造为砼路面。2004-2005 年，修通步云桥—茅坪町、步云桥—畔芹两条公路。2006 年，完成白紫线步云公路桥加固改造工程，启动新建步云桥汽车客运站及其停车场工程，总占地面积 3400 平方米，历时 2 年竣工。2008 年，建成步拔（步云桥—拔茅冲）公路梁家湾公路桥；延伸步茅、步畔公路；修通茅坪町—湖口桥和畔芹—包角亭—大村坪公路。2009 年底，317 省道白地市—三口湾改造工程境内段开工建设，新路避开步云桥集镇，新建一座公路桥，历时 3 年竣工。2011 年，桥头村元家皂组自筹资金 10 万元，硬化通组公路 248 米；宴游亭村启动村内公路建设，历时 2 年实现组组通水泥路。2013 年，完成步云桥—乔木堂水泥硬化工程。至 2014 年，54 个村完成通畅工程，硬化通村公路总里程 66.46 公里。

邮政通信

邮政 民国 26 年（1937），乔木堂、包角亭分别设立邮政信柜。民国 31 年（1946）1 月，步云桥设立邮政代办所。1952 年，步云桥代办所下设 3 个邮政信柜。1956 年 4 月，设立步云桥邮电支局。1958 年，步云桥单独设邮班。1985 年，拔茅冲设立邮电所，步云桥邮电支局办邮路 12 条，其中：自行车班邮路 5 条，步班邮路 7 条。1998 年，建成邮政大厦。2005 年，步云桥设邮政支局，开办特快专递业务。

通信 民国 36 年（1947），步云桥安装电话单机，通话由蒋家桥总机接转。1954 年，建立步云桥电话交换所。1956 年，安装电话交换总机。1958 年下半年，设立步云桥邮电局，各耕区安装电话。1962 年改称邮电支局。1975 年，各公社安装总机和载波机。1985 年，步云桥邮电支局房屋面积 481 平方米，配磁石交换机 1 部、配线架 1 部、单路载波机 3 部。1999 年，设立电信支局，移动、联通两家公司分别在境内建设通信基站。2001 年，固定电话用户 1450 户。2010 年，各村远程教育网点全面开通上网业务。2013 年，移动电话用户 22000 户。

供电饮水

供电 1963 年，步云桥农机站建发电房，使用柴油机发电。1966 年，境内居民开始使用高压电。1976 年，黎家坪—包圣殿 35 千伏输电线路竣工运行，步云桥大部分地区用上高压电；志冲乡从清水塘铅锌矿架线接电，乔木堂银洲村利用水库渠道水自建小型水力发电站。1977年，杨家台水库在乔木堂建成二级电站，装机2台500千瓦；1991年，建成一级电站，装机2台640千瓦。1995年，农村用电量88.3万千瓦时。1999年，启动农村电网改造。2003年，投资220万元，利用杨家台水库水源，建成自来水厂，安装管网15千米，日供水能力4000吨。2005年，农村用电量181万千瓦时。2007年，30多个村用上自来水。2010年，步云桥110千伏输变电站建成投入运行。2013年，新建步云桥水厂，日供水1000吨。2014年，27个村完成农村电网改造，全镇用电量1444.28万千瓦时。

水利建设

1958年8月，选址高也塘大队启动杨家台中型水库建设，1960年2月蓄水，1963年续建，有效库容2070万立方米。至1966年，全面完成枢纽工程，修建干渠2条66.8千米，支渠34条155千米，架干渠渡槽6处642米，灌溉总面积3213公顷。20世纪60年代后期到70年代初，将乔头山—步云桥3千米河段裁弯改直，开辟新河道。1973年10月，在金龙岩大队兴建金龙岩小（一）型水库，有效库容164万立方米，有效灌溉面积33.3公顷。1989年，杨家台水库渠系列配套工程列为湘南农业综合开发重点水利项目，新建渡槽和暗涵。1994年，投资80万元，修复洪水冲毁的水库溢洪道河堤。2001年，组织农业综合开发田心项目区建设，按20年一遇洪水设计修复岩前村河坝及河坝两岸水毁稻田，河坝灌溉面积扩增到106.7公顷。2005年，电灌站8座，装机容量8台187千瓦，灌溉面积140公顷。2007年，祁东被定为全省"小农水"建设重点县，在步云桥镇堆积村实施项目建设，投资110多万元，完成山塘整修15处。2008年，项目范围扩大到水口、择善、白腊等村，总投资300多万元，完成山塘整修25处。2008年10月至2010年10月，投资2459.99万元，完成杨家台水库除险保安工程。2011年，堆积、择善、白腊等村实施中低产田改造，开挖、疏浚渠道10.5千米，衬砌加固小型蓄水工程30处。2012年，隘兵亭、路坪、花山等17个村实施坡耕地综合治理工程，完成投资1030万元，建成坡面水系工程。2013年，金龙岩小（一）型水库和飞跃小（二）型水库完成除险加固工程，总投资697万元。

镇村建设

集镇 清代，步云桥初步形成集镇。民国时期，新添一条横街。祁东建县初，街道总长300米，两旁房屋系一层土木结构，有店铺20个，建成区面积0.8平方公里，总住户236户、1535人。1952年定为区乡治所后，机关企事业单位等公共建筑迅速增加。1987年，完成田心街硬化。1988年，街道5条，总长1500米；各类建筑总面积11.3万平方米，钢混结构的二、三层楼房占全镇房屋三分之二，90%的民房完成旧房改造。2010年，启动住宅小区建设。2012年，投资200万元，修建占地2900平方米的文化广场。2014年，投资600万元，实施镇正路改造，城镇街道形成6纵8横布局，建成区面积2.4平方公里。

乡村 民国时期，农民住房多为土木结构，山区农民建房多采用土筑墙，用杉树皮或茅草盖房，少量青砖瓦房属地主豪绅所有，较著名的有步云桥谭姓庄院和乔木堂曾家大院。20世纪80年代，建楼房的较多。建筑材料从单一的红砖升级到钢筋混凝土。1982—1985年，建新房的农户21107户，建筑总面积139.3万平方米，户均新增住房面积66平方米。2000年后，建3~4层楼房的渐多，有的建套间户型，个别农户建成小别墅。2007年，以新和村为试点，推进社会主义新农村示范村建设，硬化通村公路712米，硬化通组村庄道路2公里，打深水井8口，31户农户建成简易自来水，建村部活动室8间，面积285平方米。

社会事业

教育科技

教育　民国33年（1944），祁阳县临时联合中学在乔木堂曾氏宗祠设立分校，日军入侵时停办。民国37年（1948），四治乡办有中心国民学校3所，保国民学校26所，私立校3所；曙光学术研究社在狮子庵开办大众补习班，招收私塾及初中升学落榜生，补习初中课程。祁东建县后，公立校由县教育部门接管，私立小学陆续改为公办。1956年，步云桥完全小学附设初中班，称步云桥附中。20世纪50年代末，公办小学24所。60年代初，开办志冲农业中学，1965年停办。1969年，步云桥附中改为步云桥区中学，招收高中班；各公社完全小学分别改办为步云桥、攸陂、乔木堂、拔茅冲、志冲、坪塘等6所初级中学。1978年,开办乔江、志岗山两所农业中学。1981年，撤销乔江农中，步云桥区中学改为县办，定名祁东县第六中学。1985年，小学57所，在校学生8215人；初中6所,在校学生3222人。1988年，撤销志岗山农中，步云桥镇成人教育中心和攸陂、拔茅冲两所乡农民文化技术学校被评为衡阳市合格农校。1989年，撤销志冲中学，1995年，撤销乔木堂中学，2002年，创办民办鳌鱼九年一贯制学校，2003年，择善小学改为民办学校。2006年秋，祁东六中撤销。2008—2010年，撤销油丝、富家、梅下3所村小和坪塘联校，步云桥镇中学、攸陂中学、镇中心小学建成义务教育合格学校。2012年，撤销拔茅冲联校；创办境内第一所农村公办幼儿园——步云桥镇中心幼儿园；镇中学迁入原县六中校址办学，镇中学原校址用于岩前小学办学。2012—2013年，投资200万元，完成镇中心小学、镇中心幼儿园和拔茅冲中学扩建工程；投资80万元，完成乔木、高也、戽塘等村小教学楼维修改造；投资300万元，新建宴花联校，占地面积2880平方米，为步云桥镇唯一的园林式示范完小。2014年，幼儿园27所，在园幼儿1281人，教师36人；小学18所，中学4所，在校中小学生7523人，在职中小学教师354人。

科技　1954年4月，建立步云桥片农业技术推广站。1962年，公社配备科技干部。1981年，区设农技站，公社配备农技员。1978年，区、社建立科技学校，开展农业、畜牧、水产等方面的技术培训。1979年，成立步云桥区科协，建立杂交稻集中制种基地。1980年2月，青峰林场女子班代表出席全省农业科技经验交流会。20世纪80年代中后期，推广配混合饲料养猪，引进大约克、杜洛克等良种公猪，进行生猪品种改良；引进胡子鲶、罗非鱼、芙蓉鲤等新品种，推广高产养鱼。1993年，步云桥农技站周旭辉等4人研发槟榔芋“三改”高产栽培技术，获省科技进步四等奖。1995年，桥头村组织杂交旱稻威优974和金优974示范试验，单季亩产量501.3公斤。2007年，引进黄花菜锈病防治技术，黄花菜锈病得到防治控制。2008年，新和村选用稻种“神农303”,组织中稻—再生稻高产栽培试验，两季亩产合计743.9公斤。2013年，开展玉米高产栽培试验。

文化体育

文化　明永乐年间（1403—1424），三官等地流行骨牌灯，由牌灯、花灯、彩龙、彩旗、乐队等组成，要一套完整的骨牌灯至少需120人，每年春节期间展演，成为地方非物质文化遗产，至今民间传承。1952年，包角亭办有花鼓戏业余剧团。1958年，公社设文化馆，耕作区设文化站。1971年，区、社设广播放大站，配专职广播机线员。1979年，建立区电影放映管理站和公社电影放映队。1982年,发展个体电影放映队。1983年，建成步云桥电影院，设座位998个；架通区站到社站广播专线，农户喇叭入户率增长三成。1984年，步云桥设立图书室、阅览室，建立图书流通站和集体借书包。1987年，安装调频广播发射机，停止使用广播专线。1992年，建成有线电视站。2011年，新建镇文化站。2014年，65个行政村建有农家书屋，藏书97800册。

体育 民间素有习武健身风气，乔木堂流传邑人曾龙光的侠义传说。1950年，区公所为庆祝新中国成立后第一个元旦，特邀老拳师刘绍鲜一家四代10余人表演，围观者上万。20世纪60年代，油落井村建有篮球场，常组织队间比赛，地方政府亦间或举行篮球运动会。1977年元旦，组织武术队上县参加武术比赛。乔木堂中学学生谭新华在湖南省第七届运动会上取得女子1500米第一名、800米第二名、3000米第三名；1995年在全省第五届大学生运动会上获女子1500米、3000米两个项目第一名。2006年，步云桥集镇及部分乡村开始流行广场舞。2011年，镇文化站辟有乒乓球室和广场舞馆。2013年举行全镇“快乐健身”广场舞比赛，步云桥广场舞队参加县里举行的“欢乐潇湘·幸福祁东”广场舞比赛获一等奖。2014年，新和、泮芹等11个村建有篮球场，堆积、三官等13个村建有健身路径。

医疗卫生

医疗 民国31年（1942）冬，张仁等联合创办仁爱医院，创县内中、西医结合之先。1951年6月，发动医生集资组建乡联合诊所及区中心联合诊所。1952年秋，步云桥设立第十一区卫生所，乔木堂设立第十区卫生所（后并入黄土铺区卫生所）。1958年，区卫生所与区中心联合诊所合并组建步云桥公社卫生院（后更名区医院），乡联合诊所改称耕区卫生所，后更名公社卫生院。1985年，公立医疗机构有步云桥区医院和步云桥、攸陂、乔木堂、坪塘、拔茅冲、志冲6个乡镇卫生院，卫生院共有房屋面积2322平方米，工作人员49人，病床24张。1996年，步云桥区医院更名步云桥镇中心卫生院，原乡镇卫生院陆续被撤并。2011年，步云桥镇中心卫生院加挂“祁东县第五人民医院”牌子。2012年，投资160万元，扩建县第五人民医院住院楼，建筑面积1190平方米。2014年，县第五人民医院在编医技人员68人；全镇村卫生室56个。

卫生 2008年，启动乡村清洁工程，新和村建户用沼气池35口。2010年，清泉、三官两村率先实施农村改厕工程，分别建成三格式无公害卫生厕所200座。2012年，老巡司和白腊两村启动卫生厕所改造。

社会保障

“五保”供养 1956年农业合作化后，农村无依无靠老人由集体实行“五保”。20世纪60年代，“五保”对象扩大到孤儿。1985年，设立镇民政办公室，负责社会保障工作。1992年，开办敬老院,收住部分“五保”老人集中供养。2009年，投资80万元，将原攸陂乡政府机关房屋改建成敬老院，占地面积1.2公顷，建筑面积3250平方米，住房25间，设床位75张，配工作人员5人，当年入住“五保”老人50人。2014年，“五保”对象742人，其中集中供养50人，分散供养692人，发放“五保”供养金总额214.44万元。

最低生活保障 2000年起，实施城镇居民最低生活保障制度。2007年起，实施农村居民最低生活保障制度。2011 年，核定城镇低保 279 户、430 人，发放低保金 66.7 万元；核定农村低保 2896 户、3049 人，发放低保金 221 万元。2014 年，核定农村低保 2379 户、3157 人，发放低保金总额 401.84 万元。

养老保险　2012 年，实施城乡居民社会养老保险制度，当年参保 35125 人。2014 年，参加城乡居民社会养老保险 30186 人。

医疗保险　2007 年起，实施新型农村合作医疗制度。2010 年，参加新农合缴费 56011 人。2014 年，参加新农合 63689 人，参合率 88.15%。

特色地情

历史人文

镇内人文荟萃，华南人民解放军祁邵衡边区纵队政治部主任曹炎（1920—1949）烈士，出生于镇内老巡司村。岩前村人谭千秋（1957—2008），2008 年 5 月 12 日，在四川汶川地区发生里氏 8.0 级大地震中，张开双臂趴在课桌上，用身躯护救桌下 4 个学生，献出了年轻的生命。7 月，四川省人民政府批准追认谭千秋为革命烈士。同年，中共中央组织部追认谭千秋为“抗震救灾优秀共产党员”。2013 年，被评为“新中国建立以来 100 名感动中国人物”。宴游亭村人陈善广系中国载人航天工程神六、神七航天员系统总指挥兼总设计师，全过程参与论证创立了航天员系统。

风景名胜

杳湖山　位于杨家台水库西侧，因山顶云雾缭绕、渺渺茫茫得名杳湖山。海拔 607 米，独成一峰。明嘉靖年间（1522—1566），邑人曾志秀牵头，在山顶建成寺院，取名“杳湖庵”。中华人民共和国成立后，杳湖庵几毁几建。

金龙岩　地处拔茅冲与邵东县交界地。洞门低矮，洞内宽敞，开阔处 8~12 米，高 10 米，洞内岩石千姿百态。相传洞中有孽龙作怪，当地百姓请来师公镇龙，师公入洞镇住孽龙，却献出了生命，人们为纪念师公取名“镇龙岩”。1973 年，岩洞下方修建金龙岩小型水库，为岩洞风景增添了新韵。

千年牡荆　乔木堂瀛洲滩有一株黄荆，属灌木，却长成高大乔木。相传元顺帝至元六年

曹炎烈士墓

攸陂陈氏宗祠

（1341），博士曾福仲与弟自赣迁湘至此，在巨荆附近建祠，取名“乔木堂”。1984年8月，据县林木考察组测定，该树高15.4米，胸径93厘米，冠幅9.7平方米。今古树北面两大枝干枯死，树身形成长洞，南向仍然枝繁叶茂，生机盎然。县林业部门列为古树名木，加以保护。

陈氏宗祠 坐落于攸陂村。始建于民国12年（1923）。民国25年（1936），王一分（王首道）开展农民运动，在这里成立农会。民国30年，用于开办地方保国民中心小学。此后相沿办学直至2007年秋。

（文字供稿：曾凡浩　图片供稿：陈默）

砖塘镇 >>

区域概况

位置面积

因境内一塘中出现汉砖得名。地处县域西南边境，东与石亭子镇接壤，南与祁阳文明铺镇相连，西临城连墟乡，北与步云桥镇交界。2014 年，辖区东西最大距离 9.5 公里，南北最大距离 10.6 公里，总面积 68.4 平方公里。镇治葵花园，距县治 38 公里。

建置沿革

三国时，永昌县治设砖塘。明清时期，属祁阳县永昌乡。民国 28 年（1939），属祁阳县久安乡。1950 年 9 月，始设砖塘乡，属祁阳县第九区。1952 年 8 月，属祁东县第十区。1956 年 6 月，并入包圣殿乡，属步云桥办事处。1961 年 8 月，设立砖塘人民公社，属步云桥区。1984 年，复称砖塘乡，属步云桥区未变。1995 年 4 月撤区，包圣殿、双江 2 乡和梅塘乡的湖塘村并入。同年 5 月，撤乡建镇。

行政区划

1995 年，辖 37 个行政村，下设 425 个村民小组。2007 年 12 月，新建葵花园居委会。2014 年，辖 1 个居委会，烟河岭、长滩桥、袁家岭、漆塘、江溪口、太平桥、成家岭、湖塘、长坝塘、车元、东村、双江、对塘、曾家湾、先锋坳、鲁家桥、欧阳、青云、秧塘排、百岁门、渡头桥、担干山、丁罡山、谢家冲、红日山、狭口、龙丰、水溪桥、包圣殿、白合桥、黄丫桥、路亭岭、羊角塘、马坪山、石山堰、凤坪、候塘 37 个行政村，下设 425 个村民小组。

自然环境

丘陵地貌，地势西北高，东南低，平均海拔 150 米，最高点盐落罐 234.9 米，湘江一级支流祁水流经境内。年均气温 17.9℃，年降水量 1000~1100 毫米，降水日约 140 天。常年主导风为北风，夏季为东南风。土壤多系红壤土，紫色页岩风化而成，结构松散，雨季常有洪涝灾害发生。

人口民族

1995 年，辖区总人口 36283 人，其中男性 18997 人，女性 17286 人。2006 年，总人口 37496 人，男性 20183 人，女性 17313 人。2014 年，总人口 40943 人，其中男性 22090 人，女性 18853 人，分别占 53.95% 和 46.05%；人口出生率 12.47‰，死亡率 4.8‰，自然增长率 7.67‰。人口以汉族为主，少数民族有苗族、壮族、哈尼族、傣族、布依族、土家族、侗族、瑶族、黎族、拉祜族、佤族、白族、彝族、景颇族、布朗族、仡佬族等108人，占总人口的0.26%。人口密度每平方公里599人。

经济发展

经济综述

蔬菜种植始终处全县领先地位，年均种植各类蔬菜800公顷，涌现一批蔬菜种植专业村。砖塘萝卜、砖塘白菜、砖塘槟榔芋形成品牌效应，一批专业销售公司应运而生，形成农产品专业批发市场，常年从事农产品运销的长途货车数十辆。2014年，粮食总产量2.82万吨，工业总产值1.88亿元，财政总收入685万元，农民人均纯收入6257元。

农业

种植业　民国时期，水稻亩产量170公斤左右。中华人民共和国建立后，绝大部分农田实现旱涝保收。1980年稻谷亩产量534公斤。1992—1994年，完成包圣殿农业综合开发项目区建设，改造中低产田767公顷，开荒种粮260公顷。蔬菜种植是该镇农业的突出特色，传统大宗作物有槟榔芋、生姜、大白菜、萝卜，有“砖塘萝卜不用油”、“百菜不如（砖塘）白菜”之说。曾家湾、东村、对塘、长坝塘是闻名远近的蔬菜专业村，农户习惯在蔬菜地里套种、间种作物，形成立体种植，同一地块一年收获3~4种作物。1995年，粮食播面1773公顷，粮食总产量8637吨。1998年，早、晚两季大面积推广杂交稻，双季稻亩产量提高到859公斤，粮食总产量11000吨。2000年起，持续调整农业产业结构，双季稻面积减少，一季稻面积增加。2008—2013年，依法促进土地流转，创办各类农民专业合作社13家。2010年，砖塘槟榔芋在衡阳市农博会上获得金奖。一些种植大户发起成立砖塘香芋协会和销售公司，包圣殿、烟河岭一带槟榔芋年均种植面积逾400

香芋种植基地

公顷，生姜年均种植266.7公顷。2014年，耕地面积1951公顷，粮食播面2546公顷，粮食产量28209吨；各类蔬菜基地23个，蔬菜种植面积823.4公顷（含复种指数）。

养殖业 1949年以前，农户有一年一头猪的养殖习惯，猪种以本地花猪为主，体型小，生长慢,养猪效益低。山塘养鱼亩产量在30公斤左右。20世纪60—70年代，陆续引进英国约克夏、苏联大白猪、长白猪等猪种，体型大，生长快。80年代，大力推广配合饲料喂养，出现养猪专业户。1995年,出栏生猪2.54万头,出笼家禽10.4万羽。1996年，出栏生猪200头以上的养殖大户10余户。2010年，鲁家桥村办有向荣农牧有限公司，年出栏生猪5100头。2014年,规模养殖企业4家，新建一个年产20万羽肉鸡养殖场和3个养牛场，扩建5个养猪场；全镇年出栏生猪4.29万头，出笼家禽34.22万羽，水产品产量2090吨。

林业 民国时期，山地多灌木，成片用材林较少。20世纪80年代后期至90年代中前期，持续组织全面绿化会战，荒山面积逐年减少。2004年7月，县林业局引进岳阳纸业集团投资营造纸业原料林，在境内租地营造湿地松，聘请属地山林管理员，每年组织专业队对幼林抚育两次。2006年，实施国家退耕还林工程，退耕地造林20公顷，宜林荒山造林33.3公顷。2010年，争取国家专项资金，组织林地后续产业建设，新发展油茶林33.3公顷，经济果木林13.3公顷。2014年，林地面积1475公顷，其中有林地1302公顷。

工业

民国时期，冷水塘、青山冲、九坪塘办有小煤窑，中华人民共和国建立前停采。1958年2月，重新开发冷水塘煤窑。1969年2月，双江公社与车元大队联合开办汪家坳煤矿。1973年，复开青云井。1974年2月，转为县社联营。1978年6月，开办先锋坳大队煤矿。1984年11月，秧塘排村恢复开办九坪塘煤矿。1995年，发展鞭炮生产，当年生产爆竹20000箱。2005年，成立雄峰食品厂、新业农产品有限公司。2009年1月，中大正光烟花厂落户黄丫桥村，占地面积14公顷，建筑面积5000平方米，主要生产组合烟花“开门红”“小雷公”等，列为衡阳市规模烟花企业。2010年，引进客商投资3000万元，创办卫星铁矿；欧阳、羊角塘、太平桥等村页岩砖厂与先锋矿业联合、重组，形成规模优势。2011年，引进耒阳业主投资2000多万元，启动青云煤矿探矿及开采前期工作，年检不合格被依法关闭。2012年，烟花企业1家，腌菜企业1家，黄花菜加工企业2家，页岩砖厂4家。2014年，民营企业8家，其中规模以上工业企业有隆鑫磨具；民营经济实现营业收入1.88亿元，从业人员550人。

商贸服务业

20世纪50年代，设有供销分社。70年代，乡村办有代销店，后逐渐被经销店取代，主要经营日用小百货。1978年后，社队相继开办供销公司和贸易货栈。1985年，有砖塘、包圣殿和百岁门3处市场。1994年，县工商部门投资18万元，新建砖塘集贸市场，占地面积2330平方米，建筑面积1377平方米，成为周边乡村生姜、香芋交易中心。1995年，公有制商业企业2家，从业人员25人；个体工商户45户，从业人员99人。2002年，国有商业、供销系统实行体制改革，私营个体商业成为流通领域主体，葵花园、包圣殿、路亭岭、百岁门4处集贸市场交易旺盛。2010年，形成砖塘姜芋专业批发市场，常年从事姜芋产品运销的长途货车数十台，部分产品远销广东沿海、香港及东南亚地区。2014年，餐饮、摄影、美容、美发、娱乐、快递等新兴服务行业快速发展，境内商业网点369个，社会消费品零售总额3.2亿元，集市贸易成交额2341万元。

财政金融

财政 自建立砖塘乡至1983年，乡（社）政府无单独财政。1984年下半年，设立乡财税所，负责政府财政收支管理及农业各税征收，1995年更名财政所。2004年，镇财政负债496.3万元。2006年，财政总收入342万元，收支平衡。2012年，因垫税形成的财政债务全部化解。2014年，财政总收入685万元，收支持平。

金融 1954年7月，设立砖塘、包圣殿两个乡信用合作社。1964年5月，以大队为单位成立信用代办站。1968年，信用社、站全部关停，1980年恢复。1993年，设立乡农村合作基金会。1995年，包圣殿邮政所开办储蓄业务。1996年，设立镇农村救灾扶贫互助储金会。1999年，农村“两会”停业整顿，基金会并入地方信用社，储金会清盘关闭。2006年，村信用代办站被撤销。2014年，金融机构有邮政储蓄银行和农村信用联社下设的经营网点3个。

基础设施

交通运输

20世纪70年代以前，境内多乡村小道。70年代，先后修成甘汪（甘塘—汪家坳煤矿）、包赤（包圣殿—赤塘铁矿）、翅白（翅千山—白合桥）、鸟漆（鸟塘冲—漆塘）4条公路，总里程22.9公里。1978年，过境白铁（白地市—铁炉冲）公路建成通车，与鸟漆线在境内相接。2006年起，实行政府资助与群众自筹资金相结合的办法，对通村公路进行改造和硬化。至2014年，36个村完成通村公路硬化总里程125.65公里。

邮政通信

邮政 民国时期，包圣殿开通步班邮路，双江口、包圣殿分别设立邮政信柜。中华人民共和国成立后改为邮政代办所，由地方供销社兼管。1953年，开通白地市—双江口邮路。1958年，邮递2天1次，送到大队。1998年，建立包圣殿邮政所。2014年，邮政网点1个，投递线路单程20公里，乡村通邮率100%。

通信 1951年，境内电话由黄土铺总机接转。1971年，公社安装总机。1981年安装磁石总机，配专职话务员。1985年，包圣殿邮电所房屋面积137平方米。1995年9月，镇政府开通传真通信，配备专职传真员。1996年，出现“大哥大”模拟移动电话。2000年，村村组组通电话。2014年，电信服务网点2个，电话交换机总容量5000门；有固定电话用户2000户，移动电话用户12000户；互联网端口9500个，网络用户1100余户。

供电饮水

供电 1971年7月，包圣殿—黎家坪35千伏高压输电线路竣工送电，包圣殿输变电站同步竣工投产。1988年，村村通电，75%的组通电，农村加工、照明、排灌基本使用高压电。1995年，村办水电站2座，装机容量15千瓦，年发电量3700千瓦时；全镇农村用电量60.02万千瓦时。1998年，开始实行农网改造。2002年，包圣殿35千伏输变电站改迁龙丰村，安装3150千伏安和1800千伏安变压器各1台。同年12月，新建鸟包（鸟塘冲—包圣殿）线35千伏输电线路投产，18个村当年享受电费降价。2005年，农村用电量130万千瓦时。2014年，变电站1个，变压器89台，总容量0.98万千伏安；秧塘排、龙丰等21个村完成农电网改工程，全镇年用电量755.3万千瓦时。

饮水 中华人民共和国成立后，政府发动群众打吊井、压水井、潜水泵井。1996年，投资70万元，建成自来水厂，铺设供水管网5千米，日供水400吨，集镇和附近居民用上自来水。2000年以后，实施农村安全饮水工程，重点建设农村集中饮水水井和家庭简易自来水。2008年，争取国家安全饮水项目资金200万元，新挖抗旱水井200多口，解决包圣殿、谢家冲、红日山等村生产生活用水困难。2009年8月，投资200万元，在成家岭村新建永业自来水厂，日供水1000吨。2014年，农村安全饮水率95%。

水利建设

中华人民共和国成立后，每年冬天对山平塘进行清淤，打流沙，挖深，加高，培厚。20世纪60—70年代，扩建骨干塘，兴修小水库及堰坝。1978年，山平塘、骨干塘2341口，小（二）型水库3座，河溪堰坝2座，电灌站18处，灌溉渠道12千米。1995年，投入资金150万元，清淤山平塘483口，硬化山平塘352口，护砌硬化渠道5千米。2005年，18座电灌站装机18台394千瓦，灌溉面积507公顷。2008年，车元、龙丰、羊角塘、凤坪、漆塘等村硬化水渠12.6千米，全镇整修骨干塘527口，硬化骨干塘201口，山平塘清淤1856口。2009年，完成紫塘水库除险加固工程。2011—2012年，争取中央财政小流域治理建设项目，投资800多万元，对清江河岸进行治理。2014年，硬化骨干塘22口，山平塘清淤77口，整修水渠2134米。

镇村建设

集镇　1995年，砖塘设为镇治后，小城镇建设开始起步，街道建设纳入统一规划和管理。1999年，街道总长750米，完成永昌街硬化。2005年，安装街道路灯。2010年，完善集贸市场建设，困扰砖塘发展的马路市场问题得到有效治理。2014年，建成区面积0.7平方公里，城区道路总长度3公里。

乡村　1949年以前，农村建房多为土木结构。20世纪70年代末至80年代初，农民自建房屋日渐增多，且多为2层以上砖混结构楼房。2006年，烟河岭村先行试点，启动社会主义新农村示范村建设，硬化村道2条1200米、村庄院落间道路3条3800米。2014年，各行政村和居委会都建有办公房，其中4个村为新建办公房；村庄道路硬化率80%。

社会事业

教育科技

教育　民国时期，太平桥、白合桥等地办有私立小学6所。祁东建县土地改革后，私立小学陆续转为公办。20世纪50年代末，公办小学16所。1969年，相继办起砖塘、包圣殿、双江、白合桥4所初级中学。1985年，小学30所，在校学生4008人；初中4所，在校学生1345人。1988年，双江、包圣殿两所乡农校被评为衡阳市合格农民文化技术学校。1989—1994年，撤销双江、白合桥两所中学。1995年，小学16所，初中2所。2005年，民办百岁门小学校舍面积扩大到2000平方米，在校学生456人，在聘教师16人。2008—2010年，投资600多万元，完成中小学危房改造和部分小学装修工程，镇中学和包圣殿中学建成义务教育合格学校。2011年，镇中心小学新建综合楼、宿舍楼。2012年，被评为民办实事项目义务教育合格学校。2013年，镇中学新建学生宿舍和教师周转房。2014年，幼儿园16所，在园幼儿767人，教师33人；小学17所，在校学生1790人，教师128人；初中2所，在校学生796人，教师57人。

科技 1954年，农业技术推广工作由官家嘴片农技站负责。1958年，改由步云桥区农技推广站负责。1971年,设立公社农业科技站。1978年，公社成立科协，创办业余科技学校和公社农科站；40%的大队成立科协小组，创办农科队。1982年，公社分管农业副书记兼任公社科协主席，公社农科站站长兼任公社科协秘书。1986年，推广早稻育秧蒸气催芽、软盘育秧、抛秧、撒播等水稻栽培技术。1993年，区乡农技站联合组织槟榔芋“三改”（改常规子芋作种为假植子芋一年的小母芋作种；改直接种植为温床育苗移栽；改竖苗种植为倒苗种植）,获省科技进步四等奖。2007年，车元村开展大棚蔬菜规范化栽培试验，亩平增收353.2元。2014年，有科技人员79人，其中工程技术人员6人,农技人员4人,卫生技术人员69人。

文化体育

文化 1958年，设立包圣殿耕作区文化站。1971年，建立公社广播站，配备专职广播机线员。1983年，架设区站到社站广播专线，农户喇叭入户率45%。1987年，安装调频广播发射机，停止使用广播专线。1995年，组建渔鼓、花鼓戏、龙灯3个艺术表演团体。同年10月，建立砖塘电视站。发射（转播）塔高20米，覆盖半径10公里。2007年，镇政府驻地有线电视实现光缆联网。2009—2012年，37个行政村先后建成农家书屋，开通数字电视。2014年，艺术表演团体6个，演职人员56人；文化专业户1户，文化站1个；公共图书室31个，藏书65000册；档案室1个，建筑面积15平方米。

体育 清末，百岁门武解元李乳梅开设武术馆，收徒传艺。祁东建县后，民间仍有武术传授。2005年10月，启动全民健身活动，组织健康知识宣讲。2007年，启动村级运动场所建设。2010年起，每年组织村间篮球友谊赛。2014年，组织第一届广场舞比赛。是年底，全镇篮球场31个，羽毛球场20个，乒乓球台50余桌，健身路径器材5套。

医疗卫生

医疗 1952年，发动医生个人集资，开办乡联合诊所。1969年8月，联合诊所改办为公社卫生院。1972年，推行农村合作医疗制度，生产大队成立医疗站，配备赤脚医生。1978年，停止执行合作医疗制度，设立大队保健室。1984年，公立医疗机构有砖塘、双江、白合桥、包圣殿4个乡卫生院，房屋面积1898平方米，工作人员33人，病床11张。1995年，保留砖塘镇卫生院，撤销双江、白合桥两个乡卫生院，包圣殿卫生院改为医疗点。2006年，投资25万元，完成卫生院房屋维修改造。2012年，投资130万元，扩建镇卫生院住院楼,建筑面积797平方米。2014年，公立卫生院1个,医疗点1个,共有在职职工26人，其中在编医技人员13人，设病床16张；个体诊所8个，村卫生室28个。

卫生 20世纪90年代初，包圣殿村建成户用沼气池15口，乡村环境卫生逐年有所改观。2007年，烟河岭村组织乡村卫生整治，农户建沼气池25口，培养“三清五改”示范户25户。2008年，实施乡村清洁工程，317省道沿途的漆塘、长坝塘、欧阳等7个村（居委会）列为重点，配常年卫生保洁员。至2010年,投入110多万元，改造集镇下水道，购置环卫洒水车和垃圾运输车；卫生整治重点村新建集中垃圾池86口，安装垃圾桶（箱）40多个。2011—2013年,投资60万元，成立镇保洁公司，印发《文明卫生公约》，投放垃圾桶（箱）200个，新建和改建垃圾池20个，将70%的农村环境综合整治专项资金划归村里支配。2014年，黄丫桥、包圣殿、候塘、石山堰、谢家冲等村建有新型沼气池400多口，农村卫生厕所普及率85%。

社会保障

“五保”供养 1956年农业合作化后，农村无依无靠老人由集体实行“五保”。20世纪60年代，“五保”对象扩大到孤儿。1985年，设立乡民政办公室，负责社会保障工作。1988年，开办敬老院，收住部分“五保”老人集中供养。2007年，改建敬老院。镇敬老院坐落百岁门村，占地面积6667平方米，建筑面积1000平方米，设置床位65张，配工作人员4人。2014年，“五保”对象461人，其中集中供养42人，分散供养419人，发放“五保”供养金总额137.29万元。

最低生活保障 2000年起，启动城镇居民最低生活保障制度。2007年起，启动农村居民最低生活保障制度。2011年，核定城镇低保26户、32人，发放低保金8.8万元；核定农村低保1455户、1591人，发放低保金101万元。2014年，核定农村低保1272户、1753人，发放低保金总额223.98万元。

养老保险 2012年，实施城乡居民社会养老保险制度。当年参保18086人。2014年，参加城乡居民社会养老保险20369人。

医疗保险 2007年起，实施新型农村合作医疗制度。2010年，参加新农合缴费33205人。2014年，参合农民35534人，参合率95.64%。

特色地情

历史人文

境域历史悠久，三国时永昌县治设烟河岭，传三国名相蒋琬（168—248）出生于此。存有汉墓群，为县重点文物保护对象。老一辈革命家王首道（1906—1996），大革命时期曾在百岁门一带开展艰苦卓绝的革命斗争。老红军邓友庆（1899—1983），系漆塘村人。

砖塘镇出土的东汉五乳云纹镜

永昌县古城址

名优特产

砖塘槟榔芋 又名香芋，以双江、烟合岭、包圣殿一带盛产。外形椭圆，外皮粗糙，内呈槟榔纹。每年惊蛰、春分时节开始种植，霜降时收获。砖塘槟榔芋淀粉含量高，肉质细腻，风味独特。富含粗蛋白、淀粉、多种维生素和无机盐，有补气养肾、健脾胃之功效，是制作点心、佳肴的上乘原料、滋补身体的营养佳品，清朝列为贡品。2010—2014 年，全镇年均种植 400 公顷以上。

风景名胜

永昌县古城址 位于烟河岭村，距县治 37 公里。1962 年版《湖南省志》载："祁东县汉时属泉陵县地。三国时吴分泉陵县置永昌县，县治在祁东砖塘。"永昌古县城遗址呈长方形，约 2.7 公顷，东、北两向土城残迹犹存，护城河依稀可辨。距烟河岭以南 420 米处的坡地，有显形坟堆 15 冢，多呈圆锥形。1970 年，修公路和搞农田基本建设时，多处掘出墓砖及陶器碎片，经鉴定为汉墓。1992 年，定为县级重点文物保护单位。

（文字供稿：砖塘镇党政办　图片供稿：陈默）

蒋家桥镇>>

区域概况

位置面积

相传建石拱桥竣工，适彩轿过来，石工请题，新娘吟道："工竣彩舆首过桥，千年胜迹万年牢。蒋家与我百年好，此桥就叫蒋家桥。"镇以桥名。地处县域西北部，东接步云桥镇，南邻城连墟乡，西与太和堂镇、邵阳县郦家坪镇交界，北连凤歧坪乡。2014 年，辖区东西最大距离 11.2 公里，南北最大距离 16.5 公里，总面积 66.8 平方公里。镇治蒋家桥村，距县治 53 公里。

建置沿革

明清时期，属祁阳县太平乡。民国 28 年（1939），属祁阳县吉祥乡。民国 36 年（1947），属祁阳县景卿乡。1950 年 9 月，始设蒋家桥乡，属祁阳县第十区。1952 年 8 月，属祁东县第十一区。1956 年 6 月，祖山湾等 5 乡并入，属步云桥办事处。1958 年 10 月，为蒋家桥人民公社一个耕作区。1961 年 8 月，蒋家桥人民公社改称蒋家桥区，蒋家桥耕作区改设为蒋家桥人民公社，属蒋家桥区。1984 年 4 月，复称蒋家桥乡；同年 10 月撤乡设镇，属蒋家桥区未变。1995 年 4 月撤区，小坪乡和祖山湾乡的官塘、新开铺、簪岭坳、太乙塘、石子塘、祖山湾 6 村并入。

行政区划

1995 年，辖 36 个行政村，471 个村民小组。2014 年，辖祖山湾、官塘、新开铺、簪岭坳、太乙塘、石子塘、箩塘、莲花寺、天河、挡水塘、天元、两百斗、三角塘、叶家、胡坪坳、路止冲、樟木塘、巷子口、新陂江、翻身塘、离头坪、栗山湾、新江、腊元、蒋家桥、水堆塘、龙鹤、中和、余庆、黄木、沙子塘、梨树、西子、井塘冲、东冲、小坪 36 个行政村及老街、新马路 2 个社区，471 个村民小组。

自然环境

全镇多丘陵，小范围分布溶蚀平原、垄町，地势西北高、东南低，呈狭长带状。亚热带季风湿润气候，年平均气温 17.2℃，年降水量 900~1300 毫米，属衡邵干旱走廊。土壤多为黑色石灰土、红色石灰土、潮土。湘江一级支流祁水穿境而过，是境内主要水源。

人口民族

1995 年，辖区总人口 38456 人，其中男性 20478 人，女性 17978 人。2006 年，总人口 37964 人，其中男性 20571 人，女性 17393 人。2014 年，总人口 42673 人，其中男性 23371 人，女性 19302 人，分别占 54.77% 和 45.23%；人

口出生率 13.02‰，死亡率 2.57‰，自然增长率 10.45‰。人口以汉族为主，少数民族有苗族、壮族、哈尼族、傣族、布依族、土家族、侗族、瑶族、拉祜族、佤族、白族、水族、彝族、景颇族、布朗族、傈僳族、基诺族等 169 人，占总人口的 0.4%。人口密度每平方公里 639 人。

经济发展

经济综述

20 世纪 50 年代，逐步推广双季水稻生产，80 年代，大力推广双季杂交稻种植，90 年代后，期实现成建制过吨粮镇目标。养殖业和林业发展不断实现新发展，先后建成一批生猪养殖基地村和红枣生产基地村。2014 年，粮食总产量 2.52 万吨，工业总产值 1.4 亿元，财政总收入 3571 万元，农民人均纯收入 5415 元。

农业

种植业 民国时期，多种一季水稻，亩产量 200 公斤以下。1949 年后，逐步推广双季稻。1980 年，亩产稻谷 718.5 公斤，为 1949 年前的 4 倍多。1986 年，大力推广双季杂交稻。1995 年，粮食播面 3032 公顷，粮食总产量 18406 吨。1998 年，双季稻亩产量 1041 公斤，实现成建制亩产过吨粮目标。新江村农民曾庆文率先实施农业机械化生产，先后购置收割机、旋耕机、插秧机，成立新兴种养专业合作社。2006 年起，按照“调优结构、调大规模”的思路发展农业生产。2010 年，形成以祖山湾、箩塘等村为中心的黄花菜产业带，面积 200 公顷。2012 年，太乙塘、新陂江、莲花寺 3 村实施省级土地综合整治项目建设，新增耕地 6 公顷。2013 年，组织 33.3 公顷集中连片一季再生稻生产示范建设，一季稻亩产量 598 公斤，再生稻亩产量超 200 公斤。2014 年，耕地面积 2650 公顷，粮食播面 2577 公顷，粮食产量 25159 吨；各类专业合作社 24 家，年产值 600 万元。

养殖业 1958 年下半年，生产队、大队分别开办养猪场。1962 年，推行生猪派购，公有私养，私有私养。1980 年，推行承包责任制，山塘、水库养鱼面积和产量都有很大提高。20 世纪 80 年代后期，生猪饲养改熟食为生饲料，改单一米糠为配合饲料，出现养猪专业户和联营养猪场。1995 年，出栏生猪 3.3 万头，出笼家禽 19.5 万羽。2006 年，云林农业发展中心在新江村建立“芙蓉凰”鸡养殖基地。2010 年，形成以路止冲、两百斗等村为中心的生猪养殖基地，发展产销一条龙模式，全镇出栏生猪 100 头的 23 户，超 50 头的 214 户，生猪贩运大户 12 户。2011 年，水产养殖面积 230 公顷，产鲜鱼 2000 吨。2014 年，出栏生猪 4.74 万头，出笼家禽 35.64 万羽，水产品产量 2030 吨，生产肉类 4260 吨。

林业 1962 年，设立区林业工作站。1964 年，两百斗、小坪被定为杉木林建设基地。1965 年，区林业工作站被撤销。1975 年，组织白太（白地市—太和堂）公路境内段相关大队参与白太林带挖山整地绿化大会战。20 世纪 90 年代初，改零星分散育苗为集中育苗，小坪村农户创办占地 7000 平方米的个体中心苗圃。2001 年，蒋家桥被列为全县退耕还林重点镇，完成退耕还林任务 73.3 公顷。2008—2009 年，实施国家退耕还林项目，补植补造速生丰产原料林和经济果木林。2010 年，开办“世纪春”花木基地，占地 12 公顷，品种 100 余种，产品畅销省内外；以簪岭坳、新开铺等村为中心建成红枣基地 34.7 公顷。2011 年，退耕还林累计造林 332 公顷，其中防护林 73.3 公顷，经济林 258.7 公顷，林木覆盖率 35%，活立木蓄积量42000立方米。2012年，水果种植面积533.3公顷，产量12000吨，主要品种有中秋酥脆枣、冬枣、甜橙。2014年，林地面积1808公顷，其中有林地1062公顷。

工业

民国时期，仅有零星分散的个体小手工业。祁东建县后，陆续成立木业生产合作社、缝纫生产互助组、手工业社。1976年，开办农业机械厂，主要修理农机具。1979年，创办食品加工厂，年加工大米325吨。1984年，创办砖瓦厂，年产黏土砖20万块。20世纪90年代，先后创办鸿发采石场、东冲采石场、两百斗黏土砖厂，规模偏小。2007年，胡坪坳村村民联合创办新砖厂，引进机械化生产线，产量提高。2006年起，陆续引进台湾塑料泡沫厂、长兴粉丝加工厂、鸿鑫针织厂。2014年，民营企业30余家，涉及采矿、制砖和皮革加工、木材加工、大米加工等行业，工业总产值14000万元。

商贸服务业

蒋家桥集市始于清光绪年间（1875—1909），逢农历二、五、八赶圩。民国时期，圩场面积1400平方米，圩日上市最多700人。中华人民共和国成立初，有店铺17间。1951年，成立蒋家桥工商组，管理辖区工商业经营活动。1952年，设立供销分社，入股社员享有布匹、煤油、食糖等7类商品优价20%的定量配售。1956年后，陆续设立食品站、农业生产资料门市部、日杂门市部。1983年，胡坪坳村设立集市。1988年，蒋家桥集镇有商店70家。1992年，投资10万元，新建蒋家桥区级集贸市场，占地面积1990平方米，建筑面积847平方米。2011年，商业网点389个，社会商品销售总额3280万元。2014年，集贸市场2个，民营门店1400余家，烟花爆竹总代理1家，规模以上服务企业有蒋家桥粮食购销公司。

财政金融

财政 自设立蒋家桥乡至1983年，乡（社）政府无单独财政。1984年下半年，设立镇财税所，负责政府财政收支管理及农业各税征收，1995年更名财政所。2004年，镇财政负债1381.6万元。2006年，财政收入357万元，收支平衡。2012年，因垫税形成的财政债务全部化解。2014年，财政总收入3571.41万元，收支持平。

金融 1954年，以乡为单位设立蒋家桥、祖山湾、小坪3个信用合作社。1961年，设立农行蒋家桥区营业所，以生产大队为单位成立信用代办站。1968年，信用社、站全部关停，1980年恢复。1990年，邮电所开办邮政储蓄业务，1993年，成立镇农村合作基金会，1996年，成立镇救灾扶贫互助储金会。1998年，撤销蒋家桥农行营业所。1999年，农村“两会”停业整顿，基金会并入信用社，储金会清盘关闭。2006年，村信用代办站被撤销。2014年，金融机构有邮政储蓄银行和农村信用联社下设的经营网点。

基础设施

交通运输

20世纪60年代，租用民房设立蒋家桥汽车站。1972年8月，开工建设蒋家桥—邵东县水井亭公路，3个月时间建成通车。同年，修通大韭（大寨亭—韭菜坪）公路，全长3公里。80—90年代，全镇各村相继修成通村道路。2006年，启动蒋家桥农村客运站建设，工程占地面积4300平方米，停车场面积3600平方米，站房面积180平方米。2009年，新建农村客运站投入运营。2011年，周盛强捐资150万元，建成上屋江公路桥。2009—2012年，完成省道317线改建工程，新路避开集镇，新建一座公路桥梁。2014年，客运站1个，客运车辆38台，日发送32班次。33个村完成通畅工程，硬化通村公路总里程53.44公里。

邮政通信

邮政 民国28年（1937）5月，设立蒋家桥邮政信柜。民国31年（1942）8月，设立蒋家桥邮政代办所。民国36年（1947），蒋家桥安装5门电话总机，接转步云桥、小坪、中和堂等地单机电话。1958年，设立蒋家桥邮电支局，开办长途电话和电报业务。1971年，公社安装总机、载波机，1981年，改为磁石总机。1982年，蒋家桥邮电支局话务员刘满秀获评全国"三八"红旗手，当选省六届人大代表。1985年，蒋家桥邮电支局有职工10人，房屋面积290平方米，配磁石交换机1部、配线架1部、单路载波机2部，开办自行车邮班3条、步班3条。1998年，邮电分营，相继设立蒋家桥邮政支局和电信支局。2005年，移动、联通公司先后在镇内建设通信基站。2011年，邮政网点1个，乡村通邮率100%；电信服务网点2个，固定电话用户2563户，移动电话用户8206户，互联网端口403个，宽带接入用户334户。2014年，电信、移动、联通营业网点各2个，固定电话用户2000余户，移动电话用户36500户，互联网用户3216户。

供电饮水

1963年，区农机站建发电房，柴油机发电，供区公所驻地机关及居民用电。1995年，村办发电站1座，装机容量10千瓦，年发电量1850千瓦时；全镇农村用电量45.29万千瓦时。1999年，投资480万元，建成天河村35千伏输变电站，安装3150千伏安主变压器1台；组织第一期农网改造，只改户表。2005年，农村用电量140万千瓦时。2006年，建成蒋家桥自来水厂，铺设干线水管15千米，日供水400吨，居民自来水普及率85%。2014年，变电站1所，总容量10.6兆伏安；24个村完成线改户改，各村新增10千伏输电线路，共更新和新增容量200~400千伏安变压器40台；全镇用电量641.51万千瓦时。自来水新增干支线水管35千米，供水用户3412户。

水利建设

祁东建县初期，采取民办公助和以工代赈办法，每年冬天对山平塘进行清淤、打流沙、挖深、加高、培厚，扩建骨干塘。1959年，设立蒋家桥区机电管理站，管理区内农业机械和水利电力工作。1963年，设立蒋家桥中心排灌站。1964年9月，在路止冲大队兴建狮子山小（一）型水库，有效库容216万立方米，有效灌溉面积426.7公顷。1966年，修建蒋家桥拦河坝，灌溉面积33.3公顷。1992年4月，连降暴雨，吊水井小型水库低涵形成1~3米宽的漏洞，坝顶外坡出现数条6~8米长的纵向裂缝，经抢修消除垮坝险情。2005年，莲花电灌站装机一台10千瓦，灌溉面积7公顷。2006—2010年，累计投资160万元，整治山塘水库病害。2012年，投入374万元，完成狮子山小（一）型水库除险加固工程。同年，开工修建龙兴水库，有效库容30万立方米。2013—2014年，争取中央财政小型农田水利建设专项资金100万元，完成西湖、向家冲水库除险加固工程。2014年，小（一）型水库1座、小（二）型水库3座，总蓄水量4600万立方米，总灌溉面积395公顷。

镇村建设

中华人民共和国成立前，蒋家桥集镇94户401人，房屋130间，面积2600平方米，均系一层土木结构房，2条小街，总长250米。1987

年，硬化正中街，修下水道300米。1988年，街道4条，总长1600米，公共建筑面积3.06万平方米。1994—2005年，修成自兴街、沿江路、新兴街、花园路、政法路，全面硬化正中街，安装路灯21盏。2007年，以余庆村为试点，推进社会主义新农村示范村建设，当年硬化村庄道路4条1200米，新建村部活动室8间200平方米。2010年，新建栗山村村级活动场所竣工投入使用，完成蒋家桥、官塘、新江3个沼气池国债项目村建设。2014年，蒋家桥集镇建成区面积1.9平方公里。

社会事业

教育科技

教育 清同治年间（1862—1874），曾氏公产出钱创办宣义义学，曾姓子弟读书全免学费，外姓子弟读书只收灯油、书籍费，民国4年（1915）改为小学。民国时期，两百斗龙鹤寺开办景卿乡第一中心国民学校，小坪、龙鹤两地分别办有保国民学校或私立小学。祁东建县后，公立校由县教育部门接管，私立小学在土地改革后陆续转为公办。20世纪50年代末，公办小学17所。1960年，小坪小学附设初中班。1963年，创办教师进修分校，1966年停办。1968年，创办两百斗中学。1969年，相继办起蒋家桥区中学和蒋家桥、祖山湾、小坪3所初级中学。1985年，小学30所，在校学生5120人；初中5所，在校学生2960人。1987年，撤销两百斗中学。1988年，蒋家桥区成人教育中心、蒋家桥镇成人教育中心和小坪乡农校分别被评为衡阳市合格农民文化技术学校，蒋家桥镇中心小学在争创全市百所文明校活动中被评为合格学校。20世纪90年代，社会力量办学快速发展，经批准注册的私立学校有创新学校、新岭小学、栗山小学、三佳小学。创新学校为九年一贯制学校，自有校舍面积9000平方米，聘用教师58人，常年在校学生1200人左右。1996年，撤销祖山湾中学，蒋家桥区中学改称蒋家桥镇一中，蒋家桥镇中学改称镇二中。2004年，小坪中学原址重建。2006—2010年，全面拆除学校危房，新建晒谷坪小学、镇中心小学教学楼、镇一中食堂和学生宿舍、镇二中大礼堂，蒋家桥镇中学、小坪中学、玉成完小、幸福小学、镇中心小学建成义务教育合格学校。2011年，镇二中、晒谷坪小学建成为民办实事义务教育合格学校。2014年，幼儿园13所，在园幼儿689人，教师34人；小学（含民办）12所，在校学生3340人，教师162人；初中（含民办）4所，在校学生1923人，教师132人。

科技 1954年，境内农业技术推广工作由步云桥片农技推广站负责。1958年，设立蒋家桥区农技推广站。1978年，公社成立科协，创办业余科技学校和公社农科站；40%的大队建立科协小组，创办农科队。1980年，腊元大队代表出席湖南省农业科学技术经验交流会，村民曾祥智被录为科技干部。1982年，公社管农业副书记兼任公社科协主席，公社农科站站长兼任公社科协秘书。1988年，镇政府配科技副镇长，村委会配科技副主任。1994年，引进檀桥板栗（全国推广100项科技成果之一），建板栗基地33.3公顷。1999年，从陕西果树研究院引进优质枣树新品种梨枣，在簪岭坳村种植6.67公顷。2013年，组织玉米高产示范试验，亩平产玉米630公斤，比上年亩平产量提高20%。

文化体育

文化 1958年，公社设立文化馆，耕作区设文化站。1970年，建立区有线广播站，1971年，建立公社广播站，配专职广播机线员。1972年，小坪公社成立花山文学社。1975年，成立区电影放映管理站和公社电影放映队。1982年，架通区站至社站广播专线，农户喇叭入户率40%。1980年，建成蒋家桥电影院，设座位900个，1985年关闭，农村电影放映由个体电影队承包。1986年，建立图书流通站和集体借书包，开展图书借阅活动。1987年，安装调频广播发射机，停止使用广播专线。1997年6月，建成调频广播电视站，发射塔高36米，覆盖半径5公里。2000年，成立百灵渔鼓队。2007年，成立腰鼓队，新增有线电视用户150户。2014年，农家书屋36个，腰鼓队4支，渔鼓队1支。

体育 1987年，蒋家桥农民代表队参加全县首届农民男子篮球运动会，获第一名。2006年，镇内兴起广场舞，2011年组队参加全县广场舞比赛获一等奖。2014年，组队参加全县广场舞比赛获三等奖；腊元、新江等7个村建有篮球场，箩塘、天元等7个村建有健身路径。

医疗卫生

1952年，发动医生个人集资，开办乡联合诊所。1958年，区中心联合诊所改建为蒋家桥人民公社卫生院（后更名为区医院）。1969年8月，公社联合诊所改办为公社卫生院。1972年，推行农村合作医疗制度，生产大队成立医疗站，配备赤脚医生。1978年，停止执行合作医疗制度，设立大队保健室。1985年，公立医疗机构有蒋家桥区医院和蒋家桥、两百斗、小坪、祖山湾4个乡镇卫生院。卫生院共有房屋860平方米，工作人员34人，病床10张。1995年，区医院更名镇卫生院，各乡镇卫生院逐渐被撤并。2008年，起步整治乡村环境卫生。余庆村率先行动，引导村民建设户用沼气池2口，培养“三清五改”示范户30户。2010年，投资150万元，新建镇卫生院住院部，建筑面积1333平方米，设病床70张。沙子塘、箩塘两村实施农村改厕工程，建成三格式无公害卫生厕所100座。2014年，镇卫生院1所，在职职工65人，其中在编医技人员30人；村卫生室34个。

社会保障

“五保”供养 1956年农业合作化后，农村无依无靠老人由集体实行“五保”。20世纪60年代，“五保”对象扩大到孤儿。1985年，设立镇民政办公室，负责社会保障工作。1988年，开办敬老院，收住部分“五保”老人集中供养。2008年，扩建敬老院。镇敬老院坐落天河村，占地面积2800平方米，建筑面积1080平方米，设置床位65张，配工作人员4人。2014年，“五保”对象480人，其中集中供养50人，分散供养430人，年发放“五保”供养金总额145.27万元；箩塘和井塘两村分别建有“五保之家”，集中供养“五保”老人10人。

最低生活保障 2000年起，实施城镇居民最低生活保障制度。2007年起，实施农村居民最低生活保障制度。2011年，核定城镇低保96户、112人，发放低保金29.5万元；核定农村低保1450户、1550人，发放低保金130.2万元。2014年，核定农村低保1127户、1646人，发放低保金总额209.38万元。

养老保险 2012年，实施城乡居民社会养老保险制度。当年参保16278人，发放到龄居民养老金待遇131.76万元。2014年，参加城乡居民社会养老保险17105人，为7536名到龄居民发放养老金待遇497.38万元。

医疗保险 2007年起，实施新型农村合作医疗制度。2010年，参加新农合缴费32825人。2014年，参加新农合农民36059人，参合率90.85%。

特色地情

历史人文

小坪村人雷鸣球，南京军区原政委，2004年授上将军衔，系中共十三届、十四届、十五届、十六届中央委员。

邹延龄从事试飞工作，出色完成国产“运八”飞机8种机型、30多个重大科研项目的试飞任务，提供数百万个科研数据，取得20多项科研成果，填补中国运输机试飞史上10多项空白。先后7次正确处理空中重大险情，创造国产“运八”飞机试飞史上16个第一。立一等功2次、二等功3次、三等功9次，评为空军特级飞行员，誉为“全国试飞英雄”。

风景名胜

龙兴古寺　位于龙鹤村龙兴山，始建于元朝初年，盛于明清，民国战乱时期遭毁坏。2010年，由热心宗教文化人士筹资重建。2012年7月落成，中国佛教协会副会长、湖南佛教协会会长圣辉法师为龙兴寺落成开光法会主法。主要建筑有山门、大雄宝殿、天王殿、观音殿等。菩萨佛像用上等汉白玉雕成，形态威仪，栩栩如生。整座寺庙占地3.4公顷，建筑面积1000多平方米。

（文字供稿：蒋家桥镇党政办　图片供稿：祁东县志办）

太和堂镇>>

区域概况

位置面积

当地居民原从江西太和县（今泰和县）迁来，后匡姓修建宗祠，怀念故乡，称太和堂，故名。地处县境西部，东邻蒋家桥镇，南接祁阳县龚家坪镇，西连四明山乡，北交邵阳县罗城乡和郦家坪镇。2014年，辖区东西最大距离9.7公里，南北最大距离20.4公里，总面积124.3平方公里。镇治马颈坳，距县治55公里。

建置沿革

明清时期，属祁阳县永隆乡。民国28年（1939），属祁阳县景星乡。民国36年（1947），属祁阳县景卿乡。1950年，分属中和堂乡和太和堂乡，隶属祁阳县第十区。1952年，属祁东县第十二区。1956年，中和堂乡与太和堂乡联乡办公，属太和堂办事处。1958年10月，属太和堂人民公社太和堂耕作区。1961年8月，太和堂耕作区分设为中和堂公社和太和堂公社，同属太和堂区。1984年4月，复称中和堂乡、太和堂乡。同年10月撤销中和堂乡，设立马颈坳镇，属太和堂区。1985年10月，撤并太和堂乡。1986年3月，马颈坳镇改称太和堂镇，仍属太和堂区。1995年4月撤区，紫云桥、罗口町、三口湾3乡并入。

行政区划

1995年，辖燕子、西湖、良村、黄马、丁町、包山、红日、紫云桥、罗兴、吊楼、江合、砂坪、天兴、少年、黄陂桥、苍溪、陈家坪、姜叉岭、太和堂、肥塘冲、尹家排、刘家排、上游、凤形山、琴塘、元珠山、乐家、向阳、迎先、中和堂、大坪山、马颈坳、白溪町、新王家、杉木桥、寿福山、三塘庙、把关口、甘家坳、清公祠、大房头、江边、司后头、黄泥桥、新书房、五里堆、石梅冲、文明、豹子岩、大路边、文桥、牛子庙、张家排、柿山排、文珠山、沩龙界、半山桥、节孝、江口、黄棚、湾头、跃子、大塘冲、大桃、小桃65个行政村，正街、湾街2个社区。

自然环境

境内西北部多山地，东南部为丘陵，地势西高东低。罗口町面积400公顷，为县内第二大町。最高山峰五指岭位于西湖村，海拔821米；最低点位于柿山村，海拔96米。夏季高温多雨，冬季寒冷干燥，年均气温17.8℃，年均降水量1160毫米，年均无霜期280天。主要自然灾害有旱灾、水灾。土壤以水稻土和紫色土为主，占85%以上。湘江一级支流祁水从沟龙界入境，经三口湾、罗口町，在城连墟乡柏树湾与曹家祠河汇集出境。

人口民族

1995年，辖区总人口53919人，其中男性28710人，女性25209人。2006年，总人口53720人，其中男性29117人，女性24603人。2014年，总人口60331人，其中男性32779人，女性27552人；人口出生率11.83‰，死亡率1.61‰，自然增长率10.22‰。人口以汉族为主，少数民族有苗族、壮族、哈尼族、傣族、布依族、土家族、侗族、瑶族、黎族、回族、拉祜族、佤族、白族、水族、彝族、景颇族、布朗族、仡佬族、普米族等243人，占总人口的0.4%。人口密度每平方公里485人。

经济发展

经济综述

粮食生产始终保持全县领先优势。20世纪80年代，创办全县杂交水稻制种基地；90年代，创办国家大型商品粮生产基地；2011年，组织万亩双季稻高产创建示范片建设；2013年，组织超级稻高产攻关示范栽培试验。特色养殖不断推出网箱养鱼、芙蓉凰富硒鸡养殖、娃娃鱼养殖、虫草乌骨鸡养殖等项目。2014年，粮食总产量1.96万吨，工业总产值3.61亿元，财政总收入1125万元，农民人均纯收入4781元。

农业

种植业 民国时期，一年只种一季迟熟水稻，亩产量150公斤左右。1964年后，扩大双季稻种植，亩产增至230公斤。1980年，红日、紫云桥、江合、砂坪等村开展杂交水稻制种，每亩收种谷75~90公斤。1995年，粮食播面4211公顷，粮食总产量24679吨。1997年，罗口町被定为国家大型商品粮生产基地。2011年起，陆续组建强元优质稻、金稻杂交制种、宏发农林、森源等种植专业合作社，组织万亩双季稻高产创建示范片建设。2013年8月，中国工程院院士、世界杂交水稻之父袁隆平到甘家坳村，视察指导超级稻“湘两优2号”高产攻关示范栽培。同年，省专家组对把关口村“湘两优2号”超级稻实地测产，单季亩产907.6公斤，创湘南地区单产新高。2014年，耕地3179公顷，粮食播面3091公顷，粮食总产量19610吨。

养殖业 饲养家畜家禽和养鱼是境内百姓的传统。1980年，出现养猪专业户。1985年，江口水库投放网箱养鱼，总面积400平方米，太和堂渔场受到省乡镇企业局嘉奖。1995年，出栏生猪3.84万头，出笼家禽33万羽。1996年，紫云桥村民肖泽艮养蜂110箱，年产蜂蜜4300公斤，蜂王浆50公斤，开境内特种养殖之先。1999年，江口水库成立渔业公司，7名职工承包水库养鱼。2005年，全镇出栏生猪3.35万头，出栏山羊1.13万只。2008年9月，创办芙蓉凰养殖专业合作社，占地面积80公顷，总投资2000多万元，以山林虫草和名贵中草药材养殖芙蓉凰富硒鸡。2010年2月，豹子岩村村民投资80万元，办起娃娃鱼养殖场，挖掘人工山洞，引高山天然泉水科学养殖成功，年产值300万元。2012年，大塘冲村民在沟龙界村投资130余万元，创办“奇哥”牌虫草乌骨鸡养殖场，占地47公顷，年出笼7000羽，创利70余万元。2014年，各类养殖户128户，出栏生猪6.66万头，出笼家禽52.71万羽，水产品产量1540吨。

林业 明朝时期，境内甜橙为朝廷贡品。民国23年（1934），紫云桥种油桐733.3公顷。20

袁隆平院士在太和堂指导超级稻栽培

世纪 50 年代，紫云桥是县内用材林主产地。1958 年，设立太和堂林业工作站，山林权收归公社所有，因大炼钢铁，森林资源遭到严重破坏。1964 年，三口湾、大路边、紫云桥、中和堂、太和堂、罗口町 6 个公社被定为杉木林建设基地。1985 年，燕子村王祖仁承包荒山 166.7 公顷，当年造林 80 公顷。1987—1989 年，寿福山村建红枣采穗圃 2.4 公顷。2001 年，太和堂被定为全县退耕还林重点镇，完成退耕还林面积 73.3 公顷。2010 年，引进湖南大三湘油茶公司，在江口水库库区和移民安置点建设油茶良种苗木繁育基地 150 公顷；五里堆村 130 多户农户成立冰糖甜橙种植专业合作社，种植甜橙 47 公顷。2014 年，全镇甜橙面积 133.3 公顷，产量 3000 吨。是年，全镇林地 5593 公顷，其中有林地 4267 公顷。

工业

民国时期，良村和白露塘办有小煤窑，有竹木、石器、铁器、酿酒等加工户 30 余户。1954—1956 年，先后成立竹业、木业和手工业生产合作社，纳入县二轻工业局管辖。1958 年，开发三口湾白露塘矿井和茶叶冲煤矿。20 世纪 70 年代初期，开办紫云桥雨具厂、坛子厂、太和堂草席厂、重晶石厂、罗口町印刷厂、雨坛坪木材站、江口铅锌矿、茶叶加工厂等社队企业，80 年代中期，大都因规模小、抗御市场风险能力弱而停办。90 年代初期，民营企业兴起，有振太米厂、大平预制板场、福元造纸厂、农贸市场卫生纸厂、农校印刷厂等 20 余家。1995 年，生产烟花爆竹 23000 箱。2000 年后，白溪町等村开办砖厂 8 家。2006—2010 年，引进兴隆鞭炮厂、广东信达蚕茧丝绸公司、君儒药材公司及装机容量 800 千瓦的发电站项目，工业企业发展到 13 家，其中注册资金 50 万元以上的 5 家，全镇工业总产值 6000 万元。2012 年，五里堆砖厂改造为私营股份制企业恒利商砼搅拌场，成为境内规模最大、注册资金最多的民营企业。2014 年，工业企业 11 家，工业总产值 3.61 亿元。

商贸服务业

马颈坳圩场交易始于清末，逢农历三、六、九日赶集。民国时期，马颈坳、把关口、姜叉岭、老紫云桥4处集市有商铺和摊店30余家。1952年，在黄陂桥设立第十二区供销合作社，发展乡镇供销合作分社，入股社员享有布匹、煤油、火柴、食糖等7类商品优价20%的定量配售。1954年，设立生产资料门市部，建立食品站。1955年，私营商户120户，从业人员230人。1965年，城关镇派员到太和堂创办合作商店。1967年，成立太和堂市场管理所，打击投机倒把交易。20世纪70年代，村村办有代销店或经销店，商品物资由供销社统一批发。1978年改革开放后，个体商贩进入流通领域，坳弯街、团结街成为饮旅和商业服务中心，有旅店5家、商店11家。1992年，在白溪町村新建太和堂农贸市场，受地方居民抵制成为空壳市场。2000年后，太和堂集镇有民营资本创办的佳美超市、步步高超市和5家较大批发店，紫云桥办有圆丰超市等商店6家。2013年，投资1500万元，启动农贸市场开发第一期工程，一楼设摊位，二楼以上为商品住宅。2014年，集贸市场2处，商业户148家，从业人员296人；全镇社会消费品零售总额4.75亿元。

财政金融

财政 自乡政府成立至1983年，无单独财政。1984年，成立镇财税所，负责政府财政收支及农业各税征收。1995年，更名财政所。2004年，镇财政负债1698.2万元。2006年，财政收入651万元，收支持平。2012年，因垫税形成的财政债务全部化解。2014年，财政总收入1125.06万元，总支出1012.46万元。

金融 1952年9月，县人民银行在马颈坳设立中和堂营业所。1954年7月，各乡设立农村信用合作社。1961年5月，以生产大队为单位设立信用代办站。1968年，信用社、站被关停，1980年恢复。是年，设立农业银行太和堂营业所。1987年，邮政部门开办储蓄业务。1989年，保险业务进入太和堂。1993年，成立镇农村合作基金会。1996年，成立镇农村救灾扶贫互助储金会。1999年4月，农村“两会”停业整顿，基金会并入信用社，储金会清盘关闭。2008年，邮政储蓄银行在太和堂设支行。2009年，农行太和堂营业所升格为分理处。2014年，金融网点4个，其中农业银行1个，信用社2个，邮政储蓄银行1个。

基础设施

交通运输

交通 清朝及民国时期，有祁阳经境内把关口、三口湾至宝庆（今邵阳）官道，白地市—马颈坳官道，祁阳龚家坪通高士冲（今紫云桥）石板路驿道。民国34年（1945），蒋伏生所部在紫云桥包山修建临时飞机坪，接送美国盟军联络组成员去重庆治病。1959年1月，建成白地市—紫云桥公路境内段，长8.68公里。1961年冬，启动马颈坳—沟龙界公路建设，全长8.8公里，1976年2月竣工。同月，完成石板铺—沟龙界公路建设，全长9.5公里。1997年，步云桥至紫云桥公路境内段铺设沥青路面。2003年，紫云桥至四明山公路境内段建成砼路面。2006年，硬化寿福山—石梅冲公路9.5公里，整修三口湾环乡公路17公里。2007年，硬化友谊桥—上游村公路6.6公里。2008年冬，完成丁町—燕子（双祁公路）4.9公里公路硬化。2009年，完成太和堂—曹炎中学段公路硬化，路面扩宽至5米。2011年12月，完成317省道境内段硬化，里程10.5公里。2012年，完成曹炎中学—紫云桥包山段公路硬化，路面宽

5.5米。至2014年，60个村完成通畅工程，硬化通村公路总里程63.26公里。

运输 20世纪60年代，太和堂汽车站租用民房营业，开通白地市—太和堂客运班车，每天往返一趟。1981年9月，在太和堂正街新建汽车站，站房面积126平方米。1983年起，个体户汽车投入客运。1998—2002年，先后开通太和堂—深圳梅岗（隔日开）、太和堂—东莞常平（隔日开）、太和堂—桂林（每日开）3条省际客运班线。2003年，开通太和堂—衡阳市华新县际客运班线，每日7个班次。2006年，重启太和堂客运汽车站建设，2008年底竣工，占地面积1600平方米，停车场1500平方米，站房面积400平方米。2014年，民营车辆28台，日均发送旅客近2000人次。

邮政通信

邮政 清代，设罗田铺（今把关口村）铺递，从祁阳香塘铺进入，西出邵阳县境，设铺役7~10名。民国26年（1937）8月，马颈坳设立邮政信柜。民国31年（1942）2月，把关口设立邮政信柜，开通文明铺—太和堂邮路。1951年2月，设立马颈坳邮政代办所。1953年，太和堂邮路改从白地市出班。1956年，收回供销社兼办的马颈坳邮政代办所，设立马颈坳邮电所。1984年11月，开通邮政快递业务。1998年，邮电分营，设立太和堂邮政支局，有自行车班邮路3条、步班邮路7条。2014年，邮政支局下设邮政代办点3个。

通信 民国36年（1947），中和堂（今太和堂）装有电话单机，通话由蒋家桥总机接转。1954年，建立太和堂电话交换所，各乡始通电话。1958年下半年，太和堂公社设立邮电局，安装磁石式长途交换机，开办长途电话和电报业务，1962年改称邮电支局。1981年，公社安装磁石总机，配话务员1名。1985年，太和堂邮电支局有职工14人，房屋面积589平方米，配磁石交换机一部、配线架一台、平路载波机3部，乡镇安装交换总机。1994年，开通程控电话。20世纪90年代后期，始用移动电话，移动、联通、电信三家营运商陆续在境内建设移动电话基站。2003年，接入电信宽带。2005年，改为光纤宽带。2014年，电信网点1个，互联网用户400户，固定电话用户2735户；移动和联通营业网点各1个，通信基站15个，手机入户率99%，移动电话用户22000户。

供电饮水

供电 1963年，区农机站建发电房，用柴油机发电，供区公所驻地单位及居民照明。20世纪70年代中期，政府驻地始用高压电，少数生产大队利用柴油机发电或小型水力发电照明。80年代初，高压电架设至乡村。1986年，成立太和堂农电站，输电线路总长120千米。1989年，村组通电率60%左右。1995年，村办小水电站8座，装机容量26千瓦，年发电量14840千瓦时；全镇农村用电量148万千瓦时。2002年起，持续升级改造农村电网。2010年1月，太和堂供电所新办公楼建成，员工47人，负责太和堂、蒋家桥、城连墟、四明山4个乡镇生产生活用电服务管理。2013年7月，投资2500万元，开工建设太和堂35千伏输变电工程。2014年，27个村（居委会）完成农网改造，农村用电量968.26万千瓦时。

饮水 20世纪70年代前，居民一般饮用池塘水、河水，少数村民饮用井水、山泉水。80年代初，村民陆续建成压水井5000余口。80年代末，个别村安装自来水。2000年开始，建设人畜安全饮水工程。2003年，江口水库收购太和堂水厂，投资150万元建水塔，铺设管道4.8千米，日供水能力1500吨。2006年9月，以江家冲水库为水源，兴建太和堂自来水厂，供应城镇及周边22个村居民饮用水。2012年10月，投资600

万元，改造太和堂自来水厂，服务半径5000米，服务人口20000人。2014年，62个村安装自来水，自来水用户17000余户。

水利建设

1958年，启动江口中型水库建设，1960年蓄水运行，1966—1967年续建，有效库容1778万立方米，灌溉面积2873公顷。1969年，开始渠系工程配套建设，建干渠4条，长59.22千米；支渠27条，长72.3千米；渡槽12处，长2268米；倒虹吸管2处，长783米；暗涵45处，长2399米；其他属建筑物578处。1971年9月，在凤形山大队兴建江家冲小（一）型水库，有效库容125万立方米，有效灌溉面积333.3公顷。1972年10月，在西湖大队修建石堰江小（一）型水库，有效库容133万立方米，灌溉干渠11千米，支渠3条计8.8千米，有效灌溉面积293.3公顷。1976年，在苍溪大队兴建红日庵小（二）型水库，正常库容21万立方米。1993年冬，江口水库把关口倒塌一档渡槽30米。1994年春，组织修复，工程未竣工被暴风刮倒，且拉倒另一档渡槽，后重新调整施工队伍，耗资30万元全面修复。2004年，投入12万元硬化支渠，146.7公顷稻田受益。2006年，完成水库除险保安工程12处，修复水毁工程379处，整修山塘1462口，水渠清淤34.8千米，新建水渠12千米。同年，实施罗口町商品粮基地水利灌溉工程建设，投入200多万元，修建水渠5千米，改善灌溉面积400公顷；修建电排3处，恢复渡槽2处。2010年，投资1500万元，对江口水库大坝除险加固。2011—2013年，投资1072万元，对石堰江小（一）型水库和黄家冲、满山冲、红日庵3座小（二）型水库实施除险加固。2012年，投资1200万元，组织中和堂片8个村农业综合开发；太和堂、白溪町、大坪山等村组织山平塘清淤、护砌和水渠三面防渗。2014年，中型水库1座、小（一）型水库3座、小（二）型水库4座、山平塘3035口；电灌站5座，装机5台81.5千瓦，灌溉面积60公顷。

镇村建设

集镇 民国时期，马颈坳形成小集镇，住户60户，房屋近百间，多系土木结构，街道宽4米，长130米，店铺30家。1956年，马颈坳成为太和堂区政府驻地。供销社、邮电局、粮站、信用社等机关企事业单位先后修建办公楼房。1984年，街道8条，总长1800米，公共建筑面积4.5万平方米。1989年，白紫线通过太和堂集镇公路铺装沥青表处路面。1995年，设立城建站，完成农贸市场至寿福山（即正街）、桥子头至农具厂等街道路面水泥硬化。2012年，317省道通过正街和上街5000米路段完成水泥硬化；太和堂镇被确定为省级中心镇，启动“北拓南扩”工程，建成区扩大0.87平方公里。2014年，筹资600多万元，完成下水道建设2236米，置换自来水管1436米，硬化兴衡路等主街和背街小巷路面9360平方米，安装街沿石2431米，铺设麻石行人道7074平方米，安装路灯172盏，规范通信管网线路安装7074米，划定停车位86个，聘请6名专业队员管理城镇。城镇建成区面积1.8平方公里，友谊路、团结路、幸福路、兴衡路、正街、湾街等6条主要街道推进绿化、亮化、美化、净化建设。

乡村 20世纪80年代，民房开始拆旧建新。90年代，建成一批钢筋混凝土结构房屋。2006年，以白溪町村为试点启动社会主义新农村示范村建设，打深水井30口，接通自来水用户55户，建成村部活动室3间120平方米。2010年后，村民多建2~3层楼房，小洋楼、小别墅间或可见。2014年，砂坪、紫云桥、半山桥、红日、天兴、黄棚、节孝、牛子庙、文明等15个村安装路灯近1000盏，48个村建成村部办公楼。

社会事业

教育科技

教育 清雍正四年（1726），办有慧凤书院等私塾。宣统二年（1910），白溪岭王氏宗祠开办私立王氏毓秀初等小学堂。邑人匡四创办的太和堂私塾，所教弟子李蕊和宋三均于清光绪年间（1875—1908）进士及第。民国37年（1948），景卿乡办有保国民学校14所，私立校7所。中华人民共和国成立后，公立校由县教育部门接管，私立校陆续转为公办学校。1958年4月，在紫云桥创办祁东县林业学校，7月并入四明山林场。是年秋，白溪岭完全小学附设初中班，称白溪岭附中。1963年，创办太和堂区教师进修学校，3年后停办。1969年，开办太和堂区中学（高中）及太和堂、中和堂、罗口町、大路边、三口湾、紫云桥6所初级中学。1985年，小学35所，在校学生7310人；初中7所，在校学生2678人。1988年，紫云桥和罗口町两乡农校分别被评为衡阳市合格农民文化技术学校。1989年，创办太和堂镇农科教中心。1989—1996年，先后撤并大路边、三口湾、中和堂3所初中。1995年秋，中共中央总书记江泽民题写校名的曹炎中学竣工使用，紫云桥中学整体迁入。1997年，由香港苗圃行动团捐资，政府筹资，村民集资修建希望小学，大塘小学、湾头小学、小桃教学点全部并入。2000年，小学19所，在校学生6633人；初中3所，在校学生2766人；中小学共有教职工253人。2006年6月，香港乐群慈善基金会和澳大利亚北雪犁扶轮社捐资15万元，支持良村小学（后更名北雪梨扶轮小学）改扩建。云南支边退休干部王屋忠乞捐云南、广东、北京等省市，筹资7万元支持文冲小学教学楼危房改造。2008—2010年，镇中学、镇中心小学、包山小学先后建成义务教育合格学校。2014年，幼儿园13所，在园幼儿881人，教师31人；小学17所，中学3所，在校中小学生4781人，中小学教职工258人。

科技 1954年，境内农技推广工作归口步云桥片农技推广站指导和组织。1955年，设立太和堂区农业技术推广站。1971年，设立农业科技站。1979年，区社建立科协，太和堂、紫云桥等公社建立杂交稻集中制种基地，自制杂交水稻品种“南优”获得成功。1980年，尹家排大队一生产队推广杂交稻制种技术获衡阳行署一等奖，良村大队派代表出席全省农业科学技术经验交流大会。1986年，推广种植杂交旱稻，推广早稻育秧蒸气催芽及软盘育秧、抛秧、撒播等水稻栽培技术。1997年，推广早稻小苗带土移栽和晚稻免耕技术。2014年，推广水稻大棚集中育秧技术。

文化体育

文化 光绪三十二年（1906），把关口办有祁剧桂兰班。民国时期，每年春节都有耍狮舞龙踩马灯闹元宵习俗。1952年，紫云桥成立业余花鼓戏剧团，农忙务农，农闲演出。1958年，公社设立文化馆，耕作区设文化站。1965年，三口湾公社率先在全区建立广播放大站。1971年，区、社分别建立广播站，配置专职广播机线员。1977年，区建立电影放映管理站，公社建立电影放映队。1981年，太和堂文化工作站成立，随后成立3个业余花鼓戏剧团，紫云桥农科站业余剧团年下乡演出近100场。1984年，架通区站至社站广播专线，农户喇叭入户率41.3%。1986年，太和堂设立图书流通站；成立13家个体放映队。1987年，安装调频广播发射机，停止使用广播专线。1992年，建成太和堂电视差转台。1997年，组织迎香港回归书画比赛。2014年9月，举行广场舞比赛，

3 支队伍 60 人参赛。是年年末，文化站 1 个，工作人员 3 人；村级图书室 67 个，藏书 10.2 万册；腰鼓队 5 支，中西乐队 6 支；图书专卖店 2 家。通有线网络电视的村 60 个，农村数字电视用户 5000 余户。

体育 1949 年前，境内有舞龙、舞狮等体育活动。祁东建县初期，组织农民篮球队，常举行队间球赛。20 世纪 80 年代中后期，每年国庆或元旦都要组织篮球、乒乓球、羽毛球、登山等群众性健身活动。2007 年，启动村级运动场所建设。2014 年，村级体育活动场 26 个，面积 12000 平方米，配有篮球场、乒乓球台、健身路径等设施。

医疗卫生

医疗 1952 年，在黄陂桥设立第十二区卫生所，发动医生集资组建乡联合诊所和区中心联合诊所。1953 年，成立太和堂接生站。1958 年，区卫生所与区中心联合诊所合并，成立太和堂公社卫生院（后改称区医院）。1968 年，推行农村合作医疗，大队配有赤脚医生。1984 年，公立医疗机构有太和堂区医院及马颈坳、太和堂、紫云桥、罗口町、三口湾、大路边 6 个公社卫生院。1985 年，各村设保健室，赤脚医生经考试合格录为乡村医生 70 余人。1995 年，区医院改称镇中心卫生院，原乡镇卫生院陆续撤销。2000 年，镇中心卫生院新建住院楼 540 平方米。2005 年，被评为一级甲等医院。2009 年，投资 150 万元，扩建镇卫生院住院部，建筑面积 1080 平方米。2014 年，镇卫生院占地面积 4920 平方米，建筑面积 5280 平方米，在编医技人员 43 人，设病床 75 张；全镇村卫生室 55 个。

卫生 2007 年，白溪町村率先启动乡村环境卫生治理，鼓励村民建户用沼气池 5 口，培养“三清五改”示范户 28 户。2008 年，在 317 省道沿线的马颈坳等 4 个村（居委会）启动乡村清洁工程，村村建垃圾池，投放垃圾桶，配保洁员。

社会保障

“五保”供养 1956 年农业合作化后，农村无依无靠老人及孤儿由集体实行“五保”。1983 年 7 月，开办全县第一个公社敬老院，开全县集中供养“五保”老人先河。20 世纪 80 年代后期，“五保”户供养金纳入乡镇统筹，2002 年后纳入财政预算。2007 年 5 月，投资 30 万元，将原罗口町乡政府房屋改建成镇敬老院，占地面积 3330 平方米，建筑面积 2000 平方米，设床位 65 张，入住“五保”老人 40 人，配工作人员 4 人。同年为农村“五保”户建房 9 座。2014 年，“五保”对象 651 人，其中集中供养 40 人，分散供养 611 人，拨付供养金总额 186.7 万元。

最低生活保障 2000 年起，启动城镇居民最低生活保障制度。2007 年起，实施农村居民最低生活保障制度。2011 年，核定城镇低保 82 户、96 人，发放低保金 25.3 万元；核定农村低保 1665 户、2246 人，发放低保金 223.1 万元。2014 年，核定农村低保 1757 户、2302 人，发放低保金总额 293.76 万元。

养老保险 2012 年，实施城乡居民社会养老保险制度，当年参保 23178 人。2014 年，参加城乡居民社会养老保险 26013 人。

医疗保险 2007 年起，实施新型农村合作医疗制度。2010 年，参加新农合缴费 47674 人。2014 年，参加新农合缴费 50906 人，参合率 89.01%。

特色地情

历史人文

境内把关口向来为军事要地，古有驿道可通祁阳、邵阳。清末农民起义军首领何贱苟（今道县人）战死于良村。大革命时期，王首道在此领导开展农民运动。乐家村人王如痴曾任红军新十军军长兼政委。节孝村人张少杰（1902—1998）曾留学法国，去台湾之前任国民党军中将参谋长。中和堂村人王中柱（1907—2001）曾任国民党第17兵团中将副司令兼103军军长。罗口町人刘大响系中国工程院院士、航空动力学专家，中共十五大代表、第十届全国人大代表、全国人大常委会委员、外事委员会委员。

王如痴（1903—1935）1926年，参加革命，同年8月，加入中国共产党，随即赴苏联莫斯科中山大学、苏联红军陆军大学学习。1929年冬，回国，历任红五军八大队党代表，红六军第二纵队和红三军第八师政委，红十三军、红十一军政委，红军新十军军长兼政委，红十军团十九师参谋长、师长，中华苏维埃共和国中央执委。1934年10月，与方志敏、刘畴西率抗日先遣队北上抗日。1935年1月，在赣东北怀玉山遇敌包围，王如痴率部千余，英勇奋战，终因力量悬殊，负伤被俘。在狱中宁死不屈，1935年8月6日深夜，在南昌下沙窝与方志敏、刘畴西一同被国民党反动派杀害。1962年，湖南省人民政府批准追认为革命烈士。

名优特产

五里堆冰糖甜橙　五里堆村盛产冰糖甜橙，是县内名优特产，曾为明代贡品，果色金黄，果实少核，含糖量高，无酸味，入口即化，口感好，味道纯，享誉省内外，产品远销国内各地。2010年，成立集产、供、销于一体的甜橙种植专业合作社，150多户农户加入，有基地134公顷，年产甜橙3000吨，产值超1000万元。

芙蓉凰鸡　由芙蓉凰养殖专业合作社研发，放养于零污染的山林野外，用动植物双向高效补硒药包和天然名贵中草药秘方喂养，属有机功能食品。其生物纳米富硒技术获“世界科学技术发展成就奖”，国家知识产权局为其颁发发明专利。2010年12月，中南大学现代分析测试中心光谱化学分析研究室、中国科学院亚热带农业生态研究所中心实验室分别组织检测认定，其产品富含蛋白硒600微克以上，其他8种长寿微量元素为普通生态鸡的3倍。被列为中国航天员中心定点采购食品。

（文字供稿：肖友元　图片供稿：祁东县志办）

马杜桥乡 >>

区域概况

位置面积

相传马、杜两姓在境内合建一座石桥，取名马杜桥，由此得名。地处县域西北部，东邻风石堰镇，南接白地市镇，西抵黄土铺镇，北交邵东县石株桥乡、衡阳县关市乡。2014 年，辖区东西最大距离 8.9 公里，南北最大距离 10.7 公里，总面积 60.5 平方公里。乡政府驻光明村，距县治 27 公里。

建置沿革

明清时期，属祁阳县上和平乡。民国 28 年（1939），属祁阳县振汉乡。1950 年 9 月，首设马杜桥乡，属祁阳县第八区。1952 年 8 月，属祁东县第八区。1956 年 6 月，福星、两头塘、西冲、桥头 4 乡并入，属黄土铺办事处。1958 年 10 月，属黄土铺人民公社一个耕作区。1961 年 8 月，成立马杜桥人民公社，属黄土铺区。1984 年，复称马杜桥乡。1985 年 10 月，划归白地市区。1995 年撤区，保留马杜桥乡建置。

行政区划

1995 年，辖两头塘、罗江桥、庙冲、无底、延甲庙、西冲、司公、潜龙、回龙、白源、桥头、回水、高峰、老屋塘、乐园、七星岭、淡家桥、石桥头、小山、光明 20 个行政村，下设 159 个村民小组。

自然环境

境内峰峦连绵，山多田少。七星岭、荷叶坳横亘境域南北，山高谷深，森林资源丰富。两条小江汇聚全乡山渠水圳，由北向南分别注入铁塘桥水库和上福冲水库。年平均气温 17.6℃，年平均降水量 1100 毫米，主要自然灾害有水灾、低温、冰雹，其中水灾概率 30.5%。庙冲、西冲、高峰一带已探明铁矿储量 1.2 亿吨。枫荷公路纵贯全境，公路两边为粮食主要产区。

人口民族

1982 年，总人口 12817 人，其中男性 6774 人，女性 6043 人。1995 年，总人口 13325 人，其中男性 7058 人，女性 6267 人。2014 年，总人口 14915 人，其中男性 8128 人，女性 6787 人，分别占 54.5% 和 45.5%；人口出生率 12.62‰，死亡率 6.4‰，自然增长率 6.22‰。人口以汉族为主，少数民族有苗族、壮族、哈尼族、傣族、布依族、土家族、侗族、瑶族、满族、拉祜族、佤族、彝族、景颇族、仫佬族、布朗族、基诺族、仡佬族等 90 人，占总人口的 0.6%。人口密度每平方公里 247 人。

经济发展

经济综述

利用山区优势发展经济。20 世纪 60 年代，创办茶场，组织全县杉木林重点基地建设；70 年代，建成油茶基地，亩产茶油创全县最高；90 年代，建成国外松基地和油桐基地。21 世纪初，拍卖铁矿采矿权，两家铁矿企业入驻正式投产。2012 年后，因市场价格倒逼被迫停产。2014 年，粮食总产量 6375 吨，财政总收入 575.45 万元，农民人均纯收入 2600 元。

农业

种植业 1959 年，在高峰大队试种茶叶成功，1962 年，正式建立高峰茶场，生产茶叶品种主要有绿茶、红碎茶和红条茶。1975 年，引种杂交水稻，1980 年，粮食总产量 4010 吨，平均亩产 581 公斤。1986 年，高峰茶场承包给个体，茶叶种植面积扩大到 133.3 公顷，为承包前的 6.5 倍。1995 年，大面积推广双季杂交稻，粮食总播面 808.6 公顷，粮食总产量 4649 吨。20 世纪 90 年代后期开始，持续调整农业产业结构，引种豫薯 868；建成一处大棚蔬菜基地、53.3 公顷优质稻基地、13.3 公顷药材基地。2013 年，高峰村被列为全县第四期超级杂交水稻高产攻关示范点，试验种植湘两优 2 号杂交水稻。2014 年，耕地面积 774.6 公顷，粮食播面 753.3 公顷，粮食总产量 6375 吨；回水、淡家两村建成黄花菜基地 66.7 公顷，小山等村种植红薯 333.3 公顷，年加工红薯粉 350 吨。

养殖业 以养猪为主，次为养羊、养家禽，民国时期均有少量饲养。祁东建县后，饲养量逐渐扩大。20 世纪 70 年代后期，年均饲养生猪近万头。1995 年，出栏生猪 6400 头，山羊 700 只，出笼家禽 9000 羽。2000 年，扶贫工作队帮扶延甲庙村贷款 10000 元，引进黑山羊和南江黄羊，带动全乡发展养羊产业。2004 年，桥头村办有养鸭 2000 只、养鱼 20000 尾的养殖场。2009 年，发展养殖专业户 36 户，桥头村养殖场年出笼家禽 20000 羽，杜家冲引进黄牛养殖，荷家冲水库实行鱼、鸡、鸭、猪一体化养殖，全乡人均养殖业收入同比增长 14%。2014 年，全乡出栏生猪 1.26 万头，出笼家禽 16.28 万羽，水产品产量 410 吨。

林业 20 世纪 50 年代，马杜桥乡是县内木材、南竹重要产地。1964 年，被确定为全县杉木林建设重点基地。1966 年 6 月，配备林业专干。70 年代，省市县共同投资，在白源大队建成油茶基地 366.7 公顷，亩产茶油 11.05 公斤，创全县茶油最高亩产量。80 年代，建有社队林场 20 个，其中跃进林场经营山林上万亩，主要集中在西冲、高峰、庙冲 3 个村，乡政府成立 5 人森林联防队。90 年代，村村办林场，两度租用飞机播种造林，建成国外松基地 1164 公顷、油桐基地 200 公顷；延甲庙村将全村 6 个组 163 户农户的山林承包地折价入股，创办福星油桐股份有限公司，开发油桐基地 66.7 公顷。2009 年，实施国家退耕还林项目，补植补造速生丰产原料林和经济果木林。至 2012 年，完成退耕还林面积 440 公顷，建设国家级公益林 153.3 公顷。2013 年，小山、司公、潜龙等 7 个村与承包商签订合同，发展新品油茶 1000 公顷，当年完成整地 433.3 公顷，其中 73.3 公顷栽上油茶树苗，垦复老油茶 40 公顷。2014 年，林地面积 4263 公顷，其中有林地 3762 公顷；桥头、乐园、光明、罗江桥等村种植中秋酥脆枣 33.4 公顷。

工业

20 世纪 90 年代及以前，境内仅有制造木质家具、用具和编织竹制品的小手工业。2004 年 8 月，顺达矿业公司竞得高峰铁矿采矿权，投资

1800万元，开办5个采矿点，年选铁精粉20万吨，年销售收入7200万元，利税2300万元，安排当地农民136人就业。同年11月，引进台湾商人投资300万元，创办两头塘针织厂。2007—2008年，3次公开竞拍庙冲、王家老屋、青石板等处铁矿采矿权。湖南三安矿业以27050万元价格竞得庙冲铁矿2.1平方公里（含衡阳县关市乡和祁东县风石堰镇部分面积）采矿权；衡阳奇源矿业以2450万元价格竞得王家老屋64~66线0.95平方公里铁矿采矿权；祁东揽成米业以390万元价格竞得青石板铁矿3.4平方公里探矿权。2009年，引进台商创办小精灵山泉饮品厂，首期投资550万元，年创利税175万元。2010年，顺达矿业投入5000万元实施技改扩能，购置高科技机械设备；奇源矿业投入8000万元，开发新工艺流程。2013年，铁矿企业生产铁精粉80000吨。2014年，规模以上工业企业有顺达矿业、奇源矿业、高峰茶业3家，因市场购买价低于开采成本，两个铁矿暂时停产。

商贸服务业

境内历来无集贸市场，生产生活所需物资均须至白地市、风石堰、和平等邻近集市采购。20世纪70年代初，公社办有经销店，各大队有代销店，主要经营日用小百货，商品物资由供销合作社统一批发。80年代改革开放后，一些农户进入商品流通领域，从事山区农副产品贩运，或走出山区从事商业经营；祁邵边界枫荷公路旁的特色农家店经营农家野味，颇有名气。2014年，社会消费品零售总额5000万元。

财政金融

财政 自成立马杜桥乡至1983年，乡（社）政府无单独财政。1984年下半年，设立乡财税所，负责政府财政收支管理及农业各税征收，1995年更名财政所。2004年，乡财政负债103.3万元。2006年，财政总收入176万元，收支平衡。2012年，因垫税形成的财政债务全部化解。2014年，财政总收入575.45万元，总支出423.67万元。

金融 1954年7月成立马杜桥乡信用合作社。1961年5月，以大队为单位成立信用代办站。1968年，信用社、站全部关停，1980年恢复。1990年，邮政部门开办邮政储蓄业务。1993年，成立乡农村合作基金会。1996年，成立乡农村救灾扶贫互助储金会。1999年4月，农村“两会”停业清理整顿，基金会并入乡信用合作社，储金会清盘关闭。2000年，邮政所开办邮政储蓄业务。2006年，村信用代办站被撤销。2014年，金融机构有农村信用联社和邮政储蓄银行下设的两个经营网点。

基础设施

交通运输

1970年，湖南省417地质勘查队入境勘察铁矿，启动公路建设。1971年2月，过境枫荷（枫树山—荷叶坳）公路建成通车。1972年11月至1973年4月，衡阳地区投资70多万元，建成回庙（回龙亭—庙冲）铁矿专用公路，全长11公里。1976年，始通客运班车。20世纪80年代，部分村自发修建通组简易公路。1991年，枫荷公路由砂石路改为沥青路，为衡阳市内第一条县乡道柏油公路。2006年，投资140万元，整修高峰、小山、石桥、西冲、乐园、无底6村村级公路，总长36公里；整修枫荷公路3公里水毁路段。2009年争资150万元，完成通村公路硬化15公里。2010—2012年，完成通村公路硬化17.2公里。2013年，枫荷公路由县道升级为218省道。2014年，启动过境省道水泥硬化工程，全长9.7公里。是年末，19个村完成通畅工程，硬化通村公路总里程74.35公里。

邮政通信

民国31年（1942）3月，设立延甲庙邮政信柜。1976年4月，设立马杜桥邮电所。1998年后，中国移动、联通、电信竞相在境内兴建通信基站，安装信号接收塔。2004年，村村组组开通程控电话。2014年，邮政网点1个，投递线路单程长度73公里，乡村通邮率100%；电信服务网点1个，电话交换机容量3840门，固定电话用户2115户，移动电话用户3020人，普及率分别为95%和92%；互联网端口598个，宽带接入用户25户。

供电饮水

供电 20世纪60年代，兴建小水电站2座，年发电量15万千瓦时。70年代后期，人们照明和碾米开始使用高压电，少部分村从衡阳县接线用电。1995年，小水电站9座，装机容量94千瓦，年发电量12050千瓦时；全乡农村用电量17.13万千瓦时。2003年，高峰村由衡阳县供电改由祁东县供电。2005年，农村用电量70万千瓦时。2009年，在回龙村开工建设110千伏变电站，2010年5月，建成投入运行。2011年，实行农村电网改造。至2014年，10个村完成农网改造，全乡年用电量175.71万千瓦时。

饮水 中华人民共和国成立前，村民多在屋场边开挖小水井取水饮用，也有因开井难度大而取山塘水或小溪水饮用的。2009年，老屋塘、延甲庙、光明、桥头等村建成安全饮水工程，全乡改水240处。2012—2014年，投入资金400

余万元，改水 475 处，乐园、淡家、光明 3 村及乡政府所在地建成饮水工程，埋设自来水管道 35 千米。

水利建设

20 世纪 70 年代，修建白源、双峰和老屋 3 座小（二）型水库。1998 年，山洪冲毁溪流堰坝 10 处、江堤 8000 米，1999 年水毁工程全面修复。2000 年起，加大水利设施投入，新修、硬化江堰、堤坝、水渠等水利设施 80 余处，整修骨干塘 10 口、山平塘 40 口，水渠清淤防渗 5 千米。2005 年，座子坪电灌站装机一台 13 千瓦电灌机，灌溉农田 7 公顷。2009—2010 年，修建堤坝 4 座，新建堰坝 3 座，整修山塘 33 口，硬化灌溉渠 7 千米。2012—2013 年，投资 330 万元，完成老屋塘、双峰两座小（二）型水库除险保安工程。2014 年，完成山塘清淤 3 口，水渠整修 3 千米；以石桥村为重点，整修山塘 5 口，维修堰坝 14 座，全乡水利设施蓄水量 81.3 万立方米。

乡村建设

1995 年起，乡政府驻地村民建房依公路傍山边延伸，形成近 200 米长半边街道。2000 年，临街面全部建成 2 层以上商住楼，部分单位和居民兴建套房式住宅。2007 年，以延甲庙村为试点，启动社会主义新农村示范村建设，硬化村道 1 条 500 米、村组院落道路 4 条 700 米，打深水井 7 口，建家庭简易自来水 318 户，建成村部活动室 2 间 60 平方米。2014 年，除回龙村利用原有办公场所外，其余 19 个村均建有新办公房。

社会事业

教育科技

教育 民国时期，延甲庙办有 1 所私立小学。祁东建县后，李家祠堂开办境内第一所公办小学——马杜桥完全小学。20 世纪 50 年代末，公办小学 12 所。60 年代中期，在光明村开办马杜桥林校。1969 年，马杜桥完全小学迁入罗江祠堂，改办马杜桥公社中学。1985 年，小学 16 所，在校学生 1858 人；初中 1 所，在校学生 479 人。

马杜桥七星岭隧道

2004—2009年，筹资1000万元改善办学条件，乡中学和乡中心小学建成综合实验室，乡中学和3所小学完成危房改造。2010年，调整学校布局，撤销七星、西冲两所小学，乡中学建成义务教育合格学校。2012年，八一小学被评为民办实事项目义务教育合格学校。2014年，幼儿园3所，在园幼儿195人，幼师12人；小学4所，在校学生720人，教师38人；初中1所，在校学生149人，教师20人。

科技 1954年，境内农业科技推广工作归口官家嘴片农技推广站指导和服务。1958年改由黄土铺农技站负责。1971年，设立公社农业科技站。1979年，县杂交稻办公室在马杜桥建立杂交稻集中制种基地。1984年后，从外地引进推广大约克、长白等瘦肉型种猪，推广种植杂交旱稻，推广早稻育秧蒸气催芽、软盘育秧、抛秧、撒播等水稻栽培技术。20世纪90年代，推广牛冷配、羊杂交等先进技术。2014年，乡农技站有农技人员3人。

文化体育

文化 1958年，耕作区设立文化站。1971年，建立公社广播站，配专职广播机线员，当年2个村通广播。1983年，架通区站至社站广播专线，农户喇叭入户率40%。1987年，安装调频广播发射机，广播站扩建为广播电视站，停止使用广播专线。1995年8月，建成电视差转调频台，转播塔高40米，覆盖半径10公里，开通模拟有线电视。2011年10月，开通数字电视，数字电视覆盖率13%。2012年，投资200万元铺设有线电视光缆线路。2014年，电视入户率98%，其中数字电视用户548户；各村建有农家书屋，藏书90500册。

体育 2007年启动村级运动场所建设。2009年8月，乡农民代表队参加全县首届乡镇篮球运动会。2013年，组队参加县里举办的广场舞比赛。2014年，延甲庙、光明等5个村建有篮球场，高峰、潜龙等5个村建有健身路径。

医疗卫生

医疗 1952年，发动个体医生采取集资办法，租用民房，开办乡联合诊所，后改办为公社卫生院。1963年，新建卫生院，占地面积1467平方米，建筑面积1255平方米，有职工7人，设病床4张。20世纪70年代初，推行农村合作医疗制度，大队办有医疗室，1978年停办。2013年，乡卫生院新建住院楼，建筑面积1188平方米。2014年，乡卫生院职工15人，其中在编医技人员8人；村卫生室12个。

卫生 2007年，延甲庙村率先整治乡村环境卫生，培养“三清五改”示范户50户。2009年起，枫荷公路沿线8个村启动乡村环境卫生整治，建成两处垃圾集中填埋场，沿公路村庄投放垃圾桶，配置垃圾斗车，以组或自然院落为单位建设垃圾处理池，配常年环卫保洁员。2011—2013年，潜龙、两头塘等村组织三格式无公害卫生厕所改造。

社会保障

“五保”供养 1956年农业合作化后，农村无依无靠老人由集体实行“五保”。20世纪60年代，“五保”对象扩大到孤儿。1984年，设立乡民政办公室，负责社会保障工作。2007年，在罗江桥村开办乡敬老院。2010年，敬老院扩建，占地面积3330平方米，建筑面积1200平方米，设置床位40张，配工作人员4人。2014年，“五保”对象269人，其中集中供养40人，分散供养229人，年发放“五保”供养金总额85.86万元。

最低生活保障 2007年起，实施农村居民最低生活保障制度。当年核定低保对象140人，发放低保金50400元，全县农村低保金首发仪式在马杜桥乡举行。2011年，核定农村低保698户、785人，发放低保金56万元。2014年，核定农村低保715户、772人，发放低保金 98.27 万元。

养老保险 2012 年，实施农村居民社会养老保险制度，当年参保 6597 人。2014 年，参加农村居民社会养老保险 7348 人。

医疗保险 2007 年，实施新型农村合作医疗制度。2010 年，参加新农合缴费 12316 人。2014 年，参加新农合 13588 人，参合率 97.16%。

特色地情

名优特产

高峰云雾茶 高峰茶场位于三阳山，始办于 20 世纪 60 年代初。80 年代有茶园面积 33.3 公顷。1988 年 12 月，茶场研制生产的高峰云雾茶获国家农业部优质产品奖，远销东南亚。1991 年，在杭州国际茶文化节上被评为“中国文化名茶”，连续 3 年获评湖南省优质名茶。1995 年，获国家对外贸易经济合作部重大成果三等奖。2001 年，通过欧盟有机茶绿色食品认证。2002 年，茶场销售收入逾 100 万元，纯利润 8 万元。2008 年 9 月，高峰云雾茶在西南五省农产品博览会上获“优质茶叶金奖”。2010 年，乡党委乡政府招商引进湖南茶叶有限公司，总投资 500 万元，维修改造茶场厂房及设备，新增电能烘干设备一套、节能采茶机 12 台，更新改造茶园 91 公顷，在长沙、衡阳、桂林增设茶叶销售网点。是年，“高峰云雾茶”产量 15 吨，创产值 150 万元。2014 年，茶园面积 146.7 公顷，茶场固定资产 1500 万元，年产值 500 万元。

风景名胜

石门 亦称石门口，坐落庙冲村，因两山嘴对峙拱立如门得名。初入石门，高岩夹立，峭壁上合，仰视唯见一线天。门中有小溪，沿溪上，百步见田畴，清幽雅静，有“湘南桃源”之誉。昔日建有石门庵，多有隐士来此避世。柏泗在《游石门》诗中云：“石在门何在？人闲境亦闲；有扉云欲扣，无锁月常关。曲水留人住，归禽送客还；桃源疑既入，不见屋千间。”相传清顺治八年至顺治十年（1651—1654），唯物主义思想家王船山隐居于此。

逃军岩 顺庙冲石门进入，沿小冲而上，数百米可见。逃军岩立于半山，怪石嶙峋，洞口天成。洞内宽敞，有石笋、石凳之类。底部有暗流，夏日凉爽，避暑佳境。相传明末吴三桂败北，携家眷兵卒来此避祸，故又名“逃军洞”。

三阳山 横亘衡阳、祁阳、邵阳三地边境，昔时有“一脚踏三阳”之说。晴日踞顶俯瞰，山峰如馒头，人车似蚁，田畴如镜，顿入“会当凌绝顶，一览众山小”之佳境；雨天登临其上，烟雾浩渺，凸显飘飘欲仙之灵动。山中景致甚多。有优雅别致的“仙人下棋”，深邃莫测的“无底洞”，令人叫绝的“悬棺”。

（文字供稿：龙顺宇　李定国　图片供稿：祁东县志办）

凤歧坪乡 >>

区域概况

位置面积

境内有一山势似凤形，相传水塘和空坪常有凤凰嬉戏，故名。地处县域西北部，东接步云桥镇，南邻蒋家桥镇，西面和北面与邵东县双凤乡、邵阳县郦家坪镇交界。2014 年，辖区东西最大距离 4.8 公里，南北最大距离 5.1 公里，总面积 39.6 平方公里。乡治凤歧坪村，距县治 70 公里。

建置沿革

明清时期，属祁阳县太平乡。民国 28 年（1939），属祁阳县吉祥乡。1950 年 9 月，始设凤歧坪乡，属祁阳县第十区。1952 年 8 月，属祁东县第十一区。1956 年 6 月，光祖塘、韭菜坪两乡并入，属步云桥办事处。1958 年 10 月，属蒋家桥人民公社一个耕作区。1961 年 8 月，撤大公社设小公社，凤歧坪耕作区分设为凤歧坪和韭菜坪两个人民公社，均属蒋家桥区。1984 年，复称凤歧坪乡和韭菜坪乡。1985 年，韭菜坪乡并入，仍属蒋家桥区。1995 年撤区，保留凤歧坪乡建置，迄 2014 年未变。

行政区划

1995 年，辖 12 个行政村，152 个村民小组。2014 年，辖凤歧坪、庙安、龙塘、菜山冲、光祖堂、灵官庙、锁石、药材场、天狮庙、茅亭子、漆家冲、黄泥塘、韭菜坪 13 个行政村，157 个村民小组。

自然环境

地处山区，地势较高，属衡邵干旱走廊核心区域。地表遍布石灰岩，为典型的喀斯特岩溶地貌。最高峰位于锁石村，海拔 660 米；最低点位于漆家冲村，海拔 280 米。年平均气温 15℃，年平均降水量 1012 毫米，多集中在 4—9 月，5 月最多。土地以山地为主，山间有可耕平地，土壤多由石灰岩发育而成，土层薄，易渗漏，抗旱力弱。响水岩为县内流量最大的泉井，每秒 0.67 立方米。地下溶洞多，号称“百洞之乡”，富有旅游开发价值。

人口民族

1985 年，辖区总人口 11084 人，其中男性 5794 人，女性 5290 人。1995 年，总人口 11417 人，其中男性 6142 人，女性 5275 人。2014 年，总人口 12812 人，其中男性 7123 人，女性 5689 人，分别占 55.6% 和 44.4%；人口出生率 12.22‰，死亡率 1.42‰，自然增长率 10.8‰。人口以汉族为主，少数民族有苗族、壮族、哈尼族、傣族、布依族、土家族、瑶族、黎族、满族、拉祜族、佤族、水族、彝族等70人，占总人口的0.55%。人口密度每平方公里324人。

经济发展

经济综述

地处衡邵干旱走廊，粮食生活常受年景制约。药材生产是境内特色产业，建成全县第一个药材场，产品牡丹出口东南亚。20世纪90年代，引进良种山羊，年出栏山羊3000只。21世纪初，成立油茶专业合作社，组织油茶基地开发建设。因地处县域偏远山区，基本上没有工业。2014年，粮食总产量7634吨，财政总收入1448万元，农民人均纯收入4147元。

农业

种植业 凤歧坪素有“药材之乡”之称。清顺治十五年（1659），洪家岭商人洪世荣从四川引进牡丹，开创境内种植药材历史。民国时期，受干旱影响，水稻亩产量70公斤左右，粮食不能自给。1958年，龙塘大队划出4个生产队20公顷土地，发展药材专业生产，组建全县第一个社办药材场，至20世纪70年代末，种植面积增长到80公顷，亩产量由125公斤增加到275公斤。经过加工成丹皮，畅销全国，出口东南亚。1980年，稻谷平均亩产345公斤，向国家交售粮食130吨。1995年，粮食播种面积862.5公顷，粮食总产量2945吨。1998年，大面积推广双季杂交稻。2005年，发动农户，利用旱土和果园，种植板蓝根、玉竹、百合等药材，年产药材300吨。2010年，药材种植133.3公顷。2011年，成立天狮金银花合作社和百合专业合作社，分别种植金银花33.3公顷、金缨子20公顷。是年，粮食产量6000吨，其中水稻4340吨。2014年，耕地面积906公顷，粮食播种面积881公顷，粮食产量7633.8吨。

养殖业 境内素有养猪和家禽的习惯。1980年饲养生猪6300头。20世纪90年代，凤歧坪、韭菜坪一带利用山区优势发展山羊生产，引进南江黄羊、雷州黑山羊、马头羊等良种种羊。1995年，出栏生猪1.17万头，出栏山羊1100只，出笼家禽3万羽。2014年，出栏生猪1.68万头，出栏山羊3000只，出笼家禽17.83万羽，年产肉类1642吨，水产品产量2930吨。

林业 1964年，凤歧坪公社被县里定为杉木林建设基地。1980年，办社队林场9个，韭菜坪公社营造林及更新林465.3公顷。1985年，菜山冲村唐明山承包山地26.7公顷，造林50000多株。2008—2010年，实施国家退耕还林项目，补植补造速生丰产原料林和经济果木林，累计造林333.3公顷，其中防护林304公顷，经济林24公顷，竹林5.3公顷，住宅四旁植树18780株。2013年，成立韭菜坪油茶专业合作社，开发油茶基地120公顷。2014年，林地面积1313公顷，其中有林地1215公顷，活立木蓄积量26080立方米。

工业

晚清至民国时期，韭菜坪办有铸锅业，用木炭作燃料，生产各种生活用锅，祁东建县不久停办。1981年，复办铸锅厂，因树木缺乏，烧炭困难，刚起步就停办。1995年，办有鞭炮厂，年产鞭炮30000箱，列全县乡镇前3名。2005年，办有竹木加工厂、龙塘机压砖厂，规模均偏小。2014年，境内无工业企业。

商贸服务业

民国时期，凤歧坪形成圩市，每逢农历一、四、七赶集。20世纪50年代，设立供销分社。70年代办有代销店或经销点。80年代后，集体商业消失，个体商业成为主体。2014年，商业网点75个，圩日上市近2000人，日成交额5万元以上，年社会消费品零售总额1.03亿元。

财政金融

财政 自成立凤歧坪乡至1983年，乡（社）政府无单独财政。1984年下半年，设立乡财税所，负责政府财政收支管理及农业各税征收。1995年，更名财政所。2004年，乡财政负债212.1万元。2006年，财政收入144万元，收支持平。2012年，因垫税形成的财政债务全部化解。2014年，财政总收入1448.08万元，总支出1025.65万元。

金融 1954年，设立凤歧坪乡信用合作社。1961年5月，以大队为单位成立信用代办站。1968年，信用社、站全部关停，1980年恢复。1993年，成立乡农村合作基金会。1996年，成立乡农村救灾扶贫互助储金会。1999年，农村“两会”停业整顿，基金会并入地方信用社，储金会清盘关闭。2006年，村信用代办站被撤销。2014年，金融机构有邮政储蓄银行和农村信用联社下设的经营网点2个。

基础设施

交通运输

1971—1972年，步五（步云桥—邵东县五星）线、蒋水（蒋家桥—凤歧坪—邵东县水井亭）线两条县级公路相继建成通行境内。2003年，开通凤歧坪—衡阳市华新县际汽车客运班线，总里程126公里，每日1个班次。2004年，启动蒋凤（蒋家桥—凤歧坪）公路15.36公里改造工程。2005年8月，全线铺装成砼路面。2009年12月，建成凤歧坪客运站，占地面积2500平方米，停车场面积1300平方米，站房面积720平方米。2011年，境内客运汽车2辆，货运汽车20辆。2013年，步五线凤歧坪乡治地段完成投资440万元，建成水泥砼路面；锁石、黄泥塘两村完成通村公路水泥硬化。2014年，境内县乡公路3条，总长25公里；12个村完成通畅工程，硬化通村公路总里程33.08公里；韭菜坪村实现组组通公路。

邮政通信

民国36年（1947），凤歧坪设邮政信柜。1971年，公社安装电话。1980年，设立凤歧坪邮电所，1982年撤销。2000年后，境内陆续建成移动通信基站，开通移动电话及互联网。2013年，投资30万元，新建乡邮政所。2014年，邮政网点1个，投递线路单程总长7公里，乡村通邮率100%。电信服务网点3个，电话交换机总容量7000门；固定电话用户800户，普及率27%；移动电话用户6400户，普及率50.1%；互联网端口128个，宽带接入用户69户。

供电饮水

供电 1976年，建成天狮庙电站，装机容量340千瓦，利用丰水季节和抗旱放水发电。20世纪90年代初，境内开始使用高压电。1995年，村级水电站1座，装机容量10千瓦，年发电量1900千瓦时；全乡农村用电量7350千瓦时。2000年后，境内用电由蒋家桥35千伏输变电站供电。2005年，农村用电量96万千瓦时。2006年，启动农村电网改造。至2014年，13个村完成农村电网改造，全乡年用电量189.27万千瓦时。

饮水 历来每逢干旱年景，常出现人畜饮水困难问题。20世纪80年代中期，以县水电局为主体，县财政、卫生、教育、商业等部门资助凤歧坪乡11万余元，开凿观音岩，建成集中式供水工程一处，开发地下水工程4处，1700余人饮用自来水。2008年8月，在凤歧坪村新建水厂，日供水500吨。2009年，天狮村建集中供水工程1处。

水利建设

中华人民共和国成立后，大兴水利建设。至1980年，修成天狮庙小（二）型水库和杨柳排、上石冲、花塘3座小水库，凿通响水岩地下水，扩建山平塘96口。20世纪80年代，为解决山塘漏水严重问题，村民在塘底铺垫一层塑料膜，用土覆盖夯实，防漏效果好，在全县推广。1988年，扩建天狮庙水库，有效库容增至17万立方米。1990年，凤歧坪被列为全县干旱死角治理重点乡镇，县水利部门投资，组织山平塘集中整修、扩建、硬化，完成工程量占山平塘总数30%。2005年，清叶子岩电灌站装机一台18.5千瓦电灌机，灌溉农田7公顷。2011—2012年，投资152.3万元，完成天狮庙小（二）型水库除险保安工程。2011—2014年，清淤、防渗、加固山平塘59口，开挖硬化灌溉渠道12千米，开挖护砌排洪圳368米，改造中低产田8.5公顷，购置农业排灌机械5台，大部分农田基本实现旱涝保收。

乡村建设

自凤歧坪设为乡治后，机关企事业单位和个人在凤歧坪建房的增多，20世纪80年代，形成小集镇。1995年，加强小城镇开发，凤歧坪街延伸至650米以上。2007年，以黄泥塘村为试点，启动社会主义新农村示范村建设，新建村部办公楼4间，面积100平方米。2013年，由衡阳市委组织部牵头，5家市直单位深入韭菜坪村帮扶新农村建设，安装路灯8盏，组织村庄绿化、美化、亮化建设。

社会事业

教育科技

教育　1952年祁东置县后，庙安、天狮、韭菜坪分别建立公办小学。1958年，锁石、菜山冲、漆家冲、灵官庙4个大队分别建立小学。1969年，开办韭菜坪和凤歧坪两所公社中学。20世纪70年代，基本实现每个大队一所小学。1995年，韭菜坪中学并入凤歧坪中学。90年代末，乡中学改建教学楼。2009年，改建学生宿舍。2010年，撤销漆家冲小学，乡中学建成义务教育合格学校。2012年，乡中心小学迁址龙塘村，占地2.2公顷；中心小学原校址改办公立乡中心幼儿园，2013年，正式开园招生。2014年，幼儿园4所，在园幼儿137人，教师6人；小学5所，在校学生565人，教师26人；初中1所，在校学生302人，教师22人。

科技　1954年，境内农业技术推广工作归口步云桥片农技推广站组织实施。1958年，归口蒋家桥农技推广站负责。1978年，公社成立科协，大队建立科协小组。1982年，公社管农业副书记兼任公社科协主席。1988年，配备科技副乡长，各村配科技副主任。20世纪90年代，引进山羊良种，推广养羊新技术。2013年，组织玉米高产示范试验，亩产玉米比上年增产20%。

文化体育

1958年，耕作区设立文化站。1971年，建立公社广播站，配专职广播机线员。1982年，架通区站至社站广播专线，农户喇叭入户率40%。1988年后，农村广播停办。2007年启动村级运动场所建设。2007—2010年，县广电部门向凤歧坪乡农户赠送“村村通”直播卫星接收设备，解决电视盲村看电视难问题。2013年，韭菜坪村建成运动场，市体育局赠送20套健身路径器材。2014年，村村建有农家书屋，分别藏有图书2000册以上。凤歧坪、韭菜坪、黄泥塘、光祖堂等村建有篮球场，漆家坪等村建有健身路径；乡内建有龙狮队、腰鼓队、广场舞队，成员 54 人。

医疗卫生

医疗 1956 年，发动医生集资开办乡联合诊所。1969 年，改办为公社卫生院。1972 年，推行农村合作医疗制度，生产大队成立合作医疗站，配备赤脚医生。1978 年，停止执行合作医疗制度，设立大队保健室。1984 年，公立医疗机构有凤歧坪和韭菜坪两所乡卫生院，共有房屋 760 平方米，工作人员 9 人，病床 5 张。1995 年，保留凤歧坪乡卫生院，韭菜坪乡卫生院改为医疗点。2002 年，筹资 12 万元，兴建乡卫生院门诊楼，占地 1300 平方米，建筑面积 380 平方米，其中业务用房 260 平方米 2014 年，乡医院 1 个，有医务人员 11 人，其中在编医技人员 6 人，设病床 22 张；有村卫生室 12 个。

卫生 2007 年，在黄泥塘村启动农村环境卫生综合整治。2010 年，推进农村改厕工程，韭菜坪村建成三格式无公害卫生厕所 200 座，培养“三清五改”示范户 2 户。2013 年，衡阳市委组织部、统战部党建扶贫工作队及市农业局等 4 个后盾帮扶单位深入韭菜坪村，指导和帮助村“两委”制定环境卫生综合整治实施方案。至 2014 年，投资 15 万元，在村内主要路段及塘边、渠边植树绿化，保护生态环境，对村庄院落卫生死角组织全面清理清扫。

社会保障

“五保”供养 1956 年农业合作化后，农村无依无靠老人由集体实行“五保”。20 世纪 60 年代，“五保”对象扩大到孤儿。1985 年，设立乡民政办公室，负责社会保障工作。1991 年，开办敬老院，收住部分“五保”老人集中供养。2014 年，“五保”对象 147 人，其中集中供养 12 人，分散供养 135 人，年发放五保供养金总额 43.26 万元。是年，选址凤歧坪村，启动新敬老院建设，占地

“五保”老人在敬老院开心娱乐

面积3000平方米，建筑面积1237平方米，设床位47张，配工作人员4人。

最低生活保障 2007年起，实施农村居民最低生活保障制度。2011年，核定农村低保721户、758人，发放低保金45.5万元。2014年，核定农村低保923户、1243人，发放低保金总额158.86万元。

养老保险 2012年，实施城乡居民社会养老保险制度，当年参保6484人。2014年，参加城乡居民社会养老保险6276人。

医疗保险 2007年起，实施新型农村合作医疗制度。2010年，参加新农合缴费10340人。2014年，参加新农合11231人，参合率97.25%。

特色地情

百洞之乡 凤歧坪乡政府驻地周边遍布岩洞，知名的有宝莲洞、银屑洞、青叶岩、路过岩等。金龙岩为百洞之首，地下有洞，洞中有河，凸显大自然的鬼斧神工。从乡政府往西，沿途可见漏斗形朝天洞，凭借充足照明，能见到洞内千奇百怪、晶莹剔透的钟乳石。多数岩洞有地下水，当地人用抽水机抽上来饮用和灌溉。山洞之外，石头满山遍野，形状各异，千姿百态，一些化石上的贝壳、珊瑚等生物印迹清晰可见。

（文字供稿：凤歧坪镇党政办　图片供稿：祁东县志办）

城连墟乡 >>

区域概况

位置面积

旧时此地圩场多为百姓凑钱联合开设，所得利润按份分成，故名成连圩，后演变为城连墟。地处县域西部，东临砖塘镇，南接祁阳县龚家坪镇，西邻太和堂镇，北交蒋家桥镇、步云桥镇。2014年，辖区东西最大距离13公里，南北最大距离15公里，总面积39.8平方公里。乡治城连墟村，距县治49公里。

建置沿革

明清时期，属祁阳县永隆乡。民国28年（1939），属祁阳县自治乡。1950年9月，属祁阳县第十区云龙山乡。1952年8月，属祁东县第十二区石牛陂乡。1956年6月，并入云龙山乡，属太和堂办事处。1958年10月，属太和堂人民公社云龙山耕作区。1961年8月，从云龙山乡析出，成立城连墟人民公社，属太和堂区。1984年，称城连墟乡。1985年7月，云龙山、清江桥2乡划入，仍属太和堂区。1995年4月撤区，保留城连墟乡建置。

行政区划

1995年，辖城连墟、芦毛塘、香花庵、柏树湾、杨梅冲、曹家祠、界排、柏山排、幸福罐、棉竹山、茶园冲、十八弓、王定堂、石板铺、车塘观、黄栗山、桐梓塘、锡坪湾、司马塘、龙家亭、船埠头、乐芳、油榨坪、福林山24个行政村，287个村民小组。

自然环境

镇域多丘陵，西北山地呈镰刀型环绕，东南地势较为平坦。年均气温17.9℃，年均降水量1252.6毫米，春夏多雨，秋冬干燥，冬寒夏热，四季分明。湘江一级支流祁水流经境内9个村，为境内主要水源。干旱是最主要的自然灾害，多夏秋连旱。

人口民族

1985年，辖区总人口22866人，其中男性11906人，女性10960人。1995年，总人口24031人，其中男性12532人，女性11499人。2014年，总人口26699人，其中男性14331人，女性12369人，分别占53.7%和46.3%；人口出生率12.06‰，死亡率2.04‰，自然增长率10.02‰。人口以汉族为主，少数民族有苗族、壮族、哈尼族、傣族、布依族、土家族、侗族、瑶族、满族、蒙古族、拉祜族、佤族、白族、彝族、仫佬族、布朗族、仡佬族等105人，占总人口的

0.39%。人口密度每平方公里671人。

经济发展

经济综述

随着生产条件改善和新品种的引进推广，境内农业逐步转入高效和规模化发展轨道。种植业方面，先后建成马蹄生产专业村，大棚和无公害蔬菜生产基地、玉米高产示范片、超级稻高产攻关示范点。畜牧业方面，建成全县规模养殖样板村、国家级肉牛养殖示范场和生猪养殖、种猪繁养规模企业。林业方面先后开发有优质枣和油茶种植基地，工业经济一直是产业短板，除了20世纪90年代初创办一家出口矿冶企业（后停办）外，基本上没有工厂化生产的企业。2014年，粮食总产量1.34万吨，财政总收入456.5万元，农民人均纯收入4575元。

农业

种植业 1949年前，多种一季水稻，亩产量200公斤左右。祁东建县后，推广双季稻，1980年，亩产稻谷657公斤。1995年，粮食播面2279公顷，粮食总产量14295吨。1998年，大面积推广双季杂交稻，亩产稻谷900多公斤。2000年起，农户尝试立体种植。2004年，作物套种、间种面积66.7公顷，一年收获农作物3~4次，部分村形成以优质米、生姜、甘蔗、芋头、马蹄等种植为主的高效农业生产区。马蹄是城连墟的特产，2005年，种植面积133.3公顷。2013年，船埠头村成立昱翔蔬菜专业合作社，投资200万元，发展大棚蔬菜和无公害蔬菜；王定堂村组织百亩玉米高产示范片建设，亩产玉米647公斤，比全县平均亩产高144公斤。2014年，柏树湾村18户农户参与全县第四期超级稻高产攻关示范试验，单季亩产800公斤；是年，全乡耕地面积2039公顷，粮食播面1983公顷，粮食总产量13449吨。

养殖业 1980年，饲养生猪8756头，产鲜鱼35吨。1995年，出栏生猪1.7万头，出笼家禽14万羽。1997年，车塘观村年出栏100~200头生猪的专业养殖户20多户，成为全县规模养殖样板村。2008年，引进湖南大一牧业有限公司，发展肉牛养殖，常年存栏牛1000头，2010年，被国家农业部评为肉牛养殖示范场。2014年，车塘观村爱琼养殖有限公司出栏生猪5800头，诚信种猪场出栏种猪4000头以上；全乡年出栏生猪5.83万头，出笼家禽25.58万羽，水产品产量1560吨。

林业 民国时期，山地林木稀疏。中华人民共和国成立后，大力植树造林。1980年，城连墟和云龙山两个公社分别营造杉木林33.3公顷和45.5公顷。1995年，城连墟被列为长江中上游防护林工程项目区，连续6年完成项目造林186.7公顷，其中人工造林100公顷，低效林改造86.7公顷；棉竹山村农户承包林木育苗，创办个体中心苗圃，连片育苗0.6公顷以上。2008—2010年，实施国家退耕还林项目，补植补造速生丰产原料林和经济果木林。至2011年，完成造林266.7公顷，其中防护林133.3公顷，经济林133.4公顷，农民住宅四旁植树8000株，林木覆盖率23.7%，活立木蓄积量30万立方米。2012年，福林山、幸福罐、龙家亭、十八弓、茶园冲5村发展枣林面积33.3公顷，全乡种枣133.3公顷。2013年，奇林油茶专业合作社投资1700万元，在龙家亭、船埠头等村开发良种油茶种植26.7公顷，聘请省林科院首席专家陈永忠博士为常年顾问。2014年，新增投资716万元，扩种油茶26.7公顷；全乡林地470.2公顷，其中有林地387公顷。

工业

民国时期，茶叶冲、杨家町、青山冲办有个体小煤窑，日军入侵时停办。20世纪60—70年代，复办杨家町和青山冲矿井。1980年，创办境内首家独立核算工业企业——云龙山乡红碎茶厂，年加工精制红茶25吨，创产值8.4万元。1992年，个体大户李启庭创办星源冶炼有限公司，生产锑锭、锑粉和锌锭，80%出口欧美国家，年产值1000万元，连续两年被省政府授予“出口创汇先进企业”称号。2007年，办有3个机砖厂、1个采石场、1个矿业公司，企业规模偏小。2014年，红砖厂2个，少数家庭加工鞭炮纸筒、副食品，均为作坊式，分布零散，未形成规模。

商贸服务业

民国时期，形成龙家亭集市。中华人民共和国成立初，组织龙家亭供销消费合作社，入社社员凭证购货，价格较市场低10%~15%。1985年，有城连墟、龙家亭两处农贸市场。2009年底，新改造的城连墟集市正式运营，村民在市场周边建房开商铺。全乡常年从事农产品运销的农户500余户，销售网点150多家，从业人员500多人。2013年6月和12月，分别投资800万元、420万元，对龙家亭和城连墟两处农贸市场实施改扩建。2014年，龙家亭市场一层摊位及2~4层套房建成初坯，城连墟市场完成路面硬化。是年，全乡社会消费品零售总额1.06亿元。

财政金融

财政　自成立城连墟乡至1983年，乡（社）政府无单独财政。1984年下半年，设立乡财税所，负责政府财政收支管理及农业各税征收。1995年，更名财政所。2004年，乡财政负债962万元。2006年，财政收入263万元，收支平衡。2012年，因垫税形成的财政债务全部化解。2014年，财政总收入456.5万元，收支持平。

金融　1954年7月，设立石牛陂、云龙山、清江桥3个乡信用合作社。1961年7月，以生产大队为单位成立信用代办站。1968年，信用社、站全部关停，1980年恢复。1984年，设立城连墟乡信用合作社。1993年，成立乡农村合作基金会。1996年，成立乡救灾扶贫互助储金会。1999年农村“两会”停业整顿，基金会并入地方信用社，储金会清盘关闭。2006年，村信用代办站被撤销。2010年，设有龙家亭和城连墟两处信用社，共有从业人员13人。

基础设施

交通运输

1975年1月至1976年2月，修通石板铺—马颈坳公路（后改属317省道），为境内第一条乡村公路，全长9.5公里。1977年，修成龙清（龙家亭—清江桥）公路，全长3公里。2005年，过境317省道由宽3.5米的砂石路面改造为宽5.5米的砼路面。2009年12月，建成城连墟客运站，占地面积3400平方米，停车场面积1350平方米，站房面积450平方米。2012年，投资300万元，修建城连墟—步云桥乡级公路——梅司线，全长6.3公里，翌年完成道路硬化。2013年，完成曹家祠—锡坪湾、油榨坪—王定堂、福林山—步云桥包角亭、柏树湾—龙家亭等通村公路硬化任务；完成蒋城（蒋家桥—城连墟）公路冉印桥危桥改造工程。2014年，完成317省道境内段5公里道路硬化，建成茶园冲村经—十八弓村—车塘观村6.7公里通村公路；全乡21个村完成通畅工程，硬化通村公路总里程40.4公里。

邮政通信

民国27年（1938）1月，设立龙家亭邮政信柜。1980 年，设立龙家亭邮电所。1995 年，城连墟乡 24 个村全部开通程控电话，为全县第一个实现村村通程控电话的乡，固定电话普及率 48%。2012 年，新建城连墟邮政代办点。2014 年，在船埠头村新建邮政便民服务站，服务项目包括：小额取款，代缴电话费、水电费、手机充值、换号以及物流（小型包裹、信件）收货、派送等。

供电饮水

1971 年，从包圣殿 35 千伏输变电站接线，电网开始对境内供电。1995 年，村水电站 5 座，装机容量 25 千瓦，年发电量 10270 千瓦时；全乡农村用电量 22.48 万千瓦时。1999 年，起步实施农村电网改造。2005 年，农村用电量 55 万千瓦时。2013 年，海信阳光牧业公司完成投资 305 万元，建成沼气工程，安装 50 千瓦沼气发电机组一台，年发电 16.2 万千瓦时。是年，投资 400 万元，其中中央投资 336 万元，引江口水库水入乡，在柏山排村兴建城连墟自来水厂，铺设从太和堂经城连墟到龙家亭 8000 米供水主管道，日供水 200 吨，全乡三分之一的人口区域及 3 所中小学校饮用自来水。2014 年，船埠头、乐芳等 11 个村完成农村电网改造，全乡年用电量 408.04 万千瓦时。

水利建设

1958 年 11 月，在茶园冲大队选址修建茶园冲小（一）型水库，有效库容 296 万立方米，有效灌溉面积 533.3 公顷。1980 年，有拦河坝一座，电灌站 4 处，装机 95 千瓦。1992 年，洪塘水库因暴雨发生外坡滑坡，渗漏严重，县防汛抗旱指挥部协同乡政府组织抢险，保住大坝。2004 年，电灌站 7 处，总装机 7 台 176 千瓦，灌溉面积 120 公顷。2005—2010 年，整修水渠 15 千米，护砌山塘 30 口，山平塘清淤 62 口。2011—2012 年，投资 485 万元，完成茶园冲小（一）型水库除险保安工程；香花庵、杨梅冲、柏树湾、曹家祠等村实施土地整理项目，修建渠道 3 千米，新建机耕道 5 千米；油榨坪村整修山平塘 15 口；柏山排、司马塘、幸福罐等村维修渠道 6 千米。2013 年抗旱期间，投入 60 万元，维修幸福罐、桐梓塘、龙家亭村 3 座电灌站；新掘大口径水井 23 口、小水井 27 口；争取中央财政小型农田水利建设项目资金，清淤、整修山平塘 100 口，维修渠道 8 千米；投资 700 万元,实施“坡改梯”项目，棉竹山和柏树湾两村分别完成“坡改”任务 40 公顷和 6.7 公顷。2014 年，城连墟、柏山排、杨梅冲等 7 个村完成投资 500 万元,山平塘清淤 109 口，硬化 28 口。

乡村建设

20 世纪 80 年代以前,城连墟未形成集镇街道。90 年代中期开始，一些县直部门驻乡单位陆续在乡治驻地建办公房，当地一些农户在此建房设店经商。2000 年后，逐步形成 2 条街道。2007 年，以龙家亭村为试点，推动社会主义新农村示范村建设。当年硬化村庄道路 1000 米,打深水井 2 口，75 户农户建成家庭简易自来水，建成村部活动室 4 间 120 平方米。至 2014 年，完成街道水泥硬化 700 米，其中：商业街硬化 500 米，农贸市场街硬化 200 米，安装路灯 46 盏。22 个村建成村部活动场所。

社会事业

教育科技

教育　民国 3 年（1914），刘氏族人利用刘氏祠堂创办清江桥初级小学。1956 年发展为完全小学。20 世纪 50 年代末，公办小学 9 所。1969 年，创办城连墟、云龙山、清江桥 3 所公社初级中学。1985 年,小学 19 所,在校学生 3492 人；初中 3 所,在校学生1159人。1988年，乡成人教育中心被评为衡阳市合格农民文化技术学校。1989年，撤销清江桥和云龙山中学。2000年，个体户刘祥寿融资近千万元，创办私立九年一贯制寄宿制成龙学校，校园面积34公顷，建筑面积12200平方米；聘用教职工53人，推出全托服务模式，在校学生高峰期逾1000人。2010年，撤销回龙、福林、杨梅3所小学，乡中学建成义务教育合格学校。2013年，乡中心小学建成为民办实事义务教育合格学校。2014年，幼儿园8所，在园幼儿179人，教师9人；小学5所，初中1所，九年一贯制学校1所，中小学生1854人，中小学教师102人。

科技　1954年，境内农业技术推广工作由步云桥片农技推广站组织实施，1958年，改由太和堂区农技推广站负责。1978年，公社成立科协，创办业余科技学校和公社农科站；40%的大队建立科协小组，创办农科队。1982年，公社管农业副书记兼任公社科协主席，公社农科站站长兼任公社科协秘书。1988年，乡政府配备科技副乡长，各村配科技副主任。2013年，杨梅冲村组织超级杂交稻高产攻关试验，示范面积6.7公顷，亩产稻谷超1000公斤。

文化体育

1958年，云龙山耕作区设立文化站。1965年，清江桥乡建立广播放大站。1971年，新建城连墟、云龙山2个公社广播站，配备专职广播机线员。1983年，架通区站至社站广播专线，农户喇叭入户率40%。1987年，广播站改为广播电视台，停止使用广播专线。是年，组队参加全县农民篮球赛。1995年，建电视转播塔，开通模拟有线电视。2007年，启动村级运动场所建设。2009年，组队参加全县乡镇篮球运动会。架设电视光缆，开通数字电视。2014年，村村建有农家书屋。城连墟、石板铺等村建有篮球场，乐芳、柏山排等村建有健身路径。

医疗卫生

医疗　民国时期，由私人行医或售药。1952年，发动医生个体集资，开办乡联合诊所。1969年8月，联合诊所改办为公社卫生院。1972年，推行农村合作医疗制度，生产大队成立合作医疗站，配备赤脚医生。1978年，停止执行合作医疗制度，设立大队保健室。1984年，公立医疗机构有城连墟、云龙山、清江桥3所乡卫生院，共有房屋1010平方米，工作人员15人，设病床8张。1995年，保留城连墟乡卫生院，其他两个乡卫生院被撤并。2012年，投资140万元，新建乡卫生院住院楼，建筑面积925平方米。2014年，乡卫生院1所，在编医技人员12人；村卫生室16个。

卫生　2007年，王定堂村率先起步整治乡村环境卫生，培养“三清五改”示范户11户。2008年，以过境317省道沿途的乐芳、界排、船埠头等12个村为重点，实施乡村清洁工程，聘常年卫生保洁员30人。至2014年，投资10万元，购置垃圾桶200个、清洁车40辆，建成垃圾池50个。

社会保障

“五保”供养　1956年农业合作化后，农村无依无靠老人由集体实行“五保”。20世纪60年代，五保对象扩大到孤儿。1985年，设立乡民政办公室，负责社会保障工作。1989年，开办敬老院，收住部分“五保”老人集中供养。2012年，投资126万元，利用十八弓村小学原址新建敬老院，占地面积1334平方米，建筑面积1680平方米，设床位65张，配工作人员4人。2014年，“五保”对象395人，其中集中供养57人，分散供养338人，年发放“五保”供养金总额125.43万元。

最低生活保障　2000年起，实施城镇居民最低生活保障制度。2007年起，实施农村居民最低生活保障制度。2011年，核定城镇低保29户、

清江桥

29人，发放低保金7万元；核定农村低保1070户、1079人，发放低保金78万元。2014年，核定农村低保1072户、1280人，发放低保金总额162.02万元。

养老保险 2012年，实施城乡居民社会养老保险制度，当年参保9976人。2014年，参加城乡居民社会养老保险11165人。

医疗保险 2007年起，实施新型农村合作医疗制度。2010年，参加新农合缴费20035人。2014年，参加新农合21251人，参合率87.31%。

特色地情

名优特产

城连墟马蹄 三国时期开始种植。锡坪湾和桐梓塘两村的马蹄生长于富硒土壤，颗大、汁多、色鲜、无渣、味甜，口感好。2011年，两个村140户农户联合成立马蹄专业合作社，引进广西农科所研发的杂交马蹄新品种，采用“公司＋农户”模式组织生产经营，马蹄销售价格高出市场平均价一倍。2013年，合作社成员增至300户。2014年，户均增收15000元。

风景名胜

清江桥 位于锡坪湾村，横跨祁水，因桥下流水清澈，故名清江桥。全桥共7拱，又称七拱桥。清光绪十四年（1888），刘品成等募捐修建。全桥长84米，宽5米，高9米，桥上曾建有桥亭，两旁有对称大木柱84根，遥望若游龙，颇为壮观。其桥身之长，拱数之多，居全县石拱桥之首。

（文字供稿：城连墟乡党政办　图片供稿：陈默）

四明山乡 >>

区域概况

位置面积

地处县域西端。清同治《祁阳县志》载四望山："登其巅可望见零（陵）、祁（阳）、东（安）、邵（阳）四县，故名。"又称四明山。东连太和堂镇，南接冷水滩区杨村甸乡，西邻东安县南桥镇，北交邵阳县五丰铺镇。2014年，辖区东西最大距离6.5公里，南北最大距离9.6公里，总面积37.1平方公里。乡治长乐村，距县治65公里。

建置沿革

明清时期，属祁阳县永隆乡。民国28年（1939），属祁阳县景星乡。1952年7月，为五龙亭乡，属祁东县第十二区。1956年6月，并入紫云桥乡，属太和堂办事处。1958年4月，建立四明山林场，属太和堂人民公社。1960年2月，四明山林场改为四明山农林垦殖场。1961年8月，撤销农林垦殖场，恢复四明山林场，同时设立四明山人民公社，实行场社合一体制。林业工区属林场管理，农户生产队属公社管理，形成全民（林场工区）和集体（生产队）两种经济成分并存、分开核算的管理模式，行政隶属太和堂区管辖。1984年4月，撤四明山公社设四明山乡。同年11月，四明山林场升格为区级林场，场乡合一，从太和堂区析出，属县直辖。1995年撤区并乡，四明山乡建置保留。

行政区划

1959年7月，四明山林场下设五龙、向阳2个工区。1961年8月，四明山人民公社下辖11个大队41个小队，其中6个农户大队29个小队（生产队），5个工人大队（工区）12个小队（工班）。1972年和1982年，四明山林场和公社分别对工区和大队作出调整，撤销前进、向阳、莲子冲、青松4个工区，新设白水、双江、大塘、腾云、四明5个工区，白水源大队分设为白水源和双江口两个大队。1984年，四明山乡（场）辖7个行政村37个村民小组及6个工区18个工班。1998年，林场改革，撤并白水、四明、大塘3个工区。2014年，辖四明山、双江口、白水源、板桥、大塘、李家、长乐7个行政村和五龙、双江、腾云3个工区及四明山国家级森林公园。

自然环境

境内群山起伏，峰峦叠嶂，沟壑纵横，平均海拔500多米，海拔800米以上山峰6座，其中1000米以上的有腾云岭、登云岭和尖毛岭，腾云岭海拔1043.2米，为全县最高点。四明山脉绵延90公里，为县境西北天然屏障，亦是与相邻县市自然分界线。地质以板岩、页岩和变质岩为主，土层肥厚，红壤土、黄壤土居多，山谷深邃阴湿，适宜林木生长。年降水量1150~1250毫米。年无霜期242~277天。春季回暖较慢，秋后降温迅速，夏季时间短，冬季时间长，腾云岭一带长达5个月，年均气温16.3℃。冰冻是当地的主要气候灾害，1982年2月1—15日，低丘平川几乎没有冰冻现象，而四明山积冰成灾，压折竹木158万余株。山区泉、井甚多，知名的有仙人泉、将军泉、九龙泉、白鹤泉、白玉井、龙泉井、甘露井等。源出四明山的水流有长龙江、白水源、狭江、岭口江、双江等5条。1995年，碧玉湖水库发现山体断层，2002年，双江村双江大屋发现4亿多年前奥陶纪时期海洋生物化石群。

人口民族

1982年，辖区总人口2746人，其中男性1447人，女性1299人。1995年，总人口2528人，其中男性1429人，女性1099人。2014年，总人口2763人，其中男性1536人，女性1237人，分别占55.59%和44.41%；人口出生率9.05‰，死亡率1.81‰，自然增长率7.24‰。人口以汉族为主，少数民族有苗族、壮族、哈尼族、布依族、土家族、侗族、瑶族、黎族、白族、彝族、景颇族等23人，占总人口的0.83%。人口密度每平方公里74人。

经济发展

经济综述

以林区经济为主。20世纪50年代，创办县内唯一的国有林场，60—70年代，年均向国家交售木材1200多立方米。80年代，开始每年上缴国家木材1.6万立方米。境内历来无工业和集市。90年代，一些农户养殖山羊和黄牛，部分农户开始尝试特种养殖，饲养的主要品种有蝎子、蜈蚣、竹鼠，规模普遍较小。2014年，粮食总产量1218吨，有林地3390公顷，森林覆盖率99.6%，全乡财政总收入3548万元，农民人均纯收入3896元。

农业

种植业 民国时期，一年只种一季中稻。1960年2月，县委从步云桥、蒋家桥、太和堂等区抽调1923人，驻扎四明山农林垦殖场，由国家供应口粮和基本工资。同时接收境内农户349户，分成4个耕区，约78%的劳力投入开荒种粮。是年，国家投资50万元，开垦荒地1000公顷，亩均产粮4公斤，人平产粮42.5公斤，投入与产出得不偿失。1975年，开始推广种植杂交水稻。1980年，水稻种植面积97公顷，平均亩产370公斤，为1949年前的2倍。1995年，粮食播种面积86.8公顷，粮食总产量432吨。2013年，引种超级稻，政府免费为农户提供育苗服务。2014年，耕地177公顷，粮食播种面积172公顷，粮食总产量1218吨。

养殖业 1949年以前，养猪以本地花猪为主，多为自家食用，少有出售。中华人民共和国成立后，陆续引进长白、大约克等良种猪。1961年，林场创办养猪场，因管理混乱，经济效益不高，经营2年后停办。20世纪80年代，农户普遍养猪，但养殖方式沿袭熟食喂养传统，未形成规模。1985年，全乡出栏生猪1321头。1995年，出栏生猪3400头，出笼家禽10000羽。2000年后，引进配混饲料养猪新技术，板桥村成为全乡规模养猪示范村。一些农户尝试引进发展特种养殖，出现饲养蝎子、蜈蚣、竹鼠、富硒鸡等试验户，四明山村的山羊、双江村的黄牛、李家村的竹鼠渐成农民增收新亮点。2003年，各类小型种养专业户13户。2014年，出栏生猪5340头，出笼家禽52420羽，水产品产量92吨。

林业 旧《祁阳县志》载："明永乐四年（1406），圣上曾使数万民工伐木于四望山，其树合围冲霄，竹如桶粗，树荫遮天，称为'祁阳木'，用以修建永乐宫，其楠木选作立柱。"祁东建县后，四明山被定为用材林生产基地。1958年4月，将3560公顷山林权收归国有，创办国营四明山林场，时有职工28人。全场有林地2147公顷，多为松阔次生林，活立木蓄积3366立方米，南竹近20万根。是年8月下旬，组织1.5万名青年民兵进驻林场，开展秋季义务造林运动，苦战半月，完成水平带状整地2667公顷，栽植南竹200公顷。1959年7月，县委从白地市农场和跨美铁厂调入136名工人充实林场，分设五龙、白水两个工区。当年完成育苗0.53公顷，造林1000公顷。20世纪60年代后期"文化大革命"期间，城关镇、归阳镇和衡阳市先后下放知识青年87人到林场劳动，其中30人扎根山区成为林场职工。同期，四明山林场每年完成荒山造林300~400公顷。1978年，四明山林场办场经验在全县推广。1969—1979年，林场年均交售计划木材1200多立方米。1980年，林业资源调查，林场有林地3096公顷，其中，杉、松等用材林占81%，竹林占13.1%，其他林木占5.9%；林木蓄积量10.06万立方米，比1975年增加68684立方米；历年上缴国家木材16050立方米，南竹51.5万根。至1984年，国家累计投资355.47万元（其中林业基建投资255.18万元），人工造林保存面积2520公顷，其中用材林2513公顷，占有林地81.6%，活立木蓄积10.82万立方米，占全县立木蓄积总量16.7%，成为全县最大的商品用材林基地。是年全场林业总收入471万元，经费基本实现自给。1986年，四明山林场划出220公顷南竹林给各村集体经营，划出90公顷四旁绿化山给农户经营，完善山林承包责任制。20世纪90年代，大力发展果、药种植，先后建成板栗园10.8公顷，水晶梨8.2公顷，杜仲林1.5公顷，梨园0.73公顷，优质石榴2.5公顷。1995年，四明山林场列为长江中上游防护林体系建设工程项目区，连续6年组织人工造林、低效林改造、封山育林、幼林抚育，至2000年，建成万亩杉木林基地和南竹低改基地，经省市验收达标。2014年，全乡林地3403公顷，其中有林地3372公顷，立木蓄积16万立方米，南竹面积400公顷。

工业

民国时期，境内无工业，仅有一些篾匠加工箩、垫、筛、箕、篮等日常生活用具，自产自销。20世纪60年代，林场开办木材加工厂和榨油厂。1972年，林场在野牛坪开采铜矿，矿砂含铜品位低，亏损严重，1978年停办。1980年，投资2万元，创办四明山藤椅厂，有职工20人，年加工竹藤家具600件，当年工业产值1.2万元。1985年，年产竹藤家具1500件，工业产值3.5万元。1994年，创办竹制品工艺厂，年产保健席5000条，产品畅销中南六省；年产卫生筷5000万双，产品销往港澳和日本，年产值300余万元。2010年，成立竹木加工协会。2014年，境内无工业企业。

商贸服务业

境内历来无集市，生产生活所需物资均需至山外紫云桥、马颈坳、龙家亭、把关口等邻近市场采购。20世纪70年代初，公社（场）办有经销店，商品物资由供销合作社批发。改革开放后，一些农户进入商品流通领域，从事山区农副产品贩运，或走出山区从事商业经营。2003年，长乐避暑山庄开始营业，有床位40张，提供住宿、饮食、休闲、旅游等接待服务。2014年，社会消费品零售总额2060万元。

财政金融

财政 1983年以前,乡(场)无独立财政机构,财政事务由乡(场)干部兼管。1984年,成立乡财税所,属县财政领报单位。1989年,县对乡实行"超收分成、节余留用"财政管理体制,乡财政始有节余。1995年,财税所更名财政所。2004年,乡(场)财政负债484万元。2012年,将2005年免除农业税前,乡政府为完成上级下达农业税、农业特产税及其附加形成的债务全部化解到位。2006年,财政总收入79万元,收支平衡。2014年,财政总收入3548万元,收支持平。

金融 1955年,五龙亭乡办有农村信用合作社,翌年被撤并。1961年5月,各生产大队建立信用代办站。1968年,信用社、站被关停,1980年恢复。2006年,村信用代办站全部撤销。2014年,金融网点保有乡信用合作社1个。

基础设施

交通运输

1959年,修通林道3条,长25公里。1965年8月,衡阳地区交通局勘测设计紫四(紫云桥—四明山)林场专用公路,设计路基宽6米,路面宽3.5米。1966年4月,投资18万元开工建设,同年12月竣工。全长6公里,其中衡阳地区林业基建队修筑3公里,县工交科组织民工修建3公里。1980年,四明山—县城客运班车开通,随后个体户汽车投入客运。2000—2002年,修通3条村级公路,其中:乡政府—五龙亭公路6公里,乡政府—李家湾公路3公里,确坪坳—双江口公路5公里。2003年,陈四(陈家坪—四明山)公路5.2公里砂改水泥路面竣工通车;开通四明山—衡阳市华新汽车站县际客运班线,全程132公里,每日1个班次。2005—2010年,完成投资201万元,新修乡村公路30公里;投资80万元,完成长乐—白水源、吊楼—板桥、长乐—大塘6公里水泥砼路面建设;每年投入40多万元,养护维修公路,抢修水毁路段。2009年12月,建成四明山客运站,占地面积2000平方米,停车场面积1000平方米,站房面积200平方米。至2014年,3个村完成通畅工程,硬化通村公路总里程28.69公里。

邮政通信

1958年,设立四明山电话交换点,始通电话;邮政、电报等业务须至太和堂邮电支局办理。1969年,林场电话交换点由县邮电局接收。1971年,场部安装农村电话交换总机和载波机。1996年,投资450万元,购数字程控电话交换机2台,建成容量2000门的数字程控电话交换站,开通程控电话。2002年,投资15万元,建成移动通信基站。2014年,固定电话用户20户,移动电话用户668户,电话普及率93%;互联网端口25个,宽带接入用户23户。

供电饮水

1964—1967年,在长龙江建成一座水轮泵发电站。1976年,建成四明山小水电站,安装2台320千瓦微型水力发电机。1995年,乡办小水电站7座,装机容量343千瓦,年发电量15.96万千瓦时;村办小水电站10座,装机容量42千瓦,年发电量1.9万千瓦时;全乡农村用电量2.5万千瓦时。1998年12月,架通高压输电线路,供电属太和堂供电所管理。2002年1月,全县最后一个无电村双江村通电。2003年11月,政府投资6万元,在长乐村建成容量80立方米的柱式水塔,场部周边居民自来水普及率86%。2005年,农村用电量50万千瓦时。2014年,安装10千伏变压器1台。自来水铺设干线水管28千米,日供水200吨,林场工区居民自来水普及率99.5%。

水利建设

1952—1957 年，采取民办公助和以工代赈办法，利用冬闲，对山平塘进行清淤、挖深、加高、培厚，并扩建一批骨干塘。1967 年，拦截长龙江建成碧玉湖水库。1987 年 7 月 28 日，普降大暴雨，曹家坪骨干塘垮塌，冲走土石方 5.35 万立方米。2005—2014 年，修复、防渗水坝 10 座、水渠 15 千米，农田防洪抗旱条件逐步改善。

乡村建设

1949 年前，山区农民居住分散，住房多为土筑房，杉木皮当瓦。建立四明山林场后，砖瓦房逐渐代替土筑房。20 世纪 90 年代，二、三层砖瓦房渐多。2000 年，投资 80 万元，对乡（场）机关环境改造，建成会议室 2 个，可容纳 350 人，修缮场部职工住房 37 套，建成公共卫生厕所 1 座，安装路灯 5 盏。2001 年，筹资 180 万元，建成 9 个门面，四明山乡（场）第一条街—长兴街初步成型。2003 年 12 月，投资 40 万元，兴建长乐避暑山庄，占地 1.2 公顷，建筑面积 1650 平方米，内设停车场。2014 年，6 个行政村建成村部活动场所。

社会事业

教育科技

教育 1949 年前，办有 3 所私塾。1956 年，白水源大队建成江口公办小学。1958 年 7 月，县林业中学从紫云桥迁入四明山林场场部附近陈家祠堂，新建 3 排校舍，属林场管理，1962 年停办。1969 年，创办四明山中学及 5 所村小学，其中：长乐大队建成四明山公社中心小学，板桥大队建成五龙小学，四明山大队建成四明小学，李家大队建成李家小学，大塘大队建成大塘小学。1980 年，小学 6 所，中学 1 所，在校中小学生 350 人，在职教职工 39 人。1985 年，小学 6 所，在校学生 359 人；初中 1 所，在校学生 90 人。1989 年起，因生源不足、班额过小，小学逐步被撤并。20 世纪 80 年代后期至 90 年代初，办有四明山农民文化技术学校，常年开办 3 个班，每班学员 10~20 人。1996 年，四明山中学被撤销，学生并入太和堂镇各中学就读；保留长乐小学（原四明山中心小学），在白水源村和李家村各设一个教学班，全部在校学生 80 人，共有教师 12 人。2014 年，幼儿园 1 所，在园幼儿 26 人，教师 1 人；小学 1 所及两个教学点，在校学生 78 人，在职教职工 15 人。

科技 20 世纪 80 年代初，配科技副乡长，村配科技副主任。1986 年，推广以苗繁苗技术，选出杉木超级苗 3500 株，建立采穗圃 334 平方米，

经繁殖扦插培育无性植株，移植苗木成活率 87%，获县政府科技进步三等奖。1993 年，从江华、会同县引进杉木无性系品种，采用扦插育苗技术造林获得成功。1999 年，利用电视扩大站开展实用技术培训。2013 年，组织超级杂交水稻种植试验。

文化体育

1971 年，建立四明山公社广播放大站，配专职广播机线员，各工区开通有线广播。20 世纪 70—80 年代初，先后建立公社电影放映队和文化站、图书室。1984 年，架设公社至各村广播专线，农户喇叭入户率 39%。1986 年，广播放大站更名广播电视站。1997 年，投资 30 万元，建成电视差转台，发射机功率 50 瓦，有线电视入户 60 多户。1999 年，建成村级有线电视信号扩大站。2003 年 8 月，林场组队代表衡阳市林业系统参加省林业厅组织的乒乓球比赛，获男女单打冠军和混双第 3 名。2006 年，四明山紫云寺大雄宝殿落成并举行开光法会，2000 多名信徒群众参加庆典。2007 年，启动村级运动场所建设。2007—2010 年，县广电部门向四明山乡赠送“村村通”直播卫星接收设备，为电视盲村解决电视收看难问题。2014 年，长乐、李家等村建有篮球场和健身路径。

医疗卫生

1968 年，实行农村合作医疗制度，大队建有医疗室，配赤脚医生。1969 年，建立四明山乡卫生院。1985 年，村医疗室改称村保健室，赤脚医生经考试合格的担任村卫生员。1986 年，公立医疗机构有四明山乡卫生院，属四明山林场管理，

四明山森林公园

有卫生技术人员2人，设病床5张。2006年，乡卫生院改扩建。2007年，长乐村率先启动乡村环境卫生综合整治,发动农户建沼气池2口,培育“三清五改”示范户4户。2014年，乡卫生院设病床10张，在编医技人员3人；村卫生室3个；全乡农村卫生厕所普及率60%。

社会保障

“五保”供养 1956年，农村无依无靠老人由集体实行“五保”供养，其口粮和生活费用由所在村民小组供应，每人每年发稻谷300~350公斤，生活费100元，实行分散寄养。20世纪80年代后，“五保”供养纳入乡统筹。2002年起，纳入县财政预算。2014年,“五保”供养对象29人，拨付“五保”供养金76560元，人均2640元。

最低生活保障 2000年起，实施城镇居民最低生活保障制度。2007年起，实施农村居民最低生活保障制度。2011年,核定城镇低保28户、28人，发放低保金6.1万元；核定农村低保674户、737人，发放低保金55.7万元。2014年，核定农村低保538户、790人，发放低保金总额100.81万元。

养老保险 2012年，实施城乡居民社会养老保险制度，当年参保1104人。2014年，参加城乡居民社会养老保险1171人。

医疗保险 2007年起，实施新型农村合作医疗制度。2010年，参加新农合缴费2451人。2014年，参加新农合2677人，参合率98.27%。

特色地情

风景名胜——四明山国家级森林公园 四明山历为军事要地，革命摇篮。宋末元初，詹一台曾聚兵四明山反抗元朝统治。至元二十五年（1288），元湖广左丞刘国杰于县内乌符岭屯兵设围。双方对峙持久，詹一台终为所败。1949年4月，革命志士王佐等人智取四明山警察所全部枪支，成立祁邵衡边区游击纵队。中共中央顾问委员会委员王首道曾于此留下革命足迹。1962年，湖南省军区在四明山召开祁东、祁阳、邵阳、东安、零陵五县防空联席会议。1996年，启动森林公园建设，先后建成、修复长兴宾馆、长乐避暑山庄、紫云寺等旅游设施和景点。2004年12月，四明山被批准为省级森林公园。2013年5月，启动申报国家级森林公园工作。2014年12月，获评国家级森林公园。

公园内动植物资源丰富。有维管束植物217科787属1586种，银杏、伯乐树等被列入国家一级重点保护野生植物名录。有记录鱼类32种，陆生脊椎动物199种，属国家二级保护野生动物22种。自然景观富有特色。长龙江峡谷林荫蔽日，雾气缭绕，飞瀑流泉，石壁耸立，宛若人间仙境；腾云岭等36峰山体磅礴，气势雄伟；“十里画廊”串联有登仙崖、绝情谷、碧玉湖、野牛坪瀑布等景点；仙人弈棋惟妙惟肖，伫立刀背岐南端悬崖；庙山坑瀑布飞流直下，溅珠喷玉，与滴水岩、莲花瀑布相映益彰，带给森林公园无限生机和灵气。公园人文资源丰富，有建于唐初的四明寺、建于明末的腾云祖师殿等宗教遗迹40余处。

（文字供稿：四明山乡党政办　图片供稿：祁东县志办）

耒阳市

概述

一

耒阳市因“神农创耒”而得名，位于湘南中心，耒水中游，东邻安仁，南连永兴，西临常宁，北接衡南。地处北纬26°08′11″~26°43′37″，东经112°38′18″~113°13′21″之间，南北长62公里，东西宽58公里，面积2656平方公里，2014年，总人口143万，其中城区人口60万，为湖南省直管县，下辖31个乡镇、5个街道办事处、624个村、51个社区，素有“荆楚名区”“三湘古邑”的美称。

耒阳属中亚热带季风湿润气候区，四季分明，春季雨量充沛，夏季艳阳高照，秋季云淡风轻，冬季霜雪期短，常年平均气温在18℃左右，最高气温40℃，最低气温零下7.7℃。

耒阳历史源远流长，文化底蕴丰厚。9000年以前，耒阳先民就进入了母系氏族的繁荣时期。耒阳不仅是古越人文明的发祥地，也是楚文化的发祥地。秦初（公元前221年）建县，东汉置郡，元朝设州，明清以来皆为县治，抗日战争时期一度为湖南省临时省会，1986年，撤县建市，2014年10月，被民政部评为“千年古县”。耒阳被誉为“一帝三圣”之地，是炎帝神农创“耒”之地、“纸圣”蔡伦诞生之地、“诗圣”杜甫卒葬之地、“游圣”徐霞客巡游之地。庞统治耒、张飞巡耒、韩愈咏耒等典故也为耒阳增添了厚重底蕴。

耒阳人才名扬朝野，旅游胜地众多。汉代的蔡伦发明纸，推动了世界文明进程；九真太守谷朗捍卫疆域，名动朝野；东晋罗含撰写的《更生论》为湖南哲学史开山之作；唐朝末年廖思文、廖思政、廖思宥率民平叛有功，被朝廷敕赐立庙；清代名将刘厚基从一步卒升迁到提督元帅。在中国共产党领导的新民主主义革命时期，耒阳是湘南暴动的主战场和指挥中心，涌现出烈士3万多人，出了2名开国中将，4名开国少将，4名全国劳模，58名全省劳模。杜陵烟雨、马阜晴岚等耒阳十景，诗情画意，美不胜收；国家AAAA级景区蔡伦竹海为亚洲最大连片竹海；耒水国家湿地公园栖息着200余种、10万余只鸟类，堪称“鸟的天堂”。

耒阳自然资源丰富、交通方便快捷。耒阳是有名的“油茶之乡”“南竹之乡”“能源之乡”“汉白玉之乡”。耒阳油茶种植面积高峰时期达100平方公里、产量5000余吨，其加工产值达9.6亿元，占全国市场份额50%以上，居湖南省县市第一。南竹面积1.4万公顷，属于丰产竹林，年采伐量可达每亩50~75株。耒阳处于“一点一线”区域，京广铁路、武广高铁、京港澳高速公路、107国道、320省道等多条交通干线在境内交织成网，耒水、舂陵江四季通航，直入湘江，南下广州仅需100分钟，北上首都仅需8小时，距南岳机场仅40公里。

耒阳经济充满活力，社会事业发展迅速。2014年，完成国内生产总值（GDP）354.86亿元，增长9.6%，其中，第一产业实现增加值57.58亿元，增长4.5%；第二产业实现增加值144.31亿元，增长8.1%；第三产业实现增加值153.07亿元，增长13.1%，完成财政收入21.49亿元，增长6.28%，完成固定资产投资303.68亿元，增长29%，城镇居民人均可支配收入24968元，农民人均收入14845亿元，分别增长9.43%、12%，社会消费品零售总额92.89亿元，增长12.9%。2014年，境内有各类基础教育学校（园）635所，新增学位4000余个；实现高新技术产品增加值35.76亿元；广播电视综合覆盖率达99.9%，有线电视用户11.3万户；有各类卫生机构69个，执业医师824人，执业助理医师395人，注册护士911人。全市参加城镇职工医疗保险7.73万人，城镇居民医疗保险16.13万人，新型农村医疗保险参保68.82万人，农村合作医疗参保人数110.42万人，城镇居民最低生活保障1.23万人，农村居民最低生活保障5.14万人。

二

1949年10月7日，耒阳解放，12月，成立县人民政府，属衡阳专区。1952年11月，耒阳改隶属湘南行署。1954年7月，耒阳改隶郴县专区（后更名郴州专区、郴州地区）。县以下设7区，辖原15个乡镇，保甲暂予保留。1950年4月，废旧乡、保、甲制，成立新乡193个。各区所辖乡数为：城关区辖7个乡、一区辖29个乡、二区辖25个乡、三区辖39个乡、四区辖27个乡、五区辖41个乡、六区辖25个乡。1957年1月，新市镇改为新市乡。至此，全县共有40个乡、2个镇，787个高级农业生产合作社。1958年10月，成立25个人民公社，同年12月，调整为18个人民公社，即：城关、大市、新市、马水、导子、东湖、三都、竹市、夏塘、大义、双桥、肥田、大和、坛下、仁义、和平、公平、小水18个公社。

1961年4月27日，成立39个公社3个镇，同年6月20日，又新增洲陂、黄沙、石枧、雅江、沙明、江头、浔江7个公社和灶市镇，共计46个公社和4个镇。11月，恢复区级机构，全县分置城关、新市、马水、东湖、夏塘、公平、仁义、哲桥8个区。12月，撤销城关公社，其辖区分别并入城关、灶市2个镇。

1983年7月1日，耒阳改隶衡阳市。1986年11月11日，耒阳县改市，仍由衡阳市代管。1989年3月，撤销城关、灶市2个镇，设置蔡子池、水东江、灶市街3个街道，并将三架乡的五里牌村划归蔡子池街道，竹市乡的双洲村划归水东江街道，余庆乡的联平、三架乡的锡里两村划归灶市街街道。1990年年底，耒阳市设7个区，3个街道，9个镇，41个乡。

1995年10月，永济、龙塘、竹市3个乡改镇。2000年，耒阳市辖蔡子池、灶市街、水东江3个街道，三都、小水、公平圩、龙塘、永济、竹市、泗门洲、南阳、夏塘、哲桥、黄市、遥田、新市13个镇，大义、大市、大和圩、上架、马水、太坪圩、仁义、东湖圩、导子、长坪、沙明、坛下、余庆、肥田、洲陂、亮源、南京、磨形18个乡。

2006年3月，以原蔡子池街道所辖的五里牌、金杯、栖凤园、金星、三桥、清麓6个居委会和梅新、白洋渡2个村委会及原灶市街街道所辖的锡里居委会新设五里牌街道。2010年7月，将余庆乡的渔波、新田、三顺、观前4个村，哲桥镇的西园、火田2个村，灶市街街道的南岭居委会析出，设立三顺街道。

至2014年年底，耒阳市辖蔡子池街道、灶市街街道、水东江街道、五里牌街道、三顺街道5个街道，黄市镇、小水镇、公平圩镇、泗门洲镇、三都镇、南阳镇、竹市镇、夏塘镇、龙塘镇、哲桥镇、永济镇、遥田镇、淝田镇、新市镇、大市镇、南京镇、仁义镇17个镇，洲陂乡、亮源乡、马水乡、太平圩乡、导子乡、东湖圩乡、上架乡、沙明乡、大义乡、磨形乡、余庆乡、长坪乡、大和圩乡、坛下乡14个乡。2015年湖南省行政区划调整后，耒阳市辖蔡子池街道、灶市街街道、水东江街道、五里牌街道、余庆街道、三架街道6个街道，新市镇、遥田镇、夏塘镇、南阳镇、公平圩镇、黄市镇、小水镇、哲桥镇、三都镇、永济镇、龙塘镇、大市镇、淝田镇、南京镇、仁义镇、导子镇、马水镇、东湖圩镇、大义镇19个镇，大和圩乡、坛下乡、长坪乡、太平圩乡、亮源乡5个乡。

蔡子池街道

造纸术发明家蔡伦故乡。

区域概况

位置面积

因街道办事处驻地位于纸圣蔡伦故里蔡子池畔而得名。蔡子池街道地处耒阳市城区中心，东濒耒水与水东江街道、大市镇隔河相望，西南与灶市街街道接壤，西邻耒阳市经济开发区、哲桥镇，北区农村片北临遥田镇，农村片与城区片夹五里牌街道于其间。街道机关驻蔡子池巷38号。2014年，东西最大距离7.2公里，南北距离15.1公里，总面积48平方公里。

建置沿革

蔡子池街道的地域包括前耒阳县城的老城区，历史悠久。民国时期，耒阳县城区叫城厢镇。1949年10月7日，耒阳县解放后，立名为城关区政府。1951年，城关及周边地区设耒阳县第一区，城关镇隶属耒阳县第一区政府。1953年3月20日，从第一区析出城关镇，成立城关镇公所。1958年10月，成立政社合一的人民公社，隶属城关人民公社；1959年12月，又从城关人民公社析出城关镇；1961年11月，恢复区级机构，隶属城关区；1962年10月，灶市镇并入城关镇，升格为区级镇；1968年，成立城关镇革命委员会；1980年，恢复城关镇；1989年3月，撤销城关镇，成立蔡子池街道和水东江街道。蔡子池街道辖牌楼、南正、化龙、西关、聂洲、金南和五里牌村7个社（村）。1995年，撤区并乡，原三架乡并入蔡子池街道。1998年12月，根据城区的扩展，人口的增加，成立西湖、栖凤园社区。2004年6月，蔡子池街道的梅新、三桥、五里牌村，金杯塘、栖凤园社区，以及金盆塘社区1~7组划归耒阳市经济开发区。2006年3月，组建五里牌街道，蔡子池街道的青麓社区和白洋村划归五里牌街道。

耒阳获全国“千年古县”称号

行政区划

2014 年，蔡子池街道分成南北两大片，南区即城区片，北区为农村片。辖大金、大塘、大胜、皂丰、大丰 5 个行政村，70 个村民小组，金南、牌楼、南正、化龙、西关、聂洲、西湖、梅桥、金盆、南方 10 个社区，175 个居民小组。

自然环境

蔡子池街道城区片四周环山，似盆地，南有狮子岭，北有马阜岭、青麓山，东面隔耒水有麓岐峰，西面是丘陵；农村片地形复杂，峰峦起伏。平均海拔约 90 米。湘江的主要支流耒水流经 9 个村、社区，河岸线长 24.8 千米，水量、水能蕴藏量丰富。属亚热带季风湿润气候区，冬夏长，春秋短，四季分明，雨水充沛。春季多阴雨低温，初夏雨水较多，夏末秋初雨水不足，冬季霜期较短。常年平均气温 17.1°C ~18.8℃，日照时数 1640 小时左右，太阳辐射总量为 108.17 千卡 / 平方厘米，无霜期 287 天。常年平均降水量为 1337 毫米。境内土壤以水稻土、茶园土、红壤土、紫色页岩土为主。农村片土地肥沃，适应性强，宜耕宜林，一、二等优质土比较多，给农业发展提供良好条件。

人口民族

1982 年，辖区总人口 73979 人，其中男性 40715 人，女性 33264 人。1990 年，有总人口 54670 人，其中男性 29077 人，女性 25593 人；人口出生率 14.96‰，死亡率 4.7‰，自然增长率 10.26‰。1995 年，有总人口 95218 人，其中男性 49732 人，女性 45486 人；人口出生率 14.18‰，死亡率 3.13‰，自然增长率 11.05‰。2011 年，有总人口 118199 人，其中男性 61287 人，女性 56912 人；人口出生率 12.99‰，死亡率 2.66‰，自然增长率 10.33‰。2014 年年末，总人口 123068 人，男性 67360 人，女性 55708 人，人口出生率 13.31‰，死亡率 8.4‰，自然增长率 4.9‰。人口密度为每平方公里 4938 人。境内居民全部为汉族。

经济发展

经济综述

蔡子池街道办事处经济以第二、三产业为主，工业内部结构中以轻工业为主，尤其以农产品为原料的加工业为主。农村片农业区主要物产有水稻、红薯、大豆、油菜、棉花、生猪。农业结构以种植业为主，畜牧业次之。从 1998 年开始，对集体企业全面改制，使一批老企业注入活力，由生产型转变为生产经营型，发展新型工业产品，积极引进一批科技含量高、市场潜力大的企业。2003 年，国民生产总值 20.6 亿元，农村居民人均纯收入 3920 元，城镇居民人均收入 8400 元。2014 年，立足“一南一北”城乡两个区域实际，加快城乡一体化进程。工业总产值 57.84 亿元，粮食总产量 8041 吨，财政收入 4.2 亿元，人均年收入 5413 元。境内居民生活水平快速提高，许多家庭有车有房有存款。

农业

种植业 以水稻为主，其次是红薯、大豆。1962 年，人民公社实行“三级所有，队为基础”以生产队为核算单位，粮食产量提高到 250 公斤；1967 年，扩大双季稻种植面积，亩产提高到 400 公斤；1977 年开始试种杂交水稻，亩产提高到 700 公斤以上。1978 年 12 月，聂洲、金南、梅桥、金盆、金杯等生产大队相继实行家庭联产承包责任制。1991 年，有耕地面积 481.2 公顷，其中水田 363.93 公顷，旱土 117.27 公顷，粮食总产 5010 吨。1995 年，耕地面积 1473.33 公顷，粮食总产 13140 吨。冬种油菜 733.33 公顷，蔬菜

蔡侯祠

693.33 公顷。2011 年，粮食产量 7727.6 吨，其中水稻 6984.4 吨。蔬菜种植面积 173 公顷，产量 1772 吨；油菜种植面积 206.47 公顷，产量 308 吨；花生种植面积 37.4 公顷，产量 92 吨；棉花 7.33 公顷，产量 11 吨；瓜果 34.47 公顷，产量 935 吨。2014 年，有耕地面积 1079 公顷，其中水田面积 809 公顷，旱土面积 236.67 公顷。水稻种植面积 809.33 公顷，总产量 7041.2 吨，油菜种植面积 500 公顷，产量 746 吨，蔬菜 300 公顷，产量 3073 吨，绿肥 6.76 公顷。

养殖业 以饲养生猪、鸡、鸭、鹅、牛、羊为主，以及鸽子、蜜蜂等。20 世纪 70 年代，人工养殖不断发展，其品种既有本地特产，也有引进良种。1995 年，兴办 1000 头猪场 6 个，发展家庭养殖场 240 个，出栏生猪 17820 头，出售家禽 42500 羽，淡水养殖面积 184 公顷。2005 年，引进全国农业产业龙头企业温式养殖集团，逐年推广“公司+农户”模式，大力发展猪育种、鸡育种，奶牛业、动物营养、饲料加工、疫苗和兽药生产，以及肉产品加工等，扶持新五丰养殖龙头企业，带动全处养猪专业户 30 多家。2014 年，有合作养殖户 140 户，年出栏生猪 15 万余头，年末存栏 5000 余头；有养鸡专业户 190 余家，年出笼鸡 500 万羽。2014 年，生产肉类 1423.1 吨，其中猪肉 301.2 吨，牛肉 7 吨，羊肉 1.9 吨，鸡肉 1110 吨，禽蛋 465.7 吨。水产养殖面积 33.33 公顷，产量 224.2 吨。

林业 境内林木以用材林、经济林和生态公益林为主。1995 年，发展家庭果园 120 个，垦复茶山 1533.33 公顷。2005 年，有林地 2109.27 公顷，其中生态公益林 913.47 公顷、用材林 163.67 公顷、经济林 1032 公顷。2011 年年末，累计造林 2291 公顷，其中生态公益保护林 712 公顷，经济林 1120 公顷。2014 年，共有林地 2291.07 公顷，其中国家生态公益保护林 913.5 公顷，经济林 1380.6 公顷，油茶林 878.2 公顷，园地（包括柑橘、枣子、桃、杏、梨、李、葡萄、板栗、花圃等）153.9 公顷。油茶垦复 133.33 公顷，补植补造林地 53.33 公顷。完成造林面积 219.47 公顷。城区片铺设草坪 6.7 万平方米，栽花 2.4 万平方米，建大型花坛 9 个，植树 3000 多株。

工业

清同治四年（1865），老公盛号制伞业开办。民国 11 年（1922），三加袜厂建立，年产袜子 16800 双；民国 21 年（1932），县平民工厂在县城南成立；民国 30 年（1941），湖南省建设厅在城北和城南安装两台共 32.5 千瓦的发电机；湖南省卫生处在城西蒋氏宗祠和罗湘祠创办省立医药用品器材厂；民国 35 年（1946），李镇湘等集资 8 万元（法币）兴办光明电厂，装机容量 12.5 千瓦的煤气发电机一台。1949 年中华人民共和国成立时，县城面积为 0.6 平方千米，只有手工业店铺、作坊 60 余家。县委、县政府白手起家，组织贫民、无业人员逐步创办竹篾社、木器社、修理铺、印染铺、搬运社等集体企业。1952 年 10 月，县人民政府机关印刷厂改为地方国营耒阳县人民印刷厂。1954 年，在南外街匡家巷建成耒阳伞厂，生产竹骨油布伞。1958 年，县政府相继建起染织厂、服装厂、酒厂、大米厂、饲料厂、糖果厂、鞋厂、五金厂、农机厂、插秧机厂等。1960 年，插秧机厂制造的转盘式畜力插秧机定型为 6015 畜力插秧机，批量生产。1978 年，城关镇先后组建搬运队、建筑队，创办城关综合厂、城关电线厂、城关喷雾器厂、城关滑石粉厂、城关印刷厂等企业。1987 年 2 月，聂洲村建起年产值 600 万吨的钛白粉厂。1990 年 9 月，市第三机械厂研制的家用分离式铁辊碾米机获得成功。1992 年起，蔡子池街道乡镇企业总产值在衡阳市率先突破 1 亿元，被衡阳市政府授予“乡镇企业产值超亿元乡镇”荣誉称号，连续被衡阳市委、市政府评为发展乡镇企业（民营经济）先进单位。张飞曲酒、蔡伦牌优质米获湖南省名牌产品，“三牛”牌耕整机畅销全国及东南亚、金南凌宇食品有限公司的藠头出口东南亚。1995 年，撤区并乡后，蔡子池街道北部农区侧重农业产业化、重点项目建设，南部侧重城市建设、发展工商企业。2004 年，完成总产值 13.6017 万元，实现利润 7856 万元，实交税金 2575 万元。2011 年，境内有乡镇企业 3640 家，职工 22841 人，其中街道企业有耒阳市电线电缆厂、耒阳市第三机械厂等。全年签约引进规模项目 30 个，引进资金 40 亿元，工业总产值达 44.2 亿元，同比增长 41.7%。2014 年境内有乡镇企业 3752 家，新型工业项目投资总额 6.08 亿元，实际完成投资 2.89 亿元；招商引资总额 46.22 亿元，实际到位 15.48 亿元。规模以上企业项目，如博冠生物、三牛机械、美奥特汽化炉、农产品贸易中心、冷库中心、国储能源、星鸿沙石等企业相继落户境内，规模以上工业企业完成生产总值 57.84 亿元，同比增长 14.8%。

商贸服务业

清末，境内有制造出售纸伞、木屐、豆豉、竹木铁器、布匹、烟酒等店铺。民国 18 年（1929），城内有店铺 300 余家。民国 35 年（1946），城内有店铺 209 家，业务较大的有源记、大新昌、华昌 3 家。1949 年，全城有大小商铺、摊贩 472 家。1951 年 8 月 20 日，耒阳县供销合作总社成立。1953 年，实行公私合营，分别组织公私合营商店 11 家，合作商店 7 家，代购代销组 2 个。1968 年，

耒阳南北正街

小商小贩多被清理到农村落户，全城有小贩 30 多户。1978 年后，境内相继建起金山、老菜坪、佳发、蔡伦步行街等集贸市场，体育馆建筑装饰材料市场，神农建材五金大市场，金盆水果批发市场；佳福乐、步步高、旺客隆等多家超市，百货大楼、供销大厦、广电大厦、工业大厦等各大商场坐落境内，引进麦当劳、肯德基、海尔、美的等多家连锁店，共有商业店铺几千家。至 2014 年，新增金山现代城、万亿百货、欧美达家居、美联家居、物流公司等高档流通企业 139 家，新增投资 8 亿多元。2014 年，商品销售总额 50 亿元以上。

财政金融

财政　中华人民共和国成立至 20 世纪 70 年代，城关镇财政收支一般由秘书兼管，收入统一上缴，支出逐级下拨。1979 年，设财务室，专人管理财经；1985 年 2 月，设镇财税所，业务由县财政局统管。城关镇按政策实行过收支包干制、收入留成制、定额上缴制，每年都完成了上缴任务。2004 年年底，贯彻中央关于取消农业税的决定，全面取消农业特产税，并且按国家有关规定，粮农补贴 100% 到位。粮食补贴 11 元 / 亩，粮种早稻补贴 10 元 / 亩，中稻 15 元 / 亩，晚稻 5 元 / 亩，每年发放补贴 32 万元。之后，又逐步免征小商小贩的营业税。2011 年，完成财税 3.374 亿元，比上年增长 35%。2014 年，完成财税 4.2 亿元，约为全市总财政收入五分之一。

金融　清末民初，境内仅有年纳税 5 两的丙等当铺一家。民国 17 年（1928）2 月，境内曾设有县工农兵苏维埃政府经济处，发行劳动券。民国 27 年（1938）4 月，湖南省银行在境内设耒阳分理处，代理省县金库和存汇款业务。民国 28 年（1939）5 月，湖南省政府迁耒阳，官办金融机构发展到 4 家。民国 36 年（1947），耒阳县银行成立，共筹集股金 4 亿元（法币），1949 年停业。1949 年 10 月，中国人民银行耒阳县支行在境内东横街成立。1952年5月，成立城关信用社，开展城郊农村信贷业务。1956—1988年，中国农业银行耒阳县支行、中国人民建设银行耒阳县支行、县信用合作社联合社、中国工商银行耒阳县支行、中国银行耒阳市支行在境内相继成立。2014年，境内有国有金融机构8家，民营融兴银行1家，银行营业网点20多处。另有保险公司8家、证券公司1家。

基础设施

交通运输

民国26年（1937），在城北化龙桥建成车渡口临时码头，配有木质渡筏一只，民国30年（1941），迁南门外。民国31年（1942），商民胡桂生购客车1辆，行驶于县城至灶市火车站线路。1958年冬，拆除原西正街至汽车站两侧旧房，修建城区至灶市的五一路。1970年12月26日，横跨耒水的公路大桥竣工通车。1974年，成立耒阳县汽车队，有车6辆。1977年8月，县人民汽车公司在西关社区成立。1986年5月14日，西关管理区建立西关客运公司，有客车5辆。1990年，建成皂丰至城区的公路。1995年，西关、南正、化龙、牌楼等居委会和金南、聂洲、金盆等村委会筹资250万元，铺成11条水泥路面，长5.2公里；办事处筹资28万元，修成梅（桥）大（丰）公路，全长20公里，贯穿青麓、白洋渡、大胜、皂丰、大丰5个村。办事处有运输车5563辆，年运输收入2556万元。1997年，有运输车辆670辆，运输收入3120万元。2006年，筹集资金20余万元，完成七岭、大胜、大金、大塘4个村村级公路改造20.5公里。2012年，城区群英南路、西湖南路、蔡伦南路、西湖东路四条主要道路拉通，同时开发建设好沿江南路、沿江东路。2014年，107国道穿过境内农村片，京珠高速公路联络线直抵京珠高速。建成107国道至大塘角公路1.5公里，实现农村片组组通公路。城区境内有公交路线10余条，乘公交1路、3路、5路可到耒阳火车站，乘6路可到高铁耒阳西站；湘运汽车站坐落境内；耒水航运北达湘江，连接衡阳、长沙，南接舂陵河，可到永兴、郴州。

邮政通信

邮政　清光绪二十九年（1903），境内成立耒阳邮政代办支局。民国元年（1912），代办支局改为耒阳邮政局。耒阳有通往衡阳、常宁、永兴、桂阳、郴州的驿道，城区邮件每天投递1次。中华人民共和国成立后，城区邮路分南北两段投递。1980年后，因城区报刊订户增多，投递路线相应增加，委托各管理区代办投递。至1990年，城镇投递路线5条，委托管理区代办投递路线7条。2014年，境内有邮政代办处8个，村村通邮路。

通信　1954年，设城区电话项目，独立经营，设机房于境内西正街邮电局内。1958年，将南正街明线改为架空电缆，把城区电话扩展到灶市。1978年，县邮电局在城关及灶市安装自动电话465部。1996年，境内有6个村、4个社区开通程控电话，有740用户。1998年，有12个村、4个社区开通程控电话，社区居民用户率85%，农村村民用户率5%。2000年，境内程控电话全部开通，用户超过85%，移动电话用户率40%。进入21世纪后，通信突飞猛进，手机用户剧增，15岁以上人员90%配有手机，微信、微博用户占手机用户的50%，家用程控电话相继减少。2014年，境内有二级网站15个，三级网站109个，每个网站均配站长、网管员、信息员。

供电饮水

供电　境区用电始于民国时期。民国24年

(1935)，私商陈炳文创办振兴电灯公司。民国28年(1939)，湖南省政府迁耒阳，次年设两个发电所。民国38年(1949)，县人李振湘兴办大光明电厂，后更名为耒阳大光明电厂。1949年，耒阳县人民政府接管大光明电厂，改名为耒阳县电厂。1959年10月，投资212.4万元，在樟隍岭安装1500千瓦汽轮机发电机组。1961年，接通鲤鱼江电厂电源。20世纪80年代初，北区农村片(当时属三架公社)普遍通电。1983年，城区用电由国家电网供应。1990年，整改低压线路，整改农村照明，实行农网改造。1996年，城区完成南正街一条街照明用户100余户，动力用户30余户的整改工作。2001年，耒阳电力发展有限公司与广东韶能集团有限公司签订合资合作协议，成立耒阳市遥田电站有限公司。辖区部分路段由该公司供电，生产生活用电稳定便利。2014年，全力抓好农村片的农网改造，大全、大胜的增容及线路改造基本完成。

饮水 清代及民国时期，境内生活、生产用水，沿河近者用河水，距河远者饮用井水。20世纪60年代，开始掘井造塔，用抽水机抽水，解决生活生产用水。1976年开始，辖区内先后建成南正、西关、化龙、牌楼4个管理区供水站，水塔容量各50吨。1984年，城区有水池188个，大小水塔68座，水井143口。1987年5月，成立自来水公司。10月1日，自来水厂建成通水，设计日供水2万吨，实际日产5000吨，主要负责供应市区生活及部分生产、消防用水。2005年，市政府投资1900万元，对境内五一路、群英路、德泰隆大道主管道进行改造，加压至东江工业园区的供水管道。2012年，市第二自来水厂建成供水后，城区用水便利，改变挖井供水、破坏地下水资源的状况。2014年，农村片维修输水管道12处，改造饮水用井17口，安全饮水率100%。

水利建设

1957冬至1958年夏，城关镇聂洲农业合作社率先在贺家码头安装电力抽水机一台，灌田33.33公顷。1964年，县水电局在三架公社五星大队搞山塘整修改造试点，使山塘蓄水量42.3万立方米增至62.68万立方米，旱涝保收面积由49.33公顷增至72.67公顷。是年，为解决灌溉用电问题，县政府在遥田兴建35千伏变电站，第一批建设安装电力提灌工程的就有城关镇、三架乡。1981年，欧阳海水库耒阳灌区配套工程完成，右总干渠道至大塘村后，又分东、西支干渠，大金、大胜、皂丰、大丰等村，满足灌溉用水。1983年，聂洲园艺场集资16.17万元，建成喷灌设施。1989年，聂洲村安装悬肩时针式喷雾机1台。2004年，街道投放资金50万元，新建电排12座，维修山塘、水库6座(口)。在汛期落实3座小(二)型水库防洪责任，完成红白支渠清淤5千米，夯实水利工程1处，维修支、斗渠5处。2014年投入资金50多万元，在汛期落实5处小(二)型水库防洪责任，完成红百支渠、松田支渠及各村的4条农渠清淤38千米、渠道防修15千米、设施维修33处、骨干塘清淤0.52公顷。

镇村建设

1970年前，城区只有一条南北走向正街和西门街，外加河边半边街，房子普通为木质结构的砖瓦房，最好的房子为县招待所和耒阳饭店三层楼房。1995年，改造南正街、南外街、北正街。1998年，改造蔡伦中路、德泰隆新区、金华路、文化路、金鹏新区、金阳路，以及东洲公园、蔡伦纪念园。2001年，建设新市政广场。2002年，建设发明家广场、防洪堤一期工程、金桥小区。2003年，建设文化路、古县衙，2004年建设神农广场等。2011年，城区片投入建设资金达20亿元，在建项目40余个，其中17层以上高档楼盘 20 余栋。2014 年，进行德泰隆路、金阳东路、体育东路的提质改造。积极配合市政府，协调有关单位建设沿江北路风光带、樟煌岭公园、马埠岭公园，污水管理工程、垃圾站等重点项目。

在农村片大力创建“政府 + 企业 + 农民”新农村示范模式，全力推动大金村的新农村示范片建设，以点带面，促进街道的新农村建设。建成现代科技观光休闲农业示范园——蔡伦现代农业科技示范园。科技示范园大力发展有机蔬菜、高端花卉、瓜果基地，尖端生物技术“生物菌肥”“生物制药”。大金村被评为“省级新农村建设示范村”，其新村建设模式被《湖南日报》整版宣传报道。

社会事业

教育科技

教育 民国 24 年（1935），耒阳私立励能初级女子职业学校成立，设缝纫、染织、刺绣、织袜 4 个班。民国 30 年（1941），建耒阳县初级中学。民国32年(1943)，创办私立工业职业学校。1955年，广湘中学增设高中部；1958 年 9 月，耒阳县第一初级中学增设高中部，改名为耒阳县第一中学。是年，耒阳师范学校校舍建成使用。1978 年 9 月，在蔡子池畔建立耒阳县城南中学。2000 年，境内基本实施九年义务教育和基本扫除青壮年文盲。2011 年年末，蔡子池街道有幼儿园 41 所，在园幼儿 8663 人，专任教师 463 人；小学 13 所，在校学生 14487 人，专任教师 533 人；初中 3 所，即蔡子池中学、三架中学、振兴学校（民办），专任教师 622 人。境内有湖南省示范中学耒阳一中、耒阳二中，还有民办正源学校。蔡子池中心学校每年质量评测名列全市第一。2014 年，进一步巩固普九成果，建立帮贫扶贫机制，小升初升学率 100%，义务教育期适龄儿童入学率 100%。

科技 民国时期，曾在县城区进行蚕丝改良、血清制造、牛瘟防治等科技项目的研究。1959 年，改耒阳农场为耒阳县农业科学研究所（农科所），进行水稻栽培研究。1978 年，辖区内的耒阳插秧机厂发明生产的东风—2A 型水稻插秧机获全国科学大奖。县农机一厂生产的湘农—6 型的大小苗两用机动插秧机获湖南省科学大会奖。1982 年，耒阳插秧机厂、县农业机械厂、蔡伦造纸厂设立常设科研机构。耒阳插秧机厂设计制造的 2Z 系列机动水稻插秧机获农机部重大科技成果三等奖。1989 年，耒阳插秧机厂生产的“三牛”牌整耕机获国家星火计划银质奖、国家星火计划成果金质奖。1990 年，辖区内耒阳酒厂的“张飞酒”获首届中国酒文化博览会“长城杯”奖。1986—2001 年，耒阳插秧机厂的果园旱土耕整机研制纳入省科研计划。2014 年，抓好现代农业园区建设，继续深入开展蔡伦现代农业园、油茶博览园项目建设工作。油茶博览园完成大胜村、皂丰村土地流

耒阳古县廷

杜甫墓

转 84.33 公顷作为科研基地。

文化体育

文化 1949 年，县城有戏院一家。1954 年 7 月 1 日，新建人民电影院正式放映，座位 1000 个。1956 年 5 月，县人民剧院建成开业，座位 1240 个。至 2014 年年末，境内有电影院 2 座，年放映 780 场次；有农家书屋 9 个，藏书 2 万多册。市民积极参加“激情耒阳·文明大舞台”“杜陵书院大讲坛”等文化活动。正源学校和聂洲小学为诗词进校园的试点。境内文艺人才荟萃，耒阳市文学艺术界联合会的各协会，诸如市作家协会、市诗联学会、市书法家协会、市摄影家协会、市戏剧家协会等，都以境内会员占多数。耒阳市的湖南省作家协会会员 18 人，境内就有 10 人。在各级报刊发表作品，特别是长篇小说创作取得突出成就，其中有朱文科的《耒阳儿女上井冈》《血色野菊》，梁莹玉的《苍桑税月》，梁瑞宜的《探宝记》，黄正军的《叶落知何去》《漱玉江》，倪介江的《清水芙蓉》《坎坷人生》《村支书》，刘华江的《援越战歌》《越南战争》《农民工》，陈徐德的《茶楼女》《耒水之阳》，等等。舞蹈：各社区都组织了腰鼓队、龙狮队、舞蹈队，经常举办“打腰鼓”“大合唱”等文娱活动，还经常参加市内的喜庆典礼。2014 年，“欢乐潇湘·幸福衡阳·激情耒阳”文明大舞台纸都广场舞大赛，金南社区获城区一等奖，以境内演员为主阵容的耒阳代表队获得在衡山举行的衡阳市广场舞第一名。

体育 境内有耒阳市体育运动中心。境内共有篮球场近 100 个，门球场 14 个，有户外体育健身活动公园、活动广场。境内有耒阳市羽毛球协会、太极运动协会、门球协会、足球协会、老年人乒乓球协会、徒步运动协会、篮球协会、健身操协会。一些社区和单位自发组织了篮球队、门球队、太极运动队，不定期举办篮球赛、门球赛。1998 年 9 月，首届全国舞龙精英赛在市体育运动中心举行。2006 年，耒阳市童星学校跆拳道教练李柯，参加中韩首届跆拳道交流赛取得冠军，2007 年，获北京市跆拳道 58 公斤级冠军；2009

年，首次带领6名学生参加北京市跆拳道比赛取得二金二银二铜的成绩；2010年，获香港国际武术节跆拳道个人冠军；2013年，带领6名学生参加第十一届香港国际武术节取得四金二银。在2013年度衡阳市中学生田径运动会上，耒阳二中学生徐晨获得女子标枪第一名、铅球第二名，李彪获得男子铁饼第二名，钟碧兰获得女子100米第二名。2014年湖南“五洲通”杯羽毛球邀请赛在耒阳一中举行，参赛队伍人数近千人，德泰隆队夺得业余组第一名。

医疗卫生

医疗　清末，境内有中药铺14家。民国19年（1930），在境内城西门设立中医施医所和西医种痘局。民国21年（1932），意大利神甫安仁佑在城西门天主堂设西医治疗所，兼营西药。民国28年（1939），耒阳县卫生院在境内蒋家宗祠成立，有医务人员8人。民国30年（1941），省立中正医院在南门外开业，不久停办。至民国38年（1949），境内有中药铺21家。中华人民共和国成立之初，耒阳县人民政府接管县卫生院。1950年，成立耒阳县城关卫生院。境内有卫生院和医院各1家，医务人员11名，病床25张。1989年，城关卫生院更名为蔡子池街道办事处卫生院（简称蔡子池卫生院）。1995年，街道办事处有卫生院2所、医疗点22个，医务人员69人，床位47张，固定资产42万元。2000年，办事处医疗卫生事业全面发展，蔡子池卫生院开设了剖腹手术和骨伤专科门诊。2008年，投资30多万元，修缮蔡子池卫生院；建成蔡子池社区卫生服务站5个，建立社区居民健康档案；实行婴幼儿免费接种疫苗，进行社区居民免费体检。2014年年末，境内公立医疗机构有：耒阳市人民医院、耒阳市中医院、耒阳市第三人民医院、耒阳市妇幼保健院、耒阳市疾病控制中心，街道有城关卫生院1所，村卫生室7所，城市社区卫生服务中心1个、社区卫生服务站10个。住院病床50张，手术台2张。此外还有仁济、康复、博爱、女子等私立医院，及私人诊所多家；有四眼井、百姓福、仁济、民心、人民、广济堂等药品超市，以及中、西药店多家。

卫生　1952年，开展“五灭一捕”（灭苍蝇、蚊子、跳蚤、虱子、臭虫，捕老鼠）爱国卫生运动。1956年后，继续开展“除四害、灭疾病”的爱国卫生运动。1982年，城区实行以整治“脏、乱、差”为主的卫生管理制度，清运垃圾、填平洼地、整修厕所。1987年，在城区街道两旁设置垃圾箱114个、果皮箱60个，修建垃圾转运台2座，垃圾场1处。统一施毒饵1612千克普遍灭鼠。2005年，筹资50万元，聘请166名环卫工人专门从事清扫保洁工作，对陈旧设施彻底改造。2011年，实行农村环境卫生综合整治，在农村片建焚烧炉1座，设垃圾池14个，清运处置陈年垃圾，每组配环境卫生保洁员1名，负责其包干区的保洁责任。2014年，城区着力抓好污水管理工程、垃圾站等重点城市项目建设，改建新建背街小巷下水道20多千米，全处6个垃圾站建设全面启动。扎实抓好农村片环境卫生整治工作，严格按照考核方案，细化村干部分区包干，保洁员分段负责。

社会保障

“五保”供养　20世纪60年代末，无生活来源的孤寡老人纳入“五保”（保吃、保穿、保住、保医、保葬），由生产队供养。1984年，供养费纳入政府保障，逐渐增至2800元/年。2014年，境内有敬老院1所，敬养24位“五保”对象，另有92位居家散养。

最低生活保障　2006年10月，启动城乡最低生活保障。2011年，参加农村最低生活保障651户、1098人，人均月补贴90元。2014年，享受城市低保1714户、1835人，享受农村低保

743 户、912 人。共发放低保金 835 万元。

养老保险 2009 年，启动新型农村养老保险，60 岁老人享受养老补贴 55 元 / 月。2014 年，参加城镇居民社会养老保险 2729 人，农村参保 12500 人，城镇居民参保 5000 人。60 岁以上村民享受待遇 5000 人，城镇居民享受待遇 2000 人。90 岁高龄老人 98 人，每人每年补助 1000 元。百岁老人 2 位，每人每年慰劳 3000 元。

医疗保险 2006 年，启动新型农村合作医疗保险，当年参合人员每年每人筹资 10 元。2011 年，参加城镇居民医疗保险 44101 人。2014 年，城镇居民参合 38000 人，参合率 96%。

社会救济 中华人民共和国成立后，政府关心群众疾苦，发放救济款、贷款及抚恤款，救灾扶困。2006 年 7.15 洪灾，境内灾民得到募捐救灾款 91500 元，红十字会救灾物资折款 13359 元。2011 年，城市医疗救助 120 人次；城市生活无着落人员救助 180 人次，共支出 6.5 万元。2014 年，发放优抚金 480 万元，其中家属优抚金 300 多万元；300 个残疾人享受一、二级特殊补助；农村医疗救助 80 人次；临时救济 120 人次，金额 4.28 万元；完成廉租房户 39 户；争取财政补贴金 60 多万元，核实登记孤儿 57 人，年发放 1200 元 / 人。

特色地情

历史人文

省政府迁耒阳 抗日战争时期，湖南省政府迁耒阳县城。1939 年 5 月 20 日，省政府从沅陵搬迁至耒阳县城。随迁单位有第九战区司令部，省党政军群机关及工厂、银行科研单位百余个。1944 年 6 月 18 日，省政府搬迁至桂阳县。

蔡伦（？—121） 字敬仲，东汉桂阳郡耒阳人，故宅在蔡子池畔，永平十八年（75），入皇宫为宦官，后任小黄门，升中长侍，永元四年（92），升为尚方令，监作宫廷器物兵械。他利用供职之便，试用植物纤维造纸，反复试验十年，终于造出植物纤维纸。元兴元年（105）奏报朝廷，汉和帝下令推广他的造纸法，人称“蔡侯纸”。元初元年（114），被封为龙亭侯，次加封长乐太仆。卒后葬封地陕西省洋县龙亭镇。

伍中豪（1903—1930），名昭莽，耒阳城南伍家村人。1920 年冬，在北京大学加入社会主义青年团，1923 年，转为中国共产党。后任中共耒阳第三支部书记、中共耒阳执行委员会宣传委员。继入黄埔军校第四期，参加北伐、湘赣边秋收起义。1929 年 6 月，任红一军团第十二军军长，8 月，改任第二十军军长、前敌委员。1930 年 10 月初，在攻打吉安战斗中牺牲。

伍若兰（1903—1929），耒阳城南九眼塘人。出身于知识分子家庭。1924 年，考入湖南省立第三女子师范学校。1925 年秋，加入中国共产党。任共产主义青年团耒阳地方执行委员会委员、县农会妇女部部长。1928 年 3 月，参加红军。先后担任过耒阳县妇联主席、红四军政治部宣传员、前委工农运动委员妇运科长等职。朱德的第四任妻子。1929 年牺牲。

名优特产

罐装藠头 金南酱菜厂生产的甜酸藠头，以质地优良的新鲜藠头为主要原料，经去污洗刷干净，入坛腌制，发酵精制而成。产品成白色、半透明、肉质细、口感脆嫩、口味芬芳，富有特殊的乳香味。经湖南省商检部门检验，其主要技术指标均符合国家出口质量标准。省外经委颁发有出口产品质量保证合格证书。至 2005 年，已有 20 年出口历史，年生产加工能力 2000 吨以上，主要出口销往日本、韩国以及中国香港等地，产品供不应求。

环秀楼

培兰斋

张飞酒 用糯米酿制的湖酒，浓度低、香甜可口，在耒阳有1000多年的酿造历史。境内的耒阳酒厂，对传统的酿酒技术加以继承和改进，使用纯根霉曲菌，采用小坛发酵，大坛老熟，贮存两年以上，精心勾兑成甜型黄酒，定名张飞酒。酒香气浓郁，常饮能延年益寿。1985年，被评为衡阳市黄酒第一名。1990年10月，在北京亚运会期间举办的中国酒文化博览会上，被评为“最受消费者欢迎的产品”，获“长城杯”奖。

风景名胜

马埠岭 耒阳古八景之一，风光秀美、绿树葱茏，是旅游休闲的好地方。

东洲 位于城区耒水中流大小不一的两洲，雅称为鸳鸯洲，又称靴洲。为耒阳古八景之一，今辟为杜甫公园。

西湖 耒阳古八景之一，今已建成西湖游园，园内绿树成荫、亭台楼榭、九曲回廊、碧波荡漾。

蔡池 耒阳古八景之一，今已扩建为蔡伦纪念园。占地8万平方米，园内主要由主大门、蔡子池、怀圣台、碑廊、手工造纸作坊、思侯亭、蔡侯祠、蔡伦墓等景点组成，极具古典雅致的江南园林特色。

文化古迹

杜甫墓 位于耒阳一中校内，建于唐大历五年（770），为湖南省重点文物保护单位。

蔡侯祠和蔡伦墓 位于蔡伦纪念园内。蔡伦墓（衣冠冢）建于东汉末年，明万历三十一年（1603）重建。祠、墓均为全国重点文物保护单位。

环绣楼 又称环秀楼、望江楼、奎星楼、八角亭，始建于明洪武九年（1376）。明成化年间（1465—1475）由知县张时谨重修。清康熙五十八年（1719）再修；民国18年（1929），新中国成立后的1965年、1972年、1995年先后按原样进行修葺。整座亭楼造型古雅美观，画饰华丽，由学士解缙书额。

耒阳古县廷 位于金南社区的昆壁湾，坐北朝南，四周保存有完好的明清民居群落。

苏维埃革命遗址培兰斋 位于市区中心群英南路中段，由一幢盖着琉璃瓦的蓝灰色两层楼的古老房屋和一幢呈“之”字形红绿瓦的平房组成，是“湘南暴动朱德办公旧址”和“湘南暴动耒阳招兵处旧址”，现为中共耒阳党史陈列馆，是衡阳市和耒阳市重点爱国主义教育基地。

（文字供稿：段泽秋　图片供稿：梁春根）

灶市街街道

民国时期，湘南最大的水陆码头。

区域概况

位置面积

相传元代，一个小孩的八字被算命先生称为“此命权威不可当，龙袍玉带坐金銮”。皇帝闻讯后万分惊骇，派术士斩小孩于耒阳羊角仙山下，小孩头飞过耒水，溅落在对岸的小街上。后来，人们称小孩人头溅落的小街为“溅头街”，后变为“灶头街”，简称为“灶市”。地处耒阳市城区西南部，耒水贯穿境内，将境内分为东西两岸，东至大唐耒阳电厂，东北与蔡子池街道交界，东南与泗门洲镇和小水镇相接，西倚南岭仙与余庆街道办事处毗邻，北接市区狮子岭公园。办事处驻灶市街彭桥路3号。2014年，辖区东西最大距离7.8公里，南北最大距离5.6公里，总面积30.5平方公里。

建置沿革

民国24年（1925），属第一区。民国38年（1939），属亲诚乡。中华人民共和国成立初期，隶属耒阳县城关镇人民公社。1953年3月，建灶市镇。1958年，政社合一，属城关公社。1962年10月，灶市镇并入城关镇。1984年5月30日，经湖南省人民政府批准建立灶市镇。1989年3月，经湖南省人民政府批准，撤销城关、灶市2个镇，新设蔡子池、水东江、灶市街3个街道办事处。1995年6月，撤区并乡，花石乡的花石村划归灶市街街道办事处管辖。2006年3月，经衡阳市人民政府批准，设置五里牌街道办事处，析出锡里村至五里牌街道办事处。2010年8月，新设立三顺街道办事处，析出南岭居委会至三顺街道办事处。

行政区划

1953年，辖车站、灶市2个居委会；1991年，辖车站、灶市、铁路园3个居委会，灶市村、锡里村、南岭村、联平村、零洲村、沙头村6个行政村145个村（居）民小组；1995年，撤区并乡后，辖车站、灶市、铁路园、天桥4个居委会，灶市村、锡里村、南岭村、联平村、零洲村、沙头村、花石村7个行政村，111个村民小组，50个居民小组；2011年年末，辖有彭桥、天桥、灶市、车站、铁路园、联平、沙头、零洲8个社区，花石村1个行政村，134个居民小组，16个村民小组。2014年，辖有8个居委会，1个行政村，137个居民小组，16个村民小组。

自然环境

境内地势只有北部有小部分丘陵，其余为平原。属亚热带季风湿润气候，常年平均气温

18.2℃，1月平均气温6.1℃，极端最低气温-6.5℃（1991年12月29日）；7月平均气温29.4℃，极端最高气温41.1℃（2003年8月3日）。生长期年平均280天，无霜期年平均297天，最长达347天，最短为246天。年平均日照时数1479.8小时。年平均降水量1383.6毫米，年平均降雨日数为159.8天，最多达192天（1994年），最少为118天（2003年）。极端年最大雨量1942.4毫米（2002年），极端年最少雨量858.2毫米（2003年）。降雨集中在每年3—8月，6月最多。境内属耒水水系，耒水由东向西贯穿全境，途经零洲、沙头、联平3个行政村，灶市、车站、彭桥、天桥4个居委会。耒水在彭桥居委会遇高岸由东转向北。河流冲击形成的沙头洲，与灶市、零洲两居委会隔江相望。耒水流经境内长约7公里，耒水一级支流小水河由南往北方向流经零洲、花石村，长约4公里。主要自然灾害有旱灾、水灾、冰灾等。

人口民族

1990年年末，灶市镇总人口为27374人，其中非农业人口10745人，全年出生率为14‰。1995年末，总人口40784人，男22043人，出生率12‰，死亡率6‰。2001年，总人口数43742人，男22726人，出生率8.7‰，死亡率4.2‰，人口自然增长率4.5‰。2011年年末，辖区总人口83756人，其中城镇常住人口6.7万人，城镇化率80%，流动人口38120人。总人口中，男性43066人，占55%；女性37690人，占45%；人口出生率11.6‰，死亡率6.4‰，人口自然增长率5.2‰。2014年，辖区内总人口84700人，其中非农业人口68000人。人口密度为每平方公里2746人。辖区里居住人口全部为汉族。

经济发展

经济综述

灶市自古以来便是商贸云集之地。民国初期，以耒水河畔的李家村为中心渐渐发展成0.6平方公里，约200家店铺的水陆码头，工商税一度达银洋3314圆。中华人民共和国成立后，因水路、公路、铁路等交通区位优势成为耒阳繁华的标志地，境内粮食加工、机械修理、煤炭开采、种植纷纷向合作化发展。1952年，工业总产值达52万元。改革开放后，城镇建设和产业结构调整步伐加快。1986年起，境内大中型企业如湘煤集团、灶市钢铁厂、耒水运输公司、耒中电站、大唐发电厂等，在耒阳经济发展中的作用举足轻重。2005年，全处工农业总产值达84357万元，企业总产值71800万元，财政总收入850万元，农民年人均纯收入3557元，民营经济总产值122047万元，上缴税金8680万元。2013年，全处完成社会生产总产值52.83亿元，财政总收入达1亿元。

农业

种植业 民国以前，产业结构单一，以水稻种植为主，适当配种些红薯、小麦等，粮食亩产200公斤左右。1953年农业合作化后，产量有所上升，达230千克左右。1991年，境内有耕地面积668.13公顷（人平0.0244公顷），其中水田412公顷，粮食总产4981吨，农业总产值1191万元；2007年10月，引进煜林农业科技示范园，落户零洲居委会，总投资4000万元，占地80公顷。2010年，有耕地面积419.2公顷（武广新城征地52公顷），其中水田252.53公顷，旱地166.67公顷，主要经济作物有柑橘、大蒜、芹菜、白菜、油菜、圣女果等，农业总产值1.73亿元。2014年在沙头建立芹菜、白菜生产基地，在零洲建立大蒜、圣女果生产基地，其中，沙头、零洲两村蔬菜种植面积160余公顷，供应的蔬菜占耒阳市区蔬菜总需求量一半左右。

养殖业 境内素有饲养家禽家畜习惯。民国以前，家庭饲养，产量不大，大都是为了维持生计。中华人民共和国成立后，养殖业以饲养生猪、牛、羊、鸡、鸭、鹅、鱼为主。1953年，政府鼓励农民饲养，家禽家畜饲养量增多，并开始养鱼。2011年，灶市街有规模养猪户60户，年饲养量2.7万头，其中出栏1.8万头，存栏0.9万头，境内有最大的养猪场，年出栏达0.55万头。2014年畜牧业以养猪、养鸡为主，出栏500头以上的生猪养殖场21家，其中万头以上1家，千头以上的2家，年出栏生猪近4万头；有养鸡场7个，饲养量14.6万羽，其中出笼12.6万羽，存笼2万羽，完成畜牧业总产值4080万元。

林业 自生自繁的树种繁多。2000年，有林地1148.93公顷，其中用材林171公顷，经济林928.33公顷，经济林中有油茶林816公顷，果木林121.07公顷。2010年，林地面积850余公顷，其中造林99.4公顷。2014，年造林233.33公顷，其中与林业局共同开发跨世纪工程油茶林133.33公顷，为10月省林业工作现场会提供样板，垦复油茶林333.33公顷，林业收入231万元。

工业

境内工业以冶油、油脂、化工、制衣、建材、食品加工、农产品加工、家具生产为主。辖区内省市属工交企业有大唐耒阳电厂、白沙煤电集团、白沙能源股份有限公司、一四〇地质勘探队、辖区钢铁厂、耒水运输公司、耒阳火车站、耒中水电站。灶市有水泥厂5家，沙砾企业9家，钢材冶炼企业2家，稀有金属冶炼企业2家（1家为上市公司的子公司），在建玻璃企业2家，大型机砖厂12家。灶市水泥厂自1994年3月开始筹建，于1995年7月全面竣工投产。总投资1200万元，厂区面积22000平方米，年生产水泥能力为4.4万吨，生产的425#和525#普通硅酸盐水泥，各项质量指标均达到和超过国家标准。宏利能源开发有限公司位于灶市街道联平村2组，注册资本1000万元，公司主要从事废旧物资回收、分拣、利用。公司建设的“宏利再生资源回收、分撒拣、利用、交易市场”是衡阳市、耒阳市重点项目，省再生资源千亿产业重点支撑项目。宝鑫混凝土有限公司坐落于零洲路耒水河畔，两条混凝土生产线每小时生产360立方米，年产60万立方米。东锆新材料有限公司落户在沙头居委会，是一个稀有金属冶炼加工企业，一期投资5000万元，厂房建成投产。2011年，境内有工业企业52家，其中规模以上企业17家，职工3200多人，全年工业总产值313800万元，占国内生产总值比重75%。宏利循环经济有限公司一期投资1.3亿元，东锆二期投资1.2亿元，灶市综合商贸城总投资5亿元，完成投资8000万元。

商贸服务业

1989年，动工兴建灶市综合农贸市场，1991年8月竣工。市场占地面积3.1万平方米，建筑面积2.48万平方米，除办公室和营业间外，还有面积达800平方米的农产品的交易棚，摊档700个。2011年年末，境内有商业网点800多个，其中大型超市商场有5个，专业市场4个，全年社会商品销售总额达21313万元。通过打造良好的投资环境，招商引进大量资金开发灶市。2014年，共接待外地客商40余次。

财政金融

财政 1996年，财政收入480.46万元，上缴国家税金1020.15万元。2014年，办事处完成工农业总产值达58.7亿元，其中，完成工业企业总产值 54.8 亿元，企业增加值 18.4 亿元，各项指数较上年增长 13% 以上，新增投资千万元以上的企业 10 个；农牧渔业总收入 3.75 亿元，增长 7%；国税（任务 3600 万元）、地税（任务 9000 万元）实现税收均衡入库，全年财政总收入突破 15100 万元，较 2013 年增长 78%；整治规范房地产市场征收税费高达 6300 余万元，农村人均可支配收入 14926 元，增长 17%，城镇居民人均可支配收入 21453 元，增长 11%。

金融 1950 年 6 月，中国人民保险公司耒阳代理处在境内成立。1982 年 2 月，中国工商银行耒阳市支行分理处，中国农业银行耒阳市支行灶市营业所，中国人民建设银行灶市储蓄所相继在境内成立，主要经营存款、贷款、现金结算、信托投资等；1989 年 10 月，衡阳邮储银行耒阳灶市支行成立。2014 年，境内有国有金融机构 6 家，民营银行 1 家，保险公司 6 家，证券公司 1 家。

基础设施

交通运输

水陆交通便利，有京广铁路、107 国道贯通南北，320 省道横跨东西，耒水四季通航。1935 年，在灶市建成耒阳火车站，现为二等站，隶属广州铁路（集团）公司管辖，可办理旅客乘降，行李、包裹托运，整、零担货物发到。进站路、彭桥路、白沙路、和平路、耒阳大道相继建成使用，灶市与耒阳主城区之间形成了两纵六横的道路交通网，城北西路的提质改造让灶市的交通更加便捷。

邮政通信

1991 年，邮电局在灶市火车站建设一栋 2500 平方米的邮电综合大楼。1998 年，境内开通程控电话，有用户 310 户。1999 年增至 608 户。2010 年，境内有邮政网店 1 个，投递点 13 个。有代销网点

耒阳火车站

1个，固定电话用户1098户，普及率14.7%，移动电话用户6243户，互联网用户164户。

供电饮水

灶市变电站位于灶市街办事处锡里村，是耒阳市地方电网110千伏的枢纽变电站，设计容量为2×3.15万千伏安，110千伏出线四回，35千伏出线八回，站区占地面积1.66万平方米，主厂房建筑面积950平方米。工程分两期建设，第一期工程于1994年3月动工，9月，完成主体工程，工程总投资1095.07万元。第二期工程1995年5月动工，12月完成主体工程。

水利建设

境内有耒水一级支流两条，一条是小水河，发源于虹公岭，流经余庆花石阳家、灶市零洲罗家,入灶市河沙场河口,流域面积为201平方公里，全长42.81公里，总落差172.68米，河面平均宽度为21.2米，水力资源理论蕴藏量为1092.61千瓦，可开发205.44千瓦，已开发5处5台65千瓦。另一条是南岭河，发源于南岭，流经梁家冲、雷家村、胡家村、火车站、灶市街道办事处等地，入灶市港务处河口，流域面积为6.05平方公里，全长5.22公里，总落差26.52米，河面平均宽度为5.2米，水力资源理论蕴藏量为34.09千瓦。

镇村建设

1991年，将250米长的火车站进站路扩建工程列入议事日程，抽调25名干部，历时6个月，集资4.3万元，拆除永久性建筑物13处，拆除违章建筑物47处。2000年，引进外资300多万元，基本修通城北路灶市段路基，硬化路面7000平方米，硬化小巷11处，修砌排污沟8条，扩建垃圾场667平方米，新建公厕2个。2013年，启动白沙棚户区改造项目，总投资达16亿元，占地57.33公顷，新建房屋184栋，总建筑面积97.13万平方米，预计安置居民7989户，已完成征地57.33公顷，平地40余公顷，迁坟200余家，搬迁杆线22处，在建房屋111余栋。2014年，启动乡村“五小”工程，在90个农村村民小组设立垃圾围，5个村委会设立5个垃圾处置车队和5支清扫保洁专业队伍。

社会事业

教育科技

1991年，有小学10所，初级中学1所，在校中小学生4313人，教职员工268人。1996年，有中学1所，小学11所，在校学生6208人，中、小学教师334人。2014年年末，共辖全日制小学7所，有100个教学班，在校小学生6376人；有幼儿园31所，在园幼儿4800人，适龄儿童入学率98%。有在编教职工235人，有专任教师232人，管理人员3人。耒阳四中，始创于1957年，经历过“灶市民中”“灶市中学”“耒阳第四中学”“城关三中”“城关中学”“红色中学”“耒阳市第四中学”名称的变更。2014年年底，有24个教学班，在校学生1500余人，教职工140人，其中，高级教师24人，一级教师56人，职工和教辅人员40人。1986年，设立农业技术咨询站，开展农事咨询服务2210次。2014年，组织农艺师等专业技术人员下村讲课16次，科普指导30次。

文化体育

中华人民共和国成立后，政府重视民族文化。1958年，建立公社文化站，配文化辅导员1人。1960年撤销。1965年，贯彻湖南省文化厅《关于大力开展公社民办文化站的通知》，重新建立公社文化站，配文化辅导员1人。1966年，因“文化大革命”取消。1987年，建立乡中心文化站，配文化工作人员2人，负责境内文化工作。2014年年末，有村文化站、广播电视站各 1 处，有村级文化活动中心 14 处，农家书屋 7 个，藏书 5 万余册。

医疗卫生

医疗　2011 年年末，有各级各类医疗卫生机构 5 个，其中乡卫生院 1 所、村卫生室 5 所。有床位 230 张，专业卫生人员 220 人，其中执业医师 56 人，执业助理医师 102 人，注册护士 62 人。当年，完成诊疗 10.2 万人次。新型农村合作医疗参合人数 7.8 万人，参合率 100%。辖区内所有基础医疗机构（包括乡卫生院、村卫生室）均实施国家基本药物制度，实行基本药物零差率销售。

卫生　中华人民共和国成立后，大搞卫生运动。1963 年，境内开始改建、拆迁不合理的厕所、畜圈。1973 年，实施农村“两管五改”（管水、管粪，改水井、改厕所、改畜圈、改炉灶、改环境），各村卫生条件慢慢改观。1982 年，整治脏乱差，各村开始兴建垃圾池。1996 年，开展灭鼠工作，在机关、村户投放毒饵捕杀老鼠。2014 年，各社区（村）配备保洁员 2 人，负责本村卫生保洁工作。

社会保障

“五保”供养　2014 年，有敬老院 1 家，床位 25 张，收养农村“五保”人员 25 人。另有社区服务中心 1 个，社区服务站 9 个。

最低生活保障　2014 年，享受城市最低生活保障 1032 户、1087 人，发放低保资金 364 万余元，农村低保 327 户、620 人，发放低保金 98 万余元，做到应保尽保。

养老保险　2014 年，城镇居民养老保险参保人数 2214 人，领取养老金 1505 人，参保率 98%。新农合参保率 96%，基本做到全面覆盖。

医疗保险　2014 年，城镇居民医疗保险实际参保人数达 12896 人，新农保参保人数 13725 人，新农保缴费人数 12726 人，缴纳参保金额 763570 元，缴费率 92.7%。

特色地情

名优特产

圣女果　灶市零洲村种植的圣女果系北京蔬菜研究中心选配的圣女果杂交种。该品种植株为无限生长类型，叶色浓绿，生长势强。每穗可结果 15 个以上，最多可结果 60 个以上。果形圆或稍高圆，成熟果为红色，单果重 8~12 克。果味酸甜浓郁，风味甚佳，平均糖度 7，最高可达 10 度。中早熟，春季定植后 50~60 天开始收获；秋季从播种至开始收获 90 天。

风景名胜

南岭仙　南岭仙也称南亭山，位于灶市街道境内，与武广高速铁路耒阳西站、武广新城毗邻。南岭仙海拔近 300 米，以建于山峰之巅的寺庵最为著名。寺庵院墙包裹着整个南岭山顶，扩建于 1938 年。寺庵山顶建有镶嵌琉璃瓦塔楼一座，可供香客游览。登上塔楼，极目远眺，耒水环绕市区穿城而过，尽收眼底。

（文字供稿：廖政齐　图片供稿：梁春根）

水东江街道>>

区域概况

位置面积

水东江街道因驻地在耒水东岸而得名。地处耒阳市城区东部，东与竹市镇接壤，南与泗门洲镇为邻，西与蔡子池街道隔河相望，北与大市镇接壤。街道办事处机关驻南王岭，距市政府驻地2.4公里。辖区内总面积为34平方公里。东西最大距离5公里，南北最大距离11公里。

建置沿革

民国时期，属衡阳道耒阳县莲花乡。中华人民共和国成立后，隶属湘南行署耒阳县城关镇。1958年，属城关公社。1984年，撤销公社恢复乡镇建制，属城关镇。1989年3月，撤销城关、灶市2个镇成立3个街道办事处，水东江街道办事处为其中之一。

行政区划

1990年，街道辖水东江、东鹿、鹿岐、新河、双洲5个行政村和桥头、电厂2个居委会，66个村民小组，23个居民小组。1995年，撤区并乡，原竹市乡的内洲、花桥村划入办事处。1996年，辖水东江、东鹿、鹿岐、新河、内洲、花桥、双洲7个行政村，2个居委会。2003年，水东江、东鹿、鹿岐、新河更名为居委会，辖内洲、花桥、双洲3个行政村和水东江、桥头、东鹿、鹿岐、新河、电厂6个居委会。

自然环境

境内大部分为丘陵，地处衡阳盆地南缘向五岭山脉过渡地段，地势东高西低、南高北低，地面高程一般在海拔70～300米，最高点鹿岐峰海拔300米，最低点铜锣洲海拔70米。属于亚热带季风湿润气候。年平均气温18.2℃，年平均降水量1383.6毫米，年平均降雨日数为159.8天，最多达192天(1994年)，最少为118天(2003年)。极端年最大雨量1942.4毫米（2002年），极端年最少雨量858.2毫米（2003年）。降雨集中在每年3—8月，6月最多。全年最多风向为西北风（15%），次为北风（14%）。风向具有明显的季节性变化，全年平均风速为2.2米/秒，7月最大为3米/秒。辖区土壤属强淋溶土区江南网纹强淋溶土、饱和潜育土亚区，土壤种类繁多，其中以红壤为主。办事处地临耒水，水患较多。辖区属湘江水系分支耒水水系。

人口民族

1990年，辖区总人口15605人，其中男性8280人，女性7325人；人口出生率16.15‰，死亡率 5.06‰，自然增长率 11.09‰。1995 年，总人口 22249 人，其中男性 11554 人，女性 10695 人；人口出生率 13.08‰，死亡率 5.39‰，自然增长率 7.69‰。2010 年，总人口 23741 人，其中农业人口 17976 人，城镇人口 5765 人，人口出生率为 11.4 ‰，人口自然增长率 5.2‰。2014 年，辖区总人口 47962 人，其中城镇常住人口 39136 人，城镇化率 81.6%，另流动人口 3000 人。总人口中，男性 25132 人，占 52.4%；女性 22830 人，占 47.6%；14 岁以下 9928 人，占 20.7%；15 ~ 64 岁 35540 人，占 74.1%；65 岁以上 2494 人，占 5.2%。是年，人口出生率 11.3‰，死亡率 6.4‰，人口自然增长率 4.9‰。辖区内人口密度为每平方公里 1409 人。境内居民全部为汉族。

经济发展

经济综述

民国时期，境内居民基本靠种养为生，经济落后。中华人民共和国成立后，加强农业基础设施建设，改良品种，粮食产量逐年上升，到 1972 年，亩产达 350 多公斤。1978 年，实施改革开放，大力调整农业产业结构，着力发展工业，兴办第三产业，经济迅速发展。到 1996 年，境内工农业总产值达 4.39 亿元。是年，完成财政收入 339 万元。人民生活水平不断提高，境内居民年人均纯收入为 1745 元，人均储蓄 400 元。2000 年，在农业方面，逐步形成"一村一品"的经济格局，工业逐步形成以建材、化工、交通运输为主体的多种行业并举的模式，是年完成工农业总产值 9.6 亿元，其中工业产值 8.4 亿元，完成预算内财政收入 356 万元，人民生活水平提高。是年年人均纯收入达 2848 元。2014 年，着力调整农业产业结构，狠抓"脐橙、平菇、养殖、蔬菜、葡萄"五大基地建设，形成基地产业，农业总产值达 118 亿元，是年完成国民生产总值 43.5 亿元，完成财政税收 17710 万元，人民生活水平大幅度提高，境内居民年人均收入达 12973 元。

农业

种植业 民国时期，农村生产力低下，稻谷平均亩产约 200 公斤。中华人民共和国成立初期，亩产略有上升。1958 年，成立人民公社，土地归公。1962 年，扩大双季稻种植面积，粮食亩产上升至 350 公斤。1990 年，境内有耕地面积 472 公顷，粮食总产 4391 吨。1995 年，粮食总产量上升为 6993 吨。2005 年，粮食总产量 8650 吨。2010 年，完成农业总产值 1.61 亿元。2014 年，因抛荒现象严重，粮食总产量减至 8031.25 吨，人均仅 333.77 公斤；生产茶油 32 吨、蔬菜 60 吨。是年，着力抓"脐橙基地""平菇基地""养殖基地""蔬菜基地""葡萄基地"五大基地建设，形成农业产业化特色。

养殖业 境内有饲养家禽家畜习惯。民国时期，均属私家个体饲养，数量不多，一般为了维持生计。中华人民共和国成立后，鼓励农民饲养，数量有所增加。1958 年后，不允许个体私人养殖，数量剧减。1978 年改革开放后，个体、私营企业涌现，产生了种养专业户，家禽、家畜、鱼类产量逐年上升。1989 年，水东江良种猪繁衍场被定为湖南省八大定点瘦肉型猪出口基地。年饲养量 2500 头，出口 2050 头，为国家创汇 28.7 万余元。1990 年，出栏生猪 11736 头，出笼家禽 21600 羽，水产 51 吨。2005 年，生猪出栏 3 万头，有规模养殖户 208 户。2010 年，组织各村、居委会的养殖户与温氏集团签订养殖合同，着力创办 3 个万头猪场；是年，生猪饲养量5.6万头、家禽出笼9.58万羽。2014年，生猪饲养量6.99万头，家禽11.5万羽，水产品总产量760吨。

林业 境内有林地面积886.67公顷。主要有杉、竹、油茶、樟等树种。1990年，造林17.6公顷；是年建立四季型水果生产基地线，水果产量1500吨；有果园200公顷，各村有园艺场，60%的组有果园。1995年，新开果园136公顷，产水果1650吨。2005年，完成造林226.67公顷，水果总产量3500吨。2010年，完成退耕还林和补植抚育40公顷，新造林266.67公顷。2014年，造林100公顷，其中防护林33.33公顷，经济林66.67公顷，农民住宅四周栽树20万株，境内林木覆盖率70%。是年，果园面积减少到33.33公顷，产量仅20吨。

工业

1989年，工业相对落后，仅有国营工业企业8个、个体企业20个。1995年，境内工业有处办企业16个，村办企业49个，个体企业709个，从业人员7097人，年内完成工业总收入1997.2万元。2004年，境内有工业企业115个，从业人员1349人，年内完成产值11.63亿元。2009年，湘发矿山机械制造公司、大唐耒阳再生能源利用有限公司等相继投产，境内完成工业总产值11.8亿元。2014年，工业总产值18.7亿元，比上年增长10%。工业实现增加值7.8亿元，比上年增长5%。工业增加值占国内生产总值的比重36.8%。拥有工业企业127家。比较有名的有：大唐耒阳发电厂、耒阳市泰安混凝土有限公司、东江大型成品油库、耒阳市湘发环保机械制造有限公司、友华清洁能源有限公司、洪波灰渣综合开发有限公司、大理石加工中心。

商贸服务业

1989年，辖区内共有集体商店97个，个体商店摊位360个，从业人员2250人，有集贸市场1个。1995年，境内有集体商店11个，个体商店和摊位398个，从业人员1606人，全年商店营业额2347万元，有集贸市场1个。1999年，境内有各类商店250多个，年收入396.3万元。是年，投资100多万元，兴建水东江综合市场。11月，全市首届农副产品加工竞赛竞销会在水东江农贸市场开幕。2009年，兴建水东江中心集市。2014年，有城乡集贸市场1个。有各类商店285个，年收入488.2万元。

财政金融

财政 1989年，境内国民生产总值11549万元，完成预算内财政收入210万元。1995年，完成财政收入130万元，上缴国家工商各税102万元。分别比上年增长40%和37.8%。1998年，完成财政收入352万元。2009年，完成国税1380万元，完成地税1678万元，超额完成130万元，比上年增长11.5%。2014年，全年实现财政总收入17088.76万元，比上年增长19.7%，其中完成税收收入16540万元，占财政总收入的96.8%。完成一般预算收入6172.51万元，增长10.5%，占国内生产总值（GDP）比重为2.0%。全年完成一般预算支出1108.8万元，比上年增长6.6%。

金融 1990年，境内有农村信用合作社1个。2013年，农村信用合作社更名为农村商业银行。2014年，境内有金融机构2家，分别是中国邮政储蓄银行和耒阳农商银行；各类存款余额1.8亿元，比上年增加28.6%，人均储蓄4531.25元。

基础设施

交通运输

1989年，境内形成公路、水路两种运输方式构成的交通运输网络。公路有023县道、320省道和京珠高速公路过境，水路有耒水过境。2003年，境内有汽车站1个，有运输车辆310辆，年创运输收入600万元。2009年，对各居委会的2300米背街小巷道路进行硬化，完成高速公路绿化提质12公里，实现组组通水泥路。2010年，境内主要街道有振兴南路、振兴北路、建设东路、建设西路等4条，总长度3.5公里。2014年，老耒阳大桥因需要重建而被炸毁。为方便境内人员入城，是年建成简易钢便桥。水东江汽运公司5路车改存原大桥路杜甫中学旁边。

邮政通信

1989年，辖区内只有一个邮政通信网点即中国邮政。1998年，境内9个村（居）全部开通程控电话，有用户320户。2009年，有邮政网点1个，有电信服务网点2个，移动、联通网店各1个。2014年，圆通、中通、申通、韵达、百世汇通、天天快递等快递服务机构相继在镇内设立快递服务点，中国电信、中国移动、中国联通等网络已基本覆盖全境。2014年，有邮政局1处，有邮电支局和电信分局各1个，安装程控电话4300门，电信、移动、联通用户35613人，开办特快专递等邮政业务。是年，共有网络用户7856户，宽带容量达10000个端口。

大唐耒阳电厂

供电饮水

1989年，境内耒阳电厂一号机组投入生产，同时并入华中电网。1996年10月，境内东江水厂开始供水，月供水能力为2000～10000吨。2014年，境内市第二自来水厂成功通过运行测试后移交市自来水公司。

水利建设

1995年，投资20余万元，兴修水利工程202处。2005年，投入各项水利建设资金401万元，投工7.3万个，维修水利工程133处，水渠81000米。2010年，投资25万元，完成各类水渠工程10处5000米。2014年，投资50万元，维修扩建山塘3公顷，水渠清污5千米。

镇村建设

1989年，境内城乡面貌较为落后，基础设施建设相对滞后。1998年，建成长1935米、宽54米的城区主干道建设路。2003年，湘南花园小区开工建设。2009年，加大城市基础设施建设力度，提升建设路绿化带，启动振兴北路的提质和振兴南路二期工程，加强处机关绿化和采煤沉陷安置区建设，对农贸市场进行提质改造。2014年，投入资金500万元用于鹿岐峰森林公园建设，完善公园道路拓宽硬化、环卫路灯、园林管理等。新农村建设以花桥村为重点，建设新村部，改造农村水利、道路、电力等基础设施。是年，铜锣洲项目完成拆迁任务。

社会事业

教育科技

教育　1989年，境内有小学6所，在校学生1217人，教职工120人。1990年，投资100多万元创办水东江中学。1992年，投资12.5万元，用于装修鹿岐完小教学大楼和兴建水泥球场，双洲完小征地建运动场，水东江完小换地建体育场。是年水东江中学建成使用。1995年，境内有中学1所，小学7所，在校学生1985人，教职工197人。是年，投资60万元，用于兴建中学教学大楼及改善小学办学条件。2010年，有中学1所，小学8所，在校学生2779人，教职工255人，入学率、巩固率达到100%。2014年，境内有学校19所，其中1所中学，7所小学（含一所中心完小），11所幼儿园。在校学生总数3650人：其中初中生250人，小学生2500人，幼儿生900人。财政编制老师138人，中学老师38人，小学老师100人，其余的为受聘老师。初中适龄人口入学率、小升初升学率、九年义务教育覆盖率均达100%。

科技　1990年，在东鹿村建立耒阳市第一个村级科协，下设4个专业研究会，有会员109人。是年，水东江办事处被评为衡阳市科技达标单位。2010年，从长沙、衡阳等地请来知名专家到各村传授农业科技知识，并帮助农户解决生产中的实际问题。2014年，依托市委组织部、党校、农业局、农机局等机构，开展科技培训服务，共举办各类农村实用技术培训班5期，培训各类人员230人次，主要培训农业机械操作、科学种田、测土施肥配方、电工、焊工、生猪、家禽养殖等内容。是年，境内有农机、畜牧、林业、水管、农经等科研站所5个，有各类专业技术人员56人，其中取得高级职称的12人。

文化体育

文化　1989年，各村虽然设有文化体育活动场所，但辖区内群众文化体育生活比较单一，仅看看电影电视。1997年，建立水东江文化站，设有图书室、歌舞厅。2009年，建设村级活动场所3个，购买电脑3台、电视机3台。2014年，有街道文化站1处，有村级文化活动中心7处，各类图书室 15 个，藏书 2.5 万余册；有戏剧业余创作队伍 1 个,约 15 人；有市级文物保护单位 3 处。

体育 1989 年，水东江村自筹资 2 万元，新造龙舟 4 艘，整修 9 艘，组织 304 人，组成 13 个代表队参加市里举办的龙舟赛。2014 年，有学校体育场 8 个，88.9% 的村安装健身器材，经常参加体育活动的人员占常住人口的 32%。此外，境内每年端午节都组织划龙船比赛活动。

医疗卫生

医疗 1989 年，辖区内医疗卫生条件相对落后，只有 1 所卫生院。1995 年，境内有医院 1 所，医疗点 9 个,医卫人员 39 人,床位 22 个。1997 年，水东江社区卫生服务中心投入使用，因医疗水平相对较低，只涉及几大常规检查。2004 年，推行乡村医生考执业医师证。2005 年，有综合医院、华雅医院（原肝病医院）2 所，有医护人员 48 人。2008 年，国家对乡村执业医生发放乡村医生公卫款，持有执业证的乡村医生享受政策。2009 年，新型农村合作医疗 100% 完成任务，城镇医保稳步推进，社区卫生服务中心重新装修。2011 年，有各级医疗卫生机构 5 个，其中专科医院 1 所，城市社区卫生服务中心 1 所，社区卫生服务站 1 所，村卫生室 3 所，有床位 56 张，固定资产总值 1100 万元。专业卫生人员 64 名，其中执业医师 12 人，执业助理医师 14 人，注册护士 8 人。2014 年，有专业卫生人员 81 名，其中执业医师 16 人，注册护士 13 人，医疗机构（门诊部以上）完成诊疗 8 万人次。

卫生 1990 年，投资 80 多万元，在境内修建垃圾池 10 个，投放垃圾箱及垃圾桶 30 多个。2000 年，实施门前卫生三包责任制，各居委会、行政村设保洁员，负责本辖区环境卫生，耒阳电厂获“十佳卫生单位”称号。是年，境内增设垃圾果皮箱 20 个。2005 年，开展全民灭鼠、灭蟑、灭蝇、灭蚊活动，投放毒饵 1000 余公斤。2014 年，境内新增垃圾池 8 个，垃圾箱 11 个，对下水道进行全面疏通并加盖好盖板。同时，各村居委会均配齐了环卫队伍。与有关单位和商店门面签订了“院内三化”“门前五包”责任状。境内卫生环境逐日优化。

社会保障

“五保”供养 区域内“五保”对象实行分散供养，发放“五保”经费 1 万余元。2011 年，农村“五保”户分散供养 77 人，支出 16.9 万元。

最低生活保障 2000 年，辖区内有城镇最低生活保障 32 户、32 人；农村最低生活保障 1712 户、2104 人。是年发放低保资金 8 万元。2009 年，农村低保覆盖面大幅增加。是年，发放低保金 25 万元。2011 年，有城镇最低生活保障户数 165 户，支出 2.97 万元；农村低保 254 户、573 人，支出 45 万元。2014 年，救助低保对象 879 人,共发放低保资金 137.5 万元，其中发放城市低保资金 48.77 元，人均补差水平 275 元 / 月。下拨农村低保资金 88.68 万元，人均补助 103 元 / 月，农村低保保障面积达到 3.6%。

养老保险 2011 年，参加新型农村养老保险 1.18 万人，参保率 100%。2014 年，全处 60 岁以下有 9311 人参加养老保险，征缴农保费 88.72 万元，已缴费人数占目标任务数比例为 91.2%。

医疗保险 2009 年，新型农村合作医疗参合率 100%。2011 年，医疗救助 45 人次。2014 年，大病救助支出 6.78 万元。

社会救济 走访特困户，发放社会救助金 30 万元。2011 年，农村临时救济 80 人次，支出资金 4 万元。抚恤、补助各类优抚对象 197 人，支出资金 32 万元。2014 年，完成 11 户危房改造任务，资助 13.4 万元。另外发放各类优抚经费 53 万元，临时性救助资金 7.8 万元。

鹿峰寺

特色地情

风景名胜

鹿岐峰 鹿岐峰为耒阳古八景之首，海拔300米，有“小南岳”之誉。山上历史遗迹众多，有孔明碑、张飞寨、罗含石、神仙洞等，状元罗洪先“鹿岐胜概”字迹尚存。

梁家祠堂 位于湖南耒阳市耒水东岸、距耒阳大桥约500米处，为耒阳市重点文物保护单位。梁家祠堂是工农革命军第一师政治处旧址。大革命时期，为湘南起义指挥部。1929年12月月底，朱德与伍若兰结为革命夫妻，并在梁家祠堂举行了简朴的婚礼。

三顺寺 又称三顺祠、三顺庵，位于境内梁家湾庙岭上。1928年，耒阳县苏维埃政府经济处兵工厂曾设于此，负责保管、处理和分配所获土豪劣绅的财物，中共首张纸币——劳动券在此印刷、发行。1956年，三顺寺被列为市级重点文物保护单位。

（文字供稿：资余德　图片供稿：梁春根）

五里牌街道

政区概况

位置面积

五里牌街道地处耒阳市城区北部，东临耒水，与水东江街道办事处隔江相望，南北与蔡子池街道办事处接壤，西与灶市街道办事处为邻，街道办事处机关驻金杯居委会蓝天市场 A 区 74 号。辖区内总面积 29 平方公里。东西最大距离 8 公里，南北最大距离 8.5 公里。

建置沿革

民国时期，五里牌属衡阳道耒阳县江桥乡。中华人民共和国成立后，五里牌属三架乡。1958 年，成立公社，五里牌属双桥公社。1984 年，恢复乡建制，五里牌仍属三架乡。1987 年，改属城关镇。1989 年 3 月，撤销城关、灶市 2 个镇，设置蔡子池、水东江、灶市 3 个街道办事处。五里牌办事处辖区分属蔡子池、灶市办事处和三架乡。1995 年 6 月撤区并乡后，分属蔡子池、灶市办事处。2006 年 4 月 21 日，成立五里牌街道。

行政区划

2006 年，办事处辖五里牌、金杯、金星、栖凤园、三桥、青麓、锡里 7 个居委会和梅新、白洋渡 2 个行政村。2014 年，上岭村从哲桥镇划归五里牌街道办事处。是年，辖五里牌、金杯、金星、栖凤园、青麓、白洋渡、三桥、锡里 8 个居委会和梅新、上岭 2 个行政村，78 个居民小组，24 个村民小组。

自然环境

辖区内城区以平原、岗地为主，4 个村及农村居委会以丘陵为主。地势东南低，西北偏高。东北面有马阜岭；北部有盘古庙；西北面有南岭仙；西南有狮子岭。最高的南岭仙海拔 300 米左右。境处亚热带季风湿润气候区，既具阳光丰富的大陆性季风气候特点，又有雨量充沛、空气湿润的海洋性气候特征。气候温和，雨量充沛，光照充足，四季分明。全年日照 1700 小时左右。年降水量 1385 毫米，年平均气温 18℃，常年最热为 7—8 月，平均最高气温 34.7℃，极端高温一般年份为 38℃ ~ 39℃，最热时城区曾达到 40℃。常年最冷为 1—2 月，平均最低气温为 -0.5℃。境内土壤有水稻土、红壤、紫色页岩、石灰土、黄壤土等，各个区域土壤结构不尽相同。

人口民族

2006 年 3 月，五里牌街道成立时，总人口 6.5 万人，其中非农业人口 3.7 万人，流动暂住人口 1 万人。2010 年，辖区总人口 10.6 万人，其中男性

53800人，占50.7%；14岁以下16541人，15—64岁83787人，65岁以上5672人。是年，人口出生率12.4‰，人口死亡率6.8‰，人口自然增长率5.6‰。2014年年末，辖区总人口103249人，其中居民人口88916人，农业人口14333人，城镇化率86%。另有流动人口28690人。14岁以下15541人；15～64岁80036人；65岁以上7672人。总人口中男性52347人，占50.7%；女性50902人，占49.3%；人口出生率14.42‰，人口死亡率6.62‰，人口自然增长率7.8‰。人口密度为每平方公里3655人。辖区内居民全部为汉族。

经济发展

经济综述

民国时期，五里牌地处城郊，经济比其他农村略为好些。中华人民共和国成立后，实行科学种田，兴修水利，改良土壤、品种，农业经济得到发展，粮食亩产上升到400公斤。1978年，开始改革开放，境内开始推行多种经营，逐步发展工业和第三产业，改变经济结构，经济逐年见好。2006年，五里牌街道办事处成立，着力推进工业化、城镇化转型进程，至2007年，境内完成国民生产总值30.5亿元，其中工业总产值18.9亿元。完成财政税收3733万元，人民生活改善。是年，境内居民人平年纯收入达9100元，农民人均收入4350元。2014年，以“服务园区经济、促进经济转型”为中心，实施农、工、商三业一把抓，全年完成国民生产总值68.5亿元，其中工业总产值35.8亿元。人民生产水平较以前提高。是年，境内居民人均年纯收入达9800元。

农业

种植业 中华人民共和国成立后，大力兴修水利，改良品种、推广双季稻、改常规稻为杂交水稻，粮食产量有所提高，约在250公斤左右。1980年，农村实行家庭联产承包责任制，粮食亩产过千斤。2011年，境内生产粮食220万公斤，其中水稻170万公斤。2014年，完成早稻种粮任务185.8公顷，晚稻种粮任务223.93公顷，全年粮食总产量340万公斤。境内经济作物主要有油菜、棉花、大棚蔬菜等。是年，种植油菜66.67公顷，产量300吨。2014年，青麓、白洋渡蔬菜示范基地新增133.33公顷，总面积达到333.33公顷，锡里、梅新油菜种植面积突破66.67公顷，全处种植棉花20公顷，水果种植面积53.33公顷，产量32吨，主要品种有西瓜、草莓、橘子、葡萄。是年，绿海粮油二期顺利搬迁，公司产能进一步扩大，成为耒阳乃至全国的农业产业化龙头企业。

养殖业 以生猪、肉鸡、鸭、淡水鱼为主，1957年，境内生猪饲养量比1949年增长86%，鸡鸭出笼率增长50%以上。1958—1961年，提倡“割资本主义尾巴”，生猪只许“公有公养”，不准个体养殖，养殖量下降。1962年，仅生猪存栏量就比1957年锐减52%。1978年，实施改革开放政策，养殖业回升。1978年比1962年（经16年）增长2.24倍。2005年后，境内专业养殖户增加，养殖业出现新局面。2006年，境内饲养生猪100头以上的专业户达80余户，50头以上的40余户，养殖家禽万羽以上的45户。2010年，境内饲养生猪1.2万头，家禽50万羽。畜牧业总产值2500万元。2014年，辖区范围内饲养生猪出栏300头以上的专业户56户（其中含新五丰合作户37户）。自繁自养养殖生猪共存栏35736头，年出栏32248头。家禽存笼35960羽，出笼34293羽（不含温氏合作户）。是年，畜牧业总产值9600万元，占农业总产值的13.8%。水产业以养鱼为主。中华人民共和国成立初期，村村组组都建有鱼塘，养鱼上市交易。锡里居委会渔业最为突出。1949年，境内有鱼塘120公顷。1959年增加到133.33公顷，年产量575吨。1960年后，为增加粮食产量，改鱼塘为稻田，鱼塘面积减少。1975年，只剩下鱼塘26公顷，年产量约195吨。1979年后，实行改革开放政策，鼓励农民因地制宜发展渔业，鱼塘迅速恢复。1987年，鱼塘面积增至100公顷，年产鱼680吨。2000年，扩大到133.33公顷，推广种草养鱼和池塘精养新技术，年产鱼1200吨。2001年后，由于城市扩展征地，废水排放污染，养鱼面积又逐渐减少。2014年，辖区鱼塘养殖面积降至100公顷，年产量1000吨；渔业总产值1000万元。

林业 中华人民共和国成立初期，境内有森林面积800公顷。1958年，大炼钢铁，砍树烧炭，森林遭到大面积破坏。1962年，山岭权属定由就近生产队（现在的村小组）管理，林业得以慢慢恢复。1980年后，不断投入资金，实施植树造林，退耕还林，林业面积恢复至800公顷。2006年，发动群众植树美化环境，是年，增加绿化面积48.67公顷。发放资金15.4万元，完成退耕还林54.6公顷。冬季造林13.3公顷。2011年，境内累计造林33.33公顷。2014年，境内累计造林84公顷，全部为经济林，林木覆盖率30%。新建狮子岭、马阜岭两个城区公园。

工业

2006年，境内有工业企业38家。是年，新增投产规模企业6家。辖区内工业总产值为10.05亿元。2011年，企业增至124家，工业总产值增加到23.78亿元。2012年，企业增加到126家。工业总产值为30.08亿元。规模以上工业完成工业产值22.7亿元。2014年，境内有企业132家，工业总产值为32.83亿元。规模工业企业累计实现主营业务收入16.3亿元。增长35.5%。规模工业企业盈亏相抵后实现利润1.7亿元，增长39%。工业对经济增长的贡献率超过55%。工业企业实交税金0.6亿元，增长20%。规模工业企业吸纳就业人数3.1万人，新增0.4万人。是年制鞋、粮油、化工、新能源等产业发展迅速，高新技术产业实现增加值7.2亿元。

神农创耒雕像

商贸服务业

2006年，境内有商业网点1312个，是年，引进外资项目4个。2007年，湘南大市场一期百货批发市场动工兴建。2010年，商业网点增至1380个。其中大型超市商场18个，专业市场5个，是年，社会商品销售总额26400万元。2014年年末，境内有商业网点1800多个，其中大型超市商场有22个，专业市场8个，全年社会商品销售总额达42240万元。

财政金融

财政 2006年，国税完成130万元，地税完成1650万元。全年财政收入为2700万元。2007年，完成地税2683万元、国税580万元。2008年,完成地税3959万元(较上年递增1276万元)、国税962万元(较上年递增382万元)，2011年，本级国税完成3638.6万元，地税完成7765.2万元，实现财政收入11400万元，同比增长70%。2014年，完成生产总值65.4亿元，实现财政收入13250万元；完成国税地税任务20069.02万元，占任务的107.56%，较2013年增长72.87%。

金融 2006年，有湖南农村信用社、中国邮政储蓄银行、中国工商银行金融网点3个。2014年，有耒阳市农商银行总行、三架支行、发明家支行，中国建设银行蓝天分理处，中国邮政储蓄银行蓝天邮政储蓄、金华路营业所，中国工商银行花石支行、开发区支行，中国农业银行五里牌分理处、纸都分理处，耒阳融兴村镇银行金阳西路分理处，共计11个金融机构网点。

基础设施

交通运输

2007年，完成新城一路中段、蔡伦工业大道的土方基础工程，拉通白云路和金华路。2008年，境内兴修公路5.85公里，灶哲公路路面水泥硬化竣工通车。2014年，完成富民路征地拆迁工作，完成水拾路道路硬化，拉通五梅路，107国道提质改造工程、上岭村2.4公里公路全部完工。

邮政通信

1990年，境内有邮政通信网点2个，投递点3个。1998年，境内全部开通程控电话，有用户530户，2010年，有邮政网点2个，电信服务网点1个。2014年，境内拥有中国电信、中国移动、中国联通、铁通4家通信企业。有固定电话4580门,有手机用户38518人。网络用户8148户，宽带容量达10800个端口。

供电饮水

2006年，境内有梅新变电站1座。2007年，境内耒杨火电厂建成，装机容量25万千瓦，年发电量6亿千瓦时。2014年，境内农村饮水工程全部建成通水。

水利建设

2006年，投入资金20万元，新建堰坝1处，电排工程1处，修复渠道1500多米，山塘2处，拦水闸2处。2007年，投资22万元兴建堰坝、过滤池等水利设施10处，修复渠道1200米。2009年，投入234万元，用于水库、渠道、工业大道等项目的水利设施工程建设。改造水渠地下涵洞4处，修复渠道1700多米，山塘20余口。2011年，投入资金352万元，硬化山塘28处。疏通水渠6公里，对两座小(二)型水库进行整修加固。2014年,投资10万元,用于加固水塘3处，渠道清淤2公里。

镇村建设

2007年，白云花园、金城华府、康鸿花园居民小区陆续建成，新世纪广场正式运营，润涛食品、博多电子、伟利玩具厂等7个项目建成投产。2009年，投资2.81亿元，先后完成迎宾路一期油路工程、蔡伦工业大道和东二路绿化亮化工程，湘南大市场建成开市，五环新城、金桥会展中心、龙城世家相继落成使用。2010年，境内开展两违(违章建筑、违法用地)整治行动，共制止两违建筑93起，拆除两违建筑18起。2014年，对辖区内拆迁户进行划片安置，阻止乱建行为。促使城市建设规划进行。是年，共拆除面积1万多平方米。

市区一角

社会事业

教育科技

教育 清雍正年间（1723—1735），县绅黄定周等领头，在境内青麓村青麓塔侧兴建青麓书院。清光绪二十七年（1901），改为青麓高等小学堂。光绪二十八年（1902），更名为耒阳县官立第二高等小学堂。光绪二十九年（1903），附设初中预科班。民国15年（1926），耒阳县立乙种师范传习所迁址青麓书院，改名为县立初级中学。民国17年（1928），青麓书院因战火被焚，县立中学停办。民国33年（1944），湖南省政府公务人员合资在青麓塔侧创办湖南私立精忠中学。1949年，江苏私立东南中学迁入境内三架桥。中华人民共和国成立后，境内有小学3所。1957年，在境内金盆塘开创耒阳县卫生学校。1961年，因精简机构停办。1964年，以半工半读形式重新复校开学。2006年，投资3万元，对白洋小学校进行改造，筹资30万元，用于筹建锡里中心小学。2009年，完成锡里一、二校的合并搬迁新校工作和金杯完小第三教学楼的建设工作。2010年，完成实验中学的征地拆迁工作。 2011年，境内有幼儿园26所，在园幼儿3935人，专任教师223人；小学10所，在校生9586人，专任教师285人；小学适龄儿童入学率100%；初中2所，在校生3620人，专任教师220人，小学升初中率100%，九年义务教育覆盖率达100%。成人中等专业学校1所，招生500人，在校生1500人；

各级各类民办学校和教育机构25所。主要学校有耒阳三中。2011年，投入教育经费907万元、财政预算内教育经费897万元、预算内教育事业费811万元，分别比上年增长12%、15%、16%。2012年，投资295万元，用于五里牌小学扩建和金杯小学的扩建维修。是年，坐落于境内的实验中学和金华二校正式建成招生。2014年，境内有幼儿园27所，在园幼儿3986人，小学11所，在校学生15820人，教师335人；中学3所，在校学生5808人，教师285人。

科技 2010年，举办农业科技培训班1期，参培人员35人。2014年，绿海粮油股份有限公司举办粮食加工科研学习班，参加学习人员40余人。

文化体育

文化 2010年，境内有电影院1座，座位450个，年放映4500场次。俱乐部5个，文化馆1个，公共图书室9个，藏书16700册。2014年，境内有电影院1座，俱乐部5个，文化馆1个、文化站9个。

体育 2010年，有体育社团5个，各级社会体育指导员253人。有健身中心2个，经常参加体育锻炼的人数占总人口的35.3%。2014年，有体育场地25个（标准场地2个，非标准场地23个），有体育馆1座，运动场4个，游泳池2个。

医疗卫生

医疗 2006年，境内有卫生院1个，村卫生室9个，病床25张，医护人员26人。2011年，有卫生院1所，村卫生室9个，医疗床位30张，执业医师20人，注册护士23人。2012年，调整村、居委会卫生室，开设5个社区卫生服务站。2014年，境内有卫生院1所，床位38张，执证医师25人，护士28人；村、居委会卫生室9个。

卫生 2007年，实施卫生门前三包责任制，各居委会、村民小组均配有保洁员。是年，境内建有垃圾池8个，配放垃圾箱20个、垃圾桶45个。2010年，加大环卫基础设施建设，投入资金500多万元，新增垃圾箱45个，垃圾站2个，果皮箱22个，斗车12辆，垃圾船9只。2014年，增设以新换旧垃圾桶40个。

社会保障

“五保”供养 2011年，辖区内农村“五保”供养32人，支出6万元。2014年，供养“五保”老人28人，支付资金5万元。

最低生活保障 2009年，全年发放城乡低保资金57.5万元，救助低保对象775人，农村低保面为2.86%。2010年，发放城乡低保金35.03万元，救助低保对象216人。2011年，境内农村最低生活保障242户、561人，支出农村低保资金43.75万元，月人均补助65元；城市低保495户、1125人，支出城市低保资金115.83万元，月人均195元。

养老保险 2010年，参加新型农村社会养老保险15182人，参保率达63.1%。2014年，境内2823人参加新型社保养老，280名居民参加养老保险。

医疗保险 2010年，境内新农合参保率100%，城市居民参保达2723人。2011年，农村医疗救助12人次，支出20万元。新型农村合作医疗参保人数49935人，参保率99.5%。2014年，新农合缴费100%完成任务。是年，发放医疗救助25万元。

社会救济 2011年，实施农村临时救济53人次，支出16.2万元。2014年，发放社会救助金28万余元，救助困难户350户。

特色地情

古迹

盘古庙 位于107国道旁上岭村境内，山上绿树成荫，花木四季芳香。有盘古庙、大雄宝殿、观音殿、藏经阁等建筑。

青麓塔 位于青麓居委会境内。青麓塔始建于清康熙年间，高七层，雄伟壮观。塔周围有青麓寺、将军庙、蔡伦造纸浮雕等景点。

马阜岭公园 位于境内五里牌居委会境内，与蔡子池街道的梅桥居委会相邻，公园内林荫夹道，鸟语花香，有普贤寺、杜甫阁、谷朗亭等景点。

（文字供稿：资余德 图片供稿：梁春根 梁小平）

三顺街道 >>

区域概况

位置面积

三顺街道办事处地处耒阳城区西面。距离市主城区约6公里，东与灶市街街道接壤，西、南与余庆乡为邻，北与五里牌街道、哲桥镇接壤。街道办驻三顺居委会。辖区总面积31.09平方公里，东西最大距离7公里，南北最大距离7公里。

建置沿革

三顺成立街道办事处前为三顺村，属余庆乡管辖。2009年12月，耒阳市政府在三顺村设立高铁耒阳西站，从余庆乡析出渔波、新田、三顺、观前4个村，从哲桥镇析出火田、西元村，从灶市街道析出南岭村，筹建成立三顺街道办事处。

行政区划

三顺街道于2010年9月3日正式挂牌成立，成为耒阳市第5个街道办事处。辖新田、观前、渔波、火田、西元5个建制村，南岭、三顺2个居委会，90个村（居）民小组。

自然环境

辖区属丘陵地貌，高低不平，岗地、丘陵相间。境内最高峰南岭仙位于南岭居委会、三顺居委会交界处，又名南亭山。境内自然灾害一般有旱灾、洪灾、冰灾等。旱灾以7—8月较多。冰灾以2008年1月最为严重。

人口民族

2012年年末，辖区内总人口12875人，其中居民户口1600人，流动人口900人。总人口中，男性6813人，占53.2%；女性6062人，占46.8%。是年，出生人口165人，出生率12.7‰，死亡率6.6‰，自然增长率6.1‰。2014年年末，辖区总人口14708人，4003户，其中非农业人口130人。总人口中，男性7534人，占51.2%；女性7174人，占48.8%。是年，人口出生率13.42‰，死亡率5.68‰，自然增长率7.74‰。人口密度为每平方公里473人。境内居民全部为汉族。

经济发展

经济综述

民国时期，三顺街道属余庆乡辖区。境内居民基本靠种养维持生计，经济落后。中华人民共和国成立后，重视农业生产，兴修水利，改良品种，实施科学种田，粮食产量上升到每亩350公斤左右。

1978年改革开放后，实行家庭联产承包，同时大力发展工业和第三产业，境内经济结构发生变化，经济收入不断增长。2004年，境内农民年人均纯收入达2570元。2010年，三顺街道办事处成立后，以创“一流队伍、一流工作、一流环境、一流城市”为目标，立足地域实际抓经济，着力改变经济结构，实施经济转型，经济得以快速发展。2012年，境内完成国民生产总值51000万元，完成固定资产投资39000万元，年内财政收入480.28万元，上缴国地税238.91万元。2014年，着力抓好土地开发利用，调整经济结构，加大企业投资和内联外引工作，经济持续稳步发展。是年，完成国民生产总值52848万元，完成预算内财政收入501万元。境内居民生产明显提高。是年，人平年纯收入达2980元，人均储蓄612元。

农业

种植业 2012年，境内有耕地面积667.93公顷，主要以种植水稻、油菜、蔬菜、水果为主。是年有种粮大户29户，粮食总产量6500吨，比上年增加75吨。2013年，种粮大户增至31户，粮食总产量6878吨。2014年，生产粮食7185吨，人均547公斤；生产菜油716吨、蔬菜2250吨。

养殖业 境内有饲养家禽家畜的习惯。2013年，有养殖户265户，其中上规模养猪场49个、养鸡场23个。是年，出栏生猪22000头，出笼家禽13000羽，水产量15吨。2014年，专业养殖户饲养量大增，出栏生猪25230头，年末存栏13240头；家禽出笼160300羽，年末存栏72230羽；水产20吨。

高铁耒阳西站

林业 境内有森林面积925公顷。主要以油茶林、水果林为主。2011年，在西元、火田、南岭等村新种油茶林6.67公顷、垦复油茶林100公顷。2014年，有水果林13.33公顷，产量120吨。2010—2014年，累计造林325.8公顷，其中防护林60.27公顷，经济林265.53公顷。农民住宅四周栽树木0.7万株，林木覆盖率57.6%。

工业

2013年，原灶市水泥厂成功改制为金雷水泥厂并搬迁至境内蔡伦工业园区。2014年，全处拥有工业企业1家，砖厂5个，有色金属冶炼企业1个，其他企业3个，是年实现工业总产值1.02亿元。

商贸服务业

2010年，境内除一些大湾村设有个体小商店外，无集体商业网点。2014年，境内暂无固定商贸集市，共有零星商业网点159个，从业人员316人，是年完成商品零售总额130万元。

财政金融

2012年，实现财政总收入480.28万元。比上年增长2.5%。2014年，全年实现财政总收入789万元，其中完成税收收入93.53万元，占财政总收入的11.9%，上级补助收入374.75万元，农村税费改革收入42.83万元，体制补助收入18.36万元。支出情况：一般公共服务支出27.87万元，农林水事务支出79.46万元，交通运输1.66万元，住房保障支出1.96万元，其他支出20.8万元。是年共发放涉农专项资金258.76万元，补贴类资金合计197.87万元。

基础设施

交通运输

交通运输以公路、高铁为主。107国道、武广新城武一路、武二路、顺一路等高铁站前道路网及正在修建的武园路、武岭路构成武广新城主路网，道路全里程47公里。2012年，筹资54万元实现4个村通组公路水泥硬化。投资55万元，新建公路桥梁1座。2013年，投资100万元，完成观前等通村公路硬化6公里。至2014年，境内共新修通村通组公路53公里，实现村村通水泥公路。2014年，开通城区至高铁站无人售票的6路公交车。

邮政通信

境内无邮政网点。1981年，逐步开通村（大队）电话网络。1996年，开通程控电话。1997年，设立移动通信基站，境内有移动电话用户2800户。2014年，有固定电话用户142户、移动电话用户3000多户。

供电饮水

2013年，投资1.1亿元的110伏城北变电站建成投入使用。是年，投资10余万元，完成观前、渔波、新田3个村电力设施升级改造。2014年，全处7个村（居）全部完成农网改造工程。全处居民全年用电总量达1560万千瓦时。是年3月，启动农村安全饮水工程项目建设，共投入资金120万元，解决境内1.3万村民的安全饮水问题。

水利建设

境内有小（一）型水库1座，小（二）型水库4座，骨干山塘22口，山坪塘165口，能灌溉500亩的渠道6条，排灌站1处，水堰工程68座。2011年，总投入资金约800万元，对各个水库进行除险加固。是年，投资30万元将西元支渠修复加固，增设10余处自动排灌堰坝。投资28万元对观前村如仙支渠、粽子流渠道进行全面改造；投资9万元，对南岭等5个村的25口水塘进行清淤扩容，是年，新增灌溉面积80公顷。2013年，投资43万元用于水利设施建设。完成14口山塘清淤扩容，渠道清淤18公里，修建水坝3座，新建三雍、注波2座电排水站。2014年，对西元支渠进行高标准防渗处理。

镇村建设

2011年，投入200余万元，确立原三顺村2组为社会主义新农村建设示范点，惠及村民30户110余人。2012年，市农商银行等单位组成新农村建设工作组进驻境内观前村实施清洁工程。是年，投资6000万元，启动三顺安置区福安小区建设项目。2013年，补助每户2万元，完成15户拆迁户的建房任务。2014年，与武广新城相配套的高铁以西区域小城镇建设同步推进，投入近300万元对90余个居民点共计3000余农户完成沼气项目改造。7个村（居）全部建成村级活动中心。

社会事业

教育科技

教育　2011年，境内有3所小学，教学点2个，在校学生700人，在编教师35人；幼儿园3所，在园幼儿300人。2013年，投入170万元，完成渔波小学、火田小学、三顺小学、西元小学的提质改造。2014年，有幼儿园3所，在园幼儿108人，教师12人，有小学3所，在校学生815人，有小学教师41人。初中适龄人口入学率、小升初升学率、九年义务教育覆盖率均达100%。

科技　2014年，依托市农业局、农机局、人社局等机构，开展科技培训服务，共举办各类农村实用技术培训班3期，培训各类人员430人次，主要培训农业种植技术、农业机械操作、科学种田、测土施肥配方、电工、焊工等内容。境内有农机、畜牧、林业、水管、农经等科研站所5个，有各类专业技术人员15人，其中取得高级职称的2人。

文化体育

文化　2011年，境内有村文化室4个。2014年，境内有文化站1处，村级文化活动中心7处，各类图书室4个，藏书3.5余万册。

体育　2011年，有体育健身场地15处。2014年，有各村（居）零星健身娱乐设施21处，有群众自发组织的广场舞队8个，最多时参加人员达300余人。

医疗卫生

医疗　2011年，境内有卫生服务站1所，村卫生室7所。2014年，辖区有社区卫生服务站2所，村卫生室7所；有床位10张，固定资产总值300万元。专业卫生人员7名，其中执证医师1人，执证助理医师6人，日均接待病人就诊120人。

卫生　2011年，投资15万元，兴建各自然村垃圾池，设立保洁员，开始实施卫生承包责任制。2014年，在高铁站广场及周围增设垃圾池4个，配放垃圾箱28个。

社会保障

“五保”供养　2011年，对大部分“五保”户送水东江养老院集中供养，小部分分散供养，每人每年供养经费1500元。

最低生活保障　2011年，累计发放200户455人低保资金共36.1万元。

养老保险　2014年，新型农村养老保险参保率95.2%。为群众办理老年证1032个，并累计发放12万元90岁以上高龄老人老龄津贴。

南岭仙

医疗保险 2011 年，救助大病农民 132 人，资金 58.5 万元。帮助 11 名唇裂儿童、23 名先天性心脏病儿童联系市民政局，予以免费治疗。2014 年，境内参加新型农村合作医疗保险参合率 98.64%。大病医疗救助 130 人次，支出 66 万元。

社会救济 2011 年，进行危房改造 52 户，发放危房改造资金 90 万余元。2012 年，对没有纳入低保的，生活比较困难的低保边缘户，三顺安置区的困难群众按规范程序进行临时救助。共救助 1470 人次，资金 86 万元。2013 年，对 12 名孤儿发放救助资金 10 万元。2014 年，帮助辖区内劳动力解决就业问题。是年，转移新增就业 615 人，失业人员再就业 171 人。发放各类社会救助金 320 万元，救助对象 142 人。

特色地情

风景名胜——南岭仙 秀丽挺拔，山上南亭寺已有 700 多年历史，香火旺盛。顺湖婀娜多姿，绿树成荫，鸟语花香。

（文字供稿：资余德　图片供稿：梁春根）

黄市镇 >>

20 世纪 90 年代，被誉为全国汉白玉之乡。

区域概况

位置面积

相传古时有一黄姓在此经商，后逐渐发展成为集市，故得名“黄市”。南接公平圩镇，西邻小水镇，北交泗门洲镇，镇人民政府驻上堡村，距耒阳市区 40 公里。辖区总面积 93.28 平方公里，东西最大距离 13.4 公里，南北最大距离 12.9 公里。

建置沿革

民国 7 年（1918），南北军对峙耒阳，程潜部（南军）被吴佩孚部（北军）打败退至上堡，建立南军县署，实行南北分治。1949 年前，属大公乡。1950 年，属耒阳县六区；1952 年，属耒阳县十二区。1956 年，建立上堡乡；1958 年 10 月，并入公平公社；1959 年 12 月，从公平公社析出黄泥江镇（后改为黄市镇），为全县三大镇之一。1961 年 4 月，上堡乡改为上堡公社；1963 年 8 月，黄泥江镇并入上堡公社。1984 年 5 月，公社改乡；1995 年，将上堡乡改为黄市镇。

行政区划

1995 年建镇后至 2014 年年末，辖大河、民丰、凉亭、白沙、株山、上堡、黄市、石市、万清、严冲、黄山、马坪、清水、麻塘、阳塘、大义 16 个行政村，173 个村民小组，黄市、大河、清水 3 个居委会，3 个居民小组。

自然环境

境内地形复杂，山丘为主，峻岭重叠，海拔在 300~540 米。属亚热带湿润季风气候区，气候温和，雨量充沛，日照短，无霜期长。年平均气温 18℃，最高气温 39℃，最低气温 2.5℃，年降雨量 1160 毫米左右，年日照 1300 小时左右，无霜期 330 天以上。耒水贯穿全镇，流经大河、黄市、麻塘等 9 个村，境内全长 18 公里。境内矿产资源丰富，有大理石、高岭土、水晶石、煤、硫铁、钨、锰等，素有“十宝仙”之称，其中大理石储量达 4.1 亿立方米，有“大理石之乡”的称号。境内植被丰富，最为显著的是有 0.67 万公顷的连片竹林，享有“亚洲大竹海”的美称。境内自然灾害主要有水灾、冰灾。

人口民族

1982 年，辖区有总人口 22728 人，其中男性 11585 人，女性 11143 人。1990 年，有总人口 38306 人，其中男性 22903 人，女性 15403 人；人口出生率 15.01‰，死亡率 6.29 ‰，自然增长率 8.72 ‰。1995 年，有总人口 40240 人，其中男性24127人，女性16113人；人口出生率11.88‰，死亡率7.16‰，自然增长率4.72‰。2011年，辖区总人口45082人，其中男性23747人，占51.8%，女性21335人，占48.2%；人口出生率13.7‰，死亡率6.7‰，自然增长率7.0‰。2014年，辖区总人口29000人（因湘南监狱迁出），人口出生率13.8‰，死亡率6.9‰，自然增长率6.9‰；人口密度为每平方公里311人。境内居民以汉族为主，占99.9%，少数民族占0.1%。

经济发展

经济综述

民国时期，境内农民主要从事种田和编织竹器、铁器加工、商贸经营等，经济不发达。中华人民共和国成立后，政府重视恢复和发展农业生产，国民经济逐步发展。1975年，实行科学种田，全面种植双季稻，粮食总产量达5750吨，同时发展社队企业，全年国民生产值950万元，其中农业总产值767万元，财政收入25万元，人均纯收入124元。1986年，粮食生产、竹器加工、采掘业是主要经济，年内生产总值3156.4万元，其中农业84%。1995年，大力发展林业、种养业使传统农业转化为优质高效农业，引进外资15000万元，做大做强优势产业。全镇生产总值9857万元，其中农业总产值4169万元，粮食总产量6100吨，财政收入118万元，农民人均纯收入2180元。2005年，完成国民生产总值1.85亿元，财政总收入263万元，年人均纯收入3146元。2014年，以创建蔡伦竹海AAAA级景区为契机，鼓励群众参与旅游事业，安置劳动就业1100多人，实现旅游收入680万元，带动农家乐增收260万元。全镇国内生产总值4.2亿元，其中工业总产值2.85亿元，财政收入380万元，农民年人均纯收入5020元。

农业

种植业 境内山多田土少，主要农作物有水稻、蔬菜、红薯、豆类、油菜等。民国时期，农业生产水平落后，粮食产量亩产在200公斤左右。中华人民共和国成立初期，粮食种植以一季稻为主，品种为高秆系列。1962年后，逐步扩大双季稻种植面积。1969年，扩种双季稻597.33公顷，全面种植矮秆良种，粮食平均亩产400公斤。1976年，开始试种杂交稻。1983年，杂交稻种植面积406.67公顷。1991年，有耕地面积820公顷，粮食产量3866吨；红薯种植面积80.67公顷，产量折谷180吨；小麦种植面积20公顷，产量18吨。2000年后，农村劳力外出务工，田土荒芜。2010年后，中央实施土地流转政策，涌现了上规模的种植大户。2014年，有耕地面积640公顷，粮食产量7800吨；种植油菜68.67公顷，产量110吨；种植蔬菜120公顷，产量2365吨。有农业合作社5个，种植大户8户。

养殖业 境内素有饲养家禽家畜习惯。民国以前，个体饲养，产量不大，大都是为了维持生计。中华人民共和国成立后，鼓励农民饲养。1970年后，生产队兴办集体猪场，饲养量10～30头。1982年，实行家庭联产责任制后，养殖业开始向专业化、规模化发展。1991年，饲养生猪5190头、牛950头、羊840头、家禽12.4万羽。1996年，出栏生猪21240头，出售家禽13600羽，完成渔业产值4.8万元。2000年后，农户散养生猪逐渐减少，涌现养殖专业户。2001年，出栏生猪2万头，出售家禽2万羽，黑山羊1000余头。2014年，有养殖大户25户，饲养生猪12000头、家禽15000羽。

林业 境内主要有南竹、油茶、杉、松等树

上堡水晶矿石

竹海扁体鱼化石

种。1949 年前，归私人所有。1958 年，山林权收归集体所有。1970 年后，各大队先后创办一批社队林场。1982 年，山林权重分到户，先后出现林业规模经营大户。1991 年，境内有林地面积 7700 公顷，其中南竹山地 3617.4 公顷，油茶山地 2402.73 公顷，果木林地 26.67 公顷，人工造林 73.4 公顷。是年，上堡村开垦荒山 20.6 公顷，引进嫁接良种板栗树苗 12000 多株。1996 年，造林 333.33 公顷，开发山地 0.13 万公顷，南竹复壮 0.17 万公顷，年内实现林业产值 385 万元。2002—2007 年每年植树造林约 20 公顷。2008 年，垦复南竹约 200 公顷。2009 年，开始林权制度改革，原有的清水铺、上堡、大河滩等地的集体林场重新分配到相应村组。2009—2013 年，每年植树造林约 6.67 公顷。2014 年，植树造林 50.67 公顷。境内共有林木面积 6469.33 公顷，有 66.67 公顷冰糖橙种植基地，森林覆盖率 81%。

工业

境内矿藏丰富，尤以铁矿石、大理石、高岭土、煤炭、水晶石等最为著名。东汉建武年间（25—57），境内上堡街等地乡民合股开采铁矿石，冶炼成铁。东汉元兴年间（105）以后，手工造纸作坊遍布竹林山乡上堡各地。清雍正九年（1731），县西南江山里开办锡矿，后发展到上堡一带。民国时期，有采矿场 8 个，冶铸厂（坊）5 个，手工造纸作坊近 100 个，从业人员 1000 余人。1958 年，县政府开办上堡铁矿；6 月，耒阳锰矿扩大为耒阳县有色金属矿，设上堡工区生产磺矿石。1959—1960 年，生产硫铁矿石 2821.7 吨、铁矿石 4218.6 吨。1962 年，上堡铁矿与磺矿合并为上堡硫铁矿。1971 年，上堡公社自办炼铁厂，生产白口和灰口生铁。1981 年，上堡铁矿转产大理石。1983 年，改名县大理石厂，产品白玉石以质纯坚硬、细润光滑为最，曾为北京人民大会堂、人民英雄纪念碑、武汉黄鹤楼提供优质石材。1991 年，有采场 24 个，固定资产 30 余万元，销售大理石 1576 立方米，全年总产值 52 万元。1996 年，有镇办企业 8 个、村办企业 56 个、联合体企业 11 个、个体企业 874 个，从业人员 5128 人，年内创收 6567 万元。2005 年，引进资金 800 多万元，为黄市宏丰竹制品加工厂、株山鑫达硫铁矿、凉亭野牛塘硫铁矿、华洁石材公司、四通燃料有限公司等企业继续增加投资，扩大生产规模。2012 年，友谊煤矿、鸿泰煤矿与黄市镇煤矿三矿整合为耒阳市诚信煤业有限公司。2014年,因政策关停鸿泰煤矿。年末，全镇共有各类企业61家，其中大理石企业38家，煤矿2家，砂场2家，总投资超过4亿元，其中投资上千万的企业有5家，国营大型企业有3家，分别是湘煤集团兴源矿业有限公司、湘煤集团红卫矿业有限公司（二工区）、上堡水电站。

商贸服务业

黄市镇濒临耒水,历来为千年水埠,商业发达,客商云集。位于境内南端的大河滩（立圩坪），唐代时就已形成集市。清光绪年间（1875—1908）至民国时期，境内黄泥江、大河滩是耒阳四大口岸之一，还有清水铺、上堡街也是重要口岸商埠。出境大宗商品有靴鞋、豆豉、毛裘、土绢、竹木铁器、桐茶油、土纸、生猪、家禽、米、麦、烟、茶、石制品等21类、180余种；入境商品有日用杂品、棉花、洋布、食盐、中药等10余类、100余种。1954年，大河滩有私营商户165户，其中坐商95户、行商5户,余为摊贩,从业人员176人。“文化大革命”期间，圩场冷落。1978年改革开放后，圩场逐渐活跃。1988—1990年，圩成交额最高3万元,年成交额270万元。1995年,境内有大河滩、清水铺、黄泥江3个圩场，商店36个，个体摊位380个。2000年,共有商店58个,个体摊位570个。2011年，境内有商业网点255个，全年社会商品零售总额达1.6亿元，城乡集市贸易成交额5450万元。2014年，镇内餐饮、酒店、零售、美发、数码、电器、物流、休闲、娱乐等百业兴旺。年底，全镇共有各类门铺450个，大型超市1个，五星级休闲农庄1个，从业人员4600人，社会商品零售总额达4.8亿元。

财政金融

财政　清咸丰五年（1855）,耒阳上堡设盐卡，征收过境盐厘。民国6年（1917），上堡设收税局。中华人民共和国成立后，乡（社）财政收支由财粮委员或行政会计兼管。1985年，成立镇财政所。1991年，社会总产值1395.3万元，其中农业产值654万年，工业产值396万元，其他545.3万元，完成国家各项税收38.44万元，其中工商税19.25万元，农业税9.27万元，特产税7.07万元，屠宰税2.058万元，其他税收1566元。 2011年，全镇共完成国税、地税收入3280万元。2014年，全镇共完成国税、地税收入2962.08万元，其中国税完成2162.88万元，地税完成799.20万元，一般预算补助收入480.45万元，财政专户收入2033.66万元（其中：公黄公路征地拆迁补偿款1288万元）。

金融　1956年，建立上堡乡信用合作社。1995年，境内有金融机构2家，分别为农村信用社和邮政储蓄银行黄市营业所。2013年7月，农村信用社改名为农商银行黄市营业所。2014年年底，境内有金融机构2家，从业人员12人，存款余额3.08亿元。

基础设施

交通运输

境内公路、水路交通发达，大河滩、黄泥江、上堡街、清水铺为当时著名口岸；还有与京广铁路相连的永耒铁路。1955年，修成小水至新生煤矿16.8公里公路。1967年，修建耒阳至新生煤矿地方铁路27.14公里。1995年，全镇有16个村通公路。2005年,投资2万元,维修黄（市）大（河滩）公路。2011年，泗（门洲）黄（市）公路建成通车，此后几年内共投入公路建设资金600余万元，完成大河、民丰、石市、大义等村20公里通村通组公路的硬化工程。2014年12月，竹海大道开工建设，有县乡级公路3条，总长38千米。是年，有客运汽车20辆，518座位，年客运量12余万人次；有货运汽车70辆，5.86万吨位，年货运量44.59万吨；境内通航河道1条，总长35千米，其中耒河为5级航道，最大通船能力为280吨级船舶；有客运船舶5艘，2001个座位，年客运量30万人次。

邮政通信

民国37年（1948），设立上堡街邮柜。1951年，设邮政代办所。20世纪60年代起，公社设邮政所，各大队均设有邮政投递点。1990年后，邮政、电信分开营业。2011年年末，境内有邮政网点1个，投递线单程总长度为42千米，投递点1个，乡村通邮率100%；有电信服务网点1个；固定电话用户9056户，移动电话用户11000户；互联网端口总数245个，宽带接入用户2876户。2014年年末，圆通、中通、申通、韵达、百世汇通、天天快递等快递服务机构相继在镇内设立快递服务点，中国移动、中国联通、中国电信等网络已基本覆盖全镇。

供电饮水

供电 1957年，境内新生煤矿兴建35千伏变电站。1975年后，黄市镇各村从新生、公平变电站架设高低压线路，先后用电照明、加工等。1984年，成立农电管理站。1995年，镇内供电主要来自公平电站，电价较高。2004年，在上堡村试点开始农网改造。2005年起，投资100万元，完成上堡、黄市、严冲、石市等村的农网改造，电价降低。2014年，大河、民丰2个村完成农网改造工作后，镇内16个行政村全部完成农网改造工作，农村电价降至每度0.604元。2014年年末，境内拥有35千伏级以上变电站（所）1座，主变压器2台，总容量10003千伏安，高压输电线路3条，供电可靠率98%。

饮水 2005年，镇政府自筹资金兴建自来水公司，解决周边5000多人的用水。2009年，上堡村投资16万元完成日供水280吨供应400人的安全饮水工程建设；2010年，黄市村投资95万元完成日供水112吨供应2600人的安全饮水工程建设；2011年，石市村投资7.9万元完成日供水14吨供应200人的安全饮水工程建设；2012年，大河村投资40万元完成日供水56吨供应800人的安全饮水工程建设；2014年，马坪村4组投资8.2万元完成日供水56吨供应200人的安全饮水工程建设。

水利建设

耒水穿境而过，流经大河、白沙江、株山、上堡、石市、黄市、麻塘、清水等村，全长18公里。1957年，兴修马坪村的九十石水库，总蓄量26.6万立方米，灌溉农田32公顷；1972年，民丰村新建水库，总蓄量16.1万立方米，灌溉农田12.67公顷。2010年，严冲村泉水湾骨干塘建成，总蓄量3万立方米，灌溉农田6.67公顷。完成黄山村骨干塘溢洪渠道重建工程。2011年，凉亭村石林水库（骨干塘）建成，总蓄量4万立方米。2013年，完成株山村骨干塘加固、马坪村九十石水库卧管修复和严冲村尾沙坝的安全隐患治理。2014年年底，境内共有小（二）型水库2座，主干渠6公里，骨干塘14处，山坪塘211处。

镇村建设

清代，境内沿耒水河岸的大河滩、黄泥江、上堡街、清水铺逐步形成商业性农村集镇。中华人民共和国成立后，沿铁路、公路线的集镇增多。1978年后，不少农民进入集镇从事经商。1987年，黄市镇兴建农民街试点。2005年，投资6万元新建镇机关食堂。2007年，在麻塘村开展社会主义新农村示范点建设。2010年，加快小城镇建设，开展清路障、清违章、清垃圾，投入资金180万元对公路沿线房屋进行整治改造，拆除民房53间，杂房118间，兴建集贸市场1个，群众休闲广场2个，垃圾处理场3个。2013年，在曾家湾—上堡街沿线安装30余盏太阳能路灯。2014年，投资230余万元，完善镇国土、规划、社保、财政、民政、计生等窗口单位服务设施建设。

社会事业

教育科技

教育 民国18年（1929），境内有私塾10余馆。后国民政府废私塾兴办学校，至1949年，有清水铺、黄泥江、上堡街等8所国民小学和族校。中华人民共和国成立后，大力发展教育事业，废族校、保校兴办乡校，农民子女陆续入学，并开办夜校，扫除青壮年文盲。1956年，境内有完全小学1所、小学15所。1968年，兴办农业中学。1970年，改称初级中学。1978年，推行公社办高中、大队办初中的格局，上堡中学增设高中班，黄泥江、大河滩等大队设立初中班。1980年停办。1991年，有小学26所，初级中学1所，在校中小学生4286人，教职工193人。1998年，境内有小学17所，在校小学生2612人，教师110人；有中学1所，在校初中生626人，教师35人。2002年，镇内有中学1所，小学14所，在校学生3210人；小学学生巩固率99%，中学巩固率98%。2011年，境内有幼儿园2所，在园幼儿604人，教师38人；小学8所，在校小学生1806人，教师110人；中学1所，在校初中生551人，教师49人。2014年，境内有幼儿园4所，在园幼儿950人，教师60人；小学9所，在校小学生1550人，教师69人；中学1所，在校初中生655人，教师41人。

科技 1968年，建立公社兽医站，配工作人员1人。1971年，建立公社农科站，配备工作人员3～4人，指导各大队育秧、植保等工作。1982年，改名农技服务站，销售杂交稻种、农药等。1990年，农村中逐步涌现一批科技示范户。到2014年年末，有农技服务机构6个，从业人员17人，科技示范户8户。

文化体育

文化 民国时期，境内文化活动较少，以皮影戏、舞龙灯等较为流行。1965年，建立公社文化站，配辅导员1名。“文化大革命”时期，公社及大队均成立毛泽东思想宣传队。1970年，各农户普遍安装有线广播，收听新闻。1982年后，成立乡文化中心站。1991年，举行建党70周年歌咏赛，全镇16个代表队800余人参赛。2003年，镇内村级活动场所发放电脑1台。2007年，上堡、严冲、石市等村陆续新建村级活动场所，同年兴建镇文化站，并建成16个农家书屋，各配备图书千余册。

体育 2014年，全镇有线电视网络62千米、用户1027户，电视覆盖率100%；2012年，广场舞进入乡村文体生活，各村自发成立广场舞队伍。黄市镇获“欢乐潇湘·幸福衡阳·激情耒阳”文明大舞台纸都广场舞大赛乡镇组三等奖。2014年末，有体育健身场地14处，有广场舞队8个。

医疗卫生

医疗 清代、民国时期，境内上堡街就有医生坐堂就诊，开设药铺，治疗病患者以中草药为主。中华人民共和国成立后，医疗卫生事业逐步发展。1956年，私营诊所组成上堡乡联合诊所。1961年，成立公社卫生院，租房开诊。1969年，推行合作医疗制，各大队办起卫生所，配备赤脚医生1～2名。1982年后，赤脚医生转入个体办诊所，通过考试晋升为乡村医生。1995年，境内有医院2所，医疗点21个，医卫技术人员67人，1999年，颁布《执业医师法》后，镇内执业医师和执业护士总人数增至14人。2006年，镇卫生院投资80余万元兴建住院大楼。2008年，国家对乡村执业医师发放乡村医师公卫款，有执业证的21名乡村医生享受政策。2014年年末，境内有卫生院1所，村卫生室16个，医疗机构床位15张，执业医师5人，注册护士5人。

卫生 2010年,设3个垃圾处理场。2012年，对麻塘、石市、严冲、金坪等村进行农村环境卫生连片整治，发放垃圾桶1000个，新建垃圾池60个，新建垃圾焚烧炉2个。2014年，投资80余万元，用于环境卫生治理。

社会保障

“五保”供养 中华人民共和国成立后，人民政府对孤寡老人和无劳动能力的残疾人实行“五保”。在队为基础核算期间，以生产队供养为主，国家救济为辅。每年生产队供给稻谷300～350公斤,茶油3公斤。1982年,实行责任承包制后,“五保”供养纳入乡统筹。2005年起，“五保”对象享受低保生活待遇,其经费由市财政拨付。2010年,镇政府投资100余万元改建敬老院，集中供养“五保”户46人。2014年，有“五保”对象136人，其中敬老院集中供养50人，分散供养86人。

最低生活保障 2007年7月起，实行城乡居民最低生活保障待遇。2008年，镇内有农村低保800余人，救济贫困人口200余户，发放农村低保资金32000余元。2014年，享受农村居民最低社会保障人员942户、1481人，享受城镇居民最低社会保障人员26人。

养老保险 2010年，启动城乡居民社会养老保险。是年,镇内城乡居民登记参保人数7560人,参保率60%以上。2014年，参加新型农村社会养老保险人员12168人，其中3554人已领取养老金。

医疗保险 2010年，新型农村合作医疗参合率86%。2014年，全镇21222人参加新型农村合作医疗，参合率93%。享受医疗补助达15736人次，补偿金额172.5万元。

社会救济 清代、民国时期，境内有水、旱、虫灾发生，县、乡申请政府蠲免田赋银，下拨救济银圆救济灾民。1963年，境内出现特大旱灾，政府拨发统销粮稻谷6万公斤，发放救济款2万余元。2006年，境内16个村遭遇特大洪灾，镇政府及时组织转移、安置灾民3000余人。2014年，镇政府为困难家庭发放救济慰问金5万元；对50名农村失业人员进行创业培训，新增就业251人。

特色地情

名优特产

镇内传统的农副产品有黄市竹笋、清水铺豆腐、大河滩绿豆粑粑、竹筒酒等。

风景名胜

蔡伦竹海旅游风景区 位于湖南省耒阳市耒水风光带上游，跨黄市、大义两乡镇，连片竹林16万亩，层峦叠翠，蔚为壮观，为我国最大的连片竹海，素有“亚洲大竹海”之称。竹海风景优美，环境幽雅，据专家测算，竹林的吐氧量是一般阔叶林的1.5倍，因此竹海又有“天然大氧吧”的美称。竹海是两千年前蔡伦探索发明造纸术的启蒙之处，是西汉名相张良的归隐之地，也是明代著名旅行家徐霞客考察停留之处，还是清末中兴名臣曾国藩筹粮募饷之地。竹海景区除竹海生态景观外，还拥有耒水、温泉、溶洞、石林等资源，犹如一幅山水画让人赏心悦目，特别是“竹海三绝”令世人惊叹：一是大河滩天然喷泉，经上海大世界吉尼斯总部认证，在未加任何人工动力的

蔡伦竹海秀丽风光

情况下可自行喷射25米，为世上最高天然喷泉；二是竹海古鱼化石，经中科院鉴定，竹海发现的鱼化石距今2.5亿年以上，是我国继浙江长兴后发现的最完整的扁体鱼化石，在全省是首次发现，极具科考价值；三是上堡晶矿，该矿是世界著名的萤石晶体产地之一，其共生晶体是世界上独一无二的，出产的萤石、方解石、水晶石、白云石、硫铁矿等矿物晶体标本，在20世纪中期就名扬欧美，中国地质博物馆有20多件矿物标本出自此矿。2014年，景区被评为国家AAAA级旅游景区、中国最具魅力生态旅游景点景区、国家级水利风景区、省级旅游风景名胜区、省级森林公园和省级山地车训练基地。是年，接待游客20万人次，门票收入200余万元；旅游从业人员1000余人，旅游业产值1.1亿元。

紫霞寺 明崇祯八年（1635），珠园山释会机大师创建紫霞寺。1926年，紫霞寺全体寺僧参加农民运动。1928年，紫霞禅寺全体寺僧投入湘南起义。1928年4月，住持释介台与附近庵堂僧尼释果俊、录凡、妙莲等加入农民自卫队，参加了攻打县城国民党军队的易口渡战斗。1949年后，紫霞寺院除前栋幸存外，其余皆被拆除，寺僧仅存子维一人。此后，仅剩一栋房屋也在“文化大革命”中损坏。1988年，凉亭村组同意在原址就近划定1.33公顷，其中竹林0.67公顷，给紫霞禅寺管辖使用。信众自愿筹资献料，大雄宝殿得以复建。1991年6月，湖南省政协副主席谷子元率领原湘南游击队部分成员约百人，回访紫霞寺。谷老当即挥笔题写了“紫气东来驱浊雾，霞光普照扫残云”的对联。1995年，湖南省民族宗教事务局拨专款2万元，用作修建紫霞寺。1996年，为了开发旅游胜地，缅怀革命烈士，村民踊跃捐资，将原有斋堂一栋的紫霞寺，扩建成禅堂一栋，重塑佛像20余尊。1998年，紫霞禅寺前后两栋再次改建，现有4栋25间，总面积达到2300平方米。

（文字供稿：谭奇煌　图片供稿：梁春根）

小水镇

全国重点建制镇。

区域概况

位置面积

小水墟旁有一小溪流入耒水，小溪相对耒水要小，故曰小水，小水镇由此得名。地处耒阳市南部，东邻泗门洲镇、黄市镇，南毗太坪圩乡、公平圩镇，西接长坪乡、磨形乡，北连余庆乡、灶市街街道办事处。镇人民政府驻小水铺，距市区 7.5 公里。2014 年，辖区东西最大距离 15 公里，南北最大距离 14 公里，总面积 142.8 平方公里。其中陆地面积 141.9 平方公里，占 99.3%，水域 0.9 平方公里，占 0.7%。

建置沿革

1958 年 10 月，成立小水公社，镇政府驻小水铺，辖原小水、龙形、白沙乡。1985 年 5 月，小水乡改为小水镇。1995 年 6 月撤区并乡，小水镇与原龙形乡和花石乡的江坡村、金山村、豪坡村合并，成立小水镇，镇政府驻小水铺。

行政区划

1991 年，辖小水、双龙、新城、杨塘、谭宜、东洲、柘溪、六角、群力、堰头、农科、徐坡、山陂、冲头、毛坪、界冲、满洲、永福、洲里、白毛 20 村，1 个居委会，194 个村民小组；1995 年，辖小水、双龙、新城、杨塘、谭宜、东洲、柘溪、六角、群力、堰头、农科、徐坡、山陂、冲头、毛坪、界冲、满洲、永福、洲里、白毛、梧桥、许光、付波、源头、畔塘、农科、黄岗、小圩、泉山、嘹亮、新居、中龙塘、泉水、长春、金盆、江波、毫坡、金山 38 个村，1 个居委会，398 个村民小组，2 个居民小组；2014 年，仍辖 38 个村，398 个村民小组，1 个居委会，2 个居民小组。

自然环境

辖区西部平坦开阔，东部岗峦起伏。属亚热带季风湿润气候，其特点是气候温暖，四季分明，日照充足，雨水集中，夏秋多旱，严寒期短，暑热期长，无霜期长。春温多变，雨热同季，雨少多旱，冬季寒冷干燥。多年平均气温 18.2℃，生长期年平均 280 天，无霜期年平均 297 天，最长达 347 天，最短为 246 天。年平均日照时数 1479.8 小时。降雨时节集中在每年 3—8 月，6 月最多。境内河道有小水河：流经毛坪、冲头、山坡、徐坡、堰头、农科、群力、谭宜、柘溪、东洲 10 个村；里王河：流经界冲、满洲、永福、洲里 4 个村；杨塘河：流经泉水、嘹亮、中龙塘、新居、新城、杨塘、豪坡、江坡、东洲 9 个村。境内有煤、锰、钨、高岭土、石灰石等矿产，其中石灰石储量在耒阳市名列第一。主要自然灾害有旱灾、冰灾等。

人口民族

1982年全国第三次人口普查时，小水公社总人数27429人，其中男性14033人，占总人数51.16‰，女性13369人，占总人数48.84‰。1991年，实有人口24984人。1995年年末，镇内总人口64954人，以汉族为主，其中非农业人口12578人，年内出生798人，出生率为13.8‰，自然增长率为6.4‰。1999年年末，总人口65350人，其中非农业人口12566人。2002年年末，辖区总人口66084人。2008年，镇内总人口7.3万人，其中非农业人口1.6万人。2011年年末，辖区总人口69910人，其中城镇常住人口10870人，城镇化率19.5%；另有流动人口17509人；出生率8.16‰，死亡率2.85‰，自然增长率5.31‰。2012年年末，共出生婴儿542人，计划生育率为83.21%，出生性别比为118：55。2014年年末，辖区总人口76341人，常住人口为40566人。总人口中，男性42521人，女性35775人。人口出生率6.28‰，人口死亡率3.25‰，人口自然增长率3.03‰。人口密度为每平方公里284人。辖区内居住人口全部为汉族。

经济发展

经济综述

小水镇矿产资源丰富，煤、锰、石灰石、高岭土、膨润土、锑、银贮量名列耒阳市前茅。改革开放后，针对地域经济特点，突出发展新型工业，努力提高工业化水平，加快发展第三产业。1995年，国民生产总值10807万元，工农业总产值6753万元，其中工业产值3538万元。进入21世纪，重点抓好煤业转型和集约型发展。2005年，国民生产总值25780万元，其中第一产业产值10027万元，第二产业产值6772万元，第三产业产值8981万元，农民人均纯收入4139元。2014年，加大招商引资力度，工业项目的整体效能加强，财政总收入7800万元。

农业

种植业 镇内粮食作物以水稻为主，主要经济作物有油菜、烤烟、红薯、蔬菜等。1965年，粮食总产6368吨。1979年，粮食播种面积2565.07公顷，粮食总产9549吨。1995年，镇内有耕地面积2740公顷，粮食总产量23602吨，产值2050万元，交售国家订购粮1780吨。1997年，黄岗村旱土改制连片66.67公顷喜获成功。1999年，镇内耕地面积2740公顷，粮食总产量23220吨。冬种油菜333.33公顷，各类蔬菜200公顷。2000年，镇内共完成粮食生产总量28675吨。2001年，建立以江坡村为主的6.67公顷玉米基地，以谭宣村为主的6.67公顷南方苹果基地，以农科村为主的6.67公顷花卉种植基地，以黄岗村为主的67.07公顷早熟梨基地。其中，六角村的红薯粉皮参加市首届农副产品竞赛竞销会，获“最佳畅销产品奖”和“最佳包装奖”。2002年，镇内烤烟种植面积突破200公顷。2009年，全镇种植水稻1400公顷，主要干道沿线95%种植双季稻。2011年，镇内建立8个油菜示范点，种植面积1466.67公顷；种植烤烟123.6公顷。2012年，镇内企业湘南公司完成租地733.33公顷，开发整地333.33公顷，种植中药材200公顷、水果133.33公顷，成为全省科技特色农业种植基地；福百盛蔬菜基地租地约133.33公顷，种植各类天然无公害蔬菜、瓜果20多种；天华油茶租地533.33公顷，种植油茶200公顷。2014年，全镇有耕地面积2526.33公顷，粮食总产量38647吨。

养殖业 主要为猪、羊、鸡、鸭、鱼等。1995年，引进镇外资金兴办综合养殖场3个。年出栏生猪33440头，出售家禽67222只，完成渔业产值5897万元；2000年，镇政府把农业产业结构调整作为全年的重头戏来抓，因地制宜，突出特色，抓好以徐坡村为主的鱼苗繁殖基地，抓好以毛坪、柘溪等村为主的集猪鸭鱼为一体的综合养殖基地。2012年，月亮湾生态种养殖场投放甲鱼苗60万尾，开发水面220亩，成为湘南地区规模最大的中华鳖养殖基地。

林业 辖区内林业树种主要有油茶、国外松，多是自生自繁，林地面积共约7120公顷。1995年，全镇有用材林120公顷，经济林266.67公顷，油茶林273.33公顷，全年造林266.67公顷，其中果木林26.67公顷，丘岗山地开发200公顷；油茶林更新40公顷、垦复33.33公顷，年内实现林业产值186万元。1999年，随着镇内经济林的扩植，全年实现林业收入505万元。2000年，完成整地造林100公顷，荒山抚育66.67公顷，分别树为耒阳市、衡阳市样板典型。2004年开始，逐步出现造林大户。2008年，完成造林面积533.33公顷。2009年，三边（铁路边、公路边、河道边）造林进展迅速，共落实三边造林合同面积1000公顷，其中新引进武陵源公司签订合同面积500公顷。2010年，天华茶油基地和湘南农业开发有限公司落户镇内，造林面积均过333.33公顷；造林面积过20公顷的大户有12户。2011年，境内造林400公顷，其中“三边”造林绿化333.33公顷。油茶垦复100公顷，南竹修垦33.33公顷，中幼林抚育533.33公顷。2014年，有林木面积5006.67公顷，森林覆盖率达到70%。

工业

镇内矿产资源丰富，尤以煤、锰、高岭土、石灰石等最为著名。1995年，有镇办企业4个，村办企业25个，个体企业919个，企业职工2847人，企业固定资产800万元，年内完成销售收入11200万元。1997年，从镇外引进资金，合办股份制煤矿4个，采石场3个。1999年，企业个数增加至1491个。其中工业总产值达到10120万元，创利税总额1646万元。引进外资200多万元，建成南方加油城。2000年，大力发展采石业、交通运输业，新增采石场18个。2001年，引进大型加油站扩大规模后，一外资企业投资68万元兴建李家村砖窑。2003年，引进项目13个，总投资额4000万元，其中建成投产且投资额在500万元以上的项目有3个，即广东洁美陶瓷原料精选厂、耒阳市顺春烟花爆竹厂和耒阳市油脂化工厂小水分厂，新引进项目安置富余劳动力200余人，创税收400余万元。2004年，耒阳安源再生金属股份有限公司、金岭高岭土厂、小水针织厂相继建成投产。2005年，引进南方水泥有限公司，2007年年底正式投产，总投资10.5亿元，日产水泥10000吨，年创税收5000万元；2009年，长乐冶炼有限公司建成投产，总投资达1.2亿元，年产量达10万吨，产值达4亿元，年创税收2000万元；2011年，境内有工业企业68家，职工2.3万人，全年工业总产值达17867万元，占GDP比重70%。是年，成立谭鸣红薯粉皮合作社，成功注册“谭鸣红薯粉皮”及“耒阳红薯粉皮”两种商标。2013年2月27日，利宇废旧轮胎处理项目正式开工，总投资15000万元。金山机械制造项目总投资1460万元，预期投资年收益2100万元。至2014年年底，全镇共有各类企业70个，总投资超过12亿元，其中投资上亿元的企业3个，1000万元以上的企业2个，300万元以上的企业9个。

商贸服务业

1995年，投资170余万元，建成占地面积

7000 平方米，建筑面积为 200 平方米的农贸市场。有集体商店 48 个，个体商店摊位 980 个，从业人员 3210 人，全年商品营业额 3408 万元，年成交额 3277 万元。随着小城镇建设的兴起，镇域内商品零售业、餐饮服务业、金融业、通信业等行业快速发展。1999 年，个体摊位增至 1000 个，从业人员 3837 人，全年商品营业额 2695 万元。2003 年，加大小水铺圩场的开发力度，建成大型综合农贸市场，镇内服务业商品成交额 6824 万元。2011 年末，境内有商业网点 248 个，全年社会商品销售总额达 7.3 亿元；城乡集市贸易 4 个，年成交额 3.63 亿元。2012 年，小水中心市场、金福源建材市场、小水商贸城相继建成，其中小水商贸城设计摊位 480 个、商铺 140 个。2013 年，投资 2000 多万元兴建梧桥商贸中心，投资 1.6 亿元兴建设水岸新城。其中水岸新城是境内规模最大商住小区。随着商贸市场快速发展，镇内餐饮、酒店、金融、数码产品、房产、职介、美容、美发、休闲、娱乐等百业兴旺，基本能满足镇内居民的生产生活要求。截至 2014 年年底，有各类门铺 460 个，大型超市 2 个，从业人员 4561 人，全年商品销售总额达 7.9 亿元。

财政金融

财政 1995 年，全镇预算内财政收入 180 万元，上缴国家税金 1074 万元。1998 年，全镇国内生产总值 15475 万元，预算内财政收入 168 万元，上缴国家税金 166 万元。2000 年，全镇共完成国民生产总值 17150 万元，预算内财政收入 254 万元，上缴国家税金 176 万元。2003 年，全镇国民生产总值 22420 万元，预算内财政收入 256 万元，上缴国家税金 256 万元。2008 年，全镇财政收入 380 万元；2011 年，全镇共完成国税 3095 万元，地税 1065 万元；2012 年，全镇财政收入 840 万元。2014 年，全镇共完成国税 2100 万元，地税 1200 万元。

金融 1995 年，镇内有金融机构 1 家。1996 年，中国人寿保险公司在小水成立办事处。1998 年，中国邮政储蓄银行在镇内成立中国邮政储蓄银行小水支行并营业。2014 年，镇内有耒阳市农商银行、邮政储蓄银行等金融机构 2 个，保险机构 1 个。

基础设施

交通运输

1935 年，建成小水铺火车站，为四等站，可以办理旅客乘降；行李、包裹托运；货运办理整车货物发到。1995 年，境内形成公路、铁路两种运输方式构成的交通运输网络。公路有 107 国道、京珠高速公路过境，铁路为京广铁路过境。全镇村村通公路，运输汽车 160 辆，年运输收入 590 万元。1998 年，镇政府投资与村民集资 120 万元，修成长达 3 公里的“将军路”。1999 年，镇内共有运输车辆 198 辆，年创运输收入 920 万元。是年，镇政府投资 11 万元，村民集资 30 万元，新建和维修 12 个村总长度达 50 公里的村级公路。2000 年，镇内筹资 20 万元，维修小红公路以保障煤运线路的畅通。2001 年，对镇内原有的“老、差、烂”路进行全面改造，基本实现村村组组通砂石路的目标。2004 年，投资 30 万元，对镇内的茅泗公路、小红公路、龙形公路进行修整。2009 年，全镇硬化水泥路 60 余公里，新农村示范村长春村实现组组通水泥路。2010 年，投资 20 万元硬化小水中学进校道路。2011 年，硬化白毛、永福、泉山等村公路，共计 13.8 公里；镇内开通 12 路公交车，共 7 条路线，投入 20 辆公交车通到各个村，是耒阳市最早开通公交车通村的乡镇之一。2014 年，全镇39个村100%实现通水泥路，有320个村民小组实现组组通公路。

邮政通信

民国时期，乡公所有电话1部。中华人民共和国成立后，乡政府有电话1部。1952年，设立乡村邮政，境内有邮政所1个。1958年，成立人民公社，有电话1部。1994年初，镇政府在邮电部门支持下，投资近100万元，完成对小水邮政支局的程控改制工程。成为全市最早开通程控电话的乡镇之一。1995年，镇内共有8个行政村开通了程控电话，用户180户。1997年，农科村被省评为电话村。1998年，共有13个村开通程控电话，增加用户127户。2000年年末，镇内共36个村开通程控电话，装机700余部。2001年，镇内实现村村通程控电话。2011年年末，有邮政网点3个，有电信服务网点2个。截至2014年年末，圆通、中通、申通、韵达、百世汇通、天天快递、福源乡村快递等快递服务机构相继在镇内设立快递服务点，中国移动、中国联通、中国电信等网络已基本覆盖全镇。

供电饮水

1995年，镇内电源主要来自公平电站，电价较高。2000年，原红卫供电区11个村的用电交由电力局转供后，镇内加强农电网的改造，争取了首批农电网改造资金60万元，完成小圩、李家、嘹亮、泉山、泉水等村的农网改造，使农电价格逐步降低。2001年，镇政府争取多方投资，融资300万元用于全镇31个村的农电网改造。农村电价降至每度0.65元。2011年，投资150万元兴建泉山安全饮水工程和自来水续建工程，解决境内村民饮水难的问题。2012年，投资780余万元兴建镇自来水厂，争资160多万元在泉山、源头等6个村兴建安全饮水工程，日供水1200吨，现有用户1246户，解决农村人口安全饮水2.5万人。2014年年末，镇内实现组组通电，7个村通自来水。

水利建设

民国时期，境内属重旱区，几乎家家备有吊桶、戽斗、孔明车、筒车、龙骨车等抗旱工具提水抗旱。中华人民共和国成立后，重视水利建设。1996年，有小（一）型水库一座，蓄量137万立方米，设计灌溉9个村，灌溉农田206.67公顷。小（二）型水库11座，总蓄量143万立方米，灌溉农田228.23公顷。各类山塘777口，总蓄量243万立方米，灌溉农田744.8公顷。大中型灌区有2个，即欧阳海灌区栗梓支渠和太平水库灌区。欧阳海灌区栗梓支渠设计受益10个村581.53公顷，太平水库灌区设计受益13个村895.07公顷。2011年，投资120万元加固水库8座，修建灌溉渠道11条，全长3000多米；2012年，完成太平水库北干渠改造加固工程建设。土桥支渠、曙光支渠顺利建成通水。2014年，建成抗旱应急水源连通工程，从根本上缓解了上游有水下游旱的现象。

镇村建设

1994年，投资10余万元，修建老街到107国道的联络线。1995年，投资30万元进行水泥硬化小水铺街道400米，拆迁规划建房8处，小水铺开通有线闭路电视。1998年，投资20万元开通小水铺107国道至老街道的两条横路，拉开小水铺小城镇建设的框架。是年，聚集民间闲散资金520万元，建设镇政府新办公大楼。2005年着力抓好小城镇建设工程，一是建大型综合市场，二是把六角村打造成小康示范村。2009年，镇内加大小城镇基础设施建设，共投入资金70多万元，修建镇区107国道西侧的下水道，硬化107国道至圩场和107国道至小水中学两条道路。购置环卫设施，新添了一台垃圾运输车，每家每户发放了垃圾箱。2014年，启动107国道镇区段道路提质改造工程，投入资金800万元，用于安装沿线路灯、沿线和新建街道栽种树木、圩场内的旧房进行棚户区改造以及排水沟建设。投入资金60万元，购买拖斗车300辆、垃圾桶5000余只，兴建垃圾池200座，新建垃圾焚烧炉2个，重新启动垃圾焚烧炉所1个。圩上成立城管执法大队，国道配备国道沿线专业保洁员8人，各村配备专门保洁员1人。新农村建设以小圩村为试点，重点改造农村水利、道路、电力等基础设施，大力整治村组环境。是年，小圩村被列入耒阳市新农村示范村。

社会事业

教育科技

1995年，镇内有中学2所，小学39所，成人中专1所，农校1所，在校学生5158人，中小学教师376人。1996年，镇政府投资70万元，兴建小水中学教学楼一栋，建筑面积2500平方米。1997年，镇政府投资200万元用于中学基建以及13个村级小学的扩建，拨款8万元用于各校的“普九”工程。是年，在校学生达到9230人，被评为“扫除青壮年文盲”一类乡镇。2000年，镇内在镇、村两级财力十分紧张的情况下，先后拨款10万元，维修、改造了洲里等10余所小学的危房。2003年，投资20万元对小水中心完小、畔塘小学、小水铺小学、毛坪小学的基础设施进行改造。2011年年末，有幼儿园29所，在园幼儿1100人，专任教师55人；小学20所，在校学生4475人，专任教师213人，小学适龄儿童入学率100%；初中2所，初中在校学生1845人，专任教师156人。小学升初中率100%，九年义务教育覆盖率100%。完成朗明小学、中心完小、源头小学三处综合办公大楼的兴建。耒阳市唯一一个青少年宫落建于小水镇。2014年年底，镇内共有幼儿园30所，小学21所，初中2所，成人中专1所，农校1所，在校学生75607人，专任教师160人。21世纪以来，科技活动在形式和内容上都有创新。2014年，配合农业、林业、畜牧水产部门，建立2年科普培训示范基地。

文化体育

文化　1995年，镇内群众文化体育生活比较单一，设施相对欠缺。1997年，建立小水镇文化站，设有图书室、歌舞厅，被评为全省“百强文化站”及衡阳“十强文化站”。1998年，建成一个万册图书馆。全镇拥有12支铜管乐队，4个民间剧团。2009年，镇内建设村级活动场所1个，发放电脑10台，电视机5台。2011年，投资兴建镇文化综合站，并配备30个农家书屋，购入图书千余册。

体育　2010年，境内有学校体育场3个，篮球场10个，体育器材锻炼地3处。成立妇女舞蹈队、腰鼓队，丰富群众的业余生活。2012年，成立小水镇广场舞队伍。2014年，小水广场舞队伍在“欢乐潇湘·幸福衡阳·激情耒阳”文明大舞台纸都广场舞大赛中荣获乡镇组二等奖。

医疗卫生

医疗　民国时期，境内有草药医生坐堂治病。中华人民共和国成立后，有中草药店4家。1956年，建立乡卫生所，逐步形成县、区、乡三级医疗防疫体系。1958年，乡卫生所改名为公社卫生院，各大队开始创办卫生所。1995年，镇内医院2所，医疗点30个，医卫技术人员42人，床位80个，固定资产200万元。镇卫生院投资70多万元兴建门诊大楼。医疗水平相对较低，只涉及三大常规检查，医疗卫生主要以赤脚医生看病治病为主，赤脚医生治病自给自足，没有财政补贴，并且还要上缴管理税。1997年，镇卫生院门诊大楼建成并投入使用。1998 年，镇内医疗点增至 50 个，医卫技术人员 54 人。镇卫生院被衡阳市卫生局评为示范乡镇卫生院。1999 年，颁布执业医师法后，镇内执业医师跟执业护士人数共增至 20 人。2004 年，推行乡村医生考执业医师证。截至 2008 年，在镇卫生院登记在册的执业乡村医生共 49 人。是年，国家对乡村执业医生发放乡村医生公卫款，持有执业证的 49 名乡村医生享受政策。是年，镇卫生院在龙形、红卫开设分部，新型农村合作医疗参合率达到 95%。2009 年，在梧桥圩场设卫生室，以改善全乡人民群众的就医条件。2014 年年末，境内有卫生院 1 所，村卫生室 38 个。医疗床位 59 张，其中执业医师 23 人，注册护士 13 人。

卫生　民国时期，村民只是按传统习惯在一些节日前后打扫居所周围卫生。中华人民共和国成立后，大搞卫生运动，农民逐步养成卫生习惯，开始日日打扫住处内外卫生。1963 年，境内开始改建、拆迁不合理的厕所、畜圈。1973 年，实施农村“两管五改”（管水、管粪，改水井、改厕所、改畜圈、改炉灶、改环境），各村卫生条件慢慢改观。1982 年，整治脏乱差，各村开始兴建垃圾池。是年，境内有垃圾池 100 余处。1996 年，开展灭鼠工作，在机关、村户投放毒饵捕杀老鼠。2000 年，境内各村均建有垃圾池 1 个。2014 年，圩场各住户、铺面实施门前卫生三包责任制；与镇政府签订卫生三包责任状。各村配备保洁员 1 人，负责本村卫生保洁工作。

社会保障

“五保”供养　1995 年，“五保”对象实行分散供养。2009 年，镇财政投入 50 万元建设一座高标准的敬老院，集中供养“五保”户 43 人。2011 年，投资 80 万元改建敬老院。2014 年，改善敬老院老人的居住环境和生活条件，为每位老人提供一室一卫生间，并且增设了鱼塘、鸡场、菜地、活动中心。

最低生活保障　2000 年，城镇最低生活保障户数 75 户、75 人；农村最低生活保障户数 1712 户、2104 人。2012 年，全镇共享受农村最低生活保障人员 1908 户、2881 人；城镇最低生活保障 83 户、85 人，月人均支出 240 元。2014 年年底，镇内共申报低保对象 2410 户，共计 3214 人。

养老保险　2009 年，积极开展新型农村养老保险试点工作，全镇共参保人员 23426 人，参保金额 250 余万元，参保率达到 60%。2012 年，参加新型农村养老保险人员 30327 人，参保金额 44 万元，参保率达到 60%；2014 年，新型农村养老保险参保人数达 28000 人，参保率达 44%；新农合参合率达 94%。

医疗保险　2006 年，实施城乡居民大病医疗救助。是年，救助 18 人，救助住院医疗费 32118 元。2014 年，救助 16 人次，救助金额 42112 元。

优抚　2005 年，享受国家抚恤、补助各类优抚对象 456 人。2014 年，国家抚恤、补助各类优抚对象 760 人；改造危房 65 户。

特色地情

名优特产

谭鸣红薯粉皮　2011 年，镇里成立谭鸣红薯粉皮产业合作社，成功注册“谭鸣红薯粉皮”及“耒阳红薯粉皮”两种商标，其中“耒阳红薯粉皮”属国家地理标志产品。产品质量在同行业中名列前茅，畅销全国，远销东南亚，2013 年，荣获湖南名优特产博览会“魅力湘品·TOP 百强”金奖。2014 年，荣获商务部颁发的“AAA 级信用企业”证书。“谭鸣红薯粉皮”色泽黄亮，身干条细，均

国家地理标志产品“耒阳红薯粉皮”

匀片薄，韧性好，拉力足，富含淀粉、糖类、蛋白质、维生素等多种营养素，长期食用，可强身健体、延年益寿，尤其是火锅中的上乘佐料，纯手工的传统工艺加工而成，无任何化学制剂，是真正名副其实的纯绿色食品。

铁皮石斛 《本草纲目》载："盛弘之《荆州记》云，耒阳龙石山多石斛，精好如金钗。"按《耒阳县志》记载，磨形乡三泉村有龙源山、小水镇长春村有龙头石、金盆村有龙脉冲，这三个名字虽不一样，但为同一座山脉。从当地自然条件来看，遍山怪石，峭壁高耸，符合石斛的生长条件。当地老人指出，野生铁皮石斛已不多见，但也绝非罕见。《神农本草经》将其列为上品，民间将其称作“救命仙草”。

（文字供稿：廖政齐　图片供稿：梁春根）

公平圩镇>>

区域概况

位置面积

公平圩原入口处有一副对联，联云：公平贸易达三江，自由往来通四海。相传宋朝中期，每遇当圩日子，来自耒阳、永兴等县的民众，挑箩担担，携老带幼，在此贸易，尺足秤准，买卖公平，故称公平圩。地处耒阳市南部，是耒阳的南大门，东与黄市镇接壤，西南与永兴县交界，北接小水镇，西界太平圩乡，镇政府驻严丰村，距耒阳市区 28 公里。1991 年，全镇总面积 43.54 平方公里。2014 年，总面积 97 平方公里，南北最大距离 26 公里，东西最大距离 22 公里。

建置沿革

1950 年，属耒阳县第十四区；1956 年，撤区并乡成立公平乡；1958 年，改为公平圩公社；1984 年，复改乡；1986 年，撤乡建镇；1995 年撤区并乡时，原白鹭乡并入公平圩镇。

行政区划

1991 年，辖洲泉、石湾、三村、楼前、新山、易兰、曾家坪、严丰、公平、桐木、群丰、农科 12 村和公平居委会，共计 183 个村民小组。1995 年，辖洲泉、石湾、三村、楼前、新山、易兰、曾家坪、严丰、公平、桐木、群丰、农科、大路、暮冲、南禾、泉沙、鲁塘、鲁碑、白鹭、光华、横岭、花禾、小泉、横冲 24 村，2 个居委会，332 个村民小组。2014 年，辖洲泉村、石湾村、楼前村、合意村、农科村、公平村、严丰村、新华村、横冲村、桐树村、群丰村、暮冲村、新山村、易南村、南禾村、泉沙村、鲁塘村、鲁碑村、白鹭村、光华村、大路村、横岭村、花禾村、小泉村、云山村 25 个村和公平居委会，331 个村民小组，3 个居民小组。

自然环境

境内大部为丘陵地区，东西部群山逶迤，丘陵起伏，中部有小溪终年不涸，溪水两侧开阔、平展，土质肥沃。属亚热带季风温润气候，气候温和，雨量充沛，光照充足，四季分明。年平均降水量为 1337 毫米。年平均日照时数为 1608 小时。年平均气温 17℃ ~ 18℃，年最热为 7—8 月，平均最高气温 34.7℃，极端高温一般年份为 37℃—38℃，最热时曾达到 39℃。常年最冷为 1—2 月，平均最低气温为 -0.5℃。土壤属强淋溶土区江南网纹强淋溶土、饱和潜育土亚区。土壤种类繁多，以红壤、黄壤、紫色土壤为主，适应性广，较肥沃。境内矿产资源丰富，以煤、锰、石灰石为主。主要自然灾害有旱涝、低温、雨雪、冰冻、泥石流、霜冻等灾害，2006 年 7 月的特大洪灾和 2008 年 1 月的低温冰冻灾害，直接经济损失 3800 万元，80 多户房屋倒塌。

人口民族

1982 年，公平圩镇总人口为 34471 人，其中男性 17902 人，占总人口 51.93％，女性 16569 人，占总人口 48.07％。1991 年年末，实有人口 21260 人，其中非农业人口 1315 人，全年出生人口 352 人，出生率为 15.92‰。2014 年年末，辖区总人口 48683 人，其中农业人口 47775 人，占 98.13%，非农业人口 908 人，占 1.87%。男性 25757 人，占 52.91%，女性 22926 人，占 47.09%。人口以汉族为主，达 48527 人，占 99.68%，少数民族 156 人，占总人口的 0.32%。人口密度为每平方公里 501 人。

经济发展

经济综述

公平圩镇植物、动物资源丰富，食品加工业发达，改革开放后，黄花菜、苎麻、干辣椒、薯粉皮、豆制品、茶油、烤烟、仔猪一度运销广东。1994 年后，国家实分税制财政管理体制，产业结构调整步伐加快，煤业、水泥业快速发展。1997 年，全镇生产总值 14280 万元，其中，第一产业产值 6010 万元，第二产业产值 5289 万元，第三产业产值 2981 万元，财政收入 148 万元，上缴国家税金 135 万元。2005 年，全镇工业总产值 7601 万元，农业总产值 8918 万元，粮食产量 19000 吨，年人均纯收入 2550 元，人均储蓄 800 元。2014 年，财政总收入 412.2 万元。

农业

种植业　1965 年，粮食总产 6778 吨。1979 年，播种面积 2849.67 公顷，总产 11947 吨。1991 年，有耕地 981.47 公顷，其中水田 749.2 公顷，粮食总产 5366.8 吨，水稻两季种植面积 1218.67 公顷，产量 5055 吨，亩平 276 公斤。红薯种植面积 81 公顷，产量 131 吨，亩产平均 108 公斤。2014 年耕地总面积 0.22 万公顷，人均 0.05 公顷，全部为水浇地，以种植水稻、蔬菜为主，农业总产值 8.67 亿元。粮食作物以水稻为主，年生产粮食 4.1 万吨，人均 877.7 公斤。主要经济作物为蔬菜和水果。蔬菜种植面积 426.67 公顷，产量 0.18 万吨，主要品种有白菜、萝卜、黄花菜、花生、生姜、辣椒、红薯等。水果有西瓜、香瓜、橘子、葡萄等。

养殖业　境内素有饲养家禽习惯。民国以前，个体饲养，产量不大，大都是为了维持生计。中华人民共和国成立后，鼓励农民饲养。1953 年，家禽家畜饲养量增多，并开始池塘养鱼。1958 年后，不准个体饲养，只准集体办饲养场，生产量大幅度降低。1978 年改革开放后，农民饲养的积极性大增，而且涌现了一批专业养殖户。2000 年以后，畜牧水产行业发展较快，有规模养殖户近百个，其中常年存栏生猪 3000 头以上的 2 个，1000 头以上的 4 个，500 头以上的 10 个，300 头以上的 18 个。2013 年，全镇出栏生猪 4 万多头，羊 3000 多头，牛 800 多头，家禽 15 万羽，是耒阳市养殖重镇之一。

林业　境内林业资源丰富，林地面积 98100 亩。民国以前，林地为私人所有，富户占有量大。中华人民共和国成立后，实行土地改革，但山林权属仍属私人个体。1958 年，成立人民公社，山林收归集体所有。由于大炼钢铁，砍伐树木烧木炭，森林面积受到破坏。1962 年后，国家鼓励群众造林，油茶林面积逐年增加。1992 年，茶油年产量 110 吨，成为耒阳市重要油茶基地。2014 年，由镇主要领导带队深入广东深圳和东莞招商引资，吸引老板返乡投资造林，同时与金鑫公司进行政企对接，加快推进土地流转，形成横冲村和洲泉村2个植树造林示范村，带动全镇共完成林地流转约800公顷，实际造林480公顷，年末，境内计造林1.37万公顷，其中防护林0.88万公顷，经济林0.45万公顷，竹林0.03万公顷，林木覆盖率70.4%。

工业

公平圩镇境内矿产资源丰富，工业基础较好。矿产资源以煤、锰、石灰石为主，是重要的工业能源基地。20世纪50年代起，相继创办农具厂、缝纫厂、木材加工厂、草药厂、钢铁厂，从业人员达1000余人，产值达500万元。70年代，创办五七工厂、农机厂、公平水泥厂等企业，公平水泥厂产量达2万吨，后扩建为耒阳市第二水泥厂，产值达4万吨。煤矿、锰矿等也逐渐兴起。80年代，集体个人相继开办小煤窑，至90年代初，达到高峰，近200个。1992年，工业产值706万元。全镇煤炭年产值200万元，公平水泥厂年产值1100万元，电站年产值500万元。进入20世纪，通过煤矿关闭整顿，镇内公平五矿、鲁塘五矿、金盆煤矿整合成宏华煤业集团公司，全镇现有宏华煤业公司、铜锣坪煤矿两个煤矿企业。整合后的煤炭企业综合实力大为提升，可持续发展能力大为增强。石灰石资源丰富，现有天力采石场、昆冈采石场、横岭采石3个以石灰石加工为主的采石场。

商贸服务业

20世纪80年代，周边乡镇及永兴县边境农副产品多在圩集贸市场处交易，上市主要有黄花菜、苎麻、干辣子、薯粉皮、豆制品、茶油、烤烟、仔猪、耕牛等。20世纪90年代以来，不断加快小城镇建设步伐，沿京珠高速公平联络线发展新镇区，两旁的餐饮、汽修商贸网店众多。1995年，共有集体商店26个，个体商店摊位207个，从业人员342人，有集贸市场2个，年成交额1520万元。随着小城镇建设的兴起，镇域内商品零售业、餐饮服务业、金融业、通信业等行业快速发展。1999年，个体摊位增至380个，从业人员2500人，全年商品营业额6000万元。随着商贸市场快速发展，镇内餐饮、金融、数码产品、房产、职介、美容、美发、休闲、娱乐等百业兴旺，基本能满足镇内居民的生产生活要求。现有两个圩场，一个是位于公平村的公平圩场，每月农历尾数为四、九日为逢圩日，位于公平居委会的公平站上圩每月农历尾数为二、七日为逢圩日，逢圩日村民都集中到圩场购买物品，有自家种的果蔬、加工品、手工艺品也集中到圩场售卖。2014年年末，共有商业网点120个，社会商品零售总额达3.056亿元，比上年增长18.5%；电信、移动、联通等连锁店均在镇上设有分店。商业流通行业顺丰、圆通、申通、韵达等公司在建设街设有站点。由于蔬菜种类多，投资1500万元的耒阳市军浩绿色食品有限公司已投产，公司主要对辣椒等当地蔬菜进行加工，销往省内外。

财政金融

财政 1985年，乡财税所成立，负责辖区内财政收入和支出。1990年，境内有合作社1个，开展金融业务。1991年，上缴国家税金14.3万元。1994年，完成各种税收100.4万元。1995年，财政收入165万元，上缴国家税金96万元，分别比上年增长5.1%和9%。1997年，财政收入148万元，上缴国家税金135万元。2000年，财政收入240万元，上缴国家税金190万元。2010年，财政税收大幅增长，由2007年的330万元增长至1939万元，四年增长487%。

金融 民国时期，境内设有信用合作社1个，经营存放款业务。中华人民共和国成立初期，有合作社4个。1956年，撤区并乡，合作社缩减为1个。1958年，信用合作社更名为公社信用部。1969年，复称农村信用合作社。1990年，境内有农村信用合作社1个。2010年，金融机构各类存款金额9100万元，各项贷款余额2340万元。2014年,境内金融机构各类存款余额10400万元，比上年增长7.8%；各项贷款余额2688万元，比上年增长8.4%。

基础设施

交通运输

1935年，粤汉铁路、衡郴公路修建，并建公平墟车站（现为四等火车站）。中华人民共和国成立后,重视交通建设,相继在境内修通了107国道、京珠高速公路、京广铁路、武广高铁、公新公路、白太公路。2008年，筹集配套资金60万元，争取市公路局立项。严丰村至泉沙村路、107国道至光华村路、107国道至白路村已全部硬化交付使用。另筹集资金100万元，将公新公路路基平整、拓宽。2010年,新建公平—花禾、群丰—桐树、暮冲等村通村公路15.2公里。2012年，镇村财政及村民集资、捐款筹集资金120万元，硬化通村公路15公里，开通从耒阳市至花禾村的公交线路，沿途经过公平村、横冲村、小泉村、云山村，大大方便了村民出行。是年，建成蔡伦竹海旅游大道。2013年,建成4条主要通村公路,分别是6.6公里长的严丰村至鲁塘村公路，4.5公里长的农科村至桐树村公路，6.5公里长的公平村至云山村公路，6.4公里长的大路村至光华村公路。2014年，向上争取资金60余万对公平居委会建设街进行维修，维修后道路畅通平整。

邮政通信

民国时期，境内设有信柜1个。民国28年（1939），因省政府迁至耒阳，邮政业务骤增，公平圩信柜改为三等邮局。中华人民共和国成立后，成立耒阳县邮政局，公平圩上有邮政代办所1个。1963年，境内有电话1部。1965年，人民公社大队部开始安装电话机,有电话机10部。2000年，12个村通电话，安装程控电话480门，2014年，有邮政代办所1处,邮政业务总量35万元。报纸、杂志累计期发行4256份。电信企业1家，服务网点6个，其中固定电话用户4462户，移动电话用户6421户，互联网用户823户。全年电信业务收入300余万元。农商银行1所，贷款规模达4700万元。

供电饮水

2005年，境内有供电所1座，全镇全部实行了农网改造。2014年，境内居民全年用电总量达2490万千瓦时。自2009年起，已兴建安全饮水工程12处,解决8个村10000余人安全饮水问题。2012年，启动农村安全饮水工程项目建设，共投入资金190万元，兴建自来水厂一个，铺设供水管道1.8万米，解决了镇里13000居民的安全饮水问题。

水利建设

民国时期，境内属重旱区，很多农家备有吊桶、孔明车、筒车、龙骨车等抗旱工具提水抗旱。中华人民共和国成立后，重视水利建设。1965年10月，建成龙形水库，库区东南毗邻新山村，西靠合意村，北邻楼前村，库容406万立方米，库区水面36.67公顷，集雨面积5.5平方千米，南北两条渠道共56千米，灌溉水稻涉及9个村7500亩水田。1995年,境内有水库11座,其中小（一）型水库3座，分别是坐落在合意村的龙形水库，坐落在易南村的军民水库，坐落在暮冲村的暮冲水库。国家AAAA级景区蔡伦竹海旅游专线(蔡伦大道)沿龙形水库库区而过。小(二)型水库8座,骨干山塘36口。

镇村建设

1994年,公平圩镇政府投资15万元,兴建一栋400多平方米高标准计划生育办公楼。2005年,公平圩镇新建机关大门,对前栋的漏水房全部进行检修,完善排污、排水设施,增加绿化面积,美化、亮化机关大院。2013年,公平圩镇被列为全市4个新型城镇化建设重点乡镇之一,聘请权威专家编制全镇小城镇建设总体规划和控制性详规,总体规划已通过市规委评审。小城镇建设的定位是把公平圩镇打造成耒阳市南乡地区商贸物流中心、蔡伦竹海旅游景区休憩驿站;在建筑风格上,选择明清仿古风格,灰色走线、灰色屋顶、白色屋墙。为改善全镇机关单位职工和各村困难户住房问题,启动公平圩镇公共租赁住房建设项目,规划建设100套,总面积4355平方米,总投资560万元。2014年,对高速公路公平联络线进行绿化、亮化、硬化、美化,对集镇范围内的建筑进行穿衣戴帽,统一建筑样式,统一墙面颜色,同时充分利用合意村拆迁安置这一机遇,拆老湾建新湾、对安置区统一规划设计建设,重点把合意村建设成美丽乡村示范村。镇政府加大资金投入用于镇村环境卫生整治基础设施建设和修缮,全镇建有垃圾焚烧场2个,大小垃圾池260多个,垃圾箱70多个,垃圾桶4000多个。年末,在全市环境卫生考核中排名第一。

社会事业

教育科技

教育 1958年秋,在公平圩镇新华村创办耒阳九中,小学部6个班,初中部3个班。1970年,耒阳九中兴办高中。1999年,耒阳九中调整为初级中学。2009年秋,开始接手新华小学为九中小学部。2011年,境内有小学15所,初级中学3所,在校学生4218人,中小学教师402人。2014年,有公办幼儿园1所:公平圩镇中心校幼儿园。民办幼儿园2所:小天才幼儿园、小明珠幼儿园,共计幼儿549人。有完全小学9所:公平中心完小、严丰学校、泉沙学校、白露学校、横岭学校、小泉学校、花禾学校、桐树学校、石湾学校;5所村小学:鲁碑学校、大路学校,光华学校、群丰学校、洲泉学校,教学班17个,学生853人,学校占地面积5万余平方米。2014年,共有学生2105人,教职工176人,其中中学高级职称5人,中学一级教师26人,小学高级职称89人,其中市级骨干教师4人,教师学历合格率100%,本科学历占76%。

科技 依托市农业局、农机局、人社局等机构,开展科技培训服务,2014年,共举办各类农村实用技术培训班3期,培训各类人员650人次,主要培训农业种植技术、农业机械操作、科学种田、测土施肥配方、电工、焊工等内容。境内有农村、农机、畜牧、林业、水管、农经等科研站所,有各类专业技术人员25人,其中取得高级职称4人。

文化体育

文化 中华人民共和国成立后,政府重视民间文化。1952年,县文化馆在公平圩镇建立第一个农村文化站,负责民间文艺会演,主办时事政策,卫生知识,农业科技知识讲座和小型展览等工作。1958年,建立公社文化站,配文化辅导员1人。1960年撤销。1965年,贯彻湖南省文化厅《关于大力开展公社民办文化站的通知》,重新建立公社文化站,配文化辅导员1人。1966年“因文化大革命”取消。1987年,建立乡中心文化站,配文化工作人员2人，负责文化工作。2014年年末，建有镇综合文化站1处，有村级文化活动中心25处，各类图书室（包括农家书屋）25个，藏书4万余册。民间艺术团体2家，杜甫书社1家。广播电视站（台）1个，有线电视用户8217户，电视综合覆盖率95.5%。2014年成立耒阳市诗词楹联学会公平分会。

体育 1992年，公平区中小学生田径运动会在耒阳市第九中学举行。2010年，有学校体育场2个，篮球场10个，有群众自发组织的广场舞队10个，以中老年妇女为主。2014年，组队参加耒阳市组织的广场舞比赛荣获三等奖。2013年、2014年，连续两年举办“宏华杯”篮球比赛，参赛队伍由镇机关、派出所、电站、学校、卫生院等单位组成。2014年，有体育场2个，篮球场12个，体育器材锻炼地3处。

医疗卫生

医疗 公平圩镇中心卫生院成立于1958年，坐落在公平圩镇严丰村11组，是一所集医疗、保健、防疫、公卫、妇幼的综合性农村乡镇中心卫生院。1995年，评审为一级甲等医院，2003年，被列省重点建设医院；2004年，被衡阳市中心医院列为对口定点指导协作医院；2012年，通过成为省医院管理年活动优秀乡镇卫生院验收达标单位；现有正式职工40人，主治医师1人，执业医师9人，执业助理医师7人，护师1人，护士2人，中药师1人，高工4人。大专11人，中专24人。男职工22人，女职工18人，临时工28人。设有公卫办、妇幼保健、预防门诊、健康教育、儿童保健及住院部，内科、外科、妇产科、急诊科、中医科，拥有500兆DRX光机，彩超、心电图机、自动生化分析仪、电动洗胃机等检查治疗设备，开展照片、肝功能、两对半、三大常规、抗“O”、伤寒、钾、钠、氯、钙、二氧化氮结合率，血糖、尿糖、尿素氮等检测，主要开展全镇公共卫生服务与管理及基本医疗服务工作。

卫生 中华人民共和国成立后，大搞卫生运动，农民逐步养成卫生习惯，开始日日打扫住处内外卫生。1963年，境内开始改建、拆迁不合理的厕所、畜圈。1973年，实施农村“两管五改”（管水、管粪，改水井、改厕所、改畜圈、改炉灶、改环境），各村卫生条件慢慢改观。1982年，整治脏乱差，各村开始兴建垃圾池。是年，境内有垃圾池100余处。1996年，开展灭鼠工作，在机关、村户投放毒饵捕杀老鼠。2000年，境内各村均建有垃圾池1个。2014年，圩场各住户、铺面实施门前卫生三包责任制；同时与镇政府签订卫生三包责任状。各村配备保洁员1人，负责本村卫生保洁工作。

社会保障

“五保”供养 自2004年开始，对无儿无女无生活来源孤寡老人纳入“五保”。当时“五保”老人待遇仅为本组每年解决400元，后逐年递增。2011年12月敬老院启用，首批进院养老的“五保”户为45人，至2014年，全镇共有“五保”户297户300人，每人2800元，敬老院“五保”户已增至47人。

最低生活保障 最低生活保障自2006开始启动，首批办理最低生活保障户280户、540人，其中一类40元，二类30元，2014年，全镇共有1183户、2012人享受低保待遇，补贴金额一类150元，二类130元，三类110元，基本上把贫困户纳入最低生活保障中。

养老保险 2009年起，正式启动新型农村养老保险政策，年满60周岁的居民月均可领取55元以上的基础养老金。2014年，全镇参加新型农村养老保险的共计26871人，参保率98%。

医疗保险 2006年，实施城乡居民大病医疗救助。2014年，新农保参保人数达25000人，参保率达42%。

特色地情

历史人文

劳动券 1983年9月，耒阳县委党史办主任陈列菊在公平墟茅家坪一位罗老汉家里，以党史办的名义花六元钱征集到两张中国共产党发行最早的纸币——劳动券，一张面值一元、一张面值二角。两张劳动券设计很有特色，一元面值的劳动券的正面是一圈花纹环绕着、花纹长12厘米、宽7.5厘米，左右上角印有“壹”字，左右下角印有“元”字，两端印有马克思、列宁画像，中间用草书字体印有“刘泰、徐鹤、李树一”的签名,下面印有“中华苏维埃元年印”。背面盖有“耒阳工农兵苏维埃政府之印”，印章直径10厘米，盖印处并用墨笔编有号码。面值二角的劳动券与面值一元的相比，无多少区别，只是面值数额不同而已。这两张劳动券目前收藏在北京中央军事博物馆，其中面值二角的劳动券目前仅发现一张，为世界孤品。

风景名胜

石湾村古居民村落 位于公平圩镇石湾村，整个村落由几十栋清朝时期的建筑物构成，一间间百年老屋连成一体，飞檐画栋，青砖老墙，满目古趣。曾氏家族在此生活几百年。因这里土地平旷肥沃，物产丰富，清代曾国藩筹建湘军时，到此筹集军饷，留有匾额。

石湾古民居村落

洪岗岭 又名神仙岭，位于公平圩镇云山、光华交界处，这一带高岭连绵，树茂林密，1928年年初，朱德在郴州宜章发动起义后，受到敌军的围追堵截，向北转移，从公平圩进入耒阳之后，与强敌恶战，部队退到洪岗岭一带，山上有庙，是部队的指挥部。为了争取老百姓的支持，在公平圩场召开群众大会，号召当地群众打土豪、分田地，为公平正义而战。朱德在洪岗岭积聚力量，为攻占耒阳城创造了条件。

公平影剧院 位于布街中心，属20世纪60年代苏联援助中国的建筑项目。电影院由正面门楼、主体大堂及两侧配套厢房组成。临街正面为凹字形门楼，中设内嵌式外向廊厅，两边为票房，外观方正宏大，中西合璧。

名优特产

千年竹梳 公平的千年竹梳主要材料为南竹，取自鲁塘、鲁碑村等地的优质阴山壮竹，不仅质地坚硬、富有韧性，而且经久耐用。千年竹梳传承了传统的手工制梳工艺，采用高温高压等独特工艺处理，结合现代磨齿抛光等独特手工工艺精制而成。其色泽美观自然，梳齿圆滑、光洁，手感极佳。其造型有人物、花鸟、月形、条形、柄形、镶拼等。大小不一，形态各异。2000年，镇政府组织个体私营企业参加耒阳市首届农副产品竞赛竞销会。公平出产的千年竹梳、竹凉席受到群众的青睐。

（文字供稿：廖政齐　图片供稿：梁春根）

泗门洲镇

区域概况

位置面积

因有淝洲、高北洲、段家洲、东洲4个地方而得名。地处耒阳市南部，东临南阳镇，南接黄市镇，西邻小水镇，北接灶市街街道办事处。镇人民政府驻泗门村，距耒阳市区15公里。2014年，辖区东西最大距离10公里，南北最大距离8公里，总面积68平方公里。

建置沿革

1956年6月，设白沙乡；1958年10月，成立白沙公社。1985年5月，将白沙乡改为泗门洲镇。1990年，属公平区。1995年撤区并乡后，行政区域未发生变化。

行政区划

1990年，辖新渡、王子、泥塘、白沙、楼下洞、王差、上集中、新坡、王陵、易成、滩洲、江冲、泗门、农科、大塘角、石下、长胜17个行政村；2014年，增加红卫、白山坪2个社区，共计213个村民小组。

自然环境

辖区地处低山丘陵地带，地形以岗地为主，岗岭起伏。辖区属亚热带季风湿润气候，其特点是气候温暖，四季分明，日照充足，雨水集中，夏秋多旱，严寒期短，暑热期长，无霜期长。春温多变，寒潮活动较频繁，湿度大；夏酷热伏旱多，雨热同季，局部有洪涝；秋季干燥，雨少多旱；冬季寒冷。年平均气温18.2℃，1月平均气温6.1℃。生长期年平均280天，无霜期年平均297天，最长达347天，最短为246天。年平均日照时数1479.8小时。年平均降水量1383.6毫米，年平均降雨日数为159.8天，最多达192天，最少为118天。降雨集中在每年3—8月，6月最多。境内河道为耒水河，从黄市大河滩入境，灶市零洲村出境，流经境内易成村、滩洲村、泗门村、农科村、楼下村、白沙村、新渡村、大塘角村、长胜村。年均流量258立方米/秒。境内探明的地下矿藏有煤、锰等，煤集中分布在集中村、新坡村、大塘角村一带，锰集中分布在王差村、楼下村、泥塘村一带。地下水资源可利用量为820万立方米。主要自然灾害有旱灾、水灾、雷电、龙卷风、山体滑坡等。

人口民族

1990年，泗门洲镇总人口28792人（其中非农业人口420人）。2011年，人口出生率11.91‰，人口死亡率5.85‰，人口自然增长率7‰。2014年，辖区总人口54580人，其中城镇常住人口10870人，城镇化率19.9%。另有流动人口186人。总人口中，男性28537人，占52.8 %；女性25488人，占47.2 %；18岁以下12484人，占23.1 %；18 ~ 35岁15217人，占28.2%；35 ~ 60岁18990人，占35.2%，60岁以上7309人，占13.5 %。总人口中以汉族为主，达54540人，占99.93%；少数民族40人，占总人口的0.07%。人口密度为每平方公里794人。

经济发展

经济综述

泗门洲镇成立之初（1956年），经济以农业为主，林、牧、渔产业次之。改革开放后，工业建设步伐加快，农村制造业、建筑业等队伍兴起，第二产业比重逐渐上升。1997年，随着招商引资的深入，完成乡镇企业总产值24158万元，其中工业总产值6886万元，创利税额1345万元。进入21世纪，突出发展新型工业，努力提高工业化水平。2005年，全镇国民生产总值4317万元，第三产业产值1985万元，财政总收入230万元，农民年人均纯收入2300元。全年粮食总产量11923.9吨。2014年，财政总收入1300.63万元。

农业

种植业 境内耕地面积1860.67公顷，林地面积约466.67公顷。粮食作物以水稻为主，2011年，生产粮食1.32万吨，人均385.5公斤。主要经济作物有油菜、蔬菜等。当年油菜种植面积约600公顷，蔬菜种植面积333.33公顷，产量1400吨，主要品种有白菜、黄瓜、红薯、辣椒等。2012年，在泗门村建立了50亩早稻集中育秧示范基地。当年的双季稻种植面积1764.27公顷，覆盖率95%以上，种粮大户日渐增多，全年粮食产量1.32万吨，粮食生产工作连续4年获耒阳市一等奖或二等奖。全镇冬种油菜600多公顷，荞麦6.67多公顷。新增养殖大户8户，引入新五丰合作2户。

养殖业 境内素有饲养家禽习惯。民国以前，个体饲养，产量不大，大都是为了维持生计。中华人民共和国成立后，鼓励农民饲养。1953年，家禽家畜饲养量增多，并开始池塘养鱼。1958年后，不准个体饲养，只准集体办饲养场，生产量大幅度降低。1978年改革开放后，农民饲养的积极性大增，而且涌现了一批专业养殖户畜牧业以猪、牛、家禽为主。2011年，生猪饲养量13210头，年末存栏11988头；牛饲养量3000余头，年末存栏386头；家禽饲养量20余万羽。生产肉1430.75吨，其中猪肉990.75吨，牛肉240吨，禽蛋200吨，畜牧业总产值2666万元。渔业以四大家鱼为主，养殖面积133.33公顷，产量800吨；渔业总产值889万元，占农业总产值的26.4 %。农民人均年纯收入4200元。2014年，获得生猪调出大县奖励资金4户，年底，生猪存出栏9200余头。

林业 至2014年，境内累计造林333.33公顷，其中沿河防护林53.33公顷，经济林266.67公顷，竹林3.33公顷，住宅四旁植树50万株，林业覆盖率89%，活立木蓄积量65万立方米。水果种植面积13.33公顷，产量20吨，主要品种有葡萄、橘子、桃子。林业总产值667万元，占农业总产值的32.3 %。全年完成幼林抚育约133.33公顷，共流转约466.67公顷林地，新增造林约400公顷，新增易成周小意、江冲曹贤亮造林大户，带动了当地经济的发展。

工业

1991年，有乡镇企业3025个，企业职工16234人，企业总收入6561万元。1998年，有镇办企业28个，村办企业80个，个体企业700个，共有从业人员7500人，当年完成销售收入1.2亿元，上缴利税3000万元。2011年，全年招商引资9家，发展新型经济企业10家。在承接沿海产业转移的趋势下，引进两个加工企业。一是开办在机电公司院内，利用机电公司厂房为生产场地的尚人制鞋有限公司，现有员工200多人；二是打工回乡青年陈章生，自带资金、设备、技术在家乡创办向荣制衣厂，已解决当地50名劳动力的就业。

商贸服务业

1996年，有全镇有集体商店10个，个体摊位150个，从业人员800人，全年商品营业额2300万元。有集贸市场2个，全年商品营业额2100万元，上缴工商管理费8万元。1998年，全镇有集体商店10个，个体摊位200个，从业人员900人，全年商品营业额2600万元。有集贸市场2个，全年商品营业额3000万元。2011年年末，境内有商业网点46个，全年社会商品销售总额达1.411亿元；城乡集市贸易4个，年成交额2.056亿元。

财政金融

财政 1985年，成立乡财税所，负责辖区内财政工作。1996年，预算内财政收入83万元，上缴国税83万元。 2004年，预算内财政收入163万元，上缴国税87万元。2011年，镇财政收入695.2万元，比上年增长34.1%。2014年，财政总收入1300.63万元。

金融 1960年10月1日，泗门洲信用合作社注册挂牌成立，主要经营贷款、存款、结算等，银行注册资本22万元。 1985年，境内银行网点有耒阳市泗门洲信用合作社和衡阳邮储银行耒阳市白山坪支行。2010年，境内金融机构各类存款余额0.32亿元。2013年，境内农村信用合作社改名为农商银行。2014年，有金融机构网点3个。

基础设施

交通运输

辖区形成由铁路、公路、水路三种运输方式构成的运输网络。铁路耒新线、白南线过境，其中耒新线境内长11公里，白南线境内长2公里，设珠玑滩、龙家山等2个站。京珠高速公路过境，境内长2公里，双向4车道。320省道过境，境内长5公里，双向4车道，通往安仁、常宁。有市乡（镇）级公路2条，总长26公里。1996年，全镇通公路村17个，运输车100辆。2011年，境内有客运汽车14辆，300座位，境内通航河道1条，总长122.2公里，耒水河为六级航道，有客运船舶3艘，90座位，有渡口码头4个。2011年年末，镇政府周边道路总长度3公里，境内桥梁20座，总长度122公里。开通公共汽车线路2条，公交营运车辆12辆，万人拥有量为2.4台，出租车25辆，万人拥有量为4.6辆。

邮政通信

1976年，辖区内有白山坪邮政通信网点。1996年，9个村开通程控电话，电话用户56户。2000年，17个村全部开通程控电话，用户250余户。2005年，有邮电所3个，村村组组通电话，总装机容量超过2000门，有中国移动、中国联通发射塔4个。2011年年末有邮政网点2个，投递点30个，有电信服务网点4个；电话交换机总容量1607门，固定电话用户1531户，普及率达21.4%；移动电话用户6526户，普及率达95.6%；互联网端口总数592个，宽带接入用户303户。2014年，有邮政局1处，有邮电支局和电信分局各1个，安装程控电话3300门，开办了特快专递等邮政业务。是年，共有网络用户5856户。

供电饮水

2012年3月，启动农村安全饮水工程项目建设，共投入资金817万元，兴建自来水厂一个，铺设供水管道2万余米，预计生产能力2600吨/日，可解决全镇15200居民的安全饮水问题。2013年，35千伏变电站落户镇内集中村。至2014年年底，全镇17个村（居）全部完成农网改造工程。

水利建设

境内两座小（一）型水库、小山冲水库和岷台水库分别被纳入省级除险加固水库维修工程项目，共计投入资金500万元，对大坎、涵、卧管彻底进行翻修加固，2011年起对全镇带家冲、野鸡坪等8座小（二）型水库防渗处理；自2013年起利用“一事一议”财政奖补的政策，新开渠道8500米，硬化原有沟渠15000米，完成和尚塘、管子冲等骨干山塘扩容工程16处。2014年，启动竹市基本农田保护区农业开发项目，共计投入资金1950万元，兴修高标准排灌渠道3680米，U形渠4985米，设置排灌闸门76处，可灌溉基本农田0.8万户。完善了镇内基本农田的排灌体系，基本达到旱灌保收。

镇村建设

2012年11月，兴建镇政务服务中心办公大楼。2014年，兴建垃圾填埋场2个，垃圾焚烧炉2座，17个村（居）均配齐了保洁员队伍，共有保洁人员38人，兴建垃圾池357座，配备垃圾桶128个，成立泗黄线专业保洁队，环境卫生状况得到较大改观。所有行政村、社区均有办公用房。

社会事业

教育科技

1991年，全镇有小学127所，初级中学10所，完全中学1所，在校中小学生25600人，教职工1195人。2011年年末，有幼儿园9所，在园幼儿1041人，专任教师53人；小学9所，在校学生1699人，专任教师120人，小学适龄儿童入学率100％；初中2所，初中在校学生1207人，专任教师125人。小学升初中率100%，九年义务教育覆盖率100%。2014年，镇内有中心幼儿园及其他6所民办幼儿园，在幼儿园800多人，小学8所，在校学生1538人，初中2所，在校学生1138人。2014年，在科技活动周期间，发放科普光碟，科普资料3万余张。

文化体育

文化 中华人民共和国成立后，政府重视地方文化。1984年，建立乡中心文化站，配文化工作人员2人，负责境内文化工作。1991年1月，建泗门洲镇有线电视台，发射（转播）塔高28米，覆盖半径5千米。1999年9月，开通泗门洲镇有线广播站，有广播喇叭10只，入户率80％。2006年10月，建成耒阳市泗门洲镇有线电视发展中心。2014年年末，有镇文化站1个，农家书屋17个，藏书5.1万册。泗门洲镇有线电视台开通20频道，有线电视用户1900户，电视综合覆盖率61.2%。

体育 2012年，建成泗门洲镇综合文化体育广场。2013年，对文化体育广场进行提质改造，占地面积1000平方米，广场内设篮球场2个。2014年年末，有学校体育场6个，集体文化休闲广场15个，经常参加体育活动的人员占常住人口的50%。

医疗卫生

医疗 民国时期，境内有草药医生坐堂治病。中华人民共和国成立后，有中草药店5家。1956年，建立乡卫生所，逐步形成县、区、乡三级医疗防疫体系。1958年，乡卫生所改名为公社卫生院，各大队开始创办卫生所。是年，境内有卫生院1个，医护人员12人，卫生所15个。1961年，各大队卫生所撤销。1969 年，开始实行农村合作医疗制度，境内新建立合作医疗所 16 个。1970 年，为加强战备，逐步建立公社野战医院、大队救护所、生产队救护室三级人民战争卫生医疗网。1974 年，医疗网恢复为合作医疗所。2011 年，境内有卫生院 1 所，村卫生室 15 个。医疗床位 26 张，其中执业医师 5 人，注册护士 2 人。农村安全饮水普及率 96.7 %，农村卫生厕所普及率 93.4%，新型农村合作医疗参保人数 33552 人，参保率 98.9%。

卫生 民国时期，村民只是按传统习惯在一些节日前后打扫居所周围卫生。中华人民共和国成立后，大搞卫生运动，农民逐步养成卫生习惯，开始日日打扫住处内外卫生。1963 年，境内开始改建、拆迁不合理的厕所、畜圈。1973 年，实施农村“两管五改”（管水、管粪，改水井、改厕所、改畜圈、改炉灶、改环境），各村卫生条件慢慢改观。1982 年，整治脏乱差，各村开始兴建垃圾池。是年，境内有垃圾池 90 余处。1996 年，开展灭鼠工作，在机关、村户投放毒饵捕杀老鼠。2000 年，境内各村均建有垃圾池 1 个。2014 年，圩场各住户、铺面实施门前卫生三包责任制；同时与镇政府签订卫生三包责任状。各村配备保洁员 1 人，负责本村卫生保洁工作。

社会保障

“五保”供养 2011 年，农村“五保”供养 32 人。2014 年，农村“五保”供养 116 人，支出 23.2 万元，大部分“五保”户在养老院集中供养，小部分分散供养，每人每月供养经费 230 元。

最低生活保障 2007 年，实行农村居民最低生活保障待遇。是年，境内有低保对象 76 户、156 人。2014 年年末，有低保对象 468 户、961 人，月人均保障标准 132 元。

养老保险 2011 年，城镇最低生活保障户数 589 户，人数 1236 人，支出 111.24 万元，月人均 75 元。2014 年，参保人数 31242 人，参保率 81%。

医疗保险 2006 年，实施城乡居民大病医疗救助。是年，救助 20 人次，救助住院医疗费 32300 元。2011—2013 年，大病医疗救助 150 人次，支出 80 万元。2014 年，农村医疗救助 90 人次。

社会救济 2014 年，农村临时救济 120 人次，支出 8.6 万元。

特色地情

名优特产

黄栀子茶 耒阳市富农农业开发有限公司根据泗门洲镇白沙村的土质情况，采取公司 + 农户的发展模式，以种植基地为依托，全力开发旅游产品黄栀子茶。经湖南中医药大学研究证实，白沙村产的黄栀子含栀子素、栀子甙、去羟栀子甙和藏红花素、藏红花酸、熊果酸等。黄栀子煎剂及醇提取液有利胆作用，能促进胆汁分泌，并能降低血中胆红素，可促进血液中胆红素迅速排泄；对溶血性链球菌和皮肤真菌有抑制作用；有解热、镇痛、镇静、降压及止血作用。

风景名胜

樟树湾 樟树湾坐落在白沙村，成片的樟树林是樟树湾的标志。一块碑石盘踞如虎，两行樟树错落有致。一年四季，站在樟树下，总能闻到一股清香。樟树湾年吸引客流量达 2 万余人次，每逢周末，很多城市居民带领家人到此钓鱼餐饮、观光休闲、享受假日，由此带来的消费总量达 100 万元以上。

（文字供稿：廖政齐）

三都镇

区域概况

位置面积

元朝年间，桂阳郡邑治耒阳时，欲备几处要地建都，该地依次列数第三，故称“三都”。地处耒阳市东部，东与永兴县樟树乡接壤，南临上架乡，西接夏塘镇，北界东湖圩乡。镇人民政府驻牛脑头，2008年，镇人民政府办公楼新迁入相邻牛脑头居委会的竹山村境内，距市区37公里。辖区东西最大距离11公里，南北最大距离15.2公里，总面积74.6平方公里。其中陆地73.7平方公里，占96%；水域0.9平方公里，占1.2%。

建置沿革

民国24年（1935），属耒阳县第四区管辖，民国38年（1949）前，改为平陵乡。1952年，隶属第七区。1956年6月，撤区并乡，建立三都乡。1958年12月，由三都、石准、上架3个乡建立三都人民公社。1961年9月，分乡建立三都人民公社、石准乡人民公社、上架乡人民公社。1984年3月，撤社建乡，三都公社改为三都乡。1994年3月，撤乡建镇，建立三都镇。1995年6月，撤区并乡，由原三都镇与原石准乡合并建立三都镇。

行政区划

2014年年末，辖有三都、金池、高龙、东冲、洪塘、石准、圩冲、干田洞、双红、板桥、南庄、大木、水口、银子冲、早禾田、坪洲、竹山、明冲、马坑、高灯、山田、泰山、东园23个行政村，共235个村民小组。2014年，成立牛脑头居委会，辖4个居民小组。

自然环境

境内东部高，西部低，地处丘陵地带，山丘海拔200~500米。属亚热带季风湿润气候，其特点是气候温暖，四季分明，日照充足，雨水集中，夏秋多旱，严寒期短，暑热期长，无霜期长。春温多变，寒潮活动较频繁，湿度大；夏酷热伏旱多，雨热同季，局部有洪涝；秋温陡降，雨少多旱；冬季寒冷干燥。多年平均气温18.2℃，1月平均气温6.1℃，极端最低气温-6.5℃（1991年12月29日）；7月平均气温29.4℃，极端最高气温41.1℃（2003年8月3日）。生长期年平均280天，无霜期年平均297天，最长达347天，最短为246天。年平均日照时数1479.8小时。年平均降水量1383.6毫米，平均降雨日数为159.8天，最多达192天（1994年），最少为118天（2003年）。境内地表水系丰富，主要的水系是耒水支流淝江河，淝江河流经全镇多数村庄，河水常年供给人畜饮水和农田灌溉。主要自然灾害有旱涝、冰冻、龙卷风等，2008 年，冰冻灾害造成全镇经济损失 1000 多万元。

人口民族

1982 年，辖区总人口 18384 人，其中男性 9330 人，女性 9054 人。1990 年，辖区总人口 20497 人，其中男 10448 人，女 10049 人；出生率 21.03‰，死亡率 6.15‰，人口自然增长率 14.88‰。1995 年，辖区总人口 36128 人，其中男性 18624 人，女性 17504 人；出生率 15.61‰，死亡率 2.88‰，人口自然增长率 12.73‰。2005 年末，三都镇总人口 34895 人，其中非农业人口 701 人。2014 年年末，辖区总人口 39050 人，其中男性 20631 人，占 52.8%；女性 18419 人，占 47.2%；14 岁以下 8552 人，占 21.9%；15 ~ 64 岁 23898 人，占 61.2%；65 岁以上 6600 人，占 16.9%。2014 年，人口出生率 13.5‰，死亡率 8.5‰，人口自然增长率 5‰。人口密度为每平方公里 523 人。境内居民以汉族为主，少数民族人口仅为 0.1%。

经济发展

经济综述

民国时期，境内农民主要从事种田和个体小煤窑、竹木加工等生产。粮食亩产在 200 ~ 250 公斤，经济不发达。中华人民共和国成立后，政府推行“以粮为纲”政策，实行科学种田，大面积种植双季稻，粮食亩产从 300 公斤上升到 600 公斤。同时发展社队企业，经济逐步发展。1985 年，全乡国民生产总值 3572 万元，其中农业总产值 2035 万元。1995 年，以煤炭生产为龙头的第二产业异军突起，镇、村、个体企业 756 个，年创企业总产值 20042 万元，创利税总额 2867 万元。粮食总产量 16965 吨，是年全镇国内生产总值 14426 万元，其中农业总产值 5350 万元，财政收入 167 万元，农民年均纯收入 1885 元。1997 年，致力发展新型农业，调整产业结构。2005 年，全镇粮食总产量 10471 吨，出栏生猪 1.4 万头，出笼家禽 12.15 万羽，完成国民生产总值 4.32 亿元，其中农业总产值 1.02 亿元，财政收入 112 万元。2014 年，全镇完成煤炭规费征收 155.7 万吨，完成国税、地税总额 8574 万元，财政收入 176 万元。全镇国内生产总值（GDP）总值 8.75 亿元，其中工业总产值 4.23 亿元，农民年均纯收入 5025 元。

农业

种植业 境内农作物主要以种植水稻、棉花、油茶、蔬菜、烤烟等为主。民国时期，生产力低下，亩产在 200 公斤左右。1953 年，组织农业合作社，粮食有所增产。1965 年，全公社粮食总产 2693 吨。1970 年，扩大双季稻种植面积，实行矮秆良种化，粮食产量逐年提高，亩产 350 公斤左右。1977 年推广杂交水稻。1979 年，粮食总产 6238 吨，亩产 593 公斤。1982 年，实行家庭联产承包责任制，粮食大丰收，农民余粮剧增。1995 年，粮食总产量 16405 吨。2000 年，粮食总产量 16966 吨；有大中型农业机械 20 台（套），农机总动力 12980 千瓦。2005 年，有耕地面积 1333.33 公顷，粮食总产 10471 吨。2008 年，境内有水田 1303.2 公顷，旱土 182.67 公顷。2011 年，全镇共有 3.33 公顷以上种粮大户 5 户，1.33 公顷以上蔬菜种植大户 2 户，油菜种植面积达 333.33 公顷，棉花种植 266.67 多公顷。2013 年，完成南庄、双红等村的“低产田改造”和“双红高标准粮田”建设项目。2014 年，生产粮食 7000 吨，油菜种植面积达 400 多公顷，棉花种植 166.67 多公顷。

养殖业 以生猪、鸡鸭、牛羊为主。民国时期，家养禽畜数量较少，养牛仅供耕作。中华人民共和国成立后，鼓励农民家养禽畜。至1979年，境内年户均养猪1.2头、养鸡15羽。改革开放后，境内涌现出大批的养殖专业户，其中养猪达100头以上的专业户19户。1997年，出栏生猪15648头，出售家禽26500羽。2000年，出栏生猪1.57万头，出笼家禽11.22万羽。是年，发展规模养殖户25户。2001年，稻田改鱼池规模养殖15家。2007年，引进资金2000万元，兴建坪州村东方牧业，引进500万元，兴建竹山猪场。2014年，生猪饲养量2.1万头，其中东方牧业年产生猪1.3万头，养羊达60头以上的专业户有2户，全镇有羊存栏量300多只，全镇有2000羽以上养鸡专业户5户，饲养量4.3万羽。

林业 民国时期，林地为私人所有。1958—1982年，林地由生产队集体经营。1983后，分散到户，由各农户承包经营。1997年，政府投资12万元，新办果园1个，投资15万元，在丝茅垄新开办林场1个，造林18.67公顷。次年，投资8万元，用于林场幼林抚育和经济林。2001年，发展四季笋种植面积10公顷。2014年，新增造林面积200公顷，累计造林4333.33公顷，有用材林986.67公顷，经济林3400公顷，其中油茶林2666.67公顷；抚育幼林300公顷。

工业

东汉元兴年间（105）后，手工造纸作坊遍及平陵等竹林山乡。民国时期，小煤窑有七八个。三都圩上有竹木、铁业、土纸等作坊十余家。1954年，境内部分初级社以搞副业的形式开办煤矿。1958年，在大办工业的高潮中，社队开办起煤铁、采矿、竹木等多个门类，10多个集体企业。1972年，公社兴办玉水龙煤矿，同年，成立三都公社五七工厂，有农机具修理、米面加工、缝纫、竹木器等行业，从业人员100余人。20世纪70年代末，东元大队企业有煤矿、制冰厂、拖拉机修配厂等，从业人员80余人，年创产值5万元。1982年，实行家庭联产承包责任制后，个体企业逐渐兴起，特别是个体煤矿，境内有20余个。1991年，乡镇、村、个体企业有1426个，从业人员3630人，全年完成国家税收29.3万元，实现利润171.05万元。其中乡办玉水龙煤矿创纯利润34.8万元。1993年，共有企业1729个，创总值3202万元。1997年，完成乡镇企业总产值2.004亿元，创利税2867万元。2003年，对明冲井田进行公开拍卖，广东老板陈联民和该镇煤矿主胡良毅以1.29亿中标采矿权。2006年，境内有煤矿企业36个。2009年，经整合关闭后有煤矿企业14家。2010年，完成煤炭规费任务183万吨。2014年，境内有工业企业27家，其中煤矿由2010年的13家整合为5大煤业公司，经整合后的东冲、明冲、双红、马坑、弘利5个煤业公司复工复产井口只有5个，年产煤量70余万吨，有煤矿职工600余人。驻境内马坑村的湘煤白山坪矿业有限公司（大岭工区），年产煤量50多万吨。

商贸服务业

民国时期，三都坪洲制造的鞭炮远销永兴、安仁等县，三都圩有商铺十余家，主要经营粮油、土纸、竹笋、日用杂货等。1949年10月，耒阳县政府成立后，实行新政策，私营商业有所发展。1955年年底，有私商20余户，从业人员30余人。1958年10月，建立三都公社供销部。1961年，改称三都公社供销合作社。“文化大革命”中，个体商业一律取缔。1976年，农村大队普遍建立代购代销店，亦农亦商。1977年，有“双代店”13个。1980年后，个体商店由30余家发展到近百家，遍及圩场及各村。1995年后，乡供销社解体，由私人承包。1996年，政府投资20万元，在哲桥中转仓库成立镇煤炭销售总公司，年末实现利税12万元。1996年，有个体商店52个，个体摊位316个，从业人员3750人，年总营业额1908万元，2个集贸市场，年成交额1842万元，上缴工商管理费15万元。1997年，全镇商品营业额2500万元，集贸市场成交额2080万元，上缴工商管理费12万元。2000年后，镇内商贸发达，消费旺盛。2014年年末，境内有商业网点200多个，镇内有三都、石准两个圩场，商贸流通网络不断健全，餐饮、酒店、金融、美发、服装百货、药店、物流等百业兴旺。三都圩每月农历尾数为三、六、九日为逢圩日，石准圩每月农历尾数为二、五、八日为逢圩日。全年社会商品销售总额达12506万元；城乡集市贸易成交额9782万元。

财政金融

财政 1950—1980年，乡财政由财粮委员或秘书兼管，统一上缴、开支。1985年，成立三都乡财税所。1993年，乡村、个体企业创利税353万元，上缴国家税金27.1万元。1997年，全镇生产总值1.4426亿元，预算内财政收入162万元，上缴国税147万元。1998年，预算内财政收入190万元，上缴国税185万元。2003年，上缴煤炭税费4490万元。2005年，完成国地两税1280万元，全市排名第二。2006年，完成国地税收1300多万元；2007年，完成煤炭规费6000多万元；2008年，全镇国民生产总值6.9亿元，国地税收达7000万元；获市财政工作一等奖。2010年，完成国地税收达1.8亿元，煤炭规费185万吨。2013年，全镇国内生产总值（GDP）达11.66亿元，完成财税收入2263万元，农民人均纯收入3899元。2014年，完成国税任务1836.23万元，地税362.41万元，完成财政收入76万元。

金融 清末民初，城乡民间资金融通，全靠自由借贷。1954年，建立三都乡信用合作社。1958年，公社信用合作社改称信用部，各大队设立信用服务站。1987年，成立三都保险公司营业所。2005年，设立邮政储蓄邮营业所，从业人员4人。是年办理储蓄业务275万元。2013年，信用社改称农商银行营业所。2014年，境内有金融网点2家，分别是邮政储蓄、农商银行营业所。三都农商银行该行全年发放农业贷款200多万元，该行在三都圩上设有24小时自动存取款机。

基础设施

交通运输

三都地处耒阳东北角，与永兴县交界。清末，民国期间，乡间道路以石板路为主。1957年，开通东湖至玉水龙8公里的农村客运线，因路况不好，运行8个月停开。1958年，蓼（田）上（架）线动工，1959年竣工，从许家桥接通进入三都乡政府所在地。1960—1980年，有县际班车2趟。1980年后，各村先后兴修公路，到1997年，全镇村村通公路，有运输汽车140辆，年创收入293万元，年内，政府筹资25万元，完成砂改油公路2公里，投资25万元，改造许（家桥）排（安浦）公路、三（都圩）马（坑）公路。1997年，有私家小车7辆。1998年，投资30余万元，用于许排公路硬化工程。1999年，自筹资金30万元，维修镇内主要煤运专线。2004年，投资70万元，完成蓼（田）上（架）线三都段扩宽路基及硬化工程。2005年，正值煤炭发展高峰期，有运输汽车200余辆，年收入500万元。2006年，投资80万元的排马公路及双红、三都村的路基拓宽全面启动。历时两年、投资800多万元，其中自筹资金300余万元、长13公里的葵上线、水三线的公路扩宽、改造、硬化、绿化等工作全面完成。2010年，筹集80多万元，修建公路46公里，实现村村通公路。2013年，所有通村公路全部硬化。2014年，镇政府筹集资金200多万元，争取市政府投资1000多万元，重新高标准硬化葵田至三都许家桥路线；镇政府发放公路建设补偿资金6.32万元。境内有客运汽车14辆，252个座位，年客运量30万人次，有货运汽车260辆，年货运量70余万吨。

邮政通信

民国27年(1938)，耒阳邮政局在境内牛脑头、下庄设立2个信柜。1958年，设立三都邮电支局，为当地群众办理信函包裹、汇总储蓄、报刊发行等业务。同年，公社安装总机。20世纪60—80年代，各大队设有电话机1部。1996年，开通程控电话、装机92户。1997年，新增程控电话240门。1999年，用户达550户。2005年，耒阳移动分公司投资600多万元，建立了南庄、干田洞、明冲三个移动基站，2012年，境内有电信企业1家，服务网点1个，固定电话用户1000户；移动电话用户8000户，互联网用户450户；2014年年末，有邮政支局1处，邮政业务总量(包括邮政储蓄)8600万元。报纸、杂志累计期发行21万元。电信企业1家，服务网点1个，中国电信、中国联通、中国移动均在三都圩场设有网点，固定电话用户200户；移动电话用户26000多户，互联网装机用户800多户。申通物流、圆通物流分别在镇圩场设有营业网点，为村民网购提供极大的便利。

供电饮水

1968年，凉水冲水库建成发电，装机2台、单机容250千瓦，年发电144万千瓦时，为三都圩周边机关单位及农村提供了用电方便。1978年，柑梨冲变电站为三都公社架设高压线，使三都各大队全部用上了电灯照明及排灌、加工等。1984年，成立公社农电管理站。1988年，自办发电机组，电网停电时，用柴油机发电。2005年，投入70多万元，建成明冲村日供600吨自来水厂，受益1500人。2006年，投资800万元，兴建35千伏三都变电站竣工，投入运行，全镇农网改造完成。投资20万元兴建日供水100多吨的自来水厂，解决1000人饮水问题。2007年，投资700万元的凉水冲水库人饮工程一期工程竣工。2008年春节前，遭遇特大冰灾，高低压电杆、电线、高压器几乎全部受损，镇政府部署安排电网抢修工作，确保全镇群众生产生活用电。2010年，兴建南庄自来水厂。2014年，有水厂4个；进行凉水冲水厂二期扩建工程，铺设管道20余千米，解决12个煤区村约3万人的饮水问题。

水利建设

三都镇位于淝江河上游。民国时期，沿河两岸农民筑堰蓄水，以灌溉农田。民国23年(1934)，遭受大旱，省政府颁布修筑塘坝工程，发放水利贷款，用于于山(平)塘的建设，到民国38年(1949)，乡内有山(平)塘100余口。1958年“大跃进”期间，掀起大干水利、修水库山塘的热潮，到1960年，兴建水库、山塘100余口。1965—1966年，在境内北部高垅村与东湖交界处，由五个公社集中劳力万余人，修建中型凉水冲水库，总库容1205万立方米，集雨面积22.5平方千米，灌溉面积1333.33公顷，还兼有防洪、发电、养鱼等综合功能，灌溉范围有三都、上架、夏塘、龙塘、东湖等5个乡镇。1996年，因遭受特大洪灾，大部分水利设施受到严重破坏。年内政府投资8万元，兴建水利工程35处，新开五标山塘4口；投资12万元，抢修被洪水冲毁的渠道、堰坝等多处。1997年，投资40余万元，修复洪灾水毁工程60余处。1998年，自筹资金45万元，修复洪灾水毁工程50处。1999年，自筹资金22万元，维修水利设施28处。2001年，投资10万元，维修水利工程15处。2002年，投资16万元，对凉水冲左右干渠进行清淤。2003年，投入8万元，对坪洲跃进水库进行维修。2012年，投入资金870多万元，分别用于双红村、金池村、高龙村的水塘、渠道建设。2013年，完成东冲、坪洲、泰山背水渠1600米加固项目；完成板桥、银子冲、圩冲、高灯等4村的6个山塘加固项目。2014年，有中型水库1座、小（二）型水库2座、骨干山塘19座。

镇村建设

1996年，改造老圩场2个、新建门面房3栋。2002年，投资30万元，建石准中学学生宿舍大楼，总面积1200平方米。2005年，镇政府择址新建。是年投入50万元，完成征地、平基工作，2006年，投资200万元完成主体工程及室内外装修，2007年，交付使用。2006年，建立坪洲、石准、早禾田三个爱民村集中建房2000多套，4万多平方米。2011年，投资800万余元改造三都圩场道路0.3千米，栽树100株，并全面做好街道的硬化亮化工作。在圩场安装路灯100余盏。

社会事业

教育科技

教育 清末民初，农村教育形式是以私塾为主，民国17年（1928），设有私立小学，民国32年（1943），兴建乡、保国民学校6所。1949年10月，乡政府接管乡、保立小学，供农民子女读书。

凉水冲水库

1958年，兴起公、民办小学13所。1968年，兴办三都公社初级中学，同时，县立六中在境内兴办。1975年，实行社办高中、队办高中，三都中学增设高中班2个，明冲等大队增设初中班6个。1980年停办。1991年，有初中1所、小学15所，在校学生3239人、教职工199人。1995年，境内有中学2所，小学23所；在校学生3560人，中小学教师286人。镇政府投资30多万元，装修小学12所，兴建教师住房2栋。2000年，有中学2所，小学18所，农校1所；在校学生5400人，中小学教师254人。镇政府出资50万元，用于学校维修及新增各类教学配套设施。2005年，内筹外引资金50多万元，兴建旱禾田朗生希望小学，争资、筹资30多万元对双红小学教学综合大楼进行了改造。此外，镇政府还从自筹资金中拨款5万多元，偿还历年拖欠的民办老师工资及奖励优秀教师，发动煤矿老板捐资20万元改建新校门；2010年，争取资金90多万元，对石准中学进行扩建，兴建石准中学学生食堂、宿舍综合楼，扩建操场，改建围场、厕所，添置课桌椅等附属设施；自筹资金新建石准中心完小围墙；镇政府拨资25万元，完善三都中学的图书馆、乒乓球桌等，添置课桌、椅200套，对明冲小学、三都中学进行维修改造。2011年，投资400多万元改建东泰联小学，该校占地面积2.87公顷，建筑面积3000多平方米。2012年，境内有中学2所，小学8所，幼儿园4所，中小学教师177人，中小学生2950人。2013年，完成三都中心幼儿园建设、石准中心小学扩建项目，东冲小学代教点建设项目。2014年，镇内有中心幼儿园及其他三所民办幼儿园，在园幼儿900多人，专任教师36人；小学8所，在校学生2020人，专任教师105人，小学适龄儿童入学率100%；初中2所，有专任教师20多人，学生300多人。

科技 1959年，成立三都公社农科所，有专业干部2—3人。1971年，改称农科站，有农技员3人，为农业提供育种、植保、制种等科技服务。1990年，改称农技推广服务站。2000年，各村配备农技员1人，推广和普及科技知识，培植发展科技示范户。2014年年末，有农技员25人，科技示范户15户。境内推行“单改双”种植计划，完成早稻集中育秧面积。

文化体育

文化 三都历史悠久，文化底蕴深厚。三国时期，蜀国军师诸葛亮在耒阳留下许多文物古迹。境内的侯憩仙，至今留有点将台。民国10年（1921），三都圩有戏台一座。中华人民共和国成立后，三都文化事业蓬勃发展。20世纪50年代至60年代初，秧歌舞、皮影戏风行一时。“文化大革命”时期，成立毛泽东思想宣传队。排演节目，在各大队演出，1970年，家家户户装广播。1974年，成立公社电影放映队，公社建立电影院，大队普遍建立文化室。1997年有歌厅3个，录像厅2个，卡拉OK厅6个，新增有线电视用户500户。2012年，争取上级资金40余万元在政府机关院内新建文化站，镇有广播站，并配有专职人员1名。

体育 2012年，争取资金，添置桌球台等健身设施。2014年，有镇有村级文化活动中心23处，农家书屋16个，各类图书室17个，藏书3000余册。有篮球场12个，乒乓球台20个，广场舞队8个，群众性体育活动蓬勃发展。

医疗卫生

医疗 清末至民国时期，农村普遍缺医少药。1958年，设立卫生所，后改为卫生院。1959年，三都公社陈家村46名小孩39人患麻疹，死亡5人。当时用管仲、紫草和胎盘球蛋白预防，收效甚微。1967年起，实行疫苗注射，此病得到控制。1969年，实行农村合作医疗制度，每个大队配备2~3名赤脚医生。上拨西药自采草药，为群众治病。1980年停办。此后，三都卫生院新建，设备逐渐齐全。常见疾病一般在境内治疗。2005年，投入10万余元对计生办、服务所的办公房进行修缮，添置服务设施。2005年,争取专项国债贷款30多万元，自筹100多万元兴建了医疗综合大楼，2006年，启动新型合作医疗制,发动参合农户达6000多户，收缴参合资金22.6万元，参合率70.7%，兑付赔偿资金46.84万元，受益面28.3%，2012年，度实现计划生育率达85%。2013年全年共落实手术566例。2014年年末，有乡级卫生院两所，共有医疗点21个；有床位23张。固定资产总值428万元。专业卫生人员61名，其中执业医师14人，执业助理医师12人，注册护士6人。2014年，医疗机构（门诊部以上）完成诊疗3.6万人次。

卫生 清末、民国时期，农村卫生环境较差。中华人民共和国成立后，卫生工作被列入重要议事日程。1952年，全乡开展“五灭一捕”（灭蝇、蚊、蚤、虱、臭虫、捕鼠）爱国卫生运动。1957年，继续开展灭“四害”为主的卫生运动，并在端午节、6月6日、春节及重要节日进行大扫除活动。1978年，公社设爱国卫生运动分会，部署和指导域内的卫生工作。1982年，结合“五讲四美”活动，开展治理“脏、乱、差”为主的爱国卫生运动，组织人员清运垃圾、填平洼地、疏通阴沟、整修厕所、粉刷墙壁。1987年，以消灭老鼠为重点，统一施放毒饵。1998年起，改建水井100余口。2011年以来，每年投入环境卫生治理经费40万元以上。2012年，镇财政花费40多万元购置了洒水车、叉车、垃圾拖运车等环卫设施；2013年，全镇全年共投入资金200多万元，新建垃圾池192个，2个圩场环卫投入20多万元，制作12块大型的固定性宣传标语、公告等。2014年，共投入资金50多万元，新建垃圾池89个，二个圩场环卫投入20多万元，兴建焚烧炉2座、购置环卫工具120件（套），制作80多块大型的固定性宣传标语、公告等。

社会保障

“五保”供养 1950—1982年，“五保”老人由所在大队、生产队集体供应粮、油等生活物资，政府给予补助。实行家庭承包责任制后，转入到由政府给予集体供养。2005年，投资30万元改造原石准乡政府大院，建立三都镇养老院。2014年，全镇有“五保”老人44人，其中34人实行集中供养。

最低生活保障 2006年，耒阳市农村居民低保在三都镇进行试点。2011年，境内有779人享受农村低保待遇。2014年，全镇享受农村低保对象1236人，核减347人。

养老保险 2009年年底，启动农村居民养老保险，年满60周岁的村民每月领取养老金55元。2014年，境内新型农村养老保险做到应保尽保，参保率85%，享受新农保补贴1451人；镇政府为16户两女户办理了养老保险。

医疗保险 2009年，新型农村合作医疗参合率92%。2014年年末，23个村村民全部参加新型农村合作医疗，参保率100%。全年享受补偿达24053人次，补偿费用188.3万元。

社会救济 民国期间，三都水、旱、虫灾连年发生，民国10年（1921）夏秋连旱，水稻大部分失收，政府曾减免田赋银圆。民国33年至民国34年（1944—1945），侵华日军侵犯耒阳，乡内千余人丧生。民国35年（1946），又遭虫、旱、瘟灾，1—4月，因绝粮饿死的有数十人，逃荒者不计其数。当时政府曾拨救灾款、粮发给农民，但由于灾民多，救济少，无济于事。中华人民共和国成立后，社会保障逐渐完善。1956年，遭受特大旱灾，受旱面积200多公顷，粮食减产三成以上。县政府减免征粮人均10公斤，并发放救济款，帮助灾民渡过难关。

特色地情

名胜古迹——侯憩仙 也称猴憩仙、侯憩山、侯计山、侯昙山、孔明山。《明史》载："东有侯计山，淝水出焉，西南入耒水。"有关侯憩仙山名之由来，据《九州通志》载："耒阳侯计山，一名侯憩山，上有七十峰，诸葛孔明常憩此筹计兵事。"故而得名。侯憩仙坐落在离耒阳市东南角的三都镇与上架乡之间，与永兴县交界，海拔553余米，从三都镇泰山背村骑车或从上架乡爬山，蜿蜒曲折，沿路竹林茂密，溪泉潺潺，凉风阵阵，飒爽怡人，登临峰顶，纵目眺望，耒阳、永兴小山连绵。登山顶有"一鸡鸣三县之说"，地处永耒边界的白云岭七十二峰岿然耸立。侯憩仙因三国诸葛亮在此计筹驻扎而名扬天下，遗有孔明点兵台、旗座、孔明井、孔明车、孔明亭、营盘寨等古迹。现被列为县文物保护单位。

（文字供稿：谭奇煌　图片供稿：梁春根）

南阳镇 >>

区域概况

位置面积

因境内古寺南阳庙得名。地处市域东南部，东与夏塘镇接壤，南临大义乡，西接泗门洲镇，北与龙塘镇毗邻。镇政府驻地田螺心，距市区 23 公里。辖区总面积 105 平方公里，东西最大距离 9.43 公里，南北最大距离 14.1 公里。

建置沿革

民国 17 年（1928），设淝江镇，民国 24 年（1935）属耒阳县第五区，民国 27 年（1938），设立淝江乡。1950 年，隶属县第三区。1956 年 6 月，撤区并乡，成立南阳乡。1958 年，并入夏塘公社。1961 年，从夏塘公社析出，设立南阳公社。1984 年 3 月，撤社改乡。1985 年 5 月，改为乡级镇。1995 年 6 月，盐沙乡并入。

行政区划

1995 年撤区并乡后，辖淝江村、木桥村、朱子村、高塘湖村、金星村、星子村、金云村、堰乡村、新胜村、樟木村、高岭村、排山村、盐沙村、仁里村、石岭村、三鹿村、石桥村、田心村、壕塘村、天门村、界石村、繁荣村 22 个行政村，2 个居委会，共有 313 个村（居）民小组。

自然环境

境内为低山丘陵地带，属亚热带季风温润气候区，既具阳光丰富的大陆性季风气候特点，又有雨量充沛、空气湿润的海洋性气候特征。常年平均日照时数为 1608 小时，平均气温为 17.9℃；最热为 7—8 月，平均最高气温 34.7℃，最冷为 1—2 月，平均最低气温为 -0.5℃，年平均降水量 1345 毫米。主要自然灾害有旱灾、涝灾、冰灾等。

人口民族

1982 年，辖区总人口 19911 人，其中男性 10014 人，女性 9897 人。1990 年，辖区总人口 29882 人，其中男性 15991 人，女性 13891 人；人口出生率 16‰，死亡率 6.4‰，自然增长率 9.6‰。1995 年，有总人口 48815 人，其中男性 25252 人，女性 23563 人；人口出生率 13.8‰，死亡率 4.8‰，自然增长率 9‰。2005 年，有总人口 45699 人，其中男性 24346 人，女性 21353 人；人口出生率 12.8‰，死亡率 6.8‰，自然增长率 6‰。2014 年，有总人口 50681 人，其中男性 26623 人，女性 24058 人。人口密度每平方公里 483 人。境内居民全部为汉族。

经济发展

经济综述

境域农民主要从事种田和竹木加工、铁器、小煤窑等，经济不发达。中华人民共和国成立后，政府努力恢复和发展国民经济，对农业、手工业进行社会改造。1957年，工农业总产值123万元，粮食总产量2751吨。1975年，实行科学种田，推广双季稻，同时社队企业兴起，创工农业总产值376万元，其中农业总产值284万元，农民人均纯收入95元。1995年，实行改革开放，第一、二、三产业齐头并进，全镇国民生产总值12389万元，其中工业总产值9609万元，粮食总产量12350吨，财政收入151万元，农民年均纯收入1798元。2000年以来，全镇走农业产业化新路子，引导农民发展养殖、种植、加工业，形成规模生产基地和龙头企业，民营经济以煤炭为主，年产煤炭40万吨。2005年，全年完成工农业总产值2.19亿元，其中工业总产值1.4亿元，农业总产值2200万元，粮食总产量10525吨，农民人均纯收入2021元。2014年，大力发展新兴农业，有效推进土地流转，20余户种粮大户流转土地333.33公顷。全镇年内创国内生产总值（GDP）总产值7.652亿元，其中工业总产值5.73亿元，粮食总产量10084吨，财政收入223万元，农民人均纯收入5328元。

农业

种植业 民国时期，农业生产水平低下，粮食亩产仅200公斤以下。1950年实行土地改革。1953年，组织农业合作社，粮食增产提高到250公斤。1958年，成立人民公社，后连遇三年自然灾害，粮食减产。1962年，实行生产队为核算单位，农业生产得到恢复发展。1965年，全公社粮食总产量为3437.4吨。1969年，双季稻面积扩大。1976年后，杂交稻种植面积扩大。1979年，粮食总产量6705吨，平均亩产598公斤。1982年，实行家庭联产承包制，粮食总产7500吨。1991年，因遭遇大旱，粮食较上年减产1613吨。2000年，有耕地面积1490公顷，粮食总产量14593吨。2013年，粮食补贴农业计税面积1366.87公顷，水田面积1157.2公顷，早稻种植面积399.07公顷，中稻种植面积548.47公顷，晚稻种植面积447.93公顷，小麦和玉米种植面积100公顷，旱土种植面积137公顷。2014年，在高岭、樟木、新胜村建立高产示范责任田，双季稻种植面积较上年增加33.33公顷。

养殖业 境内历来有养猪、牛、鸡、鸭等畜禽的传统。民国时期，养殖均为个体所有，养殖量不大，各农户养猪、鸡，以解决日常生活所需，养牛大多是较富裕的农户，一般贫雇农不可能有，耕田以租赁为主。中华人民共和国成立后，耕牛归集体所有。生猪以个体农户养殖，户平1头左右。20世纪70年代，各生产队自办小型猪场，10～30头不等，并鼓励私人养猪，户平达2头以上，家禽10羽以上。1979年，养猪3820头，鸡27400羽。1982年后，耕牛以作价形式卖给农民。1993年，生猪出栏8760头，产肉569吨，家禽出笼43620只，禽肉产量49吨。1999年，出栏生猪38960头，出售家禽3.1万羽，完成渔业产值121万元。2001年，出栏生猪13600头，出售家禽5.6万羽，完成渔业产值110万元。2014年，有养殖专业户20户，其中饲养500头以上的养猪专业户12户。

林业 境内林地面积较多，资源丰富，是耒阳市杉木林基地乡镇之一。山上多以松杉、樟、竹、杂木及果木等。1979年，造林85.27公顷，1991年政府组织劳力7.3万个，造林300公顷，消灭了宜林荒山。1994年，完成世界银行贷款造林工程连片林80公顷。2010年之后，针对土地抛荒严重的实情，鼓励煤矿业主利用产业资本投资新兴农业，承包开垦荒山，发展果林，药材、苗木、油茶等新兴农业经济。抓好龙头产业，大规模发展油茶种植,加大林业绿化力度。2010年，排山村私营老板刘子辉投资2000万元，开发建成集药材、苗木、油茶为一体的耒阳市铭流林牧综合开发有限公司。2011年，投入1000万元，打造油茶种植大型基地。2014年年末，全镇新种植的杉树、南竹、油茶等面积已超过1000公顷，森林覆盖率65%。

工业

清朝、民国时期，境内有铁器、木器、竹器、造纸、造船等手工作坊数十家。淝江口的手工业在全县有名，盐沙铺、东山堰打制的铁器，锻造、淬砺工艺精湛，享誉湖南各地。中华人民共和国成立后，1953—1956年，对私营工商业实行社会主义改造,全乡有手工业合作社3家，从业人员20多人。1965年,南阳公社办起农机、农副产品加工厂。1970年，兴办公社五七工厂。到1973年，社队企业发展形成高潮，开办煤矿，承包南阳煤矿的挖土方、建筑等工程，从业人员300余人，完成产值20多万元。1978年后，政策开放，个体工商业兴起，形成社、队、个人企业的立体格局。1992年，全镇煤矿企业109个，从业人员1280人。1996年，有镇办企业7个、村办企业74个、个体办企业707个、从业人员6754人，占农业人口的17%，年内完成销售收入12880万元。其中全镇16个煤矿，产原煤48万吨，上缴利税18万元。2001年，有镇、村、个体企业881个，完成总产值3.2亿元，年创利税2880万元。2005年，镇内有合法煤矿33个，煤炭等加工企业6个。2012年，南阳镇将15个合法煤矿整合到4个煤业公司。兴办煤坪、洗煤厂、砖厂。2014年，有煤业公司4个，年产煤50万吨。

商贸服务业

南阳物产丰富，水陆交通方便，商业历来发达。清末、民国时期淝江口设有航运码头。盐沙铺，东山堰有商铺数十家。1958年，建立南阳公社供销部。1977年，各大队普遍建立代购代销店。1980年后，南阳圩场重新改造，个体商户迅速增加，到1997年，有集体、个人商店62个，个体摊位300个，从业人员1100人，全年商品营业额达200万元。2014年年末，南阳镇共有集贸市场2个，年成交额1500万元，上缴工商管理费8万元。2014年年末，境内有商业网点500多个，其中大型超市商场有2个，其中专业市场2个，圩场商品交易频繁，市场经济较为繁荣。

财政金融

财政 中华人民共和国成立后，乡财政由财粮委员或秘书兼管。1985年，成立乡财政所，统管财政开支。2000年，全镇生产总值1.716亿元，财政收入230万元，上缴国家利税165万元，南阳镇经济发展始终保持稳定态势，一、二、三产业实现了均衡、协调发展，长期保持耒阳市经济重镇地位。 2010年，耒阳市的财政总收入22.63亿元，南阳镇完成2.28亿元。2012年，耒阳市财政总收入20.3亿元,南阳镇完成税收1.6亿元。2013年，由于煤炭发展滑坡，经济跌幅很大，耒阳市财政总收入20.22亿元,南阳镇完成税收0.49亿元。2014年，耒阳市财政总收入21.36亿元，南阳镇完成0.78亿元。

金融 1961年，建立南阳公社信用合作社。2014年年末，南阳镇辖区共有南阳、盐沙2个农商银行营业所，南阳邮政储蓄银行营业所1个。

基础设施

交通运输

清末、民国时期，境内有古驿道盐沙铺、田心，乡间道路多为石板桥，水路通航的有淝江，来往船只频繁。1958年，夏塘淝江公路建成，全长5.1公里。1976年，淝江前进专线开通，全长2.8公里，是年，永耒铁路珠矶滩龙塘线和白沙南阳线竣工通车。1980年后，各村公路陆续开通，形成铁路、公路、水路的交通格局。2001年，有运输汽车98辆，客运车18辆，年创运输收入230万元。2008年，硬化7个村级公路及河边风光带全长16.7公里。2010年，全镇23个行政村、95%的小组基本通上水泥公路。同时投入200余万元的境内六公里煤运专线加宽硬化，改变了南阳“富乡无富相”的旧貌。2014年，高标准建设六里长冲和马颈凹公路。

邮政通信

1957年，设立南阳邮政代办所，1958年，农村电话线开通到南阳公社政府。1960年后，各大队有电话1—2部，1970年，村村通邮路，送信、送报纸。1995年，镇内共有8个行政村开通了程控电话，用户180户。1998年，共有8个村开通了程控电话，增加用户106户。2000年年末，镇内23个村开通程控电话，装机用户530户。2014年年末，有邮政网点2个，有电信服务网点4个。申通、福源乡村快递等快递服务机构相继在镇内设立快递服务点，中国移动、中国联通、中国电信等网络已基本覆盖全镇。

供电饮水

民国期间至20世纪60年代，农村照明以桐油灯、煤油灯为主。20世纪70年代，南阳煤矿建成后，矿区周围农户用上了电灯。1978年，盐沙变电站建成。1980年后，村村通电。1984年，成立乡农电所。1995年以来，镇内电源主要来自夏塘变电站。2010年，投入50万元建设天门村、仁里村、盐沙完小共1300人的安全饮水工程。2011年，投资857万元，建设田心片5个村的安全饮水工程。2012年，启动盐沙水厂，该安全饮水工程启动后将解决周边5个村共15000多人的安全饮水问题，2014年末，镇内实现组组通电，18个村通自来水。

水利建设

境内河道主要淝江河，属耒水主要支流从永兴县至耒阳市境内流经朱子、淝江、界石、天门等村，长10公里，年均流量25.8立方米/秒；有小（一）型水库2座，其中朱家桥水库于1958年修建，库容374万立方米，星子洞水库于1975年修建，库容241万立方米，设计灌溉10个村，灌溉农田400公顷。小（二）型水库13座，总蓄量143万立方米，灌溉农田333.33公顷。骨干山塘45座，总蓄量2416万立方米，库容110.64万立方米，灌溉农田217.87公顷，山塘1150口，总蓄量6495万立方米，灌溉农田509.2公顷。2014年，由镇筹资，组织对堰河进行治理，对星子洞水库南北干道进行清淤。

镇村建设

清代、民国时期，农村住房以土砖茅草盖顶为主，天门、界石等地方有抖墙屋，木板屋。1950—1970年，变化不大，人多房少，住房困难。1970年后，大部分换成红砖瓦房，乡政府、卫生院、中学、完小、各村小相继兴建，南阳贸易市场改造新建，1990年后，镇村建设跨入快速发展的轨道。旧房老宅大多无人住。村民选择交通要道旁，兴建钢筋水泥的高楼大厦，装修粉刷一新，户面积达200平方米左右。2008年，投入50多万元对界石8组的采煤沉陷区民房整体搬迁。2012年，南阳聘请专家编制《南阳镇2012—2030年总体规划》和南阳新区的详细规划，同时通过国土治理项目，成功申报南阳公立幼儿园、南阳卫生院、南阳中心完小搬迁项目。2014年，积极申请棚户区改造工程，新修富康路，为将南阳打造成宜居、宜游的新型小城镇而做出重要努力。

社会事业

教育科技

教育 清末，在淝江与耒水交汇处江心塞口洲建淝江书院。尔后，上架仰高书院并入淝江书院。中华人民共和国成立后，教育事业逐步发展，农民子弟进校读书。1958年，实施公办和民办办学方针，境内有小学12所，学生1000余人。“文化大革命”时期，教育曾一度受到冲击，停滞不前。1975年，各大队办初中，公社办高中，学生人数大增，但质量不高。1978年后，大队初中改为小学附设班。1982年，保留公社中学。1984年，改名为乡中学。1990年，境内有小学13所，初级中学1所；在校学生3050人，教职工143人。1995年，境内有小学24所，中学2所；在校学生6166人，中小学教师212人。镇政府投资87万元，装修小学4所，兴建南阳中学教师楼。2000年，境内有中学2所，小学24所；在校学生5310人，中小学教师308人。2005年，镇政府与境内企业家和有识之士联合成立南阳镇第一届教育奖励扶助基金会。于9月1日首发仪式上发放资金36.62万元，共奖励扶助学生542人及南阳中学、盐沙中学等4所学校。同时镇政府还筹集资金60万元兴建新高岭小学、金星小学。2011年，完成南阳中学学生宿舍兴建工程和星子小学改建项目。2014年，境内有中学2所、中心完小1所、小学14所，有在校学生2892人。

科技 1971年，成立公社农科站，有农技员4人，定期举办育秧员、值保员培训班，并油印科技简报，指导技术。1990年，农科站改称农业技术推广服务站。2000年后，农业技术普遍推广，涌现一批科技示范户。2014年年末，有各类农技员20人，“星火科技示范户”5户。

文化体育

文化 清代，南阳资柏丞的楷书，以笔法浑厚，刚劲洒脱，闻名于世。遗作有“花洲献瑞”四字，石刻于八角亭附近的金牛门上。盐沙豪塘罗家的武术、狮舞，在耒阳乃至湘南地区榜上有名。中华人民共和国成立后，秧歌舞、腰鼓舞，风行一时。1958年，南阳公社成立文化站，配文化辅导员1名。“文化大革命”中，公社成立毛泽东思想宣传队。1970年，成立广播站，家家户户装广播箱。1975年，公社成立电影放映队，在各大队巡回放映。1980年后，电视进入农家。1995年前，镇内群众文化体育生活比较单一，设施相对欠缺。1997年，建立南阳镇文化站，设有图书室。全镇拥有5支铜管乐队，2个民间剧团，1个武术表演团，1个舞狮团。2009年，镇内建设村级活动场所12个，发放电脑10台，电视机5台。2013年投资兴建了镇文化综合站。2014年年末，有23个农家书屋，每个书屋藏书上千册，文化综合站设有棋牌室、KTV室、电脑室、图书室。

体育 1997年，镇政府设有乒乓球室。2011年，成立南阳煤矿广场舞队伍。2014年年末，有学校运动场所4个，篮球架12个，乒乓球台15个，广场舞队4个，常年参加体育运动的占总人数的18%。

医疗卫生

医疗 清末至民国时期，南阳有私用中草药医生坐堂就诊。中华人民共和国成立后，1950年，设立卫生所。1961年，成立南阳公社卫生院。1969年，普遍推行合作医疗制，各大队兴办合作医疗，配备赤脚医生2~3名。利用西药、自采草药，为群众治病。1980年，合作医疗站解体，个体医生随即兴起。此后，南阳卫生院新建，医疗设备逐渐完善齐全。到2014年年末，境内有卫生院2个，医疗服务站25个。有病床38张，医务人员47人。

卫生 民国期间，农村环境卫生较差。中华人民共和国成立后，卫生工作逐步列入议事日程。1952年，广泛开展“五灭一捕”卫生运动。1978年，成立公社爱国卫生运动分会，指导各大队的卫生工作。1982年，组织群众开展治理“脏、乱、差”，主要是清运垃圾、填平洼地、疏通阴沟、整修厕所、粉刷墙壁。1997年，改建卫生厕所及无害化户厕200个。2007年，成立环卫队，清运圩场垃圾。2014年年末，有垃圾装卸车2辆、垃圾箱（桶）180个。

社会保障

“五保”供养 1961—1982年，“五保”户由所在生产队负担，实行承包制责任后，“五保”户的供养费由乡镇统筹。2005年起，城乡“五保”对象享受低保待遇。2008年，建成镇敬老院，集中供养“五保”老人40多人。2014年，经核实，有“五保”户228户、230人，其中分散供养185人，集体供养45人。

最低生活保障 2007年起，全面实施农村居民最低生活保障待遇。到2014年年末，全镇享受低保989户、1539人。

养老保险 2009年年底，正式启动新型农村养老保险政策，年满60周岁的居民月均可领取55元以上的基础养老金。2014年来，全镇参加新型农村养老保险3200人，参保率98%。

医疗保险 2009年，境内新农合参保率85%。2014年年末，参加新型农村合作医疗48652人，参合率97%，享受医疗补偿达25370人次，补偿金额205万元。

社会救济 民国35年（1946），耒阳遭虫、旱、瘟灾，民不聊生，讨米逃荒，不计其数。当时由于政府救济少，野菜吃光，境内水枧冲陈寿启、陈列德两家拾野菌充饥而中毒，两家11口死亡。中华人民共和国成立后，抗灾救济能力逐步提高，社会保障日益完善。1956年，遭受大旱灾，1963年，又遭特大旱灾，稻田开裂，粮食减产六七成。当时政府采取积极措施，减免征粮发放救济金，救济粮，并发动群众自救。

特色地情

名胜古迹

辖神庙 始建于宋朝雍熙年间（984—988），至今已有1000多年历史。辖神庙原本是一座庙宇。每年的4月27日为辖神诞辰，便举办辖神庙会，人山人海，盛大空前，延续千百年，影响方圆百里。是耒阳市著名的庙会之一。

神仙岭 位于界石、天门、木桥三村交界处。海拔300多米。山寺历史悠久，风景秀美，至今已有1700多年，相传有余凤二仙在该寺修道，寺的左右前后遗迹尚存。寺的左面有石菩萨。右面有直石高耸，名为挂榜岩。门前仰望，船只如梭。后有巨石环围，巨石上有二僧下棋的棋盘，线条不甚明了。石半腰有小孔，形似座钟。传说每天孔内有米、油、盐等物流出，足供一僧一天所需。间或有客来，流量视人多少而增。后因贪僧把孔凿大，贪想多出，洞口因此断流，挂榜岩如果岩石坠落一块，声若巨雷，当地当年考生必有

辖神庙会

高中者。清康熙年间（1662—1722），罗人山建寺。罗乃广东梅林人，五岁孤儿，由姑妈哺育成人。罗从小天资聪慧，练成一手好书法，行走江湖，卖字为生，观神仙岭林幽山秀，云雾缭绕，山中有洞，洞中有穴，建立寺院，刻一佛像，焚香参拜，感动上苍，上苍每日赐米、油、盐，盛于穴中，供养寺院食用。罗脱离凡事，静心修炼数载，终于成神仙，如今山顶岩石上留有仙人脚印，故神仙岭因此得名。

凤林寺 原名南台仙，又名南塔山，位于耒水之阴，于南阳镇木桥六组与盐沙、三鹿交界处，山似灯盏，故名灯盏窝，山清水秀，幽深雅致，乃佛门之胜地，峰峻谷险，乃军事之要塞。民国33年（1944），阻日寇于此。肇自康熙年间，其存大师兴建，历经三百余年，曾受兵祸，风风雨雨，墙秃画败，有倾覆之险。民国38年（1949）7月，住持敬慧大师倡议重修寺院，芳芸善士，解囊相助，于1950年7月竣工。

永济桥 位于淝江下游，距与耒水交汇处约500米，又名淝江桥。淝江口，古为湘粤陆上缴通要冲，此桥经过3次修建更名。明崇祯十三年（1640），当地庠生杨一清承父遗志捐资兴建，凡3拱，取名孝思桥，后倾圮。康熙五十七年（1718），僧人云福募资重建，较旧址移上里许，更名永思桥。乾隆四十一年（1776），被洪水冲垮。乾隆五十九年（1794），当地监生梁鸣歧等捐资再建，条石结构，改名永济桥。桥长40.7米，宽6.33米，拱高10米，桥面铺白条面，两侧条石砌栏杆。民国4年（1915），被洪水冲击后予以修整加固。

自然景观

鸡冠山 又名鸡公山，坐落于淝江之滨，夏塘镇与南阳镇交界之处。据传说鸡冠山原本是一只雄赳赳、气昂昂的公鸡。在此山的西南面有座鸭婆山（现名铜锣坪）。一天公鸡与鸭婆比高低，它的叫声触怒了雷公，因此雷公联合电母，电闪雷鸣，将公鸡击得一身粉碎，其头和翅都滚落在山的脚下，淝水河边，现在的鸡冠山只是一部分残躯。据衡州府地方志记载，鸡冠山中有阴河，流水潺潺，有溶洞，其洞内可容纳三百人左右听仙人讲座。曾有仙人居住过，里面有石墩、有讲台、有棋盘，还有石碗……鸡冠山的矿藏也非常丰富，石山内含铁量较高，有开采价值，还有多种化学元素，有的化学元素还运用于高端科学实验。

（文字供稿：谭奇煌　图片供稿：梁春根）

竹市镇>>

区域概况

位置面积

相传古时此地圩场附近南竹生长茂盛，大如饭甑，形如宝塔，故称“竹塔市”。1958 年，人民公社初建之时，去“塔”字而简称竹市。地处耒阳市东部。东与龙塘镇接壤，西与水东江街道办事处为邻，南邻南阳镇、泗门洲镇，北抵大市镇。人民政府机关驻里王村，距耒阳市政府驻地 8 公里。东西最大距离 11.6 公里，南北最大距离 14.1 公里。辖区总面积 65 平方公里。

建置沿革

民国时期，竹市属莲花乡。中华人民共和国成立后，称竹塔市乡。耒阳设十三区，竹市隶属第五区。1956 年，撤区并乡，仍保留竹塔市乡。1958 年，撤乡成立竹市人民公社，辖原竹市乡、龙塘乡。1961 年，各地增设区公所，按照 1956 年建乡的规模大小，调整为竹市公社，隶属城关区。1969 年，撤销城关区，竹市划归夏塘区。1984 年，复改乡。是年，竹市析出花桥、双洲、东湾等 8 个村成立东湾乡。1995 年，撤区并乡，原东湾乡和竹市乡合并，组成新竹市乡，同年 10 月，改为竹市镇。

行政区划

1990 年，全乡辖里王、竹市、东口、阳光、白石、庙背、新联、新塘、毛田 9 个行政村、132 个村民小组。1995 年，辖竹市、大城、毛田、里王、石梓、庙背、东口、阳光、东塘、新塘、新联、东湾、白石、金钩 14 个行政村，198 个村民小组，1 个社区即竹塔市社区，6 个居民小组。

自然环境

辖区地处江南丘陵地带，地势不平，地形为岗地、丘陵相间。境内最高峰大白石坳位于白石村 5 组，海拔 285 米，最低点对门湾位于石梓村 6 组，海拔 90 米。辖区属亚热带季风湿润气候，每年平均气温 18.1℃，最低月均气温 1.5℃，最高月均气温 39.8℃。生长期年平均 280 天，无霜期年平均 297 天，最长达 347 天，最短为 246 天。年平均日照时数 1529.6 小时。年平均降水量 1352.8 毫米，年平均降水日数为 152.4 天，最多达 191 天，最少为 114 天。降水集中在每年 3—8 月，6 月最多。境内自然灾害主要有旱灾、水灾、泥石流等。水、旱灾出现概率为 23.9%，2005 年，东口，白石等村发生山体滑坡 15 处，损坏房屋 30 余间。

人口民族

1982 年，竹市镇总人口 34244 人，其中男性 17780 人，占 51.92%；女性 16464 人，占 48.08%。1990 年，有总人口 19602 人，其中非农业人口 698 人；全年出生人口 365 人，出生率 18.5‰。1995 年，因原东湾乡并入，总人口增至 32101 人。年内出生 314 人，出生率 10‰，自然增长率 5‰。2014 年，辖区总人口 35575 人，其中男性 18826 人，女性 16749 人；人口出生率 11.89‰，人口死亡率 5.96‰，人口自然增长率 5.93‰。人口密度为每平方公里 565 人。境内居民全部为汉族。

经济发展

经济综述

民国时期，境内居民主要靠种养为生，经济落后，粮食亩产仅 200 公斤左右。中华人民共和国成立后，重视农业发展，兴修水利，改良品种，粮食亩产上升至 400 多公斤。1978 年改革开放以来，发展多种经营，着力改变经济结构，大力发展工业和第三产业，经济发展迅速，到 1996 年，全镇国民生产总值达 11150 万元。是年，完成工农业生产总值 11130 万元，其中工业总产值 5720 万元。完成预算内财政收入 88 万元。人民生活水平得到提高，境内居民人均纯收入达 1508 元，人均储蓄 210 元。2000 年，加大招商引资力度，加速工业化进程，企业增多。是年，境内完成国内生产总值 15680 万元。完成工农业总产值 11280 万元，其中工业产值 6080 万元，完成预算内财政收入 92 万元，人民生活水平不断提高，境内居民年人均纯收入提高到 1980 元，人均储蓄 210 元。2014 年，围绕“农业稳镇、工业富镇、文化强镇、作风旺镇”的工作目标，优化经济环境，加大工农业生产投入，兴建 15 个大型企业。是年实现国内生产总值 26575 万元，完成工农业生产总值 20195 万元，完成预算内财政收入 218 万元。境内人民生活改善，是年年人平纯收入达 2598 元，人均储蓄 315 元。

农业

种植业 境内粮食作物以水稻为主，经济作物有油菜、烤烟、红薯、蔬菜、花生、大豆等。民国以前，生产力低下，粮食亩产约 200 公斤。中华人民共和国成立后，粮食产量略有上增。1957 年，粮食产量 240 公斤。1965 年，粮食总产量 6121.5 吨。1970 年，扩种双季稻，亩产上升到 400 公斤左右。1979 年，推广杂交稻，粮食总产量上升到 11201 吨，平均亩产 534 公斤。1990 年，粮食总产量 6612 吨，由于出现荒田现象，亩产下降至 407 公斤。1995 年，粮食总产量 8123 吨，其中稻谷 6584 吨，年产值 1025 万元。1998 年，粮食总产量 9920 吨，其中稻谷 7956 吨。2000 年，粮食总产量 9980 吨，交售国家商品粮 342 吨。2003 年，竹市镇被耒阳市政府定为烤烟生产基地，是年，种植烤烟面积 100 多公顷，成为境内农业生产支柱产业。2006 年，烤烟扩种到 200 公顷。2011 年，粮食总产量 18854 吨、棉花产量 36 吨、油菜籽产量 1124 吨、蔬菜产量 22329 吨。2014 年，粮食总产量 18637 吨，其中稻谷 18319 吨；烤烟种植面积 99 公顷，平均亩产 125 千克，总产值 445 万元；油菜种植面积 1000 公顷，产量 1256 吨，产值 476 万元；蔬菜种植面积 574.93 公顷，产量 5167 吨。

养殖业 境内素有饲养家禽家畜习惯。畜牧业以养猪、牛、羊、鸡、鸭为主，水产业以鱼为主。民国时期，均为私人喂养，产量不大。中华人民共和国成立后，饲养量有所上升。1957 年，境内饲养生猪 800 头左右，鸡鸭约 2500 只。1958 年后，禁止私人饲养禽畜，饲养量下降。1978 年后，实施改革开放，放开市场经济，禽畜饲养量上升。1980 年，饲养生猪 3800 头、家禽 21388

羽。1990年，涌现一批种养专业户，是年，生猪饲养量19000头、家禽32900羽。1995年，出栏生猪18621头、出笼家禽19759羽。1998年，出栏生猪29200头、家禽41850羽，完成渔产业产值380万元。2000年，出栏生猪31200头、家禽42100羽，渔业产值420万元。2011年，新增养鸡专业户432户，兴建大型养猪场87个。是年，生猪出栏22800头、家禽391000羽，畜牧业总产值1亿元。2014年，采用“公司+农户”的生产经营模式，与新五丰、温氏集团签订养殖合同，形成规模养殖专业户。是年，境内有大型养殖场82个，其中可饲养生猪1000头以上的大型猪场8个，有温氏集团所属养鸡专业户513户，出栏生猪1.5万头、存栏2万多头；出栏黑山羊1.2万只、存栏0.5万只；出栏家禽1500万羽。畜牧业总产值2.1亿元，占农业总产值的52.7%。

林业 境内有林地面积3490公顷。民国以前，山林属私人所有，1958年，收归集体所有。1963年，贯彻执行“国造国有、社造社有、队造队有、社员屋前屋后零星植树归个人所有”的造林政策，是年，造林79公顷。1978年改革开放后，国家鼓励造林、绿化荒山，境内造林130多公顷，庙背村平均每户建有一个小林场。1986年，境内有油茶林1586.73公顷、竹林11.2公顷。1990年，人工造林166.67公顷。1995年，造林80公顷，其中果木林40公顷；垦复山林1066.67公顷、改造荒山66.67公顷；是年完成林业产值600万元。2000年，造林110公顷，其中果木林66.67公顷；实现林业产值680万元。2010年，人工造林266.67公顷，种植水果133.33公顷，产量2200吨。2014年，人工造林400公顷，完成油茶新品种种植面积1400公顷；兴建东阳竹植物园，培植各种名竹名树。

工业

民国时期，境内有铁器、竹木器制作坊10余家，有铸锅厂1家，从业人员6人。中华人民共和国成立后，对私营手工业进行社会主义改造。1957年，境内有手工业生产合作社约20家。1978年改革开放后，乡镇企业、个体企业逐步兴起。1983年，境内有工业企业8个，个体企业20余个。1990年，境内有企业11个，从业人员208人，总收入21万元。1995年，有乡办企业2个，村办企业9个，个体企业122个。企业固定资产260万元，年内完成销售收入25615万元。1998年，企业个数增加至156个。2000年，境内有集体企业75个，个体企业1300个，从业人员8000余人，完成总产值8050万元。2002年，境内引进项目5个，总投资额1000万元，安置富余劳动力100余人。2005年，引进项目2个，总投资额800万元，共安置富余劳动力100余人，其中在竹市圩场引进耒竹牌和衡竹牌拖拉机改装厂，主要以生产农业运输车为主，年产150辆，产值1000万元，创利税50万元。2007年，兴建的金鑫洗煤厂，主要承接煤炭精铣、储存销售等业务，年成交额3000万元左右。2008年，引进项目2个，总投资额1100万元。2010年，工业总产值达4609万元。2012年，耒阳循环经济产业园焱鑫冶炼公司落户境内。2014年，完成工业生产总值24560元，占全镇国内生产总值（GDP）的42.74%，境内有工业企业278个，全部为私营企业，其中规模工业企业4个，企业从业人员2563人，主要有冶炼、机电、轻工、建材等门类。是年，部分返乡农民工在家门口开办鞋厂，共计38家，有从业人员450人，年产值800万元，创利税20万元。

商贸服务业

民国时期，境内有商铺4家，主要是铁器竹木器、日杂等。1951年，成立五区供销合作社、食品站、粮油购销站，下设内洲、花桥、东湾等分站。1970年，境内有国营集体商业网点10余个。1978年改革开放后，个体商业发展。1980年，境内有集体、个体商业网点近30个。1995年，境内共有集体商店12个，个体商店摊位167个，从业人员256人。有集贸市场3个，年成交额1013万元。是年，投资100万元开发建设竹市商贸一条街。1998年，个体摊位增至352个，从业人员1320人，全年商品营业额2510万元。有集贸市场3个，商品成交额2200万元。2000年，境内有集贸市场2个，各类商店120个，全年营业额2250万元。2011年，有商业网点195个，从业人员547人，社会商品销货总额4702万元。城乡集贸市场3个，年成交额2185万元。是年竹市农贸市场建成。随着商贸市场快速发展，镇内餐饮、金融、数码产品、房产、职介、美容、美发、休闲、娱乐等百业兴旺，基本能满足镇内居民的生产生活要求。2014年，有商业网点211个，从业人员656人，完成商品零售批发总额6285万元。有农村集贸市场4个，年成交额4250万元。

财政金融

财政　1985年，成立乡财税所，负责境内财政工作。1995年，全镇财政收入80万元。2000年，全镇财政收入120万元，上缴国家税金96万元。2008年，全镇财政收入200万元。2012年，全镇财政收入410万元。2014年，财政总收入897.5万元，其中完成国税563万元，地税165万元，本级地方财政收入368万元。主体财源税源以工业企业、商贸流通企业为主，财政支出345万元，主要用于民生工程建设。

金融　民国时期，境内有信用合作社1个，经营农村存放款业务。中华人民共和国成立后，境内有合作社2个。1958年，信用合作社改为公社信用部。1969年，复称信用合作社。1987年，中国农业银行耒阳支行在竹市设营业所。2013年，竹市农村信用合作社改称耒阳农商银行。2014年，境内有农商银行和邮政银行2家金融机构，从业人员8人；保险机构1家，从业人员23人。年末各类存款金额1.68亿元，贷款金额9320万元。

基础设施

交通运输

境内有320省道贯穿东西，途径里王、阳光等5个村（居），全长11.6公里，县际公路—竹马公路连接南北，途径里王、新联等8个村，全村14.1公里。1995年，境内有个体车辆108台，年运输额729万元。2010年，境内有车辆209台，其中交通车12台。是年，开通竹市至城区公交车（7路）。自2005年起，全镇共新修通村公里153公里，实现村村通公路。2014年，境内有个体车辆238台，年运输额2465万元。是年，实现了村村通水泥路。

邮政通信

民国时期，境内设有信柜1个。民国28年（1939），因省政府迁至耒阳，邮政业务骤增，竹市信柜改为三等邮局。中华人民共和国成立后，成立耒阳县邮政局，竹市圩上有邮政代办所1个。1963年，境内有电话1部。1965年，人民公社大队部开始安装电话机，境内有电话机10部。1991年，境内开通有线电视。是年，有线电视用户4700户，电视覆盖率92.5%。1995年，境内有程控电话用户30户。2000年，境内有13个村开通程控电话，装机用户1002户。2010年，有邮政网点1个，电讯服务网点1个，固定电话用户2015户，普及率21%；移动电话用户7856户，普及率60%，宽带接入用户412户。2011年，有广播电视站1处。有线电视用户6805户。2014年，有邮电支局和电信分局各1个，安装程控电话2300门，移动、联通、电信用户27613人,开办,特快专递等邮政业务,是年,有广播电视站4个,有线电视用户8217户,有网络用户1634户，宽带容量达5000个端口。

供电饮水

2005年，110千伏龙塘变电站落户境内阳光村10组蒋家冲。2014年，境内居民全年用电总量达1890万千瓦时。是年，启动农村安全饮水工程项目建设，共投入资金90万元，兴建自来水厂1个，铺设供水管道1.8万米，解决全镇5000居民的安全饮水问题。年底，境内15个村（居）全部完成农网改造工程。

水利建设

中华人民共和国成立初期，双洲、内洲等靠耒水的村落大多安装煤气抽水机提水灌田。1964年，改为电力灌溉。是年，境内有电力提灌装机3台。1965年，电力提灌工程增至4个。1966年，修建小山冲水库，库容42万立方米，灌溉面积453公顷。1995年，投资18.9万元，对小山冲水库引水渠改线500米。2011年，境内两座小（一）型水库——小山冲水库和岷台水库分别被纳入省级除险加固水库维修工程项目，共计投入资金500万元，对大坝、涵洞、卧管彻底进行翻修加固,是年,对境内带家冲、野鸡坪等8座小（二）型水库进行防渗处理。2013年，新开渠道8500米，硬化原有沟渠15000米，完成和尚塘、管子冲等骨干山塘扩容工程16处。2014年，启动竹市基本农田保护区农业开发项目，共计投入资金1950万元，兴修高标准排灌渠道3680米，U形渠4985米，设置排灌闸门76处，可灌溉基本农田0.8万户。

镇村建设

1995年，完成镇政府基础设施建设，改善办公条件。2012年，启动竹市老圩场改造工程，利用320省道硬化有利契机，将圩场沿路的破旧房屋全部拆除，重新统一规划。是年，全面启动下水道建设工程，共计拨入资金20万元，完成圩场下水道管网建设。2013年，完成阳光集贸市场翻修改造工程，结束了过去马路市场的历史。利用新农村建设的有利契机，在东湾圩场兴建集居住、商贸于一体的新农村示范点。石梓村6组、36户农户自发组织改造空心湾。在原有的老湾宅基地上兴建4栋7层楼的楼房，为改造空心村做出样板。是年，兴建镇机关综合办公大楼，办公地址由竹市圩场搬迁至里王村5组。2014年，15个行政村、居委会均建有办公用房。

社会事业

教育科技

教育　民国时期，境内有民众私办的私塾8个，政府办的学堂4个，如新民小学、花桥小学。中华人民共和国成立后，重视教育发展。1958年，创办竹市公社民办初中。1960年，公社开办干部脱产扫盲班，开展扫盲教育。1975年，各大队开办初中，公社初中改为完全中学。1978年后，大队初中改为小学附设初中班。1982年，撤销大队初中班，保留公社初中。1984年，更名为乡中学。1990年，境内有初中1所，小学10所在校学生2600人,教职工144人。1995年,因东湾乡并入,境内有初中2所，小学16所，在校学生5770人，中小学教师390人，是年，投资70万元，改善两所中学、4所小学的办学条件。九年义务教育覆盖率98.5%。2000年，境内有中学2所、小学16所、教学点1个；在校学生5800人，中小学教师680人。2006年,阳光村兴建阳光中心完小,结束竹市无中心完小的历史。2010年，境内有幼儿园4所，责任教师4人，小学10所，在校学生

600 人，专业教师 150 人，小学适龄儿童入学率 99.5%；中学 2 所，在校学生 400 人，专业教师 100 人。教育覆盖率 98.5%。是年，利用香港烛光基金会资助地方办学的有利时机，先后改建竹市中心完小。东湾九年一贯制学校，投资 800 余万,兴建教学楼 2 栋,面积 3500 平方米。2012 年，利用市政府提出的创办合格学校的有利契机，先后兴建白石、石梓、毛田、竹市、东口等合格小学。2014 年，境内有中学 2 所，在校学生 500 人，任课教师 117 人；小学 9 所，在校学生 800 人，任课教师 172 人；公办幼儿园 1 所、民办幼儿园 11 所，在园幼儿 435 人，专任教师 25 人。小学适龄儿童入学率 98.5%，中小学辍学率 1.2%；九年义务教育覆盖率达 98.3%。

科技 1953 年，耒阳县苗圃由梅桥乡迁址境内孔明碑杨家冲，占地 20 多公顷，从事苗木的种培研究工作。1972 年，改称耒阳县林业科学研究所，有工作人员 33 人。1956 年，撤区并乡，竹市设立农业技术推广中心。1959 年，推广中心撤销，成立公社农业科技服务站。1961 年，撤销农业科技服务站，并入区农技站。1968 年，撤销区农技站。1971 年重建，称农科站。1972 年，境内有农科小组 6 个。1980 年后，各农科小组解体，境内新建农科站 1 个、畜牧畜医站 1 个。1990 年，改称农业技术推广服务站。2014 年，依托市委组织部、党校、烤烟办等机构，开展科技培训服务，共举办各类农村实用技术培训班 5 期，培训各类人员 230 人次，主要培训烟草栽培、烘烤、农业机械操作、科学种田、测土施肥配方、电工、焊工、生猪、家禽养殖等内容。是年，境内有农机、畜牧、林业、水管、农经等科研站所 5 个，有各类专业技术人员 32 人，其中取得高级职称的 6 人。

文化体育

文化 民国 28 年（1939），湖南省政府移迁耒阳。次年，省立第三民众教育馆随省政府迁耒阳竹市境内，下设总务、教导、生计、艺术及研究辅导 5 部，负责全省各县文化工作。1953 年，县文化馆在竹市乡试办农村俱乐部。1958 年，公社建立文化站，配文化辅导员 1 人，负责境内文化工作，1960 年撤销。1963 年，竹市公社竹市大队俱乐部被评为湖南省群众文化红旗单位。1965 年，贯彻湖南省文化厅《关于大力开展公社民办文化站的通知》，重新组建公社文化站，配文化辅导员 1 人,负责境内文化工作。1966 年,因“文化大革命”取消。1983 年，境内民间艺人黎家祥表演的采莲船被郴州地区拍摄印刷成册，并出版发行。1987 年改革开放后，重新建立乡中心文化站，配文化辅导员 2 人，负责境内宣传教育、文化学习、文化娱乐等工作。2000 年，境内有文化站 1 个，村级文化活动中心 3 处，农家书屋 10 处。2009 年，投资 50 万元兴建镇文化站办公楼，建筑面积 480 平方米，设施功能齐全。2011 年，有镇文化站 1 处，村级文化活动中心 6 处，农家书屋 15 个，藏书 3 万余册。2014 年,有文化站 1 个，村级文化活动中心 6 处，农家书屋 15 个，藏书 3.2 万册。

体育 2000 年，境内有运动场 2 个，篮球场 20 个，一般是学生和乡镇干部参加锻炼。2010 年，境内增设台球桌 10 台。2014 年，有群众自发组织的广场舞队 6 个，以中老年妇女为主，最多时参加人员达 1000 余人。有新联、阳光、金钩等 5 个村增设篮球场、乒乓球室，安装了单双杠等健身器材。是年，组织村级篮球队进行友谊篮球赛 10 余次。

医疗卫生

医疗 民国时期，境内有少数个体中、草药医生为群众看病。中华人民共和国成立后，重视医疗事业。1956 年，建立乡中心医疗保健站。1958 年，乡中心医疗保健站改称公社卫生院，各大队开始自办卫生所。1968 年，各大队卫生所撤销。1969 年，开始实行农村合作医疗制度，各大队相继成立合作医疗站。1970 年，为加强战备，逐步建立公社野战医院、大队救护所、生产队救护室三级人民战争卫生医疗网。1974 年，医疗网恢复为合作医疗站。1984 年，大队合作医疗站在推行家庭联产承包责任制过程中解体。1995 年，境内有医院 2 所，医疗点 20 个，医卫技术人员 25 人，床位 45 个，固定生产资产 155 万元。2000 年，境内有卫生院 2 所，村级卫生室 15 个，药店 5 个，医疗床位 25 个，执业医师 6 人，注册护士 7 人，各类医疗卫生从业人员 150 人。2005 年，镇卫生院装修一新，成为新型农村合作医疗定点挂牌医院，有医卫人员 31 人，病床 16 张，添置 X 光机和各种医疗器械。2011 年，境内有卫生院 1 所、村级卫生室 15 个，医疗床位 50 张，执证医师 28 人，护士 10 人。2014 年，投资 150 万元的竹市医院门诊综合大楼竣工。是年，各村均配备了预防保健医疗工作者。

卫生 中华人民共和国成立后，重视农村卫生。1952 年，开展“五灭一捕”爱国卫生运动。1957 年，开展除“四害”活动。1973 年，实施农村“两管五改”，境内改造不合理厕所 50 余个、不合理畜圈 30 余处。1978 年，成立竹市公社爱国卫生运动分会，负责境区内卫生环境管理。1986 年，乡卫生院设防疫站，县、区、乡三级卫生防疫网形成。1987 年，开展灭鼠运动，境内投放杀鼠毒饵 200 多公斤。1982 年，境内整治“脏、乱、差”，在竹市圩建垃圾池 3 个，设置垃圾桶 12 个。2000 年，加强农村卫生管理，各自然村均建垃圾池 1 个。2014 年，镇机关驻地竹市圩实施门前卫生三包责任制，卫生条件改观。

社会保障

“五保”供养 2009 年，农村“五保”户看病实施全免费。2011 年，农村“五保”供养 169 人，支出 26 万元。2014 年，有“五保”供养对象 193 人，其中集中供养 43 人，分散供养 750 人。年均供养资金 2900 元。

最低生活保障 2011 年，境内有最低生活保障户数 768 户、1110 人，支出 8 万元，月人均 73 元。2014 年，有 985 户、1093 人落实了低保待遇，月补助资金 14.3 万元。

养老保险 2007 年，投资 65 万元，将原新联村小学改建成竹市敬老院，可供 50 名老人居住。2009 年，启动新型农村养老保险政策，境内参加新型养老保险共计 21369 人，参保率 96%，月发放养老基金 23.8 万元。2011 年，参加农村新型社会养老保险 13758 人，参保率 68%。

医疗保险 2006 年，启动新型农村合作医疗制度，参合率 96%。2009 年，启动农村大病救助政策，医疗费超过 1 万元的患者可获得 1000 元以上的救助，救助患病对象 216 人次 35.2 万元。2011 年，农村医疗救助 280 人次，支出资金 8 万元。新型农村合作医疗参保人数 2.8 万人。2014 年，参加新型农村合作医疗保险 12516 人，年支付资金 1958 万元。

社会救济 境内有镇民政办和劳保站两家服务机构，负责全镇的社会保障事业。2009 年，启动农村危房改造项目补助，每户危房改建可获得 1 万元以上补助。2011 年起，启动 90 岁以上老年人的高龄补助，全镇共计 34 人，年支出 3.4 万元。解决困难对象就业 163 人；农村新增转移劳动力就业 516 人。农村临时救济 130 人次，支出资金 6 万元。2014 年，有孤儿 27 人，年发补助资金 16.2 万元；移民户 9 户，年发补助资金 0.78 万元。

（文字供稿：资余德）

夏塘镇 >>

区域概况

位置面积

相传古代有一官吏巡视此地时，写诗赞叹：下马似塘，四周城墙。三月连雨，俯视汪洋。夏塘以诗的第一句首尾两字而得名，时月已久，以“下”字的谐音改为夏。地处耒阳市境东部，东界三都镇，南邻大义乡，西抵南阳镇，北至龙塘镇。人民政府驻夏塘圩，距市区 22 公里。辖区总面积 76.4 平方公里，东西最大距离 10.5 公里，南北最大距离 9.5 公里。

建置沿革

1935 年，夏塘乡为耒阳县第五区。1938 年 7 月，废区扩乡并保，夏塘乡辖 45 保。1949 年，改为淝江乡。1950 年后，先后隶属耒阳县三区和八区。1956 年，改为夏塘乡。1958 年 10 月，成立夏塘公社，辖原夏塘、南阳、盐沙乡。1961 年 4 月，析出南阳、盐沙，各成立公社。1986 年建镇。1995 年 6 月，撤区并乡，原长冲乡、夏塘镇合并成立新的夏塘镇。

行政区划

1958—1995 年，辖 11 个村，即龙云、福利、葵田、牛口、新江、新新、莫浣、长岭、新湖、夏岭、三坡村。1996—2014 年，长冲乡合并后，增加兴康、小康、艾芳、双园、严塘、上蕉冲、下蕉冲、袁家冲、新群、上昂头、下昂头、二都、长冲 13 个村，共辖有 24 个建制村、189 个村民小组，夏塘、长冲 2 个居委会、4 个居民小组。

自然环境

地处低山丘陵地带。东部高，西部低。东部多崇山峻岭，东南以岗地丘陵地貌为主。属亚热带季风湿润气候，年平均气温在 17℃~19℃。最低月均气温 1.8℃（2011 年 1 月），最高月均气温 32.1℃（2003 年 7 月）。平均气温年较差 23.3℃，最大日较差 21.0℃（2006 年 4 月 12 日）。生长期年平均 280 天，无霜期年平均 297 天，最长达 347 天，最短为 246 天。年平均日照时数 1479.8 小时。年平均降水量 1383.6 毫米，年平均降雨日数为 159.8 天，最多达 192 天（1994 年），最少为 118 天（2003 年）。降雨集中在每年 3—8 月，6 月最多。境内最大的河流为淝江河，从永兴县至耒阳市流经境内福利、龙云、牛口、葵田、新新、新湖、新江，长 57 公里，流域面积 386.75 平方公里，年均流量 25.8 立方米 / 秒。境内主要矿产资源是煤，年产量在 35 万吨左右。主要自然灾害有旱灾、水灾、风灾、山体滑坡等。1997 年 9 月 1 日，

2006 年 7.15 洪灾救灾物资发放现场

特大暴雨袭击耒阳，总雨量达 372 毫米，造成百年不遇的洪灾。

人口民族

1982 年，辖区总人口 20431 人，其中男性 10391 人，女性 10040 人。1990 年，辖区总人口 22413 人，其中男性 11590 人，女性 10823 人；人口出生率 20‰，死亡率 6.1‰，自然增长率 13.9‰。1995 年撤区并乡，辖区总人口 40785 人，其中男性 21106 人，女性 19679 人；人口出生率 15.7‰，死亡率 4.8‰，自然增长率 10.9‰。2001 年，辖区总人口 42805 人，其中男性 22648 人，女性 20157 人；人口出生率 13.97‰，死亡率 7.06‰，自然增长率 6.91‰。2009 年，总人口 41881 人，其中非农业人口 4898 人。2014 年，辖区总人口 41856 人，其中城镇常住人口 1872 人，城镇化率 4.47%，另有流动人口 6233 人。总人口中男性 21898 人，占 52.32%；女性 19958 人，占 47.68%；人口出生率 12.2‰，人口死亡率 6.9‰，人口自然增长率 5.3‰。14 岁以下 8685 人；15 ~ 64 岁 27523 人；65 岁以上 5648 人。人口密度为每平方公里 553 人。境内居民以汉族为主，少数民族人口均为因结婚迁入妇女，占总人数的 0.05%。

经济发展

经济综述

民国时期，境内农民以种田为主，辅以驾船及织布、制酱、铁器加工等，经济较为发达。中华人民共和国成立后，重视农业生产，大修水利，实行科学种田，大面积种植双季稻，粮食亩产逐年上升，直到 500 公斤以上。1978 年，实行改革开放，土地承包到户，大部分剩余劳力转入第二、第三产业，经济持续稳步发展。1984年，粮食总产量突破2000吨。1996年，全镇国民生产总值13768万元，其中工业总产值6204万元，第二产业成为主导经济，粮食总产量17350吨，财政收入132万元，农民人平纯收入1998元。2000年后，全镇发展制种、烤烟、南竹种植、立体养殖等多种经营，形成新型农业产业化模式。2005年，全镇杂交制种200公顷，烤烟67公顷，实现国内生产总值18720万元，年人均收入2863元，人均储蓄803元。2014年，大面积种植杂交水稻，粮食总产量达15576吨，种植油菜840公顷，产量1286吨，年内国内生产总值（GDP）总产值达12.56亿元，其中工业总产值8.26亿元，财政收入250万元，人均纯收入5430元，人均住房面积60平方米。

农业

种植业 民国时期，农业生产落后，粮食产量在200公斤左右。中华人民共和国成立后，农业逐步发展。1958年，实行人民公社化，粮食产量一度下降。20世纪60年代末，推广水稻矮秆良种珍珠矮、农垦58等品种，产量大有增加。1973年，粮食亩产400多公斤。1979年，粮食总产量达7240吨。1981年后，实行家庭联产承包责任制，粮食总产量逐年提高。后推广杂交水稻，粮食亩产达600公斤以上。1991年，粮食总产量7472.4吨，亩产414公斤；大豆种植面积48公顷，总产125吨；油茶种植面积78.93公顷，总产118.4吨。1995年，粮食总产14451吨。2000年，粮食总产量17560吨，交售国家商品粮124万公斤。2005年，全镇发展制种、烤烟生产。是年，完成制种面积210公顷，粮食总产量16785吨；完成烤烟种植面积166.67多公顷。2011年，生产粮食19661吨，人均481.37公斤，其中水稻19267吨；种植油菜面积900公顷，产量1324吨；蔬菜种植面积693.33公顷，产量21559吨。2014年，有耕地面积1800公顷，粮食总产量15576吨；棉花种植面积28.33公顷，产量41.5吨；油菜种植面积966.67公顷，产量1425吨；蔬菜种植面积706.67公顷，产量21636吨。

养殖业 以养猪、家禽为主。1970—1980年，村民户均养猪1.2头、饲养家禽12羽。1991年，饲养生猪12626头，家禽43700羽。1995年，出栏生猪27840头，出售家禽20650羽；发展水箱养鱼11口，创产值2.7万元。1999年，发展黑山羊、非洲鲫鱼养殖12户。2000年，出栏生猪47850头，出售家禽43150羽。2005年，境内建成2个年出栏生猪千头和4个年出笼鸡、鸭6000羽的养殖场。2011年，畜牧业发展迅速，生猪饲养量2万头，年末存栏1.81万头，家禽饲养量43.11万羽。2014年，生猪饲养量2万头，年末存栏1.83万头；牛年末存栏1822头；羊年末存栏1545只；家禽饲养量43.28万羽。畜牧业总产值0.86亿元，占农业总产值的43%。

林业 境内有山地3413.33公顷，其中油茶山2600公顷，用材林及荒山813.33公顷。1965—1980年，葵田大队林场杉木连片近万亩，以良好的材质享誉全县。1994年，组织自筹资金20万元，发展建成100亩以上的板栗基地4个。同年12月，在新新村建成白果林基地33.33公顷。开垦丘岗山地200公顷。1996年，造林287.47公顷，种柑橘、板栗各66.67公顷。2005年，有用材林802公顷，经济林3348公顷，其中油茶林2985公顷。2014年，累计造林1233.33公顷，其中防护林548.4公顷，经济林195.73公顷，竹林489.2公顷。

工业

民国时期，夏塘有铁器、染布、酿酒等手工业作坊十余家。中华人民共和国成立后，境内有铸厂、染织厂、木业社、制杆秤等集体、个体企业。1970年，公社成立五七工厂，兴办煤矿、修配厂、加工等企业。1980年后，五七工厂解体，成立公社企业办，兴建跃进、龙云等煤矿。个体企业逐渐兴起，有个体煤矿、小五金、农机具、木器加工、铸造、建材等多门行业。1991年，有乡镇企业32个，从业人员1525人，企业总收入883.1万元。1995年，发展股份企业8个，增加企业产值300多万元。1996年，从祁东、衡阳等地引资开发煤矿，兴办股份制煤矿5个，年产煤120万吨。1997年，对镇办跃进煤矿进行技术改造，新增产量120多吨。1998年，引进外资200万元，兴建年产值100万元以上的股份制煤矿2个。2001年，小煤矿整顿，由21个降至6个合法煤矿。2006年，投资320万元，建成加油站1个。2007年，引进资金430万元，引进项目9个。2011年，引进1100万元的荣盛紫色岩砖厂建成投产。2014年，工业生产总值5509万元，占国内生产总值的19.6%。规模工业增加值完成1034万元，增长11%。

商贸服务业

夏塘圩是耒阳著名的千年商埠。历史悠久，于唐代已形成圩场。圩址跨淝水南北岸，有遇仙桥连接。民国时期，圩上有成茂、盛达、洪源等南货店，忠恕堂施药局、杨森源药店、财源布匹店等20余家店铺。还有铸锅厂、染织厂、印刷店、鞭炮店等。安仁、永兴两县部分商贩来此批发进货。1949年10月后，设立夏塘区粮站、食品站、供销合作社等机构。1954年，有坐商75户，从业人员98人，加上其他商贩共180余人，年销售额27余万元。1958年后，公路修通，遂成为抵达大义、南阳、盐沙、长冲及上架、三都、石准等乡镇的交通枢纽。1976年，各大队成立代购代销店。同时，由区供销社兴办饮食店、旅社，招待来往商贾旅客。20世纪70年代，设立汽车售票站，每天过往客车13辆，市场更为繁荣。后来圩场新建，由街内扩展到马路边。有大型贸易市场2个、商铺100余间、摊位300余个。同时，副食品加工厂、染织厂、农具厂、汽车修配厂等先后建立，是全市工农业产品销售主要集市之一。染织厂出产的棉花格被单远销湖广。家具厂生产的犁头、犁面畅销全县。1980年以后，个体商店四处开花，从业人员不断增多。1996年，有供销社2个、个体商店54个、总营业额1200万元。同年，与广东客商合办养猪场，出口生猪4000头，创外贸价值7万元。2014年，共有商业网点135个，社会商品销售总额达5634万元，比上年增加13%；城乡集贸市场3个，年成交额780万元。

财政金融

财政 1950年后，乡财政由秘书兼管。1985年，成立镇财税所，负责征收、管理全镇财政事务。1991年，企业上缴财政收入5万元。1993年，创利税总额170万元，上缴国家税金22.6万元。1995年，财政收入124万元，上缴国税金97万元。1997年，预算财政收入132万元，上缴国税107万元。2004年年底，取消农业税，并按规定农民享受农补直补，发放100%到位。2010年，拓宽渠道培植税源，全镇完成财政税收1100万元，严格管理，确保财政收支平衡。2014年，财政总收入906万元，主体财源税源以工业企业、商贸流通企业为主。

金融 1950年起，先后成立夏塘区信用合作社、工商税务管理所。1986年，成立人寿平安保险站，开展办理4个险种。1991年，保险费达20万元。1994年，设立邮政储蓄网点，从业人员4人。是年，为村（居）民办理储蓄和汇兑业务126万元。2013年，农村信用合作社改为农商银行。到2014年年末，境内有农商银行、邮政银行、农业银行3家金融机构。

基础设施

交通运输

民国时期，集镇间的主要道路为石板路，北道经龙塘铺至耒阳县城，南道经长冲、大义至永兴，东道经三都、上架至安仁、永兴各县。水路运输上至三都、上架经夏塘、淝江进入耒水，来往船只在夏塘圩口岸停泊。1958 年，提出“全民办交通”的口号，干部群众日夜奋战、大修公路。同年，司（兰桥）夏（塘）线动工，至元峰冲全长 9.5 公里，次年通车。1959 年，夏（塘）淝（江口）线兴建竣工，全长 10.1 公里；葵（田）上（架）线竣工，全长 20 公里。1961 年，元（峰冲）大（义）线竣工，全长 15 公里。1977 年，建成元（峰冲）万（人坳）线，全长 14.2 公里。至 1990 年，以夏塘、葵田设立售票站，连通周边 8 个乡镇的客车营运。1996 年，全镇 25 个村都通公路，运输车 82 辆，年创收入 398 万元。是年，政府筹资 124 万元，扩宽司夏线、葵上线路基，全路段完成砂改油工程。2000 年，有运输车辆 126 辆，年创收 635 万元。年内投资 300 万元，完成元（峰冲）大（义）路段砂改油工程。2003 年，投资 960 万元，改建夏（塘）大（义）公路，拓宽路基，水泥硬化。2004 年，全线通车。2006 年，硬化村道 15 公里，路基改造 12.5 公里。2007 年，村道硬化 13 公里，路基改造 20 公里。2014 年年末，境内有县级公路 2 条，总长 25 公里；乡级公路 1 条，总长 8 公里。通村公路 70 公里。

邮政通信

民国 27 年（1938），耒阳邮政局在夏塘设立信柜，民国 37 年（1948），设立邮政代办所。1957 年，设立夏塘邮政支局。1958 年，夏塘开通农村电话线。1960 年，通车后开辟汽车邮路。1970 年后，先后开通自行车、摩托车邮路。邮政支局为群众办理信函包裹、汇总储蓄、报刊发行、电报电话等业务。1996 年，开通程控电话，6 个村装机 121 门。1997 年，邮电局筹资兴建 58 米高的微波发射塔。2000 年，各村均开通程控电话，电话装机 912 门，移动电话用户 320 户。2005 年，境内有手机用户 3572 户，移动信号覆盖率 90% 以上。2014 年，有邮政支局 1 个，营业所 1 个，投递线单程总长度 120 千米，投递点 26 个，乡村通邮率 100%，有电信服务网点 3 个；固定电话用户 2405 户，普及率达到 91%；移动电话用户 23568 户，互联网用户 1020 户。中国移动、联通、电信等网络已覆盖全镇，圆通、申通、韵达等快递服务机构相继在镇内设立服务点，为村民网购提供极大的方便。

供电饮水

供电 1952 年，夏塘建成小火电厂，装机容量为 12.5 千瓦，年发电量 10 万千瓦时。1978 年，盐（沙）夏（塘）线架通输电，火电站停办，改由电网供电。1984 年，南阳建成变电站，夏塘镇部分村组供电。1988 年，建立夏塘区农电管理站。1990 年后，在葵田村境内建成夏塘变电站。2004 年，争取资金 1700 万元，对夏塘变电站进行 11 万千伏升压改造，7 月，调试运行成功。2014 年年末，拥有 35 千伏及以上变电站（所）1 座，主变压器 2 台，总容量 1260 兆伏安，高压输电线路 13 条，年售电量累计完成 1 亿千瓦时，供电可靠率 98%。

饮水 1995 年，兴建镇办自来水厂，圩镇上居民用上自来水。1996 年，镇政府投资 10 万元，铺设水管道 827 米，开通耒阳八中用水。至此用户已达 154 户，月售水 204 吨，全年创收 3.2 万元。

2004年，投资50万元，对镇自来水厂进行增容扩建，日供水1500吨，解决1600多户居民用水。2014年年末，有自来水厂1座，铺设干线水管5.2千米，生产能力130吨/日，生活用水4.52万吨，居民自来水普及率97%，年人均生活用水2.68吨。

水利建设

民国时期，政府提倡兴修水利，陆续修建一些塘坝。1949年，境内有水利设施100余处，主要是山塘、小型堰坝，因年久失修，抗旱能力差。1958年，掀起大办水利的热潮，境内马冲水库，于1958年10月在严塘村动工修建，库容138万立方米，灌溉面积166.67公顷。1965年10月，长岭水库动工修建，库容136万立方米，灌溉面积200公顷，这两座都属于小（一）型水库。同时修建小（二）型水库及山塘、堰坝60余处。1978年冬，夏岭大队动工兴建元峰冲河坝，安装20-6型水轮泵1台，扬程12米，灌溉农田23.33公顷。1999年，筹资80万元，投劳12万个工日，改造兴修水利工程420处，加固山塘水坝2处，恢复电排8处，新修灌溉渠道2处，计长2890米。2001年，投资1.5万元，重点维修马冲水库大坝。2006年，投资近60万元，整修山塘水库、抢修渠道、防洪堤坝，新建电排4处、河坝2处。2014年年末，有小（一）型水库2座，有小（二）型水库、山塘、堰坝电排215处。

镇村建设

1984年，开始编制乡镇现状图及总体规划图。1986年7月，夏塘镇现状总平面图、总体规划图等七图及总体规划说明书编制完毕。1988年，设立夏塘镇规划建设管理站（后改为国土管理所），配专职人员，审批村民建房、处理违章建筑。是年，对集镇街道进行规划，兴建农民街试点。镇主街长200米，宽18米，农民街长700米，宽12米，铺成水泥和油化路面，之后，在沿街新建工商、信用、邮电、供销等单位。1991年，投资165万元，改造旧圩镇，在夏塘圩场范围内兴建楼房1052平方米。同时集资3万元，政府投入2万元，完成遇仙桥至粮店250米水泥路工程，和镇区内200米下水道配套工程。1994年，镇政府自筹资金10万元，架线6千米，建成有线电视转播站。年底，318户安装有线电视。1998年，有线电视接收点8处，用户2183户。1999年，镇政府投资80万元，用于政府机关地面硬化、绿化、室内装修等工程。同年，投资40万元，完善镇农贸市场的基础设施，拆除旧房，清理垃圾4000立方米，硬化场地5000平方米，维修下水道400米。集资20万元，在镇中心建立“升腾”镇标1座。2000年，兴建夏塘第二综合贸易市场，有门面118间，摊位260个。2004年，硬化镇区内8条街道，并安装路灯50多盏。2007年，投入40万元，对镇政府机关住宿楼进行维修。2014年，镇区已形成“四横一纵”的城镇基本格局。

社会事业

教育科技

教育 清末、民国初期，是由民间设馆，聘请塾师，课教子女。境内有合办、私办馆十余个。民国29年（1940），兴办乡、保国民学校4所。1945年2月，县立初中迁严塘复办，10月，又迁回县城。1949年10月，乡政府接管国民乡、保公立小学及私立小学。1954年，有小学11所。1958年，耒阳七中（今八中）、夏塘中学相继建立。1968年，耒阳七中增设高中班。1975年后，兴起公社办高中、大队办初中热潮，学生人数增加。夏塘是老文化区，1977年恢复高考时，仅夏岭村就考取大、中专生18人，相当于2～3个公社的录取人数。1990 年，夏塘中学迁址葵田坳上，原中学大院改为小学。1995 年，有中学 1 所、小学 14 所，在校学生 4139 人，教职工 251 人。1996 年，与长冲乡合并后，有中学 2 所、小学 28 所、在校学生 5399 人、教职工 395 人。1996 年，政府投资 124 万元，新建中心完小教学楼一栋 3280 平方米。1998 年，投资 80 余万元，用于兴建中学教学大楼及教师住宿综合大楼。2008 年，夏塘镇中学并入耒阳八中。2014 年年末，境内有完中 1 所，初中 1 所，联小 8 所，在校学生 2537 人，中小学教师 168 人。

科技 1955 年，设立区畜牧兽医防治所，有专职兽医 6 人。1959 年，建立夏塘公社农科所，有专业干部 4 人，次年，改称农技服务站。1968 年，成立公社兽医站，实行包预防、包治疗、包阉割的“三包责任制”。1971 年，建立公社农科站，配农技员 3 人，并成立农科队，有科研用地、实验用地 150 亩，各生产队设立农科小组，分设种子、植保、肥料、饲养五员 1000 余人。1984 年，体制改革，夏塘镇设农科站、兽医站各 1 个，并发展科技示范户 20 多户。1990 年，镇农科站改称农技推广服务站。2000 年后，科技知识普及，200 多人次参加科技培训。2014 年，有农民技术员 30 人，科技示范户 25 户。

文化体育

文化 清末、民国时期，乡村文体育活动相当少，仅春节期间有龙灯、狮舞，农闲时节唱皮影戏。1958 年，公社建立文化站，设文化辅导员 1 名。“文化大革命”期间，公社成立毛泽东思想宣传队。1970 年，家家户户安装广播。1972—1977 年，大队普遍建立文化室，开展“五讲四美三热爱”活动。1980 年，夏塘新江大队建成微星影剧院。1984 年，夏塘等 20 个乡镇率先建立文化中心站，负责开展宣传教育，还组建电影队、皮影队、篮球队、业余剧团等文化活动组织。1990 年，电视机、DVD、录像、电脑先后兴起并普及，腰鼓队、广场舞等文化娱乐活动蔚然兴起。1997 年，有舞厅 2 个、录像厅 4 个。1999 年，建成有线电视接收点 12 处，用户 2889 户、歌舞厅 2 个、万册图书馆 1 个，丰富了群众的文化娱乐生活。2000 年，恢复影剧院 1 处。2014 年年末，有镇文化站 1 处，广播电视站 2 处，有村级文化活动中心 22 处，农家书屋 20 个，藏书 4.5 万余册。

体育 2006 年 9 月，组织 64 名运动员参加耒阳首届运动会 11 个项目，取得较好成绩。2014 年，有大型体育运动场地 3 个，篮球架 20 副，乒乓球台 15 个，桌球台 10 个，健身活动场地 18 处。

医疗卫生

医疗 清咸丰五年（1855）至宣统三年（1911），耒阳有中药铺 95 家，其中夏塘圩有 4 家。民国初期，夏塘的忠恕堂施药局、杨森源药店等远近闻名。1949 年 10 月后，先后建立联合诊所、区卫生所。1956 年，撤区并乡，区卫生所改名县中医院夏塘分院。1961 年，恢复区级建制，改名为夏塘区卫生院。1969 年，农村普遍推行合作医疗制，各大队成立合作医疗室，配备赤脚医生 2~3 人。1980 年后解体，个体医疗逐渐兴起。1995 年，有个体医生 14 人。1996 年，长冲乡合并后，有医院 2 所、医疗点 18 个、卫生技术人员 112 人、床位 60 个。1999 年，政府投资 20 万元，医院集资 60 万元后建门诊、住宿综合大楼。2007 年，新农合参合率 90%，全年补偿兑付 160 万元。2014 年年末，有医院 2 所、医疗点 25 个、医药批发部、零售店各 1 家，卫生技术人员 123 人、床位 105 个。

卫生 1999 年，配合市卫生局对地氟病高发病区 7 ~ 12 岁学生进行氟斑牙病进行调查，新江小学抽查 165 人，氟斑牙病患者 118 人，患病率为71.5%。2006年，启动改灶防氟项目，完成400户安装任务。2006年，成立环卫队10余人，对街道卫生实行每日打扫。2014年年末，有环卫队1个，卫生监督员24人，垃圾清运车2辆，垃圾箱（桶）200个。

社会保障

“五保”供养 20世纪60年代起，对孤寡老人和没有劳动能力的残疾人实行“五保”，生活费由生产队供给。1982年后，“五保”供养纳入乡统筹。2005年起，城乡“五保”享受最低生活保障待遇。到2014年，有镇敬老院1个、床位64张，收养“五保”对象60人。

最低生活保障 2007年，实行农村居民最低生活保障。随着覆盖面的扩大及重新审核，到2014年，全镇有低保户970户、1218人，年发放低保资金180余万元。

养老保险 2009年，启动农村居民养老保险。2014年新农保参保人数达19032人，参保率达90%以上。

医疗保险 2009年，新型农村合作医疗参合率84%。2014年，新农合参合数34898人，参合率90%以上。

社会救济 1997年“9·2”特大洪灾，夏塘镇受灾达3276户，死亡8人，直接经济损失2亿余元，灾情发生后，市党政领导亲临现场，部队官兵400余人投入抗洪抢险工作，发动群众捐钱捐物，组织生产自救，筹款兴建灾民新村2处。2005年，集资8万元，扶助400余户特困户，2006年“7·15”洪灾造成房屋倒塌，全倒280户，半倒801户，灾后重建家园工作有序进行。2007年，“8·20洪灾”共倒房43户，其中牛口10组全倒户10户，在政府资助下，年底全部入住新房。2014年，帮助30户困难群众进行危房改造，解决危改补助资金41万元。

特色地情

打虎英雄——陈耆芳 夏塘镇人，29岁从师打虎，终生与害兽搏斗，打虎闻名全国。耒阳自明、清以来，虎患频仍，仅1952年，全县被虎咬死108人，伤10人；咬死耕牛460头，生猪530头。耒阳龙山一带的村庄，虎患更为严重。省民政厅和县人民政府，为保护人民生命财产的安全，委派陈耆芳组织打虎队。陈耆芳受命建队后，全家搬到虎豹最烈的龙山，培训打猎队员。1952年至1958年年底，共打死虎豹138头、野猪198头以及其他害兽。基本消除了三县的虎害、兽害，保障了人民生命财产安全和正常生产，著名的老虎窝“十八冲”30多公顷田地种上庄稼。1958年，赴京出席全国劳模大会，被授予“打虎英雄”称号，受到周恩来总理接见，并合影留念。大会期间，《人民日报》《新湖南报》介绍了他的英雄事迹。

石匠——谭树秉（1917—1977） 耒阳夏塘三坡人。16岁起学石工，接受家传，并博采他人之长，技艺精湛。开山凿石，无不方正，砌驳岸、桥涵等，牢固坚实；雕琢狮、象、龙、凤、人物、花鸟和篆、隶、楷诸种字体，皆传神精秀。1959—1960年，受耒阳县人民政府指派，赴北京参加修建人民大会堂，任石工技术队长，主砌汉白玉台阶与廊柱，荣获甲等技术奖。

（文字供稿：谭奇煌　图片供稿：梁春根）

龙塘镇 >>

区域概况

位置面积

传说“龙到此、塘涨水”而得名龙塘。地处耒阳市东部，东与东湖圩乡接壤，东南与夏塘镇为邻，南连南阳镇，西邻竹市镇，北接大市乡、导子乡。镇政府驻司兰桥圩，距市政府区驻地17公里。辖区东西最大距离12公里，南北最大距离14.3公里，总面积76平方公里。

建置沿革

1949年10月，属莲花乡管辖。1950年4月，属耒阳县第三区。1950年11月1日，属县第八区管辖。1953—1955年，分设龙塘乡及通水乡隶属第六区，铁炉乡属第五区。1956年6月，撤区并乡，保留龙塘乡。1958年10月，成立人民公社，龙塘乡合并到竹市公社。1961年4月27日，成立龙塘人民公社。1983年年底，撤社建乡，成立龙塘乡。1995年6月，撤区并乡，原江头乡和龙塘乡合并，组成龙塘乡。同年10月建镇，改为龙塘镇。

行政区划

1995年，辖有原龙塘乡12个村，1996年江头乡并入后，到2014年年末，辖有龙塘、落凤、高寨、福星、香兰、新民、通水、红桥、龙形、主山、畔塘、乌冲、蚕子、东冲、牛江、白洋、龙塘尾、大石、江头、严江、铁炉、王冲22个建制村，249个村民小组，辖司兰桥1个居委会，5个居民小组。

自然环境

全境属丘陵地区，地形较为复杂，山、丘、岗、平地俱有，但平地不大，以丘陵地貌为主。地势东高向东南部倾斜，南部高于北部。境内属耒水水系。二级河九良洲河自王冲村入境，由南而北，经江头流入敖河至耒水，境内河道长11.5千米。另一条二级葵田河从株山经红桥、通水、福星流入下塘淝江，汇入耒水。境内处亚热带季风湿润气候区，气温四季分明，年平均气候温17.4℃，年平均降水量1325毫米。境内土壤分为水稻土，黄壤土，紫壤土三大类。境内矿产资源主要为煤炭，地质储量约为3300万吨，集中分布在龙塘村、落凤村、新民村、通水村、主山村、大石村、畔塘村、乌冲村一带。历史上曾发生过大干旱（1963年），洪水、泥石流（1998年），冰冻（2007年）等自然灾害。

人口民族

1982年，辖区总人口16080人，其中男

性8182人，女性7898人。1990年，有总人口18056人，其中男性9483人，女性8573人；人口出生率18.5‰，死亡率6.2‰，自然增长率12.3‰。1995年撤区并乡后，辖区有总人口31828人，其中男性16676人，女性15152人；人口出生率15.7‰，死亡率3.3‰，自然增长率12.4‰。2014年，辖区总人口34200人，男性18025人，女性16175人；人口出生率12.25‰，死亡率5.5‰，自然增长率6.75‰。14岁以下6250人，占18.2%；15～64岁24808人，占72.6%；65岁以上3142人，占9.2%。人口密度为每平方公里450人。境内居民以汉族为主，少数民族是近年结婚迁入的妇女，仅20人。

经济发展

经济综述

民国时期，境内农民以种田为主，自然经济是主要形式，生产效率低，粮食亩产常年在200公斤左右。1950—1956年，开展土地改革，政府努力恢复和发展农业生产，经济逐渐好转。1961年，实行队为基础的集体经济。1975年，水利条件大改善，实行大面积种植双季稻，推广矮秆良种，粮食亩产达400公斤以上，并兴办社队企业。全年国民生产总值5450万元，其中农业总产值3270万元，粮食总产量8450吨，财政收入20万元，农民人均纯收入95元。1995年，镇党委、政府打破以种水稻为主的农业产业格局，规模养殖、经济作物种植、优质稻制种，成为新的经济增长点，个体经商、私营企业、加工采掘业兴起，第二产业占主导地位，年内总产值8479万元，其中农业总产值2986万元。粮食总产量12910吨，财政收入131万元，人均纯收入1303元。2005年，完成国内生产总值13000万元，其中农业总产值3014万元，工业总产值6462万元，全镇人均纯收入3216元，年人均储蓄720元。2014年，积极推行土地流转，鼓励大户承包种粮，全镇种粮面积866.67公顷，总产粮食7650吨。全年国内生产总值（GDP）总值8.352亿元，其中工业总产值6.58亿元，财政收入220万元，农民人均纯收入5275万元。

农业

种植业 以种植水稻为主，其他农作物有蔬菜、红薯、茶叶、油菜水果等。民国时期，农业生产水平低下，产量低，粮食亩产150～200公斤。中华人民共和国成立后，农村实行土改，提高农民积极性，兴修水利，粮食逐年增产。1957年，平均亩产达250公斤。1958年，成立人民公社，实行“一平二调”，后又遭受三年自然灾害，致使粮食严重减产，人民生活陷入困境。1962年，实行队为基础，改进耕作技术，粮食产量逐步回升，1970年，大面积推广双季稻，占总农田的70%，实行矮秆良种化，实现亩产跨纲要。1979年，粮食总产量5537吨，粮食平均达到558公斤。1982年，实行家庭联产承包责任制，农民生产积极性空前高涨，普遍大面积种植杂交稻，两季平均亩产在600～700公斤。1995年，有耕地1233公顷，全年粮食总产量7040吨，交国家1400吨。2000年后，农田因修路、建房逐年减少，大部分旱田及部分水田荒芜多年。2014年，农业总产值2.13亿元，占国内生产总值的21%。

养殖业 境内养殖业以养猪、牛、鸡、鸭为主，水产有池塘、水库养鱼。20世纪70年代，大部分生产队办有养猪场，数量10～30头不等，各农户养猪平均1.2头，家禽15羽。1979年，养猪2938头，养鸡38200羽、鸭3000羽，产鱼8000公斤。1991年，境内出现养殖专业户，饲养生猪8000头、家禽60000羽。2004年，有生猪300头以上养殖大户6户，出栏生猪21400头，出笼家禽27000羽。2014年，境内有规模养殖专业户90余户，年出栏生猪4万头，出笼鲜鸡10万羽。

林业 境内主要树种有杉、松、樟、南竹、油茶、油桐，板栗、茶叶、蜜橘等。1975年起，龙塘公社林场、茶场相继兴办，各大队先后办起林场20余个。1979年，造林113.33公顷。1991年，境内有乡村林场13个，人工造林133.33公顷。1995年，辖区内有用材林933.33公顷，经济林200公顷，油茶林2733.33公顷；年内造林93.33公顷，开发山地200公顷；完成林业产值310万元。2000年，有用材林733.33公顷，经济林2800公顷，其中油茶林2533公顷，新栽良种茶133.33公顷。2005年，引进外资加大茶叶种植，有5个种茶大户，年产高级毛尖320公斤左右。2010年，发展植树造林，推行大户承包造林、农户合作造林方式，年内垦复荒山320公顷，新造幼林266.67公顷。2014年，茶叶种植面积400多公顷，丰产面积达200公顷，大的茶场有十多个，种茶农户有100多户，年产值过亿。

工业

中华人民共和国成立前期，境内有小煤窑多处。1957年，县政府在境内兴办石界煤矿。1958年公社开办胡里煤矿。20世纪60年代后期，社队企业逐步兴起，各大队有小煤矿十余个，龙塘公社成立企业办，建有胡里、枫树两大煤矿。五七工厂经营农具加工维修、农机修理等。1982年个体企业兴起。1993年，乡村、个体企业559个，从业人员3041人，总产值2467万元。1995年，引进外资320万元，兴办合资企业8家。是年，全镇企业总产值突破亿元大关，达13687万元。2000年，新增年产值20万元以上个体私营企业8家，实现利税600万元。2010年，生产原煤93万吨；引进落户制衣厂3家、制鞋厂2家。2014年，工业生产总值5.9亿元，占国内生产总值的68%；实现工业增加值0.4亿元，比上年增长17.2%。

商贸服务业

中华人民共和国成立初期，在龙塘铺、通水铺、严江、大石、蚕子等地设立供销点。20世纪60年代，设立龙塘铺供销社。20世纪70年代，设立江头供销社，并先后设有食品站、粮站，供应生产生活资料，收购农副产品。1980年后，建立司兰桥、江头两个圩场。1995年，境内有集体商店31个，个体摊位187个，从业人员1747人，商品营业额1683万元；集贸市场2个，年成交额1618万元。2005年，境内有个体商店512个，从业人员1984人，商品营业额3214万元；集贸市场2个，年成交额2567万元。2014年，境内有各类商店400余家，从业人员2000人；社会商品零售总额达8380万元，比上年增长15%；城乡集贸市场2个，年成交额967万元。

财政金融

财政 中华人民共和国成立初期，乡财政收支由县财政部门委派财政委员或秘书管理。1985年，成立乡财税所，负责辖区内的财政工作。1995年，镇财政收入22万元、上缴国家税金127万元。2004年，实行农村税费改革、取消农业税，预算内财政收入103万元。2014年，财政总收入8370.66万元，比上年增长45.1%。其中地方财政收入2750.08万元，比上年增长17.1%。从各主要税种看，完成营业税1053.83万元，增值税5620.43万元，企业所得税24.99万元。人均财政收入3684.5元，比上年增长35.3%。

金融 1954年，建立龙塘乡信用合作社。1986年，成立保险公司营业所。2005年，设立邮政储蓄营业所。2013 年，镇信用合作社改称农商银行龙塘镇营业所。2014 年，境内现有农商银行、邮政储蓄营业所 3 个，各类存款余额 1.2 亿元，比上年增长 20%；各项贷款余额 0.42 亿元，比上年增长 11%。

基础设施

交通运输

交通 明洪武九年（1376），开通耒阳县东驿道，通往安仁县界，总长 40 公里，建 8 个铺（驿站），境内有龙塘铺、通水铺两个驿站，路面为石板铺砌，为耒阳六条大路之一。民国 26 年（1937），建成耒（阳）安（仁）公路（即 320 线），境内长 9 公里。1959 年，修建司（兰桥）夏（塘）公路，境内长 4 公里。1970 年，修建乡道龙（塘）江（头）公路，全长 8 公里。1995 年，全镇 22 个村均通公路，97% 的自然村开通公路。2005 年，完成境内主要公路干道龙江公路的水泥路面硬化工程。2010 年，硬化村组公路 17 公里，全镇实现 100% 的村、80% 的组通水泥路。2014 年，境内有省道 320 线，县级公路司葵线及环镇公路龙江线。

运输 民国前期，人们出外大多凭两脚步行，辅以轿子、人力车、畜力车为交通工具。中华人民共和国成立后，随着客运线和车辆的增加，可坐客车上城。龙塘因距城近，过路车辆多，没有专班。1978 年以前，几乎没有私人车辆。1980 年后，公路运输多渠道发展，集体、个人车辆逐步增加。1995 年，有客货运输车 54 辆。2000 年，有货运车 52 辆、客运中巴 8 辆、的士 6 辆。2005 年，有各类运输车辆 200 余辆。2014 年，境内有客运汽车 6 辆，120 座位，年客运量 20 万人次；有货运汽车 270 辆，年货运量 190 万吨。

邮政通信

1957 年，设立龙塘邮政代办所，乡政府通电话。1970 年后，村村通邮路。1994 年，开通程控电话。1997 年，有 15 个村开通程控电话，电话用户 188 户，2005 年全部开通，装机用户达 4164 户。2014 年年末，有邮政局 1 处，代办所 1 处，邮政业务总量 110 万元，其中纯收入 18 万元。报纸、杂志累计发行 4700 份。电信企业 1 家，服务网点 2 个，固定电话用户 1800 户，电话普及率 23.2%；移动电话用户 7372 户，普及率达到 94.9%；互联网用户 392 户。全年电信业务收入 61 万元。

供电饮水

供电 1957 年，因县办石界煤矿建在境内，其矿区临近主山、通水村有 6 个组先后免费电灯照明。1973 年，龙塘公社从东口工区接来高压电，供司兰桥周边照明，加工用电。1975 年 9 月，新民村接石界煤矿专线用上电。1978 年，柑枫线架通，此后各大队全部通电，村通电率 100%。1984 年，成立龙塘乡农电站。2007 年，因冰冻破坏电力设施，各村在政府资助下，电杆及外线全部更换。2011 年，完成导子变电站 110 千伏输电线路；分期分批实施电网改造，先后对 23 个村，进行线改和户改。2014 年，全镇完成农村电网改造。

饮水 2009 年，利用政府投资，对镇内社区村民饮水工程进行安全改造，新建水井 10 处，受益人 2000 余人。

水利建设

民国时期，境内水利基础设施十分薄弱，仅有山平塘 180 余口，且蓄水不多，经不起干旱的灾害。中华人民共和国成立后，尤其在“大跃进”期间，兴起大修水库高潮，修筑山塘水库 52 座。1967 年，凉水冲水库修成后，其右干渠经通水入境，灌溉境内6个大队的农田。1971年10月，境内小（一）型红桥水库、龙下冲水库同时兴建，红桥水库有效库容190万立方米，灌溉原龙塘公社400公顷农田，龙下冲水库有效库容127万立方米，灌溉原江头公社266.67公顷农田。1970—1990年，良好的水利设施对缓解旱情，保证农业丰收起了巨大的作用。2000年后，主干及支渠大多坍塌淤塞，多年已不通水。红桥、龙下冲两大水库已承包给个人，发展养殖业。2010年，投资80余万元完成境内小（一）型、小（二）型水库和骨干山塘的除险加固工作，完成大石、严江等村8000多米的沟渠浆砌硬化工程。2014年，有小（一）型水库2座、骨干山（平）塘220余口。

镇村建设

20世纪60年代，乡政府利用落凤仙伍氏宗祠办公。1968年，择址在司兰桥（香兰一组）境内兴建公社办公大楼及大会礼堂。1989年，建成镇计划生育服务站。1993年起，规划小城镇建设，在司兰桥沿线建成1500米长的圩场集市及商户住宅。1994年，原镇政府改造为镇派出所、镇农电站、新镇政府搬迁至落凤村四组境内。1996年，兴建镇财税所办公楼。2006年起，启动社会主义新农村建设，重点改造水、电、路等基础设施。2008年起，司兰桥安装路灯50盏，香兰村安装路灯100盏。2008—2014年，东冲、红桥等村兴建村活动中心，龙塘村2组建成新农村建设示范楼房2栋。

社会事业

教育科技

教育 清朝末期至民国时期，境内较为出名的经馆、私塾有滑岭的谭维藩私塾、陈月贤经馆等处。中华人民共和国成立后，人民政府利用庵堂寺庙为场所，兴办学校。规模较大的有龙塘喜家冲完小、江头刘家祠堂完小，此外还有陈山塘、通水铺、铁炉冲、蚕粒庙等小学16所。同时兴起办夜校，开展扫除青壮年文盲教育。到1958年后，每个大队都办有小学1所。1964年时，有小学10所、完小2所，同时各大队还增设一个耕读班。1967年，在严江的盘家冲兴办农业中学，招收学生一个班。1968年冬，在司兰桥兴建龙塘公社初级中学，次年春招生两个班。1970年，招收三个班，学制为两年。至1972年，龙塘公社境内有新建小学12所、中学1所。1974年，按“大队办初中、公社办高中”的要求，境内有小学8所、中学3所、高中1所。由于师资、设备跟不上，教学质量无法保证，1980年全部停办。1986年，在各村小学增设学前班，小学入学率达100%，通过“普六”验收合格。1988年，龙塘中学拆除旧土砖教学楼，在原址东侧兴建四层教学楼，有16个教室，可容纳学生近千人。1991年，乡中心完小择址司兰桥（原伍家祠堂落凤仙），占地4公顷，投资70万元，于1993年年底竣工，交付使用。是年，全乡在校小学生2316人，中学生387人，共有中小学教师145人。1995年，江头中学新建教学楼2600平方米，同年江头乡并入龙塘镇，共有中学2所、小学22所，在校小学生3700人，中小学教师324人。1998年，调整学校布局，减少小学6所，并入相邻村设为联小。同年年底，通过“普九”验收合格。2005年后，由于农村人口向城市集中，生源锐减，先后又撤并学校4所。2014年，有幼儿园14所，在园幼儿820人，专任教师20人；小学12所，在校学生2021人，专任教师119人，小学适龄儿童入学率100%；初中2所，初中在校学生822人，专任教师92人。初中适龄人口入学率、小升初升学率、九年义务教育覆盖率均达

100%。

科技 1971年，成立公社农科站，有农业技术员3人，定期举办培训班，指导境内的育种、植保工作，并发简报，给予咨询，推广科学种田。1990年后，农科站解体。2014年，境内有衡阳市“星火科技示范户”1户，有耒阳市“星火科技示范户”3户。

文化体育

文化 20世纪50年代，流行扭秧歌，“文化大革命”期间，公社及各大队均成立毛泽东思想宣传队。1966年，建立公社文化站。1972年，公社成立广播站，家家户户有广播，活跃了农村文化生活。1975年，公社成立电影放映队，轮流到各生产队放映影片。还有通水铺皮影传人伍恢仁在龙塘、江头等地唱皮影戏，老年人尤为喜爱。1984年，黑白电视进入百姓农家，当年有电视用户120户。1995年，开通有线电视，彩色电视逐步普及。2014年，有线电视差转台3个，有线电视用户7216户，电视综合覆盖率100%；有镇文化站1处、村级文化活动中心19处、鼓乐队4个、各类文化专业户4户、各类图书室23个、藏书4万余册。

体育 清代及民国期间，境内有舞龙灯、狮子的传统，多在春节时盛行。中华人民共和国成立后，体育工作逐渐开展。1956年，学校增设体育课2节。1971年，各大队组织农民篮球队，在龙塘中学举行首届农民篮球赛，香兰大队篮球获得冠军。1973年，严江大队严运成参加省少年田径运动会，获得少年组200米第四名。1999年，成立腰鼓队，20多名中青年妇女参加。2005年，先后成立广场舞队4个。2014年年末，有学校体育场4个，48%的村安装健身器材。

医疗卫生

医疗 清末、民国时期，治疗疾病以中医、草药为主。1953年，成立联合诊所。1961年，成立公社卫生院。1968年，选址百担丘兴建卫生院，前后两栋。1969年，各大队成立合作医疗站，配置赤脚医生1～3人，配置草药，为群众治病，1980年后，卫生院迁址司兰桥，规模扩大，设备逐渐齐全，一般疾病可以治疗。2005年，启动新型农村合作医疗制，当时参合率达78%。2010年，有卫生院2所，医疗点2个，村卫生室23个，医卫技术人员48人。2014年，有医疗卫生机构2个，门诊部（所）2个；有床位42张，每万人拥有病床13.6张；固定资产总值263万元；专业卫生人员50名，其中执业医师2人，执业助理医师10人，注册护士8人。是年，医疗机构（门诊部以上）完成诊疗3.98万人次；23个村（居）委会村（居）民全部参加新型农村合作医疗，参保率100%。

卫生 民国时期，农村卫生条件较差。中华人民共和国成立后，卫生环境逐步得到改善。1952年，乡政府发动群众开展“五灭一捕”卫生活动。1957年，继续开展灭“四害”为主题的爱国卫生运动。1978年，成立龙塘公社爱国卫生运动分会，有专人负责部署安排督查卫生工作。1982年，结合形势开展治理“脏、乱、差”，发动群众组织车辆，清运垃圾、填洼地、疏阴沟、整修厕所、粉刷墙壁。1988—1998年，先后组织学校、商店人员培训100余人次，对全镇各中小学的学生健康状况进行调查，并对学生饮食卫生及小卖部进行5次大规模检查。2002年，居委会组织环卫车，每天收集垃圾。各村同时设立卫生监督员，定期检查各组、各户的卫生并评比公布。2014年年末，镇内有环卫队2个、20人，垃圾拖运车5辆，垃圾池128个，垃圾桶200多个。

社会保障

“五保”供养 自20世纪60年代初起，由集体负担，对孤寡老人等实行“五保”，粮食按生产队平均标准按月发放，并适当给予油、盐、柴炭补助。20世纪80年代承包到户后，供养费纳入乡镇统筹。2005年起，“五保”户享受低保待遇，由市财政统筹拨款。2008年，发放各类救助款40余万元。2009年，投资130万元，在江头圩新建一所1100平方米的高标准敬老院，集中供养“五保”老人50多名，2011年，又投资15万元，修建敬老院围墙。2014年，镇敬老院集中供养“五保”老人46人。

最低生活保障 2007年，全面实施农村居民最低生活保障。至2014年，全镇享受农村低保732户、1295人，月人均63元，年支出资金82.97万元。

养老保险 2009年年底，启动城乡居民社会养老保险金。至2014年，参加新型农村养老保险14500人，参保率61.3%。

医疗保险 2006年，新农合参合率82%。2009年，启动农村大病救助政策。至2014年，共救助医疗对象118人次，补助金额23.82万元。2014年，参合率100%，年支付补助资金228万元。

社会救济 1963年，遭遇大旱，粮食失收，县政府发动群众生产自救，下拨粮食救济灾民。1997年9月2日，遭受特大洪涝灾害，龙形村六组廖家湾发生山体滑坡，整个村庄全部摧毁。年底，由政府出资，群众出力，重建灾民新村，计62间，灾民得到妥善安置。

特色地情

名优特产——江头贡茶 主要产地在耒阳市原江头乡（今属龙塘镇）境内，又因在古代属于贡品御茶，故得名江头贡茶。其栽培历史悠久，一说在秦代，因其味纯淡雅，清香爽口，回味无穷，被列为珍品，供内廷专用；二说在唐代中叶，被列为全国十大贡茶之一；三说在宋代，江头云雾茶是专供宫廷的贡品。江头云雾茶属绿茶，形状独特，泡开后，叶尖朝上，叶瓣斜展如旗，颜色鲜绿，根根似针一样竖立，沉入杯底，恰似玉兰璀璨。20 世纪 70 年代，开办公社茶场，辟有茶园 20 公顷。后发展到 200 多公顷，品种多样，年产茶叶 3000 吨。2009 年，江头贡茶在湖南省湘茶杯名优茶评比中获银奖。2013 年，在上海国际茶叶博览会上评为“中国名茶”。2014 年，获“中国好茶叶”金奖。

（文字供稿：谭奇煌　图片供稿：梁春根）

哲桥镇

区域概况

位置面积

哲桥镇因“哲人之桥”得名。相传过去通往县城的主道被一小江截住，当地村民决定在小江上建一座石拱桥，兴建时屡砌屡坍，后经一位白须老人指点才建成，人们便称此桥为“哲人之桥”，简称哲桥。南邻蔡子池街道、五里牌、三顺街道、市经济开发区，北接大和圩乡，东连遥田镇，西隔春陵江与常宁市相望。107 国道、京广铁路、武广高铁穿境而过，属于耒阳市城市“北扩东移、建设大城市”战略发展范围圈。2014 年，辖区东西最大距离 16 公里，南北最大距离 12 公里，总面积 136 平方公里。

建置沿革

1949 年 10 月，属耒阳县第九区管辖。1952 年 8 月，属耒阳县第十一区管辖。1953 年 3 月，属耒阳县第九区管理。1958 年，成立哲桥人民公社。1961 年，属哲桥区管辖。1984 年 3 月，哲桥公社改名为哲桥乡。1986 年 9 月，改名为哲桥镇。1995 年 6 月，耒阳市撤区并乡，哲桥镇（析出樟田村）与原集贤乡合并成立哲桥镇。2010 年 8 月，析出西源、火田 2 个村至三顺街道。2013 年 12 月，哲桥镇析出元木、双泉 2 个村至市经济开发区。

行政区划

1991 年，辖西元、大田、陈塘、石仙、令江、长源、泉竹、石塘、畔冲、元木、双泉、江术、三益、哲桥 15 个行政村，183 个村民小组。1995 年，辖西元、大田、陈塘、石仙、令江、长源、泉竹、江田、石塘、畔冲、元木、双泉、江术、三益、哲桥、泉塘边、东江口、横山冲、庙下、新旺、黎明、大屋、板桥、小岸、塔水、苏民、白茫、南京塘 27 个村，342 个村（居）民小组。2008 年年末，管辖铺下、车站 2 个社区和哲桥、元木、畔冲、石塘、樟树、三益、石仙、陈塘、长源、双泉、泉塘边、泉竹、东江口、横山冲、庙下、会江、黎明、苏民、塔水、小岸、兴旺、板桥、白茫、南京塘、大屋、西源、火田 27 个建制村，6 个居民小组、342 个村民小组。2010 年 8 月，析出西源、火田 2 个村至三顺办事处。2013 年，析出元木、双泉 2 个村到市经济开发区后，辖 2 个社区居委会、23 个建制村，308 个村民小组。

自然环境

境内属山地、丘陵结合地貌，西北面峰峦环绕，中部丘陵起伏。镇域属亚热带季风性湿润气候区，气温四季分明，光热资源丰富。常年主导风为南风，夏季多雷电。欧阳海灌渠穿境而过，境内流程9公里；春陵江流经所辖的泉塘边、东江口两村。境内已探明的地下矿藏有金属锰、高岭土等，其中高岭土储量及质量居全国之首。境内主要自然灾害有旱灾、水灾等。最严重的一次旱灾发生在1963年，最严重的水灾发生在2006年7月，最严重的冰灾发生在2008年。

人口民族

1982年，辖区总人数为23259人，其中男性12096人，占总人数52.01‰，女性11163人，占总人数47.99‰。1991年年末，总人口为26463人，其中非农业人口1023人，农业人口25440人，全年出生人口492人，出生率18.4‰；1998年，总人口48585人，其中非农业人口1192人，农业人口47393人。2000年年末，总人口49106人，其中非农业人口1456人，农业人口47650人。2011年年末，辖区总人口51806人。总人口中，男性27260人，占53.31％；女性24186人，占46.69％。人口出生率12.1‰，死亡率5.2‰，人口自然增长率6.9‰。人口密度为每平方公里350人。2014年析出双泉、元木2个村后，总人口44666人，人口密度为每平方公里328人，其中非农业人口1394人，农业人口43272人。总人口中，男性23395人，占52.37%，女性21271人，占47.63%。人口出生率13.31‰，死亡率5.1‰，人口自然增长率8.21‰。辖区内居住人口全部为汉族。

经济发展

经济综述

哲桥镇经济优越，是个交通枢纽，以商贸流通为主的第三产业一向较为繁荣。1992年起，引进和推广名、优、新良种，发展优质高效种植业和养殖业，工农业总产值上升幅度较大。2000年后，随着招商引资的深入，工业总产值比例逐渐升高。2003年，工农业总产值比重为71 ： 29，农业从原来单一的水稻、粮食供应生产转变为烤烟、制种、瓜果、蔬菜、油茶等多种生产形式。2005年，全镇工农业总产值2.9亿元，其中农业总产值16862万元，农民人平纯收入2882元。2014年，实现财政总收入356.9万元，其中：国税99.28万元，地税257.62万元。

农业

种植业 1965年,粮食总产5570吨。1979年，粮食播种面积2769.33公顷，粮食总产11021吨。1998年，全镇有耕地面积2600公顷，有效灌溉面积2040公顷，粮食总产量25850吨，交售国家商品粮2100吨。拥有农业机械总动力1585千瓦，当年机耕面积2400公顷。2011年，境内共有耕地面积2699公顷，人均0.052公顷，其中水田面积2173公顷，旱土面积513.33公顷，以种植烤烟、水稻、油菜、蔬菜为主。2014年，全镇耕地总面积2687.8公顷，其中水田面积2169.53公顷，优质稻种植面积达2133.33公顷，烤烟种植面积达226.67公顷，拥有大型农业机械128台（辆），农民人均纯收入8200元。

养殖业 以猪、牛、家禽为主，1998年，出栏生猪4.3万头，出售家禽25万羽。2001年，全镇种养合作社8家，养鸡规模年达出笼700万羽以上，是耒阳市养鸡规模最大的乡镇。全镇共有养猪大户100多户，生猪饲养量2.4万头，年末存栏1万头。渔业以养殖淡水鱼为主。

林业 1998年，全镇有用材林100公顷，经济林133.33公顷，油茶林9000公顷。全年造林46.67公顷，其中果木林6.67公顷，开发山地53.33公顷，垦复油茶林2333.33公顷。年内林业收入400万元，人均88元。2001年，有用材林126.33公顷，经济林0.93万公顷，其中油茶林100公顷，年内垦复茶山213.33公顷，造林66.67公顷。2011年，全镇有用材林253.33公顷，经济林1.052万公顷，其中油茶林0.8万公顷，果木林1120公顷，年内完成低改垦复抚育油茶林0.15万公顷，新造油茶林0.08万公顷，并引进浙江广田实业有限公司在镇内开发1.5万油茶林。2014年，有国家生态效益保护林0.28万公顷，经济林0.11万公顷，新造油茶林533.33多公顷，低改垦复抚育油茶林0.08万公顷。

工业

自1995年以来，共投资255万元兴建高岭土精粉加工厂和粉锰加工厂两大支柱企业。1998年，全镇工业总产值5880万元，全年完成规模投资和基础设施投入43912万元。年末，当地镇政府协助配合耒阳投资担保有限公司新建耒阳海通物流园。2014年，洽谈引进富鑫机械有限公司、中航路通沥青有限公司、浪花粮油贸易有限公司、湖南溪元环保科技有限公司、龙飞机械有限公司、金雷建材水泥有限公司、三和煤业有限公司洁净煤生产项目、国家粮食储备库哲桥粮站扩建项目、湖南新五丰股份有限公司饲料生产项目、深圳深浩电子有限公司耒阳电子工业园等企业项目，洽谈引进资金达22.28亿元，全年各项目共完成投资30800万元。

商贸服务业

1999年，镇有集体商店8个，个体摊位385个，从业人员1320人。全年实现商品营业额2150万元，有集贸市场2个，年成交额2310万元，上次工商管理费87万元。2000年，有集体商店8个，个体摊位407个，从业人员1486人，实现商品营业额2456万元，集贸市场2个，年成交额2325万元，企业生产总产值达78600万元，创利税615万元。2011年年末，共有商业网点135个；社会商品零售总额达3.056亿元，比上年增长12.5%；城乡集贸市场2个，年成交额0.856亿元。2014年，镇有集体商店8个，个体摊位408个，从业人员1480人。全年实现商品营业额2500万元，有集贸市场2个，年成交额2400万元，上缴工商管理费87.5万元。

财政金融

财政 1991年，国民生产总值为3139万元，其中农业产值1943万元，工业产值431万元，运输业产值302万元，其他463万元；1998年预算内财政收入168万元，上缴国家税金156万元。 2000年，共完成国民生产总值19518万元，上缴国家税金234万元。2011年，财政总收入8370.66万元，比上年增长45.1%。其中地方财政收入2750.08万元，比上年增长17.1%，完成营业税1053.83万元，增值税5620.43万元，企业所得税24.99万元。人均财政收入2447.5元，比上年增长35.3%。2013年，全镇实现财政总收入597.9万元，其中：国税365.3万元，地税232.6万元。2014年，全镇实现财政总收入356.9万元，其中：国税99.28万元，地税257.62万元。

金融 1960年，成立哲桥信用社，主要经营存款、贷款、结算。中国农业银行耒阳市支行哲桥营业所，主要经营存款、贷款、现金结算等。2011年年末，境内金融机构各类存款余额1.2亿元，比上年增长20%；各项贷款余额0.42亿元，比上年增长11%。

基础设施

交通运输

境内交通主要以公路为主，107国道、铁

路京广线、武广线穿境而过。公路主干线主要有107国道、柴集公路、哲坛公路。京广铁路湖南省耒阳市哲桥站，建于1935年。离北京西站1828公里，离广州站466公里，隶属广州铁路（集团）公司衡阳车务段管辖，现为四等站。1998年，全镇已实现村村通公路，有机动运输车辆320辆，年运输收入1250万元。2005年，启动通村公路硬化工程。全镇共新修通村水泥硬化路230公里。至2012年，全镇实现村村通水泥路。铁路运输主要有京广线、武广线，横穿泉竹、长源、会江、石仙、哲桥、陈塘等村，另有哲桥火车站一座，位于哲桥村，主要用于物流运输。水路运输主要是靠近舂陵江边的东江口、庙下、泉塘边三个村，在东江口有一个直达常宁烟州镇的渡口，方便当地百姓出行。

邮政通信

镇区内有邮政代办所1处，特快专递等邮政业务。2000年，有14个村通程控电话，年内新增用户100户。2014年，邮政业务总量18万元。报纸、杂志累计期发行11526份。电信企业3家，服务网点7个，其中固定电话用户1763户，移动电话用户19421户，互联网用户375户。全年电信业务收入近1000万元。

供电饮水

2005年，筹资30万元解决南京塘村3个组的通电和4个组的电改工程。至2014年年底止，全镇25个村（居）全部完成农网改造工程。全镇居民年用电总量达2300万千瓦时。2012年至2014年，哲桥镇先后投入500多万元兴建哲桥自来水厂，铺设供水管道22.8公里，解决小岸村、长源村、塔水村、泉塘边村、庙下村、三益村等村463户、8500余人饮水难问题。

水利建设

哲桥镇是一个农业大镇，渠道多、山塘水库多、用水时间长，除水稻还有蔬菜、冬季作物。全镇共有水库14座，其中小（一）型水库1座，小（二）型水库13座，水塘962座。灌溉面积达84公顷以上，干渠道总长154.98公里。2012年以来，投入300多万元完成大石塘、清水塘、肖山冲、羊塘4座小（二）型以上水库的除险加固工作。投入60余万元对泉塘边王子塘、横山冲村门口塘、石仙村王冲水库、泉竹村12组门口塘、大屋村4组门口塘、会江村万家组门口塘进行维修改造，投入15万元维修小岸村渠道。2014年，镇财政投入水利建设资金45万元，加固水库6座。

镇村建设

2005年，投资500万元完成镇区小城镇建设的主体项目。哲桥镇不断推进新农村和小城镇建设工作，建成石塘村新农村示范点、107国道样板路工程、哲坛公路两旁高标准通道绿化工程。当地政府多次组织人力取缔马路市场，加强镇区综合农贸市场的建设，成立镇环卫队，全面开展25个村的环境卫生整治工作。

社会事业

教育科技

1998年，全镇有中学2所，小学28所，在校学生6910人，中小学教师328人，两基教育和成人扫盲教育初验合格。2011年年末，镇区内有幼儿园6所，在园幼儿452人，专任教师20人；小学18所，在校学生2914，专任教师175人，小学适龄儿童3112人，小学适龄儿童入学率100%；初中2所，初中在校学生664人，专任教师91人。初中适龄人口入学率、小升初升学率、九年义务教育覆盖率均达100%。2014年，全镇有中学2所,小学12所,中小学在校教师232人,在园幼儿1396人,在校中小学生4223人。镇区内有集贤中学和耒阳市十一中两所中学,集贤中学是一所农村初级中学,建于中华人民共和国成立后,几经搬迁,现位于哲桥镇黎明村凤凰山下,北面一条水泥公路向东10公里连接107国道。学校占地29998平方米,体育运动场12000平方米,建有教学楼一栋,学生宿舍1栋,综合楼1栋等,校舍总建筑面积6140平方米。学校有8个教学班,学生508人,教职工34人,中学一级教师20人,中学二级教师10人,中学三级教师及其他4人。学校教师在国家、省、市级报纸杂志或教学论文评比活动中,获奖达100多人次。辅导学生参加竞赛、发表文章达100多人次。耒阳市十一中坐落于哲桥村7组,属耒阳市教育局直管单位。2005年,哲桥镇与烤烟办、科技局一起研究优质烤烟种植技术,当年改良烤烟生产基地533公顷。2014年,开通扶农专线,发挥科技服务平台的中介和咨询作用。

文化体育

文化 中华人民共和国成立后,政府重视地方文化。1952年,哲桥镇籍资明庭等演出的民间舞蹈《斗狮》在湖南省首届民间艺术观摩会演中获奖。1984年,建立乡中心文化站,配文化工作人员2人,负责境内文化工作。2012年,建有综合文化站1处,广播电视台1个,大型文化休闲广场2个,民间军鼓队2个,队员50余人。有村级文化活动中心25处,各类图书室(包括农家书屋)25个,藏书8万余册。

体育 中小学有学校体育场8个,已配发体育器材的村集体文化休闲广场有13个。经常参加体育活动的人员占常住人口的45%。2014年,哲桥镇集贤军鼓队参加耒阳市广场舞比赛取得三等奖。

石臼仙寺

医疗卫生

镇区内有乡镇卫生院2个,村级卫生室30个;有床位118张,每万人拥有病床5.57张;固定资产总值892万元。专业卫生人员98名,其中执业医师15人,执业助理医师6人,注册护士9人。2011年,医疗机构(门诊部以上)完成诊疗3.26万人次。2014年,25个村农村居民全部参加新型农村合作医疗,参保率100%。

民国时期，村民只是按传统习惯在一些节日前后打扫居所周围卫生。中华人民共和国成立后，大搞卫生运动。1963 年，境内开始改建、拆迁不合理的厕所、畜圈。1973 年，实施农村“两管五改”（管水、管粪，改水井、改厕所、改畜圈、改炉灶、改环境），各村卫生条件慢慢改观。1982 年，整治脏乱差，各村开始兴建垃圾池。1996 年，开展灭鼠工作，在机关、村户投放毒饵捕杀老鼠。2000 年，境内各村均建有垃圾池 1 个。2014 年，在镇区所在地圩场投放垃圾箱 20 余个；圩场各住户、铺面实施门前卫生三包责任制；同时与镇政府签订卫生三包责任状。各村配备保洁员 1 人，负责本村卫生保洁工作。

社会保障

“五保”供养 2010 年，建成总投资 300 万元、规模达 60 多张床位的哲桥镇新敬老院。2014 年，供养农村“五保”人员 67 人，支出 31.2 万元。

最低生活生活保障 2011 年，城镇最低生活保障户数达 186 户。2014 年，农村最低生活保障户数 1166 户，人数 1873 人，支出 287.3 万元。

养老保险 2012 年，启动城乡居民社会养老保险。是年，境内参保人数 24012 人。2014 年，新农保参保人数达 31243 人，参保率 90% 以上。

医疗保险 2006 年，实施城乡居民大病医疗救助。2014 年大病医疗救助 120 人次，共支出 12.6 万元。

优抚 2014 年，补助各类优抚对象 468 人，优抚事业费支出 49.2 万元，民政各类救助 83 人，共支出 17.66 万元。

特色地情

名优特产

哲桥茶油 哲桥茶油纯香浓厚，油色清亮、质量上乘，是茶油中的精品，对减少血液中的胆固醇具有良好效果，用茶籽油制作油炸食品时干爽利索。哲桥茶油中不含芥酸、胆固醇、黄曲霉素和其他添加剂，经测试茶油中不饱和脂肪酸高达 90% 以上，油酸达到 80%~83%，亚油酸达到 7%~13%，并富含蛋白质和维生素 A、B、D、E 等，尤其是其所含的丰富的亚麻酸是人体必需而又不能合成的，油酸及亚油酸含量均高于橄榄油，故有“东方橄榄油”美誉。

风景名胜

石臼仙寺 石臼仙寺群山环绕，绿树成荫，位于哲桥群山之巅，仙气缭绕，因坐落地山顶的一块神秘巨石形状酷似石臼而得名。石臼仙寺是耒阳最大的尼姑庵之一。

（文字供稿：廖政齐　图片供稿：梁春根）

永济镇>>

区域概况

位置面积

相传古时辖区人闹瘟疫，一位名叫永济的和尚采摘草药解救众人，瘟疫解除。众人为纪念他，在境内建一永济庵，集市得名永济圩，永济镇也因地而名。地处耒阳市北部，有耒阳“北大门”之称，南与淝田镇接壤，东与衡南县江口镇隔河相望，西、北靠衡南县廖田镇。镇政府驻永盛居委会4组，距市城区31公里。2014年，总面积50平方公里，东西最大直线距离8.28公里，南北最大直线距离8.97公里。

建置沿革

1950年，永济属耒阳第十区。1956年，设永济乡。1958年，与淝田、遥田合并成立淝田人民公社。1961年，永济从淝田公社析出成立永济公社。1984年，改乡，1995年，改为永济镇。

行政区划

2011年，下辖15个村委会，208个村民小组，1个居委会，8个居民小组。2014年12月，永济镇下辖15个行政村，1个居委会，分别为：清风村、龙水村、永济村、百里渡村、丰湖村、金钩村、良田村、向阳村、北平村、白凤村、柏马村、花园村、大众村、大河边村、金开村、永盛居委会。辖215个村（居）民小组。

自然环境

境内属丘陵地带，以岗地、丘陵地貌为主。地势西南部高，东北部偏低，东北部的花园村，海拔仅63米，为耒阳市最低处。气候属亚热带季风温润气候，气候温和，四季分明，雨量丰沛，春天雨水较多，夏初多大雨雷暴，有伏旱。春夏多偏南风，秋冬吹西北风，常年平均气温17.1℃~18.8℃，日照长，年平均无霜期287天，年平均降水量1355.8毫米。境内最大河流耒水河绕东南而过，流经百里，丰湖、良田、金钩、大河边、大众、花园7个村。境内矿产资源贫乏，仅储少量的铜、铀矿。土壤主要为红壤、黄壤，沿河多沙土。水源丰富、适宜水稻、油菜等农作物生长。大众村桐子山、大河边村、梁家坳两山上栖着数万只鸟类，种类繁多，达180种。境内自然灾害有洪涝、旱灾、雷击、冰灾。

人口民族

1982年，辖区人口总数26084人，其中男性13465人，女性12619人。1990年，总人口29168人，其中男性15155人，女性14013人；人口出生率20.64‰，死亡率7.65‰，自然增长率

12.99‰。1995 年，总人口 30453 人，其中男性 15938 人，女性 14515 人；人口出生率 15.43‰，死亡率 5.58‰，自然增长率 9.85‰。2001 年，总人口 29842 人,其中男性 15937 人,女性 13905 人；人口出生率 10.1‰，死亡率 6.1‰，人口自然增长率 4‰。2011 年，总人口 32589 人，其中男性 17200 人，女性 15389 人；人口出生率 11.8‰，死亡率 6.35‰，自然增长率 5.45‰。2014 年，有总人口 32452 人；劳力 20679 人；外出务工 15203 人，占总劳力 73.5%。人口密度每平方公里 649 人。境内居民全部为汉族。

经济发展

经济综述

1995 年，永济确定“靠农业稳镇、靠工业富镇、靠科技兴镇、靠流通旺镇”，靠引资推动改乡建镇的工作思路，突出加快城镇化、工业化、农业现代化进程，调整农业产业结构，建立“一村一品”商品生产基地，优化企业环境，大力招商引资。1996 年，全镇粮食总产量 17546 吨，社会总产值 11000 万元，其中，农业总产值 6032 万元，人均纯收入 1826 元。1998 年开始，对村镇企业进行全面改制，由生产型转变为生产经营型，发展新型工业。2005 年，完成国民生产总值 2.5 亿元,其中农业产值 1.9 亿元,年人均纯收入 2706 元。2014 年，加大农业产业化进程速度，粮食总产 1.1 万吨，工业总产值 76560 万元，财政总收入 695.2 万元。随着经济发展，居民生活水平全面提高，人均纯收入 3100 元，众多居民住上时新楼房，手机大普及，80% 的家庭拥有彩电、冰箱、洗衣机。

农业

种植业 镇内主要种植水稻、油菜、蔬菜、红薯、大豆等作物。1950 年，农村土地改革、农民分得土地。1956 年，成立高级农村合作社，大修水利、农业生产大发展。1958 年，成立人民公社，对农业生产冲击很大。1962 年，播种双季稻，激活了农民的生产积极性。1965 年，粮食总产量 6506.04 吨。1976 年，开始试种杂交水稻、粮食产量倍增。1979 年，粮食播种面积 3772.47 公顷、粮食总产量 15682 吨；油菜种植面积 163.8 公顷、油菜籽总产 169.1 吨。1982 年，推行家庭联产承包责任制，土地按人口承包到户。1990 年，粮食播种面积 3004.4 公顷，粮食总产 15923 吨；油菜面积 733.33 公顷，油菜籽产量 1056 吨；果园面积 15.2 公顷，水果产量 54 吨。2010 年以来，推进农业产业化、现代化，鼓励农民集体土地流转。2011 年，农业总产值 8439 万元，粮食总产 1.756 万吨，油菜种植面积 0.12 万公顷，产量 4320 吨，蔬菜种植面积 83.33 公顷，瓜果年产量 25 吨。2014 年，全镇粮食播种面积 1500 公顷；粮食总产量 1.1 万吨，其中水稻 9200 吨。蔬菜种植面积 100 公顷，产量 1300 吨，主要以辣椒、白菜、土豆为主。大河边蔬菜生态种植园、花园村生态农庄、良田蔬菜种植园、百里渡江家堡生态农庄推进产业结构的快速调整，初步形成耒水沿岸低碳、环保、无公害蔬菜种植基地。境内拥有农业机械 9209 台（辆）。

养殖业 境内居民有养殖生猪、牛、羊、鸡、鸭、鱼等畜禽水产习惯。20 世纪 80 年代前，农户每家圈养生猪，养殖量每家最多十几只。1979 年，生猪存栏 6429 头，出栏 2093 头，家禽存笼 35376 羽，水产品总产量 62760 公斤。1990 年，生猪存栏 6789 头，出栏 21921 头；家禽存笼 86970 羽，出笼 135000 羽。2011 年，生猪饲养量 3.3 万头，年末存栏 1.6 万头，家禽饲养量 19.5 万羽，水产养殖面积 34.67 公顷，以草鱼、鲢鱼为主，产量525吨。养殖户建立养殖场，并逐步形成规模养殖专业户。2014年，生猪存栏1.7万头，生猪出栏4200头，猪肉产量73吨；羊出栏1200只；牛年末存栏430头；年末家禽存笼15.2万羽，年内家禽出笼11.6万羽，禽蛋产量2200吨；水产养殖的水域面积260公顷，水产养殖总产量3500吨。

林业 境内属丘陵地带，有部分林地。1956年前，林地属私人所有。1962年后，林权归属生产队集体所有。1982年，山地林权按人口承包到农户。1990年，造林面积3.33公顷。1995年，丘岗山林开发273.33公顷，造林280公顷，其中果木林160公顷，人均收入200元。1998年，有山地林面积686.67公顷，其中果木林266.67公顷，火烧山全部种上林木计133.33公顷。2014年，有林地1266.67公顷，灌木林地533.34公顷，油茶林333.33公顷，经济林466.67公顷，自然保护区266.67公顷。

工业

20世纪60—80年代，镇内的工业企业，或（社）乡办、或村（队）办，均属集体企业，有农机厂、农具厂等乡镇企业。因"米市"繁荣，大米加工业兴旺。20世纪90年代，集体企业体制改革，民营企业逐步取代集体企业成为企业主体。镇内外出从事建筑人员达数百余人，逐步成立永济建筑队、永济镇建筑公司，从业人员达163人。1990年，境内有企业5家，从业283人，总收入685万元。1995年，企业总数1096个，其中，镇办企业9个，村办企业43个，联合体办企业15个，个体私营企业1029个，企业从业人员5418人，企业总产值473万元。2001年，乡镇民营企业140家，从业人员7100人，总产值2600万元，2011年，有工业企业15家，总产值76560万元。2014年，永济镇常青食品厂为镇内最大民营加工企业，产品远销长沙、贵州、广州，从业人员达56人，年产值达3000万元。

商贸服务业

中华人民共和国成立初期，永济境内水上缴通方便，著名的百里渡、大河边等渡口，都有门市部、供销社、私营商店。1958年，成立人民公社后，取消集市贸易和个体商贩，只在永济圩还保留有供销社、粮站和食品站。商贸服务统一由供销社和集体代销点经营。20世纪80年代，逐渐开放市场，个体商户得到发展。1990年，商业总产值180万元。1995年，有镇服务大楼、供销社，有个体商店218个，个体摊位356个，从业人员2152人，年营业额1611万元。至20世纪90年代末，镇内有公有制商业企业5家，从业人员85人，个体经商户52户，从业人员104人。2001年，新建商业大楼，建筑面积1000多平方米，新增街道200多米的商业区，新添门面60多间，形成永济和大河边两个圩场。2005年，商业体制改革基本结束，私营个体商业成为流通领域的主体。2011年年末，境内有商业网点289个，全年社会商业销售总额8123万元，集市贸易成交额6300万元。2014年，镇内有各类商贸企业282家，从业人员593人。餐饮、酒店、金融、数码电子、房产、美容、美发、休闲、娱乐、保健、汽车等百业兴旺，基本能满足居民的生产生活需求。

财政金融

财政 1985年，设立镇财税所，负责辖区内财政工作。1995年，财税收入95万元。1996年，预算内财政收入109万元，上缴国家工商税30万元，农业税86.3万元。1998年，财税总收入302万元，上缴国家各项税金137万元。2004年，农村税费改革取消农业税和农业特产税。2006年，全镇财政总收入427.5万元，财政总支出427.3万元，2009年，全镇实现地方财政收入548万元。比上年同期增长6%。2010年，全镇实现地方财政收入 615 万元。比上年同期增长 12%。2012 年，全镇完成财政总收入 692.5 万元。

金融 1953 年，建立永济信用合作社。2008 年，建立永济邮政储蓄支局。2013 年，永济信用合作社改为永济农商银行。2014 年，辖区内有金融机构 2 个。

基础设施

交通运输

永济镇地处 107 国道旁，016 县道贯穿全镇，周边的京广铁路、武广高铁、京港澳高速都在半小时车程内。1995 年，全镇 15 个行政村、215 个村民小组通公路。有运输汽车 52 辆，年运输收入 428 万元。1997 年，有机动车辆 147 辆，交通运输总产值 2699 元。至 2014 年年底，全镇 16 个行政村（居委会）修通 80 公里村村通水泥路，实现 198 个组通水泥公路。永济客运汽车站，有班车通往耒阳市城区和衡阳市城区，日发客运 30 班次。

邮政通信

民国 27 年（1938），在境内大河边设立信柜。1954 年，邮政局接管地方电信，成立永济乡邮电局。1963 年,公社邮政局安装电信总机。1995 年，全镇 15 个行政村、12 个单位开通程控电话，有程控电话用户 65 户。1997 年，电话装机量 130 部，微波有线电视入户 500 多户。2003 年，程控电话扩容提质，安装程控电话 2000 多门，实现全镇 215 个村民小组通电话。2011 年年末，有邮政局 1 处，邮政服务总量（包括邮政储蓄）6800 万元，报纸、杂志累计期发行 11 万元。电信企业一家、服务网点 2 个。电话交换机总容量 3100 门，固定电话用户 2300 户，移动电话用户 4650 户，互联网用户 430 户。2014 年，镇内建有移动基站 5 处，网络通达各家各户。

供电饮水

供电 20 世纪 70 年代初，国家电网开始对永济公社各大队供电。1986 年，建立永济乡农电管理站。生活用电、农业用电进入普及时期。1990 年，整改低压电路，整改农村照明用电线路。2000 年，全境农网改造，修建电排灌溉 16 处。2014 年，农网覆盖全境，生产生活用电方便安全。

饮水 2005 年，永济镇内修建人饮工程 12 处。2011 年，新建永济镇自来水厂，改变境内饮水不良状况。近万人喝上安全放心的自来水。

水利建设

耒河绕永济东北而过，流经百里渡、良田、金沟、大河边、大众、花园 6 个村。欧阳海灌区支渠道流经辖区的清丰、龙水、永济、百里、丰湖等村，但属于尾渠。境内小（二）型水库 7 座，水库干渠 37 千米，骨干塘 53 处，容量 105 万立方米。山平塘 88 处，容量 203 万立方米。2011 年至 2014 年，投资 280 万元除险加固铁子塘、东方红、大湾冲 4 座小（二）型水库。修建龙水村、大众村、大河边等 20 处 16 千米引水工程。在清风、龙水、向阳、永济、柏马、花园 6 个村，共投入 300 多万元，解决近 266.67 公顷农田灌溉问题，新开山塘 23 口，维修渠道 23 千米。

镇村建设

2010 年以来，建设永济自来水厂、永济镇文化站、永济镇汽车站，一个数字化有线电视台，一个垃圾站，一个休闲广场等。电网改造率 98 %，农户安全饮水率 100 %，环境卫生清洁。行政村、社区都有办公用房。2014 年，通过规划修编，在镇区，形成“二纵五横”的交通格局，两纵是永大路（永济至大河边公路）、永丰大道（永盛商贸城至丰湖村），五横是永盛至柏马路、永盛

宜园一角

至永济路、永盛至百里路、永盛商贸城至畔塘边路、车站路（永济汽车站至柏马村）。2014 年年末，永济家电大市场主体竣工，蛋品市场投入使用，小城镇建设达到重点建制镇的规模。

社会事业

教育科技

教育 20 世纪 40 年代，境内有唯一一座按班级授课的大众平民学校。中华人民共和国成立后，人民政府接管大众平民学校，改名为抗大小学。1969 年，兴办永济中学。小学全部下放到各大队，民办公助，由贫下中农管理学校。1975 年，永济中学设高中班，大队民办小学附设初中班。1982 年，大队小学取消附设初中班。永济中学取消高中班，只办初中。1992 年，境内有中学 1 所，在校教师 42 人，在校学生 644 人。小学 15 所，在校学生 3570 人，教师 129 人。1995 年，有中学 1 所、小学 15 所。在校学生 2766 人，中小学老师 258 人。2011 年年末，有幼儿园 11 所、在校幼儿 608 人，专任教师 18 人；小学 7 所，在校学生 1749 人，专任教师 97 人；初中 1 所，在校学生 810 人，专任教师 69 人。2014 年，境内有中学 1 所，16 个班，教师 76 人，其中中学高级教师 4 名，中学一级教师 35 名。

科技 1992年，建永济公社农科站。1990年，乡农科站改称永济乡农业技术推广服务站，负责指导境内新技术、新品种、新农药的推广，病虫害的预测预报，开展农技项目示范，包括高秆改矮秆、良种改杂交、中低良田改造、吨粮田建设等。2000年后，围绕“创永济特色、建文明乡镇”的目标，引导农民科技兴农，走多元化、规模化发展路子。2014年，建立信息服务网点，推广农业信息技术，充分挖掘农耕文化、百鸟文化、生态文化，打造湿地公园核心景区。

文化体育

文化 1966年7月，建公社文化站，配文化辅导员1名。1972年，成立公社广播站，配公社广播员1名。1975年，成立公社电影队，放映员3名，到各生产队巡回放映。1987年，建立文化中心站。2011年年末，有镇文化站、广播电视站各1处，有村级文化活动中心16处、各类图书室18处、藏书3.6余万册，音乐、美术、书法、摄影及文字业余创作队伍65人。2014年，有镇文化站1个，16个村相继建设文化活动室，每个文化活动室设图书阅览室、棋牌室，藏书2000余册。

体育 境内梨子冲谢家、马陆桥陆家等大自然村，都曾有练武健体、过年舞狮子灯的传统。临河的大河边村有端午划龙船的民间习俗。中华人民共和国成立后，篮球运动是境内主要的体育项目。在1970年的新市区“红五月”篮球运动会和1985年的新市农民篮球运动选拔赛上，永济篮球代表队都是一支劲旅。2013年，大河边村与河对岸的衡南江口的划龙船比赛，盛况空前。境内的体育器材设施主要集中在学校、机关和健身场所。乒乓球、羽毛球是中老年人的体育健身活动，年轻的篮球爱好者常自行组队举行篮球友谊赛。2014年，各村（居委会）纷纷成立篮球队、腰鼓队、龙狮队等民间文艺体育团体，有成员500余人。

医疗卫生

医疗 1961年，成立公社卫生所。1969年，办大队农村合作医疗，配赤脚医生2~3名。1980—1982年，大队合作医疗先后解体，赤脚医生个体经营。1995年，境内有医院1所、医疗点30个、卫生技术人员13人、病床47个。2006年启动新型合作医疗。2011年年末，有各级医疗卫生机构14个、门诊部1个、有床位21张、专业卫生人员29名。16个村村民全部参加新型合作医疗。2014年，有镇卫生院1个，村卫生所16个。永济卫生院占地0.67公顷，全院职工29人，可提供床位36个。院内设综合门诊、预防接种室、妇幼保健室、中医科等。设备有B超、X光机、心电图等。除日常门诊和住院业务外，还开展有新型农村合作医疗补偿业务。实现医疗卫生全覆盖。

卫生 1956年，开展除“四害”灭疾病的爱国卫生运动，免费接种疫苗、预防流行性疾病。20世纪70年代末，黄癣、乙脑、天花、麻疹、疟疾等基本绝迹。2011年，实施农村环境卫生综合整治。建焚烧炉、垃圾池，发放垃圾桶，清运陈年垃圾，安全焚化处理。各自然村配保洁员1名，负责包干区的卫生保洁。2014年，落实保洁责任并制度化，农村安全饮水率28%，农村卫生厕所普及率20%。

社会保障

“五保”供养 1959年，对无子女无依靠的老人和丧失劳动能力的残疾人实行“五保”（保吃、保穿、保住、保医、保葬），其供养由生产队负担。1984年起，“五保”供养费纳入政府保障，从最初的每年100元逐渐增至2800元。2007年，改造原百里渡小学校舍，建成永济敬老院，集中供养“五保”老人31人，该院被耒阳市民政局评为

“示范敬老院”。2011 年，有“五保”老人 288 人，敬老院 1 家、床位 30 张，收养 30 人，其余“五保”老人居家养老。2014 年，有“五保”对象 272 人。

最低生活保障 2007 年，启动农村最低生活保障，保障 54 户、127 人，月人均补贴 69 元。2011 年，农村最低生活保障 707 户、1236 人，月人均补贴 75 元。2014 年，农村最低保障 712 户、1244 人。

养老保险 2009 年，启动新型农村养老保险。60 岁以上老人每人享受月养老补贴费 55 元。2014 年，参加新型农村养老保险 236 万人，参保率 92%。

医疗保险 2006 年，启动新型农村合作医疗，当年参合人员每人筹资 10 元。2014 年，参合人数 30018 人，参合率 92.5%。

社会救济 2006 年 7 月 15 日，境内发生“7·15”特大洪灾，倒塌房屋 200 多间，淹没农田 333.33 公顷，直接经济损失过亿元。各方人士积极捐款，共收到捐款 40 万元。2007 年发生“8·21”特大洪灾，2008 年 1 月特大冰灾，造成经济损失过亿元。灾后及时核实灾情，组织生产自救，重建家园，村民安居乐业。2014 年，国家抚恤、补助各类优抚对象 410 人，抚恤事业费支出 42 万元。

桐子山湿地白鹭成群

特色地情

风景名胜

永济境内人文景观探幽氛围浓厚，有数百年历史的百里渡古街、李王宫；与衡南交界的江口鸟洲，江家堡生态农庄，大众生态休闲农庄等。

李王宫 李王宫佛殿位于距耒阳市 28 公里处的永济镇百里渡村，古时可能以纪念李姓王爷有关。李王宫佛殿地处永济镇一座碧绿兀立的小山丘上，是一座金碧辉煌的庵庙，庵庙分前后两栋，前栋为一戏台，后栋供奉一个李姓王爷，数百年来香火旺盛。李王宫佛殿是进行宗教活动的场所，是佛教信徒顶礼膜拜的地方。佛殿造型奇特，殿堂内有妙相庄严技法精湛的各种塑像；有色彩艳丽的壁画。

漂耒水 从大河边渡口乘船而上，约五百米，便是著名的“金线吊葫芦”之葫芦口。一条小溪恰似“金线”，一幕瀑布悬于溪口，宛如出一幅美丽的画卷。自此返航，顺流而下，舟移山涌，游客如行在画中。不多时便可见两条被绿树芳草覆盖的沙洲映入眼帘。从侧面远望像两条鳄鱼横卧在江中，再往下耒水骤然收拢，河两边的山势向河中间突兀，像一对狮子把守着江口。当地百姓有云：“两条鳄鱼江中游，一对狮子把水口。”此处水流湍急、深不可测，正是南宋宰相秦桧练兵之地，据说秦桧曾遗失宝剑在此处的马家潭。

观飞鸟 永济镇大众村桐子山上栖息数万只鸟类，种类繁多，有白鹭、苍鹭、牛背鹭、野鸡、山鹊、白鹤、鹌鹑、环头雉等，达 200 多种，鸟山呈现一幅“飞时满天白云，落后繁星点缀”的美丽奇观。山上有一条通山幽径，走在小道上，两旁便传来阵阵鸟声，似鸭鸣，似人唤，地上满是鸟粪和孵后的鸟壳。一出声，便惊得群鸟扑翅而飞，露出雪白羽毛，停留片刻，又见数只白鹭，由远而至，收翅停于树尖，一幅绝妙画卷呈现于面前。

（文字供稿：段泽秋　图片供稿：梁春根）

遥田镇 >>

区域概况

位置面积

遥田镇因地势平坦，拥有一望无际的稻田而得名。地处耒阳市境北部，东与大市乡隔耒河相望，南邻蔡子池街道、哲桥镇，西接淝田乡，北连新市镇、衡南县江口镇。人民政府驻幸福村境内的遥田圩，距市城区 20 公里。2014 年，镇内总面积 53.5 平方公里，东西最大直线距离 9 公里，南北最大直线距离 22 公里。

建置沿革

战国属楚地，西汉始属耒阳县。1950 年建乡，1958 年，与永济、淝田乡合并成立淝田人民公社，1961 年析出，成立遥田人民公社。1984 年，改社设乡，1986 年 9 月，改乡设镇，成立遥田镇，属新市区所辖。镇政府驻遥田圩。1995 年，撤区并乡。

行政区划

1986—1995 年，镇辖 14 个村，1 个居委会，180 个村民小组，6 个居民小组。2011 年年末，辖 14 个建制村和 1 个电站居委会、174 个村民小组、6 个居民小组。2014 年年末，辖立新、麻塘、建新、新桥、红卫、三星、红星、幸福、灯塔、被塘、宣塘、皂新、五七、石盐山 14 个建制村和 1 个电站居委会，180 个村民小组，6 个居民小组。

自然环境

辖区属亚热带季风湿润气候，气候温和，四季分明，春天雨水较多，夏初多大雨雷暴，夏末有伏旱。春夏多东南风，秋冬吹西北风，常年平均气温 17.1℃ ~18.8℃，平均日照时数 1608 小时，无霜期 287 天，年平均降水量 1355.8 毫米。地势西南高中东部低、西南边沿多丘陵山地、东中部为平原。境内最大的河流为耒河，从皂新至麻塘流经境内灯塔、幸福、红星、新桥、电站居委会、建新、立新，长 23 公里，流域面积 1.5 平方公里，年均流量 258 立方米 / 秒。境内已探明的地下矿藏有石灰石，集中分布在被塘、五七一带。地下水资源较丰富。境内主要自然灾害有旱灾、洪灾、低温、冰雹、龙卷风等。

人口民族

1982 年，辖区总人口 20369 人。1990 年，总人口 26850 人，其中男性 13795 人，女性 13055 人；人口出生率 20‰，人口死亡率 6.9‰，人口自然增长率 13.1‰。1995 年，总人口 28239 人，其中男性 15025 人，女性 13214 人；人口出生率 15.7‰，人口死亡率 4.49‰，人口自然增长率11.21‰。2001年，总人口28623人，其中男性15123人，女性13500人；人口出生率8‰，人口死亡率5.5‰，人口自然增长率2.5‰。2014年，辖区总人口35072人，其中男性17620人，女性17452人；人口出生率为13.11‰，死亡率为6.7‰，自然增长率6.41‰。总人口中，0～14岁7014人，占19.9%；15～59岁22447人，占64.2%；60～64岁2700人，占7.6%；65岁以上2911人，占8.3%。总人口中有少数民族28人，占0.79‰，其余为汉族。人口密度为每平方公里649人。

经济发展

经济综述

农业是境内的基础产业，以种植水稻为主，兼种油菜、豆类等经济作物，养殖业占有一定的比例。1982年，实行家庭联产承包责任制。1993年，土地流转形成产业化、规模化，向专业基地发展，农业总产值1052万元。1995年，全镇利用区域水利电力优势，调整产业结构，进行企业改革，改变过去经营农副产品加工、烧制石灰的镇村办企业，由生产型转变为生产经营型，招商引资，入股经营，兴办冶炼，化工新型工业项目，发展第二、三产业。工业总产值1271万元。2005年，加大农业产业化进程，发展新型工业产业。全年粮食总产8900吨，工业产值3900万元，第三产业535万元，年人均纯收入3166元。2014年，粮食总产1.38万吨，工业总产值7.5亿元，财政总收入985万元，人均纯收入3480元。

农业

种植业 境内粮食作物以水稻为主，主要经济作物有油菜、棉花、花生、黄豆、柚子、橘子、红枣等。1950年，农村土地改革、农民分得土地。1962年，调整为以生产队为核算单位，扩种双季稻。1965年，粮食总产6110.76吨。1976年，试种杂交水稻。1979年，粮食播种面积2268.4公顷，粮食总产1.24万吨。20世纪80年代初，土地承包到户，产量大增。1990年，粮食播种面2172.87公顷、总产12521吨，油菜播种面积673.33公顷、油菜籽总产687吨，果园面积16.37公顷、总产24.7吨。1995年，镇内有耕地面积0.12万公顷，粮食总产量1.27万吨，产值889万元。2011年，耕地面积0.11万公顷，生产粮食1.5万吨，其中水稻1.45万吨。油菜种植0.09万公顷，产量1690吨。2013年，全镇有6.67公顷种粮大户8人，2公顷以上种粮大户27人。在被塘、红星、灯塔、三星、红卫、新桥、建新等8个村集中育秧20公顷，投入专项资金3万元用于集中育秧管理，为群众免费提供秧苗。境内成立2个农机合作组织，全镇有插秧机26台，机耕犁34台，收割机25台，其他农用机械5台。是年，在红星村建立千亩油菜种植基地，油菜种植面积稳定在666.67公顷以上。2014年年末，全镇有耕地面积0.11万公顷，粮食总产量1.38万吨。

养殖业 境内养殖主要有猪、羊、鸡、鸭、水产。1979年，生猪年末存栏5794头、出栏6576头；家禽年末存笼22938羽；水产总产量1.44吨。1990年，生猪年末存栏10015头、出栏26184头；家禽年末存笼96910羽、出笼154200羽。2011年，有生猪养殖户86户，存栏量13495头，家禽养殖户2075户，水产养殖面积22.53公顷，产量86.8吨。2013年，成功引进投资达1000万元的泉江牧业公司。2014年，有养猪大户52户，出栏生猪15万多头，养鸡大户68户，家禽296000羽，养牛6户179头，养羊6户1283只。

林业 境内属平原低岗地，有少量林地。境内林地面积共0.17万多公顷。1958年，人民公社成立后，林地产权集体所有。1962年，"四固定"（田、土、山、水）、山地林权归生产队集体所有。20世纪70年代，办公社林场一个，场址在五七村辖区，配有林场管理员。1982年，山林承包到农户。1990年，境内有果园面积16.37公顷，水果产量24.7吨，封山育林20.87公顷。2005年，有生态公益林896.1公顷、用材林39.3公顷、经济林545.7公顷，其中油茶林438.9公顷、果木林106.8公顷。2013年，在建新村新造绿化树种桂花树10公顷，皂新村新造国外松0.67公顷，在五七村垦复老油茶林33.33公顷，并积极加强对山地的流转力度，将五七村、被塘村部分原有的荒山流转承包给湖南源品农业开发有限公司进行中药材种植，将被塘、五七、宣塘、石盐山部分荒山流转给丰源山庄进行果树种植。2014年年末，五七、被塘、石盐山、立新、灯塔、三星6个村累计垦复油茶林近666.67公顷，在麻塘、建新等村栽种200公顷柚子。

工业

20世纪70年代，成立公社联合加工厂，大队成立五七加工厂，设公社企业办管理。1976年，耒阳县启动建设遥田水电站，总容量5万千瓦。20世纪90年代，集体企业改制成民营企业。境内有企业403个，从业人员1550人，总收入1781万元。境内水力、电力、石灰石、河沙等资源丰富，素有"工业小区"之美誉。1995年，有镇办企业2个（耒阳电冶厂，小基灶石灰窑），村办企业14个，个体企业19个，企业职工1500多人。1996—2000年，由当地村民投资先后建成保生、幸福、电站3家加油站。2005年，利用区域水电优势，全力扶持冶炼企业，积极引进兴办新型工业项目。有鑫合金锰公司、金圃化工等企业1000余个，其中产值100万元以上的引资企业达20余个，1000万元以上的招商企业2个、从业人员4300人，企业总产值50000万元。2009年，陆续建成拓华、金泉、初阳等12家冶炼厂。2010年，关闭能耗高、污染大的12家冶炼厂。2012年，镇政府引进金悦科技有限公司，总投资1000多万元。截至2014年年底，全镇共有各类企业9个，总投资超过1亿元，其中1000万元以上的企业3个，300万元以上的企业5个。

商贸服务业

民国时期，遥田圩有商铺10余家。中华人民共和国成立后，先后设立遥田供销合作社、遥田食品站、遥田粮站等，供应生产、生活资料和收购农副产品。1958年，取消集市贸易和个体商贩，商贸服务统一由供销社和集体商店经营。20世纪80年代初，逐步放开市场，个体商业得到发展，并逐步成为流通领域的主体。1986年，在幸福村新建遥田圩农贸市场，设计摊位118个，商铺120个。2011年，境内有商业网点283个，全年社会商品销售总额达7600万元；城乡集贸市场2个，成交额达5200万元。截至2014年年底，境内共有各类门铺328个，大型超市5个，从业人员1809人，全年商品销售总额达8680万元。

财政金融

财政 1985年，设乡财税所，负责辖区内财政工作。1995年，全镇预算内财政收入136万元，上缴国家税金108万元。1998年，全镇国内生产总值3200万元，预算内财政收入168万元，上缴国家税金150万元。2000年，全镇共完成国民生产总值4860万元，预算内财政收入180万元，上缴国家税金216万元。2003年，全镇国民生产总值5460万元，预算内财政收入108万元，上缴国家税金240万元。2008年，全镇财政收入360万元；2011年，全镇共完成国税420万元，地税560万元；2012年，全镇财政收入920万元。

2014年,全镇共完成国税480万元,地税316万元。

金融 1954年，建立遥田农村信用合作社。1986年,在镇内设立中国邮政储蓄银行分支机构。2010年,中国人寿保险公司在遥田镇设立办事处。2013年，遥田农村信用合作社更名为耒阳农商银行。2014年，镇内有耒阳农商银行、邮政储蓄银行2个金融机构分支机构，保险机构1个。

基础设施

交通运输

境内交通以公路运输为主，水运为辅。民国以前，耒河是境内主要航道，总长23公里，最大通船能力为500吨级船舶，并分别设有黄泥沙、慧泉寺、江边李家、新桥章家、皂新罗家五个渡口。中华人民共和国成立后，1958年，建成早禾冲至枫冲的早枫公路，纵贯南北，境内长15公里，早枫公路是107国道通往高速公路新市入口的联络线的一部分。遥田至淝田的五四青年路横跨东西，境内长6公里。20世纪60—70年代，陆续开通遥田至耒阳城区、淝田乡的客运班车。1982年，开始发展个体运输。20世纪80—90年代，陆续建成通村公路。2005—2013年，对镇内道路进行提质改造和水泥硬化。2011年，境内有客运汽车15辆，270座位，年客运量78.8万人次；有货运汽车92辆，1656吨位，年货运量49.7万吨。2014年,全镇15个村（居）100%实现通水泥路,180个村民小组实现组组通公路。

邮政通信

民国27年(1938),在遥田设立信柜。1952年,境内设立邮政局。1954年,邮政局接管地方电信,称邮电局。1957年，称邮电支局。20世纪80年代末，境内村村通邮路。1995年，开通程控电话。1998年，邮电体制改革，邮政与电信分营。2003年开始，在境内建设移动电话基站。2007年，市电信分公司在遥田圩建立电信服务站。2011年年末，境内有邮政网点1个，投递线单程总长度200千米，投递点300个，乡村通邮率100%。有电信服务网点1个,电话交换机总容量5500门,固定电话用户2124户，普及率达到24.4%；移动电话用户4212户，普及率达到48.4%；互联网端口总数1000个，宽带接入用户418户。2014年年末，中国移动、中国联通、中国电信等网络已基本覆盖全镇。

供电饮水

1964年,遥田变电站、供电站建成。1976年,耒阳县遥田水电站启动建设。1989年2月，第一台机组发电。1993年,装机4组全部建成投产发电,总容量5万千瓦。至1995年，村通电率100%。2001年12月，遥田水电站与广东韶能集团股份有限公司资产重组成立耒阳市遥田水电站有限公司，该公司自供电网拥有110千伏变电站4座，35千伏变电站2座，总变电容量5万千瓦。供电达到21.9万千伏安，承担耒阳市80%工业用户的供电，用户遍布耒阳城乡和衡南部分地区。全镇180个村（居）小组全部供电。2014年，投入资金700多万元在皂新村的2组3组、宣塘村的9组12组建成遥田自来水厂，日供水100吨，解决9个村、10所学校近1.3万人的安全饮水。

水利建设

境内河流主要有2条：耒河流经皂新、宣塘、灯塔、幸福、红星、新桥、电站社区、建新、立新、麻塘10个村。水腊桥河流经被塘、宣塘、灯塔、幸福、三星、红星、红卫、新桥8个村。1958冬，小（一）型水库被塘水库动工，1959年年底完工，蓄量269万立方米，干渠长18公里，设计灌溉7个村，灌溉农田853.33公顷。2008—2009

遥田水电站

年，投资270万元，加固维修小（二）型水库6座，总蓄量86万立方米，灌溉农田286.67公顷。2012—2014年，投资260万元，加固维修高木冲、万冲水库。境内有大小山塘584口，其中骨干塘26处，总蓄量21万立方米，灌溉农田733.67公顷。大中型灌区有渠道3条，即欧阳海灌区战备支渠、被塘渠道、跃进渠道。欧阳海灌区战备支渠设计受益10个村、673.2公顷，被塘渠道设计受益5个村、480.67公顷，跃进渠道设计受益5个村、442.53公顷。2013年，修建灌溉渠道2条，全长600多米；2014年，完成欧阳海灌区战备支渠改造加固工程，为遥田镇抗旱保丰收起到重要作用。

镇村建设

1982年，乡政府在灯塔村7组征地1.33公顷，启动乡政府办公楼建设。1986年，建成遥田圩农贸市场。1992年，建成镇计划生育服务所。2003年，硬化遥田圩场主干道500余米。2006年，启动社会主义新农村建设，重点改造水、电、路等基础设施。2008年，逐步完善会场、食堂、澡堂等五小配套设施。2011年，实施农村环境卫生综合整治，建设美丽乡村。截至2014年，投资700多万元建成遥田自来水厂，投资400多万元完成红星村、红卫村国土整理项目，投资90多万元建成卫生院门诊大楼，投资40余万元，对遥田圩、三和圩进行提质改造，整治圩场环境卫生，规范经营。投资40余万元，进一步完善被塘村新农村建设示范点的各项基础设施，完成该村9组、50多户连片危房改造成为全市亮点。

社会事业

教育科技

教育 中华人民共和国成立后，废止私塾教育，兴办新学校。1950年，创办遥田中心学校。

1956年，中心完小由原址——大湾李家村搬迁至遥田圩的新建校舍，时有8个教学班。1958年年初，境内有民办农中一所、各高级农业合作社设民办小学。1969年，原遥田完小升格为遥田中学。小学全部下放到大队、民办公助。1975年，遥田中学设高中班。各大队民办小学附设初中班。1982年，附设初中班取消，遥田中学只办初中班。1993年，遥田中学迁址新校园。1995年，境内有初中2所，小学15所。2000年，并幸福小学、灯塔小学、灯塔二小为遥田镇中心完小，迁址遥田圩，原遥田中学旧址。同年，遥田镇“两基”（基本普及九年义务教育，基本扫除青壮年文盲）验收合格。2004年，遥田镇整合教育资源，调整学校布局，撤销4所小学（麻塘小学、电站小学、红星小学、石盐山小学）。2005年，国家实行免除义务教育阶段学杂费。2014年年末，有幼儿园11所，在园幼儿888人，专任教师33人；小学9所，在校生1955人，专任教师98人；小学适龄儿童入学率100%；初中2所，在校生750人，专任教师44人。小学升初中升学率100%，义务教育覆盖率99%。

科技　境内红星辖区有区农技站1所。1971年，设乡农技站，配技术员2人，辅导农业技术、指导病虫害防治，推广杂交水稻技术。1990年，镇农科站改称农业技术推广服务站，开展农技项目示范。2000年后，引导农民科技兴农，走多元化、规模化发展路子。2014年，建立信息服务站点，推广农业信息技术，发布农业技术相关知识，大力发展种植业和养殖业，成立养殖协会，搞好苗圃基地和优质果园基地建设。

文化体育

文化　遥田镇在文化娱乐、体育运动等方面具有优良的历史传统和丰厚的文化底蕴。1966年7月，建公社文化站，配文化辅导员1名。1972年，成立公社广播站，配公社广播员1名，各大队设广播维修员1名。1975年，成立公社电影队，配放映员3名，到各生产队巡回放映。1987年，建立文化中心站。1997年3月，开通有线电视，有线电视用户7716户，电视综合覆盖率88.6%。2007年，该镇被列入衡阳市首批乡镇综合文化站建设试点单位。2008年年底，建成一所标准较高的文化站。该站建筑面积516平方米，配有文化信息共享室、多功能活动厅、培训室、图书阅览室。是年，还建立6支民间腰鼓队，4个红白理事会等民间团队。2010年，该镇相继建成被塘村、幸福村、新桥村、三星村、立新村、电站居委会6所“农家书屋”，每所书屋藏书3000册以上。2014年年末，有镇文化站、广播电视站各1处，有村级文化活动中心15处，农家村书屋15个，藏书3万余册。

体育　遥田镇农民篮球队在全市有较大的影响。1970—1980年，每年10月1日，公社党委组织举办公社篮球运动会，公社直属单位、各大队组队参赛，共11届。遥田农民篮球队于1984、1985、1986年连续3年在全县农民篮球赛中夺得冠军。2004年，该镇农民运动队在市“农耕文化节”农民趣味赛中多项获奖。2005年国庆节期间，遥田镇举行全镇农民篮球比赛，参加人员达1000余人。2008年，在镇文化站院内设篮球、羽毛球、乒乓球运动场所，组织7个民间篮球队。2014年，组织境内党员、干部进行篮球、羽毛球、乒乓球运动竞赛。

医疗卫生

医疗　中华人民共和国成立前，境内无正规医疗机构，只有少数几位务农兼医的游医郎中，以中草药治病。20世纪50年代，成立诊所，推广新法接生，每自然村设接生员1名。1959年，成立公社卫生院。1969年，办大队农村合作医疗，各大队配赤脚医生2～3名。1995年，镇内医院1所，医疗点8个，医卫技术人员27人，床位6个，固定资产50万元。1998年，镇内医疗点增至10个，医卫技术人员31人。1999年，颁布执业医师法后，镇内执业医师跟执业护士人数共增至9人。2004年，推行乡村医生考执业医师证。截至2008年，在镇卫生院登记在册的执业乡村医生共20人。是年，国家对乡村执业医生发放乡村医生公卫款，持有执业证的20名乡村医生享受政策。2012年，镇卫生院投资200多万元兴建门诊大楼。2013年，镇卫生院门诊大楼建成并投入使用。2014年年末，境内有卫生院1所，村卫生室16个。医疗床位20张，其中执业医师7人，注册护士6人。

卫生　政府重视传染病的预防，免费接种疫苗，严格防控流行疾病的发生。2011年，实施农村卫生环境卫生综合整治，集资20余万元，在红卫村建垃圾焚烧炉1个，在街道及通村公路旁设立垃圾池14个，清运处置垃圾。每组配农村环境卫生保洁员，不定期检查环境卫生状况，落实保洁责任。2014年，农村安全饮水普及率26.7%，卫生厕所普及率10.6%。

社会保障

“五保”供养　1959年，对孤寡鳏独无子女老人和丧失劳动能力残疾人实行“五保”(保吃、保穿、保住、保医、保葬)。其供养费由生产队统筹。1984年起，“五保”供养费纳入政府保障，从最初的100元/年增至2800元/年。2002年，由社会各界捐资在新桥村建成新桥敬老院，后更名为遥田镇敬老院。敬老院建筑面积1500多平方米，住有40多名“五保”老人。2014年，农村“五保”集中供养32人，分散供养135人。

最低生活保障　2006年，启动农村最低生活保障。2011年，农村最低生活保障726户、1289人，支出106.74万元，月人均69元。2012年，享受农村最低生活保障801户、1337人，城镇最低生活保障307户、319人，月人均支出240元。2014年底，镇内申报低保对象18户、32人。

陈芬烈士故居

养老保险 2009年，启动新型农村养老保险。60岁以上老人每人享受养老月补贴55元。2012年，参加城乡居民养老保险人员18967人，参保金额70余万元，参保率76%。2014年，新型农村养老保险参保人数19145人，参保率77%。基本覆盖全镇、全民共享的社会保障网络。

医疗保险 2006年，启动新型农村合作医疗保险，当年参合人员每人筹资10元。2011年，新型农村合作医疗参合人数3.4万人，参合率96%。2014年年底，新农合参合32441人，参合率92.5%。

社会救济 1959年，镇内救助的贫困人口1023人。2011年，医疗救助2015人次，国家抚恤、补助各类优抚对象198人。抚恤事业费支出45万元，比上年增长10%。2014年，国家抚恤、补助各类优抚对象480人。

特色地情

历史人文

陈芬（1903—1928） 字绍陶，号剑峰，派名元菊，祖居耒阳遥田石仙坪，后随父迁县城居住。1923年，加入中国共产党。1924年夏，毕业论文《为什么要打倒帝国主义》由学校刊印在全省散发。1925年2月，任中共耒阳地方执行委员会组织委员。是年8月，调任中共郴县县委书记。陈芬在湘南学联工作期间，与毛泽建结成革命伴侣。马日事变后，陈芬、毛泽建到衡山重建衡山县委，陈芬任县委书记，毛泽建任妇运委员。1928年，与毛泽建双双被捕不屈就义，时年25岁。

名优特产

琯溪蜜柚 遥田镇麻塘、建新等村通过多年的发展，已成功发展琯溪蜜柚40公顷，由于其口感好，颇受市场欢迎，成为耒阳市的品牌产业。

风景名胜

慧泉古刹 慧泉古刹俗称慧泉寺，因河边有慧泉而得名。泉水清冽甘甜、冬温夏凉，已成慧龙山泉矿泉水的水源。古刹地处遥田灯塔三组，南、西、北三面环山，东临耒水河，六扇五间、前后两进、外加侧房。民国前香火盛旺，1958年，改作民居。1997年重修，重塑神像，增其旧制，新建观音亭。慧泉古刹离遥田闹市区不足千米，但幽静肃穆，犹如世外桃源。

天顶仙 俗名仙岭坳，又名岩鹰仙，与哲桥的石鸡仙、高炉的野鸡仙并称“三仙”，冠名其首。位于遥田镇三星村西南面与淝田的分界处。山势雄伟、怪石嶙峋、千姿百态。山顶有泉水已淤塞断流。山顶古寺，于1958年拆毁。山南的仙岭岩洞，深不知底，传说通达数十千米的耒水下游衡南境内的马王潭。洞宽处达数米，洞最高处可达3米，只有几处狭窄不能直腰而行。洞中有石笋石钟乳，有涓涓细溪流，下有水潭，还有石桌、石凳、石碗，不知何时为何人所造，石洞顶上，倒挂着密密麻麻的蝙蝠。洞前石壁上，刻着“岩救千人”四个大字。

（文字供稿：段泽秋　图片供稿：梁春根）

淝田镇 >>

区域概况

位置面积

淝田原名肥田，因田土肥沃得名。但缺少水源，当地人们希望能够解决水资源困乏的现状，故更名为淝田。地处耒阳市北部，东邻遥田镇、衡南县，南接哲桥镇，西界大河圩乡，北至永济镇及衡南县廖田镇。镇政府驻淝田圩。距市城区 25 公里。2014 年，辖区东西最大距离 14.8 公里，南北最大距离 12 公里，总面积 51.2 平方公里。

建置沿革

民国时期，淝田属淝永乡。中华人民共和国成立后，先后隶属耒阳县四区和二区。1950 年建乡，1958 年，与永济、遥田合并成立淝田人民公社。1961 年，解体析出，原淝田乡辖区建淝田人民公社。1984 年，改社设乡，成立淝田乡。2014 年，改乡设镇，更名淝田镇。

行政区划

1995 年 6 月，撤区并乡，淝田乡保持原制，总面积 51 平方公里，辖 16 个行政村、205 个村民小组。2014 年年末，辖红旗、围塘、白米山、利荆、红光、合意、肥美、五岳、五泉、板石塘、二官塘、飞跃、振兴、庙下圩、光芒、同心 16 个建制村，206 个村民小组。

自然环境

地处低山丘陵地带，地势北高南低。西北边多山地，东南多丘陵。境内最大的河流为耒河，从遥田镇至永济镇流经境内同心、合意、肥美、飞跃、二官塘、红光等村，长度为 18 公里，流域面积 52 平方公里，年均流量 258 立方米 / 秒。境内四季分明，光照充足，雨热同步，气候宜人。常年平均气温 17.1℃ ~ 18.8℃，平均日照时数 1608 小时，无霜期 287 天，年平均降水量 1355.8 毫米。河沙资源丰富，主要分布在耒河河底及沿岸滩涂。境内土壤多为紫色页岩，在黄草洲及板石塘村有少量黄壤。境内主要自然灾害有旱灾和水灾，最严重的一次旱灾发生在 1963 年 7 月，导致庄稼大面积绝收。最严重的一次水灾发生在 2006 年 7 月 15 日，受灾人数达 2 万人，损毁农作物 1000 公顷。

人口民族

1982 年，境内总人口 21870 人，其中男性 11200 人，女性 10670 人。1990 年，总人口 24671 人，其中男性 12743 人，女性 11928 人；人口出生率 21.77‰，人口死亡率 7.58‰，人口自然增长率 14.19‰。1995 年，总人口 26049 人，其中男性13049人，女性13000人；人口出生率15.66‰，人口死亡率4.11‰，人口自然增长率11.55‰。2001年，总人口25791人，其中男性13703人，女性12088人；人口出生率9.85‰，人口死亡率6.09‰，人口自然增长率3.76‰。2014年，总人口31273人，其中男性15871人，女性15402人；人口出生率13‰，人口死亡率7‰，人口自然增长率6‰。常住人口24988人，流动人口6285人。14岁以下6254人，占20%；15~64岁18162人，占58%；65岁以上6852人，占22%。人口密度为每平方公里611人。境内居民全部为汉族。

经济发展

经济综述

农业是境内的基础产业，以种植水稻为主，兼种油菜、豆类等经济作物，养殖是农业的重要组成部分，历经农业集体化，家庭联产承包责任制，土地流转形成产业化、规模化的生产模式。1978年，开始对社队企业进行改革。1991年，由生产型转变为生产经营型。2005年，加大农业产业化进程，发展新型工业产业。粮食总产量1.48万吨，完成国民生产总值7024万元，其中第一、二产业产值5021万元，第三产业总值2003万元，年人均纯收入2200元。2014年，粮食总产量1.65万吨，财政收入1080万元，人均纯收入2700元。

农业

种植业 1950年，通过土改，农民分得土地，生产积极性大增。1961年，公社体制调整，“三级所有，队为基础”，以生产队为核算单位，激活了生产积极性。1965年，粮食总产量5952.6吨。1976年，试种杂交水稻之后，逐年推广，产量倍增。1979年，境内粮食播种面积2562.13公顷，粮食总产量10833吨、油菜种植面积423.33公顷，油菜籽总产量39.4吨。1990年，粮食播种总面积2538.27公顷，粮食总产量13620吨；油菜种植面积579.33公顷，油菜籽57.9吨。1995年，有耕地面积1404公顷，粮食总产量15010吨，产值1624万元。2011年，有耕地面积1324.6公顷。生产粮食21855.9吨，人均699公斤，其中水稻12484.9吨，油菜种植面积773.33公顷，产量652.4吨，生产大豆4371吨，棉花90吨，花生86吨。2014年，农业总收入13493万元，人均4875元。家庭承包经营面积1399.2公顷，家庭承包土地流转总面积432.67公顷。总完成水稻种植面积1266.67公顷，油菜种植面积1000公顷。建立衡阳油菜种植示范点1个，农业机械化程度进一步提高，新增农机大户8户。

养殖业 养殖以生猪、禽类、水产鱼类为主。1979年，生猪年末存栏5715头，出栏6085头；家禽年末存笼25438羽；水产品总量4.586吨。1980年，生猪年末存栏4241头，出栏4854头；家禽年末存笼25438羽；水产总产量49860公斤。1995年，出栏生猪18960头，出售家禽19.3万羽，完成渔业产值112万元。2002年，黄草洲建成万亩千头奶牛养殖基地。2014年，生猪饲养量2.1万头，年末存栏1.56万头；家禽养量50.2羽，总产值7106.3元，占农产值的36.8%。通过推行“公司+农户”合作养殖模式，2014年，存栏300头以上的养猪大户有21户，存栏200头以上养羊户2户，新发展年出笼万羽以上养鸡户6户。新发展500头以上的养猪户5户，养牛50头以上的2户。

林业 境内有少量林地，主要分布在黄草洲及板石塘村，树种有松、樟、油茶等，1956年前，林地为私人所有。1958年，人民公社成立后，林地归集体所有。在“大跃进”中，林木损毁严重。

1962年，田、土、林、水“四固定”，林地归生产队集体所有。1979年，有果园面积2.4公顷，水果产量1367吨。1982年，山林经营权落实到农户。1990年,境内造林面积44.67公顷。1995年，有板石塘、庙下圩等村级林场4个。合义村林基地266.57公顷，五岳、五泉等村枣林266.67公顷。2003年，为改善紫色页岩裸露地貌，全镇实行退耕还林，以侧柏、刺槐、芦竹为主。至2005年，全镇共退耕还林333.33公顷，有生态公益林713.8公顷,用材林108.4公顷,经济林192.5公顷，其中油茶林713.8公顷。至2011年年末，累计造林57.53公顷，经济林25.53公顷，农民住宅四旁树木2万株，林木覆盖率46%，水果种植面积106.67公顷,产量688吨,主要品种有桔子、枣等。其中国塘村成效最大,被评为“全国绿化小康村”。

工业

中华人民共和国成立后，辖区内相继创办农具厂、洗衣粉厂，红木家具厂、翻砂厂等，从业人员600余人。20世纪90年代初，提倡大力发展私人个体企业和股份企业。1990年，境内有企业323个，从业人员1017人，总收入605万元。1994年，乡、村、个体企业440个，从业人员2156人，企业总产值2700万元，税利总额270万元。1995年,有镇办企业5家,村办企业16个,个办企业471个，企业职工2203人，主要企业有农机厂、预制件厂、红木家具厂、建筑队。年总产值1亿元。此后，开展国营、集体企业体制改革，企业全部改制成民营企业。2011年，有旺泰鞋业、温氏集团投资的养鸡场，工业生产总产值255万元。2014年，镇内上规模的工业企业有4家，工业总产值1.1亿元。

商贸服务业

20世纪50年代，境内先后建立淝田供销社、食品站、粮站，供应生产生活资料，收购农副产品。1958年，商贸服务统一由供销社和集体商店经营。20世纪80年代，逐步开放市场，个体商业得以发展。1990年，商品总产值12万元。1995年，有集体商店14个，个体摊位10个，全年商品营业额137万元。1996年，建成1个功能完善的大型农贸市场。2011年，境内有商业网点38个，全年社会商品销售总额162万元。乡贸易市场1个，成交额233万元。2014年，有大小商铺200余家,个体工商户394户,覆盖日用品、建材、家具、家用电器、饲料等行业。

财政金融

财政　1985年，设乡财税所，负责辖区内的财政工作。1995年，国民生产总值4339万元，预算内财政收入149万元、上缴国家税金86万元，分别比上年增长11%和12%。1997年，国民生产总值4365万元,预算内财政收入156万元，上缴国家税金125万元。2011年，财政收入702万元，比上年增加14.2%。2014年年末，镇财政总收入1080万元，其中完成国税1.5万元，地税18万元，地方财政收入785万元，财政支出785万元，主要用于民生工程建设。

金融　1954年，建立淝田农村信用合作社。1969年，各大队设立信用合作分社。2007年，中国邮政储蓄银行在辖区内设立邮政储蓄分行并营业。2013年，淝田信用合作社改名耒阳农商银行淝田支行。2014年，境内有金融机构2家，从业人员6人。

基础设施

交通运输

交通运输以公路运输为主，107国道线贯穿板石塘、国塘、利荆、振兴四个村，全长11.6公里。境内有四条主要联乡公路，分别为淝利公路（肥美—利荆）、五四青年路（淝美—遥田镇）、淝永路（淝美至永济百里渡）、淝板路（淝美—板石塘），五四青年路是境内最早的联乡公路，修建于1958年冬。自2005年起，全镇共新修通村公路123公里，实现村村通公路。围塘、百美山、利荆、合意、红光、同心等村实现组组通水泥路。2014年，红光大桥重建工程已列入省计划和市重点工程。境内有客运汽车站1个，日发客车15班，日客运量380人次。有货运车辆240辆，约350吨位，年货运量70万吨。

邮政通信

民国10年（1921），在淝田设立邮政代办所。1952年，设立乡村邮政、1954年邮政局接管地方电信，称邮电局。1956年，建立农村生产合作社邮递员制度。1998年，邮政体制改革，邮政与电信分营。2011年年末，有邮政网点1个，投递线里程总长度16公里，投递点1个，乡村通邮率100%，有电信服务网点1个，固定电话用户1299户，普及率达到16.7%，移动电话用户4032户，互联网电话用户368户。2014年，有邮电支局和电信分局各1个，安装程控电话2300门，移动、联通、电信用户27613人，开办特快专递等邮政业务。2014年年末，共有网络用户1634户，宽带容量达5000个端口。

供电饮水

供电 至2014年年底，全镇16个村（居）全部完成农网改造工程。居民全年用电总量达1890万千瓦时。

饮水 2014年3月，启动农村安全饮水工程项目建设。共投入资金100万元，新建自来水厂1个，铺设供水管道1.5万米，解决全镇6000居民的安全饮水问题。

水利建设

境内有小（一）型水库1座，大皮江水库修建于1958年11月，库容340万立方米，干渠渠

段街古建筑群古商铺（清至民国）

淝田天主教堂

长17千米。小(二)型水库7座,骨干山塘61座,容量980万立方米,山平塘529处,容量143万立方米。欧阳海灌区的桃李塘支渠、战备支渠贯通全境,其斗渠16条。还有双河圩大型泵站1座,功率110千瓦,能灌溉境内三个村,有小型泵站45处,这些水利设施纵横交错,形成水利灌溉网络。2010—2011年,投资400万元,除险加固大皮江小(一)型水库。投资270万元除险加固对冲、乾山背两座小(二)型水库。骨干塘塘坝改造清淤有9处,小平塘清淤加固有80处。战备支渠清淤5.8公里,斗渠清淤加固12公里,排灌渠道清淤加固10公里;大型泵站双河圩渠道清淤加固5公里,小型电排渠道清淤3公里。大皮江小(一)型水库渠道4条,加固长6公里。2011—2014年,向上级争取各部门水利资金450万元,镇财政投入水利建设30万元,村级投入水利建设24万元,群众集劳3200工日,用于水利设施加固维修。

镇村建设

20世纪60年代前,村民普遍居住土砖瓦房,甚至板墙茅房。公社机关在蒋家祠堂办公。1976年,拆除蒋家祠堂扩地0.33公顷,建淝田公社政府大院。四合院内,办公大楼为砖混结构两层楼房。设有政府办、户籍办、计生办、财税所、农技站等机构及大礼堂、篮球场等设施。四合院外,淝田完小也同时改造。1978年,新建淝田公社卫生院。1982年,在原淝田中学院内新建教学大楼。1994年,启动淝田中学新校园建设。1995年落成启用。1996年,征地2公顷,新建大型农贸大市场,南北走向的中心街道东面为家电、建材、南杂百货贸易区,西面为农副产品交易区。2009年,乡政府机关食堂及办公楼工程完成并交付使用。2011年,实施农村环境卫生整治,整治圩场500多米下水道。2014年,开展大皮江休闲度假村和庙下圩仙岭农业休闲山庄建设。谢维俊故居修缮改造工作及白米山、光芒村的旧民居改造工程。镇机关院内,新建了标准化档案室,添置文件柜,机关设施大改善。

社会事业

教育科技

教育 民国前，以私塾教育为主。淝田是革命老区，历代教育人才辈出，涌现了有着“湘南教育王”美誉的蒋啸青、谢唯俊等一批革命先烈。中华人民共和国成立后，境内教育蓬勃发展。各行政村依次兴办小学。1958 年，耒阳二十一中在境内建成招生。1961 年，改称耒阳十四中。1969 年，升格为完全中学。1983 年，降格为乡办初级中学，即淝田公社中学。1978 年，全镇辖 16 所小学，1984 年，成立学区，管理境内小学。1994 年，境内有中学 1 所，在校学生 712 人，教职工 41 人；有小学 16 所，在校学生 3168 人，教职员工 160 人。1995 年，淝田中学搬迁到新校园。校园总面积 28860 平方米，校舍总面积 12980 平方米；总藏书 28161 册。2000 年，淝田镇“普九”验收合格，适龄儿童入学率 100%，小升初升学率 100%。2003 年，学区改名为乡镇教育管理办公室，2007 年，更名为中心校。2011 年，有幼儿园 1 所，专任教师 7 人；小学 7 所，在校学生 1105 人，专任教师 79 人。经过四轮学校布局调整，辖 7 所小学（其中：中心完小 1 所，村联小 4 所，教学点 2 个）、中心幼儿园 1 所，有教职工 61 人。2014 年，全镇共有在校中学生 409 人、小学生 571 人，32 个教学班。全镇学前三年儿童总数 1118 人，已入园 1029 人，学前三年入园率 92%，学前一年教育入园率 100%。

科技 1971 年，设立乡农科站 1 个、专职农民技术员 2 人，传授植保、防治病虫害知识、推广杂交培植技术。1990 年，农科站改称农业技术推广服务站，开展农技项目示范，引导农民科技兴农，走多元化、规模化发展路子。2014 年，建立信息服务站点，推广农业信息技术，发布农业技术相关知识，建设鳝鱼、草食动物养殖基地，红枣、柑橘、牛蒡种植基地。

文化体育

文化 1966 年，淝田人民公社建立文化站，配文化辅导员 1 名。各大队成立毛泽东思想宣传队。1972 年，公社成立广播站，配广播员 1 名，通过有线广播，播发通知，宣传党的方针政策，播放革命歌曲和革命样板戏京剧唱段，丰富群众的文化生活。1975 年，成立公社电影放映队，配放映员 2 名，到各生产队巡回放映。1987 年，建立乡文化中心站。2012 年，各村建立农家书店，拥有各类图书7万余册,并安排专人负责。2014年，淝田镇有文化站 1 个，有线电视台 1 个，民间腰鼓队 6 个，队员 130 余人。

体育 2005 年，淝田乡政府组建篮球队参加耒阳市首届运动会，获第五名。2014 年，在镇机关院内，新建羽毛球场，组建机关篮球队。全镇共有体育运动场 12 个。

医疗卫生

医疗 中华人民共和国成立前，境内只有几位务农兼医的中医和游医，以中草药治病。1954 年，伍金生、段子仪、段新 3 人，成立联合诊所。1956 年，推广新法接生，每自然村设接生员 1 名。1959 年，成立公社卫生院。1969 年，大队办农村合作医疗，配赤脚医生 2 ~ 3 名，负责预防、治病、接种疫苗、服务村民。20 世纪 80 年代，大队合作医疗逐渐解体，赤脚医生个体经营或开设医疗点。淝田卫生院搬迁至新址，2005 年有卫生院 1 所，医疗点 12 个。2014 年，淝田镇卫生院新综合大楼竣工，年底交付使用，医疗环境得到改善。镇卫生院有职工 30 余人,设有内科、儿科、B 超室等 10 余个科室。住院部有病床 30 张，每月接诊1000余人次。院卫生办还承接全境2万多居民的健康检查工作和特慢病工作。

卫生 2011年，实施农村环境卫生综合整治。“三清五改”建垃圾焚烧炉1个，每组配齐环境卫生保洁员。2014年，全镇增设30多个垃圾桶，在交通要道修建垃圾池25个，规范市场秩序，消除盲区死角，整洁圩场500多米下水道，搞好集镇和主要道路清扫保洁和垃圾清运处理，落实保洁员责任。镇村环境综合治理纳入村级年终目标考评，建立村规民约，相互监督、共同遵守。把环境综合治理的要求变为广大村民的自觉行为。

社会保障

“五保”供养 1973年，淝田公社合意大队率先办敬老院，入院“五保”老人7人，由所在生产队供给粮食350公斤，食用油2.5公斤，在院养老。1979年，“五保”供养改由生产队、大队、公社三级供给。1990年，纳入政府保障，从最初的每年100元左右逐渐增至每年2800元。2006年，乡敬老院启动，首批进院养老的“五保”户32人。2014年，敬老院养老“五保”户已增至39人，其余居家养老。

最低生活保障 2006年，启动城乡居民最低生活保障，首批办理最低生活保障290户、410人，平均每人月补贴25元。2014年，全镇共有1650人享受低保待遇，补贴金额每人每月130元。

养老保险 2009年，启动新型农村养老保险。60岁以上老人每人每月享受养老补贴55元。被评为耒阳市2009年度新型农村养老保险工作先进单位。2012年，农村养老保险全面铺开，应参保人员的参保率达96%。2014年，参保率97%。

医疗保险 2006年，启动新型农村合作医疗，当年参合人员28741人，每人筹资10元，参合

谢维俊烈士故居

率92%。2009年，参合率95%。2014年，新型农村合作医疗参合人员30644人，参合率98%，每人筹资60元，共筹资1938640元。

社会救济 2006年和2007年，淝田镇发生两起特大洪灾。2006年"7·15"洪灾，发放救灾大米102.5吨，救灾款57.89元，救灾物资876件，救灾衣服75袋。2007年，发生洪灾，乡政府发放救灾大米30吨，救济款29万元，有效地保证灾民生活不受影响。2012年7月，一场龙卷风横扫境内的合意、同心、红光、淝美、飞跃、二官塘村，损失达220万元。镇政府及时给予救济，安排危房改造指标，做到大灾之年人民群众有饭吃、有房住、无疫病。

特色地情

历史人文

革命烈士——谢维俊（1908—1936）字蔚青，化名废若，1908年10月，出生于衡永郴桂道衡州府耒阳县（今衡阳市耒阳淝田茅冲庙），无产阶级革命家、中国工农红军高级将领、中国共产党早期领导人，井冈山革命根据地、赣南革命根据地、闽西革命根据地、陕甘边根据地创建者。1926年，加入中国共产党，随即以省工农运动特派员身份在耒阳开展工农运动，并成功组织淝田暴动。1934年，参加举世闻名的二万五千里长征，1935年，到达陕西，任首任三边（安边、定边、靖边）特委书记，1936年年底，在一次战斗中壮烈牺牲。

名优特产

冬瓜枣 五泉村的长圆形红枣，人称冬瓜枣，以其个大、核小、皮薄、肉厚、糖分足而著称，是制作蜜枣的好原料。1978年，公社办蜜枣加工厂，其产品蜜枣和蜜枣大补酒成为俏货。

风景名胜

天主教堂 位于域内淝美村，1934年，由意大利传教士（当地人称"沙神父"）创建，坐北朝南，砖木结构，两坡水屋面，盖小青瓦；是一座平面呈长方形的单体建筑，面阔11米，进深26米，面积286平方米。正面山墙中部辟门，山墙顶部及两端各树十字架一座。室内分为南面礼拜堂和北面神像区。神像区后墙中部悬挂耶稣画像，像前置烛台，左侧为忏悔室，右侧为工作室。礼拜堂顶部呈卷棚状，神像区为穹隆顶，涂砂均呈洋蓝色，寓意蓝天、宇宙。淝美村天主教堂自建成后基本未进行过重修和改造，是民国时期西方宗教文化在耒阳乡村传播的见证，也是衡阳境内目前唯一保存完好的民国时期的天主教堂。

（文字供稿：段泽秋　图片供稿：陈默　梁春根）

新市镇>>

全国重点建制镇。

区域概况

位置面积

新市镇因自古多次被称为“新城县”和“新城市”而得名。地处耒阳市东北部，耒水河畔，东与马水、亮源乡接壤，南与大市乡交界，西跨耒河与遥田镇毗邻，北与衡南县江口、冠市两镇相通。镇人民政府驻新市居委会7组。距市城区30公里。2014年，东西向最大距离10.6公里，南北向最大距离9公里。全境总面积75平方公里。

建置沿革

“千载新商埠,六朝古县城”。新市镇历史悠久，南北朝萧衍建立梁朝，就在此置县城。隋朝建立后，新城县被撤销，李渊建立唐朝后，于武德四年（621）重立新城县。直至明代，新城县历经几次废立后，更名为新城市，并在此设巡检司衙门，至今在新市镇新建居委会保存着巡检司衙门遗迹。明代废撤新城县后，新城市为衡阳、耒阳两县管辖，以正街一人巷为断界，并在街中横嵌一条汉白玉石为县界，下正街归衡阳县管，上正街归耒阳县管。新市对河坪村也一分为二，为两县管辖，今水西村原属衡阳县，水东村属耒阳县。1953年，新市上下街全属耒阳县管辖，名新市镇。1958年9月，建立新市人民公社，1977年，改称为新市镇人民政府。1995年5月，撤区并乡，与原高炉乡合并为新市镇，政府驻地新市村。

行政区划

1994年，新市镇辖8个村、77个村民小组、2个居委会、11个居民小组。1995年5月，撤区并乡后，政区辖新市村、长泉村、后泉村、水东村、水西村、渠塘村、和平村、大兴龙村、高炉村、高桥村、湾里村、周星村、龙市村、树山村、木兰村、日升村、贺村、纠陂村、源山村、横龙村、栗山村、坪上村、黄泥村23个村，255个村民小组；新城居委会、新建居委会、花园居委会3个居委会。

自然环境

境域属亚热带季风湿润气候区，冬夏长，春秋短，季节分明，春季雨水较多，常年主导风为北风，夏季为东南风，并有雷电现象。常年平均气温17.1℃～18.8℃，日照时数1608小时，无霜期287天。年平均降水量为1355.8毫米。属丘陵地带，耒水穿境而过，沿岸有小块冲积平原，土地以红壤为主，地力肥沃，适合发展种植业。矿产资源以煤炭为主。历史上曾发生过特大洪水。

人口民族

1982年，辖区总人口13555人。1990年，总人口14586人，其中男性7616人，女性6970人；人口出生率18.2‰，死亡率7.1‰，自然增长率为11.1‰。1995年，总人口41709人，其中男性21972人，女性19737人；人口出生率15.5‰，死亡率4.6‰，自然增长率10.9‰。2001年，总人口39394人，其中男性21210人，女性18184人；人口出生率7.6‰，死亡率7‰，自然增长率0.6‰。2014年，总人口48156人，其中男性24704人，女性23452人；人口出生率12.1‰，死亡率7.15‰，自然增长率4.95‰。人口密度为每平方公里642人。境内居民全部为汉族。

经济发展

经济综述

新市镇农业的主要物产有粮食、棉花、茶油、瓜果，矿产以煤为主。农业历经了农业集体化，家庭联产责任制，土地流转形成产业化、规模化的生产模式。1995年，国民生产总值11105万元，其中农业产值3715万元，工业产值7177万元。1998年开始，对镇村企业进行全面改制，由生产型转变为生产经营型，发展新型工业产品，积极引进一批科技含量高、市场潜力大的企业落户境内。2005年，工农业总产值29026万元，其中工业总产值17569万元，年人均纯收入2570元。随之，境内的商贸服务行业也快速发展。2014年，社会商品零售总额1.6亿元，工业总产值4.12亿元，粮食总产2.5万吨。境内居民的生活水平快速提高。

农业

种植业 粮食作物以水稻为主，油料作物以油菜籽为主，经济作物有烤烟、油茶等，水果主要有柑橘、柚子、枣等，蔬菜主要有萝卜、白菜、辣椒以及多种瓜类和豆类。1965年，粮食总产量2324.88吨。1979年，粮食播种面积819.53公顷，粮食总产量8391.8吨；油菜籽播种面积50.93公顷，油菜籽总产量80.8吨。1975年，开始试种杂交水稻。1982年，实行家庭联产责任制，推广杂交水稻，杂交早稻年均455公斤，杂交晚稻年均亩产355公斤。1990年，粮食播种面积801.93公顷，粮食整产4782吨；油菜籽面积75公顷，总产量77.6吨；果园面积41.53公顷，水果产量240吨。2010年以来，推进农业产业化、现代化，鼓励农民集体土地流转，流转土地面积1000公顷。相继建成烤烟、油茶、蔬菜、瓜果、农产品基地。推广公司（或农民专业合作社）+村委会+农户经营方式，形成绿联公司、旺发合作社一批种粮大户。2014年年末，耕地面积1607.47公顷，其中水田1415.07公顷，旱土192.4公顷。粮食播种面积0.31万公顷，总产量2.5万吨；油菜种植面积0.13万公顷，烤烟种植面积0.2万公顷，早熟梨面积0.07万公顷，蔬菜种植面积133.33公顷。

养殖业 境内主要养殖牛、马、猪、羊、鸡、鸭等家畜、家禽和水产鱼类。中华人民共和国成立后，“农、林、牧、副、渔”五业并举。并在乡镇畜牧站配备大中专学历的技术干部，推广饲养及疫病防治新技术。扶持资金、药物，使畜牧业迅速发展。1979年，境内生猪年末存栏2733头，出栏3720头，家禽年末存笼8435羽，水产品总产量18900公斤。随着改革开放深入发展，人们生活水平不断上升，山羊、菜牛、鸡、鸭、鹅等高蛋白畜禽产量日增。1990年，生猪年末存栏5199头，出栏6671头，出笼家禽1478万羽，年末存笼17398万羽；养殖水面47.8公顷，水产总量28.4吨。涌现出大批畜禽养殖专业户和重点户，养殖向着集约化、商品化方向迅速发展。到

2010年，新市镇年出栏3000头生猪、10万羽家禽的大型养殖基地各8个。2014年，养殖业发展势头良好，牲畜存栏3.2万头，家禽存栏40万羽，新增牛、羊规模养殖户4户。

林业 以种植油茶和杉树为主，主要树种有油茶树、杉树、柑橘树、松树、南竹等。1958—1960年，“大炼钢铁”“人民公社化运动”搅乱了林权，境内森林资源遭受前所未有的惨重破坏。1964—1979年，政府贯彻休养生息、压缩采伐的方针，林业逐步得到恢复。1980年起，完成林业“三定”（稳定林权，划定农户自留山，确定林业生产责任制）工作，开放木材市场，建立林业站和木材检查站，开展飞播造林，飞防灭虫，退耕还林，并逐步改为以造林为主，以封山育林为主。1990年，造林22.67公顷。2000年，有林地面积3300公顷，其中用材林667公顷、油茶林2333公顷，年内造林47公顷，油茶垦复33公顷。2001年，植树造林总面积253.33公顷。2009年8月，新市镇启动集体林权制度改革工作，进行林权颁证，颁证率95%以上。林地使用权流转，转产转型发展油茶产业，2014年，有油茶面积2333.33公顷，新造林333.33公顷。

工业

20世纪80年代，实行改革开放，推行家庭联产承包责任制，小手工业者活跃起来。先后办起红砖厂、木材加工厂、家具厂、玩具厂、搅拌站、化工厂等企业30余家。1990年，有农村企业119个、从业人员600人，总收入464.29万元。1995年，有企业1008个、从业人员5381人，企业总产值6675万元。21世纪初，乡镇企业实行改制，采用租赁承包，吸收外资、资产重组，股份合作等形势转为民营私营企业。2001年，有企业1000余个、从业人员6500人，企业总产值28230万元。到2011年，镇内群众自主创业的有13家：煤坪8个、砖厂3个、沙石场12个、新市米粉厂1个、种养公司3个、建材企业1个，激活民间资本将近5000万元，解决劳动力就业2500余人。先后引进外地企业11家，如新市裕成鞋厂、中立精细化工厂、耒兴电子厂、金瑞德涂料公司、金明种养公司、阳德农业综合有限公司、兴隆页岩砖厂等。其中金瑞德公司投资1000万元，兴隆页岩砖厂投资1800万元。2014年，引进湖南盟森生态农业发展有限公司的光伏发电项目和中科园花卉产业有限公司的玫瑰主题公园项目，更加壮大新市镇的产业发展。

商贸服务业

新市镇的新市街原为耒水中游码头，自古商贸活跃。而另一集市高炉村圩场，1995年撤区并乡时，只有一条不到400米的单双面街道，街道上只有1家副食品店、1家理发店、1家豆腐店、1家家具店、1家铁匠铺、几个杂货铺和供销社的副食、布匹、化肥、农药、柴油门市部。1996—2012年，在镇中心花园居委会设立农贸市场1个，招商引资147万元，开发商业门面106个，摊位474个。2009年市场沿紫云路、高新路、新衡路等各条主街道延伸，规划商业门面210个。2014年，新市镇大力发展商贸、物流、娱乐等现代服务业，新增服务型企业3家，共投资600余万元。

财政金融

财政 中华人民共和国成立至1984年，镇财政收支由县财政部门管理。1984年，成立镇财税所，负责辖区内财政工作，县对镇实行“定收定支、收入上缴、支出下拨、超收分成、短收分担、超支不补、节余留用”。1995年，镇财政总收入476万元，总支出470万元。2004年，实行农村税费改革，国家取消农户缴纳农业税、农业特产税及教育附加税，财政总收入907万元，总支出904万元。2014年，镇财政总收入为1556.35万元，总支出1489万元。

金融　1952年5月，新市乡作为耒阳县三个试办乡之一，设新市信用合作社，1958年，新市信用合作社下放给公社管理。1969年，各大队设农村信用合作分社。1986年，中国邮政储蓄银行在境内营业。2013年，新市农村信用合作社改名为耒阳农商银行新市支行。2014年，境内有金融机构3个，年末储蓄存款余额2.35亿元，贷款余额0.91亿元。

基础设施

交通运输

民国以前，新市是耒阳重要的水上缴通枢纽，沿河建有3个码头。20世纪70年代末，遥田水电站大坝建成截流后，水上运输终止。境内公路交通便利，京珠高速公路穿境而过，并在境内设有联络线出口，直达107国道，周边乡镇都有公路相通。20世纪80—90年代，陆续建成通村公路。1995年，境内有运输汽车34辆，年运输收入847.8万元。2000年后，实施乡村道路硬化工程。2009年，总投资682万元，硬化纠陂、大兴隆、栗山、贺村、黄泥、新市、龙市12村的通村通组公路，总程32公里，投资330万元，硬化横龙至利群长约5公里的运煤专线。至2010年，境内实现村村通水泥路。2014年年末，经过境内的有高速1条，省道1条，县道1条，乡道3条。有客运汽车站1个，每天有通往耒阳市区和郴州、衡阳客运班车。

邮政通信

民国10年（1921），在境内设立新城市邮政代办所。民国27年（1938），在境内龙王庙设立信柜。民国28年（1939），新城市邮政代办所升格为三等局。1952年境内设立新市邮政局。1954年邮政局接管地方电信称新市邮电局。1980年，境内村通邮路。1995年，开通程控电话。1998年，邮电体制改革，邮政与电信分营，市电信公司在新市建立电信服务站交换机组，实现新市片电话线顺利改线，装程控电话的25个村（居）委会、200户装机用户、年内更新1台程控电话。2011年，境内有邮政网点1个、投递点300个、投递线单程200千米，村村通邮率100%，有电信服务网点1个、固定电话用户450户。2014年以来，中通、韵达、圆通快递服务机构相继在境内设立快递服务点，中国移动、中国联通、中国电信等网络已基本覆盖全镇。

供电饮水

供电　1950年，境内建成10千瓦煤汽发电厂1个，白天碾米、晚上照明。1975年，遥利线（遥田至利群）架通后，全镇用电由电网供应。1988年，国家电网开始供电，到1995年，村通电率为100%。2001年后，分期实行电网改造，先后对23个村和3个居委会进行线改和户改。2008年，建成一个中心变电站，2008年年初，农电改造高低压线路170公里。2014年，对水西、水东村电力设施进行全面提质增容。到2014年年末，全镇255个村（居）民小组供电率为100%。

饮水　1986年，在境内木兰村进行试点，全面实现饮水井水化，建成简易自来水装置12处，大口井138个，手压井313个，其他型井47个。2007年，在新市村建成新市水厂。2013—2014年，投资近600万元用于自来水厂改造，解决镇区1.5万人饮水安全问题。

水利建设

1949年前，境内水利基础设施薄弱，农民基本靠天吃饭。中华人民共和国成立后，广泛发动群众兴修水利工程，逐步改善水利基础设施。

1957年，建成后背塘小（二）型水库，坝高8米，坝长147米，总库容20.4万立方米。1958年建成石门口小（一）型水库，坝高21.2米，坝长123米，总库容367万立方米，灌溉面积386.67公顷。1958—1959年，先后建成渠塘、菜子塘、万塘、塔塘、东冲、关塘、长冲7座小（二）型水库，总库容158.1万立方米，灌溉面积198公顷。1966年建成外公塘小（二）型水库，坝高7米，坝长60米，总库容13.8万立方米，灌溉面积12公顷。2008—2012年，先后投入资金2000多万，重点加固维修石门水库，全修复因灾毁损的46处水利工程，整修加固6个小（二）型水库，清淤翻修主干渠30千米。2014年，完成欧阳海灌区东支干渠清淤防渗6千米，完成塔渠支渠、高炉支渠防渗各1千米。到2014年年末，镇内有小（一）型水库1座，小（二）型水库9座，全部进行除险加固，500～10000立方米山平塘共808处，总容积229.58万立方米，灌溉面积239.33公顷，10000～50000立方米塘坝83处，总容积176.99万立方米，灌溉面积163.53公顷；50000～100000立方米骨干塘2处，总容积16万立方米，灌溉面积8.67公顷。有灌渠4条，长24千米，总灌溉面积1786.2公顷。

镇村建设

1996—2013年，新市镇先后进行3次规划修编。2013年8月，聘请上海光华勘测设计院有限公司就新市镇给水排水工程进行专项规划，规划控制区面积2.97平方公里，建成区面积0.98平方公里。先后投资6300余万元新建紫云路、先锋路和新衡大道，形成五纵三横的交通格局；总投资592.2万元，建成日产3000吨的自来水厂，解决居民用水难题；投资350万元建成了镇中心医院门诊大楼，解决"就医难、看病贵"的问题；投资3500万元建成花园农贸市场和第二农贸市场，打造商品物流中心；占地1公顷的新市文化体育广场已投入使用。先后投资226万元实施镇区亮化和绿化工程，在镇区的所有街道安装路灯，新增绿化面积达6000平方米。2014年，完成联络线高速出口至水西村两旁房屋的仿古化改造、人行道及管网等配套工程的城镇化改造和高新路街道改造。

2006年起，启动社会主义新农村建设，重点改造水、电、路等基础设施。2011年，新市镇水西村被确定为衡阳市社会主义新农村建设示范点，制定水西村发展总体规划。至2014年年末，水西村完成高速联络线两旁房屋立面改造房屋共237栋，完成227栋，其中完成贴瓷砖的79户，完成刮胶刷青漆的148户，打造湘南民俗风情一条街。完成贯通水西村的联络线体质改造、国土整理、电力设施提质增容、空心村改造等一系列工程。投资300余万元修建长达3.8公里的沿江路。

社会事业

教育科技

教育 新市的教育事业历来进步，近代办学始于1934年秋，新市人蔡庸先生在紫云峰创办新城职业纺织学校。1937年秋，纺织学校停办，蔡庸先生又创办新城高级小学。1938年，私立广湘中学由衡阳迁入，次年，私立新生中学由南京迁入，1940年，更名为新京中学。1943年，广湘中学迁至耒阳县城，保留新京中学。1944年，侵华日军侵占新市，新京中学停办。1948年，蔡庸先生等人再创办新城中学，后更名为大江中学。1952年，湖南省人民政府接办大江中学，命名为衡南县第二初级中学。1953年1月，经湖南省人民政府批准，将新市下正街划入耒阳，同年5月，湖南省教育厅将原衡南县第二初级中学更名为耒阳第三初级中学，1966年，升为完全中学。1984年，更名为耒阳市第五中学。1992年，境内有中学1所、小学9所、在校中学生370人、小学生1784人。2001年，全面实施素质教育，新市中小学辍学率低于1.5‰。通过向上争取、本级投入和社会募集等多种途径，先后投入资金600余万元，用于黄泥小学、龙市小学、坪上村小学、新市中心完小和市五中等教学设施的修缮、新建等工程。2014年，全面实施农村校舍改造工程和校安工程，稳步推进标准化、特色化校园创建工作。完成周星与木兰标准合格小学的建设，新市中心完小顺利搬迁。2014年年末，新市镇设有中学2所，小学11所，幼儿园5所。在校中学生761人，小学生2185人，在职教师135人。

科技 1972年，公社成立农科站，围绕生产中心，推广新品种、新技术、新农药，预测预报病虫害。1990年，镇农科站改称农业技术推广服务站，开展农技项目示范，推广杂交水稻种植技术。2000年后，开展农业机械技术培训，引导农民科技兴农走多元化、规模化发展路子。2014年，建立信息服务站点，推广农业信息技术，发布农业技术相关知识，建设机械化育秧苗床连栋大棚。

文化体育

文化 1966年，设立公社文化站，各大队成立毛泽东思想文艺宣传队。1972年，公社建立广播站，通过有线广播播放革命歌曲和革命样板戏京剧唱段。1975年，成立公社电影放映队，到各生产队巡回放映。1987年，成立镇文化中心站。2010年，腰鼓队、广场舞、健身操进入境内并迅速发展。2012年，建成新市镇综合文化楼及文化体育广场。2014年，全镇有村级农家书屋26个，图书3万册。有线电视全镇覆盖率达80%以上。

体育 新市街曾有端午划龙船、过年舞龙灯的习俗。20世纪50年代，境内的耒阳五中（原耒阳三中）有篮球场2个。1970年，新市区组织红五月运动会在新市街举办，全区7个公社组队参加。1985年，全县农民篮球运动选拔赛在新市街举办。2005年后，健身操、广场舞、腰鼓队在境内迅速发展。2012年，新建文化体育广场。2014年，对文化体育广场进行提质改造，占地面积1500平方米，广场内设篮球场2个，居民健身区1个，演出舞台1个。新增健身和运动器材，对体育广场进行绿化、亮化。

医疗卫生

医疗 光绪三十一年（1905），衡阳人廖焕星于境内新市街开创第一家西医善仁医院。民国5年（1916），新市街出现最早的私立中医鉴清医院。1956年，区卫生院改为中心医疗保健站。1961年，重新组合新市区卫生院。1969年，各大队成立合作医疗站，配赤脚医生1~2名，负责本大队的医疗防治。1981年，大队合作医疗在推行家庭联产承包责任制的过程中自然解体，部分赤脚医生设医疗点个体行医。2010年，新市中心医院办公楼投入使用，各项工作及卫生条件均排在耒阳市前列。全镇参合率高达90%。2012年，投资110万元新建位于高炉村的高炉卫生院综合楼项目。2014年，境内有镇级卫生院2所，一所设在镇政府所在地，占地面积2600平方米，有职工75人，病床30个；另一所设在高炉村，占地面积1600平方米，有职工12人，病床15个。23个行政村都设有村级卫生服务室，医务人员均毕业于正规卫生院校，持有相应的资格证书。

卫生 2013年，镇成立环卫所，负责镇区卫生保洁。镇区主要街道、乡村主要路段安装了垃圾池，并购置了洒水车，投资150万元建成新市垃圾处置场、建垃圾焚烧炉。2014年，各组设保洁员1名，负责包干区环境卫生，并不定期检查卫生状况，落实保洁责任。

社会保障

"五保"供养 20世纪70年代初，无劳动能力、生活来源的孤寡老人纳入"五保"（保吃、保住、保穿、保医、保葬），"五保"由所在生产队供养，每年175～200公斤稻谷。1979年后，"五保"改由生产队（组）、大队（村）、公社（乡）三级供养。1990年后，"五保"纳入政府保障供养。从最初每年100元逐渐增至每年2800元。2014年，完成新市镇敬老院搬迁工程，为全镇"五保"老人提供一个环境舒适的养老场所。

最低生活保障 2006年，启动农村最低生活保障。2010年，完成农村低保核发686户，其中一类170户，二类516户。2014年，对已经享受低保对象进行一次全面清查、共清退不合格农村低保户73户、95人，新增44户、56人，补贴金额每人每月130元。

养老保险 2009年，启动城乡居民社会养老保险，辖区60岁以上农村老人4383人，每人享受月补贴55元，补贴总金额289万余元。2014年，60岁以上农村老人4526人，补贴总金额350万余元。参保人数37561人，参保率78%。

医疗保险 2006年，启动新型农村合作医疗保险。2010年，办理新型农村合作医疗45160人，参合率达98%以上。2014年，办理新型农村合作医疗47674人，参合率达99%。

社会救济 2006—2010年，累计拨付农村转移支付金690.25余万元，退耕还林款189.48万元，粮食直补款1139.93万元，发放家电下乡补贴款83.49万元，汽车、摩托补贴61.72万元。2011—2014年，共发放临时救济、大病救助等救助资金80余万元，帮助529人困难群众实现脱贫，新增就业2155人。

特色地情

历史人文

倪品真（1892—1962） 号本真，字源泉。早期革命活动家、教育家，爱国民主人士。耒阳市新市镇人。1916年，毕业于湖南三师，次年考入北京大学求学。1919年，倪品真在北京参加五四运动，迈上了革命的第一步。1919年5月4日，爱国运动爆发，倪品真作为北京学生联合会领导人之一，与各校学联共同组织北京学生三千余人在天安门前集会，会后举行游行示威。倪品真把五四运动的起因、过程、结果、重要意义写成名著《五四运动》，收藏在湖南省博物馆。

名优特产

新市米粉 因其久远的历史，独特精到的制作、配汤工艺远近闻名，方圆百里内有许多"新市米粉店"和"老牌新市米粉店"，但要品尝正宗的新市米粉，还是要到新市本地才行。

新市圆子 是新市土菜的一大特色，新市圆子选用上等糯米和粳米按一定的比例，磨干吸收水分，拌入适量含淀粉多的马铃薯或红薯等，上笼蒸制，冷却后切块、加甜丁、姜片等调味品，淋上蜂蜜或浓冰糖汁、上笼再蒸。圆子疏松可口、香甜宜人，是宴席的一道名菜。

新市谷酒 味道纯正、浓度高，堪称"耒阳一绝"。

风景名胜

新市古街 新市古街为湘南规模最大、保存最完好的古建筑群。现存建筑为明清时期所建，

新市古街

风格独特。古老的石板街道长达 4 公里，其正街一段，曾经街面集市摆摊交易，石板下通道直达河边码头。“九街十三巷”占地面积 9 万平方米、建筑面积 5 万平方米，基本保留明清时代的建筑风格。另有两条溪流穿街而过，跨溪建桥建房，小桥流水人家，错落有致。

紫云峰 坐落于紫云山嘴，青堂瓦舍、上下两层、大门外有半圆形白色栏杆围墙，可俯瞰新街全貌。

历史遗址 新市古天主教堂、重阳桥、宋代石桥石狮、黄家大屋、地下钱庄、水埠衙门、古染坊、古作坊、古兵站等遗址保存完好。另外还有迴龙庙、箫凤山、箫史岩屋、箫史石像、古针巡检司、三拱桥不见天、方田驿、大夫第、古牛、护城河、倪家祠堂等古迹。

（文字供稿：段泽秋　图片供稿：梁春根）

大市镇 >>

区域概况

位置面积

境内有敖山河汇入耒水，因河岸地势较高，圩场人口众多，水运方便，称之为大陂市，后简称大市。地处耒河下游，东与导子乡、龙塘镇相邻，南接竹市镇，西邻蔡子池街道、遥田镇，北抵新市镇。镇政府驻大陂村，距耒阳市城区 16 公里。2014 年，辖区东西最大距离 14.8 公里，南北最大距离 12 公里，总面积 51.22 平方公里。

建置沿革

中华人民共和国成立后，大市乡属耒阳县四区。1956 年，撤区并乡，在大陂市设大市乡。1958 年 10 月，成立大市公社，政府驻地大陂市，辖原大市乡、芭蕉乡。1961 年，解体析出原大市乡，辖区仍为大市人民公社。1984 年撤社改乡，1995 年，撤区并乡与芭蕉乡合并为大市乡。2014 年，撤乡改镇，名为大市镇。

行政区划

1994 年，辖 18 个行政村，196 个村民小组。1995 年，撤区并乡，与原芭蕉乡合并，成立大市乡，辖 32 个行政村，363 个村民小组，1 个居民小组。2014 年年末，辖花坪、长丰、长洲、架江、长塘、八石、油茶场、大市、大陂、泉星、水口、排一、集中、三塘、油屋、枫水、蒲兴、土桥、关帝、敖山、老屋坪、明星、上堂、农科、石豪、长布、上溪冲、利群、高塘、芭蕉、新田坪、下冲、共计 32 个村和 1 个居民委员会，364 个村（居）民小组。

自然环境

大市镇地形复杂。东部高，西部低，其中东部多崇山峻岭，新田坪、高塘村，还分布着一些梯田，易发旱灾；西部为耒河冲积平原，主要分布在三塘、集中、排一、蒲兴、油屋、枫水村。集中、排一村，地势低，有季节性洪涝灾害。南部以岗地、丘陵地貌为主，全镇山、丘、岗、平俱全。属亚热带季风湿润气候区。冬夏长、春秋短，季节分明。春季阴湿多雨，低温寡照，夏季热期长，从 5 月中旬到 10 月下旬，初期雨水充沛。由于濒临耒水，容易发生洪涝灾害。秋天少雨，气候干燥；冬天严寒期短，冰雪不多。年平均气温 18.8℃，年均降水量 1355 毫米，年均无霜期 287 天。全镇土壤以水稻土、沙土、红壤土为主。矿产资源以煤炭为主。境内主要自然灾害有旱灾、洪灾、偶有冰灾和龙卷风。

人口民族

1982 年，总人口 27924 人，其中男性 14242

人，女性13682人。1990年，总人口30537人，其中男性15974人，女性14563人；人口出生率18.67‰，人口死亡率8.65‰，人口自然增长率10.02‰。1995年，总人口55877人，其中男性28749人，女性27128人；人口出生率15.57‰，人口死亡率4.50‰，人口自然增长率11.07‰。2001年，总人口54194人，其中男性29037人，女性25157人；人口出生率10.31‰，人口死亡率5.07‰，人口自然增长率5.24‰。2011年，总人口64799人，其中男性33938人，女性30861人；人口出生率14.6‰，人口死亡率2.11‰，人口自然增长率12.49‰。2014年，总人口66512人，其中男性34688人，女性31824人；人口出生率12.8‰，人口死亡率4.84‰，人口自然增长率8.05‰。人口密度为每平方公里578人。境内居民全部为汉族。

经济发展

经济综述

大市镇是传统的农业大乡，盛产稻谷、大豆、棉花。1996年起，突出产业结构调整，开办煤矿、农产品加工、石灰厂、河沙场、砖瓦厂，工农业产值均逐年上升。1999年，关闭村组小煤矿。2005年，农业总产值14105万元，工业产值2687万元，农民人均纯收入2586元。通过争资引项、创新招商方式，积极吸引一批科技含量高、市场潜力大的企业落户境域。2014年，工业总产值1.8亿元，粮食总产2.87万吨。

农业

种植业　境内种植以水稻、油菜、棉花为主。中华人民共和国成立后，通过土地改革，农民分得土地，生产积极性空前高涨。1956年，农业生产合作化，大修水利，农业生产大发展。1958年，人民公社成立，大办食堂、大炼钢铁，给农业生产造成损害。1961年，调整公社体制，实行“三级所有、队为基础”，以生产队为核算单位，激活农民的生产积极性。1965年，粮食总产量5900.82吨。1979年，境内粮食播种面积2650.93公顷，粮食总产量14887.02吨；油菜面积111.2公顷，油菜籽总产110.94吨。1982年，实行农村家庭联产承包责任制，田亩按人口承包到户。1990年，粮食播种面积2475.67公顷，粮食总产14603吨；油菜种植面积800公顷，油菜籽总产702吨；棉花产量171吨。1990年以来，鼓励土地流转，扶持种粮专业大户和合作社，推进农业规模化、机械化。1995年，水稻面积共计0.19万公顷，双季稻面积占比达到95%以上，年产量2.16万吨。2014年，全镇共落实早稻面积0.208万公顷，晚稻面积0.21万公顷，年产量2.48万吨。常年制种面积333.33公顷，早稻集中育秧面积643.33公顷，种粮大户59户，其中50亩以上23户，100亩以上8户。2014年，境内油茶种植面积254.93公顷，产量382吨，豆类种植面积133.33公顷，产量300吨；蔬菜种植面积553.33公顷，产量1.5万吨，红薯种植面积86.67公顷，产量3.9万吨。

养殖业　境内养殖以生猪、家禽、水产鱼类为主。1979年，生猪年末存栏7954头、出栏6516头；家禽年末存笼24968羽；水产品总产量30300千克。1990年，生猪年末存栏15044头、出栏15011头；家禽年末存笼30710羽，出笼78560羽；水产品总产量18900千克。2004年，境内引进湖南新五丰股份有限公司，建立新五丰公司耒阳畜牧生态园。发展养猪专业户90余户。2011年年末，有母猪11000余头，仔猪18万头，肉猪出栏73万头。与广东温氏集团有限公司合作，采用公司+农户的模式，建成鸡舍129栋，饲养肉鸡120万羽。畜牧业总产值2.2亿元。2014年年末，生猪存栏13.8万头，年出栏26.3万头，存笼家禽124万羽，年出笼25万羽。渔业淡水养殖面积253.33公顷，产量486.4吨。

林业 境内主要有用材林、经济林、果木林。1979年，果园面积5.67公顷，水果产量670吨。1980年，完成林业“三定”（稳定林权、划定农户自留山、确定林权生产责任制）工作。1995年，有用材林1200公顷、经济林333.33公顷、油茶林4080公顷。全年造林166.67公顷，其中果木林73.33公顷，开发山地93.33公顷，油茶林更新26.67公顷，垦复2786.67公顷，年内实现林业产值578万元。2000年，有用材林1079公顷，经济林约3889公顷，其中油茶林3722公顷，年内造林35公顷，其中果木林2公顷，开发火烧迹地33公顷，油茶林垦复2388公顷，全年创林业产值360万元。2009—2014年，林权改革刺激形成造林新模式，全乡涌现一批规模造林大户，签订林地流转合同893.33公顷，平整林地253.33公顷。

工业

1953—1957年，对私营工商业进行社会主义改造，组织个体手工业者成立手工业联社。20世纪70—80年代，成立公社联合加工厂，设公社企业办。相继创办农机厂、食品厂、石灰厂。大队成立五七加工厂。90年代，集体企业改制民营企业。1990年，境内有企业268个，从业人员770人，总收入685万元。1996年，有乡办企业16个，村办企业110个，个体企业976个，企业职工4710人，企业固定资产790万元，年产值11561万元。至年底，新开煤矿41个，发展股份制煤矿30个，生产煤7000多吨。2011年，境内有工业企业21家。其中规模以上企业7家，煤矿企业2家（凤形煤矿和顺意煤矿），沙场2家，总投资4亿元，同年大市循环经济产业园落户大市镇，总投资3.5亿元。投资1.6亿元的炎鑫冶炼公司首批入园。2013年，凤形煤矿合并到湘煤集团白山坪煤矿，改名为湖南省煤业集团白山坪凤形矿业有限公司。2014年，境内有工业企业13家，有明星洗煤厂、井阳陶瓷公司、朋联电子厂等，工业总产值1.8亿元。

商贸服务业

境内有两个传统的贸易集市，大市圩和芭蕉圩。20世纪50年代，先后设立供销合作社、食品站、粮站，供应生产生活资料、收购农副产品。1958年，取消集市贸易和个体商贩、商易服务统一由供销社和集体商店经营。20世纪80年代初，逐步开放市场，个体商业得到发展。1990年，商品总产值298万元。1992年，建成新大市圩场。1998年，有集体商店30家、个体摊位236个、从业人员1200人，全年商品营业额600万元。有集贸市场3个，年商品成交额2500万元。2011年，境内有商业网点620个，全年社会商品销售总额1.2亿元，乡集市贸易成交额7324万元。2013年，在原来芭蕉老圩基础上改扩建新圩场。2014年，全境有大小商铺200余家，个体工商户400余户，超市14个，覆盖日常用品、建材、家具、家用电器、饲料等行业。社会商品零售总额1.6亿元。

财政金融

财政 1985年，设立乡财税所，管理辖区内财政工作。1995年，财政收入190万元，财政支出189万元。2013年，全镇税收收入115.2万元，国税73.8万元，营业税28.98万元，企业所得税3.11万元，资源税2.07万元，城市维护建设税7.25万元，非税收入102.86万元，一般公共财政预算收入218.06万元。2014年，全镇税收收入249.43万元，国税137.62万元，营业税78.27万元，企业所得税16.77万元，资源税2.24万元，城市维护建设税11.18万元，耕地占用税3.35万元，非税收入129万元，一般公共财政预算收入378.43万元。

金融 1994年，境内有金融机构2家。1995年，原芭蕉乡合并到大市乡后，境内有4家金融机构。2013年7月，境内两家农村信用社改名为农商银行支行。2014年年底，境内有4家金融机构，从业人员16人，存款余额1.8亿元。

基础设施

交通运输

大市交通便利，距离市区15公里。1958年，修建石敖公路、董敖公路，与竹马公路在敖山村交汇，大遥公路将新市、遥田与大市实现直通，由此构建成骨架公路网，实现村村通。2000年，全乡村村通公路，有货车200辆、小车50辆，年创运输收入450万元。2005年以来，全镇共硬化公路里程达536公里。其中大陂、芭蕉等村实现了组组通。2011年，境内有客运汽车18辆、350座位，年客运量80万人次。有货运车160辆、2000吨位，年运货量100万吨。耒河在境内通航长度24千米。2011年，有客运船6艘、70座位，年客运量2.4万人，有货运船舶12艘、100吨位，年货运量10万吨。2014年，大遥公路、石敖公路列入省十三五提质改造项目。

邮政通信

民国10年（1921），在境内大陂市设立邮政代办所。民国27年（1938），在境内芭蕉设立信柜。1957年，县邮电局在境内设立大市邮政支局。20世纪80年代末，境内村村通邮路。1998年，邮电体制改革，邮政与电信分营。2011年年末，境内有邮政网点2个，投递线单程总长度40公里，投递点2个，2014年年末，境内有邮政网点2个，全镇共有8段投递路线，其中分段单程最长投递线里程为24公里，全镇投递点共计108个，乡村通邮率100%。

1998年，有29个村开通程控电话，装机用户30多户。2011年，有电信服务网点2个，固定电话用户3560户，移动电话用户12571户。互联网端口总数1050个，宽带接入户265户。2014年，有移动、电信、联通服务网点9个；固定电话用户9056户，移动电话用户11000户；互联网端口总数356个，宽带接入用户2876户。中国移动、中国联通、中国电信等网络已覆盖全镇。

供电饮水

1988年，境内芭蕉有自办发电机组，电网停电时，用柴油机发电。2009年，对枫水、油屋、土桥、石壕等村的农村配电进行改造，方便了群众的生产生活用电。至2014年年底，全镇33个村（居）全部完成农网改造工程。全镇居民全年用电总量达1890万千瓦时。2014年3月，启动农村安全饮水工程项目建设，共投入资金100万元，完成大小饮水工程12处。兴建自来水厂一个，铺设供水管道15千米，解决全镇6000居民的安全饮水问题。

水利建设

耒水提灌系统，共有机房40余座，灌溉面积为333.33公顷；欧阳海灌区灌溉系统，有资兰冲支渠和杨梅塘支渠，其中资兰冲支渠设计受益14个村，共计1066.67公顷，杨梅塘支渠设计受益7个村，共计593.33公顷；敖河堰闸系统，共有堰闸20余座，灌溉面积533.33公顷；山塘水库灌溉系统，共有小（二）型水库11座，总蓄量224.45万立方米，灌溉农田377公顷；大小山塘1276口，总蓄量176万立方米，灌溉农田377公顷。2012年，投资5400万元加固维修水库3座；2014年，敖河综合治理后续工程完成扫尾工程。欧阳海灌区东支干渠排一至大陂段防渗加固工程基本完工，全年累计维修硬化支干渠8公里，维修加固山塘、水库23处，其中包括投资180万元对林家冲、福冲两座小（二）型水库的除险加固。

镇村建设

1949年前，农村住房多为砖木结构的土墙瓦舍，甚至是板墙茅顶房。20世纪60年代前，农村住房无大变化。公社办公机关设在公产民房内。1976年，新建公社办公大院，办公楼红砖墙体、钢筋混凝土楼面、玻璃窗的砖混结构。内设民政、财税、户籍、农科等办公机构。1982年，家庭联产承包责任制后，村民自烧红砖建房，建房标准提高，一般为红砖墙、青瓦顶结构，也有少数钢筋混凝土结构的三层楼房。1993年，在大市圩场新建集贸市场，占地1.3公顷，1994年竣工。2004年，投资20万兴建机关大门、修建高标准篮球场，院内种植花卉树草，建花园式单位。2007年，在原芭蕉乡政府院内修建建筑面积3000平方米，集休闲娱乐于一体的敬老院。2009年，新建芭蕉中学综合大楼、大市中学宿舍大楼。2010年，建乡文化站，在大陂、花坪、敖山等村建农家书屋。2013年，耗资48万元，用于44户贫困户的危房改造。2014年，大市卫生院重建门诊大楼，耗资300万元，枫水村耗资5万元新建枫水村卫生室。各行政村建有兼办公用的村级活动中心。

社会事业

教育科技

教育 中华人民共和国成立后，废止私塾教育，兴办大市小学和两铭小学。1958年，实行公办民办“两条腿走路”的方针，各高级农业合作社设办民办学校。1964年，开办简易耕读小学。1968年，解散耕读小学，民办学校并入公办学校。1969年，大市小学和两铭小学升格为大市中学和芭蕉中学。小学全部下放到大队，民办公助，由贫下中农管理学校。1975年，大市中学和芭蕉中学升格为完全中学，招收高中班。大队民办小学附设初中班。1979年后，逐步调整学校布局，大队民办小学附设初中班停止招生。公社完全中学停止招收高中新生。1982年，兴办公社中心完小1所。1984年，公社中心完小改为乡中心完小。1990年，大市中学搬迁至大陂村黎家冲新校址；集资16万元兴建乡中心完小教学大楼。1995年，境内有中学2所，小学28所，在校中小学生4728人，中小学教师311人。2003年，大市学区改名为大市乡教育管理办公室；投资60万元改造大市中学危房。2009年，新建芭蕉中学综合大楼。2014年，境内有中学2所、小学22所、学前班10所，有民办幼儿园10所、中心幼儿园（隶属中心完小）1所。在校中小学生4468人，其中小学学生2894人；中小学教师235人，其中小学教师151人。小学适龄儿童入学率100%，小升初升学率100%，义务教育覆盖率100%。

科技 1972年，公社成立农科站，围绕生产中心，推广新品种、新技术、新农药，预测预报病虫害。1990年，乡农科站改称农业技术推广服务站。开展农技项目示范，推广杂交水稻种植技术，从事农机具的引进、推广农机技术培训，培育一批有技术、懂经营、会管理的农业科技示范户。2005年，为处理污水提供科研生产原料，大市乡建3000亩黄姜生产基地。2007年，境内长大黄姜实业有限公司采用固定化微生物曝气生物滤池工艺处理污水，使污水达到国家二级排放标准；利用黄姜酸解液提取食用乙醇。“黄姜加工污水环保处理及应用”科研为衡阳市社发科研计划重点项目。2014年，开通智能化农业信息网站，推广农业信息技术。

文化体育

文化 大市镇每年有游船、赛龙舟、开庙会的习惯。1966年7月，建立公社文化站，配文化辅导员1名。1972年，成立公社广播站，配公社广播员1名。1975年，成立公社电影队，到各生产队巡回放映。1987年，建立乡文化中心站。2010年，大市乡综合文化站建成，位于乡政府院内，建筑面积391.2平方米，图书1万余册，总投入100余万元，2012年，各村都成立农家书屋，拥有各类图书7万余册。敖山庙会于2006年6月被湖南省列为非物质文化遗产。2012年，成立民间腰鼓队，有6支队伍，队员130余人；广场舞进入乡村文体生活，各村自发成立广场舞队伍。2014年，大市镇广场舞队伍在“欢乐潇湘·幸福衡阳·激情耒阳”文明大舞台纸都广场舞大赛中获乡镇组优胜奖。

体育 篮球运动是境内最受喜爱的体育项目，境内共有12个篮球运动场。篮球爱好者自发组队，不定期举办篮球友谊赛。乒乓球、羽毛球是中老年人喜爱的体育健身运动项目，打太极拳是老年人休闲健身运动项目。每年端午节，沿河各村都要举行龙舟赛。

医疗卫生

医疗 中华人民共和国成立前，境内无正规医疗机构，只有少数几个游医郎中，靠中草药治病。1958年，境内有1所卫生院，卫生院“自负盈亏”。20世纪60年代初，大市公社卫生院建成，坐落于大市大陂大队三队，1969年，各大队办起农村合作医疗，配置1~2名赤脚医生，村民主要靠赤脚医生看病治病。80年代初，大队合作医疗停办，赤脚医生个体私人行医。1999年，颁布执业医师法后，镇内执业医师和执业护士总人数增至32人。2008年，境内卫生院有从业人员46人，床位数20个，年接诊病人34446人次，住院807人次。2011年，境内有卫生院1所，设分院1所、村卫生室32个、医疗床位36张、执业医师5人、注册护士5人。2014年，境内有医院2所，医疗点33个，医卫技术人员65人，医疗床位55个，年接待45590人次，住院人数953人次。参合人数65213人，达98.8%。免费组织老年人体检1500人次，妇女两癌筛查1500人次，儿童体检2894人次。同年，大市卫生院新综合大楼竣工并交付使用。

卫生 2013年，建垃圾焚烧炉1座，主要通村公路旁设垃圾池200余个，各组设保洁员1名，负责各包干区的环境卫生。不定期检查卫生状况，落实保洁负责。

社会保障

“五保”供养 20世纪60年代末，无子女、无劳动能力的孤寡老人纳入“五保”(保吃、保穿、保住、保医、保葬)，由生产队供养。1984年，供养费纳入政府保障。供养费逐渐增至每年2800元。2013年，敬老院启动首批进院养老的“五保”老人5人。2014年，筹资4万元加固敬老院护坡、新增住院老人4人，其余“五保”老人居家养老。

最低生活保障 2006年10月，启动城乡最

敖山庙会

低生活保障。2011 年，月人均 73 元。2014 年 8 月份通过大清查活动，共清退 113 户、148 人，新增 155 户。农村低保标准由上年度的人均 165 元提高到 185 元。

养老保险 2009 年，启动新型农村养老保险。60 岁以上老人享受养老补贴 55 元 / 月。2011 年，参加新型农村养老险 26322 人。2014 年，新型农村养老保险参保率达到 85%。

医疗保险 2006 年，启动新型农村合作医疗保险。当年登记参合人员 63410 人，筹资 10 元共筹资 63.41 万元。2009 年，大市、芭蕉两个医院为老百姓看病兑付医药费 300 多万元。2011 年，新型农村合作医疗参保 63160 人，参保率 98%。2014 年，新型农村合作医疗全面推广、参合率达 95%，医疗救助重特大病人 30 人共计 15 万元，住院救助 62 人，共计 18 万元。

社会救济 中华人民共和国成立后，政府关心群众疾苦，发放救济款、贷款及抚恤金，救灾济困。2006 年“2·15”特大洪灾，直接经济损失达 800 万元。乡政府挤出资金 40 万元，向上级争取各项资金 126 万元、募集资金 51 万元，用于救济灾民、灾后重建。2011 年，农村医疗救助 180 人次、临时救济 5000 人次、支出 20 万元。2014 年，重点帮扶孤儿 50 人、残疾人 33 户、其他户 34 户。

特色地情

风景名胜

敖山庙 敖山庙位于耒阳大市镇敖山村，因供奉敖王（后汉高祖刘知远）故名，原为始建于南朝陈永定元年（557）的真安寺，是耒阳市有史记载的最古老寺庙。历代多次重建。1985年，当地民间集资重修，且逐年扩大建筑规模，基本恢复到清光绪年间（1875—1908）的原样。敖山庙规模宏大，可容千余人，香火不断，名声远播。现有1~2名住寺僧人，庙务由当地群众推选的管理处管理。

敖山庙会 敖山庙会是典型的汉族民间信仰活动。庙会活动中的拜章、香会、唱戏、游船、舞龙、舞狮等保留许多传统的汉族民间礼仪、工艺、舞蹈、音乐和表演艺术。敖山庙会每年举行3次大型活动和10余次小型活动。大的活动有农历正月初二游船，二月十九观音菩萨生日拜章，五月廿三敖王生日唱戏等。2006年，被列为首批“湖南省非物质文化遗产代表作”名录。

（文字供稿：段泽秋　图片供稿：梁春根）

南京镇

区域概况

位置面积

相传清初吴三桂起兵造反时曾率兵安营扎寨于此，意在此建都，故而得名“南京”，此后便一直沿用南京这一名称。地处耒阳市西部，东与余庆乡接壤，西与常宁市荫田镇为邻，北与哲桥镇交界，南与仁义乡、磨形乡相临。乡政府驻南京村南京圩场，距耒阳市区17公里。辖区总面积76平方公里，其中陆地75.24平方公里，占99%；水域0.76平方公里，占1%。东西最大距离11公里，南北最大距离9.5公里。

建置沿革

民国时期，南京属白山乡。中华人民共和国成立后，建立南京乡人民政府。耒阳设十三区，南京隶属第十一区。1956年，撤区并乡，仍保留南京乡。1958年成立人民公社时，南京属仁义公社。1959年，南京从仁义公社析出，成立南京公社。1961年，成立区政府，南京公社属仁义区。1984年，改为南京乡。1995年撤区并乡时，划出板陂村成立新南京乡。2014年12月1日，湖南省民政厅作出批复，同意撤销南京乡，设立南京镇。

行政区划

1990年，全乡辖南京桥、何家陂、马安、杉木、板陂、江里、龙凤、石塘、白毛、西江、回龙、车头、资家塘、央田、白马、集景、城上铺17个行政村，199个村民小组。1995年撤区并乡时，划出板陂村，辖16个村，188个村民小组。2014年，辖有龙凤、江里、南京、石塘、白毛、西江、回龙、资家塘、车头、央田、白马、集景、城上铺、马安、杉木、江里16个村，188个村民小组。

自然环境

辖区地处丘陵地带，地势起伏不平。山田山土交错，溪沟纵横。辖区属亚热带季风湿润气候，其特点是四季分明，雨量充沛，光照充足。多年平均气温18.2℃，1月平均气温1.8℃，7月平均气温32.1℃。生长期年平均280天，无霜期年平均297天，最长达347天，最短为246天。年平均日照时数1479.8小时。年平均降水量1383.6毫米，降雨集中在每年3—8月，6月最多。境内河道属耒水水系。主要河道有二级河春陵河，长15公里，流域面积70多平方公里，年均流量256立方米/秒。三级河象江河，总长18公里；四级河有白马龙吉桥河、央田苦株滩河、资家塘河、南京邓家洞河、白毛东边江5条，总长35公里。境内主要自然灾害有旱灾、水灾等。旱灾、水灾出现概率40.2%，最严重的一次旱灾发生在1963年，最严重的水灾发生在2002年7月，最严重的冰灾发生在2008年。

人口民族

1982年，辖区总人口22235人，其中男性11452人，占51.45%；女性10783人，占48.55%。1990年，有总人口24326人，其中男性12847人，女性11479人；人口出生率22.12‰，人口死亡率8.92‰，人口自然增长率13.2‰。1995年，辖区总人口24041人，其中非农业人口216人；年内出生303人，出生率11.3‰。2014年，辖区内总人口29148人，其中男性15570人，占53.4%；人口出生率12.9‰，人口死亡率1.74‰，人口自然增长率11.16‰。人口密度为每平方公里384人。境区内居民全部为汉族。

经济发展

经济综述

民国时期，境内生产力低下，粮食亩产仅200公斤左右。中华人民共和国成立后，不断改善耕作条件，产量逐年上升至400公斤左右。1978年改革开放，调整产业结构，实施一、二、三产业并举。到1996年，境内国民生产总值达5102万元。是年，完成农业总产值1520万元，乡镇企业总产值4500万元，预算内财政总收入130万元。2000年，开展内联外引，加大兴办工业和第三产业的力度，是年，完成国民生产总值5750万元，工业总产值3800万元，预算内财政收入158万元，上缴国家税金124万元。2014年，大力发展“化工业、烤烟、林业、畜牧业”四大支柱产业。是年，境内实现国民生产总值5089亿元。完成工业产值3.7亿元，农业产值2.8亿元，预算内财政收入278万元。境内居民生活水平实现年人平纯收入2740元，人均储蓄达510元。

农业

种植业 民国以前，产业结构单一，仅以水稻种植为主，适当配种些红薯、小麦等。粮食亩产200公斤左右。1953年后，实行农业合作化，产量有所上升，1957年，亩产240公斤左右。1962年，开始推广双季稻，粮食亩产逐年上升；1965年，境内粮食总产量7152.4吨。至1970年，平均粮食亩产400公斤左右。1979年，境内粮食总产量上升到11738吨。1990年，境内耕地面积增至1649.2公顷，粮食总产量上升到14170.7吨。1994年，境内有耕地面积0.17万公顷，粮食总产量下降至13580吨。是年，种植烤烟53.33公顷。2010年，有耕地面积0.18万公顷，粮食总产量上升到15378吨。是年蔬菜产量12013吨。2014年，有耕地面积0.18万公顷，生产粮食15859吨；种植蔬菜386.67公顷，总产量13512吨。农业总产值2.1亿元，占生产总值的63%。

养殖业 境内素有饲养家禽习惯。民国以前，个体饲养，产量不大，大都是为了维持生计。中华人民共和国成立后，鼓励农民饲养。1953年，家禽家畜饲养量增多，并开始池塘养鱼。1958年后，不准个体饲养，只准集体办饲养场，生产量大幅度降低。1978年改革开放后，农民饲养的积极性大增，而且涌现了一批专业养殖户。1979年，境内饲养生猪25479头，家禽出笼70185羽，鲜鱼年产量28吨。1994年，生猪出栏15100头，家禽出笼32215羽，鲜鱼年产量32吨。2010年，年内饲养生猪26865头，家禽53816羽，产鱼38吨。2014年，饲养专业户增加，境内饲养家禽家畜数量大增。是年生猪出栏21508头，年末存栏11640头，家禽饲养量43万羽；生产猪肉3922吨、牛肉127吨、羊肉11吨、禽肉540吨、禽蛋769吨、鲜奶4吨，畜牧业总产值6000万元，占农业总产值的31.6%。

林业　境内宜林山地不多，主要为油茶林。民国以前，林地为私人所有，富户占有量大。中华人民共和国成立后，实行土地改革，但山林权属仍属私人个体。1958年成立人民公社，山林收归集体所有。是年，由于大炼钢铁，砍伐树木烧木炭，森林面积受到破坏。1962年后，国家鼓励群众造林，山林面积逐年增加。1970年后，大兴果木栽种，果园面积上升。1973年，创办南京乡果木场，面积约333.33公顷，年收入10万元。1978年后，号召农民屋前屋后种树栽果木，是年增加森林面积266.67多公顷。1990年后，开发荒山宜林，鼓励绿化家园。至1994年，境内造林63.87公顷。2010年，境内林地面积4326.33公顷，其中油茶林3600公顷，林木覆盖率65%。是年境内水果种植面积153.33公顷，产量2200吨。2014年，境内林地面积增至4391.73公顷，其中经济林48公顷、竹林53.33公顷、油茶林3600公顷、其他258.4公顷。住宅前后植树面积153.33公顷，产量2200吨，林业总产值5000万元，占农业总产值的26.3%。

工业

清宣统二年（1910），湖北汉冶萍公司在南京桥开办锰矿。民国时期，境内无工厂，只有个别的铁器、竹木器作坊10余家。中华人民共和国成立后，对个体工商业实行改造。境内有手工业20家，主要生产农用工具及小型家具，从业人员100余人。1960年，境内有竹木加工厂2个、铁器厂1个，从业人员30余人。1980年，兴办石灰厂3家。1990年，有工业企业7个，总收入720万元。1994年，工业总产值1200万元。1997年，全乡实现工业总产值3610万元，其中实现预算内财政收入128万元，上缴国家税金76万元。1999年，工业总产值4000万元，创税总额680万元。2010年，有工业企业2家，从业人员159人。是年，工业总产值5500万元。2014年，以京山化工为龙头的一批工矿企业，完成工业生

产总值5500万元，占全乡生产总值的18.3%。是年，拥有工业企业2家，职工159人；实现工业增加值600万元，比上年增长12.2%。

商贸服务业

民国时期，境内有圩场1个，商铺8个，一般为杂货铺、伙铺、铁匠铺等。1954年开始，设立供销社、肉食水产站、粮库。1958年，取消圩场和个体商贩，商贸服务由供销社或合作商店统一经营。1962年，逐步恢复集贸市场和个体商户。1970年，境内有国营集体及个体商业网点20多个。1978年改革开放后，私营商业得到发展。1995年，境内有商店35个，个体摊位147个，从业人员650人，全年商品营业额1157万元，有集贸市场2个，年成交额1250万元。2010年，有商业网点65个，社会商品销售总额5680万元。有城乡集贸市场1个，年成交额858万元。2014年，有商业网点85个，职工245人；是年社会商品零售总额达8680万元，比上年增长11.5%；有城乡集贸市场1个，年成交额928万元。

江里油茶低产林示范基地

财政金融

财政 1985年，乡财税所成立，负责辖区内财政收入和支出。1990年，境内有合作社1个，开展金融业务。1994年，上缴国家利税12.57万元。1999年，完成预算内财政收入158万元，上缴国家税金120万元。2010年，财政总收入673万元。2014年，财政总收入693万元，比上年增长24%。

金融 民国时期，境内设有信用合作社1个，经营存放款业务。中华人民共和国成立初期，有合作社3个。1956年撤区并乡，合作社缩减为1个。1958年，信用合作社更名为公社信用部。1969年复称农村信用合作社。1990年，境内有农村信用合作社1个。2010年，有金融分支机构2个，分别是农商银行和邮政储蓄银行。金融机构各类存款金额8100万元，各项贷款余额2500万元。2014年，境内金融分支机构有农商银行和邮政储蓄银行，金融机构各类存款余额8400万元，比上年增长8%；各项贷款余额2588万元，比上年增长8.7%。

基础设施

交通运输

交通运输以公路运输为主，320省道贯穿东西，途经境内龙凤、江里、南京、资家塘、央田5个村全长11.6公里，县际公路——南仁公路连接南北。水路方面，舂陵水从西部境内流过，象江水自南而北跨流。1998年，境内15个村全部通公路，乡政府组织力量对南京至西江、石塘、白毛等公路进行路面拓宽、加固砂石化。1999年，筹资30万元，完成南仁公路砂路改油路工程建设。2009年，投资25万元，对320省道进行提质改造；集资180万元，完成石塘村、城上村、车头村、白马村、杉木村村级公路硬化。2014年，境内各村实现村村通水泥路，通组公路正在逐步实施。

邮政通信

民国时期，乡公所有电话1部。中华人民共和国成立后，乡政府有电话1部。1952年，设立乡村邮政，境内有邮政所1个。1958年成立人民公社，有电话1部。1998年，境内开通程控电话，有用户240户。1999年，增至608户。2010年，境内有邮政网店1个，投递点13个。有代销网点1个，固定电话用户980户，普及率13.7%，移动电话用户4530户，互联网用户75户。2014年，有邮政网点1个，投递线单程总长度100千米，投递点15个，乡村通邮率100%。有电信服务网点1个；固定电话用户685户，移动电话用户5842户，互联网用户168户。

供电饮水

1988年，南京桥自办发电机组，电网停电时，用柴油机发电。2008年冰冻灾害后，提前部署安排电网抢修工作，是年，投入资金26万元，完成抢修任务。并与电力部门共同开展农村电网改造工程，确保全乡群众生产生活用电。2012年，从市水利局争取一项民生工程，由国家投资兴建水厂、铺设管道，供水厂受益范围包括南京村、江里村、南京圩及乡属各单位，建成后可为全乡8000余人供水。2013年7月10日，市人民政府率市财政局、市城管局、水利局、交通局就车头村饮用水工程在本乡召开现场办公会议。会议决定解决车头村1～8组1800多人的饮用水问题，该项目管网入户共计360户。2014年，全面完成境内电力农网改造工程以及全民饮水工程。

水利建设

民国时期，境内属重旱区，几乎家家备有吊桶、戽斗、孔明车、筒车、龙骨车等抗旱工具提水抗旱。中华人民共和国成立后，重视水利建设。1958年，修建石塘水库，库容275万立方米，灌溉面积266.67公顷，属小（一）型水库。1994年，乡政府筹资19万元，新建和维修10处重大水利工程。1999年，获得衡阳市现代农业综合开发项目一个，投资200多万元在石塘、白毛、南京3个村建设该项目主体工程。2011年起，对全乡八中（回龙村）、扒子冲（集景村）等7座小（二）型水库防险加固；并不断投入资金，启动沟渠维修、硬化项目，进行山塘维修、清淤、扩容工程，逐步完善境内基本农田的排灌体系，基本达到旱灌保收。2012年，石塘水库被纳入除险加固水库维修工程项目，共计投入资金100万元，对大坝、涵、卧管彻底进行翻修加固。是年，修整堰坝26处，维修山塘水库16座，修复洪水冲毁工程1处，新修、疏通支渠2万多米。2014年，以水利设施为重点，着力解决农田灌溉问题。是年，投资对集景水库进行加固维修，增加其蓄水灌溉量。

镇村建设

2010年，投资76万元，对乡机关、计生服务站进行维修改造，改善办公条件，提高办事效率。2011年，投资20多万元对南京圩场基础设施进行建设。2014年，争取市一事一议项目3个，奖补资金20万余元，自筹资金17万余元，总投入约40万元，用于新农村建设。

社会事业

教育科技

教育 民国初期，境内有私塾4所。后废私塾兴建学校，境内办小学5所。1952年，境内有小学5所，教师18人。1958年，实施公办和民办办学方针，境内小学增至12所，有教师114

人。1969年，提倡1个公社办1所初中，是年境内有中学1所、小学12所，教师146人。1975年，各大队开办初中，公社初中改为完全中学。1978年后，大队初中改为小学附设初中班。1982年，保留公社中学。1984年，改名为乡中学。1990年，境内有初中1所，小学13所，在校学生2680人。教师职工115人。1994年，境内有小学14所，在校学生3840人，教职工153人；初级中学1所，在校学生425人，教职工48人。1996年，境内有初级中学1所，在校学生658人；小学12所，在校学生3024人；教职工203人。1999年，境内有中学1所，小学12所，在校学生3270人，有中小学教师208人，年内顺利通过“普九”验收。2005年，境内有小学11所、中学1所，在校中小学生1987人、中小学教师148人。2010年，境内有幼儿园7所，在园幼儿857人，幼儿教师39人；小学9所，在校学生1925人，教师91人；小学适龄儿童入学率100%；初中1所，在校学生314人，教师48人。九年义务教育覆盖率100%。2012年，投资20万元，对南京中学进行维修改造，兴建教师住房；投资140万元，兴办南京中心幼儿园。2014年，境内共有小学9所，中学1所，中心幼儿园2所。其中小学学生1843人，教师85人；中学学生391人，教师38人。

科技　1959年，建立公社农科所。1961年，公社农科所改称农业技术服务站。1968年，建立公社兽医站，实施包预防、包治疗、包阉割的“三包责任制”。1971年，建立公社农科站，大队设农科队，生产队组建农科小组，设种子、植保、肥料、看水、饲养“五员”。1975年，逐步形成区、社、大队、生产队四级农村科技网。1980年，推行家庭联户承包责任制后，农科网消失。1984年，重新建立农科站、畜牧兽医站，同时发展科技示范户5家。1988年，每个行政村配备村农技员1人。1990年，乡农技站改称农业技术推广站，有农技员3人。2014年，依托市委组织部、党校、人社、烟办等机构，开展科技培训服务，共举办各类农村实用技术培训班5期，培训各类人员230人次。主要培训烟草栽培、烘烤、农业机械操作、科学种田、测土施肥配方、电工、焊工、生猪、家禽养殖等内容。境内有农机、畜牧、林业、水管、农经等科研站所，有各类专业技术人员32人，其中取得高级职称的6人。

文化体育

文化　1958年，建立公社文化站，配文化辅导员1人。1960年撤销。1965年，贯彻湖南省文化厅《关于大力开展公社民办文化站的通知》，重新建立公社文化站，配文化辅导员1人。1966年，因“文化大革命”取消。1987年，建立乡中心文化站，配文化工作人员2人，负责境内文化工作。2005年，境内有文化站1个、村图书室10个，藏书约5万册。2010年，图书馆室增至13个。2014年，有文化站1个，内设有农家影院、卡拉OK厅、图书室、阅览室、培训室、文化信息资源共享室；有农家书屋15个，188个村组都建有文化窗口。镇政府驻地有农民文化广场1个，面积2000余平方米。

体育　1992年，耒阳市第三届农村中小学生田径运动会在南京中学举行。2010年，境内有学校体育场2个，篮球场10个。2014年，境内有体育场2个，篮球场12个，体育器材锻炼场地3处。是年，成立南京乡妇女舞蹈队、腰鼓队，丰富了群众的业余生活。

医疗卫生

医疗　民国时期，境内有草药医生坐堂治病。中华人民共和国成立后，有中草药店4家。1956年，建立乡卫生所，逐步形成县、区、乡三级医疗防疫体系。1958 年，乡卫生所改名为公社卫生院，各大队开始创办卫生所。是年，境内有卫生院 1 个，医护人员 15 人，卫生所 16 个。1961 年，各大队卫生所撤销。1969 年，开始实行农村合作医疗制度，境内新建立合作医疗所 16 个。1970 年，为加强战备，逐步建立公社野战医院、大队救护所、生产队救护室三级人民战争卫生医疗网。1974 年，医疗网恢复为合作医疗所。1980 年，公社卫生院合并为地区医院，大队合作医疗所解体。1990 年，境内有卫生院 2 所。1994 年，境内有卫生院 2 所，医疗点 25 个，病床 60 张，医护人员 70 人。1995 年撤区并乡后，有乡卫生院 1 所，医疗点 23 个，病床 70 张，医护人员 55 人。1999 年，全乡有卫生院 1 所，医疗点 24 个，病床 88 张，医护人员 64 人。2005 年，境内有卫生院 1 所，医疗点 25 个，病床 75 张，医护人员 69 人。是年，投资 103 万元，对卫生院进行修缮。2010 年，有卫生院 1 所，村卫生室 22 个，床位 34 张，专业卫生人员 44 名。2014 年，有卫生院 1 所，村级卫生室 15 个，药店 5 个，医疗床位 23 张。是年，继续加大对医疗卫生工作的投入，不断完善农村医疗卫生条件，不断提高医疗服务质量和诊疗水平。乡卫生院新增一批先进的诊疗设备，诊疗水平得到提高，着重推行基本药物零差价措施，从根本上解决群众看病难，看病贵的问题。

卫生　中华人民共和国成立后，大搞卫生运动，农民逐步养成卫生习惯，开始日日打扫住处内外卫生。1963 年，境内开始改建、拆迁不合理的厕所、畜圈。1973 年，实施农村“两管五改”（管水、管粪，改水井、改厕所、改畜圈、改炉灶、改环境），各村卫生条件慢慢改观。1982 年，整治脏乱差，各村开始兴建垃圾池。是年，境内有垃圾池 100 余处。1996 年，开展灭鼠工作，在机关、村户投放毒饵捕杀老鼠。2000 年，境内各村均建有垃圾池 1 个。2014 年，在政区所在地南京圩投放垃圾箱 20 余个；圩场各住户、铺面实施门前卫生三包责任制；同时与镇政府签订卫生三包责任状。各村配备保洁员 1 人，负责本村卫生保洁工作。

社会保障

境内有镇民政办和劳保站两家服务机构，负责全镇的社会保障事业。

“五保”供养　2010 年，镇敬老院收养农村“五保”户人员 30 人。2014 年，有“五保”供养对象 102 人，其中集中供养人员 14 人，分散供养人员 88 人。

最低生活保障　2007 年，正式启动农村低保政策。低保享受人数为 902 人，占全乡总人数的 3%。2010 年，农村最低生活保障户 487 户、977 人，支出 82.94 万元。2014 年，为 490 户、920 人困难群众办理低保；有 902 户享受低保待遇。

养老保险　2010 年，参加新型农村养老保险 1.68 万人，参保率 76%。

医疗保险　2010 年，医疗救助 68 人次。新型农村合作医疗参保人数 2.75 万人，参保率 95.1%。

社会救济　2010 年，抚恤各类优抚对象 293 人，支出资金 41.4 万元。2014 年，为 32 户居民解决危房改造资金，确保困难群众有饭吃、有房住。为 43 名 90~99 岁的老人和 1 名百岁老人申报高龄补贴。2014 年，共计发放各项救济资金 16.92 万元，救济弱势群体 400 余人。

特色地情

“油茶之乡”　南京镇是湖南省“油茶之乡”，境内有油茶林 0.36 万公顷，年总产量 810 吨。南京茶油色香味美，远销国内外。

（文字供稿：资余德　图片供稿：梁春根）

仁义镇 >>

区域概况

位置面积

据说在百年前，人们习惯集结在境内人字村进行市场交易，因当地人用仁义礼貌待客，久而久之，人们遂称人字村为“仁义圩”。地处耒阳市西部，为“三乡四县”的交界地带，西隔春陵河与常宁市白沙镇、荫田镇相望，东接磨形乡、长坪乡，南临桂阳县、永兴县，北靠南京乡。镇政府驻地仁义村，距耒阳市城区 29 公里。2014 年，辖区总面积 97 平方公里，东西最大距离 43 公里，南北最大距离 68 公里。

建置沿革

民国时期，仁义属白山乡。中华人民共和国成立后，成立仁义乡。耒阳设十三区，仁义隶属第十一区。1956 年，撤区并乡，仍保留仁义乡。1958 年，撤销仁义乡，成立仁义公社，驻十里垌。辖原仁义、南京二乡地域。1961 年，按照 1956 年建乡的规模大小划出南京地盘，调整为新的仁义公社。1984 年，恢复为仁义乡。1990 年，建立仁义区，仁义乡属仁义区。1995 年撤区并乡时，将原来的罗渡乡并入仁义，成立新的仁义乡。2014 年，仁义撤乡设镇，成立仁义镇。

行政区划

1990 年，仁义乡辖沿河、渡江、湾头、安和、茶丰、邝鄘、十里、仁义、纸槽、先锋、衡头 11 个建制村，163 个村民小组。1995 年，撤区并乡后，原罗渡乡并入。是年，辖先锋、衡头、仁义、纸槽、十里、茶丰、邝鄘、渡江、湾头、沿河、王家、阳乌、桃园、罗渡、党田、安和、杉山 17 个建制村、223 个村民小组。2014 年撤乡设镇，辖区范围未变。

自然环境

仁义镇地处湖南南部雪峰山支脉，东、南部是崇山峻岭，中部是丘陵地带，西、北部丘陵平原相间。地势由东南向西北逐级降低，形成明显的三级阶梯地貌。丘、岗相间，中间有十里长垌之称。辖区属亚热带季风湿润气候，其特点是气候温暖，四季分明。境内日照充足，夏秋多旱，暑热期长，春温多变，秋温陡降，冬季寒冷干燥。境内自然灾害以干旱最多、洪涝较少。最严重的旱灾发生在 1963 年；最严重的水灾发生在 2002 年 7 月。

人口民族

1982 年，境内有人口 24423 人。其中男性 12785 人，占 52.35%；女性 11638 人，占 47.65%。1990 年，辖区内总面积 76.38 平方公里，

总人口7249户、26978人，其中非农业人口819人。是年出生531人，出生率20‰。1995年，境内总面积97平方公里。总人口28538人，其中非农业人口1779人。年内出生536人，出生率13‰。2010年，辖区内总人口46000人，其中城镇常住人口1230人，流动人口7891人。总人口中男性26220人，占57%。人口中有少数民族920人，占2%。是年，辖区内人口出生率11.7‰，人口死亡率为8.4‰，人口自然增长率3.3‰。2014年年末，辖区总人口47581人，其中城镇常住人口1280人，城镇化率2.8%。另有流动人口7982人。总人口中男性27320人，占57%；女性20261人，占43%。人口出生率13.9‰，人口死亡率6.8‰，人口自然增长率7.1‰。总人口中以汉族为主，达45880人，占98%；有苗族、白族、壮族3个少数民族，共920人，占2%。人口密度为每平方公里491人。

经济发展

经济综述

民国时期，境内居民以种养为生，经济结构单一，经济发展缓慢。中华人民共和国成立后，重视发展农业，科学种田，粮食亩产提高到400公斤左右。1978年改革开放，实施农户联产承包，大力改变经济结构，发展工业及第三产业，经济迅速发展。到1996年，境内国民生产总值达5734万元。完成工农业总产值11730万元，其中工业总产值9910万元，完成预算内财政收入125万元。人民生活水平不断提高。是年，境内居民年人均纯收入达1500元。2000年，积极开展内联外引，招商引资，境内企业增至564个。是年，完成国民生产总值7268万元，完成工农业总产值15900万元，完成预算内财政收入362.3万元。境内居民生活不断提高，农民年人均纯收入提高到1700元。2014年，着力发展种养殖特色产业，利用能源、资源优势发展工业，是年经济快速发展。境内完成国民生产总值3.78亿元，完成工农业总产值20850万元，完成预算内财政收入528万元。人民生活水平不断提高。是年，境内居民年人均纯收入达7880元。

农业

种植业 境内主要农作物有水稻、红薯、小麦、玉米、大豆、蔬菜、水果等。民国时期，生产力低下，主粮稻谷亩产仅250斤。中华人民共和国成立后，农民分得土地，生产积极性提高，粮食亩产有所上升，达150公斤以上。1958年人民公社化后，粮食产量上升至250公斤左右。1965年，粮食总产量上升为5141.8吨，平均亩产400公斤左右。1979年，推广杂交稻，境内粮食总产量上升为8545吨，平均亩产476.5公斤。1990年，境内有耕地面积0.14万公顷，粮食总产量10927.45吨。1995年，耕地面积扩大到0.17万公顷，粮食总产量11713吨。是年，在太平里村试种油菜73.33公顷获得成功。2010年，有耕地面积0.158万公顷，粮食总产量12010吨。2014年，有耕地面积0.16万公顷，粮食总产量18952吨，人均512公斤；种植蔬菜924.33公顷，产量5019吨。

养殖业 仁义境内素有饲养家禽家畜习惯。民国时期，家养禽畜，主要是为了卖钱维持生计，且数量不多。中华人民共和国成立后，政府鼓励农民饲养，数量逐渐增多。1957年，生猪存栏900多头、家禽7000多羽。1958年后，禁止个人饲养，禽畜饲养数量下降。1960年后，饲养量回升。1965年，饲养生猪1849头、家禽17237羽。1978年改革开放后，实施联户承包，饲养量稳步上升。1990年，生猪饲养量25483头、家禽42012羽。1995年，饲养生猪31280头、出笼家禽29593羽。2010年，饲养生猪31250头、羊19200头、牛21508头、家禽721580羽，畜牧业总产值880.32万元。2014年，生猪饲养量56000头，年末存栏38200头；牛饲养量31500头，年末存栏19800头；羊饲养量23500头，年末存栏11200头；家禽饲养量1081500羽；畜牧业总产值1312.32万元，占农业总产值的32%。是年，产鱼52.5吨，产值106.3万元。

林业 境内森林主要以油茶林为主，有少量茶叶林和水果林。民国时期，林地为私人所有。中华人民共和国成立后，开始仍属私人所有。1958年人民公社化后，收归集体所有。是年，因大炼钢铁砍伐林木烧炭，林地面积遭到破坏。1962年，提倡集体造林。是年，境内造林38.67多公顷。1978年，实施土地承包，山林权属定权到户。林业收入逐年上升。1990年，产茶油485吨、茶叶64.49吨、柑橘365吨。是年造林面积23.33公顷。1995年，境内有茶油林面积5233.67公顷，年产茶油600吨；柑橘200公顷，年产3425吨。是年，造林253.33公顷，年内林业产值1100万元。2010年，引进神龙公司和天华公司，发展油茶林近万亩。2014年，新造油茶林400公顷、竹林53.33公顷、经济林76.67公顷、果林56.67公顷，是年产水果85.4吨、茶油产量508吨。

工业

境内矿产有锰、镍、硫铁矿等。1956年，开办仁义渡江村地方国营锰矿。1960年，仁义粮站开办粮食加工厂。1965年，仁义供销社食杂果品公司开办食品加工厂。1990年，有工业企业2个，从业人员122人。1995年，有乡办企业10个、村办企业20个，个体企业580个，企业职工3780人。是年，实现工业总产值4901万元。2010年，境内有工业企业83家，工业产值5987万元，以加工业为主，仅面条成交达45.83万元。2014年，境内工业企业总产值达8615万元，上缴国税地税320多万元，此外，注重发展特色产业，形成以面条加工业为主的传统手工工业，广泛分布于仁义圩场周边，年均面条成交量达到58.93万元，有效地提高农民增收。

商贸服务业

民国时期，境内有圩场1个、店铺10余家。1954年，建立供销社、食品站、粮油购销站等，供应生产、生活资料及收购农副产品。1958年，取消个体商户和集贸市场，1962年，又逐渐得到恢复。1964年，兴建日杂门市部。1969年，建成供销大楼。1978年改革开放后，开放市场，个体私营商业快速发展。1985年，境内有商业网点6个，个体私营商业网点78个。1990年，有商业网点8个，个体摊位92个，从业人员186人。是年商品营业总额1869万元。有集贸市场2个，年成交额395.8万元。1995年，境内有商业网点12个，个体摊位124个，从业人员241人。是年商品营业额2007万元。有集贸市场2个，年成交额458.5万元。2010年，境内有商业网点251个，是年社会商品销售总额864万元，有城乡贸易市场3个，全年成交额573.4万元。2014年年末，境内有商业网点326个，全年社会商品销售总额达3834万元，比上年增长35%；有城乡集贸市场3个，分别是仁义市场、安和市场、罗渡市场，三个市场全年成交额886.5万元。此外，镇内商贸流通网络不断健全，餐饮、金融、保险、数码电子、美容美发、电器维修等百业兴旺，基本上能够满足群众的生产生活要求。

财政金融

财政 1985年，建立乡财税所，负责境内财政收入、支出及利税。1995年，完成预算内财政收入124万元。2000年，完成预算内财政收入

362.3万元。2005年,完成地方生产总值1.75亿元,社会总收入9286万元。2007年,创社会总产值2亿元。2009年,创社会总产值2.35亿元。2014年,创社会总产值2.58亿元,完成财政收入385.5万元。

金融 中华人民共和国成立初期，由小水营业所派人驻境内长冲口营业。1952年，蒋贤凤等三人在仁义圩租房挂牌成立仁义营业所（仁义农业银行前身）。1956年，上级拨款在仁义圩建营业所（面积200平方米）。1982年，上级拨款6万元，扩建营业厅楼房，扩建后的营业所占地700平方米，三层建筑面积共计1800平方米。1987年，设中国农业银行耒阳支行仁义营业所。2010年，境内有金融机构3个，全年各类存款金额102亿元，各类贷款金额0.13亿元。2014年，境内有农业银行、邮政银行、农商银行3个金融机构，从业人员23人，全年各类存款余额1.68亿元,比上年增长23%。各类贷款余额0.156亿元。

基础设施

交通运输

境内已形成由南罗公路、春陵江河道组成的水、陆两种运输方式。有乡级公路2条，总长28公里。1995年，有17个村通公路，是年，境内有运输车51辆。2010年，十里、先锋村先后建成高标准水泥路。阳乌、杉山村拓宽3公里路面。是年，境内有客运汽车16辆，客运量8万余人次；有货运汽车60辆，年货运量34.59万吨。境内通航河道304公里。是年，有客运船舶12艘。年客运量1.48万人。2014年,境内有客运汽车18辆，360座位，年客运量9余万人次；有货运汽车40辆，6.89万吨位，年货运量45.59万吨。境内通航河道1条，全长流程304公里，流域面积6746平方公里。是年，有客运船舶12艘，240座位，年客运量1.48万人次。

邮政通信

1956年，建立农业合作社邮递员制度，境内有邮递员1人。1957年，县邮电局在仁义乡设立仁义邮电支局，有职工4人。1963年，境内有电话总机1部。1965年，大队安装电话机，境内有电话12部。1994年,境内有邮电支局1个。是年，开通仁义有线电视。1995年，有2个行政村开通程控电话，程控电话用户42户。2010年，境内有邮政网点1个，投递点1个；有电信服务网点1个，固定电话用户9056户，普及率达80%，移动电话用户11000户，普及率98.5%，互联网端口总数245个，宽带接入用户2876户，有电视用户3427户。2014年，境内有邮政网点1个，投递线单程总长度32千米，投递点1个，乡村通

邮率100%，有电信、移动、联通服务网点各1个；固定电话用户10056户，移动电话用户21000户，普及率达到98.5%；互联网端口总数354个，宽带接入用户3876户。电视用户7827户，电视综合覆盖率100%。

供电饮水

1988年，仁义圩自办发电机组，电网停电时，用柴油机发电供应用电户。2010年，投资20万元，完成3个村、2000人的安全饮水建设及仁义、十里两个村的农电改造项目，是年，安和变电站动工兴建。2013年，110千伏龙塘变电站落户湾头村。2014年，启动农村安全饮水工程项目建设，共投入资金90万元，兴建自来水厂3个，铺设供水管道1.8万米，解决全镇5000居民的安全饮水问题。

水利建设

境内有郑氏塘、长虫尾、毛崽冲、西边冲、泉门塘等小（二）水库5个。骨干塘45口，山平塘275个。1958年成立人民公社，新建和加固一批小型水库。如新塘尾、毛崽冲、道公山、堡子口等。1964年，沿河的自然村安装一批柴油抽水机，用于旱时灌溉。1967年，修建欧阳海灌区东干渠3万米。支干渠6万米，灌溉面积1133.33公顷。1995年，境内有电排8个。是年，投资50万元用于冬修水利。兴修水利工程420处，其中中小（二）型水库4座。2010年，投资50万元，对街头、仁义、茶丰、十里、罗渡、王家等村的山塘，水渠进行修整加固。2014年，清理加固12个村的水塘。

镇村建设

1988年，仁义圩开始兴建农民街。2004年，投资对仁义圩进行改造，对圩场门面进行统一规划。2007年，建成乡政府办公大楼，改善办公条

欧阳海灌区

件。2014 年年末，境内兴建垃圾焚烧炉 2 座，17 个村均配齐保洁员队伍，共有保洁人员 38 人，兴建垃圾池 357 座，配备垃圾桶 128 个，成立南罗线专业保洁队，环境卫生状况得到较大改观。仁义圩场地下水排水系统基本完工，圩上路灯亮化完成，方便当地人民群众。

社会事业

教育科技

教育 清嘉庆二十年（1815），蒋占魁、谢龙章等为首募捐钱物在境内十里洞创立义兴书院，清光绪二十七年（1901），更名为义兴高等小学堂。民国时期，境内有私塾 8 家，小学 3 所。1954 年，为方便广大贫下中农子女就近入学，在栗山下李家创办小学 1 所。1957 年，在观山茶场开办农业中学 1 所，命名为茶叶中学，2 个班、3 名教师，有学生 90 人。1958 年，公社创立民办初中。耒阳县第十五中学（后更名为耒阳县第十中学）在境内建成招生。1960 年，公社开办干部脱产扫盲班，开展扫盲教育。1966 年，茶叶中学迁往白府寺，改名为仁义农中。 1968 年，耒阳十中开始开设高中班。1975 年，各大队开办初中，公社初中改为完全中学。1978 年后，各大队初中改为小学附设初中班。1982 年，撤销各大队小学附设初中班，保留公社初中。1984 年，更名为乡中学。1990 年，境内有初中一所，小学 18 所，在校学生 3962 人，教职工 105 人。1995 年，境内有中学 2 所，小学 20 所，在校学生 5628 人，中小学教师 213 人。是年，投资 65 万元兴建仁义中学教学大楼，投资 14 万元改造渡江小学、湾头小学校舍。2001 年，耒阳市教育局为调整学校布局，决定将仁义中学与耒阳十中合并，统一由耒阳十中组合。2005 年，境内有中学 2 所、小学 15 所；在校中小学生 4408 人，中小学教师 256 人。2010 年，境内有幼儿园 8 所，在园幼儿 246 人，幼儿教师 26 人；小学 13 所，在校学生 1426 人，教师 82 人；小学适龄儿童入学率 100%，初中 2 所，在校学生 1300 人，教师 113 人。九年义务教育覆盖率 100%。2014 年，境内有幼儿园 10 所，在园幼儿 288 人，专任教师 30 人；小学 14 所，在校生 1826 人，专任教师 103 人；小学适龄儿童入学率 100%；初中 2 所，在校生 1280 人，专任教师 110 人，小学升初中率 95%，九年义务教育覆盖率达 100%。

科技 1959 年，公社农科所建立，负责全公社农技指导。1961 年，公社农科所改称农业技术服务站。1968 年，建立公社兽医站。1971 年，各大队设农科队，生产队组建农科小组，设种子、植保、肥料、看水、饲养五员，负责技术传授及指导。1975 年，逐步形成区、社、大队、生产队四级农村科技网。1978 年，公社医院发明的稀压磁疗研究获湖南省科技大会奖。1980 年，科技网随家庭联产承包责任制的实施而解体。1984 年，重建乡农科站、畜牧畜医站。是年，境内发展农业科技示范户 8 户。1988 年，各行政村配农技员 1 人。1990 年，乡农科站改称农业技术推广服务站，配有农技员 3 人。2014 年，依托市委组织部、党校、人社局等机构，开展科技培训服务，共举办各类农村实用技术培训班 3 期，培训各类人员 180 人次，主要培训农业机械操作、科学种田、测土施肥配方、电工、焊工、生猪、家禽养殖等内容。境内有农机、畜牧、林业、水管、农经等科研站所，有各类专业技术人员 25 人。

文化体育

文化 1958 年，建立公社文化站，配文化辅导员1人。1960年撤销。1965年，公社重建文化站，仍配文化辅导员1人，负责境内文化工作。1966年，因“文化大革命”取消。1987年，建立乡中心文化站，配文化工作人员2人。2005年，境内有文化站1个、村图书室5个，藏书2万余册。2010年，境内有文化站1个，村级活动中心10个，有图书馆8个，藏书24000册。2014年，有村级活动中心14个，村图书馆10个，藏书34000余册。

体育　2010年，有体育场地14处，体育活动有篮球、排球、羽毛球、乒乓球、跑步等。2014年，有体育场地16处，体育活动增加了广场舞、太极拳、健身操等。是年，有4个村安装了体育健身器材。

医疗卫生

医疗　民国时期，只有中、草药医生挂牌坐诊。1951年，仁义区卫生所成立，有医务人员4人。1956年，成立仁义联合诊所，医务人员增加到12人。1959年，仁义有卫生人员29人。1969年，推行农村合作医疗制度，大队设赤脚医生1人。境内医疗队伍扩大到34人，其中赤脚医生10人。通过多次培训，到1974年，发展到29人。1986年，区、乡卫生院分别设防疫保健组，逐渐形成县、区、乡三级卫生防疫网。1990年，境内有医疗卫生技术人员72人，其中西医16人，中医3人，中药3人，西药2人，护士6人，助产士2人，乡村医生40人。另外还有各村接生员12人。1995年，境内有卫生院3所，医疗卫生点20个，有医护人员47人，病床50张，固定资产60万元。是年，仁义中心医院被评为衡阳市一甲上等达标医院。2006年，仁义中心医院实行行政管理，有医护人员59名。其中，主治医生4名，医师13名，医士12名，技药师6名、护士8名，其他技术人员16名。大专学历6名，中专学历32名，中技学历20名。另还有乡村医生52名，接生员

公祭大禹

节孝亭

15 名。其中乡医中有中专学历 11 名，中技学历 28 名。2010 年，境内有卫生院 2 所，村卫生室 18 个，医疗床位 35 张，有医生 48 人，护士 22 人。2014 年，境内有卫生院 3 所，村卫生室 17 个，医疗床位 45 张，执业医师 43 人，注册护士 22 人。仁义中心医院的外科和五官科在全市基层医院处领先地位。

卫生 中华人民共和国成立后，重视农村卫生工作。1952 年，开展“五灭一捕”爱国卫生运动。1957 年，开展除“四害”活动。1973 年，实施农村“两管五改”，各村卫生条件逐步改观。1978 年，公社设爱国卫生运动分会，负责境区内卫生环境管理。1987 年，开展灭鼠运动。是年，投放杀鼠毒饵 100 多公斤。1982 年，境内整治“脏、乱、差”，建垃圾池 225 个。2000 年，在镇政府驻地仁义圩增设垃圾箱 10 个。2010 年，推行门前卫生三包责任制。2014 年，配备村组卫生保洁员 200 名，负责本村、本组的环境卫生。

社会保障

“五保”供养 1985 年，乡政府挤出原茶场房屋 30 间办起乡级敬老院，有 52 名“五保”老人入住。每年人均口粮 300 公斤，由村民小组负担；人均生活费 120 元，由所在行政村负责；人均零用钱 50 元，由乡政府负担，所用药费由乡政府核报。2010 年，农村“五保”供养 190 人，支出 9.5 万元。2014 年，农村“五保”供养 153 人，其中集中供养 30 人，分散供养 123 人。

最低生活保障 2010 年，境内农村最低生活保障 823 户、1769 人；每月支出 13.28 万元，月人均 92 元。2014 年，境内农村最低生活保障 1000 户、1869 人，每月支出 13.276 万元。

养老保险 2010 年，参加新型农村社会养老保险 38752 人，参保率 85%。

医疗保险 2007 年，全面推广新型合作医疗，参合率 93%。2014 年，农村医疗救助 897 人次，支出 15 万元。新型农村合作医疗参保人数 4.1 万人，参保率 95%。

社会救济 2014 年，农村临时救济 423 人次，支出 7 万元。

特色地情

民俗风情

中秋送冬瓜娃娃 是流传在当地民间的一种特殊乡俗。中秋夜临，人们早就商量好给新媳妇或久婚未育的某某家送冬瓜娃娃了。送冬瓜娃娃，摘的摘大冬瓜、小南瓜、丝瓜、红辣椒，削的削竹篾、扯小孩衣裤……用冬瓜做腰身，用南瓜做头、丝瓜做手脚、辣椒做“小鸡鸡”，用竹蔑连接，用衣裤穿上真像一个可爱的娃娃。冬瓜娃娃由年长的抱着走在前面，其余的敲锣打鼓，吹着喇叭，高高兴兴地跟在后面，一路放着鞭炮往事先约好的人家送去。当送冬瓜的人们快到家时，接冬瓜的家人放一长串鞭炮迎接。送“冬瓜娃娃”的老人还大声唱道：“南海送子观世音，由我捧子送上门，送子不送凡间子，今送天上紫徽星……”，本家妇女赶紧将冬瓜娃娃抱过来，送进房放在自己床上。主家端出糖果点心、月饼茶水、敬烟敬酒款待来宾。大家说笑嬉闹，共度中秋佳节，尽欢而散。

公祭大禹 是境内一项民间传统活动，遍及 7 个行政村。祭祀形势是将禹王大帝神像从禹王宫请出来迎至各村宗祠或正厅屋祭祀 10 天。请神送神的日子，号角齐鸣，鼓乐喧天，村人叩拜，舞龙、舞狮，扭秧歌、打腰鼓、唱戏、热闹非凡。

风景名胜

境内有禹王宫、邝鄘墓、节孝亭、沿江风光带、一线天瀑布等景点。

（文字供稿：资余德　图片供稿：梁春根）

洲陂乡 >>

区域概况

位置面积

境内马水河下游有一大沙洲，三面环水，位于圩场东面，称洲；沿河岸有一平地，称陂，二者合称为洲陂，洲陂乡由此得名。地处耒阳市的东北部，东及东南方与马水乡相邻，南与新市镇接壤，西及西南与衡南县江口镇相连，西北、北及东北方均与衡南县宝盖镇毗邻。人民政府驻洲陂圩，距市城区 47 公里。2014 年，辖区东西最大直线距离 8.7 公里，南北最大干线距离 10.1 公里。全乡总面积 42 平方公里。

建置沿革

战国时属楚地，西汉属耒阳县。1935—1937 年，洲陂属耒阳县第三区（辖 10 个乡）管辖。1950 年 4 月，属耒阳县第一区，1950 年 11 月至 1952 年 8 月，改属耒阳县第三区。1956 年 6 月，耒阳县撤区并乡，洲陂属马水乡所辖。1958 年 10 月，政社合一属马水人民公社管辖。1961 年 6 月 20 日，成立洲陂人民公社。1984 年撤社改乡。1995 年 5 月，撤区并乡，保持原制仍为洲陂乡。

行政区划

1995 年，撤区并乡，辖 12 个行政村，103 个村民小组，4324 户。2014 年年末，辖有沅江、江塘、东南、洲陂、乐田、高升、青绿、陆新、泉边、燕中、石洞江、膳田 12 个建制村，103 个村民小组。

自然环境

洲陂乡属典型丘陵区，全境地势相对平坦。东、南略高，西、北略低，江塘 9 组八仙会山最高，主峰海拔 189 米，最低处在青绿村 1 组马水河出口处，海拔 66 米。境内属耒水水系。马水河自东向西偏北流经全乡。膳田垌小水港从马水乡堰新村入境，流经沅江、江塘、膳田、东南，在石洞江村汇入马水河。欧阳海灌区东支干渠流经境内。洲陂辖区属亚热带季风湿润气候区，四季分明，年平均气温 17.5℃，年平均降水量 1238 毫米，降水集中在每年的 4—8 月，常出现伏旱，常年主导风为北风，夏季为东南风，并伴有雷电现象。境内土壤为黄泥土、沙泥土、紫壤土三大类，分别占 60%、30%、10%。境内有丰富的淡水资源，泉边村古龙泉，泉水涌出量 0.8 立方米 / 秒，无论雨季旱季，泉水不间歇地涌出，冬暖夏凉。另一个是三眼湖，水面面积达 11.67 公顷，蓄水量 40 多万立方米。矿产资源已查明，地下有丰富的锰、铁等金属矿石和大理石等。境内森林茂密，植被良好，林业资源丰富。

人口民族

1982 年，境内总人口 15062 人，其中男性 7812 人，占人口总数 51.87％；女性 7250 人，占 48.13％。1992 年，总人口 16753 人，出生 159 人，出生率 9.4‰。1996 年，总人口 17314 人，年内出生 1328 人，出生率 9.7‰。2011 年年末，辖区总人口 18391 人，男性 9741 人，占 53％；女性 8650 人，占 47％；出生率 13.42‰，人口死亡率 7‰，人口自然增长率 6.42‰。2014 年，总户数 4215 户，总人口 19358 人，总人口中男性 10330 人，女性 9028 人；人口出生率为 12.7‰，死亡率为 7.1‰。人口密度为每平方公里 450 人。境内居民全部为汉族。

经济发展

经济综述

洲陂乡属纯农业乡镇，被誉为“耒阳的粮仓”“烤烟的基地”。1992 年，全乡社会总产值 2100 万元，其中农业总产值 1751 万元，占 84%，粮食总产量 10834 吨。推行烤烟、生猪、油茶、瓜果等主要产业建立基地，对乡镇企业实行改制、融资、兼并等方式，向规模化、市场化发展。2005 年，创农业产值 2548 万元。巩固经营企业 85 个，其中 100 万元产值以上的 12 个。2014 年，加大农业产业化进程，发展新型工业进程，全年粮食总产量 1.83 万吨，烟叶总产值近 1000 万元，工业总产值 1280 万元，财政收入 210 万元。

农业

种植业 洲陂是耒阳市的农业大乡，是粮食生产和烤烟生产基地。1962 年，以生产队为基本核算单位，推广“五定”（定任务、定产量、定成本、定工分、定报酬）责任制。1965 年，粮食总产 4454.46 吨。1973 年，境内引进烤烟生产，在沅江、江塘、东南、膳田 4 个村试种，种植面积 33.33 公顷。1976 年开始，在新分村试种杂交水稻。1979 年开始包产到组，全年粮食播种面积 1872.73 公顷，粮食总产 10072 吨；油菜播种面积 54.87 公顷，油菜籽总产 42.62 吨。1992 年，重点建设优质稻、烤烟、瓜菜、水果商品生产基地，形成一村一品生产。洲陂村、石洞江村、陆新村种植湖南软米、黑米、明灰 63 珍珠糯等优质稻 333.33 公顷；沅江、东南、江塘 3 个村种植优质烤烟 53.33 公顷；堰中村种植西瓜 66.67 公顷、辣椒 33.33 公顷、生姜 13.33 公顷；各村种植柰李、杂交板栗、巨峰葡萄等水果品种共 33.33 公顷。是年，粮食总产量 10834 吨，红薯产量 150 吨，杂粮产量 89 吨，大豆产量 480 吨，棉花、烤烟产量 158 吨。2000 年，粮食总产量 12000 余吨，冬种油菜 66.67 公顷，连片种植烤烟 60 公顷。2009 年开始，洲陂乡 12 个村全面实行土地流转，耕地、林地、水库、山塘等集体资源，有序流转到种粮大户和种地能手的手里，其中耕地流转 380 公顷。2014 年，早稻播种面积 506.67 公顷，中晚稻播种面积 1006.67 公顷，早稻亩产 405 公斤，晚稻亩产 490 公斤，全年粮食总产量 1.83 万吨。烤烟生产面积 265.33 公顷，交售烤烟 648 吨，烟叶产值 1664 万元。农业种植生产产值 6124 万元。

养殖业 境内养殖业主要品种有生猪、山羊、鸡、鸭、鱼等。1979 年，境内生猪年末存栏 4947 头，出栏 5428 头，家禽存笼 32703 羽，水产品总产量 17.46 吨。1992 年，重点建设网箱养鱼、良种生猪商品生产基地。全乡 33 公顷冷浸深水田全部开箱养鱼，创收 65 万元；饲养良种母猪 100 头、肉猪 18000 头，创收 250 万元。2000 年，出栏生猪 25000 头，出笼家禽 10 万余羽，饲养商品

鹅 5000 羽。2007 年 9 月，有台商投资 300 余万元，在江塘村兴建大型猪场 1 个，年出栏生猪 3000 头以上。2011 年，畜牧业总产值 1000 万元。2014 年，全乡生猪出栏 5100 头，年末存栏 2060 头；山羊出栏 816 头，年末存栏 367 头；家禽出笼 38600 羽，水产品产量 28 吨，畜牧水产总产值 743 万元。

林业 境内用材林主要有杉、松、樟等树种；经济林主要有油茶、柑橘、枣树等。1950 年，实行土地改革，确定山林权属。1958 年“大跃进”时期，大炼钢铁，砍伐大量林木，林业生产受损，造成严重的自然灾害。1962 年，林权固定为生产队所有，从 20 世纪 60 年代末到 70 年代中后期，洲陂公社兴办东南林场和石洞江林场，1972 年，兴办高升葵扇场。1978 年，创办三眼湖农场。1982 年，山林权属确定到农户。1992 年，造林 166.67 公顷。2000 年开始，实施退耕还林，全乡落实面积 13.33 公顷。2001 年，改造油茶林 660 公顷，用材林 1847 公顷，经济林 213 公顷，年内造林 40 公顷，实现林业产值 80 万元。2005 年，测定林地面积，换发林权证。境内有生态公益林 428.5 公顷，用材林 864.8 公顷，经济林 742.8 公顷，其中油茶林 711.67 公顷。乡办林场于 2013 年，将山林权属返回到原来组里。2014 年，洲陂乡林业生产总值2150万元。

工业

1949年前，境内仅有一些小作坊。20世纪50年代末，洲陂圩场设办铁业社、缝纫社，方便了群众生活。1958年，县政府在洲陂公社江塘大队创办江塘碗厂，隶属县二轻工业局管辖。1970年，公社和各大队开始创办自己的企业，公社设企业办进行管理，公社创办农机厂。沅江、江塘、东南、石洞江等大队创办石灰厂。各大队相继办起碾米加工厂。洲陂、东南、石洞江三大队利用水力资源创办水轮泵加工农产品工厂。1975年，成立公社基建队，基建队下设4个组，人数达90多人，每年毛收入达20万元。1977年，江塘碗厂移交公社管理，划入公社企业办序列。1980年，公社创办带锯厂、木材加工厂、米粉厂。1985年，江塘碗厂退出市场。1992年，乡村办企业268个，从业799人，完成产值395万元。1993年，提倡大力发展私营个体企业和股份企业。这些社办企业1998年退出市场。2001年，乡办企业的洲陂液化站，年创利润20万元。私营的砖厂有4个，分别是膳田砖厂、泉边砖厂、陆新砖厂、江塘砖厂，固定资产均在50万元以上，实现年利润10万元。2014年，江塘砖厂的产值25万元。其余3个砖厂均退出市场。这期间创办大米加工厂4个，分别是陆新大米加工厂、泉边大米加工厂、洲陂大米加工厂、沅江大米加工厂。洲陂大米加工厂和沅江大米加工厂的产值20万~25万元。石门山泉公司，坐落在洲陂乡沅江村6组，该民营企业从事饮用桶装水加工销售，年产值500万元。农产品龙头加工企业还有东南南竹加工厂，该厂坐落在洲陂乡东南村2组，主打产品是筷子加工和其他竹器篾货，该厂2014年产值59万元。洲陂境内有规模民营工业企业5家。全乡工业总产值1280万元。

商贸服务业

洲陂圩场是个老圩场，有近百年历史。民国时期，洲陂圩场有10家左右商铺，中华人民共和国成立后，洲陂圩场除设有常规农产品交易市场外，在圩场里还设置了几个远近闻名的特色市场：一是猪崽交易市场，二是耕牛交易市场，三是大米交易市场。1954—1957年，洲陂圩上先后设立洲陂供销合作社，洲陂肉食水产品站和洲陂粮油购销站。又分别设立马水供销合作社沅江代销点、沅江肉食水产品分站，马水粮站沅江仓库。1958年，取消集贸市场和个体商贩，商贸服务统一由供销社和合作商店经营。1971年，各大队相继成立供销合作社代购代销点。1980年，逐步开放市场，个体商业得到发展，成为商业和流通领域的主体。洲陂境内肉食水产站(洲陂站、沅江站)于1988年改制。1992年，创建沅江圩场和陆新圩场，马水粮站洲陂仓库、沅江仓库于2003年开始改制，洲陂供销合作社和沅江供销合作社于2003年改制，逐步退出市场。2006年，境内有商店207个，个体摊位4250个，年营业额2580万元，有集贸市场3个，集市年贸易成交额2570万元。2014年，境内有各类商户76家，从业人员89人，社会消费品零售总额2135万元。

财政金融

财政 从中华人民共和国成立到1984年，洲陂公社财政收支由耒阳县财政局管理，当时由公社财粮委员或行政会计兼管。1984年，成立洲陂财税所，负责辖区内财政工作，县对乡实行“定收定支，收入上缴，支出下拨，超收分成，短收分担，超支不补，节余留用”的财政政策。2003年，乡财政总收187万元，其中预算内收入89万元。2004年，国家实行农村税费改革，取消农户缴纳农业税，农业特产税及教育费附加等。2014年，财政总收入210万元，其中预算内收入91万元。

金融 1954年，在洲陂圩上建立洲陂农村信用合作社。2013年5月，改称洲陂农商银行。2014年，洲陂农商银行有从业人员7人，存款余额4.56亿元，贷款余额2.95亿元。

基础设施

交通运输

境内有县道公路2条，总长13公里。1977年，修通江塘至洲陂公路，全长5公里。开通县城至洲陂班车。1980年，修通沅江至陆新公路，全长8公里。于1983年开通县城至陆新班车。2006年，对江塘至洲陂公路进行沥青油化。2007年，对沅江至陆新公路进行水泥硬化。2010年以来，硬化辖区内通村公路8条，总里程30多公里，通组公路硬化已达80%。洲陂日发客车6趟。2014年，日客运量160人次。洲陂全乡运输货运车辆240辆，约350吨位，年货运量70万吨。境内的桥梁建设，主要有投资100多万元修建的陆新桥，投资50万元修建石洞江桥，投资300万元，重修洲陂桥。

邮政通信

1958年，设立洲陂邮政电信代办所。从20世纪60年代起，公社和各大队均设有邮政投递点。1995年，开通程控电话，1998年，邮政电信体制改革，实行邮政、电信分营。2003年，在境内建设移动电话基站，网络覆盖全乡，电信、移动、联通在辖区内都建有多个服务网点。2014年，境内有邮政代办网点2个，电信企业3家，服务网点9个，电信交换机总数量1万门，固定电话336户，移动电话用户9860户，普及率达60%，互联网端口数1.3万个，宽带接入用户248户。

供电饮水

供电 20世纪70年代中期，国家电网开始对洲陂公社各大队各生产队供电，至20世纪70年代末，辖区内所有生产队都通上照明电。从2001年开始，全乡各村分期分批实施电网改造，提高了电力输送效益，最大化降低电力安全隐患，方便群众生产生活。

饮水 2013年，投入200多万元在乐田村建成洲陂乡第一个自来水厂，惠及乐田、洲陂、高升三村5000多人。

水利建设

中华人民共和国成立之前，境内乡民种地和生活用水基本上靠天，没有水库，只有几口村前水塘和几条淤泥沟圳，租田人抗旱采用传统的水车车水。中华人民共和国成立后，各级政府广泛发动群众兴修水利工程，逐步改善水利设施建设。1954年，在沿江村兴建耒阳第一座小（二）型水库，陆家冲水库坝高9.44米，有效库容14.5万立方米。20世纪50年代末到60年代初，洲陂地方修建了和平水库、老屋坪水库、松塘水库、石路冲水库、李家冲水库和三眼湖等小（二）型水库。骨干塘66处，山平塘201处，总容积分别为146万立方米和57.5万立方米。这些水库和山平塘改善了洲陂地方水利条件。1970年冬，欧阳海灌区东支干渠通水从根本上解决干旱问题。1997年，中央财政立项，投资500多万元在膳田垌拉直硬化修建中心渠7千米，配套水渠5千米。2010年以来，投资970万元对辖区内的老屋坪水库、陆家冲水库、松塘水库、和平水库、三眼湖进行除险加固，硬化渠道总共15千米。2014年年末，境内有小（二）型水库7座，骨干山塘、山平塘388口。

镇村建设

1974年，新建乡政府办公楼。1993年，在政府院子里建洲陂乡计划生育服务站。1999年，在政府院子里建洲陂派出所办公楼，2004年，在政府院子里建洲陂乡财政所。2009年，在政府院子里建洲陂乡文化站。1992年，为满足群众生产生活需要，洲陂乡在辖区内同时创办陆新圩场、沅江圩场。2010年，境内启动社会主义新农村建设，村村都建设新的村部。高升村是全乡社会主义新农村的示范点，投入200多万元进行基础设施建设，高升村的面貌焕然一新。2011年，开始实施“农村环境卫生整治，建设美丽乡村”经常性活动，洲陂乡将此项工作纳入目标管理考核，各村都配有1~2个保洁员，对各种垃圾资源进行合理无害处理。

社会事业

教育科技

教育 民国初期的教育为私塾教育。民国后期，废私塾，提倡新式教育。洲陂陆新王家祠堂、高升太平祠堂、乐田王家祠堂、沅江罗家祠堂等地办过小学。中华人民共和国成立后，党和政府大力发展教育事业，废族校办乡校，同时开展扫除青壮年文盲活动。境内有6所小学，地点分别在洲陂村杨渭滨老师家住房、乐田祠堂、太平祠堂（现高升村境内）、陆新原地主家被没收的住房、石洞江渣淋湾一民房、沅江罗家祠堂。1969年，各大队相继办起了大队民办小学。1969年，洲陂中心完小升格为洲陂中学。1971年，新建两栋教学大楼。1976年，洲陂公社有5所大队民办小学附设初中班招收初中生，分别是陆新学校、沅江学校、燕中学校、高升学校、乐田学校。洲陂中学既招初中生又招收高中生。1982年，小学附设初中班合并到公社初中，洲陂中学取消高中班。1981年，洲陂学区各学校开办学前班。1986年，开始实施普及九年制义务教育（简称“普九”）规划。1990年奠基，经过两年多的建设，新的洲陂中学建成。1992年，洲陂中学师生搬入新校址。校园面积36990平方米，建筑面积7508平方米，教学楼使用面积1136平方米，总共投资300多万元。校园道路硬化、校园美化、添置和完善教学设施和生活设施。图书室藏书17560册，教学仪器配备齐全，有功能齐全的多媒体教室、电脑室。1997年，把洲陂乡政府所属石洞江林场改为洲陂农校，划归洲陂学区管理使用。是年年末，境内有中学一所，小学12所，在校学生2692人。1998年，全乡通过“普九”验收。1999年，洲陂乡“两基”（基本普及九年制义务教育，基本扫除青壮年文盲）验收合格，并被评为全省先进单位。1999—2003年，洲陂乡调整小学布局，整合教育资源，先后撤销沅江小学、东南小学、乐田小学、石洞江小学、青绿小学等5所小学。2004年，洲陂中学创办成全省示范性初级中学，校长王松柏被评为全国优秀教师。2007年，撤并高升小学。洲陂地方创办腾飞幼儿园（民办）。2013年，公办幼儿园从洲陂完小迁到东南小学校址，同时创立民办刘功平幼儿园。2014年，境内有幼儿园3所，专任幼师7人，在园幼儿327人；有小学7所，小学专任教师72人，在校学生765人；有初级中学1所，中学专任教师23人，在校学生245人。

科技 中华人民共和国成立后，党和政府非常重视科学技术在农业生产中的推广应用和对农民科技知识的普及。20世纪50年代初，境内开始使用化肥农药；70年代中期，大力推广杂交水稻，逐步使用农业机械化。2000年，开通智能化农业信息站发展烤烟生产。2014年，对烟农进行种植、烘烤、管理等知识培训。

文化体育

文化 中华人民共和国成立后，党和政府非常重视文化事业。“文化大革命”期间，各大队成立毛泽东思想文艺宣传队。1972年，洲陂公社成立广播站，有线广播辐射全公社12个大队的大部分生产队。1997年，建成卫星电视地面接收站。2001年，洲陂、陆新、膳田三村可收卫视电视，其他村也在陆续安装。2013年，落实国家“村村通”工程,免费为全乡农民安装电视接收器近千台。至2014年年末，洲陂全乡有农家书屋15个，图书室总面积750平方米，藏书6万余册。文化从业人员16人。

体育 中华人民共和国成立初期，境内体育群众体育活动，主要有舞龙、舞狮和民间武术。1955年，体育器材设施主要集中在学校、乡政府机关院内，参加体育锻炼的大多是学校师生和机关干部。1990年，部分村级活动中心设有篮球场和乒乓球台。是年，境内有篮球场9个、乒乓球台15个。2000年后，境内兴起广场舞、腰鼓队。2014年，全乡实施农民体育健身工程，设立平衡木、仰卧起坐板、上肢牵引器、腿部按摩器、太极推盘等体育锻炼器材。

医疗卫生

医疗 中华人民共和国成立前，境内缺医少药，医治疾病以中药和草药为主。1962年，成立洲陂公社卫生院。20世纪60年代初期到中期，各大队逐步建立卫生室。1969年，国家实行大队合作医疗制度，各大队成立合作医疗站，配备至少1名赤脚医生。20世纪80年代后，大队合作医疗逐渐解体，赤脚医生改为个体私人经营。2001年，境内有卫生院一所，医疗点3个，病床20张，医卫技术人员24人。2005年，洲陂乡试点率先启动新型合作医疗制度。2011年年末，有乡卫生院一所，村卫生室12个，病床8张，专业医务人员18人，其中执业医生1人，执业助理医生9人，注册护士3人。完成诊疗11377人次，住院病人手术51台数，出院病人737人数，病床使用率97%。2014年，乡卫生院的医疗设备进一步完善。

卫生 2011年，开始实施“农村环境卫生整治，建设美丽乡村”活动，建垃圾焚烧炉2座，街道及交通要道旁设垃圾池32个，发放垃圾箱250个，各自然村配保洁员1名，清除陈年垃圾，对垃圾源作合理无害处理。2014年，农村安全饮水普及率70%。

社会保障

“五保”供养 20世纪60年代末，对孤寡无劳动能力的老人实行“五保”(保吃、保穿、保住、保医、保葬)，“五保”对象的供养费由所在生产队提供。20世纪80年代实行家庭联产承包责任制后，“五保”供养纳入乡统筹。2005年起，“五保”对象享受城乡居民最低生活保障待遇，其供养经费由市财政拨付。2007年，乡政府将后洞江林场改造为洲陂乡敬老院。当年集中供养“五保”对象22人，其余51人居家散养，供养费标准人均2800元/年。

最低生活保障 2006年，实施城乡居民最低生活保障。2014年，对全乡低保乱象进行清理，核减67户、82人，年底共有低保对象599户、835人，全年补助资金13万元。

养老保险 2009年10月，境内启动农村居民社会养老保险，当年登记参保888人，征缴养老基金1.15万元。为1429名60岁以上到龄农民发放养老金，每人每月55元，当年每人发放137.5元，全乡总计发放养老金78595元。至2010年，全乡登记参保人员达10730人。2014年年底，全乡登记参保人员11367人，征缴基金65.84万元，为2380名60岁到龄农民发放养老金18.1万元。

医疗保险 2005年，洲陂乡试点率先启动新型农村合作医疗制度。当年登记参合15136

人，每人筹资10元，共筹资151360元，参合率90%。2014年，登记参合17328人，每人筹资60元，共筹资103.968万元，参合率93.5%。

社会救济 从1984年起，乡政府设立民政办，专门办理惠及民生的事情，扶危救困，2014年，37户困难家庭得到救助，完成危房改造24户，国家抚恤、补助各类优抚对象476人，比上年增长10%。全乡101个计生对象享受计生奖扶待遇，标准960元/人，拨付奖扶金10128元，全乡就业人员9218人。

特色地情

名优特产

烤烟 洲陂乡种植烤烟有较长的历史，20世纪70年代初，开始种植烤烟，仅在沅江、塍田、江塘、东南四村种植烤烟，从2005年开始至今，洲陂乡12行政村全部种植烤烟，2005年落实烤烟面积666.67公顷，全乡总产量3万余担，因烟质较好，深受许多制烟厂家青睐，烟叶供不应求。

燕中鱼 洲陂乡燕中村由于特殊的土质和水质，盛产的鱼肉质细腻，香嫩可口，远近闻名。

洲陂泡菜 耒阳洲陂泡菜厂生产的泡菜远近闻名。1999年11月，参加耒阳市首届农副产品加工竞赛竞销会，获耒阳市人民政府颁发的优质产品证书。

风景名胜

三眼湖 洲陂境内三眼湖水库，蓄水面积12公顷，蓄水量40多万立方米，是休闲、垂钓的理想之处。

古龙泉 古龙泉位于辖区内泉边村，是一个天然的泉水眼，一年四季水流不断，冬暖夏凉，亦是一个观赏休闲之地。

（文字供稿：段泽秋　图片供稿：梁春根）

亮源乡

区域概况

位置面积

相传在耒阳与郴州市安仁县交界处，原有一座石板桥，桥面较宽，人们称之让人桥，时日一久，人们以“让人”的方言谐音说为亮源桥，亮源由此得名。亮源乡位于耒阳市东北部，北接马水乡，东临沙明乡、安仁县洋际乡，南至导子乡，西抵新市镇、大市乡。距耒阳市城区53公里，乡人民政府驻双丰村。2014年，东西最大直线距离15.6公里，南北最大直线距离9.9公里。总面积106.98平方公里。

建置沿革

民国时期，亮源属耒阳县镇静乡。中华人民共和国成立后，属耒阳县第三区。1956年建乡，属马水区。1958年10月，政社合一属良坡公社，后并入马水公社。1959年9月，从马水公社析出亮源公社。1984年3月，撤社改乡，为亮源乡。1995年，撤区并乡，把原属坪田乡的积明、湖岭、元明、余升4个村并入亮源乡。

行政区划

1984年，辖双丰、睦村、观音、新民、泉塘、桐木、良坡、白马江、培英、齐心、合心、岭上12个行政村。1995年撤区并乡后至2014年末，辖双丰、睦村、观音、新民、泉塘、桐木、良坡、白马江、培英、齐心、合心、岭上、积明、湖岭、元明、余升16个行政村，176个村民小组。

自然环境

地形主要为丘陵。地势南高北低呈倾斜状。海拔高度380~845米。境内最高点元明坳位于元明村，海拔845米，为耒阳最高峰。乡域属亚热带湿润季风气候区，气候温和，雨量充沛。年平均气温18℃，最高气温39℃，最低气温0℃。年均降雨量1160毫米左右，年均日照1300小时左右。土质沙性，适合水稻、杉树、松树、南竹生长。境内植被丰富，最为著名的是有4000公顷的连片竹林。2008年1月，境内发生百年一遇的极端低温雨雪冰冻灾害，电力、通信、林业等遭受严重损害，经济损失达1亿元以上。

人口民族

1982年，辖区总人口16548人，其中男性8415人，女性8133人。1990年，总人口18262人，其中男性9521人，女性8741人；人口出生率19.49‰，人口死亡率8.38‰，人口自然增长率11.11‰。1995年，总人口22813人，其中男性11645人，女性11168人；人口出生率15.96‰，人口死亡率 7.50‰，人口自然增长率 8.46‰。2001 年，总人口 22478 人，其中男性 11968 人，女性 10510 人；人口出生率 12.18‰，人口死亡率 7.8‰，人口自然增长率 4.38‰。2014 年，总人口 25506 人,其中男性 13666 人,女性 11840 人；非农业人口 432 人；人口出生率 11.1‰。人口密度为每平方公里 238 人。境内人口全部为汉族。

经济发展

经济综述

亮源经济以农业为主，林业为辅，主要物产有粮食、烤烟、油茶、茶叶、盛产木材。1995 年起，全乡调整产业结构，引导农民进行杂交制种、烤烟生产，发展养殖业，支持农民进行加工业、制造业，形成规模生产基地，招商引资，加快工业化进程。2001 年，工农业总产值 5660 万元、财政收入 162 万元、人均收入 2244 元。乡党委对企业结构进行全面调整，招商引资，发展新型工业产品，积极引进一批科技含量高、市场潜力大的企业落户境内。2014 年，工业总产值 948.5 万元、粮食总产量 21 万吨、财政收入 562.3 万元。境内的商贸服务行业也随之发展。

农业

种植业 粮食作物以水稻为主，主要经济作物有油菜、蔬菜等。1979 年，粮食播种面积 2457 公顷，粮食总产 1057.25 吨。油菜播种面积 8 公顷、油菜籽总产 4.9 吨。1982 年，实行家庭联产承包责任制，分田到户，推广杂交水稻。1990 年，耕地面积 0.14 万公顷，粮食总产量 14069 吨。棉花产量 8 吨，油菜籽产量 14 吨。2010 年以来，推进农业现代化、机械化、产业化，鼓励土地流转。2011 年，粮食总产 1.638 万吨，其中水稻 1.519 万吨。主要经济作物有烤烟、油茶、蔬菜。种植面积 280 公顷，产量 1530.85 吨。2014 年，生产粮食 21 万吨，其中水稻 20.67 万吨，种植油菜 68.67 公顷，产量 59.5 吨，种植蔬菜 93.33 公顷，产量 2688 吨。境内有农业技术服务机构 6 个，农业合作社 5 个，成员 50 户，种植大户 8 户。

养殖业 主要以猪牛羊鸡鸭鱼为主。1979 年，生猪年末存栏 4869 头，出栏 5432 头；家禽年末存笼 24416 羽；水产品总产量 18.9 吨。1990 年，生猪出栏 10500 头,出笼家禽 3.34 万羽。1995 年，肉猪出栏 16400 头,年末存栏 10250 头。2011 年，生猪饲养量 1.06 万头,出栏 0.48 万头；牛饲养 0.12 万头，家禽饲养 5.98 万羽，蛋 78 吨。2014 年，生猪饲养量 1.7 万头，年末存栏 0.4 万头；牛饲养量 950 头；羊饲养量 840 只；家禽饲养量 73.04 万羽。畜牧业总产值 15000 万元。渔业淡水养殖面积 137 公顷，产量 263 吨。是年，境内有养殖大户 25 户。

林业 境内林业主要以南竹、杉树、松树为主，名贵树种有樟树、红杉等。1958—1960 年，“大跃进”、大炼钢铁，森林资源遭到破坏。1961 年，调整林权为生产队集体所有，林业得到恢复。1980 年起，完成林业“三定”工作。退耕还林、封山育林。1990 年，境内造林面积 171.6 公顷，果园面积 24.47 公顷，水果产量 4.7 吨，年内完成林业产值 110 万元。2001 年，造林 120 公顷，完成中幼林抚育 533 公顷。垦复油茶林 1733 公顷，南竹 1067 公顷。实现林业总产值 140 万元。2002—2007 年，每年植树造林 53.33 公顷。2009 年，开始林权制度改革，乡村集体林场在改革后林地重新分配到相应村组农户。2014 年，改造南竹 0.53 万多公顷。境内林木面积 10027.87 公顷，森林覆盖率达 95%。

工业

1958年，人民公社成立后，境内建立集体工业企业。1975年，设公社企业办管理集体企业。社办联合加工厂，大队办五七加工厂。1990年，境内有企业20个，从业人员139人。总收入548.9万元。20世纪90年代，集体企业改制为民营企业。1995年，有乡办企业3个，村办企业30个，个体企业358个，企业职工1664人，企业固定资产56万元。至年底，发展股份制大理石厂1个，木器加工厂4个，年产值18万元。2014年，境内有两家上规模民营企业。一是关王塘生态农业开发有限公司，一是日森源菇业有限公司。关王塘生态农业开发有限公司主要从事种植树木、养殖鱼类、生猪。日森源菇业有限公司主要从事种植蘑菇、灵芝。

商贸服务业

20世纪50年代，境内逐渐设立供销社、饮食店、食品站和粮站，供应生产生活资料，收购农副产品。1958年，商贸服务统一由供销社和集体商店经营。20世纪80年代起，逐步开放市场，个体商业得到发展，逐步成为流通领域的主体。1996年，境内有集体商店196个，个体摊位182个，从业人员556人，年商业营业额1198万元；有集贸市场7个，年成交1152万元。2001年，有集体商店188个、个体摊位180个，从业人员581人，全年商业营业额1250万元；集贸市场4个，年成交1162万元。2002—2011年，国营集体商业改制民营商业。2014年底，全乡共有亮源圩、培英圩、积明圩、泉塘圩等大小四个圩场，各类门铺200个，小型超市2个，社会商品零售总额达1亿元。

财政金融

财政　1985年，成立乡镇财税所，负责辖区内的财政税收工作。1985年，预算内财政收入148万元，上缴国家税金85万元，分别比上年增长41%和35%。2002年，预算内财政收入247.8万元，上缴资金167.2万元，其中农业税123.7万元，特产税20.5万元，国地税23万元。2014年，全乡共完成国税、地税收入88.16万元，其中国税完成80.16万元，地税完成8万元，一般预算补助收入480.45万元，预算支出474.14万元，年内支出与收入基本持平。

金融　1954年，建立乡村信用合作社。1985年3月，成立农村合作基金会，至年底，融资220万元，活跃了农村经济。2013年7月，农村信用合作社改名为农商银行。2014年，农商银行有从业人员7人，金融机构一般性存款金额近1亿元。

基础设施

交通运输

019县道贯通境内，全长14公里。1995年，全乡通公路的村16个，运输汽车11辆，年运输收入60万元。1998年，各类运输车辆18台，年创运输收入184万元。2001年村村通公路，运输汽车38辆。2005年，亮浔公路段由沙石路改造硬化为水泥路，长度9.5公里。2007年，水泥硬化通村公路，新明村、元明村各4公里。2009年，亮马公路段由沙石路改造硬化为水泥路，长度11.5公里。2011年，境内有县乡公路2条，长16.8公里。有客运汽车6辆，150个座位，年客运量13万人次。截至2014年年末，全乡通村通组公路水泥硬化总里程88公里。

邮政通信

1952年，设立乡村邮政。1954年，设立邮电局，架设通乡电话线。1963年，安装电话总机。

1995年，马水至关王塘，马水至亮源两条程控电话线外线架设完工。1998年,6个村开通程控电话，装机用户200多户。2001年，19个村开通程控电话，建成移动台1座，2011年年末，境内有邮政网点1个，投递点4个，乡镇通邮率100%，全年投递国内函件1300件，国内汇票业务完成480笔，国内异地特快专递1000件，业务收入16万元。电信服务网点1个，电话交换总量5230门。固定电话用户1400户，互联端口总数800个，其中宽带接入用户200户。2013年1月，邮政网点重装开业，投递线单程总长度为88公里，乡村通邮率100%；有电信服务网点2个。固定电话用户432户；移动电话用户5000部；互联网端口总数245个，宽带接入用户234户。2014年，中国移动、中国联通、中国电信等网络已基本覆盖全乡。

供电供水

供电　20世纪80年代末，境内建有关王塘小水电站，部分村组通电。2014年，乡内16个行政村全部完成农网改造工作。亮源由过去从马水乡方向供电，改变为从浔江变电站供电，改变了过去三天两头停电的现象，境内有主变压器2台，高压输电线路3条，供电可靠率达98%。

饮水　2009年，双丰村投资106万元完成日供水156吨供应2600人的安全饮水工程建设；湖岭村投资12万元完成日供水15吨供应200人的安全饮水工程建设；2014年规划，积明村10组投资30万元建设日供水48吨供应800人的安全饮水工程；泉塘村7组投资36万建设日供水54吨供应960人的安全饮水工程；观音村8组、14组投资32万建设日供水48吨供应800人的安全饮水工程；新民村9组、16组投资32万元建设日供水48吨供应800人的安全饮水工程；睦村5组、6组投资20万元建设的日供水30吨供应500人的安全饮水工程。

水利建设

亮源乡境内水利设施有中型水库关王塘水库，坝址坐落于积明村,位于耒阳、衡南、安仁三市(县)交界处。1958年11月，兴建总库容1501万立方米。关王塘水库是一座以农业灌溉为主，兼顾防洪保安、水力发电和生态开发为一体的中型水利工程，担负主要产粮区（亮源、马水）和烤烟基地的灌溉重任，有5条干渠，全长55.89公里，支渠13条，总长29.59公里。1959年10月在新民村兴建小（一）型水库1座，总库容199万立方米，有干渠2条，长13公里，支渠6条，全长6公里，设计灌溉面积超过200公顷。有小（二）型水库5座，骨干山塘76口，较大的堰坝57座，灌溉面积833公顷。2012—2014年，投资2900万元对关王塘水库除险加固、水系清淤；投资2500万元改造小农水工程；投资460万对3个小（二）型水库加固。

镇村建设

2006年起，先后在观音村、双丰村、积明村开展社会主义新农村示范点建设。2012年，在积明圩安装8盏太阳能路灯；在培英圩安装6盏太阳能路灯；在亮源圩安装10盏太阳能路灯；2013年，在睦村村道安装6盏太阳能路灯；在良坡村道至亮源敬老院道上安装6盏太阳能路灯。在培英村开展美丽乡村建设,完成危房改建25户。2014年，乡机关办公大楼完工，在新办公楼设立了服务大厅，推进部分集中办公。硬化亮源村、培英村、积明村、泉塘圩街道。16个建制村都建成办公用的村部和村级活动中心。

社会事业

教育科技

教育 中华人民共和国成立后，废止私塾教育，兴办学校。1958 年，教育实行公办民办两条腿走路的方针，各高级农业合作社办起民办小学。1968 年，停办耕读小学、民办小学，学生并入公办小学。1969 年，原公社中心完小升格为亮源公社中学，小学全部下放到大队，民办公助，办大队民办学校，主要由民办教师执教。1975 年，亮源中学办高中班，大队小学附设初中班。1979 年，大队小学附设初中班停止招生。1992 年，境内有小学 12 所，在职教师 102 名，在校学生 2056 人。亮源中学在职教师 32 人，在校学生 497 名，其中男生 306 人，女生 191 人。1995 年，有中学一所，小学 16 所，在校学生 4933 人，中小学教师 204 人。年内乡政府教育投资 164.8 万元，装修小学 4 所，兴建教学大楼 4 栋，建筑面积 4600 平方米。2001 年，境内有中学 1 所，小学 16 所，在校学生 3610 人，中小学教师 155 人。2011 年年末，有幼儿园 13 所，在园幼儿 598 人，专任幼师 26 人；小学 10 所，在校学生 1147 人，专任教师 95 人，小学适龄儿童入学率 100%；初中 1 所，在校学生 247 人，专任教师 27 人，小学升初中 100%。2014 年，境内有幼儿园 5 所（朝晖幼儿园、智星幼儿园、培星幼儿园、平安幼儿园、好孩儿幼儿园），在园幼儿 400 人；小学 10 所（元明小学、湖岭小学、余升小学、积明小学、培英小学、桐木小学、泉塘小学、新民小学、观音小学、中心完小），在校小学生 849 人，教师 71 人；中学1所，教学班8个，在校学生386人，教师28人，其中本科学历22人，中学高级教师2人。

科技 1972年，设立亮源公社农科站。1990年，乡农科站改称亮源乡农业技术推广服务站，围绕生产中心，推广新技术、新品种、新农药，预测预报病虫害，开展农技项目示范。高秆改矮秆，良种改杂交，中低产田改造。2000年后，开展农业机械技能培训，对烟农进行种植、烘焙、管理知识培训。2014年，开通智能化农业信息站，推广农业信息技术。

文化体育

文化 1966年7月，建立公社文化站，配文化辅导员1名。1972年，成立公社广播站。1975年，公社成立电影放映队，到各村巡回放映。1987年，建立乡文化中心站。2003年，向乡内村级活动场所发放电脑1台。2007年，兴建乡文化站，各村陆续新建村级活动场所，并建立16个农家书屋，配备图书上千余册。2013年，亮源、双丰圩、培英圩、积明圩出现广场舞队伍和腰鼓队，西洋乐器队，军乐队等礼仪队伍。2014年，有镇文化站1个，16个行政村相继建立活动中心，开设阅览室、棋牌室。

体育 乡内群众体育生活比较单一，体育设施主要在校园内，体育活动以球类活动为主。2014年，境内共有篮球运动场15个。

医疗卫生

医疗 1965年5月，成立公社卫生院。1969年，各大队办起合作医疗，配2~3名赤脚医生。1980—1982年，大队合作医疗先后解体，赤脚医生个体私人经营。1995年，辖区内有医院6所，医疗点3个，医疗技术人员9人。床位12张，固定资产50万元。2001年，有医院1所，医疗点16个，医疗技术人员38人，床位20张，固定资产90万元。2011年年末，境内有乡卫生院1所，村卫生室13所。2014年，有乡卫生院一所，村级卫生室护士5人，乡村医生27人，药店2个。亮源卫生院属政府办非营利性医疗机构，为新型农村合作医疗定点机构。2014年，利用国债项目建设一栋造价240万元、面积约1800平方米的医疗办公综合大楼，现有在编职工13人，临聘人员15人，其中主治医生1人，执业医师4人，执业助理医师2人，有病床20张。

卫生 2012年，进行农村环境卫生连片整治，发放垃圾桶1000个，新建垃圾池60个，垃圾焚烧炉2座。各自然村配保洁员1名，清扫保洁。清运陈年垃圾，安全合理处置，扭转农村卫生环境脏、乱、差现象。

社会保障

“五保”供养 20世纪60年代末，对无劳动能力无生活来源的孤寡老人实行“五保”（保吃、保穿、保住、保医、保葬），“五保”供养由所在生产队提供。1981年实行家庭联产承包责任制后，“五保”供养纳入乡统筹。2005年，“五保”对象享受城乡居民最低生活保障待遇，其供养经费由市财政拨付。2009年10月，乡投资30余万元改建成一座高标准的敬老院，集中供养“五保”户50人。2011年，供养“五保”对象158人。敬老院集中供养40人，其余居家散养，共支出18.4万元。2014年，乡内有敬老院1所，集中供养“五保”老人24人，分散供养62人。

最低生活保障 2006年，启动农村最低生活保障。2011年，农村生活最低保障194户、956人，支出118.5万元，月人均75元。2014年，对全乡低保对象进行全面核查，清退“人情保”“富人保”“死人保”，享受农村居民最低社会保障656户、1189人。

养老保险 2009年10月，启动新型农村社会养老保险，时满60岁老人，月补贴养老保险费55元。2011年，参加新型农村社会养老保险

12067 人，参保率 46.6%。2014 年，参保人员 12120 人，60 岁以上符合政策领取养老保险费人员 8923 人。

医疗保险 2006 年，启动新型农村合作医疗，参合人员每人交参合费 10 元。2011 年，参合人数 25688 人，参合率 99%。2014 年，参合 23319 人，参合率达 90%。

社会救济 从 1984 年起，乡政府设立民政办，办理惠及民生的事情，扶危救困，2011 年，大病医疗救助 62 人，残疾人重度补贴 182 人，享受农村部分计划生育奖励扶助政策 131 人，年人均 960 元。通过"一卡通"落实到位各项补贴资金 1156.25 万元，发放民政资金 102.98 万元，其中自然灾害救济 28.72 万元，人员优抚资金 49.36 万元。

特色地情

历史人文

谷朗 谷朗（218—272）字义先，三国东吴衡阳郡耒阳马水（今耒阳市亮源乡）人。出身官宦家庭，成年后出仕吴国，历任郎中、尚书令史、郡中正、浏阳令、都尉、尚书郎。后调入朝中，拜五官中郎将，迁大中正大夫。吴永安六年（263），交趾郡（今越南）吏吕兴背叛吴国。建衡元年（269）十一月，谷朗率兵经番禺、牂牁，进军交趾，讨伐吕兴，平乱后迁九真太守。吴凤凰元年（272），病逝任所，归葬耒阳。为昭示其功绩，时人刻有《吴故九真太守谷府君碑》，简称"谷朗碑"。此碑文辞古雅，书法浑劲高古，系隶书转变为楷书之始，历代金石学家对其在中国书法发展史上的作用和地位都有很高评价。谷朗因此碑而名垂青史。1983 年 10 月，谷朗碑被公布为省级文物保护单位，现存耒阳市蔡侯祠内。

名优特产

亮源乡物产资源丰富，野生动植物约有 600 余种，其中动物 200 余种。野生动物：兽类有黄鼬（黄鼠狼）、水獭、草兔、狗獾、獐、麂、貉、小麝鼠、豹猫、刺猬、穿山甲、长吻松鼠等，其中，黄鼬、獭是著名的毛皮兽，豹猫、穿山甲可入药。鸟类有天鹅等。三角帆蚌和褶纹冠蚌，分布在关王湖等湖泊，是培育珍珠的优良母体品种。在 400 余种植物中，特色的有竹笋、猕猴桃、蘑菇、灵芝。果树 30 余种，其中无花果树、白树等为珍贵树种。

风景名胜

境内旅游资源丰富，有元明坳、元明梯田、关王塘水库、余升潭、欧公仙、谷朗墓等。

元明坳山裙绵延数十公里，山体连绵，山势陡峭，海拔 845 米，为耒阳最高峰。山上奇石屹立，幽谷深涧，山溪交错，梯田层层。有石棺、石兔、石船。山上有一个幽深的溶洞——龙潭洞，洞内石钟乳、石笋、石柱、石花、石幔、石枝遍布，无奇不有，仿佛一座地下"宫殿"。关王塘水库位于元明坳山脚，属省级自然风景水利保护区，库区景色优美，青山奇伟俏丽，灵秀多姿，碧水悠悠如黛，滟滟生辉，是另一道靓丽的风景线。余升潭源头溪总共长 10 余公里，其中下节 4 公里长的溪段落差约 400 米高，坡度约 15~25 度。同时有五峰仙林区的天然蓄水，加之整个沙明乡的自然水流约 2/3 均经该溪流入关王塘水库，溪水长年不断，且流量充足。关王塘水利风景区，有宗教场所元明寺，有绵延环绕关王塘水库的 0.53 万公顷竹林，有余升七潭。

（文字供稿：段泽秋　图片供稿：梁春根）

马水乡 >>

区域概况

位置面积

境内河流发源于白马泉，泉水顺流而下，流入境内河段，河两岸统称马水。马水乡也由此而得名。地处耒阳市东北部，东邻安仁县洋际乡，南接亮源乡，西连洲陂乡，北抵衡南县宝盖镇。乡人民政府驻湖德村，距耒阳市城区 50 公里。2014 年，辖区东西最大距离 22 公里，南北最大距离 16 公里，总面积 129 平方公里。

建置沿革

民国时属耒阳县柱中乡，中华人民共和国成立后，属第三区。1956 年 6 月撤区并乡后设马水乡。1958 年 10 月，政社合一成立马水公社（辖 3 个乡）。1961 年，解体析出，原马水乡辖区设立马水人民公社。1963—1968 年，属耒阳县马水区。1984 年，撤社改乡，1995 年，撤区并乡，将坪田乡并入马水乡。

行政区划

1995 年，原坪田乡辖山田、桥头、贺家洞、小芬、上丹田、货塘、圳边、积岭、坪田 9 个建制村。原马水乡辖湖德、丹田、矮岭、东升、合江、滩头、桃花、小河田、山岭、堰新、马一 11 个建制村。2014 年年末，辖湖德、山田、马一、桥头、丹田、贺家洞、矮岭、东升、合江、滩头、桃花、小河田、山岭、堰新、小芬、上丹田、货塘、圳边、积岭、坪田 20 个建制村，193 个村民小组。

自然环境

马水境内为山地丘陵地区，地势西南部低，东北部偏高。乡域处亚热带季风湿润气候区，四季分明，光、热、水充裕，林业资源丰富，素有“林区”的美誉。年平均气温 21℃，最低月均气温 0℃，最高月均气温 38℃。生长期年平均 270 天，年平均无霜期 294 天，最长达 340 天，最短为 260 天。年平均日照时数 1479.8 小时。年平均降水量 1208 毫米，年平均降水日数为 90 天，最多达 112 天，最少为 36 天。降水集中在每年 4—8 月，4 月最多，有强雷电气象。土壤以水稻土、红壤、黄壤等为主。最大的河流为马水河，从关王塘水库发源，流经洲陂乡，至新市镇汇入耒水，境内全长 6.4 公里。矿藏及自然资源丰富。境内已探明的地下矿藏有煤矿、锰矿等，其中煤矿储量 620 万吨，已开发的有王家井、界冲村、花满槽煤矿。境内主要自然灾害有旱灾、水灾。最严重的一次旱灾发生在 1963 年 7 月，导致庄稼大面积绝收。最严重的一次水灾发生在 1997 年 8 月，毁坏大量桥梁、水库、渠道，造成超过3000万元经济损失。

人口民族

1982年，辖区内总人口14657人，其中男性7585人，女性7072人。1990年，总人口16569人，其中男性8625人，女性7944人；人口出生率20.88‰，人口死亡率8.27‰，人口自然增长率12.61‰。1995年，总人口30562人，其中男性16008人，女性14554人；人口出生率15.87‰，人口死亡率4.94‰，人口自然增长率10.93‰。2014年，总人口35254人，其中男性18332人，女性16922人；人口出生率13.4‰，人口死亡率6.3‰，人口自然增长率7.1‰。其中城镇常住人口4371，城镇化率12.4%，另有流动人口2957人。14岁以下8257人；15～64岁21320人；65岁以上5677人。人口密度每平方公里273人。境内居民全部为汉族。

经济发展

经济综述

马水乡是耒阳的农业大乡，有“耒阳粮仓”和“烤烟之乡”的美称，盛产稻谷、烤烟、木材。1982年，实行家庭联产承包责任制。1996年，重点建设优质稻、烤烟生产基地，形成一村一品生产。2003年，粮食总产量3.1万吨，农业总产值6857万元，工业总产值5903万元。2005年，加大农业产业化进程，调整产业结构，烟叶创产值1400万元，全乡生产总值18467万元，财政收入905万元。2014年，加大农业产业化进程，立足乡情况，巩固发展粮食、烤烟生产，发展专业合作组织，粮食总产量3万吨，工业总产值3600万元，财政收入1634.35万元。随着经济发展，居民生活水平不断提高，过上了富足的小康生活。80%的家庭住上了楼房，有彩电、冰箱、洗衣机。

农业

种植业 马水是耒阳粮食主产区，素有“粮仓”美誉，主要种植水稻、烤烟、油菜。1950年，农村土地改革，农民分得土地。1956年，农业合作化，大修水利、农业生产大发展。1958年，成立人民公社，对农业生产造成冲击。1961年，调整产业结构，以生产队为核算单位，激活农民的生产积极性。1965年，粮食总产量4973.1吨。1976年，试种杂交水稻，粮食产量大幅度增产。1979年，粮食总产9592.3吨，油菜籽总产236吨。1982年，推行家庭联产承包责任制，土地按人口承包。1987年，在丹田、小河田等村试点种植烤烟取得成功，随后在全乡推广。1990年，粮食播种面积2011.47公顷，粮食总产11672吨，油菜播种面积55公顷。2010年以来，推进农业产业化、现代化、机械化，鼓励农民集体土地流转。2011年，生产粮食2.9万吨。烤烟种植533.33公顷，产量1200吨。2014年，生产粮食3万吨。落实种植合同面积284公顷，完成交售烟叶650.42吨，创产值1288万元。蔬菜种植面积266.67公顷，产量40万吨。

养殖业 境内养殖业以猪、牛、家禽、水产鱼类为主。1979年，生猪年末存栏4241头、出栏4854头；家禽年末存笼20789羽；水产品总产量26.4吨。1984年，实行家庭联产承包责任制以后，家庭养殖得到发展。1990年，生猪存栏总数5889头，出栏5056头，家禽年末存笼18593羽，水产品总产量22.26吨。2010年后，实行“一乡一业、一村一品”，加大土地有序有效流转力度。贺家洞、合江等村土鸡放养，丹田、东升等村水库养鱼，实现农业生产村村有特色、有品牌。2014年，生猪饲养量35462头，年末存栏1.42万头；牛饲养量0.3万头，年末存栏0.06万头；

烤烟生产基地

羊饲养量0.27万头，年末存栏0.15万头；家禽饲养量27万羽。2014年，生产肉13.2万吨，其中猪肉7.6万吨，牛肉0.9万吨，羊肉0.6万吨；禽蛋4.5万吨；畜牧业总产值1985万元，占农业总产值的12.9%。水产养殖面积245.47公顷，产量201.5吨；渔业总产值436万元，占农业总产值的3.2%。

林业 境内林业资源丰富，产杉树、松树、南竹、油茶、茶叶。1996年，林业产值850万元，水果产量达75吨。2011年年末，境内累计造林1.19万公顷，林木覆盖率98%，林业总产值1200万元。截至2014年年末，累计造林1.31万公顷，其中防护林0.132万公顷，经济林0.28万公顷，竹林0.35万公顷，住宅四旁植树1.86万株，林木覆盖率98%，活立木蓄积量5.1万立方米。水果种植面积386.67公顷，产量102吨，主要品种有柑橘、板栗、李子、桃子。林业总产值1200万元，占农业总产值的7.5%。

工业

1996年，有乡镇企业674个，其中乡办13个、村办64个、联户办6个、个体办591个、从业人员5799人，企业总产值8970万元。主要开发煤炭、锰矿石、大理石。2011年，境内有工业企业12家、从业人员673人，工业总产值4200万元。2014年，境内有工业企业10家，职工575人；上规模的企业有王家井煤矿，年产原煤5万吨。全年工业总产值达3600万元。

商贸服务业

1996年，境内有集贸市场2个，即坪田集贸市场和马水集贸市场。集体商店75个，个体摊位390个，社会商品零售总额475万元、集市贸易成交额1000万元。2011年年末，境内有商业网点45个，全年社会商品销售总额4680万元，城乡集市贸易成交额545万元。2014年年末，境内有商业网点56个，全年社会商品销售总额达4865万元；城乡集市贸易市场2个，成交额632万元。

财政金融

财政 1985年，设立乡财税所，负责辖区内的财政工作。1995年，乡财政收入420万元、财政支出410万元。1998年,乡财政收入220万元,财政支出209万元。2005年,取消农业税。2006年,全年完成预算内财政收入307万元。2011年，财政收入1187万元，比上年增加13%。2014年，全乡地方财政收入完成1634.35万元，其中上级补助收入912.23万元，地税收入722.12万元，完成国税361.26万元。

金融 1954年，建立马水信用合作社和坪田信用合作社。1986年，中国邮政储蓄银行入驻境内营业。2013年，农村信用合作社更名为农商银行。2014年，境内有金融机构2家，各类存款余额1.6亿元。

基础设施

交通运输

交通运输已形成由公路构成的运输网络。有县乡级公路3条，总长16公里。2010年，全乡村村通公路，有运输汽车28辆，创运输收入97万元。2014年，完成竹马公路高炉—马水段13.2公里通乡公路的硬化，顺利实现通车。境内有客运汽车10辆，300座位，年客运量10.8万人次；有货运汽车80辆，320吨位，年货运量0.42万吨。

邮政通信

1952年，境内设立邮政局。1954年，邮政局接管地方电信，成立邮电局。1956年，建立农村生产合作社邮递员制度。1963年，安装电话总机。1997年,村村通电话。1998年,邮电体制改革,邮政和电信分营。境内6个行政村开通程控电话,装机用户200多户。2000年，全乡20个行政村开通了程控电话540户。2014年年末，境内有邮政网点2个，投递线单程总长度20公里，投递点30个，乡村通邮率100%。有电信服务网点2个；电话交换机总容量2230门，固定电话用户2564户，普及率达到62%；移动电话用户11865人，普及率达到32.5%；互联网端口总数520个，宽带接入用户360户。

供电饮水

2000年以来，全乡逐步加大农网改造力度，全乡20个行政村完成农网改造，所有村组都通了电，大大改善全乡人民的生产生活用电情况。2014年，利用新农村建设和小城镇建设的契机，在上丹田、湖德等村实施安全人饮工程，安装自来水，群众用水安全方便。

水利建设

2008年，小河田、东升、合江、湖德、小芬等村烟水配套工程扫尾，到位资金400余万元。投入资金13万元，对架古冲水库、桥头村寿水库、积岭村井力冲水库、坪田村上边堰、湖德和桃花河堤等10处水利工程进行维修改造。投入22万元对关王塘主干渠道修复、清淤、疏通。2014年，投入1800万元，开展矮岭、东升、马一、小芳、上丹田、湖德、合江、桃花村的小农水项目，改善农田水利设施。马水河合江段治理、东升变电站、山田、东升、山岭土改田等项目已完成勘察设计。

镇村建设

1949年，乡民住房简陋，多为砖木结构的土砖墙屋，甚至是斗墙（土版墙）茅屋。1970年前，农村住房无大变化。公社办公机关设在大地主李白山被土改没收的公产民房内。1979年，在湖德5队（组）征地0.53公顷新建公社办公大院，办公楼红砖墙体、钢筋混凝土楼面，玻璃窗的四层砖混结构，内设民政、财税、户籍、农科等办公机构。1982年，分田到户后，村民自烧红砖，建房增多，建房标准提高，一般为红砖墙体，青瓦房顶结构。也有少量钢筋混凝土结构的楼房。

2001年，硬化湖德圩街道800多米，乡机关办公楼重新装修，成立乡政府服务中心。2002年，完成乡总体规划编制。2005年，投入资金6万元，美化办公大楼，净化湖德街道；加快小城镇建设，顺利通过衡阳市文明办的考核验收，成为耒阳第一个衡阳市文明乡。2006年，东升村新建一栋三层支村两委办公大楼。2014年，各行政村都建有村级活动中心。

社会事业

教育科技

教育 中华人民共和国成立后，兴办学校，教育大发展。1958年年初，执行"公办+民办""两条腿走路"的方针，各村办起民办小学，1964年，开办简易耕读班，适龄儿童都能就近入读，教育大普及。1968年，取消民办和耕读，学生并入公办学校。1969年3月，贫下中农管理学校，民办公助，每个大队都办起大队民办小学。公社的中心完小改办初中。1976年，公社中学增设高中班，大队民办小学附设初中班。1982年，公社中学取消高中班，大队民办小学取消附设初中班。1998年，境内有中学2所、小学20所。在校学生4321人，中小学教师236人。2000年，有中学2所、小学20所、在校学生4110人、中小学教师240人。2014年年末，境内有幼儿园3所，在园幼儿560人，专任教师24人；小学15所，在校生1568人，专任教师126人；小学适龄儿童入学率100%；初中2所，在校生650人，专任教师88人，小学升初中率100%，九年义务教育覆盖率达100%。

科技 1972年，成立马水公社农科站，围绕生产中心，推广新技术、新品种、新农药，开展农技项目示范，包括"高秆改矮秆""良种改杂交""中低产田改造"、吨粮田建设等。1987年，重点加强烤烟生产技术推广应用，提高烤烟质量，提升经济产值。1990年后，加大农机操作技术培训，联系相关技术人员对农机手进行培训辅导，提高了农机手的技术能力和安全意识。2005年，建马水优质烤烟基地和杂交水稻制种基地。2014年，开通智能化农业信息站，推广农业信息技术。

文化体育

文化 1966年，公社建立文化站，配文化辅导员1名。1972年，成立公社广播站、配公社广播员1名。1987年，建立文化中心站。20世纪90年代，广场舞、腰鼓队等群众性文化活动传入境内并盛行起来。为方便学习生产技术，传播精神文化食粮，办图书室，提倡读书，成了丰富农民文化生活的重要途径。2000年，湖德圩、坪田圩两处电视转播台建成使用，有线用户346人。2011年，境内有公共图书馆10个，藏书1.6万册。2014年，境内有公共图书馆23个，藏书1.6万册，大力推进农村公共文化服务建设，在全乡20个行政村都设立农家书屋，平均藏书在600本以上。

体育 境内体育器材设备主要集中在学校。2010年，接受耒阳第二批农民体育健身工程项目资助，在湖德建成一个标准化篮球场。春节等节假日，篮球爱好者自动组队，进行篮球友谊赛。2014年，境内共有篮球场16个。

医疗卫生

医疗 中华人民共和国成立前，境内没有正规医疗机构，只有几个务农兼医的游医郎中，靠中草药治病。20世纪50年代，乡卫生院成为境内医疗中心。1969年年底，公社办红医班，为各大队培训赤脚医生。各大队办起大队合作医疗，负责辖区内预防、治疗工作，防治得到普及。1984年，随着家庭联产承包责任制的推行，分田到户，农村大队合作医疗也逐渐解体，赤脚医生相继办起个体经营医疗点。1998 年，境内有医院 2 所、医疗点 20 个、卫生技术人员 59 人。2000 年，有医院 2 所、三甲医院 1 所、医疗点 15 个，医院固定总产值 240 万元，病床 60 张、卫生技术人员 78 个。2014 年，境内有卫生院 2 所，村卫生室 20 个，医疗床位 50 张，执业医师 68 人，注册护士 20 人。

卫生 中华人民共和国成立后，政府重视村民健康卫生，免费接种疫苗，严格防控流行疾病发生。重视环境卫生。2011 年，实施农村环境卫生综合整治，建垃圾焚烧炉 2 座，发放垃圾桶 3580 个，组织保洁员队伍，配保洁员 24 名，定期检查验收评比，各村基本上实现垃圾集中收集处理。2014 年，农村安全饮水普及率 83.5%，农村卫生厕所普及率 65%。

社会保障

“五保”供养 1959 年，对无子女无依靠丧失劳动能力的孤寡老人实施“五保”（保吃、保住、保穿、保医、保葬），其供养由生产队负担。1984 年起，“五保”对象的供养费纳入政府保障，从最初的每年 100 元逐渐增至 2800 元。2011 年，全乡发放“五保”资金 40 万元，敬老院改造资金 4 万元。2014 年，农村“五保”供养 208 人，支出 31.2 万元。

最低生活保障 2006 年，启动农村最低生活保障，月人均补贴 69 元。2011 年，全乡发放低保资金 70 万元。2014 年，境内农村最低生活保障户数 1030 户，人数 3060 人，支出 77 万元，月人均 80 元。

养老保险 2009 年，启动新型农村养老保险。60 岁以上老人每人享受养老保险月补贴 55 元。新型农村养老保险参保率逐年增加。2011 年，60 岁以上老人每人每月享受养老保险补贴 65 元。参加新型农村养老保险 14200 人，参保率 83%。2014 年 14250 人，参保率达 83.4%。

医疗保险 2006 年，启动新型农村合作医疗，当年参合人员每人筹资 10 元。2013 年，新农合参合率 90% 以上。

社会救济 2011 年，全乡发放优抚款资金 30 万元，大病救助资金 14 万元，安居房改造资金 25 万元，2013 年，争取上级资金 48 万元用于 44 户贫困户的危房改造。2014 年，农村医疗救助 56 人次，农村临时救济 325 人次。

特色地情

历史人文

湘军将领刘厚基 刘厚基（1840—1877）字子坤，号福堂，马水乡桥头村 3 组人，清咸丰八年（1858），以武童投湘军果字营，隶步兵前锋，因进剿四川、陕西义军，军功显赫，同治七年（1868），授陕西延绥总兵，三代一品封典。光绪二年（1876）三月，左宗棠率兵前去收复新疆，委刘厚基为北路前锋，随左宗棠进兵新疆。光绪三年（1877）正月，行军途中病逝，终年 37 岁。刘厚基死后，光绪帝追赠其“建威将军”封号，归葬耒阳坪田豹岭，左宗棠为刘厚基亲书墓志铭。陕西延绥镇和耒阳建专祠祭祀。

名优特产

马水优质烤烟 2005 年，建立马水优质烤烟基地。根据马水的土质特点，运用科学技术，种出的烤烟叶大、色黄、烟味纯正，以质优量多而著称，成为名牌产品。

（文字供稿：段泽秋　图片供稿：梁春根）

太平圩乡 >>

区域概况

位置面积

太平圩乡因地处为“方圆十里大平地”而得名。因耒阳土话“大”与“太”同音,故称之为“太平”。又一说此地旧时盗匪横行，经官府出兵平定，始得民间太平，故取名“太平”，意喻太平盛世。东与公平圩镇、小水镇接壤，南与永来乡交界，西、北与长坪乡相连。乡政府驻地太平圩，距市区 30 公里。辖区总面积 49.8 平方公里，东西最大距离 8.97 公里，南北最大距离 10.35 公里。

建置沿革

1950 年，太平乡称石岳乡，隶属耒阳十二区。1956 年，称太平乡。1958 年，成立人民公社时，并入公平人民公社。1961 年，体制调整，成立太平公社，将长坪乡的新塘、鲁塘、神岭 3 个村并入，社址设板冲，后迁太平圩。1964 年，析出暮冲村划入公平公社。1981 年，更名为太平圩公社。1984 年，改太平圩公社为太平圩乡，属公平区。1995 年，撤区并乡，将新塘、鲁塘、神岭 3 个村析出划入长坪乡，同时将原寿洲村分拆成寿洲、新冲、楼下 3 个村。

行政区划

1996 年，辖金宝、官探、团结、山碧、羊业、皂田、群建、寿洲、新冲、楼下、农林、板冲、凤羊、城背、凤光、真武桥、太平 17 个建制村、165 个村民小组。

自然环境

太平圩乡地处西南山区，平均海拔 400 米。地势西高东低，北高南低。最高点楼下村小龙家塘，海拔 450 米；最低点是山碧村山陂冲，海拔 210 米。境内属亚热带季风湿润气候区，常年平均日照时数为 1680 小时。常年平均气温 17℃ ~18℃，平均最高气温 34.8。极端高温一般年份为 37℃ ~38℃，最热时曾达 39℃。常年最冷为 11 月至第二年 3 月，平均最低气温为 –0.5℃。气候偏寒，雨量充沛，光照充足，四季分明。常年平均降水量为 1337 毫米。境内自然资源匮乏，地下基本为石灰岩，山碧、团结、羊业村有高岭土资源。境内虽为山区，但森林覆盖率不大。主要自然灾害有干旱、泥石流、霜冻等灾害。境内干旱情况较为严重，几乎年年抗旱，2006 年旱灾造成水稻绝收面积达 82 公顷。2008 年 1 月发生的低温冰冻灾害，受灾人数达 1800 余人、倒塌房屋 11 户，造成直接经济损失 80 多万元，全乡农村农业受到较大损害。

人口民族

1982年，境内总人口为20033人，其中男性10544人，女性9489人。1990年，辖区总人口19217人，其中男性10261人，女性8956人；人口出生率18.9‰，死亡率6.6‰，自然增长率12.3‰。1996年，境内总人口20240人，人口出生率10.8‰，死亡率5.1‰，自然增长率5.7‰。2000年，境内总人口20064人，其中非农业人口328人。2004年，有总人口20451人。2011年年未，辖区总人口24101人，男性12964人，女性11137人；人口出生率13.8‰，死亡率6‰，人口自然增长7.8‰。2014年，有总人口24891人，其中非农人口345人。人口密度每平方公里500人。境内居民全部为汉族。

经济发展

经济综述

民国时期，境内经济落后，粮食亩产仅200公斤左右，当地有“红薯半年粮”的说法。中华人民共和国成立后，大力发展农业生产，兴修水利，改良土壤、品种、实行科学种田，粮食亩产提升到350公斤。1978年，国家实施改革开放，农村着力改变经济结构，开展多种经营，发展工业及第三产业，经济迅速发展。到1996年，境内国民生产总值达2318万元。是年，完成工农业总产值1966万元，其中工业产值958万元，完成预算内财政收入128万元。人民年均纯收入981元。2000年，开展招商引资，加大企业投入，针对实际扩种经济作物。是年，完成国民生产总值6500万元。完成工农业总产值2亿元，其中工业总产值1.35亿元。完成预算内财政收入131万元，农民年人均纯收入1320元。2014年，加强项目建设，优化经济环境，推行“公司＋基地＋农户”的经济发展模式。是年，完成国民生产总值51869万元。完成预算内财政收入471万元，农民年人均纯收入上升到2298元。

农业

种植业 境内主要农作物有水稻、红薯、花生、黄花菜、蔬菜为主。民国时期，因土地贫瘠，生产力低下，粮食亩产150多公斤。中华人民共和国成立后，发展农业生产，粮食亩产上升。1957年，亩产200公斤以上。1979年推广杂交稻后，亩产400公斤。是年，粮食总产4779吨。1990年，有耕地面积841.93公顷，粮食总产量4787吨。1996年，粮食总产5270吨。是年，扩种经济作物，种植油菜136.67公顷、烤烟100公顷、花生60公顷，均获得丰收。1998年，粮食总产量7831吨，种植油菜113.33公顷、烤烟133.33公顷。2000年，粮食总产上升到8800吨。2009年，大力创造农业生产基地。其中藠头生产基地200公顷、优质红薯生产基地200公顷、优质水稻基地20公顷、油菜基地66.67公顷、蔬菜基地26.67公顷。完成农业总产值20600万元。2014年，继续保持农业基地发展势头，新创建山碧村百合种植基地26.67公顷，寿洲村蔬菜基地26.67公顷，真武村优质水稻生产基地33.33公顷；优质红薯基地333.33公顷、油菜基地133.33公顷、油茶基地1000公顷，并引进耒阳市田园绿洲生态农业发展基地66.67公顷。

养殖业 境内素有饲养家禽家畜习惯。1990年，饲养生猪11300头，家禽19500羽。1993年，出栏生猪7620头，出笼家禽19500羽，水产300吨。1998年，出栏生猪2.6万头，出笼家禽26万羽。2000年，出栏生猪8000头，出笼家禽15万羽。2004年，发展规模养殖户100家。2009年，发展养殖大户108家，引资800万元创建永光专业养殖园。2011年，生猪出栏6000头，年末存栏1500头；饲养家禽10.3万羽。2014年，境内有养殖大户105户。是年，生猪出栏8000头，年末存栏2000头，出笼家禽11万羽。

林业 1990年，境内有林地面积493公顷，森林覆盖率48%，主要以杉木林和油茶林为主。1998年，境内有用材林210公顷、油茶林0.15万公顷、竹林33.33公顷。是年，人工造林63.33公顷。2004年，有林地面积4923.87公顷。2014年，人工种植果林40公顷，完成荒山造林33.33公顷。

工业

中华人民共和国成立后，境内相继创办大米厂、瓷碗厂和酱油厂等一批企业。1991年，境内有企业593个，从业人员3301人，总收入422.1万元，比上年增长15%。1996年，完成工业产值958万元。1998年，有企业46个，从业人员1978人，完成产值1737万元。2000年，有企业325个，从业人员4197人，完成工业产值1.35亿元。2004年，兴建藠头加工厂。2006年，引进高岭土开发公司。至2014年年末，境内有盛洋农产品加工龙头企业1个。

商贸服务业

境内有坪田圩和太平圩2个农贸集市，与永兴县的贸易交流日益活跃，个体商贸业得到发展。2011年，社会商品零售额达0.234亿元，比上年增长0.7%；城乡集贸市场2个，年成交额0.125亿元。2014年年末，商贸服务从业人员3000余人；投资40余万元，完成太平圩和坪田圩两个圩场的提质改建项目。

财政金融

财政 1985年，建立乡财税所，负责境内的财政收入、支出。1998年，完成国内生产总值5750万元，工农业总产值4710万元，其中工业总产值682万元，预算内财政收入138万元，上缴国税90万元。2000年，完成财政收入131万元。2011年，财政总收入830.5万元，比上年增长6%。2014年，财政总收入471万元，比上年增长9%。

金融 1954年，成立乡信用合作社。1958年，更名为公社信用部。1969年，改称农村信用合作社。2011年，信用合作社类存款余额0.45亿元。2013年，农村信用合作社更名为农商银行。2014年，境内有农商银行分支机构1个。

基础设施

交通运输

1998年，投资8万元整修太平圩至坪田圩公路路面。2000年，投资12万元修建太平圩至龙形段公路、新冲村至农林村公路。2004年，完成凤羊村至城背村路面铺沙工程3.5公里。2006年，完成乡道白太线（公平白泥铺—太平圩）改建9公里。2008年，完成乡道太长公路（太平圩—长坪圩）改建12公里。2010年，完成乡道太坪公路（太平圩—坪田圩）改建4公里。2011年，完成村道凤城公路（凤光—城背村）改建3公里。2014年，完成乡道太龙公路（太平圩—龙形）改建7公里。至年末，全乡公路改建工程已基本完成，实现村村通水泥路，全乡公路建设里程达72公里，基本开通17个村到耒阳市的客运班车。

邮政通信

1960年，设太平邮电所。1996年，邮政与电信分家，设有邮政所和电信所。1998年，境内开通程控电话，装机用户28户。2000年，有邮电所1所，程控电话用户增至420户。2004年，在团结村建成移动通信发射塔。2007年，建成移动通信营业点。2008年，投资200多万元建成联通通信营业点，开通联通通信服务。2011年，有电信企业3家，服务网点3个，其中固定电话用户462户，移动电话用户5873户，互联网用户135户，全年电信业务收入300余万元。2014年投入资金30余万元建成邮政大楼。

供电饮水

1991年，在城背村利用神岭岩溶洞中的水建小水电站，解决该村用电问题。1993年，集资35万元，架通12公里长的高压输电线路，解决39个自然村、1100多户村民的生产生活用电问题。1998年，全乡基本完成农电农网改造。2004年，投资完成6个村的人工引水工程，解决3000多人饮用水困难问题。2008年，完成特大冰冻灾害后电力设施的抢修工作。同时完成凤光和城背两个村的农网电力改造。2009年，完成农林、楼下、新冲等7个村的人工饮水工程，解决8000余人的饮水问题。2014年，全乡人饮工程项目基本完成，解决82%的群众的安全饮水问题。

水利建设

由于地处高寒山区，干旱情况较为严重，中华人民共和国成立前，农业生产和人畜饮水完全依靠季节性降水，抗旱防汛能力较低。境内有太平水库、红卫水库和大塘尾水库。1981年，建成国家中型水库——太平水库，1985年，建成小型水库红卫水库和大塘尾水库。1991年，投资3万多元，在城背村兴修350米引水渠，将神岭岩溶洞中的水引出灌溉，解决山区干旱问题。1996年，投资9万元，维修加固山塘、水库397处，维修、新开水利灌溉支渠32公里。1998年，兴修水利61处，其中投资3万元用于红卫水库东、西支渠整修加固。2000年，境内兴修水利17处，其中，投资3万元在农林村修建水渠400多米，投资2.5万元修建群建村渡槽饮水工程。2014年，完成各类水利工程30多处，完成太平水库左干渠修复及清污工作。

镇村建设

自明清时起，在永兴县与太平交界处坪田聚居成集，互通成市，逐渐形成坪田圩集市。后太平人民公社搬迁到现太平圩，逐渐以党政机关所在地为中心规划发展，形成现在的太平圩。2000年，投资18万元兴建乡政府、派出所办公楼。2005年开始，加强小城镇建设，对太平圩和坪田圩实行提质改造，对圩场基础设施进行扩容、改造、提质，实施完成硬化、亮化、美化工程，城镇功能不断增强、城镇品位逐渐提升。2007年，硬化太平圩街道1000米。2010年，坪田圩投入资金1000余万元建成了中心市场。2012年，建成太平圩礼堂。2013年，太平圩安装太阳能路灯44盏。2014年，投入资金200余万元规划建设坪田圩农民文化广场。至年末，全乡安装太阳能路灯892盏，全乡电网改造率、乡村道路硬化率、居民饮水安全率均为100%，环境卫生综合达标率为90%。行政村都有办公用房。

社会事业

教育科技

教育 1991年，全乡有乡村小学10所、初级中学1所，有在校中小学生2652人，教职工99人；乡农校1所、乡党校1所，农校和党校共培训学生845人次。1996年，投资168万元，兴建乡中学教学大楼，改善办学条件。1998年，有中学1所、小学16所、农校1所。有在校中小学生3400人，教职工214人。是年，投资80万元，用于中学房舍修缮。2004年，有中学1所、小学13所，在校中小学生2465人，教职工123人。2009年，有中学1所、小学9所，在校中小学生1845人，教职工104人。是年，投资200万元，新建太平圩中心幼儿园。2014年年末，有幼儿园3所，在园幼儿469人，专任教师12人、保育员12人；小学9所，在校学生1120人，专任教师44人，小学适龄儿童入学率100%；初中1所，在校学生836人，专任教师33人。初中巩固率达98.3%，初中升学率达91%；学前三年入园率97.2%，学前一年教育率98.5%。全乡适龄儿童入学率、初中适龄人口入学率、小升初升学率、小学巩固率、九年义务教育覆盖率均达100%。辖区内有各类技能人才182人。

科技 1961年，成立公社农业技术服务站。1968年，建立公社兽医站。1971年，农业技术服务站更名为公社农科站，有农技员2人。各大队建立农科队，生产队组建农科小组。1975年，逐步形成区、社、大队、生产队四级农村科技网。1982年，科技网在实施家庭联产承包责任制之后解体。1984年，重新建立乡农科站、畜牧兽医站，同时发展科技示范户。是年，有科技示范户5户。1988年，每个行政村配农技员1人，负责本村农业技术指导。1990年，乡农科站改称农业技术推广站，配农技人员2人。2014年，依托农业局举办农技培训班1期，培训40余人。

文化体育

文化 1958年，建立公社文化站，配文化辅导员1人。1960年撤销。1965年，贯彻湖南省文化厅《关于大力开展公社民办文化站的通知》，公社新建文化站，仍配文化辅导员1人，负责境内文化工作。1966年，因“文化大革命”取消。1984年，建立乡中心文化站，配文化工作人员2人。1996年，境内有文化站1个，村级图书室10个，藏书5万余册。2001年7月，建成太平圩乡有线电视台，有有线电视用户1400户，入户率52.3%。2009年，投资32万元，完成太平圩乡文化站建设。2010年，开通户户通电视接收400余家。2014年，有乡镇文化站1个、农家书屋18个，藏书8万余册；有村级文化活动中心17处。

体育 2000年，境内有体育场3个，篮球场8个。参加体育锻炼的一般是乡干部和学校师生。2014年，境内有学校体育场3个，篮球场10个，有4个村安装健身器材，并组建坪田圩广场舞队伍和腰鼓队，经常参加体育活动的人员占常住人口的13%。

医疗卫生

医疗 1996年，投资56万元，新建乡卫生院门诊大楼，解决山区人看病难的问题。1998年，有卫生院1所,医疗点4个,医护人员24人,病床15张。2004年，有卫生院1所，医疗点3个，医卫人员15人，病床22张。2009年，新建卫生院医疗大楼。2012年，新建卫生院住院部大楼。2014年年末，有卫生院1所，门诊部2个，病床24张，固定资产总值450万元。有专业卫生人员21人，其中执业医师5人，注册护士3人，当年完成诊疗1.26万人次。

卫生 1963年，境内改建不合理厕所20余个、不合理畜圈40余处。1978年，公社设立爱国卫生分会，负责管理境内卫生。1982年，全县开展整治脏、乱、差，境内各村建垃圾池，统一存放垃圾。1987年，开展灭鼠运动，是年投放灭鼠毒饵100多公斤。2010年，在圩镇设垃圾箱10余个，建垃圾池3个。2014年，圩镇推行住户、商铺门前卫生三包责任状，并与镇政府签订卫生责任制，境内卫生改观。

社会保障

乡政府设社保所、民政办，负责全乡社会保障工作。

“五保”供养 2012年，敬老院建成投入使用，共有床位40个，集中供养“五保”老人32人。2014年，供养“五保”和孤儿191人。

最低生活保障 2006年，启动农村居民最低生活保障制度。2014年，全乡农村最低生活保障户1053人。

养老保险 2011年，启动新型农村养老保险合作制度。2014年，参加新型农村养老保险12436人，参保率98%。

医疗保险 2014年，参加新型农村合作医疗保险24642人。

社会救济 2006年,启动移民后期扶持工作。2008年，发生特大冰冻灾害，2万余人受灾，市、乡两级积极组织抗灾和灾后重建工作。2014年，国家抚恤、补助各类优抚对象123人，抚恤事业费支出43万元。

特色地情

历史人文

寿洲古村落 寿洲村古建筑群总面积9000平方米。初建于明代，至清代形成规模，目前尚存20余栋古民居。现已纳入衡阳市文物保护单位。另有保存完好的四合院落，老湾最完整的四合院落，为“文忠第”，“文忠第”纵深长度、整体宽度均约36米，总面积达1000余平方米；新湾也有个大宅，上书“当代儒宗”。

名优特产

红薯酒 太平家酿红薯酒，被誉为“农家茅台”。度数不高,浓郁醇香,能补气温中,壮肾强阴。

太平红薯粉皮 俗称合粘，是湖南耒阳市传统名特产品，已有600余年的历史。畅销长沙、南京、天津、北京、海南等地，名扬三湘。

风景名胜

太平水库 属国家中型水库。库区总面积1.6平方公里,风景优美,空气清新,气候宜人,是休闲、避暑、垂钓、游泳的好地方。

（文字供稿：资余德）

导子乡

区域概况

位置面积

导子乡地处耒阳市西北部，东与安仁县接壤，南与东湖圩乡、龙塘镇相邻，西邻大市乡，北接马水乡、亮源乡，乡人民政府驻地导子圩，距市区驻地37公里。2014年，辖区总面积103平方公里。境内东西最大距离22.9公里，南北最大距离8.8公里。

建置沿革

民国27年（1938），设浔环乡。1949年，属环湖乡，1950—1952年，先后隶属第二、五区，1956年，设立导子乡。1958年，与浔江合并为导子人民公社。1961年体制调整时，分解为导子、浔江、沙明三个公社。1986年，改为导子乡，1995年，撤区并乡建镇，与浔江乡合并，成立导子乡。

行政区划

1995年并乡前，辖区10个行政村，分别是竹楼、中山坪、通林、洞中、导子、双喜、楼下、农科、紫江、上古村。1996年浔江合并后，增加浔江、上浔、董溪、横塘、柳山村、扶冲、双攸、曹流、流天、雄樟、联群村，计22个行政村、1个社区。

自然环境

地处丘陵地带，地势北高南低，地形主要为丘陵。境内最高峰高牛塘海拔756米。属亚热带季风湿润气候，多年平均气温18.1℃，1月平均气温1.6℃，7月平均气温34.6℃。生长期年平均281天，无霜期年平均296天，最长达345天，最短为244天。年平均日照时数1465.9小时，年平均降水量1384.2毫米，年平均降水量159.7，最多达193天，最少为119天，降水集中在每年的3—8月，6月最多。主要河道有两条河，其中浔江河总长约13千米，导子河总长约5千米。境内已探明地下矿藏有煤、大理石、滑石、金属锰、钨、铁、钾长石、铅锌矿。主要自然灾害有洪、旱、虫等。自南朝梁天监二年（503）至清末，共发生大水灾49次。1995年遭受特大洪灾，全乡淹没稻田186公顷，摧毁水利设施375处。

人口民族

1982年，全乡总人口12919人，其中男性6675人，女性6244人。1991年年末，实有3867户、13878人，其中非农业人口46人。1996年撤区并乡后，总人口30055人，其中非农业人口526人。2014年年末，辖区总人口35588人，其中非农业人口1500人。总人口中，男性18565人，占52.61%；女性17023人，占47.39%。14岁以下6799人，占19.1%，15~64岁25585人，占70.9%，65岁以上3204人，占9%。2014年，人口出生率12.6‰，人口死亡率6.8‰，人口自然增长率5.8‰。人口密度为每平方公里363人。境内居民均为汉族。

经济发展

经济综述

民国时期，境域农民主要从事种田和铸锅、竹木加工等手工业，经济发展缓慢。中华人民共和国成立后，政府重视农业生产，实行科学种田，粮食亩产达到350~400公斤。1978年起，逐步发展社队企业，开采煤炭、滑石、钨等矿产资源，农业生产粮食，辅以大豆、油菜、优质烟。1995年，引进资金，开采大理石、花岗岩石滑石粉矿，并以木材加工输出为主导，带动其他企业发展。是年，创国民生产总值10570万元，其中工业总产值6213万元。粮食总产量15100吨，财政收入190万元，农民人均纯收入2185元。2005年，国民生产总值9725万元，其中工业总产值7543万元，粮食总产量11000吨，财政收入110万元，农民纯收入2230元。2014年，继续发展工业生产，优化农业产业结构，煤炭产量完成160万吨，烤烟收购5100担。全年国内生产总值(GDP)7.52亿元，完成税收1.82亿元，财政收入203万元，农民人均纯收入4730元。

农业

种植业 民国时期，农业生产发展缓慢，粮食难以自给。20世纪50年代,农业生产逐步提高，粮食亩产在250公斤左右。1965年，粮食总产量3002吨。1979年，粮食总产量6035吨，亩产580公斤。1990年，农业总收入906万元。1991年粮食总产5008吨，亩产476公斤。因受大旱，比上年减产2131吨。其他经济作物有棉花17.87公顷，产量9.7吨，油菜24.67公顷、产菜籽17.7吨。1995年，粮食总产14814吨，产值1807万元。拥有大中型农机具157台,总动力5092千瓦。2000年，粮食总产量15769吨。2001年，种植烤烟180公顷，烟农人均增收200余元。2004年，烤烟种植发展到10个村400公顷。2010年，出售烟叶7633担，烤烟生产获市二等奖。2014年，农业总产值达到2.59亿元，比上年增加9%。2014年，境内有耕地面积2173.33公顷，生产粮食7600万吨；烤烟种植面积106.66公顷，产量240吨；蔬菜种植面积340公顷，产量5083吨。

养殖业 境内养殖以猪、牛、鸡、鸭、鱼等为主。1960年前，养殖畜禽数量有限，户均养猪在1头以下、养鸡12羽。1970年后，养殖业逐步发展，户均养猪2头以上，各生产队还办有养猪场。1991年，饲养生猪23320头、家禽37300羽。2000年，涌现大批养殖专业户，出栏生猪15910头，出售和自宰家禽34128羽，完成渔业产值142万元。2008年，与外商合办兴发养殖合作社，在红塘村落户。2014年，生猪饲养量3.6万头，年末存栏6000万头；牛饲养量0.8万头，年末存栏0.7万头；羊饲养量0.6万头，年末存栏0.2万头；家禽饲养量56.2万羽。

林业 境内林业有杉、樟、松、竹、油茶、药材等。1964年，导子公社被定为全县杉木林基地之一。1990年，造林92公顷。1991年，组织劳力1.4万个，历时5个月，投资7000万元，对庵塘林场开垦面积23.4公顷。1993年，造林57.23公顷，完成油茶低改面积105.33公顷。1997年，全乡有用材林1133.33公顷，经济林

3166.67 公顷，年内垦复油茶 0.17 万公顷，造林 33.33 公顷。2014 年年末，有林地面积 0.56 万公顷，累计造林 0.15 万公顷，其中防护林 0.15 万公顷，经济林 66.67 公顷，林木覆盖率 55%，活立木蓄积量 12.56 万立方米。

工业

清道光二十五年（1845），私商李作选与永兴人毛瓜在县东导子洲开办铸锅厂。光绪年间（1875—1908），境内有 7 个铸锅厂，从业 63 人。其铁锅厚薄均匀、光滑美观、耐炸不破、享有盛誉，经营历史长达 150 余年。1954 年，县内灶市、导子等四大锅厂组成耒阳铸厂，在导子乡设分厂。导子乡煤炭资源丰富，民国 10 年（1921），芭蕉乡民张先处在董溪办矿。1956 年，将伍家冲、泗家冲、矮婆堰等 5 个私营煤矿组成董溪煤矿。1958 年，交导子公社开办。1960 年，改为县社合办，为全民所有制企业。1970 年，成立导子公社五七工厂。1975 年，改称企业办，是年，兴办煤矿、滑石粉厂、白石厂等。1991 年，乡、村、个体企业 753 个，从业人员 2218 人，上缴国家利税 4.9 万元。1996 年，有乡办企业 17 个、村办企业 48 个、个体企业 852 个、从业人员 9413 人，年创总产值 1.82 亿元。境内有煤矿、大理石、滑石粉等企业。1998 年，乡镇企业总产值 2.16 亿元，实现利税 2089 万元。2002 年，与郴州等地老板联营建立乡有色金属有限公司，开采钨矿。2005 年有乡办企业 7 个、从业人员 2530 人。2014 年，境内有个体企业 183 家，职工 2956 人，全部工业总产值达 15618 万元。

商贸服务业

导子圩是耒阳有名的老字号集贸市场。清末、民国年间，导子有粮油、铁器、木器、杂货等商铺十余家。1949 年 10 月后，个体商业有所发展。1951 年，有坐商 20 余户。1958 年，建立供销合作社。20 世纪 60 年代，私营商店一律取缔，统归国营合作社经营，主要日用商品凭票供应。1981 年，国家出台有关个体经济政策后，个体商户逐年增多。1988 年，有个体商户 82 户，从业人员 192 人。1996 年，有集体、个体商店 165 个，个体摊位 90 个，年营业额 1560 万元，有集贸市场 3 个，年成交额 1510 万元，上缴工商管理费 2.5 万元。1998 年，全乡创商品营业总额 430 万元，集贸市场总成交额 738 万元。2005 年，有个体商店 193 个、个体摊位 110 个、从业人员 450 人，全年商品营业额 2030 万元，有集贸市场 3 个，年商品成交额 940 万元。2014 年年末，有个体商店 208 个，个体摊位 130 个，年商品营业额 2210 万元，集贸市场 3 个，年商品成交额 1050 万元。

财政金融

财政 清末至民国年间，导子乡资金融通，以自由借贷的形式为主。1954 年，成立导子信用合作社，入社农户达 1000 多户。20 世纪 50—60 年代，乡财政由财粮委员或秘书兼管，统一上缴、开支。1984 年，成立导子乡财政所，负责管理乡内财税的上缴和开支。1993 年，乡、村、个体企业创利税 75 万元，上缴国家税金 6.1 万元。1996 年，预算财政收入 190 万元，上缴国家税金 240.6 万元。1997 年，预算内财政收入 192 万元，上缴国家利税 110 万元。上缴工商管理费 4 万元。2007 年，完成国税、地税 903 万元。2010 年，完成国税、地税 4369 万元。2012 年，财政总收入 782 万元。其中预算内财政收入 72 万元。2014 年，本级财政收入 6029 万元，比上年增长 12.6%，国、地两税共实现 1.5 亿。

金融 1954 年，建立乡信用合作社。1958 年，设立公社、大队、生产队三级信用社体制。1961 年，废除三级体制，恢复导子公社信用社，有职工 5

人。1970年前后，信用社为集体提供贷款，支持农业生产。1983年后，重点支持承包户和专业户，发展个体经济。1987年，成立保险公司导子营业所，发动农民群众、学校学生参加人身、财产保险。1990年，发放国家农贷600万元。2000年后，经济发展，农民外出务工及兴办个体企业，家庭存款逐年增加。2012年，农户及个体企业主存款上亿元。2014年，有农商银行、邮政储蓄所网点各2个，个人存款1.2亿元。

基础设施

交通运输

民国时期，由乡民自筹资金兴修石板路，连接周边四乡及县城道路，境内通往安仁县羊际乡交界的道路，为当时全县6条石板大道之一。民国26年（1937），耒（阳）安（仁）公路修成后，对导子乡的交通发展有很大促进作用，方便了往耒阳、安仁的商旅出行。1958年，枣子至导子线动工修建，1962年竣工通车。同年，楼（下）亮（源）线动工，全长12.3公里。1970年竣工，1976年，市道浔（江）亮（源）线修建，途经导子，全长11.5公里，1982年竣工。20世纪70年代，到导子有客车2辆，过往车有开往亮源、沙明的各1辆。1984年后，个体运输业兴起，到1990年，有私营出租车4辆，货车12辆，拖拉机30余辆。1996年，22个村都开通公路，总里程210公里，有运输汽车35辆，年创收入220万元。2002年，筹资5万元，整修导竹公路。2004年，争取政府60万元，拓宽改造枣子到导子的公路工程。2005年，全线竣工。2005年，改造、硬化导子至沙明段公路。2007年，在全市率先完成村道硬化工程。2014年年末，境内有县道2条、乡村道22条，总长21公里，有客运车8辆，运输汽车40辆。

邮政通信

1958年，导子成立人民公社后，公社及大队部开通有线电话，20世纪60年代，设邮电营业所。1996年，开通程控电话装机30部。1997年，14个村开通电话装机50户。1998年全乡程控电话365部。2001年，建成电信接收塔1座。烤烟微机收购站1个。2014年年末，有邮政网点1个，投递点2个，乡村通邮率100%，全年投递国内函件1400件，国内汇票业务完成550笔，国内异地特快专递信件完成1200件，业务收入16万元。电信服务网点3个，电话交换机总容量6630门，固定电话用户1700户。互联网端口总数800个，其中宽带接入用户400户。

供电饮水

供电 20世纪70年代初，在董溪、利群两大煤矿的周边农村开始用电。1978年后，东江柑梨冲变电站升级，开通柑枫线，导子乡各村逐步安装高、低压线，用电照明、加工、办企业等，到1980年，村村通电。1984年，成立乡农电管理站。2002—2003年，投资300万元，全乡完成农电改造。2005年，政府投资150万元，分期分批实行电网改造，先后对22个村进行线改和户改。2014年年末，有变压器28台，通村线路总长68.5千米，村村通电。

饮水 1997年，铺设中学自来水管道，解决师生饮水难问题。1999年，扩建自来水工程1处，安装水管3500米。2010年，投资800万元，推进董溪、群联采煤沉陷区安全饮水工程，14000人受益。2011年，投资80万元，建成中山坪、紫江村人饮工程，受益1.6万人。到2014年年末，改造新建水井210口，80%的农户用上自来水。

水利建设

1949年，境内有浔江河1条、山（平）塘

200 余口、蓄水总量约 5 万立方米。中华人民共和国成立后，政府把兴修水利作为发展农业、改善民生的大事来抓。1953—1958 年，共整修扩建水塘、水库、堰坝 210 处，蓄水量总量达到 100 万立方米。1964 年 10 月，动工修建小（一）型洞中水库，集雨面积 6 平方公里，有效库容 90 万立方米，灌溉面积 166.67 公顷，养鱼水面 9 公顷。良好的水利条件，20 世纪 70—80 年代，为农业丰收提供有力保障。1995 年 6 月，遭受特大洪灾，摧毁水利设施 375 处。是年，乡政府组织投入劳动工日 21380 个，全部修复、新增灌溉面积 33.33 公顷，改善灌溉面积 140 公顷。1997 年，投资 40 余万元，投劳 3.5 万个工日，完成土石方 3 万立方米，冬修水利 110 处。2002 年，投资 20 万元，整修山塘水库渠堰，重点加固水口山水库大坝渗透工程。2014 年年末，有小（一）型水库 1 座、山（平）塘 400 余口、堰坝排灌 10 余处。

镇村建设

1984 年后，乡农电站、财政所和乡中学、乡政府办公大楼相继建成，投入使用。2002 年，投资 3 万元，重新规划，将导子、楼下村列为集镇规划区。2004 年年底，多方集资，重建导子完小和曹流小学。2005 年起，启动社会主义新农村建设，重点改造农村水利、电力、道路、集贸市场等基础建设。2011—2014 年，对农村环境卫生实行综合整治，建设美丽乡村。至 2014 年，全乡农村道路硬化率、电网改造率、环境卫生综合达标率、农户饮水安全率均为 100%。各行政村都有办公用房。

社会事业

教育科技

教育 清末民初，乡内课教子女聘请塾师、坐馆教学。民国后期，兴建国民小学多所。1949 年 10 月后，政府接管乡、保立小学，让农民子女入校读书。1958 年，兴办公民办小学 10 所。1966 年，创办农中。1969 年改办导子公社初中。1975 年，实行社办高中、大队办初中的体制，导子中学增设高中班 2 个，另在中山坪、洞中等大队办初中班，至 1980 年停办。1995 年，有中学 1 所、小学 11 所，在校学生 2874 人。1995 年，上古、洞中村投资 52 万元，兴建联小教学楼 1780 平方米，其中教室 18 间、住房 26 间，是年 6 月交付使用。1996 年，有中学 2 所、小学 22 所，在校学生 4960 人，年内政府投资 80 余万元，改造办学条件。1997 年，为迎接“普九”验收，自筹资金 15 万元，借用外资 40 余万元，建成中学新教学大楼 2150 平方米。1998 年，投入 50 万元，用于中学校门、围墙及各小学的护改工程。2014 年年末，有幼儿园 12 所，在园幼儿 1692 人，专任教师 58 人；小学 9 所，在校生 2230 人，专任教师 98 人；小学适龄儿童入学率 100%；初中 2 所，在校生 435 人，专任教师 109 人，小学升初中率 99.6%。

科技 1959 年 11 月，建立导子公社农科所，有专业干部 2~3 人。次年 3 月，改称公社农业技术服务站。1968 年 11 月，设立公社兽医站，实行“三包”责任制。1971 年，建立公社农科站，有农技员 3 人，成立 1 个农科大队。至 1975 年，形成区、社、大队、生产队四级农科网。1990 年，乡农科站改称农技推广服务站。2000 年后，着力发展科技示范户。2014 年年末，有乡、村科技员 15 人，科技示范户 6 户。

文化体育

民国年间，农村文化生活比较单调，乡间以龙灯、狮舞、皮影戏较为盛行。1958 年，全县 19 个公社建立文化站，导子公社文化站配文化辅导员1名，负责民间文艺会演、举办时事政策、卫生、农技等知识讲座和小型展览等工作。1966年“文化大革命”期间，公社成立毛泽东思想宣传队，自编短剧、快板、三句半等节目。1972年，建立公社广播站，家家户户装了广播。1974年，成立电影放映队，配3~4人，轮流在各大队放映。1984年，设立乡文化中心站，负责开展宣传教育、文化学习、文化娱乐、科学普及、体育锻炼等文化工作，同时组建电影队、篮球队、业余剧团等组织。1999年，建成4个电视微波接收站，覆盖10个村，用户达800余户，丰富文化娱乐生活。2000年后，乡内成立腰鼓队、西洋乐队、广场舞队。2011年，投资100万元，筹建乡镇文化广场。2014年年末，有公共图书室29个，藏书1.9万册。有篮球场8个，广场舞队3个，村级健身场所4个，常年参加体育活动有3150人。

医疗卫生

医疗 清末至民国时期，乡村以私营中草药医生挂牌行医或坐堂就诊。民国34年（1945），全县疟疾流行，发病24万例，死亡72000人，导子乡死余千余人。中华人民共和国成立后，卫生事业逐步得到发展。1953年，建立乡医疗诊所。1958年，建立导子公社卫生院，采用中、西药兼治疾病。1969年，全县推行农村合作医疗制度，培养赤脚医生12名。20世纪50—60年代，尚有个体医生多名，其中医生王百煌，原是部队军医，医术高明，以常见中草药，救病扶伤，见效快，深得周围乡民敬慕。1974年，各大队兴办合作医疗，配2~3人，为群众治疗常见疾病。1993年，有卫生院1所、医疗点16个。1996年浔江乡合并后，其卫生院改称导子卫生院浔江分院。2004年1—10月共接种卡介疫苗、百白破疫苗、麻疹疫苗、新生儿乙肝疫苗等2000余人份，省检查团在双喜村抽查，全程接种，合格率达98%以上。2006年，启动新型农村合作医疗制度，当年人均交费10元，参合率达80%。2000年后，投入资金100万元，新建乡卫生院综合大楼。2014年年末，境内有乡卫生院2所，医疗点26个，病床28张，专业卫生人员27人。2014年，新型农村合作医疗参保人数36250人，参保率99.5%。

卫生 2014年，有乡环卫队2个，配备专业人员6人，村级卫生监督员23人，配有垃圾清运车2辆，垃圾桶、箱80个。

社会保障

“五保”供养 1961年起，对孤寡老人和无劳动能力的残疾人实行“五保”，其生活费由所在生产队统筹。1982年后，“五保”户供养户纳入乡统筹。2005年，实行农村低保生活保障待遇，由市财政统一拨付。2011年筹集170万元，建成1100平方米的敬老院，2014年，供养“五保”老人185人，支出30.16万元，有50多位“五保”老人集中供养入住乡敬老院。

最低生活保障 2007年，对农村困难家庭施行低保，当年享受最低生活保障220户、378人。2009年，全乡农村低保覆盖面增大，到2014年年末，享受城镇最低生活保障865户、1489人，支出135.64万元，月人均80元。

养老保险 2009年，启动城乡居民养老保险，当年有2580人领取养老金，每月每人55元。2014年，发放全乡3163名60岁以上养老金。2014年年末，参加新型农村社会养老保险22345人，参保率达70.16%。

医疗保险 2006年起，实行城乡居民大病医疗救助。到2014年年末，共救助大病医疗65人次，救助金额18.6万元，农村临时救助36人次，支出4.8万元。为1200个在深圳务工的尘肺病人争取了1100多万元补偿。

社会救济 1956年，境内遭大旱，连续5

个月未下大雨。1963年，出现特大旱灾，水田开裂，粮食失收，当时政府采取积极救灾措施，一面减免征粮，下拨统销粮赈灾，一面组织生产自救，播种秋粮，渡过难关，没有因灾死亡现象。

特色地情

观音岩 位于市东30公里的导子乡境内，岩深34米，劈开一面，顶如宝盖。前有香炉峰，左有石洞，深豁奇峭，石乳滴成逼真的观音像，为市境之奇景。清代耒阳知县张应星诗云："巍然一座山，劈空开一洞。春秋几何年，静结烟云梦。幻如海底螺，深多亿不中。造化本无奇，却将山石弄。幻成大士身，黑白须眉动。秉烛蹑其巅，竭观目力痛。沉沉不见天，夏凉冬不冻。安得在人间，藉此庇大众。"

（文字供稿：谭奇煌）

东湖圩乡

区域概况

位置面积

据传此地四周群山环绕，中间低洼，形状如湖，以其位于县治之东，故称东湖。地处耒阳市最东部，北邻导子乡，西接龙塘镇，南接三都镇，东南与永兴县接壤，东与安仁县交界。人民政府驻坳山，距市区 37 公里。辖区总面积为 127 平方公里，东西最大距离 16.8 公里，南北最大距离 13.5 公里。

建置沿革

1945 年前，名为泉湖乡，1945—1949 年，改为环湖乡。1950 年 4 月，定名为东湖乡，隶属第二区。1952 年，隶属第五区。1953 年 3 月，改属第四区。1958 年，改名为东湖公社。1972 年，因修水库，析出红桥大队划归龙塘公社管辖。1984 年，复为东湖乡。1995 年撤区并乡后，原东湖乡和原枫泉乡合并，更名为东湖圩乡。

行政区划

1995 年并乡以后，乡人民政府设坳山墟，辖 22 个行政村，249 个村民小组。22 个村分别为：株山村、龙山村、枣子村、金盆村、太平村、上石村、泉岭村、坳山村、小山村、湖塘村、山田村、北龙村、农科村、枫林村、大桥村、上中村、小塘村、观音阁村、汤泉村、石堰村、小田村、玄芝村。2013 年年末，新增 1 个居委会，驻坳山墟。

自然环境

辖区多以丘陵为主。中间和北部高，东、南、西部低，呈龟背状。域内属于亚热带季风湿润气候区，冬夏长，春秋短，季节分明，年平均气温 17.1℃ ~ 18.8℃。1 月平均气温 6.1℃；7 月平均气温 29.4℃。无霜期年平均 297 天。年平均日照时数 1479.8 小时。年平均降水量 1383.6 毫米。常年有强雷电气象。境内最大的河流为洋夕河，从北面的导子乡流入大桥村，经观音阁村向东流出至安仁，流域包括农科村、枫林村、上中村、小塘村，流域面积 52 平方千米，年均流量 258 立方米 / 秒。其余的水系都是向南或向西经其他乡镇流入耒水。镇域自然灾害，有旱灾、水灾、风灾、雹灾、虫灾等，发生频率较高，对农、林、牧业影响较大。水灾以 2002 年为最严重，淹没水田达 460 公顷以上，造成 170 多公顷失收。2008 年 2 月，出现冰冻天气，电力、交通、通信、水利等基础设施严重损毁。2014 年，森林火灾频发，其中最长的持续 16 个小时，烧毁山林 70 多公顷。

人口民族

1982 年，东湖乡总人口 15893 人，其中男性

8265人，女性7628人。1990年，辖区总人口17374人，其中劳动力0.84万人，域内耕地面积720公顷，其中水田400公顷。1995年，总人口17962人，其中非农业人口734人。1996年撤区并乡后，总人口38443人，其中非农业人口952人。2000年，共9315户，总人口37191人，其中男性19927人，女性17264人；0~14岁9627人，15~64岁24907人，65岁及以上2657人；户口居住在本地36965人。2014年年末，辖区总人口45263人，其中城镇常住人口1546人。另有流动人口462人。男性23875人，女性21388人。14岁以下6228人，15~64岁34148人，65岁以上4887人。2014年，人口出生率11.9‰，人口死亡率6.3‰，人口自然增长率5.6‰。人口密度每平方公里357人。境内居民以汉族为主，近年有因婚姻迁入的少数民族妇女21人。

经济发展

经济综述

民国时期，境内农民主要从事种田和养殖业，经济不发达。中华人民共和国成立后，政府对农业、手工业实行社会主义改造，推广科学种田和水稻良种化，经济逐步发展。2014年，全乡社会经济迅速发展，实现国内生产总值（GDP）11.5亿元，完成财税总收入243万元，共有大小企业236个，从业人员5926人，共完成工业总产值2.53亿元，创税率总额3200万元。发展旅游事业，打造神龙温泉休闲度假品牌，扩大观音阁矿泉水生产线，旅游收入1.2亿元。全年粮食总产量1.46万吨，烟烟种植400公顷，油菜263公顷，乡人均收入4689元，人均住房面积102平方米。

农业

种植业 辖区粮食作物以水稻、红薯和玉米为主；经济作物以烤烟为主；油料作物以油茶和花生为主。民国时期，农业生产欠发达，粮食产量较低，20世纪50年代，生产逐步上升，粮食亩产在250公斤左右。1965年，粮食总产量43596吨。1979年，粮食总产量达8718吨，亩产522公斤。1991年，农业总产值4600万元。是年，粮食总产量达4390吨，亩产539公斤，红薯种植88.33公顷。总产折谷126吨。其他农副产品：茶油225吨，茶叶13.5吨，柑橘3吨，油菜籽72吨。1993年，全乡种植烤烟69.13公顷，产烟叶75吨。1996年，工农业总产值10570万元。1997年，粮食总产5420吨，拥有大中型农机具43台，农机总动力9042千瓦，当年机耕地面积1390公顷。2000年，种植烤烟133.33公顷，到2005年，全乡种植面积达到466.67公顷，除株山村、太坪村外，其余20个村全部种有烤烟。2005年，完成退耕还林333.33公顷，发展养殖户200多户。2011年，耕地面积0.15万公顷，人均0.034公顷。农业生产总值从1949年的400万元，增加到1978年的1900万元，2011年达到1.2亿元，比上年增加2%，占国内生产总值（GDP）的比重25.5%。烤烟种植面积达到0.02万公顷；油料作物种植面积253.33公顷；蔬菜种植面积80公顷。2014年末，农业生产再创新高。在烤烟实行“双控”的严峻形势下，巩固132公顷种植面积，完成烟叶收购4750担；新增土地流转面积200多公顷，实现双季稻播种面积334.67公顷，较上年增加30%，中稻404.67公顷，晚稻780公顷，全年粮食增产较上年增加近60万公斤；红薯、蓝莓等产业来势看好，小塘村红薯达到亩产3000公斤以上。

养殖业 境内历来有饲养禽畜、放养鱼类的习惯。民国时期，禽畜饲养量极少，养牛为耕田所用，养猪养鸡以解决生活所需。中华人民共和国成立后，饲养量逐年增多。1958 年“大跃进”时期，曾数年禁止农户饲养禽畜、鱼塘及耕牛由生产队集体所有。1962 年解散食堂后，允许农户饲养少量禽畜。1970 年后，很多生产队集体办有猪场 10 ~ 30 头。也鼓励农户多养生猪，每户年平均 1.5 头。1982 年后，实行改革开放，养殖业迅速发展，并逐步向规模化、专业化经营发展。1991 年,发展养殖户 200 户,全年养猪 27654 头，家禽 58330 羽。2011 年，建成兴隆黑山羊养殖基地，引进优质种羊，种植进口草种，放养黑山羊 800 头。发展各类规模养殖专业大户 12 户，全年生猪饲养 4.3 万头，家禽 6.6 万羽。2014 年，生猪存栏 8987 头，出栏 10773 头，耕牛的肉牛养殖户 63 户，其中肉牛规模养殖 10 户，存栏 213 条，总量 637 条，山羊专业养殖 11 户，存栏 1895 头，家禽总量 38730 羽，其中规模养殖户 2 户，养殖 5971 羽。

林业 境内树种主要有松、杉、油茶、南竹等，其中国家生态效益保护林 2680 公顷，经济林 1060 公顷，油茶林 7680 公顷，是全市主要油茶林基地。1980 年开始，林木采伐审批和管理得以完善，采伐按计划控制。1991 年，造林 59.53 公顷，1996 年，年内垦复油茶山 1066.67 公顷，造林 393.33 公顷，1997 年，开发丘岗地 66.67 公顷，垦复油茶林 266.67 公顷，年内造林 86.67 公顷，垦复油茶山 533.33 公顷，年创林业收入 310 万元。2001 年以来，中央实行退耕还林政策，造林面积逐渐增多，仅 2003 年就完成退耕还林 200 公顷。油茶遍布全乡，品种有寒露籽、霜降籽，经过油茶更新后，产量高，年均产茶油 200 吨。其他如药材、油茶籽等经济作物也有种植。2011 年可利用草地面积 1066.67 公顷，林地面积 0.67 万公顷。造林 0.13 万公顷；水果种植面积 226.67 公顷。2014 年，全乡冬季造林掀起高潮，新增林地流转面积 333.33 公顷，完成林地整理打穴 461.93 公顷，其中通道造林 220 公顷，超额完成市里下达的任务。丰湖农林公司连片流转石堰、上中两个村 133.33 公顷林地，坳山村、居委会、金盆等村通道荒山,实现大户统一流转造林,涌现出刘贱文、谭红兵、谭爱军等一大批造林大户。

工业

境内主要矿产有煤、锰等，煤炭储量较多，主要分布在太坪村、小田村，多为大岭和三都的边缘煤。东汉元兴年间（105）后，手工造纸作坊遍及乡内各处。清末至民国时期，东湖圩有木器、竹器、铁器、修理等个体作坊十余个。1949 年 10 月后，手工业逐渐发展。1958 年，大炼钢铁，但产量低、质量差。1970 年后，发展社队企业，成立公社企业办。1978 年后，社队、个体企业齐头并进，发展第二、三产业。1988 年，建成乡化工厂，1990 年投产，是年生产水玻璃 2180 吨，总收入 85 万元，获纯利 4 万多元。1991 年，乡镇企业 9 个，从业 193 人，总收入 165.3 万元，上缴税金 6.1 万元。实收利润 14.6 万元，1996 年，有乡办企业 19 个，村办企业 39 个，个体企业 771 个，从业人员 3836 人，年总产值 19395 万元。1998 年，创乡镇企业总产值 1.81 亿元，利税 2640 万元。2002 年，引进资金 100 万元的企业 6 个，如东湖洗煤厂、汤泉山庄、观音阁生态农庄等较大企业已落户东湖。2003 年，汤泉开发累计投资达 2000 万元，2005 年，观音阁村农庄开发项目达 800 万。个体私营企业逐渐增多，主要是以开办煤坪、洗煤厂、砖瓦厂为重头戏，企业逐渐向大规模、向外型发展，招商引资的大企业在东湖日渐增多。到 2005 年年底，共招商引资 8000 万元，并获得 2005 年度的全市招商引资先进单位。2010年，投资450万元，建成神农温泉水厂，2011年全面供水。2013年，全乡实现工业总产值2.76亿元，增长12%；观音阁山泉投入310万元新建两条桶装水生产线，已顺利投产，年销售收入2000多万元；投资2546万元的耒阳市润添石英岩有限公司已顺利投产。

商贸服务业

东湖圩位于市境东，距市中心34公里，宋代已形成圩场。圩场原设在坳山北边，有数十间店铺，还有戏台、仓库。民国26年（1937），耒（阳）安（仁）公路通车后，又在坳山南边即东湖汽车站所在地开辟一个新圩场。新、老二圩都逢农历四、九赶集。50年代末，老圩停开。1958年“大跃进”时，19家商户23人全部转到供销合作社工作。1962年，经过调整，恢复合作商店1家。“文化大革命”中，圩场冷落。1979年后，圩场又活跃起来，圩上有农具厂、机修厂、糕点厂等，年产值40万元。1982年后，改为逢农历二、五、八开圩。1990年，有供销社的门店柜组12个，中心店1个，职工24人；合作商店1个，仔猪行1个，乡镇综合商店门市部2个及旅社、饭店各1个；个体商户25家，从业人员31人。上市商品有工业品、竹制品、铁器、陶器、大米、茶油、猪肉、仔猪、鲜鱼、蛋品、辣椒、茶叶、柑橘、板栗、烤烟等。上市人数2000~3000人，最高峰达5000人。安仁、永兴的部分农民、商贩也到此赶圩。年成交额232万余元。1995年，有集体商店18个，个体摊位210个，从业人员1816人，年创商品营业额1991万元，集贸市场4个，年成交额1896万元，上缴工商管理费7.2万元。2003年，发展旅游服务，全年接待游客25万人次，创收2500万元。2005年有集体商店22个，个体商店（摊位）369个，从业人员3029人，全年商品营业额3489万元。2014年年末，有集贸市场4个，年成交额6589万元，上缴工商管理费11.8万元。有商业网点638个，从业人员1735人。2014年，社会商品销售总额达1.65亿元,比上年增加8.9%；集市贸易成交额1.12亿元，比上年增加9.2%。

财政金融

财政　1949年中华人民共和国成立至1984年，乡财政由财粮委员或秘书兼管。1985年，成立乡财政所。1996年，预算内财政总收入170万元，上缴国家税金108万元，1997年，预算内财政收入190万元，上缴国税110万元，2000年，预算内财政收入230万元，上缴国税127万元。2004年，取消农业税，次年，实行农补直补政策，按季节、按早晚稻类型，直接发放到各农户。2005年,全乡共完成国民生产总值2.47亿元，工农业生产总值1.87亿元，预算内财政收入551万元，上缴国家税收180万元。2011年，全乡财政收入1700万元，比上年增加12.45%，2011年，金融产业实现增加值230万元，比上年增加9.3%。2013年，全乡实现生产总值7.79亿元，增长9.9%；财政总收入1003.66万元，增长6.9%；农民人均纯收入5543元，增长30.9%。2014年，全乡国民生产总值上升至11.5亿元，完成全社会固定资产投资2.1亿元，完成社会消费品零售总额1.5亿元。

金融　1950年起，先后成立东湖区信用合作社、工商税务管理所。1986年，成立人寿平安保险站，开展办理4个险种业务。1991年，保险业务达25万元。1994年，设立邮政储蓄网点，从业人员4人。同年，为村（居）民办理储蓄和汇兑业务131万元。2014年，有金融机构3个，即农商银行、农业银行、邮政银行营业所。

基础设施

交通运输

清乾隆年间（1736—1795），耒阳辟有5条驿道，通往四邻各县。其中东驿道至安仁县界80里，途径东湖乡境内的株山、东湖圩、枫林，直达安仁。民国期间，乡间主道一般为石板路。民国26年（1937），建成耒阳安仁公路（今320省道），境内长17公里，大大方便了乡内村民的商旅出行。1958年，枣子桥边线开通，由东湖直至导子乡。1980年后，各村公路相继修建开通。1992年，集资20万元，投入劳动工日10万个，改建坳田公路8公里。1996年，全乡22个村全部通公路，有运输车102辆，年运输收入459万元。1998年起，政府对320省道进行路面硬化，全部铺成油面。2001年，投资5万元拓宽黄草至汤泉路基1.7公里。从2003年起，政府又对320省道铺设水泥路面，到2005年底已基本完成。2005年全乡公路总里程达189公里，22个村全部通公路，其中10个村为水泥路面，共有各类运输车辆269辆，年收入1539万元。2007年，对太坪煤区的运煤专线进行路面硬化，全部铺成水泥路面。2008年，对小田煤区运煤专线以及坳山村至上石村、泉岭村，坳山村至湖塘、山田村，枫林村至大桥村的乡村道路铺设水泥路面。2010年，全乡村道全部硬化。2014年年末，有省道1条，贯穿东西，乡村道14条，总长73公里。有货运汽车22辆，客运汽车3辆。

邮政通信

明朝，耒阳境内建置25铺，其中东路抵安仁县界80里，境内有彭家、和树、牌浩、小塘、东桥五铺，每铺定瑶编2～3名，永充驿卒共2名，递送文书。民国10年（1921），耒阳邮政局在乡内设信柜1处。1957年，设立东湖邮政局支。为群众办理信函包裹汇入储蓄、电报电话、报刊发行等业务。20世纪60—80年代，有线电话开通到各大队部。1996年，开通程控电话，有4个村装机68户。1999年，全乡各村开通，用户达520户，2001年后，先后建成移动电话通信塔5座，用户达1600户。2005年，全乡22个村全部通程控电话，总用户达1358户。2011年年末，有邮政网点2个，乡村通邮率100%，有电信服务网点3个；固定电话用户2348户；移动电话用户7423户，互联网用户589户。全年电信业务收入6720万元。2014年年末，邮政网点3个，电讯服务网点3个，固定电话2348名，手机7423部，互联网589户。圆通、中通、申通、韵达、百世汇通、天天快递等快递服务机构相继在镇内设立快递服务点，中国移动、中国联通、中国电信等网络基本覆盖全镇。

供电饮水

供电 20世纪70年代，境内照明用桐油灯、煤油灯。1978年，位于东江的柑梨冲变电站，架通柑枫线，境内乡村先后用电照明、加工等。1984年，因电力紧张，东湖乡自办发电机组，电网停电时，用柴油机发电。是年成立乡农电管理站。2007年，因冰灾严重损坏电设施，灾后，组织群众换新电杆、电线，两个月内恢复用电，2005年，完成农电改造，电价降至每千瓦时0.58元。电表由电脑控制，先交费后用电。2010年，完成农电线路整改。2014年，有10千伏配电线路1条，线路总长107千米，村村通电用电。

饮水 1991年，遭大旱灾，是年秋冬筹集资金，完成饮水工程5处。1996年，投入21万元，建设金盆村人畜饮水工程，全村6个组用上了自来水。境内观音阁、神农山泉、生产的饮用水，产销市内外，成为驰名品牌。2014年，小塘、株山等 9 个村的农村安全饮水工程建设快速启动。

水利建设

民国 23 年（1934），湖南大旱，省政府向耒阳发放水利建设贷款，用于山塘建设，次年，全乡修塘 10 余口，1949 年，全乡有大小山塘 50 余口。1953 年起，整修老塘，兴建新塘。1958 年，“大跃进”期间，大修水利。到 1962 年，有水库山塘 200 余口。1966 年 10 月，小（一）型石灰冲水库在枫泉大桥村动工，库容 155 万立方米，灌溉面积 166.67 公顷。1975 年 11 月，小（一）型上石水库动工，库容 153 万立方米。灌溉面积 66.67 公顷。1991 年，因遭大旱，造成粮食减产，是年，大修水利全乡动工 208 处，筹集资金 17.2 万元，投入劳动工日 38.9 万个，完成土石方 25.5 万立方米，新增蓄水量 80 万立方米，改善和新增灌溉面积 133.3 多公顷。2012—2014 年，东湖圩乡争取省投资总计 770 万元，用于境内水利维修工程。2014 年，投资 270 万元，完成了上石、农科、石堰的骨干山塘水库除险加固；2014 年末，有小（一）型水库 2 座，小（二）型水库 10 座，骨干山塘 19 口，山塘 100 余口，总灌溉面积 0.13 万公顷。

镇村建设

20 世纪 70 年代，兴建东湖乡中学、公社卫生院、政府办公大楼。1996 年，投资 15 万元，开发汤泉温泉、新建浴室 1 栋 10 间，可同时容纳 300 余洗浴。2003 年，乡成立东湖集镇建设指挥部，对马路两旁房屋重新进行规划，违反规划的建筑依法予以拆除。同时，加大对市场管理，加强市场硬件设施建设。2004 年，改造小学 3 所，兴建中心医院门诊大楼。到 2007 年年底，共建成两个集贸市场，总占地面积为 2.8 公顷，并对其加强卫生秩序管理，2011 年，投资 320 万元，兴建神农休闲山庄。2014 年，继续推进村级卫生服务室建设，筹资 180 万元新建卫生院篮球场，修缮了病房院舍，添置了医疗设施。新敬老院主体工程建设完工；投资 100 万元，完成株山、枣子两村的农配电网改造工程。同年，加强圩场管理，在圩场环卫、绿化亮化、物业管理等方面的配置作用，着力抓好圩场摊位整治、道路交通管理与整治。落实村庄环境整治长效管理机制，巩固提升整治成果。东湖环卫队、各村的保洁员由乡里统一管理，垃圾清运、焚烧及时，枫林垃圾焚烧炉正常运转。启动坳山烟站至北龙八组“春节亮灯”工程，短期筹资完成 70 盏 8 米高的太阳能路灯。

社会事业

教育科技

教育 清代，乡内教育形式是私塾，民间设馆，聘请塾师，课教子女，民国时期，办有私立小学，保国民学校。中华人民共和国成立后，私立小学由政府接办。1954 年，有小学 12 所，1958 年，兴办耒阳五中。招收初中学生。1969 年，升为高中，招收高中生，公社中心完小升为初中。1976 年，公社中学增加高中班，另有 3 个大队增办初中班。1980 年时，社办高中，队办初中停办。1991 年，有初中 1 所，小学 12 所，在小学生 2636 人，1992 年，筹资 30 多万元，兴建中学教学楼 2700 平方米。1996 年枫泉乡并入后，有中学 3 所，小学 27 所，在校学生 5450 人，教师职工 350 人。是年，投资 50 万元，兴建乡中心完小，占地 40 余亩，1997 年交付使用。2001—2005 年，乡财政投入 25 万多元，改造校舍危房 1000 余平方米，推进学校布局调整，调减学校 3 所，全乡适龄儿童入学率达 99.9%。2008 年，乡政府加大教育经费的投入。完成株山小学、大桥小学、枣子小学教学楼的扫尾工程；共投入49万元新建湖塘小学、汤泉小学教学楼；共投入66万元新建幼儿园综合大楼、中心完小学生宿舍楼、食堂，完成了水井、自来水工程，学生澡堂、厕所改造工程；投资160万元新建七中教学综合楼，投资20万元完成七中围墙、水沟护坡工程；筹资30万元新建北龙小学新校舍。至2008年共投入335万元（其中自筹资金65万元）用于教育事业。2014年末有初中2所、完小2所、村小19所，在校学生4200人。幼儿园7所，在园幼儿1022人。

科技 1971年，公社配置3名农技员，成立农科站，经常举办培训班，指导育秧、植保等工作，并油印简报发给各生产队，推广科学种田。1990年后农科站解体。2014年年末，有农技服务机构4个，农技员20人，有“星火科技示范户”4户。

文化体育

文化 民国时期，乡间文化活动较少，春节期间以舞狮、龙灯为主，农闲时有皮影戏。1958年,成立东湖公社文化站,配辅导员一名。1968年，公社成立毛泽东思想宣传队，配合政治形势，唱语录歌，跳忠字舞、演样板戏，1970年，有线广播普及各村各户，公社成立广播站电影队 。1987年，建立文化中心站。1990年，黑白、彩色电视进入农村百姓家。2011年，兴建东湖圩乡文化站总建筑面积367.2平方米，共两层。一楼设有阅览室、图书室、培训室；二楼设有卡拉OK厅、文化信息资源共享室。

体育 2011年，投资10余万元兴建文化体育广场，面积400余平方米，站后有篮球场，面积500余平方米。2013年，成立枫泉花鼓戏剧艺术团，村级农村书屋、农村青少年宫与乡文化站活动开展正常。2014年，有广场舞蹈队17支，腰鼓队8支，舞龙队1支。2014年年末，有村级文化活动中心9处，农家书屋23个，藏书5.8万余册，皮影戏队1个，花鼓戏剧文化艺术团1个，常年在各村进行活动演出，丰富了群众精神文化生活。

医疗卫生

医疗 清末民国时期，农村缺医少药，一旦有疾病、瘟疫难以控制。民国34年（1945），境内小塘铺周家村被疟疾侵吞生命90余人，最多的一天死亡15人。1950年，有个体中草药医生4人开始行医。1956年，撤区并乡，区卫生所改为中心医疗保健站。1958年，组建东湖公社卫生院，大队自办保健所。1961年，恢复区级建制，组成东湖区卫生院。1969年，实行合作医疗制，每个大队配有2~3名赤脚医生。1982年后，个体医生兴起，私人办诊所。1991年，有医院1所，医疗点13个，病床30个，医护人员39人，1996年并乡后，有医院2所，医疗点22个。2000年后，乡医院并入区医院。2003年4月，全国部分地区出现的非典疫情，乡政府联合乡卫生院和各村、各村卫生诊所形成统一的“非典”防治网络，印发大量宣传资料，进行领导值日和疫情专报两套值班机制，杜绝“非典”发生。2005年，政府先后投入615万元改造医院和购买医疗设备，极大改善了医院的基础设施条件。2014年，境内有卫生院2所，村卫生室22个，医疗床位38张。新型农村合作医疗参保人数4.4万人，参保率97.8%，全年报销医药费521.85万元。

卫生 1952年，开展“五灭一捕”（灭蝇、蚊、蚤、虱、臭虫、捕鼠）爱国卫生运动。1978年，公社设爱国卫生运动分会，部署和指导境内的卫生工作。1987年，以消灭鼠害为重点，统一放置毒饵。1998年，成立乡环卫队，人员4人，专门清运圩场及商户垃圾。2006年,各村设立焚烧炉,共22个，购置环卫工具120件（套）。2014年年末，有环卫人员18人，新建垃圾池80个，垃圾运输车3辆。

社会保障

“五保”供养 20世纪60年代起，对孤寡老人和没有劳动能力的残疾人实行“五保”，其生活费由所在生产队或大队统筹。20世纪80年代后，纳入乡镇统筹。2005年起，城乡“五保”对象享受最低生活保障待遇，其供养经费由市财政拨付。2009年，兴建敬老院。到2014年年末，入住“五保”老人40人。

最低生活保障 2007年7月起，实施农村居民最低生活保障待遇。2011年，享受农村低保1045人，发放低保资金88.2万元。2014年，享受农村低保1385人，发放农村低保金207.75万元。

养老保险 2009年底起，启动城乡居民社会养老保险。次年，领取养老金人员有3500人，全年发放养老金250万元。2011年，领取养老金人员达4221人，全年发放养老金283万元。2014年，领取养老金4756人，全年发放养老金329.1万元。

医疗保险 2005年，推行新型农村合作医疗制度，全乡参合率85%。次年，报销医疗医药费421.85万元。2006年起，实施城乡居民大病医疗救助。到2014年年末，已发放大病救助款20.3万元。2014年，全乡参合人数达100%，年内支付医疗补助资金375.4万元。

社会救济 民国年间，耒阳自然灾害频繁发生，当时政府虽有救济，但灾情严重，饥民食野菜，甚至卖儿女换谷米救命。民国35年（1946），全县遭虫、旱、瘟三大灾害，饥民遍野，境内蒋家垅贺、谭二村23户110多人，因饥饿瘟疫全部伤亡。中华人民共和国成立后，社会保障机制逐步加强，1957年和1963年大旱，粮食减产甚至失收，政府减免征购粮，灾后次年下拨统销粮，并发放救济款3万元，帮助灾民渡过难关。1996年发生大洪灾，倒塌房屋，灾后政府帮助灾民重建家园。2005年，发放民政救济款32.92万元。2014年，发放民政救济款13万元。

神农温泉

特色地情

名优特产

观音阁山泉 位于耒阳市东湖乡观音阁村碧水冲，距耒阳市区46公里。观音阁山泉为天然自涌山泉水，水井直径6.8米，每秒钟流量一立方米，水温恒定19摄氏度。观音阁山泉水水质清澈，甘甜可口，经地矿部门和质量技术监督部门检验测定，pH值7.2，呈弱碱性，富含锂、锶、锌、铁、硒、碘化物、偏硅酸等几十种人体所需的微量元素，曾被中央电视台《走遍中国》和湖南电视台《乡村发现》等栏目报道。观音阁山泉水于2005年由耒阳市护娃饮料食品有限公司投资开发，生产护娃牌观音阁桶（瓶）装山泉水。

神农温泉 又名汤火泉，位于汤泉村，面积百余亩，泉口十余处，久旱不干，久雨不涨。汤泉温泉为“氡温泉”，汤泉矿泉水的偏硅酸含量（31.397~45.58毫克/升）和锶含量（1.28~1.046毫克/升）达到我国饮用天然矿泉水国家标准，属于偏硅酸和锶的重碳酸硫酸—钙型矿泉水。饮用可治心血管病，被国家列为全国十佳矿泉水。神农温泉四季水温39℃~41℃，洗浴可医治多种皮肤病、关节炎。

（文字供稿：谭奇煌　图片供稿：梁春根）

上架乡 >>

区域概况

位置面积

传说清代有一绅士欲嫁女到境内圩场，由于河流相隔进出不便，绅士便带头捐资，在河上架设一座石拱桥，始称上嫁桥，后因文辞欠雅，故改称上架桥，上架乡由此得名。地处耒阳市东南角，东接永兴县，南临大义乡，西交夏塘镇，北邻三都镇。乡人民政府驻上架桥，距市区驻地43公里。2014年，全乡总面积45.4平方公里，东西最大直线距离7.1公里，南北最大直线距离9.7公里。

建置沿革

民国24年（1935），隶属第四区。民国27年，废区扩乡并保，上架乡辖25保。中华人民共和国成立后，隶属二区。1953年，改属第七区。1956年，撤区并乡，仍保留上架乡。1958年，属三都人民公社。1961年，从三都公社折出成立上架人民公社。1984年，更名为上架乡。

行政区划

1961年，辖三江、东畔、古楼、文冲、上架、南基、流塘、丛木塘、下石镜、珊钿、界冲、上湾、下庄、架木14个行政村，146个村民小组。

自然环境

辖区内多山，属亚热带季风湿润气候，其特点是气候温暖，四季分明，日照充足，雨水集中，夏秋多旱，严寒期短，暑热期长，无霜期长。春温多变，雨热同季，秋温陡降，雨少多旱，冬季寒冷干燥。年平均气温18.2℃，1月平均气温6.1℃，7月平均气温29.4℃。生长期年平均280天，无霜期年平均297天，最长达347天，最短为246天。年平均日照时数1479.8小时。降雨时节集中在每年3—8月，6月最多，年降雨量1408毫米。

人口民族

1982年，境内有总人口17687人。其中男性8908人，女性8779人。1991年年末，实有4664户，19101人，其中非农人口210人。1995年年末，全乡总人口19256人，出生312人，出生率为13.8‰，自然增长率为6.4‰。1999年末，总人口19789人。2002年年末，全乡总人口19987人。2011年年末，全乡总人口20760人，其中男性11854人，占57.1%，女性8906人，占42.9%；人口出生率5.6‰，死亡率3.5‰，人口自然增长率2.1‰。2014年年末，全乡总人口20956人，其中男性11954人，女性9002人。人口出生率6.28‰，人口死亡率3.25‰，人口自然增长率3.03‰。人口密度为每平方公里461人，境内居民均为汉族。

经济发展

经济综述

民国时期，境内农民以种田为主，辅以竹木业加工，粮食亩产在200公斤左右，经济不发达。中华人民共和国成立后，改进耕作方法，实行水稻矮秆良种化，大面积种植双季稻，粮食亩产上升到400公斤。1980年后，农村实行家庭联产承包责任制，自主经营，优化产业结构。全乡经济以农业为主，境内盛产粮食、木材、水果、药材、桂花鱼等。1986年，普遍种植水稻、小麦、大豆等，工业企业规模小。1994年，全乡工农业总产值1770万元，其中农业总产值956万元，财政收入90万元，农民人均纯收入725元。1997～2004年，调整产业结构，加大招商引资力度，工农业发展呈现新格局。形成了杂交制种、水产家畜养殖、蔬菜药材种植、南竹种植等基地。2005年，全乡杂交制种333.33公顷，粮食总产量1060吨，农业生产总值1.43亿元。开发千亩南竹、百亩白果基地，兴办永兴金银回收公司、冶炼厂，年创工业总产值9186万元。2014年，加大粮油生产，推广机械化种田，向种粮大户流转农田66.67公顷，粮食总产量1220吨，全年国民生产总值（GDP）总产值4.51亿元，其中工业总产值2.43亿元，财政收入135万元，农民人均纯收入4720元。

农业

种植业 全乡粮食作物以水稻为主，主要经济作物有油菜、红薯、蔬菜等。民国时期，农业生产发展缓慢，粮食产量在每亩200公斤以下。中华人民共和国成立后，农业生产逐步发展，但由于当时自然灾害多，品种老化，致使产量不高，亩产在250公斤左右徘徊。1965年，全乡粮食总产量3166吨，1991年，种植双季水稻1249.2公顷，种油菜37.53公顷，产菜籽170吨，种药材28公顷，产值10万元。1995年，全乡有耕地面积840公顷，粮食总产量7239吨，产值628万元。是年，全乡拥有大中型农机20台（套），农机总动力1430千瓦。2000年，乡政府调整农业产业结构，面向“基地型”发展，年内共完成粮食生产总量7675吨。2009年，全乡种植水稻533.33公顷，主要干道沿线95%种植双季稻。2011年，全乡共建立3个油菜示范点，种植面积466.67公顷。2014年，全乡共有耕地面积760公顷，粮食总产量6872吨。

养殖业 畜牧业主要为饲养猪、牛、羊、鸡、鸭等。民国时期，村民养牛以役用，养猪养鸡为解决生活所需资用。1970年前，饲养量因粮食不足，户均每年养猪1.2头、养鸡10～15羽。1978年改革开放后，农户饲养量逐年增加。1991年，全乡养猪27496头，出栏13483头，养家禽95850羽。1995年，乡财政投资14万元，建成乡综合养殖场1个，饲养生猪1000头，养鱼3.33公顷。全乡出栏生猪7120头，出售家禽9785只。1997年，引进资金兴办综合养殖场2个。1999年，出栏生猪8230头，出售家禽12012只。2000年后，各农户散养生猪稀少，涌现大批专业养殖户。2014年，有300头以上的养猪专业户8户、养鸡专业户4户。

林业 清代，上架乡农民用插条杉、栽竹兜的方法人工造林，下庄等地农民用油茶籽直播和补兜。全乡林地面积共2186.86多公顷。其中油茶1872公顷，1991年，人工整地造林133.33公顷，种药材28公顷，产值10万元。1993年，投资5万元，引进优质药材几十个品种，种植面积200多公顷。2000年，完成整地造林53.33公顷，荒山抚育26.67公顷。2004年，开发千亩南竹、百亩白果基地，逐步出现造林大户。2008 年完成造林面积 133.33 公顷。2009 年，完成造林面积 200 公顷。2014 年，境内森林覆盖率达到 73%。

工业

境内资源贫乏，除竹木富足外，地下矿藏仅有一定存量的煤和山石。民国时期，境内民间有竹器、木器、铁器、土纸等加工作坊十余家。中华人民共和国成立后，在维持原有私营手工业的同时，逐步兴办社队企业。1969 年，成立公社“五七”工厂，有公社林场、竹木收贴站、竹木业加工厂、碾米厂、缝纫厂等，从业人员 100 余人。1980 年后，个体私营企业蓬勃兴起，行业门类增多，涉及五金、建材、建筑、冶炼、竹木加工等。1991 年，乡村、个体企业 418 个，总收入 429 万元，完成国家税收 6.5 万元，实现利润 3.2 万元。1994 年，乡镇、个体企业发展到 940 个，从业人员 3468 人，企业总产值 2949 万元。1995 年，乡财政投资 54 万元，新开马家仙煤矿，年产原煤 3 万吨，次年投产。1997 年，筹资 30 万元，重新启动马家仙煤矿。2004 年，兴办永兴金银回收公司上架冶炼厂等民营企业。2007 年招商引资，兴办三江冶炼厂，上架碎石场，下庄制鞋厂。 2014 年年末，全乡有煤矿企业和采石场各 1 个，个体企业 961 个。

商贸服务业

清末民国时期，境内在上架桥小街上设有商业店铺 10 余家，出售竹木器、粮油、铁器、土纸、日用品等。中华人民共和国成立后至 1956 年，商店仍由个体经营，1959 年设立供销合作商店。1961 年，设立上架公社供销社。1976 年，按县革委会部署各大队普遍建立代购代销店 14 个，1982 年后，农村实行承包经营，私营商店逐渐兴起，至 1995 年，共有商业网点 32 个，从业人员 87 人，有集贸市场 1 个，年成交额 677 万元。1999 年，商业网点增至 41 个，从业人员 98 人，年成交额 795 万元。2003 年，全乡服务业商品成交额 1024 万元。2011 年年末，共有商业网点 62 个，从业人员 136 人；2011 年，社会商品零售总额达 3260 万元，集贸市场 1 个，年成交额 2315 万元。截至 2014 年年底，全乡共有各类门铺 126 个，从业人员 425 人，全年商品销售总额达 8785 万元。

财政金融

财政 1950—1984 年，乡（社）财政收支由财粮委员或秘书兼管，1985 年，成立乡财税所统管收支，是年，乡财政总收入 185 万元，主要为工商税和农业税，财政支出主要为支援农业，行政管理费和上解县财政。1994 年，企业创利税 363 万元，上缴国家利税 59.5 万元。1995 年，全乡预算内财政收入 56 万元，上缴国家税金 51 万元。1997 年，预算内财政收入 94 万元，上缴国税 65 万元。1998 年，预算内财政收入 92 万元，上缴国税 58 万元。2000 年，全乡共完成国民生产总值 3150 万元，预算内财政收入 68 万元，上缴国家税金 60 万元。2003 年，全乡国民生产总值 4820 万元，预算内财政收入 67 万元，上缴国家税金 58 万元。2005 年，取消农业税。2008 年，全乡财政收入 180 万元；2014 年，全乡共完成税收 256 万元。

金融 清末民初、农村民间资金融通，全靠自由借贷。1954 年，成立信用合作社。2013 年，农村信用社更名为农商银行。2014 年，全乡仅有耒阳市农商银行 1 家金融机构设立了网点。

基础设施

交通运输

民国时期，水路淝江河可通航，时有船只从上架桥顺水直下经夏塘至淝江口到达耒水。境内乡道是乡民自动筹资和出力修建的石板路，连通外乡及耒阳、永兴、安仁等县城。1958 年，葵（田）上（架）线动工，全长 20 公里，于 1969 年竣工，此后，汽车站有专运客车 1 辆往返于耒阳。方便上架乡民的交通出行，1980 年后，各村开始修村级公路。1995 年，境内以公路运输为主，共有运输车辆 18 辆，年创运输收入 102 万元。1999 年，共有运输车辆28辆,年创运输收入160万元。2001年，对全乡原有的“老、烂、差”路进行全面改造，基本实现村村、组组通砂石路的目标。2002 年，修好著名景点侯计仙公路，2004 年，许上公路拓宽，硬化工程竣工。2006 年，启动村道硬化工程，年内 8.7 公里道路硬化完成。2009 年，全乡硬化水泥路 30 余公里。2011 年，上高公路全面通车，连通了同永兴的道路交通；运输企业拥有货运汽车 9 辆,52 吨位；客运汽车 8 辆,122 座位；货运量 0.8 万吨，客运量 12 万人次。2014 年，全乡 14 个村 100％实现通水泥路，村组公路四通八达，村级主干道基本实施硬化。有县乡道 1 条，总长 12 公里。

邮政通信

民国 27 年（1938），耒阳邮政局在上架乡南庄设有信柜 1 处。1958 年，设邮电所，为当地群众办理送信函包裹，汇兑储蓄，报刊发行业务，1961 年，上架公社装有电话专线。1995 年，有 3 个行政村开通程控电话,用户 65 户。2000 年年末，全乡 14 个村全部开通程控电话，装机 300 余部。2011 年年末，电信企业 3 家，服务网点 3 个，其中固定电话用户 700 户，移动电话用户 5700 户，互联网用户 80 户。2014 年年底，电信企业 3 家，服务网点 3 个，其中固定电话用户 688 户，移动电话用户 6700 户，互联网用户 180 户。

供电饮水

1978 年，盐沙夏塘线架通用电后、上架开始安装高压电线路，政府所在地及周围村民开始用电。1984 年，成立乡农电管理站，1995 年，全乡 14 个村全部通电。2001 年，乡政府争取多方投资，融资 100 万元用于全乡 14 个村的农电网改造。2007，在上架、文冲等村打深水井，4500 多人受益。2008 年春节前的特大冰灾，电力设施受到严重破坏，灾后迅速组织恢复。2014 年年末，全乡 14 个村农电网改造全部完成，6 个村通自来水。

水利建设

1949 年，境内有山（平）塘 200 余口，蓄水量 8 万立方米，中华人民共和国成立后，水利事业得到进一步发展，1953—1957 年，共整修扩建山塘 150 余口，蓄水总量增加到 25 万立方米，1958—1980 年，修建小（二）型水库 6 座，蓄水量 80 万立方米，同时在 1965—1966 年参加兴修凉水冲水库，并开通左干渠引水到各大队、灌溉农田 300 多公顷，1978 年通电后，沿河三江、古楼等村，利用电排提升淝江河水，抗旱保丰收。1982 年，实行承包责任制后，农民及时清淤，保持渠道畅通，使粮食产量获得连年丰收。1997 年，投资 10 万元修复水毁工程、渠道清淤。1998 年，投资 4 万元，修建珊钿、古楼村水利工程各 1 处。2006 年，因“7·15”特大洪灾的严重破坏，灾后组织群众修复电排 3 处，渡槽 500 米，渠道 16 千米，维修小（二）型水库 2 座，塘坝 5 座。2008 年，在南基、文冲等 4 村修建高标准灌溉渠。2014 年末，全乡共有小（二）型水库 6 个，电排 5 处。

镇村建设

清末、民国时期，有船只商旅来往，逐步形成商埠集镇。1961 年成立上架人民公社后，在上架桥兴建政府办公用房，并陆续建设邮电所、信用社、农技站、畜牧站、食品站、粮站等单位。境内农村的古老自然村，多是聚族而居，民国至

20世纪60年代，农村住房多以木板式，土抖墙式、砖木结构式居多，砖瓦房多是乡绅住宅。清光绪年间（1875—1908），下庄村大地主陈棣满雇能工巧匠数百人，历时六年，建成一栋占地8498平方米的庄园住宅，四进两横，有108个屋柱，房屋100余间，雕梁画栋，富丽堂皇。1970—1980年，农村民用房，先后翻新改造，或另择址新建，为红砖瓦房，1980年后，以钢筋水泥结构为主，并且注重内外装修，户平住房面积在150平方米以上。1995年，投资20万元水泥硬化上架圩街道500米，上架村开通有线闭路电视。2002年，投资10万元，对乡政府老办公大楼进入改造，新建乡财政所办公大厅。2003年，加大上架圩场的开发力度，对原有农贸市场进行改造。2010年，投入资金100余万元进行新财税所建设。2014年，投入资金20万元，购买拖斗车24辆、垃圾桶1000余只，兴建垃圾池100座，改造和新建垃圾焚烧炉2个。配备道路沿线专业保洁员6人，各村配备专门保洁员1人。

下庄古民居

社会事业

教育科技

教育 清同治五年（1866），里绅陈耀芳念淝江上游一带寒士甚多，独资兴建仰高书院于上架桥珊钿冲，民国时并入淝江书院。民国后期，境内有私塾多家，私立及国民学校数所。1949年10月后，农民子女入学读书，1958年，实行公办，民办“两条腿走路”的方针，办有小学14所，1964年，增加耕读班10个，1973年，兴办上架公社中学。1974年，推行社办高中，大队办初中的格局，上架中学增设高中班2个，下庄等3个村增设初中班各1个，1980年停办。1986年，普及小学六年义务教育。1991年，有中学1所，小学17所，有在校学生1295人。1992年，筹资30万元，建成中心完小1600平方米教学大楼。1994年集资66万元，兴建中学教学大楼4000平方米，又投入资金，兴建高标准运动场。1995年，全乡共有中学1所，小学10所，有在校学生1158人，中小学教师136人。2000年，在乡、村两级财力十分紧张的情况下，先后拨款10万元，维修、改造中心完小等10余所小学的危房。2005年，投资30万元对上架中心完小、下庄联小、南基小学、丛木塘小学的基础设施进行改造。2011年年末，有幼儿园3所，在园幼儿452人，专任教师12人；小学8所，在校学生821人，专任教师65人，小学适龄儿童入学率100%；初中1所，初中在校学生312人，专任教师33人。小升初升学率100%，九年义务教育覆盖率100%。2014年年底，共有幼儿园2所，小学8所，初中1所，在校学生1307人，专任教师111人。

科技 1968年年底，建立上架公社兽医站，实行包预防、包治疗、包阉割的三包责任制。1971年，建立公社农科站，有农民技术员2~3人，成立农科队，生产设有育秧、植保、看水、饲养员，形成区、社、大队、生产队四级农村科技网。1982年，建立农业技术推广服务站，并发展科技示范户48户。到2014年，有农民技术员22人，兽医2人，种养殖科技示范户150户。

文化体育

文化 清光绪年间（1875—1908），民间流行的有唱皮影戏，乡绅陈棣满在下庄建有戏台一座。1961年，上架公社成立文化站，配文化辅导员一名。“文化大革命”期间，公社成立毛泽东思想宣传队，配合政治形势，自编自演节目，到各大队巡回演出。1970年后，先后组建电影队、广播站等文化体育活动组织。1987年，建立上架乡文化中心站。1990年后，建立村文化室14个。1999年，成立2支铜管乐队，1个民间剧团。2009年，全乡建设村级活动场所2个，发放电脑2台，电视机5台。2014年年末，有乡文化站1处，有村级文化活动中心14处，注入图书数千余册。

体育 1950年前后，民间有舞龙灯、舞狮的传统。1970年，各大队成立农民篮球队，并举行过比赛活动。2007年，参加耒阳首届运动会，获得优秀组织奖及3金2银的好成绩。2014年，成立上架乡广场舞队伍，100余名妇女参加；有篮球场12个，乒乓球台15个，学生和大部分村民积极参加晨练、做操等体育活动。50%的村有健身器材。

医疗卫生

医疗 民国时期至20世纪50年代，境内没有卫生院。1961年上架公社建制后，设立公社卫生院。“文化大革命”时期，1969年，全县农村普及推行合作医疗制，各大队成立合作医疗站，配赤脚医生2~3人，上拨西药自采草药为群众治病。1980年后，赤脚医生及个体医生私营办诊所，为群众治病，20世纪90年代，全乡医疗卫生仍以赤脚医生看病治病为主。1995年，全乡有医院1所，医疗点14个，医卫技术人员42人，床位30个，固定资产200万元。此时，医疗水平相对较低，只涉及三大常规检查。1999年，乡卫生院门诊大楼建成并投入使用。2004年，推行乡村医生考执业医师证。2006年，启动新农合制，参保率达90%。2008年，新型农村合作医疗参合率达到95%。2014年年末，境内有卫生院1所，村卫生室14个。医疗床位60张，其中执业医师17人，注册护士8人。

卫生 清末至民国期间，农村卫生环境较差。1950年后，政府逐渐重视。1952年，开展“五灭一捕”爱国卫生运动。1978年，公社成立爱国卫生运动分会，指导督促境内的卫生工作。1987年，以消灭老鼠为重点，统一施放毒饵。1994年9—10月，在珊田村发生霍乱病人20余例，市防疫站组织人员及时封锁病区，就地隔离病人，并对周围环境、水源进行彻底消毒，共消耗消毒药品650瓶，预防服药四环素、新诺明、诺氟沙星等5万余片，较快地控制疫情扩散，杜绝二代病例发生。1998年，改建水井80余口，改善饮水卫生。2007年，成立乡环卫队，统一收集垃圾。2014年年末，有乡环卫队4人，在圩场及各村设有垃圾桶、箱180个。

社会保障

“五保”供养 中华人民共和国成立后，对孤寡老人和无劳动能力的残疾人实行“五保”，其生活费由所在生产队负担。1982年后，“五保”对象的供养纳入乡统筹。2005年，城乡“五保”户享受低保待遇，供养费由市财政拨月拨付。

2011年，乡财政投入50万元，新建一座高标准的敬老院，2014年末，集中供养“五保”老人 28 人。

最低生活保障 2007 年下半年起，实行城乡居民最低生活保障待遇，是年享受农村低保 506 户、723 人。2009 年，全乡农村低保覆盖面大幅增加，共发放低保等各类民政救助资金 120 余万元。2014 年年底，共申报低保对象 621 户，共计 876 人。

养老保险 2009 年 10 月，启动农村居民养老保险，是年，对乡内 1860 名年满 60 周岁的老人发放两个半月的养老金，每人 55 元 / 月。2014 年年末，新型农村养老保险参保人数达 10200 人，参保率达 49%。新农合参合率达 94%。

医疗保险 2005 年，推行新型农村合作医疗制度。是年，每人交费 10 元，参合率 80%，报销医疗费 21.5 万元。到 2014 年年末，全乡参合率达 100%，年内支出资金 127 万元。

社会救济 民国时期，乡内水、旱、虫灾连年发生，期间，遭受特大旱灾 2 次，当时政府拨款购粮，但灾情严重，仍不免饿殍遍地，逃荒无数。1956 年，境内遭受特大旱灾，旱期达 5 个月之久，受旱稻田 200 多公顷，当年政府给予减免征粮，并发放救济款，帮助灾民恢复和发展生产。1996 年 9 月，发生特大涝灾，倒塌房屋 200 多间，冲毁、淹没稻田 213.33 公顷。灾后政府及个体业主捐款给予救助。 2006 年 7 月 15 日，特大洪灾造成 370 房屋倒塌，无家可归。政府组织定后重建，春节前全部入住新房。2014 年年末，国家抚恤、补助各类困难对象 302 人，改造危房 28 户。

特色地情

知名人物

曾木斋（1876—1928）又名曹云文，上架乡三江村人。光绪二十年（1894）中举；光绪二十一年（1895）入国子监读书，后加县丞。民国 8 年（1919），他与贺恕等 50 多人组织宣传队，宣传反帝反封建。后参加革命团体“心社”，加入中国共产党。民国 12 年（1923），任耒安永农民自卫队大队长。民国 17 年（1928）跟随朱陈上井冈，在永兴太湖仙山附近阻击尾追之敌的战斗中壮烈牺牲。在举世闻名的湘南起义期间，曾木斋一家共牺牲 11 人。

风景名胜

侯憩仙 也称猴憩仙、侯憩山、侯计山、侯昙山、孔明山。《明史》载：“东有侯计山，淝水出焉，西南入耒水。”有关侯憩仙山名之由来，据《九州通志》载：“耒阳侯计山，一名侯憩山，上有七十峰，诸葛孔明常憩此筹计兵事。”故而得名。侯憩仙风景秀美，山势奇峭，中有白象庵、半山亭、观日台、侯憩仙寺、跑马道、点将台、帅旗墩、孔明井等景点及遗迹。

十出九没泉 十出九没是一条默默流淌的小溪，小溪从第一个谷箩大的泉眼算起，每隔几百米增加一个泉眼，从下石镜村到上架村最后一个止，一共是 19 个泉水眼，其中 9 个进水眼，10 个出水眼，故名十出九没。十出九没一年四季涌流不断，形成溪流，两岸都是石崖石洞石山，成为自然奇观。

（文字供稿：谭奇煌　图片供稿：梁春根）

沙明乡 >>

区域概况

位置面积

辖区内土壤多为砂质，且砂粒透明，故称“沙明”。地处耒阳市最东北部，北邻马水乡，西接亮源乡，南接导子乡，东南与安仁县华王乡接壤，东与安仁县羊际乡交界。乡人民政府驻沙明冲，距市区 57 公里。辖区东西最大距离 8 公里，南北最大距离 7.8 公里，总面积 35 平方公里。

建置沿革

民国时期隶属环湖乡，1950 年，开始正式设名为沙明乡，先后属耒阳第二区、第四区所管。1958 年，成立五峰仙农林垦殖场，(1962 年改名为国营五峰仙林场)，1961 年 6 月 20 日，增设沙明公社。1984 年，改为沙明乡。1986 年，乡政府与五峰仙林场合并，成立“场乡合一单位”，仍称沙明乡。

行政区划

1986 年场乡合并后至 2014 年年末，辖有沙明村、三岭村、高峰村、和平村、邓山村、畔冲村 6 个建制村，50 个村民小组，11 个林场工区。

自然环境

地势东北高，西南低。地形较为复杂，以低山地貌为主。最高峰黄牛塘海拔 795 米；最低处邓山海拔 200 米，相对高差 595 米。乡政府驻地海拔 530 米，居耒阳之最。发源于本山体的溪流成辐射状，分别经白马江和浔江，注入耒水。沙明属亚热带季风性湿润气候，年平均气温 16℃，极端最低气温 –7℃，极端最高气温 39.8℃，无霜期 260 天。常有冰冻出现，昼夜温差较大，年降水量 1300~1370 毫米,为耒阳市雨量较多的地区。境内最大的河流为邓山河，从北面的和平村流入邓山村，经导子乡流入耒水，流域面积 10 平方千米，年均流量 50 立方米 / 秒。其余的水系经三岭村、沙明村、和平村流入关王塘水库。境内旱、虫、山泥流等自然灾害常有发生。1956 年、1963 年、1978 年均受大旱。2008 年 1—3 月，遭遇 50 年以来的极端冰冻低温天气，境内一片白色，屋顶、地面结冰厚度在 5 厘米以上，交通中断近 2 个月，供电、通信中断达 4 个月，直接经济损失在 2000 万元以上。全乡土壤为花岗岩红壤，砂性重，雨季易造成山体滑坡，属省地质灾害频发地区，其中和平村、高峰村属省地质灾害严重村。

人口民族

1982 年，全乡总人口 4881 人，其中男性

2590人，女性2291人。1995年总人口5146人。2014年年末，辖区总人口6137人，总人口中男性3237人，占52.75%；女性2900人，占47.25%。14岁以下840人，占13.7%；15～64岁4627人，占75.4%，65岁以上670人，占10.9%。2014年，人口出生率12.8‰，人口死亡率6.1‰，人口自然增长率5.5‰。人口密度为每平方公里175人。总人口中，汉族为主，达6118人，占99.7%；苗族、回族、壮族、土家族、瑶族等11个少数民族，少数民族总人口19人，占总人口的0.3%，多为因婚姻迁入人员。

经济发展

经济综述

民国时期，境内农民主要从事种田和竹木业加工，经济十分贫困。中华人民共和国成立后，政府重视偏远高寒山区的农业生产，粮食产量逐年上升，经济逐年发展。1992年，全乡国民生产总值（GDP）624万元，其中农业总产值354万元，人均纯收入405元。1995年，形成“乡场合一”体制，全乡发展药材，南竹种植及黄牛、土鸡养殖等多种经营，向新型农业转化。新造林12435亩，发展养殖大户100多户，出栏生猪2万头，牛556头，出售家禽1.2万羽，粮食总产量2647吨，全乡国民生产总值890万元，其中农业总值504万元，财政收入12万元，农民人均纯收入1450元。2005年，实现国民生产总值1765万元，其中工业总产值1163万元，粮食总产量2580吨，财政收入36.5万元，农民人均纯收入1508元。2014年，全乡国民生产总值（GDP）总值1910.6万元，上缴国税12余万元，人均纯收入3985元，年末农民各项存款410万元，人均储蓄700元。全年粮食总产量170.1吨，家禽12300羽，黄牛1200余头。

农业

种植业 境内粮食作物以水稻、红薯、花生为主。1949年，全乡农业生产总值40万元。1979年，粮食总产量1936吨，亩产401公斤，1982年后，推行家庭联产承包责任制，农业生产迅速发展。1990年，有耕地333.33公顷，其中水田302.47公顷，粮食总产2729吨；产花生14吨、茶油70吨。1995年，粮食总产2650吨。1996年，有大中型农机24台（套）。2000年，全乡共种药材80公顷，其中杜仲60公顷。2001年，粮食总产2580吨，有各类大中型农机具21台（套），农机总动力759千瓦。2011年，农业总产值达到674万元，比上年增加2%，占GDP的比重31.1%；蔬菜种植面积20公顷，产量30吨；产红薯5吨、花生6吨。2014年，有耕地面积360公顷，粮食总产170.1吨。

养殖业 以养殖猪、牛、鸡、鸭为主。民国以前，个体饲养，饲养量不大，大都是为了维持生计。中华人民共和国建立后，鼓励农民饲养。1970年，户均养猪2头，户均养家禽15羽左右。其间生产队还办有小型猪场。1991年，饲养生猪3780头、家禽11600羽。1995年，扶持养殖专业户，引进广西山羊种102头。2001年，年内出栏生猪3680头、菜牛326头、出笼家禽9636羽。2011年，家禽出笼0.6万只，黄牛出栏1200头。畜牧业总产值322万元，占农业总产值的47.8%。2014年，出笼家禽2130羽、出栏黄牛1200余头。

林业 1958年，境内创办国营五峰仙林场，垦荒造林1540公顷。1987年，恢复场乡合并，经过20年的封山育林，有活立木蓄积4万多立方米。到1990年，共全伐、间伐666.66公顷，材积3.1万立方米，总收入690多万元，创利510万元。1995年，全乡有用材林1290.27公顷，经济林

五峰仙林场

176公顷，油茶林135公顷。2001年，全乡林区被定为国家级公益林，退耕还林30.6公顷。2007年，个体造林大户谭小芽等12户共造南竹、松树、杉树共1090公顷。2014年年末，全年累计造林60公顷，其中经济林40公顷，南竹20公顷，农民住宅四旁树木0.21万株，林木覆盖率60.3%。活立木蓄积量13308立方米。

工业

沙明乡属耒阳林业区，其工业底子薄弱，发展缓慢。1969年，成立公社“五·七”工厂，以竹木业加工为主。1982年，实行家庭联产承包责任制后，农民开始从农林中解放出来，逐步举办个体企业。至1993年，乡、村、个体企业161个，从业人员1039人，总产值390万元。1996年，有乡、村、个体企业285个，年创产值893万元。2014年，有乡、村、个体企业293个，创总值926万元。

商贸服务业

20世纪60年代，政府所在地沙明冲五峰仙林场设有商店，供应日常生产生活用品。1962年，设立沙明公社供销社。1976年，各大队普遍建立代购代销店6个。1982年后，个体商店逐渐兴起，并筹建集贸市场。1991年，有供销社2个，个体摊位19个，年商品营业额276万元，有集贸市场1个，年成交额130万元，上缴工商管理费1.4万元。1999年，全乡商品营业总额320万元，集贸市场年成交总额50万元，上缴工商管理费1.8万元。2014年，集贸市场成交款30万元，商店30个，从业人员46人，全年零售总额281万元。

财政金融

财政 1961—1984年，乡财政先后由财粮委员或秘书兼管，税源主要为农业税和农林土特产税。1985年，成立乡财政所，统一管理收入支出。1993年，乡村、个体企业创利税88万元，上缴国家税金5.6万元，1996年，全乡总产值1190万元，预算财政收入12万元。1997年，上缴国家利税8万元。1998年，预算内财政收入38万元，上缴国税26.9万元。2005年，财政总收入36万元，上缴国税15.8万元。2014年全乡财政收入65.5万元。

金融 1961年,成立乡信用合作社。1987年，成立人寿平安保险营业所，为在校学生及部分村民办理保险业务。2007年,设立邮政储蓄营业所。2014年年末，有农商银行1家，金融产业实现增加值99.8万元，中国邮政银行在沙明乡开设营业所。

基础设施

交通运输

沙明乡是耒阳海拔最高的乡镇，群峰叠嶂，山高路陡。民国期间，境内有小道连通亮源、导子及安仁华王、羊际等乡，蜀道难行，乡民出行极不方便。1958年，县办五峰仙林场建立后，历时数年，开通枣子至沙明公路，全长18公里，路基宽5米。1962年竣工，随之汽车站开通至沙明客运车1辆，每天两趟。1996年，全乡6个村都开通了公路，有运输车1辆。1997年，增至17辆,年创收入150万元。1999年,有运输车21辆，上缴车辆使用费1.4万元。2001年，修建沙明至安仁华王乡公路。2002年，投入2万元，维修乡村公路，确保各村组通公路。2006年，通乡公路硬化竣工。2010年，硬化村道3.2公里，争取资金100万元为乡公路护坡。2014年末，有县道1条，总长9.1公里。2014年运输企业拥有货运汽车15辆，38吨位；客运汽车2辆，56座位；货运量1.2万吨，客运量1万人次。

邮政通信

1958年，五峰仙林场装有电话。1961年，沙明公社成立后，同时装有电话，设立邮政营业所。1997年,开通程控电话,装机32户。2005年，建成移动通信接收塔1座，开通宽带网络。2014年年末，有邮政网点1个，投递线单程总长度9千米，投递点1个，乡村通邮率100%，有电信服务网点1个；固定电话用户58户，普及率达到4.4%；移动电话用户742户，互联网用户28户。

供电饮水

供电 20世纪70年代，五峰仙林场自办小水电站，装机容量20千瓦。1978年，东江柑梨冲变电站，开架柑枫线，沙明乡从导子接通后，逐步用上高压电照明、加工等。1984年，成立农电管理站。2002年，完成一个村的农电改造，使农用电费降低。2008年，全乡完成农网改造。2014年，有10千伏配电线路1条，农村供电率100%。

饮水 1997年，开通自来水4处、改井5处，饮水工程逐渐铺开。2014年，100%农户用上自来水。

水利建设

沙明乡地处高山林区，山泉众多，长流不断，为当地农田灌溉提供了良好的自然条件。1949年，有山（平）塘40余口。1958—1970年，整修、新建山塘、堰坝20余处。2001年，投资2万元，翻修硬化山塘8口、堰坝5座。2014年，境内有山（平）塘64口，堰坝7座。

镇村建设

民国至20世纪60年代，境内乡民住宅依山而建,以砖木结构为主。1961年,沙明公社成立后,逐渐完善各项乡村建设,先后兴建乡政府、邮电所、卫生院、中学等公共设施。1984年,编制沙明乡总体规划图。1991年,乡政府为解决乡中心完小,自1986年来一直挂靠沙明村小的实际情况,另择新址,在沙明村五、六组征收水田0.47公顷,投入资金23.6万元(其中自筹15万元),新建1740平方米的乡中心完小,教室10间,师生宿舍8间,是年底交付使用。同年,又投资14万元,动工兴建沙明粮站,总库容1000吨,结束了农民卖粮愁、工人买粮难的历史。2002年,投资50万元,建成一栋高标准的财政所。修建一条排水沟,带动小集镇建设。2010年,投入120万元,建成乡中学综合楼。2012—2014年,投资400万元,新建敬老院、邮政所,改造装修乡派出所、乡政府机关大院。

社会事业

教育科技

教育 1950—1960年,有小学6所。1970年后,创办沙明公社中学,招收学生1个班。1980年后,学生人数逐渐增多。1986年,有小学生450人,中学生120人。1991年,有初中1所、小学6所、教职工47人、在校学生总计605人。是年,择址沙明乡五、六组境内,投入资金23.6万元(其中自筹资金15万元),建成总面积1740平方米的乡中学完小,年底交付使用。1997年,政府投入13万元,装修学校5所,添置课桌、椅、办公用具,大力推进“普九”验收工作。2001年,投资5.8万元,修建中学围墙600米。2004年,投资10万元,完成中学危房改造,修建学生食堂。2014年年末,有幼儿园4所,在园幼儿246人,专任教师14人;小学6所,在校生445人,专任教师38人;小学适龄儿童入学率100%;初中1所,在校生415人,专任教师56人,小学升初中率100%,九年义务教育覆盖率达100%。

科技 1970年,建立公社农科站,配备2~3人,指导各大队、生产队的农业技术,举行育秧、植保、播种等培训,印发防治虫病害,推广科学种田的简报。1982年后,农科站解体。1990年后,更名为农业技术推广服务站。2000年,每个村配备农技1人,推广科普知识,培养科技示范户。2014年年末,有农技员10人,有科技示范户5户。

文化体育

文化 1961年,沙明乡公社建置后,成立文化站,配1名文化辅导员。“文化大革命”期间,公社成立毛泽东思想宣传队,自编快板、三句半、渔鼓词、小短剧等节目,唱语录歌、跳忠字舞、学唱样板戏,在境内演出。1987年,建立沙明乡文化中心站,并先后建立村文化室。2014年年末,有乡文化站1处,有村级文化活动中心4处,农家村书屋6个,藏书1万余册。

体育 2008年后,组建腰鼓队、广场舞队。2014年年末,有篮球场3个,广场舞队2个,常年参加体育活动的有1090人。

医疗卫生

医疗 1965年,建立沙明乡公社卫生院。1969年,普遍推行农村合作医疗制,各大队兴办合作医疗站,配赤脚医生2~3人,为群众医治常见疾病。1982年后,个体医生开始办证行医。2006年,启动新型合作医疗制,当年参合率85%。2014年,境内有卫生院1所,村卫生室3个,医疗点8个,医疗床位6张,执业医师3人,注册护士2人。

卫生 1952年,集中开展“五灭一捕”爱国卫生运动。1978 年，成立爱国卫生运动分会，指导域区卫生工作。1982 年，开展治理“脏、乱、差”为主的卫生运动，组织人员清运垃圾、疏通阴沟、整修厕所、粉刷墙壁。1998 年，改建水井 50 余口。2008 年，成立环卫队，购置垃圾车，清运各村垃圾，统一埋没。2014 年，农村安全饮水普及率 38%。2014 年，有环卫人员 4 人，装卸垃垃车 1 辆，垃圾桶（箱）65 个。

社会保障

“五保”供养　中华人民共和国成立后，“五保”对象一直由集体供给必需的生活物资。1982 年后，“五保”户老人由乡财政统筹供应生活费。2012 年，新建乡敬老院，让全乡“五保”老人集中入住生活。2014 年，有“五保”户 25 人，其中入住乡敬老院 5 人。

最低生活保障　2007 年，在全乡启动农村最低生活保障，一类家庭每人每月 40 元，二类家庭每人每月 30 元。2014 年，享受农村低保 226 人、发放农村低保金 13.6 万元。

养老保险　2009 年年底，全面推行新型农村养老保险，全乡参保人员达 2805 人，参保金额近 28 万元；领取养老金人员达 548 人，全年发放养老金 36.2 万元。

医疗保险　2006 年，全乡参合人数 4915 人，参合率 80%。2014 年，参合率达 100%。2006 年起，对农村施行大病医疗互助，到 2014 年年末，共发放大病救助款 5 万元，民政救助款 4 万元。

社会救济　1963 年，遭受特大干旱，粮食减产五成以上，灾后政府及时救助，发放统销粮 1 万多公斤，使灾民度过春荒。

（文字供稿：谭奇煌　图片供稿：梁春根）

大义乡

区域概况

位置面积

相传昔时外地商贾常到此地贸易，人们洽谈行商公正合理，顺乎情义，故称之为大义，以此得名。地处耒阳市东南面，东与上架乡、永兴县接壤，西南隔耒水与黄市镇相望，西邻南阳镇相连，北抵夏塘镇。乡人民政府驻大义圩，距市区42公里。辖区东西最大距离17.3公里，南北最大距离13.8公里，总面积104.4平方公里。

建置沿革

1935年，隶属耒阳县第五区。1938年，废区扩乡并保，大义乡辖24保。1950年，隶属第三区。1956年建乡，1958年，成立大义人民公社，辖原大义、长冲、陶州乡。1961年，析出长冲、陶洲各成立公社。1995年撤区并乡时，原陶洲乡并入大义乡。

行政区划

1995年并乡后，辖有大义圩、船江、洲上、合建、泥湾、龙湾、泥丰、红泉上、红泉下、东坪、陶洲、鱼石、石江、石联、石正、谭家湾、苏银楼、滩龙、上石、尧隆、淝塘、古塘、兴隆、红联、新村、白云、古城、石准、巩固桥29个行政村，276个村民小组。2014年，所辖区域未变。

自然环境

境内大部为丘陵地区，东西部群山逶迤，丘陵起伏，中部有小溪终年不涸，溪水两侧开阔、平展，土质肥沃，水利条件较好。属亚热带季风温润气候，常年平均降水量为1337毫米。常年平均日照时数为1608小时。常年平均气温17℃~18℃，常年最热为7—8月，平均最高气温34.7℃，极端高温一般年份为37℃~38℃，最热时曾达到39℃。常年最冷为1–2月，平均最低气温为–0.5℃。境内属耒水水系，水库山塘多，地表水域广。主要自然灾害有旱涝、低温、雨雪、冰冻、泥石流、霜冻灾害。

人口民族

1982年，辖区总人口22640人，其中男性11289人，女性11351人。1990年，有总人口25255人，其中男性12834人，女性12421人；人口出生率19.2‰，死亡率6.9‰，人口自然增长率12.3‰。1995年，有总人口39009人，其中男性19801人，女性19208人；人口出生率15.6‰，死亡率4.6‰，人口自然增长率11‰。2001年，有总人口40363人，其中男性20299人，女性20064人；人口出生率6.02‰，死亡率3.97‰，人口自然增长率2.05‰。2014年年末，辖区总人口42582人，其中农业人口37303人，占87.6%。人口密度为每平方公里408人。境内居民以汉族为主，少数民族人口因为婚姻入迁女性，共27人。

经济发展

经济综述

民国时期，境内经济的主要形式是自然经济，农民以种田为主，辅以竹木加工、商贸经营等，粮食亩产在200公斤左右，经济欠发达。1950—1955年，农业为个体经济。1956年，通过对农业、手工业、资本主义工商业进行改造，集体经济占主导地位。1970年，水利条件得到改善，同时实行科学种田，全面种植矮秆双季稻，粮食总产量上升到7680吨。1985年，农业生产承包到户，第一、二、三产业齐头并进，个体经济比重增大，全年工农业总产值6480万元，其中农业总产值3724万元，财政收入87万元，农民人均纯收入1230元。1995年，全乡工农业总产值8823万元，其中工业总产值6080万元，财政收入68万元，农民人均纯收入1885元，粮食总产量13372吨。2002年，全乡工农业总产值突破亿元大关。随着新型农业产业化加快，瓜果、蔬菜、油菜等经济作物广泛种植，养殖业由散养型向规模化、专业化、市场化发展。引进外资1000多万元，建立大丰福利洗煤有限公司，投入120万元发展竹制品加工厂。2005年，全乡完成国内生产总值1.81亿元，其中工业总产值16208万元，粮食总产量10753吨，财政收入143万元，年人均纯收入2910元。2014年，成功引进湖南中联天地油茶开发有限公司，中项目规划投资1亿元，流转宜林荒山1300余公顷。引进400万元资金，打造国家新增粮食产能项目，覆盖船江、洲上等7个村。全镇GDP总值6.283亿元，其中工业总产值4.75亿元，粮食总产量11754吨，财政收入212万元，农民人均纯收入4786元。

农业

种植业 民国时期，辖区内粮食亩产在200公斤以下。1950—1960年，粮食亩产提高到250公斤。1962年实行队为基础后，生产水平逐步提高，1965年全公社粮食总产量达3904.4吨。此后，由于改善水利设施，实行水稻良种化，1979年，全社粮食总产量5537吨，亩产达702公斤。实行家庭联产承包责任制后，1990年，实有耕地893.33公顷，其中水田826.67公顷，以种水稻为主，全乡粮食总产量9994吨；蔬菜产量3100吨，水果产量13吨。1995年，与陶洲乡合并，全乡有耕地面积1362公顷，粮食总产12659吨。2000年，粮食总产12912吨。2014年，共有耕地面积1569.38公顷，其中水田面积1249.71公顷，粮食总产4100吨；蔬菜种植面积426.67公顷，产量1800吨。

养殖业 境内历来有饲养畜禽的传统，主要以牛、猪、鸡、鸭、鹅为主。中华人民共和国成立初期，禽畜均为个体喂养，水牛年饲养量400头左右，为耕田劳役用；生猪年饲养量户平1.2头，家禽饲养量户平10～15羽，以解决家庭日常生活开销。1958年“大跃进”期间，不准个体饲养，只准集体办饲养场，生产量大幅度降低。1963年，实行生猪奖售粮政策，到1965年，年养猪量上升到6200头。1970年，各生产队兴办型猪场，并继续鼓励私人养猪，到1975年，年养生猪达10800头。1978年改革开放后，农民饲养的积极性大增，而且涌现了一批专业养殖户。1990年，存栏耕牛1600头，出栏生猪6700头，养鸡24800羽。1995年，出栏生猪30080头，出售家禽21640羽，完成渔业产值109.9万元。2002年，出栏生猪36000头，出售家禽260000羽，增加养殖专业户392户。2014年，生猪饲养量4万余头，年末存栏8700头；家禽年饲养量20.5万羽；水产业主要是水库养殖的四大家鱼。

林业 境内主要有杉、松、樟、油茶、南竹等树种。民国以前，林地为私人所有，富户占有量大。中华人民共和国成立后，实行土地改革，但山林权属仍属私人个体。1958年，成立人民公社，山林收归集体所有。是年，由于大炼钢铁，砍伐树木烧木炭，森林面积受到破坏。1962年，山林权固定到生产队，并采取集体造林、封山育林等措施，森林面积逐年增大。1980年，有油茶林2272.67公顷、南竹2115.93公顷、经济林833.33公顷。1982年实行土地承包责任制后，林权下放到农户。1995年，全乡有用材林2666.67公顷，油茶林3333.33公顷，南竹林3333.33公顷，实现林业产值448.5万元。1998年，涌现大批造林专业户，谭家湾村农民谭金生联合112户农民承包荒山400公顷，整地造林；红泉村10组21户农户合办林场，绿化荒山333.33公顷。2002年，完成造林73公顷，低产林改造100公顷，垦复油茶林1200公顷，垦复南竹林1440公顷，实现林业收入800万元。2014年，有南竹林3600多公顷，经济林1127公顷，油茶林942.2公顷；造林1.37万公顷，其中防护林0.88万公顷，经济林0.45万公顷，竹林333.33公顷，林木覆盖率70.4%。

工业

民国时期，境内民间有木器、铁器、油榨、泥瓦等手工业数十家。木器加工以大义的谷海山最为著名，常到韶关、广州、香港等地包揽古庭园工程。1955年，成立手工业生产合作社。1958年，全社大炼钢铁，但效率低，质量差。1961年，大义伞社成立，有职工8人，年制伞6000把，创产值8000余元。1970年，号召办"五七"工厂，社队企业迅速发展，有加工、制造、修理等行业，后来成立大义公社建筑队，从业人员200余人。1978年后，社队企业、个体企业齐头并进。到1990年，共有乡村企业260个，从业人员1164人，年总产值470万元。1995年与陶洲乡合并后，有乡办企业12个，村办企业74个，个体企业616个，从业人员9967人,年内完成总收入27866万元。2014年，引进总投资1.5亿元的奇宏林业有限公司，完成第一期建设，购置安装1条重竹生产线，2条竹凉席加工线；境内陶洲的煤炭资源丰富，有煤矿7个。

商贸服务业

大义圩历来是耒阳东乡及周边永兴等地的农副产品的集散地，商贸服务业较为发达。清末、民国期间，共有商铺20余家，主要从事日杂南货、布匹、粮油、生产用具、餐饮、染织等经营。中华人民共和国成立后，先后成立供销合作社、食品站、粮油购销站及粮食储运库等，供应生产生活资料和收购农副产品。1978年以来，大义圩商贸繁荣，商铺迅速增加，服务行业扩展到农产品加工、建材、电器、网络等。1995年有商店112个，个体摊位165个，从业人员1634人，全年商品营业额2083万元，有集贸市场2个，年成交额2011万元。2002年，有集贸市场4个，年商品成交额2600万元。2014年，有商业网点80余个，社会商品零售总额达1.056亿元，比上年增长18.5%；城乡集贸市场2个，年成交额0.914亿元。

财政金融

财政 1984年，乡（社）财政由财粮委员会或秘书兼管。1985年，成立乡财税所，统管财政收支。1995年，乡财政总收入53万元，主要为工商税和农业税，上缴国家税金30万元。2002年，全乡共完成国民生产总值14590万元，其中工业总产值8325万元，预算内财政收入94万元，上缴国家工商税155万元。2014年，全乡共完成国、地两税2500万元,经济综合实力在全市排名前列。

金融 1954年，建立乡信用合作社1个，次年发展到2个。1958年，建立公社、大队生产队三级信用社体制。1961年,调整为公社信用社1个，职员4人。主要为集体发放农贷，办理农村金融业务。1982年后，农民个人存款逐年增加，1990年，储蓄余额达100万元。2000年后,家家户户有存款，2011年，个人存款有4000万元。2014年，镇内有农商银行营业所2家,邮政储蓄银行营业点2个。

基础设施

交通运输

民国时期，由乡民自愿募资和出力兴修石板路，作为乡间的主要道路，连接县城，通往永兴等地。1958年，干部群众日夜奋战，大修公路。1959年，司兰桥至夏塘元峰冲公路竣工后，即于同年动工修建元峰冲至大义线路，全长15公里，于1961年竣工通车。1967年，动工修建大义至陶洲公路，全长10.7公里，于1968年竣工。1980年后，各村公路相继开通。1997年9月，遭特大洪水，万人坳至大义公路冲毁中断。次年，乡政府通过贷款、捐款、集资等渠道，筹集资35万元于年内修复。1980年后，客运政策放开，个体业主陆续购置客车营运，方便人们出行、经商载货。到1998年，有客货运输车50辆，年创运输收入254万元。2008—2013年乡内通村公路全部硬化。2014年年末，共有货运车160辆，客运车48辆，年创运输收入2000万元。

邮政通信

1957年，设立大义邮政代办所。1958年，农村电话线开通到大义乡政府，后各大队都有电话。20世纪70年代村村通邮路，送信、送报纸杂志。1995年，开通程控电话。1998年有16个村开通程控电话，电话用户214户。至2003年，全乡28个村全部开通，用户增至1021户，移动和联通均已正常运行，手机用户逐年增多。2014年，有邮政代办所1处，邮政业务总量35万元。报纸、杂志累计期发行4256份。电信企业1家，服务网点6个，其中固定电话用户4462户，移动电话用户6421户，互联网用户823户，全年电信业务收入300余万元。

供电饮水

1950—1960年，农村照明以煤油灯为主。1978年，盐沙变电站投入使用，盐（沙）大（义）线架通输电。1980年后，村村通电，照明、加工、排灌都用上了电。1984年,成立乡农电站。2008年，遭受特大冰灾，电杆折断，电线损坏。灾后在国家资助下，电杆及外线全部更换。2011年，实行电网改造,先后对各村进行线路和户改。2014年，有变压器27台，通村线路总长92.8千米，村村通电。是年末，有自来水厂1座，2000余户用上了自来水。

水利建设

民国时期，大义乡水利基础建设十分落后，仅有山塘、门塘200余口，蓄水总量不足5万立方米。抗旱能力均在20天以下。中华人民共和国成立后，整修老塘，兴建新塘。至1957年年底，新增山平塘100多口。1957年10月,兴建小(一)型黄土仙水库，有效库容108万立方米，灌溉面积300公顷。1970年后，在农业学大寨中掀起农田基本建设高潮，相继建成小（一）型水库两座，其中，石头山水库库容118万立方米，灌溉面积达133.33公顷。1971年10月，建成铁路冲水库，集雨面积本身1.75平方公里，外引5.85平方公里，库容达292万立方米，灌溉面积达333公顷。自此以后，良好水利设施，增强了抗旱能力。

保证了农业大丰收。2010 年，乡政府争取水利建设资金 201 万元，乡财政投入 15 万元，兴建水利工程 6 处，维修加固小（一）、（二）型水库及骨干山塘 13 处。2014 年，投资 200 余万元，优化水利设施、加固堤坝、浆砌沟渠，涉及泥丰、白云、大义圩、红联等 15 个村。其中铁路冲水库主、支干渠维修疏浚完工，烟竹冲水库已完成除险加固工程，石江村 12 组骨干山塘“6·12”洪水溃堤修复完工。

镇村建设

清末、民国期间，大义圩市场贸易繁华，客商云集，是东乡著名的圩场之一。大义乡以周、谷二姓为主，古老的自然村，多是聚族而居。农村住房以土砖墙茅屋顶（或青瓦）的砖木结构式为多。密度大，采光通风差。20 世纪 50—60 年代，农民建房甚少，少数房屋进行翻修、改建。1970 年后，大部分茅屋换成瓦房，大队、生产队的办公室、保管室、中小学学校等公房相应兴起。农民改建、新建房屋增加，一般为红砖青瓦的砖木结构。1990 年后，农民住房面积增加，平均达 150 平方米。建筑质量提高，以钢筋水泥结构居多，内、外装修以瓷砖、铝合金窗为主。2006 年，启动社会主义新农村建设，鱼石村、泥湾村被列为耒阳市新农村建设示范村。2010 年后，政府先后投入 80 余万元用于各村交通道路、排水排污、环境卫生等基础设施的建设，村容村貌发生较大变化。2011 年，周家大屋被列为湖南第九批重点文物保护单位。2014 年年末，有新农村示范点 2 个，别墅式住宅 120 间。

社会事业

教育科技

教育 清末、民国期间，境内办有私塾 20 余馆，周氏宗祠、谷氏宗祠尤为兴隆。中华人民

周家大屋

共和国成立后，废除私塾，发动工农子弟入学。1958年，有小学20所学生1000余人，是年兴办县立第八初级中学，招收学生55人。1970年，改为耒阳八中，增招高中班。1975年，大队兴办初中，境内又增设3所初中，中学生人数达到500余人。1979年，大队办初中停止招生。1982年，八中建制撤销，改为大义公社初级中学。1991年，有初中1所，小学22所，在校中小学生4905人，教职工206人。2000年，境内有中学2所、小学27所，在校中小学生6000多人，有教职员工340人。2014年，境内有幼儿园3所，在园幼儿420人，专任教师12人；小学10所，小学班级84个，有学生2424人，小学教师163人；初级中学1所，初中班级8个，拥有学生478人，教师35人；农民文化技术学校1所。全镇适龄儿童入学率达100%，小学年巩固率100%，小学升学率100%；初中巩固率达98.2%，初中升学率达91%。

科技 清末民初，境内有科技名人周道隆，著有《采矿方法》《矿山压力》等著作。民国时期，农业科技发展缓慢。中华人民共和国成立后，1950年，设立农业技术推广站，改进农业生产技术。1960年后，科技活动一度停止。1971—1975年，建立县、区、公社、大队、生产队五级科技网。期间成立农科大队，推广科学种田，实行品种矮秆化，合理密植。公社成立农科站，配备2~3人，进行培训育秧员、植保员，出简报，指导各生产队防治病虫害等工作。1982年后，农科站解体。1990年后，涌现不少科技示范户。到2014年年末，有农技服务机构4个，从业人员12人，科技示范户12户。

文化体育

文化 清代至民国时期，灯舞、狮舞、龙舞及花鼓戏、皮影戏盛行于乡间。大义乡谷藩的书法刚劲洒脱，雕龙塔的石刻蛟龙栩栩如生；谷告生演唱的《莲子歌》、谷瑞兰演唱的《十打》等民调歌曲，在全县小有名气。中华人民共和国成立后，境内流行扭秧歌、唱皮影戏、舞龙灯。1956年，成立大义乡农村俱乐部，设有业余夜校，图书室、幻灯队和业余剧团，还办了黑板报。“文化大革命”期间，公社、大队成立毛泽东思想宣传队，自编自演节目，以短剧、快板、三句半、渔鼓词、革命样板戏的形式，巡回到各大队演出，1972年后，大队相继建立文化室。1975年，公社成立电影放映队，不间断地在各村巡回放映。1982年后停映。1991年2月，为促进两个文明建设，恢复乡电影队。年内共放映900场，完成发行任务1.5万元，年底被湖南省评为电影放映先进单位。1996年，开通有线电视，每百户农户拥有电视机68台。2003年，大义乡退休老师周舜耕等重建耒阳市诗联学会，会员中大义籍的达20余人。2014年，建有镇综合文化站1处，有村级文化活动中心25处，各类图书室（包括农家书屋）25个，藏书4余万册。民间艺术团体2家，杜甫书社1家。

体育 民国时期，农村体育活动压力较少，民间有舞狮、舞龙的传统。1950年后，中小学体育正式设立两节课，教学徒手操、扭秧歌、打腰鼓。1963年，农业歉收，为减少体力消耗，曾暂停体育教学。1970年复课后，体育改为军体课。1980年后，夏塘区中小学体运会，多次在大义中学举行。大义中学、学区多次夺得团体冠军。1990年后，农村体育活动活跃起来，打桌球、篮球、打腰鼓、跳广场舞等。2014年年末，有学校体育场2个，经常参加体育活动的人员占常住人口的16%，有广场舞队4支，腰鼓队2支。

医疗卫生

医疗 清代末期，大义有私营中、草药医生挂牌行医，坐堂就诊。民国30年（1941），县卫生院开始设置大义卫生所。1956年撤区并乡后，改为中心医疗保健站。1958年人民公社成立后，组建大义公社卫生院，“文化大革命”期间，取缔个体行医。1969年，普遍实行农村合作医疗制，各大队均成立合作医疗站，配备2~3人，上拨西药，自采草药，为群众治病。1980年，合医疗站随家庭联产承包责任制的推行而解体，兴起个体行医。是年，大义卫生院重新改建。2006年，启动新型农村合作医疗制，当年每人交10元，参合达24000人，参合率60.5%。2014年年末，有医疗卫生院1个，有床位35张，固定资产总值149万元。专业卫生人员58名，其中执业医师5人，执业助理医师2人，注册护士1人。2014年医疗机构（门诊部以上）完成诊疗2.05万人次。

卫生 1952年，开展“五灭一捕”爱国卫生动,1957年,继续开展灭“四害”为主的卫生运动。1978年，公社设爱国卫生运动分会，部署和指导境内的卫生工作。1982年，配合“五讲四美”活动，开展治理农村卫生脏、乱、差的状况，组织人员清运垃圾、疏通阴沟、治理臭水，整修厕所、粉刷墙壁等。1996年,改建饮用水井120口。2005年,建立环卫队，购买垃圾车2辆，集中拖运圩场及各单位、商户的垃圾。各村设立卫生监督员2~3人，不定期的检查评比。2014年年末,有乡环卫队2个,有垃圾拖运车2辆，垃圾箱（桶）220个。

社会保障

“五保”供养 1949年后，即实行“五保”制度，1959年，兴办公社敬老院，入院“五保”户老人20多人。大集体时，生产队统一负担，解决粮食、盐、油等生活用品。1980年实行责任到户后，“五保”户的供养费纳入村统筹。2005年，“五保”享受低保待遇，由市财政统筹拨款。同时，新建乡敬老院，将全乡50多个“五保”老人集中入住生活。

最低生活保障 2010年，享受农村最低生活保障895户。补助各类优抚对象448人，优抚事业费支出60万元。到2014年，享受农村低保1736人。

养老保险 2009年10月，启动城乡居民养老保险，到2014年年末，参加新型农村养老保险2.3万人，参保率60%。

医疗保险 2005年，推行新型农村合作医疗制度。每人交费10元，参合率达83%，年内报销医疗费65万元。2014年，29个村全都参加医疗保险，参合率100%，享受医疗补助267万元 。

社会救济 中华人民共和国成立后，抗灾救济能力增强，1956年，遭大旱5个月久，1963年，遭特大旱灾，275天未下大雨，当时政府采取减免征粮，发放救济粮、款、棉絮、棉衣，并开展生产自救渡过了难关，没有出现因灾死亡现象。

特色地情

知名人物

资耀华（1900—1996）耒阳市大义乡合建村人。1926年，毕业于日本京都帝国大学经济学院，回国后任国立北平法学院、中国大学、民国大学教授，《银行月刊》总编辑、上海商业储蓄银行经济调查部经理。1933年，入美国宾夕法尼亚大学工商管理学院学习，获硕士学位。1935年毕业回国，投身金融界。1949年，参加中国人民政治协商会议第一届全体会议和开国大典。1950年后，继续献身于新中国金融事业。著有《国际汇兑之理论与实务》《银行问题之研究》《清代货币史资料》《中华民国货币史资料》《清代外债史资料》等学术著作和论文。

风景名胜

直钓岩 位于市南30公里的大义乡滩龙村河滨。岩下有飞龙洞，相传汉张良在此隐居垂钓，故又名张良洞，石壁有"洞灵源"3个大字，右署"汉佐张良书"5个小字。唐韩愈被贬潮州，停泊谒张良洞，书赠住持"还我本来面目"后制成匾额悬于佛堂。元至正六年（1346），李从善书"直钓"二字于岩下路旁。明尚书彭维新，地理学家徐霞客，名士刘谦、陈伯夔，清末状元彭浚等均到此游览拜谒，题诗吟咏，刻于其壁。可惜先后被侵华日军及"文化大革命"造反派破坏殆尽。洞内有十景：保温洞、独角兽、顶天柱、张良榻、张良座、万民伞、飞来钟、千人锅、通天眼、石布波。

雕龙塔 位于大义乡雕龙村公案山北坡，清光绪十四年（1888）建，塔高通道11米，6面5级，青石砌成。第一级西墙有盘龙浮雕，活灵活现，故得此塔名。门洞上有穹扇浮雕，门联阴刻楷书："卓卓名峰钟俊杰，巍巍宝塔焕文光。"于1963年列为县级重点文物保护单位。

周家大屋 又名"五美堂"，地处大义乡东坪村境内，光绪十六年（1890）建造，是比较少见的大型江南古建筑群。周家大屋占地面积7800平方米，建筑面积3680平方米。共有48根木柱，51间房屋，屋内家家相通，在屋内行走，晴不戴帽，雨不打伞。2011年，被批准成为湖南省第九批文物保护单位，开发成为蔡伦竹海景区的一个景点。

（文字供稿：谭奇煌　图片供稿：梁春根）

磨形乡

区域概况

位置面积

磨形乡因磨形圩而得名，据说磨形圩地形酷似磨盘，固名磨形。地处耒阳市区西南部。东接小水镇，南邻长坪乡，西连仁义乡，北抵南京、余庆乡，乡人民政府机关驻磨形圩。距耒阳市城区9公里。辖区总面积41.2平方公里，东西最大距离9.7公里，南北最大距离11.3公里。

建置沿革

民国时期，属耒阳县紫山乡，中华人民共和国成立后，叫黄沙乡，隶属第八区。1956年，撤区并乡，属仁义乡。1958年，并入仁义公社，1961年体制调整时，从仁义分出，成立黄沙公社。1981年，地名普查，改名为磨形公社，1984年，撤社改为磨形乡。一直沿用至2014年。

行政区划

1990年，辖农科、磨形、青陂、虾塘、西冲、三泉、杨丰、黄沙、丛苞、石余、水口11个行政村，132个村民小组。2014年年末，仍辖磨形、青陂、农科、杨丰、黄沙、三泉、虾塘、西冲、丛苞、石余、水口11个行政村，132个村民小组。

自然环境

磨形乡地处耒阳市区西边。地势东南、西南高，中、北部低，地形为丘陵山地。境内最高峰祖仙岭位于丛苞村，海拔407.9米，最低点位于青陂村，海拔86.6米。境内河道属湘江流域，主要河道有四级河象江河，流经丛苞村、黄沙村、虾塘村、磨形村、水口村，流域面积20.7平方千米，年均流量0.15立方米/秒。境内矿藏资源丰富，已探明的地下矿藏有锑、铅、高岭土等。主要自然灾害有旱灾、水灾、低温冰冻、山洪、滑坡等。

人口民族

1982年，辖区内总人口为13125人，其中男性6808人，女性6317人。1990年，有总人口14638人，其中男性7491人，女性6174人；人口出生率19.8‰，死亡率7‰，自然增长率12.8‰。1995年，总人口15344人，其中男性7946人，女性7398人；人口出生率15.58‰，死亡率7.63‰，自然增长率7.95‰。2011年，辖区内总人口18103人，另有流入人口149人。总人口中男性9612人，占53.1%；女性8491人，占46.9%。人口出生率12.73‰，人口死亡率3.02‰，人口自然增长率9.71‰。14岁以下3892人，15~64岁12831人，65岁以上1380人。2014年，辖区总人口18642人，其中农业人口 18103 人，非农业人口 539 人。人口出生率 12.9‰，死亡率 5.9‰。人口密度为每方公里 440 人。境内居民全部为汉族。

经济发展

经济综述

民国时期，境内居民靠种植、养殖为生，经济落后。中华人民共和国成立后，重视农业，实施科学种田，不断改良土壤、品种，兴修水利，粮食亩产达到 400 公斤左右。1978 年，国家实行改革开放政策，大力提倡引资、发展工业及第三产业，境内经济迅速发展。至 1996 年，境内国民生产总值达 2160 万元。是年，完成工农业总产值 1740 万元，其中工业产值 140 万元，完成预算内财政收入 152 万元，居民年人平纯收入 1780 元，人均储蓄 630 元。2000 年，着力引进人才、技术、资金，工业企业发展，农业形成规模产业基地，生产形式逐步多样化。是年，完成国民生产总值 2290 万元，工农业总产值 1830 万元，完成预算内财政收入 172 万元，农民年人平纯收入提高到 1890 元,银行存款余款 1500 万元。2014 年，着力培植、支助 4 个种养大户，引进“净土·耒乡”特色农业综合开发产业园,大力发展乡镇企业，开发石余村大泉岭多种金属矿。是年，工农业总产值上升至 2350 万元，其中农业总产值达 1740 万元，农民年人均纯收入达到 1950 元，人均储蓄 120 万元。

农业

种植业 磨形乡主要农作物有水稻、小麦、红薯、大豆、花生、黄花菜、油茶等。民国时期，由于土地贫瘠，生产力低下，粮食亩产约 200 公斤。中华人民共和国成立后，重视农业发展，粮食产量逐年上升。1957 年，粮食亩产 250 公斤左右。1970 年，推广双季稻，粮食亩产 350 公斤左右。1977 年，推广杂交稻，亩产提高到 400 公斤。1990 年，境内有耕地面积 893.33 公顷，粮食总产量 2825 吨、小麦产量 128 吨、红薯产量 280 吨、大豆产量 48 吨、黄花菜 4.4 吨、花生 29 吨、茶油 105 吨。1995 年，粮食总产量上升到 5661 吨。2011 年，粮食产量 1.02 万吨，人均 552 公斤。2014 年，新增种粮大户 2 户，粮食总产稳中有升，达 1.05 万吨。是年，建立三泉村黄秋葵蔬菜种植基地和石余、水口村中药种植基地，同时引进“净土·耒乡”特色农业综合开发产业园项目。

养殖业 磨形境内素有饲养家禽家畜的习惯。民国时期，均属私家个体饲养，数目不多。中华人民共和国成立后,鼓励农村饲养,数量逐年增多，特别是 1978 年改革开放后,饲养量大增。1985 年，饲养生猪 9800 多头、家禽 18675 羽。1990 年，生猪饲养量 10780 头，家禽出笼 20165 羽。1995 年，出栏生猪 16480 头，出笼家禽 25048 羽，渔业产值 34 万元。2005 年，出栏生猪 19200 头，出笼家禽 9800 羽。2011 年，生猪饲养量 17000 头，年末存栏 8500 头；家禽饲养量 32000 羽；畜牧业总产值 406 万元，占农业总产值的 8.4%。2014 年，逐步形成以西冲、丛苞、三泉等村为主的养殖产业圈，涌现年出栏 1000 头以上的生猪养殖大户 8 户，年出栏 500 头以上的 23 户，特种水产养殖业大户 1 户。是年,生猪出栏 1.8 万头，家禽出笼 3.34 万羽。

林业 以经济林为主，主要是油茶林。1986 年，有油茶林 1261.93 公顷、竹林 79.33 公顷。1990 年，有油茶林 1247.67 公顷，是年生产茶油 105 吨。1995 年,退耕还林 380 公顷，有油茶林 1133 公顷,年产茶油 34 吨。2014 年，境内有用材林133.33公顷、油茶林1400公顷。是年，造林40公顷，其中防护林11.53公顷、经济林28公顷、竹林0.47公顷，林木覆盖率39.2%。

工业

境内矿产有汞、锑、银、高岭土等。1980年，有陶瓷厂1个，职工68人，年收入58万元。境内有制陶历史，其古窑址被列为衡阳市文物保护单位。1988年，磨形乡自办发电机组，电网停电时，用柴油机发电供应用电户。1995年，境内有乡集体企业1个，村办企业8个，工业总产值实现280万元。2005年，有工业企业10个，从业人员580人，创工业产值351万元。2014年，辖区内有工业企业15个，另增加采石场一个。石余村大泉岭多种金属矿也已完成土地流转，租赁土地1.13公顷，建设厂房700平方米。是年，工业总产值达398万元。

商贸服务业

磨形圩历史悠久，是耒阳西南乡三大名圩之一。1995年，辖区内有集体商店5个，个体商店40个，从业人员110人，全年商品零售总额201万元，有集贸市场1个，年成交额270万元。2005年，境内有商店38个，个体摊位103个，从业人员1120人，有集贸市场2个。2010年，境内有社会商品网点138个，全年社会商品销售总额358.8万元，城乡技术贸易成交额340.9万元。2014年，有商业网点146个，是年商品销售总额426.5万元。有集贸市场1个，年成交额290万元。

财政金融

财政 1984年，成立乡财政所，负责辖区内财政工作。1995年，完成预算内财政收入151万元，上缴国家税金87万元，分别较上年增长4%和9%。2011年，境内财政收入220万元。比2010年增加4%。2014年，完成财政总收入378.65万元，财政总支出370.64万元。是年国地两税任务为33万元、23万元，分别完成18.78万元、24.30万元。

金融 1969年，组建磨形农村信用合作社，并在各大队设立分社，负责境内人员的存款及农村贷款事宜。2013年，磨形农村信用合作社改名为农商银行。2014年，境内有农商银行1家，从业人员8人。

基础设施

交通运输

境内交通较为方便。有余长公路（余庆乡至长坪乡）贯穿全境，村与村之间都有公路相连，乡机关距320省道仅20公里。1995年，辖区内有运输汽车8辆，年运输收入40万元。2005年，投资30多万元完成余（庆）长（坪）公路磨形段油路工程。2010年，境内有客运汽车7辆，年客运5.4万人次，有货运汽车9辆。年运输量6.6万吨。2012年，筹资72万元，建成通村水泥路14公里，实现村村通水泥路的目标。2014年，投资400多万元，完成西冲至仁义4公里乡道硬化。

邮政通信

民国时期，磨形圩设有信柜。2005年，有程控电话用户680户。2010年，境内有邮政网点1个，投递点1个，有电信服务网点1个，电话交换机总容量14门，固定电话用户863户，普及率达21.3%。移动电话2681户，普及率66%，互联网端口4个，宽带接入用户44户。2014年，有邮政代办所1处，投递线单程总长度37千米，投递点11个，乡村通邮率100%。

供电饮水

1978年,磨形筹资自办小型火电厂。1986年，安装柴油发电机2组，日运行8～16小时，年发电量9.6万千瓦时。1995年，投资300多万元的磨形变电站竣工使用，结束了磨形、石枧、长坪、余庆及南京乡43个村无电的历史。1998年，磨形乡被耒阳市定为灾区项目改水单位。是年，投资10余万元用于改水工程。2012年，兴建安全饮水工程4处，解决3000人的安全饮水问题，完成3个村的农村电网改造。2014年，全乡11个村全部完成农网改造工程。辖区内70%的村完成农村安全饮水工程项目建设，是年，新建磨形乡自来水厂，并顺利通水；确保全乡村民的安全饮水问题。

水利建设

1958年，兴建磨形水库，库容156万立方米，灌溉面积233.33公顷。1980年，境内共有小(二)型水库4个，分别是磨形水库、荷叶塘水库、杨塘水库、严家碧水库。4个水库及干渠保证了境内11个村村民的农业灌溉及生产生活用水。2012年，完成磨形水库除险加固工程，维修大坝1处，对8口骨干山塘进行清淤扩容。2014年，完成磨形乡供水工程维护、黄沙洞水渠疏浚、荷叶塘西干渠清污等；冬修项目6个，共奖补17万元。

镇村建设

1990年，投资100余万元，兴建磨形圩场铺面，改善圩场环境。2001年，集资修整、改造政区街道，植树绿化政区环境。2012年，民筹公助，实现村村通水泥路。2013年，村组农户基本上都住上钢筋水泥结构的楼房。2014年，各行政村、居委会均新建有办公用房。

社会事业

教育科技

教育 1958年，耒阳县创办农校。1967年，因“文化大革命”停办。1971年，耒阳县农校迁至境内磨形大队复办。1975年，各大队开办初中，公社初中改为完全中学。1978年后，大队初中改为小学附设初中班。1982年，保留公社初中。1984年，改为乡中学。1990年，境内有小学10所、中学1所，在校学生2168人、教职工98人。1995年,有中学1所、小学11所，在校学生2000人、中小学教师122人。是年投资80万元用于中学校园改造。2005年，有中学1所、小学9所，在校学生2360人、中小学教师116人。年内，投资20余万元，为中学修缮教学楼，完成黄沙、西冲小学的危房改造。2010年，境内有幼儿园3所，在园幼儿468人，小学8所，在校学生1239人，教师58人。初中1所，在校学生338人，教师49人。九年义务教育覆盖率100%。2014年，有中学1所，在校学生318人,教师45人。小学9所,在校学生1158人，教师52人，幼儿园3所，在校幼儿434人。适龄幼儿入园率达98%。适龄儿童入学率100%。是年，中心幼儿园、佳佳幼儿园申报普惠性幼儿园成功。

科技 1961年，成立公社农业技术服务站。1968年，建立公社兽医站。1971年，农业技术服务站更名为公社农科站，各大队建立农科队，生产队组建农科小组。1975年，逐步形成区、社、大队、生产队四级农村科技网。1982年，科技网在实施家庭联产承包责任制之后解体。1984年，重新建立乡农科站、畜牧兽医站。

1990年，乡农科站改称农业技术推广站，配农技人员2人。2010年，举办农业技术培训班，参培人员41人。2014年，发展农业种养科技示范户10余户。

文化体育

文化 1965年，贯彻湖南省文化厅《关于大力开展公社民办文化站的通知》，公社建立文化站，配文化辅导员1人，负责境内文化工作。1966年撤销。1987年，重新建立文化中心站，有文化辅导员2人。1990年，境内有文化站1个，有图书室11个，藏书5万余册。2000年，有文化站1个、村级图书室8个。2010年，有文化站1个，村级活动中心7个，农家书屋5个，藏书3万册，档案室1个。2014年，协助央视文明密码拍摄组顺利完成“千年古县”磨形部分的拍摄计划。

体育 1990年，境内有体育场1个、篮球场6个，多为学校师生参加体育活动。2010年，境内有体育运动场1个、篮球场8个、排球场9个。2014年，组织磨形广场舞队，并参与全市广场舞比赛；是年，境内安装体育健身器材3处，供村民锻炼。

医疗卫生

医疗 1961年，成立公社卫生院，原各大队卫生所撤销。1969年，农村开始推行合作医疗制度，各大队相继成立合作医疗站，设赤脚医生1人。是年，境内有卫生院1个、合作医疗站11个，医护人员21人。1970年，为加强战备，逐步建立公社野战医院、大队救护所、生产队救护室三级人民战争卫生医疗网。1974年，撤销三级医疗网，大队恢复为合作医疗站。1980年，大队合作医疗站在推行家庭联产承包责任制过程中解体。1990年，境内有卫生院1所、医疗点11个。1995年，辖区有乡医院1所，医疗点11个，医卫技术人员12人，床位55张，固定资产85万元。2005年，有卫生院1所、医疗点11个，床位18张，医护人员20人，固定资产30万元。2010年，境内有卫生院1所，村卫生室10个，医疗床位18张，执业医师4人，护士3人。2014年，境内有卫生院1所，村级卫生室11个，药店2个，是年，乡卫生院新门诊住院综合大楼建设启动，总预算200万元。

卫生 1980年，学习仁义建设卫生新村经验，改建厕所30余个，改建畜圈20余处。1986年，乡卫生院设立防疫站，逐步形成县、区、乡三级卫生防疫网。1996年，在磨形圩建立垃圾池2座，投放垃圾桶8个。2010年，圩场居民及商铺实施门前卫生责任制。2014年，兴建垃圾焚烧炉1座、垃圾池68座，配备垃圾桶140个；11个村均配齐保洁员，共有保洁人员60人，成立余长线、圩场专业保洁队。

社会保障

“五保”供养 2010年，农村“五保”供养175人，支出费用26.25万元。2014年，乡敬老院运转规范，集中供养“五保”老人33位。是年，对全乡60岁老人和敬老院全体人员逐步进行健康免费体检。

最低生活保障 2010年，境内有农村最低生活保障户数480户，人数835人。支出费用90.2万元，月人均90元。2014年，落实农村低保1003户，兑现农村低保金25万元。

养老保险 2014年，完成11个村养老保险参保工作，参保率90%。

医疗保险 2010年，农村医疗救助83人次，支出11.16万元；参加新型农村合作医疗保险8941人，参保率52.43%。2014年，全乡各村村民均参加新型农村合作医疗保险，参保率100%。是年，为全乡村民逐步建立电子健康档案，建档率达90%。

社会救济　2010年,农村临时救济76人次,支出资金10万元。2014年，做好11户农村危房改造工程；重视解决困难党员、困难伤残退伍军人及低保家庭和特困拆迁户生活困难问题，按时足额发放优抚资金60万元，多次组织乡干部职工对困难群众开展送温暖活动，实行“一帮一”扶贫帮困结队活动，发放民政救灾款10万元。

特色地情

风景名胜——龙源山　境内三泉村龙源山风景秀丽。据清光绪《耒阳县志》载“山有太平寺，又名黄沙寺”，是耒阳西乡的旅游胜景。

（文字供稿：资余德）

余庆乡 >>

区域概况

位置面积

余庆原称余冲，中华人民共和国成立时，为庆祝建国，改名为余庆。地处耒阳市城区西南部。东与灶市街街道办事处接壤，南与小水镇为邻，西南连磨形乡，西邻南京乡，北接哲桥镇、三顺街道办事处。乡人民政府驻余庆圩。距耒阳市区9公里。辖区总面积82.5平方公里，东西最大距离9.6公里，南北最大距离12.5公里。

建置沿革

1950年，余庆乡属耒阳十区。1952年，属耒阳十二区。1953年，属十三区。1956年，撤区并乡，将原余庆、南桥、花石、石岳、观前、三顺6个小乡合并为新的余庆乡，1957年1月，属仁义办事处。1958年9月，建立人民公社，余庆乡划归城关公社。1959年，从城关公社析出，成立余庆公社。1961年12月，属城关区。1969年3月，改属仁义区。1984年5月，恢复余庆乡，同时析出石王、梓元、盖塘、同仁、梓元、花石、黄金、枞阳树等村到新成立的花石乡。1989年，析出联平村划归灶市街道办事处。1995年撤区并乡时，将原花石乡的石王、梓园、枞杨树、黄金、盖塘、同仁6个村和南京乡的板陂村并入；2010年8月，析出渔波、新田、三顺、观前4个建制村到新成立的三顺街道办事处。

行政区划

1990年，余庆乡辖三顺、渔波、新田、观前、农科、枫林寺、栗梓、南桥、五村、打鼓洲、余冲、栗树、东冲、龙陂14个行政村、153个村民小组。1995年撤区并乡时，余庆乡与原花石乡的石王、梓园、枞杨树、黄金、盖塘、同仁6个村和南京乡的板陂村合并；2010年8月，析出渔波、新田、三顺、观前4个建制村到新成立的三顺街道。2014年年末，辖有余冲、栗树、东冲、龙陂、同仁、枞杨树、黄金、石王、盖塘、五村、梓元、南桥、板陂、栗梓、枫林寺、打鼓洲、农科等17个建制村和1个居委会，174个村民小组，3个居民小组。

自然环境

辖区内大部为丘陵地区，地势西高东低、北高南低，地面高程一般在海拔90～150米，最高点枞杨树村井里坳上海拔382米，最低点是龙陂村8组石桥下海拔88米。辖区属亚热带季风温润气候区，气候温和，雨量充沛，光照充足，四季分明。常年平均日照时数为1608小时，常年平均气温17℃～18℃，年平均降水量为1337毫米。常年最热为7—8月，平均最高气温34.7℃，极端高温一般年份为37℃~38℃，最热时曾达到39℃；常年最冷为1—2月，平均最低气温为-0.5℃。境内属耒水水系和春陵河水系。耒水水系是由西往东的两条大的水溪，一条由栗梓村罗家流经枫林寺、农科、东冲、栗树村，一条由打鼓洲流经作余冲、栗树村。这两条水溪在龙陂村8组石桥下汇合流向耒水。春陵河水系主要有象江，象江由东往西北方向从五村、南桥、板陂村流入春陵河，江长3千米。欧阳海灌区东干渠由西南往东北流经境内长约8千米，其栗梓支渠自西向东通向小水镇，境内全长14千米。境内矿产资源主要为石灰石，地质储量丰富，集中分布在南部丘岗山区，长达5公里的矿带，采储量4.8亿立方米，是理想的建筑材料和工业原料，已大量开发利用；板陂村发现两处约1.33公顷的高岭土矿，采储量7.5万立方米。主要自然灾害有旱涝、低温、雨雪、冰冻、泥石流、霜冻灾害，有南桥村11组山体滑坡和黄金村溶洞两处地质灾害防治点。

人口民族

1982年，境内总人口为27804人，其中男性14234人，占51.19%，女性13570人，占48.81%。1990年，辖区内总人口19247人，其中男性8426人，女性10821人；人口出生率18.65‰，死亡率7.07‰，自然增长率11.58‰。1995年，总人口29015人。其中非农业人口318人，年内出生287人，出生率为9.3‰。2010年，辖区内有总人口26390人，男性13511人，占51.19%，少数民族47人，占总人口的0.17%。是年人口出生率为11.8‰，死亡率为4.5‰，人口自然增长率7.3‰。2014年，辖区总人口28709人，其中农业人口27599人，非农业人口1110人。总人口中，男性14434人，占50.3%；女性14275人，占49.7%。人口出生率12.56‰，死亡率5.9‰，自然增长率6.66‰。人口密度为每平方公里348人。境内居民汉族占26343人，占总人口的99.83%；有侗、苗、壮3个少数民族47人，占总人口的0.17%。

经济发展

经济综述

民国时期，境内居民以种田种菜养殖为生，经济落后。中华人民共和国成立后，大力发展农业生产，改良土壤、品种，兴修水利，粮食亩产达400公斤左右。1978年后改革开放，调整产业结构，兴办工业和第三产业，经济迅速发展。至1996年，境内国民生产总值达3731万元。是年，完成工农业生产总值3520万元，其中工业总产值1007万元。完成财政收入71万元。人民生活水平提高。是年人均纯收入为1283元，人均储蓄123元。2000年，加大工业投资，逐步实现产业向工业化转向。是年，完成国民生产总值5184万元，完成工业总产值6078万元，完成预算内财政收入247万元，上缴国家税金153万元，境内居民年人均纯收入提高到2260元,人均储蓄465元。2014年，新增工业投资5000余万元，其中诚松公司、泰安建材、山水园林开发公司、广腾生态、中达、南玉生效益不断提升。是年，工业总产值达12568万元，农业大力发展基地产业，是年农业总产值上升至2480万元。境内居民生活年人均纯收入上升至2850元，人均储蓄558元。

农业

种植业 境内主要农作物有水稻、小麦、红薯；经济作物主要有大豆、花生、黄花菜、生姜等。民国时期,农业生产力低下,粮食亩产仅200公斤。中华人民共和国成立后，发展农业生产，亩产有所上升。1957 年，亩产 250 公斤左右。1965 年，境内粮食总产量 5918.2 吨。1970 年推广双季稻，粮食亩产 350 多公斤。1977 年推广杂交稻，亩产上升至 400 多公斤。1979 年，粮食总产量 9445 吨，平均亩产 425 公斤。1990 年，投资 5 万多元，重点对栗梓村、枫林寺村的低产田进行改造，粮食总产量 9658 吨。1995 年，粮食总产量 12591 吨，产值 10670 万元。2007 年，粮食总产量 13482 吨，实现农业总产值 1.06 亿元。2014 年，围绕农业产业化，以打造“米袋子、菜篮子、果盘子”为目的，科学调整产业结构，粮食总产量上升至 2.1 万吨，人均 761 公斤，实现农业总产值 2.36 亿元。

养殖业 境内素有饲养家禽家畜的习惯，有些村、户还有养鱼习惯。民国时期，均为居家个体饲养，数量不多。中华人民共和国成立后，鼓励发展饲养，饲养数量有所上升。1958 年公社化后，不允许私人种养，猪、鸡、鱼等食品紧张。1978 年改革开放后，大力发展种植业，饲养量上升。1979 年，境内生猪存栏 6330 头，出栏 5525 头；饲养家禽 13589 羽；水产量 19.68 吨。1986 年，生猪饲养量 15816 头，家禽饲养量 15685 羽。1990 年，饲养生猪 19484 头，家禽 123934 羽。1995 年，生猪出栏 23520 头，家禽出笼 45340 羽，完成产值 15074 万元。2005 年，培植枫林寺村孙开生养殖基地，年出栏生猪 1000 头以上。2010 年，生猪饲养量 3.8 万头，家禽饲养量 8.6 万羽。2014 年，投资创建梓元村渔业养殖基地，年产鱼 8 吨左右。是年，生猪饲养量 3.25 万头，年末存栏 1.97 万头；家禽饲养量 10.48 万羽。

林业 以经济林为主。1986 年，有油茶林 1990 公顷。1990 年，有果林 12.93 公顷。是年，人工造林 13.33 公顷。1995 年，境内有油茶林 2320 公顷，用材林 653.33 公顷，经济林 153.33 公顷，实现林业产值 53 万元。是年，造林 74.66 公顷，开发山地 86.67 公顷。2010 年，造林 206.67 公顷，绿地面积 0.18 万公顷。2014 年，有林地面积 0.21 万公顷，其中退耕还林面积 333.33 多公顷。是年，造林 280 公顷，森林覆盖率 44.3%。

工业

境内以冶金业、采矿业、建筑材料业等为主。1990 年，有企业 307 个，从业人员 1993 人，总收入 502.5 万元。1995 年，有企业 681 个，从业人员 1784 人，工业总产值 1006 万元。2004 年，引进阳光再生和金城冶炼两家大企业。2005 年，耒阳市冶金工业园落户境内，辖区内有 5 处采石场，其中耒阳南方水泥厂在余庆乡梓元等村有 27 公顷的大型采石基地。2010 年，有工业企业 25 家，从业人员 1845 人，实现工业产值 5.04 亿元。2014 年，新增工业投资 5000 余万元，引进投资 200 万元以上企业 5 家，如泰安建材、淇元公司、中达公司、南玉公司、磊鑫建材有限公司等。是年，全乡工业生产总值 6.04 亿元，占国内生产总值的 64.5%。

商贸服务业

民国时期，境内有商铺 2 家，为日杂店。1953 年，有商铺 4 家，主营南杂、日杂。1957 年，建立供销合作社。1995 年，有集体商店 38 个，个体摊位 194 个，从业人员 1621 人。是年商品营业总额 1754 万元。有集贸市场一个，年成交额 1585 万元。2010 年，有商业网点 57 个，从业人员 267 人。是年，商品零售总额为 0.556 亿元。有城乡集贸市场 1 个，年成交金额 0.214 亿元。2014 年，有商业网点 107 个，从业人员 312 人；是年社会商品零售总额达 0.656 亿元，比上年增长 10.5%；城乡集贸市场 1 个，农历“逢三、逢八”开墟，各类日用品一应俱全，满足群众生活所需，年成交额 0.218 亿元。

财政金融

财政 1985 年，成立余庆乡财税所。1995 年，完成预算内财政收入 63 万元，上缴国家税金 36 万元，分别比上年增长 3.6%、5.7%。2010 年，财政总收入 641.18 万元。2014 年，财政总收入 2200 万元，其中完成国税 2100 万元，地税 90 万元，主体财源税源以工业企业、商贸流通企业为主。全年发放惠农资金 75.5 万元。

金融 1956 年，组建余庆乡农村信用合作社。1958 年，更名为余庆公社信用部。1969 年，恢复为农村信用合作社。2010 年，境内有金融机构网点 1 个，各类存款余额 0.72 亿元。2013 年，农村信用合作社更名为农商银行。2014 年年末，境内金融机构设有农商银行 1 家网点，从业人员 12 人，年末各类存款余额 1.15 亿元。

基础设施

交通运输

境内 107 国道从龙陂村穿过、320 省道横贯东西，028 县道（余长公路）贯穿西南，武广高铁贯穿南北。有耒阳至长坪、耒阳至罗渡、耒阳至常宁客运班车途经余庆。1995 年，境内有 21 个村通公路，是年境内有运输汽车 11 辆，运输收入 53 万元。1998 年，境内有运输汽车 54 辆，年创运输收入 236 万元。2011 年，完成梓元、栗梓、枫林寺等村通村公路硬化 20 多公里。

邮政通信

1995 年，有 3 个行政村开通程控电话，有装机用户 13 户。1998 年，有 10 个村开通程控电话，电话装机用户 237 户。2010 年，有邮政代办所 1 处，投递点 17 个，通邮率 100%，有电信企业 3 家，服务网点 3 个，其中固定电话用户 1462 户，移动电话用户 6421 户。互联网用户 123 户。全年电信业务收入 300 余万元。2014 年，有邮政代办所 1 处，投递线单程总长度 62 公里，投递点 17 个，乡村通邮率 100%。邮政业务收入 25 万元，报纸、杂志累计发行 2216 份。有电信企业 3 家，服务网点 3 个，其中固定电话用户 1562 户，移动电话用户 6529 户，互联网用户 368 户。全乡移动信号覆盖率 100%。

供电饮水

1990 年，投资 4 万元解决打鼓洲村生产生活用电问题。2011 年，全面完成龙陂、板陂村人饮工程，完成栗梓、板陂村农村电网改造。2013 年，110 千伏龙塘变电站建成投入使用。2014 年，启动农村安全饮水工程项目建设，投入 667 万元新建余庆自来水厂，并顺利通水；同时投入资金 200 余万元新建五村、黄金、枞杨树、南桥等 7 处人用饮水工程，确保全乡 2.8 万村（居）民的安全饮水问题。是年，境内 18 个村全部完成电力农网改造工程。

水利建设

境内无河流通过，17 个村中，有 11 个靠欧阳海灌渠供水，另外 6 个村则靠天然水供水。1993 年，投资 2 万元，先后建成春冲堰坝和王冲堰坝，投资 1 万多元修整哑子山支渠。1998 年，境内有小型水库 2 座、山塘 80 多口，有欧阳海灌区支渠 1 条、毛渠 21 条。是年，投资 20 多万元兴建水利工程 10 多处，完成渠道清淤 68 千米。2011 年，完成水渠清淤 16 千米，新建石王村高标准水渠 1000 余米，对栗梓、五村水库进行除险加固，对所有山塘进行修整。2014 年，境内有小（二）型水库 5 座，山塘 220 口，灌排渠道 41.7 千米；欧阳海灌渠在境内总干渠长 9.8 千米，东支干渠 14.4 千米，毛渠 74.7 千米，斗渠 29.5 千米，在全乡形成较为完整的水利基础设施框架。

镇村建设

2011年，投资150万元兴建乡综合办公大楼，并对机关院内进行美化、绿化、亮化。2014年，投入20万元完善圩场水、电、路、环卫、绿化、亮化等相关配套设施；投入30万元在乡政府与320省道之间新建余庆广场，丰富群众精神文化生活；投资320万元新建余庆公租房，切实解决部分群众住房问题。所有行政村、居委会均建有新办公用房。

社会事业

教育科技

教育 1958年,创办公社民办初中。1960年，公社开办干部脱产扫盲班，开展扫盲教育。1975年，各大队开办小学附设初中班，公社初中改为完全中学。1982年，取消大队初中班，保留公社中学。1984年，改为乡中学。1990年，辖区内有初中1所，小学13所，在校学生2607人。教师职工175人。1992年，投资4万元新建三顺小学教学楼，投资2万元兴建中心完小围墙和校门，是年,有小学16所,在校学生2382人；中学1所，在校学生415人；有中小学教师129人。1995年，有初中1所，小学21所，在校学生3564人。是年，投资21万元装修小学7所。1998年，境内有初中1所,小学21所,在校学生3608人。是年，投资100余万元，用于改造余庆中学大楼及附属配套工程。2014年，有幼儿园5所，在园幼儿642人，专任教师28人。小学9所，在校学生2138人，专任教师116人。初中1所，在校学生529人，教师78人。适龄儿童入学率达100%，另外有农民文化技术学校1所。

科技 1961年，成立公社农业技术服务站。1968年，建立公社兽医站。1971年，农业技术服务站更名为公社农科站，有农技员2人。各大队建立农科队，生产队组建农科小组。1975年，逐步形成区、社、大队、生产队四级农村科技网。1982年，科技网在实施家庭联产承包责任制之后解体。1984年，重新建立乡农科站、畜牧兽医站。1990年，乡农科站改称农业技术推广站，配农技人员2人。2000年，乡农技推广站农技员分别下村举行讲座，向农户传授农业种植技术2次。2014年，依托市农业局、农机局举办农村实用技术培训班2期，培训人数320人次。

文化体育

文化 中华人民共和国成立后，重视文化工作。1955年，在境内红旗二社建立全县第一个农业社俱乐部。1958年，公社建立文化站，配文化辅导员1人。1960年撤销。1965年，贯彻湖南省文化厅《关于大力开展公社民办文化站的通知》，公社重新建立文化中心站，负责开展宣传教育、文化学习、文化娱乐等工作。1990年，境内有文化中心1所，有图书室12个。2000年，有文化站1个、各类图书室15个。2005年，图书室增至18个。2010年，有乡文化站1处，有线电视站1处，村级文化活动中心2处。各类图书室20个，藏书4万余册。2014年，有乡文化站、文化广场、有线电视站、移动基站各1处，有线电视用户3450户。有村级文化活动中心17处，各类图书室（包括农家书屋）20个，藏书5余万册。

体育 2010年，有学校体育场2个，有3个村安装体育健身器材。2014年，有学校体育场5个，6个村安装健身器材，是年组建余庆舞蹈队。经常参加体育活动的人员占常住人口的15%。

医疗卫生

医疗 民国时期，境内有6家私人草药诊所。1955年，国营余庆诊所建立，境内有集体、个体诊所10余家。1965年，取消个体诊所。1977年，新建余庆卫生院。是年，境内有医疗网点15个。1990年，境内有卫生院1所，医疗点18个。1995年，境内有医院1所，医疗点22个，技术人员11人，床位33张，固定资产175万元。1998年，有医院1所，医疗点22个，技术人员18人。是年，投资12万元，兴建乡医院职工宿舍大楼。2010年，境内有卫生院1所，村级卫生室18个，药店2个，医疗床位35张，执业医师24人，注册护士10人。2014年，新建余庆卫生院门诊大楼。各村均配备了预防保健医疗工作者。

卫生 中华人民共和国成立后，重视农村卫生工作。1952年，开展“五灭一捕”爱国卫生运动。1956年，组建农村卫生队伍，开始对不合理的厕所、畜圈进行改造。是年，改厕20多个，改畜圈30余处。1978年，公社设爱国卫生运动分会，负责境区内卫生环境管理。1982年，境内整治“脏、乱、差”，在余庆圩建垃圾池2个。1987年,开展灭鼠运动。是年投放杀鼠毒饵150多公斤。2005年，投资2万元在圩场投放垃圾箱8个。是年，乡驻地居民及铺面实施门前卫生三包责任制。2010年，大力实施农村清洁卫生工程，新建垃圾池40个，并在圩场兴建公厕1个。2014年，乡政府驻地居民与商铺、单位与乡政府签立卫生责任状，政府驻地卫生环境大为改观。

社会保障

“五保”供养 2014年,落实“五保”户180人，兑现“五保”资金45.6万元。

最低生活保障 2010年，有城镇最低生活保障人数16人，月人均150元；农村最低生活保障842人,共支出5.4万元,月人均75元。2014年,落实农村低保643户,兑现农村低保金15.5万元。

养老保险 2010年，参加新型农村养老保险1.35万人，参保率99%。2014年，完成17个村养老保险参保工作，正常参保状态人数达16222人，占总人口的60%。

医疗保险 2010年，大病医疗救助22人次，支出经费5.4万元。2014年，医疗参保人数2.6万人，参保率95%。

社会救济 2010年，救济各类对象84人，支出费用30.2万元。2014年，做好36户农村危房改造工程，解决困难党员、困难伤残退伍军人和特困拆迁户生活困难问题，按时足额发放社会救助资金42万元，发放民政救灾款15万元。

特色地情

名优特产

黄花菜 境内盛产黄花菜，“余庆”牌黄花菜曾获得省农产品博览会金奖。

另外境内沿余长公路线南侧，多为石灰石形成的高山，石灰石储量大、品位高，是理想的建筑材料和工业原料。

风景名胜

龙泉洞 境内山川秀丽，枫林寺村有一龙泉洞景观，其洞分三层，洞中有洞，洞洞相连，主洞极为宽阔，可坐数千人，主洞中央有一孔可望到天空，人称“一洞天”。龙泉洞内幽邃神奇，钟乳石形态各异。清代耒阳知县张应星游此后曾作诗赞叹。

（文字供稿：资余德）

长坪乡

区域概况

位置面积

长坪乡因境内长坪圩而得名。地处耒阳市区西南部，距市区45公里。东接太平圩乡，南邻永兴县三塘乡，西至仁义乡，北抵磨形乡，乡人民政府驻长坪圩。辖区总面积77平方公里，东西最大距离11.75公里，南北最大距离17.9公里。

建置沿革

民国时期，长坪属紫山乡。中华人民共和国成立后，耒阳设十三区，长坪属耒阳县十一区。1958年，属和平公社。1984年，恢复乡建制，复归罗渡乡。是年，由原属罗渡乡的长坪、谭南、大群、破塘、高岭、田坎、鹿子7个村和原属石枧乡的布尾、泰源2个村以及原属太平圩乡的神岭、鲁塘、深塘3个村组建新成立长坪乡。1995年，全市撤乡并镇，将原石枧乡并入长坪乡。

行政区划

1984年，辖长坪、谭南、大群、破塘、高岭、田坎、鹿子、布尾、泰源、神岭、深塘、鲁塘等12个行政村，119个村民小组。1995年，原石枧乡并入。是年，辖长坪、布尾、清平、托福、洞中、西湾、谭南、大群、太岭、黄龙、坳上、破塘、潭湖、西岭、高岭、黄泽源、高峰、深塘、田堪、神岭、泰源、六子、鲁塘、石枧24个行政村，227个村民小组。2014年，所辖区域未变。

自然环境

辖区地处丘陵地带，地势西北高，东南低，地形为岗地、丘陵相间。境内最高点海拔690米，平均海拔580米。辖区属亚热带季风湿润气候，每年平均气温17.5℃，最低月均气温1.1℃，最高月均气温38.6℃。生长期年平均265天，无霜期年平均277天，最长达298天，最短为214天。年平均日照时数1471.8小时。年平均降水量1389.5毫米，年平均降水日数为174.7天，最多达197天，最少为138天。降水集中在每年4月至8月，5月最多。

人口民族

1990年，辖区总人口16202人，其中非农业人口210人，是年出生222人，出生率为13.7‰。1995年，撤区并乡，因原石枧乡并入，总人口增至30152人，其中非农业人口453人。是年，出生380人，出生率为12.9‰，自然增长率为6‰。1998年，辖区内总人口28348人，其中非农业人口410人。2005年，总人口45526人，其中农业人口37851人。2010年，辖区总人口

35264人，其中男性19216人，占53.37%；女性16048人，占46.63%。是年出生222人，出生率为11‰，人口死亡率3.3‰，人口自然增长率10.7‰。2014年，辖区总人口36548人，其中农业人口30460人，非农业人口6088人。人口出生率12.9‰，死亡率5.9‰。辖区内人口密度为每平方公里467.5人。境内居民全部为汉族。

经济发展

经济综述

民国时期，境内田少土多，经济落后。中华人民共和国成立后，着力改变山区面貌，发展经济作物，实施科学种田，粮食亩产达350公斤。人民生活水平提高。1978年改革开放，改变经济结构，发展工业及第三产业，境内经济迅速发展。到1996年，境内国民生产总值达2445万元。是年，完成工农业总产值2145万元，其中工业产值1240万元，完成预算内财政收入60万元，境内居民年内人均纯收入800元，人均储蓄90元。2000年，着力开发境内矿业，同时发展酿酒业和薯类加工业。是年,完成国民生产总值2500万元，完成工业总产值1200万元，预算内财政收入130万元，年内人均纯收入上升到1280元，人均储蓄100元。2014年，针对山区实际情况继续调整产业结构，大力发展耐旱作物和特色养殖，巩固黄花菜、藠头、药材三大基地，强化黑山羊、黄牛、野鸡养殖。是年，境内实现国民生产总值3280万元，完成工农业总产值2510万元，其中工业产值1500万元。完成预算内财政收入180万元，年内人均纯收入提高到1500元。

农业

种植业 辖区内粮食作物以水稻为主，经济作物有红薯、花生、蔬菜等。民国以前，农村生产力低下，加之长坪土地贫瘠，粮食亩产一般在200公斤以下。中华人民共和国成立后，粮食产量逐步上升。1957年，亩产提高到230公斤。1979年，种植杂交稻后，亩产上升到400公斤以上。1991年，有耕地面积657.87公顷，粮食总产量885.9吨，完成农业产值335万元。1995年，因石枧乡并入，境内耕地面积增至0.134万公顷，人均0.04公顷，粮食总产量上升到6066吨，实现农业总产值466万元。2000年，因抛荒现象较严重，粮食总产降至4500吨。2005年，积极发展耐旱避灾作物，扩种黄花菜100公顷、藠头133.33公顷。2010年，粮食总产量6000吨，菜油0.6吨，蔬菜产量1.1万吨。2014年，新增3户种粮大户，粮食总产量上升至6850吨。是年，种植油菜334公顷、蔬菜267公顷。

养殖业 境内素有饲养家禽家畜的习惯。民国时期，均为家庭私养，数量不多。中华人民共和国成立后，鼓励发展养殖业，数量上升。20世纪60—70年代，不准个体、私人饲养，食品供应紧张。1978年后放开市场，农副业得到发展。1991年，境内生猪饲养量168880头、家禽37000羽，1995年，出栏生猪25280头，出笼家禽66000羽。2005年，年内出栏生猪2万头，出笼家禽18羽，重点培育规模养殖大户30户。2010年，出栏生猪16000万头，出笼家禽42000羽。2014年，境内有养殖大户40余户，鲁塘村3组特种养殖场养殖生猪1000头以上。是年，出栏生猪23000头、家禽45000羽、山羊2000只。

林业 境内属耒阳西部山区，林业以经济林为主，主要是油茶林。1986年，境内有油茶林1711.13公顷。1995年，原石枧乡并入，境内有用材林806.67公顷，其中经济林156公顷、油茶林3333.33公顷。是年造林66.67公顷。2000年，境内有用材林933公顷、油茶林2467公顷，年内造林14公顷，种植药枣16公顷。2014年，造林101公顷，其中新造油茶林34公顷、湿地松67公顷。是年，境内有珍稀树种天然红豆杉378株，红豆杉幼苗培植幼苗长势良好。

工业

境内有硫铁矿。中华人民共和国成立初期，境内工业仅有手工业加工。有造纸作坊10余家，另有农户自家加工红薯粉皮上市。1960—1980年，境内几乎没有工业。80年代改革开放后，工业开始兴起。1985年，境内有土法烤酒厂13家，多为家庭作业，土法造纸作坊15家。1990年，有企业4个，从业人员120人，工业产值127万元。1995年，有企业523个，职工2775人。2014年，有采石场2个，高岭村永昌铁矿有限公司1个。

珍稀树种红豆杉

商贸服务业

1982年，投资2万元，建设长坪圩场货棚。1990年，境内有集贸市场2个，个体摊位188个，从业人员1050人，全年商品营业额1280万元。1995年，有个体摊位150个，从业人员990人，商品营业额1353万元；有集贸市场4个，年成交额748万元。2000年，境内有集贸市场4个，个体摊位240个，从业人员1060人，年商品成交额850万元。2010年，境内有商业网点426个，社会商品销售总额为1591.6万元，有集贸市场3个，集市贸易成交额658.1万元。2014年，境内有商业网点418个，社会商品销售总额为1485.8万元，有集贸市场3个，集市贸易成交额635.5万元。

财政金融

财政 1985年，成立乡财税所，负责辖区内财政工作。1995年，完成财政收入55万元。2000年，完成财政收入130万元。2008年，完成财政收入67.8万元。2010年，完成财政总收入237万元。2014年，境内财政总收入300.63万元。

金融 1985年,境内有农村信用合作社1个。2010年,境内金融机构各类存款余额0.32亿元。2013年,境内农村信用合作社改名为农商银行。2014年,金融机构有农商银行1个。

基础设施

交通运输

长坪境内交通方便。余长公路(余庆乡至长坪乡)一直到长坪,长毛公路延伸至永兴县毛刀口。村与村之间均有公路相通。1990年,境内有运输汽车22辆,年运输收入108万元。1995年,运输汽车增至42辆,年运输收入215万元。是年,新修公路10公里。2010年,修好长毛公路5.4公里,硬化境内村级公路30公里,拓宽公路50余公里。2014年,境内24个村已硬化村级水泥路6.6公里,拓宽修整村级公路20公里。

邮政通信

1995年,境内有邮电所2个。2000年,有邮电所2个,程控交换机房1个。2010年,有邮政网点1个,投递点1个,乡村通邮率100%。有电信服务网点2个,全年投资国内函件2.1万件,业务收入11.5万元。2012年,投资30万元,新建1个邮政所。2014年,境内有电信企业2家,服务网点2个,电话交换机总容量3000门,固定电信用户600户,用户普及率27.1%;移动电话用户2000户,普及率70.1%。互联网端口总数220个,宽带接入用户96户。是年电信业务收入40万元。

供电饮水

1982年,投资兴建水井及提、引水工程,解决部分自然村用水困难问题。1995年,政府投资架设电路,解决原石枧乡生产、生活用电问题。2005年,投资修建7000人饮用水蓄水池,打井31口,改善生活用水条件。2010年,积极与电力部门协调配合,争取到境内8个村的农网改造指标。当年,有4个村施工完毕。是年,石枧村文明圩水厂动工兴建。2014年,境内24个村全部完成农网改造工程。是年,投资450万元的石枧文明圩水厂建成供水,长坪、西岭、鲁塘等村兴建引水工程完工,农村安全饮水工程已覆盖各村。

水利建设

境内有大堰上小(一)型水库1个,小(二)型水库4个。1958年,兴修境内大堰上水库,库容285万立方米,灌溉面积466.67公顷。1995年,投资15万元维修建设标准山塘38处,修建渠道3000米。2010年,投资10余万元维修加固长坪村水库和鹿子村水库。2014年,奖补17万元,兴修水利项目6个。

镇村建设

2005年,加强长坪城镇建设,在圩市新建门面11个、商住楼4200平方米。2012年,投资130多万元,建设第二敬老院;投资50多万元,帮助境内108户农户进行危房改造。是年,新建乡政府办公大楼1栋。2014年,加大新农村建设力度,各村住房面貌改观,有些村建有农村小别墅。

社会事业

教育科技

教育 1984年,投资创办长坪乡中学。1990年,境内有初中1所、小学17所,在校中小学生1580人,教职工112人。1995年,境内有中学2所,小学22所,在校中小学生3998人,中小学教师180人。是年,投资100多万元,兴建中心完小教学大楼和黄龙村小。1998年,投资30

万元兴建鹿子学校。2010 年，在东莞展能集团的援助下，投资 50 多万元，改造新建鲁塘小学竣工使用。2014 年，境内有中学 2 所，小学 16 所、幼儿园 2 所，在校学生 4000 余人。适龄幼儿入园率达 98%，九年义务教育覆盖率 99.5%。

科技　1984 年，建立乡农科站、兽医站。1987 年，县科技局协助长坪乡举办各类农业技术培训班 3 期，传授农业技术，培训学员 90 多人次。1988 年，各行政村配农技员 1 人。1990 年，乡农技站改称农业技术推广站，有农技员 2 人。2010 年，举办农技讲座，传授水稻杀虫技术，有 40 余人参加学习。2014 年，开展珍贵树种红豆杉种植技术研究。

文化体育

文化　20 世纪 50 年代，长坪境内民歌盛行，李选才演唱的《十月恋姐》曾在县比赛中获奖；民歌《伴嫁歌》流传较广，深受民众欢迎。1990 年，境内有文化站 1 个，村级图书室 6 个，藏图书 2 万余册。2014 年，境内有文化站 1 个，有村级图书室 18 个。投资 15 万元，用于乡文化站建设，并添置电脑、书柜、投影仪、音响等设备。

体育　1990 年，有体育场地 16 处。体育活动有篮球、排球、乒乓球、跳绳、打拳等。2014 年，有体育场地 18 处，同时增设了一些健身器材。乡驻地一些居民形成跳广场舞的习惯。

医疗卫生

医疗　民国时期，境内以草药治病为主，有乡间草药门诊 5 家。中华人民共和国成立后，医疗卫生事业逐步发展。1956 年，建立乡合作诊所。1969 年，推行农村合作医疗制度，各大队相继建立卫生室，配赤脚医生 1 人。1985 年，兴建长坪卫生院，有医护人员 13 人，病床 10 张。1990 年，有乡卫生院 1 所、医疗点 12 个，病床 8 张，医护人员 12 人。1995 年，境内有医院 2 所，医疗点 25 个，医卫技术人员 20 人，床位 20 张，固定资产 50 万元。2010 年，境内有医院 2 所，村卫生室 24 处，有执证医师 16 人，护士 9 人。2014 年，境内有医院 2 所，村级卫生室 24 个，药店 3 个。

卫生　1973 年，农村实施“两管五改”政策，各村卫生条件逐步改观。1980 年，学习仁义乡经验，改建厕所 25 个，改建畜圈 40 多处。1986 年，乡卫生院设立防疫站，逐步形成乡、区、乡三级卫生防疫网。1990 年，在长坪圩建立垃圾池 2 座。1993 年，开展灭鼠运动，投放毒饵 100 多公斤。2005 年，开展除“四害”行动，各村自觉进行灭鼠、灭蟑、灭蝇、灭蚊。2014 年，长坪圩各居家及铺面实施门前卫生三包责任制。是年，在圩场投放垃圾箱 14 个。

社会保障

“五保”供养　2010 年，“五保”供养 385 人，支出 57.8 万元。2014 年，乡敬老院集中供养五保老人 49 人。

最低生活保障　2010 年，境内低保户数 1069 户、1933 人，共支出金额 126 万元。月人均 63 元。2014 年，落实农村低保 1250 户、1852 人，兑现农村低保金 238 万元。

养老保险　2006 年，参加新型农村养老保险 1.8 万元，参保率 71.2%。2014 年，完成 24 个村养老保险参保工作，参保率 90%。

医疗保险　2006 年，推行新型合作医疗，境内参合率 80%。2010 年，农村医疗救助 80 人次，支出资金 6 万元。是年，新型农村合作医疗参保人数 1.7 万人，参保率 72.1%。2014 年，为境内居民建立健康档案，建档率 90%，24 个村村民全部参加新型农村合作医疗保险，参保率 95%。

社会救济　中华人民共和国成立初期，对农村无劳力的居户进行优抚，普遍实施由农户或互助组进行代耕。1956 年，改代耕为优待劳动日制。

1982年，改优待劳动日制为优待现金制。1985年，县委将长坪乡定为重点贫困乡进行扶持，除各部门从财力、物力、技术上给予支持外，还每年拨发扶贫款33万元，并给予乡办企业、个体经营户免税3年的优惠政策。2006年，农村临时救济200人次，支出资金14万元。2014年，做好37户农村危房改造工程；全年按时足额发放优抚金额80万元，民政救灾款10万元。

特色地情

名优特产

红豆杉　境内的珍稀树种红豆杉十分闻名。2014年，进行人工育苗培植，势头良好。有天然树378株。

红薯酒、红薯粉皮　境内土法烧烤红薯酒及加工红薯粉皮远销省内外，很受食者欢迎。

（文字供稿：资余德　图片供稿：梁春根）

大和圩乡

区域概况

位置面积

因乡政府驻地位于大和圩得名。北靠衡南县廖田乡，西与常宁市隔河相望，东临淝田镇、永济镇，南接哲桥镇、坛下乡，地处耒阳市西北角，乡人民政府驻地大和圩，距市区25公里。2014年，全乡总面积79平方公里，东西最大直线距离9.4公里，南北最大直线距离13.8公里。

建置沿革

1952年，隶属耒阳县十一区，1956年，为大和乡，1958年，为大和公社，1984年复改乡。1995年6月，撤区并乡，原大和圩乡和原雅江乡以及哲桥镇的樟田村合并为大和圩乡。

行政区划

1992年，辖五和、沙园、新立、丰乐、新芳、群阳、莲花、春江、存谷、陡岭、茂泉11个行政村173个村民小组。2014年年末，辖有樟田、春江、群阳、莲花、存谷、新芳、五和、陡岭、禄田、丰乐、联盟、沙元、荣公、新立、茂泉、雅江、新华、群乐、爱群、瑶洞20个行政村，320个村民小组。

自然环境

地处江南丘陵地带，陡岭山脉余脉，以丘陵岗地为主，地势不平。土地多为紫色页岩，属亚热带季风湿润气候，四季分明，雨热同季。春天雨水多，夏初多雷暴大雨，降水集中在4—6月份。秋季温暖凉爽，冬季干冷少雨，年平均降水量1350毫米，常年平均气温17.2℃~18.9℃，光照充足，平均日照时数1608小时/年，无霜期288天。春夏多东南风，秋冬吹西北风。春陵江沿境西而过，水力资源丰富。境内已探明的地下矿藏有玄武岩。主要的自然灾害有冰雹、旱涝、龙卷风，偶有冰灾。

人口民族

1982年，辖区有总人口16697人，其中男性8634人，女性8063人。1990年，总人口18600人，其中男性9685人，女性8915人，人口出生率21.4‰，死亡率8‰，自然增长率13.4‰。1995年，总人口34886人，其中男性18342人，女性16544人，人口出生率15.6‰，死亡率3.5‰，自然增长率12.1‰。2001年，总人口34004人，其中男性18217人，女性15787人，人口出生率10.3‰，死亡率6.2‰，自然增长率4.1‰。2014年，总人口40413人，其中男性21323人，女性19090人，人口出生率13‰，人口死亡率6.1‰，人口自然增长率6.9‰。人口密度为每平方公里

511 人。总人口中以汉族为主，达 40365 人，占 99.88%，有土家族 5 人，苗族 6 人，其他少数民族共 37 人。

经济发展

经济综述

太和圩乡经济以农业为主，物产主要有粮食、茶油，盛产桂花鱼，有“养殖之乡”的称誉。1982 年，实行家庭联产承包生产责任制。1992 年，土地流转形成产业化、规模化生产模式。1995 年，工业发展迅速，工农业总产值 6358 万元，其中工业产值 2748 万元。从 1998 年起，对集体企业进行全面改制，使一批老企业注入活力，由生产型转变为生产经营型，发展新型产业，包括商贸服务行业。积极引进一批科技含量高、市场潜力大的企业。2005 年，粮食总产量 10280 吨、生产总产值 10680 万元，工农业总产值 8378 万元，第三产业总产值 2302 万元，居民年平均纯收入 2500 元。2014 年，加快农业产业化进程，发展新型工业进程，国民生产总产值 2.14 亿元，财政收入 930 万元，种植、养殖等产业规模迅速扩大。农民人均纯收入 4601 元。

农业

种植业 境内种植的粮食作物以水稻为主，经济作物主要有油菜、花生、芝麻等。中华人民共和国成立后，通过土地改革，农民分得土地。1956 年，农业生产合作化，大修水利，农业生产大发展。1958 年成立人民公社，政社合一，一平二调，给农业生产造成损失。1962 年，调整公社体制，以生产队为核算单位，激活了农民生产积极性。1965 年，粮食总产 4531 吨。之后，扩种双季稻。1976 年试种杂交水稻并逐步推广。1979 年，粮食播种面积 1797.27 公顷，粮食总产 8238 吨，油菜播种面积 28.13 公顷，总产 19.8 吨。1982 年，推行家庭联产承包责任制，土地按人口承包到户。1990 年，粮食总产 15957 吨，棉花 7 吨、油料 74 吨、烤烟 1 吨。1992 年，水稻种植面积 743.23 公顷，产量 9188 吨，薯类种植面积 133.33 公顷，总产量折稻谷 600 吨，经济作物 380 公顷，其中优质烤烟 86.67 公顷，产量 300 吨，油菜 266.67 公顷，产油菜籽 600 吨。随着农业产业化步伐加快，形成存谷、莲花等村优质瓜果，菜藕、珍珠豆种植基地。境内拥有大、中型农机 53 台（套），农机总动力 5800 千瓦。2005 年，全境杂交水稻制种 333.33 公顷，油菜种植 666.67 公顷，粮食总产量 10280 吨。2010 年以来，推进农业产业化、规模化、现代化，鼓励农民土地集体流转，鸿保现代农业园等一批农业庄园初具规模。2014 年，农业产业结构调整强力推进，形成粮食种植、瓜果种植、油菜种植大农业产业格局，制止耕地抛荒、稳定粮食发展，整治抛荒地 6.67 公顷。

养殖业 境内养殖主要有家畜、家禽和水产鱼类。1990 年，生猪存栏 3312 头，出栏 3210 头、家禽存笼 3.4 万羽，水产品总产量 190 吨。1996 年，形成以禄田、群阳、新华村为主的桂花鱼养殖基地。1997 年，养殖逐渐形成规模，养生猪 100 头以上的专业户由上年 67 户增加到 107 户，养鸡 1000 只以上的养殖户由上年的 310 户增加到 354 户，菜牛、山羊、野鸡饲养量大幅度提升。2005 年，发展养殖大户 300 多户，年出栏生猪 9.8 万头，出笼家禽 127 万羽，水产品 875 吨。2014 年，上规模养殖户达 120 户，年出栏生猪 4.5 万头，出笼肉鸡 50 万羽，鸭 3.8 万羽。淡水鱼养殖面积 527 公顷，产量 1502 吨，产值 2187 万元。创建了“网养七彩山鸡”“圈养龙凤乌鸡”“荒山养鸡”等模式。

林业 境内林木主要为经济林，用材林和生态公益林。1956年前,林地为私人所有。1958年，人民公社化，林地林权归集体所有，大炼钢铁导致林木毁坏严重。1962年，林权归生产队集体所有。1982年，山林经营权落实到农户，调动了造林积极性。1990年，境内造林93.33公顷，主要为果木林。年内有果园面积3.8公顷。2005年，有生态公益林828.67公顷，用材林212.67公顷、经济林210.8公顷,其中油茶林94.6公顷。2014年，境内累计造林0.16万公顷，其中防护林673.33公顷、经济林80公顷。林木覆盖率66%，活立木蓄积量4.5万立方米。

工业

境内有零星的锰矿石资源，1966年，县矿产公司在境内设点收购锰矿石，采集锰矿石是乡村企业的主要产业之一。20世纪70年代，成立公社联合加工厂，各大队办五七加工厂。加工厂主要从事碾米、榨油、熬酱、烤酒、粉碎饲料等加工作业，公社设企业办进行管理。20世纪90年代，集体企业改制民营企业。1991年，工业总产值13万元。1992年，引进草席种和编织技术，兴办年产草席2万床,产值8万元的大和圩草席厂。新立村、春江村办起年产1500吨、总产值20万元的大米加工厂。全年共新办企业8个，从业人员826人。1995年，有乡办企业6个、村办企业29个、个体私营企业151个，企业职工5174人，企业固定资产361万元。1996年，有乡办企业9家、村办企业64个、个体私营企业1725个，企业职工5601人，固定资产240万元，年内销售收入9158万元。1999年，有企业620个，从业人员4280人，企业总产值4821万元，创利税总额892万元。2002年和2009年工业总产值分别为2034万元和7000万元。2014年，拥有工业企业3家，上规模的企业有存谷采石场、莲花砖厂，工业生产总值1.1亿元。

商贸服务业

境内有4个各具特色的传统集贸圩场。大和圩的鲜鱼市场、樟田圩木材市场、春江铺大米市场、雅江圩蛋品市场。20世纪50年代，四个圩场设立代销合作社、食品站，供应生产生活资料，收购农副产品。1958年，取消集市贸易和个体商贩，商贸服务统一由供销社和集体商店经营。20世纪80年代初，开放市场，个体商业得到发展，逐步成为流通领域的主体。1992年，改造雅江圩场、春江铺新圩场完工。1995年（撤区并乡前），有集体商店2个、个体摊位116个，从业人员162人，商品营业额1061万元；有集贸市场2个，成交额1020万元。1996年，集体商店11家、个体摊位2400个，从业人员5910人，社会商品零售总额1680万元，有集贸圩场4个，年成交额1610万元,上缴工商管理费47万元。2003年，有集体商店11家、个体摊位2500个，社会商品零售总额2000多万元。2005年，引进外资651万元，分别创办海乐冲养殖休闲山庄，新华村荣荣农庄和石鼓洞养殖休闲山庄。2014年，全年社会商品销售总额达4000万元，城乡集市贸易成交额16000万元。

财政金融

财政 1985年，设乡财政所，负责辖区内的财政工作。1995年，乡财政收入140万元，上缴国税81万。1996年，国民生产总值7500万元，预算内财政收入148万元,上缴国家税金85万元。1997年，工农业总产值5859万元，预算内财政收入150万元，上缴国家税金90万元。1999年，乡财政收入138万元，上缴国税103万元。2014年，乡财政收入930万元，比上年增加7%。

金融 1954年，建立大和圩农村信用合作社。1969年，各大队设立信用合作分社。1995年，并乡后，雅江信用合作社停业，其业务并入大和圩信用合作社。2007 年 3 月，中国邮政储蓄银行在辖区内成立大和圩邮政储蓄支行并营业。2013 年，大和圩信用合作社改名耒阳农商银行大和圩支行。2014 年，境内有耒阳农商银行大和圩支行和邮政储蓄支行 2 个金融机构。

基础设施

交通运输

境内由铁路、公路、水路 3 种运输方式形成交通运输网。铁路有京广线、武广高铁线、瓦窑铁路过境，有 107 国道南北穿过，有县乡（镇）级大雅公路横跨东西。春陵江可季节性通航。民国时期，1927 年竣工通车的衡郴公路，1935 年耒阳段开始运行的粤汉铁路南北穿越境内。境内运输以公路为主。1996 年，实现村村通公路，部分组通公路，有运输汽车 67 辆。1997 年，有运输汽车 69 辆。2003 年，实施樟大（樟田村至大和圩）公路沙石路改水泥路工程，有运输汽车 80 多台。2006 年，大雅公路路面水泥硬化，全乡 5 个村完成村道改造，硬化通路 11 公里。2008 年，大雅公路水泥硬化正式通车。2011 年，20 个村均完成公路水泥硬化，硬化通村组公路达 100 千米，形成乡、村、组公路网。2014 年，完成五和、陡岭、莲花等村 10 余公里的村组公路硬化，樟田村横跨铁路大桥工程已完成主体工程。境内客运队有客运汽车 8 辆，210 个座位。

邮政通信

民国 27 年（1938），在境内樟田圩、春江铺分别设立信柜。1952 年，境内设立邮政局。1954 年，邮政局接管地方电信，成立邮电局。1956 年，建立农业生产合作社邮递员制度。1996 年，全乡 20 个村 320 个村民小组开通程控电话 310 户。1997 年，村村通电话，安装程控电话 346 门。1998 年，邮电体制改革，邮政和电信分营。2003 年，开通程控电话 600 多门，在春江铺、樟田圩、雅江村、新立村建通信信息转播台。2014 年年末，境内有邮政网点 1 个，代办点 4 个，投递点 2 个，有电信服务网点 4 个，互联网端口总数 8 个，宽带接入用户 25 户。

供电饮水

供电　20 世纪 60 年代末，遥田变电站通过遥樟线向辖区供电。1992 年，成立沙园村架高压电领导小组，筹集资金 21315 元，动员群众投工 2842 个，架通 5.2 千米的高压线路，全村 17 个村民小组解决用电问题。1999 年，大部分村完成农网改造。春江、樟田、存谷、莲花、茂泉、群乐等村完成农网户改，农电价格大降低。2005 年，全乡 20 个村的农网改造工程全部完成，实现城乡电费同价。2014 年，完成五和村的农网户改，全境 320 个村民小组农网户改全部完成并通电。

饮水　2005 年，新开水井 270 口，解决近 8000 人的生活用水问题。2006 年，雅江村自来水厂建成使用，老百姓用上安全合格的自来水。2008 年五和村饮水工程完成。2009 年，陡岭村和新立村兴建人畜饮水工程。2014 年，建成人畜饮水工程 20 多处，受益人口达 2 万人，农村安全饮水普及率 23%。

水利建设

春陵江沿境西流过，流经雅江、群乐、瑶洞、爱群 4 个村，为提水灌溉提供条件。境内有小（二）型水库 8 座：和平水库、新华水库、碧塘下水库、牛尾冲水库、荷叶塘水库、杨里塘水库、海乐冲水库、新塘水库，总蓄水量 92 万立方米，设计灌溉 10 个村，灌溉农田 266.67 公顷。各类大小山塘 1190 口，总蓄水量 471 万立方米，灌溉农田面积973.33公顷。欧阳海灌区右总干渠的西支干渠从境区中部穿过进入衡南。陡利、阳塘坳、桃李塘、马王塘、草塘边5条支渠，设计受益14个村灌溉面积1120公顷。1998年，乡政府投资20万元，群众集资20万元，新增山塘水面38.67公顷。2003年，完成山塘整修120处，加固维修渠道8000多米，改造小（二）型水库涵卧管1处。2005年兴建电排2座，维修渠道28千里，整修山塘152口。2009年，投入资金80多万元，维修加固山塘、水库100多处。2013年，硬化改造水渠9.3千米，渠道清淤49千米，完成63口山塘的整修。2014年，完成水渠清淤50千米，新修水渠6千米,维修山塘60余口,投入100余万元,对荷叶塘水库、新华水库、碧塘下水库除险加固。

镇村建设

20世纪60年代前，住房简陋，乡民住土砖房甚至茅草房，乡（公社）办公机关设在大和圩上的土改公产平房内。20世纪80年代末，乡民自烧红砖建房，建房标准不断提高，逐渐发展到钢筋水泥结构楼房。乡政府机关搬迁至大和圩旁新建的机关院内，办公楼为红砖墙体，钢筋水泥楼面、玻璃窗的三层楼房。2003年，投资60多万元，改造机关办公大楼。计生办、财税所相继搬出乡政府机关大院，选址新建计生大楼和财政大楼。各行政村或改建，或新建村级活动中心。截至2011年，新建小学校舍17所，改建扩建2所，其中，新建新芳小学投资100万元。维修改造同春小学、东阳贯小学各投资30万，新建中学教学大楼2栋，雅江中学学生宿舍1栋，易址新建圩场贸易市场2个（春江铺、五和圩），改造圩场集市1个（雅江），新建医院门诊大楼一栋，新建自来水厂1座。2014年，改造危房200余间，投入30余万元整治农村环境卫生，投资10余万元对乡村公路道旁绿化，农商银行新营业楼竣工使用。全面完成道路硬化，农网改造，村村通邮，组组通水泥路,户户通电。乡村办公场地设施完备，环境优美，乡民居住便利舒适，安居乐业。

社会事业

教育科技

教育 中华人民共和国成立后，废止私塾教育，兴办新学。1952年，办中心小学和村校。1958年春,实行公办、民办“两条脚走路”的方针，各高级农业合作社办民办学校。1964年，各自然村办简易耕读小学，适龄儿童就近入学。1968年，解散耕读小学，民办小学并入公办小学。1969年，原中心完小升格为大和圩公社中学。小学全部下放到大队办，民办公助、贫下中农管理学校。1975年，大和圩中学设高中班，大队民办小学附设初中班。1982年，民办小学附设初中班取消，公社中学只办初中班。1991年，全乡有村小学10所，初级中学1所，乡农校1所，乡党校1所，在校中小学生2976人，教职工108人，农校和党校共培训学员845人次。1996年，中学2所，小学20所,在校学生4706人,教职工257人。2003年，有中学2所，小学19所，在校中小学生4700人，教职员工268人，17所小学新建校舍。2008年，大和完小重新选址，引进香港烛光基金会100多万援建资金，新建大和国佩中心完小。2009年，投入100多万元新建新芳小学校舍，投入100多万元对雅江中学、大和中学维修改造，投入60多万元对春江小学进行维修改造。是年，小学入学率达98%，初中入学率达95%。2014年，辖区有两所中学，即大和中学和雅江中学，一所中心校，四所幼儿园。在园幼儿420人，专职幼师4人；小学10所，在校生905人，专任教师96人，小学适龄儿童入学率 99.5%；初中 2 所，在校生 780 人，专任教师 48 人，小学升初中率 98.5%，九年义务教育覆盖率达 98.4%。

科技 1972 年，成立公社农科站，围绕生产中心，推广新品种、新技术、新农药。1990 年，乡农科站改称乡农业技术推广服务站，开展农技项目示范，推广杂交种植技术，建设吨粮田。2009 年，专门请畜牧水产局专家进行养殖技术培训，普及科技知识、推广实用技术。“网养七彩山鸡”“圈养龙凤乌鸡”“荒山养鸡”等课题成为实用模式。2014 年，继续提升桂花鱼养殖基地和土鸡养殖基地的科技含量，打造“大和鱼”“大和鸡”知名品牌。

文化体育

文化 1966 年，设立公社文化站，各大队成立毛泽东思想文艺宣传队，自编节目，宣传演出，唱“语录歌”、跳“忠字舞”成为盛极一时的群众性文化活动。1972 年，公社建立广播站。1975 年，成立公社电影放映队，到各生产队巡回放映。1987 年,成立乡文化中心站。20 世纪 80 年代末，彩色电视普及各家各户，充实乡民家庭文化生活。2005 年,兴建群众性图书馆 1 座。2009 年，乡文化站改建投入使用。2010 年，腰鼓队、礼乐队落户境内，广场舞、健身操进入并迅速发展。2014 年，境内有公共图书室 21 个，藏书 40000 万册。新立村具有地方特色的民间艺术“滚地龙”大型表演活动成功举办，节目在央视成功播出。

体育 境内的体育器材设施主要集中在学校、机关和健身场所。至 2014 年，有篮球场 15 个，乒乓球台 20 个。

医疗卫生

医疗 中华人民共和国成立前，境内无正规医院和医生。乡民靠偏方、秘方、刮痧、扎针、中药治病。20 世纪 50 年代，成立诊所，推广新法接生。1959 年，成立公社卫生院。1969 年办大队合作医疗，配赤脚生 2~3 名，负责本大队的防治工作。1982 年后，大队合作医院自然退出，部分赤脚医生个体经营、办医疗点。1992 年，有乡卫生院 1 所，医疗点 9 个，病床 11 张，医护人员 11 人。1995 年，有医院 1 所，医疗点 18 个，医卫技术人员 10 人。1996 年，有乡医院 2 所，医疗点 22 个，医卫人员 23 人，病床 54 张，固定资产 210 万元。2003 年，有医院 2 所，医疗点 22 个，医护人员 45 人，病床 50 多张。2005 年，投资 12 万元完成对大和圩乡卫生院的改建工程。2011 年，投入 50 多万元对大和卫生院进行设备更新，投入 20 多万元对雅江卫生院进行维修，包括前坪硬化。2014 年，境内有大和卫生院和雅江卫生院。有村卫生室 20 个，医疗床位 80 张，执业医师 11 人，注册护士 3 人。乡卫生院综合楼建成并投入使用，同时推进村级卫生室建设。

卫生 1956 年，开展“除四害（老鼠、苍蝇、蚊子、臭虫），灭疾病”的爱国卫生运动。免费接种疫苗，预防天花、麻疹、疟疾等流行疾病。2011 年，实施农村环境卫生综合整治，建焚烧炉、垃圾池，发放垃圾箱，清运陈年垃圾，安全焚化处理。各自然村配保洁员 1 名，负责包干区的卫生保洁，定期检查、落实责任。2014 年，扎实推进文明卫生湾村创建活动，农村环境卫生得到整治，农村安全饮水普及率 23%，农村卫生厕所普及率 20%。全市农村环境卫生整治现场会在大和圩乡召开。

社会保障

“五保”供养 20 世纪 60 年代末，无劳动能力无生活来源的孤寡鳏独老人纳入“五保”（保吃、保穿、保住、保医、保葬），其供养费由所在生产队提供。1995 年，“五保”供养由乡村统筹，供应标准为 300 ~ 400 公斤口粮。2005 年，“五保”供养费由市财政拨付，供养标准逐渐增加至 2800 元 / 年。当年筹集资金 38 万元，修建大和圩敬老院，占地 10 亩有余。建筑面积 6000 平方米，床位 41 个。2013 年，樟田敬老院顺利搬迁，新建成 4 个幸福院，新敬老院建设项目完成选址。2014 年，农村“五保”集中供养 22 人，支出 12 万元；分散供养 361 人，支出 104 万元。完成可集中供养 100 名“五保”老人的敬老院的主体工程。

最低生活保障 2006 年 10 月，启动农村最低生活保障。2013 年，对低保对象实行动态管理、阳光操作，清退“富人保”“人情保”“关系保”。2014 年，境内农村最低生活保障户数 1725 户、2663 人，支出 416 万元，月人均 130 元。

养老保险 2009 年 10 月启动新型农村社会养老保险。60 岁以上老人当年享受养老补贴 55 元 / 月。新农保参保率逐年提升，2014 年，参加新型农村养老保险 18331 人，参保率达 51%，参加生育保险 2 万人，90 岁以上老年人 54 人，高龄补贴每人 1000 元 / 月，共支出 5.4 万元。

医疗保险 2006 年，启动新型农村合作医疗保险，当年参合人员每人筹资 10 元。2013 年，新农合实现覆盖参合率 95%。2014 年，新型农村合作医疗参保人数 3.98 万人。

社会救济 从 20 世纪 50 年代起，采用减免征购粮、发放救济款、贷款、抚恤金、救灾济贫。1986 年，优抚对象的贫困户优抚款人均 189.5 元。1995 年 8 月 1 日夜，大和圩遭受特大龙卷风肆虐，对房屋倒塌户每户补贴 3000 ~ 5000 元。2005 年，在乡老复员军人的生活补助提高至 42 元 / 月。2014 年，农村医疗救助 90 人次，农村临时救济 78 人次，支出 21 万元。国家抚恤、补助各类优抚对象 500 余人，支出费用 150 余万元。现役军人优抚费全部实行打卡发放，并及时足额到位。完成危房改造 40 户。

民间传统龙灯项目——滚地龙

特色地情

名优特产

大和鱼 大和鱼是耒阳的知名产品，因产地而得名。大和境内有独特的土质结构，为紫色页岩的风化土，俗称“见风消”“大眼泥”，富含微量元素，含铁质多，呈紫红色，吸热性强，昼夜温差变化大。池水与土壤共融，孕育出的绿藻、水草和微生物富含大眼泥的特有元素，池中养鱼，草、鲤、鲫、鳜，鱼体金黄泛红，肉质实而嫩，味道甘甜鲜美，营养丰富，口感甚佳，确为极品。

民情风俗

滚地龙 是境内具有地方特色的民间传统龙灯项目。源于大和圩乡芳冲村蒋氏家族，有数百年的历史。滚地龙形体粗大，色彩斑斓，样貌奇特。龙灯分龙头、龙身、龙尾。龙灯可3、5、7节，每节1人。龙母为大，依次为龙公、龙子、龙女，同时还有三条伴龙。每条龙灯的节数均为奇数。舞动时，人全部藏身于龙身之中。步伐和技巧别具一格，配合铜响乐器的节奏，滚动起舞。场面热闹非凡。滚地龙原本为庆贺新春佳节的龙灯。每年岁末，由村中长辈请下旧龙骨架，称请龙。留下旧龙骨架的一块作为龙心扎于新龙身中，寓意代代相传。岁前，在村中操练，大年初一开始，龙灯走村、游洞、见家族。正月十五在本村串户后，祭拜天、地、神灵、送龙。

（文字供稿：段泽秋　图片供稿：李安元）

坛下乡

区域概况

位置面积

因传说三国时张飞曾在寨下仙设坛点兵而得名。东南与哲桥镇相邻，西隔舂陵河与常宁市烟洲镇相望，北接大和圩乡。乡人民政府驻坛下乡普桥村，距市区25公里。2014年，辖区东西最大距离9.9公里，南北最大距离9.2公里。总面积64.17平方公里。

建置沿革

民国时期，属耒阳县普桥乡。1950年，隶属十一区。1956年，设坛下乡。1958年，与集贤乡合并成立坛下人民公社。1961年，解体析出，原坛下乡辖区成立坛下人民公社。1983年，率先改社设立坛下乡，隶属哲桥区。1995年，撤区并乡，坛下乡保持原制。

行政区划

1995年年末，辖石墩、曾洲、湾阳、屈家、天保、新建、寨尹、江边、大通、一甲、普桥、坛下、软石、金冲、东阳15个行政村、216个村民小组。2014年，辖15个行政村未变，增加2个村民小组，共218个村民小组。

自然环境

全乡地形复杂，东南高，西北低，以丘陵地貌为主，兼有山地，岗地，平原等，境内最高峰寨下仙位于寨尹村4组，海拔146米。耕地土壤以水稻土、红壤土为主，山地以紫色页岩为主，适宜枣树、龙须草等耐旱植物生长。全境属亚热带季风气候，每年平均气温17.5℃~19℃，最低月均气温5℃，最高月均气温35℃。无霜期年平均330天，最长达340天，最短为320天。年平均日照时数1608小时。年平均降水日数为120天，最多达150天，最少为80天。降水集中在每年3—6月，5月最多。境内河道属湘江流域，坛下人工河贯穿全乡，流入舂陵河。舂陵河流经石墩、湾阳、屈家三村的西部边境，流域面积4平方公里。坛下河流经全乡9个自然村，灌溉面积上万亩，水资源丰富。自然灾害主要有旱涝、冰雹、泥石流、虫灾等。

人口民族

1982年，辖区总人口为20994人，其中男性10792人，占总人口51.41％，女性10202人，占总人口48.59％。1995年，总人口23556人，其中男性12456人，女性11100人；人口出生率15.7‰，人口死亡率5.2‰，人口自然增长率10.5‰。2001年，总人口23285人，其中男性

12529人，女性10756人；人口出生率11.1‰，人口死亡率5.6‰，人口自然增长率5.5‰。2011年末，辖区总人口27370人，其中男性14789人，女性12581人；人口出生率13.5‰，人口死亡率8‰，人口自然增长率5.5‰。14岁以下5885人；15～64岁19718人；65岁以上1767人。2014年，总人口28600人，人口出生率为12‰，死亡率6.2‰，人口自然增长率5.8‰。人口密度为每平方公里445人。境内居民全部为汉族。

经济发展

经济综述

坛下乡经济以农业为主。1982年，实行家庭联产承包责任制。1993年，土地流转形成产业化、规模化，向专业基地发展。1995年，全乡国民经济总产值4734万元，工农业总产值3692万元，工业产值1942万元，农民人均纯收入1250元。1996—2005年，加快农业产业化步伐，形成种、养业产业群，注意第二、三产业发展。2005年，完成生产总值6216万元，其中农业产值2988万元，工业产值2780万元，第三产业448万元，人均收入2550元，人均储蓄1400元。2014年，粮食总产量22500吨、工农业总产值20545万元，财政收入335万元、农业纯收入3500元。

农业

种植业 1965年，粮食总产4939.2吨。1979年，两季播种3093.27公顷，总产11785吨。1991年粮食总量13508吨，其中水稻两季种植面积2500.67公顷，总产量12976吨，亩平346公斤，红薯种植面积129.87公顷，产量折谷380吨，农业总产值1899万元。2011年，生产粮食1.7万吨，人均620千克，农业总产值13000万元。经济作物主要有油菜、烤烟、芝麻等，油菜种植面积70公顷，产菜油210吨，烤烟66.67公顷，出售烟叶2800担，芝麻366.67公顷，产芝麻550吨。2014年，早、中、晚稻种植面积近2733.33公顷，总产量22500吨，产值5600万元，烤烟、油菜、芝麻等特色作物种植面积880多公顷，产值1850万元，增长率为10%，其中油菜800多公顷，产菜油1200余吨。

养殖业 养殖以畜牧、水产、鱼类为主。2011年，生猪饲养量5.1万头，生产猪肉1850吨，年末存栏3.5万头，家禽饲养量95万羽，禽蛋120吨，畜牧业总产值3300万元，占农业总产值的25.3%。渔业以草鱼、鲢鱼、鳙鱼、鲤鱼为主，养殖面积333.33公顷，产量600吨；渔业总产值1200万元，占农业总产值的9.2%。2014年，软石养猪场、合兴养猪场、长根养殖场、俊元养殖场等大型养殖场规模效益日益显著，仅合兴养猪场年出栏可达5000余头；养鸡户58户，养殖面积2.9万平方米，雪洲村养鸡形成集中养殖。新增12户养羊户，存栏近2000头。

林业 境内主要有防护林、用材林、经济林。1958年，成立人民公社，林地产权集体所有。1962年，"四固定"（田、地、山、水），林权归生产队集体所有。1980年，实行山林"三定"，公社管委会统一组织各大队投资投劳，开荒整地造林，建立公社林场。1982年，山林承包到农户。1986年，油茶面积1079.73公顷。2005年，有生态公益林758.6公顷，用材林236.4公顷，经济林654.07公顷，其中油茶林651.67公顷。退耕还林320公顷。2011年，造林1064.13公顷，其中防护林885.2公顷，经济林178.93公顷，林木覆盖率50%，活立木蓄积量3.2万方。2014年，有林地1870公顷，国家生态效益保护林73公顷。

坛下锣鼓

坛下锣鼓

工业

1970年，成立公社联合加工厂，大队成立“五七”加工厂，设公社企业办管理。1984年，乡村企业有铜锣厂、大米厂、砖瓦厂、橡胶厂。铜锣厂主产铜响乐器、铜钹、喇叭、鼓等，铜锣鼓乐器远销全国各地和东南亚。坛下老圩场从事铜制品和打制销售的人员约有2000余人，打制铜锁、铜壶、铜勺、铜碗、铜筷子。1995年，工业总产值1942万元，工业经济占主导地位。2000年积极扶持发展坛下村、软石村的铜响乐器企业。2005年，巩固和发展乡镇企业532个，从业人员240人，完成工业产值2988万元。2011年，新建村文孝燕在本村原村小学建红薯粉皮加工厂，成立耒阳市三利食品有限责任公司。耒阳市东方红公司落户境内，从事药材加工，初具规模。2014年冬，铜锣厂有工匠40余人，年产鼓6000余个，铜响乐器20余吨，产值200余万元。

商贸服务业

坛下圩是个百年老圩场，清代即以加工铜器、土布、土纱布而出名。1950年，有坐商33户，摊贩69户。1956年，成立供销合作社。1958年，取消集市贸易和个体摊贩，商贸服务统一由供销社和集体商店经营。1982年，逐步开放市场，个体商业得以发展，逐渐成为流通领域的主体。坛下圩农历二、五、八逢集，每圩上市人数7000余人，上市农副土特产400多个品种，上市铜器2万余件。1990年，集市成交额640多万元。2011年，境内 有商业网点40个，集市贸易成交额1100万元。2013年年末，境内有商业网点47个，集市贸易成交额1590万元。2014年，境内有集贸市场2个，商业网点51个，集市贸易成交额1800万元，年增长率11%以上。

财政金融

财政 1949—1984年，财政收支由县财政部门管理。1985年，设乡财税所，负责辖区的财政工作。2001年，国民生产总值5602万元，预算内财政收入138万元，上缴国家税金90余万元。2003年，完成国民生产总值5869万元，预算内财政收入120万元，上缴国家税金92万元。2011年，全年企业总收入689万元，实现利税25.69万元，完成国家税金5.24万元，乡财政收入380万元，比上年增加15%。2013年，完成国地两税124万元；2014年，财政收入550万元，完成国地两税153.1万元。

金融 1954年，建立坛下农村信用合作社。1969年，设各大队农村信用合作分社。1986年，中国邮政储蓄银行在境内设坛下支行并营业。2013年，坛下农村信用合作社改耒阳农商银行坛下支行。2014年，境内有农商银行、邮政储蓄银行2个金融机构，1个保险机构。

基础设施

交通运输

坛下西临春陵水（人称茭河），原可通航。1970年修建欧阳海灌区后，下游缺水，只能季节性通航。境内交通以公路为主，有县乡级公路1条，总长16公里。2001年，投资2万元维修干道坛亲公路，修复村道20公里，有运输汽车128辆，年创运输收入594万元。2003年，全乡村村通公路。哲桥至坛下线段的沙石路改造硬化为水泥路，有大小货运车（含小三轮、手扶拖拉机）140辆，各类客运车（含微型车）40辆，年创运输收入600万元。2011年，通村公路100%水泥硬化，通组公路水泥硬化率70%以上，硬化里程72.4公里。有客运汽车10辆210座，年客运量32万人次；有货运汽车30辆，150吨位，年货运量3万吨。茭河在境内通航河道3千米，有客运船舶2艘30座位,年客运量2万人次。2014年，投资700万元,完成坛亲公路7.16公里提质改造；投资180万元，提质改造通村公路4.5公里，完成村组公路硬化15公里，惠及软石、赛尹、石墩、屈家、天宝、曾洲、大道等村。

邮政通信

1952年，设立乡村邮政。1954年，邮政局接管地方电信，改称邮电局。1956年，建立农村生产合作社邮递员制度。20世纪80年代末，村村通邮路。1995年，开通程控电话。1998年，邮电体制改革，邮政与电信分营。2001年，开通程控电话200余户。同年，市移动公司投资50万元，兴建一座移动电话信号塔。2003年，程控电话用户900多，移动电话用户600多。2011年年末，境内有邮政网点1个，投递线单程总长度50千米，投递点30个，乡村通邮率100%，有电信服务网点1个；电话交换机总容量680门，固定电话用户485户，普及率达8.5%；移动电话用户4100户，普及率达到80%；互联网端口总数94个，宽带接入用户52户。2014年年末，中国移动、中国联通、中国电信等网络已基本覆盖全境。

供电饮水

供电 20世纪80年代，国家电网柑梨冲变电站对辖区各村、组供电，农户各家通上照明电。2008年，6个村进行农网改造，完成户改工作。2011年，东阳、软石、江边、金冲、坛下、普桥、大通、赛尹、新建等9个村完成电网改造并入国家电网。2014年，全乡农网改造工作全部完成。

饮水 2014年，江边、湾口、石墩等村饮水安全工程如期竣工。坛下村自来水厂基本完工，将解决3000人饮水问题。

水利建设

春陵江沿坛下西边流过。1957年，安装煤气抽水机提水灌溉，之后建起电力提灌和水轮泵，为农田灌溉提供了便利。1959年10月，在赛尹大队修建小（一）型红旗水库，库容536万立方米，渠道10千米。有小（二）型水库6座，山塘、平塘、骨干塘30余口。1970年，欧阳海灌区西支干渠建成通水，其草场边支渠从哲桥的泉竹入境，流经东阳、软石、金冲、江边、大通、坛下、一甲、曾洲、石礅等大队，串联境内小（二）型水库，与红旗水库的干、支渠道，形成水利灌溉网。2004 年，红旗水库涵管翻新完工，新增电排 3 处，整修灌区渠道一新段。2008 年，加固维修金冲村渡槽，维修清淤坛下、普天、天保村的渠道，修复病险山塘、堰坝等工程 13 处。2011 年，投资 300 万元，除险加固红旗水库，投资 20 万元用于山塘水库维修。2014 年，维修改造水塘 14 口，新建村新建 8 个蓄水池，水面积达 1.33 公顷。水利冬修对草场边支渠部分维修改造，对江边村一座骨干塘全面翻新。同年，维修草塘边支渠金冲、软石、东阳段，长度 3400 米，土石方达 1200 立方米。疏通坛下乡用水源头。

镇村建设

20 世纪 60 年代前，乡民住房简陋，普遍为土墙瓦顶平房，甚至茅草房，乡机关办公设在土改没收的公产房内。1980 年后，乡民自烧红砖建房，建房标准不断提高，逐渐发展到建钢筋混凝土结构的楼房。公社和大队分别建起机关大院和大队部，多为红砖墙体、钢筋混凝土楼面、玻璃窗的楼房。2001 年，投资 22 万元，对乡政府办公院舍进行大改造；将农机站装修成为乡计划生育服务站；完善村级活动中心的办公设备，创建为群众办事的平台；投资 60 万元，建成高标准的财税所。2009 年，坛下、新建、赛尹、普桥村新建村级活动中心。天保 5 组，实施以改造低矮旧危房为主题的新农村建设，打造宜居宜休闲的新型实用农村住房。第一期投资 1000 万元，实施环村公路、村级活动中心、改水改厕等 10 个项目，共拆迁旧房 120 余间建成新房 62 套，总建筑面积 7100 平方米；第二期投资 1000 万元，对环境卫生、村容村貌、休闲广场、邮政银行、客运站等 10 个项目进行重点建设；投资 500 万元，绿化 3000 余平方米，建 3 口 0.67 公顷水塘，硬化路面 2 公里，安装太阳能路灯 20 余盏，铺设下水道管 1000 余米。被耒阳市列为新农村建设重点示范村。2011 年，完成乡机关“五小”工程建设。乡政府前栋办公室修缮工程完工，后栋危房拆除改建工程项目立项。2014 年，乡机关办公大楼完工。

社会事业

教育科技

教育 中华人民共和国成立后，废止私塾教育，兴办新学校。1950 年后，创办坛下中心学校。利用土改公产房办村小 3 所。1958 年，境内办民办中学 1 所，各高级农业合作社办民办小学 1 所。1963 年，各自然村办耕读小学，适龄儿童就近入学。1968 年，取消半日制的耕读小学，民办学校并于公办学校。1969 年，坛下完小升格为坛下公社中学办初中班，小学全部下放到大队，民办公助，贫下中农管理学校。1975 年，坛下中学设高中班，大队民办小学附设初中班。1980 年，公社中学停止招收高中班。1982 年，公社中学只办初中，大队民办小学取消附设初中班。1987 年，中小学分开，设乡教育管理办公室管理小学。1995 年，小学 15 所，在校学生 2630 人，初级中学 1 所，在校学生 370 人，教职员工 185 人。大通、寨尹、湾阳各建小学教学楼 1 栋，总建筑面积 2500 平方米，总投资 30 万元。2001 年，有初中 1 所，农中 1 所，在校学生 3960 人，在职教师 176 人。新建村小学危房改造 800 平方米。2008 年，耗资 2.5 万元维修中学教学楼和围墙，耗资 2 万元改造校环境和体育运动场。2011 年，全乡有小学 14 所，初中 1 所，在校学校 3340 人，教职员工 140 人。2012 年，投入 160 万元用于坛下中学新综合大楼项目建设，湾阳、金冲小学修缮，寨尹小学改建，拨付中心校建设奖金1万元。2014年年末，境内有幼儿园1所，在园幼儿220人，专任教师4人；小学9所，在校生1925人，专任教师91人，入学率100 %；初中1所，在校生314人，专任教师48人，小学升初中率100 %，九年义务教育覆盖率达100%。是年，扩建坛下中学新综合大楼。

科技 1972年，设立坛下公社农科站。1978年，从普桥大队划出9、10、11三个生产队，成立农科队。1990年，乡农科站改称农业技术推广服务站，围绕生产中心推广新品种、新技术、新农药，预测预报病虫害，以及农科队为基地，开展农技项目示范，高秆改矮秆，良种改杂交，吨良田建设。2000年后，开展农业机械技能培训。2014年，开通智能化农业信息站，推广农业信息技术，引导农民科技兴农，多元化、规模化发展。

文化体育

文化 1956年，设立农村俱乐部，俱乐部设有业余夜校、图书室、幻灯队和业余剧团，1961年取消。1966年7月，建公社文化站，配一名辅导员。1972年，成立公社广播站，配广播员1名，播放毛主席语录歌和革命样板戏唱段，唱“语录歌”、跳“忠字舞”，是当时最盛行的文化活动。1975年，成立公社电影队，配放映员2名，到各生产队巡回放映。1986年，建立乡文化中心站。1997年开通有线电视。2011年，境内有乡文化站，广播电视站各1处，有村级文化活动中心7处，农家书屋5个，藏书3万余册。 2014年，重新装修乡文化站，配齐办公设备，增添钢琴、音响、投影、长笛、二胡、琵琶等设备器具。

体育 境内原有舞狮子、舞龙灯的习俗。农闲时，习拳、习棍、习武，春节期间随狮子、龙灯外出表演，这种集武术、强身健体和文化娱乐的传统项目已消失。境内 的体育设施和场地主要集中机关、学校和村级活动中心。羽毛球、乒乓球是最普及运动项目。篮球运动是年轻人最喜爱的体育项目，境内有篮球运动场14个。2014年，乡政府举办“五洋杯”篮球赛，13个队参赛。

医疗卫生

医疗 中华人民共和国成立前，境内无正规医院和医生，只有少数务农兼医的中医和草药郎中，靠中草药和祖传偏方治病。1950年，成立诊所，推广新法接生。1959年，成立公社卫生院，1969年，办大队合作医疗，配赤脚医生2~3名，负责本大队的防治。1982年后，大队合作医疗自然退出，部分赤脚医生个体经营办医疗点。2001年，境内有卫生院1所，村卫生室8个，医疗床位33张，执业医师2人，注册护士1人。2005年，有卫生院1所，医疗点13个。2011年，有卫生院1所，医疗点8个，医疗技术人员46人，病床52张。2014年，有卫生院1所，医疗点8个。是年投资400万元，新建坛下卫生院门诊大楼。

卫生 1956年，开展以除“四害”（老鼠、苍蝇、蚊子、臭虫）、灭疾病为主要内容的爱国卫生运动。免费接种疫苗，预防天花、麻疹、疟疾等流行性疾病，20世纪70年代中期，这些瘟疫性传染病基本绝迹。2011年，实施农村环境卫生综合整治，修建焚烧炉1座。在圩场街道，通村公路旁，建垃圾池，给各村发放垃圾箱。2014年，组织专业卫生队伍承包管理，清运、处置陈年垃圾。各自然村配保洁员1名，负责包干区的环境保洁。乡村环境卫生大改观，安全厕所，安全饮水率提高。

社会保障

“五保”供养 20世纪60年代末，无生活来源的孤寡鳏独老人纳入“五保”（保吃、保穿、保住、保医、保葬），其供养由所在生产队提供。

1995年后，“五保”供养纳入乡、村统筹，标准为每人口粮300千克，补钱240元~360元。2005年，“五保”供养费由市财政拨付，供养标准逐渐增至2800元/年。2011年，供养“五保”对象32人，支出近9万元。2014年，新建敬老院1所。年末，集中供养“五保”老人22人，分散供养197人。

最低生活保障 2006年10月，启动农村最低生活保障。2008年，低保由上年219人增至904人。2011年，低保756户、1133人，支出近9.5万元，月人均83元。2014年，新增低保87户、126人，1123人享受低保。

养老保险 2009年10月，启动新型农村社会养老保险。60岁老人享受养老补贴金55元/月。2011年，参保13800人，参保率50.4%。2014年，新农保参保15000人，养老金发放做到应发尽发。47位90岁以上高龄老人和2位百岁老人，其高龄补贴分别为1000元/年和3000元/年。

医疗保险 2006年，启动新型农村合作医疗保险。当年参合人员每年每人筹资10元。2014年，全乡上缴新农合款1342823元，参合率达90%。

社会救济 从20世纪50年代起，政府采用减免征购粮，发放救济款、贷款、抚恤款等方式，救灾济贫。1990年后，增强救灾救贫力度，提高优抚对象抚恤标准。2005年，在乡老复员军人的生活补贴提高至42元/月。2008年，发放大病救助2万元，自然灾害救济款9.4万，落实安居工程15户。2011年，农村医疗救助80人次，农村临时救济150人次，支出3万元。2014年，发放大病救助金14.94元，救助大病患者103人，发放救灾资金32万元，半年发放优抚款39万余元，为76户贫困家庭争取危房项目。

特色地情

名优特产

铜响乐器 手工金属制品是坛下的传统产品，历史悠久。20世纪80年代末，手工金属制品独留下主打产品铜锣、钢钹、鼓类等铜响乐器系列产品。产品美观大方，经久耐用，音质纯正、洪亮动听，独具民族特色，畅销国内及东南亚。2016年，坛下乡铜响乐器传统生产技艺被列入湖南省第四批非物质文化遗产保护名录。

风景名胜

寨下仙 寨下仙也称蔡下仙、寨下山，坐落于坛下乡境内，为寨尹村四、五组所辖。寨下仙

寨下仙

是耒阳唯一的“丹霞地貌”景观。山下古道是耒阳通往桂阳等地的必经要道，古道两边山势险要，易守难攻。相传，三国蜀将张飞曾率军队在“寨下仙”的高山上安营扎寨。清光绪《耒阳县志》载：“寨下仙，有石峰二，一如屏，一如笔，对峰入云，山顶有庵，石池六七穿，为张飞寨山之山凹，峭壁千寻。上有两行大字，古篆文不可识。传为司马懿所题。”寨下仙两座石峰之间为峡谷平地，长2公里有余，古时有石板小路贯通南北，山有隘口，山间怪石耸立，似大鹰、似人像，千奇百怪。石壁上花纹密布，犹如彩绘，线条清晰优美。山顶建有寨下庵、祭坛亭等人文景观。庵旁放置几尊石臼，臼内轮廓圆滑，犹如浴缸。

寨下仙寺 寨下仙寺始建于何年失考。1927年，在此设农民协会，农军成功袭击常宁烟洲挨户团。20世纪50年代前，寨下仙每年二月十九日都会举行庙会，方圆百里的善男信女都去寨下仙唱神、拜章、烧香拜佛。1991年11月，当地人集资在原址重建，为三鼎六厢砖瓦结构。厅堂正中供奉有弥勒佛和观音菩萨；两侧供奉众神。前鼎两侧为僧人居士住房；外厢房为庙会斋缮场所；中鼎天花板为一太极斗，绘有太极八卦图。

（文字供稿：段泽秋　图片供稿：彭斌　梁春根）

常宁市

概述

一

常宁，因取长久安宁之意而得名。位于湖南省南部，湘江中上游南岸，地处北纬26°06′14″~26°36′18″，东经112°07′58″~112°41′14″。东与耒阳市以舂陵水为界，南与桂阳县为邻，西与祁阳县相连，北濒湘江与祁东县、衡南县相望。至2014年年末，全市辖15个镇、7个乡（含塔山瑶族乡）、5个街道，708个村和60个社区，下设7722个村民小组，249个居民小组。总人口972,606人，人口以汉族为主，瑶、蒙、苗、回、壮、藏、维吾尔等18个少数民族共5750人，占全市总人口的0.6%，全市总面积2047.9平方公里。

常宁西南环山，东北环水，境内丘陵起伏，河谷纵横，地势由西南向东北呈两级阶梯状倾斜，构成一个相当独立的自然单元。气候属中亚热带季风湿润气候，四季分明。年均气温18.1℃，年降水量1443.2毫米，有旱涝、台风、龙卷风、冰冻、地质等自然灾害。地域属湘江水系，湘江流经辖区内大堡、新河、江河、柏坊、松柏等乡镇街道，境内长73.1公里。

常宁文化繁荣，人文厚重。境内有古遗址19处；古墓和古墓群41处；古建筑38处；古碑刻铭记13处；洋泉西庄园（今洋泉镇西南村）是著名哲学家、思想家王船山寓居故地；“忆苦窿”为国家级文物保护单位，康家戏台、工人子弟二校、培元塔等6处为湖南省重点文物保护单位。县级文物重点保护单位30处；革命历史文物86件。常宁文化不仅传承，而且有许多创新。瑶族传统“谈笑”曲艺，传统特曲瓜箪酒得到传承发展。版画打入观澜版画国际市场，闻名世界；常宁剪纸艺术被国家授予“剪纸民间艺术之乡”。“中国印山”作为一个地方文化品牌独具魅力，受到海内外赞扬。历史人文主要有唐训方、何锡藩、萧石月、彭明治、邓嗣禹。1978—2014年，全县先后有26人被评为全国劳动模范。

常宁交通便捷，通信发达。市区北距交通枢纽衡阳市74余公里，东距京广铁路、107国道50余公里，214省道（原1807线）纵贯南北，1811省道改造升级为国道横穿东西，衡枣高速公路与市区一线相连，京珠高速公路复线贯穿常宁南北，岳娄衡高速、234国道将过径常宁，县道纵横交织，乡（村）道密如蛛网；水上运输以湘江为主，可达长江和沿海口岸；京广光缆穿越常宁境。

常宁物产丰富，资源得天独厚。常宁土地适种性很强，是全国知名的“鱼米之乡”“杉木南竹之乡”“油茶之乡”。塔山山岚茶、石盘贡米、无渣生姜等名优特产闻名遐迩。地下矿产资源丰富，已探明和正在开采的矿产资源28种，铅锌储量居全国首位，锡储量名列全国第二位，黄金储量占湖南省一半以上，是“有色金属”之乡。享有“世界铅都”之美誉，硼矿石储量排华南榜首，高岭土储量排全国县市中第一，瓷泥、大理石储量1亿多吨。亦被誉为“非金属之乡”，开发前景广阔。

常宁发展潜力巨大，经济实力不断提升。2006年，县域经济综合排名进入全省20强。2014年，实现地区生产总值（GDP）244.88亿元，与上年同比，增长9.8%。其中第一产业增加值43.53亿元，增长4.4%；粮食总产量48万多吨。第二产业增加值106.08亿元，增长8.1%。第三产业增加值95.27亿元，增长14.5%。2014年，全市财政总收入14.11亿元，其中地方一般预算收入10.79亿元；完成固定资产投资134.37亿元，增长24%；社会消费品零售总额66.39亿元，增长12.4%；城镇和农村人均可支配收入分别为23238元、11740元，与上年同比，增长9.8%、12.3%。市城建区面积由5平方公里，扩展到16平方公里。2014年，境内金融机构有10多家，存款余额175.1亿元，增长14.2%，贷款余额65.27亿元，增长23.8%。

常宁各项社会事业全面发展。2014年，各类教育机构165所，教职员工6973人，在校学生12.1万人。各类科研机构7个，科研人员480人。影剧院、戏台19处，专业剧团1个，广播电视台2个，站27个，是国家文化信息工程建设试点县市。标准体育场3个、体艺馆3座、游泳池2口、城镇绿色公园4座、街心公园4个，均安装有群众体育健身器材。卫生机构864所，卫生技术人员3698人，执业医师和助理执业医师1207人，注册护士1104人，床位3246张。完成城镇新增就业9271人，城镇登记失业率控制在4.5%以内，新增农村劳动力转移就业7100人。

二

常宁历史悠久。三国吴太平二年（257），析耒阳县置新平、新宁县。东晋太元二十年（395），并新平入新宁。唐天宝元年（742），改新宁县为常宁县。1996年11月26日，撤常宁县设常宁市，属衡阳市。

宋代，县内设有3个乡和大汭镇。明代，改设7个保、5个坊。清代，设3个乡，辖28个保。民国36年（1947），改设13个乡和宜阳镇，下设240个保，3110个甲。

1949年10月30日，常宁县人民政府成立初，沿袭旧制。1950年3月，撤乡保甲制，设7个区14个乡，241个村。1956年6月，撤区并乡，全县设2个镇（城关、白沙）、45个乡。1958年撤乡镇，设15个人民公社，下设149个工区，后改工区为生产大队，作业组改为生产队。1960年3月，全县改设46个公社，919个大队，7179个生产队。1990年，全县共设9个区、10个镇、51个乡（瑶族乡1个），辖697个村委会，7780个村民小组；40个居委会，202个居民小组。1995年5月，撤区并乡建镇，撤9个区，设15个镇、7个乡（瑶族乡1个）。2014年年末，全市设有4个街道、1个办事处、7个乡（瑶族乡1个）、15个镇，下设708个村，60个社区，7722个村民小组、24个居民小组。2015年乡镇区划改革完成后，下辖宜阳、泉峰、培元3个街道，水口山、柏坊、烟洲、荫田、白沙、西岭、三角塘、洋泉、庙前、罗桥、板桥、官岭、新河、胜桥13个镇，蓬塘、兰江、大堡3个乡，塔山瑶族民族乡1个。

宜阳街道 >>

区域概况

位置面积

因沿用宜阳镇而得名。位于北纬 26° 23′ 31″ ~ 26° 27′ 49″，东经 112° 22′ 23″ ~ 112° 25′ 26″。地处常宁市城区中心，东和北与宜潭乡接壤，南与泉峰街道为邻，西隔宜河与培元街道相望。区域东西最大距离 4 公里，南北最大距离 6 公里，总面积 14.45 平方公里。办事处驻北外街龙家小区 40 号。

建置沿革

宜阳街道的前身是宜阳镇。据《常宁县志》载：唐开元九年（721），县治由麻洲（今大堡乡）迁至宜江（宜河），始设县城。民国 16 年（1927），属第一区。民国 24 年（1935），县城设为宜阳镇。1949 年 10 月 30 日，中共常宁县委、县人民政府成立，开始沿用旧制。1950 年，撤乡保甲制，设区乡，属第一区。1952 年 12 月 15 日，改宜阳镇为城关镇。1956 年，撤区并乡，保留城关镇行政建制。1958 年，政社合一，属东方红人民公社。1960 年 3 月，大公社划为小公社，分为城关公社。1961 年 9 月，恢复区建制，复为城关镇。1984 年，政社分设，城关镇行政区划无变更。1995 年 5 月，撤区并乡，将桐黄乡万寿村、大立村，宜潭乡夏联村、茶箭村，正同乡塘山、虎溪、莲花、黄枝、金桥村与城关镇合并为新的宜阳镇。至此，全镇共有 13 个社区居委会和 19 个村，下设 77 个居民小组，181 个村民小组。2007 年 2 月 3 日，湖南省政府批准撤宜阳镇，设宜阳街道、泉峰街道、培元街道。宜阳街道由原宜阳镇析出城北、城东、群英、嵩宜 4 个社区居民委员会和东湖、嵩联、嵩塘、万寿、石洲 5 个村民委员会组成宜阳街道。属常宁市。

潭水风光带

行政区划

2007—2014 年，辖城北、城东、群英、嵩宜 4 个社区居民委员会和东湖、嵩联、嵩塘、万寿、石洲 5 个村民委会会，下设 23 个居民小组，47 个村民小组。

自然环境

属丘陵地区。沿宜河、潭河两岸有小型平地。南偏高，北偏低，平均海拔 200 多米。气候适宜，四季分明。年均气温 18.2℃，年降雨量 1421.4 毫米。主导风为东南风，冬季北风较多。有强雷击现象和旱涝、台风、龙卷风等自然灾害。土壤分为水稻土、潮土、红壤土等 3 大类，亚类土壤 6 种。属宜、潭二河水系。潭河自东湖村入境，至嵩联村与宜河汇合于谷家洲，至万寿村，往北流入宜潭乡黄桥村。境内长 5 公里。

人口民族

2011 年年末，辖区总人口 39116 人，其中城镇常住人口 22648 人，城镇化率 72.7%。总人口中，男性 21155 人，占 54.1%，女性 17961 人，占 45.9%。14（含 14 岁）以下 8763 人，占 22.4%，15 ~ 64 岁 28424 人，占 72.7%，65 岁（含 65 岁）以上 1929 人，占 5.0%。总人口中，以汉族为主，达 39056 人，占 99.81%。少数民族占 0.19%。人口出生率 7.9‰，死亡率 4.3‰，自然增长率 3.6‰。2014 年年末，总人口数 40283 人，男性 21753 人，占 54%，女性 18530 人，占 46%，流动人口 5560 人。

经济发展

经济综述

宜阳街道自 2008 年成立后，经济持续健康发展，取得显著成绩。2011 年，三大产业总值 60310 万元，其中农业总产值 5310 万元，占 8.8%，工业总产值 16000 万元，占 26.5%，第三产业总值 39000 万元，占 64.7%，农民人均纯收入 8516 元，财政收入 842 万元。粮食总产量 470.7 吨。2014 年，农民人均纯收入 10527 元，较 2011 年增长 23.6%，财政总收入 10819 万元，增长 11.9 倍。粮食总产量 2101 吨，增长 3.5 倍。

宜水风光带

农业

种植业 耕地传统以种植水稻为主，旱粮次之。主要农产品有稻谷、红薯、蔬菜、豆类、茶油、菜油。2008 年，粮食种植面积 188 公顷，粮食总产量 2249 吨，比上年增长 10%，万寿、嵩联连片种植蔬菜 20 多公顷、油菜 33.4 公顷。2011 年，农业总产值 5310 万元。粮食总产量 470.7 吨，人均 12 公斤，其中水稻 360.7 吨。蔬菜种植面积 7.8 公顷。2014 年，农作物总播种面积 602 公顷，粮食播种面积 348 公顷，粮食总产量 2101 吨。

养殖业 2008 年，生猪饲养量 3568 头，年末存栏 1470 头，家禽饲养量 3.7 万羽。东湖村养猪专业户 5 户，出栏生猪 1500 多头，每户出栏生猪 300 头以上。之后，养殖业发展迅速，2011 年，生猪饲养量 3568 头，年末存栏 1470 头，家禽饲养量 3.7 万羽。2014 年，肉类总产量 1638 吨。

林业 油茶林、果木林面积不多，公路两榜、街道两边、公园、屋前屋后都造风景林数万株。2007—2014 年，沿河风光带造林数千株。

工业

以加工、建筑材料为主。2011 年，工业生产总产值 1.6 亿余元，实现工业增加值 0.57 亿元。拥有工业企业 52 家，职工 654 人。2014 年，工业企业 36 个，职工 411 人，企业实交税金总额 723 万元。国营橡胶有限公司驻辖区内。

商贸服务业

2008 年，引进德泰隆、宏福弹簧等商贸企业 4 家，引进资金 1300 万元，总产值 500 万元，获纯利 60 万元，创税收 30 万元。2011 年，社会商品零售总额 3.9 亿多元。共有商业网点 533 个，职工 1327 人。坐落在辖区内有常宁农贸综合大市场、荣华商贸城、紫阳步行街、东风大厦等。何锋电器商场、青阳大酒店、中鼎大厦等一大批商业企业实力雄厚，生意兴隆。

财政金融

2011 年，办事处实现财政总收入 812 万元，地方财政收入 712 万元，其中完成国税 334 万元，地税 250 万元，税费统征 8 万元，房产租赁税 120 万元。2014 年，财政总收入达 10819 万元，一般预算收入达 10819 万元，财政支出 10319 万元。

2014 年，境内金融机构有建设银行常宁市支行、工商银行常宁市支行、农村商业银行、中国银行常宁市支行、常宁邮政储蓄所、华融湘江银行常宁市支行、人寿保险公司驻辖区内。

基础设施

交通运输

2007—2014 年，投资 200 万元，修成政府、广场、滨河 3 条水泥公路。214 省道自北而南、320 省道由西向东过境；公路桥 4 座。东一环、北一、二环线连接两条省道，村组通水泥公路，全街道公路里程 51 公里。

辖区北门客车站正在兴建，暂设临时车站 1 处。4 路、11 路免费公交车先后开通，交通十分便利。

邮政通信

2007 年，固定电话用户 3600 多户，村村电话通；移动电话用户约 5300 户。2014 年，固定电话用户约 3800 户，移动、联通电话用户 5730 户。移动公司、联通公司驻境内青阳街。

供电饮水

2007 年，用电由市供电公司供应，入户率 100%，属湘南电网公司。

饮水由市自来水公司供应，100% 的居民和部分农村居民饮用自来水，另一部分农村农民打深井饮用地下水。

水利建设

2007—2010年，石砌潭河、宜河防洪堤2公里。2014年年末，有小（二）型水库2座，电力排灌站3座。市污水处理厂驻境内万寿村。

村镇建设

2008年，投资200万元修建青阳广场；辖区街道由2条长1公里扩大到14条，两旁高楼大厦鳞次栉比，商业店铺、摊位遍布。投入30万元装配3000元一盏的路灯100盏，供往来人照明。农村大都为钢筋水泥砖混结构2～6层楼房，社区居民委员会和村民委员会新建改造办公大楼及社区医疗中心楼房13栋。

社会事业

教育科技

教育 2007—2009年，小学4所。2011年末，幼儿园12所，在园幼儿2467人，专任教师127人；小学3所，在校学生5600多人，专任教师240人，小学适龄儿童入学率100%；初中2所，在校学生4500人，专任教师302人，初中适龄人口入学率100%，小升初升学率100%，九年义务教育覆盖率100%。2011年，财政预算内教育经费1515万元。2014年年末，幼儿园、托儿所

宜阳街道

宜阳小学少儿版画作者

21所；小学7所，在校学生5681人，专任教师297人；中学1所，在校学生1707人，专任教师101人。湘南实验中学和历史悠久的名校宜阳小学及其宜城分校驻辖区内。

科技 2007—2014年，农业技术推广服务站1个，服务人员3个。农业专业合作经济组织2个，合作经济组织成员20户，列为农科成果、农业实用技术推广的服务重点对象。

文化体育

2008年，社区文化活动室4个，村文化室5个。2014年末，街道文化站1个，村级文化中心5个，社区文化活动中心4个，文化专业户35户，农家书屋5处，藏书2.3万余册。通宽带的村5个，通有线电视的村5个，有线数字电视用户4896户，入户率48.2%。常宁市歌舞剧团驻辖区解放北路。

2014年，境内有学校体育广场3个，体育设施齐备。大型广场2个，并安装有体育健身器材，经常参加体育锻炼的人约有30%。北门湖有各类游船等体育设施。

医疗卫生

2007—2008年，医疗卫生、计划生育工作进入全市一类乡镇行列。2014年年末，各级医疗卫生机构7个，其中门诊部2个，村级卫生室5个，有床位60张。专业卫生人员198人，其中执业医师28人，执业助理医师17人，注册护士41人。医疗机构（门诊部以上）完成诊疗3.7万多人次。新型农村合作医疗参合率100%。常宁市五官科医院驻辖区内。

社会保障

“五保”供养 1961—1983年，由原宜阳镇所辖大队生产队分散供养。1984年，由原镇统筹钱粮油，分散供养。2007年，撤宜阳镇，设3个街道，由宜阳街道分散供养。是年，享受低保待遇。

2011 年，街道有“五保”对象 24 人，分散供养，支出 4 万元，月人均 139 元。

最低生活保障 2007 年，实行城乡居民最低生活保障。2011 年，城镇居民享受低保待遇的 425 户、455 人，支出 101 万元。月人均 185 元；农村低保对象 133 人、299 人，支出 28.3 万元，月人均 79 元。2014 年，享受最低生活保障待遇的人数 1867 人。

养老保险 2012 年，启动城乡居民养老保险。农村居民养老保险 3310 人，参保率 8.3%；城镇居民养老保险 460 人，参保率 50.3%。2014 年，农村居民参加社会养老保险人数 5135 人，参保率 12.8%。

医疗保险 2005 年，启动城乡居民大病医疗救助，2006 年，实施医疗保险，2014 年城镇居民参保人数 6585 人，参保率 100%。

优抚补助 2009 年，全乡各类优抚对象 113 人，一次性生活补助 20340 元。2014 年，农村 60 周岁及其以上退役士兵 18 人，发放补助金额 6960 元。是年，重点发放老复员军人、伤残军人、参加自卫还击战带病回乡人员共 119 人，补贴金额 300995 元。

特色地情

历史人文

何锡藩（1873—1926） 光绪二十四年（1894），中日甲午战争爆发，投笔从戎。宣统元年（1909），同盟会在武汉设立“共进会”，他参加该组织的“将校研究团”。宣统三年（1911），武昌新军起义，黎元洪出任湖北军政府都督，他任民军第二统领。清军南下，武昌都督府令他率部渡江迎击，大捷刘家庙。不久，升任武汉司令官兼要塞司令。共和告成，黎元洪当选为副总统，何锡藩任水师统制。后改任湖北水上警察厅厅长，兼湖北都督府顾问，膺陆军中将军衔。

风景名胜

宜江风光带 位于市城中心地带，宜潭两河下游沿岸，长 6180 米，宽 20 米，占地 18.12 公顷。两岸架有 6 座桥，7 处社会停车场，两岸石头护砌，并装置安全石花栏杆，并建了亲水平台、观景台、八角休闲亭。两岸风景林如两条绿色龙，树上挂满彩灯，树下旁边栽种各种花草，成为常宁市城一道亮丽的风景线。

名胜古迹

常宁农民协会旧址 旧址位于境内劳动路 5~10 号，建于清代晚期，占地面积 498 平方米，坐北朝南，砖木结构，小青瓦，硬山顶，具有典型的湘南民居风格。1927 年，县农民协会由考棚迁到此，是大革命时期常宁农民运动的总指挥部。1955 年，县人民政府公布为文物保护单位；2010 年，被中共衡阳市委宣传部授予爱国主义教育基地称号；2011 年，被省人民政府评为省重点文物保护单位。

（文字供稿：宜阳街道办事处党政办 图片供稿：常宁市史志办）

泉峰街道

区域概况

位置面积

因辖区内泉峰公园而得名。地处常宁市城区中心。位于北纬 26° 21′ 54″ ~26° 25′ 07″，东经 112° 21′ 45″ ~112° 26′ 00″。东与宜潭乡接壤，南与三角塘、板桥二镇为邻，西与培元街道隔宜河相望，北与宜阳街道相连。区域东西最大距离 5.5 公里，南北最大距离 5 公里，总面积 16.84 平方公里。2014 年，办事处驻泉峰西路 178 号，电话区号 0734，邮政编码 421500。

建置沿革

泉峰街道前身是宜阳镇。2007 年 2 月 3 日，湖南省人民政府批准，从原宜阳镇析出城南、劳动路、泉峰、青宜、胜利、宜东 6 个社区居民委员会和南市、冷水、学墙、曲市、青市、茶箭、夏联 7 个村民委员会，设立泉峰街道。2014 年，政区无变更。

行政区划

2007—2014 年，辖城南、劳动路、泉峰、青宜、胜利、宜东 6 个居民委员会和南市、冷水、学墙、曲市、青市、茶箭、夏联 7 个村，下设 40 个居民小组，70 个村民小组。

自然环境

属丘陵地区。沿宜河下游有小型盆地。东南偏高，西北偏低，东南部有独耸的砚池山，海拔 200 多米，是市城区中心地带名山之一。处亚热带季风湿润型气候区，四季分明。年均气温 18.2℃，年降雨量 1421.4 毫米。主导风为南风，冬季多北风。有旱涝、龙卷风、台风等自然灾害。境内土壤分为水稻土、红壤土、黄壤土、潮土 4 大类，亚类土壤 6 种。地下有瓷泥资源。地域属宜河水系。宜河自南市村入境，流入宜阳街道嵩联村，辖区内长 4 公里。潭河绕流夏联村，流入宜阳街道东湖村，辖区内长约 1.5 公里。

人口民族

2007 年，街道办事处共有 10475 户，43540 人。2011 年年末，总人口 49323 人，其中城镇常住人口 41825 人，城镇化率 84.8%。总人口中，男性 25741 人，占 52.2%，女性 23582 人，占 47.85%。18 岁以下 12660 人，占 25.7%，19 ~ 60 岁 31563 人，占 64.0%，60 岁（含 60 岁）以上 5100 人，占 10.3%。人口以汉族为主。2011 年，人口出生率 10.9‰，死亡率 3.8‰，自然生长率 7.1‰。2014 年年末，总户数 20752 户，总人数

50857人，其中男性26497人，占52.1%，女性24360人，占47.9%，流动人口17758人。

经济发展

经济综述

泉峰街道成立后的九年间，坚持转变经济发展方式的战略思想，经济快速发展，取得令人瞩目的成绩。2011年，三大产业总值56170万元，其中农业总产值3170万元，占5.6%，工业总产值18000万元，占32.1%，第三产业35000万元，占62.3%，农民人均纯收入8710元，财政总收入1361万元。粮食总量3480吨。2014年，主要经济指标比上年有增无减，特别是城乡居民可支配收入创境内历史新纪录，农村居民人均纯收入达到10570元，城镇居民人均达到2万多元，财政总收入7546万元，比2011年增长4.6倍。粮食总产量4301吨，增长23.6倍。

农业

种植业 耕地以种植水稻为主，红薯等旱粮次之。主要农产品有稻谷、薯类、蔬菜类、豆类。2008年，粮食总产量3500多吨。人平纯收入4984元。2011年，农业总产值3170多万元。粮食总产量3480吨，人均70公斤，其中水稻3350吨。蔬菜种植面积186.7公顷，产量300多吨，油菜种植面积166.7公顷，产量1.5吨。2014年，农作物总播种面积1232公顷，粮食播种面积712公顷，总产量4301吨。

养殖业 2011年，生猪饲养量2099头，年末存栏1127头，家禽饲养量17745羽。2014年年末，全街道肉类总产量2889吨。

林业 2007—2014年，油茶林面积66.7公顷，产油3吨左右。农村屋前屋后绿树成荫，城镇大街小巷、公路、公园全部绿化

工业

以建筑材料、陶瓷、服装制造、农产品加工为主。2011年，工业生产总产值1.8亿多元。拥有规模以上工业企业5家，职工1530人。2014年，工业企业40个，职工2187人，企业实交税金总额2584万元。金猫水泥厂、红砖厂、陶瓷厂、台商独资企业荣城鞋厂驻辖区内。

商贸服务业

2008年末，有12家各类日用百货超市，8家酒店宾馆。2011年，辖区各类商贸服务业持续发展。有粮食、油料、土产、工艺、服装、畜牧、机械、化工、医药、建材、家具、交通通信、印刷13大类产业。品种200多个，有些产品远销国内外。内贸市场十分繁荣，批发市场迅速发展。形成了多功能、多层次、多成分开放型市场大网络，年成交额4亿多元。坐落在境内的中国印山国际大酒店、东升百货大楼、九龙服饰大楼、洪平家具广场、生源超市等一大批商业企业家底厚、实力雄，生意兴旺发达。2014年，社会商品销售总额3.5亿多元。共有商业网点1856个，职工1.5万余人。泉峰集贸大市场驻辖区内，年成交额1.2亿元。

财政金融

2011年，街道办事处实现财政总收入1361万元，地方财政收入417万元，其中完成国税264万元，地税120万元，矿产资源税33万元。2014年，财政总收入7546万元，一般预算收入7546万元，财政支出8215万元。

2014年，境内有金融网点10个。常宁市首家村镇银行珠江银行落户辖区，中国银行常宁支行、中国农业银行常宁市支行、农业开发银行、建设银行常宁市支行、农商行、财产保险公司等驻境内。

基础设施

交通运输

320省道自西向东、214省道从北至南在境内汇合成“十”字形骨架，形成了全市最大的交通网；南外环、东一环两线与衡桂高速公路常宁市城区东部的互通口紧密相接；县道、乡道、村道如织，辖区内公路里程54公里。

泉峰东站已建成通车，南站正在建设中。3路、4路、11路免费公交车经过辖区，交通十分便利。

邮政通信

2008年，电话、电报、宽带网进入程控自动网络。2014年年末，邮政局1家；电信网点10余个，固定电话用户100%；移动手机入户率90%以上，互联网用户40%。

供电饮水

用电由常宁电业公司供应，属湘南电网公司，城乡用电，入户率100%。

常宁自来水厂坐落于辖区南市村内，饮用自来水条件得天独厚，100%的村民、居民常年饮用自来水。

水利建设

2007—2014年，境内有小（一）型水库、小（二）型水库各1座，灌溉渠道2条共长7千多米，灌田土113.4公顷，山平塘70多口。

村镇建设

城镇建设不断扩展，至2014年年末，由原2条300米长街道，扩展到16条街道，共27公里长，街两旁高楼大厦林立，商铺门店遍布，设施完善，功能齐全。农村房屋建筑日新月异，一栋栋钢筋水泥砖混结构楼房从地拔起，房前屋后绿树成荫。社区居民委员会和各村村民委员会新建改造办公

青市汽车站

综合楼、国策楼、医疗中心楼房。

社会事业

教育科技

教育 2011年年末，幼儿园11所，在园幼儿2447人，专任教师127人；小学4所，在校学生4300多人，专任教师230人，小学适龄儿童入学率100%；初中2所，在校学生2050人，专任教师120人，初中适龄人口入学率100%，小升初升学率100%，九年义务教育覆盖率100%；高中1所，在校学生4150人，专任教师280人。2011年，财政预算内教育经费952.5万元。2014年年末，幼儿园、托儿所23所；小学6所，在校学生6248人，专任教师376人；中学3所，在校学生6028人，专任教师584人。常宁二中、七中、八中及民办明珠学校驻辖区内。

科技 街道农技推广服务站1个，农技员3人，村农技推广组7个，在农村开展农业技术、农业科研究成果推广活动。

文化体育

2007—2014年末，文化活动中心13处，其中社区文化活动中心6处，村文化活动中心7处。文化专业户12户。农家书屋7处，藏书1.5万多册。

2014年，通宽带的村7个，通有线电视的村7个，有线数字电视用户1.3万余户，入户率95%。常宁市广播电视台、常宁市图书馆、常宁市新华书店、常宁市青少年活动中心驻辖区内。

2014年年末，有休闲广场2个，体育馆1座，体育竞技中心1个，羽毛球场2个，门球场1个、健身坊1个，游泳池1口。

医疗卫生

2007—2014年，各级各类医疗卫生机构14个，其中国家二甲中医院1所，疾病预防控制机构1个，村卫生室7个，城市社区卫生服务中心1个，社区卫生服务站4个。病床696张。专业卫生人员707人，高级执业医师23人，中级执业医师201人，执业医师200多人，执业助理医师12人，注册护士227人。2014年，医疗机构（门诊部以上）完成医疗16.5万人次。农村7个村都建了垃圾集中处理池10余口，城镇社区建垃圾集中处理拖箱和桶100余个。新型农村合作医疗参合率98%。常宁市中医院、常宁市第四人民医院、妇幼保健院、防疫站驻辖区内。

社会保障

“五保”供养 1961—1983年，由原城关镇所辖大队生产队供养，1984年始，由镇统筹，每人每年生活会费350元，口粮350公斤，食油3公斤，分散供养。2007年，“五保”户享受城乡居民生活最低保障待遇，2011年“五保”43人，仍分散供养，支出8.3万余元。

最低生活保障 2007年，实行城乡居民最低生活保障待遇，2011年城镇居民低保对象150户、1980人，总金额403.9万元，月人均170元；农村低保对象3085户、32410人，总金额31万元，月人均80元。2014年，享受低保待遇的人数共有1972人。

养老保险 2012年，启动城乡居民社会养老保险，2014年，农村居民参加社会养老保险人数5729人，参保率11.3%；城镇居民社会养老保险3.3万人，参保率79%。

医疗保险 2005年，实施城乡居民大病救助，至2011年救助268人次，金额31万元。2014年12月末，农村居民参加医疗保险人数8274人，参保率16.3%。

优抚补助 2009年，重点优抚对象41人，补助金额7380元。2014年，定期定量补助农

茭潭

湘山古寺

村困难军退人员 39 人，补助金额 413 元。是年年末，补助各类优质对象 168 人，优抚金额 18 万元。

特色地情

历史人文

彭明治（1905—1993） 黄埔军校第一期毕业。1925 年，加入中国共产党。参加北伐战争、南昌起义、井冈山革命根据地历次“反围剿”、二万五千里长征。先后任排长、连长、教导队队长、团参谋长、副团长、团长、支队司令员、旅长、作战 150 多次。解放战争时期，任第四野战军 13 兵团副司令员、中华人民共和国成立后，先后任驻波兰大使、河北省军区司令员、解放军武装力量监察部副部长等职。1955 年，被授予中将军衔。第四届全国人民代表大会代表，第五届全国人民代表大会常务委员会委员。

风景名胜

茭潭 俗称南门潭。在常宁市城区南门泉峰街道境内，常宁二中前，宜河中下游。潭畔石壁陡立，石皆青章白里，文人选石命名茭潭。清同治《常宁县志》载：“石榜之前，深邃洞黑，是曰茭潭。渔舟泊其下，每晚鸣榔逐波，歌声断续，响答遥天。”菱潭晚渔，昔为县城八景之一。

双蹲书院 在常宁市城区南门泉峰街道境内。因其后有二石对峙如双蹲，故名。为南宋朱熹弟子、乾道年间（1165—1173）进士袭盖卿、王居仁读书与讲学之所。明成化二年（1484）重修。万历四年（1576）复修。规划措置，与岳麓、石鼓等观。民国曾建高等小学于此。抗日战争时期，湖南省立衡阳中学迁此数年。县简易师范设此，今为常宁二中校址。

泉峰夕照 泉峰为山名，原为金钱峰，后为兴泉峰，位于辖区西南部。《大清一统志》载：“县东南郊外，形势耸秀，山峰顶可坐百人，中有清泉，故名”。面积 0.3 平方公里，海拔 131 米，山势平缓，树木葱茏。“日夕反照，城楼亭阁，悉日画图”。昔为县城旧八景之一。

湘山古寺 位于辖区东南部夏联村肖家组，是常宁最早的佛教圣地，距今有1100多年的历史。20世纪50年代，古寺被湮灭。1988年，重修道坊，占地面积1.3公顷，建筑面积3500多平方米，环境幽雅，景致美丽。

（文字供稿：泉峰街道办事处党政办 图片供稿：常宁市史志办）

培元街道 >>

区域概况

位置面积

培元街道的前身是宜阳镇。因辖区内培元塔而得名。位于北纬 26° 22′ 27″ ~26° 27′ 26″，东经 112° 20′ 30″ ~112° 23′ 37″。地处常宁市城区中心，宜河中下游西岸。东与宜阳、泉峰 2 街道隔宜河相望，南与板桥镇相连，西与兰江乡接壤，北与宜潭乡、新河镇毗邻。区域东西最大距离 4 公里，南北最大距离 8 公里，总面积 16.59 平方公里。办事处成立时驻泉峰西路 173 号，2012 年 11 月，迁至泉峰西路 417 号。

建置沿革

培元街道前身为宜阳镇。2007 年 2 月 3 日，湖南省人民政府批准，从原宜阳镇析出桃江、西上、城西 3 个社区居民委员会和塘山、虎溪、莲花、两江、黄枝、金桥、大立 7 个行政村，组成培元街道。2008 年 8 月，挂牌正式成立。2012 年 7 月 7 日，撤销两江村，设立两江居民委员会。至此，全街道有 4 个社区居民委员会，6 个行政村。

行政区划

2007 年年末，辖桃江、西上、城西 3 个社区居民委员会和塘山、虎溪、莲花、黄枝、两江、金桥大立 7 个行政村，下设 14 个居民小组，57 个村民小组。2014 年年末，辖桃江、西上、城西、两江 4 个居民委员会和塘山、虎溪、莲花、黄枝、金桥、大立 6 个行政村，下设 18 个居民小组，53 个村民小组。

自然环境

属丘陵地区。南偏高，北偏低。宜河下游沿岸为小型盆地。西、南、北丘岗山地间垅田。平均海拔 200 多米。处亚热带季风湿润型气候区，四季分明。年平均气温 18.2℃，年降雨量 1421.4 毫米。常年主导风为东南风，冬季多北风。有旱涝、台风、龙卷风等自然灾害及强雷击现象。境内土壤分为水稻土、红壤土、潮土、菜园土、紫色土 5 大类，亚类土壤 8 种。地下矿产资源有煤等。地域属宜河水系。宜河自塘山村入境，至大立村，往北流入宜潭乡塘湾村，境内长约 9 公里。兰江水流经境内虎溪村注入宜河，境内长 1.5 公里。

人口民族

2007 年，辖区有 5377 户，其中农业户 1949 户，居民户 3428 户，总人口 21385 人，其中农业人口 7789 人，居民人口 13596 人。人口出生率 11.7‰，死亡率 5.6‰，自然增长率 6.1‰。2011 年年末，辖区户籍总人口 22117 人，其中城

培元塔

镇常住人口12776人，城镇化率57.7%。总人口中，男性11291人，占51.1%，女性10826人，占48.9%。14岁（含14岁）以下4551人，占20.6%，15～60岁16125人，占70.6%，61岁（含61岁）以上1441人，占8.8%。总人口中，以汉族为主。2011年，人口出生率13.2‰，死亡率5.74‰，自然增长率7.46‰。2014年年末，辖区总户数9553户，总人口22720人，男性11587人，占51%，女性11133人，占49%，流动人口7539人。

经济发展

经济综述

培元街道成立后，境内城乡经济迅速发展，连续创历史最好水平。2011年，三大产业总值65900万元，其中农业总产值3300万元，占5%，工业总产值29600万元，占44.9%，第三产业总值33000万元，占50.1%，农民人均纯收入8690元，财政总收入862万元。粮食总产量2935吨。2014年，农民人均收入10533元，较2011年增长21.2%，财政总收入8222万元，增长8.5倍。粮食总产量3408吨，增长16.1%。

农业

种植业 耕地以种植水稻、蔬菜为主，其他农作物为次。2008年，粮食总产量为2881吨。之后，粮食生产持续稳定发展。2011年，农业总产值3300多万元。粮食总产量2962.8吨，人均133.9公斤，其中水稻2840.5吨，红薯93.6吨，高粱25.6吨，玉米3.1吨。主要经济作物为蔬菜，种植面积24.2公顷，产量1034吨，品种有葱类、蒜类、白菜类、萝卜类、辣椒类、菇类、芋类、豆角类、韭菜、西红柿、块根类等10多个品种。2014年，农作物总播种面积976公顷，粮食作物播种面积564公顷，粮食总产量3406吨。

养殖业 传统养饲生猪、家禽、鲜鱼等。2011年，生猪饲养量1.2万多头，年末存栏4000多头，山羊饲养量4000多只，年末存栏1000多只，家禽饲养量7.1万多羽。山塘、水库放养各种鱼。

2014 年，肉类总产量 2188 吨。

林业 林地以油茶林为盛，亦植有风景林、果木林。2008—2014 年，油茶林面积约 100 公顷，年产茶油 4 吨左右；柑橘、板栗等面积 13.33 公顷，年产量约 1.5 吨。

工业

以冶金、塑料制品、农副产品加工为主。2011 年，工业生产总产值 2.96 亿多元，实现增加值 8000 多万元。拥有工业企业 50 家，其中规模以上企业 4 家：职工 719 人。2014 年，工业企业 34 个，职工 1530 人，企业实交税金总额 2005 万元。红砖制造厂、塑料制品厂、宏泰冶化有限公司、聚一同肉食品加工有限公司和常宁（法国）量大仿真模型有限公司、金鑫冶化厂、南天茶油有限公司、锦城冶炼厂、兰亭雕刻艺术开发有限公司、常宁市宜阳工业园驻辖区内。

商贸服务业

2007 年街道成立后，商贸服务业发展迅速，品种齐全，质量优良。拥有粮食、油料、工艺、土产、服饰、畜牧、冶炼、化工、机械、家具、印刷、医药、建材、通信、百货 15 大类产业，品种达 210 多个，有锡锭等产品远销国内外市场。综合、专业批发市场发展快，形成了多功能、多形式、多层次、多成分、开放型的市场网络，年成交额 3 亿多元。帝煌山庄大酒店和王朝大酒店、中粮集团公司、供电公司、电信公司等一大批商业企业实力雄厚、生意兴隆。2014 年，共有商业网点 360 个，职工 1057 人。社会商品零售总额 3.3 亿元。

财政金融

2011 年，实现财政总收入 1694 万元。地方财政收入 544 万元，其中完成国税 202 万元，地税 212 万元，耕地占用税 122 万元，矿产资源税费 8 万元。2014 年，实现财政总收入 8222 万元，一般预算收入 8222 万元，财政支出 7364 万元。

2014 年，境内有 3 个金融机构，即农商分行、工商分行、邮政储蓄所和信用网点等。

南门湖

基础设施

交通运输

2014年年末，境内有320省道东西过境；衡枣高速公路常宁连接线与320省道在连花村汇合。县道常洋线南北贯通；常新线穿过辖区。街道公路、村组路面、全部硬化。辖区内公路里程46公里。

市免费公交3路线、11路线在辖区内已开通，莲花车站坐落于辖区内。交通运输便捷。

供电饮水

2008—2014年，常宁电力局驻辖区内，电力充足，保障街道人民生产生活用电，用电入户率100%。

因靠近常宁自来水厂，饮用自来水十分方便，入户率100%，其中有不少居民喝矿泉水，用自来水。

水利建设

1964—1965年，在宜潭下游拦河筑坝1座，并建培元水电站1座。灌溉大立、金桥、黄枝等3个村133.4公顷田土。小（一）型水库1座，电力排灌站4座，骨干山平塘50余口。

村镇建设

辖区城镇建设不断扩大，至2014年年末，由原来1条西门下街长300米青石路，

扩大到15条街，共长19公里、水泥路。街两旁高楼大厦林立，商铺门店摊位千余个。大商贸市场3个。农村房屋建筑日新月异。2～4层钢筋水泥砖混结构楼房耸立平地，周围绿树成荫，环境优雅。社区居民委员、农村村民委员会新建改造社区、办公大楼、医疗中心大楼、村综合大楼共14栋。

社会事业

教育科技

教育 2011年年末，幼儿园14所，在园幼儿2748人，专任教师167人；小学4所，在校学生4100人，专任教师160人，小学适龄儿童入学率100%；初中1所，在校学生1200多人，专任教师48人，初中适龄人口入学率100%，小升初升学率100%，九年义务教育覆盖率100%。高中1所，在校学生4120人，专任教师275人。2011年，财政预算内教育经费800多万元。2014年，幼儿园、托儿所1所；小学9所，在校学生3674人，专任教师196人；中学1所，在校学生1695人，专任教师97人。湖南省重点中学常宁一中及民办泉峰中学驻辖区内。

科技 各级各类科技人员387人，其中教授级高级技术人员3人，高级技术人员80人，中级技术人员304人，承担市内重要科研项目研究、推广各类实用技术和科研成果的运用。

文化体育

2008—2014年，文化站、文化活动中心各1处，村（居）文化活动中心10处，文化专业户1户，农家书屋6处，藏书2.1万册；文艺书画1家；省级文化保护单位1处。通宽带的村7个，通有线电视的村7个，有线电视7800多户，入户率78%。

2014年，境内有学校体育场地2个，其中标准体育场1个，体艺馆1座，各类体育器材齐全。

医疗卫生

2008—2014年，有各级各类医疗卫生机构10所，其中二级甲等1所，社会卫生服务中心1所，社区卫生服务站2所，村卫生室6处；有床位95张；固定资产1500万元。专业卫生人员125人，

合江学堂

其中执业医师 17 人，执业助理医师 39 人，注册护士 36 人。医疗机构（门诊部以上）年门诊量 3 万多人次。村民全部免费参加新型农村合作医疗，参合率 100%。村与社区垃圾全部集中处理。常宁市人民医院驻辖区内。

社会保障

“五保”供养 1961—1983 年，由大队生产队分散供养。1984 年，由原城关镇统一筹集“五保”生活费分散供养。2007 年，“五保”户享受城乡低保待遇。2011 年，分散供 29 人，支出 4.4 万元。

最低生活保障 2007 年，实行城乡居民最低保障待遇，2011 年，城镇居民低保对象 265 户、281 人，支出 53.2 万元，月人均 158 元；农村低保对象 274 户、351 人，支出 28.6 万元，月人均 68 元。2014 年，享受低保待遇 1886 人。

养老保险 2012 年，启动城乡居民养老保险。2014 年，城镇居民参加社会养老保险，参保率 42.5%，农村参加社会养老保险人数 7823 人，参保率 34.4%。

医疗保险 2005 年，实施城乡大病医疗救助，2011 年，救助 79 人次。2011 年，参加城镇医疗保险 4556 人，参保率 100%，农村参加医疗保险人数 11377 人，参保率 50.1%。

优抚补助 2009 年，重点优抚对象 52 人，补助金额 9360 元。2014 年，60 周岁农村籍退役士兵生活补助 29 人，补助金额 20200 元。是年，定期定量补助困难军退人员 72 人，金额 3054 元。

特色地情

风景名胜

谷家洲 位于辖区东部，宜、潭二河汇合处。洲身呈纺锤形，长 200 米，宽 50 米，洲首有石砌护岸，洲上平坦，树木参天，环境幽静。真是“远眺一绿洲，近观似航舟”。今新建钢筋水泥桥连接西岸教学区，清同治《常宁县志》载：“洲势袤九百步，广竟亩，高如墙堵。洲木翳蔚，迩延野缘，远混天碧，望若翠屏”。清光绪二十八年（1902）建合江学堂于此。今为常宁一中师生员工生活区。

西门桥 古称廉政桥，在市城之西门，又名西门桥，横跨宜河，连接市城东西两岸，为城西交通枢纽。初建于南宋淳祐四年（1244），以桃花洲积沙为基，以木为桥。元皇庆二年（1313），常宁州达鲁花赤（监州）金刚奴敦武重造，因其廉政，故名廉政桥。明成化二十三年（1847）易以石，明万历十九年（1591）改建，两侧砌有石板护栏。上有古代风俗浮雕。“西桥夜月”曾为县城八景之一。清乾隆二十年（1755），改建为5拱石桥。中华人民共和国成立后，分别于1988年、2001年，先后两次对此桥进行了改建。改建后，桥面宽11.5米，长76米，两端连接线共77米。

培元古塔 坐落于培元街道大立村境内，八角七级楼阁式砖石塔。建于清同治五年（1866），花岗岩砌筑，高36.3米，底层边长6.67米，须弥座基座，铁葫芦顶，八角，出檐，檐呈鱼尾状上翘，各层均辟券门。取“固塔山元气，镇宜潭孽龙，润境土生息，培常宁人文”之义得名。为常宁市最具有特色的古建筑，湖南省文物保护单位。

（文字供稿：培元街道办事处党政办 图片供稿：常宁市史志办）

水口山街道

20世纪80年代被国家授予“中国铅锌工业摇篮”称号。

区域概况

位置面积

相传境内一山里有48口泉水从山口流出而得名。位于北纬26° 32′ 38″ ~ 26° 36′ 21″，东经112° 32′ 07″ ~ 112° 37′ 35″。地处常宁市城区东北部，湘江中游南岸。东与衡南县廖田镇隔舂陵河相望，西南与松柏镇为邻，北与衡南县松江镇以湘江为界。区域东西直线距离8公里，南北直线距离6公里，总面积19.66平方公里。办事处驻冶金路，距常宁市城区37公里，距衡阳市城区38公里。

建置沿革

2009年2月23日，从松柏镇析出6个行政村、20个社区居民委员会，设立水口山街道。2010年4月1日，撤销松化、煤机厂、运输、焦厂、渡东、渡西、永红、欧家洲、鲶鱼山9个社区居民委员会。2012年8月7日，增设松冶居民委员会。至此，街道辖6个行政村、12个社区居民委员会。

行政区划

2009年年末，辖松化、煤机、沿江、开源、松柏、三园、文明路、小洲、常青、松阳、大桥、兴源、运输、航运、焦下渡东、渡西、永红、欧家洲、鲶鱼20个社区居委会和三香、松阳、新华、青年、蔬菜、松柏6个行政村，下设95个居民小组，81个村民小组。2014年年末，辖松阳、松柏、沿江、三园、大桥、航运、文明、小洲、兴园、开源、常青、冶金12个社区居民委员会和松阳、青年、蔬菜、三香、新华、松柏等6个村民委员会，下设40个居民小组、81个村民小组。

自然环境　属平地、丘岗结合地区。西部偏高、东部偏低。湘江沿岸多为小型盆地，西南部为丘陵岗地间垅田。处亚热带季风湿润型气候区，四季分明。年均气温18.1℃，年降雨量约1300毫米。常年主导风为南风，冬季多北风。有旱、涝、烟等灾害。境内土壤分为水稻土、菜园土、红壤土、潮土及紫色土5大类，亚类土壤12种。地下矿产资源有铅、锌、铜、金、银等。地域属湘江水系。湘江自松阳村入境，至蔬菜村往东流入衡南县廖田镇，境内长约8公里。

人口民族

2009年，总人口42821人，其中农村人口7247人，城镇常住人口35574人。2011年年末，辖区总人口42869人，其中城镇常住人口36188人，城镇化率84.4%。总人口中，男性22816人，占53.22%，女性20053人，占46.78%。18岁（含18岁）以下7884人，占18.4%，19～35岁9445人，占22%，35～60岁18430人，占43%，60岁以上的7110人，占16.6%。总人口以汉族为主。人口出生率10.2‰，死亡率4.6‰，自然增长率5.6‰。2014年年末，总户数为20202户，总人口为46423人，男性24650人，占53.1%，女性21773人，占46.9%，流动人口3805人。

经济发展

经济综述

水口山街道自2009年成立后，经济发展速度迅猛异常，主要经济指标连续创新纪录，取得新成就。2014年，地区生产总值达68400万元，增加值8357.3万元，其中第一产业增加值1600万元，占19.1%，第二产业增加值4100万元，占49.1%。第三产业增加值2657.3万元，占31.8%，农村居人均纯收入10624元，比上年增长16.4%，城镇居民人均可支配收入23500元，增长8.8%，财政总收入9480元，增长4.4倍。粮食总产量3709吨。

农业

种植业 耕地以种植水稻为主，蔬菜、红薯、小麦、豆类为次，其他农作物亦有种植。2011年，农业总产值3000余万元，比上年增长12%，粮食总产量3500余吨，人均81.6公斤，其中水稻2900余吨；油菜种植面积66.7公顷，蔬菜种植面积333.4公顷。葡萄种植面积13.4公顷。2014年，农作物总播种面积1062公顷，粮食作物播种面积614公顷，粮食总产量3709吨。

养殖业 畜禽饲养以生猪为主，牛、羊、鸡、鸭、鲜鱼次之。2011年，饲养生猪2.6万头，年末存栏1.1万头，家禽饲养量5万余羽。2014年，肉类总产量7143吨。

林业 油茶林为盛，杉木、南竹、柑橘等林木次之。至2014年，油茶发展到266.67公顷，常年产茶油10余吨，柑橘种植46.7公顷，年产柑橘10多吨。

工业

2009年，共完成工业总产值7亿余元，其中冶金工业产值5亿余元，企业上缴税金3950万元。2011年，以化工、冶炼、建筑业为主，工业总产值22亿元。民营企业124家，其中规模以上企业44家，年产值500~1000万元的31家，1000~5000余万元的8家，过1亿元的4家，过2亿元的1家。松柏工业园、水口山铅锌循环产业园区，拥有铅锌矿石采选60万吨/年，铜、铅、锌冶炼30万吨/年，金1000公斤/年，银300吨/年和铅锌化工与材料深加工产品15万吨/年的综合生产能力。2014年，工业企业15个，企业实交税金总额470多万元。湖南水口山有色金属集团有限公司、五矿金铜项目区、常宁省级经济开发区等工业企业驻辖区内。

商贸服务业

2009年，社会商品零售总额1.63亿多元。2014年，社会商品零售总额8.6亿元。有商业网点485个，职工3546人；城乡集贸市场4个，经营项目12大类200余种，年成交额2.1亿元。

财政金融

2009年，财政总收入1057万元，支出1057万元。2011年，地方财政收入577万元，其中

完成国税 199 万元，地税 320 万元，矿产资源税 58 万元。2014 年，财政总收入 9480 万元，财政一般预算收入 9480 万元，财政支出 9343 万元。2014 年，境内金融机构有 8 家。

基础设施

交通运输

至 2014 年末，214 省道贯穿全境，衡桂高速穿境而过，县道松烟线过境，村组通水泥公路。辖区公路里程 40 公里，陆路交通运输便捷；水路交通方便，春陵河傍镇东通航，直入湘江，湘江傍境东北流经衡阳、株洲、湘潭、长沙、岳阳入洞庭湖，可通长江口岸达沿海地区。

2014 年末，有客运站 1 个，航运站 1 处。正拟建千吨级码头 1 座，获准即动工建设。

邮政通信

2009—2014 年，邮政分局 1 家、代办所 5 个、移动、电信、联通企业共 3 家、服务网点 5 个，村（居）固定电话用户率 100%，移动电话用户入户率达 60%，互联网用户入户率 10% 以上。

供电饮水

2014 年年末，有变电站、供电站各 1 座，并与湘南大电网联网，属湘南电网公司，城乡用电

五矿铜业（水口山金铜项目一期）厂区

入户率 100%。

饮水由水口山自来水厂供应，城镇农村用水入户 率 100%。

水利建设

2009—2014 年，电力排灌站 1 座，骨干山塘 80 多口，骨干堰坝约 6 座。整治凉水新华村一段长 3 公里，护砌湘江南岸防河堤 1 公里。

村镇建设

至 2014 年年末，城镇建设由原来的 1 条长 300 米，扩大到 14 条长共 10 多公里，街两旁高楼大厦耸立，建花坛 65 个，集贸市场 4 个，贸易兴隆，被誉为“常宁小香港”。农村茅房草舍已消失，钢筋水泥砖混楼房（2~4 层），从地拔起。

社会事业

教育科技

教育 2009—2011 年，幼儿园 9 所，在园幼儿 3128 人，专任教师 78 人；小学 6 所，在校学生 2713 人，专任教师 70 人，小学适龄儿童入学率 100%；初中 1 所，在校学生 2500 余人，专任教师 158 人，初中适龄人口入学率 100%，九年义务教育覆盖率 100%，小升初升学率 100%；高中 1 所，在校学生 900 余人，专任教师 65 人。2011 年，财政预算内教育经费 782 万元。2014 年，幼儿园、托儿所 13 所；小学 9 所，在校学生 3977 人，专任教师 177 人；中学 2 所，在校学生 1807 人，专任教师 185 人。常宁市第三中学驻辖区内 。

科技 农业技术推广服务站 1 个，服务人员 5 个，主要推广应用良种良法良制；工业建筑科技重点进行技术改造，冶炼采用回收烟尘技术，烟灾基本得以缓解，化工建立净水池，废水得到治理。

文化体育

2009—2014 年，文化站 1 处，村（居）文化活动中心 17 处，农家书屋 6 处，藏书 5 万余册。影剧院 1 座，座位 600 个。音乐、美术、书法、摄影、文学业余创作人员共 35 人。

2014 年，通宽带的村 6 个，通有线电视的村 6 个，有线电视用户 1.1 万户，入户率 54.5%。

2014 年，境内有体育场 2 个，羽毛球场 1 个，游泳池 1 口，1 个村和 2 个社区居民委员会，安装体育健身器材，经常参加锻炼的人数占总人数的 30% 左右。

医疗卫生

2009—2014 年，各级各类医疗卫生机构 17

瓦松铁路

陈家洲湘江大桥

个，村卫生室6个，二级医疗卫生机构2个，门诊部（所）9个，有床位500张，专业卫生人员400余人，其中执业医师85人、执业助理医师15人、注册护士220人。100%的村建了垃圾集中处理池。常宁市第二人民医院、水口山职工医院驻辖区内，新型农村合作医疗参合率98%。

社会保障

“五保”供养 1961年始，由大队生产队分散供养，每人每年生活费300元，口粮150公斤，食油4公斤。1983年后，由镇统筹钱粮油，每人每年生活费350元，口粮350公斤，食油5公斤，仍分散供养。2007年，“五保”户享受城乡低保待遇。2008年，街道修建敬老院1座，床位20张，2011年，“五保”集中供养9人，支出4.87万元；分散供养20人，支出3.6万元。

最低生活保障 2007年，实施城乡居民最低生活保障待遇。2011年，城镇居民低保对象有388户、421人，支出72.9万元，月平均144.3万元；农村低保对象有310户、619人，支出51.9万元，月人均70元。2014年，有低保对象2192人。

养老保险 2012年，启动城乡居民养老保险。城镇居民参加社会养老保险人数4898人，参保率56%；农村居民参加养老保险人数5175人，参保率11.2%。

医疗保险 2014年，农村居民参加医疗保险人员8320人，参保率90%以上。

优抚补助 2014年，辖区60周岁以上农村籍士兵老年生活补助对象18人，补助金额7260元。是年，对农村困难军退人员，实行定期定量补助，辖区补助对象11人，补助金额906元。

特色地情

名优特产

电铅 系辖区三力工贸公司生产的产品，年生产电铅3万余吨，产值2亿多元。铅的纯度已达到国际标准，被评为国家一级电铅，销路畅通，供不应求。

硫酸锌 系辖区华兴冶化公司硫酸锌厂生产的产品，年产5.5万吨。产品远销日本、韩国、巴基斯坦、美国、英国、法国等欧美和亚太地区。

湘江中上游名港

松柏港 位于湘江南岸辖区内，是远近闻名的港口，也是湘江中游的重要港口之一。港口岸线长4.6公里，水域面积99万多平方米，陆地面积3.4万余平方米；有堆场3处，总面积3800多平方米，码头17座，泊位20个，最大靠泊能力100吨，以货运为主；有衡阳至松柏，松柏至大堡客班船停靠站。每天6班次，乘客可饱览湘江沿岸风光。

（文字供稿：水口山街道办事处党政办 图片供稿：常宁市史志办）

柏坊镇 >>

区域概况

位置面积

清咸丰三年（1853）设圩场，以四通八达得名“八方”，后因至县城官道上建有迎送官吏的石雕牌坊，翠柏成行，遂改称柏坊。地处常宁市城区北部，湘江中游南岸。位于北纬26°27′19″～26°35′53″，东经112°21′49″～112°31′33″。东与松柏镇为邻，东南与蓬塘乡相连、与宜潭乡接壤，西与江河乡隔宜河毗邻，北滨湘江与衡南县栗江镇、近尾洲镇相望。区域东西最大距离15公里，南北最大距离15公里，总面积123.2平方公里。镇人民政府驻柏坊路62号，距常宁市城区19公里。

建置沿革

民国后期属百宜乡。1949年，沿用旧制。1950年，撤乡保甲制，改置第二区，下设柏坊、斗岭、夏柏、大歧、大坪、沙水、鲤渔、松桐、宜元、荆歧、李井等11个乡。1956年，撤区并乡，合并设立柏坊、大坪、桐梓3个乡。1958年，实行政社合一，撤乡合并为前锋人民公社。1960年3月，大社划小社，分为柏坊、大坪、桐梓3个公社。1961年9月，恢复区建制，属柏坊区。1962年，田尾公社划入柏坊区。1981年9月，撤柏坊公社，设柏坊镇，属柏坊区。1984年，政社分设，大坪、桐梓、田尾3个公社改为大坪、桐梓、田尾3个乡，大队改为村，生产队改为村民小组，属柏坊区。1995年5月撤区并乡建镇，将大坪、桐梓、柏坊合并设立新的柏坊镇。

行政区划

1983年，辖柏坊、横街、杨家湾、李家湾、田市5个社区居委会和柏坊、蔬菜、大兴、铜鼓、大柏、下柏、小柏、斗岭、东坡、袁益、东白、双白、平洞、沙水、炉井、小河、大坪、堤上、同睦、万松、万新、联合、雁鹅、桐市、新建、兰田、双通、宜元、裕丰、丰富、易塘、新兰、红泥、泉水、建议、荆林、田市、先锋、新庄、阳江、天江、芝江、满洲、沙塘、新丰、黄岐、山岐、新田、五塘51个大队，下设19个居民小组，804个生产队。2014年年末，辖柏坊、新街、杨家湾、罐子窑、湘江、李家湾6个社区居民委员会和斗岭、大新、柏坊、东坡、双白、东白、大柏、铜鼓、小柏、元益、蔬菜、夏柏、桐市、新建、兰田、双通、丰富、易塘、新南、红泥、玉丰、宜元、泉水、建议、荆林、平洞、沙水、芦井、小河、大坪、堤上、同木、大同、鲤渔、万松、万新、联合、雁鹅38个行政村，下设33个居民小组，584个村民小组。

自然环境

属丘陵地区。南偏高，北偏低，境内丘陵起伏间垅田和较开阔的盆地，西部憩山岭飞峙湘江边，海拔186米，是常宁名山之一。处亚热带季风湿润型气候区，四季分明。年均气温18.2℃，年降雨量约1350毫米，常年主导风为南风，冬季多北风。有干旱、洪涝、地质、台风等自然灾害。土壤分为水稻土、红壤土、潮土、紫色土4大类。亚类土壤8种。地下矿产资源主要有烟煤、铜、金、耐火泥8种。地域属湘江水系。湘江自大坪村入境，至元益村，流入松柏镇双泉村，境内长20余公里。其支流宜河自杉水村入境，至大坪村，注入湘江。境内长4公里。

人口民族

1984年，总户数10427户，总人口44869人。1998年年末，总户数14892户，总人口58659人。2011年年末，辖区总人口为65230人，其中城镇常住人口12198人，城镇化率18.7%，总人口中，男性35571人，占54.5%，女性29659人，占45.5%。14岁以下16307人，占25%，15~64岁41094人，占63%，65岁以上7827人，占12%。人口中以汉族为主，达65221人，占99.9%，苗、回等少数民族9人，占0.01%。2011年，人口出生率7.2‰，死亡率8.6‰，自然增长率-1.4‰。2014年末，总户数19828户，总人口60493人，男性32666人，占53%，女性27827人，占46.1%，流动人口286人。

经济发展

经济综述

农村改革开放推动境内经济持续健康发展。1994年，全镇工农业生产总值18722万元，其中农业总产值6447万元，占34.44%。工业总产值12275万元，占65.56%，农民人均纯收入1097元，粮食总产量16827吨。2007年后，转变经济发展方式，进一步调整产业结构，建立以农业、建材、采矿为重点的支柱产业，成为常宁市耐火泥生产基地、白水泥生产基地、煤炭生产基地、油茶生产基地之一。主要经济指标创历史新纪录。2011年，工农业总产值61000万元，比1994年增长2.3倍，其中农业总产值18000万元，占工农业总产值29.5%，工业总产值43000万元，占70.5%，分别增长1.8倍、2.5倍，农民人均纯收入8611元，增长6.9倍，财政总收入554.06万元。粮食总产量29917吨，增长77.8%。2014年，农民人均纯收入10059元，比2011年增长16.8%，比1994年增长8.2倍，财政总收入10295万元，比2011年增长17.6倍。粮食总产量30478吨，比2011年增长1.9%，比1994年增长81.1%。

农业

种植业 种植业以水稻为主，红薯、高粱、蔬菜为次。1949年粮食亩产130公斤，其中水稻亩产160公斤。1950年，县人民政府鼓励农民种植水稻、旱粮。1952年，粮食亩产提高到160公斤，其中水稻亩产188公斤。1962年，扩大双季稻种植面积，改高秆为矮秆，加强病虫害防治，1978年，水稻亩产提高到390公斤。1983年，建立包产到户农业生产责任制，当年实现亩产水稻420公斤，创粮食生产历史纪录。1995年后，大力开展农业综合开发，抓田土山水综合治理，改良中低产田，建设吨粮田，发展优质高产高效农业。到2011年，粮食总产量2.5万余吨，人均383公斤。蔬菜种植面积533.4公顷，油菜种植面积666.7公顷。2014年，农作物总播种面积9023公顷，粮食播种面积5044公顷，粮食总产量30478吨。

养殖业 以生猪为主，鸡、鸭、鱼等次之。1954年，开始发展集体养猪，熊崇贵互助组，分户饲养集体猪26头。1993年，小柏村自筹资金60多万元，建猪场403栋，面积共2.4万平方米。1994年，养猪12493头，人均7.2头，年末出栏肉猪9566头，人均5.5头，存栏2927头，总产值574万元，人均养猪纯收入689元。此后，因劳力外出打工，生猪生产逐年滑坡。2011年，饲养猪1.2万头，年末存栏5000余头。家禽饲养量50余万羽。渔业以山塘水库养鱼为主，养殖水面200余公顷，水产品总量750吨。2014年，全镇有肉类总产量30478吨。

林业 以油茶林为盛，杉木、南竹等用材林为次。1956年，推广实生苗造林，造林133.4公顷。1958年，以木材为烧料，大炼钢铁，用材林被砍伐殆尽。1963年，按照中央政策，山林权固定到生产队，辖区4个公社办社队林场20余个。1981年，确定山林权属后，出现一批造林专业户，种植油茶林、国外松、柑橘等。2004年，换发统一林权证，承包期30~50年。至2014年，有林面积2333.4公顷，其中油茶林面积2000多公顷。

工业

以采矿、冶炼、化工为主，加工为次。已开发的有金、银、铜、烟煤、锰、耐火泥、石灰石。有省属企业1家，市属企业1家，县（市）属企业3家，民营企业11家。主要产品有锰矿石、水泥、耐火材料、化工系列产品。1954年10月，柏坊建立铁业小组，从业人员10余人，产值约1600元。1966年，贯彻毛泽东主席关于“农民……在有条件的时候，也要由集体办些工厂”的指示，社队工业迅速发展，到1970年，柏坊公社建成锰矿、石灰厂，东白大队建立耐火材料厂，桐梓公社建成水泥厂，田尾公社建成芝江煤矿，队办加工厂20余个，产值达500多万元。1984年，乡村企业由单一的集体经营形式，扩大为乡办、村办、联办、户办形式。1994年，镇村企业和私营企业818家，企业总产值17454万元。2014年，工业企业112个，从业人员1608人，企业实交税金总额2764万元。湖南水口山有色金属集团有限公司柏坊铜矿金铜公司、衡阳市柏坊煤矿、华利煤矿、柏洲建材厂、机制砖厂、耐火材料厂等工业企业驻境内。

商贸服务业

1950年，县贸易公司在柏坊老街设立贸易小组1个，从业人员6人。此后，辖区设基层供销社1个，分社2个，购销店2个，营业员24人。1954年，对私营工商业进行社会主义改造，柏坊4家陶器厂合并成立陶器联合处，生产和经营各类陶器产品，从业人员18个。1973年，辖区有供销社1个，分社3个，职工30余人。1990年，个体商业户发展到34户，从业人员110余人。1994年，商品零售总额4649万元，集贸市场3个，年成交额1468万元。2014年，共有商业网点160个，职工370人，社会商品销售总额2.8亿余元。集贸市场2个，年成交额1.5亿余元。

财政金融

1984年7月，辖区建立4个财税所。1985年，乡财政体制改革，建立乡镇一级财政。2011年，财政总收入818.5万元。地方财政收入129万元，其中完成国税26万元，地税48万元，矿产资源税55万元。2014年，财政总收入10295万元，一般预算收入 10295 万元，财政支出 11016 万元。

2014 年年末，境内金融机构有农业银行柏坊镇营业所、信用分社。

基础设施

交通运输

民国后期，只有 1 条砂石公路通县城，长 20 余公里，未通车。中华人民共和国成立后，先后建成沙石土公路 15 条，共长约 120 公里。至 2008 年，境内公路全部水泥硬化。2014 年，214 省道纵贯全镇，县、乡、村水泥公路如织，四通八达，全镇公路里程 270 公里。

2014 年末，境内有客车站 1 个、柏坊湘江口岸建有年吞吐量 200 多万吨的货运码头，水路运输可达长江和沿海口岸，并设有客班船停靠点。

邮政通信

1962 年，境内有邮电支局 1 个，桐梓邮电所 1 个。2014 年，有邮政所 2 家，邮政业务总量 17 万元，电信企业 3 家，网点 5 个，固定电话用户 3000 户，普及率 20%；移动电话用户 8000 余户，普及率 75%，互联网用户 550 户。全年电信业务收入 147 万元。

供电饮水

1970 年，在宜河下游两岸拦河筑坝，建成大坪电站（1000 千瓦）1 座，并入湘南大电网。柏坊供电站、35 万伏变电站先后建成，架高压输电线路 2 条，总长 58 公里，并与湘南电网公司联网，保障城乡居民生产生活用电。1995 年，柏坊集镇建成自来水厂，年供水量 120 万立方米。部分农村居民饮用井水或打深井饮用地下水。

水利建设

1950—1959 年，新建山平塘约 30 口，整修

柏坊码头

小堰坝10多座。1965—1967年，建成小（一）型前进水库1座。20世纪70年代后，先后建成小（二）型水库9座，新建和整修山塘600多口，堰坝20多座。1990年后，建电灌站和机埠80余座。2014年末，小（一）型、小（二）型水库共10座，骨干山塘200余口。欧阳海灌区主干渠西支干渠长57公里，电力排灌站及机埠83座，高低压线路共长150公里。

村镇建设

2014年末，小城镇建设已具规模，由3条街扩展到7条，集镇建筑面积7万多平方米，集镇由1平方公里扩大至2平方公里，街道全部硬化，街道两旁高楼大厦林立。是常宁重点蛋品市场。70%的村新建和装修村综合楼，设文化室、医院室、会议室。农户大都单独建钢筋水泥砖混结构楼房，屋内装修不断升级，宽敞大方美观，至2014年，人均居住面积40平方米左右。

社会事业

教育科技

教育 民国时期为私塾教育。民国18年（1929），镇内族办私立小学3所。抗日战争时期，湖南省广益中学为避战乱，于民国28年（1939）从长沙迁徙境内大坪尹家祠堂。中华人民共和国成立后，废除封建教育。积极发展小学教育、中学教育、成人教育。至1965年，办完校3所，小学35所，初中4所。1977年，恢复考试制度后，青少年求知热情高涨，小学适龄儿童、中学适龄人口入学率、小升初升学率、九年义务教育覆盖率均为100%。2011年年末，幼儿园9所，在园幼儿1128人，专任教师54人；小学13所，在校学生3115人，专任教师184人，小学适龄儿童入学率100%；初中2所（含柏坊附中），在校学生4100人，专任教师98人，初中适龄人口入学率100%，九年义务教育覆盖率100%。2011年，财政预算内教育经费1082.3万元。2014年年末，幼儿园13所，小学17所，在校学生2963人，小学教师196人；中学2所，在校学生1188人，中学教师143人。小学入学率和升学率、中学适龄人口入学率、九年义务教育覆盖率均为100%。

科技 1955—1975年，水稻生产进行了三次大改革，改单季为双季；改高秆为矮秆；改常规稻为杂交稻。1986年，成立农技推广服务站，村成立推广服务组，形成了农技服务工作网络。乡镇企业进行改造挖潜增效。桐梓水泥厂投资80余万元，实行出料微机配料、立窑偏火微机控制、立窑文丘理收尘器技术改造，由日产水泥60吨提高到120吨，合格率100%，产品畅销省内外。

文化体育

1953年，建公办柏坊文化站。1958年，撤文化站建文化馆，1961年撤销。1965年，辖区建民办公助文化站3个，配半脱产文化辅导员3人。1977年，文化辅导员改由民办教师兼任。1982年，大队普遍建立文化室。1995年，文化辅导员全脱产。2014年，有镇文化站1个，村文化活动中心42个，文化专业户25户，农家书屋53处，藏书2.9万册。古戏台1座，业余剧团1个，皮影戏班社2个。1969—1970年，架通大队生产队广播专线，建广播放大站1个，安装高音、舌簧喇叭，70%的农户能收听到广播。1986年，改广播站为广播电视站。2014年，通宽带的村38个，通有线电视的村38个，有线电视用户3000余户，入户率29.6%。

2014年，境内学校体育场2个，矿区体育场1个，有1个村安装农民体育健身器材，经常参

广益中学——朱镕基读书处

加锻炼的人有20%左右。

医疗卫生

民国30年(1941),成立柏坊卫生所。1951年,柏坊集镇建立卫生所。1958年,柏坊卫生院成立。1966年,建立柏坊区医院。1990年,辖区有全民所有制医院1所,集体所有制医院3所。2006年,实行新型农村合作医疗试点,2007年参合率为88.2%。2011年年末,卫生院1所,分院2所,病床30张,专业卫生员80人,其中执业医师12人,执业助理医师36人,注册护士18人。新型农村合作医疗参合率为98.6%。2014年末,中心医院1个,卫生院2个,医师69人,病床90张,参加农村合作医疗人数47779人。

1951年,柏坊人民响应毛泽东主席的号召,开展以"粉碎美帝国主义细菌战"为中心的爱国卫生运动。普遍进行改良水井、改良厕所,饮水消毒、清扫垃圾和消灭老鼠、苍蝇、蚊子、臭虫、蟑螂、跳蚤、虱子的活动。1969年,实行合作医疗制度。大队有赤脚医生,生产队配卫生员。1976年,开展卫生"两管五改(管水、管粪、改水井、改厕所、改畜圈、改炉灶、改造环境)"活动。改厕所80间,建田头肥库300余个。2014年,17个村的垃圾集中处理,建垃圾池20余个。

社会保障

"五保"供养 1961—1987年,由生产队分散供养,每人每年生活费300元,口粮300公斤,食油4公斤。1989年,镇敬老院建成,实行集中与分散供养办法,由镇统筹,每人每年生活费由原标准提高到350元,口粮350公斤,食油6公斤,煤、柴等生活资料由村民小组供给。1990年后,敬老院共有床位50张,全镇"五保"户有386人,集中供养33人,分散供养353人,2007年,享受低保待遇。2011年,全镇集体供养资金18.7万元,分散供养资金75万元,并安排专人服务,镇领导看望"五保"老人一年至少4次。2014年,"五保"户按城乡居民低保标准供养。

最低生活保障 2007年,实行城乡居民最低生活保障制度。2011年,城镇居民最低生活保障对象有280户、350人，支出63万元，月人均150元。农村最低生活保障有1350户、1860人。支出193万元，月人均86元。2014年，享受城乡居民最低生活保障对象有2865人。

养老保险 2012年，全市启动城乡居民社会养老保险。2014年，城乡居民参加养老保险3432人，参保率为5.7%。

医疗保险 2005年，启动大病救助，2011—2014年，大病救助267人次，救助金额28万元。2014年，农村参加医疗保险居民人数37858人，缴医疗金额34.2万元，保参率88.3%。

优抚补助 2008年7—12月，优抚对象361人，发放补助金17.51万元。2009年，优抚对象171人，春节前一次性生活补助30780元。2011年，国家抚恤、补助各类优抚对象全市有320人，抚恤优抚事业费290万元。2014年，全市享受抚恤、优抚对象192人，补助金额66540元，农村定期定量军退人员108人，补助金额10110元。

特色地情

历史人文

革命烈士罗严（1899—1927） 大革命时期，常宁牺牲3000余人，柏坊镇罗严就是其中一位。他在衡阳三师读书就参加了革命。1921年10月，加入中国社会主义青年轩和，次年加入中国共产党。1925年5月被选送广州农民运动讲习所培训，结业后，被毛泽东推荐到中共中央农民部担任秘书。1927年，被陈独秀电令去汉口，改任中央组织部秘书，列席中共第五次代表大会。汪精卫发动“七一五”反革命政变后，中共中央机关人员疏散，罗严留在武汉坚持斗争，被捕遇害。

陈封爵 柏坊镇桐市村人，于同治三年（1864），随部队攻天京，巷战中受伤。光绪七年（1881），左宗棠奉命回京入直军机，派陈封爵负责督修永定河工程。嗣以“扫荡天山南北，修治永定河工程”而获四代之诰命，赏其正一品。是年冬，左宗棠调任两江总督，委陈封爵为两江水师统领，后挂衔两江提督。光绪二十二年（1896），自请解甲归里，息影山林以终。

名优特产

湘江鳜鱼 产自柏坊湘江段。肉质细嫩丰满，肥厚鲜美，是鱼中上品，宴中佳肴，被古代名医学家李时珍誉为“水豚”。世人赞曰：席上有鳜鱼，熊掌也可舍。

风景名胜

古城郭 坐落在今柏坊镇双白村内，平面略呈椭圆形，东西长350米，南北宽290米。原护城河遗迹尚存，采集有陶片、纯纹、筒瓦、陶碗、灰陶豆残片。三国吴五凤年间（254—256），新平县县城于此。

铜鼓塘 在今柏坊镇铜求贤村境内。三国吴蜀相诸葛武侯调督三郡登憩山岭埋铜鼓于此山下塘中，故名铜鼓塘，塘水四季不涸。昔时，塘水腥绿，传说暗通湘江，塘中有一金船，秘不可得，地下蕴藏铜和其他稀有金属，今为铜矿生产区。

憩山岭 在柏坊镇境内，相传大禹治水在此休息，故名。面积1平方公里，海拔186米，地下蕴藏储量丰富。山顶昔有禹庙，狮子岩，北有蟠吟宫，山北湘江中有憩山潭，其深莫测。

龙祖潭 在柏坊镇湘江段南岸。清同治《常宁县志》载：“每岁清明节后，浮筏湘中，倏雨集水涨，鱼啸子胶密网捞之，盛以布箱，越宿成苗，获鱼苗无数，购者云集。”并载有鱼苗诗：“三月龙潭鱼水高，五月龙潭鱼水消；渔翁招手问渔妇，今岁何如去岁苗。”

（文字供稿：柏坊镇党政办　图片供稿：陈默）

松柏镇

2004年，被评为“全国小城镇建设先进镇”，2007年被评为“全国经济百强镇”。

区域概况

位置面积

民间传说，湘江中游两岸曾有一松一柏相对而立，故名松柏。位于北纬26°31′01″~26°36′20″，东经112°30′17″~112°40′00″。地处常宁市城区东北部、湘江与舂陵河交汇的金三角。蜚声中外的“世界铅都”湖南水口山有色金属集团有限公司坐落境内。东与耒阳市大和圩乡以舂陵河为界，南与蓬塘乡、烟洲镇接壤，西与柏坊镇毗邻，北濒湘江与衡南县栗江镇、松江乡相望。辖区东西最大距离15.5公里，南北最大距离9公里，总面积66.52平方公里。镇人民政府驻冶金路松阳村，距常宁市城区37公里。

建置沿革

民国后期属松烟乡。1949年，沿用旧制。1950年，撤乡保甲制，改置第三区，下设松柏等乡。1952年，撤松柏乡，设松柏镇，属第三区。1953年，改松柏镇为松柏乡，属第三区。1956年，撤区并乡，保留松柏乡行政区划建制。1958年，实行政社合一，撤乡合为水口山人民公社。1960年3月，大公社划为小公社，设松柏、水口山矿区2个小公社。1961年9月，恢复区建制，设松柏镇。1995年5月，撤区并乡，将亲仁乡的双林、紫山、燕形、清水、独石、天勤6个村，大市坪乡的南木、双发、双泉、凉水4个村，新力乡的金水、高华、水邻3个村一并划入松柏镇。2007年9月16日，增设运输、航运社区，至此，辖26个社区。2009年2月23日，从松柏镇析出20个社区和6个村，设立水口山街道。2010年4月1日，撤销铅锌矿等社区。

行政区划

1983年，辖松柏、水口山、渡东、渡西、松阳、松化、鲶鱼、永红、坳岭、铅锌、大渔、枫树塘、松渔、三园、文明路15个社区居委会和松柏、松阳、大渔、三香、南阳、新华、朱陂、金联、新同、青年、蔬菜、沿江、渔业13个大队，下设21个居民小组，157生产队。2014年年末，辖大渔、松渔、坳岭、水口山、枫树塘5个社区居民委员会和双发、双泉、凉水、楠木、大渔、南阳、朱陂、新同、金联、金水、高华、水邻、双林、紫山、独石、天勤、燕形、清水18个行政村，下设28个居民小组，218个村民小组。

自然环境

属丘陵地区，沿湘江、舂陵河岸有小型盆地；

中部田洞较开阔，南偏高，北偏低，南部龙王山，海拔 250 多米，常宁名山之一。春陵河口西岸，海拔 62.7 米，是常宁最低点。属亚热带季风湿润型气候区，四季分明。年平均气温 18.1℃，年降雨量 1400 多毫米，常年主导风为南风，冬季多北风，有洪涝、干旱、地质、烟雾灾害。全镇土壤分为水稻土、红壤土、潮土、紫色土 4 大类，亚类土壤 8 种。地下矿产已探明的矿种有金、银、铜、铁、铅、锌、硫铁 28 种。境域属湘江水系。

人口民族

1984 年，总户数 8523 户，总人口 41399 人，1996 年，21041 户，67971 人。2011 年年末，因行政区划变迁，辖区总人口 30467 人，其中城镇常住人口 7761 人，城镇化率 25.5%。总人口中，男性 16757 人，占 55%，女性 13710 人，占 45%。14 岁以下 4000 人（含 14 岁以下），占 13%，15–64 岁 24426 人，占 80%；65 岁以上 2041 人，占 7%。总人口中，以汉族为主，达 30455 人，占 99.97%。少数民族 12 人，占 0.03%。2011 年，人口出生率 7.35‰，死亡率 12‰，自然增长率 –4.65‰。2014 年年末，总户数 10491 户，总人口数 33133 人，男性 17892 人，女性 15241 人，其中流动人口 1041 人。

“世界铅都”“中国铅锌工业的摇篮”——水口山有色金属集团

经济发展

经济综述

1978年后，松柏镇以经济建设为中心，以改革促发展，以开放促兴旺，镇域经济实现超常规发展，经济实力明显增强，1994年，三大产业总产值达22850万元，其中农业总产值1945万元，占8.5%，工业总产值17067万元，占74.8%，第三产业总值3838万元，占16.7%，农民人平纯收入1321元，财政收入2100万元。粮食生产总量5064吨。2007年以后，改革开放不断深入，自然资源优势进一步得到发挥，产业结构调整突出，建立了以农业、工业为重点的两大支柱产业，成为常宁市油茶、蔬菜、化工、冶炼、建材五大基地，主要经济指标连续创新水平。2011年，三大产业总产值89100多万元，其中农业总产值7100万元，占8%，工业总产值50000万元，占56.1%，第三产业3200万元，占35.9%，农民人平纯收入8800元，财政收入4435万元，分别比1994年增长2.9倍、2.7倍、1.9、7.3倍、5.7倍、1.1倍。粮食总产量13097吨，增长1.6倍。2014年，农民人均纯入收入10275元，比2011年增长16.8%，财政总收入6454万元，增长45.5%。粮食总量15484吨，增长18.2%。

农业

种植业 1953年，亩产稻谷180公斤，比1949年亩产162公斤增加18公斤。1958年后，由于连遇三年自然灾害和修公路、水利等，耕地面积减少，粮食生产滑坡。20世纪70年代，推广矮秆品种和杂交品种，粮食产量回升。1978年亩产提高到350公斤。1983年，农业生产实行大包干到户责任制，当年亩产385公斤。1998年，亩产粮食410公斤，跨过农业发展纲要（农业纲要指标400公斤）。2011年，农业总产值7000余万元，粮食总产量13000多吨，人均426公斤。种植蔬菜40公顷，产量1200多吨。2014年，农作物种植面积4637公顷，粮食播种面积2563公顷，粮食总产量15484吨。

养殖业 有养猪、牛、羊、鸡、鸭、鱼等畜禽水产的传统。1950年年初，境内饲养荫田两头黑猪，数量不多。1970年后，发展集体养猪，全镇建猪场14个，饲养生猪1960多头，出栏约1200头。1985年，境内生猪发展迅速，养猪

专业户、重点户不断涌现。当年养猪1.2万多头，出栏6100多头。2014年，全镇饲养生猪2.3万头,年末存栏12010头；家禽饲养量93000多羽；以山塘水库养鱼为主，稻田养鱼、网箱养鱼、江河捕鱼为次。

林业 以油茶林为盛，其他林木次之。境内有林面积2500公顷。经济林主要有油茶林，其次有柑橘、枣树。1985年，开展森林普查，全镇有油茶林1180公顷,产茶油134.7吨。后因管理不善，茶油减产。1995年，行政区划变更，油茶林面积扩大到2854.3公顷。由于加强垦复与管理，提高了出油率，至2014年，产茶油200余吨。

工业

全镇以采矿、冶炼、化工、建材生产为主，食品加工等为次。主要产品有铅、锌、金、银、铜、硫铁矿石、氮肥、羽戎衣服等。省、市、县（市）工业企业117家，镇村工业企业30家。是衡阳市最大的工矿镇。1950年，境内一些农民生产硫黄，年产50吨左右。1967年冬，大渔大队草席厂14名工人建磺矾车间，当年产硫黄30吨、青矾150吨。1984年，乡镇企业发展迅速，由单一的集体经营形式，扩大为乡（镇）办、村办、组办、联户办和户办5种形式。至是年年末，全镇有企业30个，产值5.6万多元。1994年，工业总产值17067万元,利税1215万多元。2006年后，境内工业以化工、冶炼、建筑材料为主，淘汰落后产业。至2011年，工业总产值5亿元，工业增加值1.3亿元。规模企业42家。职工2500余人。2014年，工业企业141个，从业人数11021人，全年实交税金11183万元。湖南水口山有色金属集团有限公司康家湾矿、铅锌矿、龙王山金矿驻境内。中国五矿金铜项目落户境内。

商贸服务业

民国后期，境内有矿山市场1个，农贸市场2个。中华人民共和国成立后，商贸得到迅速恢复发展。1954年，公私合营，商贸发展势头良好。1978年后，商业流通领域出现多种经济成分、多条流通渠道、多种经营形式的新局面，市场扩大，流通畅通，生意兴隆。1994年，集贸市场5个，各类商业企业600多家，个体私营企业2453家，从业人员1万余人，商品零售总额3838万元。1998年，发展民营商业企业3000余家，发展专业流动中介组织8个，有500农民活跃在流动领域中，商品成交额1.56亿元。2014年年末，商业街扩大到11条。社会商品销售总额22.7亿元。有商业网点120个，职工352人，城乡集贸市场5个，成交额3亿余元。

财政金融

1949年11月1日，设松柏税务所，后被撤销。1987年4月，恢复财税所。1994年财政收入243万元。2011年，财政收入500余万元。地方财政收入253万元，其中完成国税80万元，地税110万元，耕地占用税35万元，矿产资源税28万元。2014年财政总收入6452万元，一般财政收入6452万元，财政支出6972万元。

1962年，全镇有营业所1个，信用社1个，税务所1个，职工10余人。2014年，有储蓄所9个，有中国工商银行衡阳市水口山支行、中国建设银行松柏营业所、中国农业银行水口山营业所、常宁信用联社松柏分社等。松柏信用分社扶持50家企业走出低谷，累计发放贷款5680多万元，新增产值2.5亿元。

基础设施

交通运输

北距衡阳市35公里，东距京广铁路、107国道均为20公里。20世纪50年代，有砂石公路3条，共长17公里，小火车铁路2条，共长10多公里。1970年，砂石公路增加到7条，共长30多公里。省道214线纵横全镇。衡桂高速公路过境，设有互通口。至2014年，县、乡、村三级水泥公路如织，全镇公路里程共39公里。

20世纪60年代，建有客运站。80年代后，建新客车站1个。日发客车100余班次，日均客量3600余人次。松柏湘江口岸建有年吞吐量400万吨的货运码头，水路运输可达长江和沿海口岸，并设有客班船停靠站。

邮政通信

1962年，有邮电支局1个。之后，邮政支局分设，邮政通信设施完善。北京至广州的通信光缆贯穿境内。2014年，邮政分局1家，代办所20个，总业务量600余万元。电信企业3家，服务网点25个，固定电话用户1.4万户，入户率42.3%，互联网用户9000多户，占27.6%。直拨电话、图文传真、计算机分组交换机运行正常，全年电信业务收入1160万元。

供电饮水

1951—1973年，先后建成松柏、水口山、老松柏、大渔湾4座变电站，35千伏3座，110千伏1座。主要输电线路6条，共长160.43公里，可保证全镇工农业生产和人民生活所需用电，用电总量2361千瓦时，属湘南电网公司。

饮用水，一部分由水口山有色金属集团有限公司自来水厂供水；另一部分由镇5座自来水厂供给，自来水普及率达90%。

水利建设

1958年9月，由国家投资，在蔬菜大队建全县第一座电灌站，灌溉面积66.7公顷。1963年，建成大渔电灌站，提湘江水灌稻田93.4公顷。1974年12月，建成龙王山水库，灌稻田66.7公顷；养鱼水面9.7公顷。1976年后，主要完善配套设施，整修山平塘和堰坝。1998 年，投资 800 多万元，修筑湘江防洪堤，长 1 公里。至 2014 年年末，有小（一）型水库 1 座，小（二）型水库 2 座，10 千瓦以上电力排灌机埠 30 余座，电灌站 2 座，高低压线路共长 98.5 千米，主要堰坝 20 座，骨干山平塘 200 多口。

村镇建设

1978 年后，小城镇建设速度逐步加快，面积不断扩展。1991 年，建成街区面积 1.5 平方公里。1994 年，扩展到 6.8 平方公里，建筑面积 76.64 万平方米，其中住宅面积 33.62 万平方米，居民人平 7.2 平方米。2014 年，镇城区面积扩展到 10 余平方公里，商业街由 1 条扩展到 11 条，高楼大厦林立，形成了现代化新型城镇。90% 以上的村新建和改造了综合楼，内设有会议室、图书室、文化室、医疗室和国策楼等。农村房屋建设日新月异，至 2014 年，农民人均居住面积由 17.2 平方米扩大到 40 平方米；城镇居民人均住房面积由 7.2 平方米扩大到 40 平方米。政区绿化面积 1 公顷多。

社会事业

教育科技

教育 1950 年，废除封建教育制度，农民夜校、扫盲班普及全境。积极发展小学教育、中学教育和成人教育（含职业技术教育），建小学 16 所，初中 1 所，在校学生中，工农兵子弟占 90% 以上，常宁三中驻境内。1977 年，恢复考试制度后，学生读书热情高涨，教职员工待遇逐步得到改善，教学设施得到完善，教学质量不断提高。2011 年年末，有幼儿园 3 所，在园幼儿 400 余人，专任教师 15 人；小学 5 所，在校学生 1300 余人，专任教师 67 人，小学适龄儿童入学率 100%；初中 1 所，在校学生 700 余人，专任教师 60 人，初中适龄人口入学率 100%，小升初升学率为 100%，九年义务教育覆盖率 100%，2011 年，财政预算内教育经费 300 多万元。2014 年年末，小学 7 所，在校学生 1652 人，教师 79 人；中学 1 所，在校学生 715 人，专任教师 70 个，入学率、小升初升学率均为 100%；幼儿园 8 所。

科技 1970 年，境内有农业技术推广站 1 个，技术员 2 人，后被撤销。1986 年成立农业技术推广服务站 1 个，服务员 2 人，村建技术推广服务组，广泛开展农业技术、农科成果推广活动。推广种植杂交水稻，严格科学管理，粮食亩产 450 公斤。2014 年，有农业技术服务推广站 1 个，服务人员 8 人，将 7 个农业专业合作社（成员 732 户）列为科技示范重点服务对象。

文化体育

1965 年，建民办公助文化站 1 个，配半脱产文化辅导员 1 人。1982 年，大队建文化室 12 个。至 2014 年末，文化站、图书馆、影剧院各 1 个。村级文化活动中心 18 个，各类文化专业户 6 户，农家书屋 21 处，藏书 5 万多册。古戏台 1 座，业余剧团 1 个，影剧院 2 座。

1958 年，水口山人民公社成立有线广播站，在松柏地区安装 370 只喇叭，形成了有线广播网络。1974 年 10 月，架通 12 个大队、157 个生产队的支线，70% 的农户能收听到广播。1985 年建立广播电视站，松柏境内有 1 万余台电视机。至 2014 年，通宽带的村 18 个，通有线电视机的村 16 个，有线电视用户 4251 户。

2014 年，境内有体育场地 9 个，体育馆 1 座，游泳池 1 口，羽毛球场 1 个。大渔村安装农民体育健身器材，经常参加锻炼的人数占总人数的 20%。

医疗卫生

1965 年，有医院 1 所，大队有保健室，基本形成医疗卫生工作网络。1969 年开始，实行合作医疗制度，大队配备赤脚医生，陆续设立医疗室。20 世纪 80 年代后，继续发展全民、集体医疗事业，支持、鼓励个体医生开业行医。2006 年，实行新型农村合作医疗试点，2007 年参合率 94.48%，2014 年参合率 100%，是年年末，各级医疗机构 26 个，其中门诊部（所）8 个，村卫生室 18 个。医院有床位 180 张。专业卫生人员 336 人，其中执业医师 32 人，执业助理医师 89 人，注册护士 120 人。2014 年，医疗机构（门诊部以上）完成诊疗 6.3 万多人次。

1970 年起，全镇农村逐步开展“两管五改”（管水、管粪、改水井、改厕所、改畜圈、改炉灶、改环境）活动。2014 年，全镇 18 个村，其中有 16 个村建有垃圾集中处理池 20 余。

社会保障

“五保”供养 1961 年起，由大队、生产队分散供养，每人每年生活费 250 元，口粮 300 公斤，食油 4 公斤。1990 年后，由镇统筹，每人每年生活费 300 元，口粮 350 公斤，食油 5 公斤、2007—2014 年，享受农村低保待遇。期间，松柏敬老院建成，实行集中与分散供养。2011 年，“五保”户集中供养 33 人，支出 17.8 万元；分散供养 396 人，支出 72.1 万元。2014 年，全镇“五保”户按城乡居民低保标准供养。

最低生活保障 1998 年，实施城乡居民最低生活保障制度。2011 年，享受城镇居民最低生活保障 130 户、275 人，支出 52.8 万元，月人均 160 元；农村最低生活保障对象 542 户、1138 人，支出 99.6 万元，月人均 73 元。2014 年，有低保对象 1008 人。

养老保险 2012 年，启动城乡居民养老保险。2014 年新型农村养老保险人数 18963 人，参保率 57.2%。

医疗保险 2005 年，农村实行大病医疗救助。2011 年，大病医疗救助 260 人次。2014 年，农村参加医疗保险的人数为 21936 人，缴医疗保险金额 20.73 万元，参保率 94.9%。

优抚补助 2008 年，定补、三属、伤残对象 169 人，抚恤补助费支出 103686 元。2009 年，老党员、老复员军人、伤残人员、三属人员等共计 71 人，春节前一次性补助金额 12780 元。2014 年，农村 60 周岁及其以上退役士兵 64 人，发放补助金额 22860 元，是年，农村困难军退人员 40 人，定期定量补助金额 3402 元。

特色地情

历史人文

杨发秀（1900—1931） 松柏镇人，1923 年 5 月，加入中国共产党。是年冬，协助蒋先云同水口山矿谈判，迫使矿局答应工人提出的条件。1928 年元月，与宋桥生组建“中国工农红军独立团”。后随朱德上井冈山，编入红四军，任特务营长。同年冬，受湘赣边区特委派遣，以湘南特委常委、工运部长、水口中山特区区委书记的身份回水口山，建立工农武装，开展革命斗争。翌年 9 月，由于叛徒告密而被杀害。

康家戏台 为水口山工人俱乐部成立会旧址，在松柏镇金联村内，紧邻水口山铅锌矿。民国 11 年（1922）11 月，中共湘区委员会派蒋先云、谢怀德到水口山铅锌矿开展工人运动。设湖南水口山工人俱乐部筹备处于康家戏台。11 月 27 日，

水口山工人俱乐部成立会旧址

水口山工人运动陈列馆

于戏台前召开工人俱乐部成立大会。戏台系清代建筑，坐北朝南，砖木结构，顶覆琉璃瓦、染柱雕刻龙凤，造型古朴。1969 年，修缮一新，设有陈列公平秤。为省级文物保护单位。西 100 米为俱乐部旧址，房屋已不复存。

水口山工人骨干会议旧址　坐落在松柏镇水口山铅锌矿火车坪 90 号。民国 11 年（1922），中共党组织经常在此召开工人骨干会议，开展革命运动，旧址为晚清民居，占地面积 180 平方米，砖木结构，硬山顶。水口山工人补习学校第二校旧址，坐落在水口山矿务局子弟一校。民国 12 年（1923），水口山工人俱乐部在此设工人补习学校第二校，旧址占地面积 450 平方米，为一栋二层楼房，砖木结构，硬山顶，今已改变原貌。

忆苦窿　为水口山铅锌矿冶遗址，位于松柏镇金联村内。水口山铅锌矿冶遗址 5 号竖井，老鸦巢冶炼遗址、水口山第三冶炼厂、铅锌矿影剧院、原水口山铅锌矿办事公署文物组成。拥有汉代至清代采矿遗址和冶炼遗址，反映了千百年的悠久采矿、冶炼史。

水口山工人运动陈列馆　位于松柏镇水口山铅锌矿社区内。建于 1969 年，砖木结构。2011 年扩建，馆舍面积 2300 平方米，馆内设综合办、宣教办、文物保护研究部、安全保卫部、主要陈列展示水口山工人运动史料、遗址和实物。馆藏文物 866 件，免费开放后，年接待观众 15 万人次。

李氏宗祠　为常宁县第十三乡农民协会旧址。在松柏镇独石村内，建于清同治七年（1868）。祠堂坐江北朝西南，占地面积 919.8 平方米，砖木结构，三进三厢，硬山顶，小青瓦覆面，跌落式山墙。木石构件雕刻精症状，造型独特，具有典型的湖南建筑风格。2011 年，湖南省人民政府公布为省级文物保护单位。

名优特产

淡水鱼苗　成活率高达 95% 以上，投放山塘、水库，生长发育快，肉质嫩，煮食味道特别鲜，是席上佳肴。

独石荸荠　颗粒大，色淡红，肉白嫩，水分多，甜而脆。

风景名胜

大渔湾　湘江南岸河湾有一深潭，鱼类成集，故名大渔湾。潭旁巨石亘中，平阔亩许，久旱则见，春潮冲激，声闻数里，潭岸上，树木葱茏。

老明山 又名老盟山，独自耸立，海拔250米，面积0.5平方公里，与龙王山遥相对峙。山中油茶林翠绿，地下蕴藏有丰富的铅、锌、金、银等矿产资源，人们称之为宝山。昔日有三帝皇庙坐落于山中，清同治《常宁县志》载："黄帝、舜帝南巡，大禹治水，皆维舟登这里，世人立庙祀之"。

龙王山 传说山下泉中出过龙王，故名。面积2平方公里，海拔250多米。山上多油茶林，山脚下建有水库，地下蕴藏铅、锌、金、硫化铁等矿产资源。水库内巨石矗立，左名"摇钱树"，右名"聚宝门"。巨石上，古人刻有斗大的"聚宝门"三个字，至今字迹清晰。

（文字供稿：松柏镇党政办　图片供稿：陈默　彭斌）

烟洲镇 >>

区域概况

位置面积

因舂陵河东岸有烟山，河中有鹭鸶洲而得名。位于北纬 26° 24′ 29″ ~ 26° 34′ 09″，东经 112° 33′ 49″ ~ 112° 40′ 34″。地处常宁市城区东北部，东与耒阳市壇下乡以舂陵河为界，南与荫田镇为邻，西与蓬塘乡接壤，北与松柏镇相连。辖区东西最大距离 10 公里，南北最大距离 17 公里，总面积 106.89 平方公里。镇人民政府驻烟洲村，距常宁市城区 38 公里。

建置沿革

民国后期分属松烟乡、蓬塘乡。1949 年，沿用旧制。1950 年，撤乡保甲制，改置第三区，下设石岭、烟洲、夏书、湾阳、亲仁、盟山、石塘、新力 8 个乡。1956 年 6 月，撤区并乡，设新力、烟洲、亲仁、田尾、蓬塘 5 个乡。1958 年，实行政社合一，撤乡合并为水口山人民公社。1960 年 3 月，大社划小社，设亲仁、蓬塘、大市、新力、烟洲等 5 个小公社。1961 年 9 月，恢复区建制，属水口山区。1984 年，5 个公社改为 5 个乡。1993 年 10 月，撤烟洲乡设烟洲镇，属水口山区。1995 年 5 月，撤区并乡建镇，将新力乡的火田、大众、群力、江岭、民主、山冲、双塘、矮岭、石泉、毛院、跃进 11 个村和亲仁乡的向星、向群、苍冲、麻石、新龙、亲仁、江水、良和、新明 9 个村并入烟洲镇。

行政区划

1960—1984 年，辖烟洲社区居民委员会和双龙、麻塘、万众、烟洲、江华、东洲、石岭、石河、新阳、桐山、二圹、青山、大泉 13 个大队。下设 2 个居民小组，142 个生产队。2014 年年末，辖烟洲社区居民委员会和烟洲、万众、麻塘、火田、大众、群力、江岭、民主、山冲、双塘、矮岭、石泉、毛院、跃进、大泉、青山、情里、二塘、丰山、新阳、太阳、江华、东洲、石坪、石岭、双龙、向星、向群、苍冲、麻石、新龙、亲仁、江水、良和、新明 35 个行政村，下设 2 个居民小组，396 个村民小组。

自然环境

属丘陵地区。南部偏高，北部偏低。舂陵河沿岸有小型盆地。南部的石岭山与北部的新明山岭遥相对峙。处亚热带季风湿润型气候区，四季分明。年平均气温 18.1℃，常年降雨量 1400 毫米左右。常年主导风为南风，冬季多北风。有洪涝、干旱等自然灾害。土壤分为水稻土、红壤土、紫色土、潮土4大类，亚类土壤9种。地下矿产资源有煤、锰、锡、硫铁矿等10余种。地域属春陵河水系。春陵河自石坪村入境，至江水村，往北流入松柏镇独石村，境内长20公里。盐湖水自石泉村入境，至群力村，往北流入松柏镇高华村，境内长26公里。

人口民族

1984年年末，总户数8907户，总人口38017人。1996年因行政区划变更，总户数7908户，总人口数35202人。2011年年末，总人口38532人，其中城镇常住人口2914人，城镇化率7.6%。总人口中，男性20780人，占53.9%，女性17752人，占46.1%。14岁以下7546人，占19.6%，15~64岁26622人，占69.1%；65岁（含65岁）以上4364人，占11.3%。总人口全部为汉族。2011年，人口出生率12‰，死亡率4.9‰，自然增长率7.1‰。2014年年末，总户数11263户，总人口39779人，男2068人，占52%，女19095人，占48%，全部为汉族。流动人口38人。

经济发展

经济综述

烟洲镇坚持科学兴镇方针，经济持续稳定发展，人民生活水平不断提高。1994年，工农业生产总值达11877万元，其中农业总产值5672万元，占47.76%，乡镇企业总产值6205元，占

狮子岭俯瞰春陵江

52.24%，农民人均纯收入 1142 元。粮食生产总量 21296 吨。1995 年后，主要经济指标创境内历史新纪录。2011 年，工农业总产值 42000 万元，其中农业总产值 12000 万元，占 28.6%，工业总产值 30000 万元，占 71.4% 分别比 1994 年增长 2.54 倍、1.12 倍、3.84 倍，农民人均纯收入 8195 元，增长 6.2 倍，财政总收入 477.1 万元。粮食总量 23747 吨，增长 11.51%。2014 年，农民人均纯收入 9572 元，比 2011 年增长 16.8%，比 1994 年增长 7.4 倍，财政总收入 9340 万元，比 2011 年增长 18.6 倍。粮食总产量 23906 吨，增长 0.7%，比 1994 年增长 12.3%。

农业

种植业 耕地以种植水稻为主，旱粮次之，农产品有稻谷、薯类、豆类、菜油、蔬菜、莲子等。1957 年，粮食亩产由 1949 年的 110 余公斤提高到 210 余公斤。1958 年后，连遇三年国民经济困难，加之农田水利建设、修公路，耕地略有减少，粮食减产。1962 年，实行“三级所有，队为基础”的制度，粮食生产迅速发展，1978 年粮食亩产 350 余公斤。1983 年，农村普遍实行包干到户制度，粮食生产大发展，当年粮食亩产 400 公斤。1994 年，农业总产值 5672 万元。粮食总产量 21296 吨。2011 年，农业总产值 1.2 亿余元，粮食总产量 23747 万余吨，其中水稻 1.6 万余吨。油菜种植面积 667 公顷，产量 1800 余吨，烟叶种植面积 133.4 公顷，产量 500 余担。2014 年，农作物播种总面积达 7134 公顷，粮食作物播种面积 3947 公顷，粮食总产量为 23906 吨。

养殖业 畜牧水产有猪、牛、羊、鸡、鸭、鲜鱼等。境内素有养猪、牛羊、家禽、鲜鱼的传统。1977 年，公社、大队、生产队三级办猪场 80 多栋，饲养生猪 1 万余头。1993 年开始，从外地引进马头羊饲养。1994 年，新明村引进马头种羊 121 只，次年发展到 258 只，出售羊种 10 只，总值约 15 万元。1995 年后，养猪、养羊专业户有 1200 余户。嗣因青壮年劳力南下广东等地打工，养殖业滑坡。2011 年，生猪饲养量 9000 多头，家禽饲养量 5 万余羽。养鱼水面 227 公顷，水产品总量 2550 吨。2014 年，全镇肉类总产量 5235 吨。

林业 油茶林为盛，柑橘、桃李及用材林为次。全镇油茶面积 4000 余公顷，常年产油 420 吨，是常宁重点油茶基地之一。2011—2014 年，垦复油茶林 667 公顷，新种良种油茶 400 余公顷。

工业

以采煤、冶炼、加工为主。主要产品有煤炭、硫黄、锰矿石、石灰和成衣等。1964—1970 年，境内有磺矿 1 座，炼磺厂 2 座，小煤矿 1 个，席草厂 1 个，农具厂 1 个，打铁店 1 个，1970 年总产值约 60 多万元。1984 年，乡镇企业发展迅速，形成乡（镇）办、村办、组办、联合办和户办的格局。到 1994 年，乡镇企业总产值 200 多万元。1995—1998 年，先后崛起一批煤矿、锰矿、石场、家具厂、皮革加工厂等工业企业。1996 年，工业总产值 3000 多万元。2011 年，有规模工业企业 9 家，职工 210 人，工业总产值 2.1 亿余元。2014 年，有工业企业 39 个，企业人数 575 人，企业实交税金总额 1278 万元。主要规模企业有金冲煤矿、鸣天农业科技发展有限公司、千亿服饰厂、荣丰制衣厂。

商贸服务业

1954—1957 年，先后在烟洲老街设立供销合作分社、食品站、粮油购销站及粮食储运库，供应生产、生活资料，收购农副产品。1958 年，取消市场贸易和个体商贩，商贸由供销分社、合作商店统一经营。1962 年，逐渐恢复集贸市场。1970 年，镇内有国营、集体商业网点 30 余个，从业人员210余人。1978年后，市场逐步放开，个体、私营商业发展。1995年，发展到150余户600余人。之后，民营商业发展迅速，成为流通领域主体。2014年年末，各类商业户发展到150余家，从业人员398人，主营生产、生活等品种。社会商品零售总额1.8亿元。集贸市场1个，年成交额近1亿元。

财政金融

1962年，根据省财政厅《关于建立公社（乡）财政的暂行规定》，公社财政机构既管理县预算在公社范围内的收入和支出，又管理公社按县规定自筹的收入和支出。1985年，乡财政体制改革，辖区3个乡建立一级财政。1990年，财政总收入160余万元，支出160万元。2011年，财政总收入788万元。地方财政收入222万元，其中完成地税70万元，矿产资源税52万元，耕地占用税50万元，契税18万元，其他税收32万元。2014年，财政总收入9340万元，一般财政收入9340万元，财政支出9850万元。

1961—1983年，境内金融机构有水口山营业所1个，公社信用社5个。1984年年末，改称5个乡信用社。1995年，镇信用社1个，乡信用社4个。至2014年年末，有镇营业所1个，信用社2个。

基础设施

交通运输

清末和民国时期，境内只有4条石板路，其余均为羊肠小道。常宁县人民政府成立后，号召修公路。1958年开始，共修砂石公路10余条，总长30多公里。2006年起，县、乡、村三级公路全部水泥硬化。县道喜烟线自南而北，烟松线由东至西纵横过境。至2014年，全镇公路里程共长60多公里。

客运站于2010年建成，日发客车13班次，日均客量400多人次。

邮政通信

1962年，有邮电支局1家，邮电网点3个，固定电话8部。1994年，支局电话自动交换设备被数字程控设备所代替。1997年，交换机实占容量145门，电话用户145户。1998年后，邮政与电信分营。2014年年末，邮政所1家，邮政业务总收入118万元，电信企业3家，服务网点3个，固定电话用户2000多户，入户率20%以上，移动电话用户9000多户，互联网用户280户，电信业务收入100多万元。

供电饮水

1972—1979年，在春陵河下游拦河筑坝，建成亲仁水力发电站，装机1台5000千瓦，年发电量1300万千瓦小时，并入湘南大电网。1999年，为供湖南“高铁”营运用电，国家投资，在境内建成220千伏变电站，同时也保证了全镇工农业生产和人民生活的正常用电。

1980年后，集镇及周围2个农村的饮用水由亲仁河坝管理所自来水厂供给，大部分村的农户打压水井饮用。

水利建设

1959年2月，建成小（一）型卫星水库，集水面积3.04平方公里，库容163万立方米，干渠1条，长35公里，灌田313.4公顷。1976年2月，良河水库建成，灌田86.7公顷。之后，整修山平塘300余口，硬化骨干山塘50口；整修渠道13条，共长20余公里。至2014年年末，有小（一）型水库4座，小（二）型水库22座；水轮泵水电站1座（亲仁河坝），装机容量5000千瓦，灌农田313.4公顷，电排机埠183处，装机容量1766.5千瓦；高低压线路共长178公里；高标准石砌渠道3条，共长10公里，高标准骨干山平塘100余口。

村镇建设

1996年后，1个占地1.6公顷的新农贸市场建成投入使用。2003年，投资12万元，完成西街水泥硬化任务。2004年，投资18万元，建成府前街。2006—2009年，先后投资共计140万元，完成集镇各项配套设施建设任务，使集镇功能齐全。农村楼房建筑日新月异，一栋栋钢筋水泥砖混结构综合楼房拔地而起，室内装修档次不断升级，楼前屋后树木成荫。

社会事业

教育科技

教育 20世纪50年代初，废除封建教育制度。1950年冬，扫盲班、农民夜校普及境内，积极发展小学教育、中学教育、成人教育（职业技术教育）。1957年，办小学30所，其中完小3所，初中3所。1995年，撤区并乡建镇后，中、小学调整布局，学校有所减少。2011年，幼儿园11所，在园幼儿500余人，专任教师19人；小学14所，在校学生2800余人，专任教师120人，小学适龄儿童入学率100%；初中1所，在校学生700余人，初中适龄人口入学率99.2%，小升初升学率100%，九年义务教育覆盖率100%。2011年，财政预算内教育经费525万元。2014年，幼儿园8所，小学17所，在校学生2975人，专任教师140人，小学适龄儿童入学率100%；初中3所，在校学生796人，专任教师79人，中学适龄人口入学率100%，小升初升学率100%。九年义务教育覆盖率100%。

科技 20世纪70年代初，境内有3个公社农技站，农技员6个，烟洲公社农技站技术员朱志德被评为省劳动模范。1986年，改为3个农业技术推广服务站，村设立农技推广服务组，组织开展农业技术、科研成果推广活动。1995年5月，撤区并乡建镇，将3个乡农技推广服务站合并为烟洲镇农技推广服务站，有农技人员10人，将2个农业专业合作社（成员484户）列为农技推广重点示范对象。

文化体育

20世纪50年代初，辖区有秧歌队伍5支，参与人员达100余人。1965年，建公社文化站5个。1988年，烟洲镇建文化中心1个。1989年，电影放映承包到人。至2014年年末，古戏台1座，清末有幅以地名“烟洲”冠首的大楹联刻在左右柱子上，楹联内容：“烟画麒麟，从从容容将人情世故双眼看破；洲联鹦鹉，威威赫赫把英雄豪杰一脚踢翻。”后复修几次，仍保留旧观。业余剧团一个，逢年过节，商贾开业、红白喜事，邀请演出。有文化站1个，村级文化活动中心17个，图书馆1个，农家书屋7处，藏书2.3万册。

1970年初，架通广播专线，安装了高音、舌簧喇叭。公社成立广播转播站，69%的农户能听到广播。1986年，改广播站为广播电视站，各类型黑白、彩色电视机进入农户。至2014年，广播电视站1个，通宽带的村35个，通有线电视的村17个，有线电视用户2000余户，入户率20%。

2014年，境内有篮球场3个，业余篮球队一支，教练、队员19人左右。组织参加常宁历届业余篮球赛，每届都获得好名次。5个村安装农民体育健身器材，有20%的人经常参加体育锻炼活动。

医疗卫生

1953年，建立联合诊所，有医务员2人。

1959 年，建立公社卫生院，1965 年，辖区有地区医院 1 所，公社卫生院 3 所，大队有保健室，基本形成医疗卫生工作网络。20 世纪 80 年代后，继续发展全民、集体医疗事业，支持个体医生开业行医。2006 年，实行新型农村合作医疗试点，2007 年参合率 89.17%，2014 年，新型合作医疗参合率 95%。是年年末，各级各类医疗卫生机构 36 个，其中镇卫生院 1 个，村级卫生室 35 个，床位 50 张。专业卫生人员 56 人，其中执业医师 5 人，执业助理医师 22 人，注册护士 6 人。

1957 年，5 个公社卫生院设保健医生各 1 人，大队配备保健员 30 人。1969 年，大队保健员改称赤脚医生，生产队配卫生员。1990 年，村保健室 14 个。2014 年，全镇有 13 个村垃圾集中处理，建垃圾处理池 20 余口。

社会保障

“五保”供养　1961—1982 年，分散供养五保户 280 户、560 人。1983 年，建新力敬老院，床位 50 张。1993 年，由镇统一筹集钱粮，每人每年生活费 300 元，粮食 350 公斤，食油 6 公斤。2007 年，享受低保待遇。2011 年，全镇“五保”户 369 人，其中集中供养 48 人，支出 24.5 万元；分散供养 321 人，支出 56 万元。2014 年，全镇“五保”户按低保标准供养。

最低生活保障　2007 年，实行城乡居民最低生活保障待遇。2011 年，城镇最低生活保障户数 41 户、42 人，支出 7.9 万元，月人均 157 元；农村最低生活保障户数 595 户、1384 人，支出 90.6 万元，月人均 60 元。2014 年，全镇享受最低生活保障人数 1251 人。

养老保险　2012 年，启动城乡居民养老保险，当年参加社会养老保险参保率 36%，2014 年，参加社会养老保险 20300 人，参加保险率为 51%。

医疗保险　2005 年，启动城乡居民大病救

烟洲古戏台

烟洲龙王惜字塔

助。2011年，大病救助121人次，金额15.9万元。2006年，参加医疗保险人数27094人，缴医疗基金24.161万元，参加医疗保险参保率89.2%。2014年，医疗保险参保率达95%以上。

优抚补助 2008年，定补、伤残抚恤、三属抚恤、优抚对象189人，发放补助费88772元。2009年，老党员、老复员军人、三残人等重点对象，在春节前一次性生活补助对象70人，补助生活费1.26万元。2014年，农村60周岁及其以上退役士兵84人，补助金额28440元，农村困难军退人员69人，定期定量补助6084元。

特色地情

名优特产

烟洲茶油 从唐朝初开始，茶油因“品纯真味清香”和“食疗健效尤著”的优点，被赐封为“乡珍贡品”，人们称之为“长寿油”。全镇有油茶林面积4000多公顷，分布在35个村，常年产量400多吨。

红枣 皮薄，红色，肉白，脆嫩甜。具有健碑的药用价值，闻名遐迩，分布在双龙、向星、向群、麻石、亲仁、江水等村。

荸荠 皮淡红，颗粒大，肉白脆，味香甜，远近闻名。主要分布在向群、麻石、亲仁、江水等村，其他村也有少量种植。

风景名胜

新明山岭 位于镇域西部，距镇政府4公里，与松柏镇老明山岭对峙，山势平缓，海拔200多米，面积1.5平方公里，独立挺拔。山中油茶林绿油油。山顶两巨石，高数丈，对峙如门。若登山顶，春陵河两岸风景，尽收眼底，使人心旷神怡。山麓昔有1座“三学士庙”，相传宋真宗女升国公主栖于塔山，宋庆历年间（1044—1048），先后三遣三学士到此察看，均卒于这里。后来，当地百姓立祠庙纪之。今遗址尚存。

（文字供稿：烟洲镇党政办　图片供稿：常宁市史志办）

荫田镇>>

区域概况

位置面积

因当地曾为荒原，中有泉井，百姓喻为阴水，遂开荒种田，得名阴田，后取“福荫德田”雅句，称之为“荫田”。位于北纬26° 15′ 50″ ~26° 27′ 08″，东经112° 32′ 30″ ~112° 39′ 15″。地处常宁市城区东部，舂陵河中游西岸，东与耒阳市南京、仁义两乡隔舂陵河相望，南与白沙、西岭两镇毗邻，西与盐湖镇接壤，北与烟洲镇、蓬塘乡相连。辖区东西最大距离10.5公里，南北最大距离20公里，总面积101.11平方公里。镇人民政府驻荫市村西门皂20号，距常宁市城区24公里。

建置沿革

民国后期，属德和、梅龙两个乡。1949年，常宁县人民政府成立初，开始沿用旧制。1950年，撤乡保甲制，改置第五区，下设万松、荫龙、中山、白马、衡头、官陂等6个乡。1955年，分属衡头、田尾两个区。1956年，撤区并乡，合并设立荫田、湖亭、白渡、阳家、衡头、双安、西岭等7个乡。1958年，实行政社合一，撤乡合并为东方红、前进两个人民公社。1960年3月，大社划小社，撤东方红、前进两个大公社，分为荫田、衡头、龙门、双安、湖亭、西岭、阳家、白沙8个小公社。1961年9月，恢复区建制，属衡头区。1965年，衡头区迁入荫田墟，属更名的荫田区。1982年，白沙公社从荫田区析出，设白沙镇。1984年，恢复乡建制，政社分设，荫田、衡头、龙门、湖亭、双安、西岭、阳加7个公社改为7个乡，其中湖亭乡更名盐湖乡，属荫田区。1985年5月，荫田乡改为荫田镇，1995年5月，撤区并乡建镇，将衡头乡、龙门乡并入荫田镇。2014年，政区无变更。

行政区划

1961—1983年，辖荫田社区居民委员会和荫市、红阳、红星、崇保、双湖、同意、源龙、观龙、小泉、湾里、太冲11个大队，下设3个居民小组，100个生产队。至2014年年末，辖新建、新街、荫市3个社区居民委员会和太冲、爷塘、石洲、龙洲、红联、湖洲、群星、松堰、古塘、划塘、黄塘、荫市、丛保、印塘、小栗、白马、衡市、同意、红阳、迎新、张栗、源龙、万泉、湾里、三湾、双湖、斛林、红星、新泉、观龙、小泉、上浯、烟塘33个行政村；下设6个居民小组，327个村民小组。

自然环境

属丘陵地区。南部偏高，北部偏低，沿春陵河西岸有小型盆地，中部田垅较开阔。丘岗山地油茶林茂盛。气候适宜，四季分明。年均气温18.1℃，年降雨量1400多毫米。常年主导风为南风，冬季多北风。有洪涝、干旱、地质等自然灾害。境内土壤分为水稻土、红壤土、潮土、黄壤土4大类，亚类土壤8种。地下矿藏有铜、锡、砷、煤炭、瓷泥、大理石、锰7种。地域属春陵河水系。春陵河自龙舟村入境，至小泉村流入烟洲石坪村。境内长16公里。清溪江自古塘村入境，至斛林村茶亭、方家坪两组流入春陵河，境内长1.5公里。

人口民族

1984年，总户数7294户，总人口32102人。1996年年末，总户数8499户，总人口数37563人。2011年年末，总人口43189人，其中城镇常住人口5000人，城镇化率为11.6%，总人口中，男性23301人，占54%，女性19888人，占46%。18岁以下11153人，占25.8%，18~60岁26773人，占61.9%，60岁以上5263人，占12.1%。总人口中，以汉族为主，占99.8%，少数民族占2%。2011年人口出生率3.4‰，死亡率5.6‰，自然增长率–2.2‰。2014年年末，总户数11618户，总人口为45975人，男性24367人，占53%，女性21608人，占47%，流动人口242人。

经济发展

经济综述

改革开放，使荫田经济建设一年一个新台阶，人民生活水平不断提高。1994年，全镇三大产业总值25926万元，其中农业总产值5670万元，占21.9%，工业总产值18140万元，占70%，第三产业2116万元，占8.1%，农民人平纯收入1038元。粮食总产量21542吨。2011年，三大产业总产值46000万元，其中农业总产值12000万元，占26.1%，工业总产值21000万元，占45.7%，第三产业13000万元，占28.2%，农民人平纯收入8194元，财政总收入699.02万元。比1994年，分别增长77.4%、111%、15.8%、514%、689%。粮食总产量18198吨，减少3344吨。2014年，农民人均纯收入9864元，比1994年增长16.8%，财政总收入9864万元，比2011增长12.9倍。粮食总产量19480吨，增长7.1%。

农业

种植业 耕地以种植水稻为主，红薯、大豆、蔬菜为次。1950年，人民政府鼓励农民把水稻生产搞上去。1953年，粮食亩产180公斤，较1949年亩产130公斤，增加50公斤。20世纪70年代后，扩大双季稻种植面积，推广种植杂交水稻，改进栽培技术，加强管理，粮食生产持续发展。1978年，粮食亩产提高到320公斤。1983年，农村普遍实行包干到户责任制，当年，亩产415公斤，创历史新的纪录。2011年，农业总产值1.2亿元，粮食总产量18198吨，其中水稻15000余吨。蔬菜种植面积116.7公顷，产量3600余吨，油菜55.72公顷，产量390余吨。2014年，粮食总播种面积5801公顷，粮食播种面积3224公顷，粮食总产量19480吨。

养殖业 以养猪为主，牛、羊、家禽、水产为次。境内有养殖畜禽水产的传统。民国后期，农户年圈养猪1头，鸡鸭自繁自养，塘里养鱼两年或三年一轮，每亩水面产鱼10余公斤。常宁县人民政府成立后，鼓励发展畜禽水产业。1957年，山塘养鱼亩产25公斤；1977年，办集体猪场50余个，养猪5万余头，办鸡场5个，养鸡4.5万余羽，放养20多群水鸭2100余羽。1983年，养猪形式多种多样，并出现一批专业养猪户，集体猪场基本解散。1990 年后，实施“猪鸭鱼”工程，向产品化、标准化方向发展。2011 年，生猪饲养量 6.8 万头，年末存栏 3.1 万头。新五丰猪场落户境内，品种有大约克公猪、二元杂交母猪和瘦肉型肉猪。家禽饲养量 145.1 万余羽。养鱼水面 227 公顷，水产品总量 730 吨，2014 年，肉食品总产量 9723 吨。

林业 以油茶林为盛，用材林、经济林次之。2014 年年末，林地面积 0.33 万公顷，油茶林占 3066.7 公顷，其中高标准油茶林面积 1333.4 公顷，种植良种油茶 1066.7 公顷。

工业

民国后期，境内有油菜加工坊数个。常宁县人民政府成立初建有农具厂、小煤矿等。1970 年，发展社队企业。至 1978 年，辖区有煤矿、锰矿、各类农产品加工厂等企业 20 余个，职工 200 余人，企业产值 3 万余元。20 世纪 80 年代后，以采、选、加工为主。1994 年，有建筑、建材、运输、矿业、食品加工等镇村企业，总产值 1.81 亿元。1995 年起，调整工业结构，相继建成黄塘煤矿、新泉锰矿、荫田锡选厂等采选冶企业。2011 年，工业总产值 2.1 亿多元，工业企业 125 家，职工 3725 人。2014 年，工业企业 45 个，职工 407 人，企业实交税金总额 338 万元。秀峰制鞋厂、盛鑫烟花爆竹有限公司驻境内。

商贸服务业

荫田是舂陵河一个较大的通商口岸。民国后期，有伙铺 1 家。主要经营土产品、烟、酒、火柴、日杂、饮食业。1951 年始，先后设供销社 1 个，粮站 1 个，食品站 1 个，收购站 1 个，粮库 1 个，商业合作小组 2 个，从业人员 27 人。集贸市场 1 个。1991 年，主要经营农副产品、生产生活资料等。1995 年撤区并乡后，集贸市场 2 个，商业网点 150 个。2007 年，新建 1 个农贸市场，成为常宁东部的重要商品集散地。2011 年，社会商品销售总额 1.3 亿多元。集贸市场 1 个，年成交额 6000 余万元。2014 年，社会商品销售总额 2.2 亿元。有商业网点 159 个，职工 397 人。

荫田油茶果远近闻名

财政金融

1984 年，建立乡财税所 3 个，职工 9 人。1995 年，撤区并乡建镇，将衡头、龙门 2 个财税所合并为荫田镇财税所，职工 3 人。2011 年，财政总收入 712.2 万元。地方财政收入 159 万元，其中国税 17 万元，地税 40 万元，矿产资源税 65 万元，耕地占用税 37 万元。2014 年，财政总收入、一般财政预算收入均为 9864 万元，财政支出 10382 万元。

2014 年，境内金融机构有荫田营业所 1 家，储蓄所 2 家，信用社 1 家，网点 2 个。

基础设施

交通运输

民国后期，无公路，境内只有几条乡大道，余皆羊肠小道。常宁县人民政府成立后，号召修公路。1958—2006 年，先后修公路 5 条，其中油渣路 1 条，共长 40 余公里。2006 年后，320 省道自西向东过境，县道常白线、喜松线纵横过境，乡村道如织，全部硬化，全镇公路里程共 50 公里，四通八达。

1970 年，客运站建成通车。至 2014 年，日发车 50 班次，日均客量 1000 余人次。春陵河依境 10 多公里通航。

邮政通信

1962 年，有邮电支局 1 家，网点 3 个，固定电话 5 部。1994 年，程控电话开通。1997 年交换机实占容量 489 门，电话用户 489 户。1998 年，邮政与电信分营。2014 年年末，邮政所 1 家，电信 3 家，服务网点 4 个，固定电话用户 2300 多户，移动电话用户 3000 多户，互联网用户 530 户，电信业务年收入 90 余万元。

供电饮水

20 世纪 80 年代，先后建变电站、供电站各 1 座，并与湘南大电网联网，2014 年，用电入户率达 100%。

1988 年，集镇建水厂 2 座，仅供机关、学校、居民饮用。余该饮用井水或河水。其后，建自来水厂 1 座。至 2014 年，有 2 座自来水厂，日生产自来水 200 多吨，铺设干线水管 1.5 公里，供集镇及部分村组饮用。

水利建设

1956 年，建成首座小（二）型水库——爷塘水库，灌稻田 80 多公顷。1957 年后，陆续兴建小（二）型水库 8 座，灌 666.7 公顷田。1969—1972 年，辖区组织 1000 余劳力参加欧阳海大型灌区左干渠道建设。建成衡头主支干渠道，灌 733.4 公顷田土。与此同时，整修骨干山平塘 200 余口。至 2014 年年末，小（二）型水库 9 座，电力排灌站 4 座，排灌渠道 15 条，共长 15 公里多，骨干山平塘 200 多口。

村镇建设

1994 年，建成一个占地 1.74 公顷的新农贸市场，嗣后，建成一条长 410 米、宽 14 米的新商业街，街两旁建了三至四层钢筋水泥砖混结构楼房，宾馆、旅社、娱乐场所、超市和店铺等 200 余个。原 2 条老街改造延长到 1.5 公里。同时，接老街建成一条长 200 多米，宽 12 米的新街。至 2014 年年末，已形成两横一纵的新型小集镇。村落依山就势，修建一栋栋钢筋水泥砖混结构二至四层楼房，室内室外装修美丽，屋前屋后绿树成荫，环境优雅。

社会事业

教育科技

教育 1950 年，取消私塾，农民夜校普及乡村，建小学约 20 所，在校学生中，工农兵子弟占 90% 以上。1972 年，小学增加到 30 所，初中 4 所（含常宁第六中学），中、小学入学率达 100%。1995 年撤区并乡后，调整学校布局。2011 年年末，有幼儿园 7 所，在园幼儿 906 人，专任教师 35 人；小学 13 所，在校学生 3891 人，专任教师 89 人，小学适龄儿童入学率 100%；初中 1 所，在校学生 1228 人，专任教师 59 人，初中适龄人口入学率 100%，小升初升学率 100%，九年义务教育覆盖率99%。2011年，财政预算内教育经费767.9万元。2014年年末，幼儿园11所；小学9所，在校学生3670人，专任教师112人；初中3所，在校学生1264人，专任教师98人，入学率、小升初升学率、九年义务教育覆盖率均为100%。

科技 20世纪70年代，辖区有3个公社农技推广站，农技员6人。1986年后，3个乡农技站改为3个乡农技推广服务站，并设33个村农技推广服务组，组织开展农业科技成果的推广活动。1995年撤区并乡建镇，合并为荫田镇农技推广服务站。2014年，农业技术服务人员5个。以7个农业专业合作组织（成员1002户）为农业技术推广示范重点对象。常宁市油茶科研所驻境内白马村。

文化体育

1956年，境内12个村都建了俱乐部，1965年，建立民办公助文化站3个，配备半脱产文化辅导员3个。1988年，建文化中心1个，3个电影队承包到人。至2014年年末，文化站1个，村级文化活动中心15个，文化专业户114户，农家书屋35处，藏书6万多册，文艺创作人员21人。古戏台1座，业余剧团1个。

1970年后，架通大队、生产队广播专线，公社成立广播放大站，安装高产喇叭和舌簧喇叭，60%多的农民群众能听到广播。1986年，建广播电视站1个。2014年，通宽带的村33个，通有线电视的村24个，有线电视用户6670多户。

2014年，境内学校体育场3个，5个村安装农民体育健身器材，群众可以在家门口进行体育锻炼。

医疗卫生

民国后期，缺医少药，仅有几个游医，以草医为主。1953年，几名中、草医组建1个联合诊所。1965年，辖区有综合医疗所1个，公社卫生院3所。1969年，实行合作医疗制度，每个大队配赤脚医生1名。1983年后，全面开展改革开放，发展全民、集体医疗事业，支持个体医生办诊所，开业行医。2006年，实行新型农村合作医疗试点，2007年全镇参合率达94.14%。2014年年末，医疗机构6个，其中门诊部3个，床位20张。其中执业医师12人，执业助理医师20人，注册护士21人，新型农村合作医疗参合率100%。

民国后期，无卫生防疫机构、设施，1944年，遭瘟疫，死数十个人。1965年，建公社卫生院1所，1966年建地区医院1所，之后，11个大队建了医务室。1973年，开展卫生“两管五改”（管水、管粪、改水井、改厕所、改畜圈、改炉灶、改环境）活动。至2014年，社区卫生服务站3个，村卫生室33个。全镇有12个村的垃圾集中处理，净化了环境。

社会保障

“五保”供养 1961—1989年，由大队生产队分散供养。1964年，分散供养57户110人，集中补助粮食共33吨，生活费共1980元。1990年，“五保”户钱粮由镇统筹，每人每年生活300元，粮食350公斤，食油6公斤。后建荫田敬老院1座，床位40张，供部分“五保”户集中居住。2007年年享受低保待遇。2011年，集中供养“五保”户40人，支出21.6万元；分散供养2367人，支出37.5万元。2014年，全镇“五保”户按低保标准供养。

最低生活保障 2007年，实行城乡居民最低生活保障待遇。2011年城镇居民享受最低生活保障待遇34户、37人，支出66万元，月人均150元；农村居民享受最低生活保障待遇对象1186户、1571人，支出124万元，月人均66元。2014年，全镇享受最低生活保障待遇1295人。

养老保险 2012年，启动城乡居民社会养老保险。2014年参加新型农村养老保险人数2565人，参保率5.6%。

医疗保险 2005 年，实施城乡居民大病医疗救助。至 2011 年，共救助 277 人次，救助金额 12.8 万元。2006 年,参加医疗保险人数 31061 人，缴医疗基金 29.24 万元，参加医疗保险率达 90%。

优抚补助 2008 年，核实定补、伤残抚恤、三属抚恤等优抚对象 211 人，发放补助金额 125694 元。2009 年，重点优抚对象 128 人，春节前一次性生活补助 2.3 万元。2014 年，农村 60 周岁及其以上退役士兵 98 人，补助费 3.28 万元，农村困难军退人员 81 人,定期定量补助金额 7356 元。

特色地情

名优特产

茶油 境内有油茶林面积 3066.7 公顷，常年产茶油 400 多吨。

两头黑猪 又名荫田猪，被湖南省定为地方良种猪，属肉脂兼用型猪，体格结实匀称，骨较细，皮厚薄适中,毛色头、尾均黑,其身为白色,故名“两头黑”。生长发育快，繁殖力强。

衡头萝卜 以汁多、肉脆、味鲜闻名遐迩。凡到衡头的人都说：“未呷衡头萝卜这碗菜，等于未到衡头来。”

风景名胜

张飞古渡遗迹 史传三国时，蜀国名将张飞，去楚耒阳巡察时，曾打马过荫田，其古遗迹至今尚存。

福荫桥 亦名荫田桥。位于荫田墟东旁，横跨春陵河上，为 13 拱青石桥，长 1732 米，宽 6.8 米，两旁有石砌保护栏。1944 年，被侵华日军炸毁两拱。1946 年，捐款补修，1948 年始复旧观。

福荫桥

桥上建有“利济亭”内外白石并列，刻有《福荫桥序》。

白马渡 位于舂陵河中游东、西域地带。相传人渡有白马，夜出伤农作物，饲者伤其足，马奔舂陵河中，化为白石，故为白马渡。方圆5公里，以此命名。渡西头有7座古窑址，今遗址尚存。

张家冲风水 昔日，张家冲自然村四周有围墙，一扇槽门。村前溪水环绕，村后葱茏古树参天。槽门前有3口品字形泉井，水清澈见底，水中见人谈笑风貌，冬暖夏凉，长流不竭，是休闲的好去处。

（文字供稿：荫田镇党政办 图片供稿：常宁市史志办）

白沙镇>>

区域概况

位置面积

因镇政府驻地西面有座白沙子岭而得名。位于北纬26°06′04″~26°16′49″，东经112°35′22″~112°41′31″。地处常宁市城区东南部，湘江支流舂陵河上游西岸，东与耒阳市仁义乡隔舂陵河相望，南与桂阳县桥市乡和永兴县边陲接壤，西与西岭镇为邻，北与荫田镇相连。是常宁、耒阳、永兴、桂阳四县（市）边境上的重要集镇。辖区东西最大距离9公里，南北最大距离19公里，总面积75.47平方公里。镇人民政府驻下洲村，距常宁市城区53公里。

建置沿革

民国后期属德和乡。1949年，沿用旧制。1950年，撤乡保甲制，改置第五区，下设白沙、白渡、茭源、阳加、鲇鱼等5个乡。1956年，撤区并乡，合并为白沙镇和阳家等乡。1958年，实行政社合一，撤乡镇合并设立前进人民公社。1960年3月，撤前进人民公社，分为白沙、阳加等公社。1961年9月，恢复区建制，属衡头区。1965年，属荫田区。1982年，白沙公社从荫田区析出设立白沙镇。1984年，撤阳加公社，设立阳加乡，属荫田区。1995年5月撤区并乡，将阳加乡并入白沙镇。

行政区划

1965—1983年，辖上洲、中洲、下洲3个社区居民委员会和大路、南马、伍家、石湾、上洲、下洲、杜家、杜阳、砂坪、管钟、黄排、金招、福坪、西棉14个大队，下设105个生产队，9个居民小组。2014年年末，辖阳市、上洲、中洲、下洲4个社区居民委员会和大路、南马、伍家、石湾、上洲、下洲、杜家、杜阳、西棉、福坪、砂坪、管钟、黄排、金招、茅坪、阳市、董湾、徐洲、上游、红卫、星光、荣华、阳岐、冲口、胜利、井边、忠岭、观音28个行政村；下设11个居民小组，207个村民小组。

自然环境

属山区、丘陵结合地区。西南部为山区，最高峰毗帽峰海拔509米，是常宁名山之一，东北部沿舂陵河西岸为小型盆地，星光村最低，海拔250多米。处亚热带季风湿润型气候区，四季分明。年平均气温18℃左右，年降雨量1498.7毫米。有旱涝、冰冻、地质等自然灾害。土壤分为水稻土、潮土、红壤土、黑色石灰土4大类，亚类土壤10种。地下矿藏有金、银、铜、铁、锡、钨、铅、锌等

20种。地域属春陵河水系。春陵河自大路村入境，至星光村，流入荫田镇龙洲村，境内长15公里。

人口民族

1984年，总户数5538户，总人口24855人。1996年年末，总户数7501，总人口28644人。2011年末，总户数10918户，总人口36062人，其中城镇常住人口2202人，城镇化率6.1%。总人口中，男性18862人，占52.3%，女性17200人，占47.7%。18岁以下10779人，占29.89%，19~60岁21779人，占60.39%，61岁（含61岁）以上3504人，占9.72%。总人口中，以汉族为主，2011年人口出生率12.2‰，死亡率5.1‰，自然增长率7.1‰。2014年年末，总户数10926户，总人口数37049人，男19266人，占52%，女17783人，占48%，流动人口423人。

经济发展

经济综述

1978年以后，白沙人民坚持改革开放、发展乡镇企业和个体私营经济，全镇经济持续健康发展。1994年，工农业生产总值5203万元，其中农业生产总值3546万元，占68.2%，工业生产总值1657万元，占31.8%，农民人均纯收入1102万元。粮食生产总量达7817吨。2011年，工农业总产值1.4亿元，比1994年增长1.7倍，其中农业总产值1.2亿元，占85.7%，工业总产值2000万元，占14.3%，分别比1994年增长2.4倍和21%。农民人均纯收入7822元,增长6.1倍，财政总收入428.9万元。粮食生产总量11802吨，增长51%。2014年，全镇财政总收入7698万元，比2011年增长17倍，农民人均纯收入9137元，增长16.8%，比1994年增长7.3倍。粮食总产量6179吨，因产业结构调整，减少5623吨。

农业

种植业 历来以种植水稻、红薯、大豆为主，药材、生姜、黄花菜等为次。1953年，粮食亩产150多公斤，较1949年亩产增加50公斤。1963年后，全社干部、群众大搞水利建设，扩大双季稻面积。到1978年粮食亩产295公斤。1983年，建立包产到户责任制，当年亩产粮食400多公斤，创历史最高纪录。之后，向“优质高产高效”农业发展，1992—1998年，种无渣生姜82.4公顷，产量53.2万公斤，盆地村种大豆54公顷，产量1.9万公斤。扩种蔬菜面积533.4公顷，其中黄花菜面积80公顷，农业总产值达1.2亿元，粮食总产量7930吨，人均219.9公斤，其中水稻7175吨。2014年，农作物播种总面积1923公顷，粮食作物播种面积1023公顷，粮食总产量6179吨。

养殖业 2011年，生猪饲养量3830头，年末存栏2012头；牛饲养量432头，年末存栏269头，羊饲养量1590只，年末存栏998只；家禽饲养量25900羽。鱼放养水面139公顷，水产品总量368吨。2014年，肉类总产量2207吨。

林业 以杉木、柑橘为盛，棕树等次之。民国时期，林木一直由山主自由种植，自行采伐，私营购销。1950年后，人民政府发动群众植树造林。1972年，建福坪、大路两个大队杉木林基地66.7公顷。1974年，先后建社队林场5个，200公顷。20世纪80年代初，把山林权归还村民，解散林场。1984—2014年，先后连片种植水果56.4公顷，柑橘、鸭梨果树15万株，其中挂果树14.5万株，常年平均产柑橘65万多公斤，产梨12.5万公斤。阳岐、忠岭、石湾、西棉等山区村，山上遍种棕树466.7公顷，年产棕片50多万公斤。胜利、忠岭、阳歧、石湾、福坪等山区村种植丹皮、白芍历史悠久，年产丹皮5万多公斤，白芍7万多公斤。柑橘树种植面积发展到108.5公顷，产量276.7吨，杉木幼苗抚育100公顷。

工业

境内矿产蕴藏量大，分布较广。清同治《常宁县志》载："这里曾设营堡，地多锡沙，坑夫聚众淘沙，多壅废民田，明时设官把守。"民国后期主要工业陶锡沙、炼砷。中华人民共和国成立后，对境内矿藏进行勘探，已探明的矿种有7种。1978年，境内工业以采矿、冶炼为主，工业发展势头良好。1986年，有乡镇企业20余个，产值250多万元。1995年，采选的含锡70%以上的锡沙3000余吨，"白冶牌"锡锭纯度99.97%，畅销深圳、珠海等国内市场，远销日本、东南亚各国。之后，镇办企业10家，职工210人；私营个体企业250家，从业人员1050人，总产值约1000万元。2011年，镇政府积极引导白沙大众矿业公司，转体成立贸易公司，将白沙的采掘、选矿、冶炼矿产品销售和矿山设备、贸易联合起来，形成一条龙产业的特色，成为镇域经济中最大的有色金属交易平台。年末，有规模企业3家，职工400多人，工业总产值2000多万元。2014年，工业企业59个，从业人员741人，企业实交税金总额1657万元。

商贸服务业

白沙镇自古以来就是舂陵河边一个繁荣的通商口岸。青青的石板街，幽幽的吊脚楼是昔日繁荣的历史记载。1951年9月，县供销社在白沙老街设立供销分社，组织工业产品下乡和收购农副产品，县贸易公司在白沙老街设贸易小组，职工6人。此后，先后建粮站、食品站、收购站各1个，职工共12人。各类个体商店10余个，人员30多个。主要经营南杂、小百货、饮食业等。中国共产党十一届三中全会以后，大力发展商品经济。民营商业大发展。1986—1998年，商业网点240个，从商人员达480人。2014年，社会商品销售总额7500多万元，共有商业网点370个，职工510人；集贸市场2个，年成交额8000多万元。

财政金融

1984年7月，建立财税所，人员2个，财政收入约60多万元，支出60多万元。1998年，达110余万元，支出100多万元。2011年，财政总收入502.5万元。地方财政收入194万元，其中完成国税10万元，地税34万元，矿产资源税100万元，其他税收50万元。2014年，财政总收入、一般预算收入均为7698万元，财政支出8088万元。

1961年9月，白沙信用社恢复，营业所1个。1995年，营业所1个，信用社2个。2014年末，信用社、网点各1个。

基础设施

交通运输

民国后期，境内只有1条石板路，其余为小土路。常宁县人民政府成立后，发动群众修公路，从1958年起，先后修筑公路1条，盘山乡大道2条，队修6条，共长30公里。常白公路自西至东纵横过境，境内长19公里。1991—1994年，修筑2条盘山公路，共长9.3公里。2014年，市、乡、村公路全部硬化，四通八达，全镇公路里程40多公里。

2014年，有客运汽车16辆，日发车16班次，日均客运量300余人次。

邮政通信

1962年，建邮电支局2个，网点4个，固定电话7部。1994年，电话自动交换设备被数字程控交换设备代替。1997年，交换机实占容量

192门，电话用户192户。1998年后，邮电分营。2014年末，邮政所1家，网点2个，投递点28个，通邮率100%。电信企业3家，服务网点6个。固定电话用户251户，移动电话用户1.54万户，互联网516户。

供电饮水

20纪世60年代，白沙供销分社用柴油机带动电动机发电供机关、学校用电。1980年后，建成变电站、供电站各1座，并与湘南大电网联网。年供电206万千瓦小时，用电入户率达100%。

1950—1970年，农村饮用井水或河水，1971年，公社建水厂1座，仅供机关饮用。2011年，已建成3个集中供水点，供2万人饮用。山区部分农户拦截山川溪水建滤水池，用胶管引水饮用，盆地村民打压水井饮用。

水利建设

1963—1968年，先后建成小（二）型水库9座。1969年至1971年5月，组织劳力1600多人，参与欧阳海大型灌区左干渠建设，其中建野路滩渡槽一条，左干渠在境内长20余公里，灌田土666.7公顷。之后，在左干渠建白水岩水电站1座。至2014年年末，全镇有小（二）型水库10座。骨干山平塘300余口。水力发电站1座，支干渠和支渠20余条共长100余公里。

村镇（街道）建设

集镇建设不断扩展。至2014年，由1条长500多米、宽10余米的老街，扩展到3条长1.5公里、宽22米的商业街，临街两旁商铺林立，开设100多个商行，成为镇贸易中心。农村茅房草舍消失，新建一栋栋钢筋水泥砖混结构楼房，其中村综合楼内阳春面设有会议室、文化室、图书室。屋前屋后树木成荫。

社会事业

教育科技

教育　民国后期，境内私塾有蒙馆、经馆两

白沙古街

大类。1950年，废除私塾教育。小学普遍建立，90%以上的工农兵子弟入校读书。1965年，中心小学改为完全小学。小学增加到24所，小学适龄儿童入学率100%，建初中2所，初中适龄人口入学率为100%。1995年，撤区并乡，调整中、小学布局，学校有所减少。2011年年末，幼儿园5所，在园幼儿450人，专任教师20人；小学15所，在校学生3007人，专任教师95人，小学适龄儿童入学率99%；初中2所，在校学生1176人，专任教师70人，初中适龄人口入学率98%，小升初升学率100%，九年义务教育覆盖率99%。2011年，财政预算内教育经费627.5万元。2014年，幼儿园、托儿所13所，小学17所，在校学生3388人，专任教师163人，初中2所，在校学生1556人，专任教师150人。

科技　1970年，境内公社有2个农业植保站，植保员4人。1986年，植保站改为农业技术推广服务站，村设农业技术推广服务组，广泛开展推广应用农业技术、农业科研成果活动。1995年后，2个农业推广服务站合并为白沙镇农业推广服务站，农业技术服务员4人，将农业专业合作经济组织2个（成员40户），列为科技服务的重点示范对象。

文化体育

1965年，公社建立民办公助文化站1个，1974年，配备文化辅导员。1982年后，大队相继建立文化室，至1984年，全镇文化室15个。1986年，镇电影承包给私人放映。至2014年末，有文化站、图书馆各1个，村（居）文化活动中心28个，农家书屋8处，藏书4万多册。

1974—1979年，全公社架通广播专线，期间公社建立了广播扩大站，安装高音、舌簧喇叭，70%的农户能听到广播。至2014年年末，镇有广播电视站1个，卫星接收站1个，有线电视台1个，通宽带的村28个，通有线电视的村25个，有线电视用户1500余户，入户率16.2%。

2014年，境内学校体育场地2处，体育设施完备。农民爱好拳棍等民间武术，休闲时，练几套拳，耍几路棍，逢重大节日，举行武术表演或比赛。

医疗卫生

1953年，辖区有白沙、阳加2个联合诊所，中、草医生4人。1965年，有卫生院2所，大队保健室10余个，初步形成医疗卫生工作网络。20世纪80年代后，全民、集体医疗事业继续发展，并鼓励支持个体医生开业行医。2006年，实行新型农村合作医疗试点。2007年，参合率86.36%。2014年，新型农村合作医疗参合率95%。是年末，中心卫生院1所，分院1所，有床位90张，专业卫生人员70人，其中执业医师19人，执业助理医师10人，注册护士17人。

民国时期，缺医少药，仅有游医2人，草医3人。常宁县人民政府成立后，有卫生院1个，医卫人员10人，大队（村）有卫生室，生产队（组）有卫生员，形成了卫生工作网络。至2014年年末，12个村的垃圾集中处理，建垃圾处理池共15口。

社会保障

“五保”供养　1961—1983年，由大队生产队分散供养，每人每年生活费300元，口粮250公斤，食油4公斤。1983年后，由镇统筹，每人每年生活费350元，口粮300公斤，食油6公斤。2007年后，“五保”户享受低保待遇。后建成白沙敬老院，阳加分院，集中供养45人，支出24.3万元，分散供养164人，支出27.8万元。

最低生活保障　2007年，实行城镇居民最低生活保障，2011年，城镇居民低保对象207人，支出29.8万元，月人均120元；农村低保对象968户、1298人，支出93.8万元，月人均60元。

养老保险 2012年，全市启动养老保险，2014年参加社会养老保险人数2036人，参保率达55%。

医疗保险 2005年，启动城乡居民大病救助，2006—2011年，医疗救助195人次，民政部门资助509人次，共救助资金30.7万元。2006年末，参加医疗保险24878人，缴医疗基金529.78万元，参保率85.4%。

优抚补助 2008年7—12月，核准五定补助人员，伤残抚恤和三届抚恤，在职伤残保健人员、优抚对象共计130人，发放补助金额55914元。2014年，全镇有60周岁及其以上的退伍士兵45人，补助生活费16920元。是年，农村困难军退人员29人，定期定量补助金额2856元。

特色地情

历史人文

李成蹊 在大革命时期，与周巽三在阳加洲办起免费学校，宣传革命道理。1925年6月，李成蹊参加中国共产党。1926年8月，到瑶塘萧家组织成立瑶塘乡农民协会，旋组织成立常宁第二区农民协会，他主持起草的第二区农民协会方案被中央历史博物馆收藏。1927年2月，常宁县农民协会正式成立，他当选为农协会副执行委员长。3月17日，他与吴谦等率领农民纠队7000余人涌进团防局长萧宜春的老巢，搜查枪支，开仓济贫。6月6日，率领农会会员和农民自卫军3000余人剿大土豪劣绅陈俊湖之家，分掉其浮财。1928年8月被捕，被衡阳清乡督办杀害于衡阳市区演武坪，时年28岁。

名优特产

无渣生姜 姜块外形肥大，姜瓣粗壮，肉质细嫩香脆，姜味柔和，食之无渣，异地种则味变。无渣生姜是上等调味品，入药则有通气消淤、治脾散寒之功能。境内常年种植86.67多公顷，产量50多万公斤。是国家地理标志保护农产品，已入选《中国名优土特产词典》。

白沙烧饼 是境内特色小吃之一。其做法：精选优质面粉，精制茶油、白糖及花生、芝麻等为原料，经传统烘烤工艺加工，外脆内香，甜而

制作白沙烧饼的师傅

刚刚出炉的白沙烧饼

毗帽峰

不腻，有开胃消食，增进食欲之功能。

黄花菜 花蕾细长，形如针状，色彩金黄。富含有蛋白质、脂肪及多种矿物质、维生素、氨基酸。是迎宾宴筵的佳肴。也是妇幼老弱皆宜的滋补食品。境内常年种植80多公顷，产量1.5万公斤，是常宁主产区之一。

风景名胜

毗帽峰 位于镇区西南部，山势极陡峭，独峰挺拔，海拔509米。主要由石灰岩构成，面积1000多平方公里。山上岩石裸露，树木稀疏。相传乡民在山腰割青草，拾得一蹲菩萨，称毗帽仙王。集资在峰顶上建小庙，庙顶盖铁瓦，每年二月庙钟震雷交作，俗称雷神扫殿。清同治元年（1862），庙灾，同治六年（1867）重修，竖石门，是年中秋傍晚雷雨大作，遂移向朝东，刻联："乾坤都在眼，日月正当头。"内供菩萨10余尊。1966年，佛像毁尽，庙犹存。近年，乡民自发捐款修缮，恢复旧观。

白水岩 位于镇区西南部。石山耸立，悬崖泉水飞流，白沫四溅，四季不停。欧阳海灌区左干渠，从岩洞下尾蛇流过。

民俗风情境内端午节隆重，在全国各地工作的人大都回家团聚，把粽子散到春陵河中，纪念屈原，进行爱国、爱乡、爱家的教育习俗传承至今。白沙人待客实惠，餐桌上少不了水豆腐、酿豆腐、油豆腐和饭前吃的白沙烧饼的习惯延续至今。

（文字供稿：白沙镇党政办　图片供稿：陈默）

西岭镇>>

区域概况

位置面积

西岭历史悠久，早在唐宋时期，就有西岭墟。因其南部地势高，崇山峻岭，大义山脉面西而立，开设墟市后得名。习惯称“西岭”。建乡、镇时，以“西岭”命名。位于北纬26°11′32″~26°23′22″，东经112°30′02″~112°37′24″。地处常宁市城区东南部，大义山东北部，舂陵河西畔，东与荫田、白沙镇接壤，南依大义山脉与桂阳县桥市乡相邻，西与庙前、罗桥两镇以大义山为界，北与盐湖镇相连。辖区东西最大距离11.5公里，南北最大距离20.5公里，总面积124.36平方公里。镇人民政府驻西坪村，距常宁市城区32公里。

建置沿革

民国后期，属骏德、梅龙两乡。1949年，常宁县人民政府成立初，开始沿用旧制。1950年，撤乡保甲制，改置第五区，下设桐梓、溪源、西岭等乡。1956年6月，撤区并乡，合并设立荫田、湖亭、白渡、阳家、衡头、双安、西岭等7个乡。1958年，实行政社合一，属东方红人民公社。1960年3月，大社划小社，分为双安、西岭、衡头、荫田、龙门、湖亭等6个小公社。1961年9月，恢复区建制，属衡头区。1965年，属荫田区。1984年，双安、西岭公社改为双安、西岭乡。生产大队改称村，生产队改称村民小组。1995年5月，撤区并乡，将双安乡并入西岭乡。1996年4月，撤西岭乡设西岭镇。

行政区划

1961—1983年，公社辖西岭社区居民委员会和西坪、溪源、西冲、西楼、中坪、湾塘、冲头、桐江、石江、清溪、清冲、石山、五门、桐排、新棕、青竹、五冲17个大队，下设2个居民小组和130个生产队。2014年年末，辖西岭社区和西坪、溪源、五冲、青竹、新棕、桐排、五门、石山、清冲、清溪、桐江、石江、西冲、西楼、冲头、湾塘、中坪、车荷、朝阳、黄坪、西塘、六图、上安、下塘、下安、小松柏、桥峰、平安、超英、大排、大洪31个行政村；下设2个居民小组，244个村民小组。

自然环境

属半山区半丘陵地区。境内西南高、东北低、中部开阔，有“小平原”之称。西部大义山牛迹石海拔891米，是常宁名山之一。处亚热带季风湿润型气候区，四季分明。年均气温18℃，年降雨量1430多毫米。有旱涝、冰冻、地质等自然灾害。历史相传古时曾发生过地震。土壤分为水稻土、红壤土、黄壤土3大类，亚类土壤8种，地下矿产资源有金、银、铜、铁、锡、钨、锰、锑、铀、萤石、瓷泥、水晶石、硅、灰石、大理石15种，原矿品位达70%。地域属舂陵河水系。其支流清溪江从桂阳县黑风洞出露，流入境内，至桐江村，流入荫田镇古塘村，往东北流入舂陵河，境内长21.4公里。

人口民族

1984年年末，全乡有6256户、28176人。1996年年末，有总户数7527户，总人口31582人。2011年年末，总人口39840人，其中城镇常住人口578人，城镇化率1.5%。总人口中，男性22160人，占55.6%，女性17680人，占44.4%。14岁以下9320人，占23.4%，15~64岁21860人，占54.9%，65岁（含65岁）以上8660人，占21.7%。总人口全部为汉族。2011年，人口出生率12.19‰，死亡率2.79‰，自然增长率9.4‰。2014年年末，总户数10319户，总人口数为39081人，男21495人，占55%，女17586人，占45%，流动人口数为423人。

经济发展

经济综述

西岭镇人民坚持改革促开放，以开放促发展，逐步建立以农业、林业、乡镇工业为重点的支柱产业，成为常宁市重要的粮食生产基地、棉花基地、烟叶基地、林业基地、南竹基地，经济建设步入快车道，主要经济指标创历史新纪录。1994年，全镇工农业总产值9343万元，其中农业总产值4156万元，占44.5%，工业总产值5187万元，占55.5%，农民人均纯收入1030元。粮食总产量16612吨。2011年，工农业总产值33400万元，比1994年增长2.6倍，其中农业总产值1.7亿元，占工农业总产50.9%，比1994年增长2.2倍，农民人均纯收入8200元，增长7倍，财政总收入797.64万元。粮食总产量1.8万吨，较1994年增长8.4%。2014年，财政总收入8245万元，比2011年增长9.3倍，农民人均纯收入9578元，增长16.8%，比1994年增长8.3倍。因调整产业结构，粮食总产量为15368吨，比2011年减少2632吨。

农业

种植业 耕地历来以种植水稻、红薯、豆类、蔬菜为主，棉花、烤烟等农作物为次。名、优特产品种齐全。传统产品有生姜、黄花菜、板栗、茶油、药材、棕片、杉木、南竹等，尤以"无渣生姜"饮誉海内外。新开发的产品有棉花、柑橘、玉兰片、葡萄、奈李等。已成为常宁市第一大棉花生产基地。1978年，建立以农业为重点的支柱产业。成为常宁市重要粮食基地、棉花基地、烤烟基地。特别是农业综合开发成效凸现，3000亩土改田见成效，被誉为"湘南开发一枝花"。全镇主要经济指标连续创历史水平。1998年，农业总产值6972万元，粮食总产量14805吨。2011年，农业总产值达1.7亿多元，粮食总产量达1.8万吨，人均451公斤。其中水稻1.43万吨。烤烟种植面积306.7公顷，产量1150担，产值1240万元。桐江、平安2个村成为湖南省替代进口烟叶生产基地和现代烟草农业示范基地。2011—2014年，种植无渣生姜100公顷。2014年，农作物总播种面积4604公顷，粮食播种面积2543公顷，粮食总产量15368吨。

养殖业 有良好的传统。民国后期，有条件的农户圈养猪1头。常宁县人民政府成立后，鼓

西岭烤烟

励农民发展畜禽水产业，1977 年，发展集体养猪，办猪场 17 栋，全社公养、私养猪 1.7 万头，私人养鸡 10 多万只。1980 年后，集体猪场改散，出现一批养猪、养鸡专业户。2014 年，生猪饲养量 2.8 万多头，年末存栏 1.2 万头。牛饲养量 3109 头，年末存栏 1814 头，羊饲养量 2834 只，年末存栏 2030 只，家禽饲养量 20.9 万羽。渔业养殖水面 117.3 公顷，常年水产品总量 246.4 吨。2014 年，肉类总产量 3398 吨。

林业 全镇有油茶林面积 2666.7 公顷，常年产量 340 吨，是常宁市东部 6667 公顷油茶林产业带的核心区之一。竹林面积 1220 多公顷，五冲村占 1000 公顷，为常宁之最。2011—2014 年，造经济林 0.15 公顷，其中牡丹、芍药 33.33 多公顷、积壳 333.4 公顷，玉竹、覆盆草、金银花、白花蛇草 53.3 公顷，还有何首乌等 11 种药材林 133.4 公顷。油茶垦复 666.7 公顷。林木覆盖率 31.2%，活立木蓄积量 5.4 万立方米。

工业

民国后期，一些农民在清溪江淘锡砂自淘自售，油榨坊一处。中华人民共和国成立后，工业逐步发展。1958 年，办铁矿 1 个，农具厂 1 个，从业人员 120 余人。20 世纪 70 年代初，公社办铜矿 1 个，锡矿 1 个，瓷泥厂 1 个，茶油加工厂 2 个，从业人员 140 人。之后，社办、队办、生产队办、联合办、户办各类企业多个，到 1980 年，全公社共有企业 100 余个，产值 500 多万元。1986 年，境内出现挖锡砂、淘锡砂的热潮，人数达 2000 余个。1995 年后，陆续兴建一批采矿、水电、铸造、建材、食品加工等企业，1998 年，全镇企业总产值 3006 万元。2011 年，镇办工业以采选、加工为主。工业总产值 1.64 亿元，利税 1000 万元。2014 年，全镇有工业企业 37 个，职工 494 人，企业实交税金总额 2617 万元。落户境内的春兴多功能粉体科技开发公司，年产 10 万吨超细微重质碳酸钙、水晶硅、萤石。鑫裕矿业有限公司，年产 20 万吨配方瓷泥、钾纳石。芝麻山矿业发展有限责任公司，主要产品有磁选精铁粉。

商贸服务业

民国时期，西岭老街仅有南杂、日杂、伙铺 3 个店，人员 6 人。常宁县人民政府成立后，1957 年，先后建了供销分社、粮库、收购站、食品站、饮食店、麦面加工店、旅社、理发店等。从业人员 200 多人。1958 年，市场贸易被取消，商贸由供销社、合作商店统一经营。1962年后，逐步恢复集贸市场。1978年起，市场逐步放开，个体、私营商业恢复发展。1980年之后，民营商业发展迅速，成为流通领域主体，有民营商业200多个，从业人员达900人。1994年年末，商品销售总额1178万元。2014年，全镇商业网点达317个，职工635人。社会商品销售总额1.5亿余元。集贸市场2个，年成交额8000余万元。

财政金融

1984年，建立乡财税所，职工3人。2006年起，取消向农户征收农业税，其后，农林税全部免征，财政收入相应减少。2011年，财政总收入801万元，地方财政收入376万元，其中完成耕地占用税48万元，矿产资源税80万元，烟叶特种税248万元。2014年，财政总收入、一般预算收入均为8245万元，财政支出8595万元。

2014年，境内金融机构有农业银行代办所，邮政储蓄代办所，信用社网点。

基础设施

交通运输

民国时期，无公路，交通不便，出门走羊肠小道，运输靠肩挑手提。常宁县人民政府成立后，逐步改变了交通闭塞的落后状况。1958年起，先后修沙石公路3条，共长40多公里。尤其是党的十一届三中全会以后，人们认识到："要想富，先修路，群策群力修公路"。至2014年，有盘山公路2条，乡村公路9条，共长128.8公里，且全部硬化。省道320水泥公路依境而过，县道常白水泥公路，自西至东纵横过境，境内长13公里。

2008年，建客运站一个。2014年，日均客量510人次。全镇结束肩挑手提的历史。

邮政通信

民国后期，西岭墟只有信柜1个。常宁县人民政府成立后，1951年，设邮政代办所1个。1962年，有邮电支局1家，网点3个，固定电话4部。1991年始，数字程控交换设备代替电话自动交换设备。1997年，交换机实占容量185门，电话用户185户，1998年后，邮电分设经营。2014年年末，邮政分局1家，网点3个，邮政业务总量130余万元。电信企业3家，服务点8个，固定电话用户2314户，入户率34%，移动电话用户1.2万多户，互联网用户864户，全年电信业务收入140万元。

供电饮水

1974—1976年，建成西岭水力发电站，装机容量2000千瓦，1991年，架通龙西线，2009年建成110千伏安变电站，与湘南大电网联网，用电入户率100%。

2011年年末，有自来水厂1座，铺设干线水管22.7公里，日产水500多吨，年供水18.2万立方米，山区有不少农户，截山川流水建滤水池，用胶管引水池水饮用。有些农民打压水井饮用地下水。

水利建设

1958年7月，公社组织3000多男女劳力参与梅埠桥(原名超英)中型水库建设，1965年建成，水库正常容量2710万立方米，水面1000多公顷。1969—1971年，建成欧阳海大型灌区左干渠西岭段，境内长20多公里，其中沙坪渡槽1条，长674米，高37.6米，主干渠与梅埠桥水库主干渠汇合，形成全县最大的灌区之一。1991—1994年，筹集资金600多万元，修建幸福渠道，灌7个村的田土。2006年，自投资金200多万元，将幸福渠道两岸及渠底全部水泥硬化，灌200公顷。至2014年年末，小(二)型水库4座，中

西岭古民居

型水库1座，骨干山塘240多口，大型渠道2条，共长48公里，电力排灌站15座，旱涝保收面积1666.7公顷。

村镇建设

2006年，西坪村是常宁市新农村建设示范点，拉开西岭镇小城镇建设的帷幕，集镇规划面积3.3平方公里。2011年，形成了“五纵五横”的格局，占地18公顷，水、电路全部贯通，各项基础设施已逐渐完备，功能齐全。2014年，镇区绿化面积1公顷。村新建和改造综合楼30栋。

1949年，农民大都住茅房草舍。20世纪60年代后，相当部分农民拆掉旧屋，砌土砖瓦屋。20世纪70—80年代，茅房草舍消失，大都居住红砖瓦屋。1990年以后，随着改革开放的不断发展，农民仓里有粮，手中有钱，普遍兴建钢筋水泥砖混结构楼房，屋前屋后绿树成荫。

社会事业

教育科技

教育 民国后期，只有家馆，学馆4所。中华人民共和国成立后，废除私塾教育。1950年，农民夜校，扫盲班普及全境；小学教育、中学教育、成人教育相继发展。1965年，办小学24所，初中2所，在校学生比1950年增加40%。1977年，恢复考试制度，教育事业有很大发展。1992年，建中学教学楼一幢，建筑面积1040平方米，1994年，中学在校学生894人，专任教师51人，中学适龄人口入学率100%，小升初升学率100%。1995年撤区并乡后，中小学布局进行调整，学校有所减少。2011年年末，幼儿园13所，在园幼儿681人，专任教师 26 人；小学 16 所，在校学生 3634 人，专任教师 136 人，小学适龄儿童入学率 99%；初中 2 所，在校学生 1258 人，专任教师 92 人，初中适龄人口入学率 100%，小升初升学率 100%，九年义务教育覆盖率 99%。2011 年，财政预算内教育事业经费 733.8 万元。2014 年，幼儿园、托儿所 8 所；小学 17 所，在校学生 3236 人，专任教师 112 人，入学率、小升初升学率均为 100%；中学 2 所，在校学生 1472 人，专任教师 137 人，入学率 98%。

科技 1970 年，辖区有 2 个公社植保站，植保员 4 人。20 世纪 80 年代初，改称农技推广服务站。1986 年，村建立农技推广服务组，组织开展农技推广、农业科研成果应用活动。1995 年，撤区并乡，农技推广服务站合并为西岭镇农业技术推广服务站，技术员 19 人（含农机、畜牧、林业、棉花、烤烟技术员）。在全镇广泛开展农技服务活动。

文化体育

1956 年，村建俱乐部 10 余个，1965 年，辖区公社建民办公助文化站 2 个，“文化大革命”被撤销，1974 年文化站恢复。1982 年，大队建文化室。电影队实行个人承包。2014 年年末，镇文化中心、图书馆各 1 个，村文化活动中心 31 个，农家书屋 7 处，藏书 1.1 万册。地方民间艺术有西坪铁水花灯、溪源管草龙、桐排皮影戏。

1969 年，从区到公社架通广播专线。1974 年 10 月，队队有广播专线。线路共长 100 多公里。并安装高音喇叭、舌簧喇叭，69% 的农户能听到广播。1986 年，建广播电视站 1 个，1990 年起，各类黑白、彩电机进乡入户。至 2014 年，有线电视机入户率 30% 左右。

2014 年，境内学校体育场 2 个，体育设施齐全。17 个村安装有农民体育健身器材，经常参加锻炼的人数达有 20%。

医疗卫生

民国后期，没有医疗卫生设施，仅有草医 3 人，往来乡村游医。1961 年，设立公社卫生院。1969—1971 年，队队有医务室，赤脚医生 17 人。2006 年，实行新型农村合作医疗试点，2007 年，参合率达 94.16%，2014 年参合率 100%。是年年末，各级各类医疗卫生机构 36 个，其中门诊部 4 个，病床 40 张。专业医护人员 43 人，其中执业医师 16 人，执业助理医师 22 人，注册护士 5 人。医疗机构完成诊疗任务 2.1 万余人次。

20 世纪 60 年代初，乡卫生院设保健医生 1 人，村卫生室 17 个，保健员 17 人，生产队有卫生员。1973 年，开展卫生“两管五改”（管水、管粪、改水井、改厕所、改畜圈、改炉灶、改环境）活动。2014 年，全镇有 15 个村垃圾集中处理，建池约 20 口。

社会保障

“五保”供养 1961—1987 年，由大队生产队分散供养。1964 年，分散供养 70 人，集体补助粮食共 4200 公斤，生活费 1260 元。1984 年，由镇统一筹集钱粮油，每人每年生活费 300 元，粮食 300 公斤，食油 5 公斤。期后建成西岭敬老院，床位 56 张。全镇有“五保”207 人，集中供养 56 人，支出 30.2 万元；分散供养 206 人，支出 34.1 万元。2007 年始，“五保”户享受城乡居民最低生活保障待遇。

最低生活保障 2007 年，实行城乡居民最低生活保障。2011 年城镇最低生活保障人数 62 户、81 人，支出 17.9 万元，月人均 185 元；农村最低生活保障人数 998 户、1410 人，支出 135.3 万元，月人均 79 元。2014 年，享受最低生活保障待遇 1163 人。

养老保险 2012 年，启动城乡居民社会养老保险。2014年，参加农村养老保险有22189人，参保率56.8%。

医疗保险 2005年，实行大病救助。2006—2011年，大病救助460人次。2006年，参加医疗保险人数26749人，参保率94.2%，缴医疗保险基金25.19万元。

优抚补助 2008年，全镇有优抚对象195人，发放优抚补助金额96182万元。2009年，有老党员、老复员军人、残疾人等重点优抚对象96人，一次性生活补助17280元，2014年，境内农村有60周岁及其以退役士兵64人，生活补助2万余元。

特色地情

历史人文

平安村 平安村为理学鼻祖周敦颐后裔聚居地，以优秀的中华传统文化治村，村内书院吸引文化界专家学者前来讲学。

名优特产

茶油 中央电视台第十频道"走遍中国"栏目，将西岭油茶林所结的茶果称之为"黄金果"，比喻为东方的橄榄油，是中国茶油品质的代表，名声远播。

无渣生姜 与白沙镇连片种植，种植历史悠久，是常宁优质姜基地之一，年种植面积67~100公顷，年产量380~400吨。已入选《中国土特产品词典》。

板栗 境内种植面积24.7公顷，主要分布在新棕、桐排、五门、青竹、中坪、朝阳、黄坪等7个村内。板栗肉质甜而细腻，含有丰富的铁、蛋白质及多种维生素等微量元素，属上好佳品。

风景名胜

七渡飞瀑 又名七渡岗瀑布，落差高度87.4米，远看似白布，近观为垂帘，水花高丈余，周围250米均能听到水声，位于境内青竹村。

大义山

溶洞奇观 境内有多处岩溶洞，洞口常年祥云罩集，紫气飘仙。其中大的溶洞可纳数千之众，长数里。溶洞冬暖夏凉，石笋、石树、石莲花、石观音、鬼斧神匠，千姿百态，神奇幽幻。

情侣古樟 古人云：盛德在木。木之盛德，就在于给人类生命、家园和未来，而人之盛德，就在于珍爱这些盛德的树木。境内古树多，由市人民政府挂牌保护的10余棵。位于石山村两棵350年树龄的情侣樟树，其中一棵高23米，一棵22.5米，冠幅共50余米，胸径3米多、3米。相亲相爱，枝繁叶茂，生气勃勃，经久不枯。

牛迹石自然风光 位于境内西部大义山山脉，海拔891米。山顶巨石平卧，相传曾有犀牛到此，石上留有牛蹄眼，四季不干水，故名牛迹石。山峰秀拔，树木葱茏，朝阳映翠，绚呈异彩。东侧洞天独辟，有至圣寺名刹，东麓有大义山金牛溪，全长21.6公里，水清见底。

（文字供稿：西岭镇党政办　图片供稿：常宁市史志办）

盐湖镇>>

境内煤炭开采有600多年的历史，享有“江南煤都”的美誉。

区域概况

位置面积

因政府驻地老街西头原来有浅水湖，水可熬盐而得名。盐湖并不产盐，但掘地三尺就有煤，过去盐比煤珍贵，因此，这个历史性误会的取名便一直沿用至今。位于北纬26°17′30″~26°26′07″，东经112°28′19″~112°33′14″。地处常宁市城区东部，东与荫田镇、西岭镇相连，南与罗桥镇以大义山为界，西与三角塘镇、宜潭乡接壤，北与蓬塘乡毗邻。辖区东西最大距离7.5公里，南北最大距离15.5公里，总面积58.46平方公里。镇人民政府驻盐湖村，距常宁市城区12公里。

建置沿革

民国后期，属第二区六合乡和梅涪乡。1949年，沿用旧制。1950年，撤乡保甲制，改置第四区，下设湖文、枫亭、盐湖、莲花4个乡，1955年,合并为湖亭乡,属衡头区。1956年,撤区并乡，保留湖亭乡行政区划建制。1958年，实行政社合一,属东方红人民公社。1960年3月,大社划小社，分为荫田、龙门、湖亭、双安、西岭、衡头、阳加、白沙8个公社。1961年9月，恢复区建制，属衡头区。1965年，属荫田区。1984年，恢复乡建制，湖亭公社改为湖亭乡，是年5月，改设盐湖镇。属荫田区。1995年5月，撤区并乡，盐湖镇是常宁县唯一保留原建制不变的乡镇。2010年4月1日，撤销裕民电站居民委员会。2012年，撤销烟竹湖居民委员会、井皂居民委员会，设裕民、盐湖2个社区居民委员会。

行政区划

1961—1984年，辖上冲、官冲、盐湖、莲江、梅花、冷洞、源头、新铺、小湖、湖边、花亭、玄塘、瓦文、湖文、七坪、双冲、义山17个大队和盐湖、湖文、新井、井皂4个居民委员会，下设161个生产队，17个居民小组。2014年末，辖盐湖、裕民2个社区居民委员会和上冲、官冲、盐湖、莲江、梅花、冷洞、源头、新铺、小湖、湖边、枫树山、花亭、玄塘、瓦文、湖文、七坪、双冲、义山18个行政村，下设17个居民小组，161个村民小组。

自然环境

属丘陵地区。南偏高，北偏低。东南部的五子行孝山海拔507米，是常宁名山之一；北部的梅花村松柏组海拔200余米；全镇大都为丘岗间垅田。处亚热带季风湿润型气候区，四季分明。年均气温18.1℃，年降雨量1400多毫米。常年主导风为南风，冬季多北风。有旱涝、冰冻、地质等灾害。土壤分为水稻土、红壤土、黄壤土、黄棕壤土、潮土5大类。地下主要有铜、铁、锰、锡、锑、煤、硼、大理石、石英石、花岗岩、瓷泥等。地域属盐湖水系，盐湖水发源于南部下余，至梅花村往北流入蓬塘乡满洲村。全长38公里，境内长10多公里。

人口民族

1984年年末，总户数约3416户，总人口约15324人。1996年年末，总户数7373户，总人口23667人。2011年年末，总人口24324人，其中城镇常住人口7100人，城镇化率29.1%。总人口中，男性13665人，占56.1%；女性10659人，占43.9%。14周岁以下3624人，占14.9%；15~64岁19289人，占79.3%；65岁（含65岁）以上1411人，占5.8%。人口全部为汉族，2011年，人口出生率11.02‰，死亡率5.82‰，自然增长率5.2‰。2014年年末，7800多户，24963人，男13728人，占55%；女11235人，占45%。流动人口22人。

经济发展

经济综述

盐湖镇种植业以水稻为主业；养殖业以生猪、家禽为主；林业以油茶林为盛，工业以采矿为重点。1978—1994年，经济建设步入快车道。1994年，农业总产值达2590万元，工业总产值4481万元，在工农业总产值中，分别占36.6%、63.4%，农民均纯收入1091元。粮食总产量8041吨。1995年后，大力调整产业结构，扩大横向联系，建立以农业（林业）、工业为重点的支柱产业，成为全市油茶生产基地、煤炭生产基地、瓷泥生产基地，主要经济指标连续创历史最好小平。2011年，工农业生产总值达32200万元，比1994年增长3.9倍，其中农业总产值29000万元，占90.1%，工业总产值3200万元，占9.9%，农民人均纯收入8611元，比1994年增长6.9倍，财政总收入4808万元。粮食总产量9200吨，增长14.4%。2014年，全镇财政总收入6196万元，比2011年增长28.9%。粮食总产量9572吨，增长4%。农民人均纯收入10056元，增长16.8%，比1994年增长8.2倍。

农业

种植业 耕地历来以种植水稻为主，旱粮为次。农作物产品有稻谷、红薯、大豆、各类蔬菜、烤烟、干笋等。民国后期，粮食产量不高。中华人民共和国成立后，农业迅速发展。1955年，亩产由1949年100余公斤提高到140公斤。1962年，农村实行“三级所有，队为基础”的制度，改革耕作制度，防治病虫害，到1978年，粮食亩产350公斤。1983年，实行包干到户制度，当年粮食亩产400多公斤，创历史新高。2011年，农业总产值2.9亿元，粮食总产量9200多吨，人均378公斤。烟叶种植面积146.7公顷，产量550余担；蔬菜种植面积200多公顷，产量1200多吨。2014年，农作物总播种面积2855公顷，粮食播种面积1580公顷，粮食总产量9572吨。

养殖业 有猪、牛、羊、鸡、鸭、鱼传统养饲习惯。1965年后，有条件的农户，圈养猪1～2头。1977年，大力发展集体养猪，公社、生产队办猪场48栋，共养猪4700多头，出栏2300多头。2011年，生猪饲养量1.5万头，年末存栏7000多头；牛饲养量347头，年末存栏230头；家禽饲养量 10.5 万羽；渔业养殖水面 42 公顷，水产品总量 31 吨。2014 年,全镇肉类总产量 6019 吨。

林业

有杉木、南竹，尤以油茶林为盛。至 2014 年，境内林地有 3533.4 公顷，立林木蓄积量 2 万多立方米，南竹 706.7 公顷，年采伐 30 万根以上，油茶 2000 公顷，常年产茶油 200 吨左右，是世界粮油组织援助的油茶更生改造项目区之一。

工业

民国后期，小煤矿 4 个，榨油坊 1 处。新中国成立后，采矿等工业企业持续发展。1958 年，建农具厂 1 个。1966 年，建煤矿 2 个。1984 年年初，社队企业由集体单一形式，变为社办、队办、生产队办、联办和户办 5 种形式，社队集体工业产值 3.2 万元。私办小煤矿 150 多个，年产煤 15 万吨。1989 年，镇办"五七煤矿"，产煤 4 万多吨，远销湘南各地，产值 182.95 万元。镇办硼锡矿、瓷泥矿各 1 个，产硼锡 100 余吨，产瓷泥 1000 多吨。1990 年后，大义山瓷泥矿精选的瓷泥，全部销往台湾。1994 年，个体、私营、股份制企业 293 个，创产值 2292 万元，利税 361 万元，被评为县乡镇企业 10 强镇。2011 年，重点发展采矿、冶炼、建筑材料工业，工业总产值 3200 万元。拥有规模企业 11 家，职工 2585 人。2014 年，有工业企业 317 个，职工 2254 人，企业实交税金总额 1935 万元（含外资企业税）。境内有衡阳市裕民煤矿、外资规模较大的硼锡矿。

商贸服务业

民国时期，伙辅 1 家，南杂 1 家。常宁县人民政府成立后，号召发展商贸业，1954 年，设有烟竹湖墟市，1958 年被关闭。1961 年，恢复墟市，新设盐湖墟市。1980 年后，随着个体商业的发展，墟市日渐活跃。1994 年起，民营商业崛起，成为流通领域主体，商业网点达 100 余个，从业人员 200 多人。2014 年，社会商品零售总额 8513 万元。共有商业网点 205 个，职工 680 人。集贸市场 1 个，年成交额 780 多万元。

财政金融

1984 年，设镇财税所，财政收入 300 多万元，支出 300 万元。1998 年，财政收入 610 万元，支出 610 多万元。2006 年，免征农业税。之后，除烟叶、国土资源税外，余皆税收全面免征。2011 年，财政总收入 480 万元。地方财政收入 125 万元，其中完成国税 12 万元，地税 83 万元（耕地占用税 52 万元，矿产资源税 31 万元）。2014 年，财政总收入、一般预算收入均为 6196 万元，财政支出 4766 万元。

2014 年，金融机构有农村信用合作社和邮政储蓄所代办点。

基础设施

交通运输

1958 年起，先后建砂石大路 5 条共长 20 余公里。1974 年后，建盘山砂石公路 1 条，长 5 公里。2014 年年末，有衡桂公路、320 省道（原 1811 省道）纵贯全镇，衡桂高速公路擦边而过。县、乡、村公路如织，全镇公路里程共 35 公里，全部硬化，四通八达，盐湖镇已成为常宁市的交通要塞。

2014 年，有客运汽车 6 辆，日发客车 24 班次，日均客量 720 人次，货运车辆约 20 辆。

邮政通信

民国后期，通信无设施，信柜仅 1 处。1951 年，将信柜提升为邮政代办所。1962 年，建邮电所 1 个，固定电话 4 部。1991 年，电话交换机实占容量 43 门，电话机 28 部。1995 年，电话交换机实容量 296 门，电话用户 459 户。1998 年 9 月，邮电分营。2014年年末,邮政支局1家,网点1个。电信企业3家,网点4个,固定电话用户1100户,移动电话用户8400户,互联网用户390户。全年电信业务收入90多万元。

供电饮水

常宁县人民政府成立初期，照明用桐油灯、汽灯。1979年，松盐输电线路建成，全公社农户用上电。2014年，用电入户率100%，集镇安装太阳能路灯60盏。

2014年年末，境内建自来水厂1座，可供1.2万人饮用。

水利建设

民国后期，水利设施主要为山平塘、土柴堰坝，抗旱使用水车提水灌溉。1955—1956年，乡人民政府发动群众兴修水利。新建和整修山平塘、堰坝，全乡共新建整修山平塘80余口、堰坝数座。1958年，公社组织1000余劳力参与梅埠桥中型水库建设。1974年,建成义山水库小(二)型1座。之后，重点完善水利设施配套建设。至2014年年末，中型水库1座，小（二）型水库4座，电力排灌站6座，骨干山平塘170多口，主堰坝数座。

社会事业

教育科技

教育 民国后期，仅有蒙馆、经馆4所，无教育设施。1950年，废除封建教育制度。农民夜校、扫盲班普及乡村。兴建公办小学12所，后建1所初中，90%以上的工农子弟入校读书。1962年，贯彻“九年一贯制”教育方针，调整小学布局，将部分公办小学调整为民办小学，教师为民办教员。1977年，恢复考试制度，青少年求知热情高，教学设施日趋完善，教职员工待遇逐步得到改善，教育质量显著提高。1995年撤区并乡后，学校布局进行调整，小学减少8所，设完全小学1所。2011年年末，幼儿园3所，在园幼儿586人,专任教师12人；小学4所,在校学生1182人，专任教师73人，小学适龄儿童入学率100%；初中1所，在校学生386人，专任教师38人，初中适龄人口入学率100%，小升初升学率100%，九年义务教育覆盖率100%。财政预算内教育经费235.2万元。2014年年末，幼儿园、托儿所8所；小学6所，在校学生1201人，专任教师68人，入学率100%；中学1所，在校学生452人，专任教师60人，小升初升学率为100%。常宁市第六中学驻境内盐湖村。

科技 20世纪70年代，设公社植保站1个，植保员2名。1986年，改植保站为镇农业技术推广服务站，村设立农技推广服务组，开展农业技术、农科成果推广活动。2010年，镇农技推广服务站设立专业化统防统治服务组，与境内7个村签订服务合同,防治面积333.4公顷。2014年年末，农业推广服务站1个，技术服务人员3个。将3个农业专业合作经济组织（112户）列为农技推广示范重点。

文化体育

民国后期，民间只有狮舞、龙舞、民歌。1950年，有秧歌队1支，参与人员数十余个。1964年，大队建立小剧团数个。1965年，建立民办公助文化站1个,配备半脱产文化辅导员1人。1987年后，建文化站1个。镇电影放映承包给私人。至2014年年末，有文化站1个，村级文化活动中心8个，文化业余队3个，镇图书馆1个，农家书屋19处，藏书约2万册。

1969年，从荫田至境内架通广播专线，线路长约12公里，并安装高音、舌簧喇叭，60%以上农户能听到广播。1989年，建广播电视站1

个。从 1990 年起，各类型黑白电视机、彩电机进入农户。2014 年，通宽带的村 18 个，通有线电视的村 18 个，有线电视用户 3300 户，入户率达 42.3%。

2014 年，境内有学校体育场 2 个。4 个村安装了农民体育健身器材，经常参加锻炼活动的人有 20%。

医疗卫生

民国后期，仅有草医 2 人在境内游医。1962 年，建卫生院 1 个，医务人员 9 人。20 世纪 80 年代后，允许和支持个体医生开业行医，有个体医务室 5 个。2006 年，实行新型农村合作医疗试点。2007 年，参合率 96.06%。2014 年，新型农村合作医疗参合率 98.1%。是年年末，各级医疗机构 23 个，其中门诊部 1 个，有床位 30 张。专业医生 75 人，其中执业医师 6 人，执业助理医师 18 人，注册护士 7 人。医疗机构（门诊部以上）完成诊疗 34000 多人次。

1962 年，大队保健室约 10 个。1969—1971 年，大队有医卫室、保健员，生产队有卫生员。1973 年开展"两管五改"（管水、管粪、改水井、改厕所、改畜圈、改炉灶、改环境）卫生活动，新建和改造厕所等数十个。2014 年，建垃圾集中处理池 10 多口。

社会保障

"五保"供养 1961—1983 年，由大队生产队分散供养。1994 年起，由镇统筹钱粮油，每人每年生活费由原标准提高到 300 元、粮食 350 公斤、食油 5 公斤。其后建成盐湖敬老院，床位 50 张。集中供养 31 人，支出 16.7 万元；分散供养 84 人，支出 14.2 万元。2007 年起，"五保"户享受城乡居民最低生活保障待遇。

最低生活保障 2007 年，实行城乡居民最低生活保障。2011 年，城镇最低生活保障对象有 19 户、21 人，支出 4..2 万元，月人均 170 元；农村低保对象 548 户、693 人，支出 58.2 万元，月人均 70 元。2014 年，全镇居民享受最低生活保障 待遇的对象 1211 人。

养老保险 2012 年，启动城乡居民社会养老保险,2014 年参加新型农村养老保险有 11897 人，参保率 47.7%。

医疗保险 2005 年，启动城乡居民大病救助。2006—2014 年，大病救助 230 人次，民政部门救助 858 人次，共资助 37 万元。2006 年，参加医疗保险人数 13482 人，缴医疗保险基金 12.95 万元，参保率 90.1%。

优抚补助 2008 年，全镇有定补、伤残和三属抚恤、特一等伤残等对象 127 人，补助金额 6455 元。2009 年，有优抚重点对象 59 人，一次性生活补助 10620 元。2014 年，农村有 60 周岁及其以上退役士兵 64 人，补助生活费 2 万余元，农村困难军退人员 31 人，定期定量补助金额 2508 元。

特色地情

风景名胜

至圣寺 又名义山庵。位于镇南部大义山东侧。清顺治三年（1646），安仁王氏（法名净讷，又名且掘）来常宁，选胜大义山，倡建至圣寺，其规模宏大，占地面积 3 万余平方米，殿堂七进二横，是省内闻名的佛教圣地之一。在"文化大革命"中遭受严重破坏。1974 年，公社在至圣寺前 100 余米之地建小（二）型小库一座，水清见底。1984 年重建，恢复旧观。有万佛殿、大悲殿、祖师殿、藏经楼、英雄 纪念殿等，还有千层台阶、锁龙塔、飞来钟、五子行孝峰等景点。寺四周高

山环抱，其藏于茂林修竹中，为常宁山清水秀之首。

烟竹湖　亦名烟竹铺，镇东南部6公里处，铺旁原有小湖，周围多竹，山雾如烟，故称烟竹湖。烟竹湖硼矿和常宁种禽场坐落于此。清同治《常宁县志》载有南宋文学家刘克庄《烟竹铺》诗："野回村疏起暮寒，偶逢废驿卸征鞍。主人家比渔舟小，客子房如鹤栅宽。镫与邻通眠未易，风从隙入避尤难。似闻前去加萧索，一夜披衣坐不安。"

鸡胗子山　相传清道光年间（1821—1850），湖边村后龙山古木参天，郁郁葱葱，珍稀树木繁多，构成一幅美丽图画。当时乱砍滥伐日益严重。族中有一位德高望重、家道殷实又深明大义的老祖母，为保护后龙山风景，禁止乱砍滥伐，她故意上山砍伐树木，主动要求族长召开乡民会议，甘愿接受处罚，给每个成年乡民敬一碗黄酒、发一个鸡胗子当下酒菜。老祖母提议：凡今后违犯山规、乱砍后龙山树木者按她一样处罚，并形成一条规矩，代代相传，全县妇孺皆知。后人便称后龙山为鸡胗子山。

（文字供稿：盐湖镇党政办供稿　图片供稿：常宁史志办）

三角塘镇>>

区域概况

位置面积

因镇人民政府驻地西南有一口三角形水塘而得名。位于北纬26° 27′ 34″ ~ 26° 23′ 26″，东经112° 22′ 18″ ~ 112° 30′ 47″，地处常宁市城区东南部，东与盐湖镇接壤，南与罗桥镇为邻，西与板桥镇、泉峰街道相连，北与宜潭乡毗邻。辖区东西最大距离12公里，南北最大距离10公里，总面积61.6平方公里。镇人民政府驻三角塘村牛市坪，距常宁市城区7公里。

建置沿革

民国后期属江南乡，1949年，沿用旧制。1950年，撤乡保甲制，设千家、长江、占三、渔池等乡，分属第一区、第六区。1956年，撤区并乡，合并设立渔池、三塘等乡。1958年，分属红旗、天堂人民公社。1960年3月，撤大公社，划小公社，分为三塘、渔池等公社。1961年9月，恢复区建制。分属宜阳、罗桥区。1981年，因衡南县有三塘公社，更名为三角塘公社。1984年，改渔池、三角塘公社为三角塘、渔池乡。分属宜阳、罗桥区。1993年11月，撤三角塘乡，设立三角塘镇。1995年5月，撤区并乡，将原罗桥区的渔池乡、原宜阳区瑶塘乡的毛家巷、市群、周家、市塘、朱田、大陈、阳庙、大合、石尾、寨下、檀下、麻冲、瑶草、玉沙14个村并入三角塘镇。

行政区划

1983年年末，辖泉塘、石岭、幸福、三角塘、双渔、何曹、江南、千家8个大队和三角塘社区居民委员会，下设106个生产队，2个居民小组。2014年年末，辖三角塘社区居民委员会和塘冲、白甫、白沙、双湾、罗田、山河、青合、渔池、长江、南岭、老屋、三角塘、幸福、石岭、泉塘、千家、江南、何曹、双渔、毛巷、市群、周家、市塘、朱田、大陈、阳庙、大合、石尾、寨下、檀下、麻冲、瑶草、玉沙33个行政村，下设3个居民小组，347个村民小组。

自然环境

属丘陵地区。东南偏高，西北偏低，中部沿潭河两岸为小型盆地，其周边丘陵起伏间垅田。东南部有大义山，海拔891米，是常宁名山之一。境域处亚热带季风湿润型气候区，四季分明。年均气温18.1℃，年降雨量1400多毫米，常年主导风为南风，冬季北风多。有旱涝灾害和强雷击现象。土壤分为水稻土、潮土、红壤土3大类，亚类土壤6种。地下有煤、锡等18种矿产资源。

三角塘镇文化站排演马灯戏《郭子仪庆寿》为 80 岁以上老人庆寿

地域属潭河水系。潭河自长江村入境，至千家村，往北流入曲潭乡董家村，尾蛇北去与宜河汇合，境内长 10 余公里。

人口民族

1984 年年末，总户数 6665 户，总人口 29236 人。1996 年，总户数 6898 户，总人口 28882 人。2011 年年末，总人口 32840 人，其中城镇常住 2103 人，城镇化率 6.4%，总人口中，男性 17585 人，占 53.55%，女性 15255 人，占 46.45%。14 岁以下 6950 人，占 20%，15~64 岁 23104 人，占 70.35%，65 岁（含 65 岁）以上 3146 人，占 9.58%。总人口中，以汉族为主，达 32826 人，占 99.9%，少数民族占 0.1%。2011 年，人口出生率 11.57‰，死亡率 6.8‰，自然增长率 4.77‰。2014 年年末，全镇有 9369 户，33740 人，男性 17916 人，占 53.1%，女性 15824 人，占 46.9%，流动人口 113 人。

经济发展

经济综述

1978 年后，三角塘人民按照市场导向，大力调整产业结构，建立以农业、采矿、冶炼为主的支柱产业，是常宁市商品粮基地、蔬菜基地、产煤基地、锡生产基地之一，主要经济指标连续提升，创历史新纪录。1994 年，农业总产值 4525 万元，工业企业总产值 6334 万元，人平纯收入 1300 元。粮食总产量 19208 吨。2007 年后，转变经济发展方式，加大产业结构调整力度，扩大横向联系，全镇经济建设出现新的飞跃。2011年，全镇工农业生产总值达6亿元，比1994年增长4.53倍，其中农业总产值1.1亿元，占工农业总产值18.3%，增长1.4倍，工业总产值4.9亿元，占81.7%，增长6.7倍，农民人均纯收入8197万元，增长5.3倍，财政收入721.75万元。粮食总产量19446吨，比1994年略有增加。2014年，财政总收入18307万元，比2011年增长24.4倍，农民人均纯收入9575元，增长16.8%，比1994年增长6.4倍，粮食总产量17774吨，比2011年减少1672吨。

农业

种植业 耕地历来以种植水稻、蔬菜、油菜为主，其他农作物种植次之。是常宁商品粮生产基地和蔬菜生产基地之一。农产品主要有稻谷、红薯、高粱、玉米、大豆、蔬菜6大类、187个品种。茶叶、黄花菜是境内著名特产。民国末年，粮食亩产130公斤左右，其他农作物为蔬菜，品种不多。常宁县人民政府成立后，种植业发展。到1978年，粮食亩产380多公斤。之后，农村实行大包干制度，1983年粮食亩产跨过农业发展纲要，达到410多公斤。1995年后，优质、高产、高效农业建设见成效。2011年，农业总产值为1.1亿多元。粮食总产量1.8万多吨，人均487.2公斤。烟叶种植面积437.4公顷，产量329担；蔬菜种植面积107公顷，产量3.5万余吨。2014年，农作物播种总面积5307公顷，粮食作物种植面积2942公顷，粮食总产量为17774吨。油菜种植面积533.4公顷，烟叶种植面积157.1公顷，产烟叶6188担。

养殖业 传统养殖以生猪为主，其他养殖次之。1970年，养饲业有较大发展，养生猪约8000头，家禽1万余只，水产总量3吨。1976年，发展集体养猪，社办、队办集体猪场9栋，养猪9000多头，加上户养猪，共计1.1万头。2012年，饲养生猪3.6万头，年末存栏2.2万头；羊饲养量8000多只，年末存栏5000余只；耕牛发展到6000多头；家禽饲养量9.3万多羽。2014年，全镇肉类总产量1526吨。

林业 油茶林为盛，香柚、柰李、柑橘为次。1975—1976年，公社组织全社劳力垦复油茶面积66.7公顷，造13.4公顷。1982年，开展义务造林活动，全社实行四傍绿化，共造林约11000余株。2011—2014年，新造良种油茶林333.3公顷，生态林100余公顷。

工业

境内煤、锡储量分别占全市的40%、20%。历来以采煤、锡为主。工业产品有煤、锡、锡锭、琉璃瓦、红砖、石灰等。民国时期，仅有茶油加工坊1个，小煤窑1个。常宁县人民政府成立后，工业发展。1958年社办煤矿2个，农具厂1个。嗣后办石灰厂1个，红砖厂1个，油榨坊升为油榨厂。1974年起，社队企业迅速发展，有社队企业10余个，从业人员200多。1978年后，全镇依托资源优势发工业。到1986年，发展工业企业30余个，从业人员250多人。1994年，企业总产值6334万元，渔池冶炼厂全年产值900多万元，利税150万元。全镇企业拥有固定资产5000万元。是年，民营经济异军崛起，镇内有煤炭、锡砂开采、锡冶炼、琉璃瓦、陶管新型建材的烧制及烧砖、瓦、石灰等26个项目。所辖的三角塘村有77个民营企业，总产值3000多万元，成为衡阳市“十佳企业明星村”。1995年后，镇办煤矿穿水，有些煤矿工人遇难，停办煤矿。于是镇内工业企业调整产业结构，以农产品加工、烟花爆竹、建筑材料为主。2011年，工业生产总产值4.9亿元，实现工业增加值4000多万元。拥有规模企业3家，职工192人。2014年，有工业企业49个，职工640人，其中规模企业3家，职工210人，总产值5亿元。

商贸服务业

民国末年，三塘老街设有1家药罐店、1家杂货店，经营盐等商品。1954年，县供销社在三角塘墟市设立供销分社1个，工业品下乡和农副产品收购以供销分社为主渠道。1958年，人民公社化，墟市小商小贩转务农，墟市关闭。1961年，墟市恢复，商贸日渐发展。至1978年年末，有南杂、日杂、百货、肉食品站等20多个，从商人员80多人。1980年，放开市场，民营商业崛起，成为流通领域主体。商业网点100余个，从事人员250人。至2014年年末，社会商品销售总额1.5亿多元。有商业网点163个，职工1511人。城乡集贸市场1个，年成交额9000多万元。

财政金融 1984年，设乡财税所，1985年，财政收入80万元，开支80万元。2004年开始，降低农业税及附加税率。2006年，全部取消农业税及附加税，国家财政以转移支付的形式保障乡财政运转。2011年，财政总收入741.9万元，地方财政收入122万元，其中完成国税6万元，地税46万元，资源税38万元，耕地占用税32万元。2014年，财政总收入、一般预算收入均为18307万元，财政支出19687万元。

2014年，金融机构有农业银行代办所1个，农村信用合作社网点2个。

基础设施

交通运输

清末至民国时期，无公路，只有土路，石板路也不多，无交通工具，出外靠肩挑手提。1953年，全乡修筑土砂石公路1条，长约6公里。1958—2008年，全公社（乡）修砂石公路30余条，共长20多公里。交通工具

鸭婆堰

有汽车、拖拉机、小四轮或小六轮车、摩托车、单车等。2014 年，水泥公路星罗棋布，全镇公路里程共计 32 公里。四通八达。衡桂高速公路、214 省道（原 1807 省道）穿境而过，县道常庙线纵横过境。20 世纪 80 年代，建客车站 1 个，招呼站 1 处。有客班车、货运汽车等交通工具。交通十分方便。

邮政通信

1950 年，信柜升为代办所有毛家巷 1 处。1962 年,有邮电所 1 个。1994 年,有邮电所 3 个，邮递人员 6 人。1998 年邮电分营。2014 年年末，邮政所 1 家，邮政业务总量 40 万元。电信企业 3 家，服务网点 4 个，固定电话用户 623 户，移动电话用户 1.1 万户，互联网用户 127 户，全年电信业务收入 300 多万元。

供电饮水

1966 年，裕民火力发电站建成供电，公社机关开始用电。1980—1992 年，盐湖、依湖、宜阳变电站分别建成，并与湘南电网公司联网。全镇（社）用电由这 3 个变电站供电，用电入户率 100%。

2007 年，建成自来水厂 1 座，年供水 2.8 万立方米，铺设排水管道 5 公里。

水利建设

流经境内的潭水河，自南向北穿境而过，成为镇内工农业生产的重要依托。民国时期，水利设施缺少，仅有山塘、柴土坝堰、潭河水仅用水车提水灌田。1950 年，仍以山塘、堰坝为主，县人民政府鼓励农民新开和整修山坪塘、堰坝，增加蓄水量。1953 年 9 月，从受益区调集 3000 余劳力，在潭水河上建有著名的鸭婆堰水利枢纽工程。1963—1978 年，新开改造山塘 350 多口，建水库 3 座。1966 年全公社组织劳力参加建设洋泉中型水库右干渠，境内长 15.3 公里，灌 600 公顷田土。此后，主要搞水利配套设施建设。至 2014 年，有大型堰坝 1 座，中小型堰坝 20 余座。山平塘 1100 多口，小（二）型水库 9 座，主干渠、支渠渠系畅通，纵横交错，遍布全镇，电力排灌站 21 座，架高低压线路共长 20 余公里。旱涝保收面积 1333.4 公顷。

村镇建设

小城镇建设不断扩展。至 2014 年年末，达到 1.5 平方公里，新建集贸市场已投入使用。旅社、宾馆、舞厅等生活娱乐设施完备。农村房屋建设日新月异，一栋栋钢筋水泥砖混结构楼房（2~4 层）从地耸立，其中村新建改造综合楼 18 栋，屋内设有会议室、文化室、图书室等，楼前屋后绿树成荫。

社会事业

教育科技

教育 民国后期，有蒙馆、经馆、族办保学教育等数个。1950—1951 年,农民夜校普及乡村。办小学 8 所。1964 年,办中学 1 所。1969 年年末，办完校 1 所。小学适龄儿童入学率 100%，中学适龄人口入学率 100%，小升初升学率 100%。1977 年，普及九年义务教育，覆盖率 100%。1995 年，行政区划变更，有小学 33 所，中心小学 3 所，中学 3 所。之后，调整学校布局，中小学有所减少。至 2011 年年末，全镇有幼儿园 9 所，在园幼儿 480 人，专任教师 23 人；小学 5 所，在校学生 2061 人，专任教师 107 人，小学适龄儿童入学率 100%；初中 3 所，在校学生 927 人，专任教师 88 人，初中适龄人口入学率 100%，小升初升学率 100%，九年义务教育覆盖率 100%。财政预算内教育经费 448.2 万元。2014 年，有幼儿园、托儿所19所；小学10所，在校学生2040人，专任教师102人；初中3所，在校学生1002人，专任教师160人，小学适龄儿童入校率、中学适龄人口入校率、小升初升学率、九年义务教育覆盖率均为100%。

科技 1970—1980年，公社植保站2个，植保员4人，后被撤销。1986年，成立农技推广服务站，技术员4人。1995年，合并为三角塘镇农业技术服务站。农技推广服务员21人，在全镇广泛开展农技服务活动。

文化体育

1998—2014年，镇有文化站1个，村（居）有文化活动中心34个，文化艺术创作人员64人，文化专业户4户，农家书屋35处，藏书4万多册。业余剧团2个，重大节日、商行开业邀请演出。

1969年后，从区到社建立广播专线，并安装高音喇叭、舌簧喇叭，公社建立广播站，70%的农民能听到广播。1986年，改广播站为广播电视站。公社电影由私人承包放映。从1990年起，各类型黑白、彩色电视机进入农户。2014年，通宽带的村33个，通有线电视的村33个。有线电视用户1163户，入户率为12.1%。

2011年年末，10个村安装健身器材，经常参加体育锻炼的人，有10%左右。

医疗卫生

民国后期，有草医2人，在乡内游医或坐堂诊疗。1957年，有医疗机构1个，医务人员8人。1969年，实行合作医疗制度，各大队配备赤脚医生1名。1980年后，集体医疗事业继续发展，允许支持个体医生办诊所，开业行医。2006年，实行新型农村合作医疗试点，2007年参保率94.34%，2014年，新型农村合作医疗参合率100%。是年年末，各级各类医疗机构36个，其中，医院3个，村医务室33个。专业人员43人，其中执业医师4人，执业助理医师12人，注册护士6人。新型农村合作医疗参合率100%。

1962年，建立公社卫生院，8个大队建保健室。1971年，生产队配备卫生员。1973年，全社开展“两管五改”（管水、管粪、改水井、改厕所、改畜圈、改炉灶、改环境）活动，次年全公社新建、改造水井13口，改建厕所26栋，搬迁猪、牛栏110间，建立垃圾圈，田头肥库2100个。是年，衡阳卫生局在三塘公社召开现场会。2014年，全镇有10个村建立垃圾集中处理池10余口。

社会保障

“五保”供养 1961—1983年，由大队生产队分散供养。1984年开始，由乡统筹钱粮油，每人每年生活费由原供养标准提高到300元，口粮350公斤，食油5公斤。1995年后，乡镇敬老院建成，床位50张，集中供养31人，支出16.7万元；分散供养186人，支出31.6万元。2007年开始，全镇“五保”户享受城乡居民最低生活保障待遇。

最低生活保障 2007年，实行城乡居民最低生活保障。2011年，享受最低生活保障待遇的城镇居民45户、166人，支出34.6万元，月人均174元；农村低保对象680户、1101人，支出92.4万元，月人均70元。2014年，享受最低生活保障待遇1773人。

养老保险 2012年，启动养老保险。2014年参加养老保险21889人，参保率64.9%。

医疗保险 2005年，实施城乡居民大病救助，当年救助237人次。2006年，参加医疗保险人数25028人，缴医疗基金23.61万元，参保率94.3%。

优抚补助 2008年，全镇经过核实，有各类优抚对象228人，补助金额8万余元。2009年，全镇重点优抚对象71人，一次性补助金额12780元。2014年，境内农村年满60周岁及其以上退役士兵 59 人，生活补助金额 20940 元，困难军退人员 109 人，定期定量发放补助金额 10140 元。

特色地情

名优特产

三塘香芋 是槟榔芋中的上品，芋形成纺锤形，单个重 1000 克左右，芋肉类似槟榔花纹。含有多种维生素，营养价值高，具有清热解毒、健脾强身、滋补身体功效。境内年种植数公顷。

三塘蜜柚 是常宁市名优水果之一，果大美观，肉质脆嫩，风味清甜，营养丰富，种植面积逾 26.67 公顷。

风景名胜

瑶塘萧家 在镇区西南 3 公里，村前有一口 1.34 公顷水塘。塘中泉水鼎沸，塘似遥曳，得名摇塘，后雅称瑶塘。塘傍有两个自然村对峙，多为萧姓聚居，习称瑶塘萧家。1927 年，常宁农民运动如火如荼，当时建立较早，发展较快，影响较大的第二区农民协会，就设在村中的萧氏宗祠。村中肖礼樽烈士，1927 年，曾任常宁县农民协会执行委员、第二区农民协会顾问。萧氏宗祠为县级文物保护单位，今存完好。

毛家巷 在镇区南 4 公里处。村中有小巷，始为毛氏聚居处，故名。过去设有圩场。村旁田垅较窄，山丘此起彼伏。214 省道经此过，是常宁市城至庙前的要道之一。村西头有一口大井，水清见底，冬暖夏凉，水质明亮微甜。1952 年，乡民曾目睹井中有巨蛇，长数丈，大如水桶。相传此井与相距 2.5 公里的石牛井相通，蛇宿其间，蛇出则泉水鼎沸，溪水陡涨，二者相应成趣，形成美丽景观。

刘氏大屋 位于常宁市城区东南部三角塘镇（原渔池乡）罗田村，东临大义山脉，西接潭河两

瑶塘肖家祠堂

岸小型平原，占地面积6000多平方米，建于清嘉庆年间（1796—1820），有100多年的历史。古建筑群坐东朝西，砖木结构，小青瓦覆面，跌落式山墙，整体格局以刘氏宗祠为中轴向左右对称分布排列，呈“三纵三横”形式，仍保留绣花楼、粮仓、仆人住房、枪马房等14栋房屋。门口有古井、泉水塘、百年大叶柳、橡公树等古树。2011年，被湖南省人民政府列为省级文物保护单位。

（文字供稿：三角塘镇党政办　图片供稿：常宁市史志办）

洋泉镇>>

2007年，被评为“湖南省经济百强镇”。

区域概况

位置面积

因镇政府驻地有一坵似古钱的田而称“阳钱”，另因南头有一“清泉”，而得名洋泉。位于北纬26°10′06″~26°23′01″，东经112°10′13″~112°19′22″。地处常宁市西南部，距市城区22.5公里。是二市（衡阳、永州）、二市县（常宁、祁阳）重要的物资集散地，素有山中小“洋城”之美誉。东与胜桥镇、天堂山办事处毗邻，南与塔山瑶族乡相连，西与祁阳县上司源乡相接，西北与官岭镇、兰江乡交界。辖区东西最大距离23.5公里，南北最大距离24公里，总面积218.33平方公里。镇人民政府驻洋泉村。

建置沿革

民国后期，属升平乡。1949年，沿用旧制。1950年，撤乡保甲制，改置第六区，旋改为第八区，下设洋泉、东塘、土桥、东山、农乐、映塘、兴源、黄江、江田、四合、阳东11个乡。1955年，属洋泉区。1956年，撤区并乡，合并设立洋泉、杉树、兴源、黄洞、鳌头5个乡。1958年，实行政社合一，分属火箭、五星、赛日月、卫星4个人民公社。1960年3月，撤大公社设小公社，分为洋泉、东桥、东山、杉树、兴源、黄洞、塔山7个小公社。1961年9月，恢复区建制，属洋泉区。1984年，恢复乡建制，政社分设，7个公社改为7个乡，大队改为村，生产队改为村民小组，属洋泉区。是年8月，从塔山乡析出西江、蒲竹、松塔、毛坳、高岭5个村，设立蒲竹瑶族民族乡，属洋泉区。同年12月，撤洋泉乡，设洋泉镇。1995年5月，撤区并乡，将杉树、东桥、东山、兴源、黄洞5个乡并入洋泉镇。2008年8月，将原黄洞乡行政建制村和原兴源乡林峰村置天堂山办事处。

行政区划

1983年，辖洋泉居委会和坦冲、西南、东园、西桥、洋泉、巷坪、洋洲、泉峰、太湖、严冲、畔林、高林12个大队，下设2个居民小组，155个生产队。1998年，辖洋泉社区居民委员会和洋泉、西桥、坦冲、西南、东园、巷坪、洋洲、泉峰、太湖、严冲、畔林、高林、土桥、邓家、四泉、两益、农胜、许和、东塘、兰田、东山、马坡、水龙、太山、石枧、太井、新楼、庄泉、稠术、陈桥、韩冲、同心、丰龙、群龙、杉树、新瓦、乐元、野马、江龙、谭井、黄江、大竹、黄洞、山群、白竹、田木、元冲、高塘、六宝、广济、梅元、杉桥、劲塘、灯塔、毛田、中心、祁元、桐坪、桃园、阳桥、香湖、林峰62个行政村，下设3个居民小组，795个村民小组。2014年年末，辖洋泉社区居民委员会和桃元、桐坪、祁元、中心、香湖、梅元、灯塔、阳桥、颈塘、杉桥、毛田、泉峰、洋洲、巷坪、洋泉、东元、西南、西桥、坦冲、高林、严冲、太湖、畔林、土桥、邓家、四泉、东塘、两益、农胜、许和、兰田、同心、丰龙、乐元、野马、新瓦、杉树、群龙、韩冲、陈桥、稠树、石枧、新楼、庄泉、太井、东山、泰山、马坡、水龙49个行政村，下设3个居民小组，670个村民小组。

自然环境

属山区、丘陵结合地区。南高，崇山峻岭环绕，老寨岭海拔942米；北低，丘陵起伏间开阔田洞，海拔250~300米。地处亚热带季风湿润型气候区，四季分明。年均气温18℃，年降雨量1498.7毫米，无霜期长。常年主导风为南风，冬季多北风。有冰冻、洪涝、台风、龙卷风、地质等自然灾害。土壤分为水稻土、红壤土、潮土、黑色石灰土、山地黄壤土5大类，亚类土壤7种。地下藏煤等资源。地域属宜河水系。宜河自广济村入境，注入洋泉水库，库底涵洞水出露流入宜河中上游，至畔林村，向东流入胜桥镇泉峰冠村，境内长3公里。兰江水向北流入兰江乡境内，黄沙江、毛田水、阳桥水纵横辖区，向北分别注入洋泉水库。

人口面积

1984年年末，总户数11550户，总人口51143人。1998年年末，总户数14523户，总人口58825人。2007年，总户数15251户，总人

口 59678 人。2011 年年末，辖区总人口 70013 人，城镇常住人口 3288 人，城镇化率 4.69%，总人口中，男性 37913 人，占 53.39%，女性 32100 人，占 46.61%。18 岁以下 17435 人，占 24.55%；19~59 岁 42912 人，占 60.43%；60 岁（含 60 岁）以上 9550 人，占 13.45%。总人口中，以汉族为主，达 69803 人，占 99.57%；有瑶族 210 人，占 0.43%。人口出生率 11.26‰，死亡率 3.53‰，自然增长率 7.73‰。2014 年年末，总户数 17270 户，总人口 62355 人，男性 33048 人，占 53%，女性 29367 人，占 47%。流动人口 113 人。

天湖国家湿地公园

经济发展

经济综述

农村改革开放后，洋泉镇经济建设快速发展，主要经济指标连续创新纪录。1994 年，全镇地区生产总值达 14015 万元，其中农业总产值 7594 万元，占地区总产值 54.2%，工业总产 5820 万元，占 41.5%，第三产业总值 601 万元，占 4.3%，农民人均纯收入 1143 元。粮食总产量 23264 吨。2011 年，全镇地区生产总值 49750 万元，比 1994 年增长 2.55%，农业总产值 10650 万元，增长 40.2%，工业总产值 31000 万元，增长 4.3 倍，第三产业总值 8100 万元，增长 12.5 倍，农民人均纯收入 8205 元，增长 6.2 倍，财政总收入 730.27 万元。粮食总产量 29960 吨，增长 28.8%。2014 年，农民人纯收入 9574 元，比 2011 年增长 16.7%、比 1994 年增长 7.4 倍，财政总收入 9678 万元，比 2011 年增长 12.3 倍。粮食总量 26414 吨，比 2011 年减少 3546 吨，比 1994 年增长 13.5%。

农业

种植业 耕地历来以种植水稻、旱粮为主，蔬菜豆类等农作物为次。1952 年亩产粮食 153 公斤，其中水稻亩产 180 公斤，比 1949 年亩产 150 公斤增加 30 公斤，增长 20%。1962 年，实行“三级所有，队为基础”的制度后，扩种双季稻，推广杂交稻，合理密植，防治病虫害。至 1978 年，亩产粮食 350 多公斤，其中水稻亩产 380 公斤。1983 年，实行大包干到户制度，粮食亩产 410 多公斤，跨过农业发展纲要规定指标。1998 年，粮食总产量 27730 吨，其中水稻总产量 25960 多吨。2011 年，粮食总产量 29960 多吨，人均 428 公斤。蔬菜、油菜、豆类等都有较大发展。2014年，全镇农作物总播种面积7841公顷，粮食播种面积4372公顷，粮食总产量26414吨。

养殖业 畜禽水产有饲养传统，以饲养生猪为主。1974—1978年，集体养猪发展迅速，公社、大队、生产队、林场都办养猪场。至1978年年末，全公社办猪场约50栋，养猪共计7600头左右，出栏5300多头。1989年，集体猪场全部解散，以农户私养为主，并涌现一批批专业户。至2011年，饲养生猪6.1万头，年末存栏2.9万头；羊饲养量5000多只，年末存栏2000只；家禽饲养量64000多羽；洋泉、野马两座水库得到综合利用。

林业 以杉木、南竹为盛，其他林次之。1951—1953年，共造杉木林200多公顷，1964年，首批被纳入县杉木林基地片。次年，建社队林场。至1974年，全公社共建林场13个，林地面积1040公顷。1980年初期，由于建立农业承包责任制，把山林权归还生产队或承包到户，解散林场。2007年，全镇造林400公顷。2011—2014年，全镇种山岚茶333.4公顷，年产量40多吨；造林1000公顷，其中用材林646.7公顷；经济林120公顷；防护林233.4公顷；山边、路边、屋边造林72000多株，森林覆盖面积86%。活立木蓄积量50万立方米，年采伐量1万立方米，均居衡阳市各乡镇之首。

工业

以建筑材料、竹木加工、皮具、烟花、爆竹加工为主，采矿为次。民国末年，工业相当薄弱，有油茶加工坊、木材粗加工坊、粗纸加工场各1个。1950年后，工业逐步发展。1958年，公社先后建农机厂、木工厂、榨油坊、造纸厂等工业企业。1966年，贯彻毛泽东主席关于“农民……在有条件的时候，也要由集体办些工厂”的指示，社队工业迅速发展。到1970年，公社企业6家，产值1.35万元。1982年，农村普遍建立家庭承包责任制后，社队工业数与人员数减少。1984年，实行乡、村、组、联户和户办形式，乡镇工业迅速发展，全乡企业总产值51200元。1998年，全镇发展骨干工业企业4家，企业产值1838万元。2011年，工业总产值31000多万元，实现工业增加值200多万元。拥有工业企32家，职工623人。2014年，全镇工业企业56个，职工419人，企业实交税金总额159万元。

商贸服务业

据《常宁县志》载：明代，洋泉形成集镇，一条狭窄街道，沿街设店铺、旅店，蓬二、五、八赶集，时以农副产品交易为主，杂货为次，一直延续到民国后期。1951年，设立区供销合作社，组织工业品下乡和收购农副产品。1957年，先后又设立肉食品站、粮油购销站、粮库、收购站和5个供销分社。1958年，市场贸易被取消，商贸由供销社、合作商店统一经营。1980年后，民营商业日渐发展，成为流动领域主体，有商业网点100余个，从业人员300余人。2014年，社会商品零售总额1.7亿元。共有商业网点180个，职工460人，集贸市场1个，年成交额9000多万元。

财政金融

1984年，建乡（镇）财税所。2003年，降低农业税及附加税征收税率，镇财政收入减少，2006年，农业税及附加税全部取消。2011年，财政总收入1022万元。地方财政收入306.3万元，其中完成营业税30万元，增值税16.8万元，企业所得税11万元，财税248.5万元。2014年，财政总收入9678万元，一般预算收入9678万元，财政支出9964万元。

2014年年末，境内有金融机构农业银行代办所1个、农村信用合作社网点4个。

基础设施

交通运输

民国后期，境内有乡村大道2条，余皆羊肠小道。1958—1964年，修砂石小公路1条，大道4条。2006—2009年，全乡有公路7条。至2014年，镇村公路如织，四通八达，全镇公路里程共长134公里，硬化率95%以上，县道常洋公路、洋板公路、东富公路纵横境内。山区林农从此结束了肩挑、手提的历史。

2011年，洋泉新客运站建成通车，设招呼站3处，日发车20班次，日均客量1200多人次。

邮政通信

1962年，境内有邮电支局1个，固定电话11部。1971年，交换机实占容量51门，电话用户34户；1994年，交换机实占容量124门，电话用户278户；1997年，交换机实占容量595门，电话用户595户。1998年9月，邮电分离，业务分营。2014年年末，邮政支局1家，邮政业务总量80多万元。电信企业3家，服务网点4个，固定电话用户3600户，移动电话用户1万多户，互联网用户500户。全年电信业务收入165万元。

供电饮水

20世纪50年代末，用柴油机带动电机发电照明。1970年，洋泉水库发电站建成，架通输电专线，公社开始用电，白天生产，晚上照明。1990—1996年，山区村建微型发电站，供加工、照明用。2000年建成镇变电站、供电站，并与湘南电网公司联网，保障境内生产、生活用电，用电入户率100%，年用电总量1156万千瓦小时。

洋泉水库

2000年后，有14个村建成安全的自来水工程，集镇街道两侧设水管2.5公里，山区村民拦截山川小溪建滤水池，用胶管引水饮用。

水利建设

民国时期，只有山塘、柴土坝堰、水车、吊桶等设施，抗灾能力弱。1954—1958年，先后建成2座小（二）型水库，新建整修山坪塘10口。1966—1970年，参与全县在辖区建成洋泉中型水库。1980年后，修主干渠2条，共长8公里，支干渠3条，共长13公里。至2014年年末，中型水库2座，小（一）型水库1座，小（二）型水库5座，主干、支干渠及支渠152条，共长130多公里。电力排灌站6座，高低压线路10多条，共长107公里。骨干山坪塘100余口。

村镇建设

1984年开始，小城镇建设不断扩展，到2014年，主街由1条扩展到4条，面积由0.5平方公里扩展到2.4平方公里；建新农贸市场1处，占地面积12000平方米、中心市场大楼2000多平方米，已投入使用，城镇设施日趋完善，功能齐全；建成中小学教学大楼5栋，面积6000平方米。农村房屋建筑日新月异，过去的茅房草舍、吊脚屋已不复存，一栋栋钢筋水泥砖混结构楼房拔地而起，屋内装修不断升级，屋外树木成荫，至2014年年末，新建和改造村综合楼近30栋，室内设会议室、文化室、学习室、图书室。

社会事业

教育科技

教育 民国后期，经馆、蒙馆数处，邓氏宗族办小学1所。新中国成立初，接管小学。1951年，农民夜校、扫盲班普及乡村，办小学10所。1958年，办中学1所，之后，教育事业发展迅速。到1979年，全公社共有中小学13所，其中中学1所，完全小学1所，小学适龄儿童入学率100%，中学适龄人口入学率100%，小升初升学率100%。1977年，恢复升学考试制度，青少年读书求知积极性高，学校增加到42所，初中6所，教学设施不断完善，教职员工待遇逐步改善，中小学入学率100%，小升初升学率100%。1995年，撤区并乡建镇后，全镇投资697万元，兴建、扩建校舍、维修危房，面积共11500多平方米，教学质量不断提高，小学毕业生合格率达99.1%，初中毕业生合格率达98.4%。洋泉中心小学成为全市乡镇唯一一所素质教育合格学校。2011年，幼儿园7所，专任教师17人，在园幼儿580人；小学8所，在校学生4646人，专任教师225人，小学适龄儿童入学率100%；初中2所，在校学生1600人，专任教师125人，初中适龄人口入学率100%，小升初升学率100%，九年义务教育覆盖率100%。2011年，财政预算内教育经费936.9万元。2014年，幼儿园、托儿所共19所，小学27所，在校学生5022个，专任教师239人，初中3所，在校学生2219人，专任教师225人，小学适龄儿童入学率、中学适龄人口入学率、小升初升学率、九年义务教育覆盖率均为100%。

科技 1955年，试种双季稻。1957年，农具开展技术革新，推广新铧犁。1970年，辖区公社设8个农业植保站，植保员16人，后改为农业推广站。1986年，改农业推广站为农业技术推广服务站，村设推广组，广泛开展农业技术推广、农业科研成果运用活动。从醴陵引进鞭炮生产技术，年产鞭炮4000多箱。1995年，撤区并乡建镇，5个农技推广服务站合并为洋泉镇农业技术推广服务站，农业技术员9人。技术员协助土桥村农户，从衡南县引进“长沙黄鸡种”13万只，并自繁自养，带动周边村发展良种鸡，其经验，被省、市媒体作了推介。2014年，农业技术推广站分4片，开展农业技术推广服务。

文化体育

民国后期，民间文化活动主要为舞龙、舞狮。常宁县人民政府成立后，文化事业逐步发展，1956年，建大队俱乐部约10个。1965年，建立民办公助文化站，配不脱产文化辅导员1人。1977年，公社文化辅导员由民办教师兼任。1984年，大队建文化室。1988年，公社在集镇建了文化中心。至2014年年末，图书馆、文化站各1个，村（居）文化活动中心50个，文化专业户2户，农家书室50处，藏书5.5万册。业余剧团1个。

1967年，建广播站，1969年11月，架通广播专线，1974年，架通大队、生产队广播专线。安装高音喇叭、舌簧喇叭，70%的农户能听广播。1987年，广播站改为广播电视站，从此，黑白、彩色电视机逐步进入农户。至2014年，通宽带的村49个，通有线电视的村38个，有线电视用户4000多户，入户率23.2%。

2014年，境内学校体育场2个，7个村安装了农民体育健身器材，有20%的人经常参加体育锻炼活动。

医疗卫生

民国时期，缺医少药，有几个草医在乡村游医。常宁县成立初期，几个草医成立草医联合诊所。1962年后，建中心医院1所、公社卫生院8所。1969—1971年，大队逐步建立医务室。1980年后，改革开放全面深入开展，个体医生活跃在医疗战线上，开业行医。2006年，实行新型农村合作医疗试点。2007年，参合率87.06%。2014年，新型农村合作医疗参合率98%。是年年末，各级医疗机构54个，其中镇中心医院1个，村医务室49个，床位105张，执业医师15人，执业助理医师34人，注册护士24人。

1962年，公社卫生院配专业保健医生，大队建保健室，生产队配卫生员。1974年，全公社开展“两管五改”（管水、管粪、改水井、改厕所、改畜圈、改炉灶、改环境）活动，新建和改造饮水井5口，新建搬迁猪圈、牛栏、厕所10余处，办田头肥库100余个。1980年后，主要加强卫生管理，开展卫生清洁流动红旗竞赛活动。至2014年，30个村建立垃圾集中处理池30多口。

社会保障

“五保”供养 1961年起，“五保”户由大队生产队分散供养。1987年后，“五保”户由乡（镇）统筹钱粮，分散供养，每人每年生活费300元，粮食300公斤，食油5公斤。2007年享受低保待遇。其后，镇敬老院落成，床位130张，实行集体与分散供养，2011年，全镇共有“五保”对象663人，集中供养80人，支出43.2万元；分散供养583人，支出104万元。此后，全镇“五保”户按低保标准供养。

最低生活保障 2007年，全镇实行城乡居民最低生活保障制度。2011年城镇居民最低生活保障户数51户、54人，支出12.6万元，月人均194.4元；农村低保对象1747户、2612人，支出253.5万元，月人均80.9元。2014年，城乡居民享受最低生活保障待遇的人数2457人。

养老保险 2012年，启动城乡居民养老保险。2014年参加新型农村养老保险人数40427人，参保率64.8%。

医疗保险 2005年，启动城乡居民大病救助，大病救助19人次。2006年，农村参加医疗保险人数51074人，缴医疗保险基金44.464万元，参加医疗保险参保率73%。2011年，民政部门资助农村居民参加医疗保险有3166人，支出金额35.8万元。2014年，农村居民参加医疗保险人数59051人，参保率94.7%。

优抚补助 2008年，各类抚恤、优抚对象499人，补助金额202698元。2009年，各类重点优抚对象162人，春节前一次性生活补助金额29160元。2014年，农村60周岁及其以上退役士兵老年生活补助对象136人，补贴金额45900元，农村困难的军退人员205人，定期定量补助金额20466元。

特色地情

名优特产

红薯粉丝 以红薯粉为原料，经传统工艺加工而成，外观晶莹剔透、粗细均匀，筋道好、柔软夹滑，烹食方法多样。富含膳食纤维、胡萝卜素等10余种微量元素。常年产量400余吨。

凉粉 镇内独特风味食品。已有1300多年历史。以当地山上产凉粉藤的果心为原料制成。凉粉晶莹剔透，手托3厘米厚的粉块，隔粉可见指纹，故有“六月雪”“水晶冻”之称。今仍有少量加工。

风景名胜

天堂湖风景区 水域面积246.7公顷，湖中有大小岛屿11个，半岛38个，湖岸青山环抱，湖内绿岛丛丛。以湖中回归岛为界，北面的宽湖面姿态凝然，清幽神秘，南面湖中有岛，岛中有湖，岛上林竹郁郁葱葱，湖光山色，相应成画，具有“山高而清秀，水深而辽阔，山外有山，湖中抱湖”的特色。乘游船、快艇，可游览寨子岭、回归岛、跑马坪、葱母峰、观鱼舫、品茶园、卧龙岗、鳌鱼头、田螺形等景点。东北岸有名山——泉峰冠，寺庙钟声悠扬，自然风景独好，与天堂湖浑然一体。登上山顶观景台，方圆五公里自然风光大饱眼福，东南有天堂山森林公园，西南有王船山寓居故地。

名胜古迹

王船山寓居故地 位于镇内西南村，西庄园。清顺治十一年（1654），王船山因抗清兵败，由南岳移此隐居三年许。后复返南岳，隐居所犹存，当地王氏族谱记述了王船山制订的十四条祖训，以教后人。为县级文物保护单位。

杉树峒 位于镇西部，因原属杉树林地，垦殖后而得名杉树峒。面积五平方公里，四周岗峦起伏，林木葱茏，中部地势平坦。明洪武二十八年（1395），在这里设立营堡，得名杉树堡。1944年秋，日本侵略军侵入常宁，县立初级中学、简易师范于次年先后迁到此。

（文字供稿：洋泉镇党政办　图片供稿：李安元）

庙前镇 >>

2008年被评选为“省级环境优美乡镇”，2010年被评为“湖南省AAA级地质公园风景名胜区”，2011年被评为“湖南省特色乡镇”。中国印山所在地。

区域概况

位置面积

庙前镇地处常宁市南隅，天堂山下，潭河上游，是“常（宁）桂（阳）十里画廊”地段，距市城区35公里。传说舜帝南巡，曾藉住金龙岩，普救众生，从教化。为纪念先哲，明朝时在岩前建庙。“庙前”由此而得名。建乡、镇时以“庙前”命名。位于北纬26° 07′ 48″ ~26° 14′ 11″，东经112° 25′ 11″ ~112° 34′ 52″。东与桂阳县桥市乡相连，东北与西岭镇以大义山为界，南与桂阳县连塘乡接壤，西与弥泉乡为伴，北与罗桥镇为邻。镇区东西最大距离15公里，南北最大距离10.5公里，总面积78.61平方公里。镇人民政府驻中田村。

建置沿革

民国后期为培义乡。1949年，沿用旧制。1950年，撤乡保甲制，改置庙前、建国、春和3个乡，属第六区。1956年，撤区并乡，合并设立新的弥泉乡。1958年，实行政社合一，属天堂人民公社。1960年3月，撤天堂公社，设庙前、春和、汤市、罗桥、依湖、鱼池、车田7个公社。1961年9月，恢复区建制，属罗桥区。1984年，政社分设，7个公社改为7个乡，属罗桥区。1995年5月，撤区并乡，将春和乡并入庙前乡。1996年3月28日，撤庙前乡设庙前镇。

行政区划

1983年年末，辖庙前社区居委会和西湖、石马、冲山、庙前、中田、金龙、天堂、泉井、双联、双义、弥泉、双冲12个大队，下设2个居民小组，97个生产队。2014年年末，辖庙前社区居委会和西湖、石马、中田、庙前、金龙、冲山、天堂、泉井、双冲、双义、双联、双凤、弥泉、双知、侯家、春和、长春、新荣、枫树井、麻洞、石铺、塅井、国正23个行政村；下设2个居民小组，171个村民小组。

自然环境　属山区、丘陵结合地区。四周群山环抱，山峦起伏，林海幽幽，海拔800米以上山峰10多座，狮形岭海拔1008米，有常宁的“西双版纳”之称。中部潭河贯穿全镇，沿河两岸田洞较开阔，田洞周边丘岗山地间垅田。处亚热带季风湿润型气候区，四季分明。年均

庙前古民居

气温 17℃~18℃，年降雨量 1453.9 毫米，常年主导风为南风、冬季北风多。土壤分为水稻土、潮土、红壤土、山地黄壤土、黄棕壤土、黑色石灰土 6 大类，亚类土壤 12 种。矿产资源多种多样，非金属矿藏主要有 6 种；有色金属矿藏 7 种。有干旱、洪涝、冰冻、地质等自然灾害。地域属潭河水系。潭河发源桂阳县天子地北坳下，向北流入天窗岩，潜流 1.5 公里，于境内西湖村出露，流经全镇，境内长 10 余公里。金龙、山冲等 10 余条小川注入潭河。潭河向北流入罗桥镇柏树园村。

人口面积

1984 年年末，总户数 3229 户，其中壮、瑶族各 1 户，总人口数 14550 人。1996 年年末，总户数 3882 户，总人口数 16050 人，其中瑶族 1 人，壮族 1 人。2011 年年末，辖区总人口 18740 人，其中城镇常住 2521 人，城镇化率 13.5%。总人口中，男性 10036 人，占 53.6%，女性 8704 人，占 46.4%。14 岁以下 2605 人，占 13.9%，15~64 岁 14715 人，占 78.52%，65 岁（含 65 岁）以上 1420 人，占 7.58%。总人口中，以汉族为主，达 18733 人，占 99.96%；另有瑶、壮族 7 人，占 0.04%。2011 年，人口出生率 11.9‰，死亡率 2.9‰，自然增长率 9‰。2014 年年末，总户数 5383，总人口数 19141 人，男 10682 人，占 52.6%，女 8459 人，占 47.4%。流动人口 170 人。

经济发展

经济综述

改革开放以后，庙前大地焕发勃勃生机，全镇的优势得以发挥，生产条件逐渐改善。形成了金龙岩小区、边贸集市小区、214 省道工业小区，三个小区的开发，带动了全乡经济的腾飞。1994年，工农业生产总值达4734万元，其中农业总产值2376万元，占50.2%，工业总产值2358万元，占49.8%，农民人均纯收入993元。粮食总产量9757吨。2007年后，转变经济发展方式，建立了农业、林业、工业、旅游业为重点的支柱产业，成为常宁市烟叶生产基地、油菜基地、唯一的漆树基地和旅游胜地，产生巨大的经济效益和社会效益。主要经济指标，连续创历史新高。2011年，地区生产总值34637万元，其中农业总产值3637万元，占10.5%，工业总产值15000万元，占43.3%，第三产业总值16000万元，占46.2%，农民人均纯收入7817元，财政总收入401.8万元，粮食总产量9391吨。2014年，农民人均纯收入9121元，增长16.7%，财政总收入6149万元，增长14.3%，粮食总产量10917吨，增长16.6%。

农业

种植业 耕地以种植水稻为主，红薯、玉米等旱粮为次，蔬菜、大豆、瓜类、烤烟等亦有种植。民国后期，粮食亩产仅100余公斤。1950年起，粮食生产快速发展，到1978年，粮食亩产350公斤。1978年后，农村普遍建立包产到户责任制，1983年，亩产410公斤，跨过农业发展纲要（值时农业发展纲要指标为每亩400公斤），较1978年每亩增加100多公斤，增长33.3%。1995年撤区并乡建镇后，全镇大力改造中、低产田，建设吨粮田；发展“优质高产高效”农业，至2011年，农业总产值3637万元，粮食总产量9000余吨，人均480多公斤，其中水稻8000余吨。烟叶种植面积157.1公顷，总产量6188担，蔬菜200公顷，总产量1.7万多吨。油菜533.4公顷，总产量750吨。2014年，全镇农作物总播种面积3298公顷，粮食播种面积1812公顷，粮食总产量10947吨。

养殖业 有养殖畜禽水产传统。1977—1980年，大力发展集体养猪，先后建猪场14栋。至1980年，饲养生猪2100多头，出栏1300多头。1986年，集体猪场全部解散后，出现养猪专业户、专业村。到1998年，养殖专业村3个、专业户93户，生猪饲养量6000多头，年末存栏2000多头；牛羊饲养量1万多头（只），年末存栏4500头（只）；家禽饲养量3万多羽；养鱼水面100多公顷，水产品总量150多吨。2014年，全镇肉类总产量2509吨。

林业 以油茶林、杉木、南竹为盛，漆树、柑橘、药材等经济林及薪炭林次之。是全市杉木、南竹、漆树生产基地。林业生产发展迅速，1966年，公社建杉木林基地1个，面积156公顷。1974年，建社队集体林场14个。1986年后集体林场全部解散。1995—1997年，共开发丘岗山地400公顷，造林53.4公顷，种药材7.4公顷，发展小果园330个，面积约44公顷。至2014年年末，有林面积发展到4000多公顷，其中经济林1066.7公顷（漆树76公顷），柑橘等果树66.7公顷，杉木、南竹、药材、油茶林共2666.7公顷。是年荒山造林80公顷，造油茶林40公顷，中幼林抚育面积200公顷。

工业

民国后期，油类加工坊1个，数个木匠游乡入户做木器。1958年，建榨油坊、木工厂各1个，木炭窑4个。1974—1978年，先后办社队企业15个，从业人员200多人。1987年，乡村企业主要有茶油加工厂、采石场、大理石厂、瓷泥矿，从业人数300多人。1990年后，开发大理石料场6个，建大理石材厂3个。至1994年，生产大理石板材260立方米，年产值75万元，瓷泥开发、锡沙开采初具规模，其产品销售境内外。1995年后，根据市场发展趋势，调整工业内部结构，转产为农副产品加工和发展旅游业。2011年，境内景区共接待游客47万余人次，收入1.5亿元。2014年，全镇工业企业有13个，职工300余人，企业实交税金总额220多万元。

商贸服务业

民国后期，庙前老街有家伙铺。1954年，有庙前墟市1处。1958年，墟市被关闭。1961年，庙前墟市恢复，设供销分社、食品站、收购站等，先后开门营业。1979年，大队设立代购代销店12个。1986年后，商贸市场放开，民营商业成为流通领域主体。2011年，社会商品销售总额9000余万元。商业网点112个，职工230人，集贸市场1个，年成交额5000多万元。2014年，社会商品销售总额1亿元以上。商业网点130余个，从业人员270余人。集贸市场1个，年成交额7500余万元。

财政金融

1984年，乡镇设财税所，职工2人，财政总收入47万元，支出约40万元。2003年降低农业税率,2006年,农业税及附加税全部取消。2011年，财政总收入401.9万元。地方财政收入82.4万元，其中完成国税9.4万元，地税45万元，矿产资源税28万元。支出400万元。2014年，财政总收入6149万元，一般预算收入6149万元，财政支出6326万元。

2014年，境内金融机构有农村信用合作社网点和邮政储蓄代办所。

基础设施

交通运输

民国后期，无交通设施，出门走土路。1958年后，修筑砂石公路2条，共长8公里。至1990年乡村大道4条，约7公里。2007—2014年，乡村水泥公路如织，四通八达。全镇公路里程35公里。衡桂高速公路设有互通口，214省道南北贯穿。

2014年，境内有客运汽车2辆，日客运量200余人次。

邮政通信

1949年，信柜1个，1951年升为邮政代办所。1962年，建邮电所1个，邮电员3人，电话机4部。1994年，数字程控交换设备代替自动交换设备，到1997年，有电话用户120多户。1998年邮电分营。至2014年，邮政所1家，全年邮政业务总量11万多元，报刊发行11.2万多份。电信企业3家，服务网点4个，固定电话用户1000户，入户率18.6%，移动电话用户8000多户，互联网用户200多户，全年电信业务收入50万元左右。

供电饮水

1987年后，乡请电工在山区村组建微型水电站16处，供照明加工用。1989—1990年，筹集资金100万元，架2条长30公里高低压线路，并与湘南大电网联网，保障全镇生产生活电力供应，用电入户率100%。

2008年，自来水厂建成，年供水1.5万立方米；人畜饮水工程4处，铺设管道2.8万多米。

水利建设

清末至民国时期，庙前水利设施只有山塘、小土柴坝堰、筒车，抗灾能力弱。民国30年（1941），建蓄水5万立方米左右的天塘，群众视为湖。1950—1959年，全乡共建山平塘约250口。1974—1978年，新建、整修山塘约310口。修筑小（二）型水库1座。至2014年年末，小（二）型水库1座，电力排灌站12座，高低压线路共长286公里，水堰约30座。骨干山平塘170多口。

村镇建设

边陲小集镇建设不断扩展，至2014年，由1条石板街扩展到3条，面积由0.5平方公里扩展到1.5平方公里，街道全部硬化，街两旁建2~4层楼房，其他基础设施配套完善，功能齐全，成为常宁与桂阳交界地段纵横10多公里内的最大交易市场。2014年，一条旅游商贸街正在境内崛起。农村依山就势，保护原有自然面貌和山水龙脉，2~3层钢筋水泥砖混结构楼房从平地耸立，屋内装修不断升级，楼房周围绿树成荫，环境优雅。至2014年年末，23个村新建和改建村综合大楼，内设有村会议室、学习室、文化室、图书室。

社会事业

教育科技

教育　民国时期，族办小学堂1所，经馆、蒙馆数所。1950年，农民夜校、扫盲班普及乡村。办小学11所，小学入学率100%，1958年，办中学校1所，完校1所，入学率为100%。九年义务教育覆盖率100%。1995年，行政区划变更，小学20所，完小2所，适龄儿童入学率100%，中学2所，中学适龄人口入学率100%，九年义务教育覆盖率100%。后调整学校布局，中、小学减少。2011年年末，幼儿园6所，在园幼儿220人，专任教师8人；小学4所，在校学生1225人，专任教师65人，小学适龄儿童入学率99.8%；初中1所，在校学生346人，专任教师30人，初中适龄人口入学率100%，小升初升学率100%，九年义务教育覆盖率99.8%。2011年，财政预算内教育经费235.7万元。2014年年末，幼儿园、托儿所10所，小学6所，在校学生1184人，专任教师57人，小学适龄儿童入学率100%；初中1所，在校学生358人，教师58人，初中适龄人口入学率100%，小升初升学率100%。

科技　1958年，搞农具改革，推广新铧犁，晚稻品种推广农垦58号。1972年，辖区设2个农业植保站，配备植保员4人。1974年，改为农技推广站，1986年，推广站更名为农业技术推广服务站，村设立农业技术服务组，村民小组设农技推广服务小组，形成了农技工作网络。1995年后，2个乡农技推广服务站合并为庙前镇农业技术推广服务站，农技服务人员6个，以农业专业合作经济组织（2个，成员130户）为重点，开展农业、林业、畜牧技术培训，使农民掌握1~3项农林实用技术。

文化体育

全镇有耍狮、滚龙、扎红灯的传统，扎红灯闻名四方。1996年，潇湘电影制片厂，以庙前山川秀丽、风景优美为实景，拍摄电视剧《小月亮》，聘请当地机关干部、农民为群众演员。收镜后，于1997年，分别在中央电视台、湖南电视台、衡阳电视台播出。2014年，文化站、图书馆各1个。村文化活动中心23个，农家书屋25处，藏书2.6万册，扎红灯艺人10余人。

1970年后，广播专线架通，公社建立广播站，人员2个，安装高音喇叭、舌簧喇叭，70%的农民能听到广播。1986年，公社广播站改为广播电视站。公社电影由个人承包放映。从1989年年末起，黑白、彩电陆续进入农户。至2014年，23个村通宽带，21个村通有线电视，有线电视户有2014户，入户率10.5%。

2014年，境内体育场1个，有1个村安装农民体育健身器材。

医疗卫生

民国后期无医疗设施，仅有几个草医在乡游

中国印山

医。1950年，设诊所1个。1965年建卫生院1个。1969年，实行合作医疗制度，大队配赤脚医生，建医务室。1980年后，允许和支持个体医生开业行医。2006年，实行新型农村合作医疗试点，2007年，新型农村参合率84.64%，2014年，参合率99%。是年年末，各级各类医疗卫生机构24个，其中，医院1个，村医务室23个，床位36张，专业医务人员36人，其中执业医师5人，执业助理医师3人，注册护士5人。

1970年，公社卫生院配备保健医生，大队有保健室，生产队配卫生员。1974年，开展卫生“两管五改”（管水、管粪、改水井、改厕所、改畜圈、改炉灶、改环境）活动，全社新建、改造水井5口，搬迁猪圈、牛栏、厕所数间，建肥库40个。2014年，7个村建集中处理垃圾池10多口。

社会保障

“五保”供养 1961年，“五保”户由大队生产队供养。1985年，“五保”户由乡统筹钱、粮、食油，每人每年生活费由原标准提高到300元，粮350公斤，食油5公斤。1995年后，庙前敬老院建成，配置床位55张。全镇124个“五保”对象，其中集中供养50人，支出25万元；分散供养74

人，支出12.58万元。2007—2014年，全镇“五保”户享受城乡居民最低保障待遇。

最低生活保障 2007年，全镇实行城乡居民最低生活保障，有513户、685人（含“五保”户）享受最低生活保障待遇，支出56.7万元，月人均69元。2014年，全镇享受最低生活保障待遇的人数有889人。

养老保险 2012年，启动城乡居民养老保险。2014年，参加新型农村养老保险人数有11908人，参保率62.2%。

医疗保险 2005年，实施城乡居民大病救助，当年救助11人次，2011年救助40人次。2006年，参加医疗保险人数13539人，缴医疗保险基金11.46万元，参加医疗保险参保率85%。2014年，参加医疗保险人数19107人，参保率99.8%。

优抚补助 2008年，优抚对象157人，发放补助63034元。2009年，重点优抚对象58人，春节前一次性生活补助10440元。2014年，农村年满60周岁及以上退役士兵40人，发生活补助费12560元，农村困难军退人员72人，定期定量发放补助金额6978元。

特色地情

名优特产

广济百合 瓣状，色白，肉脆嫩。富含蛋白质、脂肪、生物碱等多种营养成分。蒸食、煮食皆宜。具有镇咳、祛痰、补肺养阴、清心、安神、理脾之功效。镇内年种植面积达66.67公顷，年产量600多吨。

风景名胜

庙前风景优美，旅游资源丰富。有溶岩洞窟108个，石钟石乳发育良好，千姿百态；有石林数处，占地上千亩，造型逼真；有800米以上山峰10多座，险峻神奇，飞瀑流泉；有原始森林和人工造林4000多公顷，杉木南竹，珍贵树木，药物花卉，珍奇动物各种各样，是常宁的森林公园，有恒温井泉10多处，冬暖夏凉，泉水有点甜，是“天赐”的矿泉水；有集中连片的山谷冲积平原666.7公顷，河流、湖泊、村庄、道路，点缀出一派自然诗歌般的田园风光。人文景观主要有财神洞、金龙岩、中国印山、海已湾石林、古民居、石马地质公园、夏榜眼左墓和五虎关、九龙关、蜡园口、徐家寨等古战场遗址。特别是金龙岩中的摩崖石刻，唐宋以后，名冠湘南。

中国印山 为国家AAA级景区，位于金龙村，以摩崖的形式，把中国数千年的书法、印章精品刻于一山，景区面积66.7公顷，由书法山、名人名章山、纪念印章城和观印峰组成，摩崖印、图、文1800余处。印刻与山中珍稀植物、山石自然形状相映成趣，有印象石、印山龙、情人谷、人面石、麟望月、众仙聚宝、孔雀迎宾、剑劈犀牛等景观。尤其是印象石生动逼真，篆刻工匠根据石头原形，打摩一头大象驼着两枚汉古印，一印为“天地人和”，一印为“昌富大吉”，表达一种美好愿望。

财神洞 位于金龙村，全长1000余米，属于典型的喀斯地貌景观。石笋、石柱、石幔等溶洞景观齐全，神态栩栩如生，被誉为一方“扩大的仙山，缩小的盆景”。洞中有财神迎宾、神龙摆渡、玉龙护珠、八仙寻宝、瑶池仙桥、翡翠悬塔、滴水成金、淘金方台、财神抓手、神送游客等景点。洞内铺筑道路0.8公里，敷设电缆2.6公里，安装景点彩灯和照明灯400余盏，惟妙惟肖，宛如一坐仙宫。

海已湾石林 位于冲山村，山中石林千姿百

庙前地质公园

态，有八仙聚会，龙腾虎跃，众狮滚球，夫妻对唱，猴子跳跃等，游客刮目相看，重观不厌。

古民居 位于中田村，始建于明永乐二年（1404），清中期逐成规模，今存屋100余栋，天井200余口，巷道108条，建筑面积1.4万平方米，是一部用青砖和良木写成的“史书”。整个建筑群气势恢宏，规划整齐，风格隽永，是湖南省内保存较好、规模较大的明清建筑之一，建筑后面是风景秀丽的翠微山，前面是水清见底的月光塘，中有青石巷和油茶文化展示馆。

地质公园 位于镇内南部7个村，主体面积42平方公里，地质遗迹为裸露型溶丘——洼地岩溶地貌。包括石芽、漏斗、落水洞、溶蚀洼地、溶洞、暗河、岩溶泉、岩溶湖、瀑布等组合成为极具特色的岩溶地貌景观。2008年，被省人民政府授予“省级地质公园”称号。

金龙岩 位于金龙村，山形为半月，岩亦为半月。岩口宽32米，深60米，高10米。直入分前窝、中窝、后窝，前窝阔于中，明清时建有真武庙（纪念舜帝），庙前有观音阁，后有水池。前窝两穴中有钟鼓石，前窝还突出一石，鳞鬣悉具，俨然龙首，故金龙岩之名源于此。民国24年（1935），重修观音阁，今庙、阁不复存，岩洞犹存。洞顶岩上有摩涯石刻11处，尚能辨出，仍保持名冠湘南之美誉。

名胜古迹

徐家寨 相传三国时蜀相诸葛亮督军曾经此。附近田里便是当年蜀军屯的地方，诸扎营便是诸葛亮安营设帐之处，攻打徐家寨。至今民间还流传有诸葛孔明智取徐家寨的故事。道光十二年（1832），常宁瑶民领袖赵福才率起义军，与桂阳县瑶民起义军在此会合，与县团勇作顽强的斗争。

（文字供稿：庙前镇党政办　图片供稿：刘爱成　彭斌）

罗桥镇

区域概况

位置面积

罗桥镇地处常宁市南部，距市城区22公里。因老地名罗家桥而得名。位于北纬26°12′08″~26°21′15″，东经112°24′02″~112°32′34″。东与西岭镇以大义山为界，南与庙前镇为邻，西与弥泉乡、板桥镇接壤，北与三角塘镇相连。辖区东西最大距离13公里，南北最大距离16公里，总面积106.67平方公里。镇人民政府驻罗市村。

建置沿革

民国后期，分属江南乡、敦信乡。1949年，沿用旧制。1950年撤乡保甲制，改置第六区，下设罗市、依湖、金桥、车田、樟梓、庙山、东江、壕口、茶田9个乡。1955年，属罗桥区。1956年，撤区并乡，合并设立罗市乡。1958年，实行政社合一，属天堂人民公社。1960年3月，公社体制调整，撤天堂公社，分为罗桥、汤市、依湖、鱼池、车田、春和、庙前7个公社。1961年9月，恢复区建制，属罗桥区。1984年，罗桥、汤市、依湖、鱼池、车田、春和、庙前7个公社更名为罗市、汤市、依湖、鱼池、车田、春和、庙前7个乡，属罗桥区。1993年10月，改罗市乡为罗市镇，属罗桥区。1995年5月，撤区并乡，将车田、依湖、汤市3个乡并入罗市镇，旋改名罗桥镇。2005年8月，塔山、弥泉等乡471名瑶族同胞迁入境内，增设瑶寨村。

行政区划

1961—1983年，辖罗市居民委员会和柏树园、新屋、罗市、建江、建群、石盘、柏坪、大枫树、荆坪、金泉、尧冲11个大队，下设1个居民小组，96个生产队。1998年，辖罗桥社区居民委员会和石盘、柏坪、大枫树、柏树园、新屋、罗市、建江、金泉、建群、荆坪、尧冲、六联、三合、依波、上湾、湖波、三联、南湖、茶坪、楼上、羊山、阳家、李家、红旗、新湾、马桥、双周、利群、六合、东桥、江边、下冲、和群、庙山、对江、湾坪、南坪、樟梓39个行政村，下设3个居民小组，370个村民小组。至2014年年末，辖罗桥社区居民委员会和石盘、柏坪、大枫树、柏树园、新屋、罗市、建江、建群、金泉、荆坪、尧冲、六联、依波、上湾、湖波、三合、三联、茶坪、羊山、楼上、李家、红旗、阳家、新湾、马桥、双周、利群、燕群、六合、东桥、江边、和群、下冲、对江、庙山、湾坪、樟梓、南平、南湖、瑶寨40个行政村，下设3个居民小组，382个村民小组。

自然环境

属丘陵地区。东南高，大坪寺海拔800米以上，是常宁名山之一；西北低；中部潭河两岸为小型平原，历史上素有相连的依波、湖波、长水、石盘4大田洞。田洞周边丘岗山地间垅田。气候宜人，四季分明。年平均气温18.1℃，年降雨量1400多毫米。常年主导风为南风，冬季多北风。有旱涝等自然灾害。土壤分为水稻土、潮土、红壤土 3大类，亚类土壤6种。地下矿产有锡等。地域属潭河水系。潭河自柏树园村入境至燕群村，向北流入三角塘镇长江村，境内长17.2公里。其支流石盘水自石盘村入境，至大枫树村，流入潭水河，境内长3.5公里。

人口民族

1984年，辖区总户数7280户，总人口32483人。1996年，总户数8543户，总人口37122人。2011年年末，辖区总人口38383人，其中城镇常住2923人，城镇化率7.6%。总人口中，男性20861人，占54.35%，女性17522人，占45.65%。18岁以下9120人，占23.76，18~35岁10720人，占27.93%，36~60岁13714人，占35.73%，60（不含60岁）岁以上4829人，占12.58%。总人口中，以汉族为主，达37905人，占98.75%；瑶族、白族、苗族等8个少数民族共有480人，占1.25%。2011年，人口出生率12.8‰，死亡率3.6‰，自然增长率9.2‰。2014年年末，全镇有11684户，39334人，男性21319人，占54.2%，女性18015人，占45.8%。流动人口717人。

经济发展

经济综述

罗桥依托资源优势，大力调整产业结构，全镇经济建设突飞猛进。1994年，粮食总产量23371吨，工农业总产值10158万元，其中农业总产值4840万元，占47.6%，工业总产值5318万元，占52.4%，农民人均纯收入1020元。2011年，粮食总产量24902吨，比1994年增长6.6%。其中农业总产值17600万元，占工农业总产值的59.46%，工业总产值1.2亿元，占40.54%，农民人均纯收入8203元，比1994年增长7倍，财政收入582.8万元。2014年，粮食总产量22223吨，比2011年减少2679吨。财政总收入6906万元，比2011年增长10.9倍，农民人均纯收入9572元，比2011年增长16.7%，比1994年增长8.4倍。

农业

种植业 耕地历来以种植水稻、蔬菜、豆类为主，其他农作物种植为次，是常宁水稻重点产区、商品粮生产基地之一，农作物产品有稻谷、红薯、豆类、高粱、玉米等20多种。民国末年，农业单一，粮食亩产170公斤。常宁县人民政府成立后，农业逐步发展。1978年，粮食亩产380公斤，较1949年每亩增长1倍多。1983年，实行包干到户制度，亩产达到410公斤，一举跨过农业发展纲要。1994年，粮食总产量2万多吨，亩产801公斤，创历史新纪录；农业总产值4840万元。1998年，粮食总产量22291吨，油料产量99吨，农业总产值1.8亿元。2011年，出现种田大户、粮食生产专业合作社。水稻种植面积2.5万亩，水稻总产量1.9万吨，人均500多公斤。烟叶种植面积198.9公顷，产值779万元。2014

罗桥湖波洞双季稻全程机械化生产示范片

年，农作物总播种面积 6628 公顷，粮食播种面积 3669 公顷，粮食总产量 22223 吨。

养殖业 养饲业产品有鸡、鸭、鹅及蛋、猪、牛、羊、兔、鱼类等 10 余个肉类品种。1971 年后，集体养猪迅速发展，形成了公社、大队、生产队三级办猪场的格局。至 1983 年年末，有集体猪场 68 个，养猪 6800 多头，出栏 4000 多头。1986 年后，集体猪场解散，出现养猪专业户，加私人养猪，全乡养猪 1 万余头。2011 年，全镇养猪共计 1.3 万头，出栏 7000 余头，家禽饲养量 6.7 万羽。2014 年，全镇肉类总产量 2124 吨。

林业

产品有茶油、杉木、南竹、柑橘等品种。1974—1978 年，全社垦复油茶林约 606.7 公顷，新栽 16.7 公顷。1982 年起，开展义务造林，全公社四傍绿化造林 3000 余株。集体办林场 6 个，其中柑橘等经济林场 2 个，面积 13.33 多公顷。1989 年后，林场解散，林业由私人承包，30 年承包期限不变。至 2014 年年末，全镇油茶林面积发展到 753.4 公顷，杉木、南竹面积 2000 公顷，柑橘面积 16.7 公顷。

工业

资源主要有金、银、铜、铁、锡、锰、硼、硅等 10 余种，其中硼、硅灰石储量占华南一席之地。大理石、花岗岩、瓷泥储量达 6 平方公里，花色多样。清末民国时期，无条件开发利用，仅有木匠游乡做木工，木榨油坊 1 个。1958 年，建农机厂 1 个。1970 年后，社队企业迅速发展。

1978年，发展到13个，产值约1.1万元。1980年，建立农村农业生产责任制，社队企业个数减少。1984年后，乡镇企业由单一的集体经营形式改为乡、村、联户和户办等形式。1992年，发展到14家，从业人员近260人，产值3万多元。此后，镇内以粮食加工、砖厂、林木加工、矿产开采为主。2011年，工业生产总值1.2亿元，实现工业增加值1189万元，工业企业93家，职工1290人。2014年，工业企业22个，职工228人，企业实交税金总额227万元。中建集团、三益米业、伟成鞋业驻境内。

商贸服务业

辖区地理位置优越，被称为常宁的“南大门”。民国后期，罗市老街有1家伙铺，饮食业1家，杂货店1个。1954年后，先后建供销社、粮库、收购站、食品站各1个，职工16人。1980年始，市场放开，民营商业崛起。1990年，有90个商业网点，从业人员260人。2011年，集镇面积由0.5平方公里扩大到1.5平方公里，形成常宁（市）至桂阳（县）的商业走廊。2014年，社会商品销售总额1.8亿元。商业网点126个，职工316人，城乡集贸市场2个，年成交额1.3亿余元。

财政金融

1984年，建乡镇财税所4个，职工12人。2004年，开始降低农业税率。2006年，全部取消农业税及附加税。2011年，财政总收入596万元，地方财政收入115万元，其中完成国税6万元，地税27万元，矿产资源税45万元，契税2万元，耕地占用税35万元。2014年，财政总收入6906万元，一般预算收入6906万元，财政支出7492万元。

2014年，境内有农业银行代办所、农村信用合作社代办所、邮政储蓄代办所。

基础设施

交通运输

民国后期无公路。1958年后，先后修砂石公路4条，共长约20公里。20世纪70年代初，辅柏油公路1条约6公里。2006年始，辖区内公路全部水泥硬化。至2014年，镇村水泥公路纵横交错，主要公路桥2座。全镇公路里程50多公里，四通八达。衡桂高速公路、省道214线纵横全境，直通广州、深圳。

20世纪80年代中期，客运站建成投入使用，2014年，日发客运汽车10班次，日均客量500多人次。

邮政通信

民国时期，罗桥老街设有信柜1个。1950年，升为邮政代办所。1964年，建邮电支局1个，职工3人，电话机9部。1975年，电话机13部。邮电代办所1个，共有邮电人员5人，1998年邮电分家，业务分营。至2014年年末，邮政分局1家，网点3个，邮政业务总量120万元，电信企业1家，服务网点3个，固定电话用户2800户，入户率23.96%，移动电话用户1280户，互联网用户480户，电信业务年收入126万元。

供电饮水

清末至民国时期，无电照明。1965年，区供销合作社用柴油机带动电动机发电，晚上供区、社机关照明。1970年起，架通输电线，才开始用电。1993年，建成3.5万千伏的罗桥变电站1座，农电站1座，并与湘南大电网联网，工农业用电充足，年供电量1100万千瓦时，用电入户率100%。

2014年，镇自来水厂建成投入使用，供3000多户饮用，铺设管道1.7万余米，余皆饮用井水和部分压水井。

水利建设

民国时期，水利设施为山塘、柴土堰坝。用水车提水、木桶斛水灌溉。1950年年初，仍以山塘、堰坝灌溉为主。1956—1975年，新建和整修山塘100余口，修小（二）型水库3座，主干渠道2条。1978—1980年，修筑小（一）型水库1座。1991年后，先后建排灌主渠道9条，约10公里，建电力排灌站13座。至2014年年末，小（一）型水库3座，小（二）型水库7座，主堰坝5座，骨干山平塘300余口，变电站3座，电力排灌站23座，高低压线路共长145公里。

村镇建设

20世纪80年代，美籍华人邓道登投资在家乡——上湾村建成道登小学1所。1991年后，建成长600多米、宽12米的新街1条，扩宽延长沿河街1条，共长500余米，新建2000多平方米的农贸市场，至2011年，集镇由二条街扩展到4条街，街两旁建2~4层楼房。集镇面积扩大到1.5平方公里，地面全部硬化，设施日趋完善，功能齐全。农村房屋建筑日新月异，2005年8月，依山就势建成瑶寨村建筑群。至2014年年末，新建改造村综合大楼30多栋，楼房周围绿树成荫。

社会事业

教育科技

教育 民国后期，有经馆、蒙馆及族办“保学”（小学）3处。1950年，农民夜校、扫盲班普遍建立。办小学9所，适龄儿童入学率100%，1958年，办托儿所4所，完校1所，中学1所，小学适龄儿童入学率100%，中学适龄人口入学率100%。1995年，调整学校布局，小学有所减少。至2011年末，幼儿园15所，在园幼儿1070人，专任教师41人，小学3所，在校学生2400人，专任教师166人，小学适龄儿童入学率100%，初中1所，在校学生1300人，专任教师65人，初中适龄人口入学率100%，小升初升学率100%，九年义务教育覆盖率100%，2011年，财政预算内教育经费555万元。2014年年末，幼儿园、托儿所16所；小学16所，在校学生2539人，专任教师112人；中学1所，在校学生1145人，专任教师为120人。小学适龄儿童入学率、中学适龄人口入学率、小升初升学率、九年义务教育覆盖率均为100%。

科技 1970年，辖区4个公社植保站配备植保员8人，后改为农业技术人员。1986年，设立4个乡农技推广服务站，村设农技推广服务组，开展农业科学技术、农业科研成果推广活动。1986—1988年，推广种植“籼优六三”等水稻品种，亩增粮食15公斤。1995年，4个乡镇农技推广服务站合并为罗桥镇农技推广服务站，村仍设农技推广服务组，推广普及杂交水稻，引进北京鸭、三黄鸡、良种柑橘等。

文化体育

民国时期，民间有狮舞、龙舞、影子戏。1950年，有秧歌队1支，人员30个左右，村建剧团3个。1964年，村成立剧团4个。1965年建文化站1个。至2014年年末，图书馆、文化站各1个，村级文化活动中心17个，文化专业户12户，农家书屋40处，藏书3.5万余册。戏台1座，观戏场地水泥硬化，面积500平方多米，业余剧团1个，演员20多人。皮影戏1个班社。商贾开业、重大节日、红白喜事有享邀请演出。

1970年，架广播专线1条，并安装高音喇叭、舌簧喇叭。公社建立广播放大站，69%的农民能听到广播。1986年，广播站改为广播电视站。公社电影放映由私人承包。1990年后，黑白、彩色电视机进入农户。至2014年，通宽带的村40个，通有线电视的村29个，有线电视用户3000多户，入户率25.3%。

2014年年末，境内体育场3个，其中村体育场2个、学校体育场1个，有2个村安装农民体育健身器材，经常参加体育锻炼的人20%以上。

医疗卫生

民国后期，缺医少药，仅有几名草医在乡游医或坐堂诊疗。1962年，辖区建区医院1所，医务人员约10人。1969年，实行合作医疗制度，各大队配赤脚医生1名。1970年后，建公社医院4所，大队医务室39个。2006年，实行新型农村合作医疗试点。2007年，参合率88.98%。2014年，新型农村合作医疗参合率100%。是年年末，各级各类医疗机构13个，其中，镇中心医院1个，门诊部5个。有病床100张。其中执业医师10人，执业助理医师25人，注册护士13人。

1962年，公社医院设保健医生1人。大队有保健室，生产队设卫生员。1973年，开展“两管五改”（管水、管粪、改水井、改厕所、改畜圈、改炉灶、改环境）活动。1975年，先后新建和搬迁猪圈、牛栏、厕所40余处，新建和改造饮水井10口。2014年，有17个村的垃圾集中处理，建垃圾池约20口。

社会保障

“五保”供养　1961—1983年，由大队生产队分散供养。此后，由公社（乡）统筹钱、粮、油，生活费每人每年300元。粮350公斤、食油5公斤。1990年，罗桥敬老院建成，床位55张，集中供养52人，支出28万元；分散供养262人，支出44.5万元。2007年后，“五保”户享受城乡居民最低生活保障待遇。

最低生活保障　2007年，启动城乡居民最低生活保障。2011年，城镇居民享受最低生活保障待遇人数27户、27人，支出5.7万元，月人均176元；农村享受低保待遇人数973户、1823人，支出159.2万元，月人均73元。2014年，全镇有1463人享受低保待遇。

养老保险　2012年，启动城乡居民养老保险。2014年参加社会养老保险有25208人，参保率64.1%。

医疗保险　2005年，实施城乡居民大病救助。2011年，大病救助190人次，支出27万元。2006年，农村居民医疗保险人数29872人，缴医疗保险基金26.58万元，参保率75.9%。2014年，参加医疗保险有38070人，参保率96.8%。

优抚补助　2008年，优抚对象293人，发放补助110238元。2009年，重点优抚对象97人，春节前一次性生活补助17460元。2014年，农村年满60周岁及其以上退役士兵有92人，发放补助金额32340元。困难军退人员136人，定期定量发放补助12894元。

特色地情

名优特产

石盘贡米　早在宋朝时，为皇室贡品而闻名江南，石盘等村历年种植面积200多公顷。常宁市香惠米业公司驻境内，是衡阳市级农业产业化龙头企业，生产的高档精制大米，原粮就是选用石盘等村的稻谷。大米经抛光、光电色选，具有米粒完整、米色洁白透明等特征，米饭入口清香、营养丰富。鹅、竹鼠、蕨根丝都具有地方特色，闻名遐迩。

风景名胜

罗桥胜景　罗桥山川秀丽，自然风光独好。东南部大义山上树木参天，竹林如海，郁郁青青，山中有各种各类的珍奇动植物；西北部有一座座油茶林，葱茏紧相连；中部有悠悠潭水河贯通全镇，沿河两岸田洞开阔，河中鹅鸭成群戏水，构成一幅敞大的山水画，是休闲避暑的好地方。

罗家桥　镇侧原有石桥，为罗氏修建，故名。清道光十二年（1832），瑶民赵福财起义，在此断桥立营，与乡勇激战，咸丰五年（1855），洪英堂、廖长子在此起义，与知县刘宗成军鏖战于此。咸丰七年，廖三矮子又在这里起义。1975 年，罗桥人民在此拦河筑坝，改建为公路桥。

汤市铺　原名汤家铺，因汤氏在此设铺店做生意而得名；后设圩市，更名汤市铺。集日以交易竹木制品为大宗。集镇旁田洞平坦，周围山峦叠翠，镇侧小溪砂中含大量锡沙，农民常于溪中淘锡砂，镇南有一条 2 公里的豪口，清道光十二年（1832），常宁瑶民起义领袖赵福财率 300 多名起义人员被清军在这里围困，全军覆灭，赵福财身受重伤而辞世。清道光二十七年（1847）3 月，郭志禄、王安先后起义，在此受重挫。

（文字供稿：罗桥镇党政办　图片供稿：廖爱国）

板桥镇

2008年，获“中国民间剪纸艺术乡”称号。2011年，“红花灯汇”被定为湖南省第二批非物质文化遗产。

区域概况

位置面积

清初，镇南小溪上的木板桥，系往来商贾行人必经之路，而得名。位于北纬26°12′42″~26°23′28″，东经112°21′03″~112°27′11″。地处常宁市城区南部，距市城区15公里。东与罗桥、三角塘两镇接壤，南与弥泉乡相连，西与洋泉镇、兰江乡、胜桥镇毗邻，北与泉峰街道、培元街道交界。辖区东西最大距离9公里，南北最大距离19公里，总面积79.76平方公里。镇人民政府驻板桥村。

建置沿革

民国后期，属官田乡。1949年，沿用旧制。1950年，撤乡保甲制，改置第七区，下设黄铺、东波、板桥、五坳、南保、丫田、仙桥、黄第8个乡。1955年，属板桥区。1956年，撤区并乡，合并设立板桥、樟树2个乡。1958年，实行政社合一，分属上游、东风人民公社。1960年3月，大公社化小公社，分为板桥、仙桥、樟树、官泉、到塘、胜桥、大塘7个公社。1961年9月，恢复区建制，属板桥区。1981年，樟树公社改名为樟塘公塘。1984年，恢复乡建制，7个公社改为7个乡。是年5月，撤板桥乡，设板桥镇，属板桥区。1995年5月，撤区并乡，将仙桥、樟塘2个乡并入板桥镇。

行政区划

1983年，辖板桥社区居民委员会和板桥、西洞、中桥、太丘干沙港、太新阳、鸡公塘、李田、西华、新陈、肖山、群益、黄铺、铁鹅、晓星塘、长冲铺16个大队，下设2个居民小组，161个生产队。2014年年末，辖板桥社区居民委员会和关坳、伏龙、高桥、石塘、福和、群英、仙桥、鸡公塘、仙塘、永群、洪塘、粟新、新桥、五坳、南湾、大陂、新竹、高银、樟塘、青塘、合塘、丫田、干沙港、板桥、太星阳、李田、太丘、晓星塘、肖山、黄铺、新陈、长中、长冲铺、群益、中桥、西华、铁鹅、西洞38个行政村，下设2个居民小组，402个村民小组。

自然环境

属山前小型平原、丘陵地区。南部偏高，群山环抱，北部偏低，丘陵起伏间垅田；中部田洞较开阔，土质肥沃。处亚热带季风湿润型气候区，四季分明。年均气温 18.1℃，年平降雨量 1400 多毫米。有干旱、洪涝等自然灾害。常年主导风为南风，冬季北风多。土壤分为水稻土、红壤土、黑色石灰土、红色石灰土、潮土 5 大类，亚类土壤6种。地下矿藏以石灰石为主。地域属宜河水系。宜河自南湾村入境，至新桥村，向北流入泉峰街道南市村。境内长 5 公里左右。境内 3 条主要小溪水分别向北注入宜河。

人口面积

1984 年年末，总户数 7762 户，总人口 35241 人。1996 年，总户数 9321 户，总人口数 40652 人。2011 年年末，总人口 46333 人，其中城镇常住人口 1790 人，城镇化率 3.8%。总人口中，男性 24878 人，占 53.7%，女性 21455 人，占 46.3%。14 岁以下 10671 人，占 23%，15 ~ 64 岁 33797 人，占 73%，65 岁（含 65 岁）以上 1865 人，占 4%。总人口均为汉族。人口出生率 13.3‰，死亡率 6.3‰，自然增长率 7‰。2014 年，总户数 11751 户，总人 46967 人，男性 24893 人，占 53%，女性 22074 人，占 47%。流动人口 126 人。

经济发展

经济综述

改革开放后，板桥镇经济建设取得显著成绩。1994 年，全镇工农业总产值 22381 万元，比 1991 年增长 44.5%，其中农业总产值达 13176 万元，增长 47.7%，乡镇企业总产值 7636 万元，增长 107.8%，第三产业总值 1569 万元，增长 105.4%，财政总收入 305 万元，增长 54.3%，农民人均纯收入 1070 元，增长 42%。粮食总产量 18780 吨。2007 年起，转变经济发展方式，主要经济指标连续创新高。2011 年，工农业生产总值 18280 万元，其中农业总产值 6650 万元，占 36.4%，工业总产值 11630 万元，占 63.6%，农民人均纯收入 8205 元，比 1994 年增长 6.8 倍，财政总收入 610.4 万元，增长 1 倍多。粮食总产量 18831 吨，比 2011 年减少 3392 吨。农民人均纯收入 9584 元，增长 16.8%，财总收入 7873 万元，增长 11.9 倍。

农业

种植业 耕地历来以种植粮食作物为主，经济作物和蔬菜次之。民国末期，粮食亩产约 130 多公斤，其中稻谷亩产 150 公斤，经济作物和蔬菜有少量种植。1950 年，县委、县人民政府鼓励农民积极种植水稻和旱粮。1978 年，粮食亩产 350 公斤，其中水稻亩产 380 多公斤。1982 年，农村实行联产承包制，粮食亩产 370 公斤，稻谷亩产 410 多公斤，经济作物和蔬菜种植面积占耕地面积约 17%。1995 年撤区并乡后，大力改造中、低产田；完善水利设施，建设吨粮田；开发丘岗山地，发展多种经营。2011 年，农业总产值 6650 多万元，粮食总产量 1.4 万多吨，人均 302 公斤，其中水稻 1.2 万多吨。油菜种植面积 33.4 公顷，总产量 1250 吨，蔬菜 333.4 公顷，总产量 2000 多吨，烟叶 200 多公顷，总产量 2507 担。2014 年，农作物总播种面积 5630 公顷，粮食播种面积 3157 公顷，总产量 18831 吨。

养殖业 1976—1978 年，全乡集体办猪场 67 个，养猪 38500 多头，出栏 23100 多头。1986 年后，劳力外出打工，猪场解散。1989 年，养猪 1.8 万头，出栏 1 万多头。1995 年后，出现各类养殖专业户。2011 年，全乡共养猪 2 万多头，出栏 1.3 万头，家禽饲养量 22 万羽，养鱼水面 268 公顷，总产量 74.4 吨。2014 年，肉食品总产量 6638 吨。

林业 以杉木林、油茶林为主，南竹和其他经济林为次。民国末年，仅有稀疏杉木、油茶林。1950年，县委、县人民政府发动群众植树造林。1951年，全乡造杉木林66.7公顷。1966年，建杉木林基地1个，面积666.7公顷。1974年，社队建林场9个。1976—1978年，垦复油茶林约666.67公顷，栽油茶树26.7公顷。1986年，社队林场解散，归村民小组承包到人。1995年后，开发丘岗山地，至1999年，种柑橘146.7公顷、茶叶树20公顷、油茶树26.7公顷。至2014年，全镇林木覆盖率达50%以上。

工业

境内石灰石资源丰富，分布集中，开发潜力很大。民国末年，榨油坊、石灰厂各1个。1950年起，工业持续发展。1958年，建农具厂1个，油茶加工厂2个，木炭烧制窑1个。1977年，全公社有社队企业4个，从业人员130人，产值约8000元。1985年，乡镇企业6个，产值2.6万元。1990年后，民营工业崛起，1994年拥有规模采石场12家，从业人员370人，日产石灰石120吨。企业总产值7627万元（含村办企业总产值），按可比价计算，比1985年增长2倍多。2011年，拥有金猫水泥厂、新竹石灰厂、仙桥茶叶加工厂等民营规模企业13家，职工400多人，民营企业总产值4000余万元（不含小型加工等企业总产值）。2014年，全镇有工业企业21个，职工89人，企业实交税金总额60多万元。

商贸服务业

民国末年，板桥老街仅有南杂、苧蔴、日杂店3家。1953年，建区级供销社1个。1955年12月，对私营商业进行社会主义改造后，成立合作商店（小组）7个，从业人员171人。1965年，建基层供销社2个，网点2个。1978年，建粮站、粮库各1个，肉食品站1个。20世纪80年代后，市场放开，民营商业发展，成为流动领域主体。1995年，民营商业网点发展到100多个，从商人员约190人。2014年，社会商品销售总额1.3亿多元。有商业网点260个，经商人员310多人，集贸市场1个，年成交额8000多万元。

财政金融

1984年，乡镇建立一级财政。1989年，全年财政收入200多万元，支出约200万元。1994年，镇财政总收入305万元，按可比价计算，较1989年增长65.6%。2003年，开始降低农业税征收比率。2006年，农业税及附加税全部取消。2011年，镇财政总收入780万元，比1994年增长1.56倍。地方财政收入103万元，其中完成国税8万元，地税32万元，耕地占用税30万元，矿产资源税3.3万元。2014年，财政收入、一般预算收入均为7873万元，财政支出8379万元。

1966年，境内有营业代办所1家，后升为农业银行营业所，信用社1家。2014年，境内有农业银行代办所1家，邮政储蓄代办所1家，信用社1家，信用社网点2个。

基础设施

交通运输

民国后期，只有土路和木桥供往来人行走。1958年修砂石公路1条，长13公里，社队大道4条。2006年，修油渣路1条长13公里。至2014年年末，村村通水泥公路，全镇公路里程60公里。214省道自北向南贯穿全境，县道洋板公路从西至东穿境而过。

2014年，境内有客运站一个，招呼站2个，日发车20班次，日均客量600多人次。

板桥渡槽

邮政通信

1962年，境内有邮电支局1个，邮电所2个，邮电工作人员5人，电话机6部。1998年，邮电分开，业务分营。2014年年末，邮政所1家，全年邮政业务总量67万元。电信企业3家，服务网点3个，固定电话用户4000余户，入户率34%；移动电话用户4000户，互联网用户3000多户，全年电信业务收入125万元。

供电饮水

20世纪70年代初，架通输电线，开始用电。1985—2014年，境内生产生活用电由常宁市供电公司供应，属湘南电网公司，用电入户率100%。

1990年后，全镇建设10多口泉水井，用胶管从井中引水饮用，多数农户打压水井饮用。2014年，正在建永群自来水厂，建成后，可供3.5万人饮用。

水利建设

民国时期，有山塘、土柴坝堰、水车等设施，抗旱、防洪能力弱。1950—1953年，新建、整修山塘60多口。1958年，建金冲小（一）型水库1座。1966—1978年，先后建小（一）型水库1座，小（二）型水库2座，新建和整修山塘310多口。1981年后，为消灭旱灾死角，电力排灌迅速发展，至1990年，建电灌站6处。整修境内洋泉水库右干渠板桥段、板桥渡槽。至2014年年末，有小（一）型水库2座、小（二）型水库2座，电力排灌站3座，共

270 千瓦，山平塘 400 余口。

村镇建设

小城镇建设不断扩大。至 2014 年，占地面积由原来的 25 万平方米扩大到 200 多万平方米，兴建了 2 条新街，设施完善，功能齐全。改建 3 所中心校、10 所小学 危房，面积达 1.2 万平方米；兴建板桥中学新教学楼一栋，面积约 2000 平方米，常宁五中驻境内。农村房屋建筑日新月异。至 2014 年，一栋栋 2 ~ 4 层钢筋水泥砖混结构楼房，在境内村组耸立，村民委员会新建和改造综合大楼 30 多栋。

社会事业

教育科技

教育 民国后期，有经馆、蒙馆两类，陈氏宗族办义学 1 所。1952 年，取消私塾，小学普遍建立，全乡共建小学 10 所，农民夜校、扫盲班普及乡村。1978 年，小学 16 所，完小 1 所，中学 2 所，其中县五中 1 所。1995 年，小学 28 所，中学 3 所，后调整学校布局，中小学减少。至 2011 年年末，幼儿园 9 所，在园幼儿 701 人，专任教师 15 人；小学 16 所，在校学生 3020 人，专任教师 110 人，小学适龄儿童入学率 100%；初中 2 所，在校学生 1102 人，专任教师 60 人，初中适龄人口入学率 100%，小升初升学率 100%，九年义务教育覆盖率为 100%。2011 年，财政预算内教育经费 618.3 万元。2014 年年末，幼儿园、托儿所 16 所；小学 16 所；在校学生 3526 人，专任教师 123 人；初中 2 所，在校学生 1267 人，专任教师 128 人，小学适龄儿童入学率、中学适龄人口入学率、小升初升学率和九年义务教育覆盖率均为 100%。常宁市第五中学驻境内。

科技 1970 年，辖区设公社农业植保站 3 个，备配植保员 8 人；1980 年，改公社植保站为农业推广服务站，大队设推广服务组，生产队设推广服务小组；1995 年，撤区并乡建镇，3 个乡镇农业技术推广服务站合并为板桥镇农业技术推广服务站，镇村农技推广服务人员共 40 人。每年办农科培训班两期，主要培训村组干部、专业户、示范户共计 960 多人。引进、推广良种良法。仙桥茶场，聘请省农科院茶研所 2 名农艺师当顾问，购进一套自动化的采茶、揉茶加工机械设备，茶叶加工后，茶色、茶质、茶味，比一般茶叶高一筹。1998 年，经国家商标局注册为“仙雁牌”茶叶，列为省内名茶之一。2014 年，镇农技推广服务站分 3 个片，为农户推广农业技术。

文化体育

民国末年，境内有狮舞、龙舞、剪纸、荷花灯汇等民间艺术。后其文化艺术得到传承发展。1964 年后，有业余剧团 1 个，演员 20 余人。2011 年，板桥剪纸被国家授予“民间艺术之乡”称号。荷花灯汇历史悠久，板桥沿街居民，男女老少欢聚一堂，耍闹荷花灯，声势浩大，蔚为壮观。2011 年，荷花灯会被定为湖南省第二批非物质文化遗产。至 2014 年年末，文化站、图书馆各 1 个，村（居）文化活动中心 39 个，农家书屋 32 处，藏书 3.7 万多册。业余剧团 1 个。

1970 年，架通广播专线，并安装了高音喇叭、舌簧喇叭，59% 的农户能听到广播。1985 年，乡电影队承包给私人放映。1990 年起，黑白电视机、彩色电视机进入农户。2014 年，通宽带的村 36 个，通有线电视的村 30 个，有线电视用户 2100 户，入户率 20% 以上。

2014 年，境内有学校体育场 3 个，体育设施齐全。

板桥剪纸

荷花灯会

医疗卫生

1962 年，有医院 1 个。1969—1971 年，实行合作医疗制度，大队设有医务室。20 世纪 80 年代后，全面开展改革开放，个体医生纷纷办门诊部，开业行医。2006 年，实行新型农村合作医疗试点。2007 年，参合率 89.91%。2014 年，新型农村合作医疗参合率 99%。是年年末，各级医疗机构 39 个，其中医院 1 所，村医务室 38 个，床位 70 张；专业医务人员 76 人。其中执业医师 8 人，执业助理医师 30 人，注册护士 12 人。2014 年，医疗机构（门诊部以上）完成诊疗 8600 余人次。

1962 年，公社卫生院配保健医生 1 名，1970 年，大队建保健室，每个生产队配 1 名卫生员。1974 年，开展“两管五改”（管水、管粪、改水井、改厕所、改畜圈、改炉灶、改环境）卫生活动，新建改造水井 9 口，厕所、猪牛栏 10 多间。2014 年，15 个村建垃圾集中处理池 18 口。

社会保障

“五保”供养 1961—1983 年，由大队生产队分散供养。1986 年起，由乡镇统筹钱粮油，每人每年生活费由原供养标准提高到 300 元，口粮 350 公斤，食油 5 公斤。1990 年后，板桥镇、仙桥乡、樟塘乡敬老院相继建成。辖区“五保”对象 332 人，集中供养 40 人，支出 21.6 万元；分散供养 292 人，支出 49.6 万元。2007 年后，全镇五保户享受农村居民最低生活保障待遇。

最低生活保障 2007 年，实行城乡居民最低生活保障。2011 年，城镇居民享受最低生活保障待遇有 32 户、32 人，支出金额 5.7 万元，月人均 148.4 元；农村居民享受低保待遇有 1320 户、1798 人，支出 151 万元，月人均 70 元。2014 年，享受最低生活保障待遇 1664 人。

养老保险 2012 年，启动城乡居民社会养老保险。2014 年，农村居民参加社会养老保险 31600 人，参保率 67.3%。

医疗保险 2007 年，实行城乡居民大病救助，救助 13 人次。2006 年，农村居民参加医疗保险人数为 32953 人，缴医疗基金 29.629 万元，参保率 70.2%，2014 年，参加人数 40909 人，参保率 87.1%。

优抚补助 2008 年，有各类优抚对象 334

人，发放补助金额135594万元。2009年，重点优抚对象25人，春节前一次性生活补助17160元。2014年，农村年满60周岁及其以上退役士兵125人，生活补助39300元，农村困难的军退人员151人，定期定量补助金额14892元。

特色地情

名优特产

板桥密桔 连片种植133.4公顷。其色泽红润生鲜，核小肉嫩，入口渣化，酸甜适中，深受消费者喜爱。

盐蛋·皮蛋 制作历史悠久，工艺先进，传承至今。年产量达50多吨。这种盐蛋、皮蛋营养丰富，风味独特，耐贮藏，食用方便、卫生，为席上的美味佳肴。

风景名胜

山川秀丽，景致宜人。名胜古迹，有会仙桥、樟树下、浆衣寺、丫田寨、皮箱洞、三峒口、猴子岩等10多处。尤以猴子岩著名，在一个1000多平方米的磨盘状石山上，翘首站着一个醒目的石猴，栩栩如生，令人叫绝，是常宁名景之一。在这座石山的山腰上，有一个浆衣寺，始建于宋朝，相传宋仁宗的妹妹看中了这块钟灵毓秀之地，遂在此修炼求神，并构建了重檐飞角、造型独特的西华庵。“文化大革命”中，遭到严重破坏。20世纪90年代末，村民捐款重建，恢复旧观。

（文字供稿：板桥镇党政办　图片供稿：常宁市史志办）

胜桥镇 >>

区域概况

位置面积

因镇政府驻地胜江村和烟竹寺桥，而取名“胜桥”。位于北纬26° 14′ 55″ ~ 26° 21′ 53″，东经112° 16′ 52″ ~ 112° 23′ 33″。地处常宁市城区西南部，东、南与板桥镇为邻，西南与洋泉镇接壤，北与兰江乡交界。辖区东西最大距离10公里，南北最大距离12公里，总面积77.73平方公里。镇人民政府驻胜江村，距市城区16公里。

建置沿革

民国后期属官田乡。1949年，沿用旧制。1950年撤乡保甲制，改置第七区，下设留田、相乐、胜江、到塘、靖塘、五坳、官泉、田塘、大乐、上乐10个乡。1956年，撤区并乡，合并设立胜桥、到塘2个乡。1958年，实行政社合一，撤乡合并为东风人民公社。1960年3月，调整体制，撤东风人民公社，分为胜桥、大塘、官泉、到塘4个小公社。1961年9月，恢复区建制，属板桥区。1984年，撤胜桥、大塘、官泉、到塘4个公社，设胜桥、大塘、官泉、到塘4个乡，属板桥区。1995年5月，撤区并乡，将到塘、官泉、大塘3个乡并入胜桥乡。1996年3月撤胜桥乡，设胜桥镇。

行政区划

1961—1983年，辖胜桥居民委员会和胜江、烟竹、利群、后洛、相丰、石溪、龟田、泉峰冠、留田、大茅坪、三村、仓坪12个大队，下设1个居民小组，144个生产队。2014年年末，辖胜桥社区居民委员会和胜江、三和、泉峰冠、龟田、留田、大茅坪、巷坪、烟竹、石溪、后洛、利群、相丰、到塘、泉江、文堰、双洪、玉泉、新元、田元、日新、太源、株树、尹桥、官陂、高曾、高田、竹塘、竹和、建成、泉桥、渣石、红米田、合泉、新塘、大塘、合益、中南、同裕、裕龙、巴塘、高峰、大群、前进、胜塘、港子口45个村，下设2个居民小组，457个村民小组。

自然环境

属山前小型平原、丘陵地区。西南部高，群山峻岭，泉峰冠海拔487米，是常宁八景之一，东北部低，丘陵起伏间垅田，渣石、合益两村低，海拔250多米。中部悠悠宜河穿过，沿岸地势平坦，素有官坡、高贝两大田洞。处亚热带季风湿润型气候区，四季分明。年均气温18.1℃，年降雨量1400多毫米，常年主导风为南风，冬季北风多，有洪涝、地质、台风等自然灾害。镇内土壤分为水稻土、潮土、红壤土、黑色石灰土、红色石灰土、紫色土6大类，亚类土壤7种。地域属宜河水系。宜河自泉峰冠村入境，至渣石、合益两村，往北流入板桥镇南湾村，境内长18公里。

人口面积

1984年年末，总户数8302户，总人口数29232人。1996年年末，全镇总户数为10352户，总人口数43065人。2011年年末，总人口48674人，其中城镇常住人口648人，城镇化率1.33%。总人口中，男性26372人，占54.2%，女性22302人，占45.8%。14岁以下9487人，占19.4%，15～64岁35342人，占72.7%，65岁（含65岁）以上3845人，占7.9%。总人口中，以汉族为主，达48652人，占99.95%，白族等5个少数民族，共22人，占0.05%。2011年，人口出生率12.4‰，死亡率6‰，自然增长率6.4‰。2014年年末，总户数11499户，总人口49677人，男性25826人，占54%，女性23851人，占46%。流动人口81人。

经济发展

经济综述

1978年后，胜桥镇经济持续健康发展，取得巨大成就。1994年，工农业生产总值7700万元，农民人均纯收入1100元，财政总收入408万元。粮食生产22256吨。2011年，工农业总产值39680万元，较1994年增长4.2倍。农业总产值8680万元，占总产值21.9%，工业总产值31000万元，占78.1%，农民人均纯收入8201元，比1994年增长6.5倍，财政总收入593.26万元，增长45.4%。粮食总产量23041吨，较1994年增长4%。2014年，农民人均纯收入9580元，比2011年增长16.8%，财政总收入9748元，增长15.4倍。粮食总产量24545吨，增长6.5%，比1994年增长10.3%。

农业

种植业 耕地历来以生产水稻为主，红薯、高粱、玉米为次。1949年，亩产粮食约140公斤，其中稻谷亩产163公斤。1950年，县人民政府鼓励农民积极种水稻、旱粮和蔬菜等农作物。1953年，粮食亩产150多公斤，其中水稻亩产185公斤。1978年，粮食亩产350公斤，其中水稻亩产370多公斤。1983年，普遍实行农业生产责任制，农业跨过发展纲要指标，亩产达到420公斤（当时纲要指标为400公斤）。2011年，粮食总产量23000余吨，人均473公斤，其中水稻22000余吨；烤烟种植面积33.4公顷，产量125担；油菜73.4公顷，产量2210吨；蔬菜133.4公顷，总产量1600多吨；大豆、花生、黄花菜产量均有增加。2014年，农作物总播种面积7428公顷，粮食播种面积4052公顷，总产量24545吨。

养殖业 1970年后，大力发展集体养猪，实行公社、大队、林场、生产队养猪的形式，至1978年，全社共办猪场20栋，养生猪3600多

官陂洞基本农田保护区

头，出栏2400头。1986年后，劳力外出打工，集体猪场解散。以农户养猪为主，并出现一批养饲专业户。1998年，专业户养伊莎蛋鸡、蛋鸭380只,48口塘产鲜鱼7200公斤。2011年，养殖业有较大发展，饲养生猪2万头，年末存栏1万头,羊饲养量3800只,年末存栏900多只，家禽饲养量300多万羽；养鱼水面186公顷，水产品总量210多吨。2014年，全镇肉类总产量3134吨。

林业 以杉木林、油茶林为主，柑橘等经济林次之。1965年，公社留田大队建立全县第一个大队林场。场长秦诗林带12个劳力上山开荒整地，植树造林，后逐步发展成拥有84公顷林地，用材林82.4公顷，经济林25亩。活立木蓄积量6864立方米，年采伐木材114.5立方米，年收入5.3万元。1984年，乡村林场发展到5个。嗣后，林场改散承包到人。2011—2014年，新造林177.2公顷，其中用材林106.7公顷，油茶林60公顷，风景林10.54公顷。苗木基地品种500多个。全镇森林覆盖率34.9%。

工业

1970年后，农业机械制造发达，大塘农机厂生产的水泵和农机配件畅销省内外，铸造厂生产的650型打稻机深受广大客户喜爱；日用化工厂年产洗发水5万多瓶，洗衣粉5万包。1994年，有企业205个，从业人员8058人，企业总产值4800万元。2011年，拥有工业企业73家，职工970人。主要规模企业有鞭炮厂、欣荣精细化工厂、中南鞋厂3家。全镇工业总产值3.1亿多元。2014年，工业企业75个，职工205人，企业实交税金总额442万元。

商贸服务业

1954—1957年，先后在烟竹寺老街设供销合作分社、肉食品站、粮油购销站、粮食储运库，供应生产、生活资料。1978年后，市场放开，个休私营商业发展，1995年发展到160户、320余人，之后，民营商业迅速发展，成为商贸流通领域的主体。2014年，社会商品零售总额1.6亿元，境内有商业网点311个，职工720人，集贸市场1个，年成交额8000多万元。

财政收入

1984年，建立乡镇财税所。1998年，全镇财政收入590万元，支出590多万元。2003年，降低农业税税率。2006年，农业税及附加税全部取消。2011年，财政总收入1069万元。地方财政收入111万元，其中完成国税6万元，地税28万元，耕地占用税、契税39万元，矿产资源税38万元。2014年，财政总收入为9748万元，一般预算收入9748万元。财政支出9786万元。

2014年年末，境内有农业银行代办所1家，邮政储蓄代办所1家，农村信用社1个，信用网点3个。

基础设施

交通运输

民国末年，境内无公路运输设施，运输主要告靠肩挑手提走羊肠小道。1958年，修1条砂石土公路。后修乡村大道5条，长6公里。嗣后，将大道扩大为砂石公路，至2014年，实现村村通水泥公路,全镇公路里程46公里。县道常胜公路、洋板公路分别从北向南、从西到东纵横交贯过境，境内共长22公里。

2007年，客运站建成。2014年，客运站日发客运汽车15班次，日均客量535人次。

邮政通信

民国末年，辖区有1条从板桥至烟竹寺电话

线路，未通电话。1953年，设邮政代办所1处，由供销分社代办。1981年，辖区建邮电支局1个，工作人员3人，电话机5部。1978年，电话机6部。1995年后，开通大型数字程控电话、无线寻呼和移动电话，进入国内、国际直拨网，并且开通了到村程控电话，装机容量1万门，安装电话机608部，成为衡阳市农村通信第一乡。2014年年末，境内有邮政代办所1家，邮政业务总量110余万元。电信企业3家，服务网点8个，固定电话用户1521户；移动电话用户8642户，互联网用户300户。全年电信业务收入480余万元。

供电饮水

1960—1974年，用柴油机带动电机发电供机关照明。1975年起，加工、照明用电由湘南电网公司供应。2014年，用电总量82万千瓦小时，山区村个别村民小组则用5～10千瓦微型发电机供加工照明用电。2014年，全镇用电入户率100%。

大部分农户饮用井水或打深井饮用地下水。1996年，泉峰冠村用胶管从泉峰冠山顶上泉水井里引水到各农户家饮用，成为常宁市第一个使用自来水村。

水利建设

境域地处宜水河上游，以引水灌溉为主，总水量2亿多立方米。民国时期，水利设施以山塘、土柴坝堰为主，水车提水灌田或用吊桶提水灌溉，抗灾能力弱。1953年，新建整修山塘20口。1958—1978年，建小（一）型水库1座，整修山塘100余口。1981年后，先后建柴油机机埠10余处，电力排灌站6处。修筑渠道5条，长10多公里。全乡旱涝保修面积1566.7公顷。由于渠道超期服役，老化淤积，渗透严重，导致工程抗旱排洪功能减低。1995年后，加大水利建设力度。至1997年，全镇累计投工60万个，投入资金120余万元，修建曹家大堰，维修高陂、官陂两坐大堰闸门，新建电排9座，整修骨干山塘水库19口（座），护砌渠道13条（段）长12公里，增加灌溉面积373.4公顷。泉峰冠村筹资11万余元，将2条长3公里的田间排灌渠道和1条长1公里的洋泉水库泄洪渠道用石块水泥护砌。1998年，硬化流毕、塘头两座堰，修护水库涵道保安4处，硬化山塘25口，硬化渠道4公里，共投入工日4500多个，移动土石18000余立方米，改善灌溉面积500多公顷，新增旱涝保修面积66.7公顷。至2014年年末，有2座小（一）型水库、6座小（二）型水库，6座电力排灌站，装机容量811千瓦，大堰坝5座。骨干山平塘40多口。

村镇建设

1995年后，新建卫生院1所，建筑面积1500平方米，新建校舍9417平方米，维护校舍4400平方米。新建长1公里、宽8米的商业街道2条，有店铺百余个，小集镇由0.5平方公里扩展到1.5平方公里。烟竹寺老街（1962年被洪水冲毁）建成一条崭新街。店铺、摊位数十个。农村房屋的建筑发生巨大变化，茅房草舍逐渐减少，1980—1985年，40%左右农户建了新房屋。1985年后，农户建筑的房屋结构和造型向多功能使用发展，不少农户建成独立小栋。且多为水泥砖混结构，平顶屋面作晒坪，前后有阳台，外墙粉刷，一般为2～3层。1991—1994年，划地2380平方米，为17户遭受洪灾的灾民建房。1995年以后，农户依山就势，维护风水龙脉，逐渐建2～4层钢筋水泥砖混结构楼房群，屋内装修等级不断升级。至2014年，大部分村新建综合楼，少部分村对原有的综合楼进行改造。

社会发展

教育科技

教育 民国后期，有经馆、蒙馆数处，曹氏宗族办义学1所。中华人民共和国成立初期，农民夜校、扫盲班普及境内。积极发展普通教育、成人教育、职业教育。1957年，小学发展到30所，办中学1所。工农子弟入校读书由原来的20%上升到91%。1978年，辖区有小学40所，其中完校4所，小学适龄儿童入学率100%；中学4所，中学适龄人口入学率100%。小升初升学率100%，九年义务教育覆盖率100%。1995年，撤区并乡建镇后，全镇中小学调整布局，中学调整为3所，农中1所（后撤销）。小学调整为20所，调整后，中小学入学率100%。1996年后，镇投资489.1万元，扩建2所中学，1所小学，新建2所联校和1所小学，校舍面积9417平方米，维修校舍面积4400平方米。2011年年末，幼儿园10所，在园幼儿305人，教师36人；小学6所，其中中心校1所，在校学生3228人，专任教师147人，小学适龄儿童入学率100%；初中2所，在校学生1279人，专任教师83人，初中适龄人口入学率100%，小升初升学率100%，九年义务教育覆盖率100%。2011年，财政预算内教育经费680多万元。2014年年末，托儿所、幼儿园15所；小学17所，在校学生3457人，专任教师210人，小学适龄儿童入学率100%；初中2所，在校学生1352人，专任教师180人，初中适龄人口入学率100%，小升初升学率100%，九年义务教育覆盖率100%。

科技 20世纪70年代，辖区设4个农业植保站，技术人员8人。1981年，先后撤销。1986年，成立农业技术推广服务站，村设服务组，村民小组设服务小组，形成了农业技术推广工作网络。1992年后，建立农科中心，办1所科技学校，年办技术学习班36期，培训1200余人次，其中村农技员45人，科技示范户111户、111人。还设农技咨询站11个。实现了早、晚稻种子100%用“强氯精”消毒，大田育秧100%覆盖地膜，晚稻100%杂交化，被衡阳市政府授予“科技兴农达标乡镇”称号，被湖南省政府评为“农业丰收规划先进单位”。2014年，镇农技站技术推广服务工作人员分4片，开展推广农业技术、农科成果服务活动。

文化体育

1965年，建立民办公助文化站1个，配备半脱产文化辅导员1名。1977年，文化辅导员改由公社民办教师兼任。次年，建社办电影队1个。1986年社办图书馆。2014年年末，有文化站、图书馆各1个，村级文化活动中心19个，文化专业户5户，农家书屋20处，藏书3万多册。

1974年，架通区、社、大队、生产队广播专线，公社建立广播放大站，安装高音喇叭、舌簧喇叭，70%的农户能听到广播。1986年，乡电影由私人承包放映。1990年年末，黑白、彩电进入农户。2014年，通宽带的村45个，通有线电视的村40个。有线电视用户2100户，入户率达18.3%。

2014年，境内有学校体育场地2个，体育设施完备。

医疗卫生

1959年，辖区公社卫生院4个，有医生23名。1969—1971年，实行合作医疗制度，大队设立医务室。1980年以后，集体医疗事业继续发展，个体医生陆续开业行医。2006年，实行新型农村合作医疗试点。2007年，参合率88.25%。2014年，新型农村合作医疗参合率98%。是年末，各级医疗卫生机构46个，其中门诊部（所）1个，村医务室45个，有床位70张，专业医师55个，其中执业医师12人，执业助理医师18人，注册护士7人。医疗机构（门诊部以上）完成诊疗12000多人次。

1974年，公社卫生院配保健医生1人。各大队建卫生保健室，生产队配备卫生员，广泛开展清洁卫生。大搞“两管五改”（管水、管粪、改水井、改厕所、改畜圈、改炉灶、改环境）活动。新建和改造水井5口，新建、搬迁厕所、猪圈、牛栏共10余间。2014年，14个村建垃圾集中处理池14口。

社会保障

“五保”供养 1961年后，由大队生产队分散供养。1986年，由公社统一筹集，每人每年生活费300元，口粮350公斤，食油5公斤。2007年，享受低保待遇。是年胜桥敬老院建成，床位53张。2011年，全镇共有“五保”对象530人，集中供养53人，支出28.6万元；分散供养477人，支出87万元。2007年后，按低保标准供养。

最低生活保障 2007年，全镇实行城乡居民最低生活保障，当年低保人数20户、20人。2011年，城镇居民低保对象15户、16人，支出

泉峰冠

34080元，月人均177.5元；农村低保对象1234户、1773人，支出148.9万元，月人均70元。2014年，全镇有1328人享受最低生活保障待遇。

养老保险 2012年，实行城乡居民养老保险。至2014年，全镇居民参加养老保险的有21577人，参保率63.6%。

医疗保险 2005年，启动城乡居民大病救助，当年救助17人次。2006年，农村居民参加医疗保险人数37516人，缴医疗保险基金19.944万元。农保率75.5%。2011年，民政部门资助1289人参加医疗保险，金额85万元。至2014年，全镇参加医疗保险人数有44504人，参保率89.6%。

优抚补助 2008年，有各类抚恤、优抚对象392人，补助金额159852元。2009年，各类重点优抚对象127人，补助金额22860元。2014年，农村年满60周岁退役士兵老年生活补助对象122人，补贴金额39960元，农村困难的军退人员155人，定期定量补助金额15372元。

特色地情

名优特产

菜籽油 俗称菜油，是菜籽榨出的食用油，色彩金黄或棕黄。富含丰富的脂肪酸，脂溶性维生素A、D、E及磷脂，营养价值高，年种植油菜面积1万余亩，常年产菜油300多吨。

风景名胜

泉峰冠 又名泉峰观。位于镇区西部，海拔487米，面积1平方公里。此山风景独好，山顶泉水明亮澈底，冬暖夏凉，泉上方有谢仙岩。西麓有著名的天堂湖。山中建有泉峰、弥峰、灵峰三坐寺殿，全山树木葱茏。屹立山顶观景台，观赏天堂湖全景，仰望天堂山，自然风景尽饱眼福。传说唐天宝年间（713—741），有自称谢道者在岩洞中炼丹，樵夫问他何以度日，他以桃自啖。樵夫乞求一枚，吃后回家数日，不觉饥渴，复上山寻访，见岩上留有字句：“仙人有待今骑鹤，俗子无劳再问津。”

龙王牌 位于镇区东北部官陂洞北部右上方的石山咀，石山上有石龙、海螺，宜河从龙、螺傍流过，其影倒映水中，栩栩如生，使人叫绝。一游客吟诗：“石龙昂首宜水边，率队鱼群拜舞前；阅尽沧桑知几许，观泉无计饮甘甜；海螺何事倚山盘，烟火无缘试学仙；得道就该天上去，黄昏潜影江中天。”

（文字供稿：胜桥镇党政办　图片供稿：常宁市史志办）

官岭镇 >>

区域概况

位置面积

官岭镇位于常宁市西部，距市城区16公里。为常（宁）、祁（阳）两市县交通要冲和商贾云集之地。因街东口岭上，从前有一庵堂，内供巨型观音塑像，故得名“观音岭”，其庵后被太平军焚毁。清同治末年，当地缙绅在岭上建有接官亭，富丽堂皇，俨如官厅，遂名官厅岭。建乡（镇）时，简称官岭乡（镇）。地处北纬26° 18′ 14″ ~ 26° 26′ 17″，东经112° 07′ 54″ ~ 112° 17′ 00″。东与兰江乡为邻，南与洋泉镇接壤，西与祁阳县石鼓园乡毗邻，北与大堡乡、新河镇相连。区域东西最大距离14公里，南北最大距离14.5公里，总面积89.71平方公里。2012年，镇人民政府驻地由官岭村迁驻七龙村。

建置沿革

民国后期属大美乡、平泉乡。1949年，沿用旧制。1950年，撤乡保甲制，改置第九区，下设官岭、麦元、老农、鹅堂、金轮、大平、农胜等7个乡。1955年，属官岭区。1956年，撤区并乡，合并为官岭、鹅院乡。1958年，实行政社合一，撤乡合并为星火人民公社。1960年3月，撤星火人民公社，分为官岭、麦元、鹅院、富贵、到湖、金元6个人民公社。1961年9月，恢复区建制。属官岭区。1984年，恢复乡建制，政社分设，将官岭、麦元、鹅院、富贵、到湖、金元6个公社改为官岭、麦元、鹅院、富贵、到湖、金元6个乡，大队改为村，生产队改为村民小组，居民委员会保持原建制。属官岭区。1986年12月，撤销官岭乡，设立官岭镇，属官岭区。1995年5月，撤区并乡，将麦元、富贵、鹅院3个乡并入官岭镇。2010年4月1日，撤销富贵居民委员会。

行政区划

1983年，辖官岭社区居民委员会和官岭、龙团、中康、虾塘、淡元、岩门、锡坪、龙堰、三房、七龙10个大队，下辖3个居民小组，134个生产队。2014年末，辖官岭社区居民委员会和官岭、龙团、中康、虾塘、淡元、岩门、锡盆、龙堰、三房、七龙、良林、金龙、竹塘、老农、畔冲、龙华、车贤、麦元、老屋、大林、新仓、观音、大联、富贵、香花、勒塘、江边、鹅桥、双溪、鹅院、高桥、林场、金源、凤塘、石龙、金市36个行政村，下设5个居民小组、423个村民小组。

自然环境

属丘陵地区。南高，群山连绵，林木葱茏，龙台岭海拔815米，山前地势平坦，田洞较开阔；北低，丘陵起伏间垅田，海拔250～300米。处亚热带季风湿润型气候区，四季分明。年平均气温18.2℃，年降雨量1366.6毫米。常年主导风为南风，冬季多北风。有洪涝、冰雹、地质等自然灾害。土壤分为水稻土、红壤土、黑色石灰土、紫色土等4大类，亚类土壤8种。地下矿藏有大理石、瓷泥、煤炭等。地域属涺水水系。涺水发源于祁阳县石鼓园分水坳，自香花村入境，至岩门村，往北流入新河镇灯坪村。境内长20余公里，流域面积20多平方公里。

人口面积

1984年年末，总户数8303户，总人口数36610人。1996年年末，总户数9095户，总人口40913人。2011年年末，总人口44151人，其中城镇常住人口3170人，城镇化率7.1%。总人口中，男性23485人，占53.2%，女性20666人，占46.8%。14岁以下3500人，占7.9%；15～64岁34151人，占77.4%；65岁（含65岁）以上6500人，占14.7%。总人口中，以汉族为主。2011年，人口出生率1.12‰，死亡率0.42‰，自然增长率0.7‰。2014年年末，总户数14717户，总人口数46098人，男性24478人，占53.1%，女性21620人，占44.9%，流动人口126人。

经济发展

经济综述

官岭镇小城镇、工业小区和市场建设三位一体，协调发展，全面推进，经济建设步入快车道。1994年，地区生产总值11124万元，其中农业总产值5299万元，占47.6%，工业总产值5240万元，占47.1%，第三产业总值585万元，占5.3%，农民人均纯收入1181元，粮食总产量21808吨。2011年，地区生产总值21460万元，较1994年增长93%；其中农业总产值7890万元，增长48.9%，工业总产值7520万元，增长43.5%，第三产业6050万元，增长9.3倍，农民人均纯收入7813元，增长5.6倍，财政总收入1355.27万元。粮食总产量21462吨，略有减少。2014年，随着经济的大发展，农民人均纯收入9124元，比2011年增长16.8%，财政收入11914万元，增长7.8培，粮食总产量22754吨，增长6%。

农业

种植业 耕地历来以种植水稻为主，红薯、高粱、玉米、小麦、蔬菜、豆类次之。1950年，人民政府鼓励农民搞好粮食生产，除三年自然灾害外，其余年度粮食生产都有发展。至1978年，水稻亩产由1949年的160公斤提高到290公斤，增长21.25%。1983年，农村普遍实行家庭联产承包责任制，当年粮食亩产390公斤（其中水稻亩产400多公斤），较1978年增长37.9%。2011年，农业总产值7890万元，粮食总产量21462吨，人均486公斤。油菜种植面积566.7公顷，蔬菜种植面积266.7公顷，烤烟种植面积78.6公顷，产量690担。2014年，全镇农作物总播种面积6797公顷，粮食播种面积3766公顷，粮食总产量22754吨。

养殖业 山塘养鱼和饲养生猪、家禽传统习惯。1975—1978年，大力发展集体养猪，全公社办集体猪场28个。养猪3600多头。1984年后，实施“猪鸭鱼”工程，养一塘（库）鱼、一群鸭、一栏猪的立体养殖模式，发展优质高产高效农业。2007年，全镇稻田养鱼100公顷。养牛、羊500余头（只），鸡、鸭15万羽。2011年，生猪饲养量5000多头，年末存栏2000多头，养殖水面100多公顷，水产品总产值3700万元。2014年，全镇肉类总产量1705吨。

林业 杉木林、油茶林为盛，柑橘、柰李等经济林及风景林为次。民国30年（1947）前后，造林1万多株。1950—1953年，造林160公顷。1974年，建林场1个，面积66.7公顷。1984年年初，林场解散，林权还归村民小组或承包到户。1995年后，林业持续发展，到2014年，全镇有林面积1800公顷，其中杉木林面积600公顷，油茶林1000公顷，柑橘等经济林共80公顷。

工业

民国时期，官岭老街有木屐店，农村有个体木匠。常宁县人民政府成立后，工业企业逐步发展。1958年，建农具厂1个，石灰厂1个。1970年后，工业企业发展迅速，1978年，全公社共有社队企业20多家，产值1万多元。1978年以后，先后办起大理石厂、陶瓷厂、铜矿、股份制预制场、琉璃瓦厂、木材加工厂、机砖厂等109个企业。1994年，企业总产值7710多万元。2011年，工业企业23家，职工1300人，产值7520万元。2014年，全镇工业企业67个，职工756人，实交税金总额540万元。

商贸服务业

民国后期，集镇设有1家伙铺，1家小杂货店。1957年，先后在官岭老街设立供销社、肉食品站、收购站、粮站及粮库，供应生产、生活资料。1958年，商贸由供销社、合作商店统一经营。1962年，恢复墟市场，商品流通日趋活跃。1978年后，有商业网点5个。国营、集体商业继续发展。1980年初，市场开始放开。1990年起，民营商业发展迅速，成为流通领域主体。到1988年，民营商业发展到100余个，从业人员200多人。2014年，社会商品销售总额2.1亿元。共有商业服务网点140个，职工220人，集贸市场2个，年成交额1.6亿元。富贵集贸市场是常宁、祁阳、祁东三县市边境的主要集散地。年成交额7500万元。

财政金融

1984年，成立乡财税所，职工3人。2003年，降低农业税及附加税税率，2006年，农业税及附加税全部取消。2011年，财政总收入560万元。地方财政收入92万元，其中完成国税16万元，地税53万元，矿产资源税费23万元。2014年，财政总收入11914万元，一般预算收入11914万元，财政支出10788万元。

2014年，境内金融机构有农业银行代办所、邮政储蓄代办所、农村信用合作社网点2个。

基础设施

交通运输

民国时期，境内无公路，只有乡村大道。1958年，修砂石公路1条，长10公里。1965年后，修砂石公路4条，全长20多公里。至2014年，村村通水泥公路。全镇公路里程47公里。省道320线穿境而过，境内长15公里，东富线、官堡线纵横过境。

20世纪70年代，境内建客运站1个，设招呼站3处。2014年，日发车30班次，年客运量21.9万人次。

邮政通信

1962年，境内有邮电支局1个，邮电所3个，邮电人员5人，固定电话7部。1994年开始，自动交换设备被数字程控交换设备所代替，1997年，交换机实占容量349门，电话用户349户。1998年9月，邮电分营。2014年年末，邮政所1家，全年业务收入13万元。电信企业3家，服务网点3个，村村电话通，可直接世界各地，固定电话用户3300户，普及率22.4%。移动电话用户1.5万多户，互联网用户340户。全年电信业务收入120万元左右。

供电饮水

1965年后，官岭建微型水电站3处，装机3台。1979年12月，建中康小水力发电站，装机2台,250千瓦,年发电量66万千瓦小时。1990年，官岭供电所建成，并与湘南电网公司联网，年供电量1500万千瓦时，生产、生活用电充足。

2011年，官岭自来水厂建成，日供水5000余吨，可供4万多人饮用，其余饮用井水、压水井井水。

水利建设

民国后期，官岭水利设施只有山塘、小土柴堰坝、水车、吊桶，抗灾能力很弱。1958年，全公社组织4000多劳力，修建西塘中型水库，1960年完成枢纽工程，1964年竣工，灌田1333.4公顷。1974年后,新建改造山塘230多口，堰坝10余座，建电力排灌站6座。至2014年年末，有中型水库（西塘）1座，小（二）型水库10座，电力排灌站15座，高低压线路共长95.5公里，骨干山平塘150余口，骨干堰坝5座。

村镇建设

1995年后，小城镇、工业小区、市场建设三位一体，协调发展，全面推进。官岭、富贵两个新农贸市场建成使用；官岭工业小区筑巢引凤，其发展势头良好。至2014年，2个小集镇建设，由1平方公里，扩展到2.5平方公里，设施完备，功能齐全。2006—2014年，农村房屋建筑大为改观，钢筋水泥砖混结构楼房遍布境内，屋内装修等级不断升级，宽敞大方，楼房周围绿树成荫，环境优美。至2014年年末，村民委员会新建和改造村综合楼30余栋，内设有会议室、文化室、图书室。

社会事业

教育科技

教育 民国时期，有经馆、蒙馆数个和族办小学1所。常宁县人民政府成立初，接管族办小学。1951年，农民夜校、扫盲班普及全境。积极发展普通教育、成人教育、职业教育。1965年，有小学10所，初中2所，其中县办初中1所。在“文化大革命”中，教学秩序被打乱，停课搞串联，上到北京，下到生产队，教育事业遭受严重破坏。1977年，恢复考试制度，青少年学生求知热情高，入学率100%，小升初升学率100%。1995年，撤区并乡建镇，教育部门调整学校布局，至2011年，全镇幼儿园9所，在园幼儿970人，专任教师25人；小学17所，其中中心小学4所，在校学生3430人，专任教师125人，小学适龄儿童入学率100%；市办初中1所,镇办初中2所，在校学生979人，专任教师61人，初中适龄人口入学率100%，小升初升学率100%，九年义务教育覆盖率100%。2011年，财政预算内教育经费970多万元。2014年,幼儿园、托儿所共计19所；小学11所，在校学生3359人，专任教师151人；中学3所，在校学生1069人，教师106人。小学适龄儿童、中学适龄人口入学率、小升初升学率、九年义务教育覆盖率均为100%。

科技 1970年初，辖区公社有植保站6个，植保员12人。1986年，辖区成立农业技术推广服务站6个，农业技术服务员12人，村成立农技推广服务组。1990年，镇设立科技委员会，配备1名副镇长专抓。1991年，引进奈李良种苗，种植面积 33.4 公顷，虾塘村引进优质脐橙苗，种植面积 200 多公顷。1995 年，合并为官岭镇农业技术推广服务站。1996 年，引导淡沅村购进饲养肉蛋兼用型湘黄鸡、蛋用型来杭鸡、肉用型布罗AA 鸡共 5.8 万羽，利用山地散养，成为衡阳市山地养鸡示范村。2014 年，镇农技服务站，分 4 片，每片 2 人，进行农业技术推广。

文化体育

1956—1957 年，先后成立农村俱乐部 8 个。1965 年，公社建文化站 1 个，1984 年，村建文化室。至 2014 年年末，有图书馆、文化站各 1 个，村级文化活动中心 22 个，农家书屋 22 处，藏书 4.2 万册，文化业余创作人员 20 人。镇文化站曾多次被衡阳市常宁市评为先进文化站。

1970—1974 年，架通大队、生产队广播专线，公社广播站建立。安装高音喇叭、舌簧喇叭。69% 的农户能听到广播。1990 年，公社建广播电视站。黑白、彩色电视机陆续入农户。至 2014 年，通宽带的村 37 个，通有线电视的村 28 个。有线电视用户入户率 30%。

2014 年，境内学校体育场地 3 个，体育设施齐全。

医疗卫生

1962 年，建区医院 1 所，1969 年，实行合作医疗制度，大队设医务室 12 处。配备赤脚医生 12 人。20 世纪 80 年代后，允许和支持个体医生开业行医。至 2014 年年末，有各级医疗卫生机构 46 个，其中门诊部（所）2 个，村医务室 37 个，镇中心医院 1 个，分院 3 个，中学医务室 3 个，医院有床位 60 张，专业医务人员 93 人，其中执业医师 7 人，执业助理医师 20 人，注册护士 12 人。是年医疗机构（门诊部以上）完成诊疗 6 万多人次。2006 年，实行新型农村合作医疗试点，2007 年参合率 84.35%。2014 年，新型农村合作医疗参合率 98%。

1962 年，公社卫生院配保健医生 1 人。1969 年，大队设保健室，生产队配备卫生员，形成了卫生工作网络。1976 年，开展卫生“两管五改”（管水、管粪、改水井、改厕所、改畜圈、改炉灶、改环境）活动，全公社新建改造水井约 6 口，搬迁厕所、猪圈、牛栏 16 间，建田头肥库 236 个。2014 年，18 个村建垃圾集中处理池 20 多口。

社会保障

“五保”供养 1961 年，“五保”户由大队生产队分散供养。1987 年起，由乡镇统筹钱粮油，每人每年生活费由原供养标准提高到 300 元，口粮 350 公斤，食油 5 公斤。2007 年，享受低保待遇。2011 年，全镇“五保”对象 354 人，集中集体供养 56 人，支 30.24 万元；分散供养 298 人，支出 53.6 万元。其后，全镇“五保”户按低保标准供养。

最低生活保障 2007 年，实行城乡居民最低生活保障。2011 年，城镇居民享受最低生活保障待遇 1571 户、1629 人，支出金额 117.2 万元，月人均 60 元；2014 年，享受最低生活保障待遇 1186 人，支出 120 万元，月人均 84.3 元。

养老保险 2012 年，启动城乡居民社会养老保险。2014 年，农村居民参加社会养老保险 31679 人，参保率 68.7%。

医疗保险 2005 年，实行城乡居民大病救助，当年救助 15 人次。2006 年，农村居民参加医疗保险人数为 32976 人，缴医疗基金 27.816 万元，参保率 71.5%，2011 年，大病救助 240 人次，医疗保险人数 2100 人，支出 86.3 万元。2014 年，参加医疗保险人数 42300 人，参保率 91.8%。

优抚补助 2008 年，各类优抚对象 342 人，发放补助金额 122220 元。2009 年，重点优抚对象 103 人，春节前一次性生活补助 18540 元。2014 年，农村年满 60 周岁及其以上退役士兵

富贵塘

136人，生活补助44460元，农村困难的军退人员154人，定期定量补助金额13116元。

特色地情

风景名胜

鹅院洞　位于镇域西部，面积2平方公里，田洞周围山峦起伏，茂林修竹，郁郁青青，山麓有一座座庄院。每逢春末夏初，山中各类花草争奇夺艳，绚丽多彩，香飘大洞。传说田洞中有一对相亲相爱的仙鹅，有时在天空中翱翔，有时在地上翩翩起舞，使人刮目赏观。“鹅院洞”由此得名。

犀牛石　独耸于镇东七垅村田垅中，形似牛头，其凹处石缝中至今夹有铁片，固不可拔。传说一头犀牛常侵害人和庄稼，马师公用宝剑杀于此，变为一蹲石头，故名犀牛石。

富贵塘　又名枯骨塘，位于镇西部富贵村。塘为长方形，面积2亩多。传说原为庵院地址，有僧逾百。一日，僧堵庵内两井，瞬间，庵院深陷，僧俱亡，唯有老和尚与狗外出免遭此难。其后，塘里枯骨一遍，故名枯骨塘。后以方言谐音称之为富贵塘。塘水清亮，四季不涸，今塘周围建起一栋栋楼房，房屋倒影映水荡漾，鱼在水中游，鸭群戏水唱，相映成趣。

（文字供稿：官岭镇党政办　图片供稿：常宁市史志办）

新河镇 >>

区域概况

位置面积

新河镇地处常宁市西北部，距市城区 15 公里。因镇政府驻地湘江河中有一洲而得名。后因与祁东县河洲镇重名，遂改名新洲镇；1995 年更名新河镇。位于北纬 26° 24′ 09″ ~ 26° 32′ 11″，东经 112° 13′ 22″ ~ 112° 21′ 52″。东与兰江乡接壤，西南与官岭、大堡两乡相连，西与祁东县河洲镇隔湘江相望，北与江河乡为邻。区域东西最大距离 13 公里，南北最大距离 14 公里，总面积 92.35 平方米。镇人民政府原驻河洲村，2013 年迁驻新长村。

建置沿革

民国末期，属大美、同益、平泉 3 个乡。1949 年，沿用旧制。1950 年，撤乡保甲制，改置第一区，旋改第十区，下设河洲、瑞时、灯坪、清泉、陶岭、八正 6 个乡。1955 年，属河洲区。1956 年，撤区并乡，合并设立河洲、江河、珠塘、大堡乡。1958 年，实行政社合一，分属宇宙、群英两个人民公社。1960 年 3 月，撤两个大公社，分为珠塘、株梓、河洲、双坪、江河、麻洲、大堡等 7 个小公社。1961 年 9 月，恢复区建制，属河洲区。1984 年，恢复乡建制，7 个公社改为 7 个乡，属河洲区。1986 年 12 月，撤河洲乡，设河洲镇，后改名新河镇，属新洲区。1995 年 5 月，撤区并乡，将珠塘乡、株梓乡并入新河镇。2010 年 4 月 1 日，撤销河街居民委员会。

行政区划

1980 年，辖新洲社区居民委员会和清泉、高朋、新江、联桥、兴旺、新冲、河洲、新长、相时、瑞湖、上河、柏洲 12 个大队，下设 4 个居民小组，152 个生产队。2014 年末，辖新河社区居民委员会和湖坪、太江、八正、陶岭、新坪、中华、五里牌、新长、河洲、清泉、高朋、新河、联桥、兴旺、新冲、柏洲、相时、上河、瑞湖、塘头、江堡、清阁塘、五星、石畔、星火、合心、灯坪、大和、五家围 29 个行政村，下设 5 个居民小组、366 个村民小组。

自然环境

属紫色页岩丘陵地区。南偏高，北偏低，东北部五龙山海拔 123 米，是常宁名山之一。紫色丘岗山地间垅田。处亚热带季风湿润型气候区，四季分明。年平均气温 18.2℃，年降雨量 1350 毫米。常年主导风为南风，冬季多北风。有干旱、洪涝等自然灾害。土壤分为紫色土、潮土、红壤土、水稻土 4 大类，亚类土壤 8 种。属湘江水系。湘江自五家围村入境，至清泉村，向北流入江河乡大禾坪村。境内长约13公里。其支流湄水，从灯坪村入境，至河洲村，向北注入湘江，境内长8公里。

人口民族

1984年，总户数6515户，总人口数27773人。1996年年末，总户数6866户，总人口32585人。2011年年末，辖区总人口31032人，其中城镇常住人口9040人，城镇化率为29%。总人口中，男性16870人，占54%，女性14162人，占46%。14岁以下5751人，占18.5%；15～64岁22151人，占71.5%；65岁（含65岁）以上3130人，占10%。人口均为汉族。2011年，人口出生率11.45‰，死亡率5.3‰，自然增长率6.15‰。2014年年末，总户数9552户，总人口31933人，男16856人，占53.1%，女15077人，占48.7%，流动人口114人。

经济发展

经济综述

新河镇盛产稻谷、油菜、花生、豆类等作物，为生猪禽畜、鲜鱼重要生产基地和芦竹生产基地，乡镇工业发展迅速，全镇主要经济指标创历史新高。1994年，工农业生产总值7925万元，其中农业总产值4165万元，占52.6%，工业总产值3760万元，占47.4%，农民人平纯收入931元。粮食总产量11525吨。2011年，工农总产值11020万元，比1994年增长39.1%，农业总产值7100万元，增长70.5%，工业总产值3920万元，增长4.3%，农民人均纯收入7818元，增长7.4倍，财政收入445.26万元。粮食总产量11525吨，与1994年等量。2014年，农民人均纯收入9130元，比2011年人均纯收入增长16.9%，比1994年增长8.8倍，财政总收入8734万元，比2011年增长18.6倍。粮食总产量15759吨，比2011年增长36.7%。

农业

种植业 耕地传统以种植水稻为主，旱粮为次。民国时期，水稻只种一季，产量很低，收割后，任其冬闲，旱土种红薯、土豆、蔬菜。1950年，县人民政府鼓励农民积极种水稻和旱粮。1957年，水稻亩产提高到160多公斤，较1949年增长60%以上。1962年，实行“三级所有，队为基础”的制度，严格控制废弃耕地。改革耕作制度，变种一季为种两季、变高秆为矮秆、变劣种为良种，实行经作和旱粮套种，防治病虫害，粮食亩产163公斤，其中水稻亩产180公斤。1983年，农业生产实行家庭承包责任制，亩产水稻400多公斤。2011年，粮食总产量11525吨，人均371.4公斤，油菜种植面积866.7公顷，蔬菜266.67公顷，花生333.34公顷，西瓜666.7公顷。2014年，全镇农作物种植总面积4710公顷，粮食种植面积2608公顷，粮食总产量1.58万吨。

养殖业 畜禽饲养有良好的传统，塘库养鱼为著，是县（市）内鱼业生产基地之一。1975—1978年，集体养猪迅速发展，到1978年，全公社建集体猪场30个，养猪共计2700多头，出栏2100多头。1984年后，集体猪场解散，发展私人养猪，并出现一批养猪专业户，1994年，全镇共养猪1万头左右，年末存栏3000头，养鸡6.7万羽，鱼放养水面565公顷，年产鱼1500吨，成为常宁鱼业生产基地。2011年，生猪饲养量1.5万头，年末存栏5000多头；牛饲养量3000头，年末存栏2000头；羊饲养量5000多只，年末存栏2000只；水产品总量1500吨，生产的黄皮草鱼远近闻名。2014年，全镇肉类总产量1620吨。

林业 主要有油茶林及油桐林、芦竹等。

1963年，山林权落实到生产队后，全公社开荒造林约20公顷，四傍植树约3000株。1974年，公社建林场1个，面积40多公顷。1983年解散。1998年，全镇共植芦竹34.7公顷。之后，共改造紫色页岩山地4666.67公顷，形成以板栗、红枣、李子为主的水果基地。2011—2014年，造芦竹133.4公顷，国外松66.7公顷。

工业

民国时期，民间有加工寸金糖的传统，多为自产自食，或部分出售。常宁县人民政府成立后，号召发展工业生产。1976—1980年，全公社有社队企业20多个，从业人员约270人。1978年后，企业发展迅速，逐步形成农机、建材、化工、塑料及农副产品加工5大业的工业体系。1994年，有1家县办企业驻境内，镇办企业13家，村组办企业380家，个体私营股份制企业560家，形成了国营、集体、个体、股份企业全面发展的势头。产品主要有硫酸锌系列、液化汽、农机配件、刨丝机、纸袋、塑料瓶等40多个品种。这些产品供不应求，畅销省内外，其中硫酸锌已打入国际市场。1994年年末，全镇工业总产值3760万元。1995年，撤区并乡建镇后，按照市场发展规律，调整工业结构，保畅销产品，淘汰落后产品，村办企业逐步减少，组办企业竞争力不强停办。2011年，支柱产业有建材、纺织、食品加工，工业总产值3920万元。2014年，全镇有较大的工业企业24家，职工267人，企业实交税金总额543万元。

商贸服务业

1954年开始，辖区先后设立供销社、肉食品站、收购站、粮站及储运库。工业品收购统一由供销社，食品站、粮站、农副产品收购站为主渠道。1958年后，墟市复苏，商贸日渐发展，商业网点达到6个。1980年起，民营商业崛起，成为流通领域主体。1994年，有商业网点30个，人员60多人。2014年，社会商品零售总额1.4亿余元。商业网点66个，从业人员210多人，集贸市场1个，年成交额9000余万元。

财政金融

1984年，建乡财税所7个，工作人员21人。2003年，对农业税及附加税降低税率。2006年，农业税及附加税全部取消。2011年，财政总收入495.3万元。地方财政收入181.7万余元，其中完成耕地占用税22万余元，矿产资源税费38万余元，非税收入121.7万余元。财政支出490多万元。2014年，财政总收入8734万元，一般预算收入8734万元，财政支出6503万元。

2014年，境内金融机构有农业银行代办所1家，农村信用合作社网点2个。

基础设施

交通运输

民国后期，境内只有乡村大道，余皆羊肠小道。1958年，修2条砂石公路。1974年，修油渣路2条。嗣后，修砂石路4条。至2014年，村村公路全部硬化。全镇公路里程共长30多公里。317省道贯穿南北，境内长9公里，县道官新线、新江线连通东西，境内长20余公里；滔滔湘江依镇而过，四季通航。

2008年，境内客运站建成，设招呼站2处。至2014年，日发车24班次，日均客量600余人次。

邮政通信

1950年，河洲邮政代办所由河洲供销社承办。1967年，设立河洲支局，架2条电话线路。1991年，交换机实占容量45门，电话用户31户；1995年，交换机实占容量112门，电话用户166户；1997年，交换机实占容量355门，电话用户355户。

1998年9月邮政电信分营。2014年年末，邮政所1家，邮政业务总量120余万元。电信企业3家，服务网点3个。村村电话通；农户固定电话用户1800余户，电话普及率18.8%多；移动电话用户1.6万户，互联网用户260户。全年电信业务收入170余万元。

供电饮水

1973年3月，新洲公社变电站建成通电，开始用电。后与湘南大电网联网，农户生产生活用电大都解决。特别是紧靠近尾洲水利水电站的区域优势，可长年供电，入电用户100%。

2010年，建自来水厂1座，铺设排水管道30余公里，年供水47.5万立方米，供1.5万人饮用。部分村民饮井水，或打压水井饮用。

水利建设

镇域属紫色丘陵地带，内陆干旱严重，1口小山塘灌1坵田。1950—1974年，新建、扩建山平塘和兴建水库360余口（座），1口塘灌1垅田，1座水库灌数垅田。1963年塘头大队首次安装1台40型水轮泵，灌田20多公顷。1965年后，水轮泵发展。建高滩、新阳两处较大的水轮泵站，灌田66.7公顷，旱灾死角基本得到解决。至2014年年末，全镇有8座小（二）型水库，骨干山坪塘110多口，3座电力排灌站，高低压线路共长110余公里。

村镇建设

1995年，兴建农贸街，长300多米，宽17米，1998年交付使用。是年，建成长700多米，

浯洲

宽20米的商业街。2007年，投资110万元，完成富园路口至农贸市场路面硬化，安装街道路灯30盏，街两旁建楼房，集镇面积1.5平方公里。改建中心初中，完成教学楼建筑面积1600多平方米；建公厕1座，占地面积150平方米；建校礼堂1座，占地1000多平方米，建成珠塘完小教学楼，建筑面积2000多平方米。建科技大楼1座，建筑面积1000多平方米。农村随着经济的发展，过去的茅房草舍不复存。至2014年，单独新建一栋栋2～4层的钢筋水泥砖混结构楼房，楼房前墙贴瓷板砖，其余墙用水泥粉刷，屋内装饰逐步升级，其中20多个村新建、改造村综合楼。

社会事业

教育科技

教育 民国时期，办有经馆、蒙馆，雷氏宗族办小学1所。1950年接管族办小学。1950—1951年，农民夜校、扫盲班普及乡村。办小学12所，小学适龄儿童全部入校读书。1958年，办中学1所，完全小学1所。小学13所。1995年，有中学3所，小学29所，其中完校3所。之后调整学校布局，中小学减少。至2011年年末，幼儿园5所，在园幼儿358人，专任教师17人；小学3所，在校学生1662人，专任教师93人，小学适龄儿童入学率100%；初中2所，在校学生692人，专任教师53人，初中适龄人口入学率100%，小升初升学率100%；九年义务教育覆盖率100%。财政预算内教育经费360多万元。2014年年末，幼儿园、托儿所10所；小学6所，在校学生1713人，专任教师86人，小学适龄儿童入学率100%；初中2所，在校学生732人，专任教师82人，小升初升学率100%，中学适龄人口入学率100%，九年义务教育覆盖率100%。

科技 20世纪70年代，辖区有公社农技站3个，技术员6人。1986年，更名为农技推广服务站，村设立农技推广服务组。1995年，撤区并乡，合并为新河镇农技推广服务站，农技推广服务员6人，村农技推广服务组29个，主要推广农业技术、农技科研成果。2010—2014年，推广良种西瓜，每年种植666.7公顷。

文化体育

1953年，办文化站1个，1959年撤销。1965年，建公社文化站3个，配半脱产文化辅导员3人。1977年，公社文化辅导员由民办教师兼任。1982年，建大队文化室12个。至2014年年末，有图书馆、文化站各1个，村级文化活动中心29个，农家书室19处，藏书2万余册。

1970年，架通广播专线。1974年，架通大队、生产队广播线路，成立广播站，并安装高音喇叭、舌簧喇叭。69%的农户能听到广播。1985年，广播电视站建立，黑白、彩色电视机先后入农户。至2014年，通宽带的村29个，通有线电视的村29个。有线电视用户460户，入户率4.82%。

2014年，境内有学校体育场2处，每年举行篮球、乒乓球、羽毛球比赛2次。龙舟竞赛是一项传统的体育项目，每逢端午节，与祁东县河洲镇联谊，在湘江河中进行，场面十分热闹。

医疗卫生

1953年，有联合诊所1个，1962年，有医院1个，医务人员15人；1969年，实行合作医疗，大队设医务室，配备了赤脚医生。1995年，建中心医院1个，分院2个。中学设立医务室1个，大队医务室12个。1980年后，继续发展集体医疗事业，允许支持个体医生开业行医。2006年，实行新型农村合作医疗试点。2007年，参合率88.25%。2014年，新型农村合作医疗参合率 95%。是年年末，各级各类医疗卫生机构 34 个，其中镇中心医院 1 所，分院 2 所，中学医务室 2 个，村医务室 29 个。医院病床 30 张。专业医务人员 74 人，其中执业医师 9 人，执业助理师 17 人，注册护士 10 人。医疗机构完成诊疗 2 万余人次。

1962 年，境内每所卫生院配保健医生 1 人。1969 年，大队设立卫生室，生产队配卫生员。1975 年，开展“两管五改”（管水、管粪、改水井、改厕所、改畜圈、改炉灶、改环境）卫生活动。2003 年，全镇对防止“非典”工作抓得扎实，获得抗非典全胜。2014 年，有 14 个村建垃圾集中处理池约 20 口。

社会保障

“五保”供养 1961—1983 年，“五保”户由大队生产队分散供养。1984 年后，由乡镇统筹钱粮油，分散供养，每人每年生活费 300 元，口粮 350 公斤，食油 5 公斤。2007 年后，享受低保待遇。其后，镇敬老院建成，床位 50 张，集中供养 33 人，支出 17.7 万元；分散供养 366 人，支出 57.1 万元。此后，全镇“五保”户按低保标准供养。

最低生活保障 2007 年，实行城乡居民最低生活保障。2011 年，辖区城乡居民享受最低生活保障待遇对象 992 户、1178 人，支出金额 96 万元，月人均 68 元；2014 年，享受最低生活保障待遇 843 人。

养老保险 2012 年，启动城乡居民社会养老保险。至 2014 年，参加养老保险人数 31229 人，参保率 97.8%。

医疗保险 2005 年，实行城乡大病救助，当年救助 15 人次。2006 年，实施城乡居民医疗保险制度，农村居民参加医疗保险 22600 人，参保率 71%，缴医疗保险基金 19.944 万元，2014 年，参加人数 27606 人，参保率 86.5%。

优抚补助 2008 年，有各类优抚对象 287 人，发放补助金额 132594 元。2009 年，重点优抚对象 126 人，春节前一次性生活补助 22680 元。2014 年，农村年满 60 周岁及其以上退役士兵 98 人，生活补助 32400 元，农村困难军退人员 167 人，定期定量发放补助金额 10698 元。

特色地情

名优特产

万里香花生 2004 年，建芙蓉花生种植基地 666.7 公顷，常年产量 750 余吨。镇宏达食品有限公司加工的花生，系精选粒匀、皮薄的特级芙蓉花生为原料，使用传统中药配方，由先进科学技术精制而成，香飘四方，得名“万里香花生”。其外观均匀，颗粒大，果仁饱满厚实，味道独特，松酥脆爽，常宁著名特产，是老少皆宜的保健食品，畅销省内外。

黄皮草鱼 镇内盛产黄皮草鱼，外观背脊鱼鳞呈黄色，肚皮鱼鳞略呈黄白色，因特殊的水土性质，“新河黄皮草鱼”声名远扬，具有肉质嫩、蛋白质丰富、味道纯正且鲜可口的特点。历史上

万里香花生

流传的“河洲煮鱼不用油，一家有鱼万家求”，指的就是新河的黄皮草鱼。

风景名胜

浯洲烟雨 位于镇西部河洲村。浯水注入湘江，原为半岛，狭长1.5公里，其上原有浯州寺，清乾隆年间，被洪水冲毁，洲亦被冲为二，上截为上浯洲，下截为下浯洲。清同治《常宁县志》载："小洲上，有钟陷地尺许，无纽，大两抱余。旁注明嘉庆五年造，并写浯洲将军大王祠下等字，风雨侵蚀，光泽如故，士人若移置他处，雷辄鸣舟行者。"下浯洲洲身呈梭形，长1公里，宽处为0.2公里，洲上住有村民。远望一叶舟，近看绿花洲，今开发为远近闻名的旅游景区。

五龙山 位于镇域东北部，传说金、木、水、火、土五仙乘色彩龙降落山中，故名五龙山。面积2平方公里，海拔123米，由紫色页岩构成，山势平缓，树木苍翠。山麓建一座小型水库，称为五龙山水库。山清水秀，相映增辉，山下还有五龙寺。清同治《常宁县志》录游人诗一首："依山楼阁惯飞云，云散天花雨亦灵；溪为藏龙金泻碧，竹因留客乍垂青；山急岩嘘混疑蜃，怪石摊头俨听经；看到上方迷望处，行行欲去足还停。"经过开发，成为湘江南岸风景点，与浯洲连成一片。

（文字供稿：新河镇党政办　图片供稿：常宁市史志办）

宜潭乡 >>

区域概况

位置面积

因乡政府驻地位于宜河、潭河相汇间，而得名。地处常宁市城区中部，北纬26°22′27″~26°30′29″，东经112°20′33″~112°30′17″，东与蓬塘乡、盐湖镇接壤，南与三角塘镇为邻，西与泉峰、宜阳、培元三街道、新河镇相接，北与江河乡、柏坊镇毗邻。区域东西最大距离14.5公里，南北最大距离14.5公里，总面积95.44平方公里。乡人民政府驻常荫路60号。

建置沿革

民国24年（1935），属宜阳镇。常宁县人民政府成立初，开始沿用旧制。1950年，撤乡保甲制，改置第一区，下设回龙、茶园、普益、船山、黄桥、金宜、黄禄、桐盟、三岐、黄坪、乌此等11个乡。1955年，分属宜潭、兰江两个区。1956年，撤区并乡，合并设立乌此、曲潭乡。1958年，实行政社合一，撤乡合并为红旗人民公社。1960年3月，撤红旗人民公社，分为桐黄、乌此、曲潭、三塘、瑶塘、湖塘、兰江、正同8个公社。1961年9月，恢复区建制，属宜阳区。1984年，实行政社分设，恢复乡建制，8个公社改为8个乡，属宜阳区。1995年5月，撤区并乡建镇，原桐黄乡的船山、江水、曹同、福寿、黄桥、新联、新和、由市、南京、塘湾、盟山、新建、群英、禄福、和平、新华16个村和曲潭乡的金塘、枫坪、茶园、砂岭、崔家堰、廻江、大屋、董家、郴兰、上洞10个村与乌此乡合并成立新的宜潭乡。

行政区划

1984年，辖上义、中义、梅塘、乌联、紫阳、书泉、大桥、虎洲、珠塘、八角亭、大堰、石桥、联坪、长塘、星子坪、漕塘、金塘、茶园、董家、大屋、廻江、沙岭、崔家堰、郴兰、上洞、茶箭、夏联、金桥、大立、南京、禄福、塘湾、盟山、升塘湾、大雅、荷叶塘、新坛、船山、栗江、曹同、福寿、黄桥、新联、新和、由市、万寿46个大队，下设459个生产队。2014年年末，辖南京、禄福、塘湾、盟山、新建、群英、和平、新华、船山、江水、曹同、福寿、黄桥、新联、新和、由市、上义、中义、梅塘、乌联、紫阳、大堰、石桥、联坪、星子坪、长塘、漕塘、八角亭、书泉、珠塘、大桥、虎洲、金塘、枫坪、茶园、董家、大屋、廻江、砂岭、崔家堰、郴兰、上洞42个行政村，下设403个村民小组。

自然环境

属丘陵地区。南偏高，北偏低，宜、潭两河沿岸有小型盆地，丘岗山地间垅田，东北部乌此山，海拔220.5米，为常宁名山之一。处亚热带季风湿润型气候区，四季分明。常年主导风为南风，冬季多北风。年均气温18.2℃，年降雨量1400多毫米。有强雷击现象和龙卷风、干旱、洪涝等自然灾害。土壤分为水稻土、红壤土、潮土、紫色土、黑色石灰土5大类，亚类土壤11种。地下藏有煤、锰、锡等矿产资源。地域属宜潭水系。宜河自黄桥村入境，至船山村，向北流入柏坊镇沙水村。境内长6公里，潭河自董家村入境，至上洞村流入宜阳街道东湖村，境内长9公里。

人口民族

1980年年末，总户数7810户，总人口数31240人。1998年年末，总户数有9360户，总人口42977人。2011年年末，辖区总人口46705人。总人口中，男性24886人，占53.28%，女性21819人，占46.72%。18岁以下10474人，占22.42%；18～35岁12602人，占26.98%；36～60岁17187人，占36.80%；60岁以上6442人，占13.80%。总人口中，以汉族为主，达46683人，占99.95%；少数民族22人，占0.05%。2011年，人口出生率12.22‰，死亡率5.85‰，自然增长率6.42‰。2014年年末，总户数12472户，总人口49271人，男性26113人，占53%，女性23158人，占47%，流动人口209人。

经济发展

经济综述

宜潭乡历来以种植水稻为主，是常宁市商品粮生产基地之一，乡镇企业发展迅速，形成了采矿、建材、运输、食品加工4大支柱产业，主要经济指标连续创新纪录。1994年，工农业总产值17627万元，其中农业总产值9127万元，占51.8%，工业总产值8500万元，占48.2%，农民人均纯收入1210元，比上年增长56%，粮食总产量31000吨。2011年，全乡工农业总产值45100万元，比1994年增长1.6倍，其中农业总产值24100万元，占工农业总产值53.4%，比1994年增长1.6倍，工业生产总值21000万元，占工农总产值46.6%，比1994年增长1.5倍，农民人均纯收入8614元，增长6.1倍，财政总收入761.79万元。粮食总产量29092吨，比1994年减少1908吨。2014年，农民人均纯收10052元，增长16.9%，财政总收入10970万元，增长27.4%。粮食总产量31463吨，增长8.2%，比1994年增加463吨，增长1.5%。

农业

种植业 耕地历来以种植水稻为主，高粱、小麦、红薯次之，是常宁粮食重点产区之一，又是油菜产区，其他主要农副产品有豆类、蔬菜、湘莲、红提、葡萄等。民国时期，境内稻田多属一熟制。水田冬闲，“冬泡”“冬干”，也有少部分稻田在水稻收割后，复种泥豆、禾根豆、秋荞、秋薯、萝卜、荸荠等。1953年，水稻亩产189公斤，较1949年亩产162公斤，增长16.67%。1964年后，改革耕作制度，推广良种良法，粮食生产发展，到1978年，粮食亩产266公斤，其中水稻亩产380多公斤。1983年，农村实行农业生产承包制度，水稻亩产415公斤。2011年，全乡农业总产值24100余万元，水稻总产量29092万吨，人均622.9公斤，蔬菜种植面积200多公顷，油菜种植面积1333.4公顷，红提种植面积133.4公顷，总产量2100多吨。2014年，全乡农作物总播种面积 9337 公顷，粮食播种面积 5207 公顷，总产量 31463 吨。

养殖业 畜禽以生猪为主，禽次之。1976—1980 年，辖区建集体养猪场 450 栋，养猪 2 万多头。1985 年后，集体猪场全部解散，以私养为主。1995 年，规模养殖为主的开发性农业在全乡持续开展，并形成“一村一品”规模经营的格局。上义村建猪场 8 栋，饲养生猪约 2000 头。成为全县养猪示范村。2011 年，全乡生猪饲养量 10 万多头，年末存栏 6 万多头，养鸡鸭 12 万羽，养鱼水面 733 公顷，水产品总量 6000 多吨。2014 年，全乡肉类总产量 8748 吨。新五丰养猪场驻境内。

林业 油茶林占 70%，其他林占 30%。民国时期，林木一直由山主自由种植，自行采伐，私营购销。1956 年，辖区造林 200 公顷。1974 年，建社队林场 8 个，开荒造林 82 公顷。1983 年，把集体林场山权归还生产队或承包到户，解散林场。1987 年，在境内乌此乡公路两旁造林 1.5 万株。同时将福寿村列为义务造林基地。1994 年后，建立柑橘、冠梨园 4 个，面积共 40 多公顷。至 2014 年，油茶林面积发展到 666.7 公顷，其中新造良种油茶树树苗约 33.4 公顷，其他林 66.7 公顷。是世界粮油组织油茶基地之一。

工业

民国后期，境内有榨油坊、豆油坊。20 世纪 70—90 年代，以乡镇（社队）企业为主；20 世纪 90 年代末期，民营企业迅速发展。到 1994 年，产值过千万元的企业 3 个，300 万元的企业 4 个，100 万元的 13 个，全乡共有乡镇企业，民营企业 247 家，形成了煤炭、锰矿、锡矿、建材、运输、食品 6 大支柱产业。是年，乡镇企业、民营企业总产值 8500 万元。骨干企业有宜潭乡建材厂、曲潭煤矿、乌此煤矿等。20 世纪 90 年代末，整顿矿山企业，调整产业结构，乡镇企业逐步减少，民营企业异军突起。2011 年，工业以建材、采矿、制造、食品加工为主。工业生产总产值 2.1 亿元。有采矿企业 5 个，制造企业 260 个，建材建筑企业 51 个，从业人数 4202 人，其中规模企业 8 家，职工 560 人。2014 年，全乡工业企业 33 个，职工 943 人，企业实交税金总额 1010 万元。市工业走廊、廉租房和中粮集团、市宜江食品有限公司及云城鞋厂、红砖厂等重点企业先后落户境内。

商贸服务业

民国后期，乌此街上有小商铺 3 家。中华人民共和国成立后，1953—1956 年，商贸主要由个体经营。1957 年，成立乌此供销分社和合作商店。1958 年，成立人民公社，取消集市贸易，生产生活资料由供销分社和合作商店统一经营。1964 年，恢复集贸市场。1978 年，境内有供销分社 3 个，代购供销店、门市铺、仓储、集贸市场等商业网点 11 个，从业人员约 30 人。1985 年后，全面实行改革开放，搞活商品流通，一批个体商户进入流通市场。1990 年，个体商业户发展到 10 余家，从业人员 20 余人。1995 年后，集体商业完成改制，置换为民营商业，成为流通领域主体。2014 年，全乡有各类商业门店 110 余个，从业人员 230 余人。集贸市场 2 个，社会商品零售总额 4000 多万元。共有商铺 68 个，职工 120 人。

财政金融

1984 年，建立乡财税所 3 个，职工 9 人。2003 年，降低农业税及附加税税率。2006 年，全部取消。至 2011 年，财政总收入 799 万元。地方财政收入 129.1 万元，其中完成国税 10.8 万元、地税 50.3 万元、矿产资源税 68 万元。2014 年，财政总收入 10970 万元，一般预算收入 10970 万元，财政支出 11903 万元。

2014 年，境内金融机构有农村信用合作社网点 2 个。

基础设施

交通运输

民国后期，无公路，有乡村大道3条，余皆羊肠小道。1958年，修砂石公路至县城2条，共长10多公里。1960—1970年，修砂石公路1条长6公里。1980—2006年，先后修到村的货运砂石路8条，共长10多公里。至2014年，乡村水泥公路四通八达，实现村组通。全乡公路里程20多公里。衡桂高速公路自北向南穿境而过。214省道、320省道纵横过境。县道乌田线和桐官线贯穿境内。

2014年年末，境内有客运汽车招呼站3处。

邮政通信

民国时期，境内设有乌此信柜。1956年后，先后设立桐黄、曲潭、乌此邮政代办所。1980年，建立通村电话网络，利用有线广播专线通电话。1998年9月，邮电分营。2014年年末，邮政代办所1家，服务网点40个，电信企业3家，网点3个，固定电话3500多户，普及率达36%，村村电话通；移动电话用户18000多户；互联网用户1800户，全年电信业务收入948万元。

供电饮水

1964年，培元塔水电站建成后，架通输电线路，公社机关及少数大队开始用电。1970年后，架设3条输电线路，大部分队用上电。至2014年，市城220万伏变电站已建成，供电充足，用电入户率100%。

2014年，境内靠近市城区的村组饮用自来水，其他村组饮用井水或打压水井饮用。

水利建设

清末至民国时期，境内水利设施主要为山塘、土堰、水车、吊桶，抗灾能力很弱。1956—1966年，新建、整修山塘300多口，建新塘小（一）型水库1座，灌田124.7公顷。1975年起，先后建福寿、金塘等小（二）型水库12座，整修骨干山塘100余口，堰坝数座。电力排灌站6座。至2014年年末，有13座小（一）、（二）型水库，400多口山平塘，3座较大堰坝，6座电灌站，洋泉水库右干渠纵灌境内，引水渡槽13渡，共长1.8公里。

村镇建设

至2014年，学校危房全部得到修缮，且建设中、小学新教学楼。农村房屋建筑日新月异。茅房草舍全部拆除，单独一栋三间，二至四层的钢筋水泥砖混结构楼房从地拔起，室内装修不断升级，有的装修与市城无异，屋前屋后绿树成荫，塘湾、上义、廻江、郧兰等村依山就势，建成田园式、山庄市的小建筑群。

社会事业

教育科技

教育 民国时期有蒙馆、经馆数个，欧阳氏等宗族办小学3个。1950—1951年，扫盲班、农民夜校普及境内，小学约160多所。1958年，建中学3所，完小3所，小学200多所。1995年后调整中小学布局，中小学减少。2011年年末，幼儿园8所，在园幼儿715人，专任教师127人；小学10所，在校学生1930人，专任教师117人，小学适龄儿童入学率100%；初中2所，在校学生623人，专任教师70人，初中适龄人口入学率100%，小升初升学率100%，九年义务教育覆盖率100%。是年，财政预算内教育经费383万元。2014年年末，幼儿园、托儿所16所；小学16所，在校学生2010人，专任教师136人，小学适龄儿童入学率 100%；初中 2 所，在校学生 816 人，专任教师 115 人，中学适龄人口入学率 100%，小升初升学率 100%，九年义务教育覆盖率 100%。

科技 1969 年后，辖区建农业植保站 3 个，植保员 6 人。1980 年，撤销农业植保站。1986 年，建立农业技术服务站，服务员 6 人。1995 年，合并为宜潭乡农业技术服务站，服务员 2 人。2014 年，全乡有科技推广机构 43 个，其中乡科技推广站 1 个，农业科技工作人员 2 人，村科技推广组 42 个，推广员 42 人，村民小组设立农技推广小组，主要开展农业科技推广活动。

文化体育

民国后期，民间有舞龙、舞狮、看皮影戏。新中国成立后，文化事业发展。1964 年，大部分大队成立俱乐部，唱歌、跳舞、演折子戏。1965 年，辖区建立民办公助文化站，配备文化辅导员 1 名，1982—1984 年，大队建文化室。至 2014 年，乡文化站 1 个，图书馆 1 个，村文化活动中心 42 个，文化专业户 45 户，农家书屋 43 处，藏书 8 万多册，业余剧团 1 个。

1972—1979 年，全社广播专线全部架通，公社建立广播扩大站，安装高音、舌簧喇叭，70% 多的农户能听到广播。1985 年，建广播电视站。全乡通宽带的村 42 个，通有线电视的村 40 个，有线电视用户入户率 96%。

2014 年年末，塘湾等 13 个村安装农民体育健身器材，经常参加锻炼的人有 20% 左右。境内有学校体育场 2 个，体育设施完备。

医疗卫生

民国时期，一些草药郎在境内游医或坐堂诊疗。常宁县人民政府成立后，医疗迅速发展。1962 年，公社成立卫生院 3 个。1965 年，大队有医务室，配备赤脚医生。2006 年，实行新型农村合作医疗试点。2007 年，参合率 90.03%。2014 年，新型农村合作医疗参合率 96%。是年年末，各级医疗卫生机构 48 个，其中乡中心医院 1 个，分院 2 个，门诊部 3 个，村卫生室 42 个。专业医师 66 人，其中执业医师 15 人，执业助理医师 18 人，注册护士 18 人。有床位 63 张。是年，医疗机构完成诊疗 15000 多人次。

1962—1965 年，公社卫生院配备保健医生 1 人，大队有保健室，生产队配备卫生员。基本形成卫生工作网络。1976 年，开展“两管五改”（管水、管粪、改水井、改厕所、改畜圈、改炉灶、改环境）卫生活动，新建改造饮水井 10 余口，新建搬迁猪圈、牛栏、厕所十数栋，建垃圾池、田头肥库 300 多个。2014 年，垃圾集中处理的村 26 个。

社会保障

“五保”供养 1961 年，“五保”户由大队生产队分散供养。1986 年，由乡统筹钱粮分散供养，每人每年筹贪婪 生活费 350 元、口粮 350 公斤，食油 5 公斤，其后，建成乡敬老院，床位 50 张。2011 年，全乡“五保”对象 424 人，其中集体供养 50 人，支出 27 万元；分散供养 374 人，支出 63.5 万元。此后，全镇“五保”户按农村低保标准供养。

最低生活保障 2007 年，实行城乡居民最低生活保障。2011 年享受最低生活保障待遇对象 13002 户、1769 人，支出 148.6 万元，月人均 70 元。2014 年，享受低保待遇对象 1106 人，支出 117.3 万元，月人均 88.4 元。

养老保险 2012 年，实行城乡居民养老保险。2014 年参加养老保险人数 30780 人，参保率 62.3%。

医疗保险 2005 年，启动城乡居民大病医疗救助，当年救助 20 人次。2006 年，农村居民参加医疗保险的人数 33170 人，缴医疗保险基金 29.863 万元，参保率 67.3%。2011 年，民政部门资助农村居民参加医疗保险 457 人，金额 13.3 万元。2014年，参加医疗保险人数41446人，参保率84.1%。

优抚补助 2008年，有定补、抚恤、伤残等各类优抚对象303人，发放补助14130元。2009年，老党员、老复员军人、伤残人员等重点优抚对象136人，春节前一次性发放生活补助费24480元。2014年，农村年满60周岁及其以上退役士兵135人，发放生活补助44580元，是年，农村困难的军退人员95人，定期定量补助金额8904元。

特色地情

名优特产

廻江红提 肉质坚实而脆，香甜可口，风味独特，耐贮运。具有补气血、强筋骨、养颜、止咳之效。廻江、邺兰两村连片种植200多公顷，年产量3100吨以上。廻江、邺兰等村所酿制的红提酒，含有矿物质钙、钾、磷、铁以及维生素B1、B2、B6、C和P等，还有多种人体所需的氨基酸，能暖胃肾、去风寒、助养颜。

豆油 境内部分村素有熬豆油的习惯，选用优质大豆熬制，富含人体所需的多种维生素和微量元素，营养丰富，香味浓郁、独特，是常宁的独有的调味品，年产量达10余万瓶。

风景名胜

曲潭古桥 在常宁市城区东5公里许，潭河下游。因坐落在曲潭廻水湾附近，故名曲潭桥。明永乐年间(1403—1424)始建，成化年间(1465—1487)重修。清代四次维修，今存桥貌系清乾隆四十八年(1783)修，系3拱青石桥，长42.6米，

廻水湾老桥

宽 6.8 米。常宁至耒阳公路（320 省道）经过此桥。清同治《常宁县志》载有明代一知县《过曲潭桥》诗："云根分派远，肱折曲潭深。野鹤飞天际，苍龙跨石涔。枫飘霜叶赤，日射洒中金。迎送劳贤俊，千年几度临。"昔两岸树木荫翳，桥上有亭，风景雅致。桥头有古樟。清雍正《常宁县志》列为当时县内三株古樟之一。"高百尺，大数十围，枝叶婆娑，其荫数亩。"虽饱经沧桑，数遭雷击，然幸存半臂，今仍苍劲挺拔，生机盎然。树旁昔有寺庙，名三多林。

乌此山　在境内东北部。《大清一统志》称为"乌土山"。《湖广总志》载："乌土山崭然孤拔，上有仙庵。"清同治《常宁县志》载："巅有方桌，仙人围棋之处，腰有虎穴，石壁嶙峋。"海拔 220.5 米，主要由花岗岩构成，面积约 1 平方公里，山势平缓，多油茶林，郁郁青青。

（文字供稿：宜潭乡党政办　图片供稿：常宁市史志办）

蓬塘乡>>

区域概况

位置面积

史传清嘉庆年间（1796—1820），乡毗邻的瘟塘，有一股匪盗横行乡里，无恶不作。朝廷得知老百姓上诉后，便派将领刘三湘带兵把匪盗斩尽杀绝，返回途中，在灯龙山与物形山之间的一口塘洗血刀染红塘水，名“红塘”。后演变为蓬塘。位于北纬26° 23′ 28″ ~ 26° 32′ 35″，东经112° 27′ 47″ ~ 112° 35′ 43″。地处常宁市城区东北部，东与烟洲镇、荫田镇接壤，南与盐湖镇为邻，西南连宜潭乡，西靠柏坊镇，北接松柏镇。区域东西最大距离12公里，南北最大距离16公里，总面积112.25平方公里。乡人民政府驻蓬塘村，距常宁市城区20多公里。

建置沿革

民国后期称蓬田乡。1949年，沿用旧制。1950年，属常宁县第四区。1956年6月，撤区并乡，分为新力、烟洲、亲仁、田尾、蓬塘5个乡。1958年，分属东方红、水口山两个人民公社。1960年3月，撤大公社，划小公社，分为田尾、蓬塘、大市3个公社。1961年9月，恢复区建制，田尾公社属柏坊区，蓬塘、大市公社属水口山区。1984年恢复乡建制，改蓬塘、大市坪、田尾3个公社为蓬塘、大市坪、田尾3个乡，分属水口山区和柏坊区。1995年5月，撤区并乡，将原蓬塘乡、田尾乡和大市坪乡的大市、虎泉、团结、水口、官水、山田、竹山7个建制村合并设立新的蓬塘乡。

行政区划

1961—1983年，辖蓬塘、蓬田、渣洲、排楼、平洲、横洲、三塘、邹塘、李井、扬塘、新星、梅江、柘冲、易头、天井、埠塘、桐塘17个大队，下设227个生产队。至2014年年末，辖田尾社区居委会和易头、蓬塘、蓬田、埠塘、渣洲、排楼、桐塘、李井、三塘、邹塘、天井、柘冲、梅江、新星、新田田市、先锋、新庄、五塘、山岐、黄岐、沙塘、生丰、芝江、阳江、天江、满洲、大市、虎泉、团结、水口、官水、山田、竹山、平洲、横洲、杨塘37个建制村，下设2个居民小组，523个村民小组。

自然环境

属丘陵地区。南偏高，北偏低，中部田洞较开阔，东北部的麂牯岭海拔279米，面积2平方公里，是常宁名山之一。地处亚热带季风湿润型气候区，四季分明。年均气温18.2℃，年降雨量1350多毫米，自然灾害主要有干旱、洪涝。常年主导风为南风，冬季北风较多。境内土壤分为水稻土、红壤土、黑色石灰土、潮土、紫土5大类，亚类土壤7种。地下矿藏有煤、锰、铅、锌、硫、铁、金、银等。地域属盐湖水水系。盐湖水自满洲村入境，至水口村流入烟洲镇，尾蛇北去，注入湘江，境内长10余公里。

人口民族

1983年年末，总户数4293户，总人口17631人。1998年年末，总户数9389户，总人口数43462人。2011年年末，辖区总人口48479人，其中城镇常住人口1384人，城镇化率2.85%。总人口中，男性26145人，占53.9%，女性22334人，占46.1%。14岁以下9416人，占19.4%；15～64岁31821人，占65.6%；65岁以上7242人，占15%。人口全部系汉族。2011年，人口出生率14‰，死亡率11‰，自然增长率3‰。2014年年末，总户数14300户，总人口47461人，男性25438人，占53.6%，女性22023人，占46.4%，流动人口295人。

经济发展

经济综述

改革开放后，全乡农村经济得到迅速发展，经济实力不断增强。1994年，全乡工农业总产值达12897万元，其中农业总产值5346万元，乡镇企业总产值7551万元，分别占工农业总产值的41.5%、58.5%。农民人均纯收入1150元，财政总收入623.79万元。粮食总产量24216吨，其中稻谷产量23278吨。2011年，工农业生产总值52000万元，比1994年增长3倍多，其中农业总产值21000万元，占工农业总产值40.4%，工业总产值31000万元，占59.6%，分别比1994年增长2.9倍、3.1倍，农民人均纯收入8197元，比1994年增长6.1倍多，财政总收入630.49万元，略有增长。粮食总产量27097吨，增长11.9%。2014年，农民人均纯收入8785元，增长7.2%，财政总收入8606万元，增长12.65倍。粮食总产量29457吨，增长8.7%、比1994年增长21.6%。

农业

种植业 耕地以种植水稻为主，红薯等旱粮为次。蔬菜类、豆类、油菜等亦有种植。民国时期，稻田属一熟制，少部分田在收割后，复种泥豆、秋芥等农作物。1951年后,农业生产逐步发展，至1978年，粮食亩产290多公斤，其中水稻亩产320多公斤。1982年，全社建立农业生产责任制，1983年，粮食亩产420公斤。1998年，农业总产值5346万元，粮食总产量24216吨，其中稻谷产量23270吨，2011年，农业总产值2.1亿元。生产粮食3万吨，人均725公斤；烟叶种植面积173.4公顷，产量1200余担；油菜种植面积306.7公顷，产油140吨。2014年，农作物总播种面积8750公顷，粮食播种面积4851公顷，粮食总产量29457吨。

养殖业 境内历来有畜禽水产养饲传统。1975—1978年，大力发展集体养猪，到1978年，全公社办集体猪场38栋，饲养生猪3600多头。1998年，生猪饲养量7.98万头，出栏3.94万头，家禽饲养量约9万羽。2011年，饲养生猪2.7万头，羊0.2万只，家禽10万多羽，养鱼水面160公顷，水产品总量144吨。2014年，全乡肉类总产量4942吨。

林业 全乡以油茶林为盛。杉木、水果林次之，有油茶面积4000公顷。1994年，建杉木、南竹、柑橘、柰李、水蜜桃基地20余个。2011—2014年,油茶垦复133.4公顷,新造油茶林1333.4公顷，其他林100公顷。

工业

民国后期，有木榨茶油坊4个。1969—1978年，全公社办社队企业约10个，产值1.5万元。1995年，拥有天江、嵩山、蓬塘3个煤矿和田尾化工厂等一批骨干企业，并以这些企业为“龙头”，带动了全乡采矿、化工、建材工艺品制作、农副产品加工的发展。主要产品有煤、锰矿石、粗铜、景泰蓝、豆油、茶油、花生等100余个品种。1994年，工业总产值7551万元。以后，调整工业内部结构。以采矿、选矿为主。2011年，工业生产总值3.1亿元。拥有工业企业12家，职工750人；上规模的企业有天江、松山两个煤矿，年产原煤6万吨；先后引进投资1000万元的沛科油茶项目和5000万元的深圳西施生态项目。2014年年末，工业企业27个，职工637人，企业实缴税金总额2171万元。

商贸服务业

民国时期，少数货郎担在境内叫卖杂货。常宁县人民政府成立后，商业快步发展，1962年，蓬塘建立供销分社、粮站、储备粮库3个，肉食品站2个，供应生产、生活资料及收购农副产品。1995年后，集贸市场3个，有商店50多个，从商人员150人。2014年年末，商业网点63个，职工190人；社会商品销售总额8280万元；城乡小集贸市场3个，年成交额645万元。

财政金融

1984年，乡建财税所3个。2003年，降低农业税及附加税税率。2006年，农业税、附加税全部取消。2011年，财政总收入790.3万元。地方财政收入110万元；其中完成国税6万元，地税12万元，耕地占用税和契税42万元，矿产资源税50万元，支出790万元。2014年，财政总

蓬塘田尾豆油

收入 8606 万元，一般预算收入 8606 万元，财政支出 9178 万元。

2014 年,境内金融机构有农村信用合作社网点。

基础设施

交通运输

民国时期，境内无公路、车辆，来往走羊肠小道，运输靠肩挑手提。1951—1955 年，先后修乡村大道 3 条。1958 年后，修砂石公路 2 条。至 2014 年，境内村村通水泥公路，组组通公路，全乡公路里程 70 公里。北起松柏镇楠木村，南至盐湖镇盐湖村一条长达 15 公里，宽 15 米的县级公路穿乡而过，把全乡 37 个村与 214 省道、320 省道连接起来，为全乡人民外出提供了很大的方便，衡桂高速公路经过境内 17 个村,总长达 13.3 公里。

2014 年，境内有客车停靠点 3 处。

邮政通信

民国 37 年(1948 年),有信柜 1 处。1950 年，信柜升为代办所。1964 年，建蓬塘邮电所。之后，架通电话线，有电话机 2 部。1993 年，进入全国长途通信网络。至 2014 年年末，有邮政所 2 处，邮政业务总量 15 万元。电信服务网点 3 个，固定电话用户 3100 户，普及率 30%；移动电话用户 6000 户，互联网用户 450 户。全年电信业务收入 130 万元

供电饮水

1969 年，用柴油机带动电机发电照明。1982 年，亲仁河坝发电站与湘南大电网联网后，农村生产生活用电充足，用电入户率 100%。1997 年乡政府建水塔 1 座，供乡机关饮用。2014 年，30% 的农户打压水井饮用，70% 的农户饮用公用井水。

水利建设

民国后期，主要水利设施有山塘、小土柴堰坝、水车、吊桶，抗灾能力弱。1950 年，水利建设速度快。1958—1960 年，建成标准塘小（一）型水库 1 座。20 世纪 90 年代，建小（二）型水库 10 余座，新建改造山塘 200 多口。至 2014 年年末，有欧阳海大型灌区左干渠西支干渠 1 条，小（一）型水库 3 座，小（二）型水库 18 座，骨干山塘 102 口。盐湖水治理后，灌溉 7 个村的土地；凉水通过治理，改善 9 个村的灌溉条件。全乡 80% 的村实现旱涝保收，面积 1600 余公顷。

村镇建设

2014 年，已建成一个以日用工业品和农副产品交易为主的农贸市场，面积 3 万多平方公里，建成 4 条新街。田尾老街改造成为十字街。两个集市面积扩展到 1.5 平方公里。农村依山就势，向多功能方向发展，单独建一栋栋钢筋水泥砖混结构楼房，高 2 ~ 3 层，面积 200 多平方米，新建和改造村综合大楼 37 栋。

社会事业

教育科技

教育 民国时期，有蒙馆、经馆，刘氏等宗族办小学 1 所。1950—1951 年，扫盲班、农民夜校普及乡村。办小学 17 所。1958 年，办中学 1 所，完小 1 所。1995 年，中学 3 所，小学 37 所。是年末，调整学校布局，中小学减少。至 2011 年年末，有幼儿园 4 所，在园幼儿 800 多人，专任教师 24 人；小学 14 所，在校学生 3562 人，专任教师 170 人；初中 2 所，在校学生 1209 人，专任教师 64 人。财政预算内教育经费 690 余万元。2014 年年末，幼儿园、托儿所 11 所；小学 23 所，

在校学生3380人，专任教师183人；初中2所，在校学生1340人，专任教师158人。

科技 1970年，有3个植保站，植保员6人，派1名公社干部，3名植保员赴海南制种。1976年，推广杂交水稻种植，面积共60多公顷。1986年，乡成立农业技术推广服务站，村成立服务组，村民小组成立推广小组，形成推广农业技术工作网络。2014年，乡科技推广服务站1个，技术员4人，村技术推广组37个，村民小组技术推广小组520个。主要推广农业技术和农业科研成果。

文化体育

民国后期无文化设施，少数农民唱山歌，讲故事。1950年，组织秧歌队。1964年，大队成立俱乐部。1965年，公社建民办公助文化站3个，配备文化辅导员3人。1982年后，大队建文化室17个。至2014年年末，乡文化站1个，村级文化中心37个，文化专业户60户，农家书屋39处，藏书7.5万册。

1970年，从区到公社广播专线架通，广播站、电影队先后建立。1976年，架通大队、生产队广播线路。安装高音、舌簧喇叭，70%以上的农户能收听到广播。1986年，改广播站为广播电视站，黑白、彩色电视机先后入农户，电影承包给私人放映。至2014年年末，通宽带的村37个，通有线电视的村有34个。

2014年，境内有学校体育场2个，体育设施齐全。有9个村安装有农民体育健身器材。

医疗卫生

民国时期，仅有个别草药出诊游医或坐堂诊疗。1951年，建立联合诊所。1965年，公社建立卫生院，医务人员5个。1969年，实行合作医疗制度，大队配赤脚医生。1995年，中心医院1所，分院2所，村医务室30多个。2006年，实行新型农村合作医疗试点。2007年，参合率85.17%，2014年，参加新型农村合作医疗，参合率97%。是年年末，有各级医疗卫生机构36个，其中乡医院1个，门诊部1个，村卫生室34个。专业医师67人，其中执业医师21人，执业助理医师29人，注册 护士10人，有床位40张。2014年，医疗机构（门诊部以上）完成诊疗2.3万多人次。

1965年开始，公社卫生院配有保健医生，大队设立保健室，保健员17人。生产队配卫生员。基本形成医疗保健工作网络。1976年，公社开展卫生“两管五改”（管水、管粪、改水井、改厕所、改畜圈、改炉灶、改环境）活动。新建改造水井10余口，建田头肥库210个。2014年，16个村建垃圾集中处理池20个。

社会保障

“五保”供养 1961—1983年，“五保”户由大队生产队分散供养。1987年开始，由乡镇统筹钱粮油分散供养。2007年，享受低保待遇。2008年，修建敬老院，添置床位100余张。2011年，“五保”对象集中供养90人，支出49.6万元；分散供养266人，支出45.2万元。此后，全乡“五保”户按农村低保标准供养。是年，收养孤儿21人，支出15.1万元。

最低生活保障 2007年，实行城乡居民最低生活保障。2011年城镇居民低保对象21户、21人，支出金额4.2万元，月人均170元；农村居民低保对象1240户、1720人，支出156.8万元，月人均76元。2014年，城乡居民享受最低生活保障待遇对象917人。

养老保险 2012年，启动城乡居民社会养老保险。2014年，农村参加社会养老保险29334人，参保率61.8%。

医疗保险 2005年，启动城乡居民大病救助，当年救助10余人次。2006年，农村居民参加医疗保险人数为35568人，缴医疗基金30.295

蓬塘茶籽

蓬塘油茶公园

万元，参保率 74.94%，2011 年，大病救助 208 人次。民政部门资助参加医疗保险 653 人，资金 13.31 万元。2014 年，参加医疗保险人数 44696 人，参保率 94.2%。

优抚补助 2008 年，有各类优抚对象 340 人，发放定补费、抚恤费、伤残保健费共计 134970 元。2009 年，有重点优抚对象 129 人，春节前一次性生活补助 23220 元。2014 年，有年满 60 周岁及其以上的农村籍退役士兵 133 人，补贴金额 43740 元。是年，有农村困难的军退人员 125 人，定期定量补助费 11442 元。

特色地情

名优特产

山茶油 种植面积 4000 多公顷，是常宁山茶油重点基地之一。从唐代初年开始，山茶油因“品纯真味清香”和“食疗健效尤著”的特点，被赐封为“乡珍贡品”。常年茶油产量 340 吨左右。

风景名胜

麂牯岭 又名麂牯峰，因山峰似鹿角，故名，位于境内东北部，面积 2 平方公里，海拔 279 米。主要由花岗岩构成。山势较陡，多油茶林，苍翠蔚然。地下矿藏有铅、锌、硫、铁矿等。山上建有微波站。清同治《常宁县志》载有游人《秋日登麂角峰》诗：“有削峰尖耸，攀跻最上头，排空山北寺，回抱水东流。树古根蟠石，林深色不秋，夕阳增晚翠，还欲御风游。”

仙人岩 位于境域官水、水口村相邻的矮岭之巅。这里岩石林立，鬼斧神工，像一个个“仙人”、一尊尊“活菩萨”屹立山峦。登峰鸟瞰，群山延绵，众丘共卫，有万山来朝之威仪。历史相传早在汉朝，仙人岩下有溶洞，洞内有阴河，河中有莲花，岩洞前建有仙人岩寺。民间还盛传“马司公在仙人岩洞中击鼓、断掉草鞋”的故事。到了民国时期，一位名叫刘超凡的禅师来到仙人岩寺主持，苦修数十年，香火旺盛，功德无量。1994 年后，仙人岩寺门庭逐渐冷落，到了“文化大革命”时期，仙人岩寺不幸被毁。1999 年，恢复重建，仙人岩这座具有 2000 多年的古寺又重振雄风。

（文字供稿：蓬塘乡党政办　图片供稿：刘罡）

兰江乡

区域概况

位置面积

兰江乡地处常宁市城区南部，距市城区6公里。因宜河支流兰江，两岸树木葱茏，四季常青，映水绿如蓝，故称蓝江，后习惯叫“兰江”。建乡时以兰江命名。位于北纬26° 20′ 20″ ~ 26° 27′ 18″，东经112° 15′ 08″ ~ 112° 23′ 01″。东与培元街道为邻，南与板桥、胜桥、洋泉三镇为伴，西与官岭镇、新河镇接壤，北与宜潭乡相连。区域东西最大距离6公里，南北最大距离6.5公里，总面积77平方公里。乡人民政府驻太子塘村。

建置沿革

民国后期，属平泉乡。1949年，沿用旧制。1950年，撤乡保甲制，设正洞、虎溪、兰江、湖塘、沙华、金龙、复源、弹冠、江星等9个乡，分属第一、第十一两个区。1956年，撤区并乡，合并为正同、兰江两个乡。1958年，实行政社合一，分别属红旗、卫星两个人民公社。1960年3月，撤红旗、卫星人民公社，分为兰江、湖塘、正同、桐黄、乌此、曲潭、三塘、瑶塘8个小公社。1961年9月，恢复区建制，属宜阳区。1984年，恢复乡建制，政社分设，8个公社改为8个乡，属宜阳区。1995年5月，撤区并乡，将原宜阳区湖塘、兰江2个乡、原官岭区金源乡和宜阳区正同乡的元茶、元山、谭坪、合群、上庄、芭梨、平江、南枫、江洞、东塔、正同11个村合并成立新的兰江乡。

行政区划

1960—1984年，辖兰江、高益、宜合、洞山、江星、珠林、景星7个大队，下设84个生产队。至2014年年末，辖兰江、高益、宜合、洞山、江星、珠琳、景星、太子塘、八合、仙岭、湖塘、铁塘、东冲、双合、砂华、元茶、元山、谭坪、合群、上庄、正同、芭梨、平江、江洞、南枫、东塔、荆堰、八一、茅塘、老雅桥、金星、新山、应伏、花玉、波江、麦田、新塘铺37个行政村，下设413个村民小组。

自然环境

属典型的丘陵地区。南偏高，北偏低，西部盘古岭，海拔379米，面积1平方公里，是常宁名山之一。地处亚热带季风湿润型气候区，四季分明。年平均气温18.2℃，年均降雨量1370多毫米。常年主导风为南风，冬季多北风。自然灾害有干旱、洪涝、龙卷风等。土壤分为水稻土、红壤土、紫色土、黑色石灰土4大类，亚类土壤

9种。地下矿藏主要有铁、锰。地域属宜河水系。宜河自砂华村流过，向北流入培元街道塘山村。兰江水自珠琳村入境至元山村，流入培元街道虎溪村注入宜河，境内长5公里。

人口民族

1983年年末，总户数1952户，7438人。1998年年末，总户数7044户，总人口33366人。2011年年末，辖区总人口34244人，总人口中，男性17342人，占54%，女性15902人，占46%。14岁以下7876人，占23%；15～64岁21574人，占63%；65岁（含65岁）以上4794人，占14%。总人口均为汉族。2011年，人口出生率11.7‰，死亡率4.7‰，自然生长率7‰。2014年年末，总户数10035户，总人口35523人，男性18185人，占53.1%，女性16058人，占46.9%，流动人口170人。

经济发展

经济综述

辖区历来以种植水稻为主。1994年，全乡粮食总产量17695吨。养殖业规模大，1994年，全乡饲养生猪34250头，养家禽31万多羽，畜牧总产值2760万元，年产鲜鱼1290吨。随着产业结构调整，全乡果园面积达9430亩，年产水果7276吨。乡镇企业异常突起，成为农村经济新的增长点。1994年，全乡工农业生产总值9593万元，其中农业总产值5643万元，占58.8%，工业总产值3950万元，占41.2%，农民人均纯收入1124元，财政收入220元。粮食产量17195吨。2011年，全乡工农业生产总值17197万元，其中农业总产值10157万元，占59.1%，工业总产值7040万元，占40.9%，分别比1994年增长80%和78.2%，农民人均纯收入7815元，比1994年增长6倍，财政总收入915.63万元，增长3.2倍。粮食总产量17200吨，与1994年基本平衡。2014年，农民人均纯收入9108元，比2011年增长16.5%、比1994年增长7.1倍，财政总收入9305万元，比2011年增长9.2倍、比1994年增长41.3倍。粮食总产量19757吨，比2011年增长14.9%。

农业

种植业　耕地传统以种植水稻为主，旱粮次之。农产品主要有稻谷、薯类、豆类、蔬菜类、烟类、油类等100多个品种。民国时期，稻田种一季稻，收割后，少数台田复种泥豆、秋薯，产量低。常宁县人民政府成立后，粮食生产发展快。1978年，水稻亩产291公斤，比1949年亩产163公斤，增长78.55%。1983年，实行农业生产责任制，亩产稻谷413公斤，较1978年，增长41.92%。2011年，粮食总产量1.72万吨，人均529公斤。油菜种植面积544.53公顷，产量980吨；烤烟种植面积113.5公顷，产值576万元。2014年，农作物总播种面积5899公顷，粮食作物播种面积3270公顷，粮食总产量19757吨。

养殖业　有猪、牛、羊、鹿、鸡、鸭、鱼等肉类品种。1975—1978年，大力发展集体养猪，至1978年年末，全公社有社队集体猪场约20栋，养生猪2000余头，出栏1400多头。1982年后，集体猪场解散，以农户养猪为主，涌现一批养猪、养鸡专业户。1995年，全乡饲养生猪34250头，出栏30434头，养鸡28.3万羽，鸭8.7万羽，畜牧业总产值2760.4万元，养鱼水面183.4公顷，年产鲜鱼1290吨。2011年，生猪饲养量35000多头，出栏27000多头；羊饲养量4100多只，出栏2310只，家禽饲养量16.8万羽。2014年，全乡肉类总产量4542吨。

林业　主要有茶油、杉木、柑橘、梨等品种。1966年，境内相继建集体林场，至1974年，全公社共建社队林场6个，经营山林共33.4公顷。1980年年初，由于推行家庭联产责任制，林场解散承包到户。1994年，造柑橘、水蜜桃等果木林628.7公顷，总产量7276吨。2014年，油茶林面积发展到1266.7公顷，其中优质高产油茶林200公顷，总产量57吨，水果总产量8620吨。

工业

1975—1978年，有社队企业37家，人员400多人，总产值1万元左右。1984年后，乡镇企业发展迅速，至1990年，全乡有砖瓦厂210家，日产砖瓦35万块，石灰厂1家，年产石灰60万吨，从事加工、运输、建筑、建材、经商等个体户1830家，占农户总数的23.7%。年产值100万元以上骨干企业2个，50万元以上骨干企业3个。1994年，全乡工业总产值3950万元。之后，调整工业内部结构，以加工业、铸造业为主。2011年，工业生产总产值7040万元。拥有工业企业27家，职工1265人。2014年，全乡骨干工业企业20家，职工298人，企业实交税金总额192万元。

商贸服务业

民国36年（1947），兰江乡设有墟市，每逢集日，除农副产品和小手工业产品交易外，亦有杂货摊、百货货郎担等。1956—1957年，辖区兰江、金源、湖塘3个公社先后建立供销分社。1958年后，取消私营商业，生产、生活资料统一由供销分社经营。1978年，境内有各类商业门店和网点13个。1985年后，全面实行改革开放，搞活商品流通，一批批个体商户进入流通市场，有网点约80个，从业人员160多人。成为流通领域主体。2014年，社会商品零售总额5000多万元。共有商业网点159个，职工350人。有乡集贸市场1个，年成交额3000多万元。

财政金融

1984年，乡设财税所3个，职工9人。1994年，财政收入220万元。2003年，降低农业税及附加税率，2006年，农业税及附加税全部取消。2011年，财政总收入879.8万元。地方财政收入118.7万元，其中完成国税12.8万元，地税56万元（个

兰江铁塘油茶采穗园

体税收完成24万元，耕地占用税、契税完成32万元），非税收入完成49.9万元，支出879万元。2014年，财政总收入达9305万元，一般预算收入为9305万元，财政支出8608万元。

2014年，境内金融机构有农村信用合作社，网点2个。各类存款余额13000多万元，各项贷款余额7500多万元。

基础设施

交通运输

民国时期，境内往来行羊肠小道。1950年后，拓宽小道5条共长约10公里。1958年，修砂石公路1条，长5公里，可通车。至2014年，省道320线由西至东穿境而过，境内长8公里，双向两车道，东通耒阳市，西通永州市祁阳县。常洋公路自北至南纵横过境，境内长7.5公里。乡村水泥公路如织，四通八达。全乡公路里程25公里。

1970年后，境内客运汽车设有招呼站3处。

邮政通信

1950年，兰江、老鸦桥2个信柜升为邮电代办所。1953年，由供销分社承办。1962年，设立兰江邮电所。1994年，全乡实现光缆化、数字化、程控化。1998年9月，邮电分营。至2014年年末，邮政所1家，邮政业务总量340余元。电信企末，邮政所1家，邮政业务总量340余元。电信企业3家，服务网点14个，固定电话用户3100多户，入户率30.9%，移动电话用户2000多户，互联网用户500多户。全年电信业务收入共100多万元。

水利建设

1959—1960年，全乡组织3000余劳力参与兴建野马水库，灌田约133.4公顷。1967年，建成红星水库，灌田178.7公顷。与此同时，参与洋泉水库大会战，后修洋泉水库主干渠兰江段，建渡槽2条，长200多米，小（二）型水库3座，山塘400多口。至2014年，境内建有洋泉水库左干渠1条，长7000多米，渡槽2条，共长200多米，灌溉农田800公顷。红星水库1座，蓄水360立方米，灌农田约200公顷，小（二）型水库6座。骨干山平塘330口，堰坝15座。

供电饮水

乡境系市城郊区。1969年，架通输电线后，1970年开始用电。2014年，用电入户率100%。

2008年，建成仙岭自来水厂，年供水2万多立方米；2010年，建成砂华自来水厂，年供水7.5万立方米。部分村民打深井饮用地下水。

村镇建设

1995—1998年，融资90多万元，先后建成6000多平方米的兰江中学、4000平方米的乡政府办公大楼和乡财税所大楼，硬化长640米、宽15米的乡街道，居民拆迁建房153户，发展商业户80余户。农村房屋建筑日新月异，至2014年，土砖瓦屋基本消失，一栋栋新楼房从地耸立。

社会事业

教育科技

教育　民国时期，境内有数处蒙馆和经馆，唐氏宗族办小学1所。中华人民共和国成立初期，农民夜校、扫盲班普及乡村，小学教育迅速发展，1958年，有小学7所，其中完小1所，是年年初，建中学1所。1995年撤区并乡后，全乡有小学37所，中学3所。嗣后，调整学校布局，至2011年年末，幼儿园3所，在园幼儿550人，专任教师21人；小学8所，在校学生2316人，专任教师118人，小学适龄儿童入学率 100%；初中 1 所，在校学生 1300 人，专任教师 73 人，初中适龄人口入学率 100%，小升初升学率 100%，九年义务教育覆盖率100%。2011年,财政预算内教育经费542.4万元。2014 年年末，幼儿园、托儿所 11 所；小学 14 所，在校学生 2388 人，专任教师 112 人；初中 1 所，在校学生 1373 人，专任教师 124 人。小学适龄儿童入学率、中学适龄人口入学率、小升初升学率、九年义务教育覆盖率均为 100%。

科技 1970—1994 年，境内有农业技术推广站 4 个，不脱产农技员 8 人。1995 年撤区并乡后，改称兰江乡农业技术推广服务站，农业推广技术服务员 5 人，村成立农业技术推广服务组，还有乡畜牧水产推广服务站、农机技术推广服务站，共有乡农业技术工作人员 14 人。近几年，推广烤烟种植技术，烟叶亩产连续 4 年居全市各乡镇（街道）榜首。

文化体育

1953 年 3 月，县人民教育馆开始在兰江乡建立国办文化站。1956 年，少部分大队创建农村俱乐部。1965 年，建公社民办公助文化站 4 个，配备半脱产文化辅导员 4 人。1982 年后，各大队陆续建立文化室。到 1995 年，全乡共有村文化室 37 个。2014 年年末，图书馆、文化站各 1 个，村级文化活动中心 22 个，文化专业户 3 户，农家书屋 26 处，藏书 26000 多册。

1970 年，架通广播专线，公社成立广播站，并安装高音、舌簧喇叭，有 70% 多的农户能收听到广播。1987 年 9 月，建乡广播电视站，黑白、彩电陆续进入农户。电影承包给私人放映。至2014年,通宽带的村 37 个,通有线电视的村 29 个,有线电视用户 1230 户，入户率 12.3%。

2014 年，境内有学校体育场地 2 个，有 6 个村安装农民体育健身器材，设施齐全。

医疗卫生

民国 34 年（1945），境内发生瘟疫，严重缺医少药。1962 年，公社成立医院 4 个，有医务人员 17 人。1969 年，实行合作医疗制度，大队建医务 37 个，赤脚医生 37 人。形成医疗工作网络。2006 年，实行新型农村合作医疗试点，2007 年参合率 94.83%。2014 年，参合率 96.6%。至 2014 年年末，各级医疗机构 39 个，乡医疗卫生院 1 所，门诊部（所）2 个。有床位 35 张，专业医生 38 人，其中执业医师 7 人，执业助理医师 1 人，注册护士 8 人。是年，医疗机构（门诊部以上）完成诊疗 36700 多人次。新型农村合作医疗参合率 96.6%。

1962 年，公社卫生院配备保健医生 4 人。大队建保健室 37 个，生产队配卫生员 410 人。1973 年后，开展“两管五改”（管水、管粪、改水井、改厕所、改畜圈、改炉灶、改环境）活动。1979—1981 年，公社连续 3 年被评为全省农村卫生工作先进集体。2014 年，垃圾集中处理的村 30 个，建垃圾池 30 多口。

社会保障

“五保”供养 1961—1986 年，“五保”户由大队（村）生产队（组）分散供养。1987 年起，“五保”户由乡政府统筹分散供养，每人每年生活费 300 元，粮食 350 公斤，食油 5 公斤。2007 年后，享受低保待遇。2007 年，乡政府新建敬老院，床位 60 张。2011 年，全乡“五保”对象 336 人，集中供养 60 人，支出 32.4 万元；分散供养 276 人，支出 44.5 万元。此后按城乡居民低保标准供养。

最低生活保障 2007 年，实行城乡居民最低生活保障。是年，有 60 户、120 人城乡居民首批享受低保待遇。2011 年，享受低保待遇的对象有 963 户、1265 人，支出金额 103 万元，月人均 68 元。2014 年，享受低保待遇的人数有 773 人。

养老保险 2012 年，实行城乡居民养老保险。

是年，参加社会养老保险的居民70人。2014年，参加养老保险的人数有26739人，参保率75.3%。

医疗保险 2005年，大病医疗救助9人次。2006年，参加医疗保险的农村居民有26819人，缴医疗基金25.439万元，参保率75.5%。2011年，大病医疗救助200人次。民政部门资助1150人参加医疗保险，支出金额35.8万元。2014年，参加医疗保险人数有33690人，医疗保险参保率95%。

优抚补助 2008年,全乡有各类优抚286人，补助金额103992元。2009年，重点优抚92人，春节前一次性补助金额16560元。2014年，农村60周岁及以上退役士兵142人，补贴46560元。困难军退人员112人，补助10938人。

特色地情

历史人文

唐训方（1809—1876） 兰江仙岭村人，社会名流。道光二十年（1840）中举。咸丰三年（1853）大挑得二等，候补教谕。咸丰四年（1854年），获知县衔。咸丰五年（1855），获知府衔。后授湖北督粮道。咸丰十年（1860），解军事，任粮道。后升按察使，再任湖南布政使。同治元年（1862）任安徽巡抚。同治五年（1866）三月，遂被罢官。归故里后，倡立西乡经纬学堂，督修《常宁县志》，复出任双蹲书院山长，编撰《常宁诗文存》，并捐银二万两建培元塔，著有《俚话征实》《从征图记》等书籍。

萧石月（1900—1927） 兰江村萧家组人，著名革命活动家。1920年，加入湖南劳工会。1921年8月，加入中国社会主义青年团，年底加入中国共产党。先后任湖南省第一纱厂团支部书记、党支部书记、工人俱乐部工事长、中国社会主义青年团湖南区委执行委员会委员、中共锡矿山特别支部书记。1927年5月，在中共第五次代表大会上，当选为中共中央监察委员会候补委员。是年5月28日，奉命率领矿山工人纠察队到湘潭会师攻长沙，途经安化蓝田晏家冲时，遭国民党军许克祥部队伏击，自戕身亡。

名优特产

金源甜橙 从湖南省水果科研所引进发展的优质水果，获省优质水果金奖，其果形美观光泽，肉质饱满脆嫩，风味浓甜，含糖高，口感好，深受消费者喜爱。年产量达3000余吨。

兰江脐橙 是橙类之王，是国际市场上畅销品种。果实呈卵形，橙黄色，果脐闭合，果肉橙黄，微酸无核。产品连续多年获省优质水果称号。年产脐橙1000余吨。

兰江柒醋 境内素有酿制柒醋的习惯，兰江柒醋是选用优质稻米、小麦和山泉水，用传统工艺结合现代科技精心酿制而成。能增进食欲，帮助消化，调节人体酸碱平衡，并有解脂降压，预防动脉硬化和防腐止泻等功能，是烹调、佐餐的保健型调味品，年产量约20万瓶。

风景名胜

白竹仙 又名白竹山，亦名白竹峰，位于西北平江村境内，海拔282米，面积约1000平方米，据《大清一统志》载："产竹笋白如玉"，故名。嘉庆《湖南通志》载："高三里许，耸拔尖秀，如卓笔，绝顶有洞，风飒然从中出，夏凉冬温。"历史传说有羽士于洞中圆寂坐化，名白竹仙。1994年，树木毁尽，面目全非。垦植后，树木参天，尖峰葱茏，自然景观独好。

古迹有唐训方墓地，周以石围，内有丈余高的石人，石兽10余蹲，有王闿运撰写的墓志铭。

（文字供稿：兰江乡党政办　图片供稿：常宁市史志办）

大堡乡

区域概况

位置面积

因境内有一条小溪汇入湘江之浦，而得名“大浦”，后演变为大堡。位于北纬26°23′06″~26°30′38″，东经112°07′56″~112°14′38″。地处常宁市城区西北角，是祁东、祁阳、常宁三县市边境重要集散地。东与新河镇为邻，南与官岭镇接壤，西与祁阳县黄泥塘镇交界，北濒湘江与祁东县河洲镇相望。区域东西最大距离11公里，南北最大距离13公里，总面积82.94平方公里。乡人民政府驻大堡村，距市城区32公里。

建置沿革

民国后期属大美乡。1949，沿用旧制。1950年，撤乡保甲制，设麻洲、三合、复兴、灯坪、大堡、玉荷、石泉、枫树8个乡，属第十区。1956年，撤区并乡，合并设立大堡、河洲、江河、珠塘等乡。1958年，实行政社合一，属群英人民公社。1960年3月，撤大公社，设小公社。分为大堡、麻洲、珠塘、河洲、株梓、双坪、江河7个公社。1961年9月，恢复区建制，属河洲区。1984年，政社分设，7个公社改为7个乡，属新洲区。1995年5月，撤区并乡建镇，将原官岭区到湖乡、原新洲区麻洲乡、大堡乡合并成立新的大堡乡。2010年4月1日，撤销堡兴居民委员会。

行政区划

1960—1983年，辖大堡、堡兴2个社区居民委员会和大堡、寨子、培龙、玉荷、石江、高竹、枫林、枫树、龙凤9个大队。下设3个居民小组，111个生产队。2014年年末，辖大堡社区居民委员会和省胜、排山、檀山、东风、新立、永安、宜冲、高岭、龙凤、麻洲、深水、乔木、三黄、复兴、桥头、元目、联丰、丰胜、永红、到湖、大堡、寨子坑、高竹、玉荷、石江口、培龙、枫林、枫树、双音29个行政村，下设2个居民小组，338个村民小组。

自然环境

属丘陵地区。西南偏高，东北偏低，西部寨子岭，海拔200多米，面积1000平方米，为常宁西路名山之一。处亚热带季风湿润型气候区，四季分明。年均气温18.2℃，年降雨量1350毫米。常年主导风为东南风，冬季多北风。自然灾害有干旱、洪涝等。境内土壤分为水稻土、红壤土、紫色土、黑色灰土、潮土5大类，亚类土壤6种。地下藏有烟煤、无烟煤、石灰石、金、银、铜、锡、铁、铅、锌等矿产可供开采。地域属湘江水系。湘江自高竹村入境，至麻洲村，向东北流入新河镇五家围村。境内长约11公里。

人口民族

1984年年末，总户数6866户，总人口29263人。1996年年末，总户数6721户，总人口数28317人。2011年年末，辖区总人口32721人，其中城镇常住人口1996人，城镇化率6.1%。总人口中，男性17492人，占53%，女性15229人，占47%。18岁以下7726人，占23.61%；18~35岁7681人，占23.47%；36~60岁12039人，占36.79%；60岁以上5275人，占16.12%，人口均为汉族。2011年，人口出生率12‰，死亡率7‰，自然增长率5‰。2014年年末，总户数9059户，总人口数34642人，男性18395人，占53.1%，女性16247人，占46.9%，流动人口204人。

经济发展

经济综述

改革开放后，大堡乡经济建设步子大大加快，主要经济指标不断创新纪录。1994年，工农业总产值8199万元，其中农业总产值3994万元，占48.7%，工业总产值达4205万元，占51.3%，分别比1991年增长15%和18%，农民人均纯收入1082元，财政总收入690万元。粮食总产量14404吨。2014年，工农业总产值45000万元，比1994年，增长4.9倍，其中，农业生产总值23000万元，占工农业总产值51.1%，工业总产值22000万元，占48.9%，分别比1994年增长4.8倍和4.2倍，农民人均纯收入9120元，增长7.4倍，财政总收入8548万元，增长11.4倍。粮食生产总量19254吨，增长33.7%。

农业

种植业 耕地历来以种植水稻为主，红薯、豆类、蔬菜类等农作物为次。民国后期，稻田种一季，收割后，少量台田，复种泥豆、秋荞、秋薯。常宁县人民政府成立后，县委、县政府鼓励农民积极种水稻、旱粮和其他农作物。1952年，水稻亩产245公斤，比1949年亩产150公斤，增长63.33%。1978年，亩产粮食290多公斤。1983年，普遍建立包干到户责任制，水稻亩产410多公斤，跨过农业生产发展纲要，创境内粮食生产历史纪录。1995年撤区并乡后，粮食生产迅速发展，2011年，粮食总产量18150多吨，人均554公斤，其中水稻16150吨。油菜种植面积166.7公顷，总产量375吨。2014年，全乡农作物总播种面积5774公顷，粮食播种面积3187公顷，粮食总产量19254吨。

养殖业 传统以养生猪为主，牛、羊、家禽、鱼次之。1950—1960年，养殖业由农户自养自售。1970年后，大力发展集体养猪，至1980年，社队办猪场410多个，养猪约2万多头，出栏1.4万头。1983年后，集体猪场解散。鼓励私人养猪，并出现一批专业养猪户。至2011年，生猪饲养量35000多头，出栏27000多头，家禽饲养量42.3.万羽。养鱼水面150公顷，水产总量1900多吨。2014年，全乡肉类总产量4982吨。

林业 林地以油茶树为主，杉木、南竹及李子等为次。民国时期，山林为私有，“后龙山”、“坟山”为宗族公有，贫苦农民占有山林则很少。1958年，大公社造林1万多株。1974年，全公社建立社队林场10个，面积约133.4公顷。1983年后，山林权归还生产队或承包到户。2011—2014年，全乡新造油茶林66.7公顷，垦复油茶林133.4公顷。

工业

境内石灰石资源丰富，其石灰以杂质少含镁量高著称，烟煤蕴藏十分丰富。民国后期，油茶木榨坊2处，少数木匠串户做木器。常宁县人民政府成立初期，先后建公社农具厂、石灰厂、煤窑。1970年后，社队企业有较大发展。到1979年，社队企业有11个，总产值近1万元。1995年，撤区并乡后，以冶炼、建材为主，主要产品有生铁、锰、锌、石灰、红砖、沙砾石等。2011年，工业总产值2.2亿元，拥有工业企业25家。是年，伯兴弹簧厂落户境内，厂房建成投入使用。2014年，工业企业28个，职工136人，企业实交税金总额313万元。

商贸服务业

民国后期，大堡街有店铺3家，并设有集市进行商贸活动。1956年，建立供销分社。1958年，取消私营商业，商品由供销分社统一经营。1978年，有各类商业门店、网点10余个，从业人员30余人。此后，个体商户进入流通市场，成为流通领域主体。2014年，社会商品零售总额1.5亿元，共有网点475个，职工988人。集贸市场2个，年成交额9000多万元。

财政金融

1984年，建乡财税所3个，职工9人。2003年，国家对农业税及附加税降低税率。2006年，农业税及附税全部取消。1994年，乡财政总收入690万元，支出680万元。至2011年，乡财政总收入588万元，地方财政收入完成106万元，其中完成国税15万元，地税60万元，矿产资源税31万元。2014年，乡财政总收入8548万元，一般预算收入8548万元，财政支出6414万元。

2014年，境内金融机构有农村信用合作社网点。

基础设施

交通运输

民国时期，境内交通运输极不方便，往来于羊肠小道，运输靠肩挑手提。1958年，修大堡至到湖砂石公路1条，长5公里。1976年，修官岭至麻洲砂石公路，长3公里。至2014年，陆路运输线有082县道纵横过境，境内长15公里；乡道2条，长23公里；村道30条，共长75公里；与县、乡公路相接，公路全部硬化。

2006年后，市内班车10趟，地际班车4趟。2014年，水路运输有湘江南岸大堡港口，是湘江中上游物资集散之地，岸线长500多米，陆地面积7.7万平方米。堆场7418平方米。装卸码头7座，泊位7个。港口装卸机3台件，以货运为主，设有松柏至大堡客班船停靠点。

邮政通信

民国后期，设有大堡信柜。1950年，大堡信柜升为代办所。1962年，设立大堡邮电所，办理邮政和电话电报业务。1956年，乡开始通电话。1995年，撤区并乡，设立邮电支局，网点2个。1998年9月，邮电分营。2014年年末，邮政所1家，电信企业1家，服务网点9个，固定电话1120户，入户率20%，移动电话用户9800户，互联网用户350户。

供电饮水

1975年，架通输电线，由官岭、新河两个供电所供电。用电入户率100%。辖区沿湘江南岸的小集镇和农村居民，祖祖辈辈饮用湘江水。1994年，建成1座容量为400吨的水塔，后增容，总供水铁管420米，这里的居民从此饮用了自来水，其他村农户仍饮用井水或打深井饮用地下水。

麻洲桥

水利建设

民国时期，水利设施主要是塘、柴土堰，少量水车，抗灾能力弱。1950—1959 年，山塘发展到 680 多口。20 世纪 70 年代，先后建成十二冲、早禾冲、老虎冲、火箭、铁路冲 5 座小（一）型水库，开挖渠道 9 条，34.1 公里，灌田 529.34 公顷，至 2014 年年末，有小（一）型水库、小（二）型水库 9 座，电力排灌站 69 座、装机容量 690 千瓦，堰坝 37 座，山平塘 400 余口。

村镇建设

2006—2014 年，集市由 1 条街长 250 多米，面积 0.2 平方公里扩大到 3 条街，集市面积 1 平方公里，有门面 100 余个。并在集市傍兴建一栋乡办公大楼、公安派出所办公大楼。农村茅屋草舍逐步拆除，兴建新的红砖瓦屋。尤其是 2006 年后，单独一栋三间的钢筋水泥砖混结构楼房耸立在大冲小 里，新建和改造村综合楼 20 多栋。

社会事业

教育科技

教育　民国时期，有蒙馆、经馆，族办小学 1 所。中华人民共和国成立后，教育事业迅速发展。1951 年，农民夜校、扫盲班普及乡村。1957 年，有小学 8 所。1958 年，建中学 1 所，完小 1 所。1980 年，初小、中学等教育基本形成。1995 年年末，小学 26 所，完小 3 所，初中 3 所。次年，调整学校布局，中、小学减少。至2011年年末，幼儿园6所，在园幼儿850人，专任教师20人；小学3所，在校学生1760人，专任教师92人，小学适龄儿童入学率99.8%；初中2所，在校学生765人，专任教师64人，初中适龄人口入学率99%，小升初升学率100%，九年义务教育覆盖率99%。2011年，财政预算内教育经费378.8万元。2014年末，幼儿园、托儿所13所；小学11所，在校学生1855人，专任教师83人，小学适龄儿童入学率100%；初中1所，专任教师124人，在校学生1373人，中学适龄人口入学率100%，九年义务教育覆盖率100%。

科技 20世纪70—80年代，辖区农业技术推广服务站3个，技术员6人，村农技推广服务组29个。每年办农业技术培训班1～2期，培训村组干部，科技示范户、各类专业户。1995年，合并为大堡乡农业技术推广服务站，技术服务员3人。至2014年，农民大都掌握了农技实用技术2～3项。主要推广运用新技术、新品种。

文化体育

1956年，大队建俱乐部7个，1958年，建文化馆1个，后被撤销。1965年，建民办公助文化站1个。1984年后，大队都建立文化室。1988年，建文化楼1处，祁剧流于辖区，剧院定为乙级剧场。2014年年末，文化站1个，村级文化活动中心30个，文化专业户10户，业余文化社会团体8个，农家书室23处，藏书5万多册。

1970年，架通广播专线，公社成立广播放大站，安装高音、舌簧喇叭，70%多的农户能收听到广播。1986年，改广播站为广播电视站，电视机进入农户。2014年，通宽带的村29个，通有线电视的村20个。

2014年，境内有2个村安装有农民健身器材，学校体育场1个，体育设施齐全。

医疗卫生

民国时期，只有草药医生出诊或坐堂看病。常宁县人民政府成立联合诊所3个。1965年，建立3个公社卫生院，医务人员15人。1969年，实行合作医疗制度，大队设立医务室，有赤脚医生29人。1995年，全乡有医院1所，分院2所，大队医务室29个，社区医务室1个。2006年，实行新型农村合作医疗试点，2007年参合率94.96%。2014年，新型农村合作医疗参合率95%。是年末，有医疗机构32个，专业医生46人，其中执业医师3人，执业助理医师11人，注册护士5人，病床20张。完成诊疗3.6万人次。

1965年后，公社卫生院配保健医生1人。1970年，大队建保健室29个，保健员29人，生产队有卫生员338人，形成了卫生工作网络。1976年，开展卫生“两管五改”（管水、管粪、改水井、改厕所、改畜圈、改炉灶、改环境）活动，新建和改造饮水井10余口，新建、搬迁厕所、牛栏、猪圈等约10栋，建田头肥库50多个。2014年，13个村建垃圾集中处理池13口。

社会保障

“五保”供养 1961年起，“五保”户由大队生产队分散供养。1987年后，“五保”户由乡政府统筹钱粮和食油，仍分散供养，每人每年生活费300元，粮食350公斤，食油5公斤。2007年，全乡“五保”户享受农村居民低保待遇。2014年，乡敬老院投入使用，“五保”对象集中供养39人，支出22.1万元；分散供养191人，支出32.5万元，此后，按照低保标准供养。

最低生活保障 2007年，实行城乡居民最低生活保障。2011年城镇居民享受最低生活保障待遇有185户、210人，支出金额4.54万元，月人均180元；农村居民享受低保待遇有1078户、1338人，支出128万元，月人均80元。2014年，城乡居民享受最低生活保障待遇共计 968 人。

养老保险 2012 年，启动城乡居民社会养老保险。2014 年，社会养老保险人数 23405 人，参保率 67.6%。

医疗保险 2005 年，启动城乡居民大病救助，当年大病医疗救助 11 人次。2006 年，农业人口参加医疗保险有 23901 人，缴医疗基金 22.696 万元，参保率 69%，2011 年，大病医疗救助 50 人次。是年，民政部门资助参加医疗保险 150 人，金额 7500 元。2014 年，参加医疗保险人数 27957 人，参保率 80.7%。

优抚补助 2008 年，有各类优抚对象 269 人，发放补助费 121332 元。2009 年，各类重点优抚对象 108 人，春节前一次性生活补助 19260 元。2014 年，农村年满 60 周岁退役士兵有 114 人，生活补助 40620 元，农村有困难的军退人员 87 人，发放补助 7932 元。

特色地情

名优特产

芙蓉花生 是境内大宗农产品，其花生外观均匀，颗粒大、果仁饱满厚实、质脆而爽，具有润肺化痰、提神醒脑等保健功能。全乡已建 133.4 公顷花生基地，年产量 250 多吨。

水王李子 境内名产，名声远播。种植面积 533.4 公顷，常年产量 30 余吨。到大堡来的人们总不会忘记买回“水王李子”。

风景名胜

桃花洲、龙凤岩、排山溶洞、“双音盆地”、“寨子岭（黄巢寨子）”等为主要景点，游人到此，无不留连忘返。乡政府旧址旁边有两株五人合抱的荆子树，一雌一雄相对拥抱，令人叹为观止。

黄巢寨子 唐乾符六年（877），黄巢起义军自广西编大桴沿湘江下衡州经此。清同治《常宁县志》载：“黄巢兵过大堡，驻营寨子岭，今世人犹于岭下拾得矢镞兵器，故名黄巢寨子。”海拔近 300 米，面积约 1.5 平方公里。起义军还在附近马草岗练兵，在铁炉冲铸铁造箭，破塘冲为其炸塘破敌处。

桃花洲 即麻洲，位于湘江中上游，盛产芝麻，洲身呈纺锤形，长 4 公里，宽 0.4 公里，面积 1 平方公里，唐神龙二年（706）至开元八年（720）。新宁县治设此。历史传说这里桃树为盛，春季期间，桃花盛开，故名。传说洲为木排形，能随水沉浮。洲南岸边耸立一巨石，传为洲之吊桩。当地人说夜深人静，常听到蔑缆嚓嚓声音。

（文字供稿：大堡乡党政办　图片供稿：常宁市史志办）

江河乡 >>

区域概况

位置面积

江河乡地处常宁市西北部，湘江南岸，距市城区18公里多。因乡政府驻地坐落在宜河与湘江汇合处而得名。位于北纬26° 30′ 04″ ~ 26° 34′ 20″，东经112° 17′ 38″ ~ 112° 24′ 19″ 。东与柏坊镇以宜河为界，南与宜潭乡接壤，西与新河镇为邻，北临湘江与祁东县粮市镇、衡南县近尾洲镇相望。区域东西最大距离10公里，南北最大距离7.6公里，总面积40.76平方公里。2009年，乡人民政府驻地由湘江村迁驻吕坪村。

建置沿革

民国后期属同益乡。1949年，沿用旧制。1950年，撤乡保甲制，设江河、凹霞、大坪、吕坪、湖关5个乡，分属第二区和第十区。1956年，撤区并乡，合并为江河乡。1958年，实行政社合一，属宇宙人民公社。1960年3月，撤宇庙、群英人民公社，分为江河、双坪、河洲、株梓、珠塘、麻洲、大堡7个小公社。1961年9月，恢复区建制，属河洲区。1984年，政社分设，恢复乡建制，7个公社改为7个乡，属新洲区。1995年5月，撤区并乡，将双坪乡并入江河乡。

行政区划

1961—1983年，全乡辖江河社区居民委员会和吕坪、湘江、宜潭、陈洲、宝山、茶山、坳霞、从井8个大队，下设2个居民小组，92个生产队。2014年年末，辖江河居民委员会和湖关、双坪、大禾坪、新喜、新民、吕坪、湘江、丛井、宜潭、坳霞、茶山、宝山、陈洲13个行政村，下设3个居民小组，172个村民小组。

自然环境

属典型的紫色页岩丘陵地区。南偏高，北偏低。沿湘江南岸有一小型平地，其余为丘岗山地间狭窄垅田。东北部宜河入湘江处，两岸石壁，半属凿去，与岸石不异，相传为禹凿石。气候适宜，四季分明。年均气温18.2℃，年均降雨量1300多毫米。常年主导风为南风，冬季北风较多。有水、旱等灾。土壤分为水稻土、紫色页岩土、红壤土、潮土4大类，亚类土壤8种。属湘江水系。湘江自大禾坪村入境至湘江村，向东北流入柏坊镇大坪村。境内长约8公里。宜河自陈洲村入境至湘江村流入湘江，境内长4公里。

人口民族

1984年年末，全乡共有3334户，13816人。

1996年年末，总户数3331户，总人口13917人。2011年年末，总人口14786人，其中城镇常住人口522人，城镇化率3.5%。总人口中，男性7908人，占53.4%，女性6878人，占46.4%。14岁以下2421人，占16.4%，15～64岁10607人，占71.8%，65岁（含65岁）以上为1748人，占11.8%。人口全部为汉族。2011年，人口出生率11.5‰，死亡率8.5‰，自然增长率3‰。2014年年末，全乡共有5108户，15365人，男性8144人，占53%，女性7221人，占47%，流动人口26人。

经济发展

经济综述

1978年后，江河乡经济大大发展，主要经济指标连续创历史新纪录。1994年，地区生产总产值6300万元，其中农业总产值1975万元，乡镇企业总产值2570万元，第三产业1755万元，分别占31.35%、40.79%和27.86%，农民人均纯收入912元。粮食总产量6825吨。2011年，地区生产总值8393万元，其中农业总产值4533万元，占54%，工业总产值3500万元，占41.7%，第三产业360万元，占4.3%，分别比1994年增长33.2%、1.3倍、36.2%，第三产业减少1395万元，农民人均纯收入7382元，增长7.1倍，财政收入216.32万元。粮食总量8025吨，增长17.6%。2014年，农民人均纯收入8623元，比2011年增长16.8%、比1994年增长8.5倍，财政总收入3203万元，比2011年增长13.8倍。粮食总产量8914吨，比2011年增长11.1%，比1994年增长30.6%。

农业

种植业 耕地传统种植水稻、红薯、高粱、荞麦、白菜、萝卜、辣椒、花生、豌豆、西瓜等农作物。1978年，水稻亩产250多公斤，比1949年亩产100公斤增长1.5倍。1983年，农业实行家庭联产责任制，当年亩产水稻400多公斤。之后，加强农田水利建设，旱涝保收面积达到533.4公顷。1994年，遭受特大洪涝灾害，但水稻生产总量达到6825吨，与上年持平，农业总产值1975万元，较上年略有增加。2011年，农业总产值4533万元。因调整产业结构，加之修路，粮食种植面积减少，粮食总产量为5890吨，人均398公斤，其中水稻5140吨。油菜种植面积566.7公顷，蔬菜种植面积146.67公顷，西瓜种植面积266.7公顷，总产量750多吨。2014年，全乡农作物总播种面积2633公顷，粮食播种面积1472公顷，粮食总产量8914吨。

养殖业 1976—1980年，大力发展集体养猪，全公社办社队猪场10余栋。至1980年，集体共养猪1100多头。出栏约700头。1983年后，以农户养猪为主，并出现一批养猪专业户。坳霞村王龙斌兴办猪场、鸡场、甲鱼场、渔场。2011年，全乡生猪饲养量6万多头，出栏3.5万头，牛饲养量200头，出栏100多头，羊饲养量6000多只，出栏200只，家禽饲养10多万羽。鲜鱼是地方特产。养鱼水面900多公顷，总产量200多吨。2014年，全乡肉类总产量6806吨。

林业 以国外松、油桐、红枣为主。1975年后，发展集体林场。1980年有林场9个，面积近66.7公顷。1983年，建立林业生产责任制，山林权归还生产队或承包到户，林场解散。1995年撤区并乡后，全乡造林2000公顷，其中果木林267公顷，森林覆盖率80%以上，发展庭院经济2500户，占总户数的48.9%，形成柰李、水蜜桃、柑橘、板栗、红枣等多种水、干果生产基地，年产水、干果350多吨。2003年，造芦竹20公顷，国外松 66.7 公顷。2014 年，以造林绿化为主。

工业

民国时期，仅有木匠为各家各户做木器。1958 年，建农具厂 1 个。之后，工业逐步发展，至 1980 年，社队企业有建筑队、砂石队、酒厂等 10 余个，从业人员 200 多人。1994 年，以“霸王”系列酒为拳头，带动小型加工作坊、修理店、红砖厂、建筑队等企业的发展。总产值 2570 万元，利润 166 万元。2011 年，工业总产值 3500 多万元。2014 年，工业企业 10 个，职工 45 人，总产值 4000 万元。

商贸服务业

1950 年，江口塘小街仅有南杂、小旅店、茶座等。1956 年，先后设立供销分社、食品站、农副产品收购站，供应生产、生活等资料及农副产品收购。1958 年，取消个体商户，商贸由供销分社和合作商店统一经营。1985 年后，放开市场，个体商业恢复，商品流通日趋活跃。2000 年后，乡内商贸改制为民营商贸，民营商业成为流通领域主体。2014 年，社会商品销售总额 6900 多万元，共有商业网点 87 个，职工 120 人。1 个乡镇集贸市场，年成交额 360 余万元。

财政金融

1984 年，乡建立财税所。2002 年，进行农村税费改革，取消提留上缴，农民的合理负担改为农业税附加。2006 年，全部取消农业税及附加税，乡财政收入减少，国家财政以转移支付的形式保障乡财政运转。2011 年，乡财政总收入 220 万元，地方财政收入 45 万元，其中完成国税 3 万元，地税 34 万元，矿产资源税 8 万元。2014 年，乡财政总收入 3203 万元，一般预算收入 3203 万元，财政支出 3296 万元。

2014 年，境内金融机构有家村信用合作社网点。

基础设施

交通运输

江河原本是全县有名的交通死角，中华人民共和国成立后，尤其是改革开放后，交通运输大有改善。至 2014 年，境内水泥公路纵横交错。县道桐新线由东至西穿境而过，境内长 18 公里。乡道连接县道，村道与乡道相接，四通八达，全乡公路里程 20 多公里。

2006 年以后，常宁至江河的班车已开通设招呼站 2 个；以湘江为依托，衡阳至新河、松柏至大堡的客轮设有江河停靠点，结束了运输靠肩挑手提的历史。

邮政通信

民国 6 年（1917），设立江口塘邮政代办所 1 个。1956 年，邮政所由江河供销分社承办。1987 年，设立江河邮电所。1995 年后，成立江河邮电分局。1998 年 9 月，邮电分开，业务分营。2014 年年末，邮政网点 1 个，邮政业务总量 13.2 万多元。电信企业 3 家，服务网点 4 个，固定电话用户 721 户，电话入户率 14.1%；移动电话用户 2560 户；互联网用户 360 户。全年电信业务收入共计 17 万多元。

供电饮水

1973 年，架通输电线路，开始用电。后与湘南大电网联网，全公社都用上电。因乡地域紧靠近尾洲水利水电站的区位优势，可长年供电，用电入户率 100%。

以前村民主要靠井水或打压水井饮用，2009 年后，集镇建了水厂，饮用自来水。

水利建设

1974 年，境内和平大队采取“有个斗笠丘，修口钵子塘”的办法，新建山塘11口，扩大整修山塘51口。1985年，治理水利死角，学习外地经验，推广矮塘加高、浅塘挖深、漏塘治漏、废塘恢复、无塘新建的经验，发动群众整修、新开山塘200多口，增加蓄水量900余立方米。1995年，全乡开展百塘冬修大会战，乡投资31万元，村投工17万个，建成水泥标准山塘129口，修水渠道1.5公里。被评为衡阳市“芙蓉杯”水利竞赛二等奖。至2014年年末，全乡有小(一)型水库1座，小(二)型水库4座。电力排灌站8座，高低压线路共长20余公里。骨干山平塘200多口。

镇村建设

乡人民政府利用近尾洲水电站强大的辐射作用，加快小城镇建设。2009—2014年，新建1条长1公里、宽20米的水泥街道，直通近尾洲电站，城区面积已扩大2倍，达到1平方公里。经商门面、摊位增加。农村钢筋水泥砖混结构楼房，从山麓、山中拔起。村民委员会新建改造综合楼10余栋。

社会事业

教育科技

教育 1949年，境内有少数蒙馆，江口塘有家族办小学。1950年，创办农民夜校，开展扫盲教育。1957年，小学发展到7所，完小1所。1970年，办中学1所。1995年，撤区并乡，全乡有小学13所，完小2所，中学2所。后调整学校布局，中小学减少。2011年，幼儿园1所，在园幼儿80人，专任教师2人；小学4所，其中中心校1所，在校学生980人，专任教师46人，小学适龄儿童入学率100%；初中1所，在校学生330人，专任教师20人，初中适龄人口入学率100%，小升初升学率100%。九年义务教育覆盖率100%。财政预算内教育经费196.5万元。2014年年末，幼儿园、托儿所5所；小学6

江河老街

所，在校学生743人，专任教师38个；初中1所，在校学生262人，专任教师51人。小学适龄儿童、中学适龄人口入学率、小升初升学率、九年义务覆盖率均为100%。

科技 20世纪70年代初，辖区有农业技术推广站2个，技术员4人。1986年，改为农业技术推广服务站，村设立农技推广服务组，乡指定1名副乡长兼管。1995年撤区并乡时，合并为江河乡农业技术推广服务站，技术员4人。每年办农技培训班2期，培训村组干部，科技示范户、各类专业户。并广泛开展农业实用技术、农科成果运用活动，确保了粮食生产安全，促进了农业经济持续发展。2014年，农业推广机构、队伍无变动。

文化体育

1965年，公社建立民办公助文化站2个。1977年，文化站辅导员由民办老师兼任。1988年，设立乡文化中心1个，村设立文化室8个，形成了文化工作网络。2014年年末，文化站1个，村（居）文化活动中心14个，农家书屋13处，藏书1.5万多册。

1971年，全公社架通广播专线，公社建立广播站，安装高音、舌簧喇叭，69%的农户能收听到广播。1987年年末，公社广播站改为广播电视站。次年开始，农户陆续买电视机看电视。至2014年，通宽带的村13个，通有线电视的村5个。

2014年，境内有学校体育场地1个，体育设施较齐全。

医疗卫生

1962年，有公社卫生院2个，大队设立13个保健室。1969年，实行合作医疗，大队保健员改称赤脚医生，生产队配备卫生员，形成了医疗卫生工作网络。1975年，全公社开展“两管五改”（管水、管粪、改水井、改厕所、改畜圈、改炉灶、改环境）卫生活动。1995年，撤区并乡，双坪卫生院与江河卫生院合并为江河卫生院。1998年，全乡筹资37万多元，建成标准卫生水井127口，群众基本上饮用井水。2006年，启动新型农村合作医疗，2007年参合率为80%多。2014年年末，新型农村合作医疗参合率95%。是年，各级各类医疗卫生机构14个，其中村卫生室13个，乡卫生院1所，有床位10张。专业卫生人员23人，其中执业医师2人，执业助理医师1人，注册护士1人。有4个村垃圾集中处理。

社会保障

“五保”供养 1961年，“五保”户由大队生产队分散供养。1986年，由乡政府统筹钱粮油，分散供养。2007年，全乡“五保”户享受农村居民最低生活保障待遇。2008年，修建江河敬老院，床位40张，“五保”集中供养40人，支出19.6万元；分散供养80人，支出13.6万元。2014年，按低保待遇列支。

最低生活保障 2007年，实行城乡居民最低生活保障，当年有5户10人享受低保待遇。2011年，城镇居民低保对象11户、11人，支出金额2.2万元，月人均167元；2014年，城乡居民享受最低生活保障待遇的对象396人。

养老保险 2012年，启动城乡居民社会养老保险。至2014年，参加社会养老保险人数10891人，参保率70.9%。

医疗保险 2005年，启动城乡居民大病医疗救助，当年大病医疗救助5人次。2006年，实行医疗保险，有10988名农村居民参加医疗保险，缴医疗基金9.84万元，参保率71.5%，至2011年，大病医疗救助268人次，民政部门资助参加医疗保险人167人，金额54.1万元。2014年，参加医疗保险人数13586人，参保率88.42%。

优抚补助 2008年，有各类优抚对象143人，补助金额82188元。2009年，重点优抚对象79人，春节前一次性生活补助14220元。境内农村年满60周岁退役士兵62人，发放补贴金额20460元，农村困难的军退人员19人，定期定量补助费1692元。

特色地情

名优特产

紫云蜂蜜、紫云花粉、紫云浆等系列产品。这些产品由上等原料蜂蜜配以紫云英等野生药材精心酿制而成，能调节神经系统和肠胃功能，有镇静安眠、促消化、增进食欲、提高抗体免疫力等功能，是一种天然滋补品，年产量10多吨。

风景名胜

古迹江口塘 位于常宁市城西北部，距市城38公里。原乡政府驻地，明置汛塘于此，名江口塘。船只排筏多在这里停靠。宜河入湘江处两岸石壁，似斧凿出，其石乃悉在江中，方正成迭，与两岸岩石无异，相传为大禹治水遗迹。江口塘南面里多处有一座油榨岭，岭下岩石方正如楔，似紫色石墙，来往行人停步观赏，赞不绝口。

（文字供稿：江河乡党政办　图片供稿：常宁市史志办）

弥泉乡 >>

2011 年，被评为“全国环境优美乡镇”。

区域概况

位置面积

弥泉乡地处常宁市城区西南部，距市城区 32 公里。“弥泉”以当时境内弥勒铺和泉塘两地名冠首的字得名。1950 年建乡时以“弥泉”命名。位于北纬 26° 09′ 30″ ~ 26° 14′ 24″，东经 112° 15′ 45″ ~ 112° 25′ 46″。东毗罗桥、庙前两镇，西邻塔山瑶族乡和洋泉镇，北连板桥镇，南接桂阳县光明、白水两乡。区域东西最大距离 14.5 公里，南北最大距离 9.5 公里，总面积 58.82 平方公里。乡人民政府驻立新村。

建置沿革

民国后期属折阳乡。1949 年，沿用旧制。1950 年，撤乡保甲制，设弥泉乡，属第六区。1955 年，属罗桥区。1958 年 3 月，建立国营弥泉林场，场部设老庵子，直属常宁县人民政府。1960 年 3 月，改为垦殖场。1961 年 1 月，复为国营林场。代管更生、立新、农林、双河口 4 个大队。同年国营铜钟岭林场成立。1970 年，代管塔山乡的塔山、狮园、鳌头三个大队。1980 年，场部设立新村，1995 年撤区并乡，将铜钟林场并入弥泉林场，并设立弥泉乡，实行场乡合一体制。将代管的塔山、狮园、鳌头 3 个村回归塔山乡。

行政区划

1970 年，辖更生、立新、农林、双河口、塔山、狮园、鳌头 7 个大队和弥泉、铜钟岭 2 个林场，下设 58 个生产队、3 个林业管理区。2014 年年末，辖方家桥、周家排、铜钟岭 3 个国有林场营林管理区和双河、农林、更生、立新 4 个行政村，下设 28 个村民小组。

自然环境

属高寒山区，系南岭山簇余脉。群峰起伏，层峦叠嶂，坡度分为平、缓、陡、险，南偏高，北偏低，海拔 800 米以上山峰 4 座，最高峰马鞍凹海拔 1134.4 米，最低峰狮子脑海拔 804.1 米，全乡平均海拔 500 米以上。有的高山麓下间有少数狭窄垅田。地处中亚热带季风湿润型气候区，四季分明。年均气温 17.9℃，年降雨量 1800 多毫米。常年主导风为南风，冬季北风盛，春季多雾，夏季、秋初凉爽，冬季、春初寒冷。有洪涝、冰冻、地质、台风等自然灾害。土壤分为黄壤土、红壤土、黄棕壤土、草甸土、水稻土 5 大类，亚类土壤 9 种。系宜河水系。10 多条溪水分别注入宜河、潭河，境内总长 25.2 公里。

人口民族

1970年，全乡共有735户、3190人，其中瑶族有260人，余皆为汉族人。2011年年末，辖区总人口2591人，其中城镇常住人口386人，城镇化率14.85%。总人口中，男性1388人，占54%，女性1203人，占46%。人口中，以汉族为主，达2275人，占87.8%；有瑶族312人，哈尼族4人，占总人口的12.2%。2011年，人口出生率10.08‰，死亡率4.38‰，自然增长率5.7‰。2014年年末，全乡共有680户，2542人，其中男性1347人，占53%，女性1195人，占47%，流动人口19人。

经济发展

经济综述

弥泉乡属高寒山区，以林业为主，粮食生产也有种植，养殖以生猪、家禽（鸡、鸭）为大宗，乡工业有食品、竹木加工。改革开放后，全乡经济得到迅速发展。1994年，全乡工农业总产值达410多万元，其中农林总产值210万元，乡村工业200万元，在工农业总产值中，农林占51.2%，工业占48.8%，农民人均纯收入1100元。粮食总产量150吨。2011年，全乡工农业生产总值19930万元，其中农林总产值14070万元，占70.6%，工业总产值5860万元，占29.4%，分别比1994年增长66倍、66倍和29.3倍，农民人均纯收入7378元，增长5.7倍，财政收入203.8万元。粮食总产量161吨，增长7.3%。2014年，农民人均纯收入8618元，比2011年增长16.8%、比1994年增长6.8倍，财政总收入3424万元，增长15.8倍。粮食总产量233吨，增长44.7%，比1994年增长55.3%。

农业

种植业 耕地以种植水稻为主，旱粮次之，蔬菜等农作物亦有种植。民国时期，这里是一个“荒山秃岭，鸟不筑巢，人烟稀少”的地方。1963年，代管4个农业生产大队，开始种植水稻，亩产100余公斤。1970年，又代管3个农业大队，亩产水稻150公斤。1994年，播种面积46公顷。1998年，粮食总产量115吨。2011年，粮食总产量161吨，人均62.2公斤。2014年，农作物总播种面积145公顷，粮食播种面积38公顷，粮食总产量233吨。

养殖业 有生猪、牛、羊、鸡、鸭等。1976年后，辖区积极发展集体养猪，至1980年，办猪场8个，养猪约500多头，出栏350头左右。1966年，私人饲养生猪847头，出栏340多头。之后，养饲业持续稳定发展。2011年，饲养生猪2000多头，出栏1620头，羊饲养量2100多只，家禽饲养量20多万羽。2014年，肉类总产量2053吨。

林业 盛产木材和林副产品，素有“常宁明珠，绿色银行”之美称，是常宁市重点林业生产基地之一。1958年，组织专业队伍，上山开荒植树，经过20多年的努力，到1978年，1333.4公顷杉木南竹成林，长相葱郁。1998年，拥有大面积的人工杉木林、南竹林和杜仲、凹叶厚朴、银杏、篦子三尖杉、半荷枫等多种国家重点保护树种。森林覆盖率81.8%，活立木蓄积量15万多立方米，年均出售2000多立方米，茶叶总产量6吨。2011—2014年，大搞山区开发，植树造林和幼林抚育。4年，共造生态公益林200多公顷，南竹133.4公顷，种植柿子、板栗、大果樱桃等水果面积66.67公顷，中幼林抚育800公顷，全乡基本消灭了荒山，森林覆盖率92.8%。

工业

1975—1980年，场队办林农副产品加工企

花榈木古树

业3个，主要产品有木器、干蕨、干百合、粗纸。1984年后，场乡结合。1998年，境内企业83个，总产值4863万元。此后调整企业内部结构，以农林副产品加工为主，粗纸加工为次。2014年，境内工业企业8个。主要加工产品有木桌、木椅、竹椅、粗纸、竹笋、茶叶、龙须干蕨、干百合等加工产品。

商贸服务业

1970年，设商业网点2个，职工4人。1990年后，有商业网点6个，人员12人。至2011年，社会商品销售总额3000多万元。商业网点10个，职工20人。2014年，全乡社会商品零售额达4000多万元。从事农村贸易活动的人达到547人。

财政金融

1984年，乡设财税所1个，职工2人。2003年，降低农业税及附加税税率。2006年，农业税及附加全部取消。2008年，乡财政收入300多万元。2011年，乡财政总收入877万元。地方财政收入231万元。2014年，财政总收入3424万元，一般预算收入3424万元，财政支出3727万元。

2014年，境内有农村信用合作社网点3个。

基础设施

交通运输

20世纪70年代，修砂石公路1条，长6公里，80年代，修2条公路，长5公里。2014年，有4条公路，其中弥塔旅游水泥公路1条，纵横境内，8公里，4个村、3个营林管理区都通水泥公路，形成了交通运输网络，全乡公路里程16公里。结束“肩挑、背驮、手提”的历史。

邮政通信

1962年，设邮电网点1个，此后，架通电话线。1994年后，开通程控电话。至2014年年末，村和营林管理区都有固定电话，林农家家通电话，沟通了与外面世界的联系。

供电饮水

2007年，境内修建小水电站6座，修建变电站1座，架设高低线路，与湘南大电网联网，用电入户率100%。至2014年，林农拦截小溪建滤水池，用胶管从池中引水饮用。粮农打压水井饮用。

水利建设

1971年，组织劳力参与立新小（二）型水

弥塔公路

库建设，整修山塘2口。2013年，广济水库动土兴建。至2014年年末，小（二）型水库1座，骨干山塘2口。

村镇建设

2014年年末，茅房草舍、吊脚楼基本消失，一栋栋钢筋水泥砖混结构楼房从山腰、山麓陆续拔起，村与林营管理所改造综合办公楼7栋。

社会事业

教育科技

教育 1950年，辖区创办农民夜校、扫盲班。1958年，建小学1所。1978年，小学3所。1983年，小学6所。2014年年末，小学3所，在校学生121人，专任老师12人，小学适龄儿童入学率100%，小升初升学率100%，九年义务教育覆盖率100%。财政预算内教育经费18.2万元。

科技 1970年，有2个农林技术推广站，技术员4名。1995年，弥泉、铜钟岭2个农林技术站合并为弥泉乡农林技术站。主要推广杂交稻品种和竹蝗防治技术。

文化体育

1972年，建文化站1个，大队设7个文化室，林场组建电影队1个。2014年年末，乡文化站1个，村、营林管理区文化活动中心5个，农家书屋2处，藏书3000多册。

1970年，架通广播专线，安装高音、舌簧喇叭，场建广播站，60% 左右林农户能听到广播。1986 年，建电视差转台 1 座。至 2014 年，通宽带的村 4 个，通有线电视的村 2 个。

2014 年，安装有农民健身器材的村 1 个。

医疗卫生

1970 年，有医疗机构 2 个。1969 年，实行合作医疗，每个大队配赤脚医生 1 名。大队有保健室，生产队有卫生员。1984 年，村卫生室 7 个，村民小组卫生员 28 个。2006 年，实行新型农村合作医疗试点，2007 年参合率 98.66%。2014 年，新型农村合作医疗参合率 99.5%。至 2014 年年末，各级医疗卫生机构 8 个，其中门诊部 1 个，营林管理区医务室 3 个，村卫生室 4 个。专业卫生员 6 人，其中执业助理医师 2 人，注册护士 1 人，有床位 6 张。医疗机构（门诊部以上）完成诊疗 2300 多人次。垃圾集中处理的村 4 个。

社会保障

五保供养 1961—1983 年，由大队生产队分散供养。1984 年，由乡政府统筹分散供养，每人每年生活费 250 元，口粮 300 公斤，食油 4 公斤。2007 年，享受低保待遇。2011 年，仍分散供养 21 人，支出 3.1 万元。此后，全乡五保户按城乡低保标准供养。

最低生活保障 2007 年，实行城乡居民最低生活保障，当年享受低保待遇的对象 73 人。2011 年，低保对象 429 户、842 人，支出 60.6 万元，月人均 60 元。2014 年，享受最低生活待遇的人数 211 人。

养老保险 2012 年，启动城乡居民养老保险。2014 年，居民参加养老保险人数 1636 人，参保率 64.6%。

医疗保险 2005 年，实行城乡居民大病医疗救助，当年救助 3 人次。2006 年，实施城乡居民医疗保险，全乡参加保险人数有 1685 人，缴医疗基金 1.663 万元，参保率达 66.3%。至 2011 年，大病医疗救助 16 人次，民政部门资助参加医疗保险 21 人次，金额 2.9 万元。2014 年，参加医疗保险人数 2372 人，参保率 93.3%。

优抚补助 2008 年，全乡优抚对象 11 人，发放补助 3092 元。2009 年，重点优抚对象 6 人，春节前一次性生活补助 1080 元。2014 年，全乡 60 周岁退役士兵 2 人，生活补助金额 660 元。是年，核实困难军队人员 7 人，定期定量补助费 672 元。

特色地情

名优特产

白笋干 常宁大宗传统特产品，由上等鲜嫩竹笋加工而成，肉质肥厚、色彩金黄、香味独特，是高蛋白、低脂肪、低水分、多纤维的天然绿色保健食品。年产量约 200 吨。

风景名胜

西江山 位于常宁市南部，距市城区 30 余公里，平均海拔 500 多米。山势较陡，树木荫翳，多杉树。其中有罗汉松、南方红豆杉、银杏、鹅掌楸、苍叶红豆杉、花榈木树（树龄 600 多年）等古树名木。山麓有南江、西江二水汇合。因溪水位于西，叫西江。山因溪水得名。清同治《常宁县志》载清朝举人刘支藻游至西江山，赞西江山水景色："双峰对峙锁潺湲，不信尘寰别有天。巨壑篑林蛇九道，阴岩幽洞雪千年。峒岷惊窜缍伸客，古树疑抬跨鹤仙。我欲遍寻云雾屈，芒鞋踏破鼓渊渊。"

铜钟岭 在常宁市城区南部，距市城 30 余公里。海拔 1004 米，主要由砂岩构成，山势陡峭。多杉、竹、茶叶。周围群山逶迤。有古银杏树、野人参、金叶白兰花、摇钱树等珍贵名树。五代时，宏通长老挂锡壶于此。五代十国楚王马殷（927—929年）以铜钟赐之，故名。

马鞍岭　在常宁市南部，桂阳县北部，两县市界山，主峰海拔1134.4米，两峰相距约150米，其间低凹，整个山势形似马鞍，故名。凹处名马鞍凹，面积2平方公里。山势陡峭，主要由沙岩和花岗岩构成，山上多灌木荒草。

狮子脑　在常宁市南部，距市城区21公里，以山顶形似狮首得名，海拔1008米，主要由板页岩、浅变质沙岩构成，面积约1平方公里，山势陡削，多杉树，其中有三尖杉、红豆杉等珍贵名树。1965年，于山顶建有林区火警瞭望台。

岩鹰寨　山名，在常宁市城区南部，距市城22公里。传说一云游道人晚年只身栖此，病危时岩鹰为其哺食，坐化后鹰啄食其尸，故名岩鹰寨。海拔773米，主要由沙岩构成，面积1平方公里。山势较陡，多杉树。元代立巡司于此，今山顶有治址遗迹可寻。从前社日，附近乡民常杀猪于岭上祭社神，以祈丰年。

（文字供稿：弥泉党政办　图片供稿：常宁市史志办）

塔山瑶族乡

2009 年，境内天堂山被评为“全国 AAA 级森林公园”；2011 年，塔山乡被评为“全国环境优美乡镇”。

区域概况

位置面积

相传阿育王在天堂山麓下垒成一坐石塔，得名“塔山”。民间称之为“自生石塔”。位于北纬 26° 07′ 22″ ~ 26° 12′ 42″，东经 112° 11′ 59″ ~ 112° 21′ 03″。地处常宁市城区西南边陲山区，南岭山簇余脉。东与弥泉乡为邻，南与桂阳县白水乡、杨柳瑶族乡接壤，西与祁阳县晒北滩瑶族乡相连，北与洋泉镇为伴。是衡阳市唯一的少数民族乡。区域东西最大距离 14.5 公里，南北最大距离 9.5 公里，总面积 61.31 平方公里。乡人民政府驻板角村，距常宁市城区 43 公里。

建置沿革

民国后期属升平乡。1949 年，中华人民共和国成立初，开始沿用旧制。1950 年，撤乡保甲制，设四合、阳东 2 个乡，属第八区。1956 年 6 月，撤区并乡，合并设立鳌头乡。1958 年，撤乡，实行政社合一，属五星人民公社。1960 年 3 月，大社划小社，设塔山公社。1961 年 9 月，恢复区建制，属洋泉区。1970 年 8 月，塔山公社的塔山、狮园、鳌头 3 个大队划归铜钟岭林场代管。1984 年，政社分设，恢复乡建制，塔山公社改为塔山乡，属洋泉区。是年 8 月，从塔山乡析蒲竹、西江、松塔、高岭、茅坳等 5 个村，设立蒲竹瑶族乡，属洋泉区。1995 年 5 月，撤区并乡建镇，将蒲竹瑶族乡和塔山乡以及铜钟岭林场代管的塔山、狮园、鳌头 3 个村合并设立新的蒲竹瑶族乡。2001 年 9 月 29 日，更名为塔山瑶族乡。

行政区划

1961—1970 年，辖塔山、狮园、鳌头、东江、板角、茶群、上阳、下阳、西江、蒲竹、松塔、茅坳、高岭 13 个大队，下设 111 个生产队。1984 年 7 月，蒲竹瑶族乡辖蒲竹、西江、松塔、高岭、茅坳 5 个村，下设 47 个村民小组。塔山乡辖板角、上阳、下阳、东江、茶群 5 个村，下设 34 个村民小组。2014 年年末，辖塔山、狮园、鳌头、茶群、板角、上阳、下阳、东江、西江、蒲竹、松塔、茅坳、高岭 13 个行政村，下设 111 个村民小组。

自然环境

属高寒山区。高山麓下有狮园、板角、鳌头、东江、阳山 5 个小田洞。俗称上 5 洞。四周高，向中部逐渐倾斜，平均海拔800多米。海拔913～1265米的山峰5座，南部天堂山海拔1265米，近次南岳祝融峰，为常宁最高峰。西部的蒲竹村井边组海拔452米，为辖区最低点。地处中亚热带季风湿润型气候区，四季分明。年均气温16.1℃，历年极端最高温35.8℃，历年极端最低温为-2℃；年降雨量1900多毫米，常年主导风为东南风。自然灾害主要有冰冻，山洪、地质、台风等。年风灾最大风速30.0米/秒；年降雪次数2次，降雪平均厚度10厘米；常年日照时数为1409.6小时，日照百分率为31%；常年平均风速3.1米/秒，秋、冬最多风向为北风；年雾日数14天，年无霜期天数322天；年雷暴日数为55天。境内土壤分为水稻土、红壤土、山地黄壤土3大类，亚类土壤6种。地下矿藏有镁、铁、瓷泥、石英、石灰石、煤等10余种。地域属宜河、白水水系。有西江河、三叉河、小清河、白塔水、骨头水、黄庄水、划船水，分别流入白水、宜河，境内共长30.8公里，流域面积60多平方公里。

人口民族

1984年，全乡共有959户，4588人。1996年，总户数达1975户，总人口达8145人，其中瑶族1888人。2011年年末，总人口8990人。总人口中，男性4625人，占51.5%，女性4365人，占48.5%。14岁（含14岁）以下1140人，占12.7%，15～64岁7286人，占81%，65岁（含65岁）以上564人，占6.3%。总人口中，以汉族为主，达5084人，占56.6%，瑶族3906人，占43.4%。2011年，人口出生率12.5‰，死亡率7.2‰，自然增长率5.3‰。2014年年末，总户数2748户，总人口数9068人，男性4579人，占50.5%，女性4489人，占49.5%，流动人口1人。

塔山瑶族乡建乡30周年乡庆

经济发展

经济综述

辖区按照开放搞活的方针，大力调整产业结构，积极发展高效经济林、畜牧业和农副产品加工业。全乡经济发展速度迅猛异常，取得显著成绩。1994年，全乡实现地区生产总值1457万元，比1991年增长1.76倍，其中林农总产值365万元，增长74.6%，乡镇企业总产值972万元，增长1.8倍，第三产业总值120余万元，农民人均纯收入790元，增长38.6%。粮食总产量1277吨，增长76.6%。2007年后，转变经济发展方式，开发山区力度不断加大，调整产业结构力度不断加强，逐步建立以林业、加工业和养殖业为重点的支柱产业，成为常宁市林业生产基地、茶叶生产基地、黑山羊与黄牛生产基地。主要经济指标连续创历史纪录。2011年，全乡地区生产总值达18549万元，比1994年增长11.7倍，其中农林总产值15229万元，占地区总产值82.1%，工业总产值2120万元，占11.4%，第三产业1200万元，占6.5%，分别比1994年增长40.7倍、1.18倍、9倍，农民人均纯收入7376元，增长8.3倍，财政总收入353.04万元。粮食总产量2619吨，增长1.1倍。2014年，农民人均纯收入8586元，比2011年增长16.4%、比1994年增长9.9倍，财政总收入4262万元，比2011年增长11.1倍。粮食总产量3185吨，增长21.6%，比1994年增长1.49倍。

农业

种植业 清末至民国时期，塔山是一个交通闭塞的穷山区。中华人民共和国成立后，粮食生产除三年自然灾害外，其余年度有所发展。1978年，亩产粮食160公斤，其中水稻亩产180公斤。1983年，普遍建立农业生产责任制，当年亩产粮食310公斤，比1978年亩增粮食160公斤，增长93.75%。2007年，全乡4865亩稻田全部种植一季杂交稻，总产量1971吨，亩产405.1公斤，创历史新高。2014年，全乡农作物总播种面积1006公顷，粮播种面积527公顷，粮总产量3185吨，蔬菜、豆类、山药种植面积133.4公顷。

养殖业 1978年，发展集体养猪，有集体养猪场7个，养猪300余头，出栏100多头。2001年，建马头羊、黄牛场，养羊100多只，牛50多头，竹鼠、兔场2个，饲养量100只，出笼80多只。2014年，全乡肉类总产量1250吨。

林业

1963年，山林权属落实到生产队，全社造林200多公顷。1964年，首批被定为县杉木林基地。1975—1978年，建社队集体林场10个，面积2000公顷。至2014年，茶叶种植面积666.7公顷，有林面积6866.7公顷，其中竹林面积2520公顷，森林覆盖率77.48%，活立木蓄积量20.59万立方米，林业总产值439.4万元。

工业

民国时期，境内有造纸工场8个。1951—1954年，私营造纸从业者有1万余人，1954年，造纸槽发展到90口，产土纸、湘包纸共5000担。1983年，农村实行家庭承包责任制。1985年，家庭纸槽30多口。1992年，从江西萍乡引进包装盒传统工艺技术，建成一座工艺包装盒厂，以山上冬茅为原料，1994年投产，年编织包装盒2万多个，销路畅通。此后，陆续建了茶叶加工厂、竹木加工厂、纸厂等工业企业，1994年，工业总产值129万元。2011年，全乡工业总产值2120万元，较1994年增长4.86倍。2014年年末，山岚茶叶加工厂发展到10余个，成为骨干工业企业，至年底，全乡有骨干工业企业14个，职工200余人。

商贸服务业

民国后期，设有6家伙铺。1961年，设立合作小组1个。1956年，设立塔山供销分社、收购站，供应生产、生活资料，收购农副产品。1958年，取消个体商户，商贸由供销分社统一经营。1985年后，逐步放开市场，个体商业得到恢复。2000年后，国营、集体商业改制为民营商业。民营商业成为流通领域主体。2014年，全乡有小集市1个，门店、摊位20多个，经商人员约60人，商贸网点10余个，人员20余人。主要经营南杂、百货、茶叶、干蕨、竹笋、竹鼠、干薯粉条、西江鱼及桌椅板凳、蓼叶、药材等，年销售总额180余万元。

财政金融

1984年，乡建立财税所，2003年，降低农业税及附加税率，2006年，农业税及附加税全部取消。2008年，财政总收入295.33万元，支出295万元。2012年，财政总收入389元。2014年，财政总收入4262万元，一般预算收入4262万元。财政支出4386万元。

2014年，境内金融机构有农村信用合作社网点1个。

基础设施

交通运输

民国时期，有古盐柴道2条，通桂阳县扬柳、祁阳县白水2个乡，余皆羊肠小道，运输靠肩挑手提。1976年，修建洋塔公路塔山段，次年10月通车。1985年，修建塔蒲公路，于1989年9月18日通车。2004—2014年，县级公路弥塔线、洋塔线纵横境内，总长37公里，公路桥3座，长20多米。5条乡村线与县级线相接，实现村村通水泥公路，总长28.5公里。从此，结束运输货物靠肩挑手提的历史。

塔山山岚茶种植基地

邮政通信

民国后期，信箱3个。1958年，五星人民公社建邮电所1个。1995年，架通程控电话。至2014年末，邮政局代办所1家，全年邮政业务8万元，电信企业3家，有10公里通信光缆1条，移动差转基站1座，实现村村通电话，固定电话用户率90%以上，移动电话用户2685户，互联网用户8户。

供电饮水

1987年，全乡采取村组集体办、联户办、户办的形式，发展微型水电10处，共50千瓦，80%的农户用电照明。1998年，架通8个村高压线路，村组都用电。2007年，乡政府引进湖南山水开发有限公司技术，开发境内山水资源，建3个梯级发电站，建成后，与湘南电网公司联网，装机容量3100千瓦，保障了山区人民生产生活用电。

2007年，建5个蓄水池，铺设自来水管2800多米，供2000多人生产生活用水。“上5洞”少数农户打压水井饮用。居山腰的农户，拦截小溪水，建滤水池，用胶管引池内水饮用。

水利建设

20世纪70年代，修渠道2条，长2.5公里。2013年后，石砌灌溉渠道和小水港2条，共5公里。至2014年年末，小水电排灌站10座，装机10台，111千瓦，堰坝5座，石砌渠道2条，有小水港2条。

村镇建设

2006年后，新建2条小街，总长200多米。商铺30余个。建高标准敬老院一座。中小学危房全部修缮，建新教学楼3栋，面积1200多平方米。农村建筑日新月异。茅房草舍逐渐消失，吊脚屋逐渐减少。一栋栋钢筋水泥砖混结构2～3层楼房从地拔起，大部分村新建和改造村综合办公楼，楼房屋后绿树成荫，环境优美。

社会事业

教育科技

教育 民国后期有蒙馆6处，瑶民小学2所。中华人民共和国成立后，发展山区教育，农民夜校普及山区。1951年，建小学5所。1965年，建中学1所，中心校1所，小学9所。1996年，调整学校布局，至2012年年末，全乡有小学4所，在校学生786人，专任教师52人，小学适龄儿童入学率98.8%；初中1所，在校学生192人，专任教师19人，初中适龄人口入学率98.85%，小升初升学率100%，九年义务教育覆盖率98.8%。2012年，财政预算内教育经费394.20万元。2014年，幼儿园3所；小学10所，在校学生675人，专任教师52人；初中1所，在校学生151人，专任教师24人。

科技 20世纪70年代，有1个农技站，农技员2人，1986年，农技站改为农业技术推广站，村设立推广组。1995年撤区并乡后，改称为塔山农技推广服务站，农业技术推广员2人，组织开展农业、林业技术和科研成果运用活动。逐步推广普及杂交水稻，引进大果樱桃种苗和栽培技术。

文化体育

民国后期，瑶族有传统“谈笑”长鼓舞。汉族舞狮、舞龙。1965年，建大队俱乐部5个，建公社文化站1个。此后，组建电影队1个。1986年，私人承包放映。2014年年末，有文化站1个，村级文化活动中心8个，农家书屋13处，藏书1.5万多册。

1974年，公社广播站建立。1986年，广播专线全部架通，安装高音、舌簧喇叭，60%的农户能收听到广播。2006年后，建特高频无线微波接收站1座。2014年，通宽带的村13个，通有线电视的村2个。电视入户率95%以上。县级文物保护单位1个。

2014年，境内有学校体育场1个，有篮球、乒乓球等体育设施。

医疗卫生

民国时期，境内缺医少药，治病素以中草药为主。1956年，成立联合诊所。1963年，成立公社卫生院，大队设卫生室。1969年，实行合作医疗，大队改卫生室为医务室，每个大队配备赤脚医生1名，每个生产队配卫生员1人。2006年，实行新农村医疗合作试点，2007年参合率94.16%。2014年，参加新型农村合作医疗参合率96%。是年年末，各级医疗卫生机构15个，其中门诊部（所）2个，村卫生室13个，有床位13张。专业卫生人员7人，其中执业医师5人，执业助理医师2人。是年，有2个村将垃圾集中处理。

社会保障

“五保”供养　1961年始，由大队生产队分散供养。1983年后，由乡政府统筹钱粮油，分散供养。2007年，享受农村居民最低生活保障待遇。2008年，新建板角敬老院1座，床位50多张。2011年，入院集中供养51人，支出22.1万元；分散供养28人，支出3.4万元。此后，全乡“五保”户按低保待遇标准供养。

最低生活保障　2007年，实行城乡居民最低生活保障。是年，首批享受低保待遇的居民有110人。2011年，全乡低保对象517人，支出50.7万元，月人均80.6元。2014年，享受最低生活保障待遇的人数375人。

养老保险　2012年，启动城乡居民养老保险。2014年参加养老保险人数5832人，参保率64.3%。

医疗保险　2005年，实行城乡居民大病医疗救助，是年大病医疗救助7人次。2006年，实施医疗保险，是年，全乡参保人员6562人，缴医疗保险基金6.179万元，参保率72.6%。至2014年，大病医疗救助13人次，参加医疗保险人数9114人，参保率99.4%。

优抚补助　2008年，全乡各类优抚对象62人，补助金额18438元。2009年，重点优抚对象13人，一次性生活补助2340元。2014年，60周岁及其以上退役士兵17人，补贴金额6660元，困难军队人员36人，定期定量发放补助费3192元。

特色地情

名优特产

塔山山岚茶　属高山云雾茶，曾为宋代贡品。其形美、色翠、香浓、味爽、风味独特，具有生津止渴、防病抗癌、减肥健美、延年益寿之功效。曾获湖南省首届农博会金质奖，为湖南名茶。种植666.7公顷，年产量500多担。

苦丁茶　是一种纯天然保健饮料，其性清凉，入口先苦后微甘，具有独特的药用价值，能健胃消积，清热解毒、散淤止痛、减肥、降压、降血脂。常饮可使人延缓衰老，健康长寿，是一种珍贵的保健茶。境内已建苦丁茶基地200多公顷，年产量约200担。

塔山干蕨　境内野生鲜蕨盛，村民素有加工干蕨的习惯，干蕨是常宁的特产之一，纯天然野生鲜蕨加工而成，含有丰富的维生素及铁、硒、锌、钙、磷等微量元素，具有调节人体生理机能，清除致病因子，增强免疫力的功能，被誉为“山中野菜之王”。

瑶家腊肉　是境内瑶胞日常享用和宴亲待客的佳肴美食。取新鲜肉类腌渍处理后悬挂火塘上

西江瑶寨

瑶族谈笑

方，让烟熏火燎，使之不断干化，色香味俱佳。由于历代相传用此法制的腊肉系瑶族始祖盘王首创，故名瑶家腊肉。

风景名胜

天堂山自然风景区 位于境内南部，因山顶有口水塘而得名，因其美而成为人们向往之山，得名天堂山，山顶有一块可坐百余人的坪，“一脚踏三县”、“鸡鸣三县知”，为常宁、桂阳、祁阳三县市交界处。面积5900余公顷，属南岭山系，阳明山脉，海拔1265米，为常宁第一高峰，衡阳市第二高峰，其主峰古称之为龙脑，地势素雅秀丽，生态良好，森林覆盖率90.8%。群山绵延，向北倾斜，奇峰耸翠，茂林修竹，云雾缭绕。山上有鹿、狐狸、穿山甲、娃娃鱼、水杉、银杏等1000余种珍稀野生动植物，为天然的动植物园，每到春夏之交，漫山遍野的杜鹃花争奇斗艳，绚丽多彩。2009年，天堂山自然风景区被国家林业局定为国家AAA级森林公园，主要景点有神奇石塔、罗汉岩、仙人桥、龙潭、青山环抱上五洞等名胜景点20余处。

西江瑶族风情区 坐落在境内中部，景区以高山峡谷、瀑布飞泉、云海雾凇、河流探险、蛇形巫峡和瑶乡风情为特色，景区内有瑶乡风情表演、瑶寨篝火晚会、塔山守猎、冬季观雪。此景区主要名胜景观有西江漂流、龙潭瀑布等。

西江漂流 起于西江村万木园，止于蒲竹村蒲竹园。途经拦财路、西江口、龙形湾、检宝山等景点，全程10公里，漂流2小时。西江两岸植被丰茂，环境清幽。漂流河段，滩险湾激，落差高达100余米。沿途还有动听的瑶歌，悠悠的铜车，神秘的传说等。

龙潭瀑布 为塔山山区最大瀑布，整个瀑布分7个节，又称“7节泉”。其中第7节最宽，约20米，落差150余米。瀑布飞泻而下，激起千余支银箭冲天飞升，风回气旋，气势磅礴，轰鸣声数里可闻。

萧震球烈士墓 位于境内上阳村路边上堰跃鱼形的半山上。四周群山环绕，苍松翠柏。1979年，常宁县人民政府公布为县级文物保护单位，是常宁市仅存的烈士墓。肖震球（1888—1929），号退思，化名何荫民，塔山瑶族乡上阳村人，20世纪20年代曾参加南昌起义、秋收起义、广州起义等革命活动。1929年被捕，被国民党杀害于广东乐昌县。1952年，迁葬于此。

西江漂流弯

民俗风情

过山瑶 千百年来，瑶族保持着自己独特的民族生活习俗。节庆主要有盘王节、大忌节；传统舞蹈是长鼓舞；传统曲艺术是“谈笑”；婚嫁以“谈笑”做媒、哭嫁、坐嫁等习俗；还有瑶族特色的服饰、发饰等。

中华人民共和国成立后，耕种习俗逐渐发生变化，除“牛生日”尚崇旧俗外，其他风俗基本破除；“吹小猪”、“猪郎子吃油炒饭”少数地方仍保留；狩猎瑶、汉都喜欢，但各有别。瑶民猎人进山前焚香化纸请师祖问卦“发兵”，进山时忌多嘴，以口哨为号，统一指挥，一律穿青衣服，不见毛（野畜）不开铳，分红（猎物肉）时，对此猎物开头铳者分一脚（1/4），二统者分三皮肋骨宽的肉，抬猎物者，每人一条腿，其余参猎者，人（含狗）各分一份，带队师傅分两份，回村后将猎物头砍下供奉祖师牌位前，由带队师傅焚香化纸“收兵”。然后将猎物头炖煮，供在场人共食。此俗基本沿袭至今。

瑶族瓜箪酒，以杂粮为原料，农历八月十五日，采集山药制成酒曲药粉，配制而成，以瓜箪酒相待亲朋好友，劝醉方休；瑶民喜欢喝茶，喜用酢菜或炒包谷、薯片下茶，习以“过门为客”，常是“炉火边常客满，罐中茶不空”，且延续至今；境内男瑶民穿对襟衣，外套布褂，须帕束腰，缠 7 尺青布头巾，脚扎“绑腿”，女穿青色对襟圆领衫，外套青、蓝绣边布褂，系长裙、穿长裤，腰扎两条须帕，打“绑腿”，衣服上多为自绣图案，男子终日以黑帕包头，女子除少许老妇外，一般从不露发，小姑娘头戴球边绣花拖帽，或包后颈扎结青布蓝帕子，大姑娘戴“项板瑶”，即用三根二尺长的竹片与二根二尺长的竹片做成架子，将头发用蜂蜡胶于架上，然后在竹架上罩一块青布蓝边的绣花头巾，上挂彩珠铃铛，婚后数月方卸，一般中、老年妇女头上盘着有尖端突出额前的发架，罩青布或蓝布，以为头饰。现有不少中青年男女穿戴与汉人无异；瑶族女人好戴手圈。

（文字供稿：塔山瑶族党政办　图片供稿：常宁市史志办）

天堂山办事处

区域概况

位置面积

因地域与天堂山风景区紧密相连而得名。位于北纬26° 11′ 08″ ~ 26° 16′ 29″，东经120° 15′ 38″ ~ 112° 22′ 17″。地处常宁市城区西南部，东与板桥镇、弥泉乡接壤，南与塔山乡为邻，西与洋泉镇山水相连，北与胜桥镇交界。区域东西最大距离9.5公里，南北最大距离8.5公里，总面积45.62平方公里。办事处驻黄洞村哑坪里，距常宁市城区27公里。

建置沿革

天堂山办事处的前身为黄洞乡。1950年，撤乡保甲制，设黄洞乡。1952年，属第八区。1955年属洋泉区。1956年6月，撤区并乡，置黄洞乡。1958年，实行政社合一，属赛日月人民公社。1960年3月，大社划小社，设立黄洞等小公社。1961年9月，恢复区建制，属洋泉区。1984年，实行政社分设，设立黄洞乡，12个大队管理委员会改名为村民委员会，属洋泉区。1995年5月，撤区并乡建镇，并入洋泉镇。2007年，从洋泉镇析出原黄洞乡整个行政建制村及林峰村，设立天堂山办事处。

行政区划

1980年，辖元冲、高塘、田木、太竹、谭井、山群、江龙、黄江、黄洞、白竹、六宝、广济12个大队，下设108个生产队。2014年末，辖广济、六宝、白竹、黄洞、黄江、江龙、山群、谭井、太竹、田木、高塘、元冲、林峰13个行政村，下设120个村民小组。

自然环境

属山区。群山之间狭有“下5洞”，其中洋泉镇占2洞，办事处占3洞，即六宝洞、黄洞、黄江洞。周围高山峻岭。地处中亚热带季风湿润型气候区，四季分明。冬季寒冷，夏初与秋季凉爽，年均气温17℃，年降雨量1600多毫米。有台风、洪涝、冰雪和地质等自然灾害。境内土壤分为水稻土、红壤土、山地黄壤土及潮土4大类，亚类土壤10种。地域属宜河水系。宜河自广济村入境，至林峰村向西北流入洋泉水库，境内长4公里。黄江水自江龙村入境至黄江村向西北注入洋泉水库，境内长约3千多米。

人口民族

1984年，总户数2247户，总人口6741人。2006年，总户数2331户，总人口6815人。2008年，总人口7802人，其中瑶族200人，占

天堂山

2.6%。2011年年末，辖区总人口7914人，其中瑶族210人，占2.7%。2014年，总户数2413户，总人口8714人，男4444人，占51%，女4270人，占49%，流动人口134人。

经济发展

经济综述

天堂山办事处属山区。种植业以水稻为主，还种植红薯、玉米、豆类及百合等蔬菜；养殖业以饲养生猪、家禽（鸡、鸭）为大宗，其他养饲业次之；林业以杉木、南竹为盛，茶叶林、油茶林、果木林及药材林有小量种植。改革开放后，经济发展步入快车道。1994年，全乡地区生产总值2270万元，其中林农业总产值1198万元，占地区总产值52.78%，乡镇企业总产值713.5万元，占31.43%，第三产业总值358.5万元，占15.79%，农民人均纯收入1194元。粮食总产量1246吨。2014年，主要经济指标创历史最好水平，地区生产总产值达12910万元，其中林农业总产值12170万元，占地区总产值94.2%，工业总产值100多万元，占0.8%，第三产业总值640万元，占5%，地区总产值比1994年增长4.6倍，林农业总产值增长9.2倍，因调整产业结构，工业总产值减少613.5万元，第三产业增长78.8%，农民人均纯收入9612元，增长7.1倍，财政总收入3354万元。粮食总产量1212吨，与1994年基本持平。

农业

种植业 耕地历年以种植稻谷、红薯、蔬菜为主，高粱、黄豆、粟米次之。民国后期，旱土种红薯、包谷，稻田种一季水稻，亩产约100公斤。常宁县人民政府成立后，县委、县人民政府号召农民搞好粮食生产。1978年，亩产250公斤。1983年，农村普遍建立农业生产责任制，农民积极性高，当年亩产稻谷400公斤。1994年，农业产值1146万元，粮食总产量1246吨，人均纯收入 1194 元。2011 年，农业总产值 2000 余万元，粮食总产量 1900 余吨，人均 240 公斤。2014 年，农作物总播种面积 457 公顷，粮食播种面积 201 公顷，粮食总产量 1212 吨。

养殖业 有猪、鸡、鸭、牛、羊。1970 年，响应县革委会号召，公社、大队、生产队三级大办集体猪场，至 1977 年，共办猪场 15 个，饲养生猪 1200 多头，出栏约 700 头。1982 年集体猪场解散，以私人养猪为主，1985 年，出现专业户养猪，全乡生猪饲养量 2300 头，出栏 1300 多头。家禽饲养量 8 万多羽。2014 年，肉类总产量 2100 吨左右。

林业 产杉木、南竹、药材等，是常宁市用材林基地之一。1969 年，建集体林场 13 个，面积约 1333.4 公顷。主要林产品为杉木、南竹、山茶籽油。辖区谭井大队林场，面积约 266.7 公顷，造林 200 公顷，幼林抚育 66.67 公顷，无荒山。大队书记、场长邓锡忠被评为省劳动模范。公社林场上劳力 9 个，面积 123.4 公顷，用材林 121 公顷，经济林 2.4 公顷，其他林 0.13 公顷，活立木蓄积 7242 万立方米，年采伐木材 128.5 万立方米。1982 年，建立家庭农业生产责任制，集体林场先后解散。林权归生产队或承包到户。1992 年，全乡实现全部消灭荒山的目标，被评为省先进绿化单位。2011—2014 年，更新造林 200 多公顷，幼林抚育 533.4 公顷，森林覆盖率 98%。2014 年，建 7 个村的生物防火带，植木荷树 6 万多株。

工业

民国后期，造纸槽 10 多口。常宁县人民政府成立后，1954 年，建纸槽 20 口，产土纸 400 担。1970 年后，社队企业发展。1978 年，社队企业发展到 13 个。1994 年，有竹木、茶叶、土纸加

天堂山杜鹃花

工企业3个，企业总产值1124万元，其中竹木企业产值1052万元。2014年，以木材加工、农副产品加工为主。骨干工业企业2个。加工产品销售全市，尤其是干蕨、干笋、薯粉条、土纸等畅销。福建竹子加工厂落户境内。

财政金融

1984年，建乡财税所。2003年，降低农业税及附加税率，2006年，全部取消。2014年，财政总收入374.6万元，一般预算收入374.6万元，财政支出374.6万元。

2014年，境内有邮政储蓄代办所。

基础设施

交通运输

民国时期，仅有二条乡村大道，余皆羊肠小道。1958年，将乡村大道修建为砂石公路，长7公里。1976—2014年，洋塔公路由北向南过境；潭广公路纵横过境；村村通水泥公路，办事处公路里程27公里，结束山区人民肩挑手提的历史。

1976年，境内谭井村设有客车招呼站。

邮政通信

至2014年，村级固定电话用户13户，机关电话用户4户。移动、联通电话发展迅速，入户率90%以上，加强了与外界的联系。

供电饮水

1977年10月，建黄洞电站1座，装机2台250千瓦，年发电量80万千瓦/小时，还为兴源塔山两公社提供用电。后因线路长年失修和遭受雪灾，电厂倒闭。2008年，向洋泉供电所购电。2010年，完成农电户改，实现农电并网，用电入户率100%。

大部分山区村民截川流建公共滤水池，用胶管从池中引水饮用，也有部分村民饮用公共井水。办事处成立后，向上级争取资金80.4万元，为17户2428人解决了饮用水困难问题。

水利建设

1966年起，先后建成中型水库反坝1座，水电排灌站8座，装机容量308千瓦；5～10千瓦微型发电站5处。2013年，开始动土修筑广济水库，增加洋泉水库蓄水量，同时改善库下游村组的灌溉问题。

村镇建设

2009—2010年，办事处改建办公大楼1栋，建筑面积约2000平方米，建标准卫生院1座，建筑面积800多平方米，学校危房全部得到维修。农民房屋建筑不断更新换代，茅房木皮屋、泥土斗墙屋逐渐拆除，兴建土砖、红砖瓦屋。随着经济的发展，换掉平房瓦屋，单独兴建一栋3间二至三层钢筋水泥砖混结构楼房，前墙面贴瓷砖，其他三面墙用水泥磨面。2014年，黄江等村，一座座花园式农庄正在崛起。

社会事业

教育科技

教育 民国后期，有蒙馆、经馆和邓氏宗族小学1所。1950—1959年，农民夜校、扫盲班普及乡村，小学1所。1965年，初中1所，完小1所，小学5所。2014年年末，中心校1所，小学3所，在校学生200余人，专任教师17人，适龄儿童入学率、九年义务教育覆盖率均达100%。小升初升学率为98%。

科技 1970年，有农林技术推广服务站1个，服务人员2人。林业推广直插苗技术、竹蝗防治技术；水稻推广一季杂交粳稻，杂交稻普及率 100%。

文化体育

1961 年，公社建立民办公助文化站 1 个，配半脱产文化辅导员 1 人。1977 年，文化辅导员改由民办教师兼任。1980 年，公社文化站因活动经常，项目较多，受到省文化厅表彰。1984 年，村建立文化室 13 个。公社电影由个人承包放映。2014 年年末，文化站 1 个，村文化活动中心 13 个。

2014 年，境内有学校体育场 1 个，体育设施齐全。

1958 年，辖区人民公社办起广播站。1974 年，架通公社到大队、生产队广播专线，安装高音喇叭和舌簧喇叭，有 60% 的农户能收听到广播。1988 年，改广播站为广播电视站，黑白、彩色电视机陆续进入农户。至 2014 年，通宽带的村 2 个，通有线电视的村 1 个，入户率为 20%。

医疗卫生

1962 年，建立公社卫生院。1969—1971 年，大队全部实行合作医疗制度，队队有医务室，生产队配有卫生员。1986 年后，允许个体医生开业行医，增强了医疗工作活力。2014 年年末，各级医疗卫生机构 14 个，其中办事处医院 1 个，医师 5 个，病床 15 张。新型农村合作医疗参合率 98%。

1965 年，公社卫生院有保健医生 1 人，大队有赤脚医生 12 人，生产队卫生员有 108 个。1974 年，开展“两管五改”（管水、管粪、改水井、改厕所、改畜圈、改炉灶、改环境）卫生活动，新建改造水井 5 口，搬迁牛栏、厕所、猪圈数间，办田头肥库 60 余个。2014 年，6 个村建垃圾集中处理池 7 口。

社会保障

“五保”供养 1961—1983 年，由大队生产队分散供养，每人每年生活 300 元，口粮 300 斤，食油 4 公斤。1984 年后，由乡政府统筹钱粮油，每人每年生活费 350 元，口粮 300 公斤，食油 5 公斤，仍分散供养。2007—2014 年，“五保”户享受城乡居民低保待遇，分散供养。

最低生活保障 2007 年，实行农村居民最低生活保障待遇，低保对象有 15 人，支出 1235 元，月平均 65 元；2011 年，低保对象 286 人，支出 20020 元。2014 年，185 户、388 人，得到耕地补贴费 17.66 万元，并享受代保待遇，是年，共有低保对象 480 人。

养老保险 2012 年，启动城乡居民养老保险。至 2014 年，参加养老保险人数 5634 人，参保率 68.9%。

盐茶古道挑夫

医疗保险　2005年，实行农村居民大病救助，当年救助11人次。2014年，救助27人次。是年，参加农村医疗保险8630人，参保率99.0%。

优抚补助　2014年7月，定期定量补助困难军退人员27人，补助金额2736元。是年7—12月，60周岁及其以上农村籍退役士兵老年生活补助发放对象14人，发放金额4620元。

特色地情

历史人文

邓嗣禹（1905—1988）黄洞乡人，于1932年燕京大学毕业，并考入该校历史研究院，3年后获硕士学位。1937年，就邀参加美国国会图书馆编纂《清代名人传记》。1946年，回国担任北京大学中国近代史教授，翌年重返美国讲学，任历史教授。1988年，因车祸逝于美国。著书颇多，主要著作有《中国考试史》《通俗汉语》《太平起义新见解》《太平起义史编纂》等。

名优特产

杉木材、南竹　味香杉木材，素有"常宁木贵"之称。20世纪70年代，有2个林场共126.7公顷，活立木蓄积量50万立方米，每年采伐木材10万立方米。20世纪90年代后，每年采伐量5000～10000立方米。南竹，辖区分布有1000公顷，20世纪60年代后，每年向国家交售2.5万根，1970—1980年，自用加工、市场出售8万多根，收入达200万元。

（文字供稿：天堂山办事处党政办　图片供稿：刘爱成）

附录一

为颁发“调整区乡行政区划办法”及“各县区乡镇数及干部分配表”的命令

湖南省人民政府1952年12月20日〔52〕民行字第00792-4732号

奉中央及中南军政委员会分配我省950个区、16000个乡的指示，特制定“调整区乡行政区划办法”及“各县区乡镇数及干部分配表”各1份，随文颁发，希遵照执行。

附：调整区乡行政区划办法

一、划区乡标准：基本上根据人口、面积以及历史习惯、自然条件等为标准。一般规定，每区人口1万人至5万人，面积600至1200平方华里，每区管辖16至25个乡。平原地区每乡人口3000人至4000人左右，丘陵地区每乡人口2000人至3000人，山地平均1000人左右。各地应参酌自然环境及人口分散和集中的情况，具体进行区划；山地须照顾面积，平原照顾人口稠密程度。

二、调整区乡行政区划，以便利人民管理政权和便于发展生产、繁荣经济为目的，在重新划分当中，必须做好调查研究，防止草率从事，使区乡行政区划较长期性的固定。凡少数民族居住地区，尽量避免分割，以免影响将来建立民族区域性自治或民族民主联合政府。为便利少数民族的经济文化建设，可根据其自然分布情况，在少数民族区域内，得划入一部分汉族居住区及城镇。

三、为加强集镇的管理与领导起见，由各县根据具体情况需要（照顾政治、经济及治安情况），设立区级镇或乡级镇。县府所在地是政治、经济、文化建设中心，必须进一步加强领导，以便于发展。因此，县府所在地不论区级镇或乡级镇，均应由县府直接领导。

四、集镇员额编制，均包括在分配各专县的区乡员额总数内，自行调剂，不另追加。

五、调整乡级行政区划应结合各项中心工作进行，各省在明年3月底以前全部完成，并总结上报。调整后应即召开乡人民代表大会或人民代表会议代行乡人民大会职权，选出正副乡长和乡政府委员会。

湖南省各县所辖区、乡、镇数及干部分配表

表1　　单位：个、人

县别	区数	乡镇数			乡镇干部数		
		乡数	镇数	合计	乡干	镇干	合计
总计	950	15,321	323	15,644	45,963	2,039	48,000
湘南区	256	4,100	46	4,146	12,300	312	12,612
衡阳	17	255	2	257	765	12	777
衡南	14	205	3	208	615	18	633
耒阳	13	196	3	199	588	24	612
祁阳	11	190	5	195	570	39	609
祁东	12	199	2	201	597	17	614
衡山	15	230	2	232	690	12	702
常宁	11	173	2	175	519	16	535
零陵	14	240	2	242	720	12	732
道县	11	176	2	178	528	18	546
宁远	11	213	2	215	639	12	651
桂阳	12	180	1	181	540	11	551
安仁	8	110	1	111	330	6	336
东安	10	155	4	159	465	24	489
江华	10	170	1	171	510	8	518
新田	5	87	1	88	261	6	267
郴县	10	155	1	156	465	5	470
宜章	8	145	1	146	435	6	441
永兴	8	135	1	136	405	6	411
汝城	9	139	1	140	417	6	423
酃县	7	142	1	143	426	6	432
永明	7	92	2	94	276	12	288
资兴	8	139	1	140	417	6	423
临武	6	95	1	96	285	6	291
桂东	6	95	1	96	285	6	291
蓝山	7	100	1	101	300	6	306
嘉禾	6	84	2	86	252	12	264
湘潭专区	188	2,991	89	3,080	8,973	518	9,491
湘潭	24	373	20	393	1,120	90	1,210
长沙	16	254	4	258	761	21	782

续表 1

县别	区数	乡镇数			乡镇干部数		
		乡数	镇数	合计	乡干	镇干	合计
湘 阴	19	309	10	319	926	60	986
平 江	15	306	5	311	919	33	952
浏 阳	22	318	12	330	955	50	1,005
醴 陵	16	245	6	251	734	51	785
宁 乡	19	310	4	314	931	27	958
望 城	12	179	7	186	536	45	581
岳 阳	16	245	5	250	734	57	791
攸 县	10	163	4	167	490	24	514
临 湘	9	114	9	123	342	42	384
茶 陵	10	175	3	178	525	18	543
常德专区	167	2,651	100	2,751	7,953	564	8,517
常 德	17	227	10	237	681	20	701
澧 县	17	245	16	261	735	114	849
桃 源	18	291	6	297	873	55	928
益 阳	12	199	6	205	597	18	615
南 县	7	103	6	109	309	31	340
华 容	9	115	8	123	345	46	391
石 门	14	281	4	285	843	22	865
慈 利	15	309	5	314	927	26	953
桃 江	10	162	5	167	486	33	519
安 化	15	219	9	228	657	39	696
汉 寿	11	171	7	178	513	28	541
沅 江	9	117	6	123	351	45	396
安 乡	6	90	4	94	270	34	304
临 澧	7	122	8	130	366	53	419
邵阳专区	158	2,623	36	2,659	7,869	294	8,163
邵 东	17	266	4	270	798	32	830
新 化	21	370	7	377	1,110	59	1,169
隆 回	15	262	4	266	786	31	817
双 峰	14	215	2	217	645	13	658
涟 源	17	309	4	313	927	35	962
湘 乡	15	227	3	230	681	23	704
邵 阳	12	220	3	223	660	31	691
新 邵	12	193	2	195	579	12	591
洞 口	9	161	4	165	483	34	517

续表 1

县别	区数	乡镇数			乡镇干部数		
		乡数	镇数	合计	乡干	镇干	合计
武冈	12	178		178	534		534
新宁	9	132	2	134	396	18	414
城步	5	90	1	91	270	6	276
湘西苗族自治区	74	1,216	25	1,241	3,648	186	3,834
永顺	11	185	3	188	555	15	570
龙山	12	190	4	194	570	33	603
大庸	7	99	3	102	297	12	309
桑植	8	142	1	143	426	9	435
凤凰	8	142	4	146	426	24	450
泸溪	6	97	2	99	291	24	315
保靖	6	116	1	117	348	12	360
永绥	6	93	2	95	279	21	300
乾城	5	78	3	81	234	24	258
古丈	5	74	2	76	222	12	234
黔阳专区	107	1,740	27	1,767	5,220	163	5,383
沅陵	19	330	2	332	990	12	1,002
溆浦	14	227	4	231	681	24	705
黔阳	9	146	5	151	438	31	469
芷江	7	126	1	127	378	6	384
会同	8	121	1	122	363	6	369
麻阳	6	107	4	111	321	24	345
辰溪	8	126	5	131	378	30	408
绥宁	10	164	2	166	492	12	504
靖县	6	88		88	264		264
晃县	7	103	1	104	309	6	315
通道	6	98		98	294		294
怀化	7	104	2	106	312	12	324

说明：为加强小城镇的组织，决定经中南分配湖南省950个区、16000个乡的编制中，依照小城镇数与全省乡数按百分之二点三的比例，扣除356个乡的编制员额，作为加强全省小城镇之组织编制（区级镇的编制均包括在区数内）此系全省财经会议的决定。（编者按：个别县所辖区乡镇数字现已略有调整，但全省总数字未变）

（摘自湖南省人民政府办公厅编《湖南法令录编（1949—1953年）上册》第137~143页）

为统一规定区乡名称衔牌、印信的通知

湖南省人民政府1953年3月27日府财民行字第1361–1944号

一、奉中南行政委员会〔53〕会厅民字0714号函：尚有不少地区的区乡名称印信，多数不符合规定。为贯彻中央四级政权制，与适应召开普选的各级人民代表大会的需要应作统一规定。

二、我省区乡名称印信，亦不一致。此次调整区乡行政区划后，均应予更正，以求划一。兹依中南指示，做如下规定：

1. 区非一级政权，一律称“区公所”，并以数字排列，称为“某某县人民政府第×区公所”，其他信字样与上同。

2. 乡系基层政权，应称“某某县第×区某某乡人民政府”；印信为“某某县第×区某某乡人民政府。”

3. 区乡印信均为木质、宋体字，边长六公分，边宽六公厘。

4. 区乡衔牌字样与名称同。均用白漆底，黑色正楷字。牌长5市尺半，宽7市寸半。

5. 区乡印信衔牌均由县统一制发。印信刊制费在各县行政机关经费项下的办公费内支报；衔牌用费由县垫付，制妥后由各区乡公杂费内支报归垫。

6. 镇的名称印信衔牌，除区级镇另行通知外，乡级镇与乡同。

7. 凡关于少数民族地区的自治区组织，其相等于专署、县、区、乡等各级的政权机构。应统一作为一级政权，各级政权的负责人应统称为主席，不称县长、区长或乡长，其名称则另作规定。

（摘自湖南省人民政府办公厅编《湖南法令录编（1949—1953年）上册》第144~146页）

关于市、镇组织问题的通知

湖南省人民政府1953年5月7日府民行创字第1864–3236号

本省市、镇的组织，各地情况极不一致。全国普选工作即将开始，为了做好准备，特对市、镇组织问题作如下规定，希即遵照，并将执行情况上报。

一、市辖区分为市区、郊区。市区是市的一级基层政权机构，称（某某市某某区人民政府）。市区以下的居民委员会或类似此种组织均不作一级政权。郊区是市人民政府的派出机构，称（某某市人民政府某某区公所），不作为一级政权。郊区以下的乡为一级政权。如郊区设有居民委员会的地区，为方便

于行政领导和选举工作，应即划归市区管辖。至目前尚未设区的市均暂不设立。

二、镇为一级基层政权，镇以下之街道不为一级政权组织。因此，镇的管辖范围，不应包括郊区乡。至镇内街道组织在中央未规定前，为求划一，暂称为居民委员会。

（摘自湖南省人民政府办公厅编《湖南法令录编（1949—1953年）上册》第133页）。

关于少数民族地区的区乡名称及自治区各县府印信规定的公函

湖南省人民政府1953年7月15日府办秘字第2478-365号

一、关于少数民族地区的区、乡名称奉中南行政委员会抄1953年6月3日会厅民（4）字第118号致广东省人民政府的复函："1. 少数民族地区的"乡""村"名称，应依据群众习惯，如连南称"乡""村"为"排""冲"，即称为"排""冲"，其乡一级政府不必加以"乡"的字样，以示尊重兄弟民族的习惯。内蒙古自治区的"专""县"称"盟""旗"，即是如此。2. 实行区域自治的县以下区，其区名可以数字排列。但实行区域自治的县以下的区一级或实行区域自治的区以下乡一级，如另有一个民族实行区域自治，则"区""乡"名称，可由民族名称冠以地名。3. 关于县民族民主联合政府下的区一级自治区或区民族民主联合政府下的乡一级自治区，其区、乡名称，由民族名称冠以地名（"如某某县（地方）某某族自治区人民政府"或"某某县某某区某某（地方）某某族自治区人民政府"）而不冠以"区""乡"字样。"

二、关于湘西苗族自治区各县人民政府所属机关的印信，应否冠以"湘西苗族自治区"字样问题，经本府向中南行政委员会请示，兹奉1953年7月9日〔53〕会厅族（2）字第2696号复函："1. 自治区各县及县属机关的印信，均应冠以"某某（地方）某族自治区"字样，例如"湘西苗族自治区永绥县人民政府印"；"湘西苗族自治区永绥县人民政府公安局印"；"湘西苗族自治区永绥县人民政府监察委员会印"。其他类推。2. 对自治区所属的人民法院（法庭）及人民检察署的印信，乃冠以"某某（地方）自治区的字样"，但在县以下，无需再冠"人民政府"四字，例如"湘西苗族自治区永绥县人民法院（法庭）印"，人民检察署印信亦同上例。本府1953年5月20日府办秘字第2025-283号复泸溪县人民政府函："县属机关的印文……不必再冠"湘西苗族自治区"字样"一项应予改正。

三、以上二项希即知照。并希转知有关各地。

（摘自湖南省人民政府办公厅编《湖南法令录编（1949—1953年）上册》第256~257页）。

关于水上建政问题给湘南行署的批复

湖南省人民政府1953年10月15日府民行字第3085-5266号

一、水上区人民政府为一级政权。下设船民委员会不为一级政权。

二、设在各县港口的船民行政组织：

1. 凡当地设有镇的地区，设船民委员会归镇人民政府领导。因镇属基层一级政权，下面的船民委员会，应相当于镇下居民委员会，不算一级政权；

2. 凡当地没有设镇的港口，则设水上乡人民政府，冠以地名，如某某地水上乡人民政府，归当地区公所监督指导，同乡级政权。

三、船民人数较少的地区，可暂设船民小组，归当地乡人民政府领导。

附：湖南省人民政府湘南行署水上建政方案摘要

我区民船民主改革运动已经基本结束，为了巩固运动成果，加强人民民主专政，发展水上运输，促进城乡贸易并统一领导起见，实有建立水上基层行政机构的必要。在上级尚无此项编制预算之前，我署根据实际情况，规定以下各项：

一、建政原则：在船业人口集中的港口及码头，建立船民行政机构。凡分散在农村的短水船其船只和船民人数不多，又多数兼营陆上农业的，这样的码头，暂不建立船民委员会。该码头之船民，可直接归所在地（陆上）乡或镇人民政府管理。

二、衡阳市设水上区人民政府，为一级政权，下设船民委员会，不为一级政权。各县港口的船民行政组织，凡当地设有镇的地区，设船民委员会，相当于镇下的居民委员会，不为一级政权。凡当地没有镇的地区，设水上乡人民政府，冠以地名，如某某地水上乡人民政府，归区公所监督指导，同乡级政权。以上区长、乡长、船委会主任，暂可由水上公安、联运社、航管处等组织中较强的干部兼任。民船业务由航管处领导。

（摘自湖南省人民政府办公厅编《湖南法令录编（1949—1953年）上册》第133~135页）。

中共湖南省委 湖南省人民政府
关于实行政社分开、建立乡政府的通知

（湘发〔1984〕5号）

各地（州）、市、县委，各行政公署，自治州、市、县人民政府，省直机关各单位：

改变农村人民公社政社合一的体制，实行政社分开、建立乡政府、是当前农村一项重大改革。去年在浏阳和全省各县普遍试点的实践证明，实行这一改革，对于改变党不管党、政不管政和政企不分的状况，加强党的领导和基层政权工作，促进农村经济 的发展，加速四化建设的进程，具有重大的意义。为了切实把这 项工作抓好，现根据中央一九八三年三十五号和一九八四年一号 文件精神及各地试点经验，提出如下意见：

一、有领导有步骤地搞好政社分开、建立乡政府的工作。实行政社分开、建立乡政府，关系到广大人民群众的切身利益，涉及到广大基层干部的进退去留，是全省人民政治经济生活中的一件大事，一定要采取积极稳妥的步骤有领导地进行。要广泛进行宣传教育，自上而下，向干部、党员和群众讲明政社分开、建立乡政府的重大意义及其做法要求，做到家喻户晓。确定乡和村的规模时，要坚持党的群众路线，考虑群众的生产、生活条件和历史习惯，尊重广大群众的意愿，便于群众行使民主权利。要组织力量，考察干部，为配备乡的党政领导班子准备好人选。要贯彻精简的原则，乡一级不能增加国家行政编制；村一级的不脱产干部也要坚决实行精简，努力减轻群众负担。要把改革与生产紧密结合起来，坚持一手抓改革，一手抓生产，做到改革、生产两不误。浏阳县在开始进行这项工作时宣布四个不变：即社队规模不变，干部性质不变，公共财物所有权不变，生产资料公有制和联产承包责任制不变。实践证明，这样做有利于干部群众思想的安定和社会秩序的稳定，各地可以参照执行。

二、乡和村的规模。我省人民公社的规模一般不大，经过二十多年来的建设，大体已成为当地政治、经济、文化的中心。因此，在这次改革中，原则上实行以社建乡，以大队建村，以生产队或联队建立村民小组，一般不要改变现有行政区划。个别确实需要调整公社规模的，要经过干部群众充分酝酿，在认识一致、条件具备时，再呈报省人民政府批准。

原有的民族公社，在政社分开时，应改为民族乡。新建民族 乡的，必须符合国务院国发〔1983〕201号文件精神，并呈报省人 民政府批准。

有些公社所在地设有公社一级镇的，可以采取乡镇合一，乡改为镇，由镇管村，以利于农村经济文化事业的发展。条件具备需新建镇的，应按规定呈报省人民政府批准。

三、乡、村的党政组织和职能。乡建立乡党委、乡人民政府。村设党支部和村民委员会。

乡党委是党在农村的基层党委，实行对政权组织、经济组织和群众团体统一领导。它的主要任务是：宣传和贯彻执行党的路线、方针、政策，带领全乡人民努力完成政治、经济任务，保证“两个文明”建设的顺利进行；认真抓好党的思想建设和组织建设，充分发挥党组织的战斗堡垒作用和党员的先锋模范作用；坚持四项基本原则，加强思想政治工作，把党风和社会风气搞好；充分发挥政权组织、经济组织和群众团体的职能作用，协调党政企各方面的工作。

乡人民政府是国家基层政权组织。它的主要任务是：按照《中华人民共和国地方各级人民代表大会和地方各级人民政府组织法》的规定行使职权，接受乡人民代表大会的监督，定期向乡人民代表大会报告工作，领导本乡的经济、文化和各项社会建设，做好公安、民政、司法、科技普及、文教卫生、计划生育和计划统计工作。当前，要在抓好经济工作的同时，教育农民正确处理好国家、集体和个人利益的关系，妥善安排上交提留；要认真抓好社会治安、打击刑事犯罪和经济犯罪活动，发动群众制订乡规民约，以"五讲四美三热爱"为内容，把文明村（镇）的建设广泛开展起来，促进社会治安和社会风气的根本好转。

村党支部是党在农村的基层组织，是组织教育党员和团结带领群众进行农业现代化建设的战斗堡垒。村民委员会是基层群众自治性组织，设主任和生产、治安保卫、民政调解、公共卫生（包括计划生育）等委员，主要任务是办理本村的公共事务和公益事业。协助乡人民政府搞好本村的行政工作和生产建设工作。

四、切实配好乡级党政领导班子。调整配好乡一级领导班子，是搞好农村体制改革的关键。要坚持按照精干的原则和革命化、年轻化、知识化、专业化的方针，选拔一批年龄在三十岁左右，文化在高中以上（包括自学达到高中以上文化程度的），具有组织领导才能的优秀年轻干部进入领导班子，同时要注意留下一些身体条件较好，有一定的文化专长和工作经验的老同志，以利于新老合作交替，保持工作的连续性，顺利地开创工作新局面。

乡党委设委员五至七人，其中书记一人，副书记一至二人，组织委员、纪检委员、宣传统战委员、武装委员各一人。乡设共青团书记、妇联主任。乡政府一般应设乡长一人，副乡长一至二人。其他人员的分工，各地可以根据已经确定的公社编制总额和实际工作需要，因地制宜，统筹安排。乡一般可设秘书、生产助理、民政、司法、财粮、计划统计、计划生育、文教、科技等职，编制不够的可以兼任。司法编制可以单列。乡政府还可以设置精干的企业管理办公室或农工商联合公司，由一名副乡长负责领导，管理全乡的乡村企业和各项经济工作，人员可从乡村企业经费开支。乡人民武装部先按公社现在的实有人数配备。在配备班子时，在乡党委正副书记和正副乡长中必须各配一名具有高中以上文化的干部。分管经济工作的必须具有一定生产业务知识。各县可以从县级机关选调一些具有高中以上文化程度的年轻优秀干部到乡工作，以利于改善乡一级领导班子的结构。要注意选拔妇女干部。民族乡要注意选拔少数民族干部。按照中央文件要求，乡的干部配备要力求精干，不得超过现在公社的总编制。乡干部要能上能下，能官能民，当选就任职，落选就回到生产中去。现有的脱产干部，包括在集体经济单位的干部，一切待遇不变。每乡（镇）可以从农村选拔一、二名具有高中以上文化、年龄三十岁左右的优秀人员到乡（镇）工作。新选上来的乡干部，任职期间，经济上给以适当补贴，担任乡级主要领导职务的，每月补助四十五元，一般工作人员，每月四十元，由省财政和地、市、州、县财政对半负担。

配备乡的领导班子，一定要认真进行考察，严格把好政治关、年龄关、文化关，严防"三种人"和反对十一届三中全会以来党的路线方针政策以及有各种严重违法乱纪行为的人进入领导班子。要通过乡人民代表大会,选举产生乡长、副乡长。乡党委应按照党章规定召开党员大会或乡党员代表大会选举产生。乡党政领导班子成员，要按照有关规定进行审批。村民委员会的主任、委员和村民小组长，通过群众直接选举产生。

为了加强对城镇工作的领导，各县城关镇的镇委书记，一般应由县委副书记或县委常委担任，以利于加强对城镇的统一规划、建设和管理。

实行政社分开以后，有一批干部的工作将有所变动，要视其所长，作出妥善安排，使他们有机会为建设社会主义新农村继续做出贡献。对于退出领导班子而又不到退休年龄的公社正副书记和公社管委会正副主任，可以安排为乡协理员。

五、建立乡财税所。随着乡政府的建立，应当建立乡一级财政和相应的预决算制度，明确收入来源和开支范围。乡建立财税所，所长可以由乡财粮专干兼任，另增配一至二名事业编制。有关具体事项按财政部规定办理。乡财税所的主要任务是：负责对上级下拨的农业、文教卫生等事业费和行政经费的管理使用；按政策规定做好农村各项税收和地方收入的征收管理，并按规定提取分成；具体贯彻农业税的减免政策；筹集分配使用好乡的公共事业经费；检查监督各部门执行财经纪律的情况，严禁巧立名目、乱搞摊派而增加集体企业和群众的负担。

六、改革经济体制。经济体制的改革，应按照中央有关指示精神认真实行。现有社队企业要抓紧整顿，建立和完善责任制，改善经营，加强民主管理，采用适用技术，提高经济效益，促其健康发展。供销社的体制改革要深入进行下去，真正办成农民群众集体所有的合作商业，逐步扩大经营范围和服务领域，办成供销、加工、贮藏、运输、技术等综合服务中心。信用社要进行改革，真正办成群众性的合作金融组织,在遵守国家金融政策和接受农业银行的领导、监督下独立自主地开展存贷业务。农业技术推广、林业、畜牧兽医、农业机械、经营管理等基层事业单位，都应进一步提高服务质量。要逐步建立起比较完备的商品生产服务体系，促进农村商品生产的发展。

政社分开以后，农村经济组织应根据生产发展的需要在群众自愿的基础上设置，形式与规模可以多种多样，不要自上而下强制推行某一种模式。为了完善统一经营和分散经营相结合的体制，一般应设置以土地公有为基础的地区性合作经济组织。这种组织，可以叫农业合作社、经济联合社或群众选定的其他名称，一般可以村（大队或联队）为范围设置，其领导机构可以同村民委员会分立，也可以一套班子两块牌子。以村（大队）为范围设置的，原生产队的资产不得平调，债权、债务要妥善处理。

原公社一级已经形成经济实体的，应充分发挥其经济组织的作用；公社经济力量薄弱的，可以根据具体情况和群众意愿，建立不同形式的经济联合组织或协调服务组织；这些组织对地区性合作经济组织和其他专业合作经济组织，是平等互利或协调指导的关系，不再是行政隶属和逐级过渡的关系。

七、政社分开,势必涉及许多经济问题。因此,在改革中要约法几章,严守纪律,严防公共财物的损失,任何个人都不得以任何借口损公肥私，违者要立即追究，严肃查处。

八、政社分开工作，全省原计划在今年春插之后和双抢之后，分两批搞完。由于县级机构改革进展顺利，有些地区要求提早进行这一工作，以便争取今年工作的主动。省委、省政府赞成这个想法，各地可以从自己的实际出发，因地制宜地进行安排。

为了切实做好这项工作，各级党委和政府必须加强领导，有关部门要定期进行研究，日常工作由民政部门负责。各地可以组织工作组下去具体帮助，并同换届选举工作结合进行，两块牌子，一套人马，以便于把各方面的力量组织起来，协同一致地做好工作。

中共湖南省委
湖南省人民政府
一九八四年二月八日

（摘自《湖南省志第四卷政务志民政（1840—1990年）》第593~599页）。

中共湖南省委 湖南省人民政府
关于开展乡镇区划调整改革工作的意见

（湘发〔2015〕15号）

为深入贯彻落实党的十八大和十八届三中、四中全会以及省委十届九次全会精神，加快推进农村改革，增强乡镇经济发展活力，促进城乡一体化发展，省委、省人民政府决定在全省开展新一轮乡镇区划调整改革。根据我省实际，现提出如下意见：

一、开展乡镇区划调整改革的重大意义

乡镇区划调整改革是事关基层政权建设和农村经济社会发展的重大改革。经过前两轮乡镇区划调整改革，全省乡镇数量有所减少，但乡镇规模小、数量多、布局散的问题仍然突出，乡镇区域平均面积和平均人口均低于全国平均水平。随着经济社会的发展，目前我省乡镇规模、布局与改革发展新要求不相适应，增加了运行成本，稀释了公共投入，削弱了综合实力，导致部分乡镇集聚力和辐射力不强，产业结构雷同，资源浪费严重，成为制约我省城乡发展一体化的障碍。通过行政区划调整，实行乡镇区域重组，撤并规模小、经济实力弱、基础设施差的乡镇，有利于整合乡镇区域发展资源，拓展和优化发展空间，解放和发展农村生产力，促进现代农业发展，加快全面小康建设进程；有利于破解制约城乡发展一体化的障碍，加快推进新型工业化、新型城镇化、农业现代化和信息化，形成城乡一体的新型工农城乡关系；有利于深化农村改革，加快构建适应现代发展要求、切合湖南实际的乡镇管理体制机制，提升工作效率，增强乡镇经济发展动力与活力；有利于完善农村社会治理体制机制，巩固党的执政基础，提高依法治理水平；有利于推动公共服务向农村基层延伸，增强公共服务供给能力。

二、指导思想和基本原则

（一）指导思想。深入贯彻落实党的十八大、十八届三中、四中全会精神和习近平总书记系列重要讲话精神，围绕构建适应城乡发展一体化要求的现代乡镇行政管理体制和社会治理体系这一目标，着力优化结构布局，着力全面深化改革，着力提升公共服务能力，积极推进乡镇区划调整改革，促进全省乡镇布局更加合理、结构更加优化、发展更加科学、运行更加高效、服务更加优质。

（二）基本原则

1. 因地制宜、科学规划。紧密结合我省新型城镇化规划，充分考虑当地自然地理条件、经济社会发展水平、行政管理以及民族宗教、民俗文化、历史沿革和群众生产生活习惯等综合因素，按照平原湖区、丘陵区、半山半丘区、山区不同类型，科学确定乡镇规模和布局，对部分高寒山区等特殊地理条件的乡镇和民族乡不搞“一刀切”。

2. 促进发展、服务群众。把促进要素资源整合、促进发展和服务群众作为乡镇区划调整改革的首要因素，把乡镇区划调整改革与推进新型城镇化、促进城乡发展一体化、发展现代农业结合起来，着力做大做强县市人民政府驻地镇，强化其综合承载力和辐射带动力，做到既有利于优化资源配置、促进乡镇经济发展，又便于有效管理、提升公共服务能力。

3. 理顺关系、转变职能。在乡镇区划调整改革的同时，积极稳妥地做好乡镇机构改革工作，进一步理顺县市区、乡镇两级人民政府管理体制，坚持重心下移、强基固本，理顺经济发展、社会事业、公共服务、社会治理、公共基础设施运行管理等方面的体制机制，精简机构、降低成本、激发活力、提升效能。

4. 依法有序、稳步推进。坚持依法依规、有序推进，严格遵守区划调整、财政税收、国土资源、组织人事等方面的法律法规。坚持公平、公正、公开，尊重群众意愿，尊重合理利益诉求。

三、组织领导和保障措施

（一）加强组织领导。本轮乡镇区划调整改革在省委、省人民政府的统一领导下，由省乡镇区划调整改革领导小组（以下简称领导小组）负责，领导小组由孙金龙任组长，郭开朗、陈肇雄、许又声、黄关春、戴道晋、蔡振红任副组长。领导小组办公室设在省民政厅，具体牵头组织对湖南省乡镇区划调整改革工作方案的实施。各级党委、政府要充分认识乡镇区划调整改革的必要性和重要性，把思想行动统一到省委、省人民政府的决策部署上来，把乡镇区划调整改革作为一项打基础、利长远的重大基础性改革来抓，确保改革顺利组织实施。各市州、县市区党政主要负责人是本地区乡镇区划调整改革的第一责任人，要切实履行好第一责任人职责。各地要组建强有力的工作班子，从组织、机构编制、民政、发改、财政等党政综合部门抽调精干力量，负责组织实施和协调落实工作。对于工作难度大的县市区，可由省、市州派出工作组指导帮助工作。

（二）科学制定方案。乡镇区划调整改革工作方案由县市区人民政府负责制定；村调整撤并方案由乡镇人民政府提出，经村民会议讨论同意后确定。在拟订方案时，要深入调查研究，充分论证，上下沟通，广泛听取干部群众意见，形成共识。方案制定后必须严格依法按程序报批，乡镇区划调整改革工作方案经市州人民政府审核后，报省人民政府审批；村调整撤并方案由县市区人民政府审批。

（三）严格落实责任。实行分级负责，省委、省人民政府负责乡镇区划调整改革的顶层设计、统筹协调和规划管理；市州党委、政府为责任主体，负责乡镇区划调整改革的部署落实；县市区党委、政府为实施主体，负责辖区内乡镇区划调整改革的具体组织实施。省、市、县有关部门按照责任分工，抓好相关配套政策的制定实施、对口指导工作；加强协作配合，合力推进改革，形成部门配合、上下联动的工作格局。省委、省人民政府将定期或不定期对各地乡镇区划调整改革工作情况进行督查督办，对落实不到位的严格追究责任。

（四）严明纪律要求。严格政治纪律，严禁干扰乡镇区划调整改革工作，对各类扰乱改革工作的谣言和行为要严肃查处，依法依纪追究责任。对改革中出现的问题，要及时研究解决，重大问题及时向上级请示报告。严格组织人事纪律，严禁突击提拔干部、突击进人；严禁擅离职守、失职渎职；严格财经纪律，加强资金管理，严防国有资产流失，严禁借机突击花钱、转移财物，严查侵占、挥霍国家和集体资产等违法违规行为；严格廉政纪律，遵守廉政准则，严禁以权谋私，一经发现，严肃处理。

（五）营造良好氛围。各级党委、政府和有关部门要做好实施乡镇区划调整改革的宣传动员和舆论引导工作，积极向干部群众宣讲乡镇区划调整改革的重大意义、目标要求和相关政策，消除干部群众思想顾虑，引导干部群众积极主动参与和配合改革。凡涉及干部群众重大利益的，要充分听取干部群众意见，取得干部群众的理解支持，在全社会形成主动支持改革、积极投身改革的良好氛围。

附件：1. 湖南省乡镇区划调整改革工作方案

2. 湖南省乡镇区划调整改革配套政策与措施

3. 湖南省乡镇合并工作任务指标分解表

4. 湖南省建制村合并工作任务指标分解表

附件 1：

湖南省乡镇区划调整改革工作方案

按照省委、省人民政府的工作部署和《中共湖南省委办公厅关于印发〈中共湖南省委全面深化改革领导小组 2014 年工作要点及责任分工〉的通知》（湘办发〔2014〕13 号）要求，结合我省实际，制定本方案。

一、目标任务及时间安排

（一）目标任务。此次乡镇区划调整改革工作，按照优化结构、合理布局、规模适度、有利发展的要求，合理确定乡镇和村的规模。全省目标任务为合并乡镇500个以上，减幅约25%；合并建制村16000个以上，减幅约 39%。合并乡镇目标任务省直接测算到县市区，合并建制村目标任务省测算到市州，再由市州测算到县市区。

根据我省地形地貌，分四个类型确定乡镇类别，全省平均每个乡镇预期规模为人口 3.8 万人、面积 160 平方千米，其中，平原湖区（A 类）乡镇人口 5.5 万 ~ 7.5 万人、面积 130 平方千米左右；丘陵区（B 类）乡镇人口 4.5 万 ~ 5.5 万人、面积 150 平方千米左右；半山半丘区（C 类）乡镇人口 3.5 万 ~ 4.5 万人、面积 160 平方千米左右；山区（D 类）乡镇人口 2 万 ~ 3.5 万人、面积 180 平方千米左右。

重点调大调强县市人民政府驻地镇。县级市城区人口应达到 15 万人以上，所辖区域面积，山区不低于 300 平方千米，丘陵区不低于 250 平方千米，平原湖区不低于 200 平方千米，未达标的，撤销城郊乡镇并将其行政区域并入城区；除总人口低于 30 万人的人口较少县外，县级人民政府驻地镇应达到 10 万人以上，所辖区域面积，山区不低于 250 平方千米，丘陵区不低于 200 平方千米，平原湖区不低于150平方千米，未达标的，撤销周边乡镇并将其行政区域并入县城镇；中心镇人口应多于同类乡镇的平均人口数，未达标的，撤并周边乡镇。现有乡镇规模超过上述标准的不得划小规模。

全省平均每个建制村人口预期规模为2500人，其中，平原湖区建制村人口2500～3500人；丘陵区建制村人口2000～3000人；半山半丘区建制村人口1500～2500人；山区建制村人口1000～2000人。

（二）时限要求。乡镇区划调整改革工作不搞试点，合并乡镇工作2015年下半年启动，2016年春节前基本完成；合并建制村工作可以与合并乡镇工作同步推进，也可与第十次村民委员会换届工作基本同步，2016年底前完成，2017年上半年选举产生新一届村委会。

二、制定切实可行的工作方案并依法报批

各市州、县市区应在深入调研的基础上，集思广益，反复论证，制定切实可行的乡镇区划调整改革工作方案。要从实际出发，因地制宜，充分考虑自然条件、历史沿革、风俗习惯和群众意愿等因素，科学合理确定乡镇、建制村的规模。总的原则是平原湖区乡镇、村人口多一些，山区乡镇、村人口少一些；山区乡镇、村区域面积大一点，平原湖区乡镇、村区域面积小一点。重点是要合并人口在10000人以下的小微乡镇和人口不足5000人的民族乡，以及人口在1000人以下的建制村，但不搞“一刀切”。各县市区在确保完成并乡镇合村任务的前提下，辖区内乡镇、村规模宜大则大、宜小则小，允许灵活对待。

并乡镇合村原则上要求成建制合并，但也可以根据山系、水系、交通条件拆分合并，具体合并方式由县市区人民政府确定。合并方式必须有利于乡镇人民政府加强社会管理，有利于方便群众办事。

结合乡镇合并工作，将县城镇与周边乡镇合并，扩大县城规模，加快推进县城城镇化建设。按照《湖南省推进新型城镇化实施纲要(2014—2020年)》和《湖南省“十二五”新型城镇化发展规划》的要求，选择城市化程度高、经济发展快、经济规模大的县城镇改设为街道体制。每个街道以人口5万～10万人，面积30～50平方千米设置。

省直各相关部门根据本部门工作职责，分别出台并乡镇合村配套政策措施，并积极做好职责内各项工作。各地要将省里的配套政策措施纳入并乡镇合村方案设置范围，认真抓好落实，确保并乡镇合村方案周密全面。

涉及民族乡的合并，各市州、县市区民族工作部门要牵头组织相关部门充分听取当地少数民族群众的意见，认真做好说明解释工作，使合并乡镇方案得到少数民族群众的充分理解和支持。有条件的地方，尽量将区划相连的民族乡合并继续保留民族乡，将1个或2个民族乡合并到一般乡镇，组建新的民族乡。

依法依规按程序报批。各地乡镇合并方案确定后，要按照《国务院关于行政区划管理的规定》，坚持一县一报，逐级申报，依法依规完成申报审批程序。民族乡的合并，要事先征求各级民族工作部门的意见。合村工作要按照《中华人民共和国村民委员会组织法》的有关规定和流程进行，先由乡、民族乡、镇人民政府提出本辖区内的具体合村方案，经村民会议讨论同意，报县市区人民政府批准。

三、切实解决好并乡镇合村工作中的具体问题

（一）关于乡镇建制。合并后新设乡镇行政区划建制按以下原则确定：镇与镇合并继续设镇；乡与镇合并可以设镇；乡与乡合并继续设乡，符合设镇条件的可以设镇。民族乡与一般乡镇合并时，按省民宗委指导意见，少数民族人口达到一定标准可以继续设立少数民族乡。

（二）关于乡镇人民政府和村委会驻地。合并后新设立的乡镇人民政府驻地选择，由县市区人民政府制定方案，报省人民政府审批，遵照中央关于禁止新建楼堂馆所的相关规定，不新建乡镇治所。村委会驻地选择，由乡镇人民政府制定方案，报县市区人民政府确定。

乡镇人民政府和村委会驻地应选择已成为或可以发展成为本区域内经济、政治、文化中心的位置，且地理位置尽量靠近辖区中心。乡镇人民政府驻地变动，要继续全面保护好辖区内古镇、古村落等历史文化遗产。要避开洪涝、缺水、滑坡等自然灾害易发地段，并与交通、水利等重大基础设施规划相衔接。

对合并后的乡镇人民政府原驻地，仍然要加强国土规划、集镇规划，加强集镇建设，完善便民服务功能，继续发挥其在新型城镇化建设中的积极作用。并乡镇合村后，为方便群众办事，各地可从实际出发，在被合并乡镇人民政府原驻地设置片区便民服务中心，作为服务群众办事的窗口；被合并建制村原村部可设置便民服务点；片区便民服务中心和便民服务点的存续时限由各地根据需要自行决定。

探索新型农村社区建设。乡镇合并后，在原乡镇人民政府驻地村开展新型农村社区建设试点，逐步建立产业发展、设施完善、服务均等、管理民主的新型农村社区。并村后，可在条件成熟的中心村或大村开展新型农村社区建设试点。开展新型农村社区建设试点，实行一村一社区，不得将一个村划分若干社区。

（三）关于新设乡镇和建制村名称确定。尽可能以原有乡镇和建制村名称中的一个作为合并后新乡镇和建制村的名称。新设乡镇政区名称的命名，要尊重历史、传承文化、突出特色，反映辖区内干部群众的美好愿望和良好追求。要广泛征求当地干部群众意见，意见一时难以统一的，由县市区人民政府确定备选方案，由市州区划地名主管部门组织专家进行论证确定，仍然存在较大意见分歧的，由省区划地名主管部门组织专家论证确定。命名的相关材料与并乡镇方案申报材料一并逐级上报省人民政府审批。

部分县市区沿用的“城关镇”，名称不规范，是通用名称，没有突出当地文化特色，不符合国务院《地名管理条例》的规定。此次合并乡镇工作中如涉及城关镇的合并，应一并进行更名。建制村的命名由乡、民族乡、镇人民政府提出意见，在广泛听取干部群众意见的基础上，连同并村方案报县市区人民政府审批。

（四）关于特殊形态政区代管乡镇的合并工作。特殊形态的政区，一般指不是一级行政区划建制，但承担部分政府职能的各类管理区和产业园区。对这些机构代管的乡镇、村进行并乡镇合村时，按以下原则和流程进行操作：

各类管理区和产业园区代管的乡镇一并纳入此轮并乡镇合村范围。产业园的规划面积，不能因乡镇区划调整随意变动扩大。各类管理区、产业园区乡镇区划调整改革工作在其所在地县市区人民政府的指导下进行，并以所在地县市区人民政府的名义依法依规完成申报流程。所在地县市区人民政府应支持管理区、产业园区开展乡镇、村合并工作。

仍未按照省委、省人民政府《关于国有大中型农场体制改革的意见》（湘发〔2000〕4号）文件改革到位的农、林、渔场，此次改革应将其行政管理职能剥离，将其行政管理职能和行政区划就近并入相邻乡镇，实现政事分开、政企分开。

（五）关于并乡镇合村债权债务和资产处置。各县市区在制定并乡镇合村工作方案时，要充分调研，拟定本辖区撤并乡镇、村债权债务、资产处置有关政策。调整合并后，被合并乡镇和建制村的资产和债权债务在清理核实后原则上一并纳入新设立的乡镇和建制村统一管理。乡镇资产和债权债务的处置根据《湖南省乡镇财政管理条例》的有关规定执行。

（六）关于乡镇区划调整改革后行政区划图的制作。并乡镇合村工作完成后，各市州、县市区必须编制规范化的行政区划图，宣传和巩固行政区划调整的成果。各级民政部门是行政区划图审查批准的主管部门，各级行政区划图的图稿未经民政部门审查批准，不得付印。

为保持行政区划矢量数据的完整和准确，避免发生界线纠纷，市州、县市区行政区划图统一由省民政厅监制，由省国土资源厅提供基础地理数据，由有资质的单位制作。有关行政区划图的内容，按照国家关于编绘行政区划地图的有关规定办理。

此轮并乡镇合村不涉及县级行政区域界线的变动，不需重新勘测县级界线，但部分界线上的界桩坐落地乡镇、村的名称有变动。省民政厅将汇总并修定界桩标注情况向社会发布，涉及的县市区要共同重新明确界桩所在地乡镇人民政府及村的管界责任。

附件 2

湖南省乡镇区划调整改革配套政策与措施

一、合并乡镇机构编制和人员安置

（一）合并乡镇机构设置。在乡镇党政机构不超过 4 个、事业站所不超过 6 个的限额内，根据合并乡镇的类型和规模，确定党政机构设置形式和数额，一般可设置党政综合办公室、经济发展办公室、社会事务办公室等 3 ~ 4 个。

对卫生和计生、社会管理综合治理、民政、就业和社会保障、水利、林业、农业技术推广、动植物疫病防控、农产品质量监管、农村经营管理、文化、国土资源管理、城乡规划建设、安全生产监管、食品药品安全监管等工作应予以加强，不能削弱。对此类工作，可单独设置党政机构或事业站所；未单设的，必须明确其职责由谁承担。确因工作需要，党政机构和事业站所可加挂牌子，但每个乡镇加挂牌子的总数一般不超过 3 个。乡镇计划生育技术服务机构与乡镇卫生院妇幼保健职能整合，在乡镇卫生院加挂“妇幼保健计划生育服务站”牌子，接受县级卫生计生行政部门和乡镇人民政府双重管理。乡镇设立人民武装部，依法履行国防动员、民兵训练、预备役管理等职能。实行县乡共管的事业站所，凡使用乡镇事业编制的，都要计入事业站所设置限额内；使用县市区事业编制的，可不计入。

（二）规范合并乡镇领导职数配备。乡镇领导职数的配备一般包含党委书记、乡镇长、党委副书记、纪委书记、党委委员、副乡镇长、人大主席、武装部部长等。合并乡镇重新明确类别的，其领导职数核定原则上仍按照《中共湖南省委办公厅湖南省人民政府办公厅转发省委组织部等四部门〈关于全面推进乡镇机构改革的实施意见〉的通知》（湘办发〔2010〕36 号）的有关规定执行，其中一、二类乡镇不超过 9 名，三、四类乡镇不超过 7 名。在法律和有关政策规定允许的范围内，适当扩大乡镇党政领导班子成员交叉任职。人大、政协联络、武装部有关工作负责人员的配备，须在规定的乡镇领导职数范围统筹考虑。

乡镇合并后因职数减少不能继续担任乡镇领导职务的干部，应结合政府机构改革和乡镇区划调整改革统筹安排，在领导职数内安排确有困难的，允许在5年过渡期内暂时超职数配备领导干部。各地要以县市区为单位，制定消化超职数配备乡镇领导干部总计划及年度计划，确保如期完成消超任务。对未按计划完成消超任务的县市区，原则上不得新提拔乡镇领导干部。

（三）人员编制和干部职工安置。此次合并乡镇，省里不就乡镇行政、事业编制提出统一精简要求，各地要按标准核定合并乡镇机关站所的人员编制，超出标准的人员编制实行“出一减一”，今后核减的编制，省里暂不统一收回。各地要严格执行《中华人民共和国公务员法》和《党政领导干部选拔任用工作条例》有关规定，根据工作需要，尊重干部意愿，可采取就地安排任职、交流使用、职数限额内改任非领导职务、晋升职级退出现任职务、提前退休等途径，妥善做好合并乡镇领导班子成员和干部职工安排。鼓励干部到村、社区担任“第一书记”。

（四）规范派驻乡镇机构。县市区人民法院、公安、司法、地税、国土资源、市场监管等职能部门，可根据实际工作需要，在乡镇设置派驻人民法庭、公安派出所、司法所、税务所、国土所、市场监管所等，并尽可能实行区域设置。除此以外，市州、县市区其他职能部门原则上不得在乡镇新设立派驻机构。除国家和省有明确规定的以外，派驻乡镇的机构，其党的组织关系实行属地管理，人事任免等重要事项必须按有关规定征求当地党委意见。

（五）创新公共服务方式。大力推行为民服务全程代理制，在乡镇设立便民服务中心，负责本辖区内行政审批及其他事项的为民全程代理服务，从乡镇相关部门抽调人员合署办公，不新增机构、编制和人员，实现“一个中心”对外、“一个窗口”受理、“一条龙”服务；村和社区设立便民服务站，由村干部兼任代办员，不另新聘人员。对区划调整后形成的较大乡镇，可按照扩权强镇的有关要求，赋予乡镇更大的经济社会管理权限，完善乡镇人民政府功能，促进乡镇人民政府能力建设。支持区划调整后的特色乡镇建设。

二、调整完善并乡镇合村财政奖补政策。落实全省乡镇区划调整改革工作要求，调整完善乡镇及村合并的相关财政政策。各级财政应继续加大对乡镇的资金支持力度，对调整合并乡镇的财政补助资金原则上三年内不减少，统一安排到新组建的乡镇。今后在拨付一般性转移支付和专项转移支付时，要以乡镇区域面积、人口规模、地理条件、经济状况等因素为依据，建立科学精细的财政资金分配模型。

本次改革，按照“明确目标、统一标准、激励改革、公平公正、奖补结合”的原则，以乡镇、村区划调整改革目标数为标尺，统一衡量各地本轮及以往乡镇、村区划调整成效，既对本轮精简乡镇、村给予奖励，又对过去精简乡镇、村工作做得好的地方给予适当补助。

（一）确定改革目标。以省委、省人民政府分类确定的新一轮改革后保留乡镇数作为目标乡镇数。

（二）明确奖补范围。县市区在新一轮改革截止时达到省定目标乡镇数，纳入奖补范围。即为确保按时按量完成本轮改革任务，只有在规定的时限内全面完成合并任务的县市区，方可给予奖补。

（三）确定奖补标准线。按照新一轮改革后各县市区目标乡镇数和全省乡镇平均25%的减幅，测算出今年改革前各县市区按全省平均水平应配置的乡镇个数，作为奖补标准线。

（四）奖补基数。以各县市区奖补标准线（即改革前按全省平均水平应配置乡镇数）与改革后实有乡镇数的差额作为奖补标准乡镇数，按每少一个乡镇奖励50万元的标准安排基数奖补。

（五）特殊政策。新一轮改革中，县市区实际合并乡镇数多于其奖补标准乡镇数的，多出的乡镇由省财政按每个50万元的标准给予一次性奖励。因为这部分新合并的乡镇属于还过去改革滞后的历史欠账，不应进基数奖补。对此次改革前已享受并乡镇合村财政基数奖补的不重复奖补。

（六）建制村合并奖补政策。全省建制村合并相关财政奖补政策按照乡镇合并方法调整完善。奖补标准为每合并1个建制村，奖补4万元。

（七）财政奖补用途。考虑到并乡镇合村后，乡镇、村服务半径扩大，财政奖补主要用于改善和提升乡镇、村公共服务能力，同时可以用于化解乡镇、村历史债务。

三、乡村道路建设和电力农网改造。落实全省乡镇区划调整改革工作要求，加快完善乡镇、村基础设施条件，重点加快合并后的乡镇、村的交通网络、电力网络体系建设，统筹推进新农村建设和小城镇发展，为广大农民群众生产生活提供便利。

（一）关于道路建设。目前，“十二五”农村公路建设是以乡镇、建制村为基础进行规划的。乡镇和建制村合并后按以下方案实施：按照合并前的乡镇、建制村为单位，完成“十二五”农村公路建设任务，确保有条件的原建制村100％通沥青（水泥）路。优先规划建设新组建乡镇、村与被合并乡镇、村之间的连通道路。对于合并后达到一定规模的乡镇，优先规划高等级公路连接政府驻地。进一步完善农村公路路网结构，逐步解决合并村断头路问题，提高重要线路的技术等级，完善安保设施，不断增强农村公路服务农村经济社会发展的能力。今后乡镇、村公路建设，原则上不以乡镇、村的个数为基础，重点考虑人口、地域面积和地形地貌等因素。

（二）关于农网改造。我省新一轮农网改造实行“一省两贷”，由国网湖南省公司和湖南郴电国际发展股份有限公司作为承贷主体。乡镇及建制村合并后，省发改委要衔接国网湖南省公司和湖南郴电国际发展股份有限公司，在加强农网建设方面提出如下实施意见：对乡镇和建制村合并后存在配电网薄弱、变压器不足等问题的地区，加大农网投资力度。重点支持低压配电网建设。加大35千伏及以下农网工程投资力度。加大未改村改造力度。到2017年年底，力争国家电网、郴电国际供电范围内村网改造率达100％。针对全省未改村数量大、配电网薄弱等问题，结合全省乡镇区划调整改革工作，把地处偏远、居民较少的未改村统一纳入改造范围，基本解决无电人口问题。

四、乡镇和建制村卫生计生服务机构设置。为落实全省乡镇区划调整改革工作要求，坚持便民利民，促进农村卫生计生事业发展，各地要因地制宜、分类指导，合理调整设置乡镇、村卫生计生服务机构，优化配置农村医疗卫生和计划生育服务资源，努力提高出生人口素质和人民健康水平。

（一）乡镇卫生计生服务机构。1. 原则上每个建制乡镇设置一所政府举办的乡镇卫生院。同时，按照国家卫生计生委、中央编办印发的《关于优化整合妇幼保健和计划生育技术服务资源的指导意见》（国卫妇幼发〔2013〕44号），整合乡镇计划生育技术服务机构与乡镇卫生院妇幼保健职能，在乡镇卫生院加挂“妇幼保健计划生育服务站”牌子。

2. 因乡镇合并造成当地居民就医不便的地区，县级卫生计生部门可根据当地区域医疗卫生机构设置规划，以居民需求为导向，保留已合并乡镇的卫生院，以独立法人、独立核算的非建制乡镇卫生院存在；或将其改为建制乡镇卫生院的分院，在人、财、物等方面由建制乡镇卫生院统一管理，并逐级上报至省卫生计生委审核备案。已合并乡镇的计划生育服务所按同样模式统筹处理，在非建制乡镇卫生院或建制乡镇卫生院的分院可以加挂妇幼保健计划生育服务机构牌子。

3. 乡镇合并后，对居民就医和妇幼健康服务影响不大，且多数居民有合并意愿的原建制乡镇卫生院和原建制乡镇计划生育服务所，须与现建制乡镇卫生院（妇幼保健计划生育服务站）进行资源整合，取消原建制乡镇卫生院和原建制乡镇计划生育服务所，或依法处置资产后就地转为其他非政府举办的医疗卫生机构。

4. 乡镇合并后保留的建制乡镇卫生院分院或非建制乡镇卫生院及其加挂的妇幼保健计划生育服务机构在国家卫生各项政策如基础建设、人力配置、购买服务等方面享受建制乡镇卫生院同等待遇。在加强建制乡镇卫生院建设的同时，继续对建制乡镇卫生分院和非建制乡镇卫生院及其加挂的妇幼保健计划生育服务机构给予支持，确保其均衡发展，让农村居民享受公平、可及的卫生计生服务。

5. 合并乡镇卫生计生服务机构资产及债务处置。调整合并后的原建制乡镇卫生计生服务机构，其资产属国有资产，继续用于卫生计生事业；确需置换或转让的，必须在确保国有资产不流失和等量补偿的前提下，按财政部关于行政事业单位国有资产管理的有关规定办理。卫生计生服务管理机构接受社会捐赠的资产，在处置前应当事先征求捐赠人的意愿。各地应严格按照《湖南省人民政府办公厅关于转发省发改委等部门〈关于清理化解基层医疗卫生机构债务实施方案〉的通知》（湘政办发〔2011〕77号）要求，将认定的债务从基层医疗卫生机构剥离至县市区人民政府。

（二）村卫生室

1. 建制村调整后，县级卫生计生部门应根据当地区域医疗卫生机构设置规划，综合考虑服务人口、居民需求以及地理条件等因素，合理规划卫生室设置。

2. 原则上每个建制村设置1所村卫生室（即建制村卫生室），承担辖区内农村居民基本公共卫生服务和基本医疗服务。

3. 建制村合并后，对面积大、人口多且与邻近村卫生室相距较远的村，可酌情保留原建制村卫生室，以现建制村卫生室医疗服务点的形式存在（即一村多室），纳入乡村卫生服务一体化管理。

4. 乡镇卫生院所在地的建制村原则上不设村卫生室，由乡镇卫生院或其下设网点履行建制村卫生室职能。

（三）村计划生育服务室

按照“存量共享，增量共建”的原则，保留现有村计划生育服务室，具备条件的与村卫生室合并共用，计划生育服务室应与村卫生室共建共用。

五、调整农村义务教育学校布局。根据全省乡镇区划调整改革工作要求，科学规划农村义务教育学校布局，规范义务教育工作，切实保障适龄少年儿童受教育权益。

（一）学校布局原则

1. 合理设置，动态平衡。按标准科学合理设置全省乡镇区划调整改革涉及的义务教育学校，保持现有学校的相对稳定，尽量不改变现有学校总体布局，同时依据生源变化等需要适时新建、合并和恢复学校（教学点），做到动态平衡。

2. 分项考量，综合评定。新建、撤并或恢复农村义务教育学校要从人口变化、环境交通、群众承受能力等方面分别进行分析研究，综合各方面情况后做出决定。

3. 坚持标准，规范程序。新建、撤并或恢复农村义务教育学校要执行有关标准、规划和要求，按规定程序操作。

4. 市县为主，及时报备。县市区人民政府依据有关法律法规和要求自主确定农村义务教育学校的新建、撤并和恢复；市州人民政府指导县市区布局调整，受省人民政府委托，审批所辖县市区撤并和恢复学校，并报省教育行政部门备案。

（二）布局标准

1. 关于学校设置。原则上现有乡镇设置的初中应当保留，人口相对集中的村寨设置小学或教学点。小学和教学点的设置由县市区人民政府确定。

2. 关于就学方式与学校服务半径。农村小学 1 至 3 年级学生原则上不寄宿，就近走读上学；小学高年级学生以走读为主，确有需要的可以寄宿；初中学生根据实际可以走读或寄宿。

3. 根据不同年龄段学生的体力特征、道路条件、自然环境等因素，合理确定学校服务半径，尽量缩短学生上下学路途时间。以走读方式就学，则学校服务半径为农村小学 2.5 千米，初中 3 千米，保障学生每天上学单程步行时间一般不超过 40 分钟。

（三）关于学校撤并与恢复

确因资源减少需要撤并学校，学校服务半径超过上述条款规定要求，且多数居民有撤并意愿的，当地政府应在落实以下基本保障的前提下，方可按湘教函〔2013〕252 号文件规定的程序撤并：

1. 提供规范的寄宿条件，特别是住宿、就餐、如厕、生活用水等条件，满足寄宿学生基本生活需求；

2. 提供规范的校车或具备规范的农村客运服务；

3. 并入学校不会形成超大规模或“大班额”问题。

（四）撤并学校资产处置

调整后不再承担教学任务的非私立学校，其校产属公有教育资源，由县市区人民政府统筹管理，只能继续用于教育；确需置换或转让的，必须在保证公有教育资源不流失和等量补偿的前提下，按财政部关于行政事业单位国有资产管理的有关规定办理，学校接受的捐赠财产处置，必须事先征求捐赠人意愿，对于青少年发展基金会等机构捐建的希望小学等教育资源必须审慎研究处理，且必须征得相关机构的同意。撤点后的学校校园校舍应优先用于发展学前教育。

说明：附件 3、附件 4 未录

2016 年 6 月 12 日湖南省建制村合并统计表

表 2　　单位：个

市州名称	原有建制村数	合并任务数	完成合并任务村数	合并后村数	超额数	减幅
长沙市	1203	410	418	785	8	35%
株洲市	1561	501	541	1020	40	35%
湘潭市	1513	500	719	794	219	48%
衡阳市	4886	2286	2574	2312	288	53%
邵阳市	5510	2119	2275	3235	156	41%
岳阳市	3097	1686	1700	1397	14	55%
常德市	3353	1722	1746	1607	24	52%
益阳市	1886	705	716	1170	11	38%
郴州市	2937	859	870	2067	11	30%
永州市	5060	2004	2119	2941	115	42%
怀化市	3854	1134	1389	2465	255	36%
娄底市	3260	1292	1414	1846	122	43%
张家界市	1514	548	642	872	94	42%
湘西自治州	1961	303	319	1642	16	16%
合 计	41595	16069	17442	24153	1373	42%

（摘自《湖南省乡镇区划调整改革工作简报》第 105 期）

1949—2016 年湖南省行政区划统计表

表 3 单位：个

年份	地级					县级						县辖区	乡级					村级			组级		
	专区地区	自治州	地级市	其他	合计	县	自治县	县级市	市辖区	其他	合计		镇	乡公社	民族乡民族公社	街道	合计	村、大队	居委会	合计	组、生产队	居民组	合计
1949	7 直属专区 3 专区		1	1 行政区	12	77		1	8		86	263	104	1681 乡			1785						
1950	同上		1	同上	13	77		6	13		86	595	126	8287 乡		26	8439						
1951	同上		2	同上	13	78		7	11	1(特区)1(工矿特区)	98	710	146	10306 乡		36	10488						
1952	4 专区	1 自治区	2	同上	7	86		7	5		98	965	209	19478 乡	7(民族乡)	56	19750						
1953	同上		1	同上	7	86		8	6		100	942	263	15602 乡	9(民族乡)	54	15874						
1954	6 专区	同上	1		8	85	1	8	6		100	941	270	15318 乡	12(民族乡)	54	15654						
1955	同上	1	1		8	84	2	8	6		100		246	15333 乡	12(民族乡)	71	15662						
1956	同上		2		9	82	4	7	5		98		179	2957 乡	9(民族乡)	57	3202						
1957	同上	1	2		9	82	4	7	5		98		205	2971 乡	3(民族乡)	48	3227						
1958	同上	1	2		9	82	4	8	5		99		94	1183 公社	1(民族公社)	47	1325	11592			10500		
1959	同上	1	2		9	74	4	8	4		90		110	1157 公社	1(民族公社)	42	1410	18152			154800		
1960	同上	1	2		9	74	4	8	5	1(管理局)	92	29	99	1263 公社		90	1452	16895			109200		
1961	同上	1	2		9	81	4	14	5	同上	100	432	158	3480 公社		88	3726	49479			458200		

续表 3

年份	地级					县级						县辖区	乡级					村级			组级		
	专区地区	自治州	地级市	其他	合计	县	自治县	县级市	市辖区	其他	合计		镇	乡公社	民族乡民族公社	街道	合计	村、大队	居委会	合计	组、生产队	居民组	合计
1962	8 专区	1	2		11	81	4	8	6	同上	100	426	160	3545 公社		76	3781	49985			457600		
1963	同上	1	2		11	82	4	5	6		97	435	171	3549 公社		72	3792	50423			480100		
1964	9 专区	1	2		12	82	4	5	6	1(管理局)	98	469	173	3532 公社		72	3777	49752			473500		
1965	同上	1	2		12	83	4	5	6	同上	99	458	175	3461 公社		70	3706	48081			451900		
1966	同上	1	2		12	84	4	5	7	同上	101	461	182	3351 公社		69	3602	45704			416700		
1967	同上	1	2		12	84	4	5	7	同上	101	454	175	3318 公社		69	3562	45637			410400		
1968	9 地区	1	2	1 区	13	84	4	5	7	同上	101	400	157	3182 公社		79	3418	45271			406400		
1969	同上	1	2	同上	13	85	4	6	7		102	432	162	3272 公社		73	3507	45171			392900		
1970	同上	1	2	同上	13	85	4	6	10		105	445	158	3315 公社		82	3555	45137			391200		
1971	同上	1	2	同上	13	85	4	6	10		105	433	157	3316 公社		82	3555	45412			392600		
1972	同上	1	2	同上	13	85	4	6	10		105	446	158	3317 公社		80	3555	45941			397300		
1973	同上	1	2	同上	13	85	4	6	10		105	446	161	3318 公社		81	3560	45981			402200		
1974	9	1	2	1 区	13	85	4	6	9		104	465	161	3319 公社		78	3480	46302			405100		
1975	9	1	2	1 区	13	85	4	7	9		105	444	162	3324 公社		87	3573	46711			406400		
1976	9	1	2	1 区	13	85	4	7	9		105	444	165	3324 公社		92	3581	48326			420900		
1977	10	1	3	1 区	15	86	4	7	13		110	444	163	3336 公社		94	3583	47690			411700		

续表 3

年份	地级					县级						县辖区	乡级					村级			组级		
	专区地区	自治州	地级市	其他	合计	县	自治县	县级市	市辖区	其他	合计		镇	乡公社	民族乡民族公社	街道	合计	村、大队	居委会	合计	组、生产队	居民组	合计
1978	10	1	3	1区	15	86	4	7	13		110	439	154	3295公社		95	3544	47120			409900		
1979	10	1	3	1区	15	86	4	10	13		113	440	148	3297公社		103	3548	46378			420100		
1980	10	1	5	1区	17	86	4	9	22		121	442	155	3321公社		118	3594	46651			454400		
1981	10	1	5		16	85	4	9	22		120	442	185	3331公社		124	3640	47103			510700		
1982	10	1	5		16	83	4	11	22		120	444	196	8乡3308公社	24民族公社	132	3668	47234			515200		
1983	8	1	6		15	84	4	10	22		120	449	230	234乡3082公社	同上	132	3702	45266			485800		
1984	8	1	6		15	82	4	12	27		125	443	513	3014乡	74民族乡	145	3746	47920			467500		
1985	8	1	6		15	80	4	14	27		125	441	544	2935乡	74民族乡	154	3707	47899			495400		
1986	6	1	6		13	77	5	16	27		125	434	581	2858乡	83民族乡	153	3675	47954	3034	50988	496200		
1987	6	1	6		13	74	6	18	26		124	433	585	2813乡	84民族乡	160	3642	48117			496800		
1988	5	1	8		14	71	7	17	30		125	427	596	2812乡	71民族乡	170	3649	48360			498800		
1989	5	1	8		14	71	7	17	30		125	411	621	2722乡	79民族乡	170	3592	47534	3320	50854	500100		
1990	5	1	8		14	71	7	18	29		125	397	630	2719乡	82民族乡	171	3602	47601	3507	51108			
1991	5	1	8		14	71	7	18	29		125	397	641	2705乡	86民族乡	171	3603	47536	3694	51230			
1992	5	1	8		14	70	7	19	26		122	397	658	2689乡	86民族乡	172	3605	47470	4070	51540			
1993	5	1	8		14	69	7	20	26		122	388	733	2606乡	88民族乡	173	3600	47291	4282				

续表 3

年份	地级					县级						县辖区	乡级					村级			组级		
	专区地区	自治州	地级市	其他	合计	县	自治县	县级市	市辖区	其他	合计		镇	乡公社	民族乡民族公社	街道	合计	村、大队	居委会	合计	组、生产队	居民组	合计
1994	3	1	11		15	66	7	19	30		122	381	769	2562 乡	88 民族乡	183	3596						
1995	2	1	11		14	66	7	17	32		122	40	903	1401 乡	84 民族乡	189	2577	46804	4684	51488			
1996	2	1	11		14	65	7	18	32		122	19	950	1280 乡	86 民族乡	191	2507	46973	4808	51777			
1997	1	1	12		14	65	7	17	33		122	19	980	1240 乡	93 民族乡	206	2519	46894	4970	51864	458500	38388	496888
1998	1	1	12		14	65	7	17	33		122	14	1002	1257 乡	99 民族乡	203	2561	47550	5043	52593	479597	44720	524317
1999		1	13		14	65	7	16	34		122	14	1023	1237 乡	99 民族乡	208	2567	47516	5093	52609	479795	45273	525068
2000		1	13		14	65	7	16	34		122	8	1055	1212 乡	98 民族乡	210	2575	47525	5160	52685	475112	45753	520865
2001		1	13		14	65	7	16	34		122	8	1087	1177 乡	98 民族乡	214	2576	47604	4946	52550	463472	44516	507988
2002		1	13		14	65	7	16	34		122	8	1097	1159 乡	98 民族乡	221	2575	47284	3815	51099	457711	42583	500294
2003		1	13		14	65	7	16	34		122	8	1098	1158 乡	98 民族乡	225	2579	46554	4714	51268	448850	41791	490641
2004		1	13		14	65	7	16	34		122	8	1089	1146 乡	98 民族乡	226	2568	45632	4577	50209	483510	46615	530125
2005		1	13		14	65	7	16	34		122		1098	990 乡	97 民族乡	233	2409	43572	4617	48189	446565	42494	489059
2006		1	13		14	65	7	16	34		122		1091	988 乡	97 民族乡	230	2406	44270	4500	48770	366108	33699	399807
2007		1	13		14	65	7	16	34		122		1095	974 乡	97 民族乡	237	2403	44203	4533	48736	437790	40106	477896
2008		1	13		14	65	7	16	34		122		1101	966 乡	97 民族乡	241	2405	43550	4508	48058	451132	45676	496808
2009		1	13		14	65	7	16	34		122		1106	959 乡	97 民族乡	247	2409	42928	4526	47454	442927	47558	490485

续表 3

年份	地级					县级						县辖区	乡级					村级			组级		
	专区地区	自治州	地级市	其他	合计	县	自治县	县级市	市辖区	其他	合计		镇	乡公社	民族乡民族公社	街道	合计	村、大队	居委会	合计	组、生产队	居民组	合计
2010		1	13		14	65	7	16	34		122		1106	955 乡	97 民族乡	258	2419	42863	4555	47418	443333	48155	491488
2011		1	13		14	64	7	16	35		122		1121	941	97 民族乡	267	2426	42539	4700	47238	441566	50809	492375
2012		1	13		14	64	7	16	35		122		1131	952 乡	97 民族乡	305	2485						
2013		1	13		14	64	7	16	35		122		1138	828 乡	97 民族乡	344	2407	41922	4966	46888	432161	54682	486843
2014		1	13		14	64	7	16	35		122		1153	805 乡	97 民族乡	359	2414	41420			432161		
2015		1	13		14	64	7	16	35		122		1119	334	83 民族乡	375	1911	41595			432161		
2016		1	13		14	64	7	16	35		122		1128	325	83 民族乡	393	1929	24153			432161		

说明：

1. 关于资料来源的说明

1950—2010 年、2013 年行政区划数据摘自 2014 年行政区划简册；2011 年、2012 年、2014 年、2015 年摘自《湖南统计年鉴》等资料。

农村基层组织 1949—1989 年摘自《湖南资料手册》；1949 年 8 至次年 10 月，共建立农会 9000 多个。1950 年 10 月至次年 4 月完成第一批土改，共建乡 5470 个。1951 年 6—9 月完成第二批土改，共建乡 2208 个，年底建互助组 1000 余个，其中常互助组 200 余个。上年至 1952 年 4 月完成第三批土改，共建乡 4892 个，年底有互助组 192429 个，其中常年互助组 19556 个。上年 12 月至 1953 年 3 月完成第四批土改，共建乡 58 个，年底有互助组 247697 个，其中常年互助组 40791 个，试办初级社 57 个。1954 年有互助组 615437 个，其中常年互助组 221791 个，是年春办初级社 405 个。1955 年有互助组 570311 个，其中常年互助组 275396 个；秋有初级社 13126 个，秋后新建 22900 个。1956 年有常年互助组 16955 个，至 5 月有初级社 87114 个，高级社 4426 个；秋原有 9.1 万个初级社并社转高级农业生产合作社 46305 个。1957 年调整后有高级社 53375 个。1958 年高级社全部并组人民公社 1123 个，实行政社合一，年底有公社 1184 个。

1958—1989 年大队、生产队数据摘自《湖南资料手册》，1990—2011 年、2013 年摘自《中国民政统计年鉴》，2015 年村数为省民政厅统计数，2016 年 6 月村数为合并村数。1989—2011 年、2013 年居委会、居民组数据摘录于《中国民政统计年鉴》。

2. 关于表格数据的说明

村、组级存在个别年份统计数据缺失。

3. 关于居委会、社区居委会的说明

根据中共中央办公厅、国务院办公厅《关于转发〈民政部关于在全国推进社区建设的意见〉的通知》（中办发［2000］23 号）文件，2000 年湖南省开始试点审批（或更名）社区居民委员会（社区居委会）。嗣后在各地逐步施行社区居委会名称。据湖南省民政厅 2017 年 12 月 31 日统计，全省原居民委员会均统一名称为社区居民委员会。

湖南省国家级、省级历史文化名镇、名村名录

（一）国家级历史文化名镇、名村

1. 中国历史文化名镇 7 个：龙山县里耶镇、长沙市望城区靖港镇、永顺县芙蓉镇、绥宁县寨市镇、泸溪县浦市镇、洞口县高沙镇、花垣县边城镇。

2. 中国历史文化名村 15 个：岳阳县张谷英镇张谷英村、江永县夏层铺镇上甘棠村、会同县高椅乡高椅村、永州市零陵区富家桥镇干岩头村、双牌县理家坪乡坦田村、祁阳县潘市镇龙溪村、永兴县高亭乡板梁村、辰溪县上蒲溪瑶族乡五宝田村、永顺县灵溪镇老司城村、通道侗族自治县双江镇芋头村、通道侗族自治县坪坦乡坪坦村、绥宁县黄桑坪苗族乡上堡村、绥宁县关峡苗族乡大园村、江永县兰溪瑶族乡兰溪村、龙山县苗儿滩镇捞车村。

（二）湖南省级历史文化名镇、名村

1. 湖南省历史文化名镇 14 个：临湘市聂市镇，汨罗市长乐镇，绥宁县李熙桥镇，隆回县司门前镇，隆回县滩头镇，涟源市杨市镇，双峰县荷叶镇，麻阳县锦和镇，东安县芦洪市镇，耒阳市新市镇，衡阳市南岳区南岳镇，株洲县朱亭镇，长沙市望城区铜官镇，浏阳市文家市镇。

2. 湖南省历史名村 54 个：湘潭湘乡壶天村，永州新田黑砠岭村，永州新田谈文溪村，永州双牌访尧村，永州双牌大河江村，永州蓝山滨溪村，永州蓝山虎溪村，永州江华宝镜村，永州道县楼田村，邵阳武冈浪石村，邵阳洞口宝瑶村，邵阳城步大寨村，邵阳隆回崇木凼村，湘西保靖夯沙村，湘西凤凰早岗村，湘西凤凰老洞村，湘西凤凰拉毫村，湘西凤凰舒家塘村，湘西龙山街上村，湘西永顺双凤村，吉首市小溪村，吉首市中黄村，吉首泸溪岩门村，娄底涟源三甲古村落群，娄底双峰枫树山村，娄底双峰香花村，娄底新化楼下村，娄底新化正龙村，怀化新晃四路村，怀化麻阳豪侠坪村，怀化溆浦阳雀坡村，怀化溆浦乌峰村，怀化中方荆坪村，怀化中方黄溪村，怀化靖州地笋村，怀化辰溪龚家湾村，怀化沅陵明中村，郴州苏仙区坳上村，郴州北湖区陂副村，郴州北湖区村头村，郴州汝城石泉村，郴州汝城土桥村，郴州汝城先锋村，郴州汝城沙洲村，郴州汝城外沙村，郴州汝城金山村，郴州宜章腊元村，郴州宜章黄家塝村，郴州桂阳阳山村，郴州临武上乔村，衡阳常宁中田村，株洲醴陵沩山村，株洲炎陵中村村，长沙浏阳新开村。

（由湖南省住房建设厅提供资料）

附录二

国务院关于同意湖南省调整衡阳市市辖区行政区划的批复

（国函〔2001〕34号）

湖南省人民政府：

你省《关于调整衡阳市辖区行政区划的请示》（湘政〔2000〕48号）收悉。现批复如下：

一、同意撤销衡阳市江东区、城南区、城北区、郊区，设立衡阳市珠晖区、雁峰区、石鼓区、蒸湘区。

二、珠晖区辖原江东区的行政区域和原郊区的和平乡、酃湖乡、东阳渡乡、茶山坳镇。区人民政府驻湘江东路。

三、雁峰区辖原城南区的雁峰、白沙洲、黄茶岭、天马山、先锋路5个街道和原郊区的湘江乡（不含杨柳村）、岳屏乡（不含联合、岳屏、北塘3个村）以及原属衡南县的文昌乡。区人民政府驻湘江南路。

四、石鼓区辖原城北区的人民路、潇湘、青山、五一、合江5个街道和原郊区的黄沙湾街道、松木乡、西湖乡的五一、建设、友爱、江霞4个村以及原属衡阳县的角山乡。区人民政府驻司前街。

五、蒸湘区辖原城北区的蒸湘街道、原城南区的联合街道和原郊区的西湖乡（不含五一、建设、友爱、江霞4个村）、湘江乡的杨柳村、岳屏乡的联合、岳屏、北塘3个村以及原属衡南县的雨母山乡、原属衡阳县的呆鹰岭镇。区人民政府驻船山路。

上述行政区划调整涉及的各类机构要按照“精简、效能”的原则设置，所需人员编制和经费由你省自行解决。

中华人民共和国国务院

二〇〇一年四月四日

关于调整衡阳市市辖区内部行政区划的批复

（湘民行发〔2001〕8号）

衡阳市人民政府：

你市《关于调整衡阳市市辖乡（镇）街道办事处行政区划的请示》（衡政〔2001〕35号）收悉。经研究，并经省人民政府批准，同意你市市辖区内部行政区划作如下调整。

一、撤销东阳渡乡和东阳街道，以其行政区域设立东阳渡镇。东阳渡镇辖4个居委会、20个村委会，全镇面积88平方公里，人口4万人，镇人民政府驻东阳渡。

二、撤销文昌乡和岳屏乡，设立岳屏镇。岳屏镇辖原属黄茶岭街道的三O一、芝麻塘和增设的罗金桥、文昌4个居委会以及原属文昌乡的文昌、斯林、山田寺、复龙、公益、东风和原属湘江乡的水东、前进、金桥、兴隆10个村委会，全镇面积38平方公里，人口2.8万人，镇人民政府驻罗金桥。

三、将角山乡的灵官庙村委会划归松木乡。调整后的角山乡辖10个村委会，全乡面积36平方公里，人口1.75万人，乡人民政府仍驻下岭。调整后的松木乡辖12个村委会，全乡面积51平方公里，人口1.68万人，乡人民政府仍驻松木塘。

四、将原属文昌乡的联胜村划归雨母山乡。调整后的雨母山乡辖13个村委会，全乡面积43平方公里，人口1.95万人，乡人民政府驻东阳铺。

五、将原属西湖乡的建设村委会划归五一街道，江霞、友爱、五一3个村委会划归合江街道。调整后的五一街道辖13个居委会、1个村委会，街道面积8.2平方公里，人口3.1万人，办事处驻建设村。调整后的合江街道辖11个居委会、3个村委会，街道面积8.7平方公里，人口2.7万人，办事处驻五一路。

六、从原西湖乡析出长胜、光辉、华兴、互助、金星、柘里、农场、新桥8个村委会设置华兴街道。华兴街道辖6个居委会，街道面积10平方公里，人口1.6万人，办事处驻西外环路。

七、调整后的西湖乡更名为长湖乡。长湖乡辖6个居委会（新设）、4个村委会，全乡面积11平方公里，人口1.2万人，乡人民政府仍驻廖家湾。

八、从蒸湘街道析出解西、红湖塘、学院路、学院村、学院西村、联合新村、衡邵路、冶金汽修、高岭、衡祁路10个居委会并划入原岳屏乡的联合村委会，设置红湘街道，红湘街道辖14个居委会（其中4个为增设）、1个村委会，街道面积3.6平方公里，人口2.6万人，办事处驻红湘路。调整后的蒸湘街道辖10个居委会，面积1.5平方公里，人口3.1万人，办事处驻太平小区。

九、将雁峰街道的大码头、马嘶塘、黄青巷3个居委会划归先锋街道。调整后的先锋街道辖13个居委会（其中1个为增设），街道面积1.1平方公里，人口2.3万人，办事处仍驻爱民路。调整后的雁峰街道辖16个居委会（其中4个为增设）和从原岳屏乡岳屏村析置的岳东村委会，街道面积5平方公里，人口4.4万人，办事处仍驻雁南村。

十、将原属岳屏乡的红旗村委会划归黄茶岭街道。调整后的黄茶岭街道辖 17 个居委会（其中 7 个为增设）、1 个村委会，街道面积 5 平方公里，人口 4 万人，办事处仍驻黄茶岭。

十一、将原属湘江乡的杨柳和原属岳屏乡的北塘、岳屏 3 个村委会划归联合街道。调整后的联合街道辖 12 个居委会（其中 5 个为增设）、3 个村委会，街道面积 4.5 平方公里，人口 1.8 万人，办事处驻解放西路。

十二、将原属湘江乡的朔田、金龙 2 个村委会划归白沙洲街道。调整后的白沙洲街道辖 17 个居委会（其中 3 个为增设）、2 个村委会，街道面积 10 平方公里，人口 3.7 万人，办事处仍驻黄白路。

十三、将原属岳屏乡的东洲、湘江 2 个村委会划归湘江乡。调整后的湘江乡辖 9 个村委会，全乡面积 28 平方公里，人口 2.5 万人，乡人民政府驻高兴村。

特此批复。

湖 南 省 民 政 厅

二〇〇一年五月十五日

关于市辖市区和衡阳县衡南县行政区划调整的通知

（衡政发〔2001〕12 号）

各县（市）区人民政府，市直机关各单位，各企事业单位：

根据湖南省人民政府《关于调整衡阳市市辖区行政区划的通知》（湘政函〔2001〕76 号）和省民政厅《关于衡阳县和衡南县部分乡镇行政区划调整的批复》（湘民行发〔2001〕35 号）、《关于调整衡阳市市辖区内部行政区划的批复》（湘民行发〔2001〕8 号）精神，对我市市辖市区行政区划和衡阳、衡南县部分乡（镇）行政区划进行调整，现通知如下：

一、将衡阳县的呆鹰岭镇、角山乡、集兵镇的灵官庙村委会和衡南县的雨母山乡、车江镇的复龙、山田寺、文昌、斯林 4 个村委会划入市区。

二、撤销市江东区、城南区、城北区、郊区，调整设立市珠晖区、雁峰区、石鼓区、蒸湘区。

（一）珠晖区

1. 保留广东路、东风、粤汉、苗圃、新湘、冶金 6 个街道和和平乡、酃湖乡、茶山坳镇。

2. 撤销东阳渡乡和东阳街道，以其行政区域设立东阳渡镇。东阳渡镇辖 4 个居委会、20 个村委会。面积 88 平方公里，人口 4 万人，镇人民政府驻东阳渡。

珠晖区辖广东路、东风、粤汉、苗圃、新湘、冶金 6 个街道和和平乡、酃湖乡、茶山坳镇、东阳渡镇4个乡(镇)及金甲岭农场、白渔潭园艺场、酃湖渔场、松林茶场4个场。区人民政府驻湘江东路。

（二）雁峰区

1. 保留先锋、天马山、雁峰、黄茶岭、白沙洲5个街道和湘江乡。

2. 将雁峰街道的大码头、马嘶塘、黄青巷3个居委会划归先锋街道。调整后的先锋街道辖沿江南路、中山南路、光辉、和平南路、市府路、左家台、爱民路、珠琳巷、先锋、大码头、马嘶塘、黄青巷12个居委会和增设的张飞巷居委会共计13个居委会；面积1.1平方公里，人口2.3万人，办事处驻爱民路。

3. 天马山街道辖岳屏、洪家塘、苏眼井、胜利山、两路口、天马山6个居委会和增设的环城南路、荣誉路口、广场路、肖家山4个居委会共计10个居委会：面积2平方公里，人口2.7万人，办事处驻肖家山。

4. 调整后的雁峰街道辖打线坪、接龙村、余德堂、上游村、雨花亭、湘江南路、巷荫岭、雁峰路、雁南村、厉家村、南桥村、新家村和增设的首峰、德源、双拥路、当家村共计16个居委会以及从岳屏村析出的4个村民小组设立的岳东村委会；面积5平方公里，人口4.4万人，办事处驻雁南村。

5. 将原属岳屏乡的红旗村委会划归黄茶岭街道。调整后的黄茶岭街道辖黄茶岭、珠江桥、茶叶塘、营盘村、衡常村、黄茶路、小塘村、雷公塘、南郊新村、丁家牌楼和增设的老樟树、东升街、临江、大罗村、学府、变电站、衡缘村共计17个居委会和红旗村委会；面积5平方公里，人口4万人，办事处驻黄茶岭。

6. 将原属湘江乡的朔田、金龙2个村委会划归白沙洲街道。调整后的白沙洲街道辖新矿村、铜桥港、园林、欧水岭、手表厂、纺织新村、三工区、联盟山、白沙洲、变压、量具、白竹皂、塑电、内衣厂和增设的南站、袁家村、易家塘共计17个居委会；面积10平方公里，人口3.7万人，办事处驻黄白路。

7. 将原属岳屏乡的东洲、湘江2个村委会划归湘江乡。调整后的湘江乡辖五星、高兴、茶园、奇峰、茅叶、长塘、白沙、东洲、湘江9个村委会；面积28平方公里，人口2.5万人，乡政府驻高兴村。

8. 撤销岳屏乡，设立岳屏镇。岳屏镇辖原属黄茶岭街道的三0一、芝麻塘和增设的罗金桥、文昌4个居委会以及原属车江镇的文昌、斯林、山田寺，复龙及原属三塘镇的公益、东风和原属湘江乡的水东、前进、金桥、兴隆、原属岳屏乡的隆桥共计11个村委会，岳屏、跃进2个农场；面积38平方公里，人口2.8万人，镇政府驻罗金桥。

雁峰区辖先锋、天马山、雁峰、黄茶岭、白沙洲5个街道和湘江乡、岳屏镇2个乡(镇)以及湘江农场。区人民政府驻湘江南路。

(三)石鼓区

1. 保留人民路、潇湘、青山、五一、合江、黄沙湾6个街道和松木、角山2个乡。

2. 将原属西湖乡的建设村委会划归五一街道。五一街道辖13个居委会、1个村委会；面积8.2平方公里，人口3.1万人，办事处驻建设新村。

3. 将原属西湖乡的江霞、友爱、五一3个村委会划归合江街道。合江街道辖11个居委会、3个村委会；面积8.7平方公里，人口2.7万人，办事处驻五一路。

4. 将集兵镇的灵官庙村委会划入松木乡。松木乡辖灵官庙、松木、松梅、椛木、建新、友谊、金兰、青石、新竹、三里、朝阳、新安 12 个村委会；面积 51 平方公里，人口 1.68 万人，乡政府驻松木塘。

石鼓区辖人民路、潇湘、青山、五一、合江、黄沙湾 6 个街道和松木、角山 2 个乡。区人民政府驻司前街。

（四）蒸湘区

1. 保留蒸湘、联合 2 个街道和雨母山乡、呆鹰岭镇。

2. 雨母山乡辖二塘、新中、竹雅、黄花、群胜、东阳、湘桂、雨母、灵山、群益、梓木、青松、联胜 13 个村委会；面积 43 平方公里，人口 1.95 万人，乡政府驻东阳铺。

3. 设置红湘街道。红湘街道辖从蒸湘街道析出的解西、红湖塘、学院路、学院村、学院西村、联合新村、衡邵路、冶金汽修、高岭、衡祁路和增设的联合西村、石坳、吉祥、水库塘共计 14 个居委会和从原岳屏乡划入的联合村委会；面积 3.6 平方公里，人口 2.6 万人，办事处驻红湘路。

4. 调整后的蒸湘街道辖红湖、温家台、马步桥、莲花、大元头、太平小区 1.2.3.4、阳辉桥 10 个居委会；面积 1.5 平方公里，人口 3.1 万人，办事处驻太平小区。

5. 将原属湘江乡的杨柳和原属岳屏乡的北塘、岳屏 3 个村委会划归联合街道。联合街道辖西站、洪家湾、幸福路、大栗新村、风口、张飞岭、南三角线和增设的莲子塘、麻家塘、意兴、樟木塘、杏花村共计 12 个居委会和岳屏、北塘、杨柳 3 个村委会；面积 4.5 平方公里，人口 1.8 万人，办事处驻解放西路。

6. 设置华兴街道。华兴街道辖从原西湖乡析出的长胜、光辉、华兴、互助、金星、柘里、农场、新桥 8 个村委会和紫金路、紫银路、金光路、银光路、大吉路、大利路 6 个居委会；面积 12 平方公里，人口 1.8 万人，办事处驻解放西路。

7. 调整后的西湖乡更名为长湖乡。长湖乡辖立新、大立、松亭、长湖 4 个村委会和立新 1.2.3.4.5、红湘 6 个居委会；面积 11 平方公里，人口 1.2 万人，乡人民政府驻廖家湾。

蒸湘区辖蒸湘、红湘、华兴、联合 4 个街道和呆鹰岭镇、长湖乡、雨母山 3 个乡（镇）。区人民政府驻船山路。

三、调整衡阳县、衡南县部分乡（镇）行政区划。

（一）衡阳县

1. 调整设立板市乡。板市乡辖板市、板桥、民主、友爱、松林、往宜、山陂、化城、康太、李子园 10 个村委会；面积 26 平方公里，人口 1.77 万人，乡人民政府驻板桥。

2. 调整设立樟树乡。樟树乡辖樟树、群益、龙井、罗洪、永寿、六冲、连政、衡平、上狮 9 个村委会：面积 27 平方公里，人口 1.17 万人，乡人民政府驻樟树坳。

3. 调整设立潮江乡。潮江乡辖永乐、松桥、潮江、大道、利合、广元、何坳、永丰 8 个村委会；面积 29 平方公里，人口 1.02 万人，乡人民政府驻吴大塘。

衡阳县部分乡（镇）行政区划调整后，全县辖 13 镇 13 乡。

（二）衡南县

调整设立咸塘镇。咸塘镇辖蜈蚣桥、犁头嘴、水口山 3 个居委会和花江、茅坪、王江、欧阳、咸塘、长塘、桐冈、谷土、高桥、郑家湾、柴冲、大堰、南山、白云、南冲 15 个村委会；面积 56 平方公里，人口 2.34 万人，镇人民政府驻白蚁塘。

衡南县部分乡（镇）行政区划调整后，全县辖22镇3乡。

根据省委、省政府文件精神，除因市区行政区划调整需要涉及到衡阳、衡南县部分乡（镇）的行政区划调整外，其余乡（镇）均不作调整。

衡阳市人民政府
2001年5月16日

中共衡阳市委办公室
衡阳市人民政府办公室
印发《衡阳市乡镇区划调整改革工作方案》的通知

（衡办〔2015〕50号）

县市区党委、人民政府，市直机关各单位：

《衡阳市乡镇区划调整改革工作方案》已经市委、市人民政府同意，现印发给你们，请结合实际认真贯彻执行。

中共衡阳市委办公室
衡阳市人民政府办公室
2015年9月24日

（此件发至乡镇、街道）

衡阳市乡镇区划调整改革工作方案

为加快推进农村改革，增强乡镇经济发展活力，促进城乡一体化发展，按照省委、省政府乡镇区划调整改革工作会议精神，结合我市实际，制定本方案。

一、指导思想

深入贯彻落实党的十八大、十八届三中、四中全会精神和习近平总书记系列重要讲话精神，按照全省乡镇行政区划调整改革工作动员会议要求，立足市情实际，以全面深化农村综合改革为主线，围绕构建适应城乡发展一体化要求的现代乡镇行政管理体制和社会治理体系这一目标，因地制宜、分类指导，着力优化结构布局，着力全面深化改革，着力提升公共服务能力，积极推进乡镇区划调整，促进全市乡镇布局更加合理、结构更加优化、发展更加科学、运行更加高效、服务更加优质。

二、目标任务

此次乡镇区划调整改革工作，按照优化结构、合理布局、规模适度、有利发展的要求，合理确定乡镇和村的规模。全市目标任务为合并乡镇 37 个，减幅约 20.11%；合并建制村在 2300 个以上，原则上减幅不低于 47.5%。合并乡镇与合并建制村工作均在 2015 年 9 月启动，合并乡镇工作要在 2016 年春节前完成，合并建制村工作要在 2016 年 12 月底完成。

三、时间步骤

（一）合并乡镇。

1. 2015 年 9 月，成立衡阳市乡镇区划调整改革领导小组，启动全市乡镇区划调整改革工作，下发衡阳市乡镇区划调整改革工作方案。

2. 2015 年 10 月，组织培训各级、各类相关人员，市直相关部门成立乡镇区划调整改革调研组，对全市乡镇进行摸底调查，形成衡阳市乡镇区划调整改革实施方案。各县市区成立乡镇区划调整改革领导小组，制定工作方案，召开动员会，对辖区内的乡镇进行摸底，起草合并乡（镇）整体方案。

3. 2015 年 10 月底前，各县市区进行实地调研，制定本辖区内合并乡（镇）整体方案，将合并乡（镇）整体方案报市领导小组初审后报市委、市人民政府审定。

4. 2015 年 11 月中旬前，以市人民政府名义分县（市、区）向省人民政府逐一呈报合并乡（镇）实施方案。

5. 2015 年 12 月，各县市区按照省政府批准的合并乡（镇）整体方案开始实施。

6. 2016 年 2 月 10 日前，各县市区全面完成合并乡（镇）工作。市人民政府对各县市区的合并乡（镇）资料进行审核，并向省人民政府呈报。

7. 2016 年 2 月，各县市区对完成合并乡镇工作任务进行自查。

8. 2016 年 3 月，市乡镇区划调整改革领导小组对各县市区合并乡镇情况进行检查验收。

（二）合并建制村。

1. 2015 年 9 月，启动全市合并建制村工作。

2. 2015 年 10 月，组织培训各级、各类相关人员，市直相关部门成立合并建制村改革调研组，对全市村进行摸底调查，形成衡阳市合并村任务分解表。各县市区要制定合并建制村工作方案，召开动员会进行部署。

3. 2015 年 11 月～12 月，各县市区进行实地调研，制定本辖区内的合并建制村实施方案。

4. 2016 年 10 月前，各县市区按要求完成合并建制村工作，并进行自查。

5. 2016 年 12 月，市乡镇区划调整改革领导小组对各县市区合并建制村情况进行检查验收。

四、工作要求

（一）加强保障。

为确保全市乡镇区划调整改革工作顺利开展，成立衡阳市乡镇区划调整改革领导小组，由邓群策任组长，段志刚、邓柯、何录春、周学农、陈竞同志任副组长，市纪委、市委组织部、市编办、市民政局、市发改委、市教育局、市科技局、市公安局、市财政局、市旅游外侨民宗局、市人力资源社会保障局、市住房城乡建设局、市农委、市林业局、市商务和粮食局、市卫生和计划生育委员会为成员单位。领导小组下设办公室，办公室设在市民政局，具体牵头组织对区划调整方案的实施。各县市区要相应成立乡镇行政区划调整改革领导小组，组建强有力的工作班子，从组织、编制、民政、发改、财政等部门抽调精干力量，负责组织实施和协调落实工作，县市区财政要提供必要的经费保障。县市区党政主要负责人是本地区乡镇区划调整改革的第一责任人，要切实履行好第一责任人职责。

（二）形成合力。

乡镇区划调整改革是一项要求高、涉及面广、综合性强的系统工作，市委、市政府负责乡镇区划调整改革的部署落实；县市区党委、政府负责辖区内乡镇区划调整改革的具体组织实施。市乡镇行政区划调整改革领导小组各成员单位要各司其责，深入开展调研，按照职责分工抓好相关配套政策的制定实施、对口指导工作。各地各单位要加强协作配合，合力推进改革，形成部门配合、上下联动的工作格局。

（三）严肃纪律。

严格政治纪律，严禁干扰区划调整，对各类扰乱区划调整的谣言和行为要严肃查处，依法依纪追究责任；严格组织人事纪律，严禁突击提拔干部、突击进人，严禁擅离职守、失职渎职；严格财经纪律，加强资金管理，严防国有资产流失，严禁借机突击花钱，转移财物，侵占、挥霍国家和集体资产等违规行为；严格廉政纪律，遵守廉政准则，严禁以权谋私。并乡（镇）合村工作必须严格依法依规按程序报批。对改革中出现的问题，要及时研究解决，重大问题及时向上级请示报告。

（四）确保稳定。

各县市区党委、政府要采取有效措施，维护社会稳定。一要坚持包括农村基本经营制度在内的党的农村各项方针政策不变；二要保持所有依法形成的经济关系不变；三要坚持现有国家、集体、个人财产（包括山林、矿产、水资源等）性质不变；四要保持现有乡（镇）干部、职工的身份、职级、工资待遇不变（人员分流时按政策办理手续的除外）。对开展并乡（镇）合村的地方，要暂停森林砍伐、企业破产、国有集体资产拍卖的审批，暂停乡（镇）的人员招聘工作，以免增加人、财、物管理的难度。

中共衡阳市委办公室
衡阳市人民政府办公室
关于开展乡镇区划调整改革工作的实施意见

(2015年10月30日)

(衡办发〔2015〕15号)

为深入贯彻落实省委、省人民政府《关于开展乡镇区划调整改革工作的意见》(湘发〔2015〕15号),按照《衡阳市乡镇区划调整改革工作方案》(衡办〔2015〕50号)有关要求,经市委、市人民政府研究同意,特提出如下实施意见。

一、目标任务及时限要求

此次乡镇区划调整改革工作,按照优化结构、合理布局、规模适度、有利发展的要求,合理确定乡镇和村的规模。全市目标任务为合并乡镇37个,减幅为20.11%;合并建制村2300个以上,原则上减幅不低于47.5%。各县市区合并乡镇数,严格按照省委下达的任务指标执行,同时明确实施合并的乡镇名单及合并方式(详见附表1);合并建制村的任务数已测算到县市区(详见附表2),具体合并方式由县市区人民政府确定。

重点要合并人口在2万人以下的小微乡镇,以及人口在1千人以下的建制村,但不搞"一刀切"。综合考虑城区涉及重点工程项目多,征地拆迁任务重,各种利益关系复杂;南岳区属于D区(山区),较全市其他县市区人口基数偏低,地缘地形特殊等因素,合理分配合并建制村任务比例,不搞平均主义。

我市并乡镇合村工作于2015年9月全面启动,合并乡镇工作要在2015年11月底前完成,合并建制村工作要在2016年6月底前完成。其中,各县市区的乡镇合并工作于11月上旬完成方案申报,11月中旬通过省人民政府审批,11月底前全面完成;乡镇合并方案申报必须建立在县、乡、村三级依法依规完成所有工作流程的基础上,并附各类申报材料。各县市区的合并建制村工作于2016年春节前完成方案申报,2016年6月30日前全面完成。2015年12月,市乡镇区划调整改革领导小组对县市区合并乡镇工作进行检查验收;2016年7月,市乡镇区划调整改革领导小组对县市区合并建制村工作进行检查验收。

二、切实解决好并乡镇合村中的具体问题

(一)并乡镇中应明确和解决的具体问题

1.乡镇改设街道问题。并乡镇期间,一律不得新设立街道办事处。经济规模、城镇化率高,发展速度快的县城乡镇,确有需要改设街道办事处且符合有关要求的,待合并乡镇任务完成后,可按程序逐级申报。

2.特殊形态政区代管乡镇的合并问题。各类经济开发区、工业园区、农林渔场及风景管理处等特殊形态政区,所代管的乡镇(街道)、建制村的并乡镇合村工作在其所在地县市区人民政府的指导下进行,并以所在县市区人民政府的名义依法依规完成申报流程。

3.乡镇干部安置问题。在保证乡镇干部身份、职级、工资待遇不变的前提下，按照有关规定，可采取就地安排任职、交流使用、职数限额内改任非领导职务、晋升职级退出现任职务、提前退休等途径，妥善做好合并乡镇领导班子成员和干部职工安排。

4.乡镇机构设置问题。合并后的乡镇内设机构和事业站所，按照《湖南省乡镇区划调整改革配套政策与措施》和《中共衡阳市委、衡阳市人民政府关于进一步加强和改进乡镇工作的意见》(衡发〔2015〕7号)有关规定进行整合设置。

5.其它问题。合并后新设乡镇行政区划建制、乡镇人民政府驻地的选择、乡镇名称的确定、乡镇债权债务和资产处置以及乡镇区划调整改革后行政区划图的制作等，严格按照《湖南省乡镇区划调整改革工作方案》有关规定操作实施。

(二)合村中应重点解决的具体问题

1.村民权益问题。加大政策宣传力度，积极做好村民的思想工作，取得广大村民的拥护和支持。维持村民利益格局不变，合村后村民的生产生活、财产权属、经济关系均保持不变，各类证件变更由县市区人民政府统一安排，所需经费由县市区人民政府统筹解决，合并的村“两委"牌匾、公章均由县市区统一制作，不增加村级财政压力和群众负担。

2.村名确定问题。依据国务院《地名管理条例》有关规定，尽可能以原有建制村名称中的一个作为合并后建制村的名称，也可参考历史沿革、名人胜地、山脉水系等因素命名；同时，要广泛征求当地干部群众意见，意见一时难以统一的，由乡镇(街道)报县市区民政局区划地名办依法指导确定。

3.村部选址问题。尽可能选择交通便利、半径距离相对中心和人口相对集中的地域，作为合并后村部驻地；也可利用原村部、小学等场所翻新改造，避免造成资产闲置和浪费。为方便群众办事，可在被合并建制村原村部设置便民服务点，存续时限由乡镇自行决定。原有村部面积都不足100平方米的，由县市区统筹安排，三年内予以解决。

4.村资村债处置问题。调整合并后，被合并建制村的集体资金、资产、资源和债权债务在清理核实后原则上一并纳入新设立的建制村统一管理，按照财务会计制度设立财务账目。原村已签订并生效的有关经济合同，按原合同执行，合同期满后不得续签，纳入合并后的村统一管理。村级债权债务按性质分清类别，分类处理，逐步化解。

5.村干精减问题。合并建制村后，通过鼓励主动退任、劝退等方式，村干精减幅度原则上应达到30%以上；2017年村委换届选举时，再精减到村支“两委”规定职数以内。对主动退任现职的村干可以给予一次性奖补，保持退任、离任村干本届内的政治待遇、经济待遇不变，延伸到下一届村委换届。

合并乡镇领导职数配备、人员编制和干部职工安置、乡村道路建设和电力农网改造、乡镇和建制村卫生计生服务机构设置、调整农村义务教育学校布局等问题，按照《湖南省乡镇区划调整改革配套政策与措施》和市相关职能部门出台的配套措施操作执行。

三、财政奖励办法

以乡镇区划调整改革目标任务数为参考，区分县市和城区两个类别，对在规定时间节点内完成乡镇区划调整改革目标任务的县市区，市财政给予一次性奖励。以市委、市人民政府明确的精减乡镇、建制村目标任务数为准，2015 年 11 月上旬前完成乡镇合并方案申报，并于 11 月底前实施到位，经市乡镇区划调整改革领导小组验收合格后，按每减少一个乡镇奖励 3 万元的标准，给予县市区一次性奖励经费。2016 年春节前完成合并建制村方案申报，并于 6 月 30 日前实施到位，经市乡镇区划调整改革领导小组检查验收合格后，给予县市一次性奖励 30 万元，给予城区（含南岳区）一次性奖励 10 万元。对各县市区完成合并建制村任务数超过 5％的，再奖励 5 万元；在此基础上，每上升 1 个百分点，奖励 1 万元。

四、合村后的过渡政策

合并建制村后，到 2017 年村支“两委”换届选举的过渡期内，成立临时党组织和村委会筹备小组，村委会筹备小组在临时党组织的领导下，负责主持新村各项工作。临时党组织由乡镇（街道）党（工）委负责组建，书记、副书记由乡镇（街道）党（工）委任命，成员由临时党组织推荐，乡镇（街道）党（工）委备案。村委会筹备小组由乡镇（街道）党（工）委指导成立，组长、副组长和成员由乡镇（街道）党（工）委从原村委会成员中提名，村民代表会议讨论通过。临时党组织和村委会筹备小组成员可交叉任职，“两套班子”，总人数不得超过 9 人，原则上二村合一、三村合一、四村合一（及其以上）的分别不得超过 5 人、7 人和 9 人。县市区要研究出台村委会筹备小组工作规程，明确人员分工、职权界限和职责要求等，促进运行管理的规范化制度化。新村启用新村印章，原有建制村的印章由乡镇（街道）统一保管留作备用，村民的身份证、户口簿、林权证、集体土地使用证等相关证件暂时不变。

五、有关保障措施

（一）高度重视，加强领导。各县市区党委、人民政府和有关部门要把乡镇区划调整改革作为当前一项重要政治任务摆在突出位置，站在推动农村经济发展、推进城镇化进程、降低行政成本的高度，科学谋划并乡镇合村工作；要认真调查研究，全面统筹协调，加强督导落实。市乡镇区划调整改革领导小组办公室要创办工作简报，及时宣传政策导向，营造良好舆论氛围。

（二）强化责任，分工落实。各县市区党委、人民政府是组织实施乡镇区划调整改革的责任主体，县市区党委书记是第一责任人，对并乡镇合村工作的任务完成、问题化解、后遗症处理负总责。市乡镇区划调整改革领导小组成员单位要按照职能分工，研究出台相关配套政策和措施，举办业务培训班，进一步明确工作职责和要求。县市区有关部门要结合实际，对相关配套政策进行细化，加强对口指导。县市区要对拟合并乡镇派出工作组，由县级领导带队，包干负责乡镇合并工作。

（三）把握节点，按期完成。各县市区要严格按照市里明确的目标任务和时间要求组织实施，加快推进并乡镇合并工作，做到保质保量、如期完成。要将乡镇区划调整改革工作与全市目标管理绩效考核直接挂钩，市乡镇区划调整改革领导小组办公室会同市目标管理绩效考核办公室，联合出台考核细则，严格按照任务指标和时间要求，逐个节点、逐个环节督促落实到位，对未按期保质完成并乡镇合村目标任务的，除不予奖励以外，同时在目标管理绩效考核总分中扣分。

（四）做细工作，确保稳定。要依法依规、积极稳妥推进并乡镇合村工作，做细做实每一个环节步骤，确保法律程序到位。要认真做好干部群众的思想政治工作，消除思想顾虑，引导干部群众积极参与和主动配合改革。信访、维稳、公安、综治等部门要主动提前介入，及时健全完善农村综治体系，加强农村治安防范，认真搞好调查摸底和隐患排查，有针对性地做好社会稳控工作，防止发生群体性上访、斗殴事件，切实维护社会大局稳定。

（五）严肃法纪，端正风气。要认真贯彻省纪委五条纪律要求和市纪委《关于严明纪律切实保证乡镇区划调整和建制村合并工作顺利进行的通知》（衡纪发〔2015〕22号）文件精神，将法纪监督贯穿于并乡镇合村工作的全过程。纪检、监察部门要坚决查处干扰、阻碍和破坏改革的行为，对插手干涉改革工作的党员干部，一律从严从快处理，确保改革工作风清气正，确保改革任务圆满完成。

附件：1. 衡阳市乡镇合并工作任务指标分解表

2. 衡阳市建制村合并工作任务指标分解表

（此件发至乡镇、街道，传达到村）

附件1

衡阳市乡镇合并工作任务指标分解表

县市区	现有乡镇数（个）	合并后乡镇数（个）	减少乡镇数（个）	拟实施方案
小计	184	147	37	
衡南县	26	22	4	1. 洲市乡与三塘镇合并设立三塘镇； 2. 车江镇、向阳镇、云集镇合并设立云集镇； 3. 川口乡与花桥镇合并设立集兵镇。
衡阳县	26	25	1	潮江乡与集兵镇合并设立花桥镇。
衡山县	17	12	5	1. 马迹镇与东江湖镇合并设立东湖镇； 2. 长青乡与白果镇合并设立白果镇； 3. 岭坡乡与望峰乡合并设立望峰乡； 4. 贺家乡与萱洲镇合并设立萱洲镇； 5. 沙泉乡与开云镇合并设立开云镇。
衡东县	24	17	7	1. 踏庄乡、珍珠乡、城关镇合并设立金花镇； 2. 栗木乡、德圳乡、莫井乡、吴集镇合并设立吴集镇； 3. 三樟乡与大桥镇合并设立三樟镇； 4. 高塘乡与草市镇合并设立草市镇。
祁东县	23	20	3	已经完成乡镇合并工作任务，于2014年9月19日得到省民政厅批复。 1. 洪桥镇与白鹤铺合并设立洪桥、玉合、永昌、白鹤街道； 2. 四明山乡并入太和堂镇。
常宁市	22	18	4	1. 盐湖镇与三角塘镇合并设立三角塘镇； 2. 江河乡与新河镇合并设立新河镇； 3. 弥泉乡与塔山瑶族乡合并设立塔山瑶族乡； 4. 宜潭乡与宜阳街道合并设立宜阳街道； 5. 水口山街道与松柏镇合并设立水口山镇。

续表

县市区	现有乡镇数（个）	合并后乡镇数（个）	减少乡镇数（个）	拟实施方案
耒阳市	31	24	7	1. 泗门洲镇耒水以西区域并入灶市街街道； 2. 泗门洲镇耒水以东区域和竹市镇并入水东江街道； 3. 沙明乡与导子乡合并设立导子镇； 4. 洲陂乡与马水乡合并设立马水镇； 5. 上架乡与三都镇合并设立三都镇； 6. 余庆乡、磨形乡、三顺街道合并设立余庆街道。
南岳区	4	2	2	岳林乡、龙凤乡、拜殿乡合并，新政区名称待定。
雁峰区	2	1	1	湘江乡与黄茶岭街道合并设立黄茶岭街道。
石鼓区	2	1	1	松木乡与黄沙湾街道合并设立黄沙湾街道。
珠晖区	4	3	1	东阳渡镇与新湘街道合并设立东阳渡街道。
蒸湘区	3	2	1	长湖乡与蒸湘街道合并设立蒸湘街道。

附件2

衡阳市建制村合并工作任务指标分解表

县市区	原有村委会数量	调整后村委会数量	减少量	调整比例
衡南县	741	389	352	47.5%
衡阳县	891	467	424	47.6%
衡山县	319	167	152	47.6%
衡东县	559	293	266	47.6%
祁东县	867	435	432	49.8%
常宁县	707	371	336	47.5%
耒阳市	622	326	296	47.6%
南岳区	27	19	8	29.6%
雁峰区（含白沙洲工业园）	27	18	9	33.4%
珠晖区（含白沙洲工业园）	54	35	19	35.2%
石鼓区（含松木经开区）	30	19	11	36.7%
蒸湘区（含高新技术开发区）	42	27	15	35.7%
总　计	4886	2566	2320	47.5%

湖南省民政厅关于撤销祁东县洪桥镇、白鹤铺镇并设立四个街道的批复

（湘民行发〔2014〕10号）

衡阳市人民政府：

你市《关于撤销祁东县两个镇并设立四个街道的请示》（衡政〔2014〕46号）收悉。经研究，并经省人民政府批准，现批复如下：

同意调整洪桥镇、白鹤铺镇行政区划，并将调整后的洪桥镇、白鹤铺镇撤销乡镇建制，设立洪桥、玉合、永昌、白鹤4个街道。具体调整情况如下：

将双桥镇的湖塘、栗山、下里桥、东星、林星、洪塘、勾兰、青林、中山、红专、同乐、马埠12个建制村，风石堰镇的读书、上坪2个建制村，白鹤铺镇的高基、华丰、东富、四海4个建制村，共计18个建制村划入洪桥镇。行政区划调整后，洪桥镇58个建制村，26个居委会，总面积176.78平方公里，总人口17.3万人，镇人民政府驻地不变；白鹤铺镇辖23个建制村，11个居委会，总面积76.13平方公里，总人口4.07万人，镇人民政府驻地不变；双桥镇辖34个建制村，2个居委会，总面积56.94平方公里，总人口3.42万人，镇政府驻地不变；风石堰镇辖43个建制村，1个居委会，总面积106.85平方公里，总人口5.16万人，镇政府驻地不变。

撤销洪桥镇、白鹤铺镇，设立洪桥、玉合、永昌、白鹤4个街道，行政区划调整后，洪桥街道辖联垅、马头、鲁山、林场、花木、林源、朱福、芦竹、杉木、上马、松木、群丰、波丰、长春、渔陂、高城、竹丰、高基、华丰、东富、四海21个建制村，达孝、憩园、上正、大桥、南山、井塘、白云、盘龙、益城9个居委会，总人口8.83万人，总面积64.31平方公里，办事处驻衡山东路273号（原洪桥镇政府驻地）；玉合街道辖大竹、福广、石峰、盘古、何家、水平、乔木、青山、黎阿塘、张家、绿野、峦山、桥亭、百花、新洲、凤形、桥洞17个建制村，石门、颜家、三圣、曹西、洪丰、新丰、祁丰7个居委会，总人口万人，总面积60.09平方公里，办事处驻永昌大道105号；永昌街道辖赵坪、樟树、青桐、贺家冲、江桥、梅塘町、读书、上坪、湖塘、栗山、下里桥、东星、林星、洪塘、勾兰、青林、中山、红专、同乐、马埠20个建制村，太阳升、曙光、浅塘、黄土铺、朱家、兰芝塘、温泉、廖家、柞陂、燕子岩10个居委会，总人口7.19万人，总面积52.38平方公里，办事处驻曙光路；白鹤街道辖金鸡、源山、泉塘、荷花、挂青、伍排、排基、排山、燎原、高园、金星、元塘、皮桥、花塘、栗塘、巩固、太和、群力、金塘、鸣鹿、明星、联城、罗云23个建制村，凤形、黄龙、帆丰、前丰、百家、白鹤、砖冲、秀丰、桃红、祖湾、唐家11个居委会，总人口4.07万人，总面积76.13平方公里，办事处驻白杨路（原白鹤铺镇政府驻地）。

湖南省民政厅

2014年9月19日

湖南省民政厅关于将祁东县四明山乡并入太和堂镇的批复

（湘民行发〔2014〕11号）

衡阳市人民政府：

你市《关于将祁东县四明山乡并入太和堂镇的请示》（衡政〔2014〕51号）收悉。经研究，并经省人民政府批准，现批复如下：

同意将四明山乡并入太和堂镇。行政区划调整后：太和堂镇辖燕子、上游、新书房、西湖、凤形山、黄泥桥、良村、元珠山、五里堆、黄马、琴塘、文珠山、丁町、中和、石梅冲、包山、乐家、文明、红日、迎先、豹子岩、紫云、向阳、大路边、罗兴、大坪山、文桥、吊楼、白溪町、张家排、江合、马颈坳、柿山排、沙坪、新王家、牛子庙、天兴、杉木桥、半山桥、少年、三塘、沟龙界、黄陂桥、寿福山、节孝祠、沧溪、甘家坳、湾头、陈家坪、把关口、黄棚、姜叉岭、清公祠、跃子、肥塘、大房头、大桃、尹家排、江边、大塘冲、刘家排、司后头、小桃、太和堂、江口、长乐、板桥、白水、双江、四明、大塘、李家72个建制村，正街、湾街2个居委会，面积163.9平方公里，人口6.24万人，镇人民政府驻地不变。

湖南省民政厅
2014年9月19日

湖南省民政厅关于同意常宁市乡镇区划调整方案的批复

（湘民行发〔2015〕18号）

衡阳市人民政府：

你市呈报的《关于常宁市部分乡镇行政区划调整的请示》（衡政〔2015〕56号）收悉，按照国务院《关于行政区划管理的规定》第五条、第七条和第八条的规定，经研究并报省人民政府批准，现批复如下：

1. 同意常宁市乡镇区划调整方案。

2. 同意将“宜潭乡、宜阳街道”成建制合并设立“宜阳街道”。新设立的宜阳街道总面积104.71平方千米，总人口8.95万人（其中非农业人口2.97万人）。辖城北、城东、群英、嵩宜4个居委会和东湖、嵩联、嵩塘、万寿、石洲、南京、禄福、塘湾、盟山、新建、群英、和平、新华、船山、江水、曹同、福寿、黄桥、新联、新和、由市、上义、中义、梅塘、乌联、紫阳、大堰、石桥、联坪、星子坪、长塘、漕塘、八角亭、书泉、珠塘、大桥、虎洲、金塘、枫坪、茶园、董家、大屋、回江、砂岭、崔家堰、郧兰、上洞47个建制村。办事处驻宜阳街道常荫路60号（原宜潭乡人民政府驻地）。

同意将“松柏镇、水口山街道”成建制合并设立“水口山镇”。新设立的水口山镇总面积86.18平方千米，总人口7.95万人（其中非农业人口4.52万人）。辖松阳、松柏、沿江、文明、开源、青园、松渔、水口山8个社区居委会和松阳、青年、蔬菜、三香、新华、松柏、双发、双泉、凉水、楠木、大渔、南阳、朱陂、新同、金联、金水、高华、水邻、双林、紫山、独石、天勤、燕形、清水24个建制村。镇人民政府驻刘家（原水口山街道办事处驻地）。

同意将“盐湖镇、三角塘镇”成建制合并设立“三角塘镇”。新设立的三角塘镇总面积118.85平方千米，总人口5.87万人（其中非农业人口0.91万人）。辖裕民、三角塘2个社区居委会和上冲、官冲、盐湖、莲江、梅花、冷洞、源头、新铺、小湖、湖边、枫树山、花亭、玄塘、瓦文、湖文、七坪、双冲、义山、塘冲、白甫、白沙、双湾、罗田、山河、青合、渔池、长江、南岭、老屋、三角塘、幸福、石岭、泉塘、千家、江南、何曹、双渔、毛巷、市群、周家、市塘、朱田、大陈、阳庙、大合、石尾、寨下、檀下、麻冲、瑶草、玉沙51个建制村。镇人民政府驻牛市坪（原三角塘镇人民政府驻地）。

同意将“江河乡、新河镇”成建制合并设立“新河镇”。新设立的新河镇总面积133.11平方千米，总人口4.72万人（其中非农业人口0.28万人）。辖新河、江河2个社区居委会和湖关、双坪、大禾坪、新喜、新民、吕坪、湘江、丛井、宜潭、坳霞、茶山、宝山、陈洲、湖坪、太江、八正、陶岭、新坪、中华、五里牌、新长、河洲、清泉、高朋、新江、联桥、兴旺、新冲、柏洲、相时、上河、瑞湖、塘头、江堡、清阁塘、五星、石畔、星火、合心、灯坪、大和、五家围42个建制村。镇人民政府驻新建（原新河镇人民政府驻地）。

同意将“弥泉乡、塔山瑶族乡"成建制合并设立“塔山瑶族乡”。新设立的塔山瑶族乡总面积120.13平方千米，总人口1.16万人（其中瑶族5939人，非农业人口747人）。辖双河、农林、更生、立新、塔山、狮园、敖头、茶群、板角、上阳、下阳、东江、西江、蒲竹、松塔、毛坳、高岭17个建制村。乡人民政府驻下板角（原塔山瑶族乡人民政府驻地）。

同意泉峰街道、培元街道2个街道；柏坊镇、烟洲镇、荫田镇、白沙镇、西岭镇、洋泉镇、庙前镇、罗桥镇、板桥镇、胜桥镇、官岭镇11个镇；蓬塘乡、兰江乡、大堡乡3个乡的行政区域及乡（镇）人民政府驻地或街道办事处驻址不作调整。

本轮乡镇行政区划调整后，常宁市下辖水口山、柏坊、烟洲、荫田、白沙、西岭、三角塘、洋泉、庙前、罗桥、板桥、胜桥、官岭、新河14个镇；蓬塘、兰江、大堡3个乡和塔山瑶族乡共4个乡；宜阳、泉峰、培元3个街道。市人民政府驻地不变（宜阳街道青阳北路）。

专此批复。

湖南省民政厅

2015年11月9日

湖南省民政厅关于同意衡阳市石鼓区乡镇区划调整方案的批复

（湘民行发〔2015〕29号）

衡阳市人民政府：

你市呈报的《关于石鼓区部分乡镇行政区划调整的请示》（衡政〔2015〕59号）收悉，按照国务院《关于行政区划管理的规定》第五条、第七条和第八条的规定，经研究并报省人民政府批准，现批复如下：

1. 同意衡阳市石鼓区乡镇行政区划调整方案。

2. 同意将松木乡、黄沙湾街道成建制合并设立黄沙湾街道。新设立的黄沙湾街道辖团结、进步、朝阳、松木、友谊、松梅、青石、梽木、灵官庙、建新10个建制村和松木农科站（村级），雁栖湖、辖神渡2个社区居委会，总面积33.05平方千米，总人口3.44万人，办事处驻黄沙湾51号（原黄沙湾街道办事处驻地处）

3. 同意角山乡，青山、人民、潇湘、五一、合江、金源6个街道办事处的行政区域面积和政府驻地不作调整。

本轮乡镇行政区划调整后，衡阳市石鼓区共撤销1个乡级建制，现辖角山1个乡，青山、人民、潇湘、五一、合江、黄沙湾、金源6个街道。总面积112平方千米，总人口23.82万人。区人民政府驻黄沙湾街道（原区人民政府驻地）。

湖 南 省 民 政 厅

2015年11月18日

湖南省民政厅关于同意衡阳市雁峰区乡镇区划调整方案的批复

（湘民行发〔2015〕30号）

衡阳市人民政府：

你市呈报的《关于雁峰区部分乡镇行政区划调整的请示》（衡政〔2015〕60号）收悉，按照国务院《关于行政区划管理的规定》第五条、第七条和第八条的规定，经研究并报省人民政府批准，现批复如下：

1. 同意衡阳市雁峰区乡镇行政区划调整方案。

2. 同意将湘江乡、黄茶岭街道合并设立黄茶岭街道。新设立的黄茶岭街道辖红旗、高兴、湘江、白沙、东洲、五星、奇峰7个建制村，幸福、衡常村、雷公塘、黄茶路、营盘山、珠江桥、丁家牌楼、高兴、东洲9个社区居委会，面积29.55平方千米，人口5.77万人，办事处驻蒸阳南路（原黄茶岭街道办事处驻地）。

3. 同意岳屏镇，白沙洲、雁峰、先锋、天马山、金龙坪5个街道的行政区域和镇人民政府及街道办事处驻地不变。

本轮乡镇行政区划调整后，雁峰区共减少1个乡级建制，现辖岳屏镇，黄茶岭、白沙洲、雁峰、先锋、天马山、金龙坪6个街道。

4. 衡阳市雁峰区人民政府迁址应按法定程序报国务院批准。

湖南省民政厅
2015年11月18日

湖南省民政厅关于同意耒阳市乡镇行政区划调整方案的批复

（湘民行发〔2015〕31号）

衡阳市人民政府：

你市呈报的《关于耒阳市部分乡镇行政区划调整的请示》（衡政〔2015〕61号）收悉，按照国务院《关于行政区划管理的规定》第五条、第七条和第八条的规定，经研究并报省人民政府批准，现批复如下：

1. 同意耒阳市乡镇行政区划调整方案。

2. 同意撤销泗门洲、竹市2个建制镇，将这2个建制镇的行政区域调整划入水东江、灶市街2个街道，调整后的水东江街道辖双洲、内洲、花桥、长胜、大塘角、石下、新联、石梓、毛田、新塘、金钩、东湾、东塘、阳光、大成、东口、里王、庙背、竹市、白石20个建制村，新和、鹿岐、东鹿、东江、桥头、鹿峰、竹市、白山坪8个社区居委会，总面积113.14平方千米，总人口7.82万人，办事处驻南王岭（原水东江街道办事处驻地）；灶市街街道辖花石、易成、滩洲、江冲、泗门、五陵、新坡、棠中、楼下、王差、农科、新渡、泥塘、白沙、王子15个建制村，天桥、彭桥、车站、铁路园、联平、零洲、沙头、灶市、泗门洲、红卫10个社区居委会，总面积79.41平方千米，总人口7.32万人，办事处驻灶市街（原灶市街街道办事处驻地）；

同意将余庆、磨形2个乡以及三顺街道成建制合并，设立余庆街道。调整后的余庆街道辖渔波、西元、观前、新田、粟梓、板陂、南桥、石王、盖塘、枞杨树、梓元、同仁、栗树、东冲、农科（原余庆乡）、龙陂、余冲、五村、枫林寺、打鼓洲、黄金、磨形、青陂、黄沙、农科（原磨形乡）、杨丰、三泉、西冲、虾塘、丛苞、水口、石余 32 个建制村，南岭、三顺、余庆 3 个社区居委会，总面积 129.73 平方千米，总人口 8.02 万人，办事处驻余庆圩（原余庆乡人民政府驻地）；五里牌街道辖梅新、上岭、火田 3 个建制村，栖凤园、金星、金杯、五里牌、锡里 5 个社区居委会，总面积 24.33 平方千米，总人口 4.55 万人，办事处驻地不变。

同意将沙明乡与导子乡成建制合并设立导子镇。新设立的导子镇辖竹楼、中山坪、通林、洞中、导子、双喜、楼下、上古、农科、紫江、扶冲、上浔、柳山、南湾、双攸、浔江、曹流、流天、横塘、雄江、董溪、群联、沙明、邓山、和平、畔冲、三岭、高峰 28 个建制村，导子洲社区居委会，总面积 137.3 平方千米，总人口 4.11 万人，镇人民政府驻导子洲（原导子乡人民政府驻地）；

同意将洲陂乡与马水乡成建制合并设立马水镇。新设立的马水镇辖桃花、湖德、滩头、丹田、上丹田、积岭、小芬、山岭、矮岭、山田、货塘、贺家洞、坪田、东升、堰新、圳边、桥头、小河田、合江、马一、洲陂、膳田、沅江、东南、江塘、石洞江、泉边、陆新、乐田、燕中、青绿、高升 32 个建制村，总面积 170.01 平方千米，总人口 5.34 万人，镇人民政府驻湖德（原马水乡人民政府驻地）；

同意将上架乡与三都镇成建制合并设立三都镇。新设立的三都镇辖马坑、上山田、泰山背、高灯、东元、东冲、明冲、高龙、金池、三都、竹山、坪州、双红、板桥、干田洞、洪塘、大木、石准、圩冲、南庄、水口、银子冲、旱禾田、下庄、架木、上湾、界冲、珊钿、流塘、南基、上架、古楼、三江、东畔、下石镜、丛木塘、文冲等 37 个建制村，牛脑头社区居委会，总面积 117.84 平方千米，总人口 5.73 万人，镇人民政府驻牛脑头（原三都镇人民政府驻地）；

同意撤销东湖圩乡建制，设东湖圩镇，其行政区域为原东湖圩乡的行政区域。新设立的东湖圩镇辖株山、龙山、枣山、金盆、太坪、上石、泉岭、坳山、小山、湖塘、山田、北龙、农科、枫林、大桥、上中、小塘、观音阁、汤泉、石堰、小田、玄芝 22 个建制村，东湖圩社区居委会，总面积 126.59 平方千米，总人口 4.40 万人，镇人民政府驻坳山（原东湖圩乡人民政府驻地）。

同意撤销大义乡建制，设大义镇，其行政区域为原大义乡的行政区域。新设立的大义镇辖大义圩、洲上、龙湾、巩固桥、泥丰、古塘、古城、兴隆、苏银楼、尧隆、白云、新村、石准、上石、石正、船江、淝塘、石江、石联、鱼石、泥湾、红联、东坪、陶洲、滩龙、红泉、合建、红泉下、谭家湾 29 个建制村，总面积 104.36 平方千米，总人口 3.96 万人，镇人民政府驻大义圩（原大义乡人民政府驻地）。

3. 同意大和圩、坛下、长坪、太平圩、亮源 5 个乡，新市、遥田、夏塘、南阳、公平圩、黄市、小水、哲桥、永济、龙塘、大市、淝田、南京、仁义 14 个镇，蔡子池、三架 2 个街道的行政区域（管辖范围）和乡镇人民政府（办事处）驻地不作调整。本轮乡镇行政区划调整后，耒阳市共撤销 7 个乡级建制，现辖大和圩、坛下、长坪、太平圩、亮源 5 个乡，新市、遥田、夏塘、南阳、公平圩、黄市、小水、哲桥、三都、永济、龙塘、大市、淝田、南京、仁义、导子、马水、东湖圩、大义 19 个镇，蔡子池、灶市街、水东江、五里牌、三架、余庆 6 个街道，市人民政府驻地不变（蔡子池街道）。

湖 南 省 民 政 厅

2015 年 11 月 18 日

湖南省民政厅关于同意衡东县乡镇行政区划调整方案的批复

（湘民行发〔2015〕32号）

衡阳市人民政府：

你市呈报的《关于衡东县部分乡镇行政区划调整的请示》（衡政〔2015〕62号）收悉，按照国务院《关于行政区划管理的规定》第五条、第七条和第八条的规定，经研究并报省人民政府批准，现批复如下：

1. 同意衡东县乡镇行政区划调整方案。

2. 同意将踏庄、珍珠2个乡和城关镇成建制合并设立洣水镇。新设立的洣水镇辖合桥、新合、金花、月塘、金峨、金堰、堰湾、岳霄、大甸、渡头、双凤、珍珠、同升、小江、小乌石、大江、印湘、富塘、山冲、大塘、小山、北冲、石头、大乌石、岭岩、石江、新开岭、黄梓塘、大托、朗山、踏庄、桐霄、上朗、中朗、茗岗、荆茗、枫林、中森、木林、花园、正坪、仙南、大塘、丰垅44个建制村，杨山、滨江、嘉兴、兴东、迎宾5个社区居委会，总面积130.91平方千米，总人口14万人，镇人民政府驻迎宾社区（原城关镇人民政府驻地）；

同意将德圳、栗木、莫井3个乡和吴集镇成建制合并设立吴集镇。新设立的吴集镇辖沫桥、德圳、马蹄、石坪、普乐、苏家、松荷、三星、红光、红岩、老屋、大岭、太阳、松村、清塘、龙源、施茶、官冲、柏桥、前丰、牌楼山、龙堰、溪塘、中塘、黄金、周田、陈山头、巷子、秧山、官庄、泉新、双泉、秋波、紫光、碰塘、江山、三口井、荷家园、建新、莫井、鹅形、三垅、井冲、白沙、四冲、莫源、新开田、水湖、杨梓坪、青草湖、红茶亭、伴岭、凤凰、铜铃坪、双园、大势塘、坪石、坪桥、白洲、龙江、龙门前、文昭、淡家、鸡公岩、新坪、高坪、山竹、龙塘、桥铺、新跃、桃岭、蔡家、金盆滩、朱家桥、厚田冲、红坪、毛坪、龙堰、阳家坡、锁狮、五里坪、吴集82个建制村，杨峰社区居委会，总面积274.47平方千米，总人口9.27万人，镇人民政府驻龙江（原吴集镇人民政府驻地）；

同意将大桥镇、三樟乡成建制合并设立三樟镇。新设立的三樟镇辖山坳、黄双、双江、冲头、龙塘、复兴、瑶里、湘桥、塘霞、茶园、西园、礼厚、岭林、栗林、三浒、和平、义门、铁炉、塔冲、湖套、金星、长塘、长江、合山、前进、李子园、新塘、新湖、油麻、金山、集富、柴山、金湖、进化、温家冲、富家36个建制村，大桥社区居委会，总面积112.19平方千米，总人口4.34万人，镇人民政府驻西园（原大桥镇人民政府驻地）；

同意将草市镇、高塘乡成建制合并设立草市镇。新设立的草市镇辖江坪、江田、大对河、新洲、坪山、罗家寨、桐桥、油子塘、丫塘、草市、白茅洲、沙港、彭家园、香花、田心、吴家仓、横岭、联明、山田、洣坪、高田、毛坪、焕塘、环山、西石、石旺、大洲、山陂、石塘、塘头、龙塘、福塘、两路、州先、田花、怀碧36个建制村，灵山社区居委会，总面积143.93平方千米，总人口5.91万人，镇人民政府驻丫塘（原草市镇人民政府驻地）。

3. 同意石滩、南湾 2 个乡，大浦、新塘、霞流、甘溪、杨桥、荣桓、蓬源、石湾、白莲、杨林、高湖 11 个镇的行政区域和乡镇人民政府驻地不作调整。

本轮乡镇行政区划调整，衡东县共撤销 7 个乡级建制，现辖石滩、南湾 2 个乡，洣水、吴集、三樟、草市、大浦、新塘、霞流、甘溪、杨桥、荣桓、蓬源、石湾、白莲、杨林、高湖 15 个镇。总面积 1926.78 平方千米，总人口 74.63 万人。县人民政府驻洣水镇（原县人民政府驻地）。

湖 南 省 民 政 厅

2015 年 11 月 18 日

湖南省民政厅关于同意衡阳市蒸湘区乡镇区划调整方案的批复

（湘民行发〔2015〕33 号）

衡阳市人民政府：

你市呈报的《关于蒸湘区部分乡镇行政区划调整的请示》（衡政〔2015〕63 号）收悉，按照国务院《关于行政区划管理的规定》第五条、第七条和第八条的规定，经研究并报省人民政府批准，现批复如下：

1. 同意衡阳市蒸湘区乡镇行政区划调整方案。

2. 同意将长湖乡、蒸湘街道合并设立蒸湘街道。新设立的蒸湘街道辖立新、长湖、大立、松亭 4 个建制村，廖家湾、立新一、立新二、衡邵、世纪城、平湖、肖家湾、温家台、太平一、太平二、大元头、红湖、阳辉桥 13 个社区居委会，总面积 12.53 平方千米，总人口 7.38 万人，办事处驻太平小区（原蒸湘街道办事处驻地）。

3. 同意雨母山、呆鹰岭 2 个镇，红湘、联合、华兴 3 个街道的行政区域和镇人民政府及街道办事处驻地不作调整。

本轮乡镇行政区划调整后，蒸湘区共减少 1 个乡级建制，现辖雨母山、呆鹰岭 2 个镇，蒸湘、红湘、联合、华兴 4 个街道。总面积 108.44 平方千米，总人口 30.23 万人，区人民政府驻蒸湘街道（原区人民政府驻地）。

湖 南 省 民 政 厅

2015 年 11 月 18 日

湖南省民政厅关于同意衡山县乡镇行政区划调整方案的批复

（湘民行发〔2015〕34号）

衡阳市人民政府：

你市呈报的《关于衡山县部分乡镇行政区划调整的请示》(衡政〔2015〕64号)收悉,按照国务院《关于行政区划管理的规定》第五条、第七条和第八条的规定，经研究并报省人民政府批准，现批复如下：

1. 同意衡山县乡镇行政区划调整方案。

2. 同意将东湖镇、马迹镇成建制合并设立东湖镇。新设立的东湖镇辖东湖、立新、永明、坪田、严渡、元山、新路、珠塘、南溪、珠山、杉木桥、杏溪、东风、新林、罗渡、茶山、石潭、先锋、天柱、牌楼、长岭、杉山、桥塘、梅田、同富、塘湾、马迹、团山、石碑29个建制村，立正、同心2个社区居委会，总面积96平方千米，总人口3.46万人，镇人民政府驻东湖村（原东湖镇人民政府驻地）；

同意将白果镇、长青乡成建制合并设立白果镇。新设立的白果镇辖桐梓、建筑、五一、绍庄、国光、白果、瓦子河、和平、树枫、高山、新民、联星、涓水、瓦铺、金龙、白玉、紫楼、茶园、子务江、同兴、棠兴、湿田、湘铺、先锋、岳北、万家、珍美、竹山、兵干、长碧、荆州、延兴、晓岚、百妙、荷塘、长青、梅木、万丰、新庄、高兴、高阡41个建制村。楚南桥、长青2个社区居委会，总面积90平方千米，总人口5.3万人，镇人民政府驻桐梓村（原白果镇人民政府驻地）；

同意将岭坡乡、望峰乡成建制合并设立岭坡乡。新设立的岭坡乡辖福星、黄谷、金鹅、水口、大烟、龙潭、城前、分盐、赤盐、椒坪、潮水、晓烟、蛟龙、大丰、云桥、太平、双江、合云、望峰、望峰桥、登峰、中峰、石坳、高坪、灯山、横铺、黄垅、仁字、日江、青石、大凉31个建制村，岭坡坳、岳峰2个社区居委会，总面积83平方千米，总人口2.76万人，乡人民政府驻龙潭村（原岭坡乡人民政府驻地）。

同意将萱洲镇和贺家乡成建制合并设立萱洲镇。新设立的萱洲镇辖鱼石、白沙、天水、荷塘、田家、沿江、糖铺、丰塘、里石、石塘、萱洲、双樟、堰江、凤鸣、升平、老塘、响水、白竹、美利、高坪、花石、杨柳、碧塘、贺家山、贺家、水桥、依田、清坪、永坪、金坪、桑田、湘江32个建制村，萱洲、贺家2个社区居委会，总面积99平方千米，总人口4万人，镇人民政府驻萱洲村（原萱洲镇人民政府驻地）。

同意将开云镇、沙泉乡成建制合并设立开云镇。新设立的开云镇辖环溪、湘衡、观湘、板桥、神冲、坪塘、青山、龙珠、金龙、排塘、金狮、九龙、龙泉、光辉、岳峰、师古、新坪、大塘、江永、建胜、八里、山竹、青峰、跃进、双全、水口咀、上角、建华、山田、石台、金台、旺冲、岳狮、建塘、泉水、茹家、种福、幸福、界塘、桂花、石狮、世上、柳树43个建制村，甘棠桥、紫巾、大桥、东风、先农、北望桥、两路口、沙泉8个社区居委会，总面积138平方千米，总人口12.61万人，镇人民政府驻岳峰村（原开云镇人民政府驻地）。

3. 同意永和、福田铺、贯塘、江东4个乡，长江、店门、新桥3个镇的行政区域和乡镇人民政府驻地不作调整。

本次乡镇区划调整改革后，衡山县共撤销5个乡级建制，现辖永和、福田铺、岭坡、贯塘、江东5个乡，开云、白果、东湖、长江、店门、萱洲、新桥7个镇，总面积934平方千米，总人口44.95万人，县人民政府驻地不变（开云镇）。

湖南省民政厅
2015年11月18日

湖南省民政厅关于同意衡阳市南岳区乡镇区划调整方案的批复

（湘民行发〔2015〕35号）

衡阳市人民政府：

你市呈报的《关于南岳区部分乡镇行政区划调整的请示》（衡政〔2015〕65号）收悉，按照国务院《关于行政区划管理的规定》第五条、第七条和第八条的规定，经研究并报省人民政府批准，现批复如下：

1. 同意衡阳市南岳区乡镇行政区划调整方案。

2. 同意将岳林乡、拜殿乡和龙凤乡成建制合并设立寿岳乡。新设立的寿岳乡辖水口、红旗、龙凤、岳林、莲塘、杉湾、石山、龙潭、观音、拜殿10个建制村，总面积52.48平方千米，6475人，乡人民政府驻西岭（原岳林乡政府驻地）。

3. 同意南岳镇、祝融街道的行政区域和镇人民政府及街道办事处驻地不变。

本轮乡镇行政区划调整后，南岳区共减少2个乡级建制，现辖寿岳乡、南岳镇、祝融街道。区人民政府驻祝融街道。

湖南省民政厅
2015年11月18日

湖南省民政厅关于同意
衡阳县乡镇行政区划调整方案的批复

（湘民行发〔2015〕36号）

衡阳市人民政府：

你市呈报的《关于衡阳县部分乡镇行政区划调整的请示》（衡政〔2015〕66号）收悉，按照国务院《关于行政区划管理的规定》第五条、第七条和第八条的规定，经研究并报省人民政府批准，现批复如下：

1. 同意衡阳县乡镇行政区划调整方案。

2. 同意将潮江乡、集兵镇成建制合并设立集兵镇。新设立的集兵镇辖白马、大利、永乐、松桥、潮江、麻町、通天、红星、同心、水映、集兵、法官庙、松桂、太力、山峰、李坳、白果17个建制村和集兵滩社区居委会，总面积95.39平方千米，总人口4.3万人，镇人民政府驻集兵滩（原集兵镇人民政府驻地）。

3. 同意樟木、岣嵝、栏垅、板市、樟树、大安、溪江、长安8个乡，西渡、杉桥、井头、演陂、金兰、洪市、金溪、界牌、渣江、台源、曲兰、三湖、关市、库宗桥、岘山、石市16个镇的行政区域和乡镇人民政府驻地不作调整。

本轮乡镇行政区划调整后，衡阳县共减少1个乡级建制，现辖樟木、岣嵝、栏垅、板市、樟树、大安、溪江、长安8个乡，西渡、集兵、杉桥、井头、演陂、金兰、洪市、金溪、界牌、渣江、台源、曲兰、三湖、关市、库宗桥、岘山、石市17个镇，总面积2558.61平方千米，总人口123.51万人。县人民政府驻地不变（西渡镇）。

湖南省民政厅

2015年11月18日

湖南省民政厅关于同意
衡阳市珠晖区乡镇行政区划调整方案的批复

（湘民行发〔2015〕37号）

衡阳市人民政府：

你市呈报的《关于珠晖区部分乡镇行政区划调整的请示》（衡政〔2015〕67号）收悉，按照国务院《关于行政区划管理的规定》第五条、第七条和第八条的规定，经研究并报省人民政府批准，现批复如下：

1. 同意珠晖区乡镇行政区划调整方案。

2. 同意将东阳渡镇、新湘街道合并设立东阳渡街道。新设立的东阳渡街道辖人民、红星、太山、东阳、松山、金塘、新龙头、东风、南陂、光耀、坪田、新田、新塘、曙光、兴湘、兴隆、荷塘、栗塘、高山、沿江 20 个建制村和金龙渔场（村级），新华、联盟、东阳渡、周家坳 4 社区居委会，总面积 95.6 平方千米，总人口 5.65 万人，办事处驻东阳渡新街 17 号（原东阳渡镇政府驻地）。

3. 同意酃湖、和平 2 个乡，茶山坳镇，苗圃、广东路、冶金、东风、衡州路、粤汉 6 个街道的行政区域和乡镇人民政府及街道办事处驻地不变。

本轮乡镇行政区划调整后，珠晖区共撤销 1 个乡级建制，现辖酃湖、和平 2 个乡，茶山坳镇，苗圃、广东路、冶金、东风、衡州路、粤汉、东阳渡 7 个街道。总面积 234.03 平方千米，总人口 34.8 万人。区人民政府驻地不变。

湖南省民政厅
2015 年 11 月 18 日

湖南省民政厅关于同意衡南县乡镇区划调整方案的批复

（湘民行发〔2015〕38 号）

衡阳市人民政府：

你市呈报的《关于衡南县部分乡镇行政区划调整的请示》（衡政〔2015〕68 号）收悉，按照国务院《关于行政区划管理的规定》第五条、第七条和第八条的规定，经研究并报省人民政府批准，现批复如下：

1. 同意衡南县乡镇区划调整方案。

2. 同意将车江、向阳、云集 3 个镇成建制合并设立云集镇，新设立的云集镇辖保合、滨河、高堡、石塘、江新、小白竹、栗坪、白冲、古塘、普贤、斑竹、杉峰、东屋、新塘埠、云市、回龙、阳家坪、杨柳、渡口、毛塘、河市、新塘站、泉梓、向阳、水口、和平、祝山、苏湖、车和、彭祠、莲蓬、竹冲、安福、日升、良石、洞清、雅田、团结、金台、界牌、莲塘、天竺、灵觉、黄狮、湘江、渔市、朝阳、高岭、资富、堰头、大岭山、恒星、新发、沙龙、上龙、双龙、花桥、高田、友谊、长合、宣陂、雷祖峰、金星、振兴、霞山、丰富、胜利、金马、樟树、车江、唯一、古城、神龙、铁市、白水 75 个建制村，合圩、黄金、新桥、新城、堆子岭、云集、向阳、水口、街道、疆塘、黄狮、铁关铺、大山坪、牌楼、友谊、福泉、大桥 17 个社区居委会，总面积 296.7 平方千米，总人口 15.51 万人，镇人民政府驻黄金社区泉梓路（原云集镇人民政府所在地）。

将洲市乡、三塘镇成建制合并设立三塘镇，新设立的三塘镇辖三塘、三元、中湖、象古、群雄、四塘、卫星、三福、四门、洪山、前进、松山、大广、熬兴、龙唤、高峰、神山、赤卫、双丰、大岭、洲市、车山、芷江、灵官、乐洪、溪田、马颈、竹园、竹塘、学塘、享塘、宝庆、云盘、大山、桥头、江华、岳龙、上迎、群英、曲龙、大冲、南铺、豪富、长春、和平、庙山坪46个建制村；辖泉塘、龙头岭、老街、银鸽、将军岭、桔园、农科所、林场、洲巩桥、小桥10个社区居委会，总面积166.1平方千米，总人口9.7万人，镇人民政府驻环城北路96号（原三塘镇人民政府所在地）；

将川口乡、花桥镇成建制合并设立花桥镇，新设立的花桥镇辖接观、清瑞、均佳、渐佳、竹桥、四一、杉玉、九眼塘、筛托、铁铺、六顺、管冲、畔塘、高新、渚溪、麦元、石丘、竹镇、竹山、欧东、塘湾、金龙、东冲、山峰、龙溪、龙皮、上古、杜塘、坦塘、浅塘、川口、三塘、豹泉、三田、楼屋、金石、赤水、大冲、白水、敏东、天光、龙桥、高冲、源头、将军、黄坪、畔冲、马薯、高堰49个建制村，辖花桥、新镇、新街、川口4个社区居委会，总面积238.6平方千米，总人口6.45万人，镇人民政府驻花苑西路（原花桥镇人民政府所在地）；

3. 同意相市乡，廖田、茶市、冠市、江口、宝盖、铁丝塘、洪山、泉溪、咸塘、谭子山、泉湖、鸡笼、柞市、茅市、硫市、栗江、近尾洲、松江18个镇行政区域和乡镇人民政府驻地不作调整。

本轮乡镇行政区划调整后，衡南县共减少4个乡级建制，现辖相市乡，廖田、茶市、冠市、江口、宝盖、花桥、铁丝塘、洪山、泉溪、咸塘、三塘、谭子山、泉湖、鸡笼、柞市、茅市、硫市、栗江、近尾洲、松江、云集21个镇，总面积2621.1平方千米，总人口106.98万人，县人民政府驻地不变。

湖南省民政厅
2015年11月18日

衡阳市各县（市）区乡镇行政区划调整方案

2015 年 11 月 18 日，经省政府批准、省民政厅批复，衡阳市各县（市）区乡镇行政区划调整方案全部确定，由原有的 184 个乡镇合并为 147 个，共减少乡镇 37 个。其中，衡南县减少 4 个、衡阳县减少 1 个、衡山县减少 5 个、衡东县减少 7 个、祁东县减少 3 个、常宁市减少 4 个、耒阳市减少 7 个、南岳区减少 2 个、雁峰区减少 1 个、石鼓区减少 1 个、珠晖区减少 1 个、蒸湘区减少 1 个。各县（市）区乡镇行政区划调整方案摘要如下：

衡南县

车江、向阳、云集 3 个镇成建制合并设立云集镇，新设立的云集镇辖 75 个建制村和 17 个社区居委会，总面积 296.7 平方千米，总人口 15.51 万人，镇人民政府驻黄金社区泉梓路（原云集镇人民政府所在地）。

洲市乡、三塘镇成建制合并设立三塘镇，新设立的三塘镇辖 46 个建制村和 10 个社区居委会，总面积 166.1 平方千米，总人口 9.7 万人，镇人民政府驻环城北路 96 号（原三塘镇人民政府所在地）。

川口乡、花桥镇成建制合并设立花桥镇，新设立的花桥镇辖 49 个建制村和 4 个社区居委会，总面积 238.6 平方千米，总人口 6.45 万人，镇人民政府驻花苑西路（原花桥镇人民政府所在地）。

衡阳县

潮江乡、集兵镇合并设立集兵镇。新设立的集兵镇辖 17 个建制村和 1 个社区居委会，总面积 95.39 平方千米，总人口 4.3 万人，镇人民政府驻集兵滩（原集兵镇人民政府驻地）。

衡山县

东湖镇、马迹镇成建制合并设立东湖镇。新设立的东湖镇辖 29 个建制村和 2 个社区居委会，总面积 96 平方千米，总人口 3.46 万人，镇人民政府驻东湖村（原东湖镇人民政府驻地）。

白果镇、长青乡成建制合并设立白果镇。新设立的白果镇辖 41 个建制村和 2 个社区居委会，总面积 90 平方千米，总人口 5.3 万人，镇人民政府驻桐梓村（原白果镇人民政府驻地）。

岭坡乡、望峰乡成建制合并设立岭坡乡。新设立的岭坡乡辖 31 个建制村和 2 个社区居委会，总面积 83 平方千米，总人口 2.76 万人，乡人民政府驻龙潭村（原岭坡乡人民政府驻地）。

萱洲镇和贺家乡成建制合并设立萱洲镇。新设立的萱洲镇辖 32 个建制村和 2 个社区居委会，总面积 99 平方千米，总人口 4 万人，镇人民政府驻萱洲村（原萱洲镇人民政府驻地）。

开云镇、沙泉乡合并设立开云镇。新设立的开云镇辖 43 个建制村和 8 个社区居委会，总面积 138 平方千米，总人口 12.61 万人，镇人民政府驻岳峰村（原开云镇人民政府驻地）。

衡东县

踏庄乡、珍珠乡、城关镇成建制合并设立涞水镇。新设立的涞水镇辖 44 个村和 5 个社区居委会，总面积 130.91 平方千米，总人口 14 万人，镇人民政府驻迎宾社区（原城关镇人民政府驻地）。

栗木乡、德圳乡、莫井乡、吴集镇成建制合并设立吴集镇。新设立的吴集镇辖 82 个建制村和 1 个社区居委会，总面积 274.47 平方千米，总人口 9.27 万人，镇人民政府驻龙江村（原吴集镇人民政府驻地）。

大桥镇、三樟乡成建制合并设立三樟镇。新设立的三樟镇辖 36 个建制村和 1 个社区居委会，总面积 112.19 平方千米，总人口 4.34 万人，镇人民政府驻西园村（原大桥镇人民政府驻地）。

草市镇、高塘乡成建制合并设立草市镇。新设立的草市镇辖 36 个建制村和 1 个社区居委会，总面积 143.93 平方千米；总人口 5.91 万人，镇人民政府驻丫塘村（原草市镇人民政府驻地）。

祁东县

撤销洪桥镇、白鹤铺镇，设立洪桥、玉合、永昌、白鹤街道。新设立的洪桥街道辖 21 个建制村和 4 个社区居委会，总面积 64.31 平方千米，总人口 8.83 万人，街道办事处驻地设鼎山东路 273 号（现洪桥镇人民政府驻地）；新设立的玉合街道辖 17 个建制村和 7 个社区居委会，面积 60.09 平方千米，人口 6.98 万人，街道办事处驻地设永昌大道 105 号（现祁东经济开发区所在地）；新设立的永昌街道 20 个建制村和 10 个社区居委会，总面积 52.38 平方千米。总人口 7.19 万人，街道办事处驻地设曙光路兰芝塘村（现县计生局所在地）；新设立的白鹤街道辖 23 个建制村和 11 个社区居委会，总面积 76.13 平方千米，总人口 4.07 万人，街道办事处驻地设凤形居委会白杨路（现白鹤铺镇人民政府驻地）。

四明山乡并入太和堂镇，行政区划调整后，太和堂镇辖 72 个建制村和 2 个社区居委会，总面积 163.9 平方千米，总人口 6.24 万人，镇人民政府驻地不变。

常宁市

宜潭乡、宜阳街道成建制合并设立宜阳街道。新设立的宜阳街道辖 47 个建制村和 4 个社区居委会，总面积 104.71 平方千米，总人口 8.95 万人，街道办事处驻宜阳街道常荫路 60 号（宜潭乡人民政府驻地）。

松柏镇、水口山街道成建制合并设立水口山镇。新设立的水口山镇辖 24 个建制村和 8 个社区居委会，总面积 86.18 平方千米，总人口 7.95 万人，镇人民政府驻刘家（原水口山街道办事处驻地）。

盐湖镇、三角塘镇成建制合并设立三角塘镇。新设立的三角塘镇辖 51 个建制村和 2 个社区居委会，总面积 118.85 平方千米，总人口 5.87 万人，镇人民政府驻牛市坪（原三角塘镇人民政府驻地）。

江河乡、新河镇成建制合并设立新河镇。新设立的新河镇辖 42 个建制村和 2 个社区居委会，总面积 133.11 平方千米，总人口 4.72 万人，镇人民政府驻新建（原新河镇人民政府驻地）。

弥泉乡、塔山瑶族乡成建制合并设立塔山瑶族乡。新设立的塔山瑶族乡辖 17 个建制村，总面积 120.13 平方千米，总人口 1.16 万人（其中瑶族 5939 人）乡人民政府驻下板角（原塔山瑶族乡人民政府驻地）。

耒阳市

撤销泗门洲、竹市 2 个建制镇，将这 2 个建制镇的行政区域调整划入水东江、灶市街 2 个街道，调整后的水东江街道辖 20 个建制村和 8 个社区居委会，总面积 113.14 平方千米，总人口 7.82 万人，办事处驻南王岭（原水东江街道办事处驻地）。灶市街街道辖 15 个建制村和 10 个社区居委会，总面积 79.41 平方千米，总人口 7.32 万人，街道办事处驻灶市街（原灶市街街道办事处驻地）。

余庆、磨形 2 个乡以及三顺街道成建制合并，设立余庆街道，将余庆街道的火田村划入五里牌街道。新设立的余庆街道辖 32 个建制村和 3 个社区居委会，总面积 129.73 平方千米，总人口 8.02 万人，街道办事处驻余庆圩（原余庆乡人民政府驻地）；五里牌街道辖 3 个建制村和 5 个社区居委会，总面积 24.33 平方千米，总人口 4.55 万人，街道办事处驻地不变。

沙明乡与导子乡成建制合并设立导子镇。新设立的导子镇辖 28 个建制村和 1 个社区居委会，总面积 137.3 平方千米，总人口 4.11 万人，镇人民政府驻导子洲（原导子乡人民政府驻地）。

洲陂乡与马水乡成建制合并设立马水镇。新设立的马水镇辖 32 个建制村，总面积 170.01 平方千米，总人口 5.34 万人，镇人民政府驻湖德（原马水乡人民政府驻地）。

上架乡与三都镇成建制合并设立三都镇。新设立的三都镇辖 37 个建制村和 1 个社区居委会，总面积 117.84 平方千米，总人口 5.73 万人，镇人民政府驻牛脑头（原三都镇人民政府驻地）。

撤销东湖圩乡建制，设东湖圩镇。

撤销大义乡建制，设大义镇。

南岳区

岳林乡、拜殿乡和龙凤乡成建制合并设立寿岳乡，新设立的寿岳乡辖 10 个建制村，总面积 52.48 平方千米，总人口 6475 人，乡人民政府驻地设在西岭（原岳林乡人民政府驻地）。

雁峰区

湘江乡、黄茶岭街道合并设立黄茶岭街道，新设立的黄茶岭街道辖 7 个建制村和 9 个社区居委会，总面积 29.55 平方千米，总人口 5.77 万人，街道办事处驻地设蒸阳南路（原黄茶岭街道办事处驻地）。

石鼓区

松木乡、黄沙湾街道成建制合并设立黄沙湾街道，新设立的黄沙湾街道辖 10 个建制村、2 个社区居委会和 1 个农科所（村级），总面积 33.05 平方千米，总人口 3.44 万人，街道办事处驻地设在黄沙湾 51 号（原黄沙湾街道办事处驻地）

珠晖区

东阳渡镇、新湘街道合并设立东阳渡街道，新设立的东阳渡街道辖 20 个建制村、4 个社区居委会和个农场（村级），总面积 95.6 平方千米，总人口 5.65 万人，街道办事处驻东阳渡新街 17 号（原东阳渡镇人民政府驻地）。

蒸湘区

长湖乡、蒸湘街道合并设立蒸湘街道，新设立的蒸湘街道辖 4 个建制村和 13 个社区居委会，总面积 12.53 平方千米，人口 7.38 万人，街道办事处驻太平小区（原蒸湘街道办事处驻地）。

衡阳市乡镇街道办事处一览表

（调整前）

（38个街道、2个办事处、117个镇、64个乡）

序号	乡镇街道名称	驻地名称
珠晖区（7街道2镇2乡）		
1	广东路街道	广西路
2	东风街道	东风路
3	冶金街道	冶金南路
4	苗圃街道	康服路
5	粤汉街道	唐家巷
6	新湘街道	工农路
7	衡州路街道	苗圃
8	茶山坳镇	东环路
9	东阳渡镇	东阳渡
10	和平乡	衡宜村
11	酃湖乡	牛皮塘
雁峰区（6街道1镇1乡）		
1	先锋街道	爱民路
2	雁峰街道	雁南村
3	天马山街道	西站正路
4	黄茶岭街道	黄茶路
5	白沙洲街道	黄白路
6	金龙坪街道	茅叶路1号
7	岳屏镇	罗金桥
8	湘江乡	黄茶岭
石鼓区（7街道2乡）		
1	人民路街道	人民路
2	青山街道	船山路
3	潇湘街道	演武坪
4	五一街道	建设新村
5	合江街道	五一路
6	黄沙湾街道	黄沙湾
7	金源街道	松枫路
8	松木乡	松木塘
9	角山乡	下岭
蒸湘区（4街道1镇2乡）		
1	蒸湘街道	太平小区
2	红湘街道	解放大道
3	华兴街道	一环西路
4	联合街道	天马山南路
5	呆鹰岭镇	呆鹰岭
6	长湖乡	廖家湾
7	雨母山乡	东阳铺
南岳区（1街道1镇3乡）		
1	祝融街道	云峰路
2	南岳镇	万福路
3	龙凤乡	西岭
4	岳林乡	樟树屋场
5	拜殿乡	枧湾
衡阳县（17镇9乡）		
1	西渡镇	西渡
2	集兵镇	集兵滩

续表

序号	乡镇街道名称	驻地名称	序号	乡镇街道名称	驻地名称
3	杉桥镇	杉桥	3	廖田镇	廖田圩
4	井头镇	井头江	4	茶市镇	茶皂市
5	演陂镇	演陂桥	5	冠市镇	冠市街
6	金兰镇	金兰寺	6	江口镇	小江口
7	洪市镇	洪罗庙	7	宝盖镇	宝盖楼
8	曲兰镇	曲兰	8	花桥镇	花桥街
9	金溪镇	金溪庙	9	铁丝塘镇	铁丝塘
10	界牌镇	银溪街	10	泉溪镇	泉溪市
11	渣江镇	渣江街	11	洪山镇	双王庙
12	三湖镇	龟石渡	12	三塘镇	三塘
13	台源镇	台源寺	13	谭子山镇	谭子山
14	关市镇	关帝庙	14	鸡笼镇	鸡笼街
15	库宗桥镇	梅开堂	15	泉湖镇	泉湖街
16	樟木乡	白鹭坳	16	柞市镇	柞树坳
17	岣嵝乡	铁厂	17	茅市镇	茅洞桥
18	岘山镇	岘山寺	18	硫市镇	硫市坑
19	栏栊乡	栏垅铺	19	栗江镇	栗江
20	大安乡	火安堂	20	近尾洲镇	蒸湘寺
21	溪江乡	溪江	21	车江镇	车江
22	石市镇	景公祠	22	咸塘镇	白蚁塘
23	长安乡	长塘铺	23	松江镇	圩均坳
24	板市乡	板桥	24	相市乡	相公堡
25	樟树乡	樟树坳	25	洲市乡	洲巩桥
26	潮江乡	吴大塘	26	川口乡	豹泉街
衡南县（23镇3乡）			27	岐山办事处	岐山村
1	云集镇	泉梓路	衡山县（8镇9乡）		
2	向阳镇	向阳桥	1	开云镇	赵家大屋

续表

序号	乡镇街道名称	驻地名称	序号	乡镇街道名称	驻地名称
2	白果镇	雅甫塘	11	荣桓镇	长岭
3	东湖镇	东湖街	12	高湖镇	高湖
4	萱洲镇	萱洲河	13	白莲镇	白莲寺
5	长江镇	石桥铺	14	大桥镇	江西冲
6	新桥镇	新桥街	15	蓬源镇	横路巷
7	马迹镇	马迹桥	16	莫井乡	将军庙
8	店门镇	店门前	17	踏庄乡	踏庄
9	贺家乡	贺家山	18	高塘乡	两路口
10	永和乡	新场市	19	南湾乡	南湾
11	沙泉乡	彭家湾	20	三樟乡	翁桥坝
12	福田铺乡	福田铺	21	栗木乡	栗木坪
13	岭坡乡	观场坪	22	珍珠乡	珍珠堆
14	望峰乡	望峰桥	23	石滩乡	石滩庙
15	长青乡	松柏桥	24	德圳乡	陈家湾
16	贯塘乡	迎龙桥	祁东县（17镇3乡4个街道）		
17	江东乡	树公祠	1	洪桥街道	县正路
衡东县（15镇9乡）			2	白鹤街道	白鹤铺
1	城关镇	北街	3	金桥镇	金兰桥
2	石湾镇	石湾	4	鸟江镇	鸟江坳
3	新塘镇	新塘街	5	粮市镇	粮船埠
4	大浦镇	大浦街	6	河洲镇	河洲街
5	吴集镇	吴集	7	归阳镇	归阳
6	甘溪镇	甘溪	8	过水坪镇	过水坪
7	杨桥镇	杨桥	9	双桥镇	双桥
8	草市镇	草市	10	灵官镇	灵官殿
9	杨林镇	杨林	11	风石堰镇	风石堰
10	霞流镇	新霞流	12	白地市镇	白地市

续表

序号	乡镇街道名称	驻地名称	序号	乡镇街道名称	驻地名称
13	黄土铺镇	黄土铺	15	哲桥镇	哲桥圩
14	石亭子镇	石亭子	16	永济镇	永济圩
15	官家嘴镇	官家嘴	17	遥田镇	遥田圩
16	步云桥镇	步云桥	18	新市镇	新市街
17	砖塘镇	葵花园	19	洲陂乡	洲陂桥
18	蒋家桥镇	蒋家桥	20	亮源乡	亮源桥
19	太和堂镇	马颈坳	21	马水乡	湖德
20	马杜桥乡	李家祠	22	太平圩乡	太平圩
21	凤歧坪乡	凤歧坪	23	导子乡	导子洲
22	城连圩乡	城连圩	24	东湖圩乡	坳山
23	永昌街道	长乐	25	上架乡	上架桥
24	玉合街道	永昌大道	26	沙明乡	沙明冲
耒阳市（5 街道 13 镇 18 乡）			27	大义乡	大义圩
1	蔡子池街道	蔡子池	28	磨形乡	磨形圩
2	灶市街街道	灶市街	29	南京镇	南京桥
3	水东江街道	南王岭	30	仁义镇	仁义圩
4	五里牌街道	五里牌	31	余庆乡	余庆圩
5	三顺街道	三顺	32	长坪乡	长坪圩
6	黄市镇	上堡街	33	大和圩乡	大和圩
7	小水镇	小水铺	34	坛下乡	坛下圩
8	公平圩镇	公平圩	35	大市镇	大陂市
9	泗门洲镇	泗门洲	36	淝田镇	肥田圩
10	三都镇	牛脑头	常宁市（4 街道 15 镇 6 乡 1 民族乡 1 办事处）		
11	南阳镇	田螺心	1	宜阳街道	常衡路
12	竹市镇	竹塔市	2	泉峰街道	泉峰西路
13	夏塘镇	夏塘圩	3	培元街道	泉峰西路
14	龙塘镇	司南桥	4	水口山街道	朱家湾

续表

序号	乡镇街道名称	驻地名称	序号	乡镇街道名称	驻地名称
5	柏坊镇	柏坊街	备注	1. 衡山县师古乡与开云镇于 2005 年合并为开云镇，耒阳市五里牌街道办事处 2006 年成立。 2. 衡南县松江乡于 2007 年撤乡设镇，常宁市宜阳镇于 2007 年撤镇设三个街道办事处，衡阳市衡州路、金龙坪街道办事处于 2007 年设立。 3. 常宁市水口山街道办事处、天堂山办事处于 2009 年成立。 4. 耒阳市三顺街道办事处于 2010 年 7 月经省政府批复成立。 5. 衡南县川口乡于 2010 年 8 月设立。 6. 石鼓区金源街道办事处于 2011 年 2 月 27 日经市人民政府同意从松木乡析置。 7. 衡阳县关市乡于 2011 年 5 月 9 日经市人民政府同意（衡政函〔2011〕43 号）改设为关市镇。 8. 衡阳县库宗乡于 2011 年 6 月 8 日经市人民政府同意（衡政函〔2011〕54 号）改设为库宗桥镇。 9. 祁东县于 2014 年 10 月 14 日经市人民政府同意撤洪桥镇、白鹤铺镇设洪桥、玉合、永昌、白鹤四个街道。 10. 耒阳市于 2014 年 12 月经市人民政府同意撤销肥田乡、仁义乡、南京乡、大市乡设镇，同时将肥田乡更名为淝田镇。	
6	松柏镇	大渔村			
7	烟洲镇	烟洲街			
8	荫田镇	荫田街			
9	白沙镇	白沙街			
10	西岭镇	西坪街			
11	盐湖镇	盐湖街			
12	三角塘镇	牛市坪			
13	洋泉镇	洋泉街			
14	庙前镇	庙前街			
15	罗桥镇	罗家桥			
16	板桥镇	板桥街			
17	胜桥镇	学府路			
18	官岭镇	常祁路			
19	新河镇	新河街			
20	宜潭乡	常荫路			
21	蓬塘乡	芋子塘			
22	兰江乡	常洋路			
23	大堡乡	大堡街			
24	江河乡	吕坪			
25	弥泉乡	大湾亭子			
26	塔山瑶族乡	下板角			
27	天堂山办事处	黄洞村			

（此表第一次制于二〇一一年六月二十一日，衡阳市民政局制）

衡阳市乡镇街道办事处一览表

（调整后）

（38 个街道、115 个镇、32 个乡）

序号	乡镇街道名称	驻地名称	序号	乡镇街道名称	驻地名称
珠晖区（7 街道 1 镇 2 乡）			6	黄沙湾街道	黄沙湾
1	广东路街道	广西路	7	金源街道	松枫路
2	东风街道	东风路	8	角山乡	下岭
3	冶金街道	冶金南路	蒸湘区（4 街道 2 镇）		
4	苗圃街道	康服路	1	蒸湘街道	太平小区
5	粤汉街道	唐家巷	2	红湘街道	解放大道
6	东阳渡街道	东阳渡	3	华兴街道	一环西路
7	衡州路街道	苗圃	4	联合街道	天马山南路
8	茶山坳镇	东环路	5	呆鹰岭镇	呆鹰岭
9	和平乡	衡宜村	6	雨母山镇	东阳铺
10	酃湖乡	牛皮塘	南岳区（1 街道 1 镇 1 乡）		
雁峰区（6 街道 1 镇）			1	祝融街道	云峰路
1	先锋街道	爱民路	2	南岳镇	万福路
2	雁峰街道	雁南村	3	寿岳乡	西岭
3	天马山街道	西站正路	衡阳县（17 镇 8 乡）		
4	黄茶岭街道	黄茶路	1	西渡镇	西渡
5	白沙洲街道	黄白路	2	集兵镇	集兵滩
6	金龙坪街道	茅叶路 1 号	3	杉桥镇	杉桥
7	岳屏镇	罗金桥	4	井头镇	井头江
石鼓区（7 街道 1 乡）			5	演陂镇	演陂桥
1	人民路街道	人民路	6	金兰镇	金兰寺
2	青山街道	船山路	7	洪市镇	洪罗庙
3	潇湘街道	演武坪	8	金溪镇	金溪庙
4	五一街道	建设新村	9	界牌镇	银溪街
5	合江街道	五一路	10	渣江镇	渣江街

续表

序号	乡镇街道名称	驻地名称	序号	乡镇街道名称	驻地名称
11	台源镇	台源寺	14	鸡笼镇	鸡笼街
12	曲兰镇	曲兰	15	柞市镇	柞树坳
13	三湖镇	龟石渡	16	茅市镇	茅洞桥
14	关市镇	关帝庙	17	硫市镇	硫市坑
15	库宗桥镇	梅开堂	18	栗江镇	栗江
16	岘山镇	岘山寺	19	近尾洲镇	蒸湘寺
17	石市镇	景公祠	20	松江镇	圩均坳
18	樟木乡	白鹭坳	21	云集镇	泉梓路
19	岣嵝乡	铁厂	22	洲市乡	洲巩桥
20	栏栊乡	栏垅铺	衡山县（7镇5乡）		
21	板市乡	板桥	1	开云镇	赵家大屋
22	樟树乡	樟树坳	2	白果镇	雅甫塘
23	大安乡	火安堂	3	东湖镇	东湖街
24	溪江乡	溪江	4	长江镇	石桥铺
25	长安乡	长塘铺	5	店门镇	店门前
衡南县（21镇1乡）			6	萱洲镇	萱洲河
1	廖田镇	廖田圩	7	新桥镇	新桥街
2	茶市镇	茶皂市	8	永和乡	新场市
3	冠市镇	冠市街	9	福田铺乡	福田铺
4	江口镇	小江口	10	岭坡乡	观场坪
5	宝盖镇	宝盖楼	11	贯塘乡	迎龙桥
6	花桥镇	花桥街	12	江东乡	树公祠
7	铁丝塘镇	铁丝塘	衡东县（15镇2乡）		
8	泉溪镇	泉溪市	1	洣水镇	北街
9	洪山镇	双王庙	2	吴集镇	吴集
10	咸塘镇	白蚁塘	3	三樟镇	翁桥坝
11	三塘镇	三塘	4	草市镇	草市
12	谭子山镇	谭子山	5	大浦镇	大浦街
13	泉湖镇	泉湖街	6	新塘镇	新塘街

续表

序号	乡镇街道名称	驻地名称	序号	乡镇街道名称	驻地名称
7	霞流镇	新霞流	18	蒋家桥镇	蒋家桥
8	甘溪镇	甘溪	19	粮市镇	粮船埠
9	杨桥镇	杨桥	20	石亭子镇	石亭子
10	荣桓镇	长岭	21	砖塘镇	葵花园
11	蓬源镇	横路巷	22	马杜桥乡	李家祠
12	石湾镇	石湾	23	凤歧坪乡	凤歧坪
13	白莲镇	白莲寺	24	城连墟乡	城连墟
14	杨林镇	杨林	耒阳市（6 街道 19 镇 5 乡）		
15	高湖镇	高湖	1	蔡子池街道	蔡子池
16	石滩乡	石滩庙	2	灶市街街道	灶市街
17	南湾乡	南湾	3	水东江街道	南王岭
祁东县（17 镇 3 乡 4 个街道）			4	五里牌街道	五里牌
1	洪桥街道	县正路	5	余庆街道	三顺
2	玉合街道	永昌大道	6	三架街道	
3	永昌街道	长乐	7	新市镇	新市街
4	白鹤街道	白鹤铺	8	遥田镇	遥田圩
5	太和堂镇	马颈坳	9	夏塘镇	夏塘圩
6	河洲镇	河洲街	10	南阳镇	田螺心
7	归阳镇	归阳	11	公平圩镇	公平圩
8	鸟江镇	鸟江坳	12	黄市镇	上堡街
9	过水坪镇	过水坪	13	小水镇	小水铺
10	双桥镇	双桥	14	哲桥镇	哲桥圩
11	灵官镇	灵官殿	15	三都镇	牛脑头
12	金桥镇	金兰桥	16	永济镇	永济圩
13	风石堰镇	风石堰	17	龙塘镇	司南桥
14	白地市镇	白地市	18	大市镇	大陂市
15	黄土铺镇	黄土铺	19	淝田镇	肥田圩
16	官家嘴镇	官家嘴	20	南京镇	南京桥
17	步云桥镇	步云桥	21	仁义镇	仁义圩

续表

序号	乡镇街道名称	驻地名称	序号	乡镇街道名称	驻地名称
22	导子镇	导子洲	11	洋泉镇	洋泉街
23	马水镇	湖德	12	庙前镇	庙前街
24	东湖圩镇	坳山	13	罗桥镇	罗家桥
25	大义镇	大义圩	14	板桥镇	板桥街
26	大和圩乡	大和圩	15	官岭镇	常祁路
27	坛下乡	坛下圩	16	新河镇	新河街
28	长坪乡	长坪圩	17	胜桥镇	学府路
29	太平圩乡	太平圩	18	蓬塘乡	芋子塘
30	亮源乡	亮源桥	19	兰江乡	常洋路
常宁市（3 街道 14 镇 3 乡 1 民族乡）			20	大堡乡	大堡街
1	宜阳街道	常衡路	21	塔山瑶族乡	下板角
2	泉峰街道	泉峰西路	备注		
3	培元街道	泉峰西路			
4	水口山镇	朱家湾			
5	柏坊镇	柏坊街			
6	烟洲镇	烟洲街			
7	荫田镇	荫田街			
8	白沙镇	白沙街			
9	西岭镇	西坪街			
10	三角塘镇	牛市坪			

（制表于二〇一五年十二月二十一日，衡阳市民政局制）

衡阳市建制村合并情况统计表

2016 年 6 月 30 日

市州	县市区	改革前建制村数（个）	计划合并建制村情况		实际合并建制村情况	
			合并后保留建制村数（个）	减少建制村数（个）	实际合并后保留建制村数（个）	实际减少建制村数（个）
衡阳市	珠晖区	54	35	19	35	19
	雁峰区	27	18	9	18	9
	石鼓区	30	19	11	19	11
	蒸湘区	42	27	15	27	15
	南岳区	27	19	8	18	9
	衡阳县	891	467	424	443	446（另有 2 个村改居）
	衡南县	741	389	352	375	366
	衡山县	319	167	152	128	191
	衡东县	561	295	266	233	325（另有 3 个村改居）
	祁东县	867	435	432	296	542（另有 29 个村改居）
	耒阳市	622	326	296	321	301
	常宁市	707	371	336	367	340
	小计	4888	2568	2320	2280	2574

（衡阳市民政局制）

说明：

1.“改革前建制村数”，与基政科联系并核对，衡东县建制村数比《湖南省行政区划简册》统计的多 2 个，因此总数增加到 4888 个；

2. 计划合并建制村情况：衡阳市委、市政府以省委、省政府下达的任务为基础，自加压力，把减少建制村任务提高到 2320 个，减幅不小于 47.5%，所以合并后保留建制村数相应变动为“2568 个”；

3. 在此次并村改革过程中，衡阳市通过村合并设立社区和村改为社区的方式新设立 34 个社区，将不计入实际减少建制村数，衡阳市实际减少建制村 2574 个，目前保留建制村数为 2280 个。

后记一

为贯彻落实国务院《地方志工作条例》《湖南省实施〈地方志工作条例〉办法》，全面、系统、客观地反映和记述湖南乡镇（街道）自然、政治、经济、文化、社会的历史与现状，特别是改革开放30多年来全省各乡镇（街道）经济建设和社会发展的历史变迁，湖南省地方志编纂委员会决定编修《湖南乡镇简志》系列丛书。

《湖南乡镇简志》编修工作，于2014年5月全省市州志办主任会议上正式提出并作出相关部署，不久即印发《湖南乡镇简志》编纂方案（讨论稿）。8月，组织召开《湖南乡镇简志》工作研讨会。11月，召开《湖南乡镇简志》试写稿评议会，同时下发《湖南乡镇简志》编纂方案（修订稿）。12月，全省第七次地方志工作会议期间，再次组织各市州志办主任及方志科科长围绕《湖南乡镇简志》编修进行深层次研讨。2015年1月12日，湖南省地方志编纂委员会正式下发《关于做好〈湖南乡镇简志〉编纂工作的通知》,《湖南乡镇简志》编纂工作从试写、研讨转入全面启动。总体工作部署是：2015年组织发动、全面铺开；2016—2018年，各市州分卷陆续完成编纂、出版任务。

我们的设想是，编纂一套全面、简要、概略地记述和反映全省2000多个乡镇（街道）自然和社会、历史与现状大致概貌的分卷丛书。我们期待，它能够成为各级领导的案头书，成为相关工作者的工具书，成为更多社会读者的普及阅读书，真正让广大的读者留得住乡愁，记得住乡思；并试图把乡镇简志编纂作为推动全省乡镇志编修工作的契机，在乡镇简志基础上，逐步引导，广泛推开乡镇志及特色村志编修。同时，我们还期待，通过编修乡镇简志等志书，集合省、市、县三级志办力量，在一段时期内逐步推出呈系列的方志、地情文化产品，更好地资政，更好地服务于社会各界。

《湖南乡镇简志》体例采用纲目体，以纲统目、纲举目张、横排竖写，适当加强综合性记述。之所以确定为简志，一则取志的严谨、客观、严肃及权威性，二是以简志之简则可在编纂体例、形式、内容等方面灵活把握。确切地说，它不是传统意义上一方之志，而是全省所有乡镇（街道）“简志”的汇集。各个乡镇之“简志”篇幅虽短，但毕竟是志，其基本写法仍然遵循志书基本编纂原则。《湖南乡镇简志》各乡镇（街道）均设板块和栏目两个层次，篇目基本模式为：五大板块及分类栏目，篇首可设“地域名片”。五大板块为主体内容，其板块设置及下设栏目分别为：1. 区域概况（位置面积、建置沿革、行政区划、自然环境、人口民族等）；2. 经济发展（经济综述、农业工业、商贸服务业、其他产业、经济开发区等）；3.

基础设施（交通运输、邮政通信、供电饮水、水利建设、村镇建设等）;4.社会事业（教育科技、文化体育、医疗卫生、社会保障等）; 5.特色地情（历史人文、名优特产、风景名胜、民俗风情等）。五大板块为必设类目，各板块下根据各地客观地情合理设置分类栏目，有则设，特则设，无则不设，也可增设。地域名片须是极具代表性的地域“品牌”，开门见山亮出“名片”，不展开记述。有则设，无则不设。

《湖南乡镇简志》编纂工作部署后，得到了全省各市州的大力支持，14个市州均及时启动各分卷编修工作，且都进展顺利，各分卷陆续付梓出版，可喜可贺。方志出版社高度重视《湖南乡镇简志》（共14卷）出版工作，分别指定专人沟通联络，初审、复审、终审层层把关，全面提升了志书质量。在此，对各市州地方志编委会对乡镇简志编修工作的鼎力支持和配合，对全省各市州、各县市区、各乡镇（街道）有关负责人的积极参与，对方志出版社编辑、编审倾注的心血，一并致以诚挚的谢意！本志总述及附录一由《湖南省志（综合本）》民政篇编纂委员会办公室副主任、《中国灾害志》编纂专家李振炎多方搜集资料并撰稿，特致谢意！

编修《湖南乡镇简志》，工程浩大，涉及面宽，工作繁杂，参与者众，资料征集难度大，尽管我们倾尽心血，付诸极大努力，疏漏、差错仍在所难免，恳请读者谅解并不吝指正。

《湖南乡镇简志》总编室

2017年3月

后记二

按照全省统一部署，《湖南乡镇简志·衡阳市卷》编修工作于 2014 年 9 月启动，我们成立了编纂委员会和编辑部，形成了“党委领导、政府主持、专家参与、众手修志”的大好局面，通过抓动员、抓培训人员、抓资料收集、抓撰写初稿、抓“三评三审”、抓反复修改、抓按时验收，经过全市市县两级数百名方志人整整 4 年的艰辛工作终于编纂完成。

全书共上下两卷，270 余万字，较为全面、系统、科学地记载了全市 218 个乡、镇、街道 1949 年至 2014 年底的政区概况、经济发展、基础设施、社会事业、特色地情方面的历史和现状。《湖南乡镇简志·衡阳市卷》的编修，既是衡阳市社会主义文化建设的一项重大的系统工程，也填补了衡阳市地方志书的一项空白。

衡阳市委、市政府历来高度重视地方志编纂工作，全力满足《湖南乡镇简志·衡阳市卷》编纂工作需要，在人力、物力、财力方面给予充分保障。时任市委常委、常务副市长段志刚（现市人大常委会党组副书记、副主任）多次到市地方志编纂委员会办公室现场办公，解决问题。湖南省地方志编纂委员会及市县志工作指导处的领导、专家，为本书编纂出版提供强有力的业务指导。该志得以顺利完成编纂，亦离不开全市各县市区党委、政府及各乡镇、街道的全程参与、全力支持。

回顾编修工作，具体经历了以下三个阶段：第一阶段：2015 年 1—12 月，为收集资料、撰写初稿阶段。各县市区召开动员大会，举办修志培训班 30 多场次。通过文字资料收集，口碑资料收集，实物资料收集，共收集资料达 4500 多万字，为编修《湖南乡镇简志·衡阳市卷》打下了坚实基础，确保了 2015 年底初稿的撰写。第二阶段：2016 年 1 月—2017 年 9 月，为初稿评审、修改、验收阶段。2016 年对各县市区乡镇简志初稿以评议会形式逐一评议，2017 年 1—6 月，对各县市区经过市级评议会后的修改稿，逐个进行验收，在此基础上，总纂成《湖南乡镇简志·衡阳市卷》省级评议会评审稿。第三阶段：2017 年 10 月—2018 年 9 月，省级评议、修改阶段。2017 年 10 月 19 日，召开了《湖南乡镇简志·衡阳市卷》省级评议大会，会上，时任市委副书记、市长郑建新（现市委书记、市人大常委会主任）对修改工作作重要批示，时任市委副书记邓群策（现市委副书记、市长）致欢迎辞，时任市委常委、常务副市长廖健（现市委副书记）全面介绍编修工作情况；会后，按照与会领导、专家提出的修改意见进行了县、市两轮认真修改，2018 年 3 月报湖南省地方志编纂委员会审定，2018 年 6

月交方志出版社进行初审、复审、终审。

本书付梓之际，要特别感谢衡阳市12个县市区志办（史志办）的方志同仁，他们无私奉献、兢兢业业，为本书组稿、撰稿、编辑、校对付出了辛勤汗水；要特别感谢各乡镇、街道具体撰稿人员，在百忙之中收集珍贵的图文资料，辛勤撰写初稿；同时，向关心本书编纂出版工作的社会各界人士表示感谢。

由于本书涉及范围广、内容繁、跨度大，加之我们的编写水平有限，书中难免有不少遗漏、错误之处，恳请读者批评指正。

《湖南乡镇简志·衡阳市卷》编辑部

2018年9月